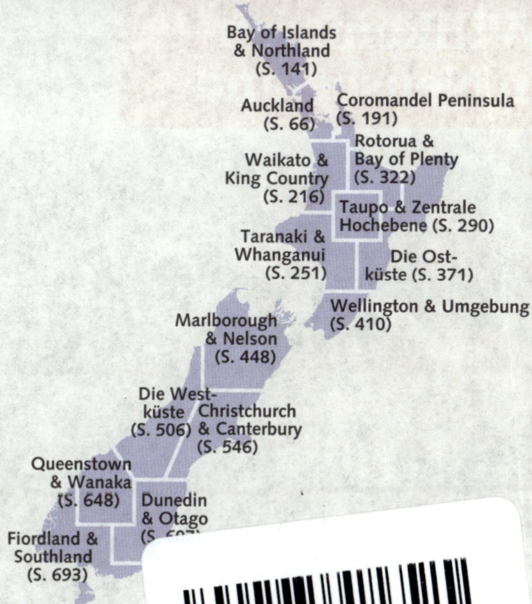

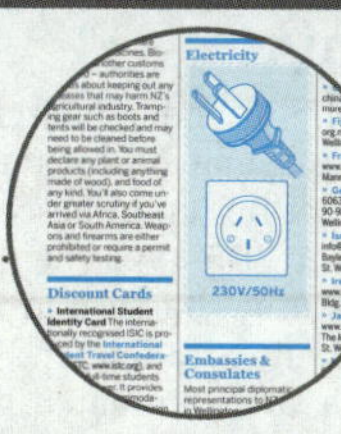

Charles Rawlings-Way
Brett Atkinson, Sarah Bennett
Peter Dragicevich, Lee Slater

Willkommen in Neuseeland

Urlaub ohne Hindernisse

Beim Vergleich mit anderen Urlaubszielen schneidet Neuseeland bestens ab – nicht zuletzt, weil das Reisen unbeschwert und mühelos verläuft. Die typischen Ärgernisse sind unbekannt: Busse und Züge fahren pünktlich; die Straßen sind in gutem Zustand; nach Geldautomaten muss man nirgendwo suchen, und Taschendiebe oder Händler, die einen Fremden übers Ohr hauen, sind hier so rar wie verschmutzte Herbergsräume. Und wegen des Essens muss hier niemand auf die nächste öffentliche Toilette stürzen. Überdies gibt es keine Schlangen und nur eine einzige giftige Spinne, die seltene Rote Katipo. In Neuseeland kann man den Urlaub also wirklich ganz entspannt genießen!

Durch die Wildnis wandern

Neuseeland ist 268 680 km² groß, das sind mehr als zwei Drittel von Deutschland. Auf dieser Fläche leben aber nicht 80 Mio. Menschen, sondern gerade einmal 4,36 Mio. Den Platz dazwischen füllen herrliche Wälder, Berge, Seen, Strände und Fjorde, die Neuseeland zu einer der schönsten Wanderregionen der Welt machen (das Wandern heißt hier *tramping*). Am besten, man nimmt sich einen der neun *Great Walks* vor (am bekannsten sind Heaphy und Milford Track), oder man

SCOTT DARSNEY / LONELY PLANET IMAGES ©

Die Landschaften von Neuseeland scheinen geradewegs aus einer Filmkulisse oder einem Bildband hierher versetzt zu sein. Die Natur ist schlicht und einfach atemberaubend und man kommt aus dem Staunen gar nicht mehr heraus.

Links: Joggerin nahe beim Gipfel des Roy's Peak (S. 683), Wanaka
Unten: Detail einer Maori-Schnitzerei im Tongariro National Park (S. 309), Zentrale Hochebene

RICHARD I'ANSON / LONELY PLANET IMAGES ©

gönnt sich ein paar traumhafte Stunden irgendwo in der freien Natur.

Essen, Wein & Bier

Die neuseeländische Küche bestand früher vornehmlich aus britischen Sonntagsgerichten. Heute suchen die Küchenchefs ihre Anregungen eher im pazifischen Raum, wo Fisch und Meeresfrüchte vorherrschen. Unbedingt sollte man einige Leibgerichte der Maori probieren: *paua* (Abalone), *kina* (Seeigel) und *kumara* (Süßkartoffeln) stehen auf vielen Speisekarten. Durstig? Neuseelands Weingüter heimsen schon seit Jahrzehnten Preise ein, und auch die Erzeugnisse der vielen kleinen Brauereien verdienen eine Beachtung.

Die Kultur der Maori

Wer sich zumindest ein klein wenig für Rugby interessiert, hat sicherlich schon von den unbesiegbaren All Blacks gehört, der neuseeländischen Nationalmannschaft, die ihren Erfolg nicht zuletzt den überlegenen Maori-Spielern verdankt. Das ist nur ein Beispiel für das Wirken der Maori: Überall hört man die Maori-Sprache, im Fernsehen gibt es Maori-Sender, an den Hauptstraßen stehen *marae* (Versammlungshäuser), und die Leute gehen zu den *hangi* (Maori-Festen) und Aufführungen traditioneller Maori-Lieder und *haka* (Kriegstänze). Wer mag, kann sich sogar ein *ta moko* aufbringen lassen, eine traditionelle Tätowierung (oft im Gesicht).

› Neuseeland

Top-Erlebnisse ›

Abel Tasman National Park
Versteckte Buchten und der Charme des französischen Erbes (S. 497)
Wellington
Die politische und kulturelle Hauptstadt des Landes (S.412)
Kaikoura
Wale beobachten und Langusten genießen! (S. 469)
TranzAlpine Railway
Ein Eisenbahn-Klassiker: die Fahrt von Küste zu Küste (S. 525)
Franz Josef Glacier
Beim Eiswandern die erhabene Pracht großer Gletscher erleben (S. 534)
Akaroa & Banks Peninsula
Versteckte Buchten und der Charme des französischen Erbes (S. 572)
Milford Sound
Grüne Klippen, Wasserfälle und tiefblaues Meer (S. 705)
Queenstown
Extremsport plus Entspannung beim Après-Ski (S. 649)
Otago Peninsula
Hier leben vor allem Pinguine, Robben und Seelöwen (S. 623)
Höhen
2000 m
1500 m
1250 m
1000 m
750 m
500 m
250 m
0
TASMANSEE
SÜD-PAZIFIK
42° S
44° S
46° S
Collingwood
Golden Bay
Takaka
Abel Tasman National Park
Motueka
Tasman Bay
Marlborough Sounds
Karamea
Richmond
Nelson
Picton
Blenheim
Mt Owen (1875m)
Levin
Upper Hutt
Masterton
Porirua
Lower Hutt
Wellington
Cook Strait
Cape Palliser
Westport
Murchison
St Arnaud
Punakaiki
Reefton
Kaikoura
Greymouth
Hanmer Springs
Hokitika
Ross
Arthur's Pass
Mt Murchison (2400 m)
Pegasus Bay
Whataroa
Franz Josef
Fox Glacier
Aoraki/Mt Cook (2755 m)
Mt Hutt
Methven
Christchurch
Lyttelton
Banks Peninsula
Akaroa
Ashburton
Lake Tekapo
Lake Pukaki
Haast
Jackson Bay
Haast Pass
Twizel
Temuka
Timaru
Omarama
Lake Wanaka
Milford Sound
Milford
Wanaka
Glenorchy
Waimate
Fiordland National Park
Arrowtown
Queenstown
Cromwell
Oamaru
Lake Wakatipu
Clyde
Alexandra
Lake Te Anau
Te Anau
Palmerston
Manapouri
Lake Manapouri
Lumsden
Dunedin
Otago Peninsula
West Cape
Winton
Gore
Milton
Catlins Conservation Park
Balclutha
Tuatapere
Invercargill
Bluff
Foveaux Strait
Oban
Stewart Island (Rakiura)

20 TOP ERLEBNISSE

Auckland Harbour & Hauraki Gulf

1 Der mit Inseln durchsetzte Hauraki-Golf (S. 106) ist Aucklands Wasserspielplatz. Er schützt den Hafen und die östlich gelegenen Buchten und lädt die Vergnügungsflotte der City of Sails dazu ein, in See zu stechen. Trotz des Verkehrs auf dem Wasser leben im Golf Wale und Delfine. Rangitoto ist eines der Wahrzeichen der Stadt; die Insel mit der Form eines Vulkankegels ist ein beliebtes Fotomotiv. Dennoch ist Waiheke mit ihren Stränden, den Weinkellereien und gehobenen Restaurants das beliebteste Inselziel vor Auckland. Waiheke Island (S. 107)

Auckland

2 Auckland (S. 68) wird von zwei Häfen umklammert und ist auf den Überresten erloschener Vulkane erbaut. Die Stadt gelangt immer wieder auf die Liste der lebenswertesten Städte der Welt. Zwar reicht der Reiz der City nicht ganz an den von New York oder London heran, aber dafür ist Auckland mit Stränden gesegnet, von Weinanbaugebieten umgeben und groß genug für eine blühende Gastronomie- und Musikszene. In der ethnisch bunten Stadt feiert man Kulturfestivals mit echter Begeisterung. Schließlich lebt hier die weltweit größte Bevölkerungsgruppe aus Ozeanien

1

OLIVER STREWE / LONELY PLANET IMAGES ©

AMOS CHAPPLE / LONELY PLANET IMAGES ©

Schwefelbad Rotorua

3 Das erste, was man bemerkt, wenn man nach Rotorua (S. 324) kommt, ist der schwefelige Geruch. Doch es sind gerade diese vulkanischen Nebenprodukte, die Besucher interessieren: Geysire, blubbernder Matsch, rauchende Erdspalten, Löcher mit siedendem mineralhaltigen Wasser ... Rotorua ist einzigartig, eine Tatsache, die von einheimischen Unternehmen genutzt wird. Man braucht hier aber kein Vermögen auszugeben – es gibt viele erschwingliche (teilweise kostenlose) Möglichkeiten, dem Vulkanischen zu begegnen, sei es in Parks, Maori-Dörfern oder am Wegesrand. Wai-O-Tapu Thermal Wonderland (S. 344)

Wellington

4 Lonely Planet hat Wellington 2011 zur coolsten kleinen Hauptstadt der Welt erwählt, und Wellington (S. 412) wird diesem Bild gerecht. Hier ist alles frisch und dynamisch. Die Stadt ist berühmt für ihre Kunst- und Musikszene, angeheizt durch hervorragenden Espresso und mehr Restaurants pro Kopf als in New York. Eine Schar kleiner Brauereien hat sich mittlerweile ihren Platz in der Szene gesichert. Unruhig, aber auch gesellig, farbenfroh, aber oftmals ganz in Schwarz gekleidet, liebt Wellington das Unerwartete und Unkonventionelle. Das wechselhafte Wetter trägt zu dieser Wandlungsfähigkeit bei.

HOLGER LEUE / LONELY PLANET IMAGES ©

OLIVER STREWE / LONELY PLANET IMAGES ©

DAVID WALL / LONELY PLANET IMAGES ©

Kaikoura

5 Kaikoura (S. 469), einst von den Maori mit ihrer Vorliebe für Meeresfrüchte besiedelt, ist heute der beste Ort Neuseelands, um mit den und von den Meereslebewesen zu leben. Wenn es ums Verspeisen der Meeresfrüchte geht, stehen Langusten immer noch an erster Stelle, aber auf Angeltouren kann man auch ganz andere essbare Meereswunder an den Haken bekommen. Wale gehören definitiv nicht auf die Speisekarte, aber der Anblick der Verwandten von Moby Dick ist fast garantiert, wenn man auf eine Whale-Watching-Tour geht. Auch das Schwimmen mit Robben und Delfinen oder das Beobachten der vielen Vögel – darunter Albatrosse – sind beliebt.

DAVID WALL / LONELY PLANET IMAGES ©

Franz Josef & Fox Glaciers

6 Die spektakulären Gletscher Franz Josef (S. 534) und Fox (S. 539) sind aus vielen Gründen bemerkenswert, darunter die schnelle Zu- und Abnahme der Gletscher und ihre Nähe sowohl zu den höchsten Gipfeln der Southern Alps als auch zum Tasmanischen Meer. Mehrere kurze Wanderwege schlängeln sich zur zerborstenen Oberfläche der Gletscher (nah genug, dass man sich klein und unwichtig vorkommt). Man kann mit Führern auf dem Eis umherwandern. Die ultimative Begegnung mit dem Eis bietet ein Rundflug. Dort sind atemberaubende Ausblicke auf Mt. Cook, Westland Forest und den Ozean mit inbegriffen.
Franz Josef Glacier (S. 534)

Waitomo-Höhlen

7 Waitomo (S. 242) ist ein Muss: ein erstaunliches Labyrinth unterirdischer Höhlen, Schluchten und Flüsse, die den Kalkstein des nördlichen King Country durchbrechen. Floßfahrten durch finstere Höhlen locken am meisten, aber auch Grotten voller Glühwürmchen, unterirdisches Abseilen und mehr Stalaktiten und Stalagmiten, als man je an einem Ort gesehen hat. Die Stadt Waitomo besteht vornehmlich aus einem Pub, einem Café, einem Holiday-Park und einigen ganz anständigen B&Bs. Am attraktivsten ist da eindeutig die Unterwelt.

Bay of Islands

8 Türkisfarbenes Wasser glitzert in hübschen Buchten, Delfine treiben ihre Späße mit den Rudern der Boote, Orkas gleiten anmutig vorbei: Wahrscheinlich sind es diese Bilder, die die Besucher überhaupt erst nach Neuseeland gelockt haben, und hier in der Bay of Islands (S. 155) erlebt man diese Dinge hautnah. Egal, ob man nun ein harter Seebär oder ein überzeugtes Landei ist, hier gibt es Tausende Möglichkeiten, die rund 150 Inseln zu erkunden, die in dieser wunderschönen Bucht verstreut liegen.
Urupukapuka Island (S. 168)

7

AMOS CHAPPLE / LONELY PLANET IMAGES ©

8

MICAH WRIGHT / LONELY PLANET IMAGES ©

9

GARETH MCCORMACK / LONELY PLANET IMAGES ©

10

AMOS CHAPPLE / LONELY PLANET IMAGES ©

Tongariro Alpine Crossing

9 Mitten auf der Nordinsel bietet der Tongariro National Park (S. 309) eine außerirdisch anmutende Landschaft mit einer alpinen Wüste, in der drei rauchende Vulkane aufragen. Dieser Weg ist der Inbegriff dessen, was dieser Park zu bieten hat. Er führt um den Fuß zweier Berge herum und ermöglicht einen Blick in die Krater. Dahinter erstrecken sich leuchtend gefärbte Seen und die weite Ebene des Central Plateau. Genau deshalb wird diese Wanderung oft als eine der schönsten eintägigen Naturwanderungen der Welt bezeichnet.
Emerald Lakes (S. 312)

Rugby

10 Rugby ist Neuseelands Nationalsport und liebste Beschäftigung. Wer Glück hat, kann ein Ticket für ein Spiel der ehrwürdigen Nationalmannschaft All Blacks ergattern. Die „ABs" sind wie Götter auf Erden: Wer in einem Gespräch Richie McCaw oder Dan Carter erwähnt, gewinnt Freunde fürs Leben. Man kann einfach am Samstagmorgen Kindern beim Ballspielen auf einem Platz in einem Vorort zuschauen oder mit den Einheimischen zusammen vorm Bildschirm in einem Pub brüllen, wenn die kräftigen Männer im Spiel aufeinandertreffen.

Abel Tasman National Park

11 Hier gibt es Natur pur: üppig bewachsene grüne Hügel mit goldenen Sandbuchten, die sanft abfallen, bevor sie dann auf das kristallklare, himmelblaue Wasser treffen. Der Abel Tasman National Park (S. 494) ist ein typisches Postkartenparadies, wo man sich überall in immer anderen Posen für ein Foto aufstellen kann: beim Wandern, Kajakfahren, Schwimmen, Sonnenbaden oder sonstigen Beschäftigungen. Diese wunderschöne Ecke von Neuseeland legt die Messlatte sehr hoch. Abel Tasman Coast Track (S. 494)

Die Kultur der Maori

12 Die Kultur der Ureinwohner Neuseelands, der Maori (S. 754), ist erfahrbar und fesselnd: Man kann bei einem *haka* (Kriegstanz) mitmachen, bei einem traditionellen *hangi* (Festmahl der Maori, das in der Erde gegart wird) zulangen, einen Schmuckanhänger aus Knochen oder *pounamu* (Jade) schnitzen, einige Bruchstücke der Sprache erlernen oder eine Darbietung von Gesang, Tanz, Geschichten, Kunst und Kunsthandwerk erleben. Stadtmuseen und Regionalmuseen sind voller Kunstwerke und anderer alter Gegenstände der Maori.

Otago Peninsula

13 Die Otago Peninsula (S. 623) ist der lebendige Beweis dafür, dass es auf der Südinsel noch mehr Outdoor-Attraktionen gibt als die atemberaubende Landschaft. Vor der Kulisse mit zerklüfteten, versteckten Stränden und einem endlosen Horizont über dem Südpazifik trifft man häufig auf Pinguine, Seehunde und Seelöwen. Neben dem seltenen Gelbaugenpinguin (hoiho) gibt es noch andere Bewohner der Vogelwelt, wie den Königsalbatros. An Taiaroa Head findet man die weltweit einzige Festlandskolonie von Königsalbatrossen: Im Januar oder Februar kann man diese majestätischen Vögel am besten sehen.

Heaphy Track

14 Der bei Wanderern und mittlerweile auch Mountainbikern (vornehmlich im Winter) beliebte vier- bis sechstägige Heaphy Track (S. 502) bildet die Attraktion im Kahurangi National Park, der großen Wildnis, die sich in der Nordwestecke der Südinsel ausbreitet. Weitere Highlights sind die geheimnisvollen Gouland Downs und die surreale Nikaupalmenküste, wohingegen die Städte an den jeweiligen Enden – bei Golden Bay und Karamea – die Besucher auf den Boden der Tatsachen zurückbringen.

DAVID WALL / LONELY PLANET IMAGES ©

VARIO IMAGES GMBH & CO.KG / ALAMY ©

ANDREW BAIN / LONELY PLANET IMAGES ©

WILL SALTER / LONELY PLANET IMAGES ©

Central Otago

15 Hier kann man einige der schönsten Landstriche Neuseelands genießen. Per Fahrrad rollt man entspannt den Otago Central Rail Trail (S. 631) entlang in die historisch interessanten Städte der Südinsel wie Clyde und Naseby. In entlegenen Dorfkneipen wartet dann das wohlverdiente Bier oder ein erstklassiges Mittagessen in den Weingutrestaurants von Bannockburn. Andere Gaumenfreuden finden sich auf Cromwells wöchentlichem Bauernmarkt und bei der sommerlichen Steinobsternte in den besten Obstgärten des Landes.

Ski & Snowboard fahren

16 Neuseeland hat einige große Berge (S. 45), sodass man in der gesamten Wintersaison (Juni bis Oktober) garantiert irgendwo gute Schneeverhältnisse vorfindet. Die meisten berühmten Pisten befinden sich auf der Südinsel: Queenstown und Wanaka mit den Skiabfahrten am Coronet Peak, an den Remarkables und am Treble Cone sind äußerst beliebt. Zudem gibt es hier Reviere zum Snowboardfahren und Langlauf. Auf der Nordinsel bietet der Mt. Ruapehu die einmalige Chance, einen Vulkan herunterzufahren.
Coronet Peak (S. 47)

Queenstown

17 Queenstown (S. 649) mag als Geburtsstätte des Bungeespringens bekannt sein, doch Neuseelands Abenteuerstadt hat viel mehr zu bieten als Sprünge am Gummiseil. Vor dem zerklüfteten Profil der Gebirgskette der Remarkables können Reisende Ski fahren, wandern oder Mountainbike fahren, um dann am Abend in weltoffenen Restaurants zu speisen oder in einigen der besten Bars des Landes zu feiern. Am nächsten Tag kann man dann Drachenfliegen, Kajak oder Floß fahren oder einfach nur Ausflüge nach Arrowtown oder Glenorchy unternehmen.
Blick über Lake Wakatipu (S. 678)

Milford Sound

18 Mit Glück kann man Milford Sound (S. 705) an einem klaren, sonnigen Tag erleben. Nur dann zeigt sich das Zusammenspiel von Wasserfällen, grünen Klippen und Gipfeln und dunkelblauem Wasser von seiner besten Seite. Allerdings ist es wahrscheinlicher, dass man das Ganze in der für Fjorde typischen Mischung aus Dunst und Sprühregen antrifft, wenn die schemenhaften Umrisse des Mitre Peak nur mit Mühe auszumachen sind. Wie dem auch sei, man sollte ein wachsames Auge auf Seehunde und Delfine haben, besonders wenn man den Fjord mit dem Kajak erkundet.

17

CHRISTOPHER GROENHOUT / LONELY PLANET IMAGES ©

DAVID WALL / LONELY PLANET IMAGES ©

DAVID WALL / LONELY PLANET IMAGES ©

TranzAlpine

19 In weniger als fünf Stunden durchquert der *TranzAlpine* (S. 525) das Land vom Pazifischen Ozean bis zum Tasmanischen Meer. Von Christchurch aus saust der Zug über die Canterbury Plains zu den Ausläufern der Southern Alps. Nach einer Reihe von Tunneln und Viadukten geht es durch das Waimakariri Valley. Hinter dem 8,5 km langen Otira Tunnel erfolgt ein Halt im Dorf Arthur's Pass; dann gräbt die Strecke sich durch das Grundgestein des neuseeländischen Alpenrückens. Anschließend geht es bergab: durch das Tal des Taramakau River, vorbei an Lake Brun ner und ins verschlafene Greymouth.

Akaroa & Banks Peninsula

20 Das mit einer Prise französischer Atmosphäre gewürzte Akaroa (S. 572) umschließt einen der schönsten Häfen auf der Banks Peninsula. Delfine und Pinguine leben dort im klaren Wasser, das zudem ideal zum Segeln und Erkunden ist. Anderswo auf der Insel windet sich die Summit Road am Rand eines erloschenen Vulkans entlang, und viele Straßen schlängeln sich hinab zu versteckten Buchten. Man kann tagelang am Meer entlangwandern und Kajak fahren, um sich dann abends in schicken Bistros oder heimeligen B&Bs zu erholen.

Gut zu wissen

Währung

» Neuseeländischer Dollar (NZ$)

Sprachen

» Englisch, Maori und die neuseeländische Zeichensprache für Taubstumme

Reisezeit

Hochsaison
(Dez.–Feb.)

» Sommer: volle Strände, Outdoor-Aktivitäten, Festivals, Sportereignisse.

» Die Übernachtungspreise in großen Städten steigen.

» Die Hauptsaison in den Skigebieten ist naturgemäß im Winter (Juni–Aug.).

Zwischensaison
(März–April)

» Hauptreisezeit: gutes Wetter, wenig Betrieb, Kinder in der Schule, halbwegs warme Wassertemperaturen.

» Lange Abende bei einem Glas Wein oder Bier aus hauseigenen Brauereien.

» Der Frühling: Sept.–Nov.

Nachsaison
(Mai-Aug.)

» Zum Skifahren in die Southern Alps.

» Keine Massen, gute Übernachtungspreise, leere Lokale.

» Strandorte wirken jetzt oft etwas verschlafen.

Tages-Budget

weniger als

130 NZ$

» Schlafsaalbett oder Campingplatz: 25–35 NZ$ pro Nacht

» Für Selbstversorger Angebote auf den Märkten

» Mit einem preiswerten Busticket auf Tour

Mittelteuer

130–250 NZ$

» Doppelzimmer in einem Mittelklasse-Hotel/-Motel: 100–180 NZ$

» Mittelklasse-Restaurants, ein Kinobesuch oder eine Live-Band und ein paar Bier

» Auto ausleihen

Teuer – über

250 NZ$

» Doppelzimmer im Luxushotel: ab 180 NZ$

» Drei-Gänge-Menü in einem erstklassigen Restaurant: 70 NZ$

» Führungen mitmachen, einkaufen oder in eine Bar gehen

Geld

» Besonders in größeren Städten sind Geldautomaten sehr verbreitet. Kreditkarten werden in den meisten Hotels und Restaurants akzeptiert.

Visa

» Bürger aus Deutschland, Österreich und der Schweiz brauchen kein Visum für Neuseeland (es gibt Sonderregelungen für Langzeitaufenthalte). Siehe unter www.immigration.govt.nz

Handys

» Europäische Mobiltelefone funktionieren im neuseeländischen Netz. Roaming ist also möglich; die Alternative ist eine neuseeländische SIM-Karte oder eine Prepaid-Card.

Auto fahren

» Linksverkehr; das Steuer befindet sich auf der rechten Seite im Wagen.

Infos im Internet

» **100% Pure New Zealand** (www.newzealand.com) Offizielle Website.

» **Department of Conservation** (www.doc.govt.nz) Infos zu Parks/Campingplätzen des DOC.

» **Lonely Planet** (www.lonelyplanet.com/new-zealand) Tipps von Reisenden.

» **Destination New Zealand** (www.destination-nz.com) Tourismus-Website.

» **Living Landscapes** (www.livinglandscapes.co.nz) Veranstalter für Maori-Reisen.

» **DineOut** (www.dineout.co.nz) Restaurantempfehlungen.

Wechselkurse

Eurozone	1 €	1,54 NZ$
Schweiz	1 SFr.	1,28 NZ$
USA	1 US$	1,23 NZ$

Aktuelle Wechselkurse im Internet unter www.xe.com.

Wichtige Telefonnummern

Reguläre Telefonnummern in Neuseeland haben eine zweistellige Vorwahl, gefolgt von einer siebenstelligen Durchwahl. Selbst wenn man innerhalb einer Region telefoniert, muss man die Vorwahl mitwählen. Bei Anrufen aus dem Ausland die vordere 0 weglassen.

Landesvorwahl Neuseeland (von Europa aus)	☎0064
Notruf (Krankenwagen, Feuerwehr, Polizei)	☎111
Telefonauskunft	☎018
Internationale Telefonauskunft	☎0172

Ankunft in Neuseeland

» **Auckland International Airport**
Airbus Express –24 Std.
Shuttlebus – 24 Std., von Tür zu Tür
Taxi – ca. 70 NZ$; 45 Min. zur Innenstadt
Siehe auch S. 110

» **Wellington Airport**
Bus – Airport Flyer von 6 bis 21.30 Uhr
Shuttlebus – 24 Std., von Tür zu Tür
Taxi – ca. 30 NZ$; 20 Min. zur Innenstadt
Siehe auch S. 435

» **Christchurch Airport**
Bus – City Flyer von 7.15 bis 21.15 Uhr
Shuttlebus – 24 Std., von Tür zu Tür
Taxi – 50 NZ$; 25 Min. bis zur Innenstadt
Siehe auch S. 569

Unterwegs in Neuseeland

Das Busnetz und einige günstig gelegene Zugverbindungen überziehen das Land, aber am schönsten, schon allein wegen der Flexibilität und Freiheit, ist ein Wohnmobil oder Leihwagen. Ein Blick auf die Karte suggeriert, dass es nicht lange dauern kann, um von A nach B zu kommen, aber man sollte dabei bedenken, dass viele Straßen nur zweispurige Landstraßen sind, die sich kurvenreich durch hügeliges und bergiges Gelände schlängeln. Somit sollte man, wo immer man auch hinfährt, genügend Zeit einplanen. Und warum sollte man sich auch abhetzen? Mit Ruhe und Bedacht sieht man viel mehr vom Land: kleine, abgelegene Städtchen oder Zwischenstopps für einen Sprung ins Wasser, ein Surfabenteuer oder ein Bier. Man sollte immer ein gutes Taschenmesser für das spontane Picknick dabei haben, denn oft gibt es Verkaufsstände mit Lebensmitteln am Straßenrand.

Was gibt's Neues?

Für diese neue Auflage des Reiseführers haben sich unsere Autoren um die frischesten, aktuellsten, angesagtesten und heißesten Tipps bemüht. Hier sind nur einige unserer Top-Favoriten. Brandneue Empfehlungen gibt es unter www.lonelyplanet.com/new-zealand

Mountain Biking, Queenstown

1 Einige neue Strecken und die Eröffnung des Queenstown Bike Park (mit Fahrradtransport an der Gondel) machen die Stadt der Abenteuertouristen und Extremsportler auch zu einem Zentrum für Mountainbiker auf der Südhalbkugel (S. 656).

Auckland Art Gallery

2 Diese wunderbare Sammlung, die mehr als 15 000 Kunstwerke beherbergt, ist nach aufwendiger Renovierung u.a. mit einem neuen Flügel wiedereröffnet worden (S. 69).

Wallace Arts Centre, Auckland

3 Ausgezeichnete neue Galerie (kostenloser Eintritt!) für zeitgenössische Kunst in einem herrschaftlichen Wohnhaus in Hillsborough, wenige Kilometer südlich vom Stadtzentrum (S. 81).

Addington, Christchurch

4 Willkommen im angesagtesten und aufregendsten Viertel von Christchurch – nach dem Erdbeben. Das vormals verschlafene Addington lockt mit neuen Cafés, Restaurants, Theatern und Livemusik (S. 529).

Don Stafford Wing, Rotorua Museum

5 Dieser neue, nach dem ehemaligen Kurator benannte Erweiterungsbau beherbergt acht komplexe interaktive Sammlungen, die dem Volk der Te Arawa von Rotorua gewidmet sind (S. 327).

Craft Beer Trail, Nelson

6 Dem sonnenreichen Nelson gebührt der Titel der Brauereihauptstadt von Neuseeland – auf dem Craft Beer Trail kann man sich mit allen Sinnen davon überzeugen (S. 484).

Hawke's Bay Coastal Cycle Trail

7 Was der Hawke's Bay an goldenem Sand fehlt, macht sie inzwischen durch Radwege wett. Ein schönes Beispiel ist die Küstenstrecke von Bayview nach Clifton (S. 369).

Wynyard Quarter, Auckland

8 Das ehemals „Western Reclamation" genannte Stadtgebiet liegt am Wasser und wurde aufgepeppt; heute lockt das schicke Wynyard Quarter mit Bars, Cafés und öffentlichen Plätzen, u.a. mit einer Verbindung zum Viaduct (S. 73).

Steampunk HQ, Oamaru

9 Die exzentrische Kunstgalerie beherbergt unter einem Dach ein Sammelsurium an Exponaten aus viktorianischer Zeit und des Industriedesigns; das Steampunk HQ präsentiert auch das historische Erbe von Oamaru (S. 638).

New Zealand Rugby Museum

10 Ein absolutes Muss für Freunde des Rugby; dieses Museum in Palmerston North ist absolut besuchenswert (S. 284).

West Coast Wildlife Centre, Franz Josef

11 Hier kommt man dem Kiwi sehr nahe (dem Vogel wohlgemerkt!); man erfährt viel über Tierschutz, Aufzucht und Pflege (S. 534).

Te Manuka Tutahi Marae, Whakatane

12 Das entspannte Whakatane besitzt heute ein wunderschönes neues *marae* (Versammlungshaus). Das direkt an der Hauptstraße gelegene Kulthaus stammt von 1875, aber es hat lange gebraucht, um das, was dahintersteckt, möglich zu machen (S. 361)!

Wie wär's mit …

Städte

Neuseeland hat einen hohen Urbanisierungsgrad (86 %): 72 % der Neuseeländer leben in den 16 größten Städten, allein ein Drittel lebt im Ballungsraum Auckland. Was kann man daraus folgern? Die Städte müssen sehr attraktiv sein: mit Cafés, Restaurants, Bars, Boutiquen, Büchereien, Museen, Kunstgalerien etc.

Auckland Sydney für Anfänger? Besser gesagt „Seattle minus Regen", dazu kommt die vitale südpazifische Kultur (S. 68).

Wellington Alle Verlockungen, die man in einer Hauptstadt erwarten kann – und das in einer Großstadt. (S. 412)

Christchurch Wiederauferstanden nach den jüngsten Erdbeben, energie- und schwungvoll – was größtenteils der Entschlusskraft und der Ausdauer der stolzen Einwohnerschaft zu verdanken ist (S. 548).

Dunedin Kunstbeflissenheit und ein feuchtfröhliches Ambiente (so viele Studenten!); die nahe Otago Peninsula eignet sich sehr gut für die Wildtierbeobachtung (S. 609).

Hamilton Die viertgrößte Stadt Neuseelands ist nicht gerade ein Touristenmagnet, aber die Bars, die Restaurants, die Museen und der Waikato River.

Extremsport

Es ist nicht sicher, ob diese Beschäftigung erst entwickelt wurde, um Touristen anzulocken, oder ob man sie der speziellen Kiwi-Mentalität zuschreiben soll: Extremsportarten gehören heute zu einem Neuseeland-Aufenthalt dazu.

Queenstown Bungy Am Shotover Canyon Swing oder Nevis Highwire Bungy in die Tiefe stürzen (S. 654).

Sky Walk & Sky Jump, Sky Tower Adrenalingeladene Extremsportart mitten in der City von Auckland (S. 83).

Skydive Franz Josef Im freien Fall aus etwa 6000 m Höhe geht es abwärts. Wahnsinn! Der höchste Fallschirm-Tandemsprung in Neuseeland (S. 535).

Waitomo Black Water Rafting Ausgerüstet mit einem Neoprenanzug, einer Rettungsweste und einem Helm mit Lampe gleitet man auf einem unterirdischen Höhlenfluss dahin (S. 243).

U-fly Extreme Mit dem Leichtflugzeug am Himmel über Motueka genießt man die fantastische Aussicht. Man kann sich auch als Pilot versuchen, denn die Flugzeuge haben Doppelsteuerung – und natürlich einen echten Piloten an Bord (S. 488).

Geschichte

Die Geschichte des Staates Neuseeland ist nur wenige Jahrhunderte alt, die Maori dagegen leben hier bereits seit dem 13. Jh.

Waitangi Treaty Grounds In der Bay of Islands wurde der umstrittene Vertrag von Waitangi von den Maori-Häuptlingen und dem Vertreter der britischen Krone unterzeichnet (S. 164).

Dunedin Railway Station Über 100 Jahre alt; die Wände sind mit Mosaiken versehen, die Fenster mit Glasmalereien – eines der meistfotografierten Gebäude Neuseelands (S. 610).

Oamaru Historic Precinct Ein wunderbar restauriertes Gebäude aus hellem Kalkstein; heute beherbergt es Kunstgalerien, Restaurants und Kunsthandwerksläden (S. 637).

Te Papa Wellingtons Schatz – ein Museum, in dem die Geschichte der Maori und Pakeha lebt und wach gehalten wird; das Haus besitzt die Form eines Tintenfisches (S. 420).

Whanganui River Road Auf der Fahrt am behäbig dahinfließenden Whanganui River entlang passiert man Ortschaften der Maori und lichte Laubwäldchen, Überbleibsel ehemaliger, aufgegebener Farmen der Pakeha (S. 278).

RICHARD CUMMINS / LONELY PLANET IMAGES ©

» Te Papa (S. 420; Wellington), entworfen von Jasmax Arc

Maorikultur

Kurz nach der Landung wird man feststellen, wie bedeutsam und erlebbar die indigene Maori-Kultur in der heutigen Gesellschaft von Neuseeland ist: Sprache, Musik, Kunst und Handwerk, Aufführungen, Tattoos und natürlich Rugby.

Rotorua Folkloristische Aufführungen an einem von mehreren Veranstaltungsorten: Dort erlebt man einen *haka* (Kriegstanz) und ein *hangi* (Maori-Festessen) mit traditionellen Gesängen, Tanz, Folklore und Geschichtenerzählen (S. 328).

Shark Nett Gallery Liegt ein wenig verborgen in Havelock und ist eine der größten Sammlungen von Maori-Schnitzarbeiten in Neuseeland (S. 462).

Footprints Waipoua Den umwerfend schönen Waipoua Kauri Forest an der Westküste von Northland mit einem Maori-Führer erkunden (S. 186).

Te Ana Maori Rock Art Centre In Timaru erfährt man viel über die traditionellen Steinmetzarbeiten der Maori, bevor man die entlegenen Stätten bei South Canterbury erkundet (S. 586)

Kotuku Gallery Schnitzerei als Erzählkunst: In Whataroa an der Westküste der Südinsel gibt es herrlichen Nephrit-Jade- und Knochenschmuck (S. 532).

Museen

Nach all den Weingütern, Stränden und Bars wirkt ein entspannter Museumsbesuch wahre Wunder – und unglaublich beruhigend.

Auckland Museum Das Gebäude im Stil eines klassischen griechischen Tempels birgt eine vorzügliche Sammlung an Artefakten der Maori und der Völker Ozeaniens; empfehlenswerte Führungen (S. 77).

Canterbury Museum Eines der wenigen Baudenkmäler, das die Erdbeben von Christchurch unbeschadet überstanden hat: faszinierende Exponate zur Maori-Kultur und Naturgeschichte (S. 549).

Te Papa Das landesweit größte und beste Museum befindet sich in Wellington – über alle Maßen gut (S. 420).

Puke Ariki Das Museum im schicken Hafenviertel von Plymouth beherbergt zahlreiche Ausstellungen über die Maori, die Kolonialzeit und die Natur – und ein tolles Café (S. 254).

World of WearableArt & Classic Cars Museum Das WOW in Nelson ist beliebt wie eh und je – sowohl bei Frauen als auch bei Männern. Denn neben Mode kann man nebenan auch Autos, vor allem klassische Modelle bzw. Oldtimer, bewundern (S. 481).

Wandern

Neuseeland ist als Wanderparadies bekannt. Die neun „Great Walks", die wichtigsten Wanderwege des Landes, werden vom Department of Conservation (DOC) verwaltet. Aber man muss ja nicht gerade ein Sir Edmund Hillary sein, denn auch auf kurzen Wanderungen lässt sich die Wildnis erleben.

Milford Track Der wohl berühmteste der Great Walks: Auf 53,5 km gibt es großartige Fjorde, Buchten, Berggipfel – und Regentropfen (S. 703).

Cape Reinga Coastal Walkway Die 53 km lange Route führt durch Northland und besteht aus mehreren kurzen Abschnitten (S. 178).

Banks Peninsula Track Die 35 km lange Viertagetour (die Sportliche in zwei Tagen abhaken) geht um die buchtenreiche Banks Peninsula, südöstlich von Christchurch (S. 574).

Mt Taranak-Wanderweg Man kann um den Berg herum wandern oder ihn besteigen, aber auch eine mehrstündige Wanderung auf den Berghängen kann sehr reizvoll sein (S. 248).

Robert Ridge & Lake Angelus Liegt im Nelson Lakes National Park – mit einem bezwingbaren Gipfel und einem zauberhaften Bergsee (S. 485).

Wie wär's mit ... Mountainbiken?
Keinesfalls verpassen sollte man die Wahnsinnsfahrt durch den Redwoods Whakarewarewa Forest, außerhalb von Rotorua (S. 343).

Wie wär's mit ... Surfen?
Das Board gewachst und auf den Surf Highway 45 südlich von New Plymouth (S. 256).

Pubs, Bars & Bier

Es sind manchmal die ganz einfachen Dinge, an die man sich nach dem Urlaub gern erinnert: ein Sonnenuntergang, ein Gespräch, ein Sprung ins Meer, ein kühles Bier am Ende einer langen Tagestour ...

Braugaststätten in Wellington Malthouse und Hashigo Zake sind nur zwei von einem guten Dutzend Braugaststätten in der neuseeländischen Hauptstadt – ob das hier etwas mit den sprichwörtlich durstigen Politikern zu tun hat? (S. 431)

Hood St Precinct In der Hamilton's Hood Street und der Victoria Street gibt es zusammen mehr Pubs, Bierlokale und Bars, als man in einem einzigen Urlaub besuchen kann (S. 225).

Bars in Dunedin Eureka, Albar, Tonic und Inch Bar: vier großartige Bars in Neuseelands bedeutendster Universitätsstadt (S. 618).

Mussel Inn Einen Abend in dem kleinen Ort Takaka bei Livemusik und einheimischen Gebräu verbringen (S. 502).

Moutere Inn Im Jahr 1850 gegründet und damit das wohl älteste Pub Neuseelands – dies allein ist schon Grund genug, um diese Kneipe zu besuchen (S. 488).

Erlebnis Essen

In Neuseeland gibt es mittlerweile mehr als die früher so fleischhaltigen Speisen und die üblichen drei vegetarischen Gerichte: Heutzutage bekommt man alles, von simplen Gerichten bis zur gehobenen Küche – mit frischen regionalen Zutaten.

Restaurantbesuche in Auckland Geht es um feines Essen, Cafés und Delikatessen, dann hat Auckland weitaus mehr als nur Kuchen anzubieten, nämlich beispielsweise Bouillabaisse, Lammkotelett, Fischpasteten ... (S. 97)

Winzerrestaurants in Central Otago In herrlicher Lage gibt es besten Wein und vorzügliche Küche (S. 629).

Kiwifrüchte in der Bay of Plenty Ein Dutzend flaumige, reife und köstliche Kiwifrüchte kann man an Straßenständen bereits für etwa 1 NZ$ erstehen (S. 359).

Hokitika Wildfoods Festival Nichts für Zartbesaitete, denn hier gibt es u.a. Insekten zu essen. Für viele ein Riesenspaß! (S. 527)

Original Kaikoura Seafood BBQ Super Fischbude: Hier gibt es leckere Sardinen, Heringe, Muscheln, *paua* (Seeohren) oder Flusskrebse – heiß und superfrisch (S. 473).

Weinanbaugebiete

Im letzten Jahrzehnt konnte Wein aus Neuseeland weltweit einen Siegeszug antreten: Saubere Umwelt, reichlich Sonnenschein, vulkanische Böden und leidenschaftliche Winzer sind die Gründe für die Tropfen, die sich mit den weltbesten Weinen messen können.

Marlborough Die größte und beste Weinregion des Landes hält einen superben Sauvignon Blanc bereit (S. 466).

Martinborough Das kleine, aber feine Weinanbaugebiet eignet sich vortrefflich für einen Tagesausflug von Wellington aus: Hier gibt es einen süffigen Pinot Noir (S. 442).

Waiheke Island Das Lieblingsziel für Wochenendausflügler aus Auckland. Hier herrscht ein heißes, trockenes Mikroklima – perfekt für Bordeaux-ähnliche Rot- und Roséweine (S. 113).

Gibbston Valley Empfehlenswert ist die Begehung der Weingärten, die in diesem von einem mäandrierenden Fluss durchströmten Tal unweit von Queenstown liegen (S. 696)

Waipara Valley Einen Katzensprung von Christchurch entfernt liegen ausgezeichnete Weingüter mit einem guten Riesling (S. 580).

MICHAEL GEBICKI / LONELY PLANET IMAGES ©

» Cathedral Cove (S. 207), Hahei, Coromandel Peninsula

Märkte

Märkte sind hier der Renner – der Appetit auf einheimische Produkte, ob nun Lebensmittel oder Kunsthandwerk, ist riesengroß. Sie sind natürlich auch ideale Treffpunkte, Freunde zu treffen oder um sich zu entspannen.

Dunedin Farmers Market Obst und Gemüse, Dunedins Green-Man-Bier, kräftiger Kaffee und hausgemachte Pies (S. 618).

Nelson Market Ein großer, geschäftiger Wochenmarkt; hier findet man alles von Doris' traditionellen Bratwürsten bis zu New-Age-Klamotten (S. 477).

Otara Market Multikulturell und quirlig; samstagmorgens quillt der Otara Market in Auckland über vor Kunst und Kunsthandwerk, Mode und Lebensmitteln. Auch die polynesische Gemeinde der Stadt präsentiert sich hier (S. 108).

River Traders Market Der Markt am Flussufer von Whanganui findet traditionell am Samstagmorgen statt: An mehr als 100 Ständen werden Waren feilgeboten (S. 276).

Harbourside Market Den Obst- und Gemüsemarkt von Wellington muss man unbedingt gesehen haben; auf diesem Stadtmarkt findet sich auch nettes Kunsthandwerk (S. 428).

Strände

Neuseelands endlos lange Küsten locken mit Sonne, Surfen und Sand (oft vulkanischen Ursprungs). Die Sommermonate eignen sich am besten für den Urlaub, denn außerhalb der Sommersaison sind die Wassertemperaturen etwas niedriger.

Karekare Ein Strand aus schwarzem Sand westlich von Auckland und ein anspruchsvolles Surfgebiet (Eddie Vedder wäre hier beinahe ertrunken). Also Vorsicht! (S. 129)

Hahei Berühmter Strand an der Coromandel Peninsula, mit obligatorischem Abstecher zur Cathedral Cove (S. 207).

Wainui An der Ostküste der Nordinsel: Surfen, Sandburgen, Sonnenschein ... An diesem Strand kann man so richtig faulenzen (S. 382).

Wharariki Beach Kein Parkplatz, keine Eisbude, keine Badeanzüge ... Dieser abgelegene Streifen unweit vom Farewell Spit ist ideal für Wanderer und Träumer (S. 501).

Manu Bay Neuseelands berühmtester Surfspot (schon *Endless Summer* gesehen?) liegt südlich von Raglan. Hier gibt es nur wenig Sand, aber das ist auch nicht der Grund, warum man hierher kommt (S. 230).

Ski fahren

Skihase? Tiefschnee-Wedler? Pistengott? Was immer man auch ist oder hier sucht, auf Neuseeland wird kein Skifahrer enttäuscht werden. Die Südinsel verfügt über Hunderte von Weltklassepisten, aber auch auf der Nordinsel gibt es einige gute.

Treble Cone Hier findet man alles, von der schwierigen Abfahrtsstrecke über Snowboard-Halfpipes bis zu Langlaufloipen; unweit der Cadrona Snow Farm, 26 km von Wanaka entfernt (S. 659).

Whakapapa & Turoa Das beste Skigebiet auf der Nordinsel befindet sich am Mt. Ruapehu im Tongariro National Park und ist von Taupo aus gut erreichbar (S. 310).

Canterbury Vom Après-Ski-Trubel am Mt. Hutt und Methven zu den kleineren Skigebieten wie Ohau, Round Hill, Porters und Broken River (S. 49).

Coronet Peak Das älteste Skigebiet in der Umgebung von Queenstown liegt gerade einmal 18 km von der Stadt entfernt; Nachtabfahrten am Freitag und Samstag (S. 659).

Snowpark NZ Der Snowboardpark, etwa 36 km von Wanaka entfernt, besitzt mehr Strecken als der berühmte Orient Express (S. 659).

Monat für Monat

Top-Events

1 **National Jazz Festival,** April

2 **New Zealand International Sevens,** Februar

3 **World of WearableArt Award Show,** September

4 **Marlborough Wine Festival,** Februar

5 **World Buskers Festival,** Januar

Januar

Nach der Silvesternacht reibt Neuseeland sich die Augen, sammelt sich und macht sich bereit für das kommende Jahr. Super Wetter, die Cricket-Saison ist in vollem Gang und die Einheimischen genießen die Ferien.

Festival of Lights

Der Pukekura Park (S. 255) von New Plymouth wird ohnehin schon als „Juwel" und „Schmuckstück" bezeichnet, aber auf diesem Festival funkelt es in der Tat, er hat seinen Beinamen also wirklich verdient. Denn im Januar wird der Garten in ein zauberhaftes Licht getaucht: Die Wege leuchten und die Bäume sind mit Tausenden von Lämpchen geschmückt. Es gibt Livemusik, Tanz und Vorstellungen für Kinder.

World Buskers Festival

Christchurch kann offenbar etwas Aufheiterung gebrauchen: Auf diesem Festival sieht man Gaukler, Zauberkünstler, Puppenspieler, Pantominen und Tänzer (www.worldbuskersfestival.com). Also, ab ins Gewühl und schauen, was gerade auf der Bühne los ist. Doch Vorsicht: Wer nicht auf Zuschauerbeteiligung steht, sollte dem Geschehen fernbleiben …

Februar

Die Sonne scheint, die Kinder haben immer noch Ferien und der Sauvignon Blanc liegt griffbereit im Kühlschrank: Ganz Neuseeland nähert sich dem Höhepunkt der Festival- und Party-Saison. Rechtzeitiges Buchen von Festivaltickets (und Hotelzimmern) ist ratsam.

Waitangi Day

Am 6. Februar 1840 unterzeichneten Maori und Briten den Vertrag von Waitangi. Noch heute ist der Waitangi Day ein neuseeländischer Feiertag. In Waitangi (Bay of Islands) wird der Feiertag aber besonders groß mit Führungen, Konzerten, Marktständen und Familienunterhaltung begangen.

Marlborough Wine Festival

Neuseelands größtes und bestes Weinfest (www.wine-marlborough-festival.co.nz) wird bestückt von rund 50 Marlborough-Weingütern mit zahlreichen Weinständen, Snackbuden und Entertainment. Ein Besuch ist Pflicht (meistens an einem Samstag am Beginn des Monats). Ein echtes Fest für Freunde des Sauvignon Blanc!

New Zealand International Arts Festival

An Kunst interessiert? Dieses einmonatige Spektakel (www.festival.co.nz) findet von Februar bis März (in geraden Jahren) in Wellington statt. Neuseelands Kulturhauptstadt ist geradezu kunstbegeistert: Theater, Tanz, Musik und die bildenden Künste werden hier geliebt und gefördert. Häufig treten internationale Künstler auf, z. B. das National Theatre of Scotland, Hofesh Shechter oder Bon Iver.

Te Matatini National Kapa Haka Festival

Dieser fesselnde *haka*-Wettbewerb (im Kriegstanz) der Maori findet alle ungeraden Jahre im Februar statt. Zum Programm gehören u. a. wildes Gestikulieren, Augenrollen und das Herausstrecken der Zunge.

Die Veranstaltung findet jedesmal an einem anderen Ort statt (siehe hierzu www.tematatini.co.nz); 2013 wird es Rotorua sein. Neben *haka* gibt es auch noch traditionelle Gesänge, Tanz, Geschichtenerzählen und andere Vorstellungen.

Fringe NZ

Musik, Theater, Comedy, Tanz, bildende Künste etc. Aber es sind nicht die konventionellen Darbietungen, die man beim New Zealand International Arts Festival vorgeführt bekommt: Sie sind ungewöhnlich, avantgardistisch, kontrovers, ausgefallen und unorthodox – das trifft nicht unbedingt jedermanns Geschmack (www.fringe.org.nz). Trotzdem großartig!

Splore

Splore (www.splore.net) ist ein innovatives Sommerfest im Freien im Tapapakanga Regional Park auf der Coromandel Peninsula, südöstlich von Auckland. Zeitgenössische Musik, Darbietungen auf der Bühne, bildende Künste, Schwimmen, Pohutukawa-Bäume etc. Nicht vergessen: Sonnenmilch, Hut und eine Flasche Wasser.

New Zealand International Sevens

Es ist zwar nicht Rugby-Saison, aber im Februar treffen sich sieben der besten Rugby-Teams der Welt zu einem Wettkampf in Wellington (www.sevens.co.nz): Fans aus Australien, Wales und Südafrika, aber auch von den Cook Islands, aus Kenia und aus Kanada kommen eigens deshalb hierher. Eine großartige Gelegenheit, um Party zu machen!

März

Im März wird es bereits herbstlich. Es ist Erntezeit auf den Weingütern und auf den Obstplantagen (Saisonarbeiter werden stets gesucht). Lange dämmrige Abende und zahlreiche Festivals füllen den Kalender. Für die Einheimischen beginnt die Nachsaison.

Wildfoods Festival

Wie wäre es mit Würmern, Hasenhoden oder Krabben? Auf solche Herausforderungen muss man sich auf diesem Food-Festival in Hokitika einstellen (S. 527). Das ist nichts für empfindliche, sondern nur etwas für hartgesottene Mägen. Aber es macht auch einfach nur Spaß, da zu sein und das Angebot und das Treiben zu beobachten. Außerdem gibt es viele ausgezeichnete Getränke, um die ungewöhnlichen „Speisen" hinunterzuspülen.

WOMAD

Einheimische und internationale Musik, Kunst- und Tanzaufführungen (World of Music, Arts and Dance) füllen die Bowl of Brooklands in New Plymouth (www.womad.co.nz). Das World-Music-Festival wurde maßgeblich von Peter Gabriel beeinflusst. Es ist meistens nicht so laut – ideal für Familien.

Pasifika Festival

Rund 140 000 Maori sowie zahlreiche Tonganer, Samoaner, Cook Islander, Niueaner, Fidschianer und andere Völker Ozeaniens finden sich in Auckland ein, wo die größte polynesische Gemeinde weltweit lebt. Hier auf diesem alljährlich stattfindenden Festival im Western Springs Park pulsiert die Kultur des Südpazifiks (www.aucklandcouncil.govt.nz).

April

Der April ist der richtige Reisemonat für erfahrene und vorausschauende Neuseelandbesucher, denn im Ozean kann man noch baden und das Wetter ist noch angenehm mild – vor allem wenn man dann auch nur einer unter wenigen Besuchern ist. Allerdings sind die Unterkünfte in der Osterzeit überall teuer.

National Jazz Festival

Alljährlich zu Ostern ist Tauranga der Schauplatz für das längste Jazzfestival (www.jazz.org.nz) auf der südlichen Hemisphäre. Das Line-up ist jedesmal beeindruckend (Kurt Elling, Keb Mo). Zur Stärkung gibt es ausgezeichnetes Essen und vorzügliche Weine aus Neuseeland.

Mai

Die schönen Herbsttage neigen sich dem Ende zu und auch die Partynächte liegen schon länger zurück. Ein frostiger Kiwi-Winter steht vor der Tür. Gott sei Dank gibt es das Comedy Festival! Es ist auch die letzte Möglichkeit, Fiordland und Southland bei noch erträglichem Wetter aufzusuchen. Bauernmärkte haben nun Hochkonjunktur.

Oben: Maori-Frauen tanzen einen *kapa haka* während der Feierlichkeiten zum Waitangi Day
Unten: Mitglieder einer polynesischen Gruppe repräsentieren Tonga auf dem Pasifika Festival

New Zealand International Comedy Festival

Drei Wochen lang lachen, lachen und nochmals lachen – und das (www.comedyfestival.co.nz) an verschiedenen Orten in Auckland, Wellington und diversen Regionalstädten: von Whangarei bis Invercargill und in allen mittelgroßen Orte dazwischen. International bekannte Comedians (Arj Barker, Danny Bhoy) treten neben hoffnungsvollen Talenten auf (was macht eigentlich Jermaine Clement?).

Juni

Ab in den Süden! Die Skisaison hat begonnen, vor allem in Queenstown und Wanaka. Für alle anderen gilt: hoch in den Norden. In der Bay of Plenty ist es immer sonnig. Warum wird Northland eigentlich so unterschätzt?

Matariki

Das Neujahr der Maori wird eingeläutet mit dem Aufgang des Matariki (bekannt auch als Plejaden) im Mai bzw. mit dem Neumond im Juni. Das ist eine Zeit der Besinnung, aber auch für Musik, Film, Gemeinschaftstreffen und das Bäumepflanzen, besonders rund um Auckland und Northland (www.tepapa.govt.nz).

New Zealand Gold Guitar Awards

We Country oder Western? Egal, hier wird beides gespielt. Die Auszeichnungen (www.goldguitars.co.nz) werden in Gore vergeben, wo eine Woche lang Country-Klänge zu hören sind. Zahlreiche Konzerte und Straßenkünstler.

Juli

Wellingtons Einwohner krempeln nun den Kragen hoch, frieren und hocken lieber in Buchhandlungen herum als unterwegs zu sein. In Auckland ist es nicht so schlimm. Es ist Skisaison, und wenn es in Queenstown überfüllt ist, dann fährt man auf die Nordinsel zum Mount Ruapehu.

Queenstown Winter Festival

Dieses Schneefestival (www.winterfestival.co.nz) auf der Südinsel gibt es nun schon seit 1975. Es lockt rund 45 000 Skibegeisterte an. Die zehn Tage dauernde Party erfreut mit Feuerwerk, Jazz, Straßenparaden, Comedy, Maskenball und jeder Menge Wintersport auf den Berghängen.

New Zealand International Film Festival

Nachdem es bereits Filmfestivals (www.nzff.co.nz) in Wellington, Auckland, Dunedin und Christchurch gibt, wird eine Auswahl an Streifen zwischen Juli und November auch in kleineren Städten gezeigt (Filmfans in Greymouth und Masterton jagt es schon wohlige Schauer über den Rücken).

Russell Birdman

Birdman-Rallies sind typisch für die 1980er-Jahre, aber sie sind trotzdem sehr lustig. Bei diesem hier in Russell (www.russellbirdman.co.nz) trotzen einige Verrückte – für kur-

PAUL KENNEDY / LONELY PLANET IMAGES ©

Oben: Purpurrote November-Blüten eines Pohutukawa-Baums
Unten: Mit dem Fahrrad durch einen Weingarten bei Martinborough, Waiarapa-Region

OLIVER STREWE / LONELY PLANET IMAGES ©

ze Zeit – der Schwerkraft und stürzen sich mit ihren selbst gebastelten fliegenden Kisten ins Wasser. Bonuspunkte gibt es, wenn man Russell heißt.

August

Außerhalb der Wintersportorte kann man jetzt günstig an Übernachtungsmöglichkeiten kommen. Der Winter ist beinahe vorüber, doch unter freiem Himmel gibt es nur wenige Events: Musik und Kunst sind die Rettung – oder eben die Lieblingssportart der Neuseeländer: Rugby!

Taranaki International Arts Festival

Unterhalb der verschneiten Hänge des Mt. Taranaki herrscht im August eine Zeit der Ruhe und des Kräftesammelns. Allerdings nicht für lange: Dieses schwungvolle Kulturfestival (www.taft.co.nz/artsfest) vertreibt den Winter aus New Plymouth – mit jeder Menge Musik, Theater, Tanz, Kunst und Paraden.

Jazz & Blues Festival

Manche Leute sind der Ansicht, dass man in der Bay of Islands außer Sonnenbaden allenfalls noch Delfine beobachten kann. Das ist nicht ganz richtig, denn im Spätwinter gibt es schließlich dieses tolle kleine Festival (www.jazz-blues.co.nz).

September

Der Frühling ist da. Die fantastische und überraschende World of WearableArt Award Show ist immer wieder großartig. Und vielleicht wird jemand ja mal Canterbury im alljährlichen ITM-Rugby-Pokalfinale schlagen?

World of WearableArt Award Show

Das bizarre zweiwöchige Event in Wellington (www.worldofwearableart.com) präsentiert erstaunliche handgeschneiderte Bekleidung. Einige der Stücke werden später im World of WearableArt & Classic Cars Museum in Nelson ausgestellt (Cadillacs und Miederwaren!).

Auckland International Boat Show

Aucklands Hafen quillt über von Segelbooten und sonstigen Wasserfahrzeugen (www.auckland-boatshow.com). Mit Städten wie Sydney oder San Diego kann sich die Stadt zwar nicht messen, aber Auckland zählt immerhin zu den weltweiten bedeutendsten Häfen für Segelsport.

Oktober

Auf Rugby folgt Cricket – dazwischen ist für Sportfans Däumchendrehen angesagt. Aber vielleicht kann Kaikoura für Abwechslung sorgen? Im Rest von Neuseeland herrscht im Oktober Zwischensaison – günstige Übernachtungsmöglichkeiten, wenig Touristen und kein Wettlauf um die besten Campingplätze.

Kaikoura Seafest

Die Stadt Kaikoura, so heißt es, wurde mit Langusten erbaut. Das darf man natürlich nicht wortwörtlich nehmen, aber in den Gewässern vor Kaikoura leben wirklich zahlreiche Krustentiere. Und viele von ihnen landen in den Kochtöpfen und werden auf dem Seafest verspeist (www.seafest.co.nz; ein guter Grund zum Feiern und Tanzen).

November

Überall in Northland, auf der Coromandel Peninsula, in der Bay of Plenty und an der Ostküste stehen die Pohutukawa-Bäume in voller Blüte. Das Wetter wird von Tag zu Tag besser. Jetzt treffen die ersten Besucher ein.

Toast Martinborough

Ein Tag voll weinseliger Hingabe. Dann hetzen die weinverliebten Einwohner Wellingtons über den Rimutaka Hill nach Martinborough (S. 443). In der Wairarapa-Region wird ein wirklich guter Pinot Noir produziert, den man unbedingt probiert haben muss.

Pohutukawa Festival

Märkte, Picknicks, Livemusik, Drachenfliegen, Bootsfahrten, Schnorcheln, Dichterlesungen etc. Hier geht es ordentlich und anständig zu, es muss ja nicht alles gleich in einem Saufgelage, in wilden Tänzen und in Dekadenz ausarten.

Wunderschön präsentieren sich die Pohutukawa-Bäume (www.pohutukawafestival.co.nz).

BikeFest & Lake Taupo Cycle Challenge

Wie steht es um die Fitness? Denn hier fährt man mit dem Rad 160 km weit rund um den Lake Taupo. In der Woche vor dem großen Rennen wird auf dem BikeFest (www.bikefest.co.nz) das Rad in all seinen unterschiedlichen Formen gefeiert: BMX, Mountainbike, Einrad, Tandemräder – egal welches Beförderungsmittel es auch sein soll, hier wird man es finden.

Oamaru Victorian Heritage Celebrations

Die gute alte Zeit… Als Queen Victoria noch auf dem Thron saß, die Rocksäume lang waren, die Hemdkragen hoch standen und der bürgerliche Anstand keine hohle Phrase war. Old Oamaru genießt diese leicht ironisch gemeinte Huldigung der viktorianischen Vergangenheit (www.historicoamaru.co.nz): Man wirft sich in Schale, trägt Rennen auf dem Hochrad aus, es gibt Chorgesänge und kulturhistorische Führungen.

Dezember

Endlich Sommer! Auf den Cricket-Spielfeldern ist die Saison schon in vollem Gange, die sportbegeisterte Nation fiebert mit. Bald ist Weihnachten und aus diesem Grund sollte man die Einkaufszentren tunlichst meiden.

Rhythm & Vines

Wein, Musik und Gesang an Silvester im sonnigen Ostküstenstädtchen Gisborne (www.rhythmandvines.co.nz): Top-DJs, Hip-Hop-Acts, Bands und Liedermacher wetteifern um die Aufmerksamkeit der Zuschauer. Oder man gönnt sich bei einem Gläschen Wein ein paar schöne, romantische Stunden am Strand.

Reise-routen

Egal, ob man nun 13 oder 30 Tage Zeit für den Urlaub hat, diese Reiserouten geben viele Anreize für einen unvergesslichen Aufenthalt. Weitere interessante Anregungen und Tipps erhält man unter www.lonelyplanet.de/forum; dort kann man mit anderen Travellern chatten.

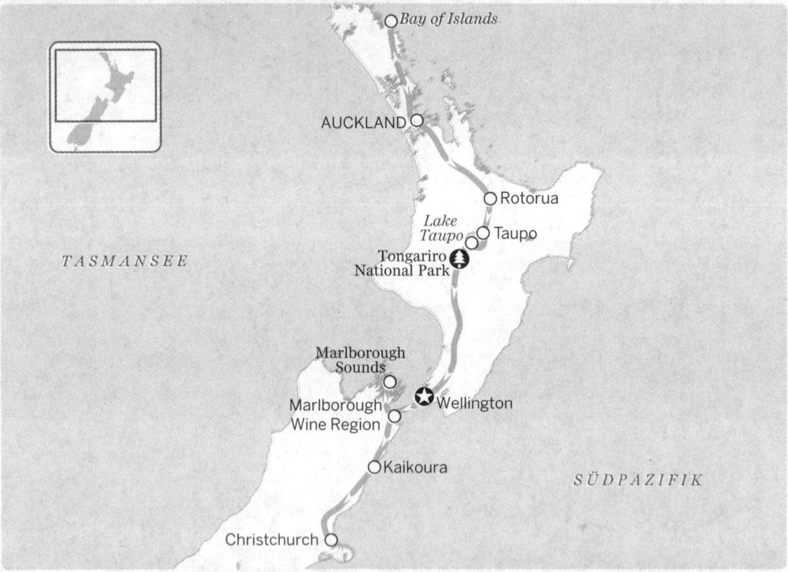

Zwei Wochen
Vom Norden in den Süden

Am besten beginnt man in **Auckland**: Neuseelands größte Stadt lockt mit Restaurants und Bars, Kunstgalerien und Boutiquen, Stränden und Buchten. Wer keine Städte mehr sehen will, schlägt den Weg in nördliche Richtung ein, in die **Bay of Islands**. Hier gibt es Ruhe und Erholung. Südwärts, in **Rotorua**, findet sich geothermische Aktivität: Geysire, Schlammlöcher, vulkanische Dämpfe und die Maori-Kultur. Weiter südlich hat das fortschrittliche **Taupo** den schönen **Lake Taupo** und den **Tongariro National Park** zu bieten. Hier lässt es sich wandern, Mountainbiken oder Fallschirmspringen. Nicht weit entfernt liegt **Wellington**, eine trendige Stadt mit einer vitalen Kunstszene.

Mit der Fähre setzt man über die Cook Strait in die **Marlborough Wine Region** über, um sich vor Ort zu vergewissern, ob all die Lobeshymnen über diese Region wirklich berechtigt sind. Die hypnotisch-stillen Buchten, Bergzüge und Wasserstraßen der **Marlborough Sounds** befinden sich ganz in der Nähe. Weiter südöstlich lockt **Kaikoura**, ein Paradies fürs Whale-Watching. Nach ein paar Tagen geht es weiter nach **Christchurch**, um etwas südliche Kultur und Gastfreundschaft zu genießen.

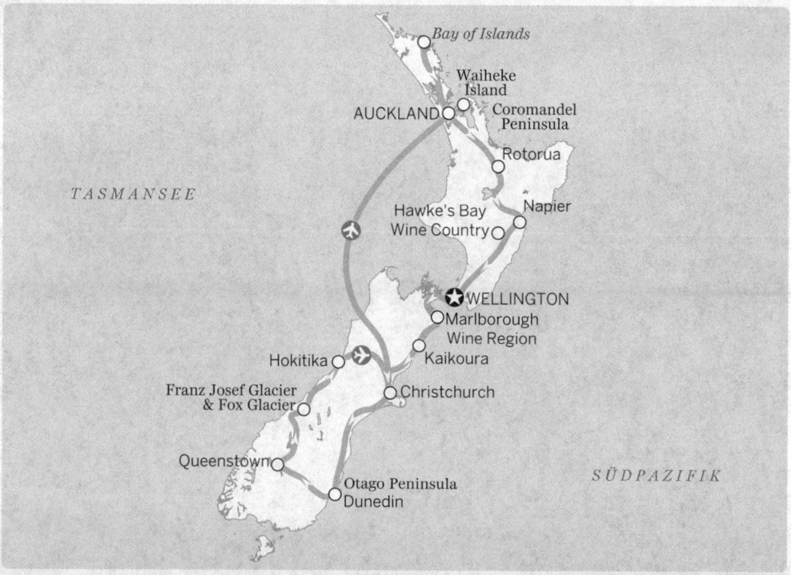

Ein Monat

Kiwi-Klassiker

Städte, Geysire, heiße Quellen, Wein, Maori, Gletscher, Extremsport, Strände und Wälder: Dies sind die bekanntesten Stichworte, die für Neuseeland stehen und die man als Besucher von Aotearoa (Maori-Name für Neuseeland) erlebt haben muss.

Das auch als „City of Sails" bezeichnete **Auckland** ist ein südpazifischer Schmelztiegel. Wenn man dort ein paar Tage verbringt, zum Shoppen geht, Restaurants, Cafés und Bars besucht, dann wird man feststellen, dass dies die wohl kosmopolitischste Stadt Neuseelands ist. Keinesfalls sollte man es versäumen, vom Hafen aus mit der Fähre oder einer Yacht eine Halbtagestour nach **Waiheke Island** zu unternehmen. Dort gibt es Strände und mehrere Weingüter. In nördlicher Richtung erreicht man die **Bay of Islands**, wo man auf und im Wasser viel Spaß haben kann. Dann schlägt man eine südöstliche Richtung ein und erkundet die Wälder und Strände der **Coromandel Peninsula**. Noch weiter südlich, in **Rotorua**, kommt man in den Genuss von Schwefelgeruch. Sehenswert sind 10 m hohe Geysire, blubbernde Schlammlöcher und Aufführungen diverser Maori-Tänze. Im Anschluss wartet das an der Ostküste gelegene **Napier**, eine Art-déco-Stadt. Hier muss man die edlen Tropfen des **Hawke's Bay Wine Country** probieren. Unten in **Wellington** ist der Kaffee heiß und das Bier kalt ... Neuseelands Kapitale ist gleichzeitig die Kunsthauptstadt des Landes.

Einige Tage auf der Südinsel sollte man einplanen, um das Beste zu erleben, was der Süden anzubieten hat. Beginnen sollte man in der **Marlborough Wine Region** (Zentrum des neuseeländischen Weinbaus). Im Anschluss mietet man sich Boot, Flugzeug oder Hubschrauber, um den großen Meeressäugern in **Kaikoura** ganz nahe zu kommen. Die nächste Etappe heißt **Christchurch** – die größte Stadt der Südinsel versucht nach den jüngsten Erdbeben so schnell wie möglich wieder auf die Beine zu kommen. Danach Küstenstraße südwärts führt bis zu der für ihren Wildreichtum bekannten **Otago Peninsula**. Danach wartet das studentische **Dunedin** mit seinen viktorianischen Fassaden.

Auf der SH8 geht es ins Inselinnere bis zum Bungee-verrückten **Queenstown**. Wenn man dann noch ausreichend Zeit hat, sollte man den Umweg über die Westküste nehmen und den **Franz Josef Glacier** und den **Fox Glacier** besichtigen. Danach führt die Fahrt wieder nordwärts oder man nimmt den Flieger von Hokitika nach Christchurch und von dort zurück nach Auckland.

OLIVER STREWE / LONELY PLANET IMAGES ©

» Oben: Mt. Taranaki (Egmont National Park; S. 263), Taranaki
» Links: Bridge to Nowhere (S. 279), Whanganui National Park

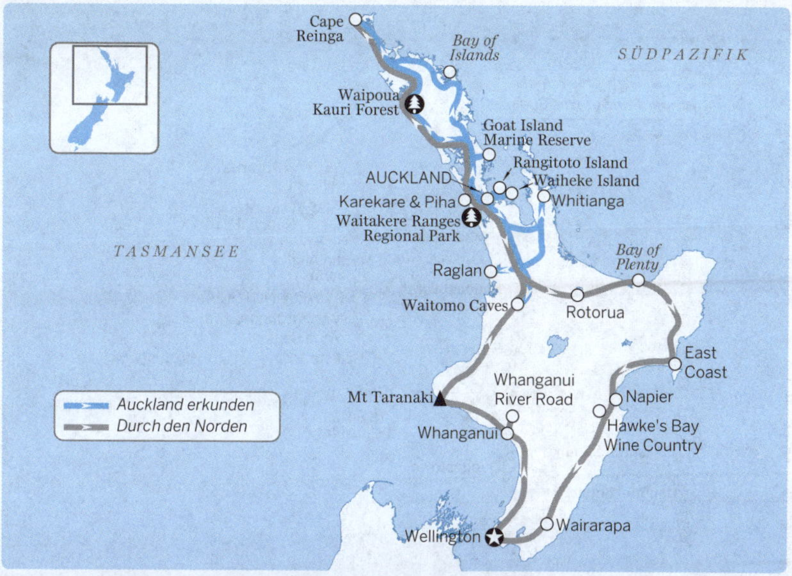

Drei Wochen
Durch den Norden

Startpunkt ist **Auckland**, Neuseelands größte Stadt. Straßen mit einer großen Restaurantdichte gibt es reichlich: die **Ponsonby Raod** in Ponsonby, die **K Road** in Newton und die **New North Road** in Kingsland. Zum Verbrennen der Kalorien eignet sich der **One Tree Hill (Maungakiekie)**. Nicht versäumen sollte man die Auckland Art Gallery und das Auckland Museum. Nordwärts gelegen ist der **Waipoua Kauri Forest** mit seinen Baumriesen. Weiter im Norden liegt **Cape Reinga**, das für die Maori große spirituelle Bedeutung besitzt. Auf dem Weg zurück nach Süden macht man Halt im geothermischen **Rotorua**, um von der **Bay of Plenty** zu den Sonnenstränden an **Ostküste** zu gelangen. Das Art-déco-Städtchen **Napier** liegt im **Hawke's Bay Wine Country**. Auf der SH2 südwärts erreicht man die von Schafzucht und Weinbau geprägte Region **Wairarapa**. Nachdem man die **Rimutaka Range** überquert hat, trifft man in **Wellington** ein. Auf der Nordwestroute zurück nach Auckland durchquert man **Whanganui** (Umweg über die reizvolle **Whanagnui River Road**) und reist zum **Mt. Taranaki**. Surfer zieht es noch nach **Raglan**; in den **Waitomo Caves** kann man Glühwürmchen bewundern.

Zwei Wochen
Auckland erkunden

1,4 Mio. Einwohner, an zwei Meeren gelegen und mit einer lebendigen polynesischen Kultur: **Auckland** – eine der schönsten Hafenstädte mit Bars und Restaurants, Museen, Inseln und Stränden. Zuerst die Maori- und Ozeanien-Ausstellungen im **Auckland Museum** besichtigen, danach über die **Domain** zur **K Road** zum Lunch. Besuchenswert sind die **Auckland Art Gallery** und der **Sky Tower**, ein Wahrzeichen der Stadt. Das **Ponsonby** ist ideal für ein Dinner und ein paar Drinks. Nachdem man mit der Fähre auf die **Rangitoto** Island übergesetzt hat, bietet sich das **Devonport** für ein Essen an. Nach einem Besuch des **Waitakere Ranges Regional Park**, von **Karekare** und von **Piha** wird es Zeit, um ins **Kingsland Restaurant** zu gehen. Frühstücken in **Mt. Eden**, hinauf auf den **Maungawhau** und dann auf die Waiheke Island, wo Weingüter und Strände warten. Einen Katzensprung entfernt locken weitere Freizeitaktivitäten: Schnorcheln im **Goat Island Marine Reserve**, Segeln in der Bay of Islands, am **Cape Reinga** aufs Meer schauen, Riesenbäume im **Waipoua Kauri Forest** bestaunen, die **Waitomo Caves** erkunden, Surfen bei **Raglan** oder Sonnenbaden am Strand von **Whitianga**.

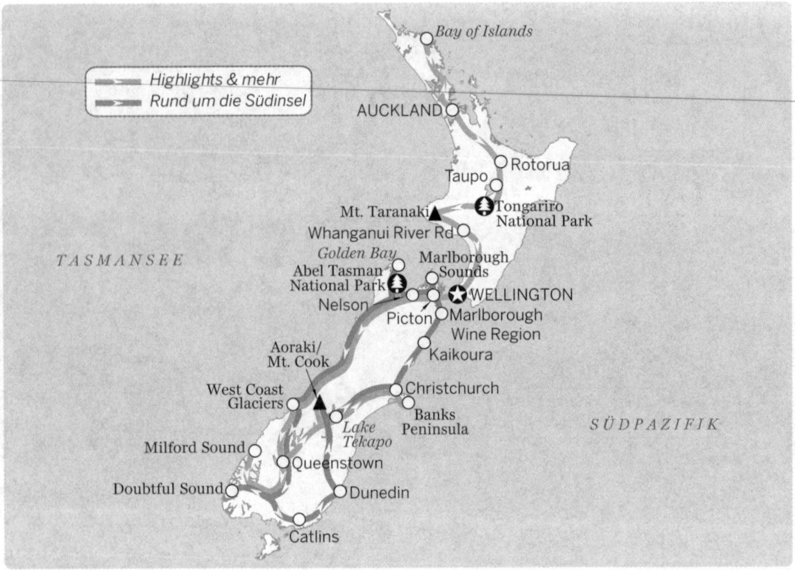

Vier bis sechs Wochen
Highlights & mehr

Nach Besichtigung des Hafens von **Auckland** geht es auf der SH1 nordwärts in die subtropische **Bay of Islands** – zum Surfen, Kajakfahren, Tauchen etc. In **Rotorua** fällt den Besuchern sofort die schwefeldampfhaltige Luft auf. Danach sucht man das idyllische **Taupo** auf, um sich anschließend zum entspannten Wandern in die vulkanische Wildnis des **Tongariro National Park** zu begeben. Westwärts geht es dann über die SH43 nach **New Plymouth**, wo der **Mt. Taranaki** nur darauf wartet, von den Besuchern des Landes wieder und wieder fotografiert zu werden. Schließlich kann man in **Wellington** die Parade der Nachtschwärmer betrachten. Jenseits der Cook Strait begibt man sich in den **Abel Tasman National Park** oder mit einem Seekajak in die **Marlborough Sounds**. Über die regenreiche Westküste erreicht man spektakuläre **Gletschergebiete**. Danach wartet **Queenstown** auf einen Besuch. Auf diversen Straßen gelangt man über Te Anau auf die Abzweigung zum **Milford Sound**. Zurück geht es nordwärts zum **Aoraki/Mt. Cook**, bevor man in **Christchurch** ankommt. Am Nachmittag sollte man die südöstlich der Stadt gelegene **Banks Peninsula** erkunden.

Drei Wochen
Rund um die Südinsel

Christchurch setzt seinen Wiederaufbau nach den schlimmen Erdbeben fort. Nach einem Kaffee in einem guten **Café** besucht man das **Canterbury Museum** oder das **International Antarctic Centre**. Der **Avon River** windet sich durch das Stadtgebiet – und auch durch die **Botanic Gardens**. Dann auf zur **Banks Peninsula** und ihrer an Wildtieren reichen Bucht. Im Anschluss geht es nordwärts nach **Kaikoura** zum Whale Watching. Nachdem man die **Marlborough Wine Region** und das Hafenstädtchen **Picton** hinter sich gelassen hat, kann man den Tag auf den Gewässern der **Marlborough Sounds** verbringen. Der Abstecher westwärts führt vom kunstbeflissenen **Nelson** in die umweltbewusste **Golden Bay**. In Richtung Süden warten die **West-Coast-Gletscher** darauf, erforscht zu werden. Weiter im Inselinneren erstrecken sich die Skigebiete rund um **Queenstown**. Der einsame **Doubtful Sound** wirkt geradezu hypnotisierend, in den waldreichen **Catlins** herrscht ein kühles Klima. Auf der Ostküste erreicht man das schottisch wirkende **Dunedin**. Der Umweg ins Inselinnere führt am **Aoraki/Mt. Cook** und am **Lake Tekapo** vorbei, bevor man nach Christchurch zurückkehrt.

Trekking in Neuseeland

Top Five: Lange Wanderungen

Lake Waikaremoana Track, Te Urewera National Park
Heaphy Track, Kahurangi National Park
Abel Tasman Coast Track, Abel Tasman National Park
Cape Reinga Coastal Walkway, Northland
Milford Track, Fiordland

Top Five: Kurze Wanderungen

Tongariro Alpine Crossing, Tongariro National Park
Kohi Point Walkway, Whakatane
Mangawhai Cliff Top Walkway, Northland
Pinnacles, Coromandel Peninsula
St Arnaud Ridge Track, Nelson Lakes National Park

Top Five: Tierwelt

Vogelwelt Okarito Three Mile Lagoon Walk, Westküste
Seehunde Cape Foulwind Walkway, Westküste
Tölpel Cape Kidnappers Walkway, Ostküste
Gelbaugenpinguine Graves Trail, Oamaru
Brückenechsen und Vogelwelt Tiritiri Matangi Island, Hauraki Gulf

Trekking (auch Buschwanderung bzw. in Neuseeland *tramping* genannt) ist geradezu ideal, um die Naturschönheiten des Landes hautnah zu erleben. Es gibt Tausende Kilometer an Wanderwegen – einige sind gut beschildert (darunter die neun „Great Walks"), andere sind nur in Karten eingetragen. Hinzu kommt ein gut ausgebautes Netz an Hütten, sodass Wanderer auf die Mitnahme eines Zeltes und manchmal auch auf Kochzeug verzichten können. Bevor man sich auf eine Wanderung begibt, sollte man aktuelle Informationen einholen – gewöhnlich ist dafür das Department of Conservation (S. 700) zuständig oder eines der regionalen i-SITE-Besucherinformationszentren.

Die Wanderung planen

Reisezeit

» **Mitte Dezember – Ende Januar** Die Hochsaison für Wanderungen ist während der Sommerferien, wenige Wochen vor Weihnachten am besten meiden.

» **Januar – März** Das Sommerwetter hält meistens bis in den März hinein an: Am besten wartet man bis Februar, dann sind die Wanderwege nicht mehr so stark überlaufen. Die meisten nichtalpinen Pfade kann man problemlos ab Oktober und bis in den April hinein nutzen.

SICHERHEIT

Viele Tausend Menschen wandern unfallfrei und meistens problemlos durch Neuseeland. Doch jedes Jahre erwischt es einige von ihnen in den Bergen. Einige Pfade sind nämlich nur für geübte Wanderer geeignet, die zudem fit und bestens ausgerüstet sind. Schwierige Wanderungen sollte man unbedingt vermeiden, wenn man körperlich in keiner guten Verfassung ist. Deshalb sollte man sich nur gesund und topfit auf ein solche Tour begeben.

Je nach Höhenlage herrscht in Neuseeland ganz unterschiedliches Klima. Man darf sich nicht wundern, wenn man selbst im Sommer durch Schnee und Eis stapft. Daher sind vor einer Tour unbedingt aktuelle Infos über das Wetter und die Beschaffenheit der Wege einzuholen. Dennoch kann sich all das rasch ändern. Vor einer längeren Wanderung lohnt es sich, bei einem der Besucherzentren des Department of Conservation (S. 700) konkret nachzufragen. Dort erteilt man bereitwillig Auskunft.

Siehe auch www.mountainsafety.org.nz und www.metservice.co.nz (für aktuelle Wettervorhersagen)

» **Juni – August** Der Winter ist ungeeignet, um sich in die Wildnis hinauszuwagen, vor allem in größeren Höhenlagen – einige Pfade sind im Winter wegen Lawinengefahr und der Einschränkungen beim Service gesperrt.

Unbedingt einpacken

Priorität eins genießen die Füße und die Schultern. Festes Schuhwerk und nicht allzu schweres Gepäck sind eine Grundvoraussetzung. Wasserdichte Bekleidung ist äußerst wichtig, besonders an der regenreichen Westküste der Südinsel. Wenn man campen möchte oder Hütten ohne Ofen aufsucht, dann sollte man an einen Campingkocher denken. Auch Insektenspray oder andere insektenabwehrende Mittel leisten gute Dienste, ebenso Studentenfutter, denn der Mix aus getrockneten Früchten und Nüssen – plus etwas Schokolade – gibt Kraft und Energie für unterwegs.

Bücher

Das DOC gibt Bücher mit ausführlichen Information zur Flora und Fauna, zur Geologie und zur Geschichte der Nationalparks in Neuseeland heraus; außerdem publiziert das Department Broschüren (0,50–2 NZ$) zu Hunderten von Wanderwegen.

Tramping in New Zealand von Lonely Planet beschreibt rund 50 Wege von unterschiedlicher Länge und unterschiedlichem Schwierigkeitsgrad. *101 Great Tramps* von Mark Pickering und Rodney Smith gibt Anregungen zu zwei- bis sechstägigen Wanderungen überall im Land. Ein anderer Führer aus der gleichen Reihe, *202 Great Walks: The Best Day Walks in New Zealand* von Mark Pickering, hat Tipps für kürzere, familiengerechte Ausflüge. Auch *Accessible Walks* von Anna und Andrew Jameson ist ein exzellenter Führer für ältere Wanderer, Menschen mit Behinderungen und Familien: Er beschreibt mehr als 100 Wanderstrecken auf der Südinsel mit ausführlichen Informationen zu den Wegebedingungen.

Wanderneulinge sollten einen Blick in *Don't Forget Your Scroggin* von Sarah Bennett und Lee Slater werfen – hier erfährt man alles über Sicherheit und die richtige Vorbereitung. Die **Birdseye Tramping Guides** von Craig Potton Publishing enthalten fabelhafte topographische Karten. Daneben gibt es unzählige Bücher, die sich mit einzelnen Wanderstrecken oder kürzeren Stadtspaziergängen überall in Neuseeland beschäftigen – einfach ein bisschen in den Buchhandlungen stöbern!

Karten

Mit den topographischen Karten von **Land Information New Zealand** (LINZ; www.linz.govt.nz) ist man auf der sicheren Seite. Leider haben viele Buchläden keine gute Auswahl dieser Karten, aber LINZ hat in den größeren Städten und Ortschaften eigene Verkaufsstellen, und die DOC-Büros verkaufen oft LINZ-Karten für Wanderstrecken in den jeweils von ihnen betreuten Gebieten. Vorrätig sind die Karten auch häufig bei Outdoorausrüstern. LINZ verlegt u. a. Karten zu Parks (Nationalparks, staatlichen Parks und Naturschutzgebieten) und Wanderstrecken sowie die detailreichen „Topo50"-Karten – es kommt vor, dass man für eine einzige Wanderstrecke zwei oder drei davon benötigt.

Infos im Internet

» **www.trampingtracks.co.nz** Beschreibungen, Karten und Fotos von langen und kurzen Wanderungen im ganzen Land.

» **www.tramper.co.nz** Artikel, Fotos, Foren und ausgezeichnete Informationen über Wege und Hütten.

» **www.trampingnz.com** Regionenbezogene Infos über Wanderwege und hilfreiche Erfahrungsberichte.

» **www.peakbagging.org.nz** Hilfreich bei der Suche nach begehbaren Bergen.

» **www.topomap.co.nz** Onlinekarten mit der Topographie Neuseelands.

Wegekategorien

Die Wege in Neuseeland sind nach verschiedenen Merkmalen klassifiziert, u. a. auch nach dem Schwierigkeitsgrad. Im Folgenden wird eine grobe Einteilung in „einfach", „mittelschwer", „anspruchsvoll" und „schwierig" vorgenommen. Weit verbreitet ist auch dieses Klassifikationssystem:

» **Short Walk** Gut angelegter Weg, für Rollstuhlfahrer zugänglich oder mit normalen

Great Walks

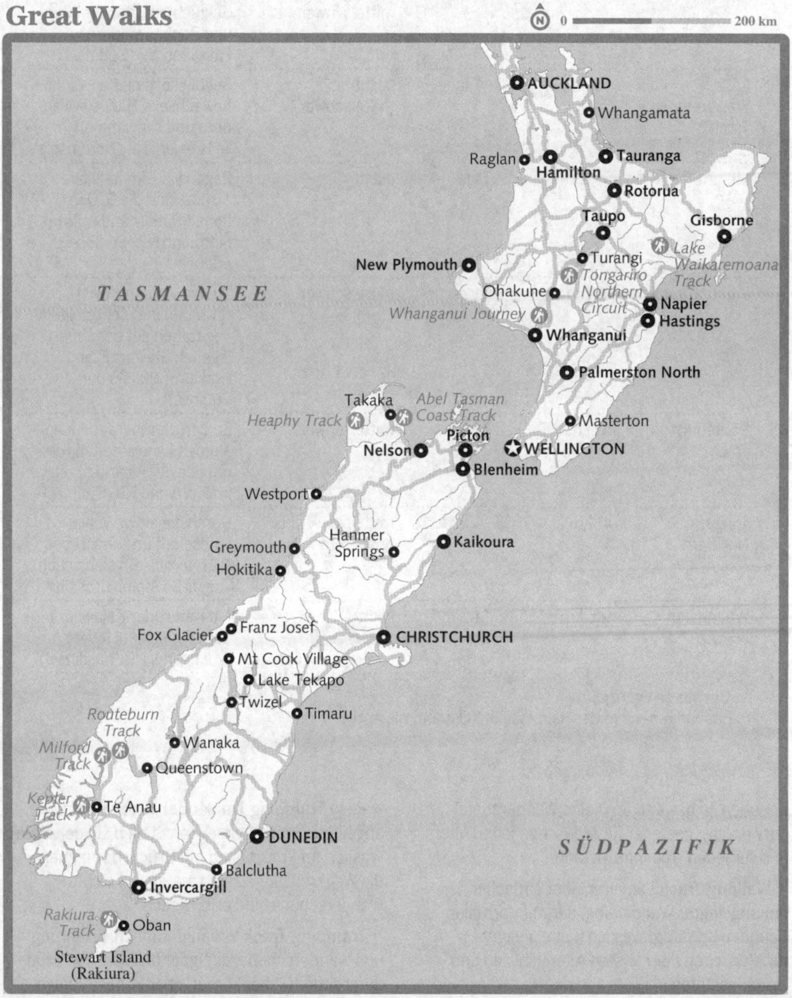

NEUSEELANDS NEUN „GREAT WALKS“

WALK	LÄNGE	DAUER	SCHWIERIGKEITSGRAD	DETAILS
Abel Tasman Coast Track *	51 km	3–5 Tage	leicht bis mittelschwer	Die beliebteste Wanderung in diesem Land ist auch mit einem Seekajak zu meistern und führt zu Stränden und Buchten im Abel Tasman NP (Südinsel)
Heaphy Track *	82 km	4–6 Tage	mittelschwer bis anspruchsvoll	Zu den Wäldern, Stränden und Karstlandschaften im Kahurangi NP (Südinsel)
Kepler Track **	60 km	3–4 Tage	leicht bis mittelschwer	Zu den Seen, Flüssen, Schluchten, Urstromtälern und Buchenwäldern im Fiordland NP (Südinsel)
Lake Waikaremoana Track *	46 km	3–4 Tage	leicht bis mittelschwer	Seeblicke genießen, dicht bewachsene Hänge erwandern und schwimmen im Te Urewera NP (Nordinsel)
Milford Track **	53,5 km	4 Tage	leicht	Regenwald, kristallklare Ströme und die 630 m hohen Sutherland Falls im Fiordland NP (Südinsel) erleben
Rakiura Track *	36 km	3 Tage	mittelschwer	Zu den Vögeln (Kiwis!), Stränden und der üppigen Vegetation auf der abgelegenen Stewart Island (Rakiura; abseits der Südinsel)
Routeburn Track **	32 km	3 Tage	mittelschwer	Zu den atemberaubenden alpinen Landschaften rund um den Mt. Aspiring und im Fiordland NP (Südinsel)
Tongariro Northern Circuit **	41 km	3–4 Tage	mittelschwer bis anspruchsvoll	Durch die aktive Vulkanlandschaft im Tongariro NP (Nordinsel); siehe auch Tongariro Alpine Crossing
Whanganui Journey **	145 km	5 Tage	leicht	Mit Kanu oder Kajak auf dem Whanganui River im Whanganui NP (Nordinsel)

* Buchungen ganzjährig
** Buchungen nur in der Hauptsaison (Oktober bis April)

Schuhen zu bewältigen (keine Wanderstiefel notwendig); geeignet für Menschen jeden Alters und für jeden Trainingszustand.

» **Walking Track** Längerer, aber einfacher, gut angelegter Wanderweg, der mit normalen Schuhen bewältigt werden kann; geeignet für Menschen der meisten Altersklassen und Trainingsstufen.

» **Easy Tramping Track oder Great Walk** Gut angelegter Weg; die meisten Stellen, an denen ein Wasserlauf kreuzt, sind mit Brücken versehen, die Wegkreuzungen sind markiert. Leichte Wanderschuhe sind erforderlich.

» **Tramping Track** Verlangt Können, Erfahrung und Wanderschuhe; geeignet für Menschen von durchschnittlicher körperlicher Fitness. Einige

» Oben: Blick auf das Clinton Valley, Milford Track (S. 703), Fiordland
» Links: Wandern auf dem Lake Waikaremoana Track (S. 387)

TE ARAROA

Nach einer längeren Planungs- und Bauzeit wurde **Te Araroa** (The Long Pathway; www.teararoa.org.nz) im Dezember 2011 eröffnet. Der rund 3000 km lange Wanderweg verläuft von Cape Reinga auf der Nordinsel bis nach Bluff auf der Südinsel (oder umgekehrt). Die Route verbindet bereits bestehende Strecken mit neuen Abschnitten. Über zehn Jahre hat es gedauert, bis diese Wanderstrecke eine der längsten weltweit von überwiegend freiwilligen Helfern fertiggestellt werden konnte. Auf der Website finden sich Karten und Anmerkungen sowie Blogs und einige Videos von unerschütterlichen Wanderern, die den kompletten Weg vom Anfang bis zum Ende hinter sich gebracht haben.

Wasserläufe müssen eventuell durchwatet werden.

» **Route** Verlangt Können, Erfahrung und einen guten Orientierungssinn; nur für gut ausgerüstete Wanderer.

Great Walks

Neuseelands neun „Great Walks" (eine davon ist eine Flusstour!) sind die wohl bekanntesten Wanderungen des Landes. Auf diesen Walks genießt man die Naturschönheiten besonders intensiv. Allerdings muss man sich – vor allem im Sommer – auf Menschenmassen einstellen.

Alle neun Great Walks werden im Lonely Planet *Tramping in New Zealand* beschrieben. Detaillierte Broschüren liegen in den Besucherzentren des DOC aus.

Auf diese Wanderwege darf man sich nur begeben, wenn man zuvor **Great Walk Tickets** gekauft hat. Diese speziellen Tickets gelten für Unterkünfte in Hütten (22–54 NZ$ für Erwachsene pro Übernachtung, je nach Weg und Saison) bzw. fürs Campen (6–18 NZ$ für Erwachsene pro Übernachtung). Campen ist nur auf dafür vorgesehenen Campingplätzen erlaubt; auf dem Milford Track ist das Zelten gar nicht möglich. Außerhalb der Hochsaison (Mai-September) gibt es **Backcountry Hut Passes** (92 NZ$ für Erwachsene, 6 Monate gültig) oder sogenannte *pay-as-you-go*-**Hut Tickets** (Hütten 515 NZ$, Camping 5 NZ$ oder frei) anstatt der Great Walk Tickets für alle Great Walks mit Ausnahme von Lake Waikaremoana Track, Heaphy Track, Abel Tasman Coast Track und Rakiura Track. Für Jugendliche unter 18 Jahren sind Hütten und Camping auf allen Great Walks kostenlos *(Hut Tickets* sollen in den nächsten Jahren nach und nach verschwinden; zukünftig soll es nur die *Backcounty Hut Passes* geben).

Es gibt ein Buchungssystem für die Hütten auf den Great Walks und für die Campingplätze. Wanderer buchen ihre Unterkünfte und geben den Zeitpunkt für den Kauf der Great Walk Tickets an.

Buchungen und Erwerb der Tickets sind auch online möglich (www.doc.govt.nz), außerdem per E-Mail (greatwalksbooking@doc.govt.nz) oder in den Büros des DOC , die nahe an den Wanderwegen liegen. Buchungen werden alljährlich ab Mitte Juli entgegengenommen.

Noch mehr Wanderwege

Natürlich gibt es in Neuseeland viel mehr Wanderwege als nur die hier genannten neun Great Walks.

Nordinsel

» **Cape Reinga Coastal Walkway** 53 km lange, einfache Strandwanderung von drei bis vier Tagen (Übernachtung nur auf Campingplätzen) in Northland. Man kann auch in sechs bis acht Tagen 132 km zurücklegen.

» **Mt. Holdsworth–Jumbo Circuit** Mittelschwere bis anspruchsvolle, 25 km lange zwei- bis dreitä-gige Wanderung im Holdsworth Forest Park, außerhalb von Masterton. Der Weg führt über den Mt. Holdsworth.

» **Pouakai Circuit** Die 25 km lange Strecke führt einen in zwei bis drei Tagen durch Regenwälder im Tiefland, vorbei an Klippen und durch subalpine Wälder am Fuß des Mt. Taranaki im Egmont National Park.

» **Tongariro Alpine Crossing** Tolle, 18 km lange, mittelschwere Tageswanderung durch den Tongariro National Park.

Südinsel

» **Banks Peninsula Track** 35 km lange, zweitägige (mittelschwere) oder viertägige (einfache) Wanderung über die Hügel und entlang der Küste der Banks Peninsula.

» **Tuatapere Hump Ridge Track** Ein ausgezeichneter, 53 km langer, dreitägiger

Rundkurs, dessen Anfang und Ende am Bluecliffs Beach in der Te Waewae Bay, etwa 20 km von Tuatapere, liegt.

» **Kaikoura Coast Track** Ein einfacher, 40 km langer, drei Tage dauernder Weg längs der spektakulären Küste 43 km südlich von Kaikoura, der zum Teil auch über Privatgelände führt.

» **Queen Charlotte Track** Drei- bis fünftägige, mittelschwere Wanderung (71 km) in den Marlborough Sounds mit einem großartigen Blick auf das Wasser, super Unterkünften und Trinkwasser.

» **Rees-Dart Track** 70 km lange, vier bis fünf Tage fordernde, anspruchsvolle Wanderstrecke im Mt. Aspiring National Park, die durch Flusstäler und über einen Gebirgspass führt.

Hütten & Campingplätze

Hütten

Das DOC unterhält und verwaltet mehr als 950 Hütten in rauen Naturgebieten (*backcountry*) der neuseeländischen National- und Waldparks. Es gibt bei den Hütten folgende Kategorien:

» **Basic Huts** Kommen einer Baracke gleich.
» **Standard Huts** Keine Kocheinrichtung und manchmal auch keine Heizung, aber dafür Matratzen, Wasserversorgung und Toiletten.

» **Serviced Huts** Mit Matratzen ausgestattete Schlafkojen oder Schlafpritschen, Wasserversorgung, Heizung, Toiletten und manchmal Kochgelegenheiten.

Details über die Hütten sind auf der Website des DOC zu finden. Die Gebühren für Backcountry Huts reichen von unentgeltlich bis 54 NZ$ (Erwachsener pro Nacht); Tickets besorgt man sich im Voraus in den Besucherzentren des DOC (manche Hütten kann man auch online unter www.doc.govt.nz buchen). Für Kinder unter 10 Jahren sind die Hütten kostenlos, 11- bis 17-Jährige zahlen den halben Preis.

Bei vielen Wanderungen lohnt sich der vom DOC angebotene, sechs Monate gültige **Backcountry Hut Pass** (Erw./Kind 92/46 NZ$), der für die meisten Hütten gilt, ausgenommen die Great Walks Huts in der Hochsaison (Okt.–April; dann nur mit Great Walk Tickets). In der Nebensaison (Mai–Sept.) bekommt man mit den Backcountry Hut Tickets auch Schlafkojen oder Zeltplätze auf einigen Great Walks.

Je nach Hüttenkategorie sind für eine Übernachtung ein Ticket oder zwei Tickets nötig. Die ausgefüllten Tickets steckt man in die Schachteln, die sich bei den Hütten befinden. Bei den Unterkünften gilt: Wer zuerst kommt, schläft zuerst.

Campingplätze

Das DOC verwaltet auch 250 Conservation Campsites (die in der Regel mit Fahrzeugen zu erreichen sind); hier gibt es folgende Kategorien:

» **Basic Campsites** Einfache Toiletten und Wasserversorgung; gebührenfrei und Belegung in der Reihenfolge des Eintreffens.

» **Standard Campsites** Toiletten und Wasserversorgung und vielleicht Barbecue- und Picknicktische; 6–10 NZ$, so lange Platz ist.

» **Serviced Campsites** Komplett eingerichtet: Toiletten, Trinkwasser, Duschen und Picknicktische. Manche haben auch Grillplätze, Küchen und Waschräume (15 NZ$); über die DOC-Besucherzentren buchbar.

Kinder zwischen 5 und 17 Jahren zahlen den halben Preis; Kinder unter 4 Jahren zahlen nichts.

Geführte Wanderungen

Wenn man Anfänger ist oder sich ganz einfach in erfahrene Hände begeben möchte, weil man die DIY-Alternative (DIY = Do it yourself) nicht mag, dann stehen mehrere Anbieter bereit, die geführte Wanderungen zu organisieren. Man übernachtet in komfortablen Hütten (mit Duschen!), Essen wird gekocht und das Tragen der Ausrüstung wird einem auch noch abgenommen.

Auf der Nordinsel gibt es geführte Wanderungen auf den Mt. Taranaki, rund um Lake Waikaremoana und in den Tongariro National Park. Für Kaikoura, den Milford Track, den Heaphy Track oder den Hollyford Track werden auf der South Island geführte Wanderungen angeboten. Die Kosten für eine Wanderung mit vier Übernachtungen liegen bei etwa 1500 NZ$, für eine Deluxe-Wanderung muss man schon mit etwa 2000 NZ$ rechnen.

Anreise zu den Wanderwegen

Die Ausgangspunkte der Wanderwege zu erreichen und von den Endpunkten weiterzukommen, kann ganz schön schwierig werden: Nur die besonders beliebten Routen werden von öffentlichen Verkehrsmitteln oder speziellen Transporten für Wan-

VERANTWORTUNGSBEWUSST WANDERN

Einige dieser Regeln mögen für routinierte Wanderer geradezu lächerlich selbstverständlich erscheinen, aber der eine oder andere Hinweis ist vielleicht doch ganz brauchbar. Wer mehr zum Thema wissen möchte, kann sich online auf www.lnt.org informieren, und Camper finden auf der Website des DOC (Department of Conservation), www.camping.org.nz, Tipps zu umweltbewusstem Zelten. Im Zweifel bei einem DOC- oder i-SITE-Büro nachfragen.

Lächerlich selbstverständlich:

» Möglichst nicht in der Hauptsaison auf Wanderschaft gehen, denn weniger Leute bedeuten weniger Stress für die Natur – und weniger Schnarcher in den Hütten!

» Alle Abfälle wieder mitnehmen und niemals vergraben: Das Graben beeinträchtigt das natürliche Gleichgewicht des Bodens und der Vegetation und fördert die Erosion. Zudem wird vergrabener Abfall wahrscheinlich von Tieren wieder ausgegraben.

» Keine Reinigungsmittel, Shampoos oder Zahnpasta in oder in der Nähe von Wasserläufen verwenden – auch nicht, wenn sie biologisch abbaubar sind.

» Zum Kochen kein offenes Feuer benutzen, sondern einen leichten, mit Kerosin, Alkohol oder Naphta betriebenen Kocher; keine Einweg-Butankanister verwenden.

» Wo es eine Toilette gibt, sollte diese benutzt werden. Wenn keine vorhanden ist: Notdurft vergraben (mindestens 15 cm tief und 100 m von jeglichen Wasserläufen entfernt).

» Wenn ein oft benutzter Weg durch eine matschige Stelle führt, trotzdem hindurchlaufen. Versuche, sie am Außenrand zu umgehen, werden die Stelle nur unnötig vergrößern.

Vielleicht ganz brauchbar:

» Beim Waschen von Geschirr mindestens 50 m Abstand zu Wasserläufen einhalten und statt Spülmittel Topfkratzer, Sand oder Schnee verwenden.

» Wenn unbedingt nötig, für die Körperreinigung biologisch abbaubare Seife und einen Eimer verwenden. Mindestens 50 m Abstand zu Wasserläufen einhalten. Das gebrauchte Wasser über eine große Fläche verteilen, damit der Boden die Fremdstoffe besser herausfiltern kann.

» Wo Feuer erlaubt ist, nur vorhandene Feuerstellen und nur totes, herumliegendes Holz benutzen. Nicht benötigtes Holz verbrennt man nicht einfach, sondern lässt es für den nächsten Glücklichen zurück.

» Die Taschen mit den Nahrungsmitteln außer Reichweite von Aasfressern lagern, d. h. beispielsweise an Dachbalken oder Bäumen aufhängen.

» Tiere nicht füttern: Das kann das ökologische Gleichgewicht stören und bei den Tieren zu Krankheiten oder zur Abhängigkeit von Fütterungen führen. Die getrockneten Aprikosen also selbst essen!

derer bedient. Mit dem eigenen Auto kann man zwar bequem zu dem einen Ende der Strecke kommen, muss aber später sein Fahrzeug irgendwie wieder einsammeln. Wenn die Wanderstrecke am Ende einer Sackgasse beginnt oder endet, dürfte es auch kaum möglich sein, per Anhalter hinzukommen.

Selbstverständlich sind die Routen, die mit öffentlichen Verkehrsmitteln zu erreichen sind (z. B. der Abel Tasman Coast Track), zugleich auch die überlaufensten. Eine gute Alternative kann es sein, einen privaten Transport zu vereinbaren, entweder mit einem Freund oder mit einem Mietwagen, der einen am Anfang der Strecke absetzt und am Ende wieder abholt. Wer das eigene Auto am Ausgangspunkt der Strecke abstellt, sollte keine Wertsachen im Auto liegen lassen – Diebstähle aus Autos, die in abgelegenen Gebieten geparkt werden, kommen leider häufig vor.

Ski fahren & Snowboarden in Neuseeland

Heliskiing

Heliskiing auf der Südinsel macht viel Spaß (und kostet auch viel): Falls man sich das leisten kann, dann nichts wie hinauf mit dem Hubschrauber – Coronet Peak, Cardrona, Mt. Hutt, Treble Cone oder Mt. Potts warten schon.

Anfänger oder Kinder

Coronet Peak Queenstown
Mt. Hutt Central Canterbury
Mt. Dobson South Canterbury
Roundhill South Canterbury
The Remarkables Queenstown

Snowboarden

Mt. Hutt Central Canterbury
Treble Cone Wanaka
Snow Park NZ Wanaka
Ohau South Canterbury
Whakapapa & Turoa,Tongariro National Park

Top Five: Après-Ski-Bars

Powderkeg Ohakune
Blue Pub Methven
Cardrona Hotel Cardrona
Atlas Beer Cafe Queenstown
Monty's Queenstown

Trotz der globalen Klimaerwärmung und deren Auswirkung weltweit bleibt Neuseeland ein weiterhin beliebtes Ziel für Wintersportfreunde auf der südlichen Hemisphäre, ob es nun um Skiabfahrten geht, um Skilanglauf oder Snowboarden. Heliskiing ist ebenfalls beliebt; dabei werden Skifahrer mit Hubschraubern zu hoch gelegenen Abfahrten in jungfräulichem Tiefschnee gebracht. Die Skisaison geht in Neuseeland im Allgemeinen von Juni bis Oktober, aber das kann von Skigebiet zu Skigebiet variieren – an manchem Ort dauert sie auch bis Ende November.

Planung

Reiseziele

Aufgrund der Vielzahl an Orten und Gegebenheiten ist es schwer, ein ganz bestimmtes Skigebiet zu empfehlen, da die Vorstellungen und Wünsche bei Wintersportlern doch sehr individuell ausfallen können. Manch einer möchte sich in der Nähe der Partyszene von Queenstown austoben oder in der bizarren Vulkanlandschaft des Mt. Ruapehu. Andere wiederum bevorzugen die anspruchsvollen Abfahrten am Mt. Hutt, das wenig überlaufene Rainbow-Skigebiet oder aber ganz entspannte Skiclub-Gebiete. Letztere sind für die Öffentlichkeit zugäng-

CHRISTIAN ASLUND / LONELY PLANET IMAGES ©

WILL SALTER / LONELY PLANET IMAGES ©

» Oben: Sprung auf Skiern in die Tiefe am
» Treble Cone (S. 659), Wanaka
» Links: Snowboarden am Coronet Peak
» (S. 659), Wanaka

Ski- & Snowboard-Gebiete

lich und gewöhnlich nicht überlaufen und zudem kostengünstiger. Allerdings müssen Nichtmitglieder eine etwas höhere Gebühr entrichten.

Praktisch & Konkret

In den neuseeländischen Skigebieten gibt es im Allgemeinen keine Resorts mit Chalets, Lodges oder Hotels. Unterkünfte und Après-Ski-Lokale befinden sich oft in den umliegenden Ortschaften, von wo aus täglich Shuttles zu den Skipisten verkehren. Viele Club-Gebiete verfügen über Lodges, in denen man absteigen kann. Deren Verfügbarkeit sollte man aber rechtzeitig abfragen.

Besucherinformationszentren in Neuseeland und Tourism New Zealand (S. 700) haben Informationen zu den verschiedenen Skigebieten und führen auch Buchungen aus oder organisieren Pauschalangebote. Liftpässe kosten zwischen 40 und 95 NZ$ für Erwachsene pro Tag (Kinder zahlen die Hälfte). Komplettangebote (Skikurse plus Liftpässe) sind in den meisten Gebieten verfügbar. Der Verleih von Ski- und Snowboard-Ausrüstungen kosten rund 40 NZ$ pro Tag (eine Mehrtagesausleihe kommt da natürlich günstiger).

Infos im Internet

» **www.brownbear.co.nz/ski** Ausgezeichnete und detaillierte Auflistung aller neuseeländischen Skigebiete.

» **www.snow.co.nz** Berichte, Webcams und Skiinfos aus dem ganzen Land.

» **www.nzski.com** Berichte, Arbeitsplätze, Skipässe sowie Webcams von Mt. Hutt, Coronet Peak und den Remarkables.

» **www.chillout.co.nz** Infos über die Skigebiete von Mt. Lyford, Hanmer Springs, Mt. Cheeseman, Roundhill, Temple Basin, Fox Peak, Mt. Dobson, Mt. Olympus, Porters, Craigieburn Valley und Broken River.

» **www.newzealandsnowtours.com** Snowboard- und Skitouren in Nord und Süd.

Nordinsel

Tongariro National Park

» **Whakapapa & Turoa** (☎Turoa 06-385 8456, Whakapapa 07-892 4000; www.mtruapehu.com; Skipass Erw./Kind pro Tag 95/57 NZ$, in beiden Orten gültig) Auf beiden Seiten des Mt. Ruapehu umfassen diese Zwillingsorte Neuseelands größtes Skigebiet. **Whakapapa** hat 30 mittelschwere, präparierte Pisten für Snowboards, Skilanglauf und Abfahrten sowie einen Parkplatz und den höchstgelegenen Lift Neuseelands. Zufahrt von Whakapapa Village (6 km; kostenlose Parkplätze) oder mit dem Bus von National Park Village, Taupo, Turangi oder Whakapapa Village. Das kleinere **Turoa** besitzt einen Anfängerlift plus Pisten für Snowboards, Abfahrtsläufe und Skilanglauf. Es gibt einen kostenlosen Parkplatz oder ein Shuttle von Ohakune (17 km), das die lebhafteste Après-Ski-Szene auf der Nordinsel aufweist.

» **Tukino** (☎06-387 6294; www.tukino.co.nz; Skipass Erw./Kind 50/30 NZ$ pro Tag) Das von einem Club betriebene Tukino liegt auf der Ostseite des Mt. Ruapehu, 46 km von Turangi. Man erreicht es auf einer Schotterpiste, die 14 km von der befestigten Desert Road (SH1) entfernt liegt; man benötigt ein Fahrzeug mit Vierradantrieb, um dorthin zu gelangen. Nicht überlaufen, viele Anfänger und mittelschwere Pisten.

Taranaki

» **Manganui** (☎027 280 0860, Schneetelefon 06-759 1119; www.skitaranaki.co.nz; Skipass Erw./Kind 40/25 NZ$ pro Tag) Bietet Vulkanabhänge, clubbetriebene Skifahrten auf den Osthängen des spektakulären Mt. Taranaki im Egmont National Park, 22 km von Stratford (und ein 20-minütiger Fußweg vom Parkplatz). Abfahrten vom Gipfel, wenn die Voraussetzungen stimmen: In zwei schweißtreibenden Stunden ist man am Krater oben, doch die Aussicht aus 1300 m Höhe entschädigt für die anstrengende Klettertour.

Südinsel

Queenstown & Wanaka

» **Coronet Peak** (☎03-450 1970, Schneetelefon 03-442 4620; www.nzski.com; Skipass Erw./Kind 95/52 NZ$ pro Tag) Das älteste Skigebiet der Region, mit Schneekanonen und baumlosen Hängen. Hier finden Skifahrer und Snowboarder, vom Anfänger bis zum Profi, exzellente Bedingungen vor. Freitag und Samstag (Juli–Sept.) finden Nachtskifahrten statt. Von Queenstown fahren Shuttles dorthin (18 km).

» **The Remarkables** (☎03-450 1970, Schneetelefon 03-442 4615; www.nzski.com; Skipass Erw./Kind 91/49 NZ$ pro Tag) Ein beeindruckendes Panorama. Das Skigebiet liegt unweit von Queenstown (28 km); Shuttlebusse in der Skisaison. Es gibt ein ausgewogenes Verhältnis zwischen mittelschweren und anspruchsvollen Pisten (nur 10 % für Anfänger). Auf den mitreißenden „Homeward Bound" achten.

» **Treble Cone** (☎03-443 7443; www.treblecone.com; Skipass Erw./Kind 95/48 NZ$ pro Tag) Das höchste und größte Skigebiet bei den südlichen Seen befindet sich in einer

HELISKIING

Neuseelands ferne Gipfel sind wie maßgeschneidert fürs Heliskiing. Mehrere Betreiber bieten Touren in ausgedehnte Skigebiete abseits der Pisten in den Neuseeländischen Alpen an. Die Preise reichen von 800 bis 1200 NZ$ für drei bis acht Abfahrten. HeliPark New Zealand am Mt. Potts ist ein gut geeigneter Heliskipark. Heliskiing gibt es auch an folgenden Orten: Coronet Peak, Treble Cone, Cardrona, Mt. Hutt, Mt. Lyford, Ohau und Hanmer Springs. Unabhängige Betreiber sind:

» **Alpine Heli-Ski** (☎03-441 2300; www.alpineheliski.com; Queenstown)

» **Backcountry Helicopters NZ** (☎03-443 9032; www.heliskinz.com; Wanaka)

» **Harris Mountains Heli-ski** (☎03-442 6722; www.heliski.co.nz; Queenstown & Wanaka)

» **Heli Ski Queenstown** (☎03-442 7733, 0800 123 4354; www.flynz.co.nz; Queenstown)

» **Methven Heliski** (☎03-302 8108; www.methvenheli.co.nz; Methven)

» **Southern Lakes Heliski** (☎03-442 6222; www.southernlakesheliski.co.nz; Queenstown)

» **Wilderness Heliski** (☎03-435 1834; www.wildernessheli.co.nz; Aoraki/Mt Cook)

eindrucksvollen Landschaft, 26 km von Wanaka; Steilhänge für fortgeschrittene Anfänger und Fortgeschrittene. Es gibt auch Halfpipes und einen Terrain-Park für Snowboarder.

» **Cardrona** (☎03-443 7341, Schneetelefon 03-443 7007; www.cardrona.com; Skipass Erw./Kind 94/46 NZ$ pro Tag) Liegt rund 34 km von Wanaka entfernt: mit einigen großräumigen Sesselbahnen, einem Anfängerlift und extremem Snowboard-Terrain (einschließlich dem Snowboard-Park „Heavy Metal"). Busse verkehren während der Skisaison von Wanaka und Queenstown. Behindertengerechter Service; es gibt eine Kinderkrippe direkt an den Pisten.

» **Snow Farm New Zealand** (☎03-443 7542; www.snowfarmnz.com; Loipenpass Erw./Kind 40/20 NZ$ pro Tag) Neuseelands einziges kommerziell bewirtschaftetes Skilanglaufgebiet liegt 35 km von Wanaka entfernt auf dem Pisa Range, hoch über dem Lake Wanaka. Es gibt 50 km an gepflegten Loipen, Hütten mit Ausrüstungen und mehrere Tausend Hektar Schneeflächen.

» **Snow Park NZ** (☎03-443 9991; www.snowparknz.com; Skipass Erw./Kind 88/41 NZ$ pro Tag) Neuseelands einziges nur für Freestyler und Snowboarder bestimmtes Gebiet; mit zahllosen Pipes, Terrain-Parks, Snowboard-Boxen und -Rails sowie Schneekanonen. Unterkünfte im Backpackerstil, Restaurant und Bar; 34 km von Wanaka, 58 km von Queenstown.

South Canterbury

» **Ohau** (☎03-438 9885; www.ohau.co.nz; Skipass Erw./Kind 75/30 NZ$ pro Tag) Das Skigebiet am Mt. Sutton, 42 km von Twizel entfernt, hat mittelschwere und fortgeschrittene Pisten; exzellente Gegebenheiten für Snowboarder und Skilangläufer; mit einer Ski-Lodge.

» **Mt. Dobson** (☎03-685 8039; www.dobson.co.nz; Skipass Erw./Kind 72/28 NZ$ pro Tag) Diese 3 km breite Senke, 26 km von Fairlie, ist gut geeignet für Anfänger und fortgeschrittene Anfänger; es gibt einen Terrain-Park und wunderbaren Pulverschnee. Bei guter Sicht kann man vom Gipfel aus sogar den Mt. Cook und das Meer sehen.

» **Fox Peak** (☎03-685 8539, Schneetelefon 03-688 0044; www.foxpeak.co.nz; Skipass Erw./Kind 50/10 NZ$ pro Tag) Das Skiclubgebiet liegt 40 km von Fairlie entfernt in der Two Thumb Range. Schlepplifte, gute Langlaufloipen und schlafsaalähnliche Unterkünfte.

» **Roundhill** (☎021 680 694, Schneetelefon 03-680 6977; www.roundhill.co.nz; Skipass Erw./Kind 72/36 NZ$ pro Tag) Ein kleines Gebiet mit breiten, sanften Hängen, perfekt für Anfänger und fortgeschrittene Anfänger. Es liegt 32 km vom Ort Lake Tekapo entfernt.

Central Canterbury

» **Mt. Hutt** (☎03-302 8811, Schneetelefon 03-308 5074; www.nzski.com; Skipass Erw./Kind 87/48 NZ$ pro Tag) Eines der höchstgelegenen Skigebiete der südlichen Hemisphäre und wohl auch eines der besten Neuseelands. Unweit von Methven, 118 km westlich von Christchurch – Shuttles verkehren aus beiden Städten. Zufahrt auf holpriger Straße – bei schlechtem Wetter sollte man deshalb sehr vorsichtig sein. Viele Hänge für Anfänger, fortgeschrittene Anfänger und Fortgeschrittene; Sessellifte, Heliskiing und weitflächige Pisten für Snowboard-Anfänger.

» **HeliPark New Zealand** (☎03-303 9060; www.helipark.co.nz; Eintritt inkl. der ersten Abfahrt 325 NZ$, jede zusätzliche Fahrt 75 NZ$) Ein schneeweißes Juwel am Mt. Potts über dem Oberlauf des Rangitata River, 75 km von Methven. Zugang mit Hubschrauber im Angebot. Unterkünfte und Essen sind in einer Lodge, 8 km vom Skigebiet entfernt, verfügbar.

» **Porters** (☎03-318 4002; www.skiporters.co.nz; Skipass Erw./Kind 82/42 NZ$ pro Tag) Das nächstgelegene kommerzielle Skigebiet von Christchurch (96 km von der Arthur's-Pass-Straße). „Big Mama", auf 620 m Höhe, ist eine der abschüssigsten Pisten in Neuseeland, aber es gibt hier auch weitflächige und sanfte Abfahrten. Außerdem vorhanden: eine Half-Pipe für Snowboarder, gute Langlaufloipen und Unterkünfte.

» **Temple Basin** (☎03-377 7788; www.templebasin.co.nz; Skipass Erw./Kind 68/37 NZ$ pro Tag) Ein clubeigenes Gebiet, 4 km von der Gemeinde Arthur's Pass entfernt. Der Fußweg vom Parkplatz bergauf zu den Lodges im Skigebiet dauert 50 Minuten. Nachtskifahrten unter Flutlicht; im Hinterland sind Pisten für Snowboarder vorhanden.

» **Craigieburn Valley** (☎03-318 8711; www.craigieburn.co.nz; Skipass Erw./Kind 68/45 NZ$ pro Tag) Unterhalb von Hamilton Peak liegt das Craigieburn Valley, 40 km vom Arthur's Pass entfernt. Das clubgeführte Skigebiet zählt zu den anspruchsvollsten in Neuseeland, mit Pisten für fortgeschrittene Anfänger und Fortgeschrittene (nicht für Anfänger). Unterkünfte in Lodges mit Selbstverpflegung.

» **Broken River** (☎03-318 8713, Schneetelefon

03-383 8888; www.brokenriver.co.nz; Skipass Erw./Kind 65/35 NZ$ pro Tag) Nicht weit vom Craigieburn Valley entfernt befindet sich dieses clubeigene Skigebiet; der Fußweg vom Parkplatz zu diesem abgelegen Ort dauert 15 bis 20 Minuten. Schneesicheres Gebiet, lockere Atmosphäre. Unterkünfte in Lodges mit Verpflegung oder Selbstverpflegung sind verfügbar.

» **Mt. Cheeseman** (☎03-344 3247, Schneetelefon 03-318 8794; www.mtcheeseman.co.nz; Skipass Erw./Kind 70/35 NZ$ pro Tag) Ein weiteres cooles Clubgebiet in der Craigieburn Range; der familienfreundliche Betrieb befindet sich 112 km von Christchurch (das nächstgelegene clubgeführte Skigebiet). Es liegt am Mt. Cockayne in einer weiten, geschützten Senke mit einer Zufahrtsstraße zu den Pisten. Unterkünfte in Lodges sind möglich.

» **Mt. Olympus** (☎03-318 5840; www.mtolympus.co.nz; Skipass Erw./Kind 70/35 NZ$ pro Tag) Schwer zu finden, aber es lohnt sich; vom 2096 m hohen Mt. Olympus sind es 58 km bis Methven, 12 km bis Lake Ida. Clubgebiet mit Pisten für fortgeschrittene Anfänger und Fortgeschrittene; gute Verbindung über Langlaufloipen zu anderen Skigebieten. Zugang ist manchmal nur mit Vierradantrieb möglich. Unterkünfte in Lodges sind möglich.

Im Norden der Südinsel

» **Hanmer Springs** (☎027 434 1806; www.skihanmer.co.nz; Skipass Erw./Kind 60/30 NZ$ pro Tag) Das Skigebiet am Fuße des Mt. St. Patrick liegt 17 km von der Gemeinde Hanmer Springs entfernt und bietet Pisten für fortgeschrittene Anfänger und Fortgeschrittene. Es gibt auch Half-Pipes für Snowboarder; ein neuer Anfängerlift wurde 2012 errichtet.

» **Mt. Lyford** (☎03-315 6178, Schneetelefon 03-366 1220; www.mtlyford.co.nz; Skipass Erw./Kind 70/35 NZ$ pro Tag) Etwa 60 km von Hanmer Springs und von Kaikoura sowie 4 km vom Ort Mt. Lyford entfernt, verfügt dieses Skigebiet, das für neuseeländische Verhältnisse am ehesten als Resort durchgeht, über Unterkünfte und Esslokale. Gute Mischung aus Pisten und einem Terrain-Park.

» **Rainbow** (☎03-521 1861, Schneetelefon 0832 226 05; www.skirainbow.co.nz; Skipass Erw./Kind 70/35 NZ$ pro Tag) Grenzt an den Nelson Lakes National Park (100 km von Nelson und von Blenheim); kaum überlaufen, mit abwechslungsreichem Gelände und guten Langlaufloipen. Schneeketten sind empfehlenswert. St. Arnaud ist die nächstgelegene Stadt (32 km).

Otago

» **Awakino** (☎03-434 9497; www.skiawakino.com; Skipass Erw./Kind 45/20 NZ$ pro Tag) Kleines Skigebiet in North Otago, aber ideal für fortgeschrittene Anfänger. Oamaru ist 45 km entfernt, Omarama liegt 66 km landeinwärts. An Wochenenden sind Weekend-Pauschalangebote (Lodge und Skipass) zu haben.

Neuseeland extrem

Die beste Anti-Schwerkraft-Action

Bungeejumping Es gibt zahllose Orte in Neuseeland, wo man sich furchtlos in die Tiefe stürzen kann – natürlich mit einem dicken Gummiseil an den Füßen. In Queenstown gibt es die höchsten und besten Sprünge.

Top Five: Wildwasser-Rafting

Buller Gorge Murchison
Tongariro River Taupo
Kawarau River Queenstown
Kaituna River Rotorua
Shotover Canyon Queenstown

Top Five: Surfen

Manu Bay Raglan
Tauranga Bay Westport
Waikanae Beach Gisborne
St Clair Beach Dunedin
Mount Beach Mt. Maunganui

Top Five: Mountainbiken

Makara Peak Mountain Bike Park Wellington
Redwoods Whakarewarewa Forest Rotorua
Queenstown Bike Park Queenstown
Otago Central Rail Trail Otago
42 Traverse Central Plateau

Die außerordentlichen Naturschätze Neuseelands lassen selbst die größten Faulpelze aktiv werden und das Freie aufsuchen. Möglichkeiten, um – meist sehr gut organisiert – Extremsport zu betreiben, gibt es in Hülle und Fülle. Bergsteigen ist Teil der nationalen Identität Neuseelands, Fallschirmspringen, Mountainbiken, Jetbootfahren und Klettern sind weit verbreitet. Aber auch waghalsige Aktivitäten, bei denen man sich über den Angstschweiß nicht schämen muss, wie etwa Bungeejumping sind mittlerweile alltägliche Routine. Aktivitäten mit dem garantierten Adrenalin-Kick sind nicht ohne Gefahren und Risiko. Aber der Nervenkitzel ist ja erwünscht und mit ein Grund, warum man solch einen Sport ausüben möchte (Reiseversicherung nicht vergessen!).

Bungeejumping

Bungeejumping ist weithin bekannt, seit sich der Neuseeländer A. J. Hackett 1986 auf diese Weise vom Eiffelturm stürzte. Danach tat er sich mit dem neuseeländischen Skifahrer Henry van Asch zusammen, um daraus Profit zu schlagen. Heute ist dieser Extremsport nicht nur in Neuseeland, sondern auf der ganzen Welt populär.

Queenstown ist ein wahres Spinnennetz aus Bungeeseilen, u. a. gibt es den 43-m-Sprung von der Kawarau Bridge, den Sturz von der Gondel einer Seilbahn (47 m) und vom Nevis Highwire – 134 m in die Tiefe! Bungeejumping gibt es auf der Südinsel noch am Waiau River (nahe Hanmer Springs) und im Skigebiet von Mt. Hutt. Auf der Nordinsel sind Taupo, Taihape, Auckland und Rotorua lohnende Ziele. Ein halsbrecherischer Versuch ist der 109-m-Sturz in den Canyon Swing oder aber vom Nevis Arc in Queenstown.

Caving

Caving (Höhlenwandern) ist in den wabenartigen Karstregionen Neuseelands sehr beliebt. Ortansässige Clubs und Touranbieter organisieren Höhlenbegehungen bei Auckland, Waitomo, Whangarei, Westport und Karamea. In der Golden Bay befinden sich einige Mammuthöhlen. Nützlich sind folgende Quellen:

» **Auckland Speleo Group** (www.asg.org.nz)

» **New Zealand Speleological Society** (www.caves.org.nz)

» **Wellington Caving Group** (www.caving.wellington.net.nz)

Reiten

Im Gegensatz zu anderen Orten auf der Erde, wo man als Anfänger an der Longe durch die Koppel geführt wird, unternimmt man in Neuseeland Ausritte aufs Land, auf ein Farmgelände, in den Wald oder an den Strand. Solche Ausflüge können von einer Stunde (etwa 50 NZ$) bis zu einer Woche dauern, dann bei voller Verpflegung.

Auf der Nordinsel, in Taupo, auf der Coromandel Peninsula, in Waitomo, in Pakiri, am Ninety Mile Beach, in Rotorua, an der Bay of Plenty und am East Cape befinden sich zahlreiche ausgezeichnete Möglichkeiten für Unternehmungen zu Pferde.

Auf der Südinsel kann man Ganztagesabenteuer auf dem Pferderücken an folgenden Orten erleben: rund um Kaikoura, Nelson, Mt. Cook, Lake Tekapo, Hanmer Springs, Queenstown, Glenorchy, Methven, Mt. Hutt, Cardrona, Te Anau und Dunedin. Trecks werden auch entlang des Paparoa National Park an der Westküste angeboten. Informationen und Anbieter kann man folgenden Seiten entnehmen:

» **100% Pure New Zealand** (www.newzealand.com)

» **Auckland SPCA Horse Welfare Auxiliary Inc** (www.horsetalk.co.nz)

» **True NZ Horse Trekking** (www.truenz.co.nz/horsetrekking)

Jetboot fahren

Achtung an alle Jetbootfahrer-Neulinge: Bei den 360-Grad-Drehungen auf dem Wasser könnte das Frühstück hochkommen! Auf der Südinsel gibt es fabelhaftes Jetbootvergnügen, u. a. auf dem Shotover River und dem Kawarau River (Queenstown) sowie auf dem Buller River (Westport). Der Dart River (Queenstown) ist nicht so überlaufen, aber ebenso gut. Der Waiatoto River (Haast) und der Wilkin River (Mt. Aspiring National Park) warten mit großartigen Erlebnissen in der Wildnis auf. Empfehlenswert sind auch der Kawarau River (Cromwell), Waiau River (Te Anau) und Wairahurahiri River (Tuatapere).

Auf der Nordinsel bieten die Flüsse Whanganui, Motu, Rangitaiki und Waikato tolle Möglichkeiten, im Agrodome in Rotorua gibt es zudem Sprintboote. Beliebt ist auch die Jetboot-Fahrt um die Bay of Islands in Northland.

Gleitschirm fliegen & Kiteboarden

Gleitschirmfliegen (an einem modifizierten Fallschirm baumelnd, der über das Wasser gleitet, während er von einem Motorboot gezogen wird) ist vermutlich die einfachste Möglichkeit für den Menschen, um sich in die Lüfte zu erheben. Nach einer fundierten Einweisung, die ungefähr einen halben Tag dauern kann, ist man bereits in der Lage, Soloflüge durchzuführen. Tandemflüge werden in Queenstown, Wanaka, Nelson und Te Mata Peak in der Hawke's Bay angeboten. Für Fragen ist die **New Zealand Hang Gliding and Paragliding Association** (www.nzhgpa.org.nz) der richtige Ansprechpartner.

Beim Kiteboarding (oder auch Kitesurfing) zieht ein kleiner Fallschirm bei Wind das etwas kleinere Surfbrett samt Mensch übers Meer hinter sich her. Daran versuchen kann man sich in Paihia, Tauranga, Mt. Maunganui, Raglan, Wellington und Nelson. In den meisten dieser Orte kann man auch richtigen Unterricht nehmen. Ein wahres Kiteboarder-Mekka ist die Karikari Peninsula nahe Cape Reinga an der nördlichen Spitze Neuseelands.

» Oben: Jetboot fahren auf dem Shotover River, Region Queenstown (S. 654)
» Links):Surfanweisung bei Raglan
» (S. 227), Waikato

FAHRRADTOUREN

Na gut, man kann es nicht unbedingt als „Extremsport" bezeichnen, wenn man mit dem Rad in der Gegend herumfährt, aber das Radeln ist nun einmal in Neuseeland sehr beliebt, besonders im Sommer. In den meisten Städten gibt es die Möglichkeit ein Fahrrad zu leihen, ob nun an Herbergen für Rucksacktouristen oder in speziellen Fahrradläden. Reparaturwerkstätten finden sich in größeren Städten.

Wenn man nicht unbedingt große Höhen überwinden möchte, dann eignet sich der **Otago Central Rail Trail** zwischen Middlemarch und Clyde sehr gut. Der **Little River Rail Trail** in Canterbury (auf dem Weg zur Banks Peninsula) ist ebenfalls fabelhaft. Eine Alternative abseits der ausgetretenen Pfade ist die **Southern Scenic Route** von Invercargill bei Tuatapere nach Te Anau. Für detaillierte Tourinfos siehe den Lonely Planet *Cycling New Zealand*.

Der 50 Mio. NZ$ teure Nga Haerenga, New Zealand Cycle Trail (S. 803) – ein landesweiter Radweg von Kaitaia nach Bluff – bildet ein Wegenetz, der aus 18 „Great Rides" besteht (ein ähnliches Konzept wie bei den „Great Walks" für Wanderer). Einige der Abschnitte/Pfade sind noch im Aufbau begriffen, andere sind bereits für den Verkehr freigegeben. Aktuelles findet man auf folgenden Websites:

» **Independent Cycle Tours** (www.cyclehire.co.nz)

» **Paradise Press** (www.paradise-press.co.nz) *Pedallers' Paradise* Broschüre von Nigel Rushton.

Mountainbiken

Neuseeland bietet eine Reihe erstklassiger Möglichkeiten zum Mountainbiken. In den größeren Ortschaften sowie in Zentren für Abenteuerurlaub wie Queenstown, Wanaka, Nelson, Picton, Taupo und Rotorua kann man Mountainbikes mieten; hier gibt es auch Reparaturwerkstätten.

Zahlreiche Veranstalter bringen einen samt Drahtesel auf die Gipfel von Bergen und Vulkanen (z. B. auf den Mt. Ruapehu, die Port Hills bei Christchurch, nach Cardrona und auf die Remarkables), sodass man direkt hinuntersausen kann, ohne sich erst schweißtreibend hinaufquälen zu müssen. Der Redwoods Whakarewarewa Forest von Rotorua ist bei Mountainbikern sehr beliebt, ebenso die 42 Traverse nahe dem Ort National Park (beim Tongariro National Park), die Goldminenwege bei Alexandra in Central Otago, der neue Queenstown Bike Park und Twizel in der Nähe des Mt. Cook. Weitere tolle Locations auf der Nordinsel sind etwa Woodhill Forest, Waihi, Te Aroha, der Te Mata Peak und der Makara Peak in Wellington; im Süden bieten sich das Waitati Valley, Hayward Point nahe Dunedin, Canaan Downs nahe dem Abel Tasman National Park, der Mt. Hutt, Methven und die Banks Peninsula an.

Einige der zum Wandern bestimmten Wege stehen auch Mountainbikern offen. Das Department of Conservation (S. 700) hat dieses Nutzungsrecht aber häufig eingeschränkt, weil zu viele Schäden an den Wegen entstanden und die Wanderer sich, vor allem in der Hauptsaison, belästigt fühlten. Nie sollte man auf Wanderwegen in den Nationalparks in die Pedale treten, es sei denn, es ist ausdrücklich erlaubt (beim DOC nachfragen) – Uneinsichtige ziehen sich den Zorn der Wandernden zu und müssen oft deftige Geldstrafen zahlen. Der Queen Charlotte Track eignet sich besonders gut zum Radfahren, ein Teil der Strecke ist allerdings in den Sommermonaten gesperrt.

Zu den Anbietern zählen hier:

» **Classic New Zealand Mountain Bike Rides** (www.kennett.co.nz) Detailierte Beschreibunger kurzer und langer Radtouren in Neuseeland.

» **New Zealand Mountain Biker** (www.nzmtbr.co.nz) Ein alle zwei Monate erscheinendes Magazin.

Bergsteigen

Neuseeland besitzt eine ansehnliche Bergsteigegeschichte – es ist schließlich die Heimat von Sir Edmund Hillary (1919–2008), der zusammen mit Tenzing Norgay als erster Mensch den Mt. Everest bezwang. Als er wieder unten war, sagte Hillary zu seinem

Freund George Lowe die berühmten Worte: „George, wir haben es dem Bastard gezeigt!"

In den Southern Alps gibt es zahlreiche beeindruckende Gipfel und anspruchsvolle Aufstiege. Herausragend ist dabei die Region Aoraki/Mt. Cook; andere gute Bergsteigerziele finden sich längs des Felsgrats der Südinsel von Tapuaenuku (in den Kaikoura Ranges) und den Gipfeln um die Nelson Lakes im Norden bis hinunter zu den stark zerklüfteten, südlichen Bergen von Fiordland. Ein weiteres Gebiet mit Bergsteigemöglichkeiten für Kletterer aller Leistungsniveaus ist der Mt. Aspiring National Park. Südlich davon, in den Forbes Mountains, liegt der Mt. Earnslaw, der von den Flüssen Rees und Dart flankiert wird.

Der **New Zealand Alpine Club** (NZAC; www.alpineclub.org.nz) in Christchurch versorgt einen mit Insider-Informationen und veröffentlicht das jährlich erscheinende *NZAC Alpine Journal sowie das Magazin The Climber* (vierteljährlich). Professionelle Veranstalter, die Training, Touren und eine Menge Erfahrung im Angebot haben, gibt es in Wanaka, Aoraki/Mt. Cook, am Lake Tekapo, am Fox Glacier und am Franz Josef Glacier.

Felsklettern

Für diesen Sport benötigt man lediglich ein wenig Kalk für die Hände und ein Paar kleine Gummischuhe. Auf der Nordinsel gibt es einige Gebiete, die bei Kletterern sehr beliebt sind: u. a. Mt. Eden Quarry bei Auckland, die Whanganui Bay, Kinloch, die Kawakawa Bay und Motuoapa beim Lake Taupo, das Mangatepopo Valley und die Whakapapa Gorge im Central Plateau, Humphries Castle und Warwick Castle auf dem Mt. Taranaki sowie Piarere und Wharepapa South in Waikato.

Auf der Südinsel bieten sich die Port Hills oberhalb von Christchurch an oder der Castle Hill auf dem Weg zum Arthur's Pass. Westlich von Nelson sind die aus Marmor und aus Kalkstein bestehenden Berge der Golden Bay und der Takaka Hill erste Wahl. Alternativen sind Long Beach (nördlich von Dunedin) und Mihiwaka sowie Lovers Leap auf der Otago Peninsula.

Climb New Zealand (www.climb.co.nz) führt die fiesesten und schwierigsten Überhänge in Neuseeland auf – mit Anfahrtswegen und allen sonstigen Infos zum Thema Felsklettern.

Seekajak fahren

Seekajakfahren ist eine fantastische Möglichkeit, die Küste auf einer anderen Weise zu erleben und dadurch auch die Flora und Fauna aus einer anderen Perspektive kennenzulernen.

Sehr empfehlenswerte Gebiete zum Seekajakfahren findet man im Norden Neuseelands, darunter den Hauraki Gulf (besonders Waiheke und Great Barrier Islands), die Bay of Islands und die Coromandel Peninsula. Im Süden eignen sich die Marlborough Sounds (Picton) und der Abel Tasman National Park an der Küste. Fiordland ist ebenfalls ein heißer Tipp mit zahlreichen Tourenanbietern in Te Anau, Milford, Doubtful Sound und Manapouri. Auch die Otago Peninsula, Stewart Island und Kaikoura weiter im Süden lohnen sich oder aber Waitemata Harbour, Hahei, Raglan und East Cape im Norden. Nützliche Information geben:

» **Kiwi Association of Sea Kayakers** (KASK; www.kask.org.nz)

» **Sea Kayak Operators Association of New Zealand** (www.skoanz.org.nz)

Sporttauchen

Neuseeland ist mit seinen warmen Gewässer im Norden sowie der üppigen Unterwasserflora und -fauna ein beliebtes Ziel für Sporttaucher.

Großartige Tauchgründe im Norden sind Bay of Islands Maritime and Historic Park, Hauraki Gulf Maritime Park, Bay of Plenty, Great Barrier Island, Goat Island Marine Reserve, Alderman Islands, Te Tapuwae o Rongokako Marine Reserve nahe Gisborne und Sugar Loaf Islands Marine Park nahe New Plymouth. Besonders die Poor Knights Islands unweit von Whangarei zählen zu den besten Tauchplätzen von Neuseeland (u. a. mit dem Wrack des ehemaligen Greenpeace-Flaggschiffs *Rainbow Warrior I*). Ob die im Jahr 2011 vor Tauranga gesunkene MV *Rena* sich ebenfalls einmal zu einem so beliebten Tauchziel entwickeln wird, bleibt dagegen noch abzuwarten.

Weiter südlich, in den Gewässern des Marlborough Sounds Maritime Park, liegt die *Mikhail Lermontov* auf Grund, das weltweit größte begehbare Wrack eines Kreuzfahrtschiffs. Die besten Tauchgründe von Fiordland sind Dusky Sound, Milford Sound und Doubtful Sound, wo nicht weit unterhalb der Wasseroberfläche Pseudo-

» Oben: Bungeejumping über dem Waikato River (S. 299), Taupo
» Links: Rafting auf dem Buller River, Buller Gorge (S. 509), Westküste

SURFEN IN NEUSEELAND

Surfer verraten nur ungern Geheimnisse – aber Neuseeland bietet einen Mix aus erstklassigen Wellen, gleichermaßen perfekt für Anfänger und erfahrene Surfer. Wer sich abseits der ausgetretenen Pfade hält, wird großartige Wellen ohne Menschenmassen finden. Das ganze Jahr über werden die neuseeländischen Inseln aus allen Windrichtungen mit Dünung versorgt. Brecher an Landspitzen, Riffs, felsigen Bänken und an flachem Sandstrand – alles zu finden! An den besten Surfstränden gibt es Surfschulen. Vor der Anreise lohnt es sich, zu recherchieren: **Surfing New Zealand** (www.surfingnz.co.nz) empfiehlt einige Schulen auf seiner Website. Und wer in Neuseeland Surfurlaub machen möchte, sollte sich ein Exemplar des **New Zealand Surfing Guide** von Mike Bhana zulegen. Surf.co.nz (www.surf.co.nz) liefert Informationen über viele gute Stellen zum Surfen, aber eigentlich haben die meisten Strände gute Wellen. Hier ein paar, die besonders toll sind:

» **Waikato** Raglan, Neuseelands berühmtester Surfstrand, üblicherweise der erste Stopp von Surfern aus Übersee

» **Coromandel** Whangamata

» **Bay of Plenty** Mt. Maunganui, jetzt mit einem künstlichen Riff, das hohe Wellen erzeugt, und Matakana Island

» **Taranaki** Fitzroy Beach, Stent Rd und Greenmeadows Point liegen alle am „Surf Highway"'

» **Ostküste** Hicks Bay, die Strände der Stadt Gisborne und Mahia Peninsula

» **Gebiet um Wellington** Strände wie Lyall Bay, Castlepoint und Tora

» **Marlborough & Nelson** Kaikoura Peninsula, Mangamaunu und Meatworks

» **Canterbury** Taylors Mistake und Sumner Bar

» **Otago** Dunedin ist ein gutes Surfquartier auf der Südinsel, es hat prachtvolle Strande wie den St. Clair Beach

» **West Coast** Punakaiki und Tauranga Bay

» **Southland** Porridge und Centre Island

Von Nord nach Süd variieren die Wassertemperaturen und das Klima erheblich. Zum Surfen sollte man einen Neoprenanzug anziehen. Auf der Nordinsel reichen im Sommer ein Springeranzug und das Brett; auf der Südinsel ein Schutzanzug von 2–3 mm Stärke. Im Winter sollte man auf der Nordinsel auch einen Anzug wählen, auf der Südinsel einen von 3–5 mm Stärke mit sämtlichen Extras.

Josh Kronfeld, Surfer & ehemaliger Rugby-Nationalspieler

Tiefseebedingungen herrschen. In Invercargill, wohin antarktische Wasser vordringen, gibt es einen Tauchclub.

Für eine kurze Einweisung plus Tauchkurs in einem Pool zahlt man überall mindestens 180 NZ$. Für einen Viertagekurs im Meer, mit PADI-Tauchausbildung, muss man mit etwa 600 NZ$ rechnen. Einmalige organisierte Tauchfahrten, vom Boot oder vom Land aus, kosten etwa 170 NZ$. Nützliche Infos unter:

» **Dive New Zealand** (www.divenewzealand.com)

» **New Zealand Underwater Association** (www.nzunderwater.org.nz)

Fallschirmspringen

Ein Tandemsprung ist für Anfänger der wohl sinnvollste Weg, um mit dem Fallschirmspringen anzufangen. Das Training für Tandemsprünge findet unter Anleitung von qualifizierten Ausbildern statt. Bei den ersten Sprüngen befindet man sich 45 Sekunden lang im freien Fall, bevor sich der Schirm öffnet. Der Nervenkitzel ist jeden Cent wert (etwa 250/300/350 NZ$ für einen Sprung aus 8000 (ca. 2400)/10 000 (ca. 3000)/12 000 (ca. 3600) Feet (m) Höhe; zusätzliche Kosten für DVD/Foto). Dachverband ist die **New Zealand Parachute Federation** (www.nzpf.org).

Bei Redaktionsschluss wurden neue Richtlinien zur Sicherheit beim Fallschirmspringen erlassen; so sind Anbieter jetzt angehalten, die neuen Regelungen der Civil Aviation Authority einzuhalten. Noch bevor man seinen ersten Sprung macht, sollte man nach der CAA-Akkreditierung fragen.

Wildwassser-Rafting, Kajak & Kanu fahren

Möglichkeiten für Wildwassersport, ob nun Rafting oder Kajakfahren, gibt es auf den Flüssen zuhauf. Zudem gibt es keinen Mangel an Tourenanbietern, will man sich in die Stromschnellen stürzen. Die Flüsse sind in Schwierigkeitsgrade unterteilt, von I bis VI, wobei VI als unbefahrbar gilt. Auf etwas raueren Abschnitten gibt es eine Altersuntergrenze von 12 oder 13 Jahren.

Beliebte Raftingflüsse auf der Südinsel sind u. a. Shotover River und Kawarau River (Queenstown), Rangitata River (Christchurch), Buller River (Murchison), Karamea River (Westport) sowie Arnold River und Waiho River an der Westküste. Der Schwierigkeitsgrad des Shotover Canyon variiert zwischen III und V+, was von der Jahreszeit abhängig ist. Der Schwierigkeitsgrad des Kawarau River liegt bei IV, der Rangitata River hat alle Stufen von I bis V.

Auf der Nordinsel sind Rangitaiki River, Wairoa River, Motu River, Mokau River, Mohaka River, Waitomo River, Tongariro River und Rangitikei River zu empfehlen. In der Nähe von Rotorua liegen die Kaituna Cascades mit dem Highlight schlechthin, den 7 m hohen Okere Falls.

Kanufahren ist sehr beliebt auf dem Whanganui River (Nordinsel), ein Bestandteil der „Great Walks". Man kann natürlich das Paddel auch in das Wasser der nördlichen Seen wie Lake Taupo und Lake Rotorua tauchen, aber auch in die Süßwasserseen auf der Südinsel. Viele Herbergen für Rucksacktouristen liegen in der Nähe von Gewässern, die für Kanufahrten geeignet sind; diese verleihen oft Kanadier und Kajaks (manchmal gratis). Zahlreiche Anbieter haben geführte Touren im Programm.

Nützliche Infos unter:

» **New Zealand Rafting Association** (NZRA; www.nz-rafting.co.nz)

» **Whitewater NZ** (www.rivers.org.nz)

» **New Zealand Kayak** (www.canoeandkayak.co.nz) Neuseelands Kajakmagazin Nummer eins.

Neuseeland im Überblick

Auckland

Strände
Essen & Trinken
Vulkane

Strände
Von den ruhigen, kindergeeigneten Buchten am Hauraki Gulf über die schwarzsandigen Surfstrände an der Westküste zu den atemberaubenden der Küste vorgelagerten Inseln.

Essen & Trinken
Auckland verfügt wohl über den Löwenanteil an den besten Restaurants in Neuseeland. Außerdem gibt es in der Stadt ausgezeichnete Märkte und eine lebhafte Café- und Barszene. Die Stadt befindet sich zudem in einer Weinbauregion. Und auch Aucklands Kaffeekultur boomt (aber das sollte man niemanden in Wellington erzählen).

Vulkane
Über 50 verschiedene Vulkane haben die einzigartige Topografie geformt. Eine Wanderung auf einem der Vulkangipfel ermöglicht einen weiten Panoramablick auf die Landschaft und das Stadtgebiet.

S. 66

Bay of Islands & Northland

Strände
Wälder
Geschichte

Strände
Northlands Ostküste besteht aus zahlreichen wunderschönen Buchten: ideal für Familien, Surfer und Angler. Die Westküste weist viele kilometerlange Sandstrände und Dünenwälle auf.

Wälder
Kauriwälder haben einst ausgedehnte Bereiche im Norden der Insel eingenommen. In den heutigen Resten dieser Wälder befinden sich noch einige jener imposanten Baumriesen, vor allem im Waipoua Forest.

Geschichte
Neuseeland wurde von Norden nach Süden besiedelt, zuerst von den Maori, später von den Briten. So findet man in Kerikeri das älteste noch vorhandene Steinhaus und die erste Missionsstation des Landes.

S. 141

Coromandel Peninsula

Strände
Wälder
Minenstädte

Strände
Einige der schönsten Strände des Landes liegen auf dieser Halbinsel verstreut. Und obwohl sie im Sommer sehr beliebt sind, findet man trotzdem noch ein paar einsame Plätze.

Wälder
Dichtes Buschland nimmt die Gebirgszüge im Herzen der Halbinsel ein; ein Großteil davon steht im Coromandel Forest Park unter Schutz. Gut ausgeschilderte Wanderwege führen durch dieses Areal.

Minenstädte
Prächtige Holzhäuser, Zeugen des Goldrausches, zieren manche Straßenzüge in Thames und Coromandel Town. In Waihi, am Eingang zur Halbinsel, blickt man in eine gigantische Tagebaumine.

S. 191

Waikato & das King Country

Höhlen
Strände
Kleinstädte

Höhlen
Unbedingt sollte man die Waitomo Caves besuchen. Black Water Rafting auf unterirdischen Höhlenflüssen ist ebenfalls ein absolutes Muss. Berühmt sind die Höhlen auch für ihre faszinierenden Glühwürmchen.

Strände
Rund um Raglan findet man, sichere Badeplätze und Weltklasse-Surfstrände, darunter die Manu Bay. Weiter südlich ist es wilder und ursprünglicher, denn die Stränden der Tasmansee sind fast menschenleer.

Kleinstädte
Hamilton ist die größte Stadt hier, aber char manter sind Städtchen wie Te Aroha, Cambridge, Matamata, Raglan und Waitomo. Dort gibt es großartige Pubs und Restaurants.

S. 216

Taranaki & Whanganui

Nationalparks
Nette Orte
Strände

Nationalparks
Der Whanganui National Park, hoch oben in Maori lore gelegen, zählt zu den isoliertesten Parks des Landes. Vor New Plymouth erhebt sich der Mt. Taranki (Egmont National Park.

Nette Orte
New Plymouth, Whanganui und Palmerston North werden häufig von Reisenden übersehen. Zu Unrecht Hier gibt es großartige Restaurants, Cafés und Bars sowie tolle Museen und nette Leute.

Strände
Der Surf Highway 45 südlich von New Plymouth weist den Weg zu schwarzsandigen Stränden und rauen Surf Breaks. Der Whanganui bietet abgelegene und sturmgeschützte Strände; im Horowhenua District gibt es einsame Sandstrände.

S. 251

Taupo & die zentrale Hochebene

Seen & Flüsse
Berge
Adrenalin

Seen & Flüsse
Neuseelands mächtigster Strom entspringt dem größten See des Landes: In malerischer Umgebung kann man u. a. Kajakfahren, Segeln und Fischen. Das Wasser ist schön kalt, am Fluss- und Seeufer gibt es heiße Quellen.

Berge
Die drei dampfenden, rauchenden und gelegentlich ausbrechenden Vulkane erheben sich im Herzen der Nordinsel. In der herrlichen Landschaft ist im Winter Skifahren angesagt, im Rest des Jahres Wandern.

Adrenalin
Fallschirmspringen, Bungeejumping, Wildwasserfahrten, Jetboatfahren, Wakeboarden, Parasailing, Ski-fahren – Nervenkitzel pur.

S. 290

Rotorua & die Bay of Plenty

Geologische Aktivitäten
Maori-Kultur
Outdoor-Action

Geologische Aktivitäten
Das Gebiet rund um Rotorua ist bekannt für seine geothermalen Aktivitäten mit Geysiren, Schwefeldämpfen, heißen Quellen und kochenden Schlammlöchern. Die einzige aktive Vulkaninsel Neuseelands, Whakaari (White Island), liegt 48 km vor der Küste, bei Whakatane.

Maorikultur
Rotorua ist bekannt für die Maorikultur. Reisenden werden oft traditionelle Tänze und musikalische Darbietungen präsentiert, u. a. *haka* (Kriegstanz) und *hangi* (traditionelle Maori-Küche).

Outdoor-Action
Es gibt viele Outdoor-Möglichkeiten: Gleitschirmfliegen, Surfen, Zorbing, Jetboatfahre und Strandsegeln.

S. 322

Die Ostküste

Küstenlandschaft
Wein & Essen
Architektur

Küstenlandschaft
Entlang der Küstenlinie gibt es Spuren der frühen Maori und Hinweise auf James Cook. Hier befindet sich auch das East Cape Lighthouse und auf dem Cape Kidnappers eine Tölpelkolonie.

Wein & Essen
Neuseeland meint es gut mit Weinliebhabern: Die Region Gisborne lockt mit ausgezeichnetem Chardonnay und die Hawke's Bay ist bekannt für ihre wirklich guten Bordeaux-ähnlichen Rotweine. Auf den Weingütern bekommt man leckeres Essen serviert.

Architektur
Für Freunde der Architektur sind die Art-déco-Gebäude in Napier ein absolutes Muss. Das alljährliche Art Deco Weekend zieht viele Besucher an.

S. 371

Wellington & Umgebung

Museen
Café-Kultur
Nachtleben

Museen
Zahlreiche ausgezeichnete Ausstellungen und Sammlungen prägen die Museen der Innenstadt, darunter das interaktive Te Papa Museum und die international renommierte City Gallery.

Café-Kultur
Mehr als ein Dutzend Röstereien und zahllose angesagte Cafés machen Wellington zur Kaffeehauptstadt Neuseelands. Zu den besten gehören zweifellos Midnight Espresso oder Caffe L'Affare.

Nachtleben
Zwischen all den Bars rund um Cuba Street und den Courtenay Place finden sich extravagante Pubs, Pinten und Läden – genug, um bis zum Sonnenaufgang auf Kneipenbummel zu gehen.

S. 410

Marlborough & Nelson

Nationalparks
Weingüter
Tierwelt

Nationalparks
In der Region Nelson gibt es gleich drei Nationalparks – Nelson Lakes, Kahurangi und Abel Tasman. In einer Woche kann man alle drei erwandern.

Weingüter
Die Region Marlborough ist nicht arm an Weinsorten wie Sauvignon Blanc, Riesling und Pinot Noir. Außerdem findet man diverse Möglichkeiten zur Verkostung von Schaumweinen und vorzüglichen regionalen Gerichten. ood.

Tierwelt
Der Norden der Südinsel ist der Lebensraum unzähliger Arten, sowohl im Wasser als auch in der Luft. In Kaikoura ist vieles möglich: Wale beobachten oder mit Delfinen und Seehunden schwimmen gehen.

S. 648

Die Westküste

Naturwunder
Wandern
Geschichte

Naturwunder
An der Westküste stehen rund 90 % des Landes unter Schutz; hier gibt es Naturwunder im Überfluss. Nicht versäumen sollte man den berühmten Bogen von Oparara und die Pancake Rocks bei Punakaiki.

Wandern
Zahlreiche Wege, geeignet für leichte bis schwere Wanderungen, durchziehen die Westküste. Alte Bergwerks- und Minenrouten wie der Charming Creek Walkway und der Mahinapua Walkway locken Anfänger und Geschichtsfreunde an.

Geschichte
Der Pioniergeschichte der Küste kann man beispielsweise in Orten wie Denniston, Shanty Town, Reefton und Jackson's Bay nachspüren.

S. 693

Christchurch & Canterbury

Historisches Erbe
Outdoor-Action
Landschaft

Historisches Erbe
Erdbeben haben Christchurchs architektonisches Erbe zerstört; im Canterbury Museum, in den Botanic Gardens und am Avon River erfährt man aber noch viel von der Geschichte der Stadt. In Akaroa, feiert man stolz seine französischen Herkunft.

Outdoor-Action
Wandern in den alpinen Tälern rund um Arthur's Pass, Kajakfahren mit Delfinen im makellosen Akaroa Harbour oder Wandern und Kajakfahren auf den Gletscherseen im Aoraki/Mt. Cook National Park.

Herrliche Landschaft
Entlang der Summit Road auf der Banks Peninsula liegen zahlreiche Naturschönheiten der Neuseeländischen Alpen.

S.546

Dunedin & Otago

Tierwelt
Weingüter
Geschichte

Tierwelt
Die Otago Peninsula mit ihrer zerklüfteten Küstenlinie bietet Lebensraum für viele Tierarten, darunter Seehunde, Seelöwen und Pinguine. Auf dem felsigen Taiaroa Head befindet sich die einzige festländische Albatroskolonie.

Weingüter
Ein Besuch des urwüchsigen Tals von Bannockburn lohnt allein schon wegen der Winzergaststätten und wegen des Pinot Noirs. Auch das aufstrebende Waitaki Valley ist einen Zwischenstopp wert.

Geschichte
Empfehlenswert ist ein Spaziergang durch die kunstbeflissenen Straßen von Dunedin. Als Alternative bietet sich der restaurierte Harbour-Tyne Historic Precinct von Oamaru an.

S. 607

Queenstown & Wanaka

Outdoor-Action
Landschaft
Weingüter

Outdoor-Action
Nirgendwo auf der Erde gibt es so viele abenteuerliche Freizeitaktivitäten wie z. B. Bungeejumping, Rafting und Mountainbiken.

Herrliche Landschaft
Die Landschaft rund um Queenstown mit ihrer fotogenen Kombination aus Lake Wakatipu und den steil aufragenden Remarkables ist beeindruckend. Auch eine Fahrt in das unberührte Gebiet rund um Glenorchy und den Mt. Aspiring National Park ist zu empfehlen.

Weingüter
Nach einem Lunch im preisgekrönten Amisfield Winery besucht man das Gibbston Valley: In dem wunderschönen Flusstal finden sich Übernachtungsmöglichkeiten in kleinen Landhäuschen.

S. 648

Fiordland & Southland

Landschaft
Nationalpark
Outdoor-Action

Herrliche Landschaft
Nach dem unvergesslichen Milford Sound bleibt noch Zeit, um die Catlins zu erkunden oder um weiter südlich der abgelegenen Stewart Island einen Besuch abzustatten.

Nationalparks
Der Fiordland National Park umfasst einen großteil der bedeutenden te Wahipounamu Southwet New Zealand area. Weiter südlich präsentiert der Rakiura National Park die Schönheit von Stewart Island.

Outdoor-Action
Ein unvergessliches Erlebnis ist eine Wanderung über die Milford oder Tuatapere Hump Ridge Tracks. Genauso abenteuerlich ist es, mit einem Seekajak den Doubtful Sound zu befahren.

S. 693

Alle im Buch erwähnten Orte sind im Register aufgeführt.

Reiseziele in Neuseeland

Auckland

EINWOHNER: 1,4 MIO.

Inhalt »

Gut essen

» Grove (S. 98)
» La Cigale (S. 102)
» Depot (S. 99)
» Clooney (S. 99)
» MooChowChow (S. 99)

Schön übernachten

» Hotel de Brett (S. 91)
» Auckland Takapuna Oaks (S. 96)
» Verandahs (S. 92)
» 23 Hepburn (S. 92)
» Waldorf Celestion (S. 91)

Auf nach Auckland!

Paris ist ja vielleicht die Stadt der Liebe, doch Auckland ist die „Stadt vieler Liebender“, wie ihr Maori-Name *Tamaki Makaurau* besagt. Und diese Liebenden begehrten den Ort so sehr, dass sie schließlich jahrhundertelang um ihn kämpften.

Eine landschaftlich schöner gelegene Stadt ist jedenfalls kaum vorstellbar: Die beiden Häfen liegen rechts und links an einer schmalen Landenge, aus der Vulkankegel zwischen fruchtbarem Ackerland als markante Landmarken aufragen. Von allen Aussichtspunkten aus kann man einen fantastischen Blick auf den Punkt werfen, wo sich das Tasmanische Meer und der Pazifik beinahe berühren und eine neue Insel ausbilden.

Das Wasser ist nirgends weit weg – weder die herrlich zerklüftete Westküste mit Stränden zum Surfen oder der schillernde Hauraki Gulf mit seinen zahlreichen Inseln. In nur einer Autostunde lassen sich von der erhöht gelegenen Innenstadt aus der dichte Regenwald, Thermalquellen, Weingüter und Naturparks erreichen. Kein Wunder, dass Auckland von allen Großstädten der Welt hinsichtlich seiner Lebensqualität an dritter Stelle steht.

Reisezeit

In Auckland herrscht mildes Klima mit gelegentlichem Frost im Winter und hoher Luftfeuchtigkeit im Sommer. In den Sommermonaten muss man im Durchschnitt mit acht Regentagen rechnen. Das Wetter ist hier allerdings für seine Kapriolen berühmt: Alle vier Jahreszeiten an einem Tag – und das auf das ganze Jahr über verteilt – sind nichts Ungewöhnliches.

Wer in der Stadt so richtig auf den Putz hauen will, sollte nicht zwischen Weihnachten und Neujahr kommen, denn dann scheinen sich quasi alle Aucklander am Strand zu treffen – die Stadt wirkt wie ausgestorben. Die Sehenswürdigkeiten bleiben natürlich geöffnet, doch viele Cafés und Restaurants schließen und nehmen oft erst im Laufe des Januars wieder ihren Betrieb auf.

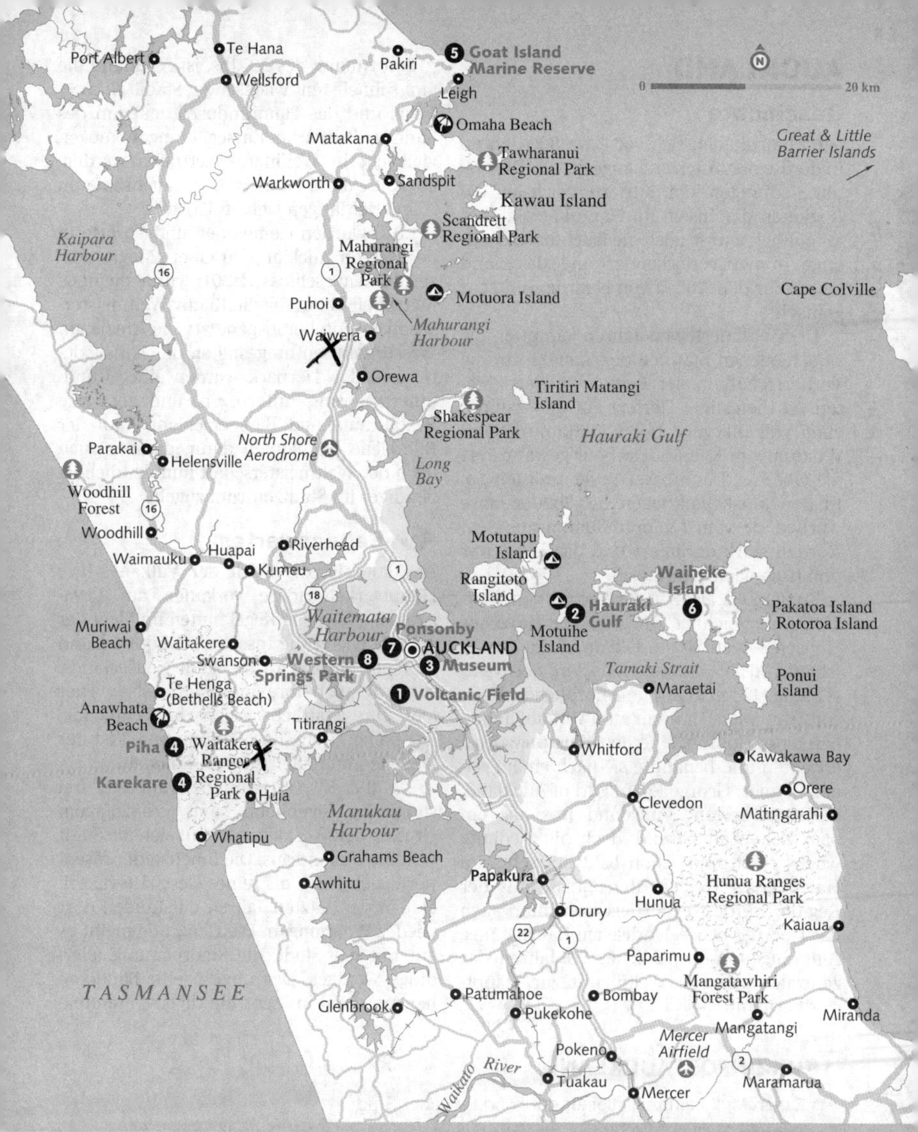

Highlights

❶ Aucklands faszinierendes **Vulkanfeld** (S. 78)

❷ Zurück zur Natur bei einem Besuch der Inseln im herrlichen **Hauraki Gulf** (S. 112)

❸ Die *taonga* (Schätze) der Maori im **Auckland Museum** (S. 77)

❹ Die schwarzen Strände von **Karekare** und **Piha** (S. 129) – mystisch und tückisch

❺ Ein Bad mit den Fischen im **Goat Island Marine Reserve** (S. 139)

❻ Die weltbekannten Weingüter und Strände von **Waiheke Island** (S. 113)

❼ Einen ausgiebigen Bummel durch die Cafés, Restaurants und Bars von **Ponsonby** (S. 104)

❽ Das polynesische Flair des **Pasifika Festival** (S. 89) erleben, das jeweils im März im Western Springs Park stattfindet

AUCKLAND

Geschichte

Die Maori haben sich vor etwa 800 Jahren in der Region Auckland angesiedelt. Die ersten Siedlungen konzentrierten sich auf die Regionen der Inseln im Hauraki-Golf, aber allmählich wurde auch die fruchtbare Landenge immer verlockender und das Land wurde für den Anbau von Nahrung nutzbar gemacht.

Über Hunderte von Jahren kämpften die verschiedenen Stämme der Tamaki um die Vorherrschaft in der Region und errichteten *pa* (befestigte Dörfer) auf den zahlreichen Vulkankegeln. Der *iwi* (Stamm) Ngati Whatua vom Kaipara Harbour gewann 1741 die Oberhand und besetzte die größten *pa*. In den Musketenkriegen der 1820er-Jahre wurden sie vom Ngapuhi-Stamm aus dem Norden stark dezimiert und das Land war praktisch wieder verlassen.

Zu der Zeit, als 1840 der Vertrag von Waitangi unterzeichnet wurde, hatte Governor Hobson seinen Sitz in Okiato in der Bay of Islands. Als Te Kawau, Häuptling der Ngati Whatua, 12 km² Land am nördlichen Ende von Waitemata Harbour zum Verkauf anbot, beschloss Hobson, eine neue Hauptstadt zu errichten und benannte sie nach einem seiner Gönner: George Eden, Earl of Auckland.

Zuerst bestand Auckland nur aus ein paar Zelten am Strand, doch die Siedlung wuchs rasch und schon bald herrschte im Hafen reges Treiben. Erzeugnisse aus der Region wurden exportiert, darunter auch das Holz des neuseeländischen Kauribaums. Allerdings wurde nach nur 25 Jahren das zentraler gelegene Wellington zur Hauptstadt ernannt.

Seit Anfang des 20. Jhs. ist Auckland die am schnellsten wachsende Stadt Neuseelands und das Hauptindustriezentrum des Landes. Politische Entscheidungen mögen vielleicht in Wellington getroffen werden, aber Auckland ist die große Rauchsäule im „Land der langen weißen Wolke".

2010 wurden Gemeinden und Vororte in der Region Auckland zu einer „Megastadt" zusammengeschlossen. 2011 wurde die neue Metropole dann für die Rugby-Weltmeisterschaft kräftig herausgeputzt: Die Areale am Wasser wurden umgestaltet, die Kunstgalerie und der Tierpark wurden einer Runderneuerung unterzogen, und zig neue Restaurants und Bars erschienen auf der Bildfläche. Sie sorgen dafür, dass es auch nach der Weltmeisterschaft nun deutlich lebendiger im Stadtzentrum zugeht.

Sehenswertes

Auckland ist die Stadt der Vulkane. Ihre Hauptverkehrsadern verlaufen auf Lavazungen, die vielen Kegel muten im Meer der Vororte wie grüne Inseln an. Und Auckland ist nicht nur die größte Stadt Neuseelands, sondern auch ihre multikulturellste. Hier lebt eine stattliche asiatische Gemeinde, der polynesische Bevölkerungsanteil ist der höchste unter allen Städten weltweit.

Da die Kiwis traditionell auf ein frei stehendes Eigenheim samt großzügigem Grundstück Wert legen, dehnt sich die Stadt weit ins Umland aus. Die Innenstadt präsentierte sich lange als reines Geschäftsviertel; erst in den letzten Jahren entstanden dort wieder Wohnungen. Die Geografie meint es gut mit der Stadt, die Stadtplanung allerdings weniger. Der ungezügelte Bauboom hat Auckland im Zentrum diverse architek-

KURZINFOS: AUCKLAND

» **Essen** Multikulturell, in einer der Food Halls der Stadt

» **Trinken** Ein kühler Rosé von Waiheke Island an einem heißen Sommertag

» **Lesen** *Under the Mountain* (1979) – Maurice Gees Jugendroman über schleimige Kreaturen, die unter den Vulkanen von Auckland lauern

» **Hören** *One Tree Hill* (1987) – auch ohne besagten Baum ist U2s Lobgesang auf den Kiwi-Roadie nach wie vor ergreifend

» **Ansehen** *Sione's Wedding* (2006) – Komödie, die in Grey Lynn und im Zentrum von Auckland spielt

» **Festival** Pasifika

» **Online** www.aucklandnz.com; www.aucklandcouncil.govt.nz; www.lonelyplanet.com/new-zealand/auckland

» **Vorwahl** ☎09

AUCKLAND IN ...

... zwei Tagen

Los geht es mit der Besichtigung der Innenstadt. Man spaziert von der Karangahape Road (K Rd.) ins Wynyard Quarter, wobei unterwegs noch ein kurzer Zwischenstopp in der Neuseeland-Abteilung der Auckland Art Gallery lohnenswert ist. Anschließend nimmt man die Fähre nach **Devonport**, um North Head zu erkunden und dann – bei schönem Wetter – am **Cheltenham Beach** zu entspannen. Für das Abendessen geht es dann mit der Fähre zurück in die Innenstadt.

Am zweiten Tag erkundet man den **One Tree Hill**, bummelt durch den **Cornwall Park** und besucht dann das **Auckland Museum** und die **Domain**. Anschließend lohnt sich ein Abstecher zum **Tamaki Drive** mit Zwischenstopp an der Bastion oder am **Achilles Point**, um von dort den Ausblick auf den Hafen zu genießen. Abends vergeht die Zeit beim Essen und einer Kneipentour in **Ponsonby** wie im Flug.

... vier Tagen

Am dritten Tag geht es zum **Hauraki Gulf**. Man nimmt die Fähre nach **Waiheke Island** und vertreibt sich die Zeit am Strand oder mit dem Besuch von Weingütern.

Am letzten Tag steht der Westen auf dem Programm. Nach einem Frühstück im Dorf **Titirangi** lohnt sich der Besuch des **Waitakere Ranges Regional Park** oder der Strände von **Karekare** und **Piha**. Wer will, kann sich nach einer Erfrischungspause abends ins Nachtleben in der **K Road** oder in **Britomart** stürzen.

tonische Peinlichkeiten beschert. Wer das wahre Wesen der Stadt kennenlernen möchte, sollte deshalb besser die innerstädtischen Vororte aufsuchen, dort säumen Villen aus der viktorianischen und edwardianischen Epoche die Straßen.

STADTZENTRUM

LP TIPP Auckland Art Gallery GALERIE
(Karte S. 74; www.aucklandartgallery.com; Ecke Kitchener St. & Wellesley St.; ⌚10–17 Uhr) Die 2011 nach Restaurierungsmaßnahmen – sie verschlangen übrigens satte 121 Mio. NZ$ – wiedereröffnete Galerie gilt als beste Adresse in Sachen Kunst. Der Kunsttempel verfügt nun über ein herrliches Atrium aus Glas und Holz, das in den sowieso schon beeindruckenden Bau im Stil eines französischen Schlosses (1887) integriert wurde – ein würdiges Ambiente, um wichtige Werke von Pieter Bruegel dem Jüngeren, Guido Reni, Picasso, Cezanne, Gauguin und Matisse zu präsentieren. Dazu kommen die Kunsthighlights aus Neuseeland, das Spektrum reicht von sehr persönlichen Porträts tätowierter Maori-Persönlichkeiten des Malers Charles Goldie aus dem 19. Jh. bis hin zu modernen Schriftbildern von Colin McCahon.

Kostenlose Führungen durch die Galerie beginnen am Eingang jeweils um 11.30, 12.30 und 13.30 Uhr.

Albert Park & Auckland University PARK, UNIVERSITÄT
(Karte S. 74) Auf einem Hügel östlich des Zentrums erstreckt sich der Albert Park, ein hübscher viktorianischer Garten, der während des Semesters gern von Studenten bevölkert wird (einige Unverbesserliche verunstalten leider immer wieder die Statuen von Gouverneur Grey und Königin Viktoria). Der Campus der Universität Auckland nimmt mehrere Straßen ein und umfasst eine Reihe stattlicher viktorianischer Kaufmannshäuser (Princes St.) sowie das **Old Government House** (Waterloo Quadrant). Letzteres war von 1856 bis 1865 die Schaltzentrale der Kolonialmacht, dann wurde das zentraler gelegene Wellington zur Hauptstadt von Neuseeland ernannt.

Der **University Clock Tower** (22 Princes St.) ist Aucklands architektonisches Highlight. Der stattliche „Elfenbeinturm" (1926) tendiert oben in Richtung Jugendstil (hier wurden Flora und Fauna Neuseelands in Stein verewigt) und unten in Richtung Chicago School. Der Uhrturm ist meistens geöffnet – also einfach hineinspazieren.

In der Mitte des Campus steht noch eine Mauer der **Albert Barracks** (1847). Die Festung nahm während der Neuseelandkriege ein 9 ha großes Areal ein, zu dem auch der Albert Park gehörte.

Großraum Auckland

Sky Tower WAHRZEICHEN

(Karte S. 74; www.skycityauckland.co.nz; Ecke Federal St. & Victoria St.; Erw./Kind 25/8 NZ$; ⌚8.30–22.30 Uhr) Der Sky Tower lässt sich nun wirklich nicht übersehen – er wirkt wie eine riesige Injektionsnadel, die dem Himmel einen Schuss verpasst. Aufgrund der spektakulären Beleuchtung mutet der Bau nachts wie aus dem Weltraumzeitalter an, bei besonderen Veranstaltungen verändern sich sogar die Farben. Mit 328 m ist der Turm das höchste Gebäude der südlichen Hemisphäre. Die Besucher gelangen mit ei-

Großraum Auckland

Sehenswertes

1	Alberton	A4
2	Auckland Botanic Gardens	D6
3	Bastion Point	C3
4	Kelly Tarlton's	C3
5	MOTAT 2	A3
6	One Tree Hill	B4
7	Rainbow's End	D6
8	Stardome Observatory	B4
9	Villa Maria Estate	B6
10	Wallace Arts Centre	B4

Aktivitäten, Kurse & Touren

11	Auckland Bridge Climb & Bungy	A2
12	CharterLink	B2
13	Coast to Coast Walkway	B4
14	Dive Centre	A1
15	Fergs Kayaks	C3
16	Gulfwind	A2
	Penny Whiting Sailing School	(siehe 16)

Schlafen

17	Ambury Regional Park	B5
18	Auckland Airport Campervan Park	B6
19	Auckland Takapuna Oaks	B2
20	Grange Lodge	C5
21	Jet Park	B6
22	Nautical Nook	C3

Essen

23	Eight.Two	A2
24	Engine Room	A2
25	Takapuna Beach Cafe	B1

Unterhaltung

26	Mt Smart Stadium	C4
27	North Shore Events Centre	A1

Shoppen

28	Avondale Sunday Market	A4
29	Otara Market	D5

nem Lift in nur 40 magenverkrampfenden Sekunden zu den Aussichtsplattformen. Wer einen extra Kick schätzt, kann durch die Bodenplatten aus Glas einen Blick in die Tiefe werfen. Weitere 3 NZ$ kostet der Skyway-Lift zur höchsten Aussichtsplattform. Der Spätnachmittag ist der beste Zeitpunkt, um hinaufzufahren. Dann kann man während des Sonnenuntergangs auch etwas in der Sky Lounge trinken. Im Sky Tower befinden sich der SkyWalk (S. 83) und der SkyJump (S. 83). Der Turm ist Teil des SkyCity-Komplexes, eines geschmacklosen Casinos mit 24-Stundenbetrieb samt glamourösen Restaurants, Cafés, Bars, Theatern und Hotels.

Civic Theatre — ARCHITEKTUR

(Karte S. 74; www.civictheatre.co.nz; Ecke Queen St. & Wellesley St.) Das Civic (1929) zählt zu den sieben weltweit verbliebenen „Theatern mit Flair" und ist ein herrliches Relikt aus dem Goldenen Zeitalter des Kinos. Der Zuschauerraum beeindruckt mit üppigen maurischen Verzierungen und einer Decke, die den von Sternen erhellten Himmel der südlichen Hemisphäre zeigt – inklusive Wolkenprojektionen. Das Foyer schwelgt in indischen Exzessen wie Elefanten und Affen, die an allen erdenklichen Beleuchtungskörpern herunterbaumeln. Ursprünglich sollten sogar Buddhafiguren die Fassade an der Straße schmücken, was zur damaligen Zeit dann jedoch als zu gewagt verworfen wurde – stattdessen fiel die Wahl auf neoklassizistische nackte Jünglinge!

Wenn sich die Möglichkeit bietet, sollte man sich hier unbedingt eine Vorstellung ansehen. Vielleicht ergattert man sogar Karten für eines der bekannten Musicals, die auf Welttournee in Auckland Station machen, oder für eine große Premiere oder das Filmfest (S. 89).

St. Patrick's Cathedral — KIRCHE

(Karte S. 74; www.stpatricks.org.nz; 43 Wyndham St.; ⌚7–19 Uhr) Aucklands katholische Kathe-

REDEBEDARF?

Fantastisches Restaurant entdeckt, das die Welt unbedingt kennenlernen muss? Mit einer Empfehlung in diesem Buch nicht zufrieden? Lust, von der Reise zu berichten?

Aus diesen oder anderen Gründen kann man unter www.lonelyplanet.de seine Meinung kundtun, im Forum Fragen stellen oder beantworten, einen Blog kommentieren, Fotos und Tipps mit anderen teilen oder einfach mit gleichgesinnten Travellern chatten. Hier kommt jeder zu Wort.

START ST KEVIN'S ARCADE, KARANGAHAPE RD
ZIEL WYNYARD QUARTER
LÄNGE 4.5KM
DAUER RUND DREI STUNDEN

Spaziergang
Durch das Stadtzentrum

Das Zentrum wirkt mitunter unausgewogen; dieser Spaziergang führt in versteckte Ecken und zu architektonischen Besonderheiten.

Ausgangspunkt sind die Second-Hand-Boutiquen in der 1 **St. Kevin's Arcade**, dann geht es hinunter zum Myers Park. Am Fuß der Treppe lohnt ein Blick auf die Nachbildung von 2 **Michelangelos Moses**. Nach dem Durchqueren des Parks nimmt man rechts die Treppe, die vor der Überführung zur Straße hinaufführt. Nun geht man die Queen Street hinunter, vorbei an der 3 **Auckland Town Hall** und dem 4 **Aotea Square**, dem Herzen der Stadt. An der nächsten Ecke befindet sich das 5 **Civic Theatre**. Hier biegt man rechts in die Wellesley Street und dann links in die Lorne Street ein. Unmittelbar rechts beeindruckt der 6 **Khartoum Place**, ein kleiner Platz mit Kacheln, auf denen Suffragetten zu sehen sind: Die Frauen Neuseelands erhielten als erste der Welt das Wahlrecht. Dann geht es über die Treppe hinauf zur 7 **Auckland Art Gallery**. Hinter der Galerie liegt der 8 **Albert Park**, den man durchquert, um dann links in die Princes Street einzubiegen; dort blickt man von 9 **viktorianischen Kaufmannshäusern** auf den 10 **University Clock Tower**. Hinter dem Turm liegt das 11 **Old Government House**. Dann geht es zurück zur Princes Street. Das Gebäude an der Ecke Princes Street/Bowen Avenue war früher die wichtigste 12 **Synagoge** der Stadt. Nun bummelt man die Bowen Avenue hinunter und spaziert durch den Park zum 13 **Chancery Precinct** mit Designerläden und Cafés. Ein kleiner Platz verbindet ihn mit der 14 **High Street**, Aucklands Modemeile. Jetzt biegt man links in die 15 **Vulcan Lane** mit alten Pubs ein. Dann geht es rechts in der Queen Street bis zur 16 **Britomart Train Station** in der ehemaligen Hauptpost. Anschließend biegt man links in die Quay Street ein und spaziert zum 17 **Viaduct Harbour** und weiter über die Brücke ins 18 **Wynyard Quarter**.

drale zählt zu den schönsten Gebäuden der Stadt. Der Kirchenraum besticht mit seinem polierten Holz und den belgischen Buntglasfenstern, die der majestätischen neugotischen Kirche (1907) Wärme verleihen. Im alten Beichtstuhl auf der linken Seite befindet sich ein historischer Schaukasten.

BRITOMART, VIADUCT HARBOUR & WYNYARD QUARTER

Oberhalb vom Bahnhof erstreckt sich über nur ein paar Blocks Britomart, eine winzige Enklave mit historischen wie auch modernen Gebäuden, die mittlerweile als Hotspot der Stadt gilt: Hier kann man toll essen, ausgehen und einkaufen.

Viaduct Harbour war früher ein betriebsamer Handelshafen, der 1999/2000 sowie nochmals 2003 für die Wettkämpfe des America's Cup gründlich modernisiert wurde. Heute gilt Viaduct Harbour als schickes Viertel zum Essen und Ausgehen. Egal an welchem Wochentag man dort unterwegs ist, es ist jeden Abend etwas los. Historische Gedenktafeln, Skulpturen und der Blick auf die Millionärs-Yachten machen den Hafen zu einem Ziel für einen Bummel.

Das Wynyard Quarter ist durch eine Zugbrücke mit Viaduct Harbour verbunden und öffnete anlässlich einer ganz anderen Sportveranstaltung seine Tore: der Rugby-Weltmeisterschaft 2011. Die öffentlichen Plazas, die Cafés am Wasser, der Fischmarkt und der Kinderspielplatz sind inzwischen beliebte Orte zum Bummeln und Flanieren.

Die Bauarbeiten sind noch längst nicht abgeschlossen; es bestehen Pläne, auch die etwas heruntergekommene Umgebung zu sanieren. Der Anfang kann sich jedenfalls schon einmal sehenlassen, und so bleibt zu hoffen, dass sich die kostenlosen Open-Air-Filme und Nachtmärkte zu sommerlichen Institutionen entwickeln.

Voyager – New Zealand Maritime Museum MUSEUM
(Karte S. 74; ☎09-373 0800; www.maritimemuseum.co.nz; 149-159 Quay St.; Erw./Kind 17/9 NZ$; ⏲9–17 Uhr) Das attraktive Marinemuseum beschäftigt sich mit der Geschichte der neuseeländischen Seefahrt – der Bogen spannt sich von den Reisekanus der Maori bis hin zum America's Cup, der renommiertesten Regatta der Welt. Zu sehen sind eine Rekonstruktion einer Kabine eines Zwischendecks aus dem 19. Jh. und ein sagenhaftes Ferienhaus *(bach)* samt Geschäft aus den 1950er-Jahren. Die Ausstellung *Blue Water Black Magic* ehrt Sir Peter Blake, den Regattasieger des Whitbread-Round-the-World und des America's Cup; er wurde 2001 auf einer Amazonas-Forschungsreise ermordet.

Die Website verrät, wann genau die regelmäßig stattfindenden Fahrten mit dem historischen Dampf- bzw. Segelschiff auf dem Programm stehen.

Auckland Fish Market MARKT
(Karte S. 74; www.aucklandfishmarket.co.nz; 22-32 Jellicoe St.; ⏲6–19 Uhr) Keine Stadt, die etwas auf sich hält, kommt ohne einen Fischmarkt aus. In Auckland findet jeden Morgen eine lebhafte Auktion statt, es gibt Fischläden, Fischlokale und sogar eine Kochschule eigens für Fisch und Meeresfrüchte.

Dockline Tram TRAMBAHN
(www.aucklandtram.co.nz; Erw./Kind 5/1 NZ$; ⏲Dez.–Feb. 9–19.30 Uhr, März–Nov.10–17 Uhr) Eine Dosis Nostalgie bietet die Fahrt mit dieser historischen Trambahn. Allerdings gibt es auf der viertelstündigen Rundfahrt nichts sonderlich Interessantes zu sehen.

MT. EDEN

Mt. Eden (Maungawhau) VULKAN
(Karte S. 86; ⏲Zufahrtstraße 7–23 Uhr) Vom höchsten Vulkankegel (196 m) Aucklands aus bietet sich ein herrlicher Blick über die gesamte Landenge und die beiden Häfen. Der symmetrische Krater (Tiefe: 50 m) heißt *Te Ipu Kai a Mataaho* (die „Essschale von Mataaho", dem Gott der im Erdboden versteckten Dinge) und ist überaus *tapu* (heilig). Aus diesem Grund darf man auch nicht in den Krater hineinsteigen, kann jedoch den Berg von außen erkunden. Die Relikte der *Pa*-Terrassen und Lagergruben sind noch deutlich erkennbar.

Man kann weit hinauf mit dem Auto fahren, aber auch hinaufwandern oder sogar joggen. Ausflugsbusse sind auf dem Gipfel nicht zugelassen, es verkehren jedoch Shuttlebusse, die Gäste, die nicht so gut zu Fuß

> **NOCH MEHR INFORMATIONEN?**
>
> Wer sich tiefgehendere Informationen, Kritiken und Empfehlungen wünscht, sollte in einem Apple App Store vorbeischauen und sich den Auckland City Guide 1.2.2 iPhone App von Lonely Planet kaufen.

AUCKLAND ZENTRUM

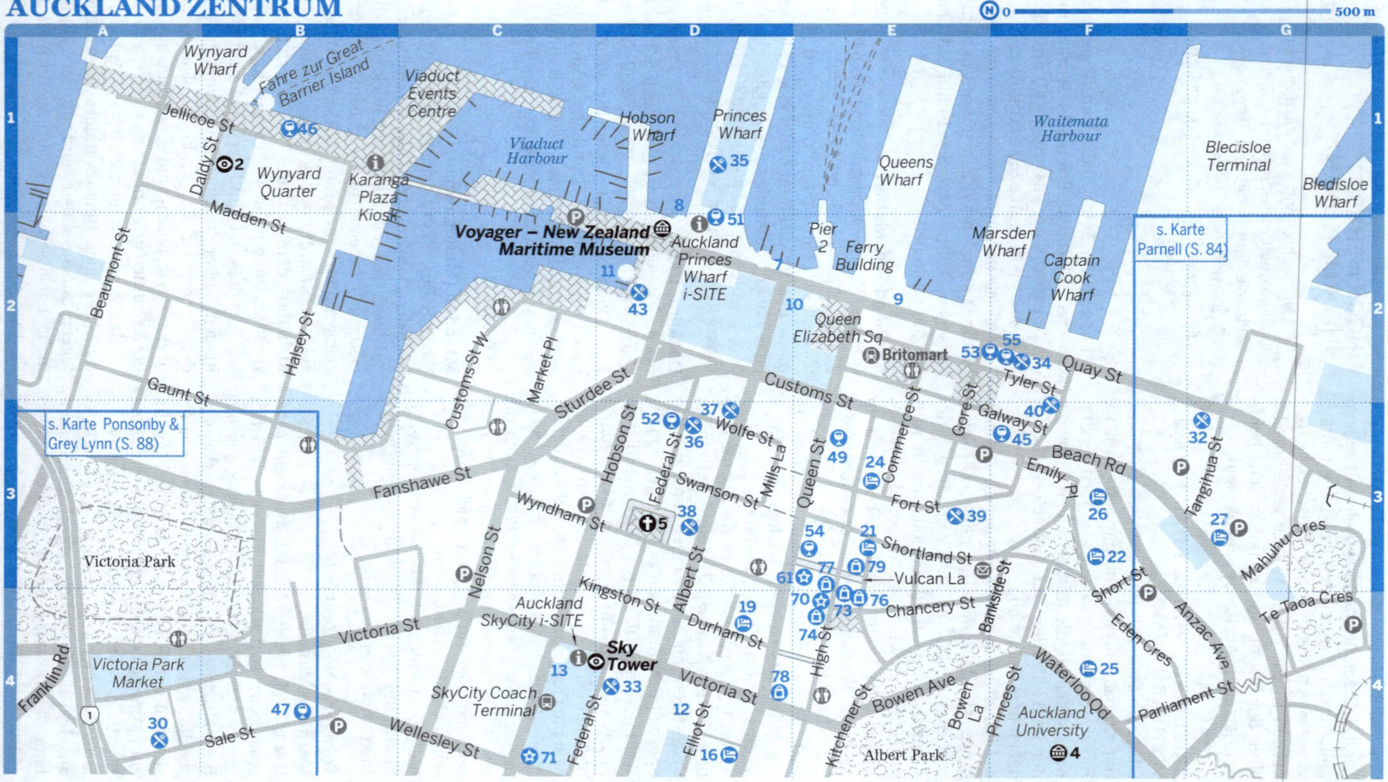

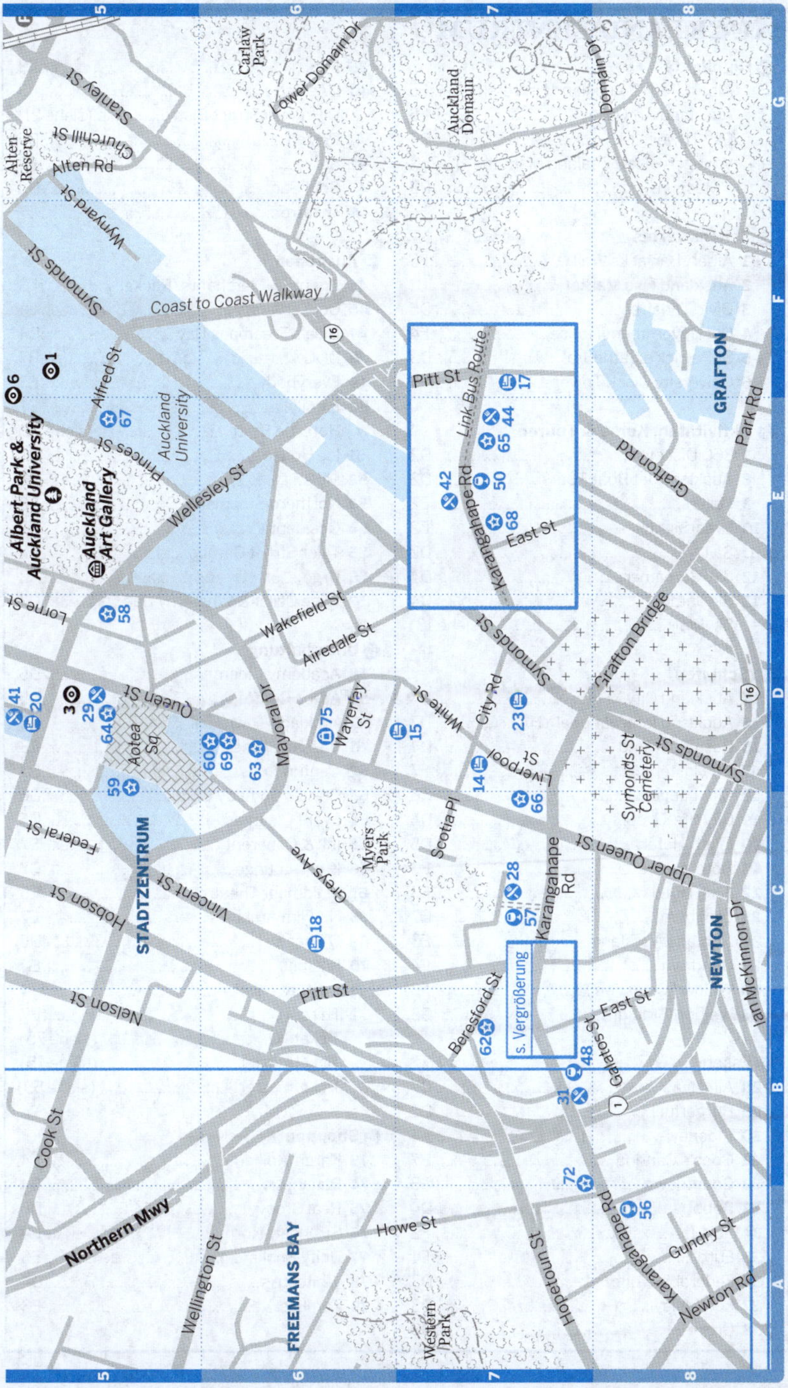
Albert Park & Auckland University
Auckland Art Gallery
Auckland University
Auckland Domain
Carlaw Park
Alten Reserve
Stanley St
Churchill St
Alten Rd
Wynyard St
Symonds St
Alfred St
Princes St
Wellesley St
Coast to Coast Walkway
Lower Domain Dr
Domain Dr
Pitt St
Link Bus Route
Karangahape Rd
East St
Grafton Rd
Park Rd
GRAFTON
Grafton Bridge
Symonds St Cemetery
Upper Queen St
Ian McKinnon Dr
NEWTON
Lorne St
Wakefield St
Airedale St
Queen St
Aotea Sq
Mayoral Dr
Waverley St
White St
City Rd
Liverpool St
Scotia Pl
Myers Park
Greys Ave
Federal St
Hobson St
Vincent St
STADTZENTRUM
Nelson St
Beresford St
s. Vergrößerung
Galatos St
East St
Cook St
Northern Mwy
Wellington St
FREEMANS BAY
Howe St
Western Park
Hopetoun St
Karangahape Rd
Gundry St
Newton Rd

AUCKLAND ZENTRUM

Highlights

Albert Park & Auckland University ... E5
Auckland Art Gallery ... E5
Sky Tower ... D4
Voyager – New Zealand Maritime Museum ... D2

Sehenswertes

1 Albert Barracks Wall ... F5
2 Auckland Fish Market ... B1
3 Civic Theatre ... D5
4 Old Government House ... F4
5 St Patrick's Cathedral ... D3
6 University Clock Tower ... F5

Aktivitäten, Kurse & Touren

7 360 Discovery ... D2
8 Auckland Jet Boat Tours ... D2
9 Fullers ... E2
10 GreatSights ... E2
11 Sail NZ ... D2
12 Sky Screamer ... D4
13 SkyJump ... C4
SkyWalk ... (siehe 13)

Schlafen

14 Auckland City YHA ... D7
15 Auckland International YHA ... D7
16 Base Auckland ... D4
17 BK Hostel ... F7
18 City Lodge ... C6
19 CityLife ... D4
20 Elliott Hotel ... D5
21 Hotel de Brett ... E3
22 Jucy Hotel ... F3
23 Langham ... D7
24 Nomads Auckland ... E3
25 Quadrant ... F4
26 Waldorf Celestion ... F3
27 Waldorf Stadium ... G3

Essen

28 Alleluya ... C7
29 Burgerfuel ... D5
30 Clooney ... A4
31 Coco's Cantina ... B7
32 Countdown ... G3
33 Depot ... D4
34 Ebisu ... F2
35 Euro ... D1
36 Federal & Wolfe ... D3
37 Food Alley ... D3
38 Grove ... D3
39 Ima ... E3
40 L'Assiette ... F3
O'Connell Street Bistro ... (siehe 21)
41 Reslau ... D5
42 Satya ... E7
43 Soul Bar ... D2
44 Theatre ... E7

Ausgehen

45 Agents & Merchants/Racket ... F3
46 Conservatory ... B1
47 Dida's Freemans Bay ... B4
48 DOC ... B7
49 Everybody's ... E3
50 Family ... E7
Hotel de Brett ... (siehe 21)
51 Ice House ... D2
52 Mo's ... D3
53 Northern Steamship Co. ... E2
54 Occidental ... E3
55 Tyler Street Garage ... F2
56 Urge ... A8
57 Wine Cellar & Whammy Bar ... C7

Unterhaltung

58 Academy Cinemas ... D5
59 Aotea Centre ... D5
60 Auckland Town Hall ... D6
61 Cassette Nine ... E3
62 Centurian ... B7
63 Classic Comedy Club ... D6
64 Event Cinemas ... D5
65 Ink & Coherent ... E7
66 Khuja Lounge ... C7
67 Maidment Theatre ... E5
68 NZ Film Archives ... E7
69 Q Theatre ... D6
70 Rakinos ... E4
71 SkyCity Theatre ... C4
72 Thirsty Dog ... B7
Ticketek ... (siehe 75)
Ticketmaster ... (siehe 75)
Ticketmaster ... (siehe 59)

Shoppen

73 Karen Walker ... E4
74 Pauanesia ... E4
75 Real Groovy ... D6
76 Strangely Normal ... E4
77 Unity Books ... E3
78 Whitcoulls ... D4
79 Zambesi ... E3

sind, vom Parkplatz weiter unten am Hang zum Gipfel hinauffahren.

Eden Garden GÄRTEN

(Karte S. 79; www.edengarden.co.nz; 24 Omana Ave.; Erw./Kind 8/6 NZ$; ⌚9–16 Uhr) Das Schmuckstück von einem Garten an der Ostflanke des Mt. Eden ist für seine Kamelien, Rhododendren und Azaleen berühmt.

PARNELL & NEWMARKET

Parnell sieht sich gern als Dorf, obwohl die SUVs der reichen Mütter der Nachwuchsfußballer die einzigen „Traktoren" sind, die man hier zu Gesicht bekommt. Die Gegend zählt zu den ältesten Aucklands, in der mehrere schöne alte Gebäude erhalten blieben. Aus unerfindlichen Gründen gibt es ausgerechnet hier eine tolle Auswahl an preiswerten Unterkünften, allerdings nur teure Speiselokale in der Hauptstraße. Das benachbarte Newmarket ist eine viel besuchte Einkaufsgegend und besonders für seine zahlreichen Boutiquen bekannt.

LP TIPP **Auckland Museum** MUSEUM

(Karte S. 84; ☎09-309 0443; www.aucklandmuseum.com; Erw./Kind 10 NZ$/frei; ⌚10–17 Uhr) Die Domain, eine weitläufige Grünfläche, wird von diesem imposanten neoklassizistischen Tempel (1929) mit einer eindrucksvollen Kuppel aus Kupfer und Glas (2007) beherrscht. Die umfassende Ausstellung über Pacific Island und die Artefakte der Maori im Erdgeschoss sind so beeindruckend, dass das Museum wirklich zum Pflichtprogramm eines Aucklandbesuchs gehört. Zu den Hauptattraktionen zählen ein 25 m langes Kriegskanu und ein Versammlungshaus mit originalen Schnitzereien (Schuhe bitte ausziehen). Weitere Höhepunkte sind eine Mumie aus Ägypten (übrigens der Hit bei Kindern) und die faszinierende Ausstellung über das Vulkanfeld – sogar ein Vulkanausbruch wird simuliert.

Die Säle in den oberen Etagen des Museums sind militärischen Exponaten gewidmet, wodurch das Gebäude seiner Doppelfunktion als Kriegsdenkmal gerecht wird. Aucklands wichtigste ANZAC-Feierlichkeiten finden jeweils am 25. April am Mahnmal im Vorhof des Museums statt.

Einstündige Führungen (Erw./Kind 20/8 NZ$), auf denen die Hauptattraktionen des Museums gezeigt werden, beginnen täglich um 10.30, 12.30 und 14 Uhr. Halbstündige Kultur-Shows der Maori (Erw./Kind 25/13 NZ$) finden um 11 und 13.30 Uhr statt. Im Anschluss besteht die Möglichkeit, an einer Führung durch die Maori-Galerie (Erw./Kind 10/5 NZ$) teilzunehmen.

Auckland Domain PARK

(Karte S. 84) Auf der rund 80 ha große Grünfläche finden sich Sportplätze, interessante Skulpturen, schön angelegte Gärten, naturbelassene Ecken und der **Wintergarten** (Eintritt frei; ⌚Nov.–März Mo–Sa 9–17.30, So 9–19.30 Uhr, April–Okt. 9–16.30 Uhr) mit einem Farn-, Tropen- und Kalthaus, einer witzigen Katzenstatue und einem Café gleich nebenan. Der Hügel in der Mitte des Parks ist alles, was von Pukekaroa, einem der vielen Vulkane Aucklands, verblieben ist. Auf seinem bescheidenen Gipfel ehrt ein von einem Palisadenzaun umgebener Totara-Baum den ersten Maori-König.

Holy Trinity Cathedral KIRCHE

(Karte S. 84; www.holy-trinity.org.nz; Parnell Rd.; ⌚10–15 Uhr) Die anglikanische Kathedrale von Auckland ist ein wahres Sammelsurium von Stilrichtungen – zumindest im Vergleich zur Kirche **St. Mary's** (1886) gleich nebenan. Die herrliche neugotische Holzkirche begeistert mit einem schönen Kirchenraum und interessanten Buntglasfenstern, Besonders beeindruckend ist das Rosettenfenster des englischen Künstlers Carl Edwards über dem schlichten Kauri-Altar.

Parnell Rose Gardens GÄRTEN

(Karte S. 84; 85-87 Gladstone Rd.; ⌚7–19 Uhr) Die streng angelegten Gärten beeindrucken von November bis März mit ihrer Blütenpracht. Wer durch den Park spaziert, gelangt zur friedlichen **Judges Bay** und zur winzigen **St. Stephen's Chapel** (Judge St.). Die Kapelle wurde anlässlich der Unterzeichnung der anglikanischen Kirchenverfassung (1857) Neuseelands errichtet.

Highwic HISTORISCHES GEBÄUDE

(Karte S. 79; www.historic.org.nz; 40 Gillies Ave.; Erw./Kind 9 NZ$/frei; ⌚Mi–So 10.30–16.30 Uhr) Ein wunderschönes Beispiel für ein sogenanntes Carpenter-Gothic-Haus (1862), ein romantisches Holzgebäude wie aus dem Bilderbuch inmitten eines üppigen, schön gestalteten Landschaftsgartens.

Kinder House HISTORISCHES GEBÄUDE

(Karte S. 84; www.kinder.org.nz; 2 Ayr St.; Eintritt nach Spende; ⌚Mi–So 12–15 Uhr; 📶) Das 1857 aus Vulkangestein errichtete Gebäude präsentiert die subtilen, kunstvollen Aquarelle und Erinnerungsstücke von Reverend Dr.

John Kinder (1819–1903), dem Direktor der Church of England Grammar School.

Ewelme Cottage HISTORISCHES GEBÄUDE

(Karte S. 84; www.historic.org.nz; 14 Ayr St.; Erw./Kind 8,50 NZ$/frei; So 10.30–16.30 Uhr) Das 1864 für einen Geistlichen (der ganz eindeutig keine wilden Partys steigenließ) erbaute Bilderbuchcottage befindet sich in erstaunlich gutem Zustand.

TAMAKI DRIVE

Die malerische, von Pohutukawa-Bäumen gesäumte Straße östlich der Stadt führt am Wasser entlang. Im Sommer treffen sich hier Jogger, Radfahrer und Rollerblader.

Die Ohaku Bay bildet den Auftakt für eine Reihe von kinderfreundlichen und beschaulichen Stränden. An der Landspitze liegt die Mission Bay, ein beliebter Strand mit einem Jugendstilbrunnen (eines der Wahrzeichen der Stadt), einem historischen Missionsgebäude, Restaurants und Bars. An die Mission Bay schließen sich die Strände Kohimarama und St. Heliers an, an denen man gefahrlos schwimmen kann. Weiter östlich an der Cliff Road bietet sich vom Achilles Point ein herrlicher Panoramablick. Zu seinen Füßen erstreckt sich die Ladies Bay; dort nehmen FKK-Fans Schlamm und Muscheln zugunsten relativer Abgeschiedenheit in Kauf.

Die Busse 745 bis 769 verkehren ab Britomart auf dieser Strecke.

Kelly Tarlton's AQUARIUM

(Karte S. 70; 09-531 5065; www.kellytarl tons.co.nz; 23 Tamaki Dr.; Erw./Kind 34/17 NZ$; 9.30–17.30 Uhr) In der **Underwater World** schwimmen Haie und Stachelrochen um und über den Besuchern, die auf einem Laufband durch transparente Tunnel befördert werden. Bei diesen handelt es sich um ehemalige Sturmwasser- und Klärbecken. Wer noch näher an die Tiere herankommen möchte, kann sich in einem Haikäfig den Tieren nähern (79 NZ$, 12.30, 13.30 und 15 Uhr). Und wem dieser Nervenkitzel immer noch nicht reicht, kann sogar zu ihnen hinabtauchen (129 NZ$; 10 Uhr).

Die größte Attraktion von Kelly Tarlton's ist jedoch **Antarctic Encounter**. Hier können die Besucher u. a. durch einen Nachbau von Robert Falcon Scotts Antarktishütte aus dem Jahr 1911 spazieren und mit einem beheizten Schneemobil durch die frostige Umwelt fahren, in der eine Kolonie Königs- und Eselspinguine lebt. Im März 2012 wurde das Aquarium von neuen Besitzern mit hochfliegenden Plänen übernommen – mit weiteren Attraktionen ist also zu rechnen.

Wer online bucht, umgeht die oft endlosen Warteschlangen und bekommt zusätzlich noch 10 % Rabatt. Ein kostenloser Shuttlebus in Haigestalt fährt stündlich von 9 bis 16 Uhr in der 172 Quay Street (gegenüber vom Fährhafen) ab.

Bastion Point PARK

(Karte S. 70; Hapimana St.) Politik, ein schöner Blick auf den Hafen und weitläufige Rasenflächen verbinden sich auf dem hübschen Landvorsprung mit abwechslungsreicher Geschichte. Das kunstvolle Garten-Mausoleum oben auf den Klippen ehrt Michael Joseph Savage (1872–1940), den ersten Premierminister des Landes der Labour Par-

NICHT VERSÄUMEN

AUCKLAND VOLCANIC FIELD

Einige Städte halten sich für ganz mutig, nur weil sie im Schatten eines Vulkans existieren. Auckland wurde gleich auf 50 Vulkanen errichtet, und – nein – sie sind noch nicht alle erloschen. Der letzte Vulkan, der ausbrach, war vor etwa 600 Jahren der Rangitoto, und niemand kann vorhersehen, wann der nächste Ausbruch stattfinden wird. Auckland ist im wahrsten Sinne des Wortes ein Hotspot: 100 km unter der Erdoberfläche wartet ein Becken voller Magma nur darauf, seinen Inhalt an die Oberfläche zu befördern. Aber keine Sorge, in den letzten 20 000 Jahren ist das nur 19-mal vorgekommen.

Manche Vulkane Aucklands sind Kegel, manche sind voller Wasser, andere wiederum wurden schon vollständig abgetragen. Es gibt Planungen, das Feld zum Weltkulturerbe zu ernennen und somit die Überreste zu schützen. Die meisten verbliebenen Kegel weisen Anzeichen von Terrassenbau auf aus der Zeit, als es hier noch zahlreiche *pa* der Maori gab. Am interessantesten sind Mt. Eden (S. 73), der One Tree Hill (S. 80) und der Rangitoto, aber auch Mt. Wellington (Maungarei), Mt. Albert (Owairaka), Mt. Roskill (Puketapapa), Lake Pupuke, Mt. Mangere und Mt. Hobson (Remuwera) sind einen Besuch wert.

Newmarket

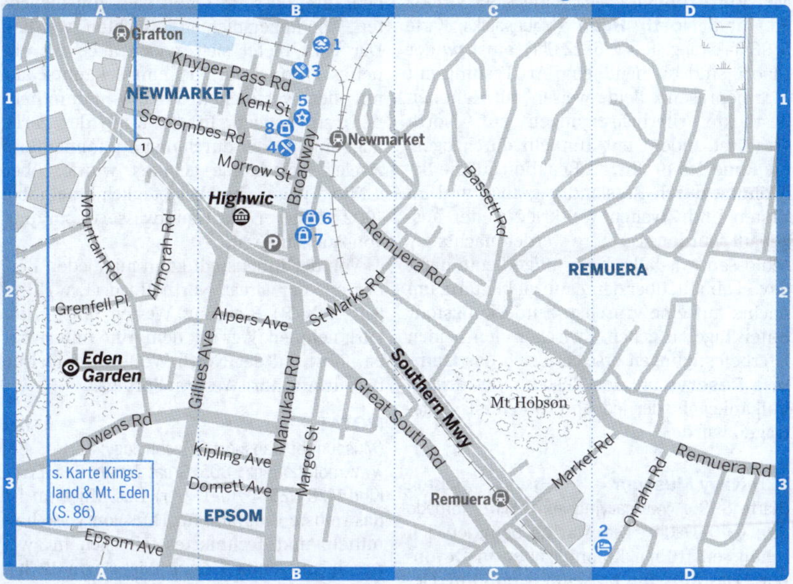

tei, dessen sozialistische Reformen ihm die Bewunderung der gesamten Bevölkerung einbrachte. Über den Rasen spaziert man zu einer mit Kanonen bestückten Uferbefestigung aus dem Zweiten Weltkrieg – eine von vielen am Hafen.

DEVONPORT

Am Ende der Nordküste liegt Devonport, das sich mit der Fähre von der Stadt aus rasch erreichen lässt. Der malerische, aber dennoch nicht kitschige Ort konnte sich seinen dörflichen Charakter bewahren und beeindruckt mit seinen gut erhaltenen viktorianischen und edwardianischen Gebäuden sowie Unmengen Cafés. Wer es weniger vornehm schätzt, findet hier auch zwei Vulkankegel und erreicht problemlos den ersten Strand an der Nordküste.

Es macht Spaß, einfach auf eigene Faust loszuziehen und die alten Gebäude zu besichtigen; am besten nimmt man sich dazu im i-SITE die Broschüre *Old Devonport Walk* mit. Eine nette Alternative ist ein Fahrrad, das am Fährhafen ausgeliehen werden kann. Mit ihm lassen sich die unteren Strände der Nordküste bequem erkunden.

Fähren nach Devonport (hin & zurück Erw./Kinder 11/5,80 NZ$, 12 Min.) fahren am Auckland Ferry Building im 30-Minuten-Takt ab (nach 20 Uhr stündl.), und zwar montags bis freitags von 6.15 bis 23.15 Uhr (Fr & Sa bis 1 Uhr) sowie sonntags und an Feiertagen von 7.15 bis 22 Uhr. Einige der Fähren nach Waiheke Island und Rangitoto legen ebenfalls hier an.

Newmarket

Highlights
- Eden Garden A2
- Highwic B2

Aktivitäten, Kurse & Touren
- 1 Olympic Pools & Fitness Centre B1

Schlafen
- 2 Omahu Lodge D3

Essen
- 3 Basque Kitchen Bar B1
- 4 Teed St Larder B1

Unterhaltung
- 5 Rialto B1

Shoppen
- 6 Karen Walker B2
- 7 Texan Art Schools B2
- 8 Zambesi B1

Mt. Victoria & North Head VULKAN

Mt. Victoria (Takarunga; Karte S. 96; Victoria Rd.) und **North Head** (Maungauika; Karte S. 96; Takarunga Rd.; ⏲6–22 Uhr), einst *pa* der Maori, sind bis heute eine Art Festung mit Marinepräsenz. Beide weisen mit Kanonen bestückte Uferbefestigungen auf, North Head ist zudem mit Tunneln durchzogen, die Ende des 19. Jhs. als Reaktion auf die Bedrohung durch Russland gegraben und im Ersten und Zweiten Weltkrieg weiter ausgebaut wurden. Die Tore werden nachts geschlossen, was allerdings junge Leute nicht davon abhält, über den Zaun zu klettern, um nachts auf eine gruselige Entdeckungstour unter Tage zu gehen. Zwischen den beiden Uferbefestigungen erstreckt sich das **Cambria Reserve** auf den Resten eines dritten Vulkankegels, der jedoch größtenteils abgetragen wurde.

GRATIS **Navy Museum** MUSEUM

(Karte S. 96; www.navymuseum.mil.nz; Torpedo Bay; ⏲10–17 Uhr) Die Marine befindet sich schon seit frühen Kolonialzeiten in Devonport. Das Museum präsentiert nun ihre Geschichte auf interessante und oft auch anrührende Weise, wobei der Schwerpunkt auf dem Leben der Seeleute liegt.

WESTERN SPRINGS

Auckland Zoo ZOO

(Karte S. 86; www.aucklandzoo.co.nz; Motions Rd.; Erw./Kind 21/11 NZ$; ⏲9.30–17 Uhr, letzter Einlass 16.15 Uhr) In dem modernen, weitläufigen Tierpark stehlen die großen Exoten aus dem Ausland oft den zurückhaltenderen einheimischen Arten die Schau. Aber wer seine Kids erst einmal von den Tigern und Orang-Utans losgeeist hat, findet eine schön präsentierte Abteilung mit Tieren aus Neuseeland vor. Sie heißt *Te Wao Nui* und unterteilt sich in sechs ökologische Zonen: Küste (Seehunde, Pinguine), Inseln (vor allem Echsen, darunter auch der Tuatara, der wie ein kleiner Dinosaurier aussieht und in Neuseeland beheimatet ist), Feuchtgebiete (Enten, Reiher, Aale), Nacht (Kiwis, na klar, aber auch Frösche, einheimische Eulenarten und Wetas, die Langfühlerschnecken), Wald (Vögel) und Hochland (vorwitzige Vögel und Echsen).

Western Springs PARK

(Karte S. 86; Great North Rd.) Eltern, die mit ihren Kindern in diesen malerischen Park kommen, werden von den aufdringlichen, vom vielen Füttern fetten Gänsen so bedrängt, dass sie schon bald zum beliebten Abenteuerspielplatz flüchten werden. Der Park bietet sich jedoch auch für ein nettes Picknick an oder um Bekanntschaft mit den verspielten Pukeko (Sumpfhennen) zu machen. In der Mitte des Parks liegt ein See, der durch den Zusammenfluss zweier Lavaströme gebildet wurde; über 4 Mio. l Wasser blubbern täglich hinein. Bis 1902 stellte er die Hauptwasserversorgung von Auckland dar.

Von der Innenstadt kann man jeden Bus, der auf der Great North Road (Erw./Kind 3,40/2 NZ$) Richtung Westen fährt, zum Park nehmen. Wer mit dem Auto unterwegs ist, fährt auf der North Western Motorway bis zur Ausfahrt Western Springs.

MOTAT MUSEUM

(Museum of Transport & Technology; Karte S. 86; www.motat.org.nz; 805 Great North Rd.; Erw./Kind 14/8 NZ$; ⏲10–17 Uhr) Das Museum ist das reinste Eldorado für Fans von Verkehrsmitteln und Technik; es teilt sich in zwei Areale mit einer Gesamtfläche von 19 ha. Im **MOTAT 1** sollte man sich Helen Clarks Motorrad, eine Honda 50, sowie das reizende Pionierdorf anschauen. Das **MOTAT 2** (Karte S. 70) ist ein Flugzeugfriedhof, auf dem seltene Militär- und Verkehrsflugzeuge zu sehen sind. Beide Areale sind durch eine Nostalgietram verbunden (Gebühr im Eintrittspreis enthalten, ansonsten 1 NZ$); sie fährt auch am Park und am Zoo vorbei. Die Kinder sind von der Fahrt jedenfalls immer begeistert – ob nun mit oder ohne Besichtigung des MOTAT.

WEITERE VORSTÄDTE

One Tree Hill PARK

(Maungakiekie; Karte S. 70; www.cornwallpark.co.nz) Dieser Vulkankegel war einst das wichtigste *pa* an der Landenge und die bedeutendste Festung des Landes. Weshalb das so ist, lässt sich unschwer erkennen: Wer den Gipfel (182 m) besteigt oder mit dem Auto hinauffährt, genießt einen fantastischen 360-Grad-Rundumblick. Auf dem Gipfel befindet sich das Grab von John Logan Campbell: Als dieser im Jahr 1901 der Stadt das Land schenkte, erbat er sich ein Denkmal (den imposanten Obelisk samt Statue auf dem Grab) zu Ehren der Maori aus. In der Nähe befindet sich der Baumstumpf des letzten „One Tree".

Für die Erkundung der Krater und des **Cornwall Park** mit beeindruckenden alten

WAS WURDE AUS DEN NGATI WHATUA?

Ende der 1840er-Jahre stellten die Maori im Bereich von Auckland bereits eine Minderheit dar. Schließlich wurde der *hapu* (Unterstamm) Ngati Whatua o Orakei auf einen kleinen Landstreifen nahe Okahu Bay und Bastion Point verwiesen. 1886 beschlagnahmte die Regierung den Bastion Point zu militärischen Zwecken. 1908 fiel noch mehr Land einer neuen Abwasserleitung zum Opfer, die ungeklärte Rückstände direkt vor dem letzten Dorf des *hapu* an der Okahu Bay ins Meer pumpte. 1951 konfiszierte man alles bis auf den Friedhof und vertrieb die Menschen aus ihren Häusern. Dann wurde das Dorf zerstört, um die Gegend vor dem anstehenden königlichen Besuch Elizabeths II. von England zu „reinigen".

Als die Regierung 1977 den Verkauf der wertvollsten Grundstücke am Bastion Point beschloss, initiierte der *hapu* eine friedliche Besetzung. Sie dauerte 507 Tage, bis die Maori wieder einmal in Gewahrsam genommen wurden. Es war ein bahnbrechender Moment in der Protestgeschichte ihres Volkes. Während des nächsten Jahrzehnts entschuldigte sich die Regierung und rückte das Land heraus, auf dem heute die *marae* steht. Zum Zeitpunkt der Recherche waren weitere Verhandlungen zwischen Regierung und *hapu* im Gang, die wohl einige Vulkankegel zum Teil der endgültigen Siedlung machen sollen. Bereits zurückgegeben wurde das Ex-Eisenbahngelände, auf dem sich nunmehr die Vector Arena erhebt.

Bäumen und dem **Acacia Cottage** (1841), dem ältesten Holzgebäude Aucklands, sollte man viel Zeit einplanen. Das Informationszentrum (S. 109) bietet eine interaktive Ausstellung, die einen Eindruck davon vermittelt, wie das *pa* ausgesehen haben muss, als 5000 Menschen hier lebten.

Nicht weit vom hervorragenden **Kinderspielplatz** entfernt präsentiert das **Stardome Observatory** (☎09-624 1246; www.stardome.org.nz; 670 Manukau Rd.; Ausstellung frei, Vorführungen Erw./Kind 10/8 NZ$; ⏲Mo 10–15, Di–Fr 9.30–16. 30 & 18.30–21.30 Uhr) Vorführungen mit Blick in den Sternenhimmel der südlichen Hemisphäre. Die Shows des Planetariums werden unabhängig vom wechselhaften Wetter Aucklands gezeigt (meist Mi–Sa 20 Uhr; bitte vorher anrufen).

Von der Stadt aus nimmt man den Zug nach Greenlane und geht dann noch 1 km auf der Green Lane West zu Fuß zur Sternwarte. Mit dem Auto fährt man auf dem Southern Motorway bis zur Ausfahrt Greenlane und biegt dann rechts in die Green Lane West ein.

GRATIS Wallace Arts Centre — GALERIE

(Karte S. 70; www.tsbbankwallaceartscentre.org.nz; Pah Homestead, 72 Hillsborough Rd., Hillsborough; ⏲Di–Fr 10–15, Sa & So 10–17 Uhr) Das Kunstzentrum in einem wunderschönen Anwesen von 1879 mit Blick auf den One Tree Hill und den Hafen Manakau bietet eine Fülle zeitgenössischer Kunst aus Neuseeland; es handelt sich dabei um eine Privatsammlung, die nun kostenlos öffentlich gezeigt wird. Die Sammlung ist so umfangreich, dass die Werke alle vier bis sechs Wochen ausgetauscht werden. Auch für Leute, die nicht gerade versessen auf Kunst sind, lohnt sich der Ausflug allein schon, um das Haus zu bewundern. Hier kann man sich unter den vielen Räumlichkeiten das Zimmer aussuchen, das man gern als Schlafzimmer hätte, auf der Veranda zu Mittag essen und zwischen den herrlichen Bäumen im Park einen Spaziergang unternehmen. An der Rezeption des Anwesens erhält man dazu einen Lageplan. Die ausgestellten Kunstwerke sind leicht zugänglich – beispielsweise das „Offene Gedränge" beim Rugby in Lebensgröße oder der auf Glas gemalte energiegeladene Ziggy Stardust.

Von der Wellesley Street in der Stadt (unweit vom Civic Theatre) fährt der Bus 299 (Lynfield) im 30-Minuten-Takt zur Hillsborough Road (4,50 NZ$, etwa 40 Min.).

GRATIS Auckland Botanic Gardens — GÄRTEN

(Karte S. 70; www.aucklandbotanicgardens.co.nz; 102 Hill Rd., Manurewa; ⏲Mitte März–Mitte Okt. 8–18 Uhr, Mitte Okt.–Mitte März 8–20 Uhr) Der 64 ha große Park beeindruckt mit über 10 000 Pflanzen (darunter auch gefährdeten Arten), Dutzenden Themengärten und Unmengen Brautpaaren. Mit dem Auto fährt man auf dem Southern Motorway bis zur Ausfahrt Manurewa und folgt dann der Beschilderung. Eine andere Möglichkeit ist, den Zug nach Manurewa (5,70 NZ$, 40 Min.)

NICHT VERSÄUMEN

STRÄNDE AN DER NORDKÜSTE

Mehrere schöne Badestrände, die sich gut zum Schwimmen eignen, erstrecken sich von North Head bis zur Long Bay. Die Golf-Inseln sorgen hier nicht nur für eine malerische Kulisse, sondern schützen auch vor der starken Brandung, sodass Kinder unter Aufsicht gefahrlos herumplantschen können. Wer bei Flut kommt, muss nicht ewig weit gehen, bis das Wasser wenigstens bis zur Hüfte reicht. Der **Cheltenham Beach** liegt ein kurzes Stück zu Fuß von Devonport entfernt. Der **Takapuna Beach** liegt der Harbour Bridge am nächsten; er ist Aucklands Antwort auf den australischen **Bondi Beach**. Nicht weit von hier wartet der **St. Leonards Beach**, der bei Schwulen hoch im Kurs steht; bei Flut muss man allerdings über die Felsen klettern.

zu nehmen und dann auf der Hill Road (1,5 km) bis zum Eingang zu spazieren.

Alberton HISTORISCHES GEBÄUDE
(Karte S. 70; www.historic.org.nz; 100 Mt Albert Rd.; Erw./Kind 9 NZ$/frei; ⌚Mi–So 10.30–16.30 Uhr) Das klassische, herrschaftliche Kolonialgebäude (1863) diente als Kulisse für mehrere Szenen des Films *Das Piano*. Vom Bahnhof Mt. Albert läuft man bequem 1 km zu Fuß dorthin.

Spookers VERGNÜGUNGSPARK
(☎09-291 9002; www.spookers.co.nz; 833 Kingseat Rd., Karaka; 1/2 Attraktionen 20/35 NZ$; ⌚Fr & Sa 20 Uhr bis spätabends) Leute, die es nicht gruselig genug finden, nachts in einem alten Irrenhaus herumzulaufen, können es ja einmal mit blutüberströmten Monstern probieren, die eine Kettensäge schwingend Jagd auf sie machen. An Attraktionen warten *Haunted House*, the *Freaky Forest of Fear*, *Disturbia* und – im Sommer – *Cornevil*, ein Labyrinth in einem echten Kornfeld, bei dem einem wahrlich die Haare zu Berge stehen. Die Anlage ist erst ab 16 Jahre freigegeben, aber es gibt tagsüber auch einige *Creepers*-Shows für Kinder ab acht Jahre. Und so kommt man hin: Auf dem Southern Motorway bis zur Ausfahrt Papakura fahren (ca. 32 km), dann links abbiegen und dann weitere 14 km dem Unheil entgegenkutschieren.

Rainbow's End VERGNÜGUNGSPARK
(Karte S. 70; www.rainbowsend.co.nz; 2 Clist Cres.; Superpass Erw./Kind 49/39 NZ$; ⌚10–17 Uhr) Im internationalen Vergleich fällt Rainbow's End ja etwas lahm aus, aber es gibt dann doch ausreichend Fahrgeschäfte (darunter eine Korkenzieher-Achterbahn), um die Kids den ganzen Tag über bei Laune zu halten – plus jede Menge Süßigkeiten für die notwendige Energie. Der Eintrittspreis erlaubt unbegrenzt viele Fahrten.

Aktivitäten

Ja, Auckland ist die „Stadt der Segler", und das wahre Wesen von Auckland lässt sich bei einem Segeltörn im Golf wirklich am besten erfahren. Und wer sich keinen Törn leisten kann, nimmt eben ganz einfach die Fähre – eine günstige und genau so lohnenswerte Alternative.

In den Touristeninformationen und Bibliotheken liegt die Broschüre *Auckland City's Walkways* der Stadtverwaltung mit einer guten Auswahl an Stadtspaziergängen aus, lohnenswert ist beispielsweise der *Coast to Coast Walkway*, der von einer Küste zu anderen (S. 85) führt.

Da Auckland von Neuseelands Ruf als Actionparadies profitiert, hat sich die Stadt eine schier wahnwitzige Zahl an Aktivitäten einfallen lassen. Bevor man etwas bucht, sollte man sich nach Ermäßigungen für Backpacker und nach Sonderangboten erkundigen.

Segeln

Sail NZ SEGELN
(Karte S. 74; ☎0800 397 567; www.explorenz.co.nz; Viaduct Harbour) Hier können die Skipper mit einer echten Yacht vom America's Cup in See stechen (Erw./Kind 160/115 NZ$) oder an einer *Wal- & Delfin-Safari* (Erw./Kind 160/105 NZ$) teilnehmen. Die Aussichten, die Tiere auch wirklich zu Gesicht zu bekommen, stehen gut: Mit 90-prozentiger Wahrscheinlichkeit lassen sich Delfine sehen, zu 75 % auch Wale. Die glamourösen Großyachten der Flotte *Pride of Auckland* laden zu 90-minütigen Fahrten durch den Hafen ein (Erw./Kind 75/55 NZ$), die Alternative sind u. a. zweieinhalbstündige Dinner-Kreuzfahrten (120/85 NZ$) sowie ganztägige Segeltörns (165/125 NZ$).

CharterLink SEGELN
(Karte S. 70; ☎09-445 7114; www.charterlink.co.nz; Bayswater Marina; Tag 345–1125 NZ$) Hier sticht man mit einer Flotte gepflegter alter Segelschiffe, Luxusyachten und Katamarane in See.

Gulfwind SEGELN
(Karte S. 70; ☎09-521 1564; www.gulfwind.co.nz; Westhaven Marina) Die Firma verchartert Schiffe (halber/ganzer Tag 395/795 NZ$) und bietet Segelkurse in Kleingruppen an. Ein zweitägiger Einführungskurs kostet 595 NZ$.

Penny Whiting Sailing School SEGELN
(Karte S. 70; ☎09-376 1322; www.pennywhiting.com; Westhaven Marina; Kurs 700 NZ$) Die Kurse bestehen aus 15 Stunden Unterricht, die an zwei Wochenenden oder an fünf Nachmittagen zu absolvieren sind.

Extremsportarten

SkyWalk EXTREMSPORT
(Karte S. 74; ☎0800 759 925; www.skywalk.co.nz; Sky Tower, Ecke Federal St. & Victoria St.; Erw./Kind 145/115 NZ$; ⏲10–16.30 Uhr) Der Sky Tower bietet seinen Besuchern ein immer breiteres Programm an aufregenden Abenteuern. Wer der Meinung ist, dass die Aussichtsplattform etwas für Weicheier ist, kann beim SkyWalk den 192 m hohen und 1,2 m breiten Außensteg des Turms ohne Geländer oder Balkon umrunden – einen Sicherheitsgurt muss man allerdings schon anlegen (komplett durchgeknallt sind die Aucklander dann doch nicht).

SkyJump EXTREMSPORT
(Karte S. 74; ☎0800 759 586; www.skyjump.co.nz; Sky Tower, Ecke Federal St. & Victoria St.; Erw./Kind 225/175 NZ$; ⏲10–17 Uhr) Der 11 Sek. lange, 85 km/h schnelle Drahtseil-Sprung von der Aussichtsplattform des Sky Tower ähnelt eher einem Fallschirm- als einem Bungee-Sprung und ist im Handumdrehen vorbei.

Wem das an Nervenkitzel und Abenteuer nicht reicht, kann auch ein Kombiangebot Sprung und SkyWalk kaufen: Das Paket heißt Look'n'Leap (290 NZ$).

Auckland Bridge Climb & Bungy BUNGEE
(Karte S. 70; ☎09-360 7748; www.bungy.co.nz; Curran St., Herne Bay; Klettern Erw./Kind 120/80 NZ$, Bungee 150/120 NZ$) Die Erfinder des Bungeespringens, AJ Hackett, bieten die Gelegenheit, sich von der Auckland Harbour Bridge in die Tiefe zu stürzen.

NZ Skydive FALLSCHIRMSPRINGEN
(☎0800 865 867; www.nzskydive.co.nz; 2743/3658 m 245/295 NZ$) Bietet Tandem-Fallschirmsprünge am Mercer Airfield, 55 km südlich von Auckland, an. Den spannenden oder auch horrormäßigen Sprung kann man sich anschließend für 165 NZ$ auf DVD brennen lassen.

Sky Screamer BUNGEE
(Karte S. 74; ☎09-377 1328; www.skyscreamer.co.nz; Ecke Albert St. & Victoria St.; Fahrt 40 NZ$; ⏲So–Do 9–22, Fr & Sa 10–14 Uhr) Vorstellen kann man sich das Ganze wie eine gigantische Steinschleuder, bei der man dann selbst als Wurfgeschoss dient. Eines steht jedenfalls fest: Wer sich festgeschnallt 60 m hoch in die Luft katapultieren lässt, dessen Gekreische und Gebrüll ist in der ganzen Stadt zu hören.

Tauchen

Dive Centre TAUCHEN
(Karte S. 70; ☎09-444 7698; www.divecentre.co.nz; 97 Wairau Rd., Takapuna; PADI offenes Gewässer 599 NZ$) Das Zentrum führt PADI-Kurse durch und bucht auch Bootsausflüge mit Tauchgängen.

EIN BAUM, UM ALLE ZU BEHERRSCHEN

Der erste Gedanke beim Anblick des One Tree Hill ist wohl: Ja, wo ist denn der Baum überhaupt? Gute Frage. Bis 2000 stand noch eine Monterey-Kiefer oben auf dem Gipfel – als Ersatz für den heiligen Totara, der 1852 von britischen Siedlern gefällt wurde. Maori-Aktivisten griffen den Eindringling 1994 erstmals an, um ihm 2000 den Garaus zu machen. Derzeit ist es unwahrscheinlich, dass ein neuer Baum gepflanzt wird, bevor die Konflikte um den Landbesitz nicht endgültig gelöst sind. Dann wird hier aber mit Sicherheit wieder ein einheimischer Baum wachsen.

Aucklands beliebtestes Wahrzeichen wurde 1987 weltweit gewürdigt, als U2 den Song „One Tree Hill“ auf ihrem gefeierten Album *The Joshua Tree* veröffentlichte. In Neuseeland erschien der Titel auch als Single, die sich auf Platz 1 der Hitparade katapultierte.

Parnell

Kajak fahren

Fergs Kayaks KAJAK FAHREN
(Karte S. 70; ☎09-529 2230; www.fergskayaks.co.nz; 12 Tamaki Dr., Okahu Bay; ⏲10–17 Uhr) Die Firma verleiht Kajaks und Paddelboote (Std./Tag ab 15/50 NZ$), Fahrräder (20/120 NZ$) und Inlineskates (15/30 NZ$). Die Kajaktouren bei Tag und bei Nacht unter der Regie eines Guides führen nach Devonport (3 Std., 8 km, 95 NZ$) oder zum Rangitoto Island (6 Std., 13 km, 120 NZ$).

Auckland Sea Kayaks KAJAK FAHREN
(☎0800 999 089; www.aucklandseakayaks.co.nz) Veranstaltet werden geführte Touren (inkl. Mittagessen) nach Rangitoto Island (225 NZ$, 10 Std.) und nach Browns Island/Motukorea (175 NZ$, 6 Std.). Auch mehrtägige Exkursionen sind möglich.

Weitere Aktivitäten im Wasser

Auckland Jet Boat Tours JETBOOT FAHREN
(Karte S. 74; ☎0508 255 382; www.aucklandjetboattours.co.nz; Princes Wharf; Erw./Kind inkl. Museum 65/45 NZ$) Mit dem Boot geht es zu-

Parnell

Highlights

	Auckland Domain	A5
	Auckland Museum	B5
	Holy Trinity Cathedral	C5
	Parnell Rose Gardens	C3

Sehenswertes

1	Ewelme Cottage	C5
2	Kinder House	C5
3	St Stephen's Chapel	D2
4	Wintergarden	A5

Aktivitäten, Kurse & Touren

5	Parnell Baths	D2

Schlafen

6	City Garden Lodge	C4
7	Lantana Lodge	C3
8	Parnell Inn	B4
9	Quality Hotel Barrycourt	C4
10	Quest Carlaw Park	A3

Essen

11	Burgerfuel	B4
12	Domain & Ayr	C5
13	La Cigale	C3
14	Non Solo Pizza	B4
15	Rosehip Cafe	C3

Unterhaltung

16	ASB Tennis Centre	A3
	Ticketmaster	(siehe 17)
17	Vector Arena	A2

nächst 40 flotte Minuten durch den Hafen; das Marinemuseum wird anschließend in gemütlicherem Tempo besichtigt.

New Zealand Surf'n'Snow Tours SURFEN
(☎09-828 0426; www.newzealandsurftours.com; 5-/12-Tagestour 799/1699 NZ$) Das Unternehmen veranstaltet ganztägige Surfkurse (120 NZ$) – inklusive Transport, Ausrüstung und zwei Unterrichtseinheiten à 2 Std. Die Tagesausflüge führen in der Regel nach Piha (mit/ohne eigene Ausrüstung 50/99 NZ$; ganzjährig); bei den fünf- bis zwölftägigen Touren ist die Unterkunft in Ahipara (nur Okt.–Mai) im Preis inbegriffen.

Parnell Baths SCHWIMMEN
(Karte S. 84; www.parnellbaths.co.nz; Judges Bay Rd.; Erw./Kind 6,30/4,20 NZ$; Mo–Fr 6–20 Uhr, ⌚Nov.–April Mo–Fr 8–20, Sa & So 7–20 Uhr) Das Schwimmbad bietet mehrere Salzwasser-Schwimmbecken im Freien sowie eine tolle Wandmalerei aus den 1950er-Jahren.

Olympic Pools & Fitness Centre SCHWIMMEN
(Karte S. 79; www.theolympic.co.nz; 77 Broadway; Erw./Kind 7,50/5 NZ$; ⌚Mo–Fr 5.30–21.30, Sa & So 7–20 Uhr) Schwimmbecken, Fitnessraum, Sauna, Dampfbad und Kinderkrippe.

Ballon fahren

Balloon Expeditions BALLON FAHREN
(☎09-416 8590; www.balloonexpeditions.co.nz; Flug 340 NZ$) Die Firma veranstaltet einstündige Fahrten mit dem Heißluftballon bei Sonnenaufgang, inklusive Frühstück und einer Flasche Sekt.

Balloon Safaris BALLON FAHREN
(☎09-415 8289; www.balloonsafaris.co.nz; Flug 345 NZ$) Für die Ballonfahrt am frühen Morgen sollte man vier Stunden einplanen (1 Std. ist man in der Luft); für das leibliche Wohl sorgen Snacks und Sekt.

Wandern

Coast to Coast Walkway WANDERN
(Karte S. 70; www.aucklandcity.govt.nz) Die Wanderung führt vom Tasmanischen Meer zum Pazifik (es sind eigentlich nur 16 km); auf der Strecke liegen der One Tree Hill, Mt. Eden, Domain und die Universität. Wo immer möglich, führt der Weg durch die Natur und nicht durch die Straßen der Stadt. Die Wanderung kann in beide Richtungen unternommen werden. Die Südroute mit dem Viaduct Basin als Ausgangspunkt ist mit gelben Markierungen und Meilensteinen gekennzeichnet, die Nordroute beginnt in Onehunga und ist blau markiert. Am besten nimmt man den Zug nach Onehunga, dem wenig imposanten Ausgangspunkt des Trails, und lässt die Tour am Ende in einer der Kneipen am Viaduct ausklingen. Vom Bahnhof Onehunga spaziert man über

AUCKLAND FÜR KINDER

Alle Strände an der Ostküste (St. Heliers, Kohimarama, Mission Bay, Okahu Bay, Cheltenham, Narrow Neck, Takapuna, Milford und Long Bay) sind für Kinder unter Aufsicht gefahrlos zu benutzen. Sehenswürdigkeiten wie Rainbow's End, Kelly Tarlton's, das Auckland Museum und der Auckland Zoo stehen bei den Kids hoch im Kurs. Die Parnell Baths verfügen auch über ein Kinderbecken; an kühlen Tagen macht ein Besuch in den Thermalbädern von Parakai oder Waiwera aber wohl mehr Spaß.

Kingsland & Mt. Eden

Kingsland & Mt. Eden

Highlights

Auckland Zoo	A1
MOTAT	B2
Mt Eden (Maungawhau)	G4
Western Springs	A2

Schlafen

1	Bamber House	F3
2	Bavaria	F3
3	Eden Park B&B	E4
4	Oaklands Lodge	G4
5	Pentlands	F4

Essen

6	Atomic Roastery	D3
7	Burgerfuel	E3
8	French Cafe	G1
9	Fridge	D3
10	Gala	G2
11	Merediths	E4
12	Molten	G4
13	O'Sarracino	G1
	Shaky Isles	(siehe 19)

Trinken

14	Galbraith's Alehouse	G1
15	Neighbourhood	D3
16	Winehot	C3

Unterhaltung

17	Eden Park	D3
18	Kings Arms Tavern	F1

Shoppen

19	Royal Jewellery Studio	D3

die Onehunga Mall zur Princes Street, biegt links ab und folgt dann dem Weg, der am Park, der an der Autobahn liegt, beginnt.

Geführte Touren

Kulturelle Touren

TIME Unlimited KULTUREXKURSION
(☎09-446 6677; www.newzealandtours.travel) Das Motto lautet: *To Integrate Maori Experiences* (TIME) – die Maori-Kultur erfahrbar machen. Das umfassende Angebot an Touren wird auf der Website vorgestellt und umfasst kulturelle Aspekte, Angeln, Kajakfahrten, Wandern und allerlei Besichtigungen, darunter auch eine ganztägige Kajak-Exkursion zum Fischen (295 NZ$)

Toru Tours KULTUREXKURSION
(☎027 457 0011; www.torutours.com; mit/ohne Vorführung 213/178 NZ$) Die Ausflüge, die sich der Maori-Kultur widmen, beinhalten Zwischenstopps an einem *marae,* im Auckland Museum (mit optionaler Kultur-Show) und im Zoo (in der Abteilung mit den einheimischen Tieren) sowie am Mt. Eden, am One Tree Hill und am Bastion Point. Wer wenig Zeit hat, nimmt an einer der dreistündigen *Expresstouren* (69 NZ$) teil.

Tamaki Hikoi KULTUREXKURSION
(☎0800 282 552; www.tamakihikoi.co.nz; 1/3 Std. 40/95 NZ$) Die Touren, die sich mit der Kultur der Maori beschäftigen, werden von Ngati-Whatua-Guides geführt und beinhalten einen einstündigen Spaziergang in der Domain. Die dreistündige Exkursion schließt eine Vorführung mit ein. Eine weitere Möglichkeit ist ein dreistündiger Spaziergang vom Mt. Eden (Maungawhau) zur Domain (der Transfer ab der Stadt ist im Preis inbegriffen).

Weingüter

NZ Winepro WEINVERKOSTUNG
(☎09-575 1958; www.nzwinepro.co.nz; Führung 119–325 NZ$) Auf dem Programm stehen viele interessante Exkursionen in die Weinregionen Aucklands – sie sind eine tolle Mischung aus Besichtigung und Weinverkostung.

Wine Trail Tours WEINVERKOSTUNG
(☎09-630 1540; www.winetrailtours.co.nz) Die Exkursionen in Kleingruppen führen zu den Weingütern im Westen Aucklands, zu den Waitakere Ranges (halber /ganzer Tag 115/245 NZ$) sowie zur weiter entfernten Insel Matakana Island (255 NZ$). Auch ein Kombiangebot (255 NZ$) ist erhältlich.

Fine Wine Tours WEINVERKOSTUNG
(☎0800 023 111; www.insidertouring.co.nz) Die Ausflüge führen zu den Weingütern von Kumeu und zu den Inseln Matakana und Waiheke. Auf der vierstündigen Kumeu-Tour (169 NZ$) wird Käse gereicht (189 NZ$). Bei einem sechsstündigen Ausflug steht auch der Muriwai Beach (245 NZ$) auf dem Programm. Und dann gibt es noch eine Exkursion, bei der sich alles ums Essen und den

Wein dreht: Unterwegs werden Zwischenstopps bei verschiedenen Händlern in der Stadt einlegt (245 NZ$).

Wandern

Waitakere Tours WANDERN
(☎0800 492 482; www.waitakeretours.co.nz; Tag 150 NZ$) Die eingefleischten West-Aucklander bieten geführte Touren zu den schönen Stränden an der Westküste an, aber auch Wanderungen mit einem Guide in die Waitakere Ranges.

Bush & Beach WANDERN, WEINVERKOSTUNG
(☎09-837 4130; www.bushandbeach.co.nz) Auf dem Programm stehen geführte Wanderungen in die Waitakere Ranges und zu den Stränden der Westküste (halber/ganzer Tag 140/225 NZ$, inkl. Transport), halbtägige Stadtbesichtigungen im Minibus (140 NZ$) sowie kulinarische Wein- und Kunstexkursionen nach Matakana oder Kumeu (halber/ganzer Tag 179/295 NZ$).

Auckland Ghost Tours SPAZIERGANG
(☎09-630 5721; www.aucklandghosttours.com; Erw./Kind 50/25 NZ$) Mit Schauergeschichten über Auckland (nicht über die Architektur) werden die Teilnehmer an diesem zweistündigen Stadtspaziergang durch die Innenstadt unterhalten.

Hiking NZ WANDERN
(☎0800 697 232; www.hikingnewzealand.com) Veranstaltet werden „Trekkingsafaris" ab Auckland in den hohen Norden (995 NZ$, 6 Tage) sowie zu den Vulkanen und in den Regenwald (1880 NZ$, 10 Tage).

Bustouren

Explorer Bus BUSTOUR
(☎0800 439 756; www.explorerbus.co.nz; Erw./Kind 40/20 NZ$) Der Bus fährt stündlich von 10 bis 15 Uhr (im Sommer auch häufiger) vor dem Fährterminal ab und steuert 14 touristisch interessante Sehenswürdigkeiten in der Innenstadt an. Die Fahrgäste können ganz nach Lust und Laune ein- und aussteigen, also ihre Besichtigung selber zeitlich planen und durchführen.

Gray Line BUSTOUR
(☎0800 698 687; www.graylinetours.co.nz; Tour 74 NZ$; ⏲9.15Uhr) Auf der dreistündigen Bustour lernen die Teilnehmer die Harbour Bridge, das Wynyard Quarter, die Queen Street, die Universität, ein Museum, die Domain und den Tamaki Drive kennen.

GreatSights BUSTOUR
(Karte S. 74; ✂0800 744 487; www.greatsights.co.nz; Erw./Kind 74/37 NZ$; ⏲8.45 Uhr) Auf der Route dieser dreistündigen Bustour liegen die Harbour Bridge, Viaduct Harbour, die Queen Street, die Domain, Parnell und der Tamaki Drive.

Bootsausflüge

Riverhead Ferry BOOTSAUSFLUG
(☎09-376 0819; www.riverheadferry.co.nz; Erw./Kind 38/20 NZ$) Die Bootsausflüge führen durch den Hafen und den Golf. Unterhaltsam ist beispielsweise eine eineinhalbstündige Fahrt den Binnenhafen hinauf nach Riverhead (S. 131); nach 2 Std. Aufenthalt im Pub geht es wieder zurück.

Fullers BOOTSAUSFLUG
(Karte S. 74; ☎09-367 9111; www.fullers.co.nz; Fährgebäude, 99 Quay St.; Erw./Kind 38/19 NZ$; ⏲10.30 & 13.30 Uhr) Neben dem normalen Fährbetrieb bietet Fullers auch täglich eineinhalbstündige Kreuzfahrten durch den Hafen mit einem Zwischenstopp auf Rangitoto Island an; außerdem gibt es ein kostenloses Getränk, und die Rückfahrkarte nach Devonport wird obendrauf spendiert.

360 Discovery BOOTSAUSFLUG
(Karte S. 74; ☎0800 360 3472; www. 360discovery.co.nz; Pier 4, 139 Quay St.; Bootsausflug Erw./Kind 27/17 NZ$, 3-Tage-Pass 35/21 NZ$; ⏲10, 12 & 14.30 Uhr) Neben dem regelmäßigen Fährbetrieb bietet 360 Discovery eine Fahrt durch den Hafen von Auckland an, unterwegs wird in der Torpedo Bay von Davenport, auf Rangitoto Island sowie an der Motuihe und Orakei Wharf (wenn jemand das Aquarium Kelly Tarlton's besuchen will) gehalten. Die Teilnehmer können entweder 1½ Std. an Bord bleiben oder innerhalb von drei Tagen beliebig oft ein- und aussteigen.

Weitere Touren

Paradise Motorcycle Tours MOTORRADTOUR
(☎09-473 9404; www.paradisemotorcycletours.co.nz) Interessierte können entweder an einem geführten Motorradausflug teilnehmen oder ein Motorrad mieten und auf eigene Faust losziehen. Die Angebote reichen von einer Fahrt im Sozius (2 Std.) durch die Stadt (199 NZ$) bis hin zu einem dreiwöchigen begleiteten Trip auf einer 1200cc-BMW-Maschine (19 904 NZ$).

Red Carpet Tours FILMSCHAUPLÄTZE
(☎09-410 6561; www.redcarpet-tours.com) Die beherzten Burschen scheuen keine Mühe,

um ihre Gäste an einem Tag sicher nach Hobbiton/Matamata und wieder zurück zu bringen (245 NZ$); eine andere Möglichkeit ist, sich zwölf Tage lang ganz Middle Earth (6320 NZ$) zeigen zu lassen.

Feste & Events

Welche Events und Feste in der Stadt auf dem Programm stehen, verrät die Website www.aucklandnz.com.

Auckland Anniversary Day Regatta SPORT
(www.regatta.org.nz) Die „Stadt der Segel" macht ihrem Namen alle Ehre; die Regatta wird am Montag nach dem letzten Wochenende im Januar ausgetragen.

Laneway Festival MUSIK
(www.lanewayfestival.com.au) Die angesagtesten Topgruppen aus dem In- und Ausland spielen für die begeisterte Menge auf; eintägiges Festival zum Geburtstag der Stadt.

Music In Parks MUSIK
(www.musicinparks.co.nz) Mehrere kostenlose Konzerte in den Parks der Stadt; von Januar bis März.

Movies In Parks FILM
(www.moviesinparks.co.nz) In den Parks werden Spielfilme kostenlos gezeigt; Februar und März.

Lantern Festival KULTUR
(www.asianz.org.nz) Drei Tage lang wird im Albert Park mit asiatischem Essen und Kulturveranstaltungen das neue Jahr des Mondkalenders willkommen geheißen; meist Anfang Februar.

Devonport Food & Wine Festival ESSEN & WEIN
(www.devonportwinefestival.co.nz; Eintritt 30 NZ$) Bei dem zweitägigen Festival kann man sich unter die Schickis mischen und mit ihnen gut speisen und ausführlich zechen; Mitte Februar.

Big Gay Out SCHWULE & LESBEN
(www.biggayout.co.nz) Der wichtigste Event im Kalender der neuseeländischen Schwulen und Lesben: 12 000 Menschen strömen in den Coyle Park, um dann am Pt. Chevalier zu feiern; Mitte Februar am Sonntagnachmittag.

Splore MUSIK
(www.splore.net; Tapapakanga Regional Park) Drei Tage lang stehen Camping und Musik auf dem Programm – meist Tanzbares und Schnulziges, aber auch international bekannte Künstler; Mitte Februar am Strand.

Auckland Cup Week SPORT
(www.ellerslie.co.nz; Ellerslie Racecourse) Beim größten Pferderennen des Jahres kann hier jeder, egal ob Laie oder Experte, auf den Sieger wetten; Anfang März.

Auckland Arts Festival KUNST
(www.aucklandfestival.co.nz) In Jahren mit ungerader Zahl feiert Auckland die Künste im großen Stil; drei Wochen im März.

Pasifika Festival KULTUR
(www.aucklandcouncil.govt.nz) Im Western Springs Park steigt eine riesige polynesische Party mit kulturellen Darbietungen, kulinarischen Genüssen und Ständen, an denen traditionelles Kunsthandwerk verkauft wird; Anfang bis Mitte März.

Polyfest KULTUR
(www.asbpolyfest.co.nz; Sports Bowl, Manukau) Ein gigantisches Festival der weiterführenden Schulen von Auckland, das die Kultur der Maori und der Pazifikinseln feiert; im März.

Royal Easter Show LANDWIRTSCHAFT
(www.royaleastershow.co.nz; ASB Showgrounds, 217 Green Lane West) Eigentlich handelt es sich um ein Landwirtschaftsfest, doch die Leute strömen in Scharen zu den Karussells und anderen Vergnügungen; an Ostern.

DIE MAORI: AUCKLAND

Der Beweis für die Besiedelung durch die Maori ist buchstäblich in die Vulkankegel Aucklands eingekerbt. Der vorherrschende *iwi* (Stamm) an der Landenge waren einst die Ngati Whatua, heute leben Maori-Stämme aus ganz Neuseeland hier.

Wer von der Maori-Kultur einen ersten Eindruck gewinnen möchte, sollte dem Auckland Museum (S. 77) einen Besuch abstatten: Dort beeindruckt nicht nur die wunderschöne Sammlung zur Kultur der Maori, sondern auch eine interessante Show. Weiter ins Detail gehen die Exkursionen von TIME Unlimited (S. 87), Toru Tours (S. 87) oder Tamaki Hikoi (S. 87) von Ngati Whatua. Auch die Besuche der *marae* und des nachgebauten Maori-Dorfs in Te Hana (S. 138) lohnen sich.

GEHEIMTIPP

PASIFIKA IN DER STADT *SHIMPAL LELISI*

Wer in Auckland die Kochkunst der Pazifischen Inseln probieren möchte, sollte den Märkten in den Vorstädten Otara, Avondale oder Mangere einen Besuch abstatten oder auch an den beiden Festivals teilnehmen, die die polynesische Gemeinde jeweils einen Tag lang veranstaltet: Pasifika (S. 89) und Polyfest (S. 89) sind lohnenswerte Termine. Das Polyfest findet im März statt und gilt als das größte Kulturfest der Pazifik-Insulaner weltweit. Es existiert schon seit den frühen 1970er-Jahren und ist einfach gigantisch: Es kommen Tausende Besucher. Ich war während der Schulzeit in der Niuean-Gruppe; damals bekam ich Lust aufzutreten. Es ist beachtlich, welche Qualität die Vorführungen mittlerweile erreicht haben.

Die Studenten nehmen die Sache wirklich ernst, jedes Jahr werden neue Figuren kreiert. Eigentlich sollen die jungen Leute beim Polyfest die alten Lieder lernen, doch das steht nicht mehr alleine im Vordergrund. Es ist wirklich spannend, die Veränderungen mitzuverfolgen.

Shimpal Lelisi, Schauspieler

NZ International Comedy Festival COMEDY
(www.comedyfestival.co.nz) Drei Wochen lang wird beim Auftritt zahlreicher Komiker aus dem In- und Ausland herzlich gelacht; Ende April bis Anfang Mai.

Out Takes FILM, SCHWULE & LESBEN
(www.outtakes.org.nz; Rialto Cinemas) Filmfest für Schwule und Lesben; von Ende Mai bis Anfang Juni.

NZ International Film Festival FILM
(www.nzff.co.nz) Auckland frönt der Filmkunst; ab Mitte Juli.

Auckland Art Fair KUNST
(www.artfair.co.nz; Viaduct Events Centre) Auf der Kunstmesse steht jede Menge Interessantes zum Verkauf; im August in allen ungeraden Jahren.

NZ Fashion Week MODE
(www.nzfashionweek.com) Welches Land könnte besser demonstrieren, was sich mit Merinowolle und Fantasie alles anstellen lässt? Die Modewoche findet Anfang September statt.

Auckland International Boat Show SPORT
(www.auckland-boatshow.com) Die Veranstaltung ist international vielleicht nicht so renommiert wie die vergleichbaren Bootsausstellungen in Sydney oder San Diego, dennoch zählt Auckland zu den faszinierendsten Segelstädten der Welt. Und diese Messe ist der Beweis dafür; im September.

Heritage Festival KULTUR
(www.aucklandcouncil.govt.nz) Zwei Wochen lang werden tolle – und in der Regel kostenlose – Führungen in verschiedenen Vierteln von Auckland und in historischen Gebäuden angeboten; Mitte September.

Diwali Festival of Lights KULTUR
(www.asianz.org.nz) Aucklands indische Gemeinde beschert der Stadt eine wahre Explosion an Farben, Musik und Tanz; Mitte Oktober.

Grey Lynn Park Festival KULTUR
(www.greylynnparkfestival.org) Kostenloses Festival im Grey Lynn Park mit Ständen, an denen Kunsthandwerk und Kulinarisches lockt, dazu gibt es viel Livemusik. Am besten mischt man sich einfach unter die Studenten, Pazifik-Insulaner, Lesben, Bohemiens, coole Typen und Hippies; am dritten Samstag im November.

Santa Parade UMZUG
(www.santaparade.co.nz) Der Nikolaus nimmt hier früh seinen Dienst auf, wenn er mit seinem Gefolge durch die Queen Street zieht. Anschließend steigt am Aotea Square ein Fest; am letzten Sonntag im November.

Christmas in the Park FAMILIE
(www.christmasinthepark.co.nz) Die Party ist so gigantisch, dass sie in der riesigen Auckland Domain stattfindet.

Schlafen

STADTZENTRUM

Auckland verfügt über jede Menge Luxushotels; immer mehr Hotelketten etablieren sich in Gebäuden in der Innenstadt. Aber es gibt auch das andere Extrem: Backpacker, die mit einem schlechten Eindruck aus

Auckland abreisen, haben meist in vergammelten, lauten Unterkünften in der Innenstadt gewohnt. Nicht alle preiswerten Unterkünfte in der City sind schlecht, doch in der Regel finden sich in den zentrumsnahen Vororten die besseren Quartiere.

LP TIPP Hotel de Brett BOUTIQUEHOTEL $$$

(Karte S. 74; ☎09-925 9000; www.hotelde brett.com; 2 High St.; Zi. 300–600 4; @☎) Das wunderschön renovierte historische Hotel beeindruckt mit gestreiften Teppichen und raffiniertem Designerschnickschnack in jeder Ecke der überaus komfortablen Zimmer. Im Preis inbegriffen sind das Frühstück, kostenloses Breitband-Internet sowie ein Drink vor dem Abendessen.

Waldorf Celestion APARTMENT $$

(Karte S. 74; 09-280 2200; www.celestion-waldorf.co.nz; 19-23 Anzac Ave.; Apt. 137–239 NZ$) In den letzten Jahren haben unzählige Waldorfs eröffnet, die alle nach einem vergleichbaren Konzept funktionieren: erschwingliche, moderne Apartments am Rand der Innenstadt. Besonders empfehlenswert ist das Waldorf Celestion, das schick in Rot, Schwarz und Grau gehalten ist. In der Rezeption hängen schwere Samtvorhänge.

Elliott Hotel APARTMENT $$

(Karte S. 74; ☎09-308 9334; www.theelliott hotel.com; Ecke Elliott St. & Wellesley St.; Apt. 139–219 NZ$; P) Das Hotel im Apartmentstil befindet sich in einem historischen Gebäude (1880er-Jahre) und ist viel nobler, als der Preis erahnen lässt. Die Zimmer sind zwar nicht gerade riesig, wirken aber durch die hohen Decken größer als sie sind.

Quadrant HOTEL $$

(Karte S. 74; ☎09-984 6000; www.thequadrant.com; 10 Waterloo Quadrant; Apt. 160–600 NZ$; ☎) Das Hotel im Stil eines Apartmentkomplexes ist schick, zentral gelegen und mit jeder Menge hypermoderner Gerätschaften bestückt. Der einzige Minuspunkt sind die winzigen Wohneinheiten mit Bädern, die schon mehr als klein geraten sind.

Waldorf Stadium APARTMENT

(Karte S. 74; ☎09-337 5300; www.stadium-apartments-hotel.co.nz; 40 Beach Rd.; Apt. 162–357 NZ$) Ein weiteres Haus der Waldorf-Kette. In dem großen, relativ neuen Block finden sich die üblichen geräumigen, familienfreundlichen Apartments. Dank der Doppelfenster bleibt der Lärm von der Straße außen vor.

CityLife HOTEL $$

(Karte S. 74; ☎09-379 9222; www.heritagehotels.co.nz/citylife-auckland; Durham St.; Apt.169–850 NZ$; P@☎) Das lohnende Hotel in einem turmhohen Block bietet zahlreiche Apartments in vielen Etagen – von Studios bis hin zu Suiten mit drei Schlafzimmern. Zu den Annehmlichkeiten des Hotels zählen ein beheiztes Sportschwimmbecken, ein Fitnessraum, das Einparken des eigenen Fahrzeugs durch die Angestellten und die Kinderbetreuung.

Jucy Hotel HOTEL $

(Karte S. 74; ☎09-379 6633; www.jucyhotel.com; 62 Emily Pl.; Hostel EZ/DZ 49/69 NZ$, Hotel Zi. 99 NZ$; P@☎) Der Autoverleih Jucy hat dieses eingesessene Hostel übernommen, alles frisch in den Firmenfarben Grün und Lila gestrichen und dann das ansprechende Budgethotel eröffnet. Die Zimmer im Hauptbereich haben ein eigenes Bad; der Hostelflügel ist eher etwas für Leute, die gut mit Stockbetten und Gemeinschaftsbad leben können.

City Lodge HOTEL $

(Karte S. 74; ☎09-379 6183; www.citylodge.co.nz; 150 Vincent St.; EZ 75 NZ$, DZ 99–115 NZ$; @☎) Das vom YMCA betriebene City Lodge ist ein eigens für den Budgetmarkt errichteter Turm. Die winzigen Zimmer und Bäder in der Größe eines Handtuchs sind einfach, aber sauber und sicher. Die Küche im Industriedesign ist echt super, die gemütliche Lounge ebenfalls.

Auckland International YHA HOSTEL $

(Karte S. 74; ☎09-302 8200; www.yha.co.nz; 5 Turner St.; B 32–36 NZ$, Zi. 98–110 NZ$; P@☎) In der sauberen, in fröhlichen Farben gestrichenen Jugendherberge mit 170 Betten herrscht eine freundliche Atmosphäre, die Sicherheit ist gut, es gibt ein Spielzimmer und viele abschließbare Garderobenschränke. Kurz gesagt: ein typisches, gut geführtes Hostel.

Auckland City YHA HOSTEL $

(Karte S. 74; ☎09-309 2802; www.yha.co.nz; 18 Liverpool St.; B 29–49 NZ$, EZ/DZ 76/92 NZ$; @☎) Die Gäste müssen sich zunächst einmal eine der steilsten Straßen der Stadt zu diesem großen, unpersönlichen Hochhauskasten unweit der Partymeile in der K Road hinaufkämpfen. Die Zimmer sind sauber und gepflegt; einige haben Balkons mit netter Aussicht.

Nomads Auckland HOSTEL $

(Karte S. 74; ☎09-300 9999; www.nomadsauckland.com; 16 Fort St.; B 24–36 NZ$, Zi. 91–111 NZ$; @📶) Betriebsam ist wahrlich die reinste Untertreibung, um dieses große Hostel mit Café, Bar, Reisebüro, einer eigenen Etage für Frauen und einer Sauna samt Wellnesscenter auf dem Dach zu beschreiben. In den Privatzimmern steht überall ein Fernseher, dafür fehlt es manch einem der Zimmer aber an einem Fenster.

Base Auckland HOSTEL $

(Karte S. 74; ☎09-358 4877; www.stayatbase.com; Level 3, 229 Queen St.; B 27–32 NZ$, Zi. 65–93 NZ$; @📶) Viele junge Backpacker können in diesem Hostel mit über 500 Betten übernachten. Wem diese Art Auftrieb nicht gefällt (und dreckige Teppiche ebenfalls nicht), sollte sich besser anderweitig umsehen, denn hier dreht sich den lieben langen Tag alles nur um Fragen, wie wer wo einen Job gefunden hat, ob sich das Bungeespringen lohnt und wo sich nette Mädels aufreißen lassen. Zumindest bei der letzten Frage hilft die hauseigene Bar weiter.

FREEMAN'S BAY

Verandahs HOSTEL $

(Karte S. 92; ☎09-360 4180; www.verandahs.co.nz; 6 Hopetoun St.; B 27–31 NZ$, EZ 55 NZ$, DZ 72–88 NZ$, 3BZ 92 NZ$; P@📶) Die Ponsonby Road, die K Road und die Innenstadt lassen sich von diesem schönen Hostel gut zu Fuß erreichen. Das Verandahs verteilt sich auf zwei Villen, die auf die alten Bäume im Western Park hinausgehen. Sicher die beste Backpackerunterkunft der Stadt.

23 Hepburn B&B $$$

(Karte S. 92; ☎09-376 0622; www.23hepburn.co.nz; 23 Hepburn St.; Zi. 210–250 NZ$; P📶)

Ponsonby & Grey Lynn

Die drei Boutiquezimmer sind eine wahre Symphonie in Weiß und Cremetönen und vermitteln den Gästen des Hauses den Eindruck, in einer überaus schicken Baisertorte aufzuwachen (Was für eine Vorstellung!). Das kontinentale Frühstück wird bereits am Abend vorher im Kühlschrank deponiert, sodass die Hausgäste ganz nach Lust und Laune – und natürlich Appetit – zugreifen können.

PONSONBY & GREY LYNN

Henry's B&B $$$

(Karte S. 92; ☎09-360 2700; www.henryson peel.co.nz; 33 Peel St.; Zi./Apt. 220/275 NZ$; @ ☰ ✉) Die wunderschönen Holzvillen sind typisch für die zentrumsnahen Vororte von Auckland. Das Henry's wurde schick renoviert; seitdem haben die Zimmer im unteren Gebäudeteil ein eigenes Bad. Von den Räumen im Obergeschoss bietet sich ein hübscher sowie lohnenswerter Blick über den Hafen.

Great Ponsonby Arthotel B&B $$$

(Karte S. 92; ☎09-376 5989; www.greatpons.co.nz; 30 Ponsonby Tce.; Zi. 245–400 NZ$; P @) Die geräumige viktorianische Villa wird von geselligen Wirtsleuten geführt, die sich dem Umweltschutz verschrieben haben. Ein weiterer Pluspunkt ist das köstliche Frühstück. Das B&B befindet sich einen Steinwurf von der Ponsonby Road entfernt in einer ruhi-

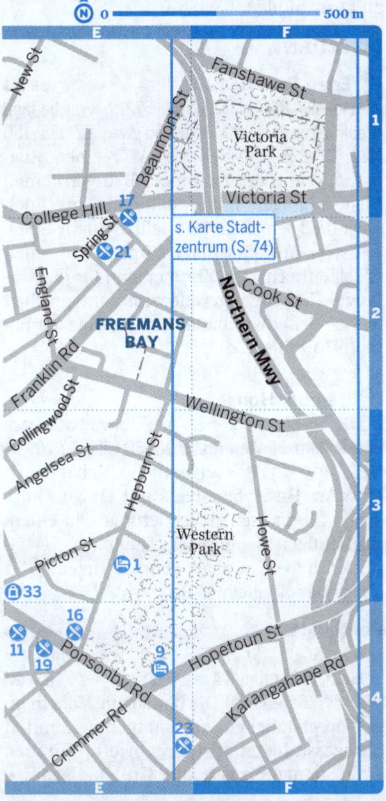

Ponsonby & Grey Lynn

Schlafen

1 23 Hepburn E3
2 Abaco on Jervois C1
3 Brown Kiwi D1
4 Great Ponsonby Arthotel C2
5 Henry's A4
6 Ponsonby Backpackers D3
7 Red Monkey D4
8 Uenuku Lodge D2
9 Verandahs E4

Essen

10 Agnes Curran D3
11 Burgerfuel E4
12 Cocoro D3
13 Delicious B4
14 Dizengoff D2
15 Landreth & Co D2
16 MooChowChow E4
17 New World E1
18 Ponsonby Road Bistro D3
19 Ponsonby Village International Food Court E4
20 Prego D3
21 Queenie's Lunchroom E2
22 Richmond Rd Cafe A3
23 Satya E4
24 Soto D1
25 SPQR D3

Ausgehen

26 Dida's Wine Lounge & Tapas Bar D1
27 Golden Dawn D4
28 Gypsy Tea Room A4
29 Lolabar D3
30 Mea Culpa D3
31 Ponsonby Social Club D3

Shoppen

Karen Walker .... (siehe 30)
32 Marvel D3
33 Texan Art Schools E3
34 Women's Bookshop D3
Zambesi .... (siehe 18)

gen Sackgasse. Die Studioapartments gehen auf den hübschen Hinterhof hinaus.

Abaco on Jervois MOTEL $$

(Karte S. 92; ☎09-360 6850; www.abaco.co.nz; 57 Jervois Rd.; Zi. 125–165 NZ$, Suite 184–205 NZ$; P) Ein betont neutrales Motel mit modernen Einrichtungen, beispielsweise einer Kochnische in Edelstahl (samt anständigem Herd und Schubfächern fürs Geschirr) und flauschigen weißen Handtüchern für den Besuch des Wellnesscenters. Die dunkleren Zimmer im Obergeschoss werden günstiger vermietet.

Red Monkey GÄSTEHAUS $

(Karte S. 92; ☎09-360 7977; www.theredmonkey.co.nz; 49 Richmond Rd.; wöchentl. EZ 240–280 NZ$, DZ 360 –480 NZ$; @) Wer plant, eine Woche oder länger zu bleiben, sollte sich in einer der beiden renovierten Villen fern der Heimat häuslich einrichten. In allen schick gestalteten Zimmern finden sich Lampen, Nachttische und Einbauschränke; die meisten haben ein Gemeinschaftsbad. Unbedingt lang im Voraus buchen!

Brown Kiwi HOSTEL $

(Karte S. 92; ☎09-378 0191; www.brownkiwi.co.nz; 7 Prosford St.; B 27–30 NZ$, Zi. 72 NZ$; @ WLAN) Das schwulenfreundliche Hostel liegt etwas versteckt in einem tagsüber betriebsamen Geschäftsviertel, nur einen Steinwurf von guten Einkaufsmöglichkeiten und Restaurants entfernt, und präsentiert sich so bescheiden wie die Kiwis nun mal sind. Im Garten können die Gäste herrlich verweilen und entspannen.

Uenuku Lodge HOSTEL $

(Karte S. 92; ☎09-378 8990; www.uenukulodge.co.nz; 217 Ponsonby Rd.; B 26–33 NZ$, EZ 48 NZ$, DZ 62–80 NZ$; P @ WLAN) Dem Hostel würde wirklich mal ein Kübel Farbe gut anstehen, andererseits liegt es günstig und bietet von einigen Zimmern einen schönen Blick auf die Stadt. Zu den Pluspunkten des Hauses zählen die Lounge, eine große Küche, der Hof – und die Sicherheit.

Ponsonby Backpackers HOSTEL $

(Karte S. 92; ☎09-360 1311; www.ponsonby-backpackers.co.nz; 2 Franklin Rd.; B 26 –28 NZ$, EZ/DZ 45/62 NZ$; P @ WLAN) Die Räumlichkeiten werden den Erwartungen, die die imposante Holzvilla mit Türmchen weckt, nicht gerecht. Das Hostel an der Ecke der mit Bäumen gesäumten Franklin Road ist aber relativ sauber und vor allem super gelegen.

NEWTON

Langham HOTEL $$$

(Karte S. 74; ☎09-379 5132; www.auckland.langhamhotels.co.nz; 83 Symonds St.; Zi. 220–390 NZ$, Suite 510–2430 NZ$; P @ WLAN Pool) Der Glamour des riesigen Lüsters an der Rezeption verblasst etwas, sobald man in die Etagen mit niedrigen Decken kommt, in denen sich die Zimmer befinden. Dennoch überzeugt das Langham mit seinem perfekten Service und den himmlischen Betten. Das Wellnesscenter, das allerdings nur tagsüber in Betrieb ist, soll das Beste der Stadt sein.

BK Hostel HOSTEL $

(Karte S. 74; ☎09-307 0052; www.bkhostel.co.nz; 3 Mercury Lane; EZ 45–49 NZ$, DZ 58–66 NZ$; @ WLAN Pool) Die Preise der Zimmer ohne Fenster liegen niedriger, was für Gäste, die hier im Viertel in den bis zum Morgengrauen geöffneten Nachtclubs abfeiern wollen, durchaus von Vorteil ist. Das Hostel befindet sich in einem Gebäude aus dem Jahr 1910 mit hohen Decken; in Sachen Sicherheit gibt es nichts zu beanstanden.

MT. EDEN

Eden Park B&B B&B $$$

(Karte S. 86; ☎09-630 5721; www.bedandbreakfastnz.com; 20 Bellwood Ave.; EZ 135–150 NZ$, DZ 235–250 NZ$; WLAN) Wer einen Rugbyfan kennt, der in seinem Bad gern einen Lüster hängen hätte, sollte ihn ins Eden Park B&B schicken: Das heilige Rugby-Spielfeld von Auckland liegt nämlich nur einen Block entfernt. Die Zimmer sind für das verlangte Geld nicht gerade riesig, entsprechen jedoch der edwardianischen Eleganz der noblen Holzvilla.

Bamber House HOSTEL $

(Karte S. 86; ☎09-623 4267; www.hostelbackpacker.com; 22 View Rd.; B 28–30 NZ$, DZ 70–90 NZ$; P @ WLAN) Das eigentliche Gebäude ist eine Art Herrschaftshaus mit einigen hübschen altmodischen Verzierungen in einem weitläufigen Grundstück. Die neuen Fertighütten haben weniger Flair, verfügen dafür aber über ein eigenes Bad.

Pentlands HOSTEL $

(Karte S. 86; ☎09-638 7031; www.pentlands.co.nz; 22 Pentland Ave.; B 25–28 NZ$, EZ/DZ 46/68 NZ$; P @ WLAN) Die blassblaue Villa in einer beschaulichen von Bäumen gesäumten Sackgasse bietet frisch renovierte Zimmer, eine Sonnenterrasse mit Grill und ruhige

Tische auf dem Rasen. Insgesamt ein sehr entspanntes Ambiente.

Oaklands Lodge HOSTEL $

(Karte S. 86; ☎09-638 6545; www.oaklands.co.nz; 5a Oaklands Rd.; B 25–27 NZ$, EZ 48 NZ$, DZ 64–74 NZ$; @🛜) Das freundliche, gepflegte Hostel am Fuß des Bergs in einer begrünten Sackgasse liegt unweit des dörflichen Mt. Eden und der Stadtbushaltestellen. Die Gemeinschaftseinrichtungen sind in gutem Zustand.

Bavaria GÄSTEHAUS $$

(Karte S. 86; ☎09-638 9641; www.bavariabandbhotel.co.nz; 83 Valley Rd.; EZ 95–110 NZ$, DZ 145–175 NZ$; P@🛜) Die geräumige Villa liegt zwischen einem B&B und einem kleinen Hotel. Hier gibt es große, luftige Zimmer und ein Frühstücksbüfett. Der Aufenthaltsraum mit Fernseher, der Speisesaal und die Terrasse sorgen für gute Kommunikation unter den Gästen.

PARNELL & NEWMARKET

City Garden Lodge HOSTEL $

(Karte S. 84; ☎09-302 0880; www.citygardenlodge.co.nz; 25 St Georges Bay Rd.; B 30–32 NZ$, EZ/DZ 54/70 NZ$; P@🛜) Das nette, gut geführte Hostel befindet sich in einem zweistöckigen Gebäude, das einst für die königliche Familie von Tonga erbaut wurde, und hat viel Flair. Hübsch sind der Garten und die Zimmer mit den hohen Decken. Wer sich so richtig entspannen möchte, sollte an den Yogastunden auf dem Rasen vor dem Haus teilnehmen.

Quest Carlaw Park APARTMENT $$

(Karte S. 84; ☎09-304 0521; www.questcarlawpark.co.nz; 15 Nicholls Lane; Apt. 130–320 NZ$; @🛜) Irgendwie seltsam ist es hier schon, aber die schicken, modernen Apartments liegen günstig, um nach Parnell, in die Innenstadt und zur Domain zu kommen. Wer mit dem Auto unterwegs ist, wohnt praktisch gleich an der Autobahn.

Parnell Inn MOTEL $$

(Karte S. 84; ☎09-358 0642; www.parnellinn.co.nz; 320 Parnell Rd.; Zi. 105–140 NZ$; P@🛜) Die netten Leute in diesem attraktiven, frisch renovierten Motel bereiten den Gästen immer einen herzlichen Empfang. An den Wänden hängen Fotos mit Motiven aus der Umgebung. Von den Zimmern 3 und 4 bietet sich ein schöner Blick auf den Hafen. Einige Zimmer verfügen auch über eine Kochnische.

Quality Hotel Barrycourt HOTEL $$

(Karte S. 84; ☎09-303 3789; www.barrycourt.co.nz; 20 Gladstone Rd.; Wohneinheiten 113–283 NZ$, Zi. 131–179 NZ$, Suite 188–283 NZ$; P🛜) In dem großen, gepflegten Komplex mit mehrsprachigem Personal liegen über 100 Motelzimmer und Wohneinheiten. Vom neueren Nordflügel genießt man einen tollen Blick auf den Hafen.

Lantana Lodge HOSTEL $

(Karte S. 84; ☎09-373 4546; www.lantanalodge.co.nz; 60 St Georges Bay Rd.; B 27–30 NZ$, EZ/DZ 59/70 NZ$; P🛜) Die gemütliche Villa in einer ruhigen Straße vermietet gerade einmal acht Zimmer. Klar, dass es hier besonders persönlich zugeht und alle Neuankömmlinge herzlich aufgenommen werden. Als schick lässt sich die Unterkunft nicht beschreiben, sie ist aber doch so sauber, dass sich die Gäste wohlfühlen.

DEVONPORT

In Devonport gibt es Unmengen wunderschöne edwardianische B&Bs, von denen sich die Stadt entspannt mit der Fähre erreichen lässt.

Peace & Plenty Inn B&B $$$

(Karte S. 96; ☎09-445 2925; www.peaceandplenty.co.nz; 6 Flagstaff Tce; EZ 195–265 NZ$ DZ 265–465 NZ$; P🛜) Das perfekt gelegene viktorianische Gebäude mit fünf Sternen ist mit Antiquitäten möbliert – und bietet Anlass zu tausend Gesprächen. Die romantischen, luxuriösen Zimmer haben alle ein eigenes Bad und einen Fernseher. Eine nette Geste sind der Blumenschmuck, der kostenlose Sherry oder Port sowie die Pralinen aus heimischer Produktion.

Hampton Beach House B&B $$$

(Karte S. 96; ☎09-445 1358; www.hamptonbeachhouse.co.nz; 4 King Edward Pde.; EZ 195 NZ$, Zi. 235–305 NZ$; @🛜) Das teure, schwulenfreundliche, edwardianische B&B befindet sich in einem der vielen noblen Herrschaftshäuser am Wasser. Die Zimmer gehen auf den Garten hinter dem Haus hinaus. Alles wirkt sehr geschmackvoll, sogar die Bettwäsche ist aus feinstem Leinen, und am Frühstück haben selbst Gourmets nichts auszusetzen.

Devonport Motel MOTEL $$

(Karte S. 96; ☎09-445 1010; www.devonportmotel.co.nz; 11 Buchanan St.; Zi. 150 NZ$; 🛜) Das Minimotel besteht aus nur zwei Wohneinheiten in einem gepflegten Garten hinter

Devonport

Devonport

Highlights

Schlafen

Essen

dem Haus. Sie sind modern, sauber und auf Selbstversorger ausgerichtet. Die Wohnungen liegen schön ruhig, sind aber trotzdem nicht allzu weit vom Geschehen in Devonport entfernt gelegen.

Parituhu B&B $$
(Karte S. 96; ☎09-445 6559; www.parituhu.co.nz; 3 King Edward Pde.; Zi.125–185 NZ$; 📶) In dem reizenden edwardianischen Bungalow am Wasser wird gerade einmal ein Doppelzimmer (mit eigenem Bad nebenan) vermietet. Hier geht es entspannt und herzlich zu – und auch noch schwulen- und lesbenfreundlich.

Devonport Sea Cottage COTTAGE $$
(Karte S. 96; ☎09-445 7117; www.devonportseacottagenz.com; 3a Cambridge Tce; EZ/DZ 110/130 NZ$; 📶) Auf einem Weg durch den Garten gelangen die Gäste in ihr Selbstversorger-Cottage. Hier findet sich alles, was man für einen entspannten Aufenthalt unweit vom Meer braucht. Im Sommer können sich die Gäste bei wöchentlicher Buchung über Sondertarife freuen.

ANDERE GEGENDEN

LP TIPP **Auckland Takapuna Oaks** HOTEL $$
(Karte S. 70; ☎09-445 7100; www.auckland takapunaoaks.co.nz; 1 Beresford St., Bayswater; Apt.129–349 NZ$; P @ 📶) Es klingt zu schön, um wahr zu sein: Die erschwinglichen, geräumigen Apartments (mit komplett ausgestatteter Küche und der Möglichkeit, Wäsche zu waschen) liegen am Ende einer beschaulichen Halbinsel; die Fahrt mit der Fähre zur Stadt dauert nicht lang. Aber halt, das ist noch längst nicht alles: Der Blick auf die Stadt und den Hafen ist schön, das Frühstück ist im Preis inbegriffen, und jede Menge Parkplätze sind ebenfalls vorhanden. Außerdem bekommen die Gäste die Hin- und Rückfahrkarte für die Fähre vom Haus geschenkt.

Omahu Lodge B&B $$$
(Karte S. 79; ☎09-524 5648; www.omahulodge.co.nz; 33 Omahu Rd., Remuera; EZ 170–200 NZ$, DZ 230–325 NZ$;) Kunst und Familienfotos zieren die Wände dieses fröhlichen Nobel-B&Bs. Die drei Zimmer mit eigenem Bad im Haupthaus bieten alle einen hübschen Blick übers Viertel; die geräumige Suite geht direkt auf den mit Sonnenenergie beheizten Pool hinaus.

Jet Park HOTEL $$
(Karte S. 70; ☎09-275 4100; www.jetpark.co.nz; 63 Westney Rd., Mangere; Zi.153–310 NZ$, Suite 220–430 NZ$; @) Das freundliche Jet Park bietet komfortable Zimmer, eine angenehme Atmosphäre (was bei einem Flughafenhotel eher eine Seltenheit ist) und einen Pool. Die Anzeigen mit den Abflügen in der Lobby und der kostenlose Shuttlebus zum Flughafen bedeuten, dass keiner mehr eine Ausrede hat, den Flieger zu verpassen.

Grange Lodge MOTEL $$
(Karte S. 70; ☎09-277 8280; www.grangelodge.co.nz; Ecke Grange Rd. & Great South Rd., Papatoetoe; Wohneinheiten 115–190 NZ$;) Wer von Süden kommt und einfach keinen Nerv mehr hat, durch die ganze Stadt zu gondeln, sollte sich überlegen, in diesem netten kleinen Vorstadtmotel zu logieren. Die Preise sind voll okay, das Wlan ist kostenlos, und in jedem Zimmer sitzt ein Teddybär. Prickelnd ist die Lage nicht, aber zumindest praktisch für den Flughafen. Vom Southern Motorway nimmt man die Ausfahrt East Tamaki Road, dann biegt man rechts ab und noch einmal rechts in die Great South Road ein.

Nautical Nook B&B $$
(Karte S. 70; ☎09-521 2544; www.nauticalnook.com; 23b Watene Cres., Orakei; EZ/DZ 108/162 NZ$;) Segelfreaks finden einen Gleichgesinnten in Keith, der diese gemütliche Pension mit seiner Frau Trish betreibt. Von der Lounge und der Terrasse genießen die Gäste einen netten Blick auf den Hafen, der Weg zum Strand ist kurz.

Auckland Airport Campervan Park WOHNWAGENPARK
(Karte S. 70; ☎09-256 8527; www.aucklandairport.co.nz; Jimmy Ward Cres., Mangere; Stellplatz ab 29 NZ$;) Der erste Wohnmobilpark der Welt unter der Leitung eines Flughafens bietet 54 Stellplätze mit Strom, Toiletten und Duschen – und das alles nur 1 km vom Flugplatz entfernt. Eine prima Idee für Leute, die nach einem langen Flug zunächst einmal eine Pause einlegen wollen, bevor sie sich auf die Straße wagen.

Ambury Regional Park CAMPINGPLATZ $
(Karte S. 70; ☎09-366 2000; www.arc.govt.nz; Ambury Rd., Mangere; Stellplatz Erw./Kind 10/5 NZ$) Der Regionalpark bietet ein Stück Landschaft inmitten der Vorstädte und ist gleichzeitig ein landwirtschaftlicher Betrieb. Die Einrichtungen halten sich im Grenzen (ein Stehklo, warme Duschen und wenig Schatten), aber zum Flughafen ist es nicht weit, die Lage am Wasser ist schön – und spottbillig ist es außerdem noch.

Essen

Aufgrund seiner Größe und der ethnischen Vielfalt steht Auckland an der Spitze des Landes, wenn es um die Größe und Qualität der Gastronomieszene geht. Zahlreiche quirlige Lokale haben eröffnet, um die zahlreichen asiatischen Studenten mit preiswerten japanischen, chinesischen und koreanischen Gerichten zu versorgen. Und wer auf seinen Geldbeutel und Reisebudget achten muss, wird sich bestimmt in die Markthallen der Stadt verlieben.

Die Bewohner Aucklands wissen guten Kaffee zu schätzen, man muss also nie allzu weit laufen, um ein ordentliches Café zu finden. In Vierteln wie Ponsonby, Grey Lynn und Kingsland wimmelt es nur so davon. Einige sind gleichzeitig Weinstuben oder streben nach höheren kulinarischen Weihen, andere sind damit zufrieden, ihre Tresen mit frischen Snacks zu vernünftigen Preisen füllen zu können.

Der Rugby Weltcup 2011 ließ nicht nur eine ganze Reihe neuer Restaurants und Bars entstehen, sondern verlagerte die Gastroszene auch wieder zurück in die Innenstadt. Heute gelten Britomart (oberhalb vom Bahnhof) und die Federal Street (unter dem Sky Tower) als die hippsten kulinarischen Adressen, wobei Ponsonby weiterhin für gute Qualität und eine Vielfalt an Speiselokalen steht.

In den meisten Vierteln gibt es große Supermärkte; besonders praktisch sind der **Countdown** (Karte S. 74; www.countdown.co.nz; 76 Quay St.; 24 Std.) unten in der Stadt und das **New World** (Karte S. 92; www.newworld.co.nz; 2 College Hill, Freemans Bay; 7–24 Uhr) am Victoria Park. Selbstversorger schätzen den Otara Market (S. 108) und den Sonntagsmarkt von Avondale (S. 108) wegen des billigen, frischen Gemüses. Auf dem Markt

La Cigale (S. 102) findet man ausgefallenere Lebensmittel.

STADTZENTRUM

LP TIPP Grove MODERN NEUSEELÄNDISCH $$$
(Karte S. 74; ☎09-368 4129; www.thegroverestaurant.co.nz; St. Patrick's Sq., Wyndham St.; Hauptgerichte 43 NZ$; ⏲Mo–Fr mittags, Mo–Sa abends) Dieses Restaurant bietet seinen Gästen Spitzenküche, Service und Romantik vom Feinsten. In einem gemütlichen Raum mit Schummerlicht wird kulinarische Experimentierfreude geweckt. Wer eventuelles Eis zwischen sich und dem Date nicht mittels der ellenlangen Weinkarte brechen kann, wird es wohl niemals schaffen.

Depot MODERN NEUSEELÄNDISCH $$
(Karte S. 74; www.eatatdepot.co.nz; 86 Federal St.; Gerichte 14–32 NZ$; ⏲7 Uhr bis spätabends) Das im Jahr 2011 in Auckland mit großem Beifall eröffnete erste Restaurant des Fernseh-Küchenchefs Al Brown serviert in einem legeren Ambiente (große Tische, Fliesen wie in einer Metzgerei und ein ständiges Kommen und Gehen) Köstlichkeiten, die Leib und Seele zusammenhalten. Die Gerichte gibt es als „kleine Portion" oder auch „etwas größer" und sollten von mehreren Leuten gemeinsam verzehrt werden. Zwei der Servicekräfte sind ausschließlich damit beschäftigt, die frischsten Austern der Stadt zu servieren.

Food Alley FOOD HALL $
(Karte S. 74; 9 Albert St.; Hauptgerichte 7–13 NZ$; ⏲10.30–22 Uhr) In dieser großen Food Hall ohne viel Schnickschnack werden Gerichte aus China, Indien, Thailand, Vietnam, Malaysia, Korea, Japan und aus der Türkei gekocht. Wirklich empfehlenswert ist das Wardani ganz hinten in der Ecke mit indonesischen Speisen vom Feinsten.

O'Connell Street Bistro FRANZÖSISCH $$$
(Karte S. 74; ☎09-377 1884; www.oconnellstbistro.com; 3 O'Connell St.; Mittagessen 28–38 NZ$, Abendessen 34–45 NZ$; ⏲Mo–Fr Mittagessen, Mo–Sa Abendessen) Das Bistro mit seiner eleganten Einrichtung und dem unglaublich leckeren Essen und den wunderbaren Weinen hat sich mittlerweile als kulinarisches Highlight in Auckland etabliert. In der Mittagszeit kommen Manager und abends „normale" Gäste zum Date. Wer vor 19.30 Uhr kommt, kann eines der schmackhaften Festpreismenüs (2/3-Gänge 33/40 NZ$) bestellen.

Federal & Wolfe CAFÉ $$
(Karte S. 74; 10 Federal St.; Hauptgerichte 12–21 NZ$; ⏲Mo–Sa 7–15 Uhr; 📶) Die Packtische und das Sammelsurium an Stühlen (einige stammen wohl aus einer High School) verleihen diesem Eckcafé das Flair von recyceltem Schick. Dennoch strömt ein gutsituiertes Publikum herbei, um den erstklassigen Kaffee, das köstliche Essen (aus überwiegend Biozutaten und Fleisch von artgerecht gehaltenen Tieren) und eine Dosis Kühlung zu genießen – auf diese Weise lässt sich der Arbeitstag dann besser durchstehen.

Ima NAHOST $$
(Karte S. 74; ☎09-300 7252; www.imacuisine.co.nz; 57 Fort St.; Mittagessen 15–23 NZ$, Abendessen 26–34 NZ$; ⏲Mo–Fr Mittagessen, Di–Sa Abendessen) Das Lokal heißt auf Hebräisch „Mutter" und bietet eine harmonische Mischung aus israelischen, palästinensischen, jemenitischen und libanesischen Speisen. Der Kaffee schmeckt hervorragend.

Reslau CAFÉ $
(Karte S. 74; 39 Elliott St.; Hauptgerichte 7,50–11 NZ$; ⏲Mo–Mi 7.30–19.30, Do–Sa 7.30–21.30 Uhr) Das winzige Café mit Weinbar hat Tische, die bis auf der Gasse hinaus stehen. Zu essen gibt es eine große Vielzahl an leckeren Snacks und kleinen Gerichten – ganz zu schweigen vom köstlichen Kaffee.

BRITOMART, VIADUCT HARBOUR & WYNYARD QUARTER

Soul Bar MODERN NEUSEELÄNDISCH $$
(Karte S. 74; ☎09-356 7249; www.soulbar.co.nz; Viaduct Harbour; Hauptgerichte 20–42 NZ$; ⏲11 Uhr bis spätabends) In Auckland ist es ein Muss, am Wasser zu sitzen und Meeresfrüchte zu verspeisen. Dieser modernistische Fresstempel tut sich mit seiner tollen Lage hervor – sehen und gesehen werden lautet hier die Losung – natürlich mit den besten Meeresfrüchte der Stadt. Schon Jay-Z und Beyoncé speisten hier auf der Terrasse.

Euro MODERN NEUSEELÄNDISCH $$
(Karte S. 74; ☎09-309 9866; www.eurobar.co.nz; Shed 22, Princes Wharf; Hauptgerichte 28–45 NZ$; ⏲Mittag- & Abendessen) Das Euro ist ein hippes Konglomerat aus einfallsreicher Cuisine, attraktiven Kellnern und Kellnerinnen und einem sexy Ambiente. Die Gerichte kommen daher wie ein Gemälde; je später es wird, desto mehr hat die entspannte Atmosphäre etwas von einer Bar.

Ebisu JAPANISCH $$
(Karte S. 74; www.ebisu.co.nz; 116-118 Quay St.; große Portion 28–35 NZ$; ⌚Mo–Fr Mittagessen, tgl. Abendessen) Aucklands Gastrovolk ergeht sich derzeit in Begeisterungsstürmen für *izakaya* – Ess- und Trinkgepflogenheiten, die auf japanische Formalität verzichten. Hier segelt das Essen nicht durch den Raum und wird auch nicht auf einem Förderband transportiert. Die große Bar hat den Dreh jedenfalls raus. Serviert werden große und kleine Portionen, die darauf ausgerichtet sind, von mehreren Gäste gemeinsam verzehrt zu werden.

L'Assiette FRANZÖSISCH $$
(Karte S. 74; www.lassiette.co.nz; 9 Britomart Pl., Britomart; Frühstück & Mittagessen 10–19 NZ$, Abendessen 28–33 NZ$; ⌚tgl. Frühstück & Mittagessen, Do–Sa Abendessen) Das freundliche kleine Café ist eine beliebte Anlaufstelle für gestresste Büromenschen, die hier einen Kaffee trinken und dazu ein leckeres Gebäck bestellen. Abends verwandelt sich das L'Assiette dann in ein richtiges Bistro. Auf der kleinen Speisekarte stehen köstliche klassische Gerichte aus Frankreich zu akzeptablen Preisen.

FREEMANS BAY

Clooney MODERN NEUSEELÄNDISCH $$$
(Karte S. 74; ☎09-358 1702; www.clooney.co.nz; 33 Sale St.; Hauptgerichte 42–45 NZ$; ⌚Abendessen) Wie der gleichnamige Hollywood-Schauspieler ist das Clooney weltmännisch, gestylt und fast ganz in Schwarz gehalten. Die Geschmackskombinationen sind komplex, das Ergebnis ist stets perfekt – was das Clooney aufgrund des makellosen Service ganz klar in die Kategorie „teuer, aber das Geld wert" katapultiert.

Queenie's Lunchroom CAFÉ $$
(Karte S. 92; www.queenieslunchroom.co.nz; 24a Spring St.; Hauptgerichte 11–22 NZ$; ⌚8–15.30 Uhr) In dem exzentrischen Eckcafé regiert der neuseeländische Nationalstolz – Kiwiana nennt man das. Eine ganze Wand nimmt ein Gemälde aus den 1950er-Jahren ein, das ein Maori-Mädchen zeigt; es wurde nach dem System Malen nach Zahlen erstellt. Das Essen liegt qualitativ einen Tick über den üblichen Standardgerichten eines Cafés. Die abenteuerliche Speisekarte rechtfertigt durchaus die Preise.

PONSONBY & GREY LYNN

Aucklands umtriebigste Restaurant-, Café- und Kneipenmeile ist so ultracool, dass sie sich sogar eine eigene Website leistet (www.ponsonbyroad.co.nz).

LP TIPP **MooChowChow** THAI $$
(Karte S. 92; ☎09-360 6262; www.moochowchow.co.nz; 23 Ponsonby Rd.; Gerichte 18–30 NZ$; ⌚Di–Fr Mittagessen, Di–Sa Abendessen) Ja, hier gibt es Thaigerichte, aber nicht die sonst üblichen. Das Essen aus Bangkoks Garküchen wurde in diesen Fresstempel in der Ponsonby Road eingeschleust, ohne an pikanter Schärfe zu verlieren.

PQR ITALIENISCH $$
(Karte S. 92; www.spqrnz.co.nz; 150 Ponsonby Rd.; Hauptgerichte 25–39 NZ$; ⌚12 Uhr bis spätabends) Das angesagte Restaurant in der Ponsonby Road hat sich mit seinen dünnen, knusprigen Pizzas sowie mit seinen hervorragenden, italienisch angehauchten Hauptgerichten einen Namen gemacht. Das Ambiente präsentiert sich als geglückte Mischung aus Industriedesign und Schick; die Beleuchtung ist gedämpft (Lesebrille einstecken!) und es ist immer viel los.

Cocoro JAPANISCH $$$
(Karte S. 92; ☎09-360 0927; www.cocoro.co.nz; 56a Brown St.; Gerichte 5–25 NZ$, Degustation 80 NZ$; ⌚Di–Sa Mittag- & Abendessen) In diesem exquisiten Restaurant dominiert allenthalben japanische Eleganz – von der indirekten Beleuchtung bis hin zur schicken Einrichtung, den professionellen Mitarbeitern und den delikaten Geschmäcken der kunstvoll arrangierten Speisen. Die Gerichte sind so konzipiert, dass mehrere Personen sie sich teilen wie Tapas – was hier *Izakaya*-Stil genannt wird.

Richmond Road Cafe CAFÉ $$
(Karte S. 92; www.richmondrdcafe.co.nz; 318 Richmond Rd.; Hauptgerichte 14–25 NZ$; ⌚7–16 Uhr) Die Lage ist ja schon ein bisschen seltsam – ein Café in einem Gewerbegebiet mitten im Meer der Vorstädte. Aber dennoch zählt das Richmond zu den Szenecafés schlechthin in Auckland. Wem das übliche Frühstück langsam zum Hals heraushängt, findet auf dieser kreativen Speisekarte jede Menge Innovatives.

Ponsonby Road Bistro INTERNATIONAL $$
(Karte S. 92; ☎09-360 1611; www.ponsonbyroadbistro.co.nz; 165 Ponsonby Rd.; Hauptgerichte 23–36 NZ$; ⌚Mo–Fr Mittagessen, Mo–Sa Abendessen) Die Portionen sind groß in diesem modernen, noblen Restaurant mit italie-

nisch-französischem Touch und erstklassigem Service. Zu den Highlights zählen der importierte Käse und Wein; die knusprige, riesige Pizza können sich gleich mehrere Personen teilen.

Ponsonby Village International Food Court FOOD HALL $
(Karte S. 92; www.ponsonbyfoodcourt.co.nz; 106 Ponsonby Rd.; Hauptgerichte 8–20 NZ$; ⏲10–22 Uhr; ✎) Die Food Hall ist die beste der Stadt, was sie bestimmt nicht nur ihrer Lage mitten in der Flaniermeile von Ponsonby zu verdanken hat. Es gibt hier italienische, türkische, japanische, malaysische, chinesische, laotische, thailändische und indische Gerichte. Ganz zu schweigen von den hervorragenden vietnamesischen und indonesischen Speisen.

Prego ITALIENISCH $$
(Karte S. 92; ☎09-376 3095; www.prego.co.nz; 226 Ponsonby Rd.; Hauptgerichte 23–37 NZ$; ⏲12–24 Uhr) Das freundliche, schicke italienische Restaurant deckt alle Grundbedürfnisse ab: Im Winter knistert das Feuer im Kamin, im Sommer lockt die Terrasse. Und in kulinarischer Hinsicht ist die Pizza unglaublich lecker, auch die italienischen Hauptgerichte überzeugen durch Kreativität.

Dizengoff CAFÉ $
(Karte S. 92; 256 Ponsonby Rd.; Hauptgerichte 7–19 NZ$; ⏲6.30–17 Uhr) In diese schicke Schuhschachtel von einem Café quetscht sich ein buntes Publikum, das sich aus Geschäftsleuten, Modefreaks, Schwulen, jüdischen Familien und Anwohnern von Ponsonby zusammensetzt – und die üblichen Backpacker natürlich auch. Serviert werden Rühreier, bei denen einem nur so das Wasser im Mund zusammenläuft, allerlei Verführerisches von der Theke und ein Kaffee, der den Kreislauf so richtig in Schwung bringt. Und wer keine Lust hat, Leute zu beobachten und die Gespräche der anderen mitzuhören, findet hier auch noch jede Menge Lesestoff.

Burgerfuel BURGER $
(www.burgerfuel.com; Burger 6–13 NZ$; ✎) Ponsonby (Karte S. 93; 114 Ponsonby Rd.); Innenstadt (Karte S. 74; 291 Queen St.); Parnell (Karte S. 84; 187 Parnell Rd.); Mt. Eden (Karte S. 86; 214 Dominion Rd.) Die Kiwis lieben ihre Gourmet-Burger so sehr, dass sie das Konzept mittlerweile auf der ganzen Welt verbreitet haben. Die Kettenrestaurants unter neuseeländischer Leitung findet man inzwischen von Auckland bis Edinburgh und von Oman bis Athen. Burgerfuel ist ein Paradebeispiel dafür: Die Brötchen werden mit qualitativ hochwertigen, frischen Zutaten gefüllt und bekommen dann Namen wie Studnut Stilton und V8 Vegan verpasst, die jedem Motorsportfreak Freude bereiten.

Landreth & Co CAFÉ $$
(Karte S. 92; www.landrethandco.co.nz; 272 Ponsonby Rd.; Hauptgerichte 14–25 NZ$; ⏲6.30–16 Uhr; 📶) Ein beliebtes Café zum Brunchen mit einer Sonnenterrasse hinter dem Haus und kostenlosem Wlan. Und falls jemand zu seinen Eiern im Schlafrock unbedingt ein Bier zischen möchte: Das Café darf auch Alkohol ausschenken.

Soto JAPANISCH $$
(Karte S. 92; ☎09-360 0021; www.soto.co.nz; 13 St Marys Rd.; Hauptgerichte 29–33 NZ$; ⏲Di–Fr Mittagessen, Di–Sa Abendessen) Auckland kann mit diversen wirklich hervorragenden japanischen Restaurants aufwarten, unter denen das Soto sicher zu den besten zählt. Das Personal serviert die exquisit präsentierten Gerichte – beispielsweise Sushi, Sashimi und *zensai* (japanische Tapas) – mit großer Leichtigkeit.

Agnes Curran CAFÉ $
(Karte S. 92; 181 Ponsonby Rd., Eingang Franklin Rd.; Snacks 7–9 NZ$) Der Name hört sich an wie der einer unverheirateten, alten Tante, doch das reizende, kleine Café ist eher hip als altjüngferlich. Dennoch würde Tante Agnes die Auswahl an Kuchen und frischen Baguettes sicher zusagen – beim starken Kaffee würde sie allerdings Herzflattern kriegen.

Delicious ITALIENISCH $$
(Karte S. 92; www.delicious.co.nz; 472 Richmond Rd.; Hauptgerichte 28–34 NZ$; ⏲Mi–Fr Mittagessen, Di–Sa Abendessen) Der Name lügt nicht: Es schmeckt wirklich alles köstlich. Und so strömen Freunde guten Essens in Scharen in dieses Speiselokal, um sich eine einfache, aber erstklassige Pasta, Risotto oder Gnocchi schmecken zu lassen. Einen Tisch kann man nicht reservieren – man muss sich also auf eine gewisse Wartezeit einstellen, denn voll ist es hier fast immer.

Satya INDISCH $$
(www.satya.co.nz; Hauptgerichte 11–26 NZ$; ✎); 17 Great North Rd. (Karte S. 92; ☎09-361 3612; ⏲Mo–Sa Mittagessen, tgl. Abendessen); 271

Karangahape Rd. (Karte S. 74; ☎09-377 0027; ⏲Mittag- & Abendessen) Das enorm beliebte, bescheiden aussehende Speiselokal mit ebenso bescheidenen Preisen serviert das beste *dahi puri* (Kirchererbsen, Kartoffeln und Joghurt auf einem Pappadam) und *masala dosa* (Crêpe mit Kartoffel-Zwiebel-Curry-Füllung) der Stadt.

NEWTON

Die K Road ist für ihre Clubs bekannt, die bis zum Morgengrauen offen haben, aber auch für ihre Cafés und die vielen preiswerten ethnischen Restaurants, die sich unter die Second-Hand-Läden, Tatoogeschäfte und Sexshops mischen.

French Cafe FRANZÖSISCH **$$$**

(Karte S. 86; ☎09-377 1911; www.thefrenchcafe.co.nz; 210 Symonds St.; Hauptgerichte 45 NZ$; ⏲Fr Mittagessen, Di–Sa Abendessen) Das legendäre French Cafe zählt schon seit rund 20 Jahren zu den Toprestaurants von Auckland und übertrifft sich immer wieder selbst. Die Küche ist – na klar – französisch, doch Küchenchef Simon Wright lässt auch gern einen Pacific-Rim-Touch einfließen.

Coco's Cantina ITALIENISCH **$$**

(Karte S. 74; www.cocoscantina.co.nz; 376 Karangahape Rd.; Hauptgerichte 27–31 NZ$; ⏲Di–Sa 17 Uhr bis spätabends) In dieser lebhaften Cantina treffen sich die Coolen und Feinschmecker von Auckland; das Warten auf einen Tisch gehört mit zum Erlebnis. Aber an der Bar schon mal in Position zu gehen, ist so schlimm ja nun auch wieder nicht: Das Ambiente und die Getränkekarte vertreiben die Zeit. Die rustikale Speisekarte ist kurz, orientiert sich an den Jahreszeiten und ist stets ein Gedicht.

Alleluya CAFÉ **$**

(Karte S. 74; St Kevin's Arcade, Karangahape Rd.; Hauptgerichte 10–19 NZ$; ⏲8–15 Uhr; 📶✎) Für die Gäste in der K Road steht das Alleluya für einen guten Kaffee, köstlichen Kuchen und jede Menge vegetarische Speisen. Das Café befindet sich am Ende der hippsten Arkade der Stadt. Durch die Fenster schimmert die Skyline von Auckland – ein toller Schnappschuss.

Theatre CAFÉ **$**

(Karte S. 74; www.theatrecoffee.co.nz; 256 Karangahape Rd.; ⏲7–15 Uhr) Der lange, schmale Schlauch – einst der Eingang zu einem Theater, das allerdings längst nicht mehr existiert – wurde in ein sehr cooles Café mit Alkoholausschank umfunktioniert. Hier bekommt man einen hervorragenden Kaffee, englisches Frühstück in unzähligen Varianten, Sandwiches und Bagels, die nach den Wünschen der Gäste belegt werden.

O'Sarracino ITALIENISCH **$$**

(Karte S. 86; ☎09-309 3740; www.osarracino.co.nz; 3 Mt. Eden Rd.; Hauptgerichte 22–38 NZ$; ⏲Di–Sa abends) Das hervorragende Restaurant erinnert einen auf leckere Weise daran, dass neapolitanische Küche weit über Pizza hinausreicht. Auf den Tisch kommen üppige Antipasti, leichte und einfache Pastagerichte sowie vorzügliche Meeresfrüchte-*secondi*. Die prächtig wirkende Lokalität war früher die Kapelle einer Aussegnungshalle.

KINGSLAND

Atomic Roastery CAFÉ **$**

(Karte S. 86; www.atomiccoffee.co.nz; 420c New North Rd.; Snacks 9–10 NZ$; ⏲8–15 Uhr) Kaffeeliebhaber sollten einfach immer der Nase nach gehen, dann stehen sie plötzlich in der bekanntesten Kaffeerösterei der Stadt. Zum Kaffee gibt es Pasteten, die in Minipfännchen serviert werden, aber auch Brötchen, Salate und Kuchen.

Shaky Isles CAFÉ **$**

(Karte S. 86; 492 New North Rd.; Hauptgerichte 10–21 NZ$; ⏲8–16 Uhr; 📶) Das coolste Café in Kingsland mit Cartoons an den Wänden und kostenlosem Wlan serviert ein köstliches englisches Frühstück und leckere Salate.

Fridge CAFÉ **$**

(Karte S. 86; 507 New North Rd.; Hauptgerichte 8–20 NZ$; ⏲Frühstück & Mittagessen) Hier bekommt man einen hervorragenden Kaffee, Gourmetpasteten, gesunde Salate und Wraps sowie Kuchen, bei denen einem schon beim bloßen Anschauen das Wasser im Mund zusammenläuft.

MT. EDEN

Merediths MODERN NEUSEELÄNDISCH **$$$**

(Karte S. 86; ☎09-623 3140; www.merediths.co.nz; 365 Dominion Rd.; 6- bis 9-Gänge-Degustationsmenü 90–130 NZ$; ⏲Fr Mittagessen, Di–Sa Abendessen) Im Meredith zu Abend zu essen ist wie Höhlenrafting: An jeder Ecke wartet ein überraschender Geschmack, man weiß eigentlich nie, was als Nächstes kommt, und am Ende ist man vor Begeisterung einfach hin und weg.

Molten MODERN NEUSEELÄNDISCH **$$$**

(Karte S. 86; ☎09-638 7236; www.molten.co.nz; 422 Mt Eden Rd.; Hauptgerichte 32–35 NZ$;

⌚Di–Sa Mittagessen, Mo–Sa Abendessen) Das Molten im Schatten des Vulkans verströmt den typischen Charme des Viertels und ergeht sich in geschmacklichen Eruptionen. Die durchwegs hervorragende Speisekarte ist gekonnt zusammengestellt; aus den aktuellsten saisonalen Produkten werden innovative Gerichte gezaubert, die zudem ein Augenschmaus sind.

Gala CAFÉ $
(Karte S. 86; www.galacafe.co.nz; Zone 23, 23 Edwin St.; Hauptgerichte 11–20 NZ$; ⌚morgens & mittags) Mit einem Mix aus moderner Architektur und antikem Silberteegeschirr bringt das helle Café einen Schuss Kultur in den Gefängnisbezirk. Auf seiner weißen Tafel drängen sich viele interessante Menüoptionen. Probieren: die duftende Eiertoast-Variante namens „My Mother-in-law's North Indian Eggs".

PARNELL & NEWMARKET

LP TIPP **La Cigale** FRANZÖSISCH $$
(Karte S. 84; ☎09-366 9361; www.lacigale.co.nz; 69 St Georges Bay Rd.; Café 8–18 NZ$, Bistro 30 NZ$; ⌚Café Mo–Fr 9–16 Uhr, Bistro Mi–Fr Abendessen, Markt Sa & So 9–13.30 Uhr) Das Lagerhaus ist um das Wohl von Frankophilen, Feinschmeckern und Franzosen mit Heimweh bemüht. Hier stapeln sich hier importierte Lebensmittel aus Frankreich (Wein, Käse, eingedoste Schnecken etc.), ergänzt um ein Café mit Konditoreigeschäft. So richtig zirpen tut das *cigale* (Zikade) jedoch am Wochenende während des Bauernmarkts: Die Stände quellen dann schier über mit Lebensmitteln und verschiedensten kulinarischen Köstlichkeiten. An drei Abenden in der Woche verwandelt sich der Schuppen in ein kurioses Bistro: Die angebotenen Hauptgerichte müssen jedoch drei Tage im Voraus bestellt werden und kommen in großen Schüsseln auf den Tisch.

Basque Kitchen Bar TAPAS $$
(Karte S. 79; ☎09-523 1057; 61 Davies Cres.; Tapas 7–15 NZ$; ⌚Mo–Do & Sa 16 Uhr bis spätabends, Fr 12 Uhr bis spätabends) Die Bar macht äußerlich nicht viel her, aber die Tapas, die hier auf den Tisch kommen, schmecken einfach köstlich, was auch für die spanischen Weine und den Sherry gilt. Der gefüllte Tintenfisch ist ein Gedicht.

Teed St Larder CAFÉ $
(Karte S. 79; www.teedstreetlarder.co.nz; 7 Teed St.; ⌚8–16 Uhr) Polierter Betonboden, grobe Biertische und riesige, bunte Lampenschirme bestimmen das Ambiente des besten Cafés von Newmarket. Auf der Speisekarte findet sich eine Fülle an verführerischen Gerichten, kaum ein Gast kommt an den köstlichen Sandwiches und leckeren Quiches am Tresen vorbei.

Rosehip Cafe CAFÉ $$
(Karte S. 84; 82 Gladstone Rd.; Hauptgerichte 15–27 NZ$; ⌚7–16 Uhr) Der Name passt vortrefflich: Das Café befindet sich in der Nähe eines Rosengartens und ist total hip. Die Mahlzeiten sind einen Tick überteuert, schmecken aber hervorragend.

Domain & Ayr CAFÉ $
(Karte S. 84; 492 Parnell Rd.; Hauptgerichte 9–19 NZ$; ⌚8–15.30 Uhr; 🖉) In diesem lichtdurchfluteten Café warten Köstlichkeiten aus fairem Handel und Bioanbau, die den Geldbeutel nicht überstrapazieren. Die Auswahl an Speisen vom Tresen ist ebenso gut wie das englische Frühstück in vielerlei Varianten, die Salate und die zahlreichen Gerichte für Vegetarier.

Non Solo Pizza ITALIENISCH $$
(Karte S. 84; ☎09-379 5358; www.nonsolopizza.co.nz; 259 Parnell Rd.; Hauptgerichte 23–39 NZ$; ⌚Mittag- & Abendessen) Wie der Name schon sagt, gibt es hier nicht nur Pizza (so lecker sie auch ist). Das Lokal beeindruckt mit einer umfangreichen Speisekarte, auf der klassische italienische Antipasti, Pasta und Gegrilltes stehen. In der Bar, die auf die Straße hinausgeht, hängt ein Lüster aus Peroni-Flaschen.

DEVONPORT

Calliope Road Cafe CAFÉ $
(Karte S. 96; 33 Calliope Rd.; Hauptgerichte 6–17 NZ$; ⌚8–15 Uhr) Das beste Café von Devonport liegt nur ein paar Schritte von der eigentlichen Touristenmeile entfernt. Vor allem Einheimische lassen sich hier die leckere Mischung aus klassischem Cafégerichten und südostasiatischen Speisen schmecken.

WEITERE GEGENDEN

LP TIPP **Takapuna Beach Cafe** CAFÉ $$
(Karte S. 70; www.takapunabeachcafe.co.nz; 22 The Promenade; Hauptgerichte 15–25 NZ$; ⌚7–17 Uhr) Die Speisekarte liest sich wie ein Reisemagazin: marokkanische Eier, Schweinefleisch aus Berkshire, Müsli aus Central Otago. Und da auch noch die Aussicht auf den Strand perfekt ist, verwundert es nicht,

dass es in diesem Café ständig hoch hergeht. Wer keinen Tisch ergattern kann, schnappt sich einfach ein preisgekröntes Eis oder einen Snack im dazugehörigen Laden.

Engine Room MODERN NEUSEELÄNDISCH $$$
(Karte S. 70; ☎09-480 9502; www.engineroom.net.nz; 115 Queen St., Northcote; Mahlzeiten 32–35 NZ$; ⏲Di–Sa Abendessen) Das legere Speiselokal zählt zu den besten der Stadt. Serviert werden superflockige Ziegenkäse-Soufflés, einfallsreiche Hauptgerichte und himmlische Schokotrüffel. Die Tischreservierung und die Anfahrt mit der Fähre lohnen sich auf jeden Fall.

Eight.Two MODERN NEUSEELÄNDISCH $$$
(Karte S. 70; ☎09-419 9082; www.eightpointtwo.co.nz; 82 Hinemoa St., Birkenhead; Hauptgerichte 34–35 NZ$; ⏲Mo–Sa Abendessen) Das strahlend weiße Speiselokal in einer alten Villa bietet eine so ausgezeichnete Speise- und Weinkarte, dass die Gäste ebenfalls strahlen. Wer einen unvergesslichen Abend verbringen möchte, nimmt in der Stadt die Birkenhead-Fähre.

Ausgehen

Das Nachtleben von Auckland gestaltet sich wochentags relativ ruhig. Wer nach einem Lebenszeichen Ausschau hält, sollte der Ponsonby Road, Britomart oder Viaduct einen Besuch abstatten. Die K Road erwacht freitags und samstags erst spät nachts zum Leben – vor 23 Uhr lohnt es sich jedenfalls nicht, dort aufzukreuzen.

STADTZENTRUM

Hotel de Brett BAR
(Karte S. 74; www.hoteldebrett.com; 2 High St.; ⏲12 Uhr bis spätabends) Hier kann man sich ein Bier in der Eckkneipe schnappen, sich in der schicken Art-déco-Bar des Hauses einen Cocktail genehmigen oder es sich am Kamin im Atrium gemütlich machen – einem überdachten Areal, das sich über einen Durchgang zwischen den alten Gebäuden erreichen lässt.

Mo's BAR
(Karte S. 74; www.mosbar.co.nz; Ecke Wolfe St. & Federal St.; ⏲Mo–Fr 16–3, Sa 18–3 Uhr) Die winzige Eckkneipe hat etwas an sich, dass die Gäste am liebsten irgendwelche Probleme erfinden würden, nur um sich von dem ausgesprochen netten Personal hinter dem Tresen mit beruhigenden Worten – und natürlich auch mit einem meisterhaft eingeschenkten Martini – trösten zu lassen.

Everybody's BAR
(Karte S. 74; www.everybodys.co.nz; 44 Queen St.) Die Bar gehört zu einem ehemaligen Kinokomplex, der komplett umgestaltet wurde. Sie erstreckt sich über mehrere schicke Areale, darunter ein Zwischengeschoss mit Sofas und dezenten Polsterbänken.

Occidental PUB
(Karte S. 74; www.occidentalbar.co.nz; 6 Vulcan Lane; ⏲Mo–Fr 7.30 Uhr bis spätabends, Sa & So 9 Uhr bis spätabends) Belgisches Bier, belgisches Essen (jede Menge *moules* und *frites* – Muscheln und Pommes) sowie Livemusik dominieren das historische Pub aus dem Jahr 1870.

BRITOMART, VIADUCT HARBOUR & WYNYARD QUARTER

Tyler Street Garage BAR
(Karte S. 74; www.tylerstreetgarage.co.nz; 120 Quay St.; ⏲11.30 Uhr bis spätabends) Nur für den Fall, dass Zweifel bestanden, ob es sich bei der Bar wirklich um eine ehemalige Garage handelt: Die Parklinien sind noch auf den Betonboden gemalt. Eine gute Adresse, um mal kräftig einen über den Durst zu trinken. Das bemühte Personal und die kleine Dachterrasse mit Blick auf die Werften tragen ein Übriges dazu bei.

Agents & Merchants/Racket BAR
(Karte S. 74; www.agentsandmerchants.co.nz; Roukai Lane, 50 Customs St.; ⏲Mo–Sa 11 Uhr bis spätabends) Die beiden Bars verstecken sich in einer überdachten Gasse, sie haben einen Kamin und Sofas im Freien... Das Flair ist traditionell, aber dennoch modern. Im A&M kommen hervorragende Tapas auf den Tisch, während im Racket bis zum Morgengrauen durchgefeiert wird, nachdem die DJs auf der Bildfläche erschienen sind.

Northern Steamship Co. PUB
(Karte S. 74; www.northernsteamship.co.nz; 122 Quay St.) In dem großen, attraktiven Pub am Bahnhof hängen die üblichen Lampen verkehrt herum von der Decke herunter, die Wandmalerei hinter der Bar lässt die Gäste von herrlichen Sommerferien in Neuseeland träumen.

Conservatory BAR
(Karte S. 74; www.theconservatory.co.nz; North Wharf, 1–17 Jellicoe St.) Die coolste Kneipe im neuen Wynyard Quarter ist ein umfunktioniertes Treibhaus mit einer Wand aus Grünpflanzen, in dem jetzt Alkoholisches in Form von vielerlei Cocktails erhältlich ist.

SCHWULE & LESBEN

Auckland, die „Queen City" – wie die Stadt aus völlig anderen Gründen genannt wird – weist die größte Homogemeinde des ganzen Landes auf. Die Lichter der Großstadt locken Schwule und Lesben aus dem ganzen Land an; die noch helleren Lichter Sydneys ziehen jedoch viele der 30- bis 40-Jährigen in die australische Hafenstadt, sodass mittlerweile in Auckland ein demografisches Loch entstanden ist. Eine Handvoll schwule Locations gibt es aber dennoch, doch so richtig ab geht es dort eigentlich nur am Wochenende.

Wer wissen will, was wo wann läuft, sollte sich eine Ausgabe der vierzehntägig erscheinenden Zeitung *Express* (erhältlich in allen Schwulenlokalitäten) besorgen oder die Website www.gaynz.com zu Rate ziehen. Die großen Events im Kalender sind das Big Gay Out (S. 89) und das Filmfestival Out Takes (S. 90).

Die einschlägigen Lokalitäten wechseln alarmierend häufig; die nachfolgend aufgelisteten Kneipen lagen während der Recherchen zu diesem Reiseführer – samt dem heterofreundlichen SPQR – gerade voll im Trend:

Family (Karte S. 74; www.familybar.co.nz; 270 Karangahape Rd., Newton) Die fetzige, freche, junge Bar garantiert jede Menge Spaß; getanzt wird bis zum Abwinken.

Urge (Karte S. 74; www.urgebar.co.nz; 490 Karangahape Rd., Newton; ⌚Do–Sa 21 Uhr bis spätabends) Die schwarz gestrichene, kleine Bar ist älter und haariger als das Family; Freitag- und Samstagnacht legen DJs auf.

Lolabar (Karte S. 92; www.lolabar.co.nz; 212 Ponsonby Rd., Ponsonby; ⌚Di–Sa 17 Uhr bis spätabends) Noble Cocktailbar mit regelmäßigen Dragshows.

Centurian (Karte S. 74; www.centuriansauna.co.nz; 18 Beresford St., Newton; vor/nach 15 Uhr 23/28 NZ$; ⌚So–Do 11–14, Fr & Sa 11–18 Uhr) Schwule Männersauna.

Ice House THEMENBAR
(Karte S. 74; Princes Wharf; vor/nach 18 Uhr 5/30 NZ$; ⌚So–Do 12–24, Fr & Sa 12–2 Uhr) Wer das Ice House besuchen will, muss erst einmal die passenden Klamotten anziehen, um dann den kostenlosen Cocktail auf der Basis von Wodka schlürfen zu können. In dieser effekthaschenden Bar ist alles aus Eis – von den Sitzplätzen bis hin zum Glas. Man darf in dieser schimmernden Welt aus Eis nur eine halbe Stunde bleiben – das Geld ist also schnell weg.

PONSONBY & GREY LYNN

In der Ponsonby Road ist die Unterscheidung zwischen Café, Restaurant, Bar und Club verwischt. Viele Speiselokale bieten auch Livemusik oder verwandeln sich spätabends in einen Club.

Golden Dawn BAR
(Karte S. 92; http://thegoldendawntavernofpower.blog spot.com/; 134b Ponsonby Rd. (Eingang Richmond Rd.); ⌚Di–So 16 Uhr bis spätabends) Hier verstecken sich die coolen Typen von Ponsonby. In der Bar in einem alten Geschäft mit einladenden Stallungen geht erst spät nachts so richtig die Post ab. Außerdem finden hier regelmäßig verschiedenste Veranstaltungen statt: Livebands, Burlesken, Drag und vieles mehr.

Gypsy Tea Room COCKTAILBAR
(Karte S. 92; www.gypsytearoom.co.nz; 455 Richmond Rd.; ⌚So–Do 16–23.30, Fr & Sa 15–2 Uhr) Zum Teetrinken kommt bestimmt keiner hierher, stattdessen sind Wein und Cocktails angesagt.

Mea Culpa COCKTAILBAR
(Karte S. 92; 3/175 Ponsonby Rd.; ⌚So–Mi 17–1, Do–Sa 17–3 Uhr) Wer in dieser kleinen, aber perfekt gestalteten Bar keinen Cocktail findet, der ihm schmeckt, ist wirklich selber schuld.

Ponsonby Social Club BAR
(Karte S. 92; www.ponsonbysocialclub.com; 152 Ponsonby Rd.; ⌚17 Uhr bis spätabends) Der Social Club ist halb Bar, halb Gasse. Im rückwärtigen Bereich des langen, schmalen Raums brummt es am Wochenende nur so, wenn DJs klassischen Funk und Hip-Hop auflegen.

Dida's Wine Lounge & Tapas Bar WEINBAR
(Karte S. 92; www.glengarrywines.co.nz; 54 Jervois Rd.; ⌚11.30–24 Uhr) Das hervorragende Essen und die noch bessere Weinkarte locken ein

eher gesetztes Publikum an. Zur Bar gehören auch eine gutsortierte Weinhandlung, ein Lager und ein Café nebenan sowie eine Filiale in der **Freemans Bay** (Karte S. 74; Ecke Sale St. & Wellesley St.; Tapas 7–12 NZ$; ⌚So & Mo 8–18, Di–Sa 7–2 Uhr). Dort liegt der Schwerpunkt des Angebots auf Lebensmittel.

NEWTON

Wine Cellar & Whammy Bar BAR
(Karte S. 74; St Kevin's Arcade, Karangahape Rd.; ⌚Mo–Do 17–24, Fr & Sa 17.30–2 Uhr) In dieser Bar in einer Arkade geht es diskret ein paar Treppen hinunter. Die Bar ist düster, gespenstisch und total cool. In der Whammy Bar gleich nebenan wird regelmäßig Livemusik gespielt.

DOC BAR
(Karte S. 74; 352 Karangahape Rd.; ⌚17 Uhr bis spätabends) Die endemischen Kreaturen in dieser kleinen Bar sind Indie-Kids, die zu später Stunde auf den Tischen zu schmalzigem Pop abtanzen. Die einzigen gefährdeten Arten sind wohl die Gesundheitsapostel. Von daher besteht wohl kein Zusammenhang zwischen dem Department of Conservation (DOC; staatliche Naturschutzorganisation) und der Bar.

Galbraith's Alehouse BRAUEREI, PUB
(Karte S. 86; www.alehouse.co.nz; 2 Mt Eden Rd.; ⌚12–23 Uhr) Das Pub im englischen Stil braut vor Ort sein eigenes Ale und Lager, das dann frisch gezapft die Gäste erfreut. Der Biergarten hinter dem Haus stellt selbst die hell erleuchtete Bar in den Schatten.

KINGSLAND

Winehot WEINBAR
(Karte S. 86; www.winehot.co.nz; 605 New North Rd., Morningside; ⌚Di–Sa 17 Uhr bis spätabends) Hinter einer unscheinbaren Tür beeindruckt die winzige schwarz gestrichene Weinbar samt prunkvollem Lüster mit einer enormen Auswahl an Bieren und Weinen sowie köstlichen französischen Speisen (Terrines, Pâtés und Baguettes).

Neighbourhood BAR
(Karte S. 86; www.neighbourhood.co.nz; 498 New North Rd.; WLAN) Die Panoramafenster gehen auf den Eden Park hinaus, die Terrasse vor dem Haus avanciert bei Einbruch der Dunkelheit zum Hotspot für einen Aufriss. Das noble Pub ist der Treff schlechthin nicht nur bei Rugby-Veranstaltungen. Am Wochenende legen DJs auf.

☆ Unterhaltung

Der *NZ Herald* bietet in seiner Beilage **Time Out** donnerstags und samstags einen umfassenden Veranstaltungskalender für die kommende Woche. Wer plant, in der K Road richtig abzufeiern, findet unter www.kroad.co.nz eine detaillierte Auflistung sämtlicher Bars und Clubs.

Eintrittskarten für wichtige Veranstaltungen sind erhältlich bei:

Ticketek KARTENVERKAUF
(☎0800 842 538; www.ticketek.co.nz) Mit Filialen im Real Groovy (S. 107) und im **SkyCity Theatre** (Karte S. 74; ☎09-363 6000; www.skycity.co.nz; Ecke Victoria St. & Federal St.).

Ticketmaster KARTENVERKAUF
(☎09-970 9700; www.ticketmaster.co.nz) Unterhält Filialen im Real Groovy (S. 107), in der **Vector Arena** (Karte S. 84; ☎09-358 1250; www.vectorarena.co.nz; Mahuhu Cres), im Aotea Centre (S. 106) und am Bahnhof Britomart (S. 111).

Livemusik & Nachtclubs

In Viaduct, Britomart und in der K Road spielt sich das Nachtleben ab, aber auch einige Lokale in der Ponsonby Road haben bis zum Morgengrauen geöffnet. Die Eintrittsgebühr hängt vom jeweiligen Event und dem Wochentag ab. Siehe auch unter Whammy Bar (oben) für Live-Indie-Musik und unter Ponsonby Social Club (Seite links) für Boogie.

LP TIPP **Rakinos** DJ
(Karte S. 74; www.rakinos.com; Level 1, 35 High St.) Tagsüber ist das Rakinos ein Café, interessant wird es abends, wenn die DJs alten Hip-Hop, Funk, Motown und R'n'B auflegen – also so ziemlich jede Musikrichtung von 1968 bis heute. Und wen es in den Beinen juckt, kann hier auch am besten abtanzen.

Cassette Nine CLUB
(Karte S. 74; www.cassettenine.com; 9 Vulcan Lane, City; ⌚Di–Sa 12 Uhr bis spätabends) Die coolsten Typen Aucklands strömen in diese exzentrische Bar mit Club, in der tuntige Burschen sich zu bärtigen Bären und Mädels in sehr kurzen Kleidchen gesellen. Die Musik reicht von Live-Indie bis hin zu internationalen DJ-Sets.

Kings Arms Tavern LIVEMUSIK
(Karte S. 86; www.kingsarms.co.nz; 59 France St., Newton) Das führende kleine Lokal von Auckland präsentiert vier- bis fünfmal die

Woche Bands aus dem In- und Ausland. Eine Art Initiationsritus, wenn jemand mit seiner Band bekannt werden will.

Ink & Coherent CLUB
(Karte S. 74; www.inkcoherent.co.nz; 268 & 262 Karangahape Rd., Newton) Die beiden Clubs liegen direkt nebeneinander und sind etwas für Tanzwütige. Manchmal legen hier bekannte DJs auf.

Khuja Lounge DJ
(Karte S. 74; www.khuja.co.nz; 536 Queen St., Newton; ⏲Mi–Sa 20 Uhr bis spätabends) Die lässige Lounge über dem Westpac-Gebäude beeindruckt mit abwechslungsreichen DJs sowie Jazz-, Soul- und Hip-Hop-Gruppen.

Thirsty Dog LIVEMUSIK
(Karte S. 74; www.thirstydog.co.nz; 469 Karangahape Rd., Newton) Dieser Hund ist nicht nur durstig, sondern auch laut dank eines dröhnenden Soundsystems und einer langen Liste an einheimischen Musikern, die hier regelmäßig aufspielen.

Kino

Die meisten Kinos sind unter der Woche vor 17 Uhr billiger. Am Donnertag ist in der Regel Kinotag mit ermäßigten Eintrittspreisen.

Rialto KINO
(Karte S. 79; ☎09-369 2417; www.rialto.co.nz; 167 Broadway, Newmarket; Erw./Kind 16,50/10 NZ$) Gezeigt werden Filmkunst und internationale Produktionen sowie gehobene Mainstream-Streifen.

Academy Cinemas KINO
(Karte S. 74; ☎09-373 2761; www.academycinemas.co.nz; 44 Lorne St., City; Erw./Kind 14/8 NZ$) Im Basement der Central Library (Zentralbibliothek) werden unabhängige Filme aus dem Ausland sowie Filmkunst gezeigt.

Event Cinemas KINO
(Karte S. 74; ☎09-369 2400; www.eventcinemas.co.nz; Level 3, 297 Queen St., City; Erw./Kind 16,50/10,50 NZ$) Der Kinokomplex gehört zur futuristischen Metro Mall am Aotea Square, in der sich auch Bars und ein Food Court befinden.

NZ Film Archives KINO
(Karte S. 74; ☎09-379 0688; www.filmarchive.org.nz; 300 Karangahape Rd., Newton; ⏲Mo–Sa 11–17 Uhr) Ein ausgezeichnetes Archiv mit mehr als 150 000 Filmen, Dokus und TV-Shows, die man sich dann kostenlos auf dem Fernseher anschauen kann.

Theater, Klassische Musik & Comedy

Aucklands bedeutendster Kunst- und Unterhaltungskomplex gruppiert sich um den Aotea Square. Unter dem Namen **The Edge** (☎09-357 3355; www.the-edge.co.nz) sind die Town Hall, das Civic Theatre (S. 71) und das Aotea Centre zusammengefasst.

Auckland Town Hall KLASSISCHE MUSIK
(Karte S. 74; 305 Queen St.) In der eleganten edwardianischen Location (1911) finden Konzerte von Größen wie dem New Zealand Symphony Orchestra (www.nzso.co.nz) und dem Auckland Philharmonia Orchestra (www.apo.co.nz) statt.

Aotea Centre THEATER
(Karte S. 74; 50 Mayoral Dr.) Aucklands größtes Zentrum für Theater, Tanz, Ballett und Opern kann gleich mit zwei Bühnen aufwarten: dem riesigen ASB Auditorium und dem winzigen Herald Theatre. Die New Zealand Opera (www.nzopera.com) gastiert hier regelmäßig.

Q Theatre THEATER
(Karte S. 74; ☎09-309 9771; www.qtheatre.co.nz; 305 Queen St.) Im neuesten Theater der Stadt treten diverse Ensembles auf, außerdem gibt es Konzerte in persönlichem Rahmen. Das Silo Theatre (www.silotheatre.co.nz) gastiert häufig hier.

Classic Comedy Club COMEDY
(Karte S. 74; ☎09-373 4321; www.comedy.co.nz; 321 Queen St.; Karten 5–27 NZ$) Aucklands beste Adresse in Sachen Comedy strapaziert von Mittwoch bis Samstag die Lachmuskeln seiner Besucher.

Maidment Theatre THEATER
(Karte S. 74; ☎09-308 2383; www.maidment.auckland.ac.nz; 8 Alfred St.) Das Theater der Universität zeigt oft Produktionen der Auckland Theatre Company (www.atc.co.nz).

Sport

Eden Park RUGBY, CRICKET
(Karte S. 86; www.edenpark.co.nz; Reimers Ave., Kingsland) In dem für den Rugby Weltcup 2011 frisch renovierten Stadion finden im Winter die Top-Rugby-Spiele statt und im Sommer die Test-Cricket-Spiele der All Blacks (www.allblacks.com) und der Black Caps (www.blackcaps.co.nz). Außerdem spielen hier Auckland Rugby (www.aucklandrugby.co.nz), das Blues Super Rugby Team (www.theblues.co.nz) und Auckland Cricket (www.aucklandcricket.co.nz). Wie

man hinkommt? Mit dem Zug ab Britomart bis zur Kingsland Station.

Mt Smart Stadium RUGBY, FUSSBALL
(Karte S. 70; www.mtsmartstadium.co.nz; Maurice Rd., Penrose) Hier finden die Spiele der Warriors in der Rugby-Liga (www.warriors.co.nz), der Auckland Football Federation (www.aucklandfootball.org.nz), der Athletics Auckland (www.athleticsauckland.co.nz) sowie richtig große Konzertveranstaltungen statt.

North Shore Events Centre BASKETBALL
(Karte S. 70; ☎09-443 8199; www.nseventscentre.co.nz; Argus Pl., Wairau Valley) Das Heimstadion der Baseballmannschaft New Zealand Breakers (www.nzbreakers.co.nz), gelegentlich finden auch Konzerte statt.

ASB Tennis Centre TENNIS
(Karte S. 84; www.aucklandtennis.co.nz; 1 Tennis Lane, Parnell) Im Januar wird hier der ASB Classic (www.asbclassic.co.nz) der Frauen abgehalten, gefolgt von den Heineken Open (www.heinekenopen.co.nz) der Männer.

Shoppen

Modebewusste sollten einen Abstecher in die High Street in der Innenstadt, in die Teed Street und Nuffield Street in Newmarket sowie in die Ponsonby Road unternehmen. Second-Hand-Boutiquen findet man entlang der K Road und in der Ponsonby Road.

TOP 10: MUSIKTITEL

Die folgenden Songs über Auckland sollte man sich zur Untermalung eines Stadtbummels auf den MP3-Player herunterladen:

» 'Grey Lynn Park' – The Veils (2011)
» 'Auckland CBD Part Two' – Lawrence Arabia (2009)
» 'Forever Thursday' – Tim Finn (2008)
» 'Riverhead' – Goldenhorse (2004)
» 'A Brief Reflection' – Nesian Mystik (2002)
» 'Hopetown Bridge' – Dave Dobbyn (2000)
» 'New Tattoo' – Hello Sailor (1994)
» 'Dominion Road' – The Mutton Birds (1992)
» 'Andy' – The Front Lawn (1989)
» 'One Tree Hill' – U2 (1987)

STADTZENTRUM

Real Groovy MUSIK
(Karte S. 74; www.realgroovy.co.nz; 438 Queen St.; ⏲Sa–Mi 9–19, Do & Fr 9–21 Uhr) Das gigantische Geschäft ist das reinste Nirvana für Musikfreaks. Hier findet man Unmengen an neuen und alten Tonträgern, außerdem Konzertkarten, riesige Poster, DVDs, Bücher, Zeitschriften und sogar Klamotten.

Pauanesia GESCHENKE
(Karte S. 74; www.pauanesia.co.nz; 35 High St.; ⏲Mo–Fr 9.30–18.30, Sa & So 10–16.30 Uhr) Eine wahre Schatztruhe mit Haushaltsartikeln und diversen Mitbringseln mit betont polynesischem Touch.

Unity Books BÜCHER
(Karte S. 74; www.unitybooks.co.nz; 19 High St.; ⏲Mo–Do 8.30–19, Fr 8.30–21, Sa 9–18, So 11–18 Uhr) Hervorragender unabhängiger Bücherladen mit Personal, das sich bestens auskennt.

Strangely Normal KLEIDUNG
(Karte S. 74; www.strangelynormal.com; 19 O'Connell St.) Hier findet man Qualitätsware aus Neuseeland: Die Maßhemden für Männer sehen aus, als wären sie *Blue Hawaii* entsprungen, dazu kann man coole Hüte, scharfe Schuhe und schicke Manschettenknöpfe erstehen.

Karen Walker KLEIDUNG
(www.karenwalker.com) City (Karte S. 74; 15 O'Connell St.); Ponsonby (Karte S. 92; 171 Ponsonby Rd.); Newmarket (Karte S. 79; 6 Balm St.) Auch Madonna und Kirsten Dunst tragen Karen Walkers ebenso coole wie auch kostspielige Klamotten. Also nichts wie hin!

Zambesi KLEIDUNG
(www.zambesi.co.nz) City (Karte S. 74; Ecke Vulcan Lane & O'Connell St.); Ponsonby (Karte S. 92; 169 Ponsonby Rd.); Newmarket (Karte S. 79; 38 Osborne St.) Das berühmteste Modelabel aus Neuseeland steht bei Berühmtheiten aus dem In- und Ausland hoch im Kurs.

Whitcoulls BÜCHER
(Karte S. 74; www.whitcoulls.co.nz; 210 Queen St.) Die Mutter der größten einheimischen Bücherkette mit einer guten Abteilung für Reiseliteratur und Belletristik.

PONSONBY & GREY LYNN

Women's Bookshop BÜCHER
(Karte S. 92; www.womensbookshop.co.nz; 105 Ponsonby Rd.; ⏲10–18 Uhr) Ein erstklassiges unabhängiges Buchgeschäft, das zur Infoquelle des Viertels avanciert ist.

Marvel KLEIDUNG
(Karte S. 92; www.marvelmenswear.co.nz; 143 Ponsonby Rd.) Schicke maßgeschneiderte Hemden und Hosen aus interessanten Stoffen sowie skurrile Partyklamotten sind die Domäne der einheimischen Designer von Männerbekleidung.

Texan Art Schools KUNST & KUNSTHANDWERK
(www.texanartschools.co.nz; ⏲9.30–17.30 Uhr) Ponsonby (Karte S. 92; 95 Ponsonby Rd.); Newmarket (Karte S. 79; 366 Broadway) Dem Namen zum Trotz hat der Laden rein gar nichts mit dem amerikanischen Staat Texas zu tun. Ein Kollektiv, dem 200 Künstler angehören, verkauft hier seine Waren.

KINGSLAND

Royal Jewellery Studio SCHMUCK
(Karte S. 86; www.royaljewellerystudio.com; 486 New North Rd.; ⏲10–17Uhr) Das Geschäft präsentiert interessante Arbeiten einheimischer Kunsthandwerker, darunter auch wunderschöne Maori-Designs. Außerdem kann man hier gut authentischen *Pounamu*-Schmuck (Jadeschmuck) kaufen.

ANDERE GEGENDEN

Otara Market MARKT
(Karte S. 70; Newbury St.; ⏲Sa 6–12 Uhr) Der Markt mit polynesischem Flair findet auf dem Parkplatz zwischen der Manukau Polytech und dem Stadtzentrum von Otara statt und ist eine gute Adresse für Lebensmittel, Musik und Mode aus dem Südpazifik. Der Bus 497 fährt vom Britomart (6,80 NZ$, 50 Min.) dorthin.

Avondale Sunday Market MARKT
(Karte S. 70; www.avondalesundaymarkets.co.nz; Avondale Racecourse, Ash St.; ⏲So 6–12 Uhr) Der Markt lässt sich nicht nur einfacher erreichen als die Otara-Märkte, sondern überzeugt auch mit seinem typisch polynesischen Flair. Vor allem frische Lebensmittel lassen sich hier gut erstehen. Mit dem Zug zum Bahnhof Avondale fahren.

ℹ Praktische Informationen

Internetzugang

Die Stadtverwaltung von Auckland hat in verschiedenen Teilen der Innenstadt kostenloses Wlan eingerichtet (Newton, Ponsonby, Kingsland, Mt. Eden und Parnell); während der Recherchen zu diesem Reiseführer sah diese Technik allerdings einer ungewissen Zukunft entgegen, denn es fehlten Sponsoren. In den öffentlichen Bibliotheken stehen jedoch mit ziemlicher Sicherheit Computer mit kostenlosem Internetzugang, oft ist auch Wlan vorhanden. Internetcafés, die vor allem von Spielsüchtigen bevölkert werden, gibt es in der Innenstadt an jeder Ecke.

Medien

Metro Ein monatlich erscheinendes Hochglanz-Magazin, das sich in aller Ausführlichkeit Auckland widmet.

New Zealand Herald (www.nzherald.co.nz) Die größte Tageszeitung des Landes.

Medizinische Versorgung

Auckland City Hospital (☎09-367 0000; www.adhb.govt.nz; Park Rd., Grafton; ⏲24 Std.) Das wichtigste Krankenhaus der Stadt verfügt über eine engagierte Unfall- und Notaufnahme.

Auckland Metro Doctors & Travelcare (☎09-373 4621; www.aucklandmetrodoctors.co.nz; 17 Emily Pl., City; ⏲Mo–Fr 9–17.30, Sa 10–14 Uhr) Hat sich auf die Gesundheit von Reisenden spezialisiert, d. h. Impfungen und reisemedizinische Beratung.

Starship Children's Hospital (☎09-367 0000; www.adhb.govt.nz; Park Rd., Grafton; ⏲24 Std.) Kinderkrankenhaus mit eigener Unfallabteilung und Notaufnahme.

Touristeninformationen

Auckland Domestic Airport i-SITE (☎09-256 8480; ⏲7–21 Uhr) Im Terminal von Air New Zealand im Inlandsflughafen.

Auckland International Airport i-SITE (☎09-275 6467; ⏲24 Std.) Auf der linken Seite, wenn man im internationalen Flughafen den Zoll verlässt.

Auckland Princes Wharf i-SITE (☎09-307 0612; www.aucklandnz.com; 137 Quay St.; ⏲9–17.30 Uhr)

Auckland SkyCity i-SITE (☎09-363 7182; www.aucklanμdnz.com; SkyCity Atrium, Ecke Victoria St. & Federal St.; ⏲8–20 Uhr)

Cornwall Park Information Centre (☎09-630 8485; www.cornwallpark.co.nz; Huia Lodge; ⏲10–16 Uhr)

Devonport i-SITE (☎09-446 0677; www.northshorenz.com; 3 Victoria Rd.; ⏲8.30–17 Uhr; @📶)

DOC Information Centre (☎09-379 6476; www.doc.govt.nz; Auckland Princes Wharf i-SITE, 137 Quay St.; ⏲Mo–Sa 9–17 Uhr)

Karanga Plaza Kiosk (www.waterfrontauckland.co.nz; Wynyard Quarter; ⏲10–17.30 Uhr)

POLYNESIER IN AUCKLAND

Mit fast 180 000 Zuwanderern von den Pazifischen Inseln ist Auckland die größte polynesische Stadt der Welt. Die Hauptgruppe bilden die Samoaner, gefolgt von Einwanderern von den Cook-Inseln, aus Tonga, Fidschi, Tokelau und Tuvalu. Die größte polynesische Gemeinde lebt in Süd-Auckland sowie in kleineren Gebieten im Westen und im Zentrum.

Wie die Renaissance der Maori in den letzten Jahrzehnten, so macht auch Pasifika unter den Trendsettern Aucklands zunehmend Furore. Polynesische Motive finden sich allenthalben: in Kunst, Architektur und Mode, aber auch bei Haushaltsartikeln, in Filmen und ganz besonders in der Musik.

Was auf den ersten Blick wie ein Stapel gefährlich aufgetürmte Schiffscontainer aussieht, entpuppt sich als das auffällige kleine Besucherzentrum des Wynyard Quarter.

Takapuna i-SITE (☎09-486 8670; 34-36 Hurstmere Rd.; ⊙Mo–Fr 8.30–17, Sa & So 10–15 Uhr)

An- & Weiterreise

Auto, Wohnwagen & Wohnmobil

In Auckland findet man wohl die größte Auswahl an Leihwagenfirmen Neuseelands, viele haben ihre Büros in der Beach Road und in der Stanley Street unweit des Zentrums. Die bekanntesten Unternehmen unterhalten alle auch eine Zweigstelle am Flughafen.

A2B (☎09-254 4670; www.a2b-car-rental.co.nz; 167 Beach Rd.) Billige, ältere Autos, die nicht als Leihwagen gekennzeichnet sind und somit weniger Diebe anlocken.

Apex Car Rentals (☎09-307 1063; www.apexrentals.co.nz; 156 Beach Rd.)

Budget (☎09-976 2270; www.budget.co.nz; 163 Beach Rd.)

Escape (☎0800 216 171; www.escaperentals.co.nz; 39 Beach Rd.) Flippig gestrichene Wohnmobile.

Explore More, Maui & Britz (☎09-255 3910; www.maui.co.nz; 36 Richard Pearse Dr., Mangere)

Gateway 2 NZ (☎0508 225 587; www. gateway2nz.co.nz; 50 Ascot Rd., Mangere)

Gateway Motor Home Hire (☎09-296 1652; www.motorhomehire.co.nz)

Go Rentals (☎09-257 5142; www.gorentals.co.nz; Auckland Airport)

Hertz (☎09-367 6350; www.hertz.co.nz; 154 Victoria St.)

Jucy (☎0800 399 736; www.jucy.co.nz)

Kea Campers (☎09-448 8800; www.keacampers.com)

NZ Frontiers (☎09-299 6705; www.newzealandfrontiers.com) Wohnmobile.

Omega (☎09-377 5573; www.omegarentals.com; 75 Beach Rd.)

Quality Rentals (☎0800 680 123; www.qualityrental.co.nz; 8 Andrew Baxter Dr., Mangere)

Thrifty (☎09-309 0111; www.thrifty.co.nz; 150 Khyber Pass Rd.)

Wilderness Motorhomes (☎09-255 5300; www.wilderness.co.nz; 21 Rennie Dr., Mangere)

Autokauf Auf den nachfolgend genannten Gebrauchtwagenmärkten checken Kfz-Mechaniker die Autos vor dem Kauf durch; die Anbieter müssen für den Ausstellungsplatz bezahlen.

Auckland Car Fair (☎09-529 2233; www.carfair.co.nz; Ellerslie Racecourse, Green Lane East; Ausstellungsgebühr 35 NZ$; ⊙So 9–12 Uhr) Der größte Gebrauchtwagenmarkt der Stadt.

City Car Fair (☎09-837 7817; www.aucklandcitycarfair.co.nz; 27 Alten Rd.; Ausstellungsgebühr 25 NZ$; ⊙Sa 8–13 Uhr)

Bus

Die Busse fahren in der 172 Quay Street ab, genau gesagt gegenüber vom Fährgebäude. Nur InterCity-Verbindungen verkehren ab dem **SkyCity Coach Terminal** (☎09-913 6220; 102 Hobson St.). Busse in Richtung Süden halten auch am Flughafen.

Dalroy Express (☎0508 465 622; www.dalroytours.co.nz) Das Unternehmen bietet einen Bus täglich auf der Strecke Auckland – New Plymouth (60 NZ$, 6 Std.).

Go Kiwi (☎07-866 0336; www.go-kiwi.co.nz) Betreibt täglich Shuttlebusse auf der Route Auckland City – International Airport – Thames – Tairua – Whitianga.

InterCity (☎09-583 5780; www.intercity.co.nz)

Main Coachline (☎09-278 8070; www.maincoachline.co.nz) Lässt fast täglich Busse auf der Strecke von Auckland nach Dargaville (3 Std.) verkehren, über Orewa, Warkworth und Matakohe.

Naked Bus (☎0900 62533; www.nakedbus.com) Die Busse dieser Firma verkehren auf der SH1 bis Kerikeri (4 Std.) im Norden und bis Wellington (12 Std.) im Süden; außerdem fahren sie nach Tauranga (3½ Std.) und Napier

(12 Std.). Ein Anruf auf ihrer Hotline kostet 1,99 NZ$ pro Min.

Flugzeug

Auckland ist das Tor zu Neuseeland (s. „Flüge nach Neuseeland") und eine Drehscheibe für Inlandsflüge. Der **Auckland International Airport** (AKL; ☎09-275 0789; www.aucklandairport.co.nz; Ray Emery Dr., Mangere) liegt 21 km südlich des Stadtzentrums und besteht aus zwei getrennten Terminals: eines für internationale Fluglinien und eines für Inlandsflüge. In beiden Terminals befindet sich eine Touristeninformation. Zwischen den beiden Terminals verkehrt im 15-Minuten-Takt ein kostenloser Shuttlebus (5–22.30 Uhr), außerdem ist ein Fußweg ausgeschildert (ca. 10 Min.). In beiden Terminals gibt es eine Gepäckaufbewahrung, Geldautomaten und Schalter von verschiedenen Leihwagenfirmen; die Mietwagenpreise sind allerdings in der Stadt günstiger.

Informationen zu Flügen zum Great Barrier Island findet man im Abschnitt „Great Barrier Island". Nachfolgend einige Inlandsfluglinien, die ab Auckland die jeweils angegebenen Destinationen anfliegen:

Air New Zealand (☎09-357 3000; www.airnewzealand.co.nz) Hat Flugverbindungen nach Kaitaia, Kerikeri, Whangarei, Hamilton, Tauranga, Whakatane, Gisborne, Rotorua, Taupo, New Plymouth, Napier, Whanganui, Palmerston North, Masterton, Wellington, Nelson, Blenheim, Christchurch, Queenstown und Dunedin im Programm.

Jetstar (☎0800 800 995; www.jetstar.com) Flüge nach Wellington, Christchurch, Queenstown und Dunedin.

Sunair (☎0800 786 847; www.sunair.co.nz; einfach 160 NZ$) Flüge nach Whitianga (verkehrt 2-mal tgl.).

Motorrad

Siehe auch Paradise Motorcycle Tours (S. 88).

NZ Motorcycle Rentals (☎09-486 2472; www.nzbike.com; 72 Barrys Point Rd., Takapuna; Tag 145–360 NZ$) Bietet im Programm auch begleitete Touren an.

Zug

Der **Overlander** (☎0800 872 467; www.tranzscenic.co.nz) startet am **Bahnhof Britomart** (Queen St.), dem größten unterirdischen Dieselzugbahnhof der Welt. Die Züge verlassen Auckland um 7.25 Uhr (Ende Sept.–April tgl., übriges Jahr Fr–So) und erreichen Wellington um 19.25 Uhr (in die Gegenrichtung identische Zeiten). Unterwegs halten sie praktischerweise in Hamilton (2½ Std.), Otorohanga (3 Std.), Te Kuiti (3¼ Std.), Taumarunui (4½ Std.), National Park (5½ Std.), Ohakune (6½ Std.), Palmerston North (9½ Std.) und Paraparaumu (11 Std.). Der Standardpreis nach Wellington beträgt 129 NZ$. Bei jedem Trip steht jedoch eine begrenzte Anzahl vergünstigter, reservierungsfreier Plätze zur Verfügung (der Preis variiert je nach Zusteigeort 79 oder 99 NZ$).

ℹ Unterwegs vor Ort

Auto & Motorrad

Zu den Stoßzeiten (7–9 & 17–19 Uhr) sind Aucklands Hauptverkehrsstraßen vor allem im Norden und Süden ziemlich überfüllt. Ebenfalls eng wird es während des Schuljahrs ab dem Unterrichtsschluss um 15 Uhr.

Von Montag bis Samstag ist das Parken in Aucklands Zentrum fast immer kostenpflichtig. Die meisten Parkuhren zeigen die Standzeit per Display an: Einfach den Anweisungen folgen, Ticket rauslassen und deutlich sichtbar hinter die Windschutzscheibe legen. Sonntags können Fahrzeuge zwischen 18 und 8 Uhr normalerweise gratis abgestellt werden. Bitte dennoch sorgfältig die Parkuhren und -schilder checken!

Aucklands Parkhäuser sind teilweise ganz schön teuer. Günstigere Alternative: die städtischen Abstellflächen in der Nähe des alten Bahnhofs an der Beach Road (8 NZ$ pro Tag) oder am Ngaoho Place (6 NZ$ pro Tag) abseits von The Strand.

Fahrrad

Bei Maxx Regional Transport (S. 111) sind kostenlose Fahrradkarten erhältlich. Sie liegen aber auch in öffentlichen Gebäuden aus, also

FLUGZEUG VERSPÄTET? ZEIT FÜR EINE ZECHTOUR!

Das Dröhnen der Jets kümmert die Weinreben absolut nicht, wie die prämierteste Weinkellerei, nur 4 km vom Flughafen entfernt, zeigt. Das parkartige Grundstück der **Villa Maria Estate** (Karte S. 70; www.villamaria.co.nz; 118 Montgomerie Rd.; ⊙Mo–Fr 9–18, Sa & So 9–16 Uhr) ist eine grüne Oase mitten im Industriegebiet. Jeden Januar und Februar findet hier ein Konzertzyklus mit international renommierten Künstlern statt, den die 40- bis 50-jährigen Weinfreunde sehr zu schätzen wissen.

Kurze Führungen (5 NZ$) stehen um 11 und um 15 Uhr auf dem Programm; für die Weinprobe werden 5 NZ$ verlangt. Eines ist sicher: Bei Wein und Käse auf der Terrasse zu sitzen macht deutlich mehr Spaß, als in der Abflughalle herumzuhängen.

beispielsweise in Bahnhöfen, Bibliotheken und i-SITEs. Es ist gestattet, Fahrräder auf der Fähre (gratis) mitzunehmen, in den Zügen wird 1 NZ$ verlangt; in den Bussen sind ausschließlich Klappräder erlaubt.

Adventure Cycles (☎09-940 2453; www.adventure-auckland.co.nz/adventurecycles; 9 Premier Ave., Western Springs; Tag 25–40 NZ$, Woche 100–150 NZ$, Monat 230–300 NZ$; ⊙Do–Mo 7.30–19 Uhr) Hier kann man ein City-, Mountain- oder Tourenrad mieten oder kaufen (das am Ende der Reise zurückgekauft wird). Auch Reparaturen sind hier möglich.

Zum & Vom Flughafen

Ein Taxi vom Flughafen zur Stadt (oder umgekehrt) kostet in der Regel 60 bis 80 NZ$; wer im Stau steckt, bezahlt mehr.

Airbus Express (☎09-366 6400; www.airbus.co.nz; einfach/ hin- & zurück Erw.16/26 NZ$, Kind 6/12 NZ$) Der Bus verkehrt zwischen den Terminals und der Stadt von 7 und 19 Uhr im Zehn-Minuten-Takt, danach die ganze Nacht über stündlich. Er hält u.a. in der Mt. Eden Road, Dominion Road (auf Wunsch), Symonds Street, Queen Street und am Fährgebäude. Eine Reservierung ist nicht erforderlich. Fahrkarten verkaufen die Fahrer, sie lassen sich aber auch übers Internet bestellen. Die Fahrt dauert in der Regel knapp eine Stunde (zu den Stoßzeiten auch länger).

Super Shuttle (☎0800 748 885; www.supershuttle.co.nz) Der praktische Shuttle kostet von Tür zu Tür 28 NZ$ pro Person und bringt die Fahrgäste vom Flughafen zum jeweiligen Hotel. Wer in eine weiter entfernte Vorstadt möchte, muss mehr bezahlen. Geld spart, wer sich mit anderen den Shuttle teilt.

Öffentliche Verkehrsmittel

Aufgrund von umfassenden Privatisierungsmaßnahmen in den 1980er-Jahren unterstehen die öffentlichen Verkehrsmittel einer Vielzahl von Betreibern – mit der Folge, dass es nur wenige Fahrkarten gibt, die für sämtliche Verkehrsmittel gelten. Die Stadtverwaltung von Auckland bemüht sich zwar, das Durcheinander mit ihrer HOP-Smartcard (www.myhop.co.nz) einzudämmen, doch in trockenen Tüchern ist das Ganze noch längst nicht und deshalb auch nicht lohnend. Gut hingegen ist der städtische Infoservice **Maxx** (☎09-366 6400; www.maxx.co.nz) für Busse, Züge und Fähren sowie einem hervorragenden Routenplaner zum Anklicken. Der Discovery-Pass gilt einen Tag in den meisten Zügen und Bussen sowie in den North-Shore-Fähren (15 NZ$); erhältlich ist er im Bus und Zug sowie in den Fullers-Filialen.

Bus Das Busnetz deckt die ganze Stadt ab; Fahrkarten verkaufen die Fahrer. Viele Linien enden rund um den Bahnhof Britomart. Einige Bushaltestellen sind mit elektronischen Anzeigen bestückt, die die voraussichtliche Wartezeit angeben (Achtung: Sie stimmen oft nicht).

In der Innenstadt kostet die einfache Fahrt 50 C für einen Erwachsenen und 30 C für Kinder (kostenlos für HOP-Nutzer). Weitere Strecken sind preislich gestaffelt und liegen für Erw./Kind bei 1,80/1 NZ$ bis 10,30/6,10 NZ$.

Mit am praktischsten sind die umweltfreundlichen Link-Busse, die auf drei Routen (an denen auch viele der Hauptsehenswürdigkeiten liegen) in beiden Richtungen auf einem Rundkurs verkehren (7–23 Uhr):

» City Link (50 C, alle 7–10 Min.) – Britomart, Queen Street, Karangahape Road; einige Busse fahren bis zum Wynyard Quarter.

» Inner Link (höchstens 1,80 NZ$, alle 10–15 Min.) – Queen Street, SkyCity, Victoria Park, Ponsonby Road, Karangahape Road, Museum, Newmarket, Parnell und Britomart.

» Outer Link (max. 3,40 NZ$, alle 15 Min.) – Art Gallery, Ponsonby, Herne Bay, Westmere, MOTAT 2, Pt. Chevalier, Mt. Albert, St. Lukes Mall, Mt. Eden, Newmarket, Museum, Parnell, Universität.

Fähre Aucklands edwardianisches, barockes **Fährgebäude** (Quay St.) thront prächtig am Ende der Queen Street. Fähren von Fullers (S. 88) fahren direkt hinter dem Gebäude ab (nach Bayswater, Birkenhead, Devonport, Great Barrier Island, Half Moon Bay, Northcote, Motutapu, Rangitoto und Waiheke); die 360-Discovery-Fähren (S. 88) legen an den Stegen nebenan ab und fahren nach Coromandel, Gulf Harbour, Motuihe, Rotoroa und Tiritiri Matangi.

Sealink-Fähren (S. 120) nach Great Barrier Island verkehren ab Wynyard Wharf, ebenso einige Autofähren nach Waiheke Island. Die meisten Fähren nach Waiheke legen jedoch an der Half Moon Bay östlich von Auckland ab.

Zug Die Zugverbindungen ab Auckland halten sich in Grenzen. Generell verkehren die Züge unregelmäßig, sind dafür aber sauber, billig und pünktlich – ein kleiner Zwischenfall kann allerdings gleich das gesamte Streckennetz lahmlegen.

Im imposanten Bahnhof Britomart (S. 111) findet man Lebensmittelläden, Wechselstuben und natürlich einen Fahrkartenschalter. Im Untergeschoss liegen die Toiletten und die Schließfächer.

Insgesamt existieren nur vier Zugstrecken: Eine führt in Richtung Westen nach Waitakere, eine gen Süden nach Onehunga, zwei weitere fahren Richtung Süden nach Pukekohe. Die Züge verkehren von 6 bis 20 Uhr (am Wochenende länger) mindestens einmal pro Stunde. Die Fahrkarten sind beim Schaffner im Zug erhältlich (eine Zone 1,70 NZ$), er kommt zu den einzelnen Fahrgästen. Alle Züge verfügen über Rollstuhlrampen.

Taxi

Die unzähligen Taxis in Auckland stehen in der Regel an Taxiständen. **Auckland Co-op Taxis** (☎09-300 3000; www.3003000.co.nz) zählt zu den größten Unternehmen. Auf Fahrten zum/vom Flughafen, zu den Kreuzfahrtschiffen und bei telefonischer Bestellung wird eine Zusatzgebühr erhoben.

INSELN IM HAURAKI GULF

Der Hauraki-Golf liegt zwischen Auckland und der Coromandel Peninsula, ist durchzogen von *motu* (Inseln) und macht in puncto Schönheit der Bay of Islands Konkurrenz. Einige Inseln liegen nur ein paar Minuten von der Stadt entfernt und eignen sich ausgezeichnet für einen Tagesausflug: Die weindurchtränkte Insel Waiheke und die Vulkaninsel Rangitoto sollten auf keinen Fall ausgelassen werden. Es erfordert schon mehr Anstrengung (und auch Geld), nach Great Barrier zu fahren, aber dafür ist die Insel ein wirklich idyllischer Zufluchtsort vom modernen Leben.

Im Hauraki Gulf Maritime Park, der vom DOC betrieben wird, gibt es 47 Inseln. Einige sind richtig groß, andere sind nicht viel mehr als Felsen, die aus dem Meer ragen. Sie wurden locker in zwei Kategorien eingeteilt: Erholung und Naturschutz. Die Erholungsinseln kann man ganz einfach besichtigen. Im Sommer sind ihre Häfen voller Yachten. Zu den unter Naturschutz stehenden Inseln gibt es aber nur begrenzten Zugang. Einige können mit einer Erlaubnis besucht werden, andere sind komplett geschlossene Schutzgebiete für die Erhaltung seltener Pflanzen und Tiere, vor allem die von Vögeln.

Der Golf ist eine belebte Wasserstraße für Meeressäuger. Weiter außerhalb zeigen sich regelmäßig Sei-, Zwerg- und Brydewale, zusammen mit Orcas und Großen Tümmlern. Vielleicht bekommt man auch eine echte Sensation zu sehen, nämlich einen vorbeiziehenden Buckelwal.

Rangitoto & Motutapu Islands

75 EW.

Der **Rangitoto** (www.rangitoto.org), mit 259 m der größte und jüngste Vulkankegel von Auckland, ragt elegant aus dem Wasser des Golfs heraus und bietet eine malerische Kulisse für alle Aktivitäten in der Stadt. Der Vulkan stieg erst vor 600 Jahren aus dem Meer empor und war wahrscheinlich einige Jahre lang aktiv, bevor er erlosch.

Die Maori, die auf **Motutapu** (Heilige Insel; www.motutapo.org.nz) lebten, wurden höchstwahrscheinlich Zeuge der Ausbrüche, da in der Asche einige Fußabdrücke gefunden wurden und mündliche Überlieferungen auch besagen, dass hier bereits vor der Eruption einige Generationen von ihnen lebten. Rangitoto ist heute durch einen Damm mit Motutapu verbunden.

Die Insel ist ein perfektes Ziel für einen Tagesausflug. Die rauen Hänge aus vulkanischer Schlacke haben überraschend viel Flora (u. a. den größten Pohutukawa-Wald der Welt) zu bieten und es gibt ausgezeichnete Wanderwege. Allerdings braucht man festes Schuhwerk und jede Menge Wasser für unterwegs. Auch wenn der Vulkan von weitem steil aussieht, aus der Nähe betrachtet ähnelt er eher einem Ei, das in der Pfanne brutzelt. Die Wanderung auf den Gipfel dauert rund eine Stunde und wird mit einer atemberaubenden Aussicht belohnt. Oben angelangt führt ein Rundweg am Rand des Kraters entlang. Ein Weg zu den Lavahöhlen zweigt vom Gipfelpfad ab und dauert hin und zurück weitere 30 Minuten. Am Anlegeplatz gibt es eine Informationstafel mit Karten für die Orientierung.

Motutapu ist im Gegensatz zu Rangitoto größtenteils mit Gras bewachsen, das Schafe und Rinder ernährt. Archäologisch gesehen ist die Insel sehr bedeutend. Hier finden sich Spuren von jahrhundertelanger Besiedlung durch Menschen.

In der Home Bay befindet sich ein **DOC-Campingplatz** (www.doc.govt.nz; Erw./Kind 6/3 NZ$) mit einfachen Einrichtungen (fließendes Wasser und WC). Ein Kocher ist mitzubringen, da offene Feuer verboten sind. Gebucht wird übers Internet. Von der **Rangitoto Wharf** kommt man in drei Stunden zu Fuß dorthin. Fullers unterhält ausschließlich an Sommerwochenenden eine Verbindung zur Home Bay.

Im Jahr 2011 wurden beide Inseln nach umfassenden Ausrottungsmaßnahmen zum schädlingsfreien Gebiet erklärt. Gefährdete Vogelarten wie Takahe und Tieke (eine Wellensittichart) wurden hier ausgesetzt und wieder heimisch gemacht, Kakariki und Glockenvögel sind mittlerweile freiwillig zurückgekehrt. Unterwegs ist ihr Gezwitscher zu hören.

KAMPF UM DIE FERIENHÄUSER

In den 1920er-Jahren entstand auf Pachtland in Rangitoto eine reizende Ansammlung einfacher Ferienhäuser (*baches*), die der Insel eine blühende Urlaubergemeinde bescherte. Während der 1930er-Jahre erbauten Strafgefangene u. a. Straßen, öffentliche Toiletten, Tennisplätze und ein Schwimmbecken aus der Vulkanschlacke. Trotz mörderisch schwerer Arbeit wurden die Männer nicht in Zellen eingesperrt und genossen angeblich sogar das Inselleben. Das Brandrisiko war – und ist – ein Dauerproblem der Häuschenbesitzer: Die heiße Schlacke hält das Laub trocken wie Zunder.

In den 1970er- und 1980er-Jahren geriet die *bach*-Gemeinde in Gefahr: Mit Auslaufen der Pacht entfernte man viele Hütten – eigentlich sollten alle verschwinden. Nach starkem öffentlichem Protest stellte der Historic Places Trust die verbliebenen Bauten 1997 unter Denkmalschutz. Gleich links vom Bootskai wurde ein Häuschen von 1929 komplett restauriert und als eine Art Museum neu eröffnet. Geöffnet ist es nur gelegentlich, aber an Wochenenden im Sommer kann man durchaus Glück haben.

ℹ Anreise & Unterwegs vor Ort

Fullers (☎09-367 9111; www.fullers.co.nz; Erw./Kind hin & zurück 27/14 NZ$) Bietet im 20-Minuten-Takt Fährverbindungen vom Fährgebäude in Auckland nach Rangitoto Island (wochentags 3-mal tgl., Sa und So 4-mal tgl.) und Devonport (2-mal tgl.). Auf dem Programm steht auch die Exkursion „Volcanic Explorer" (Erw./Kind 59/30 NZ$), eine geführte Tour über die Insel in einem überdachten „Zug mit Rädern".

Motuihe Island

Das 176 ha große Motuihe zwischen Rangitoto und Waiheke fasziniert Besucher mit seiner Geschichte und einem reizenden, weißen Sandstrand. In seinen drei *pas* siedelten zuletzt die Ngati Paoa. 1840 wurde die Insel für Decken, Kittel, Gartenwerkzeuge, Töpfe, Pfannen und eine Jungkuh verkauft. Von 1872 bis 1941 diente sie als Quarantänestation.

Während des Ersten Weltkriegs war hier der schneidige „Seeteufel" Felix Graf von Luckner (1881–1966) zusammen mit anderen Deutschen und Österreichern interniert. Nach seiner gewagten Flucht schaffte er es bis zu den 1000 km entfernten Kermadec Islands. Dort wurde er jedoch wieder gefangen genommen.

Das mittlerweile schädlingsfreie Motuihe wird nun einem umfassenden Wiederaufforstungsprogramm unterzogen, das Freiwillige mit Begeisterung umsetzen. Aus diesem Grund sind hier inzwischen wieder gefährdete Vogelarten, darunter der geschwätzige Tieke, heimisch. Wer Lust hat mitzumachen, kann sich an den **Motuihe Trust** (☎0800 668 844; www.motuihe.org.nz) wenden. Im Januar finden an den Wochenenden immer Führungen (5 NZ$) statt, die sich mit dem Vermächtnis und der Wiederherstellung der Ökologie der Insel beschäftigen (zu buchen über 360 Discovery).

Von der Zentrale des Trusts einmal abgesehen ist das einzige Quartier auf der Insel der einfache **DOC-Campingplatz** (www.doc.govt.nz; Erw./Kind 6/3 NZ$) mit Toiletten und Wasser. Ganzjährig auf der Insel lebende Bewohner gibt es nicht – und deshalb auch keine Läden oder Einkehrmöglichkeiten. Aber im Januar hat mittags zumindest ein Kiosk geöffnet.

ℹ An- & Weiterreise

360 Discovery (☎0800 360 3472; www.360discovery.co.nz; Erw./Kind hin & zurück 27/17 NZ$) Täglich fahren drei Fähren ab Auckland, die mehrere Stunden unterwegs sind.

Waiheke Island

7700 EW.

Nur 35 Fährminuten von Aucklands Zentrum entfernt verspricht Waiheke Island ganze 93 km² voller Inselglück. Einst war dieses Stückchen Land kaum von Interesse. Heute aber drängen sich hier Multimillionäre, Althippies und unkonventionelle Künstler, die dem Eiland seinen „grünen" Ruf beschert haben. So träumen manche von Aucklands Bürohengsten davon, den täglichen Autobahnstau gegen eine maritime Pendelstrecke und warmes, trockenes Mikroklima einzutauschen.

Auf Waihekes Auckland-Seite schwappt smaragdgrünes Wasser gegen felsige Buchten. In Richtung Ozean liegen dagegen ein paar der schönsten Sandstrände der Region. Das zweite Highlight ist der Wein: Auf der Insel laden 19 Nobelweingüter oft mit feschen Restaurants und atemberaubendem Stadtblick zum Genießen und Verweilen ein. Und es gibt Dutzende von Galerien und Kunsthandwerksläden.

Menschen – zuletzt die Ngati Paoa – siedeln mindestens seit dem 14. Jh. auf Waiheke, über das sich mehr als 40 *pas* verteilen. Im frühen 19. Jh. traf der Missionar Samuel Marsden mit den ersten Europäern ein, die kurz darauf den kompletten Kauriwald abholzten.

Tankstellen befinden sich in Oneroa, Ostend und Onetangi, Geldautomaten in Oneroa und Ostend, einen Supermarkt gibt es in Ostend.

Sehenswertes & Aktivitäten

Strände

Der lange, weiße Sandstreifen **Onetangi** in der Inselmitte gehört zu Waihekes schönsten Stränden. Gleichermaßen attraktiv ist der **Palm Beach**, eine hübsche kleine Hufeisenbucht zwischen Oneroa und Onetangi. Die FKK-Bereiche beider Strände liegen jeweils westwärts hinter ein paar Felsen. **Oneroa** und **Little Oneroa** nebenan sind ebenfalls schön, im Sommer teilt man sich den Strand allerdings mit den Yachten, die hier vor Anker gehen.

Weingüter

Das heiße, trockene Mikroklima von Waiheke bringt exzellente Rotweine hervor – Bordeaux und Syrah –, außerdem einige hervorragende Rosés. Da man mehr Wert auf Qualität als auf Quantität legt, werden die hier gekelterten Premiumweine relativ teuer verkauft. Und eine Vorwarnung noch: Die meisten Weingüter stellen die Verkostung in Rechnung (3–10 NZ$; manchmal Rückerstattung bei Einkauf). Einige liegen wunderschön und sind allein deshalb schon einen Besuch wert. Im Sommer haben viele Weingüter länger geöffnet, in manchen sorgt dann vorübergehend sogar ein Restaurant für das Wohl der Besucher.

Am besten nimmt man sich die Landkarte *Waiheke Island of Wine* mit, auf der sämtliche Weingüter der Insel verzeichnet sind.

Goldie Vineyard WEINGUT
(www.goldieroom.co.nz; 18 Causeway Rd.; Verkostung 5–10 NZ$, Rückerstattung bei Kauf; ⌚März–Nov. Mi–So 12–16 Uhr, Dez.–Feb. tgl.) Das 1978 als Goldwater Estate gegründete Weingut war das erste auf Waiheke. Im Verkostungsraum sind neben allerlei Weinen auch gut gefüllte Picknickkörbe (für 2 Pers. 55 NZ$) erhältlich.

Passage Rock WEINGUT
(☎09-372 7257; www.passagerockwines.co.nz; 438 Orapiu Rd.; ⌚Aug.–Dez. Sa & So 12–16 Uhr, Jan. tgl., Feb.–April Mi–So) Zum guten Wein des Weingutes wird auch eine hervorragende Pizza serviert.

Saratoga Estate WEINGUT, BRAUEREI
(☎09-372 6450; www.saratogaestate.com; 72 Onetangi Rd.; ⌚11–16 Uhr) Zum Weingut gehören eine Brauerei und ein Café.

Stonyridge WEINGUT
(☎09-372 8822; www.stonyridge.com; 80 Onetangi Rd.; Verkostung pro Weinsorte 3–15 NZ$; ⌚11.30–17 Uhr) Berühmte Bio-Rotweine, ein malerisches Café, Führungen (10 NZ$, 35 Min., Sa & So 11.30 Uhr) und gelegentlich eine Tanzparty.

Wild On Waiheke WEINGUT, BRAUEREI
(☎09-372 3434; www.wildonwaiheke.co.nz; 82 Onetangi Rd.; Verkostung pro Bier- oder Weinsorte 2 NZ$; ⌚Do–So 11–16 Uhr, im Sommer tgl.) Wer sich nach der Verkostung im Schießen versuchen möchte, kann auf diesem Weingut mit Mikrobrauerei Bogen- und Tontaubenschießen, aber auch Boule und Schach spielen. Auch ein Sandkasten für die Kinder ist vorhanden.

Kunst & Kultur

Die kostenlose Broschüre *Waiheke Art Map* liegt in den i-SITEs aus. Sie gibt einen Überblick über 37 Galerien und Läden mit Handwerkskunst.

Artworks Complex KUNSTZENTRUM
(2 Korora Rd.; @📶) Der Artworks-Komplex beherbergt ein **Gemeindetheater** (☎09-372 2941; www.artworkstheatre.org.nz), ein **Filmkunstkino** (☎09-372 4240; www.wicc.co.nz; Erw./Kind 14/7 NZ$), eine spannende **Kunstgalerie** (☎09-372 9907; www.waihekeartgallery.org.nz; Eintritt frei; ⌚10–16 Uhr) und das **Whittaker's Musical Museum** (☎09-372 5573; www.musical-museum.org; Erw./Kind 5 NZ$/frei; ⌚13–16 Uhr) mit einer Sammlung antiker Konzertinstrumente. Kostenlosen Internetzugang hat man von einem der PCs in der **Bibliothek** (⌚Mo–Fr 9–17.30, Sa 10–16 Uhr; @) oder vom extra eingerichteten WLAN-Raum.

Waiheke Island

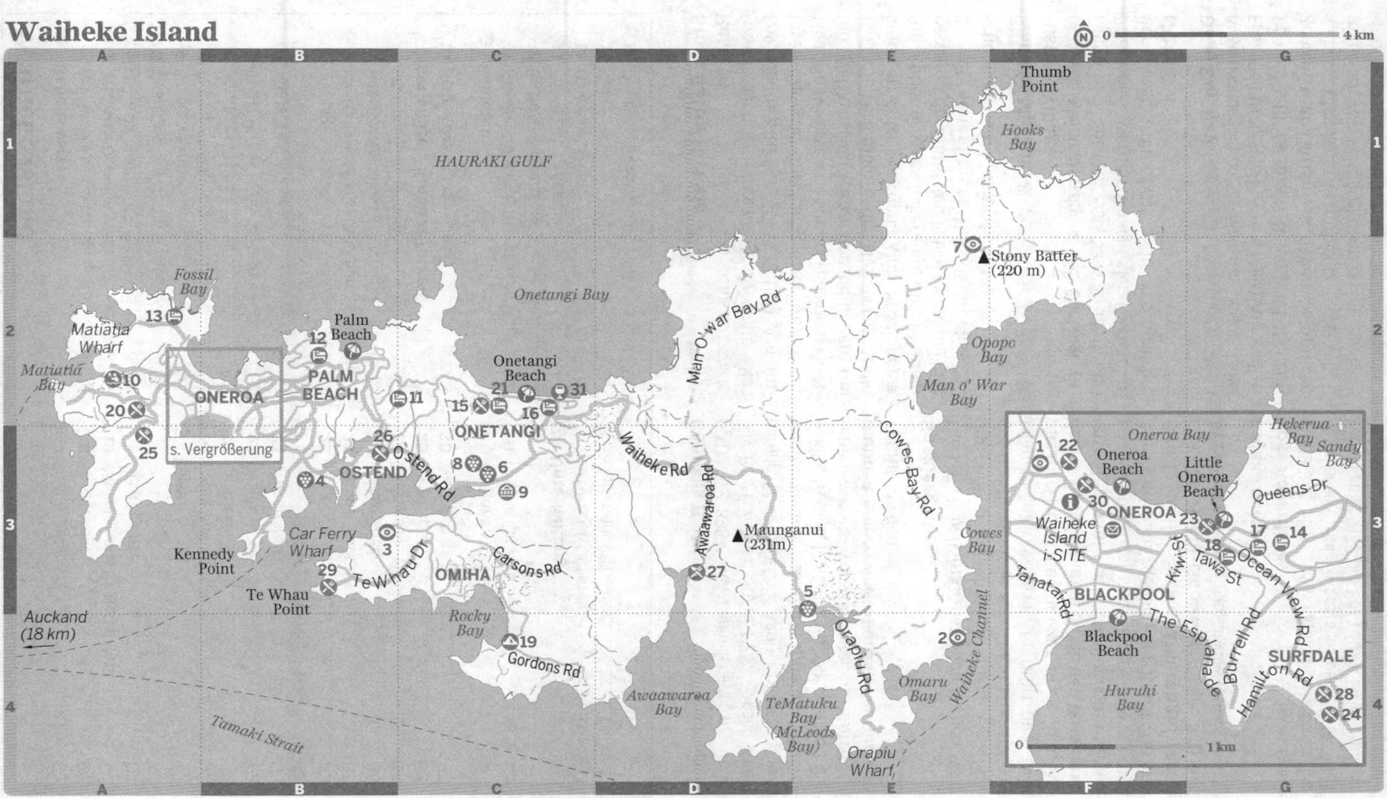

Waiheke Island

Sehenswertes

	Art Gallery	(siehe 1)
1	Artworks Complex	F3
2	Connells Bay	E4
3	Dead Dog Bay	B3
4	Goldie Vineyard	B3
5	Passage Rock	E3
6	Saratoga Estate	C3
7	Stony Batter Historic Reserve	E2
8	Stonyridge	C3
9	Waiheke Museum & Historic Village	C3
	Whittaker's Musical Museum	(siehe 1)
	Wild On Waiheke	(siehe 8)

Aktivitäten, Kurse & Touren

10	Ross Adventures	A2

Schlafen

11	Crescent Valley Eco Lodge	C2
12	Enclosure Bay	B2
13	Fossil Bay Lodge	A2
14	Hekerua Lodge	G3
15	Kina	C2
16	Onetangi Beach Apartments	C2
17	Punga Lodge	G3
18	Tawa Lodge	G3
19	Whakanewha Regional Park Campsite	C4

Essen

20	Cable Bay	A2
21	Casita Miro	C2
22	Delight	F3
23	Dragonfired	G3
24	Island Thyme & Thymes Tables	G4
25	Mudbrick	A3
26	Ostend Market	B3
27	Poderi Crisci	D3
28	Stefano's	G4
29	Te Whau	B3
30	Wai Kitchen	F3

Ausgehen

31	Charlie Farley's	C2

Unterhaltung

	Art-House Cinema	(siehe 1)
	Community Theatre	(siehe 1)

Stony Batter Historic Reserve HISTORISCHE STÄTTE

(www.fortstonybatter.org.nz; Stony Batter Rd.; Erw./Kind 8/5 NZ$; ⏲10–15.30 Uhr) Am unteren Ende der Insel liegt das Stony Batter Historic Reserve mit Tunnels aus dem Zweiten Weltkrieg und Kanonenstellungen, die 1941 zur Verteidigung des Hafens von Auckland errichtet wurden. Der Spaziergang führt über privates Ackerland. Ihren Namen verdankt die Stätte den Felsblöcken, die hier überall herumliegen. Unbedingt eine Taschenlampe und Bargeld einstecken.

Waiheke Museum & Historic Village MUSEUM

(www.waihekemuseum.org.nz; 165 Onetangi Rd.; Eintritt nach Spende; ⏲Mi, Sa & So 12–16 Uhr) Präsentiert werden verschiedene Artefakte der Inselbewohner in sechs restaurierten Gebäuden.

Dead Dog Bay GÄRTEN

(www.deaddogbay.co.nz; Margaret Reeve Lane; Erw./Kind 10 NZ$/frei; ⏲10–17 Uhr) Auf steilen Pfaden geht es durch Regenwald, Feuchtgebiete und Gärten, in denen Skulpturen stehen. Alles ist in Privatbesitz – was schon manchen vor Neid erblassen ließ.

Connells Bay GÄRTEN

(☎09-372 8957; www.connellsbay.co.nz; Cowes Bay Rd.; Erw./Kind 30/15 NZ$; ⏲nach Vereinbarung, Ende Okt.–Ende April) Ein teurer, aber hervorragender Skulpturenpark in Privatbesitz, in dem Künstler aus Neuseeland ihre sehenswerten Werke ausstellen. Eintritt im Rahmen einer zweistündigen Führung; im Voraus buchen.

Spaziergänge

Die i-SITE hält Informationen zu den wunderschönen Küstenwanderungen (1–3 Std.) auf der Insel sowie zum 3 km langen Cross Island Walkway bereit. Er führt quer über die Insel von Onetangi zur Rocky Bay. Andere Touren verlaufen durch den **Whakanewha Regional Park,** ein Refugium für seltene Küstenvögel und Geckos, sowie durch drei Naturschutzgebiete der Royal Forest & Bird Protection Society: **Onetangi** (Waiheke Rd.), **Te Haahi-Goodwin** (Orapiu Rd.) und **Atawhai Whenua** (Ocean View Rd.).

Kajak fahren

Ross Adventures KAJAK FAHREN

(☎09-372 5550; www.kayakwaiheke.co.nz; Matiatia beach; Halb-/Ganztagestour 85/145 NZ$, Verleih ab 25 NZ$ pro Std.) Ross ist der felsenfesten Überzeugung, dass auf Waiheke die Möglichkeiten, Kajak zu fahren, genauso gut sind wie im legendären Abel Tasman National Park. Und er muss es wirklich wissen, denn er bietet schon seit über 20 Jahren Kajakausflüge an. Erfahrene Kajakfahrer können die Insel bequem in vier Tagen umrunden und dabei versteckte Buchten und Sandbänke erkunden, die sich über Land nicht erreichen lassen.

Geführte Touren

Ananda Tours ESSEN & WEIN
(09-372 7530; www.ananda.co.nz) Auf dem Programm stehen eine Gourmet-Tour mit Wein und leckerem Essen (110 NZ$) sowie eine „Connoisseur-Tour" (210 NZ$). Informelle Exkursionen in Kleingruppen werden nach Kundenwünschen gerne zusammengestellt, darunter auch Besuche von interessanten Künstlerateliers.

Fullers ESSEN & WEIN
(09-367 9111; www.fullers.co.nz) Die Option „Wine on Waiheke" (Erw. 115 NZ$, 4½ Std., Abfahrt in Auckland um 13 Uhr) besucht drei örtliche Spitzenweingüter und beinhaltet einen Snackteller. „Taste of Waiheke" (Erw. 125 NZ$, 5½ Std., Abfahrt in Auckland um 11 Uhr) umfasst ebenfalls drei Weingüter plus Olivenhain und Mittagsimbiss. Zudem gibt es „Explorer"-Inseltouren (Erw./Kind 49/25 NZ$, 1½ Std., Abfahrt in Auckland 10, 11 & 12 Uhr). Alle Preise inklusive Fähre und Tagesbuspass.

Waiheke Island Adventures ESSEN & WEIN
(09-372 6127; www.waiheke islandadventures.com) Zur Auswahl stehen Exkursionen durch die herrliche Landschaft (25 NZ$), zu Weingärten (25 NZ$) oder nach Stony Batter (35 NZ$) in einem Bus mit 15 Sitzplätzen. Auch Kunst- und Strandtouren sind möglich.

Waiheke Executive Transport WEIN, KULTUR
(0800 372 200; www.waiheketransport.co.nz) Die Touren führen zu den Hauptsehenswürdigkeiten (ab 15 NZ$), zu Weingütern (Standard/Premium 89/115 NZ$) und Künstlerwerkstätten (115 NZ$).

Festivals & Events

Sculpture on the Gulf KUNST
(www.sculptureonthegulf.co.nz) Der 2 km lange Skulpturenweg oben auf den Klippen ist eine in ungeraden Jahren im Januar stattfindende Freiluftausstellung.

Waiheke Blues Festival MUSIK
(www.waihekeblues.co.nz) In verschiedenen Locations wird am letzten Augustwochenende immer Blues gespielt.

Schlafen

Waiheke ist während der Sommerferien so beliebt, dass viele Einheimische ihre Wohnhäuser vermieten und sich selbst aus dem Staub machen. Selbst bei der obligatorischen Buchung im Voraus gibt es kaum echte Schnäppchen. Vor allem für Werktage sind die Winterpreise deutlich niedriger.

Tawa Lodge GÄSTEHAUS $$
(09-372 9434; www.pungalodge.co.nz; 15 Tawa St.; Zi. 120 NZ$, Apt. 175–240 NZ$;) Zwischen dem Cottage für Selbstversorger vorne und dem Apartment hinten liegen drei preislich akzeptable Dachgeschosszimmer mit einer kleinen Gemeinschaftsküche und einem Bad. An heißen Tagen, wenn die Gäste auf der Terrasse abhängen, herrscht hier eine wunderbar träge Atmosphäre.

Fossil Bay Lodge CABIN $
(09-372 8371; www.fossilbay.webs.com; 58 Korora Rd.; EZ 45 NZ$, DZ 75–120 NZ$;) Die drei reizenden Hütten liegen an einem Hof gegenüber vom Haupthaus, in dem sich Toiletten, eine Gemeinschaftsküche und ein Wohnbereich befinden. Hier herrscht eine himmlische Ruhe – von quakenden Enten oder quäkenden Kleinkindern des gegenüberliegenden Steiner-Kindergartens einmal abgesehen.

Punga Lodge B&B $
(09-372 6675; www.pungalodge.co.nz; 223 Ocean View Rd.; Zi. 145–165 NZ$, Apt. 140–200 NZ$; @) Die farbenfrohen Zimmer mit eigenem Bad in der Lodge sowie die Gartenwohneinheiten für Selbstversorger haben Zugang zur Terrasse mit Blick auf einen wild wuchernden Tropengarten. Es gibt ein Wellnesscenter, im Preis inbegriffen sind das hausgemachte Frühstück, der Tee am Nachmittag und der Transfer zum Bootsanleger.

Enclosure Bay B&B $$$
(09-372 8882; www.enclosurebay.co.nz; 9 Great Barrier Rd.; Zi. 325 NZ$, Suite 450 NZ$) Wer sich den Luxus eines wirklich tollen B&Bs gönnen möchte und das Besondere sucht, wird hier mit Sicherheit fündig. Jedes der drei Zimmer hat einen Balkon mit einer tollen Aussicht. Die Besitzer pflegen die typisch neuseeländische Gastfreundschaft und scheuen keine Mühe.

INSIDERWISSEN

WAIHEKE ISLAND *ZOË BELL*

Vor 30 Jahren war Waiheke Island die Heimat einer extravaganten Mischung von drop-outs, die nicht in der „normalen" Gesellschaft leben konnten oder wollten: Hippies, Eremiten und alternative Heiler, aber auch Schriftsteller, Töpfer und Marijuana-Anbauer in allen Spielarten. Seitdem Waiheke Ende der 1980er-Jahre „entdeckt" wurde, hat sich die Insel total verändert. Doch all diesen Veränderungen zum Trotz – den edlen Speiselokalen, Weingärten und Luxusferienhäusern – lassen sich Individualismus und Geisteshaltung der Insel nicht leugnen. Das Wetter ist so herrlich wie früher auch, ebenso das sagenhafte Panorama, das üppige Buschland und die einheimischen Vögel, die Hühner im Hof des Nachbarn und das Gefühl, dass hier ruhig alles ein bisschen langsamer gehen darf – wir nennen das die „Waiheke-Zeit". Und dann wären da noch der Duft von Geißblatt, das kristallklare Meer, der beste Fisch mit Pommes der Welt, das Haus, in dem ich geboren wurde, und vielleicht noch immer ein paar Leute, die Marihuana anpflanzen. Waiheke war und ist einfach einzigartig auf dieser Welt.

Zoë Bell, Stuntfrau & Schauspielerin

Crescent Valley Eco Lodge GÄSTEHAUS $$
(09-372 4321; www.waihekeecolodge.co.nz; 50 Crescent Rd. East; Zi. 145 NZ$;) Das kleine Öko-Refugium inmitten von Busch und beschaulichen Gärten bietet seinen Gästen nur zwei ordentliche Zimmer, nette Wirtsleute und einen Wellnesspool unterm sagenhaften Sternenhimmel. Zu jedem Zimmer gehört ein eigenes Bad, das allerdings nicht im Zimmer liegt.

Onetangi Beach Apartments APARTMENT $$$
(09-372 0003; www.onetangi.co.nz; 27 The Strand; Apt. 189–410 NZ$;) Drei verschiedene Blocks mit Stadthäusern bilden miteinander diese moderne, gut geführte Anlage in hervorragender Lage mit einem Wellnesscenter und einer Sauna. Am besten – und auch am preisgünstigsten – sind die Apartments zur Straße hinaus, sie haben einen großen Balkon und bieten zudem auch noch Meerblick.

Hekerua Lodge HOSTEL $
(09-372 8990; www.hekerualodge.co.nz; 11 Hekerua Rd.; Zeltplatz ab 18 NZ$, B 32–36 NZ$, EZ 55 NZ$, DZ 86–120 NZ$; @) Das abgeschiedene Hotel liegt mitten im Busch und bietet seinen Gästen eine Sonnenterrasse, einen Pool mit Steinkacheln, einen Grillplatz, einen legeren Aufenthaltsraum und einen eigenen Wanderweg. Luxuriös ist es hier wahrhaftig nicht, sondern dafür total entspannt – wozu sicher auch die vielen gelassenen Buddhafiguren, die überall um das Haus und im Garten herumstehen, ihren eigenen Beitrag leisten.

Kina HOSTEL $
(09-372 8971; www.kinabackpackers.co.nz; 421 Seaview Rd.; B 27–31 NZ$, EZ/2BZ 55/68 NZ$, DZ 70–90 NZ$; @) Das altmodische, gut gelegene Hostel erfreut seine Gäste mit einem großen Garten am Onetangi Beach. Die Zimmer erinnern ein bisschen an Zellen, aber dafür stehen in den Schlafsälen jeweils nur zwei Stockbetten. Auch die Bettwäsche wird gestellt.

Whakanewha Regional Park Campsite CAMPINGPLATZ $
(09-366 2000; www.arc.govt.nz; Gordons Rd.; Zeltplatz pro Erw./Kind 10/5 NZ$) Ein hübscher, wenngleich einfacher Campingplatz mit Toiletten, Gasgrills und Trinkwasser. Wohnmobile dürfen am benachbarten Parkplatz nur eine Nacht abgestellt werden (Erw./Kind 5/3 NZ$).

Essen

Waiheke Island ist den schönen Dingen des Lebens absolut zugetan, aus diesem Grund finden sich hier auch einige hervorragende Speiselokale. Und mit ein bisschen Glück ist die Aussicht vom Lokal so toll, dass das Loch in der Geldbörse nach Begleichung der Rechnung schnell vergessen ist.

Te Whau WEINGUT $$$
(09-372 7191; www.tewhau.com; 218 Te Whau Dr.; Hauptgerichte 42–44 NZ$; Fr–So Mittagessen, Sa Abendessen, im Sommer erweitertes Angebot) Das Weingut mit Restaurant liegt am Ende der Halbinsel Te Whau. Das Panorama, das Essen und der Service sind außergewöhnlich gut, dazu kommt noch

die ziemlich beste Weinkarte des ganzen Landes. Unbedingt den beeindruckenden Bordeaux-Blend, Merlot, Chardonnay und Rosé aus eigenem Anbau für 3 NZ$ pro Glas probieren (11–17 Uhr).

Dragonfired PIZZERIA **$**
(Little Oneroa Beach; Hauptgerichte 8–12 NZ$; ⌚11–20 Uhr;) Spezialität dieser Pizzeria ist das „meisterhafte Essen aus dem Holzofen" – so steht es zumindest in der Werbung. Der schwarze Wohnwagen am Strand bietet die berühmten drei Ps: Pizza, Polenta und Pitabrot. Mit Sicherheit das günstigste Essen auf der ganzen Insel!

Island Thyme & Thymes Tables CAFÉ, RESTAURANT **$**
(☎09-372 3400; www.islandthyme.co.nz; 8 Miami Ave, Surfdale; Island Thyme: kleinere Mahlzeiten 9 NZ$, Thymes Tables: Hauptgerichte 36 NZ$; ⌚Island Thyme: Frühstück & Mittagessen, Thymes Tables: Di–Sa Abendessen) Wem der Sinn nach abgepackten Gourmet-Mahlzeiten, kleinen Köstlichkeiten, verführerischem Gebäck und hervorragendem Kaffee steht, sollte das Island Thyme im Untergeschoss besuchen. Das Thymes Tables oben präsentiert sich als elegantes *Plat-du-jour*-Restaurant mit nur ein oder zwei Gerichten zur Auswahl, die allabendlich auf einer Tafel draußen angeschrieben stehen.

Wai Kitchen CAFÉ **$$**
(www.waikitchen.co.nz; 1/149 Ocean View Rd., Oneroa; Hauptgerichte 17–23 NZ$; ⌚9–16 Uhr, im Sommer länger) Warum das Wai Kitchen für ein Essen wählen? Nun, zuerst einmal gibt es hier eine abwechslungsreiche Speisekarte mit einer Fülle mediterraner und asiatischer Gerichte. Und dann wären da noch der reizende Service und das angenehme Ambiente samt einem beständig wehenden lauen Lüftchen in diesem verglasten, keilförmigen Lokal am *wai* (Wasser).

Casita Miro SPANISCH **$$**
(☎09-372 7854; www.mirovineyard.co.nz; 3 Brown St., Onetangi; Gerichte 19–40 NZ$; ⌚Mi–So Mittagessen, Sa Abendessen) Der Pavillon aus Schmiedeeisen und Glas in einem Mosaikgarten à la Gaudí bildet die Bühne für eine Truppe unterhaltsamer Kellner, die den Gästen bei der Auswahl aus der Speisekarte behilflich sind. Auf der finden sich Tapas, und zwar als *ración* – in größeren Portionen als üblich, die man sich teilen oder als Hauptgericht bestellen kann.

Cable Bay WEINGUT **$$$**
(☎09-372 5889; www.cablebayvineyards.co.nz; 12 Nick Johnstone Dr.; Hauptgerichte 42–45 NZ$; ⌚tgl. Mittagessen, Do–So Abendessen, im Sommer erweitertes Angebot) Das Ambiente des renommierten Restaurants wird von hypermoderner Architektur, Skulpturen und einem herrlichen Panorama bestimmt. Wenn der Geldbeutel für eine Mahlzeit nicht ausreicht, macht es auch Spaß, ausschließlich für eine Weinprobe herzukommen (ab 8 NZ$) oder auf der Terrasse einen kleinen Happen zu essen.

Poderi Crisci ITALIENISCH **$$$**
(☎09-372 2148; www.podericrisci.co.nz; 205 Awaawaroa Rd.; Hauptgerichte 32 NZ$; ⌚Fr–So Mittagessen) Nach dem Non Solo Pizza in der Parnell Road hat dieses italienische Restaurant des in Italien geborenen Wirts mit seinem exzellenten Essen schnell Furore gemacht, und zwar vor allem wegen der vierstündigen Mittagsgelage am Sonntag. Italienische Weine aus nur einer Traubensorte sowie Oliven stehen neben den üblichen Weinsorten im Angebot.

Delight TÜRKISCH **$$**
(☎09-372 9035; www.delightcafe.co.nz; 29 Waikare Rd., Oneroa; Hauptgerichte 14–23 NZ$, Mezze 10–19 NZ$; ⌚ganzjährig tgl. 8–15 Uhr, Nov.–März Fr–So Abendessen) Wer keine Eier Benedict mehr sehen kann, sollte in diesem schicken Café mit Mezze-Bar einmal eine pikante Tagine zum Frühstück probieren. Paninis, Wraps und Salate kommen neben traditionelleren Mezze auf den Tisch, alles ist köstlich zubereitet.

Mudbrick WEINGUT **$$$**
(☎09-372 9050; www.mudbrick.co.nz; 126 Church Bay Rd.; Hauptgerichte 41–49 NZ$; ⌚Mittag- & Abendessen) Von der malerischen Veranda des Mudbrick zeigen sich Auckland und der Golf von ihrer schönsten Seite. Das Weingut bietet auch Führungen und Verkostungen (ab 10 NZ$, 10–17 Uhr) an.

Stefano's PIZZERIA **$$**
(☎09-372 5309; www.stef.co.nz; 18 Hamilton Rd., Surfdale; Hauptgerichte 16–31 NZ$; ⌚Di–So 17.30–21.30 Uhr, im Sommer länger) In diesem Lokal auf Waiheke Island steigt einem unmittelbar ein verführerischer Duft in die Nase. Auf den Tisch kommen Pasta und Pizza vor der Kulisse eines zweifelhaften Wandgemäldes. Mitnehmen kann man die Speisen übrigens auch.

Ostend Market MARKT
(www.ostendmarketwaiheke.co.nz; War Memorial Hall, Belgium St.; ⌚Sa 7.30–13 Uhr) Hier kann man sich mit frischen Lebensmitteln aus der Region eindecken und auch gleich noch Second-Hand-Nippes erstehen.

Ausgehen

Neben den Weingütern gibt es in Oneroa auch Bars sowie Kneipen in Surfdale und Ostend.

Charlie Farley's BAR
(www.charliefarleys.co.nz; 21 The Strand, Onetangi; ⌚8.30 Uhr bis spätabends) Wer einmal ein Glas Wein oder ein Bier aus Waiheke unter den Pohutukawa-Bäumen auf der Terrasse am Strand getrunken hat, versteht sofort, weshalb die Einheimischen von dieser Bar so begeistert sind.

Praktische Informationen

Waiheke Island i-SITE (☎09-372 1234; www.waihekenz.com; 118 Ocean View Rd.; ⌚9–17 Uhr) Neben der überaus hilfreichen Info gibt es auch noch eine – meist unterbesetzte – Zweigstelle im Fährgebäude der Matiatia Wharf.

An- & Weiterreise

Fullers (☎09-367 9111; www.fullers.co.nz; hin & zurück Erw./Kind 35/18 NZ$; ⌚Mo–Fr 5.20–23.45, Sa 6.25–23.45, So 7–21.30 Uhr) Die Passagierfähren fahren häufig von Auckland zur Matiatia Wharf (9 –17 Uhr, jeweils zur vollen Stunde); einige fahren über Devonport.

Sealink (☎09-300 5900; www.sealink.co.nz; Erw./Kind/Auto/Motorrad hin & zurück 30/17/130/48 NZ$; ⌚Mo–Do 4.30–18.30, Fr 4.30–20, Sa & So 6–18.30 Uhr) Betreibt Autofähren zum Kennedy Point, die überwiegend in der Half Moon Bay (Ost-Auckland) ablegen; einige fahren jedoch auch in der Wynyard Wharf in der Stadt ab. Die Fähre verkehrt mindestens alle zwei Stunden und ist 45 Minuten unterwegs (unbedingt reservieren!).

360 Discovery (☎0800 360 3472; www.360discovery.co.nz) Auf der Strecke Auckland – Coromandel Town verkehrt eine 360-Discovery-Touristenfähre mit Zwischenstopp in Orapiu. Der Ort ist allerdings recht entfernt gelegen und wird daher von Bussen nicht angefahren.

Unterwegs vor Ort

Auto, Motorrad & Moped

Fun Rentals (☎09-372 8001; www.funrentals.co.nz; 14a Belgium St., Ostend; Tag Auto/Moped/Geländewagen ab 59/49/59 NZ$) Wer plant, auf der Insel zu übernachten, wird diese Firma praktisch finden, denn sie vermietet den gewünschten fahrbaren Untersatz für 24 Stunden und nicht für einen Kalendertag; der Transfer von der Fähre ist im Preis inbegriffen. Eine Kilometerbegrenzung besteht nicht, bei der Versicherung reduziert sich der Selbstbehalt von 1500 auf 1000 NZ$ bei allen über 25-jährigen Fahrern.

Rent Me Waiheke (☎09-372 3339; www.rentmewaiheke.co.nz; 14 Ocean View Rd., Matiatia; pro Kalendertag Auto/Moped 59/49 NZ$) Keine Kilometerbeschränkung; der Selbstbehalt von 3000 NZ$ reduziert sich bei allen über 25-Jährigen auf 2500 NZ$.

Waiheke Auto Rentals (☎09-372 8998; www.waihekerentals.co.nz; Matiatia Wharf; Kalendertag Auto & Moped ab 59 NZ$, Motorrad & Geländewagen ab 79 NZ$) Der Selbstbehalt von 1500 NZ$ reduziert sich bei allen Fahrern über 25 Jahren auf 1000 NZ$. Für geländegängige Fahrzeuge wird ein Aufschlag von 65 C/km erhoben.

Waiheke Rental Cars (☎09-372 8635; www.waihekerentalcars.co.nz; Matiatia Wharf; Kalendertag Auto/Geländewagen ab 59/79 NZ$) Keine Kilometerbeschränkung; der Selbstbehalt von 3000 NZ$ reduziert sich bei Fahrern über 25 Jahren auf 2500 NZ$.

Bus

Auf der Insel verkehren regelmäßig Busse, die in der Matiatia Wharf abfahren und auf dem Weg zu den wichtigsten Siedlungen auch durch Oneroa (Erw./Kind 1,50/80 C, 5 Min.) kommen; Endstation ist Onetangi (Erw./Kind 4,20/2,40 NZ$, 30 Min.) ganz im Westen; Fahrplan siehe MAXX (☎09-366 6400; www.maxx.co.nz). Ein Tagespass (Erw./Kind 8,20/5 NZ$) ist bei Fullers in der Matiatia Wharf erhältlich.

Fahrrad

Verschiedene Vorschläge für Fahrradtouren unterbreitet die Broschüre *Bike Waiheke!*, die am Bootsanleger und im i-SITE erhältlich ist; es geht über viele Hügel.

Waiheke Bike Hire (☎09-372 7937; Matiatia Wharf) Im Hauptgeschäft unweit des Bootsanlegers und in der i-SITE von Oneroa kann man ein Mountainbike ausleihen (halber/ganzer Tag 25/35 NZ$).

Taxi

Waiheke Independent Taxis (☎0800 300 372)
Waiheke Taxi Co-op (☎09-372 8038)
Waiheke Taxis (☎09-372 3000)

Rotoroa Island

Von 1911 bis 2005 hatten nur Alkoholiker und Drogensüchtige Zugang zu dieser herrlichen, kleinen Insel an der weiter vom Festland entfernt liegenden Seite Waihekes: Sie waren hier unter der Obhut der Heilsarmee zum Entzug verdonnert. 2011 wurde – nach 100 Jahren – die 82 ha große Insel **Rotoroa** (☎0800 76 86 76; www.rotoroa.org.nz; Zugangsgebühr 5 NZ$) dann wieder der Öffentlichkeit zugänglich gemacht. Die Besucher können sich seitdem an den Sandstränden tummeln und sich in den restaurierten Gebäuden des ehemaligen Therapiezentrums eine Ausstellung zur Sozialgeschichte und Kunst ansehen. Außerdem besteht die Möglichkeit, eines von drei gut ausgestatteten Ferienhäusern zu mieten (250–500 NZ$), die sehr nostalgisch wirken.

An- & Weiterreise

360 Discovery (☎0800 360 3472; www.360discovery.co.nz; Erw./Kind ab Auckland 55/30 NZ$, ab Orapiu 21/13 NZ$) Die Fähre ab Auckland mit Zwischenstopp in Orapiu auf Waiheke Island ist 75 Minuten unterwegs. Vom Labour Day bis Ostern verkehren vier Schiffe pro Woche (im Jan. tgl.), in den kühleren Monaten nur zwei pro Woche.

Tiritiri Matangi Island

Auf den magischen 220 ha der raubtierfreien **Insel** (www.tiritirimatangi.org.nz) ist der Tuatara zu Hause, eine Art prähistorische Eidechse. Außerdem gibt es hier viele bedrohte einheimische Vögel wie den extrem seltenen und farbenfrohen Südinsel-Takahe. Zu den sonstigen Vögeln gehören beispielsweise Glocken- und Gelbbandhonigfresser, Sattelvögel (Tieke), Weißköpfchen, Springsittiche (Kakariki), Lappenkrähen (Kokako), Zwergkiwis, Neuseelandenten, Langbeinschnäpper, Farnsteiger und Pinguine. Bislang wurden auf der Insel 78 verschiedene Vogelarten gesichtet. Mit 150 Exemplaren war der Sattelvogel einst fast ausgestorben, während allein auf Tiritiri heute wieder 600 von dieser Spezies leben. Wer in der **DOC-Schlafbaracke** (☎09-425 7812; www.doc.govt.nz; Erw./Kind 30/20 NZ$) übernachtet, erlebt die glutrote Sonnenuntergangssinfonie in ihrer vollen Pracht – eine rechtzeitige Reservierung und ein Platz auf der Fähre vorausgesetzt.

Die Insel wurde 1841 an die englische Krone verkauft, abgeholzt und bis in die 1970er-Jahre hinein landwirtschaftlich genutzt. Seit 1984 haben Hunderte Freiwillige insgesamt 250 000 einheimische Bäume gepflanzt und so die Erholung des Waldes ermöglicht. Am östlichen Inselende steht ein Leuchtturm aus dem Jahr 1864.

An- & Weiterreise

360 Discovery (☎0800 360 3472; www.360discovery.co.nz; hin- & zurück Auckland/Gulf Harbour 66/49 NZ$; ⏲Mi–So) Es besteht die Möglichkeit, mit dem Fährticket eine geführte Wanderung (5 NZ$) zu buchen; die Guides wissen am besten, wo sich die vielen Vögel gerade aufhalten.

Motuora Island

Auf halber Höhe zwischen Tiritiri Matangi und Kawau bietet Motuora Island 80 schädlingsfreie Hektar Land und wird deshalb als „Kiwi-Krippe“ genutzt. An der Westküste der Insel befindet sich ein Bootsanleger, der sich jedoch nur mit dem eigenen Schiff erreichen lässt. Der **DOC-Campingplatz** (☎027-492 8586; www.doc.govt.nz; Erw./Kind 6/3 NZ$) muss im Voraus gebucht werden. Der Zeltplatz bietet Toiletten, kalte Duschen und Wasser. Außerdem wird noch eine Hütte für fünf Personen vermietet (52 NZ$); Bettwäsche und Essen sind mitzubringen.

Kawau Island

300 EW.

Kawau Island liegt 50 km nördlich von Auckland abseits der Halbinsel Mahurangi. Mangels ordentlicher Straßen verlassen sich seine Einwohner hauptsächlich auf Boote. Hauptattraktion ist das **Mansion House** (Erw./Kind 4/2 NZ$; ⏲Mo–Fr 12–14 Uhr) von 1845. Der eindrucksvolle hölzerne Landsitz wurde einst durch Gouverneur George Grey erweitert, der die Insel 1862 erwarb. Die tolle viktorianische Sammlung im Haus umfasst auch ein paar von Greys Privatgegenständen. Ums Haus herum erstreckt sich der original erhaltene Tropengarten. Vom Mansion House aus führen ausgeschilderte Kurzwanderungen (10–120 Min.) zu Stränden, einer alten Kupfermine und einem Aussichtspunkt. Das DOC (www.doc.govt.nz) stellt die Übersichtskarte *Kawau Island Historic Reserve* zum Download bereit.

Schlafen & Essen

Kawau Lodge B&B $$$
(☎09-422 8831; www.kawaulodge.co.nz; North Cove; EZ 160 NZ$, DZ 210–245 NZ$) Das um-

weltbewusste Boutiquehotel hat einen eigenen Bootsanleger und eine umlaufende Terrasse mit schönem Blick. Mahlzeiten (10–60 NZ$) und auch Exkursionen werden auf Wunsch angeboten.

Mansion House Cafe Restaurant
(☎09-422 8903; Mittagessen 12–18 NZ$, Abendessen 18–28 NZ$; ⏲ unterschiedl. Öffnungszeiten) Wer kein Picknick mitgenommen hat, wird sich über dieses malerisch gelegene Speiselokal freuen. Frühstück und Sandwiches gibt es hier den ganzen Tag, abends auch herzhafte Mahlzeiten. Ausschließlich hier bietet sich zudem Gelegenheit, sich mit Brot, Milch, Eis und vorbestellten Zeitungen einzudecken.

An- & Weiterreise

Kawau Water Taxis (☎0800 111 616; www.kawauwatertaxis.co.nz) Es verkehren täglich Fähren von Sandspit nach Kawau (Erw./Kind hin & zurück 50/26 NZ$) sowie Wassertaxis (Mindestpreis 130 NZ$). Die Super Cruise (Erw./Kind 68/30 NZ$, Mittagspicknick 22/11 NZ$) legt um 10.30 Uhr in Sandspit ab, um einmal die ganze Insel zu umrunden – dabei wird auch gleich noch an 75 Stegen die Post abgeliefert.

Great Barrier Island

860 EW.

Bei den Maori heißt die Insel Aotea (Wolke), James Cook nannte sie aufgrund ihrer Lage am Rand des Hauraki Gulfs Great Barrier. Die zerklüftete, unglaublich schöne Insel ist nach South-, North- und Stewart Island die viertgrößte Insel Neuseelands (285 km²). Sie erinnert stark an die Halbinsel Coromandel, mit der sie einst verbunden war; und wie Coromandel war sie früher ein Zentrum des Bergbaus, der Holzindustrie und des Walfangs. Diese Industrien gibt es jedoch längst nicht mehr. Heute sind zwei Drittel der Insel in Staatsbesitz und werden vom DOC verwaltet.

Auf der Insel findet man unberührte Strände, Thermalquellen, alte Kauridämme, ein Waldschutzgebiet und ein Netz von Wanderwegen. Da hier keine Possums ihr Unwesen treiben, ist die natürliche Vegetation sehr üppig.

Obwohl nur 88 km von Auckland entfernt, wirkt die Great Barrier Island, als ob sie unendlich weit weg sei. Hier gibt es weder Supermärkte noch Stromversorgung (nur private Generatoren, Solar- und Windanlagen) oder Kanalisation (nur Desinfektionstanks). Viele Straßen sind unbefestigt und die Benzinpreise verursachen bei Sparfüchsen wahre Schreikrämpfe. Der Handyempfang ist sehr eingeschränkt, Banken, Geldautomaten oder Straßenbeleuchtung sucht man vergeblich.

Hauptsaison ist von Mitte Dezember bis Mitte Januar, daher Transport, Unterkünfte und Aktivitäten frühzeitig buchen.

Die größte Siedlung **Tryphena** liegt 4 km von der Anlegestelle an der Shoal Bay entfernt. Sie verteilt sich auf mehrere Kilometer Küstenstraße und besteht aus ein paar Dutzend Häusern und einer Handvoll Läden und Unterkünfte. Von den Landungsbrücken sind es 3 km nach Mulberry Grove, von dort aus ist es nochmals 1 km über die Landzunge zum Pa Beach und zum Stonewall Store.

Der Flughafen befindet sich in **Claris**, einer kleinen Siedlung 12 km nördlich von Tryphena. Hier gibt es Gemischtwaren- und Getränkeläden, eine Wäscherei und eine Kfz-Werkstatt, eine Apotheke und ein Café.

Whangaparapara ist eine alte Holzfällerstadt, die im 19. Jh. das Zentrum der Walfangindustrie auf der Insel war. Der zweite Haupthafen namens **Port Fitzroy** liegt eine Stunde Autofahrt von Tryphena entfernt an der Westküste. In diesen vier Hauptsiedlungen bekommt man Benzin und Diesel.

Aktivitäten

Wassersport

Die Strände an der Westküste gelten als sicher, an der Ostküste ist aufgrund der starken Brandung allerdings Vorsicht geboten. Der weitläufige **Medlands Beach** mit seinem weißen Sand zählt zu den schönsten und am problemlosesten zugänglichen Stränden der Insel. Der entlegene **Whangapoua** im Nordosten ist hingegen mühsamer zu erreichen. **Kaitoke, Awana Bay** und **Harataonga** an der Ostküste lohnen ebenfalls einen Besuch.

Okiwi Bar kann mit einem tollen Right-Hand-Break aufwarten, Awana sogar mit einem Left- und einem Right-Hand-Break. Die hübschen Buchten um Tryphena liegen im Schatten von Pohutukawa-Bäumen.

Die Bedingungen zum Tauchen sind auf Great Barrier Island sehr gut: Auf die Taucher warten Schiffswracks, Felsspitzen und jede Menge Fische – und das bei einer Sicht von über 33 m (die sicht ist je nach Jahreszeit wechselnd).

Hooked on Barrier TAUCHEN, FISCHEN
(☎09-429 0740; www.hookedonbarrier.co.nz; 89 Hector-Sanderson Rd.; Halb-/Ganztags-Charter 700/1200 NZ$) Hooked on Barrier verleiht Tauch-, Schnorchel-, Angel-, Surf- und Kajakausrüstung und veranstaltet spannende Bootsausflüge zum Fischen, Tauchen und Sightseeing.

Mountainbiken

Die wilde Landschaft und der relativ geringe Verkehr machen Touren mit dem Mountainbike zu einer beliebten Freizeitbeschäftigung auf Great Barrier Island. Schön ist ein ausgewiesener, 25 km langer Radweg. Ausgangspunkt ist die Blind Bay Road in Okupu. Dann schlängelt sich der Weg unterhalb der Klippen von Ahumata dahin, bis er die Whangaparapara Road quert und es 15 km lang über die Forest Road durch den Wald nach Port Fitzroy geht. Das Befahren von DOC-Wanderwegen ist verboten.

Wandern

Die überaus beliebten Wanderwege der Insel sind im kostenlosen DOC-Büchlein *Great Barrier Island (Aotea Island)* zusammengestellt. Vor jeder Tour sollte man sich vergewissern, dass auch ausreichend Wasser und Verpflegung in den Rucksack gepackt sind. Für Sonne, aber auch Regen sollte man kleidungsmäßig gerüstet sein.

Die beliebteste – einfache – Wanderung ist der **Kaitoke Hot Springs Track.** Er beginnt in der Whangaparapara Road und führt in 45 Minuten zu natürlichen heißen Quellen (Wassertemperatur prüfen und nicht mit dem Kopf untertauchen!) an einem Bach im Busch.

Der **Windy Canyon,** nur 15 Minuten zu Fuß von der Aotea Road entfernt, beeindruckt mit bizarre Felsformationen und einem sagenhaften Blick über die Insel. Vom Windy Canyon führt ein hervorragender Pfad in rund zwei bis drei Stunden weiter durch den Busch nach Hirakimata (Mt. Hobson, 621 m), dem höchsten Punkt der Insel mit einem super Ausblick auf den Hauraki Gulf und Coromandel. Unweit vom Gipfel erstreckt sich ein üppiger Wald mit ein paar alten Kauri-Kiefern, die den Holzeinschlag überlebt haben. Von Hirakimata sind es 40 Minuten Richtung Süden zur Mt.-Heale-Hütte oder zwei Stunden in Richtung Westen durch Wälder und vorbei an einem Transportweg für Kauri-Kiefern zur Kaiaraara-Hütte; von dort braucht man noch weitere 45 Minuten nach Port Fitzroy.

Eine anspruchsvollere Tour ist der hügelige **Tramline Track** (5 Std.). Er beginnt an der Aotea Road und folgt einem alten Baumtransportweg bis zum Whangaparapara Harbour. Am Anfang führt der Weg querfeldein; der Boden kann nach Regenfällen stellenweise rutschig werden.

Etwa die gleiche Länge (11 km) hat der ebenere und einfachere **Harataonga Coastal Walk** (5 Std.) von der Harataonga Bay nach Whangapoua.

Viele weitere Wanderwege mit Gehzeiten zwischen 30 Minuten und fünf Stunden führen durch den Wald. Der **Aotea Track** kombiniert Teilstrecken der hier vorgestellten Wanderwege zu einer Drei-Tagestour; übernachtet wird in den genannten Hütten.

Einzelheiten zu den Shuttlebussen zu/von den Ausgangspunkten der Wanderwege siehe „Unterwegs vor Ort“ im Abschnitt „Great Barrier Island“.

Schlafen

Wer nicht zelten will, muss für eine Übernachtung auf Great Barrier Island tiefer in die Tasche greifen als anderswo – und zwar in jeder Unterkunftskategorie. In der Nebensaison fallen die Preise allerdings erheblich. **Island Accommodation** (☎09-429 0995; www.islandaccommodation.co.nz) bietet einen Buchungsservice. Er ist besonders praktisch für Leute, die für einen längeren Aufenthalt ein Haus mit Selbstversorgung suchen.

Aotea Lodge APARTMENT $$
(☎09-429 0628; www.aotealodge.com; 41 Medland Rd.; Wohneinheiten 120–210 NZ$) Ein gepflegter, sonniger Garten umgibt diese preislich akzeptablen Wohneinheiten auf einem Hügel über Tryphena. Das Angebot reicht von Häusern mit zwei Schlafzimmern bis hin zu einer ungewöhnlichen Wohneinheit im Zwischengeschoss mit Unmengen Stockbetten, aber mit jeweils eigener Kochgelegenheit.

Shoal Bay Lodge APARTMENT $$
(☎09-429 0890; www.shoalbaylodge.co.nz; 145 Shoal Bay Rd.; Apt. 150–240 NZ$) Die komfortablen Apartments für Selbstversorger liegen versteckt zwischen Bäumen und haben Meerblick – überall hört man das Zwitschern der Vögel. Betrieben werden sie mit Sonnenenergie und geputzt mit umweltfreundlichen Reinigungsmitteln. Am schönsten ist die Lodge mit drei Schlafzimmern und einer Terrasse, auf der sich wunderbar der Sonnenuntergang beobachten lässt.

Great Barrier Island

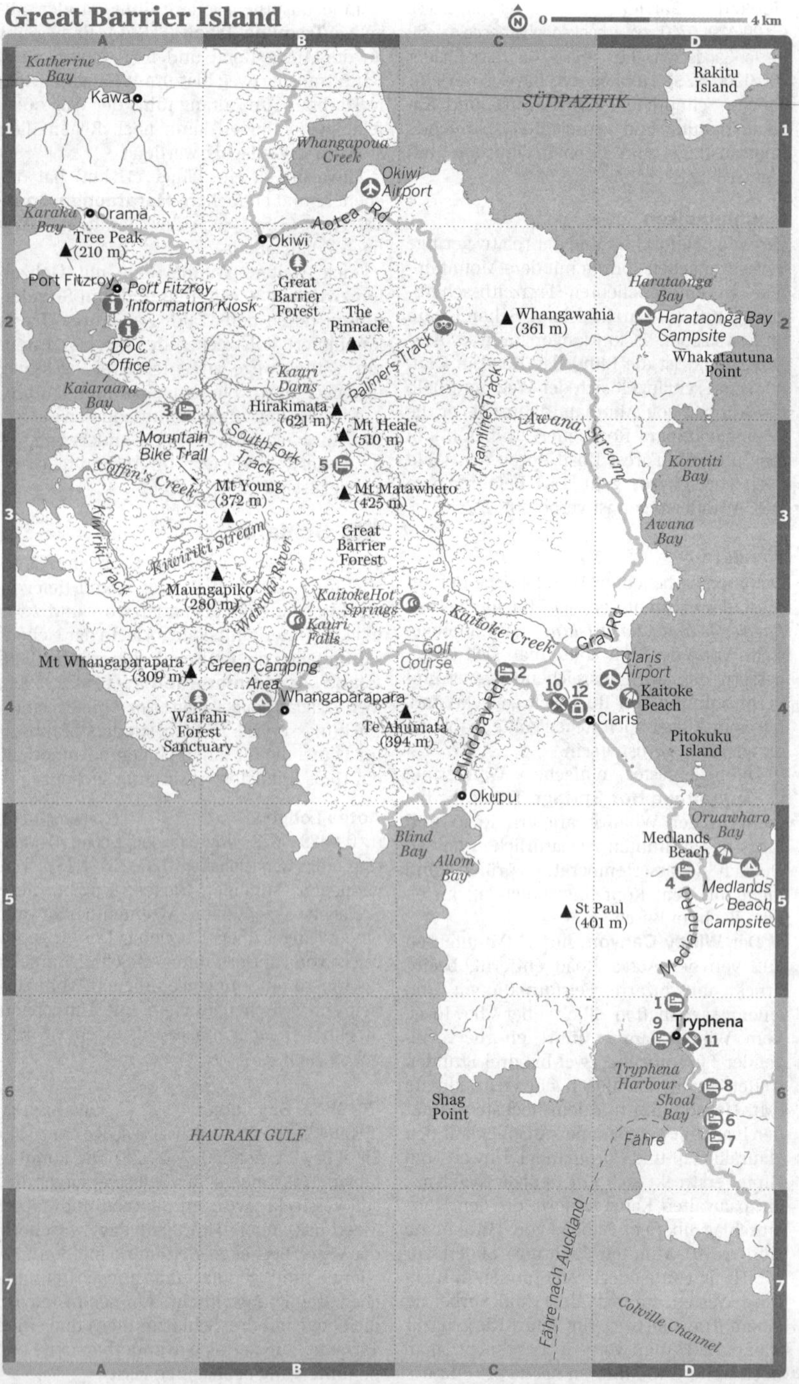

Great Barrier Island

Aktivitäten, Kurse & Touren

Hooked on Barrier ....(siehe 12)

Schlafen

1 Aotea Lodge D6
2 Crossroads Lodge C4
3 Kaiaraara Hut A2
4 Medlands Beach Backpackers & Villas D5
5 Mt Heale Hut B3
6 Pigeons Lodge D6
7 Shoal Bay Lodge D6
8 Sunset Waterfront Lodge D6
9 Tipi & Bob's Waterfront Lodge D6

Essen

10 Claris Texas C4
Currach Irish Pub .... (siehe 11)
Tipi & Bob's Waterfront Lodge (siehe 9)
11 Wild Rose D6

Shoppen

12 Aotea Community Art Gallery C4

Sunset Waterfront Lodge MOTEL $$$
(☎09-429 0051; www.sunsetlodge.co.nz; Mulberry Grove; Apt. 195–300 NZ$) Von den attraktiven Studio-Wohneinheiten genießen die Gäste einen schönen Blick über den Rasen zum Meer; ein interessantes Wohnerlebnis bieten auch die beiden Schlafzimmer ganz oben in den Hütten mit Spitzdach. Ein kleiner Laden und ein Café nebenan sind ebenfalls vorhanden.

Pigeons Lodge APARTMENT $$
(☎09-429 0437; www.pigeonslodge.co.nz; 179 Shoal Bay Rd.; Apt. 135 NZ$) Südlich von Tryphena über dem Meer bietet das Pigeons zwei Wohneinheiten für Selbstversorger am oberen Ende der Zufahrt mit einer gemeinsamen Terrasse samt Grillplatz. Die Besitzer haben zwei Berufe und arbeiten auch als Immobilienmakler – sehr praktisch, falls sich jemand in die Insel verliebt und gern für immer bleiben möchte.

Medlands Beach Backpackers & Villas HOSTEL $
(☎09-429 0320; www.medlandsbeach.com; 9 Mason Rd.; B 35 NZ$, DZ/Wohneinheiten ab 70/120 NZ$) In dem Hostel mit Garten auf einem Hügel und Blick auf den herrlichen Medlands Beach können sich die Gäste so richtig entspannen. Das Areal für Backpacker ist einfach; eine kleine Doppelhütte ist das Richtige für romantische Sparfüchse, sie liegt etwas abseits von den restlichen Gebäuden. In den Häusern für Selbstversorger können bis zu sechs Personen nächtigen.

Tipi & Bob's Waterfront Lodge MOTEL $$$
(☎09-429 0550; www.waterfrontlodge.co.nz; 38 Puriri Bay Rd.; Wohneinheiten 195–350 NZ$) Westlich von Tryphena bieten die schicken, aber überteuerten Wohneinheiten im Motelstil teilweise einen herrlichen Meerblick. Die Besitzer sind überaus hilfsbereit. Zum Komplex gehören ein Restaurant und eine Bar.

Crossroads Lodge HOSTEL $
(☎09-429 0889; www.xroadslodge.com; 1 Blind Bay Rd.; B/EZ/DZ 30/50/75 NZ$; @) Die bescheidene Backpacker-Unterkunft liegt 2 km vom kleinen Flughafen entfernt unweit vom Wald und den heißen Quellen. Die Gäste können Mountainbikes oder Golfschläger ausleihen, um dann auf dem 9-Loch-Platz in der Nähe eine Runde zu spielen.

Kaiaraara & Mt Heale Huts HÜTTE $
(www.doc.govt.nz; B Erw./Kind 15/5 NZ$) In diesen DOC-Hütten im Great Barrier Forest stehen Stockbetten, es gibt fließendes kaltes Wasser, chemische Toiletten und eine Küche mit Essbereich. Die Gäste müssen einen Schlafsack und Kochutensilien mitbringen und über das Internet buchen. In der Mt. Heale Hut können 20 Personen übernachten; sie ist mit einem Gaskocher bestückt. In der Kaiaraara Hut kommen 28 Personen unter; Gaskocher gibt es dort keinen.

DOC Campsites CAMPINGPLATZ $
(☎09-379 6476; www.doc.govt.nz; Zeltplatz Erw./Kind 10/5 NZ$) Die Campingplätze befinden sich in der Harataonga Bay, am Medlands Beach, in der Akapoua Bay, in Whangapoua, in The Green (Whangaparapara) sowie in der Awana Bay. Alle verfügen über einfache Einrichtungen, darunter Wasser, kalte Duschen (in The Green gibt es keine), Toiletten und einen Unterstand, in dem das Essen zubereitet wird. Die Gäste müssen allerdings einen Gaskocher mitbringen, denn es ist verboten, Feuer zu machen. Im Voraus online buchen, denn die Campingplätze haben keinerlei Personal.

Essen & Trinken

Im Sommer haben die meisten Lokale täglich geöffnet, im übrigen Jahr häufig nur sporadisch. Ein monatlich aktualisierter Führer, der unter www.thebarrier.co.nz im Internet steht, verrät, was wann offen hat.

Wer abends zum Essen gehen möchte, sollte im Restaurant seiner Wahl trotzdem vorsichtshalber einmal anrufen.

Selbstversorger finden kleinere Läden in Tryphena, Claris, Whangaparapara und Port Fitzroy.

Wild Rose CAFÉ $
(☎09-429 0905; Blackwell Dr.; Hauptgerichte 5–18 NZ$; ⏲8.30–16 Uhr) Das Wild Rose verkörpert die Kaffeehauskultur Aucklands auf der Insel am besten; es werden allerdings auch einige Zugeständnisse ans Publikum in Form von Toasts und Burgern gemacht. Nach Möglichkeit werden die Speisen mit einheimischen Bio- und Freilandprodukten zubereitet.

Claris Texas CAFÉ $
(129 Hector Sanderson Rd.; Hauptgerichte 5–13 NZ$; ⏲8–16 Uhr; @📶) Das Lokal erfüllt die Erwartungen, die der kuriose Name weckt, leider nicht, ist aber dennoch der beste „Lückenfüller" in Sachen englisches Frühstück, Nachos, Salate und Pasteten auf der Insel.

Tipi & Bob's Waterfront Lodge RESTAURANT $$$
(☎09-429 0550; www.waterfrontlodge.co.nz; 38 Puriri Bay Rd.; Hauptgerichte 32–33 NZ$; ⏲Frühstück & Abendessen) Auf den Tisch kommen einfache, aber leckere Mahlzeiten – in recht großen Portionen. Das beliebte Restaurant hat zudem eine einladende Terrasse, von der sich ein netter Ausblick auf den Hafen bietet. Die Speisekarte mit ihren Angeboten in der Bar ist preiswerter.

Currach Irish Pub PUB $$
(☎09-429 0211; Blackwell Dr.; Hauptgerichte 14–28 NZ$; ⏲ab 16 Uhr) Auf der oft wechselnden Speisekarte des lebhaften, kinderfreundlichen Pubs stehen Meeresfrüchte, Steaks und Burger, außerdem fungiert das Lokal als geselliger Treffpunkt der Insel. Bei den Jam-Sessions kommen die Gäste am einfachsten mit den Einheimischen in Kontakt.

Shoppen

Aotea Community Art Gallery KUNST & KUNSTHANDWERK
(80 Hector Sanderson Rd.; ⏲10.30–15.30 Uhr) Der erlesene Vorzeigeladen der Künstlergemeinde der Insel verkauft so ziemlich alles – von Gemälden bis hin zu handgemachter Seife, Babystiefelchen und die hl. Jungfrau Maria als Kreuzsticharbeit.

Praktische Informationen

Im Büro von GBI Rent-A-Car in Claris befindet sich ein Infostand. Im Claris Texas Café gibt es einen Internetzugang.

DOC Büro (☎09-429 0044; www.doc.govt.nz; ⏲Mo–Fr 8–16.30 Uhr) Einfach vorbeischauen, um sich mit Broschüren und Landkarten einzudecken, den aktuellen Wetterbericht zu erfahren und sich vor längeren Wanderungen in ein Buch einzutragen.

Great Barrier Island i-SITE (www.greatbarriernz.com; Claris Airport; ⏲Mo, Mi & Fr 11–12, Sa 8–14.30 Uhr, im Sommer länger) Hier gibt es allerlei Broschüren, darunter die Eigenveröffentlichung *Great Barrier Island* mit vielen nützlichen Informationen und einer praktischen Landkarte.

Port Fitzroy Information Kiosk (☎09-429 0848; www.thebarrier.co.nz; ⏲Mo–Sa 9.3–15 Uhr) Privater Infokiosk, der den *Great Barrier Island Visitor Information Guide* herausgibt.

An- & Weiterreise

Flugzeug

Fly My Sky (☎09-256 7026; www.flymysky.co.nz; einfach Erw./Kind 104/79 NZ$) Fliegt mindestens dreimal täglich ab Auckland. Wer sonntags oder freitags auf die Insel fliegt, kommt in den Genuss einer Tarifermäßigung (76 NZ$), außerdem ist ein Sonderpreis für die Hin- und Rückfahrt erhältlich, wenn eine Strecke mit dem Flugzeug und die andere per Fähre zurückgelegt wird (Erw./Kind 179/159 NZ$).

Great Barrier Airlines (☎09-275 9120; www.greatbarrierairlines.co.nz; einfach Standard/Advance 124/99 NZ$) Die halbstündigen Flüge nach Claris starten am Auckland Domestic Airport (mind. 2-mal tgl.) und am North Shore Aerodrome (mind. 1-mal tgl.). Im Sommer wird auch Okiwi angeflogen, außerdem bei Bedarf Whangarei und Whitianga.

Sunair (☎0800 786 847; www.sunair.co.nz; einfach 160 NZ$) Fliegt zweimal täglich ab Whitianga.

Schiff

Fullers (☎09-367 9111; www.fullers.co.nz; Erw./Kind einfach 75/45 NZ$) Die Reederei bietet von Mitte Dezember bis Ende Januar sowie am langen Osterwochenende die absolut schnellsten Verbindungen (2½ Std.) vom Fährgebäude in Auckland zur Shoal Bay und zum Port Fitzroy.

Sealink (☎09-300 5900; www.sealink.co.nz; hin & zurück Erw./Kind/Auto/Motorrad 120/79/370/100 NZ$) Der wichtigste Anbieter betreibt Autofähren von der Wynyard Wharf in Auckland zur Shoal Bay in Tryphena (6 Std.); sie verkehren an drei bis fünf Tagen pro Woche.

Unterwegs vor Ort

Die meisten Straßen sind schmal und kurvenreich, kleinere Mietwagen können die unbefestigten Teilstrecken aber problemlos befahren. Viele Unterkünfte holen ihre Gäste nach vorheriger Vereinbarung am Flughafen oder am Fähranleger ab.

Aotea Car Rentals (☎0800 426 832; www.aoteacarrentals.co.nz; Mulberry Grove) Verleiht Autos (ab 60 NZ$), Geländewagen (ab 75 NZ$) und Vans (ab 99 NZ$). Die Kunden können die Shuttlebusse von Great Barrier Travel kostenlos benutzen.

GBI Rent-A-Car (☎09-429 0062; www.greatbarrierisland.co.nz; 67 Hector Sanderson Rd.) Um es vorwegzunehmen: Der Fuhrpark ist ein bisschen ramponiert. Ein Mietauto ist ab 55 NZ$ erhältlich, ein Geländewagen ab 85 NZ$ pro Tag. Das Unternehmen unterhält auch einen Shuttledienst auf den Strecken Claris – Tryphena (20 NZ$), Medlands (15 NZ$), Whangaparapara (20 NZ$) und Port Fitzroy (30 NZ$, Min. 4 Fahrgäste) sowie Shuttles für Wanderer. Einzelreisende bezahlen eine Grundgebühr von 5 NZ$ (telefonisch buchen).

Great Barrier Travel (☎09-429 0474; www.greatbarriertravel.co.nz; Tickets ab 10 NZ$) Bietet Shuttles auf der Strecke Tryphena – Claris (mit Anschluss zu allen Fliegern und Fähren), einen Shuttle von Claris nach Port Fitzroy sowie den Transport zu/von den Wanderwegen. Vorher unbedingt anrufen, um die genauen Fahrzeiten abzuklären und die entsprechende Fahrt zu buchen.

WESTLICH VON AUCKLAND

Das Gebiet westlich der Stadt Auckland ist der Inbegriff von rauer Natur: wilde Strände mit schwarzem Sand, von Gestrüpp durchzogene Gebirgsketten und „Westies" mit Vokuhila und schwarzen T-Shirts. Sie stellen aber nur eines der Klischees dar, die es von den Einwohnern dieser Gegend gibt. Andere sind die Hippies, die zurück zur Natur möchten, die exzentrischen, unkonventionellen Künstler und die kiffenden Surfertypen. Das eine haben sie alle gemeinsam: Sie bevorzugen ein einfaches Leben am Rand der Wildnis.

Zu dieser bunten Mischung kommen noch die kroatischen Immigranten hinzu, denen die fruchtbaren Felder am Fuß der Waitakere Ranges den Spitznamen „Dallie Valley" verdanken (nach der dalmatinischen Küste, wo die meisten herkommen). Diese Pionierfamilien pflanzten erste Rebstöcke und erzeugten eigenen Wein, womit sie einen der größten Industriezweige Neuseelands schufen.

Titirangi

3200 EW.

Das kleine Dorf markiert das Ende der Vororte von Auckland und ist ein guter Ort, um bei einem Milchkaffee, einem guten Wein oder einem kühlen Bier alle oben genannten Klischees zu begutachten. Hier lebte einst Neuseelands größter moderner Maler Colin McCahon, und das Dorf verbreitet immer noch eine künstlerische Atmosphäre. Titirangi bedeutet „Himmelsrand" – ein wahrlich geeigneter Name für das Tor zu den Waitakere Ranges. Oder für einen Friseursalon ... Hier hat man die letzte Möglichkeit zum Tanken und zum Geldabheben auf dem Weg nach Westen.

Sehenswertes

McCahon House MUSEUM
(www.mccahonhouse.org.nz; 67 Otitori Bay Rd.; Eintritt 5 NZ$; ⏲Mi, Sa & So 10–14 Uhr) Es ist ein Zeichen von Wertschätzung, die Colin McCahon entgegengebracht wird: In diesem Haus, das als Mini-Museum der Öffentlichkeit zugänglich gemacht wurde, lebte und malte der Künstler in den 1950er-Jahren. Im schicken modernen Gebäude nebenan wohnt ein Künstler, der das Glück hatte, die McCahon Arts Residency zu gewinnen: Er kann sich hier ein Jahr lang ungestört seinem Schaffen widmen. Wie man hinkommt? Einfach kurz vor dem Dorf Titirangi nach dem Wegweiser in der Park Road Ausschau halten.

GRATIS **Lopdell House Gallery** GALERIE
(www.lopdell.org.nz; 418 Titirangi Rd.; ⏲10–16.30 Uhr) Die hervorragende Galerie für moderne Kunst befindet sich im ehemaligen Hotel Titirangi (1930) am Dorfrand; zur Galerie gehören ein Theater und eine italienische Backstube.

Schlafen & Essen

Fringe of Heaven B&B $$$
(☎09-817 8682; www.fringeofheaven.com; 4 Otitori Bay Rd.; Zi. 225–265 NZ$) Das von Frank Lloyd Wright inspirierte Haus mitten im Busch bietet einen sagenhaften Blick über den Manukau Harbour, ein Bad unter freiem Himmel, Glühwürmchen im Garten und einen wahren Chor an Vogelgezwitscher

– und das alles gerade einmal 20 Minuten vom Ortszentrum entfernt.

Hardware Cafe CAFÉ $$
(404 Titirangi Rd.; Brunch 10–18 NZ$, Abendessen 22–28 NZ$; ⌚So–Di 6–16.30, Mi–Sa 6 Uhr bis spätabends) Das beliebte Café mit einer Schanklizenz eignet sich bestens, um Westies (Bewohner von Waitakere) zu beobachten. Auf den Tisch des Hauses kommt ein hervorragendes englisches Frühstück in vielerlei Varianten zu einem akzeptablen Preis, aber auch Mittagessen und eine verlockende Auswahl an Snacks von der Bar. Die reichhaltigeren Abendmahlzeiten kosten ab etwa 22 NZ$.

Waitakere Ranges

Diese 160 km² große Wildnis war bis Mitte des 19. Jhs. mit Kauribäumen bewachsen, bis die meisten dieser Riesen der Holzindustrie zum Opfer fielen. Einige Gruppen von Kauri- und anderen einheimischen Bäumen konnten im dichten Buschwerk des sich wieder erholenden Regenwaldes allerdings überleben, der mittlerweile im Waitakere Ranges Regional Park geschützt ist. Die raue Natur des Parks wird im Westen von den wunderschön wilden Stränden der Tasmansee begrenzt und ist ein ausgezeichnetes Ziel für einen lohnenswerten Tagesausflug von Auckland aus.

Sehenswertes & Aktivitäten

Arataki BESUCHERZENZRUM
(☎09-817 0077; www.arc.govt.nz; Scenic Dr.; ⌚9–17 Uhr) Das beeindruckende, kinderfreundliche Zentrum bietet nicht nur Informationen zu den insgesamt 250 km langen Wanderwegen des Parks, sondern auch zu wunderschönen Maori-Schnitzereien. Wegen des herrlichen Panoramas ist das Zentrum an sich schon einen Besuch wert. Die Schnitzereien, die den Besucher am Eingang begrüßen, zeigen die Vorfahren des Kawerau-Stammes *(iwi)*.

Es können hier auch einfache Zeltplätze (Erw./Kind 5/3 NZ$) im Park gebucht werden – Toiletten sind vorhanden, aber das war es dann auch schon so ziemlich an Infrastruktur.

Auf einem 1,6 km langen Naturpfad gegenüber vom Besucherzentrum bekommen die Besucher viele mit Infoschildchen versehene einheimische Pflanzen zu sehen, darunter auch alte Kauri-Kiefern.

Hillary Trail & andere Wanderwege TREKKEN
(www.arc.govt.nz/hillarytrail) Das Arataki Vistor Centre ist Ausgangspunkt dieses 70 km langen Wanderwegs, der im Jahr 2010 zu Ehren des berühmtesten Neuseeländers und Everest-Bezwingers Sir Edmund Hillary angelegt wurde. Er kann in mehreren Etappen begangen werden oder im Rahmen einer viertägigen Wanderung mit Übernachtung auf den Campingplätzen. Die Wanderer marschieren zuerst zur Küste bei Huia und klappern dann sämtliche Westie-Kultstrände ab: Whatipu, Karekare, Piha und – der Lieblingsstrand von Sir Ed – den entlegenen Anawhata Beach. Ab dort besteht die alternative Möglichkeit, die Küste hinauf durch Te Henga nach Muriwai zu wandern oder durch den Busch ins Cascades-Kauri-Gebiet zu marschieren, wo dann der Bahnhof Swanson wartet.

Weitere lohnende Wanderungen im Park sind der **Kitekite Track** (1,8 km, 30 Min., einfach), der **Fairy Falls Track** (5,6 km, 2½ Std., Rundweg) und der **Auckland City Walk** (1,5 km, 1 Std., Rundweg).

Rain Forest Express SCHMALSPURBAHN
(☎09-302 8028; www.watercare.co.nz; 280 Scenic Dr.; 2,5 Std. Fahrt Erw./Kind 25/12 NZ$) Abfahrt ist im Jacobsons' Depot, dann geht es auf einem alten Holztransportweg durch mehrere Tunnel tief in den Busch hinein. Die Fahrt muss lang im Voraus gebucht werden, die genauen Abfahrtszeiten verrät die Website. Weniger regelmäßig finden die 3½ Stunden langen Fahrten in der Dämmerung (Erw./Kind 28/14 NZ$) statt, bei denen die Teilnehmer einen Blick auf Glühwürmchen und Langfühlerschnecken werfen können.

Waitakere Tramline Society SCHMALSPURBAHN
(☎09-818 4946; www.waitakeretramline.org.nz; Erw./Kind 15/5 NZ$) Jeden Sonntag steht ein malerischer Ausflug auf dem Programm, der durch einen Tunnel mit Glühwürmchen zu den Waitakere Falls und einem Stausee führt. Die Exkursionen beginnen am Ende der Christian Road, sie verläuft südlich vom Bahnhof Swanson.

AWOL Canyoning Adventures CANYONING
(☎09-834 0501; www.awoladventures.co.nz; ⌚halber/ganzer Tag 145/175 NZ$) Die Firma bietet jede Menge glitschige, feuchte Vergnügungen im Piha Canyon, darunter Ausflüge bei Nacht im Schein von Glühwürmchen (165 NZ$); der Transfer ab Auckland ist im Preis inbegriffen.

Canyonz CANYONING
(☎0800 422 696; www.canyonz.co.nz; Ausflüge 195 NZ$) Veranstaltet ab Auckland Canyoning-Ausflüge zum Blue Canyon mit 18 Wasserfällen, die zwischen 2 und 25 m hoch sind.

Karekare

Nur wenige Sandstreifen haben mehr Charakter als Karekare. Wer anfällig ist für metaphysische Grübeleien, wird unweigerlich auf Beschreibungen wie „spirituell" und „nachdenklich" zurückgreifen. Wahrscheinlich hat die Geschichte hier einen Abdruck hinterlassen: 1825 gab es an diesem Ort ein unbarmherziges Massaker durch Eindringlinge der Ngapuhi an dem einheimischen Kawerau-*iwi*. Der berühmte Strand ist wild und traumhaft unerschlossen und diente schon als Drehort sowohl für hochintellektuelle als auch für wenig anspruchsvolle Filme – vom Oscar-Gewinner *Das Piano* bis hin zu *Xena, die Kriegerprinzessin*. Auf dem schnellsten Weg, der vom Parkplatz zum schwarzsandigen Strand führt, geht es durch einen Bach. Karekare zählt zu den gefährlichsten Stränden des Landes, es gibt eine starke Unterströmung, die völlig unvorhersehbar ihre Richtung ändert. Man darf also nicht mal daran denken, hier zu schwimmen, außer wenn der Strand von Rettungsschwimmern bewacht wird (normalerweise aber nur im Sommer). Eddie Vedder, der Sänger von Pearl Jam, ertrank hier beinahe, als er die Hütte von Neil Finn in Karekare besuchte.

Folgt man der Straße über die Brücke und läuft 100 m weit die Lone Kauri Road hinauf, gelangt man zu einem kurzen Weg, der zu den hübschen **Karekare Falls** führt. An diesem grünen Picknickplatz beginnen verschiedene Wanderwege.

In Karekare gibt es keine erwähnenswerten Läden und keine öffentlichen Verkehrsmittel. Um hierherzukommen, nimmt man den Scenic Drive und die Piha Rd, bis man an die gut beschilderte Abzweigung zur Karekare Road kommt.

Piha

Sieht man einen Surfertypen aus Auckland, dessen Blick in die Ferne schweift, träumt er wahrscheinlich gerade von Piha ... Dieser wunderschön schroffe Strand mit Quarzsand war lange Zeit sehr beliebt bei allen, die dem Stress der Großstadt entfliehen wollten – entweder auf einem Tagesausflug, einer Teenie-Wochenendpartys oder beim gemütlichen Familienurlaub.

Trotz seiner Beliebtheit ist Piha auch unglaublich gefährlich. Die wilde Brandung und die starke Unterströmung führten sogar zu einer populären eigenen Reality Show namens *Piha Rescue*. Wer nicht aus Versehen darin mitspielen will, sollte immer zwischen den Fahnen schwimmen. Dort können einem die Rettungsschwimmer helfen, wenn man in Schwierigkeiten kommt.

Piha ist zwar größer und dichter bevölkert als Karekare, aber trotzdem gibt es auch hier keinen Supermarkt, keine Bank und keine Tankstelle. Allerdings steht Besuchern ein kleiner Kramladen zur Verfügung, der auch als Café, Takeaway und Post dient.

Sehenswertes & Aktivitäten

Wenn man die Piha Road hinunterfährt, ist der Blick auf die Küste spektakulär. In der Nähe der Strandmitte steht der **Lion Rock** (101 m), dessen „Mähne" in der Abendsonne golden glänzt. Der Fels ist eigentlich der ausgewaschene Kern eines alten Vulkans und war ein *pa* der Maori. Ein Pfad am südlichen Ende des Strandes führt zu einigen großartigen Aussichtspunkten. Bei Ebbe kann man in südlicher Richtung am Strand entlanglaufen und der Brandung zusehen, wie sie durch eine Schlucht auf einen weiteren großen Felsen mit dem Namen **Camel** zuschießt. Noch ein bisschen weiter weg krachen die Wellen durch den **Gap** und verflachen sich zu einem sicheren Schwimmbecken. Am nördlichen Ende des Strandes nistet eine kleine Kolonie von Zwergpinguinen.

Surfboards kann man im Piha Store und im Piha Surf Shop leihen; Einzelheiten siehe Abschnitt „Shoppen".

Schlafen & Essen

LP TIPP **Piha Beachstay – Jandal Palace** HOSTEL $
(☎09-812 8381; www.pihabeachstay.co.nz; 38 Glenesk Rd.; B 33 NZ$, Zi. 86–120 NZ$; @☎) Das Hostel ist so attraktiv und umweltfreundlich wie der Typ von der Wasserwacht, der es betreibt. Die Lodge aus Holz und Glas bietet sehr schicke Einrichtungen und liegt 1 km vom Strand entfernt. Am unteren Ende des Grundstücks plätschert ein Bach, in der Nähe führen Pfade durch den Busch. Im Winter sorgt ein offenes Kaminfeuer im großen Aufenthaltsraum für Wärme.

GEHEIMTIPP

HILLARY TRAIL *PETER HILLARY*

Meine Familie liebte schon immer die wilde Westküste von Auckland, wo das Tasmanische Meer an schwarze Sandstrände tost und sich schwarze Mantelmöven in der Westströmung tummeln. Meine Familie lebt hier bereits seit fast einem Jahrhundert und erkundet diese Gegend; als meine Mutter und meine Schwester 1975 ums Leben kamen, trafen wir uns hier, um zu trauern. Die belebende salzhaltige Luft und der herrliche Blick auf das unberührte Tasmanische Meer waren Balsam für die traurige Seele. Mein Vater kam immer her, um seinen Träumen nachzuhängen und sich dann für die Herausforderung einer neuen Expedition zu rüsten. Die Natur schien für jemand wie ihn wie geschaffen zu sein: keine langweilige Küste, sondern Spannung pur: riesige Klippen, tosende Wellen, dichter Busch und ein schier atemberaubend weit entfernter Horizont.

Peter Hillary, Bergsteiger & Abenteurer

Black Sands Lodge APARTMENT $$
(☎021 969 924; www.pihabeach.co.nz/Black-Sands-Lodge.htm; Beach Valley Rd.; Hütte 130 NZ$, Apt. 180–220 NZ$; 📶) Die beiden modernen Apartments mit jeweils eigener Terrasse machen der tollen Lage mit so attraktiven Extras wie Stereoanlage und DVD-Player alle Ehre. Wer in der Hütte im Stil einer Kiwi-Hütte der 1950er-Jahre schläft, muss das Gemeinschaftsbad im Haupthaus benutzten. Die Gäste können sich auch über kostenlose Fahrräder und WLAN freuen. Auf Wunsch werden Massagen auf dem Zimmer und üppige Abendessen organisiert. Und Schwulenfreundlich ist die Lodge übrigens auch noch.

Piha Domain Motor Camp CAMPINGPLATZ $
(☎09-812 8815; www.pihabeach.co.nz; 21 Seaview Rd.; Zeltplatz ab 15 NZ$, EZ/DZ-Hütte 50/60 NZ$; 📶) Der gepflegte Campingplatz direkt am Strand eignet sich perfekt für einen traditionellen, preiswerten Familienurlaub ohne viel Firlefanz. Gäste unter 20 Jahre müssen in Begleitung der Eltern kommen – damit die Teens nicht herumflippen. Die Hütten sind winzig.

Piha Surf Accommodation HÜTTEN $
(☎09-812 8723; www.pihasurf.co.nz; 122 Seaview Rd.; Wohnwagen & Hütten 60–90 NZ$) Jeder der einfachen, aber recht charmant gealterten Wohnwagen ist mit Bettwäsche, Fernseher, Kühlschrank, einem Kocher und einem Abtritt versehen; alle teilen sich die einfache Dusche. Die Hütten sind gemütlicher, nutzen aber ebenfalls das spartanische Bad.

Piha Cafe CAFÉ $$
(www.thepihacafe.co.nz; 20 Seaview Rd.; Hauptgerichte 13–23 NZ$; ⏲Mi & Do 9–16, Fr–So 9–19 Uhr) In dem kleinen, umweltbewussten Café gehen Großstadtniveau und Lässigkeit im Stil von sandigen Zehen nahtlos eine Synthese ein. Das englische Frühstück und die knusprige Pizza bilden eine gute Grundlage, wenn jemand vorhat, den ganzen Tag zu surfen. Und hinterher lockt dann auf der Terrasse ein Erfrischungsgetränk.

Piha Store BÄCKEREI $
(www.pihastore.co.nz; Seaview Rd.; Snacks 2–10 NZ$) Hier gibt's Backwaren und Pasteten, Lebensmittel und Eis. Im zugehörigen Lion Rock Surf Shop kann man sich ein Surfbrett (2 Std./halber/ganzer Tag 15/25/35 NZ$) oder Bodyboard (2 Std./halber/ganzer Tag 10/20/25 NZ$) ausleihen.

Shoppen

West Coast Gallery KUNST & KUNSTHANDWERK
(www.westcoastgallery.co.nz; Seaview Rd.; ⏲Mi–So 10–17 Uhr) Die Werke von über 180 einheimischen Künstlern stehen in dieser kleinen, unkommerziellen Galerie unweit der Feuerwache von Piha zum Verkauf.

Piha Surf Shop OUTDOOR-AUSRÜSTUNG
(www.pihasurf.co.nz; 122 Seaview Rd.; ⏲8–17 Uhr) In diesem kleinen Familienunternehmen verkauft der bekannte Surfbrett-Designer Mike Jolly seine Surfutensilien, während seine Frau Pam eine kleine Auswahl an schönem Kunsthandwerk anbietet. Vermietet werden Surfboards (3 Std./Tag 25/35), Neoprenanzüge (8/15 NZ$) und Boogieboards (15/25 NZ$); auf Wunsch wird auch Surfunterricht organisiert.

An- & Weiterreise

Öffentliche Verkehrsmittel fahren nicht nach Piha, aber **NZ Surf'n'Snow Tours** (☎09-828

0426; www.newzealandsurftours.com; einfach 25 NZ$, hin & zurück inkl. Surfausrüstung 99 NZ$) bietet bei guter Brandung einen Shuttledienst an.

Te Henga (Bethells Beach)

Der atemberaubende Bethells Beach lässt sich über die Tenga Road am nördlichen Ende des Scenic Drive erreichen. Der ursprüngliche, schwarze Sandstrand bietet eine tolle Brandung, Dünen und Wanderwege, beispielsweise die beliebte Wanderung über Riesendünen zum Lake Wainamu (Ausgangspunkt an der Brücke beim Zugang zum Strand).

Kumeu & Umgebung

Im wichtigsten Weinbaugebiet West-Aucklands gibt es noch einige Weingüter, die ursprünglich kroatischen Familien gehörten; sie brachten die Weinindustrie Neuseelands überhaupt erst in Gang. Die schicken Speiselokale, die in den letzten Jahren wie Pilze aus dem Boden geschossen sind, haben dem rustikal-ländlichen Flair dieser Region kaum Abbruch getan und bieten sich auf dem Rückweg vom Strand oder von den Thermalbädern an, um noch einen gemütlichen Nachmittag zu verbringen. Und im Gegensatz zu Waiheke Island sind die meisten Verkostungen in den Weinkellern hier kostenlos.

Essen & Ausgehen

Tasting Room TAPAS $$
(☎09-412 6454; www.thetastingshed.com; 609 SH16; Gerichte 5–24 NZ$; ⏰Mi & Do 16–21, Fr–So 12–22 Uhr) Das schicke Speiselokal auf dem Land mit passender rustikaler Einrichtung zaubert köstliche Gerichte, die sich mehrere Personen teilen können. Es stehen nicht nur Tapas à la Spanien auf der Speisekarte, sondern auch Köstlichkeiten aus Asien, dem Nahen Osten, Kroatien, Serbien, Italien und Frankreich.

Dante's PIZZERIA $$
(www.dantespizza.co.nz; 316 Main Rd., Huapai; Pizza 16–24 NZ$; ⏰Mi–So ab 15.30 Uhr; 🖉) Das Dante's gilt gemeinhin als die beste Pizzeria von ganz Auckland. Das winzige Lokal mit Speisen zum Mitnehmen ist das einzige in ganz Neuseeland, das sogar von der ehrenwerten Neapolitanischen Pizzavereinigung anerkannt wird.

Bees Online CAFÉ $$
(☎09-411 7953; www.beesonline.co.nz; 791 SH16, Waimauku; Hauptgerichte 19–32 NZ$; ⏰Mi–So 10–17 Uhr) In dem architektonisch beeindruckenden Café kann man den fleißigen Bienen bei der Arbeit zuschauen – und zwar hinter sicherem Glas. Und das Ergebnis darf man vor Ort dann gleich auch probieren. Das Café verwendet überwiegend Honig und Zutaten aus dem Busch. Mama und Papa können in aller Ruhe ihren Kaffee trinken, während die Kleinen im Bienenstock nach der Königin fahnden – ein schönes und spannendes Spiel!

Soljans Estate WEINGUT
(www.soljans.co.nz; 366 SH16; Hauptgerichte 19–33 NZ$; ⏰Verkostung 9–17.30 Uhr, Café 9.30–15 Uhr) Als eines der ersten Weingüter in Besitz einer kroatisch-neuseeländischen Familie bietet das Soljans – trotz mangelndem Flair – in seinem Café einen hervorragenden Brunch an, aber auch Tintenfisch auf dalmatinische Art und einen Winzerteller mit vielen mediterranen Köstlichkeiten.

Hallertau BRAUEREI
(☎09-412 5555; www.hallertau.co.nz; 1171 Coatesville-Riverhead Hwy., Riverhead; Hauptgerichte 22–37 NZ$; ⏰11–24 Uhr) Wer den Hopfen den Kumeu-Weinen vorzieht, kann im Hallertau eine Auswahl von fünf Mikrobieren (14 NZ$) probieren, die auf einer mit Weinreben überwucherten Terrasse direkt neben dem Restaurant serviert werden.

Riverhead PUB
(www.theriverhead.co.nz; Ecke Queen St. & York St., Riverhead; Hauptgerichte 15–36 NZ$; ⏰Mo–Sa 11 Uhr bis spätabends, So 9 Uhr bis spätabends) Ein Drink auf der tollen Terrasse im Schatten von Eichen mit Blick auf den Fluss macht dieses Hotel aus dem Jahr 1857 zu einem unvergesslichen Erlebnis, die Speisekarte erfüllt die Erwartungen eines Gastro-Pubs allerdings nicht so recht. Spaß macht ein Bootsausflug (S. 88) von der Stadt zum privaten Anlegesteg des Lokals.

Kumeu River WEINGUT
(www.kumeuriver.co.nz; 550 SH16; ⏰Mo–Fr 9–17, Sa 11–17 Uhr) Das Weingut in Besitz der Familie Brajkovich produziert neben anderen edlen Tropfen einen der besten Chardonnays Neuseelands.

Coopers Creek WEINGUT
(www.cooperscreek.co.nz; 601 SH16, Huapai; ⏰10.30–17.30 Uhr) Am besten ersteht man

hier eine gute Flasche Wein und macht dann ein Picknick in den wunderschönen Gärten des Weinguts. Von Januar bis Ostern gibt es am Sonntagnachmittag eine Jazz-Session.

An- & Weiterreise

Von der Innenstadt Aucklands lässt sich Kumeu über den Northwestern Motorway (SH16) erreichen; es sind nur 25 km. Busse nach Helensville halten hier; sie fahren in der Lower Albert Street (Erw./Kind 7,90/4,50 NZ$, 50 Min.) ab. Aber eigentlich braucht man ein Auto oder Fahrrad, um die Gegend wirklich kennenzulernen.

Muriwai Beach

Noch ein Strand mit schwarzem Sand und starker Brandung: Der Muriwai Beach zieht sich über 60 km hin. Der Hauptgrund für seine Bekanntheit ist die **Tölpelkolonie** im **Takapu Refuge**, die sich über die südliche Landzunge und abseits gelegene Felsblöcke verteilt. Auf Aussichtsplattformen kommt man nahe genug heran, um diese faszinierenden Wasservögel zu beobachten (und zu riechen). Jedes Jahr im August kehren die erwachsenen Vögel hierher zurück, um sich mit ihren Partnern zu treffen und sich an die Arbeit zu machen. Man kann ihnen dann dabei zusehen, wie sie ihre Hälse aneinander reiben, schnäbeln und kuscheln. In jeder Brutsaison kommt nur ein einziges Küken dabei heraus. Dezember und Januar sind die besten Monate, um die kleinen Kerle dabei zu beobachten, wie sie ihre Flügel ausprobieren, bevor sie sich auf eine beeindruckende Odyssee begeben.

Ganz in der Nähe führen kurze Pfade durch den wunderschönen Busch zu einem Aussichtspunkt, der Blicke auf die ganze Länge des Strands freigibt. Wegen der wilden Brandung und trügerischer Schlitze kann man hier nur sicher schwimmen, wenn der Strand bewacht wird (man muss immer zwischen den Fahnen schwimmen!). Abgesehen vom Surfen ist der Muriwai Beach auch ein beliebter Ort zum Drachenfliegen, Parapunten, Kiteboarden und zum Reiten. Außerdem gibt es hier Tennisplätze, einen Golfplatz und ein Café, das gleichzeitig als Imbiss mit Speisen zum Mitnehmen dient.

Helensville

2600 EW.

Ein paar historische Gebäude, Antiquitätenläden und Cafés machen das dörfliche Helensville zu einem netten Zwischenstopp, wenn jemand auf der SH16 in Richtung Norden unterwegs ist.

Aktivitäten

Parakai Springs THERMALBÄDER
(www.parakaisprings.co.nz; 150 Parkhurst Rd.; Erw./Kind 16/8 NZ$; ⌚10–21 Uhr) Die Aucklander besuchen mit ihren gelangweilten Kids an feuchten Wintertagen gern Parakai, 2 km nordwestlich von Helensville – eine preiswerte Alternative zu Waiwera. Hier erwarten sie große Schwimmbecken mit warmem Thermalwasser, private Kuranlagen (8 NZ$ pro Std.) sowie diverse Wasserrutschen.

Woodhill Mountain Bike Park MOUNTAINBIKE FAHREN
(☎027 278 0949; www.bikepark.co.nz; Restall Rd., Woodhill; Erw./Kind 7/2 NZ$, Fahrradverleih Std. 25–30 NZ$; ⌚Do–Di 9–16 Uhr, Mi 10–22 Uhr) Biker finden hier zahlreiche anspruchsvolle Tracks (inkl. Sprungschanzen und Schwebebalken) im Woodhill Forest, 14 km südlich von Helensville.

Tree Adventures HOCHSEILSTRECKEN
(☎0800 827 926; www.treeadventures.co.nz; Restall Rd., Woodhill; 1/4/8/10 Kurse 16/34/38/40 NZ$; ⌚9.30–17.30 Uhr) Mehrere Hochseilstrecken im Woodhill Forest mit schwankenden Baumstämmen, Netzen, Schwebebalken, Tarzan-Schaukeln und einer Seilrutsche.

4 Track Adventures QUADBIKES
(☎09-420 8104; www.4trackadventures.co.nz; Restall Rd., Woodhill; Touren 1½/ 2½/ 3½ Std. 155/ 236/ 275 NZ$) Es macht Spaß, mit einem Quadbike durch den Woodhill Forest und auf längeren Touren auch über den Muriwai Beach zu brettern. Für 50 NZ$ pro Person werden die Kunden sogar in Auckland abgeholt.

Schlafen

Malolo House B&B $
(☎09-420 7262; www.malolohouse.co.nz; 110 Commercial Rd.; Zi. 70–120 NZ$) Das Malolo befindet sich in einer wunderschön renovierten Kauri-Villa, die eine Weile auch als Krankenhaus diente. Zur Auswahl stehen gemütliche Unterkünfte, darunter zwei luxuriöse Doppelzimmer mit eigenem Bad, aber auch preiswertere Zimmer mit Gemeinschaftsbad.

Praktische Informationen

Helensville Library (Commercial Rd.; @)

TÖLPEL AUF GROSSER TOUR

Nachdem die jungen Tölpel den letzten Schliff in Sachen Flugfähigkeit erhalten haben, bekommen sie die ultimative Chance, ihr Können auch unter Beweis zu stellen – auf dem 2000 km langen Flug nach Australien. Dort leben sie dann mehrere Jahre, bevor sie wieder nach Hause zurückfliegen – und sich danach nie wieder auf diese Reise zu begeben. In der Heimat warten die Tölpel ein paar Jahre auf einen freien Platz am Wasser in ihrer Kolonie, dann lassen sie sich mit einem festen Partner nieder, um zu nisten – und zwar jedes Jahr auf demselben Flecken Erde. Anders ausgedrückt: Sie sind wie der typische Neuseeländer auf großer Tour in Übersee. Warum nennt man sie gleich wieder Kiwis?

Visitor Information Centre (☎09-420 8060; www.helensville.co.nz; 87 Commercial Rd.; ⏲Mo–Sa 10–16 Uhr) Hier sind die kostenlosen Broschüren mit detailreichen Informationen zum *Helensville Heritage Trail* und *Helensville Riverside Walkway* erhältlich.

ℹ An- & Weiterreise

Der Bus 60 fährt von der Lower Albert Street (unweit von Britomart) nach Helensville (10, 30 NZ$, 1½ Std.).

NÖRDLICH VON AUCKLAND

Der Großraum Auckland erstreckt sich 90 km gen Norden, genau gesagt bis zu dem Punkt, wo die SH16 und die SH1 bei Wellsford aufeinandertreffen. Strände, Regionalparks, Wanderwege, malerische Dörfer, Wein, Kajakfahrten und Schnorcheln machen den Reiz dieser Gegend aus.

Long Bay Regional Park

Die Long Bay ist die nördlichste von Aucklands East Coast Bays und ein schöner Ort für ein Familienpicknick und zum Schwimmen. Über das Jahr verteilt kommen über 1 Mio. Besucher hierher. Eine dreistündige Küstenwanderung (hin & zurück) führt nach Norden vom Sandstrand zum Okura River, vorbei an den abgeschiedenen Buchten Grannys Bay und Pohutukawa Bay (beliebt bei FKK-Fans).

Regelmäßig fahren Busse von der Albert Street in der Innenstadt (Erw./Kind 6,80/4 NZ$, 1 Std.) nach Long Bay; der Tagespass (10 NZ$) ist am billigsten. Wer mit dem eigenen Wagen unterwegs ist, fährt vom Northern Motorway an der Ausfahrt Oteha Valley Road ab und weiter in Richtung Browns Bay; die Strecke ist ausgeschildert.

Shakespear Regional Park

Kurz vor Orewa bildet sich gen Osten die Halbinsel Whangaparaoa aus, ein stark besiedelter Landstrich mit einer beachtlichen Gemeinde an Südafrikanern, die sich hier angesiedelt hat. An der Spitze der Halbinsel erstreckt sich der herrliche 376 ha große Regionalpark, dessen Fauna durch einen 1,7 km langen, schädlingssicheren Zaun geschützt wird.

Schafe, Kühe, Pfauen und Purpurhühner tummeln sich auf dem mit Gras bestandenen Landvorsprung. Die von Pohutukawa-Bäumen gesäumte **Te Haruhi Bay** bietet einen herrlichen Blick auf die Inseln im Golf und die Stadt. Auf Wanderwegen (40 Min. bis 2 Std.) können der Wald, Kanonenstellungen aus dem Zweiten Weltkrieg, Maori-Stätten und Aussichtspunkte erkundet werden. Wem der Abschied sehr schwerfällt, bleibt noch eine Weile auf dem idyllischen **Campingplatz** (☎09-301 0101; www.arc.govt.nz; Erw./Kind 10/5 NZ$) am Meer mit WCs und kalten Duschen.

Der Regionalpark lässt sich im Rahmen einer qualvollen, zweistündigen Busfahrt ab der Albert Street erreichen; die einfache Fahrt kostet 10,30 NZ$ (der Tagespass zu 10 NZ$ ist billiger). Eine andere Möglichkeit ist, die Fähre von **360 Discovery** (☎0800 360 3472; www.360discovery.co.nz; Erw./Kind 14/8,20 NZ$) zum **Gulf Harbour** zu nehmen, einem Konglomerat von Stadthäusern, Yachthafen, Countryclub und Golfplatz wie aus dem Spielzeugland. Am besten erkundigt man sich im Büro der Reederei nach einem Bus oder Taxi für die Weiterfahrt. Die verbleibenden 3 km bis zum Park lassen sich aber natürlich auch zu Fuß locker bewältigen. Die Fähre bietet sich auch für Radfahrer an, die sich die langweilige Strecke aus Auckland hinaus ersparen wollen; die Mitnahme des Fahrrads ist gratis.

Orewa

7400 EW.

Die Einheimischen haben Angst, dass sich Orewa in Neuseelands Pendant zur Gold Coast von Queensland in Australien verwandelt. Aber wenn sie nicht damit anfangen, Rentner zu exportieren und sie durch Parkwächterinnen in Bikinis zu ersetzen, wird das wohl kaum passieren. Der Ort ist trotzdem sehr bebaut und langsam schießen immer mehr hohe Apartmenthäuser aus dem Boden.

Sehenswertes & Aktivitäten

Orewa Beach STRAND

Der 3 km lange Sandstrand ist die eigentliche Attraktion von Orewa. Da er am Golf liegt, hält sich die Brandung in Grenzen; in der Hochsaison schiebt hier aber trotzdem die Wasserwacht Dienst.

Alice Eaves Scenic Reserve WALD

(Old North Rd.) Das Reservat bietet 10 ha einheimischen Busch mit Bäumen, die mit Info-Schildchen versehen sind, außerdem eine *Pa*-Stätte, einen Aussichtspunkt und kurze, einfache Wanderwege.

Millennium Walkway WANDERN

Der 8 km lange Rundweg beginnt an der South Bridge und schlängelt sich dann durch verschiedene Parks, bevor er am Strand entlang wieder zurückführt; einfach den blauen Markierungen folgen.

Snowplanet WINTERSPORT

(www.snowplanet.co.nz; 91 Small Rd., Silverdale; Tagespass Erw./Kind 59/39 NZ$; ⏲Sa–Do 10–22, Fr 10–24 Uhr) In diesem Winterwunderland liegt jeden Tag Schnee, der zu sportlichen Herausforderungen animiert. Snowplanet bietet Indoor-Ski- und Snowboardfahren sowie Schlittenfahrten mit dem indianischen Toboggan. Das Wintersportzentrum liegt 8 km südlich von Orewa an der SH1.

Schlafen

Waves APARTMENT $$$

(☎09-427 0888; www.waves.co.nz; Ecke Hibiscus Coast Hwy. & Kohu St.; Wohneinheiten 180–299 NZ$;) Der Komplex im Stil eines Motels, aber erheblich toller, bietet geräumige Apartments für Selbstversorger mit doppelt verglasten Fenstern und schicken Möbeln. Zu den Wohneinheiten unten gehört ein Garten, die meisten haben auch ein Bad mit Whirlpool. Das Beste am Waves ist jedoch ganz eindeutig, dass der Strand bloß ein paar Meter entfernt liegt.

Orewa Motor Lodge MOTEL $$

(☎09-426 4027; www.orewamotorlodge.co.nz; 290 Hibicus Coast Hwy.; Wohneinheiten 155–195 NZ$;) Eines von vielen Motels an der Hauptstraße von Orewa. Der Komplex bietet unglaublich saubere Wohneinheiten aus Holz mit Blumenampeln als Zierde. Ein Pool mit Whirlpool ist ebenfalls vorhanden.

Orewa Beach Top 10 FERIENPARK $

(☎09-426 5832; www.orewaholidaypark.co.nz; 265 Hibiscus Coast Hwy.; Stellplatz ab 19 NZ$, Wohneinheiten 57–142 NZ$; @) Der gepflegte Park nimmt einen Großteil des südlichen Strandendes ein. Die Einrichtungen sind hervorragend, der Lärm von der Straße jedoch sehr nervig. In den „Touristenwohnungen" in Fertigbauweise hängen Kunstwerke an den Wänden.

Essen

Mozaik CAFÉ $

(www.mozaik.co.nz; 350 Hibiscus Coast Hwy.; Hauptgerichte 11–23 NZ$; ⏲7–17.30 Uhr) Mitten an der Hauptstraße stehen die Tische dieses Cafés mit Schanklizenz bis auf die Straße hinaus. Auf der Speisekarte stehen Pasta und Burger, dazu gibt es kleine Gerichte vom Tresen.

Asahi JAPANISCH

(6 Bakehouse Lane; Hauptgerichte 11–20 $; ⏲Mo 9–15, Di–Sa 9–21 Uhr) Ein praktisches kleines Lokal für Sushi-Fans, in dem es auch erstklassige *Bento-Schachteln* (21,50 NZ$) gibt.

Praktische Informationen

Hibiscus Coast i-SITE (☎09-426 0076; www.orewabeach.co.nz; 214a Hibiscus Coast Hwy.; ⏲Mo–Fr 9–17, Sa & So 10–16 Uhr)

An- & Weiterreise

Direktbusse fahren in der Stadt auf der Strecke Orewa– Albert Street (Erw./Kind 11/6,10 NZ$, 1¼ Std.), aber auch zum Shakespear Regional Park (Erw./Kind 3,40/2 NZ$, 35 Min.) und nach Waiwera (Erw./Kind 1,80/1 NZ$, 10 Min.).

Waiwera

Das hübsche Dorf an einer Flussmündung kann mit einem tollen Strand aufwarten, die Mehrzahl der Besucher kommt aber wegen des *wai wera* – des warmen Wassers.

Aus 1500 m Tiefe sprudelt es in insgesamt 19 Pools des **Waiwera Thermal Resort** (☎09-427 8800; www.waiwera.co.nz; 21 Main Rd.; Erw./Kind 26/15 NZ$; ⏰9–21 Uhr). Für Unterhaltung sorgen der Kinopool, die zehn großen Wasserrutschen, die Wannenbäder (50 NZ$) und der Wellnessbereich. Und wem es zu anstrengend ist, sich hinterher noch groß ins Auto zu setzen, mietet sich einfach in einem der modernen Häuser mit allem denkbaren Luxusschnickschnack ein, sie wurden in der Nähe erbaut (DZ 250 NZ$). Es lohnt sich zu fragen, ob es vielleicht gerade ein Verwöhn-Pauschalangebot gibt.

Eingekeilt zwischen den beiden Flüssen Waiwera und Puhoi liegt der herrliche 134 ha große **Wenderholm Regional Park** (☎Unterkunft: 09-366 2000; www.arc.govt.nz; Stellplatz Erw./Kind 10/5 NZ$, Haus 128–170 NZ$) mit einem abwechslungsreichen Ökosystem, zahlreichen Vögeln, Ständen und Wanderwegen (30 Min. bis 2½ Std.). **Couldrey House** (Erw./Kind 3 NZ$/frei; ⏰Sa & So 13–16 Uhr, Jan. tgl.), ein Gehöft aus den 1860er-Jahren, wurde zu einem Museum umgestaltet. Der Campingplatz bietet gerade einmal Trinkwasser und Plumpsklos; die Stadtverwaltung vermietet jedoch auch zwei gemütliche Häuser für Selbstversorger.

Von der Albert Street in Auckland fährt der Bus 895 über Orewa nach Waiwera (Erw./Kind 11/6,10 NZ$, 1 Std.).

Puhoi

450 EW.

Schmuddelige Cafés und ernste Dichter kann man getrost vergessen – das malerische Dorf ist ein Stück echtes Böhmen. 1863 kamen rund 200 Einwanderer aus der heutigen Republik Tschechien hierher, um sich im damals dichten Busch anzusiedeln.

Sehenswertes & Aktivitäten

Church of Sts Peter & Paul KIRCHE
(www.holyname.org.nz; Puhoi Rd.) Die hübsche katholische Dorfkirche von 1881 beeindruckt mit einem interessanten Tabernakelgemälde (das Original hängt in Böhmen), Buntglasfenstern und Statuen.

Bohemian Museum MUSEUM
(www.puhoihistoricalsociety.org.nz; Puhoi Rd.; Erw./Kind 3 NZ$/frei; ⏰Sa & So 13–16 Uhr, Weihnachten bis Ostern tgl.) Das Museum erzählt die Geschichte der böhmischen Pioniere, die mit Ausdauer allen Entbehrungen trotzten.

WELCHER HIGHWAY?

Von Auckland führt der mehrspurige Northern Motorway (SH1) auf einer **Mautstrecke** (☎0800 40 20 20; www.tollroad.govt.nz; Auto/Motorrad 4/2 NZ$) an Orewa und Waiwera vorbei. Auf diese Weise lassen sich rund zehn Minuten einsparen, vorausgesetzt, man bezahlt die Gebühr online oder telefonisch (im Voraus oder innerhalb von fünf Tagen) und muss sich nicht an den Mautstationen in die Schlange stellen.

In der Zeit von Weihnachten bis Neujahr ist die SH1 in Richtung Norden zwischen der Mautstrecke und Wellsford oft fürchterlich verstopft; als Alternative bietet sich dann die SH16 über Kumeu und Helensville an. Dasselbe gilt für die ersten Tage nach Neujahr in Richtung Süden.

Puhoi River Canoe Hire KANU FAHREN
(☎09-422 0891; www.puhoirivercanoes.co.nz; 84 Puhoi Rd.) Hier kann man sich ein Kajak oder einen Kanadier ausleihen, und zwar entweder stündlich (Kajak/Kanu 25/50 NZ$) oder, um vom Dorf aus einen tollen Ausflug 8 km flussabwärts zum Wenderholm Regional Park (einfaches Kajak/Doppelkajak 50/100 NZ$, inkl. Rücktransport) zu unternehmen. Ohne vorherige Buchung geht allerdings gar nichts.

Essen & Ausgehen

Puhoi Valley CAFÉ $$
(www.puhoivalley.co.nz; 275 Ahuroa Rd.; Hauptgerichte 13–22 NZ$; ⏰10–16 Uhr) Käse aus dem Puhoi Valley wird in ganz Neuseeland verkauft. So überrascht es nicht, dass der Käse die Speisekarte dieses eher noblen Cafés dominiert. Neben einem Käseladen bietet das Café an einem See einen Brunnen und einen Kinderspielplatz, im Sommer treten Musiker im Grünen auf.

Puhoi Hotel PUB
(www.puhoipub.co.nz; Ecke Saleyards Rd. & Puhoi Rd.; ⏰10–19 Uhr) Das Hotel hat Charakter. Gleiches gilt für das Pub aus dem Jahr 1879: Die Wände sind über und über mit alten Fotos, ausgestopften Tierköpfen und nostalgischen Haushaltsartikeln vollgepflastert.

Puhoi Cottage TEEHAUS
(www.puhoicottage.co.nz; 50 Ahuroa Rd.; ⏲Do–Di 10–16 Uhr) Einfach einmal auf einen köstlichen Devonshire Cream Tea (11 NZ$) hier vorbeischauen – und der sieht so aus: Tee mit Milch, frische Muffins, Sahne und fruchtige Erdbeerkonfitüre.

ℹ An- & Weiterreise

Puhoi liegt 1 km westlich der SH1. Der Abzweig befindet sich 2 km hinter dem Johnstone-Hills-Tunnel.

Mahurangi & Scandrett Regional Park

Ganz oben am Mahurangi Harbour erstreckt sich der **Mahurangi Regional Park** (☎09-366 2000; www.arc.govt.nz; Stellplatz ab 5 NZ$, Ferienhäuser (Baches) 106–128 NZ$) in Form von drei charakteristischen „Fingern": Mahurangi West lässt sich von einem Abzweig etwa 3 km nördlich von Puhoi erreichen, Scott Point liegt an der Ostseite und hat eine Zufahrtstraße 16 km südöstlich von Warkworth, der entlegene Mahurangi East lässt sich lediglich mit einem Boot erreichen. Das Paradies der Kanuten besteht aus Wäldern, die sich entlang der Küste ziehen, aus *Pa*-Stätten und einem alten Gehöft samt Friedhof.

Die geschützten und wunderschönen Sandstrände bieten sich für ein Picknick an, außerdem gibt es hier Rundwege, auf denen man etwa 1½ bis 2½ Stunden unterwegs ist. Vier einfache Campingplätze und vier *baches*, in denen sechs bis acht Personen übernachten können, stehen ebenfalls zur Verfügung.

Unterwegs zum Mahurangi West kommt man am **Zealandia Sculpture Garden** (☎09-422 0099; www.zealandiasculpturegarden.co.nz; 138 Mahurangi West Rd.; Eintritt 10 NZ$; ⏲nach Vereinbarung, nur Nov.–März) vorbei; hier sind die Werke von Terry Stringer in beeindruckender Architektur und einem nicht minder beeindruckenden Grundstück zu bewundern.

An der dem Ozean zugewandten Seite der Halbinsel Mahurangi liegt der **Scandrett Regional Park** (☎09-366 2000; www.arc.govt.nz; Bach 128 NZ$) mit einem Sandstrand, Wanderwegen, regenerierten Waldflächen, weitläufigen *Pa*-Stätten und einem tollen Blick auf Kawau Island. Drei *baches*, in denen bis zu sechs Personen übernachten können, warten auf einen Mieter.

Warkworth

3300 EW.

Der Ort an beiden Flussufern bietet sich für einen netten Zwischenstopp an; in der schmucken Hauptstraße herrscht noch viel dörfliches Flair.

Sehenswertes

Dome Forest WALD
Rund 2 km nördlich von Warkworth führt an der SH1 ein Fußweg durch wiederaufgeforsteten Wald auf den Gipfel des Dome (336 m) hinauf. An einem klaren Tag sieht man von einem Aussichtspunkt unweit des Gipfels sogar den Sky Tower in der Innenstadt. Die Besteigung des Gipfels dauert hin und zurück etwa 1½ Stunden. Es besteht jedoch auch die Möglichkeit, eine anstrengende, siebenstündige Wanderung (einfache Strecke) durch das Totora Peak Scenic Reserve zu unternehmen; der Startpunkt liegt an der Govan Wilson Road.

Sheepworld FARM
(www.sheepworldfarm.co.nz; SH1; Erw./Kind 15/8 NZ$, inkl. Show 26/10 NZ$; ⏲9–17 Uhr) Die Koppel mit prächtigen Schafen sagt eigentlich schon alles, was der Mensch über diese Attraktion auf dem Lande wissen sollte. Hier können Stadtkinder einen Bauernhof kennenlernen, Ponys reiten, Lämmer füttern und auch noch eine Schaf- und Hundeschau samt einer interessanten Demonstration im Schafscheren (Vorführungen um 11 Uhr und 14 Uhr) ansehen.

Warkworth & District Museum MUSEUM
(www.wwmuseum.orcon.net.nz; Tudor Collins Dr.; Erw./Kind 8/2 NZ$; ⏲9–15 Uhr) In diesem kleinen Museum sind Relikte aus der Pionierzeit ausgestellt. Interessanter ist jedoch der **Parry Kauri Park** außen herum: Hier stehen einige gigantische Kauri-Kiefern, darunter die 800 Jahre alte McKinney-Kauri (Umfang: 7,6 m).

GRATIS **Honey Centre** LADEN
(www.honeycentre.co.nz; Ecke SH1 & Perry Rd.; ⏲8.30–17 Uhr) Rund 5 km südlich von Warkworth bietet sich dieses Honigzentrum mit Café, kostenloser Honigverkostung und einigen Bienenstöcken hinter Glas für eine interessante Pause an. Im Laden sind allerlei Produkte erhältlich, die alle irgendwie mit den Bienen zu tun haben – von Honigwachskerzen bis hin zu Honigwein. Wer Honig liebt wird hier sicher fündig.

Schlafen & Essen

Bridgehouse Lodge MOTEL $$
(☎09-425 8351; www.bridgehouse.co.nz; 16 Elizabeth St.; Zi. 85–150 NZ$; ⊙11 Uhr bis spätabends) Das Motel direkt am Fluss ist eine Institution, es vermietet viele unterschiedliche Zimmer – manche sind recht neu und nett, manche weniger. Die frisch renovierte Bar ist sehr edel. Hier kommt leckeres Bistroessen auf den Tisch, darunter Burger, Pasta und Pizza (Hauptgerichte 15–30 NZ$).

Ransom Wines WEINGUT
(www.ransomwines.co.nz; Valerie Close; Verkostung bei Einkauf frei, ansonsten Spende von 5 NZ$ für das Tawharanui Open Sanctuary; ⊙Di–So 10–17 Uhr) Das gut ausgeschilderte Weingut an der SH1 liegt rund 3 km südlich von Warkworth. Hier werden süffige Tafelweine gekeltert, die mit den passenden Tapas (5 Stück 17 NZ$) und Probiertellern (pro Pers. 17–19 NZ$) verkostet werden können.

Praktische Informationen

Warkworth i-SITE (☎09-425 9081; www.warkworthnz.com; 1 Baxter St.; ⊙Mo–Fr 8.30–17, Sa & So 9–15 Uhr)

An- & Weiterreise

Busse von InterCity und Naked Bus kommen auf der Route Auckland – Bay of Islands durch den Ort; Einzelheiten siehe Abschnitt „An- & Weiterreise" von Northland.

Matakana & Umgebung

Matakana leidet an umgekehrtem Alkoholismus: Je mehr Wein man hineinkippt, desto netter wird's! Vor ein paar Jahrzehnten war das hier noch ein unscheinbares Landnest mit ein paar historischen Gebäuden und einer altmodischen Dorfkneipe. Heute amüsieren sich die Einheimischen über Aucklands Geldadel, der hier schnatternd seine Zeit in stilvollen Weinstuben und Cafés verbringt. Auffälligstes Symbol dieses Wandels sind die großartigen **Matakana Cinemas** (☎09-422 9833; www.matakanacinemas.co.nz; 2 Matakana Valley Rd.), deren Kuppeldach an ein osmanisches Badehaus erinnert. Im Schatten des Komplexes wirkt der ziemlich noble **Bauernmarkt** (www.matakanavillage.co.nz; ⊙Sa 8–13 Uhr) recht mickrig.

Grund für diese epikureische Ekstase ist der Erfolg regionaler Luxusweingüter, die sich einen Namen mit Pinot Gris, Merlot, Syrah und ein paar obskuren anderen Rebsorten machen. Die Gratisbroschüren *Matakana Coast Wine Country* (www.matakanacoast.com) und *Matakana Wine Trail* (www.matakanawine.com) führen lokale Produzenten auf. Beide Prospekte sind beim Matakana Information Centre im Kinofoyer erhältlich.

Sehenswertes

LP TIPP **Tawharanui Regional Park** STRAND
(☎09-366 2000; www.arc.govt.nz; Takatu Rd.) Eine teilweise unbefestigte Straße führt zu diesem 588 ha großen Naturschutzpark am Ende der Halbinsel. Er ist ein Refugium für einheimische Vögel, umgeben von einem Schädlingszaun; an der Nordküste erstreckt sich ein Meeresschutzgebiet (Schnorchelausrüstung mitbringen). Im Park gibt es zahlreiche Wanderwege (1½–4 Std.), die eigentliche Hauptattraktion ist jedoch die **Anchor Bay** mit einem der schönsten weißen Sandstrände der Region. Auf einem einfachen Campingplatz unweit vom Strand ist es gestattet zu zelten (Erw./Kind 10/5 NZ$); außerdem besteht die Möglichkeit, ein *bach* (128 NZ$) für sechs Personen zu mieten.

Omaha Beach STRAND
Der nächstgelegene Badestrand von Matakana ist der lange Omaha Beach mit weißem Sand, guter Brandung und Unmengen nobler Ferienhäuser.

Brick Bay Sculpture Trail SKULPTURENPARK
(www.brickbaysculpture.co.nz; Arabella Lane, Snells Beach; Erw./Kind 12/8 NZ$; ⊙10–17 Uhr) Nach einem ausgiebigen Streifzug in Sachen Kunst durch das Gelände von Brick Bay Wines macht es Spaß, sich im architektonisch beeindruckenden Café bei einer Weinprobe zu erholen.

GRATIS **Morris & James** LADEN
(www.morrisandjames.co.nz; 48 Tongue Farm Rd.; ⊙9–17 Uhr) Hier kann man im Rahmen einer kostenlosen Führung (tgl. 11.30 Uhr) den Töpfern über die Schulter schauen oder auch einfach einmal vorbeikommen, um die farbenfrohen Keramiken und das Café im Hof in Augenschein zu nehmen.

Schlafen

Sandspit Holiday Park PARK $
(☎09-425 8610; www.sandspitholidaypark.co.nz; 1334 Sandspit Rd.; Stellplatz ab 16 NZ$, Wohneinheiten 60–152 NZ$; @📶) Der als kurioses Pionierdorf aufgemotzte Campingplatz bie-

ABSTECHER

TE HANA TE AO MARAMA

In ganz Neuseeland lassen sich in den Hügeln die Terrassen vieler historischer *pa* (befestigtes Dorf) besichtigen. Wer jedoch einen Eindruck gewinnen möchte, wie diese Wehrdörfer wirklich einmal ausgesehen haben, sollte an einer Führung im rekonstruierten **pa Te Hana Te Ao Marama** (www.tehana.co.nz; 307-308 SH1, Te Hana) teilnehmen. Sie beginnen täglich jeweils zur vollen Stunde zwischen 10 und 15 Uhr (Erw./Kind 25/13 NZ$) und lassen sich gut mit einer *powhiri* (offizielle Begrüßung) im sehr authentisch anmutenden *marae* (Maori-Tempel) nebenan verbinden; bei einigen Pauschalangeboten sind eine Mahlzeit und ein Konzert im Preis inbegriffen.

Ein wirklich stimmungsvolles Erlebnis bieten die *Starlight Tours* (Erw./Kind 100/50 NZ$, Bus ab Auckland 25 NZ$ extra) am Freitagabend. Die Teilnehmer werden zuerst mit einem *powhiri* empfangen, nehmen dann im Marae-Komplex das Abendessen ein, um anschließend im effektvoll beleuchteten Dorf eine Führung samt Konzert zu erleben.

tet auf seinem Gelände pseudo-historische Gebäude und Ladenauslagen. Er liegt direkt am Wasser bei Sandspit.

Matakana Country Lodge B&B **$$$**
(☎09-422 3553; www.matakanacountry.co.nz; 149 Anderson Rd.; Zi. 275–375 NZ$;) Die nur fünf Minuten von Matakana entfernte Lodge lässt sich über eine unbefestigte Straße und eine ellenlange Zufahrt erreichen. Hier findet man Ruhe, Ruhe und nochmals Ruhe sowie einen weiten Blick über die Landschaft. Die Gäste der drei Zimmer haben freien Zutritt zur Lodge, inklusive Küche, Pool und Wellnesscenter.

Essen & Ausgehen

Plume WEINGUT **$$**
(☎09-422 7915; www.plumerestaurant.co.nz; 49a Sharp Rd.; Hauptgerichte 20–32 NZ$; ⏲Di–So Mittagessen, Fr & Sa Abendessen) Das Plume ist das Beste zu einem Weingut gehörige Restaurant. Von der Terrasse bietet sich ein hübscher Ausblick über die ländliche Umgebung. Die abenteuerliche Speisekarte führt über Thailand, Indien und China bis nach Spanien.

Vintry WEINBAR
(☎09-423 0251; www.thevintry.co.nz; 2 Matakana Valley Rd.; Verkostung ab 8,50 NZ$; ⏲10–22 Uhr) Die Weinbar im Matakana-Kinokomplex fungiert als Anlaufstelle für alle lokalen Winzer.

Matakana House PUB
(☎09-422 9770; 11 Matakana Valley Rd.; ⏲Mo–Fr 15 Uhr bis spätabends, Sa & So 12 Uhr bis spätabends) Diese echte Dorfkneipe gehört zu einem Hotel in einem Holzgebäude (1903). Überall glotzen ausgestopfte Tiere die Gäste an. Vor dem Haus wartet ein Biergarten, gelegentlich sorgen Musikgruppen oder DJs für musikalische Untermalung. Es herrscht eine lässige Atmosphäre.

Praktische Informationen

Matakana Information Centre (☎09-422 7433; www.matakanainfo.org.nz; 2 Matakana Valley Rd.; ⏲10–13 Uhr) Im Foyer des Kinokomplexes.

An- & Weiterreise

Das Dorf Matakana liegt 10 km nordöstlich von Warkworth an der Matakana Road; öffentliche Verkehrsmittel gibt es nicht. Fähren nach Kawau Island legen in Sandspit, 8 km östlich von Warkworth, an der Sandspit Road ab.

Leigh

390 EW.

Das reizende kleine Leigh (www.leighbythesea.co.nz) bietet seinen Besuchern einen malerischen Hafen, in dem unzählige Fischerboote dümpeln, dazu einen schönen Badestrand in der **Matheson Bay**. Das alteingesessene Unternehmen **Goat Island Dive & Snorkel** (☎0800 348 369; www.goatislanddive.co.nz; 142a Pakiri Rd.; Tauchmasken-, Schnorchel- & Flossenverleih 18 NZ$, Tauchausflüge inkl. Ausrüstung 100–260 NZ$, PADI offenes Gewässer 600 NZ$) bietet ganzjährig PADI-Kurse sowie Bootsausflüge zum Tauchen im Hauraki Gulf an.

Das Dorf ist nicht nur bekannt, weil es so nah an Goat Island liegt, sondern vielmehr wegen der legendären **Leigh Sawmill** (☎09-422 6019; www.sawmillcafe.co.nz; 142 Pakiri Rd.;

Hauptgerichte 12–32 NZ$; ⏲Jan.–Mitte Feb. tgl. 10 Uhr bis spätabends, Mitte Feb.–Dez. Do 12 Uhr bis spätabends, Fr–So 10 Uhr bis spätabends), einem attraktiven kleinen Pub mit Biergarten, in dem im Sommer regelmäßig Rockgruppen gastieren – und zwar erstaunlich bekannte Namen. Wer in der dazugehörigen **Mikrobrauerei** (⏲Fr & Sa 13.30–17 Uhr) zu tief ins Glas geschaut hat, kann in der alten Scheune des Sägewerks übernachten; zur Auswahl stehen einfache Backpacker-Zimmer (ab25 NZ$) und große Doppelzimmer mit eigenem Bad (ab 125 NZ$). Eine andere Möglichkeit ist, das Cosy Sawmill Family Cottage (ab 300 NZ$, für 10 Pers.) zu mieten.

Goat Island Marine Reserve

Nur 3 km von Leigh entfernt erstreckt sich dieses 547 ha große Meeresnaturschutzgebiet, das 1975 als erstes des Landes gegründet wurde. In nicht einmal 40 Jahren hat sich das Meer inzwischen in ein gigantisches Aquarium zurückverwandelt und vermittelt einen Eindruck, wie die Küste Neuseelands wohl einmal ausgesehen hat, bevor die ersten Siedler sich hier niederließen. Man muss nur bis zu den Knien ins Wasser waten, um Snapper (große Fische mit blauen Punkten und blaue Flossen), blaue Maomao (Preußenfische) und gestreifte Parore (eine Barschart) zu bestaunen. Die gesamte Insel ist von Tauchrevieren umgeben. Da Goat Island nicht weit draußen im Meer liegt, besteht die Möglichkeit, gleich vom Strand aus zu schnorcheln oder zu tauchen.

Ausgezeichnete Infotafeln erklären die Bedeutung der Maori in dieser Gegend (hier landete einst eines ihrer Kanus an), außerdem zeigen Bilder die Tierarten, die man vermutlich zu Gesicht bekommen wird. Bunte Schwämme, Wälder aus Seegras, Eberfische, Krebse und Stachelrochen lassen sich sehen, mit etwas Glück aber auch Schwertwale und Flaschennasendelfine. Die Sichtweite liegt zu 75 % bei etwa 10 m.

Mit dem **Glasbodenboot** (☎09-422 6334; www.glassbottomboat.co.nz; Erw./Kind 25/13 NZ$) bietet sich Gelegenheit, das Unterwasserleben in Augenschein zu nehmen, ohne nasse Füße zu bekommen. Die Fahrten (ganzjährig, nur bei entsprechendem Wetter) dauern 45 Minuten und beginnen am Strand. Am besten vorher telefonisch anfragen und auch gleich buchen.

Kajaks und Schnorchelausrüstung kann man meist direkt am Strand oder alternativ bei **Seafriends** (☎09-422 6212; www.seafriends.org.nz; 7 Goat Island Rd.; ⏲9–19 Uhr) ein Stück weiter die Straße hinauf ausleihen. Die Firma verleiht Schnorchelausrüstung (ab 15 NZ$), Neoprenanzüge (ab 18 NZ$) und Unterwasserkameras (45 NZ$). Außerdem gibt es hier noch Salzwasseraquarien und ein Café.

Pakiri

Der herrliche Pakiri Beach, 12 km hinter Goat Island (davon 4 km auf unbefestigter Straße), ist ein unberührter weißer Sandstrand, an dem die Wellen tosen – ein größerer Abschnitt steht als Regionalpark unter Naturschutz.

Der **Pakiri Beach Holiday Park** (☎09-422 6199; www.pakiriholidaypark.co.nz; 261 Pakiri River Rd.; Stellplatz ab 46 NZ$, Wohneinheiten 60–310 NZ$) direkt am Meer verfügt über einen Laden sowie diverse ordentliche, aber unterschiedlich komfortable Wohneinheiten im Schatten von Pohutukawa-Bäumen.

Nur 6 km von Pakiri entfernt stehen auf dem Gestüt **Pakiri Horse Riding** (☎09-422 6275; www.horseride-nz.co.nz; Rahuikiri Rd.) über 80 Pferde. Hoch zu Ross geht es von dort aus durch den wunderschönen Busch oder am Strand entlang; die Ausritte dauern zwischen einer Stunde (65 NZ$) und mehreren Tagen. Die Gäste übernachten in einfachen, aber sagenhaft schön gelegenen Hütten am Meer (B/Hütte 30/150 NZ$) oder in bequemen Vier-Bett-Häusern (500 NZ$), die in den Dünen versteckt liegen.

Bay of Islands & Northland

Inhalt »

Gut essen

- » à Deco (S. 150)
- » Acorn Bar & Bistro (S. 176)
- » Bennetts (S. 145)
- » Food at Wharepuke (S. 171)

Schön übernachten

- » Kahoe Farms Hostel (S. 150)
- » Endless Summer Lodge (S. 181)
- » Little Earth Lodge (S. 150)
- » Tree House (S. 183)

Auf zur Bay of Islands & nach Northland!

Viele Neuseeländer verbinden mit dem Ausdruck „hoch nach Norden" nostalgische Erinnerungen an Strandurlaube mit der Familie, blühende Pohutukawa-Bäume und herumtollende Delfine in idyllischen Buchten. Ob auf dem Pausenhof oder in der Kantine: Wer ein bach (Ferienhaus) „oben im Norden" sein eigen nennt, ist überall gleichermaßen beliebt.

Die zahllosen Strände sind hier die Hauptattraktion. Besucher aus dicht besiedelten Ländern staunen nicht schlecht, wenn sie einen völlig unberührten Strand betreten und feststellen, dass weit und breit kein Mensch zu sehen ist. An der Westküste wachsen die spektakulären Überreste des uralten Kauri-Waldes, der einst das ganze Land bedeckte. Die noch verbliebenen Riesenbäume flößen große Ehrfurcht ein und zählen zu den wahren Schätzen Neuseelands.

Aber es gibt nicht nur die Schönheit der Natur zu bewundern, auch an historischen Stätten herrscht kein Mangel. In Northland liegen die ersten Siedlungsplätze der Maori und der Europäer, weshalb diese Gegend zweifellos den Titel „Geburtsort der Nation" verdient.

Reisezeit

Der „winterlose Norden" wirbt mit seinem subtropischen Klima, das besonders ab Kerikeri spürbar wird. In den Sommermonaten regnet es durchschnittlich sieben Tage im Monat, im Winter dagegen an 16 Tagen. Die Temperaturen liegen oft 1 oder 2 °C über denen von Auckland, besonders an der Ostküste. Wie an allen anderen Strand-Hotspots geht es auch an Northlands Küste um den Jahreswechsel richtig rund; in den Schulferien im Januar sieht es kaum anders aus. Das muss keinen beunruhigen: Die Sommertage ziehen sich bis in den Februar oder gar März hinein. Sogar im Winter liegen die Höchsttemperaturen im Durchschnitt um 16 °C, während die niedrigsten Temperaturen durchschnittlich bei 7 °C liegen.

Highlights

1 Die weiten Strände der beiden Küsten, an denen man sich in der Sonne räkeln, planschen oder bodysurfen kann.

2 Besuch des **Cape Reinga**, wo die Ozeane aufeinanderstoßen, während sich die Seelen toter Maori auf eine lange Reise begeben (S. 178)

3 Besuch des **Waipoua Forest** (S. 186) mit seinen uralten Kauri-Giganten

4 Ein Tauchgang vor **Poor Knights Islands** (S. 152) einem der fantastischsten Tauchspots der Welt

5 Die Fahrt zu einer der Insel der **Bay of Islands** (S. 155), wo Delfine im Wasser herumtollen

6 Die Sanddünen am **Ninety Mile Beach** (S. 178) oder an Hokiangas **North Head** (S. 182)

7 Geschichte und Kultur auf den **Waitangi Treaty Grounds** (S. 164)

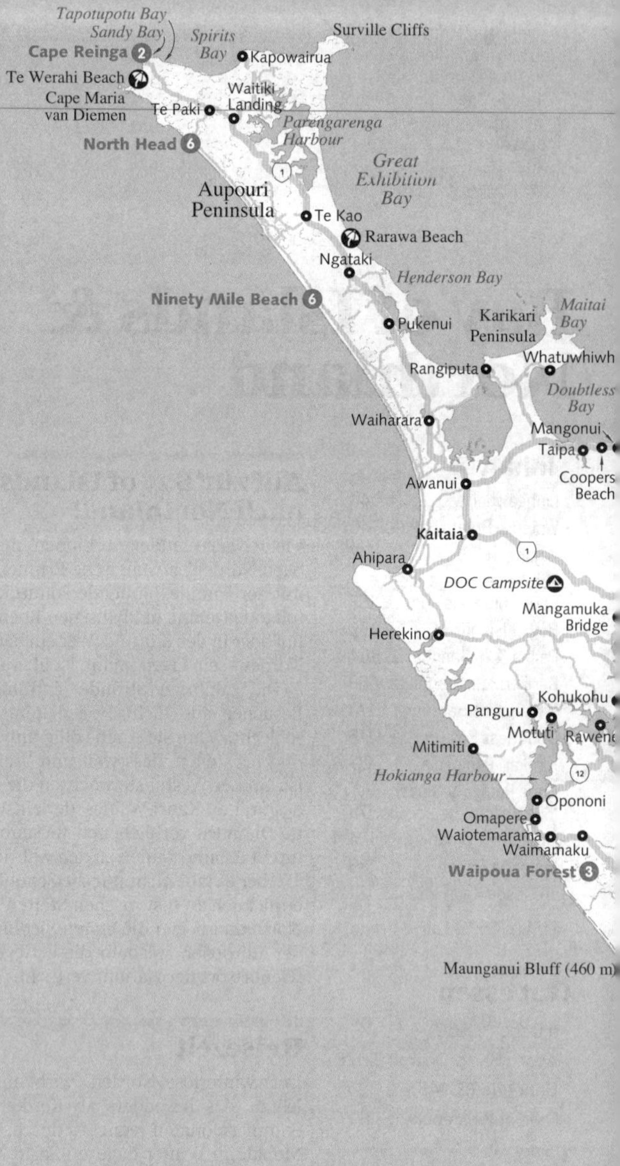

0
50 km
SÜD-
PAZIFIK
Hihi
Taupo Bay
Whangaroa Harbour
Wrack der Rainbow Warrior
Tauranga Bay
Cavalli Islands
Kahoe
Whangaroa
Matauri Bay
Kaeo
10
Cape Brett
Bay of Islands
5
Puketi Forest
Kerikeri
Omahuta Forest
7 Waitangi Treaty Grounds
Waimate North
Waitangi
Russell
Paihia
Okaihau
Lake Omapere
Horeke
Wairere
Kawakawa
Whangaruru North Head Scenic Reserve
Kaikohe
Ngawha Springs
Helena Bay
Mimiwhangata Coastal Park
Taheke
Ruapekapeka Pa
4 Poor Knights Islands
Waima
Motatau
1
Whananaki
Whakapara
Sandy Bay
Matapouri
Hikurangi
Tutukaka
Ngunguru
Mangakahia River
Wairua River
Ngunguru Bay
WHANGAREI
Trounson Kauri Park
Maunu
Pataua
Maungatapere
Whangarei Airport
Kaihu
Parua Bay
Mt Manaia (419 m)
Maropiu
14
Kai Iwi Lakes
Whangarei Heads
Ocean Beach
Tangowahine
Bream Head
Kauri Coast
Baylys Beach
12
Ruakaka
Hen & Chicken Islands
Dargaville
Uretiti
Bream Bay
Wairoa River
Waipu
Waipu Cove
1
Langs Beach
Glinks Gully
Brynderwyn
Paparoa
Mangawhai Heads
12
Matakohe
Mangawhai
Ruawai
Little Barrier Island
Ripiro Ocean Beach
Kaiwaka
Pakiri Beach
Tomarata
Tinopai
Goat Island
Pakiri
Kaipara Harbour
Port Albert
Wellsford
Leigh
Kaipara Lighthouse
Omaha Beach
North Head
Pouto Point
Dome Forest

KURZINFOS: NORTHLAND

» **Essen** Kumara, Dargavilles knolliger Star

» **Trinken** Orangensaft, ein für Kerikeri typisches Getränk

» **Lesen** *The House of Strife* (1993), Maurice Shadbolts spannender Roman aus der Zeit des Northland War (19. Jh.)

» **Hören** *Cape Reinga Way* (2011) von The Nukes, die mit Ukulele-Klängen den Weg ins Jenseits weisen

» **Ansehen** *Land of the Long White Cloud* (2009) – angelnde Philosophen am Ninety Mile Beach

» **Festival** Waitangi Day

» **Natur** Mit Footprints Waipoua den Bäumen ein Ständchen darbringen

» **Online** www.northlandnz.com; www.kauricoast.co.nz

» **Vorwahl** ☎09

Anreise & Unterwegs vor Ort

Bus

InterCity (☎09-583 5780; www.intercity.co.nz) InterCity und das dazugehörige Unternehmen Northliner fahren von Auckland über Waipu, Whangarei und Paihia nach Kerikeri sowie von Paihia über Kerikeri, Mangonui und Coopers Beach nach Kaitaia.

Main Coachline (☎09-278 8070; www.maincoachline.co.nz) An den meisten Tagen verkehrt ein Bus zwischen Auckland und Dargaville (3 Std.), er hält auch in Matakohe, Warkworth und Orewa.

Naked Bus (☎0900 625 33; www.nakedbus.com) Tägliche Busverbindungen von Auckland nach Paihia (3¾ Std.), die Busse fahren über Warkworth, Waipu, Whangarei und Kawakawa. Anrufe kosten 1,99 NZ$ pro Minute.

West Coaster (☎021 380 187) Ein wochentags verkehrender, privater Shuttleservice zwischen Whangarei und Dargaville.

Flugzeug

Air New Zealand (☎0800 737 000; www.airnz.co.nz) Täglich Flüge von Auckland nach Whangarei, Kerikeri und Kaitaia sowie von Wellington nach Whangarei.

Great Barrier Airlines (☎09-275 9120; www.greatbarrierairlines.co.nz) Bietet nur im Sommer auf Anfrage hin Flüge von Whangarei zur Great Barrier Island an.

Salt Air Xpress (☎09-402 8338; www.saltair.co.nz) Fliegt täglich außer samstags von Kerikeri nach Whangarei und dann weiter zu Aucklands North Shore.

WHANGAREI DISTRICT

Wer diese Region wirklich kennenlernen will, muss sich darauf einrichten, nass zu werden. Strände über Strände – alle mit kristallklarem Wasser – bieten unzählige Möglichkeiten zum Schwimmen, Surfen oder Rumplanschen im seichten Wasser. Darum belagern auch viele einheimische Urlauber in der Hauptsaison die beliebtesten Stellen. Doch selbst zu dieser Zeit findet sich immer noch ein Stückchen Strand, auf dem die eigenen Fußabdrücke die einzigen sind.

Wer das hier liest und ein echter Tauchfan ist, sollte jetzt alles stehen und liegenlassen und sich schnurstracks in Richtung Tutukaka aufmachen: Die benachbarten Poor Knights Islands gehören zu den besten Tauchspots unseres Planeten.

Mangawhai

1670 EW.

Magisches Mangawhai – so steht es auf dem offiziellen Straßenschild, das ja meist recht zuverlässig ist. Mangawhai Village erstreckt sich an einem hufeisenförmigen Hafen, wobei sich die wahre Magie erst 5 km weiter nördlich bei Mangawhai Heads entfaltet.

Verschiedene Maoristämme bewohnten die Region vor den 1660er-Jahren, als die Ngati Whatua ihre Vorherrschaft begannen. 1807 schlugen diese die Ngapuhi aus dem Norden in einer großen Schlacht und ließen die Überlebenden entkommen. Einer von ihnen war Hongi Hika, der dann 1825 mit Musketen, die er von den Europäern besorgt hatte, und Männern zurückkehrte. Das nachfolgende Blutbad löschte den Stamm der Ngati Whatua aus, und das Areal wurde *tapu* (heilig, tabu). Britische Besatzer kamen her und wurden in den 1850er-Jahren von der Regierung mit Land bedacht. Erst in den 1990er-Jahren wurde das *tapu* durch eine Zeremonie aufgehoben.

Sehenswertes & Aktivitäten

Mangawhai Heads STRAND

Eine schmale Nehrung mit weißem Pudersand zieht sich über viele Kilometer, sie bildet den südlichen Abschnitt des Hafens, wo sich auch ein Vogelschutzgebiet befindet.

Gegenüber liegt ein entspannter Urlaubsort mit einem Surfstrand an der Nordspitze. Im Sommer patrouillieren die Lebensretter hier an jedem Wochenende, während der Schulferien sind sie sogar täglich im Einsatz. Doch auch wenn die imposanten Wellenberge einen anderen Eindruck vermitteln: hier ist es nicht besonders gefährlich.

Mangawhai Museum MUSEUM
(www.mangawhai-museum.org.nz; Moir St., Mangawhai Village; Eintritt: Spende erbeten; ⌚Sa 10.30–13 Uhr) Eine kleine Ausstellung mit Artefakten der Siedler und der Maori.

Mangawhai Cliff Top Walkway WANDERN
Dieser bei Mangawhai Heads beginnende Wanderweg verzaubert mit schönen Ausblicken auf Meer und Land. Die Wanderung dauert 2 bis 3 Std., wenn man bei Ebbe den Rückweg über den Strand nimmt. Der Weg ist Teil des neuseeländischen Fernwanderwegs Te Araroa.

Schlafen

Milestone Cottages COTTAGES $$
(☎09-431 4018; www.milestonecottages.co.nz; 27 Moir Pt Rd., Mangawhai Heads; Cottages 125–260 NZ$; 🏊) Ein Paradies am Pazifik: fünf einzelne Cottages (mit bis zu fünf Betten) stehen hier inmitten eines üppig-tropischen Gartens. Die Besitzer planten allerdings, die drei vorderen Cottages sowie den Pool zu verkaufen. Also besser vor der Anreise nachfragen, wie die aktuelle Situation ist.

Mangawhai Lodge B&B $$$
(☎09-431 5311; www.seaviewlodge.co.nz; 4 Heather St., Mangawhai Heads; EZ 185 NZ$, DZ 190–195 NZ$, Apt. 220–280 NZ$; @📶) Das Boutique-B&B besticht durch seine Lage am Hang und die großartige Aussicht. Die gemütlichen und raffiniert möblierten Zimmer haben alle einen Zugang zur hübschen umlaufenden Veranda.

Essen

LP TIPP **Bennetts** CAFÉ $
(☎09-431 5072; www.bennettsofmangawhai.com; 52 Moir St., Mangawhai Village; Hautgerichte 13–22 NZ$; ⌚Laden 9.30–16 Uhr, Café: Frühstück & Mittagessen, Abendessen in der Saison) Eine ländliche Idylle im französischen Stil hat hier im Dorf ihren Platz gefunden, und zwar in Form einer stimmungsvollen Chocolaterie mit Eisdiele und Café. Hier sitzen die Gäste am Brunnen im Hof und lauschen der Stimme von Edith Piaf, während sie genüsslich köstliche Trüffeln naschen und an einem Glas Wein nippen.

Sail Rock Cafe CAFÉ $
(12a Wood St., Mangawhai Heads; Hauptgerichte 13–32 NZ$; ⌚9.30 Uhr bis spätabends) Wer am Ende eines Surftages bei einem eiskalten Bier und einer Portion Salt-and-Pepper-Squid über die entwischten Wellen räsonieren will, ist hier genau richtig.

Smashed Pipi CAFÉ, BAR $
(www.smashedpipi.com; 40 Moir St., Mangawhai Village; Hauptgerichte 12–20NZ$) Eine wahrhaft eklektische Mischung: Essensausgabe an der Theke und eine schwarze Tafel mit verschiedenen Gerichten im Café, gelegentlich Livemusik in der Bar sowie knallige Töpfer- und Glaswaren in der Galerie nebenan.

Mangawhai Market MARKT $
(Moir St.; ⌚Sa 9–13 Uhr) Die Markthändler in der Library Hall von Mangawhai Village verkaufen Bioprodukte (darunter Wein und Olivenöl) sowie die Objekte ortsansässiger

DAS NEUSEELAND DER MAORI: NORTHLAND

Diese von den Maori Te Tai Tokerau genannte Region blickt auf eine lange und stolze Vergangenheit zurück. Die meisten Maori Neuseelands leben hier in Northland. In dieser Gegend kann man ebenso wie am East Cape vielleicht sogar noch die Maori-Sprache hören. In der Mythologie gilt Northland als der Schwanz des Fisches von Maui.

Zu den bedeutendsten Maori-Stätten zählen Cape Reinga, die Waitangi Treaty Grounds, die Ruapekapeka Pa Historic Reserve und Tane Mahuta im Waipoua Forest.

Einen Einblick in die Maori-Kultur bieten zahlreiche einheimische Unternehmen, darunter Footprints Waipoua, Sandtrails Hokianga, Motuti Marae, Ahikaa Adventures, Sand Safaris, Terenga Paraoa, Native Nature Tours, Taiamai Tours, Tiki Tours, Rewa's Village und Culture North. Viele Touristikunternehmen gehören einzelnen Maori oder Stammesgruppen (*hapu*). **Tai Tokerau Tourism** (www.taitokerau.co.nz) führt Dutzende davon auf seiner Website auf.

Kunsthandwerker. Ein weiterer Markt wird von Mitte Oktober bis Ostern am Sonntagmorgen in der Domain (Mangawhai Heads) abgehalten.

Praktische Informationen

Visitor Information Centre (09-431 5090; www.mangawhai.co.nz) Das Zentrum ist zwar nicht durchgehend geöffnet (meist nur am Wochenende und im Hochsommer), dafür stehen aber Infotafeln vor der Tür.

Waipu & Bream Bay

1491 EW.

Ganze Generationen von Kiwi-Kids haben schon über den Namen „Waipu" gekichert (alle Hersteller von Durchfallmitteln haben die Riesenchance verpasst, diesen Namen für ihr Produkt auf dem neuseeländischen Markt zu verwenden). Sei es drum – Waipu und das benachbarte **Waipu Cove** sind tolle kleine Örtchen.

Die ersten 934 britischen Siedler reisten zwischen 1853 und 1860 aus Schottland über Nova Scotia (Kanada) ein. Diese mürrischen Schotten hatten genug Verstand, um einen großen Bogen um das kühle Otago zu machen, wo so viele ihrer Mitstreiter siedelten, und sich in wärmeren Gefilden niederzulassen. Ihre Geschichte wird im **Waipu Museum** (36 The Centre; Erw./Kind 8/3 NZNZ$; 9.30–16.30 Uhr; @) in Hologrammen, einem kurzen Film und interaktiven Exponaten wieder lebendig.

Nur noch 10 % der heutigen Bevölkerung haben schottische Wurzeln, aber jedes Jahr am 1. Januar findet eine große Zusammenkunft statt, in deren Rahmen im Caledonian Park die 1871 eingeführten **Highland Games** (www.waipugames.co.nz; Erw./Kind 15/5 NZNZ$) abgehalten werden.

In der Ecke kann man wunderbar wandern, u. a. auf dem **Waipu Coastal Trail**, der von Waipu Cove über die **Pancake Rocks** nach Süden zum Langs Beach führt. Der 2 km lange **Waipu Caves Walking Track** beginnt an der Ormiston Road und zieht sich durch Felder und Wiesen sowie ein malerisches Naturschutzgebiet bis zu einer großen Höhle mit Glühwürmchen und Tropfsteinen. Für die Erkundung der Unterwelt sind Taschenlampe, Kompass und gutes Schuhwerk zu empfehlen.

Der traumhafte Strand von Bream Bay scheint endlos, der schöne Eindruck wird allerdings durch eine gigantische Ölraffinerie am Nordende etwas getrübt. Der Strand von **Uretiti**, er liegt südlich des **DOC-Campingplatzes** (www.doc.govt.nz; SH1; Zeltstellplatz Erw./Kind 8/4 NZ$), ist ein inoffizieller FKK-Strand. Über Neujahr tummeln sich hier Kiwi-Familien, eingefleischte europäische Nudisten und Schwule.

Schlafen

Stonehouse PENSION $
(09-432 0432; www.stonehousewaipu.co.nz; 641 Cove Rd.; Apt. 80–220NZ$;) Das einzigartige Haus wurde wie die Häuser Cornwalls aus großen Steinblöcken errichtet und liegt hübsch zwischen der Straße nach Waipu Cove und einer Salzwasserlagune. Die drei abgeschlossenen Apartments sind in kräftigen Farben gehalten. Preislich reichen sie vom günstigen „cutesy" (mit Doppelschlafcouch unten und sechs Stockbetten oben) bis zu den komfortableren Räumen im Haupthaus, die einzeln oder als Wohnung mit drei Schlafzimmern inkl. großzügigem Wohnbereich vermietet werden.

Waipu Wanderers Backpackers HOSTEL $
(09-432 0532; waipu.wanderers@xtra.co.nz; 25 St Marys Rd.; B/EZ/DZ 30/45/66 NZ$;) In dieser fröhlich-freundlichen Backpackerunterkunft der Gemeinde Waipu gibt es nur drei Zimmer, dafür aber das saisonale Obst umsonst. Hier fühlt man sich als Gast gleich wie zu Hause.

Ruakaka Reserve Motor Camp CAMPINGPLATZ $
(09-432 7590; 21 Ruakaka Beach Rd.; Zeltstellplatz ab 22 NZ$, Hütte 46–112 NZ$;) Preislich und von der Lage her ist der Platz irgendwo zwischen einem DOC-Campingplatz und einer Ferienanlage anzusiedeln. Der riesige Camperpark auf einer Wiese am Strand bei der Flussmündung von Ruakaka bietet Unterkünfte mit einfacher Ausstattung.

Essen

Cafe Deli CAFÉ $
(29 The Centre; Hauptgerichte 8–19 NZ$; 9–16 Uhr) Leckere Salate, Pasta, Muffins und Fairtrade-Biokaffee bekommt man in diesem hübschen, kleinen Café am Strand von Waipu.

Pizza Barn ITALIENISCH $
(2 Cove Rd.; Hauptgerichte 12–25 NZ$; April–Nov. Mi–So 11.30 Uhr bis spätabends, Dez.–März tgl.) In Waipu hat sogar die Pizzeria ein schottisches Tartan-Logo (und außerdem

ein cooles Damenklo). Pizza Barn bietet beliebte gemischte Teller, leichte Gerichte und deftige Pizzas für den großen Hunger, dazu ein kaltes Bier. Abends verwandelt sich die Pizzeria in eine Bar.

Beach House NEUSEELÄNDISCH $$
(891 Cove Rd.; www.thebeachhouserestaurant.co.nz; Hauptgerichte 20–35 NZ$; ⌚Mi–Sa 17 Uhr bis spätabends, So 9 Uhr bis spätabends) Dieses zum Waipu Cove Resort gehörende kleine Restaurant serviert seinen Gästen in einem ungewöhnlichen Hof, der von *Ponga*-Stämmen (Baumfarn) umgeben ist, herzhafte Mahlzeiten.

Praktische Informationen

Infomaterial für Touristen und einen Internetzugang gibt es im Waipu Museum.

An- & Weiterreise

Nach Waipu Cove gelangt man über eine äußerst malerische Straße, die von Mangawhai Heads über Langs Beach führt. Oder man biegt 38 km südlich von Whangarei auf die SH1 ab.

Busse von InterCity (S. 144) und Naked Bus (S. 144) fahren den Ort ebenfalls an.

Whangarei

52 200 EW.

Die einzige Stadt Northlands liegt inmitten schönster Natur. Das überschaubare Stadtzentrum bietet genügend Abwechslung für Regentage. Zwar ist Whangarei wohl kaum Neuseelands aufregendste Stadt, aber die lebhafte Kunstszene und die interessante Auswahl an Cafés und Bars sind dann doch eine angenehme Überraschung.

Sehenswertes

TOWN BASIN

Whangareis touristisches Herz schlägt in dieser sehenswerten Marina am Fluss. Hier gibt es Museen, Cafés, Läden, spannende Kunstwerke, ein Infozentrum und eine stetig wachsende Zahl an schicken Yachten. Im Areal lässt es sich wunderbar herumbummeln, dafür einfach dem markierten **Art Walk** und **Heritage Trail** folgen! Von Oktober bis April findet samstags im Schatten des zeltartigen neuen Daches der Fußgängerbrücke ein **Künstlermarkt** statt.

Whangarei Art Museum GALERIE
(www.whangareiartmuseum.co.nz; The Hub, Town Basin; Eintritt: Spende erbeten; ⌚10–16 Uhr) Whangareis städtische Galerie besitzt eine interessante Dauerausstellung, deren ganzer Stolz ein Porträt von Goldie aus dem Jahre 1904 ist (S. 776). Die nagelneuen Ausstellungsräume sind durch das Hub Information Centre zugänglich (S. 151).

Clapham's Clocks MUSEUM
(www.claphamsclocks.com; Town Basin; Erw./Kind 8/4 NZ$; ⌚9–17 Uhr) Die Sammlung ist wesentlich spannender, als man vermuten möchte: 1400 tickende, gongende und Kuckuck rufende Zeitmesser sind hier im National Clock Museum versammelt. Neben kunstvoll verzierten Pendeluhren gibt es Spieluhren sowie moderne Chronometer.

STADTZENTRUM

GRATIS **Old Library Arts Centre** GALERIE
(www.apt.org.nz; 7 Rust Ave.; ⌚Di–Fr 10–16, Sa 9–12 Uhr) In diesem wunderhübschen Art-déco-Gebäude stellen einheimische Künstler ihre Werke aus. Am letzten Freitag des Monats findet ein Nachtmarkt statt, auf dem Kunst, Kunsthandwerk, Antiquitäten und Second-hand-Artikel verkauft werden. Zwischen alter und neuer Bücherei steht **Pou**, eine faszinierende Skulptur aus zehn großen Pfählen, verziert mit geschnitzten Motiven der Maori, Polynesier, Kelten, Kroaten und Koreaner. Wer mehr wissen will, fragt in der Bücherei nach einer Broschüre über die Skulptur.

GRATIS **Botanica & Cafler Park** GÄRTEN
(First Ave & Water St.; ⌚10–16 Uhr) Einheimische Farne, tropische Pflanzen und Kakteen wachsen in diesem kleinen städtischen Farngarten am Rande des entzückenden Cafler Park. Durch den Park, der auch einen Rosen- und Duftgarten umfasst, fließt der Waiarohia Stream.

UMGEBUNG

GRATIS **Abbey Caves** HÖHLEN
(Abbey Caves Rd.; Eintritt frei) Das Waitomo für Budgettraveller sind die Abbey Caves, ein unerschlossenes Netzwerk aus drei Höhlen voller Glühwürmchen, 4 km östlich der Stadt. Man sollte sich mit einer Taschenlampe, festem Schuhwerk und einem Kumpel bewaffnen (keiner möchte hier unten alleine sein, wenn was schief geht …) und sich darauf einstellen, nass zu werden. Der umliegende Naturpark ist ein Wald aus seltsamen Felsformationen. Wer in der benachbarten Little Earth Lodge wohnt, kann sich dort Helme und Kopflampen ausleihen.

Whangarei

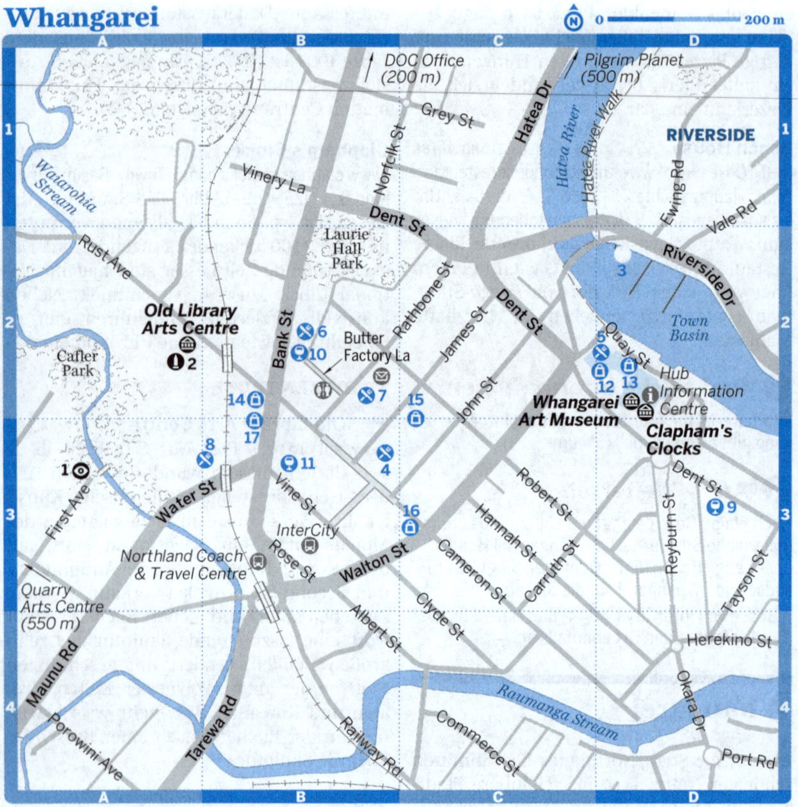

Kiwi North

MUSEUM, TIERE

(www.kiwinorth.co.nz; 500 SH14, Maunu; Erw./Kind 10/5 NZ$; ⌚10–15 Uhr) Das 5 km westlich von Whangarei gelegene Freilichtmuseum besteht aus einem ganzen Dorf mit Gebäuden aus dem 19. Jh. sowie einem Museum mit einer beachtlichen Sammlung an Maori-Artefakten und Gegenständen aus der Kolonialzeit. Im neuen Gecko- und Kiwihaus hat man die seltene Gelegenheit, das Lieblingsfedervieh des Landes in einem abgedunkelten Nachtraum zu erleben.

Native Bird RecoveryCentre

TIERE

(www.nbr.org.nz; 500 SH14, Maunu; Eintritt frei; ⌚Mo–Fr 10.30–16.30 Uhr) Gleich neben dem Kiwi North steht ein Vogelkrankenhaus, in dem kranke und verletzte Vögel behandelt werden. Besucher können sich mit den sprechenden Tuis (Honigfresser) unterhalten, die auch recht laut sein können.

Whangarei Falls

WASSERFALL

(Otuihau; Ngunguru Rd.) Die 26 m hohen Fälle gelten als die VIPs unter den Wasserfällen – sie sind zwar nicht am eindrucksvollsten, werden aber am häufigsten fotografiert. Auf einem kurzen Spaziergang kann man auf das Wasser schauen, das in Kaskaden über die Kante einer alten Basaltlavadecke stürzt. Der Tikipunga-Bus (3 NZ$, nicht So), der in der Stadt an der Rose Street abfährt, hält bei den Wasserfällen.

AH Reed Memorial Kauri Park

WALD

(Whareora Rd.) Ein Hain aus riesigen, 500 Jahre alten Kauri-Bäumen wurde in diesem üppiggrünen Buschland vor der Abholzung bewahrt. Auf dem interessant konstruierten Steg gelangt man ohne allzu große Mühe und Anstrengung hinauf in die Baumwipfel. Anfahrt: Von der Bank Street geht es nach Norden und dann rechts in die Whareora Road.

Whangarei

Quarry Gardens GÄRTEN
(www.whangareiquarrygardens.org.nz; Russell Rd.; Eintritt: Spende erbeten; ⌚8–17 Uhr) Freiwillige mit grünem Daumen haben diesen alten Steinbruch in einen bezaubernden Park mit See, Wasserfällen, betörendem Blumenduft, kleinen Wildnisinseln und viel positiver Energie verwandelt.

GRATIS **Quarry Arts Centre** KUNSTZENTRUM
(www.quarryarts.org; 21 Selwyn Ave.; ⌚9.30–16.30 Uhr) Ein exzentrisches Dorf aus Malerateliers und Galeriekooperativen, wo es oft günstige Kunst und Kunsthandwerk zu kaufen gibt. Der Weg führt von der Rust Avenue rechts in den Western Hills Drive und dann links in die Russell Road.

Aktivitäten

Die bei der i-SITE kostenlos erhältliche *Whangarei-Walks*-Broschüre enthält Karten und detaillierte Beschreibungen von einigen hervorragenden Wanderwegen der Gegend. Der **Hatea River Walk** führt vom Town Basin entlang des Flusses zu den Wasserfällen (hin & zurück 3 Std.). Auf längeren Wanderungen geht es durch das **Parihaka Reserve** östlich des Hatea River, vorbei an den Überresten eines Vulkankegels (241 m) und eines großen *pa* (Wehrdorf). Vom Aussichtspunkt des Kegels, der auch mit dem Auto erreichbar ist, lässt sich die Stadt in allen Einzelheiten betrachten. Weitere Wanderwege führen durch das Buschland **Coronation Scenic Reserve**, das direkt westlich des Zentrums liegt. Hier gibt es zwei *Pa*-Stätten und aufgelassene Steinbrüche zu sehen.

Skydive Ballistic Blondes FALLSCHIRMSPRINGEN
(☎0800 695 867; www.skydiveballisticblondes.co.nz; Tandemsprung aus rund 3,7 km Höhe 340 NZ$) Dies ist nicht nur der Fallschirmsprunganbieter mit dem sicherlich seltsamsten Namen, sondern auch der Einzige, der am Strand landen darf (Ocean Beach oder Paihia).

Pacific Coast Kayaks KAJAK
(☎09-436 1947; www.nzseakayaking.co.nz; Kajak 2½/4/8 Std. 40/60/80 NZ$, Touren 40–120 NZ$) Die Firma vermietet Kajaks und bietet geführte Paddeltouren zu mehreren Zielen in der Umgebung an.

Geführte Touren

Pupurangi Hire & Tour KULTURFÜHRUNG
(☎09-438 8117; www.hirentour.co.nz; Jetty 1, Riverside Dr.; ⌚10.30–17.30 Uhr) Die Firma bietet einstündige Touren durch Whangarei, darunter *Waka*-Trips (Kanufahrten) auf dem Fluss (35 NZ$). Kajaks (17 NZ$ pro Std.), *waka* (25 NZ$), Aquaräder (17 NZ$) und Fahrräder (15 NZ$) können ausgeliehen werden.

Terenga Paraoa KULTURFÜHRUNG
(☎09-430 3083; ab Town Basin; Erw./Kind vormittags 55/30 NZ$, nachmittags 32/20 NZ$; ⌚9.30 & 13 Uhr) Geführte Maori-Touren mit kulturellem Background rund um Whangarei Harbour, Mt. Manaia, Kauri Park und am Vormittag Parihaka *pa*. Inzwischen werden wohl auch schon *Waka*-Trips (Kanufahrten) angeboten.

Tiki Tours KULTURFÜHRUNG
(☎09-437 2955; Charmaine.tiki@xtra.co.nz; 2-Std.-Tour 35 NZ$; ⌚Mo–Sa 11 & 14 Uhr) Diese am Hub beginnende günstige Tour führt über die Wasserfälle und Parihaka direkt in

die Tikipunga Tavern, wo eine traditionelle Maori-Mahlzeit serviert wird.

Schlafen

LP TIPP Little Earth Lodge HOSTEL $
(☎09-430 6562; www.littleearthlodge.co.nz; 85 Abbey Caves Rd.; B/EZ/DZ/3BZ 30/67/70/90 NZ$; @📶) Direkt neben den Abbey Caves, nur 4 km von der Stadt entfernt, liegt die Little Earth Lodge, deren Ausstattung alle anderen Hostels in den Schatten stellt. Keine Rede von Schlafsälen mit ekligen Stockbetten: Hier ruht man in einem ordentlichen, kuscheligen Bett mit sauberem Bettzeug und teilt sich das Zimmer mit maximal zwei weiteren Personen. Als Haustiere gibt es die Minipferdchen Tom und Jerry und das süße Hündchen Muttley.

Pilgrim Planet PENSION $$
(☎09-459 1099; www.pilgrimplanet.co.nz; 63 Hatea Dr.; Zi. 115–145 NZ$; @📶) Noble Zimmer samt Zugang zur Gemeinschaftsküche und Lounge: gehobene Einrichtung mit Hostelfeeling.

Whangarei Views B&B $$
(☎09-437 6238; www.whangareiviews.co.nz; 5 Kensington Heights Rise; EZ/DZ 99/120 NZ$, Apt. 169–229 NZ$; @📶) Das B&B trägt seinen Namen zu Recht, denn es bietet schöne Ausblicke über die Stadt. Das moderne und ruhige Haus verfügt über eine abgeschlossene Wohnung mit zwei Schlafzimmern im unteren Geschoss und einem B&B-Zimmer im Hauptteil des Hauses. Bei der Anfahrt folgt man am besten den Schildern für Quarry Gardens. Kensington Heights Rise zweigt von der Russell Road ab.

Lodge Bordeaux MOTEL $$$
(☎09-438 0404; www.lodgebordeaux.co.nz; 361 Western Hills Dr.; Apt. 195–540 NZ$; @📶) Das Lodge Bordeaux lässt sich irgendwo zwischen superschickem Motel und Apartmenthotel einordnen: Geschmackvoll eingerichtete Zimmer, beeindruckende Küchen und Bäder (meist mit Spa), private Balkons und hervorragender Wein. Anfahrt über die Rust Avenue, dann links in den Western Hills Drive

BK's Pohutukawa Lodge MOTEL $$
(☎09-430 8634; www.pohutukawalodge.co.nz; 362 Western Hills Dr.; Zi. 125–190 NZ$; @📶) Das unkomplizierte, nett möblierte Motel gleich westlich der Stadt bietet 14 gut ausgestattete Zimmer und ausreichend Parkplätze. Auch an Extras wurde gedacht, so z. B. an einen Deckenventilator für den Sommer, Heizdecken für kalte Tage und ferner auch an eine Cafetière und an ein Bügeleisen.

YHA Manaakitanga HOSTEL $
(☎09-438 8954; www.yha.co.nz; 52 Punga Grove Ave.; B/Zi. 30/90 NZ$; @📶) Das auf einem ruhigen Hügel stehende kleine Hostel mit Blick auf den Fluss bietet nur eine Handvoll Zimmer sowie eine überdachte Terrasse mit Grillbereich. Schon nach einem kurzen Spaziergang durch den Busch stößt man im Dunkeln auf die Glühwürmchen. Anreise: Vom Riverside Drive geht es Richtung Osten bis zur Punga Grove Avenue, die auf der linken Seite bergauf führt.

Whangarei Top 10 CAMPINGPLATZ $
(☎09-437 6856; www.whangareitop10.co.nz; 24 Mair St.; Stellplatz ab 20 NZ$, Hütte 67–253 NZ$; @📶) Diese zentral gelegene Ferienanlage am Fluss wird von freundlichen Besitzern betrieben. Die Ausstattung der Hütten ist überdurchschnittlich, alle Edelstahloberflächen glänzen supersauber. Die Mair Street zweigt nördlich des Stadtzentrums vom Hatea Drive ab.

Essen

À Deco NEUSEELÄNDISCH $$$
(☎09-459 4957; 70 Kamo Rd.; Hauptgerichte 37–39 NZ$; ⏰Fr Mittagessen, Di–Sa Abendessen) Northlands bestes Restaurant serviert fantasievolle Gerichte, überwiegend aus einheimischen Produkten, darunter viele Meeresfrüchte. Art-déco-Fans werden vom Haus begeistert sein – eine wundervoll kurvige Villa im Marinelook mit Originaleinrichtung. Von der Bank Street fährt man Richtung Norden, biegt dann links in die Kamo Road und schon ist man da.

Pimarn Thai THAILÄNDISCH $$
(12 Rathbone St.; Hauptgerichte 16–22 NZ$; ⏰Mo–Sa Mittagessen, tgl. Abendessen; 🌿) Das Pimarn ist so farbenprächtig, wie es sich für ein ordentliches Thai-Restaurant gehört (viel Gold und Buntglas). Auf der umfangreichen Speisekarte stehen alle thailändischen Klassiker, darunter das leckere *pad thai*.

Nectar CAFÉ $
(www.nectarcafe.co.nz; 88 Bank St.; Hauptgerichte 10–18 NZ$; ⏰Mo–Sa Frühstück & Mittagessen) Das Nectar ist eine gelungene Verbindung aus Fairtrade-Kaffee, üppigen Portionen aus überwiegend regionalen Northland-Produk-

ten, freundlichem Service (manche der Bedienungen kommen von einem Youth Development Program) und schöner Aussicht auf die Stadt (von den hinteren Fenstern aus).

Fresh CAFÉ $
(12 James St.; Hauptgerichte 10–22 NZ$; ⌚Sa–Mi 7.30–16, Do & Fr 7.30–19 Uhr) In diesem quicklebendigen, schicken Café gibt es großartigen Kaffee und interessante Frühstücksvarianten. An der Wand hängen Blumenfotos im Riesenformat. Donnerstags und freitags hat es etwas länger auf, damit man noch den einen oder anderen kleinen After-Work-Drink zu sich nehmen kann.

Mokaba CAFÉ $
(Town Basin; Hauptgerichte 8–18 NZ$) Das beste Café am Town Basin besticht durch die Tische vor der Tür, von denen sich der Wald an Segelmasten bewundern lässt. Der Sitzbereich im Inneren geht in eine Galerie über. Zum Frühstück gibt es ein leckeres, warmes Frühstück sowie eine umfangreiche Auswahl frischer Kleinigkeiten von der langen Theke.

Stumpy's FISH & CHIPS $
(121 Riverside Dr.; Mahlzeit 4–20 NZ$; ⌚Mo–Do 10–19, Fr–So 10–20 Uhr) Ein legendärer Fish&Chips-Laden mit einer Meeresfruchteplatte (14 NZ$), an die man noch lange zurückdenkt.

Whangarei Growers' Market MARKT
(Water St.; ⌚Sa 6.30–10.30 Uhr) Frühaufsteher können auf diesem seit langem bestehenden Bauernmarkt die besten regionalen Produkte einkaufen.

Ausgehen

Brauhaus Frings BRAUEREI
(www.frings.co.nz; 104 Dent St.; ⌚10 Uhr bis spätabends) Die beliebte Kleinbrauerei ist bekannt für ihr Bier ohne chemische Zusätze, ihre Terrasse, die Brettspiele und die Livemusik an jedem Mittwoch (Jam Night), Freitag und zweiten Sonntag im Monat. Unter der Woche macht sie meist gegen 22 Uhr zu, am Wochenende kann es auch schon einmal 3 Uhr werden.

Butterbank BAR
(www.butterfactory.co.nz; 84 Bank St.; ⌚Di–Sa 16–spätabends) In dieser Tapas- und Cocktail-Bar, die in einem umgebauten Bankgebäude untergebracht ist, spielt freitags Livemusik. Nach ein paar Stunden treten dann die DJs auf den Plan.

McMorrissey's IRISH PUB
(www.mcmorrisseys.co.nz; 7 Vine St.; ⌚12 Uhr bis spätabends) Ein überdurchschnittlich gutes, gemütlich eingerichtetes Irish Pub mit Livemusik (traditionell irisch, Rock und Jam Sessions).

Shoppen

Siehe auch Quarry Arts Centre (S. 149).

Tuatara KUNST & KUNSTHANDWERK
(www.tuataradesignstore.co.nz; 29 Bank St.) Ein wirklich hervorragendes Plätzchen für Design, Kunst und Kunsthandwerk im Maori- und Pasifika-Stil.

Bach KUNST & KUNSTHANDWERK
(www.thebach.org.nz; Town Basin) Günstige Geschenke und Souvenirs findet man in diesem exzellenten Laden einer Kooperative, die über 100 Kunsthandwerker aus Northland vertritt.

Burning Issues KUNST & KUNSTHANDWERK
(www.burningissuesgallery.co.nz; Town Basin; ⌚10–17 Uhr) Exquisite kleine Kunstwerke, besonders Glas- und Keramikwaren sowie diversen Schmuck.

Market Books BÜCHER
(www.marketbooks.co.nz; 85 Cameron St.) In diesem netten Buchladen kann man auf der Suche nach einem seltenen Sammlerstück wunderbar die Regale durchstöbern und außerdem nach einem Second-hand-Schmöker für einen entspannten Tag am Strand suchen.

Classics GESCHENKE
(www.classics.net.nz; 41 Bank St.) Interessantes Allerlei, vom Zauberwürfel bis zu Literatur.

Kathmandu OUTDOOR-AUSRÜSTUNG
(www.kathmandu.co.nz; 22 James St.; ⌚Mo–Fr 9–17.30, Sa 9–16, So 10–15 Uhr) Eine Filiale des bekannten Outdoor- und Reiseausstatters: Hier gibt es so ziemlich alles – vom Adapterstecker bis zum Zelt.

Praktische Informationen

DOC-Büro (☎09-470 3300; www.doc.govt.nz; 149 Bank St.; ⌚Mo–Fr 8.30–16 Uhr)

Hub Information Centre (☎09-430 1188; Town Basin; ⌚9–17.30 Uhr; @📶) Ableger der i-SITE, im Foyer des Art Museum.

Whangarei i-SITE (☎09-438 1079; www.whangareinz.com; 92 Otaika Rd. (SH1); ⌚Mo–Fr 8.30–17, Sa & So 9–16 Uhr; @📶) Information, Café, Toiletten und Internetzugang.

Anreise & Unterwegs vor Ort

Bus

Das Busunternehmen (S. 144) InterCity bedient Whangarei. Die Busse halten vor dem **Northland Coach & Travel Centre** (☎09-438 3206; 3 Bank St.; ⏲Mo–Fr 8–17, Sa & So 8.30–14.30 Uhr). Auch Busse von Naked Buses (Haltestelle am Hub beim Town Basin) und West Coaster steuern die Stadt an.

Flugzeug

Whangarei Airport (WRE; ☎09-436 0047; www.whangareiairport.co.nz; Handforth St.) Der Whangarei Airport liegt bei Onerahi, 6 km südöstlich des Zentrums. Air New Zealand, Salt Air Xpress und Great Barrier Airlines (S. 144) fliegen Whangarei an. Ein Taxi in die Stadt kostet rund 25 NZ$. An der Church Street, etwa 400 m entfernt, hält ein Stadtbus (3 NZ$, Mo–Fr 18-mal tgl., Sa 7-mal tgl.).

Taxi

A1 Cabs (☎0800 438 3377)

Whangarei Heads

Die Whangarei Heads Road führt über 35 km an den nördlichen Ausläufern des Hafens entlang und vorbei an Mangroven und von Pohutukawa gesäumten Buchten bis zum Hafeneingang. Um die kleine Siedlung am Wasser herum liegen Ferienhäuser, B & Bs und Galerien. Von der Spitze des **Mt. Manaia** (419 m), einer Felsnase über McLeod Bay, hat man ein großartiges Panorama, aber der eineinhalbstündige Aufstieg hat es wirklich in sich.

Bream Head ist das Ende der felsigen Landzunge. Die fünfstündige Wanderung (einfache Strecke) von der Urquharts Bay zum Ocean Beach verläuft durch das **Bream Head Scenic Reserve**, die zauberhafte **Smugglers Bay** und die **Peach Cove**.

Der grandiose **Ocean Beach** erstreckt sich auf der anderen Seite der Landzunge über Meilen. Man kann hier surfen und im Sommer ist der Strand bewacht. Ein Umweg von Parua Bay führt einen ins hübsche **Pataua**, eine kleine Siedlung an einem seichten Meeresarm, die über eine Fußgängerbrücke mit einem Surfstrand verbunden ist.

Schlafen & Essen

Kauri Villas B&B $$
(☎09-436 1797; www.kaurivillas.com; 73 Owhiwa Rd., Parua Bay; Zi. 125–175 NZ$;) Die hübsche, blau verzierte Villa thront auf einem Hügel mit Blick auf den Hafen und auf Whangarei. Alles wirkt ein wenig nostalgisch, was zum Teil auch an der ziemlich kitschigen Tapete liegt. Die separate Lodge und die Zimmer des Anbaus sind etwas dezenter eingerichtet.

Parua Bay Tavern PUB $$
(www.paruabaytavern.co.nz; 1034 Whangarei Heads Rd.; Mahlzeit 15–24 NZ$; ⏲11.30 Uhr bis spätabends) Ein zauberhaftes Fleckchen für einen Sommertag: Das nette Pub steht auf einer daumenförmigen Halbinsel, ein einzelner Pohutukawa-Baum blüht feuerrot am grün schimmernden Wasser. Einfach einen Platz auf der Veranda suchen und dort ein kühles Getränk und ein gutes, ordentliches Pubessen genießen.

Tutukaka Coast & Poor Knights Islands

Wer das Goat Island Marine Reserve mag, wird auch die Poor Knights lieben. Abgesehen von der natürlichen Unterwasserszenerie findet man hier auch zwei versenkte alte Marineschiffe – ein Traum!

Wer der Straße nordöstlich von Whangarei für 26 km folgt, kommt im putzigen Dörfchen **Ngunguru** an, nahe der Mündung eines breiten Flusses. **Tutukaka** liegt noch 1 km weiter entfernt und hat einen geschäftigen Yachthafen, Tauchveranstalter und Sportangelboote zu bieten.

Von Tutukaka führt die Straße ein Stück weit ins Landesinnere und kommt nach etwa 10 km am goldenen Sandstrand von **Matapouri** wieder zum Vorschein. Ein schöner, 20-minütiger Strandspaziergang führt zur **Whale Bay**, die von riesigen Pohutukawa-Bäumen gesäumt wird.

Wer von Matapouri weiter nach Norden fährt, gelangt zur endlosen **Sandy Bay**, einem der besten Surfstrände von Northland. Hier finden im Sommer Longboarding-Wettkämpfe statt. Am Strand macht die Straße einen Schlenker und führt zur SH1 bei Hikurangi. An einer Abzweigung kann man wieder zurück zur Küste fahren und bei **Whananaki** weitere fantastische Strände und den **DOC-Campingplatz Otamure Bay** ansteuern (☎09-433 8402; www.doc.govt.nz; Zeltstellplatz Erw./Kind 8/4 NZ$).

Aktivitäten

Von Tutukaka aus werden Tauchfahrten für Anfänger und Fortgeschrittene angeboten.

An der Küste entlang lässt es sich wunderbar wandern. Bei der Whangarei-i-SITE (S. 151) nach der Broschüre *Tutukaka Coast Tracks & Walks* fragen.

Dive! Tutukaka TAUCHEN
(☎0800 288 882; www.diving.co.nz; Marina Rd.; 2 Tauchgänge inkl. Ausrüstung 249 NZ$) Dive! ist verdientermaßen Tutukakas Hauptveranstalter und hat schon eine Reihe von Tourismus-, Business- und Umweltpreise gewonnen. Der Veranstalter bietet verschiedene Tauchkurse und -exkursionen an, darunter einen fünftägigen PADI-Open-Water-Kurs (799 NZ$). Das absolute Highlight ist aber wohl die vielgerühmte „Perfect Day Ocean Cruise" (149 NZ$), die eine Einführung, ein Mittagessen und Snacks, Schnorcheln von einer Plattform mitten im Meeresschutzgebiet, eine Kajakfahrt durch Höhlen und Felsbögen sowie (meistens) eine Begegnung mit Delfinen und (gelegentlich) mit Walen einschließt. Die Kreuzfahrten finden von November bis April statt; Abfahrt ist um 11 Uhr, Rückkehr um 16.15 Uhr. Während der anderen Monate können Schnorchler auf den Tauchbooten mitfahren.

Dive! Tutukaka holt seine Kunden täglich mit seinen Shuttlebussen in Whangarei ab (20 NZ$).

Yukon Dive TAUCHEN
(☎09-434 4506; www.yukon.co.nz; 2 Tauchgänge mit komplettem Ausrüstung 235 NZ$) Der Veranstalter ist gleichzeitig Besitzer der Tauchschule und nimmt maximal zwölf Leute auf eine Tauchfahrt mit.

Tutukaka Surf Experience SURFEN
(☎09-434 4135; www.tutukakasurf.co.nz; Marina Rd.; 2 Std. Unterricht 75 NZ$) Wer schon wuschliges, blondes Haar hat und Baggy Boardies trägt, aber für den perfekten Look noch ein klein wenig Unterstützung braucht, sollte sich am besten an diese Jungs wenden: Um 9.30 Uhr geben sie an vielen Sommertagen und am Wochenende Surfstunden, jeweils an dem Strand, der zu diesem Zeitpunkt die besten Wellen für Anfänger bietet. Könner haben natürlich auch die Möglichkeit, ein Board zu kaufen oder es sich auszuleihen (Tag 45 NZ$).

Schlafen

Lupton Lodge B&B $$
(☎09-437 2989; www.luptonlodge.co.nz; 555 Ngunguru Rd.; EZ 118–150 NZ$, DZ 165–210 NZ$; @📶🏊) Die Zimmer des historischen Hauses (1896) sind geräumig, luxuriös und haben das gewisse Etwas. Die Villa liegt ruhig inmitten von Weiden und Wiesen auf halber Strecke zwischen Whangarei und Ngunguru. Zur Unterhaltung spaziert man entweder durch den Obstgarten, planscht ein wenig im Pool oder spielt in der Gästelounge eine Runde Snooker.

Pacific Rendezvous MOTEL $$
(☎09-434 3847; www.pacificrendezvous.co.nz; Motel Rd.; Apt. 180–245 NZ$) Die für Familien und Kleingruppen ideale Unterkunft bietet durch ihre perfekte Lage atemberaubende Ausblicke auf das Südende des Hafens von Tutukaka. Die meisten Wohneinheiten sind Duplex-Wohnungen (mit mehreren Schlafräumen) und stammen noch aus den 1960er-Jahren. Aber sie umfassen jeweils eine abgeschlossene Einheit und sind unterschiedlich eingerichtet – manche smart, andere eher etwas langweilig. Alle werden von den freundlichen Hotelmanagern tipptopp in Schuss gehalten.

DIE MARINEN SCHÄTZE DER POOR KNIGHTS ISLANDS

Das 1981 eingerichtete Meeresschutzgebiet gehört zu den zehn besten Tauchspots der Welt. Die Inseln liegen inmitten einer subtropischen Strömung aus dem Korallenmeer, deshalb gibt es hier viele tropische und subtropische Fische, die man sonst in den Gewässern um Neuseeland kaum findet. Das Wasser ist klar und ohne Sedimente oder Verschmutzungen. Die 40 bis 60 m hohen Riffe fallen steil zum sandigen Boden ab und bilden ein Labyrinth aus Bögen, Höhlen, Tunneln und Spalten. Sie bieten den Lebensraum für eine große Vielfalt von Schwämmen und bunten Pflanzen. Fischschwärme, Aale und Rochen (in der richtigen Jahreszeit sogar Manta-Rochen) sind hier keine Seltenheit.

Die beiden vulkanischen Hauptinseln Tawhiti Rahi und Aorangi waren einst die Heimat des Ngai-Wai-Stammes, aber seit einem Massaker im frühen 19. Jh. sind die Inseln *tapu* (tabu). Bis heute sind sie für die Öffentlichkeit nicht zugänglich, um die unberührte Natur zu schützen. Hier brüten Tuataras und Graumantel-Sturmtaucher, und eine absolut einzigartige Pflanzenspezies ist hier zu Hause: die Poor Knights Lily.

Essen & Trinken

Schnappa Rock CAFÉ, BAR $$
(www.schnapparock.co.nz; Ecke Marina Rd. & Marlin Pl.; Frühstück & Mittagessen 10–22 NZ$, Abendessen 26–35 NZ$; Frühstück, Mittagessen & Abendessen) Morgens sitzen im Schnappa noch erwartungsvolle Taucher, abends dann diejenigen, die ihren Perfect-Day-Tauchgang bei einem Glas ausklingen lassen möchten. Meist geht es in dieser Café-Restaurant-Bar lebhaft zu – wozu auch der hervorragende Kaffee beiträgt. Neuseeländische Topbands geben an den Sommerwochenenden Livekonzerte.

Whangarei Deep Sea Anglers Club PUB $
(www.sportfishing.co.nz; Tutukaka Marina; Hauptgerichte 9–23 NZ$; ab 16 Uhr) Zum Club gehört ein Pub mit dem netten Namen Moocha's: Auf der einen Seite bietet es das übliche Standardessen (Burger, Fish & Chips, Ham Steaks) und gute Kindermenüs, auf der anderen Seite Berge von frischem Fisch und Einheimische beim Spinnen von Anglerlatein.

Marina Pizzeria PIZZERIA $$
(www.marinapizzeria.co.nz; Tutukaka Marina; Pizzas 15–29 NZ$; Do–So Mittag- & Abendessen) In diesem hervorragenden Takeaway mit Restaurant wird alles selbst zubereitet: das Brot, die Pasta, die Pizza und sogar das Eis.

Russell Road

Nach Russell gelangt man am schnellsten über die SH1 nach Opua und dann weiter mit der Fähre. Die alte Russell Road dagegen schlängelt sich so dahin, die Fahrt dauert zwar eine halbe Stunde länger, verspricht aber schöne Aussichten unterwegs.

Die Abzweigung 6 km nördlich von Hikurangi bei Whakapara (nach dem Schild für Oakura Ausschau halten) ist leicht zu übersehen. Ein Zwischenstopp nach 13 km lohnt sich: Die **Gallery & Cafe** (www.galleryhelenabay.co.nz; Hauptgerichte 14–18 NZ$; 10–17 Uhr) hoch über Helena Bay serviert Fairtrade-Kaffee aus Bioanbau und köstlichen Kuchen. Dazu kommt noch die umwerfende Aussicht auf die Landschaft und auf einige interessante Kunstobjekte neuseeländischer Künstler. Gibt es irgendetwas, das sich nicht aus verrostetem Eisen herstellen lässt?

Von Helena Bay führt ein 8 km lange unbefestigte Straße zum **Mimiwhangata Coastal Park**, einem grandiosen Küstenabschnitt mit Sanddünen, Pohutukawa-Bäumen, spitzen Landzungen und pittoresken Stränden. Das DOC leitet einige Unterkünfte im Reservat, darunter eine gut ausgestattete **Lodge** (Woche 512–2045 NZ$) und ein schlichteres, aber gemütliches **Cottage** und **Strandhaus** (Woche 358–1534 NZ$): Jedes Haus bietet Platz für wenigstens sieben bis acht Leute. Ein einfacher **Campingplatz** (Erw./Kind 8/4 NZ$) liegt an der abgeschiedenen Waikahoa Bay.

Wieder auf der Russell Road kommt als Nächstes die **The Farm** (09-433 6894; www.thefarm.co.nz; 3632 Russell Rd.; Zeltstellplatz ab 13 NZ$, B/EZ 20/30 NZ$, DZ 60–100 NZ$), eine etwas provisorische Backpackerbude, die sich über mehrere Gebäude verteilt, darunter eine alte Woolshed, die mit einer Diskokugel ausstaffiert wurde. Die schlichten Zimmer sind während der Sommerferien besonders bei Bikern beliebt, in der Nebensaison ist die The Farm eine ziemlich relaxte rustikale Unterkunft. Spannend ist ein Ritt über den 400 ha großen, bewirtschafteten Landwirtschaftsbetrieb hoch zu **Pferd** (2 Std. 50 NZ$) oder eine Erkundungsfahrt mit dem **Motorrad** (Std. 60 NZ$).

An der Kreuzung kurz hinter der Farm führt von der Russell Road eine unbefestigte, kurvenreiche Straße nach links durch das **Ngaiotonga Scenic Reserve**. Wer nicht vorhat, den Wald zu erkunden, sollte die befestigte Rawhiti Road nehmen. Ansonsten gibt es zwei kurze Wanderwege: den 10-minütigen **Kauri Grove Nature Walk** und den 10-minütigen **Twin Bole Kauri Walk**.

Nach 2,6 km führt eine Seitenstraße zum **Whangaruru North Head Scenic Reserve**, das mit Stränden und Wanderwegen in schöner Landschaft lockt. Ein Rundweg führt vom **DOC-Campingplatz Puriri Bay** (09-433 6160; www.doc.govt.nz; Zeltstellplatz Erw./Kind 7/4 NZ$) auf einen Bergrücken mit sehenswertem Küstenpanorama.

Wer direkt nach Russell will, folgt der Rawhiti Road für weitere 7 km und biegt dann links in die Manawaora Road ein, die an einer Reihe von kleinen idyllischen Buchten vorbeiführt, bevor sie wieder in die Russell Road mündet.

Auch ein Abstecher zum abgelegenen **Rawhiti**, einer kleinen Ngapuhi-Siedlung, lohnt sich. Hier dreht sich das Leben noch immer um die *marae*. Rawhiti ist der Ausgangspunkt für eine anstrengende Wanderung zum Cape Brett; für die 16,3 km lange Strecke bis zur Spitze der Halbinsel braucht man acht Stunden. Übernachten kann man in der vom DOC unterhaltenen **Cape Brett Hut** (B 13 NZ$). Für das Überqueren von Privatgelände wird eine Gebühr fällig (Erw./Kind 30/15 NZ$), die man im Paihia i-SITE (S. 155) bezahlt. Eine andere Möglichkeit bietet ein Wassertaxi von Russell oder Paihia zum Leuchtturm von Cape Brett. Zurück geht's zu Fuß.

Ein kürzerer Wanderweg führt über Maoriland und durch das **Whangamumu Scenic Reserve** nach **Whangamumu Harbour**. Auf der Halbinsel gibt's mehr als 40 alte Maoristätten und die Überreste einer ungewöhnlichen Walfangstation: Ein zwischen dem Festland und dem Net Rock gespanntes Netz diente zum Einfangen oder Ausbremsen der Wale, damit die Harpuniere es leichter hatten.

BAY OF ISLANDS

Die Bay of Islands ist unbestreitbar wunderschön und einer der größten Besuchermagneten Neuseelands. Was Traveller dazu bewegt, dort runter zu fahren, sind definitiv Fotos, auf denen Yachten an trägen Sonnentagen zu sehen sind, die durch das türkisfarbene Wasser inmitten von ungefähr 150 unberührten Inseln gleiten. Neuseeland hat aber viele schöne Ecken, und der Rummel um diese Bucht scheint doch ein bisschen übertrieben, auch wenn sie ganz hübsch ist.

Was die Gegend dann aber doch besonders macht, ist ihre faszinierende Geschichte und die ausgezeichnete touristische Infrastruktur. Paihia hat wohl die beste Auswahl an Budgetunterkünften überhaupt. Allerdings geht das so gesparte Geld schnell wieder zum Teufel, denn die Bootstourveranstalter haben es sich zum Ziel gemacht, die Reisekasse der Traveller deutlich zu erleichtern. Da es nun aber keinen Grund gibt, hier herzukommen, wenn man nicht aufs Wasser will, muss man wohl oder übel tief in die Tasche greifen.

Die Bay of Islands ist ein Ort mit enormer historischer Bedeutung. Die Maori kennen sie als Pewhairangi und siedelten hier seit Beginn ihrer Einwanderung. Russell ist die erste permanente britische Siedlung Neuseelands und die Geburtsstätte der europäischen Kolonisation. Hier wurde der Vertrag von Waitangi ausgearbeitet und 1840 unterzeichnet. Der Vertrag ist noch heute der Dreh- und Angelpunkt der Beziehung zwischen den Bevölkerungsgruppen.

Aktivitäten

In der Bay of Islands lässt sich die subtropische Unterwasserwelt wunderbar ertauchen, eine der Hauptattraktionen ist die gesunkene, 113 m lange Fregatte HMNZS *Canterbury* in der Deep Water Cove nahe Cape Brett. Die örtlichen Tauchschulen fahren auch zum Wrack der *Rainbow Warrior* bei den Cavalli Islands hinaus, von Paihia ist man rund 1 Std. mit dem Boot unterwegs. Beide Wracks sind lohnenswerte Tauchziele: Zwischen bunten Anemonen und gelben Schwämmen schwimmen zahllose Fischschwärme umher.

Die Bucht bietet sich auch sehr gut zum Kajakfahren oder Segeln an – entweder im Rahmen einer geführten Tour oder indem man sich ganz einfach ein Boot mietet und auf eigene Faust loszieht, um das Gewässer zu erkunden. Schiffsfahrten und das sicherlich aufregende Schwimmen mit Delfinen werden ebenfalls angeboten.

Dive North TAUCHEN
(☎09-402 5369; www.divenorth.co.nz; Riff & Wrack 220 NZ$) Die erfahrenen Anbieter aus Kerikeri holen ihre Gäste kostenlos aus Paihia ab. Sie fahren zu allen bekannten Tauchgründen in der näheren Umgebung und bieten PADI-Kurse an.

POU HERENGA TAI TWIN COAST CYCLE TRAIL

Voraussichtlich im Dezember 2012 wird dieser Radweg von der Bay of Islands quer durchs Land zum Hokianga Harbour führen. OK, das sind nur 84 km, aber jeder, der es geschafft hat, darf zu Recht stolz auf sich sein. Der letzte Abschnitt wird von Opua über Kawakawa, Ngawha Springs nach Kaikohe führen und schließlich in Horeke enden.

Zur Zeit der Recherche war der 13 km lange Abschnitt von **Kaikohe** nach **Okaihau** bereits fertiggestellt: Er beginnt bei einem Rastplatz gleich westlich von Kaikohe an der SH12, führt dann durch einen stillgelegten Eisenbahntunnel und am Ufer des **Lake Omapere** entlang. Auch eine 7 km lange Strecke von Kawakawa nach Otiria wurde bereits eröffnet, wobei der Startpunkt in der Nähe des Bahnhofs liegt. Karten, Tipps und neueste Infos findet man unter www.nzcycletrail.com/twin-coast-cycle-trail-pou-herenga-tai.

Bay of Islands

Paihia Dive TAUCHEN
(☎09-402 7551; www.divenz.com; Williams Rd., Paihia; Riff & Wrack 229 NZ$) Paihia Dive unternimmt kombinierte Riff-Wrack-Touren entweder zur *Canterbury* oder zur *Rainbow Warrior*. Es gibt verschiedene PADI-Kurse, die Ausrüstung kann ausgeliehen werden.

Dive Ops TAUCHEN
(☎09-402 5454; www.diveops.co.nz; 2 Tauchgänge inkl. Ausrüstung 230–280 NZ$) Eine nahe Paihia gelegene Tauchbasis in Familienhand.

Island Kayaks & Bay Beach Hire KAJAK, BOOT
(☎09-402 6078; www.baybeachhire.co.nz; Marsden Rd., Paihia, halbtägige Kajaktour 69 NZ$; ⏲9–17.30 Uhr) Vermietet Kajaks (Std. ab 15 NZ$), Katamarane (50 NZ$ erste Std., 40 NZ$ jede weitere Std.), Motorboote (85 NZ$ erste Std., 25 NZ$ jede weitere Std.), Mountainbikes (Tag 35 NZ$), Boogie Boards (Tag 25 NZ$), Angeln (Tag 10 NZ$), Neoprenanzüge und Schnorchelausrüstung (jeweils Tag 20 NZ$).

Coastal Kayakers KAJAK
(☎0800 334 661; www.coastalkayakers.co.nz; Te Karuwha Pde., Paihia) Es werden geführte Touren (halber/ganzer Tag 75/95 NZ$, mind. 2 Pers.) und mehrtägige Fahrten durchgeführt. Kajaks (Std./halber/ganzer Tag 15/40/50 NZ$) und Schnorchelausrüstung können geliehen werden (Tag 15 NZ$).

Skydive Zone FALLSCHIRMSPRINGEN
(☎09-407 7057; www.skydivezoneboi.co.nz; Kerikeri Airport; Tandemsprung aus rund 4900/3700/2500 m Höhe 395/325/265 NZ$) Zum Zeitpunkt der Recherche für diesen Reiseführer bot dieser Veranstalter den höchsten Tandemsprung auf der Nordinsel an und warb mit der spektakulärsten Aussicht.

Flying Kiwi Parasail PARAGLEITEN
(☎09-402 6068; www.parasail-nz.co.nz; Solo 99 NZ$, Tandem 89 NZ$) Von den Anlegeplätzen in Paihia und Russell geht es zu Neuseelands höchstem Abflugplatz (366 m) für Paragleiter.

Great Escape Yacht Charters SEGELN
(☎09-402 7143; www.greatescape.co.nz) Hier kann man segeln lernen (2-Tage-Kurs 445 NZ$) und/oder eine Yacht mieten (Tag 120–780 NZ$).

Northland Paddleboarding STEHPADDELN
(☎027 777 1035; www.northlandpaddleboarding.co.nz; Anfängerunterricht 50 NZ$) Wer die verführerischen und verlockenden Geschichten vom Bauchmuskeltraining im Wasser gehört hat, sollte sich bei den Jungs hier anmelden: Die stellen einen gleich aufs Brett und lassen einen in Nullkommanix in der Bucht herumpaddeln.

Horse Trek'n REITEN
(☎027 233 3490; www.horsetrekn.co.nz; zweistündiger Ritt 95 NZ$) Der Veranstalter bietet Ausritte durch den Waitangi Forest an.

Jet Ski Adventure Tours JETBOOT
(☎027 435 4497; www.jetskikayak.co.nz; Te Ti Bay, Paihia) Jetboote sind eigentlich eine furchtbare Erfindung, aber die Bucht kann man damit tatsächlich wunderbar erkunden. Die Jetbootfahrer warten im Sommer am Strand auf Kundschaft und fahren dann bis zum berühmten Hole in the Rock.

Geführte Touren

Womit fängt man an? Am besten mit einem Gebet um gutes Wetter, da Wolkenbrüche oder raue See einigen Unternehmungen einen Dämpfer verpassen könnten. Besonders hilfreich ist die i-SITE (S. 155) in Paihia, wo man auch Ausflüge buchen kann. Einige der Hostels vermitteln günstige Deals, manche der großen Veranstalter haben Spezialangebote für Backpacker.

Busfahrten

Im Rahmen einer organisierten Busfahrt kommt man von Ahipara, Kaitaia oder Doubtless Bay aus günstiger und schneller nach Cape Reinga. Wer aber wenig Zeit hat, kann auch an einer von mehreren ganztägigen Busfahrten (10–12 Std.) teilnehmen, die alle in der Bay of Islands beginnen. Die Hin- oder Rückfahrt erfolgt jeweils über den Ninety Mile Beach, wo alle noch auf den Dünen sandboarden dürfen.

Fullers (S. 158) bietet normale Busfahrten und spezielle Ausflüge für Backpacker an, die beide jeweils am Puketi Forest einen Halt einlegen. Auf der kinderfreundlichen Standardtour (Erw./Kind 129/65 NZ$) hat man die Möglichkeit, in Houhora zu Mittag zu essen (Mittagessen 23 NZ$). Der Veranstalter leitet auch Touren von **Awesome NZ** (☎0800 653 339; www.awesomenz.com; Tour 115 NZ$), wo die Musik lauter ist, die Gäste mehr Zeit zum Sandboarden haben und ein Stopp zum Frisbeespielen am Taputaputa Beach eingeplant ist. Außerdem gibt es in Mangonui noch Fish & Chips.

Explore NZ's Dune Rider (Erw./Kind 145/110 NZ$) kredenzt ebenfalls die weltberühmten Fish & Chips in Mangonui und hält am Gumdiggers Park.

Mit öffentlichen Verkehrsmitteln gelangt man nur schwer nach Hokianga und zum Waipoua Forest, weswegen eine der vorgestellten Ausflugsfahrten durchaus sinnvoll ist, wenn man kein eigenes Auto oder nur wenig Zeit hat. Fullers' Discover Hokianga (Erw./Kind 105/61 NZ$) ist eine achtstündige Tour mit Maori-Führern aus der Gegend zu Tane Mahuta und den Wairere Boulders.

Schiffsfahrten

Ein Besuch der Bay of Islands ohne eine Schiffsfahrt ist undenkbar: Die unterschiedlichsten Wasserfahrzeuge locken die Reisenden an Bord, darunter Segelschiffe, Jetboats und große Schiffe. Alle legen entweder von Paihia oder Russell ab und laufen die jeweils andere Stadt als erstes Ziel an.

Piercy Island (Motukokako) nahe Cape Brett am Ostrand der Bucht ist vielleicht die beeindruckendste aller Inseln. Die steile Felsenfestung wird von einem eindrucksvollen natürlichen Felsbogen geprägt – dem berühmten **Hole in the Rock**. Wenn die Voraussetzungen stimmen, fahren die meisten Schiffe direkt durchs Herz der Insel. Unterwegs lassen sich oft Große Tümmler und andere Delfine sowie Orcas, andere Walarten und Pinguine beobachten.

Die meisten Besucher erkunden die Bucht unter Segeln, meist als Teil der offiziellen Mannschaft, sodass keine Vorkenntnisse vonnöten sind. Wer nicht segeln will, kann den Nachmittag auch mit Inselhüpfen, Sonnenbaden, Schwimmen, Schnorcheln, Kajakfahren und Angeln verbringen.

Explore NZ KREUZFAHRTEN, SEGELN
(☎09-402 8234; www.explorenz.co.nz; Ecke Marsden Rd. & Williams Rd., Paihia) Explore NZ war der Erste, der Delfinschwimmen in der Bucht angeboten hat. Die Ausfahrt „Swim with the Dolphins" (Erw./Kind 89/45 NZ$) dauert 4 Std., Abfahrt ist jeweils um 8 und 12.30 Uhr. Wer von den Passagieren dann tatsächlich ins Wasser geht, zahlt noch einmal 30 NZ$. Wer dagegen Delfine lieber von Bord aus beobachten will, wählt die vierstündige Schiffsfahrt „Discover the Bay" (Erw./Kind 95/48 NZ$), die um 9 und um 13.30 Uhr beginnt und zum Hole in the Rock führt sowie auf Urupukapuka Island haltmacht. Die siebenstündige Fahrt „Day Discovery" (Erw./Kind 109/45 NZ$) kombiniert diese Tour mit einem Abstecher zum Kerikeri Basin.

Ansonsten gibt es noch einen Tages-Segelausflug auf der *Lion NZ* (Erw./Kind 110/70 NZ$), der gut 24 m langen Maxi-Yacht, die der verstorbene Sir Peter Blake bei zwei Whitbread-Round-The-World-Rennen fuhr und mit der er 1984 das Sydney-

Hobart-Rennen gewann. Für Geschwindigkeitsfans gibt es die Tour „Ocean Adventure" (Erw./Kind 95/48 NZ$), eine 2½-stündige rasante Fahrt auf einem RIB (Festrumpfschlauchboot) zum Hole in the Rock.

Fullers Great Sights CRUISES
(☎0800 653 339; www.dolphincruises.co.nz; Paihia Wharf) Die vierstündige „Dolphin Cruise" (Erw./Kind 95/48 NZ$) startet täglich um 9 und um 13.30 Uhr – immer auf der Suche nach Delfinen und anderen Meeressäugetieren. Ziel ist u. a. das Hole in the Rock, auf dem Rückweg gibt es einen Zwischenstopp auf Urupukapuka Island.

Auf der vierstündigen „Dolphin Eco Experience" (Erw./Kind 105/53 NZ$, Abfahrt 8 und 12.30 Uhr) wird das Hole in the Rock nicht angefahren. Im Vordergrund steht die Suche nach einer Delfinschule, mit der die Gäste schwimmen können.

Die Ganztagestour „Cream Trip" (Erw./Kind 109/55 NZ$) folgt der alten Versorgungs- und Postroute durch die gesamte Bucht. Im Preis inbegriffen sind das Delfinschwimmen und das sogenannte Boom-Netting (Bei Letzterem kommt man den Meerestieren richtig nahe, während man auf einem großen Netz durch das Wasser gezogen wird).

Eine glamouröse Fahrt mit Übernachtung bietet **Ipipiri** (www.overnightcruise.co.nz; EZ/DZ 563/750 NZ$). Die hervorragend ausgestatteten Kabinen dieses schwimmenden Hotels haben alle ein eigenes Bad, die Mahlzeiten sind im Preis bereits enthalten. Wer genug davon hat, an der Bar auf dem Sonnendeck herumzuhängen, kann stattdessen Kajakfahren, Schnorcheln oder einen Inselspaziergang unternehmen.

R Tucker Thompson SEGELN
(☎09-402 8430; www.tucker.co.nz) Der Gipfel des Seglerglücks: Die von einer Wohltätigkeits- und Bildungsstiftung unterhaltene *Tucker* ist ein majestätisches Schiff, auf dem Tagestörns (Erw./Kind 145/73 NZ$, inkl. Barbecue-Mittagessen) und Ausfahrten am Spätnachmittag angeboten werden (Erw./Kind 69/35 NZ$). Für besondere Segeltörns arbeitet die Stiftung mit dem Historic Places Trust und dem DOC zusammen.

Rock SCHIFFSTOUR MIT ÜBERNACHTUNG
(☎0800 762 527; www.rocktheboat.co.nz; B/EZ/DZ 178/356/396 NZ$) Die ehemalige Autofähre *The Rock* wurde in ein schwimmendes Hostel umgebaut und bietet nun Sechs-Bett-, Zwei-Bett-, Doppel- und Familienzimmer und (natürlich) eine Bar. Abfahrt ist immer um 17 Uhr. Im Preis enthalten sind ein Barbecue und ein Abendessen mit Meeresfrüchten und Livemusik. Den folgenden Tag verbringt man mit Inselhüpfen, Kajakfahren, Schnorcheln und Schwimmen.

Carino SEGELN, DELFINSCHWIMMEN
(☎09-402 8040; www.sailingdolphins.co.nz; Erw./Kind 114/69 NZ$) Dieser rund 15 m lange Katamaran ist die einzige Yacht mit einer Lizenz zum Delfinschwimmen. Ein Mittagessen mit Barbecue gibt es schon für 6 NZ$.

Ecocruz SEGELN
(☎0800 432 627; www.ecocruz.co.nz; B/DZ 595/1350 NZ$) Ein sehr empfehlenswerter dreitägiger Törn (mit zwei Übernachtungen) auf der knapp 22 m langen hochseetauglichen *Manawanui*. Der Schwerpunkt liegt auf dem ökologischen Lebensraum Meer.

MIT DELFINEN SCHWIMMEN

Schiffsfahrten, bei denen man in Kontakt mit Delfinen tritt, werden das ganze Jahr über angeboten und sind eine der großen Attraktionen der Bucht. Meist verläuft die Sichtung erfolgreich, aber falls doch einmal keine Delfine zu sehen waren, wird als Entschädigung oft eine weitere Freifahrt angeboten. Das Delfinschwimmen hängt vom Wetter und den Meeresbedingungen ab. Sollten Delfinkälber in der Nähe sein, gelten Beschränkungen.

Es bleibt völlig den Delfinen überlassen, ob sie sich den menschlichen Schwimmern anschließen. Die Tiere lassen sich leichter anlocken, wenn man herumblödelt und sich einfach wie ein Mensch verhält, mit dem man Spaß haben kann. Wer mit den Tieren mithalten will, sollte ein guter Schwimmer sein – selbst wenn die Tiere Rücksicht nehmen und nur mit halber Geschwindigkeit dahinschießen.

Nur drei Veranstalter dürfen Delfinschwimmen dieser Art durchführen: Explore NZ, Fullers und die Yacht Carino. Ein Teil ihrer Einnahmen fließt über das DOC in die Meeresforschung.

ABSTECHER

KEIN WC-BESUCH BIS KAWAKAWA!

Kawakawa ist nur eine ganz normale neuseeländische Stadt an der SH1 südlich von Paihia, was man von ihren öffentlichen Toiletten (60 Gillies St.) nicht sagen kann: Sie wurden vom österreichischen Künstler und Architekten Friedensreich Hundertwasser entworfen, der von 1973 bis zu seinem Tod im Jahr 2000 in der Nähe von Kawakawa in einem abgelegenen Haus ohne Elektrizität lebte. Neuseelands meistfotografierte Toiletten sind typisch Hundertwasser – viele geschwungene Linien, die mit Keramikmosaik und leuchtend bunten Flaschen verziert sind, wobei auf dem Dach Gras und diverse Pflanzen wachsen. In Wien und Osaka sind noch weitere Werke von ihm zu sehen.

Kawakawas zweites Highlight sind die Eisenbahnschienen, die mitten durch die Hauptstraße verlaufen. Hier kann man sich 45 Min. lang von **Gabriel the Steam Engine** (☎021 171 2697; www.bayofislandsvintagerailway.org.nz; Erw./Kind 10/3 NZ$; ⏲Fr–So 10.45, 12, 13.15 und 14.30 Uhr, in den Ferien tgl.) herumziehen lassen.

Südlich der Stadt weist ein Schild von der SH1 den Weg zu den **Kawiti Glowworm Caves** (☎09-404 0583; 49 Waiomio Rd.; Erw./Kind 15/7,50 NZ$; ⏲8.30–16.30 Uhr). Die von Insekten illuminierten Höhlen können besichtigt werden, die Führung dauert 30 Min.

Der Preis umfasst Unterkunft, Essen, Angeln, Kajakfahren und Schnorcheln.

She's a Lady SEGELN

(☎0800 724 584; www.bay-of-islands.com; Tagesfahrt 97 NZ$) Auf den Tagesfahrten kann man das Schnorcheln ausprobieren oder in einem Kajak mit Glasboden herumpaddeln. Der Veranstalter chartert auch Boote für längere Fahrten und betreibt eine Segelschule.

Phantom SEGELN

(☎0800 224 421; www.yachtphantom.com; Erw./Kind 110/60 NZ$) Eine schnelle, rund 15 m lange Regatta-Schaluppe, die für das leckere Essen an Bord bekannt ist (max. 10 Pers., Alkohol darf mitgebracht werden).

Gungha II SEGELN

(☎0800 478 900; www.bayofislandssailing.co.nz; Tagesfahrt 90 NZ$) Eine hübsche, knapp 20 m lange Hochseejacht mit einer freundlichen Crew; das Mittagessen ist im Preis inbegriffen.

Mack Attack JETBOOTFAHREN

(☎0800 622 528; www.mackattack.co.nz; 9 Williams Rd., Paihia; Erw./Kind 89/40 NZ$) Bitte anschnallen für einen Hochgeschwindigkeitstrip (1½ Std.) auf einem Jetboat zum Hole in the Rock – ein Riesenspaß und sehr praktisch, wenn es schnell gehen soll.

Maori-Touren

Native Nature Tours KULTUR, WANDERN

(☎0800 668 873; www.nativenaturetours.co.nz; 581 Tipene Rd., Motatau; Tagestouren 185–195 NZ$, mit Übernachtung 375 NZ$) Ein einheimisches Ehepaar begrüßt die Gäste zeremoniell in ihrem *marae* (Tempel) und führt sie dann auf Wanderwegen durch das Land ihrer Vorfahren. Unterwegs werden heilige Stätten besichtigt und man lernt einiges über das Essen und die Medizin der Maori. Wer eine Tour mit Übernachtung gebucht hat, darf ein traditionelles *hangi* (in einem Erdofen gekochte Mahlzeit) probieren und Glühwürmchen beobachten.

Taiamai Tours Heritage Journeys KULTUR, KANUFAHREN

(☎09-405 9990; www.taiamaitours.co.nz; 2½-Std. Tour 135 NZ$; ⏲Okt.–April 10 & 13 Uhr) Wer die Maori-Kultur ganz praktisch erfahren möchte, kann in einem traditionellen, gut 15 m langen, geschnitzten *waka* von der Waitangi Bridge zu den Haruru Falls paddeln. Die Ngapuhi-Gastgeber tragen ihre traditionelle Tracht, singen die passenden *karakia* (Beschwörungen) und erzählen Geschichten.

Weitere Veranstalter

Salt Air PANORAMAFLÜGE

(☎09-402 8338; www.saltair.co.nz; Marsden Rd., Paihia) Bietet eine Reihe von Rundflügen an, darunter eine fünfstündige Tour mit einem Leichtflugzeug und einem Geländewagen nach Cape Reinga und zum Ninety Mile Beach (425 NZ$), sowie Helikopterflüge zum Hole in the Rock (220 NZ$).

Total Tours ESSEN & WEIN

(☎0800 264 868; www.totaltours.co.nz) Ab ins Hinterland rund um Kerikeri: Zur Auswahl stehen der Tagesausflug „Food, Wine and

Craft“ (99 NZ$), eine Halbtages-Weintour (75 NZ$) und die „Wine & Dine“-Tour am Abend (120 NZ$). Abfahrt ist jeweils am Maritime Building in Paihia.

Feste & Events

Tall Ship Race SPORT
Findet am ersten Samstag nach Neujahr in Russell statt.

Waitangi Day GEDENKFEIER
Verschiedene feierliche Veranstaltungen in Waitangi am 6. Februar.

Country Rock Festival MUSIK
(www.country-rock.co.nz; Festivalpass 50 NZ$) Zweites Maiwochenende.

Russell Birdman VERRÜCKTHEITEN
(www.russellbirdman.co.nz) Eine Horde von Verrückten mit Flugvorrichtungen springt zur allgemeinen Belustigung von der Anlegestelle ins eiskalte Wasser (Juli).

Jazz & Blues Festival MUSIK
(www.jazz-blues.co.nz; Festivalpass 50 NZ$) Zweites Augustwochenende.

Weekend Coastal Classic SPORT
(www.coastalclassic.co.nz) Neuseelands größte Regatta führt von Auckland zur Bay of Islands und findet am Labour Weekend (Ende Okt.) statt.

Russell

820 EW.

Auch wenn es einst als „Höllenschlund des Pazifiks“ bekannt war, werden diejenigen, die mal so richtig einen draufmachen wollten, enttäuscht sein: Sie haben die Strandorgien um knapp 170 Jahre verpasst. Stattdessen findet man ein nettes historisches Örtchen vor, eine Bastion aus Souvenirläden und B & Bs. Im Sommer kann man hier am Strand Kanus oder Dinghis ausleihen.

Bevor es Höllenschlund bzw. Russell genannt wurde, hieß der Ort klangvoll Kororareka (süßer Pinguin) und war eine befestigte Ngapuhi-Siedlung. Im frühen 19. Jh. erlaubte der Stamm die Umwandlung in Aotearoas erste europäische Siedlung. Schnell wurde die Stadt ein Sammelbecken für entflohene Sträflinge, Walfänger, Seeleute und andere raue Gesellen. In den 1830er-Jahren lagen hier Dutzende Walfangschiffe vor Anker. Charles Darwin beschrieb Russell im Jahr 1835 als „angefüllt mit dem Ausschuss der Gesellschaft“.

Im Jahr 1830 war die Siedlung Schauplatz der sogenannten Mädchenkriege, bei dem zwei junge Maoridamen um die Gunst eines Walfängerkapitäns namens Brind buhlten. Ein zufälliges Treffen der Rivalinnen am Strand führte zuerst zu verbalen und anschließend zu tätlichen Auseinandersetzungen. Der eigentlich harmlose Konflikt eskalierte, als weitere Familienmitglieder aufeinandertrafen, um die Ehre der Mädchen wiederherzustellen: Innerhalb von nur zwei Wochen wurden Hunderte getötet oder verletzt, ehe britische Missionare ein Friedensabkommen zwischen den Parteien aushandeln konnten.

Nach der Unterzeichnung des Vertrags von Waitangi 1840 war Okiato (wo heute die Fähre abfährt) der Sitz des Gouverneurs und zeitweilige Hauptstadt. Die Regierung wurde 1841 nach Auckland verlegt, und Okiato, das zu diesem Zeitpunkt Russell hieß, wurde aufgegeben. Der Name ging dann auf Kororareka über – eine bessere Wahl als Bruce oder Barry.

Sehenswertes

Pompallier Mission HISTORISCHES GEBÄUDE
(www.pompallier.co.nz; The Strand; Tour Erw./Kind 10 NZ$/frei; ⏲10–16 Uhr) Das teils aus Stampflehm gebaute Gebäude wurde 1842 errichtet, um darin die Druckerpresse der Katholischen Mission unterzubringen. Das Haus ist das letzte noch verbliebene Gebäude der Mission im Westpazifik. Kaum zu glauben, dass hier insgesamt 40 000 Bücher auf Maori gedruckt wurden! In den 1870er-Jahren wurde es in ein Privathaus umgewandelt. Doch inzwischen hat man es restauriert und in seinen ursprünglichen Zustand zurückversetzt, inkl. Gerberei und Druckerwerkstatt. Bei der hervorragenden Führung dürfen die Besucher die Werkzeuge ausprobieren und werden so zum „dab hand“ (Könner).

Christ Church KIRCHE
(Church St.) Kreationisten wundern sich vielleicht, wenn sie hören, dass Charles Darwin mit einer Spende den Bau der ältesten Kirche des Landes (1836) mitfinanziert hat. Das größte Denkmal auf dem Friedhof erinnert an Tamati Waka Nene, einen mächtigen Ngapuhi-Häuptling aus Hokianga, der sich im Northland War gegen Hone Heke stellte. Wer sich die Außenmauern der Kirche genauer ansieht, wird Musketen- und Kanonenkugellöcher aus der Schlacht von 1845 entdecken.

Russell

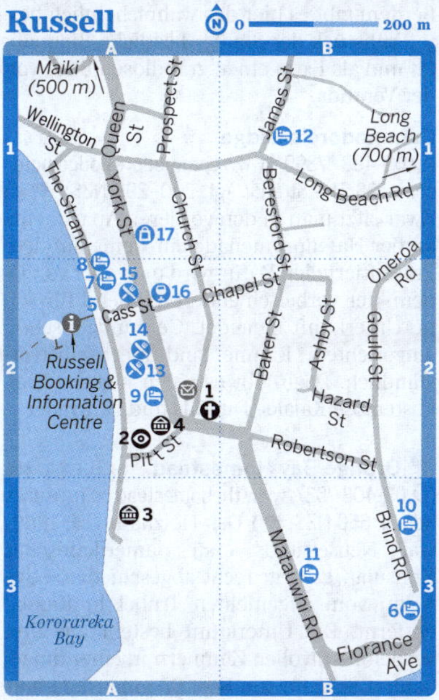

Russell

Sehenswertes

1 Christ Church A2
2 Haratu A2
3 Pompallier Mission A3
4 Russell Museum A2

Aktivitäten, Kurse & Touren

5 Russell Mini Tours A2

Schlafen

6 Arcadia Lodge B3
7 Commodore's Lodge A2
8 Duke of Marlborough A2
9 Hananui Lodge & Apartments A2
10 Pukeko Cottage B3
11 Russell Motel B3
12 Russell Top 10 .... B1

Essen

Duke of Marlborough .... (siehe 8)
13 Gables A2
14 Hone's A2
15 Pizza Port A2
Tuk Tuk .... (siehe 16)

Ausgehen

16 Pub 'round the Corner A2

Shoppen

17 Just Imagine A1

Maiki HÜGEL

(Flagstaff Rd.) Auf diesem Hügel über Russell fällte Hone Heke vier Mal den Fahnenmast. Obwohl auch eine Straße nach oben führt, empfiehlt sich der Fußweg schon allein wegen der Aussicht. Westlich der Bootsrampe verläuft bei Ebbe ein Weg am Strand entlang. Ansonsten geht es die Wellington Street hinauf.

Tapeka Point AUSSICHTSPUNKT, STRAND

(www.tapeka.com) Nördlich von Russell, auf der anderen Seite des Maiki-Hügels, führt die Tapeka Road hinunter zu einem ruhigen Sandstrand im Schatten einer felsigen Landzunge, auf der einst ein *pa* stand. Wer dem Weg folgt, merkt, dass die Lage nicht nur strategisch sinnvoll war, sondern auch durchaus romantische Züge trägt: Vom *pa* schaute man einst bis zum nördlichsten Punkt der Bay of Islands.

Long Beach STRAND

(Long Beach Rd.) Etwa 1,5 km hinter Russell (bequem zu Fuß oder mit dem Fahrrad erreichbar) liegt dieser angenehme, kinderfreundliche Strand. Links (mit Blick aufs Meer) geht es zur Donkey Bay, einer kleinen Bucht mit einem inoffiziellen und doch beliebten FKK-Strand.

Russell Museum MUSEUM

(www.russellmuseum.org.nz; 2 York St.; Erw./Kind 7.50/2 NZ$; ⏲ 10–16 Uhr) Das kleine moderne Museum besitzt eine gelungene Maori-Abteilung, ein großes Modell (Maßstab 1:5) von Captain Cooks *Endeavour* und zeigt ein zehnminütiges Video über die Geschichte der Stadt.

Haratu KULTURZENTRUM

(www.kororarekanz.com; Ecke The Strand & Pitt St.; ⏲Sept.–April Di–Sa 10–17 Uhr) Das von der einheimischen *Marae*-Gesellschaft geleitete Haratu stellt in Russells Hafenviertel authentische Maori-Kunst und Kunsthandwerk aus, die es zum Großteil auch zu kaufen gibt. Audiovisuelle Displays und Informationstafeln ergänzen die Ausstellung.

Geführte Touren

Russell Mini Tours MINIBUS

(☎0800 64 64 86; www.dolphincruises.co.nz/tours/discover-russell; Ecke The Strand & Cass St.; Erw./Kind 29/14,50 NZ$; ⏲10, 11, 13, 14, 15 & 16 Uhr) Geführte Minibus-Tour.

Schlafen

Da Russell sozusagen eine Touristenfalle ist, gibt es hier auch nur wenig brauchbare Unterkünfte im mittleren Preissegment. Es existieren einige winzige Lodges, die zwar recht günstig sind, aber zur Hochsaison unbedingt im Voraus gebucht werden sollten. Für alle, die es sich leisten können, gibt es in Russell ein paar wirklich schöne Unterkünfte.

LP TIPP Wainui HOSTEL $
(☎09-403 8278; www.pelnet.org/wainui; 92d Te Wahapu Rd.; B/Zi. 27/64 NZ$; 📶) Obwohl es nicht ganz leicht zu finden ist, lohnt sich die Suche: Das moderne Buschcamp mit Strand vor der Tür vermietet allerdings nur zwei Zimmer mit einem hübschen Gemeinschaftsraum. Es liegt etwa 5 km von Russell entfernt auf dem Weg zur Autofähre. Von der Te Wahapu Road geht es rechts in den Waiaruhe Way.

Arcadia Lodge B&B $$$
(☎09-403 7756; www.arcadialodge.co.nz; 10 Florance Ave.; DZ 195–310 NZ$; 📶) Die individuell eingerichteten Zimmer des Hanghauses (1890) sind mit interessanten Antiquitäten und schöner Bettwäsche ausgestattet. Außerdem gibt es hier das wahrscheinlich beste Frühstück der Stadt – köstliche Bioqualität und als Extra einen grandiosen Blick von der Veranda.

Commodore's Lodge MOTEL $$$
(☎09-403 7899; www.commodoreslodgemotel.co.nz; 28 The Strand; Apt. 200–295 NZ$; 📶🏊) Zwar sitzt man in den vorderen Apartments an der Hafenpromenade ein wenig auf dem Präsentierteller. Dafür wird man aber von jedem, der vorbeischlendert, glühend für seine Unterkunft beneidet. Geräumige, schön eingerichtete Räume sind hier selbstverständlich. Dazu gibt es einen kleinen Pool, kostenlose Kajaks, Dinghis und Fahrräder.

Orongo Bay Homestead LODGE $$$
(☎09-403 7527; www.thehomestead.co.nz; Aucks Rd.; Zi. 650 NZ$; 📶) Das Holzhaus (ca. 1860) war Neuseelands erstes amerikanisches Konsulat. Es liegt recht abgeschieden, etwa 4 km vom allgemeinen Trubel in Russell entfernt. Die Unterkunft besteht aus drei vornehm-stilvollen Zimmern in einer umgebauten Scheune am See. Da einer der charmanten Gastgeber ein bekannter Gastrokritiker ist, kann man darauf wetten, dass das Frühstück unvergesslich sein wird (Abendessen nach Vereinbarung).

DER NORTHLAND-KRIEG

Nur fünf Jahre nach der Unterzeichnung des Friedensvertrags war der Ngapuhi-Häuptling Hone Heke so desillusioniert, dass er plante, den Fahnenmast in Kororareka, das Symbol der britischen Autorität, ein viertes Mal zu fällen. Gouverneur FitzRoy war jedoch absolut entschlossen, es nicht dazu kommen zu lassen, und stationierte Soldaten und Marineinfanteristen in der Stadt.

Am 11. März 1845 belagerten die Ngapuhi die Stadt als Ablenkungsmanöver. Die Taktik ging auf, die Angriffe von Häuptling Kawiti aus dem Süden und von einer anderen Gruppe von Long Beach aus waren ein großer Erfolg. Während die Truppen losstürmten, um den Ort zu verteidigen, fällte Hone Heke den Union Jack auf dem Maiki (Flagstaff Hill) zum vierten und letzten Mal. Die Briten wurden gezwungen, sich auf ihre vor Anker liegenden Schiffe zurückzuziehen. Der Kapitän der HMS *Hazard* wurde in der Schlacht schwer verletzt, und sein Stellvertreter befahl, die Stadt unter Beschuss zu nehmen. Die meisten Gebäude wurden dem Erdboden gleich gemacht. Das war der Beginn des ersten Neuseelandkriegs.

In den folgenden Monaten lieferten sich britische Truppen (zusammen mit Ngapuhi aus Hokianga) einige Schlachten mit Heke und Kawiti. In dieser Zeit entstand das moderne pa, das erste hochentwickelte Grabensystem zur Verteidigung. Es lohnt sich, am **Ruapekapeka Pa Historic Reserve** (Ruapekapeka Rd.), am SH1 südlich von Kawakawa, einen Zwischenstopp einzulegen und einen Blick auf die beeindruckenden Festungsanlagen zu werfen. Hier kann man an dem Ort herumspazieren, an dem die letzte Schlacht des Northland-Kriegs stattfand, der durch detaillierte Infotafeln zu neuem Leben erweckt wird. Letztendlich schlossen Heke, Kawiti und George Grey (der neue Gouverneur) hier Frieden, ohne einen klaren Sieger zu benennen.

Hananui Lodge & Apartments MOTEL $$$
(☎09-403 7875; www.hananui.co.nz; 4 York St.; Apt. 190–320 NZ$;) Gäste können zwischen den bestechend schönen, motelartigen Räumen in der gepflegten Lodge fast direkt am Wasser oder den Apartments im neueren Block auf der anderen Straßenseite wählen. Am besten sind die oberen Zimmer am Kai mit Strandblick.

Ferry Landing Backpackers HOSTEL $
(☎09-403 7985; www.ferrylandingrussell.co.nz; 395 Aucks Rd., Okiato Pt.; B/EZ/DZ 28/50/60 NZ$; @) Eher Privatunterkunft als Hostel: Die zwei Zimmer befinden sich direkt im Wohnhaus der Vermieter, das auf dem Hügel über der Fähranlegestelle in Okiato steht – man braucht ein Auto.

Duke of Marlborough HISTORISCHES HOTEL $$
(☎09-403 7829; www.theduke.co.nz; 35 The Strand; Zi. 165–360 NZ$;) The Duke besitzt Neuseelands älteste Schankerlaubnis und rühmt sich, „seit 1827 Schurken und Spitzbuben zu bewirten". Seit damals ist das Gebäude allerdings schon zweimal abgebrannt… Die Zimmer im oberen Stockwerk reichen von kleinen, hellen Räumen in einem Anbau aus den 1930er-Jahren bis zu schicken, geräumigen Doppelzimmern mit Meerblick.

Russell Top 10 HOLIDAY PARK $
(☎09-403 7826; www.russelltop10.co.nz; 1 James St.; Stellplatz/Apt. ab 39/80 NZ$; @) In diesem baumbestandenen Park gibt es einen kleinen Laden, gute Anlagen, wundervolle Hortensien, gepflegte Hütten und hübsche Apartments. Die Duschen sind sauber, aber kostenpflichtig.

Russell Motel MOTEL $$
(☎09-403 7854; www.motelrussell.co.nz; 16 Matauwhi Bay Rd.; Apt. 125–199 NZ$;) Dieses in einem gepflegten Garten gelegene Traditionsmotel umfasst verschiedenste Apartments sowie einen nierenförmigen Pool, den Kinder garantiert lieben. Die Studios sind etwas dunkel, aber bei dem Preis mitten in Russell kann man sich wirklich nicht beschweren.

Pukeko Cottage HOSTEL $
(☎09-403 8498; www.pukekocottagebackpackers.co.nz; 14 Brind Rd.; EZ/DZ 25/50 NZ$;) Fühlt sich eher an, als ob man bei einem Kumpel übernachten würde. Das gemütliche Haus vermietet nur zwei Zimmer sowie einen Caravan im hinteren Garten. Es ist bestimmt nicht schmutzig, aber die Sauberkeit bewegt sich eigentlich nur auf Standardniveau. Barry, seines Zeichens Künstler und Besitzer des Anwesens, ist dafür immer für einen kleinen Plausch zu haben.

Essen & Trinken

Für ein Land mit beachtlicher Kaffeekultur und eine Stadt, die sich dem Tourismus verschrieben hat, ist das Angebot in Russell eher eine Enttäuschung.

Gables NEUSEELÄNDISCH $$
(☎09-403 7670; www.thegablesrestaurant.co.nz; 19 The Strand; Hauptgerichte 27–42 NZ$) Das Gebäude am Meer wurde 1847 errichtet: Als Rammpfähle verwendete man damals Walwirbel. The Gables serviert fantasievoll zubereitete neuseeländische Klassiker (Lamm, Rind und viele Meeresfrüchte). Am besten einen Tisch am Fenster wählen, von wo aus das Meer zu sehen ist.

Duke of Marlborough PUB $$
(www.theduke.co.nz; 35 The Strand; Mittagessen 18–29 NZ$, Abendessen 24–40 NZ$) Es gibt in Russell kein schöneres Fleckchen, um bei einem Drink die Zeit zu vertrödeln, als die sonnige Veranda dieses Pubs. Zum Glück kann das gehobene Pubessen beim schönen Ausblick mithalten.

Tuk Tuk THAI
(19 York St.; Hauptgerichte 15–24 NZ$; ⏲10.30–23 Uhr;) Thailändische Stoffe schmücken die Tische, auf der Karte stehen beliebte Thaigerichte. Bei mildem Wetter sollte man sich unbedingt einen Tisch vorne im Freien nehmen, von dort lässt sich das lebendige Treiben im kleinen Dörfchen am besten beobachten.

Pizza Port PIZZERIA $
(Cass St.; Pizza 11–20 NZ$; ⏲Mittag- & Abendessen) Es gibt zwar ein paar Tische, aber besser ist es, eine der Gourmet-Holzofenpizzas mitzunehmen und sie am Strand zu genießen. Allerdings muss man sie dort energisch gegen die Möwen verteidigen.

Hone's PIZZERIA, BAR $$
(York St.; Pizza 19–27 NZ$) Im kiesbedeckten Hof hinter dem Gables werden Holzofenpizza und kühles Bier serviert, die Stimmung ist gut.

Pub 'round the Corner PUB
(19 York St.; ⏲12 Uhr bis spätabends) Eine coole, relaxte Kneipe mit Biergarten und einigen Billardtischen.

Shoppen

Just Imagine... KUNST & KUNSTHANDWERK
(www.justimagine.co.nz; 25 York St.; ⌚10–17 Uhr) Die Galerie voller grandioser Glaswaren und Gemälde versorgt verdurstende Kunstfans mit dringend benötigtem Kaffee.

Praktische Informationen

Russell Booking & Information Centre (☎09-403 8020; www.russellinfo.co.nz; Russell Pier; ⌚8–17 Uhr, im Sommer auch länger)

An- & Weiterreise

Mit dem Auto geht es am schnellsten per Autofähre nach Russell (Auto/Motorrad/Passagier 11/5,50/1 NZ$), die zwischen 6.40 und 22 Uhr alle 10 Minuten von Opua (5 km von Paihia entfernt) nach Okiato (8 km von Russell entfernt) ablegt. Die Tickets werden an Bord verkauft. Wer von Süden aus anreist, kann die landschaftlich reizvolle Russell Road nehmen.

Um ohne Fahrzeug schnell und einfach nach Russell zu kommen, nimmt man eine der regulären Passagierfähren in Paihia (Erw./Kind einfach 7/3 NZ$, hin & zurück 12/5 NZ$). Sie fahren von 7–19 Uhr (Okt.–Mai 7–22 Uhr), im Allgemeinen alle 20 Minuten, abends stündlich. Fahrkarten werden an Bord oder bei i-SITE in Paihia verkauft.

Paihia & Waitangi

1800 EW.

Waitangi, der Geburtsort von Neuseeland (im Gegensatz zu Aotearoa), nimmt einen besonderen Platz in der nationalen Psyche ein. Das zeigt sich am Mix aus Party, Gedenkfeier, Protest und Apathie, der den Geburtstag der Nation (Waitangi Day, 6. Feb.) begleitet.

Hier wurde der lange ignorierte, umstrittene und oft angefochtene Vertrag von Waitangi zwischen Maorihäuptlingen und der britischen Krone erstmals unterzeichnet. Im Vertrag hat man die Zugehörigkeit zu Großbritannien vereinbart – oder so was Ähnliches, je nachdem ob man die englische oder die Maoriversion des Vertrags liest bzw. interpretieren möchte. Wen die Geschichte Neuseelands und die Beziehungen zwischen den Bevölkerungsgruppen wirklich interessieren, der findet hier einen idealen Ausgangspunkt.

Paihia ist mit Waitangi über eine Brücke verbunden. Die Küstenstadt wäre nicht weiter erwähnenswert, wenn sie nicht der Hauptzugang zur Bay of Islands wäre. Wenn das Geld nicht zu knapp ist, sollte man sich was Gutes gönnen und per Fähre nach Russell tuckern, wo es wesentlich hübscher ist.

In der Gegend lässt es sich schön wandern, z. B. von Opua nach Paihia auf einem einfachen, 5 km langen Weg entlang der Küste.

Sehenswertes & Aktivitäten

Waitangi Treaty Grounds HISTORISCHE STÄTTE
(☎09-402 7437; www.waitangi.net.nz; 1 Tau Henare Dr.; Erw./Kind 25/12 NZ$; ⌚April–Sept. 9–17 Uhr, Okt.–März 9–19 Uhr) Die bedeutendste historische Stätte des Landes liegt auf einer Landzunge inmitten gepflegter Rasenflächen und einheimischer Buschvegetation. Genau hier unterzeichneten am 6. Februar 1840 die ersten 43 Maori-Häuptlinge nach langwieriger Diskussion den Treaty of Waitangi mit der britischen Krone (im Laufe der Zeit unterschrieben dann insgesamt 500 Häuptlinge).

In dem 1832 errichteten **Treaty House** mit seinen vier Zimmern lebte der britische Resident James Busby. Es dient nun als Gedenkstätte und Museum, in dem unter anderem eine Kopie des Vertrages ausgestellt ist. Auf der anderen Seite der Rasenfläche steht das reich verzierte **whare runanga** (Versammlungshaus), das 1940 zur Hundertjahrfeier des Vertrages fertiggestellt wurde. Die schönen Schnitzereien repräsentieren die wichtigsten Maori-Stämme. Nahe der Bucht befindet sich das 35 m lange **waka taua** (Kriegskanu). Eine Fotoausstellung zeigt, wie es zum Jubiläum aus gigantischen Kauri-Stämmen gefertigt wurde.

Neuseeländer verstehen die Bedeutung des Vertrages, aber fremde Besucher wundern sich vielleicht, dass nicht mehr Informationen über die Rolle des Vertrages für die Geschichte des Landes vorhanden sind – über die endlose Reihe von Vertragsbrüchen durch die Krone, die darauffolgenden Kriege und Landenteignungen und die Protestbewegungen, die schließlich den bis heute anhaltenden Wiedergutmachungsprozess für vergangenes Unrecht einleiteten.

Auswärtige Besucher sollten deshalb eine der kostenpflichtigen Führungen oder Kulturveranstaltungen buchen (Erw./Kind jew. 18/10 NZ$; Anfangszeiten auf der Website oder telefonisch in Erfahrung bringen). Die 30-minütige Vorführung umfasst traditionelle Maori-Gesänge und -tänze, darunter den absoluten Publikumshit *haka* (Kriegstanz). Die Ultimate Waitangi Experience

(Erw./Kind 30/15 NZ$) ist ein Kombiticket (Tour und Vorstellung). Im Sommer findet um 18 Uhr eine 45-minütige Twilight Show (Erw./Kind 25/8 NZ$) statt.

Die 2 Std. dauernde **Culture North Night Show** (☎09-402 5990; www.culturenorth.co.nz; Eintritt 65 NZ$; ⏰ 19.30 Uhr, bei ausreichender Teilnehmerzahl) zeigt im *whare runanga* die Geschichte der Maori in Form eines Theaterstücks. Die Vorführung beginnt mit einer traditionellen Maori-Begrüßung, gefolgt von einer atmosphärischen Aufführung inkl. Licht-Ton-Show. Im Preis inbegriffen ist der kostenlose Transfer von Paihia aus.

Haruru Falls WASSERFALL

(Haruru Falls Rd.) Ein Wanderweg (einfach 1½ Std., 5 km) führt von den Treaty Grounds am Waitangi River entlang zu diesen sehenswerten hufeisenförmigen Wasserfällen, die nachts angestrahlt werden. Ein Teil des Weges führt über einen Holzsteg durch die Mangroven. Wer nicht laufen will, nimmt das Auto und zweigt von der Puketona Road rechts auf die Haruru Falls Road ab.

St Paul's Church KIRCHE

(Marsden Rd.) Paihias St Paul's Church ist nicht besonders alt (1925), steht aber auf dem Gelände der ersten Kirche Neuseelands, einer einfachen Raupohütte (aus Rohrkolben) aus dem Jahr 1823. Das bezaubernde Gotteshaus wurde ausschließlich aus Kawakawa-Steinen erbaut. Im Bleiglasfenster über dem Altar sind einheimische Vögel zu erkennen. Der Kotare (Eisvogel) steht für Jesus, und der Tui und der Kereru (Maorifruchttaube) stellen die Gebrüder Williams dar (einer gelehrt, der andere praktisch veranlagt), die hier eine Mission gründeten.

Opua Forest WALD

Gleich hinter Paihia befindet sich der wieder aufgeforstete Wald mit Wanderwegen von zehn Minuten bis fünf Stunden. Einige der großen Bäume haben Axt und Feuer überlebt, u. a. ein paar mächtige Kauribäume. Wer von der School Road etwa 30 Minuten hinaufwandert, kommt an ein paar gute Aussichtspunkte. Broschüren mit Details über die Wanderwege im Opua Forest gibt's beim i-SITE. Über die Oromahoe Road westlich von Opua kommt man mit dem Auto in den Wald.

Schlafen

Was Paihia so anziehend für Backpacker macht, ist der hohe Standard und die große Auswahl an Hostels. Die Kings Road ist die „Hauptstraße der Rucksackreisenden" – alle, die kein Bett mehr in einer der im Folgenden empfohlenen Unterkünfte erwischen, können dort nach weiteren ordentlichen Zimmern fragen.

Wer etwas mehr Geld zur Verfügung hat, findet in Russell stimmungsvollere Unterkünfte. Praktischer ist aber auf jeden Fall Paihia, das die größere Auswahl an Motels, Apartments und B&Bs entlang der Küste sowie hier und da in den Hügeln ringsherum zur Verfügung hat.

LP TIPP **Seabeds** HOSTEL $

(☎09-402 5567; www.seabeds.co.nz; 46 Davis Cres.; B/EZ/DZ/Apt. 26/59/85/95 NZ$; @ 📶) Mit seinen komfortablen, freundlichen und unaufdringlich elegant eingerichteten Zimmern in einem umgebauten Motel hat dieser Neuling noch einmal eins draufgesetzt und Paihias bereits gehobenen Standard übertroffen. Natürlich ist es sehr angenehm, dass die Möbel alle nagelneu sind, aber es ist auch offensichtlich, dass nicht am anspruchsvollen Design und an der Qualität gespart wurde.

Tarlton's Lodge B&B $$

(☎09-402 6711; www.tarltonslodge.co.nz; 11 Sullivans Rd.; Zi. 160–270 NZ$; ❄) In diesem B&B oben auf dem Hügel verbindet sich aufregende Architektur mit moderner Einrichtung und einem weiten Blick über die Bucht. Von den drei luxuriösen Suiten im Hauptgebäude haben zwei ein eigenes Outdoor-Spa. Die preislich in der Mittelklasse angesiedelten Zimmer befinden sich zwar in einem älteren Gebäude auf der anderen Straßenseite, haben aber ein ebenso ansprechendes Äußeres sowie dasselbe Panorama und Frühstück.

Peppertree Lodge HOSTEL $

(☎09-402 6122; www.peppertree.co.nz; 15 Kings Rd.; B 25–28 NZ$, Zi. 69–86 NZ$; @ 📶) Schlichte, saubere Zimmer mit hoher Decke und guter Bettwäsche. Dazu gibt es ein Lager voller Fahrräder, Tennisschläger, Kajaks und zwei Grills für die Gäste – also eine recht gesellige Angelegenheit.

Pickled Parrot HOSTEL $

(☎09-402 6222; www.pickledparrot.co.nz; Greys Lane; Zeltstellplatz pro Pers. 19 NZ$, B 26 NZ$, EZ/DZ 60/70 NZ$; @ 📶) Das freundliche, gepflegte Refugium für Backpacker besteht aus netten Hütten inmitten von tropischen

Paihia

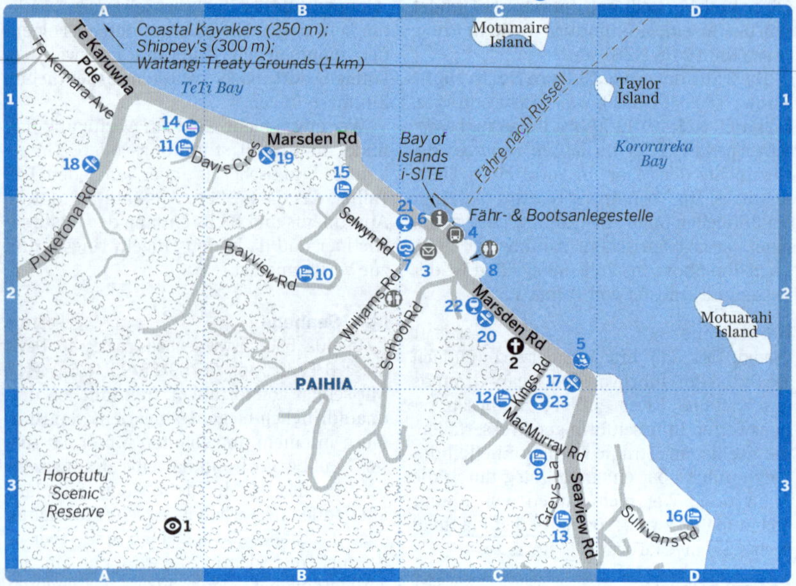

Pflanzen. Die Fahrräder sind ebenso kostenlos wie das Frühstück; die Stimmung passt.

Baystay B&B B&B **$$**
(☎09-402 7511; www.baystay.co.nz; 93a Yorke Rd., Haruru Falls; Zi. 145–185 NZ$; @📶) Wahrscheinlich ist dies die einzige Unterkunft in Neuseeland mit einem echten Johnny-Mnemonic-Flipperautomaten in der Lounge – absolut kein Durchschnitts-B&B. Vom Spa-Pool dieses geschniegelten, schwulenfreundlichen Anwesens aus schweift der Blick über das Tal. Die Yorke Road zweigt kurz vor den Wasserfällen von der Puketona Road ab.

Bay of Islands Holiday Park FERIENANLAGE **$**
(☎09-402 7646; www.bayofislandsholidaypark.co.nz; 678 Puketona Rd.; Stellplatz/Apt. ab 38/70 NZ$; @📶🏊) Diese wunderbare Anlage liegt unter hohen Bäumen neben einer Reihe von flachen Stromschnellen des Waitangi River. Zu den hervorragenden Apartments und Hütten sowie den schattigen Zeltstellplätzen gelangt man nach 7 km auf der Puketona Road.

Allegra House B&B **$$$**
(☎09-402 7932; www.allegra.co.nz; 39 Bayview Rd.; Zi./Apt. 245/275 NZ$; @📶) Das Allegra bietet drei schöne B&B-Zimmer und ein geräumiges, abgeschlossenes Apartment. Das Haus mit einer fantastischen Aussicht auf die Bucht liegt wie ein Adlerhorst hoch über der Stadt.

Cook's Lookout MOTEL **$$$**
(☎09-402 7409; www.cookslookout.co.nz; Causeway Rd.; Apt. 195–295 NZ$; 📶) Seinen Namen verdankt das Motel nicht dem guten alten Captain Cook, sondern dem früheren Besitzer, einem All-Black-Rugbyspieler. Das etwas altmodische Haus mit verblasstem Dekor gewinnt durch die freundlichen Besitzer, die atemberaubende Aussicht und den solargeheizten Swimmingpool. Von der Puketona Road geht es Richtung Haruru Falls, dann rechts in die Yorke Street und schließlich die zweite Straße rechts in die Causeway Road.

Cap'n Bob's Beachhouse HOSTEL **$**
(☎09-402 8668; www.capnbobs.co.nz; 44 Davis Cres.; B/EZ/2BZ/DZ 25/49/64/86 NZ$; @📶) Auch wenn der Captain auf See ist, sorgt ein neuer Erster Maat in diesem kleinen Backpackerhostel dafür, dass alles tipptopp ist. Ein gemütliches Plätzchen mit Blick aufs Meer und einem ganz eigenen Charme.

Te Haumi PRIVATUNTERKUNFT **$$**
(☎09-402 6818; joshlefi@xtra.co.nz; 41b Te Haumi Dr.; EZ/DZ 145/165 NZ$) In diesem ordentlichen Privathaus frühstücken die Gäste ge-

Paihia

meinsam mit den freundlichen Gastgebern und trinken am Abend ein Glas Wein mit ihnen – das gemütliche Zimmer unten bietet jedoch genügend Privatsphäre. Das Haus mit Meerblick steht direkt neben einem Naturreservat. Nachts hört man die Kiwis. Der Te Haumi Drive zweigt auf halbem Weg zwischen Opua und Paihia von der Hauptstraße ins Landesinnere ab.

Beachside Holiday Park HOLIDAY PARK $
(☎09-402 7678; www.beachsideholiday.co.nz; 1290 SH11; Zeltstellplatz/Apt. ab 18/60 NZ$; @📶) Auf diesem geschützten Campingplatz südlich der Stadt wacht man direkt am Wasser auf. Die verwinkelten, zitronengelben Hütten verströmen den Charme der 1970er-Jahre. Außerdem werden Kajaks vermietet.

Admiral's View Lodge MOTEL $$
(☎09-402 6236; www.admiralsviewlodge.co.nz; 2 MacMurray Rd.; Apt. 120–270 NZ$; @) Die schicken Apartments mit Balkon schreien bei Sonnenuntergang förmlich nach einem relaxten Gin Tonic. Einige Apartments der auf dem Berg gelegenen Lodge mit Meerblick haben ein Spa-Bad.

Swiss Chalet MOTEL $$
(☎09-402 7615; www.swisschalet.co.nz; 3 Bayview Rd.; Apt. 175–380 NZ$; 📶) In diesem Motel gibt es ein Spa, Grill, Sky-TV und eine große Auswahl an sauberen Zimmern mit Balkon. Der Schweizer Berghüttenstil verleiht dem Haus eine recht individuelle Note.

Essen

LP TIPP **Shippey's** FISH & CHIPS $
(www.shippeys.com; Waitangi Bridge; Hauptgerichte 6–12 NZ$; ⏰10 Uhr bis spätabends) In Paihias absolutem Top-Spot isst man nicht nur gut, sondern auch günstig. Hier kann man Fish & Chips auf gottgewollte Art genießen – nämlich eingewickelt in eine Lage Zeitungspapier und mit einem kühlen Drink in der Hand, und zwar an Bord eines für immer am Kai vertauten großen Leichterschiffs (Barge) aus dem 19. Jh., mit dem ursprünglich Zucker transportiert wurde. Der Blick über die Einfahrt und die Bucht ist geradezu magisch, besonders bei Sonnenuntergang.

Waikokopu Cafe CAFÉ $
(www.waikokopu.co.nz; Waitangi Treaty Grounds; Hautgerichte 13–21 NZ$; ⏰9–17 Uhr) Schon die Lage direkt an einem Teich ist der Knaller: dahinter das Buschland, davor die Treaty Grounds. Die nationale Bedeutung des Ortes spiegelt sich in der Speiseauswahl: Es gibt das stets beliebte „fush and chups" und den „Rainbow Warrior" (French Toast, getränkt mit Ahornsirup, belegt mit Bacon und Banane).

Pure Tastes NEUSEELÄNDISCH $$
(☎09-402 0003; www.paihiabeach.co.nz/paihia-bay-of-islands-restaurant; 116 Marsden Rd.; Frühstück 16–19 NZ$, Hauptgerichte 30–34 NZ$; ⏰Frühstück, Mittag- & Abendessen) Das erstklassige Restaurant im Paihia Beach Resort serviert interessantes, wundervoll angerichtetes Essen aus überwiegend regionalen Zutaten.

Alfresco's PUB $$
(☎09-402 6797; 6 Marsden Rd.; Hauptgerichte 23–32 NZ$; ⏰7.30 Uhr bis spätabends) Das lockere Restaurant mit Café und Bar macht zwar nicht viel her, zieht aber trotzdem die Einheimischen in Scharen an: Die Haupt-

gründe sind das großartige Essen (darunter viel Seafood aus der Region), die vernünftigen Preise und der nette Empfang. Jeden Sonntagnachmittag von 15 bis 18 Uhr wird Livemusik gespielt.

Swiss Cafe & Grill SCHWEIZERISCH **$$**
(48 Marsden Rd.; Hauptgerichte 20–32 NZ$; ⌚ Abendessen) Das schlichte, aber hervorragende Restaurant am Meer bietet eine große, wenn auch etwas eigenwillige Auswahl: Pasta, schön präsentierte Fischgerichte sowie Schnitzel und hausgemachte Strudel.

Paihia Farmers' Market MARKT
(www.bayofislandsfarmersmarket.org.nz; Village Green; ⌚14–17.30 Uhr) Wer will, kann sich hier mit regionalen Produkten direkt vom Produzenten eindecken: Obst, Gemüse, Pickles, Honig, Fisch, Wurstprodukte, Eier, Käse, Brot, Wein und Öl.

Countdown SUPERMARKT
(6 Puketona Rd.; ⌚7–22 Uhr) Hier können die Vorräte wieder aufgestockt werden.

Trinken

Gott segne die Backpacker: Ohne sie wäre in den Bars nichts los! In der Kings Road und im Stadtzentrum gibt es zahlreiche Kneipen zum Ausprobieren. Die folgende Liste soll aber niemanden von eigenen Erkundungsgängen abhalten!

Pipi Patch Bar BAR
(18 Kings Rd.; ⌚17 Uhr bis spätabends) Zum Party-Hostel gehört auch eine Party-Bar: eine beliebte Kneipe mit großen Videobildschirmen und einer ordentlichen Terrasse. Um Mitternacht werden die Gäste ins Haus geschoben, damit die Nachbarn ruhig schlafen können – obwohl die meisten davon eh Backpacker sind, die mitfeiern.

Mako Beach Bar BAR
(50 Marsden Rd.; ⌚12 Uhr bis spätabends) Wer keine Lust mehr auf andere Reisende hat, macht sich auf zu dieser einfachen, aber netten Bar, wo zumeist Einheimische abhängen. Am Wochenende wird manchmal Livemusik gespielt.

Bay of Islands Swordfish Club BAR
(Swordy; www.swordfish.co.nz; im OG, 96 Marsden Rd.; ⌚16 Uhr bis spätabends) Tolle Aussicht, kaltes Bier und irre Geschichten gibt es in dieser hell erleuchteten Clubbar, wo diverse Meerestiere aus jeder nur denkbaren Oberfläche herauslugen.

Praktische Informationen

Bay of Islands i-SITE (☎09-402 7345; www.i-site.org.nz/northland; Marsden Rd.; ⌚März–Mitte Dez. 8–17 Uhr, Mitte Dez.–Feb 8–19 Uhr; @ 📶) Informationen und Internetzugang.

Anreise & Unterwegs vor Ort

Alle Busse, die Paihia ansteuern, z. B. diejenigen von InterCity und Naked Bus, halten am Maritime Building bei der Anlegestelle.

Die einzigen Busse, die an die Westküste fahren, sind die Fullers-Busse auf der Tour *Discover Hokianga* (S. 158) und die Busse von **Magic Travellers Network** (☎09-358 5600; www.magicbus.co.nz) mit Hop-on-Hop-off-Service auf dem Abschnitt Paihia –Auckland. Das Ticket (69 NZ$, 3 Busse wöchentl.) erlaubt ein unbegrenztes Ein- und Aussteigen auf der Strecke, darunter in Opononi, Waipoua Forest, Dargaville und Matakohe. Es gibt auch Busausflugsfahrten (S. 157) zum Cape Reinga und nach Hokianga.

Fähren nach Russell verkehren regelmäßig. Bay Beach Hire (S. 156) verleiht Fahrräder.

Urupukapuka Island

Die größte Insel der Bucht ist Urupukapuka, ein ruhiges Plätzchen, durchzogen von Wanderwegen und umgeben von aquamarinblauem Wasser. Auf dieser und den Nachbarinseln flattern unzählige einheimische Vögel herum, und zwar dank einer Schutzinitiative, die alle Raubtiere fernhält: Also vor der Abfahrt nach Urupukapuka besser noch einmal nachsehen, ob sich Ratten, Mäuse oder Ameisen im Boot oder im Gepäck verstecken.

Die meisten Bootstouren gehen in der Otehei Bay vor Anker: für alle, die ein wenig Inselluft schnuppern wollen. Wer übernachten will, kann die Tour aufteilen und an einem anderen Tag zurückfahren. Es gibt **DOC-Campingplätze** (www.doc.govt.nz; Zeltstellplatz pro Erw./Kind 8,10/2 NZ$) in Cable, Sunset und Urupukapuka Bays. Trinkwasser und kalte Duschen (außer Sunset Bay) sowie Komposttoiletten sind vorhanden; Essen, ein Kocher und Brennstoff sollten mitgebracht werden.

Im **Waterfront Bar & Cafe** (www.oteheibay.co.nz; Otehei Bay; Hauptgerichte 15–24 NZ$) werden den Passagieren der Bootstouren kleine Mahlzeiten (Pommes, Sandwiches, Burger, Fish & Chips) serviert – im Hochsommer auch ein Abendessen. **Bay of Islands Kayaking** (☎021 272 3353; www.bayofislandskayaking.

co.nz; Leihgebühr ab 10 NZ$, Inseltransfer & geführte Kajaktour 120 NZ$) vermietet hier Kajaks.

Kerikeri

5900 EW.

Kerikeri bedeutet „graben, graben" – und die umliegenden fruchtbaren Felder werden tatsächlich oft umgepflügt. Die Stadt ist berühmt für ihre Orangen, produziert aber auch Kiwifrüchte (bloß nicht Kiwis sagen, darauf reagieren die Einheimischen allergisch!), Gemüse und in zunehmendem Maße auch Wein. Wer nach körperlich anstrengender, schlecht bezahlter Arbeit sucht, die die Kiwis (also die Leute, nicht das Obst) nicht gerne machen, kann hier direkt aktiv werden.

Eine Reihe von historischen Stätten am hübschen Kerikeri Basin gewährt einen Einblick in die frühen Beziehungen zwischen Maori und Pakeha (europäische Neuseeländer). 1819 erlaubte der mächtige Ngapuhi-Häuptling Hongi Hika dem Reverend Samuel Marsden, eine Missionsstation im Schatten seines Kororipo Pa zu errichten. Momentan läuft eine Kampagne mit dem Ziel, die Stätte als Unesco-Weltkulturerbe anerkennen zu lassen.

Sehenswertes & Aktivitäten

Stone Store & Mission House HISTORISCHE GEBÄUDE
(www.historic.org.nz; 246 Kerikeri Rd.; ⌚10–16 Uhr) Diese hübsch am Kerikeri Basin gelegene Stätte umfasst das ehrwürdigste architektonische Paar des Landes und ist auch das älteste seiner Art, denn der Stone Store von 1836 ist Neuseelands ältestes Steingebäude. Zu kaufen gibt es interessante Geschenke sowie Waren, die in dem Store wohl einst angeboten wurden – obwohl es heutzutage schwierig sein dürfte, Schweine gegen Musketen einzutauschen. Führungen (10 NZ$) durch das hölzerne Mission House, Neuseelands ältestes Gebäude (1822), beginnen hier und beinhalten auch den Eintritt zur Ausstellung *The Soul Trade* im 1. Stock des Ladens.

Ein Stück den Hügel hinauf beginnt ein markierter historischer Weg zum **Kororipo Pa**. Von Hika angeführte Kampftruppen sammelten sich hier und zogen aus, um North Island zu terrorisieren, wobei während der Musketenkriege Tausende niedergemetzelt wurden. Welche Rolle die Missionare bei der Bewaffnung der Ngapuhi gespielt haben, bleibt umstritten. Der Weg führt in die Nähe der kleinen Holzkirche **St James Anglican Church** (1878).

Rewa's Village MUSEUM
(Landing Rd.; Erw./Kind 5/1 NZ$; ⌚9.30–16.30 Uhr) Wer sich Kororipo Pa im ursprünglichen Zustand nur schwer vorstellen kann, sollte die Fußgängerbrücke über den Fluss überqueren und das faszinierende, traditionelle Maori-Fischerdorf besichtigen, das hier nachgebaut wurde.

Aroha Island WILDTIERRESERVAT
(www.arohaisland.co.nz; 177 Rangitane Rd.; Eintritt frei; ⌚Do–Di 9.30–17.30 Uhr) Diese 5 ha große Insel ist über einen Damm durch den Mangrovenwald zu erreichen. Hier befindet sich ein Schutzgebiet für den Streifenkiwi und andere einheimische Vögel sowie ein hübsches Picknickfleckchen für ihre federlosen Bewunderer. Es gibt auch ein Besucherzentrum und Leihkajaks (ab 18 NZ$).

Kerikeri River Track WANDERN
Ausgehend vom Kerikeri Basin führt dieser 4 km lange Wanderweg an den **Wharepuke Falls** und den **Fairy Pools** vorbei zu den **Rainbow Falls**, wo das Wasser über eine moosbedeckte Höhle fällt. Die Rainbow Falls sind auch über die Rainbow Falls Road und von dort über einen zehnminütigen Spaziergang erreichbar.

Schlafen

Pagoda Lodge LODGE, CAMPINGPLATZ $
(☎09-407 8617; www.pagoda.co.nz; 81 Pa Rd.; Zeltstellplatz/Safarizelt ab 32/100 NZ$, Apt. 80–300 NZ$; WLAN) Die Lodge wurde in den 1930er-Jahren von einem komischen Schotten mit Asienfimmel erbaut: Das pagodenförmige Dach sitzt auf einem hölzernen Cottage, das ungewöhnliche Anwesen zieht sich bis zum Fluss hinunter und ist mit Buddhas, Zigeunerwägen und Safarizelten mit richtigen Betten übersät. Die Gäste können aber auch ihr eigenes Zelt aufschlagen. Von der Cobham Road geht es links in die Kerikeri Inlet Road und dann nochmals links in die Pa Road – und schon ist man da.

Kerikeri Farm Hostel HOSTEL $
(☎09-407 6989; www.farmhostel.co.nz; 1574 Springbank Rd. (SH10); B/EZ/DZ 24/50/56 NZ$; @WLAN) Das ruhige Landhaus mit nur zwölf Betten liegt 4 km außerhalb der Stadt und gleicht weniger einer Farm als einem Orangenhain. Ein gemütlicher Ort, an dem ein

Kerikeri

Kronleuchter der komfortablen Lounge noch ein wenig Glanz verleiht. Auf der großen Terrasse, umgeben von Orangen- und Mandarinenbäumen, kann man herrlich verweilen.

Bed of Roses B&B **$$$**
(☎09-407 4666; www.bedofroses.co.nz; 165 Kerikeri Rd.; Zi. 225–350 NZ$; @) Nur Blütenblätter und keine Dornen schmücken dieses stilvolle B&B, das mit französischen Antiquitäten, edler Bettwäsche und bequemen Betten aufwarten kann. Das Ambiente ist Art déco, die Aussicht ist atemberaubend.

Aroha Island CAMPINGPLATZ **$**
(☎09-407 5243; www.arohaisland.co.nz; 177 Rangitane Rd.; Zeltstellplatz/Apt. ab 18/86 NZ$) Auf der Ökoinsel der Liebe *(aroha)* kann man mit den Kiwis kuscheln. Große Auswahl an Schlafmöglichkeiten, und das zu vernünftigen Preisen: vom friedlichen Campingplatz am muschelübersäten Strand bis zu einem ganzen Haus. Auf der gesamten Insel darf weder im Haus, noch im Freien geraucht werden!

Colonial House MOTEL **$$**
(☎09-407 9106; www.colonialhousemotel.co.nz; 178 Kerikeri Rd.; Apt. 130–245 NZ$; @ 📶 🏊) Das Motel ist gut in Schuss, wirkt aber nicht gerade „kolonial". Die ordentlichen Unterkünfte unterschiedlichster Art liegen in einem tropischen Garten. Ein separates Cottage für Familien, mit zwei Schlafzimmern, Küche und Esszimmer, grenzt direkt an den Salzwasserpool.

Kerikeri

Highlights
Rewa's Village ... D2
Stone Store & Mission House ... D2

Sehenswertes
1 Kororipo Pa ... D2
2 St James Anglican Church ... D2
3 Wharepuke Falls ... D1

Schlafen
4 Bed of Roses ... C1
5 Colonial House ... C1
6 Wharepuke Subtropical Accommodation ... C1

Essen
7 Black Olive ... A1
8 Cafe Jerusalem ... B1
9 Cafe Zest ... A1
10 Fishbone ... A1
Food at Wharepuke ... (siehe 6)
11 Kerikeri Farmers' Market ... A1
12 Pear Tree ... D2

Wharepuke Subtropical Accommodation HÜTTEN **$$**
(☎09-407 8933; www.accommodation-bay-of-islands.co.nz; 190 Kerikeri Rd.; Hütte 180 NZ$) Wharepuke ist zwar hauptsächlich für sein Essen und den üppigen Garten bekannt, vermietet aber auch fünf Cottages (mit jeweils einem Schlafzimmer), die sich zwischen den Palmen verstecken. Sie sehen zwar wie die Fertighütten eines Ferienparks aus, sind jedoch hinsichtlich der Ausstattung und Größe etwas besser als diese.

Kauri Park MOTEL $$
(☎09-407 7629; www.Kauripark.co.nz; 512 Kerikeri Rd.; Apt. 130–170NZ$; @📶🚭) Auf dem Weg nach Kerikeri versteckt sich dieses preisgünstige Motel hinter hohen Bäumen: Die Räume sind recht unterschiedlich ausgestattet – manche sind stilvoll eingerichtet, andere wirken dagegen ein wenig altmodisch.

Essen & Trinken

Food at Wharepuke CAFÉ $$
(☎09-407 8936; www.foodatwharepuke.co.nz; 190 Kerikeri Rd.; Frühstück 14–16 NZ$, Mittagessen 14–35 NZ$, Abendessen 26–35 NZ$; ⌚Di–Sa 10–22, So 9–15 Uhr) Kerikeris ungewöhnlichstes und fantasievollstes Lokal steht mit einem Fuß in Europa und dem anderen in Thailand, während es den Kopf durch die üppige Vegetation des Wharepuke Subtropical Garden steckt. Freitagabend werden die allseits beliebten Thaigerichte serviert (drei Gänge 45 NZ$), während Sonntagnachmittag Livejazz auf dem Programm steht.

Fishbone CAFÉ $
(88 Kerikeri Rd.; Hauptgerichte 7–15 NZ$; ⌚Frühstück & Mittagessen) Kerikeris bestes Frühstückscafé serviert einen hervorragenden Kaffee und leckeres Essen. Man sollte unbedingt die grünen (Pesto-)Eier mit Schinken probieren.

Pear Tree RESTAURANT, BAR $$
(☎09-407 8479; www.thepeartree.co.nz; 215 Kerikeri Rd.; Hauptgerichte 18–33 NZ$; ⌚Mittag- & Abendessen) In einem alten Wohnhaus direkt am Basin ist Kerikeris nobelstes und lagemäßig bestes Restaurant untergebracht (für einen Tisch auf der Veranda unbedingt reservieren). Als Hauptgerichte werden sämtliche Bistroklassiker aufgefahren, hin und wieder unterbrochen von einem asiatischen Gericht.

Cafe Jerusalem ARABISCH $$
(Village Mall, Kerikeri Rd.; Hauptgerichte 17–20 NZ$; ⌚11 Uhr bis spätabends) Hier gibt es wohl Northlands beste Falafel, mit einem Lächeln garniert und in geselliger Atmosphäre verspeist.

Cafe Blue CAFÉ
(582 Kerikeri Rd.; Hauptgerichte 8–20 NZ$; ⌚9–15 Uhr) Obwohl es an der Hauptstraße liegt, ist das Café eine ruhige und friedliche Oase: Auf der Speisekarte stehen Sandwiches, Salate, die berühmten Cornish Pasties (gefüllte Teigtaschen), Pancakes und Grillgerichte unter 20 NZ$.

Cafe Zest CAFÉ, BAR $
(73 Kerikeri Rd.; Hauptgerichte 10–19 NZ$; ⌚Mo–Mi 7.30–16, Do–Sa 7.30–20.30, So 7.30–14 Uhr) Das in Kerikeris orangem Licht leuchtende, schnucklige kleine Zest tischt tagsüber Kaffeehauskost und am Abend Tapas auf. Aber viele Leute kommen vor allem ins Zest, um Weine von sämtlichen Herstellern der Region zu probieren.

Black Olive ITALIENISCH $$
(☎09-407 9693; www.theblackolive.net; 308 Kerikeri Rd.; Hauptgerichte 12–36 NZ$; ⌚Di–So Abendessen) Für die beliebte Pasta und Pizza als Takeaway besser vorher anrufen oder sich gleich einen Platz im Restaurant oder Garten schnappen.

Praktische Informationen

Procter Library (Cobham Rd.; ⌚Mo–Fr 8–17, Sa 9–14, So 9–13 Uhr; @📶) Einfach vorbeischauen: Hier gibt es Broschüren für Touristen und einen kostenlosen Internetzugang.

An- & Weiterreise

Bus

InterCity (S. 144) und Busse von Partnerfirmen fahren von der Haltestelle in 9 Cobham Road los (gegenüber der Bibliothek).

Flugzeug

Bay of Islands (Kerikeri) Airport (☎09-407 7147; www.bayofislandsairport.co.nz; 218 Wiroa Rd.) 8 km südwestlich der Stadt. Air New Zealand und Salt Air Xpress fliegen Kerikeri an (S. 144). **Dial-a-Ride** (☎0508 342 527; www.dial-a-ride.co.nz) Shuttleservice vom Flughafen nach Kerikeri, Paihia, Opua und Kawakawa.

FAR NORTH

Es ist kein Zufall, dass diese Gegend so abgelegen klingt. Wer will, kann hier auf meist unasphaltierten Straßen abseits der ausgetretenen Pfade herumstromern. Die entlegene Region Far North spielt immer die zweite Geige nach der Bay of Islands, sowohl hinsichtlich der Beachtung als auch der finanziellen Ausstattung. Doch die subtropische Spitze der Nordinsel besitzt mehr atemberaubende Küstenlinie pro Quadratkilometer als sonst irgendeine Gegend des Landes, mal abgesehen von den weiter draußen im Pazifik liegenden Inseln. Die Wirtschaft liegt in

Teilen des Far North bedenklich danieder, in manchen Orten sieht es richtiggehend düster aus. Obwohl die Bezeichnung „winterloser Norden" recht beliebt ist, ist sie nicht ganz korrekt. Der Sommer aber dauert hier richtig lang und verabschiedet sich erst spät.

Matauri & Tauranga Bays

Zwar muss man von der SH10 einen kurzen Umweg nehmen, doch die landschaftlich ausgesprochen reizvolle Rundtour zu diesen Traumstränden führt in eine Gegend, die Welten von der glitzernden Oberfläche entfernt ist, die Touristen in der Bay of Islands zu sehen bekommen.

Matauri Bay mit den 17 Cavalli Islands in der Ferne ist ein langer Surfsandstrand, der 18 km abseits der SH10 liegt. Der **Matauri Bay Holiday Park** (☎09-405 0525; www.matauribayholidaypark.co.nz; Zeltstellplätze ab 20 NZ$, Apt. 130–180 NZ$) befindet sich am nördlichen Strandende. Im Laden gibt es Lebensmittel, Alkohol und Benzin. Auf der Landzunge oberhalb des Parks steht ein Denkmal für die *Rainbow Warrior*: Die letzte Ruhestätte des berühmten Greenpeaceschiffes zwischen den Cavalli Islands ist heute ein beliebter Tauchplatz.

Das DOC betreibt auf der Motukawanui Island eine **Hütte** (☎09-407 0300; www.doc.govt.nz; Stellplatz Erw./Kind 13/6,10 NZ$) für zwölf Personen. Man braucht aber ein Boot oder ein Kajak, um hinzukommen und muss im Voraus buchen. Außer Wasser, Matratzen und einer Komposttoilette wird nichts geboten, man muss also alles selbst mitbringen.

Zurück auf der Hauptstraße geht die Fahrt weiter gen Westen durch das nette Dorf Te Ngaere und an ein paar kleinen Buchten vorbei, bis man schließlich die Abfahrt zur Tauranga Bay erreicht. Der Sand an

KERIKERIS KLEININDUSTRIE

Kein Wunder, dass viele Leute den Eindruck gewinnen, in Kerikeri sei so ziemlich jeder Einwohner in einem Mini-Kunsthandwerk-Unternehmen oder ähnlichem beschäftigt: Auf dem Weg in die Stadt wird man von Kunsthandwerksläden förmlich erschlagen.

Northland gilt nicht gerade als Weingegend, was einige Weinbauern bei Kerikeri gerade zu ändern versuchen. Die wenig bekannte rote Traube Chambourcin zeigte sich als besonders geeignet für die subtropische Feuchtigkeit der Region, ebenso die Sorten Pinotage und Syrah.

Wer sich dafür interessiert, sollte Ausschau halten nach den Broschüren Art & Craft Trail und Wine Trail, die hilfreiche Karten enthalten und weitere Orte auflisten.

Kerikeri Farmers' Market (www.boifm.org.nz; Hobson Ave; ⌚8.30am-noon Sun) Der perfekte Ort, um regionale Produkte zu erstehen – von Würsten bis zu *limoncello*.

Get Fudged & Keriblue (www.getfudged.co.nz; 560 Kerikeri Rd; ⌚9–17.30 Uhr) Eine ungewöhnliche Kombination: Keramikwaren und große, dekadente Fudgebrocken.

Makana Confections (www.makana.co.nz; 504 Kerikeri Rd; ⌚9–17.30 Uhr) Wer gerade einen Süßigkeitenentzug macht, sollte besser mit geschlossenen Augen in die Stadt fahren. Ansonsten besteht die Gefahr, dass man nicht ohne Einkauf am Laden dieses Schokoladenherstellers, wo man durch ein Fenster bei der Produktion zusehen kann, vorbeikommt.

Marsden Estate (www.marsdenestate.co.nz; 56 Wiroa Rd; Hauptgerichte 19–22 NZ$; ⌚Hauptgerichte 19–22 NZ$; h10–16 Uhr) Ein wundervolles Plätzchen, um die besten Weine der Region zu probieren und auf der Veranda zu Mittag zu essen.

Ake Ake (www.akeakevineyard.co.nz; 165 Waimate North Rd; Hauptgerichte 26–34 NZ$; ⌚Sommer Di–So 10–18 Uhr, Winter Mi–So) Die Tour durch das Weingut (11.30 Uhr) und die Weinprobe sind für alle Gäste, die auch im Restaurant essen oder eine Flasche Wein kaufen, kostenlos. Das schicke Restaurant hat mittags und abends immer dann geöffnet, wenn auch der Weinkeller aufhat.

Cottle Hill (www.cottlehill.co.nz; Cottle Hill Dr; Verkostung 5 NZ$, bei Einkauf kostenlos; ⌚Nov–März 10–17 Uhr, April–Okt. Mi–So 10–17 Uhr) Produziert Wein, Port und Grappa. Ein paar interessante alte Autos stehen auch noch herum.

Fat Pig Vineyard (www.fatpig.co.nz; 177 Puketotara Rd; ⌚11–18 Uhr) Wein und Port.

ABSTECHER

PUKETI & OMAHUTA FORESTS

Landeinwärts von Kerikeri existiert ein noch weitgehend intaktes Gebiet ursprünglichen Regenwalds, bestehend aus dem Puketi Forest und dem Omahuta Forest. Die Abholzung wurde in Puketi 1951 beendet, um nicht nur die verbliebenen Kauri-Bäume, sondern auch den gefährdeten Kokakovogel zu retten. Unterwegs sollte man nach diesem seltenen Charmeur Ausschau halten (er ist grau und hat eine blaue Kehle).

Es gibt verschiedene Zugänge zu den Wäldern, die von einem Netz an Wanderwegen durchzogen sind. Die Gehzeiten reichen von 15 Min. (der rollstuhltaugliche Manginangina Kauri Walk) bis zu zwei Tagen (der anspruchsvolle Waipapa River Track); auf der DOC-Website sind weitere Wanderungen aufgeführt.

In der Puketi Recreation Area am Ostrand des Waldes befindet sich ein **DOC-Campingplatz** (☎09-407 0300; www.doc.govt.nz; Waiare Rd.; Zeltstellplatz pro Erw./Kind 7/3,50 NZ$) mit zwei Hütten (für 3 Pers., 21 NZ$), und einer Hütte mit 18 Stockbetten (zur alleinigen Benutzung, 62 NZ$). In dieser Hütte gibt es heiße Duschen, eine Küche und ein WC, wohingegen die Bewohner der anderen Hütten und des Campingplatzes mit kalten Duschen auskommen müssen.

Adventure Puketi (www.forestwalks.com; Touren 75–155 NZ$) führt Interessierte auf Ökotouren durch den Wald – auch abends, wenn die Nachttiere aktiv sind.

diesem kleineren Strand ist pfirsichfarben. Der **Tauranga Bay Holiday Park** (☎09-405 0436; www.taurangabay.co.nz; Stellplatz ab 18 NZ$, Hütte 97–170 NZ$; @📶) bietet Zeltplätze und Hütten am malerischen Strand, hat aber nur wenige Bäume, sodass man dem Wetter ausgeliefert ist. Im Januar kostet der Stellplatz mindestens 59 NZ$, und man muss sieben Nächte bleiben.

An einer Privatstraße an der Tauranga Bay organisiert **Northland Sea Kayaking** (☎09-405 0381; www.northlandseakayaking.co.nz; Touren halber/ganzer Tag 75/95 NZ$) Kajaktouren entlang der märchenhaften Küste mit ihren kleinen Buchten, Höhlen und Inseln. Eine Unterkunft kann zusammen mit einer Tour für 20 NZ$ pro Person zusätzlich gebucht werden.

Öffentliche Verkehrsmittel in diese Gegend oder ins benachbarte Whangaroa gibt es nicht.

Whangaroa Harbour

Gleich hinter der Landzunge von Tauranga Bay liegt die schmale Zufahrt zum Whangaroa Harbour. Das kleine Fischerdorf Whangaroa liegt 6 km von der SH10 entfernt und wird als „Marlin Capital of NZ", also Neuseelands Marlin-Hauptstadt, bezeichnet.

Entsprechend viele Boote, die sich zum Hochseeangeln eignen, werden hier vermietet (Dez.–April); die Preise beginnen bei etwa 1200 NZ$ pro Tag. Wer eines der Monster am Haken zappeln hat, sollte darauf bestehen, dass es anschließend wieder ins Meer befördert wird: Der Gestreifte Marlin und der Schwertfisch gehören zu Neuseelands gefährdeten Fischarten.

Ein wunderbarer, 20-minütiger Spaziergang beginnt am Parkplatz am Ende der Old Hospital Road und führt hinauf zum **St Paul's Rock** (213 m), der das Dorf überragt. Oben muss man sich an einem Drahtseil hochziehen, was sich lohnt, denn die Aussicht ist es wirklich wert.

Der **Wairakau Stream Track** beginnt unweit der Gemeindehalle an der Campbell Road in Totara North auf der anderen Seite der Bucht und führt Richtung Norden zur Pekapeka Bay. Die Strecke ist wunderschön und noch völlig unberührt. Unterwegs kann man sich in Naturwasserbecken abkühlen. Die zweistündige Tour führt durch den Wald, vorbei an einer verlassenen Farm und einer Flussmündung mit steilen Ufern, und endet schließlich an der **Lane Cove Hut** (☎09-407 0300; www.doc.govt.nz; zur alleinigen Benutzung 164 NZ$) des DOC, die mit 16 Betten und Komposttoiletten ausgestattet ist. Alles andere muss mitgebracht werden. Unbedingt frühzeitig buchen, da die Hütte im Sommer meist von neuseeländischen Familien belegt ist.

Der Startpunkt des **Duke's Nose Track** (hin & zurück 1¼ Std.) liegt hinter dem Cottage, von dort geht es hinauf zu den Kairara Rocks. Am Felsen kann man Ausschau nach dem Adlerprofil des Duke of Wellington halten. Die letzten 10 m müssen sich die Wanderer an einer Kette nach oben ziehen, die Mühe lohnt sich aber angesichts der Aussicht.

Wer keine absolut Lust mehr hat, (zurück-) zu wandern, dann gibt es eine Alternative: Das Unternehmen **Bushmansfriend** (☎09405 1844; www.bushmansfriend.co.nz) vermittelt Wassertaxis ab der Lane Cove (20 NZ$), einstündige Bootstouren (40 NZ$) und geführte Wanderungen mit Rückkehr per Boot (105 NZ$).

Hinter der nördlichen Landspitze des Hafens liegt die **Taupo Bay**, ein Surfstrand, der im Sommer von treuen neuseeländischen Fans bevölkert ist. Bei östlicher Dünung kann man am Südende der Bucht an der Flussmündung Quality Righthanders, also rechtsbrechende Wellen, surfen. Zu erreichen ist die Bucht über eine 11 km lange, befestigte Straße, die ab der SH10 ausgeschildert ist.

Schlafen & Essen

LP TIPP **Kahoe Farms Hostel** HOSTEL $
(☎09-405 1804; www.kahoefarms.co.nz; B 30 NZ$, Zi. 76–96 NZ$) Das Hostel mit dem großartigen Ruf liegt an der SH10, 10 km nördlich der Abzweigung nach Whangaroa: Es ist berühmt für die komfortable Unterkunft, die bukolische Lage, das hausgemachte italienische Essen, am meisten aber für die warmherzigen Gastgeber. Das Backpacker-Cottage ist toll, doch ein Stück den Hügel hinauf liegt eine noch beeindruckendere Villa mit sehr günstigen Zimmern (inkl. Bad). Alle Zimmer sind hell und angenehm eingerichtet, die meisten sogar mit Blick auf den Garten

DAS ATTENTAT AUF DIE RAINBOW WARRIOR

Als die Neuseeländer am Morgen des 10. Juli 1985 aufwachten, mussten sie erfahren, dass bei einem Terroranschlag im Hafen von Auckland ein Mensch ums Leben gekommen war. Das Flaggschiff von Greenpeace, die *Rainbow Warrior*, wurde an ihrem Liegeplatz an der Marsden Wharf versenkt. Sie wurde gerade für die Fahrt zum Mururoa Atoll in der Nähe von Tahiti vorbereitet, geplant war eine Protestaktion gegen französische Atomtests.

Es dauerte einige Zeit, bis man herausfand, was geschehen war. Einem Hinweis einer Nachbarschaftswache ist es zu verdanken, dass schließlich zwei Agenten vom französischen Geheimdienst (DGSE), die sich als Touristen ausgegeben hatten, verhaftet wurden. Die Agenten hatten zwei Sprengsätze am Schiff befestigt – der erste sollte die Crew veranlassen, das Schiff zu verlassen, der zweite sollte es dann versenken. Einige der Crewmitglieder gingen aber nach der ersten Explosion wieder an Bord, um Untersuchungen anzustellen und den Anschlag zu dokumentieren. Der Greenpeace-Fotograf Fernando Pereira kam bei der zweiten Explosion um. Die Agenten wurden des Totschlags überführt und zu zehn Jahren Haft verurteilt. Die französische Regierung drohte daraufhin mit einem Boykott neuseeländischer Waren. Der Export in die EU sollte untersagt werden, was verheerende Folgen für die neuseeländische Wirtschaft gehabt hätte. Schließlich wurde vereinbart, dass Frankreich 13 Mio. NZ$ an Neuseeland zahlen und sich entschuldigen müsse. Dafür sollten die Agenten den Franzosen ausgeliefert und drei Jahre auf einer Insel im Südpazifik inhaftiert werden. Letztendlich zahlte Frankreich als Wiedergutmachung über 8 Mio. NZ$ an Greenpeace – die Bombenleger wurden vor Ende der Haftstrafe entlassen.

Anfangs leugnete der französische Präsident Mitterrand jegliche Beteiligung der Regierung an dem Anschlag. Nach den Untersuchungen entließ er aber den Verteidigungsminister und DGSE-Leiter Admiral Pierre Lacoste. Am 20. Jahrestag des Attentats wurde in *Le Monde* ein Bericht von Lacoste aus dem Jahr 1986 veröffentlicht, in dem er erklärt, dass der Präsident dieses Attentat persönlich genehmigt hatte.

Der Bombenanschlag hatte nachhaltige Auswirkungen auf Neuseeland. Die französischen Atomtests auf Mururoa wurden 1996 endgültig eingestellt. Das Wrack der *Rainbow Warrior* wurde in die Gewässer um Northlands Cavalli Islands gebracht, wo es nun von Tauchern erforscht werden kann. Die Masten kaufte das Dargaville Museum, sie thronen jetzt über der Stadt. Die Erinnerung an Fernando Pereira lebt in einem friedlichen Vogelschutzgebiet in Thames weiter. Ein Denkmal für das Schiff befindet sich in einem Maori-*pa* in der Matauri Bay nördlich der Bay of Islands.

FISCH FÜR DIE ZUKUNFT

Obwohl Neuseelands Fischerei noch strenger als andere kontrolliert wird, betonen Naturschutzorganisationen, dass die wenigsten Unternehmen auf diesem Gebiet nachhaltig arbeiten. **Forest & Bird** (www.forestandbird.org.nz) veröffentlicht einen Best Fish Guide zum Downloaden auf ihrer Website:

Die besten Zehn Sardelle, Sardine, Sprotte, Herzmuschel, Hornhecht, Kina, Echter Bonito, Kahawai, Sandbarsch, Meeräsche.

Die schlechtesten Zehn Atlantischer Sägebauch, Hai (Heringshai, Makrelenhai, Blauhai, Gepunkteter Mündungsglatthai), Oreo (Petersfisch), Südlicher Blauflossentun, Schnapper, Schwarzfisch, Jackmakrele, Pfeilkalmar, Rochen, Gestreifter Marlin.

Sunseeker Lodge HOSTEL $
(☎09-405 0496; www.sunseekerlodge.co.nz; Old Hospital Rd.; B/EZ/DZ/3BZ 25/50/66/90 NZ$, Apt. 120–150 NZ$; @) Diese am Hügel in Whangaroa gelegene, freundliche Lodge verfügt über ein nobles Spa (bei der Aussicht steht einem der Mund vor Staunen offen) und verleiht Kajaks und Motorboote. Die Besitzer holen ihre Gäste in Kaeo an der SH10 ab. Vermietet werden günstige, einfache Zimmer, aber auch Apartments und Fereienhäuser.

Marlin PUB
(Whangaroa Rd.; Hauptgerichte 15–20 NZ$; ⊙Mittag- & Abendessen) Ein nettes Pub mit gutem, ordentlichem Essen aus dem dazugehörigen Café.

Praktische Informationen

Boyd Gallery (☎09-405 0230; Whangaroa Rd.; ⊙8–19 Uhr) Gemischtwarenladen, der auch als Touristeninfo fungiert.

Doubtless Bay

6030 EW.

Die Bucht verdankt ihren ungewöhnlichen Namen dem Eintrag in Cooks Logbuch, in dem er schreibt, dieses Gewässer sei „zweifelsohne (doubtless) eine Bucht“. Da hatte er recht, der Käpt'n – noch dazu ist die Bucht riesig mit einer ganzen Reihe hübscher Badestrände, die sich Richtung Karikari Peninsula erstrecken!

Das Zentrum Mangonui („Großer Hai“) konnte sich trotz der Cafés und Souvenirläden, die die schönen historischen Gebäude am Ufer verunstalten, das Flair eines Fischereihafens bewahren. Die Häuser wurden gebaut, als Mangonui ein Zentrum der Walfangindustrie (1792–1850) war und Flachs, Kauriholz und Gummi exportierte.

Die beliebten Feriensiedlungen Coopers Beach, Cable Bay und Taipa sind friedvolle Strandenklaven, in denen die Gentrifizierung um sich greift.

Sehenswertes & Aktivitäten

Die Broschüre *Heritage Trail* (gibt es im Information Centre) beschreibt u. a. eine etwa 3 km lange Wanderung, die an 22 historischen Stätten vorbeiführt. Weitere Touren führen zur schönen **Mill Bay** westlich von Mangonui und zum **Rangikapiti Pa Historic Reserve**, wo alte Maori-Terrassen sowie die grandiose Aussicht auf Doubtless Bay locken – besonders bei Sonnenauf- und Sonnenuntergang. Von Mill Bay führt ein Pfad zum *pa* (man kann aber auch fast bis zum Gipfel hinauffahren).

Butler Point Whaling Museum MUSEUM
(www.butlerpoint.co.nz; Marchant Rd.; Erw./Kind 12/2 NZ$; ⊙nach Vereinbarung) Das kleine Privatmuseum bei Hihi, ein viktorianisches Wohnhaus (1843) inmitten eines hübschen Gartens, steht 15 km nordöstlich von Mangonui. Der erste Besitzer, Captain Butler, verließ das englische Dorset mit 14 Jahren, mit 24 Jahren war er bereits Kapitän eines Walfängers. Schließlich ließ er sich 1839 hier nieder, zeugte 13 Kinder und wurde Händler, Farmer, Magistrat und Parlamentsmitglied

Schlafen

Rund um die Bucht liegen zahlreiche Unterkünfte, die im Sommer aber entsetzlich überteuert sind, außerhalb der Hochsaison beruhigt sich dann die Lage.

LP TIPP **Old Oak** BOUTIQUEHOTEL $$
(☎09-406 1250; www.theoldoak.co.nz; 66 Waterfront Dr., Mangonui; EZ 125 NZ$, DZ 175–225 NZ$, Suite 295 NZ$;) Nach einer schicken Renovierung hat sich das stimmungsvolle Kauri-Inn von 1861 in ein elegantes Boutiquehotel mit modernem Design und erstklassiger Einrichtung verwandelt. Der eigene Charak-

ter ist überall spürbar – nicht zuletzt, weil das Gebäude ein Spukhaus sein soll.

Mangonui Waterfront Apartments Motel APARTMENTS $$
(☎09-406 0347; www.mangonuiwaterfront.co.nz; 88 Waterfront Dr.; Apt. 120–225 NZ$; @📶) Diese historischen Apartments (2–8 Pers.) an der Promenade von Mangonui sind recht individuell eingerichtet – keines gleicht dem anderen, aber alle haben einen Balkon, reichlich Platz und einen eigenen Grill. Das 100 Jahre alte Tahi ist sehr zu empfehlen.

Puketiti Lodge HOSTEL $
(☎09-406 0369; www.puketitilodge.co.nz; 10 Puketiti Dr.; B/Zi. 40/150 NZ$; @📶) Wenn „Flashpacking" so aussieht – dann nichts wie her damit: Für 40 NZ$ erhält man ein bequemes Stockbett in einem 6-Personen-Zimmer inkl. großer Veranda mit überwältigender Aussicht, einen Schrank, in den auch der dickste Rucksack passt und, was vielleicht am überraschendsten ist – ein Frühstück. Anreise: 6 km südlich von Mangonui, direkt hinter der Abzweigung nach Hihi, geht es an der Midgley Road landeinwärts.

By The Bay APARTMENTS $$$
(www.beachfrontapartments.co.nz; 16 Braemar Ave.; Apt. 200–400 NZ$; 📶) Der lange und wunderbare Coopers Beach schließt direkt an diese gehobene Apartmentanlage an – einfach über den Rasen zum Wasser spazieren! Die Besitzer betreiben auch ein Day Spa, in dem Massagen und Anwendungen zur Schönheitspflege angeboten werden.

Essen

Es gibt auch an den anderen Stränden einige Cafés, Takeaways und Geschäfte, doch am besten isst man in Mangonui – da schmeckt es wirklich fantastisch!

LP TIPP **Acorn Bar & Bistro** NEUSEELÄNDISCH $$
(☎09-406 0896; 66 Waterfront Dr., Mangonui; Hautgerichte 26–33 NZ$; ⏲Mi–Mo Abendessen) Das schmucke kleine Restaurant ergänzt auf stilvolle Weise das Nachbarhaus Old Oak: Auf der übersichtlichen Speisekarte stehen saisonale Gerichte wie z. B. superfrische Meeresfrüchte direkt vom Boot sowie die besten Produkte von den umliegenden Farmen.

Waterfront Cafe & Bar CAFÉ $
(Waterfront Dr., Mangonui; Brunch 11–18 NZ$, Abendessen 14–29 NZ$; ⏲8.30 Uhr bis spätabends) Das beste Café im Far North: Natürlich liegt das Waterfront am Wasser, hat zudem freundliches Personal und verströmt einen altertümlichen Charme. Zum Mittagessen gibt es eine spezielle Pizzakarte, die auch am Abend neben den Bistrogerichten Verwendung findet.

Thai Chef THAI $$
(☎09-406 1220; www.thaichef.co.nz; 80 Waterfront Dr., Mangonui; Hauptgerichte 18–26 NZ$; ⏲Di–So Abendessen) Der beste Thai in Northland serviert pikante Gerichte mit Namen wie *The 3 Alcoholics, Spice Girls* und *Bangkok Showtime*. Die *Sexy Little Duck* ist unwiderstehlich.

Mangonui Fish Shop FISH & CHIPS $
(137 Waterfront Dr.; Fish & Chips 8,80 NZ$; ⏲10–20 Uhr; 📶) In diesem berühmten Chippie (Fish & Chips Shop) kann man draußen direkt am Wasser essen. Hier werden auch geräucherter Fisch und Meeresfrüchtesalate verkauft: Mit einem Langustensalat und einem kühlen Bier in der Hand ist die Welt dann auch gleich wieder in Ordnung. Wem die Warteschlange hier zu lang ist, der kann auch die anderen guten Fish&Chips-Laden gegenüber aufsuchen.

Einkaufen

Far North Wine Centre WEIN
(60 Waterfront Dr., Mangonui; ⏲Di–So 10.30–16.30 Uhr) Hier kann man Wein von den örtlichen Lagen Lava Rock und Manaia probieren und kaufen.

Flax Bush KUNST & KUNSTHANDWERK
(www.flaxbush.co.nz; 50 Waterfront Dr., Mangonui) Diverse Geschenkideen, vor allem Muscheln, Pasifika (typische Produkte aus dem pazifischen Raum) sowie Maori-Souvenirs und Taschen aus Neuseeland.

Praktische Informationen

Doubtless Bay Visitor Information Centre
(☎09-406 2046; www.doubtlessbay.co.nz; 118 Waterfront Dr., Mangonui; ⏲Mo–Sa 10–16 Uhr; @)

An- & Weiterreise

Die InterCity-Busse halten an der BP-Tankstelle am Waterfront Drive in Mangonui, vor dem Gemischtwarenladen in Coopers Beach, am Laden in Cable Bay und an der Shell-Tankstelle in Taipa. **Busabout Kaitaia** (☎09-408 1092; www.cbec.co.nz) verkehrt auch nach Kaitaia (5 NZ$, 1 Std.).

Karikari Peninsula

Die ungewöhnlich geformte Halbinsel Karikari bildet einen fast perfekten rechten Winkel, sodass die dicht aufeinander folgenden Strände nach Norden, Süden, Osten und Westen weisen. Wen der Wind stört oder wer schnell mal surfen oder der Sonne beim Auf- und Untergehen zusehen will, wechselt einfach den Strand. Trotz ihrer natürlichen Schönheit ist die sonnenverwöhnte Halbinsel auf wundersame Weise unberührt, weshalb es derzeit noch wesentlich mehr Farmer als Touristikveranstalter gibt. Es existieren keine öffentlichen Verkehrsmittel, auch Läden, Cafés und Restaurants sind dünn gesät.

Sehenswertes & Aktivitäten

Tokerau Beach heißt der lange, sandige Abschnitt, der das westliche Ende der Doubtless Bay bildet. Das benachbarte Whatuwhiwhi ist kleiner und im hinteren Bereich der Bucht dichter bebaut. Die Maitai Bay mit ihren beiden kleinen Buchten ist die schönste von allen. Sie liegt am einsamen Zipfel der Halbinsel, am Ende einer unbefestigten Straße. Hier kann man fantastisch baden. Die Bucht ist geschützt genug für Kids, bietet aber ausreichend Brandung zum Bodysurfen.

Rangiputa liegt am Ellbogen der Halbinsel Richtung Westen. Der blütenweiße Sand und das herrliche kristallklare, geschützte Meer scheinen direkt aus einem südpazifischen Inseltraum zu stammen. Eine Abzweigung von der Straße nach Rangiputa führt zum abgelegenen Puheke Beach. Der lange, windige Streifen mit schneeweißen Sanddünen bildet den nördlichen Rand von Karikari.

Verschiedene örtliche Wassersportanbieter sind unter **Watersports Paradise** (☎0508 727 234; www.watersportsparadise.co.nz) zu erreichen.

Karikari Estate WEINLOKAL
(www.karikariestate.co.nz; Maitai Bay Rd.; Weinprobe 12 NZ$; ⌚11–16 Uhr) Ein beunruhigendes Zeichen der fortschreitenden Gentrifizierung ist der Luxusgolfclub mit Weinlokal auf dem Weg nach Maitai Bay. Das beeindruckende Karikari Estate mit angeschlossenem Café produziert gefeierte Rotweine. Während die Weinprobe schamlos überteuert ist, zahlt man zumindest nichts für die tolle Aussicht.

Airzone Kitesurfing School KITESURFEN
(☎021 202 7949; www.kitesurfnz.com; 1-/2-/3-Tageskurse 195/350/485 NZ$) Ihre einzigartige Lage macht die Karikari Peninsula zu einem der heißesten Orte fürs Kiteboarden – sogar weltweit, meint die erfahrene Crew vor Ort. Anfänger verbessern erst einmal ihr Können im flachen Wasser, bevor es hinaus in die Brandung geht. Leute mit Erfahrung können rund um die Halbinsel dem Wind nachjagen.

A to Z Diving TAUCHEN
(☎09-408 3336; www.atozdiving.co.nz; 13–15 Whatuwhiwhi Rd.; 2 Tauchgänge inkl. Ausrüstung 160–230 NZ$) Bietet PADI-Kurse und Tauchfahrten in der Doubtless Bay und zur *Rainbow Warrior* an.

Karikari Kayaks KAJAKFAHREN
(☎09-408 7575; www.karikari-kayaking.co.nz) Vermietet Kajaks am Nordende des Tokerau Beach. Ferner sind Angeltouren im Angebot.

Schlafen

Whatuwhiwhi Top 10 Holiday Park FERIENANLAGE $
(☎09-408 7202; www.whatuwhiwhitop10.co.nz; 17 Whatuwhiwhi Rd.; Stellplatz ab 62 NZ$, Apt. 82–385 NZ$) Die freundliche Anlage mit Strandblick liegt geschützt am Hügel: Die Lage ist toll, die Einrichtungen sind recht gut, das Grillen ist umsonst und Kajaks können ebenfalls ausgeliehen werden. Außerdem werden Tauchflaschen befüllt, und wer will, kann sich an den PADI-Tauchlehrer vor Ort wenden.

Maitai Bay DOC Campsite CAMPINGPLATZ $
(www.doc.govt.nz; Maitai Bay Rd.; Zeltstellplatz pro Erw./Kind 8/4 NZ$) Ein großer Campingplatz ohne Reservierungsmöglichkeit am schönsten Strand der Halbinsel: Es gibt Chemietoiletten, Trinkwasser und kalte Duschen.

Carrington Resort RESORT $$$
(☎09-408 7222; www.heritagehotels.co.nz; Zi. 429–476 NZ$, Villa 580 NZ$; @≋) Mit den ausladenden Veranden und den Eukalyptusbäumen sieht diese Lodge auf dem Hügel ziemlich australisch aus. Abgemildert wird dieser Eindruck durch Maori- und Pazifik-Design in den geräumigen Zimmern und Villen. Der Blick über den Golfplatz zum blendend weißen Strand ist etwas ganz Besonderes.

Cape Reinga & Ninety Mile Beach

Für die Maori ist Cape Reinga (Te Rerenga-Wairua) der Ort, an dem die Seelen der Verstorbenen ihre Reise in die spirituelle Heimat antreten. Die Aupouri Peninsula ist also ein riesiges Sprungbrett und sieht auch so aus – lang und schmal. Sie erstreckt sich über 108 km bis zu Neuseelands nördlichstem Punkt. An der Westküste befindet sich der Ninety Mile Beach („Ninety Kilometre Beach" wäre korrekter ...), ein endloser Strand mit hohen Sanddünen, flankiert vom Aupouri Forest.

Sehenswertes & Aktivitäten

Cape Reinga KAP

Wenn man am windumtosten **Cape Reinga Lighthouse** (1 km Fußweg vom Parkplatz) steht und über den Ozean blickt, überkommt einen das Gefühl, am Ende der Welt angekommen zu sein. Hier treffen die Tasmansee und der Pazifik aufeinander, was bei stürmischem Wetter schon mal zu 10 m hohen Wellen führen kann. Oft kleben kleine Wölkchen an den Gebirgshängen, die selbst an heißen Tagen kurze, kühle Windstöße bringen.

Ganz am Ende des Kaps, etwas gen Osten, steht ein spirituell wichtiger, 800 Jahre alter Pohutukawa-Baum; die Seelen sollen zu seinen Wurzeln hinunter gleiten. Aus Respekt vor der heiligsten Stätte der Maori sollte man sich dem Baum nicht nähern und in seiner Umgebung nichts essen oder trinken.

Cape Reinga Coastal Walkway WANDERN

Entgegen der landläufigen Meinung ist Cape Reinga nicht der nördlichste Punkt Neuseelands. Diese Ehre gebührt den Surville Cliffs weiter östlich. Eine Wanderung entlang des Te Werahi Beach führt zum Cape Maria van Diemen (hin & zurück 5 Std.), dem westlichsten Punkt. Es handelt sich um einen der zahlreichen Abschnitte des drei bis vier Tage in Anspruch nehmenden, 53 km langen Cape Reinga Coastal Walkway (von Kapowairua zum Te Paki Stream). Diese Tour kann man ohne Probleme allein bewerkstelligen. Die schöne **Tapotupotu Bay** ist zu Fuß in zwei Stunden erreichbar; vom Cape Reinga wandert man in Richtung Osten vorbei an der Sandy Bay und den Klippen. Von der Tapotupotu Bay führt eine achtstündige Wanderung zur **Spirits Bay**. Beide Buchten sich auch über die Straße erreichbar.

Te Paki Recreation Reserve NATURSCHUTZGEBIET

Ein großer Teil des Gebiets rund um Cape Reinga ist Teil des Te Paki Recreation Reserve, das vom DOC betrieben wird. Es ist öffentliches Gelände mit unbeschränktem Zugang; man sollte die Tore aber so belassen, wie man sie vorgefunden hat, und die Tiere nicht stören. Auf jeder Seite der Mündung des Te Paki Stream sind 7 km² Sanddünen, die sich für Flying Leaps oder Tobogganfahren anbieten.

Great Exhibition Bay STRAND

Die Great Exhibition Bay an der Ostküste begeistert mit schimmernden schneeweißen Quarzsanddünen. Keine öffentliche Straße führt dorthin, doch bei einigen Touren wird eine *koha* (Spende) gezahlt, damit das Maori-Land überquert werden darf. Von Parengarenga Harbour ist der Sandstrand auch per Kajak zu erreichen.

Nga-Tapuwae-o-te-Mangai TEMPEL

(6576 Far North Rd.) Mit seinen zwei kuppelgekrönten Türmen (Arepa und Omeka, Alpha und Omega) und dem Ratana-Symbol aus Stern und Mondsichel kann man diesen Tempel leicht für eine Moschee halten. Ratana ist eine christliche Maori-Sekte mit über 50 000 Anhängern, die 1925 von Tahupotiki Wiremu Ratana gegründet wurde, der als „Sprachrohr Gottes" bekannt war. Einst stand Ratana genau dort, wo schließlich der Tempel errichtet wurde: Der Name bedeutet so viel wie „die heiligen Schritte des Sprachrohrs". Das Bauwerk liegt bei Te Kao, 46 km südlich von Cape Reinga.

Gumdiggers Park FREILICHTMUSEUM

(www.gumdiggerspark.co.nz; 171 Heath Rd., Waiharara; Erw./Kind 12/6 NZ$; ⏲9–17 Uhr) Über 100 000 Jahre lang bedeckten Kauri-Wälder die Gegend. Uralte Baumstämme und kostbares Harz (das man zur Herstellung von Lack und Linoleum verwendete) wurden im Boden konserviert. Diese Rohstoffe aus dem Schlamm auszugraben, war ab den 1870er- bis in die 1920er-Jahre der wichtigste Industriezweig der Region. Um 1900 gruben rund 7000 sogenannte *gumdigger* (gum = Harz) überall in Northland Löcher in die Erde, so auch hier an dieser Stelle. Am besten sieht man sich zunächst den 15-minütigen Film an, der die Geschichte der Bäume erzählt und von ihrem mysteriösen Absterben und der Harzindustrie berichtet. Seile führen entlang der Pfade durch den Busch, vorbei an nachgebauten Gumdigger-Hütten, uralten Kauri-Stümpfen und Löchern, die noch von dem einen oder anderen Digger stammen. Die Arbeiter führten ein hartes Leben, für ihre Zelte, ihr Bettzeug und ihre Kleidung verwendeten sie Jutesäcke.

Ancient Kauri Kingdom DRECHSLER
(www.ancientkauri.co.nz; 229 Far North Rd., Awanui; ⌚8.30–17 Uhr; @📶) Obwohl die Produkte kitschig und überteuert sind, lohnt sich ein Zwischenstopp bei Ancient Kauri Kingdom allemal. Hier werden rund 50 000 Jahre alte, aus dem Sumpf gezogene Kauri-Stümpfe zu Möbeln, Schnitzarbeiten und diversen Souvenirs verarbeitet. Das weitläufige Gelände umfasst ein Café und einen Souvenirladen sowie eine Werkstatt. In einen riesigen Kauri-Stamm wurde eine beeindruckende Wendeltreppe geschnitzt, die ins Hochparterre führt.

Geführte Touren

Bustouren zum Cape Reinga starten in Kaitaia, Ahipara, Doubtless Bay und Bay of Islands; andere öffentliche Verkehrsmittel gibt es hier oben nicht.

Cape Reinga Adventures ALLRAD
(☎09-409 8445; www.capereingaadventures.co.nz; Tour im 4WD halber/ganzer Tag 75/135 NZ$) Echte Kerle, die Touren im Geländefahrzeug anbieten (inkl. Besuch am Kap, nachdem die Touristenhorden wieder alle weg sind). Möglich sind auch Angeln, Kajakfahren und Sandboarden ihm Rahmen eines Tagesausflugs oder während eines Campingtrips mit Übernachtung.

Far North Outback Adventures ALLRAD
(☎09-408 0927; www.farnorthtours.co.nz; Preis auf Anfrage) Flexibel gestaltbare Tagesausflüge ab Kaitaia und Ahipara, inkl. morgendlicher Teepause und Mittagessen. Unterwegs sind Abstecher zu so entlegenen Orten wie der Exhibition Bay möglich.

Harrison's Cape Runner BUS
(☎0800 227 373; www.harrisonscapereingatours.co.nz; 123 North Rd., Kaitaia; Erw./Kind 50/25 NZ$) Tagestouren ab Kaitaia entlang des Ninety Mile Beach inkl. Sandboarden und Mittagspicknick.

Paradise 4x4 ALLRAD
(☎0800 494 392; www.paradisenz.co.nz; Preis auf Anfrage) Bietet flexible Jeeptouren von Doubtless Bay über den Ninety Mile Beach zum Cape Reinga an, inkl. Meeresfrüchte-Mittagessen mit Wein aus der Region. Der Veranstalter führt auch Ausflüge nach Hokianga und zu den Stränden der Doubtless Bay sowie Wein- und Golftouren durch.

Sand Safaris BUS
(☎0800 869 090; www.sandsafaris.co.nz; Erw./Kind 60/35 NZ$) Ein Familienunternehmen, das Busfahrten ab Ahipara und Kaitaia organisiert: Dazu gehören auch eine Maori-Begrüßung, eine Runde Sandboarden und ein Mittagspicknick.

Ahikaa Adventures KULTUR
(☎09-409 8228; www.ahikaa-adventures.co.nz; Touren 70–190 NZ$) Die Maori-Kultur prägt diese Touren, die teilweise auch mit Aktionen wie Sandsurfen, Kajakfahren, Angeln sowie einem traditionellem *kai* (Essen) kombiniert werden.

Schlafen & Essen

Wer kein passionierter Camper ist, wird hier oben wenig annehmbare Schlafstätten finden. Im Pukenui – wörtlich „Großer Bauch" – füllt man selbigen am besten; es gibt Takeaways und einen Lebensmittelladen. Ansonsten sind nur noch die unspektakulären Lokale im Ancient Kauri Kingdom und am Houhora Heads erwähnenswert.

North Wind Lodge Backpackers HOSTEL $
(☎09-409 8515; www.northwind.co.nz; 88 Otaipango Rd., Henderson Bay; B/EZ/2BZ/DZ 30/60/66/80 NZ$) Nach 6 km auf der unbefestigten Straße im Osten der Halbinsel gelangt man zu diesem ungewöhnlichen Haus mit Dacherker und heimeligem Wohngefühl. Die Gäste finden hier viele ruhige Plätzchen, an denen man sich mit Bier und Buch niederlassen kann.

SAMEN FÜR DIE ZUKUNFT

Die einheimischen Ngati Kuri, die Wächter der heiligen Orte rund ums Kap, haben sich eine einzigartige Idee einfallen lassen, um Geld für die Wiederaufforstung zu sammeln. Für 20 NZ$ kann man seine persönliche CO_2-Schuld verringern, indem man einen selbst ausgesuchten einheimischen Baum oder Busch pflanzt – oder, falls man sich nicht die Finger schmutzig machen will – vom Personal pflanzen lässt. Wer sich dafür interessiert, kann Kontakt aufnehmen mit **Natives** (☎09-409 8482; www.natives.co.nz).

DOC-Campingplätze CAMPINGPLATZ $
(www.doc.govt.nz; Zeltstellplatz pro Erw./Kind 7,60/3,50 NZ$) Die Lage der Campingplätze von Kapowairua, Tapotupotu Bay und Rarawa Beach ist spektakulär! Ausgestattet sind sie nur mit Wasser, Komposttoiletten und kalten Duschen, d. h. jeder muss sich einen Kocher mitbringen (es darf kein Feuer angezündet werden!). Und unbedingt an ausreichend Mückenschutzmittel denken, um die bösen Moskitos und Sandfliegen zu verscheuchen. „Freedom/Leave No Trace"-Camping, also wildes Campen, ist am Cape Reinga Coastal Walkway erlaubt.

Anreise & Unterwegs vor Ort

Abgesehen von den Fahrzeugen der zahlreichen Tourenveranstalter gibt es nördlich von Pukenui, von dem aus Busse von **Busabout Kaitaia** (09-408 1092; www.cbec.co.nz) nach Kaitaia (5 NZ$, 45 Min.) fahren, keine öffentlichen Verkehrsmittel.

Neben der Far North Road (SH1) können entsprechend ausgerüstete Fahrzeuge auch den Ninety Mile Beach als Fahrstraße benutzen. Allerdings bleiben immer wieder Autos im weichen Sand stecken und werden von der Flut verschluckt – einige dieser unglückseligen Fahrzeuge ragen als Mahnmal aus dem Sand heraus. Vor dem Aufbruch unbedingt die Gezeitentafel studieren: 2½ Std. vor und nach der Flut sollte man auf keinen Fall losfahren! Vorsicht: am Te Paki Stream gibt es „Treibsand" – dort sollte man ohne Stopp weiterfahren! Viele Autovermieter verbieten eine Fahrt durch den Sand: Die Versicherungen zahlen nicht, wenn jemand im Sand stecken bleibt.

Und unbedingt noch einmal auftanken, bevor es auf die Aupouri Peninsula geht.

Kaitaia

5200 EW.

Niemand kommt nach Far North, um in diesem Provinznest herumzuhängen, aber Kaitaia ist ein guter Zwischenstopp, wenn man einen Supermarkt, eine Post oder einen Geldautomaten braucht. Hier beginnen auch die Touren zum Cape Reinga und Ninety Mile Beach.

Sehenswertes

Te Ahu Centre KUNSTZENTRUM
(www.teahu.org.nz; Matthews Ave.) Zu dem beeindruckenden, millionenteuren Bürgerzentrum gehören auch ein Kino sowie eine bunte Sammlung an Ausstellungsstücken zur Lokalgeschichte im Far North Regional Museum.

Okahu Estate Winery WEINGUT
(www.okahuestate.co.nz; 520 Okahu Rd.; Mo–Fr 12–16 Uhr, verlängerte Sommeröffnungszeiten) Gleich südlich der Stadt, unweit von der Straße nach Ahipara, liegt Kaitaias einziges Weingut, das kostenlose Weinproben anbietet und regionale Produkte verkauft, darunter die berühmte Kaitaia Fire Chilli Sauce. Führungen kosten 5 NZ$.

Schlafen & Essen

Mainstreet Lodge HOSTEL $
(09-408 1275; www.mainstreetlodge.co.nz; 235 Commerce St.; B 27–34 NZ$, EZ 55–70 NZ$, DZ 64–78NZ$; @) Das tolle alte Cottage ist mit zahllosen Maori-Schnitzereien geschmückt. Die angenehmen und hellen Zimmer sind komfortabel eingerichtet. Es gibt darüber hinaus noch einen zum Hinterhof gelegenen, modernen Flügel. Die netten Besitzer kennen die Gegend in- und auswendig.

Loredo Motel MOTEL $$
(09-408 3200; www.loredomotel.co.nz; 25 North Rd.; Apt. 130–210 NZ$;) Das ordentliche Motel versucht mit seinen verputzten Wänden und den Terrakottafliesen dem Haus einen spanischen Touch zu geben. Die Apartments unter Palmen sind gepflegt und von Rasen umgeben. Es ist nicht wirklich Benidorm, aber zumindest gibt es einen Swimmingpool.

Beachcomber RESTAURANT $$
(www.beachcomber.net.nz; 222 Commerce St.; Mittagessen 17–33NZ$, Abendessen 27–35 NZ$; Mo–Sa Mittag- & Abendessen) Sicher das beste Restaurant der Stadt mit einer großen Auswahl an frisch zubereiteten Meeresfrüchten und Fleischgerichten sowie einer gut sortierten Salatbar.

Praktische Informationen

Far North i-SITE (09-408 0879; www.topofnz.co.nz; South Rd.; 8.30–17 Uhr; @)

An- & Weiterreise

Der **Kaitaia Airport** (www.bayofislandsairport.co.nz; Quarry Rd.) liegt 6 km nördlich der Stadt. **Busabout Kaitaia** (09-408 1092; www.cbec.co.nz) fährt zur Doubtless Bay (5 NZ$, 1 Std.), nach Pukenui (5 NZ$, 45 Min.) und Ahipara (3,50 NZ$, 15 Min.). Sowohl Air New Zealand (S. 144) als auch InterCity (S. 144) fliegen Kaitaia an.

NGATI TARARA

Wer im Norden herumfährt, bemerkt vielleicht die ungewöhnliche Anhäufung von Straßennamen, die auf „-ich" enden. *Haere mai, dobro došli* und *welcome* (wie auf dem Schild am Ortseingang von Kaitaia steht) im ethnischen Sprachenmix!

Ende des 19. Jhs. kamen die ersten Männer von der dalmatinischen Küste im heutigen Kroatien nach Neuseeland, um hier zu arbeiten. Viele von ihnen landeten auf den Gum Fields von Northland. Die Pakeha-Gemeinde gab sich den neuen Immigranten gegenüber nicht besonders gastfreundlich, vor allem nicht im Ersten Weltkrieg, da die Kroaten mit österreichischen Pässen reisten. In den kleinen Maorigemeinden im Norden war das jedoch anders. Hier fanden sie ein Abbild des dalmatinischen Dorflebens – ausgeprägte Gastfreundschaft und Familienbande –, ganz zu schweigen von dem gemeinsamen Schicksal der ungerechten Behandlung durch die Kolonialmächte.

Die Maori nannten sie scherzhaft Tarara, da sich schnell gesprochenes Kroatisch in Maori-Ohren wie „ta-ra-ra-ra-ra" anhörte. Viele Kroaten heirateten einheimische *wahine* (Frauen) und gründeten Clans, aus denen einige der heute berühmten Maori mit kroatischen Nachnamen hervorgingen, z. B. die Sängerin Margaret Urlich und der ehemalige Rugby-Nationalspieler Frano Botica. Im Hohen Norden, Dargaville und West Auckland gibt es große Tarara-Gemeinden.

Ahipara

EW. 1130

Alles Schöne geht einmal zu Ende, und der Ninety Mile Beach tut es in diesem Badeort. Zwar haben sich einige Ferienhäuser eingeschlichen, aber die Einheimischen achten darauf, dass es nicht zu viele werden. Surfer auf Besuch werden aber toleriert. Die Gegend ist bekannt für ihre riesigen Sanddünen und enormen Gum Fields, auf denen einst 2000 Menschen arbeiteten. Sandboarding und Quadfahren sind beliebte Aktivitäten in den Dünen oberhalb von Ahipara und auf der Tauroa Peninsula.

Sehenswertes

Shipwreck Bay STRAND

(Wreck Bay Rd.) Die beste Brandung bietet diese kleine Bucht am Westende des Strandes, der seinen Namen den Schiffswracks verdankt, die bei Ebbe zum Vorschein kommen.

Ahipara Viewpoint AUSSICHTSPUNKT

(Gumfields Rd.) Von der Klippe hinter Ahipara schweift der Blick über unendliche Weiten. Hinauf führt eine äußerst holprige Straße, die von der unbefestigten Gumfields Road abgeht, die wiederum am Westende des Foreshore Drive beginnt.

Aktivitäten

Ahipara Adventure Centre AUSRÜSTUNGSVERLEIH

(☎09-409 2055; www.ahiparaadventure.co.nz; 15 Takahe St.) Das Ahipara Adventure Centre verleiht neben Sandboards (halber Tag 10 NZ$) auch Surfboards (Std. 20 NZ$), Mountainbikes (Tag 50 NZ$), Kajaks (Std. 25 NZ$), Blokarts (Strandsegelboote) zum Strandsegeln (Std. 65 NZ$) und Quadbikes (Std. 85 NZ$).

Tua Tua Tours QUADBIKES

(☎0800 494 288; www.ahipara.co.nz/tuatuatours/; 250 Ahipara Rd.; 2 Std. Fahrt pro Pers. 135 NZ$, 2 Pers. 150 NZ$) Der örtliche Veranstalter ist durch seine empfehlenswerte „Reef- und Dune Rider"-Tour sowie die „Ultimate Sand Dune Safaris" (3 Std. inkl. Toboggan-Rutschen auf dem Sand 1/2 Pers. 185/200 NZ$) in aller Munde.

Ahipara Treks REITEN

(☎09-409 4122; ahiparahorsetreks@xtra.co.nz) Veranstaltet Strandritte (ab 70 NZ$) mit Abstechern durchs Farmland und direkt am Meer entlang (wenn es die Brandung erlaubt).

Schlafen

LP TIPP **Endless Summer Lodge** HOSTEL $

(☎09-409 4181; www.endlesssummer.co.nz; 245 Foreshore Rd.; B 28 NZ$, DZ 70–85 NZ$; @) Die wunderbare Kauri-Villa (1880) liegt dem Strand direkt gegenüber. Sie wurde hervorragend restauriert und in ein außergewöhnliches Hostel verwandelt. Es gibt keinen Fernseher, weshalb es recht einfach ist, die anderen Gäste an dem langen Tisch der weinumrankten rückseitigen Terrasse näher kennenzulernen. Bodyboards und

Sandboards kann man kostenlos benutzen, für Surfboards zahlt man eine Leihgebühr.

Beach Abode APARTMENTS $$
(☎09-409 4070; www.beachabode.co.nz; 11 Korora St.; Apt. 145–190 NZ$; 📶) Vom abgeschlossenen Studio oder Apartment mit zwei Schlafzimmern geht es durch den subtropischen Garten zum Strand. Wer will, kann auch einfach im Bett liegen bleiben und die Aussicht genießen.

90 Mile Beach Ahipara Holiday Park FERIENANLAGE $
(☎09-409 4864; www.ahiparaholidaypark.co.nz; 168 Takahe St.; Zeltstellplatz ab 20 NZ$, B/Zi. 28/95 NZ$, Apt. 95–310 NZ$; @📶) Der Holiday Park bietet eine ganze Reihe an Unterkünften, darunter Hütten, Motel-Apartments und eine etwas in die Jahre gekommene, aber völlig akzeptable Backpacker-Lodge, die dem HI angeschlossen ist. Im Gemeinschaftsraum mit bunten Wandmalereien flackert ein angenehm wärmendes Feuer im offenen Kamin.

Beachfront APARTMENTS $$
(☎09-409 4007; www.beachfront.net.nz; 14 Kotare St.; Apt. 175–310 NZ$; 📶) Vielleicht ein bisschen bourgeois für Ahipara – aber wen interessiert das? Diese zwei gehobenen separaten Apartments mit Blick aufs Wasser punkten mit einem direkten Zugang zum Strand.

Essen

Gumdiggers Cafe CAFÉ
(3 Ahipara Rd.; Hauptgerichte 10–16 NZ$; ⏲7–14 Uhr) Das freundliche kleine Café zeichnet sich durch guten Kaffee und riesige Portionen aus: Auf der Karte stehen ein warmes Frühstück, Nachos, Burger und gemischte Platten.

Bidz Takeaways FISH & CHIPS
(Takahe St.; Mahlzeit 6–12 NZ$; ⏲9–20 Uhr) Bei dem Versuch, von einem Bidz-Seafoodburger abzubeißen, renkt man sich fast den Unterkiefer aus – so viele Austern, Jakobsmuscheln und Fischstückchen im Teigmantel stecken darin! Neben dem F & B befindet sich der dazugehörige Lebensmittelladen.

Anreise & Unterwegs vor Ort

Die Busse von **Busabout Kaitaia** (☎09-408 1092; www.cbec.co.nz) fahren ab Kaitaia (3,50 NZ$, 15 Min.).

HOKIANGA

Der Hokianga Harbour streckt seine dünnen Tentakel weit aus und ist deshalb der viertgrößte Naturhafen des Landes. Die herrliche, raue Landschaft weist alle Schattierungen von Grün und Braun auf, und sein Wasser hat wegen der Flüsse aus dem Buschland, die den Hafen speisen, die Farbe von Ginger Ale.

Von allen entlegenen Teilen Northlands ist dies die Stelle, die am weitesten vom Mainstream entfernt zu sein scheint. Anspruchsdenken hat hier keine Chance. Isolierte, von Maori dominierte Gemeinden kuscheln sich rund um die vielen Arme des Hafens, und sie tun es schon seit Jahrhunderten. Entdeckt vom legendären Forscher Kupe ist Hokianga Harbour seit dem 14. Jh. durch die Ngapuhi besiedelt. In den 1960er-Jahren trafen hier zahlreiche Hippies ein, ihr Vermächtnis ist eine ansehnlich blühende Kunstszene.

Viele der Straßen sind nicht befestigt und nach Jahrzehnten der Vernachlässigung durch die Regierungsinstitutionen in schlechtem Zustand. Die Touristendollars werden nach Osten zur Bay of Islands gelenkt, was das faszinierende Hokianga erstaunlich unterentwickelt bleiben lässt. Vielen der Einheimischen gefällt es allerdings so.

Mitimiti

Die 30 Familien der winzigen Gemeinde Mitimiti (wo es nicht einmal einen Laden gibt) können die unberührten 20 km Küstenlinie zwischen Hokianga und Whangape Harbour ganz exklusiv genießen. Die 40 km lange Anfahrt von Kohukohu über Panguru (davon 14 km auf einer Schotterstraße) ist eine einmalige Erfahrung, bei der es gilt, Kühen, Schafen, Schlaglöchern und Kindern auszuweichen.

Sandtrails Hokianga (☎09-409 5035; www.sandtrailshokianga.co.nz; 32 Paparangi Dr.) ermöglicht einen Einblick in Mitimitis eng verbundene Maori-Gemeinschaft: Bei den zweistündige, teilweise recht wilden Sandscapes-Dune-Buggy-Touren geht es etwa 12 km am Strand entlang hinüber zu den Riesendünen, die das Nordende des Hafens bilden (155 NZ$). Eine gute Alternative sind die individuell gestalteten Touren mit Übernachtung im Haus des Guides (2 Pers. für 665 NZ$).

ABSTECHER

NGAWHA SPRINGS

Die Thermalquellen nahe Kaikohe werden schon seit dem 17. Jh. von den Ngapuhi wegen ihrer Heilkräfte geschätzt. Hone Heke brachte seine verwundeten Krieger während des Northland-Krieges hierher.

Im Gegensatz zu vielen anderen neuseeländischen Thermalbädern gibt's hier keine Wasserrutschen oder Planschbecken für Kids. Auch Duschen sind Fehlanzeige. Es geht nur darum, sich im trüben Wasser in kleinen Becken mit unterschiedlichen Wassertemperaturen zu erholen. In Ngawha findet man zwei Anlagen, die Bessere ist Ngawha **Springs Pools** (☎09-405 2245; Erw./Kind 4/2 NZ$; ⌚9–21 Uhr).

Hidden Walks (☎021 277 7301; www.hiddenwalks.com; Erw./Kind 28/20 NZ$) führt die Tourteilnehmer durch das Thermalgebiet und zeigt ihnen die verbliebenen Reste einer stillgelegten Quecksilbermine.

Motuti

Ein lohnenswerter Abstecher von der Straße nach Mitimiti führt zur **St Mary's Church** (Hata Maria; www.hokiangapompallier.org.nz; Motuti Rd.), wo Neuseelands erster katholischer Bischof unter dem Altar seine letzte Ruhestätte fand. Jean Baptiste Pompallier kam 1838 nach Hokianga und feierte in Totara Point zum ersten Mal eine Messe auf neuseeländischem Boden. 2002 wurde er hier begraben, nachdem seine Gebeine auf einer emotionsgeladenen 14-wöchigen Pilgerreise mit Maori-Zeremonien aus Frankreich überführt worden waren.

Das in der Nähe gelegene **Motuti Marae** (☎09-409 5545; www.motuti.co.nz; 318 Motuti Rd.; Führung 90 Min./Tag 30/60 NZ$, mit Übernachtung 180 NZ$) bietet *Marae*-Touren und -aufenthalte, inkl. Einer traditionellen Maori-Begrüßung. Auf den längeren Führungen können sich die Besucher beim Flachsweben und Schnitzen und bei Stockspielen erproben.

Kohukohu

190 EW.

Irgendjemand sollte schnell eine Denkmalschutzverordnung für Kohukohu erlassen, bevor es zu spät ist! Wahrscheinlich gibt es nur wenige Orte in Neuseeland, wo ein viktorianisches Dorf voller interessanter Kauri-Häuser und fast ohne moderne Monstrositäten so gut erhalten ist. Zur Hochzeit der Kauri-Industrie war dies ein geschäftiges Städtchen mit einer Sägemühle, einer Werft, zwei Zeitungen und diversen Banken. Heute ist es ein sehr verschlafenes Nest an der Nordseite von Hokianga Harbour, 4 km von der Autofähre entfernt (S. 184). Es gibt keine regelmäßige Busverbindung, Essen wird nur im einzigen Pub des Örtchens serviert, das immerhin einen Internetzugang hat. Davon abgesehen befindet sich hier noch die hervorragende kleine Kunstgalerie **Village Arts** (www.villagearts.co.nz; 1376 Kohukohu Rd.; ⌚10–16 Uhr).

Tree House (☎09-405 5855; www.treehouse.co.nz; 168 West Coast Rd.; Zeltstellplatz/B 18/31 NZ$, EZ 60–68 NZ$, 2BZ & DZ 80 NZ$; 📶) ist die beste Unterkunft in Hokianga, die zudem von hilfreichen Gastgebern geleitet wird. Zwischen exotischen Obst- und Nussbäumen stehen bunt bemalte, kleine Cottages. Die ruhige Oase liegt 2 km vom Fährhafen entfernt (nach dem Verlassen der Fähre scharf links abbiegen).

Rund um Horeke

Das kleine Horeke war Neuseelands zweite europäische Siedlung nach Russell. Von 1828 bis 1855 war hier eine Wesleyanische Mission. Im Jahr 1840 versammelten sich rund 3000 Ngapuhi zur größten Einzelunterzeichnung des Vertrags von Waitangi.

Sehenswertes & Aktivitäten

Mangungu Mission House HISTORISCHES GEBÄUDE
(www.historic.org.nz; Motukiore Rd.; Erw./Kind 3/1 NZ$; ⌚Sa & So 12–16 Uhr) Das süße Holzhäuschen wurde 1839 errichtet und beherbergt Relikte aus dem Leben der Missionare, die hier einst wohnten, sowie aus der Zeit, als in Horeke noch Schiffe gebaut wurden. Auf dem Gelände stehen ein großes Steinkreuz und eine schlichte Holzkirche. Mangungu liegt an der unbefestigten Straße,

die von Horeke aus am Hafen entlangführt, man läuft rund 1 km dorthin.

Wairere Boulders Nature Park NATURPARK
(www.wairereboulders.co.nz; McDonnell Rd.; Erw./Kind 10/5 NZ$; ⌚bei Tageslicht) Bei Wairere erodierten massive Basaltfelsen zu bizarr geriffelten Formen, die an einen Zen-Garten erinnern. Säurereaktionen in den alten Kauri-Wäldern sind der Grund für diese ungewöhnliche Verwitterungsform, die den Karstverwitterungen im Kalkgestein ähnelt und in ihrer Art bisher einzigartig auf der Welt ist. Die Tour auf dem Hauptrundweg dauert etwa 1 Std. und folgt einem plätschernden, Coca-Cola-farbenen Fluss. Der Weg ist zwar gut zu begehen, dennoch sind an den Stellen, wo man ein wenig kriechen und klettern muss, vernünftige Schuhe sehr zu empfehlen. Ein zweiter Weg führt durch den Regenwald zu einer Plattform am Ende des felsigen Tals (etwa 1½ Std. einplanen).

Von der SH1 und von Horeke aus ist der Park ausgeschildert; die letzten 3 km der Straße sind nicht befestigt. Wer kein eigenes Fahrzeug hat, kommt nur mit Fullers Discover Hokianga Tour (S. 157) dorthin, die Fahrten starten in Paihia.

Quad Safaris QUADBIKES
(☎09-401 9544; www.wairerevalley.com; 20 McDonnell Rd.; Tour 1½ Std. 90 NZ$) Veranstaltet Quadbikefahrten über Stock und Stein zum Wairere Boulder Valley.

Rawene

440 EW.

Rawene wurde kurz nach Horeke gegründet und war somit Neuseelands dritte europäische Siedlung. Überraschend viele historische Gebäude (darunter sechs Kirchen!) haben bis heute überdauert. Sie sind Relikte aus der Zeit, als es im Hafen wesentlich lebhafter zuging als heute. Auf Infotafeln ist ein Heritage Trail eingezeichnet, der zu den wichtigsten Sehenswürdigkeiten des Ortes führt.

Es gibt zwar keine Geldautomaten oder Banken hier, aber dafür Benzin.

Sehenswertes

Clendon House HISTORISCHES GEBÄUDE
(www.historic.org.nz; Clendon Esplanade; Erw./Kind 7/3,50 NZ$; ⌚Mai–Okt. So 10–16 Uhr, Nov.–April Sa & So) James Clendon, ein Händler, Schiffseigner und Magistrat, ließ Clendon House während der geschäftigen 1860er-Jahre errichten. Nach seinem Tod stand seine 34-jährige Witwe Jane (Halb-Maori) mit einer Schar Kinder sowie mit einem kolossalen Schuldenberg von 5000 £ mittellos da. Doch es gelang ihr, die Schulden zurückzuzahlen, sodass ihre Nachkommen bis 1972 im Haus leben konnten. Danach ging es in den Besitz des Historic Places Trust über, zusammen mit einem Großteil des Hausrats.

Hokianga Art Gallery GALERIE
(2 Parnell St.; ⌚10–15 Uhr) Verkauft interessante moderne Kunst, größtenteils regionaler Herkunft.

Schlafen & Essen

Rawene Holiday Park FERIENANLAGE $
(☎09-405 7720; www.raweneholidaypark.co.nz; 1 Marmon St.; B 20 NZ$, Stellplatz/Apt. ab 30/45 NZ$; @☏≋) In dieser gut geführten Ferienanlage verstecken sich die Zeltstellplätze im Buschland. Eine der schlichteren Hütten wurde für Rucksackreisende mit Stockbetten ausgestattet (die Bettwäsche kostet extra).

Boatshed Cafe CAFÉ $
(8 Clendon Esplanade; Hauptgerichte 8–17 NZ$; ⌚8.30–16 Uhr) Das Essen in diesem hervorragenden, netten Café mit Blick aufs Wasser ist Balsam für die Seele. Der Souvenirladen verkauft Kunst(-handwerk) aus der Gegend.

An- & Weiterreise

Es gibt keine regelmäßige Busverbindung nach Rawene. Vom Stadtzentrum fährt eine **Autofähre** (☎09-405 2602; Auto & Fahrer einfach/hin & zurück 16/24 NZ$, Fußgänger 2/4 NZ$; ⌚7.30–19.30 Uhr) hinüber zum Nordteil von Hokianga, wo sie 4 km südlich von Kohukohu mindestens stündlich anlegt. Das Ticket kann man während der 15-minütigen Passage an Bord erstehen. Abfahrt von Rawene ist zu jeder halben, vom Nordteil zu jeder ganzen Stunde.

Opononi & Omapere

480 EW.

Diese ruhige Siedlung unweit des Südendes von Hokianga Harbour ist aus zwei Ortschaften allmählich zusammengewachsen. Im glasklaren Wasser kann man gut schwimmen. Die bergigen Sanddünen auf der gegenüberliegenden Nordlandzunge dominieren die Aussicht. Wer von Süden aus

INSIDERWISSEN

HOKIANGA *ANIKA MOA*

Ich liebe den Norden der Nordinsel, die wilde, ungezähmte und wunderschöne Landschaft und den *wairua* (Geist) der Gegend. Die kleinen Städtchen oben im Norden, wo ich aufgewachsen bin, ziehen sich an der atmosphärisch schönen Westküste entlang. Als wir noch Kinder waren, schlichen mein Bruder und ich zu den Ngawha Springs, um ein morgendliches Schlammbad zu nehmen – den Rest des Tages stanken wir dann nach verfaulten Eiern. In Opononi suchten wir mit Onkel Rata zwischen den Felsen nach Krabben und fuhren anschließend mit der Autofähre heim nach Rawene. Bei Pawarenga – einem staubigen alten Maoridorf – gingen wir mit unseren Cousins reiten, lernten von meinem Grandpa Maori, aßen *karahu* und Austern und nahmen, als wir etwas älter waren, gemeinsam mit unseren Tanten und Onkeln einen Drink ein. Wir fuhren für unseren wöchentlichen Großeinkauf nach Kaitaia und hingen dort in den Pubs rum. Weiter nördlich gab es den Mangonui Fish & Chip Shop, das beste *kai* (Essen) in Aotearoa. Wenn wir müde wurden, fuhren wir nach Ahipara und machten ein Nickerchen am Strand.

Anika Moa, Sängerin/Liedermacherin

nach Omapere kommt, den erwartet ein spektakulärer Blick auf den Hafen.

Aktivitäten

Hokianga Express SANDBOARDING
(☎09-405 8872; Erw./Kind 25/15 NZ$) Von der Opononi Jetty quert ein Schiff den Naturhafen und fährt zu den goldenen Riesensanddünen, wo man auf einem Sandboard einen 30 m langen Hang hinuntersausen und anschließend übers Wasser gleiten kann. Die Boote fahren nach Vereinbarung zur vollen Stunde – vorher anrufen oder bei i-SITE reservieren.

Arai te Uru Heritage Walk WANDERN
Dieser kurze Wanderweg (hin & zurück 30 Min.) beginnt am Parkplatz am Ende der Signal Station Road, führt die Klippen entlang und durch einen Manuka-Hain, bevor er auf der grasbewachsenen südlichen Landzunge von Hokianga mündet, auf der die Überreste einer alten Signalstelle zu finden sind. Ursprünglich wurde sie errichtet, um den Schiffen die trügerische Passage durch die Hafeneinfahrt zu erleichtern. Seit 1951 ist sie nun geschlossen, da der Schiffsverkehr im Hafen immer mehr abnahm.

Six Foot Track WANDERN
Der Six Foot Track am Ende der Mountain Road ist der Zugangsweg zu vielen Wanderwegen durch den Waima Forest.

Geführte Touren

Footprints Waipoua KULTUR
(☎09-405 8207; www.footprintswaipoua.co.nz; Erw./Kind 95/35 NZ$) Auf dieser vierstündigen Dämmerungstour durch den Waipoua Forest geben die Maori-Führer eine fantastische kulturelle und naturkundliche Einführung. Sie erläutern die historische Entwicklung der Stammeskultur, erzählen Geschichten und stimmen unter den gigantischen Bäumen betörende *karakia* (Gebete, Beschwörungsformeln) an.

Sandtrails Hokianga DUNE BUGGY-FAHREN
(☎09-409 5035; www.sandtrailshokianga.co.nz) Runter vom Hokianga-Express-Boot (im Preis inbegriffen) und gleich hinein in den Dune Buggy für einen sandigen Trip nach Mitimiti (185 NZ$, 3¾ Std.) oder die 70-minütige „Sandsecrets Tour „(95 NZ$).

Schlafen & Essen

Beide Nachbarorte haben ihren eigenen Lebensmittelladen sowie Takeaways.

GlobeTrekkers Lodge HOSTEL $
(☎09-405 8183; SH12, Omapere; B/EZ/DZ 26/50/65 NZ$; @) Ganz lässig entspannen kann man in diesem einer Privatunterkunft ähnelnden Hostel mit Hafenblick und hellen Schlafräumen. In den Zimmern wurde an alles gedacht: Schreibtisch, Spiegel, Kunst und flauschige Handtücher. Es gibt eine Stereoanlage, aber keinen Fernseher, was dazu beiträgt, dass in der weinumrankten Barbecue-Ecke viel geratscht wird.

Hokianga Haven B&B $$
(☎09-405 8285; www.hokiangahaven.co.nz; 226 SH12, Omapere; Zi. 160 NZ$) Das moderne Haus mit echter neuseeländischer Kunst an den Wänden bietet geräumige Zimmer am Rand des Hafens mit grandioser Aussicht

auf die Sanddünen. Alternative Heilbehandlungen können separat gebucht werden.

Copthorne Hotel & Resort HOTEL $$
(☎09-405 8737; www.omapere.co.nz; 336 SH12, Omapere; Zi. 145–260 NZ$;) Obwohl die tolle, ursprünglich viktorianische Villa durch die modernen Aluminiumrahmen etwas verschandelt wurde, ist dieses Anwesen am Wasser dennoch ein reizvolles Plätzchen für einen Sommerdrink oder eine Bistromahlzeit (19–36 NZ$). Die teureren Zimmer im Neubau haben Terrassen mit Blick aufs Meer.

Opononi Hotel HOTEL $$
(☎09-405 8858; www.opononihotel.com; 19 SH12; Zi. 129 NZ$) Die Zimmer im alten Opononi Pub sind nicht gerade riesig, wirken aber mit dem neuen weißen Anstrich und dem hellen Holz dezent eingerichtet. Am besten eines der vorderen beiden nehmen: sie sind etwas größer und haben die schönere Aussicht. Ansonsten eines der Zimmer aussuchen, die nicht in Richtung Pub weist – es sei denn, man ist lärmunempfindlich.

Opononi Lighthouse Motel MOTEL $$
(☎09-405 8824; www.lighthousemotel.co.nz; 45 SH12; Apt. 125–210NZ$; @) Das blitzeblanke, rundum erneuerte Motel bietet eine Unterkunft am Hafen mit Gemeinschaftsgrillplatz, Spa Pool, einem etwas kitschigen Leuchttürmchen und einem Wasserspiel.

Praktische Informationen

Hokianga i-SITE (☎09-405 8869; 29 SH12; ⏲9–17 Uhr; @)

An- & Weiterreise

Hier gibt es keine öffentlichen Verkehrsmittel. Nur Magic Travellers Network (S. 168) und Crossings Hokianga steuern die Orte an.

Waiotemarama & Waimamaku

Die Nachbardörfer zwischen Hokianga Harbour und Waipoua Forest sind die ersten von zahlreichen winzigen Landgemeinden, die verstreut entlang dieses wenig besiedelten Abschnitts der SH16 liegen.

Aktivitäten

Labyrinth Woodworks LABYRINTH
(www.nzanity.co.nz; 647 Waiotemarama Gorge Rd.; Labyrinth 4 NZ$; ⏲9–17 Uhr) Eine Schatztruhe voller handgefertigter Puzzles und Spiele. Um den Code des Freiluftlabyrinths zu knacken, muss man Buchstaben sammeln und daraus ein Wort bilden.

Fern River Horse Trekking REITEN
(☎09-405 8344; www.fernriver.co.nz; 953 Waiotemarama Gorge Rd., Waimamaku; Ausritt 1/2/3/4 Std. 40/75/110/120 NZ$) Geführte Ausritte durch Wald und Wiesen oder entlang einsamer Strände.

Essen

Morrell's Cafe CAFÉ
(7235 SH12, Waimamaku; Hauptgerichte 9–16 NZ$; ⏲9–16 Uhr) Dieses Café mit angeschlossenem Kunsthandwerkladen gleicht nicht nur farblich einem Stück Cheddar, sondern ist auch in einer ehemaligen Käsefabrik untergebracht. Es ist das letzte gute Lokal bis Baylys Beach – also besser noch einmal einen Kaffee trinken oder ein Frühstück zu sich nehmen.

KAURI COAST

Außer vom Fluss und der sonderbaren Klippe wird die unerschlossene Küste auf den 110 km zwischen Hokianga Harbour und Kaipara Harbour durch nichts unterbrochen. Hierher kommt man vor allem, um die Kauriwälder zu bewundern, eines der großen Naturhighlights von Neuseeland. Wer gern ganz dicke Bäume knuddelt, ist hier goldrichtig – man bräuchte 8 m lange Arme, um die Burschen zu umarmen!

Momentan wird überprüft, ob das Gebiet zu einem Nationalpark erklärt werden kann – den Kauri National Park.

Nördlich von Dargaville gibt es kaum Geschäfte oder Restaurants und schon gar keine Geldautomaten: Wer also einige Zeit hier verbringen möchte, sollte sich mit allem Nötigem ausreichend eindecken. Wanderer erhalten auf der DOC-Website Tipps für Touren in der Gegend (www.doc.govt.nz).

Waipoua Forest

Das Highlight von Northlands Westküste ist dieser fantastische Wald, der 1952 aufgrund des starken Drucks der Öffentlichkeit unter Naturschutz gestellt wurde. Es ist der größte Rest der einst riesigen Kauriwälder im Norden Neuseelands. Die Straße durch den Wald (SH12) ist 18 km lang und führt an ein paar riesigen Bäumen vorbei – ein Kauri kann 60 m hoch werden und einen Stamm mit einem Durchmesser von mehr als 5 m haben!

Die Aufsicht über den Park wurde als Teil der Wiedergutmachung der Verletzungen des Vertrags von Waitangi an den Te-Roroa-*iwi* (Stamm) zurückgegeben. Der *iwi* betreibt auch das **Waipoua Forest Visitor Centre** (☎09-439 6445; www.teroroa.iwi.nz; 1 Waipoua River Rd.; ⏲Sommer 9–18.30 Uhr, Winter 9–16.30 Uhr) und den Campingplatz am Südende des Parks.

Sehenswertes & Aktivitäten

Tane Mahuta BAUM

Am Nordende des Parks, nicht weit von der Straße entfernt, steht der mächtige Tane Mahuta, der nach dem Waldgott der Maori benannt ist. Mit 51,5 m Höhe, einem Umfang von 13,8 m und einer Holzmasse von 244,5 m^3 ist er der größte heute noch lebende Kauri. Man kommt hier nicht einfach mal vorbei und guckt, vielmehr ist es, als ob einem eine Audienz bei seiner stillen Präsenz gewährt wird. Er hält hier seit etwa 1200 bis 2000 Jahren Hof.

Te Matua Ngahere, Four Sisters & Yakas BÄUME

Vom Kauri-Walks-Parkplatz führt ein 20-minütiger Spaziergang (einfach) an den Four Sisters vorbei (einer würdevollen Gruppe aus vier Bäumen, die an der Basis zusammengewachsen sind) zum Matua Ngahere, dem „Vater des Waldes“: Nicht einmal ein fanatischer Ökofreak käme auf die Idee, sich an den Baum zu kuscheln und ihn „Daddy“ zu nennen, selbst wenn ihn – wie hier – kein Zaun davon abhalten würde. Mit 30 m ist der Baumriese etwas kleiner als Tane Mahuta, wirkt aber ebenso erhaben, nicht zuletzt aufgrund seines beachtlichen Umfangs – er ist der dickste noch lebende Kauri-Baum (16,4 m). Umgeben von ausgewachsenen Bäumen, die im Vergleich zu ihm wie Zündhölzer wirken, beherrscht er die Lichtung.

Von den Four Sisters führt ein 30-minütiger Weg (einfach) zu Yakas, dem siebtgrößten Kauri-Baum.

Lookout AUSSICHTSPUNKT

Wer das Blätterdach aus der Vogelperspektive betrachten will, kann das am Aussichtspunkt im Wald am Südende des Parks tun. Entweder fährt man hin (die Straße ist gut ausgeschildert, aber nicht für Wohnmobile geeignet) oder man wählt den 2,5 km langen Fußweg Lookout Track, der beim Besucherzentrum beginnt.

Schlafen & Essen

Waipoua Lodge B&B $$$

(☎09-439 0422; www.waipoualodge.co.nz; SH12; Zi. 583 NZ$) Diese schöne alte Villa am Südrand des Waldes besitzt vier luxuriöse, geräumige Suiten, die ursprünglich der Stall, die Woolshed und der Kälberstall waren! Außerdem wird ein dekadentes Dinner (70 NZ$) serviert.

Waipoua Forest Campground CAMPINGPLATZ $

(☎09-439 6445; www.teroroa.iwi.nz; 1 Waipoua River Rd.; Zeltstellplatz/Apt./Haus ab 15/20/175 NZ$) Der friedvolle Campingplatz in der Nähe des Waipoua River und des Besucherzentrums kann mit Warmwasserduschen, Toiletten und einer Küche aufwarten. Die Hütten sind sehr spartanisch eingerichtet und bieten schlichte Betten (Bettwäsche kann man ausleihen oder eben mitbringen). Es können auch Hütten mit zehn Betten gemietet werden.

Trounson Kauri Park

Durch den 450 ha großen Trounson Kauri Park führt ein leichter halbstündiger Rundweg, der bei der Picknickzone an der Straße beginnt. Er schlängelt sich durch ein schönes Waldstück mit Bächen, einigen beachtlichen Kauri-Kolonien, umgestürzten Bäumen und nochmals Four Sisters – zwei Baumpaare mit zusammengewachsenen Stämmen. Der DOC betreibt am Rande des Parks einen **Campingplatz** (www.doc.govt.nz; Zeltstellplatz Erw./Kind 11/5,10 NZ$) mit Gemeinschaftsküche und heißer Dusche.

Nur 2 km von der SH12 entfernt liegt der **Kauri Coast Top 10 Holiday Park** (☎09-439 0621; www.kauricoasttop10.co.nz; Trounson Park Rd.; B/Zeltstellplatz/Apt. ab 30/40/110 NZ$; @), ein ansprechender Campingplatz am Fluss mit akzeptablen Einrichtungen und einem kleinen Laden. Die Mitarbeiter organisieren nächtliche **Naturwanderungen** (Erw./Kind 25/15 NZ$), auf denen die Flora und Fauna erklärt wird. Es besteht eine klitzekleine Chance, einen wilden Kiwi zu sehen – was aber eher selten vorkommt. Trounson führt ein Programm zur Entfernung von Raubtieren durch und wurde so zu einem sicheren Hafen für bedrohte einheimische Vogelarten auf dem Festland: So sollte man also zumindest ein Morepork (Neuseeland-

Kuckuckskauz) oder ein brauner Kiwi zu hören bekommen.

Wer von Norden anreist, sollte besser nahe Kaihu die zweite Abzweigung zum Park wählen: Auf diese Weise kann die holprige Schotterstraße umgangen werden.

Kai Iwi Lakes

In der Nähe der Küste und 12 km von der SH12 entfernt liegen diese drei forellenreichen Süßwasserseen nahe beieinander. Das blaue Wasser des Taharoa (größter See) wird von kleinen Sandstränden gesäumt. Lake Waikere erfreut sich großer Beliebtheit bei Wasserskifahrern, während Lake Kai Iwi relativ unberührt ist. Ein halbstündiger Spaziergang führt von den Seen zur Küste. Nach weiteren 2 Std. gelangt man zum Fuß des vulkanischen **Maunganui Bluff** (460 m). Hinauf und wieder hinunter dauert die Wanderung 5 Std.

Zelten (☎09-439 0986; lakes@kaipara.govt.nz; Erw./Kind 10/5 NZ$) ist am Ufer des Lake Taharoa erlaubt, wo es kalte Duschen, Trinkwasser und WCs gibt.

Baylys Beach

Baylys Beach, ein Dorf mit farbenfrohen *baches* und einigen neuen Ferienhäusern, liegt etwa 12 km von Dargaville entfernt am SH12. Es ist am 100 km langen Ripiro Ocean Beach zu finden, einem Küstenabschnitt mit starker Brandung und zahlreichen Schiffswracks. Der Strand ist ein ausgewiesener Highway: Bei Ebbe kann man über den festen Sand fahren – allerdings ist das eher etwas für Allradwagen. Obwohl es der längste befahrbare Strand Neuseelands ist, ist er weniger bekannt und folglich auch weniger überlaufen als der berühmte Ninety Mile Beach. Die Einheimischen kennen sich mit den Gegebenheiten gut aus. Bevor man sich mit dem Auto ins Sandabenteuer stürzt, unbedingt den Mietwagenvertrag genau durchlesen. Quads (Einsitzer/Zweisitzer 75/95 NZ$) können am Holiday Park gemietet werden.

Es ist geradezu verrückt: Das **Skydome Observatory** (☎09-439 1856; www.skydome.org.nz; 28 Seaview Rd.; Sterne gucken 20–40 NZ$) ist ein großes, technologisch fortschrittliches Teleskop und steht einfach im Vorgarten eines ganz normalen Wohnhauses. Doch aufgepasst: Wer durchgucken will, muss vorher anrufen.

Schlafen

Sunset View Lodge B&B $$
(☎09-439 4342; www.sunsetviewlodge.co.nz; 7 Alcemene Lane; Zi. 175–190 NZ$; @) Wer mit einem Glas Gin in der Hand gerne in den Sonnenuntergang starrt, ist in diesem großen, modernen B&B bestens aufgehoben: Von den Zimmern im oberen Stockwerk hat man einen sagenhaften Ausblick aufs Meer. In der Gästelounge steht eine Selbstbedienungsbar mit Kasse zum Geldeinwerfen.

Baylys Beach Holiday Park HOLIDAY PARK $
(☎09-439 6349; www.baylysbeach.co.nz; 24 Seaview Rd.; Zeltstellplatz/Apt. ab 16/50 NZ$; @) Dieser mittelgroße Campingplatz liegt umgeben von Pohutukawa-Bäumen. Alle Einrichtungen sind sauber und ordentlich; die hübschen, beige-grünen Hütten gibt es von einfacher Ausfertigung bis zu Cottagegröße mit sechs Betten.

Essen

Funky Fish CAFÉ, BAR $$
(☎09-439 8883; www.thefunkyfish.co.nz; 34 Seaview Rd.; Mittagessen 14–20 NZ$, Abendessen 22–28 NZ$; ⊙Do–So Mittagessen, Di–So Abendessen) Die Wände dieses allseits beliebten Cafés mit Restaurant und Bar sind mit Malereien und Mosaiksteinen verziert; der Garten hinter dem Haus ist wunderschön. Die vielseitige Speisekarte weist viele Gerichte mit Meeresfrüchten auf. Im Sommer ist eine Reservierung empfehlenswert.

Sharky's FISH & CHIPS
(1 Seaview Rd.; Hauptgerichte 6–20 NZ$; ⊙8.30–20 Uhr) Eine praktische Mischung aus Getränke- und Gemischtwarenladen, Bar und Takeaway, wo auch noch den ganzen Tag über Frühstück serviert wird.

Dargaville

4500 EW.

Von einer Stadt, die sich selbst als „Kumara Capital of NZ" (hier werden zwei Drittel der lecker schmeckenden Süßkartoffeln des Landes erzeugt) bezeichnet, ist nicht allzu viel zu erwarten. Der im Jahr 1872 von Holzhändler Joseph Dargaville gegründete Ort war früher ein bedeutender Flusshafen und blühte durch den Export von Kauriholz und Gummi auf. Als die Baumbestände immer spärlicher wurden, begann der Niedergang Dargavilles; heute ist es nur noch ein ruhiger Ort, der Northern Wairoa mit landwirtschaftlichen Produkten versorgt.

Sehenswertes & Aktivitäten

Dargaville Museum MUSEUM
(www.dargavillemuseum.co.nz; Erw./Kind 12/2 NZ$; ⌚9–16 Uhr) Das auf einem Hügel gelegene Dargaville Museum ist interessanter als die meisten anderen Regionalmuseen. Es gibt diverse Ausstellungsstücke zum Thema „Gumdigging", dazu je eine Abteilung zu den Themen Meer, Maori und Musikinstrumente und zusätzlich noch eine nette kleine Modelleisenbahn. Draußen wurden die Masten der *Rainbow Warrior* an einem Aussichtspunkt in der Nähe einer *Pa*-Stätte aufgestellt. Sehenswert ist auch das nachgebaute Gumdigger Camp.

Kumara Box LANDWIRTSCHAFT
(www.kumarabox.co.nz; 503 Pouto Rd.; Tour 20 NZ$) Wer mehr über die knubblige Knolle, den ganzen Stolz der Region, erfahren möchte, sollte Ernie's Kumara Show buchen. Überraschend unterhaltsam ist nicht nur die Fahrt durch die Felder, die auf einem selbstkonstruierten Traktorzug absolviert wird, und u. a. an „Neuseelands kleinster Kirche" vorbeiführt.

Schlafen & Essen

Wer mit dem Wohnmobil unterwegs ist, kann für 10 NZ$ pro Nacht die schöne Aussicht vom Parkplatz des Dargaville Museums aus genießen.

Greenhouse Backpackers HOSTEL $
(☎09-439 6342; greenhousebackpackers@ihug.co.nz; 15 Gordon St.; B/EZ/DZ 28/45/70 NZ$; @📶) Die Klassenzimmer dieses ehemaligen Schulhauses (1921) wurden in einen großen Schlafraum und eine Gemeinschaftslounge mit bunten Wandmalereien verwandelt. Noch besser sind die gemütlichen Apartments im hinteren Garten, die sogar mit Handtuchheizungen und Heizdecken ausgestattet sind.

Blah, Blah, Blah... CAFÉ, BAR $
(101 Victoria St.; Frühstück 6–20 NZ$, Mittagessen 8–28 NZ$, Abendessen 20–28 NZ$; ⌚tgl. Frühstück & Mittagessen, Di–Sa Abendessen) Das beste Lokal am Platze (was in Dargaville zugegebenermaßen nicht viel heißen will) bietet einen Garten, hippe Musik, feine Snacks, eine internationale Speisekarte (Dukkha-Gewürzdip, Confit von der Ente, Steak) und Cocktails.

Riverside Produce Market MARKT
(Kapia St.; ⌚Do 14.30–17.30 Uhr) Die Marktleute verkaufen Kunsthandwerk und regionale Produkte, sodass man dort getrost seine Kumara-Vorräte aufstocken kann.

Praktische Informationen

DOC Kauri Coast Area Office (☎09-439 3450; www.doc.govt.nz; 150 Colville Rd.; ⌚Mo–Fr 8–16.30 Uhr)

Visitor Information Centre (☎09-439 4975; www.Kauriinfocentre.co.nz; 4 Murdoch St.; ⌚9–18 Uhr; 📶) Ist im interessanten Woodturners Kauri Gallery & Studio untergebracht und hilft bei der Reservierung von Unterkünften und von Ausflügen.

An- & Weiterreise

Die Hauptbushaltestelle befindet sich in der Kapia Street. Die Busunternehmen Main Coachline (S. 144) und West Coaster (S. 144) fahren Dargaville an.

Pouto Point

Eine lange, schmale Landzunge zieht sich, begrenzt vom Tasmanischen Meer und dem Wairoa River, von Dargaville nach Süden. An der Einfahrt zu Kaipara, Neuseelands größtem Hafen, endet sie abrupt. Das Kap mit dem einsamen Kaipara Lighthouse (1884 aus Kauri-Holz erbaut) liegt wirklich am Ende der Welt und ist von Dutzenden winziger Dünenseen durchsetzt. Nur 10 km liegen zwischen dem Nord- und Südkap von Kaipara Harbour – auf dem Landweg müsste man 267 km zurücklegen!

Ein Geländewagen ist auf dem 71 km langen Strand von Dargaville ganz in seinem Element. *Pouto Hidden Treasures* vom DOC ist eine hilfreiche Broschüre für alle, die hier mit einem Fahrzeug unterwegs sind. Darin enthalten sind Tipps, wie man sowohl sein Auto als auch das fragile Ökosystem am besten vor Schaden bewahrt. Die Broschüre kann unter www.doc.govt.nz heruntergeladen werden.

Matakohe

400 EW.

Abgesehen vom ländlichen Charme dieses Dorfes lohnt sich ein Besuch auch wegen des großartigen **Kauri Museum** (www.kaurimuseum.com; 5 Church Rd.; Erw./Kind 25/8 NZ$; ⌚9–17 Uhr). Schon allein die riesigen Baumscheiben sind äußerst beeindruckend. Die ganze Holzindustrie wird durch Videofilme, Artefakte, fabelhafte Möbel und Intarsien sowie Nachbauten einer Sägemühle aus der Pionierzeit, eines Wohnheims, einer Gumdigger-Hütte und eines viktorianischen Hauses wieder zum Leben erweckt. Im Gum Room ist eine eigenartige und wunderbare Sammlung von Objekten aus Kauri-Holz ausgestellt. Das Holz wird geschnitzt, zu Skulpturen verarbeitet und kann solange poliert werden, bis es wie ein Edelstein schimmert. Der Museumsshop verkauft Souvenirs aus Kauri-Holz und -Harz.

Dem Museum gegenüber steht die kleine **Matakohe Pioneer Church** (1867) aus Kauri-Holz, die von Methodisten und Anglikanern gleichermaßen genutzt wurde und zudem als Gemeindesaal und Schule diente. Ganz in der Nähe kann man durch ein historisches **Schulhaus** (1878) und **Post/Fernsprechamt** (1909) spazieren.

Schlafen & Essen

Matakohe Holiday Park FERIENANLAGE $

(☎09-431 6431; www.matakoheholidaypark.co.nz; 66 Church Rd.; Zeltstellplatz/Apt. ab 19/55 NZ$; @) Diese kleine Ferienanlage hat nicht nur die vielleicht kuschligste Lounge, die man auf einem Campingplatz jemals finden kann, sondern auch moderne Einrichtungen, viel Platz und eine großartige Aussicht auf Kaipara Harbour.

Matakohe House B&B

(☎09-431 7091; www.matakohehouse.co.nz; 24 Church Rd.; EZ/DZ 135/160 NZ$; @) Dieses B&B – mit hauseigenem Café – befindet sich in einer hübschen Villa und liegt nur wenige Gehminuten vom Kauri Museum entfernt. Die schlicht möblierten Räume öffnen sich zu einer Veranda hin und bestechen durch kleine Aufmerksamkeiten wie kostenlosen Portwein und Schokolade. Zur Zeit der Recherche für diesen Reiseführer stand das Haus allerdings zum Verkauf; es wäre also ratsam, wenn man vorher noch einmal anruft, ob das Matakohe House auch weiterhin Gäste aufnimmt.

Petite Provence B&B $$

(☎09-431 7552; www.petiteprovence.co.nz; 703c Tinopai Rd.; EZ/DZ 110/150 NZ$) Dieses ansprechende B&B besitzt einen französischen Einschlag. Es ist eine beliebte Wochenendunterkunft für Aucklander, deshalb sollte man besser rechtzeitig reservieren. Auf Vorbestellung gibt es ein hervorragendes Abendessen für 45 NZ$ pro Person.

An- & Weiterreise

Main Coachline fährt den Ort an.

Coromandel Peninsula

Inhalt »

Die besten Strände

- New Chum's Beach (S. 203)
- Hahei Beach (S. 208)
- Cathedral Cove (S. 207)
- Otama Beach (S. 203)
- Hot Water Beach (S. 208)

Schön übernachten

- Black Jack Lodge (S. 203)
- Driving Creek Villas (S. 200)
- Cotswold Cottage (S. 203)
- Bowentown Beach Holiday Park (S. 213)

Auf nach Coromandel!

Die Coromandel Peninsula ragt östlich von Auckland in den Pazifik und bildet die östliche Begrenzung des Hauraki-Golfs. Obwohl die Coromandel recht nah an der Metropole liegt, ist es hier doch wunderbar einsam. Ihr atemberaubender Bergrücken teilt die Halbinsel in zwei sehr unterschiedliche Regionen.

An der Ostküste liegen einige der schönsten Sandstrände der Nordinsel. Wenn in Auckland die Geschäfte zwischen Weihnachten und Neujahr schließen, brechen die Menschen hierhin auf. Die kitschigen historischen Goldminenstädte im Westen bleiben von diesem Ansturm weitgehend verschont, denn ihre sumpfigen Feuchtgebiete und die malerischen Felsenbuchten ziehen die Massen weniger an. Diese Küste war lange Zeit das Ziel von Menschen, die einen alternativen Lebensstil suchten. Die Berge in der Mitte sind von Wanderwegen durchzogen, auf denen die Wanderer unberührtes Buschland erkunden, in dem einst die Kauri-Bäume thronten, deren Bestand mittlerweile wieder zunimmt.

Reisezeit

Da das Strandleben hier die herausragende Rolle spielt, ist der Sommer natürlich die beste Reisezeit. Wenn die Pohutukawa-Bäume ihr vorweihnachtliches Kleid tragen, leuchtet die ganze Insel in purpurfarbenem Glanz. In den Sommerferien (von Weihnachten bis Ende Januar) explodiert die Bevölkerungszahl förmlich und manchmal geht es an Silvester regelrecht verrückt zu. Im Februar und März ist es dann etwas ruhiger. Da die Gegend gebirgig ist, fällt hier mehr Regen als anderswo an der Ostküste (3000 mm oder sogar 4500 mm im Jahr) – mit Höhepunkt von Mai bis September.

Highlights

1 Auf der **Nordspitze der Coromandel** (S. 202) auf entlegenen Schotterpisten unter dem purpurfarbenen Blütendach uralter Pohutukawa-Bäume dahinfahren

2 Am **New Chum's Beach** (S. 203) im unberührten Sand ein eigenes Areal abstecken

3 Mit dem Kajak im **Te Whanganui-A-Hei Marine Reserve** (S. 204) verborgene Inseln, Höhlen und Buchten entdecken

4 Die Wärme des Wassers im eigenen kleinen Thermalbecken genießen, das man vorher selbst gegraben hat – im Sand des **Hot Water Beach** (S. 208)

5 Sich den Bauch mit geräucherten Muscheln vollschlagen – am besten in

Coromandel Town (S 199)

6 In die geheimnisvollen Tiefen des dichten Buschlands vordringen, beispielsweise im Coromandel Forest Park (S. 200) und in der **Karangahake Gorge** (S. 214)

7 Am **Hahei Beach** (S. 208) zusehen, wie die untergehende Sommersonne die Inseln vor der Küste zum Glühen bringt

Geschichte

Die Maori bezeichneten die ganze Region einschließlich der Halbinsel, der Inseln und der beiden Küsten des Golfs als Hauraki. Verschiedene *iwi* (Stämme) beanspruchten Teile dieser Gegend, darunter der *Pare Hauraki* Zweig der Tainui-Stämme oder Nachfahren der Te Arawa und früheren Migranten. Funde polynesischer Artefakte und Hinweise auf die Moa-Jagd lassen Rückschlüsse auf eine gut 1000 Jahre andauernde Besiedlung zu.

Die Hauraki-*iwi* gehörten zu den ersten, die mit europäischen Händlern in Berührung kamen. Anfangs sorgten die geografische Nähe der Region zu Auckland, sichere Anlegeplätze und reicher Nachschub an wertvollem Bauholz für den Wirtschaftsboom. Das Abholzen der Kauribäume auf der Halbinsel war ein Riesengeschäft. Mit dem Holzhandel verbunden war der Schiffsbau, der seine Anfänge im Jahr 1832 nahm, als an der Mercury Bay eine Fabrik gebaut wurde. Doch die Zeiten wurden rauer, als der Kauri-Bestand an der Küste erst einmal ausgedünnt war und die Holzfäller zur Nutzholzgewinnung tiefer in den Busch vordringen mussten. Man baute Kauri-Dämme, um mit Hilfe von Wasserkraft die riesigen Baumstämme zur Küste befördern zu können. Und nachdem schließlich in den 1930er-Jahren kein Kauri-Baum mehr übrig geblieben war, wurde der Industriezweig vollends stillgelegt.

Der erste Goldfund Neuseelands in der Nähe von Coromandel Town datiert aus dem Jahr 1852. Obwohl dieser erste Goldrausch nur kurzlebig war, machte man rund um Thames 1867 weitere Funde, später auch an anderen Orten. Die Halbinsel ist auch reich an Halbedelsteinen wie farbige Varianten des Quarzes, etwa Amethyst, oder Achat und Jaspis. Das Schürfen an einem beliebigen Strand der Westküste kann sich also lohnen.

Trotz jahrzehntelanger erfolgreicher Beziehungen zu den Europäern waren die Hauraki-*iwi* von der Kolonialisierung mit am härtesten betroffen. Skrupellose Geschäfte von Siedlern und der Regierung mit dem Ziel, Zugang zu den wertvollen Ressourcen zu erlangen, führten dazu, dass die Maori in den 1880er-Jahren den Großteil ihres Landbesitzes einbüßten. Selbst heute ist die Präsenz der Maori auf der Halbinsel deutlich geringer ausgeprägt als in benachbarten Gegenden.

MAORI AUF COROMANDEL

Obwohl die Coromandel Peninsula eine lange und reiche Geschichte der Maori aufweist, gibt es hier nur wenig Möglichkeiten, sich mit deren Kultur auseinanderzusetzen. Die Leistungen der Pioniere wie Goldsuche und Holzfällerei (der Kauri-Bäume) standen immer im Mittelpunkt des Interesses. Das ändert sich heute ganz allmählich.

Historische *pa* (befestigte Dörfer) liegen überall verstreut; am besten zugänglich ist Paaku. Es gibt weitere am Opito Beach, am Hahei und Hot Water Beach.

KURZINFOS: COROMANDEL PENINSULA

» **Essen** Eimerweise Meerestiere genießen – genauer gesagt: Miesmuscheln, Austern und Jakobsmuscheln. Sie sind die Spezialitäten der Region

» **Trinken** Abgekochtes Wasser auf einem Campingplatz in den Bergen

» **Lesen** *The Penguin History of New Zealand* (2003) vom mittlerweile verstorbenen Michael King, einem Bewohner von Opoutere

» **Hören** Top-Kiwi-Bands beim Coromandel Gold New Year's Eve Festival gespannt lauschen

» **Beobachten** Die Vögel an der Firth of Thames

» **Festival** Das Pohutukawa Festival (www.pohutukawafestival.co.nz) besuchen

» **Ökologisch reisen** Das Wiedererwachen des Waldes in den Aufforstungen an der Driving Creek Railway (S. 199) bestaunen

» **Online** www.thecoromandel.com

» **Vorwahl** ☎07

An- & Weiterreise

Auto

Die entlegeneren Regionen sind nur mit dem Auto erreichbar, allerdings ist bei den Mietvereinbarungen Umsicht geboten, denn es gibt viele Schotterstraßen und Flüsse, die durchquert werden müssen. Die meisten Straßen sind jedoch in einem guten Zustand und können selbst mit kleinen Autos befahren werden, es sei denn, es hat reichlich geregnet.

Bus

Go Kiwi (☎07-866 0336; www.go-kiwi.co.nz) Betreibt ganzjährig einen täglichen Shuttle-Service mit den Stationen Auckland City–International Airport–Thames–Tairua–Whitianga mit Anschlüssen nach Opoutere und Whangamata. Von Mitte Dezember bis Ostern verkehren auch Shuttlebusse von Rotorua über Tauranga, Waihi, Whangamata, Whitianga und Coromandel Town nach Whitianga.

InterCity (www.intercity.co.nz) Befährt zwei Strecken zur/von der Halbinsel: Auckland–Thames–Paeroa–Waihi–Tauranga und Hamilton–Te Aroha–Paeroa–Thames–Coromandel Town. Regionale Linien gehen von Thames über Coromandel Town nach Whitianga und von Whitianga über Tairua nach Thames.

Naked Bus (www.nakedbus.com) Die Busse der Strecke Auckland–Tauranga–Mt. Maunganui–Rotorua–Gisborne halten in Ngatea, von wo dann das regionale Partnerunternehmen Tairua Bus Company bis Whitianga weiterfährt.

Tairua Bus Company (TBC; ☎07-864 7194; www.tairuabus.co.nz) TBC fährt die Strecke Hamilton–Cambridge–Te Aroha–Thames–Tairua, außerdem die Strecke Thames–Tairua–Hahei–Whitianga– Coromandel Town.

Flugzeug

Sunair (☎07-575 7799; www.sunair.co.nz) Zweimal am Tag gibt es Flüge von Auckland und der Great Barrier Island nach Whitianga; an Werktagen gibt es auch Flüge von Hamilton, Rotorua und Tauranga nach Whitianga.

Schiff

360 Discovery (☎0800 360 3472; www.360 discovery.co.nz) Betreibt Fähren nach und von Auckland (einfache Fahrt/hin & zurück 55/88 NZ$, 2 Std.) über Orapiu auf Waiheke Island (einfache Fahrt/hin & zurück 44/77 NZ$, 70 Min.), und zwar 5-mal pro Woche (im Sommer tgl.). Die Schiffe legen am Hannafords Wharf, Te Kouma, an, von wo aus kostenlose Shuttlebusse die Passagiere ins 10 km entfernte Coromandel Town bringen. Das Ganze ist ein großartiger Tagesausflug von Auckland aus (hin & zurück am selben Tag 69 NZ$). Es gibt auch Tagestouren mit einem Hop-on-hop-off-Bus (Erw./Kind 94/57 NZ$).

Miranda

Die Siedlung mit dem hübschen Namen in der Sumpflandschaft am Firth of Thames befindet sich nur eine Autostunde von Auckland entfernt. Es gibt zwei Gründe, sie zu besuchen: Man kann in den Thermalbädern herumplanschen und Vögel beobachten – beides gleichzeitig könnte aber als unhöflich angesehen werden.

Dieses Fleckchen Erde ist das ganze Jahr über eine der am einfachsten zugänglichen Regionen Neuseelands, um Sumpf- oder Watvögel zu beobachten. In der riesigen Wattlandschaft wimmelt es nur so von Ringelwürmern und Krustentieren, die im Winter Tausende in der Arktis nistende Watvögel anlocken – man hat hier 43 verschiedene Watvogelarten gesichtet. Die beiden wichtigsten sind die Pfuhlschnepfe und der Knuttstrandläufer, aber auch Steinwälzer, Flussuferläufer und der eigentümliche, umherstolzierende Rotkehl-Strandläufer sind hier nicht ungewöhnlich. Der Weg einer hier erfassten Schnepfe konnte nachverfolgt werden – sie brachte von Alaska aus einen 11 570 km langen Nonstop-Flug hierher hinter sich! Kurzstreckenflieger sind u. a. der Magellan-Austernfischer und der vom Aussterben bedrohte Schiefschnabel-Regenpfeifer von der Südinsel sowie der Doppelband-Regenpfeifer und der Stelzenläufer.

Das **Miranda Shorebird Centre** (☎09-232 2781; www.miranda-shorebird.org.nz; 283 East Coast Rd.; ⌚9–17 Uhr) zeigt Ausstellungen über Vögel, verleiht Feldstecher und verkauft nützliche Merkblätter für die Vogelbeobachtung (2 NZ$). In der Nähe sind ein Hochsitz und mehrere Wanderwege (30 Min.–2 Std.). Das Centre hat eine saubere Unterkunft mit Stockbetten und Küche (B/Zi. 25/85 NZ$).

Miranda Hot Springs (www.mirandahotsprings.co.nz; Front Miranda Rd.; Erw./Kind 13/6 NZ$; ⌚9–21.30 Uhr), 5 km südlich, besitzt ein großes Thermalbad (dem Vernehmen nach das größte in der südlichen Hemisphäre), ein angenehm warmes Saunabecken und Wellness-Einrichtungen (10 NZ$ extra).

Nebenan liegt der **Miranda Holiday Park** (☎07-867 3205; www.mirandaholidaypark.co.nz; 595 Front Miranda Rd.; Plätze pro Erw./Kind 21/11 NZ$, B 34 NZ$, Wohneinheiten 145–311 NZ$; @📶🏊), wo es glänzendsaubere Wohn- und Sanitäreinrichtungen, ein eigenes Thermalbecken, eine Campinganlage und einen Tennisplatz mit Flutlicht gibt.

Thames

6800 EW.

Die Holzgebäude aus der Zeit des Goldrausches des 19. Jhs. dominieren noch immer das Stadtbild von Thames, aber die grau gekleideten Goldschurfer sind Menschen mit alternativem Lebensstil gewichen. Als überzeugter Vegetarier fühlt man sich hier sofort zu Hause. Guter Ausgangspunkt für Wanderungen oder Kanuausflüge in das nahe gelegene Kauaeranga Valley.

1769 landete übrigens Captain James Cook in dieser Ecke der Halbinsel und nannte den Waihou River „Thames" (Themse), weil er doch eine „gewisse Ähnlichkeit mit diesem Fluss in England" habe (ob es stimmt, mag jeder selbst beurteilen). Die Gegend war im Besitz der Ngati Maru, Nachfahren des Tainui-Stamms. Ihr atemberaubendes Versammlungsgebäude Hotunui (1878) nimmt einen Ehrenplatz im Auckland Museum ein.

Nachdem sie 1867 den Goldschürfern Zugang zur Stadt gewährt hatten, wurden die Ngati Maru in nur einem Jahr von einem Strom von rund 10 000 europäischen Siedlern überschwemmt.

Als der anfängliche Boom mit hochschnellenden Preisen zum Erliegen kam, führte ein zweifelhaftes System von Regierungskrediten zur Verschuldung der Maori und zwang sie letztendlich dazu, Land zu verkaufen.

Sehenswertes

Goldmine Experience MINE

(www.goldmine-experience.co.nz; cnr Moanataiari Rd. & Pollen St.; Erw./Kind 15/5 NZ$; ⌚Jan.–März tgl. 10–16 Uhr, April, Mai, Sept. & Dez. 10–13 Uhr) Man wandert durch einen Bergwerkstunnel, beobachtet eine sogenannte *stamper battery*, die Gestein zertrümmert, erfährt etwas über die Bergarbeiter, die aus Cornwall hierher kamen, und legt selbst Hand an beim Goldschürfen (2 NZ$ extra).

Thames

0 — 200 m

Thames

Highlights

Goldmine Experience	A1

Sehenswertes

1 Historisches Museum	A2
2 School of Mines & Mineralogical Museum	A2

Aktivitäten, Kurse & Touren

3 Karaka Bird Hide	A2
4 Paki Paki Bike Shop	B3
5 Thames Small Gauge Railway	A2

Schlafen

6 Gateway Backpackers	B4
7 Ocean View on Thames	A1
8 Sunkist	A1

Essen

9 Coco Espresso	A2
10 Nakontong	A2
Organic Co-op	(siehe 10)
11 Rocco	B3
12 Sola Cafe	A2

Ausgehen

13 Junction Hotel	A2
14 Speak Easy	A2

Unterhaltung

15 Multiplex Cinemas	A2

Shoppen

16 Grahamstown Market	B2

School of Mines & Mineralogical Museum MUSEUM
(www.historicplaces.org.nz; 101 Cochrane St.; Erw./Kind 5 NZ$/frei; ⌚Mi–So 11–15 Uhr) Der Historic Places Trust bietet Führungen durch diese Gebäude an, in denen sich eine umfangreiche Sammlung neuseeländischer Gesteine, Mineralien und Fossilien befindet. Der älteste Teil (1868) gehörte zu einer methodistischen Sonntagsschule, die sich auf einem Totenacker der Maori befand. Der Trust verteilt auch kostenlose Flyer, die einige andere wichtige Bauwerke der Stadt miteinbeziehen und mit denen man auf eigene Faust losziehen kann.

Butterfly & Orchid Garden GÄRTEN
(www.butterfly.co.nz; Victoria St.; Erw./Kind 11/6 NZ$; ⌚9.30–16 Uhr) Jeder, der etwas für Märchenhaftes übrig hat, wird vom Butterfly & Orchid Garden 3 km nördlich der Stadt inmitten des Dickson Holiday Park begeistert sein. Es handelt sich um ein abgeschlossenes Stückchen Dschungel mit vielen Hundert exotischen Schmetterlingen und einer Sammlung von Orchideen.

Historical Museum MUSEUM
(Ecke Cochrane & Pollen Stss; Erw./Kind 5/2 NZ$; ⌚13–16 Uhr) Ausgestellt sind sehenswerte Überreste aus der Pionierzeit, Gestein und alte Fotos der Stadt.

Aktivitäten

Hauraki Rail Trail RADFAHREN
(www.haurakirailtrail.co.nz) Diese zweitägige Radtour führt von Thames über Paihia nach Te Aroha. Mehr Infos auf der i-SITE.

Karaka Bird Hide VOGELBEOBACHTUNG
(Eintritt frei) Diese Beobachtungshütte wurde mit Hilfe der Entschädigungszahlungen nach dem französischen Anschlag auf die *Rainbow Warrior* erbaut und kann auf hölzernen Laufstegen durch die Mangroven von der Brown Street aus erreicht werden.

Thames Small Gauge Railway SCHMALSPURBAHN
(Brown St.; Tickets 2 NZ$; ⌚So 11–15 Uhr) Die Kleinen haben viel Spaß auf der 900 m langen Rundstrecke dieser kleinen Eisenbahn.

Canyonz KANU FAHREN
(☎0800 422 696; www.canyonz.co.nz; Ausflüge 290 NZ$) Das Unternehmen bietet Kanufahrten zum Sleeping God Canyon im Kauaeranga Valley an. Auf dieser Strecke geht es über 300 m steil hinunter – mit Abseilen, Wasserrutschen und Sprüngen in die Tiefe.

Eyez Open RAD FAHREN
(☎07-868 9018; www.eyezopen.co.nz) Verleiht Fahrräder (30 NZ$ pro Tag) und organisiert Radtouren in kleinen Gruppen über die Coromandel Peninsula (ein- bis viertägige Touren von 150 bis 770 NZ$).

Paki Paki Bike Shop RAD FAHREN
(☎07-867 9026; 535 Pollen St.) Verleiht und repariert Fahrräder (25 NZ$ pro Tag).

Schlafen

Cotswold Cottage B&B $$
(☎07-868 6306; www.cotswoldcottage.co.nz; 36 Maramarahi Rd.; Zi. 165–205 NZ$; 📶) Die hübsche Villa 3 km südöstlich der Stadt mit Blick auf den Fluss und die Rennbahn wurde neuzeitlichen Ansprüchen entsprechend umgestaltet – mit luxuriöser Bettwäsche und einem Wellness-Pool unter freiem Himmel. Die gemütlichen Zimmer gehen alle auf eine Veranda hinaus.

Ocean View on Thames B&B $$
(☎07-868 3588; www.retreat4u.co.nz; 509 Upper Albert St.; Suite 160 NZ$, Apt. 180–250 NZ$; 📶) Mal abgesehen von der weiten Aussicht sind es die kleinen Extras, die diese Unterkunft so besonders machen – wie beispielsweise die frischen Blumen und im Zwei-Zimmer-Apartment im Erdgeschoss der Kühlschrank mit Getränken, die auf Vertrauensbasis nach Selbstkostenpreis abgerechnet werden.

Gateway Backpackers HOSTEL $
(☎07-868 6339; overend@xtra.co.nz; 209 Mackay St.; B 25–27 NZ$, EZ 50 NZ$, DZ 62–72NZ$; @) Generationen von Neuseeländern sind in Herrenhäusern wie diesem aufgewachsen. Es herrscht eine entspannte und freundliche Atmosphäre, und man fühlt sich daher sofort wie zu Hause. Die Anzahl der Bäder ist etwas knapp, aber die Zimmer und der Garten sind hübsch, und die Benutzung der Waschmaschinen ist gratis.

Coastal Motor Lodge MOTEL $$
(☎07-868 6843; www.stayatcoastal.co.nz; 608 Tararu Rd.; Wohneinheiten 135–175 NZ$; 📶) In diesem hübschen, einladenden Haus 2 km nördlich von Thames gibt es Unterkünfte im Motel und in Hütten. Von hier hat man einen Blick aufs Meer; daher ist diese Wohnanlage besonders in den Sommermonaten sehr beliebt.

Grafton Cottage & Chalets HÜTTE $$
(☎07-868 9971; www.graftoncottage.co.nz; 304 Grafton Rd.; Wohneinheiten 150–220NZ$; @📶🏊) Liegt auf einem Hügel. Die meisten dieser netten Holzchalets haben Terrassen mit atemberaubender Aussicht. Die gastfreundlichen Inhaber bieten freien Internetzugang und Frühstück sowie die Benutzung des Pools, der Wellness-Einrichtungen und Grillplätze.

Brunton House B&B B&B $$
(☎07-868 5160; www.bruntonhouse.co.nz; 210 Parawai Rd.; Zi. 160–180 NZ$, 3BZ 195 NZ$; @📶🏊) Die Küche und die Bäder dieser eindrucksvollen zweistöckigen Villa aus dem Holz des Kauribaumes (1875) wurden zwar renoviert, aber der historische Charakter des Gebäudes blieb dabei erhalten (es gibt keine Zimmer mit Bad). Die Gäste können sich überall auf dem großen Grundstück, am Pool, in der Gästelounge oder auf der Terrasse erholen.

Sunkist HERBERGE $
(☎07-868 8808; www.sunkistbackpackers.com; 506 Brown St.; Plätze ab 19 NZ$, B 25–29 NZ$, Zi.66NZ$; @📶) Es ist zwar nicht der freundlichste Ort, aber diese Herberge in einem denkmalgeschützten Haus aus den 1860er-Jahren hat geräumige Schlafsäle, einen Garten und verleiht kostenlos Fahrräder. Man kann auch Geländewagen mieten und einen Shuttle ins Kauaeranga Valley buchen (35 NZ$ hin & zurück).

Essen

Rocco MODERN NEUSEELÄNDISCH $$
(☎07-868 8641; 109 Sealey St.; Hauptgerichte 23–34 NZ$; ⏲Di–So Abendessen) Das Rocco ist in einer der großartigen Kauri-Villen von Thames untergebracht und serviert Tapas und auch gehaltvollere Hauptgerichte mit vielen guten Zutaten aus der Region wie Muscheln und Fisch. Bei gutem Wetter sollte man draußen auf den muschelbesetzten Steinwegen sitzen.

Nakontong THAI $$
(☎07-868 6821; 728 Pollen St.; Hauptgerichte 16–20 NZ$; ⏲Mo–Fr Mittagessen, tgl. Abendessen ✎) Dies ist weit und breit das beliebteste Restaurant in Thames. Die viel zu helle Beleuchtung trägt zwar nicht zu einer romantischen Atmosphäre bei, aber die scharfen Thai-Gerichte sorgen wenigstens für genügend innere Wärme.

Sola Cafe VEGETARISCH $
(720b Pollen St.; Hauptgerichte 9–13 NZ$; ⏲8–16 Uhr; @📶✎) Das vegetarische Café ist hell und freundlich und absolut erstklassig. Hervorragender Kaffee und viele für Veganer geeignete, lactose- und glutenfreie Speisen, darunter himmlische Salate.

Coco Espresso CAFÉ $
(661 Pollen St.; Snacks 4,50 NZ$; ⏲Di–Fr 8–14.30, Sa 8–12 Uhr) In einer Ecke einer alten Villa liegt dieses schicke kleine Café, ganz in weiß gehalten und mit hervorragendem Kaffee und verführerischem Gebäck und Kuchen.

Organic Co-op SELBSTVERSORGUNG
(736 Pollen St.; ⏲Mo–Fr 9–17, Sa 9–12 Uhr; ✎) Eine gute Einkaufsquelle für biologisches Gemüse, Nüsse, Brot, Eier und Fleisch.

Ausgehen & Unterhaltung

Speak Easy WEINBAR
(746 Pollen St.; ⏲Mi–So) Die niedlichste kleine Bar der Coromandel Peninsula, mit Kronleuchtern im Art-deco-Stil, verrückten Tapeten und regelmäßiger Livemusik. Hier können Singlereisende beiderlei Geschlechts bei einem Glas Wein entspannen.

Junction Hotel PUB
(www.thejunction.net.nz; 700 Pollen St.) Das Junction bedient seit 1869 durstige Goldgräber und ist eine typische, historische kleine Dorfkneipe. Am Wochenende strömen junge Leute wegen der Livemusik hierher, während Familien eher ins Grahamstown Bar & Diner an der anderen Straßenecke gehen, um sich mit deftigem Essen zu stärken.

Multiplex Cinemas KINO
(www.cinemathames.co.nz; 708 Pollen St.) Hier laufen die neuesten Kassenschlager in schlecht schallgedämpften Kinosälen.

Shoppen

In der Pollen Street gibt es einige gute Geschäfte mit Geschenkartikeln und Haushaltswaren, die Kunst und Kunsthandwerk der Region anbieten.

Grahamstown Market MARKT
(Pollen St.; ⏲Sa 8–12 Uhr) Samstagsmorgens werden auf dem Grahamstown Market Bio-Produkte und Kunsthandwerk präsentiert.

Praktische Informationen

Thames i-SITE (☎07-868 7284; www.thamesinfo.co.nz; 206 Pollen St.; ⏲9–17 Uhr)

An- & Weiterreise

InterCity, Tairua Bus Company und Go Kiwi betreiben Buslinien (S. 195) nach Thames.

Von Thames nach Coromandel Town

Die schmale SH25 schlängelt sich an der Küste entlang, vorbei an hübschen kleinen Buchten und steinigen Stränden. Es gibt Seevögel in Hülle und Fülle, und man kann angeln, nach Muscheln suchen und am Strand nach Quarz, Jaspis und sogar nach Goldkörnchen schürfen. Die Landschaft färbt sich im Dezember purpurfarben, weil dann der Pohutukawa (oft als „Weihnachtsbaum Neuseelands" bezeichnet) blüht.

Eine Hand voll Geschäfte, Motels, B&Bs und Campingplätze liegen in den winzigen Siedlungen an der malerischen Bucht. Rucksackreisende werden sich in **Wolfie's Lair** (☎07-868 2777; www.wolfieslair.co.nz; 11 Firth View Rd., Te Puru; B/Zi. 27/54 NZ$), einem sauberen Haus mit drei Zimmern in einer Sackgasse in Te Puru wohlfühlen. Der betreffende Wolf ist weder groß noch böse, sondern eher klein und nett.

In Tapu kann man sich ins Landesinnere begeben und auf einer weitgehend befestigten Straße 6 km weit zu den **Rapaura Water Gardens** (☎07-868 4821; www.rapaura.com; 586 Tapu-Coroglen Rd.; Erw./Kind 15/6 NZ$; ⌚9–17 Uhr) fahren, einer Mischung aus Wasser, Grün, Skulpturen und sonstiger Gartenkunst. Auf dem Gelände gibt es auch Unterkünfte (Cottage/Lodge 165/275 NZ$) und ein gut geführtes Café (Hauptgerichte 14–29 NZ$).

Von Wilsons Bay aus führt die Straße von der Küste weg und steigt über mehrere Hügel und Täler langsam an, bevor sie dann nach Coromandel Town, 55 km von Thames, wieder abfällt. Der Blick über den inseldurchsetzten Coromandel Harbour ist außergewöhnlich.

Coromandel Town

1480 EW.

Randvoll mit denkmalgeschützten Gebäuden, ist Coromandel Town ein durch und durch idyllischer kleiner Ort. Die schicken Cafés, interessanten Kunstgalerien, ausgezeichneten Unterkünfte und leckeren geräucherten Muscheln haben schon manch einen länger als geplant verweilen lassen.

1852 wurde im Driving Creek Gold entdeckt. Anfangs behielt der örtliche Patukirikiri-*iwi* die Herrschaft über das Land und erhielt Geld für Schürflizenzen. Nach anfänglichem finanziellen Erfolg ereilte die Einheimischen aber das gleiche Schicksal wie die Ngati Maru in Thames. Bis 1871 mussten sie wegen Schulden ihr gesamtes Land mit Ausnahme von 315 ha gebirgigen Geländes verkaufen. Heute sind weniger als 100 Menschen übrig, die sich diesem *iwi* zurechnen.

Sehenswertes

Liebhaber denkmalgeschützter Gebäude können hier 29 historische Stätten besuchen, die alle in der Broschüre *Coromandel Town* vom Historic Places Trust aufgeführt sind (kostenlos von der i-SITE).

Coromandel Goldfield Centre & Stamper Battery HISTORISCHES GEBÄUDE
(☎07-866 8758; 360 Buffalo Rd.; Erw./Kind 10/5 NZ$) Die Maschine zum Zerkleinern von Gestein wird während der informativen einstündigen Führung durch diese Fabrik aus dem Jahr 1899 zum Leben erweckt; Zeiten bitte telefonisch erfragen. Man kann sich auch beim Goldschürfen versuchen (5 NZ$). Außerhalb der Führungen ist es lohnend, an Neuseelands größtem noch funktionierenden Wasserrad anzuhalten.

Coromandel Mining & Historic Museum MUSEUM
(841 Rings Rd.; Erw./Kind 3/0,50 NZ$; ⌚Feb.–Mitte Dez. Sa & So 10–13 Uhr, Mitte Dez.–Jan. tgl. 10–16 Uhr) Dieses kleine Museum vermittelt einen Einblick in das Leben der Pioniere.

Aktivitäten

Driving Creek Railway & Potteries SCHMALSPURBAHN
(☎07-866 8703; www.drivingcreekrailway.co.nz; 380 Driving Creek Rd.; Erw./Kind 25/10 NZ$; ⌚Abfahrten 10.15 & 14 Uhr) Diese einzigartige Eisenbahn überwindet steile Hänge, rattert über vier Bockbrücken, durch zwei Schleifen, eine Doppelkehre und zwei Tunnel und endet am „Eye-full Tower". Die einstündige Fahrt geht vorbei an Kunstwerken und Aufforstungen (von heimischen Bäumen) – mehr als 17 000 Jungbäume wurden hier gepflanzt, darunter 9000 Kauri. Es lohnt sich, beim Video über diesen außergewöhnlichen Burschen, der hinter all dem steckt, zu verweilen: Es ist der bekannte Töpfer Barry Brickell.

NICHT VERSÄUMEN

COROMANDEL FOREST PARK

Mehr als 30 Wanderungen gehen kreuz und quer durch den Coromandel Forest Park, der sich in mehreren großen Teilstücken in der Mitte der gesamten Coromandel Peninsula erstreckt. Die beliebteste Wanderung ist der nicht ganz einfache sechs- bis achtstündige Rundweg hinauf zu den **Pinnacles** (759 m) im Kauaeranga Valley hinter Thames. Andere herausragende Wege sind unter anderem der **Coromandel Coastal Walkway** an der Nordspitze der Coromandel, von der Fletcher Bay zur Stony Bay, sowie die Wanderung durch das **Puketui Valley** zu den verlassenen Goldminen.

Im **Department of Conservation** (DOC) **Kauaeranga Visitor Centre** (☎07-867 9080; www.doc.govt.nz; Kauaeranga Valley Rd.; ⏲8.30–16 Uhr) finden sich interessante Exponate und Informationen zum Kauri-Wald und seiner Geschichte. Das Personal verkauft Karten und Materialien zum Erhalt des Waldes und gibt gute Tipps. Das Zentrum liegt 14 km von der SH25 entfernt, und es sind dann weitere 9 km Schotterwege bis zum Ausgangspunkt der Wanderungen. Infos über Shuttleverkehr gibt es in den Unterkünften von Thames.

Die DOC-**Pinnacles Hut** (Erw./Kind 15/7,50 NZ$) hat 80 Betten, Gaskocher, Heizung, Toiletten und kalte Duschen. Die **Crosbies Hut** (Erw./Kind 15/7,50 NZ$) mit 10 Schlafstellen liegt an einer vier- bis sechsstündigen Wanderroute von Thames oder dem Kauaeranga Valley aus . In diesem Teil des Parks gibt es auch vier einfache **Campingplätze** (Erw./Kind 6/3 NZ$): einen in der Nähe einer jeden Hütte und weitere am Moss Creek und Billygoat Basin; es gibt nur Toiletten dort. Weitere acht **Campingplätze** (Erw./Kind 10/5 NZ$) sind von der Kauaeranga Valley Road zugänglich. Buchungen für die Hütten und einige der Campingplätze sollten online erfolgen.

Coromandel Kayak Adventures KAJAK FAHREN
(☎07-866 7466; www.kayakadventures.co.nz) Bietet Paddeltouren, von halbtägigen Ökotouren (ab 200 NZ$) bis zu Angelausflügen (halber/ganzer Tag 200/385 NZ$). Verleiht auch Kajaks (ab 25/65 NZ$ pro Std./Tag).

Mussel Barge Snapper Safaris ANGELN
(☎07-866 7667; www.musselbargesafaris.co.nz; Erw./Kind 50/25 NZ$) Sehr vergnügliche Angelausflüge mit wunderbarem einheimischem Flair.

Geführte Touren

Tri Sail Charters SEGELN
(☎0800 024 874; www.trisailcharters.co.nz; halber/ganzer Tag 50/110 NZ$) Man gleitet zusammen mit Freuden (wenigstens vier sollten es sein) durch den Coromandel Harbour, und zwar auf einem 11,2 m langen Trimaran (Dreirumpfyacht).

Argo Tours AUTO FAHREN
(☎07-868 6633; www.argotoursnz.wordpress.com) In einem kleinen achtradgetriebenen Fahrzeug erkundet man den Wald mit seiner einheimischen Vegetation und alte Goldsucherplätze. Wenn man eine Gruppe (bis zu fünf Personen) zusammenkriegt, sinken die Preise auf weniger als 39 NZ$ pro Person.

Coromandel Adventures AUTO FAHREN
(☎07-866 7014; www.coromandeladventures.co.nz; Erw./Kind 25/15 NZ$) Bietet verschiedene Ausflüge an, darunter auch ein Hop-on-Hop-off-Service durch Coromandel Town und ein Transfer zum Whangapoua Beach.

Schlafen

Driving Creek Villas COTTAGES $$$
(☎07-866 7755; www.drivingcreekvillas.com; 21a Colville Rd.; Villas 295–415 NZ$; 📶) Diese drei geräumigen modernen hölzernen Villen sind vornehm und eher etwas für Erwachsene, die ihre Privatsphäre lieben. Die polynesisch wirkende Inneneinrichtung ist raffiniert und die Waldlage mit plätscherndem Bach geradezu erhebend.

Anchor Lodge MOTEL, HERBERGE $
(☎07-866 7992; www.anchorlodgecoromandel.co.nz; 448 Wharf Rd.; DZ 25–26 NZ$, Zi.55–75 NZ$, Wohneinheiten 165–350 NZ$; @📶🏊) Nicht viele Unterkünfte können sich mit einer eigenen Goldmine und einer Glühwürmchen-Höhle brüsten, aber dieses etwas gehobene Motel für Rucksackreisende kann das. Zusätzlich gibt es einen kleinen beheizten Swimmingpool und einen Wellnessbereich. Die Wohneinheiten im ersten Stock haben Hafenblick.

Little Farm APARTMENT $$
(☎07-866 8427; www.thelittlefarmcoromandel.co.nz; 750 Tiki Rd.; Zi. 115–130 NZ$;) Diese drei komfortablen Wohnungen mit Blick auf ein privates Feuchtland-Schutzgebiet an der Rückseite einer Farm bieten viel Ruhe und Frieden. Die größte besitzt eine voll eingerichtete Küche und lässt die Gäste herrliche Sonnenuntergänge erleben.

Green House B&B $$
(☎07-866 7303; www.greenhousebandb.co.nz; 505 Tiki Rd.; Zi.150–165 NZ$; @) Hier herrscht noch altbewährte Gastfreundschaft, und es gibt hübsch eingerichtete Zimmer. Die Zimmer im Erdgeschoss gehen zu den Räumlichkeiten des Eigentümers hinaus, sodass es lohnender ist, die 15 NZ$ extra für ein höher gelegenes Zimmer mit Aussicht zu zahlen.

Jacaranda Lodge B&B $$
(☎07-866 8002; www.jacarandalodge.co.nz; 3195 Tiki Rd.; EZ 80 NZ$, DZ 135–165 NZ$;) Das zweistöckige Cottage liegt inmitten von 6 ha Ackerland und Rosengärten und ist ein echtes Urlaubsdomizil auf dem Lande. Einige Zimmer haben kein eigenes Bad, aber die Handtücher sind flauschigweich und die einzelnen Seifenstückchen stecken in kleinen *kete* (gewebten Flachsbeutelchen).

Coromandel Motel & Holiday Park HOLIDAY-PARK $
(☎07-866 8830; www.coromandelholidaypark.co.nz; 636 Rings Rd.; Plätze ab 40 NZ$, Wohneinheiten 80–220 NZ$; @) Der große Park ist gut geführt und einladend. Hier stehen hübsch angestrichene Hütten mit gemähten Rasenflächen. Dazu gehört noch, halb abgetrennt, Coromandel Town Backpackers. Im Sommer wird es voll; also sollte man im Voraus buchen. Verleiht auch Fahrräder (30 NZ$ pro Tag).

Tui Lodge HOSTEL $
(☎07-866 8237; www.coromandeltuilodge.co.nz; 60 Whangapoua Rd.; Platz ab 15 NZ$, B 25 NZ$, Zi. 60–80 NZ$; @) Dieser heitere Ort für Rucksackreisende liegt angenehm ländlich inmitten vieler Bäume, besitzt eine Sauna (5 NZ$), einen kostenlosen Fahrradverleih, Obst (der Saison) und ordentliche Zimmer. Die teureren haben auch ein Bad.

Lion's Den HOSTEL $
(☎07-866 8157; www.lionsdenhostel.co.nz; 126 Te Tiki St.; B/Zi.26/60 NZ$;) Ein zauberhafter Ort zum Entspannen mit abgeschiedenem Garten mit Fischteich, märchenhaften Lampen und Glyzinien sowie einer breiten Auswahl an gemütlichen Zimmern (mit afrikanischen Accessoires) – ideal für die müden Knochen.

Essen & Ausgehen

Umu CAFÉ $
(22 Wharf Rd.; Frühstück 11–18 NZ$, Mittagessen 12–25 NZ$, Abendessen 14–32 NZ$; Frühstück, Mittag- & Abendessen;) Im Umu gibt es gute Kaffeehauskost, darunter hervorragende Pizza, Thekengerichte, die einem das Wasser im Munde zusammenlaufen lassen (Tart und Quiche um die 7 NZ$), erstklassigen Kaffee und ein üppiges Frühstück.

Pepper Tree MODERN NEUSEELÄNDISCH $$
(☎07-866 8211; www.peppertreerestaurant.co.nz; 31 Kapanga Rd.; Mittagessen 22–26 NZ$, Abendessen 26–36 NZ$; Mittag- & Abendessen;) Das Pepper Tree ist erste Wahl in Coromandel Town und tischt großzügige Portionen auf; der Schwerpunkt liegt auf Meeresfrüchten aus der Region. An einem lauen Sommerabend empfehlen sich die schattigen Sitzplätze im Hof.

Mussel Kitchen MEERESFRÜCHTE $$
(www.musselkitchen.co.nz; Ecke SH25 & 309 Rd.; Hauptgerichte 15–20 NZ$; Mittagessen ganzjährig, Dez.–März auch Abendessen) Diese coole Café-Bar sieht aus wie ein historischer Laden und liegt 3 km südlich der Stadt. Außer Muscheln in allen Variationen gibt es eine ausgefallene Speisekarte für Weltenbummler (Laksa, gegrillte Schweinerippchen, Pasta). Im Sommer ist die Bar im Garten fast unwiderstehlich.

Driving Creek Cafe VEGETARISCH $
(180 Driving Creek Rd.; Hauptgerichte 12–17 NZ$; 9.30–15 Uhr @) In diesem abgedrehten Café wartet eine große Auswahl an vegetarischen, glutenfreien, biologischen und fair gehandelten Gaumenfreuden auf die Gäste. Das Essen ist frisch, gesund und wunderschön arrangiert. Nach dem Essen können die Kinder im Sandkasten spielen, während die Erwachsenen ihne zusehen oder ihre E-Mails abrufen.

Coromandel Smoking Co MEERESFRÜCHTE
(www.corosmoke.co.nz; 70 Tiki Rd.; 9–17 Uhr) Coromandel Smoking Co bietet eine wunderbare Auswahl an geräuchertem Fisch und Meeresfrüchten. Man sollte die Stadt nicht verlassen, ohne zuvor die überaus

wohlschmeckenden geräucherten Muscheln (*smoked mussels*) probiert zu haben.

Coromandel Oyster Company MEERESFRÜCHTE (1611 Tiki Rd.; ⌚9–17 Uhr) Wer seine Schalentiere ganz naturbelassen mag, sollte sich hier nach frischen Mies- und Jakobsmuscheln, gekochtem Krebs und natürlich Austern erkundigen.

Star & Garter Hotel PUB (www.starandgarter.co.nz; 5 Kapanga Rd.; @) Das hübsche Pub mit einfachem Kauri-Inneren in einem Gebäude aus dem Jahr 1873 bietet Poolbillard, vernünftige Musik und an Wochenenden regelmäßig Livemusik und DJs. Der Biergarten ist hübsch angelegt.

Praktische Informationen

Coromandel Town i-SITE (☎07-866 8598; www.coromandeltown.co.nz; 355 Kapanga Rd.; ⌚9–17 Uhr; @)

An- & Weiterreise

Die bei weitem schönste Art der Anreise von Auckland nach Coromandel Town erfolgt mit der 360-Discovery-Fähre (S. 195). Die Stadt ist aber auch mit InterCity-, Tairua-Bus-Company- und Go-Kiwi-Bussen erreichbar (S. 212).

Die Nordspitze der Coromandel

Der zerklüftete Zipfel der Coromandel Peninsula ist äußerst einsam und atemberaubend schön. Daher lohnt die Anstrengung, dorthin zu gelangen, auf jeden Fall. Die beste Reisezeit ist der Sommer, wenn die Schotterstraßen trocken sind, die Pohutukawa-Bäume in ihrer purpurnen Pracht blühen und das Zelten ganz unproblematisch wird (es gibt hier sonst wenig Übernachtungsmöglichkeiten).

Die 1260 ha große **Colville Farm** (☎07-866 6820; www.colvillefarmholidays.co.nz; 2140 Colville Rd.; Plätze/Wohneinheiten ab 10/70 NZ$, B/EZ/DZ 25/38/66 NZ$; @📶) bietet ganz unterschiedliche und interessante Übernachtungsmöglichkeiten an, darunter einfache Waldhütten und Selbstversorgerhäuser. Die Gäste können sich an der Arbeit auf der Farm beteiligen (z.B. auch melken) oder ein- bis fünfstündige Ausritte unternehmen (40 bis 150 NZ$).

Im nahe gelegenen **Mahamudra Centre** (☎07-866 6851; www.mahamudra.org.nz; Platz/B/EZ/2BZ 15/23/45/70 NZ$), einer einladenden tibetisch-buddhistischen Bleibe, gibt es eine Stupa, einen Meditationssaal und regelmäßig stattfindende Meditationskurse. Hier werden in parkähnlicher Umgebung einfache Übernachtungsmöglichkeiten bereitgehalten.

1 km weiter liegt die winzige Siedlung **Colville** (25 km nördlich von Coromandel Town). Es handelt sich um eine entlegene, ländlich geprägte Gemeinde an einer verschlammten Bucht, mittlerweile ein Anziehungspunkt für Anhänger eines alternativen Lebensstils. Hier gibt es nicht viel, außer dem **Green Snapper Cafe** (☎07-866 6697; 2312 Colville Rd.; Hauptgerichte 8–16 NZ$; ⌚Mi, Do, Sa & So 9–15, Fr 9 Uhr–spät abends, im Sommer längere Öffnungszeiten) und dem eigentümlichen **Colville General Store** (☎07-866 6805; Colville Rd.; ⌚8.30–17 Uhr), der fast alles verkauft, von Bio-Lebensmitteln bis zu Benzin (Achtung: Dies ist tatsächlich die letzte Einkaufsmöglichkeit für beides!).

3 km nördlich von Colville endet die geteerte Straße und gabelt sich in zwei Schotterwege, von denen der eine an der West- und der andere an der Ostküste verläuft. An der Westküste ragen uralte Pohutukawas in den Himmel, während man an türkisfarbenem Gewässer und steinigen Stränden vorbeifährt.

Der kleine, vom DOC betriebene **Campingplatz Fantail Bay** (Erw./Kind 9,20/2 NZ$) befindet sich 23 km nördlich von Colville. Er hat fließendes Wasser und ein paar sehr einfache Toiletten im Schatten von rot blühenden Puriri-Bäumen. Noch 7 km weiter findet man den **Campingplatz Port Jackson** (Erw./Kind 9,20/2 NZ$), eine größere DOC-Anlage direkt am Strand.

Etwa 4 km weiter gibt es einen spektakulären Aussichtspunkt, an dem eine Karte aus Metall hilft, die Inseln zu identifizieren, die man am Horizont erblickt. Die nur 20 km entfernte Great Barrier Island sieht wie eine Verlängerung der Coromandel Peninsula aus – richtig, das war sie einst auch.

Die Straße endet an der **Fletcher Bay** – dem zauberhaften Ende der Welt. Obwohl die Bucht nur 37 km von Colville entfernt ist, sollte man eine Stunde für die Fahrt einplanen. Hier gibt es einen weiteren **DOC-Campingplatz** (Erw./Kind 10/5 NZ$) sowie **Fletcher Bay Backpackers** (☎07-866 6685; www.doc.govt.nz; B 26 NZ$) – eine einfache Unterkunft mit vier Zimmern zu je vier Schlafplätzen. Eigene Bettwäsche und eigene Verpflegung sind erforderlich.

Der **Coromandel Coastal Walkway** ist ein malerischer, 3½-stündiger Wanderweg zwischen Fletcher Bay und **Stony Bay**. Es handelt sich um eine relativ einfache Wanderung, teils über Äcker und Wiesen mit tollen Ausblicken aufs Meer.

Wer nicht so viel wandern will, kann sich auch von **Coromandel Discovery** (☎07-866 8175; www.coromandeldiscovery.co.nz; Erw./Kind 110/65 NZ$) mit dem Auto von Coromandel Town zur Fletcher Bay bringen und dann vier Stunden später von Stony Bay wieder abholen lassen.

An der Stony Bay, dort, wo die Straße an der Ostküste endet, gibt es einen weiteren **DOC-Campingplatz** (Erw./Kind 9,20/2 NZ$) und ein kleines Ferienhaus für fünf Personen (77 NZ$). Richtung Süden zur etwas größeren Siedlung Port Charles hin liegen einige hübsche Strände mit Ferienhäusern am Wegesrand.

Tangiaro Kiwi Retreat (☎07-866 6614; www.kiwiretreat.co.nz; 1299 Port Charles Rd.; Wohneinheiten 225–325 NZ$; 📶) bietet acht brandneue eigenständige Holz-Cottages mit einem oder zwei Schlafzimmern. Zwei Häuser teilen sich jeweils eine Grillstelle. Es gibt Wellness direkt am Wald und eine Masseurin im Hause (70 NZ$ pro Stunde) sowie im Sommer ein Café und Restaurant.

Nach weiteren 8 km kommt man an die Abzweigung, die zurück nach Colville führt. Alternativ kann man auch südlich zur Waikawau Bay weiterfahren; dort befindet sich ein großer **DOC-Campingplatz** (☎07-866 1106; Erw./Kind 9,20/2 NZ$) mit einer nur im Sommer geöffneten Einkaufsgelegenheit. Die Straße schlängelt sich dann südlich vorbei an der Kennedy Bay, um nahe der Driving Creek Railway herauszukommen.

Alle DOC-Campingplätze sollten im Voraus online gebucht werden, und zwar unter www.doc.govt.nz.

Von Coromandel Town nach Whitianga

Von Coromandel Town gibt es zwei Strecken gen Südosten nach Whitianga. Die etwas längere, aber schnellere Variante führt über die Hauptstraße SH25 und bietet großartige Ausblicke auf den Pazifik; kleine Umwege zu unberührten Sandstränden sind möglich. Die andere Route ist die weniger befahrene, aber legendäre 309 Road, eine unbefestigte, raue 21-km-Piste mitten durchs Buschland.

> **MIT DEM FAHRRAD ÜBERS WASSER**
>
> Auf der 360-Discovery-Fähre (S. 195) kann man kostenlos Fahrräder mitnehmen. Radtouristen können die Autoabgase von Auckland und gefährliche Straßen umgehen, indem sie die Fähre am Gulf Harbour nehmen, die sie direkt zum Fährterminal von Auckland und von dort nach Coromandel Town bringt.

STATE HIGHWAY 25

Die SH25 steigt zunächst steil bis zu einem unglaublich schönen Aussichtspunkt an, um dann wieder steil abzufallen. Hinter der Abzweigung in Te Rerenga liegt der Hafen nach **Whangapoua**. An diesem Strand gibt es nicht viel außer ein paar typischen Ferienhäusern. Man kann dort aber am felsigen Küstenvorland zum entlegenen, wunderschönen und oft verlassenen **New Chum's Beach** (30 Min.) wandern, der als einer der schönsten Strände des Landes gilt, eben weil es dort so wenig Infrastruktur gibt.

Weiter Richtung Osten auf der SH25 erreicht man schon bald **Kuaotunu**, ein etwas interessanteres Feriendorf an einem wunderschönen weißen Sandstrand mit einem Café, einem Laden und einer alten Benzinpumpe. Die **Black Jack Lodge** (☎07-866 2988; www.black-jack.co.nz; 201 SH25; B 33 NZ$, EZ/2BZ/DZ ab 53/76/86 NZ$; 📶) liegt am günstigsten zum Strand. Sie ist eine hübsche kleine Herberge mit guter Ausstattung und Fahrrad- und Kajakverleih.

Etwas mehr Luxus bietet die **Kuaotunu Bay Lodge** (☎07-866 4396; www.kuaotunubay.co.nz; SH25; EZ/DZ 270/295 NZ$), ein elegantes B&B inmitten eines gepflegten Gartens. Um dorthin zu gelangen, geht man am Strand entlang zurück und dann den Hügel hinauf. Die Lodge hat allerdings nur einige wenige geräumige Zimmer mit Meeresblick.

Bei Kuaotunu zweigt eine unbefestigte Straße vom Highway ab, die zu einem der am besten gehüteten Geheimnisse der Coromandel Peninsula führt. Zunächst kommt der lange Streifen des **Otama Beach** in Sicht, der abgesehen von ein paar Häusern und Farmen menschenleer ist. Im **Otama Beach Camp** (☎07-866 2362; www.otamabeachcamp.co.nz; 400 Blackjack Rd.; Stellplatz 10/5 NZ$ pro Erw./Kind, Cottages 150–260 NZ$) kann man unter sehr einfachen Bedingungen (Plumpsklo in einer Wellblechbaracke) auf dem Acker eines Farmers zelten. Am Strand steht das kürzlich errichtete, in sich abgeschlossene, mit Solarstrom und Brauchwasseraufbereitung umweltfreundliche Cottage (4–6 Pers.), von dem man den Blick auf den Ozean genießt.

Fährt man die Straße weiter, erwartet einen eine faustdicke Überraschung. Man glaubt sich am absoluten Ende der Welt, aber plötzlich ist die Straße wieder asphaltiert und man befindet sich in **Opito** – einer versteckten Enklave mit 250 Eigenheimen, die einfach zu schick sind, um sie als Ferienhäuser zu bezeichnen. Davon sind gerade mal 16 ständig bewohnt. Das Ganze macht einen etwas gespenstischen Eindruck, aber der Strand ist sagenhaft. Man kann bis zu der Stätte eines Ngati-Hei-*pa* (Wehrdorfs) am äußersten Ende laufen.

In einem der echt neuseeländischen Wohnhäuser liegt die **Leighton Lodge** (07-866 0756; www.leightonlodge.co.nz; 17 Stewart Pl.; EZ 135–145 NZ$, DZ 170–190 NZ$; @). Dieses hübsche B&B besitzt eine in sich abgeschlossene Wohnung im Erdgeschoss und ein Zimmer mit Balkon im 1. Stock, von dem man einen fantastischen Blick hat.

309 ROAD

Die 309 beginnt 3 km südlich von Coromandel Town und verläuft 21 km durch die Coromandel Range (meist unbefestigt, aber in gutem Stand) und führt dann 7 km südlich von Whitianga zur SH25 zurück. Die **Waterworks** (www.thewaterworks.co.nz; 471 309 Rd.; Erw./Kind 18/12 NZ$; Nov.–April 9–18 Uhr, Mai–Okt. 10–16 Uhr), 5 km von der SH25 entfernt, sind ein wunderbar bizarrer Park voller skurriler, mit Wasserkraft betriebener Attraktionen, die aus alten Küchenmessern, Waschmaschinen, Fahrrädern und Toiletten hergestellt sind.

2 km weiter gelangt man durch ein hübsches Stück Buschland in nur zwei Minuten zu den 10 m hohen **Waiau Falls**. Nach 500 m lohnt ein weiterer Stopp: Dort kann man 10 Minuten durch beschaulichen endemischen Wald zu einem wunderschönen Kauri-Hain spazieren. Die 13 rund 600 Jahre alten Baumriesen entkamen der Abholzung im 19. Jh. und legen Zeugnis davon ab, wie majestätisch die Halbinsel einst wirkte. Der größte Baum hat einen Umfang von 6 m.

Wer es entlegen mag und ein wenig verweilen möchte, kann sich für das ruhige B&B **Wairua Lodge** (07-866 0304; www.wairualodge.co.nz; 251 Old Coach Rd.; Zi. 145–235 NZ$) mit seinen charmanten Gastgebern entscheiden. Es liegt im Wald Richtung Whitianga fast am Ende der 309. Auf dem Grundstück gibt es eine Badestelle am Fluss, einen Grillplatz, ein Spa und ein romantisches Außenbecken.

Whitianga

3800 EW.

Die großen Attraktionen von Whitianga sind die Sandstrände der Mercury Bay und die Tauch-, Boot- und Kajakmöglichkeiten an der zerklüfteten Küste und im nahe gelegenen Te Whanganui-A-Hei Marine Reserve. Der hübsche Hafen ist ein bekannter Ausgangspunkt für die Sportfischerei (insbesondere Marlin und Thunfisch von Januar bis März). Freizeitkapitäne können hier etliche Chartertouren buchen – ab ca. 500 NZ$ bis in die Tausende.

Wer eine geschützte Fischart an der Angel oder im Netz hat, sollte das Tier möglichst wieder frei lassen (S. 174).

Ein wahrer Meeresheld, der legendäre polynesische Entdecker und Seefahrer Kupe, soll hier in der Nähe um 950 n.Chr. gelandet sein. Der Name Whitianga ist eine gekürzte Version aus Te Whitianga a Kupe (Kupes Überquerungsort).

Sehenswertes & Aktivitäten

Strände SCHWIMMEN, WANDERN

Buffalo Beach erstreckt sich nördlich von Whitianga Harbour entlang der Mercury Bay. Eine Personenfähre bringt die Passagiere in fünf Minuten durch das Hafenbecken zum Whitianga Rock Scenic & Historical Reserve, zur Flaxmill Bay, **Shakespeare Cliff Lookout**, Lonely Bay, Cooks Beach und zu **Captain Cook's Memorial**, die alle fußläufig voneinander entfernt liegen. Etwas weiter von hier liegen Hahei Beach (13 km), Cathedral Cove 5 km) und Hot Water Beach (18 km, 1 Std. mit dem Fahrrad).

Lost Spring SPA

(www.thelostspring.co.nz; 121a Cook Dr.; pro Std./Tag 28/60 NZ$; So–Fr 11–18, Sa 11–20 Uhr) Dieser teure, aber faszinierende Thermalkomplex im Disneystil umfasst eine Reihe heißer Becken in einer grünen, dschungelhaften Umgebung, ausbrechender Vulkan inbegriffen. Dennoch ist dies ein Vergnügen ausschließlich für Erwachsene (Kinder unter 14 werden nicht eingelassen), wo man sich in tropischer Ruhe mit einem Cocktail in der Hand entspannt. Es gibt zusätzlich noch ein Spa und ein Café.

Mercury Bay Museum MUSEUM
(www.mercurybaymuseum.co.nz; 11a The Esplanade; Erw./Kind 5/0,50 NZ$; ⌚10–16 Uhr) Ein kleines, aber interessantes Museum, das sich auf Regionalgeschichte spezialisiert hat – besonders auf die berühmtesten Besucher von Whitianga: Kupe und Cook.

Dive Zone TAUCHEN
(☎07-867 1580; www.divethecoromandel.co.nz; 7 Blacksmith Lane; Ausflüge 150–225 NZ$) Ein 5-Sterne PADI-zertifiziertes Tauchunternehmen, das Tauchgänge vor der Küste, aber auch vom Kajak oder Boot aus anbietet.

Seafari Windsurfing WINDSURFEN
(☎07-866 0677; Brophy's Beach) Seafari liegt an Brophy's Beach, 4 km nördlich vom Zentrum Whitiangas, und verleiht Surfbretter (ab 25 NZ$ pro Std.) und Kajaks (ab 15 NZ$ pro Std.). Außerdem findet hier Unterricht im Windsurfen (ab 40 NZ$ inklusive Ausrüstung) statt.

Twin Oaks Riding Ranch REITEN
(☎07-866 5388; www.twinoaksridingranch.co.nz; 927 Kuaotunu-Wharekaho Rd.; 2-stündiger Ausritt 60 NZ$) Hier geht es auf dem Rücken der Pferde durch Feld und Wald, 9 km nördlich von Whitianga.

Highzone SEILGARTEN
(☎07-866 2113; www.highzone.co.nz; 49 Kaimarama Rd.; Aktivitäten 10–70 NZ$) An den Seilen erwarten einen spannende Abenteuer mit Trapezsprung, Hochschaukel und Seilrutsche. Die Anlage liegt 7 km südlich von Whitianga, nur ein kleines Stück abseits der Hauptstraße. Die Öffnungszeiten lassen sich telefonisch erfragen

Geführte Touren

Es gibt erstaunlich viele Touren ins **Te Whanganui-A-Hei Marine Reserve,** wo man interessante Felsformationen und mit etwas Glück auch Delfine, Seebären und Orcas (Schwertwale) zu sehen bekommt. Es gibt hier sogar (Zwerg-) Pinguine. Manche Schiffe fahren eigens zu diesem Zweck hinaus, andere bieten wahlweise auch Schwimmen und Schnorcheln an.

Banana Boat BOOTSFAHRT
(☎07-866 5617; www.whitianga.co.nz/bananaboat; Fahrt 10–30 NZ$; ⌚26. Dez.–31. Jan.) In Mercury Bay kann man sich auf dem (naturgemäß) hellgelben und motorisierten Banana Boat vergnügen – oder zur Cathedral Cove fahren.

Whitianga

Sehenswertes
1 Mercury Bay Museum B2

Aktivitäten, Kurse & Touren
2 Dive Zone A2
3 Lost Spring A1

Schlafen
4 Beachside Resort A1
5 Cat's Pyjamas A2
6 Mercury Bay Holiday Park A3

Essen
7 Cafe Nina A2
8 Coghill House A2
9 Monk St Market B2
10 Squids B2
11 Wild Hogs B2

Ausgehen
12 Blacksmith Bar B2

Unterhaltung
13 Mercury Twin Cinemas A2

Cave Cruzer BOOTSFAHRT
(☎07-866 0611; www.cavecruzer.co.nz) Ein- (Erw./Kind 50/30 NZ$) oder zweistündige Tour (Erw./Kind 75/40 NZ$) mit einem stabilen Schlauchboot.

Glass Bottom Boat BOOTSFAHRT
(☎07-867 1962; www.glassbottomboatwhitianga.co.nz; Erw./Kind 85/50 NZ$) Zweistündige Tour auf dem Glasbodenboot.

Whitianga Adventures BOOTSFAHRT
(☎0800 806 060; www.whitianga-adventures.co.nz; Erw./Kind 65/40 NZ$) Zweistündiges Meereshöhlenabenteuer an Bord eines Schlauchbootes.

Windborne SEGELN
(☎027 475 2411; www.windborne.co.nz; Tagestour 95 NZ$) Tagesausflüge mit einem 19 m langen 1928er-Schoner.

Feste & Events

Coromandel Gold Festival MUSIK
(www.coromandelgold.co.nz; Ohuka Farm, Buffalo Beach Rd.; Zwei-Tage-Karte 169 NZ$) Zwei Tage Musik von Topbands aus Neuseeland und aller Welt. Höhepunkt sind die ersten Stunden des Neujahrstages.

Schlafen

Pipi Dune B&B B&B $$
(☎07-869 5375; www.pipidune.co.nz; 5 Pipi Dune; Zi. 160 NZ$; WLAN) In diesem hübschen B&B in einer ruhigen Sackgasse ist alles sehr behaglich und gleichzeitig geräumig. Es gibt Gästelounges, Kitchenette, Wäscheraum und Gratis-WLAN. Um dorthin zu gelangen, fährt man zunächst auf dem Cook Drive Richtung Norden, biegt dann links in die Surf Street ein und wählt dann die erste Abzweigung rechts.

Beachside Resort MOTEL $$
(☎07-867 1356; www.beachsideresort.co.nz; 20 Eyre St.; Wohneinheiten 175–225 NZ$; WLAN Pool) Dieses moderne Motel am Rande des weitläufigen Oceans Resort besitzt saubere Wohneinheiten mit Kitchenettes, und sie sind im oberen Stockwerk mit Balkonen ausgestattet. Obwohl der Name eine Strandlage suggeriert, liegt das Haus ein Stückchen landeinwärts, bietet aber immerhin einen beheizten Pool.

Within the Bays B&B $$$
(☎07-866 2848; www.withinthebays.co.nz; 49 Tarapatiki Dr.; Zi. 295 NZ$; @) Die Kombination von charmanten Gastgebern und einem unglaublichem Ausblick macht dieses B&B auf einem Hügel über Mercury Bay so attraktiv. Es ist geradezu ideal für Menschen mit eingeschränkter Beweglichkeit – es gibt sogar einen Waldweg auf dem Gelände, der gut mit dem Rollstuhl befahren werden kann.

On the Beach Backpackers Lodge HOSTEL $
(☎07-866 5380; www.coromandelbackpackers.com; 46 Buffalo Beach Rd.; B 25–27 NZ$, EZ 38 NZ$, DZ 70–96 NZ$; @) Dieses zum Jugendherbergsverband gehörige Haus hat viele ganz unterschiedliche Zimmer, manche davon mit Meeresblick und Bad. Kajaks, Boogiebretter und Schaufeln (für den Hot Water Beach) werden kostenlos gestellt.

Cat's Pyjamas HOSTEL $
(☎07-866 4663; www.cats-pyjamas.co.nz; 12 Albert St.; B 25 NZ$, DZ 60–70 NZ$; @ WLAN) Das umgebaute Haus liegt perfekt zwischen den Kneipen und dem Strand und bietet sowohl Schlafsaalbetten als auch abgeschlossene Zimmer, teils mit Bad. Es gibt eine große Lounge und einen sonnigen Innenhof zum Ausruhen.

Mercury Bay Holiday Park HOLIDAY-PARK $
(☎07-866 5579; www.mercurybayholidaypark.co.nz; 121 Albert St.; Platz ab 25 NZ$, Wohneinheiten 85–255 NZ$; @ WLAN Pool) Dieser kleine Holiday-Park liegt seltsamerweise in einem Wohnviertel eines Vorortes und ist komfortabel und sauber. Zur Anlage gehören Spielplätze, Trampolin, Swimmingpool und ein Tisch für Poolbillard.

Essen & Ausgehen

Cafe Nina CAFÉ $
(20 Victoria St.; Hauptgerichte 9–19 NZ$; ⏲8–15 Uhr) Grillen zum Frühstück? Warum nicht. Es ist hier einfach zu cool, um nur in den eigenen vier Wänden zu bleiben. Die Küche brät Schinken und Eier auf einer Kochplatte draußen, sodass die Hungrigen an die Tische im Park strömen.

Squids MEERESFRÜCHTE $$
(☎07-867 1710; www.squids.co.nz; 15/1 Blacksmith Lane; Hauptgerichte 17–25 NZ$; ⏲Mo–Sa Mittag- & Abendessen) Dieses locker-lässige Restaurant liegt an einer Ecke mit Hafenblick und bietet die seltene Kombinationen aus gutem Essen (Meeresfrüchte) und Toplage. Wer die gedünsteten Muscheln, die geräucherte Meeresfrüchteplatte, die sämige Fischsuppe oder den Fang des Tages nicht mag, kann auch einfach ein Steak bestellen.

Wild Hogs PUB $$
(www.wildhogswhitianga.wordpress.com; 9 The Esplanade; Hauptgerichte 18–33 NZ$; ⏲11 Uhr–spät abends) Während der Name Bilder von wilden, in Lederklamotten gehüllten Motorradfahrern heraufbeschwört, ist die Wirk-

lichkeit hier sehr viel sanfter. Das Essen schmeckt hervorragend, darunter finden sich saftige Burger und knusprige Pizzas voller fantasievoller Beläge – am besten auf der schattigen Veranda.

Coghill House CAFÉ $
(www.thecog.co.nz; 10 Coghill St.; Hauptgerichte 8–17 NZ$; ⏲8–15 Uhr) Auf der Sonnenterrasse dieses Straßencafés sollte man den Tag früh beginnen lassen. An der Theke lacht einen das Essen an, und die Sandwiches haben schon fast Gourmetqualität.

Monk Street Market DELIKATESSEN
(1 Monk St.; ⏲Mo–Sa 10–18 Uhr) Anspruchsvolle Selbstversorger können sich hier mit Delikatessen, importierter Schokolade und Bio-Produkten eindecken.

Blacksmith Bar PUB
(www.blacksmithbar.co.nz; 1 Blacksmith Lane; ⏲10.30 Uhr–spät abends) Am Wochenende halten Live-Bands die Besucher bis in die frühen Morgenstunden (nun ja, genau genommen 1 Uhr) wach. Es ist die typische Kleinstadtkneipe für jedermann, egal welches Alter, welcher Typ oder welche Tanzfertigkeiten. Hinter dem Haus befindet sich ein großer Biergarten.

☆ Unterhaltung

Mercury Twin Cinemas KINO
(☎07-867 1001; www.flicks.co.nz; Lee St.) Immer der neueste Mainstream, aber auch unabhängige Filme.

Praktische Informationen

Whitianga i-SITE (☎07-866 5555; www.whitianga.co.nz; 66 Albert St.; ⏲Mo–Fr 9–17, Sa & So 9–16 Uhr, im Sommer länger) Informationen und Internetzugang (3 NZ$ für 15 Min.).

An- & Weiterreise

Sunair (S. 195) fliegt Whitianga von Auckland, Great Barrier Island, Hamilton, Rotorua und Tauranga aus an. Busverbindungen per InterCity, Tairua Bus Company und Go Kiwi.

Coroglen & Whenuakite

Coroglen und Whenuakite sind Dörfer, an denen man, wenn man nicht aufpasst, schnell vorbeifährt. Sie liegen an der SH25 südlich von Whitianga und westlich von Hot Water Beach. Die legendäre **Coroglen Tavern** (www.coroglentavern.com; 1937 SH25) ist eine typische Landgaststätte und liegt dort, wo Fuchs und Hase sich Gute Nacht sagen. Hierher kommen im Sommer bekannte neuseeländische Bands.

Coroglen Farmers Market (SH25; ⏲So 9–13 Uhr) läuft vom Tag der Arbeit (Ende Oktober) bis zum Geburtstag der Königin (Anfang Juni) und bietet ein bisschen von allem, von Gemüse aus der Region bis hin zu Kompost.

Ganz in der Nähe führen die Leute von der **Rangihau Ranch** (☎07-866 3875; www.rangihauranch.co.nz; Rangihau Rd.; Ausritte 40 NZ$ pro Std.) die Besucher zu Pferd auf einem Pfad, den früher die Packpferde benutzt haben, durch einen wunderschönen Wald und hin zu spektakulären Aussichtspunkten.

Colenso (www.colensocafe.co.nz; SH25, Whenuakite; Hauptgerichte 7–14 NZ$; ⏲10–17 Uhr) ist besser als die gewöhnlichen Highway-Raststätten und serviert hervorragenden, fair gehandelten Kaffee, Rosinenbrötchen *(scones)*, Kuchen und leichte Snacks. Im Laden werden Haushaltswaren und Geschenkartikel verkauft.

Hahei

270 EW. (IM SOMMER 7000)

Das kleine Hahei ist eine legendäre neuseeländische Stadt am Strand. Im Sommer bläht sie sich fast bis zum Platzen auf, ansonsten aber ist sie fast verwaist – sieht man mal von den Busladungen voller Touristen ab, die den obligatorischen Zwischenstopp an der Cathedral Cove einlegen. Der Ort ist bezaubernd und eignet sich toll dazu, um einige Tage zu entspannen, besonders in den ruhigeren Monaten. Seinen Namen verdankt er Hei, dem Vorfahren des Ngati-Hei-Volks, das im 14. Jh. mit dem Kanu *Te Arawa* landete.

Sehenswertes

Cathedral Cove STRAND
Die schöne Cathedral Cove mit ihrem berühmten gigantischen steinernen Torbogen und der natürlichen Wasserfalldusche kann man am besten früh morgens oder spät abends genießen – denn dann bewegt man sich außerhalb der Massen. Zur Zeit der Recherche für diese Auflage war das Gelände wegen Steinschlags abgesperrt, aber es ist trotzdem lohnend, auf dem Küstenpfad zur Cove zu wandern.

Am Parkplatz, 1 km nördlich von Hahei, steht auf den Schildern, dass der Spaziergang 45 Minuten dauert, doch jeder noch so Ungeübte schafft das locker in 30 Minuten. Unterwegs kommt man an der felsigen **Gemstone Bay** (ein Schnorchelparadies, wo man auf große Schnappschildkröten, Krebse und Stachelrochen treffen kann) und der sandigen **Stingray Bay** vorbei. Die Wanderung von Hahei Beach zur Cathedral Cove dauert ungefähr 70 Minuten.

Hahei Beach STRAND
Der langgestreckte, wunderschöne Hahei Beach wird durch den Blick zu den zerklüfteten Inseln in der Ferne noch zauberhafter. Vom Südzipfel der Hahei Beach dauert es 15 Minuten zu Fuß nach Te Pare, ein *pa* (befestigtes Dorf der Maori) mit wunderschönem Küstenausblick.

Aktivitäten

Cathedral Cove Sea Kayaking KAJAK FAHREN
(07-866 3877; www.seakayaktours.co.nz; 88 Hahei Beach Rd.; halber/ganzer Tag 95/150 NZ$; Touren 9 & 14 Uhr) Das Unternehmen organisiert geführte Kajaktouren zu den Felsbögen, Höhlen und Inseln in der Gegend der Cathedral Cove. Die Remote Coast Tour geht genau in die entgegengesetzte Richtung, allerdings nur, wenn die Wetterbedingungen günstig sind. Dort gibt es Höhlen, Hohlräume und lange Tunnel zu entdecken.

Cathedral Cove Dive & Snorkel TAUCHEN
(07-866 3955; www.hahei.co.nz/diving; 48 Hahei Beach Rd.; Tauchgänge ab 80 NZ$) Organisiert täglich Tauchgänge und verleiht Tauch- und Schnorchelausrüstung (20 NZ$), Fahrräder (20 NZ$) und Boogiebretter (20 NZ$). Ein Tauchschnupperkurs für Anfänger dauert einen halben Tag und kostet 190 NZ$ einschließlich der notwendigen Ausrüstung.

Hahei Explorer BOOTSTOUR
(07-866 3910; www.haheiexplorer.co.nz; Erw./Kind 70/40 NZ$) Einstündige Fahrt mit dem Jetboot entlang der Küste.

Schlafen & Essen

Hahei vermittelt in der Nebensaison jene Stimmung, die zum Angeln einfach dazugehört. Der Laden vor Ort bleibt geöffnet, und die Restaurants wechseln sich in ihren Öffnungszeiten ab, sodass jeden Abend eines offen hat.

Tatahi Lodge HOSTEL, MOTEL $
(07-866 3992; www.tatahilodge.co.nz; Grange Rd.; B 29 NZ$, Zi. 86–123 NZ$, Wohneinheiten 150–400 NZ$; @) Ein wunderschöner Ort, an dem die Rucksackreisenden genauso zuvorkommend behandelt werden wie die vielen Bromelien im Garten. Die Schlafsäle und die hervorragenden gemeinsamen sanitären Anlagen sind genauso attraktiv wie die günstigeren Schlafeinheiten des Motels.

Church COTTAGE $$
(07-866 3533; www.thechurchhahei.co.nz; 87 Hahei Beach Rd.; Cottages 135–230 NZ$; @) Das wunderschön ausgestattete, rustikale Holzhaus inmitten eines subtropischen Gartens hat viel Flair. Die zauberhafte hölzerne Kirche am Ende der Straße ist das protzigste Restaurant von Hahei (Hauptgerichte 33–37 NZ$) mit einer ehrgeizigen (und vielleicht ein wenig überteuerten) Speisekarte mit aufregender Landküche.

An- & Weiterreise

Die Tairua Bus Company (S. 212) unterhält Busverbindungen nach Hahei. Im Hochsommer richtet die Gemeinde einen Busdienst vom Fährhafen auf der Seite des Cooks Beach zum Hot Water Beach mit Zwischenstopp in Hahei (Erw./Kind 3/2 NZ$) ein. Eine weitere Möglichkeit auf derselben Strecke ist der **Cathedral Cove Shuttle** (027 422 5899; www.cathedralcoveshuttles.co.nz; bis zu 5 Fahrgäste 30 NZ$).

Hot Water Beach

Der außerordentliche Hot Water Beach ist zu Recht berühmt. Zwei Stunden vor bis zwei Stunden nach Ebbe hat man Zugang zu einem Strandabschnitt vor einem Felsvorsprung in der Mitte des Strandes, wo heißes Wasser unter der sandigen Oberfläche hervorsprudelt. Man bringt einen Spaten mit, gräbt ein Loch und hat im Handumdrehen sein eigenes Thermalbad. Surfer machen noch vor dem Hauptstrand Halt, um einige ordentliche Brecher zu erwischen. Auf der Landspitze zwischen den beiden Stränden finden sich immer noch Spuren eines *pa* der Ngati Hei.

Schaufeln (5 NZ$) können im **Hot Water Beach Store** (Pye Pl.) ausgeliehen werden. Daneben befindet sich ein Café. Surfbretter (20 NZ$ pro Std.) und Schwimmbretter (15 NZ$) kann man im benachbarten Surfshop entleihen.

Unweit des Strandes liegt **Moko** (www.moko.co.nz; 24 Pye Pl.; 10–17 Uhr) voller schöner Dinge – Kunst, Skulpturen, Schmuck – mit moderner pazifischer Ausrichtung und natürlich Maori-Einschlag.

Schlafen & Essen

Hot Water Beach Top 10 Holiday Park HOLIDAY-PARK $
(07-866 3116; www.hotwaterbeachholidaypark.com; 790 Hot Water Beach Rd.; Campingplatz ab 23 NZ$, Wohneinheiten 70–250 NZ$;) Ein kleiner, recht neuer und gut geführter Campingplatz, von hohen Bambus- und Gummibäumen umgeben, mit modernem Dusch- und Toilettenkomplex und guten, einfachen Hütten.

Hot Water Beach B&B B&B $$$
(07-866 3991; www.hotwaterbedandbreakfast.co.nz; 48 Pye Pl.; Zi. 260 NZ$) Von diesem an einem Hügel gelegenen B&B genießt man tolle Ausblicke (die allerdings nur teilweise die saftigen Preise rechtfertigen); es gibt ein Wellness-Bad und attraktive Wohnbereiche.

Hot Waves CAFÉ $
(8 Pye Pl.; Hauptgerichte 10–18 NZ$; 8.30–16 Uhr) In diesem hervorragenden Café wollen in den Sommermonaten alle einen Tisch im Garten haben – manchmal stehen die Leute sogar bis vor die Tür Schlange. Hier kann man auch Schaufeln für den Strand ausleihen (5 NZ$).

An- & Weiterreise

Hier halten die Busse der Hahei-Linie, allerdings für gewöhnlich nur nach Vorbuchung.

Tairua

1270 EW.

Tairua und ihre Zwillingsstadt **Pauanui** liegen – den Blick aufeinander gerichtet – zu beiden Seiten einer Flussmündung, an deren Stränden kleine Kinder nach Herzenslust im Wasser planschen können. Zudem eignet sich diese Ecke perfekt zum Windsurfen: Bei beiden Orten gibt es hervorragende Surfstrände – der von Pauanui ist wohl eine Nuance besser.

Doch da hören die Gemeinsamkeiten auch schon auf. Während Tairua ein Ort für ganz normale Neuseeländer ist (es hat auch Geschäfte, Bankautomaten und einige Restaurants), stellt Pauanui ein gehobenes Refugium für den Geldadel Aucklands dar. Und damit sind Leute gemeint, die mal eben mit ihrem Privatflugzeug herjetten, es neben ihren bombastischen Strandhäusern parken und dann eine Runde Golf spielen. Das sympathische Tairua behält dagegen seine Bodenhaftung. Ach ja, eine Gemeinsamkeit gibt es dann doch noch: Im Sommer sind beide Orte äußerst beliebt.

SICHERHEIT

Am Hot Water Beach gibt es gefährliche Strömungen, besonders direkt vor der warmen Hauptbadestelle. Deshalb zählt dieser Strand zu den vier gefährlichsten des Landes, zumindest was die Zahl der Todesopfer angeht. Allerdings ist diese Zahl vermutlich etwas verzerrt, wenn man die Scharen von Touristen in Betracht zieht, die es hierher zieht. Wie dem auch sei, das Schwimmen ist hier nicht sicher, wenn keine Rettungsschwimmer vor Ort sind.

Sehenswertes & Aktivitäten

Gleich mehrere Veranstalter bieten Angeltouren und Ausflüge zu Sehenswürdigkeiten, darunter **Waipae Magic** (021 632 024; dewy@slingshot.co.nz), **Taranui Charters** (07-864 8511; www.tairua.info/taranui), **Pauanui Charters** (07-864 9262; www.pauanuicharters.co.nz) und **Epic Adventures** (07-864 8193; www.epicadventures.co.nz).

Paaku BERG
Vor rund sieben Millionen Jahren war Paaku eine Vulkaninsel, heute bildet sie den Nordzipfel des Hafens von Tairua. Die Ngati Hei hatten hier einen *pa*, bevor die Gegend dann im 17. Jh. von Ngati Maru eingenommen wurde. Zum Gipfel führt eine 15-minütige Wanderung vom Ende des Paku Drive aus. Die Mühe wird mit einem atemberaubenden Ausblick über Tairua, Pauanui und die Alderman Islands belohnt. Tafeln am Wegesrand erläutern die Kolonialgeschichte von Tairua. Eine berichtet etwas abschätzig über die Besatzung durch die Maori.

Dive Zone TAUCHEN
(07-864 8800; www.divezone.co.nz; 307 Main Rd.; Tauchgänge vom Boot aus ab 150 NZ$, PADI 595 NZ$; 7.30–17 Uhr) Ein neues Unternehmen, das durch seinen verlässlichen Service von sich reden gemacht hat; dazu zählen auch die regelmäßigen Öffnungszeiten. Verleiht auch Schnorchelausrüstung (20 NZ$).

Tairua Dive & Fishinn TAUCHEN
(07-864 8054; www.divetairua.co.nz; The Esplanade) Tairua Dive & Fishinn verleiht Kajaks (manche sogar mit Glasboden), aber auch Tauch-, Schnorchel- und Angelausrüstun-

gen. Organisiert außerdem Angeltouren, Tauchgänge vor den Alderman Islands (einschließlich Ausrüstung 199 NZ$) und PADI-Kurse.

Schlafen

Dell Cote B&B $$$
(☎07-864 8142; www.dellcote.com; Rewarewa Valley Rd.; EZ/DZ 235/260 NZ$; @) Umweltfreundliche Steine und Zypressenholz geben diesem Gebäude ein gesundes Flair; der üppige Garten steuert das seine zur ruhigen Stimmung bei. Das Dachbodenzimmer ist besonders hübsch.

Pacific Harbour Lodge HOTEL $$
(☎07-864 8581; www.pacificharbour.co.nz; 223 Main Rd.; Ferienwohnungen 169–229 NZ$; @) Das inseltypische Haus enthält geräumige, fü sich abgeschlossene Ferienwohnungen mit naturbelassenem Holz und Dekor im Stil von Gauguin im Inneren und einen Garten zum Pazifik hin. Meist gibt es saisonbedingte Angebote.

Tairua Beach Villa Backpackers HOSTEL $
(☎07-864 8345; www.tairuabackpackers.co.nz; 200 Main Rd.; B 25–28 NZ$, EZ 55–72 NZ$, DZ 65–85 NZ$; @) Die Zimmer sind abheimelnd und freundlich in dieser an einer Flussmündung gelegenen Herberge in einem umgebauten Haus. Die Aussicht aus den Schlafsälen ist phänomenal. Die Gäste können sich ganz unkompliziert bei den Angeln, Kajaks, Surfbrettern und Fahrrädern bedienen.

Essen & Ausgehen

Manaia Cafe & Bar CAFÉ $$
(☎07-864 9050; 228 Main Rd.; Frühstück 11–19 NZ$, Mittagessen 14–23 NZ$, Abendessen 20–32 NZ$; ⌚Mo 8.30–16 Uhr, Mi–So 8.30 Uhr–spät abends) Mit Sitzplätzen im Innenhof für einen beschaulichen Brunch im Sommer und mit einer Bar in oxidiertem Kupfer zu späterer Stunde ist das Manaia eine willkommene Ergänzung der gastronomischen Szene in Tairua. Die Abendkarte weist beliebte Bistrospeisen mit einigen kunstvollen Kniffen auf.

Old Mill Cafe CAFÉ $
(www.theoldmillcafe.co.nz; 1 The Esplanade; Hauptgerichte 8–19 NZ$; ⌚Do–Sa 8–20, So 8–16 Uhr) Das hübsche alte Café ist weit entfernt vom Nullachtfünfzehn-Standard. Hier werden interessante Kaffeehausspeisen serviert; ab 16 Uhr gibt es Tapas. Die Wände sind hellrosa getüncht und auf der Veranda stehen elegante Möbel.

Punters Bar & Grill PUB $$
(Main Rd.; Hauptgerichte 17–19 NZ$; ⌚Di–So 11 Uhr–spät abends) Dieses für die Region typische Pub serviert anständige Burger sowie Fish & Chips.

Praktische Informationen

Tairua Information Centre (☎07-864 7575; www.tairua.info; 223 Main Rd.; ⌚9–17 Uhr)

An- & Weiterreise

InterCity, Tairua Bus Company und Go Kiwi betreiben Busse (S. 212) nach Tairua.

Tairua und Pauanui sind durch eine **Personenfähre** (☎027-497 0316; einfache Fahrt/hin & zurück 3/5 NZ$; ⌚Dez. & Jan. tgl.), miteinander verbunden, die von 9 bis 17 Uhr alle zwei Stunden fährt (im Januar bis 23 Uhr). In den anderen Monaten fungiert die Fähre als Wassertaxi.

Puketui Valley

12 km südlich von Tairua befindet sich die Abzweigung ins Puketui Valley und zu den historischen **Goldgräberstätten von Broken Hills**, die wiederum 8 km abseits der Hauptstraße liegen und über eine Schotterpiste zu erreichen sind. Auf kurzen Wanderwegen gelangt man zu den Pochwerken, der schönste führt durch den 500 m langen Stollentunnel Collins Drive. Hinter dem Tunnel führt ein kurzer, mit „Lookout" markierter Seitenweg zu einem Aussichtspunkt, von dem aus man das ganze Panorama überschauen kann. Für diese Wanderung braucht man hin und zurück drei Stunden; nicht vergessen, eine Taschenlampe und eine Jacke mitzunehmen!

Hier findet man einen einfachen **DOC-Campingplatz** (www.doc.govt.nz; Erw./Kind 10/5 NZ$) an einer hübschen Stelle am Fluss. Hier ist man in der Wildnis und muss entsprechend vorbereitet und umsichtig sein. Das Wasser aus dem Fluss vor Gebrauch abkochen!

Opoutere

Diese langgestreckte, unberührte Sandfläche gehört sicher zu den bestgehüteten Geheimnissen – vielleicht haben sich die Ortsansässigen verschworen, um die Massen aus Auckland fernzuhalten, die in der Saison in Pauanui und Whangamata einfallen. Abgesehen von ein paar Häusern herrscht kilometerweit Einsamkeit. Das Schwimmen kann allerdings gefährlich sein, vor allem in der Nähe des Hikinui Islet, das sich in Strandnähe befindet. Auf der sandigen Landzunge befindet sich das Wharekawa Wildlife Refuge, ein Brutplatz des bedrohten Maoriregenpfeifers, der gern an menschenleeren Stränden nistet.

Schlafen

Copsefield B&B $$
(☎07-865 9555; www.copsefield.co.nz; 1055 SH25; Zi. 100–180 NZ$) Copsefield liegt an der SH25, aber näher an Opoutere als an Whangamata; es handelt sich um eine friedliche Landhausvilla in einem hübschen, dicht bewachsenen Garten mit einem Spa und einer Badestelle am Fluss. Das Haupthaus vermietet drei schöne Pensionszimmer. Etwas preiswerter ist es in einem stilvollen separaten Cottage.

Opoutere YHA HOSTEL $
(☎07-865 9072; www.yha.co.nz; 389 Opoutere Rd.; B 27–30 NZ$, Zi. 80–116 NZ$) Diese wunderbare Herberge mit viel Vogelgezwitscher ringsum ist ideal zum Ausspannen. Sie ist teilweise in der alten Opoutere Native School untergebracht. Kajaks, Wärmflaschen, Wecker, Stelzen und Hula-Hoop-Reifen können ausgeliehen werden.

An- & Weiterreise

Der saisonal verkehrende **Go-Kiwi**-Shuttle Auckland–Whitianga (☎0800 446 549; www.go-kiwi.co.nz) hält auf Verlangen auch in Opoutere.

Whangamata

3560 EW.

Wenn die Angehörigen der aufstrebenden Schicht von Auckland nach Pauanui strömen, macht sich die Jugend in Richtung Whangamata auf, um dort zu surfen oder Drogen auszuprobieren. Zu Neujahr kann es hier recht rau zugehen, denn dann sind hier plötzlich 40 000 Menschen versammelt. Es ist ein richtiger Sommerferienort, aber selbst in der Nebensaison ist hier noch etwas los.

Aktivitäten

Neben Angeln (die Sportfischerei geht von Januar bis April), Schnorcheln vor Hauturu (Clarke) Island, Surfen, Kajakfahren, Orientierungslaufen und Mountainbiken gibt es hier auch noch hervorragende Wandermöglichkeiten.

Die **Wentworh-Falls-Wanderung** dauert 2½ Stunden (Rundweg); sie beginnt 3 km südlich der Stadt und verläuft 4 km die unbefestigte Wentworth Valley Road hinab. Weitere 3 km südlich der Wentworth Valley Road liegt die Parakiwai Quarry Road, an deren Ende die **Wharekirauponga-Wanderung** beginnt, ein teilweise schlammiger, 10 km langer Rundweg (3½–4 Std.) zu einem Bergarbeitercamp mit einigen technischen Relikten aus alter Zeit und schließlich zu einem Wasserfall, der an ungewöhnlichen sechseckigen Lavasäulen vorbeirauscht. Die Gegend dort ist ein wahres Vogelparadies.

Kiwi Dundee Adventures WANDERN
(☎07-865 8809; www.kiwidundee.co.nz) Doug Johansen sieht aus wie die neuseeländische Variante von Crocodile Dundee und organisiert informative Touren durch die Wildnis der Coromandel Peninsula (1–16 Tage), aber auch im ganzen Land.

Schlafen

Marine Reserved APARTMENT $$$
(☎07-865 9096; www.marinereservedapartments.co.nz, Kreuzung Ocean Rd. & Lowe St.; Wohneinheiten 330 NZ$; WLAN) Der Name klingt recht seltsam, aber genauso seltsam ist es, dass in diesem exzellenten Stadthauskomplex bis zu 6 Personen für 330 NZ$ mit ziemlich viel Komfort übernachten können. Zu den Wohneinheiten gehören ein sicherer Parkplatz, eine voll eingerichtete moderne Küche und ein Grillplatz auf der Veranda.

Southpacific Accommodation MOTEL, HOSTEL $
(☎07-865 9580; www.thesouthpacific.co.nz; 249 Port Rd.; B 27–29 NZ$, EZ/DZ 70/90 NZ$, Wohneinheiten 147–168 NZ$; @ WLAN) Dieses Eckhaus ist kaum zu übersehen. Es besteht aus einer großen Scheune für Rucksackreisende und abgeschlossenen Moteleinheiten. Die sanitären Einrichtungen sind sauber und modern; Fahrräder und Kajaks kann man sich leihen.

Wentworth Valley Campsite CAMPINGPLATZ $
(☎07-865 7032; www.doc.govt.nz; 474 Wentworth Valley Rd.; Erw./Kind 10/5 NZ$) Der Campingplatz ist etwas edler als die meisten DOC-Campingplätze und vom Wentworth-Falls-Wanderweg aus zugänglich. Er bietet Toiletten, Duschen und Gasgrillgeräte.

Breakers MOTEL $$
(☎07-865 8464; www.breakersmotel.co.nz; 324 Hetherington Rd.; Wohneinheiten 175–195 NZ$;) Das neuere Motel am Yachthafen an der Straße von Tairua nach Whangamata macht den Nachteil durchgelegener Betten durch einen verführerischen Swimmingpool und Wellness-Pools an den Terrassen der oberen Wohneinheiten wieder wett.

Essen

Lazy Lizard CAFÉ $
(427 Port Rd.; Hauptgerichte 10–17 NZ$; Di–So 7.30–15.30 Uhr) Das abgedrehte Café mit seinen bizarr geformten Stühlen erfreut mit leckeren Gerichten von der Theke, warmem Frühstück, *bagels* (ringförmige Brötchen) und Salaten. Der fair gehandelte Bio-Kaffee ist erstklassig.

Craig's Traditional Fish & Chips FISH & CHIPS $
(701 Port Rd.; Hauptgerichte 5–10 NZ$; Mi–Mo Mittag- & Abendessen) Bei Craig's bekommt man gegrillten frischen Fisch und fette, salzige Pommes. Der Service ist freundlich, und es gibt einen Fernseher und eine ganze Menge kitschiger Zeitschriften, um sich die Wartezeit zu verkürzen.

Soul Burger BURGER $
(www.soulburger.co.nz; 441 Port Rd.; Burger 10–15 NZ$; im Winter Do 5–21, Fr–So 8–21 Uhr, im Sommer tgl.) Der hippe Eckladen serviert ausgefallene Burger mit Namen wie „Soul Blues Brother" und „Vegan Vibe"; an Wochenenden bekommt man auch ein warmes Frühstück.

Praktische Informationen

Whangamata i-SITE (☎07-865 8340; www.whangamatainfo.co.nz; 616 Port Rd.; Mo–Fr 9–17, Sa & So 9.30–15.30 Uhr)

An- & Weiterreise

Go Kiwi (☎0800 446 549; www.go-kiwi.co.nz) betreibt mit seinen Fahrzeugen einen Shuttle-Service nach Whangamata.

Waihi & Waihi Beach

4500 & 1800 EW.

Die meisten Städte haben Geldautomaten in die Wände von Gebäuden eingelassen, damit die Menschen an ihre Reichtümer gelangen können – in Waihi gibt es dagegen ein riesiges Loch im Boden, ganz nah an der Hauptstraße. Hieraus haben die Menschen seit 1878 Gold und Silber geholt, denn es handelt sich um die Martha Mine, Neuseelands reichste Mine. Die Stadt entwickelte sich danach sehr schnell und schmückte sich mit prachtvollen Gebäuden und protzigen Straßenzügen voller Phönix-Palmen, die mittlerweile prächtig gewachsen sind.

Nachdem die Mine 1952 aufgelassen wurde, hatten Unternehmer den Tagebau 1988 bei hohen Goldpreisen wieder aufgenommen. Die Mine bringt immer noch Erträge, die gerade so die Kosten decken: Aus 1 t Gestein werden 3 bis 6 g Gold gewonnen. Damit dürfte bald Schluss sein, und wenn der Bergbau endgültig eingestellt ist, soll aus der klaffenden Wunde der Stadt eine bedeutende Touristenattraktion werden. Man darf gespannt sein.

Waihi ist für einen Kurzbesuch interessant, doch das eigentliche Ziel zum längeren Verweilen ist Waihi Beach. Die beiden Orte sind so verschieden wie Surfen und Bergbau. Sie sind durch 11 km Wiesen und Äcker voneinander getrennt.

Der lange Sandstrand erstreckt sich über 9 km bis nach Bowentown am nördlichen Rand von Tauranga Harbour, wo man geschützte Hafenstrände wie die schöne **Anzac Bay** findet. Hier gibt es eine sehr beliebte 45-minütige Wanderung Richtung Norden durch einen Wald zur fast noch unberührten **Orokawa Bay,** zu der keinerlei Kraftstraße führt.

Sehenswertes

Seddon Street STRASSE
Auf Waihis Hauptstraße findet man interessante Skulpturen und Informationstafeln über die goldene Vergangenheit der Stadt, außerdem noch Kreisverkehre, die wie zerquetschte Daleks aus *Dr. Who* aussehen. Gegenüber dem Besucherzentrum steht das Markenzeichen der Stadt, das Gerippe eines verfallenen **Cornish Pumphouse** (1904), das abends stimmungsvoll beleuchtet wird. Von hier aus bieten sich auf dem **Pit Rim Walkway** faszinierende Blicke hinunter in die 250 m tiefe Martha Mine. Wer hinabsteigen möchte, kann sich einer 1½-stündigen Führung der Bergbaugesellschaft anschließen: **Waihi Gold Mine Tours** (www.waihigoldminetours.co.nz; Erw./Kind 28/14 NZ$; Mo–Sa 10 & 12.30 Uhr).

Die Broschüre *Historic Hauraki Gold Towns* (kostenlos am Besucherzentrum erhältlich) beschreibt Rundgänge sowohl durch Waihi als auch durch Paeroa.

Athenree Hot Springs THERMALBECKEN
(www.athenreehotsprings.co.nz; 1 Athenree Rd., Athenree; Erw./Kind 7/4,50 NZ$; ⌚10–19.30 Uhr) In den Monaten, wenn das Wasser an der Waihi Beach nicht sehr einladend ist, kann man sich gut in diese beiden kleinen, aber nützlichen Thermalbecken zurückziehen, die in einem Holiday-Park versteckt liegen.

Heritage Museum MUSEUM
(www.waihimuseum.co.nz; 54 Kenny St., Waihi; Erw./Kind 5/3 NZ$; ⌚Do & Fr 10–15, Sa–Mo 12–15 Uhr) Im Heritage Museum finden sich eine Kunstgalerie und Exponate zur Regionalgeschichte, vor allem der Goldminen. Die Sammlung mit abgehackten Daumen der Bergleute, die in Gläsern konserviert wurden, ist vielleicht nicht Jedermanns Sache.

Waihi Waterlily Gardens GÄRTEN
(www.waterlily.co.nz; 441 Pukekauri Rd., Waihi; Erw./Kind 8,50 NZ$/frei; ⌚Okt.–April Mi–So 11–15 Uhr) 7 ha mit Teichen, Pfauen und sonstigen hübschen Dingen, 7 km südwestlich von Waihi. Es gibt auf dem Gelände ein Café.

Aktivitäten

Goldfields Railway EISENBAHN
(☎07-863 8251; www.waihirail.co.nz; 30 Wrigley St., Waihi; Erw./Kind hin & zurück 15/8 NZ$; ⌚April–Aug. Fr–Mo, Sept.–März tgl.) Altmodische Eisenbahnen gehen in Waihi auf eine 7 km lange, malerische Fahrt nach Waikino (25 Min.).

Sunshine Surf Coaching SURFEN
(☎07-863 4857; www.sunshinesurfcoaching.co.nz; Privatstunden 120 NZ$) An Waihi Beach ist die Brandung recht sanft, sodass hier guter Surfunterricht für alle Altersstufen angeboten werden kann.

Over the Top Adventures DIRTBIKING
(☎021 205 7266; www.overthetopadventures.co.nz; 1 Surrey St., Waihi; Touren 90–400 NZ$) Bietet On-/Off-Road-Dirt-Bike-Touren , verleiht Mountainbikes (35–55 NZ$ pro Tag) und organisiert Fahrradtransporte.

Dirtboard Waihi DIRTBOARDING
(☎021 244 1646; www.dirtboard.co.nz; 30 NZ$ pro Std.) Auf geht's! Auf einer Kombination aus Snowboard und Skateboard einfach die Hänge hinab!

Bularangi Motorbikes MOTORRADTOUREN
(☎07-863 6069; www.motorbikesnz.co.nz) Bei Bularangi Motorbikes mit Sitz in Waihi, kann man Harley-Davidson-Maschinen leihen oder auch eine ein- bis 21-tägige geführte Tour durchs ganze Land unternehmen.

Schlafen

LP TIPP **Bowentown Beach Holiday Park** HOLIDAY-PARK $
(☎07-863 5381; www.bowentown.co.nz; 510 Seaforth Rd., Waihi Beach; Platz ab 25 NZ$, Wohneinheiten 95–374 NZ$; @📶) Der eindrucksvoll gepflegte Holiday-Park hat einen schönen Strandabschnitt für sich reserviert und bietet erstklassige Motel-Wohneinheiten und Einrichtungen für Camper. Der Grillplatz hat sogar ein Wasserspiel.

Athenree Hot Springs & Holiday Park HOLIDAY-PARK $
(☎07-863 5600; www.athenreehotsprings.co.nz; 1 Athenree Rd., Athenree; Platz ab 24 NZ$, Wohneinheiten 70–200 NZ$; @📶) Athenree liegt am Hafen und besticht mit hübschen Unterkünften und freundlichen Betreibern. Für Gäste ist der Eintritt in die Thermalbecken frei; damit gehört dieser Park zur ersten Wahl in den Wintermonaten.

Waihi Waterlily Gardens COTTAGE $$$
(☎07-863 8267; www.waterlily.co.nz; 441 Pukekauri Rd., Waihi; Cottages 250 NZ$) Wenn man in einem dieser beiden Cottages untergebracht ist, hat man abends den Garten ganz für sich allein. Sie sind mit wunderschönen, bequemen Betten, Qualitätsbettwäsche, poliertem Betonboden und interessanten Kunstwerken ausgestattet.

Manawa Ridge LODGE $$$
(☎07-863 9400; www.manawaridge.co.nz; 267 Ngatitangata Rd., Waihi; Zi. 850 NZ$) Die Aussicht von diesem schlossähnlichen Ökohaus, das 6 km nordöstlich von Waihi auf einem 310 m hohen Bergkamm thront, reicht über die gesamte Bay of Plenty. Die Zimmer sind aus wiederverwerteten Eisenbahnbohlen, Lehmziegeln und kalkverputzten Strohwänden konstruiert: Eine ideale Verbindung aus Erdverbundenheit und purem Luxus.

Beachfront B&B B&B $$
(☎07-863 5393; www.beachfrontbandb.co.nz; 3 Shaw Rd., Waihi Beach; Zi. 130 NZ$) Diese komfortable Erdgeschosswohnung macht ihrem Namen alle Ehre: Sie geht mit allen Räumen auf den Strand hinaus und beeindruckt durch ihren spektakulären Meeresblick. Es gibt TV, Kühlschrank und direkten Zugang zur Brandung.

Waihi Beach Top 10 Holiday Resort HOLIDAY-PARK $
(07-863 5504; www.waihibeach.com; 15 Beach Rd., Waihi Beach; Platz ab 29 NZ$, Wohneinheiten 85–265 NZ$;) Der solide Holiday-Park im Hotelstil ist sehr aufwendig ausgestattet – mit Pool, Fitnessraum, Spa, schöner Küche und einer bunten Mischung verschiedener Schlafgelegenheiten.

Essen & Ausgehen

Porch CAFÉ, BAR $$
(www.theporch.co.nz; 23 Wilson Rd., Waihi Beach; Brunch 14–20 NZ$, Abendessen 29–36 NZ$; tgl. Frühstück & Mittagstisch, Mi–Sa Abendessen) Im coolsten Café an der Waihi Beach gibt es raffinierte, gehaltvolle Hauptgerichte.

Flatwhite CAFÉ $$
(www.flatwhitecafe.co.nz; 21 Shaw Rd., Waihi Beach; Brunch 14–20 NZ$, Abendessen 20–27 NZ$; Frühstück, Mittag- & Abendessen;) Das unkonventionelle Flatwhite liegt direkt am Strand. Die Speisekarte zum Brunch ist abwechslungsreich, und man bekommt sogar gute Pizzas.

Ti-Tree Cafe CAFÉ $
(14 Haszard St., Waihi; Brunch 11–18 NZ$, Pizza 17–24 NZ$; tgl. Frühstück & Mittagessen, Do–Sa Abendessen;) Das Ti-Tree ist in einem niedlichen kleinen Holzgebäude mit Stühlen und Tischen inmitten von Punga-Bäumen untergebracht. Hier gibt es fair gehandelten Bio-Kaffee, warmes Frühstück und Holzofen-Pizza.

Shoppen

Artmarket KUNST & KUNSTHANDWERK
(www.artmarket.co.nz; 65 Seddon St., Waihi; 10–17 Uhr) Erstklassiges Angebot an Kunst und Kunsthandwerk aus der Region.

Praktische Informationen

Waihi Visitor Centre (07-863 6715; www.waihi.org.nz; 126 Seddon St., Waihi; 9–17 Uhr;)

An- & Weiterreise

Waihi wird von InterCity-Bussen und je nach Saison auch von Go-Kiwi-Shuttlebussen (S. 212) angesteuert.

Karangahake Gorge

Die Straße zwischen Waihi und Paeroa durch die bewaldeten Hänge der Karangahake Gorge ist eine der schönsten Kurzstrecken des Landes. Wander- und Radwege nutzen die alten Pfade der Maori. Am Wege liegen Überreste aus der Zeit der Minen sowie gespenstisch dichter Wald. Nach den Legenden der Maori steht diese Gegend unter dem Schutz eines übernatürlichen Wesens, eines *taniwha*. Die örtlichen *iwi* hatten es geschafft, dieses Areal bis 1875 von Minenarbeitern frei zu halten, indem sie sich mit dem militanten Maoriführer Te Kooti verbündeten.

Für den sehr empfehlenswerten, 4 km langen **Karangahake Gorge Historic Walkway** braucht man 1½ Stunden (ein Weg). Ausgangspunkt ist der Parkplatz 14 km westlich von Waihi. Der Weg verläuft an der ehemaligen Eisenbahnlinie und dem Ohinemuri River entlang zu den Owharoa Falls und der Bahnstation Waikino. Dort kann man einen historischen Zug nach Waihi besteigen und vorher noch im **Waikino Station Cafe** (SH2; Hauptgerichte 10–18 NZ$; 9.30–15 Uhr) einkehren.

Vom Parkplatz aus beginnen noch einige kürzere Wander- und Rundwege; eine Taschenlampe ist wegen der Tunnel unterwegs recht sinnvoll. Eine zweistündige Wanderung führt nach Dickey's Flat, wo es einen kostenlosen **DOC-Campingplatz** (Dickey's Flat Rd.) und eine gute Badestelle gibt. Das Flusswasser muss zum Trinken abgekocht werden. Auf den DOC-Infotafeln am Parkplatz und am Bahnhof findet man Informationen über Wanderungen und die Geschichte der Region. Durch diese Gegend führt auch eine landschaftliche reizvolle Abzweigung des Radwanderweges Hauraki Rail Trail (S. 179).

Vom Parkplatz aus ist es nicht weit zur **Golden Owl Lodge** (07-862 7994; www.goldenowl.co.nz; 3 Moresby St.; B 29 NZ$, Zi. 62–75 NZ$;). Dies ist eine gemütliche, ideal gelegene Ausgangsbasis für Wanderungen. Hier haben allerdings nur 12 Personen Platz zum Übernachten. Bettwäsche für die Schlafsäle kostet 5 NZ$ extra.

Weiter oben an der selben Straße liegt die **Ohinemuri Estate Winery** (07-862 8874; www.ohinemuri.co.nz; Moresby St.; Hauptgerichte 19–25 NZ$; Mi–So 10–17 Uhr, im Sommer tgl.), die im lettischen Stil erbaut wurde. Hier bekommt man ein hervorragendes Mittagessen. Wer an der Eignung dieser Region für den Weinanbau zweifelt, hat recht – die Trauben werden aus anderen Gegenden importiert. Weinproben kosten 5 NZ$; beim

Einkauf wird dieser Betrag verrechnet. Wer zu viel probiert hat, kann einfach in der Hütte (115–145 NZ$ pro Nacht) übernachten und die zauberhafte Atmosphäre dieses abgeschiedenen Ortes genießen.

Paeroa

3980 EW.

Wer sich in Paeroa ratlos am Kopf kratzt, braucht sich weiter keine Sorgen zu machen. Die ganze Stadt ist ein Insider-Witz für Neuseeländer. Hier ist die Heimat von Lemon & Paeroa (L&P), einem Inbegriff neuseeländischer Alltagskultur. Schließlich wird die Limo unter dem Motto „in Neuseeland weltberühmt" vermarktet. Dass der beliebte Sprudel heute zum Multi Coca-Cola Amatil gehört und nun in Auckland hergestellt wird, verleiht der Tatsache, dass hier das L&P-Logo allgegenwärtig ist, eine zusätzliche Ironie. Generationen von neuseeländischen Kindern haben ihren Eltern zugesetzt, bloß ja einen Abstecher nach Paeroa zu machen, weil sie unbedingt die riesigen L&P-Flaschen sehen wollten.

Das kleine **Museum** (37 Belmont Rd.; Erw./Kind 2/1 NZ$; ⌚Mo–Fr 12–15 Uhr) birgt eine große Sammlung von Royal-Albert-Porzellan und anderen Kunstwerken der Pioniere und Maori – den Blick in die Schubladen also nicht vergessen! Wer hübsches Geschirr mag, ist in Paeroa mit den vielen Antiquitätenläden genau richtig.

L&P Cafe & Bar (SH2; Hauptgerichte 7–20 NZ$; ⌚tgl. Frühstück & Mittagessen, Fr–So Abendessen) ähnelt einem Truck-Stop, ist aber trotzdem ganz ordentlich. Man kann L&P-Fish-&-Chips oder ein L&P-Frühstück *(brekkie)* bestellen und das Ganze mit einem zitronig-süßen Wasser herunterspülen. Das Café teilt sich das Gebäude mit dem **Information Centre** (☎07-862 8636; www.paeroa.org.nz; ⌚9–15 Uhr).

Waikato & das King Country

Inhalt »

Tolle Outdoor-Aktivitäten

» Surfen in der Manu Bay (S. 230)

» Rafting in den Waitomo-Höhle (S. 243)

» Ngarupupu Point (S. 247)

» City Bridges River Tour (S. 222)

» Te Toto Gorge (S. 230)

Schön übernachten

» Raglan Backpackers (S. 228)

» Solscape (S. 228)

» Aroha Mountain Lodge (S. 237)

» Abseil Inn (S. 245)

Auf nach Waikato und ins King Country!

Hätte die Farbe Grün eine Heimat, dann wäre sie hier zu Hause. Sattgrüne Felder und sanfte Hügel säumen den Waikato, den mächtigsten Fluss Neuseelands. Besucher aus England werden sich fragen, wieso sie überhaupt ihr Land verlassen haben, besonders in idyllischen Städtchen wie Cambridge, wo keine Mühe gescheut wurde, das „Mutterland" Großbritannien nachzubilden.

Aber hinter der Fassade verbirgt sich eine andere Wirklichkeit: Die Region ist die Heimat der Tainui. In den 1850er-Jahren wählte diese mächtige Stammesvereinigung einen König, um sich gegen den Verlust von Land und Autonomie zu wehren. Das fruchtbare Waikato wurde ihnen zwar gewaltsam entrissen, aber sie behielten bis Ende des 19. Jhs. die Kalksteinberge und Wälder des King Country.

Heute können Besucher die sanft-wilde Landschaft aus erster Hand erleben, Adrenalinsüchtige sich in die legendäre Brandung von Raglan stürzen oder die phänomenalen Höhlen von Waitomo besuchen. Andere werden einen Besuch der ruhigen, edwardianischen Thermalbäder in Te Ahora oder der Gärten in Hamilton vorziehen.

Reisezeit

Der Süden um Taumarunui ist feuchter und kälter als die übrige Region, die im Sommer oft unter Dürre leidet. Aber auch hier wirkt alles sehr grün. Außerhalb des Sommers gibt es keine Engpässe bei den Unterkünften, alles wirkt dann sehr ruhig und abgeschieden. An den Surfstränden von Raglan ist aber immer etwas los, egal zu welcher Jahreszeit (der Surferfilm *The Endless Summer* heißt nicht umsonst so).

An- & Weiterreise

Hamilton ist der Verkehrsknotenpunkt der Region. Der Flughafen bietet zahlreiche Inlandsflüge und ein paar internationale Strecken an. Busse verbinden die Stadt mit allen Punkten auf der Nordinsel. Die meisten Orte im Binnenland sind ebenfalls gut mit Bussen zu erreichen, während mit Ausnahme des am SH3 gelegenen Mokau die abgelegenen Küstengemeinden weniger gut erschlossen sind.

Eine weitere Option ist der Zugverkehr, aber die Züge fahren selten und schon kurze Zugfahrten sind erstaunlich teuer. Die Züge, die die Hauptstrecke von Auckland nach Wellington befahren, halten in Hamilton, Otorohanga, Te Kuiti und Taumarunui.

WAIKATO

Geschichte

Als die Europäer in diese Region kamen, die sich nach Norden bis zum Manukau Harbour von Auckland erstreckt, war diese schon seit langem die Heimat der Waikato-Stämme, Nachkommen der Tainui. Bei der Besiedlung des Landes hatten die Waikato-Stämme andere vertrieben, die in früheren Einwanderungswellen in die Region gelangt waren.

Anfänglich war der Kontakt mit den Europäern für die einheimischen Maori von Vorteil. Ihr fruchtbares Land, das sie mit Kumara (Süßkartoffeln) und anderen Feldfrüchten bestellten, eignete sich gut für die Anpflanzung neuer Früchte und den Gemüseanbau. In den 1840er-Jahren blühte die Wirtschaft in Waikato, große Mengen an landwirtschaftlichen Erzeugnissen wurden zu den Siedlern nach Auckland und darüber hinaus exportiert.

Die Beziehung zwischen den beiden Kulturen verschlechterte sich während der 1850er-Jahre, hauptsächlich weil die Kolonisten unbedingt Maoriland kaufen wollten. Als Reaktion vereinigte sich eine Stammeskonföderation zum Schutz der eigenen Interessen, wählte einen König und bildete die sogenannte Kingitanga (Königsbewegung).

Im Juli 1863 entsandte Gouverneur Grey eine starke Streitmacht nach Waikato, um dort die Kolonialherrschaft durchzusetzen. Nach fast einjährigem Kampf, dem sogenannten Waikato-Krieg, musste sich die King Movement nach Süden in das seitdem als King Country bezeichnete Gebiet zurückziehen.

Als Ergebnis des Krieges wurden 3600 km² Land konfisziert, den größten Teil erhielten Kolonialsoldaten, die es bestellen und verteidigen sollten. 1995 entschuldigte sich die britische Krone bei den Waikato-Stämmen für die unrechtmäßige Invasion und die Beschlagnahme ihrer Ländereien. Damit verbunden war eine Wiedergutmachung in Höhe von 170 Mio. NZ$, die auch die Rückgabe von Land beinhaltete, das sich noch im Besitz der Krone befand.

Nördlich von Hamilton

PORT WAIKATO

Der Name mag Bilder von Schwerindustrie und brummigen Seebären hervorrufen, aber nichts liegt ferner in diesem winzigen Dorf an der Mündung des mächtigen Flusses Waikato. Es gibt hier kaum etwas, außer ein paar Straßen mit *baches* (Ferienhäuser), ein paar *marae* (Versammlungshäuser), einem Laden, einem Ferienpark und einem herrlichen (aber tückischen) **Surfstrand**. Im Sommer (an Wochenenden und in den Schulferien) wachen hier Rettungsschwimmer; zu anderen Zeiten ist die starke Brandungsströmung zu gefährlich zum Schwimmen. Zu erreichen ist das Dorf über die Abzweigung von der SH1 in Pokeno, 50 km südlich vom Zentrum Aucklands. Von dort am Abzweig nach Tuakau vorbei so lange fahren, bis die Schilder nach Port Waikato auftauchen.

Die **Waikatoa Beach Lodge** (☎09-232 9961; www.sunsetbeach.co.nz; 8 Centreway Rd.; Stellplatz ab 18 NZ$, B/EZ/DZ/FZ ab 27/40/65/80 NZ$) verwöhnt Strandfreaks mit schicken Zimmern, guter Bettwäsche, einem Garten voller Muschelschalen und einer faulen Tigerkatze. Auch gibt es in der Lodge einen einladenden Küchen- und Loungebereich mit Gasherden.

28 km von Port Waikato Richtung Süden fahrend stößt man auf die **Nikau Cave** (☎09-233 3199; www.nikaucave.co.nz; 1770 Waikaretu Rd.; Erw./Kind 35/18 NZ$; ⏲nach Vereinbarung). Im Rahmen einer Führung (mind. 2 Pers.) geht es durch enge, nasse Gänge zu Glühwürmchen, Kalksteinformationen und unterirdischen Flüssen. Für das leibliche Wohl sorgt ein Café.

RANGIRI

Auf dem SH1 in Richtung Süden folgt man dem Weg der Kolonialarmee während des Waikato-Krieges, des berühmt-berüchtigten Landraubs. Unterstützt von Kanonenbooten und Artillerie griffen am 20. November 1863

Highlights

1 Unterirdische Abenteuer in den **Waitomo-Höhlen** (S. 242) – und die Möglichkeit, Blackwater Rafting auszuprobieren

2 Ein Bad in den Wellen des gemächlich dahin fließenden **Raglan** (S. 227) und anschließend ein Pub-Besuch

3 Die einsamen schwarzsandigen und von Buschland gesäumten Strände der schroffen **Westküste** (S. 227)

4 Die Thermalbäder des zauberhaften Städtchens **Te Aroha** (S. 237),

5 Eine Kneipentour in der Hood Street und der Victoria Street der überraschend quirligen Stadt **Hamilton** (S. 220)

6 Eine Wanderung durch das paradiesi-

sche Hinterland der Insel **Maungatautari Ecological Island** (S. 233)

7 Die Maori-Kultur auf dem **Kai Festival** (S. 239) in Kawhia – und ein Bad in den benachbarten **Te Puia Hot Springs** (S. 239)

KURZINFOS: WAIKATO & DAS KING COUNTRY

» **Essen** Vergorener Mais auf dem Kai Festival von Kawhia
» **Trinken** Ein paar Bierchen in der Hood Street in Hamilton
» **Lesen** *Potiki* (1986) von Patricia Grace
» **Hören** Das hintergründig-sexy Debütalbum *Vows* der in Hamilton geborenen Kimbra oder die heiligen Klänge von Te Awamutu: *Mean to Me* von Crowded House
» **Sehen** *Black Sheep* (2006). Die Schafscherer von Te Kuiti sollten sich fürchten
» **Festival** Running of the Sheep, Te Kuiti
» **Ökologisch reisen** Tipis abseits der Zivilisation in Solscape (S. 228)
» **Online** www.hamiltonwaikato.com, www.kingcountry.co.nz
» **Vorwahl** ☎07

1500 britische Soldaten (einige meinen, es seien nur 850 gewesen) die starken Befestigungsanlagen an, die die Krieger des Maorikönigs in Rangiriri errichtet hatten. Sie wurden mehrfach zurückgeschlagen und verloren 49 Mann, in der Nacht aber zogen sich viele der 500 Maorikrieger zurück; die verbliebenen 183 Mann wurden am nächsten Tag gefangen genommen, nachdem sich die Briten unter Missachtung der weißen Parlamentärflagge Zutritt zum *pa* (befestigtes Dorf) verschafft hatten.

Das **Rangiriri Heritage Centre** (Heimatmuseum; ☎07-826 3663; www.nzmuseums.co.nz; 12 Rangiriri Rd.; Eintritt frei, Film 5 NZ$; ⌚7.30–17 Uhr) zeigt einen kurzen Film über die Schlacht. Auf dem **Maori War & Early Settlers Cemetery** (Soldatenfriedhof; Rangiriri Rd.; ⌚24 Std.) gegenüber liegen die Soldatengräber und ein Erdhügel über dem Massengrab von 36 Maori-Kriegern.

Neben dem Heimatmuseum befindet sich das historische, aufwendig tapezierte **Rangiriri Hotel** (☎07-826 3467; 8 Talbot St.; Hauptgerichte Mittagessen 11–19 NZ$, Abendessen 17–28 NZ$; ⌚11–23 Uhr), ein herrliches Plätzchen für ein Mittagessen (z. B. Muscheln) oder ein Bier im Garten.

NGARUAWAHIA & UMGEBUNG

Ngaruawahia (4940 Ew.), der Sitz des King Movement der Maori, liegt 19 km nördlich von Hamilton an der SH1. Die eindrucksvolle Umzäunung des **Turangawaewae Marae** (☎07-824 5189; www.wakamaori.co.nz/maoriculture/marae/turangawaewae-marae; 29 River Rd.) sorgt für die Ungestörtheit der bedeutenden Anlage, zweimal jährlich werden Besucher eingelassen. Der **Regatta Day** findet Mitte März mit *Waka*-Rennen (Kanurennen) und sonstigen Veranstaltungen statt. Ab dem 15. August steht das *marae* eine Woche lang zur Feier des **Koroniehana** offen, des Jahrestags der Krönung des derzeitigen Königs Tuheitia.

Eine Wegbeschreibung ist im **Postamt** (3 Jesmond St.) erhältlich.

Hamilton

206 400 EW.

Städte im Landesinneren eines Inselstaates werden nie die glamouröse Anziehungskraft und Attraktivität der Küstenorte besitzen. Rotorua kompensiert das mit heißem Schlamm und Taupo mit seinem See, Hamilton und Palmerston North haben dagegen trotz majestätischer Flüsse den Kürzeren gezogen.

In Hamilton geschah jedoch jüngst etwas Merkwürdiges: In der Hauptstraße der Stadt entstand um die Hood Street und Victoria Street eine schicke und lebendige Amüsiermeile aus Bars und Restaurants, die zumindest an Wochenenden dem Viaduct Harbour in Auckland locker Konkurrenz machen kann.

Überraschenderweise wendet Hamilton dem grün-grauen, trägen Waikato größtenteils den Rücken zu, obwohl der Fluss mitten durch die Stadt fließt: Außer beim Überqueren einer Brücke bemerkt man den Flusslauf kaum.

Sehenswertes

Waikato Museum MUSEUM
(www.waikatomuseum.co.nz; 1 Grantham St.; Eintritt frei oder bis 6,50 NZ$; ⌚10–16.30 Uhr) Das hervorragende Waikato Museum besteht aus fünf Abteilungen: einer Kunstgalerie, einem interaktiven Wissenschaftsmuseum, der Tainui-Abteilung mit den Maori-Schät-

zen – u. a. das prachtvoll geschnitzte *waka taua* (Kriegskanu) *Te Winikawaka* –, eine Ausstellung zur Geschichte Hamiltons namens „Never a Dull Moment" (niemals langweilig) und eine weitere über den Waikato. Das Museum bietet auch ein umfangreiches Veranstaltungsprogramm. Für einige Ausstellungen wird Eintritt verlangt.

GRATIS Hamilton Gardens GARTENANLAGE

(www.hamiltongardens.co.nz; Cobham Dr.; ⌚umschlossene Gärten 7–18 Uhr, Informationszentrum 9–17 Uhr) Die Hamilton Gardens sind ein 50 ha großer Park mit einem Café, einem Restaurant und üppigen, umschlossenen Themengärten. Zu ihnen gehören ein italienischer Renaissancegarten sowie chinesische, japanische, englische, amerikanische und indische Gärten mit jeweils Kolonnaden, Pagoden und einem Miniatur-Taj-Mahal. Ebenso interessant sind die nachhaltige Productive Garden Collection, ein duftender Kräutergarten und der vorkoloniale Maori-Garten Te Parapara. Ein Blickfang am Haupttor ist die eindrucksvolle Skulptur *Nga Uri O Hinetuparimaunga* (Erdmantel). Die Gärten liegen südöstlich des Stadtzentrums von Hamilton.

Waikato River FLUSS, PARK

Der wild strömende Waikato lohnt unbedingt einen Besuch: Von Gebüsch gesäumte Uferwege verlaufen an beiden Flussufern und bilden den Grüngürtel der Stadt. Die Joggingwege führen bis zum Promenadenweg um den Lake Rotoroa westlich des Zentrums. Der Memorial Park liegt näher an der Stadt, wo auch die Reste der *PS Rangiriri* – ein gepanzertes, dampfbetriebenes Kanonenboot aus dem Waikato-Krieg – am Flussufer liegen (bei unserem Besuch wurde es gerade restauriert).

Weitere Möglichkeiten zur Flusserkundung siehe Aktivitäten.

Riff Raff DENKMAL

(www.riffraffstatue.org; Victoria St.; ⃠) Die lebensgroße Statue des Autoren der *Rocky Horror Picture Show*, Richard O'Brien alias „Riff Raff, der Zeitreisende vom Planeten Transsexual", ist eines der eher ungewöhnlichen öffentlichen Kunstwerke in Hamilton. Sie steht an einem kleinen Park, wo sich einst das Embassy Theatre befand, in dem O'Brien als Friseur arbeitete. Allerdings ist es schwer vorzustellen, dass das Hamilton der 1960er-Jahre zur Geschichte bisexueller, außerirdischer Dekadenz inspirierte. Für kostenloses WLAN sorgt Riff Raffs dreizackige Laserwaffe.

GRATIS ArtsPost GALERIE

(www.artspost.co.nz; 120 Victoria St.; ⌚10–16.30 Uhr) ArtsPost ist eine zeitgenössische Kunstgalerie mit Geschenkladen in einem stattlichen ehemaligen Postamt nahe dem Waikato Museum. Im Mittelpunkt steht qualitativ hochwertige einheimische Kunst: Gemälde, Glas, Drucke, Textilien und Fotos. Ein Blick lohnt sich auch auf die schönen Holzdielen.

Hamilton Zoo ZOO

(www.hamiltonzoo.co.nz; 183 Brymer Rd.; Erw./Kind/Fam. 16/8/42 NZ$, Touren extra; ⌚9–17 Uhr, letzter Eintritt 15.30 Uhr) Im Hamilton Zoo leben über 500 Tierarten (auch der einzige Tapir Neuseelands), der Zoo arbeitet bei verschiedenen Zuchtprogrammen mit.

MAORI IN WAIKATO & IM KING COUNTRY

Waikato und das King Country ist noch heute eine der am stärksten von Maori geprägten Regionen Neuseelands. Es ist das Kernland der Tainui-Stämme, Nachfahren jener Einwanderer, die im 14. Jh. mit dem *Tainui waka* (Kanu) in Kawhia eintrafen. Die Tainui sind in vier Hauptstämme gegliedert (Waikato, Hauraki, Ngati Maniapoto und Ngati Raukawa) und untrennbar mit der Kingitanga (King Movement) verbunden, die in Ngaruawahia ihren Sitz hat.

Die besten Gelegenheiten, die Maori-Kultur hautnah zu erleben, sind das Kai Festival in Kawhia sowie der Regatta Day und das Koroneihana-Fest in Ngaruawahia. Interessante *taonga* (Schätze) sind in den Museen von Hamilton und Te Awamutu ausgestellt. Zeugnisse des Waikato Land War sind in Rangiriri, Rangiaowhia und Orakau zu sehen.

Dutzende *marae* (Versammlungshäuser) liegen verstreut in der Landschaft, so auch in Awakino und in Kawhia, wo das Tainui waka vergraben ist. Ohne Genehmigung dürfen die *marae* nicht besichtigt werden, aber sie sind von den Toren aus gut zu erkennen. Bei einigen Touren wird auch auf die Maori-Kultur eingegangen, etwa bei der Tour in die Ruakuri Cave und bei den Bootsrundfahrten im Kawhia Harbour.

Hamilton

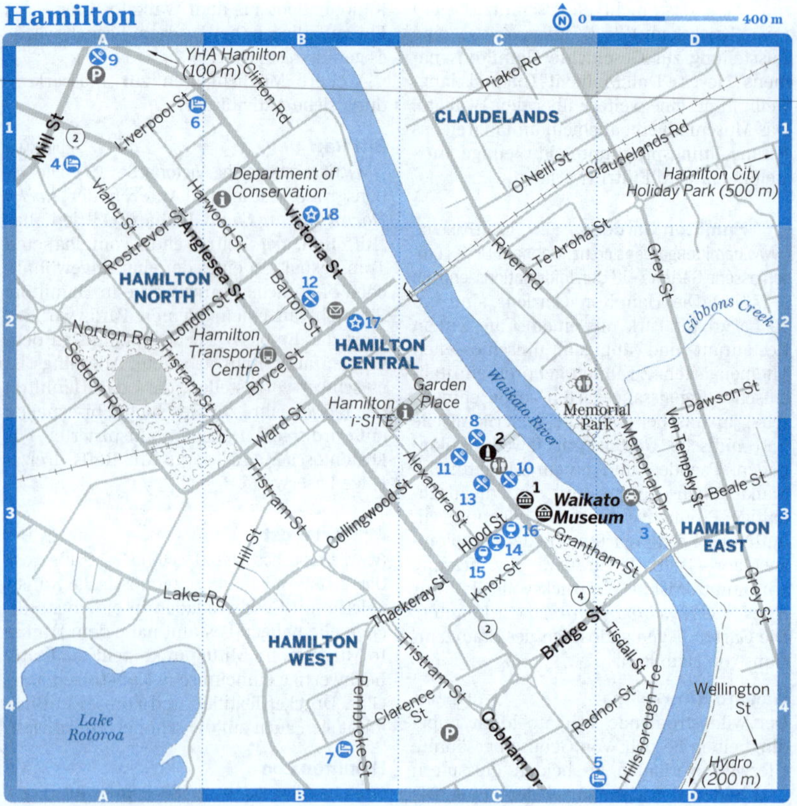

Es sind unterschiedliche Führungen möglich. Täglich stehen Tierpfleger für Fragen der Besucher bereit und geben interessante Einblicke in ihre Arbeit. Der Zoo liegt 8 km vom Zentrum Hamiltons entfernt. Die Anfahrt erfolgt folgendermaßen: Von der Tristram Road in die Norton Road, dann über die SH23 westlich Richtung Raglan, dann rechts in die Newcastle Road und schließlich links in die Brymer Road einbiegen.

Aktivitäten

City Bridges River Tour KAJAKFAHREN

(☎07-847 5565; www.canoeandkayak.co.nz; ⌚2-Std.-Tour Erw./Kind 60/35 NZ$) Eine interessante Art, den Waikato zu erkunden, ist die City Bridges River Tour, eine begleitete Kajaktour durch die Stadt. Erfahrungen im Kajakfahren sind für diese Kanufahrt nicht notwendig, allerdings findet die Tour lediglich bei einer Mindestzahl von drei Teilnehmern statt.

Cruise Waikato BOOTSTOUR

(☎0508 426 458; www.cruise-waikato.co.nz; Memorial Park Jetty, Memorial Dr.; Erw./Kind ab 25/10 NZ$) Cruise Waikato bietet diverse Flussfahrten, die sich entweder um Sehenswürdigkeiten, die Geschichte oder den Magen drehen (dann gibt es Kaffee und Muffins, *hangi* – ein Maori-Schlemmermahl – oder Picknicks). Auf jeden Fall lohnt es sich, einmal vom Fluss aus einen Blick auf die Stadt zu werfen.

Extreme Edge FELSKLETTERN

(☎07-847 5858; www.extremeedge.co.nz; 90 Greenwood St.; Tageskarte inkl. Kletterset Erw./Kind 17,50/13 NZ$; ⌚Mo–Fr 12–21.30, Sa & So 10–19 Uhr) Die riesige Halle nahe dem Frankton-Bahnhof bietet etliche knallbunte Kletterwände, deren obere 14 m überhängen, also auch für Geübte eine Herausforderung darstellen. Für Kinder gibt es einen eigenen Kletterbereich und für Anfänger kostenlosen Sicherheitsunterricht.

Hamilton

Highlights

Sehenswertes

Aktivitäten, Kurse & Touren

Schlafen

Essen

Ausgehen

Unterhaltung

Wiseway Canoe Adventures KANUFAHREN
(☎021 988 335; www.wisewayadventures.com; 2-Std.-Tour Erw./Kind 50/20 NZ$) Wiseway Canoe Adventures bietet geführte Flusstouren durch die Stadt und vermietet Kanus und Kajaks an Leute, die gerne alleine lospaddeln möchten. Ein- und dreistündige Touren sind ebenfalls möglich.

Kiwi Balloon Company BALLONFLÜGE
(☎07-843 8538, 021 912 679; www.kiwiballoon company.co.nz; Fahrt pro Pers. 320 NZ$) Eine Fahrt mit dem Heißluftballon ist eine wunderbare (und überhaupt nicht beängstigende) Möglichkeit, die grüne Landschaft von Waikato von oben zu betrachten. Die ganze Angelegenheit dauert etwa 4 Std., einschließlich Champagnerfrühstück und 1 Std. Fahrt im Ballon.

Feste & Events

Balloons Over Waikato SPORT
(www.balloonsoverwaikato.co.nz) Ganz legal high werden die Teilnehmer des Balloons over Waikato, einem fröhlichen Heißluftballonfest im März.

Hamilton 400 SPORT
(www.hamilton.v8supercars.com.au) Im April strömen die Motorfans zum Straßenrennen Hamilton 400 V8 Supercar in die Stadt, das Teil der bedeutenden Australian V8 Supercars Championship ist.

Hamilton River Festival KULTUR, SPORT
(www.hamiltonriverfestival.co.nz) Beim einmonatigen Fest im September/Oktober dreht sich alles um den mächtigen, strudelnden Waikato, einschließlich einer Kajaktour von Cambridge bis Hamilton und einem kühlen Sprung ins Nass. Hinzu kommen noch Imbissstände und Kulturveranstaltungen, die an vielen Orten in der ganzen Stadt ausgerichtet werden.

Schlafen

Die Straße von Auckland in die Stadt (Ulster St.) wird von Dutzenden gesichtslosen und verkehrslauten Motels gesäumt und ist von daher nur für einen kurzen Aufenthalt empfehlenswert.

Anglesea Motel MOTEL $$
(☎07-834 0010, 0800 426 453; www.angleseamotel.co.nz; 36 Liverpool St.; DZ/2-/3-Schlafzimmer-App. ab 138/265/310 NZ$; @☎≋) Das Anglesea wird von Reisenden sehr gelobt und ist das weitaus beste Motel in der Ulster Street. Es bietet reichlich Platz, freundliche Angestellte, kostenloses WLAN, einen Pool,

TAUPIRI

Etwa 26 km nördlich von Hamilton liegt an der SH1 der Taupiri (287 m), der heilige Berg der Tainui. Er ist am Friedhof an seinem Hang zu erkennen und auch am Hupen vorbeifahrender Autos – die Einheimischen grüßen damit ihre Angehörigen. Im August 2006 versammelten sich hier Tausende, als die allseits beliebte Maori-Königin Dame Te Atairangikaahu mit dem *waka* (Kanu) flussaufwärts zu ihrem letzten Ruheplatz, einem unmarkierten Grab auf dem Gipfel, gebracht wurde.

Squash- und Tennisplätze und eine relativ elegante Einrichtung. Kaum zu überbieten.

J's Backpackers HOSTEL $
(☎07-856 8934; www.jsbackpackers.co.nz; 8 Grey St.; B/EZ/DZ/3BZ 28/60/66/82 NZ$; @📶) Das freundliche J's ist ein gemütliches und sicheres Hostel in einem charaktervollen Haus nahe den Hamilton Gardens. Es bietet eine frisch renovierte (aber kleine) Küche, kostenlose Fahrräder und helle, ordentliche Zimmer. Hinten gibt es einen Grill und vorne auf dem Rasen eine Lounge in Form einer mongolischen Jurte, wo die Gäste ihr Bier trinken, auf der Gitarre spielen und hoffen können, dass Dschingis Khan nicht doch noch aufkreuzt.

City Centre B&B B&B $$
(☎07-838 1671; www.citycentrebnb.co.nz; 3 Anglesea St.; Zi. 90–150 NZ$, zusätzliche Pers. 30 NZ$; @📶🏊) Das saubere, separate Apartment am Fluss in einer ruhigen Straße im Zentrum (5 Min. zu Fuß zur Victoria St. und zur Hood St.) hat direkt vor der Haustür einen Pool. In einem Flügel des Haupthauses wird zusätzlich ein Zimmer vermietet. Die Zutaten für das Frühstück werden den Hausgästen bereitgestellt.

YWCA HOSTEL $
(☎07-838 2219; www.ywcahamilton.org.nz; Ecke Pembroke & Clarence St.; EZ/DZ 30/60 NZ$; @) Jung oder weiblich muss niemand sein, um in diesem vierstöckigen Wohnblock-Hostel unterzukommen. Die Zimmer gleichen Zellen, sind aber blitzsauber, günstig und privat. In jedem Stockwerk gibt es Gemeinschaftsbäder, einen guten Sicherheitsschutz, eine Küche und einen Fernsehraum. Wochenpreise werden ebenfalls angeboten.

Eagles Nest Backpackers HOSTEL $
(☎07-838 2704; www.eaglesbackpackers.co.nz; 937 Victoria St.; B/DZ 25/60 NZ$; @📶) Die Zimmer im zwanglosen Hostel im 1. Stock des Gebäudes haben keine Fenster (aber Oberlichter), sind sauber und erholsam ruhig angesichts der (lauten) Straßenlage. Der große (und halbwegs kühle) Gemeinschaftsraum bietet einen kleinen Balkon mit Blick auf das Gewusel der Victoria Street und einem Grill zum Würstchenbraten.

YHA Hamilton HOSTEL $
(☎07-957 1848; www.yha.co.nz; 140 Ulster St.; B/EZ 29/49 NZ$, DZ 59–69 NZ$; @📶) Supersauber, erstklassige Bettwäsche, Sky-TV, coole Lounge, Wäscherei, Supermarkt gegenüber ...wo ist also der Haken? Naja, das Hostel war früher ein „Mikro-Hotel", die Zimmer und die Küche sind daher alle winzig klein. Wer größer als 1,80 cm ist, wird hier Probleme haben.

Hamilton City Holiday Park FERIENPARK $
(☎07-855 8255; www.hamiltoncityholidaypark.co.nz; 14 Ruakura Rd.; Stellplätze/Zi. ab 35/45 NZ$; @📶) Die grüne Ferienanlage bietet schlichte Hütten und schattige Zeltplätze. Die Sanitäranlagen und einige der älteren Hütten wirken inzwischen etwas abgenutzt, dafür liegt die Anlage relativ zentrumsnah (2 km östlich der Innenstadt) und ist preislich erschwinglich.

Essen

River Kitchen CAFÉ $
(www.theriverkitchen.co.nz; 237 Victoria St.; Hauptgerichte 7–16 NZ$; ⌚Mo–Fr 7–16, Sa & So 8–16 Uhr; 🌱) Das hippe River Kitchen serviert Einfaches, das aber mit Stil: leckere Kuchen, ein Gourmetfrühstück und frische, saisonale Mittagsgerichte (sehr schmackhaft ist z. B. das Lachshack). Und der Barista kennt sich mit Kaffee aus! Es ist diese Art von Café, in die die Leute zum Frühstück kommen, zum Mittagessen zurückkehren und dann am nächsten Tag wieder zum Frühstück auftauchen.

Chim-Choo-Ree MODERN NEUSEELÄNDISCH $$$
(☎07-839 4329; www.chimchooree.co.nz; 244 Victoria St.; Hauptgerichte 30–34 NZ$; ⌚Di–Sa 16.30 Uhr bis spätabends) Das coole kleine Chim-Choo-Ree mit seinen klackernden Bugholzstühlen, Betonböden und kitschiger Kunst ist ein zwangloses Edelrestaurant, das die Kritiker begeistert. Empfehlenswert sind das fünfgängige Verkostungsmenü (125/85 NZ$ mit/ohne Wein) und Hauptgerichte wie der über Manukaholz geräucherte Aal oder die kanadischen Muscheln mit Apfel-Rettich-Salat. An den Straßentischen ist der Lärm aus der Bar nebenan zu hören, der sich aber mit *Mary-Poppins*-Klassikern übertönen lässt.

Scott's Epicurean INTERNATIONAL $
(☎07-839 6680; 181 Victoria St.; Hauptgerichte 11–20 NZ$; ⌚Mo–Fr 7–16, Sa & So 8.30–16 Uhr) Das großartige Lokal lockt mit schnieken Ledersitzbänken, tollem Kaffee und einem interessanten und erschwinglichen Speiseangebot, z. B. Pyttipanna (die schwedische Variation eines Resteessens) oder die stets beliebten Spaghetti *aglio e olio*. Der Service

ist freundlich, das Lokal besitzt auch eine Schanklizenz.

Rocket Coffee CAFÉ $

(www.rocketcoffee.co.nz; 302 Barton St.; Kaffee ab 4 NZ$; ⏲Mo–Fr 8–16 Uhr) In der Barton Street verbirgt sich das angeblich Coolste, was Hamilton zu bieten hat (abgesehen von der Riff-Raff-Statue): Das Rocket Coffee ist ein speicherähnliches Kaffeeparadies, in dem die Bohnen vor Ort geröstet und Koffeinsüchtige an die großen Tische voller Zeitungen gelockt werden. Die Angestellten legen altmodische Schallplatten auf (auch nach Wunsch), wenn sie nicht gerade Kaffee kochen oder Säcke voller Bohnen zum Versand verpacken.

Palate MODERN NEUSEELÄNDISCH, FUSION $$$

(☎07-834 2921; www.palaterestaurant.co.nz; 170 Victoria St.; Hauptgerichte 32–39 NZ$; ⏲Mo–Sa Abendessen) Das einfache, kultivierte Palate hat den wohlverdienten Ruf, das kulinarische Niveau in Neuseeland anzuheben. Der Koch und Besitzer Mat McLean serviert eine innovative, modern-neuseeländische Küche, deren Glanzlichter mit Honig gewürzte Ente mit Süßkartoffel- und Kokosnusspüree, Zitrus-Couscous, Orangensalat und Cointreau-Jus sind.

Hydro CAFÉ $

(www.hydrocafe.co.nz; 33 Jellicoe Dr.; Hauptgerichte 9–21 NZ$; ⏲Mo–Do 9–15, Fr–So 8–15.30 Uhr; 📶🖉) Das Hydro am Ostufer des Flusses (über den Uferweg zu erreichen) ist ein lockeres Café mit Straßentischen in einer alten Straße mit Alltagsläden. Es eignet sich gut für einen Brunch und leichte, witzig kombinierte Mahlzeiten (der Muschelsalat mit Mango-Chili ist lecker). WLAN und neuseeländische Weine per Glas gibt es hier ebenfalls.

Pak 'n Save SUPERMARKT

(Mill St.; ⏲8–22 Uhr) Am Nordrand des Stadtzentrums.

Ausgehen

Rund um die Victoria Street und die Hood Street tobt am Wochenende das Nachtleben mit Livemusik und DJs.

House on Hood BAR, HAUSBRAUEREI

(www.houseonhood.co.nz; 27 Hood St.) Das House on Hood, eine Scheune von 1915 mit großer Bierauswahl, ist eine prima Kneipe für ein paar hausgebraute Bierchen. Ständig gibt es Bierabende und Bierverkostungen, samstagabends spielen Bands und sonntagnachmittags DJs. Ein Bierparadies!

Diggers Bar BAR

(www.diggersbar.co.nz; 17b Hood St.; ⏲Di–So 15 Uhr bis spätnachts) Die abgefahrene Partybar hat schon viele Kneipen in der Hood Street überlebt – dank der reichen Auswahl an flüssigem Brot vom Fass und allnächtlicher Livemusik in einem riesigen Saal. Wer mittwochs vier Bier trinkt, bekommt eine Gourmetpizza dazu.

Limestone BAR

(15 Hood St.; ⏲Mi ab 20, Do & Sa ab 19, Fr ab 16 Uhr) Das stimmungsvolle Limestone in Hamiltons ältestem Gebäude – ein ehemaliger Kurzwarenladen – ist eine Erholung von der ansonsten lärmenden und alkoholreichen Kneipentour in der Hood Street. Es gibt eine hervorragende Auswahl an Flaschenbieren, umwerfend viele Schnäpse sowie Zigarren, die draußen geraucht werden müssen.

☆ Unterhaltung

Victoria Cinema KINO

(www.victoriacinema.co.nz; 690 Victoria St.; Erw./Kind 15,50/13,50 NZ$; ⏲ab 17 Uhr) In „Hamiltons Haus des guten Films" werden Arthouse und internationale Filme bei einem Glas Wein oder einem kalten Bier gezeigt. Die Karten sind werktags um 2 NZ$ billiger.

Lido Cinema KINO

(www.lidocinema.co.nz; Level 1, Centre Place, 501 Victoria St.; Erw./Kind 15/9 NZ$; ⏲ab 10 Uhr) Das elegante Lido – schwarzer Teppichboden, Kronleuchter, bourbonische Lilien – zeigt erstklassige Arthouse-Filme in drei Kinos mit jeweils 100 bequemen Sitzen.

ℹ Praktische Informationen

Anglesea Clinic (☎07-858 0800; www.angleseamedical.co.nz; Ecke Anglesea & Thackeray St.; ⏲24 Std.) Für Unfälle und dringende medizinische Versorgung.

Department of Conservation (DOC; ☎07-858 1000; www.doc.govt.nz; Level 5, 73 Rostrevor St.; ⏲Mo–Fr 8–16.30 Uhr)

Hamilton i-SITE (☎07-958 5960; www.visithamilton.co.nz; 5 Garden Pl.; ⏲Mo–Fr 9–17, Sa & So 9.30–15.30 Uhr; 📶) Buchungen von Unterkünften, Aktivitäten und Verkehrsverbindungen, außerdem kostenloses WLAN im Bereich des Garden Place.

Post (36 Bryce St.) Mit Geldwechselschalter.

Waikato Hospital (☎07-839 8899; www.waikatodhb.govt.nz; Pembroke St.; ⏲24 Std.)

An- & Weiterreise

Bus

Sämtliche Busse fahren vom und zum **Hamilton Transport Centre** (☎07-834 3457; www.hamilton.co.nz; Ecke Anglesea & Bryce Street).

Die Regionalbusse von Busit! (S. 238) des Waikato Regional Council fahren u. a. nach Ngaruawahia (3,80 NZ$, 25 Min.), Cambridge (5,40 NZ$, 40 Min.), Te Awamutu (6,40 NZ$, 50 Min.) und Raglan (7,50 NZ$, 1 Std.).

Die Busse von **Dalroy Express** (☎06-759 0197, 0508 465 622; www.dalroytours.co.nz) verkehren täglich über Hamilton zwischen Auckland (23 NZ$, 2 Std.) und New Plymouth (41 NZ$, 4 Std.) und halten in den meisten Orten, wie etwa in Te Kuiti (19 NZ$, 1¾ Std.) und Te Awamutu (13 NZ$, 20 Min.).

InterCity (☎09-583 5780; www.intercity.co.nz) bedient folgende Ortschaften:

REISEZIEL	FAHRPREIS	FAHRZEIT	HÄUFIGKEIT
Auckland	30 NZ$	2 Std.	11-mal tgl.
Cambridge	23 $	25 Min.	9-mal tgl.
Matamata	27 NZ$	50 Min.	3-mal tgl.
Ngaruawahia	17 NZ$	20 Min.	9-mal tgl.
Rotorua	35 NZ$	1½ Std.	5-mal tgl.
Te Aroha	10 NZ$	1 Std.	2-mal tgl.
Te Awamutu	22 NZ$	35 Min.	3-mal tgl.
Wellington	55 NZ$	5 Std.	3-mal tgl.

Naked Bus (☎0900 625 33; www.nakedbus.com) fährt u. a. in folgende Ortschaften:

REISEZIEL	FAHRPREIS	FAHRZEIT	HÄUFIGKEIT
Auckland	15 NZ$	2 Std.	5-mal tgl.
Cambridge	20 NZ$	30 Min.	5- bis 7-mal tgl.
Matamata	20 NZ$	1 Std.	1-mal tgl.
Ngaruawahia	20 NZ$	30 Min.	5-mal tgl.
Rotorua	15 NZ$	1½ Std.	4- bis 5-mal tgl.
Wellington	40 NZ$	9½ Std.	1- bis 2-mal tgl.

Minibus Express (☎07-856 3191, 0800 646 428; www.minibus.co.nz) Shuttlebus zwischen Hamilton und dem Auckland Airport (einfach 75 NZ$).

Raglan Scenic Tours (☎07-825 0507, 021 0274 7014; www.raglanscenictours.co.nz) Pendelverkehr zwischen Hamilton und Raglan (einfach 30 NZ$). Auch Verbindung mit dem Auckland Airport.

Flugzeug

Air New Zealand (☎0800 737 000; www.airnewzealand.co.nz) Reguläre Direktflüge von Hamilton nach Auckland, Christchurch, Palmerston North und Wellington.

Pacific Blue (☎0800 670 000; www.pacificblue.com.au) Internationale Flüge zwischen Hamilton und Sydney sowie Brisbane.

Sunair (☎07-575 7799, 0800 786 247; www.sunair.co.nz) Direktflüge nach Gisborne, Napier, Great Barrier Island und Whitianga.

Zug

Hamilton liegt an der Strecke des **Overlander** (☎0800 872 467; www.tranzscenic.co.nz; ⌚Okt.–April tgl., Mai–Sept. Fr–So) zwischen Auckland (68 NZ$, 2½ Std.) und Wellington (129 NZ$, 9½ Std.) via Otorohanga (68 NZ$, 45 Min.). Die Züge halten im **Frankton-Bahnhof** (Fraser St.) in Hamilton, 1 km westlich des Stadtzentrums. Es gibt hier keinen Fahrkartenverkauf; Informationen dazu siehe Website.

Unterwegs vor Ort

Auto

Rent-a-Dent (☎07-839 1049; www.rentadent.co.nz; 383 Anglesea St.; ⌚Mo–Fr 7.30–17, Sa 8–12 Uhr)

Bus

Die Stadtbusse von **Busit!** (☎0800 4287 5463; www.busit.co.nz; Stadtstrecken Erw./Kind 3,10/2,10 NZ$) fahren täglich von etwa 7 bis 19.30 Uhr (Fr länger) durch das Stadtzentrum und die Vororte. Alle Busse halten auch im Hamilton Transport Centre. Busit! betreibt auch den kostenlosen Bus Nr. 51 CBD, der alle zehn Minuten (Mo–Fr 7–18 Uhr, Sa 9–13 Uhr) in einer Schleife durch die Straßen Victoria, Liverpool, Anglesea und Bridge fährt.

Zum/Vom Flughafen

Der **Hamilton International Airport** (HIA; ☎07-848 9027; www.hamiltonairport.co.nz; Airport Rd.) liegt 12 km südlich der Stadt. Die Ausreisegebühr für internationale Flüge beträgt 25 NZ$ pro Person ab 12 Jahren. Der **Super Shuttle** (☎07-843 7778, 0800 748 885; www.supershuttle.co.nz; einfach 23 NZ$) fährt bis zur gewünschten Adresse in der Stadt. Ein Taxi kostet um die 40 NZ$.

Raglan

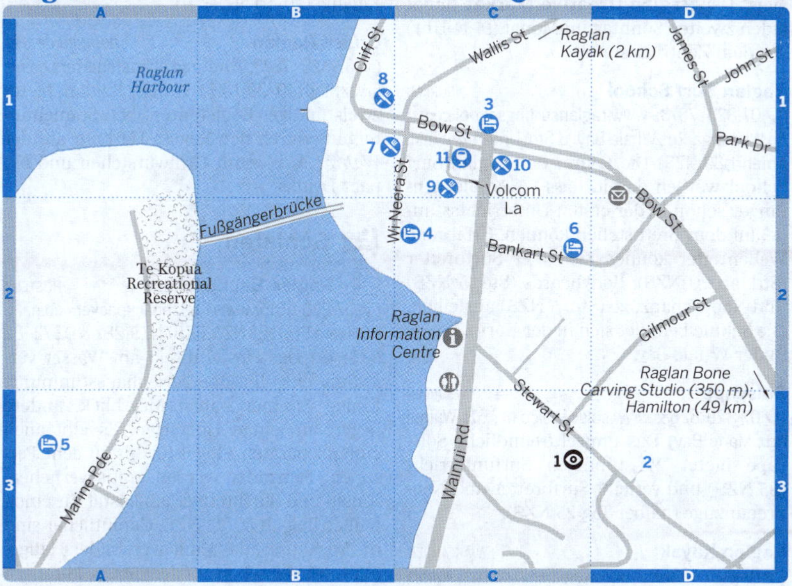

Raglan

Sehenswertes

1 Old School Arts Centre C3

Aktivitäten, Kurse & Touren

2 Bike2Bay D3

Schlafen

3 Harbour View Hotel C1
4 Raglan Backpackers C2
5 Raglan Kopua Holiday Park A3
6 Raglan Sunset Motel C2

Essen

7 Aloha Market Place B1
8 Orca B1
9 Raglan Roast C1
10 The Shack C1

Ausgehen

11 Yot Club C1

Taxi & Wassertaxi

Discovery River Taxis (☎0800 420 8294; www.discoveryrivercruises.co.nz; Memorial Park Jetty, Memorial Dr.; Touren ab 10 NZ$) Kurze Strecken auf dem Fluss zu beliebigen Zielen.

Hamilton Taxis (☎07-8477 477, 0800 477 477; www.hamiltontaxis.co.nz)

Raglan

2640 EW.

Das gemächliche Raglan ist der perfekte Surfort in Neuseeland. Der Ort ist klein genug, um einer Massenerschließung zu entgehen, aber groß genug für etwas Leben (z. B. gute Restaurants und eine Bar, in der im Sommer bekannte Bands auftreten).

Die nahen Surfstrände – Indicators, Whale Bay und Manu Bay – sind international für ihre Point Breaks berühmt. Die Manu Bay taucht auch in Bruce Browns Surferfilmklassiker von 1964 *The Endless Summer* auf. Die geschützte Bucht, an der die Stadt liegt, eignet sich ideal zum Kajakfahren. Das alles lockt die sexy Jungs und Mädels aus aller Welt an!

Sehenswertes & Aktivitäten

GRATIS **Old School Arts Centre** KUNSTZENTRUM, GALERIE

(www.raglanartscentre.co.nz; Stewart St.; ⏲Mo & Mi 10–14 Uhr, bei Ausstellungen unterschiedlich) Das Gemeindezentrum Old School Arts Centre bietet wechselnde Ausstellungen und Workshops zu den Themen Weben, Schnitzen, Yoga und Geschichtenerzählen. Im Sommer werden regelmäßig Filme gezeigt (11 NZ$) und dabei Curry und Bier serviert. Der **Raglan Creative Market** findet jeden zweiten Sonntag im Monat (9–14 Uhr) vor dem Zentrum statt.

Raglan Surf School SURFEN
(☎07-825 7873; www.raglansurfingschool.co.nz; 5b Whaanga Rd., Whale Bay; 3 Std. Unterricht inkl. Anfahrt 89 NZ$) Die Lehrer der Raglan Surf School werben damit, dass 95 % aller Anfänger schon in der ersten Unterrichtsstunde auf dem Brett stehen können. Erfahrene Wellenreiter können sich hier Surfbretter (Std. ab 20 NZ$), Bodyboards (Std. 5 NZ$) und Neoprenanzüge (Std. 5 NZ$) ausleihen. Die Schule befindet sich in der Karioi Lodge in der Whale Bay.

Solscape SURFEN
(☎07-825 8268; www.solscape.co.nz; 611 Wainui Rd., Manu Bay) Das umweltfreundliche Solscape bietet 2½-stündigen Surfunterricht (85 NZ$) und verleiht Surfbretter und Neoprenanzüge (halber Tag 25 NZ$).

Raglan Kayak KAJAKFAHREN
(☎07-825 8862; www.raglaneco.co.nz; Wallis St. Wharf) Der Raglan Harbour eignet sich super zum Kajakfahren. Der Laden bietet dreistündige geführte Paddeltouren durch die Bucht (pro Pers. 70 NZ$) und verleiht auch Kajaks (Einzel/Doppel-Kajak halber Tag 40/60 NZ$). Anfänger können auf dem sanften Opotoru River üben, wer mag, kann auch zu den interessanten „Pfannkuchenfelsen" (Sedimentfelsen) am Nordufer der Bucht paddeln.

Raglan Bone Carving Studio KNOCHENSCHNITZEN
(☎07-825 7147, 021 0223 7233; www.maoribonecarving.com; 6 Snowden Pl.; Workshops 69 NZ$, Privatstunden Std. 25 NZ$) Hier kann jeder seinen eigenen Knochenanhänger schnitzen (ein schönes Souvenir!) und zwar mit Rangi Wills, einem geläuterten „Problemjugendlichen", der entdeckte, dass er richtig gut schnitzen kann. Die Workshops dauern drei bis vier Stunden, Privatunterricht ist ebenfalls möglich.

Geführte Touren

Raglan Scenic Tours FÜHRUNG
(☎07-825 0507; www.raglanscenictours.co.nz) Ein breites Angebot an Sightseeingtouren, u. a. 1 Std. durch Raglan (Erw./Kind 30/10 NZ$), 3½ bis 4 Std. über den Mount Karioi mit den Bridal Veil Falls und der Te Toto Gorge (90/40 NZ$) sowie 3 bis 4 Std. nach Kawhia (70/40 NZ$).

Cruise Raglan BOOTSRUNDFAHRT
(☎07-825 7873; www.raglanboatcharters.co.nz; Erw./Kind 40/29 NZ$) Cruise Raglan bietet zweistündige Bootstouren bei Sonnenuntergang durch den Raglan Harbour auf der *Wahine Moe*, samt Grillwürstchen und ein paar Drinks.

Schlafen

LP TIPP **Raglan Backpackers** HOSTEL $
(☎07-825 0515; www.raglanbackpackers.co.nz; 6 Wi Neera St.; B 28 NZ$, EZ 57 NZ$, 2BZ & DZ 72–82 NZ$; @) Das Hostel direkt am Wasser verströmt eine lockere Ferienhausstimmung. Einige Zimmer haben Meerblick, andere liegen um einen Hofgarten. Es gibt auch einen separaten Flügel für bis zu acht Personen. Fahrräder werden gratis verliehen, Kajak- und Surfbrettverleih kostet für einen halben Tag ab 30/25 NZ$. Gemütlicher sind die Yogakurse, das Faulenzen in der Hängematte, ein bisschen auf der Gitarre klimpern oder ein Besuch der Sauna. Kein WLAN – es „stört die Schwingung"!

Journey's End B&B B&B, APARTMENT $$
(☎07-825 6727; www.raglanaccommodation.co.nz; 49 Lily St.; EZ/DZ 100/140 NZ$, exklusiv 200 NZ$; WLAN) Die zwei schönen Zimmer mit Bad teilen sich ein modernes Wohnzimmer mit Kochnische und eine wunderbare Terrasse mit Blick auf Hafen und Bucht. Man kann die ganze Unterkunft mieten oder auch nur eines der Zimmer und dabei die (mögliche) Gesellschaft anderer Leute riskieren/genießen. Das Haus liegt 15 Min. zu Fuß vom Ort entfernt.

Harbour View Hotel HISTORISCHES HOTEL $
(☎07-825 8010; harbourviewhotel@vodafone.co.nz; 14 Bow St.; EZ ab 70 NZ$, 2BZ & DZ ab 90 NZ$, FZ ab 105 NZ$) Wer glaubt, dass nur Schwächlinge noch vor dem Partyende zu Bett gehen, der wird sich in dem zweistöckigen, 106 Jahre alten Gasthaus mit sonnigen Terrassen und Kauriholzausstattung wohlfühlen. Die Zimmer sind sauber, es gibt jedoch nur Gemeinschaftsbäder. Im Pub unten gibt es einfaches Essen, Livebands und Rugby auf Großbildschirmen.

Raglan Kopua Holiday Park FERIENPARK $
(☎07-825 8283; www.raglanholidaypark.co.nz; Marine Pde.; Zeltplätze ab 34 NZ$, B/Zi. ab 56/85 $; @ WLAN) Eine gepflegte Anlage mit vielen

verschiedenen Unterkunftsarten auf der Landzunge hinter dem Meeresarm (eine Fußgängerbrücke führt von der Stadt aus hinüber, Autofahrer müssen ein ganzes Stück fahren). Schatten gibt es nicht, aber einen Strand zum Baden und viel Platz zum Herumtollen.

Raglan Sunset Motel MOTEL $$
(☎07-825 0050; www.raglansunsetmotel.co.nz; 7 Bankart St.; DZ 140 NZ$;) Das zweistöckige Motel mit Pseudo-Fensterläden an der Fassade liegt einen Block abseits des Nachtlebens. Es ist noch nicht einmal zehn Jahre alt, sodass noch alles gut in Schuss ist. Die Besitzer vermieten im Ort einige Apartments (DZ ab 150 NZ$) und ein Strandhaus (4 Pers. ab 250 NZ$). Der Verleih von Fahrrädern/Kajaks kostet pro halbem Tag 30/45 NZ$.

Essen

The Shack CAFÉ, INTERNATIONAL $
(19 Bow St.; Hauptgerichte 9–18 NZ$; ⏲Sa–Do 8.30–17, Fr 9.30 Uhr bis spätabends;) Burger, Wraps, Gemüsepfannen, Currys, Nahöstliches, Tapas... Der „Schuppen" zieht alle Register, was den Imbiss angeht. An der Wand hängt ein Surfbrett, die Holzdielen knarzen, die Musik ist flott und das Personal international – eine gute Adresse.

Orca CAFÉ, MODERN NEUSEELÄNDISCH $$
(☎07-825 6543; www.orcarestaurant.co.nz; 2 Wallis St.; Frühstück 11–18 NZ$, Hauptgerichte 19–33 NZ$; ⏲Mo–Fr 9 Uhr bis spätabends, Sa & So ab 8 Uhr) Ein Tag, der an einem Fensterplatz im Orca mit Blick aufs Wasser und ein paar Eiern Benedikt und einem erstklassigen Kaffee beginnt, kann nur gut werden. Abends locken dann Kaninchentopf, Weinabende und Livemusik.

Raglan Roast CAFÉ $
(www.raglanroast.co.nz; Volcom La; Kaffee & Keks 5 NZ$; ⏲7.30–17 Uhr, im Winter kürzere Öffnungszeiten) Die Kaffeerösterbude mit großem Klappfenster zur Straße raus braut den besten Kaffee im Ort, und das war es auch schon (es gibt auch nicht wirklich viel Platz für etwas anderes). Nette Adresse für einen Kaffee, einen Keks und einen Schwatz.

Aloha Market Place JAPANISCH $
(5 Bow St.; Sushi 1,20–2,20 NZ$, Hauptgerichte 10–13 NZ$; ⏲11–17 Uhr, im Winter kürzere Öffnungszeiten;) Ein japanisches Takeaway, fettfrei und auf Surfer ausgerichtet. Mit einer Tüte Wunsch-Sushis, ein paar Udon-Nudeln oder einer Donburi-Reisschüssel geht es dann ans Wasser. Frei nach dem Motto: „Kein Reis, kein Leben".

Ausgehen & Unterhaltung

Im Orca und im Harbour View Hotel wird meist an den Sommerwochenenden Livemusik gespielt.

Yot Club BAR, LIVEMUSIK
(www.mukuna.co.nz/waikato/raglan/yot-club.htm; 9 Bow St.; Eintritt frei–25 NZ$; ⏲21 Uhr bis spätnachts) In die lärmende Nachtbar geht jeder zum Tanzen. Hier treten Gast-DJs und Bands auf, es gibt einen Poolbillardtisch und Importbiere.

Praktische Informationen

Raglan Information Centre (☎07-825 0556; www.raglan.org.nz; 13 Wainui Rd.; ⏲Mo–Fr 9.30–17, Sa 10–17, So 10–16 Uhr) DOC-Broschüren sowie Infos zu Unterkünften und Aktivitäten im Ort. Im Winter kürzere Öffnungszeiten.

West Coast Health Centre (☎07-825 0114; wchc@wave.co.nz; 12 Wallis St.; ⏲Mo–Fr 9–17 Uhr) Medizinische Versorgung.

Anreise & Unterwegs vor Ort

Von Hamilton erreicht man Raglan (48 km) über den SH23 in westlicher Richtung. Unbefestigte Nebenstraßen verbinden Raglan mit dem 50 km südlich gelegenen Kawhia. Auf den kurvenreichen, immer wieder von Felsrutschen bedrohten Straßen kommt man zwar nur langsam voran, dafür ist die abseits der Touristenpfade gelegene Strecke malerisch. Man fährt zunächst 7 km nach Hamilton zurück, nimmt dann die Ausfahrt „Te Mata/Kawhia" und folgt den Schildern. Die Fahrt dauert mindestens eine Stunde.

ABSTECHER

RUAPEKE BEACH

Die Whale Bay liegt am Ende der Asphaltstraße, von wo eine Schotterpiste weiter bis zum Ruapuke Beach 22 km von Raglan entfernt führt. An der Straße rosten ein paar abgestellte Busse vor sich hin. Der Strand ist gefährlich für Schwimmer, aber sehr beliebt bei Brandungsanglern. Die Schotterpiste führt weiter zum Mount Karioi und endet in Te Mata wieder an der Straße landeinwärts.

Die Regionalbusse von **Busit!** (☎0800 4287 5463; www.busit.co.nz; Erw./Kind 7,50/3,80 NZ$) verkehren werktags dreimal täglich und am Wochenende zweimal täglich zwischen Hamilton und Raglan (1 Std.).

Raglan Scenic Tours (S. 226) betreibt einen Shuttlebus zwischen Raglan und Hamilton (einfach 30 NZ$). **Raglan Shuttle Co** (☎0800 8873 2 7873; www.raglanshuttle.co.nz) befährt die gleiche Strecke.

Bike2Bay (☎07-825 0309; www.bike2bay.com; 24b Stewart St.; Verleih 1 Std./halb-/ganztags 8/22/33 NZ$; ⏲9.30–17 Uhr) verleiht Mountainbikes, hat eine Reparaturwerkstatt und bietet Fahrradtouren um Raglan an.

Taxiservice: **Raglan Taxi** (☎07-825 0506)

Südlich von Raglan

OCEAN BEACH

Der Ocean Beach liegt 4 km südwestlich von Raglan an der Öffnung der Bucht zum Meer und ist über den Riria Kereopa Memorial Drive zu erreichen. Der Strand ist beliebt bei Wind- und Kite-Surfern, ist aber wegen starker Strömungen extrem gefährlich zum Schwimmen.

NGARUNUI BEACH

Der Ngarunui Beach knapp 1 km südlich des Ocean Beach eignet sich für Surferneulinge hervorragend zum Üben. Oben auf der Klippe steht ein Clubhaus für die freiwilligen Rettungsschwimmer, die von Ende Oktober bis April einen Teil des schwarzsandigen Strands überwachen. Es ist der einzige Strand mit Rettungsschwimmern und der beste zum Schwimmen.

MANU BAY

2,5 km weiter vom Ngarunui Beach folgt die Manu Bay, ein legendärer Surfstrand, der die längste Linkswelle der Welt haben soll. Die langgestreckten gleichmäßig ausrollenden Wellen entstehen durch den Winkel, in der die Dünung der Tasmansee auf die Küste trifft (die besten Bedingungen herrschen bei einer Südwestdünung).

Schlafen

LP TIPP **Solscape** HOSTEL, HÜTTEN $

(☎07-825 8268; www.solscape.co.nz; 611 Wainui Rd., Manu Bay; Stellplätze ab 16 NZ$, Waggons B/DZ 26/68 NZ$, Tipis pro Pers. 34 NZ$, Hütten DZ 115–180 NZ$; @📶) Die Schlafsäle im Hippiehostel auf einem Hügel befinden sich in alten Eisenbahnwaggons. Es ist das ultimative Ökoerlebnis: Abhängen in einem Tipi (erstaunlich komfortabel, Vermietung Dez.–April) inmitten von Buschland, völlig weg von der Zivilisation – aber ohne Verzicht auf heiße Duschen (solarbeheizt) und anständige Toiletten (Kompostklos). Separate Hütten mit Meerblick (das „Ivy" ist die beste), Surfunterricht und Massage (Std. 65 NZ$) komplettieren das Angebot.

WHALE BAY

Die Whale Bay ist ein bekannter Surfort (S. 227) 1 km westlich der Manu Bay. Hier trifft man meist weniger Leute als in der Manu Bay, dafür muss man allerdings 600 m über Felsen klettern, um zum Break zu kommen.

Schlafen

Karioi Lodge HOSTEL $

(☎07-825 7873; www.karioilodge.co.nz; 5b Whaanga Rd., Whale Bay; B/DZ 30/75 NZ$; @📶) Die Karioi Lodge tief im Buschland bietet eine Sauna, Seilrutsche, Mountainbikes, Busch- und Strandwanderungen, biologisches Gärtnern, Bäume pflanzen und die Raglan Surf School. Die Zimmer haben kein eigenes Bad, sind aber sauber und gemütlich. Die netten Besitzer betreiben auch das benachbarte **Sleeping Lady Lodging** (☎07-825 7873; www.sleepinglady.co.nz; 5b Whaanga Rd., Whale Bay; Haus 165–570 NZ$), eine Gruppe aus sieben Luxushäusern mit Meerblick.

MOUNT KARIOI

In der Legende ist der Mount Karioi (756 m) die Schlafende Frau (im Profil zu erkennen), die Schwester des Mount Pirongia. Die **Te Toto Gorge** (8 km südlich der Whale Bay) ist eine steile Schlucht am Fuß des Bergs mit einem schwindelerregenden Aussichtspunkt hoch über dem Abgrund.

Vom Parkplatz der Te Toto Gorge führt ein anstrengender, aber landschaftlich schöner Weg den Westhang hinauf. Bis zum Aussichtspunkt läuft man 2½ Stunden, eine weitere und leichtere Stunde bis zum Gipfel. Der Wairake Track am Osthang ist ein steilerer, 2½-stündiger Aufstieg zum Gipfel, wo er auf den Te Toto Track trifft.

WAIREINGA (BRIDAL VEIL FALLS)

Gleich hinter der Te Mata (eine kurze Fahrt nach Süden ab der Hauptstraße zwischen Raglan und Hamilton) führt eine 4 km lange Abzweigung von der Hauptstraße zum 55 m hohen Wasserfall Waireinga (Bridal Veil Falls; Brautschleierwasserfall). Vom Parkplatz läuft man 10 Min. durch moosiges Buschland bis nach oben zum Wasserfall. Es ist ein magischer Ort, verstärkt noch durch die tanzenden Regenbogen um den braungrünen Teich weiter unten (zum Baden nicht geeignet). Bis nach unten sind es weitere 10 Min. zu Fuß. Unbedingt das Auto abschließen: Immer wieder kommt es zu Einbrüchen.

Magic Mountain Horse Treks (☎07-825 6892; www.magicmountain.co.nz; 334 Houtchen Rd., Te Mata; Ausritte ½ Std. 50/70 NZ$) bietet Ausritte durchs Hügelland sowie einen Ritt zum Waireinga (Bridal Veil Falls, 90 NZ$).

PIRONGIA FOREST PARK

Die Hauptattraktion des 170 km² großen Waldparks ist der 959 m hohe **Mount Pirongia** (www.mtpirongia.org.nz), dessen Gipfel in fast ganz Waikato zu sehen ist. Der Berg wird meist von der Corcoran Road aus bestiegen (einfach 3–5 Std.), wo auch Wege zu anderen Aussichtspunkten beginnen. Am Berghang steht übrigens Neuseelands größte bekannte Warzen-Eibe (66,5 m). Wer übernachten muss, kann das in der DOC-Hütte mit sechs Kojen nahe dem Gipfel tun: Karten und Informationen gibt es im DOC-Büro in Hamilton.

Te Awamutu

9800 EW.

Te Awamutu (was „Ende des Flusses" bedeutet; der Waikato war ab hier für große Kanus nicht mehr befahrbar) liegt tief im Milchviehland und ist eine ganz normale Stadt mit ganz normal arbeitenden Einwohnern. Die Hauptstraße wird von blühenden Bäumen gesäumt, das nette Museum lohnt einen Besuch. Te Awamutu (Rosenstadt) eignet sich gut für eine Übernachtung.

Sehenswertes

Te Awamutu Museum MUSEUM
(www.tamuseum.org.nz; 135 Roche St.; Eintritt gegen Spende; ⏲Mo–Fr 10–16, Sa 10–13, So 13–16 Uhr) Das Te Awamutu Museum, „in dem sich die Geschichte niemals wiederholt", beherbergt einen in *True Colours* bemalten Schrein für die Lokalhelden Tim und Neil Finn. Es können goldene Schallplatten, originale Songtexte, Erinnerungsstücke und auch Kurioses wie Neils Übungsbuch aus der zweiten Klasse bewundert werden. Außerdem gibt es eine schöne Sammlung von Maori-*taonga* (Schätze), darunter der verehrte Gott „Uenuku", und eine ausgezeichnete Ausstellung über den Waikato-Krieg. Ein wirklich tolles kleines Museum, das einen Besuch lohnt.

GRATIS **Rose Garden** GARTEN
(Ecke Gorst Ave. & Arawata St.; ⏲24 Std.) Im Rosengarten neben dem i-SITE gedeihen 2500 Rosenbüsche und 51 Arten mit wunderbar schwulen Namen wie Big Daddy, Disco Dancer, Lady Gay und Sexy Rexy. Die Rosen blühen von November bis Mai.

Schlafen

Cloverdale House B&B $$
(☎07-872 1702; www.cloverdalehouse.co.nz; 141 Long Rd.; DZ/4BZ 140/200 NZ$) In dieser schicken, neuen Unterkunft im Zentrum der Milchwirtschaft, 8 km östlich der Cambridge Rd, kann man sich wie ein echter Farmer fühlen. Die beiden Doppelzimmer mit Bad teilen sich eine Lounge und eine Küche (die Zutaten für das Frühstück werden bereitgestellt).

TE AWAMUTUS HEILIGER SOUND

Mit den Anfangszeilen der ersten Single (*Mean to Me*) von Crowded House verhalf Neil Finn im Alleingang seiner verschlafenen Heimatstadt Te Awamutu zu internationalem Ruhm. Inspiriert hatte der Ort aber auch schon vorher: Die Songs *Haul Away* und *Kia Kaha* von Split Enz mit dem älteren Bruder Tim enthalten ähnliche Bezüge.

Auch wenn das brillante neuseeländische Songwriter-Brüderpaar nicht mehr auf der Höhe seines Ruhmes steht, pilgern Finn-Fans noch immer nach Te Awamutu – man braucht sich nur bei den Angestellten im i-SITE zu erkundigen. Hier wird mächtig mit Finn-T-Shirts gehandelt, mit Finn-Briefmarken und Broschüren, die Wanderungen zu den Stätten der Finn-Story beschreiben (das Haus in der Teasdale Street 588, in dem sie ihre Kindheit verbrachten, ihre Schule, ja sogar das Haus von Neils Klavierlehrerin). Das Ganze ist die neuseeländische Version von Graceland.

Wer allerdings hofft, den beiden persönlich zu begegnen, dürfte enttäuscht werden – die Jungs haben den Ort schon vor Jahrzehnten verlassen.

Rosetown Motel MOTEL $$
(☎0800 767 386, 07-871 5779; www.rosetownmotel.co.nz; 844 Kihikihi Rd.; DZ/FZ ab 115/140 NZ$;) Die älteren Zimmer im Rosetown (die neuen Besitzer entfernen gerade das letzte Teakfurnier und den künstlichen gelben Marmor) sind mit Küche, neuer Bettwäsche und Fernsehern ausgestattet und teilen sich einen Whirlpool. Eine angenehme Unterkunft für alle, die echte Kleinstadtatmosphäre lieben.

Essen & Ausgehen

Redoubt Bar & Eatery PUB $$
(www.redoubtbarandeateryta.co.nz; Ecke Rewi & Alexandra St.; Hauptgerichte 16–34 NZ$; ⏲10 Uhr bis spätnachts) Ein zwangloses kleines Lokal mit alten Fotos an der Wand, in dem man etwas essen oder einen Drink nehmen kann. Es serviert billige, aber starke Cocktails und eine breite Palette an Speisen von Pasta bis Curry. Durch die Schiebefenster können Gäste Traktoren über die Hauptstraße tuckern sehen.

Fahrenheit MODERN NEUSEELÄNDISCH, TAPAS $$
(☎07-871 5429; www.fahrenheitrestaurant.co.nz; Level 1, 13 Roche St.; Hauptgerichte 15–36 NZ$; ⏲Di–So Mittag- & Abendessen) Das attraktive und schicke Bar-Restaurant im oberen Stock an der Hauptstraße eignet sich ideal für einen Drink am Abend. Das Speiseangebot bietet keine Überraschungen (Fischsuppe, Lammbraten, Schweinebauch, Steaks), das einzige Lokal ist jedoch das einzige weit und breit, das Tapas serviert! Der beste Platz ist auf dem Balkon.

Indian Aroma INDISCH
(☎07-871 5555; www.indianaroma.co.nz; 23 Arawata St.; Hauptgerichte 13–17 NZ$; ⏲Mi–Fr Mittagessen, tgl. Abendessen;) Das hübsche Restaurant, das die Stadt mit seinem safrangelben Schimmer aufheitert, serviert auf den Tischen mit Glasplatte all die üblichen wohlduftenden Gerichte.

Unterhaltung

Regent Theatre KINO
(www.regent3.itgo.com; 235 Alexandra St.; Erw./Kind 15,50/9,50 NZ$; ⏲10 Uhr bis spätnachts) Das Art-déco-Kino von 1932 hat fünf Leinwände und stellt im Foyer tolle Film-Memorabilien aus. In Kinokomplex herrscht striktes Handyverbot

Praktische Informationen

Te Awamutu i-SITE (☎07-871 3259; www.teawamutuinfo.com; 1 Gorst Ave.; ⏲Mo–Fr 9–17, Sa & So 10–16 Uhr) Jede Menge Informationen.

An- & Weiterreise

Te Awamutu liegt an der SH3 auf halber Strecke zwischen Hamilton und Otorohanga (jeweils 29 km entfernt). Die Regionalbusgesellschaft **Busit!** (☎0800 4287 5463; www.busit.co.nz) bietet die billigste Verbindung nach Hamilton (Erw./Kind 6,40/4,30 NZ$, 50 Min., Mo–Fr 8-mal tgl., Sa und So 3-mal tgl.).

InterCity (☎09-583 5780; www.intercity.co.nz) verbindet dreimal täglich Te Awamutu mit Auckland (29 NZ$, 2½ Std.), Hamilton (22 NZ$, 35 Min.) und Otorohanga (22 NZ$, 25 Min.).

Der Bus von **Dalroy Express** (☎0508 465 622; www.dalroytours.co.nz) fährt täglich ab dem i-SITE nach Auckland (29 NZ$, 2½ Std.) und New Plymouth (40 NZ$, 3½ Std.) und zurück. Er hält auch in Hamilton (13 NZ$, 25 Min.) und Otorohanga (12 NZ$, 20 Min.).

Rund um Te Awamutu

RANGIAOWHIA

Vor dem Einfall in Waikato war Rangiaowhia (5 km östlich von Te Awamutu an der Rangiaowhia Road; eine Wegbeschreibung gibt es im i-SITE) eine florierende landwirtschaftliche Maori-Stadt, die Weizen, Mais, Kartoffeln und Obst bis nach Australien exportierte. Sie hatte Tausende Einwohner, zwei Kirchen, eine Getreidemühle und eine Rennbahn – ein perfektes Beispiel dafür, wie Neuseeland nach Wunsch der Maori infolge des Vertrags von Wairangi hätte aussehen können: das Zusammenleben zweier unabhängiger Völker, die zu beiderseitigem Vorteil zusammenarbeiten...

Im Februar 1864 blieb die Siedlung unverteidigt, während die Krieger von König Tawhiao befestigte Stellungen weiter nördlich einnahmen. Mit einem entscheidenden taktischen Schachzug umging General Cameron sie und nahm die Stadt, tötete dabei Frauen, Kinder und alte Menschen. Das war ein Wendepunkt in dem Feldzug. Die Maori waren fortan demoralisiert, ihre Krieger verließen die fast uneinnehmbaren *pas* (Befestigungen).

Leider ist alles, was von der Stadt übrig blieb, nur die hübsche anglikanische **St. Paul's Church** (☎07-871 5568; Rangiaowhia Rd.; ⏲Gottesdienst 1. & 3. So im Monat 9 Uhr) von 1854 und der **Friedhof** der katholischen Mission inmitten fruchtbaren Ackerlands –

ABSTECHER

MAUNGATAUTARI

Kann ein Vulkan im Binnenland ein Inselparadies werden? Angeregt durch den Erfolg der Schädlingsausrottung und der Wiedereinführung einheimischer Arten im Hauraki Gulf hat eine Gemeindestiftung einen 47 km langen schädlingssicheren Zaun um die drei Gipfel des Maungatautari (797 m) gezogen und damit das beeindruckende **Maungatautari Ecological Island** (www.maungatrust.org) geschaffen. In diesem „Atoll" aus Regenwald zwischen Te Awamutu und Karapiro sind erstmals seit 100 Jahren die ersten Kiwiküken geschlüpft. Die kürzeste Strecke zum Gipfel (1¾ Std.) verläuft an der Nordseite, der gesamte Nord-Süd-Weg dauert etwa sechs Stunden. Anfahrt: Ab Karapiro über die Maungatautari Road und dann die Hicks Road, ab Te Awamutu über die Arapuni Road und dann die Tari Road.

Das Guesthouse **Out In The Styx** (☎07-872 4505; www.styx.co.nz; 2117 Arapuni Rd., Pukeatua; B/EZ/DZ 95/130/260 NZ$) liegt nahe dem südlichen Ende des Maungatautari. Es bietet seinen Gästen den Transfer zum Nordeingang (10 NZ$ pro Pers., mind. 4 Pers.) an und veranstaltet geführte Tag- und Nachtwanderungen. Die drei stilvoll eingerichteten und thematisch möblierten Zimmer (polynesisch, afrikanisch oder im Stil der Maori) sind besonders hübsch. Hinzu kommen Schlafsäle und ein Whirlpool für müde Wanderer. Im Preis sind ein viergängiges Abendessen und das Frühstück enthalten.

das den Maori geraubt und dann an Kolonialsoldaten verteilt wurde.

Der Krieg endete weiter südlich in **Orakau.** Dort markiert ein Obelisk am Straßenrand die Stätte, an der 300 Maori unter der Führung von Rewi Maniapoto drei Tage lang in einem unvollendeten *pa* die Angriffe von 1500 Soldaten abwehrten, bevor sie ausbrachen und sich in das heutige King Country zurückzogen (wobei sie 70 Krieger verloren).

WHAREPAPA SOUTH

Die surreale Landschaft aus zerklüftetem Kalkstein bietet mit die besten **Klettergelegenheiten** auf der Nordinsel. Sie ist sicher nicht der Ort, an dem sich angehende Spidermen (oder Spiderwomen) zum allerersten Mal in den Lycra-Anzug zwängen sollten. Wer aber bereits über Grundkenntnisse im Klettern verfügt, kann hier zeigen, was er drauf hat.

Das Angebot von **Bryce's Rockclimbing** (☎07-872 2533; www.rockclimb.co.nz; 1424 Owairaka Valley Rd.; 1 Tag Unterricht für 1–2 Pers. 440 NZ$) richtet sich an ambitionierte Kletterer. Der hauseigene Kletterladen ist der größte Neuseelands und verkauft und verleiht die notwendige Ausrüstung.

Die Benützung der Kletterhalle ist für Gäste der blitzblanken Unterkunft (B/DZ 25/66 NZ$) kostenlos. Es gibt auch ein Café mit der Lizenz für Alkoholausschank und kleinen Speisen (Fr–Mo 8–17 Uhr, leichte Mahlzeiten 6–16 NZ$).

Cambridge

15 200 EW.

Der Name sagt schon alles. Trotz des tosenden Waikato River, der dem Cam in nichts gleicht, haben sich die Einwohner von Cambridge alle Mühe gegeben, das Flair englischer Idylle zu erschaffen: Dorfanger, von Laubbäumen gesäumte Alleen, Pseudo-Tudorhäuser... Sogar die öffentliche Toilette sieht wie ein viktorianisches Cottage aus.

Der Ort, in dessen Hauptstraße der Reichtum auf Schritt und Tritt förmlich zu riechen ist, ist berühmt für seine Zucht und das Training von Vollblutpferden. Der Bezug zu Pferden zeigt sich in öffentlichen Skulpturen und auf Tafeln, die auf die Sieger des Melbourne Cup hinweisen.

Sehenswertes & Aktivitäten

GRATIS **Cambridge Museum** MUSEUM
(www.cambridgemuseum.org.nz; 24 Victoria St.; ⏲10–16 Uhr) Im skurrilen Cambridge Museum in einem ehemaligen Gerichtshof gibt es reichlich Pionierrelikte, einen Raum zur Militärgeschichte und eine kleine Ausstellung zum lokalen Te Totara Pa vor dessen Zerstörung. Wer noch keinen echten Kiwi gesehen hat, kann sich hier einen ausgestopften anschauen.

Jubilee Gardens GARTEN, DENKMAL
(Victoria St.; ⏲24 Std.) Abgesehen vom Uhrenturm, errichtet im spanischen Missi-

onsstil, sind die Jubilee Gardens ein vollmundiges Bekenntnis zum „Mutterland". Ein britischer Löwe bewacht das Ehrenmal mit einer Plakette mit der Inschrift „Tell Britain ye who mark this monument faithful to her we fell and rest content" (etwa so übersetzt: Ihr, die ihr dieses Denkmal seht, berichtet Britannien, dass wir in Treue fielen und froh ruhen). Verzopfte, pathetische Empfindung oder missliche Formulierung – die Soldatenstatue blickt so oder so eher etwas verwirrt drein.

Lake Karapiro SEE
(www.waipadc.govt.nz/district/lake+karapiro; Maungatautari Rd.) Karapiro, 8 km südöstlich von Cambridge gelegen, ist flussabwärts das letzte von acht Wasserkraftwerken am Waikato. Es ist ein eindrucksvoller Anblick, besonders bei der Fahrt über den 1947 errichteten Damm. Der etwa 21 km lange Stausee ist auch eine bekannte Austragungsstätte von internationalen Ruderwettkämpfen. Das **Boatshed Cafe** (www.theboatshed.net.nz; 21 Amber La, nahe Gorton Rd.; ⏲Mi–Fr 10–16, Sa & So 9–16 Uhr) verleiht einfache Kajaks (halber Tag ab 20 NZ$), mit denen in etwa einer Stunde ein paar Wasserfälle erreicht werden können.

Waikato River Trails RADFAHREN, WANDERN
(www.waikatorivertrails.com) Das 100 km lange Wander- und Radwegenetz Waikato River Trails östlich von Cambridge ist Teil des neuseeländischen Radwanderwegprojekts Nga Haerenga (www.nzcycletrail.com) und wurde Ende 2011 eröffnet. Die fünf zusammengefassten Wege mit viel Geschichte und typischen Landschaften können (teilweise) zu Fuß, ansonsten mit dem Fahrrad erkundet werden.

Heritage & Tree Trail WANDERWEG
Für Geschichtsfans ebenso wie für Baumfreunde bietet dieser Weg viele Sehenswürdigkeiten, darunter den Waikato, die St. Andrew's Anglican Church von 1881 (mit einem Gallipoli-Fenster) und den baumumstandenen Lake Ko Utu. Eine Karte gibt es im i-SITE in Cambridge.

Camjet JETBOOTFAHREN
(☎0800 226 538; www.camjet.co.nz; Trip Erw./Kind 75/50 NZ$) Sorgt dafür, dass Adrenalinjunkies auf einem 35-minütigen Jetboottrip zum Karapiro-Damm den Kopf frei kriegen. Eine 15-minütige Spritztour kostet 45 NZ$. Die Mindestteilnehmerzahl liegt bei vier Personen.

Cambridge Thoroughbred Lodge GEFÜHRTE TOUR
(☎07-827 8118; www.cambridgethoroughbredlodge.co.nz; Touren Erw./Kind 12/5 NZ$, Show 12/5 NZ$; ⏲Touren 10–14 Uhr nach Vereinbarung) Die Cambridge Thoroughbred Lodge, 6 km südlich der Stadt am SH1, ist ein Gestüt der Spitzenklasse. Die 90-minütigen Führungen und die Pferdeshow „NZ Horse Magic", die mehrmals pro Woche stattfindet, sollten vorher gebucht werden.

Schlafen

Birches B&B $$
(☎07-827 6556; www.birches.co.nz; 263 Maungatautari Rd.; EZ/DZ 100/150 NZ$;) Volltreffer! Das malerische Holzschindelhaus aus den 1930er-Jahren im Agrarland südöstlich von Cambridge hat einen Pool, einen Whirlpool und einen Tennisplatz. Neben den Zimmern im Haupthaus gibt es noch ein separates Cottage. Die Auffahrt wird von Narzissen und Schafen gesäumt.

House Boat Holidays HAUSBOOT $$
(☎07-827 2195; www.houseboatescape.co.nz; Lake Karapiro; 2 Nächte 600 NZ$) Den Song „Proud Mary" zu summen, ist schon in Ordnung, da der Lake Karapiro technisch noch ein Fluss ist, auch wenn man hier eher entspannt als durch das Wasser zu stampfen. Mit Kajaks und Angelausrüstung an Bord geht es mit dem schicken Hausboot (für 8 Pers.) in ein spritziges Wochenende.

Cambridge Coach House B&B, HÜTTE $$
(☎07-823 7922; www.cambridgecoachhouse.co.nz; 3796 Cambridge Rd., Leamington; DZ ab 150 NZ$, Cottage 195 NZ$) Das Farmhaus ist ein kleines bisschen kitschig, aber wer über ein paar Kronleuchter hinwegsehen kann, findet inmitten der ländlichen Pracht Waikatos eine perfekte Unterkunft zum Ausspannen. Vermietet werden ein Doppelzimmer im Haupthaus, zwei separate Doppelzimmer und ein Cottage für Selbstversorger. Es liegt ein paar Kilometer südlich der Stadt Richtung Te Awamutu.

Cambridge Mews MOTEL $$
(☎07-827 7166; www.cambridgemews.co.nz; 20 Hamilton Rd.; Apt. ab 155 NZ$;) Alle geräumigen Wohneinheiten im Bergmotel haben Doppelwhirlpools, gute Küchen und sind makellos gepflegt. Der Architekt hat erstklassige Arbeit geleistet – der Innenausstatter weniger. Das Motel liegt 10 Min. zu Fuß von der Stadt entfernt.

Cambridge Motor Park FERIENPARK $
(☎07-827 5649; www.cambridgemotorpark.co.nz; 32 Scott St.; Stellplätze ab 16 NZ$, Zi. 42–105 NZ$; 📶) Ein ruhiger, gepflegter Campingplatz mit viel Grün. Vermietet werden vor allem Stellplätze für Zelte und Wohnmobile, die Zimmer sind jedoch auch in Ordnung. Der Platz ist vom Stadtzentrum aus über die schmale Victoria Bridge erreichbar.

Essen

LP TIPP Red Cherry CAFÉ $$
(☎07-823 1515; www.redcherrycoffee.co.nz; Ecke SH1 & Forrest Rd.; Mahlzeiten 7–21 NZ$; ⏰tgl. Frühstück & Mittagessen, Fr & Sa Abendessen; ✎) Das scheunenartige Red Cherry mit seinem fröhlichen Personal und der ständig zischenden, kirschroten Espressomaschine bietet vor Ort gerösteten Kaffee, köstliche Büfettgerichte und ein beeindruckendes warmes Frühstück (leckere Mais-Kürbis-Bratlinge). Es ist bei weitem das beste Café von Cambridge (tatsächlich „weit", denn es liegt 4 km außerhalb der Stadt Richtung Hamilton).

Nash MODERN NEUSEELÄNDISCH, WEINBAR $$$
(☎07-827 5596; www.thenash.net.nz; 47 Alpha St.; Hauptgerichte 28–34 NZ$; ⏰Mittag- & Abendessen) Das hinreißende Nash hat mit seinen weiß-grau-schwarzen Farben und dem adretten, flinken Personal das alte National Hotel total verwandelt. Hoffentlich bleibt das auch so: Die geschmorte Lammschulter mit Knoblauchkartoffelbrei und Erbsenpüree ist göttlich, die Straßenterrasse eignet sich bei einem Gläschen neuseeländischem Wein ideal zum Leutebeobachten.

Onyx CAFÉ, RESTAURANT $$
(☎07-827 7740; 70 Alpha St.; Hauptgerichte 20–39 NZ$; ⏰Frühstück, Mittag- & Abendessen) Der luftige Raum des Onyx ist mit onyxschwarzem Möbeln eingerichtet, die auf einem Holzboden in warmen Tönen stehen. Der Schwerpunkt liegt auf Holzofenpizza, des Weiteren lassen sich aber auch Salate, Tortillas, Sandwiches, Steaks, Kuchen, Biokaffee und zu 95 % neuseeländische Weine ordern. Abends geht es relativ vornehm zu.

Praktische Informationen

Cambridge i-SITE (☎07-823 3456; www.cambridge.co.nz; Ecke Victoria & Queen St.; ⏰Mo–Fr 9–17, Sa & So 10–16 Uhr; @) Kostenlose Karten für den Heritage & Tree Trail, Stadtpläne sowie Internetzugang.

An- & Weiterreise

Da Cambridge an der SH1 liegt (22 km südöstlich von Hamilton), gibt es gute Busverbindungen. Die Regionalbusse von **Busit!** (☎0800 4287 5463; www.busit.co.nz) fahren nach Hamilton (6,40 NZ$, 40 Min., Mo–Fr 7-mal tgl., Sa und So 3-mal tgl.).

InterCity (☎09-583 5780; www.intercity.co.nz) fährt zu folgenden Orten:

REISEZIEL	FAHRPREIS	FAHRZEIT	HÄUFIGKEIT
Auckland	40 NZ$	2½ Std.	12-mal tgl.
Hamilton	24 NZ$	30 Min.	8-mal tgl.
Matamata	22 NZ$	30 Min.	2-mal tgl.
Rotorua	33 NZ$	1¼ Std.	5-mal tgl.
Wellington	75 NZ$	8½ Std.	3-mal tgl.

Busse von **Naked Bus** (☎0900 625 33; www.nakedbus.com) fahren zu den gleichen Zielen:

REISEZIEL	FAHRPREIS	FAHRZEIT	HÄUFIGKEIT
Auckland	13 NZ$	2½ Std.	6-mal tgl.
Hamilton	20 NZ$	30 Min.	5-mal tgl.
Matamata	24 NZ$	2¼ Std.	1-mal tgl.
Rotorua	15 NZ$	1¼ Std.	4-mal tgl.
Wellington	33 NZ$	9½ Std.	1-mal tgl.

Matamata

7800 EW.

Matamata war nur eines von vielen netten Landstädtchen entlang der Straße, bis Peter Jacksons epische Filmtrilogie *Der Herr der Ringe* es berühmt machte. An den Dreharbeiten nahmen 300 Einwohner als Statisten teil (haarige Füße waren nicht erforderlich). Und nun wird hier auch Jacksons *Der Hobbit* gedreht!

Die meisten Touristen, die nach Matamata kommen, sind eingefleischte Hobbit-Fans: Für den Rest gibt es ein tolles Café, Alleen mit alten Bäumen und sanftes, grünes Hügelland.

Sehenswertes & Aktivitäten

Hobbiton Movie Set & Farm Tours DREHORT
(☎07-888 1505; www.hobbitontours.com; 501 Buckland Rd., Hinuera; Erw./Kind 66/5 NZ$; ⏲Touren 9.50, 10.45, 12, 13.15, 14.30, 15.45, 17 Uhr) Neuseelands Topattraktion für *HDR*-Spezialisten aber auch für jene ganz interessant, die die Filme nicht gesehen haben. Aus urheberrechtlichen Gründen wurden alle aufwendig konstruierten Filmkulissen nach den Filmarbeiten hier und an anderen Sets des Landes wieder abgebaut. Aber die Besitzer von Hobbiton durften schließlich ihre Hobbithöhlen behalten, die für die Dreharbeiten von *Der Hobbit* komplett neu gebaut wurden. Ebenfalls möglich ist eine eher praxisbezogene Schaffarmtour (Erw./Kind 16/5 NZ$), auf der die Teilnehmer alles über die Haltung von Schafen erfahren. Kostenlosen Transport gibt es ab dem i-SITE in Matamata. Autofahrer nehmen die Straße Richtung Cambridge, biegen rechts in die Puketutu Road, dann links in die Buckland Road ab und parken am Shire's Rest Cafe. Es gibt auch verschiedene kombinierte Tour- und Unterkunftspakete.

Wairere Falls WASSERFALL
Etwa 15 km nordöstlich von Matamata befinden sich die spektakulären, 153 m hohen Wairere Falls (der höchste Wasserfall auf der Nordinsel). Vom Parkplatz sind es 45 Minuten zu Fuß durch Buschland bis zum Aussichtspunkt oder ein 90-minütiger steiler Aufstieg bis ganz nach oben.

Firth Tower MUSEUM, HISTORISCHES GEBÄUDE
(www.firthtower.co.nz; Tower Rd.; Gelände frei, Touren Erw./Kind 5/1 NZ$; ⏲10–16 Uhr) Der Firth Tower wurde 1882 vom Aucklander Geschäftsmann Josiah Firth gebaut. Der 18 m hohe Betonturm war ein schickes Statussymbol und birgt heute Maori- und Pionierartefakte. Um den Turm liegen zehn weitere historische Gebäude (Di & Do geschl.), darunter eine einklassige Schule, eine Kirche und ein Gefängnis. Man findet ihn 3 km östlich der Stadt.

Opal Hot Springs BADEN
(www.opalhotsprings.co.nz; 257 Okauia Springs Rd.; Erw./Kind 8/4 NZ$, 30 Min. Einzelbad 10/5 NZ$; ⏲9–21 Uhr) Die Opal Hot Springs sind keineswegs so glamourös wie sie klingen, aber es gibt dort immerhin drei große Thermalbecken. Die Anlage erreicht man über den Abzweig gleich nördlich des Firth Tower, von dort fährt man zwei weitere Kilometer. Ein Ferienpark befindet sich dort ebenfalls.

Skydive Waikato FALLSCHIRMSPRINGEN
(☎07-888 8763; www.freefall.co.nz; Tandem 245–310 NZ$) Skydive Waikato bietet aufregende Sprünge über dem Matamata Airfield, 10 km nördlich von Matamata an der SH27 gelegen.

Schlafen

Broadway Motel & Miro Court Villas MOTEL $$
(☎07-888 8482; www.broadwaymatamata.co.nz; 128 Broadway; EZ 86–135 NZ$, DZ 96–159 NZ$, Apt. 250 NZ$; @≋) Der gepflegte, ältere Block des weitläufigen, familiengeführten Motels wurde mit zunehmend neueren und nobleren Blocks erweitert, die ein Stück abseits der Straße liegen (und coole Lampen und flippige Tapeten haben). Am nettesten sind die schicken Miro-Court-Apartments. Mittendr in der Anlage liegt ein lustiger Kinderspielplatz.

Southern Belle APARTMENT $$
(☎07-888 5518; www.southernbelle.co.nz; 101 Firth St.; EZ & DZ 120 NZ$, zusätzl. Pers. 40 NZ$; 📶) Im oberen Stockwerk des großartigen alten Hauses (das auch in Savannah oder Baton Rouge stehen könnte) befindet sich eine Suite mit drei eleganten Schlafzimmern, einem gemütlichen Aufenthaltsbereich und einer kleinen Küche (zum Kochen gibt es nur eine Mikrowelle, den Grill unten dürfen die Gäste allerdings jederzeit benutzen).

Essen & Ausgehen

LP TIPP **Workman's Cafe Bar** CAFÉ
(www.matamata-info.co.nz/workmans; 52 Broadway; Mittagessen 15 NZ$, Abendessen 28–32 NZ$; ⏲Mi–So Mittag- & Abendessen, Di–So Abendessen) Das schräge Lokal ist wahrhaft exzentrisch (alte Transistorradios hängen von der Decke, die Wände sind mit Art-déco-Spiegeln behängt, Johnny Cash dröhnt aus den Lautsprechern) und hat sich einen Ruf erworben, der weit über Matamata hinausgeht. Der pochierte Lachs Benedikt ist ein Knüller!

Redoubt Bar & Eatery PUB $$
(www.facebook.com/redoubtmatamata; 48 Broad way; Mittagessen 12–20 NZ$, Abendessen 26–34 NZ$; ⏲Mo–Fr 11 Uhr bis spätnachts, Sa & So 9.30 Uhr bis spätnachts) Das Schwesterlokal des Redoubt in Te Awamutu ist genauso

gut: dünne Pizzas, dicke Suppen, saftige Steaks, ein leckeres Hacksteak („hesch steck" im Kiwi-Akzent) und jeden Freitag gute Stimmung bei Livemusik. Und natürlich jede Menge Monteiths!

Praktische Informationen

Matamata i-SITE (☎07-888 7260; www.matamatanz.co.nz; 45 Broadway; ⏲Mo–Fr 9–17, Sa & So 9–15 Uhr) Das superhilfsbereite i-SITE in Matamata hat kostenlose Stadtpläne, all die Informationen zu lokalen Attraktionen und im Sommer längere Öffnungszeiten. Hier beginnen auch die Hobbiton-Touren.

An- & Weiterreise

Matamata liegt 20 km nördlich von Tirau an der SH27.

Busse von **InterCity** (☎09-583 5780; www.intercity.co.nz) fahren nach Cambridge (22 NZ$, 40 Min., 2-mal tgl.), Hamilton (27 NZ$, 1 Std., 3-mal tgl.), Rotorua (27 NZ$, 1 Std., 1-mal tgl.) und Tauranga (23 NZ$, 1 Std., 2-mal tgl.).

Busse von **Naked Bus** (☎0900 625 33; www.nakedbus.com) fahren nach Auckland (27 NZ$, 3½ Std., 2-mal tgl.), Cambridge (20 NZ$, 2 Std., 1-mal tgl.), Hamilton (20 NZ$, 3½ Std., 2-mal tgl.) und Tauranga (14 NZ$, 1 Std., 1-mal tgl.).

Te Aroha

3800 EW.

In Te Aroha herrscht eine tolle Atmosphäre – wenn man so will, „die Liebe" höchstpersönlich, lautet doch so die wörtliche Übersetzung des Namens. Der Ort am Fuß des mit Büschen bewachsenen Mt. Te Aroha (952 m) ist ein guter Ausgangspunkt für Wanderungen oder für Entspannung in den heilsamen Thermalquellen.

Sehenswertes & Aktivitäten

Te Aroha Mineral Spas THERMALBAD
(☎07-884 8717; www.tearohapools.co.nz; Boundary St., Te Aroha Domain; 30 Min. Behandlung Erw./Kind 18/11 NZ$; ⏲Mo–Fr 10.30–21, Sa & So 10.30–22 Uhr) Das Thermalbad in der urigen edwardianischen Hot Springs Domain hinter dem i-SITE in Te Aroha bietet entspannende Bäder in Wannen, Massage, Schönheitsbehandlungen und Aromatherapie. Hier befindet sich auch der temperamentvolle Mokena-Geysir: Er ist der einzige bekannte kohlensäurehaltige Geysir der Welt, der etwa alle 40 Minuten sein Wasser 3 m hoch schießt. Die heftigsten Eruptionen finden zwischen 12 und 14 Uhr statt.

Te Aroha Leisure Pools SCHWIMMEN, BÄDER
(www.tearohapools.co.nz; Boundary St., Te Aroha Domain; Erw./Kind 6,50/4,50 NZ$; ⏲Mo–Fr 10–17.45, Sa & So bis 18.45 Uhr) Die Leisure Pools bestehen aus beheizten Freiluftbecken, einem Thermalbad in der Halle und einem Kinderbecken.

Te Aroha Museum MUSEUM
(www.tearoha-museum.com; Te Aroha Domain; Erw./Kind 4/2 NZ$; ⏲Nov.–März 11–16 Uhr, April–Okt. 12–15 Uhr) Te Arohas wunderbares Museum ist im ehemaligen verschnörkelten Kurhaus (dem „Schatz von Te Aroha") untergebracht. Ausgestellt sind hier u. a. skurrile Keramiken, alte Kurwasserflaschen, historische Fotos und eine imposante alte Druckerpresse der *Te Aroha News*.

Mount Te Aroha WANDERN
Die Wanderwege auf den Mount Te Aroha hinauf beginnen am oberen Ende der Domain. Bis zum Aussichtspunkt Bald Spur/Whakapipi (350 m) sind es 45 Min., dann noch 2,7 km (2 Std.) bis zum Gipfel.

Schlafen

LP TIPP **Aroha Mountain Lodge** LODGE, B&B $$
(☎07-884 8134; www.arohamountainlodge.co.nz; 5 Boundary St.; EZ/DZ/Suite/Cottage 115/135/155/250 NZ$) Die noble Mountain Lodge in zwei „arohaischen" edwardianischen Villen am Hang oberhalb der Stadt bietet erschwinglichen Luxus und auf Wunsch ein Frühstück (20 NZ$ pro Pers.). Das Gold Miner's Cottage für Selbstversorger hat Platz für sechs Personen.

Te Aroha YHA HOSTEL $
(☎07-884 8739, 0800 278 299; www.yha.co.nz; Miro St.; B/3BZ 23/56 NZ$) Das YHA-Hostel in der oberen Stadt ist ein gemütliches, fernsehfreies Cottage mit drei Schlafräumen und einer freundlichen Leitung, einem gut sortierten Kräuterregal, einem Stapel *National Geographics* und einer alten Gitarre in der Ecke. Hinter dem Haus beginnt ein 10 km langer Montainbikeweg. Vorher anrufen (im Winter ist das Hotel manchmal geschlossen).

Te Aroha Motel MOTEL $$
(☎07-884 9417; www.tearohamotel.co.nz; 108 Whitaker St.; EZ/DZ/3BZ/4BZ 85/100/120/150 NZ$; 📶) Willkommen im Love-Town-Motel mitten in der Stadt, das mit seinen Palmen vor dem Haus fast wie ein Motel in Las Vegas aussieht. Die Zimmer mit Kochni-

sche sind altmodisch eingerichtet, aber bezahlbar und sauber. Und was für ein schön gewachsener Rasen!

Te Aroha Holiday Park FERIENPARK $
(☎07-884 9567; www.tearohaholidaypark.co.nz; 217 Stanley Rd.; Stellplätze 15 NZ$, Zi. 32–75 NZ$; @📶🏊) Im wahrscheinlich günstigsten Ferienpark Waikotas werden die Gäste von einem Vogelorchester geweckt. Die von Eichen bestandene Anlage liegt 2 km südwestlich der Stadt und besitzt einen Grastennisplatz, einen Fitnessraum und einen Thermalpool. Die Besitzer sprechen sowohl Deutsch als auch Japanisch.

Essen

Behr Burger HAMBURGER $
(176 Whitaker St.; Hamburger 9–13 NZ$; ⌚Mo–Mi 16–21, Do–So 11–21 Uhr) In dem gut besuchten Laden in der Hauptstraße sollte man einen der tollen Gourmet-Hamburger bestellen: „The Chief" (neuseeländisches Rumpsteak, mit Honig geräucherter Speck, ein Freilandei, Cheddar, Salat und Knoblauch) besänftigt jedes Hungergefühl.

Berlusconi on Whitaker ITALIENISCH, TAPAS $$
(☎07-884 9307; www.tearoha-info.co.nz/berlusconi; 149 Whitaker St.; Mittagessen 14–19 NZ$, Abendessen 27–33 NZ$; ⌚Di–So Mittagessen, Mi–So Abendessen) Es ist ja bekannt, dass der abgedankte italienische Ministerpräsident seine Finger überall im Spiel hat, aber bestimmt nicht in dieser gehobenen Wein-, Tapas- und Pizzabar in Te Aroha. Weltmännisch genug wäre es aber.

Praktische Informationen

Te Aroha i-SITE (☎07-884 8052; www.tearohanz.co.nz; 102 Whitaker St.; ⌚Mo–Fr 9.30–17, Sa & So 9.30–16 Uhr)

An- & Weiterreise

Te Aroha liegt an der SH26, 21 km südlich von Paeroa und 55 km nordöstlich von Hamilton. Die Regionalbusgesellschaft **Busit!** (☎0800 4287 5463; www.busit.co.nz) fährt von/nach Hamilton (Erw./Kind 8/4 NZ$, 1 Std., Mo–Fr 2-mal tgl.). Die Busse von Naked Bus (S. 235) fahren nach Hamilton (20 NZ$, 1 Std., 1-mal tgl.) und Cambridge (20 NZ$, 1½ Std., 1-mal tgl.).

KING COUNTRY

Das Gebiet kann gut und gerne als ländliches Kernland Neuseelands gelten. Hier mag man keinen Kokolores, sondern züchtet Rinder und widmet sich den All Blacks, der neuseeländischen Rugbymannschaft. Die Bastion des unabhängigen Maoritums wurde im Krieg gegen die King Movement nicht erobert. Nach einer Legende soll König Tawhiao seinen Hut auf eine große Karte Neuseelands gesetzt und erklärt haben, das Land, das der Hut bedecke, werde unter seiner *mana* (Herrschaft) verbleiben. Und tatsächlich war diese Region für die Europäer bis 1883 praktisch unbetretbar.

Die Höhlen von Waitomo sind die Hauptattraktion der Region. Sie sind schon an sich ein unglaubliches Naturphänomen, aber zusätzlich gibt es dort noch jede Menge aufregende Aktivitäten.

Kawhia

670 EW.

Kawhia (gesprochen wie Mafia mit einem K) hat sich nicht nur kultureller Vernichtung widersetzen können, sondern entging auch großangelegter Bebauung, und behielt so das Flair eines verschlafenen Fischerdorfes. Viel gibt es hier nicht zu sehen bzw. zu besuchen, außer einem Gemischtwarenladen, ein paar Imbissbuden und einer Tank-

KAWHIAS KANU

Das Tainui waka – ein historisches Kanu aus dem 14. Jh. – legte letztmals in Kawhia an. Die Expeditionsleiter – Hoturoa, der Häuptling/Kapitän, und Rakataura, der *tohunga* (Priester) – suchten die Westküste ab, bis sie ihren prophezeiten Landeplatz fanden. Nachdem sie das *waka* an Land gezogen hatten, banden sie es an einen Pohutukawa-Baum, den sie Tangi te Korowhiti nannten. Dieser nicht markierte Baum steht noch immer an der Küste zwischen dem Kai und dem Maketu Marae. Das *waka* wurde dann einen Hügel hinaufgezogen und vergraben: Heilige Steine wurden an beiden Enden des Kanus gelegt, um den Vergrabungsort zu markieren, der heute auf dem Gelände des *marae* liegt.

KINGITANGA

Die Definition der Maori als Volk ist relativ neu. Bis Mitte des 19. Jhs. bestand Neuseeland tatsächlich aus vielen unabhängigen Stammesvölkern, die ab 1840 neben den Briten existierten.

1856 formierte sich angesichts einer Flut britischer Einwanderer die Kingitanga-Bewegung, eine Vereinigung der Stämme, die sich auf diese Weise besser gegen den weiteren Verlust von Land und Kultur wehren wollte. Eine Versammlung von Anführern wählte den Waikato-Häuptling Potatau Te Wherowhero zum ersten Maori-König, in der Hoffnung, dass sein großes Ansehen den gleichen Zusammenhalt schaffen würde, den die Briten unter ihrer Königin hatten.

Trotz der gewaltigen Verluste im Waikato-Krieg und der letztendlichen Öffnung des King Country blieb die Kingitanga bestehen – auch wenn sie keine formelle staatsrechtliche Funktion hat. Ein Ausdruck der Stärke der Bewegung war die große Trauerbekundung, als Te Arikinui Dame Atairangikaahu, Potataus Ururenkelin, 2006 nach 40 Jahren Herrschaft starb. Auch wenn es keine Erbmonarchie ist (die Führer der verschiedenen Stämme wählen einen Nachfolger), so setzte sich doch Potataus Linie mit dem derzeitigen Maori-König Tuheitia Paki bis heute fort.

stelle. Selbst Kapitän Cook übersah damals die schmale Einfahrt in die große Bucht, als er 1770 hier vorbeisegelte. Wer aber absolute Ruhe schätzt, ist hier genau richtig.

Sehenswertes & Aktivitäten

Kajaks werden vom Kawhia Beachside S-Cape und Kawhia Motel verliehen.

Ocean Beach STRAND, QUELLE

(Te Puia Rd.) 4 km westlich von Kawhia liegt Ocean Beach mit seinen hohen schwarzen Sanddünen. Baden kann hier recht gefährlich sein, eine bis zwei Stunden vor und nach der Ebbe aber kann man die Te Puia Hot Springs im Sand entdecken – einfach ein Loch graben, und schon hat man seinen eigenen warmen Naturpool, worin man dann wohltuend baden und entspannen kann.

Kawhia Regional Museum & Gallery MUSEUM, GALERIE

(www.kawhiaharbour.co.nz; Omimiti Reserve, Kawhia Wharf; Eintritt mit Goldmünzenspende; Mi–So 12–15 Uhr) Kawhias nettes kleines Museum am Ufer ist bescheiden, aber einnehmend. Es zeigt viel zur Lokalgeschichte, maritime und Maori-Artefakte und regelmäßig Kunstausstellungen. Es dient gleichzeitig als Touristeninformation.

Kawhia Harbour Cruises BOOTSFAHRTEN

(021 966 754; www.kawhiaharbourcruises.co.nz; Tour pro Erw. 35 NZ$) Rund um den abgeschieden gelegenen Kawhia Harbour gibt es einige hinreißende Strände und bizarre Felsformationen, deshalb unbedingt Badesachen mitbringen! Vorraussetzung für das Auslaufen des Bootes ist die Mindestteilnehmerzahl von sechs erwachsenen Teilnehmern.

Maketu Marae MARAE

(www.kawhia.maori.nz; Kaora St.) Vom Kai führt ein Weg die Küste entlang bis zum Maketu Marae mit seinem eindrucksvoll geschnitzten Versammlungshaus, dem Auaukiterangi. Zwei Steine – Hani und Puna – markieren hier den Vergrabungsort des *Tainui waka*. Von der Straße aus ist nicht viel zu sehen, aber da das *marae* Privatgrund ist, sollte es nicht ohne Erlaubnis des Maketu Marae Committee (info@kawhia.maori.nz) betreten werden.

Dove Charters ANGELN

(07-871 5854; www.westcoastfishing.co.nz; ganztags 105 NZ$) Bietet ganztägige Angelausflüge.

Feste & Events

Kawhia Traditional Maori Kai Festival ESSEN

(www.kawhiaharbour.co.nz/maori-kai-festival.html) Während des jährlichen Kai Festivals Anfang Februar strömen über 10 000 Menschen hierher, um traditionelles Maori-*kai* (Essen) zu genießen und sich mit *whanau* (Verwandten) zu treffen. Wenn der Magen mit all den Meeresfrüchten, *Rewana*-Brot und vergorenem Mais voll ist, sorgen Bands und mitreißende *kapa haka* (traditioneller Gruppengesang und -tanz der Maori) für Unterhaltung.

Schlafen & Essen

Kawhia Motel MOTEL, FERIENHAUS $$
(☎07-871 0865; kawhiamotel@xtra.co.nz; Ecke Jervois & Tainui St.; EZ 99–155 NZ$, zusätzl. Pers. 20 NZ$, Haus 250–300 NZ$;) Die sechs farbenfroh gestrichenen, gepflegten und altmodischen Motelzimmer liegen direkt neben den Geschäften und Läden. Darüber hinaus wird auch ein Haus mit insgesamt vier Schlafzimmern vermietet. Der Verleih von Kajaks oder Fahrrädern kostet 20/15 NZ$ pro Stunde.

Kawhia Beachside S-Cape FERIENPARK $
(☎07-871 0727; www.kawhiabeachsidescape.co.nz; 225 Pouewe St.; Stellplätze 30 NZ$, Hütten B/EZ/DZ ab 30/40/58 NZ$, Cottages 165–185 NZ$) Der Campingplatz in perfekter Lage am Wasser sieht von der Straße her schäbig aus, bietet aber behagliche Ferienhäuschen. Es gibt zwar einen sauberen Wasch- und Sanitärblock, aber die Backpackerunterkünfte sind sehr, sehr einfach – von daher empfiehlt es sich, zu zelten. Der Kajakverleih kostet 12 NZ$ pro Person (2 Std.).

Annie's Cafe & Restaurant CAFÉ, RESTAURANT $
(146 Jervois St.; Mahlzeiten 7–22 NZ$; im Winter Mi–So Mittag- & Abendessen, im Sommer Frühstück, Mittag- & Abendessen; @) Ein altmodisches Restaurant mit Alkoholausschank in der Hauptstraße, das Espresso, Sandwiches und lokale Spezialitäten wie Flunder und Jungfische mit Süßkartoffelpommes serviert. Einen Internetcomputer gibt es hier ebenfalls.

An- & Weiterreise

Kawhia hat keine Busverbindung. Autofahrer nehmen die SH31 ab Otorohanga (58 km) oder fahren über die malerische, aber teilweise ungeteerte Straße nach Raglan (50 km, 22 km unbefestigt).

Otorohanga

2700 EW.

Otorohanga ist eine von mehreren eher unscheinbaren Ortschaften der Nordinsel, die sich aber doch irgendwie aus der Masse hervorheben wollen, und deshalb hat der ort seine Hauptstraße mit Bildern von allerlei typischem Kiwi-Kram geschmückt: Schafen, Gummistiefeln, Flip-Flops, Nr.-8-Allzweckdraht, All Blacks, Pavlova, dem beliebten Kinderspielzeug Buzzy Bee... Davon abgesehen lohnt sich auf jeden Fall ein Besuch des Kiwi House.

Sehenswertes

Otorohanga Kiwi House & Native Bird Park ZOO
(www.kiwihouse.org.nz; 20 Alex Telfer Dr.; Erw./Kind 20/6 NZ$; Sept.–Mai 9–17 Uhr, Juni–Aug. 9–16.30 Uhr) In dem Vogelhaus gibt es ein Nachtgehege, wo aktive Kiwis beobachtet werden können, die mit ihren langen Schnäbeln eifrig nach Futter suchen. Es ist der einzige Ort Neuseelands, wo der Große Fleckenkiwi, der größte unter den Kiwiarten, zu sehen ist. Daneben leben hier auch eine ganze Reihe weiterer einheimischer Vogelarten wie Kaka, Kea, Kuckuckskauz und Wekaralle.

GRATIS **Ed Hillary Walkway** GEDENKSTÄTTE
(24 Std.) Ebenso wie die Hauptstraße mit Kiwikram geschmückt ist, so wird auch der Ed Hillary Walkway (ab der Maniapoto Street) von Informationstafeln zu Themen wie All Blacks, Marmite (Hefeaufstrich), Neuseelands Teilnahme am America's Cup und natürlich zu Sir Ed gesäumt.

Schlafen

Otorohanga Holiday Park FERIENPARK $
(☎07-873 7253; www.kiwiholidaypark.co.nz; 20 Huiputea Dr.; Stellplätze ab 30 NZ$, App. 65–125 NZ$; @) Der Platz hat zwar mit den Bahngleisen hinten und den Traktorverkaufshöfen daneben nicht die schönste Lage, aber die Besitzer sind ausnehmend freundlich und es gibt saubere Sanitäranlagen, ein Fitnesscenter und eine Sauna. Und wer kein Bett in Waitomo findet (auch das kommt vor), muss sich nicht sorgen: Otorohanga liegt nur 16 km entfernt.

Essen & Ausgehen

Thirsty Weta PUB
(www.theweta.co.nz; 57 Maniapoto St.; Mahlzeiten 10–37 NZ$; 10–1 Uhr) Der beste Laden im Ort, wo es deftigen Imbiss gibt (Pizza, Pasta, Surf n' Turf, Quesadilla) und das Versprechen, dass es nach dem Essen erst richtig los geht, wenn die Weinbar öffnet und die Musiker loslegen.

Origin Coffee Station CAFÉ
(www.origincoffee.co.nz; 7 Wahanui Cres; Kaffee 3–5 NZ$; Mo–Fr 8.30–16.30 Uhr) Von Malawi bis zum alten Bahnhof in Otorohanga ist es eine lange Reise – den Kaffeebohnen scheint dies aber nichts auszumachen. Die Betreiber des Origin nehmen das Thema Kaffee todernst, spüren ihn auf, importieren und

rösten ihn selbst. Danach wird er serviert, stark und vollmundig und meist mit einem Stückchen Kuchen.

Countdown SUPERMARKT
(www.countdown.co.nz; 123 Maniapoto St.; ⏲7–22 Uhr) Da es in Waitomo keinen Supermarkt gibt, sollte man hier im Countdown an der Waitomo-Seite des Ortes seine Vorräte auffüllen.

ℹ Praktische Informationen

Otorohanga i-SITE (☎07-873 8951; www.otorohanga.co.nz; 27 Turongo St.; ⏲Mo–Fr 9–17, Sa & So 10–14 Uhr; 📶) Kostenloses WLAN und lokale Infos.

ℹ An- & Weiterreise

Bus

InterCity (☎09-583 5780; www.intercity.co.nz) fährt von Otorohanga nach Auckland (50 NZ$, 3¼ Std., 4-mal tgl.), Te Awamutu (21 NZ$, 30 Min., 3-mal tgl.), Te Kuiti (20 NZ$, 1 Std., 3-mal tgl.) und Rotorua (53 NZ$, 2½ Std., 2-mal tgl.).

Naked Bus (☎0900 625 33; www.nakedbus.com) lässt täglich einen Bus nach Waitomo (20 NZ$, 30 Min.), Hamilton (25 NZ$, 1 Std.) und New Plymouth (30 NZ$, 3¼ Std.) fahren.

Der Bus von **Dalroy Express** (☎0508 465 622; www.dalroytours.co.nz) verkehrt täglich via Otorohanga zwischen Auckland (37 NZ$, 3 Std.) und New Plymouth (35 NZ$, 3¼ Std.). Er hält auch in Hamilton (17 NZ$, 50 Min.) und Te Awamutu (12 NZ$, 25 Min.).

Der **Waitomo Shuttle** (☎07-873 8279, 0800 808 279; einfach Erw./Kind 12/7 NZ$) fährt fünfmal täglich nach Waitomo, abhängig von den Ankunftszeiten der Busse und der Züge.

Zug

Otorohanga liegt an der Bahnstrecke des **Overlander** (☎0800 872 467; www.tranzscenic.co.nz; ⏲Okt.–April tgl., Mai–Sept. Fr–So), der zwischen Auckland (98 NZ$, 3¼ Std.) und Wellington (129 NZ$, 9 Std.) fährt. Unterwegs hält

Waitomo-Höhlen

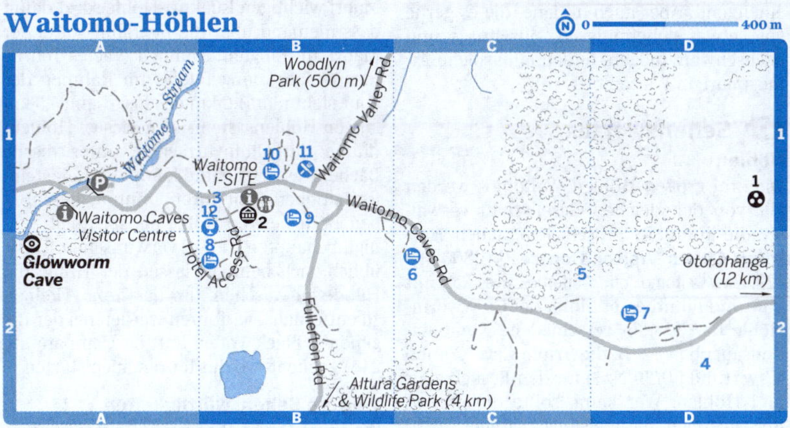

Waitomo-Höhlen

Highlights
Glowworm Cave A2

Sehenswertes
1 Opapake Pa D1
2 Waitomo Caves Discovery Centre B1

Aktivitäten, Kurse & Touren
3 CaveWorld B1
4 Legendary Black Water Rafting Company D2
Spellbound .... (siehe 11)
5 Waitomo Adventures C2

Schlafen
6 Abseil Inn C2
7 Juno Hall Backpackers D2
8 Kiwi Paka B2
9 Waitomo Caves Guest Lodge B1
10 Waitomo Top 10 Holiday Park B1

Essen
11 Huhu B1
Morepork Cafe .... (siehe 8)

Ausgehen
12 Curly's Bar B1

er in Hamilton (68 NZ$, 50 Min.) und Te Kuiti (68 NZ$, 15 Min.).

Waitomo-Höhlen

Selbst wem feuchte, dunkle Tunnel als Inbegriff der Hölle erscheinen, sollte ganz cool bleiben und sich dennoch nach Waitomo begeben. Die Kalksteinhöhlen mit ihren Glühwürmchen sind eine der größten Attraktionen der Nordinsel.

Der Name Waitomo stammt von *wai* (Wasser) und *tomo* (Loch oder Schacht): In der Region gibt es zahlreiche Schächte, die zu unterirdischen Höhlen und Flüssen leiten, in der Region alleine gibt es über 300 kartografierte Höhlen. Die drei größten Höhlen – Glowworm, Ruakuri und Aranui – bezaubern Besucher schon seit über 100 Jahren. Klaustrophobisch muss der Besuch der Waitomo-Höhlen nicht sein: Die elektrisch beleuchtete, kathedralengroße Glowworm-Höhle wirkt alles andere als einengend. Aber auch all jene, die es gerne eng, etwas geheimnisvoll, pitschnass und pechschwarz mögen, finden eine solche Atmosphäre in Waitomo.

Sehenswertes

Höhlen

Die drei großen Höhlen Waitomos werden alle von der gleichen Gesellschaft verwaltet, die ihren Sitz im schicken, neuen **Waitomo Caves Visitor Centre** (☎0800 456 922; www.waitomo.com; Waitomo Caves Rd.) mit Café und Filmtheater hinter der Glowworm-Höhle hat. Es gibt verschiedene Kombinationsangebote, z. B. die Triple Cave Combo (Erw./Kind 80/39 Nz$) für den Besuch aller drei Höhlen. Wer kann, sollte die großen Reisegruppen, die meistens zwischen 10.30 und 14.30 Uhr eintreffen, meiden.

Glowworm-Höhle HÖHLE
(Erw./Kind 48/21 NZ$; ⏲45-min. Touren alle 30 Min. 9–17 Uhr) Die Tour durch die Glowworm-Höhle hinter dem Besucherzentrum führt zwischen beeindruckenden Stalaktiten und Stalagmiten hindurch in die große „Kathedralenhöhle". Die Akustik ist so gut, dass die Sängerin Kiri Te Kanawa und die Wiener Sängerknaben hier schon Konzerte gaben. Das Highlight folgt am Ende der Tour, wenn die Teilnehmer mit einem Boot über den Fluss fahren. Sobald sich die Augen an die Dunkelheit gewöhnt haben, ist eine ganze Milchstraße aus kleinen Lichtern ringsum zu sehen – die Glühwürmchen. Die Lebensbedingungen sind für sie hier optimal, weswegen es auch recht viele gibt. Die Touren können im Besucherzentrum gebucht werden.

Aranui-Höhle HÖHLE
(Erw./Kind 46/21 NZ$; ⏲45-min. Touren 10, 11, 13, 14, 15 Uhr) Die Aranui-Höhle liegt 3 km westlich der Glowworm-Höhle. Sie ist trocken (daher keine Glühwürmchen), bietet aber dafür unglaubliche Kalksteinformationen. Tausende winzige „Strohhalm"-Stalaktiten hängen an der Decke. Die Touren werden ebenfalls im Besucherzentrum gebucht. Von dort läuft man eine Stunde zu Fuß zu den Höhlen; das Besucherzentrum kann aber auch einen Transport arrangieren.

Ruakuri-Höhle HÖHLE
(☎07-878 6219, 0800 782 587; Erw./Kind 67/26 NZ$; ⏲zweistündige Führungen 9, 10, 11.30, 12.30, 13.30, 14.30 & 15 Uhr) Eine eindrucksvolle 15 m hohe Wendeltreppe in der für die Maori wichtigen Ruakuri-Höhle sorgt dafür, dass niemand über die Begräbnisstätte der Maori am Eingang trampelt (wie es Touristen 84 Jahre lang taten). Im Rahmen der Tour sieht man 1,6 km des insgesamt 7,5 km langen Höhlensystems, u. a. riesige Höhlenräume mit Glühwürmchen, unterirdische Bäche, Wasserfälle und komplexe Kalksteinformationen. Seit ihrer Öffnung beschreiben Besucher die Höhle als spirituell – einige behaupten, sie sei verwunschen. Es ist üblich, sich beim Verlassen der Höhle die Hände zu waschen, um das *tapu* (Heilige) zu entfernen. Die Touren werden bei der Legendary Black Water Rafting Company (S. 243) gebucht, wo die Touren auch starten.

Weitere Sehenswürdigkeiten

Waitomo Caves Discovery Centre MUSEUM
(☎07-878 7640, 0800 474 839; www.waitomodiscovery.org; 21 Waitomo Caves Rd.; Erw./Kind 5 NZ$/frei; ⏲Jan. & Feb. 8.15–19 Uhr, Nov., Dez. & März 8.45–17.30 Uhr, April–Okt. 8.45–17 Uhr) Das Waitomo Caves Discovery Centre neben dem i-SITE zeigt eine exzellente Ausstellung über die geologische Entstehung der Höhlen, die unterirdische Flora und Fauna und die Geschichte der Waitomo-Höhlen und der Höhlenforschung.

Altura Gardens & Wildlife Park ZOO, REITEN
(☎07-878 5278; www.alturapark.co.nz; 477 Fullerton Rd.; Erw./Kind 12/5 NZ$; ⏲9.30–17 Uhr) Auf dem 2 ha großen Gelände können Besucher mit einem Kakadu plaudern, einen

INSIDERWISSEN

WAITOMO-HÖHLEN

Die schönste Art, die Glühwürmchenhöhlen von Waitomo zu erleben, ist beim Blackwater-Rafting. Es ist ein aufregendes Erlebnis, bei dem die Teilnehmer sich in Neoprenanzüge zwängen (und sich dabei totlachen, weil alle so komisch aussehen), sich dann in einen Reifenschlauch setzen (was auch sehr lustig ist) und dann mit zwei Führern und viel Mut unter den Glühwürmchen hindurch durch die Kalksteinhöhlen rauschen. Es ist ein wirklich packendes Abenteuer und erfordert etwas Gewandtheit und den Mumm, rückwärts über kleine Wasserfälle hinabzurauschen. Zum Schluss treiben alle in ihren Schläuchen still und mit abgeschalteten Kopflampen durch die Höhlen, um die faszinierenden Glühwürmchen zu beobachten.

Dr. Farah Rangikoepa Palmer, ehemalige Mannschaftsführerin der Black Ferns (neuseeländische Rugbymannschaft der Frauen)

Kuckuckskauz anstarren oder eine Blauzungenskinke streicheln. Es gibt hier Dutzende Vogel- und Tierarten, dennoch ist es kein normaler Zoo: Hier tummeln sich statt Löwen und Giraffen eher Lamas und Schafe. Der Park bietet auch Ausritte (60/90 Min. 65/80 NZ$) an und betreibt ein eigenes B&B (Selbstversorgerunterkunft für 4 Pers.; DZ/4BZ 145/185 NZ$).

Aktivitäten

Unterirdisch

Legendary Black Water Rafting Company HÖHLENWANDERN, ABENTEUERTOUR

(☎0800 782 5874; www.waitomo.com; 585 Waitomo Caves Rd.; ⏲Black Labyrinth Tour 9, 10.30, 12, 13.30 & 15 Uhr; Black Abyss Tour 9 & 14 Uhr) Die Black Labyrinth Tour (119 NZ$, 3 Std.) besteht aus einer Floßfahrt im Neoprenanzug auf einem Reifenschlauch über einen Fluss in der Ruakuri-Höhle. Das Highlight ist der Sturz einen kleinen Wasserfall hinab, um dann durch eine lange Passage voller Glühwürmchen zu treiben. Die Tour endet mit einer Dusche, Suppe und Bagels im Café. Die Black Abyss Tour (220 NZ$, 5 Std.) ist abenteuerlicher, denn sie schließt eine 35 m lange Abseilstrecke in die Ruakuri-Höhle, eine Seilrutsche, noch mehr Glühwürmchen und Schlauchrafting ein. Aus diesem Grund ist auch ein Mindestalter der Teilnehmer vorgeschrieben.

Spellbound HÖHLENWANDERN, FÜHRUNG

(☎07-878 7622, 0800 773 552; www.glowworm.co.nz; 10 Waitomo Caves Rd.; Erw./Kind 70/25 NZ$; ⏲dreistündige Führungen 10, 11, 14 & 15 Uhr) Spellbound ist eine gute Möglichkeit für jene, die nicht nass werden wollen, mehr an Glühwürmchen als an „Action" interessiert sind und die großen Gruppen in den Haupthöhlen meiden möchten. Die Touren für kleine Gruppen führen in Teile des von zahlreichen Glühwürmchen bewohnten Mangawhitiakau-Höhlensystems. Die Höhlen liegen 12 km südlich von Waitomo (... eine Floßfahrt gibt es trotzdem!).

Waitomo Adventures HÖHLENWANDERN, ABENTEUERTOUR

(☎07-878 7788, 0800 924 866; www.waitomo.co.nz; 654 Waitomo Caves Rd.) Waitomo Adventures bietet fünf verschiedene Höhlenabenteuer an. Ermäßigungen gibt es für unterschiedliche Kombinationen und bei Vorausbuchung. Die Tour Lost World (310/445 NZ$ 4/7 Std.) beginnt mit dem Abseilen über 100 m in die Höhle, dann geht es – wandernd, kletternd, watend und schwimmend – durch eine 30 m hohe Höhle vorbei an Glühwürmchen, fantastischen Felsformationen, Wasserfällen und dergleichen zurück zum Ausgang. Im Preis enthalten sind ein Mittagsimbiss (in der Höhle) und ein Abendessen. Die kürzere Version dieser Höhlentour lässt den nassen Teil und die Mahlzeiten aus.

Zur Tour Haggas Honking Holes (240 NZ$, 4 Std.) gehört eine professionelle Einführung in die Technik des Abseilens, gefolgt vom eigentlichen Abseilen an drei Wasserfällen, Felsklettern und einem Marsch durch enge Gänge und riesige Höhlen einen unterirdischen Fluss entlang. Unterwegs sind Glühwürmchen, Höhlenformationen und -korallen zu sehen.

Die Tour TumuTumu Toobing (165 NZ$, 4 Std.) umfasst eine Wanderung, Klettern, Schwimmen und eine Fahrt mit Reifenschläuchen. Die Tour St Benedict's Cavern (165 NZ$, 3 Std.) beinhaltet eine Abseil-Strecke und eine unterirdische Seilrutsche in einer Höhle mit fantastischen Strohhalm-Stalagmiten.

Green Glow Eco-Adventures HÖHLENWANDERN, ABENTEUERTOUR
(☎0800 476 459; www.greenglow.co.nz; 1117 Oparure Rd., Te Kuiti; sechsstündige Touren pro Pers. 180 NZ$) Green Glow Eco-Adventures bietet individuelle Waitomo-Touren in kleinen Gruppen an, der Schwerpunkt liegt wahlweise auf Höhlenwanderung, Felsklettern, Abseilen, Fotografieren oder der Beobachtung von Glühwürmchen (oder alles zusammen!). Das Büro befindet sich in Te Kuiti, 20 Min. von Waitomo entfernt.

CaveWorld HÖHLENWANDERN, ABENTEUERTOUR
(☎07-878 6577, 0800 228 338; www.caveworld.co.nz; Ecke Waitomo Caves Rd. & Hotel Access Rd.) CaveWorld bietet die Reifenschlauchtour Tube It (124 NZ$, 2 Std.) durch die Te Anaroa mit ihren zahlreichen Glühwürmchen an. Ebenfalls im Angebot sind eine von Glühwürmchen erleuchtete nächtliche Abseiltour in eine 45 m tiefe Spalte namens Glowworm Canyon (2 Std., 199 NZ$) und tagsüber die Footwhistle Glowworm Cave Tour (49 NZ$, 1 Std.).

Rap, Raft 'n' Rock HÖHLENWANDERN, ABENTEUERTOUR
(☎0800 228 372, 07-873 9149; www.caveraft.com; 95 Waitomo Caves Rd.) Die Expeditionen in kleinen Gruppen (160 NZ$, 5 Std.) beginnen mit einem Abseiltraining, gefolgt von einem 27 m tiefen Abstieg in eine natürliche Höhle und dann einer Tour in einem Reifenschlauch auf einem unterirdischen Fluss mit zahlreichen Glühwürmchen. Nach einem kleinen Marsch führt eine abgesicherte Kletterroute 20 m einen Felsen hinauf wieder an die Oberfläche.

Wandern

Das i-SITE in Waitomo verteilt kostenlose Infoblätter zu Wanderwegen in der Umgebung. Der Weg von der **Aranui-Höhle** zur **Ruakuri-Höhle** ist eine exzellente Kurzstrecke. Vom Waitomo Caves Visitor Centre führt der 5 km lange **Waitomo Walkway** (hin & zurück 3 Std.) durch Ackerland und folgt dem Waitomo-Bach bis ins **Ruakuri Scenic Reserve**, von wo aus der 30-minütige Rückweg an einem natürlichen Kalksteintunnel vorbeiführt. Nachts sind hier Glühwürmchen zu sehen – mit einer Taschenlampe ist der Weg vom Parkplatz aus gut zu finden. Nahe dem Büro von Waitomo Adventures führt eine 20-minütige Wanderung durch Buschland, dann an Ackerland

ZAUBERWELT DER GLÜHWÜRMCHEN

Glühwürmchen sind die Larven der Pilzmücke. Die Glühwürmchenlarven haben Leuchtorgane, die ein sanftes grünes Licht erzeugen. Sie leben in einer Art Hängematte, die von einem Überhang herabbaumelt, und spinnen klebrige, nach unten hängende Fäden, mit denen sie unachtsame Insekten fangen, die durch das Licht angezogen werden. Fliegt ein Opfer ins Licht, bleibt es an den Spinnfäden kleben. Danach rollt das Glühwürmchen den Faden auf und frisst das Insekt.

Das Larvenstadium dauert sechs bis neun Monate, je nachdem, wie viel die Glühwürmchen zu fressen bekommen. Wenn sie die Größe eines Streichholzes erreicht haben, verpuppen sie sich zu einer Art Kokon. Nach etwa zwei Wochen schlüpft daraus die ausgewachsene Pilzmücke.

Die ausgewachsenen mundlosen Insekten leben nicht sehr lange. Sie schlüpfen, paaren sich, legen Eier und sterben – alles in zwei bis drei Tagen. Aus den klebrigen Eiern, die in Gruppen von jeweils 40 oder 50 gelegt werden, schlüpfen innerhalb von etwa drei Wochen schon wieder die nächsten Glühwürmchenlarven.

Glühwürmchen leben eigentlich in feuchten, dunklen Höhlen, können aber auch überall dort überleben, wo es Feuchtigkeit, Überhänge und Insekten zum Fressen gibt. Waitomo ist berühmt für seine Glühwürmchen; es gibt sie aber auch an vielen anderen Orten in Neuseeland zu sehen, und zwar sowohl in Höhlen als auch im Freien.

Wer auf Glühwürmchen trifft, sollte weder ihre Hängematten noch ihre Fäden berühren, leise sein und sie nicht anleuchten, denn all das wird sie veranlassen, ihr Licht zu dimmen. Es dauert dann mehrere Stunden, bis sie wieder funkeln, und in dieser Zeit bekommen sie natürlich Hunger. Die am hellsten leuchtenden Glühwürmchen sind die hungrigsten.

vorbei bis zum verlassenen **Opapake Pa,** wo Terrassen und Süßkartoffeläcker zu sehen sind.

Dundle Hill Walk WANDERN
(☎07-878 7788, 0800 924 866; www.waitomowalk.com; Erw./Kind 75/35 NZ$) Der private Dundle Hill Walk ist ein 27 km langer Rundweg, der ohne Begleitung in zwei Tagen durch das Busch- und Ackerland Waitomos zurückgelegt werden kann. Unterwegs wird in einer Berghütte hoch oben im Buschland übernachtet.

Schlafen

Abseil Inn B&B $$
(☎07-878 7815; www.abseilinn.co.nz; 709 Waitomo Caves Rd.; DZ ab 150 NZ$;) Eine *seeehr* steile Auffahrt (das Abseilen vom Hubschrauber wäre hier die einfachere Methode) führt zu diesem entzückenden B&B mit vier thematisch eingerichteten Zimmern, tollem Frühstück und geistreichen Gastgebern. Das größte Zimmer hat eine Doppelbadewanne und Blick aufs Tal.

Waitomo Caves Guest Lodge B&B $$
(☎07-878 7641, 0800 465 762; www.waitomocavesguestlodge.co.nz; 7 Te Anga Rd.; EZ 80 NZ$, DZ 105–130 NZ$, zusätzliche Pers. 25 NZ$, alle mit Frühstück;) Die zentral im Ort gelegene Lodge in einem zauberhaften Garten am Berghang vermietet gemütliche, kleine Hütten mit Bad. Die oberen Hütten bieten Ausblick aufs Tal. Im Preis enthalten sind ein großes kontinentales Frühstück und der Haushund. Einfach und schlicht.

Waitomo Top 10 Holiday Park FERIENPARK $
(☎07-878 7639, 0508 498 666; www.waitomopark.co.nz; 12 Waitomo Caves Rd.; Stellplätze 22 NZ$, Zi. 70–190 NZ$; @) Der wunderbare Ferienpark mitten im Dorf hat blitzsaubere Sanitäranlagen, einige schöne neue Hütten (die älteren sind ebenfalls in Ordnung) und bieten reichlich Zerstreuungen für die Kids (Pool, Whirlpool, Spielplatz und nebenan ein Rugbyplatz).

Juno Hall Backpackers HOSTEL $
(☎07-878 7649; www.junowaitomo.co.nz; 600 Waitomo Caves Rd.; Stellplätze 16 NZ$, B 28 NZ$, DZ mit/ohne Bad 78/68 NZ$, 3BZ 98/88 NZ$, 4BZ mit Bad 124 NZ$; @) Ein schickes, zweckmäßig gebautes Hostel 1 km vom Dorf entfernt mit herzlichem Empfang, wärmendem Holzfeuer in der holzverkleideten Lounge sowie einem Swimmingpool und Tennisplatz. Gemütliche Sofas und viel Holzvertäfelung sorgen für eine gemütliche Atmosphäre.

Kiwi Paka HOSTEL $
(☎07-878 3395; www.waitomokiwipaka.co.nz; Hotel Access Rd.; B/EZ/DZ 30/65/70 NZ$, Chalets 2BZ/DZ/4BZ 95/110/150 NZ$; @) Das stilvolle, zweckmäßig gebaute Hostel im Stil einer Berghütte ist zu groß, um gesellig zu sein, aber es hat Vierbettschlafsäle im Haupthaus sowie separate Spitzdachchalets, ein eigenes Café (Morepork Café) und supersaubere Sanitäranlagen. Kiwi Paka ist vor allem bei großen Gruppen beliebt.

Woodlyn Park MOTEL $$$
(☎07-878 6666; www.woodlynpark.co.nz; 1177 Waitomo Valley Rd.; DZ 170–245 NZ$, zusätzl. Pers. 15 NZ$) Die Unterkunft kann sich damit rühmen, das einzige Hobbitmotel der Welt zu sein (die Zimmer wurden ins Erdreich gegraben und haben runde Fenster und Türen). Man kann aber auch im Cockpit eines Kampfflugzeugs, in einem Eisenbahnwaggon und in der „Waitanic" übernachten, einem umgebauten Patrouillenboot aus dem Zweiten Weltkrieg mit Kronleuchtern, verzierten Decken und glänzenden Messingbullaugen. Eine ausgesprochen gut geführte Anlage, in der sich Kids mit Sicherheit wohlfühlen werden.

Essen & Ausgehen

Der Kramladen in Waitomo verkauft zwar alles Lebensnotwendige, aber es ist besser, sich vorher in Otorohanga oder Te Kuiti mit Proviant einzudecken.

LP TIPP **Huhu** CAFÉ, MODERN NEUSEELÄNDISCH $$
(☎07-878 6674; www.huhustore.co.nz/cafe; 10 Waitomo Caves Rd.; Mittagessen 11–19 NZ$, Abendessen 25–30 NZ$; ⌚10.30–21 Uhr;) Ob mittags oder abends – im schicken und modernen Huhu wird niemand enttäuscht! Die Bedienung ist charmant, der Blick von der Terrasse großartig und die modernen neuseeländischen Gerichte wunderbar zubereitet. Dazu kommen ein starker Kaffee, ein tapasartiges Menü (große und kleine Teller) aus neuseeländischen Köstlichkeiten wie Kaninchentopf oder geschmortem Biorindsbraten. Alle Zutaten stammen aus der Umgebung – selbst das Rind. Wunderbar!

Morepork Cafe CAFÉ, PIZZERIA $$
(Kiwi Paka, Hotel Access Rd.; Frühstück & Mittagessen 7–15 NZ$, Abendessen 14–27 NZ$; ⌚8–20 Uhr) In diesem netten, beliebten Restaurant im Kiwi Paka kann man morgens, mittags

und abends entweder drinnen im Speisesaal oder draußen auf der Terrasse essen. Die „Caveman-Pizza" ist der Renner (der erste Gast, der mehr Schweinefleisch wünscht, fliegt raus).

Curly's Bar PUB
(www.curlysbar.co.nz; Hotel Access Rd.; Mittag- & Abendessen 10–25 NZ$; ⌚11–2 Uhr) Eine lockere Kneipe mit vielen Fassbieren, preiswertem Kneipenessen (Steaks, Lammkeule, Nachos...), klobigen Holztischen, gelegentlichen Quizabenden und Livemusik.

Praktische Informationen

Es gibt im Ort keine Tankstelle. Curly's Bar hat einen Geldautomaten.

Waitomo i-SITE (07-878 7640, 0800 474 839; www.waitomodiscovery.org; 21 Waitomo Caves Rd.; ⌚Jan. & Feb. 8.15–19 Uhr, Nov., Dez. & März 8.45–17.30 Uhr, April–Okt. 8.45–17 Uhr; @) Internetzugang, Postamt und Buchungsbüro.

An- & Weiterreise

Naked Bus (0900 625 33; www.nakedbus.com) fährt einmal täglich nach Otorohanga (20 NZ$, 20 Min.), Hamilton (20 NZ$, 1¼ Std.) und New Plymouth (30 NZ$, 3 Std.).

Der **Waitomo Shuttle** (07-873 8279, 0800 808 279; waikiwi@ihug.co.nz; einfach Erw./Kind 12/7 NZ$) fährt fünfmal täglich von Otorohanga (15 Min.) zu den Höhlen, in Abstimmung auf die Ankunftszeiten von Bussen und Zügen.

Waitomo Wanderer (03-477 9083, 0800 000 4321; www.travelheadfirst.com) bietet einen täglichen Pendelservice von Rotorua oder Taupo an, auf Wunsch auch Höhlenwanderungen, Glühwürmchengucken und Schlauchrafting (Kombis ab 133 NZ$). Der Pendelservice kostet hin und zurück 99 NZ$.

Von Waitomo nach Awakino

Die abgelegene Route, die auf der Te Anga Road von Waitomo aus in Richtung Westen führt, ist der Inbegriff einer Nebenstraße. Es ist eine zeitintensive, aber faszinierende Alternative zum SH3, wenn das Ziel Taranaki heißt. Nur 12 km der 111 km langen Strecke sind noch nicht befestigt, jedoch ist die Straße fast auf der gesamten Länge kurvenreich und schmal. Man sollte etwa zwei Stunden einkalkulieren (ohne Zwischenstopps) und vorher volltanken.

Die Wanderwege im **Tawarau Forest**, der 20 km westlich der Waitomo-Höhlen liegt, sind in der DOC-Broschüre *Waitomo & King Country Tracks* beschrieben (1 NZ$, erhältlich im DOC in Hamilton oder Te Kuitifrom), u. a. der einstündige Wanderweg zu den Tawarau Falls ab dem Ende der Appletree Road.

Das **Mangapohue Natural Bridge Scenic Reserve** 26 km westlich von Waitomo ist ein 5,5 ha großes Naturschutzgebiet mit einem riesigen Kalksteinbogen. Über den auch für Rollstuhlfahrer zugänglichen Weg spaziert man in fünf Minuten zum Felsbogen. Auf der anderen Seite ragen große, mit 35 Mio. Jahre alten fossilen Austern übersäte Felsblöcke aus dem Gras. Nachts kann man das Leuchten der Glühwürmchen sehen.

Etwa 4 km weiter westlich liegt das **Piripiri Caves Scenic Reserve**. Ein fünfminütiger Spaziergang führt zu einer großen Höhle mit fossilierten Riesenaustern. Unbedingt eine Taschenlampe mitbringen. Nach starken Regenfällen kann die Wanderung eine ziemlich matschige Angelegenheit sein. Eine Treppe führt hinunter in das Dunkel ...

Die eindrucksvoll gestuften, 30 m hohen **Marokopa Falls** liegen 32 km westlich von Waitomo. Ein kurzer Weg (hin & zurück 15 Min.) führt ab der Straße zum Fuß des Wasserfalls.

Gleich hinter Te Anga führt ein Abzweig nordwärts ins 59 km entfernte Kawhia, weiter nach Südwesten geht es nach Marokopa (1560 Ew.), einem kleinen Küstendorf mit schwarzen Strand und einigen erschreckend pompösen neuen Villen. Die ganze Umgebung von Te Anga/Marokopa steckt voller Höhlen.

Der **Marokopa Campground** (07-876 7444; marokopacampground@xtra.co.nz; Rauparaha St.; Stellplätze ab 24 NZ$, B 18 NZ$) ist nicht gerade schick, aber hat eine schöne Lage dicht an der Küste. Es gibt einen kleinen Laden, der für das Nötigste zum Essen sorgt (Brot, Milch, Käse), sowie einen Tennisplatz und eine winzige Bibliothek.

Die Straße führt südwärts Richtung Kiritehere, folgt einem brausenden Bach durch idyllisches Ackerland nach Moeatoa und zweigt dann rechts (nach Süden) in die Mangatoa Road ab. Hier ist man nun wirklich in der tiefsten Provinz. Weiter geht es bis hin zum dichten **Whareorino Forest**. Die vom DOC betriebene **Leitch's Hut** (07-878 1050; www.doc.govt.nz; pro Erw. 5 NZ$) bietet 16 Schlafkojen, eine Toilette, Wasser und einen Holzofen.

Es lohnt sich, in Waikawau den 5 km langen Abstecher über eine unbefestigte Straße zur Küste am **Ngarupupu Point** zu machen, wo ein 100 m langer Weg durch einen nasskalten Tunnel zu einem herrlich einsam gelegenen schwarzen Sandstrand führt. Bei frühzeitiger Ankunft sind die einzigen Fußabdrücke im Sand die eigenen, vom Schwimmen wird dringend abgeraten: Wer in eine Brandungsrückströmung gerät, wird wahrscheinlich schon fast in Melbourne sein, bevor die Freunde Hilfe holen können.

Die Straße zieht sich 28 km lang kurvenreich durch dichten Wald mit gelegentlichen Farmhäusern, bis sie östlich von Awakino auf die SH3 trifft.

Te Kuiti

4380 EW.

Das reizende Te Kuiti liegt in einem Tal zwischen malerischen Hügeln. Willkommen in der Schafschurhauptstadt der Welt! Am Wahrheitsgehalt dieser Behauptung wird spätestens beim Besuch des Schafsfestes Great New Zealand Muster kein Zweifel mehr bestehen.

Sehenswertes

Big Shearer DENKMAL

(Rora St.) Das unübersehbarste Wahrzeichen des Städtchens ist die 7 m hohe und 7½ t schwere Statue Big Shearer (großer Schafscherer) am Südende der Einkaufsstraße Rora Street.

Te Kuititanga-O-Nga-Whakaaro BAUWERK

(Rora St.) Te Kuititanga-O-Nga-Whakaaro (Sammeln der Gedanken und Ideen) ist ein wunderschöner Pavillon aus Ätzglass, *tukutuku* (Platten aus geflochtenem Flachs) und Holzschnitzwerk und feiert die Geschichte des Ortes.

Feste & Events

Great New Zealand Muster KULTURFEST, ESSEN

(www.waitomo.govt.nz/events/the-great-nz-muster; Ende März/Anfang April) Das Highlight des Great New Zealand Muster ist das legendäre Running of the Sheep: Die Stierhatz in Pamplona ist nichts gegen den Anblick von 2000 wolligen Teufeln, die über die Hauptstraße von Te Kuiti rasen. Zum Festival gehören Schafschurmeisterschaften, eine Parade, traditionelle Vorführungen der Maori, Livemusik, Grillen, *hangi* und Marktstände.

Schlafen

LP TIPP **Waitomo Lodge Motel** MOTEL $$

(07-878 0003; www.waitomo-lodge.co.nz; 62 Te Kumi Rd.; DZ/FZ ab 125/195 NZ$;) Nichts mehr in Waitomo frei? Das schnittige Motel auf der Waitomo-Seite von Te Kuiti ist eine hervorragende Alternative. Die 20 großen, modernen und mit Sperrholz ausgekleideten Zimmer sind mit zeitgenössischer Kunst, stimmungsvollen Niedrigenergielampen, Flachbildschirmfernsehern und kleinen Terrassen ausgestattet, von denen man auf den Mangaokewa Stream blickt. Das Bosco Café liegt gegenüber. Cool in einem uncoolen Ort!

Simply the Best B&B B&B $$

(07-878 8191; www.simplythebestbnb.co.nz; 129 Gadsby Rd.; EZ/DZ mit Frühstück 60/110 NZ$) Es ist schwer, etwas gegen den unbescheidenen Namen einzuwenden, wenn die Preise so erschwinglich, das Frühstück so üppig und die Gastgeber so charmant sind. Warnung: Die spektakuläre Aussicht könnte zu unfreiwilligen Gesangsausbrüchen von Tina-Turner-Hits führen.

Essen & Ausgehen

Bosco Cafe CAFÉ $

(theteam@boscocafe.co.nz; 57 Te Kumi Rd.; Hauptgerichte 10–20 NZ$; Mittag- & Abendessen;) Es ist keineswegs untertrieben zu behaupten, dass das Bosco der coolste Laden in Te Kuiti ist. Das exzellente Café im Industrieschick bietet tollen Kaffee, köstliches Essen (z. B. in Speck gewickelter Hackbraten mit Gemüse) und einen hervorragenden Service. Richtig wunderbar ist es hier an einem sonnigen Nachmittag, wenn die Türen zum Brook Park hin geöffnet werden.

New World SUPERMARKT

(www.newworld.co.nz; Te Kumi Rd.; 8–20 Uhr) Selbstversorger auf dem Weg nach Waitomo sollten sich im New World eindecken.

VORWAHLNUMMERN

Wer die Vorwahlnummer 07 für die wochenlange Reise durch Waikato und das King Country in seinem Handy gespeichert hat, sollte daran denken, dass ab Awakino in Richtung Süden die 06 vorzuwählen ist.

Praktische Informationen

Department of Conservation (DOC; 07-878 1050; www.doc.govt.nz; 78 Taupiri St.; Mo–Fr 8–16.30 Uhr)

Te Kuiti i-SITE (07-878 8077; www.waitomo.govt.nz; Rora St.; Mo–Fr 9–17, Sa 10–14, So 12–16 Uhr; @) Internetzugang und Touristeninformation.

An- & Weiterreise

Bus

InterCity (www.intercity.co.nz) fährt täglich u. a. in die folgenden Orte:

Naked Bus (www.nakedbus.com) fährt einmal täglich nach Auckland (44 NZ$, 4 Std.), Hamilton (20 NZ$, 1½ Std.), New Plymouth (30 NZ$, 2¼ Std.) und Otorohanga (20 NZ$, 30 Min.).Der Bus von Dalroy Express verkehrt täglich zwischen Auckland (39 NZ$, 3½ Std.) und New Plymouth (29 NZ$, 2¼ Std.) und hält in Te Kuiti sowie in Hamilton (19 NZ$, 1½ Std.), Mokau (17 NZ$, 1 Std.) und Otorohanga (12 NZ$, 15 Min.).

REISEZIEL	FAHRPREIS	FAHRZEIT	HÄUFIGKEIT
Auckland	47 NZ$	3½ Std.	3-mal tgl.
Mokau	30 NZ$	1 Std.	2-mal tgl.
New Pllymouth	30 NZ$	2½ Std.	2-mal tgl.
Otorohanga	20 NZ$	45 Min.	3-mal tgl.
Taumarunui	28 NZ$	1¼ Std.	1-mal tgl.

Zug

Te Kuiti liegt an der Bahnstrecke des Overlander zwischen Auckland (98 NZ$, 3½ Std.) und Wellington (129 NZ$, 8¾ Std.), der Zug fährt via Hamilton (68 NZ$, 1 Std.) und Taumarunui (68 NZ$, 50 Min.).

Von Kuiti nach Mokau

Von Te Kuiti führt der SH3 zunächst in südwestlicher Richtung zur Küste und folgt dann der ziemlich zerklüfteten Küstenlinie weiter nach New Plymouth. An dieser malerischen Strecke liegen sowohl einige typische Schaffarmen als auch bizarre, sehenswerte Kalksteinformationen, die etwas später – wenn der Highway dem Lauf des Awakino River folgt – üppigem, ursprünglichem Busch weichen.

Der Fluss mündet im winzigen Dorf **Awakino** (60 Ew.) in die Tasmansee. Die Boote ankern geschützt im Mündungsarm, während sich die Einheimischen im bodenständigen **Awakino Hotel** (06-752 9815; www.awakinohotel.co.nz; SH3; Mahlzeiten 9–20 NZ$; tgl. Mittag- & Abendessen, Mo–Sa Abendessen) treffen.

Ein Stück weiter südlich steht unübersehbar das eindrucksvolle kleine **Maniaroa Marae** auf den Klippen über der Landstraße. Die bedeutende Anlage birgt den Ankerstein des *Tainui waka* (S. 239), den die Ureinwohner der Region aus ihrer polynesischen Heimat mitbrachten. Das furchteinflößend geschnitzte Versammlungshaus Te Kohaarua ist von außerhalb des Zauns gut zu sehen – das *marae* darf allerdings nicht betreten werden, außer auf persönliche Einladung hin.

5 km weiter südlich liegt, mit dem perfekten Kegel des Mount Taranaki am Horizont, das kleine Dorf **Mokau** (400 Ew.). Es besitzt einen schönen schwarzsandigen Strand, der sich gut zum Surfen und Angeln eignet. Im Zeitraum von August bis November schlüpfen im Fluss Mokau (dem zweitlängsten auf der Nordinsel) zahllose Jungfische, was sofort ganze Schwärme von Jungfischanglern anlockt.

Das **Tainui Historical Society Museum** (06-752 9072; mokaumuseum@vodafone.co.nz; SH3; Eintritt mit Spende; 10–16 Uhr; @) zeigt eine interessante Sammlung alter Fotos und Artefakte (Pianolas, Walknochen, angestaubte Fotos der britischen Königin) aus der Zeit, als dieser abgelegene Vorposten ein Verschiffungshafen für Kohle und Holz der Flusssiedlungen war.

Mokau River Cruises (0800 665 2874; www.mokaurivercruises.co.nz; Bootstouren Erw./Kind 50/15 NZ$) bietet dreistündige Flussfahrten auf der historischen *MV Cygnet*. Fahrten in der Abenddämmerung sind ebenfalls möglich.

Der **Seaview Holiday Park** (06-752 9708; seaviewhp@xtra.co.nz; SH3; Stellplätze ab 10 NZ$, Hütten/Zi. DZ ab 50/85 NZ$) liegt am Nordrand von Mokau und ist sehr schlicht gehalten (winzige, pastellfarbene Hütten mit klapprigen Möbeln), sein großes Plus ist aber die Lage an einem breiten, braunen Sandstrand.

Die Besitzer des streng wirkenden, aber tatsächlich sehr freundlichen **Mokau Motel** (06-752 9725; www.mokaumotels.co.nz; SH3; EZ/DZ/Suite ab 90/105/120 NZ$;) auf dem

Hügel oberhalb des Dorfs geben Angeltipps, vermieten nüchterne, Selbstversorger-Wohneinheiten und drei eher städtisch wirkende Luxussuiten (was für eine Überraschung!).

Taumarunui

5140 EW.

Taumarunui wirkt an einem kalten Tag ein bisschen trist, aber die Stadt im Herzen des King Country hat dennoch ihre Reize. Der Hauptgrund, sich hier aufzuhalten, sind Kajaktouren auf dem Fluss Whanganui oder als billigere Alternative für Skifahrer im Nationalpark Tongariro. Zudem gibt es einige schöne Wander- und Fahrradwege in der Umgebung.

Infos zum Forgotten World Highway zwischen Taumarunui und Stratford siehe Taranaki. Infos zum Kanu- und Kajakfahren auf dem Whanganui siehe Nationalpark Whanganui.

Sehenswertes & Aktivitäten

Der 3 km lange **Riverbank Walk** am Flussufer des Whanganui führt von der Cherry Grove Domain, 1 km südlich der Stadt, zum Taumarunui Holiday Park. Der **Te Peka Lookout** am anderen Flussufer des Ongarue am Westrand der Stadt ist ein guter Aussichtspunkt, um sich das Geschehen anzuschauen.

Hakiaha Street STRASSE

Am östlichen Ende der Hakiaha Street liegt das **Hauaroa Whare,** ein Haus mit wunderschönen Schnitzarbeiten. **Te Rohe Potae** am westlichen Ende erinnert mit einer Skulptur eines Zylinderhuts auf einem großen Felsen an König Tawhiaos Anspruch auf seine *mana* (Autorität) über das King Country.

Raurimu-Spirale EISENBAHN

Die bekannte Raurimu-Spirale, 30 km südlich der Stadt, ist eine einzigartige Meisterleistung der Eisenbahnkonstruktion, die 1908 nach zehn Jahren Bauzeit vollendet wurde. Eisenbahnfans können die Kreiskehre bei einer Fahrt mit dem *Overlander* zur Nationalparksiedlung erleben (hin & zurück 136 NZ$).

Taumarunui Jet Tours JETBOOTE

(☎07-896 6055, 0800 853 886; www.taumarunuijettours.co.nz; Cherry Grove Domain; Touren 30 Min./1 Std. ab 60/100 NZ$) Taumarunui Jet Tours bietet rasante Jetboottrips auf dem Whanganui.

Schlafen & Essen

Taumarunui Holiday Park FERIENPARK $

(☎07-895 9345; www.taumarunuiholidaypark.co.nz; SH4; Stellplätze ab 17 NZ$, Hütten & Cottages DZ 50–115 NZ$; @📶) Der schattige Campingplatz am Ufer des Whanganui 4 km östlich der Stadt bietet sicheres Schwimmen im Fluss und saubere Sanitäranlagen. Die neuen Besitzer lieben ihre Stadt und geben Ratschläge, was zu tun ist und was man sich anschauen sollte.

Twin Rivers Motel MOTEL $$

(☎07-895 8063; www.twinrivers.co.nz; 23 Marae St.; Zi. 90–215 NZ$; 📶) Die zwölf Zimmer des Twin Rivers sind blitzblank und werden ständig verbessert (neue Badezimmer, neue Kunststeinfassade, glänzende, übergroße Türnummern...). Die größeren Wohneinheiten haben Platz für sieben Personen.

L'attitude CAFÉ, TAPAS $$

(☎07-895 6611; 1 Hakiaha St.; Brunch 13–19 NZ$, Tapas-Platte Abendessen 6–12 NZ$; ⏲Mi–So Brunch, Fr & Sa Abendessen) Der schwarze Kasten an der Te-Kuiti-Seite der Stadt ist mit Sicherheit der einzige Ort in Taumarunui, wo es gegrillte marinierte Sesamhühnerflügel gibt. An den Wänden hängt Kunst, es gibt Straßentische und viele neuseeländische Weine.

Praktische Informationen

Department of Conservation (DOC; ☎07-895 8201; www.doc.govt.nz; Cherry Grove Domain; ⏲Mo–Fr 8–17 Uhr) Eine nicht immer geöffnete Außenstelle (vorher anrufen).

Taumarunui i-SITE (☎07-895 7494; www.visitruapehu.co.nz; 116 Hakiaha St.; ⏲9–17 Uhr; @) Touristeninformation und Internetzugang. Regionalinformationen stehen in der Broschüre *Ruapehu Chosen Pathways.*

An- & Weiterreise

Taumarunui liegt 81 km südlich von Te Kuiti und 41 km nördlich der Nationalparksiedlung an der SH4.

Die Busse von **InterCity** (☎0508 353 947; www.intercity.co.nz) fahren über Te Kuiti (28 NZ$, 1 Std.) nach Auckland (59 NZ$, 4½ Std., 1-mal tgl.) und über den Nationalpark (22 NZ$, 30 Min.) nach Palmerston North (53 NZ$, 4¾ Std., 1-mal tgl.).

Taumarunui liegt an der Bahnstrecke des **Overlander** (☎0800 872 467; www.tranz

scenic.co.nz; ⏲Okt.–April tgl., Mai–Sept. Fr–So) zwischen Auckland (98 NZ$, 4¾ Std.) und Wellington (129 NZ$, 7½ Std.). Der Zug hält in Te Kuiti (68 NZ$, 1¼ Std.) und beim Nationalpark (68 NZ$, 50 Min.).

Owhango

210 EW.

In dem Miniort Owhango beginnen alle Straßennamen mit einem O. Er eignet sich als gemütliches Basislager für Wanderer, Mountainbiker (hier endet die 42 Traverse) und Skifahrer, die sich eine Unterkunft dichter an den Hängen im Tongariro National Park nicht leisten können oder wollen. Von der Omaki Road aus erreicht man einen zweistündigen Rundweg durch den unberührten Wald des **Ohinetonga Scenic Reserve**.

Schlafen

Forest Lodge LODGE
(☎07-895 4854; www.forest-lodge.co.nz; 12 Omaki Rd.; B/EZ/DZ 25/45/65 NZ$, Zi. 95–120 NZ$; @📶) Eine gemütliche Backpackerunterkunft mit komfortablen, sauberen Zimmern, ordentlich gefalteten Handtüchern mit einer Seife obenauf und netten Gemeinschaftsräumen. Wer mehr Privatsphäre wünscht, kann sich in separaten Zimmern im Motel und Cottage nebenan einmieten. Das Frühstück/Abendessen kostet ab 9/22 NZ$, für das Ausleihen eines Fahrrads werden ab 20 NZ$ verlangt, für geführte Angeltouren mind. 250 NZ$.

Blue Duck Lodge LODGE, HOSTEL $
(☎07-895 6276; www.blueducklodge.co.nz; RD2, Whakahoro; B 35 NZ$, DZ 80–185 NZ$, zusätzl. Erw./Kind 37/20 NZ$) Die Öko-Unterkunft mit Blick über den Retaruke River 36 km südwestlich von Owhango (1 km südlich der Stadt die Kaitieke-Abzweigung nehmen) besteht eigentlich aus drei Häusern. Man kann in Schlafsälen in einem alten Schafschererquartier übernachten oder in separaten Familien-Cottages, in denen bis zu acht Personen Platz finden. Die Betreiber sind begeisterte und engagierte Umweltschützer. Sie kümmern sich um die heimische Vogelwelt und restaurieren auch noch historische Gebäude – freiwillige Helfer sind dabei stets gern gesehen.

Fernleaf B&B B&B, FARM $$
(☎07-895 4847; www.fernleaffarmstay.co.nz; 58 Tunanui Rd.; B 85–120 NZ$, inkl. Frühstück) Die stilvolle Villa steht auf einer Rinder- und Schaffarm, die in der dritten Generation bewirtschaftet wird. Es gibt zwei Zimmer mit Bad und Blick auf den Garten sowie ein Zwei-Bett-Zimmer und ein Doppelzimmer im separaten Cottage, die sich ein Bad teilen. Das üppige Frühstück und das Abendessen (30 NZ$/Pers., nach Vereinbarung) werden mit viel Liebe zubereitet. Die Unterkunft befindet sich gleich hinter der SH4, 7 km nördlich von Owhango.

Essen & Ausgehen

Cafe 39 South CAFÉ $
(☎07-895 4800; www.facebook.com/cafe39south; SH4; Mahlzeiten 9–17 NZ$; ⏲Mi–So 7–15 Uhr) Stünde das eckige Café in irgendeiner größeren Stadt, würde es nicht weiter auffallen. Das Essen ist köstlich und preiswert, der Kaffee exzellent gebrüht und der elektrische Kamin, an kalten Tagen eine Wohltat, der für wohlige Atmosphäre sorgt. Die Markierung für den 39. Grad südlicher Breite befindet sich auf der anderen Straßenseite.

An- & Weiterreise

Owhango liegt 14 km südlich von Taumarunui an der SH4. Alle **InterCity-Busse** (☎0508 353 947; www.intercity.co.nz) nach Taumarunui halten ebenfalls hier.

Taranaki & Whanganui

Inhalt »

Tolle Outdoor-Aktivitäten

» New Plymouth Coastal Walkway (S. 257)

» Surf Highway 45 (S. 268)

» Eine Wanderung auf den Mt. Taranaki (S. 264)

» Kanufahren auf dem Whanganui River (S. 271)

Schön übernachten

» Fitzroy Beach Motel (S. 258)

» Ahu Ahu Beach Villas (S. 268)

» Anndion Lodge (S. 273)

» Flying Fox (S. 283)

Auf nach Taranaki & Whanganui!

Taranaki (auch einfach: 'naki) liegt auf halbem Weg zwischen Auckland und Wellington und ist das Texas Neuseelands: Das Öl und Gas der Bohrinseln sorgen in der Region für einen beneidenswerten Wohlstand. New Plymouth ist das Zentrum der Region, Heimat einer ausgezeichneten Kunstgalerie und eines ebenso guten Provinzmuseums und ein Paradies für Kaffeeliebhaber.

Hinter der Stadt liegt der düstere Vulkankegel des Mt. Taranaki, eigentlich ein Pflichtprogramm für jeden Neuseelandbesucher! Die Region Taranaki bietet aber auch jede Menge schwarzer Sandstrände, die im Sommer gleichermaßen von Surfern wie Badeurlaubern besucht werden.

Weiter im Osten schlängelt sich der geschichtsträchtige Whanganui River durch den Whanganui National Park hinunter zur Stadt Whanganui. Hier sieht man, dass die Hafenstadt aus dem 19. Jh. in Würde gealtert ist.

Palmerston North, die größte Stadt von Manawatu, wird von zwei verschiedenen Menschentypen bewohnt: Neben Fast-Food-Provinzlern mit rauer Umgangssprache und aufgemotzten Autos leben hier koffeinsüchtige Intellektuelle von der Massey University. Die Umgebung der Stadt bietet ländliche Anmut gemischt mit der Beschaulichkeit vergangener Tage – hier kann man noch die Seele baumeln lassen.

Reisezeit

Der Vulkan Mt. Taranaki gehört zu den regenreichsten Orten Neuseelands und bekommt auch häufig Schnee ab – sogar im Sommer. Das Wetter auf dem Vulkan kann extrem schwanken. Trotz veränderlicher Witterung führt New Plymouth wiederum häufig die Liste mit den meisten Sonnenstunden auf der Nordinsel an. Reisende können hier mit warmen Sommern und kalten Wintern rechnen.

In Whanganui sind die Winter milder, eine Ausnahme sind die Ebenen um Palmerston North. An Sonnenschein herrscht auch hier kein Mangel – das Jahresmittel liegt bei 2000 Stunden!

Highlights

1. Wanderung um oder auf den eindrucksvollen Gipfel des **Mt. Taranaki** (S. 263)
2. Ein Ritt auf den Riesenwellen des **Surf Highway 45** (S. 268)
3. Die experimentelle Kunst in der **Govett-Brewster Art Gallery** (S. 255) in New Plymouth
4. Ein Kaffeetest in den **Cafés von New Plymouth** (S. 260)
5. Ein Besuch bei den Glasbläsern der **Glasstudios von Whanganui** (S. 271)
6. Eine Kanu- oder Kajaktour auf dem **Whanganui River** (S. 279)
7. Eine entspannte Fahrt mit dem Fahrrad oder Auto auf der **Whanganui River Road** (S. 279) – hier ist der Weg das Ziel!
8. Ein Besuch im **New Zealand Rugby Museum** (S. 284) in Palmerston North, wo die Geschichte der All Blacks erzählt wird

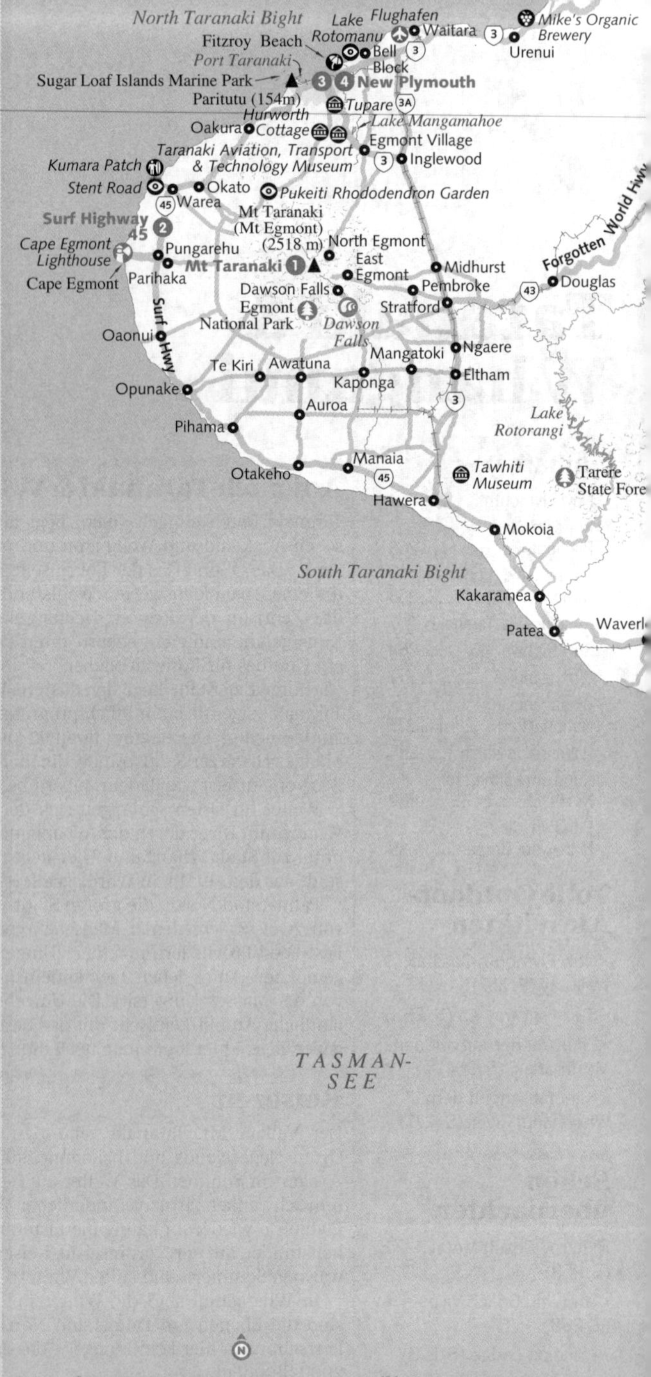

Taumarunui (43 km)
Ohinepane (10 km)
Taumarunui (14 km)
Taupo (39 km)
Ohura Falls
Maharanui
Poukaria
Maraekowhai
Owhango
Turangi
Mt Pihanga (1325 m)
Rangipo
Kaimanawa Mountains
43
41
47
Whakahoro
Whangamomona
Ohura River
Mangapurua Trig (663 m)
Whanganui National Park
Mangapurua/ Kaiwhakauka Track
Mt Tongariro (1967 m)
Mt Ngauruhoe (2287 m)
Tongariro National Park
National Park
Whakapapa Village
Iwikau Village
Kaimanawa Forest Park
Tukino
Turoa
Mt Ruapehu (2797 m)
Mt Humphries (730 m)
6 Whanganui River
Tohunga Junction
The Desert Rd
Matemateaonga Track
Raetihi
Ohakune
49
1
Waiouru
Pipiriki
Whanganui River
4
Paraparas
Hiruharama
Ranana
Matahiwi
Whanganui National Park
Mangawhero River Gorge
Koriniti
Raukawa Falls
Whanganui River Rd
Atene
Atene Tracks & Taumata Trig
Whanganui River Road 7
Parikino
Aramoana Lookout
Mangaweka
Kawhatau
Kai Iwi
Rapanui Rd
Kai Iwi Beach
Ohingaiti
Ruahine Forest Park
Castlecliff
5 Whanganui
Wanganui Airport
Hunterville
54
Ruahine Range
Turakina
Marton
Turakina Beach
Piripiri
Bulls
Fielding
3
2
Dannevirke
Ashhurst
Moanaroa Beach
Palmerston North International Airport
Manawatu Gorge
Palmerston North 8
Woodville
Himatangi Beach
Ballance
56
57
Foxton Beach
Foxton
Manawatu Rv
Makerua
Konini
Makuri
Shannon
Tararua Range
Hokio Beach
Levin
Eketahuna
Waikawa Beach
Manakau
Otaki Beach
Masterton (25 km)
Masterton (36 km)
52

KURZINFOS: TARANAKI & WHANGANUI

» **Essen** In einem der hippen Restaurants in der Hauptstraße von Whanganui

» **Lesen** Den *Wanganui Chronicle*, Neuseelands älteste Zeitung

» **Hören** Das tolle Album *Back to the Burning Wreck*, der aus Whanganui stammenden Riff-Meister The Have

» **Sehen** *The Last Samurai*, die Hauptrolle hat Mt. Taranaki, in einer „Nebenrolle" spielt Tom Cruise

» **Schwimmen** Am Oakura Beach mit seinem schwarzen Sand und der guten Brandung

» **Festival** WOMAD (World of Music Arts and Dance) findet jährlich im März in New Plymouths Bowl of Brooklands stat

» **Ökologisch reisen** Paddeltour auf dem Whanganui River, ein beeindruckendes Stück neuseeländischer Natur

» **Online** www.taranaki.co.nz, www.wanganui.com, www.ourregion.co.nz

» **Vorwahl** ☎06

Anreise & Unterwegs vor Ort

Air New Zealand bedient in der Provinz Taranaki den Flughafen New Plymouth mit Inlandsflügen. Die Verkehrsbetriebe Naked Bus und InterCity Bus bieten mehrere Busverbindungen ab New Plymouth. Dalroy Express ist ein kleineres Busunternehmen, das die Strecken vor Ort bedient. Zum Mt. Taranaki kommt man problemlos: Es gibt viele Busverbindungen zwischen dem Berg, New Plymouth und den umliegenden Städten.

Die Flughäfen von Whanganui und Palmerston North werden ebenfalls von Air New Zealand angeflogen. Die Busse von InterCity und Naked Bus fahren in beiden Städten. In Palmerston North halten die Züge von Tranz Scenic auf der Fahrt von Auckland nach Wellington.

New Plymouth

52 500 EW.

New Plymouth, das vom Mt. Taranaki überragt wird und von fruchtbarem Ackerland umgeben ist, besitzt den einzigen internationalen Tiefseehafen in diesem Abschnitt der Küste. Die Stadt hat eine blühende Kunstszene, einige tolle Cafés und bietet mit ihren schönen Stränden und dem Egmont National Park ganz in der Nähe viele Attraktionen für Outdoorfanatiker.

Geschichte

Die einheimischen Maori-*iwi* (Stämme) haben Taranaki lange verteidigt. In den 1820er-Jahren sind sie vor den Waikato-Stämmen zur Cook-Straße geflohen, bevor diese die Region 1832 in Besitz nahmen. Nur eine kleine Gruppe blieb in Okoki Pa (New Plymouth). Als 1841 europäische Siedler an die Küste von Taranaki kamen, war sie geradezu ausgestorben, und es gab nur wenig Widerstand gegen die Besiedlung. Die New Zealand Company kaufte den verbliebenen Maori große Landstücke ab.

Als Gruppen anderer einheimischer Stämme aus dem Exil zurückkehrten, protestierten sie gegen die Landverkäufe. Ihre Forderungen wurden von Gouverneur Fitzroy aufrechterhalten, allerdings erwarb die Krone nach und nach immer mehr Land von den Maori, europäische Siedler drängten auf den fruchtbaren Boden. Die Siedler zwangen die Regierung schließlich, die Verhandlungen mit den Maori abzubrechen, 1860 kam es zum Krieg. Bis 1870 waren über 500 ha des Landes der Maori konfisziert.

Das folgende wirtschaftliche Wachstum verdankt die Region hauptsächlich der Milchwirtschaft. Die Entdeckung von Gas und Öl in der South Taranaki Bight 1959 sorgten dafür, dass es der Provinz bis heute finanziell gut geht.

Sehenswertes

GRATIS **Puke Ariki** MUSEUM

(www.pukeariki.com; 1 Ariki St.; ⏲Mo, Di, Do & Fr 9–18, Mi 9–21, Sa & So 9–17 Uhr) Übersetzt bedeutet der Name „Hügel der Häuptlinge". Hier befinden sich das i-SITE (S. 262), ein Museum, eine Bibliothek, ein Café und das bekannte Restaurant Arborio (S. 260). Das ausgezeichnete Museum zeigt eine umfangreiche Sammlung von Maori-Artefakten sowie Ausstellungen zur Flora und Fauna und zur Kolonialzeit. Die regelmäßige Show

„Taranaki Experience" erzählt die Geschichte der Provinz, während das Publikum in leuchtenden Sitzen durchgerüttelt wird.

Pukekura Park PARK
(www.pukekura.org.nz; Liardet St.; ⏲April–Okt. 7.30–18 Uhr, Nov.–März 7.30–20 Uhr) Der beste Park von New Plymouth verfügt über 49 ha große Gartenanlagen, Spielplätze, Naturpfade, Bäche, Wasserfälle, Teiche und Ausstellungsgebäude. Ruderboote (30 Min. 10 NZ$, nur im Dez. und Jan.) gleiten über den großen See (in dem es von dicken Aalen nur so wimmelt), nebenan im **Tea House** (Liardet St.; Snacks 4–9 NZ$; ⏲10–17 Uhr) kann man ein paar Kleinigkeiten essen. In den Sommermonaten zieht das bunte Festival of Lights (S. 258) ein großes Publikum an, ebenso wie das an englischen Vorbildern orientierte Kricketfeld.

GRATIS **Govett-Brewster Art Gallery** GALERIE
(www.govettbrewster.com; 42 Queen St.; ⏲10–17 Uhr) Die Govett-Brewster Art Gallery ist die wohl beste regionale Kunstgalerie des Landes. Mit ihren Ausstellungen zur zeitgenössischen (oft experimentellen) regionalen und internationalen Kunst ist die Galerie besonders für ihre Beziehung zum neuseeländischen Bildhauer, Filmemacher und Künstler Len Lye (1901–80) bekannt. Sein Werk ist hier gut vertreten: Zu sehen sind außerdem Animationsfilme aus den 1930er-Jahren, aber auch Skulpturen und raffiniert ausgedachte kinetische Kunstwerke. Auf dem Gelände befindet sich auch das Café Govett-Brewster mit seiner glänzenden Glasfassade.

Puke Ariki Landing SKULPTURENPARK
(St. Aubyn St.) An der Uferpromenade liegt Puke Ariki Landing, ein historisches Viertel mit Skulpturen, zu denen auch die wunderbar exzentrische Wind Wand (www.windwand.co.nz) gehört. Die 45 m hohe, biegsame kinetische Skulptur, ein beliebtes Wahrzeichen, stammt von Len Lye – dem Künstler, der die Stadt in die Moderne führte.

Paritutu BERG
(Centennial Dr.) Westlich der Stadt liegt Paritutu, ein zerklüfteter Hügel (154 m) mit einer Steilwand. Sein Name bedeutet „emporragender Felshang". Vom Gipfel aus kann man meilenweit sehen – bis hin zu den Sugar Loaves, hinunter auf die Stadt und bis zu den Bergen dahinter. Der beschwerliche Aufstieg dauert allerdings 20 Min.

Sugar Loaf Islands Marine Park INSEL
(www.doc.govt.nz) Die zerklüfteten Inselchen (Nga Motu auf Maori) 1 km vor der Küste sind Reste erodierter Vulkane und bilden ein Refugium für Seevögel und über 400 Neuseeländische Seebären. Die meisten Tiere kommen zwischen Juni und Oktober, manche bleiben auch das ganze Jahr. Im winzigen Interpretation Centre an der Lee Breakwater Promenade erfährt man mehr über den Park, Touren werden ebenfalls angeboten.

GRATIS **Real Tart Gallery** GALERIE
(www.tact.org.nz; 19 Egmont St.; ⏲Mo–Fr 10–17, Sa & So 10–16 Uhr) Wer sich für Arbeiten einheimischer Künstler interessiert, sollte die Real Tart Gallery in einem 100 Jahre alten restaurierten Lagerhaus besuchen. Die

MAORI IN TARANAKI & WHANGANUI

Seit Taranaki wegen romantischer Komplikationen hierher geflüchtet war, blickt die Region Taranaki auf eine bewegte Geschichte zurück. Nach den Konflikten zwischen den einheimischen *iwi* und Eindringlingen aus dem Waikato kam es zu zwei Kriegen mit der Regierung: der erste dauerte von 1860 bis 1861, der zweite von 1865 bis 1869. Nach den Kriegen wurden große Landstriche konfisziert, in Parihaka formierte sich dagegen eine starke passive Widerstandsbewegung.

Weiter östlich führt eine Fahrt auf der Whanganui River Road tief in traditionelles Maori-Gebiet, dabei kommt man durch die Maori-Dörfer Atene, Koriniti, Ranana und Hiruharama. In Whanganui lohnt sich ein Besuch im Whanganui Regional Museum (S. 271) mit seinen wunderbaren Exponaten indigener Kultur. Die Kirche in Putiki (S. 272) beeindruckt durch erstklassige Maori-Schnitzereien.

In Palmerston North legt das Te Manawa Museum (S. 284) einen Schwerpunkt auf die Kultur der Maori, während das New Zealand Rugby Museum (S. 284) die Verdienste der Maori bei den All Blacks würdigt, ohne die das Team niemals internationale Bedeutung gewonnen hätte.

New Plymouth

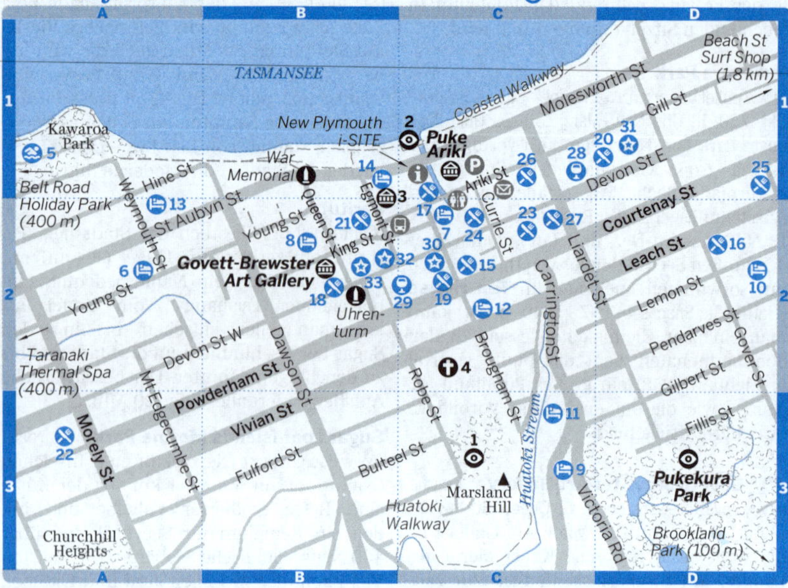

Ausstellungen wechseln regelmäßig, die meisten Arbeiten stehen zum Verkauf. Auf keinen Fall sollte man das alte Graffiti, das durch Plexiglas geschützt wird, verpassen.

Brooklands Park PARK
(www.newplymouthnz.com; Brooklands Park Dr.; ⏲tagsüber) Gleich neben Pukekura liegt der Brooklands Park mit der **Bowl of Brooklands** (www.bowl.co.nz; Brooklands Park Dr.), einer erstklassigen Freiluftbühne, in der Festivals wie das WOMAD (S. 258) stattfinden und schon berühmte Rockband wie Fleetwood Mac aufgetreten sind. Zu den Highlights im Park zählen ein 2000 Jahre alter Puriri-Baum, eine Talsenke mit 300 Rhododendronarten und der bauernhofartige **Brooklands Zoo** (Brooklands Park Dr.; ⏲9–17 Uhr).

Taranaki Cathedral KIRCHE
(www.taranakicathedral.org.nz; 37 Vivian St.; ⏲tgl. Gottesdienst) Die schmucklose, 1846 errichtete Church of St. Mary ist Neuseelands älteste Steinkirche, aber die jüngste Kathedrale! Auf ihrem Friedhof findet man die Grabsteine der frühen Siedler und Soldaten, die während der Taranaki Land Wars fielen. Außerdem sind hier mehrere Maori-Häuptlinge begraben. Besonders schön ist die Gewölbedecke aus Holz im Kirchenschiff.

New Plymouth Observatory OBSERVATORIUM
(www.sites.google.com/site/astronomynp; Marsland Hill, bei der Robe St.; Erw./Kind/Fam. 5/3/10 NZ$; ⏲März–Okt. Di 19.30–21.30 Uhr, Nov.–Feb. Di 20.30–22 Uhr) Ganz oben auf dem Marsland Hill (tolle Aussicht!) befindet sich ein winziges Observatorium. An den Publikumsabenden wird ein Planetarium-Programm gezeigt, bei klarem Himmel ist ein Blick durch das Teleskop möglich. Auf dem Berg befindet sich auch das mit 37 Glocken bestückte **Kibby Carillon,** ein riesiges, automatisch spielendes Glockenspiel, dessen Klänge über die Dächer von New Plymouth schallen.

Aktivitäten

Surfen

Die mit schwarzem Vulkansand bedeckten Strände von Taranaki sind weltweit bei Surfern beliebt. In der Nähe des östlichen Stadtrands liegen **Fitzroy Beach** und **East End Beach** (angeblich der sauberste Strand Ozeaniens). Ein schöner Strand zum Surfen ist auch **Back Beach** in der Nähe von Paritutu am westlichen Stadtrand.

Beach Street Surf Shop SURFEN
(☎06-758 0400; www.taranakisurf.com; 39 Beach St.; 2 Std. Kurs 75 NZ$; ⏲9–18 Uhr) Der Surf-

New Plymouth

Highlights

	Govett-Brewster Art Gallery	B2
	Puke Ariki	C1
	Pukekura Park	D3

Sehenswertes

1	New Plymouth Observatory	C3
2	Puke Ariki Landing	C1
3	Real Tart Gallery	B2
4	Taranaki Cathedral	C2

Aktivitäten, Kurse & Touren

5	Todd Energy Aquatic Centre	A1

Schlafen

6	Arcadia Lodge	A2
7	Ariki Backpackers	C2
8	Bella Vista	B2
9	Carrington Motel	C3
10	Cottage Mews Motel	D2
11	Issey Manor	C3
12	Nice Hotel	C2
13	Seaspray House	A2
	Shoestring Backpackers	(siehe 10)
14	Waterfront	B1

Essen

15	André L'Escargot	C2
16	Andre's Pies & Patisserie	D2
17	Arborio	C1
18	Café Govett-Brewster	B2
19	Chaos	C2
20	Elixir	D1
	Empire Tea & Coffee	(siehe 33)
21	Frederic's	B2
22	Fresha	A3
23	IndiaToday	C2
24	Laughing Buddha	C2
25	Pak 'n Save	D1
	Petit Paris	(siehe 24)
26	Portofino	C1
27	Sandwich Extreme	C2

Ausgehen

28	Crowded House	C1
29	Matinee	C2

Unterhaltung

30	Arthouse Cinema	C2
31	Event Cinemas	D1
32	The Basement	B2
33	TSB Showplace	B2

shop in der Nähe des Fitzroy Beach bietet nicht nur Surfunterricht an, sondern organisiert auch Surftouren und verleiht zudem Ausrüstung.

Tarawave Surf School SURFEN
(☎06-752 7474, 021 119 6218; www.tarawavesurfschool.com; 1½ Std. Kurs 70 NZ$) Die Surfschule Tarawave liegt etwa 15 km südlich der Stadt in Oakura am berühmten Surf Highway 45.

Wandern

Im i-SITE erhält man die Broschüre *Taranaki: A Walker's Guide*, in der Wanderwege entlang der Küste, in Naturschutzgebieten und Parks eingezeichnet sind. Der lohnenswerte **Coastal Walkway** (13 km) von Bell Block nach Port Taranaki bietet in seinem Verlauf einen Überblick über New Plymouth und führt über die neue große **Te Rewa Rewa Bridge**. Der **Te Henui Walkway** (6 km) verläuft von der Küste am East End Reserve bis zur südlichen Stadtgrenze und ist ein interessanter Spaziergang am Bach. Der **Huatoki Walkway** (5 km) folgt dem Flusslauf des Huatoki Stream und ist ein netter Spaziergang ins Stadtzentrum. Die Broschüre *New Plymouth Heritage Trail* bietet Spaziergänge zu historisch wichtigen Punkten und führt zu einer Begegnung mit der Geschichte der Stadt.

Noch mehr Aktivitäten

Taranaki Thermal Spa SPA, MASSAGE
(☎06-759 1666; www.windwand.co.nz/mineralpools; 8 Bonithon Ave.; Anwendungen 5–245 NZ$; ⌚Mo & Di 10–17, Mi–Fr 10–21, Sa & So 15–21 Uhr) Das warme Mineralwasser, das die Becken im Taranaki Thermal Spa füllt, wurde gegen 1910 bei der Suche nach Öl entdeckt. Die Gäste bekommen jeweils ein eigenes Becken gefüllt, außerdem gibt es eine Reihe von Massagen und Schönheitskuren. Entspannung und Kosmetik in Einem.

Todd Energy Aquatic Centre SCHWIMMEN
(☎06-759 6060; www.newplymouthnz.com; Tisch Ave., Kawaroa Park; Erw./Kind 4,50/3,50 NZ$, Wasserrutsche 3,50 NZ$; ⌚Mo–Fr 6–20.30, Sa & So 8.30–19 Uhr) Gleich westlich der Stadt liegt im idyllisch-grünen Kawaroa Park das Todd Energy Aquatic Centre mit einem Innen- und Außenschwimmbecken. Die Wasserrutsche ist bei Groß und Klein gleichermaßen beliebt.

Touren

Happy Chaddy's Charters SCHIFF
(☎06-758 9133; www.windwand.co.nz/chaddiescharters; Ocean View Pde.; Tour Erw./Kind 35/10 NZ$) Eine Tour zu den Sugar Loaf Islands mit Chaddy ist das reinste Vergnügen: Der einstündige Ritt auf den Wellen bietet mindestens vier Lacher pro Minute. Die Touren starten täglich ab Lee Breakwater – wenn es die Gezeiten und das Wetter zulassen. Alternativ kann man Kajaks (Ein-/Zweisitzer 15/30 NZ$ pro Std.) und Fahrräder (30 Min. 10 NZ$) mieten.

Wind Wanderers RAD FAHREN
(☎027 358 1182; www.windwanderers.co.nz; Parkplatz Nobs Line, East End Reserve; Tour pro Pers. 90 NZ$) Wind Wanderers vermietet Räder (Single/Tandem 1 Std. 20/30 NZ$) und bietet dreistündige geführte Radtouren auf New Plymouths wunderbarem Coastal Walkway an. Die Mindestteilnehmerzahl liegt bei zwei Personen.

Canoe & Kayak Taranaki KAJAK FAHREN
(☎06-769 5506; www.canoeandkayak.co.nz; halber Tag inkl. Ausrüstung 70 NZ$) Man paddelt hinaus zu den Sugar Loaf Islands oder über die nicht allzu reißenden Stromschnellen des Waitara River.

Feste & Events

Festival of Lights KULTUR
(www.festivaloflights.co.nz) Von Ende Dezember bis Mitte Februar, also mitten im Sommer, leuchtet der Pukekura Park in bunten Farben, während Menschen in farbenfrohen Kostümen durch die Büsche ziehen und Livemusik genießen.

WOMAD MUSIK, KULTUR
(World of Music Arts & Dance; ☎06-759 8412; www.womad.co.nz) Jedes Jahr im März treten diverse einheimische und internationale Künstler in der Bowl of Brooklands auf. Das Festival ist außerordentlich populär, die Fans reisen aus ganz Neuseeland an und haben viel Spaß.

Taranaki International Arts Festival KUNST
(www.taft.co.nz/artsfest) Das große regionale Kulturfestival findet im August statt: Theater, Tanz, Musik, visuelle Kunst, Paraden und dazu viel Essen und Wein.

Taranaki Garden Spectacuclar GARTENBAU
(www.taft.co.nz/gardenfestnz) Altes und berühmtes neuseeländisches Gartenfestival, das alljährlich Ende Oktober bzw. Anfang November stattfindet. So viele Rhododendronbüsche sieht man nirgendwo wieder auf einem Fleck!

Schlafen

LP TIPP **Fitzroy Beach Motel** MOTEL $$
(☎06-757 2925; www.fitzroybeachmotel.co.nz; 25 Beach St.; EZ/DZ 130/150 NZ$, Wohneinheit 190 NZ$;) Das ruhige, altmodische Motel (nur 160 m vom Fitzroy Beach entfernt) wurde gründlich renoviert und ausgebaut. Zu den Highlights zählen hochwertige Teppiche, Doppelverglasung, hübsche Bäder und Flachbildfernseher. Und statt winziger studioartiger Zimmer wohnt man hier in Wohneinheiten mit ein oder zwei Schlafzimmern. Das Ausleihen von Rädern ist kostenlos.

Seaspray House HOSTEL $
(☎06-759 8934; www.seasprayhouse.co.nz; 13 Weymouth St.; B/EZ/DZ 30/50/74 NZ$; @) Großes, altes Haus mit herrlich hohen Decken. Das Hostel wurde kürzlich renoviert, ist aber entspannt und erschwinglich geblieben und bietet gut ausgesuchtes Retro-Mobiliar und Antiquitäten. Eine frische, künstlerisch angehauchte Backpackerunterkunft ohne Etagenbetten und Fernsehen und entsprechend vielen Möglichkeiten für nette Gespräche. Das Haus hat im Juni und Juli geschlossen.

Arcadia Lodge B&B, HOSTEL $
(☎06-769 9100; www.arcadialodge.net; 52 Young St.; B/DZ/FZ mit Frühstück 35/90/150 NZ$;) Ein ehemaliges Altersheim wurde zu einem gemütlichen B&B umgebaut. Die große, alte zitronenfarbene Villa, die im Jahr 1904 für den Herausgeber der Lokalzeitung gebaut wurde, bietet einen hübschen Frühstücksraum, eine vornehme Lounge, ein Spa, einen Grillplatz und ein herrliches Familienzimmer mit Holzdecke und weitem Blick auf das Meer im Obergeschoss.

Ariki Backpackers HOSTEL $
(☎06-769 5020; www.arikibackpackers.com; Ecke Ariki & Brougham St.; B 25–30 NZ$, DZ 60–90 NZ$; @) Im oberen Stock des alten Royal Hotel (hier hat schon Großbritanniens Königin Elizabeth II. übernachtet!) liegt dieses zentrale Hostel mit poppig bunten Teppichen, einem großzügigen Aufenthaltsraum mit Retro-Sofas und einer umwerfenden Dachterrasse mit Blick über den Park zum Puke Ariki. Die meisten Zimmer haben ein eigenes Bad.

Belt Road Holiday Park FERIENPARK $
(☎06-758 0228, 0800 804 204; www.beltroad.co.nz; 2 Belt Rd.; Stellplatz ab 18 NZ$, Hütte 65–125 NZ$; @) Der ökologisch angehauchte Ferienpark ist mit Pohutukawa-Bäumen übersät und liegt oben auf einem Felsvorsprung mit Blick auf das interessante Lee-Breakwater-Gebiet, das nur gut 10 Minuten Fußweg von der Stadt entfernt ist. Die besten Hütten haben einen Millionen-Dollar-Blick!

Cottage Mews Motel MOTEL $$
(☎06-758 0403; www.cottagemews.net.nz; 50 Lemon St.; EZ/DZ ab 115/125 NZ$;) Kleines, bescheidenes Motel, in dem man sich nicht als Gast fühlt, sondern als Teil der Familie. Die gepflegten Zimmer haben eine interessante Raumaufteilung, statt Parkplatz wächst hier vor dem Haus ein Rasen. Das nebenan liegende Shoestring Backpackers gehört dem gleichen Besitzer – wer einen Blick hineinwirft, wird sich vielleicht daran erinnern, wie das Reisen war, bevor man selbst Karriere gemacht hat.

Shoestring Backpackers HOSTEL $
(☎06-758 0404; www.shoestring.co.nz; 48 Lemon St.; B/EZ/DZ/3BZ 30/58/78/93 NZ$; @) Das Hostel ist in einem labyrinthartigen Gebäude aus den 1920er-Jahren untergebracht, daran erinnern noch die gestreiften Tapeten und das viele Holz. Das Haus ist nicht die nobelste Adresse, dafür aber gepflegt, und es hat viel Charakter. Die Zimmer im Obergeschoss sind die besten: in sich abgeschlossen, ruhig und mit schöner Morgensonne. Auf der Rückseite liegen eine Terrasse und ein Grillplatz.

Bella Vista MOTEL $$
(☎0800 235 528, 06-769 5932; www.staybellavista.co.nz; 32 Queen St.; DZ 125–165 NZ$;) Eine verlässliche, etwas an Spanien erinnernde Unterkunft mitten im Stadtzentrum. Die Standardzimmer haben nur Toaster, die teureren Zimmer bieten voll ausgestattete Kochecken. Es gibt noch jede Menge Extras wie Fairtrade-Kaffee aus der Presskanne und kostenlose Fahrräder.

Egmont Eco Lodge HOSTEL $
(☎06-753 5720; www.yha.co.nz; 12 Clawton St.; B/DZ ab 29/74 NZ$; @) Eine makellose, an die YHA angeschlossene Einrichtung in einer Lichtung mit zwitschernden Vögeln und einem plätschernden Bach (mit Aalen!). Die gemischten Schlafsäle befinden sich in der Haupt-Lodge, außerdem gibt es weiter unten kleinere Kiefernholzhütten (für 4 Pers.). Man muss zwar von der Stadt einen Aufstieg zu Fuß in Kauf nehmen, aber die Aussicht auf den allabendlichen kostenlosen Egmontkuchen beschleunigt den Schritt. Zum Mt. Taranaki wird ein Shuttledienst angeboten.

Nice Hotel BOUTIQUEHOTEL $$$
(☎06-758 6423; www.nicehotel.co.nz; 71 Brougham St.; DZ/Suite ab 250/300 NZ$;) Das Hotel ist hochklassig von Kopf bis Fuß – „nice" im Sinne von nett wird der Sache keinesfalls gerecht. Die sieben Zimmer sind mit luxuriösen Möbeln, Designerbädern, schicken Tapeten und ausgesuchten Kunstgegenständen ausgestattet. Das Hotel bietet auch ein erstklassiges Restaurant, kostenlose Fahrräder zur Benutzung sowie vier Apartments im Nebengebäude.

New Plymouth Top 10 Holiday Park FERIENANLAGE $
(☎06-758 2566, 0800 758 256; www.nptop10.co.nz; 29 Princes St.; Stellplatz/Hütte ab 19/75 NZ$, Wohneinheit 85–180 NZ$; @) Der schöne Top 10 liegt abgeschieden in Fitzroy, 3,5 km östlich der Stadt, und nur 7 Min. zu Fuß vom Strand entfernt. In der familiengeführten Urlaubsanlage fühlt man sich zwischen den aufgereihten kleinen Wohneinheiten ein wenig wie im Schullandheim. Es gibt ein Schachspiel mit lebensgroßen Figuren, ein Trampolin, einen Waschsalon und eine geräumige Küche.

Carrington Motel MOTEL $$
(☎06-757 9431; www.carringtonmotel.co.nz; 61 Carrington St.; EZ/DZ/FZ 95/110/165 NZ$) Die 16 in die Jahre gekommenen, aber sauberen Wohneinheiten liegen dicht am Pukekura Park und nur 10 Min. Fußweg von der Stadt entfernt. Das Motel ist sehr familienfreundlich und (vor allem im Winter) preiswert – allerdings laut, wenn die Autos über die Carrington Street brausen. Die Möblierung ist eine wilde Mischung aus vergangenen Zeiten, die Duschen erinnern an einen steil herabfallenden Sturzbach.

BK's Egmont Motor Lodge MOTEL $$
(☎0800 115 033, 06-758 5216; www.egmontmotorlodge.co.nz; 115 Coronation Ave.; DZ 125–190 NZ$;) Das gegenüber der Rennbahn liegende BK bietet ebenerdige Wohneinheiten und jede Menge Parkplätze. Die Zimmer sind schick, bequem und sauber, und die Manager, die ebenfalls gerne reisen, haben ein herzliches Verhältnis zu ihren

Mitarbeitern (was immer ein gutes Zeichen ist). Kostenloses Internet und DVDs.

Waterfront HOTEL $$$
(☎06-769 5301; www.waterfront.co.nz; 1 Egmont St.; Zi. 190–550 NZ$; @☎) Das schicke Waterfront ist die beste Unterkunft, vor allem wenn der Chef die Rechnung zahlt. Die minimalistischen Studios sind recht protzig, aber die Penthäuser stehlen ihnen mit ihren großen Fernsehern und kleinen Balkonen die Show. In manchen Zimmern (nicht in allen) hat man eine sagenhafte Aussicht, vom Bar-Restaurant mit seiner kurvigen Vorderfront auf jeden Fall.

Sunflower Lodge HOSTEL $
(☎0800 422 257, 06-759 0050; www.sunflowerlodge.co.nz; 33 Timandra St.; B/EZ/DZ/3BZ 28/50/70/85 $; @☎) Fährt man von der Stadt eine steile Straße Richtung Süden hinunter, gelangt man nach ein paar Minuten zum Sunflower. Dem Altersheim aus den 1980er-Jahren gelingt es mit ein paar Ausnahmen (einige Holzpaneele sind noch vorhanden), seine alte Funktion erfolgreich zu verstecken. Dazu tragen auch Extras wie hochwertige Matratzen, kostenlose Ortsgespräche und eine gut ausgestattete Küche bei. Wer für eine Woche bucht, bekommt einen Rabatt.

Essen

LP TIPP **Arborio** MEDITERRAN $$
(www.arborio.co.nz; Puke Ariki, 1 Ariki St.; Hauptgerichte 13–34 NZ$; ⊙Frühstück, Mittag- & Abendessen) Obwohl es wie eine Käsereibe aussieht, ist das Arborio im Puke-Ariki-Gebäude der erklärte Star unter den Restaurants von New Plymouth. Es ist luftig, künstlerisch angehaucht und modern, bietet Blick aufs Meer und einen tadellosen Service. Die mediterran angehauchte Speisekarte wartet mit allem von leckerer marokkanischer Lammpizza über Pasta und Risotto bis zu gegrilltem Tintenfisch mit Litschi-Gurken-Nudelsalat auf. Es gibt auch Cocktails und neuseeländische Weine wie Cabernet Sauvignon oder Pinot noir.

Frederic's TAPAS $$
(www.frederics.co.nz; 34 Egmont St.; Teller 10–19 NZ$, Hauptgerichte 20–25 NZ$; ⊙Mo–Do 14 Uhr bis spätabends, Fr–Sa 11 Uhr bis spätabends) Freddy's ist eine tolle Schlemmerbar mit witziger Innenausstattung (rostige mittelalterliche Leuchter, Tapete mit Pfauenfedermuster, religiöse Ikonenbilder), in der große Portionen serviert werden, die man sich teilen kann. Einfach Fleischbällchen in Paprikasauce oder Grünlippmuscheln mit Kokoscreme, Chili und Koriander zum Bier bestellen!

Elixir CAFÉ $$
(www.elixircafe.co.nz; 117 Devon St. E; Brunch 7–18 NZ$, Abendessen 18–31 NZ$; ⊙Mo 7–16.30, Di–Sa 7 Uhr bis spätabends, So 8–16 Uhr) Hinter den seltsamen Jalousien an der Devon Street befindet sich das Elixir mit einer Atmosphäre wie in einem amerikanischen Diner. Serviert wird alles Mögliche von Kaffee, Kuchen, Bagels und Eier auf Toast bis zu einfallsreichen Abendgerichten. Die hübsche Bedienung weiß hervorragend mit der Kaffeemaschine unter den großen Rockpostern umzugehen.

Bach on Breakwater CAFÉ, RESTAURANT $$
(☎06-769 6967; www.bachonbreakwater.co.nz; Ocean View Pde.; Brunch 10–22 NZ$, Abendessen 27–38 NZ$; ⊙Mi–So 9.30–22 Uhr; ✎) Das aus schweren, recycelten Holzbalken gebaute originelle Café-Bistro im aufstrebenden Viertel Lee Breakwater sieht aus wie eine alte Seemannskiste, die nach einem Sturm an Land gespült wurde. Auf der Karte finden sich viele Meeresfrüchtegerichte und Steaks, außerdem aus der asiatischen und mitelöstlichen Küche inspirierte Leckerbissen (Currys, Wonton und Falafel) und traumhafter Kaffee. Der Eintopf aus Meeresfrüchten kommt in dicken Stücken auf den Teller und wärmt an kalten Wintertagen hervorragend.

Chaos CAFÉ $
(chaoscafe@xtra.co.nz; 36 Brougham St.; Gerichte 6–14 NZ$; ⊙Frühstück & Mittagessen; ✎) Das Chaos, eher liebenswert verlottert als chaotisch, ist ein verlässliches Lokal für einen Kaffee und ein kräftiges Frühstück. Bohnen mit Speck, Avocado mit Sour Cream, dazu im Hintergrund Jazz, freundliche Angestellte und ein künstlerisch angehauchtes Ambiente – das alles ist kaum zu toppen! Es gibt auch ein großes Angebot an vegetarischen und glutenfreien Gerichten.

IndiaToday INDISCH $$
(☎06-758 4634; 40 Devon St. E; Hauptgerichte 17–19 NZ$; ⊙Mittag- & Abendessen; ✎) Das opulente, mit Gold und Seide drapierte IndiaToday lockt schon auf der Straße mit aromatischen Gerüchen sowie auf- und abschwellenden Tabla-Klängen. Die adretten Kellner in goldenen Tuniken und schwarzen Hosen servieren klassische und neu zusam-

mengestellte Currygerichte. Mittags gibt es Gerichte zum Mitnehmen (ab 10 NZ$).

Laughing Buddha CHINESISCH $$
(06-759 2065; laughingbuddha@xtra.co.nz; Ecke Devon St. E & Currie St.; Hauptgerichte 16–29 NZ$; Di–Sa Abendessen) Rot leuchtende Fenster und ein bedrohlich aussehender Buddha lassen eher an einen Nachtclub denken, aber wer mutig in den 1. Stock geht, betritt stattdessen den besten Chinesen von New Plymouth. Schon an den Vorspeisen könnte man sich satt essen (4–8 NZ$; köstlich sind z. B. die über Dampf gegarten Schweinefleischbällchen) oder man bestellt ein leckeres Hauptgericht wie die traumhafte kantonesische Ente mit Pflaumensoße. Gut geeignet für Gruppen.

Andre's Pies & Patisserie BÄCKEREI $
(44 Leach St.; Pies 4–8 NZ$; Mo–Fr 6–15.30 Uhr) Seit immerhin 1972 sorgt die Patisserie für das leibliche Wohl der Gäste. Sie ist von der durch die Stadt führenden Hauptstraße aus leicht zu erreichen. Es gibt herzhafte Pies, Brötchen, verschiedene Donuts und Sandwiches sowie kalorienreiche Kuchenstücke.

Portofino ITALIENISCH $$
(06-757 8686; www.portofino.co.nz; 14 Gill St.; Hauptgerichte 19–60 NZ$; 17 Uhr bis spätabends) Das von einer Familie betriebene dezente kleine Restaurant gibt es schon seit vielen Jahren. Auf der Karte stehen klassische Pasta- und Pizzagerichte wie sie schon die *nonna* (Großmutter) machte. Die Rigatoni Portofino mit Spinat, Feta, Knoblauch und sonnengetrockneten Tomaten sind einfach umwerfend.

Petit Paris FRANZÖSISCH $
(www.petitparis.co.nz; 34 Currie St.; Mittagessen 8–15 NZ$; 7.30–16 Uhr) Ooh-la-la: Hier gibt's jede Menge buttriger Leckerbissen! Das Petit Paris mit der wehenden *tricolore* ist eine *boulangerie* und Patisserie, in der knusprige Baguettes und *tarte au citron* (Zitronenkuchen), aber auch ein Omelett oder ein *croque monsieur* serviert werden.

Empire Tea & Coffee CAFÉ $
(112 Devon St. W; Mittagessen 7–12 NZ$; Mo–Fr 7.30–16, Sa 9–14 Uhr) Eine perfekte neuseeländische Teestube mit Porzellantellern an der Wand und einem sonnigen Hof. Es gibt leckere Sandwiches, Salate, Lasagne und gefüllte Blätterteigpasteten (*puff pastry pie*). Nicht zu verachten sind auch die köstlichen Kuchen und Desserts.

André L'Escargot FRANZÖSISCH $$$
(06-758 4812; www.andres.co.nz; 37 Brougham St.; Hauptgerichte 35–37 NZ$; Mo–Sa Abendessen, nach Vereinbarung auch Mittagessen) Bereits seit 1976 serviert der Patron wagemutig Schnecken – Hut ab vor so viel Unternehmergeist. Auf der Karte stehen schwere französischen Klassiker – und erstklassige Cocktails.

Sandwich Extreme SANDWICHES $
(06-759 6999; 52 Devon St. E; Gerichte 8–14 NZ$; Mo–Fr 8–16, Sa 9–15 Uhr) Hier ist aus gutem Grund immer was los. Die freundlichen Mitarbeiter bringen in Sekundenschnelle Toasts, Sandwiches, Backofenkartoffeln, Kaffee, Salat, Bagels oder auch ein Stück Kuchen an den Tisch.

Fresha SELBSTVERSORGER $
(www.fresha.net.nz; Ecke Devon & Morley St.; Snacks 3–15 NZ$; Mo–Fr 9–18, Sa 9–17 Uhr;) Ein Königreich für Picknickfans: Hier gibt es Fleisch, Wein, Olivenöl, Würzsoßen, Obst und Gemüse, Käse, Konfitüren und Fertiggerichte (besonders gut ist der Fisch-Pie). Außerdem findet man hier auch ein ausgezeichnetes Café.

Pak 'n Save SUPERMARKT $
(www.paknsave.co.nz; 53 Leach St.; 8–23 Uhr) Gleich östlich des Stadtzentrums.

Ausgehen & Unterhaltung

Arthouse Cinema KINO
(www.arthousecinema.co.nz; 73a Devon St. W; Erw./Kind ab 12/9 NZ$; 11.30–23 Uhr) Dieses tolle Programmkino wird von einer gemeinnützigen Treuhandgesellschaft betrieben und zeigt interessante, künstlerisch wertvolle Filme. Ein mit Spiegeln verkleidetes Treppenhaus (das Ganze war bestimmt mal ein Nachtclub) führt zum Kinosaal. Sitzsäcke, Essen und Bier erhöhen den Genuss.

Crowded House BAR
(www.crowdedhouse.co.nz; 93 Devon St. E; 10 Uhr bis spätabends) Eine Sportbar, in der sich viele Leute tummeln, die gern mal einen heben. Mit Billardtischen (gut in Schuss), Restaurant (Pommes mit allem Möglichen) und Großbildfernseher. Aber keine Spur von Neil Finn …

The Basement LIVEMUSIK
(www.myspace.com/thebasementnp; Ecke Devon St. W & Egmont St.; Eintritt frei bis 10 NZ$; je nach Veranstaltung) Die schmuddelige Bar ist zwar ein Irish Pub, aber der beste Ort in der

Stadt, um Nachwuchsmusiker zu erleben (meistens Rock, Metall und Punk).

Matinee BAR
(matinee@xtra.co.nz; 69 Devon St. W; ⌚Mo–Sa 9.30 Uhr bis spätabends) Eine gute Möglichkeit (eigentlich die einzige) für alle, die lieber Topshelf und Electronica hören. Das ehemalige Kino ist immer noch mit Spiegeln, Seidenvorhängen und Art-déco-Tapeten geschmückt. An den Tischen draußen kann man entspannen und die Vorbeiflanierenden beobachten. Freitags wird Jazz gespielt, samstags Musik vom DJ.

TSB Showplace DARSTELLENDE KÜNSTE
(☎06-759 0021; 92 Devon St. W; ⌚Ticketschalter Mo–Fr 9–17, Sa 10–13 Uhr) Das Showplace befindet sich in einem ehemaligen Opernhaus und bietet auf seinen drei Bühnen zahlreiche weithin populäre Aufführungen (u. a. russisches Ballett, bekannte Künstler aus Talentshows wie Pam Ayers). Die Karten bucht man über Ticketek (www.ticketek.co.nz) oder Ticket Direct (www.ticketdirect.co.nz).

Event Cinemas KINO
(www.eventcinemas.co.nz; 119 Devon St. E; Tickets Erw./Kind 13,50/8,50 NZ$; ⌚10–23 Uhr) Ein Kinokomplex in dem im Allgemeinen Mainstream-Filme laufen.

Praktische Informationen

Department of Conservation (DOC; ☎06-759 0350; www.doc.govt.nz; 55a Rimu St.; ⌚Mo–Fr 8–16.30 Uhr)

New Plymouth i-SITE (☎06-759 6060, 0800 639 759; www.visitnewplymouthnz.co.nz; Puke Ariki, 1 Ariki St.; ⌚Mo, Di, Do & Fr 9–18, Mi 9–21, Sa & So 9–17 Uhr) Im Puke-Ariki-Gebäude mit fantastischer interaktiver Touristeninformation.

Phoenix Urgent Doctors (☎06-759 4295; npdocs@clear.net.nz; 95 Vivian St.; ⌚8.30–20 Uhr) Schnelle medizinische Hilfe in wichtigen Fällen (wozu nicht der Schnupfen und die Sommergrippe zählen).

Post (21 Currie St.) Geldwechsel.

Taranaki Base Hospital (☎06-753 6139; www.tdhb.org.nz; David St.; ⌚24 Std.) Unfälle und Notfälle.

An- & Weiterreise

Bus

Der Busbahnhof (S. 262) befindet sich an der Ecke Egmont und Ariki Street.

Die Busse von **InterCity** (☎09-583 5780; www.intercity.co.nz) fahren zu folgenden Zielen:

REISEZIEL	FAHRPREIS	FAHRZEIT	HÄUFIGKEIT
Auckland	70 NZ$	6¼ Std.	4-mal tgl.
Hamilton	58 NZ$	4 Std.	4-mal tgl.
Palmerston North	30 NZ$	4 Std.	2-mal tgl.
Wellington	41 NZ$	7 Std.	2-mal tgl.
Whanganui	38 NZ$	3 Std.	2-mal tgl.

Naked Bus (☎0900 625 33; www.nakedbus.com) bietet Busverbindungen zu den folgenden Destinationen. Wer im Voraus bucht, kann viel Geld sparen.

REISEZIEL	FAHRPREIS	FAHRZEIT	HÄUFIGKEIT
Auckland	30 NZ$	6½ Std.	1-mal tgl.
Hamilton	27 NZ$	4 Std.	1-mal tgl.
Palmerston North	20 NZ$	3½ Std.	1-mal tgl.
Wellington	26 NZ$	6¼ Std.	1-mal tgl.
Whanganui	18 NZ$	2½ Std.	1-mal tgl.

Die Busse von **Dalroy Express** (☎06-759 0197; www.dalroytours.co.nz) fahren täglich über Hamilton (41 NZ$, 4 Std.) nach Auckland (60 NZ$, 6 Std.) und weiter südlich nach Hawera (20 NZ$, 45 Min.).

Flugzeug

Der **New Plymouth Airport** (☎06-755 2250; www.newplymouthairport.com; Airport Dr.) befindet sich 11 km östlich des Zentrums nahe der SH3. **Scott's Airport Shuttle** (☎06-769 5974, 0800 373 001; www.npairportshuttle.co.nz; Erw. ab 25 NZ$) bietet einen Shuttle vom Flughafen bis vor die Haustür an.

Air New Zealand (☎0800 737 000, 06-757 3300; www.airnewzealand.co.nz; 12 Devon St. E; ⌚Mo–Mi & Fr 9–17, Do 9.30–17 Uhr) fliegt täglich direkt nach Auckland, Wellington und Christchurch mit Anschluss zu weiteren Zielen.

Unterwegs vor Ort

Busse von **Citylink** (☎0800 872 287; www.taranakibus.info; Erw./Kind 3,50/2 NZ$) verkehren montags bis freitags in der ganzen Stadt sowie weiter nördlich nach Waitara und südlich bis Oakura. Abfahrt ist am Busbahnhof.

Cycle Inn Bike Hire (☎06-758 7418; www.cycleinn.co.nz; 133 Devon St. E; halber/ganzer Tag 10/15 NZ$; ⏱Mo–Fr 8.30–17, Sa 9–16, So 10.30–14 Uhr) verleiht Fahrräder, ebenso wie **Happy Chaddy's Charters** (☎06-758 9133; www.windwand.co.nz/chaddiescharters; Ocean View Pde.; 30 Min. 10 NZ$).

Ein Mietauto zu günstigen Preisen bekommt man bei **Rent-a-Dent** (☎06-757 5362, 0800 736 823; www.newplymouthcarrentals.co.nz; 592 Devon St. E); ein Taxi bestellt man bei **Energy City Cabs** (☎06-757 5580).

Rund um New Plymouth

SÜDLICH DER STADT

GRATIS **Pukeiti Rhododendron Garden** GARTEN
(www.pukeiti.org.nz; 2290 Carrington Rd.; ⏱9–17 Uhr) Der rund 20 km südlich von New Plymouth gelegene, etwa 4 km² große Garten beherbergt unzählige Rhododendron- und Azaleenbüsche, die zwischen September und November in voller Blüte stehen. Aber auch außerhalb dieser Jahreszeit ist der Park einen Besuch wert. Die Fahrt dorthin führt durch die Pouakai Range und die Kaitake Range, beide Gebirgszüge gehören zum Egmont National Park. Lohnenswert ist auch der Besuch des **Gatehouse Café** (2290 Carrington Rd.; Gerichte 7–18 NZ$; ⏱10–16 Uhr).

GRATIS **Tupare** HISTORISCHES BAUWERK, GARTEN
(www.tupare.info; 487 Mangorei Rd.; ⏱9–17 Uhr, Führungen Okt.–März Fr–Mo 11 Uhr) Das vom berühmten Architekten James Chapman-Taylor entworfene Tupare (7 km südlich der Stadt) wurde im Tudor-Stil errichtet. Noch beeindruckender als das Bilderbuch-Gebäude ist jedoch der traumhafte 3,6 ha große Park, in dem es steht. Hier kann man zwischen Glockenblumen und Vogelgezwitscher träumen – ein Paradies für jeden Picknick-Freund.

Hurworth Cottage HISTORISCHES BAUWERK
(www.historic.org.nz; 906 Carrington Rd.; Erw./Kind/Fam. 5/2/10 NZ$; ⏱ Sa & So 11–15 Uhr) Das aus dem Jahr 1856 stammende Cottage, das 8 km südlich von New Plymouth liegt, wurde für Harry Atkinson erbaut, den viermaligen Premierminister von Neuseeland. Das Haus ist das letzte Relikt einer Siedlung, die zu Beginn der Taranaki Land Wars aufgegeben wurde und gewährt einen interessanten Einblick in das Leben der frühen Siedler.

Taranaki Aviation, Transport & Technology Museum MUSEUM
(http://tatatm.tripod.com/museum; Ecke SH3 & Kent Rd.; Erw./Kind/Fam. 7/2/16 NZ$; ⏱ Sa & So 10–16.30 Uhr) Etwa 9,5 km südlich von New Plymouth liegt dieses Museum mit seiner etwas ungeordneten Ausstellung, die aus alten Flugzeugen, Zügen, Automobilen und Haushaltsgegenständen jeder Art besteht. Man sollte sich auch die Sachen zeigen lassen, die der verrückte Bienenzüchter entworfen hat, darunter befinden unglaubliche Sechsecke.

NACH NORDEN ÜBER DIE SH3

Fährt man auf der SH3 von New Plymouth weiter Richtung Norden, gelangt man zu mehreren Abzweigen, die zum Meer, zu Surfstränden und hohen Sanddünen führen. **Urenui**, 16 km hinter Waitara, ist in den Sommermonaten ein beliebtes Ziel.

Ungefähr 5 km hinter Urenui liegt für viele Besucher das größte Highlight von North Taranaki – **Mike's Organic Brewery** (☎06-752 3676; www.organicbeer.co.nz; 487 Mokau Rd.; Verkostung/Führungen 5/10 NZ$; ⏱10–18 Uhr). Hier werden Brauereibesichtigungen angeboten (im Voraus buchen), es gibt Bier zum Mitnehmen, Verkostungen des legendären Mike's Pale Ale (aber auch das Pilsener und das Lager sind klasse) und ein alljährliches Oktoberfest (Okt.). Fährt man etwas weiter, kommt man zum Abzweig nach Pukearuhe und zu den White Cliffs – riesigen Steilhängen, die an ihre Namensgeber in Dover erinnern. Am Pier in Pukearuhe beginnt der **White Cliffs Walkway**, eine siebenstündige (einfach) Wanderung mit traumhaften Ausblicken auf die Küste und die Berge (Taranaki und Ruapehu).

Auf dem Weg weiter Richtung Norden nach Mokau lohnt ein Zwischenstopp bei den **Three Sisters**, einer Felsformation, die gleich südlich der Tongaporutu Bridge ausgeschildert ist. Bei Ebbe kann man die Küste entlanglaufen. Zwei Schwestern stehen etwas verloren vor der Küste, die dritte ist vor zehn Jahren zu einem Steinhaufen zusammengefallen – aber durch die ausgewaschenen Klippen entsteht inzwischen eine neue Schwester.

Mt. Taranaki (Egmont National Park)

Der Mt. Taranaki, ein idealtypisch geformter 2518 m hoher Vulkankegel, dominiert die

Landschaft und wirkt sofort magnetisch, sobald man ihn das erste Mal gesehen hat. Geologisch ist der Taranaki der jüngste von drei großen Vulkanen – der Kaitake und der Pouakai sind die anderen beiden –, die sich entlang derselben Verwerfungszone befinden. Der letzte Ausbruch liegt mehr als 350 Jahre zurück, weshalb Experten die Meinung vertreten, ein neuer Ausbruch sei überfällig. Man sollte sich davon jedoch nicht abschrecken lassen – der Berg ist eine Schönheit und das Highlight eines jeden Besuchs in der Region.

Geschichte

Einer Maorilegende zufolge gehörte Taranaki zu einem Stamm von Vulkanen im Zentrum der Nordinsel. Allerdings wurde er in grauer Vorzeit von dort vertrieben, nachdem er mit der wunderschönen Pihanga, dem Vulkan in der Nähe des Lake Taupo und der Geliebten des Mt. Tongariro, erwischt wurde. Als er nach Süden floh – manche sagen aus Schande, andere, um den Frieden zu bewahren –, hinterließ Taranaki eine große Narbe in der Erde, durch die heute der Whanganui River fließt.

Schließlich ließ sich der Vulkan im Westen an seinem jetzigen Standort nieder, an dem er in majestätischer Einsamkeit steht und sein Gesicht hinter einer Wolke aus Tränen versteckt.

Kapitän James Cook nannte den Berg nach einem Earl, dem er in diesem speziellen Moment zu schmeicheln versuchte, Mt. Egmont. Der Egmont National Park wurde im Jahr 1900 gegründet, er ist damit der zweitälteste Neuseelands. Inzwischen hat der Taranaki seinen alten Namen zurückbekommen, auch wenn der Earl immer in den Köpfen noch herumgeistert.

Und als Fujiyama spielte der mächtige Vulkanriese eine Hauptrolle in *Last Samurai* (2003) – die Produktion verursachte fast eine Hysterie unter den Einheimischen, besonders als ein gewisser Tom Cruise in die Stadt kam.

Aktivitäten

Wandern

Weil er gut zugänglich ist, gilt der Mt. Taranaki als der meistbestiegene Berg Neuseelands. Trotzdem ist das Wandern hier gefährlich und sollte nicht auf die leichte Schulter genommen werden. Auf jeden Fall vorher Ratschläge einholen und vor Aufbruch das DOC Visitor Centre oder das i-SITE informieren!

Die meisten Wanderwege sind von North Egmont, Dawson Falls oder East Egmont aus erreichbar. Weitere Infos gibt es im DOC-Flyer *Short Walks in Egmont National Park* (1,50 NZ$) und in der kostenlosen Broschüre *Taranaki: A Walker's Guide*.

Der wichtigste Wanderweg von North Egmont aus ist der malerische **Pouakai Circuit**, ein zwei bis drei Tage in Anspruch nehmender, 25 km langer Rundweg durch alpine, sumpfige und von Büschen überzogene Gebiete mit toller Aussicht. Von hier aus gibt es auch kürzere Wanderwege, z. B. den **Ngatoro Loop Track** (1 Std.), den **Veronica Loop** (2 Std.) und den **Connett Loop** (hin & zurück 40 Min.). Der **Summit Track** beginnt auch in North Egmont. Es handelt sich um einen anspruchsvollen, 14 km langen Wanderweg, der hin und zurück acht bis zehn Stunden dauert. Unerfahrene Wanderer sollten ihn meiden, vor allem bei Eis und Schnee.

In East Egmont findet man den **Potaema Track** (hin & zurück 30 Min.) und den **East Egmont Lookout** (hin & zurück 30 Min.). Ein längerer Wanderweg ist der steile **Enchanted Track** (hin & zurück 2–3 Std.).

MT. TARANAKI – DER TRÜGERISCHE BERG

Mt. Taranaki mag aussehen, als wäre er leicht zu besteigen, aber der malerische Vulkankegel hat schon über 60 Menschenleben gefordert. Das Wetter auf dem Berg kann sich urplötzlich ändern: Eben noch Sommersonne, tobt eine Minute später schon ein Schneesturm. Außerdem drohen steil abfallende Felsvorsprünge und vereiste, steile Hänge.

Es gibt viele kurze Wanderwege, die die meiste Zeit des Jahres sicher begangen werden können. Für abenteuerlustige Wanderer empfehlen sich als beste Zeit die Monate Januar bis März. Unbedingt notwendig ist eine detaillierte topographische Karte (die Karte *Topo50 1:50 000 Mt. Taranaki* oder *Mt. Egmont* sind empfehlenswert). Vor dem Aufstieg sollte man sich im DOC über die aktuellen Wetterbedingungen und den Zustand der Wege informieren. Außerdem muss man sich im DOC-Besucherzentrum oder bei i-SITE registrieren lassen.

In Dawson Falls kann man mehrere kurze Wanderungen unternehmen, darunter den **Wilkies Pools Loop** (hin & zurück 1 Std.) oder den wunderbaren, aber schwierigen **Fanthams Peak Return** (hin & zurück 5 Std.), der im Winter eingeschneit ist. Der **Kapuni Loop Track** (1 Std.) führt zu den beeindruckenden, 18 m hohen **Dawson Falls**. Die Wasserfälle sieht man auch bei einem 20-minütigen Spaziergang zu einem Aussichtspunkt, der 400 m vom Besucherzentrum entfernt an der Straße beginnt.

Der schwierige, 55 km lange **Around-the-Mountain Circuit** dauert 3 bis 5 Tage und sollte nur von erfahrenen Wanderern in Angriff genommen werden. Auf der Strecke steht eine Reihe von Hütten, die Übernachtungserlaubnis dafür muss im Voraus gekauft werden.

Der **York Loop Track** (3 Std.), zu erreichen von der York Road nördlich von Stratford, ist ein faszinierender Wanderweg, der teilweise der Trasse einer stillgelegten Bahnstrecke folgt.

Zwischen Februar und März, wenn es weniger schneit, kann man ohne Bergführer wandern. Zu anderen Zeiten sollten unerfahrene Bergwanderer sich beim DOC Infos über hiesige Clubs und Guides geben lassen. Mietet man sich einen Führer an, kostet das rund 300 NZ$ pro Tag.

Zu den verlässlichen Veranstaltern gehören Adventure Dynamics (✆06-751 3589; www.adventuredynamics.co.nz) und Top Guides (✆0800 448 433, 021 838 513; www.topguides.co.nz).

Rundflüge

Heliview RUNDFLÜGE
(✆06-753 0123, 0800 435 426; www.heliview.co.nz; Flüge ab 110 NZ$) Ein 20-minütiger Flug zum Gipfel kostet 200 NZ$ pro Passagier.

New Plymouth Aero Club RUNDFLÜGE
(✆06-755 0500; www.airnewplymouth.co.nz; Flüge ab 69 NZ$) Ein 50-minütiger Flug um den Gipfel des Mt. Taranaki kostet 159 NZ$ pro Person (mindestens 3 Pers.).

Precision Helicopters Limited RUNDFLÜGE
(PHL; ✆06-752 3291, 0800 246 359; www.precisionhelicopters.com; Flüge ab 120 NZ$) Ein 50-minütiger Flug über den Berg kostet 300 NZ$ pro Person (mindestens 4 Pers.).

Ski fahren

Von Stratford aus fährt man über die Pembroke Road hoch zum Stratford Plateau. Von dort aus geht es noch 1,5 km zu Fuß zum kleinen Skigebiet **Manganui Ski Area** (✆Schnee-Infotelefon 06-759 1119; www.skitaranaki.co.nz). Im i-SITE von Stratford (S. 267) gibt es tagesaktuelle Informationen über das Wetter und die Schneeverhältnisse. Auch das Schnee-Infotelefon oder die Webcam sind eine gute Möglichkeit, sich zu informieren.

Schlafen

Auf dem Berg gibt es mehrere Hütten des DOC, die über die Wanderwege erreichbar sind. Die meisten kosten 15 NZ$ pro Nacht (Syme und Kahui jeweils 5 NZ$); die Tickets für die Hütten kauft man jeweils im Voraus beim DOC. Kochutensilien, Verpflegung und Schlafsack selber mitbringen! Vorausbuchungen sind nicht möglich – wer zuerst kommt, mahlt zuerst. Achtung: Allen Abfall wieder mitnehmen, er schadet dem Ökosystem!

Alpine Lodge B&B $$
(✆06-765 6620; www.andersonsalpinelodge.co.nz; 922 Pembroke Rd.; EZ/2BZ/DZ mit Frühstück ab 50/100/140 NZ$; P 📶) Die hübsche Lodge im alpenländischen Stil liegt an der Stratford-Seite des Berges. Sie bietet eine Aussicht wie aus dem Bilderbuch, schöne Holzbalken und vier Zimmer (drei davon mit eigenem Bad). Draußen findet man unzählige Vögel, einen Whirlpool und geruhsam grasende Schafe.

Camphouse HOSTEL $
(✆06-756 9093; www.mttaranaki.co.nz; Egmont Rd.; B/DZ/FZ 30/70/160 NZ$) Das wie eine Backpackerunterkunft gestaltete Hostel liegt hinter dem North Egmont Visitor Centre in einem historischen Wellblechhaus von 1850. An den Wänden sieht man noch die Einschusslöcher von den Kugeln, die die einheimischen Maori während der Taranaki Land Wars auf die Siedler abgefeuert haben. Der Blick von der Terrasse reicht bis zum Horizont.

Mountain House LODGE $$
(✆06-765 6100; www.stratfordmountainhouse.co.nz; Pembroke Rd.; Zi. 155 NZ$) Die einladende Lodge auf der Stratford-Seite des Berges (15 km von der Abzweigung von der SH3 und 3 km vom Skigebiet Manganui entfernt) bietet kürzlich renovierte Zimmer im Motelstil und ein europäisches **Restaurant/Café** (Pembroke Rd.; Hauptgerichte 30–35 NZ$; ⏲Frühstück, Mittag- & Abendessen). Gäste der Lodge können auch Halbpension wählen.

ABSTECHER

FORGOTTEN WORLD HIGHWAY

Die 150 km lange Fernstraße zwischen Stratford und Taumarunui (SH43) ist auch als Forgotten World Highway bekannt. Die Strecke, von der 11 km noch nicht asphaltiert sind, windet sich durch hügeliges Buschland – vorbei an *pa* (Wehrdörfern) der Maori, verlassenen Kohlebergwerken und Gedenktafeln für längst Verstorbene. Man sollte 4 Std. und viele Stopps einplanen und vorher auf alle Fälle volltanken (unterwegs gibt es keine Tankstelle!). Die i-SITEs und DOC-Besucherzentren der Gegend haben eine Broschüre über die Straße vorliegen.

Ein Highlight ist **Whangamomona** (170 Ew.): Der schrullige Ort hat sich 1988 nach Meinungsverschiedenheiten mit der lokalen Verwaltung zur unabhängigen Republik ausgerufen. Alle zwei Jahre wird im Januar mit pseudo-militärischem Gepränge der Unabhängigkeitstag gefeiert. Im Ortszentrum steht das nicht zu verfehlende, großartige alte **Whangamomona Hotel** (☎06-762 5823; www.whangamomonahotel.co.nz; 6018 Forgotten World Hwy.; Unterkunft pro Pers. mit Frühstück 65 NZ$, Gerichte 10–20 NZ$; ⊙11 Uhr bis spätabends), ein Gasthaus mit einfacher Unterbringung und üppig portionierten ländlichen Gerichten.

Wer nicht selber fahren möchte, kann die Tour auch bei **Eastern Taranaki Experience** (☎06-765 7482, 027 471 7136; www.eastern-taranaki.co.nz; Tagesausflüge pro Pers. ab 45 NZ$) buchen.

Eco Inn HOSTEL $
(☎06-752 2765; www.ecoinn.co.nz; 671 Kent Rd.; EZ/DZ 30/60 NZ$; @☎) Das umweltfreundliche Haus liegt etwa 6,5 km vom Abzweig zum Aviation, Transport & Technology Museum entfernt. Das Haus wurde aus recyceltem Holz errichtet und arbeitet mit Solar-, Wind- und Wasserenergie. Es gibt ein Spa und einen Billardtisch. Gut für Gruppen geeignet.

Rahiri Cottage B&B $$
(☎06-756-9093; www.mttaranaki.co.nz; Egmont Rd.; DZ mit/ohne Frühstück 195/145 NZ$, ganzes Cottage 225 NZ$, zusätzliche Person 45 NZ$) Direkt am Rand des Egmont National Parks auf dem Weg nach North Egmont liegt das Klinkersteinhaus von 1929, das früher als Kassenhaus für den Park diente (der Eintritt kostete 2 Shilling und sechs Pence). Heute übernachtet man in einem rustikalen B&B mitten im Busch, das Platz für fünf Übernachtungsgäste bietet.

Konini Lodge HOSTEL $
(☎06-756 0990; www.doc.govt.nz; Upper Manaia Rd.; B Erw./Kind 25/10 NZ$) Die einfache Unterkunft mit Etagenbetten liegt 100 m bergab vom Besucherzentrum Dawson Falls entfernt. Zu den sechs Schlafsälen gehört ein riesiger Gemeinschaftsbereich mit Küche.

Missing Leg Lodge HOSTEL $
(☎06-752 2570; www.missinglegbackpackers.co.nz; 1082 Junction Rd.; Stellplatz/B/EZ/DZ ab 15/27/35/64 NZ$; @☎) Die exzentrische Backpackerunterkunft ist voller Räder, hat aber kaum Tageslicht – zum Schlafen ist sie also ganz okay. Der Schlafsaal befindet sich oben im Loft, hinter dem Haus gibt es einige schäbig-schicke Hütten.

Praktische Informationen

Dawson Falls Visitor Centre (☎027 443 0248; www.doc.govt.nz; Manaia Rd.; ⊙Dez.–Feb. tgl., März–Nov. Do–So 9–16 Uhr) An der südöstlichen Seite des Berges, davor steht ein beeindruckender Totempfahl.

MetPhone (☎0900 999 06) Aktuelles Bergwetter.

North Egmont Visitor Centre (☎06-756 0990; www.doc.govt.nz; Upper Manaia Rd.; ⊙8–16.30 Uhr) Bietet aktuelle, umfangreiche Info über den Nationalpark und ein schmuddeliges Café (Gerichte 10–18 NZ$).

An- & Weiterreise

Es gibt drei Hauptzugangsstraßen zum Egmont National Park, die alle gut ausgeschildert sind und entweder am DOC Visitor Centre vorbeiführen oder dort enden. New Plymouth am nächsten liegt North Egmont: Man fährt über die SH3, nimmt 12 km südlich von New Plymouth die Abzweigung bei Egmont Village und folgt 14 km dem Straßenverlauf. Von Stratford aus nimmt man die Abzweigung an der Pembroke Road und folgt der Straße 15 km bis East Egmont bzw. zum Skigebiet Manganui. Aus südöstlicher Richtung führt die Upper Manaia Road zum 23 km von Stratford entfernten Dawson Falls.

Es gibt zwar keine öffentlichen Busse zum Nationalpark, dafür aber zahlreiche Shuttlebusbetreiber und Touranbieter, die einen gerne dorthin kutschieren (einfache Fahrt/hin & zurück ca. 40/55 NZ$):

Cruise NZ Tours (☎0800 688 687, 027 497 3908; kirkstall@xtra.co.nz) Der Shuttlebus zum Berg fährt in New Plymouth um 7.30 Uhr nach North Egmont ab; Rückkehr ist um 16.30 Uhr. Andere Zusteigeorte nach Vereinbarung. Angeboten werden auch Ausflugsfahrten.

Eastern Taranaki Experience (☎06-765 7482, 027 471 7136; www.eastern-taranaki.co.nz) Abfahrt in Stratford; Aufpreis bei Abfahrt in New Plymouth. Bietet auch Ausflugsfahrten an.

Outdoor Gurus (☎06-758 4152, 027 270 2932; www.outdoorgurus.co.nz) Abfahrtszeiten und Abholorte (New Plymouth) nach Vereinbarung; vermietet auch Ausrüstung.

Taranaki Tours (☎06-757 9888, 0800 886 877; www.taranakitours.com) Von New Plymouth bis North Egmont und zurück. Bietet auch Touren an.

Rund um Mt. Taranaki

INGLEWOOD

3090 EW.

Der kleine Ort Inglewood (www.inglewood.co.nz) mit einer großen Straße liegt sehr bequem auf dem Weg zum Berg an der SH3. Hier kann man gut einen Zwischenstopp einlegen, um im Supermarkt Vorräte zu kaufen oder in der **Nelsons Bakery** (☎06-756 7123; 45 Rata St.; Pies 3–4 NZ$; ⏲Mo–Fr 6–16.30, Sa 7–16 Uhr) einen Pie mit Steak und Ei zu genießen.

Inglewoods anderes Highlight ist das drollige **Fun Ho! National Toy Museum** (☎06-756 7030; www.funhotoys.co.nz; 25 Rata St.; Erw./Kind 6/3 NZ$; ⏲10–16 Uhr), das altmodische Sandguss-Spielzeuge zeigt (und verkauft). Es dient gleichzeitig auch als Besucherinformation.

An der Straße in die Stadt liegt aus Richtung New Plymouth kommend das schlichte, aber sauber und ruhige **White Eagle Motel** (☎06-756 8252; www.whiteeaglemotel.co.nz; 87b Rata St.; EZ/DZ ab 90/98 NZ$, zusätzliche Pers. 20 NZ$). Die Wohneinheiten mit zwei Schlafzimmern wirken größer als sie sind.

Das in einem feuerwehrroten, denkmalgeschützten Gebäude untergebrachte jazzige **Macfarlane's Caffe** (☎06-756 6665; 1 Kelly St.; Brunch 9–18 NZ$, Abendessen 23–30 NZ$; ⏲So–Mi 9–17, Do–Sa 9 Uhr bis spätabends) verkauft tagsüber riesengroße Puddingtörtchen und Kaffee und abends (u. a.) Wildschweinwürstchen. Der Hit ist aber der Taranaki Burger aus Hirschfleisch. Das Wildbret stammt aus der Jagd auf in Neuseeland eingeführte Wildschweine und Rothirsche, die manche Naturschützer am liebsten wieder loswerden möchten. Ganz in der Nähe liegt der **Funkfish Grill** (☎06-756 7287; www.funkfishgrill.co.nz; 32 Matai St.; zum Mitnehmen 8–10 NZ$, Hauptgerichte 22–38 NZ$; ⏲Di–Do, Sa & So 16 Uhr bis spätabends, Fr 15 Uhr bis spätabends), eine Pizzeria, in der man auch Fish & Chips (zum Mitnehmen oder zum vor Ort essen) bekommt. Abends verwandelt sich das Lokal in eine Bar. Lecker sind auch die Tempura-Muscheln.

STRATFORD

5330 EW.

40 km südöstlich von New Plymouth liegt an der SH3 der Ort Stratford, der überall an seinen Namensvetter Stratford-upon-Avon (Shakespeares Geburtsort) erinnert. Alle Straßen im Ort tragen die Namen von Figuren aus den Werken des Dramatikers. Stratford besitzt auch Neuseelands erstes **Glockenspiel**. Viermal täglich (10, 13, 15 und 19 Uhr) spielt es Shakespeares größte Dramen etwas mühevoll und auf recht hölzerne Art vertont.

Im **Stratford i-SITE** (☎06-765 6708, 0800 765 6708; www.stratfordnz.co.nz; Prospero Pl.; ⏲Mo–Fr 8.30–17, Sa & So 10–15 Uhr) befindet sich auch die **Percy Thomson Gallery** (☎06-765 0917; www.percythomsongallery.org.nz; ⏲Mo–Fr 10.30–16, Sa & So 10.30–15 Uhr), eine Gemeindegalerie, die nach einem ehemaligen Bürgermeister benannt wurde und die eine bunte Mischung von regionaler Kunst und Wanderausstellungen zeigt.

1 km südlich von Stratford liegt an der SH3 das **Taranaki Pioneer Village** (☎06-765 5399; www.pioneervillage.co.nz; SH3; Erw./Kind/Fam. 10/5/20 NZ$; ⏲10–16 Uhr). Auf dem 40 ha großen Gelände des Freilichtmuseums stehen 40 historische Gebäude aus vergangenen Zeiten – es ist mehr als nur ein bisschen gruselig.

Der hübsche, rosafarbene **Stratford Top Town Holiday Park** (☎06-765 6440; www.stratfordtoptownholidaypark.co.nz; 10 Page St.; Stellplatz/B/Hütte/Wohneinheit ab 14/22/40/90 NZ$; @📶) ist ein gepflegter Wohnwagenpark, der auch Einzimmer-Hütten, motelähnliche Wohneinheiten und Etagenbetten für Backpacker anbietet.

Das mit Steinsäulen, kecken Dachvorsprüngen, Holzjalousien und gedämpften dunklen Tönen protzende **Amity Court Motel** (☎06-765 4496; www.amitycourtmotel.co.nz;

35 Broadway N; DZ 120 NZ$, Apt. 140–160 NZ$; @ 📶) ist das Neueste, was Stratford zu bieten hat und verbessert die Übernachtungsoptionen im Ort hundertprozentig.

Gegenüber vom Stratford i-SITE befindet sich die **Casa Pequena** (☎06-765 6680; casa@xtra.co.nz; 280 Broadway; Snacks 3–5 NZ$, Gerichte 12–28 NZ$; ⏲Mo–Fr 6–16, Sa 7–13.30 Uhr), ein absoluter Retro-Teesalon, der in einer Zeitschleife gefangen zu sein scheint. Hier bekommt man Klassiker wie Würstchen mit Kartoffelbrei und warme Sandwiches mit Fleisch und Soße.

Surf Highway 45

Von New Plymouth zieht sich bis Hawera im Süden die 105 km lange SH45, auch als Surf Hwy 45 bekannt. Entlang der Strecke findet man jede Menge schwarze Sandstrände – wer aber erwartet, dass er während der ganzen Fahrt die Wellen an die Küste branden sieht, wird enttäuscht sein: Die meiste Zeit schlängelt sich die Straße durch Farmland – immer wieder muss man Traktoren und Kühen ausweichen. In den Besucherzentren liegt die Broschüre *Surf Highway 45* aus.

OAKURA

1220 EW.

Von New Plymouth kommend ist der erste Stopp das verschlafene Oakura, 15 km südwestlich der SH45. Sein breiter Strand ist wegen seiner Righthander-Breaks bei Surfern beliebt, aber auch Familien sind hier gut aufgehoben (Sandalen mitnehmen – im schwarzen Sand verbrennt man sich sonst die Füße). Der Surfshop **Vertigo** (☎06-752 7363; www.vertigosurf.com; Unterricht 2 Std. 75 NZ$; ⏲Mo–Fr 9–17, Sa 10–16 Uhr) an der Hauptstraße bietet Unterricht an, Gleiches gilt für die Tarawave Surf School (S. 257).

Schlafen & Essen

LP TIPP **Ahu Ahu Beach Villas** BOUTIQUEHOTEL $$$
(☎06-752 7370; www.ahu.co.nz; 341 Lower Ahu Ahu Rd.; DZ ab 210 NZ$; 📶) Teuer, aber beeindruckend: Die luxuriösen Architektenvillen liegen auf einer Anhöhe mit Blick auf den Ozean und sind ziemlich ausgefallen gebaut: So kommen riesige recycelte Holzbalken, in die Wände eingearbeitete Flaschen, mit Flechten bewachsene Ziegeldächer und glänzender Zementboden mit Mosaik aus

PARIHAKA

Ab Mitte der 1860er-Jahre wurde Parihaka, eine kleine Maorisiedlung östlich der SH45 in der Nähe von Pungarehu, das Zentrum einer friedlichen Widerstandsbewegung, der sich nicht nur andere Stämme aus Taranaki, sondern Maori aus dem ganzen Land anschlossen. Ihre Anführer, Te Whiti-o-Rongomai und Tohu Kakahi, waren Angehörige sowohl des Taranaki- als auch des Te-Ati-Awa-*iwi*.

Nach den Landkriegen war die Konfiszierung von Stammesland das zentrale Problem, dem sich die Maori von Taranaki gegenübersahen. Und unter der Führung Te Whitis wurde eine neue Herangehensweise an dieses Problem entwickelt: mit gewaltfreien Methoden Widerstand gegen europäische Siedlungen leisten.

Als die Regierung 1879 damit begann, beschlagnahmtes Land in der Waimate-Ebene zu vermessen, behinderten unbewaffnete Anhänger von Te Whiti die Arbeiten. Mit einer weißen Feder im Haar und bester Laune pflügten sie Gräben quer über die Straßen, stellten wahllos Zäune auf und zogen Vermessungspfosten aus der Erde. Viele wurden verhaftet und ohne Gerichtsverfahren auf der Südinsel festgehalten, doch die Proteste gingen weiter und nahmen sogar noch zu. Im November 1881 entsandte die Regierung schließlich eine Streitmacht von mehr als 1500 Mann nach Parihaka. Die Einwohner wurden verhaftet oder vertrieben, und das Dorf wurde später zerstört. Te Whiti und Tohu wurden verhaftet und bis 1883 eingesperrt. In ihrer Abwesenheit wurde Parihaka wieder aufgebaut, und die Pflugaktionen hielten bis in die 1890er-Jahre an.

2006 entschuldigte sich die neuseeländische Regierung offiziell bei den Stämmen, die von der Invasion und der Konfiszierung des Parihaka-Lands betroffen gewesen waren, und entschädigte sie finanziell.

Te Whitis Geist lebt in Parihaka in jährlichen Treffen seiner Nachfahren und einem öffentlichen Musik- und Kunstfestival, dem Parihaka International Peace Festival, weiter, das zu Anfang eines jeden Jahres stattfindet. Am 18. und 19. jedes Monats ist Parihaka für die Öffentlichkeit zugänglich. Weitere Hinweise findet man auf www.parihaka.com.

Paua-Muscheln zum Einsatz. Eine neue Lodge bietet Platz für vier Personen. Hier übernachten sogar Rockstars!

Wave Haven HOSTEL $
(☎06-752 7800; www.thewavehaven.co.nz; Ecke Lower Ahu Ahu Rd. & SH45; B/EZ/DZ 25/50/60 NZ$; @) Eine Backpackerunterkunft für Surfer in der Nähe der großen Wellen mit einem klein wenig kolonialzeitlichen Charme. Hier findet man eine Kaffeemaschine, eine große Terrasse, um die Beine lang zu machen, und überall Surfboards und leider nur leere Weinflaschen.

Oakura Beach Holiday Park FERIENANLAGE $
(☎06-752 7861; www.oakurabeach.com; 2 Jans Tce.; Stellplatz ab 18 NZ$, Hütten 70–140 NZ$; @☎) Die klassische Ferienanlage zwischen den Klippen und dem Meer ist besonders für Wohnwagen geeignet, bietet aber auch einfache Hütten und gut gelegene Stellplätze für alle, die zelten wollen (direkt am Meer!).

Oakura Beach Motel MOTEL $$
(☎06-752 7680; www.oakurabeachmotel.co.nz; 53 Wairau Rd.; DZ ab 115 NZ$; ☎) Das sehr ruhige Motel mit sieben Wohneinheiten liegt abseits der Hauptstraße und nur etwa 3 Minuten Fußweg vom Strand entfernt. Die Anlage stammt aus den 1970er-Jahren, der Besitzer hält alles tipptopp in Schuss. Falls einem in der Nacht einmal langweilig werden sollte: Es gibt rund 300 DVDs zum Ausleihen!

Carriage Café CAFÉ $
(1145 SH45; Gerichte 4–14 NZ$; ⊙8–16 Uhr) Das Café befindet sich etwas abseits der Hauptstraße in einem langsam rollenden Eisenbahnwagen von 1914. In dem ungewöhnlichen Lokal wird ein gutes Frühstück serviert, außerdem bekommt man hier Pies mit Speck und Eiern und Scones mit Käse – und einen guten Kaffee.

Snickerdoodle BÄCKEREI $
(1151 SH45; Snacks 4–7 NZ$; ⊙Mo–Fr 7–16, Sa & So 8.30–16 Uhr) Die kleine Bäckerei an der Hauptstraße bäckt täglich frisch. Einfach hereinkommen und ein leckeres Käsebrötchen, eine Quiche mit Hähnchen und Aprikosen, ein leckeres Kürbisbrot oder einfach nur einen schönen heißen, heißen Kaffee genießen.

VON OAKURA NACH OPUNAKE

Bei Oakura verlässt die SH45 die Küste, aber immer wieder zweigen Nebenstraßen zu hübschen Stränden ab.

In der Nähe von Okato liegt am Highway das buttermilchfarbene, 130 Jahre alte **Stony River Hotel** (☎06-752 4253; www.stonyriverhotel.co.nz; 2502 SH45; EZ/DZ/3BZ mit Frühstück 80/120/180 NZ$, Hauptgerichte 10–18 NZ$.; ⊙Mi–Sa Abendessen) mit einfachen Zimmern im Landhausstil und einer schlichten, soliden Bar.

Direkt hinter Warea beginnt die **Stent Road,** ein legendärer seichter Brandungsgürtel für erfahrene Surfer (da das Straßenschild immer wieder als Erinnerungsstück mitgenommen wird, wurde der Name jetzt auf einen Fels geschrieben). Eine andere berühmte Stelle ist **Kumara Patch**, westlich von Okato an der Komene Road gelegen. Hier gibt es einen schnellen, etwa 150 m langen Lefthander.

Eine weitere Abzweigung Richtung Küste führt bei **Pungarehu** zum 4 km entfernten **Cape Egmont Lighthouse.** Der malerische, gusseiserne Leuchtturm wurde 1881 von Mana Island bei Wellington hierher versetzt. Der niederländische Seefahrer Abel Tasman erblickte im Jahr 1642 das Kap und nannte es „Nieuw Zeeland", daher auch das „Z" im heutigen Staatsnamen New Zealand. Die Straße nach Parihaka führt von diesem Teil der SH45 landeinwärts.

OPUNAKE

1500 EW.

Der Sommerort ist das Surfzentrum von Taranaki. Er besitzt einen geschützten Familienstrand und weiter draußen jede Menge herausfordernde Wellen.

Aktivitäten

Dreamtime Surf Shop SURFEN
(☎06-761 7570; Ecke Tasman & Havelock St.; Surfbrett/Bodyboard/Neoprenanzug halber Tag 30/21/10 NZ$; ⊙9–17 Uhr; @) Der Dreamtime Surf Shop hat Internetzugang und verleiht alles zum Surfen. Die Öffnungszeiten werden recht variabel gehandhabt – am besten vorher anrufen.

Schlafen & Essen

Headlands HOTEL $$
(☎06-761 8358; www.headlands.co.nz; 4 Havelock St.; DZ 120–250 NZ$) Nur 100 m vom Strand entfernt liegt das neueste Hotel von Opunake. Es bietet ein schickes, luftiges **Bistro** (Hauptgerichte 10–35 NZ$; ⊙Frühstück, Mittag- & Abendessen) und exklusive Zimmer in einem dreistöckigen Gebäude. Von den schönsten Zimmern genießt man einen tollen Sonnenuntergang. Unterkunft mit Frühstück oder Halbpension möglich.

Opunake Motel & Backpackers MOTEL, HOSTEL $
(☎06-761 8330; www.opunakemotel.co.nz; 36 Heaphy Rd.; B 30 NZ$, DZ 100–120 NZ$) Das Opunake Motel & Backpackers ist viel einfacher, mit altmodischen Motelzimmern und einer als witzigem Schlafsaal (ein Triumph des echten Retro-Stils) dienenden Lodge am Rand einsamer Felder.

Opunake Beach Holiday Park FERIENANLAGE $
(☎0800 758 009, 06-761 7525; www.opunakebeachnz.co.nz; Beach Rd.; Stellplatz/Hütte/Cottage 18/68/98 NZ$; @ WLAN) Der Opunake Beach Holiday Park ist ein zwangloser Ort direkt am Surfstrand. Der fröhliche Gastgeber zeigt einem den grasbewachsenen Zeltplatz, die große Lagerküche und die höhlenartigen Sanitäranlagen.

LP TIPP **Sugar Juice Café** CAFÉ $$
(42 Tasman St.; Snacks 4–10 NZ$, Hauptgerichte 25–29 NZ$; ⌚Di 8.30–16, Mi–So 8.30 Uhr bis spätabends) Im Sugar Juice Café findet man das beste Essen entlang der SH45. Es ist immer voll und bietet leckeres Essen (unbedingt probieren sollte man die Snapper in Basiliumkruste oder die Lammhaxe mit Preiselbeeren). Toller Kaffee, Salate, Wraps, Kuchen jeder Art und auch große Frühstücksteller – das Anhalten lohnt sich hier also auf alle Fälle. Im Sommer ist das Café auch montags geöffnet.

Praktische Informationen

Opunake Library (☎0800 111 323, 06-761 8663; opunakel@stdc.govt.nz; Tasman St.; ⌚Mo–Fr 8.30–17 Uhr, Sa 9.30–13 Uhr; @) Die Opunake Library dient gleichzeitig als Besucherzentrum und bietet Internetzugang.

HAWERA

11 000 EW.

Viel städtischen Charme darf man vom landwirtschaftlich geprägten Hawera, der größten Stadt von South Taranaki, nicht erwarten. Aber hier kann man gut seine Vorräte aufstocken, sich die Beine vertreten oder auch eine Nacht verbringen. Und bloß nicht Elvis verpassen!

Sehenswertes & Aktivitäten

KD's Elvis Presley Museum MUSEUM
(www.elvismuseum.co.nz; 51 Argyle St.; Eintritt gegen Spende; ⌚nach Vereinbarung) Elvis lebt! Jedenfalls in Kevin D. Wasleys erstaunlichem Museum, in dem sich mehr als 10 000 Platten vom King sowie eine unglaubliche Sammlung von Elvis-Devotionalien befinden, die über einen Zeitraum von 50 Jahren gesammelt wurden. Besessenheit ist untertrieben, sagt KD. Aber nicht nach dem pausbäckigen Elvis der Las-Vegas-Zeit fragen: KD konzentriert sich nur auf den hüftschwingenden König des Rock 'n' Roll der 1950er- und 1960er-Jahre aus den Sun Studios.

Hawera-Wasserturm TURM, AUSSICHTSPUNKT
(vistorinfo@stdc.govt.nz; 55 High St.; Erw./Kind/Fam. 2,50/1/6 NZ$; ⌚10–14 Uhr) Der schmucklose Hawera Water Tower neben dem i-SITE gehört zu den coolsten Dingen in Hawera. Einfach den Schlüssel bei i-SITE abholen, 215 Stufen hochsteigen und dann den Horizont nach Lebenszeichen absuchen (an klaren Tagen kann man die Küste und Mt. Taranaki sehen).

Tawhiti Museum MUSEUM
(www.tawhitimuseum.co.nz; 401 Ohangai Rd.; Erw./Kind 10/3 NZ$; ⌚Feb.–April & Sept.–Dez. Fr–Mo 10–16 Uhr, Juni–Aug. nur So, Jan. tgl.) Das ausgezeichnete Tawhiti Museum beherbergt eine Reihe von Exponaten und Dioramen und erschreckend lebensechte Figuren, für die Menschen aus der Gegend Modell gestanden haben. Eine große Traktoren-Sammlung würdigt das ländliche Erbe; außerdem gibt es eine Eisenbahn, die ein Stück durch das Buschland führt, und Fahrten mit dem „Traders & Whalers"-Schiff (beides kostet extra). Das Museum befindet sich 4 km nördlich der Stadt unweit der Kreuzung mit der Tawhiti Road.

Schlafen & Essen

Hawera Central Motor Lodge MOTEL $$
(☎06-278 8831; www.haweracentralmotorlodge.co.nz; 53 Princes St.; DZ 135–170 NZ$; WLAN) Das beste Motel der Stadt (besser als alle an der South Rd.). Das frisch glänzende Hawera Central ist sehr stilvoll mit seinen grau- und eukalyptusgrünen Farben und den Glasduschkabinen. Weitere Pluspunkte sind die großen Flachbildfernseher, die gute Sicherheit, die DVD-Spieler sowie die kostenlose Filmbibliothek.

Wheatly Downs Farmstay FERIEN AUF DEM BAUERNHOF $
(☎06-278 6523; www.mttaranaki.co.nz; 484 Ararata Rd.; Stellplatz ab 20 NZ$, B/EZ & 3BZ 30/70 NZ$, DZ mit/ohne Bad 115/70 NZ$; @) Das in ländlicher Idylle gelegene, denkmalgeschützte Gebäude verfügt über klassische Holzböden und eine schnörkellose Ausstattung. Hausherr Gary ist sehr liebenswürdig

und zeigt gerne seine ausgefallene Schweinerasse. Anfahrt: am Tawhiti Museum vorbei und weitere 5,5 km die Ararata Road entlang. Eine Abholung ist nach Vereinbarung möglich.

Indian Zaika INDISCH $$
(☎06-278 3198; 91 Princes St.; Hauptgerichte 16–20 NZ$; ⏲Di–Sa Mittagessen, tgl. Abendessen; ✎) In dem nach Gewürzen duftenden, schwarz-weiß eingerichteten Restaurant bekommt man mittags und abends ordentliche Currys in einem hübschen Umfeld. Für 10 NZ$ gibt's mittags tolle Gerichte zum Mitnehmen.

Praktische Informationen

South Taranaki i-SITE (☎06-278 8599; www.southtaranaki.com; 55 High St.; ⏲Mo–Fr 10.30–16, Sa & So 10–15 Uhr) Alle Informationen für South Taranaki. Im Winter verkürzte Öffnungszeiten.

Whanganui

39 700 EW.

Die Flöße am Ufer erinnern an Huckleberry Finn – Whanganui ist eine raue, etwas verlotterte historische Stadt am Ufer des breiten Whanganui River. Die einheimische Kunstszene boomt: Alte Hafengebäude verwandeln sich in Werkstätten für Glaskunst. Auch das Stadtzentrum wurde erneuert – es gibt kaum Schöneres im weiten Umkreis, als einen sonnigen Nachmittag unter den Blätterdächern auf der Victoria Avenue zu verbringen.

Geschichte

Die Maori siedelten sich in Whanganui schon um das Jahr 1100 an. Der erste Europäer, der sich im Jahr 1831 am gleichnamigen Fluss niederließ, war Andrew Powers. Aber die Besiedlung durch die Europäer begann erst ab 1840, als die New Zealand Co. den Landbedarf in Wellington nicht mehr befriedigen konnte und die Siedler hierher zogen.

Als die Maori begriffen, dass die Geschenke der Pakeha (Europäer) als Tauschmittel für das Land dienten, waren sie verständlicherweise aufgebracht.

Es folgten sieben konfliktreiche Jahre. Tausende von Regierungssoldaten besetzten Rutland Stockade im Queens Park. Schließlich wurde der Konflikt durch ein Schiedsgericht beigelegt. Während der Taranaki Land Wars unterstützten die Whanganui Maori dann die Pakeha.

Sehenswertes & Aktivitäten

Whanganui Regional Museum MUSEUM
(www.wrm.org.nz; Watt St., Queens Park; Erw./Kind 8,50 NZ$/frei; ⏲10–16.30 Uhr) Das Whanganui Regional Museum ist eines der besseren neuseeländischen Naturkundemuseen. Zu den Highlights unter den Maori-Exponaten gehören das geschnitzte Te Mata o Houroa Kriegskanu und einige brutal aussehende *mere* (Keulen aus Nephrit). Die Installationen zur Kolonialgeschichte und Präparate zur Tierwelt sind erstklassig. Kinder können im Museum jede Menge Knöpfe drücken und Schubladen öffnen und sind so gut beschäftigt.

GRATIS **Sarjeant Gallery** GALERIE
(www.sarjeant.org.nz; Queens Park; ⏲10.30–16.30 Uhr) Die elegante neoklassizistische Sarjeant Gallery bietet eine umfangreiche Dauerausstellung mit historischer bis zeitgenössischer Kunst und zeigt häufig Sonderschauen (darunter auch Glasarbeiten vom alljährlichen Wanganui Festival of Glass). Ein tolles Haus!

GRATIS **Whanganui Riverboat Centre** MUSEUM
(www.riverboats.co.nz; 1a Taupo Quay; ⏲10–16 Uhr) Die historischen Exponate sind schon interessant, aber fast alle Besucher kommen wegen der *Waimarie,* dem letzten Schaufelraddampfer, der den Whanganui River befuhr. Im Jahr 1900 wurde der Raddampfer von England hierher gebracht und fuhr unermüdlich auf dem Whanganui, bis er im Jahr 1952 ganz unspektakulär an seinem Anlegeplatz sank. 41 Jahren später wurde das Wrack geborgen, restauriert und schließlich am ersten Tag des 21. Jhs. wieder vom Stapel gelassen. Heute werden wie einstmals wiederzweistündige Fahrten auf dem Whanganui River angeboten.

GRATIS **Chronicle Glass Studio** GALERIE
(☎06-347 1921; www.chronicleglass.co.nz; 2 Rutland St.; ⏲Mo–Fr 9–17, Sa & So 10–15 Uhr) Das Chronicle ist das Beste der vielen Glasstudios in Whanganui: Hier kann man den Glasbläsern bei der Arbeit zusehen, durch die Ausstellung bummeln, am Wochenende an einem Glasbläserkurs teilnehmen (375 NZ$) oder sich auch nur einfach an einem kühlen Nachmittag in den heißen Räumen aufwärmen. Für Eilige gibt es den einstündigen Kurs „Wir machen uns einen Briefbeschwerer" (100 NZ$).

SNELLY!

Opunake ist mehr als nur ein Surfermekka. Es ist der Geburtsort des Mittelstreckenläufers Peter Snell (geb. 1938), der in Neuseeland Kultstatus erreicht hat. Bei den Olympischen Spielen von 1960 in Rom und von 1964 in Tokio rannte er seinen Konkurrenten einfach davon. Old Snelly gewann in Italien beim 800-m-Lauf die Goldmedaille; in Japan holte er Gold sowohl über 800 m als auch über 1500 m. Er ist eine Legende! Vor der Bibliothek in Opunake steht eine drollige Statue, die ihn beim Laufen zeigt.

Durie Hill Elevator TURM
(Anzac Pde.; Erw./Kind einfach 2/1 NZ$; ⏲Mo–Fr 8–18 Uhr, Sa & So 10–17 Uhr) Vom Stadtzentrum aus gesehen jenseits der City Bridge befindet sich der Fahrstuhl, der als Zugang zum Wohngebiet Durie Hill gebaut wurde. Ein Tunnel bohrt sich 213 m tief in den Berg, von wo aus der Fahrstuhl 65,8 m nach oben rattert. Dort angekommen kann man dann noch einmal 176 Stufen bis zum **War Memorial Tower** hochsteigen und den Horizont nach Mt. Taranaki und Mt. Ruapehu absuchen.

GRATIS **Wanganui Community Arts Centre** GALERIE
(www.communityartscentre.org.nz; 19 Taupo Quay; ⏲Mo–Fr 10–16, Sa 9–16, So 13–16 Uhr) Direkt am Flussufer steht das Wanganui Community Arts Centre, das hauptsächlich Werke einheimischer Künstler zeigt und mit Glaskunst, Keramik, Schmuck, Fotografien und Gemälden für ein typisches Südseegefühl sorgt.

Putiki Church KIRCHE
(20 Anaua St.; pro Pers. 2 NZ$ plus 20 NZ$ Kaution; ⏲Gottesdienst So 9 Uhr) Jenseits der City Bridge etwa 1 km Richtung Meer steht die Putiki Church, die eigentlich St. Paul's Memorial Church heißt. Ihr Äußeres ist eher unscheinbar, aber wie bei den gläubigen Gottesdienstbesuchern ist es das Innere, das zählt: Der Kirchenraum ist umwerfend, er ist komplett mit Schnitzereien der Maori und *tukutuku* (Wandpaneelen) bedeckt. Besucher können sonntags zum Gottesdienst kommen oder sich den Schlüssel zur Kirche im i-SITE ausleihen.

Kai Iwi Beach STRAND
Kai Iwi Beach ist ein wilder Ozeanstrand mit schwarzem Sand und jeder Menge Treibholz. Man fährt zunächst auf der Great North Road 4 km Richtung Norden aus der Stadt heraus, biegt dann links ab auf die Rapanui Road und fährt noch einmal 10 km Richtung Meer.

Splash Centre SCHWIMMEN
(www.splashcentre.co.nz; Springvale Park, London St.; Erw./Kind 4,50/3 NZ$, Wasserrutsche 3 NZ$; ⏲Mo–Fr 6–20, Sa & So 8–18 Uhr) Wenn das Meer zu wild tobt, bietet sich das Splash Centre zum Schwimmen, Planschen und Fahren auf der Rutschbahn an.

Geführte Touren

Genaue Informationen zu Touren mit dem Kanu, Kajak oder Jetboot auf dem Whanganui River erhält man im Whanghanui National Park.

Schaufelraddampferfahrten auf der Waimarie SCHIFF
(☎06-347 1863, 0800 783 2637; www.riverboats.co.nz; 1a Taupo Quay; Erw./Kind/Fam. 39/15/89 NZ$; ⏲Fahrten tgl. 11.30 Uhr) Die historische *Waimarie*, der letzte Schaufelraddampfer auf dem Fluss, unternimmt täglich eine zweistündige Fahrt.

Rundflüge RUNDFLÜGE
(☎06-345 0914; www.wanganuiaeroclub.co.nz; Whanganui Airport, Airport Rd.; Flüge ab 50 NZ$) Traumhafte Aussicht aus der Vogelperspektive über Whanganui, Mt. Ruapehu und Whanganui National Park.

Feste & Events

NZ Masters Games SPORT
(www.nzmg.com) Das größte Sportereignis Neuseelands (67 Sportarten!) findet alle zwei Jahre in ungeraden Jahren statt.

Wanganui Festival of Glass KUNST
(www.wanganuiglass.co.nz) Erstklassiges Glaskunstfestival im September. Viele Werkstätten sind geöffnet, es gibt Vorführungen und Workshops.

Wanganui Literary Festival KULTUR
(www.writersfest.co.nz) Jedes Jahr im September gibt's hier Gedanken, Worte und Gedanken über Worte.

Cemetery Circuit Motorcycle Race SPORT
(www.cemeterycircuit.co.nz) Mit Höllenlärm findet immer am zweiten Weihnachtsfei-

WHANGANUI ODER WANGANUI?

Schon verwirrend: Schreibt sich Whanganui nun mit „h" oder ohne? Die Aussprache bleibt allemal gleich, weil *whanga* (Hafen) im örtlichen Maori-Dialekt „wanga" und nicht, wie anderswo, „fanga" ausgesprochen wird.

Die ursprüngliche Schreibung war einheitlich Wanganui, aber 1991 führte das New Zealand Geographic Board offiziell die korrekte Maori-Schreibung mit „h" für den Whanganui River und den Whanganui National Park ein. Das war eine kulturell rücksichtsvolle Entscheidung, weil die mehrheitlich von Pakeha bewohnte Stadt mit ihrem Umland die alte Schreibung behielt, während das von Maori dominierte Gebiet am Fluss die neue übernahm.

2009 stimmte das Board zu, dass auch die Stadt und das Umland das „h" einführen sollten – sehr zum Ärger in Teilen der Gemeinde, die sich in der Frage fast paritätisch spaltete (der freimütige Bürgermeister Michael Laws tat sich besonders als Gegner des „h" hervor). Schließlich beschied Maurice Williamson, der für die geografischen Bezeichnungen zuständige neuseeländische Minister, dass beide Schreibweisen zulässig seien und es den Einzelpersonen und Unternehmen überlassen bleibe, ob sie in ihre Adressen das „h" übernehmen oder nicht. Ein typisch neuseeländischer Kompromiss – wahrhaft whundervoll!

ertag ein Motorradrennen in den Straßen Whanganuis statt.

Schlafen

LP TIPP **Anndion Lodge** HOSTEL $
(☎06-343 3593, 0800 343 056; www.anndionlodge.co.nz; 143 Anzac Pde.; EZ/DZ/FZ/Suite ab 75/88/105/130 NZ$; @ 📶 🏊) Die Besitzer Ann und Dion (daher der Name) sind ständig dabei, ihr Super-Hostel zu verschönern und zu vergrößern. Die Gäste werden mit Stereoanlagen, großen Fernsehern, einem Spa und Swimmingpool, einem Grillbereich, Restaurant, Bar und kostenlosem Shuttle verwöhnt. „Das Wort Nein kennen wir nicht", sagt die liebenswerte Ann.

Aotea Motor Lodge MOTEL $$
(☎06-345 0303; www.aoteamotorlodge.co.nz; 390 Victoria Ave.; DZ/Apt. ab 150/190 NZ$; 📶) Man sieht es gerne, wenn jemand seine Arbeit gut macht, und das ist es, was die Besitzer eines der neuesten Motels in Whanganui tun. Das schicke, moderne Hotel im oberen Teil der Victoria Avenue bietet auf zwei Stockwerken großzügige Suiten mit luxuriöser Bettwäsche, dunklen Holzmöbeln und viel Marmor und Stein – alles sehr schick.

Tamara Backpackers Lodge HOSTEL $
(☎06-347 6300; www.tamaralodge.com; 24 Somme Pde.; B 31 NZ$, EZ ab 54 NZ$, DZ & 2BZ mit/ohne Bad 86/72 NZ$; @) Das Tamara ist ein fotogenes, unübersichtliches zweistöckiges historisches Gebäude mit einem großen Balkon, hohen Decken (waren die Leute 1904 größer?), Küche, Fernsehraum, kostenlosen Fahrrädern und einem grünen Garten voller Hängematten. Am besten eines der schönen Doppelzimmer mit Flussblick verlangen!

Grand Hotel HOTEL $$
(☎0800 843 472, 06-345 0955; www.thegrandhotel.co.nz; Ecke St. Hill & Guyton St.; EZ/DZ/Suite ab 79/99/120 NZ$; 📶) Wer die gesichtslosen Motels satt hat, sollte hier einchecken. Die Zimmer in diesem stattlichen altmodischen Gebäude von 1927 haben deutlich mehr Charakter. Die Einzel- und Doppelzimmer sind einfach, aber ihren Preis wert; die Suiten sehr geräumig gehalten. Im Erdgeschoss befinden sich ein Pub und ein Restaurant.

Braemar House YHA HOSTEL $
(☎06-348 2301; www.braemarhouse.co.nz; 2 Plymouth St.; B/DZ & 2BZ 29/70 NZ$, Pension mit Frühstück EZ/DZ 100/130 NZ$; @ 📶) Das am Fluss gelegene Braemar von 1895 kombiniert eine viktorianische B&B-Pension mit einer zuverlässigen YHA-Backpacker-Unterkunft. Die Pension bietet Zentralheizung und blumig-verspielte Zimmer; die luftigen Schlafsäle versprechen etwas mehr Spaß.

Kembali B&B B&B $$
(☎06-347 1727; www.bnb.co.nz/kembali.html; 26 Taranaki St, St Johns Hill; EZ/DZ mit Frühstück ab 80/110 NZ$) Oben auf dem grünen St. Johns Hill, der auf dem Weg nach Taranaki liegt, bietet das Familien-B&B zwei private Gästezimmer im Obergeschoss, in denen vier Personen unterkommen und die man ganz für sich allein nutzen kann. Ruhiges

Whanganui

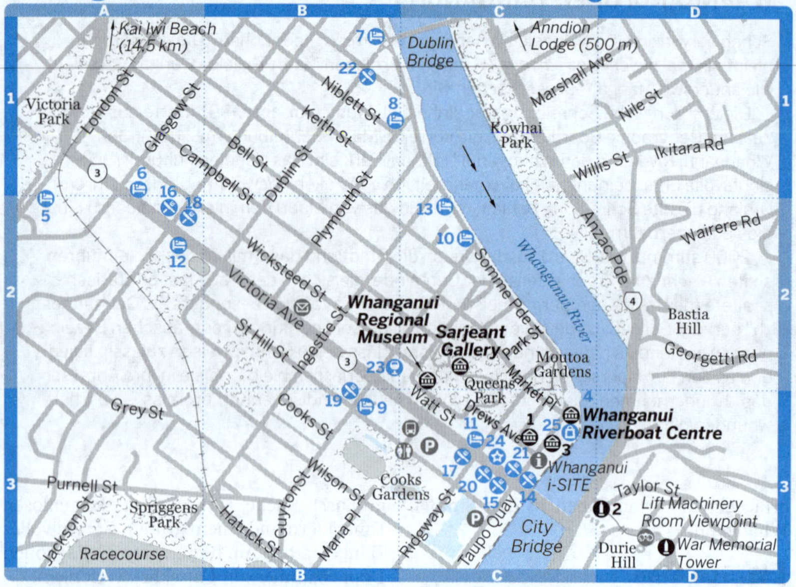

Plätzchen mit Aussicht auf ein Feuchtgebiet voller Tuis (Pastorenvögel), Pukeko-Bäumen und brauner Laubfrösche.

151 on London Motel MOTEL $$
(☎06-345 8668; www.151onlondon.co.nz; 151 London St.; DZ & Suite 110–280 NZ$; 📶) Seit der Eröffnung 2009 hat das peppige Motel viele Fans gewonnen. Es überzeugt durch seine Architektur, die erstklassigen Teppiche und Bettwäsche, die silber-schwarzen Farbtöne und die großen Fernseher. Die teuersten Suiten im Erd- und im Obergeschoss sind sicher das Nobelste, was Whanganui zu bieten hat.

Siena Motor Lodge MOTEL $
(☎06-345 9009, 0800 888 802; www.siena.co.nz; 335 Victoria Ave.; DZ 130–150 NZ$; 📶) Die kompakten, blitzsauberen 5-Sterne-Zimmer wollen an die Toskana erinnern, lassen aber eher an Taranaki denken. Die Geschäftsreisenden freuen sich über Doppelverglasung, eine DVD-Bibliothek, beheizte Handtuchhalter und Kaffeemaschinen mit echtem Kaffee in Pads.

Whanganui River Top 10 Holiday Park FERIENANLAGE $
(☎06-343 8402, 0800 272 664; www.wrivertop10.co.nz; 460 Somme Pde.; Stellplatz/Hütte/Wohneinheit ab 21/72/135 NZ$; @📶🏊) Der saubere Top-10-Park liegt 6 km nördlich der Dublin Bridge am Westufer des Whanganui. Er bietet viel Abwechslung: einen Pool und eine Art Hüpfburg, aber auch Leihkajaks. Wer Lust auf eine Kanutour hat, wird von den Betreibern flussaufwärts gefahren und kann dann zurück zur Anlage paddeln. Was das Essen angeht, versorgt man sich am besten selbst aus dem Laden oder isst in einem Restaurant in der Stadt.

Avro Motel & Caravan Park FERIENPARK $
(☎0800 367 287, 06-345 5279; www.wanganuiaccommodation.co.nz; 36 Alma Rd.; Stellplatz/Wohneinheit ab 20/85 NZ$; 📶🏊) Ein gelber Doppeldecker ist das Zeichen für den am dichtesten an der Stadt gelegenen Campingplatz (1,5 km westlich). Die Stellplätze mit und ohne Strom haben eigene, frei stehende Bäder, und die Küche des Platzes ist toll ausgestattet. Es gibt auch die typischen Motel-Wohneinheiten.

Riverview Motel MOTEL $$
(☎06-345 2888, 0800 102 001; www.wanganuimotels.co.nz; 14 Somme Pde.; DZ 98-150 NZ$; 📶) Hier hat man die Wahl zwischen 15 Wohneinheiten mit Kochecke im Stil der 80er-Jahre (Hauptgebäude) und fünf schicken Suiten mit Whirlpool nach hinten raus. Alles nicht

Whanganui

zu protzig (der Flussblick ist nur angedeutet), aber eine ordentliche und zentral gelegene Unterkunft mit einem bezaubernden irischen Wirt.

Astral Motel MOTEL $$
(☎06-347 9063, 0800 509 063; www.astralmotel.co.nz; 46 Somme Pde.; EZ/DZ/FZ ab 85/95/110 NZ$;) Die nahe gelegene Dublin Bridge gibt dem Astral so etwas wie Erdhaftung. Die Zimmer sind etwas betagt und hellhörig, aber gut gepflegt, geräumig und den Preis wert. Gut zu wissen für alle, die erst nach Mitternacht von der Autobahn abfahren und ein Zimmer brauchen: Die Rezeption ist rund um die Uhr geöffnet.

Rutland Arms Inn HOTEL $$
(☎06-347 7677, 0800 788 5263; www.rutlandarms.co.nz; 48 Ridgway St.; Suite 140–165 NZ$;) Noch ein Hotel, das auf der Welle „historische Edel-Unterkünfte" mitschwimmt: Das restaurierte Gebäude aus dem Jahr 1894 bietet unten einen altmodischen Pub und darüber Zimmer im Kolonialstil. Alle Zimmer sind mit Fernseher, Telefon, Blümchentapete, Doppelverglasung und rückenfreundlichen Betten eingerichtet. Die Zapfhähne der Bar sind mit englischen Jagdszenen geschmückt.

Essen

Cracked Pepper CAFÉ $
(21 Victoria Ave.; Hauptgerichte 5–18 NZ$; 7–16.30 Uhr;) Hungrig? Verkatert? Trotzdem auf eine Mütze voll Vergnügen aus? Dann am besten schleunigst und direkt zum Cracked Pepper, dem wohl besten Café in Whanganui mit dem wahrscheinlich besten Eier Benedict Neuseelands. Sehr zuvorkommendes Personal, und auch das Haus aus den 1890er-Jahren ist wirklich sehenswert (früher gab es hier einmal eine japanische Teestube, einen Herrenausstatter und einen Konditor). Einen guten Kaffee und eine große Auswahl an vegetarischen und glutenfreien Gerichten gibt es obendrein.

Stellar CAFÉ, BAR $$
(www.stellarwanganui.co.nz; 2 Victoria Ave.; Hauptgerichte 15–35 NZ$; Mo 15 Uhr bis spätabends, Di–So 9 Uhr bis spätabends;) Die große Restaurant-Bar mit gesellig-familiärer Atmosphäre macht ihrem Namen alle Ehre und ist der Stolz der Stadt. Einheimische und Touristen lehnen sich zufrieden auf den Ledersofas zurück, trinken erstklassiges Bier und genießen Barhäppchen, Pizzas und Surf 'n' Turf. Immer wieder gibt es Auftritte von Bands oder DJs und Quizabende.

Rapido Espresso House CAFÉ $
(rapidoltd@hotmail.com; 71 Liverpool St.; Snacks 3–6 NZ$; ⌚Mo–Fr 7.30–18, Sa 9–15 Uhr) Hungrige dürfen in dem flotten, königsblauen Café nicht mehr erwarten als ein Stück Kuchen, ein Scone oder etwas Sushi – das Rapido besucht man in erster Linie wegen des hervorragenden Kaffees. Aufgebrüht wird Biokaffee aus fairem Handel – der zweifellos beste der Stadt.

Red Eye Café CAFÉ $
(96 Guyton St.; Gerichte 6–18 NZ$; ⌚Mo–Fr 6.30–15.30, Sa 7–10.30 Uhr;) Das städtische Künstlercafé mit bunten Werken einheimischer Künstler wirkt sehr familiär (vielleicht wegen der freundlichen Mitarbeiter). Angeboten werden leckere leichte Snacks (Bagels, Nachos, Salate), aber auch größere Gerichte (Currys, Sandwiches mit Biohähnchen) und guter Kaffee.

Orange CAFÉ $
(51 Victoria Ave.; Gerichte 9–22 NZ$; ⌚Mo–Fr 7.30–17 , Sa & So 9–17 Uhr;) Die muntere Espresso-Bar in einem beeindruckenden alten Backsteingebäude hat auf der Speisekarte Gourmet-Hamburger, sättigendes Frühstück, Muffins, Kuchen und Sandwiches (besonders gut das mit Schinken, Salat, Tomate) stehen. Im Sommer sind die Tische draußen heiß begehrt.

Ceramic CAFÉ, LOUNGE $$
(51 Victoria Ave.; Hauptgerichte 9–22 NZ$; ⌚Di–Sa 15 Uhr bis spätabends;) Das Ceramic teilt sich die Räume mit dem Orange und übernimmt stets die Abendschicht. Da gibt es dann gehobene Cafékost (tolle Quesadillas) in einer gedämpft beleuchteten, rostfarbenen Umgebung. Gelegentlich beschallen DJs die Cocktails schlürfende Gästeschar.

Yellow House Café CAFÉ $
(Ecke Pitt & Dublin St.; Gerichte 6–20 NZ$; ⌚Di–So 8–16 Uhr;) Etwas entfernt von der Hauptstraße erwartet die Gäste eine bunte Mischung aus schrillen Tönen, Buttermilchpfannkuchen, Werken einheimischer Künstler, leckeren Omeletts und Tischen unter einem dickstämmigen Kirschbaum.

Spice Guru INDISCH $$
(☎06-348 4851; 23 Victoria Ave.; Hauptgerichte 17–23 NZ$; ⌚Mo–Sa Mittagessen, tgl. Abendessen;) In der Stadt gibt es einige indische Restaurants am Fluss (vielleicht eine Affinität zum Ganges?), aber das Spice Guru schießt mit seiner charismatischen schwarzweißen Einrichtung, dem aufmerksamen Service und den gut gewürzten Gerichten den Vogel ab. Besonders gut ist das würzige *chicken tikka masala*. Es gibt sehr viele vegetarische Gerichte.

Al Ponte ITALIENISCH $$
(☎06-345 9955; 49 Taupo Quay; Hauptgerichte 18–32 NZ$; ⌚Di–So Abendessen;) Das Gebäude am Fluss, in dem sich das Al Ponte befindet, hat schon viele Funktionen gehabt – vom Warenhaus bis zum Bordell. Heute wird man in einem Zeitstrudel direkt nach Rom katapultiert. Es gibt jede Menge Meeresfrüchte für Seafood-Fans, aber auch pfiffige Pizzas (die *Salciccia* ist ein Gedicht für Vegetarier: Tomaten, Mozzarella, Zucchini, Artischockenherzen und schwarze Oliven); toll sind auch die klassischen *penne alla putanesca*.

New World SUPERMARKT
(www.newworld.co.nz; 374 Victoria Ave.; ⌚7–21 Uhr) Riesenauswahl für Selbstversorger.

Ausgehen

Siehe auch Rutland Arms Inn (S. 275), Stellar (S. 275) und Ceramic (S. 276).

Grand Irish Pub IRISH PUB
(www.thegrandhotel.co.nz; Ecke St. Hill & Guyton St.; ⌚11 Uhr bis spätabends) Der Pub setzt auf die unersättliche (schon nervtötende) Vorliebe der Neuseeländer für irische Pubs. Diese Version im Grand Hotel ist eine nette Adresse, um an einem diesigen Nachmittag am Fluss ein paar Guinness zu genießen, für den Hunger zwischendurch gibt es gutes Kneipenessen.

Spirit'd BAR
(75 Guyton St.; ⌚10 Uhr bis spätabends) Billardtische, Jack Daniels, Metallica aus der Jukebox und junge Einheimische, die sich gegenseitig ausstechen wollen – so schön wie 1989, bloß ohne Zigaretten.

Unterhaltung

Embassy 3 Cinemas KINO
(www.embassy3.co.nz; 34 Victoria Ave.; Tickets Erw./Kind 12,50/8,50 NZ$, Di Tickets 8 NZ$; ⌚11–24 Uhr) Die Blockbuster füllen abends die Plätze schneller als man „gelangweilte Teenager aus Whanganui" sagen kann.

Shoppen

River Traders Market BAUERNMARKT
(www.therivertraders.co.nz; Taupo Quay; ⌚Sa 9–13 Uhr) Jeden Samstagvormittag findet ne-

ben dem Riverboat Centre der River Traders Market statt, auf dem jede Menge einheimisches Kunsthandwerk und Bioprodukte angeboten werden.

Praktische Informationen

Post (119 Victoria Ave.)

Whanganui Hospital (06-348 1234; www.wdhb.org.nz; 100 Heads Rd.; 24 Std.) Notfälle und Unfälle.

Whanganui i-SITE (0800 926 426, 06-349 0508; www.wanganui.com; 31 Taupo Quay; Mo–Fr 8.30–17, Sa & So 9–15 Uhr; @) Touristeninformation und DOC in einem beeindruckenden renovierten Gebäude am Fluss (unbedingt einen Blick auf die alten Dielen werfen!). Internetzugang.

An- & Weiterreise

Bus

DIE BUSSE VON InterCity (09-583 5780; www.intercity.co.nz) fahren am **Whanganui Travel Centre** (06-345 7100; www.tranzit.co.nz; 160 Ridgway St.; Mo–Fr 8.15–17.15 Uhr) ab. Zu den angefahrenen Orten gehören:

REISEZIEL	FAHRPREIS	FAHRZEIT	HÄUFIGKEIT
Auckland	83 NZ$	8 Std.	5-mal tgl.
New Plymouth	32 NZ$	2½ Std.	2-mal tgl.
Palmerston North	22 NZ$	1½ Std.	3-mal tgl.
Taumarunui	48 NZ$	2¾ Std.	1-mal tgl.
Wellington	42 NZ$	4 Std.	3-mal tgl.

Naked Bus (0900 625 33; www.nakedbus.co.nz) fährt ab dem Whanganui i-SITE zu den meisten Zentren der Nordinsel, u. a. nach:

REISEZIEL	FAHRPREIS	FAHRZEIT	HÄUFIGKEIT
Auckland	40 NZ$	9¼ Std.	1-mal tgl.
Hamilton	32 NZ$	7 Std.	1-mal tgl.
New Plymouth	18 NZ$	2½ Std.	1-mal tgl.
Palmerston North	12 NZ$	1 Std.	1-mal tgl.
Wellington	23 NZ$	4 Std.	1-mal tgl.

Flugzeug

DER Whanganui Airport (WAG; 06-348 0536; www.wanganuiairport.co.nz) liegt 4 km südlich der Stadt auf der anderen Flussseite in Richtung Meer.

Air New Zealand (06-348 3500, 0800 737 000; www.airnewzealand.co.nz; 133 Victoria Ave.; Mo–Fr 9–17 Uhr) fliegt täglich direkt nach Auckland und Wellington, dort hat man Anschlussverbindungen.

Unterwegs vor Ort

Bus

Tranzit City Link (0508 800 800; www.horizons.govt.nz; Tickets Erw./Kind 2,50/1,50 NZ$; Mo–Fr 7–18, Sa 10.30–17.30 Uhr) betreibt vier Nahverkehrsbuslinien, die in Schleifen ab der Haltestelle Maria Place fahren. Dazu gehören auch die Linien 5 und 6, die am Whanganui River Top 10 Holiday Park in Aramoho vorbeifahren.

Fahrrad

Bike Shed (06-345 5500; www.bikeshed.co.nz; Ecke Ridgway & St Hill St.; Mo–Fr 8–17.30, Sa 9–14 Uhr) Vermietet für 35 NZ$ pro Tag Fahrräder inklusive Helm und Schloss.

Taxi

Rivercity Cabs (06-345 3333, 0800 345 3333)

Wanganui Taxis (06-343 5555, 0800 343 5555)

Whanganui National Park

Der Whanganui River – die Hauptschlagader des Whanganui National Park – fließt von seiner Quelle am Mt. Tongariro 329 km weit bis in die Tasmansee. Er ist der längste schiffbare Fluss des Landes, eine Tatsache, die jahrhundertelang sein Schicksal prägte. Heute tummeln sich Kanus, Kajaks und Jetboats auf dem Fluss, der im Sommer tief grün und spiegelglatt und im Winter aufgewühlt und braun ist.

An einheimischen Pflanzen wachsen hier Steineiben und Farne. Gelegentlich sieht man am Fluss Pappeln und andere eingeführte Baumarten, Überbleibsel lang verschwundener Siedlungen. Entlang des Flusses tauchen auch Spuren von Maoriwohnstätten mit alten *pa* (befestigtes Dorf) und *kainga* (Dorf) auf, und am Zusammenfluss der Flüsse Whanganui und Ohura bei Maraekowhai stehen *niu*-Pfähle (Kriegs- und Friedenspfähle) der Hauhau.

Die unglaublich malerische Whanganui River Road, eine teilweise unbefestigte

Straße, die dem Flussverlauf von Wanganui nach Pipiriki folgt, ist eine fabelhafte Alternative zur schneller befahrbaren, aber weniger reizvollen SH4.

Geschichte

Nach einer Legende der Maori entstand der Whanganui River, als der Mt. Taranaki, nachdem er mit dem Mt. Tongariro um den schönen Mt. Pihanga gekämpft hatte, aus dem Zentrum der Nordinsel zum Meer hin floh und dabei eine lange Furche hinterließ. An der Küste wandte er sich nach Westen und machte an seinem gegenwärtigen Standort Halt. Der Mt. Tongariro schickte kühles Wasser, um die entstandene Verwundung der Erde zu heilen – so entstand der Whanganui River.

Kupe, der große polynesische Entdecker, soll gegen 800 n. Chr. den Whanganui 20 km hinaufgefahren sein. Als die Europäer in den späten 1830er-Jahren hier Fuß fassten, säumten Maori-Siedlungen die Ufer im Flusstal. Missionare reisten stromaufwärts; ihre Siedlungen – Hiruharama, Ranana, Koriniti and Atene – blieben bis heute bestehen.

Einzelne Dampfboote wagten sich erst Mitte der 1860er-Jahre auf den Fluss, zu einer Zeit, die für Pakehas gefährlich war. Während der Taranaki Land Wars schlossen sich einige Stämme am Fluss den Taranaki-Maori an, die versuchten, die britischen Siedler zu vertreiben.

1886 richtete ein in Whanganui ansässiges Unternehmen die erste kommerzielle Dampfschifffahrtslinie ein. Bald folgten weitere, die den Fluss zwischen Whanganui und Taumarunui als Transportverbindung nutzten. Sie versorgten die Gemeinden am Fluss mit Gütern und schufen eine Verbindung zwischen dem Meer und dem Landesinneren. Die Bedeutung des Verkehrswegs nahm weiter zu, als 1903 die von Auckland ausgehende Eisenbahnstrecke südwärts bis nach Taumarunui ausgebaut war.

Neuseelands moderne Tourismusindustrie hatte hier ihren Ursprung. Die auch im Ausland angepriesenen Ausflüge auf dem „Rhein des Maorilands“ wurden so beliebt, dass 1905 bereits 12 000 Touristen die Flussfahrt stromaufwärts von Whanganui nach Pipiriki oder stromabwärts von Taumarunui aus unternahmen. Die Anforderungen, die

Whanganui National Park Area

0 — 10 km

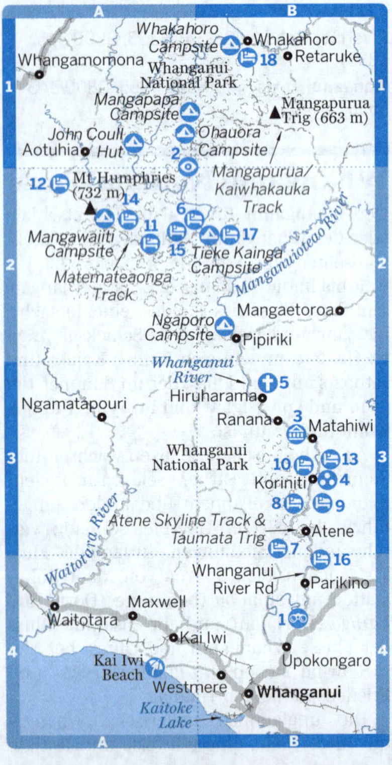

Whanganui National Park Area

der Fluss Technik und Mannschaft abverlangte, wurden legendär.

Nach 1918 wurde das Land stromaufwärts von Pipiriki Kriegsheimkehrern des Ersten Weltkriegs überlassen. Die Bedingungen für die Landwirtschaft waren ungünstig: Viele Familien kämpften jahrelang darum, dem wilden Land ihren Lebensunterhalt abzutrotzen. Nur einige wenige hielten bis in die frühen 1940er-Jahre durch.

Die Fertigstellung der Eisenbahnlinie von Auckland nach Wellington und der Ausbau der Straßen versetzten schließlich der kommerziellen Flussschifffahrt den Todesstoß; 1959 stellte das letzte Schiff seinen Betrieb ein. Heute ist nur noch ein einziges Schiff der alten Dampferflotte auf dem Fluss unterwegs: die *Waimarie*.

Sehenswertes

Whanganui River Road

Die Landschaft an der Whanganui River Road auf dem Weg nach Pipiriki ist ausgesprochen fotogen: karge, feuchte Berghänge fallen zu den trägen, jadegrünen Wassern des Whanganui River ab. Eine französische katholische Mission unter der Leitung von Suzanne Aubert gründete 1892 in Jerusalem den Orden der Daughters of Our Lady of Compassion. Hinter einer Kurve steht die **St. Joseph's Church** mit ihrem gelb-roten Kirchturm malerisch auf einem Landvorsprung über einer tiefen Flussbiegung.

Zu den weiteren Sehenswürdigkeiten an der Straße gehören die aus dem Jahr 1854 stammende, restaurierte **Kawana Flour Mill** bei Matahiwi, **Operiki Pa** und weitere *Pa*-Stätten sowie der **Aramoana Hill** am südlichen Ende der Strecke, von dem aus sich ein weiter Blick über das Land bietet. Unterwegs kommt man durch die Maori-Dörfer **Atene, Koriniti, Ranana** und **Hiruharama** – unbedingt erst einen Einheimischen fragen, bevor man hier eigene Weg geht. Wenn kein *marae* stattfindet, kann man durch Koriniti Marae (S. 283; zwischen der Straße und dem Fluss; der Ort ist ausgeschildert) bummeln. Das *marae* bietet auch Unterkunft für Gruppen an. Achtung: Ab Ranana bis 4 km südlich von Pipiriki ist die River Road nicht asphaltiert, der Ausbau der gesamten Strecke schreitet aber stetig voran.

Pipiriki liegt am nördlichen Ende der Whanganui River Road am Fluss. In der verregneten Ortschaft ist heute nicht mehr viel los (es gibt weder Läden noch eine Tankstelle), aber früher war sie ein vielbesuchter Ferienort, der von Dampfschiffen und Schaufelraddampfern angefahren wurde. Auf dem alten Pipiriki Hotel, das früher ein glanzvolles Resort voller ausländischer Touristen war, muss wohl ein Fluch liegen, denn es brannte zweimal bis auf die Grundmauern nieder. Neuere Versuche eines Wiederaufbaus scheiterten an der Finanzierung. Die Ruine wurde geplündert und alles, was irgendwie verwertbar war, entfernt. Übriggeblieben ist eine leere Backsteinhülle mit ungenutzten Möglichkeiten. Pipiriki ist die Endstation für Kanutouren den Fluss hinab und das Sprungbrett für Jetboatfahrten.

Als stummes Zeugnis für den Optimismus der frühen Siedler steht die 1936 errichtete **Bridge to Nowhere** in der Landschaft. Der Wanderweg von der Anlegestelle Mangapurua (stromaufwärts von Pipiriki, mit dem Jetboat erreichbar) zur einsamen Brücke ist Teil einer schon lange aufgegebenen, 4,5 m breiten Straße, die einst von Raetihi bis zum Fluss führte.

Aktivitäten

Kanu & Kajak fahren

Der bei Kanu- und Kajakfahrern beliebteste Flussabschnitt ist die Strecke flussabwärts von Taumarunui nach Pipiriki. Er wurde in die Liste der Great Walks Neuseelands aufgenommen und nennt sich „Whanganui Journey" (auch wenn man dabei mehr sitzt als läuft). Der Fluss hat den Schwierigkeitsgrad II – leicht genug für Unerfahrene, doch mit genügend Stromschnellen, um die Sache auf für Erfahrenere interessant zu machen.

Für die Zeit zwischen dem 1. Oktober und dem 30. April wird eine Gebühr für den Great Walk erhoben. Die Nutzung der Hütten und Campingplätze zwischen Taumarunui und Pipiriki über Nacht kostet zwischen 10 und 31 NZ$ für Erwachsene, Kinder zahlen nichts.

Außerhalb der Saison braucht man einen **Backcountry Hut Pass** (Erw./Kind für 1 Jahr 122/61 NZ$, für 6 Monate 92/46 NZ$) oder man zahlt für jede Nacht einzeln (Erw./Kind 5–15 NZ$/frei). Wer nur paddelt und nicht übernachtet, braucht nichts zu zahlen. Während der Sommermonate patrouillieren Hüttenwärter und Naturschutzbeamte als Kontrolleure auf dem Fluss.

Pässe und Tickets erhält man direkt über die Website des DOC (www.doc.govt.nz) oder beim DOC Whakapapa Visitor Centre, den Taumarunui, Ohakune oder Whanganui i-SITEs sowie bei einigen Kanuverleihern

INSIDERWISSEN

WHANGANUI RIVER *PETER GORDON*

Whanganui bietet bei Castlecliff, woher ich komme, einen schönen schwarzsandigen Strand, an dem man auch gut surfen kann. Außerdem gibt's einen berühmten „upside-down"-Fluss (so nennt mein Dad ihn), in dem der ganze Schlamm an der Oberfläche fließt – trotz der schmutzigen Farbe ein toller Fluss. Der Fluss ist wirklich atemberaubend, und er ist außerdem der längste schiffbare Fluss des Landes. Man sollte unbedingt eine geführte Kanu- oder Bootstour flussabwärts unternehmen; die führt über Stromschnellen, die eine Herausforderung, aber nicht lebensgefährlich sind. Der Fluss fließt durch atemberaubendes dunkles, üppiges Buschland und lädt zu Besuchen von historischen Orten wie Jerusalem ein – hier lebte James K. Baxter, einer unserer berühmtesten Dichter, eine Zeit lang.

Peter Gordon, Koch, Kochbuchautor & Restaurantbetreiber

und Reiseveranstaltern (manche verlangen dafür eine Extra-Gebühr).

Von Taumarunui nach Pipiriki braucht man fünf Tage/vier Nächte, von Ohinepane nach Pipiriki und vier Tage und drei Nächte sowie von Whakahoro nach Pipiriki drei Tage und zwei Nächte. Die Route von Taumarunui nach Whakahoro mit Übernachtung ist beliebt, besonders bei Wochenendausflüglern. Man kann auch einen eintägigen Trip von Taumarunui nach Ohinepane oder von Ohinepane nach Whakahoro machen.

Von Whakahoro bis nach Pipiriki, 88 km flussabwärts, gibt es keinen Zugang von der Straße aus, also ist man ein paar Tage lang nur mit dem Fluss in enger Gemeinschaft. Auf diesen Ausflug sind alle geradezu versessen. Die meisten Kanuten legen einen Stopp in Pipiriki ein.

Die Saison für Kanufahrten dauert gewöhnlich von September bis Ostern. Bis zu 5000 Menschen machen jährlich die Flussreise, meistens zwischen Weihnachten und Ende Januar, also im neuseeländischen Sommer. Im Winter ist der Fluss nahezu leer – die winterlichen Ströme erweisen sich als schnell und tief, kaltes Wetter und kurze Tage schrecken die Paddler ab.

Die Leihgebühr pro Kanadier für zwei Personen kostet für 1/3/5 Tage etwa 80/220/300 NZ$ pro Person, der Transport ist darin nicht enthalten (etwa 50 NZ$ pro Pers.). Für ein Einer-Kajak werden um die 60 NZ$ pro Tag verlangt. Die Veranstalter statten die Kanuten mit allem aus, was sie brauchen, inklusive Schwimmweste und wasserdichtem Behälter (unentbehrlich, wenn man kentert). Manchmal übernehmen sie sogar die notwendigen Gebühren für den DOC-Campingplatz oder die Hütte.

GEFÜHRTE TOUREN

Die Alternative sind geführte Kanu- oder Kajaktouren, sie kosten für 2/5 Tage ab 300/800 NZ$ pro Person.

Neben den im Folgenden genannten Veranstaltern bieten auch einige Jetboot-Verleiher Kanutouren an.

Blazing Paddles KANUTOUREN
(☎07-895 5261, 0800 252 946; www.blazingpaddles.co.nz)

Whanganui River Canoes KANUTOUREN
(☎06-385 4176, 0800 408 888; www.whanganuirivercanoes.co.nz)

Wades Landing Outdoors KANUTOUREN
(☎07-895 5995, 0800 226 631; www.whanganui.co.nz)

Canoe Safaris KANUTOUREN
(☎0800 272 335, 06-385.9237; www.canoesafaris.co.nz)

Taumarunui Canoe Hire KANUTOUREN
(☎07-895 7483, 0800 226 6348; www.taumarunuicanoehire.co.nz)

Awa Tours KANUTOUREN
(☎06-385 8012; www.awatours.co.nz)

Whanganui Kayak Hire KAJAKTOUREN
(☎021 133 6938; www.kayakhire.co.nz)

Yeti Tours KANUTOUREN
(☎06-385 8197, 0800 322 388; www.canoe.co.nz)

Jetboot fahren

Den Hut gut festhalten und die Schwimmweste zur Sicherheit umgeschnallt: bei Jetboottouren bekommt man Teile des Flusses zu sehen, die man sonst erst nach tagelanger Paddelfahrt erreichen würde. Jetboote legen in Pipiriki und Whanganui ab; vierstündige

Ausflüge gibt es ab ca. 110 NZ$/Pers. Die folgenden Anbieter können einen auch zu den Stellen am Fluss bringen, von denen aus man den Matemateaonga und den Mangapurua Track erreicht:

Spirit of the River Jet JETBOOT FAHREN
(☎06-342 5572, 0800 538 8687; www.spiritoftheriverjet.co.nz)

Bridge to Nowhere Tours JETBOOT FAHREN, KANUTOUREN
(☎0800 480 308; www.bridgetonowhere.co.nz) Organisiert auch Touren mit dem Kanu.

Whanganui River Adventures JETBOOT FAHREN, KANUTOUREN
(☎0800 862 743; www.whanganuiriveradventures.co.nz) Organisiert auch Touren mit dem Kanu.

Whanganui Scenic Experience Jet JETBOOT FAHREN, KANUTOUREN
(☎06-342 5599, 0800 945 335; www.whanganuiscenicjet.com) Organisiert auch Kanutouren.

Wandern

BRIDGE TO NOWHERE TRACK

Der beliebteste Wanderweg im Whanganui National Park führt in 40 Min. von der Mangapurua Landing zur Bridge to Nowhere, die 30 km flussaufwärts von Pipiriki liegt und zu der man nur mit einem Jetboot kommt. Die Fahrt dorthin kann über Jetbootbetreiber organisiert werden (einfach ca. 100 NZ$ pro Pers.).

WANDERWEGE AB ATENE

Etwa 22 km nördlich der Kreuzung mit der SH4 kann man in Atene an der Whanganui River Road den kurzen **Atene Viewpoint Walk** laufen. Der Aufstieg dauert etwa 1 Std., der Rückweg geht deutlich schneller und führt durch Busch- und Farmland entlang einer Fahrbahn, die 1959 vom früheren Ministry of Works and Development gebaut wurde. Damals brauchte man die Straße, als man ein Projekt zur Gewinnung von Wasserkraft am Whanganui River prüfte; angedacht war ein Staudamm in Atene, der das Flusstal bis nach Taumarunui geflutet hätte. Vom Bergkamm bietet sich eine tolle Sicht über den Nationalpark.

Den Viewpoint Walk kann man noch verlängern, indem man dem 18 km langen Rundweg **Atene Skyline Track** folgt. Die Wanderung dauert 6 bis 8 Std. und bietet naturbelassene Wälder, Sandsteinfelsen und den **Taumata Trig** (523 m) mit einer Sicht bis Mt. Ruapehu, Mt. Taranaki und zur Tasmansee. Der Weg endet 2 km flussabwärts vom Ausgangspunkt wieder an der Whanganui River Road.

MATEMATEAONGA TRACK

Drei bis vier Tage braucht man insgesamt für den 42 km langen Matemateaonga Track, der als einer der besten Wanderwege Neuseelands gilt. Da er sehr abgeschieden liegt, zieht er nicht die Horden von Wanderern an, die ansonsten Neuseelands berühmtere Wanderwege bevölkern. Der Wanderweg, der tief in wilden Busch und in hügeliges Land hineinführt, folgt einem alten Maoriweg und einer nicht mehr benutzten Siedlerstraße zwischen den Regionen Wanganui und Taranaki. Er führt am Kamm der Matemateaonga Range die Whakaihuwaka Road entlang, die 1911 eine direktere Verbindung von Stratford mit der Bahn nach Raetihi schaffen sollte. Der Erste Weltkrieg unterbrach die Planung, und die Straße wurde nie zu Ende gebaut.

Der eineinhalbstündige Abstecher zum Gipfel des Mt. Humphries (730 m) lockt mit atemberaubenden Aussichten bis zum Mt. Taranaki und zu den Vulkanen von Tongariro. Es gibt einen steilen Abschnitt zwischen dem Whanganui River (75 m über dem Meeresspiegel) und der Puketotara-Hütte (427 m über dem Meeresspiegel), doch meistens ist die Strecke leicht zu bewältigen. Am Weg stehen vier DOC-Backcountry-Hütten: Omaru, Pouri, Ngapurua und Puketotara; die Übernachtung in einer Hütte kostet 15 NZ$ pro Person.

FERNWANDERWEGE

Die Matemateaonga und Mangapurua/Kaiwhakauka Tracks sind großartige Fernwanderwege (DOC-Broschüre 1 NZ$, aktuelle Infos zu den Wegen unter www.doc.govt.nz). Beide sind nur als Wanderungen in einer Richtung gedacht, die an abgelegenen Stellen am Fluss beginnen (oder enden), sodass man einen Weg mit dem Jetboot zum Start- oder Endpunkt am Fluss organisieren muss – die Jetbootbetreiber helfen gerne. Die Fahrt von Pipiriki zum Beginn des Matemateaonga Track kostet etwa 50 NZ$ pro Person; zum Startpunkt des Mangapurua Track werden etwa 100 NZ$ verlangt.

MANGAPURUA/KAIWHAKAUKA TRACK

Mangapurua/Kaiwhakauka Track heißt ein 40 km langer Wanderweg zwischen Whakahoro und Mangapurua Landing, die beide am Whanganui liegen. Er folgt zwei kleinen Nebenflüssen des Whanganui, Mangapurua und Kaiwhakauka. Zwischen den Tälern verläuft ein Nebenpfad zum 663 m hohen **Mangapurua Trig**, dem höchsten Punkt der Region. Hier blickt man ungehindert hinüber zum Tongariro und den Vulkanen im Egmont National Park. Dann geht es vorbei an der Bridge to Nowhere (S. 279) und brachliegendem Farmland, das Anfang des 20. Jhs. von Siedlern gerodet wurde. Sofern man kein rastloser Wanderfanatiker ist, dauert der gesamte Marsch etwa 20 Stunden bzw. drei bis vier Tage. Die einzige vorhandene Hütte ist die Whakahoro Hut (S. 282) bei Whakahoro am Ende des Wegs. Dafür gibt es jede Menge tolle Campingmöglichkeiten. Am Ende bei Whakahoro ist der Weg von der Straße aus zugänglich. Dies gilt auch für eine Nebenstrecke, die am Ende der Ruatiti Valley-Ohura Road (aus Richtung Raetihi) beginnt.

Mountainbike fahren

Neben der beliebten Möglichkeit, die Whanganui River Road zu befahren, wurde erst kürzlich der Mangapurua/Kaiwhakauka Track ausgebaut. Er ist jetzt Teil des Radwegs Mountains to Sea Ohakune-to-Whanganui und damit auch Teil des Radprojekts **Nga Haerenga, New Zealand Cycle Trail** (www.nzcycletrail.com). Man benötigt etwa 6 Std., um vom Startpunkt an der Ruatiti Road auf dem Mangapurua Track bis zum Whanganui River zu fahren (auch hier muss man vorher ein Jetboot organisieren, dass einen wieder zurück nach Pipiriki bringt). Nach Regenfällen werden einige Stellen sehr matschig und rutschig – dann sollte man besser absteigen und das Rad ein Stück schieben. Einen Fahrradverleih und Informationen über den Zustand des Radweges findet man bei Bike Shed (S. 277) in Whanganui; Informationen über den Radweg von Ohakune aus auf der S. 282.

Geführte Touren

Siehe auch unter dem Stichwort „Aktivitäten" (Kanu- und Jetboottouren auf dem Whanganui River).

Whanganui Tours VAN
(☎06-345 3475; www.whanganuitours.co.nz) Eine tolle Möglichkeit, die Whanganui River Road bis Pipiriki zu bereisen, ist eine Tour mit dem Postboten (63 NZ$, Abfahrt 7 Uhr). Dabei erfährt man viel Interessantes über die Geschichte und die Menschen entlang der Straße. Die Rückkehr erfolgt im Laufe des Nachmittags. Es lohnt sich zu fragen, ob man mit dem Postauto nur bis Pipiriki fahren und danach zurück nach Whanganui radeln kann.

Whanganui River Road Tours BUS
(☎0800 201 234; www.whanganuiriverroad.com; Tour pro Pers. 80 NZ$) Der Veranstalter bietet eine fünfstündige Tour entlang der River Road mit vielen Stopps und Erklärungen an. Alternativ besteht auch die Möglichkeit, nur eine kurze Tour bis nach Pipiriki zu unternehmen und dann mit dem Rad zurück nach Whanganui zu fahren (100 NZ$ pro Pers.). Die Mindestteilnehmerzahl bei beiden Touren liegt bei vier Personen.

Schlafen

WHANGANUI NATIONAL PARK

Im Park gibt es einige Hütten, eine Lodge und zahlreiche Campingplätze. Am Abschnitt zwischen Taumarunui und Pipiriki stehen drei Hütten, die während des Sommers als Great Walks Huts und in der Nachsaison als Backcountry Huts klassifiziert sind (10–31 NZ$ pro Pers. und Nacht im Sommer; 10–15 NZ$ in der Nachsaison). Die Hütten heißen **Whakahoro Hut** (frei), John Coull Hut und Tieke Kainga, die als *marae* wiederbelebt wurde (wer hier übernachtet, muss das volle *Marae*-Protokoll einhalten). Am unteren Abschnitt des Flusses liegt am Westufer, gegenüber von Atene, außerdem die Downes Hut.

Bridge to Nowhere Lodge LODGE, HOSTEL
(☎06-385 4622, 0800 480 308; www.bridgetonowhere.co.nz; Stellplatz ab 20 NZ$, pro Erw./Kind Selbstversorger 45/20 NZ$, mit Essen 245/75 NZ$) Auf der anderen Seite des Flusses liegt diese einsame Lodge gegenüber von der Tieke-Kainga-*marae* mitten im Nationalpark – 21 km flussaufwärts von Pipiriki dicht am Matemateaonga Track. Zur Lodge gelangt man nur mit dem Jetboot von Pipiriki oder zu Fuß. Die Lodge hat eine Bar mit Schanklizenz und tischt gute Hausmannskost auf. Angeboten werden auch Jetbootfahrten sowie Ausflüge mit Kanu und Mountainbike.

WHANGANUI RIVER ROAD

Es gibt einen inoffiziellen Campingplatz mit Toiletten und kaltem Wasser in Pipiriki und einen weiteren (noch weniger offiziellen) direkt nördlich von Atene.

Die folgenden Unterkünfte sollte man besser im Voraus buchen – zwar wird niemand abgewiesen, aber die Betreiber möchten doch gerne wissen, mit wie vielen Personen sie zu rechnen haben. Von Süden nach Norden geordnet gibt es u. a. folgende Unterkünfte:

Rivertime Lodge LODGE **$$**
(☎06-342 5595; www.rivertimelodge.co.nz; 1569 Whanganui River Rd.; DZ 130 NZ$, extra Erw./Kind 45/35 NZ$) Gras bewachsene Hügel, die zum Fluss abfallen, und blökende Schafe auf der Weide sorgen für eine ländliche Idylle. Rivertime ist ein moosgrünes Bauernhaus mit drei Schlafzimmern, einem Grillplatz und einer schönen Terrasse mit Blick auf den Fluss – es gibt keinen Fernseher! Platz besteht für sechs Personen.

Flying Fox LODGE, HOSTEL **$$**
(☎06-342 8160; www.theflyingfox.co.nz; Whanganui River Rd.; Stellplatz 20 NZ$, DZ 100–200 NZ$) Dieses umweltfreundliche Refugium liegt am Flussufer gegenüber von Koriniti. Selbstversorger übernachten in den frei stehenden Hütten Brewhouse, James K. und Glory Cart. Man kann sich aber auch für ein B&B-Zimmer entscheiden (120 NZ$ pro Pers.) oder ein Zelt auf einer Lichtung im Busch aufschlagen.

Zu erreichen ist die Anlage mit dem Jetboot; Autofahrer parken am gegenüberliegenden Ufer und schweben dann mit dem „Flying Fox" über den Fluss.

Kohu Cottage FERIENHAUS **$**
(☎06-342 8178; kohu.cottage@xtra.co.nz; Whanganui River Rd.; DZ 70 NZ$) Die hübsche, kleine cremefarbene Hütte oberhalb der Straße in Koriniti ist 100 Jahre alt und bietet drei Personen ein Dach über dem Kopf. Es gibt eine einfache Küche und für kalte Nächte am Fluss einen Holzofen.

Koriniti Marae LODGE **$**
(☎06-342 8198; www.koriniti.com; Koriniti Pa Rd.; B 30 NZ$) Diese *marae* am Ostufer bietet für Gruppen, die reserviert haben, Betten in Schlafsälen. Neben dem geforderten Preis sollte man eine *koha* (Spende) anbieten. Angeboten wird auch ein 24-stündiges Kulturerlebnis für Gruppen, dazu gehören ein *haka* (Kriegstanz), Weben, Geschichtenerzählen und drei bodenständige Mahlzeiten (190 NZ$ pro Personen).

Operiki Farmstay FERIEN AUF DEM BAUERNHOF **$**
(☎06-342 8159; operiki@farmside.co.nz; Whanganui River Rd.; mit Frühstück & Abendessen EZ/DZ 55/110 NZ$) Der fröhliche Bauernhof mit Familienanschluss liegt auf einem steilen Hügel 1,5 km nördlich von Koriniti. Rund um das Haus gibt es malerische Wanderwege. Die Muffins mit Macadamia-Nüssen kommen frisch aus dem Ofen.

St Joseph's Church HOSTEL **$**
(☎06-342 8190; www.compassion.org.nz; Whanganui River Rd.; B Erw./Kind 25/15 NZ$, Bettwäsche 10 NZ$) Die Schwestern in St. Joseph bieten 20 Betten und eine einfache Küche für abgekämpfte Wanderer, deren Nöte sie gerne lindern – für dieses Privileg sollte man vorher reservieren. Direkt stromabwärts befindet sich Moutoa Island, der Schauplatz einer historischen Schlacht im Jahr 1864.

ℹ Praktische Informationen

Informationen über den Nationalpark erhält man in den freundlichen i-SITEs von Whanganui (S. 277) oder Taumarunui oder online unter www.doc.govt.nz und www.whanganuiriver.co.nz. Wer Gedrucktes vorzieht, sollte zum *Guide to the Whanganui River* (10 NZ$) der neuseeländischen Recreational Canoeing Association greifen. Der **Wanganui Tramping Club** (☎06-346 5597; www.wanganuitrampingclub.org.nz) gibt das vierteljährlich erscheinende Magazin *Wanganui Tramper* heraus.

Entlang der River Road gibt es keinen Mobilfunkempfang, keine Tankstellen und keine Geschäfte. Während des Sommers stehen in Pipiriki einige Imbissbuden, außerdem gibt es in Matahiwi das einfache **Matahiwi Gallery Cafe** (☎06-342 8112; www.matahiwigallery.com; 3926 Whanganui River Rd.; Snacks 3–5 NZ$; ⏲Do–So 9–15.30 Uhr). Am besten vorher anrufen, ob auch geöffnet ist.

ℹ An- & Weiterreise

Vom Norden hat man über Straßen Zugang zum Whanganui River bei Taumarunui, Ohinepane und Whakahoro. Die letztgenannte Verbindung bedeutet jedoch eine lange Fahrt über abgelegene, meist unbefestigte Pisten. Straßen nach Whakahoro gehen bei Owhango und Raurimu ab, die beide an der SH4 liegen. Danach gibt es bis Pipiriki keinen weiteren Straßenzugang zum Fluss.

Aus Süden kommend geht die Whanganui River Road 14 km nördlich von Whanganui von der SH4 ab, in die sie bei Raetihi, 91 km nördlich von Whanganui, wieder einmündet. Man braucht ungefähr zwei Stunden für die 79 km lange Strecke zwischen Whanganui und Pipiriki. Für den vollen Rundkurs von Whanganui über Pipiriki und Raetihi und zurück auf die SH4 muss man rund vier Stunden veranschlagen. Eine Alternative ist eine der in Whanganui angebotenen River-Road-Touren.

Palmerston North

82 400 EW.

Die wohlhabende, von Schafzucht und Milchwirtschaft geprägte Region Manawatu umfasst die Bezirke Rangitikei im Norden und Horowhenua im Süden. Das Zentrum bildet das an den Ufern des Manawatu River gelegene Palmerston North, dessen nicht allzu hohe Hochhaustürme aus den Ebenen emporragen.

Als Neuseelands größte Universität prägt die Massey University das kulturelle und soziale Leben der Stadt. Dank der Universität besitzt „Palmy" eine aufgeschlossene, zugleich ländliche und akademische Atmosphäre.

John Cleese ließ das alles völlig kalt: Nach einem Besuch spottete er: „Wer sich umbringen will, aber einfach nicht genug Mut dafür aufbringt, sollte nach Palmerston North fahren. Das wirkt todsicher." Die Stadt rächte sich, indem sie eine Müllhalde nach ihm benannte.

Sehenswertes & Aktivitäten

LP TIPP New Zealand Rugby Museum MUSEUM
(www.rugbymuseum.co.nz; 326 Main St.; Erw./Kind/Fam. 12,50/5/30 NZ$; ⌚10–17 Uhr) Fans des ovalen Balls lieben das New Zealand Rugby Museum. Die neuen Räume quellen über mit Rugby-Reliquien – von einem Trikot der All Blacks aus dem Jahr 1905 bis zu einer Scrum Machine und der Trillerpfeife, mit der jedes erste Spiel bei einer Rugby-Weltmeisterschaft angepfiffen wird. Selbstverständlich fand die Weltmeisterschaft 2011 in Neuseeland statt – der Gastgeber schlug Frankreich im Finale mit 7:8. Wahrscheinlich wird über dieses Ergebnis noch 2015 gesprochen …

GRATIS Te Manawa MUSEUM
(www.temanawa.co.nz; 326 Main St.; ⌚10–17 Uhr) Te Manawa verbindet Museum, Kunstgalerie und Wissenschaftszentrum zu einer einzigartigen Erfahrung. Die umfangreichen Sammlungen schlagen einen Bogen zwischen „Leben, Kunst und Geist". Das Museum legt einen Schwerpunkt auf die Maori, die Ausstellungen der Galerien wechseln regelmäßig. Die interaktiven Exponate im Wissenschaftszentrum werden vor allem Kinder begeistern. Das New Zealand Rugby Museum befindet sich im gleichen Gebäudekomplex.

The Square WAHRZEICHEN
(The Square) Als Palmys Herz und Seele hebt The Square das englische Stadtbegrünungskonzept früherer Zeiten auf ein ganz neues Niveau. Auf fast 7 ha finden sich ein Uhrturm, ein Ententeich, Maori-Schnitzereien, Statuen und Bäume für alle Jahreszeiten. Auf dem gepflegten Rasen genießen die Einheimischen in der Sonne ihr Mittagessen in Form eines Picknicks.

Lido Aquatic Centre SCHWIMMEN
(www.lidoaquaticcentre.co.nz; 50 Park Rd.; Erw./Kind 4/3 NZ$, Wasserrutsche 5 NZ$; ⌚Mo–Do 6–20, Fr 6–21, Sa & So 8–20 Uhr) Wenn die Ebene in der Sommerhitze glüht, hilft ein Sprung ins kühle Wasser des Lido Aquatic Centre. Es kommt nicht ganz an den venezianischen Lido heran, aber es bietet eine 50-m-Bahn für notorische Streckenschwimmer, Wasserrutschen, Café und Fitnessraum.

Geführte Touren

Feilding Saleyard Tours KULTUR
(☎06-323 3318; www.feilding.co.nz; 10 Manchester Sq.; Tour 5 NZ$; ⌚Führung Fr 11 Uhr) In der kleinen Ortschaft, nördlich des Stadtzentrums gelegen, weisen Farmer in die hohe Kunst der Viehauktion ein. Jeden Freitag findet hier zwischen 9 und 14 Uhr ein beliebter und gut besuchter Bauernmarkt statt.

Manawatu Gorge Experience Jet JETBOOT FAHREN
(☎06-342 5599, 0800 945 335; www.manawatugorgejet.com; 25-Min.-Touren pro Pers. 65 NZ$) Die Jetboottouren durch die großartige Manawatu Gorge starten an der Woodville Ferry Domain an der SH3, 25 Min. von Palmerston North entfernt.

Tui Brewery Tours BRAUEREI
(☎06-370 6600, 0800 471 227; www.tuibrewery.co.nz; 5-Std.-Tour pro Pers. 50 NZ$; ⌚Fr 12–17 Uhr) Auch wer lieber ein *craft-beer* trinkt als das allgegenwärtige Tui, kommt bei dieser bierlastigen Tour auf seine Kosten. Die Brauerei und das Museum sind sehr interessant, im Rahmen der Führung darf man natürlich das eine oder andere Bier probieren. Voraussetzung für die Durchführung ist eine Mindestteilnehmerzahl.

Palmerston North

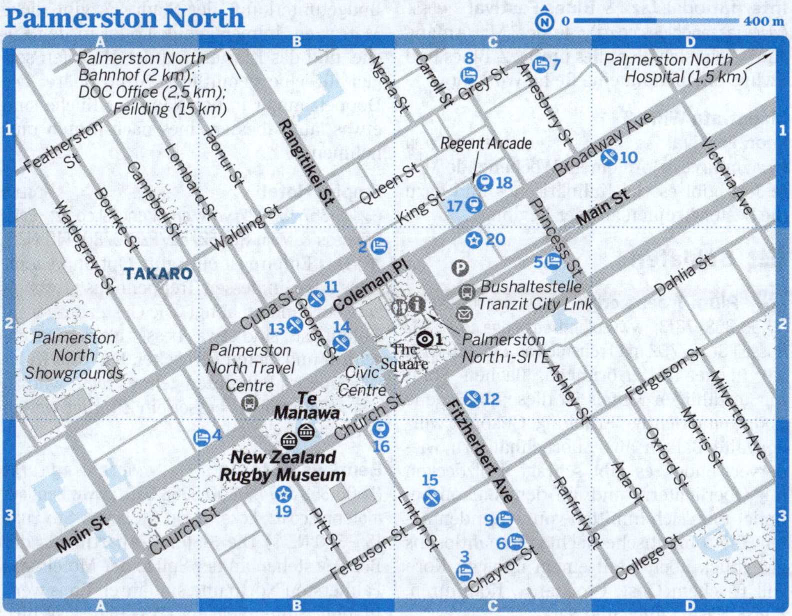

Palmerston North

Highlights
- New Zealand Rugby Museum B3
- Te Manawa B3

Sehenswertes
1 The Square C2

Schlafen
2 @ the Hub B2
3 Bentleys Motor Inn C3
4 Café de Paris B3
5 Empire Hotel C2
6 Fitzherbert Castle Motel C3
7 Grandma's Place C1
8 Pepper Tree Hostel C1
9 Rose City Motel C3

Essen
10 Aqaba D1
11 Café Cuba B2
12 Halikarnas Café C2
13 Indian2nite B2
14 Moxies B2
15 Pak 'n Save C3

Ausgehen
16 Brewer's Apprentice B3
17 Celtic Inn C1
18 Fish C1

Unterhaltung
19 Centrepoint Theatre B3
CinemaGold .... (siehe 20)
20 Downtown Cinemas C2

Feste & Events

Festival of Cultures KULTUR, ESSEN & WEIN
(www.foc.co.nz) Das große und sehr beliebte Festival zu Kunst, Kultur und Lifestyle mit einem Handwerker- und Feinschmeckermarkt auf dem Square findet alljährlich Ende März statt. Dabei gibt es auch einen Umzug mit Laternen. Im Jahr 2012 stand er unter dem Motto: das chinesische Jahr des Drachens.

Reel Earth Environmental Film Festival FILM
(www.reelearth.org.nz) Zahlreiche Natur- und Naturschutzfilme aus ganz Ozeanien und vielen anderen Staaten flimmern im Mai über die Leinwände von Palmerston North. Auf dem Festival von 2012 befasste sich der deutsche Beitrag von Bettina Borgfeld mit der Gentechnik in einer globalisierten Landwirtschaft.

International Jazz & Blues Festival MUSIK
(www.jazzandblues.co.nz) Ende Mai/Anfang Juni dreht sich hier alles um Jazz, Blues und Swing, ergänzt um eine Reihe Workshops.

Manawatu Wine & Food Festival ESSEN & WEIN
(www.mwff.co.nz) An einem Wochenende Mitte Juni gibt es viel Kulinarisches und dazu die besten Tropfen aus der Region.

Schlafen

LP TIPP **Plum Trees Lodge** LODGE, B&B $$
(☎06-358 7813; www.plumtreeslodge.co.nz; 97 Russell St.; EZ/DZ mit Frühstück ab 135/150 NZ$; WLAN) In der rasterförmigen, flachen Stadt mit unzähligen Motels ist diese abgelegene Lodge eine richtige Erholung. Gekonnt wurden alte Balken aus Abbruchhäusern wiederverwendet, es gibt schräge Holzdecken mit Oberlichtern, und auf dem Balkon befindet man sich inmitten von wogenden Ästen. Die romantische Nacht geht nahtlos ins Frühstück über – mit einem üppigen Korb voll frischem Obst, Croissants, Konfitüren, Eiern, Käse, Kaffee und Saft.

Fitzherbert Castle Motel MOTEL $$
(☎06-358 3888, 0800 115 262; www.fitzherbert castle.co.nz; 124 Fitzherbert Ave.; DZ 110–195 NZ$; WLAN) Von außen gibt sich das Haus wie eine Burg aus der Tudorzeit, doch hinter der Fassade verbirgt sich ein intimes Hotel mit 14 makellosen Zimmern. Alle haben Bäder mit Korkfußboden und gute Teppiche, es gibt viele Bäume, nettes Personal und in einigen Wohneinheiten auch kleine Küchen. Kostenloses WLAN und Wäscherei.

@the Hub HOTEL, HOSTEL $
(☎06-356 8880; www.atthehub.co.nz; 10 King St.; EZ/DZ 40/55 NZ$, Wohneinheiten 80 NZ$; WLAN) In Palmy leben jede Menge Studenten, viele von ihnen wohnen während des Semesters hier im Hostel. Trotzdem ist rund die Hälfte der Zimmer für Reisende reserviert. Gäste haben die Wahl zwischen Doppelzimmern mit Service, Bad und Kochecke oder einfachen, schuhkartongroßen Studentenzimmern (mit Bad). Tolle Lage, tolles Preis-Leistungs-Verhältnis!

Pepper Tree Hostel HOSTEL $
(☎06-355 4054; www.peppertreehostel.co.nz; 121 Grey St.; B/EZ/DZ 28/53/70 NZ$; @) Unerklärlicherweise befinden sich in dem reizenden, 100 Jahre alten Haus überall grün gestrichene Stiefel. Nichtsdestotrotz ist es die beste Budgetunterkunft der Stadt. Es gibt dicke Matratzen, immer genug Löffel in der Küche, und das Klavier und der Holzofen sorgen für eine gemütliche Atmosphäre. Die Doppelzimmer in der Nähe der Küche sind etwas laut – besser eines nach hinten raus nehmen.

Empire Hotel HOTEL $
(☎06-357 8002; www.empirehotel.co.nz; Ecke Princess & Main St.; EZ/DZ/FZ 80/80/140 NZ$; WLAN) Das Empire ist eine gute Option in zentraler Lage, in dessen Treppenhaus etwas bizarr ein Tandem hängt. Die Gästezimmer im Kolonialstil sind etwas besser als der Durchschnitt und bieten Fernseher, Bad und Kühlschrank. Im Pub unten geht es recht wild zu – statt Ohrstöpsel besser ein Zimmer weitab vom Lärm wählen.

Bentleys Motor Inn MOTEL, APARTMENT $$
(☎06-358 7074, 0800 2368 5397; www.bentleys motorinn.co.nz; Ecke Linton & Chaytor St.; Suite 155–320 NZ $) Die 5-Sterne-Apartments des Bentley stehen an der Spitze der Motels von Palmerston North und sind ihren Preis wert. In den Suiten locken DVD-Player, Whirlpool, Stereoanlage, moderne Möbel und Sky TV; draußen ein großes Fitnesscenter, eine Squashanlage und eine Sauna.

Rose City Motel MOTEL $$
(☎0508 356 538, 06-356 5388; www.rose citymotel.co.nz; 120 Fitzherbert Ave.; Wohneinheiten 125–145 NZ$; WLAN) Für Liebhaber postmoderner Ästhetik sind die Wohneinheiten im Stadthaus-Stil genau das Richtige, auch wenn es eher ein 1990er-Jahre-Stil ist. Die Apartments breiten sich geräumig aus (vor allem die zweigeschossigen) und sind tadellos in Schuss gehalten. Als Bonus gibt es kostenlose DVDs, eine Squashanlage und einen Kinderspielplatz.

Palmerston North Holiday Park FERIENANLAGE $
(☎06-358 0349; www.palmerstonnorthholiday park.co.nz; 133 Dittmer Dr.; Stellplatz/Hütte/Wohneinheit DZ ab 16/45/80 NZ$; WLAN) Der schattige Platz befindet sich etwa 2 km vom Platz entfernt in der Nähe der Ruha Street. Trotz einer Wiese mit Gänseblümchen hat er etwas von einem Ausbildungscamp, ist aber ruhig, erschwinglich und direkt an den Gärten der Victoria Esplanade gelegen.

Grandma's Place HOSTEL $
(☎06-358 6928; www.grandmas-place.com; 146 Grey St.; B/EZ/DZ 28/52/70 NZ$; WLAN) Den

schrecklichen Anblick der Großmutter auf dem Schild am Haus muss man ignorieren – drinnen gibt es saubere, altmodische Zimmer mit Blümchentapete und Webteppichen. Es gibt jede Menge Betten und eine funktionelle Küche.

Café de Paris HOTEL **$**
(☎06-355 2130; www.cafedeparisinn.co.nz; 267 Main St.; EZ/DZ 60/80 NZ$) Es ist zwar nicht der Montmartre, aber dieses freundliche Gasthaus von 1893 liegt nur 3 Min. Fußweg vom Square entfernt und bietet im Obergeschoss erstaunlich nette Zimmer mit Fernseher, Bad und einer bunten Möblierung. Hinter dem Haus befinden sich einige wenige Parkplätze.

Essen

Moxies CAFÉ **$$**
(moxies@hotmail.com; 67 George St.; Gerichte 6–20 NZ$; ⏲Mo–Sa 7–17, So 7.30–17 Uhr; ✎) Das muntere Eckcafé mit den großen Fenstern und den bunten Farben gehört einfach zur George Street! Das Personal ist ebenso munter, die leckeren Gerichte (darunter köstliche Omeletts) können den ganzen Tag über bestellt werden. Auch wer eine Gluten-Allergie hat, ist hier bestens aufgehoben.

Halikarnas Café TÜRKISCH **$$**
(15 Fitzherbert Ave.; Hauptgerichte 16–20 NZ$; ⏲Di–Fr Mittagessen, tgl. Abendessen) Fliegende Teppiche, Wasserpfeifen aus Messing und abgefahrene Bosporusklänge wollen eine Atmosphäre wie aus 1001 Nacht schaffen. Hier häufen sich die türkischen Leckereien vom Lammkebab bis zu Falafeln und erstklassigem türkischen Mokka! Kebabs zum Mitnehmen gibt es nebenan.

Café Cuba CAFÉ **$$**
(Ecke George & Cuba St.; Gerichte 10–30 NZ$; ⏲7–24 Uhr; ✎) Unterzuckert? Dann ab ins Café Cuba: die Kuchen sind das Richtige für Schokoladensüchtige. Die vielen Gäste lieben die langen Öffnungszeiten, die tollen Kaffee-Spezialitäten und die klassischen Café-Gerichte (Risottos, Salate, frittierte Maisplätzchen). Jeden Freitag Livemusik.

Izakaya Yatai JAPANISCH **$$**
(☎06-356 1316; www.yatai.co.nz; 316 Featherstone St.; Gerichte 9–24 NZ$; ⏲Di–Sa Abendessen) Atsushi Taniyama bereitet in dem schlichten Stadthaus einfaches, frisch zubereitetes und authentisches japanisches Essen zu. Auf den Fensterbänken stehen leere Sakeflaschen, die Restaurantchefin Barbara ist eine tolle Persönlichkeit. Es werden auch Menüs angeboten.

Indian2nite INDISCH **$$**
(☎06-353 7400; www.indian2nite.com; 22 George St.; Hauptgerichte 10-20 NZ$; ⏲Mi–Sa Mittagessen, tgl. Abendessen; ✎) Millionen Kilometer vom Bollywood-Schmalz entfernt, reißt dieses gehobene Restaurant kein Loch in den Geldbeutel. Hinter den Panoramafenstern an der George Street und unter einem Gewölbe servieren die superfreundlichen Kellner nordindische Currys. Einen Versuch wert ist das *dahl makhani*.

Aqaba INTERNATIONAL **$$**
(186 Broadway Ave.; Gerichte 12–32 NZ$; ⏲Mo–Fr 7.30 Uhr bis spätabends, Sa & So 9 Uhr bis spätabends) In der riesigen ehemaligen Freimaurerloge (keine Geheimzeichen nötig) werden familienfreundliche Café-Klassiker (Nudeln, Fish & Chips, Suppen, Nachos, Steaks, Salate und Currys) serviert. R&B dudelt, die Einrichtung ist ägyptisch angehaucht.

Pak 'n Save SUPERMARKT
(www.paknsave.co.nz; 335 Ferguson St.; ⏲7–23 Uhr) Billig und angenehm.

Ausgehen

Fish COCKTAILBAR
(Regent Arcade; ⏲Mi 16–23, Do 16–1, Fr & Sa 16–3 Uhr) Die progressive, schicke, pazifisch angehauchte Cocktailbar hat den Finger fest am Puls von Palmerston North. Wenn die DJs freitags und samstags abends Musik auflegen, vergisst das trendige städtische Publikum bei Manhattans und Tamarillo Mules (die kicken wirklich) den aufgestauten Ärger der Woche.

Brewer's Apprentice PUB
(www.brewersapprentice.co.nz; 334 Church St.; ⏲Mo–Fr 11 Uhr bis spätabends, Sa & So 10 Uhr bis spätabends) Die früher mal schäbige Studentenkneipe ist jetzt eine schicke Bar, die von Monteiths gesponsert wird. Mittags fallen hungrige Angestellte zum Essen ein (10–17 NZ$, Abendessen 27–29 NZ$), abends bevölkert die U-30er-Generation den Biergarten. Freitagabend wird Livemusik gespielt.

Celtic Inn IRISHPUB
(www.celticinn.co.nz; Regent Arcade; ⏲Mo–Do 11–24, Fr & Sa 11–2, So 16–24 Uhr) Mit guter altmodischer Kneipenatmosphäre macht das Celtic dem Fish nebenan heftig Konkurrenz. Arbeiter, Touristen und Studenten bestellen hier das eine oder andere süffige

Pints. Freundliche Mitarbeiter, Livemusik, rote Plüschsessel, Kinder, die um die Beine ihrer Eltern wuseln: hier fehlt es an nichts.

☆ Unterhaltung

CinemaGold KINO

(www.cinemagold.co.nz; Downtown Shopping Arcade, Broadway Ave.; Erw./Kind 16/11 NZ$; ⌚10–24 Uhr) Im gleichen Komplex wie die Downtown Cinemas. Dank schicker Plüschsessel und einer Schanklizenz können die Zuschauer die Kunstfilmklassiker und selten gezeigte Filme so richtig genießen.

Centrepoint Theatre THEATER

(www.centrepoint.co.nz; 280 Church St.) Das Centrepoint, eine Stütze der brodelnden Theaterszene von Palmerston North, bietet große Shows mit vor Ort bekannten Namen, Theatersport und Stücke zu besonderen Anlässen.

Downtown Cinemas KINO

(www.dtcinemas.co.nz; Downtown Shopping Arcade, Broadway Ave.; Erw./Kind 15,40/9,40 NZ$; ⌚10–24 Uhr) Der große Downtown Cinemas Komplex zeigt die neuesten Mainstreamfilme. Dienstags kosten alle Tickets lediglich 9,40 NZ$.

Praktische Informationen

Department of Conservation (DOC; ☎06-350 9700; www.doc.govt.nz; 717 Tremaine Ave.; ⌚Mo–Fr 8–16.30 Uhr) DOC Information 3 km nördlich des Square.

Palmerston North i-SITE (☎0800 626 292, 06-350 1922; www.manawatunz.co.nz; The Square; ⌚Mo–Fr 9–17, Sa & So 10–14 Uhr; 📶) Touristeninformation mit total netten Mitarbeitern; kostenloser WLAN-Zugang auf dem Square.

Palmerston North Hospital (☎06-356 9169; www.midcentraldhb.govt.nz; 50 Ruahine St.; ⌚24Std.) Hilfe bei Unfällen und Notfällen.

Post (Ecke Main St. & the Square)

Radius Medical, The Palms (☎06-354 7737; www.radiusmedical.co.nz; 445 Ferguson St.; ⌚Mo–Fr 8–19, Sa & So 9–18 Uhr) Unfälle und Notfälle, Arzttermine nach Vereinbarung und eine Apotheke.

An- & Weiterreise

Bus

Die Busse von **InterCity** (☎09–583 5780; www.intercity.co.nz) fahren ab dem **Palmerston North Travel Centre** (☎06-355 4955; Ecke Main & Pitt St.; ⌚Mo–Do 8.45–17, Fr 8.45–19.45, Sa 9–14.45, So 9–14.45 & 16–19.15 Uhr). Zu den angefahrenen Orten/Städten gehören:

REISEZIEL	FAHRPREIS	FAHRZEIT	HÄUFIGKEIT
Auckland	70 NZ$	9 Std.	2-mal tgl.
Napier	34 NZ$	3 Std.	2-mal tgl.
Taupo	35 NZ$	4 Std.	2-mal tgl.
Wellington	30 NZ$	2¼ Std.	7-mal tgl.
Whanganui	24 NZ$	1½ Std.	3-mal tgl.

Die Busse **Naked Bus** (S. 277) fahren ebenfalls vom Travel Centre ab, zu den Reisezielen auf der Nordinsel gehören u. a.:

REISEZIEL	FAHRPREIS	FAHRZEIT	HÄUFIGKEIT
Auckland	25 NZ$	9¼ Std.	1-mal tgl.
Napier	16 NZ$	2½ Std.	2-mal tgl.
Taupo	20 NZ$	4¼ Std.	2-mal tgl.
Wellington	14 NZ$	2¼ Std.	4-mal tgl.
Whanganui	12 NZ$	1¼ Std.	1-mal tgl.

Flugzeug

Der **Palmerston North International Airport** (PMR; ☎06-351 4415; www.pnairport.co.nz; Airport Dr.) befindet sich 4 km nördlich des Stadtzentrums. Air New Zealand fliegt täglich nach Auckland, Christchurch und Wellington.

Zug

Tranz Scenic (☎04-495 0775, 0800 872 467; www.tranzscenic.co.nz) bietet Fernverkehrszüge auf der Strecke Wellington – Auckland, die auch im alten, heruntergekommenen Bahnhof **Palmerston North Train Station** (Mathews Ave.) halten. Er liegt etwa 2,5 km nördlich vom Square nahe der Tremaine Avenue. Von Palmy nach Wellington nimmt man den *Overlander* (68 NZ$, 2½ Std., 1-mal tgl.), Abfahrt ist um 17 Uhr (Mai–Nov. Fr–So). Der *Capital Connection* (24 NZ$, 2 Std., Mo–Fr 1-mal tgl.) fährt um 6.15 Uhr in Palmerston North ab. Der *Overlander* nach Auckland (129 NZ$, 9½ Std., 1-mal tgl.) verlässt den Bahnhof um 9.45 Uhr. Tickets bekommt man bei Tranz Scenic oder im *Capital Connection* (im Bahnhof werden keine Fahrkarten verkauft).

Unterwegs vor Ort

Bus

Tranzit City Link (06-952 2800, 0508 800 800; www.horizons.govt.nz; Erw./Kind 2,50/1,50 NZ$) betreibt tagsüber die Nahverkehrsbusse. Abfahrt ist an der Bushaltestelle Main Street an der Ostseite des Square. Die Buslinie 12 fährt zur Massey University, es gibt allerdings keinen Bus zum Flughafen.

Fahrrad

Crank It Cycles (06-358 9810; www.crankitcycles.co.nz; 203 Cuba St.; Mo–Fr 8–17.30, Sa 9–15 Uhr) vermietet Mountainbikes ab 20/40 NZ$ pro halben/ganzen Tag, inklusive Helm und Schloss.

Zum/vom Flughafen

Vom Stadtzentrum zum Flughafen verkehren keine öffentlichen Verkehrsmittel, aber es gibt jede Menge Taxis oder den **Super Shuttle** (09–522 5100, 0800 748 885; www.supershuttle.co.nz; 18 NZ$), bei dem Reisende in einem Mini-Van in die Stadt gebracht werden (eine vorherige Reservierung ist nötig).

Taxi

Ein Taxi von der Stadt zum Flughafen kostet etwa 15 NZ$. **Gold & Black Taxis** (06-351 2345) ist ein lokaler Familienbetrieb.

Rund um Palmerston North

Auf dem Weg nach Wellington liegen direkt südlich der „Studentenstadt" im unterschätzten Bezirk Horowhenua die verschlafenen Landstädtchen **Shannon** (1510 Ew.) und **Foxton** (2000 Ew.).

Die gefiederten Freunde im **Owlcatraz** (06-362 7872; www.owlcatraz.co.nz; SH57; Erw./Kind inkl. Führung 17,50/8 NZ$; 9–17 Uhr) hören auf so drollige Namen wie Owlvis Presley und Owl Capone. Die Fahrt zu den Eulen im Vogel- und Wildtierpark dauert von Palmerston North aus 30 Minuten.

Der **Foxton Beach** ist einer von einer Reihe breiter, flacher Strände am Rand der Tasmansee – brauner Sand, Treibholz und Ferienhäuser nehmen hier immer mehr zu. Auch die Strände **Himatangi, Hokio** und **Waikawa** lohnen sich.

Die Stadt **Levin** (19 550 Ew.) ist zwar größer, liegt aber zu dicht an Wellington und Palmerston North, um Reisende zu einem Halt zu veranlassen.

Rund um die Manawatu Gorge

Rund 15 km nordöstlich von Palmerston North taucht der SH2 in die **Manawatu Gorge** ein. Die Maori tauften die Schlucht Te Apiti (enger Durchgang) und glaubten, dass der große, rötliche Felsen fast in ihrer Mitte ihr Wächtergeist sei. Angeblich ändert der Felsen die Intensität seiner Farbe, wenn ein bedeutendes Mitglied des Rangitane-Stammes stirbt oder verletzt wird. Für eine Wanderung durch die gesamte Schlucht braucht man von beiden Enden aus rund vier Stunden, man kann sie aber auch per Jetboot besuchen.

Am südwestlichen Rand der Schlucht liegt etwa 40 Autominuten von Palmerston North entfernt die **Tararua Wind Farm** (07-574 4754, 0800 878 787; www.trustpower.co.nz; Hall Block Rd.), der angeblich größte Windpark der südlichen Hemisphäre. Von der Hall Block Road aus hat man einen beeindruckenden Blick auf die Turbinen. Ähnlich viele Windräder stehen nördlich der Schlucht auf der **Te Apiti Wind Farm** (03-357 9700, 0800 496 496; www.meridianenergy.co.nz; Saddle Rd., Ashhurst). Von der Saddle Road aus hat man eine herrliche Aussicht – den Weg dorthin kann man sich im i-SITE erklären lassen.

Eine Alternative, der Stadt zu entkommen, bietet ein Besuch bei **Timeless Horse Treks** (06-376 6157; www.timelesshorsetreks.co.nz; Gorge Rd., Ballance; ½ Std. Ausritt ab 40/60 NZ$). Auf leichten Ausritten erlebt man den Manawatu River und die umliegenden Hügel. Angeboten werden auch ein Ausritt mit Übernachtung (175 NZ$, alles inkl.). Reiter können in Palmerston North abgeholt und wieder zurückgebracht werden.

Taupo & die zentrale Hochebene

Inhalt »

Gut essen

- » Bistro Lago (S. 303)
- » Vine Eatery (S. 303)
- » Cyprus Tree (S. 320)
- » Brantry (S. 303)
- » Tongariro Lodge (S. 308)

Schön übernachten

- » Riverstone Backpackers (S. 308)
- » Creel Lodge (S. 308)
- » Lake (S. 301)
- » Powderhorn Chateau (S. 320)
- » Station Lodge (S. 320)

Auf zur zentralen Hochebene!

Mit ihren tiefen Flüssen und hohen Bergen steht Neuseelands vielfältige Geologie in dieser Region im Mittelpunkt. Viele der geologischen Besonderheiten sind durch die Taupo-Vulkanzone entstanden, einem Gebiet geothermischer Aktivität, das sich über Rotorua nach Whakaari bis zur White Island in der Bay of Plenty zieht. Es sind die Bewegungen unter der Erdoberfläche, die der Region einige der besten Attraktionen der Nordinsel beschert haben – z. B. den größten See des Landes und die drei Vulkangipfel des Tongariro National Park.

Aber das ist noch nicht alles, denn die Region ist mittlerweile hinsichtlich abenteuerlicher Urlaubsvergnügen zum Rivalen Rotoruas geworden. Vom Fliegenfischen im mit Forellen überquellenden Tongariro River, einer rasenden Schnellbootfahrt zu den Huka Falls bis zum Bungeejumping über dem Waikato River ist alles dabei. Die Alternativen wären Fallschirmspringen, Skifahren oder Entspannung pur in einer Thermalquelle. Taupo ist für all das auf der Nordinsel ein absolutes Muss.

Reisezeit

Die Region ist im Winter und im Sommer gleichermaßen gut besucht. Die Skisaison dauert von Juli bis Oktober, in der Zeit muss in den Bergen jederzeit mit Stürmen und niedrigen Temperaturen gerechnet werden. Auf 2500 m Höhe liegt das ganze Jahr über Schnee. Wegen ihrer Höhe ist das Klima auf der zentralen Hochebene mit Höchsttemperaturen von 3 °C im Winter und 24 °C im Sommer generell kühl. Im Sommer wird Lake Taupo zum Zentrum für jede erdenkliche Art von Freiluftaktivitäten.

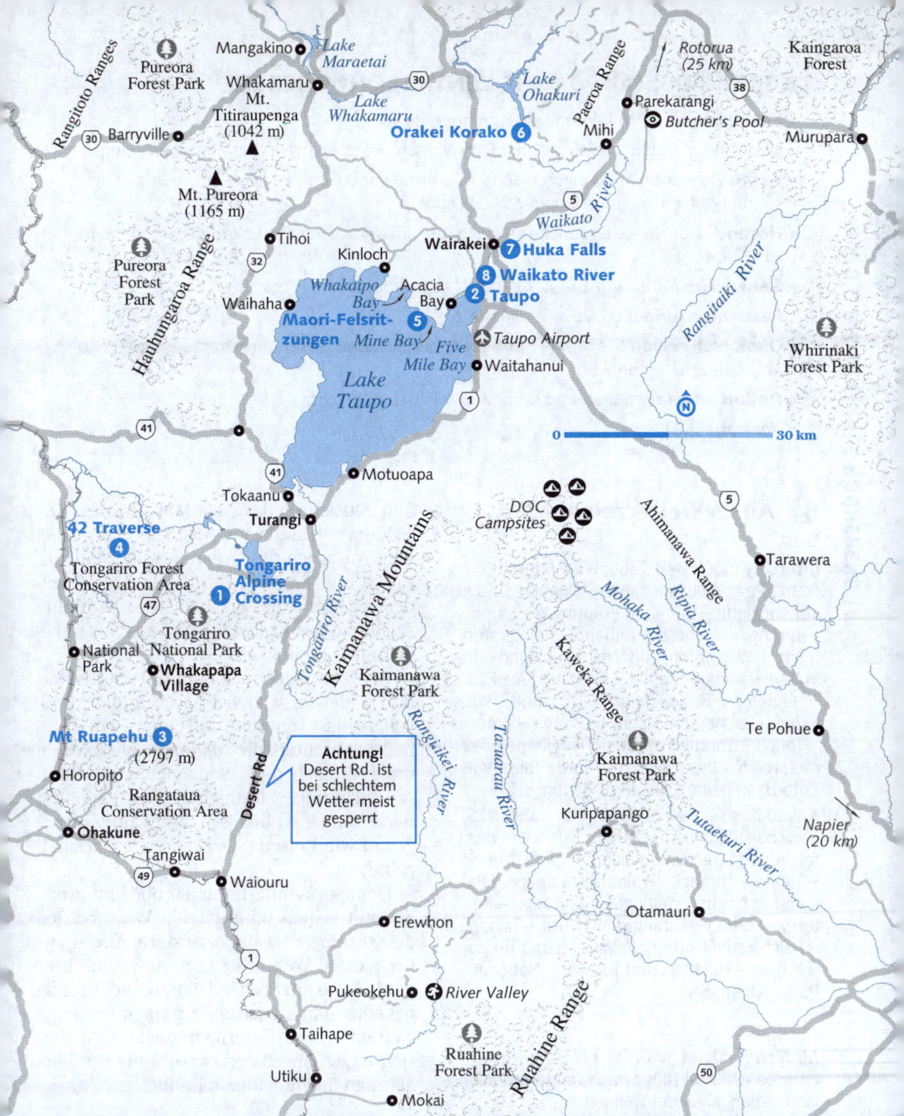

Highlights

1. Die **Tongariro Alpine Crossing** (S. 309), bei der es durch faszinierendes Vulkangelände geht
2. Ein Tandem-Fallschirmsprung in **Taupo** (S. 298), der Hauptstadt des Fallschirmspringens
3. Skifahren auf dem **Mt. Ruapehu** (S. 309)
4. Mit dem Rad über die **42 Traverse** (S. 310) fahren – bis der Hintern brennt
5. Kanutour über den Lake Taupo zu den modernen **Maori-Felsritzungen** (S. 293)
6. Das „verlorene Tal" von **Orakei Korako** (S. 305)
7. Mit einem Schnellboot den Waikato River bis zu den **Huka Falls** (S. 294) hinauffahren
8. Bungeesprung aus 47 m Höhe über dem **Waikato River** (S. 299)

KURZINFOS: TAUPO & DIE ZENTRALE HOCHEBENE

» **Essen** Forelle – am besten selbstgefangen!

» **Trinken** Ein Schluck Wasser aus dem Waikato River während des Bungeesprungs

» **Lesen** *Awesome Forces* von Hamish Campbell und Geoff Hicks – die geologische Geschichte Neuseelands in explosiven Details!

» **Hören** *Ka mate* – der berühmte Haka, der an den Ufern des Lake Rotoaira geschrieben wurde

» **Sehen** *The Return of the King,* mit Ngauruhoe als Schicksalsberg

» **Festival** Lake Taupo Cycle Challenge

» **Ökoloisch reisen** Die alpine Flora und geologischen Besonderheiten des Tongariro National Parks entdecken

» **Online** www.greatlaketaupo.com; www.visitruapehu.com

» **Vorwahl** ☎07

An- & Weiterreise

Bus

InterCity (☎07-348 0366; www.intercity.co.nz) Regionalbusse fahren folgende Strecken ab: Auckland – Hamilton – Rotorua – Taupo – Turangi – Waiouru – Taihape – Palmerston North – Wellington, außerdem Auckland – Hamilton – Taupo – Napier – Hastings, Auckland – Hamilton – National Park – Ohakune – Whanganui – Palmerston North Tauranga – Rotorua – Taupo – Turangi – Waiouru – Taihape – Palmerston North – Wellington sowie Tauranga – Rotorua – Taupo – Napier – Hastings.

Naked Bus (☎0900 62533, 1 Min. 1,99 NZ$; www.nakedbus.com) Betreibt Busse auf den folgenden Strecken: Auckland – Hamilton – Taupo – Turangi – Waiouru – Taihape – Palmerston North – Wellington, Tauranga – Rotorua – Taupo – Turangi – Waiouru – Taihape – Palmerston North – Wellington und Taupo – Napier – Hastings und Turangi – National Park – Ohakune.

Flugzeug

Air New Zealand (☎0800 737 000; www.airnz.co.nz) Direktflüge nach Taupo von Auckland, Whanganui und Wellington.

Zug

Tranz Scenic (www.tranzscenic.co.nz) Die Overlander-Züge halten in National Park, Ohakune und Taihape, die Orte liegen an der Strecke Auckland – Hamilton – Palmerston North –Wellington.

LAKE TAUPO & UMGEBUNG

Der Lake Taupo ist Neuseelands größter See. Er liegt im Krater eines Vulkans, der vor über 300 000 Jahren das erste Mal ausbrach. Die Caldera entstand vor etwa 26 500 Jahren bei dem Ausbruch des Oruanui, wobei 750 km³ Asche und Bimsstein in die Luft geschleudert wurden – da erscheint der berühmte Ausbruch des Krakatau mit 8 km³ als unbedeutende Kleinigkeit.

Der letzte Ausbruch fand 180 n. Chr. statt und schleuderte so viel Asche in die Atmosphäre, dass römische und chinesische Himmelsbeobachter die dadurch ausgelösten ungewöhnlich roten Sonnengänge in ihren Aufzeichnungen festhielten. Die Region ist noch immer vulkanisch aktiv und bietet, genau wie Rotorua, faszinierende Thermalgebiete.

Heute präsentiert sich der 606 km² große See mit seinen umliegenden Wasserwegen derart ruhig, dass ihn begeisterte Angler aus der ganzen Welt ansteuern. Aufgrund ihrer guten Lage am See sind Taupo und Turangi beliebte Touristenziele. Vor allem in Taupo werden etliche Unternehmungen und Einrichtungen angeboten, sowohl für Familien als auch für Individualreisende.

Taupo

22 600 EW.

Taupo liegt malerisch am nordöstlichen Seeufer und macht mittlerweile Rotorua als Hauptstadt des Nervenkitzels auf der Nordinsel Konkurrenz. Der immer beliebter werdende Ort bietet eine Vielzahl an adrenalingeladenen Aktivitäten an. Für diejenigen, die keine Lust auf Festkrallen und umgedrehte Mägen haben, gibt es geruhsamere Alternativen, beispielsweise ein Spaziergang am Seeufer entlang, bei dem man einfach nur den Ausblick genießt. An klaren Tagen kann man die schneebedeckten Gipfel des Tongariro National Park bewundern – am besten vom Lookout auf dem Weg in den Ort.

Neuseelands längster Fluss, der Waikato River, entspringt in Taupo im gleichnamigen See, stürzt dann die Huka Falls und Aratiatia Rapids hinab, bevor er sich langsam und gemächlich der Westküste südlich von Auckland nähert.

Geschichte

Als der Maorihäuptling Tamatea-arikinui die Gegend zum ersten Mal besuchte, glaubte er, der Boden sei hohl, weil seine Schritte einen Nachhall erzeugten. Deshalb nannte er sie Tapuaeharuru (nachhallende Schritte). Der heutige Name bezieht sich allerdings auf die Geschichte Tias, der den See entdeckte und, in seinen Umhang gehüllt, neben ihm schlief. So wurde das Gebiet dann Taupo Nui a Tia (großer Umhang des Tia) genannt.

Die ersten europäischen Siedler ließen sich hier während des Ostküstenkriegs (1868–1872) nieder, in dem Taupo zu einem strategisch wichtigen Militärstützpunkt wurde: 1869 legte man hier eine Schanze an und im selben Jahr wurde eine Garnison berittener Polizisten bis zur Niederlage von Te Kooti stationiert.

Dank der zunehmenden Motorisierung wuchs Taupo im 20. Jh. von einem kleinen Dorf See mit rund 750 Einwohnern zu einem größeren Ferienstädtchen an, das von den meisten Orten der Nordinsel aus leicht zu erreichen ist. Auch heute steigt die Zahl der Einwohner in der Hochsaison erheblich an, wenn Neuseeländer und ausländische Touristen gleichermaßen ans Ufer dieses bemerkenswerten Sees strömen.

Sehenswertes

SEEUFER

Taupos Hauptattraktion ist der See und alles, was in, auf und um ihn herum veranstaltet werden kann. Das Wasser ist recht kühl, allerdings gibt es an manchen Stellen Thermalquellen unter der Wasseroberfläche, wie z. B. den **Hot Water Beach** (Karte S. 296) gleich südlich des Ortszentrums. Man kann direkt im Ort schwimmen, wobei allerdings **Acacia Bay,** 5 km westlich von Taupo, ein schöneres Fleckchen ist. Noch besser und ruhiger geht es in Whakaipo Bay 7 km weiter zu.

Maori-Felsritzungen

Die 10 m hohen Ritzungen wurden in den späten 1970er-Jahren vom Meisterschnitzer Matahi Whakataka-Brightwell herausgearbeitet und können nur im Rahmen einer Bootstour besichtigt werden. Die Ritzungen stellen den visionären Maori-Führer Ngatoro-i-rangi dar, der die Tuwharetoa- und Te-Arawa-Stämme vor über tausend Jahren in die Region Taupo führte. Außerdem sind zwei etwas kleinere Matahi-Figuren mit erstaunlicherweise keltischer Prägung zu sehen, die den Südwind und eine Meerjungfrau darstellen.

MAORI IN DER ZENTRALEN HOCHEBENE

Um eine Gruppe von Bergen im Zentrum der Nordinsel ranken sich mehrere Maorilegenden von Lust und Untreue, die damit enden, dass einige Berge in andere Teile der Insel fliehen (ein Beispiel ist die traurige Geschichte des Mt. Taranaki).

Lange Zeit nach diesen Begebenheiten ging der *tohunga* (Priester) Ngatoro-i-rangi, der mit dem Boot aus Hawaiki ankam, hier an Land. Bei seiner Erkundung der Region gab er den verbliebenen Bergen Namen. Der heiligste unter ihnen war der Tongariro, der mindestens zwölf Vulkankegel besaß und somit als Anführer aller anderen Berge betrachtet wurde.

Der größte *iwi* (Stamm) der Region sind die **Ngati Tuwharetoa** (www.tuwharetoa.co.nz). Sie sind einer der wenigen *iwis* in Neuseeland, die immer noch einen unumstrittenen *ariki* (Oberhäuptling) haben. Der derzeitige *ariki*, Tumu Te Heuheu Tukino VIII., ist ein Ururenkel von Te Heuheu Tukino IV., der wiederum ein Nachkomme von Ngatoro-i-rangi ist und 1887 die Berge von Tongariro dem neuseeländischen Staat übereignete.

Um die Geschichte der örtlichen Maori und ihrer Vorfahren kennenzulernen, besucht man am besten das Taupo Museum, die in die Klippen geritzten Gesichter in der Mine Bay oder die Wairakei Terraces. Geführte Touren und Ausflüge bieten pureORAwalks, Rafting NZ, Wai Maori, Awhina Wilderness Experience und Kai Waho an.

Taupo Zentrum

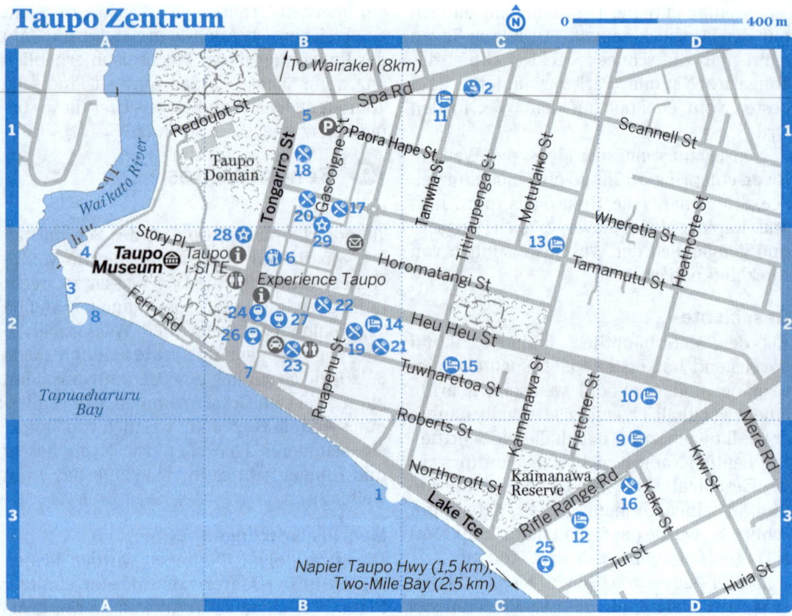

Taupo Museum MUSEUM
(Karte S. 291; www.taupomuseum.co.nz; Story Pl.; Erw./Kind 5 NZ$/frei; ⌚10–16.30 Uhr) Die hervorragende Maori-Galerie und die schrulligen Ausstellungsstücke, wie z. B. der Wohnwagen aus den 1960er-Jahren, der aussieht, als wären seine Besitzer nur mal schnell runter an den See gegangen, machen dieses Museum zu einem guten Ziel bei Schlechtwetter. Sein Herzstück ist das mit aufwendigen Schnitzereien verzierte Maori-Gemeindehaus *Te Aroha o Rongoheikume*. Im Innenhof befindet sich der *Ora Garden of Wellbeing*, eine Nachbildung des mit der Goldmedaille ausgezeichneten Gartens, mit dem Neuseeland 2004 an der Chelsea Flower Show teilgenommen hat. Die Geschichte des Ortes wird mit Ausstellungsstücken über die Lokalindustrie, einem nachgebauten Laden aus dem 19. Jh. und einem Moa-Skelett illustriert. Außerdem gibt es eine Galerie, in der Wanderausstellungen gezeigt werden.

WAIRAKEI PARK

Huka Falls WASSERFALL
(Karte S. 296; Huka Falls Rd.) Die Huka Falls markieren den Punkt, an dem Neuseelands längster Fluss, der Waikato, durch eine enge Schlucht 10 m in die Tiefe stürzt. Der Wasserfall ist gut ausgeschildert, es gibt einen Parkplatz sowie ein Kiosk. Beim Überqueren der Brücke lässt sich die volle Wucht des reißenden Stroms, den die Maori Hukanui („Großer Gischtkörper") nannten, am eindrucksvollsten betrachten. An sonnigen Tagen ist das Wasser glasklar, vom Aussichtspunkt auf der anderen Seite der Fußgängerbrücke lassen sich großartige Fotos schießen. Die Umgebung bietet sich für kurze Spaziergänge an, über den Huka Falls Walkway kann man zurück in den Ort oder entlang des Aratiatia Rapids Walking Track zu den Stromschnellen wandern.

Wairakei Terraces & Thermal Health Spa THERMALFELD
(Karte S. 296; ☎07-378 0913; www.wairakeiterraces.co.nz; Wairakei Rd.; Rundgang Erw./Kind 18/9 NZ$, Thermalbecken 25 NZ$; ⌚8.30–17 Uhr) Bei den Maori als Waiora und später als Geyser Valley (Tal der Geysire) bekannt, war Wairakei eines der aktivsten Thermalfelder der Welt, bis 1958 ein Wasserkraftwerk gebaut wurde. Insgesamt besteht das Thermalfeld aus 22 Geysiren sowie 240 Schlammlöchern und -quellen. Heute gibt es hier ein nachgebautes Maori-Dorf, ein kleines Gemeindehaus, ein Schnitzereizentrum, Massageräume und einige Thermalheilquellen. Diese befinden sich neben künstlichen Geysiren und Terrassen aus Kieselerde – eine Nachbildung der berühmten

Taupo Zentrum

Pink and White Terraces, die durch den Ausbruch des Tarawera 1886 zerstört wurden.

Die in der Dunkelheit stattfindende Maori Cultural Experience – mit traditionellem Kriegstanz, Willkommenszeremonie, einem Konzert und *Hangi*-Mahl – gibt den Besucher einen Einblick in das Leben der Maori in den Geothermalfeldern der Region (Erw./Kind 95/48 NZ$).

Craters of the Moon THERMALFELD
(Karte S. 296; www.cratersofthemoon.co.nz; Karapiti Rd.; Erw./Kind 6/2,50 NZ$; ⏲8.30–17.30 Uhr) Dieses weniger bekannte Thermalfeld entstand durch den Bau des Kraftwerks. Als der unterirdische Wasserspiegel gesenkt wurde und sich der Druck veränderte, traten hier neue Dampfquellen und blubbernde Schlammlöcher an die Oberfläche. Der Rundgang dauert ungefähr 45 Min. und bietet einen wunderbaren Blick hinunter auf den See und zu den Bergen im Hintergrund. Die Freiwilligen, die im Kiosk arbeiten, sind so freundlich, einen Blick auf die auf dem Parkplatz abgestellten Autos zu werfen. Das Thermalfeld ist ab der SH1, ca. 5 km nördlich von Taupo, ausgeschildert.

Aratiatia Rapids WASSERFALL
(Karte S. 296) Der Wasserfall liegt 2 km abseits der SH5 und war bis zum Bau der Talsperre ein eindrucksvolles Naturschauspiel. Durch den Damm wird der natürliche Wasserfluss des Waikato River gedrosselt, doch auf das Spektakel muss dennoch keiner verzichten: Von Oktober bis März werden die Schleusentore jeweils um 10, 12, 14 und 16, von April bis September jeweils um 10, 12 und 14 Uhr geöffnet. Den besten Blick auf das durch die Schleusen stürzende Wasser hat man von den zwei Aussichtspunkten.

Volcanic Activity Centre MUSEUM
(Karte S. 296; www.volcanoes.co.nz; Karetoto Rd.; Erw./Kind 10/6 NZ$; ⏲Mo–Fr 9–17, Sa & So 10–16 Uhr) Warum gibt es so viel geothermische Aktivität rund um Taupo? Wer sich solche Fragen stellt, erhält hier im Zentrum darauf Antworten. Ausgezeichnete, wenn auch sehr textlastige Tafeln und Exponate erklären die geothermischen und vulkanischen Aktivitäten der Region, u. a. auch mit Hilfe eines Echtzeit-Seismografen. Kinder lieben besonders den Erdbebensimulator – eine kleine Kabine, in der man wie bei einem Erdbeben hin und her geschüttelt wird. Außerdem kann man seinen eigenen Tornado entstehen lassen und dabei zusehen, wie er Schaden anrichtet, sowie einen simulierten Geysir unter- und überirdisch aus der Nähe betrachten. Ein kleines Kino zeigt den Ausbruch des Ruapehu von 1995 und den spektakulären Durchbruch des Vulkankratersees 2007.

Huka Prawn Park SHRIMPSZUCHT
(Karte S. 296; www.hukaprawnpark.co.nz; Karetoto Rd.; Erw./Kind 24/14 NZ$; ⏲9.30–16 Uhr) Der Huka Prawn Park ist eine der wenigen mit geothermischer Energie betriebenen Süßwasser-Shrimpszuchten der Welt und bietet ein überraschendes Angebot an Aktivitäten. Besucher können hier eigenhändig

Taupo & Wairakei

Shrimps fischen und Killer-Prawn-Golf spielen. Dabei müssen Ringe getroffen werden, die auf den Shrimpsbecken treiben. Für das leibliche Wohl sorgt das dazugehörige Restaurant.

GRATIS **Honey Hive** GESCHÄFT

(Karte S. 296; www.honeyhivetaupo.com; 65 Karetoto Rd.; ⏲10–17 Uhr) Honey Hive verfügt über einen gläsernen Schau-Bienenstock und über ein Café. Außerdem bietet es Honigverkostungen an und verkauft Bienenprodukte, ob nun essbare, medizinische oder kosmetische, u. a. Met (Honigwein).

Aktivitäten

Für Adrenalinjunkies gibt es oft günstige Kombi-Angebote, einige Veranstalter gewähren außerdem Rucksackreisenden Sonderkonditionen.

Wassersport

GRATIS **Spa Park Hot Spring** SCHWIMMEN

(Karte S. 296; Spa Park) An dieser hübschen und gut besuchten Stelle unter einer Brücke treffen das heiße Thermalwasser des Otumuheke und das kühle Wasser des Waikato River aufeinander und bilden dabei einen natürlichen (und kostenlosen) Whirlpool.

Taupo & Wairakei

Highlights
- Aratiatia Rapids ... C1
- Mondkrater ... A2
- Huka Falls ... B3
- Wairakei Terraces & Thermal Health Spa ... B1

Sehenswertes
- 1 Honey Hive ... B2
- 2 Hot Water Beach ... B5
- 3 Huka Prawn Park ... B2
- 4 Volcanic Activity Centre ... B2

Aktivitäten, Kurse & Touren
- 5 AC Baths ... B4
- 6 Formula Challenge ... C3
- 7 Helistar Helicopters ... B2
- 8 Huka Falls River Cruise ... C1
- Hukafalls Jet ... (siehe 3)
- Rapid Sensations & Kayaking Kiwi ... (siehe 7)
- 9 Rapids Jet ... D1
- Rock'n Ropes ... (siehe 1)
- 10 Sailing & Watersports Centre Two Mile Bay ... B5
- 11 Spa Park Hot Spring ... B3
- 12 Taupo Bungy ... B4
- Taupo DeBretts Spa Resort ... (siehe 25)
- 13 Taupo Gliding Club ... C3
- 14 Taupo Golf Club ... B4
- 15 Taupo Horse Treks ... A2
- 16 Wairakei Golf & Sanctuary ... B2

Schlafen
- 17 All Seasons ... B4
- 18 Chelmswood ... B5
- 19 Cottage Mews ... B5
- 20 Hilton Lake Taupo ... B5
- 21 Lake ... B5
- 22 Lake Taupo Top 10 Holiday Resort ... B4
- 23 Reef Resort ... B5
- 24 Reid's Farm Recreation Reserve ... A3
- Sacred Waters ... (siehe 23)
- 25 Taupo DeBretts Spa Resort ... B5

Essen
- Bistro Lago ... (siehe 20)

Aber Vorsicht: Es sind bereits einige Besucher beim Abkühlen im schnell fließenden Wasser ertrunken! Die Badestelle liegt nicht weit vom Startpunkt des Huka Falls Walkway entfernt, ungefähr 20 Min. außerhalb des Ortszentrums.

Hukafalls Jet SCHNELLBOOT
(Karte S. 296; ☎07-374 8572; www.hukafallsjet.com; 200 Karetoto Rd.; Fahrt Erw./Kind 105/59 NZ$) Die halbstündige Fahrt führt unter akrobatischen 360°-Drehungen flussaufwärts zum schäumenden Fuß der Huka Falls und abwärts bis zum Aratiatia-Damm. Ausflüge finden den ganzen Tag über statt (Preise inkl. Transfer von/nach Taupo) und können zusammen mit einem Hubschrauberrundflug gebucht werden.

Rapids Jet SCHNELLBOOT
(Karte S. 296; ☎07-374 8066; www.rapidsjet.com; Nga Awa Purua Rd.; Erw./Kind 105/60 NZ$) Die 35 Min. lange, rasante Fahrt durch den unteren Teil der Aratiatia Rapids konkurriert mit der Bootsfahrt zu den Huka Falls um den größten Nervenkitzel. Das Boot legt am Ende der Zufahrtsstraße zu den Aratiatia-Aussichtspunkten ab. Von der Rapids Road aus folgt man dem Schild zum National Equestrian Centre.

Huka Falls River Cruise BOOTSFAHRT
(Karte S. 296; ☎0800 278 336; www.hukafallscruise.co.nz; Aratiatia Dam; Erw./Kind 35/15 NZ$; ⏲10.30, 12.30 & 14.30 Uhr) Die entspannte, 80-minütige Fahrt vom Aratiatia-Damm zu den Huka Falls eignet sich gut zum Fotografieren.

Taupo DeBretts Spa Resort SCHWIMMEN
(Karte S. 296; ☎07-377 6502; www.taupodebretts.co.nz; 76 Napier Taupo Hwy.; Erw./Kind 20/12 NZ$; ⏲7.30–21.30 Uhr) Verfügt über eine Auswahl an mineralreichen Innen- und Außenpools. Kinder können sich auf der riesigen Drachenrutsche austoben, während sich die Erwachsenen bei einem großen Angebot an Kuranwendungen, wie z. B. Massagen und Peelings, entspannen.

AC Baths SCHWIMMEN, KLETTERN
(Karte S. 292; ☎07-376 0350; www.taupovenues.co.nz; AC Baths Ave.; Erw./Kind 7/3 NZ$, Rutschen 5 NZ$, Kletterwand Erw./Kind 10/6 NZ$; ⏲6–21 Uhr, die Öffnungszeiten der Kletterwand variieren) Die große Freizeitanlage

gehört zum Taupo Events Center, das etwa 2 km östlich der Stadt liegt. Sie bietet ein beheiztes Schwimmbecken mit Wasserrutsche, Kinder- und individuelle Mineralbecken, eine Sauna, eine Kletterwand und ein Fitnesscenter.

Wilderness Escapes KAJAKFAHREN
(☎07-376 8981; www.wildernessescapes.co.nz; halber Tag 90 NZ$) Der etablierte Veranstalter bietet Halb- und Ganztagstouren mit dem Kajak zu den Maori-Felsritzungen sowie Sonnenuntergangsfahrten auf dem See an.

Chris Jolly Outdoors BOOTSFAHRTEN, KAJAKFAHREN
(Karte S. 291; ☎07-378 0623; www.chrisjolly.co.nz; Marina; ⌚9–17.30 Uhr) Veranstaltet Angeltouren und Bootsfahrten zu den Maori-Felsritzungen an Bord des *Cruise Cat*, einer großen, modernen Barkasse (Erw./Kind 44/16 NZ$, 10.30 und 13.30 Uhr). Sonntags gibt es Bootsfahrten mit einem Brunch (Erw./Kind 62/34 NZ$). Kajaks (Einzel-/Doppelkajak Std. 20/30 NZ$) und Motorboote (Std. 70–85 NZ$) können ausgeliehen werden, außerdem gibt es geführte Mountainbike-Touren.

Barbary SEGELN
(☎07-378 3444; www.sailbarbary.com; Erw./Kind 40/10 NZ$; ⌚ganzjährig 10.30 & 14 Uhr, im Sommer auch um 17 Uhr) Eine Fahrt zu den Maori-Ritzungen auf der Yacht von 1926 dauert 2½ Std. und findet mehrmals täglich statt. Außerdem wird im Sommer eine dreistündige Film- und Grillfahrt angeboten (65 NZ$, Dez.–April 20 Uhr).

Rapid Sensations & Kayaking Kiwi KAJAKFAHREN, RAFTING
(Karte S. 296; ☎0800 35 34 35; www.rapids.co.nz; 413 Huka Falls Rd.) Dieser Veranstalter bietet Kajaktouren zu den Maori-Felsritzungen (4 Std., 98 NZ$), ein gemütliches Paddeln auf dem Waikato River (2 Std., 48 NZ$), Wildwasser-Rafting auf dem Tongariro (88–145 NZ$) und geführte Mountainbike-Touren (75 NZ$) an.

Canoe & Kayak KANU- & KAJAKFAHREN
(Karte S. 291; ☎07-378 1003; www.canoeandkayak.co.nz; 77 Spa Rd.; ⌚Mo–Sa 9–17 Uhr) Bietet Einführungskurse und Leihboote sowie geführte Touren, darunter eine zweistündige Fahrt auf dem Waikato River (45 NZ$) und einen Halbtagsausflug zu den Maori-Felsritzungen (90 NZ$). Außerdem sind auch individuelle Angeltouren im Angebot.

Sailing & Watersports Centre Two Mile Bay SEGELN, KAJAKFAHREN
(Karte S. 296; ☎0274 967 350; www.sailingcentre.co.nz; Lake Tce.; ⌚9–22 Uhr) Betreibt ein Café/Bar am Seeufer und verleiht Kajaks (ab 25 NZ$), Kanus (ab 25 NZ$), Windsurfausrüstung (ab 30 NZ$), Segelboote (65 NZ$) und Katamarane (ab 70 NZ$). Alle Preisangaben gelten pro Stunde.

Fish Cruise Taupo BOOTSFAHRTEN
(Launch Office; Karte S. 291; ☎07-378 3444; www.fishcruisetaupo.co.nz; Marina; ⌚Dez.–März 9–17 Uhr, April–Nov. 9.30–15 Uhr) Die 18 Boote der Taupo Launchmen's Association können für Bootsausflüge oder Angelfahrten gechartert werden.

Greenstone Fishing ANGELN
(Karte S. 291; ☎07-378 3714; 147 Tongariro St.; Ausrüstung ab 15 NZ$; ⌚Mo–Sa 8–17, So 9–15 Uhr) Das zentral gelegene Angelgeschäft verkauft Angelscheine, verleiht Ausrüstungen und organisiert geführte Touren.

Taupo Rod & Tackle ANGELN
(Karte S. 291; ☎07-378 5337; www.tauporo dandtackle.co.nz; 7 Tongariro St.; Ausrüstung 20–35 NZ$; ⌚Sa & So 8–18, Fr 8–20 Uhr) Ausrüstungsverleih, Angelführer und Charterboote.

Fallschirmspringen

Mehr als 30 000 Sprünge pro Jahr werden in Taupo gemacht. Damit ist es weltweit die Hauptstadt des Fallschirmspringens. Das Städtchen ist aber auch wie geschaffen für diesen Sport: All die wunderschönen Plätze, die man am Boden sieht, schillern aus der Luft wie eine brillante Decke aus natürlichen Farben, die Highlights sind jedoch unbestritten das tiefblaue Wasser des Sees und das leuchtende Weiß der schneebedeckten Gipfel.

Skydive Taupo FALLSCHIRMSPRINGEN
(☎0800 586 766; www.skydivetaupo.co.nz; 3500 m/4500 m 250/340 NZ$) Die Pakete (ab 439 NZ$) enthalten das Abholen mit einer weißen Limousine, DVDs, Fotos und T-Shirts.

Taupo Tandem Skydiving FALLSCHIRMSPRINGEN
(☎0800 826 336; www.taupotandemskydiving.com; 3500 m/4500 m 249/339 NZ$) In den verschiedenen Angeboten sind beispielsweise DVDs, Fotos, T-Shirts usw. enthalten (388–679 NZ$).

EIN HOCH AUF DIE FORELLE

Seit Forellen 1898 im Lake Taupo ausgesetzt wurden, gibt es immer wieder Anekdoten von Fischen, die mehr als ein Sack Kartoffeln wiegen und so lang wie Surfbretter sind. Die Wahrheit ist, dass jährlich über 28 000 Bach- und Regenbogenforellen gefangen werden und passionierte Angler aus allen Teilen der Welt nach Taupo kommen, um hier ihr Glück zu versuchen.

Februar und März sind die besten Monate für Bachforellen. Regenbogenforellen lassen sich hingegen das ganze Jahr über fangen, besonders gut im Tongariro (nahe Turangi). Das Fliegenfischen ist in allen Flüssen, die in den See münden, und in einem Umkreis von 300 m um die Flussmündungen erlaubt. Spinnangeln ist nur am Ausfluss des Waikato aus dem See und am Abflusskanal des Tokaanu (dort wo er am Kraftwerk in den See mündet) gestattet.

Diese einzigartige Fischereizone ist durch besondere Auflagen geschützt. Es gibt eine Fangbegrenzung von drei Fischen, eine Mindestfischgröße von 40 cm und es dürfen keine Köder (außer Angelfliegen) verwendet werden. Die Bedingungen variieren je nach Angelgebiet und stehen auf dem Angelschein, der immer mitgeführt werden muss. Angelscheine werden vom DOC (Department of Conservation), den i-SITEs und in Angelgeschäften ausgestellt (Tag/Woche/Saison 17/38/90 NZ$).

In Taupo und Turangi bieten professionelle Angelführer Transport, Ausrüstung, Angelscheine und ihre Ortskenntnisse an. Über die Preise lässt sich verhandeln, wobei 250 NZ$ die Regel sind. In jedem Ort gibt es außerdem Angelgeschäfte, die Ausrüstung verleihen bzw. verkaufen und über die Führer und Charterboote gebucht werden können. Empfohlene Anbieter werden in diesem Buch jeweils im Abschnitt „Aktivitäten" genannt.

Freefall! FALLSCHIRMSPRINGEN
(☎0800 373 335; www.freefall.net.nz; 3500 m/4500 m 249/339 NZ$) DVDs und Fotos kosten extra.

Noch mehr Aktivitäten

In den Wäldern von Wairakei und Pureora außerhalb der Stadt und am Waikato gibt es gute Mountainbike-Strecken. Karten sind online über www.biketaupo.org.nz oder im i-SITE erhältlich. Vom neu konstruierten, 97 km langen **Great Lake Trail** nach Waihaha war zu Redaktionsschluss erst der W2K-Abschnitt von Whakaipo nach Kinloch fertig.

In und um Taupo kann man wirklich hervorragend wandern, egal ob einem der Sinn nach einem gemütlichen Spaziergang oder einer anstrengenderen Tagestour steht. i-SITE hält eine Vielzahl an Wanderbroschüren bereit.

Great Lake Walkway WANDERN
Die leichte, angenehme Wanderung von Taupo zur Five Mile Bay (8 km) führt über Strände direkt am See entlang.

Huka Falls Walkway WANDERN
Die landschaftlich schöne Wanderung beginnt auf dem Parkplatz des Spa Park am Ende der County Avenue, die von der Spa Road abzweigt. Bis zum Wasserfall geht es eine gute Stunde am östlichen Ufer des Waikato entlang. Von den Huka Falls führt ein 7 km langer Wanderweg zu den Aratiatia Rapids (mind. 2 Std.).

Taupo Bungy BUNGEESPRINGEN
(Karte S. 296; ☎07-377 1135; www.taupobungy.co.nz; 202 Spa Rd.; Solo/Tandem 149/298 NZ$; ⌚8.30–17 Uhr, im Sommer länger) Die Bungeestation ist durch ihre spektakuläre Lage auf einer Klippe über dem gewaltigen Waikato die beliebteste der Nordinsel. Für Feiglinge gibt es viele Aussichtspunkte, von denen sie sicher stehend die Wagemutigen beobachten können. Diese stürzen sich von einem 20 m aus der Klippe herausragenden Podest in die Tiefe (für alle Technikfreaks: bisher der einzige Freiträger für Bungeespringer weltweit). Nach einem 47 m tiefen atemberaubendem freien Fall und ein paarmal Hoch-und-runter-Federn hat man in einem Boot wieder sicheren Boden unter den Füßen. Man kann selbst entscheiden, ob man ins Wasser eintauchen oder mit einem Freund zusammengeschnallt springen möchte. Als Alternative gibt es eine Riesenschaukel (Solo/Tandem 180/99 NZ$).

Wer ohne vorherige Schweißausbrüche zu Hause angeben will, der kann sich für 25 NZ$ dank Photoshop ein gefaktes Beweisfoto machen lassen.

Taupo Horse Treks REITEN
(Karte S. 296; ☎07-378 0356; www.taupohorsetreks.co.nz; Karapiti Rd.; Std. 70 NZ$, Ponyreiten 30 NZ$) Organisiert Ausritte durch schöne Wälder mit Blick auf die Craters of the Moon.

Big Sky Parasail GLEITSCHIRMFLUG
(Karte S. 291; ☎0800 724 4759; www.bigskyparasail.co.nz; Lake Tce.; 120 m/240 m 79/89 NZ$; ⊙Dez.–April 9–17 Uhr) Stündliche Gleitschirmflüge vom Seeufer aus, Buchung erforderlich.

Rock'n Ropes HOCHSEILGARTEN
(Karte S. 296; ☎07-374 8111; www.rocknropes.co.nz; 65 Karetoto Rd.; Riesenschaukel 20 NZ$, Adrenalinpaket 40 NZ$, halber Tag 65 NZ$) Ein schwindelerregender und herausfordernder Hochseilgarten, in dem man von einem „Baumwipfel" zum anderen balanciert, wacklige zweidrahtige Brücken überquert und an Seilen hochklettert. Das Adrenalinpaket umfasst eine Riesenschaukel, einen Hochbalken und ein Trapez.

Kaimanawa Heli-Biking MOUNTAINBIKEN
(☎07-384 2816; www.kaimanawahelibiking.co.nz; 4-Std.-Fahrt 395 NZ$) Für das Luxus-Montainbikeerlebnis bringt Heli-Biking die Teilnehmer mit dem Hubschrauber zum höchsten Punkt der Kaimanawa Range, wo die vierstündige Abfahrt beginnt.

Formula Challenge MOTORSPORT
(Karte S. 296; ☎07-377 0338; www.fcr.co.nz; Broadlands Rd.; Fahrerlebnis 340–740 NZ$) Adrenalinjunkies mit einer Begeisterung für Motorsport sind im supermodernen Taupo Motorsport Park genau richtig. Auf der 3,5 km lange Renn- und Dragracing-Strecke, auf der schon der A1 Grand Prix stattgefunden hat, gibt es oft was zu sehen – von Seitenwagenrennen bis zu Driftwettbewerben. Manchmal zeigt sogar die Polizei ihre Fertigkeiten. Und das Beste ist, das man sich hier selbst ans Steuer eines V8-Supercars oder Formula-Challenge-Rennwagens setzen kann.

Taupo Gliding Club SEGELFLIEGEN
(Karte S. 296; ☎07-378 5627; www.taupoglidingclub.co.nz; Centennial Dr.; Flüge 120–195 NZ$) Flüge täglich nach Vereinbarung und wenn das Wetter mitspielt.

Pointons Ski Shop SKIFAHREN
(Karte S. 291; ☎07-377 0087; www.pointons.co.nz; 57 Tongariro St.; Ski-/Snowboard 30/40 NZ$) Taupo liegt verführerisch nahe an den Skigebieten Whakapapa und Turoa, die man in 1½ bis 2 Std. erreicht. Pointons Ski Shop verleiht Ausrüstung und hat während der Saison von 7 bis 19 Uhr geöffnet.

Wairakei Golf & Sanctuary GOLF
(Karte S. 296; ☎07-374 8152; www.wairakeigolfcourse.co.nz; SH1; 18 Löcher 155–225 NZ$) 2009 wurde ein 2 m hoher und 5 km langer Schutzzaun errichtet und der Golfplatz dadurch zu einem Schongebiet für heimische Vögel. Die 18 anspruchsvollen Löcher befinden sich in einer 150 ha großen wunderschönen Landschaft.

Taupo Golf Club GOLF
(Karte S. 296; ☎07-378 6933; www.taupogolf.co.nz; 32 Centennial Dr.; 18 Löcher 52–60 NZ$, Leihschläger 25–50 NZ$) Hat zwei gute 18-Loch-Anlagen; einer ist ein Parkland-, der andere ein Inland-Links-Course.

Geführte Touren

SpureORAwalks KULTUR
(☎021-042 2722; www.pureorawalks.com; Erw./Kind 105/97 NZ$) Die Natur- und Kulturführungen durch die Pureora und Whirinaki Forest Parks sowie am Lake Rotopounamu geben Einblicke in *Maoritanga* (alles, was mit den Maori zu tun hat). Themen sind u. a. die Legenden der Maori und die traditionelle Verwendung von Tieren und Pflanzen.

Kai Waho Experience KULTUR
(www.kaiwaho.co.nz; Preis auf Anfrage) Bietet Tagesausflüge in ein *pa* (Wehrdorf) in der Wildnis östlich des Sees an, wo den Teilnehmern die Maori-Kultur näher gebracht und eine traditionelle *Hangi*-Mahlzeit gekocht werden.

Taupo Quad Adventures QUADFAHREN
(☎07-377 6404; www.taupoquads.co.nz; SH1, Maroa; 1 Std. bis Tag 85–299 NZ$) Bietet geführte Offroad-Quadtouren an und befindet sich 24 km nördlich der Stadt, gegenüber der Abbiegung nach Orakei Korako.

Helipro RUNDFLÜGE
(☎07-377 8805; www.helipro.co.nz; Flüge 99–1150 NZ$) Spezialisiert auf Hubschraubertrundflüge, u. a. mit Landung in den Bergen und auf White Island, sowie kürzere Flüge über Stadt, See und Vulkane.

Helistar Helicopters RUNDFLÜGE
(Karte S. 296; ☎07-374 8405; www.helistar.co.nz; 415 Huka Falls Rd.; Flüge 99–995 NZ$)

Bietet verschiedene Hubschrauberrundflüge an, sie dauern zwischen 10 Min. und 2 Std. Ein Helistar-Trip lässt sich gut mit dem Huka Falls Jet kombinieren (ab 193 NZ$).

Izardair RUNDFLÜGE
(☎07-378 7835; www.izardair.com; Flüge 100–310 NZ$) Luxuriöse Rundflüge im Kleinflugzeug über Taupo, Orakei Korako oder die Vulkane.

Taupo Air Services RUNDFLÜGE
(☎07-378 5325; www.taupoair.com; Flüge 100–550 NZ$)Organisiert Rundflüge im Kleinflugzeug, vom 15-minütigen „Local Look" bis zu einem zweistündigen Flug nach White Island.

Taupo's Floatplane RUNDFLÜGE
(Karte S. 291; ☎07-378 7500; www.tauposfloatplane.co.nz; Flüge 85–625 NZ$) Das Wasserflugzeug am Eingang zum Yachthafen bietet ganz unterschiedliche Flüge an, von kurzen Flügen über den See bis zu längeren über Mt. Ruapehu und White Island. Das Paket Taupo Trifecta (Flug mit dem Wasserflugzeug, Schnellbootfahrt und Wanderung durch Orakei Korako) z. B. kostest 440 NZ$.

Paradise Tours BUSTOUR
(☎07-378 9955; www.paradisetours.co.nz; Erw./Kind 99/45 NZ$) Veranstaltet dreistündige Ausflüge zu den Aratiatia Rapids, Craters of the Moon und den Huka Falls. Weitere Tagesausflüge führen zum Tongariro National Park, nach Orakei Korako, Rotorua, Hawke's Bay und den Höhlen von Waitomo.

Feste & Events

Taupo nennt sich nicht umsonst die „Eventhauptstadt Neuseelands". Das ganze Jahr finden hier große Veranstaltungen statt. Die meisten davon sind Sportereignisse, bei denen jeder mitmachen kann. Auf www.greatlaketaupo.com gibt es weitere Infos.

Epic Swim SPORT
(www.epicswim.co.nz) Mitte Januar stürzen sich einige der besten Schwimmer Neuseelands in die Fluten und schwimmen Strecken zwischen 1 und 10 km.

NZ Body Painting Festival KUNST
(www.bodyartawards.co.nz) Drei Tage im Januar gehören den bemalten Körpern.

Great Lake Relay SPORT
(www.relay.co.nz) Teams von 10 bis 18 Freunden (und dem einen oder anderen Backpacker) nehmen an diesem Staffellauf rund um den See teil. Er findet Mitte Februar statt und es ist egal, ob man rennt oder geht, solange man seinen Teilabschnitt zurücklegt.

Ironman New Zealand SPORT
(www.ironman.co.nz) Am besten die Sonnenbrille nicht vergessen, um nicht von den gestählten Körpern geblendet zu werden! Der Triathlon findet Anfang März statt und ist einer besten Events des Jahres. Ein „halber" Iron Man findet im Dezember statt.

100K Flyer SPORT
(www.100kflyer.co.nz) Ein 100 km-Radrennen von Rotorua nach Taupo, Ende März.

Erupt Festival KUNST
(www.erupt.co.nz/Erupt-Festival) Elftägiges Kunstfestival im Mai (in geraden Jahren).

Winterfest FAMILIENFREUNDLICH
Beim traditionelles Festival für die ganze Familie gibt es u. a. ein Seifenkistenrennen und einen Schneepark, Juli.

Day-Night Thriller SPORT
(www.daynightthriller.co.nz; Spa Park) Die 12-stündige Veranstaltung im September zieht mehr als 3000 Mountainbiker an, die in Teams oder alleine teilnehmen.

BikeFest & Lake Taupo Cycle Challenge SPORT
(www.bikefest.co.nz) Die Lake Taupo Cycle Challenge ist eines der größten jährlichen Radsportevents Neuseelands. Rund 10 000 Teilnehmer radeln am letzten Samstag im November die 160 km lange Strecke um den See. Dem Ganzen geht ein einwöchiges Festival voraus.

Schlafen

In Taupo wimmelt es nur so von Motels. Viele davon liegen am See, besonders südöstlich des Ortszentrums in Waipahihi und Two Mile Bay. Acacia Bay, 5 km westlich, hat gute B&Bs. Wild zelten kann man zwischen 17 und 10 Uhr auf dem Parkplatz Ferry Road und am Yachthafen. Am schönsten ist das **Reid's Farm Recreation Reserve** (Karte S. 296; Huka Falls Rd.) direkt am Ufer des Waikato.

Lake MOTEL $$
(Karte S. 296; ☎07-378 4222; www.thelakeonline.co.nz; 63 Mere Rd.; Apt. 155–220 NZ$) Das ungewöhnliche Boutiquemotel ist geschmackvoll im Retro-Stil der 1960er und 1970er-Jahre

eingerichtet. Das Studio ist etwas eng, aber die vier 1-Zimmer-Apartments haben alle Kochnischen und verfügen über Ess-/Wohnzimmer.

Beechtree MOTEL $$
(Karte S. 291; ☎07-377 0181; www.beechtree motel.co.nz; 56 Rifle Range Rd.; Apt. 140–390 NZ$; @📶) Das Beechtree und seine Schwester Miro nebenan bieten stilvolle Zimmer zu erschwinglichen Preisen. Die Ausstattung ist frisch und modern mit neutraler Einrichtung und großen Fenstern. Die Erdgeschosszimmer haben Terrassen, die oberen Zimmer Balkone.

Cottage Mews MOTEL $$
(Karte S. 296; ☎07-378 3004; www.cottagemews.co.nz; 311 Lake Tce., Two Mile Bay; Apt. 115–210 NZ$; 📶) Charme haben die wenigsten Motels, das Cottage Mews ist eine der Ausnahmen. Mit seinem Giebeldach und dem Blumenschmuck macht es fast schon einen rustikalen Eindruck. Einige der Apartments haben Seeblick, die meisten verfügen über Whirlpools und alle haben ihren eigenen kleinen Garten.

Blackcurrant Backpackers HOSTEL $
(Karte S. 291; ☎07-378 9292; www.blackcur rentbp.co.nz; 20 Taniwha St.; B 27–28 NZ$, EZ/DZ 60/78 NZ$; @📶) Das schöne Hostel in einem alten Motel verfügt über Privatzimmer mit Bad, superkomfortable Betten und eine freundliche Besatzung.

Sacred Waters APARTMENTS $$$
(Karte S. 296; ☎07-376 1400; www.sacredwaters.co.nz; 221–225 Lake Tce., Waipahihi; Apt. 360–670 NZ$; 📶🏊) Abgesehen von den schrecklichen massenproduzierten „Kunstwerken“ sind die Apartments stilvoll und gut gestaltet. Jedes verfügt über eine moderne Küche und eigenen kleinen Pool. Die meisten Wohnungen haben Seeblick.

Acacia Cliffs Lodge B&B $$$
(☎07-378 1551; www.acaciacliffslodge.co.nz; 133 Mapara Rd., Acacia Bay; Zi. 700 NZ$; iW) Das romantische B&B in den Hügeln oberhalb der Acacia Bay bietet vier luxuriöse Zimmer mit Bad – drei davon haben einen großartigen Blick auf den See. Die runde Badewanne und der eigene Garten machen den Mangel an Ausblick im vierten Zimmer wett.

Taupo Urban Retreat HOSTEL $
(Karte S. 291; ☎07-378 6124; www.tur.co.nz; 65 Heu St.; B 25–29 NZ$, Zi. 70 NZ$; @) In dem Zweckbau tummeln sich vor allem die Jüngeren, angezogen von der Pub-Atmosphäre und Lässigkeit des Hotels. Das Design ist erfrischend modern und erinnert an ein Strandhaus – trotz seiner Lage an einer verkehrsreichen Straße.

Catelli's of Taupo MOTEL $$
(Karte S. 291; ☎07-378 4477; www.catellis.co.nz; 23–27 Rifle Range Rd.; Apt. 135–230 NZ$; 📶) Trotz des kitschigen Äußeren sind die Apartments des Motels recht modern gehalten. Im Sommer lohnt es sich, die 5 NZ$ extra für ein Apartment mit Garten auszugeben.

Hilton Lake Taupo HOTEL $$$
(Karte S. 296; ☎07-378 7080; www.hilton.com/laketaupo; 80–100 Napier Taupo Hwy.; ab 230 NZ$; @📶🏊) Das Hilton Lake Taupo hat seine Räumlichkeiten im historischen Terraces Hotel (1889) und einem modernen Anbau bezogen. Der riesige Komplex bietet den üblichen Hilton-Luxusstandard. Es liegt etwas außerhalb des Orts, dafür nahe an der Thermalanlage DeBretts.

Taupo DeBretts Spa Resort FERIENANLAGE $
(Karte S. 296; ☎07-378 8559; www.taupode bretts.com; 76 Napier Taupo Hwy.; Stellplätze ab 20 NZ$, Apt. 90–275 NZ$; @📶) DeBretts ist mehr ein Ferienpark als eine Ferienanlage und bietet sowohl einen Zeltplatz als auch Motelapartments. Die fünfminütige Fahrt vom Ortszentrum lohnt sich schon alleine wegen der Thermalbecken auf dem Gelände.

Reef Resort APARTMENTS $$
(Karte S. 296; ☎07-378 5115; www.accommoda tiontaupo.com; 219 Lake Tce.; Apt. 145–480 NZ$; 📶🏊) Genau wie die Enten, die sich im Winter zum Aufwärmen um die Thermalquellen drängen, so drängen sich auch die Inhaber von Ferienwohnungen und das kostenlos zugängliche Thermalwasser auf dieser Seite des Sees. Reef bietet Wohnungen in verschiedenen Größen zu guten Preisen und ein 3-Zimmer-Apartment direkt am Seeufer.

Bella Vista MOTEL $$
(Karte S. 291; ☎07-378 9043; www.bellavista motels.co.nz; 145 Heu Heu St.; Apt. 120–190 NZ$; 📶) Diejenigen ohne große Liebe für Hunde wird vielleicht der große, gutmütige Hund des Besitzers abschrecken. Die Apartments sind sauber und komfortabel, wenn auch ein wenig schmucklos. Hinter dem Motel steht ein Gemeinschaftsgrill.

Silver Fern Lodge HOSTEL $

(Karte S. 291; ☎07-377 4929; www.silverfern-lodge.co.nz; Ecke Tamamutu St. & Kaimanawa St.; B 25 NZ$, Zi. 60–110 NZ$; @) Das Spektrum an Zimmern reicht von 10-Bett-Schlafsälen bis zu 1-Zimmer-Wohnungen mit Bad in dieser großen, zweckmäßig konstruierten Anlage. Trotz der glänzenden Fassade macht die Hosteleinrichtung einen leblosen Eindruck. Es gibt eine große Gemeinschaftsküche sowie einen Aufenthaltsraum.

Tiki Lodge HOSTEL $

(Karte S. 291; ☎07-377 4545; www.tikilodge.co.nz; 104 Tuwharetoa St.; B 27 NZ$, Zi. 80–90 NZ$; @) Vom Balkon des Hostels sieht man die Berge und den See. Für die Gäste gibt es eine geräumige Küche, viel Maori-Kunst und einen Whirlpool im Hinterhof.

All Seasons FERIENANLAGE $

(Karte S. 296; ☎07-378 4272; www.taupoallseasons.co.nz; 16 Rangatira St.; Stellplätze ab 20 NZ$, B 47 NZ$, Apt. 75–240 NZ$;) Die angenehme Ferienanlage liegt fünf Gehminuten vom Ort entfernt. Die Stellplätze sind durch Bäume und Hecken voneinander abgetrennt. Es gibt einen Spielplatz, einen Freizeitraum, Thermalbecken, Fahrradverleih und gute Kochmöglichkeiten.

lake Taupo Top 10 Holiday Resort FERIENANLAGE $

(Karte S. 296; ☎07-378 6860; www.taupotop10.co.nz; 41 Centennial Dr.; Stellplätze ab 50 NZ$, Apt. 123–365 NZ$; @) Die 8 ha große Anlage ist die modernste der örtlichen Campingplätze und verfügt über einen beheizten Pool, Tennisplätze und einen eigenen Laden. Sie liegt ca. 2,5 km vom i-SITE-Büro entfernt.

Chelmswood MOTEL $$

(Karte S. 296; ☎07-378 2715; www.chelmswood.co.nz; 250 Lake Tce., Waipahihi; Zi. 115–295 NZ$; @) Das inzwischen etwas müde wirkende Motel vermietet einfache 1-Zimmer-Apartments und größere Familienzimmer, die meisten mit eigenem Mineralbecken. Dazu kommen ein beheizter Außenpool, eine Sauna und ein Sandkasten für die Kleinen.

Essen

Bistro Lago ITALIENISCH $$$

(Karte S. 296; ☎07-377 1400; www.bistrolago.co.nz; 80–100 Napier Taupo Hwy.; Frühstück 25–35 NZ$, Pizza 22–23 NZ$, Hauptgerichte 37–42 NZ$; ⏰Frühstück, Mittag- & Abendessen) Das hauseigene Restaurant des Hilton wird vom berühmten Chefkoch Simon Gault von Auckland aus geführt und serviert originelle, von der italienischen Küche inspirierte Gerichte aus regionalen Zutaten. Beim Blick über den See zu den Bergen schmeckt das Essen gleich noch einmal so gut.

Vine Eatery TAPAS $$

(Karte S. 291; www.sceniccellars.co.nz; 37 Tuwharetoa St.; Tapas 9–20 NZ$; ⏰9 Uhr bis spätabends) Das schicke Restaurant teilt sich ein Lokal mit dem Weingeschäft Scenic Cellars, die „shared plates" können geteilt werden. Traditionelle Tapas sowie deftigere Gerichte stehen ebenfalls auf der Speisekarte. Das Weinangebot ist natürlich ausgezeichnet.

Brantry MODERN-NEUSEELÄNDISCH $$$

(Karte S. 291; ☎07-378 0484; www.thebrantry.co.nz; 45 Rifle Range Rd.; Hauptgerichte 38–42 NZ$, 2-/3-Gänge-Menüs 45/60 NZ$; ⏰Abendessen) Trotz seiner ungewöhnlichen Lage in einem 50er-Jahre-Bau hat sich das Brantry dank der Campbell-Schwestern zu einem der angesehensten Restaurants der Region entwickelt. Auf der Karte stehen das Beste von Rind und Lamm.

Pimentos INTERNATIONAL $$

(Karte S. 291; ☎07-377 4549; 17 Tamamutu St.; Hauptgerichte 28–30 NZ$; ⏰Mi–Mo Abendessen) Pimentos ist so beliebt, dass man am besten vorher reserviert. Die Lammhaxe mit Kartoffelpüree ist berühmt, aber auch sonst bietet die relativ kurze Speisekarte genügend andere Leckereien.

Plateau PUB $$

(Karte S. 291; www.plateautaupo.co.nz; 64 Tuwharetoa St.; Hauptgerichte 20–35 NZ$; ⏰Mittag- & Abendessen) Im Plateau lässt es sich gut trinken (besonders Monteith-Biere), der eigentliche Grund für einen Besuch ist aber das Essen. Auf der Karte stehen rustikale Pub-Klassiker mit einer modernen Note.

L'Arté CAFÉ $

(www.larte.co.nz; 255 Mapara Rd., Acacia Bay; Hauptgereichte 10–19 NZ$; ⏰Mi–So 9–16 Uhr, im Jan. tgl.) Viele der Köstlichkeiten werden direkt im kunstvollen Café auf dem Hügel hinter der Acacia Bay zubereitet. Nach einem Café Latte lohnt es sich der Besuch des Skulpturengartens und der Galerie.

Eruption CAFÉ $

(Karte S. 291; www.eruptioncoffee.co.nz; Suncourt Centre, Tamamutu St.; Hauptgerichte 7–17 NZ$; ⏰7.30–15.30 Uhr) Am besten man versteckt sich hinter einer der kostenlosen Zeitungen während die Espressomaschine dampft und sprudelt bis der schwarze Kaffee unter seiner Schaumhaube herausläuft. Das Angebot an Gerichten ist zwar klein, dafür aber wohlschmeckend.

Replete CAFÉ $
(Karte S. 291; www.replete.co.nz; 45 Heu Heu St.; Hauptgerichte 7–18 NZ$; ⌚8.30–16 Uhr) Die Theke ist gefüllt mit Delikatessen von Sandwiches über Salate bis zu Süßigkeiten (die Gebäckauswahl ist hervorragend!). Auf einer Tafel stehen günstige und interessante leichte Gerichte.

Lotus THAILÄNDISCH $$
(Karte S. 291; www.lotusthai.co.nz; 137 Tongariro St.; Hauptgerichte 16–21 NZ$; ⌚Mi–Fr Mittagessen, Mi–Mo Abendessen; ☑) Das einladende Restaurant in thailändischem Design serviert große Portionen der üblichen Thaigerichte.

Piccolo CAFÉ $
(Karte S. 291; 41 Ruapehu St.; Hauptgerichte 11–19 NZ$; ⌚7–16 Uhr; ☑) Guter Kaffee, sehr leckeres Essen, gratis WLAN – was will man mehr?

Ausgehen

Die Stadt erwacht im Sommer mit der Ankunft der meisten Touristen. Den Rest des Jahres lohnt es sich, eine Zeitung zum Bier mitzubringen.

Shed PUB
(Karte S. 291; www.theshedbar.co.nz; 18 Tuwharetoa St.; ⌚Mo & Di 15 Uhr bis spätabends, Mi–So ab 12 Uhr) Ein belebtes Pub für ein Bier, um mit anderen ein Spiel anzusehen, einfach nur dem Treiben auf der Straße zuzuschauen oder am Wochenende zu tanzen. Das leckere Essen wird in gewaltigen Portionen aufgetragen.

Finn MacCuhal's IRISH PUB
(Karte S. 291; www.finns.co.nz; Ecke Tongariro St. & Tuwharetoa St.; ⌚11 Uhr bis spätabends) An der Wand hängen irische Erinnerungsstücke, nebenan steht ein Backpacker Hostel – genug um zu wissen, dass es hier hoch her geht. Am Wochenende spielen Bands und legen DJs auf.

Jolly Good Fellows PUB
(Karte S. 291; 76 Lake Tce.; ⌚11 Uhr bis spätabends) So ein Pub gibt es sonst nur in England – aus den Zapfhähnen sprudeln Speckled Hen, Tetleys und Bulmers Cider.

Mulligans IRISH PUB
(Karte S. 291; 15 Tongariro St.; ⌚11 Uhr bis spätabends) Gut für ein ruhiges Guinness mit den Einheimischen.

Unterhaltung

Great Lake Centre KONZERTHALLE
(Karte S. 291; www.taupovenues.co.nz; Tongariro St.)Veranstaltet Konzerte, Ausstellungen und Kongresse. Im i-SITE erhält man das aktuelle Programm.

Starlight Cinema Centre KINO
(Karte S. 291; www.starlightcinema.co.nz; Starlight Arcade, abseits der Horomatangi St.; Erw./Kind 13/8,50 NZ$) Zeigt die neuesten Hollywoodfilme.

Praktische Informationen

Experience Taupo (☎07-377 0704; www.experiencetaupo.co.nz; 29 Tongariro St.; ⌚9–18 Uhr; @) Eine private Agentur, die Aktivitäten, Touren und Transport organisiert. Bietet außerdem einen Internetzugang.

Taupo i-SITE (☎07-376 0027; www.greatlaketaupo.com; Tongariro St.; ⌚8.30–17 Uhr) Bucht Unterkunft, Transport und Aktivitäten, gibt freundliche Ratschläge, vertreibt die DOC-Karten und Stadtpläne.

An- und Weiterreise

Taupos Flughafen (☎07-378 7771; www.taupoairport.co.nz; 33 Anzac Memorial Dr.) liegt 8 km südlich der Stadt. InterCity-Busse halten am **Taupo Travel Centre** (☎07-378 9005; 16 Gascoigne St.), wo es Fahrkarten zu kaufen gibt. Busse von Naked Bus (S. 292) halten vor dem i-SITE.

Shuttlebusse (S. 316) verkehren das ganze Jahr über zwischen Taupo, Turangi und dem Tongariro National Park. Im Winter fahren Busse zum Skigebiet Whakapapa (1½ Std.) und können in Kombination mit Lifttickets und Leihskiern gekauft werden.

Unterwegs vor Ort

Shuttle 2U (☎07-376 7638; www.shuttle2u.co.nz; pro Halt 4–10 NZ$, Tageskarten 15 NZ$) betreibt einen Bedarfs-Shuttlebus, der zwischen den Unterkünften und allen Hauptattraktionen in und um Taupo verkehrt.

Hotbus (☎0508 468 287; www.alpinehotbus.co.nz; erster Halt 15 NZ$, alle weiteren 5 NZ$) ist ein Hop-on-hop-off-Minibus, der zu denselben Sehenswürdigkeiten fährt, er startet vor dem i-SITE-Büro ab.

Taupo Taxi (☎07-378 5100; www.taupotaxi.co.nz) und **Top Cabs** (☎07-378 9250; 23 Tuwharetoa St.) sind zwei örtliche Taxiunternehmen.

Für den Flughafentransfer sollte man mit wenigstens 25 NZ$ rechnen.

Rund um Taupo

ORAKEI KORAKO

Orakei Korako (☎07-378 3131; www.orakeikorako.co.nz; Erw./Kind 34/14 NZ$; ⌚8–17 Uhr) Liegt etwas abseits und ist somit weniger besucht als andere Thermalgebiete. Seit der Zerstörung der Pink and White Terraces ist es allerdings eines der besten Thermalgebiete Neuseelands, obwohl drei Viertel seiner ursprünglichen Fläche mittlerweile im Wasser des Lake Ohakuri versunken sind.

Ein stellenweise steiler Wanderweg folgt einem Holzsteg rund um die Terrassen aus bunter Kieselerde, für die das Gebiet so bekannt ist. Er führt vorbei an Geysiren und der **Ruatapu Cave** (ca. 1½ Std.). Die beeindruckende Höhle hat einen kleinen, jadegrünen See, den angeblich Maori-Frauen als Spiegel nutzten, wenn sie sich auf Rituale vorbereitet haben (Orakei Korako bedeutet auf Maori „Ort des Schmückens"). Der Eintrittspreis schließt eine Bootsfahrt über den Lake Ohakuri mit ein.

Die Fahrt von Taupo nach Orakei Korako dauert rund 35 Min. Von der SH1 Richtung Hamilton biegt man nach 23 km am Hinweisschild ab und fährt 14 km weiter bis zum Thermalgebiet. Von Rotura kommend, zweigt die Zufahrtsstraße von der SH5 ab (via Mihi).

Alternativ fährt der **NZ River Jet** (☎07-333 7111; www.riverjet.co.nz; SH5, Mihi; 2½ Std. Fahrt inkl. Eintritt Orakei Korako Erw./Kind 159/79 NZ$) von Mihi aus mit dem Schnellboot dorthin. Mihi liegt 20 km flussaufwärts am Waikato. Derselbe Betreiber bietet auch „The Squeeze" an – eine sehr empfehlenswerte Schnellbootfahrt durch die Tutukau Gorge zu einem versteckt liegenden natürlichen Wasserfall inmitten dichter Vegetation, den man zu Fuß durch eine Felsspalte erreicht (139 NZ$).

Wer dem verführerischen, aber kochend heißen Wasser in Orakei Korako kaum widerstehen kann, die „Squeeze"-Tour aber nicht mitmachen will, für den bietet sich ein Abstecher zum 30 km entfernten **Butcher's Pool** (Eintritt frei) an, einer geschmückten, aber ansonsten völlig natürlichen Thermalquelle mitten auf einer Bauernweide, zu der ein kleiner Parkplatz und Umkleidekabinen gehören. Anfahrt: bei Mihi links auf die SH5 fahren (Ausschilderung nach Rotorua), nach 4 km rechts in die Homestead Road einbiegen und ihr bis zum Ende folgen. Dort geht's nach links; nach etwa 300 m sollten rechts eine Reihe von Bäumen zu sehen sein, die eine Schotterstraße säumen (die Ausschilderung ist leicht zu übersehen, weil sie an der anderen Straßenseite angebracht ist).

MANGAKINO & WHAKAMARU

Die zwei Nachbarorte sowie ihre Seen (Lake Maraetai und Lake Whakamaru) sind Nebenprodukte der Wasserkraftgewinnung am Waikato. Die Kraftwerke sind nach wie vor in Betrieb, die meisten Besucher kommen allerdings wegen der vielen Aktivitäten die auf, in und um die Seen herum möglich sind.

Aktivitäten

Paddleboat Company BOOTSFAHRTEN
(☎07-882 8826; www.paddleboat.co.nz; 30 Min. Fahrt 25/35 NZ$) Dieser alte Raddampfer hat im letzten Jahrhundert beinahe alles, von Rindern bis zur Queen, über den See transportiert.

M-I-A Wakeboarding WAKEBOARDEN
(☎021 864 254; www.m-i-a.co.nz; Wakeboarden/Wakeskaten/Wakesurfen 100/100/75 NZ$) M-I-A bietet Wakeboarden, Wakeskaten und Wakesurfen auf dem Lake Maraetai bei Mangakino. Wem es dort gut gefällt, kann sich in der einfachen Backpackerunterkunft des Unternehmens einmieten (B/DZ 23/54 NZ$).

Waikato River Trails WANDERN, RADFAHREN
(www.waikatorivertrails.com) Der rund 100 km lange Wander- und Radweg folgt dem Waikato vom Südende des Lake Karapiro nach Atiamuri, das 38 km nördlich von Taupo liegt, und führt durch Mangakino und Whakamaru.

Schlafen & Essen

Wildes Zelten ist der Nähe des **Bus Stop Café** (Hauptgerichte 6–9 NZ$; ⌚Di–So) erlaubt, der Burger und Toasts aus einem alten Redford-Bus am Ufer des Maraetai-See heraus serviert.

PUREORA FOREST PARK

Der 78 000 ha große Pureora Forest liegt am westlichen Ufer des Lake Taupo. Hier steht der höchste Totara-Baum Neuseelands. Nach einer langen Kampagne von Umweltschützern wurde in den 1980er-Jahren die Abholzung in diesem Waldgebiet gestoppt. Inzwischen hat sich der Wald auf eindrucksvolle Weise erholt. Durch den Park führen Mountainbike- und Wanderwege, darunter die Tracks zu den Gipfeln des **Mt. Pureora** (1165 m) und zur Felsnadel des **Mt. Titiraupenga** (1042 m). Von dem 12 m hohen Turm unweit des Parkplatzes an der Bismarck Road können Naturfreunde im Stockwerk des Blätterdachs wunderbar Vögel beobachten.

Um in einer der drei dem DOC gehörenden Hütten zu übernachten (Erw./Kind 5,10/2,50 NZ$), muss man sich vorher Hüttentickets kaufen, es sei denn, man hat einen Dauerpass. Die drei Campingplätze (Erw./Kind 8/2 NZ$) haben Selbstanmeldungskästen. Hüttentickets, Karten und Parkinformationen gibt es beim DOC.

Awhina Wilderness Experience (www.awhinatours.co.nz; pro Pers. 175 NZ$) organisiert fünfstündige Wanderungen mit Maori-Führern durch unberührte Vegetation zum Gipfel des heiligen Bergs Titiraupenga. Eine Unterkunft auf einer Farm ist ebenfalls möglich.

Turangi & Umgebung

3500 EW.

Das verschlafene Turangi entstand als Dienstleistungsort für das nahe gelegene Wasserkraftwerk. Heutzutage ist der Ort bekannt als die Welt-Forellen-Hauptstadt und einer der besten Orte für Wildwasser-Rafting. Der Ort liegt am Tongariro River, er ist ein idealer Ausgangspunkt für Skitage in den umliegenden Skigebieten und Wanderungen im Tongariro National Park.

Sehenswertes & Aktivitäten

Der Ort bietet einige kurze Wanderungen. Beliebt ist der **Tongariro River Lookout Track** (Rundweg 1 Std.), ein Spaziergang am Flussufer mit Blick auf Mt. Pihanga. Der Weg trifft auf den **Tongariro River Walkway** (hin & zurück 3 Std.), der dem Fluss bis zur Red-Hut-Hängebrücke folgt und zu guter Letzt auf den **Tongariro River Trail** (www.tongarirorivertrail.co.nz) trifft. Diese mehrtägige Wander- und Mountainbikeroute war zu Redaktionsschluss gerade fertiggestellt.

Weitere gute Wege, auf denen man sich die Beine vertreten kann, sind u. a. der **Hinemihi's Track** in der Nähe vom Gipfel des Te Ponanga Saddle, an der SH47 und 8 km westlich von Turangi (hin & zurück 15 Min.), der **Maunganamu Track**, an der SH41 und 4 km westlich von Turangi (hin & zurück 40 Min.), und der **Tauranga-Taupo River Walk** (30 Min.); letzerer beginnt bei Te Rangiita, das an der SH1 12 km nördlich von Turangi liegt.

Der Tongariro River bietet einige ausgezeichnete Stromschnellen der Stufe 3 für diejenigen mit Raftingerfahrung. Am unteren Flussufer gibt es einige Abschnitte der Stufe 1, die sich im Sommer für Anfänger eignen.

Außerdem kann man hier gut Forellen angeln (S. 299).

Tongariro National Trout Centre AQUARIUM
(Karte S. 311; www.troutcentre.com; SH1; Erw./Kind 10 NZ$/frei; ⏲10–15 Uhr) Die vom DOC betriebene Forellenaufzucht bietet lehrreiches Anschauungsmaterial, eine Sammlung Angelzubehör mit historischen Exponaten von 1880 und Süßwasseraquarien, die das schaurig-schöne Leben im Fluss zeigen. Ein kurzer Spaziergang am Fußweg entlang führt zur Zuchtstation mit Teichen, gläsernem Unterwassergang und Picknickstelle.

Tokaanu Thermal Pools SCHWIMMEN
(Karte S. 311; Mangaroa St., Tokaanu; Erw./Kind 6/4 NZ$, private Becken 20 Min. 10/6 NZ$; ⏲10–12 Uhr) Das familienfreundliche, schlichte Thermalbad liegt 5 km nordwestlich von Turangi. Ein 20-minütiger Spaziergang auf dem Holzsteg (rollstuhlgerecht) führt über blubbernde Schlammlöcher, heiße Thermalquellen und einen murmelnden Bach voller Forellen.

Rafting NZ RAFTING
(Karte S. 307; ☎0800 865 226; www.raftingnewzealand.com; 41 Ngawaka Pl.) Wegen des herzlichen Empfangs, der heißen Duschen und einem Einblick in die Maori-Kultur ist dieser Anbieter sehr beliebt. „Tongariro Whitewater“ (Stufe 3, 4 Std., Erw./Kind 119/109 NZ$), wahlweise mit Wasserfall, und der ruhigere „Family Fun“ (Stufe 2, 3 Std., Erw./Kind 75/65 NZ$) sind die beliebtesten Touren. Gruppen mit mehr als vier Personen können eine Zweitagestour mit Übernachtung auf einem Zeltplatz am Flussufer buchen (Stufe 3 und höher, pro Pers. 350 NZ$).

Tongariro River Rafting RAFTING
(Karte S. 307; ☎07-386 6409; www.trr.co.nz; Atirau Rd.; Erw./Kind 109/99 NZ$) Zur Auswahl stehen eine einfache Wildwasserwasserfahrt –„Gentle Family Float“ (Erw./Kind 75/65 NZ$) – Stromschnellen der Stufe 3 (Erw./

Turangi

Turangi

Aktivitäten, Kurse & Touren

1 Barry Greig's Sporting World ... A1
Creel Tackle House ... (siehe 6)
2 Rafting NZ ... B1
3 Sporting Life ... A2
4 Tongariro River Rafting ... A3
Vertical Assault ... (siehe 7)

Schlafen

5 Anglers Paradise Motel ... A2
6 Creel Lodge ... B2
7 Extreme Backpackers ... B1
8 Judges Pool Motel ... B2
9 Parklands Motor Lodge ... B2
10 Riverstone Backpackers ... B1
11 Sportmans Lodge ... B1

Essen

12 Grand Central Fry ... B1

Kind 115/105 NZ$) sowie eine eintägige Raftingtour mit Angelstopps (nur im Sommer, Preis auf Anfrage). Der Anbieter verleiht außerdem Mountainbikes und organisiert geführte Radtouren (Tongariro River Track, 42 Traverse, Moerangi Station, Fishers Track und Tree Trunk Gorge, Beschreibungen auf der Homepage). Außerdem bietet er einen Zubringerservice zu all diesen Strecken an. Man kann Kajaks mieten und mehrere Aktivitäten als Kombi-Paket kaufen.

Wai Maori KAJAKFAHREN
(☎07-386 0315; www.waimaori.com; Tokaanu) Organisiert geführte Wildwassertouren mit dem Kajak (Nov.–April, pro Pers. 159 NZ$) und Fahrten auf dem ruhigen Tokaanu zum Lake Taupo, vorbei an kochendem Schlamm, heißen Thermalbecken und zahlreichen Feuchtgebieten (90 Min. /halber Tag/ganzer Tag 30/40/65 NZ$).

Flyfishtaupo.com ANGELN
(☎07-377 8054; www.flyfishtaupo.com; Preise auf Anfrage) Guide Brett Pirie bietet eine Auswahl an Angeltouren, u. a. eine für Senioren („Old Farts & Tarts").

Central Plateau Fishing ANGELN
(☎027 285 6593; www.cpf.net.nz; halber/ganzer Tag ab 300/550 NZ$) Begleitetes Fliegenfischen, Bootcharter (Std. 100 NZ$) und Quad-Angel-Ausflüge im Tongariro National Park (ab 750 NZ$). Angelscheine kosten zusätzlich.

Ian & Andrew Jenkins ANGELN
(☎07-386 0840; www.tul-lodge.co.nz; halber/ganzer Tag 350/600 NZ$) Fliegenfischen mit Vater-und-Sohn-Team.

John Somervell ANGELN
(☎07-386 5931; www.nymphfish.com; halber/ganzer Tag ab 225/450 NZ$) Günstiges Fliegenfischen mit Guide.

AJ Charters ANGELN, BOOTSFAHRTEN
(☎07-386 7992; www.ajtaupocharters.com; Std. ab 120 NZ$) Angeltouren und landschaftlich reizvolle Bootsausflüge auf einem zweistöckigen Katamaran.

Barry Greig's Sporting World ANGELN
(Karte S. 307; ☎07-386 6911; www.greigsports.co.nz; 59 Town Centre) Verkauft und verleiht Angelausrüstungen und organisiert Führer und Charterboote.

Creel Tackle House ANGELN
(Karte S. 307; ☎07-386 7929; 183 Taupahi Rd.) Ausrüstungen und Tipps.

Sporting Life ANGELN
(Karte S. 307; www.sportinglife-turangi.co.nz; Town Centre) Dieses Sportgeschäft verkauft Angelzubehör. Auf der Website stehen die aktuellsten Infos.

Motuoapa Hire Boats BOOTSVERLEIH
(☎07-386 7000; Motuoapa Esplanade; Std. 39 NZ$) Verleiht Aluminiumjollen zum Angeln auf dem See. 10 km nordöstlich von Turangi.

Vertical Assault KLETTERN
(Karte S. 307; www.extremebackpackers.co.nz; 22 Ngawaka Pl.; Erw./Kind 20/15 NZ$; ⊙Do–Di 9–17, Mi 9–20 Uhr) Die Kletterwände bieten Routen in allen nur erdenklichen Schwierigkeitsgraden und sind ein guter Tipp für Schlechtwettertage.

Schlafen

LP TIPP **Riverstone Backpackers** HOSTEL $
(Karte S. 307; ☎07-386 7004; www.riverstonebackpackers.com; 222 Tautahanga Rd.; B 25–30 NZ$, Zi. 62–84 NZ$; @) Das fast schon elegante Backpacker-Hostel in einem geschickt umgebauten alten Haus hat eine gute Küche, einen gemütlichen Aufenthaltsraum und einen schön gestalteten Hof mit Pizzaofen. Hier fühlt man sich schnell wie zu Hause.

Creel Lodge LODGE $$
(Karte S. 307; ☎07-386 8081; www.creel.co.nz; 183 Taupahi Rd.; EZ 110–130 NZ$, DZ 125–145 NZ$;) Der himmlische Rückzugsort im Grünen grenzt an einen schönen Abschnitt des Tongariro. Es lohnt sich, die gehobenere Gartensuite zu nehmen: Sie ist eleganter und hat einen sehr hübschen Garten mit Pongaholz-Zaun.

Oreti Village APARTMENTS $$$
(Karte S. 311; ☎07-386 7070; www.oretivillage.com; Mission House Dr., Pukawa; Apt. 220–280 NZ$;) In diesem kleinen „Dorf" aus individuell gestalteten Ferienapartments kann man sich schon mal nach dem Landleben sehnen, besonders wenn man den Blick auf den See von der gemütlichen Ledercouch aus genießen kann. Man verlässt Turangi in nordwestlicher Richtung auf der SH41 und biegt nach 15 km auf die Pukawa Road.

Sportmans Lodge GÄSTEHAUS $$
(Karte S. 307; ☎07-386 8150; www.sportsmanslodge.co.nz; 15 Taupahi Rd.; Zi. 72 NZ$, Cottage 105–130 NZ$;) Die Lodge grenzt direkt an den Fluss und ist ein echtes Schnäppchen für Forellenangler. Alle Zimmer teilen sich das Wohnzimmer und die gut ausgestattete Küche. Im privaten Cottage haben wenigstens vier Personen Platz.

Extreme Backpackers HOSTEL $
(Karte S. 307; ☎07-386 8949; www.extremebackpackers.co.nz; 22 Ngawaka Pl.; B 25–27 NZ$, EZ 46–56 NZ$, DZ 62–72 NZ$; @) Im aus Holz und Aluminium gebauten Hostel gibt es eine Kletterwand, ein Café, einen Aufenthaltsraum mit Kamin und einen sonnigen Innenhof mit Hängematten. Die Schlafsäle haben vier bis acht Betten und die teureren Privatzimmer ein eigenes Bad. Die Besitzer organisieren u. a. Ausflüge zum Tongariro National Park.

Parklands Motor Lodge MOTEL $
(Karte S. 307; ☎07-386 7515; www.parklandsmotorlodge.co.nz; 25 Arahori St.; Stellplätze ab 17 NZ$, Apt. ab 110–140 NZ$;) Parklands liegt an der SH1 auf der anderen Seite eines riesigen Rasens. Der Wohnmobilplatz ist zwar nicht groß, aber dafür äußerst zweckmäßig ausgestattet und die Motelzimmer gepflegt. Es gibt einen einladenden Pool und einen Kinderspielplatz.

Anglers Paradise Motel MOTEL $$
(Karte S. 307; ☎07-386 8980; www.anglersparadise.co.nz; Ecke Ohuanga Rd. & Raukura St.; Apt. 119–160 NZ$; @) Das altmodische Motel erinnert an Twin Peaks und ist umgeben von 1 ha Grün, was für viel Privatsphäre sorgt. Es hat sich auf Angler spezialisiert, organisiert Guides und hat eine eigene Räucherkammer.

Judges Pool Motel MOTEL $$
(Karte S. 307; ☎07-386 7892; www.judgespoolmotel.co.nz; 92 Taupahi Rd.; Apt. 105–145 NZ$;) Das etwas ältere Motel verfügt über große, saubere Zimmer mit Kochnischen. Alle 1-Zimmer-Apartments haben Terrassen. Die Grillecke ist allerdings der beste Ort, um sich gegenseitig von knapp entwischten Forellen zu erzählen.

Essen

Tongariro Lodge MODERN-NEUSEELÄNDISCH $$
(Karte S. 311; ☎07-386 7946; www.tongarirolodge.co.nz; 83 Grace Rd.; Hauptgerichte 30–42 NZ$; ⊙Abendessen) Einige berühmte Persönlichkeiten, darunter Robert Mitchum, Liam Neeson, Larry Hagman, Jimmy Carter, Timothy Dalton, sind schon in dieser luxuriösen Anglerlodge abgestiegen, um inmitten der Holzvertäfelung und im 9 ha großen Park ihre Anonymität zu genießen. Es überrascht nicht, dass große (für Männer gedachte) Portionen Fleisch die Speisekarte dominieren. Noch glücklicher ist Mann

allerdings, wenn der eigene Fang perfekt geräuchert serviert wird! Die Lodge liegt nördlich des Orts.

Oreti Village FRANZÖSISCH $$

(Karte S. 311; ☎07-386 7070; Mission House Dr., Pukawa; Hauptgerichte 30–38 NZ$; ⏰Mittagessen Sa & So, Abendessen Di–So) Es gibt kaum ein romantischeres Örtchen für einen warmen Sommerabend als die Terrasse mit Blick über den See. Das Essen ist dabei das I-Tüpfelchen.

Grand Central Fry FASTFOOD $

(Karte S. 307; 8 Ohuanga Rd.; Gerichte 3–8 NZ$; ⏰11–20.30 Uhr) Das legendäre Grand Central Fry serviert sehr gute Fish'n'Chips, Burger und alles, was man sonst noch so braten kann.

Licorice CAFÉ $

(57 SH1, Motuoapa; Hauptgerichte 9–17 NZ$; ⏰Mi–Sa 7–16, So 9–16 Uhr) Das Straßencafé, 8 km nördlich von Turangi, ist am riesigen Stück Lakritz auf dem Dach zu erkennen. Es ist besser als die Cafés im Ort.

ℹ Praktische Informationen

Turangi i-SITE (☎07-386 8999; www.greatlaketauponz.com; Ngawaka Pl.; ⏰8.30–17 Uhr; @📶) Gut für Informationen zum Tongariro National Park, dem Kaimanawa Forest Park, Forellenangeln sowie Schnee- und Straßenbedingungen. Außerdem sind hier DOC-Hüttentickets, Skipässe und Angelscheine erhältlich. Transport, Unterkunft und Aktivitäten können ebenfalls gebucht werden.

ℹ An- & Weiterreise

InterCity (S. 292) und Naked Bus (S. 260) halten am i-SITE.

DIE ZENTRALE HOCHEBENE

Tongariro National Park

Tongariro wurde 1887 eröffnet, war der erste Nationalpark Neuseelands, der vierte der Welt und steht heute als eine von drei Welterbestätten des Landes auf der Liste der Unesco. Das riesige alpine Plateau ist von Gestrüpp bedeckt und wird von den drei aktiven Vulkanen Ruapehu, Ngauruhoe und Tongariro beherrscht. Die Landschaft ist sicher eine der spektakulärsten des Landes. Im Sommer lädt der Park zu wahlweise kurzen Spaziergängen oder längeren Wanderungen ein, zu den besonders frequentierten Wanderwegen zählen der Tongariro Northern Circuit und die Tongariro Alpine Crossing, im Winter ist der Nationalpark ein beliebtes Skigebiet.

Die drei Gipfel sind ein Geschenk des einheimischen *iwi* (Stamm) der Ngati Tuwharetoa an Neuseeland, die die Übergabe als einzige Möglichkeit sahen, um diesen spirituellen Ort für ihr Volk zu erhalten.

👁 Sehenswertes

Mt. Ruapehu VULKAN

(www.mtruapehu.com) Der mehrgipflige Ruapehu (2797 m) ist der höchste und aktivste der Vulkane und das Herzstück des Nationalparks. Auf seinen Hängen liegen das Whakapapa Village (ausgesprochen „fa-ka-pa-pa"), mehrere Wanderwege und drei Skigebiete.

Sein Name bedeutet „Klanggrube" und bezieht sich auf seine regelmäßigen Eruptionen. Zum ersten Mal brach der Vulkan vor 250 000 Jahren aus, bis heute ist er aktiv. Größere Ausbrüche erfolgen ungefähr alle 50 Jahre. Während seines spektakulären Ausbruchs 1995 spie der Ruapehu viel Gestein und hüllte die Gegend in Dampf und Aschewolken. Im Folgejahr rumpelte und ächzte der Vulkan von Juni bis September und stieß Aschewolken hoch in den Himmel, sodass die Skisaison 1996 komplett ausfallen musste. Der letzte Ausbruch im September 2007 kam wie aus dem Nichts und wurde von einem leichten Erdbeben begleitet. Ein in einer Schutzhütte auf dem Berg schlafender Kletterer wurde dabei schwer verletzt.

Der Vulkan war auch der Auslöser einer der schwersten Naturkatastrophen Neuseelands. Eruptionen im Jahr 1945 blockierten den Überlauf des Kratersees, wodurch der Wasserspiegel dramatisch anstieg. Am Weihnachtsabend 1953 schließlich war der Druck zu groß geworden, der Damm brach und eine Flut an vulkanischem Schlamm (Lahar genannt) ergoss sich über den Berg und spülte nur einen Augenblick vor der Ankunft eines voll besetzten Expresszugs eine Eisenbahnbrücke bei Tangiwai weg. Der Zug entgleiste und 153 Personen starben.

Der Kratersee wurde durch die Eruption von 1995/1996 erneut blockiert. Als der Wasserspiegel anstieg, war vorherzusehen, dass ein größerer Lahar wieder zu einer Katastrophe führen würde. Alarmsysteme wurden am Rand des Kratersees installiert, und als im März 2007 ein kleinerer Lahar ins Whangaehu Valley schwappte, löste er Alarm aus. Es gab aber keine Verletzten und nur geringen Schaden an der Infrastruktur.

Mt. Ngauruhoe VULKAN

Ngauruhoe (2287 m) ist der jüngste der drei Vulkane, er entstand vor schätzungsweise 2500 Jahren. Im Gegensatz zu den anderen zwei Vulkanen hat der Ngauruhoe nur einen Ausbruchkanal und besitzt durch seine Kegelform perfekt symmetrische Hänge. Deshalb erkor ihn Peter Jacksons in seiner Kinoverfilmung von *Herr der Ringe* zum Schicksalsberg. Im Sommer kann er bestiegen werden, im Winter ist er von Schnee bedeckt und ausschließlich das Ziel erfahrener Bergsteiger.

Mt. Tongariro VULKAN

Der Red Crater des Mt. Tongariro (1968 m) brach zuletzt 1897 aus, die jüngste Eruption fand ohne große Vorwarnung Anfang August 2012 statt. Eine 6000 m hohe Aschewolke zog sich über 250 km hin und behinderte den Flugverkehr, Asche bedeckte die Landschaft, eine Wanderhütte wurde beschädigt. Der unebene Gipfel des uralten, aber immer noch aktiven Vulkans ist ansonsten von farbigen Seen bedeckt. Der herrliche Wanderweg Tongariro Alpine Crossing führt an den Seen vorbei, direkt durch einige Krater und talwärts durch einen Wald mit ausschließlich einheimischem Baumbestand.

Aktivitäten

Die DOC- und i-SITE-Besucherzentren in Whakapapa, Ohakune und Turangi haben Karten und Information zu Wanderungen im Park und können über die aktuellen Wander- und Wetterbedingungen Auskunft geben. Im Januar organisiert das DOC ein ausgezeichnetes Wanderprogramm (mit Führern) im und um den Nationalpark. Am besten man fragt in den DOC-Zentren oder bucht online. Der Nationalpark ist außerdem ein beliebtes Skigebiet (S. 47).

Whakapapa & Turoa Ski Areas SKIFAHREN, SNOWBOARDEN

(☎Turoa 06-385 8456, Whakapapa 07-892 4000; www.mtruapehu.com; Tageskarte Lift Erw./Kind 95/57 NZ$, gültig in beiden Skigebieten) Die miteinander verbundenen Skigebiete liegen auf Mt. Ruapehu und bilden zusammen Neuseelands größtes Skiareal. Beide bieten ähnliche Skibedingungen auf gleicher Höhe (ca. 2300 m) mit Abfahrtsmöglichkeiten in allen Schwierigkeitsgraden – von Anfänger- bis zu schwarzen „Diamant"-Pisten für die Profis. Die Liftpässe gelten in beiden Skigebieten. Zum Redaktionsschluss war ein neuer Lift für Turoa in Planung, der ein weitflächiges Gletschergebiet weiter oben am Berg erschließen soll.

Die einzigen Unterkunftsmöglichkeiten in beiden Skigebieten sind private Skihütten (hauptsächlich im Besitz der Skivereine). Die meisten Besucher übernachten in Whakapapa oder dem National Park Village. Turoa, mit dem besten Après-Ski, liegt nur 16 km von Ohakune entfernt.

Tukino Ski Area SKIFAHREN, SNOWBOARDEN

(Karte S. 311; ☎06-387 6294, 0800 885 466; www.tukino.co.nz; Tageskarte Lift Erw./Kind 50/30 NZ$) Das von einem Verein betriebene Tukino liegt ziemlich abgelegen auf der Ostseite des Mt. Ruapehu, 46 km von Turangi entfernt: Für die 14 km lange unbefestigte Straße, die von der Desert Road (SH1) abzweigt, braucht man einen Geländewagen. Das Skigebiet ist entsprechend weniger stark besucht, es bietet Pisten für Anfänger und Fortgeschrittene.

42 Traverse MOUNTAINBIKEN

Die 46 km lange Mountainbike-Strecke (4–6 Std.) zählt zu den beliebtesten der Nordinsel. Da sie alten Forstwegen folgt, kommt man recht gut voran, trotz der zahlreichen An- und Abstiege. Von der Kapoors Road (abseits der SH47) nach Owhango geht es relativ stetig abwärts.

Tongariro National Park & Umgebung

Sehenswertes

1 Tongariro National Trout Centre D2

Aktivitäten, Kurse & Touren

2 Mountain Air B3
3 Ruapehu Homestead A6
4 Tokaanu Thermal Pools D1
5 Tukino Ski Area C4

Schlafen

6 Discovery Lodge B3
7 Oreti Village D1

Essen

Oreti Village .... (siehe 7)
8 Tongariro Lodge D1

Tongariro Northern Circuit WANDERN
Der Northern Circuit gehört zu den sog. Great Walks von Neuseeland. Er umrundet den Ngauruhoe und bietet einen spektakulären Blick auf die ganze Umgebung, vor allem auf den Mt. Tongariro. Da es sich um einen Rundweg handelt, gibt es verschiedene Start- und Zielpunkte, z. B. Whakapapa Village, die Ketetahi Road und die Desert Road. Die Strecke schließt auch den berühmten Tongariro Alpine Crossing mit ein.

Highlights des Rundwegs sind die Abschnitte, die durch mehrere Vulkankrater bzw. an ihnen vorbeiführen. Zu nennen

Tongariro National Park & Umgebung

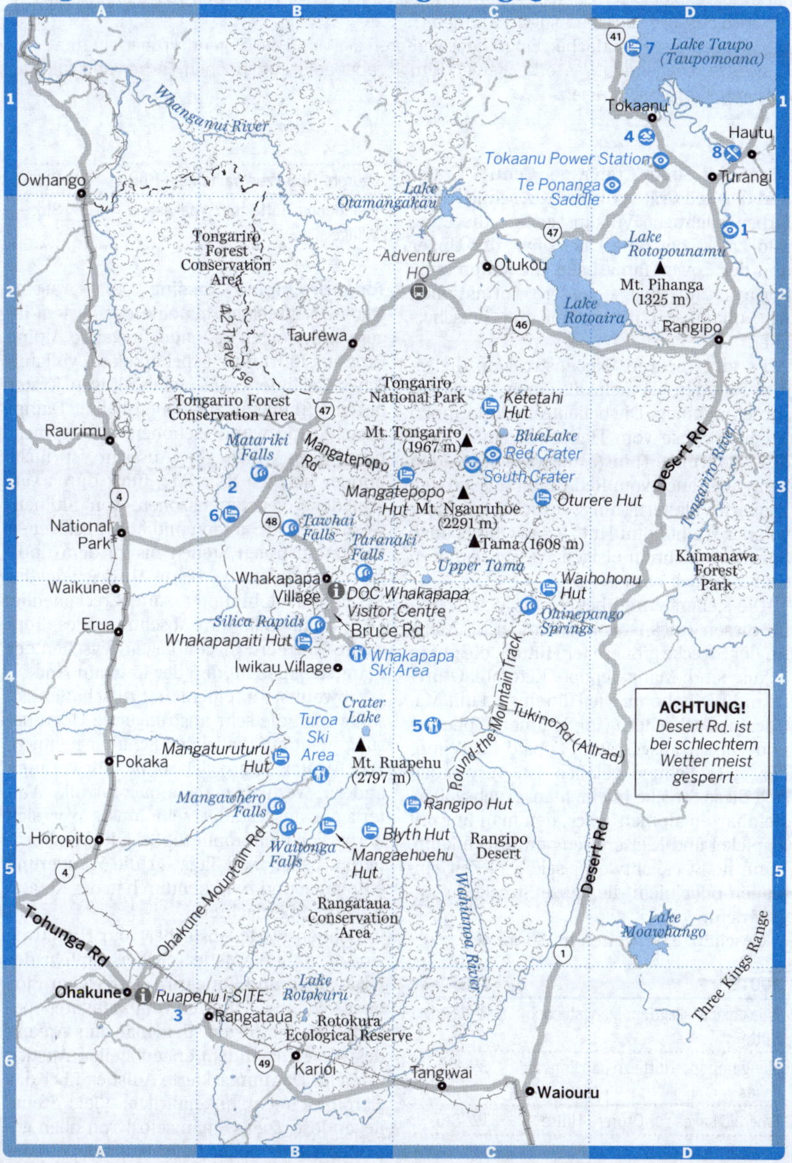

HILFE VON HITZKÖPFEN

Eine Maorilegende erzählt die Geschichte des großen Stammeshäuptlings Ngatoro-i-rangi, der auf der Suche nach mehr Land für seinen Stamm den Mt. Tongariro erklomm. Als Krieger gerühmt, war Ngatoro-i-rangi als Fährtensucher nur ein Amateur, und als die Nacht einbrach, konnte er den Rückweg nicht mehr finden. So rief er die Feuergötter Te Pupu und Te Hoata um Hilfe an. Bei ihrer Suche nach Ngatoro-i-rangi brüllten die Götter unter der Erde von Hawaiki, steckten aber zuerst bei Whakaari (White Island) ihre Köpfe heraus, explodierten dann bei Rotorua und brachen schließlich in den Vulkanen von Tongariro aus, um den Häuptling zu wärmen.

Wegen dieses göttlichen Eingreifens verehren die Maori die Gegend. Früher nutzten sie die umliegenden Wasserbecken für Rituale, aber auch zum Kochen, Färben und zur Herstellung von Arzneien.

wären der South Crater, der Central Crater und der Red Crater, die brillant schillernden farbenprächtigen Vulkanseen wie die Emerald Lakes, der Blue Lake sowie der Upper und der Lower Tama Lake, die kalten Soda Springs und diverse andere Formationen wie Vulkankegel, Lavaströme und Gletschertäler.

Es gibt mehrere Nebenstrecken, die einige Stunden bis mehr als einen Tag in Anspruch nehmen. Die beliebteste unter ihnen ist die Strecke vom Hauptweg zum Gipfel des Ngauruhoe (hin & zurück 3 Std.). Man kann aber auch vom Red Crater aus auf den Tongariro klettern (hin & zurück 2 Std.) oder von der Waihohonu Hut zu den Ohinepango Springs mit ihrem eisigen Wasser wandern (hin & zurück 1 Std.).

Die sicherste und beliebteste Wanderzeit für diesen Track ist von Dezember bis März. An der Strecke gibt es vier Hütten, die gut in Schuss sind: Mangatepopo, Ketetahi, Oturere und Waihohonu. Die Hütten sind mit Matratzen, Gaskochern (im Sommer), Toiletten und Wasser ausgestattet. Sobald im Winter der erste Schnee gefallen ist, verwandelt sich diese Strecke in einen anspruchsvollen, steinharten alpinen Track, den man nur mit Eispickel und Klettereisen bewältigen kann. Dann heißt es, entweder sehr viel Zeit einplanen oder nicht die ganze Strecke in Angriff nehmen.

Geschätzte Gehzeiten im Sommer:

ROUTE	ZEIT
Whakapapa Village zur Mangatepopo-Hütte	3–5 Std.
Mangatepopo-Hütte zu den Emerald Lakes	3½ Std.
Emerald Lakes zur Oturere-Hütte	1½ Std.
Oturere-Hütte zur Waihohonu-Hütte	3½ Std.
Waihohonu-Hütte zum Whakapapa Village	5½ Std.

Tongariro Alpine Crossing WANDERN

Der in Neuseeland als eine der besten Tageswanderungen geltende Tongariro Alpine Crossing führt durch spektakuläres vulkanisches Gelände – von einem aktiven Krater bis zu Öffnungen, aus denen heißer Dampf austritt, und wunderschönen, farbenprächtigen Seen. Auch die Aussicht ist nicht minder herrlich. Der Weg führt durch verschiedene Vegetationszonen, von alpinem Gestrüpp und Stauden und höher gelegenen vegetationsfreien Stellen bis zu dem üppigen Steineibenwald beim Abstieg von der Ketetahi Hut hinunter zum Streckenende. Die spektakulärsten Abschnitte des Tongariro Northern Circuit liegen zwischen der Mangatepopo Hut und der Ketetahi Hut.

Obwohl sie in einem Tag zu schaffen ist, sollte man die sehr anstrengende Überquerung nicht auf die leichte Schulter nehmen. Das Wetter kann sich ohne Vorwarnung ändern, weshalb man immer für alle Wetterlagen ausgestattet sein muss. Wer sich körperlich nicht topfit fühlt, sollte von Vornherein lieber zwei Tage für die Wanderung einplanen und zwischendurch in der Ketatahi-Hütte übernachten.

Lohnenswerte Abstecher vom Hauptweg sind u. a. der Aufstieg zu den Gipfeln des Ngauruhoe und Tongariro. Der Ngauruhoe lässt sich am leichtesten vom Mangatepopo-Sattel aus besteigen, den man am Anfang des Weges nach dem ersten steilen Anstieg erreicht. Der unmarkierte Aufstieg über das Geröll ist nicht ungefährlich: Viele Steine liegen lose, sodass man selbst von oben getroffen werden oder tiefer laufende Wanderer verletzen kann. Den Gipfel des Tongariro erreicht man auf einem markierten Pfad vom Red Crater aus.

Der Startpunkt des Tongariro Alpine Crossing ist von der Mangatepopo Road (abseits der SH47) und von der Ketetahi Road (abseits der SH46) aus erreichbar. Die Mangatepopo-Hütte, zu der man über die Mangatepopo Road kommt, liegt in der Nähe des Startpunkts, die Ketetahi-Hütte liegt einige Wanderstunde vom Endpunkt entfernt. Diebstähle aus geparkten Autos ist an beiden Enden des Wegs ein Problem: Wertsachen sollten deshalb nicht im Auto gelassen und anderes potenzielles Diebesgut außer Sichtweite aufbewahrt werden.

Aufgrund seiner großen Beliebtheit fahren viele Shuttlebusse zu beiden Endpunkten des Fernwanderwegs. Die Fahrten müssen allerdings vorab gebucht werden, außerdem wird erwartet, dass man die Tour in der veranschlagten Zeit auch beendet.

Ein Hinweis: Die Tongariro Alpine Crossing zählt sicher zu den schönsten Weitwanderwegen der Welt, man wird allerdings nur wenig Gefallen an ihm finden, wenn man schlecht vorbereitet ist oder das Wetter nicht mitspielt. Wenn es stürmt, der Regen niederprasselt oder man ungeeignete Kleidung trägt, wird man die Wanderung wenig genießen und sich möglicherweise sogar in Gefahr begeben. Im Winter liegen die bunten Seen versteckt unter einer Schneedecke und büßen dadurch an Reiz ein.

Geschätzte Gehzeiten im Sommer:

ROUTE	ZEIT
Einstieg Mangatepopo Road – Mangatepopo-Hütte	15 Min.
Mangatepopo-Hütte – South Crater	1½–2 Std.
South Crater – Gipfel des Mt. Ngauruhoe (Abstecher)	2–3 Std. (hin und zurück)
Red Crater – Gipfel des Tongariro (Abstecher)	1½ Std. (hin und zurück)
South Crater – Emerald Lakes	1–1½ Std.
Emerald Lakes – Ketetahi-Hütte	1½ Std.
Ketetahi-Hütte – Straßenende	1½ Std.

Round the Mountain Track WANDERN

Der abgelegene Wanderweg gilt als ruhigere Alternative zum überlaufenen Northern Circuit, ist aber sehr anspruchsvoll. Er hat ein paar ziemlich knifflige Flussübergänge und ist nichts für Anfänger oder schlecht vorbereitete Bergwanderer. Der Weg macht eine Runde um den Mt. Ruapehu und schließt verschiedene Landschaftsformen mit ein – von Gletscherflüssen bis zu von Büschen bewachsenen Sümpfen. Zugleich bietet er einen majestätischen Blick auf die Berge. Für diese Wanderung sollte man mindestens vier Tage einplanen, sechs Tage, wenn man auch die Nebenstrecken zur Blyth Hut oder zu den Tama Lakes mitnimmt.

Man erreicht den Round the Mountain Track von Whakapapa Village, von der Kreuzung bei der Waihohonu Hut, von der Ohakune Mountain Road oder von der Whakapapaiti Hut aus. Die meisten Bergwanderer starten in Whakapapa Village und kehren nach der Rundwanderung wieder dorthin zurück.

Am sichersten ist der Track in den Monaten Dezember bis März, wenn nur wenig oder gar kein Schnee liegt und die Lawinengefahr geringer ist. Das restliche Jahr über kann es in einer verschneiten Landschaft schwierig sein, sich zu orientieren; auch sonst wird die Wanderung anspruchsvoller und man braucht unbedingt eine vollständige alpine Ausrüstung (Eispickel, Steigeisen und Spezialkleidung). Eine gewissenhafte Vorbereitung ist unerlässlich! Ausreichend detaillierte Karten besorgen, die aktuellen Wetter-, Schnee- und Wegbedingungen prüfen, Kleidung für jedes Klima und reichlich Lebensmittel mitnehmen. Außerdem unbedingt einem Verantwortlichen die Wanderpläne und das voraussichtliche Datum der Rückkehr mitteilen und sich nach der Rückkehr bei diesem wieder melden.

Entlang des Tracks gibt's mehrere Hütten: Waihohonu, Rangipo, Mangaehuehu, Mangaturuturu und Whakapapaiti; eine Nebenstrecke führt zur Blyth Hut. Geschätzte Dauer der Wanderungen im Sommer:

ROUTE	ZEIT
Whakapapa Village – Waihohonu-Hütte	5–6 Std.
Waihohonu- Hütte – Rangipo-Hütte	5 Std.
Rangipo-Hütte – Mangaehuehu-Hütte	5–Std.
Mangaehuehu-Hütte – Mangaturuturu-Hütte	5 Std.
Mangaturuturu-Hütte – Whakapapaiti-Hütte	6 Std.
Whakapapaiti-Hütte – Whakapapa Village	2–3 Std.
Tama-Seen (Abstecher)	1½ Std.
Blyth-Hütte (Abstecher)	1 Std.

SICHERHEIT IM GEBIRGE

Viele Besucher Neuseelands kommen in den Bergen in Schwierigkeiten. Das Wetter ändert sich schneller als man denkt, immer wieder müssen Bergwanderer aus Notsituationen gerettet werden. Auch zu Todesfällen ist es schon gekommen! Beim Wandern auf abgelegenen Wegen muss man unbedingt richtig ausgerüstet sein und am besten eine verantwortungsbewusste Person über den genauen Wegverlauf informieren, damit man im Notfall auch gefunden wird.

Crater Lake WANDERN

Der nicht markierte, holprige Weg zu Ruapehus Kratersee (hin & zurück 7 Std.) lohnt sich, da man von hier aus den sauren See aus der Nähe betrachten kann. Sollte der Vulkan aktiv sein, wird vom Besuch dringend abgeraten. Die mäßig bis schwierige Wanderung beginnt im Iwikau Village am oberen Ende der Bruce Road. Sie verkürzt sich deutlich um 3 Std., wenn man den bequemen **Sessellift** (Erw./Kind 26/16 NZ$; Mitte Dez.–April 9–15.30 Uhr) vom Skigebiet Whakapapa aus nimmt.

Geführte Touren (0508 782 734; www.mtruapehu.com; Erw./Kind inkl. Liftpass 145/95 NZ$) zum Kratersee finden von Mitte Dezember bis Mitte April statt und hängen vom Wetter ab. Wie für die meisten Wanderungen im Tongariro National Park gilt auch, dass man sich unbedingt über die Wetterbedingungen informieren sollte. In den Wintermonaten sollten sich nur erfahrene Bergsteiger auf den Weg machen.

Tama Lakes Track WANDERN

Der 17 km lange Wanderweg führt vom Whakapapa Village zu den Tama Lakes auf dem Tama-Sattel zwischen Ruapehu und Ngauruhoe (hin & zurück 5–6 Std.). Vom oberen See hat man einen schönen Blick Richtung Ngauruhoe und Tongariro (Vorsicht, es kann windig werden auf dem Sattel).

Ridge Track WANDERN

Die halbstündige Wanderung führt von Whakapapa aus durch Buchenwälder über die Baumgrenze hinaus in alpines Strauchland und bietet von dort schöne Ausblicke auf alle drei Gipfel.

Silica Rapids Track WANDERN

Vom Whakapapa Village aus führt der Rundweg (2½ Std., 7 km) zu den Silica Rapids, die nach der Kieselerde (Silica) benannt sind, die durch die Stromschnellen im Waikare dort abgelagert wurde.

Taranaki Falls Track WANDERN

Ein 2 Std. und 6 km langer Rundweg führt von Whakapapa zu den 20 m hohen Taranaki Falls im Wairere.

Whakapapa Nature Walk WANDERN

Der 15-minütige, rollstuhlgerechte Rundweg fängt etwa 200 m über dem Besucherzentrum an und verläuft durch Buchenwälder und Gärten, in denen die Pflanzen der verschiedenen Vegetationszonen im Nationalpark zu sehen sind.

Tongariro Quads QUADFAHREN

(07-378 2662; www.tongariroquads.com; halber/ganzer Tag 199/299 NZ$) Geführte Quadtouren durch den Tongariro Forest Park entlang der 42 Traverse.

Mountain Air RUNDFLÜGE

(Karte S. 311; 0800 922 812; www.mountainair.co.nz; Kreuzung SH47 & SH48; Flüge 115–220 NZ$) Bietet Rundflüge (15–35 Min.) an, bei denen die Vulkane und Seen zu sehen sind. Mountain Air fliegt auch von Turangi (275 NZ$, 45 Min.) und Taupo (299 NZ$, 65 Min.) ab.

Edge to Edge WINTERSPORT

(0800 800 754; www.edgetoedge.co.nz; Skotel Alpine Resort; komplette Skiausrüstung Tag 35–65 NZ$, komplette Snowboardausrüstung Tag 43–71 NZ$) Verleiht Ski-, Kletter- und alpine Ausrüstung.

Schlafen & Essen

In Whakapapa Village gibt's nur eine begrenzte Anzahl an Unterkünften. Die hier aufgeführten Preise beziehen sich auf die Sommersaison; in der Skisaison liegen die Preise in der Regel deutlich höher. Eine größere Auswahl an Unterkünften gibt's in National Park und Ohakune. Die besseren Budgetunterkünfte findet man in National Park, dafür hat Ohakune als echte Kleinstadt die besseren Lokale und Geschäfte zu bieten.

Whakapapa Holiday Park FERIENANLAGE $$$

(07-892 3897; www.whakapapa.net.nz; Whakapapa Village; Stellplätze ab 19 NZ$, B 25 NZ$,

Apt. 69–149 NZ$) Diese beliebte, dem DOC angeschlossene Ferienanlage bietet eine Vielzahl an Übernachtungsmöglichkeiten: Stellplätze am Rande eines wunderschönen Buschlands, eine 32-Betten-Unterkunft für Backpacker (ohne Bettwäsche), Holzhütten (ohne Bettwäsche) und einen gemütlichen, privaten Bungalow. Im angeschlossenen Laden werden Grundnahrungsmittel und Getränke verkauft.

Skotel Alpine Resort HOSTEL **$**
(☎07-892 3719; www.skotel.co.nz; Whakapapa Village; EZ/2BZ/3BZ ohne Bad 40/55/75 NZ$, Zi. mit Bad 110–185 NZ$, Hütte 185 NZ$) Am besten über die Flecken auf dem Teppich und das billige Linoleum hinwegsehen und stattdessen das alpine Ambiente und die für ein Hostel untypischen Annehmlichkeiten wie Sauna, Whirlpool, Fitnessraum, Skiverleih, Restaurant und Bar genießen!

Bayview Chateau Tongariro HOTEL **$$**
(☎07-892 3809; www.chateau.co.nz; Whakapapa Village; Zi. ab 155 NZ$; @) Die großartige Lage und die Eleganz des Hotels im Stil eines Herrenhaus sind vielversprechend, der altertümlicher Charme verblasst allerdings schnell. Schade um eine verpasste Chance fur den Tourismus, denn ein Innenarchitekt mit gutem Budget könnte das Chateau im Handumdrehen zurück in das einzigartige Hotel verwandeln, das es zu seiner Eröffnung 1929 einmal war. Dennoch kann man auch heute noch einarmigen Großwildjägern in der Bar, Gehstock schwingenden Silbermedaillengewinnern aus den 70er-Jahren oder Ex-Colonels, die ihre kleinen feinen Schnurrbärte zwirbeln und einen durch ihr speckiges Monokel beäugen, begegnen. In dem Riesenkomplex befinden sich ein Kino, der elegante **Ruapehu Room** (Hauptgerichte 36–38 NZ$; ⏲Abendessen), das **Pihanga Cafe** (Hauptgerichte 20–27 NZ$; ⏲Mittag- & Abendessen) und die T-bar, ein gemütliches Plätzchen für einen wärmenden Drink. Die Inhaber betreiben außerdem den benachbarten öffentlichen 9-Loch-Golfplatz, das **Fergusson's Cafe** (Hauptgerichte 5–10 NZ$; ⏲Frühstück & Mittagessen; @📶) und das Fergusson Motel, das private Familienchalets vermietet (ab 155 NZ$).

DOC Campingplätze CAMPINGPLÄTZE **$**
(www.doc.govt.nz; Stellplätze Erw./Kind 6/3 NZ$) Abgesehen von den Hütten und angeschlossenen Campingplätzen betreibt das DOC zwei einfache Campingplätze in der Gegend: Mangahuia zwischen dem National Park Village und der Abbiegung, von wo es von der SH48 nach Whakapapa geht; und Mangawhero in der Nähe von Ohakune. Beide verfügen nur über kaltes Wasser und Grubentoiletten.

HÜTTENPÄSSE

An den Wanderwegen des Nationalparks liegen zehn Hütten, in denen übernachtet werden kann. Die Preise schwanken je nach Hütte und Saison zwischen 15 und 31 NZ$ pro Person. Neben den Hütten kann gezeltet werden (5–21 NZ$). Die DOC-Zentren und i-SITEs in Turangi, Whakapaka und Ohakune verkaufen Hüttentickets und -pässe (Backcountry Hut Passes).

In der „Great Walks"-Saison – von Ende Oktober bis April – sind Reservierungen für die vier Hütten am Tongariro Northern Circuit (Mangatepopo, Ketetahi, Oturere und Waihohonu) zwingend notwendig. Am besten bucht man online über www.doc.govt.nz, alternativ geht es auch in den DOC-Zentren und einigen i-SITEs. Allerdings kann hier eine Bearbeitungsgebühr aufgeschlagen werden.

Praktische Informationen

Weitere Infos zum Nationalpark gibt es in den i-SITEs in Ohakune (S. 331) und Turangi (S. 309).

Das **DOC Whakapapa Visitor Centre** (☎07-892 3729; www.doc.govt.nz; Whakapapa Village; ⏲8–17 Uhr) bietet Karten und Informationen zu allen Ecken des Parks inklusive Wanderungen, Hütten und den aktuellen Schnee-, Wander- und Wetterverhältnissen. Eine Ausstellung beleuchtet die geologische und die Siedlungsgeschichte der Gegend. Die Ausstellung ist ideal, wenn es draußen für Wanderungen zu sehr regnet. Einen kleinen Laden gibt es auch. Vor dem Wandern lohnt sich der Kauf einer Nationalpark-Karte (19 NZ$).

An- und Weiterreise

Auto & Motorrad

Der Tongariro National Park ist von Straßen umzingelt: der SH1 (Desert Road genannt) im Osten, der SH4 im Westen, der SH46 und der SH47 im Norden und der SH49 im Süden. Die Hauptstraße in den Nationalpark hinein ist die SH48, der als Bruce Road nach Whakapapa

Village und dann weiter in die Berge zum Skigebiet Whakapapa führt. Die Ohakune Mountain Road führt von Ohakune hinauf zum Skigebiet Turoa. Die Desert Road ist bei schlechtem Wetter regelmäßig gesperrt – nicht zu übersehende Straßenschilder leiten einen dann auf andere Strecken um. Ebenso können manchmal auch die Ohakune Mountain Road und die Bruce Road gesperrt oder die Weiterfahrt ab bestimmten Punkten nur mit Geländewagen mit Allradbetrieb oder mit Winterausrüstung und Schneeketten erlaubt sein.

Bus

Zahlreiche Shuttlebusse pendeln von Taupo, Turangi, National Park und Ohakune zum Whakapapa Village, dem Startpunkt des Wanderwegs Tongariro Alpine Crossing sowie anderen touristischen Attraktionen. Im Sommer richten sie sich nach den Bedürfnissen der Wanderer, im Winter nach denen der Wintersportler. Am besten vorher buchen, um unerwartete Verspätungen zu vermeiden. Zusätzlich zu den unten aufgeführten Anbietern bietet der Großteil der Hostels in Turangi und im Nationalpark eigene Shuttledienste zu einigermaßen vergleichbaren Preisen an.

Adventure HQ (☎07-386 0969; www.adventurehq.co.nz) Fährt regelmäßig von seinem Büro an der SH47 zum Startpunkt des Tongariro Alpine Crossing (35 NZ$). Verleiht und verkauft auch Ausrüstung.

Alpine Hotbus (☎0508 468 287; www.alpinehotbus.co.nz) Pendelt zwischen dem Crossing und Rotorua (99 NZ$), Taupo (55 NZ$) und Turangi (40 NZ$) und fährt außerdem von Taupo nach Whakapapa und zum National Park Village (60 NZ$).

Matai Shuttles (☎06-385 8724; www.mataishuttles.co.nz) Betreibt einen Skibusshuttleservice von Ohakune nach Turoa (hin & zurück 25 NZ$) und Whakapapa (hin & zurück 30 NZ$), im Winter außerdem eine Nachttour durch Ohakune (4 NZ$). Shuttlebusse fahren außerdem zu den Startpunkten mehrerer Wander- und Radwege.

Snow Express (☎06-385 4022; www.dempseybuses.co.nz; hin & zurück 25 NZ$) Der Snow Expres verkehrt zwischen Ohakune und dem Skigebiet Turoa.

Tongariro Expeditions (☎0800 828 763; www.tongariroexpeditions.com) Pendelt zwischen Taupo (59 NZ$, 1½ Std.), Turangi (40 NZ$, 45 Min.) sowie Whakapapa (35 NZ$, 15 Min.) und dem Startpunkt der Wanderwege Tongariro Alpine Crossing und Northern Circuit.

Turangi Alpine Shuttles (☎07-386 8226; www.turangirentals.co.nz) Verkehrt auf der Strecke Turangi – Whakapapa (einfach/hin & zurück 35/45 NZ$) und fährt zum Start des Tongariro Alpine Crossing (40 NZ$).

National Park Village

460 EW.

Der nach dem nahe gelegenen Tongariro National Park benannte kleine Außenposten liegt 15 km von Whakapapa Village entfernt an der Kreuzung SH4/SH47. Während es in dem Örtchen in der Skisaison nur so von Urlaubern wimmelt, ist es im Sommer ein recht verschlafenes Nest – obwohl es sich als Basislager für Aktivitäten im und rund um den Nationalpark recht gut eignet.

Im Dorf selber gibt's nur wenig zu tun. Das macht aber gar nichts, schließlich befinden sich die Skigebiete, Wanderwege im Nationalpark, der Mountainbike-Trail 42 Traverse und die Kanutrips auf dem Whanganui River in unmittelbarer Nähe. Täglich fahren Shuttles im Sommer zum Tongariro Alpine Crossing und nach Whakapapa Village und im Winter zu den Skigebieten.

Man wird schnell feststellen, dass die Gegend hier Eisenbahnerland ist. Am SH4, ca. 20 km südlich von National Park, steht bei Horopito ein Denkmal für den „Last Spike", den letzten Schienennagel bei der Fertigstellung der Main Trunk Railway Line zwischen Auckland und Wellington im Jahr 1908. Bei Raurimu, 5 km nördlich von National Park, findet man ein Zeugnis der Ingenieur-Meisterleistung: die „Spirale". Trainspotter werden staunen – und alle anderen werden sich wohl fragen, was zum Teufel die sich da anschauen (zu sehen gibt's nicht viel ...)

Aktivitäten

Die meisten Unterkünfte im Ort bieten Liftpässe und Skiverleih im Paket an. Weiter oben in den Bergen liegen die Preise höher. Skiausrüstung kann bei **Eivins** (☎07-892 2843; www.nationalpark.co.nz/eivins; Carroll St.), **Snow Zone** (☎07-892 2757; www.snowzone.co.nz; 25–27 Buddo St.) und **Ski Biz** (☎07-892 2717; www.skibiz.co.nz; 10 Carroll St.) geliehen werden.

Fishers Track MOUNTAINBIKEN

Die 17 km lange Abfahrt beginnt im National Park Village und ist Teil der Ruapehu Whanganui Trails (S. 319).

Adrift Guided Outdoor Adventures KANUFAHREN, WANDERN

(☎07-892 2751; www.adriftnz.co.nz) Organisiert geführte Kanutouren auf dem Whanganui (1–6 Tage, 245–999 NZ$), verleiht Kanus und kümmert sich um alle nötigen Transfers. Bietet außerdem geführte Wanderungen im Tongariro National Park (2 Std. bis 3 Tage, 95–850 NZ$) an.

Wade's Landing Outdoors KANU- & KAJAKFAHREN
(☎07-895 5995; www.whanganui.co.nz; 29 Kaitieke Rd., Raurimu) Verleiht Kanus und Kajaks für Expeditionen auf dem Whanganui und bietet Zubringerfahrten mit dem Schnellboot oder Auto (1–5 Tage, 80–180 NZ$) zu den Startpunkten der Wanderwege oder Mountainbikerouten an. Daneben werden auch *Herr der Ringe*-Touren organisiert. Auf dem Gelände liegt ein „prähistorischer Skulpturenpark" mit zahlreichen Dinosauriern, die allesamt aus altem Treibholz gebaut wurden.

Climbing Wall KLETTERN
(☎07-892 2870; www.npbp.co.nz; 4 Findlay St.; Erw./Kind 15/10 NZ$; ⌚9–20 Uhr) Für Regentage eignet sich die 8 m hohe Kletterwand im National Park Backpackers. Wer lieber draußen klettern möchte und seine eigene Ausrüstung dabeihat, der findet gute Möglichkeiten im Manataupo Valley und der Whakapapa Gorge.

Schlafen

Im National Park Village gibt es hauptsächlich Unterkünfte im unteren und mittleren Preissegment. Das stört nicht weiter, da die meisten Touristen eh die Zeit im Freien verbringen. Die genannten Preise beziehen sich auf die Sommersaison – im Winter, wenn Unterkunft knapp wird und Reservierungen zwingend notwendig sind, steigen sie in erheblichen Maße an.

Tongariro Crossing Lodge LODGE $$
(☎07-892 2688; www.tongarirocrossinglodge.com; 27 Carroll St.; EZ 115–125 NZ$, DZ 140–185 NZ$; @) Das hübsche weiße Holzhaus mit der hellblauen Kante ist im Sommer von Blumen umgeben und vermietet Standarddoppelzimmer und größere Ferienwohnungen.

Discovery Lodge LODGE NZ$
(Karte S. 311; ☎07-892 2744; www.discovery.net.nz; SH47; Stellplätze ab 16 NZ$, Hütten bzw. Chalets 60–300 NZ$; @) Die Lodge liegt zwischen dem Village und der Straße nach Whakapapa – und ist damit perfekt für Skifahrer geeignet. Vom Restaurant blickt man auf den Ruapehu, es gibt eine Bar und ein gemütliches Aufenthaltszimmer. Die Hütten sind einfach ausgestattet, während die Chalets vornehmer und groß genug für vier Personen sind.

Plateau HOSTEL $
(☎07-892 2993; www.plateaulodge.co.nz; 17 Carroll St.; B 28 NZ$, DZ 65–85 NZ$, Apt. 155–195 NZ$; @ 📶) Das Plateau hat gemütliche Zimmer, einige mit eigenem Bad und Fernseher, eine komfortable Lounge, Küche und einen Whirlpool. In den Zimmern stehen höchstens zwei Doppelstockbetten. Zwei schöne 2-Zimmer-Apartments (für bis zu 6 Pers.) können ebenfalls gemietet werden. Organisiert Transfer zu den Wanderwegen Tongariro Alpine Crossing, Northern Circuit und 42 Traverse.

Park HOSTEL $
(☎07-892 2748; www.the-park.co.nz; 2/6 Millar St.; B 35–40 NZ$, Zi. 120–140 NZ$, Apt. 160–200 NZ$; @ 📶) Das riesige Hostel sieht man schon von weitem. Innen ist es recht schick und gemütlich eingerichtet. Insgesamt gibt es hier 200 Betten, die über Schlafsäle, Doppelzimmer und kleine Ferienwohnungen verteilt liegen. Das Herzstück der Anlage ist der innenliegende Garten. Es gibt ein Café und eine Bar auf dem Gelände. Fahrräder können ausgeliehen werden (Std./Tag 15/60 NZ$).

Adventure Lodge & Motel HOSTEL, MOTEL
(☎07-892 2991; www.adventurenationalpark.co.nz; 21 Carroll St.; Lodge B/Zi. 30/70 NZ$, Motelapt. 120–210 NZ$; @ 📶) Das Quartier richtet sich vornehmlich an Wanderer der Tongariro Alpine Crossing und bietet den Transfer sowie All-inclusive-Pakete (2 Übernachtungen, Vollpension, T-Shirt und Transport, 170–240 NZ$) an. Nach dem Wandern lässt es sich gut in der gemütlichen Lounge oder einem der Whirlpools entspannen. Die Motelapartments sind sauber, aber eigentlich nichts Besonderes.

Essen & Ausgehen

Station CAFÉ $$
(www.stationcafe.co.nz; Findlay St.; Mittagessen 9–16 NZ$, Abendessen 29–36 NZ$; ⌚Mittagessen tgl., Abendessen Mi–Mo) Wer diesen kleinen Bahnhof findet, kann sich glücklich schätzen. Das liebevoll restaurierte Café bietet einen Brunch, Pies, Kaffee und Kuchen sowie ein beeindruckendes À-la-carte-Menü am Abend.

Schnapps PUB
(www.schnappsbarruapehu.com; Findlay St.; Hauptgerechte 19–28 NZ$; ⌚12 Uhr bis spätabends) Das beliebte Pub serviert überdurchschnittlich gutes Essen und hat einen

Geldautomaten. Bands spielen live an Samstagabenden im Winter.

Mill Bar & Grill PUB

(www.nationalparkhoteltongariro.co.nz; 61 Carroll St.; Hauptgerichte 19–25 NZ$; ⏲10–23 Uhr) Das altmodische, landestypische Pub mit echten Einheimischen, die sich zu einem gemütlichen Bier treffen, bietet eine Auswahl an Regionalbieren und wärmendem Mahlzeiten.

Praktische Informationen

Es gibt kein i-SITE-Büro im Dorf, also am besten online auf www.nationalpark.co.nz schauen.

An- und Weiterreise

DIE BUSSE VON **InterCity** (☎09-583 5780; www.intercity.co.nz), Naked Bus und **Tranz Scenic** (☎04-495 0775; www.tranzscenic.co.nz; Tickets 49–81 NZ$) fahren alle das National Park Village an.

Ohakune

1100 EW.

Möhren gibt es in Ohakune an jeder Ecke, denn der Ort ist die unangefochtene Möhrenhauptstadt Neuseelands. Sie schleichen sich nicht nur in Burger und auf Pizzas, sondern liegen zur Erntezeit einfach so auf der Straße. Wer mehr über die Karotte erfahren will (und wer will das nicht?), der kommt am besten zum jährlichen **Carrot Carnival** (www.carrotcarnival.org.nz) im Oktober.

Eigentlich müsste man ja gar nicht erwähnen, dass Karotten die Leber reinigen und gut für die Augen sind. Ohakune überzeugt auch so durch seinen Charme. Im Sommer ist es ein hübsches Refugium, das jede Menge Outdoor-Abenteuer bereithält. Richtig lebt der Ort dann aber im Winter auf, wenn in der Turoa Ski Area die ersten Lagen Schnee gefallen sind und die Schneehasen (die zweifellos auch Karotten lieben ...) Ohakune absolut fest in ihrer Hand haben.

Der Ort hat zwei eindeutige Zentren: Das Geschäftsviertel erstreckt sich entlang des Highway, aber im Winter ist das nördliche Ende rund um den Bahnhof, „The Junction“ (die Kreuzung) genannt, das Zentrum aller Action.

NICHT VERSÄUMEN

DIE GROSSE MÖHRE

Die zu Ehren von Ohakunes berühmtem Gemüse 1984 errichtete **Big Carrot** (Rangataua Rd.) kann man nicht übersehen. Sie gehört zu einer der „meistumarmten“ Dinge Neuseelands. Möhren wurden in der Region in den 1920er-Jahren zum ersten Mal von chinesischen Einwanderern angebaut, die das Land per Hand und mit Sprengstoff abholzten. Zwei Drittel der gesamten Möhrenernte der Nordinsel kommt inzwischen aus Ohakune.

Aktivitäten

Es gibt mehrere malerische Wanderwege in der Nähe des Ortes. Viele beginnen an der Ohakune Mountain Rd, die von Ohakune über 17 km bis zur Turoa Ski Area am Mt. Ruapehu verläuft. Die praktische DOC-Broschüre *Walks in and around Tongariro National Park* (3 NZ$), erhältlich beim i-SITE, gibt einen guten Überblick.

Von Ohakune aus erreicht man leicht die Wanderwege im Tongariro National Park, so auch den Tongariro Alpine Crossing. Matai Shuttles (S. 316) bietet einen Shuttleservice an. Den Round the Mountain Track (S. 313) erreicht man über die Verlängerung des Weges zu den Waitonga Falls.

Old Coach Road WANDERN, MOUNTAINBIKEN

(www.ohakunecoachroad.co.nz) Die 16 km alte Wagenstraße von Ohakune nach Horopito wurde 1886 größtenteils von Hand von Arbeitern gebaut, die in Zelten am Straßenrand lebten und auch im bitterkalten Winter arbeiten mussten. Nach und nach wurde sie als Handelsstraße und für die Personenbeförderung ausgebaut und bis zur Eröffnung der SH49 im Jahr 1909 genutzt. Sie geriet danach in Vergessenheit und wurde erst kürzlich als Wander- und Radweg wiederbelebt.

An der gut befestigten Straße gibt es eine große Zahl an einzigartigen technischen Denkmälern zu sehen, u. a. die historischen Viadukte von Hapuawhenua und Toanui. Beide sind die einzigen erhaltenen Bogenviadukte der Südhalbkugel. Der Weg führt durch alte Rimu- und Totara-Wälder (aus der Familie der Harz- und Steineiben), die die teilweise verheerenden Vulkanausbrüche überlebt haben, da sie sich auf der Leeseite des Ruapehu befinden.

Radfahrer beginnen ihre Tour am besten in Horopito, weil es von dort aus leicht bergab und damit einfacher zum Bahnhof

MIT DEM MOUNTAINBIKE VOM GEBIRGE BIS ANS MEER

Die Ruapehu Whanganui Trails (Nga Ara Tuhono) sind 317 km lang und durchqueren zwei Nationalparks. Sie verbinden mehrere einzelne Wege und Landstraßenabschnitte und schaffen somit eine durchgängige Mountainbikestrecke vom Mt. Ruapehu bis zum Meer bei Whanganui.

Von Turoa geht es die befestigte Ohakune Mountain Road bergab (vorher Bremsen testen!) und auf der Old Coach Road (S. 318) weiter nach Horopito. Von dort radelt man auf Landstraßen zum Fishers Track (S. 316), an den sich der Mangapura Track über die Bridge of Nowhere („Brücke ins Nichts") anschließt. Die letzte Teilstrecke ist der Kaiwhakauka Track (S. 282).

von Ohakune geht (ca. 4 Std.). Mountain Bike Station bietet Transferdienste nach Horopito an, ansonsten sollte man sich einen ganzen Tag Zeit für die Hin- und Rückfahrt nehmen.

Mangawhero Forest Walk WANDERN

Der angenehme Spaziergang fängt am Beginn der Ohakune Mountain Road an (1 Std. hin & zurück, 3 km) und führt durch heimische Wälder sowie am Mangawhero vorbei. Der Weg ist gut befestigt und rollstuhl- sowie kinderwagenfreundlich.

Waitonga Falls & Lake Surprise Tracks WANDERN

Der Pfad zu den Waitonga Falls (hin & zurück 1½ Std., 4 km), Tongariros höchstem Wasserfall (39 m) und bietet einen wunderbaren Blick auf Mt. Ruapehu. Eine anspruchsvollere Wanderung geht zum flachen Lake Surprise (hin & zurück 5 Std., 9 km). Beide Wege beginnen an der Ohakune Mountain Road.

Ruapehu Homestead REITEN

(Karte S. 311; ☎027-267 7057; Ecke Piwara St. & SH49, Rangataua; 30 Min. bis 3 Std. Erw. 30–120 NZ$, Kind 15–90 NZ$) Das Ruapehu Homestead liegt 4 km östlich von Ohakune (in der Nähe von Rangataua) und organisiert geführte Ausritte über seine Koppeln sowie längere Ausflüge entlang des Flusses und über ruhige Wege mit herrlichem Blick auf den Vulkan.

Canoe Safaris KANUFAHREN, RAFTING

(☎0800 272 3353; www.canoesafaris.co.nz; 6 Tay St.) Bietet geführte Kanufahrten auf dem Whanganui (1–5 Tage, 165–950 NZ$) und dem Rangitikei (1–4 Tage, 145–825 NZ$) an. Betreibt außerdem einen Kanu- und Kajakverleih (2–5 Tage, 150–195 NZ$) und organisiert geführte Raftingtouren auf dem Mohaka (2–4 Tage, 425–950 NZ$).

Yeti Tours KANU- & KAJAKFAHREN

(☎06-385 8197; www.yetitours.co.nz; 61 Clyde St.; geführte Touren 2–10 Tage 420–1500 NZ$, Verleih 2–6 Tage 160–210 NZ$) Veranstaltet geführte Kanusafaris auf dem Whanganui und dem Mokau und verleiht Kanus und Kajaks.

Heliview RUNDFLÜGE

(☎06-753 0123; www.heliview.co.nz; Flüge 110–420 NZ$) Bietet unterschiedlich lange Hubschrauberrundflüge – von 12 Min. über Ohakune bis zu einem 45-minütigen Flug über die hohen Gipfel des Whanganui National Park.

Mountain Bike Station & SLR MOUNTAINBIKEN

(☎06-385 8797; www.mountainbikestation.co.nz; 60 Thames St.) Verleiht Mountainbikes (halber/ganzer Tag ab 35/50 NZ$) und organisiert Transfers zu den örtlichen Mountainbikestrecken wie z. B. der Old Coach Road. Pakete für Radverleih und Transfer sind erhältlich. SLR, die Wintersportabteilung des Geschäfts, verleiht Ski- und Snowboardausrüstung (ab 25 NZ$).

TCB SPORTVERLEIH

(☎06-385 8433; www.tcbskiandboard.co.nz; 29 Ayr St.) TCB ist eine gute Informationsquelle für Mountainbike-Strecken, bringt seine eigene kostenlose Radwanderkarte heraus und verleiht Mountainbikes (ab 40 NZ$) sowie Ski- und Snowboardequipment (ab 20 NZ$).

Ski Shed SPORTVERLEIH

(☎06-385 9173; www.skished.com; 71 Clyde St.) Vermietet Ski- (ab 35 NZ$) und Snowboardausrüstung (ab 43 NZ$) plus Wintersportkleidung.

Powderhorn Snow Centre SPORTVERLEIH

(☎06-385 9100; www.snowcentre.co.nz; 194 Mangawhero Tce.) Verkauft und verleiht Wintersportausrüstung und Mountainbikes (halber/voller Tag 35/50 NZ$).

Schlafen

Die hier aufgeführten Preise gelten für den Sommer; im Winter muss man bis zu 50% mehr bezahlen und vorher reservieren. Im Winter kann man Geld sparen, indem man unter der Woche anreist.

LP TIPP Station Lodge HOSTEL $

(☎06-385 8797; www.stationlodge.co.nz; 60 Thames St.; B 27 NZ$, Zi. 54 NZ$, Apt. 100–200 NZ$; @) Das ausgezeichnete Hostel befindet sich in einer hübschen alten Villa mit Parkettfußboden und einer gut ausgestatteten Küche sowie einer gemütlichen Lounge und einem Whirlpool. Im Winter ist es so gefragt, dass es nur per Bett und nicht per Zimmer vermietet. Für mehr Privatsphäre gibt es Chalets und Apartments. Die jungen Inhaber betreiben außerdem die Mountain Bike Station und SLR.

Powderhorn Chateau HOTEL $$$

(☎06-385 8888; www.powderhorn.co.nz; Ecke Thames St. & Mangawhero Tce.; Zi. ab 199 NZ$; iWs) Das schon seit langem bei Wintersportlern beliebte Powderhorn mit dem Charme einer Schweizer Almhütte ist ganz mit Holz gedeckt und hat einen Schieferfußboden sowie frei liegende Sparren. Der grottenhafte Innenpool ist perfekt, um sich vom Skifahren zu erholen, bevor man sich ins Abendgetümmel der hauseigenen Etablissements stürzt.

Snowhaven APARTMENTS, B&B $$

(☎06-385 9498; www.snowhaven.co.nz; 92 Clyde St.; Apt. 95–110 NZ$, Zi. 195 NZ$, Ferienhaus 245 NZ$;) Snowhaven bietet drei schöne Unterkunftsmöglichkeiten an: moderne Studioapartments in einem Schieferhaus an der Hauptgeschäftstraße, drei 3-Zimmer-Ferienhäuser am Fuß des Bergs beim Skigebiet Turoa sowie luxuriöse Gästezimmer. Alle drei sind empfehlenswert.

Peaks MOTEL $$

(☎06-385 9144; www.thepeaks.co.nz; Ecke Mangawhero Tce. & Shannon St.; Apt. 110–124 NZ$; @) Das gepflegte Motel hat große Zimmer mit guten Bädern, ist aber eher spärlich möbliert. Für alle Gäste gibt es einen Fitnessraum, ein großes Freibecken und eine Sauna.

Tussock Grove HOTEL $$

(☎06-385 8771; www.tussockgrove.co.nz; 3 Karo St.; Zi. 145–165 NZ$;) Kochen im Urlaub? Nie im Leben. In einem Orte voller Motels ist das Tussock Grove ideal für diejenigen, die sich einfach nur nach einem Mittelklassehotel mit Bergblick sehnen.

Ohakune Top 10 FERIENANLAGE $

(☎0800 825 825; www.ohakune.net.nz; 5 Moore St.; Stellplätze ab 20 NZ$, Unterkunft 32–203 NZ$; @) Die Anlage gehört zwar nicht zu den Top 10 der Ferienparks, ist somit aber auch erschwinglicher und grenzt an einen sprudelnden Bach. Es gibt einen Spiel- und Grillplatz sowie einen Whirlpool.

Mountain View MOTEL $

(☎06-385 8675; www.mountain-viewmotel.co.nz; 2 Moore St.; Apt. 70–100 NZ$;) Die sachlich eingerichteten Zimmer mit Kochnischen in diesem alten Motel im Tudor-Stil sind sauber, günstig und bieten alle notwendigen Annehmlichkeiten inklusive Whirlpool.

Essen & Ausgehen

In Viertel Junction dreht sich alles um Après-ski. Im Sommer ist allerdings auf der anderen Seite des Orts mehr los. Viele Hotels öffnen die Restaurants in der Skisaison.

Cyprus Tree ITALIENISCH $$

(☎06-385 8857; www.thecyprustree.co.nz; 19a Goldfinch St.; Hauptgerichte 22–31 NZ$; ⏲Mo–Fr 16 Uhr bis spätnachts, Sa & So 9 Uhr bis spätnachts) Auf der Speisekarte des rund ums Jahr geöffneten Restaurants mit Bar stehen italienisch angehauchte Gerichte wie Pizza, Pasta und Antipasto. Es ist recht groß, aber zwanglos. Wer nichts essen will, schaut einfach nur auf einen Cocktail vorbei.

Bearing Point INTERNATIONAL $$

(☎06-385 9006; Clyde St.; Hauptgerichte 25–35 NZ$; ⏲Abendessen Di–Sa) Nach dem Skifahren kann man sich mit den deftigen Speisen des Bearing Point stärken und sich mit gut abgehangenem Rinderfilet, Lachs mit Ahornsirupglasur, Lammkeule oder einem Meeresfrüchte-Curry die verlorengegangen Kalorien anfuttern.

Mountain Kebabs KEBAB $

(29 Clyde St.; Kebabs 10–13 NZ$) Einfache Lamm-, Hühnchen- oder Falafelkebabs gibt es überall. Hier werden sie mit Camembert, Hommus, Sprossen und Oliven verfeinert.

Powderkeg & Matterhorn PUB

(www.powderhorn.co.nz; Ecke Thames St. & Mangawhero Tce.; Bar-Gerichte 12–18 NZ$, À-la-carte-Gerichte 31–35 NZ$; ⏲Mittag- & Abendessen) Das Powderkeg ist das Party-Pub des Pow-

ABSTECHER

LAKE ROTOKURA

Das Rotokura Ecological Reserve befindet sich 14 km südöstlich von Ohakune bei Karioi, unmittelbar abseits der SH49 (*karioi* bedeutet „Orte zum Verweilen"). Es gibt zwei Seen: Der Dry Lake ist eigentlich recht nass und perfekt für ein Picknick, der weiter entfernte Lake Rotokura wird von den Maori als *tapu* (heilig) verehrt, weshalb Essen, Angeln und Baden dort verboten ist. Der Rundweg dauert 45 Minuten – oder länger, wenn man ein bisschen verweilt, um die uralten Buchen und Wasservögel wie Zwergtaucher und Paradieskasarkas zu bestaunen.

derhorn Chateau. Im Winter spielen Bands und es wird regelmäßig auf den Tischen getanzt. Oben drüber befindet sich das protzigere Matterhorn, wo Cocktails geschlürft und schick à la carte gegessen werden kann. Im Sommer ist das Matterhorn geschlossen.

Utopia CAFÉ $

(47 Clyde St.; Hauptgerichte 10–17 NZ$; ⌚8–14.30 Uhr; 📶) Ein fröhliches Café, das für sein Frühstück und das frische, hausgemachte Essen berühmt ist. Wenn es unten zu voll wird, kann man oben nach einem Tisch schauen, wo es ruhiger zugeht.

ℹ Praktische Informationen

Ohakune Public Library (☎06-385 8364; 15 Miro St.; ⌚Mo–Fr 9–17 Uhr; @) Kostenloser Internetzugang.

Ruapehu i-SITE (☎06-385 8427; www.visitruapehu.com; 54 Clyde St.; ⌚9–17 Uhr) Kann Aktivitäten, Transport und Unterkunft buchen. Ein DOC-Mitarbeiter steht von Mittwoch bis Sonntag von 9 bis 15.30 Uhr zur Verfügung.

ℹ An- & Weiterreise

InterCity-Busse (S. 292) und Tranz-Scenic-Züge (S. 292) halten in Ohakune. Matai Shuttles (S. 316) und Snow Express (S. 316) fahren nach Turoa. Matai betreibt in der Skisaison einen Shuttleservice zwischen Ohakunes Pubs.

Waiouru

1400 EW.

Waiouru liegt 27 km östlich von Ohakune an der Kreuzung von SH1 und SH49. Der Ort ist in erster Linie ein Militärstützpunkt und ein Rastpunkt vor der Fahrt auf der 56 km langen Desert Road nach Turangi. Die **Rangipo Desert** ist nicht wirklich eine Wüste, regnet es hier doch recht ergiebig. Ihre verkümmerte Vegetation ist vielmehr Folge der großen Höhe, der heftigen Winde und des Ausbruchs des Taupo, der die uralten Wälder ausradierte. Im Winter ist die Straße wegen Schnee oft gesperrt.

DAS **National Army Museum** (www.armymuseum.co.nz; Erw./Kind 15/5 NZ$; ⌚9–16.30 Uhr) befindet sich in einem Betonbau am Südende des Ortes. Es stellt die Geschichte der neuseeländischen Armee dar. Zu besichtigen sind u. a. Waffen, Uniformen, Medaillen und andere Erinnerungsstücke.

Bei **Lazy H Horseback Riding & Adventures** (☎06-388 1144; www.lazyh.co.nz; 159 Maukuku Rd.; 1 Std. 2 Tage 50–295 NZ$) kann man seinem inneren Cowboy freien Lauf lassen.

Taihape & Umgebung

1800 EW.

Für diejenigen mit einer Vorliebe für Gummistiefel ist Taihape, 20 km von Waiouru entfernt, ein Muss. Der Ort hat die zweifelhafte Ehre, die Welthauptstadt des Gummistiefels zu sein. Gefeiert wird das mit einem riesigen Gummistiefel auf der Hauptstraße. Der Ort ist außerdem das Tor zum **Gravity Canyon** (☎06-388 9109; www.gravitycanyon.co.nz; Mokai; ⌚9–17 Uhr), der 20 km weiter südöstlich liegt. Adrenalinjunkies können hier mit bis zu 160 km/h an einer Seilrutsche befestigt über den Abgrund sausen (155 NZ$), von der höchsten Brücke der Nordinsel springen (80 m, 179 NZ$) oder sich aus 50 m Höhe an einer Tandemschaukel (159 NZ$) in die Tiefe stürzen.

Wer das Reiten in Ohakune oder Waiouru verpasst hat, der kann es im **River Valley** (☎06-388 1444; www.rivervalley.co.nz), 28 km nordöstlich von Taihape, versuchen (Schilder ab Taihapes Gretna Hotel). Die Aussicht auf Mt. Ruapehu, die Ruahine Range und den Rangitikei vom Rücken der Pferde aus kann man im Rahmen von zweistündigen (109 NZ$), Halbtages- (175 NZ$) und Ganztagesausritten (235 NZ$) genießen. Im Sommer endet der dreistündige Sonnenuntergangsritt mit einem Glas Sekt (139 NZ$).

Rotorua & die Bay of Plenty

Inhalt »

Tolle Outdoor-Aktivitäten

» Surfen in Mt Maunganui (S. 353)

» Waimangu Volcanic Valley (S. 344)

» KG Kayaks (S. 367)

» Agroventures (S. 330)

» Redwoods Whakarewarewa Forest (S. 343)

Schön übernachten

» Regent of Rotorua (S. 335)

» Warm Earth Cottage (S.359)

» Captain's Cabin (S. 364)

» Opotiki Beach House Backpackers (S. 369)

Auf nach Rotorua und zur Bay of Plenty!

Ihren Namen verdankt die Bay of Plenty James Cook, der hier 1769 vorbeisegelte. Noch immer wird sie ihrem Namen gerecht: Die Bucht, die sich von Waihi Beach im Westen bis Opotiki im Osten erstreckt, ist mit viel Sonne und Sand gesegnet, an ihren Ufern liegen die Ferienorte Tauranga, Mount Maunganui und Whakatane.

Vor der Küste bei Whakatane liegt der aktivste Vulkan Neuseelands, der Whakaari (White Island). Überhaupt prägt vulkanische Aktivität diese Region, aber nirgends tritt die unterirdische Gewalt deutlicher zutage als in Rotorua. Hier nimmt das tägliche Leben seinen Gang zwischen dampfenden heißen Quellen, aufbrausenden Geysiren, blubbernden Schlammtümpeln und den Schwaden von Schwefelgas, die für den „besonderen" Duft der Stadt nach faulen Eiern sorgen.

Rotorua und die Bay of Plenty sind außerdem ein Kernsiedlungsgebiet der Maori. So ergibt sich immer wieder die Gelegenheit, die reiche Kultur der neuseeländischen Ureinwohner kennenzulernen, z .B. beim Besuch einer eindrucksvollen Konzertaufführung, bei einem *hangi* (Maori-Festessen) oder bei einer Demonstration der kunsthandwerklichen Techniken.

Reisezeit

Die Bay of Plenty ist ein Strandparadies und eine der sonnigsten Regionen Neuseelands – Whakatane verzeichnet im Jahresdurchschnitt 2350 Sonnenstunden. Die Sommer hier sind fantastisch, die Höchsttemperaturen liegen zwischen angenehmen 20 und 27 °C. Natürlich ist der Andrang groß, aber die Urlaubsatmosphäre entschädigt dafür. Im Winter kann die Temperatur nachts bis auf 5 °C fallen, an der Küste ist es meistens wärmer. Ein Besuch in Rotorua lohnt sich immer: Die geothermische Aktivität ist egal zu welcher Jahreszeit ein Naturschauspiel, und auch Betten sind rund ums Jahr ausreichend vorhanden.

Highlights

1 Der Ausbruch von Rotoruas Pohutu-Geysir in **Te Puia** (S. 325) und dann ein *hangi*

2 Die Farben und Schlammtümpel im **Wai-O-Tapu Thermal Wonderland** (S. 344)

3 Mountainbiketouren (von leicht bis schwer) im **Redwoods Whakarewarewa Forest** (S. 343)

4 Ein Ritt auf den Wellen über Neuseelands erstem künstlichem Riff in **Mt. Maunganui** (S. 353)

5 Ein Flug oder eine Bootsfahrt zum einzigen aktiven Meeresvulkan Neuseelands, dem **Whakaari (White Island)** (S. 366) – ein beeindruckendes Erlebnis

6 Entspannen im ruhigen Badeort **Whakatane** (S. 361)

7 Ein Bad mit den Delfinen in **Tauranga** (S.345)

8 Ein Drink in **Mt. Maunganui** (S. 353)

9 Die Besteigung des mit Pohutukawa-Bäumen bestandenen **Mauao** (S. 354)

KURZINFOS: ROTORUA & DIE BAY OF PLENTY

» **Essen** Gebutterter Maiskolben, gegart in Rotoruas einzigem echten Thermal-*hangi* im Whakarewarewa Thermal Village (S. 326

» **Trinken** In Rotorua gebrautes *pale ale* (helles Bier) aus der kleinen Croucher Brewing Co genießen

» **Lesen** *How to Watch a Bird*, über die Faszination der Vogelbeobachtung. Das Buch stammt aus der Feder von Steve Braunias, der in Mount Maunganui zur Schule gegangen ist.

» **Hören** *Kora*, das schnörkellose Album der gleichnamigen Soulband aus Whakatane

» **Sehen** Maori TV und Te Reo, die beiden neuseeländischen Maori-Fernsehsender

» **Ökologisch reisen** Unter www.sustainablenz.com Tipps finden, wie der Besuch in Rotorua umweltfreundlicher gestaltet werden kann

» **Online** www.rotoruanz.com, www.bayofplenty.co.nz; www.lonelyplanet.com/new-zealand/rotorua

» **Vorwahl** ☎07

ℹ An- & Weiterreise

Air New Zealand (www.airnewzealand.co.nz) bietet Direktflüge von Tauranga und Rotorua nach Auckland, Wellington und Christchurch, außerdem von Rotorua nach Sydney (Di und Sa) und von Whakatane nach Auckland und Wellington. Qantas (S. 340) verbindet ebenfalls Auckland mit Tauranga, Whakatane und Rotorua.

Linienbusse von **InterCity** (www.intercity.co.nz) und **Naked Bus** (www.nakedbus.com) fahren von Tauranga, Rotorua und Whakatane in die meisten größeren Städte Neuseelands. Busse von **Bay Hopper** (☎0800 422 928; www.baybus.co.nz) verkehren zwischen Tauranga, Whakatane und Opotiki. Busse von **Twin City Express** (☎0800 422 928; www.baybus.co.nz) verbinden Tauranga und Rotorua.

ROTORUA

70400 EW.

Man nimmt eine Nase von der schwefelreichen Luft Rotoruas, und schon weiß man, was einen in Neuseelands dynamischster Thermalgegend erwartet: sprühende Geysire, dampfende Thermalquellen und brodelnde Schlammtümpel. Die Maori verehrten diesen Ort und benannten eine der spektakulärsten Quellen mit Wai-O-Tapu (Heilige Wasser). Heute machen die Maori 35 % der Gesamtbevölkerung aus und sind mit ihren kulturellen Darbietungen und traditionellen *hangi* selbst mindestens so bemerkenswert wie die Landschaft, die sie bewohnen.

Trotz des durchdringenden Geruchs nach faulen Eiern ist die „Schwefelstadt" mit beinahe 3 Mio. Besuchern jährlich eine der touristischsten Gegenden der gesamten neuseeländischen Nordinsel. Einige Einheimische sind der Meinung, dass dieser Erfolg die Stadt dazu verleitet hat, sich auf ihren Lorbeeren auszuruhen, und dass Rotorua in sozialer Hinsicht hinter fortschrittlicheren Orten wie beispielsweise Tauranga und Taupo zurückliegt. Mit mehr als 30 Motels ist die städtische Maschinerie „RotoVegas" auch nicht gerade einladend ... Aber wo sonst bekommt man schon einen 30 m hohen geothermischen Geysir zu Gesicht?!

Geschichte

Die Region wurde erstmals im 14. Jh. besiedelt, als das Kanu *Te Arawa* unter der Führung von Tamatekapua aus Hawaiki kommend bei Maketu im Zentrum der Bay of Plenty landete. Die Siedler nahmen den Stammesnamen Te Arawa an, um des Bootes zu gedenken, mit dem sie die weite Reise zurückgelegt hatten. Tamatekapuas Enkel Ihenga erkundete große Teile des Waldes im Inland und benannte auffällige Landmarken, so auch den Lake Rotorua, den „Zweiten See" – wobei hier die Namenswahl zugegebenermaßen etwas einfallslos ausfiel: Dieser war einfach der zweite See, an dem er vorbeikam.

In den folgenden Jahrhunderten bildeten sich Unterstämme, die das Territorium untereinander aufteilten, sich schließlich aber wegen des knapper werdenden Landes zerstritten. Eine Zäsur ereignete sich 1823, als Stämme aus Northland in den sogenannten Musketenkriegen in das Land der Arawa einfielen. Nachdem sowohl die Arawa als auch die Northland-Maori schwere Verluste erlitten hatten, zogen sich letztere schließlich zurück.

Im Waikato-Landkrieg (1863–1864) schlossen die Te Arawa dann mit der Regierung ein Bündnis gegen ihre Erzfeinde, die Waikato. Mit dieser Verstärkung im Rücken verhinderten die Te Awara erfolgreich, dass die Kingitanga-Bewegung durch Nachschub von der Ostküste weiteren Auftrieb bekam.

Als in den 1870er-Jahren endlich wieder friedlichere Zeiten anbrachen, verbreitete sich rasant die Kunde von der landschaftlichen Schönheit der Gegend und dem heilenden Wasser, das alle möglichen Krankheiten kurieren sollte. Rotorua erlebte daraufhin einen gigantischen Aufschwung und die Pink and White Terraces entwickelten sich zur Hauptattraktion. Diese Quarzablagerungen, infolge vulkanischer Aktivität entstanden, bezeichnete man seinerzeit ehrfürchtig als achtes Weltwunder. Leider wurden die Terrassen bereits im Jahr 1886 durch einen Ausbruch des Mount Tarawera zerstört.

Sehenswertes

Te Whakarewarewa THERMAL-SCHUTZGEBIET

Rotoruas Hauptattraktion ist Te Whakarewarewa, ein Geothermalfeld 3 km südlich des Stadtzentrums. Der volle Name des Gebiets lautet Te Whakarewarewatanga o te Ope Taua a Wahiao, was so viel wie „Der Versammlungsplatz für die Kriegszüge von Wahiao“ bedeutet. Der Einfachheit halber nennen es viele Leute aber einfach „Whaka“. Das Gebiet ist in zweierlei Hinsicht berühmt: zum einen wegen seiner kulturellen Bedeutung für die Maori, zum anderen wegen seiner Dampffahnen und blubbernden Schlammtümpel. In der Region liegen über 500 Quellen, darunter mehrere berühmte Geysire. Die touristischen Hauptziele sind Te Puia und das Whakarewarewa Thermal Village.

Te Puia GEYSIR, KULTURELLE TOUR

(Karte S. 342; ☎0800 837 842, 07-348 9047; www.tepuia.com; Hemo Rd.; Erw./Kind geführte Tour & kulturelle Vorführung bei Tag 57,50/29 NZ$, geführte Tour, Abendkonzert & Hangi 110/55 NZ$, Kombiticket 145/72,50 NZ$; ⌚Nov.–April 8–18 Uhr, Mai–Okt. 8–17 Uhr) Die bekannteste Quelle in Te Whakarewarewa ist **Pohutu** („Großer Spritzer" oder „Explosion"), ein Geysir, der bis zu 20-mal am Tag ausbricht und dabei heißes Wasser bis zu 30 m hoch in die Luft schießt. Wann ein Ausbruch bevorsteht, ist leicht zu erkennen, denn der Geysir **Prince of Wales' Feathers** bricht immer

ROTORUA IN ...

... zwei Tagen

Nach dem Frühstück im **Third Place Cafe** folgt ein Bummel am See in **Ohinemutu**, zurück in die Stadt geht es durch den dunstigen **Kuirau Park**. Der nächste Halt ist das fabelhafte Rotorua Museum, gefolgt von einem entspannenden Bad in den **Blue Baths**. Am Abend geht es zu einem *hangi* und einem Konzert ins **Tamaki Maori Village** oder **Mitai Maori Village**.

Der zweite Tag beginnt mit einer geführten Tour im **Whakarewarewa Thermal Village**; dort kann man zuschauen, wie der Geysir **Pohutu** in die Luft geht. Von dort ist es nicht weit zum **Redwoods Whakarewarewa Forest**, für dessen Erkundung mit dem Mountainbike man ruhig ein paar Stunden einplanen sollte. Anschließen geht auf die andere Seite der Stadt, um bei **Skyline Rotorua** in einer Gondel zu schaukeln oder im **Wingspan Birds of Prey Trust Falken** im Sturzflug zu beobachten.

... vier Tagen

Von geothermischen Abenteuern kann man doch eigentlich nicht genug bekommen! Deshalb zwei weitere Attraktionen im Süden: **Waimangu Volcanic Valley** und **Wai-O-Tapu Thermal Wonderland.** Die nahe gelegenen **Waikite Valley Thermal Pools** sind perfekt, um den Tag mit einem wohligen Bad ausklingen zu lassen.

Am letzten Tag geht es nach Südosten, um das **Buried Village** zu besichtigen, im **Lake Tarawera** zu baden oder einen langen Spaziergang auf einem der Wanderwege am nahe gelegenen **Lake Okataina** zu unternehmen. Zurück in der Stadt bietet sich ein Zug durch die Restaurants und Bars der **Tutanekai Street** an, wo ein kaltes Bier als Lohn nach den Anstrengungen winkt.

Rotorua

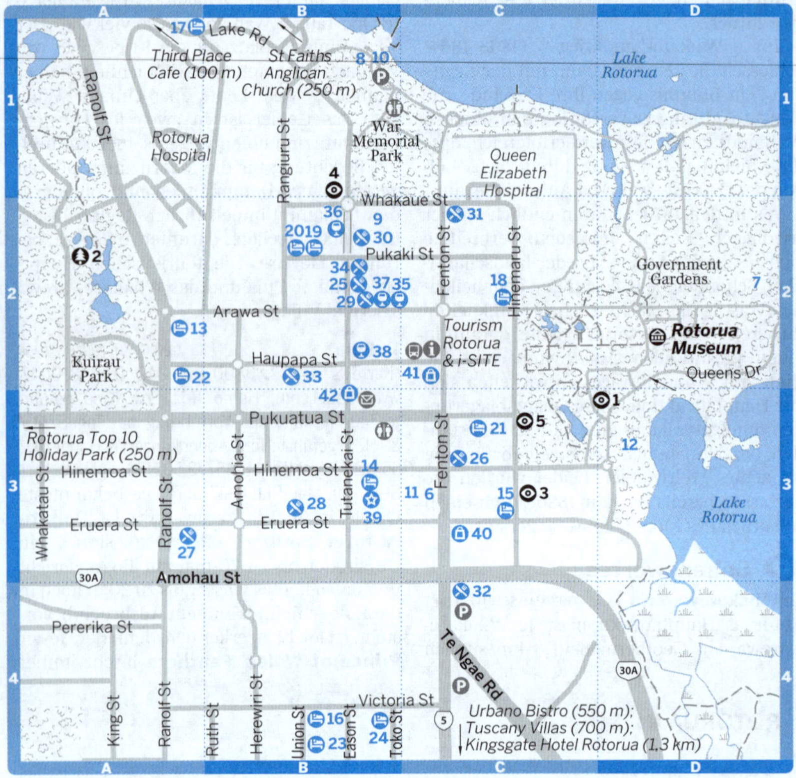

kurz vorher aus. Beide Geysire gehören zu Te Puia, der am meisten herausgeputzten Attraktion der Maori-Kultur in Neuseeland. Hier befinden sich auch die National Carving School und die National Weaving School, in denen Gäste Arbeit und Techniken der traditionellen Holzschnitzer und Weber kennenlernen können. Außerdem gibt es ein geschnitztes Versammlungshaus, ein Café, Galerien, ein Kiwi-Schutzgebiet und einen Souvenirladen. Geführte Touren dauern 1½ Std. und starten stündlich ab 9 Uhr (die letzte Tour 1 Std. vor Schließung). Die 45-minütigen kulturellen Vorführungen beginnen um 10.15, 12.15 und 15.15 Uhr; die abendlichen Te-Po-Konzerte mit *Hangi*-Festessen um 18 Uhr (insg. 3 Std.).

Whakarewarewa Thermal Village QUELLE, KULTURELLE TOUR

(Karte S. 342; ☎07-349 3463; www.whakarewarewa.com; 17 Tryon St.; Führung & Aufführung Erw./Kind 30/13 NZ$; ⏲8.30–17 Uhr) Das Whakarewarewa Thermal Village, an der Ostseite von Te Whakarewarewa gelegen, ist ein lebendiges Dorf, dessen *tangata whenua* (Einheimische) immer noch genauso leben wie ihre Vorfahren vor Jahrhunderten. Die einheimischen Dorfbewohner führen die Besucher auch herum und erzählen von ihrem Leben und der Bedeutung der dampfenden, blubbernden Tümpel, Quarzterrassen und Geysire. Diese sind zwar vom Dorf aus nicht erreichbar, aber von einigen Aussichtspunkten aus kann man sie sehr gut sehen (der Blick auf den Pohutu ist von hier aus genauso toll wie von Te Puia – und erheblich preiswerter).

Die Läden im Dorf verkaufen authentische Kunst und Kunsthandwerk, und man kann mehr über die Traditionen der Maori erfahren, z. B. über Flachsweben, Schnitzen und *ta moko* (Tätowierkunst). Ganz in der Nähe gibt es leckere Maiskolben mit Butter

Rotorua

(2 NZ$), direkt aus einem heißen Mineralbecken – das einzige echte geothermische *hangi* der Stadt! Um 11.15 und 14 Uhr finden Kulturdarbietungen statt, und um 9, 10, 11, 12, 13, 15 und 16 Uhr werden Führungen angeboten.

LP TIPP **Rotorua Museum** MUSEUM, GALERIE
(Karte S. 326; www.rotoruamuseum.co.nz; Queens Dr., Government Gardens; Erw./Kind 18/7 NZ$; ⌚April–Sept. 9–17 Uhr, Okt.–März 9–20 Uhr, geführte Touren 10–16 Uhr, Dez.–Feb. auch 17 Uhr) Das herausragende Museum ist in einem prächtigen Gebäude im Tudor-Stil untergebracht, dem Bath House (1908). Ausstellungen in den ehemaligen Duschräumen der eleganten Badeanstalt vermitteln einen faszinierenden Einblick in einige der ausgefallenen Therapien, die hier angewendet wurden, darunter „elektrische Bäder" und der Bergonie Chair.

Ein fesselnder zwanzigminütiger Film über die Geschichte von Rotorua – einschließlich des Ausbruchs des Tarawera – läuft ab 9 Uhr alle 20 Min. Der Film ist allerdings nichts für kleinere Kinder: Die Sitze vibrieren heftig und die Eruptionsgeräusche wirken sehr authentisch (und dadurch natürlich auch entsprechend angsterregend). Der fabelhafte neue **Don Stafford Wing** beherbergt acht objektreiche Galerien, die dem Te-Arawa-Volk aus Rotorua gewidmet sind. Gezeigt werden verschiedene Holzschnitzereien, Webarbeiten aus Flachs, Jade, interaktive audiovisuelle Schautafeln und die Geschichte des 28. Maori-Bataillons aus dem Zweiten Weltkrieg (ein Film über das Bataillon läuft ab 9.30 Uhr, alle 30 Min.).

NICHT VERSÄUMEN

MAORI-KONZERTE & HANGI

Die Maori-Kultur wird in Rotorua großgeschrieben, und trotz aller Kommerzialisierung bietet sich hier eine tolle Gelegenheit, etwas über Neuseelands indigene Bevölkerung zu erfahren. Die beiden Hauptaktivitäten sind Konzerte und Hangi-Festessen, die oft zu einem Abendprogramm zusammengefasst werden, bei dem auch das berühmte *hongi* (Maori-Begrüßung, bei der zwei Menschen Stirn und Nase aneinanderdrücken und den Lebensatem teilen) sowie die Tänze *haka* und *poi* vorgeführt werden.

Gut eingeführt und sehr beliebt ist das **Tamaki Maori Village** (☎07-349 2999; www.maoriculture.co.nz; Buchungsbüro 1220 Hinemaru St.; Erw./Kind/Fam. 105/60/250 NZ$; ⏲geführte Touren Nov.–April 17, 18 & 19.30 Uhr, Mai–Okt. 18.30 Uhr). Ganz ausgezeichnet ist die Tour in der Abenddämmerung zu einem *marae* (Versammlungshaus) und Maori-Dorf 15 km südlich von Rotorua. Busse sammeln die Gäste am Buchungsbüro an der Hinemaru Street und den örtlichen Unterkünften ein. Vor Ort geht es auf eine interaktive Reise durch Geschichte, Künste, Traditionen und Gebräuche der Maori von der voreuropäischen Zeit bis zur Gegenwart. Auf das eindrucksvolle Konzert folgt ein schmackhaftes und leckeres *hangi*.

Das familiengeführte **Mitai Maori Village** (Karte S. 342; %07-343 9132; www.mitai.co.nz; 196 Fairy Springs Rd.; Erw./Kind 5–9 Jahre/Kind 10–15 Jahre/Fam. 107/21/53/279 NZ$; ⏲18.30 Uhr) bietet eine beliebte dreistündige Abendveranstaltung mit Konzert, *hangi* und Glühwürmchenwanderung durch den Busch. Das Programm lässt sich auch mit einer geführten Tour im Rainbow Springs Kiwi Wildlife Park (S. 340) nebenan kombinieren. Dort warten farbige Nachtlichter und ein Gang durch das Kiwi-Gehege (insg. 4 Std. Erw./Kind 5–9 Jahre/Kind 10–15 Jahre 125/35/65 NZ$). Eine Abholung der Teilnehmer ist möglich.

Te Puia (S. 325) und das Whakarewarewa Thermal Village (S. 326) veranstalten ebenfalls Shows, viele der großen Hotels bieten Maori-Konzerte und *hangi*, die zwar in Sachen Atmosphäre nicht ganz so mithalten können, aber eine bequeme Alternative darstellen. Zu den Hauptverstaltungsorten zählen:

» **Kingsgate Hotel Rotorua** (Karte S. 342; ☎07-348 0199; www.millenniumhotels.co.nz; 328 Fenton St; Konzert Erw./Kind 30/15 NZ$, inkl. *hangi* 45/22,50 NZ$)

» **Millennium Hotel Rotorua** (Karte S. 326; ☎07-347 1234; www.millenniumrotorua.co.nz; cnr Eruera & Hinemaru Sts; Ecke Eruera & Hinemaru St.; Konzert Erw./Kind 30/15 NZ$, inkl. *hangi* 70/35 NZ$)

» **Novotel Rotorua** (Karte S. 326; ☎07-346 3888; www.novotelrotorua.co.nz; 11 Tutanekai St; 6 3888; www.novotelrotorua.co.nz; 11 Tutanekai St.; Konzert Erw./Kind 39/18 NZ$, inkl. *hangi* 59/28 NZ$)

» **Pohutu Cultural Theatre** (Karte S. 342;; ☎07-348 1189, 0800 476 488; www.pohututheatre.co.nz; Ecke Froude & Tryon St.; Konzert & *hangi* Erw./Kind 69/34,50 NZ$)

Außerdem gibt es hier zwei **Kunstgalerien** (in denen die Luft nicht nach Schwefel riecht) und ein cooles Café mit Blick auf den Garten. Die schönste Aussicht der Stadt hat man allerdings von der Aussichtsplattform auf dem Dach.

Lake Rotorua SEE

Der Lake Rotorua ist der größte unter den 16 Seen des Distrikts. Unter dem vielen Wasser verbirgt sich ein erloschener Vulkan. Die Insel Mokoia Island im See wurde über die Jahrhunderte von verschiedenen Maori-Unterstämmen der Region bewohnt. Am Seeufer bieten mehrere Anbieter Bootstouren an.

Government Gardens GÄRTEN

Die sehr gepflegten Government Gardens, im englischen Stil angelegt, rund um das Rotorua Museum sind ein richtiges Postkartenidyll. Jede Menge Rosen in vielen Farbgebungen, hier und da dampfende Thermalteiche und auch einige Annehmlichkeiten der Zivilisation wie ein Krocket-Rasen und Bowling-Greens, das hochklassige Polynesian Spa und der Government Gardens Golf sind hier zu finden.

Blue Baths BADEHAUS

(Karte S. 326; ☎07-350 2119; www.bluebaths.co.nz; Government Gardens; Erw./Kind/Fam. 11/6/30 NZ$; ⏲April–Nov. 12–18 Uhr, Dez.–März 10–18 Uhr) Die prächtigen Blue Baths im spanischen Missionsstil wurden 1933 eröffnet, waren allerdings im Zeitraum von 1982 bis 1999 geschlossen. Heute erinnert ein kleines Museum an die Glanzzeit des Gebäudes. In den ehemaligen Umkleideräumen finden sich neben Ausstellungsstücken auch einige aufgezeichnete Anekdoten. Wer jetzt selbst spontan Lust auf ein Bad verspürt, kann sich in den beheizten Pool (Erw./Kind/Fam. 11/6/30 NZ$) stürzen und entspannen. Es lohnt sich, nach den gelegentlichen Dinner- und Cabaret-Shows zu fragen (ab 125 NZ$ pro Pers.).

Kuirau Park PARK

(Karte S. 326; Ecke Ranolf & Pukuatua St.) Lust auf ein günstiges geothermisches Erlebnis? Im Westen des Stadtzentrums von Rotorua liegt der Kuirau Park, ein durch und durch vulkanisches Gebiet, das man sogar kostenlos erkunden kann. Im Jahr 2003 begrub ein Vulkanausbruch einen Großteil des Parks (einschließlich der Bäume) unter Schlamm, der dadurch zu einer neuen touristischen Attraktion mutierte. Heute befinden sich hier ein Kratersee, Tümpel mit kochendem Schlamm und jede Menge wabernde Dampfwolken. Aber Vorsicht: Die Tümpel sind kochend heiß, es hat hier schon schlimme Unfälle gegeben.

Ohinemutu MAORI-DORF

Ohinemutu ist ein bezauberndes, wenn auch baufälliges Maori-Dorf am Seeufer, man erreicht es über die Straßen Kiharoa, Haukotuku oder Korokai von der Lake Street nördlich des Rotorua Hospital aus. Hier lässt sich die Verschmelzung von europäischer und Maori-Kultur nachvollziehen. Ein Highlight ist das Versammlungshaus Tama-te-kapua von 1905 (Ecke Kiharoa St. und Mataiawhea Street), das nach dem Kapitän des Te-Arawa-Kanus benannt ist. Das Versammlungshaus ist dem Te-Arawa-Volk heilig, Besucher dürfen es nur von außen besichtigen.

St. Faith's Anglican Church KIRCHE

(☎07-348 2393; Ecke Mataiawhea & Korokai St.; Eintritt gegen Spende; ⏲8–18 Uhr, Gottesdienste So 9 & Mi 10 Uhr) Ohinemutus historische Holzkirche St. Faith's Anglican Church ist kunstvoll mit Maori-Schnitzereien, *tukutuku* (geflochtene Matten), bemaltem Beschlagwerk und Buntglasfenstern geschmückt. Ein Fenster zeigt ein Ätzbild von Christus im Maori-Gewand, der über die Wasser des dahinter liegenden Lake Rotorua zu wandeln scheint.

Aktivitäten

Mehrere der folgenden Anbieter haben sich unter den Werbebannern **Rotorua Adventure Combos** (☎0800 338 786, 07-357 2236; www.rotoruacombos.com), **Rotorua Hot Deals** (☎0800 768 678; www.rotoruahotdeals.com) und **Rotorua CitySights** (☎0800 744

MAORI IN ROTORUA & BAY OF PLENTY

Der traditionelle Name der Bay of Plenty – Te Rohe o Mataatua – erinnert an das sagenumwobene Mataatua-Kanu, das von Hawaiki kommend in Whakatane landete. Die Geschichte der Region reicht aber noch deutlich weiter zurück: Der Polynesier Toi soll hier um 800 n. Chr. die erste Siedlung Aotearoas errichtet haben.

Hauptstammesgruppen der Region sind die Ngati Awa (www.ngatiawa.iwi.nz) in der Gegend von Whakatane, die Whakatohea (www.whakatohea.co.nz) in Opotiki, Ngai Te Rangi (www.ngaiterangi.org.nz) in Tauranga und Te Arawa (www.tearawa.iwi.nz) in Rotorua. Stämme in dieser Region waren auf beiden Seiten an den Neuseelandkriegen des späten 19. Jhs. beteiligt. Diejenigen, die gegen die Regierung kämpften, mussten umfangreiche Landenteignungen hinnehmen, die noch bis in die Gegenwart rechtliche Probleme aufwerfen.

In der Bucht leben besonders viele Maori, Reisende können auf vielfältige Weise etwas über deren Kultur erfahren. In Opotiki steht die Hiona St. Stephen's Church (S. 368) – hier starb 1865 der Regierungsspitzel Reverend Carl Volkner; sein Tod gab die Anregung zu der reizenden Augapfel-Szene im Film *Utu*. In Whakatane gibt es einen neuen *marae* (Anlage mit Versammlungshaus) an der Hauptstraße (S. 321), Toi's Pa (S. 363) ist möglicherweise das älteste *pa* (Wehrdorf) Neuseelands. In Rotorua bietet die traditionellen Dörfer Te Whakarewarewa (S. 325) und Ohinemutu (S. 329) kulturelle Darbietungen und *hangi* (S. 328) an.

487; www.citysights.co.nz) zusammengeschlossen. Sie bieten günstige Angebote für unterhaltsame Aktivitäten wie Fallschirmspringen, Wildwasser-Rafting, Schlittenfahrten, Jetbootfahrten und Hubschrauberflüge, Gondelfahrten, Mountainbiketouren und anderen noch unbekannteren Vergnügungen wie Zorbing (Fahrt in einer aufgeblasenen Riesenkugel).

Extremsportarten

Agroventures EXTREMSPORT
(Karte S. 342; ☎07-357 4747, 0800 949 888; www.agroventures.co.nz; Western Rd.; ⌚9–17 Uhr) Agroventures ist ein Bienenstock voller Action, man findet die Firma 9 km nördlich von Rotorua an der SH5 (Shuttleservice steht zur Verfügung). Die folgenden Preise gelten für einzelne Aktivitäten, es gibt aber auch viele Kombi-Angebote.

Los geht's mit dem 43 m-Bungee-Sprung (Erw./Kind 95/80 NZ$) und Swoop (Erw./Kind 49/35 NZ$). Die Schaukel, in der man 130 km/h erreicht, kann man sowohl alleine oder mit Freunden genießen. Wem das noch nicht reicht, auf den wartet Freefall Xtreme (3 Min. Erw./Kind 49/35 NZ$), die Simulation eines Fallschirmsprungs, bei der man auf einer Luftsäule 5 m hoch in die Luft gepustet wird.

Möglich ist hier auch Shweeb (Erw./Kind 39/29 NZ$), ein Monorail-System mit Pedalantrieb. In den herabhängenden durchsichtigen Kabinen erreichen die Besucher halb liegend mit Pedalkraft Geschwindigkeiten von bis zu 60 km/h. Nebenan rast bei Agrojet (Erw./Kind 49/35 NZ$) angeblich Neuseelands schnellstes Jetboot über einen 1 km langen Kurs.

Zorb EXTREMSPORT
(Karte S. 342; ☎07-357 5100, 0800 227 474; www.zorb.com; Ecke Western Rd. & SH5; Fahrten ab 30 NZ$; ⌚9–17 Uhr, Dez.–März 9–19 Uhr) Zorb liegt 9 km nördlich von Rotorua an der SH5 – zu erkennen am grünen Grashang, auf dem große, durchsichtige, mit Menschen gefüllte Kugeln bergab rollen. Das alles ist keine Fata Morgana! Es gibt drei Kurse: 150 m geradeaus, 180 m in Zickzack oder 250 m im freien „Fall". Zwei Varianten sind möglich: Festgeschnallt und trocken oder *freestyle* in einer mit Wasser gefüllten Kugel.

Ogo EXTREMSPORT
(Karte S. 342; ☎0800 646 768; www.ogo.co.nz; 525 Ngongotaha Rd.; Fahrten ab 35NZ$; ⌚9–17 Uhr, Dez.–Feb. 9–18.30 Uhr) Als wäre Zorb nicht schon genug, gibt es auch noch Ogo (etwa 5 km nördlich der Stadt), wo man in einer großen Blase mit oder ohne Wasser einen grasbewachsenen Hügel hinunterschwankt. Verrückt? Lustig? Beängstigend? Eine Mischung aus allem!

Skyline Rotorua EXTREMSPORT
(Karte S. 342; ☎07-347 0027; www.skyline.co.nz; Fairy Springs Rd.; Erw./Kind Gondel 25/12,50 NZ$, Rennrodel 3 Fahrten 41/31 NZ$, Himmelsschaukel 52/41 NZ$; ⌚9–23 Uhr) Die Gondel fährt auf den Mount Ngongotaha hinauf, der etwa 3 km nordwestlich der Stadt liegt. Von oben haben Besucher einen schönen Blick auf den See und können dann im Anschluss mit einer Mischung aus Rodel und Go-Kart auf drei verschiedenen Pisten bergab sausen. Auf die wirklich Temposüchtigen wartet die sogenannte Himmelsschaukel: Sky Swing katapultiert seine kreischenden Passagiere mit bis zu 160 km/h durch die Luft. Auf dem Gipfel gibt es außerdem ein Restaurant, Café und Wanderwege.

The Wall KLETTERN
(Karte S. 326; ☎07-350 1400; www.thewall.co.nz; 1140 Hinemoa St.; Erw./Kind inkl. Klettergurt 16/12 NZ$, Schuhverleih 5 NZ$; ⌚Mo–Fr 12–22, Sa & So, 10–22 Uhr) The Wall bietet eine dreigeschossige Kletterwand mit vielen Überhängen in einer Halle.

NZONE FALLSCHIRMSPRINGEN
(Karte S. 342; ☎07-345 7520, 0800 376 796; www.nzone.biz; Rotorua Airport; Sprünge ab 269 NZ$) NZONE bietet Tandem-Fallschirmsprünge aus 2740, 3660 oder 4570 m mit Blick aus der Vogelperspektive auf Seen und Vulkane. Ein Abholservice aus der Stadt steht zur Verfügung.

Kawarau Jet JETBOOTFAHREN
(Karte S. 326; ☎07-343 7600, 0800 538 7746; www.kjetrotorua.co.nz; Seeufer; 30 Min. Erw./Kind 74/54 NZ$) Beim Jetbootfahren mit Kawarau Jet nimmt man richtig Fahrt auf. Auch Gleitschirmflüge sind möglich.

Mountainbiken

Am Rand der Stadt liegt der Redwoods Whakarewarewa Forest (S. 343) mit einigen der schönsten Mountainbikerouten des Landes. Das Wegenetz ist fast 100 km lang – genug, um Fahrer auf unterschiedlich schwierigen Strecken tagelang bei Laune zu halten. Achtung: Nicht alle Wege im Wald sind für Radfahrer bestimmt, deshalb unbedingt die Hinweisschilder beachten. Im Besucherzentrum sind Streckenkarten erhältlich.

HINEMOA & TUTANEKI

Hinemoa war eine junge Frau aus einem *hapu* (Unterstamm), der am Westufer des Lake Rotorua lebte. Der junge Tutanekai hingegen gehörte dem *hapu* der Mokoia Island an. Die beiden begegneten sich auf einem der regelmäßigen Stammestreffen und verliebten sich ineinander. Zwar waren beide edler Abstammung, aber Tutanekai war ein uneheliches Kind, und obwohl Hinemoas Familie den jungen Mann für rechtschaffen hielt, war eine Hochzeit darum unmöglich.

Zuhause auf Mokoia spielte der von Liebeskummer geplagte Tutanekai für seine Liebste auf der Flöte, und der Wind trug die Melodie über das Wasser. Hinemoa hörte seine Liebeserklärung, und die Mitglieder ihres Stammes banden nachts die Kanus fest, um sie davon abzuhalten, zu ihm zu fahren.

Tutanekais Musik war jedoch stärker, und so legte Hinemoa die Kleider ab und schwamm den langen Weg vom Ufer bis zur Insel. Als sie auf Mokoia ankam, befand sie sich in einem Dilemma: Sie hatte zum Schwimmen ihre Kleider zurückgelassen und konnte den Inselbewohnern nun doch nicht nackt entgegentreten! Sie sprang in einen heißen Tümpel, um in Ruhe über ihren nächsten Schritt nachzudenken.

Schließlich kam ein Mann, um aus der kühlen Quelle neben dem Tümpel Wasser zu schöpfen. Mit tiefer Männerstimme rief Hinemoa: „Wer ist da?" Der Mann antwortete, er sei Tutanekais Sklave und hole Wasser für ihn. Hinemoa ergriff die Kalebasse des Sklaven und zerschmetterte sie. Weitere Sklaven kamen und Hinemoa zerschmetterte auch deren Gefäße, bis zuletzt Tutanekai zum Tümpel kam und von dem Eindringling verlangte, dass er sich zu erkennen gäbe. Die Überraschung war groß, als dieser sich als Hinemoa entpuppte! Heimlich brachte er sie in seine Hütte.

Nachdem Tutanekai am nächsten Morgen verdächtig lange nicht aufstand, ließ ein Sklave verlauten, dass jemand in Tutanekais Bett sei. Man entdeckte die beiden Liebenden, und als bekannt wurde, welch übermenschliche Anstrengungen Hinemoa auf sich genommen hatte, um zu ihrem Geliebten zu kommen, wurde die Vereinigung der beiden dann ausgiebig gefeiert.

Die Nachkommen von Hinemoa und Tutanekai leben noch heute in der Gegend um Rotorua.

Für weitere Informationen hält das i-SITE in Rotorua die Radkarte *Get on Your Bike* (Download unter www.rdc.govt.nz) und die Broschüre *Rotorua Mountain Biking* bereit (www.rotoruanz.com).

Mountain Bike Rotorua FAHRRADVERLEIH
(Karte S. 342; ☎0800 682 768; www.mtbroto rua.co.nz; Waipa State Mill Rd.; Mountainbikes 2 Std./Tag ab 30/45 NZ$, geführte Tour halber/ganzer Tag 120/185 NZ$; ⌚9–17 Uhr) Der Ausrüster verleiht Räder an der Zufahrt zum Parkplatz Waipa Mill am Redwoods Whakarewarewa Forest, dem Ausgangspunkt für viele Radrouten. Es gibt außerdem ein Depot auf der anderen Seite des Waldes am Besucherzentrum. Wer mag, kann also eine Strecke durch den Wald fahren und mit dem Shuttlebus zum Ausgangspunkt zurückkehren.

Bike Barn FAHRRADVERLEIH
(Karte S. 326; ☎07-347 1151; www.bikebarn.co.nz; 1275 Fenton St.; Mountainbikes halber/ganzer Tag ab 45/60 NZ$; ⌚Mo–Fr 8.30–17.30, Sa 9–17, So 10–17 Uhr) Fahrradverleih und -reparatur im Zentrum von Rotorua.

Lady Jane's Ice Cream Parlour FAHRRADVERLEIH
(Karte S. 326; ☎07-347 9340; ladyjanes@xtra.co.nz; 1092 Tutanekai St.; Fahrräder 3 Std./Tag 25/35 NZ$; ⌚ab 10 Uhr) Fahrradverleih unweit des Lake Rotorua.

Wildwasser-Rafting & Sledging

Rund um Rotorua gibt es reichlich Areale für jegliche Arten von Wildwassersport. Dazu zählen der **Kaituna River** mit Stromschnellen der Kategorie V und einer äußerst spektakulären, 7 m hohen Stufe an den Okere-Wasserfällen. Die meisten dieser Ausflüge dauern einen Tag. Einige Firmen steuern die weiter entfernten Flüsse **Rangitaiki River** (Kategorie III–VI) und **Wairoa River** (Kategorie V) an, die allerdings nur befahrbar sind, wenn der Damm an jedem zweiten Sonntag geöffnet wird. Sledging (falls das jemand noch nicht weiß) bedeutet, auf einem Bodyboard flussabwärts zu sausen. Die meisten Anbieter sorgen auch für den Transport.

River Rats RAFTING
(☎07-345 6543, 0800 333 900; www.riverrats.co.nz) Im Angebot sind verschiedene Möglichkeiten: Rafting auf dem Wairoa (119 NZ$), Kaituna (99 NZ$) und Rangitaiki (129 NZ$); außerdem bietet der Veranstalter einen landschaftlich hübschen Ausflug auf dem unteren Rangitaiki (Kategorie II) an, der sich auch gut für Jugendliche eignet (Erw./Kind 129/100 NZ$).

Kaituna Cascades RAFTING
(☎07-345 4199, 0800 524 8862; www.kaitunacascades.co.nz) Raftingabenteuer auf dem Kaituna (82 NZ$), Rangitaiki (118 NZ$) und Wairoa (98 NZ$), plus Möglichkeiten zu Kajaktouren.

Wet 'n' Wild RAFTING
(☎07-348 3191, 0800 462 7238; www.wetnwildrafting.co.nz) Veranstaltet Fahrten auf dem Kaituna (99 NZ$), Wairoa (110 NZ$) und Mokau (160 NZ$), gemütlichere Ausflüge auf dem Rangitaiki (Erw./Kind 125/90 NZ$) sowie längere Touren zu abgelegenen Abschnitten von Motu und Mohaka (2–5 Tage, 595–975 NZ$).

Raftabout RAFTING, SLEDGING
(☎07-343 9500, 0800 723 822; www.raftabout.co.nz) Bietet Raftingtouren auf dem Kaituna (99 NZ$), Rangitaiki (129 NZ$) und Wairoa (129 NZ$) sowie Sledging auf dem Kaituna (115 NZ$) an.

Kaitiaki Adventures RAFTING, SLEDGING
(☎07-357 2236, 0800 338 736; www.kaitiaki.co.nz) Wildwasser-Raftingtrips auf dem Kaituna (95 NZ$), Wairoa (99 NZ$) und Rangitaki (125 NZ$), plus Sledging auf dem Wairoa (299 NZ$) sowie einem Abschnitt des Kaituna (Kategorie III; 109 NZ$).

Kajak fahren

River Rats KAJAKFAHREN
(☎07-345 6543, 0800 333 900; www.riverrats.co.nz) In der Kajakabteilung lassen sich Kajaks ausleihen (halber/ganzer Tag ab 30/40 NZ$), außerdem veranstaltet River Rats geführte vierstündige Touren auf dem Lake Rotoiti (95 NZ$).

Go Wild Adventures KAJAKFAHREN
(☎07-533 2926; www.adventurekayaking.co.nz) Unternimmt Trips auf den Seen Rotorua, Rotoiti, Tarawera und Okataina (2 Std./halber/ganzer Tag ab 80/95/140 NZ$); außerdem verleiht der Anbieter Kajaks (Tag ab 50 NZ$).

Kaituna Kayaks KAJAKFAHREN
(☎07-362 4486; www.kaitunakayaks.com; Halbtagesfahrten 199 NZ$, Unterricht halber/ganzer Tag 199/299 NZ$) Geführte Tandemtouren und Kajakunterricht (für Gruppen billiger) auf dem Kaituna River.

Thermalbecken & Massage

Zu den geothermischen Anlagen in der Gegend zählen da Hell's Gate & Wai Ora Spa (S. 341), das 16 km nordöstlich von Rotorua liegt, und die Waikite Valley Thermal Pools (S. 344), die man 30 km südlich von Rotorua findet.

Polynesian Spa WELLNESS, MASSAGE
(Karte S. 326; ☎07-348 1328; www.polynesianspa.co.nz; Government Gardens, nahe Hinemoa St.; Becken nur für Erw. 21,50 NZ$, private Becken 30 Min. Erw./Kind ab 18,50/6,50 NZ$, Familienbecken Erw./Kind/Fam. 14,50/6,50/36 NZ$, Wellnessbehandlungen ab 85 NZ$; ⌚8–23 Uhr, Wellnessbehandlungen 9–20 Uhr) 1882 wurde an den Quellen der Government Gardens ein Badehaus eröffnet, seither schwören die Leute auf das Wasser. Es gibt Mineralbäder (36–42 °C) in mehreren malerischen Becken am Rand des Sees, in Marmor gefasste terrassierte Pools und ein größeres Hauptbecken. Neben Luxusbehandlungen (Massage, Schlamm und Schönheitsbehandlungen) gibt es auch noch ein Café.

Wandern

Rund um Rotorua bieten sich viele Gelegenheiten, sich die Füße zu vertreten, besonders empfehlenswert sind die Tageswanderungen. Das Heft *Walks in the Rotorua Lakes Area* (2,50 NZ$), das im i-SITE ausliegt, beschreibt Stadtspaziergänge wie den beliebten Bummel am Seeufer entlang (20 Min.). Siehe auch www.doc.govt.nz

Der **Eastern Okataina Walkway** (einfach 3 Std.) verläuft am Ostufer des Lake Okataina bis zum Lake Tarawera und führt am Soundshell, einem natürliches Amphitheater, Überresten eines *pa* (Wehrdorf) und mehreren Badestellen vorbei. Der Western Okataina Walkway (einfach 5 Std.) verläuft auf der Westseite des Sees.

Der **Northern Tarawera Track** (einfach 3 Std.) ist die Fortsetzung des Eastern Okataina Walkway; beide zusammen lassen sich zu einer Zwei-Tages-Wanderung von Ruato oder Lake Okataina zum Lake Tarawera mit Zeltübernachtung bei Humphries Bay (kostenlose Zeltplätze) oder Tarawera Outlet (Zeltplätze pro Erw./Kind 6/3 NZ$) kombinieren. Von Tarawera Outlet kann man zu den 65 m **Tarawera Falls** laufen (hin & zurück 4 Std.). Von Kawerau, einem düsteren Holzfällerort im Schatten des Putauaki (Mt. Edgecumbe) führt eine Forststraße zum Tarawera Outlet, sie zweigt von der Straße nach Whakatane ab; der Zugang kostet 5 NZ$, Passierscheine sind im **Besucherzentrum Kawerau** (07-323 6300; www.kawerauonline.com; Busbahnhof Plunkett St.; Nov.–April 8–18 Uhr, Mai–Okt. 9–16 Uhr) erhältlich.

Die **Okere Falls** liegen etwa 21 km nordöstlich von Rotorua an der SH33. Hier führt ein leichter Wanderweg (hin & zurück 30 Min.) an den 7 m hohen Wasserfällen (beliebtes Rafting-Revier) vorbei, der Weg verläuft durch einen Wald aus heimischen Steineiben (Koniferen) und am Kaituna River entlang. Unterwegs gibt es bei Hinemoa's Steps einen Aussichtspunkt mit Blick auf den Fluss.

Gleich nördlich von Wai-O-Tapu an der SH5 beginnt der **Rainbow Mountain Track** (einfach 1½ Std.). Die anstrengende Wanderung führt zu jenem Gipfel hinauf, den die Maori Maungakakaramea – Berg der gefärbten Erde – nennen. Die Aussicht von dort oben auf Lake Taupo und Tongariro National Park ist spektakulär.

Am Mount Ngongotaha, etwa 10 km nordwestlich von Rotorua, gibt es mehrere schöne Wanderwege: Der leichte, 3,2 km lange **Nature Walk** windet sich durch den einheimischen Wald, der steile **Jubilee Track** (hin & zurück 5 km) zum Gipfel, der dann aber leider keine Aussicht bietet. Siehe www.ngongotaha.org.

Reiten

Paradise Valley Ventures REITEN
(07-348 3300; www.paradisetreks.co.nz; 679 Paradise Valley Rd.; 60/90 Min. 65/90 NZ$) Der sehr sichere und professionelle Anbieter bietet Ausritte für Neulinge und erfahrene Reiter auf seinem 280 ha großen Farmgelände nordwestlich von Rotorua an. Kinder können hier auf Ponys reiten.

Farmhouse REITEN
(Karte S. 342; 07-332 3771; www.thefarmhouse.co.nz; 55 Sunnex Rd., nahe Central Rd.; 30/60/120 Min. 26/42/74 NZ$) Das Farmhouse nördlich des Lake Rotorua bietet seinen Gästen kurze Ausritte (Anfänger) und längere Ausritte für erfahrene Reiter.

Angeln

Rund um Rotorua bieten sich viele gute Gelegenheiten, Forellen zu angeln. Man kann dafür einen Führer anheuern oder allein losziehen: In beiden Fällen braucht man einen Angelschein (Tag/Saison 23/116 NZ$), der bei **O'Keefe's Fishing Specialists** (Karte S. 326; 07-346 0178; www.okeefesfishing.co.nz; 1113 Eruera St.; Mo–Fr 8.30–17, Sa 9–14, So 9–13 Uhr) erworben werden kann. Am Seeufer in Rotorua ist das Angeln mit Angelschein erlaubt, allerdings dürfen nicht alle Seen das ganze Jahr über befischt werden; Infos dazu finden sich bei O'Keefe's oder im i-SITE.

Zu den empfehlenswerten Anbietern gehören Mana Adventures (S. 334) und die folgenden Firmen.

Trout Man ANGELN
(0800 876 881, 07-357 5255; www.waiteti.com; 2 Std./Tag ab 35/120 NZ$) Angeln lernen bei dem erfahrenen Angler Harvey Clark – erste Erfahrungen in einigen Stunden oder bei mehrtägigen Trips.

Clark Gregor ANGELN
(07-347 1123; www.troutnz.co.nz; Std. 105 NZ$) Fliegenfischen und Angeln vom Boot aus.

Gordon Randle ANGELN
(07-349 2555; www.rotoruatrout.co.nz; Charter halber/ganzer Tag 370/750 NZ$) Es werden auch preisgünstige Stundensätze angeboten.

Golf

Government Gardens Golf GOLF
(Karte S. 326; 07-348 9126; www.governmentgardensgolf.co.nz; Queens Dr., Government Gardens; 7.30–20 Uhr) Government Gardens Golf hat einen Neun-Loch-Golfkurs (Erw./Kind 20/14 NZ$), Minigolf (11/8 NZ$) und eine Übungsfläche (80 Bälle 11 NZ$). Ein 40 NZ$-Golf-Package umfasst Schläger, Greenfees, Bälle und Tees. Außerdem gibt es hier einen Schlagkäfig mit Ballwurfmaschine fürs Baseballtraining (Eimer mit Bällen 9 NZ$).

Geführte Touren

Geyser Link Shuttle BUSTOUR
(07-343 6764; www.geyserlink.co.nz) Touren zu einigen der wichtigsten Sehenswürdigkeiten, einschließlich Wai-O-Tapu (halber Tag Erw./Kind 65/32,50 NZ$) und Waimangu Volcanic Valley (halber Tag 60/30 NZ$) oder beide (ganzer Tag 115/57,50 NZ$). Es gibt auch die Möglichkeit, nur den Transfer zu buchen.

Affordable Adventures BUSTOUR
(☎0508 278 946; www.affordableadventures.co.nz) Unterhält einen Shuttle-Dienst zum Wai-O-Tapu (hin & zurück 25 NZ$) und bietet eine ganztägige Tour zum Thema Geothermie an (Erw./Kind 120/60 NZ$).

Indigenous Trails TOUR
(☎07-542 1074; www.itrails.co.nz; Touren Erw./Kind 338/250 NZ$) Ganztägige, von Maori geführte Touren rund um Rotorua mit einem Bungee-Sprung, einer Flussfahrt, einer Begegnung mit Kiwis sowie einer kulturellen Darbietung und einem *hangi*.

Elite Adventures TOUR
(☎07-347 8282; www.eliteadventures.co.nz; Touren Erw./Kind halber Tag ab 85/55 NZ$, ganzer Tag ab 220/130 NZ$) Touren in Kleingruppen zu verschiedenen Kultur- und Naturattraktionen rund um Rotorua.

Rotorua Duck Tours TOUR
(☎07-345 6522; www.rotoruaducktours.co.nz; Erw./Kind/Fam. 68/38/155 NZ$; ⌚Touren Okt.–April 11, 13 & 15.30 Uhr, Mai–Sept. 11 & 14.15 Uhr) 90-Min.-Trips in einem mit Biotreibstoff betriebenen Amphibienfahrzeug zu den wichtigsten Sehenswürdigkeiten der Stadt und der drei Seen Rotorua, Okareka und Tikitapu/Blue Lake. Auch längere Ausflüge auf dem Lake Tarawera stehen auf dem Programm.

Tim's Wai-O-Tapu Thermal Cultural Shuttle BUSTOUR
(☎027 494 5508) Fährt zum Wai-O-Tapu (hin & zurück inkl. Eintritt 50 NZ$) und auf Anfrage zum Buried Village und Waimangu Volcanic Valley.

Volcanic Air Safaris RUNDFLÜGE
(Karte S. 326; ☎07-348 9984, 0800 800 848; www.volcanicair.co.nz; Lakefront; Ausflüge 70–862 NZ$) Diverse Flüge mit einem Wasserflugzeug oder einem Helikopter rund um den Mount Tarawera und die ihn umgebenden geothermischen Stätten, darunter Hell's Gate, Buried Village und Waimangu Volcanic Valley. Außerdem wird auch ein Ausflug (3¼ Std.) nach Whakaari/Mount Tarawera angeboten.

Helipro RUNDFLÜGE
(Karte S. 342; ☎07-357 2515, 0800 435 477; www.helipro.co.nz; Hemo Rd.; Flüge 95–895 NZ$) Helipro bevölkert den Himmel über Rotorua mit kleinen roten Hubschraubern (8 Min. Rundflug über der Stadt 95 NZ$), die Flüge können auch bis zum Mount Tarawera und bis Whakaari (White Island) ausgedehnt werden. Landungen an verschiedenen Orten kosten extra.

Pure Cruise New Zealand SEGELN
(☎0800 272 456, 027 272 4561; www.purecruise.co.nz; Segeltörns Erw./Kind morgens oder bei Sonnenuntergang 110/70 NZ$, halber Tag 135/75 NZ$) Gemütliche Segeltörns auf einem Katamaran auf dem Lake Rotoiti; zur Auswahl stehen ein morgendlicher Törn mit Bad in einer heißen Quelle, eine Ausfahrt bei Sonnenuntergang oder ein Halbtages-Ausflug.

Mokoia Island Wai Ora Experiences BOOTSFAHRT, KULTURELLE TOUR
(Karte S. 326; ☎07-349 0976; www.mokoiaisland.co.nz; Seeufer; Touren Erw./Kind 75/38 NZ$; ⌚9.30 & 14 Uhr) Der Anbieter verspricht ein 2½-stündiges „Ultimatives Inselerlebnis" auf Mokoia Island. Unterwegs können die Passagiere Wildtiere beobachten, sie bekommen Geschichten über die Insel zu hören und haben die Möglichkeit, die Zehen in das legendäre heiße Becken von Hinemoa zu tauchen.

Lakeland Queen BOOTSFAHRT
(Karte S. 326; ☎07-348 0265, 0800 572 784; www.lakelandqueen.com; Seeufer) Der Raddampfer *Lakeland Queen* legt zu einstündigen Frühstücksfahrten (Erw./Kind 45/22,50 NZ$) und längeren Ausflügen (mit Mittagessen 54/27,50 NZ$; im Sommer Sa mit Abendessen 70/35 NZ$) auf dem Lake Rotorua ab.

Mana Adventures BOOTSFAHRT, KAJAKFAHREN
(Karte S. 326; ☎07-348 4186, 0800 333 660; www.manaadventures.co.nz; Seeufer) Wer den See mit eigenem Antrieb erkunden möchte, ist bei Mana Adventures am richtigen Ort. Zur Auswahl stehen (wenn das Wetter es zulässt) Tretboote (20 Min. Erw./Kind 9/6 NZ$) und Kajaks (Std./halber Tag 25/50 NZ$). Dazu kommen im Angebot einstündige Bootsfahrten auf dem See (Erw./Kind 55/39 NZ$), Fahrten zum Forellenangeln und Ausflüge nach Mokoia Island (Erw./Kind 75/30 NZ$, 3 Std.).

Schlafen

Rotorua verfügt über viele Campingplätze und eine sich ständig ändernde Backpackerszene. Klassische Motels stehen dicht an dicht an der Fenton Street, bessere und interessantere Zimmer finden sich abseits der Hauptstraße.

LP TIPP **Regent of Rotorua** BOUTIQUEHOTEL $$$
(Karte S. 326; ☎07-348 4079, 0508 734 368; www.regentrotorua.co.nz; 1191 Pukaki St.; DZ/Suite ab 169/239 NZ$;) Wow! Es wurde wirklich Zeit für eine stilvolle Schlummerstätte in Rotorua: Das Regent, ein renoviertes Motel aus den 1960er-Jahren, erfüllt nun diesen Wunsch. „Die 60er-Jahre waren eine tolle Zeit zum Reisen", sagen die Besitzer. Das spiegelt sich auch in der Einrichtung in Form von Schwarz-und-Weiß-Tönen, verrückten Spiegeln, Retro-Tapeten und verschiedensten Farb-Akzenten. Zum Hotel gehören ein Pool und ein Restaurant. Die Restaurants an der Tutanekai Street liegen nur einen Katzensprung entfernt.

Funky Green Voyager HOSTEL $
(Karte S. 326; ☎07-346 1754; www.funkygreenvoyager.co.nz; 4 Union St.; B ab 25 NZ$, DZ mit/ohne Bad 68/59 NZ$; @) Grün von innen und von außen (dank mehrerer Eimer Farbe und einer umweltfreundlichen Einstellung): Das schuhfreie Funky GV bietet eine entspannte Atmosphäre und jede Menge Geselligkeit unter den unternehmungslustigen Gästen. Die Besitzer kennen sich aus in der Welt und wissen, was Reisende sich so wünschen. Die besten Doppelzimmer haben Bäder, die geräumigen Schlafsäle sind mit hochwertigen Matratzen bestückt.

Waiteti Trout Stream Holiday Park CAMPINGPLATZ $
(Karte S. 342; ☎07-357 5255, 0800 876 881; www.waiteti.com; 14 Okona Cres.; Stellplätze 36 NZ$, B ab 22 NZ$, DZ Hütte/Motel ab 55/105 NZ$; @) Die gepflegte Anlage ist eine tolle Option für Leute, die die 8 km lange Fahrt in die Stadt nicht scheuen. Sie liegt auf zwei Morgen Gartenland am Ufer eines forellenreichen Bachs und ist eine gemütliche Unterkunft mit schönen Moteleinheiten, kleinen Hütten, einer netten Blockhütte für Backpacker und schönen Zeltplätzen am Bach. Kajaks und Dinghies werden kostenlos verliehen; und sogar Unterrichtseinheiten im Fliegenfischen 30 NZ$ sind hier ebenfalls buchbar.

Tuscany Villas MOTEL $$
(Karte S. 342; ☎07-348 3500, 0800 802 050; www.tuscanyvillasrotorua.co.nz; 280 Fenton St.; DZ ab 145 NZ$;) Mit seiner italienisch angehauchten Bauweise und den spitzen Koniferen hebt sich dieses Motel in Familienbesitz von den Motels an der Fenton Street auffallend ab. Die Unterkunft passt perfekt für Geschäftsreisende wie für Urlauber, die die großzügige Möblierung, die zahlreichen Fernseher, DVD-Player und die riesigen, tiefen Whirlpools zu schätzen wissen.

Crank Backpackers HOSTEL $
(Karte S.326; ☎0508 224 466, 07-348 0852; www.crankbackpackers.co.nz; 1140 Hinemoa St.; B 22–25 NZ$, DZ & 2BZ mit/ohne Bad 62/56 NZ$; @) Das riesige Hostel zeigt sich fest entschlossen, mit den alten Hasen zu konkurrieren. Das Crank ist in einer ehemaligen Einkaufspassage untergebracht – die Gäste schlafen also möglicherweise in einem Blumen- oder Feinkostladen. Die Schlafsäle über der Straße sind sonnig, es gibt keine nach Geschlechtern getrennte Bäder, einen kostenlosen Fitnessraum, eine Kletterwand sowie das Programmkino Basement Cinema im Untergeschoss.

Regent Flashpackers HOSTEL $
(Karte S. 326; ☎07-348 5111; www.regentflashpackers.co.nz; 1181 Pukaki St.; B/DZ ab 25/79 NZ$; @) Die Klientel des sehr gediegenen Regent sind vor allem reifere, anspruchsvolle Backpacker (gibt es die überhaupt?). Das Regent bietet ihnen robuste Etagenbetten, eine behagliche Küche, hochwertige Bettwäsche, Fußbodenheizung und Mineralbecken zum Selbstbefüllen hinterm Gebäude. Die Bar sorgt für eine lockere Stimmung im Haus.

Jack & Di's Troutbeck Lodge LODGE, MOTEL $$
(Karte S. 342; ☎07-357 4294, 0800 522 526; www.jackanddis.co.nz; 5 Arnold St.; DZ/Lodge ab 99/399 NZ$;) Die Lage am See im ruhigen, abgeschiedenen Ngongotaha macht diese große Lodge zu einem guten Rückzugsort vom Zentrum Rotoruas (kein Schwefelgeruch!). Die Lodge (mit kompletter Küche) ist für Familien oder Gruppen bis zu elf Leuten eingerichtet, außerdem gibt es Doppelzimmer im Motelstil. Im Winter fallen die Preise, Kajaks werden gratis ausgeliehen.

Rotorua YHA HOSTEL $
(Karte S. 326; ☎07-349 4088, 0800 278 299; www.yha.co.nz; 1278 Haupapa St.; B 28–35 NZ$, DZ mit/ohne Bad 87/77 NZ$; @) Hell und blitzblank präsentiert sich dieses zweckmäßige Hostel. Besonders Leute, die Outdooraktivitäten im Sinn haben, sind hier gut aufgehoben: Die Mitarbeiter reißen sich geradezu darum, beim Buchen von Ausflügen behilflich zu sein. Dazu kommen Unterstellmöglichkeiten für Fahrräder und Kajaks. Die teureren Zimmer haben ein Bad, au-

ßerdem gibt es einen Grillbereich und eine Terrasse zum Abhängen. Ein weiterer Bonus sind die hauseigenen Parkplätze.

Rotorua Top 10 Holiday Park CAMPINGPLATZ $
(07-348 1886, 0800 223 267; www.rotoruatop10.co.nz; 1495 Pukuatua St.; Stellplätze ab 20 NZ$, DZ Hütte/Motel ab 65/95 NZ$;) Der kleine, aber perfekt gestaltete Caravanpark, der sich kontinuierlich um Verbesserungen bemüht, hat in letzter Zeit einen neuen Spielplatz, Duschen-/Toilettenblocks und heiße Mineralbecken hinzubekommen. Die Hütten sind in gutem Zustand und haben kleine Kühlschränke und eine Mikrowelle. Auf dem Platz gibt es viele Sträucher und Picknicktische.

Sandi's Bed & Breakfast B&B $$
(Karte S. 342; 0800 726 3422, 07-348 0884; www.sandisbedandbreakfast.co.nz; 103 Fairy Springs Rd.; DZ/FZ inkl. Frühstück 130/160 NZ$;) Das freundliche Familien-B&B wird von der gut gelaunten Sandi geführt, die mit einem allgegenwärtigen Lächeln Urlaubern Tipps gibt. Die besten Optionen sind die beiden Chalets mit Fernseher und viel Platz. Das Haus steht an einer belebten Straße einige Kilometer nördlich der Stadt, zu den Extras gehören frisches Obst zum Frühstück und eine Sonnenterrasse.

Rotorua Central Backpackers HOSTEL $
(Karte S. 326; 07-349 3285; www.rotoruacentralbackpackers.co.nz; 1076 Pukuatua St.; B 25 NZ$, DZ 60 NZ$;) Das Hostel wurde 1936 gebaut; einige historische Details wie dunkle Sockelleisten und Türrahmen aus Holz, tiefen Badewannen und Radiatoren, die geothermisch betrieben werden, blieben erhalten. Die Schlafsäle haben maximal sechs Betten (und keine Kojen), außerdem gibt es einen Wellness-Pool und einen Grill, und das alles in perfekter Laufdistanz zum Museum.

Jack & Di's Lake View Lodge LODGE $$
(Karte S. 326; 07-357 4294, 0800 522 526; www.jackanddis.co.nz; 21 Lake Rd.; Zi./Apt. ab 99/199 NZ$;) Seeblick und eine zentrale, aber abgeschiedene Lage machen diese einzigartige Lodge zu einer überzeugenden Unterkunft. Das Penthouse im Obergeschoss ist ideal für Paare, die untere Etage eignet sich besser für Familien oder Gruppen (3 Schlafzimmer, 3 Bäder). Ein Wellness-Pool, Aufenthaltsräume zum Faulenzen und komplett eingerichtete Küchen machen das Haus noch attraktiver.

Crash Palace HOSTEL $
(Karte S. 326; 07-348 8842, 0800 892 727; www.crashpalace.co.nz; 1271 Hinemaru St.; B/EZ/DZ ab 22/35/60 NZ$;) Der Newcomer hat sich in einem großen, senffarbenen Hotel aus den 1930er-Jahren unweit der Government Gardens eingerichtet. Die Atmosphäre hält die Balance zwischen Party und Grabesstille, ohne zu sehr nach einer Seite zu kippen. Die schönsten Zimmer haben Dielen, an den Wänden hängt viel Kunst. Die Zahl der Parkplätze ist begrenzt.

Rotorua Thermal Holiday Park CAMPINGPLATZ $
(Karte S. 342; 07-346 3140; www.rotoruathermal.co.nz; 463 Old Taupo Rd.; Stellplätze ab 16 NZ$, DZ Hütten/Wohneinheiten ab 51/98 NZ$;) Der superfreundliche Wohnmobilpark am Stadtrand schwimmt voll auf der Freizeitwelle mit. Grillplätze, Spielplatz, Hütten und Ferienwohnungen, jede Menge Zeltplätze sowie ein Laden und ein saisonales Café erwarten die Reisenden. Die offenen Rasenflächen bieten reichlich Platz für Bewegung, außerdem gibt es heiße Mineralbecken, um den Tag im Wasser zu verbringen.

Millennium Hotel Rotorua HOTEL $$$
(Karte S. 326; 07-347 1234; www.millenniumrotorua.co.nz; Ecke Eruera & Hinemaru St.; DZ ab 250 NZ$;) Die von der Bauweise der Maori inspirierte Hochglanz-Lobby ist das Kernstück des eleganten, fünfstöckigen Motels. Die Zimmer am Seeufer bieten eine ausgezeichnete Aussicht – ebenso wie die Club-Lounge, die besonders bei Geschäftsleuten und dem internationalen Publikum hoch im Kurs steht. Der *hangi* am Pool (S. 328) ist fantastisch; das gilt auch für das hauseigene Restaurant Nikau.

Six on Union MOTEL $$
(Karte S. 326; 07-347 8062, 0800 100 062; www.sixonunion.co.nz; 6 Union St.; DZ/FZ ab 105/145 NZ$;) Die schlichte Anlage ist eine erschwingliche Unterkunft mit Pool, Wellnessbereich und kleinen Küchenzeilen in allen Wohneinheiten. Die Zimmer sind funktional eingerichtet, die neuen Besitzer (aus Yorkshire) halten den Schwimmbeckenbereich in gutem Zustand. Das Haus liegt abseits des Verkehrslärms, aber nur einen kurzen Spaziergang vom Stadtzentrum entfernt.

Victoria Lodge MOTEL $$
(Karte S. 326; 0800 100 039, 07-348 4039; www.victorialodge.co.nz; 10 Victoria St.; DZ/

Apt. ab 115/160 NZ$;) Das freundliche Vic hat viele Mitbewerber kommen und gehen sehen und dabei seine Position am Markt behauptet. Das Geheimnis liegt möglicherweise in der individuellen Einrichtung der Zimmer. Die Studios mit ihren thermisch beheizten Tauchbecken sind besonders attraktiv. In die voll ausgestatteten, frisch gestrichenen Apartments können sich bis zu sieben Leute quetschen, viel Platz haben aber eher nur vier Personen.

Ann's Volcanic Rotorua Motel MOTEL **$$**
(Karte S. 342; 07-347 1007, 0800 768 683; www.rotoruamotel.co.nz; 107 Malfroy Rd.; DZ/Suite ab 99/115 NZ$;) Ann's ist ein erschwingliches Motel mit familiärem Charme und einer unerschütterlich freundlichen Gastgeberin. Sie hat haufenweise Tipps auf Lager und erklärt geduldig, was es rund um Rotorua zu sehen und zu tun gibt. Zu den größeren Zimmern gehören Whirlpools im Freien und Einrichtungen für Reisende mit Behinderung; nebenan steht ein Haus für große Gruppen. Die Zimmer an der Straße können ein bisschen laut sein.

Princes Gate Hotel LUXUSHOTEL **$$$**
(Karte S. 326; 07-348 1179, 0800 500 705; www.princesgate.co.nz; 1057 Arawa St.; DZ/Suite ab 165/220 NZ$; @) Das Princes Gate ist eine allseits beliebte, herzliche Dame aus dem 19. Jh. mit 54 verschiedenen Zimmern. Da gibt es zum Beispiel die opulente Marvelly Suite mit viel, viel Pink. Doch spätestens, wenn man sich in die schier bodenlose Badewanne sinken lässt, ist alles vergessen. Zu den weiteren Annehmlichkeiten zählen plätschernde Mineralbäder, die Sauna und das Restaurant. Nett sind auch die Kabarett-Abende.

Base Rotorua HOSTEL **$**
(Karte S. 326; 07-348 8636, 0800 227 369; www.stayatbase.co.nz; 1286 Arawa St.; B/EZ/DZ ab 28/70/70 NZ$; @) Das riesige Hostel, das zur Base-Kette gehört, ist besonders beim Partyvolk unter den Backpackern angesagt, die die Lava Bar (billiges Essen, Toga-Partys, Disko-Abende usw.) lieben. In den Schlafsälen kann es eng werden (bis zu 12 Betten), aber Extras wie die reinen Mädchenzimmer, die Doppelzimmer mit Bad, der große, beheizte Pool im Freien und die Parkplätze gleichen das wieder aus.

Kiwi Paka HOSTEL **$**
(07-347 0931; www.kiwipaka.co.nz; 60 Tarewa Rd.; Stellplätze ab 15 NZ$, B/EZ/DZ 29/55/64 NZ$, Chalets mit Bad DZ/3BZ/4BZ 87/107/147 NZ$; @) Die weitläufige Anlage liegt nur einen kurzen Spaziergang durch den Kuirau Park vom Stadtzentrum entfernt. Die Atmosphäre ähnelt ein bisschen der eines Landschulheims. Bei den Unterkünften reicht die Auswahl von Zeltplätzen über schlichte Schlafsäle und Hüttenzimmer bis zu zweigeschossigen holzverkleideten Chalets. Auf dem Gelände gibt es ein Café und eine Bar.

Essen

Am See-Ende der Tutanekai Street findet sich eine Reihe guter Restaurants, auch im übrigen Stadtgebiet gibt es viele Lokale.

LP TIPP **Third Place Cafe** CAFÉ **$$**
(07-349 4852; www.thirdplacecafe.co.nz; 36 Lake Rd.; Hauptgerichte 15–18 NZ$; Mo–Fr 8–16, Sa 8–15 Uhr) Das Third Place ist ein wirklich interessantes Café abseits des Rummels und eines der besten vor Ort. Das ganztägig bestellbare Frühstück (Brunch) passt großartig zwischen Hähnchen-Jambalaya, Fish and Chips und das fantastische „Mumble Jumble" aus pürierter Kumara (Süßkartoffel), grünen Tomaten und würziger Chorizo, garniert mit Speck, pochiertem Ei und Sauce Hollandaise. Die Gäste können sich auf ein rotes Ledersofa plumpsen lassen oder auf einen Fensterplatz mit Blick auf Ohinemutu hoffen.

Lime Caffeteria CAFÉ **$$**
(Karte S. 326; 07-350 2033; Ecke Fenton & Whakaue St.; Hauptgerichte 13–24 NZ$; 7.30–16.30 Uhr;) Das Café liegt in einer ruhigen Ecke in der Nähe des Sees und überzeugt besonders durch sein Frühstück im Freien und die Gerichte mit dem gewissen Etwas: Einen Versuch wert sind der Salat mit Hähnchen und Chorizo oder das Garnelen-und-Lachs-Risotto in Limettensoße. Außerdem gibt es klassische Theken-Snacks, ausgezeichneten Kaffee und Tische im Freien. „So ein gutes Mittagessen habe ich schon ewig nicht mehr genossen", sagte ein zufriedener Kunde.

Indian Star INDISCH **$$**
(Karte S. 326; 07-343 6222; www.indianstar.co.nz; 1118 Tutanekai St.; Hauptgerichte 14–22 NZ$; Mittag- und Abendessen;) In der Stadt gibt es mehrere indische Lokale – dieses hier sticht mit makellosem Service und fantastischen Zubereitungen der indischen Klassiker aus der Konkurrenz hervor. Die Portionen sind ansehnlich, und es gibt eine

gute Auswahl vegetarischer Gerichte (wie wäre es zum Beispiel mit dem Kichererbsen-Masala?). Für abendliche Besuche sollte man reservieren.

Fat Dog Cafe & Bar CAFÉ $$
(Karte S. 326; ☎07-347 7586; 1161 Arawa St.; Hauptgerichte Frühstück & Mittagessen 12–20 NZ$, Abendessen 27–32 NZ$; ⏰Frühstück, Mittag- und Abendessen; ✎) An die Wände sind Pfotenabdrücke und alberne Verse gemalt – so sieht es aus im muntersten und kinderfreundlichsten Café der Stadt. Tagsüber kommen Burger (unbedingt einmal die Version Dogs Bollox probieren!), Nachos, Salate und Sandwiches auf den Tisch; abends gibt es bei Kerzenschein schmackhaftes Lamm und Wild.

Capers Epicurean CAFÉ, FEINKOST
(Karte S. 326; ☎07-348 8818; www.capers.co.nz; 1181 Eruera St.; Hauptgerichte Frühstück & Mittagessen 6–20 NZ$, Abendessen 13–28 NZ$; ⏰7.30–21 Uhr; ✎) Der schicke, scheunenartige Feinkostladen ist immer voller Gäste. Sie kommen wegen der köstlichen Gourmet-Sandwiches, Pasteten, Salate und Kuchen in den Vitrinen und dem ausgezeichneten wechselnden Angebot an Frühstückvariationen und anderen leckeren warmen Speisen (empfehlenswert ist beispielsweise die Lasagne mit Karotten, Lauch und Feta). Außerdem gibt es eine Feinkostabteilung mit Olivenölen, Marinaden, Relish, Marmeladen und Schokoladen.

Weilin's Noodle House NUDELN, CHINESISCH $
(Karte S. 326; ☎07-343 9998; 1148 Tutanekai St.; Hauptgerichte 8–17 NZ$; ⏰Mi–Mo Mittag- und Abendessen) Der kleine, aber feine Laden serviert traditionelle (und erfreulich wenig fettige, salzige, schwere) chinesische Klöße und Unmengen an Nudeln in Suppen und Pfannengerichten (auch zum Mitnehmen).

Urbano Bistro MODERN-NEUSEELÄNDISCH, CAFÉ $$
(Karte S. 342; ☎07-349 3770; www.urbanobistro.co.nz; Ecke Fenton & Grey St.; Hauptgerichte Frühstück & Mittagessen 14–21 NZ$, Abendessen 24–43 NZ$; ⏰Mo–Sa 9–21, So 9–15 Uhr) Das Vorstadtcafé mit seinem Riesenschachbrettboden und der auffälligen Tapete ist ein kühner Wurf von angesehenen lokalen Restaurateuren. Zu essen gibt es einige der köstlichsten Gerichte der Stadt (zu empfehlen ist das Rindfleischcurry mit Ananas und Kumara), die alle aromatisch und gut zubereitet werden. Dazu gibt es gute Weine und einen Superservice.

Sabroso LATEINAMERIKANISCH $$
(Karte S. 326; ☎07-349 0591; www.sabroso.co.nz; 1184 Haupapa St.; Hauptgerichte 18–45 NZ$; ⏰Do–Di 17–22 Uhr) Was für eine Überraschung! Die bescheidene lateinamerikanische Cantina – geschmückt mit Sombreros, Gitarren, Jutetischdecken und Salz-und-Pfeffer-Streuern, die aus Corona-Flaschen gemacht sind – bringt abenteuerliche Gerichte aus Mittelamerika auf den Tisch, die den etwas faden Kiwi-Gaumen gewürztechnisch aufmischen. Das Chili mit schwarzen Bohnen ist hervorragend (ebenso wie die Margaritas).

Bistro 1284 MODERN-NEUSEELÄNDISCH $$$
(Karte S. 326; ☎07-346 1284; www.bistro1284.co.nz; 1284 Eruera St.; Hauptgerichte 34–39 NZ$; ⏰ab 18 Uhr) Das intime Lokal (farblich dominieren Schokoladen- und Graubraun) ist zweifellos eines der angesagtesten Lokale in RotoVegas. Auf den Tisch kommen asiatisch beeinflusste, geschmackvolle Kiwi-Gerichte. Dies ist genau der richtige Ort, um lokale Zutaten zu probieren (das Lamm ist immer gut); es empfiehlt sich außerdem, ein bisschen Platz für die köstlichen Desserts zum Abschluss zu lassen.

Amazing Thai THAILÄNDISCH
(Karte S. 326; ☎07-343 9494; 1246 Fenton St.; Hauptgerichte 19–28 NZ$; ⏰Mittag- und Abendessen) Das große Restaurant mit der Glasfront bringt überdurchschnittlich gute, ganz nach Wunsch gewürzte Thai-Gerichte in großzügigen Portionen auf den Tisch (auch zum Mitnehmen). Zur Ausstattung gehören die obligatorischen Porträts der thailändischen Königsfamilie und diverse Elefanten.

Ali Baba's Tunisian Takeaway ORIENTALISCH, TUNESISCH $
(Karte S. 326; ☎07-348 2983; 1146 Tutanekai St.; Gerichte 9–15 NZ$; ⏰ab 11.30 Uhr; ✎) Immer der Bauchtanzmusik (und der Nase) nach! Beides führt in dieses hübsche kleine Lokal, das Kebabs und tunesisch angehauchte Pizzas, Salate, Pasta- und Reisgerichte serviert (auch zum Mitnehmen).

Pak 'n Save SUPERMARKT
(Karte S. 326; www.paknsave.co.nz; Ecke Fenton & Amohau St.; ⏰8–22 Uhr) Zentral gelegen, mit gutem Angebot.

Ausgehen & Unterhaltung

Brew BAR, BRAUEREI
(Karte S. 326; www.brewpub.co.nz; 1103 Tutanekai St.) Die Jungs von Croucher Brewing Co, der

besten Hausbrauerei von Rotorua, betreiben das Brew, das an einem sonnigen Fleck an Rotoruas Hauptfressmeile liegt. Gäste haben die Wahl zwischen einem Pint fruchtigem hellem Bier, aromatischem Hopfenbitter oder malzigem Pilsener und fragen sich wahrscheinlich, wie sie morgen wieder aus dem Bett kommen sollen. Vielleicht hilft da der gute Kaffee weiter...

Pig & Whistle PUB, BRAUEREI
(Karte S. 326; www.pigandwhistle.co.nz; Ecke Haupapa & Tutanekai St.) Die lebhafte Hausbrauerei ist in einer ehemaligen Polizeiwache untergebracht und bietet Swine Lager, Großbildfernseher, einen Biergarten und von Donnerstag bis Samstag Livemusik, außerdem einfaches, aber gutes Essen (Hauptgerichte 15–30 NZ$). Die Speisekarte umfasst die ganze Skala von knusprigem Schweinebauch-Salat über Burger bis zu vegetarischen Nachos.

Belgian Bar BAR, LIVEMUSIK
(Karte S. 326; www.facebook.com/pages/belgianbar/137762819598058; 1151 Arawa St.; ⌚Di–So) Die beste Adresse der Stadt für Liebhaber von Livemusik und gutem Bier. Regelmäßige Blues- und Akustik-Acts („Clapton ist Gott" lautet ein Grafitto hinter der Bühne) untermalen das Gemurmel der Gäste, die hier ein halbes Dutzend europäischer Biere vom Fass und 42 Flaschenbiere probieren können.

Pheasant Plucker PUB, LIVEMUSIK
(Karte S. 326; www.thepheasantplucker.co.nz; 1153 Arawa St.) Das nette Pheasant ist immer für ein ordentliches Pint gut. Ausgeschenkt werden lokale und britische Biersorten; dazu gibt es Kneipenessen sowie Open-Mic-Sessions, Blues, Rock, Roots und Singer-Songwriter-Auftritte.

Basement Cinema KINO
(Karte S. 326; www.basementcinema.co.nz; 1140 Hinemoa St.) Das Basement liegt im selben Gebäudekomplex wie die Kletterwand The Wall. Das Programmkino zeigt auch fremdsprachige Filme.

Shoppen

Rotorua und Souvenirs gehören einfach zusammen. Man sollte aber immer auf echte Maori-Kunst und in Neuseeland hergestelltes Kunsthandwerk achten. Südlich der Stadt bieten Te Puia und Whakarewarewa Thermal Village eine ausgezeichnete Auswahl an echten Maori-Arbeiten.

Rotorua Night Market MARKT
(Karte S. 326; www.rotoruanightmarket.co.nz; Tutanekai St.; ⌚Do ab 16.30 Uhr) Am Donnerstagabend wird die Tutanekai Street zwischen Haupapa und Pukuatua Street gesperrt, damit der Rotorua-Nachtmarkt ausreichend Platz zur Verfügung hat. Die Besucher finden hier lokales Kunsthandwerk, Souvenirs, kitschige Straßenmusiker, Kaffee, Wein und viele Stände mit leckerem Essen.

Mountain Jade KUNSTHANDWERK, SCHMUCK
(Karte S. 326; www.mountainjade.com; 1288 Fenton St.; ⌚9–18 Uhr) Hochwertiger, handgearbeiteter Jadeschmuck und Schnitzereien. Durch ein Fenster an der Straßenseite kann man den Schnitzern bei der Arbeit zusehen.

Out of New Zealand KUNSTHANDWERK, SCHMUCK
(Karte S. 326; 1189 Fenton St.; ⌚10–18 Uhr, Dez.–März 10–21 Uhr) Der Laden verkauft in Neuseeland hergestelltes Kunsthandwerk und Kleinigkeiten, darunter Schnitzereien, Keramik und Schmuck – alles erschwingliche, gut zu verstauende Souvenirs.

Praktische Informationen

Es gibt viele Geldautomaten in der Stadt und ein Travelex im i-SITE. Die meisten Banken tauschen Fremdwährungen.

Lakes Prime Care (☎07-348 1000; 1165 Tutanekai St.; ⌚8–22 Uhr) Medizinische Notfallversorgung.

Polizei (☎111, ohne Notfall 07-348 0099; www.police.govt.nz; 1190-1214 Fenton St.)

Post (Ecke Tutanekai & Pukuatua St.)

Rotorua Hospital (☎07-348 1199; www.lakesdhb.govt.nz; Arawa St.; ⌚24 Std.) Medizinische Versorgung rund um die Uhr.

Rotorua Sustainable Tourism (www.sustainablenz.com) Macht den Rotorua-Besuch umweltverträglicher.

Tourism Rotorua & i-SITE (☎07-348 5179, 0800 768 678; www.rotoruanz.com; 1167 Fenton St.; ⌚Sept.–Mai 8–18 Uhr, Juni–Aug. 8–17.30 Uhr) Die zentrale Anlaufstelle für Reiseinfos und Buchungen einschließlich Wanderungen des Department of Conservation (DOC) hat auch eine Wechselstube, ein Café, Duschen und Schließfächer.

An- & Weiterreise

Bus

Alle größeren Busunternehmen halten vor dem Rotorua i-SITE; dort kann man auch Tickets buchen.

InterCity-Busse (www.intercity.co.nz) fahren u. a. zu folgenden Zielen:

REISEZIEL	FAHRPREIS	FAHRZEIT	HÄUFIGKEIT
Auckland	50 NZ$	3½ Std.	7-mal tgl.
Gisborne	82 NZ$	9 Std.	1-mal tgl.
Hamilton	32 NZ$	1½ Std.	5-mal tgl.
Napier	53 NZ$	3 Std.	3-mal tgl.
Taupo	32 NZ$	1 Std.	4-mal tgl.
Tauranga	30 NZ$	1½ Std.	3-mal tgl.
Wellington	65 NZ$	8 Std.	5-mal tgl.
Whakatane	34 NZ$	1½ Std.	1-mal tgl.

Naked Bus (www.nakedbus.com) bedient die folgenden Ziele. Wer im Voraus bucht, zahlt meist deutlich weniger.

REISEZIEL	FAHRPREIS	FAHRZEIT	HÄUFIGKEIT
Auckland	19 NZ$	4 Std.	6-mal tgl.
Gisborne	27 NZ$	4¾ Std.	1-mal tgl.
Hamilton	16 NZ$	1½ Std.	5-mal tgl.
Napier	29 NZ$	3 Std.	3-mal tgl.
Taupo	15 NZ$	1 Std.	2-mal tgl.
Tauranga	12 NZ$	1½ Std.	5-mal tgl.
Wellington	36 NZ$	8 Std.	2-mal tgl.
Whakatane	18 NZ$	1½ Std.	1-mal tgl.

Busse von **Twin City Express** (☎0800 422 928; www.baybus.co.nz) verkehren von Montag bis Freitag zweimal täglich zwischen Rotorua und Tauranga/Mount Maunganui über Te Puke (11,60 NZ$, 1½ Std.).

White Island Shuttle (☎07-308 9588, 0800 733 529; www.whiteisland.co.nz; einfach/hin & zurück 35/60 NZ$), wird betrieben von White Island Tours in Whakatane, bietet Shuttlefahrten von Rotorua nach Whakatane und zurück. Der Shuttledienst ist angeblich ausschließlich für Teilnehmer der eigenen Touren gedacht, in der Regel werden aber auch alle anderen Interessierten, die an der Haltestelle stehen, mitgenommen.

Flugzeug

Air New Zealand (☎07-343 1100; www.airnewzealand.co.nz; 1267 Tutanekai St.; ⏲Mo–Fr 9–17 Uhr) Bietet Direktflüge zwischen Rotorua und Auckland, Wellington und Christchurch sowie Sydney (Di und Sa).

Qantas (www.qantas.com.au) Verbindet Rotorua mit Auckland.

ℹ Unterwegs vor Ort

Auto

Die bekannten Mitwagenfirmen wetteifern am Rotorua Airport um die Aufmerksamkeit der Gäste. Die folgenden kleineren Firmen teilen sich ein Betriebsgelände an der Fenton Street:

A2B Car Rentals (☎0800 666 703; www.a2b-carrentals.co.nz; 1234 Fenton St.)

Ezi-Rent Car Hire (☎07-349 1629, 0800 652 565; www.ezirentcarhire.co.nz; 1234 Fenton St.)

Nationwide Rental Cars (☎0800 803 003; www.nationwiderentalcars.co.nz; 1234 Fenton St.)

Bus

Viele lokale Attraktionen bieten einen kostenlosen Abhol-/Bringdienst. Shuttleservices (S. 333) stehen auch für außerhalb liegende Attraktionen zur Verfügung.

Cityride (☎0800 422 928; www.baybus.co.nz) betreibt lokale Busdienste innerhalb der Stadt sowie nach Ngongotaha (Linie 1, 2,30 NZ$) und zum Flughafen (Linie 10, 2,30 NZ$).

Zum/vom Flughafen

Rotorua Airport (☎07-345 8800; www.rotorua-airport.co.nz; SH30) liegt 10 km nordöstlich der Stadt. **Super Shuttle** (☎09-522 5100, 0800 748 885; www.supershuttle.co.nz) bietet einen Tür-zu-Tür-Flughafenservice für 22 NZ$ (1. Pers.) und 6 NZ$ für jeden weiteren Passagier an. Cityride (S. 340) bietet einen täglichen Airport-Busdienst (2,30 NZ$). Ein Taxi zur/von der Stadt kostet um die 25 NZ$.

Taxi

Fast Taxis (☎07-348 2444)

Rotorua Taxis (☎07-348 1111)

RUND UM ROTORUA

Nördlich von Rotorua

👁 Sehenswertes & Aktivitäten

Rainbow Springs Kiwi Wildlife Park WILDRESERVAT

(Karte S. 342; ☎0800 724 626; www.rainbowsprings.co.nz; Fairy Springs Rd.; 24-Std.-Pass Erw./Kind/Fam. 35/22.50/103 NZ$; ⏲ab 8 Uhr) Rainbow Springs, etwa 3 km nördlich der Innenstadt von Rotorua gelegen, ist ein beliebtes familienfreundliches Ausflugsziel. In den natürlichen Quellen tummeln sich

Wildforellen und Aale, die Besucher durch ein Unterwasserfenster beobachten können. Es gibt Lehrpfade, eine neue Wasserbahn namens „Big Splash“ und viele, viele Tiere, darunter ein Tuatara (ein einheimisches Reptil), eingebürgerte Arten (Wallabys, Allfarbloris) und heimische Vögel (Kea, Kaka und Pukeko). Ein Highlight ist der Kiwi Encounter, der einen seltenen Einblick in die Lebensweise dieser bedrohten Vogelart eröffnet: Dazu gehört eine 30-minütige Führung, bei der die Teilnehmer auf Zehenspitzen durch Brut- und Aufzuchtstation schleichen. Darüber hinaus werden abendliche Kombi-Touren (Erw./Kind 125/65 NZ$, 4 Std.) angeboten, bei denen auch Mitai Maori Village (S. 328) besucht wird.

Wingspan Birds of Prey Trust WILDTIERZENTRUM

(☎07-357 4469; www.wingspan.co.nz; 1164 Paradise Valley Rd.; Erw./Kind 25/8 NZ$; ⌚9–15 Uhr) Wingspan Birds of Prey Trust widmet sich dem Schutz von drei bedrohten neuseeländischen Vogelarten: Falke, Habicht und Eule. Die Schautafel im Museum informiert über die Vögel, anschließend gibt es einen Blick in die Brutstation und dann einen Gang durch die Allwetter-Voliere. Die Flugshow um 14 Uhr sollte man sich nicht entgehen lassen!

aMAZEme LABYRINTH

(Karte S. 342; ☎07-357 5759; www.amazeme.co.nz; 1335 Paradise Valley Rd.; Erw./Kind/Fam. 16/9/45 NZ$; ⌚Dez.–Feb. 9–17 Uhr, März–Nov. 10–16 Uhr) Das 1,4 km lange Labyrinth besteht aus exakt beschnittenen, mannshohen Escallonia-Hecken. In den nicht enden wollenden Kreisen verlaufen sich Erwachsene und Kinder gleichermaßen.

Paradise Valley Springs WILDRESERVAT

(☎07-348 9667; www.paradisevalleysprings.co.nz; 467 Paradise Valley Rd.; Erw./Kind 29/14,50 NZ$; ⌚ab 8 Uhr bis zur Dämmerung) Im Paradise Valley am Fuß des Mount Ngongotaha (8 km außerhalb von Rotorua) liegt Paradise Valley Springs, ein 6 ha großer Park mit Forellenteichen, großen, schlüpfrigen Aalen und verschiedenen Landtieren. Dazu gehören Rehe, Alpakas, Possums und ein Rudel Löwen (die um 14.30 Uhr gefüttert werden). Es gibt außerdem ein Café und einen erhöhten Steg durch die Baumwipfel.

Agrodome LANDWIRTSCHAFT

(Karte S. 342; ☎07-357 1050; www.agrodome.co.nz; Western Rd.; 1 Std. Führung Erw./Kind/Fam. 38,50/19,50/82 NZ$, 1 Std. Show 29/14,50/77 NZ$, Führung & Show 56/28/115 NZ$; ⌚8.30–17 Uhr, Shows 9.30, 11 & 14.30 Uhr, Führungen 10.40, 12.10, 13.30 & 15.40 Uhr) Im lehrreichen Agrodome erfahren Besucher alles, was sie über Schafe wissen müssen. Zu der Show gehören eine Parade preisgekrönter Schafböcke, eine Viehauktion und Vorführungen der Schafschur und der Hütehunde. Bei der Führung gibt es verschiedene Nutztiere zu sehen, u. a. Schafe. Zu den weiteren Agrar-Attraktionen zählen ein Schurschuppen-Museum und ein Café.

Nordöstlich von Rotorua

Sehenswertes & Aktivitäten

Hells Gate & Wai Ora Spa VULKANISCHES GEBIET, WELLNESS

(Karte S. 342; ☎07-345 3151; www.hellsgate.co.nz; SH30, Tikitere; Eintritt Erw./Kind/Fam. 30/15/75 NZ$, Schlammbäder & Wellness 105 NZ$, Massage 30/60 Min. 85/135 Min.; ⌚8.30–20.30 Uhr) Hells Gate (Höllentor), das die Maori Tikitere nennen, ist ein eindrucksvolles geothermisches Gebiet, das etwa 16 km nordöstlich von Rotorua an der Straße nach Whakatane (SH30) liegt. Tikitere ist die Abkürzung für *Taku tiki i tere nei* (Meine jüngste Tochter wurde davongetrieben) – der Name erinnert an die Tragödie eines jungen Mädchens, das in ein Thermalbecken sprang. Die englische Bezeichnung geht auf einen Besuch von George Bernard Shaw im Jahr 1934 zurück. Das Gebiet ist etwa 10 ha groß, ein 2,5 km langer Wanderweg führt zu den verschiedenen Attraktionen, darunter ein Wasserfall mit heißem Wasser. Außerdem kann man einem Meister der Holzschnitzerei bei der Arbeit zusehen und das Flachsweben und andere Maori-Traditionen kennenlernen.

Tikitere gilt den Maori seit langem als Ort der Heilung; deshalb gibt es hier auch das Wai Ora Spa, in dem die Gäste sich verschiedenen schlammigen Behandlungen unterziehen können. Außerdem steht ein kostenloser Shuttleservice von und nach Rotorua zur Verfügung.

3D Maze LABYRINTH

(Karte S. 342; ☎07-345 5275; www.3dmaze.co.nz; 1135 Te Ngae Rd.; Erw./Kind 9/6 NZ$; ⌚9–17 Uhr) Etwa 3 km hinter dem Rotorua Airport liegt das 1,7 km lange Labyrinth aus Bauholz, in dem sich die Kinder etwa eine Stunde lang amüsieren können.

Rund um Rotorua

0 — 10 km

Rund um Rotorua

Sehenswertes

1 3D Maze ... B3
2 aMAZEme ... A3
3 Buried Village ... C5
4 Hells Gate & Wai Ora Spa ... C2
5 Kingsgate Hotel Rotorua ... A4
Mitai Maori Village ... (siehe 17)
Pohutu Cultural Theatre ... (siehe 5)
6 Rainbow Springs Kiwi Wildlife Park ... A3
7 Redwoods Gift Shop & Visitor Centre ... B4
8 Te Puia ... A4
9 Waimangu Volcanic Valley ... C6
10 Wai-O-Tapu Thermal Wonderland ... C7
11 Whakarewarewa Thermal Village ... A4

Aktivitäten, Kurse & Touren

12 Agrodome ... A3
Agroventures ... (siehe 2)
13 Clearwater Cruises ... C4
14 Farmhouse ... A2
Helipro ... (siehe 8)
15 Mountain Bike Rotorua ... A4
16 NZONE ... B3
Ogo ... (siehe 17)
17 Skyline Rotorua ... A3
18 Waikite Valley Thermal Pools ... B6
19 Zorb ... A3

Schlafen

20 Ann's Volcanic Rotorua Motel ... A4
21 Blue Lake Top 10 Holiday Park ... B4
22 Hot Water Beach Campsite ... C5
23 Humphries Bay Campsite ... C4
24 Jack & Di's Troutbeck Lodge ... A2
25 Rotorua Thermal Holiday Park ... A4
26 Sandi's Bed & Breakfast ... A3
27 Tarawera Outlet Campsite ... D4
28 Tuscany Villas ... A4
Waiteti Trout Stream Holiday Park ... (siehe 24)

Essen

Urbano Bistro ... (siehe 28)

Südöstlich von Rotorua

Sehenswertes & Aktivitäten

Redwoods Whakarewarewa Forest WALD
(www.redwoods.co.nz; 5.30–20.30 Uhr) Der zauberhafte Wald liegt 3 km südöstlich der Stadt an der Tarawera Road. Ursprünglich wuchsen hier 170 verschiedene Baumarten, inzwischen sind es ein paar weniger. Sie wurden ab 1899 gepflanzt, um herauszufinden, welche sich besonders gut als Bauholz eigneten. Die Monterey-Kiefer erwies sich als Volltreffer (wie in ganz Neuseeland unschwer zu erkennen ist), heute sind es aber vor allem die mächtigen Küstenmammutbäume, die dem Park seine Würde verleihen. Die Wanderwege sind deutlich beschildert, die Besucher haben die Wahl zwischen halbstündigen Spaziergängen durch den Redwood Grove bis zu einer angenehmen Tageswanderung zu den Seen Blue Lake und Green Lake. Die meisten Wanderungen starten am **Redwoods Gift Shop & Visitor Centre** (Karte S. 342; 07-350 0110; Long Mile Rd.; Okt.–März Mo–Fr 8.30–17.30, Sa & So 10–17 Uhr, April–Sept. Mo–Fr 8.30–16.30, Sa & So 10–16 Uhr). Dort sind Karten erhältlich, Schautafeln informieren über den Wald. Der Park eignet sich nicht nur für Wanderungen, sondern ist auch ein toller Platz für Picknicks und wird für die gut zugänglichen Mountainbikewege gelobt. Mountain Bike Rotorua (S. 331) verleiht Fahrräder auf der anderen Seite des Parks in der Nähe der Waipa State Mill Road.

Buried Village ARCHÄOLOGISCHE STÄTTE, MUSEUM
(Karte S. 342; 07-362 8287; www.buriedvillage.co.nz; 1180 Tarawera Rd.; Erw./Kind/Fam. 31/8/62 NZ$; Nov.–März 9–17 Uhr, April–Okt. 9–16.30 Uhr) 15 km von Rotorua entfernt stößt man hinter den hübschen Seen Blue Lake und Green Lake auf das Dorf Te Wairoa, das durch den Ausbruch des Mount Tarawera 1886 verschüttet wurde. Te Wairoa war ein beliebter Haltepunkt für Reisende, die hier die Sinterterrassen in Pink und Weiß besuchten. Heute zeigt ein Museum Gegenstände, die aus den Ruinen stammen. Führer in historischen Kostümen eskortieren Gruppen durch die Ausgrabungen. Es gibt auch einen Wanderweg zu den 30 m hohen **Te Wairoa Falls** (nicht für Kinder und alte Leute geeignet) und ein Teehaus für alle, die es lieber ruhig angehen.

Lake Tarawera SEE
(www.doc.govt.nz) Tarawera bedeutet „Verbrannter Pfeil", der Name geht auf einen Jäger zurück, der bei einem Besuch seine Vogelpfeile in einer Hütte zurückließ und bei der Rückkehr in der nächsten Saison

feststellen musste, dass Pfeile und Hütte verbrannt waren. Der See ist malerisch und eignet sich gut zum Baden, Angeln, Bootfahren und zum Wandern.

Ein guter Zugang zum See besteht bei der Anlegestelle The Landing, etwa 2 km hinter dem verschütteten Dorf. Hier haben die **Clearwater Cruises** (Karte S. 342; ☎07-345 6688, 0508 253 279; www.clearwater.co.nz; Bootsfahrt Std. Ausflugsboot/kleines Boot zum Selbststeuern 550/140 NZ$) ihren Sitz und ihre Boote liegen. Die Firma bietet Rundfahrten für Gruppen und Ausflüge zum Forellenangeln mit verschiedenen Booten an. Außerdem steht hier das **Landing Café** (www.thelandinglaketarawera.co.nz; Hauptgerichte 26–30 NZ$; ⌚tgl. Frühstück & Mittagessen, geschl. Juni–Aug. Mo & Di). Es serviert herzhafte Hauptgerichte wie gewürzte Lammlende, Lachspasta und Suppe mit Fisch und Meeresfrüchten. Etwa 2 km hinter The Landing hat **Lake Tarawera Water Taxi** (☎07-362 8080; www.laketaraweraescape.co.nz; 93 Spencer Rd.; ab 60 NZ$) seinen Sitz. Es transportiert seine Gäste jederzeit zu jeder beliebigen Stelle auf dem See.

Außerdem gibt es **DOC-Campingplätze** (www.doc.govt.nz) in **Hot Water Beach** (Karte S. 342; Erw./Kind 10/5 NZ$; nur per Boot zu erreichen), **Tarawera Outlet** (Karte S, 342; Erw./Kind 6/3 NZ$) und **Humphries Bay** (Karte S. 342; kostenlos, aber rudimentäre Infrastruktur). Der **Blue Lake Top 10 Holiday Park** (Karte S. 342; ☎07-362 8120, 0800 808 292; www.bluelaketop10.co.nz; 723 Tarawera Rd.; Stellplätze ab 18,50 NZ$, Hütten 56–139 NZ$, Wohneinheiten 99–229 NZ$; @📶) bietet Zeltmöglichkeiten am Blue Lake (gut geeignet zum Baden und Kajak fahren), auf ihn stößt man 6 km vor Lake Tarawera. Die Anlage ist gepflegt, besitzt blitzsaubere Gemeinschaftseinrichtungen und eine Auswahl an verschiedenen Hütten.

Südlich von Rotorua

Sehenswertes & Aktivitäten

Waimangu Volcanic Valley VULKANISCHES GEBIET, QUELLE
(Karte S. 342; ☎07-366 6137; www.waimangu.com; 587 Waimangu Rd.; Erw./Kind geführte Wanderung 34,50/11 NZ$, Bootsfahrt 42,50/11 NZ$; ⌚tgl. 8.30–17 Uhr, Jan. 8.30–18 Uhr, letzter Einlass 15.45, Jan. 16.45 Uhr) Das interessante Thermalgebiet entstand während des Ausbruchs des Mount Tarawera 1886. Nach geologischen Maßstäben ist es also sehr jung. Waimangu (Schwarzes Wasser) bezieht sich auf die dunkle, schlammige Farbe, die das Wasser hier meist hat.

Auf dem einfachen Weg bergab kommt man an vielen spektakulären thermalen und vulkanischen Phänomenen vorbei, u. a. dem Inferno Crater Lake, dessen Wasser bis zu 80° C heiß wird, und dem **Frying Pan Lake,** der größten Heißwasserquelle der Erde. Der Weg führt weiter hinunter zum Lake Rotomahana (was „warmer See" bedeutet). Von hier aus kann man sich entweder zum Ausgangspunkt zurückbringen oder während einer 45-minütigen Bootsfahrt über den See an dampfenden Klippen und den früheren Pink and White Terraces vorbeischippern lassen.

Waimangu liegt 20 Min. südlich von Rotorua, man fährt 14 km auf der SH5 Richtung Taupo und dann vom ausgeschilderten Abzweig aus nochmals 6 km.

Wai-O-Tapu Thermal Wonderland VULKANISCHES GEBIET, GEYSIR
(Karte S. 342; ☎07-366 6333; www.waiotapu.co.nz; 201 Waiotapu Loop Rd., nahe der SH5; Erw./Kind/Fam. 32,50/11/80 NZ$; ⌚8.30–17 Uhr, letzter Einlass 15.45 Uhr) Wai-O-Tapu (Heilige Wasser) ist ein ziemlich kommerzieller Betrieb, aber die geothermischen Phänomene, die sich in diesem kleinen Areal drängen, sind wirklich spannend anzuschauen, darunter auch der kochende, vielfarbige Champagne Pool, der blubbernde Schlammteich, faszinierende Mineralterrassen und der Lady Knox Geysir, der pünktlich um 10.15 Uhr ausbricht (mit einem kleinen Stups durch eine organische Seife) und etwa 1 Std. lang bis zu 20 m hoch in die Luft schießt (am besten schon um 9.45 Uhr da sein).

Wai-O-Tapu liegt an der SH5 (Richtung Taupo), 27 km südlich von Rotorua. Vom ausgeschilderten Abzweig sind es noch einmal 2 km zu fahren.

Waikite Valley Thermal Pools SCHWIMMEN
(Karte S. 342; ☎07-333 1861; www.hotpools.co.nz; 648 Waikite Valley Rd.; öffentliche Becken Erw./Kind/Fam. 14/7/35 NZ$, private Becken 40 Min. 18 NZ$; ⌚10–21 Uhr) Rund 30 km südlich von Rotorua liegen diese ausgezeichneten Freiluftbecken, die in den 1970er-Jahren offiziell eingerichtet, aber davor schon jahrhundertelang benutzt wurden. Es gibt vier Hauptbecken, zwei entspannende kleinere Becken und vier private Wellnessbereiche, die Wassertemperatur liegt zwischen 35 und 40 °C. Dazu kommen noch ein Café und

Zeltplätze (Stellplätze ab 18 NZ$); für Camper ist der Zugang zu den Pools kostenlos.

Um dorthin zu kommen, biegt man von der SH5 gegenüber dem Abzweig nach Wai-O-Tapu rechts ab und fährt 6 km weiter. Alleine schon wegen des grandiosen Blicks aufs Tal, der sich bietet, wenn man über den Hügel fährt, lohnt sich die Fahrt.

BAY OF PLENTY

Die Bay of Plenty erstreckt sich entlang der mit Pohutukawa-Bäumen übersäten Küste von Waihi Beach bis Opotiki und landeinwärts bis zur Kaimai Range. Seit Generationen fahren die Neuseeländer in die Bucht, um Urlaub zu machen, das Meer zu genießen und Sonne zu tanken.

Tauranga

121 500 EW.

Tauranga erlebt seit den 1990er-Jahren einen Boom und ist damit eine der am schnellsten wachsenden Städte Neuseelands. Zugleich besitzt die Stadt den geschäftigsten Hafen des Landes – mit Ölraffinerien und Bergen von Kohle und Nutzholz. Aber die Urlauber mit Sehnsucht nach einem Strand haben dafür gesorgt, dass aus dem alten Arbeitspferd ein Zirkuspony wurde: Restaurants und Bars säumen heute die sanierte Uferfront, schicke Hotels sind entstanden, und die einst verschlafenen Viertel Mount Maunganui und Papamoa sind zu neuem Wohlstand erwacht. Viel mehr Riviera geht nicht in Neuseeland! Eine kommerzielle, aber nützliche Infoquelle ist die Website www.downtowntauranga.co.nz

Sehenswertes

GRATIS **Tauranga Art Gallery** KUNSTGALERIE (www.artgallery.org.nz; Ecke Wharf & Willow St.; ⌚10–16.30 Uhr) Die Tauranga Art Gallery präsentiert historische und aktuelle Kunst und beherbergt eine Dauersammlung sowie regelmäßig wechselnde lokale und auswärtige Ausstellungen. Das Gebäude war früher eine Bank, obwohl das heutzutage kaum noch zu erkennen ist. Ein Rundgang durch

Tauranga

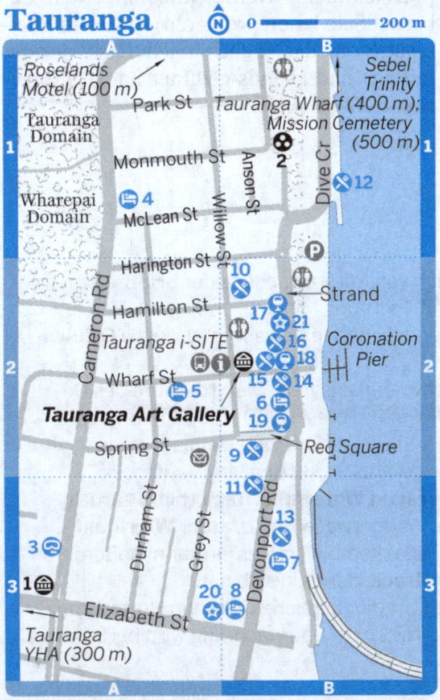

Tauranga

Highlights
Tauranga Art Gallery B2

Sehenswertes
1 Brain Watkins House A3
2 Monmouth Redoubt B1

Aktivitäten, Kurse & Touren
3 Dive Zone A3

Schlafen
4 City Suites A1
5 Harbour City Motor Inn A2
6 Harbourside City Backpackers B2
7 Hotel on Devonport B3
8 Loft 109 Backpackers B3

Essen
9 Cafe Bravo B2
10 City Markets B2
11 Collar & Thai B3
12 Fresh Fish Market B1
13 Mediterraneo Café B3
14 Naked Grape B2
15 Shima B2
16 Zeytin on the Strand B2

Ausgehen
17 CornerStone B2
18 Crown & Badger B2
19 De Bier Haus B2

Unterhaltung
20 Bay City Cinemas A3
21 Buddha Lounge B2
Rialto Cinemas .... (siehe 11)

die Galerien im Erdgeschoss und in den Zwischenetagen mit Halt im Videowürfel dauert ungefähr 1 Std.

Elms Mission House HISTORISCHES GEBÄUDE
(www.theelms.org.nz; 15 Mission St.; Haus Erw./Kind 5/0,50 NZ$, Gärten kostenlos; ⌚Haus Mi, Sa & So 14–16 Uhr, Gärten tgl. 9–17 Uhr) Das 1847 erbaute Elms Mission House ist das älteste Gebäude in der Bay of Plenty. Es ist im Stil seiner Epoche eingerichtet und steht zwischen anderen gut erhaltenen Missionsgebäuden in schönen, baumbestandenen Gärten. Der schaurige **Mission Cemetery** (Ecke Marsh St. & Dive Cres.; ⌚24 Std.) liegt nicht weit entfernt – ein schattiger Ort mit Bäumen und Grabsteinen – und eher beliebt bei Leuten, die gerne Grabinschriften in aller Ruhe studieren.

Classic Flyers NZ MUSEUM
(www.classicflyersnz.com; 8 Jean Batten Dr.; Erw./Kind/Fam. 10/5/25 NZ$; ⌚10–16 Uhr) In der Nähe des Flughafens liegt das Classic Flyers NZ, ein interessantes Luftfahrtmuseum (Doppeldecker, ausgediente Jets der US Airforce, Helikopter usw.) mit einem belebten, hauseigenen Café.

GRATIS **Monmouth Redoubt** ARCHÄOLOGISCHE STÄTTE, PARK
(Monmouth St.; ⌚24 Std.) Während der Neuseelandkriege war die unheimliche, von riesigen Pohutukawa-Bäumen beschattete Monmouth Redoubt eine Festung. Daneben liegt der **Robbins Park** (Cliff Rd.), ein grünes Fleckchen Erde voller Rosen mit weitem Blick hinüber zum Mount Maunganui. Am Fuß der Redoubt liegt am Ende von The Strand Te Awa nui Waka, ein nachgebautes Maori-Kanu.

Brain Watkins House HISTORISCHES GEBÄUDE
(www.nzhistoricalsocieties.org.nz; Ecke Elizabeth St. & Cameron Rd.; Erw./Kind/Fam. 4/2/10 NZ$; ⌚So 14–16 Uhr) Eine sittsame viktorianische Villa und eines der am besten erhaltenen Kolonialhäuser in Tauranga ist das Brain Watkins House. Es wurde im Jahr 1881 aus Kauri-Holz erbaut und 1979 nach dem Tod von Elva Brain Watkins der Historical Society vermacht, unter deren Verwaltung es noch immer steht.

Minden Lookout AUSSICHTSPUNKT
(Minden Rd.) Vom Minden Lookout, etwa 10 km westlich von Tauranga Richtung Katikati, hat man einen ausgezeichneten Blick zurück auf die Bay of Plenty. Der Weg dorthin führt über die SH2 nach Te Puna und dann auf der Minden Road Richtung Süden; der Aussichtspunkt liegt etwa 4 km diese Straße hinauf.

Mills Reef Winery WEINGUT
(☎07-576 8800; www.millsreef.co.nz; 143 Moffat Rd.; ⌚10–17 Uhr) Das herrschaftliche Gut Mills Reef, 7 km von Stadtzentrum entfernt in Bethlehem, bietet Verkostungen seiner preisgekrönten Weine (unbedingt den Cabernet Sauvignon probieren) sowie ein Edelrestaurant, das täglich nach Reservierung mittags und abends geöffnet hat (Hauptgerichte 23–39 NZ$).

ABSTECHER

WHIRINAKI FOREST PARK

Der Steineiben-Waldpark liegt 90 km südöstlich von Rotorua abseits der SH38, auf dem Weg zum Te Urewera National Park (in Te Whaiti Richtung Minginui abbiegen). Hier locken Canyons, Wasserfälle, Aussichtspunkte und fließende Gewässer sowie die **Oriuwaka Ecological Area** und die **Arahaki Lagoon**.

Die Wanderpfade variieren in Länge und Schwierigkeitsgrad: Die Broschüre des Department of Conservation (DOC) – *Walks in Whirinaki Forest* (2,50 NZ$) – informiert detailliert über Wander- und Zeltmöglichkeiten. Sie lässt sich im Besucherzentrum **Murupara des DOC** (☎07-366 1080; www.doc.govt.nz; SH38, Murupara) kaufen.

Relativ kurz ist die Wanderung auf dem **Whirinaki Waterfalls Track** (hin & zurück 4 Std.), der dem Whirinaki River folgt. Längere Wanderwege sind u. a. der **Whirinaki Track** (2 Tage), der mit dem **Te Hoe Track** (4 Tage) kombiniert werden kann. Außerdem gibt es hier einen 16 km langen **Mountainbike Track**, der es in sich hat.

Im Park bestehen mehrere gut zugängliche Campingbereiche und zehn Hütten im Hinterland (teilweise kostenlos, sonst bis zu 15 NZ$); die Übernachtung wird bei beiden Angeboten im DOC-Büro bezahlt.

GRATIS **Huria Marae** MARAE
(☎07-578 7838; www.ngaitamarawaho.maori.nz; Te Kaponga St.) Das Huria Marae steht an einer unscheinbaren Vorstadtstraße und weist innen wie außen sensationelle Schnitzereien auf. Um es zu besuchen, muss man vorher anrufen.

Aktivitäten

Wildwasser-Rafting auf dem Wairoa River (zugänglich von Tauranga) ist definitiv etwas für Leute auf der Suche nach Nervenkitzel. Der Wasserstand des Flusses wird durch einen Staudamm reguliert, deshalb ist Rafting nur an 26 Tagen im Jahr möglich: eine Vorausbuchung ist deshalb unerlässlich. Weitere hilfreiche Infos geben die lokalen Veranstalter (S. 331).

Das kostenlose Heft *Tauranga City Walkways* beschreibt detailliert Wanderwege rund um Tauranga und Mount Maunganui, darunter auch den **Waikareao Estuary Walkway** und den beliebten **Mauao Base Track** in Mount Maunganui. Geschichtsfans sollten sich für ihre Erkundungen ein Exemplar der Gratisbroschüre *Historic Tauranga* holen und einen gemütlichen Bummel zu den versteckt liegenden historischen Stätten der Stadt unternehmen. Erhältlich sind die Hefte bei den i-SITEs in Tauranga und Mount Maunganui.

GRATIS **Kaimai Mamaku Forest Park** WANDERN
(www.doc.govt.nz; SH29) Im Hinterland des westlichen Teils der Bay of Plenty liegt der zerklüftete, 70 km lange Kaimai Mamaku Forest Park. Das 35 km südwestlich von Tauranga liegende Schutzgebiet bietet Wanderungen sowie Hütten (pro Pers. & Nacht 5–15 NZ$) und Zeltplätze (6 NZ$). Weitere Infos finden sich in der DOC-Broschüre *Kaimai to Coast* (2,50 NZ$). **Kaimai New Zealand Tours** (☎07-552 6338; www.kaimai-new-zealand-tours.com) bietet geführte Wanderung an.

GRATIS **McLaren Falls Park** WANDERN
(☎07-577 7000; www.tauranga.govt.nz; McLaren Falls Rd.; Anlagen Erw./Kind 6 NZ$/frei; ⏲Mai–Okt. 8–17.30 Uhr, Nov.–April 8–19.30 Uhr) Im Tal des Wairoa River, 15 km südwestlich von Tauranga gleich an der SH29, liegt der McLaren Falls Park, ein 190 ha großer Landschaftspark mit herrlichen Seen, wunderbaren Bäumen, kurzen Spazierwegen und einigen Picknickplätzen. Es gibt ein einfaches modernes Hostel (110 NZ$ pro Nacht für das komplette Haus oder 20 NZ$ pro Pers.) und Zeltplätze für alle, die vor Ort übernachten wollen. Ebenfalls von den McLaren Falls gut zugänglich ist der **Marshalls Animal Park** (☎07-543 1099; www.marshallsanimalpark.co.nz; McLaren Falls Rd.; Erw./Kind/Fam. 12/6/32 NZ$; ⏲Mi & Do 10–14, Sa & So 10–16.30 Uhr) mit Streichelzoo, Seilrutsche, Spielplatz und Ponyreiten.

Butler's Swim with Dolphins TIERBEOBACHTUNG
(☎07-578 3197, 0508 288 537; www.swimwithdolphins.co.nz; Ganztagesausflüge Erw./Kind 135/110 NZ$; ⏲Abfahrt Tauranga 9, Mount Maunganui 9.30 Uhr) Selbst ohne Delfine (und man bekommt garantiert welche zu sehen) sind diese Ausflüge immer unterhaltsam, besonders mit Cap'n Butler, einem alten Seebären, der schon gegen die Atomtests im Mururoa Atoll protestiert hat.

Dolphin Blue TIERBEOBACHTUNG
(☎07-576 4303; www.dolphinblue.co.nz; Tagesausflüge ab 135 NZ$; ⏲Abfahrt 8.30 Uhr) Gemütliche Tagesausflüge in kleinen Gruppen (max. 15 Pers.) quer durch den Hafen von Tauranga und hinaus in die Bay of Plenty im Gefolge von Delfinschulen.

Dolphin Seafaris TIERBEOBACHTUNG
(☎07-577 0105, 0800 326 8747; www.nzdolphin.com; halber Tag Erw./Kind 110/95 NZ$; ⏲Abfahrt Tauranga 8, Mount Maunganui 8.15 Uhr) Bietet Ausflüge zum Delfinbeobachten, der Tierschutz spielt eine große Rolle.

Waimarino Adventure Park KAJAKFAHREN, WASSERSPORT
(☎07-576 4233, 0800 456 996; www.waimarino.com; 36 Taniwha Pl.; Kajaktouren ab 65 NZ$, Kajakmiete Std./Tag 26/55 NZ$, Park Tagespass Erw./Kind 40/32 NZ$; ⏲Aug.–April 10–18 Uhr, Mai–Juli kürzere Öffnungszeiten) Am Ufer des Wairoa River 8 km westlich der Stadt verleiht Waimarino Kajaks für gemütliche Paddeltouren durch 12 km flache Gewässer, unbegleitete Touren weiter den Fluss hinauf sowie Seekajaktouren an. Die Glühwürmchentour (120 NZ$ pro Pers.) ist eine zauberhafte Fahrt im Dunkeln durch den McLaren Falls Park – die Teilnehmer gleiten in ein geheimnisvolles, von Glühwürmchen durchschwirrtes Wunderland. Waimarino ist aber auch ein Erlebnispark mit vielfältigem Wasserspaß: Kajakrutsche, Sprungbrett, Hochseilgarten, Zorbing auf dem Wasser,

Warmwasserbecken und ein fürchterliches menschliches Katapult namens „The Blob" sorgen für den nötigen Adrenalinschub.

Bay Fishing Charters ANGELN
(☎0800 229 347; www.bayfishingcharters.co.nz; Erw./Kind Ausflüge ab 80/50 NZ$, Sportangeln ab 1800 NZ$) Kleingruppen-Angelcharter (halbe & ganze Tage) und auch längere Sportangelausfahrten.

Blue Ocean Charters ANGELN
(☎07-544 3072, 0800 224 278; www.blueocean.co.nz; Tagesausflüge ab 100 NZ$) Angel-, Tauch- und Sightseeing-Ausflüge (darunter einer nach Tuhua Island) auf der *TS Ohorere, MV Te Kuia* oder der *MV Ratahi*.

Dive Zone TAUCHEN
(☎07-578 4050; www.divezone.co.nz; 213 Cameron Rd.; Ausflüge/Kurse ab 95/600 NZ$) PADI-qualifizierende Kurse oder Ausflüge zu lokalen Wracks und Riffen, plus Ausrüstungsverleih.

Earth2Ocean TAUCHEN
(☎07-571 5286; www.earth2ocean.co.nz; Ausflüge/Kurse ab 100/500 NZ$) Hat eine breite Auswahl an Tauchkursen und -fahrten im Angebot.

Elements Watersports WASSERSPORT
(☎0800 486 729; www.elementsonline.co.nz; Unterricht ab 80 NZ$) Wer mit dem Wasser noch nicht so vertraut ist, findet bei Elements Watersports Unterricht im Segeln, Windsurfen und Jetskifahren und auch einen Ausrüstungsverleih.

Tauranga Tandem Skydiving FALLSCHIRMSPRINGEN
(☎07-576 7990, 0274 968 408; www.tandemskydive.co.nz; 2 Kittyhawk Way; Sprünge 8000/10000/12000 Fuß 269/299/349 NZ$) Landratten können darüber nachdenken, ob sie aus einem Flugzeug springen wollen ... oder eher nicht. Tauranga Tandem Skydiving bietet Sprünge aus drei verschiedenen Höhen mit einem einzigartigen Blick auf Whakaari (White Island), Mount Ruapehu und das East Cape.

Geführte Touren

Adventure Bay of Plenty KAJAKFAHREN, MOUNTAINBIKEN
(☎0800 238 267; www.adventurebop.co.nz; Touren 2 Std./halber Tag/ganzer Tag ab 85/125/175 NZ$) Bietet ein verlockendes Spektrum an Erlebnistouren im Kajak, per Mountainbike und zu Pferd. Halbtägige Paddeltouren rund um Mount Maunganui mit einem Stopp auf Matakana Island kosten pro Erw./Kind 125/70 NZ$. Für eine zwei- bis dreistündige Fahrradtour rund um Tauranga werden 85 NZ$ verlangt.

No.8 Farm Tours TOUR
(☎07-579 3981; www.no8farmtours.co.nz; Touren Erw./Kind ab 95/69 NZ$) Halbtägige Tauranga-Touren, plus Ausflüge mit dem Jeep auf einer bewirtschafteten Neuseeland-Farm; das Programm umfasst eine Demo-Schafschur, Melken, Begegnungen mit Hütehunden, Rotwild und auch ein zweites Frühstück ist im Preis enthalten.

Touring Company TOUR
(☎07-577 0057; www.newzealandadventure.co.nz; Touren ab 79 NZ$) Halb- und ganztägige lokale Rundtouren und Ausflüge im weiteren Umkreis nach Waitomo, Rotorua und Whakaari (White Island).

Tauranga Tasting Tours TOUR
(☎07-544 1383; www.tastingtours.co.nz; Touren 130 NZ$) Die feuchte Exkursion führt in eine lokale Brauerei, zu den Weingütern Mills Reef und Morton Estate und zurück in die Stadt auf einen abschließenden Cocktail.

Aerius Helicopters RUNDFLÜGE
(☎0800 864 354; www.aerius.co.nz; Flüge ab 59 NZ$) Lokale Flüge und weitere Exkursionen bis nach Waitomo, Rotorua und Whakaari (White Island); Abflug ist in Mount Maunganui oder Te Puke.

Gyrate RUNDFLÜGE
(☎07-575 6583; www.gyrate.co.nz; Flüge ab 95 NZ$) Mit dem Drehflügler (dem Jetski des Himmels) geht es auf Rundflüge in der Umgebung, es gibt auch Angebotspakete mit Flugunterricht.

Vulcan Helicopters RUNDFLÜGE
(☎07-308 4188, 0800 804 354; www.vulcanheli.co.nz; Flüge ab 870 NZ$) Wer Whakaari (White Island) lieber mit dem Hubschrauber erkunden möchte (und es sich leisten kann), ist bei Vulcan Helicopters an der richtigen Adresse.

Mount Classics Tours BUSTOUR
(☎07-574 1779; www.shoretrips.co.nz; Halbtagestour ab 65 NZ$) Die kurzen Ausflüge rund um Tauranga und Te Puke sind für Kreuzfahrtpassagiere gedacht, die mal wieder festen Boden unter den Füßen spüren möchten. Auch längere Ausflüge von Tauranga nach Rotorua stehen auf dem Programm.

Feste & Events

National Jazz Festival MUSIK, ESSEN & WEIN
(www.jazz.org.nz) Österliches Spektakel mit großen Bläsern und viel Schubidu – gute Konzerte sowie leckeres Essen und süffigen Wein im Überfluss.

Tauranga Arts Festival DARSTELLENDE KÜNSTE
(www.taurangafestival.co.nz) Das Festival startet am ersten Septemberwochenende (in ungeraden Jahren) mit Tanz-, Comedy- und Theateraufführungen und anderen sehenswerten Darbietungen.

Schlafen

Ambassador Motor Inn MOTEL $$
(07-578 5665, 0800 735 294; www.ambassador-motorinn.co.nz; 9 Fifteenth Ave.; DZ/FZ ab 110/175 NZ$;) Das schmucke Motel hat Lärmschutzfenster, die einen ruhigen Schlaf garantieren, einen Swimmingpool und eine lange Liste „neuer" Anschaffungen: Fernseher, Küchen, Überdecken, Handtücher, Bettwäsche... Einige Zimmer verfügen über Whirlpools, alle sind mit einer Küche ausgestattet. Wie bei Botschafters geht es vielleicht nicht gerade zu, aber das Haus ist fleckenlos sauber, und der Besitzer nennt seine Gäste liebevoll „Honey" und holt sie eventuell sogar von der Kneipe ab, wenn es nicht zu spät geworden ist.

Roselands Motel MOTEL $$
(0800 363 093, 07-578 2294; www.roselands.co.nz; 21 Brown St.; DZ/Suite ab 110/135 NZ$;) Das entzückende altmodische Motel in ruhiger, aber zentraler Lage wurde mit Farbtupfern in Orange und neuer Bettwäsche aufgehübscht. Auf die Gäste warten geräumige Wohneinheiten (alle mit Küche), freundliche Gastgeber, die alle Gäste bei ihrem Vornamen nennen, und neue Fernsehgeräte. Nett ist es hier.

Harbourside City Backpackers HOSTEL $
(07-579 4066; www.backpacktauranga.co.nz; 105 The Strand; B/DZ ab 28/72 NZ$; @) Von diesem kommunikativen Hostel (einem renovierten ehemaligen Hotel) in Reichweite der Bars an The Strand lässt sich der Meerblick ausgezeichnet genießen. Die Zimmer sind eher kleingeschnitten, aber sauber, die meisten Gäste verbringen aber ohnehin die meiste Zeit auf der tollen Dachterrasse. Es gibt leider keinen hauseigenen Parkplatz, aber weiter unten an der Straße liegt ein öffentlicher Parkplatz, der zur richtigen Zeit auch einige freie Stellplätze bietet.

Harbour City Motor Inn MOTEL $$
(0800 253 525, 07-571 1435; www.taurangaharbourcity.co.nz; 50 Wharf St.; DZ ab 150 NZ$;) Das noch recht neue, zitronengelb gestrichene Motor Inn überzeugt durch seine Lage direkt im Stadtzentrum (und mit reichlich Parkraum) und einer modernen Ausstattung. In den Zimmern gibt es einen Whirlpool, die freundlichen Mitarbeiter geben fundierte Ratschläge zur Reiseroute der Gäste.

Tauranga YHA HOSTEL $
(0800 278 299, 07-578 5064; www.yha.co.nz; 171 Elizabeth St.; B ab 29 NZ$, DZ mit/ohne Bad 106/89 NZ$; @) Die gepflegte, überraschend weitläufige Jugendherberge mit einem großen, grasbewachsenen Hinterhof liegt ganz in der Nähe eines Laufstegs durch den Mangrovensumpf. Die einladenden Schlafsäle sind mit individuellen Schließfächern ausgestattet, außerdem gibt es Infos zu lokalen Wanderwegen und ein Schwarzes Brett für alles Grüne.

Loft 109 Backpackers HOSTEL $
(07-579 5638; www.loft109.co.nz; 109 Devonport Rd., Obergeschoss; B/DZ/3BZ ab 28/62/82 NZ$; @) Das zentral gelegene Haus wirkt mit der gemütlichen Küche und der Lounge fast wie eine Privatwohnung. Die oberen Zimmer haben Dachbalkons, seltsamerweise sind zwei Hälften eines Bootes in die Decke eingelassen. Die Räume sind dank vieler Oberlichter schön hell, für kältere Tage gibt es einen Gasofen. Insgesamt geht es hier super-relaxed zu, aber nicht lax in Sachen Sicherheit oder Trunkenheit.

Just the Ducks Nuts Backpackers HOSTEL $
(07-576 1366; www.justtheducksnuts.co.nz; 6 Vale St.; B ab 29 NZ$, DZ mit/ohne Bad 78/66 NZ$; @) Unweit des Stadtzentrums steht dieses freundliche Haus mit farbenfrohen Zimmern, einer umfangreichen Bibliothek, vielen Fernsehern und Eigenheiten wie einer mit Blumen bepflanzte Badewanne und entenmäßig dekorierten Toiletten. Ein bisschen erinnert alles an eine Studenten-WG ohne die üblichen Partys. Kostenloser Transfer zur/von der Bushaltestelle; es gibt auch Wohnungen für Selbstversorger.

Hotel on Devonport HOTEL $$$
(07-578 2668; www.hotelondevonport.net.nz; 72 Devonport Rd.; DZ/Suite 165/195 NZ$; @) Das Devonport im Stadtzentrum ist die erste Adresse in Tauranga. Zimmer mit Blick auf die

Bucht, Lärmschutzfenster, schicke Einrichtung und die beflissenen Angestellten sprechen Geschäftsreisende und anspruchsvolle Wochenendurlauber an. Dass es in den Zimmern kein WLAN gibt, ist ein überraschender Minuspunkt.

City Suites HOTEL $$
(☎07-577 1480, 0800 4787 474; www.puriri.co.nz; 32 Cameron Rd.; Suite 130-225 NZ$; @📶≋) Die Neuausstattung dieses Hotels im Jahr 2011 hat die Atmosphäre deutlich verändert, jetzt gehört es zur gehobenen Preisklasse. Die großen Zimmer (alle entweder mit Terrasse oder Balkon) verströmen ein königliches Flair mit Bettüberwürfen à la Louis XIV, übergroßen Betten und komplett eingerichteten Küchen. Ein Schwimmbecken und sichere Parkplätze komplettieren die Liste des Unabdingbaren für ständig auf Achse befindliche Geschäftsleute.

Sebel Trinity Wharf Tauranga HOTEL $$$
(☎0800 937 373, 07-577 8700; www.mirvac hotels.com; 51 Dive Cres.; DZ ab 180 NZ$; @📶≋) Der Hotelturm unweit der Hafenbrücke hat eine schicke, moderne Lobby – ganz retro mit weißem PVC und trendig in vornehmen Grautönen; von der geht es hinauf zum anspruchsvollen hauseigenen Restaurant **Halo** (Hauptgerichte mittags 14–32 NZ$, abends 30–39 NZ$). Die Zimmer sind recht groß und luxuriös in warmen Naturtönen eingerichtet. Zu den Annehmlichkeiten des Hauses zählen ein kaum genutzter Fitnessraum, ein Infinity-Pool und ein kleiner Flügel in der Lobby.

Tauranga Tourist Park CAMPINGPLATZ $
(☎07-578 3323; www.taurangatouristpark.co.nz; 9 Mayfair St.; Stellplätze/Hütten ab 20/50 NZ$; @📶) Wer mit Zelt oder Campervan anreist, wird die Anlage am Rand des Hafens mit schönen, grasbewachsenen Stellplätzen und einer neuen TV-Lounge zu schätzen wissen. Die Anlage wirkt ein bisschen eng (großzügige Flächen gibt es hier nicht), aber sie ist gepflegt, sauber und aufgeräumt.

Essen

Fürs Mittagessen ist die Devonport Road der richtige Ort, für das Abendessen und das anschließende Ausgehen bietet sich eher The Strand an. Auch die Kneipen in Tauranga bieten deftiges Essen an.

Grindz Café CAFÉ $
(☎07-579 0017; grindzcafe@xtra.co.nz; 50 First Ave.; Gerichte 5–15 NZ$; ⏲Mo–Fr 7–16, Sa & So 8–15 Uhr; 📶🖉) Das unangefochtene Highlight der breiten, weit offenen First Avenue ist das Grindz, ein hippes Café mit Tischen, die auf dem Fußweg stehen. Drinnen ist der Laden geräumig mit verschiedenen Ebenen, ungewöhnlichen Tapeten, Antiquitäten und Retro-Reliquien. An Tagesgerichten gibt es Bagels, Veggie Stacks, Muffins, Kuchen und Salate, plus Kaffeekreationen (wer noch ein bisschen verschlafen ist, sollte „The Troug" probieren: eine „Tasse" Kaffee in der Größe einer Suppenschüssel – mit der vierfachen Koffeindröhnung). Außerdem gibt es kostenloses WLAN.

Naked Grape MODERN-NEUSEELÄNDISCH, WEINBAR $$
(☎07-579 5555; www.nakedgrape.co.nz; 97 The Strand; Frühstück & Mittagessen 9–19 NZ$, abends Hauptgerichte 21–32 NZ$; ⏲tgl. Frühstück & Mittagessen, Mo–Sa Abendessen) Die angesagte Weinbar an The Strand mit ihrer gut gelaunten Belegschaft, weinroten Teppichen und perlendem Jazz zieht tagsüber die Massen an, die hier Pasta, Pizza, Salate, guten Kaffee und leckere Frühstücksvariationen genießen. Abends wird es ruhiger, auf den Tisch kommen dann Hauptgerichte wie Lachs im Gewürzbett mit Zitronen-Salsa und Auberginen mit Parmesan und gerösteten Pinienkernen.

Mediterraneo Café CAFÉ, MEDITERRAN $$
(The Med; ☎07-577 0487; www.mediterraneo cafe.co.nz; 62 Devonport Rd.; Hauptgerichte 12–19 NZ$; ⏲Mo–Fr 7–16, Sa 7.30–16, So 8–16 Uhr; 🖉) Die Stammgäste dieses Hotspots genießen den sensationellen Kaffee und das fabelhafte Frühstück, das ganztägig serviert wird. Gäste haben die Auswahl zwischen der Tageskarte, die auf einer Tafel notiert ist, und der vollgepackten Vitrine mit Sandwiches, Salaten, Flans und Kuchen. Mittags kann es schon mal hektisch werden, aber der Hähnchensalat ist es wert. Viele glutenfreie und vegetarische Optionen.

Zeytin on the Strand TÜRKISCH $$
(☎07-579 0099; 83 The Strand; Hauptgerichte 16–29 NZ$; ⏲Di–So Mittag- und Abendessen) Wer die Einheimischen nach ihrem Lieblingsrestaurant fragt, bekommt meist als Antwort das Zeytin genannt – ein echtes türkisches Lokal. Das bodenständige Essen ist wirklich preiswert, bei der großen Auswahl an Kebabs, leckeren, hausgemachten Broten, verschiedenen Dips und gesunden Salaten, Holzofenpizza und ein paar exotischen Überraschungen ist wirklich für jeden Geschmack etwas dabei.

Fresh Fish Market FISH & CHIPS $
(07-578 1789; 1 Dive Cres.; Gerichte ab 5 NZ$; Mittag- und Abendessen) Die lokale Institution serviert frische Fish and Chips an sechseckigen Tischen draußen direkt am Wasser, zahllose Möwen leisten den Gästen beim Essen Gesellschaft.

Collar & Thai THAILÄNDISCH $$
(07-577 6655; www.collarandthai.co.nz; Goddards Centre, 21 Devonport Rd.; Hauptgerichte mittags 15–17 NZ$, abends 21–31 NZ$; Mo–Sa Mittagessen, tgl. Abendessen) Für das Lokal im Obergeschoss, das kreativ ausgeklügelte Varianten von thailändischen Standardgerichten und jede Menge frisches Meeresgetier auf den Tisch bringt, ist keine Krawatte erforderlich. Perfekt geeignet für eine Mahlzeit vor dem Kinobesuch (Rialto Cinemas liegt gleich nebenan)! Es gibt auch einen günstigen Mittagstisch.

Cafe Bravo CAFÉ, MEDITERRAN $$
(07-578 4700; www.cafebravo.co.nz; Red Sq.; Hauptgerichte 22–32 NZ$; tgl. Frühstück & Mittagessen, Di–Sa Abendessen;) Abseits des Schlachtgetümmels von The Strand ist diese kultivierte Restaurant-Bar ein ruhiger Ort für ein Frühstück oder ein gehaltvolleres Mittagessen (wie wär es mit dem in Apfelwein geschmorten Schweinebauch?) oder kleinere Gerichten wie Sandwiches, Salate, Holzofenpizza und frisch gepresste Säfte. Es gibt Sitzgelegenheiten draußen in der Fußgängerzone und auch ein paar gute vegetarische Gerichte.

Shima JAPANISCH $$
(07-571 1382; 15 Wharf St.; Hauptgerichte 12–30 NZ$; Mo–Sa Mittag- und Abendessen) Das Shima ist eine einfache, unprätenziöse Sushi- und Sashimi-Bar, dekoriert mit japanischen Fächern, Schirmen und Lampions. Die Bento-Boxen und Festpreismenüs schonen den Geldbeutel.

Somerset Cottage MODERN-NEUSEELÄNDISCH $$$
(07-576 6889; www.somersetcottage.co.nz; 30 Bethlehem Rd.; Hauptgerichte 38–40 NZ$; Mi–Fr Mittagessen, Di–So Abendessen) Das meistgelobte Restaurant der Bucht ist das Somerset Cottage, ein schlichtes, aber elegantes Lokal und genau die richtige Adresse für ein besonderes kulinarisches Erlebnis. Die Speisen sind saisonal ausgerichtet, verwendet werden beste einheimische Zutaten, die eindrucksvoll, aber nicht übertrieben aufwendig verarbeitet werden. Zu den herausragenden Gerichten zählen das Blauschimmelkäse-Soufflé, die Ente mit Kokos-Kumara und das berühmte Lakritz-Eis.

City Markets MARKT
(Ecke Willow & Hamilton St.; Mo–Fr 9–17, Sa 9–12 Uhr) Selbstversorger sollten einen Abstecher zu den City Markets für Obst und Gemüse machen. Man findet den Markt in einem Lagerhaus eine Querstraße landeinwärts von The Strand. Auch frisch gebackenes Brot lässt sich hier kaufen.

Pak 'n Save SUPERMARKT
(www.paknsave.co.nz; 476 Cameron Rd.; 8–22 Uhr) Der Laden liegt wenige Autominuten südlich des Stadtzentrums von Tauranga.

Ausgehen

De Bier Haus BAR
(www.debierhaus.com; 109 The Strand) Vor dem angesagten Bierhaus tummeln sich die fröhlichen Trinker, drinnen gibt es belgische Biere, Großbildfernseher und eine männlich-herbe Jagdhütteneinrichtung mit dem einen oder anderen Geweih. Die Küche zaubert flink würzige Gerichte wie Cajun-Hähnchen-Sandwiches, Frühlingsrollen mit gebratener Ente und Suppe mit Fisch und Meeresfrüchten auf den Tisch (Hauptgerichte 15–36 NZ$).

Crown & Badger PUB
(www.crownandbadger.co.nz; Ecke The Strand & Wharf St.) Eine besonders überzeugende, schwarz gestrichene Britenkneipe, die echte Pints Tennent's und Guinness ausschenkt, und Essen wie Würstchen mit Kartoffelbrei und das Standardsandwich mit Speck, Salat und Tomaten serviert (Hauptgerichte 15–23 NZ$). Am Wochenende treten Livebands auf und bringen die Bude erst richtig in Schwung.

CornerStone PUB
(www.cornerstonepub.net.nz; 55 The Strand) Die fröhliche Kneipe präsentiert sich mit kompetentem Personal und einem reiferen Publikum (sagen wir mal Leute über 25 Jahren). Die Karte ohne jede Überraschung bietet üppige Mahlzeiten (Hauptgerichte 15–31 NZ$), Sportfreunde können das Spiel auf einem großen Fernseher anschauen, und wer mag, kann das Tanzbein schwingen (Do–So Livemusik).

Unterhaltung

Rialto Cinemas KINO
(www.rialtotauranga.co.nz; Goddards Centre, 21 Devonport Rd.) Als Sitz der Tauranga Film

Society ist das Rialto der beste Ort in der Stadt für einen guten Film, egal ob Klassiker, Kult, Programmkino oder international. Dazu kann man im Dunkeln einen Kaffee oder ein Glas Wein schlürfen.

Buddha Lounge CLUB, COCKTAILBAR
(www.thebuddhalounge.co.nz; 61b The Strand; ⌚Do–Sa) Die Treppe hinauf und durch große lackierte Sperrholztüren (und vorbei an einigen Hochleistungs-Türstehern) geht es in diese clubartige Cocktail-Lounge, in der einheimische und Gast-DJs auflegen. Es gibt eine schöne Terrasse im Freien über der Straße. Vom Dresscode her wird gepflegte Kleidung erwartet.

Bay City Cinemas KINO
(www.baycitycinemas.co.nz; 45 Elizabeth St.) Mainstream-Megaplex ein paar Querstraßen vom Getümmel entfernt.

ℹ Praktische Informationen

Paper Plus (17 Grey St.; ⌚Mo–Fr 8.30–17.30, Sa 9–16, So 10–15 Uhr) Der lokale Ableger der neuseeländischen Post.

Tauranga Hospital (☎07-579 8000; www.bopdhb.govt.nz; 375 Cameron Rd.; ⌚24 Std.) Einige Kilometer südlich der Stadt.

Tauranga i-SITE (☎07-578 8103; www.bayofplentynz.com; 95 Willow St.; ⌚Mo–Fr 8.30–17.30, Sa & So 9–17 Uhr, kürzere Öffnungszeiten im Winter; 📶) Lokale Touristeninformation, Buchungen, InterCity-Bustickets und DOC-Karten.

ℹ An- & Weiterreise

Auto

Gut zu wissen: Auf der Route K Richtung Hamilton wird 1 NZ$ Straßenbenutzungsgebühr fällig.

Bus

Die Busse von **Twin City Express** (☎0800 422 928; www.baybus.co.nz) verkehren von Montag bis Freitag zweimal täglich zwischen Tauranga/Mount Maunganui und Rotorua über Te Puke (11,60 NZ$, 1½ Std.).

Tickets und Fahrpläne für **InterCity**-Busse (www.intercity.co.nz) sind im i-SITE erhältlich. Die Busse fahren u. a. nach:

REISEZIEL	FAHRPREIS	FAHRZEIT	HÄUFIGKEIT
Auckland	46 NZ$	4 Std.	7-mal tgl.
Hamilton	33 NZ$	2 Std.	2-mal tgl.
Rotorua	30 NZ$	1½ Std.	2-mal tgl.
Taupo	50 NZ$	3 Std.	3-mal tgl.
Wellington	59 NZ$	9 Std.	4-mal tgl.

Naked Bus (www.nakedbus.com) bietet Reisenden, die im Voraus buchen, erhebliche Preisnachlässe. Zu den angefahrenen Zielen zählen die folgenden:

REISEZIEL	FAHRPREIS	FAHRZEIT	HÄUFIGKEIT
Auckland	15 NZ$	4¼ Std.	3-mal tgl.
Hamilton	20 NZ$	2 Std.	3-mal tgl.
Napier	50 NZ$	4½ Std.	2-mal tgl.
Rotorua	9 NZ$	1½ Std.	3- bis 5-mal tgl.
Taupo	25 NZ$	2½ Std.	2-mal tgl.
Wellington	27 NZ$	9 Std.	1-mal tgl.
Whakatane	19 NZ$	6¼ Std.	1-mal tgl.

SHUTTLEBUS

White Island Shuttle (☎07-308 9588, 0800 733 529; www.whiteisland.co.nz; nur Shuttle einfach/hin & zurück 35/60 NZ$) von White Island Tours in Whakatane bietet einen Shuttleservice zwischen Whakatane und Tauranga. Angeblich ist er Ausflugskunden vorbehalten, aber es können auch Leute mitfahren, die keine Tour beim Anbieter gebucht haben.

Mehrere Firmen holen Fahrgäste von den Flughäfen in Auckland oder Rotorua ab und bringen sie per Bus nach Tauranga (allerdings zahlt man für dieses Privileg ab 100 NZ$ aufwärts):

Luxury Airport Shuttles (☎07-547 4444, 0800 454 678; www.luxuryairportshuttles.co.nz)

Apollo Connect Shuttles (☎07-218 0791; www.taurangashuttles.co.nz)

Flugzeug

Air New Zealand (☎07-577 7300; www.airnewzealand.co.nz; Ecke Devonport Rd. & Elizabeth St.; ⌚Mo–Fr 9–17 Uhr) bietet täglich Direktflüge nach Auckland, Wellington und Christchurch mit Anschlussflügen.

Unterwegs vor Ort

Auto

Zahlreiche Autovermieter haben Niederlassungen in Tauranga, z.B. **Rent-a-Dent** (☎07-578 1772, 0800 736 823; www.rentadent.co.nz; 19 Fifteenth Ave.).

Bus

Taurangas leuchtend gelbe **Bay-Hopper**-Busse(☎0800 422 928; www.baybus.co.nz) fahren zu den meisten Zielen in der Gegend, z. B. nach Mount Maunganui (2,60 NZ$, 15 Min.) und Papamoa (3,20 NZ$, 30 Min.). Es gibt eine zentrale Haltestelle an der Wharf Street; Fahrpläne sind im i-SITE erhältlich.

Fahrrad

Cycle Tauranga (☎07-571 1435, 0800 253 525; www.cycletauranga.co.nz; 50 Wharf St.; halber/ganzer Tag 29/49 NZ$) Cycle Tauranga im Harbour City Motor Inn verleiht Trekkingräder, Helme, Schlösser, Satteltaschen und Karten. Auch geführte Touren sind im Angebot.

Taxi

Ein Taxi von Tauranga-Zentrum zum Flughafen kostet um die 20 NZ$.

Citicabs (☎07-577 0999)

Tauranga Mount Taxis (☎07-578 6086; www.taurangataxis.co.nz)

Mount Maunganui

18 600 EW.

Mt. Maunganui ist nach dem massiven, 232 m hohen Hügel benannt, der die sandige Halbinsel, auf der die Stadt erbaut ist, dominiert. Oft wird die Stadt aber nur als „The Mount" bezeichnet oder als „Mauao", was so viel heißt wie „in Tageslicht getaucht". Allgemein wird sie als Teil des Großraums Taurangas betrachtet, aber sie ist eigentlich eine Enklave für sich, mit großartigen Cafés und ausgezeichneten Restaurants, angesagten Bars und wunderschönen Stränden. Sonnenanbeter strömen im Sommer in Scharen nach The Mount, auf dessen Landzunge immer mehr zehnstöckige Apartmentblocks das Bild bestimmen.

Sehenswertes & Aktivitäten

The Mount erhebt den Anspruch, Neuseelands Surfer-Metropole zu sein (hier wird Surfen schon in der Schule unterrichtet!). Man kann die Wellen am **Mount Beach** durchpflügen, der Strand bietet schöne Breaks und ein 100 m langes künstliches Surf-Riff vor der Küste. Surf-Unterricht erteilen u. a. die folgenden Anbieter:

DAS WRACK DER RENA

Am 5. Oktober 2011 lief das 47 000 t schwere Frachtschiff MV *Rena*, beladen mit 1368 Containern und 1900 t Treibstoff, am Astrolabe Reef auf Grund – 22 km vor der Küste von Mount Maunganui. Das Schiff wollte Tauranga Harbour, den am stärksten frequentierten Hafen Neuseelands, anlaufen, traf aber auf dem Weg dorthin unerklärlicherweise auf eines der besonders zuverlässig verzeichneten Hindernisse. Die *Rena* saß fatalerweise mit ihrem aufgerissenen Rumpf genau auf dem Riff fest. Öl lief aus und vom Deck rutschten Container ins Meer. In den folgenden Tagen sahen ungläubige Einheimische dabei zu, wie Ölklumpen, Container, tote Fische und Seevögel an ihren herrlichen Stränden geschwemmt wurden.

Die Schuldzuweisungen begannen: Der Kapitän? Die Eigner? Die Reederei, die das Schiff gechartert hatte? Tausende Freiwillige halfen bei der Reinigung der Strände und Tiere, während schlechtes Wetter die Versuche behinderte, das Öl rechtzeitig aus dem Frachter zu pumpen und die Container zu bergen, die sich noch an Deck befanden. Bergungsschiffen gelang es schließlich, einen Großteil des Öls abzupumpen, bevor am 8. Januar 2012 die *Rena* endgültig in zwei Teile zerbrach und der verbliebene Treibstoff und Dutzende weitere Container ins Meer gespült wurden.

Bis zum 10. Januar war das Heck fast vollständig versunken. Das Hauptaugenmerk richtete sich darauf, eine Ölkatastrophe zu verhindern. Ein Flottmachen des Schiffes kam nicht mehr infrage. Soll man nun den Bug des Frachters von den Felsen schleppen und das Heck in Gänze versinken lassen? Ein künftiges Tauchrevier in der Bay of Plenty? Wofür auch immer sich die Zuständigen in den nächsten Monaten entscheiden werden: Das Schiffsunglück ist für die Umwelt und die heimische Wirtschaft eine Katastrophe. Strände sind verschmutzt, Fischgründe zerstört und zahllose lokale Geschäfte in Mitleidenschaft gezogen. Die Zeit wird zeigen, wie weit Bemühungen um Entschädigung – ökologisch wie finanziell – die katastrophale Situation vor Ort lindern können.

Mt. Maunganui

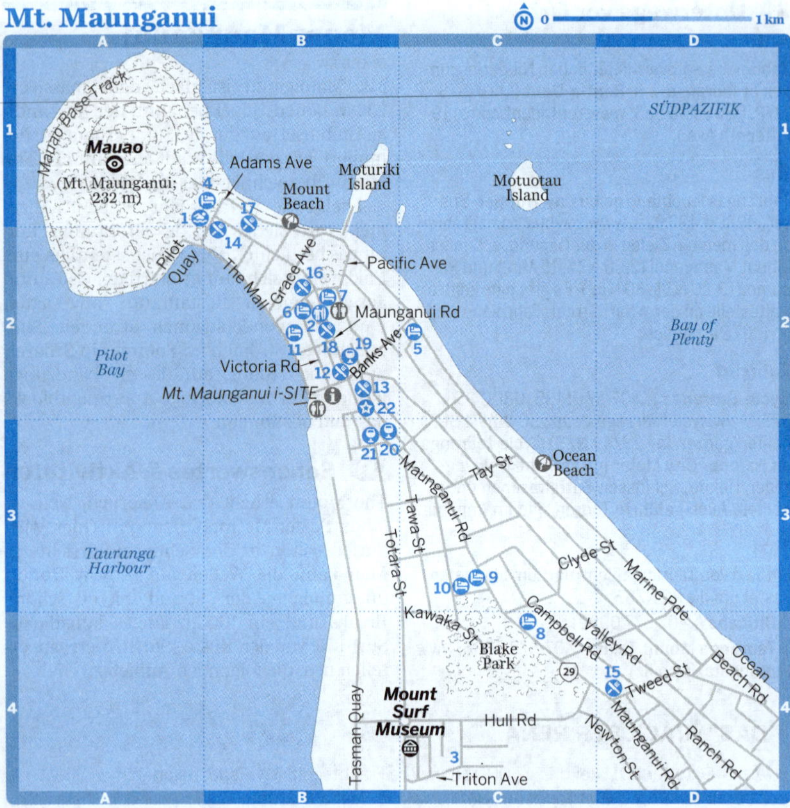

Hibiscus (☎07-575 3792, 027 279 9687; www.surfschool.co.nz; Unterricht 2 Std./2 Tage 80/150 NZ$)

Discovery Surf School (☎027 632 7873; www.discoverysurf.co.nz; 1 Std. 60 NZ$, 2 Std. Gruppen-/Einzelunterricht 90/150 NZ$)

Mount Surf Shop (☎07-575 9133; www.mountsurfshop.co.nz; 96 Maunganui Rd.; Verleih Wetsuit/Bodyboard/Surfboard Tag 15/20/30 NZ$, Unterricht 2 Std. 80 NZ$)

East Coast Paddler (☎07-574 2674, 021 0230 0746; www.eastcoastpaddler.co.nz; 1 Std. Gruppen-/Einzelunterricht 50/75 NZ$)

LP TIPP **Mauao** BERG, AUSSICHTSPUNKT

Den eigentlichen Berg – Mauao (Mount Maunganui) – kann man auf Wanderwegen erkunden, die in vielen Kehren zum Gipfel führen. Zum Gipfel wandert man etwa 40 Min., kurz vor dem Ziel wird es recht steil. Man kann aber auch einfach nur auf den Felsen von Moturiki Island herumklettern, die mit der Halbinsel verbunden ist. Die Insel und den Fuß des Mauao verbindet der Mauao Base Track (3½ km, 45 Min.), er führt durch zauberhafte Pohutukawa-Haine, die zwischen November und Januar blühen. Eine Karte ist beim i-SITE erhältlich.

GRATIS **Mount Surf Museum** MUSEUM

(www.mountsurfshop.co.nz; 139 Totara St.; ⌚Mo–Sa, 9–17, So 9.30–17 Uhr) Um etwas über das Surfen in dieser Gegend (und darüber hinaus) zu erfahren, lohnt sich ein Besuch im faszinierenden Mount Surf Museum; es liegt in der Filiale des Mount Surf Shop in der Totara Street.

Mount Maunganui Hot Saltwater Pools BADEN

(www.tcal.co.nz; 9 Adams Ave.; Erw./Kind/Fam. 11/8/30 NZ$; ⌚Mo–Sa 6–22, So 8–22 Uhr) Wer beim Besteigen des Mauao ordentlich

Mt. Maunganui

Highlights
Mauao ... A1
Mount Surf Museum ... C4

Aktivitäten, Kurse & Touren
1 Mount Maunganui Hot Saltwater Pools ... A1
2 Mount Surf Shop ... B2
3 Rock House ... C4

Schlafen
4 Beachside Holiday Park ... B1
5 Belle Mer ... C2
6 Mission Belle Motel ... B2
7 Mount Backpackers ... B2
8 Mount Maunganui B&B ... C4
9 Pacific Coast Lodge & Backpackers ... C3
10 Seagulls Guesthouse B&B ... C3
11 Westhaven Motel ... B2

Essen
12 Gusto ... B2
13 Kwang Chow ... B2
14 Mount Bistro ... B2
15 New World ... D4
16 Providores Urban Food Store ... B2
17 Slowfish ... B1
18 Zeytin at the Mount ... B2

Ausgehen
19 Latitude 37 ... B2
20 Major Tom's ... B3
21 Rosie O'Grady's ... B3

Unterhaltung
22 Bay City Cinemas ... B2

ins Schwitzen geraten ist, kann dafür anschließend am Fuß des Berges ein langes, entspanntes Bad in diesen schönen Heißwasserbecken genießen.

Canoe & Kayak KAJAKFAHREN
(☎07-574 7415; www.canoeandkayak.co.nz; Touren Erw./Kind ab 89/69 NZ$) Canoe & Kayak veranstaltet 2½-stündige Kajaktouren rund um Mauao. Die Teilnehmer bekommen dabei mit etwas Glück Seehunde und Felsformationen zu sehen und hören interessante, heimische Legenden. Lohnenswert sind auch die nächtlichen Glühwürmchenfahrten (1½ Std.) im nahe gelegenen McLarens Falls Park.

Rock House KLETTERN
(www.therockhouse.co.nz; 9 Triton Ave.; Erw./Kind 16,50/12,50 NZ$ Ausrüstung kostet extra; ⌚Di–Fr 12–21, Sa & So 10–18 Uhr) Im Rock House, einem riesigen blauen Stahlschuppen mit blauen Kletterwänden, kann man seine Kletterkünste verbessern. Ausrüstungsgegenstände kann man ausleihen.

Baywave BADEN
(☎07-575 0276; www.tcal.co.nz; Ecke Girven & Gloucester Rd.; Erw./Kind 7,50/5 NZ$, Wasserrutsche 4,50 NZ$; ⌚Mo–Fr 6–21, Sa & So 7–19 Uhr) Wer mal ohne Salz im Haar aus dem Wasser steigen will, sollte das Baywave mit traditioneller Schwimmbecken-Action plus dem größten Wellenbad Neuseelands, einer Wasserrutsche und Aqua-Aerobics besuchen.

Schlafen

Seagulls Guesthouse B&B B&B, HOSTEL $
(☎07-574 2099; www.seagullsguesthouse.co.nz; 12 Hinau St.; B/EZ/DZ/FZ ab 30/60/70/100 NZ$; @📶) Keine Lust auf noch ein überfülltes, alkoholgeschwängertes Hostel? Das Seagulls liegt an einer ruhigen Straße unweit der Stadt und ist ein Juwel: ein makelloses, anspruchsvolles Hostel, in dem mehr Wert auf den friedlichen Genuss der Umgebung als auf das Suhlen in den Exzessen der Jugend gelegt wird. Die besten Zimmer haben ein eigenes Bad und einen Fernseher. Das Frühstück kostet 8 NZ$, die Fahrradmiete beträgt 25 NZ$.

Pacific Coast Lodge & Backpackers HOSTEL $
(☎07-574 9601, 0800 666 622; www.pacificcoastlodge.co.nz; 432 Maunganui Rd.; B/DZ ab 26/72 NZ$; @📶) Das straff geführte, saubere Hostel unweit des Geschehens ist gesellig, aber nicht party-orientiert; wer etwas trinken möchte, wird nach 22 Uhr freundlich aufgefordert, dies doch in der Stadt zu tun. Die zweckmäßig eingerichteten Schlafsäle mit Etagenbetten sind geräumig und mit Dschungelwandbildern geschmückt.

Beachside Holiday Park CAMPINGPLATZ $
(☎07-575 4471; www.mountbeachside.co.nz; 1 Adams Ave.; Stellplätze ab 35 NZ$, hauseigene Vans 60–80 NZ$, Hütten 80–130 NZ$; 📶) Mit drei verschiedenen Campingbereichen am

Fuß des Mount Maunganui bietet der gemeindeeigene Caravanpark spektakuläre Plätze mit allen erforderlichen Einrichtungen; außerdem liegt er günstig zu den Mount Maunganui Hot Saltwater Pools (die Campern einen Rabatt gewähren) und einer Reihe guter Restaurants.

Mission Belle Motel MOTEL $$
(07-575 2578, 0800 202 434; www.missionbellemotel.co.nz; Ecke Victoria Rd. & Pacific Ave.; DZ/FZ ab 125/185 NZ$;) Von außen sieht dieses familiengeführte Motel ganz und gar Tex-Mex-mäßig aus (wie aus einem alten Clint-Eastwood-Film), drinnen ist es aber ganz modern eingerichtet. Besonders gut sind die Familienzimmer, die sich über zwei Etagen erstrecken und große Badewannen haben; schön sind auch die überdachten Grillplätze und Innenhofbereiche

Westhaven Motel MOTEL $$
(07-575 4753; www.westhavenmotel.co.nz; 27a The Mall; Wohneinheiten 100–250 NZ$;) Die Architektur scheint aus den 1970er-Jahren zu stammen, Holzregale trennen Küche und Lounge und es gibt überall seltsame Spiegel. Die komplett eingerichteten Küchen sind aber perfekt für Selbstversorger geeignet, es gibt neue Fernseher und DVD-Spieler sowie kostenlose Angelruten und Kajaks. Das billigste Motel im Umkreis.

Mount Backpackers HOSTEL $
(07-575 0860; www.mountbackpackers.co.nz; 87 Maunganui Rd.; B/2BZ/3BZ ab 28/72/84 NZ$; @) Das enge, aber aufgeräumte Hostel besticht durch seine Lage unweit des Strands und liegt nur einen Katzensprung von den besten Restaurants und Bars in Mount entfernt. Dazu kommen Extras wie ein Infoschalter für Ausflüge, günstige Wochenpreise und interessante Angebote für Aktivitäten, z. B. Surf-Unterricht.

Belle Mer HOTEL, APARTMENTS $$$
(0800 100 235, 07-575 0011; www.bellemer.co.nz; 53 Marine Pde; Apt. 190–450 NZ$;) Eine typische Strandanlage mit Ein-, Zwei- und Drei-Zimmer-Apartments, von denen einige einen Balkon mit Meerblick haben und andere einen eigenen Innenhof – obwohl die an ein Urlaubsresort erinnernde Terrasse mit Pool sicher attraktiver ist. Die Zimmer sind in fein abgestimmten, warmen Farben geschmackvoll eingerichtet und haben alles zu bieten, was man für einen längeren Aufenthalt braucht, etwa eine funktionstüchtige Küche und eine Wäscherei.

Cosy Corner Holiday Park CAMPINGPLATZ $
(0800 684 654, 07-575 5899; www.cosycorner.co.nz; 40 Ocean Beach Rd.; Stellplätze ab 40 NZ$, Hütten & Apt. 70–120 NZ$; @) Der spartanische Campingplatz hat eine gesellige Atmosphäre und verfügt über Grillplätze, ein Trampolin und ein Spielzimmer. Und es ist wahrscheinlich die einzige Unterkunft in Neuseeland, bei der die Preise seit der letzten Auflage dieses Reiseführers gesunken sind! Günstige Lage zum Strand.

Mount Maunganui B&B B&B $$
(07-575 4013; www.mountbednbreakfast.co.nz; 463 Maunganui Rd. EZ/DZ inkl. warmes Frühstück ab 65/100 NZ$; @) Das B&B mit fünf Zimmern an der Hauptstraße zur Stadt bietet ein gutes Preis-Leistungs-Verhältnis. Die Gäste können sich auf eine gemütliche Gäste-Lounge, eine einfache Gemeinschaftsküche, Billardtisch, Grill und Kabelfernseher freuen. Die beiden vorderen Zimmer leiden etwas unter Verkehrslärm, die übrigen sind in Ordnung. Gut für Gruppen geeignet.

Essen

LP TIPP **Slowfish** CAFÉ $
(07-574 2949; www.slowfish.co.nz; Shop 5, Twin Towers, Marine Pde.; Gerichte 7–20 NZ$; 6.30–16.30 Uhr;) Die Köche des mit Preisen ausgezeichneten, umweltbewussten Cafés haben sich der Förderung des guten regionalen Essen verschrieben. Der Massenansturm ist gewaltig: Die Gäste genießen hier hausgemachte Gerichte mit Eiern (von freilaufenden Hühnern) mit Schinken, griechische Salate und eine himmlische Auswahl an Tresengerichten.

Providores Urban Food Store CAFÉ, FEINKOST $
(07-572 1300; 19a Pacific Ave.; Gerichte 5–18 NZ$; 7.30–17 Uhr;) Surf-Videos bestimmen die Atmosphäre, während die Augen schon mal über das frisch gebackene Brot, buttrige Croissants, hausgeräuchertes Fleisch und Käsesorten, Bio-Marmelade und Eier aus Freilaufhaltung gleiten – perfekte Zutaten für ein Frühstück der Extraklasse oder einen Fresskorb für ein Picknick am Strand. Hervorragend!

Mount Bistro MODERN-NEUSEELÄNDISCH $$$
(07-575 3872; www.mountbistro.co.nz; 6 Adams Ave.; Di–So Abendessen) Das buttermilchfarbene Mount Bistro sorgt für ein unprätenziöses Feinschmeckererlebnis am Fuß des Mauao: Hier werden hochwertige lokale Fleischsorten (Fisch, Lamm, Rind, Langus-

te, Hähnchen, Ente) zu fantasievollen klassischen Gerichten verarbeitet (z. B. Lammhaxe, Fischsuppe) und mit Schwung serviert. Genau richtig für einen stilvollen Abend.

Gusto CAFÉ **$$**
(☎07-575 5675; 200 Maunganui Rd.; Frühstück 7–16 NZ$, Mittagessen 15–17 NZ$; ⏰7–15.30, Sa & So ab 8 Uhr; ✎) Der freundliche Laden hat eine erschwingliche, aber interessante Karte mit Pfannkuchen, Bratlingen, Bagels, Omeletts, BLATs (Sandwich mit Speck, Salat, Avocado, Tomate) und Kiwi-Klassiker wie Lamm und Kumara mit einer besonderen Note. Coole Musik, eifrige Mitarbeiter, keine seltsamen kulinarischen Überraschungen ... und damit so verlässlich, wie ein Café nur sein kann.

Zeytin at the Mount TÜRKISCH, MEDITERRAN **$$**
(☎07-574 3040; 118 Maunganui Rd.; Hauptgerichte 19–21 NZ$; ⏰Di–So Mittag- und Abendessen; ✎) Das Schwesterunternehmen von Zeytin on the Strand in Tauranga hat sich Sympathien verdient für langsam geschmorte Tajine, Spanakopita und Moussaka, plus Livejazz an jedem zweiten Mittwoch. Gestreifte Kissen und arabische Lampions schmücken den höhlenartigen Innenraum. Fantastische Falafels (man kann die Mischung auch kaufen und in der eigenen Unterkunft selbst ausbacken).

Kwang Chow CHINESISCH **$$**
(☎07-575 5063; 241 Maunganui Rd.; Mittag-/Abendessen 13/20 NZ$; ⏰Di–So Mittag- und Abendessen) Dieser All-you-can-eat-Chinese ist bei den Einheimischen beliebt als preisgünstiges Lokal, das auf Geschmack und Aroma setzt, statt ein fades Einerlei aufzutischen. Der Innenraum erinnert an eine Höhle, er hat Holzdielen und nette kleine Schmuckelemente in Gold und Purpur sowie viele Spiegel.

New World SUPERMARKT
(www.newworld.co.nz; Ecke Tweed St. & Maunganui Rd.; ⏰7–21 Uhr) Ein Paradies für Selbstversorger.

Ausgehen & Unterhaltung

LP TIPP **Major Tom's** BAR, LIVEMUSIK
(www.majortomsbar.com; 297 Maunganui Rd.; ⏰Di–Sa) Das Gebäude, in dem die unkonventionelle, kleine Bar etwas abseits der Hauptstraße liegt, erinnert an Major Toms Raumschiff. Drinnen ist alles voller verrückter Antiquitäten, altmodischer Sofas, bammelnder Tischlampen und Drucken von Elvis, der *Mona Lisa* und (natürlich) David Bowie. Fabelhafte Terrasse an der Straße, coole Musik, kostenloses WLAN und gelegentliche Live-Acts. Jeder singt: „Planet Earth is blue, and there's nothing I can do ..."

Latitude 37 BAR
(www.37.co.nz; 181 Maunganui Rd.; WLAN) Eine schicke Bar mit steinverkleideten Wänden, Faltfenstern und brennenden Fackeln vor der Tür. Viele Leute kommen zum Essen hierher (Mittagessen 15–22 NZ$, Abendessen 22–34 NZ$ ... oh, das Schweinebauch-Sandwich!), aber es ist auch ein schöner Fleck für ein kaltes Heineken nach einem Tag in der Brandung.

Rosie O'Grady's IRISH PUB
(www.rosiesnz.com; 2 Rata St.) Im Rosie's geht es normalerweise nicht allzu derbe zu. Es gibt neuseeländische Boutique-Biere, Musiker-Sessions, Billardtische, Großbildfernseher und preisgünstiges Kneipenessen (Hauptgerichte 11–28 NZ$). Der Biergarten ist ideal für das ein oder andere Pint Bier.

Bay City Cinemas KINO
(www.baycitycinemas.co.nz; 249 Maunganui Rd.) Mainstream-Filmangebot, das auch in den Bay City Cinemas in Tauranga gezeigt wird.

ℹ Praktische Informationen

Mount Maunganui i-SITE (☎07-575 5099; www.bayofplentynz.com; Salisbury Ave.; ⏰9–17 Uhr) Das freundliche Mount Maunganui i-SITE hilft mit Informationen und bei Buchungen (Transport, Unterkunft und Aktivitäten).

ℹ An- & Weiterreise

Auto

Mount Maunganui liegt am anderen Ende der Hafenbrücke von Tauranga, von Süden ist es über Te Maunga auf der SH2 zu erreichen. Leihwagen gibt es u. a. bei **Rite Price Rentals** (☎0800 250 251; www.ritepricerentals.co.nz; 25 Totara St.).

Bus

Busse von **InterCity** (www.intercity.co.nz) und **Naked Bus** (www.nakedbus.com), die Tauranga anfahren, halten in Mount Maunganui, die Preise sind vergleichbar mit denen nach/ab Tauranga (S. 339). Alle Busse fahren am i-SITE ab.

Papamoa

20 100 EW.

Papamoa ist ein aufblühender Ort in unmittelbarer Nachbarschaft zu Mount Maunganui; beide trennen nur ein paar leere Koppeln, die bald erschlossen werden dürften. Wegen der großen, neuen Häuser an makellosen Straßen wirkt Papamoa in manchen Vierteln wie eine bewachte Wohnsiedlung, aber der Strand hinter den Dünen ist einfach fantastisch – und spätestens dort versteht man, warum viele Leute gerne nach Papamoa ziehen.

Vom Strand ein paar Kilometer landeinwärts liegt **Blo-kart Heaven** (☎07-572 4256; www.blokartheaven.co.nz; 176 Parton Rd.; Blokartfahren 30 Min. 30 NZ$; ⏲10–16.30 Uhr). Hier kann man sich auf einer eigens gebauten Rennstrecke im Landsegeln versuchen (Blokarts sind in Neuseeland konzipierte, spezielle Strandsegler).

Das in den letzten Jahren ausufernde **Papamoa Beach Top 10 Holiday Resort** (☎0800 232 243, 07-572 0816; www.papamoabeach.co.nz; 535 Papamoa Beach Rd.; Stellplätze ab 40 NZ$, Villen & Wohneinheiten 88–250 NZ$; @📶) ist eine blitzsaubere, moderne Anlage, die hinsichtlich Ausstattung und Preis längst über ihre Anfänge als Caravanpark hinausgewachsen ist. Inzwischen kann man zwischen diversen Unterkünften wählen, darunter auch einige Villen für Selbstversorger. Wenn es ganz still ist, hört man die kräftige Brandung des Meeres hinter den Dünenwällen.

Mit seiner kantigen Wellblechfassade und den geschmackvollen Korbmöbeln bietet sich das **Beach House Motel** (☎0800 429 999, 07-572 1424; www.beachhousemotel.co.nz; 224 Papamoa Beach Rd.; DZ ab 120 NZ$; 📶🏊) für eine anspruchsvollere Version des Kiwi-Urlaubs im Wochenendhäuschen an – entspannt und nahe am Strand. Es gibt einen Pool, falls es am Strand zu windig ist, aus den Steingärten spitzen orangefarbene Gänseblümchen.

Bluebiyou (☎07-572 2099; www.bluebiyou.co.nz; 559 Papamoa Beach Rd.; Hauptgerichte 15–38 NZ$; ⏲Sa & So Frühstück, Mi–So Mittag- und Abendessen) ist ein luftig-lässiges Restaurant hoch in den Dünen; serviert werden ein umfangreicher Brunch und Spezialitäten mit Fisch und Meeresfrüchten. Der nach Orangen duftende French Toast mit Ahornsirup und Speck sorgt für einen guten Start in den Samstag oder Sonntag.

Tuhua (Mayor Island)

Der inaktive Vulkan 35 km nördlich von Tauranga wird allgemein Mayor Island genannt. Die Privatinsel ist berühmt für ihr schwarzes, glasartiges Vulkangestein (Obsidian) und ihre Vogelwelt. Hier leben sogar Kiwis, die im Jahr 2006 auf der raubtierfreien Insel ausgewildert wurden. Wanderwege führen durch das überwucherte Kratertal, die Nordwestecke der Insel ist ein Meeresschutzgebiet.

Um die Insel zu besuchen, braucht man die Erlaubnis der *kaitiaki* (Hüter), der Kontakt läuft über das **Tuhua Trust Board** (☎07-577 0942). Die Anlandegebühr beträgt 5 NZ$, die Gäste müssen strenge Quarantäneregeln einhalten. Die Unterkünfte beschränken sich auf einfaches Zelten/Hütten (10/30 NZ$); Essen und Wasser müssen Besucher selbst mitbringen (es gibt keinen Kühlschrank). In den Kosten für die Unterkunft ist die Anlandegebühr enthalten. Mehrere Bootsverleiher bringen Passagiere nach Tuhua, darunter Blue Ocean Charters (S. 348). Weitere Infos erhält man im **DOC** (☎07-578 7677; taurangainfo@doc.govt.nz) in Tauranga.

Matakana Island

Matakana ist etwa 24 km lang und bildet die dem Meer zugewandte Seite von Tauranga Harbour. Die Ostküste der Insel wird von abgeschiedenen, weißsandigen Surf-Stränden gesäumt (nur für erfahrene Leute), das Inselleben ist entspannt. Zu erreichen ist Matakana nur im Rahmen einer Kajaktour mit Adventure Bay of Plenty (S. 348).

Katikati

3580 EW.

Die kleine Stadt, von den Einheimischen „Katikat" genannt, ist die weltweit einzige geplante Ulster-Siedlung. Diese Tatsache feiert sie mit farbenfrohen Wandbildern, die die Gebäude der Stadt schmücken. Das **Mural Town Information Centre** (☎07-549 1658; www.katikati.co.nz; 36 Main Rd.; ⏲Mo–Fr 8–17, Sa 9–14, So 10–14 Uhr; @) verkauft eine Broschüre mit Erläuterungen zu den verschiedenen Wandbildern (2,50 NZ$), daneben gibt es auch Führungen in kleinen, überschaubaren Gruppen (☎07-549 2977; pro Pers. 5 NZ$).

Sehenswertes & Aktivitäten

Katikati Heritage Museum MUSEUM
(katikati.heritage.museum@xtra.co.nz; 3 Wharawhara Rd.; Erw./Kind 7,50/5 NZ$; ⏲8.30–16.30 Uhr) Das etwas in die Jahre gekomme-

PELZIGES FRÜCHTCHEN

Die unscheinbare Kiwifrucht bringt Neuseeland jedes Jahr mehr als 1 Mrd. NZ$ ein. Da die Bay of Plenty hier ganz dick im Geschäft ist, verwundert es nicht, dass die Einheimischen die Frucht auch persönlich sehr schätzen.

Ursprünglich stammt die Frucht aus China, wo sie Affenpfirsich genannt wurde (sie galt als reif, wenn die Affen sie verspeisten). Bei ihrer Übersiedelung nach Neuseeland wurde sie in Chinesische Stachelbeere umbenannt – damals war sie noch deutlich kleiner. Findige Neuseeländer züchteten zunehmend größere Exemplare und begannen in den 1950er-Jahren mit dem Export. Die Frucht erhielt einen attraktiven neuen Namen: Zespri. Heute bauen die Zesprianer zwei Sorten Kiwis an: die gewöhnliche, mit Flaum bedeckte grüne und die goldene Frucht mit der weichen Haut. Um mehr über die Kiwi zu erfahren, empfiehlt sich ein Besuch im **Kiwi360** (☎07-573 6340, 0800 549 4360; www.kiwi360.com; 35 Young Rd., bei SH2; Eintritt frei, Führung Erw./Kind 20/6 NZ$; ⏲9–17 Uhr).

Für Reisende, die zwischendurch mal ein paar Dollar dazuverdienen wollen, gibt es in dieser Gegend immer Arbeit beim Kiwipflücken – überwiegend natürlich in der Erntezeit (Mai und Juni) –, aber auch sonst findet sich hier immer etwas zu tun. Am besten fragt man im Mural Town Backpackers (S. 360) in Katikati und bei den regionalen i-SITEs nach oder schaut online auf der Website www.picknz.co.nz nach Angeboten.

ne Museum gibt in einem bezaubernden Mix aus Maori-Artefakten und Ulster-Historie einen Überblick über die Lokalgeschichte. Zu den weiteren Ausstellungsstücken zählen Moa-Knochen und die angeblich größte Flaschensammlung der südlichen Hemisphäre.

GRATIS **Haiku Pathway** WANDERWEG
(www.katikati.co.nz/kk_text/haiku.html; ⏲24 Std.) Vom Informationszentrum aus können Besucher den Haiku Pathway erkunden. Er verläuft entlang dem Uretara River und an Felsblöcken vorbei, auf denen Haiku-Verse stehen.

Katikati Bird Gardens WILDRESERVAT
(☎07-549 0912; www.birdgardens.co.nz; 263 Walker Rd. E; Erw./Kind/Fam. 9/5/24 NZ$; ⏲10–16.30 Uhr) Etwa 7 km südlich der Stadt liegen die 4 ha großen Katikati Bird Gardens voller einheimischer Vogelarten (schon mal einen Kawaupaka gesehen?). Neben vielen Vögeln gibt es hier ein kleines Café, eine Galerie sowie eine Unterkunft im Boutique-Cottage (DZ 160 NZ$).

Morton Estate WEINGUT
(www.mortonestatewines.co.nz; 2389 SH2; ⏲9.30–17 Uhr) Der klosterartige Morton Estate an der SH2 liegt 8 km südlich von Katikati, das Anwesen zählt zu den größten Weingütern Neuseelands. Besucher können die dort gekelterten Weine probieren und kaufen. Unbedingt den Chardonnay probieren – er ist weich wie Sahne.

Schlafen

LP TIPP **Warm Earth Cottage** HÜTTE, B&B $$$
(☎07-549 0962; www.warmearthcottage.co.nz; 202 Thompsons Track; DZ 220 NZ$) In diesem ländlichen Idyll, 5 km südlich der Stadt und dann 2 km nach Westen auf der SH2, kann man vielleicht seine romantische Ader wiederentdecken und in einfachen Freuden schwelgen. Zwei einfache Hütten ohne Strom stehen am Ufer des Waitekohe River, in dem man auch baden kann. Also den Grill anwerfen (großzügige BBQ-Pakete gibt es für 85 NZ$ zu kaufen) oder in ein mit Holz beheiztes Bad im Freien eintauchen. Ein großes Frühstück zum Selbermachen ist im Preis inbegriffen, für Schlechtwettertage gibt es eine nette neue Gäste-Lounge mit Bibliothek.

Panorama Country Lodge B&B $$$
(☎07-549 1882; www.panoramalodge.co.nz; 901 Katikati North Rd.; DZ ab 185 NZ$;) Das kleine B&B ist eingebettet zwischen diversen Obstplantagen und liegt 9 km nördlich der Stadt. Die freundlichen Gastgeber sind immer zu Scherzen aufgelegte Briten. Mit dem weiten Panoramablick über die Bucht macht die Lodge ihrem Namen alle Ehre. Hier geht es zu wie auf dem Bauernhof: Wachteln und Alpacas laufen auf dem Gelände frei herum. In den Luxuszimmern stehen Messingbetten, es gibt DVDs und weitere Extras, beispielsweise Hausschuhe und frischen Kaffee.

Kaimai View Motel MOTEL $$

(☎07-549 0398; www.kaimaiview.co.nz; 78 Main Rd.; DZ ab 120 NZ$;) Hinter einem ungewöhnlichen Wandbild an der Fassade bietet das moderne Motel hübsche Zimmer (die alle nach einheimischen Baumarten benannt sind) mit CD-Spielern, Küchenzeilen und einem Whirlpool, den aber nur in den größeren Zimmern. Ein Frühstück wird auf Anfrage serviert.

Mural Town Backpackers HOSTEL $

(☎07-549 5150, 021 184 1403; 5 Main Rd.; B 25 NZ$; @) Das schlichte, zweigeschossige Hostel ist in einem umgebauten Friseursalon von 1935 untergebracht. Der Laden ist *wirklich* lässig und normalerweise voller Rucksackreisender, die auf den umliegenden Obstplantagen (Kiwis, Zitrusfrüchte, Blumen, Avocados usw.) arbeiten. Die Besitzer helfen Neuankömmlingen, eine solche Arbeit zu finden, und bieten gute Wochenmieten an.

Essen

Talisman PUB $$

(7 Main Rd.; Hauptgerichte 18–36 NZ$; ⏲Mittag- und Abendessen) Das Talisman ist die örtliche Kneipe mit gelegentlicher Livemusik, das Restaurant Landing serviert den ganzen Tag über Kneipenessen wie Pizza, Steak mit Pommes frites, Lamm Wellington, gebratenen Lachs und surf 'n' turf (ein gutes Gericht, das Fleisch von Land- und Meerestieren kombiniert).

Katz Pyjamas CAFÉ $

(Ecke SH2 & Beach Rd.; Gerichte 5–15 NZ$; ⏲Mo–Fr 8–16 Uhr) Außen königsblau, innen grellorange: Das ungezwungene Hauptstraßencafé serviert hausgemachte Suppen, Salate, Pasteten und Kuchen und dazu eine ordentliche Dröhnung Koffein.

Twickenham Restaurant & Cafe CAFÉ, RESTAURANT $$

(www.twickenham.co.nz; Ecke SH2 & Mulgan St.; Hauptgerichte mittags 17–23 NZ$, abends 24–30 NZ$; ⏲Di–So Brunch, Do–So Abendessen) In einer 100 Jahre alten Villa inmitten supergepflegter Gärten ist dieses Lokal fast einen Tick zu putzig, macht das aber durch seinen himmlischen Devonshire Tea (Imbiss mit Tee) gut und gerne wieder wett. Tagsüber werden Thai-Rindfleischsalat, Omelett und Kalte Platte serviert; abends gibt es gebratene Ente, schmackhaftes Schweinefilet und leckere Steaks.

Te Puke

7150 EW.

Willkommen in der „Welthauptstadt der Kiwifrucht"! Während der Erntezeit, wenn es rundum viel Arbeit gibt, ist hier richtig viel los. Das **Besucherinformationszentrum Te Puke** (☎07-573 9172; www.tepuke.co.nz; 130 Jellicoe St.; ⏲Mo–Fr 8–17, Sa 9–12 Uhr) befindet sich im selben Gebäude wie die öffentliche Bücherei (die Mitarbeiter werden bestätigen, dass „Puke" Puhkie ausgesprochen wird und nicht Pjuk).

Wer alles über die Kiwifrucht wissen will, sollte dem Kiwi360 (S. 359) am Abzweig nach Maketu einen Besuch abstatten. Das Besucherzentrum inmitten von Obstplantagen mit Nashi-Birnen, Zitrusfrüchten, Avocados und Kiwis bietet eine Reihe Attraktionen, darunter eine 35-minütige Plantagentour mit dem Kiwikarren, einen Kiwi-Aussichtsturm und ein Café, das verschiedene Köstlichkeiten aus Kiwifrüchten auftischt.

Lust auf etwas Süßes? Etwa 10 km südlich von Te Puke in Paengaroa liegt **Comvita** (☎07-533 1987, 0800 493 782; www.comvita.com; 23 Wilson Rd. S; ⏲Mo–Fr 8.30–17, Sa & So 9.30–16 Uhr), die Heimat der berühmtesten neuseeländischen Gesundheitsprodukte aus Honig

ABSTECHER

PADDEL & PASTETEN: MAKETU

Wenn man auf der SH2 durch Te Puke fährt und dann links in die Maketu Road einbiegt, findet man sich in einem historischen Badeort wieder, der schon bessere Tage gesehen hat.

Maketu (1240 Ew.) spielte in der neuseeländischen Geschichte eine wichtige Rolle: Hier landete 1340 das Kanu Te Arawa. An das historische Ereignis erinnert heute nur noch ein unscheinbares Denkmal von 1940 am Vorstrand. Berühmter ist der Ort wohl wegen der **Maketu Pies** (☎07-533 2358; www.maketupies.co.nz; 6 Little Waihi Rd.), die hier täglich frisch gebacken werden und einen Gutteil der Einwohner mit Arbeit versorgen. Der Fabrikladen wurde gerade renoviert, zum Zeitpunkt der Recherche gab es die Pasteten auch im Geschäft nebenan zu kaufen (zu empfehlen sind z .B. die Füllungen Lamm mit Minze oder Räucherfisch).

und anderen Imkereierzeugnissen, mit Galerie, Laden, Café und Erläuterungen. Wer noch ein Mitbringsel sucht, kann z. B. einen Tiegel Vitamin E-Creme mit Blütenpollen und Manukahonig kaufen.

Unweit von Comvita bietet **Spring Loaded** (07-533 1515, 0800 867 386; www.springloadedadventures.co.nz; 316 SH33; Erw./Kind Jetboot 95/45 NZ$, Jeep 60/35 NZ$, Helikopter 12 Min. 105 NZ$; Nov.–April 8.30–16.30 Uhr, Mai–Okt. 9–16 Uhr) jede Menge Abenteuer von Jetbootfahrten auf einem wunderschönen Abschnitt des Kaituna River und Tauranga Harbour bis hin zu „Schlammkäfer"-Ausflügen im Jeep, Hubschrauberflügen sowie Rafting- und Sledging-Trips. Wer Hunger oder Durst hat, besucht das hauseigene Café.

Unterkünfte in Privathäusern und auf Bauernhöfen sind rund um Te Puke die gängige Art der Übernachtung, das Besucherzentrum hält eine Liste bereit. Ein nettes, separates Cottage für Selbstversorger ist das **Lazy Daze B&B** (07-573 8188; www.lazydazecottage.co.nz; 144 Boucher Ave.; DZ Hütte/Haus inkl. Frühstück 130/110 NZ$). Es steht hinten auf dem Grundstück von Mel und Sharron und hat eine Terrasse mit Blick auf den dazugehörigen Garten. Die Zutaten zum Frühstück sind im Preis inbegriffen. Darüberhinaus gibt es ein hübsches, frei stehendes Haus mit zwei Schlafzimmern für insgesamt sechs Leute. Den Weg dorthin kann man sich von den Gastgebern telefonisch beschreiben lassen. Für Obstpflücker und eingefleischte Schlafsaalbewohner gibt es eine rudimentäre Hostel-Unterkunft im **Hairy Berry** (07-573 8015; www.hairyberrynz.com; 2 No 1 Rd.; Stellplätze 15 NZ$, B/2BZ/DZ ab 22/56/60 NZ$): Der scheunenartige Bau auf der Whakatane-Seite der Stadt verfügt über einen großzügigen Gemeinschaftsraum und kleine, saubere Schlafzimmer.

Whakatane

18 750 EW.

Whakatane (sprich: fo-ka-ta-ne) ist ein wahres Paradies aus Pohutukawa-Bäumen, das in einem natürlichen Hafenbecken an der Mündung des gleichnamigen Flusses liegt. Für den landwirtschaftlichen Bezirk Rangitaiki ist die Stadt der Dreh- und Angelpunkt. Whakatane hat aber noch mehr Reize – herrliche Strände, eine Hauptstraße mit sonnigem Flair und das vulkanische Whakaari (White Island) sind nur ein paar davon. Außerdem ist es (trotz Nelsons Protesten) offiziell die sonnigste Stadt von Neuseeland!

FRAUENPOWER

Der Name Whakatanes entstand vor rund 800 Jahren, 200 Jahre nach Ankunft der ersten Maori. Der Krieger Toroa und seine Familie segelten in einem riesigen seetüchtigen *waka* (Kanu), dem Mataatua, in die Gegend um den Meeresarm. Als die Männer an Land gingen, um die einheimischen Stammesführer zu begrüßen, kam die Flut und das *waka* wurde – mitsamt den Frauen an Bord – hinaus aufs offene Meer getrieben. Toroas Tochter, Wairaka, aber rief: „E! Kia whakatane au i ahau!" (Lass mich handeln wie ein Mann!) Sie missachtete das traditionelle *tapu* (Tabu) für Frauen, ein *waka* zu steuern, ergriff das Paddel und brachte das Boot sicher ans Ufer zurück. Eine etwas skurrile **Statue Wairakas** steht heute stolz auf einem Felsen im Hafen von Whakatane und erinnert an diese tapfere Tat.

Sehenswertes

GRATIS **Te Manuka Tutahi Marae** MARAE

(www.mataatua.com; Muriwai Dr.) Das Herzstück des brandneuen Ngati Awa *marae* ist nicht neu: Mataatua Wharenui – „das Haus, das nach Hause kam" – ist ein Versammlungshaus von 1875 mit fantastischen Schnitzereien. 1879 wurde es abgebaut und nach Sydney verschifft, ab 1925 verbrachte es 71 Jahre im Otago Museum, 1996 kehrte es nach Ngati Awa zurück. Bei unserem Besuch waren die Arbeiten noch voll im Gang. Bis zur endgültigen Fertigstellung der Anlage kann man den *marae* betreten und das Mataatua Wharenui von außen anschauen (auf respektvolles Benehmen achten!).

Wairere Falls WASSERFALL

(Toroa St.) Hinter der Stadt plätschert der Bilderbuch-Wasserfall Te Wairere (Wairere Falls) über die Klippen und sorgt für eine dunstige Stimmung. Früher trieb der Fluss Flachs- und Kornmühlen an und versorgte Whakatane mit Trinkwasser. Das grandiose Stückchen Erde ist noch nahezu unentdeckt: Überall sonst gäbe es einen Ticketschalter, Schautafeln und einen Hotdog-Wagen!

Whakatane

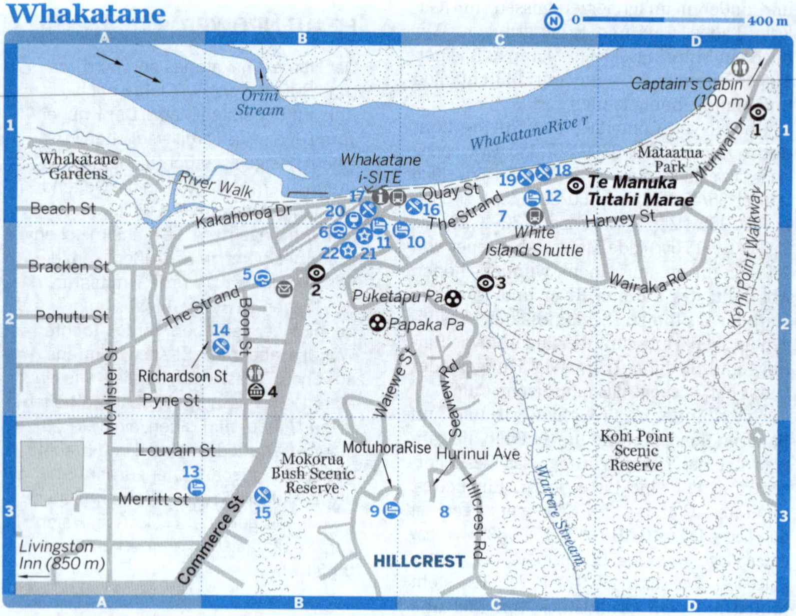

Whakatane

Highlights
Te Manuka Tutahi Marae C1

Sehenswertes
1 Muriwai's Cave D1
2 Pohaturoa B2
3 Wairere Falls C2
4 Whakatane Museum & Gallery B2

Aktivitäten, Kurse & Touren
5 Dive White Island B2
6 Diveworks Dolphin & Seal Encounters B2
7 Dolphin & Whale Nature Rush C1
8 Whakatane Observatory C3
White Island Tours .... (siehe 12)

Schlafen
9 Motuhora Rise B&B B3
10 Tuscany Villas C2
11 Whakatane Hotel B2
12 White Island Rendezvous C1
13 Windsor Backpackers A3

Essen
14 Cafe Coco B2
15 Countdown B3
16 Roquette C1
17 The Bean B1
18 Wally's on the Wharf C1
19 Wharf Shed C1

Ausgehen
Craic .... (siehe 11)
20 Office B1

Unterhaltung
21 Boiler Room B2
22 Cinema 5 .... B2

GRATIS **Whakatane Museum & Gallery** MUSEUM, GALERIE
(☎07-306 0505; www.whakatanemuseum.org.nz; 51-55 Boon St.; ⊙Mo–Fr 10–16.30, Sa & So 11–15 Uhr) Das eindrucksvolle Regionalmuseum zeigt kunstvoll präsentierte Ausstellungsstücke über einstige Siedlungen der Maori und Europäer in diesem Gebiet: Durch *taonga* (Schätze) der ortsansässigen Maori kann deren Abstammung bis zum *Mataatua*-Kanu zurückverfolgt werden. Die Kunstgalerie zeigt Wechselausstellungen neuseeländischer und internationaler Künstler. Gerüchten zufolge soll das Museum umziehen: Falls

es nicht mehr an der angegebenen Adresse zu finden ist, bitte telefonisch den neuen Standort erfragen.

Pohaturoa LANDMARKE, MONUMENT
(Ecke The Strand & Commerce St.) Neben einem Kreisverkehr am Strand erhebt sich Pohaturoa, ein großer *tapu* (heiliger) Felsvorsprung, auf dem Rituale bei Taufe, Tod, Krieg und *moko* (Tattoo) durchgeführt wurden. Der Vertrag von Waitangi wurde hier 1840 von den Ngati Awa-Häuptlingen unterzeichnet; ein Denkmal erinnert an den Ngati Awa-Häuptling Te Hurinui Apanui.

Muriwai's Cave HÖHLE
(Muriwai Dr.) Die teilweise eingestürzte Te Ana o Muriwa (Muriwai's Cave) erstreckte sich einst 122 m weit in den Hang. Hier fanden 60 Menschen Unterschlupf, unter ihnen Muriwai, eine berühmte Seherin und Tante von Wairaka (S. 361). Neben den Wairere Falls und einem Felsen in der Hafeneinfahrt war die Höhle eine der drei Landmarken, nach denen Toroa auf Geheiß seines Vaters Irakewa Ausschau halten sollte, als er im *Mataatua waka* eintraf.

Te Papaka & Puketapu ARCHÄOLOGISCHE STÄTTEN, AUSSICHTSPUNKT
Oben auf den Klippen hinter dem Ort gibt es zwei antike *pa* der Ngati Awa – Te Papaka und Puketapu; beide bieten eine sensationelle Aussicht auf Whakatane (und ließen sich sehr gut verteidigen).

Whakatane Observatory ASTRONOMIE
(www.skyofplenty.com; Hurinui Ave.; Erw./Kind/Fam. 15/5/35 NZ$; ⌚Di & Fr Abenddämmerung) Das Observatorium von Whakatane liegt auf einem Kamm hinter der Stadt und bietet bei klarem Himmel eine tolle Möglichkeit, die Sterne zu betrachten.

Aktivitäten

Das i-SITE verkauft die Broschüre *Discover the Walks Around Whakatane* (2 NZ$), in der Wanderungen (30 Min. bis zu einem halben Tag) beschrieben sind. Die meisten Strecken sind Teil des Nga Tapuewae o Toi Track (Fußstapfen des Toi; 13 Std., 18 km). Dieser große Rundweg vereint drei separate Wanderwege: den Kohi Point Walkway, den Wanderweg entlang Ohope Beach hinauf ins Ohope Reserve am Fuß des Ohope Hill und den Rückweg hinunter nach Whakatane durch das Mokoroa Reserve.

Der Kohi Point Walkway ist sehr empfehlenswert: eine vierstündige, 5,5 km lange Wanderung durch den Busch mit Panoramablick von den Klippen und einem wirklich atemberaubenden Anblick auf die Otarawairere Bay. Ein kurzer Umweg belohnt mit faszinierender Aussicht von Toi's Pa (Kapua te rangi), angeblich die älteste Pa-Stätte des Landes. Toi's Pa ist auch über eine teilweise unbefestigte Straße zu erreichen, die von der Straße Whakatane – Ohope abzweigt. Von Ohope fährt ein Bus zurück nach Whakatane, falls die Beine die zusätzlichen Kilometer nicht mehr schaffen.

Eine weniger hügelige Option ist der River Walk (2–3 Std.): Er folgt dem Whakatane River vorbei an den botanischen Gärten, der Muruwai-Höhle und führt weiter zur Wairaka-Statue.

Im Meer vor der Küste von Whakatane wimmelt es von Meeressäugern, darunter Delphinen (unglaubliche 25 000 Tiere), Seelöwen, Orcas, Grind- und Minkwale. Dazu kommen viele Vogelarten wie Basstölpel und Zwergpinguine. Die Gegend ist außerdem ein bekanntes Revier zum Tauchen und Hochseeangeln.

Siehe weiterführend auch Tauchen um White Island (S. 367).

Dolphin & Whale Nature Rush ÖKOTOUR, TIERBEOBACHTUNG
(☎07-308 9588, 0800 733 529; www.dolphinandwhale.co.nz; 15 The Strand; Ausflüge Erw./Kind 80/50 NZ$; ⌚10 Uhr Jan–März tgl.) Dolphin & Whale Nature Rush, ein Ableger von White Island Tours, bietet eine zweistündige Fahrt ab Motuhora (Whale Island), auf der es im Meer und in der Luft reichlich Tiere zu sehen gibt.

Diveworks Dolphin & Seal Encounters TAUCHEN, TIERBEOBACHTUNG
(☎07-308 2001, 0800 354 7737; www.whaleislandtours.com; 96 The Strand; Schwimmen mit Delphinen & Seehunden Erw./Kind 160/130 NZ$, Tauchen inkl. Ausrüstung ab 215 NZ$) Der Tauch-/Ökotour-Anbieter veranstaltet Ausflüge zum Schwimmen mit Delphinen und Seehunden ab Whakatane (wenn man nur vom Boot aus zusehen möchte, ist es billiger) und Tauchausflüge nach Motuhora (Whale Island) und Whakaari (White Island). Angeltouren und Tauchunterricht sind ebenfalls möglich (zwei Tauchgänge auf Whale Island mit Instructor und Ausrüstung 475 NZ$).

Whakatane District Aquatic Centre BADEN
(www.tlc.net.nz; 28 Short St.; Erw./Kind/Fam. 4/2.20/10,50 NZ$; ⌚Mo–Fr 6–20, Sa & So 7–

18 Uhr) Schwimmbecken innen und außen, Whirlpools und ein schlauchartiger gelber Wurm von Wasserrutsche.

Tui Glen Farm REITEN

(☎07-323 6457; www.tuiglenfarm.com; Kawerau Loop Rd.; Reiten Erw./Kind ab 40/30 NZ$) Unweit von Kawerau, etwa 35 km von Whakatane entfernt bei der SH30 nach Rotorua gelegen, bietet die Tui Glen Farm Ausritte durch Busch- und Farmland für Anfänger und Abenteuerlustige. Es gibt auch einfache Übernachtungsmöglichkeiten im Schlafsaal (ab 35 NZ$).

Geführte Touren

Per Boot oder Hubschrauber geht es flott hinaus zur explosiven Whakaari (White Island) (S. 367).

Kiwi Feet Adventures WANDERN, OUTDOORAKTIVITÄTEN

(☎021 077 7789; www.kiwifeetnz.com) Der lokale Anbieter von Wanderungen veranstaltet geführte Wanderungen rund um Whakatane zu den Tarawera Falls (halber Tag, 60 NZ$), Lake Okataina (ganzer Tag, 125 NZ$) und Whirinaki Forest (ganzer Tag, 150 NZ$). Alle Touren schließen ein Mittagessen ein. Möglich sind auch Ausritte, Kajakfahrten und Angelausflüge.

Schlafen

Captain's Cabin APARTMENT $$

(☎07-308 5719; www.captainscabin.co.nz; 23 Muriwai Dr.; Zi. 125 NZ$) In einem ruhigen Teil der Stadt mit glänzender Aussicht auf den Hafen ist diese gemütliche, separate Wohneinheit der perfekte Ort für alle, die ein paar Tage hierbleiben (ab zwei Tagen Aufenthalt wird der Übernachtungspreis günstiger). Ein gemütlicher Wohnbereich kombiniert geschickt Schlafzimmer, Lounge, Küche und Esszimmer mit einem zweiten kleineren Raum und einem kleinen, aber feinen Bad – alles ist entzückend im nautischen Stil eingerichtet. Drei Personen können hier übernachten (jede weitere Pers. 25 NZ$).

Whakatane Hotel HOTEL $

(☎07-307 1670; www.whakatanehotel.co.nz; 79 The Strand; B/EZ 25/40 NZ$, DZ mit/ohne Bad ab 75/50 NZ$; 📶) Der hübsche Jugendstilklassiker bietet 27 einfache, aber sehr ordentliche Zimmer im Obergeschoss in zwei Gebäudeflügeln. Saubere Gemeinschaftsbäder, hohe Decken, Gemeinschaftsküche... ein tolles Preis-Leistungs-Verhältnis. Einige Zimmer leiden ein bisschen unter dem Lärm des darunter liegenden Pub, aber die Besitzer versuchen die Leute so zu verteilen, dass sie möglichst wenig davon mitbekommen.

White Island Rendezvous HOTEL, B&B $$

(☎07-308 9588, 0800 242 299; www.whiteisland.co.nz; The Strand; DZ ab 140 NZ$, Apt. 260 NZ$, B&B 190 NZ$; 📶) Die makellose Anlage mit 26 Zimmern wird von den kompetenten Leuten von White Island Tour geführt. Auf den vielen Balkons und der großzügigen Terrasse können die Gäste frische Seeluft schnuppern; drinnen sind alle Böden mit Dielen ausgelegt, was zusätzlich für nautische Atmosphäre sorgt. Die Luxuszimmer verfügen über Whirlpools; für Rollstuhlfahrer zugängliche Einrichtungen stehen ebenfalls zur Verfügung. Das B&B nebenan serviert morgens ein warmes Frühstück.

Windsor Backpackers HOSTEL $

(☎07-308 8040; www.windsorlodge-backpackers.co.nz; 10 Merritt St.; B/EZ/DZ ab 25/48/66 NZ$; @📶) Das beste Backpackers in Whakatane liegt in einem umgebauten Beerdigungsinstitut, man kann also mit ruhigem Schlaf rechnen. Die ausgezeichneten Unterkünfte reichen von zweckmäßigen Schlafsälen bis zu einigen Doppelzimmern mit Motelstandard nach vorne hinaus. Gemeinschaftsküche, Lounge und Grillplatz im Hof sind geräumig und sauber.

Tuscany Villas MOTEL $$

(☎07-308 2244, 0800 801 040; www.tuscanyvillas.co.nz; 57 The Strand; DZ 155–200 NZ$; @📶) Das moderne Motel liegt zwar ziemlich weit von Florenz entfernt, aber die interessante Architektur, die umlaufenden Balkone und Blumentöpfe auf jedem freien Fleckchen wecken schon Assoziationen an Italien. Die bequemen, luxuriösen Zimmer haben superbreite Betten und Whirlpools.

Motuhora Rise B&B B&B $$$

(☎07-307 0224; www.motuhorarise.com; 2 Motuhora Rise; EZ/DZ inkl. Frühstück 205/220 NZ$; @📶) Die flotte Unterkunft, die ein bisschen Rocky-Mountains-Atmosphäre verströmt, steht in jedem Sinne an der Spitze der Stadt (die Zufahrt ist steil!) und ermöglicht einen weiten Blick bis nach Motuhora (Whale Island). Bei der Anreise werden die Gäste mit einer Gourmet-Käseplatte begrüßt, weitere Extras sind die DVD-Heimkino-Suite, eine Freiluftterrasse mit Whirlpool sowie Angelruten und Golfschläger. Kinderfreie Zone.

Livingston Inn MOTEL $$
(☎07-308 6400, 0800 770 777; www.livingston.co.nz; 42 Landing Rd.; DZ/FZ 130/220 NZ$; 📶) Das blitzsaubere Motel im Ranch-Stil sticht unter einem halben Dutzend ähnlicher Unterkünfte an der Landing Road hervor. Die geräumigen, gepflegten Wohneinheiten sind mit bequemen Betten möbliert. Ein besonderes Extra sind die großen Whirlpools in den Privatsuiten.

Awakeri Hot Springs CAMPINGPLATZ $
(☎07-304 9117; www.awakerisprings.co.nz; SH30; Stellplätze 32 NZ$, DZ Hütten/Apt./Wohneinheiten 70/85/95 NZ$) 16 km von Whakatane entfernt an der Straße nach Rotorua (SH30) liegt der altmodische, aber tipptopp gepflegte Wohnmobilpark Awakeri Hot Springs. Zur Ausstattung gehören (wie der Name verspricht) Thermalquellen (Erw./Kind 6/4 NZ$), Picknickplätze und Betten in allen Preisklassen.

Essen

Wally's on the Wharf FISH & CHIPS $
(☎07-307 1100; www.whakatane.info; The Wharf, The Strand; Gerichte 6–19 NZ$; ⏲11–19 Uhr) Wally kennt sich aus mit Fish and Chips und serviert Hoki, Snapper, Flunder, Petersfisch und Tarakihi – frittiert, vom Grill oder im Burger. In der Saison gibt es Whitebait-Bratlinge und Pommes frites, die auf dem Knusprometer einen ziemlich hohen Wert erreichen. Die neu eingeführten Tintenfischringe erfüllen nicht ganz die Erwartungen – den Möwen scheint das nichts auszumachen.

Cafe Coco CAFÉ $
(☎07-308 8337; 10 Richardson St.; Hauptgerichte 5–17 NZ$; ⏲7.30–18.30, im Winter 7.30–16.30 Uhr) Das noch recht junge Coco ist schon sehr angesagt. Das L-förmige Ecklokal serviert leckere, frische Snacks: Bagel, Panini, Maisbratlinge, Säfte, French Toast, Kuchen, Fair-trade-Bio-Kaffee, Eier in allen Variationen ... und den „Crêpe der Woche". Der Laden ist sehr kinderfreundlich.

Wharf Shed INTERNATIONAL $$
(☎07-308 5698, 0800 863 463; www.wharfshed.com; The Wharf, The Strand; Hauptgerichte 18–32 NZ$; ⏲Mittag- und Abendessen) Rind- und Lammfleisch sind hier absolut preisverdächtig, berühmt ist der Laden aber für seinen Fisch und die Meeresfrüchte (schließlich is(s)t man ja in Whakatane), z. B. fangfrische Langusten, fleischige Muscheln und frische pazifische Felsenaustern. An lauen Abenden wird an Tischen im Freien direkt am Wasser gespeist.

Roquette MODERN-NEUSEELÄNDISCH, MEDITERRAN $$$
(☎07-307 0722; www.roquette-restaurant.co.nz; 23 Quay St.; Hauptgerichte 20–35 NZ$; ⏲Mo–Sa ab 10 Uhr) Das sonnige Roquette ist ein modernes Restaurant am Wasser im Erdgeschoss eines der neuen großen Wohnblocks. Auf den Tisch kommen köstliche, mediterran beeinflusste Gerichte: jede Menge sommerliche Salate, Risotto und Fisch. Entspannte Musik, viel Glas und Mosaike, guter Kaffee und obendrein Mitarbeiter, die gut drauf sind, runden das Ganze ab. Zu empfehlen ist der Salade niçoise mit Haloumi.

The Bean CAFÉ $
(☎07-307 0494; www.thebeancafe.co.nz; 72 The Strand; Snacks 5–12 NZ$; ⏲Mo–Sa 8–16, So 9–15 Uhr) Der entspannteste Ort in der Stadt, um guten Kaffee zu trinken (hauseigene Röstung). Also: Einen Stuhl nehmen und dannmit einem Kaffee und frisch gebackenen Keksen, Brötchen oder Bagel neu in Schwung kommen. An den Wänden hängen Werke lokaler Künstler, auf dem Boden stehen Retro-Möbel.

Countdown SUPERMARKT
(www.countdown.co.nz; 105 Commerce St.; ⏲7–22 Uhr) Hier kann man die Vorräte auffüllen.

Ausgehen & Unterhaltung

Craic IRISH PUB
(www.whakatanehotel.co.nz; Whakatane Hotel, 79 The Strand) Das Craic ist eine lebhafte Kneipe, in der besonders Kiwis irischer Abstammung anzutreffen sind. Es ist ein netter Ort für ein oder zwei Pints oder einen Becher heiße Schokolade für all jene, denen nicht der Sinn nach Bier steht. Fantastische Terrasse an der Straße für sonnige Nachmittage und deftiges Kneipenessen (Hauptgerichte 13–22 NZ$).

Office BAR
(82 The Strand) Das noble Office macht alles, was es tut, sehr gut: Bier, große Essensportionen mit reichlich Pommes und Salat (Hauptgerichte 17–27 NZ$), Livebands und/oder DJs (Fr und Sa).

Boiler Room CLUB, LIVEMUSIK
(www.whakatanehotel.co.nz; Whakatane Hotel, 79 The Strand) Neben dem Craic im Whakatane Hotel liegt der Boiler Room, ein höhlenartiger, hedonistischer Ort voller Billardtische. Genau genommen ist es der einzige

Club in Whakatane. DJs und Livebands verschaffen sich jeweils am Freitag- und Samstagabend Gehör.

Cinema 5 KINO
(www.cinema5.co.nz; 101 The Strand) Mitten am The Strand zeigt Cinema 5 neu erschienene Filme. Vor 16.30 Uhr sind die Eintrittskarten billiger.

Praktische Informationen

Post (4 Commerce St.) Wechselt auch fremde Währungen.

Whakatane Hospital (☎07-306 0999; www.bopdhb.govt.nz; Ecke Stewart & Garaway St.; ⏲24 Std.) Medizinische Notfallbehandlung.

Whakatane i-SITE (☎07-306 2030, 0800 924 528; www.whakatane.com; Ecke Quay St. & Kakahoroa Dr.; ⏲Mo–Fr 8–17, Sa & So 10–16 Uhr; @) Kostenloser Internetzugang (inkl. 24 Std. WLAN auf der Terrasse vor dem Gebäude), Buchung von Touren und Unterkünften und allgemeine Anfragen an DOC.

Anreise & unterwegs vor Ort

Bus

InterCity (www.intercity.co.nz) Busse halten vor dem i-SITE und verbinden Whakatane mit Rotorua (34 NZ$, 1½ Std., 1-mal tgl.), Tauranga (27 NZ$, 3 Std., 1-mal tgl.; über Rotorua) und Gisborne (45 NZ$, 3 Std., 1-mal tgl.; über Opotiki) mit Anschlussverbindungen.

Naked Bus (www.nakedbus.com) fährt die nachfolgenden Ziele an. Wer im Voraus bucht, bekommt meist einen deutlichen Preisnachlass.

DESTINATION	FAHRPREIS	FAHRZEIT	HÄUFIGKEIT
Auckland	33 NZ$	5½ Std.	1-mal tgl.
Gisborne	20 NZ$	3¼ Std.	1-mal tgl.
Hamilton	20 NZ$	1½ Std.	1-mal tgl.
Rotorua	15 NZ$	1½ Std.	1-mal tgl.
Tauranga	18 NZ$	5½ Std.	1-mal tgl.
Wellington	70 NZ$	10½ Std.	1-mal tgl.

Lokale Busse von **Bay Hopper and Beach Runner** (☎0800 422 928; www.baybus.co.nz) fahren nach Ohope (2,60 NZ$, 45 Min., 7-mal tgl.), Opotiki (8 NZ$, 1¼ Std., Mo & Mi 2-mal tgl.) und Tauranga (12,60 NZ$, 5 Std., Mo–Sa 1-mal tgl.).

SHUTTLE-BUS

White Island Shuttle (☎0800 733 529; www.whiteisland.co.nz) fährt auf den Strecken Rotorua – Whakatane und Tauranga – Whakatane (in beide Richtungen). Auch Reisende, die keine Tour gebucht haben, können die Shuttlebusse benutzen (Erw./Kind hin & zurück 60/35 NZ$, von beiden Städten aus).

GKM Shuttles (☎0800 007 005, 07-308 9906; www.whakatane.info) zum/vom Flugplatz kosten 20 NZ$ für den ersten Erwachsenen, jeder weitere Passagier zahlt etwas weniger.

Flugzeug

Air New Zealand (☎07-308 8397, 0800 737 000; www.airnewzealand.com) bietet täglich Flüge von Whakatane nach Auckland mit Anschluss zu weiteren Zielen.

Taxi

Dial a Cab (☎07-308 0222, 0800 342 522)

Whakaari (White Island)

Neuseelands aktivster Vulkan (der letzte Ausbruch liegt noch gar nicht allzu lange zurück, er war im Jahr 2002) liegt 49 km vor der Küste Whakatanes. Die kleine Insel bestand ursprünglich aus drei separaten Vulkankegeln, die unterschiedlich alt waren. Inzwischen hat der jüngste die beiden älteren unter sich begraben: Er schoss einfach zwischen ihnen in die Höhe. Der Mt. Gisborne ist mit 321 m der höchste Punkt der Insel. Geologisch gesehen ist Whakaari mit Motuhora (Whale Island) und Putauaki (Mt. Edgecumbe) verwandt, da alle in der Taupo-Vulkanzone liegen.

Hier spielt sich wahrlich Dramatisches ab: Aus den zahlreichen Spalten des Kraterbodens zischt und dampft es nur so hervor, teilweise wurden Temperaturen von 600 bis 800° C gemessen!

Die Insel ist in Privatbesitz, daher darf sie nur von lizenzierten Tourveranstaltern besucht werden. Einfache Panoramaflüge in Flugzeugen sind ebenso zu haben wie Boots- und Helitouren mit Wanderung auf der Insel, die u. a. zu den Überresten einer Schwefelmine mit einer äußerst interessanten Geschichte führt.

Zahlreiche Anbieter fliegen die Insel mit Helikoptern und Flugzeugen aus Rotorua und Tauranga an; hier einige der lokalen Veranstalter (S. 373):

Geführte Touren

White Island Tours BOOTSTOUR
(07-308 9588, 0800 733 529; www.whiteisland.co.nz; 15 The Strand, Whakatane; 6-Std.-Tour Erw./Kind 185/120 NZ$; Abfahrten 7–12.30 Uhr) Der einzige offizielle Anbieter für einen Bootsausflug nach Whakaari (an Bord des schönen Schiffs *Pee Jay*). Auf der zweistündigen Tour zur Insel kann man auch oft Delfine beobachten.

Dive White Island TAUCHEN
(07-307 0714, 0800 348 394; www.divewhite.co.nz; 186 The Strand, Whakatane; Schnorchel-/Tauchausflüge pro Pers. 190/345 NZ$) Im Angebot sind Ganztagesausflüge zum Schnorcheln und Tauchen; Mittagessen und Ausrüstung sind im Preis enthalten. Zu sehen gibt es untermeerische Vulkangebiete und jede Menge Fische.

Vulcan Helicopters RUNDFLÜGE
(07-308 4188, 0800 804 354; www.vulcanheli.co.nz; Flüge pro Pers. ab 550 NZ$) Zweistündige Tour nach Whakaari (Abflug von Whakatane), inklusive einer einstündigen geführten Wanderung auf dem Vulkan.

White Island Flights RUNDFLÜGE
(0800 944 834; www.whiteislandflights.co.nz; Flüge pro Pers. 220 NZ$) Fantastische Rundflüge über Whakaari mit vielen Gelegenheiten zum Fotografieren. Ein Kombi-Flug Whakaari/Mount Tarawera hat aber seinen Preis, er kostet 299 NZ$.

Ohope

2760 EW.

Von Whakatane sind es nur 7 km über die Hügel nach Ohope; der Ort besitzt tolle Strände, die geradezu perfekt zum Faulenzen und Sonnenbaden oder Surfen geeignet sind. Etwas dahinter liegt der verschlafene Ohiwa Harbour. Gleich hinter dem Hafen befindet sich das kleine Wildschutzgebiet Sandspit.

Aktivitäten

KG Kayaks KAJAKFAHREN
(027 272 4073; www.kgkayaks.co.nz; Touren 75–145 NZ$, Leihkajak 2 Std. Einzel/Doppel 50/70 NZ$) Der Veranstalter bietet wahlweise Kajaks für eigene Touren und 2½-stündige geführte Touren durch den Hafen sowie vierstündige Kajaktouren rund um Motuhora (Whale Island) an – inklusive der Anreise mit dem Boot.

By Salt Surf School SURFEN
(07-312 4909, 0211 491 972; beaver@e3.net.nz; 2 Std. Kurs 90 NZ$) Wer sich in der Brandung am Ohope Beach tummeln möchte, kann bei Beaver in der By Salt Surf School Unterricht nehmen. Die Schule stellt auch sämtliche Ausrüstung bereit und bietet Gruppen einen Rabatt.

Schlafen

Ohope Beach Top 10 Holiday Park CAMPINGPLATZ $
(0800 264 673, 07-312 4460; www.ohopebeach.co.nz; 367 Harbour Rd.; Stellplätze/Hütten/Wohneinheiten/Apt. ab 23/90/136/190 NZ$; @) Der Ohope Beach Top 10 Holiday Park ist geradezu das Modell eines modernen Wohnwagenparks mit einer Menge familienfreundlicher Einrichtungen: Sportplätze, Minigolf, Pool... Außerdem gibt es einige tolle Apartments, die über die Dünen an der Bay of Plenty schauen.

Aquarius Motor Lodge MOTEL
(07-312 4550; www.aquariusmotorlodge.co.nz; 103 Harbour Rd.; DZ 85–150 NZ$;) Die Aquarius Motor Lodge ist eine ruhige, erschwingliche Option im Motelstil. Die einfache Anlage bietet verschiedene Zimmervarianten, alle mit Küche und nur 100 m vom Strand entfernt (da braucht man kein Extra-Schwimmbecken).

Essen

Ohiwa Oyster Farm MEERESFRÜCHTE, FASTFOOD $
(Wainui Rd.; Gerichte 6–17 NZ$; 9–20, im Winter 9–19 Uhr) An einem sumpfigen Seitenarm von Ohiwa Harbour (ernsthaftes Austerngebiet) steht diese klassische Imbissbude am Straßenrand – perfekt für ein Picknick mit Fish and Chips (und Austern).

Toi Toi Bar & Brasserie MODERN-NEUSEELÄNDISCH $$
(07-312 5623; www.toitoi-ohope.co.nz; 19 Pohutukawa Ave.; Hauptgerichte mittags 13–18 NZ$, abends 25–35 NZ$; Sa & So Frühstück & Mittagessen, Di–So Abendessen) Polierte Holzdielen, weiße PVC-Stühle und eine Wand mit Faltfenstern: Das Toi Toi ist ein nobles neues Bistro, das an der Einkaufsmeile des kleinen Ohope Furore macht. Empfehlenswerte Gerichte sind z.B. sautierter Paua (Schellfisch) mit Chili, Limone und Muschelbratlingen oder die gepfefferte Entenbrust mit Orange, Ingwer und Honigglasur. Gelegentlich gibt es hier auch Abende mit Jazz und einem Dinner. Das Lokal hat wirklich Klasse.

ABSTECHER

MOTUHORA (WHALE ISLAND)

Motuhora oder Whale Island – so genannt wegen ihrer an einen Wal erinnernden Form – liegt 9 km von Whakatane entfernt. Auch diese Insel gehört zu den Vulkanen der Taupo Volcanic Zone, ist aber weit weniger aktiv, obwohl sich an ihrer Küste einige heiße Quellen finden. Auf der Insel mit ihrem 353 m hohen Gipfel befinden sich mehrere historische Stätten, darunter eine sehr alte *pa*, ein Steinbruch und ein Lager.

Auf Whale Island befand sich ursprünglich eine Maorisiedlung. Im Jahr 1829 metzelten die Maori die Seeleute des Handelsschiffs *Haweis* nieder, das in Sulphur Bay vor Anker lag, und 1867 ging die Insel dann in europäischen Besitz über. Sie befindet sich weiterhin in privater Hand, ist seit 1965 aber ein amtlich ausgewiesenes Schutzgebiet für See- und Küstenvögel.

Wegen des Status eines Naturschutzgebiets ist die Zahl der Inselbesucher begrenzt. Touren auf die Insel dürfen nur zwischen Januar und März durchgeführt werden. Anbieter sind z. B. Dolphin & Whale Nature Rush (S. 363), Diveworks Dolphin & Seal Encounters (S. 363) und KG Kayaks (S. 363).

Opotiki

4180 EW.

Die Gegend um Opotiki wurde spätestens ab dem Jahr 1150 besiedelt, etwa 200 Jahre vor der großen Migration im 14. Jh. Die Maoritraditionen sind hier bis heute sehr lebendig – entlang der Hauptstraße kann man die verschiedenen Werke hervorragender Holzschnitzer bewundern, und gelegentlich sieht man das eine oder andere Gesichts-*moko*. Opotiki, das Tor zur East Coast, hat wunderschöne, einladende Strände – Ohiwa und Waiotahi – und ein hervorragendes, sehenswertes Museum.

Sehenswertes & Aktivitäten

Im i-SITE ist die Broschüre *Historic Opotiki* erhältlich (auch als Download unter www.opotikinz.com) – sie enthält Fakten über die historischen Gebäude der Stadt.

Opotiki Heritage & Agriculture Museum MUSEUM

(ohas@xtra.co.nz; 123 Church St.; Erw./Kind 10/5 NZ$; ⌚Mo–Fr 10–16, Sa 10–14 Uhr) Im ausgezeichneten Museum von Opotiki haben Besucher Gelegenheit, viel über die reiche und spannende Geschichte der Gegend zu erfahren. Das Museum wird von Freiwilligen betreut und zeigt interessante historische Ausstellungsstücke, darunter Maori-*taonga*, Militaria, rekonstruierte Geschäftsfassaden (Friseur, Schreiner, Drucker ...) und Gegenstände aus der Landwirtschaft, beispielsweise Traktoren und ein Pferdefuhrwerk. Das Ticket gilt auch für das Shalfoon & Francis Museum.

Shalfoon & Francis Museum MUSEUM

(ohas@xtra.co.nz; 129 Church St.; Erw./Kind 10/5 NZ$) Der einstige Gemischtwarenladen von Opotiki ist inzwischen wieder zu neuem Leben erwacht, in den Regalen türmen sich alte Lebensmittel und Haushaltswaren. Egal, ob man nach Handtaschen, Klebebandspender, Waagen oder Büchern fragt – alles ist hier zu finden. Der Besuch des Ladens ist im Ticket für das Opotiki Heritage & Agriculture Museum enthalten.

Hiona St Stephen's Church KIRCHE

(hiona-st.stephens@xtra.co.nz; 128 Church St.; ⌚Gottesdienste So 8 & 9.30, Do 10 Uhr) St. Stephen (1862) mit seinen weißen Wetterschenkeln ist eine anglikanische Kirche mit einem perfekt proportionierten holzvertäfelten Innenraum. Reverend Carl Volkner, den der lokale Whakatohea-Stamm als Regierungsspitzel enttarnte, wurde hier 1865 ermordet. 1992 gewährte der Generalgouverneur Mokomoko dem Mann, der für dieses Verbrechen gehängt wurde, eine vollständige Begnadigung, die im Vorraum aushängt.

GRATIS **Hukutaia Domain** WALD, ARCHÄOLOGISCHE STÄTTE

(☎07-315 6167; Woodlands Rd.; ⌚tgl.) Etwa 8 km südlich des Ortszentrums liegt Hukutaia Domain, Heimat einer der schönsten Sammlungen einheimischer Pflanzen in Neuseeland. Mitten drin steht Taketakerau, ein 23 m hoher Puriri-Baum, dessen Alter auf mehr als 2000 Jahre geschätzt wird und der als Begräbnisplatz für hoch angesehene Tote des Upokorehe *hapu* (Unterstamm) der Whakatohea diente. Ihre sterblichen Überreste sind inzwischen an anderem Ort beigesetzt.

Waioeka River Kayaks KAJAKFAHREN, WASSERSPORT

(☎07-315 5553; www.newzealandsbestspot.co.nz; 3666 Waioeka Rd.; Erw./Kind 20/10 NZ$; ⊙Dez.–April) Wie wär es mit einer Paddeltour auf dem malerischen und leicht zu befahrenden Waioeka River? Alternativ kann man auch eine Seilschaukel ausprobieren, den Sprung von einer 8 m hohen Klippe wagen oder einfach nur in einem Schlauch umhertaumeln. Die Anlage liegt etwa 16 km südlich von Opotiki an der SH2 in Richtung Gisborne.

Motu River Jet Boat Tours JETBOOTFAHREN

(www.motujet.co.nz; Trips ab 90 NZ$) Veranstaltet den Sommer über jeden Tag drei 1½-stündige Touren auf dem Motu River, der durch die Raukumara Ranges bei Opotiki fließt. Fahrten im Winter sind Verhandlungssache.

Wet 'n' Wild RAFTING

(☎0800 462 7238, 07-348 3191; www.wetnwildrafting.co.nz; Ausflüge ab 875 NZ$) Bietet zwei- bis fünftägige Rafting- und Camping-Abenteuer auf dem Motu (Stromschnellen der Kategorie III–IV).

Feste & Events

Opotiki Rodeo RODEO

(www.opotikirodeo.co.nz) Sporen einölen und Cowboyhut abstauben für das alljährliche Opotiki Rodeo im Dezember!

Schlafen

Opotiki Beach House Backpackers HOSTEL $

(☎07-315 5117; www.opotikibeachhouse.co.nz; 7 Appleton Rd.; Stellplätze/B/DZ 20/28/66 NZ$; 📶) Die lässige, schuhfreie Herberge am Strand besitzt eine sonnige, mit Hängematten bestückte Terrasse, Meerblick und reichlich Gelegenheiten, ins Wasser zu kommen (Kajaks/Bodyboards Std. 5/3 NZ$). Hinter den Schlafsälen und der luftigen Lounge befindet sich ein schrulliger Caravan für alle, die den wahren Geschmack von Kiwi-Sommerferien kosten möchten. Die Unterkunft liegt etwa 5 km westlich der Stadt und bietet zwölf Schlafplätze.

Capeview Cottage COTTAGE

(☎07-315 7877, 0800 227 384; www.capeview.co.nz; 167 Tablelands Rd.; DZ 145 NZ$; 📶) Mitten zwischen zwitschernden Vögeln und Kiwi-Plantagen steht dieses ruhige Cottage mit zwei Schlafzimmern, einem Grill und einem fantastischen Whirlpool im Freien, von dem aus man einzigartige Aussichten auf die Küste hat. Nach den Wochenpreisen fragen.

Central Oasis Backpackers HOSTEL $

(☎07-315 5165; www.centraloasisbackpackers.co.nz; 30 King St.; B/DZ 24/54 NZ$; ❄📶) Das zentral gelegene Hostel findet man in einem Kauri-Haus aus dem späten 19. Jh., es wird von super-entspannten Deutschen geleitet und ist ein lauschiges Plätzchen mit geräumigen Zimmern, einem knisternden Feuer und einem großen Hof vor dem Haus zum Abhängen. Die Hauskaninchen betätigen sich als Rasenmäher.

Kukumoa Lodge LODGE, GÄSTEHAUS

(☎07-315 8545; www.kukumoalodge.co.nz; 19a Bairds Rd.; DZ 90–110 NZ$, FZ 300 NZ$; 📶🏊) Das eindrucksvolle Farmhaus liegt 5 Gehminuten außerhalb der Stadt an der Straße nach Ohope und bietet ein geräumiges Doppelzimmer und einen Familienbereich mit bis zu sechs Schlafplätzen. Es gibt ein Spielzimmer für die Kinder, einen Pool und Wellnesseinrichtung sowie einen großen Balkon und einen Patio, um die Sonne zu genießen.

Eastland Pacific Motor Lodge MOTEL $$

(☎0800 103 003, 07-315 5524; www.eastlandpacific.co.nz; Ecke Bridge & St John St.; DZ/Wohneinheiten ab 105/145 NZ$; 📶) Das helle, saubere Eastland ist ein gepflegtes Motel mit neuen Teppichen, Whirlpools und einem hübschen Rosengarten auf dem Gelände. Die Wohneinheiten mit zwei Schlafzimmern sind ein Spitzenangebot für den verlangten Preis.

Essen

LP TIPP **Two Fish** CAFÉ $

(mudslide@xtra.co.nz; 102 Church St.; Snacks 4–8 NZ$, Hauptgerichte 9–19 NZ$; Mo–Fr 8–16, Sa 8.30–14 Uhr) Gute Lokale sind in Opotiki dünn gesät, was für eine Überraschung also, hier das beste Café auf dieser Seite von Tauranga zu entdecken! Serviert werden deftige Burger, Fischsuppe, Toasties, fantastische Muffins und Salate sowie eine Riesenauswahl an Snacks in der Vitrine. Dazu bietet das Two Fish noch zufriedene Mitarbeiter, kubanische Musik, eine tolle Retro-Einrichtung und einen Innenhof. Wirklich nett hier.

Nikau CAFÉ, RESTAURANT $$

(☎07-315 5760; 95 Church St.; Hauptgerichte mittags 9–16 NZ$, abends 16–28 NZ$; ⊙tgl. Frühstück & Mittagessen, Di–So Abendessen) Das

Nikau scheint im meilenweiten Umkreis das einzige wirkliche Restaurant zu sein; tagsüber gibt es bodenständige Snacks (guten Kaffee, getoastete Sandwiches, BLATs, Eier mit Spinat), am Abend ausgefeiltere Gerichte („Der warme Rindfleischsalat ist *göttlich!*“, so ein zufriedener Kunde). Angesagt, minimalistisch, lässig.

New World SUPERMARKT
(www.newworld.co.nz; 19 Bridge St.; ⌚8–20 Uhr) Alles für Selbstversorger.

☆ Unterhaltung

De Luxe Cinema KINO
(127 Church St.) Das betörende alte De Luxe Cinema zeigt gelegentlich Filme und Brass-Band-Konzerte. Im Fenster werden künftige Ereignisse angekündigt, z. B. das alljährlich Stummfilmfestival im September.

Praktische Informationen

DOC (☎07-315 1001; www.doc.govt.nz; 70 Bridge St.; ⌚Mo–Fr 8–14.30 Uhr) Im selben Gebäude wie das i-SITE.

Opotiki i-SITE (☎07-315 3031; www.opotikinz.com; 70 Bridge St.; ⌚Mo–Fr 9–16.30, Sa & So 9–13 Uhr) Das i-SITE übernimmt Buchungen für Aktivitäten und Transport und hat das unentbehrliche kostenlose East-Coast-Büchlein *Pacific Coast Highway* auf Lager.

An- & Weiterreise

Für die Fahrt von Opotiki Richtung Osten gibt es zwei Routen: die SH2, die die spektakuläre Waioeka Gorge durchquert, und die SH35 rund um das East Cape. Bei der Fahrt über die SH2 sind einige schöne Tageswanderungen im Waioeka Gorge Scenic Reserve möglich. Die Schlucht wird immer steiler und enger, je weiter man landeinwärts fährt. Beim Abstieg nach Gisborne führt die Straße dann über die typischen sanften grünen Hügel, auf denen Schafe weiden.

Bus

Busse halten zum Ein- und Aussteigen am Hot Bread Shop an der Ecke von Bridge Street und der St. John Street, Fahrkarten und Buchungen werden aber über das i-SITE oder den **Travel Shop** (☎07-315 8881; travelshop@xtra.co.nz; 104 Church St.; ⌚Mo–Fr 8–17, Sa 8–12 Uhr) abgewickelt. Der Travel Shop verleiht außerdem Fahrräder (halber/ganzer Tag 30/45 NZ$).

InterCity-Busse (www.intercity.co.nz) fahren täglich von Opotiki nach Whakatane (22 NZ$, 45 Min.), Rotorua (34 NZ$, 2½ Std.) und Auckland (69 NZ$, 7 Std.). Richtung Süden bestehen täglich Verbindungen nach Gisborne (34 NZ$, 2 Std.).

Naked Bus (www.nakedbus.com) unterhält täglich Verbindungen, beispielsweise zu den nachfolgend genannten Reisezielen. Außerdem gibt es bei Vorausbuchung erhebliche Preisnachlässe.

Der örtliche **Bay Hopper**-Bus (☎0800 422 928; www.baybus.co.nz) fährt nach Whakatane (8 NZ$, 1¼ Std., Mo & Mi 2-mal tgl.).

REISEZIEL	FAHRPREIS	FAHRZEIT
Auckland	35 NZ$	6¼ Std.
Gisborne	18 NZ$	2¼ Std.
Rotorua	23 NZ$	2¼ Std.
Tauranga	36 NZ$	6¼ Std.
Wellington	50 NZ$	11¼ Std.

Die Ostküste

Inhalt »

Tolle Outdoor-Aktivitäten

» Cape Kidnappers (S. 406)
» Cooks Cove Walkway (S. 378)
» Hawke's Bay Cycle Trails (S. 396)
» Surf Gisborne (S. 382)
» Lake Waikaremoana Track (S. 387)

Schön übernachten

» Kennedy Park Top 10 Resort (S. 395)
» Waikawa B&B (S. 376)
» Clive Colonial Cottages (S. 401)
» Knapdale Eco Lodge (S.383)

Auf zur Ostküste!

Neuseeland ist bekannt für seine Mischung aus ganz unterschiedlichen Landschaften, hier an der Ostküste ist es aber die gesellschaftliche Vielfalt, die den besonderen Reiz ausmacht. Von den bodenständigen Siedlungen an der Ostküste bis hin zu den weingetränkten Straßen von Havelock North bietet sich hier das ganze Spektrum neuseeländischen Lebens.

Nirgendwo ist die Maorikultur so präsent wie an der Ostküste. Hier stehen viele prachtvoll geschnitzte *marae* (Versammlungshäuser), und auch wenn die Einheimischen keine Flachsröcke tragen und keine *poi* (an Schnüre gebundene Flachsbälle) schwingen, wie sie es in Rotorua für die Touristen tun, sind *te reo* (Sprache) und *tikanga* (Sitten) der Maori sehr lebendig.

Wagemutige Traveller haben keine Schwierigkeiten, den Massen aus dem Weg zu gehen und sich auf Entdeckungsreise am Pacific Coast Hwy, auf ländlichen Nebenstraßen, an abgelegenen Stränden oder in der mystischen Wildnis des Te Urewera National Park zu begeben.

Wenn der Koffeinentzug einem den Ruf der Wildnis verleidet, sorgen die städtischen Zentren Gisborne und Napier schnell für Abhilfe. Auch Wein gibt es jede Menge, die Region biegt sich geradezu unter der Last der Trauben. Von *kaimoana* (Meeresfrüchte) bis zu Beeren und allerlei mehr: Diese Region birgt Reichtümer für jeden Geschmack.

Reisezeit

Die Ostküste schwelgt in einem warmen, überwiegend trockenen Klima. Im Sommer erreichen die Temperaturen um Napier und Gisborne 25 °C, im Winter fallen sie selten unter 8 °C. Die Hawke's Bay erfreut sich ebenfalls eines milden, trockenen Klimas mit durchschnittlich 800 mm Regen pro Jahr. das sind geradezu ideale Bedingungen für den Weinbau. Rund um das Kap unterspülen manchmal heftige Platzregen Abschnitte des Pacific Coast Highway (State Hwy 35, SH35).

Highlights

1. Eine Zeitreise in die 1930er-Jahre im Jugendstilambiente von **Napier** (S. 392)
2. Die Weingüter (samt Weinverkostungen) an der **Hawke's Bay** (S. 389) und rund um **Gisborne** (S. 389)
3. Die mächtigen Wälder und die Maori-Kultur im **Te Urewera National Park** (S. 386)
4. Eine Bootsfahrt vorbei an Landmarken wie **Cape Kidnappers** (S. 406), **Tolaga Bay** (S. 378), **Tokomaru Bay** (S. 378) und **East Cape Lighthouse** (S. 377)
5. Die magischen Waldwege des **Eastwoodhill Arboretum** (S. 383)

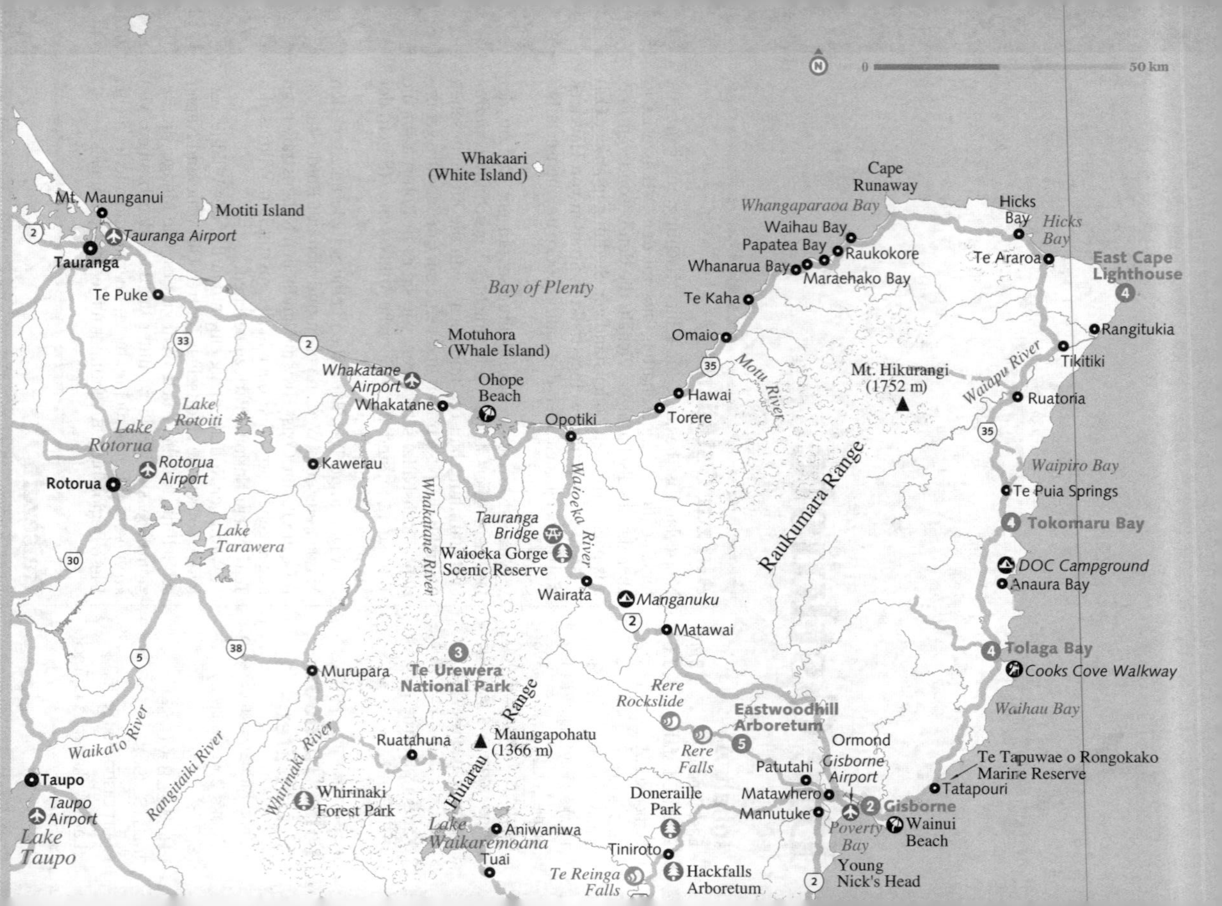

Boundary Stream, Bellbird Bush & Opouahi Reserves
Frasertown
himanawa Range
Mohaka Viaduct
Wairoa
Morere
State Forest
Nuhaka
Maungawhio Lagoon
Mahia Beach
Mahia
Mahia Peninsula
Kaweka Range
Mohaka River
Lake Whakaki
Hawke Bay
Tutira
Lake Tutira
Te Pohue
Waipatiki Scenic Reserve
Tangoio Falls Scenic Reserve
Kaweka J (1724 m)
Kaweka Forest Park
White Pine Bush Scenic Reserve
Kuripapango
Gentle Annie Rd
Eskdale
Bay View
See Hawke's Bay
Napier Airport
Napier
Tutaekuri River
Otamauri
Hawke's Bay
Taradale
Omahu
Clive
Ngaruroro Rv
Flaxmere
Clifton
Cape Kidnappers
Hastings
Havelock North
Ruahine Forest Park
Te Mata Peak (399 m)
Ocean Beach
Waimarama Beach
SÜDPAZFIK
Tikokino
Ongaonga
Waipawa
Kairakau Beach
Waipukurau
Mangakuri Beach
Norsewood
Pourerere
Wanstead
Aramoana Beach
Dannevirke
Blackhead Beach
Te Angiangi Marine Reserve
Porangahau
Taumatawhakatangihangakoauauotamateaturipukakapikimaungahoronukupokaiwhenuakitanatahu (305 m)
Cape Turnagain
5
50
2
1
2
4

MAORI AN DER OSTKÜSTE

Die Hauptstämme (*iwi*) der Region sind die Te Whanau-a-Apanui (Westseite des East Cape), die Ngati Porou (Ostseite des East Cape), die Ngati Kahungunu (entlang der Küste südlich von Hawke's Bay) und die Tuhoe (landeinwärts in Te Urewera).

Die Ngati Porou und die Ngati Kahungunu sind die zweit- und drittgrößten *iwi* des Landes. Aus ihren Reihen stammten gegen Ende des 19. Jhs. die großen Politiker James Carroll (der erste Maori-Minister) und Apirana Ngata, der für kurze Zeit amtierender Premierminister war. Ngata, dessen Gesicht die 50-NZ$-Banknote schmückt, arbeitete im Parlament unermüdlich für eine Wiederbelebung der Maori-Kultur. Die prächtigen, mit Holzschnitzereien verzierten Versammlungshäuser der Region sind Teil seines Vermächtnisses.

Das Maori-Leben ist rund um das East Cape am ausgeprägtesten, vor allem in verschlafenen Dörfern, die sich um die unzähligen, verstreut in der Landschaft liegenden *marae* (Zeremonialplätze) konzentrieren. Die *tangata whenua* (Einheimischen) des Kaps leben in geschlossenen Gemeinschaften und bestreiten ihren Lebensunterhalt weitestgehend durch die Landwirtschaft und die Fischerei. Hier an der Ostküste lässt sich ahnen, wie sich das Leben der Maori hätte entwickeln können, wäre ihnen im 19. Jh. ihr Land nicht so rigoros weggenommen worden.

Hier oben trifft man überall auf Maori. Wer eine Unterkunft bei Maori sucht, sollte sich im Maraehako Bay Retreat (S. 376), im Eastender Backpackers (S. 377) oder im Hikihiki's Inn (S. 388) um ein Zimmer bemühen.

Eine detaillierte Einführung in die Maoritanga (alles was die Maori betrifft) bieten entsprechende Ausflugsfahrten und Führungen, z. B. diejenigen von Motu River Jet Boat Tours (S. 375), Tipuna Tours (S. 383), Long Island Guides (S. 400) oder Te Hakakino (S. 400).

Mehr über die Maori erfährt man außerdem beim Besuch von Dive Tatapouri (S. 379), dem Tairawhiti Museum in Gisborne (S.381), dem Otatara Pa (S. 393) in Napier und der St Mary's Church in Tikitiki.

ℹ An- & Weiterreise

Die einzigen Flughäfen an der Ostküste sind die Airports Gisborne und Napier. Air New Zealand fliegt beide von Auckland und Wellington an, außerdem die Strecke Napier – Christchurch. Sunair Aviation verbindet Gisborne und Napier mit Hamilton, Palmerston North, Rotorua, Tauranga und Whakatane.

Busse fahren regelmäßig auf der SH2 und der SH5 und verbinden Gisborne, Wairoa, Napier, Hastings und Waipukurau mit allen wichtigen Städten des Landes. Rund um das East Cape und den Te Urewera National Park fahren deutlich weniger Busse.

EAST CAPE

East Cape ist eine einzigartige und tatsächlich ganz besondere Ecke Neuseelands. Hier geht es spürbar ruhig zu, scheinbar jeder scheint jeden zu kennen. Was alle hier verbindet, ist die Arbeit in der Landwirtschaft und die Leidenschaft für das Meer. Die Uhren ticken etwas langsamer und die Bewohner lassen alles einen Gang ruhiger angehen. Ein Ausritt, mit dem Traktor zum Strand, frischer Fisch zum Abendessen – das ist hier Alltag.

Im Landesinneren bildet die wilde Raukumara Range das zackige und schroffe Rückgrat des Kaps. Nahe der Küste verläuft von Opotiki bis Gisborne der 323 km lange Pacific Coast Highway (SH35). Treibholz wird an entlegenen Stränden angespült, während geradezu bilderbuchartige Sandbuchten ein paar, wenn auch nur wenige Besucher anlocken.

ℹ Unterwegs vor Ort

Wer nicht motorisiert ist, hat es am East Cape schwer, herumzukommen (vor allem am Wochenende), aber ein paar wenige Busse fahren regelmäßig via Hicks Bay von Gisborne nach Opotiki.

Busse von **Bay Hopper** (☎021 0260 4885) verkehren nur dienstags und donnerstags zwischen Opotiki und Potaka/Cape Runaway (15 NZ$, 2 Std.); gegen Aufpreis fahren sie aber auch bis Te Araroa weiter. Busse von **Cook's Couriers** (☎021 371 364) fahren täglich außer Sonntag zwischen Te Araroa und Gisborne (40 NZ$, 3½ Std.) hin und her.

Eine Alternative ist das Unternehmen **Kiwi Experience** (☎09-366 9830; www.kiwiexperience.com; pro Pers. 395 NZ$), das einen viertägigen „East As"-Bus für Rucksacktouristen betreiben, der von Taupo oder Rotorua abfährt.

Wer es eiliger hat, verzichtet auf den Küsten-Highway und fährt stattdessen mit einem Bus von **InterCity** (☎06-868 6139; www.intercity.co.nz) (ab 15 NZ$, 2 Std.) durch die Waioeka Gorge von Opotiki nach Gisborne.

Pacific Coast Highway

Die lange Straße, die sich um die östlichste Spitze der Nordinsel windet, hat für Neuseeländer schon lange eine Art Kultstatus, allen ausländischen Besuchern wird aber verziehen, wenn sie nicht dieselbe Begeisterung für diesen Küstenabschnitt aufbringen können. Klar bietet die Fahrt auch einige Highlights, aber für einen Großteil der Strecke zwischen Opotiki und Gisborne liegt der Pazifik zu weit entfernt hinter den Bergen. Dazu kommt, dass sich die Straße durch landwirtschaftliches Gebiet schlängelt, das man eigentlich nicht gerade als idyllisch beschreiben kann.

Viele, die gern Auto fahren und schnell Mitfahrgelegenheiten finden, finden die Fahrt dann meist aber doch abenteuerlicher und spannender, als sie zunächst erwartet haben. Das setzt aber voraus, dass man sich nicht daran stört, dass die wenigen und weit verstreuten Attraktionen sich meist um Leute, Pferde und Treibholzstapel drehen.

Wer nur wenig Zeit hat, kann nach Gisborne durch die **Waioeka Gorge** fahren. Für diese 144 km lange Alternativstrecke braucht man mit dem Auto 2½ Std., sie lässt sich aber auch leicht zu einer Tagestour ausdehnen, wenn man an den verschiedenen Picknickstellen Pause macht, darunter an der historischen **Tauranga Bridge**. Der Rundgang hier (3 Std.) ist für diejenigen, die grüne, dicht bewachsene Täler mögen oder noch keine Einblicke in die Geschichte der neuseeländischen Pioniere hatten, durchaus interessant.

Um einen Eindruck vom Pacific Coast Highway zu erhalten, empfiehlt es sich, von Opotiki bis zur Macadamia-Farm (S. 377) zu fahren. Dieser malerische Abschnitt ist die Quintessenz dieser landschaftlich schönen Route: Immer wieder blitzt der glitzernde türkise Ozean zwischen den roten Blüten der knorrigen Pohutukawa-Bäume hervor.

Beide Routen werden, zusammen mit mehreren anderen in der Region, im ausgezeichneten *Pacific Coast Highway Guide* vorgestellt, den es in den i-SITEs von Gisborne und Opotiki und in den Geschäften entlang des Wegs zu kaufen gibt.

Ganz wichtig ist, immer mit vollem Tank und genügend Proviant loszufahren – Läden und Tankstellen sind unterwegs Mangelware. Da auch die die Zahl der Unterkünfte und Lokale eher klein ist, werden sie im Folgenden in der Reihenfolge aufgeführt, in der man unterwegs auf sie stößt.

VON OPOTIKI NACH TE KAHA

Der erste Abschnitt bietet diesige Ausblicke hinüber zum Whakaari (White Island), einem kettenrauchenden aktiven Vulkan. Die einsamen Strände bei **Torere**, **Hawai** und **Omaio** fallen steil ab und sind mit Strandgut übersät. Unbedingt die herrlichen *whakairo* (Schnitzereien) am Schultor in Torere ansehen. Hawai markiert die Grenze des Stammesgebiets der Whanau-a-Apanui, deren *rohe* (traditionelles Land) sich bis zum Cape Runaway erstreckt.

Rund 42 km östlich von Opotiki überquert die Straße das breite Kieselbett des **Motu River**, er war der erste Fluss in Neuseeland, der als Wilderness Area ausgewiesen wurde. Von der Motu Bridge am Highway aus brettert **Motu River Jet Boat Tours** (☎07-

KURZINFOS: DIE OSTKÜSTE

» **Essen** Leckere frische Produkte vom Bauernmarkt in Hastings (S. 398)

» **Lesen** Witi Ihimaeras *Whale Rider*, lesen und sich anschließend die mitreißende Verfilmung anschauen

» **Radio** Uawa FM (88.5, 88.8, 99.3 FM) in Tolaga Bay

» **Film** *Boy* (2010), witziger, der alle Rekorde brechende Film wurde in Waihau Bay gefilmt

» **Festival** Jugendstilwochenenden (S. 395) in Napier und Hastings

» **Ökolgisch reisen** Weingut Millton (S. 379) – dort stammt alles aus biologisch-dynamischem Anbau.

» **Online** www.hawkesbaynz.com; www.gisbornenz.com

» **Vorwahl** Von Opotiki ostwärts bis Hicks Bay; ☎07; restliche Region ☎06.

WILDES CAMPEN

Die Stadtverwaltung von Gisborne (GDC) ist eine der wenigen Behörden, die *freedom camping* („Wildes Campen": sehr billig und unbürokratisch) gestattet, aber nur an ein paar ausgewiesenen Orten und nur zwischen Ende September und April. Eine Erlaubnis ist online erhältlich (www.gdc.govt.nz/freedom-camping/); sie kostet für 2/10/28 aufeinanderfolgende Nächte 10/25/60 NZ$. Die Erlaubnis, wild zu campen, ist ein Privileg, daher werden alle Camper gebeten, sich an die Hinweise in der GDC-Broschüre Freedom Camping zu halten, die online oder in den Touristeninformationen erhältlich ist. Grundvoraussetzung für die Bewilligung sind ein eigener Gaskocher, eine chemische Toilette und eine eigene Wasserversorgung.

325 2735; www.motujet.co.nz; 45 Min. 85 NZ$, mind. 2 Pers.) das ganze Jahr über den Fluss hinauf (außer, das Wetter macht allen einen Strich durch die Rechnung). **Wet 'n' Wild Rafting** (☎0800 462 7238; www.wetnwildrafting.co.nz; 2–5 Tage 825–975 NZ$) bietet mehrtägige Ausflüge an; der längste führt 100 km flussabwärts. Für die zweitägige Tour ist ein Hubschraubertransfer erforderlich, dadurch kosten die zwei Tage fast so viel wie die fünftägige Tour.

Der Fischerort **Te Kaha**, der 25 km weiter in Sicht kommt, bedeutete einst das Todesurteil für vorbeischwimmende Wale. Heute gibt es hier ein Geschäft, ein modernes Hotel am Wasser mit Bar und Restaurant sowie mehrere Unterkunftsmöglichkeiten, darunter die **Tui Lodge** (☎07-325 2922; www.tuilodge.co.nz; Copenhagen Rd., Te Kaha; EZ/DZ mit Frühstück 125/150 NZ$; @). Die geräumige Pension befindet sich in einer weitläufigen, gepflegten Gartenanlage, die Tui und viele andere heimische Vogelarten einfach unwiderstehlich finden. Essen gibt es auf Vorbestellung, möglich sind auch Ausritte sowie Angel- und Tauchausflüge.

VON TE KAHA NACH CAPE RUNAWAY

Eine Reihe von einsamen, verschlafenen Buchten liegen nördlich von Te Kaha. An der **Papatea Bay** lohnt sich ein Halt beim Eingangstor des **Hinemahuru marae**, in das detailreich die Figuren von Soldaten des Maori-Bataillons aus dem Zweiten Weltkrieg geschnitzt sind. Nicht weit entfernt steht die **Christ Church Raukokore** (1894), eine anrührende Glaubensbastion auf einer entlegenen Landzunge (auf jeden Fall nach der Maus ganz oben suchen). Am westlichen Ende der **Waihau Bay** stößt man auf eine Kombination aus Tankstelle, Post, Geschäft und Imbiss, sie liegt direkt neben der Dorfkneipe. das **Cape Runaway**, wo die Süßkartoffel (*kumara*) erstmals in Neuseeland angebaut wurde, ist nur zu Fuß zu erreichen.

In dieser Gegend gibt es nur eine spärliche Auswahl an Unterkünften – das, was man findet, ist meist klein und sehr persönlich. Versteckt zwischen uralten Pohutukawa-Bäumen liegt direkt am Wasser das **Maraehako Bay Retreat** (☎07-325 2648; www.maraehako.co.nz; SH35; B/EZ/DZ 28/43/66 NZ$; @). Das Hostel sieht aus, als ob es aus lauter Treibholz und anderem Treibgut aus der felsigen Bucht zusammengezimmert worden wäre. Rustikal ist es, dafür aber auch einzigartig, denn was an Liebe zum Detail fehlt, wird durch seine *manaakitanga* (Gastfreundlichkeit) mehr als wettgemacht. Ein Whirlpool unter den Sternen (5 NZ$), ein kostenloser Kajakverleih sowie Angelausflüge, *Marae*-Führungen, geführte Wanderungen, Ausritte und vieles mehr ist von hier aus zu vernünftigen Preisen möglich. Der **Maraehako Camping Ground** (☎07-325 2901; SH35; Zeltplatz pro Erw./Kind 12/8 NZ$) wird vom selben *hapu* (Unterstamm) wie der Retreat nebenan betrieben und bietet in erster Linie saubere Toiletten, Duschen und einsame Strände.

In Richtung **Whanarua Bay** liegt das zauberhafte **Waikawa B&B** (☎07-325 2070; www.waikawa.net; 7541 SH35; DZ 120–135 NZ$; @) in einer eigenen Felsbucht und bietet schöne Ausblicke auf die Sonnenuntergänge und White Island. Beim Bau der geschmackvollen Gebäude wurde ausgebleichtes Holz, Wellblech und Inlays aus Paua-Muscheln sehr effektvoll kombiniert. Es gibt zwei B&B-Doppelzimmer und ein separates *bach* (Ferienhäuschen; 150–220 NZ$) mit zwei Schlafzimmern, das sich wunderbar für zwei bis vier Personen eignet.

Jede Menge Betten bieten die **Oceanside Apartments** (☎07-325 3699; www.waihaubay.co.nz; 10932 SH35; DZ 110–130 NZ$; @): Die Besitzer vermieten zwei gepflegte Wohnungen und ein *bach*. Mahlzeiten und Picknicks werden nach Vereinbarung gestellt. Außerdem kann man hier Kajaks und diverse Unternehmungen vor Ort buchen.

Einfach himmlisch ist es, einen Becher selbst gemachtes Eis mit Macadamia- und Honiggeschmack bei **Pacific Coast Macadamias** (☎07-325 2960; www.macanuts.co.nz; SH35, Whanarua Bay; Snacks 2–9 NZ$; ⊙9–16 Uhr) zu bestellen und das Eis anschließend mit Blick auf einen der spektakulärsten Küstenabschnitte des Landes zu genießen. Bei getoasteten und herzhaft belegten Sandwiches und süßen Leckereien aus Nüssen bietet sich hier eine ausgiebige Mittagspause geradezu an.

VON CAPE RUNAWAY ZUM EAST CAPE

Die Straße führt von Whangaparaoa ins Landesinnere und überquert das Territorium der Ngati Porou, bevor sie bei **Hicks Bay** wieder auf die Küste stößt. Dieser Ort im absoluten Nirgendwo bietet einen tollen Strand. Wunderbare Ausblicke trösten über das kasernenhafte Ambiente der **Hicks Bay Motel Lodge** (☎06-864 4880; www.hicksbaymotel.co.nz; 5198 SH35; B 23 NZ$, DZ 75–145 NZ$;) hinweg, die hoch über der Bucht thront. Die altmodischen Zimmer machen nicht viel her, dafür entschädigen Restaurant, Geschäft, Swimmingpool und die bezaubernde Glühwürmchengrotte zumindest ein bisschen.

Etwa 10 km weiter liegt **Te Araroa**, das nächste Miniörtchen mit zwei Geschäften, einer Tankstelle und einem wunderschön geschnitzten *marae*. Die Landschaft ändert sich hier markant: Eruptivgestein wird hier nun mehr und mehr von Sandsteinklippen abgelöst. Am meisten prägt diesen Ort jedoch der dichte Urwald, der ihn umgibt. Im Schulhof von Te Araroa steht der 2 m hohe und 40 m breite Te-Waha-O-Rerekohu. Mit seinen etwa 350 Jahren soll er der älteste Pohutukawa-Baum Neuseelands sein. Die **East Cape Manuka Company** (www.eastcapemanuka.co.nz; 4464 Te Araroa Rd.; ⊙Nov.–März tgl. 9–16 Uhr, April–Okt. Mo–Fr) verkauft hier Seifen, Öle, Cremes und Honig, die aus dem wirkstoffreichen Manukabaum, der am Ostkap wächst, hergestellt werden. Hier kann man auch gut einen Kaffee trinken und ein wenig verweilen.

Von Te Araroa ist der nächste schöne Halt der Leuchtturm **East Cape Lighthouse** an der östlichsten Spitze des neuseeländischen Festlands. Er liegt 21 km (30 Min.) östlich der Stadt, man erreicht ihn über eine größtenteils unbefestigte Straße, an deren Ende man noch rund 25 Minuten zu Fuß zum Leuchtturm laufen muss. Besonders schön ist es hier bei Sonnenaufgang!

INSIDERWISSEN

DIE BALLADE DER FOOTROOT FLATS

MURRAY BALL

Wo die schwarzen Raukumara-Berge

Östlich von allem liegen.

Haben Sonne und Regen dem Land zugesetzt.

Bis seine Gebeine bleich daliegen.

In diesem Land Zähne fletschender Schweine

Der Opossums, Rehe und Ratten

Redet man viel von Arbeitshunden

Und dem Mann aus Footroot Flats.

VOM EAST CAPE NACH TOKOMARU BAY

Fährt man durch das Farmland südlich von Te Araroa, trifft man als Erstes auf das Städtchen **Tikitiki**. Wer es noch nicht geschafft hat, sich eine *marae* anzuschauen, erkennt hier beim Besuch der außergewöhnlichen **St Mary's Church** (1924), was einem dadurch entgangen ist. Von außen macht die Kirche nicht viel her, aber innen erwartet den Besucher ein wahrer Augenschmaus, u. a. gewebte *tukutuku* (Paneele aus Flachs) an den Wänden, geometrisch gemusterte bunte Glasfenster, bemalte Holzbalken und tolle Schnitzereien (z. B. die kleinen Kerle, die die Kanzel stützen). In einer Kreuzigungsszene aus Kirchenglas hinter der Kanzel befinden sich Soldaten des Maori-Bataillons aus dem Zweiten Weltkrieg.

Die landschaftlich geprägte Region um **Rangitukia**, das von Tikitiki aus 8 km weiter die Küste entlang liegt, wäre an sich nicht weiter bemerkenswert, wären da nicht ein paar willkommene Angebote für Besucher. **Eastender Backpackers** (☎06-864 3820; eastenderbackpackers@xtra.co.nz; 836 Rangitukia Rd.; Zeltplätze pro Pers. 10 NZ$, B 25 NZ$, DZ 50 NZ$) bietet eine bodenständige Farmunterkunft mit der Wahl zwischen Schlafsaal oder Blockhütte. Praktischerweise befindet sich **Eastender Horse Treks** (☎06-864 3033; www.eastenderhorsetreks.co.nz; 836 Rangitukia Rd.; 2 Std. 85 NZ$) direkt nebenan. Beide Betreiber können ihren Gästen auch Knochenschnitzkurse organisieren (ab 55 NZ$). Wer weiß, vielleicht lässt sich sogar ein *hangi* (Maori-Festessen; 14 NZ$) erleben!

Schwimmen ist am benachbarten Strand etwas riskant, aber für Wasserratten gibt es ein sicheres Wasserloch.

Mt Hikurangi (1752 m), der die Raukumara Range überragt, ist der höchste nicht-vulkanische Gipfel der Nordinsel. Hier scheint die Sonne weltweit morgens als Erstes. Eine regionale Legende besagt, dass es das erste Stück Land war, dass emporgezogen wurde, als Gott Maui die Nordinsel am Haken hatte. In der Version der Ngati Porou fanden Mauis Kanu und seine sterblichen Überreste hier an diesem heiligen Berg die letzte Ruhe.

Auf ihrem weiteren Verlauf nach Süden führt die Straße an **Ruatoria** und **Te Puia Springs** vorbei. Hier ist bietet sich eine 14 km lange lohnenswerte Schleife zur **Waipiro Bay** an.

11 km südlich von Te Puia liegt **Tokomaru Bay,** vielleicht der interessanteste Ort auf der ganzen Strecke. Der breite Strand wird von hohen Klippen umrahmt. Das Örtchen hat harte Zeiten hinter sich, seit in den 1950er-Jahren das Tiefkühlwerk geschlossen wurde, aber es bietet noch immer einige Attraktionen, darunter gute Surfmöglichkeiten für Anfänger, die Möglichkeit zum Schwimmen und die **Te Puka Tavern** (☎06-864 5465; www.tepukatavern.co.nz; Beach Rd.; Mahlzeiten 10–25 NZ$; ⏲11–22 Uhr; @📶). Das gut geführte Pub mit umwerfendem Blick auf den Ozean ist das Herzstück des Orts und sorgt für leibliches Wohl sowie inzwischen auch für eine Schlafstatt für Besucher. Vier Wohneinheiten bieten jeweils bis zu fünf Personen ein Dach über dem Kopf, außerdem gibt es Platz für ein paar Wohnmobile. Dazu kommen noch ein kleiner Supermarkt, ein Imbiss, ein Postamt sowie ein paar bröckelnde Überraschungen am anderen Ende der Bucht. **Brian's Place** (☎06-864 5870; www.briansplace.co.nz; 21 Potae St.; Stellplatz pro Pers. 15 NZ$, B/EZ/DZ 28/45/66 NZ$) oben auf dem Berg verdient einen Preis für seinen Ausblick und die Öko-Toiletten. Im Angebot sind zwei Dachbodenzimmer zum Teilen, ein Doppelzimmer unten und drei richtig schöne Blockhütten. Auf einer kleinen Anhöhe mit Panoramablick darf auch gecampt werden.

VON TOKOMARU BAY NACH GISBORNE

Nach 22 km Highway durch eine landschaftlich geprägte Landschaft kommt der Abzweig zur 7 km entfernt liegenden **Anaura Bay**. Es ist atemberaubender Moment, wenn die Bucht ganz weit unten erstmals zu sehen ist. Captain Cook traf 1769 hier ein und erwähnte den „absoluten Frieden", in dem die Menschen hier lebten, sowie ihre „wahrlich erstaunlichen" Anpflanzungen. Der **Anaura Bay Walkway** bietet eine zweistündige Wanderung durch steiles Busch- und Grasland und fängt an der Nordseite der Bucht an. Hier gibt es einen der üblichen Campingplätze des Department of Conservation (DOC; Erw./Kind 6/3 NZ$), auf dem nur Wohnmobile mit eigenem Wasser-/Abwassertank erlaubt sind.

Camper finden einige Möglichkeiten zum übernachten, hin und wieder gibt es auch mal ein B&B. Beim **Anaura Bay Motor Camp** (☎06-862 6380; anaurabay@farmside.co.nz; Anaura Bay Rd.; Plätze pro Erw./Kind ab 16/6 NZ$) zählt vor allem die Lage – direkt am Strand und beim kleinen Bach, an dem einst James Cook seine Wasservorräte auffüllte. Küche, Duschen und Toiletten sind soweit in Ordnung.

Zurück auf der Highway sind es weitere 14 km südlich nach **Tolaga Bay,** dem größten Ort am East Cape. Im Foyer des örtlichen Radiosenders (Uawa FM; 88.5, 88.8, 99.3FM) befindet sich ein **Informationszentrum** (☎06-862 6862; 55 Cook St.; ⏲Mo–Fr 6–18 Uhr). Die **Tolaga Bay Cashmere Company** (www.cashmere.co.nz; 31 Solander St.; ⏲Mo–Fr 10–16 Uhr) unweit der Hauptstraße hat ihren Sitz in der ehemaligen Stadtverwaltung, einem Art-déco-Gebäude. Hier kann man den Strickern bei der Arbeit zusehen – und dann vielleicht eine der filigranen Handarbeiten käuflich erwerben; Strickwaren aus zweiter Wahl gibt es hier billiger.

Wahrzeichen von Tolaga ist der bemerkenswerte **historische Kai** (1929), der mit 660 m der längste der südlichen Hemisphäre ist. Das Meer setzt ihm allerdings langsam zu, sodass mit Restaurierungsarbeiten begonnen wurde. Es lohnt, sich die Zeit für einen kleinen Spaziergang zu nehmen. In der Nähe befindet sich der **Cooks Cove Walkway** (5,8 km, 2½ Std.; Aug.–Okt. geschl.), ein leichter Rundweg durch Farm- und Buschland zu einer weiteren Bucht, in der Captain Cook anlandete. Am nördlichen Ende des Strands führt ein strammer zehnminütiger Fußmarsch zum wunderbaren **Tatarahake Cliffs Lookout**.

Der **Tolaga Bay Holiday Park** (☎06-862 6716; www.tolagabayholidaypark.co.nz; 167 Wharf Rd.; Plätze ab 14 NZ$, Unterkünfte 55–90 NZ$) mit seinen sonnenbeschienenen Rasenflächen liegt direkt neben dem Kai. Sanft wiegen sich die Norfolk-Island-Kiefern in der Ozeanbrise. Im Ort selbst bietet das pseudoelisabethanische **Tolaga Inn** (☎06-862 6856; 12 Cook St.; B/EZ/DZ 25/50/75 NZ$) aus den 1930er-Jahren eine relative neue Unterkunft mit schlichten, aber doch sauberen Zimmern. Unten befinden sich ein Pub und ein Café (Mahlzeiten 9–30 NZ$), das hausgemachte Kuchen und Torten sowie selbstgebackene Kekse und Brot verkauft.

16 km nördlich von Gisborne liegt das 2450 ha große **Te Tapuwae o Rongokako Marine Reserve**, ein Schutzgebiet für viele Meerestiere, darunter Pelzrobben, Delfine und Wale. Mit **Dive Tatapouri** (☎06-868 5153; www.divetatapouri.com; SH35, Tatapouri Beach) kann man das Schutzgebiet hautnah erleben. Der Veranstalter bietet verschiedene wasserbezogene Aktivitäten an, darunter Tauchgänge, ausgesprochen interessante Führungen zum Thema Riffökologie, Tauchen im Haikäfig und sogar die Fütterung von Stachelrochen. Schnorchelausrüstung wird ebenfalls verliehen.

Gisborne

34 300 EW.

Gisborne (wer die Stadt mag, nennt sie Gizzy) ist eine hübsche Kleinstadt, die von Surfstränden und einem Meer an Chardonnay-Reben umrahmt wird. Der Ort wirbt damit, dass sich hier zu Beginn eines neuen Tages die Sonne weltweit als Erstes blickenlässt. Und wenn die Sonne erst einmal da ist, dann strömen die Bewohner von Gizzy zum Strand. Die Poverty Bay beginnt hier und zieht sich Richtung Süden zum Young Nick's Head.

Vielleicht hat es Gisborne seiner abgeschiedenen Lage zu verdanken, dass es seinen Kleinstadtcharme und die interessante Hauptstraße behalten hat. Beeindruckende Gebäude aus der Zeit König Edwards VII. werden von modernistischen fünfstöckigen „Wolkenkratzern" aus den 1950er-Jahren flankiert, dazwischen taucht noch das eine oder andere gewagte Gebäude oder Bauwerk im Art-déco-Stil auf.

DIE WEINGÜTER VON GISBORNE

Mit heißen Sommern und fruchtbaren Lehmböden ist das Land nordwestlich von Gisborne eines der Hauptweinanbaugebiete Neuseelands. Herzstück ist das Flusstal des Waipoaoa. In diesem geographisch und klimatisch höchst diversen Gebiet mit seinen Flussebenen, sanften Hügeln, geschützten Tälern und Hochebenen wird eine große Bandbreite an Weinen produziert. Traditionell ist die Region für ihren Chardonnay bekannt, erregt aber inzwischen zunehmend Aufsehen mit anderen Weißweinen, insbesondere mit einem Gewürztraminer und einem Pinot Gris (Grauburgunder).

Manche Weingüter nehmen für die Verkostung eine geringe Gebühr, die von den anschließenden Weinkäufen wieder abgezogen wird. Ein Führer, in dem alle Weingüter aufgelistet sind, ist bei der i-SITE erhältlich; ansonsten gibt es unter www.gisbornewine.co.nz eine Karte mit allen Weinkellern. Die folgenden haben in der Hauptsaison täglich von 11 bis 16 Uhr geöffnet; in der Nebensaison verkürzen sich die angegebenen Zeiten.

» **Bushmere Estate** (www.bushmere.com; 166 Main Rd., Matawhero) Toller Chardonnay, Gewürztraminer, Mittagessen im Café und im Sommer sonntags Livemusik.

» **Kirkpatrick Estate** (www.kew.co.nz; 569 Wharekopae Rd., Patutahi) Nachhaltiger Weinanbau mit einer ganzen Palette an schönen Weinen, darunter einem guten Malbec. Zu empfehlen: zunächst an einer Führung teilnehmen und dann im Freien einen Teller Antipasti genießen.

» **Matawhero** (www.matawhero.co.nz; Riverpoint Rd., Matawhero) Hier wird ein besonders weicher Chardonnay gekeltert. Die bukolische Landschaft lädt geradezu zum Picknicken ein – zu dem man den einen oder anderen der herrliche Weine verkosten sollte.

» **Millton** (www.millton.co.nz; 119 Papatu Rd., Manutuke) Der Wein wird hier nachhaltig und biologisch angebaut. Am besten ein Picknick mitbringen und es sich in der wunderschönen Gartenanlage gemütlich machen.

» **Gisborne Wine Centre** (www.gisbornewine.co.nz; Shed 3, 50 The Esplanade; ⏲So–Mi 10–17, Do–Sa 10–19 Uhr) Hat seinen Sitz direkt am Hafen und bietet eine große Auswahl an regionalen Weinen zum Probieren, dazu Infos zu den örtlichen Weingütern.

Gisborne

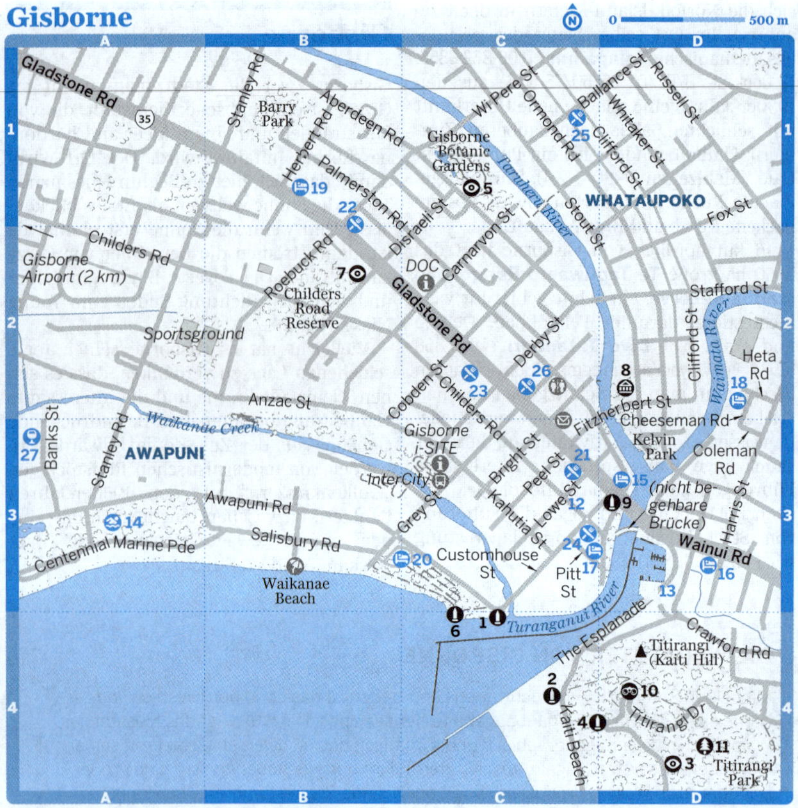

In Gisborne lässt es sich gut ein paar Tage aushalten, man kann sich am Strand erholen und anschließend den herrlichen Wein genießen.

Geschichte

Die Region Gisborne ist schon seit mehr als 700 Jahren besiedelt. Ein Pakt zwischen zwei nomadischen *waka*-(Kanu-)Kapitänen, Paoa vom *Horouta* und Kiwa vom *Takitimu,* führte zur Gründung von Turanganui a Kiwa (heute Gisborne). Kumara, die Süßkartoffel, gedieh prächtig in dem fruchtbaren Boden und die Siedlung blühte auf.

1769 war dies der erste Teil Neuseelands, den die Cook-Expedition erblickte. Um ihre Vorräte aufzufüllen und das Hinterland zu erkunden, gingen sie an Land, sehr zum Erstaunen der einheimischen Bevölkerung. Als die Maori-Männer ihre traditionelle, angsteinflößenden Kriegstänze anstimmten, setzte die Cook-Mannschaft leider einen unglücklichen Startpunkt für die interkulturellen Beziehungen, in dem sie auf die Begrüßung mit einer Gewehrsalve reagierte und sechs der Männer tötete. Sie fühlten sich bedroht, was, wie sich herausstellte, ein Missverständnis war.

Die *Endeavour* segelte ohne Vorräte weiter, woraufhin Cook, vielleicht in einem Anflug von Trotz, die Gegend Poverty Bay nannte, da es „nichts von dem bereitstellte, was wir benötigten". Die europäische Besiedelung begann 1831 mit Walfang, Farmer und Missionare folgten. In den 1860er-Jahren brachen Kämpfe zwischen Siedlern und Maori aus. Der Aufstand der Hauhau nahm zunächst seinen Anfang in Taranaki, breitete sich dann zur Ostküste aus und erreichte mit der Schlacht von Waerenga a Hika 1865 seinen Höhepunkt.

Gisbornes historische Stätten lassen sich mit Hilfe der Broschüre *Historic Walk,* die man in der i-SITE erhält, erkunden.

Gisborne

Sehenswertes
1 Captain Cook Statue ... C4
2 Cook Monument ... C4
3 Cook Observatory ... D4
4 Cook's Plaza ... C4
5 Gisborne Botanic Gardens ... C1
6 Statue von Young Nick ... C4
7 Sunshine Brewing Company ... B2
8 Tairawhiti Museum ... D2
9 Te Tauihu Turanga Whakamana ... D3
10 Titirangi Lookout ... D4
11 Titirangi Park ... D4

Aktivitäten, Kurse & Touren
12 Gisborne Cycle Tours ... C3
13 Gisborne Wine Centre ... D3
14 Olympic Pool ... A3

Schlafen
15 Emerald Hotel ... D3
16 Gisborne YHA ... D3
17 Pacific Harbour Motor Inn ... C3
18 Te Kura B&B ... D2
19 Teal Motor Lodge ... B1
20 Waikanae Beach Top 10 Holiday Park ... C3

Essen
21 Bookshop Café ... C3
Café 1874 ... (siehe 12)
22 Morrell's ... B1
23 Pak N Save ... C2
24 USSCO Bar & Bistro ... C3
25 Villaggio ... C1
26 Yoko Sushi ... C2

Ausgehen
27 Smash Palace ... A3
The Rivers ... (siehe 15)

Unterhaltung
Poverty Bay Club ... (siehe 12)

Sehenswertes

Tairawhiti Museum MUSEUM
(www.tairawhitimuseum.org.nz; 18 Stout St.; Erw./Kind 5 NZ$/frei, Mo freier Eintritt; Mo–Sa 10–16, So 13.30–16 Uhr) Das Tairawhiti Museum legt den Fokus auf die Maori der Ostküste und die Kolonialgeschichte. Seine Kunstausstellung bildet das Herzstück der Kunstszene in Gisborne; es werden wechselnde Exponate sowie ausgezeichnete Ausstellungen alter Fotos gezeigt. Lohnenswert ist auch die Abteilung für Maritimes, sie zeigt *waka* und Exponate zu den Themen Walfang und Cooks Poverty Bay. Aber all das verblasst angesichts der Sammlung an alten Surfbrettern.

Museumsgeschäft und -café bieten einen schönen Ausblick auf den Kelvin Park, davor steht das nachgebaute **Wyllie Cottage** (1872), Gisbornes ältestes Haus.

Titirangi Park PARK
Das ehemalige *pa* Titrangi liegt hoch oben auf dem Kaiti Hill und überblickt die Stadt. Zum *pa* kommt man über den Queens Drive per Auto oder zu Fuß; schön ist auch der Fußweg, der am Cook Monument beginnt. In Gipfelnähe befindet sich der **Titirangi Lookout** sowie ein weiteres Cook-Gebäude, **Cook's Plaza**. Aufgrund eines Missverständnisses sieht die dort stehende Cook-Statue dem Cap'n Jim allerdings so gar nicht ähnlich. Auf einer Tafel steht „Wer war er? Wir haben keine Ahnung!" Etwas weiter befindet sich das **Cook Observatory** (Besuchervorführung 5 NZ$; Okt.–März Di 20.30 Uhr, April–Sept. Di 19.30 Uhr), die östlichste Sternwarte der Welt.

Cook Monument MONUMENT
Am Fuß des jetzigen Titirangi Parks betrat James Cook zum allerersten Mal neuseeländischen Boden. Heute ist dieser historisch bedeutende Ort wenig mehr als ein kleines Stück Rasen, das von einem nüchternen Obelisken, an einem Ende der Anlegeplätze, bestanden ist. Viel bedeutender ist aber die Tatsache, dass dort die *Horouta waka* angelandet ist. An dem steilen Weg, der vom Monument auf den Kaiti Hill führt, sind noch eine beachtliche Anzahl von Überresten von Landschaftsterrassen und *Kumara*-Gruben zu erkennen.

Statue des Young Nick MONUMENT
Der *Endeavour* lässt sich schwerlich entkommen, im Park am Fluss steht eine Statue von Nicholas Young. Cooks Schiffsjunge erspähte mit Adleraugen als erstes Neuseeland und zwar konkret die weißen Klippen von Young Nick's Head. Hier in der Nähe befindet sich eine weitere Statue von **Captain Cook**. Sie steht auf einem Globus, in dem die Routen seiner drei seine Weltreisen eingeätzt sind.

Te Tauihu Turanga Whakamana MONUMENT
(Der Kanubug; Ecke Gladstone Rd. & Customhouse St.) Te Tauihu Turanga Whakamana ist eine große, moderne Skulptur, die die Form eines *tauihu* (Kanubug) hat. Es erinnert an die frühen Maori-Entdecker.

Gisborne Botanic Gardens GÄRTEN
(Aberdeen Rd.) Der städtische Garten liegt hübsch neben dem Fluss Taruheru – ein netter Ort zum Picknicken.

LP TIPP **Eastwoodhill Arboretum** GÄRTEN
(☎06-863 9003; www.eastwoodhill.org.nz; 2392 Wharekopae Rd., Ngatapa; Erw./Kind 15 NZ$/frei; ⏲9–17 Uhr) Ein Paradies für Baumliebhaber: Eastwoodhill Arboretum beherbergt die größte Sammlung an nichtendemischen Bäumen und Büschen des Landes. Die Anlage ist wunderschön, sodass man problemlos einen ganzen Tag damit verbringen kann, die 25 km langen, thematisch angelegten Wege abzulaufen. Das Paradies, über dem der zarte Duft der Kiefern liegt, befindet sich 35 km nordwestlich von Gisborne und ist gut ausgeschildert.

East Coast Museum of Technology & Transport MUSEUM
(www.ecmot.org.nz; SH2, Makaraka; Erw./Kind 5/2 NZ$; ⏲10–16.30 Uhr) Hier geht alles noch eher analog als digital zu, die Exponate stammen eher aus dem „Altertum" als aus dem Zeitalter der Raumfahrt. Das unglaubliche Konglomerat an landwirtschaftlichen Geräten, Feuerwehrfahrzeugen, Haushaltsgeräten und einem Elektronenmikroskop hat in einer alten Melkscheune und verschiedensten Hofgebäuden ein passendes Zuhause gefunden. Man beachte die Ironie des Willkommensschilds...

Presbyterian Church KIRCHE
(Church Ln., Matawhero) Die presbyterianische Kirche 7 km westlich der Stadtmitte im Vorort Matawhero ist das einzige Gebäude im Dorf, das den Überfall durch Te Kooti 1868 heil überstanden hat. Es ist ein charmant-schlichtes Gebäude mit liebevoll gepflegter Gartenanlage.

GRATIS **Sunshine Brewing Company** BRAUEREI
(☎06-867 7777; www.gisbornegold.co.nz; 109 Disraeli St.; ⏲Mo–Sa 9–18 Uhr) Sunshine Brewing Company, Gisbornes eigene Brauerei, stellt vier Qualitätsbiere her, darunter das berühmte Gisborne Gold und seinen großen Bruder Gisborne Green. Kostenlose Führungen und Bierproben sind nach Vereinbarung möglich.

Aktivitäten

Wassersport

Surfen ist in Gisborne Volkssport, was unschwer an den einheimischen Teenager zu erkennen ist. **Waikanae Beach** und **Roberts Road** sind für Anfänger und Kinder zu empfehlen, fortgeschrittene Surfer stürzen sich entweder südlich der Stadt am **Pipe** in die Fluten oder östlich bei **Sponge Bay** und **Tuamotu Island**. Weiter östlich entlang der SH35 liegen weitere gute Surfreviere: **Wainui** und **Makorori**.

In Wainui ist **Surfing with Frank** (☎021 119 0971; www.surfingwithfrank.com; 58 Murphy Rd., Wainui Beach; Unterricht 50–75 NZ$) zu finden. Die Firma erteilt Unterricht und bietet Ausflüge zu den besten Surfrevieren an East Coast und Taranaki an. Wer Hunger hat, sollte auf jeden Fall den Wainui Store aufsuchen.

Die Gegend bietet viele gute Schwimmmöglichkeiten. Im Stadtgebiet liegen die Strände **Waikanae** und **Midway**, zwischen den Flaggen lässt es sich sicher schwimmen. Wer ein Schwimmbad vorzieht, kann in den **Olympic Pool** (Centennial Marine Pde., Midway Beach; Erw./Kind 3,60/2,60 NZ$; ⏲6–20 Uhr) gehen, das Schwimmbad hat 50-m-Bahnen und eine wurmförmige Wasserrutsche.

Ordentlichen Nervenkitzel bieten die Tauchgänge im Haikäfig, die **Surfit Charters** (☎06-867 2970; www.surfit.co.nz; pro Pers. 310 NZ$) anbietet. Wem das zu aufregend ist, sollte sich für die Angel- und Schnorchelausflüge entscheiden.

Das Extremste an hiesigen Wassersportmöglichkeiten ist aber zweifelsohne **Rere Rockslide** (Wharekopae Rd.). Die Felsrutsche findet man am Rere River 50 km nordwestlich von Gisborne entlang der Wharekopae Road. Ein gut aufgepumpter Reifenschlauch oder ein Boogiebord helfen, die heftigsten Schläge abzufedern, dann geht es rein ins Vergnügen und über eine 60 m lange Felsstrecke flussabwärts in ein Wasserloch. 3 km weiter flussabwärts sorgen die **Rere Falls** für einen 30 m breiten Wasservorhang an einer 10 m tiefen Geländestufe. Wem es nichts ausmacht, nass zu werden, kann hinter den Schleier laufen.

Wandern

Die Gegend bietet viele Wandermöglichkeiten, am einfachsten ist ein entspannter Spaziergang am Fluss entlang. Die i-SITE hat Broschüren für einen **Historischen Spaziergang** und den Wanderweg **Art & Crafts Trail** erstellt. Die Broschüre *Walking Trails of Gisborne City* beschreibt weitere fünf Spaziergänge in der Stadtmitte.

Der **Te Kuri Walkway** (2 Std.; 5,6 km, Aug.–Okt. geschl.), der sich durch Farmland und Wald zieht und unterwegs imposante Ausblicke bietet, beginnt 4 km nördlich der Stadt am Ende der Shelley Road.

Geführte Touren

Tipuna Tours KULTURELLE TOUR
(027 240 4493, 06-862 6118; www.tipunatours.com; halbtägige Führung 60–120 NZ$) Anne bietet im Rahmen ihrer Touren für Kleingruppen tiefe Einblicke in die Kultur der Maori, einer ihrer Halbtagesausflüge führt nach Tolaga Bay. Unterwegs wird an kulturelle Stätten gehalten und traditionellen Geschichten wie der Legende vom *Whale Rider* gelauscht.

Gisborne Cycle Tours RADFAHREN
(06-927 7021; www.gisbornecycletours.co.nz; Poverty Bay Club, 38 Childers Rd.; halber Tag 100 NZ$, Fahrradverleih Tag ab 50 NZ$) Geführte Radtouren (halb- bis mehrtägig) zu den Sehenswürdigkeiten der näheren und weiteren Umgebung, u. a. zu Weingütern und dem Eastwoodhill Arboretum. Wer die halbtägige Kulturtour bucht, kann das Fahrrad den Rest des Tages behalten. Bei einer mehrtägigen Fahrradausleihe sinkt der Preis. Karten und gute Tipps erhält man hier ebenfalls.

Feste & Events

Gisborne Food & Wine Festival ESSEN & WEIN
(www.gisbornewine.co.nz; Karten 75 NZ$) Am Labour-Day-Wochenende im Oktober tun sich die hiesigen Weinproduzenten und Gastro-Experten beim Gisborne Food & Wine Festival zusammen, das jeweils auf einem der Weingüter stattfindet. Für einen schönen Rahmen sorgt meist ein bekannter neuseeländischer Musiker.

Schlafen

Gisbornes Spezialität sind Mittelklassemotels und die allgegenwärtigen Strandmotels. Wer sehr aufs Geld schauen muss, wird sich in der Stadt schwertun.

Knapdale Eco Lodge LODGE $$$
(06-862 5444; www.knapdale.co.nz; 114 Snowsill Rd., Waihirere; DZ inkl. Frühstück 398–472 NZ$; @) Auf diesem beschaulich-idyllischen Flecken mit See, Tieren und landwirtschaftlichen Produkten aus eigenem Anbau kann man sich herrlich entspannen und sich verwöhnen lassen. Die moderne Lodge steckt voller internationaler Kunstwerke; die Glasfront geht nahtlos in eine großzügige Terrasse über, auf der sich Feuerstelle, Grill und Pizzaofen befinden. Auf Vorbestellung wird ein Fünf-Gänge-Abendessen serviert (85 NZ$). Die Lodge liegt 10 km nordwestlich von Gisborne, man erreicht sie über die Back Ormond Road.

Te Kura B&B B&B $$
(06-863 3497; www.tekura.co.nz; 14 Cheeseman Rd.; DZ 120–140 NZ$;) In diesem schönen, am Fluss gelegenen Herrenhaus im Arts-and-Crafts-Stil der 1920er-Jahre kann man für wenige Tage mal Gutsherr spielen. Zwei Gästezimmer (eines mit freistehender Badewanne) teilen sich ein herrschaftliches Wohnzimmer und einen hellen Frühstücksraum, von dem aus es zum Schwimmbad und zum Waimata River geht.

Teal Motor Lodge MOTEL $$
(0800 838 325, 06-868 4019; www.teal.co.nz; 479 Gladstone Rd.; DZ 125–135 NZ$, 3BZ/4BZ 175/215 NZ$; @) Das Motel mit seiner einladenden Straßenfront direkt an der Hauptstraße (500 m läuft man in die Stadt) bietet ordentliche, familienfreundliche Wohneinheiten mit einem netten Poolbereich, mit Salzwasserbecken und einem Abenteuerspielplatz für Kinder, und viel Rasen.

Gisborne YHA HOSTEL $
(06-867 3269; www.yha.co.nz; 32 Harris St.; B/EZ/DZ 26/48/64 NZ$; @) Das geräumige Herrenhaus liegt nur einen kurzen Fußweg von der Stadt entfernt auf der anderen Flussseite und beherbergt heute ein gut geführtes Hostel. Die hellen und freundlich eingerichteten Zimmer sind groß und komfortabel, draußen gibt es eine hübsche Holzterrasse und viel Rasen, auf dem man sich mit anderen Gästen treffen kann. Dazu kommt noch eine Wohneinheit mit eigenem Bad für Familien.

Eastwoodhill Arboretum LODGE $
(06-863 9003; www.eastwoodhill.org.nz; 2392 Wharekopae Rd., Ngatapa; B/2BZ 40/70 NZ$) Die Etagenbetten und Privatzimmer sind schlicht, am ersten Tag muss man noch den Eintritt zum Arboretum zahlen (Erw./Kind 15 NZ$/frei). Ist man aber erst einmal eingecheckt, lassen sich Tage und Nächte mit endlosen baumbezogenen Vergnügungen füllen. Die Mahlzeiten können vorab gebucht werden, Selbstversorgern steht eine komplett eingerichtete Küche zur Verfügung. Aber nicht vergessen, genügend Proviant mitzubringen: Hier gibt es meilenweit keine Einkaufsmöglichkeit.

Waikanae Beach Top 10 Holiday Park CAMPINGPLATZ $
(☎0800 867 563, 06-867 5634; www.waikanaebeachtop10.co.nz; Grey St.; Stellplätze ab 18 NZ$, Wohneinheiten 60–145 NZ$; @📶) Liegt direkt am Strand, bis zur Stadt ist es ein kurzer, schöner Fußweg (10 Min.). Die Ferienanlage mit viel Rasen bietet Unterkunft zu einem guten Preis-Leistungs-Verhältnis sowie Rasenflächen für Zelte und Vans.

Emerald Hotel HOTEL $$
(☎06-868 8055; www.emeraldhotel.co.nz; Ecke Reads Quay & Gladstone Rd.; Zi. 140–280 NZ$; @📶🏊) Beim modernen Emerald stehen Schwimmbad- und Terrassenbereich im Fokus. Die Gäste nächtigen in 48 Luxussuiten, die entlang endlos langer Gänge angeordnet sind, die die verschiedenen Flügel miteinander verbinden. Für die Gäste gibt es außerdem einen Fitnessraum, ein Day Spa und das Restaurant Grill Room (Hauptgerichte 28–35 NZ$).

Pacific Harbour Motor Inn MOTEL $$
(☎06-867 8847; www.pacific-harbour.co.nz; 24 Reads Quay; Zi. 130–190 NZ$, Suite 130–195; @📶) Das Motel im Stil eines Apartmenthotels überblickt den Hafen und bietet gepflegte und schlicht eingerichtete Wohneinheiten mit schönen Balkons.

Essen

LP TIPP USSCO Bar & Bistro MODERN-NEUSEELÄNDISCH $$
(☎06-868 3246; 16 Childers Rd.; Hauptgerichte 30 NZ$; ⏰Abendessen) Ein Klasserestaurant durch und durch, untergebracht im restaurierten Gebäude der Union Steam Ship Company (daher der Name). Die Gerichte auf der Karte richten sich nach dem saisonalen Angebot, etwa der gebratene Fisch mit Ratatouille und pürierter Miesmuschelsoße. Teuflisch verlockende Desserts, jede Menge regionaler Weine und neuseeländische Biere sorgen für zufriedene Gäste. Die Portionen sind großzügig gehalten, es gibt spezielle mehrgängige Menüs und an manchen Abenden auch noch live Pianomusik.

Villaggio CAFE $$
(☎06-863 3895; 57 Ballance St.; Hauptgerichte mittags 18–28 NZ$, Hauptgerichte abends 28–32 NZ$; ⏰So–Mi 8–16 Uhr, Do–Sa bis spätabends) Befindet sich auf der Nordseite des Flusses, unweit des botanischen Gartens. Das nette alte Art-déco-Wohnhaus wurde liebevoll restauriert und präsentiert sich nun in Rot, Weiß und viel Holz. So wie das Ambiente ist auch das Essen modern, mit neuen Interpretationen alter Klassiker (Meeresfrüchtesuppe, Fish and Chips) sowie einer bunten Palette an Gerichten im mediterranen Stil, z. B. Spaghetti mit Tomaten, Ziegenkäse und Kräutern sowie einer marokkanischen Gemüsetagine. Ein hübscher Garten lädt dazu ein, sich mittags bei einem guten Wein viel Zeit beim Essen zu lassen.

Café 1874 CAFÉ $
(38 Childers Rd.; Mahlzeiten 10–22 NZ$; ✎) Die altertümliche Pracht des Poverty Bay Gentleman's Clubs (1874) ist Grund genug für einen Besuch. Das Café trägt noch zur Attraktivität bei: ansprechendes Tresenessen, ganztägiger Brunch, Pizza, Tagesgerichte, vernünftige Preise und ein schöner Garten. Im Gebäude befinden sich außerdem ein Fahrradverleih und einige Boutiquen.

Bookshop Café CAFÉ $
(62 Gladstone Rd.; Mahlzeiten 7–12 NZ$; ✎) Das beliebte, alte und schlichte Café oberhalb vom Buchladen Muirs findet man in einem wunderschönen altmodischen Gebäude. Hier bekommt man eine kleine, aber feine Auswahl an Tresengerichten und ausgezeichnete Salate. Wer einen guten Espresso und Literatur schätzt, wird hier nie wieder weg wollen. Ein Balkon bietet an lauen Tagen viel Atmosphäre.

Morrell's BÄCKEREI $
(437 Gladstone Rd.; ⏰Di–Sa 7–14 Uhr; ✎) Bäcker vom Fach backen tolle Pasteten, gesunde Brote und leckere Kuchen.

Yoko Sushi SUSHI $
(87 Grey St.; Sushi 5–12 NZ$) Es scheint, als ob die Einwohner von Gisborne richtige Sushi-Fans geworden sind, wenn man sich das mittägliche Gedränge in dieser glitzernden Sushi-Bar so anschaut. Neben Sushis gibt es auch Bentoboxen und Tintenfischklößchen. Drinnen ist genug Platz, weitere Tische stehen auf dem Bürgersteig.

Pak N Save SUPERMARKT
(274 Gladstone Rd.; ⏰7–21 Uhr) Hier kann man seinen Proviant aufstocken – auf keinen Fall die Apfelsinen aus Gisborne vergessen!

Ausgehen & Unterhaltung

The Rivers PUB
(Ecke Gladstone Rd. & Reads Quay) Dieser gut geführte Pub im britischen Stil hält, was er verspricht: Steak&Apfel-Pastete, richtiger

Nachtisch, großer Fernsehbildschirm und Poolbillard. Und familienfreundlich und gemütlich ist es hier noch obendrauf. Dank des offenen Mauerwerks und entsprechend ausgewählter Dekoration verströmt es ein historisches Ambiente und ist eben nicht nur ein einfaches Pub im Erdgeschoss eines großen, neuen Hotels.

Smash Palace PUB
(24 Banks St.) Hier trinkt man auf dem Schrottplatz. Ikonische Kneipe, vollgestopft mit allem nur Denkbarem. Als Krönung steht in der Gartenbar eine abgestürzte DC3. Ab und zu wird Livemusik gespielt.

Poverty Bay Club LIVEMUSIK, KINO
(www.thepovertybayclub.co.nz; 38 Childers Rd.) In dem schönen historischen Gebäude befinden sich neben einem Café und Kunstladen auch die Winston's Bar, in der manchmal Musikevents stattfinden, sowie das Programmkino **Dome Cinema** (☎08-324 3005; www.domecinema.co.nz). Mittwoch-, Donnerstag- und Sonntagabend machen es sich die Kinogänger auf Sitzkissen gemütlich und schauen gemeinsam einen Film an.

ℹ Praktische Informationen

Die Hauptbanken befinden sich entlang der Gladstone Road.

DOC (☎06-869 0460; www.doc.govt.nz; 63 Carnarvon St.; ⊙Mo–Fr 8–16.30 Uhr) Touristeninformation.

Gisborne Hospital (☎06-869 0500; Ormond Rd.) Krankenhaus

Gisborne i-SITE (☎06-868 6139; www.gisbornenz.com; 209 Grey St.; ⊙Mo–Fr 8.30–17.30, Sa 9–17, So 10–16 Uhr; @) Neben einem Prachtexemplar von einem kanadischen Totempfahl hat dieses Infozentrum einfach alles zu bieten – ein Reisebüro, Internetzugang, Toiletten und einen Minigolfplatz (4 NZ$).

Polizeiwache (☎06-869 0200; Ecke Gladstone Rd. & Customhouse St.)

Post (Ecke Gladstone Rd. & Bright St.)

ℹ Anreise & Unterwegs vor Ort

Das **Reisezentrum** (☎06-868 6139; 209 Grey St.) am i-SITE kann Buchungen für viele regionale und nationale Transportunternehmen durchführen.

Auto

Praktischerweise ist der **Gisborne Airport Car Rental** (☎0800 556 606; www.gisborneairport-carhire.co.nz) am Flughafen Vertragspartner von zehn Autovermietungsfirmen, darunter alle großen Marken und regionale Anbieter.

Bus

Busse von InterCity (S. 375) fahren täglich vom i-SITE über Wairoa (ab 15 NZ$) Richtung Napier (ab 30 NZ$) sowie über Opotiki (ab 18 NZ$) und Rotorua (ab 23 NZ$) nach Auckland (ab 38 NZ$).

Wer Geld sparen will, bekommt im Vorverkauf für 1 NZ$ (allerdings nur in begrenztem Umfang) Fahrkarten für die Busse von **Naked Bus** (www.nakedbus.com) nach Auckland via Opotiki und Rotorua.

Für Fahrten von Gisborne nach Opotiki über die malerische SH35 entlang des East Cape siehe East Cape (S. 374).

Flugzeug

Gisborne Airport (www.eastland.co.nz/airport; Aerodrome Rd.) liegt 3 km westlich der Stadt.
Air New Zealand (☎0800 737 000; www.airnewzealand.co.nz) fliegt von/nach Auckland und Wellington, von wo aus Weiterflüge möglich sind. Auf der Webseite findet man Infos zu Preisen und Sonderangeboten.

Sunair Aviation (☎0800 786 247; www.sunair.co.nz) betreibt werktags Flüge nach Hamilton, Napier, Paparaumu, Rotorua und Tauranga (ab 280 NZ$).

Taxi

Die Taxifahrt vom Flughafen in die Stadt kostet etwa 20 NZ$.

Eastland Taxis (☎0800 282 947, 06-867 6667)

Gisborne Taxis (☎0800 505 55523, 06-867 2222)

Von Gisborne nach Hawke's Bay

Wer Gisborne südlich Richtung Napier verlässt, hat die Wahl: entweder der SH2 folgen, die näher an der Küste verläuft, oder die SH36 landeinwärts via Tiniroto nehmen. Beide Straßen führen auf jeden Fall nach Wairoa.

Die Küstenstraße ist die etwas bessere Wahl, da sie schneller ist und ein paar Blicken aufs Meer bietet. Die SH36 (Tiniroto Road) ist aber ebenfalls eine angenehme Autostrecke mit ein paar guten Stellen zum Anhalten entlang des Wegs. **Doneraille Park**, 49 km von Gisborne entfernt, ist ein ruhiges Schutzgebiet mit einem eiskalten Fluss zum Reinspringen und der Erlaubnis zum wilden Campen (wenn man mit einem Fahrzeug mit eigenem Wasser-/Abwassertank unterwegs ist). Wer Bäume liebt, sollte sich das **Hackfalls Arboretum** (Eintritt 10 NZ$) anschauen, ein etwa 4 km langer Umweg von der Abzweigung an der schmucken Tiniroto Tavern führt dorthin. Die schneeweißen Kaskaden der **Te Reinga Falls**, die 12 km weiter südlich liegen, lohnen ebenfalls einen kurzen Besuch.

Die geschäftigere SH2 führt landeinwärts und erreicht schnell den **Wharerata State Forest** (daher hier auf überlange Holztransporter achtgeben). Direkt hinter dem Wald, 55 km von Gisborne entfernt, sprudeln die **Morere Hot Springs** (www.morerehotsprings.co.nz; SH2; Erw./Kind 6/3 NZ$; ⏲10–17 Uhr, im Sommer 10–21 Uhr) heiß aus einer Verwerfungslinie im **Morere Springs Scenic Reserve**. Am besten erst eine der Wanderungen (20 Min. bis 2 Std.) unternehmen und sich anschließen entspannt ins warme Wasser legen. Das Hauptschwimmbad befindet sich unweit des Eingangs zum Schutzgebiet, ein kurzer fünfminütiger Spaziergang durch den unberührten Regenwald führt Besucher zu den Nikau Baths. Das Schutzgebiet ist wirklich schön und bei den Einheimischen beliebt, viele Familien unternehmen dorthin einen Tagesausflug. Die Quelle werden leider durch Erdrutsche flussaufwärts bedroht, sodass es schon bald passieren kann, dass der Heißwasserhahn abgedreht wird.

Unterkünfte gibt es in Morere. Nicht zu verfehlen ist der **Morere Tearooms & Camping Ground** (☎06-837 8792; SH2; Stellplatz ab 30 NZ$, DZ 60–90 NZ$): Hier gibt es ein ordentliches getoastetes Sandwich, als Unterkünfte hat man die Wahl zwischen Zeltplätzen und schlichten Hütten am plätschernden Tunanui-Bach. Auf der andere Seite des Bachs befindet sich die **Morere Hot Springs Lodge** (☎06-837 8824; www.morerehotsprings.co.nz; SH2; EZ/DZ/3BZ/4BZ 80/95/115/135 NZ$), eine landwirtschaftlich geprägte Enklave, auf der Lämmer vergnügt herumtollen und der Hirtenhund alle Besucher ununterbrochen anwedelt. Die Zimmer befinden sich im klassischen Farmhaus von 1917 und in zwei netten Blockhütten.

Wer die SH2 von Gisborne kommend entlangfährt, sollte nach dem ungewöhnlich bunt bemalten **Taane-nui-a-Rangi Marae** Ausschau halten. Von der Straße aus ist das Versammlungshaus gut zu sehen, Besucher sollten das Gelände aber nur dann betreten, wenn sie ausdrücklich dazu eingeladen worden sind.

Der SH2 führt weiter gen Süden nach Nuhaka am nördlichen Ende der Hawke Bay. Von hier aus geht es westwärts weiter nach Wairoa oder ostwärts zur urtümlichen **Mahia Peninsula**. Unweit der Kreuzung in Nuhaka steht die **Kahungunu Marae**. Von der Straße aus sieht man am Giebel des Hauses einen geschnitzten stehenden Krieger, der einen *taiaha* (Speer) hält. Die Darstellung ist weniger abstrakt als die meisten traditionellen Schnitzereien und wirkt sehr realistisch.

Te Urewera National Park

Nebel und Mystik: Der Te Urewera National Park ist der größte der Nordinsel und umfasst 212 673 ha unberührten Wald, die von Seen und Flüssen durchzogen sind. Das Highlight ist der **Lake Waikaremoana** (See des sich kräuselnden Wassers). Um dieses tiefe Wasserloch windet sich der Lake Waikaremoana Track, einer von Neusee-

ABSTECHER

MAHIA PENINSULA

Die ausgewaschenen Hügel, die Sandstrände und das leuchtend blaue Meer von Mahia lassen die Halbinsel wie ein Mini-Abbild der Coromandel-Halbinsel erscheinen – nur ohne die Touristenhorden, dafür aber mit dramatischeren Klippen, die wiederum an die weißen Klippen von Dover erinnern. Die Bewohner der East Coast fahren gerne für einen Boot- und Strandurlaub dorthin, was jedem nur zu empfehlen ist. Ein oder zwei Tage lassen sich locker damit verbringen, das landschaftlich schöne Schutzgebiet zu erkunden und den Vogelreichtum der Maungawhio Lagoon zu bestaunen, am Strand abzuhängen (bei Sonnenuntergang ist Mahia Beach einfach ein Traum) oder im freundlichen Golfclub eine Runde Golf zu spielen.

Zu Mahia gehören mehrere kleine Ortschaften, in denen man mehrere Pensionen, einen schlechten Campingplatz, eine ordentliche Kneipe und eine Molkerei findet. Weitere Infos stehen auf der Homepage der Halbinsel: www.voyagemahia.co.nz.

Lake Waikaremoana Track

lands Great Walks. Felsige Klippen treffen auf schilfige Buchten und die spiegelglatte Oberfläche des Sees wird nur von Bergzephyren und gelegentlich auffliegenden Wasservögeln gestört.

Der Name Te Urewera schafft es noch immer, dass sich *Pakeha*-Neuseeländer etwas unbehaglich fühlen – nicht nur, weil er übersetzt „der verbrannte Penis" bedeutet. Dieses ungezähmte Waldgebiet mit seiner reichen Geschichte zum Widerstand der Maori hat einfach etwas Ursprüngliches und Unkontrolliertes.

Das einheimische Tuhoe-Volk – prosaisch bekannt als die „Kinder des Nebels" – haben den Vertrag von Waitangi nie unterzeichnet und während der Neuseelandkriege mit Rewi Maniapoto bei Orakau gekämpft. Die Armee von Te Kooti (S. 399) suchte hier während der ständigen Kämpfe mit Regierungstruppen Zuflucht. Te Kootis Nachfolger, Rua Kenana, führte ab 1905 unterhalb des heiligen Bergs Maungapohatu (1366 m) eine blühende Gemeinschaft, bis er 1916 aus politischen Motiven verhaftet wurde. Dies löschte die letzte Bastion des Maoriwiderstandes im Land wirksam aus. Maungapohatu erholte sich davon nie, und heute ist nur noch eine kleine Siedlung übrig. Die außergewöhnliche Mataatua-Marae des nahe gelegenen Ruatahuna feiert Te Kootis Heldentaten.

Die Tuhoe sind stolz auf ihre Identität und ihre Traditionen, rund 40 % verwenden immer noch *Te Reo Maori* (die Maorisprache) im Alltag.

Aktivitäten

Lake Waikaremoana Track

Der 46 km lange Weg, für den man drei bis vier Tage einkalkulieren sollte, erklimmt den spektakulären Panekiri Bluff, wo weite Panoramablicke mit Farnhainen und Wald abwechseln. Die Wanderung wird als mittelschwierig eingestuft; der einzige schwere Abschnitt ist der steile Anstieg zum Panekiri Bluff. Im Sommer kann es mitunter ganz schön voll werden.

Der Track ist zwar das ganze Jahr über geöffnet, aber im Winter hält der Regen viele Menschen ab, da er die Wanderung sehr erschwert. Bei einer Höhe von 580 m über dem Meeresspiegel können die Temperaturen sogar im Sommer sehr schnell sinken. Wanderer sollten einen Kocher und Benzin mitführen, weil es auf der Strecke keinerlei Kochgelegenheiten gibt.

Über die Strecke verteilen sich fünf Hütten (Erw./Kind 32 NZ$/frei) sowie Campingplätze (pro Übernachtung Erw./Kind 14 NZ$/frei). Diese Unterkünfte müssen zu allen Jahreszeiten im Voraus über das DOC gebucht werden. Buchungen sind bei den DOC-Büros bzw. den i-SITES in Aniwaniwa, Gisborne, Wairoa, Whakatane oder Napier möglich – oder online auf www.doc.govt.nz.

Wer ein Auto hat, parkt es am besten am Lake Waikaremoana Motor Camp oder dem Big Bush Holiday Park und nimmt dann ein Wassertaxi zum Startpunkt der Wanderwege. Die Alternative ist eine geführte Tour mit vier Übernachtungen und Vollverpflegung, die die enthusiastischen und erfahrenen Mitarbeiter von **Walking Legends** (☎0800 925 569; www.walkinglegends.com; Erw./Kind 1290/1000 NZ$) anbieten.

Entweder läuft man den Trail im Uhrzeigersinn mit Start kurz vor **Onepoto** im Süden oder man marschiert gegen den Uhrzeigersinn ab der **Hopuruahine Suspension Bridge** im Norden.

Ungefähre Wanderzeiten:

STRECKENABSCHNITT	GEH-ZEIT
Onepoto – Panekiri Hut	5 Std.
Panekiri Hut – Waiopaoa Hut	3–4 Std
Waiopaoa Hut – Marauiti Hut	5 Std.
Marauiti Hut – Waiharuru Hut	2 Std.
Waiharuru Hut – Whanganui Hut	2½ Std.
Whanganui Hut – Hopuruahine Suspension Bridge	2 Std.

Andere Wanderungen

Der großflächige Nationalpark bietet zahlreiche weitere Wanderwege, eine Vielzahl von diesen Wegen wird in den DOC-Broschüren *Lake Waikaremoana Walks* und *Recreation* in *Northern Te Urewera* (2,50 NZ$) beschrieben.

Mit seinen unberührten Inseln ist der **Lake Waikareiti** (892 m) ein geradezu magischer Ort. Vom DOC-Besucherzentrum führt eine einstündige Wanderung zu seinem Ufer. Dort angekommen, lässt sich der See mit einem Ruderboot erkunden (den Schlüssel zum Aufschließen der Boote erhält man im Besucherzentrum; 4 Std. 20 NZ$). Das klare Wasser lockt zu einem Bad (auch dann, wenn man keine Badesachen dabei hat).

Der **Ruapani Track** (6 Std.), der ebenfalls dort beginnt, ist ein Rundgang, der durch dichten, unberührten Wald führt und sieben Feuchtgebiete verbindet.

Zahlreiche kürzere Wanderungen, die maximal 1 Std. dauern, beginnen am Besucherzentrum und beim Waikaremoana Motor Camp.

Schlafen & Essen

Der DOC betreibt im Park über 30 zumeist sehr spärlich ausgestattete Hütten und Campingplätze.

Lake Waikaremoana Motor Camp CAMPINGPLATZ $
(☎06-837 3826; www.lake.co.nz; Stellplatz pro Erw./Kind 15/5 NZ$, Hütte 55 NZ$, Wohneinheit 90–160 NZ$) Direkt am Ufer bietet diese Anlage Chalets im Schweizer Stil, Fischerhütten und Stellplätze meist mit Blick aufs Wasser. Der Laden vor Ort hat viele wichtige Dinge wie warme Pies, Schokolade und Köder zum Fliegenfischen. Auch mit Wassertaxis, Shuttle-Verbindungen und Benzin kann das Camp aushelfen.

Hikihiki's Inn B&B $$
(☎06-837 3701; www.hikihiki.co.nz; 9 Rotten Row, Tuai; EZ/DZ 80/160 NZ$) In der netten kleinen Ortschaft Tuai, die 6 km von Onepoto entfernt liegt, wird das wunderschön gepflegte Haus inzwischen als B&B genutzt. Die neuseeländischen Gastgeber führen das kleine, mit Holz verkleidete B&B mit der für Neuseeland typischen Gastfreundschaft. Das Frühstück und alle andere Mahlzeiten kosten zusätzlich und müssen 24 Stunden im Voraus bestellt werden.

Big Bush Holiday Park CAMPINGPLATZ $
(☎0800 525 392; www.lakewaikaremoana.co.nz; SH38; Stellplätze ab 15 NZ$, B/DZ 30/95 NZ$) Liegt 4 km vom Beginn des Onepoto Trail entfernt. Big Bush bietet Stellplätze, schmucke Blockhütten und ganz akzeptable einfache Zimmer. Auf Wunsch werden

TE KOOTI

In der Geschichte der Maori finden sich immer wieder Mystiker, Propheten und Krieger, darunter der legendäre Te Kooti.

1865 kämpfte er auf Seiten der Regierung gegen die Hauhau (Anhänger des Pai-Marire-Glaubens, der von einem anderen Krieger-Propheten gegründet wurde), wurde jedoch der Spionage verdächtigt und ohne Gerichtsverfahren auf den Chatham Islands inhaftiert.

Während er dort war, las Te Kooti die Bibel und gab an, Visionen des Erzengels Michael gehabt zu haben. Seine charismatischen Predigten und „Wunder" – u. a. erzeugte er mit seinen Händen Flammen (seine Wärter behaupteten, er habe Phosphor von Streichhölzern verwendet) – trugen dazu bei, die Pai Marire von seiner eindeutig Maori geprägten Sichtweise des christlichen Glaubens zu überzeugen.

1867 gelang Te Kooti eine spektakuläre Flucht von den Chathams. Er kaperte ein Versorgungsschiff und segelte mit 200 Anhängern zur Poverty Bay. Einen Zweifler warf er unterwegs als Menschenopfer über Bord. Nach ihrer sicheren Ankunft erhoben Te Kootis Anhänger ihre rechte Hand als Ehrerbietung gegenüber Gott, statt sich unterwürfig zu verneigen – *ringa tu* (erhobene Hand) wurde daher auch der Name von Te Kootis Kirche.

Te Kooti bat um Gespräche mit der Kolonialregierung, wurde jedoch erneut zurückgewiesen; Friedensrichter Reginald Biggs verlangte seine sofortige Kapitulation. Unbeeindruckt von der Pakeha-Gerichtsbarkeit begann Te Kooti eine besonders effektive Guerillakampagne. Als Erstes tötete er in Matawhero bei Gisborne Biggs und etwa 50 weitere Personen, darunter auch Frauen und Kinder, Maori und Pakeha.

Daraufhin jagte man ihn insgesamt vier Jahre. Te Kooti suchte Zuflucht im King Country, dem weitläufigen Herrschaftsgebiet des Maori-Königs, in das sich die Regierungstruppen nicht hineinwagten.

Die Sinnlosigkeit des Verhaltens der Regierung in dieser Angelegenheit wurde durch die offizielle Begnadigung Te Kootis 1883 deutlich. Inzwischen hatte dieser sich landesweit einen Ruf als Prophet und Heiler erworben. Seine Ringatu-Kirche hat nach jüngsten Erhebungen über 16 000 Anhänger.

Gäste abgeholt, es können Fahrten mit dem Wassertaxi oder Booten organisiert werden, auch eine Gepäckaufbewahrung ist möglich.

Praktische Informationen

Te Urewera National Park Visitor Centre (☎06-837 3803; www.doc.govt.nz; SH38, Aniwaniwa; ⏲8–16.45 Uhr) bietet Wettervorhersagen sowie Infos zu Unterkünften und Hütten- bzw. Campingplatzpässen für den Lake Waikaremoana Track.

Siehe auch www.teurewera.co.nz.

Anreise & Unterwegs vor Ort

Etwa 95 km der SH 38 zwischen Wairoa und Rotorua sind nach wie vor unbefestigt, daher wird sollte man für die Gesamtstrecke etwa 4 Std. mit dem Auto kalkulieren. Auf der Piste (61 km von Wairoa nach Aniwaniwa, 139 km von Aniwaniwa nach Rotorua) wird man ganz ordentlich durchgeschüttelt.

Big Bush Water Taxi (☎0800 525 392; www.lakewaikaremoana.co.nz) bringt Besucher zum Startpunkt der Wanderwege Onepoto bzw. Hopuruahine (hin- & zurück 35 NZ$), wer nicht so trainiert ist, kann sich sein Gepäck von Hütte zu Hütte fahren lassen. Das Taxiunternehmen lässt auch Shuttlebusse von und nach Wairoa (einfach 40 NZ$) fahren. Weitere Shuttlefahrten bietet außerdem **Route 38 Shuttles** (☎021 042 9972) an.

Home Bay Water Taxi & Shuttles (☎06-837 3826; www.waikaremoana.com) bietet Boottransfers vom Lake Waikaremoana Motor Camp zu verschiedenen Punkten rund um den See (zum Startpunkt des Trails hin & zurück 40 NZ$) sowie Seerundfahrten (40 NZ$) an. Unter seiner Regie fährt auch ein Shuttlebus nach Wairoa (4 Pers. 80 NZ$).

HAWKE'S BAY

Hawke Bay heißt der Küstenabschnitt, der sich von der Mahia-Halbinsel zum Cape Kidnappers erstreckt – die Bucht sieht aus, als sei sie aus der Ostseite der Nordinsel herausgebissen worden. Fügt man ein Apostroph und ein „S" hinzu, hat man eine Region, die sich nach Süden und ins Landesinnere erstreckt und fruchtbares Ackerland, Surfstrände, Gebirgszüge und Wälder umfasst.

Der südliche Rand der Bucht wirkt wie ein zum Leben erweckter Fernseh-Reisekanal – Essen, Wein und Architektur sind die gemeinsamen Vorlieben der dortigen Bewohner und der Besucher. Die Gegend ist sehr ansprechend und lässt sich am besten durch ein roségefärbtes Weinglas genießen. Wenn das Wetter alle Strandpläne zunichtemacht, dann kommt man zumindest hier voll auf seine Kosten.

Von Wairoa nach Napier

Das Städtchen **Wairoa** bemüht sich sehr, sein etwas ungehobeltes Image abzustreifen. Die Stadt ist zwar nicht so anziehend, dass man hier länger bleiben sollte, sie bietet aber dennoch ein paar interessante Punkte wie beispielsweise das außergewöhnliche Pastetengeschäft namens **Oslers**. Zu den anderen, nicht-essbaren Attraktionen zählen das **Wairoa Museum** und das Feuchtgebiet rund um den **Whakaki Lake**. Zum Übernachten bieten sich ein paar Motels und ein toller kleiner Campingplatz an.

Der Highwayabschnitt zwischen Wairoa und Napier führt in weiten Teilen durch wenig fotogenes Farmland, Bäume verwehren auf dem größten Teil der 117 km langen Strecke die Aussicht. Meistens folgt die Straße der Bahnstrecke, die inzwischen nur noch von Güterzügen genutzt wird – wie schade das ist, wird klar, wenn man unter dem **Mohaka Viaduct** (1937), dem höchsten Bahnviadukt Australasiens (97 m), hindurchfährt. Leider hält die vermüllte Autoraststätte beim Viadukt die Mehrzahl der Autofahrer davon ab, länger bei diesem großartigen Bauwerk zu bleiben.

Lake Tutira war schon von den frühen Maori besiedelt und hat Wanderwege und ein Vogelschutzgebiet. Im Dorf Tutira, gleich nördlich des Sees, führt die Pohokura Road

Hawke's Bay

zum wundervollen **Boundary Stream Reserve**, einem bedeutenden Naturschutzgebiet. Drei Rundwege beginnen an der Straße und dauern zwischen 40 Minuten und 3 Stunden. Entlang dieser Straße befinden sich auch das **Opouahi** und das **Bellbird Bush Scenic Reserve**. In beiden kann man großartig wandern.

Unweit der Waipatiki Road, 34 km außerhalb von Napier, liegt der Strand von Waipatiki, ein wunderschöner Flecken mit einem gemütlichen Campingplatz und dem etwa 64 ha großen Schutzgebiet **Waipatiki Scenic Reserve**. Etwas weiter, 29 km von Napier entfernt an der SH2, liegt das **White Pine Bush Scenic Reserve**, das von Warzeneiben (*kahikatea*) und Nikaupalmen geprägt wird. Im **Tangoio Falls Scenic Reserve**, 27 km nördlich von Napier, lohnen die Te Ana Falls sowie der große Bestand an Baumfarnen (*wheki-ponga*) und einheimischen Orchideen einen Besuch. **Tangoio Walkway** (hin & zurück 3 Std.), der dem Kareaara Stream folgt, verbindet die Naturschutzgebiete White Pine und Tangoio Reserve.

Der Highway führt die letzten 25 km an der Küste entlang und eröffnet sehr beeindruckende Aussichten in Richtung Napier. Das Weinland Hawke's Bay beginnt an der Mündung des Esk River. Selbst der Fahrer sollte sich eine maßvolle Verkostung in einem der hervorragenden Weingüter gleich an der SH2 (oder, wenn man ausspuckt, in beiden) gönnen.

Hawke's Bay

Sehenswertes
1 Bluff Hill Lookout ... C2
2 National Aquarium of New Zealand ... C2
3 National Tobacco Company Building ... C2
4 Otatara Pa ... B3
5 Te Mata Peak Lookout ... C4
6 Te Mata Trust Park ... C4
7 Westshore Beach ... B2

Aktivitäten, Kurse & Touren
8 Black Barn Vineyards ... C4
9 Brookfields ... B3
10 Church Road ... B2
11 Clearview Estate ... C3
12 Crab Farm Winery ... B1
13 Esk Valley Estate ... B1
14 Gannet Beach Adventures ... C4
15 Gannet Safaris ... C4
Hawke's Bay Wine Country Cat ... (siehe 3)
16 Mission Estate ... B2
17 Ngatarawa ... A4
Pandora Kayaks ... (siehe 39)
18 Pedal Power ... B2
19 Salvare Estate ... A3
20 Sileni Estates ... A4
Splash Planet ... (siehe 26)
21 Te Awa ... A3
22 Te Mata Estate ... C4
23 Trinity Hill ... A3

Schlafen
24 Arataki Holiday Park ... C4
25 Clive Colonial Cottages ... C3
Crown Hotel ... (siehe 3)
26 Hastings Top 10 Holiday Park ... B4
27 Havelock North Motor Lodge ... B4
28 Kennedy Park Top 10 Resort ... C2
29 Mangapapa Petit Hotel ... B4
30 Millar Road ... C4
31 Rocks Motorlodge ... B2

Essen
32 Bay Espresso ... B3
BJs Bakery ... (siehe 27)
33 Clifton Bay Café ... C4
Deliciosa ... (siehe 27)
Diva ... (siehe 27)
34 Elephant Hill ... C3
35 Hastings Farmers Market ... B3
Pipi ... (siehe 27)
36 Terrôir at Craggy Range ... C4
Vidal ... (siehe 26)
Westshore Fish Café ... (siehe 31)

Ausgehen
37 Filter Room ... B2
Loading Ramp ... (siehe 27)
Rose & Shamrock ... (siehe 27)

Unterhaltung
Gintrap ... (siehe 3)
Globe Theatrette ... (siehe 3)
Shed 2 ... (siehe 3)
Thirsty Whale ... (siehe 3)

Shoppen
38 Arataki Honey ... C4
39 Classic Sheepskins ... B2
40 Hohepa Organic Cheeses ... C3
41 Silky Oak Chocolate Company ... B3
Strawberry Patch ... (siehe 27)
42 Telegraph Hill ... B4

Esk Valley Estate ist ein wunderschöner Ort, um zu picknicken und ein paar Gläser guten Rotwein zu genießen. Mit seiner entspannten rustikalen Atmosphäre ist das Weingut **Crab Farm Winery** (Karte S. 390; www.crabfarmwinery.co.nz; 511 Main Rd., Bay View; kostenlose Weinproben; ⌚Fr–So 10–17 Uhr, Café Fr–So 12–15 Uhr, Fr Abendessen), eine gute Adresse, um bei einer Mittagspause ein gutes Glas Rosé zu trinken.

Napier

58 800 EW.

Das heutige Napier ist der Silberstreif am Horizont für all jene, die eine der schlimmsten Naturkatastrophen Neuseeland persönlich erlebt haben. Nach dem verheerenden Erdbeben von 1931 wurde die Stadt in den damals beliebten Architekturstilen wieder aufgebaut. Bis heute hat sich Napier diese einzigartige Ansammlung an Art-déco-Gebäuden bewahrt und ist zu einem Treffpunkt für Architekturfans aus aller Welt geworden. Ein Chrysler Building darf man hier natürlich nicht erwarten: Napiers Jugendstilhäuser sind allesamt niedrig gebaut. Dafür begeistern die intakten Straßenzüge aus den 1930er-Jahren, die selbst Menschen, die gar nicht romantisch veranlagt sind, dazu verleiten, in *Great-Gatsby*-Manier die Straßen entlang zu flanieren.

Für alle, die sich nicht so für Architektur interessieren, ist Napier eine charismatische, von der Sonne verwöhnte Stadt mit dem Ambiente eines wohlhabenden englischen Seebads.

Geschichte

Die Gegend ist etwa seit dem 12. Jh. besiedelt und war den Maori als Ahuriri bekannt. Als James Cook sie im Oktober 1769 in Augenschein nahm, herrschte hier der Stamm Ngati Kahungunu und kontrollierte die Küste bis Wellington.

In den 1830er-Jahren kamen einige Walfänger nach Ahuriri und gründeten 1839 eine Handelsstation. Bis in die 1850er-Jahre kaufte die Krone – mit oftmals fragwürdigen Mitteln – 5665 km² Land in Hawke's Bay, und den Ngati Kahungunu blieben weniger als 1600 ha. Die Stadt Napier wurde im Jahr 1854 geplant und unterwürfig nach dem britischen General und Kolonialverwalter Charles Napier benannt.

Am 3. Februar 1931 um 10.46 Uhr wurde die Stadt durch ein katastrophales Erdbeben (7,9 auf der Richterskala) dem Erdboden gleichgemacht. In Napier und dem nahe gelegenen Hastings gab es 258 Tote. Napier war mit einem Mal 40 km² größer, da das Erdbeben Teile dessen, was vorher eine Lagune war, 2 m über den Meeresspiegel angehoben hatte (Napiers Flughafen war früher mehr „Hafen" und weniger „Flug"). Fieberhaft baute man dann die Stadt wieder auf und so entstand eine der einheitlichsten Art-déco-Städte der Welt.

Sehenswertes

Napier ist in erster Linie für seine Architektur berühmt, wer sich intensiv mit all den Gebäuden auseinandersetzt, ist schnell ein paar Tage beschäftigt, vor allem dann, wenn er des Öfteren Pausen zum Einkaufen und Essen einlegt. Doch auch sonst gibt es einiges Interessante zu sehen, vor allem die vielen Weingüter der Region (S. 404).

Architektur

Das Erdbeben von 1931 hat die meisten Backsteingebäude Napiers zerstört. Der hektische Wiederaufbau zwischen 1931 und 1933 erwischte die Architekten mitten in der weltweiten Art-déco-Manie. Art déco war, wie der Spanish-Mission-Stil und der Stripped-Classical-Stil, billig (die Schulden waren hoch), sicher (herabfallende Steinsäulen und Balkone hatten während des Erdbebens viele Menschen getötet) und zeitgemäß (die Einwohner wollten einen Neuanfang machen).

Der beste Startpunkt für eine Jugendstil-Tour ist das **Deco Centre** (www.artdeconapier.com; 163 Tennyson St.; ⌚9–17 Uhr), es ist Sitz des ArtDeco Trust gegenüber vom farbenfrohen Clive Square. Der Trust bietet einstündige Art-déco-Führungen (16 NZ$) an, die täglich um 10 Uhr am i-SITE beginnen. Die zweistündige (hervorragende) Führung (21 NZ$) startet täglich um 14 Uhr am Deco Centre und umfasst einen kurzen Einführungsvortrag, einen DVD-Film und Getränke. Das Deco Centre betreibt einen hübschen kleinen Laden und hält Broschüren für die ausgezeichneten Stadtrundgänge bzw. -fahrten, die Besucher eigenständig durchführen können, bereit: *Art Deco Walk* (5 NZ$), *Art Deco Scenic Drive* (5 NZ$) und *Marewa Meander* (3 NZ$). Außerdem können hier Fahrräder im Art-déco-Stil für max. 4 Std. für eigene Unternehmungen ausgeliehen werden (50 NZ$).

Wer in Napier keine Zeit für geführte oder eigenständige Stadtrundgänge hat, sollte einfach ein bisschen umherwandern

– vor allem in den Straßen Tennyson und Emerson. Das **Daily Telegraph Building** (Karte S. 394; 49 Tennyson St.) ist mit seinen wundervollen Verzierungen in Zickzack- und Wasserfallform sowie Zikkuratästhetik eines der herausragenden Beispiele. Falls das Gebäude geöffnet ist, dann auf jeden Fall kurz hineinschauen, um das in mühevoller Kleinarbeit restaurierte Foyer zu bewundern.

Am Wasser bei Ahuriri steht das zweifelsohne schönste Art-déco-Gebäude der ganzen Region, das **National Tobacco Company Building** (Karte S. 390; Ecke Bridge St. & Ossian St.). 1933 erbaut, kombiniert es die Formen des Art déco mit den Naturmotiven des Art nouveau. Rosen, *raupo* (Binsen) und Weinreben umrahmen den elegant geschwungenen Eingang. Während der Geschäftszeiten lassen sich die blattförmigen Messingtürbeschläge aufschieben und Besucher können die ersten beiden Zimmer betreten.

Mehr Sehenswertes

Marine Parade STRASSE

Entlang Napiers eleganter Allee, die von riesigen Norfolk-Island-Kiefern gesäumt wird, sind Motels und attraktive Holzvillen zu finden, außerdem Parks, **Senkgärten** (Karte S. 394), ein Minigolfplatz, ein Schwimmbadkomplex und ein Aquarium. Am nördlichen Ende der Allee steht die **Tom Parker Fountain** (Karte S. 394), die aufgrund ihrer großzügigen Beleuchtung abends am besten wirkt. Daneben befindet sich die Statue von **Pania of the Reef** (Karte S. 394) (1954), die auch mit der kleinen Meerjungfrau verglichen wird.

National Aquarium of New Zealand AQUARIUM

(Karte S. 390; www.nationalaquarium.co.nz; 546 Marine Pde.; Erw./Kind/Fam. 17,40/8,70/41,90 NZ$; ⌚9–17 Uhr, Fütterungen 10 & 14 Uhr) In diesem modernen Komplex, dessen Dach der Gestalt von Mantarochen nachempfunden ist, sind Piranhas, Wasserschildkröten, Aale, Kiwis, Brückenechsen und unzählige Fische zu Hause. Führungen „hinter die Kulissen" (Erw./Kind 34,80/17,40 NZ$) beginnen um 9 und 13 Uhr, Schnorchler können mit Haien schwimmen (60 NZ$).

Napier Prison HISTORISCHES GEBÄUDE

(Karte S. 394; www.napierprison.com; 55 Coote Rd.; Führungen 20 NZ$) Wer immer schon mal ins Gefängnis gehen wollte, hat mit *Napier Prison Tours* die Möglichkeit dazu: Es gibt faszinierende Audio-Führungen in 16 Sprachen (9–21 Uhr) sowie geführte Touren (9.30 und 15 Uhr).

Bluff Hill Lookout AUSSICHTSPUNKT

(Karte S. 390) Der schöne Spaziergang entlang des gewundenen Wegs zum Gipfel (102 m) belohnt mit eindrucksvollen Aussichten. Der beliebte Aussichtspunkt der Stadt bietet sich auch für ein Picknick an – was wiederum den Vorwand liefert, mit dem Auto hochzufahren.

Otatara Pa ARCHÄOLOGISCHE STÄTTE

(Karte S. 390) Holzpalisaden, geschnitzte *pou* (Gedenkpfähle) und ein geschnitztes Tor erwecken diese *Pa*-Stätte wieder zum Leben. Ein einstündiger Rundgang über grasbedeckte Hügel führt an kaum erkennbaren archäologischen Überresten vorbei, bietet aber umwerfende Ausblicke auf die Umgebung. Von der Stadt aus auf der Taradale Road und der Gloucester Street nach Südwesten fahren, und kurz vor dem Fluss rechts auf die Springfield Road abbiegen.

Aktivitäten

Die meisten Aktivitäten, die die Stadt zu bieten hat, setzen überschüssige Energie voraus und tragen ein mittelprächtiges Verletzungsrisiko. Apropos Risiko: Der Kieselstrand von Napier ist zum Schwimmen zu gefährlich, die Einheimischen gehen nördlich der Stadt in **Westshore** (Karte S. 390) oder an den Surfstrände südlich des Cape Kidnappers ins Wasser.

Ocean Spa SCHWIMMEN

(Karte S. 394; www.oceanspa.co.nz; 42 Marine Pde.; Erw./Kind 9/7 NZ$, Privatpools 30 Min. Erw./Kind 12/9 NZ$; ⌚Mo–Sa 6–22, So 8–22 Uhr) Ein toller Poolkomplex am Wasser, mit einem Becken zum Bahnschwimmen, heißen Pools, einem Beauty Spa und einem Fitnessraum.

Pandora Kayaks KAJAKFAHREN

(Karte S. 390; www.pandorakayaks.co.nz; 53 Pandora Rd.; Kajaks Std. ab 14 NZ$, Fährräder Tag ab 30 NZ$) Die Firma am Ufer des Pandora Pond vermietet Kajaks, Surfbretter, Windsurfer, Stand Up Paddle Boards, Segelboote und Fahrräder. Wer will, kann Unterricht im Windsurfen und Segeln nehmen.

Mountain Valley ABENTEUERSPORT

(☎06-834 9756; www.mountainvalley.co.nz; 408 McVicar Rd., Te Pohue; Ausritte ab 30 NZ$, Rafting ab 60 NZ$) Mountain Valley, 60 km nördlich von Napier an der SH5 gelegen, ist das Zen-

Napier

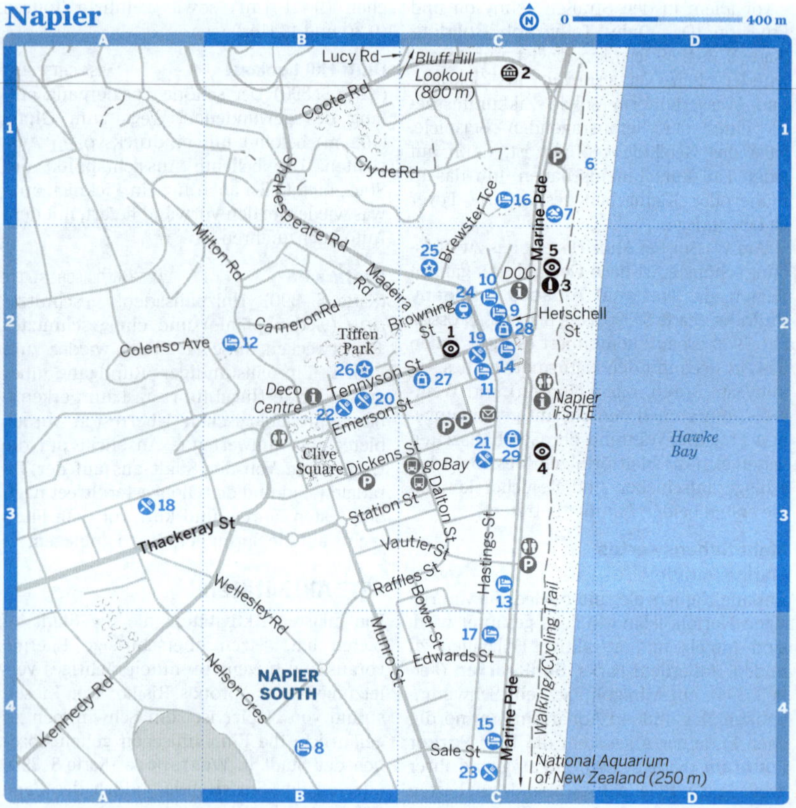

trum für Outdooraktivitäten: Hier kann man ausreiten, in reißender Strömung raften, Kajak fahren und Fliegenfischen. Und wem es gut gefällt, findet auch noch ein nettes Zimmer vor Ort.

Geführte Touren

Zahlreiche Anbieter bieten geführte Touren zu den Art-déco-Juwelen der Stadt und Ausflüge in die Region an.

Absolute de Tours GEFÜHRTE TOUR
(☎06-844 8699; www.absolutedetours.co.nz) Betreibt die „Deco Tour", die in die Stadt, nach Marewa und Bluff Hill (38 NZ$, 75 Min.) führt. Durchaus möglich sind auch halbtägige Touren nach Napier und Hastings (60 NZ$).

Ferg's Fantastic Tours GEFÜHRTE TOUR
(☎0800 428 687; www.fergstours.co.nz; Touren 40–120 NZ$) Die Touren (2–7 Std.) führen nach Napier und Umgebung.

Hawke's Bay Scenic Tours GEFÜHRTE TOUR
(☎06-844 5693; www.hbscenictours.co.nz; Touren 50–90 NZ$) Zu den fünf Tourvarianten gehören „Napier Whirlwind" und der Besuch von Weingütern.

Hawke's Bay Wine Country Cat BOOTSTOUR
(Karte S. 390; ☎0800 946 322; www.experiencehawkesbay.co.nz; West Quay; Bootsfahrten 30–70 NZ$) Zur Auswahl stehen entspannte Bootsfahrten mit Mittag- oder Abendessen oder kürzere Fahrten am Vor- bzw. Nachmittag. Beliebt sind auch die lustigen, familienfreundlichen Duck Tours (1 Std. Erw./Kind/Fam. 45/30/130 NZ$), die Jetbootfahrten (Erw./Kind 55/30 NZ$) und die Fahrten zu mehreren Weingütern (ab 55 NZ$).

Packard Promenade GEFÜHRTE TOUR
(☎06-835 0022; www.packardpromenades.co.nz; Touren für bis zu 4 Pers. 140–600 NZ$) Art-déco- und Weingutfahrten einmal anders: in einem Oldtimer (1939er Packard Six)!

Napier

Sehenswertes

1	Daily Telegraph Building	C2
2	Napier Prison	C1
3	Pania of the Reef	C2
4	Sunken Gardens	C3
5	Tom Parker Fountain	C2

Aktivitäten, Kurse & Touren

6	Fishbike	C1
7	Ocean Spa	C1

Schlafen

8	Aqua Lodge	B4
9	Archie's Bunker	C2
10	County Hotel	C2
11	Criterion Art Deco Backpackers	C2
12	Green House on the Hill	B2
13	Manor on Parade	C3
14	Masonic Hotel	C2
	Napier YHA	(siehe 13)
15	Nautilus	C4
	Sea Breeze	(siehe 13)
16	Seaview Lodge B&B	C1
17	Stables Lodge Backpackers	C4

Essen

18	Burger Fuel	A3
19	Café Ujazi	C2
	Farmers Market	(siehe 1)
20	Groove Kitchen Espresso	B2
21	Kilim Café	C3
22	Kitchen Table	B2
23	Restaurant Indonesia	C4

Ausgehen

24	Brazen Head	C2
	Med Bar	(siehe 14)

Unterhaltung

25	Cabana Bar	C2
26	Napier Municipal Theatre	B2

Shoppen

27	Beattie & Forbes	C2
28	Decorum	C2
29	Opossum World	C3

Feste & Events

Art Déco Weekend KULTUR
(www.artdeconapier.com) In der dritten Februarwoche richten Napier und Hastings gemeinsam das sensationelle Art déco Weekend aus. Die Woche, bei der viele Events sogar gratis besucht werden können, ist gefüllt mit Dinner, Picknicks, Tanzveranstaltungen, Bällen, Bands und Kostümierungen im Gatsby-Stil. Bertie, Napiers Art-déco-Botschafter, ist omnipräsent (mit etwas Glück spannt er für Besucher auch seinen Bizeps an).

Schlafen

LP TIPP Kennedy Park Top 10 Resort CAMPINGPLATZ $
(Karte S. 390; ☎0800 457 275, 06-843 9126; www.kennedypark.co.nz; Storkey St.; Stellplätze 48 NZ$, Wohneinheiten 89–227 NZ$; @📶🏊) Dieser Komplex, der weniger wie ein Campingplatz, sondern eher wie ein ganzer Vorort ausschließlich für Feriengäste wirkt, ist der beste unter Napiers Campingplätzen und hat schon viele Preise gewonnen. Er liegt am nächsten zur Stadt (2,5 km südwestlich des Stadtzentrums) und hat alles, was man sich als Camper so wünscht – nur die Küche könnte etwas größer sein.

Criterion Art Deco Backpackers HOSTEL $
(Karte S. 394; ☎06-835 2059; www.criterionartdeco.co.nz; 48 Emerson St.; B 26 NZ$, EZ 49–85 NZ$, DZ 65–85 NZ$, 3BZ/4BZ 90/120 NZ$ inkl. Frühstück; @📶) Wer interessante Architektur und eine zentrale Lage sucht, wird hier fündig. Der riesige Gemeinschaftsbereich präsentiert beeindruckend die innenarchitektonischen Merkmale des besten Beispiels der Stadt für den spanischen Missionsstil. Die Hausgäste speisen bzw. trinken im Restaurant mit Bar günstiger.

Masonic Hotel HOTEL $$
(Karte S. 394; ☎06-835 8689; www.masonic.co.nz; Ecke Herschell St. & Tennyson St.; EZ 85–95 NZ$, DZ 95–130 NZ$, 3BZ 120–140 NZ$; 📶) Das Masonic im Art-déco-Stil bildet eindeutig das Herzstück der Stadt, denn seine Zimmer, Restaurants und Bars nehmen fast einen ganzen Block ein. Derzeit wird es endlich nach und nach renoviert und erfolgreich und behutsam wieder auf Vordermann gebracht. Wer historische Hotels liebt, wird sich sicherlich in das Masonic verlieben, vor allem angesichts des Balkons im 1. Stock.

Archie's Bunker HOSTEL $
(Karte S. 394; ☎06-833 7990; www.archiesbunker.co.nz; 14 Herschell St.; B/EZ 24/35 NZ$, DZ 60–64 NZ$; @📶) Eine Straße hinter dem Ufer liegt das Archie's, ein adrettes modernes Hostel in einem ehemaligen Bürogebäude. Einige der Zimmer haben keine Fenster, aber im Ganzen ist es ein gut belüftetes, ruhiges und sicheres Etablissement mit freundlichen Besitzern, die auch Räder verleihen.

RADTOUR UM DIE BUCHT

Das immer ausgedehnter werdende Netzwerk **Hawke's Bay Cycle Trails** bietet die ganze Palette an Radfahrmöglichkeiten – von kurzen Fahrten in der Stadt bis hin zu steilen Single Trails.

Napier ist sehr radfreundlich, insbesondere entlang der Marine Parade, wo **Fishbike** (Karte S. 394; www.fishbike.co.nz; 26 Marine Pde., Rad ab 15 NZ$; ⊙9–17 Uhr) bequeme Räder verleiht, darunter auch Tandems.

Fahrradwege ziehen sich von Napier nördlich nach Westshore und Bay View, landeinwärts nach Taradale und zu den Weingütern um Flaxmere sowie südlich entlang der Küste bis nach Clifton. Die Hawke's Bay Cycle Map gibt es bei der i-SITE oder online unter www.hawkesbaynz.com/visit/cyclinghawkesbay. Durchtrainierte Mountainbiker sollten zum **Eskdale Mountain Bike Park** (www.hawkesbaymtb.co.nz; 3-Wochen-Pass 7 NZ$) fahren und werden dort im Wald viel Spaß haben. Mountainbikes verleiht **Pedal Power** (Karte S. 390; ☎06-844 9771; www.pedalpower.co.nz; 340 Gloucester St.; halber/ganzer Tag ab 30/60 NZ$), die Firma hat ihren Sitz in Taradale unweit des Stadtzentrums.

Angesichts des angenehmen Klimas, des Terrains und der zahlreichen Radwege überrascht es nicht, dass einige Fahrradfirmen rund um die Bucht voll durchorganisierte Touren anbieten. Hierzu zählen:

» **Bike About Tours** (☎06-845 4836; www.bikeabouttours.co.nz; alber/ganzer Tag 35/60 NZ$)0)

» **Bike D'Vine** (☎06-833 6697; www.bikedevine.com; Erw./Kind ab 45/25 NZ$)

» **On Yer Bike** (☎06-879 8735; www.onyerbikehb.co.nz; ganzer Tag ohne/mit Mittagessen 50/60 NZ$)

» **Takaro Trails** (☎06-836 5385; www.takarotrails.co.nz; halber/ganzer Tag 55/85 NZ$)

» **Village Cycle Tours & Hire** (☎06-650 7722; www.villagecycletours.co.nz; halber/ganzer Tag 40/60 NZ$)

Napier YHA HOSTEL **$**
(Karte S. 394; ☎06-835 7039; www.yha.co.nz; 277 Marine Pde.; B 29–32 NZ$, EZ/DZ 40/70 NZ$; @☕) Napiers gastfreundliche Jugendherberge befindet sich in einem der Häuser am Strand, die das Erdbeben überstanden haben. Auf manchen wirkt das scheinbar unendliche Gewirr an Räumen ziemlich verwirrend. Toll sind die Leseecken und der sonnige Innenhof. Bob hilft bei den Reservierungen und hat viel Ortskenntnis.

Stables Lodge Backpackers HOSTEL **$**
(Karte S. 394; ☎06-835 6242; www.stableslodge.co.nz; 370 Hastings St.; B 22–28 NZ$, DZ 64 NZ$; @☕) In diesen ehemaligen Stallungen kann man wunderbar absteigen und bekommt ein gemeinsames Abendessen, einen Innenhof mit Grill, Wandmalereien, Katzen und kostenloses Internet geboten.

Aqua Lodge HOSTEL **$**
(Karte S. 394; ☎06-835 4523; aquaback@inhb.co.nz; 53 Nelson Cres.; Stellplätze pro Pers. 18 NZ$, B 26 NZ$, DZ 62–76 NZ$; @☕≋) Die Aqua Lodge liegt zwischen einigen Wohnhäusern in einer ruhigen Wohnstraße und bietet Zeltplätze auf dem Rasen hinter dem Haus. Hier ist es richtig nett, mit kleinem Pool und Garten.

Seaview Lodge B&B B&B **$$**
(Karte S. 394; ☎06-835 0202; www.aseaviewlodge.co.nz; 5 Seaview Tce.; EZ 130–140 NZ$, DZ 170–180 NZ$; ☕) Die prächtige viktorianische Villa (1890) ist Königin über alles, was sie sieht – und das ist ein Großteil der Stadt und ein schönes Stück Ozean. In den eleganten Zimmern befinden sich geschmackvolle historische Elemente, die Zimmer haben ein eigenes Bad auf dem Gang oder ein Bad im Zimmer. Was gibt es Schöneres, als auf der Veranda vor der gemütlichen Gästelounge beim Sonnenuntergang ein Gläschen zu heben?

Rocks Motorlodge MOTEL **$$**
(Karte S. 390; ☎06-835 9626; www.therocksmotel.co.nz; 27 Meeanee Quay, Westshore; Wohneinheiten 110–180 NZ$; @☕) Das Rocks liegt nur 80 m vom Strand entfernt. Mit seinen Wellblechelementen und Holzschnitzereien hat es die Latte unter den Motels am Westshore sehr hoch gelegt. Die Zimmer sind lu-

xuriös und farbenfroh gestaltet, in manchen steht eine freistehende Badewanne, andere haben eine Wanne mit Whirlpool. Das Internet ist hier kostenlos zu empfangen, es gibt einen Fitnessraum und einen Wäscheservice.

Sea Breeze B&B $$
(Karte S. 394; ☎06-835 8067; seabreeze.napier@xtra.co.nz; 281 Marine Pde.; EZ 95 NZ$, DZ 110–130 NZ$; 📶) Die viktorianische Villa am Wasser vermietet drei farbenfrohe Themenzimmer (chinesisch, indisch und türkisch). Alle drei sind mit einer Vielzahl an Gegenständen und exotischem Flair eingerichtet.

Manor on Parade B&B $$
(Karte S. 394; ☎06-834 3885; www.manoronparadenapier.co.nz; 283 Marine Pde.; DZ 155–195 NZ$; 📶) Bequem und gastfreundlich: Dieses zweigeschossige Holzhaus am Wasser ist eindeutig eine gute solide Unterkunft, die sowohl das Erdbeben als auch die Umwandlung in ein B&B heil überstanden hat. Das hintere Zimmer hat eine sonnige Veranda, die vorderen haben Seeblick.

Green House on the Hill B&B $$
(Karte S. 394; ☎06-835 4475; www.the-greenhouse.co.nz; 18b Milton Rd.; EZ/DZ 110/135 NZ$; 📶) Zu diesem komplett vegetarischen B&B geht es einen steilen Hügel hoch – die Belohnung sind viel Grün und ein toller Ausblick auf Stadt und Meer. Der Gästetrakt hat ein Zimmer mit En-Suite-Bad und ein Zimmer mit eigenem Badezimmer. Morgens zum Frühstück bekommt man Selbstgebackenes und feine Kräutertees serviert. WLAN ist ebenfalls gratis.

County Hotel HOTEL $$$
(Karte S. 394; ☎06-835 7800; www.countyhotel.co.nz; 12 Browning St.; Zi./Suite 350/488 NZ$; @📶🏊) Die Ziegelwände des elegant restaurierten edwardianischen Gebäudes gehören zu den wenigen, die das Erdbeben heil überstanden haben und heute ein gewisses Maß an Luxus ausstrahlen. Das Chambers Restaurant setzt abends auf ein gehoben-förmliches Ambiente (Hauptgerichte 30–40 NZ$), während Winstons Portrait siegesgewiss über „Churchills Champagne und Snug Bar" blickt.

Nautilus MOTEL $$$
(Karte S. 394; ☎0508 628 845, 06-974 6550; www.nautilusnapier.co.nz; 387 Marine Pde.; DZ 175–225 NZ$; @📶) Ein neueres Hotel und architektonisch sehenswertes dazu! Jedes Zimmer bietet Ausblick, Miniküchen, eine pfiffige Einrichtung, Whirlpools, private Balkons und ein Restaurant im Haus. Die Wohnungen sind für bis zu sechs Personen gedacht (300 NZ$).

Crown Hotel HOTEL $$$
(Karte S. 390; ☎06-833 8300; www.thecrownnapier.co.nz; Ecke Bridge St. & Hardinge Rd., Ahuriri; Apt. ab 200 NZ$; @📶) Die Umwandlung dieser Kneipe von 1932 in ein schickes Hotel im Apartmentstil muss einige Fischerherzen gebrochen haben. Der neue moderne Flügel bietet umwerfende Ausblicke auf den Ozean. Für das tägliche Training gibt es einen Fitnessraum.

Essen

Napier kann einige Cafés aufweisen, aber wer abends essen gehen möchte, hat es schon schwieriger. Einige der besten Lokale liegen auf den Weingütern der Bucht (S. 404).

Groove Kitchen Espresso CAFÉ $
(Karte S. 394; www.groovekitchen.co.nz; 112 Tennyson St.; Menüs 9–19 NZ$; ⏰Frühstück & Mittagessen; 🥬) Ein kultiviertes Café in kleiner, aber schicker Lage. Hier drehen sich die Plattenteller und die Küche bereitet einen hervorragenden Brunch vor mit Wraps, belegten Broten und Salaten – und dann noch Ingwergebäck, auf das jede Oma stolz wäre. Sehr gut ist auch der Kaffee. Donnerstagabends wird immer wieder einmal Livemusik gespielt.

Kitchen Table CAFÉ $
(Karte S. 394; 138 Tennyson St.; Brunch 8–19 Uhr; ⏰Frühstück & Mittagessen; 🥬) Das bunt angemalte und mit Kunst geschmückte Café teilt sich die luftigen, galerieartigen Räumlichkeit mit einem örtlichen Fotostudio. Die Gerichte sind klassisch-modern, von den Scones bis zum Ziegenkäse-Salat. Hier findet man jede Menge Inspirierendes, sei es auf der Karte oder an den Wänden.

Restaurant Indonesia INDONESISCH $$
(Karte S. 394; ☎06-835 8303; 409 Marine Pde.; Hauptgerichte 20–27 NZ$; ⏰Abendessen Di–So; 🥬) Das kleine Lokal voller indonesischer Kuriositäten verströmt Authentizität. Eine richtig leckere indonesisch-niederländische *rijsttafel* ist die Spezialität des Hauses (enthält 14 Einzelgerichte, 30–36 NZ$). Ideal für alle, die ein romantisches Ambiente bevorzugen. Unbedingt vorab reservieren.

Café Ujazi CAFÉ $

(Karte S. 394; 28 Tennyson St.; Snacks 4–10 NZ$, Mahlzeiten 9–19 NZ$;) Das unkonventionellste Café der Stadt hat meist seine Fenster weit geöffnet, sodass die Stimmung auch auf den Bürgersteig überschwappt, wo Kaffee und Gespräche den Tag füllen. Das alteingessene Café bietet neben den Gerichten, die auf der Kreidetafel zu finden sind, auch herzhaftes Essen vom Tresen. Zu empfehlen ist das klassische *rewana* – ein umfangreiches Frühstück auf traditionellem Maori-Brot.

Burger Fuel BURGER $

(Karte S. 394; 70 Carlyle St.; Burger 9–15 NZ$;) Riesige, superschöne Burger, die als Hauptmahlzeit reichen, vor allem wenn man Pommes mit Aioli und ein Malzmilchshake dazu bestellt. Auch das Lokal ist einladend.

Westshore Fish Café FISH & CHIPS $

(Karte S. 390; 112a Charles St., Westshore; Takeaway 5–8 NZ$, Mahlzeiten 14–28 NZ$; Do–So Mittagessen, Di–So Abendessen) Wer gerne mit Besteck isst, nimmt im Speiseraum Platz. Alle anderen bekommen einfach die berühmten *Fish & Chips* in die Hand gedrückt und arrangieren sich mit den Möwen am Strand.

Kilim Café TÜRKISCH $

(Karte S. 394; 06-835 9100; 193 Hastings St.; Mahlzeiten 9–17 NZ$; 11 Uhr bis spätabends;) Authentische türkische Küche in einem schicken Café-Ambiente, das passend mit ottomanischen Kissen und Wandteppichen ausgestattet ist. Gerichte wie Döner, Falafel und Salate sind alle frisch und lecker, was auch ganz gut ist, denn die Bedienung ist manchmal etwas langsam.

Bauernmarkt BAUERNMARKT

(Karte S. 394; Lower Emerson St.; 8.30–12.30 Uhr) Wer superfrische Produkte wie Obst, Gemüse, Brote und Milchprodukte aus der Region sucht, wird hier fündig.

Ausgehen & Unterhaltung

Was das Nachtleben angeht, schwankt Napier zwischen den traditionelleren Lokalen in der Stadtmitte und einem Schwung Restaurant-Bars am Wasser in Ahuriri. Hier findet man auch eine ganze Anzahl an eher durchschnittlichen Lokalen, die ihr Angebot vor allem auf die Wochenendtouristen ausrichten, die hier im Hochsommer in großer Anzahl einfallen. Typisch sind die scheunenähnlichen Räumlichkeiten, die großen Leinwände, die nautischen Themen, das Kaminfeuer, die Sitzplätze draußen (ein Highlight) und die beschränkte Bierauswahl. Ein eindeutiger Vorteil ist die Chance auf Livemusik sowie der Anblick von enthusiastischen Gästen, die das Tanzen anfangen: Der 70er-Jahre-Twang-Rock ist eindeutig die beste Musik, um die Leute aus der Reserve zu locken. Ahuriris bester Schuppen ist sicher das **Shed 2** (Karte S. 390), knapp gefolgt von **Thirsty Whale** (Karte S. 390) und dem **Gintrap** (Karte S. 390). Und damit ist man eigentlich auch schon alle durch.

Die Ausgeh-Optionen in der Stadt selbst haben ein bisschen mehr Charakter und befinden sich fast alle um die Hastings Street herum.

Med Bar BAR

(Karte S. 394; Masonic Hotel, Ecke Herschell St. & Tennyson St.) Mit Abstand Napiers zivilisierteste Bar. Die warmen Terrakottafarben, die Fliesen und Mosaike sorgen für viel Atmosphäre. Eine zügig arbeitende Bedienung, Cocktails, guter Kaffee, Bistrogerichte (24–30 NZ$) und die gute Lage im Masonic Hotel am Wasser runden das Paket ab.

Brazen Head BAR

(Karte S. 394; 21 Hastings St.) Pokermaschinen stören die Atmosphäre in dieser irischen Kneipe etwas, dafür ist das Bier kalt und die Außenterrasse ein schöner Ort für einen feucht-fröhlichen Abend an.

Cabana Bar LIVEMUSIK

(Karte S. 394; www.cabana.net.nz; 11 Shakespeare Rd.) Dieses legendäre Musiklokal aus den 70er-, 80er- und 90er-Jahren musste 1997 schließen, aber dank einiger enthusiastischer Musikfans ist es wieder zu Leben erweckt worden – zur großen Freude von Napiers Livemusikfans.

Napier Municipal Theatre THEATER

(Karte S. 394; www.napiermunicipaltheatre.co.nz; 119 Tennyson St.) Nicht nur die größte Aufführungsstätte der Stadt für Konzerte, Tanz- und Theatervorstellungen, sondern auch eines der weltweit ganz wenigen Art-déco-Theater, die noch in Betrieb sind. Ein Besuch lohnt sich allein schon wegen der Beleuchtung im Foyer. Die Theaterkasse befindet sich im Theater selbst.

Globe Theatrette KINO

(Karte S. 390; www.globenapier.co.nz; 15 Hardinge Rd., Ahuriri) Eine Erscheinung in Lila! Das Programmkino zeigt Arthousefilme in einer luxuriösen Kinolounge mit gehobenen Snacks in Reichweite.

Shoppen

Die Stadtmitte ist zwar relativ klein, aber Napier hat viele interessante, unabhängige kleine Läden mit einer erstaunlichen Bandbreite an Artikeln. Antiquitätenläden sind, wen wundert es, gleich mehrfach zu finden. Wer sich etwas ernsthafter dafür interessiert, sollte sich vorab die kostenlose Broschüre *Hawke's Bay Antique Trail* im i-SITE besorgen. Sofortige Befriedigung bietet **Decorum** (Karte S. 394; www.decorum-napier.com; Ecke Tennyson St. & Herschell St.), vor allem für Fans von witzigen Klamotten aus längst vergangenen Zeiten.

Kunst- und Kunsthandwerksgalerien werden in einer weiteren kostenlosen Broschüre aufgeführt, in dem *Hawke's Bay Art Guide*, der einmal jährlich erscheint.

Für kuschelige Klamotten komplett aus Naturfasern begibt man sich direkt zu **Opossum World** (Karte S. 394; 157 Marine Pde.) oder **Classic Sheepskins** (Karte S. 390; 22 Thames St.) unweit der Stadtmitte.

Leseratten sollten es sich bei **Beattie & Forbes** (Karte S. 394; www.beattieandforbes.co.nz; 70 Tennyson St.) gemütlich machen, einem etablierten, unabhängigen Buchladen mit vielen neuseeländischen Publikationen im Sortiment.

Praktische Informationen

Banken gruppieren sich an der Kreuzung der Hastings Street und der Emerson Street; Geldautomaten finden sich überall in der Innenstadt. Internetzugang bieten das i-SITE sowie mehrere Cafés der Stadt.

DOC (☎06-834 3111; www.doc.govt.co.nz; 59 Marine Pde.; ⏰Mo–Fr 9–16.15 Uhr) Landkarten, Infos und Genehmigungen.

Napier Health Centre (☎06-878 8109; 76 Wellesley Rd.; ⏰24 Std.)

Napier i-SITE (☎06-834 1911; www.napiercity.co.nz; 100 Marine Pde.; ⏰9–17 Uhr; @) Praktisch und hilfreich.

Napier Polizeiwache (☎06-831 0700; Station St.; ⏰24 Std.)

Napier Post (151 Hastings St.)

An- & Weiterreise

Auto

Praktischerweise fungiert **Napier Airport Car Rental** (☎0800 556 606; www.napierairportcarehire.co.nz) als Repräsentant für zehn Mietwagenfirmen, sowohl für große als auch für kleine regionale Firmen. Die regionale Firma **Rent-a-Dent** (☎06-834 0688; www.napiercarrentals.co.nz) ist ebenfalls am Flughafen zu finden.

Bus

Fahrkarten für **InterCity**-Busse (www.intercity.co.nz) können online oder bei i-SITE gebucht werden. Sie fahren von der Bushaltestelle **Dalton Street** ab, und zwar täglich via Taupo (ab 18 NZ$, 2 Std.) nach Auckland (ab 51 NZ$, 7 Std.), via Wairoa (ab 13 NZ$, 2½ Std.) nach Gisborne (30 NZ$, 4 Std.) und via Waipukurau (ab 13 NZ$, 1 Std.) nach Wellington (ab 22 NZ$, 5½ Std.). Hinzu kommen vier tägliche Busse nach Hastings (ab 18 NZ$, 30 Min.).

Wer richtig gut organisiert ist, kann sich die 1 NZ$-Vorabtickets von **Naked Bus** (www.nakedbus.com) für Fahrten auf der Auckland–Wellington-Strecke via Hastings und Taupo kaufen.

Flugzeug

Hawke's Bay Airport (☎06-835 3427; www.hawkesbay-airport.co.nz) liegt 8 km nördlich der Stadt.

Air New Zealand (☎06-833 5400; www.airnewzealand.co.nz; Ecke Hastings St. & Station St.) Täglich Direktflüge nach Auckland (ab 89 NZ$), Wellington (ab 79 NZ$) und Christchurch (ab 129 NZ$).

Sunair Aviation (☎0800 786 247; www.sunair.co.nz) Bietet wochentags Direktflüge zwischen Napier und Gisborne (280 NZ$) mit Anschlussflügen zu anderen Städten auf der Nordinsel an.

Unterwegs vor Ort

Die meisten Sehenswürdigkeiten der Stadt sind per Fuß erreichbar; schneller ist man per Fahrrad (s. Fishbike, S. 396) unterwegs.

Bus

goBay (☎06-878 9250; www.hbrc.govt.nz) betreibt den regionalen Busverkehr zwischen Napier, Hastings, Havelock North und Umgebung. Zwischen den Hauptorten fahren montags bis freitags genügend Busse, u. a. auf drei verschiedenen Routen zwischen Napier und Hastings (Erw./Kind 4,50/2,50 NZ$). Sie brauchen zwischen 30 Min. (Express) und 55 Min., wenn sie an allen Haltestellen stoppen. Die Busse fahren von der Bushaltestelle Dalton Street ab.

Taxi

Die Taxifahrt von der Stadt zum Flughafen kostet um die 22 NZ$.

Napier Taxis (☎06-835 7777)

Super Shuttle (☎0800 748 885; www.supershuttle.co.nz)

Hastings & Umgebung

66 100 EW.

Das geschäftige Hastings liegt 20 km südlich von Napier in der Mitte des Obstgartens der Hawke's Bay und ist das kommerzielle Zentrum der Region. Ein paar Kilometer an Obstplantagen trennen es noch von Havelock North mit seiner wohlhabenden Dorfatmosphäre und dem Gipfel des Te Mata im Hintergrund.

Sehenswertes & Aktivitäten

Ähnlich wie Napier wurde auch Hastings durch das Erdbeben von 1931 verwüstet, auch hier findet man noch einige schöne Gebäude im Art-déco- bzw. spanischen Missionsstil, die nach der Katastrophe wieder aufgebaut wurden. Zu den Highlights auf der Main Street zählt das **Westerman's Building** (Karte S. 401; Ecke Russell St. & Heretaunga St. E, Hastings), es ist mit Sicherheit das beste Beispiel des spanischen Missionsstils in der Bucht, obwohl es, wenn man sich so umschaut, ernsthafte Konkurrenz hat. i-SITE bietet den Besuchern die Broschüre *Art Deco Hastings* (2 NZ$), in ihr sind zwei Stadtrundgänge im Zentrum detailliert beschrieben.

GRATIS **Hastings City Art Gallery** MUSEUM

(Karte S. 401; www.hastingscityartgallery.co.nz; 201 Eastbourne St. E, Hastings; ⏲10–16 Uhr) Das Städtische Kunstmuseum stellt moderne neuseeländische und internationale Werke in einem netten, zweckmäßigen Gebäude aus.

Te Mata Peak PARK

Der Te Mata Peak, 16 km südlich von Havelock North, erhebt sich melodramatisch aus den Heretaunga Plains und ist Teil des 98 ha großen **Te Mata Trust Park** (Karte S. 390). Die Straße zum 399 m hohen Gipfel führt an Schafpfaden, klapprigen Zäunen und schwindelerregenden Steinböschungen vorbei und erinnert atmosphärisch an ein Zwischending aus öder Mondlandschaft und schottischem Hochland. Der **Aussichtspunkt** (Karte S. 390) könnte eine Renovierung vertragen, aber eigentlich geht es hier ja nur um die Aussicht, die an klaren Tagen über die Hawke Bay und die Mahia Peninsula bis zum fernen Mt. Ruapehu reicht.

Aber außergewöhnlich ist auch der Anblick des Te Mata selber. Für die örtlichen Maori ist er der schlafende Riese *Te Mata O Rongokako*. Von den Feldern rund um Havelock North aus gesehen, kann man sich den Riesen mit ein wenig Fantasie auch wirklich gut vorstellen – er liegt auf dem Rücken, den Kopf nach rechts gewandt.

Das Wegenetz des Parks hält Wanderungen von 30 Minuten bis zu 2 Stunden parat. Wegen der Aussicht empfehlen wir den Peak Trail; alle Strecken sind in der Broschüre *Te Mata Trust Park* ausführlich beschrieben, die in den Besucherzentren der Gegend zu bekommen ist.

Splash Planet SCHWIMMEN

(Karte S. 390; www.splashplanet.co.nz; Grove Rd., Hastings; Erw./Kind 26/18 NZ$; ⏲Nov.–Feb. 10–17.30 Uhr) Dieser riesige Komplex bietet jede Menge Pools, Rutschen und Wasservergnügen.

Airplay Paragliding GLEITSCHIRMFLIEGEN

(☎06-845 1977; www.airplay.co.nz) Te Mata Peak ist bei Gleitschirmfliegern sehr beliebt; gewaltige Aufwinde ermöglichen atemberaubende Flüge. Airplay Paragliding bietet sowohl Tandemflüge (140 NZ$) als auch ganztägige Anfängerkurse (ab 180 NZ$) an.

Geführte Touren

Long Island Guides GEFÜHRTE TOUREN

(☎06-874 7877; www.longislandtoursnz.com; halber Tag ab 180 NZ$) Maßgeschneiderte individuelle Touren und Ausflüge zu unterschiedlichsten Themen, u. a. Kultur der Maori, Buschwanderungen, Kajakfahrten, Ausritte und, wie sollte es anders sein, auch zum Thema Essen und Wein.

Te Hakakino KULTURELLE TOUR

(☎021 057 0935; www.waimaramaori.com; 2–3 Std. 60–120 NZ$) Führungen zu einer alten Festung mit einem dazugehörigen Dorf auf einem Hügel, einschließlich archäologischer Funde und einer Vielzahl kulturellen Themen.

Early Morning Balloons BALLONFAHRTEN

(☎06-879 4229; www.hotair.co.nz; pro Pers. 345 NZ$) Bietet Panoramaausblicke aus dem Ballon auf die Weingüter der Hawke's Bay.

Weintouren

Die meisten der geführten Touren in dieser Region haben mit Wein zu tun. Viele Anbieter bieten Radtouren (S. 396) auf eigene Faust durch Weingebiete an, des Weiteren gibt es auch jede Menge motorisierter Varianten, meistens per Minibus (3–7 Std.) Preis: ab 60 NZ$ pro Person.

Hastings

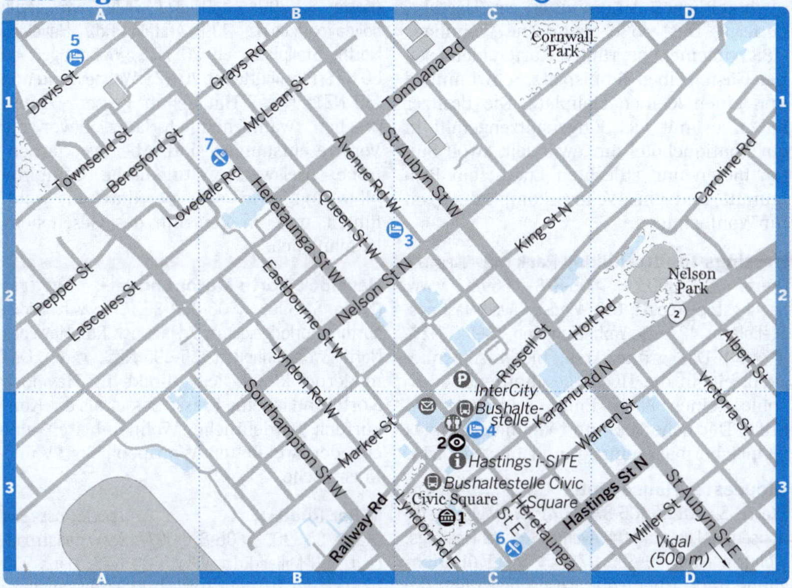

» **Bay Tours & Charters** (06-845 2736; www.baytours.co.nz)

» **Grape Escape** (0800 100 489; www.grapeescape.net.nz)

» **Odyssey NZ** (0508 639 773; www.odysseynz.com)

» **Prinsy's** (06-845 3703; www.prinsyexperience.co.nz)

» **Vince's World of Wine** (06-836 6705; www.vincestours.co.nz)

Feste & Events

Hastings Blossom Festival KULTUR
(06-878 9447; www.blossomfestival.co.nz) Das Hastings Blossom Festival, eine blumige Frühlingsparty, findet in der zweiten Septemberhälfte statt – mit Paraden, Kunst, Kunsthandwerk und Gastkünstlern.

Schlafen

Ein Großteil der gehobenen Unterkünfte liegt außerhalb des Stadtbezirks. Was die Hostels in Hastings angeht, so müssen Touristen sich mit den Horden von Saisonarbeitern um die Betten streiten.

LP TIPP **Clive Colonial Cottages** FERIENHÄUSER $$
(Karte S. 390; 06-870 1018; www.clivecolonialcottages.co.nz; 198 School Rd., Clive; DZ ab 135 NZ$;) 2 Min. zu Fuß vom Strand entfernt, liegen die Hütten ungefähr auf halber Strecke zwischen Hastings, Napier und Havelock. Die drei zu diesem Zweck gebauten charmanten Ferienhäuser gruppieren sich um einen Innenhofgarten auf einem 8100 m² großen Gartengrundstück. Zu den netten Gemeinschaftsbereichen gehören ein Grillplatz, ein Spielzimmer und ein Pétanqueplatz. Fahrräder sind vorhanden, ein Radweg beginnt direkt vor der Haustür.

Hastings

Sehenswertes
1 Hastings City Art Gallery C3
2 Westerman's Building C3

Schlafen
3 Gloucester House Motel C2
4 Rotten Apple C3
5 Sleeping Giant A1

Essen
6 Opera Kitchen C3
7 Rush Munro's B1

Mangapapa Petit Hotel BOUTIQUEHOTEL $$$
(Karte S. 390; 06-878 3234; www.mangapapa.co.nz; 466 Napier Rd., Havelock North; DZ inkl.

Frühstück 450–1500 NZ$; @) Das Boutiquehotel liegt 5 Autominuten von Hastings entfernt. Das große historische Wohnhaus (1885) in einem begrünten Garten bietet seinen Gästen einen Tennisplatz, Schwimmbad und einen kleinen Golfplatz. Die Besitzer haben es mit viel Fingerspitzengefühl in ein Boutiquehotel umgewandelt, zwölf Suiten bieten nun stilechten Luxus; ein Restaurant und ein Wellnesskomplex sorgen für Wohlbefinden.

Hastings Top 10 Holiday Park CAMPINGPLATZ $
(Karte S. 390; ☎06-878 6692; www.hastingstop10.co.nz; 610 Windsor Ave., Hastings; Stellplätze 42 NZ$, Wohneinheiten 78–145 NZ$; @) Das grüne Areal bietet Ahornhecken, ein in die Hecke geschnittenes „welcome", einen Bach, Enten und ganz viel Stille. Der neue Pool- und Wellnesskomplex ist gleichermaßen für Alt und Jung gedacht.

Gloucester House Motel MOTEL $$
(Karte S. 401; ☎06-876 3741; www.gloucesterhousemotel.co.nz; 404 Avenue Rd. W, Hastings; Wohneinheiten 99–125 NZ$;) Palisadenzäune und farbenfrohe Rosen begrüßen die Gäste dieses makellosen Motels, das nur vier Gehminuten von der Stadtmitte entfernt liegt. Die elf Wohneinheiten sind blitzsauber und geräumig, mit Kochgelegenheit und abgetrenntem Wohn-/Essbereich. Zum Abkühlen kann man dann einfach in den Pool springen.

Sleeping Giant HOSTEL $
(Karte S. 401; ☎06-878 5393; sleepinggiant@xtra.co.nz; 109 Davis St., Hastings; B/2BZ/DZ 20/50/60 NZ$;) Ein bequemes Hostel in einer Wohnstraße, 10 Gehminuten sind es in die Stadt. Ein Schwung Dauergäste – sonnengebräunte, drahtige Farmarbeiter – sorgen in den relativ beengten Gemeinschaftsbereichen von Lounge und Innenhof, wo öfters mal ein Grillabend stattfindet, für ein entspanntes Kennenlernen. Parkmöglichkeiten sind vorhanden.

Rotten Apple HOSTEL $
(Karte S. 401; ☎06-878 4363; www.rottenapple.co.nz; 114 Heretaunga St. E, Hastings; B 26 NZ$, EZ/DZ 50/70 NZ$;) Das Hostel in der Stadtmitte ist eine ziemlich fruchtige Angelegenheit mit ein paar Obstfarm-Arbeitern als Dauergästen. Flachbildschirm, ein bisschen Balkon, eine ordentliche Küche, ein freundliches Ambiente – alles umsatzsteigernd für das Rotten Apple. Abends darf man kostenlos parken.

Arataki Holiday Park CAMPINGPLATZ $
(Karte S. 390; ☎06-877 7479; www.aratakiholidaypark.co.nz; 139 Arataki Rd., Havelock North; Stellplätze ab 20 NZ$, Wohnwagen ab 60 NZ$, Blockhütten ab 70 NZ$, Wohneinheiten ab 130 NZ$;) Hat schon bessere Zeiten gesehen, wahrscheinlich lange bevor die Vororte entstanden sind. Aber wer farbenfrohe, preiswerte, altmodische Campingplätze mag, wird sich hier durchaus wohlfühlen, und im Zentrum des Geschehens ist man auch.

Havelock North Motor Lodge MOTEL $$
(Karte S. 390; ☎06-877 8627; www.havelocknorthmotorlodge.co.nz; 7 Havelock Rd., Havelock North; Wohneinheiten 135–195 NZ$; @) Das moderne Motel liegt direkt in Havelock North und ist eine Klasse besser als die Konkurrenz. Ordentliche Wohneinheiten mit ein oder zwei Betten, Whirlpool, Sky TV und Kochnische.

Millar Road FERIENHÄUSER $$$
(Karte S. 390; ☎06-875 1977; www.millarroad.co.nz; 83 Millar Rd.; „Villa" 600 NZ$, Haus 950 NZ$;) In den Tuki Tuki Hills gelegen, mit Ausblicken auf Weinberge und die Bucht und auch noch architektonisch äußerst ansprechend. Zwei elegante „Villen" (für bis zu 4 Pers.) und ein superschickes Haus (für bis zu 8 Pers.) sind mit neuseeländischen Möbeln, Gemälden und Kunstwerk aus der Region gefüllt. Urlaubsgäste können das rund 20 ha große Grundstück erkunden oder gemütlich am Gemeinschaftspool entspannen.

Essen

Den Weingütern und handwerklichen Lebensmittelherstellern verdankt diese Gegend ihre kulinarischen Highlights. Hierzu gehören köstliche Mittagessen, die man auf Weingütern genießen kann (S. 404), Speiseeis und eine verblüffende Menge an Eingelegtem.

Opera Kitchen CAFÉ $$
(Karte S. 401; 312 Eastbourne St. E, Hastings; Snacks 5–7 NZ$, Mahlzeiten 9–22 NZ$; ⊙Frühstück & Mittagessen;) Das moderne, elegante Café bietet eine interessante Karte, u. a. gesunde Frühstücksvariationen mit Müsli und Obstkompott. Den weniger kalorienbewussten Gästen ist das *Farmer's breakfast* zu empfehlen. Himmlische Backwaren, großartiger Kaffee und schnelle Bedienung sorgen dafür, dass sich die Gäste rundum

wohlfühlen. Die Tische stehen innen und draußen im sonnendurchfluteten Innenhof.

Deliciosa TAPAS $$
(Karte S. 390; ☎06-877 6031; 21 Napier Rd., Havelock North; Tapas 8–17 NZ$; ⏲Mo–Mi 16 Uhr bis spätabends, Do–Sa 11 Uhr bis spätabends) Die intime Tapasbar serviert verschiedenste Köstlichkeiten in kleinen Portionen, die Karte führt so viele internationale Küchen auf, dass sie aus einem Restaurant der Vereinten Nationen stammen könnte. So rivalisieren hier Entenrillette, libanesisches Rindfleisch mit sieben Gewürzen und Waldorfsalat miteinander, die alle mit regionalen Zutaten zubereitet werden.

BJs Bakery BÄCKEREI $
(Karte S. 390; 12 Havelock Rd., Havelock North; Pies 3–5 NZ$; ✎) In dieser Filiale einer der größten Bäckereien der Region stapeln sich schicke Kuchen und Sandwiches zusammen mit den eindeutig besten Pies der Gegend. Die Gäste können aber auch warme Mahlzeiten, einen guten Espresso und Wein ordern, gratis sind das angenehme Ambiente und der richtig schnelle Service.

Diva MODERN-NEUSEELÄNDISCH $$
(Karte S. 390; ☎06-877 5149; 1/10 Napier Rd., Havelock North; Mahlzeiten 12–3 NZ$2; ⏲Mittagessen Di–Fr, Abendessen Di–Sa) Das Diva ist das angesagteste Lokal in Havelock. Hier bekommt man ein Mittagessen zu vernünftigen Preisen, sei es Fish & Chips oder Caesar Salat, sowie eine Bistrokarte mit frischen Meeresfrüchten und saisonalen Spezialitäten. Gegessen wird wahlweise im etwas protzigen Speiseraum, in der trendigen Bar (Snacks ab 6 NZ$) sowie an Tische auf dem lebhaften Bürgersteig.

Pipi PIZZERIA $$
(Karte S. 390; ☎06-877 8993; 16 Joll Rd., Havelock North; Hauptgerichte 16–24 NZ$; ⏲Di–So 16–22 Uhr; ✎) Knatschpink mit Bonbonstreifen und Möbelsolitären – so frech antwortet Pipi auf kleinstädtische Konventionen. Beim Essen stehen einfache Pastagerichte und dünne Pizzas nach römischer Art im Mittelpunkt.

Bay Espresso CAFÉ $
(Karte S. 390; 141 Karamu Rd., Hastings; Snacks & Mittagessen 6–19 NZ$; ⏲7–16 Uhr; ✎) Das einfache, aber sehr beliebte Café an der Hauptstraße serviert selbstgerösteten Biokaffee, kocht ansprechendes Tresen-Essen und bietet einen akzeptablen Brunch. Den sollte man am besten draußen auf der sonnigen Terrasse hinter dem Haus genießen.

Rush Munro's EIS $
(Karte S. 401; 704 Heretaunga St. W, Hastings; Eis 3–8 NZ$) Rush Munro's ist ein Wahrzeichen von Hastings. Es serviert seit 1926 Speiseeis mit Zutaten aus der Region.

Hastings Bauernmarkt BAUERNMARKT
(Karte S. 390; Showgrounds, Kenilworth Rd.; ⏲8.30–12.30 Uhr) Wer an einem Sonntag in der Gegend ist, sollte sich den Bauernmarkt in Hastings nicht entgehen lassen. Mitzubringen sind: ein leerer Magen, Geld und eine große Einkaufstasche.

Ausgehen

Außerhalb der Weingüter gibt es nur wenige herausragende Lokale.

Rose & Shamrock PUB
(Karte S. 390; Ecke Napier Rd. & Porter Dr., Havelock North) Ein Pub in britischem Stil mit Teppich, dunklem Holz und ein paar britischen Bieren vom Fass sowie herzhaftem Pubessen (Hauptgerichte 14–bis 26 NZ$). Samstagabend wird manchmal Livemusik gespielt.

Loading Ramp PUB
(Karte S. 390; 6 Treachers Lane, Havelock North; ⏲15 Uhr bis spätabends) Dieser hohe Raum mit viel Holz zieht ein gemischtes Publikum ausgelassener jungen Leuten an, vor allem am Wochenende, wenn die Schlange der Einlasssuchenden manchmal ein ganzes Stück die Straße hinunter reicht. Bietet auch Pubessen.

Filter Room BRAUEREI
(Karte S. 390; www.hbib.co.nz; Awatoto Rd., Meeanee; ⏲So–Do 10–17, Fr & Sa 10–19 Uhr) Die Brauerei zwischen Obsthöfen bietet eine große Auswahl an Bier- und Apfelweinsorten, die alle vor Ort produziert werden. Dazu kommen ein Probierteller, der mit 15 NZ$ richtig günstig ist, und ordentliche Hausmannskost.

Shoppen

Es kommt einem so vor, als ob die Region um Hastings hauptsächlich zu diesem Zweck existiert, den Hunger der Einheimischen und Gäste zu stillen. Neben einer großen Anzahl an Weingütern (S. 404) findet sich hier auch eine Fülle an kleinen Lebensmittelherstellern. Die folgende Liste stellt lediglich eine Auswahl dar:

WEINGÜTER IN DER HAWKE'S BAY

Ursprünglich waren es die Obstplantagen, für die diese Region bekannt war. Heutzutage sind es die Weinreben, denn Hawke's Bay ist inzwischen das zweitgrößte Weinanbaugebiet Neuseelands. Die Reben wachsen rund um Havelock North und am Tuki Tuki River, an der Küste bei Te Awanga sowie in den steinigen Gimblett Gravels westlich von Flaxmere. Erzeugt werden ausgezeichnete bordeauxähnliche Rotweine sowie Syrah und Chardonnay.

Die besten Adressen zum Weintrinken und zum Essen:

» **Vidal** (Karte S. 390; ☎06-872 7440; www.vidal.co.nz; 913 St Aubyn St., Hastings; Hauptgerichte mittags 20–30 NZ$, Hauptgerichte abends 28–39 NZ$; ⏲11.30 Uhr bis spätabends) Zwar liegt dieses Weinrestaurant etwas versteckt in einer Nebenstraße im vorstädtischen Hastings, aber provinziell ist das Lokal deshalb noch lange nicht. Der freundliche, holzgetäfelte Speiseraum liefert den passenden Rahmen für die eleganten Gerichte. Gebratene Poularde mit Pancetta und Estragon sind zwei der sommerlichen Highlights.

» **Elephant Hill** (Karte S. 390; ☎06-872 6060; www.elephanthill.co.nz; 86 Clifton Rd., Te Awanga; Hauptgerichte 32–38 NZ$; ⏲11–22 Uhr) Ultramodernes Weingut mit trendiger Architektur. Essen, Wein und Bedienung entsprechen dem umwerfenden Meeresblick. Insbesondere die Probierplatte mit Ente begeistert. Zu fortgeschrittener Stunde nimmt man an der eleganten, tiefer liegenden Bar einen Aperitif oder Nachtisch zu sich.

» **Terrôir at Craggy Range** (Karte S. 390; ☎06-873 0143; www.craggyrange.com; 253 Waimarama Rd., Havelock North; Hauptgerichte 37–40 NZ$; ⏲Mo–So Mittagessen, Mo–Sa Abendessen) Auf die Küche des Terrôir, das in einem kathedralen-ähnlichen „Weinfass" zu finden ist, ist immer Verlass. Es liefert Gerichte auf gleichbleibend hohem Niveau; die Terrasse bietet imposante Ausblicke auf den Gipfel des Te Mata.

Ein Test der angebotenen Weinproben

Den ganzen Sommer über stehen Weinkellertore für Weinverkostungen offen (im Winter kürzere Öffnungszeiten). Die Weinverkostungen sind meist kostenlos; ab und zu wird eine geringe Gebühr erhoben, die bei Weinkauf wieder erstattet wird. Ein guter Leitfaden ist der *Hawke's Bay Winery Guide*, der sich auch von der Website www.winehawkesbay.co.nz herunterladen lässt.

» **Black Barn Vineyards** (Karte S. 348; ☎06-877 7985; www.blackbarn.com; Black Barn Rd., Havelock North) Bistro, Galerie, beliebter Weinbauernmarkt am Samstag und eigenes Amphitheater.

» **Brookfields** (Karte S. 348; www.brookfieldsvineyards.co.nz; 376 Brookfields Rd., Meeanee) Ausgezeichnete Rotweine. Der „sonnengetrocknete" Malbec ist eine leckere Variante des italienischen Amarone.

» **Church Road** (Karte S. 348; www.churchroad.co.nz; 150 Church Rd., Taradale) Geführte Touren über das Weingut und durch das Museum (11 und 14 Uhr).

» **Clearview Estate Winery** (Karte S. 348; ☎06-875 0150; www.clearviewestate.co.nz; 194 Clifton Rd., Te Awanga) Prämierte Weine, gehobenes Restaurant, entspannt und familienfreundlich.

» **Crab Farm Winery** (☎06-836 6678; www.crabfarmwinery.co.nz; 511 Main North Rd., Bay View; ⏲Fr–So 10–17, Fr 18 Uhr bis spätnachts) Ordentliche, nicht zu teure Weine und ein richtig gutes Café.

» **Esk Valley Estate** (Karte S. 390; www.eskvalley.co.nz; 745 Main North Rd., Bay View) Ausgezeichnete Rotweine, vergleichbar mit Bordeaux, Chardonnay und Riesling.

» **Mission Estate** (Karte S. 390; ☎06-845 9354; www.missionestate.co.nz; 198 Church Rd., Napier) Neuseelands ältestes Weingut; wunderschöne Grünanlagen und Restaurant in einem restaurierten Priesterseminar.

» **Ngatarawa** (Karte S. 390; www.ngatarawa.co.nz; 305 Ngatarawa Rd., Bridge Pa) Alte Stallungen mit rustikalem Kellertor und Picknickmöglichkeiten.

» **Salvare** (Karte S. 390; www.salvare.co.nz; 403 Ngatarawa Rd., Bridge Pa) Ein kleines Weingut, dessen Wein und Weinkellererlebnis jedoch in einer viel höheren Liga spielen.

» **Sileni Estates** (Karte S. 390; www.sileni.co.nz; 2016 Maraekakaho Rd., Bridge Pa) Wein, Käse, Schokolade und ein charmantes Weinkellererlebnis.

» **Te Awa** (Karte S. 390; ☎06-879 7602; www.teawa.com; 2375 SH50) Lässig-stilvolles Weingut und eine gute familienfreundliche Wahl für ein Mittagessen.

» **Te Mata Estate** (Karte S. 390; www.temata.co.nz; 349 Te Mata Rd., Havelock North) Legendärer roter Coleraine und Elston Chardonnay.

» **Trinity Hill** (Karte S. 390; www.trinityhill.com; 2396 SH50) Hier gibt es ernstzunehmende Rotweine und hervorragende Chardonnays in einem eindrucksvollen barockindustriellen Fasshalle.

Arataki Honey ESSEN
(Karte S. 390; www.aratakihoney.co.nz; 66 Arataki Rd., Havelock North; ⌚9–17 Uhr) Hier kann man sich mit Honigprodukten für das Frühstück oder die Hautpflege eindecken. Interaktive Exponate, die auch Kinder spannend finden, zeigen den ganzen klebrigen Kreislauf von der Blume bis zum fertigen Produkt im Glas.

Hohepa Organic Cheeses ESSEN
(Karte S. 390; www.hohepa.com; 363 Main Rd., Clive; ⌚Mo–Fr 9–17, Sa 9.30–14.30 Uhr) Wird von einer Organisation für Geistigbehinderte betrieben, die nach den Ideen von Rudolf Steiner arbeitet. Der Laden verkauft Produkte der Region, darunter Käse (wird vor Ort hergestellt), biologisch-dynamisch gezogenes Obst und Gemüse, Kerzen und Bekleidung.

Silky Oak Chocolate Company ESSEN
(Karte S. 390; www.silkyoakchocs.co.nz; 1131 Links Rd., Waiohiki; ⌚Mo–Do 9–17, Fr 9–16, Sa & So 10–16 Uhr) Hier können die Besucher einen Blick auf die Pralinenherstellung werfen und haben anschließend die Qual, sich zwischen köstlichen Schokoladentrüffeln und Rugbybällen aus Schokolade entscheiden zu müssen. Das Museum (Erw./Kind 8/5 NZ$) bietet Details und viel Wissenswertes zur Geschichte der Schokolade und zeigt das eine oder andere antike Artefakt, beispielsweise aus der Mayazeit. Nebenan befindet sich ein Café.

Strawberry Patch ESSEN
(Karte S. 390; www.strawberrypatch.co.nz; 76 Havelock Rd., Havelock North; ⌚9–17.30 Uhr) Beeren (je nach Saison) zum Selbstpflücken und das ganze Jahr über frische Lebensmittel, Picknickzutaten und Speiseeis mit Obststücken.

Telegraph Hill ESSEN
(Karte S. 390; www.telegraphhill.co.nz; 1279 Howard St, Hastings; ⌚Mo–Fr 9–17, Sa 10–15 Uhr) Ein kleiner Produzent von Oliven, Ölen und allen möglichen Gourmetleckereien mit mediterranem Einfluss. Picknickkörbe für vier Personen (30 NZ$) erlauben den sofortigen Genuss.

Praktische Informationen

Hastings i-SITE (☎06-873 0080; www.hastings.co.nz; Ecke Russell St. & Heretaunga St. E; ⌚Mo–Fr 8.30–17, Sa 9–16, So 9–15 Uhr; @) Internetzugang, kostenlose Landkarten, Wanderbroschüren und Buchungen.

Havelock North Information Centre (☎06-877 9600; www.havelocknorthnz.com; Ecke Te Aute Rd. & Middle Rd., Havelock North; ⌚Mo–Fr 10–16, Sa & So 10–14 Uhr) Infos, Fahrradverleih und vieles mehr.

Hawke's Bay Hospital (☎06-878 8109; Omahu Rd.) Krankenhaus der Region.

Polizeiwache (☎06-873 0500; Railway Rd.)

Post (Ecke Market St. & Heretaunga St. W)

An- & Weiterreise

Napiers Hawke's Bay Airport (S. 399) liegt 20 Min. mit dem Auto entfernt. **Air New Zealand** (☎06-873 2200; www.airnewzealand.co.nz; 117 Heretaunga St. W) betreibt in der Stadtmitte von Hastings ein Büro.

Die **InterCity Bushaltestelle** liegt auf der Russell Street. **InterCity** (☎06-835 4326; www.intercity.co.nz) und **Naked Bus** (www.nakedbus.com) Busse können online oder am i-SITE gebucht werden.

Unterwegs vor Ort

goBay (S. 399) betreibt den regionalen Busverkehr und fährt Napier, Hastings, Havelock North und Umgebung an. Täglich verkehren zahlreiche Busse zwischen den Hauptorten, darunter auf drei verschiedenen Routen zwischen Napier und Hastings (30 Min. – Express – bis zu 55 Min. bei Stopps an allen Haltestellen). Die Busse fahren von der **Bushaltestelle Civic Square** ab. Tickets kosten max. Erw./Kind 4,50/2,50 NZ$. Zwischen Hastings und Havelock North fahren die Busse täglich außer Sonntag (Erw./Kind 3/2 NZ$, 35 Min.). Der Fahrer hält bei Handzeichen, bezahlt wird im Bus.

Hastings Taxis (06-878 5055) ist das örtliche Taxiunternehmen.

Cape Kidnappers

Von Mitte September bis Ende April drängen sich am Cape Kidnappers (so benannt, weil einheimische Maori hier versuchten, Cooks tahitianischen Dienstjungen zu entführen) kreischende Australtölpel. Normalerweise nisten die großen Vögel auf abgelegenen Inseln, aber hier haben sie sich fürs Festland entschieden und lassen sich von menschlichen Beobachtern nicht stören.

Die Vögel nisten gleich nach ihrer Ankunft. Nachdem die Eier etwa sechs Wochen bebrütet wurden, schlüpfen die Jungen ab Anfang November. Im März beginnen die Tölpel ihre Wanderung; im Mai sind alle Vögel verschwunden.

Anfang November bis Ende Februar ist die beste Zeit für den Besuch. Man kann an einer geführten Tour teilnehmen oder auf dem Walkway zur Kolonie spazieren: vom Parkplatz des Clifton Reserve (Parken 3 NZ$) beim Clifton Motor Camp sind es hin und zurück ungefähr 5 Stunden. Auf dem Weg entdeckt man interessante Klippenformationen, Gezeitentümpel, einen geschützten Picknickplatz und natürlich die Vögel. Bei der Wanderung muss man den Gezeitenstand beachten: nicht früher als drei Stunden nach der Flut losgehen und nicht später als anderthalb Stunden nach Ebbe den Rückweg antreten!

Nach Clifton fahren Busse nur unregelmäßig, die unten genannten Touranbieter bringen Gäste aber gegen eine zusätzliche Gebühr zum Kap; mit dem Rad hinzufahren wäre eine weitere und wahrscheinlich günstigere Option (S. 396).

Stärken kann man sich im netten **Clifton Bay Café** (Karte S. 390; 468 Clifton Rd.; Mahlzeiten 12–25 NZ$; 10–16 Uhr), einem gut besuchten Lokal für eine Mahlzeit vor oder nach dem Besuch der Basstölpel.

Geführte Touren

Der Beginn der Ausflüge richtet sich nach den Gezeiten; die örtlichen i-SITEs und sowie die einzelnen Anbieter haben Gezeitentabellen.

LP TIPP **Gannet Beach Adventures** ÖKOTOUR
(Karte S. 390; 0800 426 638; www.gannets.com; Erw./Kind/Fam. 39/24/95 NZ$) Angereist wird in einem Traktoranhänger, der am Strand entlang fährt. Dann geht es zu Fuß für etwa 90 Min. auf das Kap. Ein toller Ausflug (insgesamt 4 Std.), der am Clifton Reserve beginnt.

Gannet Safaris ÖKOTOUR
(Karte S. 390; 0800 427 232; www.gannetsafaris.co.nz; Summerlee Station; Erw./Kind 60/30 NZ$) Mit Allradfahrzeugen geht es über Farmland zur Tölpelkolonie. Die dreistündigen Touren beginnen um 9.30 und 13.30 Uhr. Die Firma bietet auch Safaris für Kleingruppen (www.kidnapperssafaris.co.nz) an, bei denen es hinter dem rattensicheren Zaun hindurch ins wunderschöne Schutzgebiet geht.

Im Zentrum von Hawke's Bay

Südlich von Hastings erstrecken sich Weiden und zwischendrin die prächtigen Gehöfte der viktorianischen Viehzüchter. In diese Gegend verirren sich kaum Touristen, aber sie ist reich an Geschichte und einsamen Stränden. Waipukurau (alias „Wai-puk"), die wichtigste Siedlung, ist nicht gerade spannend, doch lohnt ein Halt beim äußerst hilfreichen **Central Hawke's Bay Information Centre** (06-858 6488; www.centralhawkesbay.co.nz; Railway Esp.; Mo–Fr 9–17, Sa bis 13 Uhr) im alten Bahnhof. Hier erhält man die ausführliche Broschüre *Experience Central Hawke's Bay* und Faltblätter, die historische Trails, DOC-Reservate und Wanderungen beschreiben.

Sehenswertes

Es gibt an der hiesigen Küste nicht weniger als sechs windgepeitschte, interessante Strände: **Kairakau**, **Mangakuri**, **Pourerere**, **Aramoana**, **Blackhead** und **Porangahau**. Die ersten fünf sind zum Schwimmen geeignet, und außerdem werden eine ganze

Reihe Aktivitäten rund um Sand und Salzwasser angeboten, darunter Surfen, Angeln und Wanderungen zwischen Treibholz und Felsteichen. Zwischen dem Aramoana und dem Blackhead Beach liegt das **Te Angiangi Marine Reserve** – Schnorchel mitbringen!

Es ist ein unscheinbarer Hügel im gefühlten Nirgendwo, aber der Ort mit dem zweitlängsten Namen der Welt bietet sich trotzdem für einen Fototermin an. **Taumatawhakatangihangakoauauotamateaturipukakapikimaungahoronukupokaiwhenuakitanatahu** ist nämlich die Abkürzung für „Die Kuppe eines Hügels, wo Tamatea, der Mann mit den großen Knien, der rutschte, kletterte und Berge aß und der der Landverspeiser genannt wird, seinem Bruder auf der Flöte vorspielte". Um dorthin zu gelangen, sollte man in Waipukurau nochmals tanken und der Route 52 für 40 km bis zur Mangaorapa-Kreuzung folgen. Dort biegt man links ab und fährt 4 km Richtung Porangahau. An der Kreuzung mit den Wegweisern rechts abbiegen, dann sind es noch 4,3 km bis zum Ortsschild.

In **Ongaonga**, einem alten Dorf 16 km westlich von Waipawa, stehen interessante viktorianische und edwardianische Gebäude. Eine Broschüre für Stadtrundgänge auf eigene Faust erhält man in der Touristeninformation in Waipukurau.

Das **Central Hawke's Bay Settlers Museum** (www.chbsettlersmuseum.co.nz; 23 High St.; 2 NZ$; ⏲10–16 Uhr) in **Waipawa** zeigt Artefakte aus der Pionierzeit, informative Schaubilder zu Gehöften (*homesteads*) der Region und ein schönes Exemplar eines Flusskanus (*waka*).

Schlafen & Essen

Lochlea Backpacker Farmstay BAUERNHOF **$**
(☎06-855 4816; 344 Lake Rd., Wanstead; Campingplätze ab 23 NZ$, B/DZ/4BZ 26/60/106 NZ$; 🏊) Diese idyllische Farm, auf deren Weiden einzelne Baumgruppen zu finden sind, liegt wunderbar weit weg von allem urbanen Stress. Die Zimmer sind schlicht, aber das gemeinschaftlich genutzte Wohnzimmer sehr gemütlich. Außerdem gibt's einen Pool, einen Tennisplatz und jede Menge Koppeln zum Durchwandern.

Gwavas Garden Homestead B&B **$$$**
(☎06-856 5810; www.gwavasgarden.co.nz; 5740 SH50, Tikokino; DZ mit Frühstück 245–285 NZ$; 📶) Dieses großartige alte Gehöft von 1890 liegt 6 km von Tikokino entfernt. Zimmer für Zimmer wurde es behutsam restauriert, sodass die Gäste jetzt mit hübschen Blumentapeten, Stilmöbeln und hochwertiger Bettwäsche verwöhnt werden. Außerdem im Angebot: Frühstück auf der Veranda, dann ein Tennismatch auf dem Rasen oder ein Spaziergang durch den international berühmten, 9 ha großen „Cornish" Garden.

Misty River Café CAFÉ **$$**
(12 High Street, Waipawa; Hauptgerichte 14–20 NZ$; ⏲Mi–So 9–16 Uhr) Dieses putzige Café zaubert ein bisschen europäisches Flair auf die funktional wirkende Hauptstraße. Auf der Karte stehen supertolle Salate, frischer Schinken, Pasta, Nachos und andere internationale Lieblingsgerichte. Und einfach umwerfend gute Backwaren.

Paper Mulberry Café CAFÉ **$**
(SH2, Pukehou; Mahlzeiten 8–17 Uhr; ⏲Do–Mo 7–16 Uhr) Das rustikale Café mit Galerie liegt zwischen Waipukurau und Hastings und serviert ausgezeichneten Kaffee und gute Hausmannskost (sowie leckeres Karamell). Zum Essen und Shoppen sehr zu empfehlen.

Oruawharo CAFÉ **$$**
(☎06-855 8274; www.oruawharo.com; 379 Oruawharo Rd., Takapau; Morgen- und Nachmittagstee 15 NZ$, Mittagessen 20–25 NZ$) Oruawharo (1879), eines der örtlichen ländlichen Herrenhäuser, bildet die tolle Kulisse für *high tea* oder Mittagessen, die auf feinem Porzellan serviert werden.

An- & Weiterreise

Die Busse von **InterCity** (www.intercity.co.nz) und **Naked Bus** (www.nakedbus.com) fahren auf der Strecke von Wellington nach Napier durch Waipawa und Waipukurau.

Kaweka Range & Ruahine Range

Die entlegenen Gebirgszüge Kaweka Range und Ruahine Range trennen Hawke's Bay und das Zentrale Plateau (Central Plateau). Die bewaldeten Gebiete bieten einige der besten Wandermöglichkeiten der Nordinsel, Infos zu Wegen und Hütten sind in den DOC-Broschüren *Kaweka Forest Park & Puketitiri Reserves* und *Eastern Ruahine Forest Park* zu finden.

Ein uralter Maori-Weg, inzwischen unter dem Namen **Gentle Annie Road** bekannt, verläuft von Omahu bei Hastings landeinwärts nach Taihape und führt dabei durch Otamauri und Kuripapango (wo es einen schlichten, aber hübschen DOC-Campingplatz gibt, 5 NZ$). Die Route ist landschaftlich schön und dauert etwa 3 Std.

Kaweka J, mit 1724 m der höchste Punkt des Gebirges, lässt sich auf einer drei- bis fünfstündigen Wanderung erwandern. Der Weg beginnt am Ende der Kaweka Road, von Napier aus geht es erst die Puketitiri Road und dann die Whittle Road entlang. Allein schon die Autofahrt lohnt sich, die – teils auf unbefestigten Straßen – hin und zurück 3 Std. dauert.

Vor oder nach der dreistündigen Wanderung auf dem **Te Puia Track,** der dem hübschen **Mohaka River** folgt, bieten heiße Quellen Entspannung. Von Napier nimmt man zu den **Mangatutu Hot Pools** die Puketitiri Road, dann die Pakaututu Road und folgt schließlich der Makahu Road bis zu ihrem Ende.

Der Mokaha kann mit den Schlauchbooten von **Mohaka Rafting** (☎027 825 8539, 06-839 1808; www.mohakarafting.com; ab 75 NZ$) befahren werden.

Wellington & Umgebung

Inhalt »

Gut essen

» Ortega Fish Shack (S. 428)

» Trio Café at Coney Winery (S. 442)

» Moore Wilson Fresh (S. 430)

» Logan Brown (S. 428)

» Scopa (S. 428)

» Schoc Chocolates (S. 445)

Schön übernachten

» YHA Wellington City (S. 423)

» Ohtel (S. 423)

» Martinborough Top 10 Holiday Park (S. 441)

» Moana Lodge (S. 423)

Auf nach Wellington!

Wenn die Neuseelandreise die Besucher bislang nur durch freie Natur und verschlafene Landstädtchen führte, dann ist Wellington eine angenehme urbane Alternative: Programmkinos, flippige Boutiquen, hippe Bars, Livemusik und jede Menge Restaurants – das alles bietet die „Kulturhauptstadt" Neuseelands.

Als Fährhafen zwischen Nord- und Südinsel war Wellington schon immer eine Durchgangsstation für Reisende. Heute jedoch werden sie vom Museum Te Papa und Zealandia zum Bleiben verlockt. Selbst bei nur wenigen Tagen Aufenthalt lassen sich unzählige weitere Attraktionen entdecken: die herrliche Bucht und ihre Uferwege, die zu Spaziergängen einladen, die Hänge mit ihren hübschen Holzschindelhäusern, viele sehenswerte Überraschungen im Stadtzentrum und die frischeste Stadtluft der Welt.

Nur knapp eine Stunde weiter nördlich bietet die Kapiti Coast ruhigeres Wetter, Strände und als Highlight das Naturschutzgebiet Kapiti Island. Eine Stunde jenseits der Rimutaka Range erstreckt sich bis an die windgepeitschte Küste das flache Agrarland Wairarapa mit hübschen Städtchen und berühmten Weingütern.

Reisezeit

„An einem schönen Tag ist Wellington unschlagbar", heißt es, und solche Tage gibt es häufiger als vermutet. Der Spitzname „Windy Welly" ist zwar ziemlich treffend, aber das Klima von Wellington ist meist sehr angenehm und an der Kapiti Coast und in Wairarapa sogar noch stabiler als in der Stadt selbst.

November bis April ist die warme Jahreszeit, die mit durchschnittlichen Höchsttemperaturen um die 20 °C aufwartet. Von Mai bis August ist es kälter und regnerischer – die Tagestemperaturen liegen dann bei etwa 12 °C. Macht aber nichts: Das Wetter sollte die Besucher nicht beeindrucken, Es gibt auch genug im Trockenen zu sehen.

Highlights

1. Ein interaktiver Besuch im besten Museum Neuseelands, dem **Te Papa** (S. 420) in Wellington
2. Besteigung des Leuchtturms am wilden **Cape Palliser** (S. 444)
3. Begegnung mit echten Kiwis bei einer Nachtwanderung auf **Kapiti Island** S. S. 439)
4. Die Entdeckung der kreativen Seite der Hauptstadt in der **Cuba Street**
5. Ein Spaziergang durch die Dünen des **Queen Elizabeth Park** (S. 438) unweit des Badeorts **Paekakariki**
6. Eine Fahrt mit der ratternden **Standseilbahn** vom Lambton Quay zu den grünen **Wellington Botanic Gardens** (S. 417)
7. Eine Fahrradtour zu den malerischen **Weingütern von Martinborough** (S. 442)
8. Eine Tour mit dem Mountainbike auf den Pfaden des **Makara Peak Mountain Bike Park** (S. 420)

ℹ Anreise & Unterwegs vor Ort

Wellington ist der Verbindungshafen der Nordinsel mit der Südinsel. Die Fernzüge von **Tranz Scenic** (☎0800 872 467, 04-495 0775; www.tranzscenic.co.nz) fahren von Wellington über Palmerston North nach Auckland. Der Wellington Airport wird von internationalen und inländischen Fluggesellschaften angeflogen.

InterCity (☎04-385 0520; www.intercity.co.nz) ist die größte Busgesellschaft der Nordinsel, deren weitläufiges Busnetz fast alle Orte erreicht. Bei der Anfahrt nach Wellington von Norden her fahren die Busse entweder auf dem State Highway 1 (SH1), der über die Kapiti Coast im Westen oder auf dem State Highway 2 (SH2) verläuft, der durch Wairarapa und das dicht besiedelte Hutt Valley im Osten führt.

KURZINFOS: WELLINGTON

» **Essen** bis zum Platzen: In Wellington gibt es unzählige tolle Cafés und Restaurants; am besten Hosen mit Gummiband mitnehmen

» **Trinken** bis Hopfen und Malz verloren sind – in den vielen Bierbars Wellingtons

» **Lesen** sollte man die bewegenden, manchmal mitreißenden Literaturtafeln auf dem Writers Walk an der Uferpromenade

» **Hören** Radio Active (88,6 FM, www.radioactive.co.nz) sendet jede Menge Kiwi-Musik und lokale Nachrichten

» **Sehen** 'Golden Days' – der rasante Kurzfilm wird laufend im Museum Te Papa (S. 420) gezeigt

» **Festival** Summer City (S. 422) – Gratisspaß in der Sonne, theoretisch...

» **Öko** Begegnung mit seltenen neuseeländischen Tieren im Zealandia (S. 419), Wellingtons „Naturschutzinsel" auf dem Festlandd'

» **Online** www.wellingtonnz.com, www.naturecoast.co.nz, www.wairarapanz.com; www.lonelyplanet.com/new-zealand/wellington

» **Vorwahl** ☎04

Die regionalen Verkehrsverbindungen von und nach Wellington mit Bus und Bahn sind hervorragend. Die Verkehrsgesellschaft Metlink (S. 437) betreibt die Regionalbusse in Wellington, der Kapiti Coast und Wairarapa.

WELLINGTON

199 200 EW. (STADT), 393 400 EW. (REGION)

Berühmt ist Wellington, die kleine Stadt mit großem Ruf, als Hauptstadt Neuseelands. Berüchtigt hingegen ist sie für ihr Wetter, besonders für die häufigen stürmischen Winde, die über die Stadt hunwegfegen, Regenschirme demolieren und die Frisur vernichten. Hinzu kommt, dass die Stadt an einer größeren Verwerfungslinie liegt.

Sich im Einbahnstraßensystem der Innenstadt zurechtzufinden, gleicht einem Hindernis-parcours im Vollrausch. Aber das sollte niemanden von einem Besuch abschrecken. „Welly" ist eine wunderbare Stadt, die in Lonely Planets *Best in Travel* (2011) von einem Expertenteamzur „coolsten kleinen Hauptstadt der Welt" gewählt wurde. Schon der erste Anblick begeistert: Die Häuser schmiegen sich an grüne Hänge, die sich um eine Bucht ziehen. Auf den Hügeln gibt es tolle Aussichtspunkte, an der Promenade einen goldenen Sandstrand und an der Südküste spektakulär zerklüftete Felsen. Das Stadtzentrum ist kompakt und steckt dank der vielen Museen, Theater, Galerien und Boutiquen voller Leben. Und zwischendrin begeistert eine Cocktailbar- und Cafészene.

Geschichte

Laut Maori-Legende hat der polynesische Entdecker Kupe die Bucht von Wellington als erster gesichtet. Der ursprüngliche Maori-Name Wellingtons lautete Te Whanganui-a-Tara (große Bucht von Tara), benannt nach dem Sohn eines Maorihäuptlings namens Whatonga, der sich an der Küste der Hawke's Bay niedergelassen hatte. Whatonga entsandte seinen Sohn Tara und dessen Halbbruder zur Erkundung des südlichen Teils der Nordinsel. Als die beiden über ein Jahr später wieder zurückkehrten, war ihr Bericht so positiv, dass Whatongas Leute dorthin zogen und den Stamm der Ngati Tara gründeten.

Die ersten europäischen Siedler trafen am 22. Januar 1840 mit dem Schiff *Aurora* der New Zealand Company ein, kurz nachdem Colonel William Wakefield angereist war, um Land von den Maori zu kaufen. Die Maori bestritten jedoch, das Land in Port Nicholson – in ihrer Sprache Poneke – verkauft zu haben, eine Siedlung, die von der New Zealand Company hastig und durch rechtswidrigen Kauf gegründet wurde. Wie in vielen Teilen Neuseelands kam es zu Kämpfen um Landbesitz, die für lange Zeit das Land plagen sollten.

1850 war Wellington, obwohl es nicht genug flaches Land gab, eine florierende Siedlung mit etwa 5500 Einwohnern. Ursprünglich lag das Ufer um den Lambton Quay, 1852 begannen die Arbeiten zur Landgewinnung in der Bucht. 1855 zerstörte ein gewaltiges Erdbeben weite Teile Wellingtons, auch das untere Hutt Valley und das Land, über das heute die Hutt Road verläuft. 1865 wurde der Regierungssitz von Auckland nach Wellington verlegt, da die Stadt zentraler lag. An einem stürmischen Tag 1968 blies der Wind so heftig, dass er die fast neue Wellington-Christchurch-Fähre *Wahine* auf das Barrett Reef am Buchteingang schmetterte. Das manövrierunfähige Schiff trieb ankerlos in die Bucht und versank langsam – 51 Menschen starben. Das Museum of Wellington City & Sea zeigt eine ergreifende Ausstellung zu dieser Tragödie.

Sehenswertes

Museen & Galerien

GRATIS Museum of Wellington City & Sea MUSEUM

(Karte S. 414; www.museumofwellington.co.nz; Queens Wharf; 10–17 Uhr) Einen ziemlich kreativen und interaktiven Einblick in Wellingtons soziale und maritime Geschichte bietet das Museum of Wellington. Zu den Highlights zählen eine bewegende Dokumentation über die Tragödie der *Wahine* und alte Maori-Legenden, mit winzigen Hologrammschauspielern und Spezialeffekten dramatisch erzählt werden. Das Gebäude selbst ist ein ehemaliger Bond Store (Lagerhaus) von 1892.

GRATIS City Gallery GALERIE

(Karte S. 424; www.citygallery.org.nz; Civic Sq., Wakefield St.; Eintritt bei größeren Ausstellungen; 10–17 Uhr) Wellingtons allseits beliebte City Gallery in der monumentalen alten Bibliothek am Civic Square organisiert erstklassige Ausstellungen internationaler zeitgenössischer Kunst und kümmert sich auch um die Entdeckung und Förderung von Künstlern an der Spitze der neuseeländischen Kunstszene. Ein voller Veranstaltungskalender und das exzellente Nikau Gallery Café sind ein weiterer Pluspunkt.

GRATIS New Zealand Film Archive KINO

(Karte S. 424; Filmprogramm 04-499 3456; www.filmarchive.org.nz; Ecke Taranaki & Ghuznee St.; Filme 8 NZ$; Mo–Fr 9–17 Uhr, Mi–Sa Abendvorstellungen) Das Filmarchiv ist eine Fundgrube an sehenswerten neuseeländischen Filmen, in die man sich tagelang stürzen könnte. Die Cinemathek hütet über 150 000 Spiel-, Dokumentar-, Kurz- und Amateurfilme, außerdem Wochenschauen, TV-Sendungen und Werbefilme. Das Kino (8 NZ$) zeigt regelmäßig Filme; in einem Filmsaal können gratis Filme ausgesucht

WELLINGTON IN ...

... zwei Tagen

Einen Überblick über die Gegend bietet eine Wanderung (oder Autofahrt) zum **Mount Victoria Aussichtspunkt** oder eine Fahrt mit der Standseilbahn hoch zum **Wellington Botanic Gardens**. Nach dem Mittagessen in der **Cuba Street** stehen der Besuch des Neuseelandmuseums **Te Papa** oder des **Museum of Wellington City & Sea** auf dem Programm. Krügeweise Bier und fröhliche Einheimische warten dann im **Mighty Mighty**.

Am nächsten Tag folgt nach einem Frühstück mit Kaffee und Eiern im **Nikau** in der City Gallery ein Besuch im **Zealandia**, um dort Vögel zu beobachten und etwas über den neuseeländischen Artenschutz zu erfahren. Im **Parliament House** wiederum begegnet man auf einer Führung schrägen Vögeln der anderen Art. Nach dem Abendessen im **Chow** oder im **Phoenician Falafel** geht es dann auf **Kneipentour** rund um den Courtenay Place. Zur abendlichen Unterhaltung tragen dann vielleicht ein Konzert, ein Film in dem herrlich restaurierten **Embassy Theatre** oder ein Mitternachtsimbiss in einem Spätcafé bei – oder alles drei.

... vier Tagen

Am dritten Tag kommen folgende i-Tüpfelchen hinzu: Raus aus Wellington zu den Weinproben rund um das Städtchen **Martinborough**, gefolgt von einem Ausflug zum **Cape Palliser**, um Robben zu beobachten. Am nächsten Tag stehen ein Picknick in **Paekakariki**, ein bisschen Schwimmen und einen Spaziergang durch den **Queen Elizabeth Park** nebenan auf dem Programm.

Großraum Wellington

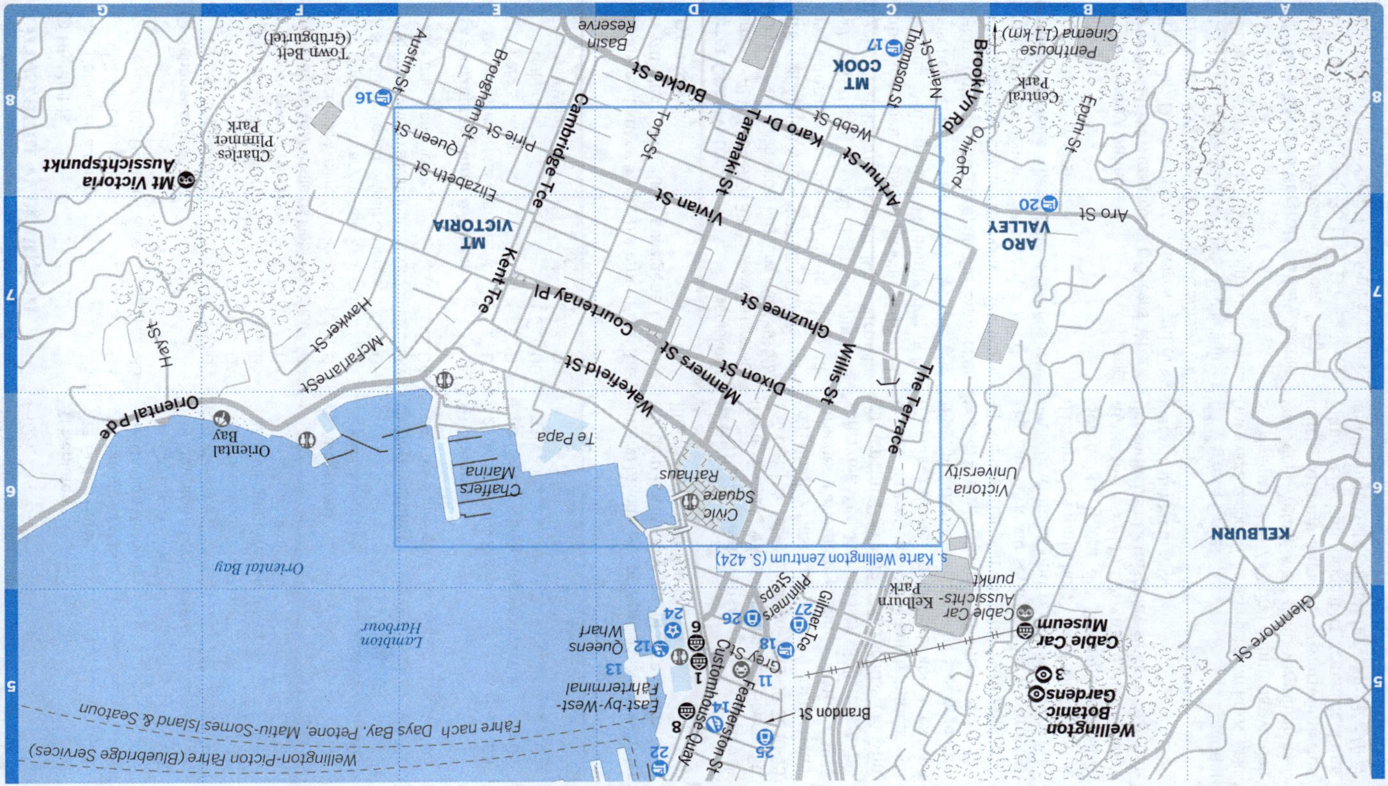
A
B
C
D
E
F
G
5
6
7
8
Wellington Botanic Gardens
3
Cable Car Museum
Cable Car Aussichts-punkt
Kelburn Park
KELBURN
Glenmore St
Brandon St
25
Featherston St
14
Customhouse Quay
8
22
East-by-West-Fährterminal
1
9
11
Grey St
18
Gilmer Tce
27
Plimmers Steps
26
24
12
13
Queens Wharf
Lambton Harbour
Oriental Bay
Fähre nach Days Bay, Petone, Matiu-Somes Island & Seatoun
Wellington-Picton Fähre (Bluebridge Services)
s. Karte Wellington Zentrum (S. 424)
Civic Square
Rathaus
Te Papa
Chaffers Marina
Oriental Bay
Oriental Pde
Hay St
McFarlane St
Hawker St
Mt Victoria Aussichtspunkt
Charles Plimmer Park
Town Belt (Grüngürtel)
16
Austin St
Brougham St
Queen St
Pirie St
Elizabeth St
MT VICTORIA
Kent Tce
Cambridge Tce
Courtenay Pl
Wakefield St
Manners St
Dixon St
Ghuznee St
Willis St
The Terrace
Victoria University
Vivian St
Taranaki St
Tory St
Buckle St
Basin Reserve
Karo Dr
Webb St
Arthur St
MT COOK
17
Thompson St
Nairn St
Brooklyn Rd
Ohiro Rd
ARO VALLEY
20
Aro St
Epuni St
Central Park
Penthouse Cinema (1,1 km)

Großraum Wellington

Highlights	
Cable Car Museum	B5
Mt Victoria Lookout	G8
Wellington Botanic Gardens	B5
Sehenswertes	
1 Academy Galleries	D5
2 Beehive	D4
3 Carter Observatory	B5
4 Government Buildings	D4
5 Katherine Mansfields Geburtshaus	D2
6 Museum of Wellington City & Sea	D5
7 National Library of New Zealand	D3
8 New Zealand Portrait Gallery	D5
9 Otari-Wilton's Bush	A1
10 Parliament House	D4
Aktivitäten, Kurse & Touren	
11 Cable Car & Museum	D5
12 Ferg's Kayaks	D5
13 Helipro	D5
14 Wild Winds	D5
Schlafen	
15 Bolton Hotel	C4
16 Booklovers B&B	F8
17 Carillon Motor Inn	C8
18 CityLife Wellington	D5
19 Downtown Backpackers	D4
20 Mermaid	B7
21 Shepherds Arms Hotel	C4
22 Wellington Waterfront Motorhome Park	D5
Ausgehen	
23 Backbencher	D4
Unterhaltung	
24 TSB Bank Arena	D5
Shoppen	
25 Kirkcaldie & Stains	D5
26 Old Bank Shopping Arcade	D5
27 Vault	C5

und angeschaut werden, bis einem die Augen zufallen. Auch das hauseigene Café ist hervorragend.

Carter Observatory ASTRONOMIE
(Karte S. 414; ☎04-910 3140; www.carterobservatory.org; 40 Salamanca Rd.; Erw./Kind 18,50/8 NZ$; ⏲10–17, Di & Sa 10–21.30 Uhr) Das Carter-Observatorium am oberen Ende des botanischen Gartens (S. 416) gibt im kuppelförmigen Planetarium regelmäßige virtuelle Einblicke in den neuseeländischen Himmel, zeigt eine Multimediaausstellung der polynesischen Seefahrt, informiert über die Maori-Kosmologie und europäische Entdecker und präsentiert einige der besten Teleskope und astronomischen Artefakte des Landes. Termine für die abendliche Sternenshow stehen auf der Website.

GRATIS **Academy Galleries** GALERIE
(Karte S. 414; www.nzafa.com; 1 Queens Wharf; ⏲10–17 Uhr) Die Academy Galleries sind das Glanzlicht der New Zealand Academy of Fine Arts und zeigen häufige Wechselausstellungen von neuseeländischen Künstlern.

GRATIS **New Zealand Portrait Gallery** GALERIE
(Karte S. 414; www.portraitgallery.nzl.org; Shed 11, Queens Wharf; ⏲10.30–16.30 Uhr) Die Galerie, die im historischen Shed 11 (Hafenlagerhaus) untergebracht ist, präsentiert Neuseeländer aus dem Blickwinkel von Malern, Bildhauern, Illustratoren und Fotografen.

GRATIS **Parliament House** BAUWERK
(Karte S. 414; www.parliament.nz; Bowen St.; ⏲Touren jede volle Stunde Mo–Fr 10–16, Sa 10–15, So 11–15 Uhr) Das strenge, grau- und cremefarbene Parlamentsgebäude wurde 1922 vollendet. Die kostenlosen Führungen beginnen im Foyer im Erdgeschoss (15 Min. vorher eintreffen). Nebenan befinden sich die neogotische Parlamentsbibliothek von 1899 und der modernistische **Beehive** (Karte S. 414) des britischen Architekten Sir Basil Spence, der von 1969 bis 1980 entstand. Das Bauwerk war seinerzeit höchst umstritten – bewundert und verabscheut – und ist das architektonische Symbol des Landes. Gegenüber liegen die **Government Buildings** (Karte S. 414): Das größte Holzgebäude der südlichen Hemisphäre sieht recht gelungen wie ein Stein aus.

GRATIS **Weta Cave** MUSEUM
(www.wetanz.com; Ecke Camperdown Rd. & Weka St., Miramar; ⏲9–17.30 Uhr) Filmfans werden von der Weta Cave, dem vergnüglichen, tollen Minimuseum der oscarprämierten Filmgesellschaft begeistert sein. Die Filmgesellschaft Weta Digital hat u. a. *Der Herr*

der Ringe, *King Kong*, *Die Abenteuer von Tim und Struppi* und *Der Hobbit* produziert. Das Museum liegt 9 km östlich des Zentrums und ist mit dem Fahrrad über den Uferweg oder in 20 Minuten mit dem Bus 2 erreichbar.

Katherine Mansfields Geburtshaus HISTORISCHES GEBÄUDE

(Karte S. 414; www.katherinemansfield.com; 25 Tinakori Rd., Thorndon; Erw./Kind 8/2 NZ$; ⌚Di–So 10–16 Uhr) Katherine Mansfield, die oft mit Tschechow und Maupassant verglichen wird, ist eine der herausragenden Autorinnen Neuseelands. Sie wurde 1888 geboren und starb 1923 im Alter von 34 Jahren an Tuberkulose. Sie stand in Kontakt mit den berühmtesten Autoren Europas (D. H. Lawrence, T. S. Eliot, Virginia Woolf) und heiratete den Literaturkritiker und Autoren John Middleton Murry. Ihre Kurzgeschichten finden sich auf Deutsch im Band *Sämtliche Erzählungen*. In dem hübschen historischen Haus in der Tinakori Road verbrachte Mansfield fünf Jahre ihrer Kindheit. Es zeigt Ausstellungen über sie sowie eine filmische Biografie.

GRATIS **National Library of New Zealand** KULTURGEBÄUDE

(Karte S. 414; www.natlib.govt.nz; Ecke Molesworth & Aitken St.; ⌚Mo–Sa 9–17 Uhr) Die erst vor kurzer Zeit erneuerte Nationalbibliothek, die die Begriffe „spannend" und „Bibliothek" unter einem Dach vereint, ist Schauplatz für Veranstaltungen der intelligenteren Art. Es gibt eine Galerie, WLAN, Multimediatechnologie, besondere Ausstellungsobjekte und ein lohenendes Café. Hier bietet sich auch die Gelegenheit, wichtige Dokumente des Landes einzusehen, etwa den Vertrag von Waitangi und die Petition für das Frauenwahlrecht.

GRATIS **The Dowse** GALERIE

(www.dowse.org.nz; 45 Laings Rd., Lower Hutt; ⌚Mo–Fr 10–16.30, Sa & So 10–17 Uhr) The Dowse liegt 15 Minuten mit dem Auto oder dem Bus von der Innenstadt entfernt und lohnt schon allein wegen seiner Architektur einen Besuch (das Pink ist absolut gewagt). Es ist ein freundliches, offenes Kunstmuseum, das Kunst, Kunsthandwerk und Design Neuseelands präsentiert. Nettes Café.

GRATIS **Petone Settlers Museum** MUSEUM

(www.newdowse.org.nz; The Esplanade, Petone; ⌚Mi–So 10–16 Uhr) Das Art-déco-Siedlermuseum am muschelübersäten Ufer von Petone erinnert in seiner zauberhaften Ausstellung *Tatou Tatou* an die Besiedlung der Gegend. Es liegt zehn bis 15 Minuten mit dem Auto von der Innenstadt entfernt und ist auch mit dem Bus erreichbar.

Gärten & Aussichtspunkte

GRATIS **Wellington Botanic Gardens** GARTEN

(Karte S. 414) Der hügelige, 25 ha große botanische Garten lässt sich fast mühelos mit der Seilbahn besuchen. Er besteht aus einem einheimischen Urwald sowie einem herrlichen Rosengarten und Pflanzen aus aller Welt. Zu einem gelungenen Ausflug tragen noch Brunnen, ein fröhlicher Spielplatz, Skulpturen, ein Ententeich, ein Café, wunderbare Ausblicke auf die Stadt und

MAORI IN WELLINGTON

Die Gegend um Wellington, in der Legende das „Maul von Mauis Fisch" und ursprünglich Te Whanganui-a-Tara genannt, wurde ab Mitte des 19. Jhs. von den Maori als „Poneke" bezeichnet (eine Transliteration von Port Nicholas, wie der europäische Name für Wellington damals lautete).

Die großen *iwi* (Stämme) der Region waren einst die Te Ati Awa und die Ngati Toa. Die Ngati Toa waren der *iwi* von Te Rauparaha, der das heute berühmte Ka Mate haka verfasst hatte. Wie in den meisten Städten leben heute auch in Wellington Maori von vielen iwi, die manchmal kollektiv Ngati Poneke genannt werden.

Neuseelands Nationalmuseum Te Papa (S. 420) zeigt exzellente Ausstellungen zur traditionellen und modernen Kultur der Maori sowie ein farbenprächtiges *marae* (Versammlungshaus). Im Andenkenladen des Museums gibt es wunderbares Schnitzwerk und anderes Kunsthandwerk zu kaufen, ebenso in den benachbarten Galerien Kura (S. 434) und Ora (S.434).

Kapiti Island Nature Tours (S. 420) bietet Geschichtsinteressenten einen fundierten Einblick in die Maori-Kultur von Wellington.

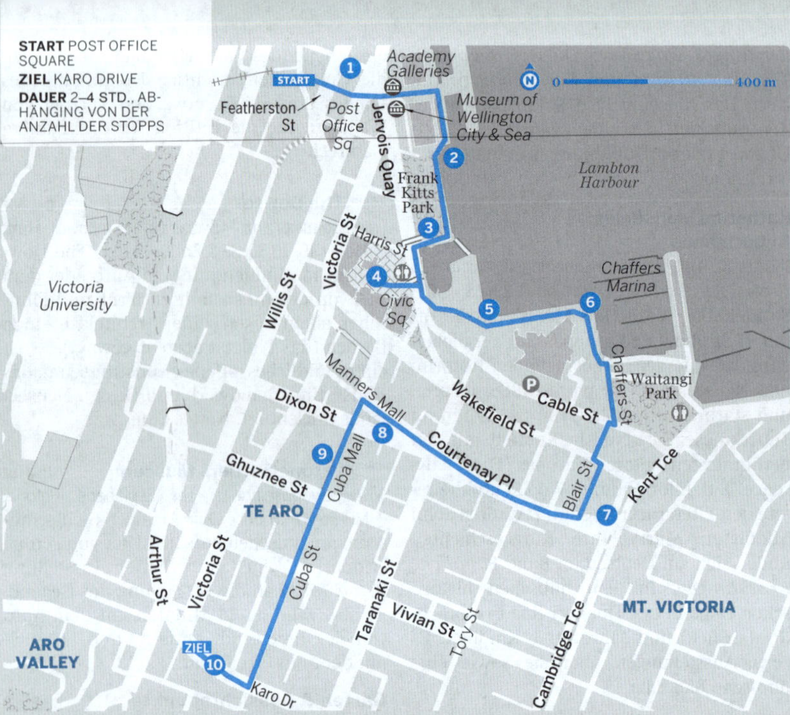

Stadtspaziergang
Stadtskulpturen

Startpunkt ist der Post Office Square, wo sich Bill Culberts 1 **SkyBlues** in die Höhe nudelt. Von dort geht es über den Jervois Quay, zwischen der New Zealand Academy of Fine Arts und dem Museum of Wellington City & Sea hindurch. Am Queens Wharf führt der Weg nach Süden zum 2 **Water Whirler**, des experimentellen Künstlers Len Lye.

Weiter geht es über die Promenade oder in einem kleinen Schlenker durch den Frank Kitts Park, wo am Rand der Lagune und neben dem 3 **Albatross Fountain** die Eisdiele Kaffee Eis liegt. Ein kurzer Abstecher über die City to Sea Bridge führt zum Civic Square. Neil Dawsons 4 **Ferns** hängt hier in der Luft.

Zurück am Ufer, ist der Weg gesäumt vom Te Raukura whare waka (Kanuhaus), der 5 **Hikitia**, das älteste, noch aktive Kranschiff, und der Bronzefigur 6 **Solace in the Wind**, die sich über den Uferrand lehnt. Dort befindet sich auch Katherine Mansfields fröhlicher Beitrag zum Wellington Writers Walk.

Im Waitangi Park jenseits der Fußgängerbrücke lassen sich eine Graffitimauer und einige Skateboarder in bewundern. Von dort geht es über die Chaffers Street und die Blair Street mit ihren jahrhundertealten Speichern zum Courtenay Place.

Auf dem Courtenay Place lohnt ein Blick auf die spinnenbeinige Skulptur 7 **Tripod**. Jenseits der Taranaki Street liegt der 8 **Te Aro Park** mit seinem Kanubug und anderen Keramikarbeiten.

Die Dixon und die Manners Street kreuzen beide die Cuba Street, wo es Richtung Süden und in die Fußgängerzone geht. Dort wartet die alberne und hinterhältige 9 **Bucket Fountain**, die Passanten nass erwischt.

Jetzt geht es weiter bis zur oberen Cuba Street und zu den Resten des historischen Viertels, das von der umstrittenen inneren Umgehungsstraße durchschnitten wird. Vom Wandel der Zeit können auch die Ladies McLeod, die Besitzerinnen Cafés Arthur's & Martha's erzählen, der eindringlich von Regan Gentrys Skulptur 10 **Subject to Change** und der Tonk's Well daneben dargestellt wird.

ABSTECHER

DAYS BAY & MATIU-SOMES ISLAND

Die kleine **East By West Ferry** (☎04-499 1282; www.eastbywest.co.nz; Queens Wharf) tuckert zwischen Queens Wharf und Days Bay in Eastbourne durch die Bucht von Wellington, legt auf Matiu-Somes Island an und an schönen Tagen auch in Petone und Seatoun.

Die Einheimischen fahren schon seit Jahrzehnten mit dem Boot hinüber zur **Days Bay**, wo es einen Strand, einen Park und ein Café gibt und Kajaks, Ruderboote und Fahrräder ausgeliehen werden können. Von Days Bay sind es rund zehn Minuten zu Fuß nach Eastbourne, einer Strandsiedlung mit weiteren Cafés, einem hübschen Pub und zahlreichen anderen Zerstreuungen.

Die Fähre hält auch auf der **Matiu-Somes Island** in der Mitte der Bucht. Die Insel ist ein vom DOC verwaltetes Naturschutzgebiet, wo neben vielen anderen Tieren auch manchmal Wetas, Brückenechsen, Kakarikis und Zwergpinguine zu sehen sind. Auch Geschichte hat die Insel zu bieten: Sie war einst ein Kriegsgefangenenlager und eine Quarantänestation. Besucher können hier picknicken oder auch auf dem Campingplatz (Erw./Kind 10/5 NZ$) oder im Haus des DOC übernachten – gebucht werden kann online über www.doc.govt.nz oder im DOC-Besucherzentrum in Wellington (S. 435).

Die Überfahrt dauert 20 bis 30 Minuten. Die Fähre fährt werktags täglich 16-mal, samstags und sonntags achtmal (hin & zurück Erw./Kind 22/11,50 NZ$).

vieles mehr bei. Der Garten ist auch vom Centennial Entrance in der Glenmore Street zugänglich (Bus 3 nach Karori).

Cable Car & Museum STANDSEILBAHN
(Karte S. 414; www.wellingtoncablecar.co.nz; einfach Erw./Kind 3,50/1 NZ$, hin & zurück 6/2 NZ$; ⏲Abfahrt alle 10 Min. Mo–Fr 7–22, Sa 8.30–22, So 9–21 Uhr) Eine der berühmtesten Attraktionen Wellingtons ist die kleine rote Standseilbahn, die den steilen Hang vom Lambton Quay nach Kelburn, einem Vorort Wellingtons, hochscheppert. Oben befinden sich der botanische Garten, das Carter-Observatorium (S. 416) und das kleine, aber nette **Cable Car Museum** (Karte S. 414; www.cablecarmuseum.co.nz; Eintritt frei). Dort wird die Geschichte der Standseilbahn erzählt, durch deren Bau 1902 das hügelige Kelburn erschließbar gemacht werden sollte. Zurück geht es wieder mit der Standseilbahn oder zu Fuß durch die Gärten (30- bis 60-minütiger Spaziergang, je nach Lauftempo).

Mount Victoria Aussichtspunkt AUSSICHTSPUNKT
(Karte S. 414) Einen schnell zu erreichenden Ausblick auf die Stadt, die Bucht und die Umgebung bietet der Aussichtspunkt auf dem 196 m hohen Mount Victoria östlich des Stadtzentrums. Der Bus 2 fährt zwar hinauf, aber die wahre Feuertaufe ist eine Wanderung hinauf (Einheimische erklären den Weg oder man geht einfach der Nase nach). Autofahrer fahren über die Uferstraße Oriental Parade und nehmen dann die Carlton Gore Road. Wer noch mehr Aussicht haben will, kann einen Einheimischen fragen, wie es zur Windturbine oder zum Mount Kaukau geht: Diese nochmals höher gelegenen Aussichtspunkte bieten atemberaubende Blicke auf die Stadt und ihr Umland.

GRATIS **Otari-Wilton's Bush** PARK
(Karte S. 414; 160 Wilton Rd.; ⏲bei Tageslicht) Etwa 3 km westlich der Stadt liegt der Otari-Wilton's Bush, der einzige botanische Garten Neuseelands, der sich allein auf die einheimische Flora spezialisiert hat. Zwischen den über 1200 Pflanzenarten, darunter auch einige der ältesten Bäume der Stadt, ziehen sich 11 km Wanderwege mit herrlichen Picknickplätzen. Der Bus 14 fährt von der Stadt aus bis zum Tor.

Tiere

Zealandia WILDRESERVAT
(☎04-920 9200; www.visitzealandia.com; Waiapu Rd.; Erw./Kind/Fam. nur Ausstellung 18,50/9/46 NZ$, Ausstellung & Tal 28,80/14,50/71,50 NZ$; ⏲10–17 Uhr, letzter Eintritt 16 Uhr) Das innovative Schutzgebiet liegt in den Hügeln etwa 2 km westlich der Stadt (Bus 3 fährt dort vorbei, Infos zum kostenlosen Shuttle stehen auf der Zealandia-Website). Im eingezäunten Tal leben 30 einheimische Vogelarten in freier Natur, darunter der seltene Takahe, Sattelvögel, Honigfresser und Kakas sowie Neuseelands zugänglichste Population an Brückenechsen und Zwergkiwis.

Eine hervorragende Ausstellung beschäftigt sich mit der neuseeländischen Naturkunde und der weltweit anerkannten Arbeit der Einrichtung zur Arterhaltung. Es gibt über 30 km Wanderwege und täglich eine Führung (11.15 Uhr). Auf der Nachtführung können nachtaktive Tiere beobachtet werden, z. B. Kiwis, Frösche und Glühwürmchen (Erw./Kind 76,50/36 NZ$). Für das leibliche Wohl sorgen ein Café und ein Laden auf dem Gelände.

Wellington Zoo ZOO
(www.wellingtonzoo.com; 200 Daniell St.; Erw./Kind 20/10 NZ$; 9.30–17, letzter Eintritt 16.15 Uhr) Im Wellington Zoo leben nicht nur zahlreiche einheimische und exotische Tiere (wie Löwen und Schimpansen), die Einrichtung kümmert sich auch um Arterhaltung, Forschung und antarktische Pinguine, die sich verirrt haben. Im Nachttierhaus leben Kiwis und Brückenechsen. Auf der Website finden sich Infos zu „gefährlichen Begegnungen" mit Großkatzen, Roten Pandas und Giraffen (gegen Gebühr). Der Zoo liegt 4 km südlich der Stadt und ist mit den beiden Buslinien 10 und 23 erreichbar.

Staglands Wildlife Reserve WILDRESERVAT
(www.staglands.co.nz; Akatarawa Rd., Upper Hutt; Erw./Kind 19/8 NZ$; 10–17 Uhr) Die Fahrt von Upper Hutt nach Waikanae (an der Kapiti Coast) über die windige, malerische Akatarawa Road führt am 10 ha großen Staglands Wildlife Reserve vorbei, das zur Arterhaltung neuseeländischer Vögel und anderer Tierarten beiträgt, darunter auch dem Überleben der Saumschnabelente (Whio). Das Reservat liegt 16 km von der SH2 und 20 km von der SH1 entfernt.

Aktivitäten

Ferg's Kayaks KAJAKFAHREN
(Karet S. 414; www.fergskayaks.co.nz; Shed 6, Queens Wharf; Mo–Fr 10–20, Sa & So 10–18 Uhr) Sportbegeisterte können beim Hallenklettern die Sehnen strapazieren (Erw./Kind 15/10 NZ$), die Ufer auf Inline-Skates abfahren (2 Std. 15 NZ$) sowie mit Kajak oder Stehpaddelbrett durch die Bucht paddeln (1 Std. ab 15 NZ$). Es gibt auch einen Fahrradverleih (Std. ab 15 NZ$) und geführte Kajaktouren.

Makara Peak Mountain Bike Park MOUNTAINBIKEN
(www.makarapeak.org; South Karori Rd., Karori; Eintritt mit Spende) Durch den tollen, 200 ha großen Park in den Hügeln von Karori, 4 km westlich des Stadtzentrums (Buslinien 3, 17 und 18), ziehen sich 24 km Single Tracks in allen Schwierigkeitsgraden. Das nahe **Mud Cycles** (04-476 4961; www.mud cycles.co.nz; 421 Karori Rd., Karori; Fahrradverleih halb-/ganztags/Wochenende ab 30/45/75 NZ$; Mo–Fr 8.30–18.30, Sa 9–17, So 10–17 Uhr) verleiht Mountainbikes und bietet

NICHT VERSÄUMEN

DIE SCHÄTZE DES TE PAPA

Ein Besuch im **Te Papa** (Karte S. 424; www.tepapa.govt.nz; 55 Cable St.; Eintritt frei; Fr–Mi 10–18, Do 10–21 Uhr) ist ein unbedingtes Muss, und das nicht nur, weil es Neuseelands Nationalmuseum ist! Es ist interaktiv, höchst spannend und steckt voller Überraschungen.

„Te Papa Tongarewa" heißt sehr passend, was so viel wie „Schatzkiste" bedeutet. Zu den Schätzen gehören eine erstaunliche Sammlung an Maori-Artefakten und das museumseigene farbenprächtige *marae* (Versammlangungshaus), Naturkunde- und Umweltausstellungen, Abteilungen zur pazifischen und neuseeländischen Geschichte, die nationale Kunstsammlung und thematische, interaktive „Entdeckerzentren" für Kinder. Die Ausstellungen sind in beeindruckenden Räumlichkeiten mit viel Hightech untergebracht (es gibt z. B. Simulatorfahrten und ein Haus, das durch ein Erdbeben erschüttert wird). Für Wechselausstellungen mit Arbeiten berühmter Künstler wird ein Eintritt verlangt.

Besucher können einen ganzen Tag in den sechs Stockwerken des Te Papa verbringen und haben noch immer nicht alles gesehen. Am besten ist es, sich an den Informationsschalter im 1. Stock zu wenden. Um die Highlights zu sehen und um sich einen Überblick zu verschaffen, empfiehlt sich die einstündige Führung „Introducing Te Papa" (14 NZ$). Die Führungen beginnen am Informationsschalter – im Winter täglich um 10.15, 12 und 14 Uhr, im Sommer häufiger. Zwei Cafés und zwei Andenkenläden gibt es außerdem im Te Papa, das durchaus zwei Besuche vertragen kann.

INSIDERWISSEN

SIGHTSEEING IN WELLINGTON

Wellington ist eine schöne Stadt: Sie besitzt ein faszinierendes Hafengebiet, ist von hügeligem Buschland umgeben und bietet viele Sehenswürdigkeiten und fotogene Ecken. Die Innenstadt lässt sich gut zu Fuß erkunden, für eine Pause gibt es dort viele Cafés und Restaurants. Es ist auch eine familienfreundliche Stadt: Der Wellington Zoo (S. 420) ist ein toller Familienausflug, um sich den tapferen, einbeinigen Kiwi anzuschauen, das Nationalmuseum Te Papa (S. 420), nur ein kurzes Stück mit dem Bus entfernt, verbindet unter einem Dach Geschichte und moderne Technologie. Die Wellingtoner sind immer sehr freundlich und stets bereit, Besuchern ihrer Stadt behilflich zu sein.

geführte, unterschiedlich schwere Touren für Radler an. Wellington entwickelt sich zu einem Mountainbike-Mekka – auf www.tracks.org.nz finden sich Infos zu Dutzenden weiteren Strecken rund um die Hauptstadt.

Wild Winds WINDSURFEN
(Karte S. 414; ☎04-384 1010; www.wildwinds.co.nz; 36 Customhouse Quay) Mit all dem Wind und Wasser ist Wellington wie geschaffen zum Windsurfen, Kitesurfen und Stehpaddeln. Das Unternehmen Wild Winds hilft bei der Organisation und gibt Unterricht (2 Std. ab 110 NZ$).

Geführte Touren

Walk Wellington STADTFÜHRUNG
(☎04-802 4860; www.walkwellington.org.nz; Erw./Kind 20/10 NZ$; ⏲Touren tgl. 10 Uhr, Nov.–März auch Mo, Mi & Fr 17.30 Uhr) Informative und preisgünstige zweistündige Führung durch Stadt und Ufergebiet, die am i-SITE beginnt. Kann online oder telefonisch gebucht werden, man kann aber auch einfach ohne Voranmeldung vorbeischauen.

Flat Earth GEFÜHRTE TOUREN
(☎0800 775 805, 04-472 9635; www.flatearth.co.nz; Halb- & Ganztagstouren 159–385 NZ$) Thematische Touren in meist kleinen Gruppen (städtische Highlights, Maori-Schätze, Kunst und Mittelerde-Film-schauplätze).

Hammonds Scenic Tours GEFÜHRTE TOUR
(☎04-472 0869; www.wellingtonsightseeingtours.com; Stadtführung Erw./Kind 55/27,50 NZ$, Kapiti Coast 100/50 NZ$, Wairarapa 195/97,50 NZ$) Bietet eine zweienhalbstündige Stadtführung, vierstündige Touren zur Kapiti Coast und einen Tagesausflug durch Wairarapa mit Besuch von Cape Palliser.

Zest Food Tours STADTFÜHRUNG
(☎04-801 9198; www.zestfoodtours.co.nz; Touren ab 128 NZ$) Bietet zweieinhalb bis fünfeinhalbstündige Stadtführungen in kleinen Gruppen. Die längeren Touren schließen ein Mittagessen mit Wein ein, das im Logan Brown (S. 428) serviert wird.

Wild About Wellington STADTFÜHRUNG
(☎027 441 9010; www.wildaboutwellington.co.nz; Touren ab 95 NZ$) Führungen in kleinen Gruppen zu Fuß und mit öffentlichen Verkehrsmitteln mit klangvollen Namen wie „City of Style", „Sights & Bites", „Wild About Chocolate" oder „Boutique Beer Tasting". Die Führungen dauern unterschiedlich lang, einige ein paar Stunden, andere einen ganzen Tag.

Movie Tours GEFÜHRTE TOUREN
(☎027 419 3077; www.adventuresafari.co.nz; Touren Erw./Kind ab 45/30 NZ$) Halb- und Ganztagstouren für echte Filmfans – gezeigt werden mehr Filmrequisiten, Clips, Filmschauplätze und Mittelerde, als jeder Fan bewältigen kann!

Wellington Rover GEFÜHRTE TOUREN
(☎0800 426 211, 04-471 0044; www.wellingtonrover.co.nz; Touren Erw./Kind ab 50/25 NZ$) Halb- bis Ganztagstouren durch die Stadt und viel Hobbit-Action.

Helipro RUNDFLÜGE
(Karte S. 414; ☎04-472 1550; www.helipro.co.nz; Shed 1, Queens Wharf; Flug 10/15/25/35 Min. pro Pers. 95/190/240/375 NZ$) Rundflüge über Welly mit dem Hubschrauber. Wer will, kann auch mit dem Hubschrauber zum Mittagessen nach Wairarapa und zum Marlborough Sounds fliegen.

Feste & Events

Das umfassende Festivalprogramm kennen die Mitarbeiter von i-SITE in Wellington, es lässt sich aber auch auf www.wellingtonnz.com/event nachlesen. Die meisten Tickets zur Teilnahme an den Events können über Ticketek (S. 433) gekauft werden.

WELLINGTON FÜR KINDER

Wer mit Knirpsen unterwegs ist, sollte sie am besten ins vielseitige **Capital E** (Karte S. 424; ☎04-913 3740; www.capitale.org.nz; Civic Sq.; Veranstaltungen frei oder max. 15 NZ$; ⏲Mo–Fr 9–17, Sa 10–16 Uhr) schleppen, einen lehrreichen Unterhaltungskomplex speziell für Kinder. Dort gibt es interaktive Wechselausstellungen, Kindertheater und -TV, Lesungen, Workshops und Kurse. Telefonisch oder auf der Website sind die Veranstaltungen und Preise zu erfahren.

Das Te Papa (S. 420) ist ein tolles Museum für Kinder. Die „Entdeckerzentren" stecken voller interaktiver Angebote, „StoryPlace" ist für Kinder unter fünf Jahren konzipiert. Weitere Informationen finden sich auf der Kinderseite des Museums. Links und rechts des Te Papa liegen der **Frank Kitts Park** und der **Waitangi Park**, beide bieten Spielplätze zum Austoben.

Eine Fahrt mit der Standseilbahn (S. 419) und eine Runde in den Wellington Botanic Gardens (S. 417) sorgen für reichlich frische Luft für die Kleinen. Und wenn es dunkel wird, können die Kids im Carter Observatory (S. 416) auf weit entfernte Galaxien starren. Irdischer geht es im Wellington Zoo (S. 420) oder im Zealandia (S. 419) zu, wo lebendige Dinosaurier (bzw. Brückenechsen) leben.

Noch mehr Ideen stehen in der Rubrik „Sights & Activities" auf www.wellingtonnz.com.

Summer City KULTUR
(www.wellingtonnz.com) Ein zweimonatiges Fest ab Mitte Januar mit zahllosen kostenlosen Freiluftevents.

New Zealand International Sevens SPORT
(www.sevens.co.nz) Wettkampf der besten 7er-Rugbymannschaften, richtig zur Sache geht es aber vor allem inmitten der enthusiastischen Zuschauer. Findet im Februar statt.

Fringe NZ KULTUR
(www.fringe.org.nz) Drei Wochen im Februar und März gibt es abgefahrene und experimentelle Kunst, Musik, Tanz und Theater.

New Zealand International Arts Festival KULTUR
(www.festival.co.nz) Ein einmonatiges Festival alle zwei (geraden) Jahre mit Theater, Tanz, Musik, Kunst und Literatur sowie vielen internationalen Künstlern. Findet meist ab Ende Februar statt.

ASB Gardens Magic KULTUR
(www.wellingtonnz.com) Kostenlose Abendkonzerte im botanischen Garten. Eine frühe Ankunft mit Decke und Picknick ist ratsam. Findet im März statt.

New Zealand Comedy Festival COMEDY
(www.comedyfestival.co.nz) Drei Wochen im April/Mai werden die Lachmuskeln strapaziert. Es treten bekannte einheimische Komiker, aber auch ein paar richtig weltberühmte Namen auf.

Matariki KULTUR
(www.tepapa.govt.nz) Das Neujahrsfest der Maori (im Juni) mit einem kostenlosen Festival mit Tanz, Musik und anderen Veranstaltungen im Te Papa.

International Film Festival FILM
(www.nzff.co.nz) Ein zweiwöchiges Fest des Independentfilms mit Vorführungen erstklassiger neuseeländischer und internationaler Produktionen – ein Muss für Cineasten. Findet im Juli/August statt.

Beervana BIER
(www.beervana.co.nz) Eine ganze Welle Bierliebhaber rollt im August in die Stadt, um ein Wochenende lang genüsslich Bier aus Kleinbrauereien zu probieren.

Wellington on a Plate ESSEN
(www.wellingtononaplate.com) Ein köstliches Programm gastronomischer Events und toller Angebote in den Restaurants der Stadt. Findet im August statt.

World of WearableArt MODE
(www.worldofwearableart.com) Zwei Wochen im September wird allabendlich im Rahmen spektakulärer Shows fantastische Mode gezeigt. Die Tickets zur Teilnahme an diesem Modeevent sind heiß begehrt.

Toast Martinborough ESSEN & TRINKEN
(www.toastmartinborough.co.nz) Ein Tag des Hedonismus in den Weingütern von Martinborough. Die Tickets gehen weg wie warme Semmeln. Findet im November statt.

Schlafen

Die Unterkünfte in Wellington sind in der Regel teurer als in anderen Regionen. Das Niveau ist recht hoch, und es gibt viel Auswahl direkt im Stadtzentrum oder in Laufnähe. Ein Problem sind die fehlenden Parkplätze: Wer mit dem Mietwagen anreist, sollte bei der Buchung nach einem Parkplatz fragen (für den wahrscheinlich etwas verlangt wird).

Bei Wellingtons Budgetunterkünften handelt es sich meist um Hostels in mehrstöckigen Gebäuden. Es gibt in der Stadt keine „Motelstraße", alle Motels liegen verstreut am Stadtrand. Da Wellington Regierungs- und Geschäftsstadt ist, sind Apartments sehr beliebt. Häufig werden sie über das Wochenende billiger vermietet.

In der Hochsaison (Dez.–Feb.) oder während größerer Festivals sollte die Unterkunft frühzeitig gebucht werden.

Campingplätze sind in Wellington so selten wie schlechter Kaffee. Zum Zelten eignen sich am besten der Harcourt Holiday Park (S. 427) im Hutt Valley, der Wellington Top 10 Holiday Park (S. 427) in Seaview oder der Paekakariki Holiday Park (S. 427). Wohnmobilfahrer sind am besten im sehr praktischen Wellington Waterfront Motorhome Park (S. 427) aufgehoben.

LP TIPP YHA Wellington City HOSTEL $

(Karte S. 424; ☎04-801 7280; www.yha.co.nz; Ecke Cambridge Tce. & Wakefield St.; B 29–36 NZ$, DZ mit/ohne Bad 120/88 NZ$; @📶) Wellingtons bestes Hostel punktet mit fantastischen Gemeinschaftsräumen, darunter zwei großen Küchen mit Speiseraum, einem Spielzimmer, einem Lesezimmer und einem speziellen Filmvorführraum mit Hightechprojektor. Auch die Umweltfreundlichkeit (Recycling, Kompostierung und stromsparend erzeugtes Heißwasser) beeindruckt. An der Rezeption gibt es einen Buchungsservice und Espresso.

Ohtel BOUTIQUEHOTEL $$$

(Karte S. 424; ☎04-803 0600; www.ohtel.com; 66 Oriental Parade; DZ 265–395 NZ$; 📶) Ästheten wollen gar nicht mehr weg aus diesem Schmuckstück in der Oriental Parade. Die individuell eingerichteten Zimmer sind mit eleganten Möbeln und zeitgenössischer Kunst und Keramik verschönert, die vom Besitzer und Architekten eifrig gesammelt wurden. Die Badezimmer in den Deluxe-Zimmern und den Suiten sind mit ihren Panoramabildwänden und tiefen Wannen ein feuchter Designertraum.

Nomads Capital HOSTEL $

(Karte S. 424; ☎0508 666 237, 04-978 7800; www.nomadscapital.com; 118 Wakefield St.; B 28–36 NZ$, DZ mit Bad 95–105 NZ$; @📶) Das Nomads liegt mitten im Zentrum, ist gut gesichert und hat blitzsaubere Zimmer, eine hauseigene Café-Bar (abends kostenlose leichte Gerichte) und gewährt Ermäßigungen bei längerem Aufenthalt. Küche und Lounge sind etwas beengt, aber historische Details wie die ungewöhnliche Treppe lenken von den Schwachstellen ab.

Moana Lodge HOSTEL $

(☎04-233 2010; www.moanalodge.co.nz; 49 Moana Rd., Plimmerton; B 33 NZ$, DZ mit Gemeinschaftsbad 76–94 NZ$; @📶) Das hervorragende Hostel, gleich hinter der SH1 und nur eine kurze Fahrt mit Zug oder Auto von Wellington entfernt (25 km), liegt direkt am Strand. Die Zimmer sind sauber und einladend, die freundlichen Besitzer geben ihren Gästen gerne Tipps und Auskunft über Aktivitäten in und rund um die Stadt. Kajaks und Fahrräder werden ebenfalls verliehen. Zu erreichen ist das Hostel ab Wellington mit dem Zug Tranz Metro Kapiti (Fahrtrichtung Plimmerton).

Cambridge Hotel HOSTEL $

(Karte S. 424; ☎04-385 8829; www.cambridgehotel.co.nz; 28 Cambridge Tce.; B 23–25 NZ$, EZ mit/ohne Bad 95/65 NZ$, DZ 105/85 NZ$; @📶) Komfortable, erschwingliche Unterkunft in einem historischen Hotel. Die Zimmer mit Bad haben Sky-TV, Telefon und Kühlschrank (die Zimmer nach hinten raus sind die ruhigeren). Der Backpacker-Flügel hat eine gemütliche Küche und Lounge, schicke Badezimmer und Schlafsäle mit wenig natürlichem Licht, aber himmelhohen Decken. Das Frühstück für 2 NZ$ ist ein weiterer Pluspunkt.

Capital View Motor Inn MOTEL $$

(Karte S. 424; ☎0800 438 505, 04-385 0515; www.capitalview.co.nz; 12 Thompson St.; DZ 125–160 NZ$; 📶) Viele der Zimmer des gepflegten, mehrstöckigen Gebäudes nahe der Cuba Street bieten ihren Bewohnern tatsächlich einen famosen Blick – besonders das große, relativ preisgünstige Penthouse (für 5 Pers., 220 NZ$). Alle Zimmer sind in sich abgeschlossene Wohneinheiten und wurden jüngst renoviert.

Wellington Zentrum

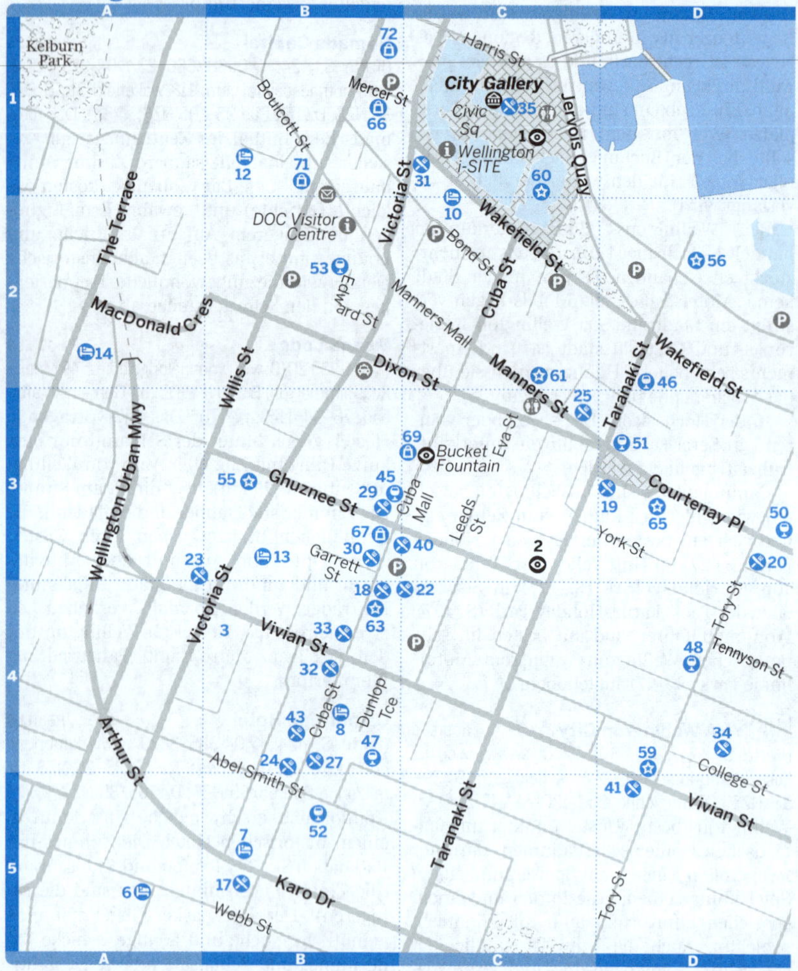

Booklovers B&B

B&B **$$**

(Karte S. 414; ☎04-384 2714; www.booklovers.co.nz; 123 Pirie St.; EZ/DZ ab 150/180 NZ$; @📶) Das liebenswerte, mit Büchern vollgestopfte B&B der preisgekrönten Autorin Jane Tolerton bietet vier Gästezimmer mit Fernsehern, CDs und CD-/DVD-Player. Drei Zimmer haben ein Bad im Zimmer, eines hat ein außerhalb des Zimmers liegendes Bad. Buslinie 2 fährt von der Haustür bis zum Courtenay Place und dem Bahnhof, der „Grüngürtel" der Stadt beginnt gleich um die Ecke. Kostenloses WLAN und Parkmöglichkeiten.

Comfort & Quality Hotels

HOTEL **$$**

(Karte S. 424; ☎04-385 2156, 0800 873 553; www.hotelwellington.co.nz; 223 Cuba St.; DZ 104–200 NZ$; @📶🏊) Zwei Hotels in einem: das einfühlsam renovierte historische Trekkers Building mit kleineren, billigeren Zimmern (Comfort) und das schickere Hochhaus (Quality) mit moderner Einrichtung und Swimmingpool. Beide Hotels teilen sich eine Bar und ein Restaurant (Hauptgerichte 22–30 NZ$). Zwei gediegene Unterkünfte im Herzen der Cuba Street, wo man gut shoppen und ausgehen kann.

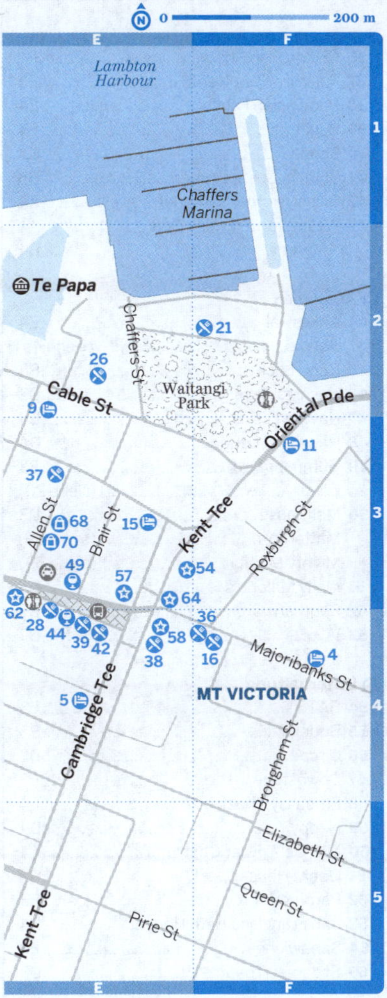

City Cottages FERIENHÄUSER **$$**
(Karte S. 424; ☎021 073 9232; www.citybedandbreakfast.co.nz; Tonks Grove; DZ/4BZ 170/200 NZ$; 📶) Die zwei winzigen Häuser von 1880 liegen in einem hochgeschätzten Viertel aus historischen Gebäuden an der Cuba Street und wurden nur nach langwierigen öffentlichen Protesten beim Bau der neuen Umgehungsstraße gerettet. Man renovierte sie geschickt zu hochmodern ausgestatteten Unterkünften mit jeweils einem Schlafzimmer, das bequem zwei Personen ist, in dem dank der Schlafcouch aber auch bis zu vier Personen Platz bietet. Elegant und günstig gelegen im Herzen der Cuba Street. Vorher nach dem Straßenlärm fragen.

Museum Hotel HOTEL **$$$**
(Karte S. 424; ☎0800 994 335, 04-802 8900; www.museumhotel.co.nz; 90 Cable St.; Zi. & Apt. Mo–Do 205–399 NZ$, Fr–So 199–249 NZ$; 🅿) Das einstige „Hotel de Wheels" – um Platz für das Te Papa zu schaffen wurde es vom originalen Standort 120 m weiter an seinen heutigen Platz versetzt – ist heute ein mit Kunst dekoriertes und noch immer reichlich schräges Hotel. Ein engagiertes Personal, ein sehr gutes Restaurant mit abgefahrener Einrichtung und coole Musik in der Lobby sorgen für eine erfrischende Abwechslung von den sonst einheitlichen Businesshotels. Tolle Wochenend-/Wochenpreise.

Mermaid GÄSTEHAUS **$$**
(Karte S. 414; ☎04-384 4511; www.mermaid.co.nz; 1 Epuni St.; EZ 95–130 NZ$, DZ 105–145 NZ$; 📶) Das Mermaid im supercoolen Stadtteil Aro Valley ist ein kleines Gästehaus nur für Frauen in einer farbenfroh restaurierten Villa. Jedes Zimmer ist individuell und mit künstlerischem Flair eingerichtet (eines mit Bad, drei mit Gemeinschaftsbad). Die Lounge, Küche und Veranda sind gemütlich. Vor der Tür gibt es ein tolles Café, eine Bäckerei und einen Feinkostladen.

Victoria Court MOTEL **$$**
(Karte S. 424; ☎04-385 7102; www.victoriacourt.co.nz; 201 Victoria St.; Zi. 149–205 NZ$; 📶) Das beste Motel im Stadtzentrum mit vielen Parkplätzen. Die leutseligen Besitzer vermieten moderne, große Studios und Apartments mit Whirlpool, Kochnische, eleganter, heller Holzeinrichtung sowie Fernsehern. Zwei Einheiten sind barrierefrei, die größeren haben Platz für sechs Personen.

Trek Global HOSTEL **$**
(Karte S. 424; ☎04-471 3480, 0800 868 735; www.trekglobal.net; 9 O'Reilly Ave.; EZ 59 NZ$, 2BZ mit/ohne Bad 89/69 NZ$, DZ mit/ohne Bad 99/79 NZ$; 📶) Wellingtons cooles, neues Hostel liegt etwas eingequetscht in einer Seitenstraße, daher sind die Gemeinschaftsräume beengt, aber abgefahren (die Lounge ist ein Highlight). Der mehrstöckige, nach Farben geordnete Unterkunftsteil wirkt ein bisschen wie ein Labyrinth, aber was zählt, ist die (relativ) ruhige Lage und der gute Service. Die Zimmer sind frisch, zu den erfreulichen Extras zählen der Fahrradverleih, der Buchungsservice und ein toller Schlafsaal nur für Frauen mit einer sonnigen Terrasse.

Wellington Zentrum

Highlights
City Gallery ... C1
Te Papa ... E2

Sehenswertes
1 Capital E ... C1
2 New Zealand Film Archive ... C3

Aktivitäten, Kurse & Touren
3 On Yer Bike ... B4

Schlafen
4 Apollo Lodge ... F4
5 Cambridge Hotel ... E4
6 Capital View Motor Inn ... A5
7 City Cottages ... B5
8 Comfort & Quality Hotels ... B4
9 Museum Hotel ... E2
10 Nomads Capital ... C2
11 Ohtel ... F3
12 Trek Global ... B1
13 Victoria Court ... B3
14 Worldwide Backpackers ... A2
15 YHA Wellington City ... E3

Essen
16 Ambeli ... F4
17 Arthur's & Martha's ... B5
18 Aunty Mena's ... B4
19 Burger Fuel ... D3
Capitol ... (siehe 58)
20 Chow ... D3
21 City Market ... F2
Deluxe ... (siehe 58)
22 Duke Carvell's ... C4
23 Farmers Market ... A3
24 Fidel's ... B4
25 Great India ... C3
26 Harbourside Market ... E2
27 Heaven ... B4
28 Kaffee Eis ... E4
29 KK Malaysian Cafe ... B3
30 Le Métropolitain ... B3
31 Lido ... C1
32 Logan Brown ... B4
33 Midnight Espresso ... B4
34 Moore Wilson Fresh ... D4
35 Nikau Gallery Cafe ... C1
36 Ortega Fish Shack ... F4
37 Pandoro Panetteria ... E3
38 Phoenician Falafel ... E4
39 Regal ... E4
40 Scopa ... C3
41 Shinobi Sushi Lounge ... D5
42 Sweet Mother's Kitchen ... E4
43 Wellington Trawling Sea Market ... B4

Ausgehen
44 Ancestral ... E4
Betty's ... (siehe 49)
45 Good Luck ... B3
46 Hashigo Zake ... D2
47 Havana ... B4
48 Hawthorn Lounge ... D4
49 Hummingbird ... E3
Library ... (siehe 20)
50 Malthouse ... D3
Matterhorn ... (siehe 69)
Mighty Mighty ... (siehe 69)
51 Molly Malone's ... D3
52 Southern Cross ... B5
53 Vivo ... B2

Unterhaltung
54 BATS ... E3
55 Bodega ... B3
56 Circa ... D2
57 Downstage ... E3
58 Embassy Theatre ... E4
59 Happy ... D4
60 Michael Fowler Centre ... C1
61 Opera House ... C2
62 Paramount ... E3
63 San Francisco Bath House ... B4
64 Sandwiches ... E3
65 St James Theatre ... D3

Shoppen
66 Bivouac Outdoor ... B1
67 Hunters & Collectors ... B3
68 Kura ... E3
69 Mandatory ... C3
70 Ora Design Gallery ... E3
71 Starfish ... B1
72 Unity Books ... B1

Downtown Backpackers HOSTEL $
(Karte S. 414; ☎0800 225 725, 04-473 8482; www.downtownbackpackers.co.nz; 1 Bunny St.; B 25–29 NZ$, EZ 65 NZ$, DZ 82–95 NZ$; @ 📶) Ein zauberhaftes Hostel, das in einem prächtigen Art-déco-Haus untergebracht ist und direkt am Bahnhof der Stadt liegt. Das Downtown hat saubere, helle Zimmer und viele hübsche Gemeinschaftsräume, wo man sich gut aufhalten kann (unbedingt

den gemeißelten Kamin in der Bar anschauen). Preiswertes Essen gibt es morgens und abends im Café.

Bolton Hotel HOTEL $$$
(Karte S. 414; ☎0800 996 622, 04-472 9966; www.boltonhotel.co.nz; Ecke Bolton & Mowbray St.; DZ 174–334 NZ$; @☎≈) Das elegante Hochhaus mit gutem Service verdient seine fünf Sterne. Die Zimmer sind unterschiedlich, aber alle in gedämpften Tönen gehalten und mit edler Bettwäsche und farbenfrohen Kunstwerken ausgestattet. Die meisten sind groß, haben voll ausgestattete Küchen und teilweise Park- oder Stadtblick. Erfreulich sind auch der beheizte Pool, der Whirlpool und die Sauna.

CityLife Wellington APARTMENTS $$$
(Karte S. 414; ☎04-922 2800, 0800 368 888; www.heritagehotels.co.nz; 300 Lambton Quay; DZ Mo–Do 229–249 NZ$, Fr–So 179–199 NZ$; @☎) Luxuriöse Apartments mit Service im Stadtzentrum, die von Studios bis zu Wohnungen mit drei Schlafzimmern reichen, einige mit Blick auf ein Stück der Bucht. Ausgestattet sind sie mit Küche, CD-/DVD-Player und Waschmaschine. Die Wochenendpreise sind echte Schnäppchen. Die Einfahrt für Autofahrer liegt in der Gilmer Terrace, einer kleinen Seitenstraße der Boulcott Street (Parkplatz Tag 15,50 NZ$).

Shepherds Arms Hotel HISTORISCHES HOTEL $$
(Karte S. 414; ☎0800 393 782, 04-472 1320; www.shepherds.co.nz; 285 Tinakori Rd.; EZ ohne Bad 65–75 NUZ$, DZ mit Bad 100–140 NZ$; ☎) Mit der Lage zwischen historischen Gebäuden und der Nähe zum botanischen Garten ist das Thorndon eine hübsche Unterkunft. Das gut erhaltene Hotel versorgt mit Restaurant, Bar und preiswerten Zimmern seine Gäste im entsprechenden Stil. Sehenswert ist auch die „Schafskunst".

Apollo Lodge MOTEL $$
(Karte S. 424; ☎0800 361 645, 04-385 1849; www.apollolodge.co.nz; 49 Majoribanks St.; DZ 135–160 NZ$, 4BZ 190–260 NZ$; ☎) Die Apollo Lodge nur ein paar Schritte vom Courtenay Place besteht aus einer lockeren Folge von 35 unterschiedlichen Unterkünften (mit ein und zwei Schlafzimmern), die von Studios bis zu familienfreundlichen Wohneinheiten mit Küche reichen. Für einen längeren Aufenthalt lönnen die Gäste auch die Apartments in der Nähe mieten.

Carillon Motor Inn GÄSTEHAUS $
(Karte S. 414; ☎04-384 8795; www.carillon.co.nz; 33 Thompson St.; EZ/DZ 85/95 NZ$; ☎; 7) Wow, was für ein alter Kasten! Das Carillon ist eine klapprige, alte viktorianische Villa, die irgendwie der Abrissbirne, ehrgeizigen Bauunternehmern und der Renovierwut, die üblicherweise in der Stadt herrscht, entgangen ist. Mit seinem Flair und den niedrigen Preisen für Zimmer mit Bad ist es eine charaktervolle Alternative zu den Hostels der Stadt.

Worldwide Backpackers HOSTEL $
(Karte S. 424; ☎04-802 5590, 0508 888 555; www.worldwidenz.co.nz; 291 The Terrace; B/DZ mit Gemeinschaftsbad & Frühstück 29/75 NZ$; @☎) Das kleine Hostel in einem 110 Jahre alten Haus ist recht sauber und bietet Vorteile wie kostenloses WLAN, Frühstück und regelmäßige Barbecues. Es ist jung, anspruchslos und entspannt.

Wellington Waterfront Motorhome Park CARAVANPARK $
(Karte S. 414; ☎04-472 3838; www.wwmp.co.nz; 12 Waterloo Quay; Stellplätze mit Strom 50 NZ$; ☎) Eigentlich ist er nur ein Parkplatz am Hafen, aber er ist unglaublich praktisch gelegen und bietet Übernachtung und tagsüber niedrige Parkgebühren. Hinzu kommen ein praktischer Sanitärblock und Stromversorgung. Gebucht wird online.

Wellington Top 10 Holiday Park FERIENPARK $
(☎04-568 5913, 0800 948 686; www.wellingtontop10.co.nz; 95 Hutt Park Rd., Seaview; Stellplätze 45 NZ$, Hütten 58–105 NZ$, Motelzi. 111–168 NZ$; @☎) Ein Ferienpark, der 13 km nordöstlich von Wellington und günstig zur Fähre liegt. Zur familienfreundlichen Ausstattung gehören Gemeinschaftsküchen, die die Gäste benutzen können. Spielzimmer, Hüpfkissen und ein Spielplatz. Nur die Industrielage stört. Zu erreichen ist die Anlage über die ausgeschilderte Abzweigung der SH2 nach Petone und Seaview oder mit normalen öffentlichen Verkehrsmitteln.

Harcourt Holiday Park FERIENPARK $
(☎04-526 7400; www.harcourtholidaypark.co.nz; 45 Akatarawa Rd., Upper Hutt; Stellplätze ohne/mit Strom 32/44 NZ$, Hütten & Ferienwohnungen 45–100 NZ$, Motelzi. 120 NZ$; @☎) Ein wahrhaft grüner Platz in einer Parklandschaft am forellenreichen Hutt River, der sich 35 km nordöstlich von Wellington an der SH2 (35 Min. Fahrzeit) befindet.

Essen

Wellington hat eine spannende Gastronomieszene, die nicht mit kulinarischen Highlights geizt. Es gibt eine verblüffende Restaurantauswahl in einem sehr kleinen Areal, wo scharfe Konkurrenz das Niveau hoch und die Preise erschwinglich hält. Die vielfältige moderne Neuseelandküche wird perfekt ergänzt von zahllosen preiswerten Speiseangeboten, darunter massenhaft Nudelgerichten. Die vor kurzem erfolgte Eröffnung der Kochschule Le Cordon Bleu ist das Sahnehäubchen auf Wellingtons kulinarischer Torte und erhärtet den Status der Stadt als echtes kulinarisches Reiseziel.

Drei exzellente Wochenmärkte finden jeden Sonntag von frühmorgens bis gegen 14 Uhr statt – der **Farmers Market** (Karte S. 424; Ecke Victoria & Vivian St.) für Obst und Gemüse und der vielfältigere **Harbourside Market** (Wakefield St.) neben dem Te Papa, wo auch die Delikatessenverkäufer zu finden sind, die Feinschmecker mit ihren Erzeugnissen auf dem **City Market** (Karte S. 424; Chaffers Dock Bldg., 1 Herd St.; ⌚So 8.30–12.30 Uhr) verführen.

LP TIPP Ortega Fish Shack MEERESFRÜCHTE $$$
(Karte S. 424; ☎04-382 9559; www.ortega.co.nz; 16 Marjoribanks St.; Hauptgerichte 32–34 NZ$; ⌚Di–Sa abends) Angelschwimmer, maritime Porträts und ägyptische Bodenfliesen sorgen für ein farbenfrohes mediterranes Ambiente, ideal für ein abendliches Meeresfrüchteessen. Der Fisch wird auf verschiedenste Art zubereitet (mit Ratatouille und Langustenbutter, als Reisgericht mit Schwein und Garnelen und würzigem *Nam-prik*-Relish), der Nachtisch ist mit Crêpes Orange und einer der besten Käseplatten Wellingtons französisch angehaucht. Fazit: exzellentes Essen in einer relaxten, aber fröhlichen Atmosphäre.

Scopa ITALIENISCH $$
(Karte S. 424; Ecke Cuba & Ghuznee St.; Hauptgerichte 15–26 NZ$; ⌚Mo–So 9 Uhr bis spätnachts; 📶) Perfekte Pizza, richtig gute Pasta und andere authentisch italienische Gerichte sorgen in dem modernen Lokal für kulinarischen Genuss. Die *bianche* (weißen) Pizzas sind eine erfrischende Abwechslung, ebenso der *pizzaiolo* – die Pizza der Woche. Vom Fenstersitz lässt sich das lebhafte Geschehen auf der Cuba Street gut beobachten. Mittags gibt es Tagesgerichte, abends gute Stimmung und Cocktails.

Fidel's CAFÉ $
(Karte S. 424; 234 Cuba St.; Mahlzeiten 9–20 NZ$; ⌚7.30 Uhr bis spätnachts; 📶) Eine Institution in der Cuba Street für die koffeinsüchtige Alternativszene. Die winzige Küche produziert am laufenden Band Eier in jeder Form, Pizza und klasse Salate sowie die besten Milchshakes der Stadt. Revolutionskram schmückt die Wände des coolen Cafés, draußen stehen ebenfalls Tische. Die superemsige Bedienung hat das Chaos bewundernswert gut im Griff.

Capitol MODERN NEUSEELÄNDISCH $$
(Karte S. 424; www.capitolrestaurant.co.nz; Ecke Kent Tce. & Majoribanks St.; Hauptgerichte 23–33 NZ$; ⌚tgl. Mittag- & Abendessen, Brunch Sa & So ab 9.30 Uhr) Einfaches, saisonales Essen mit hochwertigen lokalen Zutaten, liebevoll zubereitet mit einem Hauch klassischer italienischer Küche. Die Kaninchen-Pappardelle sind unwiderstehlich. Das Lokal ist etwas beengt und laut, aber dennoch elegant. Und wer will schon meckern, wenn es solch erstklassiges Essen für diesen Preis gibt? Reservierungen werden nicht angenommen, aber mit einem Aperitif an der kleinen Bar lohnt sich das Warten.

Phoenician Falafel LIBANESISCH $
(Karte S. 424; 10 Kent Tce.; Mahlzeiten 8–16 NZ$; ⌚11.30–21.30 Uhr; 📶) Die fröhlichen libanesischen Besitzer tischen authentische Falafel, Kebab und *shawarma* (Drehspieß) auf, außerdem die besten Döner der Stadt. Gleich an zweiter Stelle (hinsichtlich der Qualität der Döner) folgt das Phoenician Cuisine in der Cuba Street 245.

Nikau Gallery Cafe CAFÉ $$
(Karte S. 424; City Gallery, Civic Sq.; Mittagessen 14–25 NZ$; ⌚Mo–Fr 7–16, Sa 8–16 Uhr; 📶) Das luftige Nikau gehört zu den edleren Cafés und serviert die einfachsten, aber dennoch besten Gerichte der Stadt. Im Angebot: erfrischende Aperitifs, legendäres Kedgeree und Salbei-Eier, göttliche Süßspeisen und ein sonniger Hofgarten.

Logan Brown MODERN NEUSEELÄNDISCH $$$
(Karte S. 424; ☎04-801 5114; www.loganbrown.co.nz; 192 Cuba St.; Hauptgerichte 39–48 NZ$; ⌚Mo–Sa 12–14, Mo–So 17.30 Uhr bis spätnachts) Das Logan Brown in einer Bankhalle aus den 1920er-Jahren verströmt Klasse, ohne überheblich oder zu formell zu wirken. Der Ruhm ist angesichts des Lammrückens, des Schnapper und der Seeohren sowie einer

schier endlos langen Weinkarte gerechtfertigt. Das frühabendliche Menü (39,50 NZ$) ist ein köstliches Angebot, das den Geldbeutel nicht übermäßig strapaziert. Eine Reservierung ist empfehlenswert.

KK Malaysian Cafe MALAYSISCH $
(Karte S. 424; 54 Ghuznee St.; Hauptgerichte 9–14 NZ$; ⌚Mo–Sa Mittagessen, Mo–So Abendessen; ✎) Das winzige KK ist eines der beliebtesten malaysischen Billiglokale in einer Stadt, die ganz versessen auf südostasiatische Küche ist. Es gibt köstliches Satay und ein Rendang zum Dahinschmelzen, begleitet vom üblichen Roti.

Chow FUSIONSKÜCHE $$
(Karte S. 424; 45 Tory St.; kleine Teller 7–17 NZ$, Hauptgerichte 15–24 NZ$; ⌚12–24 Uhr; ✎) Das Chow mit seinem legendären Wan Tan mit Schimmelkäse und Erdnüssen ist ein elegantes panasiatisches Restaurant mit Bar: ein Muss für Leute, die tolles Essen in geselliger Runde mit dem einen oder anderen Cocktail genießen wollen! Es gibt Tagesgerichte, kostenloses WLAN und hinten die wunderbare Library-Bar.

Midnight Espresso CAFÉ $
(Karte S. 424; 178 Cuba St.; Mahlzeiten 8–17 NZ$; ⌚Mo–Fr 7.30 Uhr bis spätnachts, Sa & So ab 8 Uhr; ✎) Das erste coole Café der Stadt, das mit herzhaftem, leckerem und billigem Essen – überwiegend gesund und vegetarisch aufwartet. Ein Fensterplatz mit Havanna-Kaffee und Kuchen ist das Café-Erlebnis in Wellington schlechthin.

Aunty Mena's VEGETARISCH $
(Karte S. 424; 167 Cuba St.; Mahlzeiten 10–18 NZ$; ⌚11.30–21.30 Uhr; ✎) Das preiswerte und gute Aunty Mena's ist eine der vielen Nudelbars in der Cuba Street und serviert seiner gemischten Gästeschar leckere vegetarische bzw. vegane malaysische und chinesische Gerichte. Man isst in einem pflegeleichten, etwas zu hellen Innenraum.

Sweet Mother's Kitchen AMERIKANISCH $
(Karte S. 424; 5 Courtenay Pl.; Hauptgerichte 10–27 NZ$; ⌚8 Uhr bis spätnachts; ✎) Das ständig volle Lokal (meist mit jungen Schickis) serviert schillernde Variationen der Südstaatenküche wie Burritos, Nachos, Po' boys (Baguette mit Frittiertem) und Jambalaya. Der Key Lime Pie (Limettenkuchen) ist ziemlich authentisch. Das Lokal ist billig, witzig, sonnig und schenkt Bier, das aus Kleinbrauereien gebraut wird, aus.

Ambeli MODERN NEUSEELÄNDISCH $$$
(Karte S. 424; ☎04-385 7577; www.theambeli.co.nz; 18 Marjoribanks St.; ⌚Di–Fr Mittagessen, tgl. Abendessen) Echt gutes, superedles Essen, serviert im kultivierten Ambiente eines Kolonialhäuschens in der Innenstadt. Die tollen Gerichte mit saisonalen, ausgesuchten Zutaten (z. B. Schweinsbackenconfit mit handgestampften dicken Bohnen oder mit Zitronen marinierter Lachs) werden von einer Weinkarte ergänzt, von der der hoch gelobte Oberkellner Shae Moleta behauptet, er kenne sie besser als seine Mutter. Göttliche Desserts. Eine Reservierung ist ratsam.

Le Métropolitain FRANZÖSISCH $$
(Karte S. 424; www.lemetropolitain.co.nz; Ecke Garrett & Cuba St.; Hauptgerichte 19–34 NZ$; ⌚Di–Sa Mittag- & Abendessen) Das schlichte Bistroessen in einem entsprechend französischen Ambiente versetzt die Gäste ins Herz Frankreichs. Klassiker wie *moules* (Muscheln), Zwiebelsuppe, *steak frites,* Coq au vin und Weinbergschnecken sind auf der Karte gut vertreten. Zum Nachtisch gibt es leckeren Käse, allerdings wählen viele lieber die Torte aus dem Fenster.

Great India INDISCH $$
(Karte S. 424; 141 Manners St.; Hauptgerichte 15–29 NZ$; ⌚Mittag- & Abendessen; ✎) Keineswegs der typische Inder. Das Restaurant ist zwar ein bisschen teurer als die Konkurrenz, aber es hat seinen Namen verdient. Mit etwas Glück serviert Rakesh, einer der lässigsten Oberkellner der Hauptstadt.

Regal CHINESISCH $$
(Karte S. 424; ☎04-384 6656; 7 Courtenay Pl.; Yum Cha um 20 NZ$) Yum Cha (Nachmittagstee mit Imbiss) ist in Wellington ein beliebter Zeitvertreib, und das Regal ist nur eines von vielen chinesischen Restaurants um den Courtenay Place, die zu diesem Wochenendritual proppenvoll sind. Es hat zwar zweifellos den wenigsten Charme von allen, aber es erfreut mit einem hervorragenden, schnellen Service, der Größe der Portionen und der Qualität seiner Gerichte. Die mit Garnelen gefüllten Dampftaschen, die Brötchen mit gegrilltem Schweinefleisch, die Pekingente und der Kokoskuchen sind erstklassig. Eine Reservierung ist ratsam.

Shinobi Sushi Lounge SUSHI $$
(Karte S. 424; 43 Vivian St.; Sushi-Teller 19–35 NZ$, California Rolls 7–19 NZ$; ⌚Di–Fr 12–14, Di–So 17.30–22 Uhr) Superfrischer Fisch, ja-

panische Ausbildung und Kiwi-Flair sorgen zusammen dafür, das Shinobi der tollste Sushi-Laden der Stadt ist. Wirklich gut gemixte Cocktails und eine feine Getränkekarte schmieren die Kehle. Zu den Gerichten ohne Fisch gehören das umwerfende (gebratene) *Karaage*-Huhn, *kounomono* (eingelegtes Gemüse) und der Seetang-Salat.

Burger Fuel HAMBURGER $

(Karte S. 424; 101 Courtenay Pl.; Hamburger 5–15 NZ$; ⌚11 Uhr bis spätnachts; ✎) Fastfood, wie es sein soll: Leckere Hamburger mit frischen, natürlichen Zutaten schlagen Ronald McD und den KFC-Colonel um Längen.

Deluxe CAFÉ $

(Karte S. 424; 10 Kent Tce.; Imbiss 4–10 NZ$; ⌚Mo–Fr 7 Uhr bis spätnachts, Sa & So ab 8 Uhr; ✎) Eine Säule der Nachtcafészene mit ausgefallener, häufig wechselnder Kunst an den Wänden. Das quirlige, winzige Lokal liegt neben dem Embassy Cinema, es serviert seiner treuen Kundschaft täglich Hunderte Kaffees und hauptsächlich vegetarisches und veganes Büfettessen und leckere Pizzaschnitten.

Duke Carvell's TAPAS $$

(Karte S. 424; 6 Swan Ln.; Mittagessen 12–20 NZ$, kleine Teller 15–19 NZ$, große Teller 30–42 NZ$; ⌚Mo–Fr 12 Uhr bis spätnachts, Sa & So ab 9 Uhr) Eine kulinarische Tour durch den Mittelmeerraum mit kleinen und großen Portionen oder richtig fleischig mit einer Wurstplatte. Ein Mischmasch aus klassischer Kunst schmückt die Wände, Secondhand-Kronleuchter werfen ein dämmriges Licht auf das Geschehen. Die flinke Bedienung ist ebenso erfreulich wie der mit Ouzo flambierte Käse.

Lido CAFÉ $$

(Karte S. 424; Ecke Victoria & Wakefield St.; Brunch & Mittagessen 9–21 NZ$, Abendessen 19–26 NZ$; ⌚Mo 7.30–15 Uhr, Di–Sa bis spätnachts, So 9–21 Uhr) Im Lido in einem flotten alten Bürohaus gibt es eine breite Auswahl stets guter und erschwinglicher, mediterran inspirierter Gerichte. Pfannkuchen und Pasta werden hier ebenso angeboten wie Fisch, Hamburger, Antipasti und Salate. Auch der Kaffee und der Kuchen sind hervorragend. Samstags und sonntags gibt es abends Livejazz.

Wellington Trawling Sea Market FISH & CHIPS $

(Karte S. 424; 220 Cuba St.; Mahlzeiten 7–15 NZ$; ⌚11.30–21.30 Uhr) Die beliebtesten, allerfrischesten Fish and Chips der Stadt, plus Meeresdelikatessen je nach Saison. Wer will, kann sich auch einfach nur einen Hamburger bestellen.

Arthur's & Martha's CAFÉ $

(Karte S. 424; 272 & 276 Cuba St.; Imbiss 3–8 NZ$, Mahlzeiten 12–22 NZ$) Die beiden Teesalons der McLeods, die schon seit Generationen in diesem Viertel leben, würdigen ihr Erbe mit köstlichem Stil. Martha's kredenzt winzige Schnittchen, zierliche Törtchen und Tee in Porzellantassen. Arthur's hingegen kommt im Schottenkaro daher und serviert ein deftiges Bauernfrühstück und knusprige Schweinefleischsnacks.

Heaven PIZZERIA $

(Karte S. 424; 247 Cuba St.; Pizzas 8–22 NZ$; ⌚12 Uhr bis spätnachts; ✎) Göttliche Pizzas tauchen aus dem flammenden Holzofen auf, über den sich eine monolithische Skulptur des hl. Georg mit dem Drachen befindet. Die Mahlzeiten können entweder im Lokal mit rustikaler und recycelter Einrichtung verzehrt oder mit nach Hause genommen werden. Die Pizza wird auch in Stücken serviert.

Kaffee Eis EISCREME $

(Karte S. 424; 29 Courtenay Pl.; Eis 3–7 NZ$) Italienisches Eis in der Waffel oder im Becher, gezaubert mit neuseeländischen Zutaten (außerordentlich guter Sahne, saftigen Früchten wie etwa der einzigartigen Feijoa). Am Hafen gibt es weitere Filialen.

Pandoro Panetteria BÄCKEREI $

(Karte S. 424; 2 Allen St.; Teilchen 3–6 NZ$; ⌚Mo–Fr 7–17, Sa & So bis 16 Uhr; ✎) Eine exzellente italienische Bäckerei mit feinem Kaffee, Kuchen, Keksen und einem breiten Angebot an leckeren, herzhaften Brötchen und Broten.

Moore Wilson Fresh SUPERMARKT

(Karte S. 424; Ecke College & Tory St.; ⌚Mo–Fr 7.30–19, Sa 7.30–18, So 9–17 Uhr) Ein unübertroffenes Angebot an (hauptsächlich neuseeländischen) Erzeugnissen, Backwaren, Wurstwaren und bergeweise Käse... Alles ist lecker.

Ausgehen

Die Wellingtoner lieben das Nachtleben und finden es ganz normal, sich in selbiges zu stürzen, wenn sich normale Leute gerade einen Schlaftrunk genehmigen. Eine lebendige Musikszene hält die Sache in Schwung, dazu kommen das gute Kneipenessen, die erstklassigen Cocktails, der gute Wein und das Bier aus Kleinbrauereien.

Das Bier verzeichnet seit Kurzem einen durchschlagenden Erfolg – einen Aufschwung, den immer mehr lokale Brauereien und immer neu eröffnende Bierkneipen (mehr als es Hopfenstangen gibt) zusätzlich anheizen. Um sich einen Überblick zu verschaffen, lohnt sich ein Blick ins Internet: www.craftbeercapital.com.

Am meisten los ist in zwei Gegenden Wellingtons: um den Courtenay Place – trubelig, frech und absolut ausgelassen – und entlang der Cuba Street: Die Straße ist trendig, schick und manchmal schon fast obercool.

LP TIPP Mighty Mighty BAR

(Karte S. 424; 104 Cuba St.; ⏲Mi–Sa 16 Uhr bis spätnachts) Mighty Mighty ist die angesagteste Musikkneipe der Hauptstadt. Eine Einrichtung wie in einem Flipperautomaten, rosa Samtvorhänge, Kitsch und Wellingtons beste Barfrau machen den Laden zu einem Muss für alle, die sich einen hinter die Binde gießen wollen. Ein schillerndes Stück neuseeländischen Barlebens.

Hashigo Zake BIER

(Karte S. 424; www.hashigozake.co.nz; 25 Taranaki St.) Der Backsteinkeller ist das Hauptquartier der Untergrund-Bierbewegung der Hauptstadt und schenkt nur hochwertiges Bier von Kleinbrauereien aus. Die oft wechselnde Auswahl von einem Dutzend Fassbieren wird von etwa 140 Flaschenbieren aus aller Welt ergänzt.

Havana BAR

(Karte S. 424; www.havanabar.co.nz; 32 Wigan St.; ⏲Mo–Fr 11 Uhr bis spätnachts, Sa 15 Uhr bis spätnachts) Fast so wie das sprichwörtliche Licht unter dem Scheffel verbirgt sich eine der besten Bars Wellingtons tief in einer Nebenstraße, in die sich kaum jemand verirrt (das ist jetzt der Hinweis, den Stadtplan zu studieren). Die Bar befindet sich in zwei angrenzenden historischen Häuschen, wo die Gäste Tapas essen, feinste Drinks genießen, dann bis zum Morgengrauen plaudern, rauchen, flirten und tanzen.

Malthouse BIER

(Karte S. 424; www.themalthouse.co.nz; 48 Courtenay Pl.; ⏲So–Do 15 Uhr bis spätnachts, Fr & Sa 12–3 Uhr) Bei der letzten Zählung gab es 150 Gründe, hier in der ersten Bierbar der Hauptstadt ein Bier zu bestellen. Das sachkundige Personal empfiehlt Biere aus einer endlos langen Liste mit Sorten aus Neuseeland und der ganzen Welt. Immer wieder sind neue Biersorten im Angebot, wer gut bei Kasse ist, kann sich zudem nach der Sammlung alter Biere erkundigen.

Southern Cross PUB

(Karte S. 424; www.thecross.co.nz; 35 Abel Smith St.; ⏲9 Uhr bis spätnachts) Wellingtons stylischstes und beliebtestes Pub ist eine Kombination aus zwanglosem Restaurant, lebhafter Bar, regelmäßiger Musik, Tanzfläche, Billardtisch, der besten Gartenkneipe der Stadt und Kinderfreundlichkeit. Es gibt Bier von Kleinbrauereien vom Fass und – wenn sich Hunger einstellt– eine ordentliche Schale Pommes. Klasse!

Ancestral BAR

(Karte S. 424; www.ancestral.co.nz; 31 Courtenay Pl.; ⏲Di–Fr 11 Uhr bis spätnachts, Mo & Sa 15 Uhr bis spätnachts) Das asiatisch beeinflusste Ancestral hat neue Wege in der Barszene Wellingtons eingeschlagen. Es wurde von den Architekten entworfen, die auch für das legendäre Matterhorn zuständig waren, und wird von Besitzern betrieben, die keine Mühen und Kosten scheuen, jedes noch so kleine Detail zu perfektionieren – Licht, Musik, Hemdkragen und Cocktails. Whisky und Zigarren in der aufgehübschten Gartenbar sind ein Highlight, aber es gibt noch mehr Positives zu berichten, z. B. vom Sake und dem Rauch, den Funken und dem Knistern des Yakitori-Grills (4–17 NZ$)…

Matterhorn BAR

(Karte S. 424; www.matterhorn.co.nz; 106 Cuba St.; ⏲Mo–Fr 15 Uhr bis spätnachts, Sa & So 10 Uhr bis spätnachts) Das Horn ist noch immer angesagt, trotz Besitzerwechsel und scharfer Konkurrenz. Die seit Langem beliebte Bar mit drei unterschiedlichen, aber gleichermaßen netten Bereichen (lange Bar, Restaurant und Gartenbar) beglückt ihre Gäste nach wie vor mit anständigem Essen (Tapas ab nachmittags, täglich Abendessen, am Wochenende Brunch), solidem Service und regelmäßiger Livemusik.

Vivo WEINBAR

(Karte S. 424; www.vivowinebar.co.nz; 19 Edward St.; ⏲Mo–Fr 15 Uhr bis spätnachts, Sa 17 Uhr bis spätnachts) Die Weinbar bietet ihren Gästen eine ellenlange Liste mit etwa 600 Weinen aus aller Welt, von denen über 60 glasweise ausgeschenkt werden. Unverputzte Ziegelwände und Holzbalken verleihen dem Vivo ein rustikales, kellerartiges Flair, die Lichterketten wirken wie Sterne an der dunklen Decke. Exzellente, preiswerte Tapasgerichte (kleine Teller 6–14 NZ$).

Good Luck BAR

(Karte S. 424; Keller, 126 Cuba St.; ⌚Di–So 17 Uhr bis spätnachts) Chinesische Opiumhöhle ohne Opium, eine routiniert geführte, sinnliche Kellerbar mit vielfältiger peppiger Musik. Auch gibt es hier den besten Mint Julep der Stadt und Straßentische – ideal zum Beobachten der „Cuba-Parade".

Hawthorn Lounge BAR

(Karte S. 424; 82 Tory St.; ⌚Di–Sa 18 Uhr bis spätnachts) Hat etwas von einer Flüsterkneipe der 1920er-Jahre, samt Westen und breitkrempigen Filzhüten. Gäste schlürfen Cocktails, spielen Poker oder genießen einfach die Mixkünstler hinter der Bar.

Library BAR

(Karte S. 424; 53 Courtenay Pl.; ⌚Mo–Do 17 Uhr bis spätnachts, Fr–So 16 Uhr bis spätnachts) Veloursbänke, Bücher, Drinks und Brettspiele. Ein echter Knüller mit Cocktails, die man endlos schlürfen könnte.

Betty's BAR

(Karte S. 424; 32 Blair St.; ⌚Mi–Sa 17–3 Uhr) Quirliger Laden mit flinkem Personal, Apothekenthema und einem Digitalbildschirm über drei Wände. Die DJs und VJs leisten ganze Arbeit.

Hummingbird WEINBAR

(Karte S. 424; www.hummingbird.net.nz; 22 Courtenay Pl.; ⌚Mo–Fr 15 Uhr bis spätnachts, Sa & So 10 Uhr bis spätnachts) Das bei Schickis beliebte Hummingbird ist meist proppenvoll – man trifft sich innen in der intimen, eleganten Restaurant-Bar oder draußen an den Straßentischen. Sanfte Musik (und regelmäßiger Livejazz), interessante Speisen von Brunch bis Abendessen und eindrucksvolle Drinks (guter Wein ebenso wie Cocktails).

Molly Malone's PUB

(Karte S. 424; Ecke Courtenay Pl. & Taranaki St.) Ein gepflegtes irisches Pub mit täglicher Livemusik, preisgünstigen Pubgerichten (Barkarte 6–19 NZ$, Mahlzeiten 23–30 NZ$) und einem sonnigen Balkon. Wem es unten zu trubelig ist, kann sich oben in der Pianobar ein ruhiges Gläschen gönnen.

Backbencher PUB

(Karte S. 414; 34 Molesworth St.; ⌚11 Uhr bis spätnachts) In dem Pub gegenüber vom Bee-hive sind manchmal Parlamentarier beim Süffeln zu sehen. An den Wänden hängen wie Jagdtrophäen Gummipuppen von neuseeländischen Politikern (die Ex-Premierministerin Helen Clark ist in Wirklichkeit viel schöner). Quizabende und andere Events sorgen für Stimmung.

☆ Unterhaltung

Wellingtons Unterhaltungsangebot sieht von außen klein aus, bietet aber innen einige Überraschungen. Nicht nur, dass hier unglaublich viele einheimische Künstler auftreten: Auch zahlreiche hochkarätige Stars aus Neuseeland und der ganzen Welt lassen sich hier blicken. Das begierige und dankbare Publikum sorgt zusätzlich für eine gute Atmosphäre.

Die Programmübersicht findet man in der *Capital Times* – ein kostenloses Wochenblatt, das überall in der Stadt ausliegt. Der *Groove Guide* (www.grooveguide.co.nz) bietet einen Konzertführer und einschlägige Artikel.

Der Eintritt zu den meisten Konzerten und Clubs kann am Eingang bezahlt werden, beliebte Gigs sind jedoch manchmal ausverkauft. Es lohnt sich daher, Tickets bei den jeweils angegebenen Vorverkaufsstellen zu bestellen – oft Ticketek (S. 434), www.undertheradar.co.nz oder **Cosmic** (www.cosmiccorner.co.nz; 97-99 Cuba Mall).

Livemusik & Clubs

Im Folgenden sind die wichtigsten Musikläden Wellingtons aufgeführt, Livemusik gibt es aber auch regelmäßig in vielen Bars der Stadt, etwa im Mighty Mighty (S. 421), im Havana (S. 421), im Molly Malone's (S. 432), dem Matterhorn (S. 421) und im Southern Cross (S. 421).

San Francisco Bath House LIVEMUSIK

(Karte S. 424; www.sfbh.co.nz; 171 Cuba St.; ⌚Di–Sa 16 Uhr bis spätnachts) Das San Franciso Bath House ist Wellingtons beste Livemusik-Bühne mittlerer Größe, auf der die besten neuseeländischen Künstler und auch erstklassige Musiker aus dem Ausland auftreten. Auf der Galerie geht es manchmal ausschweifend zu, an der Bar stehen die Leute dicht gedrängt, aber ansonsten ist der Laden gut geführt und bietet eine gute Stimmung, wenn losgetanzt wird.

Bodega LIVEMUSIK

(Karte S. 424; www.bodega.co.nz; 101 Ghuznee St.; ⌚16 Uhr bis spätnachts) Der Vorreiter der modernen Livemusikszene der Stadt ist noch immer eine Institution, trotz des Umzugs von einem verfallenen historischen Haus in einen Betonbunker. Das „Bodge" bietet ein volles und abwechslungsreiches Konzertprogramm in einem netten Raum mit einer beachtlich großen Tanzfläche.

Happy LIVEMUSIK
(Karte S. 424; www.happybar.co.nz; Ecke Tory & Vivian St.; ⌚Mi–So 17 Uhr bis spätnachts) Eine salonartige Kellerbar, die Musik aus praktisch jedem Genre auf die Bühne bringt – von Indie Folk bis zu Hardcore. Bier und Sushi aus dem Shinobi (S. 420) gegenüber und sonntags Gratis-Jazzkonzerte.

Sandwiches CLUB
(Karte S. 424; www.sandwiches.co.nz; 8 Kent Tce.; ⌚Mi–Sa 16 Uhr bis spätnachts) Hier gibt es neuseeländische Electronica und DJs, regelmäßig internationale Künstler und ein tolles Soundsystem. Ein düsterer Club unter Leitung einer engagierten Truppe, die das nicht nur für Geld macht.

Theater

Zu Wellingtons aufgeschlossener Theaterszene zählt eine bemerkenswerte Zahl professioneller Ensembles und Amateurgruppen. Eintrittskarten für viele Veranstaltungen bekommt man in den Kartenverkaufsstellen von **Ticketek** (www.ticketek.co.nz) in zwei der größeren Häuser der Stadt, dem **St James Theatre** (Karte S. 424; ☎04-802 4060; www.stjames.co.nz; 77 Courtenay Pl.) und dem **Michael Fowler Centre** (Karte S. 424; ☎04-801 4231; www.wellingtonconventioncentre.com; 111 Wakefield St.). Ermäßigte Karten für den gleichen Abend erhält man für einige Aufführungen oft im i-SITE. Die zwei anderen wichtigen Bühnen der Stadt sind das **Opera House** (Karte S. 424; www.stjames.co.nz; 111 Manners St.) und die **TSB Bank Arena** (Karte S. 414; 4 Queens Wharf). Die Hauptstadt leistet sich drei regelmäßig bespielte Theater:

BATS THEATER
(Karte S. 424; ☎04-802 4175; www.bats.co.nz; 1 Kent Tce.) Das alternative BATS präsentiert seinem Publikum topaktuelles und experimentelles neuseeländisches Theater – vielfältig, billig und intim.

Circa THEATER
(Karte S. 424; ☎04-801 7992; www.circa.co.nz; 1 Taranaki St.) Circas Hauptbühne gewährt 240 Zuschauern Platz, die Studiobühne bietet 100 Sitze. Verbilligte Karten gibt es für Probeaufführungen, eine Stunde vor jeder Aufführung (von Pantomime bis zu internationaler Comedy) werden außerdem Last-Minute-Karten verkauft.

Downstage THEATER
(Karte S. 424; ☎04-801 6946; www.downstage.co.nz; 12 Cambridge Tce.) Neuseeländische Stücke, Tanz, Comedy und Musicals in einem Theater mit 250 Sitzen.

Kinos

Das Filmprogramm ist in den lokalen Zeitungen und auf www.film.wellington.net.nz nachzulesen. Die meisten Kinos verkaufen zu Wochenbeginn oder tagsüber ermäßigte Karten. Leider ist hier nicht genug Platz, alle der vielen hervorragenden unabhängigen Kinos in Wellywood aufzuführen! Deshalb werden nur einige genannt, die im Stadtzentrum liegen:

Embassy Theatre KINO
(Karte S. 424; ☎04-384 7657; www.deluxe.co.nz; 10 Kent Tce.; Erw./Kind ab 15,50/12,50 NZ$) Wellywoods Mutterschiff des Kinos, das in den 1920er-Jahren erbaut wurde. Zeigt Mainstream und betreibt eine eigene Bars und ein Café, wo man vor und nach der Vorstellung einkehren kann.

Paramount KINO
(Karte S. 424; ☎04-384 4080; www.paramount.co.nz; 25 Courtenay Pl.; Erw./Kind ab 13/9 NZ$; ⌚12–24 Uhr) Ein wunderbarer, alter Kinokomplex, ein Eldorado für Cineasten, der überwiegend Arthouse-, Dokumentar- und ausländische Filme zeigt.

WILLKOMMEN IN WELLYWOOD

In den vergangenen Jahren wurde Wellington als Standort der dynamischen neuseeländischen Filmindustrie berühmt und hat sich dabei den Spitznamen „Wellywood" erworben. Der renommierte Regisseur Peter Jackson lebt noch immer in der Stadt. Der Erfolg seiner Filmtrilogie *Der Herr der Ringe* und weiterer Produktionen wie *King Kong*, *Die Abenteuer von Tim und Struppi* und *Der Hobbit* machten ihn zu einem mächtigen Hollywoodakteur und stärkten Wellingtons Ruf.

Tolkien-Jünger und Filmfans können ein Stück der einheimischen Kinomagie bei einem Besuch im kleinen Museum Weta Cave (S. 416) oder einer der vielen Filmschauplätze in der Region erleben – eine Spezialität der lokalen Tourenanbieter (S. 421).

Penthouse Cinema KINO
(☎04-384 3157; www.penthousecinema.co.nz; 205 Ohiro Rd., Brooklyn; Erw./Kind ab 11,50/ 9,50 NZ$) Art-déco-Haus mit kluger Filmauswahl und einem netten Café für einen Besuch vor oder nach der Vorstellung. Lohnt auf jeden Fall die Busfahrt – von der Stadt aus kommt man mit den Linien 7 oder 8 Richtung Süden dorthin.

Shoppen

Wellington besitzt eine große Zahl unabhängiger Läden, darunter massenhaft Designerboutiquen. Neuseeländische Produkte („Buy Kiwi Made") sind reichlich in der Cuba Street zu finden, aber auch im Andenkenladen im Museum Te Papa.

Die Jackson Street in Petone, ein kurzes Stück mit Auto oder Zug entfernt, lohnt unbedingt einen Bummel zum Lunch und zum Shoppen.

Starfish KLEIDUNG
(Karte S. 424; 128 Willis St.) Lieblingsladen der Wellingtoner Modefans, die in Scharen dorthin pilgern. Wunderschöne Sachen, alle nachhaltig hergestellt.

Hunters & Collectors VINTAGE
(Karte S. 424; 134 Cuba St.) Konfektions- und Vintagekleidung (Punk, Skate und Mod) sowie Schuhe und Accessoires. Und dazu noch die schönste Schaufensterdekoration Neuseelands!

Mandatory KLEIDUNG
(Karte S. 424; 108 Cuba Mall) Tolle Bedienung und elegante Maßanzüge für die smarten Schickis der Stadt.

Kura KUNSTHANDWERK
(Karte S. 424; 19 Allen St.) Zeitgenössische Maori-Kunst: Hier wird fündig, wer Gemälde, Keramiken, Schmuck und Skulpturen sucht.

Ora Design Gallery KUNSTHANDWERK
(Karte S. 424; 23 Allen St.) Die neueste pazifische und Maori-Kunst: schöne Skulpturen, Webstoffe und Schmuck.

Vault KUNSTHANDWERK
(Karte S. 414; 2 Plimmer Steps) Schmuck, Kleidung, Taschen, Keramiken, Kosmetik – ein netter Laden mit schönen Sachen.

Unity Books BÜCHER
(Karte S. 424; 57 Willis St.) Setzt den Standard für jeden Buchladen im Land.

Bivouac Outdoor OUTDOORAUSRÜSTUNG
(Karte S. 424; 39 Mercer St.) Der beste von mehreren Outdoorläden, die es um die Mercer Street gibt.

Old Bank Shopping Arcade EINKAUFSZENTRUM
(Karte S. 414; www.oldbank.co.nz; Ecke Lambton Quay & Willis St.) Ein liebenswertes altes Haus, das mit einigen ganz guten und opulenten Boutiquen aufwartet.

Kirkcaldie & Stains KAUFHAUS
(Karte S. 414; 165-177 Lambton Quay) Neuseelands Antwort auf Bloomingdale's oder Harrods wurde 1863 gegründet. Bei Vorlage der Reisedokumente gibt es steuerfreie Schnäppchen.

Praktische Informationen

Geld

Die größeren Banken unterhalten Filialen am Courtenay Place, Lambton Quay und in der Willis Street. Wechselstuben:

City Stop (107 Manners St.; ⏲24 Std.) Minimarkt, der Reiseschecks wechselt.

Travelex (www.travelex.co.nz; 120 Lambton Quay; ⏲Mo–Fr 8.30–17.30 Uhr) Wechselstube mit Filialen am Flughafen.

Infos im Internet

Positively Wellington Tourism (www.wellingtonnz.com) Offizielle Tourismus-Website der Stadt.

Word on the Street (www.wordonthestreet.co.nz) Magazinartige Website für Nachrichten, Programmvorschau und -kritik.

Wotzon.com (www.wotzon.com) Kulturprogrammverzeichnis für Wellington und Umgebung.

Internetzugang

Kostenloses WLAN gibt es in den meisten CBD-Bereichen (www.cbdfree.co.nz); auch das i-SITE (S. 435) hat Internetzugang.

Medien

Best of Wellington *(www.bestofwellington.co.nz)* „Insiders" ist ein unabhängiger Reiseführer für Besucher, die länger in der Stadt bleiben.

Capital Times (www.capitaltimes.co.nz) Kostenlose Wochenzeitung mit Lokalnachrichten, Klatsch und Konzertverzeichnis.

Stuff (www.stuff.co.nz) Online-Nachrichten zusammen mit der Wellingtoner Zeitung *Dominion Post*.

Medizinische Versorgung

Wellington Accident & Urgent Medical Centre (☎04-384 4944; 17 Adelaide Rd., Newtown;

⌚8–23 Uhr) Die Notfallaufnahme liegt in der Nähe des Basin Reserve am nördlichen Ende der Adelaide Road. Anmeldung ist nicht nötig; es gibt hier auch eine Nachtapotheke.

Wellington Hospital (☎04-385 5999; www.ccdhb.org.nz; Riddiford St., Newtown; ⌚24 Std.) 1 km südlich des Stadtzentrums.

Notfall

Krankenwagen, Feuerwehr & Polizei (☎111)

Polizei (☎04-381 2000; www.police.govt.nz; Ecke Victoria & Harris St.)

Post

Post (2 Manners St.)

Touristeninformation

DOC Visitor Centre (Department of Conservation; ☎04-384 7770; www.doc.govt.nz; 18 Manners St.; ⌚Mo–Fr 9–17, Sa 10–15.30 Uhr) Buchungen, Eintrittskarten und Informationen für landesweite und städtische Wanderungen, Parks, Hütten und Campingplätze, außerdem Genehmigungen für Kapiti Island.

Hutt City i-SITE (☎04-560 4715; www.huttvalleynz.com; 25 Laings Rd.; ⌚Mo–Fr 9–17, Sa & So bis 16 Uhr) Informationszentrum für Upper Hutt, Lower Hutt und Petone.

Wellington i-SITE (☎04-802 4860; www.wellingtonnz.com; Civic Sq.., Ecke Wakefield & Victoria St.; ⌚8.30–17 Uhr) Das Personal bucht nahezu alles und verteilt munter den *Official Visitor Guide* von Wellington sowie Karten und Wanderführer. Internetzugang und Café.

ℹ An- & Weiterreise

Bus

Wellington ist ein Drehscheibe des Busverkehrs mit Verbindungen Richtung Norden nach Auckland und allen größeren Städten entlang dieser Strecke. Die Busse von **InterCity** (☎04-385 0520; www.intercity.co.nz) und **Newmans** (☎04-385 0521; www.newmanscoach.co.nz) fahren am Bahnsteig 9 im Bahnhof ab. Fahrkarten sind am Fahrkartenschalter von Intercity/Newmans im Bahnhof erhältlich. Zu den häufigsten Zielorten gehören Auckland (ab 29 NZ$, 11 Std.), Palmerston North (ab 14 NZ$, 2¼ Std.) und Rotorua (ab 26 NZ$, 7½ Std.). Ermäßigungen gibt es oft bei Onlinebuchung.

Naked Bus (☎0900 625 33; www.nakedbus.com) fährt ab Wellington zu allen größeren Orten auf der Nordinsel, darunter Palmerston North (ab 11 NZ$, 2½ Std.), Napier (ab 19 NZ$, 5 Std.), Taupo (ab 25 NZ$, 6½ Std.) und Auckland (ab 28 NZ$, 11½ Std.), mit unzähligen Halts zwischendurch. Die Busse fahren gegenüber dem Amora Hotel in der Wakefield Street ab und halten auch in der Bunny Street gegenüber vom Bahnhof. Fahrkarten gibt es online oder im i-SITE; je früher gebucht wird, desto billiger.

Flugzeug

Wellington ist ein internationales Tor nach Neuseeland. In der Gepäckhalle des **Wellington Airport** (WLG; ☎04-385 5100; www.wellington-airport.co.nz; Stewart Duff Dr., Rongotai; ⌚4–1.30 Uhr) stehen Informationskioske mit Touchscreen. Im Gebäude sind auch Wechselstuben, Geldautomaten, Leihwagenschalter, Cafés, Läden und alles, was Flugpassagiere so brauchen, zu finden. Bei Transit- oder frühen Flügen dürfen Fluggäste über Nacht im Terminal bleiben. Die Abfluggebühr für internationale Flüge beträgt pro Erw./Kind 25/10 NZ$.

Air New Zealand (☎0800 737 000, 04-474 8950; www.airnewzealand.co.nz; Ecke Lambton Quay & Grey St.; ⌚Mo–Fr 9–17, Sa 10–13 Uhr) fliegt zwischen Wellington und den meisten inländischen Städten wie Auckland (ab 69 NZ$), Christchurch (ab 59 NZ$), Queenstown (ab 89 NZ$) und Nelson (ab 79 NZ$).

Jetstar (☎0800 800 995; www.jetstar.com) fliegt zwischen Wellington und Auckland (ab 49 NZ$), Christchurch (ab 49 NZ$) und Queenstown (ab 59 NZ$).

Soundsair (☎0800 505 005, 03-520 3080; www.soundsair.com) fliegt bis zu achtmal täglich zwischen Wellington und Picton (ab 90 NZ$), Nelson (ab 107 NZ$) und Blenheim (ab 90 NZ$).

Air2there (☎0800 777 000, 04-904 5130; www.air2there.com) fliegt zwischen Wellington und Blenheim (99 NZ$) und vom Kapiti Coast Airport (S. 437) nach Blenheim (125 NZ$) und Nelson (135 NZ$).

Reiseagenturen sind u. a. Air New Zealand und **Flight Centre** (www.flightcentre.co.nz; Ecke Cuba & Manners St.; ⌚Mo–Mi & Fr 9–17.30, Do 9–19, Sa 10–16 Uhr).

Schiff/Fähre

An einem klaren Tag ist die Einfahrt in den Wellington Harbour oder durch die Marlborough Sounds ein magisches Erlebnis. Die See in der Cook Strait ist berüchtigt rau, aber die großen Fähren schaffen das gut und bieten ihren Passagieren Lounges, Cafés, Bars, Informationsschalter und Kinos (aber keine Billardtische), um sich die Zeit der Überfahrt zu vertreiben. Es gibt zwei Reedereien, die Fähren über die Meerenge zwischen Wellington und Picton fahren lassen: Bluebridge und der Interislander.

Die Fähren können über das Hotel, telefonisch, online, in Reisebüros und bei der Fährgesellschaft selbst gebucht werden (am billigsten ist es online). Das Bluebridge-Büro befindet sich am Waterloo Quay gegenüber dem Bahnhof. Der Terminal der Interislander-Fähren liegt etwa 2 km nordöstlich des Stadtzentrums; ein Shuttlebus (2 NZ$) fährt vom Bahnhof ab dem Bahnsteig 9 (wo auch die Fernbusse abfahren) zu den Interislander-Fähren. Der Bus wartet auch auf eintreffende Fähren, um die Passagiere zurück zum Bahnsteig 9 zu fahren. Am Terminal befindet sich auch ein Taxistand.

Leihwagenfirmen ermöglichen auch An- und Abgabe der Autos am Fährhafen. Wer außerhalb der Geschäftszeiten ankommt, kann vorher vereinbaren, dass das Auto am Parkplatz des Terminals abgeholt werden kann.

Bluebridge Ferries (☎04-471 6188, 0800 844 844; www.bluebridge.co.nz; 50 Waterloo Quay; Erw./Kind ab 51/26 NZ$) Die Überfahrt dauert drei Stunden und 20 Minuten; die Fähren fahren bis zu viermal täglich in beide Richtungen. Autos und Wohnmobile bis zu 5,5 m Länge kosten ab 118 NZ$, Motorräder 51 NZ$ und Fahrräder 10 NZ$.

Interislander (☎04-498 3302, 0800 802 802; www.interislander.co.nz; Aotea Quay; Erw./Kind ab 55/28 NZ$) Die Überfahrt dauert drei Stunden und 10 Minuten die Fähren fahren fünfmal täglich in beide Richtungen. Autos kosten ab 118 NZ$, Wohnmobile (bis zu 5,5 m) ab 133 NZ$, Motorräder ab 56 NZ$ und Fahrräder 15 NZ$.

Zug

Im Bahnhof Wellington gibt es sechs **Fahrkartenschalter** (☎0800 801 700; ⏲Mo–Do 6.30–20, Fr & Sa 6.30–13, So 6.30–15 Uhr), zwei verkaufen Fahrkarten für den Tranz-Scenic-Zug, die Interislander-Fähre und die Busse von InterCity und Newmans, die anderen vier für die Regionalzüge von **Tranz Metro** (☎0800 801 700; www.tranzmetro.co.nz) nach Johnsonville, Melling, Hutt Valley, Kapiti und Wairarapa.

Zu den Fernzügen von **Tranz Scenic** (☎0800 872 467; www.tranzscenic.co.nz) gehören der täglich fahrende *Overlander* zwischen Wellington und Auckland (ab 79 NZ$, 12 Std., Mai–Sept. Do–So) und der Zug *Capital Connection* zwischen Wellington und Palmerston North (ab 26 NZ$, 2 Std., Mo–Fr 1-mal tgl.).

ℹ Unterwegs vor Ort

Metlink (☎0800 801 700; www.metlink.org.nz) ist die zentrale Verkehrsgesellschaft Wellingtons für Regionalbusse und -bahnen sowie die Hafenfähre.

Auto

Es gibt viele Einbahnstraßen in Wellington, der Verkehr ist unglaublich verwirrend und Parken oft äußerst nervtötend (und teuer). Wer mit dem Auto oder einem Wohnmobil anreist, sollte am Stadtrand parken und dann laufen oder mit öffentlichen Verkehrsmitteln in die Stadt fahren. Wohnmobile können auch tagsüber auf dem Wellington Waterfront Motorhome Park (S. 425) und auf dem Parkplatz vor dem Te Papa (S. 420) abgestellt werden.

Außer den großen internationalen Autovermietungen gibt es in Wellington mehrere Verleiher, die preiswerte Angebote haben, vor allem bei einer längeren Mietdauer (ab 2 Wochen). Generell lässt sich feststellen, dass die Preise nicht so günstig wie in Auckland sind. Die Standardpreise liegen bei etwa 40 bis 89 NZ$ pro Tag; die Autos sind meist nur ein paar Jahre alt und in ziemlich gutem Zustand. Autovermieter:

Ace Rental Cars (☎0800 535 500, 04-471 1176; www.acerentalcars.co.nz; 126 Hutt Rd., Kaiwharawhara)

Apex Car Rental (☎04-385 2163, 0800 300 110; www.apexrentals.co.nz; 186 Victoria St.)

Omega Rental Cars (☎04-472 8465, 0800 667 722; www.omegarentalcars.com; 96 Hutt Rd.)

Die meisten Vermieter raten Kunden, die auch die Südinsel bereisen wollen, das Auto in Wellington wieder abzugeben und nach Überquerung der Cook Strait ein neues in Picton anzumieten. Das ist eine übliche (und erschwinglichere) Vorgehensweise, die von den Leihwagenfirmen problemlos geregelt wird.

Es gibt auch preisgünstige Angebote, einen Wagen von Wellington nach Auckland zurückzuführen (die meisten Leihwagen fahren in die andere Richtung). Ein paar Firmen bieten interessante Ermäßigungen für diese Strecke an. Nachteil ist allerdings, dass für die Fahrt nur 24 oder 48 Stunden Zeit bleibt.

Bus

Häufige und effiziente Busverbindungen decken die gesamte Region Wellington ab und verkehren etwa von 6 bis 23.30 Uhr. Größere Busknotenpunkte sind der Bahnhof und der Courtenay Place nahe der Kreuzung mit der Cambridge Terrace. Streckenpläne und Fahrkarten gibt es im i-SITE, in kleinen Läden oder online von Metlink (S. 437). Die Fahrpreise sind nach Zonen gestaffelt: Eine Fahrt durch das Stadtzentrum (Zone 1) kostet 2 NZ$ und die Küste entlang nach Otaki (Zone 13) 16,50 NZ$.

Metlink betreibt auch die Nachtbuslinie **After Midnight**, die samstags und sonntags von 24 bis 4.30 Uhr von zwei zentralen Stellen in der Stadt (Courtenay Pl. und Cuba St.) auf mehreren Strecken in die Vororte fährt. Die Preise liegen zwischen 6 und 12 NZ$, je nachdem, wie weit es zur Unterkunft ist.

Fahrrad

Wer fit genug ist oder nur in flachen Gegenden unterwegs ist, ist mit einem Leihfahrrad gut bedient. Fahrradverleiher in der Stadt sind **On Yer Bike** (Karte S. 424; ☎04-384 8480; www.onyerbikeavantiplus.co.nz; 181 Vivian St.; halber Tag 20–30 NZ$, ganzer Tag 30–40 NZ$, Woche 150 NZ$) und **Penny Farthing** (☎04-385 2279;

www.pennyfarthing.co.nz; 65 Dixon St.; halber/ganzer Tag ab 40/60 NZ$).

Zum/vom Flughafen

Super Shuttle (☎0800 748 885; www.supershuttle.co.nz; 1/2 Fahrgäste 16/21 NZ$; ⏲24 Std.) bietet einen Tür-zu-Tür-Service mit dem Minibus zwischen Stadt und dem Flughafen 8 km südöstlich der Stadt. Es ist billiger, wenn zwei oder mehr Fahrgäste zum gleichen Ziel fahren.

Der **Airport Flyer** (☎0800 801 700; www.metlink.co.nz; Erw./Kind 8,50/5 NZ$) fährt zwischen Flughafen, Wellington und dem Hutt Valley. Die Busse verkehren von etwa 6 bis 21.30 Uhr.

Ein Taxi zwischen Stadtzentrum und Flughafen kostet um die 30 NZ$.

Taxi

Gut belegte Taxistände gibt es am Courtenay Place, an der Ecke Dixon und Victoria Street, in der Featherston Street und vor dem Bahnhof. Zwei von vielen Taxifirmen:

Green Cabs (☎0508 447 336)

Wellington Combined Taxis (☎04-384 444)

Zug

Vier Bahnstrecken der Tranz Metro (S. 436) führen durch die Vororte Wellingtons zu regionalen Zielorten. Die Züge fahren von 6 bis 23 Uhr vom Bahnhof in Wellington ab. Die Strecken: Johnsonville über Ngaio und Khandallah; Kapiti über Porirua, Plimmerton, Paekakariki und Paraparaumu, Melling über Petone; Hutt Valley über Waterloo bis Upper Hutt. Ein Zug fährt auch nach Wairarapa und hält in Featherston, Carterton und Masterton. Fahrpläne gibt es in Nachbarschaftsläden, im Bahnhof, im i-SITE und online. Die Standardpreise von Wellington bis zu den Endbahnhöfen der fünf Strecken liegen zwi-schen 4,50 und 17,50 NZ$. Ein Day Rover Ticket (13 NZ$) ermöglicht unbegrenzte Fahrten außerhalb der Stoßzeiten und am Wochenende auf allen Strecken außer nach Wairarapa.

KAPITI COAST

Die Kapiti Coast ist mit ihren breiten und nicht überlaufenen Stränden ein beliebter sommerlicher Tummelplatz und erweiterter Vorort der Wellingtoner. Ihren Namen erhielt die landschaftlich reizvolle Gegend von Kapiti Island, einem Vogel- und Meeresschutzgebiet 5 km vor Paraparaumu. Der Tararua Forest Park in der Tararua Range bildet am gesamten Küstenstrich einen dramatischen Hintergrund. Durch das Berggebiet führen einige gute kürzere und längere Wanderwege.

Die Kapiti Coast ist ein prima Tagesausflug von Wellington aus, hat aber auch genug Interessantes für Leute zu bieten, die dort ein paar ruhige Tage erleben wollen.

ℹ Praktische Informationen

Umfassende Informationen bietet die **Paraparaumu-Touristeninformation** (☎04-298 8195; www.naturecoast.co.nz; Coastlands, Rimu Rd.; ⏲Mo–Fr 9–17, Sa & So 10–15 Uhr), dort liegt auch die Broschüre *Nature Coast* aus.

ℹ Anreise & Unterwegs vor Ort

Die Anreise von Wellington ist einfach: immer nur nordwärts auf der SH1. Mit dem Auto, überwiegend auf der Autobahn, sind es etwa 30 Minuten bis Paekakariki und etwa 45 Minuten bis Paraparaumui.

Bus

InterCity-Busse (S. 435) halten auf der Strecke von Wellington nach Norden in den größeren Orten entlang der Kapiti Coast. Der Fahrpreis beträgt maximal 34 NZ$ ab Wellington und 68 NZ$ ab Taupo; billiger wird es bei vorheriger Onlinebuchung.

Die täglichen Busse von und nach Wellington von **White Star Express** (☎04-478 4734, 0800 465 622; www.whitestarbus.co.nz) und Naked Bus (S. 435) halten ebenfalls in größeren Orten an der Kapiti Coast.

Metlink (S. 437) unterhält ein gutes Busnetz nach Paraparaumu sowie nach Waikanae und Otaki mit Haltestellen an Ortschaften in der Autobahn und am Strand.

Flugzeug

Der **Kapiti Coast Airport** (PPQ; www.kapitiairport.co.nz; Toru Rd., Paraparaumu Beach) in Paraparumu wurde 2011 ausgebaut. Von dort fliegen **Air2there** (☎0800 777 000; www.air2there.com) täglich nach Blenheim und Nelson sowie Air New Zealand (S. 435) direkt nach Auckland.

Zug

Die Fahrten mit den Nahverkehrszügen von Tranz Metro (S. 436) zwischen Wellington und der Küste sind einfacher zu organisieren, sie halten auch häufiger als die Busse. Die Züge fahren von Wellington nach Paraparaumu (12 NZ$, meist alle 30 Min. zwischen 6 und 23 Uhr, häufiger im Berufsverkehr) und halten auch in Paekakariki (9,50 NZ$). Die Fahrpreise werktags zwischen 9 und 15 Uhr sind bis zu 3 NZ$ billiger.

Tranz Scenic (S. 436) betreibt die Fernzüge *Overlander* zwischen Wellington und Auckland mit Halt in Paraparaumu sowie den *Capital Connection*, der nur werktags morgens nach Wellington und abends zurück nach Palmerston North fährt und in Paraparaumu, Waikanae und Otaki hält.

Paekakariki

1730 EW.

Paekakariki ist ein kleines Küstendorf an einem schwarzen Sandstrand. Es ist mit Wellington, 41 km weiter südlich, mit dem Zug und über die Autobahn verbunden.

Sehenswertes & Aktivitäten

GRATIS Queen Elizabeth Park PARK

(SH1; 8–20 Uhr) Der Strandpark bietet viele Möglichkeiten zum Schwimmen, Wandern, Radfahren und Picknicken. In ihm befinden sich auch die Stables on the Park, ein Reitstall, der Ausritte anbietet, und das Straßenbahnmuseum. Der Park hat drei Eingänge: an der Wellington Road in Paekakariki, am MacKay's Crossing an der SH1 und an der Esplanade in Raumati im Norden.

Tramway Museum MUSEUM

(Straßenbahnmuseum; www.wellingtontrams.org.nz; Eingang MacKay's Crossing, Queen Elizabeth Park; Eintritt mit Spende, Straßenbahnfahrten Erw./Kind/Fam. 8/4/20 NZ$; Museum tgl. 10–16.30 Uhr, Straßenbahnen Sa & So 11–16.30 Uhr, 26. Dez.–Ende Jan. tgl.) Restaurierte hölzerne Straßenbahnen und ein Museum, untergebracht im großen Depot, geben interessante Einblicke in das historische Wellington. Ein 2 km langer Schienenweg führt durch den Queen Elizabeth Park zum Strand hinab. Im Museum gibt es eine Eisbude.

Stables on the Park REITEN

(027 448 6764, 06-364 3336; www.stablesonthepark.co.nz; Eingang MacKay's Crossing, Queen Elizabeth Park; 30–90 Min. Reiten 35–90 NZ$; im Sommer fast immer geöffnet) Mandy und ihre Freunde organisieren Ausritte auf braven Pferden. Der eineinhalbstündige Ritt führt über den Strand mit Blick auf Kapiti Island und dann zurück auf Parkwegen durch den Queen Elizabeth Park. Auch Anfänger sind willkommen.

Schlafen & Essen

Paekakariki Holiday Park FERIENPARK $

(04-292 8292; www.paekakarikiholidaypark.co.nz; 180 Wellington Rd.; Stellplatz pro Erw. 15 NZ$, Hütten & Wohnungen ab 65 NZ$; @) Ein netter, großer und grüner Platz, ungefähr 1,5 km nördlich des Ortes am Südeingang des Queen Elizabeth Park. Der Ferienpark, der auch für Familien mit Kindern ideal ist, befindet sich nur einen Katzensprung vom Strand entfernt.

Hilltop Hideaway GÄSTEHAUS $

(04-902 5967; www.wellingtonbeachbackpackers.co.nz; 11 Wellington Rd.; DZ 80 NZ$; @) Peter und Denise vermieten nun in ihrem Gästehaus auf dem Hügel, dem ehemaligen Paekakariki Backpackers, zwei Doppelzimmer mit Bad – eines davon mit Meer- und Sonnenuntergangsblick. Die preiswerten Zimmer sind anheimelnd, aber elegant, das gleiche Kompliment kann man auch den Gastgebern machen.

Finn's HOTEL $$

(04-292 8081; www.finnshotel.co.nz; 2 Beach Rd.; DZ 125–135 NZ$;) Finn's ist der beigefarbene Klotz im hübschen Eisenbahndorf, macht das aber mit großen Zimmern, preiswerten Mahlzeiten (Hauptgerichte 17–27 NZ$) und Bier aus Kleinbrauereien vom Fass wieder wett. Die Lärmschutzfenster sorgen für Ruhe vor der Autobahn.

Beach Road Deli CAFÉ $

(5 Beach Rd.; Imbiss 3–8 NZ$, Pizza 13–22 NZ$; Mi–So 7–20 Uhr) Kleine Feinkosttheke und Pizzeria mit selbst gebackenem Brot und Feingebäck, Käse, Wurst und Schinken sowie diversen importierten Leckereien. Ein Geschenk des Himmels für Autobahnfahrer, Picknick-Freunde oder jene, die nur eine Bratwurst mit Semmel wollen. Außerdem gibt es einen Spitzenkaffee.

Paraparaumu

6840 EW.

Paraparaumu ist der größte Ort an der Kapiti Coast und ein Vorort von Wellington. Der wilde Strand ist der am dichtesten bebaute entlang der Küste, hier findet man zahlreiche Cafés, Motels und Imbissbuden, außerdem legen hier die Boote ab, die nach Kapiti Island übersetzen.

Die korrekte Aussprache lautet „Para-para-umu", was so viel wie „Reste aus dem Ofen" bedeutet. Der Name entstand angeblich, als Maori-Krieger die Siedlung überfielen und nur noch Essensreste vorfanden. Für Neuseeländer ist die Aussprache ein Zungenbrecher, weswegen sie es oft nur „Para-param" nennen.

Sehenswertes & Aktivitäten

Paraparaumu besteht aus zwei Teilen: dem Zentrum an der Autobahn mit vielen Geschäften und Paraparaumu Beach mit Strand und Promenade, guten Schwimmmöglichkeiten und anderen Strandaktivitäten sowie einem umwerfenden Blick auf Kapiti Island.

Southward Car Museum MUSEUM
(www.southwardcarmuseum.co.nz; Otaihanga Rd.; Erw./Kind 12/3 NZ$; ⏲9–16.30 Uhr) Das Automuseum besitzt eine der größten Sammlungen an Oldtimern und ungewöhnlichen Autos Australasiens. Besonders sehenswert sind u. a. der DeLorean und der Gangster-Cadillac von 1950.

Paraparaumu Beach Golf Club GOLF
(☎04-902 8200; www.paraparaumubeachgolfclub.co.nz; 376 Kapiti Rd.; Gebühr 150 NZ$; ⏲7.30 Uhr bis Sonnenuntergang) Der anspruchsvolle und wunderschöne Golfplatz zählt zu den besten Neuseelands. Er war zwölfmal Schauplatz der New Zealand Open und zwang 2002 Tiger Woods in die Knie. Besucher sind willkommen, gebucht wird telefonisch oder online. Verleih von Schlägern, Golfwagen und Schuhen.

Schlafen

Barnacles Seaside Inn HOSTEL $
(☎04-902 5856; www.seasideyha.co.nz; 3 Marine Pde.; B/EZ/FZ 29/50/93 NZ$, DZ 72–82 NZ$; @📶) Das heimelige YHA-Hostel am Paraparaumu Beach belegt ein historisches Gebäude aus den 1920er-Jahren. Die behaglichen Zimmer sind individuell mit antiken Kommoden eingerichtet und mit Waschbecken und Heizgeräten ausgestattet. Einige haben auch Heizdecken für besonders kalte Nächte und einen schönen Meerblick. Es gibt nur Gemeinschaftsbäder.

Wrights by the Sea MOTEL $$
(☎0508 902 760, 04-902 7600; www.wrightsmotel.co.nz; 387 Kapiti Rd.; Zi. 120–160 NZ$; @📶) Die modern-bürgerliche Motelanlage liegt nur eine Minute zu Fuß vom Meer entfernt und hat lichte, luftige Zimmer, Sky-TV und Parkplätze. Einige Zimmer haben eine Küche für Selbstversorger unter den Gästen.

Essen

Am Samstag findet auf einem Parkplatz an der Marine Parade in Paraparaumu Beach ein **Bauernmarkt** statt (9–13 Uhr). Eine himmlische Adresse, um den Proviant mit allerlei Lebensmitteln aufzufüllen!

Fed Up Fast Foods FISH & CHIPS $
(40 Marine Pde.; Mahlzeiten 6–15 NZ$; ⏲Mo–Do 10–21, Fr–So 9.30–21.30 Uhr) Ein Pommesladen am Strand mit den üblichen Pommes Frites sowie preiswertem Abendessen, Frühstück mit Eiern, Espresso und Kapiti-Eis. Straßentische mit Blick übers Meer.

Ambience Café CAFÉ $
(10 Seaview Rd.; Mittagessen 12–20 NZ$; ⏲So–Do 8–16 Uhr; 🖉) Ein sehr typisches Café mit sowohl leichten als auch reichhaltigen und vor allem mit viel Liebe zubereiteten Mahlzeiten (z. B. Fischfrikadellen, Sandwiches mit Speck, Tomaten und Salat) sowie abwechslungsreichen vegetarischen Gerichten. Die Kuchenvitrine quillt über, und auch der Kaffee ist klasse.

Soprano Ristorante ITALIENISCH $$
(☎04-298 8892; 7 Seaview Rd.; Hauptgerichte 25–30 NZ$; ⏲Mo–Sa 18 Uhr bis spätnachts) Ein einladendes, familiengeführtes Lokal am Strand mit herrlich lebendiger Atmosphäre am Abend. Pasta und andere italienische Gerichte, z. B. *carne e pesce*, und zum Nachtisch u. a. Tiramisu und köstlicher, hausgemachter *limoncello* (Zitronenlikör). Einfaches, bezahlbares Essen und Wein in einem heimeligen Umfeld!

Mediterranean Food Warehouse PIZZA $
(Coastlands-Parkplatz, SH1; Mahlzeiten 11–20 NZ$; ⏲9–21 Uhr) Ein praktisches Imbisslokal an der Autobahn in Paraparaumu mit exzellenter Holzofenpizza, köstlichen Kuchen und Eis – so gutes Essen, dass man leicht vergisst, mitten auf einem Parkplatz zu sein.

Praktische Informationen

Das Einkaufszentrum Coastlands hat alles, was man braucht: Banken, Geldautomaten, Postamt, Supermärkte, ein Kino und die Touristeninformation von Paraparaumu (S. 437).

Kapiti Island

Kapiti Island ist die Hauptattraktion der Küste, eine 10 km mal 2 km große Insel, die 1897 zum Naturschutzgebiet erklärt wurde. Dort gedeiht, ungehindert von natürlichen Feinden, eine bemerkenswerte große Vielfalt und Anzahl an Vögeln, darunter Arten, die heute auf dem Festland überaus selten oder gar ausgestorben sind.

Die Insel darf von maximal 86 Personen pro Tag besucht werden (mit Kapiti Island Nature Tours ist auch eine Übernachtung möglich), allerdings müssen alle Besucher eine Genehmigung einholen (Erw./Kind 11/5 NZ$) – entweder online (www.doc.govt.nz), persönlich im DOC-Besucherzentrum in Wellington (S. 435) oder auch über E-Mail (wellingtonvc@doc.govt.nz).

Die Überfahrt wird extra gebucht, die Genehmigung sollte vor der Bootsfahrt vorliegen. Zwei Bootsbetreiber sind für den Transfer zur Insel zugelassen, beide legen von Paraparaumu Beach ab (der Ort ist mit dem Zug zu erreichen), und zwar täglich zwischen 9 und 9.30 Uhr, die Rückfahrt erfolgt von 15 bis 16 Uhr. Die Abfahrtszeit sollte man sich morgens bestätigen lassen, da sie wetterabhängig ist. Und unbedingt an etwas zu essen denken!

Alle Buchungen müssen im Voraus getätigt werden. Weitere Informationen finden sich in der DOC-Broschüre *Kapiti Island Nature Reserve*.

Geführte Touren

LP TIPP Kapiti Island Nature Tours & Lodge LODGE
(☎06-362 6606; www.kapitiislandnaturetours.co.nz; pro Pers. inkl. 3 Mahlzeiten 250–330 NZ$) Die *whanau* (Familien) Barrett und Clark, die der Insel seit Langem verbunden sind, bieten wunderbare Naturführungen an, die sich mit Vögeln (eine unglaubliche Vielfalt und Anzahl), Robbenkolonien, Geschichte und Maoritraditionen beschäftigen. Die Unterkunft besteht aus Hütten mit jeweils vier Schlafkojen oder einem Haus mit zwei Schlafzimmern. Wer auf der Insel übernachtet, hat die Möglichkeit, nach Einbruch der Dunkelheit den niedlichsten Vogel überhaupt zu beobachten, den seltenen Zwergkiwi, die kleinste Art der Kiwis, der eine Körperhöhe von nur 25 cm erreicht. Zwergkiwis sind heute nur noch auf fünf Inseln vor der Küste Neuseelands heimisch.

An- & Weiterreise

Die folgenden Tourenunternehmer bieten ein paarmal täglich die Überfahrt von und nach Kapiti Island an:

Kapiti Marine Charter (☎04-297 2585, 0800 433 779; www.kapitimarinecharter.co.nz; Erw./Kind 60/35 NZ$)

Kapiti Tours (☎04-237 7965, 0800 527 484; www.kapititours.co.nz; Erw./Kind 60/35 NZ$)

WAIRARAPA

Wairarapa ist das weite Land östlich und nordöstlich von Wellington hinter der zerklüfteten Tararua Range und der Rimutaka Range. Die Region erhielt ihren Namen nach dem Lake Wairarapa („schimmerndes Wasser"), einem flachen, 8000 ha großen See, und ist seit jeher ein Land intensivster Schafhaltung. In jüngerer Zeit trugen Weingüter und eine lebhafte Feinschmeckerkultur – die Gegend um Martinsborough ist die berühmteste – dazu bei, das sich das Gebiet zu einem beliebteen Wochenendziel für Genießer entwickelt hat.

Regionale Infos finden sich auf www.wairarapanz.com, lohnenswert ist aber auch der **Classic New Zealand Wine Trail** (www.classicwinetrail.co.nz), der einen wunderbaren Überblick über die Weingegend von Wairarapa, die benachbarten Hawke's Bay und Marlborough bietet.

Die Vorwahl ist hier übrigens 06, nicht 04 wie in der übrigen Wellington-Region!

An- & Weiterreise

Die Züge von **Tranz Metro** (☎0800 801 700; www.tranzmetro.co.nz) fahren von Wellington nach Masterton (17,50 NZ$, Mo–Fr 5- bis 6-mal tgl., Sa und So 2-mal tgl.) und halten an sieben Bahnhöfen in Wairarapa, darunter Featherston und Carterton. Zu den Orten abseits der Bahnstrecke fahren Busse.

Die Busse der **Tranzit Coachlines** (☎0800 471 227, 06-370 6600; www.tranzit.co.nz) verkehren zwischen allen größeren Orten in Wairarapa (max. Fahrpreis 7,50 NZ$) und fahren außerdem nach Palmerston North (21 NZ$).

Martinborough

1360 EW.

Das reizvollste Ziel in Wairarapa ist die hübsche Stadt Martinborough mit ihrem baumbestandenen zentralen Platz und ein paar zauberhaften alten Häusern inmitten von Weideland und geraden Reihen von Weinstöcken. Sie ist bekannt für ihre Weingüter, in denen Besucher den Pinot verkosten, die hervorragenden Restaurants besuchen und sich dann in entzückenden Unterkünften erholen können.

Sehenswertes & Aktivitäten

Mit so vielen Weingütern rund um die Stadt (S. 442) ist es gar keine Frage, was hier die Hauptattraktion ist. Abgesehen davon gibt

ABSTECHER

WAIKANAE

Neuseelands „Top Town" von 2008 (und Rentnerparadies) ist mit dem besonders hübschen Strand ein lohnenswertes Ziel auf einer Fahrt zur Kapiti Coast.

Neben dem Strand und ein paar guten Cafés gleich daneben ist hier die Hauptattraktion das **Nga Manu Nature Reserve** (www.ngamanu.co.nz; 281 Ngarara Rd.; Erw./Kind/Fam. 15/6/35 NZ$; ⏲10–15 Uhr), ein 15 ha großes Vogelschutzgebiet mit Picknickplätzen, Wanderwegen durchs Buschland, Vogelhäusern und einem Nachttierhaus mit Kiwis, Eulen und Brückenechsen. Die Aale werden täglich um 14 Uhr gefüttert, Führungen gibt es am Wochenende um 14 Uhr (im Winter nur So). Zu erreichen ist das Schutzgebiet über die Abzweigung von der SH1 auf die Te Moana Road Richtung Meer, die dann rechts auf die Ngarara Road abbiegen und den Schildern folgen.

Im Waikanae Estuary sammeln sich viele Vögel, im Lauf des Jahres sind hier etwa 60 Arten anzutreffen. **Waikanae Estuary Bird Tours** (☎04-905 1001; www.kapitibirdtours.co.nz; 2-Std.-Tour 35 NZ$) bietet individuell zugeschnittene, passionierte Führungen an – eine tolle Gelegenheit für Besucher, die sich den Vögeln nähern wollen (und einen Tee mit frischen Scones mögen).

An der Straße hinter den Dünen gibt es ein paar nette Cafés. Das allseits beliebte **Long Beach** (40 Tutere St.; Mahlzeiten 16–22 NZ$) hat ein breites Speisenangebot – von Muscheln aus der Cloudy Bay und Rinderbacke bis zu Pizza und Fish and Chips. Dank seines großen Wintergartens ist es licht und luftig und hat entsprechend Strandflair.

Das **Front Room** (42 Tutere St.; Mahlzeiten 10–31 NZ$) nebenan ist elegant und eher minimalistisch eingerichtet. Das Restaurant serviert einfache saisonale, aber anspruchsvolle Speisen wie Wassermelonen- und Fetasalat sowie die regionale Spezialität Waikanae-Krebs. Im hübschen Garten hinten gibt es eine Feuerstelle, die an kühlen Abenden sehr angenehm ist.

es aber noch viel mehr zu tun und zu sehen, vor allem im Umland.

Patuna Farm Adventures REITEN, WANDERN
(☎06-306 9966; www.patunafarm.co.nz; Ruakokoputuna Rd.) Dieser Veranstalter bietet Ausritte (ab 50 NZ$), einen schwierigen Hochseilparcours zwischen Pfählen (ab 25 NZ$) und vierstündige unbegleitete Wanderungen durch Buschland und eine Kalksteinschlucht (Erw./Kind 15/10 NZ$). Die Schlucht ist von Ende Oktober bis Ostern zugänglich; andere Aktivitäten sind das ganze Jahr über möglich (eine Buchung ist erforderlich). Die 18 km lange Fahrt dorthin ist sehr angenehm.

Toratora Mountain Bike Park MOUNTAINBIKEN
(☎06-307 8151; www.toratora.co.nz; 460 Tora Rd.; Tageskarte Erw./Kind 25/15 NZ$, Fahrradverleih 45 NZ$; ⏲tgl. geöffnet, vorher anrufen) Der neue, speziell angelegte Mountainbikeweg eine halbe Stunde Fahrt von Martinborough entfernt, bietet Zweiradkönnern ein klassisches neuseeländisches Geländeerlebnis. Über 25 km Radwege mit leichten Steigungen winden sich durch das Buschland, unterwegs genießt man weite Ausblicke und beängstigende, aber tolle Abfahrten. Unterkunft bieten ein 100 Jahre altes Bauernhaus und ein paar kleine Hütten (DZ 200 NZ$ inkl. Tageskarte) samt Pool, Tennisplatz und Spielzimmer.

Schlafen

LP TIPP **Martinborough Top 10 Holiday Park** FERIENPARK $
(☎0800 780 909, 06-306 8946; www.martinboroughholidaypark.com; Ecke Princess & Dublin St.; Stellplätze ohne Strom ab 20 NZ$, Hütten 65–120 NZ$; @☈) Ein hübscher Campingplatz mit Blick auf die umliegenden Weingärten, der nur fünf Minuten zu Fuß außerhalb des Dorfes liegt. Er wird von Bäumen beschattet, hinter dem Gelände liegt das Freibad – an heißen Tagen eine angenehm kühlende Oase. Die Hütten sind einfach, aber preiswert und lassen somit genug Dollar für die Weinkeller übrig. Das Ausleihen eines Fahrrads kostet 35 NZ$ pro Tag.

Aylstone Retreat BOUTIQUEHOTEL $$$
(☎06-306 9505; www.aylstone.co.nz; 19 Huangarua Rd.; DZ mit Frühstück 230–260 NZ$; ☈) Das elegante Haus inmitten der Weinstöcke am Rand des Dorfs ist ideal für Romantiker. Die sechs Zimmer mit Bad verströmen einen

WEINLAND WAIRARAPA

Wairarapas weltberühmte Weinindustrie ging beinahe schon in der Anfangsphase den Bach runter. Die ersten Weinstöcke der Region wurden 1883 gepflanzt, die Prohibition von 1908 setzte der Weinseligkeit aber schon bald ein Ende. Erst in den 1980er-Jahren wurde der Weinanbau wiederbelebt, als entdeckt wurde, dass das *terroir* um Martinborough demjenigen der französischen Region Burgund ähnelt. Bald darauf entstanden ein paar Weingüter, deren Zahl mittlerweile im ganzen Land auf fast 50 angewachsen ist. Martinborough ist das unbestrittene Zentrum, aber auch die Weingüter um Gladstone und Masterton sind hervorragend.

In Martinborough findet jedes Jahr am dritten Sonntag im November das **Toast Martinborough** (☎06-306 9183; www.toastmartinborough.co.nz; Karten 70 NZ$), statt. Es ist ein bei Einheimischen und Gästen sehr beliebtes Wein-, Spezialitäten- und Musikfest, das in vielerlei Hinsicht Spaß macht (manchmal buchstäblich bis zum Umfallen) und für das die Eintrittskarten schnell verkauft sind.

Das **Wairarapa Wines Harvest Festival** (www.wairarapawines.co.nz; Karten 40 NZ$) feiert den Beginn der Weinlese mit einem opulenten Fest mit viel Wein, Essen und Familienunterhaltung. Es findet an einem Samstag Mitte März an einem abgelegenen Flussufer zehn Minuten außerhalb von Carterton statt.

Die Weingüter in Wairarapa ziehen Besucher aus dem ganzen Land an; die über 20 Güter in Martinborough sind mit ihren stets offenen Weinkellern und sehr guten Restaurants, die ihre Tische in hinreißend schönen Gärten und Höfen stehen haben, besonders empfehlenswert. Die Wairarapa Wine Trail Map (im i-SITE und vielen anderen Orten erhältlich) hilft bei der Orientierung. Weitere Infos findet man online unter www.winesfrommartinborough.com. Eine gute Quelle, um Wein zu probieren und zu kaufen und für Tipps zu Weinkellereien, ist das **Martinborough Wine Centre** (www.martinboroughwinecentre.co.nz; 6 Kitchener St.; ⏲10–17 Uhr), das auch Olivenöl, Bücher, Kleidung und Kunst anbietet.

Empfehlenswerte Kellereien

Ata Rangi (www.atarangi.co.nz; 14 Puruatanga Rd; ⏲Mo–Fr 13–15, Sa & So 12–16 Uhr) FEine der ersten Weinkellerein, die im Weinland Wairapa enstanden ist; durch die Bank edle Tropfen; hübsche Tür, die zum Weinkeller führt.

Coney (www.coneywines.co.nz; Dry River Rd.; ⏲Mo–Fr 13–15, Sa & So 12–16 Uhr) Freundliche, schwungvolle Weinproben und ein wunderbares Restaurant.

Margrain (www.margrainvineyard.co.nz; Ecke Ponatahi & Huangarua Rd.; ⏲Fr–So 11–17 Uhr) Hübsche Kellerei mit dem Taste Vin Café, einem schönen Lokal, das seinen Gästen einen wunderbaren Blick über die Rebstöcke bietet.

leicht blumigen, französisch-provinziellen Charme und teilen sich einen ziemlich noblen Leseraum. Und im hauseigenen Bistro gibt es die leckersten Croissants der Region. Rund um das Hotel liegt eine Art Schlossgärtchen mit Rasen, gestutzten Hecken und verspielten Gartenmöbeln.

Claremont MOTEL **$$**
(☎06-306 9162, 0800 809 162; www.theclaremont.co.nz; 38 Regent St.; DZ 130–158 NZ$, 4-Pers.-Apt. 280 NZ$; @) Das Claremont, eine elegante Unterkunft hinter der Jellicoe Street, besteht aus zweistöckigen, separaten Wohneinheiten (die gut in Schuss sind), modernen Studios mit Whirlpool und schicken Apartments mit zwei Schlafzimmern – und alles zu erschwinglichen Preisen (im Winter und/oder Wochenmitte sogar noch billiger). Weitere Pluspunkte sind die attraktiven Gärten, Grillecken und der Fahrradverleih.

Essen & Ausgehen

LP TIPP **Trio Café in der Coney Winery** MODERN NEUSEELÄNDISCH **$$**
(☎06-306 8345; www.coneywines.co.nz; Dry River Rd.; Imbiss 12 NZ$, Hauptgerichte 22–24 NZ$; ⏲Sa & So 12–15 Uhr; ✎) Hier essen und trinken die Gäste in einem Hof voller prächtiger weißer Rosen oder im lichten Speiseraum. Das preiswerte Essen ist elegant, frisch und köstlich, alles wird ohne Fertigprodukte zubereitet. Die Atmosphäre ist relaxt und

Palliser (www.palliser.co.nz; Kitchener St.; ⌚Mo–Fr 10.30–16, Sa & So 10.30–17 Uhr) Die Weine sind so gut, dass selbst die britische Königin ein paar Flaschen in ihrem Keller lagern hat. Elegante Kellerei.

Vynfields (www.vynfields.com; 22 Omarere Rd.; ⌚11–16 Uhr) Spitzenmäßiger, schmackhafter Pinot Noir und ein Rasen, um den Imbiss zu genießen. Bioweine.

Fahrradtouren

Die beste und umweltfreundlichste Methode, sich durch das flache Weinland von Wairarapa zu bewegen, ist das Fahrrad. In Martinborough gibt es vier Fahrradverleiher:

Christina Estate Vineyard (☎06-306 8920; christinaestate@xtra.co.nz; 28 Puruatanga Rd.; halber Tag 25–40 NZ$, ganzer Tag 35–50 NZ$; ⌚8.30–18 Uhr) Räder sowie Tandems.

March Hare (☎021 668 970; www.march-hare.co.nz; 18 Kitchener St.; 65 NZ$) Zweiräder und ein Picknick.

Martinborough Top 10 Holiday Park (☎0800 780 909, 06-306 8946; www.martinboroughholidaypark.com; Ecke Princess & Dublin St.; ganzer Tag 40 NZ$) Superpraktisch, wenn man hier auch gleich übernachtet.

Martinborough Wine Centre (☎06-306 9040; www.martinboroughwinecentre.co.nz; 6 Kitchener St.; halber Tag 25 NZ$, ganzer Tag 35 NZ$) Räder lassen sich für einen Vormittag, Nachmittag oder den ganzen Tag leihen..

Geführte Touren

Die folgenden Unternehmen bieten Touren zu den Weingütern an:

Dynamic Tours (☎04-478 8533; www.dynamictours.co.nz; ab 250 NZ$) Individuell zugeschnittene Weintouren ab Wellington.

Hammond's Scenic Tours (☎04-472 0869; www.wellingtonsightseeingtours.com; Tagestour Erw./Kind 200/100 NZ$) Ganztägige Weingüterfahrten mit Gourmetmittagessen.

Tour Wairarapa (☎06-372 7554; www.tourwairarapa.co.nz; 190 NZ$) Weinproben, Schokolade und Mittagessen im historischen Gladstone Inn.

Tranzit Tours (☎0800 471 227, 06-370 6600; www.tranzittours.co.nz; ab 142 NZ$) Vier Weingüter und ein Mittagsimbiss im Village Café in Martinborough.

Zest Food Tours (☎04-801 9198; www.zestfoodtours.co.nz; 369 NZ$) Gastro- und Weintouren für kleine Gruppen in Greytown und Martinborough.

lebensfroh, auch dank des Gastgebers Tim Coney, der einen klasse Syrah herstellt und zwischendurch auch mal singt. Eine Reservierung ist erforderlich.

Tirohana Estate MODERN NEUSEELÄNDISCH **$$**
(☎06-306 9933; www.tirohanaestate.com; 42 Puruatanga Rd.; Mittagsgerichte 25–33 NZ$, 3-Gänge-Abendmenü 59 NZ$; ⌚tgl. 12–15, Di–So ab 18 Uhr) An sonnigen Tagen werden Brunch und Mittagessen auf der Terrasse des hübschen Weinguts in zwangloser Atmosphäre serviert, abends wird feiner im eleganten Speiseraum mit Kunstwerken gespeist. Das preisgünstige Abendmenü bietet etwas für jeden Geschmack, eine Kostprobe ist beispielsweise das Lamm in Olivenkruste mit Minz-Tomaten-Salat. Tadelloser Service; eine Reservierung ist erforderlich.

Village Cafe CAFÉ $
(6 Kitchener St.; Hauptgerichte 9–22 NZ$; ⌚8–16.30 Uhr, Fr auch abends; 🖉) Das spitzenmäßige Café im scheunenartigen hinteren Teil des Weinzentrums mit einem sonnigen Hof serviert hervorragende Kleinigkeiten, perfekt gebackene Muffins mit Feijoa und Ingwer ebenso wie die ganze Palette an Frühstückseiern und Smoothies sowie Herzhafterem wie Hackfleisch auf Toast und Pizza.

Martinborough Hotel PUB
(Memorial Sq.; Hauptgerichte 12–22 NZ$) Die Settlers Bar im historischen Martinborough Hotel ist zu Recht seit Langem beliebt. Sie

ist offen für alle und serviert einige Biere von Kleinbrauereien, lokale Weine und ganz ordentliches Essen. Am schönsten ist es an sonnigen Tagen draußen an den Straßentischen, sonst speist man drinnen mit den anderen auswärtigen Gästen und einem Haufen bodenständiger Einheimischer.

☆ Unterhaltung

Circus KINO, CAFÉ

(☎06-306 9442; www.circus.net.nz; 34 Jellicoe St.; Erw./Kind 15/10 NZ$; ⏲Mi–Mo 16 Uhr bis spätnachts) Kultureller Treffpunkt des Dorfs ist zweifellos das Circus, ein stilvolles Arthouse-Kino (Hotline für das Kinoprogramm 056-306 9434), in dem die besten zeitgenössischen Filme in einem modernen, kleinen Komplex gezeigt werden. Es gibt zwei gemütliche Studiotheater, ein elegantes Foyer und ein Café, das sich zu einem fast schon zenmäßigen Garten hin öffnet. Zum bezahlbaren Speisenangebot (Hauptgerichte 20–28 NZ$) gehören klassische Kneipengerichte, Pizza, Hauptgerichte mit viel saisonalem Gemüse und Eiscreme.

ℹ Praktische Informationen

Das **Martinborough i-SITE** (☎06-306 5010; www.wairarapanz.com; 18 Kitchener St.; ⏲Mo–Fr 9–17, Sa & So 10–16 Uhr) ist klein, die Mitarbeiter hilfsbereit und fröhlich. Hier erhält man auch die *Martinborough Wine Village Map*, eine Karte, die von den Betreibern der hilfreichen Website www.martinboroughnz.com herausgegeben wird.

Cape Palliser

Die Wairarapa-Küste südlich von Martinborough um die Palliser Bay und das Cape Palliser ist abgeschieden und dünn besiedelt. Die kurvige Straße zum Kap ist äußerst malerisch: auf der einen Seite das weite Meer und schwarzsandige Strände, auf der anderen karge Hügel und steile Klippen. An klaren Tagen ist sogar ein Stück der Südinsel zu erkennen.

Die **Putangirua Pinnacles** stehen wie riesige Orgelpfeifen im Putangirua Scenic Reserve. Die Felsnadeln entstanden durch Regen, der den Schlick ausgewaschen und den darunterliegenden Felsen freigelegt hat. Sie sind über einen Pfad vom Parkplatz an der Cape Palliser Road erreichbar, ein leichter, etwa dreistündiger Fußmarsch (hin und zurück) führt an einem Bachbett entlang, die Alternative ist der dreieinhalbstündige Rundweg über Hügel mit vielen Ausblicken auf die Küste. Schroffere Wanderwege bietet der nahe **Aorangi (Haurangi) Forest Park**. Karten und weitere Informationen (auch Infos zum Campen und einem DOC-Ferienhäuschen) erhält man im DOC-Büro in Masterton und Wellington.

Weiter südlich liegt das Fischerdorf **Ngawi**. Als erstes fallen die rostigen Bulldozer am Strand auf, mit denen die Fischerboote an Land gezogen wurden. Nächster Halt ist die übelriechende **Robbenkolonie**, die größte Kolonie der Nordinsel. Fotojäger sollten unbedingt vermeiden, sich zwischen die Robben und dem Meer zu stellen. Wenn ihnen der Fluchtweg abgeschnitten wird, greifen sie gerne Eindringlinge an!

Der steile Aufstieg über die 250 (oder sind es nur 249?) Stufen auf den **Cape-Palliser-Leuchtturm** geht ganz schön in die Beine, belohnt aber mit einem hinreißenden Blick über die Küste.

Auf dem Weg dorthin oder zurück lohnt der kleine Abstecher zur windumtosten Siedlung **Lake Ferry**, mit Blick auf den Lake Onoke, an dem sich gut Vögel beobachten lassen. Die Gegend eignet sich auch hervorragend zum Wandern – entlang des Seeufers, der wilden Küste (erstklassig zum Surfen) und den Klippen dahinter. Das **Lake Ferry Hotel** (Hauptgerichte 12–28 NZ$; ⏲ab 11 Uhr) mit seiner Retroeinrichtung (Resopal!) bietet tolle Aussichten und Fish and Chips.

Das i-SITE in Martinborough hilft bei der Unterkunftssuche in der Gegend um Lake Ferry und das Cape Palliser, wo hauptsächlich Campingplätze und Ferienhäuser zur Auswahl stehen.

Greytown

2000 EW.

Greytown, die reizvollste der kleinen Ortschaften an der SH2, hat sich in den vergangenen Jahren herausgeputzt und ist nun am Wochenende ein gut besuchtes Ziel der Wellingtoner. Sie genießen die große Auswahl an Unterkünften, das ganz gute Essen, drei Pubs und ein paar schicke Läden. Mehr Informationen finden sich auf der Homepage des Orte: www.greytown.co.nz.

◉ Sehenswertes

Cobblestones Village Museum MUSEUM

(www.cobblestonesmuseum.org.nz; 169 Main St.; Erw./Kind/Fam. 5/2/10 NZ$; ⏲10–16.30 Uhr)

Greytown war die erste geplante Stadt im Inland: Intakte viktorianische Bauten säumen die Hauptstraße. Das hübsche Museum besteht aus einer Enklave historischer Gebäude, in denen verschiedene alte Objekte ausgestellt sind und die sich um eine hübsche Grünanlage gruppieren, die zum Picknicken einlädt.

LP TIPP **Schoc Chocolates** ESSEN
(www.chocolatetherapy.com; 177 Main St.) Nichts für ein Picknick vorrätig? Kein Problem. Ab ins Schoc, das in einem Haus aus den 1920er-Jahren neben dem Cobblestones Village Museum zu finden ist. Hier gibt es Schokoladen in köstlichen Geschmacksrichtungen, die jeden Penny der 10 NZ$ pro Tafel wert sind, z. B. Trüffel, Rocky-Road-Schoko und Erdnusskrokant – alle dürfen gratis probiert werden.

Stonehenge Aotearoa MONUMENT
(☎06-377 1600; www.stonehenge-aotearoa.com; Touren Erw./Kind 16/8 NZ$; ⌚10–16 Uhr, Touren Sa & So 11 Uhr & nach Vereinbarung) Die maßstabsgerechte Adaption des britischen Stonehenge liegt etwa 10 km südöstlich von Carterton und wurde bewusst auf einem Grashügel in der Wairarapa-Ebene errichtet. Der Zweck: Der Nachthimmel soll selbst bei Tageslicht erlebbar werden. Der Vortrag vor der Tour und die audiovisuelle Präsentation sind erstklassig, und das Monument selbst wirkt ganz schön surreal – besonders durch die Kommentare der Führer, die leidenschaftliche Geschichtenerzähler sind. Eigenständige „Stone-Trek"-Touren sind ebenfalls möglich und kosten pro Erw./Kind 6/3 NZ$.

Schlafen & Essen

Greytown Campground CAMPINGPLATZ $
(☎06-304 9837; Kuratawhiti St.; Stellplätze ohne/mit Strom 18/22 NZ$) Ein schlichter Campingplatz (mit ebenso schlichten Sanitäranlagen), der malerisch im Greytown Park 500 m außerhalb des Dorfes liegt.

Greytown Hotel HOTEL $
(☎06-304 9138; www.greytownhotel.co.nz; 33 Main St.; EZ/DZ mit Gemeinschaftsbad 50/80 NZ$) Das Top Pub (wie es genannt wird) ist ein echter Anwärter auf den Titel „ältestes Hotel Neuseelands", sieht aber für sein Alter hervorragend aus. Die Zimmer oben sind klein und schlicht, aber komfortabel. Unten gibt es ein schickes Restaurant mit einer guten alten Bar (Mahlzeiten 12–20 NZ$) und einem vielbesuchten Hofgarten.

Oak Estate Motor Lodge MOTEL $$
(☎06-304 8188, 0800 843 625; www.oakestate.co.nz; Ecke Main St. & Hospital Rd.; Zi. 125–185 NZ$) Hinter einer Reihe gepflegter Eichen an der Straße und einem hübschen Garten verbirgt sich eine schicke Anlage separater Apartments mit bis zu zwei Schlafzimmern.

Salute TAPAS $$
(83 Main St.; Tapas 8–15 NZ$, Pizza 19 NZ$; ⌚Mi–Sa 12 Uhr bis spätnachts, So 12.30–15.30 Uhr; ✎) Das Salute macht schwer auf mediterran, auch bei den Speisen. Es begeistert alle, die auf alles Pikante, Saftige, Knusprige, Gegrillte und Gebratene mit viel Olivenöl und Zitronenviertel stehen. Das Essen ist so schön bunt, dass man fast vergisst, in der „Graustadt" zu sein.

Cuckoo Cafe ITALIENISCH $$
(☎06-304 8992; 128 Main St.; Mahlzeiten 15–25 NZ$; ⌚Mi–So 10 Uhr bis spätnachts; ✎) Ein erfrischend chaotischer Laden voller kunterbunter Möbel in einer Villa in der Hauptstraße. Große Pizzas sind hier angesagt, auch Pasta und Tagesgerichte. Zum Nachtisch empfehlen sich hausgemachtes Eis und Käsekuchen. Preiswerte lokale Weine.

French Baker BÄCKEREI $
(81 Main St.; Imbiss 4–7 NZ$, Hauptgerichte 13–19 NZ$) Buttrige Croissants, verlockende Törtchen und authentisches Brot – der Bäcker Moïse Cerson ist ein Könner seines Faches. Tollen Kaffee gibt es und eine Auswahl entsprechend französischer Kleinigkeiten wie Roquefort-Salat und French Toast.

Masterton & Umgebung

19 500 EW.

Masterton ist das Versorgungszentrum von Wairarapa, eine nette Stadt, in der die Bewohner ihren alltäglichen Geschäften nachgehen. Berühmt ist die Stadt vor allem wegen ihres schon seit 50 Jahren abgehaltenen Schafschurwettbewerbs, dem **Golden Shears** (www.goldenshears.co.nz), der jedes Jahr in der ersten Märzwoche stattfindet.

Masterton hat noch mehr Schafiges zu bieten, nämlich das **Wool Shed** (www.thewoolshednz.com; Dixon St.; Erw./Kind/Fam. 8/2/15 NZ$; ⌚10–16 Uhr), ein märchenhaftes kleines Museum, das sich um die Schafschur und Wollproduktion Neuseelands kümmert.

Nebenan befindet sich gleich die führende Kultureinrichtung der Region, das kleine aber fantastische **Aratoi Wairarapa Museum of Art & History** (www.aratoi.co.nz; Ecke Bruce & Dixon St.; Eintritt mit Spende; ⌚10–16.30 Uhr), das ein eindrucksvolles Ausstellungs- und Veranstaltungsprogramm bietet (und auch einen netten Laden hat!).

Gegenüber dem Wool Shed und dem Aratoi liegt der **Queen Elizabeth Park** (Dixon St.), der sich zum Beinevertreten eignet – oder zum Entenfüttern, um auf der Wippe zu hüpfen, eine Runde Minigolf oder Cricket zu spielen. Manche ziehen auch den Genuss einer hervorragenden Fleischpastete aus der angesehenen Bäckerei Mastertons vor, dem **Ten O'Clock Cookie** (180 Queen St.).

Außerhalb der Stadt gibt es kaum interessante Sehenswürdigkeiten, eines der wenigen ist Castlepoint, 68 km östlich von Masterton an der Küste. Es ist ein wahrhaft umwerfender und einsamer Ort mit einem Riff (dem 162 m hohen Castle Rock), guten Schwimmbedingungen und Wanderwegen. Es gibt einen leichten (aber manchmal windigen) 30-minütigen Weg hin und zurück über das Riff zum Leuchtturm, wo über 70 versteinerte Muschelarten im Felsen zu sehen sind. Ein weiterer einstündiger Rundweg führt zu einer riesigen Kalksteinhöhle (Taschenlampe mitbringen). Von der Deliverance Cove zum Castle Rock und zurück läuft man rund eineinhalb Stunden. Bei hohem Seegang sollte das untere Riff unbedingt gemieden werden! Die Leute im i-SITE in Masterton vermitteln Unterkünfte.

Das **Pukaha Mount Bruce National Wildlife Centre** (www.pukaha.org.nz; Erw./Kind/Fam. 20/6/50 NZ$; ⌚9–16.30 Uhr) liegt 30 km nördlich von Masterton und ist über die SH2 zu erreichen. Es ist eines der erfolgreichsten Wildtier- und Aufzuchtzentren Neuseelands und die bequemste Art, von der Autobahn aus das Buschland zu erleben. Das Besucherzentrum bietet verschiedene Ausstellungen, darunter auch eine interaktive. Auf dem Gelände gibt es ein neues Kiwihaus mit einem Kükengehege, weitere Vogelhäuser, Urwald und einen einstündigen, malerischen Rundweg mit toller Aussicht. Große Aale, Brückenechsen und andere Tiere leben hier ebenfalls. Besucher können sich die Fütterung der Brückenechsen (11.30 Uhr) und der Aale (13.30 Uhr) sowie den Kaka-Zirkus (15 Uhr) anschauen. Es gibt ein Café, am Wochenende werden Führungen (Erw./Kind 35/15 NZ$) angeboten.

Die Abzweigung von der SH2 zum Haupteingang an der Ostseite des **Tararua Forest Park** (www.doc.govt.nz) liegt gleich südlich von Masterton; über die Norfolk Road sind es noch 15 km zum Eingang. Durch den Urwald des Reservats – „Holdsworth" genannt – rauschen Bergbäche. Am Eingang befinden sich Badeteiche, Picknickplätze, Campingplätze und eine Lodge. Die Wanderwege reichen von kurzen, einfachen Familienspaziergängen über hervorragende, ein- bis zweitägige Wanderungen bis zu anspruchsvollen Märschen für erfahrene Buschwanderer (z. B. nach Westen bis nach Otaki Forks). Die vor Ort anwesenden Ranger haben Karten und helfen mit Informationen zu den Unterkünften. Vor der Wanderung sollten das Wetter und aktuelle Wegbedingungen geprüft werden, denn es muss jederzeit mit unbeständigem Wetter (sei es mit Hitze, Sturm und Regen) gerechnet werden.

Wer mit dem Auto unterwegs ist und gerne in einer guten Gartenkneipe einkehren möchte, sollte sich zum **Gladstone Inn** (51 Gladstone Rd., Gladstone) begeben. Viel Spaß!

ℹ Praktische Informationen

Das **Masterton i-SITE** (☎06-370 0900; www.wairarapanz.com; Ecke Dixon & Bruce St.; ⌚Mo–Fr 9–17, Sa & So 10–16 Uhr) versorgt Besucher mit unzähligen Informationsblättern wie etwa dem *Wairarapa Visitor Guide*, gibt Tipps zu Unterkünften und weist den Weg zum Gladstone Inn.

Marlborough & Nelson

Inhalt »

Gut essen

» Green Dolphin (S. 476)

» Wither Hills (S. 467)

» Hopgood's (S. 483)

» Sans Souci Inn (S. 500)

» Wakamarinian Cafe (S. 463)

Schön übernachten

» Hopewell (S. 462)

» Ratanui (S. 500)

» Kerr Bay (S. 485)

» Dylan's Country Cottages (S. 475)

Auf nach Marlborough & Nelson!

Für viele Traveller sind Marlborough und Nelson die erste Begegnung mit der – wie die Bewohner der Südinsel sagen – „Hauptinsel" Neuseelands. Nachdem sie das windige Wellington verlassen und die Überfahrt über die Cook Strait überstanden haben, sind viele Leute überrascht, dass hier die Sonne scheint und es bis zu 10 °C wärmer ist.

Die beiden benachbarten Regionen Nelson und Marlborough haben noch mehr gemeinsam als das freundliche Klima: Beide haben berühmte Ferienziele an der Küste, z. B. die Marlborough Sounds und den Abel Tasman National Park. Dann gibt es hier noch zwei weitere Nationalparks (Kahurangi und Nelson Lakes) und unzählige Gebirgszüge.

Kein Wunder, dass die beiden Regionen auch eine Menge leckerer Erzeugnisse zu bieten haben, z. B. prima Kirschen im Sommer. Am berühmtesten aber sind die Trauben, die ihren Weg in die Weingläser der besten Restaurants der Welt gefunden haben. Hier sollte man wirklich stets ein Taschenmesser und den Picknickkorb griffbereit haben!

In der Hauptsaison sind die Regionen zu Recht sehr beliebt. Da sollte man rechtzeitig planen – und sich darauf einrichten, dass man sich wahrscheinlich mit urlaubenden Neuseeländern um die Eiscreme streiten muss …

Reisezeit

Die Wetteraussichten sind günstig: Marlborough und Nelson gehören zu den Orten mit der höchsten Sonnenscheindauer in Neuseeland. Januar und Februar sind die wärmsten Monate mit durchschnittlichen Tagestemperaturen von 22 °C, der Juli ist mit einer Durchschnittstemperatur von 12 °C am kältesten. Zunehmend nasser und windiger wird das Wetter bei Farewell Spit und an der Westküste.

Zwischen Weihnachten und Mitte Februar ist die Spitze der Südinsel von einheimischen Feriengästen überlaufen, ein Aufenthalt sollte in dieser Zeit sorgfältig geplant werden – es gilt, sich gegen eine Übermacht von Urlaubern in Badesandalen zu behaupten.

Highlights

1 Begegnungen mit wil-den Tieren: Wale, Seelöwen und Delfine sowie Albatros-se vor der Halbinsel **Kaikoura** (S. 469)

2 Eine Landkarte der Aro-men weist den Weg durch die **Marlborough Wine Region (**S. 466)

3 Zu Fuß oder mit dem Fahrrad entlang des **Queen Charlotte Track** (S. 459) in den Marlborough Sounds

4 Einblicke in das Brauer-handwerk in **Nelson** (S. 477)

5 Seekajakfahren im schö-nen **Abel Tasman National Park** (S. 494)

6 Luftfahrtgeschichte zum Anfassen: das **Omaka Aviati-on Heritage Centre** (S. 463) in Blenheim, eines der besten Museen in ganz Neuseeland

7 Am Ende der Welt: In **Farewell Spit** (S.501) sind sonst nur Basstölpel und Pfuhlschnepfen zu Hause

KURZINFOS: MARLBOROUGH & NELSON

» **Essen** Doris' Bratwurst auf den Wochenmärkten in Nelson und Motueka

» **Trinken** Ein Glas „Captain Cooker" im Mussel Inn (S.502) von Golden Bay

» **Lesen** Die *Nelson Mail* und den *Marlborough Express*

» **Hören** Das Morgenkonzert der Vögel im Nelson Lakes National Park

» **Sehen** Das Kommen und Gehen von Flut und Ebbe

» **Festival** Marlborough Wine Festival

» **Öko** Der Heaphy Track, eine ökologische Wunderwelt

» **Online** www.destinationmarlborough.com; www.nelsonnz.com; www.kaikoura.co.nz

» **Vorwahl** ☎03

Anreise & Unterwegs vor Ort

Die Cook Strait kann auf langsame und gemütliche Art via Fähre, die zwischen Wellington und Picton verkehrt, oder schnell mit dem Flugzeug überquert werden.

InterCity ist das größte Busunternehmen, daneben gibt es einige regionale Buslinien. Der Eisenbahnzug *Coastal Pacific* von Tranz Scenic fährt auf der landschaftlich schönen Strecke von Picton nach Christchurch mit Halt in Blenheim und Kaikoura.

Ein Mietwagen ist leicht zu bekommen; es gibt zahlreiche Mietwagenfirmen in Picton und Depots überall in der Region.

Vielbesuchte Küstengebiete wie die Marlborough Sounds und der Abel Tasman National Park lassen sich am besten zu Fuß oder im Kajak entdecken. Wassertaxis stehen bereit, um Wanderer oder Kanuten von einer Etappe zur nächsten zu befördern.

REGION MARLBOROUGH

Picton ist das Tor zur Südinsel und zur Erkundung der Marlborough Sounds. Südlich davon, nur einen Korkenwurf von Picton entfernt, liegen rund um Blenheim weltberühmte Weingüter. Weiter südlich kann man sich in Kaikoura den Walen auf Sichtweite nähern.

Geschichte

Schon lange bevor Abel Tasman 1642 (mehr als 100 Jahre vor der Durchreise von James Cook im Jahr 1770) an der Ostküste von D'Urville Island Zuflucht suchte, war das Gebiet um Marlborough den Maori bekannt; sie nannten es Te Tau Ihu o Te Waka a Maui („Bug von Mauis Kanu"). Cook taufte den Queen Charlotte Sound; seine genauen Beschreibungen machten das Gebiet zum am besten bekannten geschützten Ankerplatz der südlichen Hemisphäre. 1827 entdeckte der französische Seefahrer Jules Dumont d'Urville die Meerenge, die heute French Pass heißt. Seine Offiziere benannten die nördlich davon gelegene Insel nach ihm. Im selben Jahr wurde bei Te Awaiti am Tory Channel eine Walfangstation errichtet, die erste ständig bewohnte europäische Ansiedlung in diesem Bezirk.

Picton

4000 EW.

Im Sommer erwacht der Ort aus einem winterlichen Halbschlaf zu großer Aktivität: Jeden Tag legen dann bis zu acht voll beladene Fähren an. Die kleine Hafenstadt Picton schmiegt sich in eine tiefe Schlucht tief im Innern des Queen Charlotte Sound. Die Stadt ist der wichtigste Hafen für Reisen zur Südinsel und der beste Ausgangsort für die Weiterfahrt zu den Marlborough Sounds und die Wanderung auf dem Queen Charlotte Track. Seit mehreren Jahren erlebt die kleine Stadt eine regelrechte Blütezeit und liefert Besuchern eine Fülle von Gründen, auch dann noch zu bleiben, wenn die wichtigsten Sehenswürdigkeiten abgehakt sind.

Sehenswertes & Aktivitäten

Im Mittelpunkt des Interesses und aller Aktivitäten stehen die Marlborough Sounds (S. 454), doch auch Landratten finden viele interessante Ziele.

So gibt es in der Stadt mehrere schöne **Spazierwege**. Auf einem kostenlosen Stadtplan der i-SITE sind viele davon verzeichnet, u. a. ein leichter, 1 km langer Weg zur Bob's Bay. Der Snout Track (hin & zurück 3 Std.) verläuft entlang von Bergkämmen und bietet großartige Ausblicke auf die Küste. Außerhalb der Stadt führt der Tirohanga Track die Hügel hinauf: Der zweistündige Rundweg beansprucht zwar ordentlich die Beinmuskeln, belohnt dafür aber mit tollen Ausblicken.

Edwin Fox Maritime Museum MUSEUM
(www.edwinfoxsociety.co.nz; Dunbar Wharf; Erw./Kind 10/4 NZ$; ⏲9–17 Uhr) Die *Edwin Fox* gilt als das drittälteste Holzschiff der Welt, sie wurde in Kalkutta aus Teakholz gebaut und brach 1853 zu ihrer Jungfernfahrt auf. Im Verlauf ihres wechselvollen Lebens beförderte sie Soldaten an die Krim, Zuchthäusler nach Australien und Auswanderer nach Neuseeland. Das Museum zeigt maritime Ausstellungsstücke, darunter – sorgfältig vor dem Verfall bewahrt – die ehrwürdige alte Dame höchstpersönlich.

Eco World Aquarium WILDTIERZENTRUM
(www.ecoworldnz.co.nz; Dunbar Wharf; Erw./Kind/Fam. 20/10/55 NZ$; ⏲Dez.–Feb. 10–20 Uhr, März–Nov. 10–17.30 Uhr) Das vorrangige Ziel des Zentrums ist die Wiederauswilderung von Tieren. Tiere aller Art kommen zum Aufpäppeln und Auswildern dorthin, dabei bleibt auch Nachwuchs nicht aus! Zu den ausgefallenen Spezies gehören die Brückenechsen (Tuatara, das „lebende Fossil" Neuseelands) sowie blaue Pinguine, Geckos und gigantische Langfühlerschrecken (Weta). Bei den Fischfütterungen (um 11 und 14 Uhr) gerät die Wasserwelt in heftigen Aufruhr. Im selben Gebäude befindet sich auch das **Picton Cinema** (☎03-573 6030; www.pictoncinemas.co.nz; Dunbar Wharf; Erw./Kind 15/9 NZ$; ⏲10–20 Uhr), wo Filme von Werner Herzog und anderen Vertretern des Autorenfilms gezeigt werden. Die Leitung dieses Zentrums verdient große Anerkennung.

Picton Museum MUSEUM
(London Quay; Erw./Kind 5/1 NZ$; ⏲10–16 Uhr) Wer sich für die Geschichte der Region begeistert, deren Höhepunkte der Walfang, Schiffsüberfahrten und die Rollschuhmeisterschaften von 1964 sind, ist hier genau richtig. Die Fotoausstellungen sind unbedingt sehenswert, die Eintrittsgebühren fließen in die Finanzierung dringend notwendiger Entwicklungsvorhaben.

Schlafen

Villa Backpackers HOSTEL $
(☎03-573 6598; www.thevilla.co.nz; 34 Auckland St.; B 26–30 NZ$, DZ mit/ohne Bad 76/67 NZ$; @📶) Die fröhliche Backpacker-Villa ist von einem Blumengarten und einladenden Außenanlagen (mit Wellness-Pool) umgeben, sie besitzt eine einladende Küche und Fahrräder zu freier Verfügung. Das Haus bietet Zimmer mit eigenem Bad, aufmerksame Mitarbeiter, frische Blumen und Apple Crumble (allerdings nur dann, wenn gerade Erntezeit ist) – schnell fühlt man sich als Gast wie bei Freunden. Die Besitzer übernehmen auch die Reservierungen für Wanderungen auf dem Queen Charlotte Track und verleihen Campingausrüstung.

Tombstone Backpackers HOSTEL $
(☎03-573 7116, 0800 573 7116; www.tombstonebp.co.nz; 16 Gravesend Pl.; B 28 NZ$, DZ mit/ohne Bad 75/81 NZ$; @📶🏊) Hier schlafen die Gäste in Schlafsälen mit Hotelniveau, in Doppelzimmern oder einem Apartment für Selbstversorger. Und sie genießen einen Spa-Bereich mit Hafenblick, ein kostenloses Frühstück, einen sonnigen Lesesaal, einen Billardtisch, eine DVD-Bibliothek, kostenlose Fahrten zur Fähre und zurück... und vieles mehr.

Jugglers Rest HOSTEL $
(☎03-573 5570; www.jugglersrest.com; 8 Canterbury St.; Stellplätze ab 19 NZ$, B 31 NZ$, DZ 66–70 NZ$; ⏲Juni–Sept. geschl.; @📶) Die witzige Gastgeberin leitet ihr gut geführtes, gemüt-

MAORI IN MARLBOROUGH & NELSON

Während die Maori-Kultur auf der Südinsel viel weniger offen zu Tage tritt als im Norden, ist sie in bestimmten Gebieten, vor allem rund um den Küstenort Marlborough, noch deutlich wahrnehmbar.

Kaikoura ist reich an geschichtlichen Hinweisen auf die Maori; historische Einblicke ermöglicht der Veranstalter Maori Tours Kaikoura (S. 474). Auch die Marlborough Sounds selbst erzählen von der Geschichte der Maori. Auf den ökologisch ausgerichteten Touren und Tiersafaris von Myths & Legends Eco-Tours (S. 455) kann man diesen Spuren nachgehen.

Kraftvoller als durch mündliche Überlieferungen und Schnitzereien aus Holz und Jade kann die Geschichte der Maori nicht übermittelt werden. Eine Begegnung mit diesen beiden Formen von Tikanga (Kultur, Gebräuche, Werte) bietet die Shark Nett Gallery (S. 462) in Havelock mit ihrer eindrucksvollen Sammlung moderner Schnitzkunst.

Picton

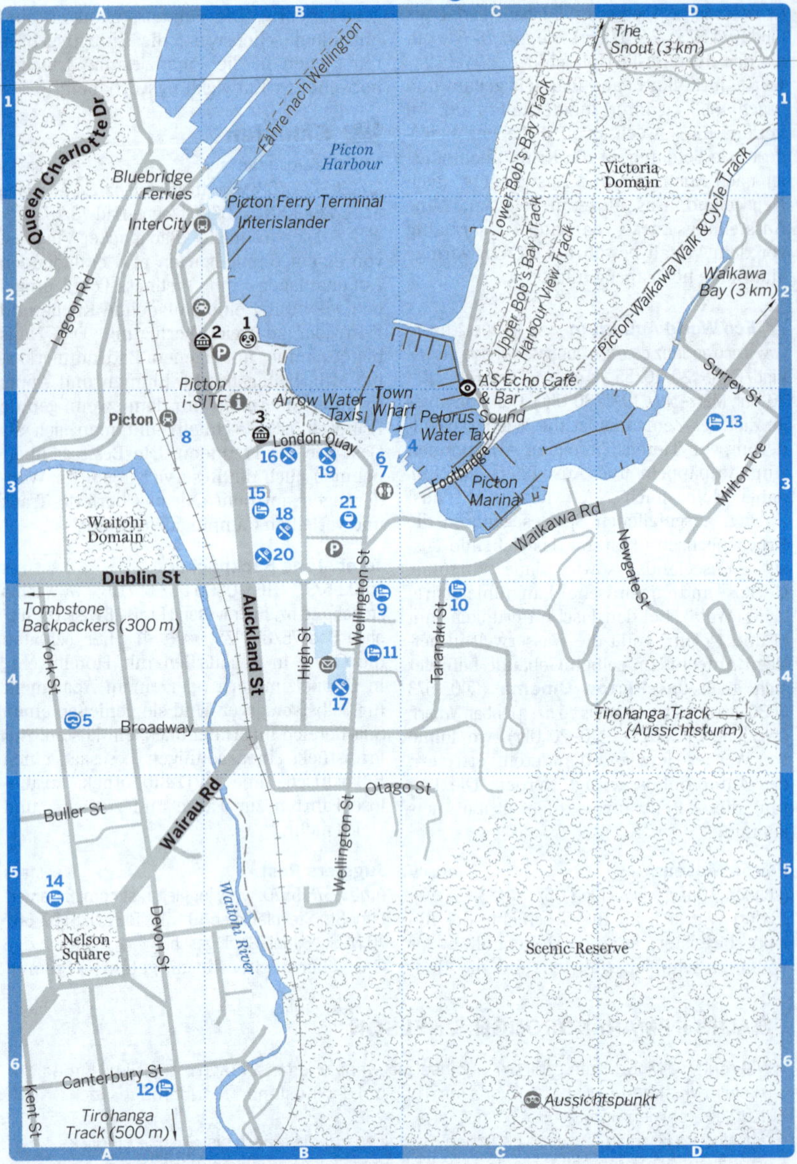

liches Backpacker-Hostel (ohne Etagenbetten) mit bewundernswerter Leichtigkeit. Das Haus liegt in ruhiger Umgebung 10 Min. zu Fuß von der Innenstadt entfernt (noch schneller geht es mit einem der kostenlos bereitgestellten Fahrräder). In den geschützten Gartenanlagen kommen Gäste leicht mit anderen Bewohnern ins Gespräch, besonders beim abendlichen Feuer.

Sequoia Lodge Backpackers HOSTEL $
(☎0800 222 257, 03-573 8399; www.sequoialodge.co.nz; 3a Nelson Sq.; B 25–28 NZ$, DZ mit/ohne Bad 78/66 NZ$; @☎) Ein gut geführtes

Picton

Sehenswertes
1 Eco World Aquarium B2
2 Edwin Fox Maritime Museum B2
3 Picton Museum B3

Aktivitäten, Kurse & Touren
4 Beachcomber Fun Cruises B3
Cougar Line .... (siehe 4)
5 Dive Picton A4
Dolphin Watch Ecotours .... (siehe 6)
6 Endeavour Express B3
7 Marlborough Sounds Adventure Company B3
8 Wilderness Guides A3

Schlafen
9 Gables B&B B4
10 Harbour View Motel C4
11 Jasmine Court B4
12 Jugglers Rest A6
13 Picton Top 10 Holiday Park D3
14 Sequoia Lodge Backpackers A5
15 Villa Backpackers B3

Essen
16 Café Cortado B3
17 Fresh Choice Supermarket B4
18 Gusto B3
19 Le Café B3
20 Picton Village Bakkerij B3

Ausgehen
21 Seamus's B3

Unterhaltung
Picton Cinema .... (siehe 1)

Backpacker-Hostel in einem farbenprächtigen viktorianischen Haus mit hohen Decken. Es liegt etwas außerhalb der Innenstadt, bietet aber viele Pluspunkte, z. B. kostenlosen Internetzugang, DVDs, Hängematten, Grillplätze, Wellness und Schokoladenpudding mitten in der Nacht! Von Mai bis November ist das Frühstück kostenlos.

Buccaneer Lodge LODGE $
(☎03-573 5002; www.buccaneerlodge.co.nz; 314 Waikawa Rd.; EZ/DZ/3BZ/4BZ 72/80/93/124 NZ$; @📶) Die begeisterten Inhaber haben die Lodge an der Waikawa Bay auf Hochglanz poliert und bieten gute Zimmer mit eigenen Bädern, viele davon mit einem weiten Blick vom Balkon in der oberen Etage. Gäste werden kostenlos aus der Stadt abgeholt, es gibt einen ebenfalls kostenlosen Fahrradverleih und einen hübschen Strand, zu dem man nur 5 Min. läuft.

Parklands Marina Holiday Park CAMPINGPLATZ $
(☎0800 111 104, 03-573 6343; www.parktostay.co.nz; 10 Beach Rd., Waikawa; Stellplätze ab 30 NZ$, Wohnungen 50–90 NZ$; @📶🏊) Ein großer Campingplatz unter Bäumen mit geräumigen Stellplätzen, ordentlichen Hütten und einem einfachen Zugang zur Waikawa Bay, die zu Bootsfahrten verlockt. Leicht ist auch die Victoria Domain erreicht, von der Stadt kommend ist man angenehme, 3 km zu Fuß oder mit dem Rad dorthin unterwegs. Gäste werden auf Wunsch kostenlos abgeholt.

Picton Top 10 Holiday Park CAMPINGPLATZ $
(☎03-573 7212, 0800 277 444; www.picton top 10.co.nz; 70–78 Waikawa Rd.; Stellplätze ab 20 NZ$, Wohnungen 70–110 NZ$; @📶🏊) 500 m außerhalb der Stadt liegt der kompakte, gut gepflegte Campingplatz mit modernen, sehr gefragten Einrichtungen wie Spiel- und Grillplätze, ein beheizter Swimmingpool und ein erstklassig ausgestatteter Freizeitraum.

Harbour View Motel MOTEL $$
(☎03-573 6259, 0800 101 133; www.harbour viewpicton.co.nz; 30 Waikawa Rd.; B 125–200 NZ$; 📶) Die erhöhte Lage des Motels vermittelt in geschmackvoll eingerichteten, separaten Studios mit Plankenböden einen weiten Blick über einen Wald von Schiffsmasten im Hafen von Picton.

Jasmine Court MOTEL $$
(☎0800 421 999, 03-573 7110; www.jasmine court.co.nz; 78 Wellington St.; DZ 145–235 NZ$, FZ 185–245 NZ$; @📶) Ein prachtvolles, geräumiges Motel mit nobler Inneneinrichtung, kleiner Küche, DVD-Spielern, Kaffee aus der Presskanne und Seifen aus regionaler Herstellung. Mehrere Zimmer haben einen Spa-Bereich, einzelne auch einen netten Hafenblick. Schicke neue Studiowohnungen sorgen für noch mehr Wohnqualität.

Bay Vista Waterfront Motel MOTEL
(☎03-573 6733; www.bayvistapicton.co.nz; 303 Waikawa Rd., Waikawa; DZ 130–165 NZ$; 📶) Das kürzlich modernisierte Motel strahlt in frischem Glanz und punktet außerdem mit

UNTERWEGS IN DEN MARLBOROUGH SOUNDS

Die Marlborough Sounds sind ein Labyrinth von Meeresarmen (Fjorden), Landspitzen, Bergkämmen, Stränden und Wasserläufen. Gletscher schürften während der Eiszeit die schmalen Täler aus, in die nach dem Abschmelzen der Gletscher das Meerwasser einströmte. Eine Vorstellung von der weit verzweigten Fjordlandschaft lässt sich am Beispiel des Pelorus Sound gewinnen, der nur 42 km lang ist, aber eine Küstenlänge von insgesamt 379 km hat!

Viele spektakuläre Aussichtspunkte sind mit dem Auto erreichbar. Eine 35 km lange kurvenreiche Fahrt auf dem **Queen Charlotte Drive** von Picton nach Havelock liefert selbst an regnerischen Tagen traumhafte Fotomotive von den Sounds. Wer mehr Zeit zur Verfügung hat, sollte die zeitlich längere Autofahrt zum **French Pass** (und sogar noch weiter zur **D'Urville Island**) unternehmen, wo sich traumhafte Panoramablicke über die Outer Sounds öffnen. Die Straßen sind überwiegend schmal und gelegentlich auch noch unbefestigt, entsprechend viel Zeit sollte man einkalkulieren und immer extrem aufmerksam fahren.

Am schnellsten ist man in den Marlborough Sounds natürlich mit dem Boot unterwegs: So dauert eine Fahrt zur Punga Cove von Picton im Auto 2 bis 3 Std., mit dem Boot aber nur 45 Min. Auf dem Wasser sind die unterschiedlichsten Bootstypen unterwegs, einige fahren im Linienverkehr, andere können für individuelle Ausflüge gechartert werden. Die meisten Bootsbesitzer sind in Picton ansässig und befahren hauptsächlich den Queen Charlotte Sound. Die Boote aus Havelock fahren meist auf dem Kenepuru Sound und dem Pelorus Sound.

Die Möglichkeiten zum Wandern, Kajak- und Radfahren sind unerschöpflich, es gibt sogar **Tauchreviere** – vor allem zum Wrack der *Michail Lermontow*. Das sowjetische Kreuzfahrtschiff lief 1986 vor Port Gore auf Grund und sank.

Bootsfahrten ab Picton

Zahlreiche Boote befahren die Gewässer vor Picton, die meisten liegen an der neuen Town Wharf. Das Angebot ist umfangreich: eine schnelle Überfahrt zu einer Lodge und zurück, eine längere Fahrt mit Aufenthalt in Ship Cove und dem Vogelschutzgebiet auf Motuara Island, eine Rundfahrt mit Gepäcktransport, die es Wanderern auf dem Queen Charlotte Track ermöglicht, mit kleinem Tagesgepäck unterwegs zu sein. Selbst Fahrräder und Kajaks können per Schiff transportiert werden.

Eine solche Gepäckbeförderung übernimmt die **Cougar Line** (Karte S. 452; ☎0800 504 090, 03-573 7925; www.cougarlinecruises.co.nz; Town Wharf; Wandergepäck-Transport 103 NZ$, ganzer Tag ab 75 NZ$) für Wanderer des QC-Track. Möglich sind außerdem halb- und ganztägige Bootsfahrten mit Wanderungen, u. a. die spezielle Ecocruise-Tour zur Motuara Island (S. 454) und einem Picknick in Ship Cove.

Beachcomber Fun Cruises (Karte S. 452; ☎03-573 6175, 0800 624 526; www.beachcombercruises.co.nz; Town Wharf; Postbootfahrt 89 NZ$, längere Fahrt 61–99 NZ$, Wanderrundweg 99 NZ$) Zwei- bis vierstündige Fahrten, zum Teil mit Mittagessen im Resort, außerdem Kombinationen wie Bootsfahrt mit Wanderung, Bootsfahrt mit Radtour sowie Transferfahrten für Wanderer des QC-Tracks.

Endeavour Express (Karte S. 452; ☎03-573 5456; www.boatrides.co.nz; Town Wharf; Wanderrundweg 97 NZ$) Der Backpacker-Veranstalter bietet Hin- und Rückfahrten zum QC-Track und eintägige Bootsfahrten. Zusätzlicher Service: Verleih von Mountainbikes und Campingausrüstung. Der QCT-Pass kann hier gekauft werden.

einer bevorzugten Lage am Wasser, umgeben von grünen Wiesen und einem guten Ausblick über den Queen Charlotte Sound. Alle Wohnungen sind mit Kochnischen ausgestattet. Das Motel liegt 4 km außerhalb von Picton (kostenlose Abholung auf Wunsch möglich).

Gables B&B B&B **$$**
(☎03-573 6772; www.thegables.co.nz; 20 Waikawa Rd.; EZ 100 NZ$, DZ 140–170 NZ$, Wohnungen

Marlborough Sounds Adventure Company (Karte S. 452; ☎0800 283 283, 03-573 6078; www.marlboroughsounds.co.nz; Town Wharf; Halb- bis 3-Tagestouren 85–545 NZ$) Kombinierte Touren aus Radfahren, Wandern und Kajakfahren, die keine Wünsche offenlassen. Ein Kajak-Ausflug (105 NZ$) zur Lochmara Lodge wird zum Abschluss mit einem Fish&Chips-Essen gekrönt. Fahrräder, Kajaks und Campingausrüstung werden verliehen.

Wilderness Guides (Karte S. 452; ☎0800 266 266, 03-573 5432; www.wildernessguidesnz.com; Picton Railway Station; Tag ab 125 NZ$, Kajak- oder Fahrradverleih Tag 60 NZ$) bietet populäre eintägige „Triathlons" (Kajakfahrt, Wanderung und Radtour) sowie weitere Radtouren, Wanderungen und Kajaktouren (mit oder ohne Begleitung) rund um den Queen Charlotte Sound an.

Dolphin Watch Ecotours (Karte S. 452; %0800 9453 5433, 03-573 8040; www.naturetours.co.nz; Town Wharf; Delfinschwimmen/-beobachtung 165/100 NZ$, andere Touren ab 75 NZ$) Halbtagestour „Delfinschwimmen" und andere Naturtouren nach Motuara Island (S. 454).

Myths & Legends Eco-Tours (☎03-573 6901; www.eco-tours.co.nz; halber/ganzer Tag auf dem Boot 200/250 NZ$) Eine Bootsfahrt in Begleitung einer ortsansässigen Maori-Familie – ihre Vertrautheit mit dem Land macht sie zu idealen Geschichtenerzählern und Umweltschützern. Sechs Touren stehen zur Auswahl, u. a. mit Vogelbeobachtung und Ausflug zur Ship Cove.

GoDive Marlborough (☎03-573 9181, 0800 463 483; www.godive.co.nz; 1 Tag Wracktauchen inkl. Lodge-Unterkunft ab 255 NZ$) PADI-Training und Tauchgänge zum berühmtesten Wrack der Sounds, der *Michail Lermontow*.

Dive Picton (Karte S. 452; ☎0800 423 483, 03-573 7323; www.divepicton.co.nz; Ecke York St. & Broadway; halber/ganzer Tag 190/290 NZ$) Tauchausflüge in den Sounds und zum Wrack der *Michail Lermontow*, außerdem PADI- und SSI-Training..

Active Eco Tours (☎03-573 7199; www.sealswimming.com; halber Tag Tauchen/Schnorcheln/Schwimmen mit Robben 185/90/135 NZ$) Fahrten mit Robbenbeobachtungsmöglichkeiten, außerdem Wracktauchen und Ausflüge zu weiteren Sehenswürdigen der Sounds – im und auf dem Wasser.

Arrow Water Taxis (Karte S. 452; ☎03-573 8229, 027 444 4689; www.arrowwatertaxis.co.nz; Town Wharf) Individuelle Fahrten für Gruppen von mindestens vier Personen zu praktisch jedem gewünschten Ziel.

Picton Water Taxis (☎027 227 0284, 03-573 7853; www.pictonwatertaxis.co.nz) Wassertaxi- und Besichtigungsfahrten rund um den Queen Charlotte Sound auf Anfrage.

Float Plane (☎021-704 248; www.nz-scenic-flights.co.nz; Ferry Terminal; Flüge ab 75 NZ$) Flüge zu Unterkünften rund um den Queen Charlotte Track und Sounds, touristische Rundflüge sowie Flüge und Fahrten nach Nelson, zum Abel Tasman National Park und zum Südteil der Nordinsel.

Ab Anakiwa

Sea Kayak Adventure Tours (Karte S. 457; ☎03-574 2765, 0800 262 5492; www.nzseakayaking.com; Ecke Queen Charlotte Dr. & Anakiwa Rd.; halber/ganzer Tag Kajakverleih 40/60 NZ$, Fahrrad 40/50 NZ$) Rollstuhlgerechter Kajak- und Mountainbike-Verleih, außerdem geführte und „angeleitete" Kajakausflüge rund um die Fjorde Queen Charlotte, Kenepuru und Pelorus (ab 75 NZ$).

Fortsetzung auf S. 456

155–200 NZ$, alle inkl. Frühstück; @📶) Das historische B&B (im einstigen Wohnhaus des Bürgermeisters von Picton) besitzt drei geräumige, thematisch gestaltete Zimmer mit eigenen Bädern im Haupthaus und zwei gemütlichen, separaten Wohnungen im Hinterhaus. Wer für das Frühstück selbst sorgt, zahlt weniger. Die liebenswürdigen Gastgeber beweisen viel Sinn für Humor (der sich auch im Muffin-Club zeigt).

Fortsetzung von S. 455

Ab Havelock

Pelorus Mail Boat (Karte S. 457; ☎03-574 1088; www.mail-boat.co.nz; Jetty 1; Erw./Kind 128 NZ$/frei; hAbfahrten Di, Do & Fr 9.30 Uhr) Beliebte ganztägige Bootsfahrten zu entfernteren Zielen am Pelorus Sound auf einem echten neuseeländischen Postschiff. Eine Reservierung ist unbedingt notwendig; unterwegs gibt es keine Verpflegung. Hin- und Rückfahrten von Picton und Blenheim.

Greenshell Mussel Cruise (☎03-577 9997, 0800 990 800; www.greenshellmusselcruise.co.nz; Erw./Kind 115/39 NZ$; ⏰Abfahrt 13.30 Uhr) Eine dreistündige Bootsfahrt auf einem Katamaran bietet Einblick in die Aquakultur von Kenepuru. Verkostung von gedünsteten Muscheln und einem Glas Wein. Eine Reservierung ist notwendig.

Waterways Boating Safaris (Karte S. 457; ☎03-574 1372; www.waterways.co.nz; 745 Keneperu Rd.; halber Tag Erw./Kind 110/55 NZ$, ganzer Tag 150/75 NZ$) Auf einer geführten Tour durch die majestätischen Marlborough Sounds steuern die Mitfahrenden selbst ein kleines Motorboot. Ein schöner Weg, die Landschaft zu sehen und etwas über Ökologie und Geschichte der Region zu erfahren. Ohne Verpflegung. Der Zustieg ist an mehreren Stellen möglich.

Pelorus Sound Water Taxi (Karte S. 452; ☎027 444 2852, 03-574 2151; www.pelorussoundwatertaxis.co.nz; Jetty 1a) Taxi- und Besichtigungsfahrten von Havelock rund um den Pelorus Sound, auf Anfrage.

Kenepuru Water Taxi (☎021 455 593, 03-573 4344; www.kenepuru.co.nz; 7170 Kenepuru Rd) Taxi- und Besichtigungsfahrten rund um den Kenepuru Sound, auf Anfrage.

Whatamonga Home Stay PRIVATUNTERKUNFT $$
(☎03-573 7192; www.whsl.co.nz; 425 Port Underwood Rd.; DZ inkl. Frühstück 140–165 NZ$; @📶) Die Waikawa Road führt, als Fortsetzung der Port Underwood Road, nach 8 km unvermittelt auf diese noble Unterkunft am Wasser zu. Sie besteht aus zwei geschlossenen, separaten Wohnungen mit extragroßen Betten und Balkonen mit zauberhaften Ausblicken. Zwei weitere Zimmer im Haupthaus (ebenfalls mit schönem Blick) teilen sich ein Bad. Kajaks, Dinghis und Angelausrüstungen stehen zu freier Verfügung.

Essen & Ausgehen

Picton Village Bakkerij BÄCKEREI $
(Ecke Auckland St. & Dublin St.; Stücke 2–8 NZ$; ⏰6–16 Uhr; ✎) Holländische Inhaber backen blecheweise Köstlichkeiten nach europäischer Art, z. B. interessante Brotsorten, ziemlich gute Pies und belegte Brötchen, Kuchen und sahnereiche Torten. Mit Warteschlangen ist zu rechnen.

Le Café CAFÉ $$
(London Quay; Mittagessen 10–23 NZ$, Abendessen 19–33 NZ$; ⏰7.30–22.30 Uhr; ✎) Die anhaltende Beliebtheit des Cafés beruht auf seiner Lage am Hafen, gleichbleibend guten Gerichten und dem Kaffee aus Havanna. Salami-Sandwiches, Süßspeisen und andere Kleinigkeiten werden an der Theke präsentiert, während auf der Karte gute Antipasti-Teller, großzügige Pastagerichte, Muscheln aus der Region, Lendenkoteletts vom Lamm und meisterhaft zubereitete Fischgerichte aufgeführt werden. Lässige Atmosphäre, aus der Microbrauerei stammendes Bier und gelegentliche Livemusik: eine gute Adresse zum abendlichen Ausgehen.

Gusto CAFÉ $
(33 High St.; Gerichte 14–20 NZ$; ⏰7.30–14.30 Uhr; ✎) In diesem alltäglich wirkenden Café mit freundlicher Bedienung und Tischen im Freien werden erstklassige Frühstücksspezialitäten serviert, u. a. köstliches Rührei mit Lachs und ein maßlos kalorienhaltiges Pfannengericht namens „Morning Glory". Zu den Mittagsangeboten gehören z. B. Muscheln aus der Region und das Steak-Sandwich.

Café Cortado CAFÉ $$
(Ecke High St. & London Quay; Hauptgerichte 17–36 NZ$; ⏰8 Uhr bis spätnachts) Ein angenehmes Eckcafé mit Bar und Ausblicken auf den Hafen, der sich hinter den Eisenholzbäumen (Pohutukawa) und Palmen des Strandes verbirgt. Die Küche – Fish & Chips, reichhaltige Fleischgerichte, gute Pizzas und Salate – ist von zuverlässiger Qualität.

Marlborough Sounds

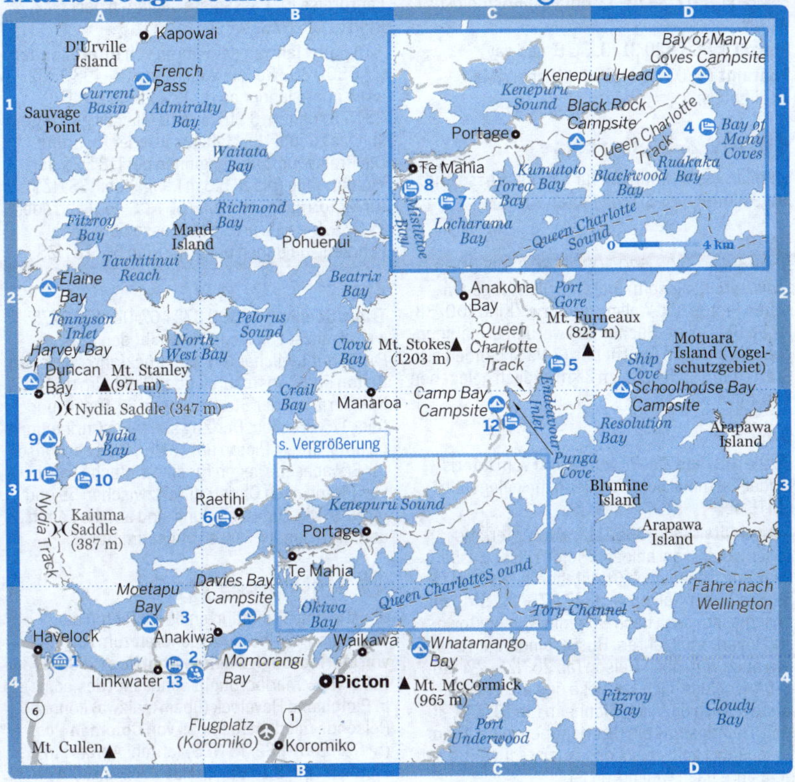

Marlborough Sounds

Sehenswertes

1	Shark Nett Gallery	A4

Aktivitäten, Kurse & Touren

	Pelorus Mail Boat	(siehe 1)
2	Sea Kayak Adventure Tours	A4
3	Waterways Boating Safaris	A4

Schlafen

4	Bay of Many Coves Resort	D1
5	Furneaux Lodge	C2
6	Hopewell	B3
7	Lochmara Lodge	C2
	Mahana Lodge	(siehe 12)
8	Mistletoe Bay	C1
	Noeline's Homestay	(siehe 12)
9	Nydia Bay DOC Campsite	A3
10	Nydia Lodge	A3
11	On the Track Lodge	A3
12	Punga Cove Resort	C3
13	Smiths Farm Holiday Park	A4

Seamus's PUB
(25 Wellington St.; Gerichte 12–27 NZ$; ⏲12–1 Uhr) Das Seamus's ist eine behagliche kleine Kneipe, in der ein gutes Guinness sowie eine sehenswerte Auswahl an Whiskys eingeschenkt werden. Eine herzhafte Kneipenküche und regelmäßig zu hörende Livemusik machen das Seamus's zur bestbesuchten Adresse der Stadt.

Fresh Choice Supermarket SUPERMARKT
(Mariners Mall, 100 High St.; ⏲7–21 Uhr) Praktisch der einzige Laden für Selbstversorger.

ℹ Praktische Informationen

Picton i-SITE (☎03-520 3113; www.destinationmarlborough.com; Foreshore; ⏲Mo–Fr 9–17, Sa & So 9–16 Uhr) Bietet alle touristisch wichtigen Dinge wie Landkarten, Informationen zum Queen Charlotte Track, Schließfächer und Reisereservierungen. Ein Schalter des Department of Conservation (DOC) hat im Sommer geöffnet.

Picton Library (☎03-520 7493; 67 High St.; ⏰Mo–Fr 8–17, Sa 10–13 Uhr; 📶) Kostenloses WLAN.

Polizei (☎03-520 3120; 36 Broadway)

Postamt (☎03-573 6900; Mariners Mall, 72 High St.)

ℹ An- & Weiterreise

Sitzplatzreservierungen für Fähren, Busse und Züge nimmt die i-SITE in Picton vor.

Auto

Soundsair (☎03-520 3080, 0800 505 005; www.soundsair.com) bietet täglich Flüge zwischen Picton und Wellington (Erw./Kind 100/88 NZ$). Bei Online-Buchungen werden Ermäßigungen gewährt, ein Shuttlebus (7 NZ$) pendelt zur Start- und Landebahn im 8 km südlich gelegenen Koromiko.

Bus

Busse mit dem Ziel Picton fahren vom Interislander-Terminal oder von der nahe gelegenen i-SITE ab.

InterCity (☎03-365 1113; www.intercitycoach.co.nz; Fähranleger Picton) lässt Busse Richtung Süden nach Christchurch (ab 26 NZ$, 5½ Std.) über Kaikoura (ab 17 NZ$, 2½ Std.) mit Anschlussbussen nach Dunedin, Queenstown und Invercargill fahren. Busverbindungen bestehen auch von/nach Nelson (ab 26 NZ$, 2¼ Std.) mit Anschluss nach Motueka und an die Westküste sowie von/nach Blenheim (ab 10 NZ$, 30 Min.). Mindestens ein Bus der oben genannten Linien fährt zeitlich so, dass man rechtzeitig bei der Fähre nach Wellington ist.

Kleinere Shuttlebusse, die zwischen Picton und Christchurch pendeln, werden u. a. von **Atomic Shuttles** (☎03-349 0697; www.atomictravel.co.nz) und **Naked Bus** (☎0900 625 33; www.nakedbus.com) betrieben.

Die Busse von **Ritchies Transport** (☎03-578 5467; www.ritchies.co.nz) befahren täglich die Strecke Picton – Blenheim (ab 12 NZ$), sie starten am Interislander-Fährterminal.

Schiff/Fähre

Zwei Reedereien bieten Überfahrten über die Cook Strait zwischen Picton und Wellington an. Obwohl alle Fähren praktisch an derselben Stelle ablegen, hat jede einen eigenen Fähranleger. Der zentrale Treffpunkt (mit Mietwagendepots) ist das Interislander-Terminal, wo es auch öffentliche Duschen, ein Café und Internetzugang gibt.

Die Überfahrten der **Bluebridge Ferries** (☎0800 844 844, in Wellington 04-471 6188; www.bluebridge.co.nz; Erw./Kind ab 51/26 NZ$) dauern 3 Std. und 20 Min.; es gibt täglich bis zu vier Überfahrten in jede Richtung. Die Preise für Autos und Wohnmobile bis zu einer Länge von 5,5 m liegen bei mind. 118 NZ$, für Motorräder bei 51 NZ$ und für Fahrräder bei 10 NZ$. Die Fahrpreise für Passagiere beginnen bei Erw./Kind 51/26 NZ$.

Die Überfahrten der Fähren von **Interislander** (☎0800 802 802, in Wellington 04-498 3302; www.interislander.co.nz; Erw./Kind ab 46/23 NZ$) dauern 3 Std. und 10 Min.; es gibt täglich bis zu fünf Überfahrten in jeder Richtung. Die Preise für Autos beginnen bei 118 NZ$, für Wohnmobile (bis zu 5,5 m Länge) bei 133 NZ$, für Motorräder zahlt man 56 NZ$, für Fahrräder 15 NZ$. Die Fahrpreise für Passagiere ohne Fahrzeug beginnen bei Erw./Kind 55/28 NZ$.

Zug

Tranz Scenic (☎0800 872 467, 04-495 0775; www.tranzscenic.co.nz) betreibt den *Coastal Pacific* mit täglicher Hin- und Rückfahrt zwischen Picton und Christchurch über Blenheim und Kaikoura, auf der Strecke liegen 22 Tunnel und über 175 Brücken. Der Zug startet in Christchurch um 7 Uhr, in Picton um 13 Uhr. Die Fahrpreise für Erwachsene liegen für eine einfache Fahrt von Picton nach Christchurch zwischen 59 und 99 NZ$. Die Zugverbindung sind auf die Zeiten der Interislander-Fähren abgestimmt.

ℹ Unterwegs vor Ort

Shuttle- und Rundfahrten durch Picton und die Region Marlborough gehören zum Angebot von **Marlborough Sounds Shuttles** (☎03-573 7122; www.marlboroughsoundsshuttles.co.nz). In Picton und Havelock (über Anakiwa) können Reisende mit dem Kleinbus von **Coleman Post** (☎027 255 8882; 15 NZ$) fahren: Abfahrt in Picton ist um 8.15 Uhr, in Havelock um 10.45 Uhr. Haltepunkte unterwegs können vereinbart werden.

Ein Mietwagen ist in Picton einfach zu bekommen – oft schon für 35 NZ$ pro Tag. Die meisten Autovermietungen erlauben, den Wagen in Christchurch stehen zu lassen; Autofahrern, die zur Nordinsel übersetzen wollen, wird häufig empfohlen, den Leihwagen in Picton abzugeben und sich nach der Überquerung der Cook Strait einen neuen Mietwagen in Wellington zu nehmen. Die i-SITE hilft mit Ratschlägen und Reservierungen. Auskünfte sind auch direkt erhältlich bei:

Ace (☎03-573 8939; www.acerentalcars.co.nz; Fähranleger)

NZ Rent A Car (☎03-573 7282; www.nzrentacar.co.nz; Fähranleger)

Omega (☎03-573 5580; www.omegarentalcars.com; 1 Lagoon Rd.)

Pegasus (☎03-573 7733; www.carrentalspicton.co.nz; 1 Auckland St.)

Queen Charlotte Track

Der äußerst populäre 71 km lange Fernwanderweg schlängelt sich durch eine hinreißende Küstenlandschaft, beginnt an der historischen Ship Cove und endet in Anakiwa, dabei führt er durch Gebiete, die sich in Privatbesitz oder als Schutzgebiete des DOC in staatlicher Hand befinden. Der Zutritt ist vom Wohlwollen der jeweiligen Landbesitzer abhängig: Ihr Eigentum sollten respektiert werden, indem man z. B. nur ausgewiesene Campingplätze und sanitäre Einrichtungen nutzt und alle Abfälle einsammelt und zum Endpunkt des Wanderwegs trägt. Durch den Kauf eines Track Pass (12 NZ$), der bei Veranstaltern in der Stadt und auf dem Wanderweg erhältlich ist, wird die Kooperative mit den nötigen finanziellen Mitteln zur Bewahrung des Wegs ausgestattet. Nur so können auch zukünftig Wanderer diese einzigartige Naturlandschaft erleben.

Der Queen Charlotte Track ist gut markiert und für Wanderer mit durchschnittlicher Kondition gut machbar. Dank der örtlichen Wassertaxis muss man nicht alle Etappen laufen. Wer den gesamten Weg läuft ist drei bis fünf Tage unterwegs, möglich ist auch die reizvolle Kombination aus Wandern, Kajak- und Radfahren. Das Radfahren auf Mountainbikes ist allerdings nur sportlich geübten Geländefahrern vorbehalten, wer sich das zutraut, wird viel Spaß haben. Auf dem Fahrrad – mit kompetenter Begleitung oder auf eigene Faust – braucht man zwei bis drei Tage. Zu beachten ist, dass der Abschnitt zwischen Ship Cove und Camp Bay vom 1. Dezember bis Ende Februar für Radfahrer gesperrt wird. In dieser Zeit ist aber möglich, per Boot bis Torea Saddle und von dort weiter per Rad nach Anakiwa zu fahren.

Zahlreiche Veranstalter von Boots- und Rundfahrten orientieren sich mit ihrem Angebot am Wanderweg (S. 454) und ermöglichen den Teilnehmern, an beliebigen Orten zu Fuß, mit dem Fahrrad oder dem Kajak ein- und auszusteigen.

Die Übernachtungsplätze liegen in machbarer Gehdistanz auseinander; Veranstalter von Bootstouren können das Gepäck der Wanderer auf einer gewünschten Strecke transportieren. Ship Cove ist der übliche (und empfohlene) Startpunkt – in erster Linie, weil eine Bootsfahrt von Picton zur Ship Cove einfacher zu arrangieren ist als umgekehrt – die Wanderung kann aber selbstverständlich auch in Anakiwa begonnen werden. In Anakiwa gibt es auch ein öffentliches Telefon, in Ship Cove keines.

Durchschnittliche Gehzeiten:

STRECKENABSCHNITTE	ENTFERNUNG	DAUER
Ship Cove – Resolution Bay	4,5 km	1½–2 Std.
Resolution Bay – Endeavour Inlet	10,5 km	2½–3 Std.
Endeavour Inlet – Camp Bay/Punga Cove	12 km	3–4 Std.
Camp Bay/Punga Cove – Torea Saddle/Portage	24 km	6–8 Std.
Torea Saddle/Portage – Te Mahia Saddle	7,5 km	3–4 Std.
Te Mahia Saddle – Anakiwa	12,5 km	3–4 Std.

Schlafen & Essen

Wanderer, die nicht zelten wollen, sollten ihre Unterkünfte entlang des Queen Charlotte Track – vor allem im Sommer – sehr weit im Voraus buchen. Sechs **DOC-Campingplätze** (Erw./Kind 6/3 NZ$) liegen am Wanderweg, alle sind mit Toiletten und fließendem Wasser, nicht aber mit Kochgelegenheiten ausgestattet. Dazu kommen viele Resorts, Lodges, Backpacker-Hostels und Guesthouses.

Die folgende Auswahl ist der Reihe nach – von Ship Cove nach Süden – aufgeführt. Die Wahl der Unterkünfte hängt davon ab, wie lang die tägliche Wanderstrecke sein soll – dies sollte vor einer entsprechenden Reservierung geklärt werden. Im Folgenden können nicht alle Unterkünfte genannt werden, auf der Karte sind Campingplätze verzeichnet, unter www.qctrack.co.nz findet man eine vollständige Liste aller Übernachtungsmöglichkeiten.

Furneaux Lodge LODGE $$
(☎03-579 8259; www.furneauxlodge.co.nz; Endeavour Inlet; B 38 NZ$, Hütten ab 45 NZ$, Wohnungen 199–269 NZ$, Gerichte 20–36 NZ$; @) Eine der alten Lodges an den Sounds. Zu den Highlights des Furneaux gehören das historische Gebäude selbst sowie eine große Wiese direkt am Wasser. Tagesausflügler werden mit Kaffee, Bier oder einem Mittagessen willkommen geheißen, doch es sind auch genügend Unterkünfte vorhanden. Am

angenehmsten sind die eleganten, aber auch teuren Studios mit Blick aufs Wasser.

Punga Cove Resort RESORT $$$
(☎03-579 8561; www.pungacove.co.nz; Endeavour Inlet; B 45 NZ$, Lodge 150–180 NZ$, Ferienhäuser 180–450 NZ$, Restaurant Hauptgerichte 29–40 NZ$; @🏊) Ein einfaches, aber charmantes Resort mit separaten Studios und familiengerechten bzw. luxuriösen Spitzdachhäusern, die meisten davon mit einem weiten Blick über das Wasser. Die Unterkünfte für Backpacker sind schlicht, die Lage des Punga ist dafür umso schöner. Dazu kommen viele Freizeitmöglichkeiten (Pool, Spa-Bereich, Spiele, Kajak- und Fahrradverleih) sowie ein Restaurant mit Bar und Café in einem Bootsschuppen (gute regionale Biere und Pizza für 25 NZ$).

Mahana Lodge LODGE $$
(☎03-579 8373; www.mahanalodge.co.nz; Endeavour Inlet; DZ 180 NZ$; ⏲geschl. Mai–Aug.) Die wunderschöne Anlage besteht aus einer hübschen Wiese am Wasser und einer zweckmäßigen Lodge mit vier Doppelzimmern mit eigenen Bädern. Der Naturschutz (Erneuerung von Buschland, Schädlingsbekämpfung und ökologische Gemüsebeete) wird hier großgeschrieben – so wie generell auf das Wohlfühlen der Gäste viel Wert gelegt wird: Es gibt kostenlose Kajaks, Bademäntel, eine eigene Bäckerei und einen Wintergarten voller Blüten und Pflanzen, in dem das Abendessen serviert wird (3 Gänge 55 NZ$).

Noeline's Homestay HOMESTAY $
(☎03-579 8375; Endeavour Inlet; B ohne/mit Bettwäsche 30/35 NZ$) Rosafarbene Pfeile weisen den Weg von der Camp Bay zu diesem Homestay. Die 70-jährige Noeline, als Bilderbuchgroßmutter weithin bekannt, heißt ihre Gäste mit selbst gemachtem Gebäck willkommen. Sie vermietet Betten für fünf Gäste, bietet Kochgelegenheiten und schöne Ausblicke in die Landschaft.

Bay of Many Coves Resort RESORT $$$
(☎0800 579 9771, 03-579 9771; www.bayofmanycoves.co.nz; Bay of Many Coves; 1-/2-/3-Zi.-Apt. 620/830/995 NZ$; @📶🏊) Auf Hochzeitsreise? Edel gestaltete, abgeschlossene Apartments bieten viel Romantik und sind mit allem modernen Komfort und eigenen Balkonen mit Meerblick ausgestattet. In der gehobenen Küche der Cafés und des Restaurants kochen Spitzenköche um die Wette. Zum Verwöhnprogramm für die Gäste gehören außerdem ein Zimmerservice, Massagen, Wellness und ein *hot tub*.

Portage Resort Hotel RESORT $$
(☎03-573 4309; www.portage.co.nz; The Portage; B 40 NZ$, DZ 165–365 NZ$; @📶🏊) Der Mittelpunkt der ausgefallenen Ferienanlage ist eine elegante Lodge mit dem Restaurant Te Weka und der Retro-Bar (Gerichte 14–35 NZ$) sowie einem Sonnendeck mit Blick auf die Poolterrasse und das übrige Gelände. Ein Gebäudeteil mit 22 Betten steht Rucksackreisenden zur Verfügung, es gibt eine kleine Lounge und Kochgelegenheiten. In höheren Preiskategorien sind die dezent-eleganten Zimmer angesiedelt. Zum Resort gehört ein Kenepuru-Laden mit einem begrenzten Angebot an Fertiggerichten und Lebensmitteln, darunter liegt eine Filiale der Marlborough Sounds Adventure Company (S. 455), die Ausflüge anbietet und Fahrräder und Boote verleiht.

DeBretts & Treetops PENSION $
(☎03-573 4522; www.stayportage.co.nz; Portage Bay; EZ ohne/mit Bettwäsche 40/45 NZ$) Das Familienunternehmen gehört zu **DeBretts** und **Treetops** (☎03-573 4404) und bietet sechs Zimmer in zwei gemütlichen und hoch gelegenen Backpacker-Pensionen oberhalb des Portage Resorts an. Der Gepäcktransport zur Torea Bay ist im Preis inbegriffen.

Lochmara Lodge RESORT $$
(☎0800 562 462, 03-573 4554; www.lochmaralodge.co.nz; Lochmara Bay; Wohnungen 90–280 NZ$; @📶) Ein traumhafter Rückzugsort an der Lochmara Bay, der vom Queen Charlotte Track oder von Picton aus mit einem Wassertaxi der Lodge (hin & zurück 55 NZ$) zu erreichen ist. Zum Angebot gehören u. a. Massagen und ein Badehaus mit Blick über die Bucht. Es gibt Doppelzimmer mit eigenem Bad, Ferienwohnungen und -häuser (alle im Grünen) sowie ein Café und Restaurant mit Schankerlaubnis, wo gutes Essen und anständiger Kaffee serviert werden.

LP TIPP **Mistletoe Bay** CAMPINGPLATZ $
(☎03-573 4048; www.mistletoebay.co.nz; Stellplätze ohne Strom Erw./Kind 16/10 NZ$, B 20 NZ$, Hütte 140 NZ$, Bettwäsche 7,50 NZ$) Von hügeligem Buschland umgeben, bietet der entzückende Campingplatz attraktive Stellplätze und Unterkünfte, nagelneue Gemeinschaftseinrichtungen, acht hinreißende Hütten mit jeweils sechs Betten und ein Cottage mit Etagenbetten (wenn alles andere belegt

ist). Großen Wert wird auf Nachhaltigkeit und Umweltschutz gelegt. Ein Landesteg bietet sich für einen Sprung ins kühle Wasser an. Wer will, kann in der Bucht Kajakfahren oder von hier aus zum Wandern auf dem Queen Charlotte Track aufbrechen.

Te Mahia Bay Resort RESORT **$$**
(☎03-573 4089; www.temahia.co.nz; DZ 140–248 NZ$; 📶) Das hübsche und einfach gehaltene Resort liegt direkt am Queen Charlotte Track in einer malerischen Bucht am Kenepuru Sound. Es gibt eine Auswahl schöner Zimmer mit Aussicht, am besten sind natürlich die historischen Wohnungen. Zum Resort gehört zudem ein Lebensmittelladen mit Fertiggerichten, Pizzas, Kaffee und Campingvorräten (Wein!). Außerdem werden Kajaks verliehen und Massagen angeboten.

Anakiwa Backpackers HOSTEL **$**
(☎03-574 1388; www.anakiwabackpackers.co.nz; 401 Anakiwa Rd., Anakiwa; B 33 NZ$, DZ 85–105 NZ$, 4BZ 155 NZ$; @📶) Das ehemalige Schulhaus (1926) taucht am südlichen Ende des Wanderweges auf – ein wohltuender Ort der Ruhe und Besinnung. Es gibt zwei Doppelzimmer (eines mit eigenem Bad), einen Schlafsaal mit vier Betten und eine separate Strandwohnung. Die witzigen Inhaber freuen sich, wenn ihre Gäste am Landesteg schwimmen gehen und von Espresso und köstlichem Eis aus einem kleinen grünen Caravan (im Sommer nachmittags geöffnet) nicht genug bekommen können. Für Verpflegung/Lebensmittel wird nach Vereinbarung gesorgt, Kajaks werden gratis zur Verfügung gestellt.

ℹ Praktische Informationen

Die i-SITE von Picton (S. 457) nimmt Buchungen für Wanderungen auf dem Queen Charlotte Track vor und hält alle Informationen dazu bereit, außerdem findet man hier jede Menge weiterer Infomaterialien. Die Villa Backpackers in Picton (S. 451) ist ebenfalls eine sprudelnde Informationsquelle und nimmt Reservierungen vor. Näheres ist unter www.qctrack.co.nz nachzulesen.

Kenepuru Sound & Pelorus Sound

Die Fjorde Kenepuru und Pelorus liegen westlich des Queen Charlotte Sound und sind spärlich besiedelt und daher touristisch weniger erschlossen – was auch die Transportmöglichkeiten betrifft. Umso eindrucksvoller ist die Landschaft – wer also etwas Zeit mitbringt, wird hier voll auf seine Kosten kommen.

Havelock ist der Mittelpunkt der Region, der westliche Endpunkt des 35 km langen Queen Charlotte Drive (Picton liegt am östlichen Ende) und die selbst ernannte „Welthauptstadt der Grünlippenmuschel". Es ist nicht gerade die aufregendste aller neuseeländischen Städte, doch als Ausgangspunkt für weitere Fahrten oder Ausflüge ausgesprochen praktisch gelegen. Hier lassen sich auch wichtige Dinge wie Benzin und Lebensmittel problemlos kaufen. Wer tiefer in das Gebiet der Sounds vordringt, wird nur noch vereinzelt auf Tankstellen und Läden stoßen, wo es *höchstens* tiefgekühltes Brot und Eis am Stiel in lang abgelaufenen Großpackungen zu kaufen gibt.

Weitere Informationen, u. a. eine vollständige Liste der touristischen Einrichtungen, sind unter www.pelorus.co.nz nachzulesen, wo außer Havelock, Kenepuru Sound und Pelorus Sound auch die entlegensten Endpunkte French Pass und D'Urville Island behandelt werden.

👁 Sehenswertes & Aktivitäten

Wer nach einem Spaziergang durch Havelock den Eindruck gewinnt, dass die Gegend noch mehr zu bieten haben muss, hat recht – ein Vorgeschmack davon bietet der **Cullen Point Lookout.** Er liegt 10 Min. von Havelock entfernt am Queen Charlotte Drive. Ein kurzer Spazierweg führt hinauf und um eine Landspitze herum, von wo aus Havelock, die umliegenden Täler und der Pelorus Sound überblickt werden. Der *Havelock Map & Walkway Guide* (überall im Ort erhältlich) führt weitere Spazierwege auf.

Nydia Track
Die Start- und Endpunkte des Nydia Track (27 km, 10 Std.) liegen an der Kaiuma Bay und Duncan Bay. Auf halber Strecke befindet sich die wunderschöne Nydia Bay, wo es einen **DOC-Campingplatz** (Erw./Kind 6/3 NZ$) und die **Nydia Lodge** (☎03-520 3002; www.doc.govt.nz; B 15,30 NZ$) mit 50 Betten gibt (ohne Personal, geöffnet ab mind. 4 Pers.). Wer diese Wanderung ausführen will, sollte seinen Trinkwasservorrat und die Rückfahrt gut planen; in Havelock bietet beispielsweise die Lodge Blue Moon einen Shuttle-Service zur Duncan Bay an. **On the Track Lodge** (☎03-579 8411; www.nydiatrack.org.nz; Nydia Bay; B 40 NZ$, DZ/2BZ 110 NZ$, DZ

NICHT VERSÄUMEN

PELORUS BRIDGE

Die kleine Insel tiefgrünen Walds liegt 18 km westlich von Havelock versteckt zwischen unscheinbarem Weideland. Das landschaftlich reizvolle Schutzgebiet birgt einen der letzten Bestände an Flussauenwäldern in Marlborough, der nur erhalten blieb, weil eine Stadt, 1865 auf dem Reißbrett entworfen, nie gebaut wurde. Nach verheerenden Waldrodungen, die sich bis 1912 fortsetzten, erkannte man die Bedeutung des verbliebenen Waldrestes. Ein Schutzgebiet wurde geschaffen – dankbar begrüßt von heutigen Besuchern, die die zahlreichen Wanderwege ablaufen, eine historische Brücke bewundern, im klaren Pelorus River baden (der so schön ist, dass Regisseur Peter Jackson ihn als Drehort für einen Teil seiner Verfilmung von *Der Herr der Ringe* auswählte) und nicht zuletzt in einem Café in hausgemachtem Gebäck schwelgen können. Wenige Glückliche können außerdem auf dem kleinen, aber perfekten Campingplatz des DOC übernachten: **Pelorus Bridge Campsite** (☎03-571 6019; www.doc.govt.nz; Stellplätze ohne/mit Strom ab 10/11 NZ$) ist mit schicken neuen Einrichtungen ausgestattet.

Hütte 130 NZ$) bietet weitere Übernachtungsmöglichkeiten an der Nydia Bay. Die ruhige, ökologisch orientierte Lodge hat ein vielfältiges Angebot, das von Lunchpaketen und Abendmahlzeiten bis hin zum *hot tub* reicht.

Shark Nett Gallery GALERIE
(☎03-574 2877; www.sharknett.co.nz; 129 Queen Charlotte Dr., Havelock; Erw./Kind 12/ 6,50 NZ$; ⏰10–16 Uhr) Mit Blick auf das Gezeitengewässer der Pelorus-Mündung stellt die Galerie Shark Nett zeitgenössische Schnitzkunst der Maori mit Bezug zu den regionalen Stämmen (*Iwi*) der Rangitane vor. Auf geführten Touren wird auf lehrreiche und atmosphärisch eindringliche Art deutlich, wie die Schnitzereien zur Überlieferung der *Tikanga* (Kultur, Gebräuche, Werte) und *Whakapapa* (Ahnenkult) der Stämme beitrugen.

Schlafen & Essen

Eine große Auswahl an Unterkünften findet man entlang der Kenepuru Road, die meisten sind vom Queen Charlotte Track (S. 459) aus leicht erreichbar. Als Alternativen bieten sich mehrere malerische DOC-Campingplätze (die meisten sind im Hochsommer brechend voll), einige abgelegene Lodges und ein nahe gelegener Campingplatz in Linkwater an. Linkwater liegt auf der Landenge zwischen Queen Charlotte Sound und Kenepuru Sound, dort gibt es eine Tankstelle mit Lebensmittelgeschäft. In Havelock stehen mehrere verlässliche (und ein paar weniger gute) Unterkünfte zur Auswahl.

Smiths Farm Holiday Park CAMPINGPLATZ $
(☎0800 727 578, 03-574 2806; www.smithsfarm.co.nz; 1419 Queen Charlotte Dr., Linkwater; Stellplätze ab 16 NZ$, Hütte 60–130 NZ$, Wohnungen 130 NZ$; @📶) Die Linkwater-Ebene stellt die Verbindung zwischen Queen Charlotte Sound und Pelorus Sound her, der freundliche Campingplatz ist entsprechend zentral gelegen. Gepflegte Hütten und Motelwohnungen blicken auf bergiges Buschland. Auf den sattgrünen Wiesen rund um den Platz grasen Rinder. Wanderwege führen zu einem nahen Wasserfall und in ein kleines bewaldetes Glühwürmchental.

Hopewell LODGE $
(☎03-573 4341; www.hopewell.co.nz; 7204 Kenepuru Rd., Double Bay; B ab 40 NZ$, DZ mit/ohne Bad ab 130/100 NZ$, 4-Pers.-Cottage 200 NZ$; @📶) Das abgelegene, bei Reisenden sehr beliebte Hopewell liegt von Buschland umgeben direkt am Ufer der Double Bay. Die kurvenreiche Anfahrt selbst ist reizvoll, als Alternative fahren auch Wassertaxis von Te Mahia zur Lodge. Für den Aufenthalt sollte man einige Tage einplanen, um Zeit zur Entspannung zu haben und wenigstens einige der fast unerschöpflich vielen Möglichkeiten an sportlicher Betätigung – beispielsweise Mountainbike- und Kajakfahren, Segeln, Angeln – nutzen zu können. Für das leibliche Wohl gäbe es dann noch Gourmetpizzas, Wellness im Freien und vieles mehr…

Havelock Garden Motel MOTEL $$
(☎03-574 2387; www.gardenmotels.com; 71 Main Rd., Havelock; DZ 105–160; 📶) Die Ferienwohnungen aus den 1960er-Jahren liegen in einem großen, anmutigen Park, in dem eindrucksvolle alte Bäume stehen und ein von vielen Enten genutzter Bach fließt. Sie wur-

den inzwischen geschmackvoll modernisiert und bieten einen behaglichen Komfort. Sportliche Aktivitäten in der Region können auf Wunsch organisiert werden.

Blue Moon PENSION $
(☎03-574 2212; www.bluemoonhavelock.co.nz; 48 Main Rd., Havelock; B 25 NZ$, DZ 66–86 NZ$; @📶) Die unauffällige Lodge bietet gemütliche Zimmer (eines mit eigenem Bad) in einem Haupthaus sowie Hütten und ein Etagenbettenhaus im Hof (mit Wellness-Pool). In Lounge und Küche geht es ebenso angenehm und entspannt zu wie auf der sonnigen Grillterrasse. Die Gastgeber betreiben einen Shuttle-Service zum Nydia Track, Queen Charlotte Track und ins Umland.

Wakamarinian Café CAFÉ $
(☎03-574 1180; 70 Main Rd., Havelock; Snacks 2–9 NZ$; ⏲9.30–17 Uhr) Leckere hausgemachte Backwaren serviert dieses niedliche Cottage. Man muss früh kommen, um eine der beliebten Pies abzukriegen – oder sich mit den ordentlichen Quiches oder einem Stück Kuchen begnügen. Der Himbeerkuchen mit weißer Schokolade ist unschlagbar. Beth und Laurie sind wirklich ein Segen für Havelock! Guten Kaffee gibt's auch. Die Preise sind absolut o. k.

An- & Weiterreise

InterCity (☎03-365 1113; www.intercitycoach.co.nz) lässt täglich Busse von Picton über Blenheim (22 NZ$, 1 Std.)nach Havelock und von Havelock nach Nelson (23 NZ$, 1¼ Std.) fahren. Busse von **Atomic Shuttles** (☎03-349 0697; www.atomictravel.co.nz) befahren die gleichen Strecken. Zwischen Havelock und Picton werden von Coleman Post (S. 458) Busfahrten (15 NZ$) über den landschaftlich reizvollen Queen Charlotte Drive angeboten. Die Busse starten an der Hauptstraße mitten im Ort – nach dem Restaurant mit den Muscheln auf dem Dach Ausschau halten.

Blenheim

26 500 EW.

Blenheim (gesprochen wie „Blenum") ist eine landwirtschaftlich geprägte Stadt. Sie liegt etwa 29 km südlich von Picton auf der Wairau Plain zwischen den Wither Hills und den Richmond Ranges. Ein Beweis ihrer touristischen Anziehungskraft steht noch aus; es sind vor allem die nächsten Nachbarorte und das erweiterte Umland, die alles Interesse auf sich ziehen.

Sehenswertes & Aktivitäten

Omaka Aviation Heritage Centre MUSEUM
(Karte S. 464; www.omaka.org.nz; 79 Aerodrome Rd.; Erw./Kind/Fam. 25/10/55 NZ$; ⏲10–16 Uhr) Die „große Attraktion" von Blenheim waren immer die Weingüter des Umlandes, die aber vom Omaka Aviation Heritage Centre inzwischen etwas in den Schatten gestellt werden.

Unter der Leitung von Peter Jackson hat ein kreatives Team eine fesselnde Sammlung originaler und nachgebauter Flugzeuge aus dem Ersten Weltkrieg zusammengetragen. Dioramen zeigen Szenen aus Luftkriegen, z. B. den Abschuss des „roten Barons" Manfred von Richthofen durch einen australischen Schützen. Memorabilien und fotografische Ausstellungen vertiefen die Eindrücke. Eine Führung ist mit den dafür verlangten 5 NZ$ nicht zu teuer. Auf dem Gelände befinden sich ein Café und ein Laden sowie gleich nebenan **Omaka Classic Cars** mit rund 100 Automobilen aus den 1950er- bis 1980er-Jahren (Erw./Kind 12,50/5 NZ$).

Marlborough Museum MUSEUM
(Karte S. 464; www.marlboroughmuseum.org.nz; 26 Arthur Baker Pl. bei New Renwick Rd.; Erw./Kind 10/5 NZ$; ⏲10–16 Uhr) Außer einer rekonstruierten Siedlung, antiquierten Maschinen, Eisenbahnfahrten (jeden 1. und 3. So) und gut präsentierten Ausstellungen gibt es noch die Ausstellung *Wine Exhibition*, mit deren Besuch man die Besichtigungstour durch die Weingüter abschließen kann.

Wither Hills Farm Park WANDERN
In einer Stadt, die so flach wie ein Pfannkuchen ist, sorgt der 1100 ha große Park mit mehreren Wanderwegen und Mountainbikestrecken mit grandiosen Ausblicken über das Wairau Valley bis hin zur Cloudy Bay für willkommene Abwechslung. Bei der i-SITE gibt es Wanderkarten, Näheres ist auch auf Informationstafeln an den Parkeingängen zu lesen.

High Country Horse Treks REITEN
(☎03-577 9424; www.high-horse.co.nz; 961 Taylor Pass Rd.; Trekkingtour 1–3 Std. 70–120 NZ$) Bietet Entdeckungstouren auf dem Pferderücken; der Reiterhof befindet sich 11 km südwestlich der Stadt (am besten am Telefon nach dem Weg fragen).

Molesworth Tours GEFÜHRTE TOUR
(☎03-577 9897; www.molesworthtours.co.nz) Molesworth Tours bietet eine interessante Führung durch die Molesworth Station,

Weinregion Marlborough

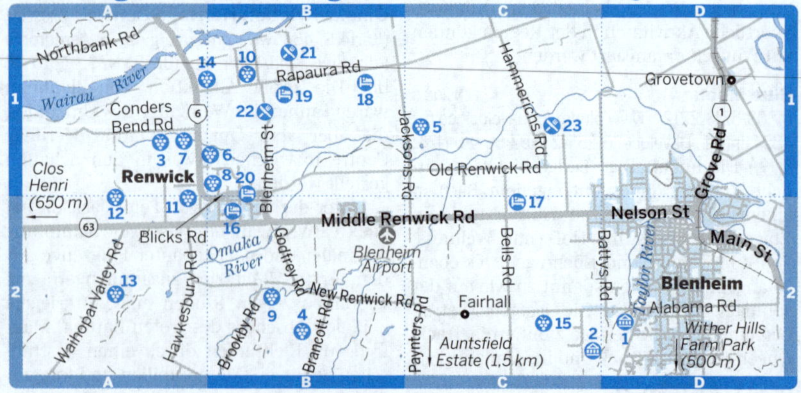

Weinregion Marlborough

Sehenswertes
- 1 Marlborough Museum D2
- 2 Omaka Aviation Heritage Centre C2

Aktivitäten, Kurse & Touren
- 3 Bladen Estate A1
- 4 Brancott Estate Heritage Centre B2
- 5 Cloudy Bay C1
- 6 Forrest B1
- 7 Framingham A1
- 8 Gibson Bridge B1
- 9 Highfield Estate B2
- 10 Huia B1
- 11 Mahi Wines A2
- 12 Seresin Estate A2
- 13 Spy Valley Wines A2
- 14 Wairau River A1
- 15 Wither Hills C2

Schlafen
- 16 Olde Mill House B2
- 17 St Leonards C2
- 18 Stonehaven B1
- 19 Vintners Hotel B1
- 20 Watson's Way Lodge B1

Essen
- 21 Herzog Winery B1
- 22 La Veranda B1
- 23 Rock Ferry C1
- Wairau River .... (siehe 14)
- Wither Hills .... (siehe 15)

den größten landwirtschaftlichen Betrieb Neuseelands. Zur Auswahl stehen ein- bis viertägige geschichtliche Touren, verschiedene Geländewagenfahrten (190–1655 NZ$) sowie viertägige Mountainbiketouren (1295 NZ$) mit Bereitstellung der Räder und Verpflegung.

Feste & Events

Marlborough Wine Festival ESSEN & WEIN
(www.wine-marlborough-festival.co.nz; Tickets 48 NZ$) Am zweiten Wochenende im Februar wird den regionalen Weinen zu Ehren auf dem Montana's Brancott Estate ein schönes Fest mit gutem Essen, Wein und Unterhaltung veranstaltet. Wegen des großen Besucherandrangs sollten die Unterkünfte für dieses Wochenende schon sehr frühzeitig reserviert werden.

Schlafen

INNENSTADT

Die günstigen Unterkünfte in Blenheim sind häufig von Langzeitgästen belegt, die in der Saisonarbeit beschäftigt sind. Die Hostels helfen bei der Jobsuche und bieten moderate Wochenmieten. In der mittleren Kategorie gibt es unzählige Motels, eine besonders hohe Dichte an Unterkünften weist die Middle Renwick Road westlich der Innenstadt auf, weitere liegen an der SH1 in Richtung Christchurch.

Koanui Lodge & Backpackers HOSTEL $
(☎03-578 7487; www.koanui.co.nz; 33 Main St.; B 25 NZ$, DZ mit/ohne Bad 82/58 NZ$; @) Dieser rosarote Palast an der Hauptstraße steht neben Saisonarbeitern auch allen anderen Gästen offen. Die alte Villa ist eben-

so gepflegt und ordentlich wie der neuere Lodge-Anbau.

Grapevine Backpackers HOSTEL $
(☎03-578 6062; www.thegrapevine.co.nz; 29 Park Tce.; Zeltplätze 18 NZ$, B 24 NZ$, DZ 58–68 NZ$, 3BZ 81 NZ$; @📶) In einem ehemaligen Entbindungsheim etwas außerhalb des Stadtzentrums ist das Grapevine untergebracht. Das Hostel richtet sich an Saisonarbeiter. Auf einer Sonnenterrasse genießen die Gäste die Abenddämmerung über dem Opawa River. Kanus stehen kostenlos zur Verfügung, Fahrräder können für 20 NZ$ pro Tag geliehen werden. Wer nicht schwindelfrei ist, sollte von den dreistöckigen Etagenbetten Abstand nehmen.

Blenheim Top 10 Holiday Park CAMPINGPLATZ $
(☎03-578 3667, 0800 268 666; www.blenheimtop10.co.nz; 78 Grove Rd.; Stellplätze ab 35 NZ$, Hütte 78–90 NZ$, Wohnungen & Motels 110–145 NZ$; @📶🏊) Nur 5 Min. außerhalb des Zentrums liegt der Campingplatz im Norden der Stadt. Wohnmobil- und Zeltplätze ziehen sich am Ufer des Opawa River hin, außerdem gibt es einen Spa-Bereich, einen Spielplatz und die übliche Kombination aus Hütten und Wohnungen. Leihfahrräder kosten 20 NZ$ für einen halben Tag. Am äußeren Rand des Parkgeländes ist der Lärm von der Straße und der Bahnstrecke etwas, wenn auch gedämpft, zu hören.

171 on High MOTEL $$
(☎0800 587 856, 03-579 5098; www.171onhighmotel.co.nz; 171 High St.; DZ 140–180 NZ$; @📶) Die geschmackvollen Studios und Apartments liegen in Stadtnähe und sind sehr einladend möbliert und komplett mit allem Notwendigen ausgestattet. Die Räume, tagsüber hell und luftig, werden abends in warmes, gedämpftes Licht getaucht.

UNTERKÜNFTE IN DER WEINREGION

LP TIPP **Watson's Way Lodge** LODGE $
(Karte S. 464; ☎03-572 8228; www.watsonsway backpackers.co.nz; 56 High St., Renwick; B 30 NZ$, DZ 70–90 NZ$; ⏲geschl. Aug.–Sept.; @📶) Das zweckmäßige Hostel überzeugt Reisende durch blitzsaubere Zimmer, hauptsächlich Zweier- und Doppelzimmer (einige mit eigenem Bad). In einem weiten, grünen Park stehen einzelne Obstbäume, es gibt Hängematten, eine Badewanne auf Klauenfüßen unter freiem Himmel, dazu einen Fahrradverleih (Lodge-Gäste/Nichtgäste Tag 15/25 NZ$) und eine Fülle von Informationen über die Region.

Olde Mill House B&B $$
(Karte S. 464; ☎03-572 8458; www.oldemill hou se.co.nz; 9 Wilson St., Renwick; EZ/DZ 120/145 NZ$; @📶) Das charmante alte Haus ist hoch gelegen im ansonsten eher ziemlich flachen Renwick. Die alteingesessenen Gastgeber betreiben ein einladendes B&B mit herrschaftlicher Ausstattung, Obst aus eigenem Anbau und hausgemachten Köstlichkeiten zum Frühstück. Daneben werden kostenlose Fahrräder, Wellness unter freiem Himmel und Gärten geboten – ein echter Glücksfall mitten im Weinland.

St Leonards COTTAGES $$
(Karte S. 464; ☎03-577 8328; www.stleonards.co.nz; 18 St. Leonards Rd.; DZ 115–310 NZ$, zusätzl. Pers. 35 NZ$; 📶) Auf dem Gelände eines Siedlungshauses von 1886 stehen vier ländliche Cottages, die absolute Ungestörtheit und Ruhe versprechen und geradezu die Gäste zu einem längeren Aufenthalt verführen. Jedes hat eine eigene Geschichte, eine individuelle Aufteilung und bietet prächtige Ausblicke auf Gärten und Weinberge. Die beste Wahl ist das „Stables" mit Blick auf einen Zitronenhain. Für Tennisspieler gibt es sogar einen Tennisplatz.

Stonehaven B&B $$$
(Karte S. 464; ☎03-572 9730; www.stonehavenhomestay.co.nz; 414 Rapaura Rd.; DZ inkl. Frühstück 262–288 NZ$; @📶🏊) Ein B&B in einem wunderschönen Natursteinhaus, das inmitten der malerischen Weinberge liegt. Es gibt zwei Gästezimmer mit eigenen Bädern. Auf den Betten türmen sich Kissen und Decken, das Frühstück wird im Sommerhaus serviert, zum Abendessen werden auf Wunsch Weinraritäten aus dem Keller geholt.

Vintners Hotel HOTEL $$$
(Karte S. 464; ☎0800 684 190, 03-572 5094; www.mvh.co.nz; 190 Rapaura Rd.; DZ 150–295 NZ$; 📶) 16 architektonisch gestaltete Suiten lassen keinen Weintalblick ungenutzt, im Innern glänzen die noblen Suiten mit modernen Duschbädern und abstrakter Kunst. Im eleganten Rezeptionsgebäude befinden sich eine Bar und ein Restaurant, die sich zu einem Kirschgarten und einem Garten mit Biogemüse öffnen. Die Mitarbeiter geben Tipps für einen schönen Aufenthalt in der Region.

DIE WEINGÜTER VON MARLBOROUGH

Marlborough ist die größte Weinbauregion Neuseelands; drei Viertel der gesamten Ernte des Landes stammen von dort. Die letzte Zählung ergab eine Rebfläche von 23 900 ha. Sonnenreiche Tage und kühle Nächte erzeugen ein ideales Mikroklima, in dem Rebsorten gedeihen, die für ein kühleres Klima geeignet sind. Aus ihnen werden der weltberühmte Sauvignon Blanc, der erstklassige Pinot Noir sowie Chardonnay, Riesling, Gewürztraminer, Pinot Gris und qualitativ hochwertige Schaumweine erzeugt. Ein paar Tage lang von einer Verkostung zum nächsten Picknick mitten in den Weinreben zu wandern, ist ein unverzichtbares Erlebnis auf einer Reise über die Südinsel.

Die Mehrzahl der rund 140 Weingüter von Marlborough liegt im Wairau Valley, hauptsächlich rund um Blenheim und Renwick. Weitere Anbauflächen dehnen sich über das kühlere Awatere Valley aus oder ziehen sich bis in die südlichen Seitentäler des Wairau Valley hin. Von den rund 40 Weingütern, die für Besucher geöffnet werden, sind die unten aufgeführten besonders sehenswert und machen den Kellereibesuch zu einem besonderen Erlebnis.

Ein Vorgeschmack auf die Verkostung

Die meisten Weingüter sind zwischen 10.30 und 16.30 Uhr geöffnet, im Winter wird die Öffnungszeit verkürzt. Die Winzer verlangen manchmal eine kleine Gebühr für die Weinverkostung, die in der Regel beim Kauf einer Flasche Wein erstattet wird. Bei der i-SITE (S. 468) in Blenheim gibt es die Karte *The Marlborough Wine Trail*, die auch im Internet unter www.wine-marlborough.co.nz erhältlich ist.

Auntsfield Estate (☎03-578 0622; www.auntsfield.co.nz; 270 Paynters Rd) Hochwertige, handwerklich erzeugte Weine kommen von diesem historischen und sehr malerischen Weingut zu Füßen der Berge. Führungen nach Vereinbarung (15 NZ$).

Bladen Estate (Karte S. 464; www.bladen.co.nz; 83 Conders Bend Rd) Ein netter kleiner Familienbetrieb mit viel Charme.

Brancott Estate (Karte S. 464; ☎03-520 6975; www.brancottestate.com; 180 Brancott Rd) Hypermoderne Kellerei mit Restaurantkomplex hoch über den alten Anbauflächen des Sauvignon Blanc.

Clos Henri (www.closhenri.com; 639 SH63) Französisches Winzerhandwerk begegnet dem Terroir von Marlborough – die Ergebnisse sind très bien. In einer wunderschön restaurierten Landkirche findet der Kellereiverkauf statt.

Cloudy Bay (Karte S. 464; www.cloudybay.co.nz; Jacksons Rd) Eine unscheinbare äußere Fassade täuscht über das hochklassige Interieur dieses Weingutes hinweg. Sauvignon Blanc, Schaumweine und Pinot Noir des Gutes sind in aller Welt geschätzt.

Forrest (Karte S. 464; www.forrest.co.nz; 19 Blicks Rd) Ärzte sind hier als Winzer tätig und verschreiben verschiedene wirksame Heilmittel, darunter einige stimmungsaufhellende Rieslingweine.

Framingham (Karte S. 464; www.framingham.co.nz; 19 Conders Bend Rd) Gleichbleibend hochwertige Erzeugnisse, darunter Rieslingweine von außergewöhnlicher Qualität.

Gibson Bridge (Karte S. 464; www.gibsonbridge.co.nz; Ecke Gee St & SH6) Pinot Gris mit Pfirsichnote und ein grandioser Kellereiverkauf auf engstem Raum.

Highfield Estate (Karte S. 464; www.highfield.co.nz; 27 Brookby Rd) Eindrucksvolle Weitblicke über das Wairau Valley öffnen sich von der Turmspitze des rosaroten Weingutes in toskanischem Stil. Schäumende Erzeugnisse sind das Hauptgeschäft des Weinguts.

Huia (Karte S. 464; www.huia.net.nz; 22 Boyces Rd) Weinbau in kleinem, nachhaltigem Stil und dazu der entzückendste Verkostungsraum weit und breit (in Gelb). Köstlicher trockener Gewürztraminer.

Mahi Wines (Karte S. 464; www.mahiwine.co.nz; 9 Terrace Rd) Fachkundige und freundliche Mitarbeiter, die zu Recht auf die feinen Weine des Gutes Mahi stolz sind. Der Schwerpunkt liegt auf sortenreinen Weinen.

Seresin Estate (Karte S. 464; www.seresin.co.nz; 85 Bedford Rd) Ökologisch und biodynamisch erzeugt Winzer und Kameramann Michael Seresin seine Weine und Olivenöle. Ein schuppenartiger Verkaufskeller und auf dem Gelände vereinzelt herumstehende, interessante Skulpturen.

Spy Valley Wines (Karte S. 464; www.spyvalleywine.co.nz; 37 Lake Timara Rd, Waihopai Valley) Ein Weingut in elegantem, modernem Stil mit Anspielungen auf die Welt der Spione. Großartige Weine, denkwürdige Verkaufspräsentation.

Wairau River (Karte S. 464; www.wairauriverwines.com; 11 Rapaura Rd) Das klimaneutral arbeitende Familienanwesen zählt zu den ältesten Gütern von Marlborough. Entspannende Gärten und ein ausgefallener neuer Verkaufsraum.

Wither Hills (Karte S. 464; www.witherhills.co.nz; 211 New Renwick Rd) Ein Flaggschiff unter den Weingütern der Region und ein architektonisches Schmuckstück. Erstklassige Weine und spannende Führungen (z. B. „Winzer für einen Tag", 35 NZ$).

Die Besten Weingut-Restaurants

Zum Wein gehört etwas Gutes zu essen. Hier nun eine Auswahl der schönsten Möglichkeiten, zwischen Weinreben zu speisen. Die Öffnungszeiten gelten für die Sommermonate (Reservierungen sind ratsam).

La Veranda (Karte S. 464; ☎03-572 7230; www.georgesmichel.com; 56 Vintage Ln.; Platten 19–22 NZ$; ⊙Di–So 11–16 Uh) Platten zu günstigen Preisen mit feiner Charcuterie, Käse und französischen Desserts – genau die richtigen Zutaten für ein köstliches Mittagessen im Weinberg. Die Gäste sitzen im Freien oder in George Michels elegantem Domaine-Restaurant.

Wairau River (Karte S. 464; ☎03-572 9800; www.wairauriverwines.com; 11 Rapaura Rd.; Hauptgerichte 19–24 NZ$; ⊙12–15 Uhr) Modisch umgebautes Bistro aus Lehmziegeln mit einer großen Veranda und wunderschönen, schattigen Gärten. Besonders gut sind die Muschelsuppe und der Nudelsalat mit englischem Rindfleisch. Entspannende und angenehme Atmosphäre.

Wither Hills (Karte S. 464; ☎03-520 8284; www.witherhills.co.nz; 211 New Renwick Rd.; Hauptgerichte 18–35 NZ$, Platten 25–38 NZ$; ⊙Di 11–16, Mi–So 11–16 Uhr & 18 Uhr bis spätnachts) Einfaches, gut zubereitetes Essen in eleganter Umgebung. Die Gäste ziehen sich auf dem knallig grünen Rasen einen Sitzsack heran und genießen eine französische Zwiebel-Tarte, eine Bouillabaisse oder eine Platte (nach 15 Uhr) und besteigen dann einen Turm mit einer eindrucksvollen Aussicht über das Wairau Valley.

Rock Ferry (Karte S. 464; ☎03-579 6431; www.rockferry.co.nz; 80 Hammerichs Rd.; Hauptgerichte 18–24 NZ$; ⊙12–15 Uhr) Eine interessante Atmosphäre herrscht sowohl drinnen als auch draußen. Die kurze Sommer-Speisekarte – z. B. Lachs mit Limonenblättern oder Fischfrikadellen auf Nudelsalat – wird von ausgesuchten Weinen aus Marlborough und Otago passend ergänzt.

Herzog Winery (Karte S. 464; ☎03-572 8770; www.herzog.co.nz; 81 Jefferies Rd.; Hauptgerichte 46–82 NZ$, fünf-gängige Degustation mit/ohne Wein 197/125 NZ$; ⊙Restaurant 18.30–21.30 Uhr, Bistro 11–22 Uhr (geschl. Mitte Mai–Mitte Okt.) Feines Dinieren im feudalen Speiseraum des Gutes Herzog. Wunderbar zubereitetes Essen und eine bemerkenswert gute Weinkarte. Weniger ausgefallene Bistro-Gerichte (Hauptgerichte 26–28 NZ$) können ebenfalls bestellt werden.

Fortsetzung auf S. 468

Fortsetzung von S. 467

Weintouren

Weintouren finden in der Regel in einem Minibus statt, dauern zwischen 4 und 7 Std., führen zu vier bis sieben Weingütern und rangieren preislich zwischen 55 und 90 NZ$ (ganztägige, große Touren kosten bis zu 200 NZ$ inkl. Mittagessen mit Wein). Die folgenden Touren sind hervorragend:

Bubbly Grape (☎0800 228 2253, 027 672 2195; www.bubblygrape.co.nz) Drei unterschiedliche Touren, darunter ein mittägliches Gourmetangebot.

Highlight Wine Tours (☎03-577-9046, 027 434 6451; www.highlightwinetours.co.nz) Besuch einer Schokoladenfabrik. Maßgeschneiderte Touren sind ebenfalls möglich.

Sounds Connection (☎03-573 8843, 0800 742 866; www.soundsconnection.co.nz) Der Veranstalter stellt gemeinsam mit dem Weingut Herzog ein Mittagessen mit passenden Weinen zusammen.

Bike2Wine (☎0800 653 262, 03-572 8458; www.bike2wine.co.nz; 9 Wilson St, Renwick; Standard/Tandem Tag 30/60 NZ$, Lieferung/Abholung 5–10 NZ$ pro Rad) Als Alternative zum Auto lassen sich die Weinberge auch gut auf zwei Rädern erkunden. Der Veranstalter bietet Touren auf eigene Faust an.

Essen & Ausgehen

Gastfreundlichkeit ist manchmal Glückssache in Blenheim, schließlich wird das beste Essen außerhalb auf den Weingütern aufgetischt. Dabei sollte man die Biere der regionale Brauerei **Renaissance** (www.renaissancebrewing.co.nz) und der angeschlossenen Brauerei **8-Wired** (www.8wired.co.nz) probieren. 8-Wired war 2011 Preisträger der Brewer's Guild, der Gilde der Braumeister. Winzersohn Josh Scott stellt eine gute Auswahl von flaschenvergorenen Bieren und erfrischenden Apfelweinen her, die unter dem Markennamen **Moa** (www.moabeer.co.nz) vertrieben werden.

Café le Cupp CAFÉ $

(30 Market St.; Snacks 2–5 NZ$, Gerichte 5–16 NZ$) Das bei weitem beste Café der Stadt mit einer Theke voller Sandwiches, köstlich gefülltem Gebäck, leckerem Lamington-Schokoladenkuchen und Möhrentorte. Zur Frühstücksauswahl gehören ein englisches Frühstück, French Toast und Müsli. Donnerstags muss man unbedingt den Ingwerkuchen probieren!

Raupo MODERN-NEUSEELÄNDISCH $$

(6 Symons St.; Frühstück 13–19 NZ$, Mittag- & Abendessen 18–33 NZ$; ⌚7.30 Uhr bis spätnachts) Seit dem Tag seiner Eröffnung ist das Raupo das wohl beste Restaurant von Blenheim. Das Gebäude aus Natursteinen und Holzbalken glänzt mit architektonischer Eleganz und einer schönen Lage am Fluss. Der vielversprechende Eindruck setzt sich in einer gleichbleibend guten, modernen Café-Speisekarte fort, auf der z. B. Macadamiamüsli, Salat mit reifem Feta und Paprikawurst, Muscheln aus der Region und Lachs sowie erlesene Süßspeisen nach europäischer Art zu finden sind.

CPR CAFÉ

(18 Wynen St.) In der Kaffeerösterei von Blenheim dreht sich alles um die duftenden Bohnen. Mit etwas Glück werden Muffins zum Kaffee serviert.

Praktische Informationen

Blenheim i-SITE (☎0800 777 181, 03-577 8080; www.destinationmarlborough.com; 8 Sinclair St.; ⌚Mo–Fr 8.30–17.30, Sa 9–17, So 9–16 Uhr) Informationen über Marlborough und das Umland. Karten mit Weinwanderwegen und Buchungen für praktisch alle Veranstaltungen im Freien.

Polizeistation Blenheim (☎03-578 5279; 8 Main St.)

Postamt (Ecke Scott St. & Main St.)

Wairau Hospital (☎03-520 9999; www.nmdhb.govt.nz; Hospital Rd.)

Anreise & Unterwegs vor Ort

Bus

Busse von **InterCity** (☎03-365 1113; www.intercitycoach.co.nz) fahren täglich von der i-SITE in Blenheim nach Picton (ab 11 NZ$, 30 Min.) mit Anschluss nach Nelson (ab 18 NZ$, 1¾ Std.).

Richtung Süden fahren Busse über Kaikoura (ab 16 NZ$) nach Christchurch (ab 25 NZ$, 3-mal tgl.).

Naked Bus (☎0900 625 33; www.nakedbus.com) betreibt Busverbindungen zwischen Blenheim und vielen Zielorten auf der Südinsel, u. a. Kaikoura (18 NZ$, 2 Std.), Nelson (23 NZ$, 1¾ Std.) und Motueka (36 NZ$, 3¾ Std.). Die Busse fahren von i-SITE ab. Reservierungen können im Internet oder bei der i-SITE vorgenommen werden; bei frühzeitiger Buchung sind die Preise ermäßigt.

Die Busse von Ritchies Transport (S. 458) befahren täglich die Strecke Blenheim–Picton (ab 12 NZ$) ab Blenheim Railway Station.

Shuttles (und Touren) rund um Picton und die Region Marlborough bietet der Veranstalter Marlborough Sounds Shuttles (S. 458).

Fahrrad

Avantiplus (☎03-578 0433; www.bikemarlborough.co.nz; 61 Queen St.; Verleih halber/ganzer Tag Tourenrad 25/40 NZ$, Mountainbike 40/60 NZ$) verleiht Fahrräder; längere Leihdauer und Lieferung nach Vereinbarung.

Flugzeug

Der **Blenheim Airport** liegt 6 km westlich der Stadt an der Middle Renwick Road. **Air New Zealand** (☎03-577 2200, 0800 747 000; www.airnewzealand.co.nz; 29 Queen St.; ⏲Mo–Fr 9–17 Uhr) bietet Direktflüge von/nach Wellington (ab 99 NZ$), Auckland (ab 139 NZ$) und Christchurch (ab 99 NZ$) mit Anschlussflügen. **Soundsair** (S. 458) und **Air2There** (☎0800 777 000; www.air2there.com) verbinden Blenheim mit Wellington und Paraparaumu.

Taxi

Ein Taxi kann telefonisch reserviert oder – für eine Rückfahrt ins Hotel nach einer ausführlichen Weinverkostung – zu den Weingütern gerufen werden: **Marlborough Taxis** (☎03-577 5511).

Zug

Tranz Scenic (☎0800 872 467, 04-495 0775; www.tranzscenic.co.nz) betreibt die tägliche Zugverbindung. Auf der Fahrt Richtung Norden nach Picton (ab 29 NZ$) hält der *Coastal Pacific* in Blenheim, auf der Fahrt Richtung Süden nach Christchurch (ab 59 NZ$) hält er in Kaikoura (ab 59 NZ$).

Kaikoura

3850 EW.

Die Fahrt vom weiter nördlich gelegenen Blenheim nach Kaikoura ist eine etwa 132 km lange schöne Panoramafahrt entlang der Küste, von Christchurch im Süden ist man etwa 183 km nach Kaikoura unterwegs. Im Hintergrund der hübschen Stadt ragen die schneebedeckten Gipfel der Seaward Kaikoura Range auf. Wenige Gegenden der Erde sind so tierreich: Wale, Delphine, Neuseeländische Seebären, Pinguine, Dunkle Sturmtaucher, Sturmvögel und Albatrosse machen auf ihren Wanderungen hier Rast oder sind auf der Halbinsel heimisch.

Der Grund für die große Zahl an Meerestieren und Vögeln sind die für sie günstigen Strömungsverhältnisse des küstennahen Schelfmeeres: Der Kontinentalschelf senkt sich in Küstennähe allmählich ab, um dann plötzlich über 800 m senkrecht in die Tiefe abzufallen. An dieser Steilkante strömt nährstoffreiches Wasser aus den tiefen Bereichen Meerews bis zur Wasseroberfläche gehoben.

Bis in die 1980er-Jahre hinein war Kaikoura ein wahrhaft verträumtes Fischerdorf (in der Sprache der Maori steht „kai" für Mahl, „koura" für Langusten) mit eher düsteren Zukunftsaussichten, heute ist es ein Touristenmagnet mit qualitativ hochwertigen Unterkünften und vielen weiteren Attraktionen für die Besucher, darunter spannenden Safaris.

Geschichte

In der Mythologie der Maori ist die Halbinsel Kaikoura (Taumanu o Te Waka a Maui) der Ort, an dem der gottähnliche Held Maui seinen Fuß aufsetzte, als er den schweren Fisch (die Nordinsel) aus den Tiefen des Ozeans heraufzog. Noch vor der Ankunft der Europäer war das Gebiet bereits dicht besiedelt – mindestens 14 befestigte Maori-Dörfer (*pa*) wurden inzwischen freigelegt. Ausgrabungen haben gezeigt, dass es in der Gegend vor 800 bis 1000 Jahren eine Siedlung von Moa-Jägern gab.

James Cook segelte 1770 an der Halbinsel vorüber, ging aber nicht an Land. In seinem Logbuch hielt er allerdings fest, dass 57 Maori in vier großen Auslegerkanus auf die *Endeavour* zusteuerten, doch „nicht dazu bewogen werden konnten, längsseits festzumachen".

1828 war die Küste Kaikouras der Schauplatz eines heftigen Gefechts. Krieger des Stammes der Ngati Toa fielen unter der Führung Te Rauparahas in Kaikoura ein und töteten mehrere Hundert Angehörige des Stammes der Ngai Tahu oder nahmen sie gefangen.

Europäische Siedler gründeten im Jahr 1842 eine Walfängerstadt, die bis 1922 Be-

Kaikoura

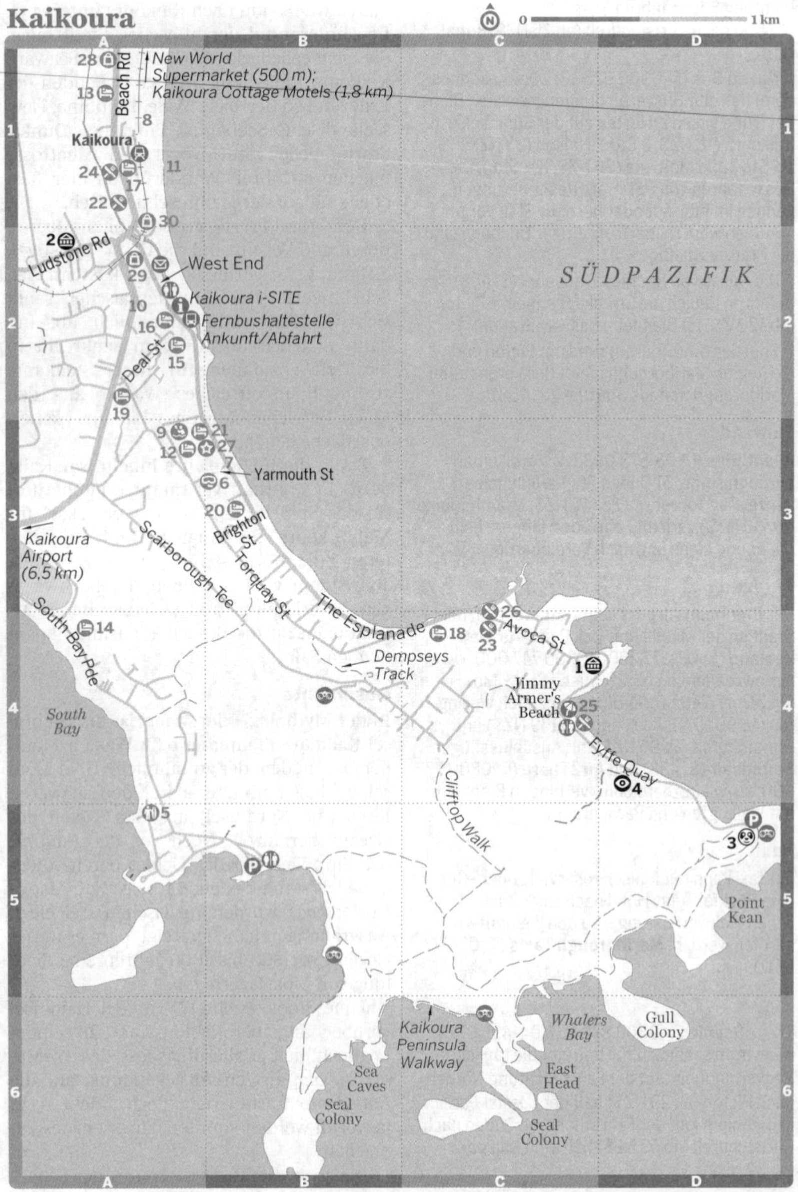

stand haben sollte. Daneben erfuhren Schafhaltung und Landwirtschaft einen Aufschwung. Nach dem Ende der Walfang-Ära sicherten der Fischfang und die Landwirtschaft – aufgrund fruchtbaren Böden – den Lebensunterhalt der Bewohner.

Sehenswertes

Point Kean Seal Colony TIERSCHUTZGEBIET
Am äußeren Ende der Halbinsel räkeln sich Robben friedlich im Gras und auf den Felsen und lenken dabei alle Aufmerksamkeit

Kaikoura

Sehenswertes

1	Fyffe House	C4
2	Kaikoura District Museum	A2
3	Point Kean Seal Colony	D5
4	Point Sheep Shearing Show	D4

Aktivitäten, Kurse & Touren

	Albatross Encounter	(siehe 7)
5	Board Silly Surf Adventures	A5
6	Dive Kaikoura	B3
7	Dolphin Encounter	B3
8	Kaikoura Helicopters	A1
9	Kaikoura Kayaks	A3
10	Seal Swim Kaikoura	A2
11	Whale Watch Kaikoura	A1

Schlafen

12	Albatross Backpacker Inn	A3
13	Alpine Pacific Holiday Park	A1
14	Bay Cottages	A4
15	Dolphin Lodge	A2
16	Fish Tank Lodge	A2
17	Kaikoura Top 10 Holiday Park	A1
18	Maui YHA	C4
19	Nikau Lodge	A2
20	Sails Motel	B3
21	Waves on the Esplanade	A3

Essen

	Café Encounter	(siehe 7)
22	Corianders	A1
23	Green Dolphin	C4
24	Hislops	A1
25	Original Kaikoura Seafood BBQ	C4
26	Pier Hotel	C4
	Reserve Hutt	(siehe 10)

Unterhaltung

27	Mayfair Theatre	B3

Shoppen

28	Cods & Crayfish	A1
29	R&R Sport	A2
30	Surf Kaikoura	A1

auf sich. Man sollte vorsichtshalber einen größeren Abstand zu ihnen einhalten (mind. 10 m) und ihnen niemals den Weg zum Meer verstellen – denn sie greifen sonst an, wenn sie sich in die Enge getrieben fühlen. Dann können sie sich erstaunlich schnell bewegen.

Fyffe House HISTORISCHES GEBÄUDE
(www.fyffehouse.co.nz; 62 Avoca St.; Erw./Kind/Fam. 9/2/18 NZ$; ⊙Nov.–April tgl. 10–18 Uhr, Mai–Okt. Do–Mo 10–16 Uhr) Das Fundament des ältesten erhaltenen Hauses von Kaikoura wurde auf den Wirbelknochen von Walen errichtet. Der Schotte George Fyffe, ein Vetter des ersten europäischen Siedlers in Kaikoura, Robert Fyfe, erweiterte das kleine Bauernhaus von 1842. Innen und außen ist viel zu sehen, darunter ein ursprünglicher Ziegelsteinofen, historische Exponate und Gärten.

Kaikoura District Museum MUSEUM
(14 Ludstone Rd.; Erw./Kind 5/1 NZ$; ⊙Mo–Fr 10–16.30, Sa & So 14–16 Uhr) Das Provinzmuseum beherbergt das alte Stadtgefängnis, historische Fotografien, Kunstgegenstände der Maori und aus der Kolonialzeit, den riesigen Kieferknochen eines Pottwals sowie die versteinerten Überreste eines urzeitlichen Plesiosauriers.

Point Sheep Shearing Show FARM
(☎03-319 5422; www.pointsheepshearing.co.nz; Fyffe Quay; Erw./Kind 10/5 NZ$; ⊙Shows 13.30 & 16 Uhr) Die etwa 30 Minuten dauernde Schafschurvorführung beim Point B&B macht viel Spaß und ist dazu auch noch sehr lehrreich. Die Zuschauer und Gäste dürfen bei der Fütterung von Schafböcken und – zwischen September und Februar – auch von Lämmern helfen. Neuseeland wie aus dem Bilderbuch!

Aktivitäten

Ein sicherer Badestrand und als Alternative ein Süßwasser-Pool (Erw./Kind 3/1,50 NZ$; Nov.–März 10–17 Uhr) liegen an der kleinen Promenade.

Die Möglichkeiten zum Surfen sind in dieser Gegend gut, vor allem am Mangamaunu Beach (15 km nördlich der Stadt), wo es eine 500 m lange Brandungswelle gibt – gute Surfbedingungen sind damit garantiert. Informationen, Transport, Surfunterricht und Leihausrüstungen werden von **Board Silly Surf Adventures** (☎0800 787 352, 027 418 8900; 76 West End; Unterricht 3 Std. 80 NZ$, Board & Anzug ab 30 NZ$) mit Sitz an der South Bay angeboten. Leihausrüstung und Tipps gibt es auch bei **R&R Sports** (☎03-319 5028; 14 West End; Fahrrad halber/ganzer Tag 20/30–40

NZ$) und **Surf Kaikoura** (☎03-319 7173; www.surfkaikoura.co.nz; 4 Beach Rd.).

Kaikoura Peninsula Walkway WANDERN
Eine lohnender Rundweg (3–4 Std.) von der Stadt aus führt nach Point Kean, an den Klippen entlang zur South Bay und dann über die Landenge zurück in die Stadt (natürlich kann man auch in umgekehrter Richtung laufen). Auf dem Weg sind Kolonien von Neuseeländischen Seebären, Rotschnabelmöwen und Dunklen Sturmtauchern zu sehen. Lohnenswert ist auch ein Halt an den Aussichtspunkten, interessante Schautafeln geben Einblick in Flora und Fauna. Wanderer können sich mit einer Karte von der i-SITE oder auf eigene Faust auf den Weg machen.

Dive Kaikoura TAUCHEN
(☎0800 348 352, 03-319 6622; www.divekaikoura.co.nz; Yarmouth St.; halber Tag 250 NZ$) Der Küstenstreifen mit seinen Felsformationen und einer Fülle an Meerestieren bietet interessante Schnorchel- und Tauchbedingungen. Dive Kaikoura veranstaltet Tauchgänge in kleinen Gruppen und auch Taucherkurse.

Skydive Kaikoura FALLSCHIRMSPRINGEN
(☎0800 843 759; www.skydivekaikoura.co.nz; Kaikoura Airport; 9000–13 000ft 260–380 NZ$; ⏲schließt zum Winter) Mit Henk und Sarah kommen alle wieder sicher zur Erde zurück. Die beiden bieten einen individuellen Service und Sprünge mit fantastischer Sicht über Berge und Meer. Die Aufzeichnung des Sprungs mit Video- oder Fotokamera gehören zum Angebot. Der Flugplatz liegt 7 km südlich der Stadt.

Fyffe View Ranch Adventure Park FARM
(☎03-319 5069; www.kaikourahorsetrekking.co.nz; 82 Chapmans Rd. Nahe der Postmans Rd.; 30 Min./90 Min. 30/120 NZ$; ⏲10.30 Uhr bis spätabends) Die lustigen und recht bodenständigen Besitzer bieten verschiedene Ausritte an, außerdem unterhaltsame Abfahrten in einer Art Gokart, Bogenschießen im Wollschuppen und das Füttern der Hoftiere. Die Ranch liegt 9 km westlich der Stadt am Fuß des Mt. Fyffe.

Clarence River Rafting RAFTING
(☎03-319 6993; www.clarenceriverrafting.co.nz; 3802 SH1, bei Clarence Bridge; 5 Std. Erw./Kind 120/80 NZ$) Die Stromschnellen (Stufe II) des landschaftlich schönen Clarence River können auf einer beliebten halbtägigen Rafting-Tour oder auf längeren Fahrten, z. B. einer fünftägigen Tour mit Campen in der Wildnis (1300 NZ$), bezwungen werden. Der Sitz des Veranstalters liegt an der SH1, 40 km nördlich von Kaikoura unweit der Clarence Bridge.

Geführte Touren

Tourismus ist das wirtschaftliche Standbein von Kaikoura. Vieles dreht sich um Meeressäugetiere wie Pottwale, Kurzflossen-Grindwale, Große Schwertwale, Buckelwale und Südkaper, Hector-Delphine, Große Tümmler und Schwarzdelfine sowie Neuseeländische Seebären. Im Sommer sollten Touren allerdings bereits mehrere Wochen im Voraus gebucht und zusätzliche Zeit eingeplant werden, falls das Wetter Ausfahrten unmöglich macht.

Walbeobachtung

Zur Auswahl stehen Schiffe, Flugzeuge und Helikopter. Die Flüge sind kurz und kostspielig, ermöglichen aber von oben den Anblick eines Wales in voller Länge, im Gegensatz zu einer Schiffstour, die häufig nur einen flüchtigen Blick auf den Schwanz, eine Flosse oder das Blasloch gewährt.

Whale Watch Kaikoura ECOTOUR
(☎03-319 6767, 0800 655 121; www.whalewatch.co.nz; Railway Station; 3 Std. Erw./Kind 145/60 NZ$) Mit fachkundiger Begleitung und der faszinierenden Animation „World of Whales" an Bord geht der größte Veranstalter von Kaikoura regelmäßig auf Tour und macht die Teilnehmer mit den ganz großen Bewohnern des Ozeans bekannt. Der Preis wird zu 80 % erstattet, wenn keine Wale gesichtet werden (die hohe Erfolgsquote liegt bei etwa 98 %). Wer eine Tour vorhat, sollte einige Extratage einplanen, falls das Wetter umschlägt.

Kaikoura Helicopters TOURISTENFLÜGE
(☎03-319 6609; www.worldofwhales.co.nz; Railway Station; Flug 15–60 Min. ab 100–490 NZ$) Zuverlässige Walbeobachtungsflüge (Standardtour 30 Min. 220 NZ$ pro Pers./mind. 3 Teilnehmer), außerdem Ausflüge rund um die Halbinsel, um Mt. Fyffe und andere Gipfel.

Wings Over Whales ECOTOUR
(☎03-319 6580, 0800 226 629; www.whales.co.nz; 30 Min. Flug Erw./Kind 165/75 NZ$) Ultraleichtflugzeuge starten vom Kaikoura Airport, 7 km südlich der Stadt. Die Erfolgsquote bei den Sichtungen liegt bei 95 %.

KÖSTLICHE KRUSTENTIERE

Aus der Fülle von Meerestieren, die vor Kaikoura zu fangen sind, hebt sich eine Art besonders hervor: Die Langusten beherrschen mit ihrem köstlichen Innern jedes Menü auf der Halbinsel. Leider (unnötigerweise, wie manche meinen) ist sie teuer – in einem Restaurant bezahlt man rund 55 NZ$ für eine halbe Languste und mehr als 100 NZ$ für ein ganzes Krustentier. Frische, gekochte oder rohe Langusten gibt es auch bei **Cods & Crayfish** (81 Beach Rd.; ⌚8–18 Uhr) und **Nins Bin** (SH1; ⌚8–18 Uhr), 23 km nördlich der Stadt. Für ein Exemplar in guter Qualität zahlt man ab 50 NZ$ aufwärts.

Eine nette Möglichkeit, im Freien zu essen, bietet **Original Kaikoura Seafood BBQ** (Fyffe Quay; ⌚10.30 Uhr bis zum frühen Abend), ein Straßenimbiss bei der Seebärenkolonie – das Sandwich mit Fisch oder Jakobsmuscheln ist ein vollwertiger Ersatz, wenn es nicht zwingend eine Languste sein muss. Eine Angeltour ist eine Alternative für Selbstversorger, die manchmal auch bei einheimischen Langustenfischern anheuern dürfen – und vielleicht sogar erfolgreich eine an Land ziehen.

Delfin- & Robbenbeobachtung

Dolphin Encounter ÖKOTOUR
(☎03-319 6777, 0800 733 365; www.dolphin.co.nz; 96 Esplanade; Schwimmen Erw./Kind 175/160 NZ$, Beobachtung 90/45 NZ$; ⌚Touren 8.30 & 12.30 Uhr, Nov.–April auch 5.30 Uhr) Hier bietet sich eine Gelegenheit, Gruppen von Schwarzdelfinen auf einer dreistündigen Tour ganz nahe zu kommen. Die Teilnehmerzahl ist begrenzt, also unbedingt frühzeitig buchen.

Seal Swim Kaikoura ECOTOUR
(☎0800 732 579, 03-319 6182; www.sealswimkaikoura.co.nz; 58 West End; Touren 70–110 NZ$; ⌚Okt.–Mai) Zweistündige geführte Schnorcheltouren, entweder von Land oder vom Boot aus.

LP TIPP **Kaikoura Kayaks** KAJAKFAHREN
(☎0800 452 456, 03-319 7118; www.kaikourakayaks.co.nz; 19 Killarney St.; Robbenfahrten Erw./Kind 95/70 NZ$; ⌚Touren Nov.–April 8.30, 12.30 & 16.30 Uhr, Mai–Okt. 9 & 13 Uhr) Begleitete Seekajaktouren entlang der Halbinsel, unterwegs sieht man Neuseeländische Seebären. Kajakunterricht, Verleih von Booten, familienfreundliche Angebote und Kajakangeltouren sind ebenfalls im Angebot.

Vogelbeobachtung

Albatross Encounter VOGELBEOBACHTUNG
(☎03-319 6777, 0800 733 365; www.albatrossencounter.co.nz; 96 Esplanade; Erw./Kind 120/60 NZ$; ⌚Touren ganzjährig 9 & 13 Uhr, Nov.–April auch 6 Uhr) Kaikoura ist das Paradies aller Hobbyornithologen, die mit Adleraugen nach Gelegenheiten zur Beobachtung von Seevögeln Ausschau halten. Sie sehen z. B. Dunkle Sturmtaucher, Kormorane, Schwarzbrauenalbatrosse, Sturmvögel und die unvergleichlichen Königsalbatrosse.

Angelausflüge

Angeln ist eine weit verbreitete Leidenschaft in Kaikoura, einheimische Seebären lassen keine Chance ungenutzt, aufs Meer hinauszufahren. Außerdem bieten sich gute Gelegenheiten für ein *kai koura* (Langustenessen). Die Preise der Ausflüge beginnen bei 60 NZ$; die i-SITE hält ein vollständiges Verzeichnis der Veranstalter bereit.

Fishing at Kaikoura ANGELN
(☎03-319 3003; gerard.diedrichs@xtra.co.nz) Angeln, Langustenfang, Ausflugsfahrten und Wasserskifahrten auf der 6 m langen *Sophie-Rose.*

Kaikoura Fishing Charters ANGELN
(☎03-319 6888, 0800 225 297; www.kaikourafishing.co.nz) An Bord der *Takapu* die Angel auswerfen... Der eigenhändig gefangene Fisch wird anschließend küchenfertig filetiert und verpackt.

Kaikoura Fishing Tours ANGELN
(☎0800 246 6597; www.kaikoura-fishing-tours.co.nz) Landschaft und Meerestiere stehen hier im Mittelpunkt. Der selbstgefangene Fisch wird küchenfertig filetiert.

Wandern

Walks Kaikoura WANDERN
(☎03-319 6617; www.walkskaikoura.com; halber/ganzer Tag ab 95/145 NZ$) Erfahrene, ortsansässige Führer begleiten ihre Gäste auf individuell zusammengestellten Wanderungen durch die Region – von den Bergen bis zur Küste. Helikopterflüge über Berggipfel sind ebenfalls möglich.

Kaikoura Coast Track
WANDERN

(☎03-319 2715; www.kaikouratrack.co.nz; Package 215 NZ$) Eine dreitägige Wanderung (40 km) auf eigene Faust durch privates Farmland entlang der Kaikoura-Küste (43 km südlich des Ortes). Im Preis sind drei Übernachtungen in einem Bauernhaus und der Gepäcktransport enthalten. Selbst mitbringen muss jeder einen Schlafsack und die Verpflegung. Eine zweitägige Mountainbiketour (mit eigenem Rad) kostet 85 NZ$.

Kaikoura Wilderness Walks
WANDERN

(☎03-319 6966, 0800 945 337; www.kaikourawilderness.co.nz; 1-/2-Nächte-Paket 1195/1595 NZ$) Zwei- oder dreitägige Wanderung mit Führer durch das Naturschutzgebiet Puhi Peaks (in Privatbesitz) an der hohen Seaward Kaikoura Range. Im Preis enthalten sind die Unterkünfte und Mahlzeiten in der luxuriösen Shearwater Lodge.

Noch mehr Touren

Maori Tours Kaikoura
KULTURELLE TOUR

(☎0800 866 267, 03-319 5567; www.maoritours.co.nz; 3½ Std. Erw./Kind 125/65 NZ$; ⏰Touren 9 & 13.30 Uhr) Faszinierende halbtägige Touren in kleinen Gruppen, die mit der Gastfreundlichkeit der Maori und etwas Landeskunde abgerundet werden. Historische Stätten werden gezeigt, Legenden erzählt und die Nutzung von Bäumen und Pflanzen durch die Maori erklärt. Frühzeitige Reservierungen sind notwendig.

Kaikoura Mountain Safaris
TAUCHEN

(☎021 869 643; www.kaikouramountainsafaris.co.nz; halber Tag Erw./Kind 100/55NZ$, 1 Tag Erw./Kind 165/100 NZ$) Fahrten ins Hinterland im Geländewagen oder Unimog: Drei unterschiedliche Touren (mit Start vor der i-SITE) führen in die Bergwelt, zu abgelegenen Farmen und ins Tal des Clarence River.

Feste & Events

Seafest
ESSEN & WEIN

(www.seafest.co.nz; Tickets 35 NZ$; ⏰Anfang Okt.) Ein Tag, an dem der Fischreichtum der Gewässer gefeiert wird: Es gibt Livebands, ein Unterhaltungsprogramm für Familien und am Vorabend bereits ein großes Fest zur Einstimmung.

Schlafen

Im Sommer sind die Unterkünfte schnell vergeben, also am besten frühzeitig reservieren oder die Reise in die Nebensaison verlegen, wenn die Übernachtungspreise fallen.

Fish Tank Lodge
HOSTEL $

(☎03-319 7408; www.fishtanklodge.co.nz; 86 West End; B/DZ 25/65 NZ$; @☎) Nemo trifft Michelangelo in diesem frisch bemalten und kürzlich modernisierten Hostel mitten in der Stadt. Auf die Gäste warten gepflegte, helle und luftige Räume und weite Ausblicke vom Balkon im oberen Stockwerk. Räder und Schnorchelausrüstung können geliehen werden.

Albatross Backpacker Inn
HOSTEL $

(☎0800 222 247, 03-319 6090; www.albatross-kaikoura.co.nz; 1 Torquay St.; B 25–29 NZ$, EZ/DZ 49/69 NZ$; @☎) Dieses Backpacker-Hostel ist in zwei reizenden historischen Gebäuden untergebracht, eines davon war früher ein Postamt. Bunt und künstlerisch verschönert, liegt es absolut windgeschützt in Strandnähe. Außer einer lässigen Lounge und einem separaten Fernsehzimmer laden Terrassen und schöne Verandas zur Entspannung ein.

Dolphin Lodge
HOSTEL $

(☎03-319 5842; www.dolphinlodge.co.nz; 15 Deal St.; B 27 NZ$, DZ mit/ohne Bad 67/60 NZ$; @☎) Diese kleine Hostel in der Ferne wird von den Inhabern, die vor Ort leben, liebevoll geleitet. Sie kommen oft vorbei, um in ihrem wunderbar duftenden Garten (mit Hängematten) nach dem Rechten zu sehen. Innen geht es etwas beengt zu, doch an sonnigen Tagen drängt es eh jeden ins Freie – auf die fantastische Terrasse, zum Barbecue in den Wellness-Pool.

Maui YHA
HOSTEL $

(☎0800 278 299, 03-319 5931; www.yha.co.nz; 270 Esplanade; B 33 NZ$, DZ 89–110 NZ$, 3BZ 102 NZ$; @☎) Das hervorragende YHA-Hostel besticht durch einen unverstellten Blick über die Bucht auf eine von Kiefern gesäumte Promenade und mächtige Gipfel in der Ferne. Viele Zimmer bieten ähnliche Ausblicke, so auch der Speisesaal mit großen Fenstern, der sich im selben Zustand befindet wie der übrige zweckmäßige Bau von 1962: ordentlich, funktional und konservativ. Der Fahrradverleih kostet halber/ganzer Tag 20/30 NZ$.

Alpine Pacific Holiday Park
CAMPINGPLATZ $

(☎0800 692 322, 03-319 6275; www.alpine-pacific.co.nz; 69 Beach Rd.; Stellplätze ab 40 NZ$, Hütte 75 NZ$, Wohnungen & Motels 140–180 NZ$; @☎≋) Der kompakte und gepflegte Campingplatz bewältigt seine große Gästeschar souverän und bietet hervorragende

Einrichtungen, u. a. eine blitzblanke Küche, einen schicken Poolbereich und einen Barbecue-Pavillon. Die Reihen der Hütten und Wohnungen heben sich angenehm vom Durchschnitt ab. Ausblicke auf die Berge gibt es viele.

Kaikoura Top 10 Holiday Park CAMPINGPLATZ **$**
(☎0800 363 638, 03-319 5362; www.kaikouratop10.co.nz; 34 Beach Rd.; Stellplätze ab 44 NZ$, Hütte 80–95 NZ$, Wohnungen & Motels 150–210 NZ$; @☁≋) Hinter einer dichten Hecke vor dem Highway verborgen liegt der vielbesuchte, gepflegte Campingplatz mit familienfreundlichen Einrichtungen (beheizter Pool, Spa-Bereich, Trampolin) sowie Hütten und Wohnungen mit dem üblichen Standard.

Nikau Lodge B&B
(☎03-319 6973; www.nikaulodge.com; 53 Deal St.; DZ 190–250 NZ$; @☁) Ein freundlicher Haushund begrüßt die Gäste des wunderschönen, hoch gelegenen B&B mit tollem Panoramablick. Die vier Zimmer mit eigenen Bädern sind nobel und gemütlich, für zusätzliches Wohlbehagen sorgt ein professionell zubereitetes Frühstück mit frischem, heimischem Kaffee. Viel Humor allerseits, köstliches Gebäck aus eigener Herstellung, kostenloser WLAN-Zugang, *hot tub* und blühende Gärten: am liebsten möchte man hier Dauergast sein!

Bay Cottages MOTEL **$$**
(☎03-319 5506; www.baycottages.co.nz; 29 South Bay Pde; Cottage/Motel 100/130 NZ$) Eine tolle Alternative an der South Bay, nur ein paar wenige Kilometer südlich der Stadt gelegen: Die Anlage umfasst insgesamt fünf Urlaubercottages für bis zu vier Personen mit Einbauküche und Bad sowie zwei schicke Motelzimmer mit Edelstahlbänken, Energiesparlampen und Flachbildfernsehern. Bei gutem Wetter nimmt einen der freundliche Besitzer vielleicht zum Langustenfang mit.

Sails Motel MOTEL **$$**
(☎03-319 6145; www.sailsmotel.co.nz; 134 Esplanade; DZ 115 NZ$, 4BZ 140 NZ$; ☁) Mit Blick auf das Meer (oder auf Segelboote) kann das Motel nicht dienen, die Inhaber müssen schon durch Qualität überzeugen. Vier geschmackvoll ausgestattete, separate Wohnungen liegen am Ende eines Zufahrtsweges in einem Garten (mit vielen geschützten Ecken und Winkeln).

Kaikoura Cottage Motels MOTEL **$$**
(☎0800 526 882, 03-319 5599; www.kaikouracottagemotels.co.nz; Ecke Old Beach & Mill Rd.; DZ 120–140 NZ$; ☁) Die Enklave aus acht modernen Ferienapartments, die von blühenden einheimischen Pflanzen umgeben ist, ist ein toller Anblick. In den frei stehenden, zu den Bergen hin ausgerichteten Wohneinheiten mit großem, offenem Wohnbereich und einem Schlafzimmer finden jeweils vier Traveller Platz. Alles hier ist in ruhigen Blau- und Cremetönen gehalten und dazu hochwertig möbliert.

LP TIPP **Dylan's Country Cottages** COTTAGES **$$**
(☎03-319 5473; www.lavenderfarm.co.nz; 268 Postmans Rd.; DZ 175 NZ$; ⏲geschl. Mai–Aug.; ☁) Auf dem Gelände der wunderbaren Kaikoura Lavender Farm, die im Nordwesten der Stadt liegt, bieten sich zwei abgeschlossene Cottages als duftende Zuflucht vor den Küstenwinden an. Eines hat ein eigenes Bad im Freien mit einer Dusche unter einem Baum; das andere einen Spa-Bereich und eine Liegewiese. Hausgemachte Scones, schmackhafte Marmeladen und frische Freilandeier gibt es zum Frühstück. Nett, elegant und romantisch.

Waves on the Esplanade APARTMENT **$$$**
(☎0800 319 589, 03-319 5890; www.kaikoura apartments.co.nz; 78 Esplanade; Apt. 240–350 NZ$; ☁) Wer ohne den gewohnten häuslichen Komfort nicht leben kann, ist hier genau richtig: geräumige, luxuriöse Apartments mit zwei Schlafzimmern, Sky-TV, DVD-Spielern, zwei Bädern, Waschküche und voll ausgestatteter Küche. Und natürlich mit großartigem Meerblick vom Balkon aus. Die Preise gelten für bis zu vier Gäste.

The Factory B&B **$$$**
(☎03-319 3034; www.hapukufactory.com; 5 Old Beach Rd., Hapuku; DZ inkl. Frühstück 480 NZ$; ☁) Eine zehnminütige Fahrt führt nordwärts von Kaikoura zur hübschen Strandsiedlung Hapuku mit einer 100 Jahre alten Molkerei, die auf geniale Art umgebaut und mit Designermöbeln eingerichtet wurde. Der Gästeflügel ist eine abgeschlossene Einheit und kann bis zu sechs Gäste beherbergen – obwohl es zu zweit am schönsten ist! Eine Nacht ist sicher nicht genug!

Essen & Ausgehen

In Kaikoura gibt es sehr gute Cafés und Restaurants – und andere, deren Verfallsdatum schon lange überschritten ist.

Green Dolphin FISCH $$$
(☎03-319 6666; www.greendolphinkaikoura.com; 12 Avoca St.; Hauptgerichte 25–46 NZ$; ⊙17 Uhr bis spätabends) Hochwertiger Fisch aus der Region Kaikoura wird hier neben den allgegenwärtigen Hummer-, Rind- und Schweinefleischgerichten abwechslungsreich, sorgfältig und liebevoll aus guten regionalen Erzeugnissen zubereitet. An gut besuchten Abenden sollten Gäste vorab reservieren oder sich an der netten Bar oder im Garten an einem Cocktail oder Aperitif festhalten. Wer rechtzeitig kommt, kann sich einen Tisch mit Aussicht an einem der raumhohen Fenster aussuchen.

Hislops CAFÉ $$
(33 Beach Rd.; Mittagessen 9–24 NZ$, Abendessen 22–37 NZ$; ⊙Mai–Sept. 9 Uhr bis spätnachts, Di & Mi geschl.; ✎) Das schicke, behagliche Café ist bekannt für seine frischen, gesunden Gerichte. Ohne schlechtes Gewissen beginnt hier für die Gäste der Tag mit einem englischen Frühstück, am Abend kommen Gäste gerne zu Gerichten mit Biofleisch und Fisch aus der Region zurück. Es gibt eine vegetarische und vegane Auswahl und bemerkenswert gute Salate, z. B. mit Ziegenkäse und Avocado.

Pier Hotel MODERN-NEUSEELÄNDISCH $$
(www.thepierhotel.co.nz; 1 Avoca St.; Snacks 7–18 NZ$, Hauptgerichte 24–34 NZ$; ⊙11 Uhr bis spätnachts) Weite Ausblicke über die Bucht und die in der Ferne liegenden Berge erhöhen den Reiz dieses Restaurants in der Stadt. Fröhliche Fachkräfte servieren das Essen in großzügigen Portionen, z. B. frischen Fisch aus der Region, Kotelettrippchen und gegrillte Langusten (für den größeren Geldbeutel). An einer attraktiven Bar werden Bier und kleine Gerichte zu fairen Preisen serviert, dazu gibt es historische Fotos und eine zweite Bar im Garten. Die Unterkünfte im knarzenden Obergeschoss sind verwohnt, aber preiswert (DZ mit Frühstück ab 115 NZ$).

Café Encounter CAFÉ $
(96 Esplanade; Gerichte 8–19 NZ$; ⊙7.30–17 Uhr; ✎) Das Café gehört zum Veranstalter Dolphin Encounter, ist aber viel mehr als nur ein Aufenthaltsraum. Großartige Tresengerichte und Kaffee, außerdem Kuchen, Törtchen, Bagels, Toasties und Tagesangebote, z. B. geschmortes Schweinefleisch und Fenchelsalat. Von der sonnigen Terrasse bieten sich schöne Ausblicke auf den Ozean und die Esplanade.

Reserve Hutt CAFÉ $
(72 West End; Gerichte 10–18 NZ$) Der beste Kaffee weit und breit im Stadtzentrum stammt aus eigener Rösterei und wird von den Baristas des besten Cafés von Kaikoura liebevoll gebrüht. Von der nostalgischen Kiwiana-Schwärmerei einmal abgesehen, ist es ein hübscher Ort, um hier ein paar Stunden bei leckeren Muffins, köstlichen Schinkencroissants oder einem gehaltvollen Brunch zu verbringen.

Corianders INDISCH $$
(17 Beach Rd.; Hauptgerichte 14–20 NZ$; ✎) Das Haus gehört zur gleichnamigen Restaurantkette und setzt im Speiseplan von Kaikoura ungewohnte kulinarische Akzente – bei gleichbleibend guter Qualität in angenehmer Umgebung. Die umfangreiche Speisekarte führt alle indischen Klassiker und manche unbekannte Gerichte auf. Hervorragendes frittiertes Gemüse (*Pakora*), gute Brotsorten und eine umfassende vegetarische Auswahl.

New World Supermarket SUPERMARKT
(124–128 Beach Rd.; ⊙7.30–21 Uhr) 10 Min. zu Fuß vom Stadtzentrum entfernt.

☆ Unterhaltung

Mayfair Theatre KINO
(☎03-319 5859; 80 Esplanade; Erw./Kind 10/6 NZ$) Das Lichtspieltheater am Strand lässt an rosarote Lakritze denken; hier werden neuere Filme gezeigt.

ℹ Praktische Informationen

Kaikoura i-SITE (☎03-319 5641; www.kaikoura.co.nz; West End; ⊙ Mo–Fr 9–17, Sa & So 9–16 Uhr, längere Öffnungszeiten Dez.–März) Hilfsbereite Mitarbeiter nehmen Reservierungen für Touren, Unterkünfte und Fahrten vor und helfen bei allen Fragen zum DOC.

Coffee Hit (22 Beach Rd.; 📶) Der WLAN-Anschluss ist kostenlos für Kaffeegäste, die ein oder zwei Tassen des wunderbaren Espressos trinken, die Mr. Good Guy von seinem Kaffee-Caravan direkt an der SH1 serviert. Erstklassig.

Paperplus/Postamt (☎03-319 6808; 41 West End) Poststelle.

ℹ An- & Weiterreise

Bus

Die Busse von **InterCity** (☎03-365 1113; www.intercity.co.nz) fahren zwischen Kaikoura und Nelson (ab 49 NZ$, 3½ Std.), Picton (ab 17 NZ$, 2¼ Std.) und Christchurch (ab 15 NZ$, 2¾ Std.). Die Bushaltestelle liegt am Parkplatz vor der i-SITE (Fahrkarten und Informationen gibt es drinnen).

Naked Bus (☎0900 625 33; www.nakedbus.com) fährt von Kaikoura zu den meisten Orten auf der Südinsel, die Busse fahren bei der i-SITE ab. Reservierungen sind im Internet oder bei der i-SITE möglich (ermäßigte Preise bei frühzeitiger Reservierung).

Zug

Tranz Scenic (☎0800 872 467, 04-495 0775; www.tranzscenic.co.nz) betreibt den *Coastal Pacific* mit Halt in Kaikoura auf der täglichen Fahrt zwischen Picton (ab 59 NZ$, 2¼ Std.) und Christchurch (ab 59 NZ$, 3 Std.). Richtung Norden fährt der Zug von Kaikoura um 9.54 Uhr, nach Süden um 15.28 Uhr ab.

Unterwegs vor Ort

Fahrräder können bei R&R Sport (S. 471) sowie bei Surf Kaikoura und Maui YHA geliehen werden.

Kaikoura Shuttles (☎03-319 6166; www.kaikourashuttles.co.nz) bietet Rundfahrten zu den Sehenswürdigkeiten der Region sowie Fahrten vom/zum Flughafen.

NELSON & UMGEBUNG

Die Region um Nelson, deren Zentrum die Tasman Bay bildet und die sich nordwärts bis zur Golden Bay und dem Farewell Spit sowie südwärts bis zu den Nelson Lakes erstreckt, ist ein beliebtes Reiseziel sowohl für Ausländer als auch für Einheimische. Das ist nur zu verständlich: Hier gibt es nicht nur drei wunderschöne und sehenswerte Nationalparks (den Kahurangi, den Nelson Lakes und den Abel Tasman), auch in Sachen Essen, Wein und Bier, Kunst und Festivals bleiben beinahe keine Wünsche offen. Aber das größte Ferienvergnügen ist es, hier ganz einfach im Sonnenschein zu dösen und zu relaxen.

Nelson

60 800 EW.

Der Stadt bietet die einzigartige Kombination aus großartigem Wetter und wunderschöner Umgebung und zählt deshalb auch zu den neuseeländischen Städten mit der höchsten Lebensqualität. In den Sommermonaten strömen Neuseeländer und internationale Gäste in die Stadt, um ihre Atmosphäre aufzusaugen und die Nähe zu verschiedenen Naturattraktionen zu nutzen.

Sehenswertes

Nelson besitzt ungewöhnlich viele Galerien, die meisten sind in der Broschüre *Art & Crafts Nelson City* (mit Wanderkarte) aufgeführt, die bei der i-SITE erhältlich ist. Ein lohnenswerter Spaziergang beginnt beim **Fibre Spectrum** (www.fibrespectrum.co.nz; 280 Trafalgar St.), wo handgewebte Wollwaren verkauft werden, weiter geht es zum Juwelier **Jens Hansen** (www.jenshansen.com; 320 Trafalgar Sq.), dem „Herrn der Ringe", und anschließend zur Glasbläserei **Flamedaisy** (www.flamedaisy.com; 324 Trafalgar Sq.). Um die Ecke liegt die Töpferei von Nelson, die **South Street Gallery** (www.nelsonpottery.co.nz; 10 Nile St. W). Weiteres interessantes Kunsthandwerk aus der Region findet man samstags auf dem **Nelson Market** (Montgomery Sq.; ⏲Sa 8–13 Uhr).

Christ Church Cathedral KIRCHE
(www.nelsoncathedral.org; Trafalgar Sq.; Eintritt frei; ⏲Nov.–März 8–19 Uhr, April–Okt. 8–17 Uhr) Ein unvergängliches Symbol der Stadt Nelson ist die Kathedrale im Art-déco-Stil, sie beherrscht die Silhouette der Stadt vom oberen Ende der Trafalgar Street. Mit dem Bau wurde bereits im Jahr 1925 begonnen, beendet wurde die Kirche jedoch erst einige Jahrzehnte später (1965) in einem architektonischen Stilmix.

Nelson Provincial Museum MUSEUM
(www.nelsonmuseum.co.nz; Ecke Hardy St. & Trafalgar St.; Eintritt Erw./Kind 5/3 NZ$; ⏲Mo–Fr 10–17, Sa & So 10–16.30 Uhr) Das moderne Museum zeigt eine Vielfalt an Ausstellungen zum kulturellen Erbe und zur Naturgeschichte. Der Schwerpunkt liegt auf der regionalen Geschichte, daneben werden regelmäßig Wanderausstellungen gezeigt (die Eintrittspreise variieren dann). Schön ist auch der große Dachgarten.

Suter GALERIE
(www.thesuter.org.nz; 208 Bridge St.; Erw./Kind 3 NZ$/50 c, frei am Sa; ⏲10.30–16.30 Uhr) An die Queen's Gardens grenzt die öffentliche Kunstgalerie der Stadt, sie zeigt Wechselausstellungen, Musik- und Theateraufführungen sowie Filme. Außerdem beherbergt sie ein kleines, aber gutes Kunstgeschäft und ein beliebtes Café.

Founders Heritage Park MUSEUM
(www.founderspark.co.nz; 87 Atawhai Dr.; Erw./Kind/Fam. 7/5/15 NZ$; ⏲10–16.30 Uhr) 2 km vom Stadtzentrum entfernt gelegen, umfasst der Park ein nachgebautes, historisches

Nelson Zentrum

Dorf mit Bäckerei, Schokoladengeschäft sowie Museen. Er eignet sich ideal für einen schönen Spaziergang, der mit einem Besuch des **Founders Brewery & Café** (www.foundersbrewery.co.nz; Gerichte 11–15 NZ$) auf dem Parkgelände beginnen kann. In dieser ersten zertifizierten Bio-Brauerei Neuseelands werden Brunch oder Holzofenpizza serviert. Bier-Kostproben gibt es für 10 NZ$, im Preis für das „Backpacker-Special" (12 NZ$) ist der Parkeintritt und eine Verkostung von drei Bieren enthalten.

Miyazu Japanese Garden GÄRTEN

(Atawhai Dr.) Der fröhlich stimmende Garten steckt voller Skulpturen, Laternen und Enten, die auf stillen Teichen schwimmen. Hier kann man gut eine Weile sitzen und seinen Gedanken nachhängen.

Botanical Reserve PARK

(Milton St.) Spazierwege führen zum Botanical Hill hinauf, wo eine Turmspitze den „Mittelpunkt von Neuseeland" kennzeichnet. Das allererste Rugby-Spiel des Landes wurde am 14. Mai 1870 am Fuß des Hügels ausgetragen. Der Nelson Rugby Football Club schlug die zaghaften Spieler vom Nelson College vernichtend mit 2:0.

Aktivitäten

Nelson bietet seinen Besuchern unbegrenzte Möglichkeiten, die endlosen Weiten und die Schönheiten der neuseeländischen Landschaft zu erkunden.

Wandern & Radfahren

Eine Fülle von Gelegenheiten zum Spazierengehen und Radfahren bieten sowohl die Stadt als auch ihr Umland, die i-SITE hält entsprechende Karten bereit. Ein klassischer Spaziergang führt von der Stadt zur Höhe des Botanical Reserve hinauf. Ein neues Radwegenetz, der **Dun Mountain Trail**, zieht sich über die Hügel bis in den

Nelson Zentrum

Highlights
Suter ... D2

Sehenswertes
1 Christ Church Cathedral ... B4
2 Fibre Spectrum ... B3
3 Flamedaisy Glass Design ... B3
4 Jens Hansen ... B3
5 Nelson Provincial Museum ... B3
6 South Street Gallery ... A4

Aktivitäten, Kurse & Touren
7 Stewarts Avanti Plus Nelson ... A3
8 UBike ... C1

Schlafen
9 Accents on the Park ... B3
10 Almond House ... D1
11 Lynton Lodge ... A4
12 Nelson YHA ... A2
13 Palazzo Motor Lodge ... A4
14 South Street Cottages ... A4
15 Trampers Rest ... D4

Essen
16 DeVille ... B2
17 Falafel Gourmet ... B3
18 Ford's ... B3
19 Hopgood's ... B3
20 Indian Café ... C2
21 Organic Greengrocer ... D1
22 Penguino Ice Cream Café ... B2
Stefano's ... (siehe 27)
23 Swedish Bakery & Café ... B2

Ausgehen
24 Free House ... C2
25 Sprig & Fern ... C3
26 Vic ... B3

Unterhaltung
27 State Cinema 6 ... B2
28 Theatre Royal ... A2

Shoppen
29 Nelson Farmers' Market ... C3
30 Nelson Market ... A2

Süden des Stadtzentrums und bietet interessante Möglichkeiten und hervorragende Mountainbikestrecken für trainierte und ehrgeizige Fahrer.

UBike RADFAHREN
(☎0800 282 453; www.ubike.co.nz; Collingwood St. Bridge; halber/ganzer Tag ab 40/60 NZ$) Einen kurzen Fußweg von der i-SITE entfernt können Stadtfahrräder und Mountainbikes beim Ubike-Caravan geliehen werden. Zu den Streckenkarten und Tipps gibt es einen starken Espresso, um die Fahrer auf Touren zu bringen.

Biking Nelson MOUNTAINBIKE-FAHREN
(☎0800 224 532, 021 861 725; www.bikingnelson.co.nz; 3 Std. mit Führer 115 NZ$, Fahrrad halber/ganzer Tag 45/65 NZ$) Zünftige Mountainbikerouten in den Bergen bieten Dave und sein Team. Zur Auswahl stehen geführte Radtouren inklusive kompletter Ausrüstung, außerdem der Radverleih für Touren auf eigene Faust. Nützliche Ratschläge gibt es gratis dazu.

Gleitschirmfliegen, Drachenfliegen & Kiteboarden

Nelson ist ein idealer Ort, um sich in die Lüfte zu erheben. Die meisten Veranstalter befinden sich außerhalb der Stadt, holen ihre Gäste jedoch in Nelson ab und bringen sie wieder dorthin zurück.

Tandem-Gleitschirmflüge kosten rund 180 NZ$, die Preise für Einführungskurse liegen bei 250 NZ$. Tandem-Drachenflüge kosten rund 185 NZ$, eine Einführung ins Kiteboarden ist ab 150 NZ$ zu bekommen.

Nelson Paragliding GLEITSCHIRMFLIEGEN
(☎03-544 1182, 0508 359 669; www.nelsonparagliding.co.nz)

Adventure Paragliding & Kiteboarding GLEITSCHIRMFFLIEGEN, KITEBOARDEN
(☎03-540 2183, 0800 212 359; www.skyout.co.nz)

Cumulus Paragliding GLEITSCHIRMFLIEGEN
(☎03-929 5515; www.tandem-paragliding.co.nz)

Kitescool KITEBOARDEN
(☎021 354 837; www.kitescool.co.nz)

Kite Surf Nelson KITEBOARDEN
(☎0800 548 363; www.kitesurfnelson.co.nz)

Nelson Hang Gliding Adventures DRACHENFLIEGEN
(☎03-548 9151; www.flynelson.co.nz)

Hang Gliding New Zealand DRACHENFLIEGEN
(☎03-540 2183, 0800 212 359; www.hanggliding.co.nz; Flug 180 NZ$)

Noch mehr Aktivitäten

LP TIPP Nelson Bonecarving SCHNITZEN
(☎03-546 4275; www.carvingbone.co.nz; 87 Green St., Tahunanui; 1 Tag Kurs 79 NZ$) Wer die Schnitzkunst der Maori bewundert, wird von diesem zertifizierten Knochenschnitzkurs begeistert sein. Kursleiter Stephan sorgt für alle Materialien, Werkzeuge, Anleitung, Ermutigung und viele Tassen Tee (Teilnehmer werden auf Wunsch kostenlos von ihrer Unterkunft abgeholt und zurückgebracht). Mit Fantasie und ein bisschen Talent kann hier jeder sein eigenes Knochenschnitzstück mit nach Haus nehmen.

Happy Valley Adventures ABENTEUERSPORT
(☎03-545 0304, 0800 157 300; www.happyvalleyadventures.co.nz; 194 Cable Bay Rd.; Skywire Erw./Kind 85/55 NZ$, Quadbike-Touren ab 80 NZ$, Ausritte 95 NZ$) Im „Skywire" (einer Kreuzung aus Sessellift und Seilrutsche) in 150 m Höhe über dem Wald baumeln, dann über die ganze Länge des Drahtseiles (1,65 km) durch die Luft schnellen – wenn das noch nicht reicht, ist auch noch eine Quadbike-Tour möglich. Ruhiger geht es auf dem 2½-stündigen Ausritt oder bei Kaffee und Kuchen im Café zu. Das erreicht man von Nelson aus in 15 Min. mit dem Auto auf der SH6 (Richtung Nordosten).

Cable Bay Kayaks KAJAKFAHREN
(☎0508 222 532, 03-545 0332; www.cablebaykayaks.co.nz; Cable Bay Rd.; halber/ganzer Tag 85/145 NZ$) 15 Autominuten außerhalb von Nelson trifft man Nick und Jenny, die geführte Seekajakfahrten entlang der Küste anbieten. Auf Schnorcheltrips (Ausrüstung liegt im Boot bereit) sind hautnahe Begegnungen mit Meerestieren und vielleicht sogar ein Höhlenbesuch möglich.

Geführte Touren

Bay Tours GEFÜHRTE TOUR
(☎0800 229 868, 03-548 6486; www.baytoursnelson.co.nz; halber/ganzer Tag ab 89/144 NZ$) Die Touren drehen sich um die Themen Stadt und Region Nelson, Wein, Bier, Essen und Kunst. Eine ganztägige Fahrt durch die Umgebung umfasst einen Besuch in Kaiteriteri und eine Bootsfahrt zum Abel Tasman National Park.

JJ's Quality Tours GEFÜHRTE TOUR
(☎0800 229 868, 03-548 6486; www.jjstours.co.nz; Touren ab 89 NZ$) Landschaftlich schöne Fahrten sowie Touren zu den Themen Wein oder Kunsthandwerk, außerdem eine halbtägige Brauereifahrt.

Wine, Art & Wilderness GEFÜHRTE TOUR
(☎03-539 4477, 0800 326 868; www.wineartandwildernesstours.co.nz; Touren ab 214 NZ$) Angeboten werden anspruchsvolle Touren zu den Themen Wein, Landschaft und Natur rund um Nelson, Marlborough, die Golden Bay und die Westküste.

Simply Wild GEFÜHRTE TOUR
(☎03-548 8500; www.simplywild.co.nz) Eine Palette von aktiven Abenteuertouren, die zwischen einem halben bis zu fünf Tage dauern: Wandern, Mountainbiken, Segeln, Höhlenwandern, Raften und Kanufahren in den Nationalparks um Nelson. Preise auf Anfrage.

Feste & Events

Aktuelle Informationen zum Veranstaltungsprogramm in Nelson findet man unter www.itson.co.nz

Nelson Jazz & Blues Festival MUSIK
(www.nelsonjazzfest.co.nz) Eine Januarwoche lang finden über 50 Veranstaltungen statt, u. a. Auftritte von heimischen und internationalen Künstlern auf Bühnen und auf den Straßen der Region.

Nelson Arts Festival
(www.nelsonfestivals.co.nz) An zwei Wochen im Oktober. Das Veranstaltungsprogramm umfasst u. a. Straßenkarneval, Ausstellungen, Varieté, Lesungen, Theater und Musik.

Schlafen

Accents on the Park HOSTEL $
(☎03-548 4335, 0800 888 335; www.accentsonthepark.com; 335 Trafalgar Sq.; Stellplätze 30 NZ$, B 20–28 NZ$, DZ mit/ohne Bad ab 92/60 NZ$; @📶) Das perfekt gelegene Hostel hat durchaus Hotelniveau, professionelles Personal, Balkons, eine schicke Café-Bar (Gerichte ca. 15 NZ$), bietet Kinoabende (Popcorn gibt es gratis), täglich frisches Brot (ebenfalls gratis zu den Filmen) und WLAN-Anschluss, schallgeschützte Räume, hochwertige Bettwäsche, frische Bäder und Leihfahrräder usw. Bravo! (Hier heißt es frühzeitig reservieren.)

Bug Backpackers HOSTEL $
(☎03-539 4227; www.thebug.co.nz; 226 Vanguard St.; B 25–28 NZ$, DZ 66–80 NZ$; @📶) 15 Gehminuten von der Stadt entfernt belegt das hervorragende Hostel eine umgebaute

DIE WUNDERBARE WELT DER TRAGBAREN KUNST

Nelson verströmt Kreativität, so ist es kaum verwunderlich, dass die fantasievollste Modenschau Neuseelands in dieser Stadt ins Leben gerufen wurde. Die bescheidenen Anfänge gehen auf das Jahr 1987 zurück, als die Modeschöpferin Suzie Moncrieff eine unkonventionelle Modenschau veranstaltete. Das Konzept bestand darin, Kunstwerke zu kreieren, die wie Kleidungsstücke getragen und präsentiert werden konnten. Die Idee schlug ein, die World of WearableArt Awards Show ist zu einer jährlichen Veranstaltung geworden. Holz, Papiermaché, Paua-Muschelschalen, Ohrstöpsel, Getränkedosen und Pingpongbälle wurden schon zu Modekreationen verarbeitet. Die Präsentationen der „Bizarre Bras" sind Publikumserfolge.

Der Kreativitätswettbewerb wurde mittlerweile nach Wellington verlegt, doch ein anderer Augenschmaus ist Nelson verblieben: **World of WearableArt & Classic Cars Museum** (WOW; ☎03-547 4573; www. wowcars.co.nz; 1 Cadillac Way; Erw./Kind 22/8 NZ$; ⌚10–17 Uhr). In Hightech-Galerien sind u. a. ein Laufsteg in Karussellgestalt und andere Illusionen und Illuminationen zu sehen.

PS statt BH gefällig? Unter demselben Dach werden 50 klassische Autos und Motorräder in tadellosem Zustand gezeigt. In wechselnden Ausstellungen sind z. B. ein Cadillac (1959) in Pink, ein gelber Bullet Nose Studebaker Convertible (1950) und eine Isetta von BMW zu sehen. Nebenan sind weitere 70 Automobile zur Classic Collection (zusätzlich 8 NZ$) zusammengestellt. Es gibt ein Museumscafé und eine Kunstgalerie.

Villa und ein modernes Nachbarhaus. Mit kühnen Farben und einer kitschigen VW-Käfersammlung strahlt das Hostel Lebensfreude aus. Gute Betten, nette Küchen, ein Frauenschlafsaal und ein gemütlicher Hinterhof tun ihr Übriges. Kostenlose Fahrräder und Abholung.

Tasman Bay Backpackers HOSTEL $
(☎03-548 7950, 0800 222 572; www.tasmanbaybackpackers.co.nz; 10 Weka St.; Stellplätze ab 18 NZ$, B 25–27 NZ$, DZ 66–85 NZ$; @📶) Das gut aufgeteilte Hostel mit luftigen Gemeinschaftsräumen, Zimmern in kräftigen Farben, einer sonnigen Terrasse und einer viel genutzten Hängematte fügt sich nahtlos in die Reihe der anspruchsvollen Backpacker-Hostels von Nelson. Gute Gratisangebote: Fahrräder, Frühstück im Winter, reichlich Schokoladenpudding und leckeres Eis das ganze Jahr über.

Trampers Rest HOSTEL $
(☎03-545 7477; 31 Alton St.; B/EZ/DZ 29/46/66 NZ$; @📶) Das kleine, aber vielgeliebte Hostel mit nur wenigen Betten (keine Etagenbetten) ist in punkto Behaglichkeit kaum zu übertreffen. Der begeisterte Inhaber ist selbst leidenschaftlicher Wanderer und Radfahrer und kann so seine Gäste umfassend informieren, die Räder werden kostenlos verliehen. Außerdem gibt es eine kleine Küche, eine Bücherbörse und ein Klavier für den Musikabend.

Almond House HOSTEL $
(☎03-545 6455; www.almondbackpackers.co.nz; 63 Grove St.; B/EZ/DZ 29/46/68 NZ$; @📶) Ein elegantes und gemütliches Exemplar in der Sammlung anspruchsvoller Backpacker-Hostels in Nelson. Vier-Bett-Schlafsäle und Doppelzimmer sind mit farbenprächtigen heimischen Kunstwerken und hochwertiger Bettwäsche ausgestattet, die freundliche Atmosphäre des Hauses vermittelt ein familiäres Gefühl. Internetzugang und Fahrräder sind kostenlos.

Shortbread Cottage HOSTEL $
(☎03-546 6681; www.shortbreadcottage.co.nz; 33 Trafalgar St.; B/EZ/DZ 26/60/60 NZ$; @📶) In dieser renovierten hundertjährigen Villa reicht der Platz nur für ein Dutzend Betten, und doch ist sie bis unters Dach gefüllt mit Charme und perfekter Gastfreundlichkeit. Auf die Gäste warten ein kostenloser Internetzugang, frischgebackenes Brot und knusprige Butterkekse zur Begrüßung. Die Villa liegt nur einen Steinwurf vom Stadtzentrum entfernt.

Nelson YHA HOSTEL $
(☎03-545 9988; www.yha.co.nz; 59 Rutherford St.; B/EZ/DZ ab 28/60/86 NZ$, DZ mit Bad 100 NZ$; @📶) Ein ordentliches, zweckmäßiges Hostel in zentraler Lage. Zur hochwertigen Ausstattung gehört ein schalldichtes Fernsehzimmer (kostenlose DVDs), zwei gut ausgestattete Küchen und eine sonni-

ge Terrasse. Auch Tourbuchungen werden übernommen.

Paradiso Backpackers HOSTEL $
(☎0800 269 667, 03-546 6703; www.backpackernelson.co.nz; 42 Weka St.; Stellplätze ab 18 NZ$, B 25–29 NZ$, DZ 66 NZ$; @) Cluburlaub im Kleinformat: Im weitläufigen Paradiso locken eine Terrasse mit Pool, zwei Küchen, Hängematten, ein Volleyballplatz, Wellness und Sauna. Fahrräder können ebenfalls geliehen werden (Tag 15 NZ$).

Tahuna Beach Accommodation Park CAMPINGPLATZ $
(☎03-548 5159, 0800 500 501; www.tahunabeach.co.nz; 70 Beach Rd.; Stellplatz/Hütte/Wohnung ab 17/50/110 NZ$; @) Nur wenige Minuten zu Fuß vom Strand und 5 km von der Innenstadt entfernt liegt der riesige Campingplatz, der im Hochsommer Tausenden Gästen ein Unterkommen bietet, was man je nach Stimmung himmlisch oder auch höllisch finden kann. In der Übergangszeit zur Nebensaison ist der Minigolfplatz meistens menschenleer.

Palazzo Motor Lodge MOTELS $$
(☎03-545 8171, 0800 472 5293; www.palazzomotorlodge.co.nz; 159 Rutherford St.; Studios 130–225 NZ$, Apt. 225–390 NZ$; @) Ambitionierte Gastgeber heißen ihre Gäste in der beliebten, modernen, italienisch angehauchten Lodge fröhlich willkommen. Elegante Studios und 1- und 2-Zimmer-Apartments sind mit beneidenswert schönen, vollständig eingerichteten Küchen (hier gibt es sogar Weingläser mit Klasse und Geschirrspüler) ausgestattet.

Te Maunga House B&B $$
(☎03-548 8605; www.nelsoncityaccommodation.co.nz; 15 Dorothy Annie Way; EZ 90 NZ$, DZ 100–135 NZ$; @) Der Name des Gebäudes bedeutet „der Berg" – und den trägt dieses prächtige, alte, auf einer Anhöhe thronende Familienhaus mit großartiger Aussicht auch zu Recht. Möbel mit Charakter und feine Bettwäsche prägen die beiden Doppel- und das Einzelzimmer, zu denen jeweils ein eigenes Bad gehört. Das herzhafte Frühstück arbeitet man im Laufe des Tages beim Auf- und Absteigen am Hügel gleich wieder ab. Rauf und runter sind es zwar nur zehn Minuten (bis zur Stadt insgesamt 15 Min.), aber nur begeisterte Fußgänger werden daran ihre wahre Freude haben. In den Monaten von Mai bis September ist das Haus geschlossen.

Nelson City Holiday Park CAMPINGPLATZ $
(☎03-548 1445, 0800 778 898; www.nelsonholidaypark.co.nz; 230 Vanguard St.; Stellplätze 40 NZ$, Hütte & Wohnung 60–120 NZ$; @) Eine Unterkunft in größtmöglicher Stadtnähe: bequem, gepflegt, sauber, aber oft auch überfüllt. Die Motelwohnungen sind ganz ordentlich. Draußen am Bach gibt es eine begrenzte Zahl an Campingplätzen.

Lynton Lodge LODGE $$
(☎03-548 7112; www.lyntonlodge.co.nz; 25 Examiner St.; Apt. 95–130 NZ$;) Hochgelegen (mit Blick über die Stadt) und nahe bei der Kathedrale bietet die in die Jahre gekommene Lynton Lodge abgeschlossene Apartments mit der Behaglichkeit einer Pension – besonders nett sind die Balkonwohnungen. Freundliche Gastgeber, ein Garten mit viel Gras und direkte Stadtnähe.

South Street Cottages MIETHAUS $$$
(☎03-540 2769; www.cottageaccommodation.co.nz; South St.; DZ ab 225 NZ$) An der ältesten erhaltenen Straße Neuseelands wohnen die Gäste in mehreren liebenswerten, abgeschlossenen Cottages (aus der Zeit um 1860) mit jeweils zwei Schlafzimmern. Jedes bietet viel Komfort wie eine Küche, Waschküche und einen Hofgarten; Die Frühstückszutaten werden bereitgestellt. Ein Mindestaufenthalt von zwei Nächten wird erwartet.

Essen

Nelson besitzt eine lebhafte Cafészene und eine Vielfalt an Restaurants. Selbstversorger sollten auf alle Fälle den vitaminreichen Nelson Market (S. 477) am Samstag und den **Farmers Market** (Fashion Island, Ecke Morrison St. & Hardy St.; Mi 12–16.30 Uhr) am Mittwoch besuchen.

DeVille CAFÉ $$
(22 New St.; Gerichte 13–20 NZ$; Mo–Sa 9–16 Uhr;) Die meisten Tische des DeVille stehen in einem reizenden, ummauerten Innenhof; die stille Oase in der Innenstadt ist ein idealer Ort für ein Essen oder einen Tee am Morgen. Das Essen ist gut – vom frischen Gebäck über Brunch mit viel Ei und Caesar's Salad bis hin zum Sandwich mit Schweinefleisch. Im Sommer ist das Café bei Livemusik bis in den späten Freitag- und Samstagabend geöffnet.

Stefano's PIZZERIA $
(☎03-546 7530; 91 Trafalgar St.; Pizzas 6–29 NZ$; Mittag- & Abendessen;) In der oberen Etage des State Cinema Building entste-

GLÜCKSBRINGER HOPFEN

Nelson gilt als Hauptstadt des neuseeländischen Brauereihandwerks. Tatsächlich wird in der Region seit etwa 1840 Hopfen von erstklassiger Qualität angebaut, ein Dutzend Brauereien hat sich zwischen Nelson und Golden Bay angesiedelt. Alles spricht dafür, dass die Stadt ihren Titel zu Recht trägt.

Mit Hilfe der Karte *Nelson Craft Beer Trail* (u. a. bei der i-SITE sowie im Internet unter www.craftbrewingcapital.co.nz erhältlich) können sich Besucher auf ihrem Weg zu Brauereien und Pubs hervorragend orientieren. Zu den besten Adressen für einen guten Schluck gehören u. a. das Free House (S. 484), das Moutere Inn (S. 488), Golden Bear (S. 487) und das Mussel Inn (S. 502).

hen unter italienischer Leitung knusprige und leckere Pizzas mit dünnem Boden, die zu den besten des Landes zählen. Es gibt auch sehr preiswerte Variationen, dazu passen Bier oder Wein, die im Haus oder auf einem winzigen Balkon getrunken werden.

Swedish Bakery & Café BÄCKEREI $
(54 Bridge St.; Snacks 2–7 NZ$; ⌚Mo–Fr 8.30–15.30, Sa 9–13.30 Uhr) Köstliche Brotsorten, Gebäck, Kuchen und diverse Schokoladenkreationen entstehen unter den Händen eines skandinavischen Bäckers. Wunderbare, frisch belegte Brötchen, z. B. mit Fleischbällchen und Rote-Beete-Salat. Alle Köstlichkeiten werden in einem netten, kleinen Café serviert und können auch zum Mitnehmen gekauft werden.

Indian Café INDISCH $$
(94 Collingwood St.; Hauptgerichte 16–21 NZ$; ⌚Mo–Fr Mittagessen, tgl. Abendessen; 🖉) In einer safranfarbenen Jugendstilvilla hält das indische Restaurant mit eindrucksvollen Interpretationen anglo-indischer Klassiker, z. B. Tandoori-Hähnchen, Rogan Josh (Lammcurry) und Beef Madras, die Stellung. Zum Einstieg kann eine gemischte Vorspeisenplatte für mehrere Personen bestellt werden, zum Ende des Menüs lassen sich die letzten Tropfen mit einem Stück Brot (es gibt zehn verschiedene Sorten) vom Teller wischen.

Hopgood's MODERN-NEUSEELÄNDISCH $$$
(☎03-545 7191; 284 Trafalgar St.; Hauptgerichte 34–37 NZ$; ⌚Mo–Sa 17.30 Uhr bis spätnachts) Das Hopgood's ist perfekt für ein romantisches Abendessen oder ein Ferienextra. Dekadente Gerichte werden kunstvoll, doch ungekünstelt zubereitet, die guten, regionalen Zutaten kommen unverstellt zur Geltung. Knusprige Ente nach asiatischer Art, zweimal gebratenes Schweinefleisch mit Wachsbohnen, Spinat und Speck sind umwerfend. Auf der verlockenden Weinkarte dominieren neuseeländische Erzeugnisse.

Penguino Ice Cream Café EIS $
(Montgomery Sq.; Eis 4–7 NZ$; ⌚12–17 Uhr) Ein purer Hochgenuss sind die meisterhaft kreierten Gelati und Sorbets. Von traditioneller Vanille und Boysenbeere bis zu Apple-Pie ist die Auswahl groß. Am nächsten Tag wiederkommen – es müssen noch Shakes, Smoothies, Eisbecher und Mango-Lassis probiert werden.

Ford's MODERN-NEUSEELÄNDISCH $$
(www.fordsnelson.co.nz; 276 Trafalgar St.; Mittagessen 16–22 NZ$; ⌚ab 8 Uhr) Die sonnenbeschienenen Tische auf dem Gehweg am oberen Ende der Trafalgar Street sind zur Mittagszeit besonders beliebt, das gilt auch für die Speisekarte des Küchenchefs mit modernen Klassikern, z. B. hervorragender Fischsuppe, Sandwich (aus dunklem Brot) mit Steak und Thunfischsalat niçoise. Ein Kaffee mit Scones eignet sich für ein kurzes, ein Abendessen für ein längeres Verweilen.

Falafel Gourmet ORIENTALISCH $
(195 Hardy St.; Gerichte 9–23 NZ$; 🖉) Hier werden die besten Kebabs der Stadt mit großzügigen Salatportionen serviert.

Haven Fish & Chips FISH & CHIPS $
(268 Wakefield Quay; Fish & Chips 8–10 NZ$; ⌚11.30–13.30 & 16.30–20 Uhr) Eine Auswahl treffen, dann beim Essen am Wasser sitzen. Was kann es Besseres geben?

Organic Greengrocer ESSEN, AUSGEHEN $
(Ecke Tasman St. & Grove St.; ⌚Mo–Fr 9–18, Sa 9–15 Uhr; 🖉) Lebensmittel und landwirtschaftliche Erzeugnisse für naturliebende Genießer, alkoholische Bio-Getränke und natürliche Kosmetikprodukte. Kleine Gerichte zum Mitnehmen und Kaffee werden außerdem angeboten.

Ausgehen

In Nelson grassiert ein Bierfieber, ein Grund dafür sind die vielen in Microbrauereien hergestellten Biere. Wenn die Reisekasse es also erlaubt, sind Hopfen und Malz nicht verloren. Preiswertere Geschmackserlebnisse bieten sich in zahlreichen Gaststätten, die sich an der Bridge Street bis zur Kreuzung mit der Collingwood Street häufen.

Free House CRAFT BEER
(www.freehouse.co.nz; 95 Collingwood St.) Hier wurde dem Ale ein Tempel errichtet. Das Haus mit seinem ursprünglich eher feierlichen Zweck wurde geschmackvoll umgestaltet, unter seinem Dach wird heute eine hervorragende, häufig wechselnde Auswahl an neuseeländischen Micro-Bieren ausgeschenkt. Die Gäste sitzen drinnen oder im Freien.

Sprig & Fern CRAFT BEER
(www.sprigandfern.co.nz; 280 Hardy St.) Die Brauerei Sprig & Fern in Richmond liefert eine breite Palette von Bieren an seine eigenen Pubs, die überall in der Region aus dem Boden schießen. Derzeit gibt es rund 20 Sorten vom Fass, z. B. Lager, Doppelbock und Obstwein aus Beeren. Keine Spielautomaten, keine Fernseher, nur gutes Bier, gelegentlich Livemusik und nette Sitzplätze im Freien. Pizzas können drinnen bestellt werden.

Vic PUB
(www.vicbrewbar.co.nz; 281 Trafalgar St.) Diese Filiale von Mac's Brewbar hat seinen Gästen viel Bemerkenswertes zu bieten: witzige Kiwiana-Deko (z. B. ein gestrickter Hirschkopf mit Streifenmuster), süffige Ales, eine gute Kneipenküche mit akzeptablen Preisen (Hauptgerichte 10–30 NZ$) und regelmäßig Livemusik (Di ist jeweils Jazznacht). Viel Nachmittagssonne und gute Gelegenheiten zum Leutegucken bieten die Sitzplätze an der Straße.

Unterhaltung

Theatre Royal THEATER
(☎03-548 3840; www.theatreroyalnelson.co.nz; 78 Rutherford St.) Die „große alte Dame der Stadt" (sie ist 134 Jahre alt) hat gerade erfolgreich ein Facelifting überstanden. Freunde von historischen Gebäuden und der darstellenden Künste sollten sich an **Everyman Records** (249 Hardy St.) wenden, um sich über den Spielplan zu informieren und Karten zu kaufen.

State Cinema 6 KINO
(☎03-548 3885; www.statecinema6.co.nz; 91 Trafalgar St.) Das Kino zeigt die neuesten Mainstreamfilme.

Praktische Informationen

Zahlreiche Banken und Geldautomaten liegen an der Trafalgar Street.

After Hours & Duty Doctors (☎03-546 8881; 96 Waimea Rd.; ⌚8–22 Uhr)

Nelson i-SITE (☎03-548 2304; www.nelsonnz.com; Ecke Trafalgar St. & Halifax St.; ⌚Mo–Fr 8.30–17 Uhr, Sa & So 9–17 Uhr; @) Ein professionelles Zentrum mit DOC-Infoschaltern, an denen man sich über Nationalparks und Wanderwege informieren kann, u. a. über den Abel Tasman Track und den Heaphy Track. Zum Mitnehmen empfiehlt sich der *Nelson Tasman Visitor Guide*.

Polizei (☎03-546 3840; Ecke St. John St. & Harley St.)

Post (www.nzpost.co.nz; 209 Hardy St.)

Nelson Hospital (☎03-546 1800; www.nmdhb.govt.nz; Waimea Rd.)

An- & Weiterreise

Bus

Reservierungen für Fahrten mit Abel Tasman Coachlines, InterCity, Tranz Scenic und Interisland-Fähren übernimmt das **Nelson SBL Travel Centre** (☎03-548 1539; www.nelsoncoaches.co.nz; 27 Bridge St.).

Im selben Haus hat **Abel Tasman Coachlines** (☎03-548 0285; www.abeltasmantravel.co.nz; 27 Bridge St., Abfahrt am SLB Travel Centre) einen Sitz und betreibt Busverbindungen nach Motueka (12 NZ$, 1 Std.), Takaka (35 NZ$, 2 Std.), Kaiteriteri und Marahau (beide 20 NZ$, 2 Std.). Die Busverbindungen sind auf die Busse von Golden Bay Coachlines (S. 491) nach Takaka und das Umland abgestimmt. Fahrten zu den drei Nationalparks werden von **Trek Express** (☎0800 128 735; www.trekexpress.co.nz) angeboten.

Atomic Shuttles (☎03-349 0697; www.atomictravel.co.nz) betreibt Busverbindungen von Nelson nach Picton (25 NZ$, 2¼ Std.) und täglich zu den größeren Orten an der Westküste wie Greymouth (54 NZ$, 5¾ Std.) und Fox Glacier (78 NZ$, 9½ Std.). Fahrten können bei der i-SITE in Nelson (wo sie auch starten) gebucht werden.

InterCity (☎03-548 1538; www.intercity.co.nz; Bridge St., Abfahrten am SLB Travel Centre) betreibt Busverbindungen von Nelson zu den wichtigsten Orten auf der Südinsel, u. a. Picton (ab 18 NZ$, 2 Std.), Kaikoura (ab 49 NZ$, 3½ Std.), Christchurch (ab 54 NZ$, 7 Std.) und Greymouth (ab 40 NZ$, 6 Std.).

Flugzeug

Air New Zealand (☎03-546 3100, 0800 737 000; www.airnewzealand.co.nz; Ecke Trafalgar St. & Bridge St.; ⏲ Mo–Fr 9–17 Uhr) bietet Direktflüge von von/nach Wellington (ab 79 NZ$), Auckland (ab 99 NZ$) und Christchurch (ab 79 NZ$).

Soundsair (☎03-520 3080, 0800 505 005; www.soundsair.com) bietet täglich Flugverbindungen zwischen Nelson und Wellington (ab 107 NZ$).

Air2there (S. 469) fliegt zwischen Nelson und Paraparaumu an der Kapiti Coast (135 NZ$).

Unterwegs vor Ort

Bus

Nelson Suburban Bus Lines (SBL; ☎03-548 3290; www.nelsoncoaches.co.nz; 27 Bridge St., Abfahrt am SLB Travel Centre, Bridge St.) betreibt das regionale Busnetz NBUS zwischen Nelson, Richmond (über Tahunanui) und Stoke (Mo–Fr bis ca. 19 Uhr, Sa, So bis 16.30 Uhr). Zum Busbetrieb gehört auch der **Late Late Bus** (⏲stündlich Fr & Sa 22–3 Uhr) von Nelson nach Richmond über Tahunanui (Abfahrt von der Westpac Bank an der Trafalgar St.). Der Preis für diese Busverbindungen liegt bei max. 4 NZ$.

Fahrrad

Fahrräder können bei **Stewarts Avanti Plus Nelson** (☎03-548 1666; www.avantiplusnelson.co.nz; 114 Hardy St.; Tag/Woche 30–95/ab 140 NZ$) oder UBike (S. 479) geliehen werden.

Vom/Zum Flughafen

Nelson Airport liegt 6 km südwestlich der Stadt beim Tahunanui Beach. Eine Taxifahrt von dort in die Stadt kostet rund 25 NZ$. **Super Shuttle** (☎03-522 5100, 0800 748 885; www.supershuttle.co.nz) bringt Gäste für 21 NZ$ bis zur Haustür (weitere Fahrgäste 17 NZ$).

Taxi

Nelson City Taxis (☎03-548 8225, 0800 108 855)

Sun City Taxis (☎03-548 2666, 0800 422 666)

Nelson Lakes National Park

Der unberührte Nelson Lakes National Park erstreckt sich um die zwei Seen Rotoiti und Rotoroa, die vor dem Hintergrund grauer Sandsteinfelsen (Grauwacke) von duftenden Buchenwäldern eingerahmt werden. Mit seiner Lage am nördlichen Rand der Südalpen in einer schroffen, von Gletschern geformten Landschaft bietet der National Park eindrucksvolle Naturerlebnisse.

Ein Teil des Parks, östlich von Lake Rotoiti, ist ein isoliertes Habitat, ein sogenanntes *mainland island*. Dort läuft ein Naturschutzprogramm mit dem Ziel, eingeführte, schädliche Tiere wie Beutelratten und Wiesel auszurotten und dann vor Ort heimische Tiere und Pflanzen nachzuzüchten. Es gibt hervorragende Wanderwege (auch kurze Spazierwege), schöne Ausblicke auf die Seen und vereinzelt die lästigen Sandflies (Sandfliegen). Im Park sind zahlreiche Vogelarten heimisch, Bachforellenangler können sich auf ein berühmtes Angelrevier freuen.

Aktivitäten

Viele spektakuläre Wanderungen erschließen diese raue Landschaft, bevor man sich allerdings auf den Weg macht, sollte man das DOC-Besucherzentrum aufsuchen. Dort werden Wanderer mit Karten und aktuellen Informationen über Wanderwege und Wetter versorgt, sie können sich dort für Wanderwege registrieren lassen und die Hütten- oder Campinplatzgebühren bezahlen.

Der fünfstündige **Mt. Robert Circuit Track** beginnt südlich von St. Arnaud und führt um den Berg herum, wobei die Möglichkeit besteht, einen Seitenweg entlang der Robert Ridge einzuschlagen. Ansonsten führt der **St. Arnaud Range Track** (hin & zurück 5 Std.) an der Ostseite des Sees über die Parachute Rocks stetig bis zur Kammlinie. Beide Tracks sind schwierig, belohnen die Anstrengung aber mit atemberaubenden Blicken in vergletscherte Täler, über Gebirgsgrate und auf den Lake Rotoiti. Achtung: Nur bei gutem Wetter gehen! Ist es schlecht, sind die Touren sinnlos (keine Aussicht) und gefährlich.

Viele kürzere und durch flaches Gelände verlaufende Wanderungen beginnen an der Kerr Bay des Lake Rotoiti und am Ende der Straße am Lake Rotoroa. Diese und die längeren Tageswanderungen durch den National Park sind in der Broschüre *Walks in Nelson Lakes National Park* (2 NZ$) des DOC beschrieben.

Für sportliche und gut ausgerüstete Wanderer empfehlen sich die Wanderungen am **Lake Angelus**, zu denen auch eine herrliche dreitägige Wanderung am Robert Ridge entlang zum Lake Angelus zählt. Nach der Übernachtung in der Angelus Hut (Erw./Kind 20/10 NZ$) führt die Wanderung auf einer von drei Alternativstrecken nach

St. Arnaud zurück. Die Broschüre *Angelus Hut Tracks & Routes* (2 NZ$) ist beim DOC oder im Internet erhältlich und bietet detaillierte Informationen.

Schlafen & Essen

DOC Campsites CAMPINGPLATZ $
(☎03-521 1806; www.doc.govt.nz; Kerr Bay Stellplätze ab 10 NZ$, West Bay 6 NZ$) Am Ufer des Lake Rotoiti, an der Kerr Bay, liegt ein einladender und äußerst beliebter Campingplatz mit Toiletten, heißen Duschen, einem Waschsalon und einer Küche. Der 3 km von St. Arnaud entfernt liegende DOC-Campingplatz an der West Bay ist dagegen nur mit dem Notwendigsten ausgestattet und hat ausschließlich im Sommer geöffnet. In den Weihnachts- und Osterferien sind Reservierungen unerlässlich.

Travers-Sabine Lodge LODGE $
(☎03-521 1887; www.nelsonlakes.co.nz; Main Rd., St Arnaud; B/DZ 26/62 NZ$; @📶) Diese moderne Lodge ist eine prima Basis für diverse Outdoor-Abenteuer. Sie ist preisgünstig, sauber und komfortabel und liegt nur ein kurzes Stück vom Lake Rotoiti entfernt. In den Schlafsälen, Doppelzimmern und dem Familienzimmer findet sich Bettwäsche in fröhlichen, bunten Farben. Die Betreiber sind selber erfahrene Outdoor-Abenteurer, sodass für gute und praktische Tipps gesorgt ist. Wanderausrüstung und Schneeschuhe können ausgeliehen werden.

Nelson Lakes Motels MOTEL $$
(☎03-521 1887; www.nelsonlakes.co.nz; Main Rd.; DZ 115–135 NZ$; @📶) Blockhütten und schlichte, neuere Wohnungen bieten allen modernen Komfort, u. a. kleine Küchen und Sky-TV. In den größeren Wohnungen können bis zu sechs Gäste übernachten.

Alpine Lodge LODGE $$
(☎03-521 1869; www.alpinelodge.co.nz; Main Rd.; DZ 150–205 NZ$; @📶) In diesem Lodge bemüht man sich nach Kräften, eine alpine Atmosphäre zu verbreiten. Verschiedene Unterkünfte stehen zur Auswahl, die Split-Level-Doppelzimmer mit Spa und viel Kiefernholz sind am besten. Die angrenzende Backpacker-Lodge (Schlafsaal/DZ 27/69 NZ$) ist spartanisch eingerichtet, aber sauber und warm. Zur Lodge gehört ein behagliches Restaurant mit Blick auf die Berge und sehr gutem Essen (Gerichte 10–29 NZ$). Besonders schön ist das Barbecue am Sonntagabend!

Tophouse Historic Hotel HISTORISCHES HOTEL $$
(☎0800 544 545, 03-521 1848; www.tophouse.co.nz; Tophouse Rd.; EZ/DZ 110/135 NZ$, Mittagessen 10–18 NZ$) 9 km von St. Arnaud entfernt liegt das historische Hotel von 1887 – ein Haus wie aus einem Märchen, das am Kamin erzählt wird. Ein guter Zwischenstopp für eine Pause mit Kaffee und Kuchen, Wildpasteten oder einem viergängigen Abendessen (49 NZ$), zu dem eine Reservierung unbedingt notwendig ist. Das Tophouse besticht außerdem durch die kleinste Bar des Landes und einen Garten mit Bergblick. Das Hotel hat altmodische Zimmer und dazu vier Ferienhäuser, die Platz für bis zu fünf Gäste bieten.

St Arnaud Alpine Village Store SUPERMARKT $
(Main Rd.; ⌚8–18 Uhr, Takeaways Fr & Sa 16.30–20 Uhr, tgl. Dez.–Feb.) Im einzigen Supermarkt des Ortes gibt es Lebensmittel, Benzin, Bier und Socken aus Opossumwolle. Mountainbikes werden einen halben/ganzen Tag für 20/40 NZ$ verliehen. Außerdem können hier Wanderproviant, Sandwiches, Kuchen und Milchshakes erstanden werden. An den Wochenenden (und in der Hochsaison täglich) wird Fish & Chips (6–10 NZ$) verkauft.

Praktische Informationen

Das **DOC Visitor Centre** (☎03-521 1806; www.doc.govt.nz; View Rd.; ⌚8–16.30 Uhr) bietet Informationen zum Nationalpark (Wetter, Aktivitäten), verkauft Hüttenpässe und zeigt Ausstellungen zur Ökologie und Geschichte des Parks. Näheres unter www.starnaud.co.nz

Anreise & Unterwegs vor Ort

Nelson Lakes Shuttles (☎021 490 095, 03-521 1900; www.nelsonlakesshuttles.co.nz) bietet Fahrten auf Abruf (alle Preise pro Pers.) von St. Arnaud zum Parkplatz am Mt. Robert (15 NZ$), Lake Rotoroa (30 NZ$), Nelson (35 NZ$), Picton (45 NZ$) und zu den Startpunkten der Wanderwege (max. bis Canterbury). Für die Fahrten muss sich eine Mindestzahl an Fahrgästen zusammenfinden. Auf der Website sind Preisermäßigungen und Aktualisierungen nachzulesen.

Busse von **Rotoiti Water Taxis** (☎021 702 278; www.rotoitiwatertaxis.co.nz) fahren von Kerr Bay und West Bay zur Lakehead Jetty (90 NZ$, bis zu 4 Pers.) und zur Coldwater Jetty (105 NZ$, bis zu 4 Pers.). Kajaks, Kanus und Ruderboote werden ab 40 NZ$ für einen halben Tag verliehen; Angelausflüge und Bootsrundfahrten sind nach Vereinbarung möglich.

Von Nelson nach Motueka

Von Richmond südlich von Nelson führen zwei Strecken nach Motueka: der stark befahrene Küsten-Highway (SH60) durch dichter besiedelte Gebiete und der landeinwärts verlaufende Moutere Highway, eine angenehme Alternative, die sich besonders für Rundfahrten anbietet. Beide Straßen führen an zahlreichen Sehenswürdigkeiten vorüber, genügend Zeit für Zwischenstopps sollte daher eingeplant werden.

Es gibt mehrere Weingüter in der Gegend; die Broschüre *Nelson Wine Guide* (www.wineart.co.nz) hilft bei der Orientierung.

Zahlreiche Galerien mit Kunst und Kunsthandwerk aus der Region werden in den Broschüren *Nelson Art Guide* und *Nelson's Creative Pathways* aufgeführt. Sie sind in den örtlichen i-SITEs erhältlich, die auch Informationen über Übernachtungsmöglichkeiten in der Region anbieten.

Auf der SH60 nach Mapua

Die SH60 verläuft rund um das Waimea Inlet und an der Ruby Coast entlang und ist die schnellste Verbindung von Nelson nach Motueka (ca. 45 Min.). Unterwegs liegen allerdings einige Attraktionen, sodass man meist deutlich länger als geplant unterwegs ist. Die im Folgenden genannten Highlights sind nur eine Auswahl.

Nur 10 km von Richmond entfernt liegt das Weingut **Waimea** (www.waimeaestates.co.nz; SH60; ⌚11–17 Uhr) mit einem jazzigen Café und Tischen inmitten der Weinreben. In geringer Entfernung davon entstehen Meisterwerke der Glasbläserei bei **Höglund Glass Art** (www.hoglundartglass.com; 52 Lansdowne Rd., Appleby; ⌚10–17 Uhr), wo man Ola und seinen Lehrlingen bei der Arbeit am Ofen zusehen kann.

Am oberen Ende der Straße führt eine Abzweigung zur erholsamen **Rabbit Island** mit Ausblicken auf das Mündungsgebiet, es gibt Sandstrände und ausgedehnte, stille Kiefernwälder. Die Inselbrücke wird bei Sonnenuntergang geschlossen; über Nacht ist ein Aufenthalt nicht erlaubt.

Das Weingut **Seifried** (www.seifried.co.nz; Ecke SH60 & Redwood Rd.; ⌚10–17 Uhr) liegt an der Abzweigung zur Rabbit Island. Es ist eines der größten Güter in der Region, verfügt über ein angenehmes Gartenrestaurant und keltert einen köstlichen Riesling namens Sweet Agnes.

Am äußeren Rand des Meeresarms führt der Weg entweder weiter auf der SH60 oder auf einem Umweg über die ursprüngliche (alte) Küstenstraße, die heute als Ruby Bay Scenic Route bekannt ist. Auf dem Weg liegt der Ort Mapua an der Mündung des Waimea River. Dort sind mehrere angenehme Haltepunkte zu finden, z. B. das **Smokehouse** (www.smokehouse.co.nz; Mapua Wharf; Fish & Chips 7–12 NZ$; ⌚11–20 Uhr), wo man mit Fish & Chips gemütlich am Kai sitzen kann, während Möwen kein Auge von den knusprigen Bissen lassen. Köstlicher geräucherter Fisch und Pies können ebenfalls mitgenommen werden.

Unter den Gasthäusern am Kai ist die **Golden Bear Brewing Company** (www.goldenbearbrewing.com; Mapua Wharf; Gerichte 8–19 NZ$) schon am Duft zu finden. Das Brauhaus bietet verschiedene Biersorten an, die man im Freien probieren kann. Authentisches mexikanisches Essen (Burritos, Quesadillas und *huevos rancheros*) hilft dabei, trotz der Verkostung einen klaren Kopf zu behalten. Ab und zu wird Livemusik gespielt, es gibt Bier zum Mitnehmen und eine Auswahl an Touren in die Umgebung.

Kunstinteressierte sollten einen Blick in die **Cool Store Gallery** (www.coolstoregallery.co.nz; 7 Aranui Rd.; ⌚11–16.30 Uhr) von Mapua werfen, hier findet man eine Vielzahl an hochwertigen Arbeiten.

Wenige Kilometer bevor die Ruby Bay Scenic Route wieder in die SH60 einmündet, liegt **Jester House** (320 Aporo Rd., Tasman; Gerichte 13–23 NZ$; ⌚9–17 Uhr). Das Restaurant allein lohnt schon diesen Umweg, zum einen wegen der zahmen Aale des Hauses, zum anderen auch wegen des friedlichen Skulpturengartens, der zu einem ausgedehnten Mittagsstopp verleitet. Eine kleine, einfache Speisekarte führt neuseeländische Klassiker mit eigener Note (Wildschwein-Burger, Lavendel-Kekse) auf, dazu gibt es Bier und Wein aus der Region. Das Lokal liegt jeweils 8 km von Mapua und Motueka entfernt.

Moutere Highway

Die Straße durchquert eine sanfte Hügellandschaft, in der einzelne landwirtschaftliche Höfe, Obstplantagen und Wohngebiete liegen. Touristisch interessante Punkte gibt es hier nur wenige, sie liegen dazu noch alle ziemlich weit auseinander. Doch die Fahrt an sich ist landschaftlich schön und verspricht besonders im Hochsommer eine reiche Ernte, wenn auf den Beerenobsthöfen Hochbetrieb herrscht.

Die Zufahrtstraße zum Moutere Highway ist bei Appleby an der SH60 ausgeschildert. Unweit davon liegt die Abzweigung zur Old Coach Road, von dort führen Hinweisschilder zum Weingut **Woollaston** (www.woollaston.co.nz; School Rd.; ⌚11–17 Uhr). Das hoch gelegene Gut besitzt einen Verkostungsraum und eine Galerie für moderne Kunst. Auch der Innenhof ist sehenswert und eignet sich ideal für ein Mittagessen.

Upper Moutere ist die größte Siedlung an dieser Strecke. Ursprünglich von deutschen Einwanderern gegründet und Sarau genannt, ist es heute ein verträumtes kleines Dorf mit einem Laden, einem Café und dem angeblich ältesten Gasthaus Neuseelands, dem **Moutere Inn** (www.moutereinn.co.nz; 1046 Moutere Hwy.; Gerichte 5–27 NZ$). In diesem einladenden Gasthaus werden ordentliche Portionen Toasties, Pizzas, Muscheln und Eintopf und sehr gutes Bier, u. a. aus der eigenen Brauerei, serviert. Gäste können die verschiedenen Biere probieren, Billard spielen, im sonnigen Innenhof sitzen oder der Livemusik lauschen, die hier regelmäßig abends gespielt wird.

Im weiteren Verlauf des Moutere Highway ist die Neudorf Road ausgeschildert, sie führt zu Obsthöfen und anderen landwirtschaftlichen Betrieben. In der **Neudorf Dairy** (www.neudorfdairy.co.nz; 226 Neudorf Rd.) kann man sich handgemachten und preisgekrönten Schafmilchkäse aussuchen und im Weingut **Neudorf** (www.neudorf.co.nz; 138 Neudorf Rd.) hervorragende Pinot Noirs oder Chardonnays verkosten, die zu den landesweit besten zählen.

Motueka

6900 EW.

Der Name (Mot-u-eka) bedeutet „Insel der Wekas". In der geschäftigen, kleinen Stadt finden Besucher auch Gelegenheit, auf dem Weg nach Golden Bay und zu den Nationalparks Abel Tasman und Kahurangi ihre Vorräte aufzufüllen. Alles Notwendige ist vorhanden: zahlreiche Unterkünfte, kleine Cafés, Obststände an der Straße und dazu ein wunderschöner Fluss mit klarem Wasser, der geradezu zum Schwimmen und Angeln einlädt.

Sehenswertes & Aktivitäten

Die meisten Anziehungspunkte Motuekas liegen außerhalb der Stadt, doch auch im Ort selbst gibt es einige Attraktionen, die beste ist das Aerodrome. Auf dem Gelände gibt es einen Kaffeestand – ein netter Ort, um ein Sonnenbad zu nehmen, die Atmosphäre zu genießen und genüsslich Leute zu beobachten.

Bei der Orientierung im Ort hilft die i-SITE mit der Broschüre *Motueka Art Walk* weiter, in der Bildhauerarbeiten, Wandmalereien und Besonderheiten des Ortes näher beschrieben werden.

Motueka District Museum MUSEUM
(140 High St.; Eintritt mit Spende; ⌚Dez.–März Mo–Fr 10–16 Uhr, April–Nov. Di–Fr 10–15 Uhr) Eine interessante Kunstsammlung aus der Region, die in einem liebenswürdigen alten Schulhaus mit einem Museumscafé untergebracht ist.

Skydive Abel Tasman EXTREMSPORT
(☎0800 422 899, 03-528 4091; www.skydive.co.nz; Motueka Aerodrome, College St.; Sprünge aus 400/500 m 299/399 NZ$) Die Tandemsprünge von Taupo sind nichts dagegen: Motueka steht auf der Spitzenposition Nummer 1 (die vielen anwesenden Sportspringer scheinen gleicher Meinung zu sein; einige von ihnen können vielleicht im Landeanflug beobachtet werden). Für DVDs und Fotos muss man zusätzlich bezahlen, dafür ist der Transfer von/nach Motueka bzw. Nelson kostenlos.

Tasman Sky Adventures RUNDFLÜGE
(☎027 229 9693, 0800 114 386; www.skyadventures.co.nz; Motueka Aerodrome, College St.; 30 Min. Flug 185 NZ$) Eine seltene Gelegenheit, in einem Ultraleichtflugzeug zu fliegen! Lohnenswert sind die Flüge über den Abel Tasman National Park; für Mutige gibt es Tandem-Drachenflüge (15/30 Min., 80/160 m Höhe 185/275 NZ$).

U-fly Extreme RUNDFLÜGE
(☎0800 360 180, 03-528 8290; www.uflyextreme.co.nz; Motueka Aerodrome, College St.; 15 Min. 299 NZ$) Noch etwas für Mutige: Ein Flug im offenen Cockpit eines Pitts-Special-Flugzeugs. Flugerfahrung wird nicht vorausgesetzt – nur ein robuster Magen.

Schlafen

Zahlreiche B&Bs und Ferienhäuser im mittleren Preissegment verstecken sich rund um die Stadt – weiterführende Hinweise erhält man bei der i-SITE.

LP TIPP Motueka TOP 10 Holiday Park CAMPINGPLATZ $

(☎03-528 7189, 0800 668 835; www.motuekatop10.co.nz; 10 Fearon St.; Stellplätze ab 40 NZ$, Hütte 50–125 NZ$, Wohnungen/Motels 95–140 NZ$; @📶🏊) So groß der Trubel im Campingplatz ist, so viel natürlicher Charme hat er sich dennoch bewahrt. Besonders liebenswert sind die hohen Kahikatea-Bäume! Viele Extras sind vorhanden, darunter mehrere Einkaufs- und familienfreundliche Einrichtungen wie ein Swimmingpool und ein Spielplatz. Weintouren in der Region können organisiert werden.

Eden's Edge Backpacker Lodge HOSTEL $

(☎03-528 4242; www.edensedge.co.nz; 137 Lodder Ln., Riwaka; Stellplätze ab 17 NZ$, B 28 NZ$, DZ mit/ohne Bad 80/70 NZ$; @📶🏊) Von Obstplantagen umgeben und nur 4 km von Motueka entfernt liegend kommt die praktisch gebaute Lodge dem Himmel aller Rucksackreisenden ziemlich nahe. Zur durchdachten Ausstattung gehören u. a. eine blitzblanke Küche und einladende Gesellschaftsräume. Sogar ein Regenwasser-Schwimmbecken und ein Landesteg mit freiem Blick zum Sternenhimmel sind vorhanden, und nur wenige Schritte entfernt warten Bier, Eis und Kaffee.

Equestrian Lodge Motel MOTEL $$

(☎03-528 9369, 0800 668 782; www.equestrianlodge.co.nz; Avalon Ct.; DZ 115–145 NZ$, 4BZ 165–195 NZ$; @📶🏊) Weder Pferde noch eine Lodge sind zu sehen – dafür aber reizende Unterkunftsmöglichkeiten in ruhiger Lage und Stadtnähe (abseits der Tudor St.) mit ausgedehnten Grünflächen, Rosengärten und schattigen Ecken. Zur familienfreundlichen Ausstattung gehören u. a. Trampoline, ein beheizter Pool und ein Spa-Bereich. Die Zimmer sind einfach; viele werden mit Öfen beheizt.

Happy Apple HOSTEL $

(☎0800 427 792, 03-528 8652; www.happyapplebackpackers.co.nz; 500 High St.; Stellplätze ab 15 NZ$, B/EZ/DZ 26/41/60 NZ$; @📶) Dieser Apfel ist zum Anbeißen. Gepflegte Zimmer verteilen sich auf das Haupthaus (nette DZ) und einen Schlafsaalanbau, doch das Leben spielt sich in erster Linie draußen im Hof ab,

Motueka

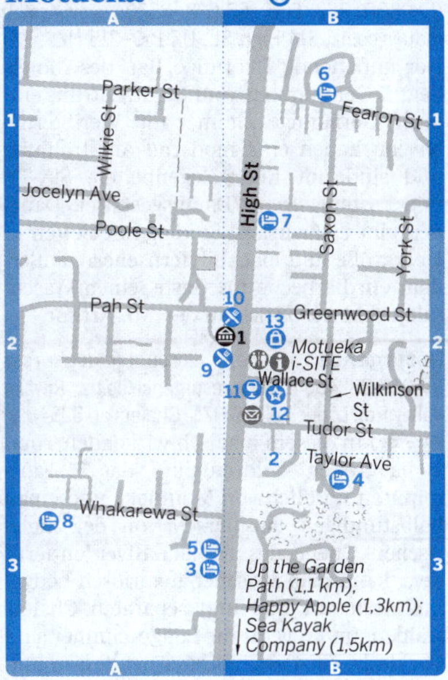

Motueka

Sehenswertes
1 Motueka District Museum B2

Aktivitäten, Kurse & Touren
2 Wilsons Abel Tasman B3

Schlafen
3 Avalon Manor Motel A3
4 Equestrian Lodge Motel B3
5 Laughing Kiwi A3
6 Motueka TOP 10 Holiday Park B1
7 Nautilus Lodge B1
8 White Elephant A3

Essen
9 Patisserie Royale A2
10 Simply Indian B2

Ausgehen
11 Sprig and Fern B2

Unterhaltung
12 Gecko Theatre B2

Shoppen
13 Motueka Sunday Market B2

wo es eine große Rasenfläche (Camping ist erlaubt), Gärten, Feuerstellen, Sitzbereiche und einen Wellness-Pool gibt.

Nautilus Lodge MOTELS $$
(☎0800 628 845, 03-528 4658; www.nautiluslodge.co.nz; 67 High St.; DZ 160–220 NZ$; @📶) Eine gehobene Motel-Anlage mit zwölf Wohnungen in neutralen Farbtönen und mit schlichten Möbeln, z. B. Lattenbetten. In den größeren Wohnungen sind kleine Küchen, in einigen auch Wellness-Bäder vorhanden, alle haben Sky-TV und erstklassige Bäder. Balkone und Terrassen fangen die Nachmittagssonne ein.

Avalon Manor Motel MOTEL $$
(☎0800 282 566, 03-528 8320; www.avalonmotels.co.nz; 314 High St.; DZ 150–215 NZ$; 📶) Der auffallende L-förmige Bau des Motels liegt 5 Gehminuten vom Stadtzentrum entfernt. Geräumige Zimmer mit Vier-Sterne-Niveau haben eine moderne Ausstrahlung und sind mit Kochgelegenheiten, Sky-TV und kostenlosen DVDs ausgestattet. Daneben gibt es luxuriöse Studios mit Betten in Übergröße und Flachbildfernsehern, außerdem ein Barbecue für Gäste, einen Waschsalon und Ausblicke auf den Mt. Arthur.

Resurgence LODGE, FERIENHÄUSER $$$
(☎03-528 4664; www.resurgence.co.nz; Riwaka Valley Rd.; Lodge ab 625 NZ$, Chalets ab 525 NZ$; @📶) In diesem magisch wirkenden, rund 20 ha großen Waldrefugium, das 15 Fahrminuten nördlich von Montueka und einen halbstündigen Fußmarsch von der malerischen Quelle des Riwaka River entfernt liegt, kann man zwischen luxuriösen Lodge-Zimmern mit Bad und separaten Chalets wählen. Im Preis für die Lodge-Zimmer sind Cocktails, ein viergängiges Abendessen und das Frühstück inbegriffen, und wer in einem der Chalets übernachtet, kann grillen. Die Preise für die Chalets gelten für Übernachtung und Frühstück; für das Abendessen in der Lodge werden 90 NZ$ extra berechnet.

Laughing Kiwi HOSTEL $
(☎03-528 9229; www.laughingkiwi.co.nz; 310 High St.; B 27 NZ$, DZ mit/ohne Bad 68/62 NZ$; @📶) Über ständige Modernisierungen und Verschönerungen können sich die Gäste dieses schicken Hostels freuen. Die Zimmer verteilen sich auf eine alte Villa und eine zweckmäßige Backpacker-Lodge mit hervorragender Küche/Lounge; ein separates Strandhaus (*bach*) ist für Reisegruppen ideal (DZ 120 NZ$).

White Elephant HOSTEL $
(☎03-528 6208; www.whiteelephant.co.nz; 55 Whakarewa St.; B 27 NZ$, DZ mit/ohne Bad 76/72 NZ$; @📶) Die Schlafsäle in der kolonialzeitlichen Villa haben den Charme hoher Decken und knarzender Fußböden, die beste Wahl sind jedoch die Hütten mit eigenen Bädern im Garten. Kostenloses WLAN vorhanden.

Essen & Ausgehen

LP TIPP **Patisserie Royale** BÄCKEREI $
(152 High St.; Gebäck 2–8 NZ$; ⏲Mo–Fr 6–16, Sa & So 6–14 Uhr) Diese ist die beste unter mehreren Bäckereien in Motueka – und jede Kaloriensünde wert. Viele französische Köstlichkeiten und verführerisch gute Pies.

Up the Garden Path CAFÉ $$
(473 High St.; Gerichte 15–27 NZ$; ⏲Mo–So 9–17 Uhr; 🖉) Perfekt für ein Mittagessen oder einen aufgepeppten Kaffee: Die lizenzierte Café-Galerie ist in einem Haus von 1890 inmitten idyllischer Parkanlagen untergebracht. Kinder können im Spielzimmer von der Leine gelassen werden; große Gäste sitzen entspannt bei Panini, Käseplatte, Burger mit Pilzen, Fischsuppe, Pasta oder Zitronen-Tarte. Außerdem gibt es vegetarische sowie gluten- und milchfreie Gerichte.

Simply Indian INDISCH $$
(☎03-528 6364; 130 High St.; Hauptgerichte 16–23 NZ$; ⏲Mo–Sa Mittag- & Abendessen, So nur Abendessen; 🖉) Wie der Name schon sagt: Dies ist ein einfaches Currylokal mit schlichtem Ambiente. Das Essen ist aber durchgängig gut und vergleichsweise günstig. Serviert werden die üblichen Tikkas, Tandoor-Gerichte, Madras und Vindaloos und das allgegenwärtige Naan in acht Varianten – auch zum Mitnehmen.

Sprig and Fern PUB
(www.sprigandfern.co.nz; Wallace St.; Gerichte 14–19 NZ$; ⏲14 Uhr bis spätnachts) Der jüngste Spross des expandierenden Unternehmens Sprig and Fern setzt neue Maßstäbe unter den Kneipen von Motueka. Klein, aber angenehm, mit zwei Innenhöfen, 20 von Hand gezapften Biersorten, einer einfachen Küche (Burger, Pizza, Platten) und gelegentlich Livemusik.

Unterhaltung

Gecko Theatre KINO
(☎03-528 9996; www.geckotheatre.co.nz; 23b Wallace St.; Di & Mi 9 NZ$, Do–So 13 NZ$; ⏲17–

24 Uhr) Wenn das Wetter sich verschlechtert, kann man sich in diesem winzigen Programmkino zu einem interessanten Arthouse-Streifen in einen Sessel sinken lassen und die Außenwelt vergessen.

Shoppen

Motueka Sunday Market MARKT
(Wallace St.; ⌚8–13 Uhr) Jeden Sonntag füllt sich der Parkplatz hinter der i-SITE zum Motueka Sunday Market mit Tapeziertischen, auf denen sich landwirtschaftliche Erzeugnisse, Schmuck, Kunst und Kunstgewerbe türmen. Dazu gibt es Straßenmusik und Doris' bekanntermaßen himmlische Bratwürste.

Praktische Informationen

Motueka i-SITE (☎03-528 6543; www.abeltasmanisite.co.nz; 20 Wallace St.; ⌚Mo–Fr 8.30–17, Sa & So 9–16 Uhr) Ein ausgezeichnetes Zentrum mit hilfsbereiten Mitarbeitern, die Buchungen für Kaitaia bis Bluff vornehmen und ihre Kenntnisse über den National Park weitergeben.

Motueka Police Station (☎03-528 1220; 68 High St.)

Take Note/Postamt (207 High St.) Buchhandlung, die abends als Postamt dient.

An- & Weiterreise

Alle Busse fahren an der i-SITE in Motueka ab.

Die Busse von **Abel Tasman Coachlines** (☎03-528 8850; www.abeltasmantravel.co.nz) fahren zwei- bis viermal täglich von Motueka nach Nelson (12 NZ$, 1 Std.), Marahau (10 NZ$, 30 Min.), Kaiteriteri (10 NZ$, 25 Min.) und Takaka (26 NZ$, 1 Std.). Im Sommer sind diese Busverbindungen auf diejenigen von Golden Bay Coachline zum Heaphy Track, Abel Tasman National Park und zu anderen Zielen an der Golden Bay abgestimmt; zwischen Mai und September fahren die Busse dann allerdings nicht mehr so häufig.

Die Busse von **Golden Bay Coachlines** (☎03-525 8352; www.goldenbaycoachlines.co.nz) fahren im Sommer von Motueka nach Takaka (26 NZ$, 1 Std.) und Collingwood (39 NZ$, 1½ Std.) sowie zu anderen Zielen an der Golden Bay, u. a. zum Heaphy Track und nach Totaranui.

Die Busse von **Naked Bus** (☎0900 625 33; www.nakedbus.com) fahren von Motueka nach Nelson (11 NZ$, 1 Std.). Reservierungen können im Internet oder bei der i-SITE vorgenommen werden; bei frühzeitiger Buchung erhält man Ermäßigungen.

Von Motueka zum Abel Tasman National Park

KAITERITERI

Das kleine Dorf am Meer, kurz „Kaiteri" genannt, liegt 13 km von Motueka entfernt und ist das beliebteste Seebad in der Region. An sonnigen Sommertagen erinnert am wunderschönen und sicheren Badestrand nichts mehr an neuseeländische Einsamkeit, der goldfarbene Sand ist dann vollständig mit Badelaken bedeckt. Gleichzeitig ist das Seebad eines der wichtigsten Einfallstore zum Abel Tasman National Park (verschiedene Fahrten beginnen am Strand von Kaiteriteri; Startpunkt ist aber meistens Marahau). Kaiteri hat jetzt auch einen Mountainbike-Park vorzuweisen; Näheres erfährt man unter www.kaiteriterimtbpark.org.nz

Schlafen & Essen

Kaiteri Lodge LODGE $
(☎03-527 8281; www.kaiterilodge.co.nz; Inlet Rd.; B 20–35 NZ$, DZ 80–160 NZ$; @📶) Eine moderne, zweckmäßige Lodge mit kleinen, einfachen Zimmern (Schlafsäle und DZ mit Bad). Die maritime blau-weiße Farbgestaltung wird konsequent durchgehalten. Grillplätze und andere gepflegte Gemeinschaftseinrichtungen sowie ein Fahrradverleih sind vorhanden. Zum Lodge gehört die Bar **Beached Whale** (Abendessen 13–28 NZ$; ⌚16 Uhr bis spätnachts). Hier begegnen sich Gäste bei Holzofenpizza, Burgern und abendlichen Fischgerichten. Essen und Trinken wird von den Klängen der Gitarre begleitet, die der Gastwirt gelegentlich spielt. Die Bar ist geöffnet, sobald der erste Reisebus anrollt.

Kaiteriteri Beach Motor Camp CAMPINGPLATZ $
(☎03-527 8010; www.kaiteriteribeach.co.nz; Sandy Bay Rd.; Stellplätze ab 18 NZ$, Hütte 43–75 NZ$; @📶) Ein riesiger Campingplatz in der Pole-Position gegenüber vom Strand. Riesengroß ist auch seine Popularität, also am besten frühzeitig buchen. Auf dem Gelände gibt es einen Laden mit sehr gutem Angebot, ebenso gut sortiert ist ein Eisstand, vor dem sich häufig lange Schlangen bilden.

Bellbird Lodge B&B $$$
(☎03-527 8555; www.bellbirdlodge.co.nz; Sandy Bay Rd.; DZ 275–325 NZ$; @📶) Ein anspruchsvolles B&B, hoch gelegen und 1,5 km vom Kaiteri-Strand entfernt. Es bie-

Abel Tasman National Park

Abel Tasman National Park

Aktivitäten, Kurse & Touren

1 Abel Tasman Seal Swim A6

Schlafen

2 Anchorage Hut B5
Aquapackers ....(siehe 2)
3 Awaroa Hut A3
4 Barn A6
5 Kanuka Ridge A6
Ocean View Chalets ....(siehe 1)
6 Totaranui DOC Campsite A2
7 Whariwharangi Hut A1

Essen

Park Café ....(siehe 4)

tet zwei Zimmer mit eigenen Bad, Ausblicke auf Buschland und Meer, ausgedehnte Parkanlagen, ein sensationelles Frühstück (mit hausgemachtem Müsli und Obstkompott) und liebenswürdige Gastgeber. Im Winter, wenn die Öffnungszeiten der Restaurants unregelmäßig sind, ist nach Absprache auch ein Abendessen zu bekommen.

Torlesse Coastal Motels MOTELS $$

(03-527 8063; www.torlessemotels.co.nz; Kotare Pl., Little Kaiteriteri Beach; DZ 120–170 NZ$, 4BZ & FZ 180–280 NZ$;) Nur 200 m vom Little Kaiteriteri Beach (in Nachbarschaft zum Hauptstrand) befinden sich am Berghang geräumige Wohnungen unter Giebeldächern, sie haben komplett eingerichtete Küchen und bieten die Möglichkeit, Wäsche zu waschen. Die meisten haben Ausblicke aufs Meer.

Shoreline RESTAURANT $$

(Ecke Inlet Rd. & Sandy Bay Rd.; Gerichte 15–28 NZ$; 8–21 Uhr, kürzere Öffnungszeiten April–Nov.) Ein modernes Café in Beige mit Bar und Restaurant direkt am Strand. Die Gäste entspannen sich auf einer sonnigen Terrasse, verweilen bei den üblichen Sandwiches, Pizzas und Burgern oder schauen kurz auf einen Kaffee und Kuchen vorbei. Im Winter sind die Öffnungszeiten unregelmäßig. Draußen gibt es Gerichte zum Mitnehmen.

An- & Weiterreise

Kaiteriteri wird von Bussen der **Abel Tasman Coachlines** (03-528 8850; www.abeltasmantravel.co.nz) angesteuert.

MARAHAU

200 EW.

Der Küstenort Marahau liegt in einiger Entfernung zu Kaiteriteri und 18 km nördlich von Motueka und ist das wichtigste Tor zum Abel Tasman National Park. Es ist weniger ein Dorf als vielmehr eine langgestreckte Ferienhaussiedlung mit touristischen Einrichtungen.

Wem der Sinn nach Pferden und einem Ausritt steht, findet bei **Pegasus Park** (☎0800 200 888; www.pegasuspark.co.nz) und **Marahau Horse Treks** (☎03 527-8425) Gelegenheiten, hoch zu Ross und mit wehendem Haar am Strand entlang zu jagen (Ponyreiten für Kinder 35 NZ$, zweistündige Ausritte 85–90 NZ$). Beide Veranstalter befinden sich an der Sandy Bay Road.

Schlafen & Essen

Kanuka Ridge HOSTEL $
(☎03-527 8435; www.abeltasmanbackpackers.co.nz; Moss Rd., bei Marahau-Sandy Bay Rd.; B 28 NZ$, DZ & 2BZ mit/ohne Bad 82/62 NZ$) Fünf Autominuten von Marahau entfernt und am Beginn des Abel Tasman Track liegt die zweckmäßige Ferienhausanlage, umgeben von vogelreichem Wald und Buschland, das Ruhe und Frieden garantiert. Die Gastgeber versorgen ihre Gäste gern fachkundig mit allem, was für einen Ausflug in ihre schöne Landschaft nötig ist, z. B. Mountainbikes. Über sie kann man auch Touren reservieren, außerdem bieten sie Autoparkplätze.

Ocean View Chalets FERIENHÄUSER $$
(☎03-527 8232; www.accommodationabeltas man.co.nz; 305 Sandy Bay – Marahau Rd.; DZ 118–180 NZ$, 4BZ 235–280NZ$; WLAN) Die Lage auf einer baumbestandenen Anhöhe sorgt für ein Höchstmaß an Privatsphäre. Die preiswerten Ferienhäuser liegen von Zypressen umgeben 300 m vom Abel Tasman Track entfernt und bieten Ausblicke über die Tasman Bay bis zur Fisherman Island. Frühstück und Lunchpakete sind ebenfalls erhältlich.

Barn HOSTEL $
(☎03-527 8043; www.barn.co.nz; 14 Harvey Rd.; Stellplätze ab 12 NZ$, B 26–30 NZ$, DZ 64–76 NZ$; @WLAN) Auf einem unübersichtlichen Gelände stehen schlichte kleine Hütten zwischen Eukalyptusbäumen, im Haupthaus gibt es Etagenbetten sowie Doppelzimmer unterm Dach. Der Mittelpunkt des Ganzen ist eine Terrasse mit Sonnensegeln, Sitzsäcken und Kamin. Hier findet man alles Notwendige, u. a. die Möglichkeit, Touren zu buchen, sichere Parkplätze und eine separate Küche für Hüttenbewohner und Camper.

Abel Tasman Marahau Lodge MOTELS $$
(☎03-527 8250; www.abeltasmanmarahaulodge.co.nz; Marahau Beach Rd.; DZ 130–255 NZ$; @WLAN) Genussreiche Tage können Gäste in zwölf reizenden Studios und separaten Wohnungen mit hohen Decken, Ventilatoren, Fernsehern, Telefonen und Mikrowellengeräten verbringen. Außerdem gibt es eine voll ausgestattete Gemeinschaftsküche für Selbstversorger sowie ein Spa und eine Sauna. Kuckuckskäuze, Honigfresser (Tuis) und Glockenvögel kreischen und trillern im umliegenden Buschland.

Fat Tui BURGER $
(Franklin St., neben Kahu Kayaks; Burger 11–14 NZ$; ⏲Mi–So 12–20.30 Uhr; ✎) Der schräge Vogel ist weithin bekannt, sein Caravan rollt zum Glück nicht so leicht davon. Er verkauft Burger der Superlative, z. B. Cowpat (Rindfleisch), Ewe Beaut (Lamm) und Sparrow's Fart (Frühstücksburger), ebenfalls gut sind Fish & Chips und der Kaffee.

Hooked on Marahau CAFÉ $$
(☎03-527 8576; Marahau-Sandy Bay Rd.; Mittagessen 10–28 NZ$, Abendessen 26–34 NZ$; ⏲Dez.–April 8 Uhr bis spätnachts, Okt.–Mai 18 Uhr bis spätnachts) Das Café hat viele einheimische Stammgäste – zum Abendessen sind Reservierungen fast schon ein Muss. Der mit Kunst geschmückte Innenraum öffnet sich auf eine Terrasse mit fesselnden

INSIDERWISSEN

HAYLEY WESTENRA, SÄNGERIN

Der **Abel Tasman National Park** an der nördlichsten Spitze der Südinsel ist ein Ort von atemberaubender Schönheit. Ob du auf einer drei- bis fünftägigen Tour auf dem Küstenwanderweg, auf einer Seekajaktour entlang der Buchten oder nur auf einer halbtägigen Fußwanderung unterwegs bist: Immer wirst du von der heimischen Flora und Fauna, die dir begegnet, gefangengenommen und von den spektakulären Ausblicken auf den Ozean fasziniert sein, ganz zu schweigen von den berühmten goldenen Stränden der Region. Wer faul sein will, kann mit einem Wassertaxi von Kaiteriteri nach Awaroa fahren, die Tour führt am Split Apple Rock und einer Robbenkolonie vorbei. Wie auch immer man die Reise gestaltet: der Abel Tasman National Park verzaubert jeden!

Ausblicken. Das Mittagsangebot dreht sich um frisch zubereitete Sandwiches und Salate, die Abendkarte führt fangfrischen Fisch, Grünlippenmuscheln und neuseeländisches Lammfleisch.

Park Café CAFÉ $

(Harvey Rd.; Mittagessen 7–18 NZ$, Abendessen 15–28 NZ$; ⌚Mitte Sept.–Mai 8 Uhr bis spätnachts; ☎) Am Anfang (oder Ende) des Abel Tasman Track liegt dieses luftige Café mit Schankerlaubnis – ein perfekter Ort zum Auffüllen der Energiereserven. Zur kalorienreichen Auswahl gehören z. B. ein großes Frühstück, Burger, Pasta mit Meeresfrüchten und hausgemachte Kuchen. Am besten lässt sich alles im Innenraum mit schöner Aussicht oder draußen im sonnigen Hofgarten genießen.

ℹ An- & Weiterreise

Marahau wird von Bussen der **Abel Tasman Coachlines** (☎03-528 8850; www.abeltasmantravel.co.nz) angesteuert.

ABEL TASMAN NATIONAL PARK

Der leicht zugängliche, küstennahe Abel Tasman National Park erstreckt sich bis zum nördlichen Ende einer Bergkette aus Granit- und Karstfelsen, die in den Kahurangi National Park reicht. Verschiedene Wanderwege durchziehen den Park, einer davon verläuft durch das Parkinnere. Der Hauptgrund für einen Besuch ist für die meisten aber der Küstenwanderweg – auf dem mehr Wanderer unterwegs sind als auf jedem anderen der neuseeländischen „Great Walks".

ABEL TASMAN COAST TRACK

Der 51 km lange Weg nimmt drei bis fünf Tage in Anspruch. Er ist einer der malerischsten des Landes und führt durch urtümlichen Wald. Zwischendurch hat man Ausblick auf goldene Strände, an die azurblau schimmerndes Wasser schwappt. Die vielen kleinen und großen Buchten wirken wie direkt dem Werbeprospekt eines Reiseveranstalters entstiegen. Besucher können im Park spazieren gehen, mit Wassertaxis an Strände und zu Resorts entlang des Tracks fahren oder auch mit dem Kajak an der Küste paddeln.

Im Sommer starten Hunderte von Wanderern zur gleichen Zeit, die Unterkünfte entlang des Wanderwegs werden deshalb nach einem Buchungssystem vergeben: Hütten und Campingplätze müssen das ganze Jahr über im Voraus reserviert werden. Für Tageswanderungen werden keine Gebühren verlangt – einen kleinen Eindruck von der grandiosen Landschaft vermittelt die zwei- bis dreistündige Strecke von der Tonga Bay zur Bark Bay. Müde Wanderer können sich auch einfach an einem der Strände in den Sand sinken lassen.

Zwischen der Bark Bay und Awaroa Head liegt ein Gebiet, das als das **Tonga Island Marine Reserve** ausgewiesen ist. Hier leben eine Robbenkolonie und Delfine. Tonga Island selbst ist eine kleine, dem Onetahuti Beach vorgelagerte Insel.

Eine vollständige Beschreibung der Wanderroute ist in der Broschüre *Abel Tasman Coast Track* des DOC zu finden.

UNTERWEGS AUF DEM ABEL TASMAN TRACK

Die Küste am Abel Tasman Track weist einen erstaunlichen Tidenhub auf (bis zu 6 m Unterschied zwischen Hoch- und Niedrigwasser), was sich auch auf die Durchführung der Wanderung auswirkt. Zwei Abschnitte des Weges, die nicht umgangen werden können, sind von den Gezeiten betroffen: der Awaroa Estuary und der enge Kanal am Onetahuti Beach. Gezeitenkalender werden am Wanderweg und auf der DOC-Website bekannt gemacht und auch von den regionalen i-SITES verteilt.

Grundsätzlich sollte man etwas mehr Verpflegung mitnehmen als unbedingt notwendig – man weiß nie, ob die Wanderung länger als geplant dauern wird. Die Buchten in der Nähe der Hütten sind wunderschön, lediglich die Sandfliegen beeinträchtigen den Genuss. Ausreichend Sonnenschutz- und Mückenschutz sind deshalb ein Muss.

Durchschnittliche Gehzeit von Süden nach Norden:

STRECKENABSCHNITT	DAUER
Marahau – Anchorage Hut	4 Std.
Anchorage Hut – Bark Bay Hut	4 Std.
Bark Bay Hut – Awaroa Hut	4 Std.
Awaroa Hut – Totaranui	1½ Std.

Viele Wanderer beenden ihren Weg bei Totaranui, dem Endpunkt der Schiffsverbindungen und Bushaltestelle. Die Wanderung kann jedoch noch um die Landspitze herum bis zur Whariwharangi Hut (S. 496; 3 Std.) und weiter nach Wainui (1½ Std.) fortgesetzt werden. Von dort aus fahren Busse zum Autoparkplatz.

☞ Geführte Touren

Tourveranstalter bieten in der Regel kostenlose Hin-/Rückfahrten von Motueka an, die

Abholung in Nelson ist jedoch zusätzlich zu bezahlen.

Abel Tasman Sailing Adventures SEGELN (☎03-527 8375, 0800 467 245; www.sailingadventures.co.nz; Kaiteriteri; halber/ganzer Tag 85/169 NZ$) Ein Katamaran ist als einziges Segelschiff regelmäßig im Nationalpark unterwegs. Kombinationen aus Segeln, Wandern und Kajakfahren sind möglich; in den Tagesausflügen ist ein Mittagessen inbegriffen.

MIT DEM KAJAK AUF DEM ABEL TASMAN COAST TRACK

Der Abel Tasman Coast Track war lange Zeit ein angestammtes Territorium der Wanderer, die Schönheit seiner Küstenlandschaft macht ihn jedoch auch zu einer lohnenden Strecke für Seekajaktouren, die mit Fußwanderungen und Zeltübernachtung kombiniert werden können. Eine Vielzahl professioneller Veranstalter stattet die Interessierten mit allem Notwendigen aus, es gibt zahllose Möglichkeiten und Varianten für geführte bzw. Touren auf eigene Faust. Die Touren sind einen halben bis zu drei Tage lang, als Unterkünfte stehen Campingplätze (Nacht 14 NZ$) oder DOC-Hütten (Nacht 32 NZ$), Strandhäuser (*baches*) und sogar ein schwimmendes Backpacker-Hostel zur Auswahl. Einige Unterkünfte bieten Vollverpflegung an, andere richten sich an Selbstversorger. Interessant sind auch die Kombinationsmöglichkeiten: So kann eine Tagesstrecke im Kajak zurückgelegt, die Nacht auf einem Campingplatz verbracht und am nächsten Tag der Park zu Fuß weiter erkundet werden. Am Endpunkt übernimmt dann ein Wassertaxi den Rücktransport.

Die meisten Veranstalter bieten ähnliche Ausflüge zu vergleichbaren Preisen an. Marahau ist der wichtigste Ausgangsort, Ausflüge starten aber auch in Kaiteriteri. Eine populäre Möglichkeit bei knapper Zeit ist eine mehrstündige Kajakfahrt im Tonga Island Marine Reserve und danach eine Wanderung von Tonga Quarry zur Bark Bay. Im Preis von rund 160 NZ$ sind die Fahrten im Wassertaxi inbegriffen. Dreitägige Ausflüge enden in der Regel am nördlichen Parkrand, von wo aus der Weg im Kajak zurückführt (oder umgekehrt); der Preis liegt bei 600 NZ$ inkl. Verpflegung. Eintägige Ausflüge mit Führung kosten rund 200 NZ$.

Kajaks, mit denen man auf eigene Faust unterwegs ist, kosten für ein Zweierkajak mit Leihausrüstung etwa 100 NZ$ pro Person (2 Tage); ein Verleih an Einzelpersonen ist verboten. Alle Touren starten in Marahau mit Ausnahme der Touren von Golden Bay Kayaks (S. 500) mit Sitz am Tata Beach in Golden Bay.

Die Teilnehmer erhalten eine Einführung. Die meisten Tourveranstalter setzen ein Mindestalter von 8 oder 14 Jahren je nach Art des Ausflugs voraus. Campingausrüstung wird bei Ausflügen mit Übernachtung üblicherweise bereitgestellt; Autofahrern, die mehrere Tage im Park verbringen wollen, bieten die meisten Veranstalter kostenlose Parkplätze an.

Von November bis Ostern ist der Besucherandrang am größten, der absolute Spitzenwert wird zwischen Dezember und Februar erreicht. Kajakfahren ist jedoch im ganzen Jahr möglich, gerade im Winter hat es einen ganz eigenen Reiz: Das Wetter ist überraschend angenehm, die Robben sind verspielter, es sind mehr Vögel zu sehen und weniger Dunst trübt die Aussicht.

Die folgenden sind die größten Anbieter auf dem heiß umkämpften Markt; das Vergleichen lohnt sich daher.

Abel Tasman Kayaks (☎03-527 8022, 0800 732 529; www.abeltasmankayaks.co.nz; Main Rd, Marahau)

Kahu Kayaks (☎03-527 8300, 0800 300 101; www.kahukayaks.co.nz; cnr Marahau Valley Rd)

Kaiteriteri Kayaks (☎03-527 8383, 0800 252 925; www.seakayak.co.nz; Kaiteriteri Beach)

Marahau Sea Kayaks (☎03-527 8176, 0800 529 257; www.msk.co.nz; Abel Tasman Centre, Franklin St, Marahau)

Sea Kayak Company (☎03-528 7251, 0508 252 925; www.seakayaknz.co.nz; 506 High St, Motueka)

Wilsons Abel Tasman (☎0800 221 888, 03-528 2027; www.abeltasman.co.nz; 265 High St, Motueka)

Abel Tasman Seal Swim WILDLIFE TOUR
(☎0800 252 925, 03-527 8383; www.sealswim.com; Aqua Taxi Base, Sandy Bay – Marahau Rd., Marahau; 5 Std. Schwimmen mit Robben Erw./Kind 179/130 NZ$, Robbenbeobachtung 90/70 NZ$) Gezeitenabhängige Ausflüge zur Robbenkolonie.

Abel Tasman Tours & Guided Walks WANDERN
(☎03-528 9602; www.abeltasmantours.co.nz; 220 NZ$) Ganztägige Wanderungen in kleinen Gruppen (mind. 2 Pers.) mit Lunchpaket und Fahrten im Wassertaxi.

Wilsons Abel Tasman WANDERN, KAJAKFAHREN
(☎0800 221 888, 03-528 2027; www.abeltasman.co.nz; 265 High St., Motueka; halber Tag 70 NZ$, Bootsfahrt & Wandern 55–70 NZ$, Kajak & Wandern 89–195 NZ$) Eindrucksvolles Angebot an Bootsfahrten, Wanderungen, Kajak- und kombinierten Touren, u. a. ein „Backpacker-Special" (32 NZ$) und eine Barbecue-Bootsfahrt (großartig im Winter). Luxuriöse Strand-Lodges an den Buchten von Awaroa und Torrent für Teilnehmer der geführten Touren.

Schlafen & Essen

Am südlichen Rand des Parks liegt Marahau, es ist das wichtigste Einfallstor zum Nationalpark. Am nördlichen Rand bieten Pohara und Takaka die nächstgelegenen Orte mit Unterkunftsmöglichkeiten. Im Norden liegt der riesige **Totaranui DOC-Campingplatz** (☎03-528 8083; www.doc.govt.nz; Sommer/Winter 15/10 NZ$), 32 km von Takaka entfernt an einer engen, kurvenreichen Straße (die auf 12 km unbefestigt ist – DOC oder i-SITE in Golden Bay geben Auskunft über den Straßenzustand). Der Campingplatz wird von Bussen der Abel Tasman Coachlines (S. 484) von Oktober bis April angefahren. Die Campingplätze von Totaranui werden neuerdings von Dezember bis Mitte Februar nach geheimer Auswahl vergeben; auf der DOC-Website kann ein Buchungsformular heruntergeladen werden.

Am Coast Track durch den Park stehen vier Hütten bereit: **Anchorage** (24 Betten), **Bark Bay** (34 Betten), **Awaroa** (26 Betten) und **Whariwharangi** (20 Betten); außerdem gibt es 19 ausgewiesene Campingplätze. Kochvorrichtungen gibt es nirgendwo, man muss den eigenen Campingkocher mitbringen. Einige der Campingplätze haben Feuerstellen, aber auch hierfür muss man Geschirr mitbringen. Pässe für Hütten und Campingplätze sollten vor dem Betreten des Parks gekauft werden; zwischen Weihnachten und Februar platzen die Hütten und Campingplätze aus allen Nähten (Buchung beim DOC).

Die **Aquapackers** (☎0800 430 744; www.aquapackers.co.nz; Anchorage; B/DZ inkl. Frühstück 70/195 NZ$) ist in der Anchorage Bay dauerhaft vor Anker gegangen und eine gute Wahl. Der speziell umgebaute, 13 m lange Katamaran *Catarac* bietet ungewöhnliche Packpacker-Unterkünfte für 22 Gäste. Die Ausstattung ist schlicht, aber ordentlich; in den Preisen sind Bettwäsche, Frühstück und Abendessen enthalten. Reservierungen sind unerlässlich.

Die meisten anderen Übernachtungsmöglichkeiten im Park (die zu Fuß, im Kajak oder Wassertaxi, nicht aber über eine Straße zu erreichen sind) sind meistens Ferienhäuser. Auskünfte sind bei den i-SITEs in Nelson (S. 484) und Motueka (S. 491), aber auch im Internet zu bekommen.

Praktische Informationen

Der Wanderweg fällt unter den **Great Walks Pass** (Stellplätze/Hütten pro Pers. 12,20/35, 70 NZ$) des DOC. Kinder dürfen kostenlos übernachten, eine Reservierung ist dennoch notwendig. Buchungen können im Internet (www.doc.govt.nz), beim **Nelson Marlborough Bookings Helpdesk** (☎03-546 8210; nmbookings@doc.govt.nz) oder persönlich in den i-SITES oder DOC-Büros in Nelson (S. 484), Motueka (S. 491) und Takaka vorgenommen werden. Die Mitarbeiter geben Empfehlungen zur individuellen Gestaltung der Wanderung und organisieren Transportmittel. Unbedingt frühzeitig buchen, vor allem die Hütten in der Zeit zwischen Dezember und März.

Unterwegs vor Ort

Die Einfallstore in den Abel Tasman National Park sind Kaiteriteri und Marahau im Süden und Takaka im Norden. Die Orte werden von Bussen der Abel Tasman Coachlines (S. 484) mit Anschlussfahrten nach Nelson und Motueka angefahren. Busverbindungen nach Totaranui bietet die Firma **Golden Bay Coachlines** (☎03-525 8352; www.gbcoachlines.co.nz) von November bis April (22 NZ$ ab Takaka).

Im Nationalpark selbst ist es einfach, jeden Punkt des Wanderwegs – sei es von Kaiteriteri oder Marahau aus – per Wassertaxi zu erreichen. Bei den im Folgenden genannten Preisen für eine einfache Fahrt ab Marahau oder Kaiteriteri handelt es sich um Durchschnittspreise: Anchorage und Torrent Bay (33 NZ$), Bark Bay (38 NZ$), Tonga (40 NZ$), Awaroa (43 NZ$) und Totaranui (45 NZ$). Hier einige der größten Anbieter:

Abel Tasman Aqua Taxi (☎03-527 8083, 0800 278 282; www.aquataxi.co.nz; Kaiteriteri & Marahau) Linienverkehr und Fahrten auf Abruf sowie Angebote für Bootsfahrten/Wanderungen. **Abel Tasman Sea Shuttle** (☎03-527 8688, 0800 732 748; www.abeltasmanseashuttles.co.nz; Kaiteriteri) Linienfahrten sowie Angebote für Bootsfahrten in Kombination mit Wanderungen. In der Hauptsaison auch Fahrten zwischen Nelson und Kaiteriteri (Erw./Kind 30/15 NZ$).

Wilsons Abel Tasman (☎03-528 2027, 0800 223 582; www.abeltasman.co.nz; 265 High St., Motueka; Pass Erw./Kind 145/72,50 NZ$) Bietet einen Explorer-Pass für unbegrenzte Taxifahrten an drei von fünf aufeinanderfolgenden Tagen, außerdem Backpacker-Specials und verschiedene geführte Touren.

Marahau Water Taxis (☎03-527 8176, 0800 808 018; www.abeltasmancentre.co.nz; Abel Tasman Centre, Franklin St., Marahau) Linienfahrten sowie Angebote für Bootsfahrten und Wanderungen.

Golden Bay

VON MOTUEKA NACH TAKAKA

Hinter Motueka windet sich der SH60 in schwindelerregenden Kurven den Takaka Hill hinauf, vorbei an Aussichtspunkten, die einen spektakulären Ausblick über die Tasman Bay und den Abel Tasman National Park gewähren. Danach führt die Strecke dann nach Takaka und Collingwood hinunter. Am besten erkundet man diese Region mit dem eigenen Fahrzeug.

Der Takaka Hill (791 m) trennt die Tasman Bay von der Golden Bay. Gleich unterhalb des Gipfels finden sich die **Ngarua Caves** (SH60; Erw./Kind 15/7 NZ$; ⏲45-min. Führungen stündl. Sept.–Mai 10–16 Uhr, Juni–Aug. nur Sa & So), eine Aktion im Karstgestein, in der unzählige unterirdische Schätze zu sehen sind, darunter auch Moaknochen. In die Höhlen kommt man nur im Rahmen einer Führung, eine Besichtigung auf eigene Faust ist nicht möglich.

Ebenfalls kurz vor dem Berg biegt eine Abzweigung zum **Canaan Downs Scenic Reserve** ab, das am Ende einer 11 km langen Schotterstraße liegt. Das Gebiet erlangte Berühmtheit als Filmkulisse in der Trilogie *Der Herr der Ringe* und im Film *Hobbit*, doch das hervorstechendste Merkmal dieser Landschaft ist das **Harwood's Hole**. Es ist eines der größten Dolinen (*Tomo*, Einsturztrichter im Karst) des Landes: Die Höhle ist insgesamt 357 m tief und 70 m breit. An der Oberkante beginnt ein 176 m tiefer, senkrecht abfallender Höhlenschacht, der unten auf die Starlight Cave trifft. Vom Parkplatz sind es 30 Min. zu Fuß dorthin. Es braucht nicht betont zu werden, dass die Höhle ausschließlich für äußerst erfahrene Höhlenwanderer zugänglich ist!

Canaan ist das Paradies aller Mountainbiker. Gut trainierte Fahrer mit viel Erfahrung im Gelände können sich auf mehrere neue Rundstrecken wagen, für fortgeschrittene Anfänger ist der berühmte **Rameka Track** gut geeignet (Lieferung/Abholung der Räder kann in Takaka vereinbart werden). Einen schlichten **DOC-Campingplatz** (pro Pers. 6 NZ$) gibt es hier auch.

Nahe dem Gipfel liegt der **Takaka Hill Walkway**, ein dreistündiger Rundkurs zwischen Felsformationen aus Marmorkarst, durch urtümlichen Wald und über privates Farmland (es gehört den Harwoods, nach denen die Höhle benannt ist). Hier befindet sich auch der **Harwood Lookout**, von dem aus man eine prima Aussicht ins Takaka River Valley bis nach Takaka und zur Golden Bay hat.

TAKAKA

1230 EW.

Das landesweit größte Vorkommen von Yoga-Pants, Dreadlocks und Aussteigertypen aller Art ist in Takaka zu verzeichnen, trotzdem ist es ein bodenständiger und der letzte „große“ Ort, bevor die westwärts verlaufende Straße bei Farewell Spit endet. Das meiste, was man so braucht, bekommt man hier.

Sehenswertes & Aktivitäten

Te Waikoropupu Springs QUELLE

Die „Pupu Springs“ sind die größten Süßwasserquellen Australiens und Ozeaniens und gelten als die klarsten der Welt. 14 000 l Wasser sprudeln pro Sekunde aus unterirdischen Kanälen auf, die verteilt im Schutzgebiet liegen, darunter die „Dancing Sands“, bei der das sprudelnde Wasser Sandwirbel mit nach oben reißt. Das Wasser wirkt verlockend, doch Schwimmen oder selbst die Berührung des Wassers ist streng verboten. Von Takaka führt der Weg 4 km nordwestlich über die SH60, dann bei der Waitapu Bridge landeinwärts. Von dort muss man 3 km weit laufen.

Grove Scenic Reserve AUSSICHTSPUNKT

(beschildert an der Clifton Rd.) Eine zehnminütige Autofahrt führt von Takaka (Hinweisschild an der Clifton Rd.) zu diesem lohnenden Aussichtspunkt, der nach einem zehnminütigen Spaziergang durch ein verwunschenes Karstgebiet mit einzelnen, knorrigen alten Rata-Bäumen erreicht wird. Wer von diesem Aussichtspunkt beeindruckt ist und mehr sehen will, sollte auch auf das Schild achten, das auf den näher bei Takaka liegenden **Labyrinth Rocks Park** (Scotts Rd.; Eintritt frei) hinweist.

Rawhiti Cave HÖHLE
(www.doc.govt.nz) Das geologische Juwel aber sind die bedeckten Karstfelsen der Rawhiti Cave. Von Motupipi fährt man auf der Packard Road 2,5 km dorthin. Von den Gattern der Farm geht es zu Fuß etwas beschwerlich ein steiniges Flussbett entlang, bis ein Zickzackweg auf der rechten Seite aufwärts führt. Der zweistündige Rückweg (stellenweise steil, bei nassem Wetter gefährlich) ist anstrengend.

Golden Bay Museum & Gallery MUSEUM
(Commercial St.; Eintritt mit Spende; ⏲10–16 Uhr) Zu den beeindruckendsten Ausstellungsstücken des kleinen Museums gehört ein schönes Diorama, das die Landung Abel Tasmans im Jahr 1642 und zweifelhafte menschenähnliche Gestalten zeigt (unbedingt nach dem Albatross fragen!). In der angrenzenden Galerie sind nette regionale und nationale Kunstobjekte zu sehen und einige hochwertige Andenken zu kaufen. Weitere Spazierwege durch die regionale Kunstszene findet man in der kostenlosen Broschüre *Artists in Golden Bay*.

Pupu Hydro Walkway WANDERN
Unweit der Pupu Springs führt der angenehme Rundweg in zwei Stunden durch Buchenwald und an den Überresten von Industrieanlagen und Goldminen vorbei zum restaurierten und noch in Betrieb befindlichen Pupu Hydro Powerhouse von 1929. Zum Ausgangspunkt kommt man über eine 4 km lange Schotterstraße (Hinweisschild „Pupu Walkway"), die von der Pupu Springs Road abgeht.

Escape Adventures RADFAHREN
(☎03-525 8783; www.escapeadventures.co.nz; hinter dem Post Shop; Fahrrad Tag 75 NZ$, geführte Tagesfahrt ab 150 NZ$) In der Bucht bieten sich fantastische Möglichkeiten zum Radfahren für Fahrer aller Leistungsstufen – sei es auf der Straße als auch quer durchs Gelände. Die Leute von Escape Adventures (u. a. Canaan Track und Rameka Track) verleihen die Räder und bieten geführte Touren und Transport an.

Remote Adventures RUNDFLÜGE
(☎0800 150 338, 03-525 6167; www.remoteadventures.co.nz; Takaka Airfield) Rundflüge über Golden Bay und den Kahurangi National Park zum günstigen Preis von 40 NZ$.

Golden Bay Air RUNDFLÜGE
(☎0800 588 885; www.goldenbayair.co.nz) Touristen- und Charterflüge über Golden Bay und Farewell Spit, die Nationalparks Abel Tasman und Kahurangi (ab 49 NZ$).

Schlafen & Essen

Kiwiana HOSTEL $
(☎03-525 7676, 0800 805 494; www.kiwianabackpackers.co.nz; 73 Motupipi St.; Zeltplätze pro Pers. 18 NZ$, B/EZ/DZ 28/44/68 NZ$; @📶) In einem einladenden Garten liegt ein nettes Cottage, dessen Zimmer nach klassischen *Kiwiana* (Badesandalen, Buzzy Bee...) benannt sind. Die Garage wurde in ein witziges Spielzimmer mit Holzofen, Billardtisch, CD-Spieler, Büchern und Spielen verwandelt. Fahrräder stehen Gästen des Hauses kostenlos zur Verfügung.

Annie's Nirvana Lodge HOSTEL $
(☎03-525 8766; www.nirvanalodge.co.nz; 25 Motupipi St.; B/DZ 28/66 NZ$; @📶) Es ist sauber und ordentlich und es riecht gut: Die Schlafsäle befinden sich im Haupthaus, vier Doppelzimmer liegen ebenerdig an einem geschützten Hofgarten. Das YHA-Hostel hat gastfreundliche Inhaber, Kätzchen Fluffy hilft charmant bei der Begrüßung. Kostenlose Fahrräder für Gäste gibt es ebenfalls.

Golden Bay Motel MOTEL $$
(☎0800 401 212, 03-525 9428; www.goldenbaymotel.co.nz; 132 Commercial St.; DZ 95–140 NZ$, weitere Person 20 NZ$; 📶) Saubere, geräumige, separate Wohnungen mit würdig gealterten Möbeln und ebensolchen Gastgebern. Die hinteren Terrassen blicken auf eine grüne Wiese mit einem Spielplatz.

Dangerous Kitchen CAFÉ $
(46a Commercial St.; Gerichte 12–28 NZ$; ⏲Mo–Sa 10–22 Uhr) Das Café ist Frank Zappa gewidmet („In the kitchen of danger, you can feel like a stranger"). Serviert werden gesunde, preiswerte Gerichte wie Falafel, Pizza, Burritos, Kuchen in Übergröße und frische Säfte. Heiter und lässig, mit einem sonnigen, rückwärtigen Hof und einer Terrasse an der Hauptstraße – zum Leutebeobachten.

Top Shop DAIRY
(9 Willow St.; Stück 2–9 NZ$) Eine der besten Gelegenheiten für einen schnellen Imbiss.

INSIDERWISSEN

RHYS DARBY, SCHAUSPIELER & STAND-UP-COMEDIAN

Golden Bay hat alles, was ein Wunderland für mich ausmacht: eine schöne, schroffe Landschaft, eine ansehnliche Reihe von Künstlern und eine Küche von Weltklasse. Doch meine jährliche Reise dorthin scheint die Tierwelt in Aufregung zu versetzen. Wer noch nie von einem wilden Seelöwen in die Flucht geschlagen wurde, kennt das Leben nicht. Genau das ist mir passiert, als ich das letzte Mal am Wharariki Beach mit seinen wilden, windverwehten Dünen und gigantischen Felsformationen war. Die Landschaft hier hat einen urzeitlichen Charakter. Du musst Weiden, Berge und Buschland durchqueren, um dorthin zu kommen, doch der überwältigende Blick aufs Meer ist diese Mühe wert. Dann, zur Krönung des Tages, sollte der Weg ins Mussel Inn (S. 502) führen, das „Captain Cooker Manuka Honey Beer" ist wundervoll, doch vorher sollte man noch ein erfrischendes Bad in einem der kühlen Flüsse nehmen.

Ein Kiosk, Café und Imbiss am Ortseingang. Erstklassige Pies.

Fresh Choice SUPERMARKT
(☎03-525 9383; 13 Willow St.; ⏲8–19 Uhr) Vorräte auffüllen, solange alles frisch ist.

Ausgehen

Brigand CAFÉ, BAR
(www.brigand.co.nz; 90 Commercial St.; Gerichte 16–35 NZ$; ⏲Mo–Sa 11 Uhr bis spätnachts) Hinter den Toren erwartet die Gäste gutes Essen, beispielsweise Sandwiches, Fischsuppe und fleischhaltige Hauptgerichte, die in entspannter Atmosphäre serviert werden. Außerdem gibt es eine Gartenbar und gutes Gebäck. Genauso wichtig: Das Brigand ist die tragende Säule der regionalen Unterhaltungsszene; an Donnerstagen finden Rap-Sessions statt (und an anderen Abenden weitere Veranstaltungen).

Roots Bar BAR
(www.rootsbar.co.nz; 1 Commercial St.) Beliebt bei einem jungen Publikum und allen, die gern im Takt mit den Füßen wippen. In dieser Musikkneipe gibt es anständiges Bier vom Fass, eine Gartenbar und lebhafte Abende.

Paul's Coffee Caravan CAFÉ
Hier wird der beste Kaffee der Stadt gebrüht, der Kleinbus steht auf dem Bibliotheksparkplatz.

Unterhaltung

Village Theatre KINO
(☎03-525 8453; www.villagetheatre.org.nz; 32 Commercial St.; Erw./Kind 12,50/7 NZ$) Noch ein weiterer Beweis für die Affinität der neuseeländischen Provinz zu künstlerisch wertvollen Filmen. Eine gute Alternative bei schlechtem Wetter.

Praktische Informationen

DOC Office (☎03-525 8026; www.doc.govt.nz; 62 Commercial St.; ⏲Mo–Fr 8.30–16 Uhr) Informationen zu den Nationalparks Abel Tasman und Kahurangi, zum Heaphy Track, Farewell Spit und Cobb Valley. Verkauft Hüttenpässe.

Golden Bay i-SITE (☎03-525 9136; www.goldenbaynz.co.nz; Willow St.; ⏲Nov.–April 9–17 Uhr, Mai–Okt. Mo–Fr 10–16.30 Uhr, Sa & So bis 16 Uhr; @) Ein freundliches kleines Informationszentrum mit allen notwendigen Materialien, u. a. der unverzichtbaren gelben Karte. Buchungen und DOC-Pässe.

Anreise & Unterwegs vor Ort

Die Busse von **Abel Tasman Coachlines** (☎03-528 8850; www.abeltasmantravel.co.nz) pendeln zwischen Takaka und Nelson (35 NZ$, 2½ Std.).

Golden Bay Air (☎03-525 8725, 0800 588 885; www.goldenbayair.co.nz) bietet tägliche Flüge zwischen Wellington und Takaka (139–189 NZ$) und zwischen Takaka und Karamea für Heaphy-Track-Wanderer (mind. 2 Pers., pro Pers. 175 NZ$).

Die **Golden Bay Coachlines** (☎03-525 8352; www.gbcoachlines.co.nz) arbeiten mit den Abel Tasman Coachlines zusammen und stimmen ihre Touren aufeinander ab. Sie verbinden Takaka mit Collingwood (19 NZ$, 25 Min.), mit dem Heaphy Track (33 NZ$, 1 Std.), mit Totaranui (22 NZ$, 1 Std.) und anderen Ortschaften an der Strecke.

Remote Adventures (☎03-525 6167, 0800 150 338; www.remoteadventures.co.nz) bietet täglich Flüge zwischen Takaka und Nelson (ab 150 NZ$).

Quiet Revolution Cycle Shop (☎03-525 9555; www.quietrevolution.co.nz; 11 Commercial St.; Fahrrad Tag 25–45 NZ$) verleiht Räder und verkauft Fahrradkarten über die Region. Im Winter bietet die Firma einen Autotransfer Heaphy-Track-Wanderer an.

POHARA

350 EW.

Rund 10 km nordöstlich von Takaka liegt das winzige Pohara, ein Ferienort am Strand, dessen Bevölkerung sich im Sommer vervierfacht. Der Ort ist yuppielastiger als manch andere Teile der Golden Bay, denn es gibt hier große, moderne Häuser, mit Hilfe derer man versucht, aus dem Meerblick Kapital zu schlagen. Trotzdem ist die Atmosphäre noch angenehm, und es gibt einige gute Unterkünfte.

Der Strand liegt am Weg zum nördlichen Ende des Abel Tasman Coastal Track; die größtenteils unbefestigte Parkstraße führt am Tarakohe Harbour (dem Hafen Poharas) vorbei, dort werden bei **Golden Bay Kayaks** (☎03-525 9095; www.goldenbaykayaks.co.nz; Tata Beach; halber Tag geführte Tour Erw. 75–80 NZ$, Kind 35 NZ$, Ausleihe Boot halber/ganzer Tag 90/110 NZ$) Kajaks für Paddeltouren verliehen oder dreitägige Erkundungstouren durch den Abel Tasman National Park angeboten.

An der nahe gelegenen **Ligar Bay** stehen ein Aussichtspunkt und ein Denkmal für Abel Tasman, dessen Schiff im Dezember 1642 hier vor Anker ging.

An der Totaranui Road in Höhe der Wainui Bay weist ein Schild auf einen Spazierweg durch Waldgelände hin, der zum schönsten Wasserfall der Bucht führt: **Wainui Falls**. Mit Rückweg dauert der Spaziergang 1½ Stunden, kann sich aber leicht durch ein erfrischendes Bad im verlockenden Fluss länger hinziehen.

Schlafen & Essen

Pohara Beach Top 10 Holiday Park CAMPINGPLATZ $
(☎0800 764 272, 03-525 9500; www.poharabeach.com; 809 Abel Tasman Dr.; Stellplätze ab 20 NZ$, Hütten & Wohnungen 72–164 NZ$; @📶) Die reine Größe ist schon überwältigend! Auf einer lang gestreckten Grünfläche zwischen den Dünen und der Hauptstraße nimmt der Campingplatz eine bevorzugte Lage an einem wunderbaren Strand ein, im Sommer breitet sich hier jedoch statt Strandstimmung schnell eine Vorstadtatmosphäre aus. Auf dem Gelände gibt es ein Gemischtwarenladen und einen Imbiss.

Nook PENSION $
(☎03-525 8501, 0800 806 665; www.thenookguesthouse.co.nz; 678 Abel Tasman Dr.; Stellplätze ab 15 NZ$, B/2BZ/DZ 32/65/75 NZ$, Cottage 180–200 NZ$; 📶) Eine unscheinbare, winzige Pension mit Dielenböden und Zimmern, die sich zum Garten hin öffnen. In einer separaten Strohballenscheune können sechs Gäste übernachten, auf der hinteren Koppel ist auch Platz für Zelte. Fahrräder stehen zur Verfügung.

Sans Souci Inn LODGE $$
(☎03-525 8663; www.sanssouciinn.co.nz; 11 Richmond Rd.; EZ/DZ/FZ 90/115/135 NZ$, geschlossene Wohnung ab 180 NZ$, Hauptgerichte abends 32–35 NZ$; ⏲geschl. Juli–Mitte Sept.; 📶) Ein Aufenthalt in einem der sieben Zimmer mit südlicher Ausstrahlung und Lehmziegelwänden verläuft bestimmt „ohne Sorgen". Die Gäste teilen sich ein Bad, das mit Mosaikfliesen, Pflanzen und Komposttoiletten eingerichtet ist. Eine luftige Lounge und Küche öffnen sich auf einen halbtropischen Innenhof. Das Abendessen im angeschlossenen Restaurant ist sehr zu empfehlen (Reservierungen sind notwendig), ein Frühstück gibt es auf Wunsch.

Ratanui LODGE $$
(☎03-525 7998; www.ratanuilodge.com; 818 Abel Tasman Dr.; DZ 155–269 NZ$; @📶🏊) Die vielleicht romantischste Unterkunft ganz Neuseelands gewährt die wunderschöne neue Boutique-Lodge mit noblen, eleganten Zimmern und den sinnlichen Reizen von Massagen und Margaritas, mit einem Swimmingpool und einem von Kerzenleuchtern erhellten Restaurant (allgemein zugänglich; Reservierungen sind notwendig). Im Innern vornehme Eleganz, draußen ein farbenprächtiger Landhausgarten. Luxus, den man sich leisten kann.

Penguin Café & Bar PUB $$
(818 Abel Tasman Dr.; Mittagessen 13–22 NZ$, Abendessen 20–33 NZ$; ⏲Nov.–April 10 Uhr bis spätnachts; Mai–Okt. Mo–Mi 16 Uhr bis spätnachts & Do–So 11 Uhr bis spätnachts) Ein quirliges Pub mit einem großen Sitzbereich im Freien, an sonnigen Tagen ein schöner Ort für einen Sundowner oder Durstlöscher. Drinnen wird an Regentagen der Kamin eingeheizt. Zu den besonderen Genüssen beim Brunch gehören u. a. Fischsuppe, Muscheln und Steak-Sandwich. Abendgäste sollten auf Spezialangebote mit Meeresfrüchten aus der Region achten.

An- & Weiterreise

Die Busse von **Golden Bay Coachlines** (☎03-525 8352; www.gbcoachlines.co.nz) fahren täglich von Takaka nach Pohara (15 NZ$, 15 Min.) auf dem Weg nach Totaranui.

NICHT VERSÄUMEN

FAREWELL SPIT

Das science-fiction-artige, offene, außergewöhnliche **Farewell Spit** ist ein Feuchtgebiet von internationaler Bedeutung und ein bekanntes Vogelschutzrevier: Im Sommer tummeln sich hier Tausende von Watvögeln, z. B. Schnepfen (die aus der arktischen Tundra kommen), Raubseeschwalben und Australische Tölpel. Den 35 km langen Strand säumen gigantische, halbmondförmige Dünen, von denen aus man einen weiten Blick über die Golden Bay und die gewaltige, bei Ebbe freiliegende Salzmarsch hat. Spaziergänger können die ersten 4 km des Spit auf verschiedenen Wegen erkunden, doch darüber hinaus kommt man nur im Rahmen einer geführten Tour.

Zum Zeitpunkt der Recherchen stand der Touristeninformation und dem Café in Farewell Spit ein Wechsel der Leitung bevor. Das ist durchaus positiv zu werten; es kann nur besser werden!

Farewell Spit Eco Tours (☎0800 808 257, 03-524-8257; www.farewellspit.com; Tasman St., Collingwood; Führungen 120–155 NZ$) betreibt dieses Geschäft schon seit über 65 Jahren. Angeboten werden Touren von drei bis 6½ Stunden zum Feuchtgebiet, zum Leuchtturm und zu den Tölpeln und Uferschnepfen. Ausgangspunkt ist Collingwood

Farewell Nature Experience (☎0800 250 500, 03-524 8992; www.farewellspittours.com; Führungen 120–135 NZ$) bietet vierstündige Führungen an, die beim Farewell Visitor Centre beginnen; die sechsstündigen Führungen starten dagegen beim Old School Café in Pakawau.

COLLINGWOOD & AROUND

Das entlegene Collingwood (250 Ew.) ist die letzte Ortschaft in diesem Teil des Landes – und so fühlt man sich hier auch. Im Sommer ist der Collingwood recht belebt, für die meisten Besucher allerdings nur eine Durchgangsstation zum Heaphy Track oder für Ausflüge zum Farewell Spit.

Das **Collingwood Museum** (Tasman St.; Eintritt gegen Spende; ⌚10–16 Uhr) ohne Personal nimmt einen kleinen Korridor ein. Die seltsame Sammlung umfasst Sattelzeug, Artefakte der Maori, Moa-Knochen, Muscheln und alte Schreibmaschinen. Gleich nebenan zeigt das **Aorere Centre** multimediale Präsentationen, darunter die Arbeiten des genialen Foto-Pioniers Fred Tyree.

Ein Aufenthalt in Collingwood wäre nicht vollständig ohne einen Besuch bei **Rosy Glow** (54 Beach Rd.; Pralinen 3–5 NZ$; ⌚Sa–Do 10–17 Uhr). Eine einmalige Chance für Schokoholiker!

Ein Ausflug nach Farewell Spit ist ein Muss! Von dort weist ein Schild auf den **Wharariki Beach** (☎03-524 8507; www.wharar ikibeachholidaypark.co.nz; Stellplätze ab 16 NZ$, B 25 NZ$) hin (6 km unbefestigte Straße, dann ein 20-minütiger Spaziergang durch den Puponga Farm Park). Die Westküste präsentiert sich hier wild, mit mächtigen Dünenformationen, hochragenden Felsinseln direkt vor der Küste und einer Robbenkolonie an ihrem östlichen Ende (auf dem Weg dorthin sind vielleicht schon Robben in der Strömung zu sehen). So einladend das Baden hier erscheint, so stark sind die Unterströmungen – und was die See haben will, das nimmt sie sich…

Wie es einem Grenzgebiet zukommt, ist dies der richtige Ort, um aufzusatteln: **Cape Farewell Horse Treks** (☎03-524 8031; www.horsetreksnz.com; McGowan St., Puponga; ⌚Ausritte ab 75 NZ$). Ausritte durch dieses windverwehte Land dauern zwischen 1½ (nach Pillar Point) und 3 Std. (zum Wharariki Beach), längere Ausflüge (inkl. Übernachtung) sind nach Vereinbarung möglich.

Die Straße zum Wharariki Beach führt zum **Wharariki Beach Holiday Park** (☎03-524 8507; www.whararikibeachholidaypark.co.nz; Stellplätze ab 16 NZ$, B 25 NZ$), einem hübschen, noch neuen Campingplatz mit angenehmen öffentlichen Einrichtungen.

Schlafen & Essen

Die Möglichkeiten der Erfrischung sind in dieser Gegend verschwindend gering, so bleibt einem nichts anderes, als vom letzten Vorrat an Käse und Keksen zu zehren.

Innlet Backpackers & Cottages HOSTEL $

(☎03-524 8040; www.goldenbayindex.co.nz; Main Rd.; Stellplätze ab 24 NZ$, B/DZ 31/73 NZ$, Hütte ab 83 NZ$; @) Diese großartige Unterkunft liegt 10 km von Collingwood entfernt auf dem Weg nach Farewell Spit. Es gibt elegante Backpacker-Zimmer im Haupthaus, außerdem verschiedene Campingplätze und separate Unterkünfte, u. a. ein Cottage für sechs Gäste. Buschwanderungen und Fahrradverleih.

Somerset House HOSTEL $

(☎03-524 8624; www.backpackerscollingwood.co.nz; 10 Gibbs Rd., Collingwood; B/EZ/DZ inkl. Frühstück 30/46/72 NZ$; @📶) Ein kleines, einfach gehaltenes Hostel in einem hellen, hoch gelegenen historischen Bauwerk mit weitem Blick von der Terrasse. Tipps für Wanderungen geben die kundigen Inhaber, die außerdem für Transport, kostenlose Fahrräder und Kajaks und zum Frühstück für frisch gebackenes Brot sorgen.

Collingwood Park Motel MOTEL $$

(☎03-524 8499, 0800 270 520; www.collingwoodpark.co.nz; 1 Tasman St.; DZ 100–140 NZ$; @📶) Gepflegte und geräumige, separate Wohnungen in einem hervorragendem Zustand, eingekeilt zwischen der Straße und der Mündung des Aorere. Die preiswerten Familienwohnungen haben versetzte Ebenen, außerdem gibt es Wohnmobilstellplätze beim Haus (35 NZ$) und Doppelzimmer für Rucksackreisende (85–95 NZ$).

LP TIPP **Mussel Inn** PUB $$

(www.mussellinn.co.nz; 1259 SH60, Onekaka; Tageskarte 5–18 NZ$, Abendessen 23–29 NZ$; ⌚11 Uhr bis spätnachts, geschl. Juli–Aug.) Auf halber Strecke zwischen Takaka und Collingwood liegt diese urtümliche Taverne mit Café und Brauerei – eine Institution in Golden Bay. Ein Totempfahl mit aufgespießten Mobiltelefonen verkündet die Botschaft: Hier ist kein Platz für städtische Statussymbole, nur für ausgezeichnetes Bier, gesundes Essen (Muscheln, Jakobsmuscheln je nach Saison, frischen Fisch und saftige Steaks), Kaminfeuer und Livemusik. Unbedingt probieren: ein *handle* (Glas) oder zwei vom „Captain Cooker" (das dunkle Bier wird mit Manukahonig gebraut) oder vom köstlichen „Bitter Ass".

Old School Cafe CAFÉ $$

(1115 Collingwood Puponga Rd.; Hauptgerichte 14–30 NZ$; ⌚Do–Fr 16 Uhr bis spätnachts, Sa & So 11 Uhr bis spätnachts) Die Leute verdienen die Bestnote für ihre Mühe, einen unberechenbaren Gästestrom mit gutem Essen anzulocken. Was der Küche an Einfallsreichtum fehlt (es gibt Steak, Pizza und sogar einen Shrimpscocktail), macht das Café durch eine künstlerische Atmosphäre, eine Gartenbar und eine gastfreundliche Atmosphäre mehr als wett.

ℹ An- & Weiterreise

Die Busse von **Golden Bay Coachlines** (☎03-525 8352; www.goldenbaycoachlines.co.nz) fahren von Takaka nach Collingwood (19 NZ$, 25 Min., 2-mal tgl.).

Kahurangi National Park

Der Kahurangi, dessen Name soviel wie „geschätzter Besitz" bedeutet, ist der zweitgrößte Nationalpark Neuseelands und zweifellos einer der landschaftlich tollsten. Auf 452 000 ha Fläche gibt es hier eine Art ökologisches Wunderland, auf dem 18 einheimische Vogelarten, über 50 % aller neuseeländischen Pflanzenarten, inklusive 80 % aller alpinen Pflanzenarten Neuseelands, eine Karstlandschaft sowie das größte bekannte Höhlensystem der südlichen Hemisphäre zu finden sind. (Letzteres wird von Gruppen einheimischer Speläologen gerne erkundet, ist aber wirklich nur für erfahrene geeignet Höhlenwanderer.)

HEAPHY TRACK

Einer der bekanntesten Wanderwege Neuseelands, der 78,5 km lange Heaphy Track (4–6 Tage), besitzt nicht die spektakuläre Szenerie des Routeburn Track oder des Milford Track, dafür aber eine ganz eigene, unverwechselbare Schönheit. Der Wanderweg verläuft fast vollständig durch das Gebiet des Kahurangi National Park. Zu seinen Highlights zählen die mystischen Gouland Downs und die von Nikaupalmen bestandene Küste, insbesondere rund um Heaphy Hut, wo sich ein längerer Aufenthalt lohnt.

Auf dem Weg gibt es sieben Hütten, die kleinste kann nur acht, die größte 28 Gäste beherbergen; alle sind mit Gasherden (außer Brown Hut und Gouland Downs Hut) ausgestattet, die mit Holz beheizt werden müssen. Es gibt neun Campingplätze entlang der Strecke (max. acht Camper in der James Mackay Hut, 40 in der Heaphy Hut). Hütten/Campingplätze kosten 32/14 NZ$; alle müssen zuvor durch das DOC und die i-SITEs in Nelson und Golden Bay reserviert werden.

WANDERN AUF DEM TRACK

Die meisten wandern von Collingwood aus in südwestlicher Richtung nach Karamea.

Von der Brown Hut führt der Weg durch Buchenwald zum Perry Saddle. Dann öffnet sich die Landschaft zu den sumpfigen Gouland Downs, wird aber im Verlauf des Wegs zur Mackay Hut wieder zu lichtem Busch, der sich verdichtet, je näher man der Heaphy Hut kommt. Weiter unten wachsen schöne Nikaupalmen.

Den letzten Abschnitt marschiert man an der Küste entlang, teils zwischen Nikaupalmen hindurch, teils direkt am Strand. Leider lieben Sandfliegen dieses schöne Teilstück auch. Das Klima ist überraschend mild, trotzdem sollte man besser nicht im Meer schwimmen, denn die Unterströmungen und Strömungen sind gefährlich. Zum Schwimmen eignet sich die Lagune an der Heaphy Hut. Der Heaphy River wimmelt von Fischen.

Am Track gibt es Kilometermarkierungen – die Markierung für Kilometer Null befindet sich am Südende des Tracks am Kohaihai River in der Nähe von Karamea. Geschätzte Wanderzeiten:

STRECKENABSCHNITTE	DAUER
Brown Hut – Perry Saddle Hut	5 Std.
Perry Saddle Hut – Gouland Downs Hut	2 Std.
Gouland Downs Hut – Saxon Hut	1½ Std.
Saxon Hut – James Mackay Hut	3 Std.
James Mackay Hut – Lewis Hut	3½ Std.
Lewis Hut – Heaphy Hut	2½ Std.
Heaphy Hut – Kohaihai River	5 Std.

RADFAHREN AUF DEM TRACK

In einer Probephase, die im September 2013 endet, darf der Heaphy Track von erfahrenen Mountainbikefahrern in der Zeit von Mai bis September befahren werden, für die Strecke braucht man zwei bis drei Tage. Zwei örtliche Anbieter stehen mit Ausrüstung und Ratschlägen zur Seite: Escape Adventures (S. 498) und Quiet Revolution Cycle Shop (S. 499).

ℹ Praktische Informationen

Die beste Quelle für detaillierte Informationen zum Heaphy Track und Reservierungen ist der DOC-Tresen bei der i-SITE (S. 484) in Nelson. Reservierungen sind auch durch die i-SITE (S. 484) von Golden Bay oder das DOC (S. 449) in Takaka, im Internet unter www.doc.got.nz, per E-Mail (nmbookings@doc.govt.nz) oder Telefon (03-546 8210) möglich. Näheres erfährt man unter www.heaphytrack.com. Eine äußerst detaillierte und hilfreiche Beschreibung des gesamten Wanderweges bietet die Broschüre *Heaphy Track* des DOC.

ANDERE WANDERWEGE IM KAHURANGI

Nachdem man den Heaphy Track von Norden nach Süden bewältigt hat, kann man über den landschaftlich noch schöneren, aber anstrengenderen **Wangapeka Track** zur Golden Bay zurückkehren. Zwar ist dieser Weg nicht so bekannt wie der Heaphy, aber viele finden den Wangapeka sogar noch lohnender. Der Track, für den man ungefähr fünf Tage benötigt, beginnt 25 km südlich von Karamea bei Little Wanganui und führt dann 52 km nach Osten zum Rolling River in der Nähe von Tapawera. An der Strecke gibt es eine Reihe von Hütten.

Unter www.doc.govt.nz gibt es detaillierte Informationen zu beiden Tracks sowie zu ausgezeichneten Tageswanderungen und Wanderungen mit Übernachtung im Gebiet des Cobb Valley, des Mount Arthur und im Tableland.

☞ Geführte Touren

Bush & Beyond WANDERN

(☎03-528 9054; www.bushandbeyond.co.nz) Verschiedene Wanderungen sind möglich – Tageswanderungen zum Mt. Arthur oder Cobb Valley (220 NZ$) bis hin zu sechstägigen Heaphy-Track-Packages mit Führer (1795 NZ$).

Southern Wilderness WANDERN

(☎03-545 7544, 0800 666 044; www.southernwilderness.com) Angeboten werden geführte, vier- bis fünf Tage dauernde Wanderungen auf dem Heaphy Track (1495–1595 NZ$) und Tageswanderungen im Nelson Lakes National Park (220 NZ$).

Kahurangi Guided Walks WANDERN

(☎03-525 7177; www.kahurangiwalks.co.nz) Abenteuertouren in kleinen Gruppen, z. B. fünftägige Wanderungen auf dem Heaphy Track (1500 NZ$) und verschiedene Tagestouren, z. B. Abel Tasman und Cobb Valley (ab 170 NZ$).

ℹ An- & Weiterreise

Golden Bay Coachlines (☎03-525 8352; www.gbcoachlines.co.nz) betreibt Busverbindungen zum Heaphy Track von Takaka über Collingwood (33 NZ$, 1 Std.).

Heaphy Bus (☎0800 128 735, 03-540 2042; www.theheaphybus.co.nz) bietet Shuttle-Rundfahrten an: Absetzen und Abholen in Kohaihai (110 NZ$), sowie andere Transportfahrten gibt es auf Abruf.

Heaphy Track Help (03-525 9576; www.heaphytrackhelp.co.nz) übernimmt Autotransporte (200–300 NZ$, je nach Richtung und Dauer), Lebensmittellieferung, Shuttle-Service und gibt Tipps.

Remote Adventures (S. 499) bieten Flüge von Takaka nach Karamea ab 170 NZ$ pro Person (bis zu 4 Pers. und Räder). Golden Bay Air (S. 499) hat die gleiche Strecke im Angebot (ab 155 NZ$ pro Pers.). Dies trifft auch Helicopter Charter Karamea zu (S. 516), mit bis zu drei Personen für 675 NZ$ (750 NZ$ inkl. drei Mountainbikes).

Die Westküste

Inhalt »

Tolle Outdoor-Aktivitäten

» Heaphy Track (S. 515)

» Hokitika Gorge (S. 529)

» Charming Creek Walkway (S. 513)

» Denniston Plateau (S. 513)

Schön übernachten

» Fox Glacier Holiday Park (S. 541)

» Lantern Court Motels (S. 520)

» Okarito Campground (S. 533)

» Beaconstone Eco Lodge (S. 516)

Auf zur Westküste!

Was für einen Einfluss eine Gebirgskette doch haben kann! Die Westküste – auch Westland genannt – liegt eingezwängt zwischen der rauen Tasmanischen See und den Südalpen und ist mit keiner anderen Region Neuseelands zu vergleichen.

Beide Endpunkte dieser Küstenregion vermitteln den Eindruck von Weltabgeschiedenheit. Im Norden führt der Küsten-Highway am brandungsreichen Steilufer entlang ins verschlafene Karamea. Der Ort liegt inmitten von Farmland und ist die neue Heimat all jener, die auf der Suche nach einem alternativen Lebensstil dorthin wegen der Einsamkeit und des überraschend milden Klimas gezogen sind. Der Südteil der spektakulären SH6 führt weiter Richtung Haast, von dem es zu über einen aussichtsreichen Pass nach Central Otago geht.

Düster sind die Lebensgeschichten der Küstenbewohner, die hier ihr Glück während des Goldrausches machen wollten oder auf Kohle und Holzwirtschaft setzten. Heute leben in der Region lediglich 32 000 Menschen – ein robustes und individuelles Völkchen. Die 32 000 machen zusammen nicht einmal 1 % der Gesamtbevölkerung Neuseelands aus, bewohnen aber eine Fläche von 9 % des Landes.

Während des Sommers strömen Scharen von Wohnmobil- und Bustouristen zu den Hauptattraktionen Punakaiki Rocks, Franz Josef Glacier und/oder Fox Glacier. Wer ausreichend Zeit hat, sollte einmal die ausgetretenen Touristenpfade verlassen und die landschaftlichen Schönheiten abseits der Hauptrouten genießen.

Reisezeit

Im Sommer ist die Küstenstraße stark befahren. Die Monate Mai bis September können warm und klar sein, es gibt weniger Tourismus und die Übernachtungspreise fallen. An der Westküste regnet es extrem viel (ca. 5000 mm pro Jahr), dennoch hat das Westland vergleichbar viele Sonnenscheinstunden wie Christchurch. Wenn es drüben im Osten gießt, ist es hier höchstwahrscheinlich schön.

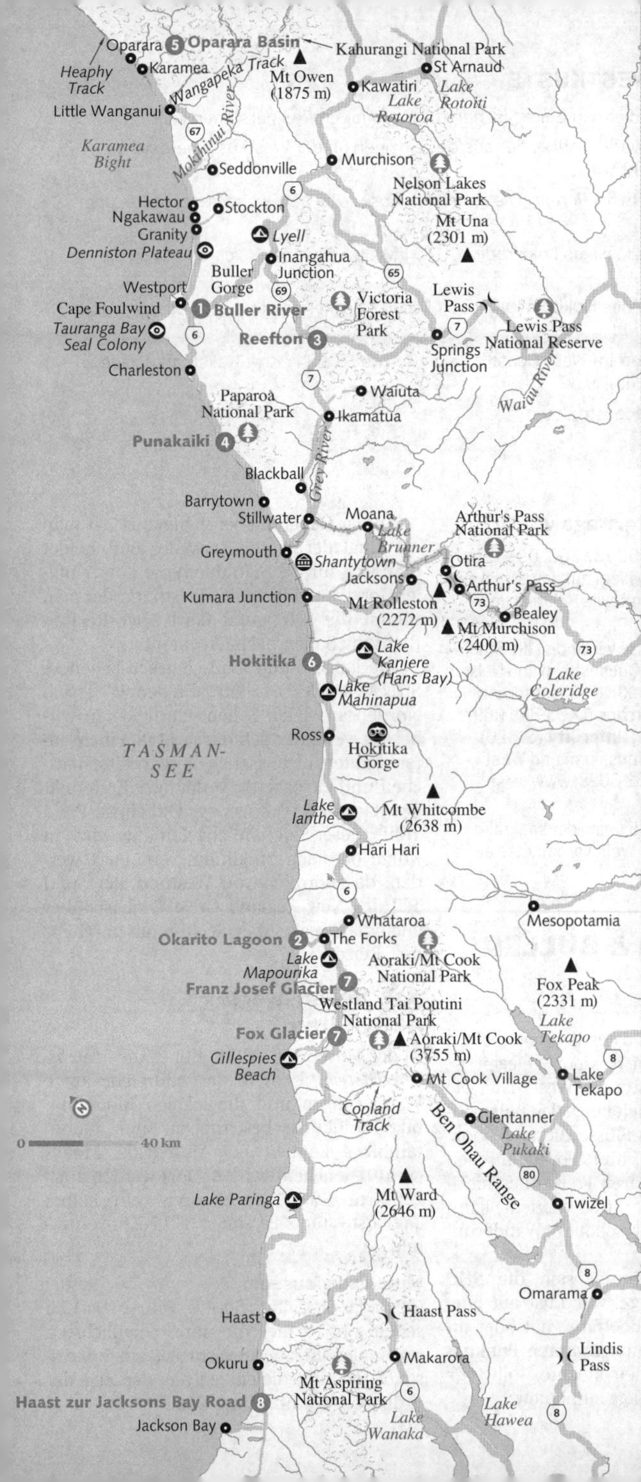

Highlights

1. Raften auf dem gewaltigen **Buller River** (S. 509)
2. Mit dem Kakak die Vogelwelt der **Okarito Lagoon** erkunden (S. 552)
3. Nach der goldenen Vergangenheit suchen in **Reefton** (S. 519)
4. Die wilden Naturschönheiten der Pancake Rocks bei **Punakaiki** (S. 517)
5. Die Kalksteinlandschaft des **Oparara Basin** (S. 515)
6. Original neuseeländische Jadearbeiten aus den Galerien von **Hokitika** (S. 526)
7. Ein Flug über den **Franz Josef Glacier** (S. 534) und **Fox Glacier** (S. 539) in den neuseeländischen Südalpen
8. Eine Fahrt auf der historischen Route von **Haast** nach **Jackson Bay** (S. 544).

KURZINFOS: WESTKÜSTE

» **Essen** Whitebait, die man beim Fischer zu einem fairen Preis erstehen kann

» **Trinken** Einen Kawatiri Coffee, der aus der einzigen an der Westküste gerösteten Kaffeebohne gebrüht wird

» **Lesen** *Jenny Pattricks Roman The Denniston Rose*, eine bewegende Geschichte über das Schwarze Gold

» **Hören** Karameas lässiges Lokalradio (107.5 FM), bei dem man sich sein Lieblingslied wünschen kann

» **Feiern** Während des Hokitika Wildfoods Festival Leckereien aus dem Busch probieren (S. 527)

» **Ökologisch reisen** Im West Coast Wildlife Centre (S. 534) Kiwi-Küken anschauen. Einfach zum Knuddeln!

» **Online** www.westcoastnz.com

» **Vorwahl** ☎03

Anreise & Unterwegs vor Ort

Air New Zealand (☎0800 737 000, 09-357 3000; www.airnz.co.nz) fliegt auf den Strecken Westport und Wellington sowie Hokitika und Christchurch.

Reise- und Shuttlebusse verbinden die Städte Christchurch, Dunedin, Queenstown und Nelson; zu den wichtigsten hier aktiven Busunternehmen zählen **Atomic Shuttles** (☎03-349 0697; www.atomictravel.co.nz), **InterCity** (S. 526), **Naked Bus** (www.nakedbus.com) und **West Coast Shuttle** (☎03-768 0028; www.westcoastshuttle.co.nz).

Der *TranzAlpine* (S. 525), eine der spektakulärsten Zugstrecken der Welt, verbindet Greymouth mit Christchurch.

MURCHISON & BULLER GORGE

800 EW.

Murchison, 125 km südwestlich von Nelson und 95 km östlich von Westport gelegen, ist das nördliche Einfallstor zur Westküste. Die Kleinstadt erstreckt sich längs des Buller River, einem der vielen Flüsse dieser Region. Kajakfahren, Raften und Forellenfischen sind einige der populären Freizeitbeschäftigungen. Wer trockene Füße vorzieht, kann stattdessen einige der schönen Wanderungen unternehmen.

Von Murchison windet sich die SH6 durch die Buller Gorge, wer Lust auf eine Wildwasser- oder Jetbootfahrt hat oder an einigen der anderen interessanten Punkten unterwegs Halt machen möchte, sollte für die Fahrt ruhig zwei Tage einplanen.

An der Gabelung bei Inangahua hat man die Qual der Wahl: Entweder entscheidet man sich für die SH6 durch die Lower Buller Gorge und fährt nach Westport oder man nimmt die SH69 und fährt über Reefton Richtung Süden nach Greymouth.

Die längere und landschaftlich schönere Strecke auf der SH6 führt auf dem Weg nach Norden an vielen Sehenswürdigkeiten vorbei. Sie verläuft auch durch Lyell, einem interessanten historischen Bergarbeiterstädtchen und gleichzeitig vorläufiger Endpunkt des Rad- und Wanderwegs Old Ghost Road Trail. Dieser soll, wie angekündigt wird, in Kürze bis nach Mokihinui verlängert werden, das nördlich von Westport liegt und Teil des New Zealand Cycle Trail ist. Aber auch die Strecke über Reefton hat durchaus ihre Reize.

Sehenswertes & Aktivitäten

In der Murchison i-SITE gibt es die *Murchison District Map*, in der zahlreiche kurze Wanderungen und die lokalen Mountainbike-Rundkurse beschrieben sind. Mountainbikes können bei Murchison Motels (S. 510) geliehen werden. Dort werden auch geführte Forellenangeltouren (ein halber Tag kostet für 2 Personen 350 NZ$) vermittelt.

Murchison Museum MUSEUM
(60 Fairfax St.; Eintritt: Spende; ⏱10–16 Uhr) Zu sehen gibt es hier die unterschiedlichsten regionalen Erinnerungsstücke, am interessantesten sind diejenigen aus der Zeit der Erdbeben von 1929 und 1968.

Ultimate Descents RAFTEN
(☎0800 748 377, 03-523 9899; www.rivers.co.nz; 51 Fairfax St.; Raften halber/ganzer Tag 130/220 NZ$. Kajakfahren halber Tag 125 NZ$) Angeboten werden Wildwasserraften und Kajaktouren auf dem Buller, es gibt aber auch familienfreundliche halbtägige Ausflüge (Erw./Kind 105/85 NZ$). Heli-Raften ist auf Anfrage hin ebenfalls möglich. Dabei werden die Schlauchbootfahrer mit einem Hubschrauber zu abgelegenen Strecken gebracht.

LP TIPP **Wild Rivers Raften** RAFTEN
(✂0508 467 238; www.wildriversrafting.co.nz; 3 Std. Erw./Kind 110/85 NZ$) Bruce und Marty bieten Wildwasserraften durch die Earthquake Rapids an, eine besonders rasante Wildwasserstrecke des faszinierenden Buller River.

Buller Gorge Swingbridge BRÜCKE
(www.bullergorge.co.nz; SH6; Spaziergang über die Brücke Erw./Kind 5/2 NZ$; ⌚Okt.–April 8–19 Uhr, Mai–Sept. 9–17 Uhr) Etwa 14 km westlich von Murchison schwingt sich Neuseelands längste Hängebrücke (110 m lang) über den Buller River. Einige kurze Spaziergänge führen über sie hinweg, unter anderem der Weg zur White Creek Faultline, jener Bruchlinie, an der das Epizentrum des Erdbebens von 1929 lag. Auf dem Rückweg sollte man sich die Überquerung der Schlucht mittels des 160 m langen Cometline Flying Fox nicht entgehen lassen. Der Flug kann sitzend (Erw./Kind 30/15 NZ$) oder fliegend als „Supaman" (45 NZ$, im Tandem Erw./Kind 30/15 NZ$) zurückgelegt werden.

Buller Canyon Jet JETBOOT
(☎03 523 9883; www.bullercanyonjet.co.nz; SH6; Erw./Kind 95/50 NZ$; ⌚Sept.–April) Die Firma wirbt mit Neuseelands tollstem Jetbootabenteuer, und das vielleicht sogar zu Recht: 40 Min lang geht es in rasanter Fahrt den Buller River entlang, Startpunkt ist die Hängebrücke (Buller Gorge Swingbridge).

Feste & Events

Buller Festival SPORT
(www.bullerfestival.co.nz) Kajak- und Rafting-Spektakel am ersten Märzwochenende.

Schlafen & Essen

Murchison ist der geeignete Ort für alle, die sich mit Lebensmittelvorräten eindecken müssen. Hier gibt es eine Molkerei mit Milchladen, einen Mini-Supermarkt und eine Metzgerei, die ziemlich guten geräucherten Schinken verkauft.

Lazy Cow HOSTEL $
(☎03-523 9451; www.lazycow.co.nz; 37 Waller St.; B 28 NZ$, DZ 74–84 NZ$; @📶) Das Faulenzen fällt hier tatsächlich nicht schwer mit all den gemütlichen Dingen, die an zu Hause erinnern: Muffins oder Kuchen gibt es gratis, dazu ein immer frisch zubereitetes Abendessen (12 NZ$). Die hervorragenden Gastgeber sind stolz auf ihr Domizil, was in Haus und Garten nicht zu übersehen ist.

Commercial Hotel HOTEL $
(☎03-523 9696; www.commercialhotel.co.nz; Ecke Waller St. & Fairfax St.; EZ/DZ/3BZ 40/75/100 NZ$; ⌚8–20.30 Uhr; @📶) Die zentrale Lage und die strahlenden Farben der Bar machen schon auf den ersten Blick einen verlockenden Eindruck. Vom purpurfarbenen Treppenhaus mit Schachbrettmuster betreten die Gäste Zimmer mit traditionellem Charme. Die preiswerten Zimmer haben ein Gemeinschaftsbad und eine kleine Küche. Im beliebten Pub gibt es Imbisse und Mahlzeiten (13–29 NZ$).

Murchison Motorhome Park CAMPINGPLATZ $
(☎03-523 9666; www.murchisonmotorhomepark.co.nz; SH6; Stellplatz ab 26 NZ$; ⌚Juli & Aug. geschl.; 📶) Die Landschaftsplanung dieses neuen Campingplatzes ist noch nicht ganz fertig, aber die warmen und gut durchdachten Einrichtungen entschädigen mehr als genug dafür. Das Gleiche gilt für die Lage des Platzes an einem hübschen Abschnitt des Buller River (Schwimmbuchten sind

MAORI AN DER WESTKÜSTE

Für die Maori waren die Flusstäler und Berge der Westküste traditionell die Fundstätten der hochgeschätzten *pounamu* (Jade), die sie zu Werkzeugen, Waffen und Schmuck verarbeiteten. Als erstes sollte man die informative Pounamu-Ausstellung im Hokika Museum (S. 527) besuchen, bevor man anschließend die feinen Schnitzereien der Künstler des Ortes bewundert. In der Galerie Kotuku (S. 532) weiter südlich in Whataroa bietet sich eine weitere gute Möglichkeit, nach schönen Jadearbeiten zu suchen.

vorhanden). Der Campingplatz liegt 8 km nördlich von Murchison.

Murchison Lodge B&B $$

(☎03-523 9196; www.murchisonlodge.co.nz; 15 Grey St.; EZ inkl. Frühstück 130–190, DZ inkl. Frühstück 155–215 NZ$; ⌚Mai–Aug. geschl.; @ 📶) Die Gäste kommen vom Haus zwischen heimischen Bäumen direkt zum Buller River und einigen schönen Schwimmbecken. Die ansprechende Innenausstattung und die freundlichen Gastgeber tragen das ihre zur Gemütlichkeit bei. Wer keine Lust hat, abends in die Stadt zu laufen, kann das Abendessen (mit Vorbestellung) im Haus einnehmen.

Murchison Motels MOTEL $$

(☎0800 166 500, 03-523 9026; www.murchisonmotels.co.nz; 53 Fairfax St.; DZ 140–180 NZ$; 📶 🏊) In der Anlage hinter dem Rivers Café gibt es schicke Ein- und Zweibett-Wohneinheiten mit einfachen Kochnischen. Außerdem können die Gäste in einem Pool schwimmen und sich Mountainbikes ausleihen (halber Tag 15 NZ$).

Hu-Ha Bikepackers FERIEN AUF DEM BAUERNHOF $

(☎03-548 2707; huhabikepackers@farmside.co.nz; 2937 Kohatu – Kawatiri Hwy., Glenhope; Stellplätze ohne Elektrizität ab 14 NZ$, B 28 NZ$, DZ mit/ohne Bad 72/62 NZ$; 📶) Die freundlichen Gastgeber vermieten ihr Erdgeschoss an Gäste, denen ein offener Gemeinschaftsbereich mit Holzfußboden, Kamin und einem rustikalen Esstisch zur Verfügung steht. Hier auf dem Hof gibt es ein Klavier, eine beneidenswert große Schallplattensammlung sowie zahlreiche nette Hoftiere. Nach Murchison sind es 45 km. Bezahlt werden kann nur in bar.

Rivers Cafe CAFÉ $$

(51 Fairfax St.; Mahlzeit 12–30 NZ$; ⌚Okt.–März 8.30–21 Uhr, April–Sept. 9–15 Uhr) Die ehemalige Tankstelle der Stadt ist inzwischen zu einer etwas seltsamen Galerie mit Kunsthandwerk mutiert. Die Auswahl an hochwertigen Backwaren ist groß, probieren sollte man beispielsweise die Lammpastete. Dazu schmecken der ganz ordentlich gebrühte Kaffee oder ein großes Glas Bier.

ℹ Praktische Informationen

Es gibt keinen Geldautomaten in der Stadt; die Post befindet sich in der Fairfax Street.

Die **Murchison i-SITE** (☎03-523 9350; www.nelsonnz.com; 47 Waller St.; ⌚Okt.–Mai 10–18 Uhr, April–Sept. eingeschränkte Öffnungszeiten) gibt Informationen über lokale Aktivitäten und Verkehrsmittel.

ℹ An- & Weiterreise

Es gibt zwei Busunternehmen, die zwischen der Westküste und Picton verkehren und über Murchison fahren: **InterCity** (☎03-365 1113; www.intercity.co.nz) und **Naked Bus** (www.nakedbus.com). Die Busse beider Gesellschaften halten am Beechwoods Café in der Waller Street.

RUND UM WESTPORT

4850 EW.

Der Hafenort Westport verdankt seinen Aufschwung dem Kohlebergbau. Allerdings liegt heute die wichtigste Kohlegrube 38 km nördlich der Stadt in Stockton. Die vorgesehene Ausweitung des Kohleabbaus an der Westküste ist derzeit Gegenstand hitziger Debatten und bringt die traditionell gegeneinander kämpfenden Meinungsführer – die Grünen einerseits und die Fortschrittsgläubigen andererseits – gegeneinander auf. Ohne Zweifel gibt die Kohleindustrie der Stadt einige Impulse: Sie macht einen zielstrebigen, hübschen und sogar leicht „fortschrittlichen" Eindruck. Aber einmal abgesehen von einigen gastfreundlichen Einrichtungen bietet sie jedoch kaum etwas Sehenswertes, was einen länger als nötig im Ort hält. Aber sie ist ein guter Ausgangspunkt für Ausflugsfahrten entlang der faszinierenden Westküste Richtung Norden mit Zielen wie Karamea, Oparara und dem Heaphy Track.

Sehenswertes & Aktivitäten

In Westport kann man gemütlich bummeln – die i-SITE gibt Hinweise, wie es zum **Millenium Walkway** und zum neu angelegten Erholungsgebiet **Kawatiri Beach Reserve** geht. Das aufregendste Abenteuer in der Region jedoch ist das Höhlenraften mit dem Unternehmen Norwest Adventures (S. 511).

Tauranga Bay Seal Colony TIERBEOBACHTUNG

Je nach Jahreszeit bevölkern zwischen 20 und 200 Neuseeländische Seebären die Felsen dieser Kolonie, die 16 km westlich von Westport liegt. Die Jungen werden zwischen Ende November und Anfang Dezember an traditionellen Wurfplätzen geboren.

Der Cape Foulwind Walkway (hin & zurück 1½ Std.) beginnt ungefähr am Südende der Kolonie und verläuft 4 km die

Küste entlang nach Cape Foulwind, vorbei an einer Nachbildung von Abel Tasmans Astrolabium (einem astronomischen Winkelmessgerät zur Navigationshilfe) und einem Leuchtturm. Zum Nordende des Wanderwegs gelangt man auch mit dem Auto über die Lighthouse Road.

Die Maori nannten das Kap „Tauranga", was so viel wie „geschützter Ankerplatz" heißt. Als erster Europäer kam im Dezember 1642 Abel Tasman dorthin, er nannte das Kap Clyppygen Hoek (Felsspitze). Als James Cook mit seiner *Endeavour* hier im März 1770 festmachte, sorgte ein heftiger Sturm dafür, dass das Kap alles andere als ein „geschützter Ankerplatz" war, daher die heutige Bezeichnung „Cape Foulwind" (übersetzt: Kap der widrigen Winde).

West Coast Brewing Co BRAUEREI
(www.westcoastbrewing.com; 10 Lyndhurst St.; Bierverkostung 10 NZ$; ⌚Mo–Fr 8.30–17, Sa & So 10–16 Uhr) Hier können die Teilnehmer bis zu zehn verschiedene Bierspezialitäten verkosten, darunter auch das Bio-Lager Green Fern und ein schmackhaftes India Pale Ale. Einfach mal zum Probieren reinschauen oder einen *rigger* (typisch neuseeländische Kunststoffbierflasche) zum Mitnehmen des Gerstensafts kaufen.

Coaltown Museum MUSEUM
(165 Queen St.; Erw./Kind 12,50/5 NZ$; ⌚9–16.30 Uhr) Das respektable, aber doch etwas verstaubte Museum spricht all jene an, die sich für die Lokalgeschichte interessieren. Gezeigt werden viele in die Jahre gekommene Bergbaugeräte, maritime Ausstellungsstücke und die Riesenmaschine eines Dampfbaggers. Interessant ist der Film über die Kohlebahn am Denniston Incline.

Norwest Adventures HÖHLENRAFTEN, EISENBAHN
(☎0800 116 686, 03-788 8168; www.caverafting.com; SH6, Charleston) In Charleston, 26 km südlich von Westport, können verschiedene Höhlentouren gebucht werden, z. B. in die Höhlen des Nile River, in der es von Glühwürmchen (Larven von Pilzmücken) nur so wimmelt (Höhlen-Raften 4 Std. 165 NZ$). Wer nur das Glühen der Würmchen sehen will (ohne Raften), bezahlt 105 NZ$ pro Person. Beide Touren beginnen mit einer vergnüglichen Bahnfahrt durch den Regenwald, die auch separat gebucht werden kann (1½ Std. Erw./Kind 20/15 NZ$). Der „Adventure Caving Trip" (5 Std. 330 NZ$) umfasst eine 40 m lange Abseilstrecke ins *Te Tahi tomo* (Loch) durch enge Felsspalten, vorbei an Wasserfällen, prähistorischen Fossilien und bizarren Höhlenformationen.

Schlafen

Archer House B&B $$
(☎03-789 8778, 0800 789 877; www.archerhouse.co.nz; 75 Queen St.; DZ inkl. Frühstück 185 NZ$; @📶) In diesem schönen traditionsreichen Haus von 1890 gibt es drei Doppelzimmer, die alle ihr eigenes Bad haben und in denen bis zu acht Personen übernachten können. Insgesamt drei Salons und der erholsame Garten stehen den Gästen zur Verfügung. Die aufmerksamen Gastgeber, der Begrüßungs-Sherry, das reichhaltige kontinentale Frühstück und kostenloses WLAN sorgen dafür, dass das Haus zur ersten Adresse in Westport zählt.

Buller Court Motel MOTEL $$
(☎03-789 7979; www.bullercourtmotel.co.nz; 253 Palmerston St.; DZ 120–170 NZ$, 4BZ 195–215 NZ$; 📶) Als eine der vielen Übernachtungsmöglichkeiten an der Hauptstraße wurde dieser unmoderne Komplex inzwischen geschmackvoll renoviert. Ansprechend sind seine Lage etwas abseits der Straße und der zwar kleine, aber lauschige Garten mit Rasenfläche.

Trip Inn HOSTEL $
(☎0800 737 773, 03-789 7367; www.tripinn.co.nz; 72 Queen St.; B/EZ/DZ 27/55/66 NZ$; @📶) Wie ein König kann man sich in dieser prachtvollen 150 Jahre alten Villa inmitten eines herrlichen Parks fühlen! Im Haus selbst gibt es eine große Auswahl an sauberen Zimmern, dazu weitere im angrenzenden Gelände sowie geräumige Gemeinschaftsbereiche für alle Gäste.

Seal Colony TOP 10 Holiday Park CAMPINGPLATZ $
(☎0508 937 876, 03-789 8002; www.top10westport.co.nz; 57 Marine Pde., Carters Beach; Stellplatz ab 36 NZ$, Wohneinheit 70–140 NZ$; @📶) Dieser zweckmäßig ausgestattete Campingplatz bietet eine ganze Palette an Einrichtungen mit gutem Standard. Er befindet sich direkt an Carters Beach und ist günstig von Westport (4 km) und der Seebärenkolonie Tauranga Bay (12 km) aus zu erreichen. Eine gute Wahl für Reisende, die es bei ihrem Zwischenstopp sauber und ruhig haben oder sogar schwimmen gehen wollen.

Omau Settlers Lodge LODGE $
(☎03-789 5200; www.omausettlerslodge.co.nz; 1054 Cape Rd.; Zi. inkl. Frühstück 135–155 NZ$;

(📶) Die modernen und eleganten Unterkünfte in der Nähe von Cape Foulwind und der exzellenten Star Tavern auf der anderen Straßenseite bieten Ruhe, Entspannung und ein reichhaltiges Frühstücksbüffet. Zu den Zimmern gehört jeweils eine kleine Küche. Aber man kann sich auch mit anderen die Küche und das Esszimmer teilen. Ein Hot Tub im Grünen ist genau das Richtige zum Entspannen.

Westport Holiday Park CAMPINGPLATZ $
(☎03-789 7043; www.westportholidaypark.co.nz; 31 Domett St.; Stellplatz ab 32 NZ$, DZ 95–145 NZ$; @📶) Die Chalets mit Spitzdächern stehen verteilt über den abseits der Straße liegenden Campingplatz und bieten den Gästen eine gute Infrastruktur. Außerdem gibt es hier einen Minigolfplatz.

Essen & Ausgehen

Westport ist zwar klein, hat aber trotzdem mehr Pubs als man erwarten könnte, viele Restaurants und einige Supermärkte, in denen man sich mit Lebensmitteln eindecken kann.

LP TIPP **Town House** MODERN-NEUSEELÄNDISCH $$
(☎03-789 7133; www.thetownhouse.co.nz; Ecke Cobden & Palmerston St.; Hauptgericht 15–32 NZ$; ⊙So & Mo 10–16, Di–Sa 10 Uhr bis spätabends) Die exklusivste Adresse zum Ausgehen in der Stadt kann problemlos mit den feinsten Lokalen anderer Städte konkurrieren. Die exzellenten modernen Gerichte können von morgens bis in die Nacht entweder auf der Sonnenterasse, in der groovigen Bar oder im Art-déco-Restaurant genossen werden. Es gibt zu viele Köstlichkeiten, als dass man sie alle hier aufzählen könnte. Nur so viel: Das hausgemachte Entenconfit und das Pfeffernuss-Eis mit einem Hauch von Ingwer sind besonders gut.

Jay's Cafe CAFÉ $
(260 Palmerston St.; Hauptgericht 9–17 Uhr; ⊙Mo–Sa 8–17 Uhr) Da es in Neuseeland keine Häher (Jay) gibt, wird es wohl ein Mann gewesen sein, der dem Café seinen Namen gab. Dessen ungeachtet strömen die Einheimischen zu Scharen hierher wegen des besten Kaffees der Stadt und des entsprechend guten Essens. Es reicht von Frühstück mit Eiern über gegrillten Steinbutt bis zu Steak-Tortillas.

Porto Bello BAR $$
(www.westportrestaurant.co.nz; 62 Palmerston St.; Mahlzeit 12–29 NZ$; ⊙Mo–Do 16 Uhr bis spätabends, Fr–So 11 Uhr bis spätabends) Römische Säulen und Renaissancekunst sorgen für Kolosseum-Atmosphäre in dieser Bar, das Essen jedoch kann seinen amerikanischen Ursprung nicht verleugnen. Fünf lokale Biersorten vom Fass, Steak-Spezialitäten (15 NZ$) und gelegentliche Livemusik sorgen für ein stets zufriedenes einheimisches Publikum.

Praktische Informationen

Die Filialen der größten Banken sind an der Palmerston Street zu finden. Kostenloses WLAN gibt es in der **Westport Library** (87 Palmerston St.).

Buller Hospital (☎03-788 9030; Cobden St.)

Büro des Department of Conservation (DOC; ☎03-788 8008; www.doc.govt.nz; 72 Russell St.; ⊙Mo–Fr 8–12 & 13–16.30 Uhr) Ticketverkauf für den berühmtesten neuseeländischen Fernwanderweg Heaphy Track und den weniger bekannten Wangapeka Track sowie allgemeine Informationen über Wanderungen.

Polizei (☎03-788 8310; 13 Wakefield St.)

Post (Ecke Brougham & Palmerston St.)

Westport i-SITE (☎03-789 6658; www.westport.org.nz; 1 Brougham St.; ⊙Nov.–März 9–17 Uhr, April–Okt. 9–16.30 Uhr) Informationen über regionale Wander- und Spazierwege, geführte Touren, Unterkünfte sowie Verkehrsmittel und Leihfahrzeuge.

Anreise & Unterwegs vor Ort

Auto

Autovermietung: **Wesport Hire** (☎0508 974 473, 03-789 5038; wesporthire@xtra.co.nz; 294 Palmerston St.).

Bus

InterCity (☎03-365 1113; www.intercity.co.nz) Abfahrt der Busse täglich vor der i-SITE und an der **Caltex Petrol Station** (197 Palmerston St.) auf der Fahrt nach Nelson (ab 30 NZ$, 3½ Std.), Greymouth (ab 17 NZ$, 2¼ Std.) und Franz Josef Village (ab 38 NZ$, 6 Std.).

Naked Bus (www.nakedbus.com) fährt von der i-SITE dreimal wöchentlich nach Nelson (ab 10 NZ$, 4 Std.), Greymouth (ab 10 NZ$, 2 Std.) und nach Franz Josef Village (ab 10 NZ$, 5¼ Std.).

East West Coach (S. 521) unterhält einen Busservice in die Südinsel-Metropole Christchurch (So–Fr, 63 NZ$, 4¾ Std.), Abfahrt ist an der Caltex Petrol Station.

Karamea Express (☎03-782 6757; info@karamea-express.co.nz) verbindet Westport und Karamea (Mai–Sept. Mo–Fr 11.30 Uhr, 30 NZ$, 2 Std.; Okt.–April auch Sa). Abfahrt ist an der i-SITE.

NICHT VERSÄUMEN

EINE FASZINIERENDE SCHLUCHT

Einer der schönsten Tageswanderungen an der Küste ermöglicht der **Charming Creek Walkway** (hin & zurück 6 Std.), der bei (fast) jedem Wetter attraktiv ist und einem alten Kohletransportweg durch die Ngakawau River Gorge folgt. Am Wegrand liegen zahllose rostige Gegenstände aus der Bergbauzeit, es gibt Eisenbahntunnel, eine Hängebrücke und einen Wasserfall, ganz zu schweigen von den vielen interessanten Pflanzen und geologischen Formationen.

Am Ausgangspunkt in **Ngakawau** liegt das **Charming Creek B&B** (☎0800 867 3529, 03-782 8007; www.bullerbeachstay.co.nz; Ngakawau; DZ inkl. Frühstück 139–169 NZ$; 📶), eine praktische Unterkunft für Wanderer. Die Zimmer sind sauber und – wie der Name sagt – sehr hübsch, als Schmankerl gibt es außerdem einen mit Treibholz befeuerten heißen Whirlpool direkt am Meer. Das Zwei-Tages-Paket (240 NZ$) schließt zwei Abendessen und ein Picknick-Lunchpaket für unterwegs ein.

Die Wanderung kann alternativ am Nordende des Wanderwegs beginnen, er liegt 10 km von **Seddonville** entfernt. In dem abgelegenen Ort am Mohikinui River bieten sich im **Seddonville Holiday Park** (☎03-782 1314) respektable Campingmöglichkeiten auf dem Gelände der alten Schule an. Wer nicht hin und zurück laufen will, findet sicher einen freundlichen Einheimischen, der einen die Strecke im Auto mitnimmt.

Trainierte Mountainbiker können eine Schleife fahren, wenn sie ihr Auto am Pub in Seddonville parken und dann im Uhrzeigersinn losfahren – eine tolle Tour über die Küstenstraße. Am Schluss lockt dann das kühle Glas Bier im Pub.

Flugzeug

Air New Zealand (☎0800 737 000; www.airnewzealand.co.nz) fliegt ein- oder zweimal täglich in die Hauptstadt, von bzw. nach Wellington (ab 89 NZ$).

Taxi

Buller Taxis (☎03-789 6900) bietet den Transport zum und vom Flughafen an (etwa 20 NZ$).

VON WESTPORT NACH KARAMEA

Die SH 67 Richtung Norden verläuft eng an der Felsküste entlang durch eine grüne Hügellandschaft. Wer die ganze Strecke nach Karamea fährt, sollte den Tank in Westport auffüllen, da es 98 km bis zur nächsten Tankstelle sind.

Der erste Ort hinter Westpoint ist **Waimangaroa**, dort gibt es einen Laden, bei dem man wegen des hausgemachten Kuchens und des guten Eis anhalten sollte. Hier im Ort befindet sich auch die Abzweigung zum **Denniston Plateau**, das 9 km landeinwärts und 600 m über dem Meeresspiegel liegt.

In Denniston wurde einst der größte Teil der neuseeländischen Kohle gefördert, 1911 lebten hier noch 1500 Einwohner – 1981 waren es gerade mal acht Personen. Berühmtheit erlangte der Ort durch eine spektakuläre Ingenieursleistung, den Bau der abenteuerlich steilen Seilbahn **Denniston Incline**. Die leeren Kohlegüterwagen wurden dabei durch das Gewicht der hinunterfahrenden vollen Waggons den 45 Grad steilen Hang hinaufgezogen.

Heute ist diese historische Stätte eine faszinierende Touristenattraktion, die in jüngster Zeit durch Schautafeln noch informativer gestaltet wurde. Wer die Broschüre über die *Denniston Rose Walking Tour* (für 2 NZ$ beim DOC und in der Westport Library erhältlich) gelesen hat, bekommt vielleicht Lust, im örtlichen Buchladen die bewegenden Romane von Jenny Pattrick zu kaufen, die in dieser Region spielen.

Die geführten Touren **Denniston Mine Experience** (☎0800 881 880; www.dennistonmineexperience.co.nz; Denniston; 2 Std. Erw./Kind 85/55 NZ$) enthalten auch eine Fahrt mit dem „Gorge Express“ in die einstige Bunbury-Kohlemine – eine vielleicht etwas unheimliche, aber dennoch faszinierende Fahrt in den Stollen. Außerdem ist es möglich oberirdisch auf dem **Denniston Bridle Track** wandern, der in einigen Abschnitten der Denniston Incline folgt, wunderbare Mountainbikefahrten unternehmen (Karten und Fahrräder gibt es bei Habitat Sports; siehe S. 515) und von einigen Picknickplätzen aus das atemberaubende Panorama genießen.

Vom verschlafenen **Granity**, 30 km nördlich von Westport, geht es 5 km hügelaufwärts zum beinahe geisterhaften Ort **Millerton,** von dort sind es weitere 3 km nach **Stockton**, der heute größten noch aktiven Kohlenmine Neuseelands. Der **Millerton Incline Walk** (hin & zurück 20 Min.) verläuft teilweise entlang der Trasse der abgebauten Kohlebergbahn und über eine Brücke und einen Damm. Unmittelbar nördlich von **Hector** befindet sich ein Denkmal für die Hector-Delfine, mit knapp anderthalb Metern Länge, die kleinste Delfinart Neuseelands: Die Tiere lassen sich hier immer mal wieder sehen; aber man braucht viel Zeit dazu. Sie lassen sich an der gerundeten Rückenflosse erkennen.

Lohnenswert ist auch der Charming Creek Walkway (S. 513). Weiter Richtung Norden führt die Seddonville Road zur **Rough and Tumble Bush Lodge** (☎03-782 1337; www.roughandtumble.co.nz; Mokihinui Rd.; Zi. 200 NZ$; 📶). Die Luxus-Lodge für Selbstversorger liegt umgeben von Wäldern und Wanderwegen an der Stelle, an der der Mohikinui River einen sanften Bogen beschreibt. Die einzelnen Zimmer und das von allen gemeinsam benutzte Haupthaus strahlen rustikale Eleganz aus, während die Küche so ausgestattet ist, dass eine ganze Armee versorgt werden könnte. Unbedingt im Voraus buchen!

An der Mündung des Mohikinui River, 3 km abseits des Highways, liegt der gar nicht so sanfte **Gentle Annie Beach**, hier befindet sich auch der friedliche Campingplatz **Gentle Annie Coastal Enclave** (☎03-782 1826, 0274 188 587; www.gentle annie.co.nz; De Malmanche Rd., Mohikinui; Stellplatz ab 12 NZ$, EZ/DZ/25/50 NZ$, Lodge 120–200 NZ$). Zur Anlage gehören Zeltplätze, eine Lodge, eine Reihe von separaten Selbstversorgerunterkünften und ein in den Sommermonaten geöffnetes Café. Oben auf dem Aussichtspunkt gibt es einen Irrgarten und jede Menge wie Glühwürmchen leuchtende Fliegenlarven.

Zwischen Mohikinui und Little Wanganui windet sich die Straße kurvenreich über das Steilufer **Karamea Bluff**, gesäumt von Wäldern aus Südinsel-Eisenholz und Schwarzkiefern. Von hier oben schweift der Blick immer wieder weit über die Tasmansee. Es lohnt sich, unterwegs eine Pause einzulegen und den Spazierweg **Lake Hanlon** (hin & zurück 30 Min.) zu laufen, den man auf der Karameaseite des Berges findet. Die Ufer des kleinne Sees sind üppig bewachsen.

RUND UM KARAMEA

Karamea (650 Ew.) ist ein Ort mit entspannter Atmosphäre und bezeichnet sich selbst als den „besten Geheimtipp" an der Westküste. Und wirklich: Wer einmal dort war, gerät anschließend ins Schwärmen. Obwohl ziemlich abseits gelegen, ist Karamea doch ein bisschen so etwas wie ein Mittelpunkt, denn es ist End- bzw. Ausgangspunkt der Fernwanderwege Heaphy Track und Wangapeka Track sowie des Oparara Basin, das man unbedingt besucht haben muss. Wegen des angenehmen Klimas, der Gelassenheit der Einheimischen und Besucher eignet sich die Region um Karamara ideal dazu, sich abseits überlaufener Touristenpfade ein paar faule Tage zu gönnen.

Sehenswertes & Aktivitäten

Hut ab vor der Gemeinde Karamara, die den sehr schönen **Karamea Estuary Walkway** angelegt hat. Der kurze Spazierweg (1 Std.) führt entlang des Karamea River und seiner Trichtermündung. Wie man hinkommt, wissen die Einheimischen oder man läuft immer der Nase nach bzw. holt sich einen Prospekt im Karamea Information & Resource Centre. Wenn man schon einmal dort ist, lohnt es sich, gleich auch die kostenlose Broschüre *Karamea* mitzunehmen, in der detailliert weitere Wanderungen vorgestellt werden. Dazu zählen die Wege **Big Rimu** (hin & zurück 45 Min.), **Flagstaff** (hin & zurück 1 Std.) und **Zig Zag** (hin & zurück 1 Std.).

Zu den längeren Wanderungen um Karamea zählen der **Fenian Track** (hin & zurück 4 Std.) zu den **Cavern Creek Caves** und nach **Adams Flat** (hin & zurück 4 Std.), wo die Nachbildung der Hütte eines Goldsuchers zu sehen ist, sowie die erste Etappe des **Wangapeka Track** nach Belltown Hut. Als Tagestour durch den Kahurangi National Park wird dieser Wanderweg im Allgemeinen von Tapawera im Motueka Valley aus in Angriff genommen.

Schwimmen, Angeln, Whitebaitangeln, Kajak- und Mountainbiketouren sind weitere mögliche Aktivitäten. Die jeweils besten Empfehlungen für alle Unternehmungen bekommt man von den Einheimischen. **Karamea Outdoor Adventures** (☎03-782 6181, 03-782 6646; www.karameaadventures.co.nz; Bridge St.; geführte Kajaktouren ab 45 NZ$, Kajak 2 Std. 45 NZ$, Fahrrad 2 Std. 25 NZ$) bietet geführte Kajaktouren auf den Flüssen Oparara und Karamea an und vermietet Kajaks und Mountainbikes, die Mitarbeiter geben auch Tipps für weitere Ausflüge in der Region.

OPARARA VALLEY

Im **Oparara Basin** nördlich von Karamea stößt man auf einige berühmte Naturwunder der Südinsel, u. a. spektakuläre Sandsteinbögen und einzigartige Höhlen in einer von ursprünglichem Regenwald überwucherten Karstlandschaft. Von Karamea aus fährt man zunächst auf der Hauptstraße 10 km Richtung Norden, dann biegt man an der McCallum's Mill Road ab und fährt weitere 15 km über eine kurvenreiche, manchmal ziemlich holprige Schotterstraße an einem Sägewerk vorbei.

Zum 200 m langen und 37 m hohen **Oparara Arch** – ein Felsbogen, der den gleichnamigen Fluss überspannt – führt ein leichter Fußweg (hin & zurück 45 Min.) durch einen alten Wald. Zum ebenso interessanten **Moria Gate Arch** (43 m lang, 19 m hoch) führt ein ähnlicher Weg (hin & zurück 1 Std.). Weitere Highlights sind der **Mirror Tarn** (Spiegelsee; leicht, hin & zurück 20 Min.) und die Höhlen **Crazy Paving & Box Canyon Caves** (hin & zurück 10 Min.; Taschenlampe mitnehmen!).

Hinter diesen liegen in einem Schutzgebiet des Kahurangi National Park die faszinierenden **Honeycomb Hill Caves & Arch**, die nur im Rahmen einer geführten Tour besichtigt werden dürfen (5 Std. 150 NZ$); Vorausbuchungen werden im Karamea Information and Resource Centre (S. 516) entgegengenommen. Hier wird erhält man auch Auskunft über andere geführte Touren in der Region.

Wer einen ganzen Tag unterwegs sein will, kann den lohnenden **Oparara Valley Track** laufen, der durch alte Wälder und am Fluss entlang führt (5 Std. reine Gehzeit); er endet am Parkplatz **Fenian Walk**. Im Information & Resource Centre kann man sich nach Transportmöglichkeiten zum/vom Wanderweg erkundigen und auch nach mittelschweren Kajaktouren fragen, die von Mitte Dezember bis April angeboten werden (2 St. 95 NZ$).

HEAPHY TRACK

Die Straße entlang der Westküste endet in **Kohaihai**, dem westlichen Ende des Heaphy Track (und für die meisten Wanderer auch Endpunkt ihrer Wanderung). Hier befindet sich ein **DOC-Campingplatz** (6 NZ$ pro Pers.), von dem aus ein- oder mehrtägige Wanderungen möglich sind. Eine Wandermöglichkeit ist der **Scotts Beach** (hin & zurück 1½ Std.), eine andere die **Heaphy Hut** (Hütte/Campingplatz 32/14 NZ$; 5 Std. Gehzeit). Wer Zeit hat, kann dort ein oder zwei Nächte vor dem Rückmarsch bleiben.

Die genannte Etappe kann auch mit dem Mountainbike befahren werden, ebenso der gesamte Heaphy-Wanderweg (2– 3 Tage) in den Monaten 1. Mai bis 30. September. Die Öffnung des Fernwanderwegs für Radfahrer ist jedoch derzeit nur ein Versuch, der nach 3 Jahren im September 2013 endet. **Habitat Sports** (☎03-788 8002; www.habitatsports.co.nz; 204 Palmerston St.) in Westport vermietet Räder und informiert detailliert.

Helicopter Charter Karamea (S. 516) fliegt für 675 NZ$ (750 NZ$) bis zu drei Personen plus Räder zum nördlichen Ende des Wanderwegs in der Golden Bay. Auch andere Punkte, an denen Wanderer abgesetzt oder abgeholt werden wollen, können vereinbart werden.

Detailinformationen zum Heaphy Track siehe www.heaphytrack.com.

Schlafen & Essen

Cafés und Restaurants sind unterwegs dünn gesät, daher ist es ratsam, sich im Karamea 4 Square Supermarket mit dem Nötigsten einzudecken und auf die Schilder „geöffnet" zu achten.

Last Resort RESORT $

(☎0800 505 042, 03-782 6617; www.lastresort.co.nz; 71 Waverley St., Karamea; B 37 NZ$, DZ 78–155 NZ$; @ 📶) Beim letzten Besuch wurde die weitläufige, rustikale Anlage gerade renoviert. Die Zimmer sowie die übrige Ausstattung sind zwar einfach, dafür wurde nicht an einheimischen Hölzern und Lokalkolorit gespart. Die Gemeinschaftsräume sind warm und gemütlich eingerichtet, ebenso das Café (Mittagessen 9–15 NZ$, Abendessen 18–29 NZ$), in dem es ganz normale Gerichte wie Burger, Fish & Chips und Caesar Salat gibt.

Rongo Backpackers HOSTEL $

(☎03-782 6667; www.rongobackpackers.com; 130 Waverley St., Karamea; Stellplatz ab 20 NZ$, B 30–32 NZ$, DZ & 2BZ 75 NZ$; @ 📶) Teils Künstlerparadies für Neo-Hippies, teils Bio-Garten für Vegetarier mit mehr als entspannter Atmosphäre und sogar eigener Radiostation (107.5 FM, www.karamearadio.com). Beliebt ist das Rongo bei Langzeitgästen, die oft hängenbleiben und dann mitarbeiten – entweder im Garten oder als Freizeit-DJs. Jede vierte Nacht ist kostenlos.

Karamea Farm Baches HÜTTEN $
(☎03-782 6838; www.karameamotels.com; 17 Wharf Rd., Karamea; DZ/3BZ/4BZ 90/115/140 NZ$; @📶) In diesen Ferienhäusern für Selbstversorger aus den 1960er-Jahren wird das Recycling groß geschrieben – bis hin zu den Spinnweben in den Zimmerecken und den ausgefransten Bettüberwürfen. Wer frisches Biogemüse, zutrauliche Hunde und unkonventionelle Gastgeber mag, wird begeistert sein.

Karamea River Motels MOTEL $$
(☎03-782 6955; www.karameamotels.co.nz; 31 Bridge St., Karamea; Zi. 125–165 NZ$; 📶) Die Auswahl der gepflegten Zimmer in diesem modernen, ländlichen Motel reicht von Studios bis zu Zwei-Zimmer-Wohneinheiten. Erwähnenswert sind die weiten Rundblicke, die Barbecues und die üppig grüne Gartenanlage mit Seerosenteich.

Karamea Holiday Park CAMPINGPLATZ $
(☎03-782 6758; www.karamea.com; Maori Point Rd., Karamea; Stellplatz ab 28 NZ$, Hütte 40–50 NZ$, DZ 86 NZ$; @📶) Der einfache, nicht mehr ganz der Zeit entsprechende Campingplatz mitten im Grünen an der Flussmündung liegt 3 km südlich von Market Cross. Die klassischen Holzhütten sind aber sauber und gepflegt.

Wangapeka Backpackers Retreat & Farmstay HOSTEL $
(☎03-782 6663; www.wangapeka.co.nz; Atawhai Farm, Wangapeka Valley; Campingplätze ab 10 NZ$, B 20 NZ$, EZ/DZ 45/75 NZ$; 📶) Auf diesem freundlich geführten Bauernhof mit entspannter Atmosphäre gibt es ansprechende Schlafsäle mit sauberer Bettwäsche und Mahlzeiten auf Bestellung. Unmittelbar nördlich von Little Wanganui stößt man auf eine Abzweigung zur Wangapeka Road, dann folgt man den Schildern. Von Karamea aus liegt das Hostel 20 km weiter südlich.

Karamea Village Hotel PUB $$
(karameahotel@xtra.co.nz; Ecke Waverley St. & Wharf Rd., Karamea; Hauptgericht 18–29 NZ$; ⏲11–23 Uhr) Einige einfache Freuden des Lebens sollte man sich hier gönnen: eine Runde Poolbillard mit Einheimischen, ein Glas Monteith's Original Ale und ein Sandwich mit frittiertem Whitebait (Weißfische). Alles ist vom Feinsten!

Praktische Informationen

Karamea Information & Resource Centre (☎03-782 6652; www.karameainfo.co.nz; Market Cross; ⏲Jan.–Mai tgl. 9–17 Uhr, Juni–Dez. nur Sa & So 9–13 Uhr; @) Das exzellente Zentrum in Gemeindebesitz bietet touristische Informationen, Internetzugang, Landkarten und vermietet DOC-Hütten. Außerdem kann man hier auch noch tanken.

An- & Weiterreise

Der Karamea Express (S. 513) verbindet Karamea und Westport (2 Std. 30 NZ$, Abfahrt Mai–Sept. Mo–Fr 7.50 Uhr, Okt.–April auch Sa). Die Busse fahren im Hochsommer zweimal täglich nach Kohaihai, in der Nebensaison nur auf Anfrage. Ein Transport nach Wangapeka kann ebenfalls arrangiert werden.

Das Unternehmen **Heaphy Bus** (☎0800 128 735, 03-540 2042; www.theheaphybus.co.nz) mit Sitz in Nelson verkehrt auch zwischen den beiden Endpunkten des Heaphy und Wangapeka Track.

Von Karamea kann man mit Hubschraubern von **Helicopter Charter Karamea** (☎03-782 6111; www.adventuresnz.co.nz; 79 Waverley St., Karamea) oder Golden Bay Air (S. 499) für etwa 175 NZ$ pro Person nach Takaka fliegen, um von dort dann auf dem Heaphy Track zurückzuwandern. Nähere Auskunft gibt es im Information & Resource Centre.

Rongo Backpackers bietet bei Bedarf einen Transportservice zu den Wanderwegen. Mögliche Ziele sind der Heaphy Track, Wangapeka, das Oparara Basin und Westport.

VON WESTPORT NACH GREYMOUTH

Die Fahrt auf der SH6 entlang der brandungsreichen Küste bietet herrliche Fernsicht übers Meer. Tank und Geldbörse sollten in Westport aufgefüllt werden, denn es gibt keine Tankstelle vor dem 92 km entfernten Runanga, der nächste Geldautomat liegt in Greymouth. Die Hauptattraktion dieser Strecke sind die geologisch faszinierenden Pancake Rocks (Pfannkuchenfelsen) bei Punakaiki. Die folgenden Informationen sind für diejenigen gedacht, die auf der Fahrt ein paar Stopps einlegen wollen.

Die 17 km südlich von Westport auf einem 52 ha großen ruhigen Grundstück gelegene **Beaconstone Eco Lodge** (☎027 431 0491; www.beaconstoneecolodge.co.nz; Birds Ferry Rd.; B 28–31 NZ$, DZ 66–74 NZ$; ⏲Okt.–Juni) ist sowohl umwelt- als auch gastfreundlich, denn hier wird sparsam mit Solarenergie geheizt.

Der Einrichtungsstil ist zwar ein wenig amerikanisch kühl, dennoch bietet die Lodge viele Vorzüge, wie etwa die gemütlichen Betten und die lockere Atmosphäre in den Gemeinschaftsräumen. Auf dem Gelände sind mehrere Buschspaziergänge direkt vom Haus aus möglich. Da die Lodge nur Platz für zwölf Personen bietet, sollte im Voraus gebucht werden.

Jack's Gasthof (☎03-789 6501; www.jacksgasthof.co.nz; SH6; Stellplatz ab 5, DZ 50 NZ$; ⏱Okt.–Mai) liegt 21 km südlich von Westport am Little Totara River. Der etwas wortkarge Jack tauschte vor über 22 Jahren Berlin gegen diesen heimeligen Ort. Er und seine Partnerin Petra führen die beliebte Pizzeria (Hauptgericht 10–25 NZ$, geöffnet ab 11 Uhr) mit angeschlossener Bar, in der überraschenderweise eine Disko-Kugel an der Decke blinkt. Für Nachtschwärmer gibt es Schlafgelegenheiten in Zimmern und auf dem Campingplatz.

Um einen authentischen Einblick in die Geschichte der Goldsuche in dieser Region zu bekommen, lohnt sich der Abstecher zur **Mitchell's Gully Gold Mine** (☎03-789 6553; www.mitchellsgullygoldmine.co.nz; SH6; Erw./Kind 10 NZ$/frei; ⏱9–17 Uhr), die 22 km südlich von Westport liegt. Dort trifft man auf die Nachkommen eines Pioniers und kann die Familiengoldmine besichtigen. Interessante Geschichten werden erzählt und es gibt Erinnerungsstücke, Tunnel und Bahngleise, außerdem ein Riesenwasserrad.

Die nächste Unterbrechungsmöglichkeit ist **Charleston**, 26 km südlich von Westport. Heute kaum zu glauben, dass dieser Ort in den 1860er-Jahren des Goldrauschs einen Boom mit 80 Hotels, drei Brauereien und Hunderten hungriger Goldsucher erlebte, die hier ihre Claims entlang des Nile River absteckten. Heute ist davon nicht mehr viel übrig, abgesehen von einem Motel, einem Campingplatz, einer Reihe von Häusern einheimischer Kiwis und dem exzellenten Unternehmen Norwest Adventures (S. 511), das die Touristen zu einigen versteckten Naturwundern führt.

Von Charleston nach Punakaiki geht die Fahrt weiter durch eine attraktive Landschaft, einem Mix aus Tiefland-Pakihi-Büschen und üppigen grünen Wäldern am Rand einiger Buchten. Die unnachgiebig an die Küste brandenden Wellen haben einige dramatisch geformte Felsklippen geschaffen. Wenn es der nachfolgende Verkehr zulässt, sollte man so langsam wie möglich fahren, um diesen schönen Küstenabschnitt zu genießen.

Punakaiki & Paparoa National Park

Auf halbem Weg zwischen Westport und Greymouth liegt Punakaiki, eine kleine Siedlung am Rand des urtümlichen, 38000 ha großen Paparoa National Park. Die meisten Reisenden machen hier nur einen kurzen Zwischenstopp, bei dem sie ein Eis essen und einen schnellen Blick auf die Pancake Rocks werfen. Das ist schade, weil es hier auch ausgezeichnete Wandermöglichkeiten und einige bedauernswert wenig besuchte Unterkünfte gibt.

Sehenswertes

Der Paparoa National Park begeistert mit einer Fülle an Naturwundern: Klippen, eine überwältigende Bergkette, herrliche Kalksteinflusstäler, eine vielfältige Flora und die Brutkolonie der Westlandsturmvögel – die weltweit einzige bekannte dieses seltenen Seevogels.

Pancake Rocks NATURLANDSCHAFT

Punakaiki ist berühmt für die fantastischen Pancake Rocks und Spritzlöcher. Durch den Prozess der Schichtverwitterung, das sogenannte Stylobedding, hat der Dolomite-Point-Kalkstein die Form von dicken Pfannkuchenstapeln angenommen. Bei Flut (die Tidenzeiten sind im Visitor Information Centre angeschlagen) strömt das Meer in Aushöhlungen hinein und schießt dann brüllend aus Spritzlöchern ins Freie. Wenn man das Phänomen an einem stürmischen Tag beobachtet, begreift man, wie ausgeliefert der Mensch der Natur ist. Ein leichter, 15-minütiger Rundkurs führt vom Highway hinaus zu den Felsen und Spritzlöchern.

Aktivitäten

Wanderwege um Punakaiki gibt es viele, zu erwähnen sind der **Truman Track** (hin & zurück 30 Min.) und der **Porari River Track** (3½ Std.), der zunächst durch die spektakuläre Kalksteinschlucht des Pororari River aufwärts führt, dann kurz über einen Hügel verläuft und schließlich dem Flussbett des mit Felsblöcken übersäten Punakaiki River folgt, bis er zu guter Letzt am Highway endet.

Wer trittsicher ist, kann auch zur **Fox River Tourist Cave** (hin & zurück 3 Std.)

wandern, die 12 km nördlich von Punakaiki liegt und für Amateur-Höhlenforscher zugänglich ist. Unbedingt an eine Taschenlampe und festes Schuhwerk denken!

Andere Wanderwege des Nationalparks werden detailliert in der DOC-Broschüre *Paparoa National Park* (1 NZ$) vorgestellt, u. a. auch der **Inland Pack Track** (2–3 Tage), der 1867 von Bergarbeitern angelegt wurde, um schwieriges Küstenterrain zu umgehen.

Viele Wanderwege im Innern des Nationalparks werden häufig vom Fluss überflutet; daher ist es ratsam, sich vor Aufbruch im DOC Visitor Centre in Punakaiki nach der aktuellen Situation zu erkundigen. Wer ganz auf Nummer sicher gehen will, engagiert einen einheimischen Führer.

Nature's Tours GEFÜHRTE ÖKOTOUR
(☎03-731 1442; www.naturestours.co.nz; 4 Std. 125 NZ$) Zane von Nature's Tours sprüht vor Leidenschaft für die unberührte Natur seiner Heimat und schafft es perfekt, diese in seine informativen Wanderungen voller Geschichten – gewürzt mit viel Witz – einfließen zu lassen. In seinen vierstündigen Touren zeigt er seinen Gästen die Pancake Rocks, den Truman Track und den Pororari River. Individuelle Wanderungen, die zwischen 2 Std. und 2 Tagen dauern können, lassen sich ebenfalls vereinbaren.

Punakaiki Canoes KAJAK FAHREN
(☎03-731 1870; www.riverkayaking.co.nz; SH6; Kanu 2 Std./Tag 35/55 NZ$, Familientarife mögl.) Der Pororari River bietet sich für leichte, familienfreundliche Paddeltouren an. Der darauf spezialisierte Sportausrüster vermietet Kanus in der Nähe der Brücke über den Pororari River.

Punakaiki Horse Treks REITEN
(☎03-731 1839; www.pancake-rocks.co.nz; SH6; 2½ Std. 145 NZ$; ⌚Okt.–Juni) Die Stallungen von Punakaiki Horse Treks befinden sich neben den Hydrangea Cottages, die Mitarbeiter bieten Ausritte durch das Punakaiki Valley mit Flussdurchquerungen an, der Ausritt endet am Meer.

Schlafen & Essen

Es gibt Gutes und Schlechtes zu berichten. Das Gute zuerst: In Panakaiki finden die Touristen bestens Unterkünfte, dafür hat der Ort kein Lebensmittelgeschäft und keine Tankstelle. Außerdem sind die beiden Cafés neben dem zentralen Besucherparkplatz alles andere als einladend. Ganz anders dagegen die Taverne die Straße hinunter, die sich sehr um das Wohl ihrer Gäste bemüht. Weiter so, Team Pub!

LP TIPP **Punakaiki Beach Hostel** HOSTEL $
(☎03-731 1852; www.punakaikibeachhostel.co.nz; 4 Webb St.; Stellplatz pro Pers. 20 NZ$, B/EZ/DZ 27/53/71 NZ$; @📶) Das kanariengelb gestrichene Hostel direkt am Strand mit Blick von der Veranda übers Meer liegt in der Nähe der Pancake Rocks. Die Kooperative weiß genau, was die Gäste wünschen: ein sauberes Hostel mit guten Betten, Gemeinschaftseinrichtungen und Mitarbeitern, die lächeln, weil sie es wirklich so meinen.

Punakaiki Beach Camp CAMPINGPLATZ $
(☎03-731 1894; beachcamp@xtra.co.nz; 5 Owen St.; Stellplatz 31, DZ 46 NZ$) Der von salzhaltiger Luft erfüllte Platz vor nackter Felskulisse und mit festem Grasuntergrund bietet saubere Hütten in altem Stil und tadellose Sanitäreinrichtungen.

Te Nikau Retreat LODGE $
(☎03-731 1111; www.tenikauretreat.co.nz; Hartmount Pl.; Stellplatz ab 18 NZ$, B 27 NZ$, DZ 71–86 NZ$, Hütte ab 96 NZ$; @📶) Auf diesem unkonventionell angelegten Gelände stehen die zahlreichen Gebäude versteckt im Regenwald und haben dort ihren jeweils eigenen Platz. Von allen ist es nur ein Katzensprung zum Strand. Es gibt Schlafsäle im Haupthaus, einige nette Hütten und die größere Nikau Lodge, in der bis zu zehn Personen Platz finden. Die Sterngucker-Hütte ohne Dach ist zwar winzig, aber ein Spaß für Besucher, die gern unter freiem Nachthimmel schlafen.

Hydrangea Cottages FERIENHAUS $$
(☎03-731 1839; www.pancake-rocks.co.nz; SH6; DZ 140–220 NZ$; 📶) Die fünf einzeln auf einem Hügel mit Blick auf die Tasmansee stehenden Ferienhäuser (im größten ist Platz für sieben Pers.) sind aus Holz und Stein erbaut – alles Materialien, die aus den Flüssen der Umgebung stammen. Die meisten sind für Selbstversorger gedacht. Es herrscht eine noble und doch entspannte Atmosphäre in dieser Enklave mit bunten Mosaiken und einem hübschen Garten. Den Besitzern gehören auch die Pferdeställe von Punakaiki Horse Treks.

Punakaiki Tavern PUB $$
(www.punakaikitavern.co.nz; SH6; Hauptgericht 19–32 NZ$; ⌚8 Uhr bis spätabends) Ob Frühstück, Mittag- oder Abendessen: Hier gibt es

immer gutes Essen und großzügig bemessene Portionen in gemütlicher Atmosphäre. Abends besteht das Publikum sowohl aus Einheimischen wie Touristen aus aller Welt, sodass es viel Gelegenheit gibt, sich zu unterhalten und freundschaftlich über die verschieden auszulegenden Regeln des Poolbillards zu debattieren.

Praktische Informationen

Paparoa National Park Visitor Information Centre und i-SITE (03-731 1895; www.doc.govt.nz; SH6; Okt.–Nov. 9–17 Uhr, Dez.–März 9–16 Uhr, April–Sept. 9–16.30 Uhr) Hier erhält man Informationen über den Park und den Zustand der Wanderwege, außerdem können hier Touren zu den lokalen Sehenswürdigkeiten sowie Unterkünfte gebucht werden (auch Hütten).

Siehe auch www.punakaiki.co.nz.

An- & Weiterreise

InterCity (03-365 1113; www.intercity.co.nz) bietet tägliche Verbindungen nach Westport (ab 13 NZ$, 3 Std.), Greymouth (ab 10 NZ$, 45 Min.) und Franz Josef Village (ab 33 NZ$, 4 Std.). **Naked Bus** (www.nakedbus.com) bietet dreimal pro Woche einen vergleichbaren Service über die SH6. Beide Gesellschaften fahren so, dass es genügend Zeit gibt, einen Blick auf die Pancake Rocks zu werfen.

Die Küstenstraße

Auf der einen Seite der Fernstraße von Punakaiki nach Greymouth rollen Wellenberge mit weißen Schaumkronen auf die zerklüfteten Buchten zu, auf der anderen Seite ragen die steilen, mit Gebüsch bewachsenen Flanken der als Nationalpark ausgewiesenen Paparoa Ranges auf.

In **Barrytown**, 16 km südlich von Punakaiki, führen Steve und Robyn ihre Firma **Barrytown Knifemaking** (0800 256 433, 03-731 1053; www.barrytownknifemaking.com; 2662 SH6, Barrytown; Kurs 130 NZ$ pro Pers.; Mo geschl.). Hier kann man sein Messer selbst herstellen – angefangen von der handgeschmiedeten Klinge bis zum Schnitzen des Griffs aus heimischem Eisenholz. Ein Tageskurs umfasst auch das Mittagessen, Bogenschießen, Axtwerfen und andere martialische Aktivitäten sowie Steves zahlreiche unterhaltsame Späße. Eine Buchung ist notwendig, der Transport von Punakaiki aus kann organisiert werden.

Vom **Ti Kouka House** (03-731 1460; www.tikoukahouse.co.nz; 2522 SH6, Barrytown; DZ inkl. Frühstück 295 NZ$;) mit subtropischem Regenwald im Hintergrund hat man freien Blick auf die zerklüftete Meeresküste. Das ausgezeichnete B&B mit drei Luxuszimmern bietet zudem Antiquitäten aus aller Welt und viel altes Holz, darunter Türen und Fenster, die schon als historisch zu bezeichnen sind.

Das **Breakers** (03-762 7743; www.breakers.co.nz; 1367 SH 6, Nine Mile Creek; DZ inkl. Frühstück 215–355 NZ$; @) 14 km nördlich von Greymouth ist ein echter Geheimtipp an der Küste. Die wunderschön ausgestatteten Zimmer mit Bad bieten einen weiten Blick übers Meer. Für Unerschrockene gibt es tolle Surfmöglichkeiten ganz in der Nähe. Die Gastgeber sind nicht nur freundlich, sondern auch ganz versessen aufs Mountainbiken.

REEFTON & GREY VALLEY

Anstatt von Murchison aus den SH6 die Küste entlang zu nehmen, kann man an der Inangahua Junction abbiegen und im Hinterland über gewundene Straßen nach Reefton und von dort aus über die Berge ins Grey Valley fahren.

Inmitten des sich wieder erholenden Waldes erinnern kleine Ortschaften an den vergeblichen Versuch, hier Landwirtschaft zu betreiben, und an den Goldrausch der 1860er-Jahre.

Reefton

1000 EW.

Seit Generationen ist Reefton einerseits als Bergarbeiterstadt berühmt, andererseits dafür bekannt, dass es als erster Ort Neuseelands eine eigene Stromversorgung und Straßenbeleuchtung besaß (daher auch ihr Titel „Stadt des Lichts"). Heute jedoch ist etwas anderes in aller Munde: Es begann – so unwahrscheinlich das klingt – mit der Anlage eines Roller Parks, der sich sehen lassen kann und Skateboarder, Rollerblader und BMX-Fahrer aus ganz Neuseeland anlockt. Zitat eines Einheimischen: „Das ist mehr als wir verdient haben", was aber so nicht stehen gelassen werden kann: Wenn so viele Freiwillige und Sponsoren sich einsetzen, um eine so ausgefallene öffentliche Einrichtung auf die Beine zu stellen – und das in einer Stadt, die immer noch wie eine Filmkulisse für *Bonanza* aussieht – muss es doch etwas Besonderes auf sich haben mit dieser verrückten kleinen Stadt!

Sehenswertes & Aktivitäten

Wegen seiner zahllosen alten Gebäude in einem Umkreis von nur 200 m ist Reefton eine faszinierende Stadt zum Bummeln. Wer in welchen Haus wohnte, kann man auf der kurzen **Heritage Tour** erfahren, die in dem leider miserabel fotokopierten Faltblatt „Historic Reefton“ (1 NZ$) beschrieben wird, das es bei der i-SITE gibt.

Dort ist kostenlos auch das Reefton-Faltblatt erhältlich, in welchem Einzelheiten über die historischen Stätten aufgelistet sind und weitere kurze Spaziergänge, darunter der **Reefton Walkway** (40 Min.) und der **Powerhouse Walk** (40 Min.), vorgestellt werden. Lohnend als Wanderungen sind auch die Wege rund um die alten Goldgräberareale von Blacks Point und Murray Creek, u. a. die schöne Rundwanderung **Murray Creek Loop** (5 Std.). Vor allem für Mountainbiker ist die Gegend ein Paradies! Räder verleiht **Picture Framers** (☎03-732 8293; 45 Broadway; Rad ab 10 NZ$).

Reefton liegt am Rand des 206 000 ha großen **Victoria Forest Park** (Neuseelands größtem Park in bewaldeten Gelände), in dem fünf verschiedene Arten von Südbuchen (*Nothofagus*) wachsen.

Die dreitägigen Wanderwege **Kirwans**, **Lake Christabel** und **Robinson River Track** sind sehr empfehlenswert, ebenso der zweitägige **Big River Track**, der sich immer mehr auch zu einer Pflichtübung für Mountainbiker entwickelt. Der Weg endet am historischen Ort Waiuta, 21 km südlich von Reefton, der einst eine ungehemmt wachsende Goldgräberstadt war, aber 1951 aufgegeben wurde, nachdem die Mine eingestürzt war. Bei i-SITE gibt es Informationen und Landkarten.

Blacks Point Museum MUSEUM
(Blacks Point, SH 7; Erw./Kind/Fam. 5/3/15 NZ$; ⏲ganzjährig Mi–Fr & So 9–12, 13–16 Uhr, Okt.–April zusätzl. Sa 13–16 Uhr) Das von der Gemeinde betriebene Museum liegt etwa 2 km östlich von Reefton auf der Christchurch Road in einer alten Kirche. Gezeigt werden verschiedene Bergbauutensilien. Am Ende des Zufahrtwegs steht das noch funktionierende Pochwerk **Golden Fleece Battery** (Erw./Kind 1 NZ$/frei; ⏲Okt.–Apr. Mi & Sa 13–16 Uhr) zum Zerkleinern von goldhaltigem Quarzgestein. Hier befindet sich auch der Ausgangspunkt für die Wanderungen um Blacks Point.

Bearded Mining Company SKURRILES
(Broadway; Eintritt: Spende; ⏲9–14 Uhr) Die Typen, die hier in der Bergarbeiterhütte an der Hauptstraße herumhängen, sehen aus wie die einer ZZ-Top-Coverband und fiebern vor Ungeduld, ihre unglaublichen, aber wahren Geschichten zum Besten zu geben, bei denen es einem die Schuhe auszieht. Mit etwas Glück gibt es auch einen Tee aus der Blechbüchse.

Geführte Touren

Globe Gold Mine Tours KULTUR
(☎027 442 4777; www.reeftongold.co.nz) Wer sich intensiver mit der Geschichte Reeftons beschäftigen will, sollte eine von Paul und Ronnies Touren bei der i-SITE buchen oder bei ihnen selbst in den Broadway Tearooms vorbeischauen. Auf der „Heritage Tour“ (2 Std. 25 NZ$) werden die Highlights der Stadt vorgestellt. Bei der „Gold Mine Tour“ (Erw./Kind/Fam. 55/30/120 NZ$) geht es zum örtlichen Bergwerk, wo man über den Grubenrand hinunterschauen und die zahlreichen Riesenmaschinen in Aktion sehen kann. Die Touren starten um 12 und 14 Uhr, im Sommer gibt es auch Abendtouren.

Feste & Events

Reefton Summer Festival KULTUR
(www.reefton.co.nz) Das fortschrittliche Reefton hat ein Spaß-Festival ins Leben gerufen, das ab Mitte Dezember mit Weihnachtsliedern und Nikolausauftritten beginnt und sich mit Quiznächten, Gokart-Rennen und dem Pferderennen Reefton Gallops über einen Monat hinzieht.

Schlafen & Essen

Lantern Court Motels MOTEL $$
(☎03-732 8574, 0800 526 837; www.lanterncourtmotel.co.nz; 63 Broadway; DZ alter Trakt 95–120 NZ$, neuer Trakt 40–165 NZ$; 📶) Die ursprünglichen Unterkünfte in diesem historischen Hotel sind im alten Stil renoviert worden und bieten hochwertige Wohneinheiten für alle Selbstversorger, von Einzelreisenden bis zu Familiengruppen. Der schönste Ort zum Ausspannen in der Stadt ist die Veranda. Jetzt verfügt der gut mit dem alten Gebäude harmonierende neue Hotelkomplex nebenan über jeden modernen Komfort mit einem Hauch klassischem Design.

Reefton Motor Camp CAMPINGPLATZ $
(☎03-732 8477; roa.reuben@xtra.co.nz; 1 Ross St.; Platz ab 25, DZ 45 NZ$) Der schon etwas

in die Jahre gekommene Campingplatz am Inangahua River liegt nur 1 Min. zu Fuß vom Broadway entfernt. Alles was zum Zelten notwendig ist, wurde hinreichend ausgebaut, der Platz bietet dazu noch die Vorteile eines großen grünen Sportareals mit Schattenplätzen unter Bäumen.

Old Nurses Home GUESTHOUSE $

(☎03-732 8881; reeftonretreat@hotmail.com; 104 Shiel St.; EZ/DZ 40/80 NZ$; @📶) Die beste Wahl unter den preiswerten Unterkünften: Das herrschaftliche alte Haus ist gemütlich, hat bemerkenswert gute Gemeinschaftsbereiche, z. B. eine schöne Gartenanlage und Patios. Die sauberen Zimmer sind luftig und haben bequeme Betten.

Broadway Tearooms BÄCKEREI $

(31 Broadway; Snacks 3–8 NZ$, Mahlzeit 10–20 NZ$; ⌚5–15 Uhr) Die rustikale Teestube im historischen Reefton lockt tagsüber viele Leute aus dem Ort an – und dies aus gutem Grund: Aus der Backstube kommen Köstlichkeiten wie mit Creme gefüllte Donuts, aber auch gute Fleischpasteten und echtes Shortbread. Wer gerne warm essen möchte, bekommt ein Frühstück mit Ei oder ein Mittagessen mit Whitebait, dem berühmten neuseeländischen Weißfisch. An den Tischen im Freien sitzt man angenehm, drinnen verkürzt die hübsche Sammlung kleiner Messkännchen das Warten.

Wilson's PUB

(32 Broadway; Hauptgericht 15–29 NZ$; ⌚11–23 Uhr) Ein Pub, in dem sich jeder in der Stadt wohlfühlt – ob rauchende Jugendliche oder Suppe schlürfende Pensionäre. Auf der Karte stehen Fleisch- und zwei vegetarische Gerichte, allesamt herzhaft und hausgemacht. Gelegentlich sorgen Bands oder DJs für eine ausgelassene Stimmung.

ℹ Praktische Informationen

In der **Reefton i-SITE** (☎03-732 8391; www.reefton.co.nz; 67 Broadway; ⌚Nov.–März 9–17 Uhr, April–Okt. 9–16.30 Uhr @) gibt es hilfreiche Mitarbeiter und eine Nachbildung der Quartzopolis Mine im Kleinformat. Einen Internetzugang bietet die Bibliothek, die gleichzeitig als Postagentur fungiert.

ℹ An- & Weiterreise

Busse von **East West Coach** (☎03-789 6251, 0800 142 622; eastwestco@xtra.co.nz) fahren täglich nach Westport (29 NZ$, 1¼ Std.) und Christchurch (54 NZ$, 3¾ Std.).

Blackball

Blackball liegt etwa 25 km nördlich von Greymouth im Grey Valley. Es wurde im Jahr 1866 zunächst ein Quartier der Goldgräber, zwischen 1890 und 1954 dominierte der Kohleabbau. Die Gewerkschaft National Federation of Labour wurde hier nach den folgenschweren Streiks von 1908 und 1931 gegründet.

Mittelpunkt des öffentlichen Lebens von Blackball bildet das **Formerly the Blackball Hilton** (☎03-732 4705, 0800 425 225; www.blackballhilton.co.nz; 26 Hart St.; 40/55 NZ$ ohne/mit Frühstück). Berühmt wurde das Hotel wegen seiner Namensänderung, nachdem eine bekannte internationale Hotelkette gereizt auf die Namenswahl reagiert hatte – deswegen die Erweiterung um „formerly" – ehemalig. In diesem öffentlichen, zum New Zealand Historic Place ernannten Haus gibt es Erinnerungsstücke in Hülle und Fülle, außerdem warme Mahlzeiten, ein kühles Bier, reichlich Nachmittagssonne und zahlreiche saubere Zimmer, die den Charme vergangener Zeiten nicht verleugnen.

Ebenso berühmt wie das Hilton sind die Waren der Gourmetmetzgerei **Blackball Salami Co** (www.blackballsalami.co.nz; 11 Hilton St.; ⌚Mo–Fr 8–16, Sa 9–14 Uhr). Die Wild- und Rindersalami ist superlecker, ebenso köstlich sind die „Snarlers" (wie die Neuseeländer sagen) – für die Nichteingeweihten: Würstchen.

Lake Brunner

Lake Brunner liegt landeinwärts von Greymouth, der See ist über die SH7 erreichbar (Abzweigung bei Stillwater). Die alternative Anfahrtsroute führt von Süden aus über die Kumara Junction. Die Einheimischen behaupten, Lake Brunner und der Arnold River seien die besten Forellenangelgründe der Welt – stolze Worte, die auch andernorts in Neuseeland zu hören sind. In der i-SITE von Greymouth kann ein Angelführer vermittelt werden.

Moana ist der Hauptort am See, hier beginnen auch einige Kurzwanderungen, unter anderem der **Velenski Walk** (einfach 20 Min.) und der **Rakaitane Track** (hin & zurück 45 Min.). Beide vermitteln Eindrücke von See, Fluss und Wäldern.

Das **Station House Cafe** (40 Koe St.; Mittagessen 12–19 NZ$, Abendessen 28–30 NZ$; ⌚Dez.–Feb. 9.30–22 Uhr, März–Nov. 10.30–

22 Uhr), das auf einem Hügel gegenüber dem Haltebahnhof des *TranzAlpine* in Moana liegt, ist immer eine gute Empfehlung für eine Erfrischungspause. Den grandiosen Rundblick sollte man mit einem Glas Wein feiern!

Das **Lake Brunner Country Motel** (☎03-738 0144; www.lakebrunnermotel.co.nz; 2014 Arnold Valley Rd.; Zeltplatz ab 30 NZ$, Hütte 54–145 NZ$) ist eine ideale Anlaufstelle für ein bis zwei Tage Pause, selbst wenn der See nicht direkt auf der geplanten Reiseroute liegt. Die Hütten, Cottages und Stellplätze für Wohnmobile liegen verstreut zwischen einheimischen Pflanzen im Grünen. Wer zeltet, kann sich über einen weichen Grasboden auf dem rückwärtigen Zeltplatz freuen. Hier herrscht Ruhe pur, einmal abgesehen vom Vogelgezwitscher und dem Geblubbere des Whirlpools. Das Motel liegt etwa 37 km von Greymouth entfernt und rund 2 km nördlich von Moana.

GREYMOUTH

10 000 EW.

Willkommen im „Big Smoke", der Kapitale des Westland. Die größte Stadt der Westküste liegt an der Mündung des einfallslos Grey River genannten Flusses und blickt auf eine stolze Vergangenheit als Goldgräbersiedlung zurück, aber auch auf immer wiederkehrende Überflutungen, die heute durch einen Deich in Schranken gehalten werden.

Da Greymouth an der Hauptstraße und Bahnstrecke von Christchurch über den Arthur's Pass und die Southern Alps liegt, kommen hier ziemlich viele Touristen vorbei. Die Stadt ist gut gerüstet, die Bedürfnisse der Besucher zu befriedigen und ihnen ausgefallene Attraktionen zu bieten – Shantytown ist da zweifellos die berühmteste.

Sehenswertes & Aktivitäten

Shantytown MUSEUM

(www.shantytown.co.nz; Rutherglen Rd., Paroa; Erw./Kind/Fam. 31,50/15,50/74 NZ$; ⏲8.30–17 Uhr) In Shantytown, 8 km südlich von Greymouth und 2 km landeinwärts von der SH6 gelegen, wurde eine Goldgräberstadt der 1860er-Jahre originalgetreu wieder zum Leben erweckt – touristengerecht mit Dampflokfahrten und dem Nachbau von Post, Pub und „Rosie's House of Ill Repute". Als weitere Attraktionen gibt es die Möglichkeit, Gold zu waschen, eine Seilrutsche, ein Sägewerk und ein Krankenhaus voller Furcht erregender Instrumente und schließlich eine zehnminütige holografische Filmvorführung im neuen Princess Theatre.

LP TIPP **Left Bank Art Gallery** GALERIE

(www.leftbankarts.org.nz; 1 Tainui St.; Eintritt frei/Spende; ⏲tgl. 10–16 Uhr) Im 90 Jahre alten ehemaligen Bankgebäude werden heute zeitgenössische neuseeländische Jadeschnitzereien gezeigt, außerdem Drucke, Gemälde, Fotografien und Keramiken. Die Galerie fördert und unterstützt zahlreiche Künstler der Westküste.

History House Museum MUSEUM

(www.history-house.co.nz; 27-29 Gresson St.; Erw./Kind 6/2 NZ$; ⏲Mo–Fr 10–16 Uhr) In diesem Museum wird mit Hilfe einer eindrucksvollen Fotosammlung die Geschichte Greymouths vor 1920 dokumentiert.

Floodwall Walk SPAZIERGANG

10 Min. dauert der Spaziergang von der Cobden Bridge am Mawhera Quay entlang; der längere, rund einstündige Rundgang führt zusätzlich zum Fischereihafen, Hafendamm und Blaketown Beach.

Point Elizabeth Walkway SPAZIERGANG

Der 6 km nördlich von Greymouth an der Dommett Esplanade beginnende Spazierweg (hin & zurück 3 Std.) führt die Küste aufwärts ins Rapahoe Range Scenic Reserve – ein wunderschöner Weg durch Podocarp-Wälder, durchsetzt mit einigen im Sommer (Dezember bis Februar) leuchtend rot blühenden Eisenholzbäumen.

Geführte Touren

Kea Heritage Tours GEFÜHRTE TOUR

(☎0800 532 868; www.keatours.co.nz) Auf den erstklassigen Touren unter sachkundiger Leitung geht es zu verschiedenen Orten der Westküste und interessanten Zielen im Landesinneren. Zu den kurzen Touren zählt die halbtägige Punakaiki Tour (105 NZ$), lohnend ist auch der Tagesausflug zu den Gletschern Franz Josef und Fox (287 NZ$). Zu den vielen weiteren Angeboten zählt auch die mehrtägige Fahrt, die der Jade-Handelsroute der Maori folgt.

Monteith's Brewing Co GEFÜHRTE TOUR

(www.monteiths.co.nz; Ecke Turumaha & Herbert St.) Beim letzten Besuch stand die modernisierte Brauerei gerade vor ihrer Wiedereröffnung, zukünftig sind wieder Führungen und Bierverkostung möglich. Auskunft

Greymouth

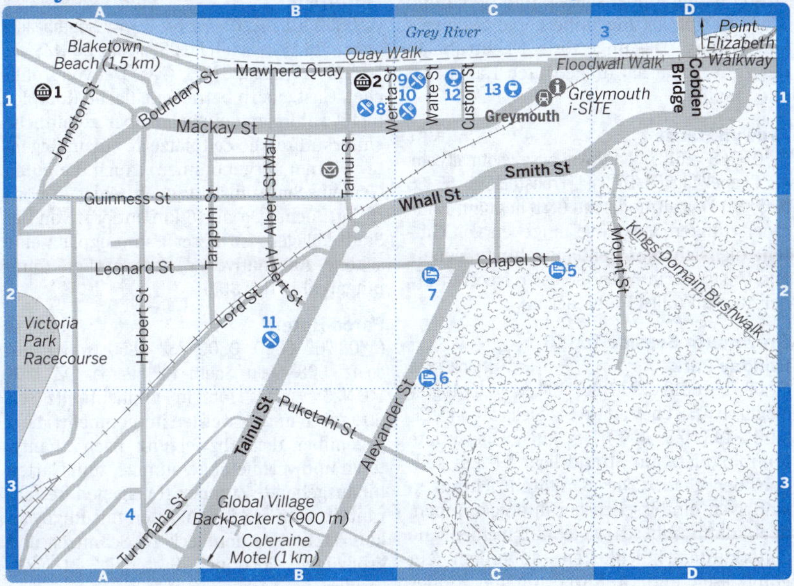

Greymouth

Sehenswertes
1 History House Museum A1
2 Left Bank Art Gallery B1

Aktivitäten, Kurse & Touren
3 Floodwall Walk D1
4 Monteith's Brewing Co A3

Schlafen
5 Ardwyn House C2
6 Kaianga-ra YHA C2
7 Noah's Ark Backpackers C2

Essen
8 Ali's Eating & Drinking B1
9 DP:One Cafe C1
10 Frank's Late Night Lounge C1
11 Priya B2

Ausgehen
12 Royal Hotel C1
13 Speight's Ale House C1

erteilen die i-SITE bzw. die Mitarbeiter am Eingangstor der Brauerei.

Schlafen

Global Village Backpackers HOSTEL $
(☎03-768 7272; www.globalvillagebackpackers.co.nz; 42 Cowper St.; Stellplatz ab 17 NZ$, B/DZ/3BZ/4BZ 28/68/96/120 NZ$; @📶) Bei der Einrichtung dieser Herberge geht die afrikanische und asiatische Kunst eine interessante Mischung ein. Kajaks (das Lake Karoro Wetlands Reserve befindet sich gleich nebenan) und Mountainbikes können kostenlos ausgeliehen werden. Erholung stellt sich dank Whirlpool, Sauna, Barbecue und Grillplatz ganz von allein ein.

Noah's Ark Backpackers HOSTEL $
(☎0800 662 472, 03-768 4868; www.noahsarkbackpackers.co.nz; 16 Chapel St.; Stellplatz 32 NZ$, B/EZ/DZ 27/52/66 NZ$; @📶) In diesem ehemaligen Kloster finden die Gäste heute mit exzentrischen Tiermotiven ausgestattete Zimmer und Balkone vor, auf denen sie die Sonnenuntergänge bewundern können. Wie es sich für eine Arche gehört, gilt der Preis pro Stellplatz für zwei Personen. Mountainbikes und Angeln können kostenlos ausgeliehen werden.

Kaianga-ra YHA HOSTEL $
(☎03-768 4951; www.yha.co.nz; 15 Alexander St.; B 31 NZ$, EZ/DZ 68/80 NZ$; @📶) Das 1937 als

Heim der Maristen-Bruderschaft errichtete Hostel ist geräumig, sauber, funktional und – wie es sich als Jugendherberge geziemt – sittenstreng. Die ungestörte Nachtruhe in der zum Schlafsaal umgebauten Kapelle ist allen heilig.

Ardwyn House B&B $
(☎03-768 6107; ardwynhouse@hotmail.com; 48 Chapel St.; EZ/DZ inkl. Frühstück ab 55/85 NZ$; 📶) Das altmodische B&B liegt am Ende einer ruhigen Sackgasse umgeben von Gärten, die sich die Steilhänge hinaufziehen. Die Gastgeberin Mary, selbst reiseerfahren, bereitet ein tolles Frühstück zu.

Greymouth Seaside Top 10 Holiday Park CAMPINGPLATZ $
(☎03-768 6618, 0800 867 104; www.top10greymouth.co.nz; 2 Chesterfield St.; Stellplatz 44 NZ$, DZ 64–193 NZ$; @📶) Der gut ausgestattete Campingplatz am Strand liegt 2,5 km südlich der Stadt. Die Sanitäreinrichtungen sind zwar ein bisschen heruntergekommen, doch dafür gibt es viele unterschiedliche Unterkunftsmöglichkeiten, außerdem ein Hüpfkissen und Go-Karts, um die Kinder bei Laune zu halten.

Coleraine Motel MOTEL $$
(☎03-768 077, 0800 270 0027; www.colerainemotel.co.nz; 61 High St.; DZ 152–225 NZ$; @📶) Dank der Rattanmöbel, den mit Whirlpools ausgestatteten Bädern und den extra breiten Betten ist das Coleraine Motel wohl die beste Luxusherberge der Stadt. Die preisgünstigeren Apartments mit ein oder zwei Schlafzimmern sind aber beinahe ebenso schön. In der allen gemeinsam zur Verfügung stehenden Gästelounge gibt es einen außergewöhnlich aufmerksamen Service.

South Beach Motel & Motorpark MOTEL, CAMPINGPLATZ $
(☎0800 101 222, 03-762 6768; www.southbeach.co.nz; 318 Main South Rd.; Stellplatz 30 NZ$, DZ 50–110 NZ$, 3BZ 125 NZ$; @📶) Der von fröhlichen Gastgebern betriebene flache Komplex bietet zahlreiche einfache, aber gemütliche Unterkünfte (die Zeltplätze an einem Regentag einmal ausgenommen). Auch die guten Gemeinschaftseinrichtungen schlagen positiv zu Buche. Da nur 6 km entfernt von der Stadt gelegen, ist dieser Campingplatz eine schöne Alternative zu dem großen Campingareal in der Stadt.

Paroa Hotel HOTEL $$
(☎03-762 6860, 0800 762 6860; www.paroa.co.nz; 508 Main South Rd., Paroa; DZ 125–140 NZ$; 📶) Das Hotel in Familienbesitz (seit 60 Jahren und es werden immer mehr!) liegt gegenüber der Abzweigung nach Shantytown und vermietet geräumige, zum Garten hinausgehende Zimmer. Im eigenen Restaurant, in dem ein Schaukasten mit Rugbytrikots steht, werden leckere Schnitzel und großzügige Portionen Braten (17–31 NZ$) serviert.

New River Bluegums B&B $$
(☎03-762 6678; www.bluegumsnz.com; 985 Main South Rd., Camerons; DZ inkl. Frühstück 180 NZ$; @📶) Zur Auswahl stehen entweder das gemütliche Zimmer im Obergeschoss des rustikalen Familienwohnhauses oder ein oder zwei separate Hütten mit Blick ins Grüne. Ein Spaziergang über die Farm bietet sich hier an oder man strebt zum Tennisplatz, um die Extraportion Speck bzw. die butterweichen Brownies aus Sharons Küche abzutrainieren. Das B&B liegt 11 km südlich von Greymouth und ist ausgeschildert.

VON KÜSTE ZU KÜSTE

Die Kiwis sind schon ein verrücktes Völkchen. Das stellen sie beispielsweise mit dem **Coast to Coast** (www.coasttocoast.co.nz) unter Beweis, der sich zum populärsten eintägigen Multi-Sportrennen des Landes entwickelt hat und eine nicht ganz regelkonforme Art des Triathlons darstellt. Das einmal im Jahr Mitte Februar stattfindende Rennen beginnt in Kumara an der Westküste: Die zu allem entschlossenen Sportler starten dort frühmorgens mit einem leichten 3-km-Lauf, auf den eine 55 km lange Radstrecke folgt. Als Nächstes kommt ein Berglauf (33 km) über den steilen Goat Pass (ein Pass, dessen Namensgeber eine Ziege ist, wird wohl nicht gerade eben sein ...). Als nächste Etappen folgen „nur noch" 15 km Radstrecke, 67 km Paddeln und abschließend nochmals 70 Radkilometer nach Christchurch.

Die Starken, Mutigen und Superfitten überqueren die Ziellinie unter dem großem Beifall der Zuschauer. Die Gesamtstrecke ist 243 km lang, die Besten benötigen dafür unter 11 Stunden, die Langsamsten fast das Doppelte an Zeit.

DER TRANZALPINE

Der **TranzAlpine** (☎0800 872 467, 03-768 7080; www.tranzscenic.co.nz; Erw./Kind einfache Fahrt ab 89/62 NZ$) befährt eine der großartigsten Eisenbahnstrecken der Welt. Auf seinem Weg über die Southern Alps zwischen Christchurch und Greymouth und zwischen dem Pazifischen Ozean und der Tasmansee durchquert er mehrere unglaubliche Landschaftsformen. Nach der Abfahrt in Christchurch um 8.15 Uhr rast er durch das flache Schwemmland der Canterbury Plains zu den Ausläufern der Southern Alps. Hier taucht der Zug in ein Labyrinth von Schluchten und Hügeln ein, „Staircase" (Treppenhaus) genannt. Dieser Aufstieg wird durch drei große Viadukte und zahlreiche Tunnels ermöglicht.

Danach fährt der Zug durch die weiten Täler Waimakariri Valley und Bealey Valley – bei gutem Wetter ein überwältigender Anblick, besonders aus den neuen Waggons mit den großen Panoramafenstern. Nun weicht das mit Südbuchenwäldern bewachsene Flusstal den schneebedeckten Gipfeln des Arthur's Pass National Park. Am Arthur's Pass selbst (einem kleinen Bergdorf), fährt der Zug in den mit 8,5 km längsten Tunnel, den „Otira" ein, der unter den Bergen hindurch bis zur West Coast verläuft.

Der Westen ist mit dem Otira Valley, dem Taramakau Valley und dem Grey River Valley, den Steineibenwäldern und dem von Keulenlilien umgebenen und mit Forellenschwärmen gefüllten Lake Brunner nicht minder atemberaubend als die andere Seite der Alps. Um 12.45 Uhr rollt der TranzAlpine in Greymouth ein, von wo er eine Stunde später wieder zurück in Richtung Christchurch startet. Ankunft dort ist 18.05 Uhr.

Nur schlechtes Wetter kann diese herrliche Zugfahrt trüben, jedoch ist die Wahrscheinlichkeit groß, dass auf der anderen Seite der Southern Alps die Sonne scheint, wenn es auf der einen schlechtes Wetter hat.

Jacksons Retreat CAMPINGPLATZ $
(☎03-738 0474; www.jacksonscampervanretreat.co.nz; Jacksons, SH73; Stellplatz ab 35 NZ$; @📶) Wer die SH73 Richtung Osten über den Arthur's Pass nimmt, kommt 63 km hinter Greymouth in die kleine Ortschaft Jacksons, die unmittelbar am Taramakau River liegt. Touristen mit Wohnmobil oder Zelt können im Jacksons Retreat übernachten. Es liegt auf einem etwa 6 ha großen ansteigenden Areal mit spektakulärer Aussicht und hervorragender Ausstattung. In der historischen Jackson's Tavern weiter oben an der Straße kann man Hunger und Durst stillen.

Essen & Ausgehen

Große Supermärkte, für den Fall, dass es an Wichtigem fehlt, sind rar an der Küste und nur in großen Abständen zu finden. In Greymouth aber gibt es zahlreiche, daher heißt es sich eindecken, solange die Gelegenheit so günstig ist.

DP:One Cafe CAFÉ $
(104 Mawhera Quay; Mahlzeit 6–15 NZ$; ⏲9–21 Uhr; @📶) Als Dauerbrenner unter den Cafés in Greymouth serviert dieses zwanglose Café den besten Espresso der Stadt und Essen in guter Qualität. Neuseeländische Musik, WLAN, eine entspannte Atmosphäre und Tische draußen am Kai des Grey River machen dieses tolle Lokal zu einem Treffpunkt, an dem man sich an einem grauen Tag gut die schlechte Laune vertreiben lassen kann.

Ali's Eating & Drinking CAFÉ $$
(9 Tainui St.; Hauptgericht 15–27 NZ$; ⏲10 Uhr bis spätabends, So 10–15 Uhr) Abgesehen von etwas purpurroter Farbe verbreitet das Ali's nicht gerade viel Stimmung. Doch das ganztägig servierte frisch zubereitete Essen entschädigt dafür: Salate, Suppen und der hausgemachte Käsekuchen sind alle empfehlenswert, das gilt auch für das Huhn Parmigiana und die Pasta (15 NZ$), die mehr als satt macht.

Frank's Late Night Lounge INTERNATIONAL $$
(☎03-768 9075; 115 Mackay St.; Hauptgericht 19–28 NZ$; ⏲Do–Sa 17 Uhr bis spätabends; 🖉) Das unkonventionell wirkende Lokal, eine Mischung aus Retro-Lounge, Bar und Café für späte Stunden, ist die beste Adresse, um abends abzuhängen. Einige der guten Gründe für einen Besuch sind die Architektur im Art-déco-Stil, das einfallsreiche Interieur und die exzellenten Fischgerichte (u. a. die Fischgerichte und Salate), die Familienfreundlichkeit und die regelmäßig stattfindenden Konzerte.

Priya INDISCH $$
(☎03-768 7377; 84 Tainui St.; Hauptgericht 16–22 NZ$; ⌚Mittag- und Abendessen) Wegen seiner Vielfalt an indischen Gewürzen, die auf die eher gemäßigten Gaumen der Gäste der Westküste abgestimmt sind, wird das Lokal gerne besucht.

Speight's Ale House PUB
(130 Mawhera Quay; Mittagessen 12–29, Abendessen 19–35 NZ$; ⌚11 Uhr bis spätabends) Eine der großen neuseeländischen Biermarken und eine gut sortierte Bar halten hier in einem beeindruckenden Backsteinhaus von 1909 die Stellung. Gekocht wird gutbürgerlich, die Räumlichkeiten sind ausgesprochen gemütlich.

Royal Hotel PUB
(128 Mawhera Quay; ⌚11 Uhr bis spätabends) Im altertümlichen Royal wird jeder Gast herzlich willkommen geheißen und nebenbei auch noch eine Lanze für unabhängige kleine neuseeländische Brauereien gebrochen. Also: ein gutes Bier bestellen, ein Schwätzchen mit dem Nachbar halten oder ein Fußballspiel auf Sky schauen.

ℹ Praktische Informationen

Kostenlose Stadt– und Regionalkarten sind in der i-SITE erhältlich. Die großen Banken konzentrieren sich alle um die Mackay und Tainui Street. Internetzugang gibt es in der i-SITE und in der **Bibliothek** (18 Albert St.; @📶).

Greymouth i-SITE (☎03-768 5101; www.greydistrict.co.nz; Bahnhof, 164 Mackay St.; ⌚Nov.–April Mo–Fr 8.30–19, Sa 9–18, So 10–17 Uhr, Mai–Okt. kürzere Öffnungszeiten; @📶) Im Bahnhof arbeitet ein sehr hilfsbereites Team, dort erhält man auch viele lokale und DOC-Infos.

Grey Base Hospital (☎03-769 7400; High St.)

Polizei (☎03-768 1600; 45-47 Guinness St.)

Post (36 Tainui St.)

ℹ Anreise & Unterwegs vor Ort

Das wie die i-SITE im alten Bahnhof zu findende **West Coast Travel Centre** (☎03-768 7080; www.westcoasttravel.co.nz; Railway Station, 164 Mackay St.; ⌚Mo–Fr 9–17, Sa & So 10–16 Uhr; @📶) bucht Tickets für alle Transportmittel, z.B. für Busse, Züge und Fähren zwischen den beiden Hauptinseln. Außerdem befinden sich hier auch eine Gepäckaufbewahrung und der Busbahnhof.

Auto

Im West Coast Travel Centre können Leihwagen vermittelt werden.

Lokale Autovermieter sind **Alpine West** (☎0800 257 736, 03-736 4002; www.alpinerentals.co.nz; 11 Shelley St.) und **NZ Rent-a-Car** (☎0800 800 956, 03-768 0379; www.nzrentacar.co.nz; 170 Tainui St.).

Bus

Alle Busse halten auch am Bahnhof.

Ein Bus von **InterCity** (☎03-365 1113; www.intercity.co.nz) fährt täglich nach Westport (ab 17 NZ$, 2 Std.) und Nelson (ab 40NZ$, 6 Std.) sowie Richtung Süden zum Franz Josef Glacier (ab 29 NZ$, 3½ Std.) und zum Fox Glacier (ab 31 NZ$, 4¼ Std.). Busse von Naked Bus (S. 508) fahren Richtung Norden nach Nelson und Richtung Süden nach Queenstown und halten in Hokitika, am Franz Josef Glacier und Fox Glacier, in Haast sowie in Wanaka.

Der Bus von Atomic Shuttles (S. 508) fährt täglich nach Queenstown (70 NZ$, 10½ Std.) und hält in Hokitika (ab 13 NZ$, 1 Std.), am Franz Josef Glacier (ab 30 NZ$, 3½ Std.) und am Fox Glacier (ab 35 NZ$, 4¼ Std.), in Haast (65 NZ$, 5¾ Std.) und Wanaka (65 NZ$, 9 Std.). Auch die Route Richtung Norden nach Nelson (54 NZ$, 6¼ Std.) wird täglich über Westport (24 NZ$, 2¾ Std.) vom InterCity Service bedient.

Taxi

Greymouth Taxis (☎03-768 7078).

HOKITIKA

3100 EW.

Wer die breiten und ruhigen Straßen von Hokitika außerhalb der Saison besucht, könnte auf den Gedanken verfallen, in einer echten Stadt des Wilden Westens gelandet zu sein. Doch den ganzen Sommer über ist in den weiten Straßen kein Platz für verwehtes Gestrüpp, denn da ist in „Hoki" dank der Besucher bestimmt nicht weniger los als in den 1860er-Jahren, als der Ort während des Goldrauschs ein blühender Hafen war. Heute ist hier allerdings Grün (nämlich das Grün des Jade) und nicht mehr Gold die bevorzugte Farbe.

👁 Sehenswertes & Aktivitäten

Mountainbiker können sich in der Umgebung von Hokitika über ein ausgedehntes Netz an Radwanderwegen freuen. Fahrradverleih, Kartenmaterial und Ratschläge gibt es bei **Sports World & Hokitika Cycles** (☎03-755 8662; 33 Tancred St.; 30–65 NZ$).

Sunset Point AUSSICHTSPUNKT
(Gibson Quay) Von hier aus genießt man den ganzen Tag über eine spektakuläre Aussicht,

er ist außerdem – Nomen est Omen – der beste Platz für die Beobachtung der Sonnenuntergänge. Surfer, Möwen, Fish & Chips: Das ist das wahre Neuseeland!

Hokitika Museum MUSEUM
(☎03-755 6898; www.hokitikamuseum.co.nz; 17 Hamilton St.; Erw./Kind 5/2,50 NZ$; ⏲9.30–17 Uhr) Das vorbildliche Provinzmuseum im eindrucksvollen Carnegie Building von 1908 zeigt intelligent kuratierte Ausstellungen, die übersichtlich und modernen Vorstellungen entsprechend gestaltet sind. Zu den Highlights zählen die faszinierende Ausstellung *Whitebait!* und die Schau im *Pounamu*-Raum – die ideale Vorbereitung für das anschließende Durchstreifen der Galerien auf der Suche nach Schmuckstücken aus Jade.

Glowworm Dell NATURWUNDER
Kurz ist der Spazierweg von der SH6 zur unmittelbar nördlich der Stadt gelegenen Glühwürmchenhöhle. Eine gute Gelegenheit, das entrückte Habitat der in Neuseeland heimischen *fungus gnat larvae* (Pilzmückenlarven, also keineswegs Würmchen, „unsere" Glühwürmchen sind dagegen Käfer) kennenzulernen. Eine Informationstafel am Eingang informiert die Besucher über die faszinierenden Tiere.

Hokitika Heritage Walk SPAZIERGANG
Mit einer kostenlosen Broschüre der i-SITE kann man herrlich entlang des Hafenufers spazieren und sich dabei vorzustellen versuchen, wie hier früher an den Kais jede Menge Segelschiffe dümpelten.

Galerien

Die Kunst- und Kunsthandwerksgalerien gehören zu den größten Attraktionen Hokis, in denen ein Tag wie im Flug vergeht. Es gibt zahlreiche Möglichkeiten, die Künstler kennenzulernen und ihnen in ihren Werkstätten bei der Arbeit zuzusehen. Man sollte jedoch wissen, dass in einigen Galerien aus Europa und Asien importierte Jade verkauft wird, da die wertvolle neuseeländische *pounamu* (Jade) nur mit großem Aufwand gewonnen werden kann.

Hokitika Craft Gallery GALERIE
(www.hokitikacraftgallery.co.nz; 25 Tancred St.) Der beste Laden der Stadt, in dem unterschiedlichstes Kunsthandwerk zu finden ist: Die Kooperative präsentiert eine große Palette toller Arbeiten aus der Region, etwa Jadegegenstände, Schmuck, Textilien, Keramik und einige herrlich anzufühlende Holzarbeiten.

Tectonic Jade GALERIE
(www.tectonicjade.com; 67 Revell St.) Die Arbeiten des einheimischen Jadeschnitzers Rex Scott sind zweifellos die besten in der Stadt.

Te Waipounamu Maori Heritage Centre GALERIE
(www.maoriheritage.co.nz; 39 Weld St.) Hundertprozent authentisch: Hier wird ausschließlich neuseeländische Jade verkauft, die zu Stücken mit traditionellem und modernem Design verarbeitet wurden.

Jagosi Jade GALERIE
(246 Sewell St.) Der Schnitzer Aden Hoglund stellt Werke mit traditionellem und modernem Maori-Design her und benutzt dafür nur Jade von der Südinsel.

Hokitika Glass Studio GALERIE
(www.hokitikaglass.co.nz; 9 Weld St.) Glaskunst, die das ganze Spektrum von protzig bis wunderschön abdeckt! Ein guter Tipp: An den Werktagen kann man den Glasbläsern bei der Arbeit zuschauen.

Bonz 'N' Stonz SCHNITZEN
(www.bonz-n-stonz.co.nz; 27 Sewell St.; Ganztages-Workshop 75–150 NZ$) Unter Anleitung von Steve kann man sein eigenes Meisterstück aus Jade, Knochen oder der Paua-Muschel selbst entwerfen, schnitzen und polieren. Die Preise variieren je nach Material und dem Schwierigkeitsgrad des Designs. Eine Buchung wird empfohlen.

Geführte Touren

Wilderness Wings RUNDFLÜGE
(☎0800 755 8118; www.wildernesswings.co.nz; Hokitika Airport; Flüge 375 NZ$) Das Unternehmen bietet 75-minütige Rundflüge über Hokitika, Aoraki (Mt. Cook) und – besonders reizvoll – die Gletscher an.

Feste & Events

Wildfoods Festival ESSEN
(www.wildfoods.co.nz) Das Anfang März stattfindende Festival zieht regelmäßig bis zu 20 000 Neugierige und wagemutige Feinschmecker an. Hier bietet sich außerdem die Chance, eine Reihe von Dingen zu kosten, vor denen man normalerweise Reißaus nimmt oder die man wie lästige Fliegen einfach wegschnippt. Das Ganze macht einen enormen Spaß, eine frühzeitige Buchung wird empfohlen.

Hokitika

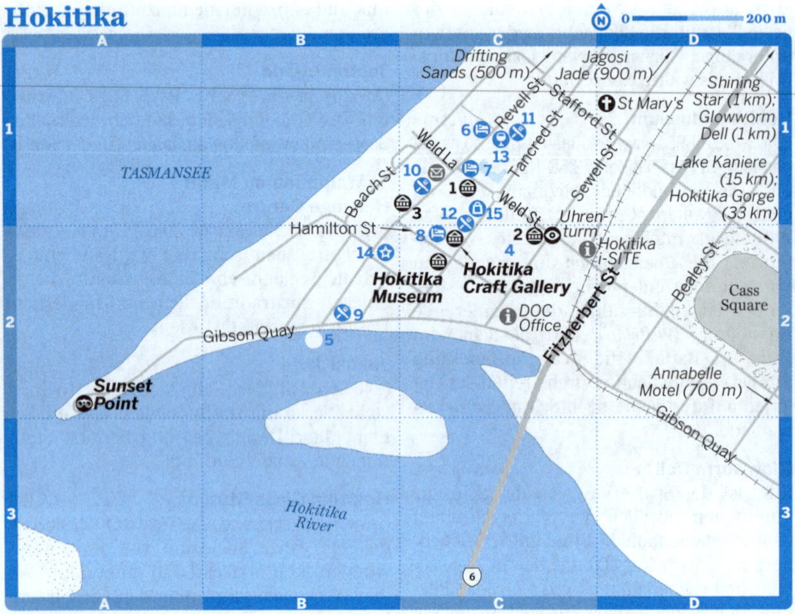

Hokitika

Highlights
- Hokitika Craft Gallery ... C2
- Hokitika Museum ... C2
- Sunset Point ... A2

Sehenswertes
- 1 Hokitika Glass Studio ... C1
- 2 Te Waipounamu Maori Heritage Centre ... C2
- 3 Tectonic Jade ... C1

Aktivitäten, Kurse & Touren
- 4 Bonz 'N' Stonz ... C2
- 5 Hokitika Heritage Walk ... B2

Schlafen
- 6 Beachfront Hotel ... C1
- 7 Stumpers ... C1
- 8 Teichelmann's B&B ... C2

Essen
- 9 Dulcie's on the Quay ... B2
- 10 Fat Pipi Pizza ... C1
- 11 New World ... C1
- Stumpers Cafe & Bar ... (siehe 7)
- 12 Sweet Alice's Fudge Kitchen ... C1

Ausgehen
- 13 West Coast Wine Bar ... C1

Unterhaltung
- 14 Crooked Mile Talking Movies ... B2

Shoppen
- 15 Sports World & Hokitika Cycles ... C1

Schlafen

Shining Star Beachfront Accommodation CAMPINGPLATZ $
(☎0800 744 646, 03-755 8921; www.shiningstar.co.nz; 11 Richards Dr.; Stellplatz ab 30 NZ$, DZ 90–169 NZ$; @📶) Die attraktive und vielseitige Anlage am Strand bietet alles vom Zeltplatz bis zu schicken abgeschlossenen Wohneinheiten direkt am Meer. Die Kleinen werden sicher von den vielen Tieren begeistert sein – etwa den Enten oder Alpacas. Die Eltern zieht es wohl eher in den Whirlpool oder die Sauna (15 NZ$ für 2 Pers.).

Drifting Sands HOSTEL $
(☎03-755 7654; www.driftingsands.co.nz; 197 Revell St.; Stellplatz ab 15 NZ$, B/EZ/DZ 29/58/

74 NZ$; @ 📶) Wegen seiner familiären Atmosphäre ist dieses Hostel mit direktem Strandzugang vom Garten aus der Favorit unter Hokis günstigen Unterkünften. Der fröhliche Leiter und die stets blütenweiße Bettwäsche sind weitere Pluspunkte.

Birdsong HOSTEL $
(☎03-755 7179; www.birdsong.co.nz; SH6; B/EZ 29/58 NZ$, DZ 74–89 NZ$; @ 📶) Das 2,5 km nördlich der Stadt liegende Hostel mit Vogelbildern an den Zimmerwänden lockt mit Seeblick und einer gemütlichen Atmosphäre. Die kostenlos auszuleihenden Räder, die Nähe zum Strand und andere Extras haben schon manch einen zu einer Verlängerung seines Aufenthalts verführt.

Stumpers HOTEL $
(☎03-755 6154, 0800 788 673; www.stumpers.co.nz; 2 Weld St.; DZ 70–120 NZ$; @ 📶) Das Stumpers besitzt eine Reihe von Zimmern über der gut besuchten Café-Bar, unter anderem auch vor kurzem renovierte Doppelzimmer mit Bad und einfache Doppelzimmer mit Gemeinschaftsbad.

Teichelmann's B&B B&B $$$
(☎03-755 8232; www.teichelmanns.co.nz; 20 Hamilton St.; DZ 195–240 NZ$; 📶) Früher wohnte hier der Chirurg, Bergsteiger und professionelle Bart-Kultivierer Ebenezer Teichelmann, heute ist es ein bezauberndes B&B mit freundlichen Gastgebern. Alle Zimmer haben ein eigenes Bad, auch das etwas abgelegenere Teichy's Cottage in der Gartenoase hinter dem Haus.

Beachfront Hotel HOTEL $$
(☎0800 400 344, 03-755 8344; www.beachfronthotel.co.nz; 111 Revell St.; DZ 125–330 NZ$; 📶) Das Hotel mit zwei Gesichtern bietet preisgünstige Zimmer im alten Flügel (wo der Lärm aus dem Pub nebenan zuweilen ärgerlich ist) und schicke Zimmer im modernen Ocean-View-Gebäude mit tollem Meerblick vom Balkon. Und warum nicht mal in der hauseigenen Bar einen Sundowner genießen?

Annabelle Motel MOTEL $$
(☎0508 549 494, 03-755 8160; www.annabellemotel.co.nz; 214 Weld St.; EZ 130 NZ$, DZ 140–180 NZ$; 📶) Das hübsche Annabelle liegt nicht einmal 1 km vom Uhrturm in Hokitika entfernt. Abgeschottet von Strand- und Stadttrubel ist es gerade recht für Gäste, die Ruhe und Behaglichkeit suchen. Die tipp-topp gepflegten Zimmer, die sommerfrisch grün gestrichenen Wände und das exklusive Mobiliar entsprechen durchaus einem modernen Hotelstandard.

Stations Inn MOTEL $$
(☎0508 782 846, 03-755 5499; www.stations.co.nz; Blue Spur Rd.; DZ 170–250 NZ$) Übergroße Betten und Whirlpools zeichnen die neuen Cottages inmitten von Hügeln aus. Ganz

ABSTECHER

DIE TRAUMHAFTE HOKITIKA-SCHLUCHT

Nach einer herrlichen, 33 km langen Fahrt erreicht man die zauberhafte Schlucht, an deren Grund türkisfarbenes Wasser glänzt. Seine milchig weiße Farbschattierung rührt vom Steinmehl (zermahlenen Felspartikeln) her. Nach Überquerung der Hängebrücke eröffnet sich eine Reihe von Möglichkeiten für kurze Waldwanderungen. Die Anfahrt erfolgt über die Stafford Street an der Molkerei vorbei und dann immer den Schildern nach.

Kowhitirangi, auf dem Weg zur Schlucht, war 1941 Schauplatz einer intensiven, zwölf Tage dauernden Menschenjagd, in die auch die Armee Neuseelands involviert war. Der verwirrte Bauer Stanley Graham erschoss hier vier Polizisten aus Hokitika, verschwand anschließend im Busch, um dann bei seiner Rückkehr drei weitere zu ermorden, bevor er schließlich selbst den Tod fand. Ein makabres Denkmal wurde so am Straßenrand aufgestellt, dass dessen steinerner Gewehrschaft direkt in Richtung auf das Bauernhaus zeigt. In dem 1982 gedrehten Film *Bad Blood* ist dieses schreckliche Ereignis filmisch umgesetzt worden.

Für die Rückkehr nach Hokitika bietet sich die schmale, kurvenreiche 10 km lange Schotterstraße an, die am **Lake Kaniere** entlang verläuft und an den **Dorothy Falls**, dem **Kahikatea Forest** und der **Canoe Cove** vorbeiführt. In der Hokitika i-SITE kann man sich über diese und andere Spazierwege in der Region informieren, einschließlich des **Lake Kaniere Walkway** (einfach 3½ Std.) am Seewestufer oder dem historischen **Kaniere Water Race Walkway** (einfach 3½ Std.).

in der Nähe stellt ein stilvolles Restaurant unter Beweis, was preisgekrönte Zubereitung von Wild-, Rind- und Lammspezialitäten zu leisten vermag. Der Weg zur Blue Spur Road führt über die Hampden Street und die Hau Hau Road.

Awatuna Homestead B&B $$$
(☎0800 006 888, 03-755 6834; www.awatunahomestead.co.nz; 9 Stafford Rd.; DZ inkl. Frühstück 290–370 NZ$;) Das B&B Awatuna Homestead liegt 11 km nördlich von Hokitika an einer ruhigen Straße und vermietet drei hübsche Zimmer sowie ein separates Apartment. Das Abendessen wird auf Wunsch zubereitet und die Besitzer Hemi und Pauline erzählen hin und wieder gern einmal faszinierende Geschichten über die Maori-Kultur und die Erforschung des pazifischen Raums.

Essen & Ausgehen

LP TIPP **Fat Pipi Pizza** PIZZERIA $$
(89 Revell St.; Pizza 19–24 NZ$; 12–21 Uhr;) Ob Vegetarier, Fleischliebhaber oder ganz normaler Gast – jedem läuft hier angesichts der zu erwartenden Pizza (z. B. mit Whitebait) das Wasser im Mund zusammen. Denn alles wird vor den Augen der Gäste mit viel Liebe zubereitet. Außerdem gibt es leckere Kuchen, Honigbrötchen und Fruchtsäfte. Der Sommergarten am Strand ist dabei, sich zum besten Restaurant-Tipp der Stadt zu entwickeln.

Dulcie's on the Quay FISH & CHIPS $
(Ecke Gibson Quay & Revell St.; Fish & Chips 5–10 NZ$; Mittag- und Abendessen) Am besten man kauft sich eine solide Fish & Chips-Mahlzeit zum Mitnehmen (Empfehlung: Steinbutt oder Neuseeland-Flussbarsch) und genießt diese dann aus der Hand am Sunset Point – ein Hokitika-Highlight!

Sweet Alice's Fudge Kitchen KONFISERIE $
(27 Tancred St.) Hier sollte man sich ein von Alice aus natürlichen Zutaten selbst hergestelltes Karamellstück (6 NZ$), ein Eis mit echten Früchten oder eine Tüte mit Zuckernaschereien gönnen. Oder lieber alle drei?

Stumpers Cafe & Bar CAFÉ, BAR $$
(2 Weld St.; Mittagessen 11–21 NZ$, Abendessen 18–34 NZ$; 7 Uhr bis spätabends) Hier findet jeder und zu allen Tageszeiten das Richtige, am Abend gibt es Hauptgerichte mit Fleisch. Scharen von Einheimischen treffen sich hier auf ein Bier, still genossen oder in lauter Diskussionsrunde.

West Coast Wine Bar WEINBAR
(108 Revell St.; Di–Do & Sa 11–16, Fr 11 Uhr bis spätabends) Dieses winzige Lokal mit einer pfiffigen Gartenbar ist das wohl Eleganteste, was Hoki zu bieten hat. Hier werden die unterschiedlichsten Köstlichkeiten zubereitet, u. a. feine Käsehäppchen. Für Raucher gibt es Zigarren; die exzellenten Weine zum Mitnehmen sind ein weiteres Plus.

New World SUPERMARKT
(116 Revell St.; Mo–Fr 8–20, Sa 8–19, So 9–19 Uhr) Wichtige Information für alle, die Richtung Süden fahren: Dies ist der letzte Supermarkt bis zum 426 km entfernten Wanaka. Also ein Abschiedsangebot!

Unterhaltung

Crooked Mile Talking Movies KINO
(www.crookedmile.co.nz; 36 Revell St.; Ticket Erw./Kind 12/10 NZ$) Das Crooked Mile in einem historischen Gebäude samt alten Sofas, Bioschokolade, hauseigener Bar und Programmkino bietet die besten Voraussetzungen für einen perfekten Abend.

Praktische Informationen

Banken befinden sich in der Weld Street und der Revell Street.

DOC-Büro (☎03-756 9100; 10 Sewell St.; Mo–Fr 8–16.45 Uhr) Die wichtigsten Basisinformationen liefert die i-SITE; wer größere Touren plant, sollte direkt zum DOC gehen.

In der **Hokitika i-SITE** (☎03-755 6166; www.hokitika.org; Weld St.; Mo–Fr 8.30–18, Sa 9–17 Uhr) kann Verschiedenes gebucht und gekauft werden, u. a. Busfahrten, Eintrittskarten und Buspässe. Außerdem bekommt man hier Regionalkarten und -führer. Unter dem gleichen Dach befinden sich eine Mietwagenfirma und eine DOC-Information.

Polizei (☎03-756 8310; 50 Sewell St.)

Post (Revell St.)

Westland Medical Centre (☎03-755 8180; 54a Sewell St.; 8.30–22 Uhr)

Anreise & Unterwegs vor Ort

Auto

Es gibt mehrere Autovermietungen am Hokitika Airport. **Hokitika Airport Car Rental** (☎0800 556 606; www.hokitikaairportcarhire.co.nz) bietet einen Online-Preisvergleich an, die Alternative ist die i-SITE, wo man ebenfalls Preise vergleichen und anschließend buchen kann.

Bus

Die Busse von **InterCity** (☎03-365 1113; www.intercity.co.nz) starten täglich von der Tancred

WHITEBAIT-FIEBER

Selbst auf einer Stippvisite an die Westküste ist es unvermeidlich, Bekanntschaft mit Whitebait in der einen oder anderen Form zu machen. Entweder wird er ganz unkonventionell verkauft, taucht als Belag im Sandwich auf, wird in Museen informativ dokumentiert oder in wahren und unwahren Geschichten besungen.

Die kleinen durchsichtigen Fische sind die Jungfische einiger in Neuseeland heimischer Fischarten, etwa des Inanga, Kokopu, Stint und des Aals. Seltsamerweise sehen alle Jungfische gleich aus und schmecken auch gleich (besonders nach dem Frittieren).

Da das Kilo in der Region bis zu 80 NZ$ einbringt (in anderen Landesteilen sogar noch sehr viel mehr) herrscht ein großer Wettbewerb unter den Fischern, denn die kleinen Fische sind schwer ins Netz zu bekommen. Die Saison dauert von August bis November, in dieser Zeit sind alle Flussufer und Fischstände von Karamea bis Haast umlagert.

Zum klassischen frittierten Whitebait braucht man wenig mehr als ein Ei und eine Zitronenscheibe, obwohl einige darauf schwören, dass Mintsauce die beste Beigabe ist. Die Ausstellung im Hokitika Museum (S. 527) gibt einen Einblick, warum so viel Wind um Whitebait gemacht wird.

Street nach Greymouth (ab 14 NZ$, 45 Min.), Nelson (ab 44 NZ$, 7 Std.) und zum Franz Josef Glacier (ab 30 NZ$, 2 Std.).

Atomic Shuttles (☎03-349 0697; www.atomictravel.co.nz) fährt an der i-SITE ab. Ziele sind der Fox Glacier (36 NZ$, 3½ Std.), Greymouth (15 NZ$, 1 Std.) und Queenstown (70 NZ$, 10 Std.).

Busse von **Naked Bus** (www.nakedbus.com) fahren Richtung Norden nach Greymouth und südwärts nach Queenstown mit Halt am Franz Josef Glacier und am Fox Glacier, in Haast und in Wanaka.

Flugzeug

Der **Hokitika Airport** (Airport Dr., Abzweigung von der Tudor St. nehmen) liegt 1,5 km östlich des Stadtzentrums. Air New Zealand (S. 508) fliegt viermal täglich (einfach ab 65 NZ$) nach Christchurch bzw. zurück.

Taxi

Taxis lassen sich bei **Hokitika Taxis** (☎03-755 5075) rufen.

VON HOKITIKA ZUM WESTLAND TAI POUTINI NATIONAL PARK

Von Hokitika sind es 140 km Richtung Süden zum beliebten Franz Josef Glacier, die meisten Reisenden fahren ohne Zwischenstopp dorthin. Wer mehr Zeit hat, findet entlang der Strecke einige Überraschungen, die im Folgenden genannt werden. Die Busse von Intercity und Atomic Shuttles halten unterwegs auch an der SH6.

Von Lake Mahinapua nach Okarito

LAKE MAHINAPUA

8 km südlich von Hokitika weist ein Hinweisschild zum Parkplatz, der den Beginn des **Mahinapua Walkway** (einfach 2 Std.) markiert. Der schöne Wanderweg führt durch Wälder mit verschiedenen Gehölzen und an einer alten Holztransporttrasse entlang, bei der noch Überreste früherer Waldarbeiten zu sehen sind. Besser noch ist die Strecke für Mountainbiker geeignet. Am Ende des Wegs geht es noch 2 km weiter bis zum Eingang des **Lake Mahinapua Scenic Reserve** mit Picknickgelände und einem DOC-Campingplatz. Von hier starten wiederum zahlreiche kurze Wanderwege.

ROSS

Ross, 30 km südlich von Hokitika, ist der Fundort von Neuseelands größtem Goldnugget. Das 2772 g schwere „Honourable Roddy" verursachte 1907 einen gewaltigen Wirbel. Das **Ross Goldfields Information Centre** (☎03-755 4077; www.ross.org.nz; 4 Aylmer St.; ⌚Dez.–März 9–16 Uhr, April–Nov. 9–15 Uhr) zeigt eine Roddy-Nachbildung und ein maßstabsgetreues Modell (2 NZ$) der Stadt zu ihrer Blütezeit.

Der **Water Race Walk** (hin & zurück 1 Std.) beginnt unweit des Museums und führt an ehemaligen Stollen, Höhlen, Tunneln und einem Friedhof vorbei. Wer das **Goldwaschen** ausprobieren möchte, kann eine Pfanne im Informationszentrum ausleihen (10 NZ$) und sich dann zum Jones Creek aufmachen, um dort sein Glück zu versuchen.

Die Bar im **Empire Hotel** (19 Aylmer St.; Mahlzeit 15–20 NZ$) ist eines der verborgenen Juwelen der Westküste. Sie scheint noch aus einer vergangenen Epoche zu stammen und wirkt sehr authentisch (besonders wenn sich Einheimische hier einfinden). Empfehlenswert sind die abendlichen Jam-Sessions.

HARI HARI

Etwa 22 km südlich vom Lake Ianthe liegt Hari Hari, das 1931 in die Schlagzeilen geriet, als der verwegene australische Flieger Guy Menzies hier nach seinem ersten Alleinflug über die Tasmansee abstürzte. Menzies legte eine Bruchlandung im Sumpfgebiet La Fontaine hin, nachdem er 11¾ Std. in der Luft gewesen und damit 2½ Std. schneller als sein Landsmann Charles Kingsford Smith 1928 auf seinem Flug war. Am Südende des Ortes steht eine Nachbildung von Menzies treuem Doppeldecker, außerdem ist eine gute Fotodokumentation im Motor Inn zu sehen.

Der **Hari Hari Coastal Walk** (hin & zurück 2¾ Std.) ist ein beliebter, aber nur bei Niedrigwasser begehbarer Rundweg, da er über den Poerua River und Wanganui River führt. Der Wanderweg beginnt 20 km landeinwärts von der SH6 und ist auf den letzten 8 km unbefestigt. Von der Wanganui Flats Road aus muss man der Beschilderung folgen. Der jeweilige Wasserstand ist an der Pukeko-Teestube angeschlagen, in der es auch leckeres Essen und guten Kaffee gibt.

Flaxbush Motels (☎03-753 3116; www.flaxbushmotel.co.nz; SH6; DZ 65–120 NS$; 📶) Unter den geschmackvoll eingerichteten Hütten und Wohneinheiten lässt sich für jeden Geldbeutel etwas Geeignetes finden. Die Besitzer bekennen sich zu ihrer Tierliebe und halten im Gelände freilaufende Pfauen sowie ein Opossum als Haustier (das sogar ein eigenes Zimmer im Haus hat). Die Preise sind bei längerem Aufenthalt verhandelbar.

Das **Hari Hari Motor Inn** (☎0800 833 026, 03-753 3026; hhmi@xtra.co.nz; 42 Main Road; Stellplatz ohne/mit Strom ab 12,50/17,50 NZ$, B 22,50 NZ$, DZ 65–110 NZ$) vermietet zweckmäßige Doppelzimmer, hat aber keine Gemeinschaftsküche für Camper oder Rucksacktouristen. Das Bistro (Hauptgericht 12–28 NZ$, geöffnet 12 Uhr bis spätabends) im Hari Hari ist die einzige Möglichkeit, abends seinen Hunger zu stillen. Es gibt Pizzas, Nudeln mit Whitebait, Steaks, Braten und kühles Bier.

WHATAROA

Unweit von Whataroa (35 km südlich von Hari Hari) liegt das **Kotuku Sanctuary**, Neuseelands einziges *Kotuku*-Brutgebiet. Der Silberreiher nistet hier zwischen November und Februar, anschließend ziehen die Vögel den Winter über wieder als Einzelgänger ihre Kreise.

Einzig das Unternehmen **White Heron Sanctuary Tours** (☎03-753 4120, 0800 523 456; www.whiteherontours.co.nz; SH6; Erw./Kind 120/55 NS$; ⌚Ende Okt.–März tgl. 4 Touren) besitzt eine DOC-Konzession für Führungen zu den Reiher-Brutplätzen. Die erste Etappe der interessanten 2½-stündigen Tour wird per Jetboot – ohne die Vögel aufzuschrecken – zurückgelegt, dann geht's über einen Bohlenweg zu einem Beobachtungspunkt. Die vielen in den Büschen nistenden Vögel zu sehen ist schon ein besonderes Erlebnis. Zum gleichen Preis ist ganzjährig eine Regenwaldtour ohne Reiher buchbar.

Das Unternehmen führt auch das **Sanctuary Tours Motel** (☎0800 523 456, 03-753 4120; www.whiteherontours.co.nz; SH6; Hütte 55–65 NZ$, DZ 95–125 NS$). Hier hat man die Wahl zwischen einfach ausgestatteten Hütten mit Gemeinschaftsbädern (für Bettwäsche werden 8 NZ$ extra berechnet) und farbenfrohen Motel-Wohneinheiten.

Die **Kotuku Gallery** (☎03-753 4249; SH6, Whataroa) verkauft unglaublich viele schöne Knochen- und Pounamu-Schnitzereien der Maori – ideal als authentisches Erinnerungsstück an Neuseeland.

Die Gesellschaft **Glacier Country Scenic Flights** (☎0800 423 463, 03-753 4096; www.glacieradventures.co.nz; SH6, Whataroa; Flug 175–415 NZ$) bietet eine Reihe von landschaftlich reizvollen Flügen und „Heli-Hikes" (Hubschrauberflüge plus Wanderungen) an, die vom Whataroa Valley aus starten. Das Preis-Leistungs-Verhältnis für Bergrundflüge ist bei diesem Unternehmen besser als bei den Anbietern, die von den Orten direkt an den Gletschern aus starten.

OKARITO

15 km südlich von Whataroa erreicht man The Forks, die Abzweigung zum winzigen Küstenweiler Okarita, der noch 13 km entfernt liegt. Die Häuser des Ortes stehen entlang der **Okarito Lagoon**, dem größten naturbelassenen Feuchtgebiet Neuseelands. In Okarito gibt es keine Läden und kaum Touristenunterkünfte. Daher ist es ratsam, sich vor der Ankunft mit Vorräten einzudecken und seine Unterkunft frühzeitig zu buchen.

Sehenswertes & Aktivitäten

Am Parkplatz The Strand beginnen der kurze **Wetland Walk** (25 Min.) sowie die beiden spektakulären längeren Wanderwege zur **Three Mile Lagoon** (hin & zurück 3 Std.; der Weg am Strand ist nur bei Ebbe möglich) sowie zum **Okarito Trig** (hin & zurück 1½ Std.).

Alle drei Wege versprechen eine schöne Aussicht auf die Southern Alps und über die Okarito Lagoon.

Andris Apse Wilderness Gallery GALERIE
(☎03-753 4241; www.andrisapse.com; 109 The Strand) In Okarito ist der weltberühmte Landschaftsfotograf Andris Apse zu Hause. Seine sehr gut sortierte Galerie zeigt seine faszinierenden Arbeiten, die direkt vor Ort gedruckt und gekauft werden können. In seinem Laden vertreibt er außerdem seine erschwinglicheren Bücher. Vor dem Besuch telefonisch nach den Öffnungszeiten erkundigen oder auf die Anschlagtafel am Beginn der Auffahrt schauen.

Okarito Nature Tours GEFÜHRTE TOUR
(☎0508 652 748, 03-753 4014; www.okarito.co.nz; Kajak halber/ganzer Tag 55/65 NZ$; WLAN) Verleiht Kajaks für Ausflüge in die Lagune oder in die faszinierenden, den Regenwald durchziehenden Kanäle, wo verschiedenste Vogelarten zu sehen sind. Wer sich das nicht alleine zutraut, kann an geführten Touren teilnehmen (ab 75 NZ$). Erfahrene Paddler können die Kajaks auch über Nacht ausleihen (80 NZ$), um sich am verlassenen North Beach oder Lake Windemere umzusehen. Dort gibt es einen ausgezeichneten Espresso und WLAN im freundlichen Büro mit Lounge.

Okarito Boat Tours GEFÜHRTE TOUR
(☎03-753 4223; www.okaritoboattours.co.nz) Okarito Boat Tours bietet Erkundungstouren durch die Lagune am Morgen und am Nachmittag ab 45 NZ$. Für die Morgenfahrt, auf der sich die hier lebenden Tiere besser beobachten lassen, wird eine Reservierung empfohlen (2 Std., 85 NZ$). Paula und Swade können auch eine Unterkunft in Okarito organisieren.

Okarito Kiwi Tours GEFÜHRTE TOUR
(☎03-753 4330; www.okaritokiwitours.co.nz; 2–3 Std. 75 NZ$) Nachtausflüge mit 95%iger Wahrscheinlichkeit, den seltenen Kiwi zu sichten, werden von dieser Firma angeboten. Da nur Platz für acht Personen vorhanden ist, muss vorher gebucht werden.

Schlafen

Okarito Campground CAMPINGPLATZ
(von der Russell St. abzweigend; Stellplatz Erw./Kind 10NZ$/frei) Der Okarito Campground ist ein von der Gemeinde betriebenes Gelände mit Küche und warmen Duschen (1 NZ$), das Übernachtungsgeld legt man in die „Honesty Box". Schwemmholz vom Strand lässt sich entweder für die Feuerstelle benutzen oder man entzündet bei Sonnenuntergang gleich ein Feuer am Strand.

Old School House GÄSTEHAUS
(☎03-752 0796; www.doc.govt.nz; The Strand; Haus 100 NZ$) Das alte Schulhaus von 1892, heute das vom DOC betriebene Old School House, ist ein zauberhaftes historisches Gebäude, das gemietet werden kann, es bietet Platz für bis zu 12 Personen.

Okarito Beach House HOSTEL
(☎03-753 4080; www.okaritohostel.com; The Strand; B 25 NZ$, DZ 60–100 NS$; WLAN) Das Okarito Beach House bietet verschiedenste Unterkünfte: Vor allem das verwitterte, separate „Hutel" (100 NZ$) ist wirklich sein Geld wert. Von der Summit Lodge gibt es atemberaubende Ausblicke, drinnen steht der tollste Esstisch, den man je gesehen hat.

WESTLAND TAI POUTINI NATIONAL PARK

Die absoluten Highlights im Westland Tai Poutini National Park sind die beiden Gletscher Franz Josef und Fox. Nirgendwo sonst auf diesem Breitengrad reichen Gletscher so nah ans Meer. Im Wesentlichen verdanken sie ihre erstaunliche Entstehung dem ausgiebigen Niederschlag an der Westküste. Der Schnee, der auf die ausgedehnten Nährgebiete der Gletscher fällt, gefriert in 20 m Tiefe zu klarem Eis und rutscht dann die steilen Täler hinunter.

Die Geschwindigkeit der Talfahrt ist atemberaubend: Das Wrack eines 1943 nur 3,5 km vom Gletschertor des Franz Josef Glacier entfernt zerschellten Flugzeugs war sechseinhalb Jahre später bereits am Ende der Zunge angekommen – es legte also 1,5 m pro Tag zurück! Normalerweise schiebt sich der Franz-Josef-Gletscher 1 m am Tag vor, es können zeitweilig aber auch bis zu 5 m werden. Damit ist er zehnmal schneller als die Gletscher in den Schweizer Alpen.

Für einige ist der Franz Josef Glacier das imposanteste Gletschererlebnis überhaupt.

Optisch mag dieser zwar eindrucksvoller sein, jedoch ist der Weg zum Fox kürzer und interessanter, noch dazu kommt man dichter ans Eis heran. Beide Gletschertore sind durch Seile abgesperrt, um zu verhindern, dass Menschen durch Eisbrüche und Gletscherflüsse in Gefahr geraten. Die Gefahr ist durchaus gegeben: 2009 wurden zwei Touristen von herabfallendem Eis erschlagen, weil sie sich zu nah herangewagt hatten. Empfohlen wird daher eine geführte Tour, auf der man sich so weit nähert, wie das ohne Gefahr möglich ist.

Außer den Gletschern bietet der Park in seinen tieferen Zonen einsame Strände an der Tasmansee, von denen aus es durch bunt gefärbte Podocarp-Wälder (Steineibenwälder) aufsteigend zu den höchsten Gipfeln Neuseelands geht. Vielgestaltig und oftmals weltweit einzigartig drängen sich hier voneinander abhängige Ökosysteme in dichter Folge. Robben tollen in der Brandung und in den Wäldern streift das Rotwild umher. Zu den hier heimischen gefährdeten Vogelarten zählen der Ziegensittich, dem sein meckernder Ruf zu seinem Namen verhalf, der Kaka (Waldpapagei), der Rowi (Brauner Okarito Kiwi) sowie der Kea (Bergpapagei), der nur auf der Südinsel vorkommt. Keas sind neugierige und drollige Vögel, die auf keinen Fall gefüttert werden sollten, da sie ohnehin zu den Opportunisten gehören, die sogar an Autoscheibenwischer gehen.

Die 23 km voneinander entfernt liegenden Gletscherorte Franz Josef Village und Fox Village werden von den Touristenmassen manchmal geradezu überschwemmt. Franz Josef Village bietet mehr Action, während Fox Village sich einen zurückhaltenderen alpinen Charme bewahrt hat. Von Dezember bis Februar geht es manchmal in beiden Orten wie in einem Tollhaus zu, daher sollte man nach Möglichkeit lieber in der Nebensaison dort hinreisen (Mai–Sept.) und die preiswerteren Unterkünfte nutzen.

Franz Josef Glacier

Früher nannten die Maori den Franz Josef Glacier „Ka Roimata o Hine Hukatere“ (Tränen des Lawinenmädchens). Denn der Legende nach verlor ein Mädchen ihren Geliebten, als dieser hier von den Gipfeln in den Tod stürzte, ihre Tränenströme gefroren daraufhin zu Gletschereis. Der Franz Josef Glacier wurde 1865 erstmals von Europäern erforscht, der Österreicher Julius Haast gab ihm – zu Ehren seines Kaisers Franz Josef – seinen heutigen Namen. Das Eisgebirge liegt 5 km vom gleichnamigen Ort Franz Josef Village entfernt, vom Parkplatz bis zum Gletschertor sind es 40 Min. zu Fuß.

Sehenswertes & Aktivitäten

West Coast Wildlife Centre TIERE
(www.wildkiwi.co.nz; Ecke Cron & Cowan St.; Tagespass Erw./Kind/Fam. 25/15/75 NZ$, Backstagepass 20/15/60 NZ$; WLAN) Das Wildlife Centre allein erfüllt schon viele Wünsche (Ausstellung, Café und Verkauf sowie WLAN), dann aber folgt die eigentliche Attraktion: Ans Zentrum angeschlossen ist eine Brut- und Aufzuchtstation für die Rowis, die seltensten Kiwis überhaupt. Der Tagespass lohnt sich, weil man so Informationen zu Schutzmaßnahmen, Gletschern und Geschichte erhält und man die Kiwis in ihren Gehegen sehen kann. Der zusätzlich zu kaufende Backstagepass erlaubt einen Besuch der Brut- und Aufzuchtstation. Hier hat man die seltene Gelegenheit, zu erfahren, wie versucht wird, eine aussterbende Tierart zu retten. Wer Glück hat, sieht dabei die wohl niedlichsten Küken der Welt aus nächster Nähe!

Wanderungen auf eigene Faust

Dank DOC eröffnet sich durch den neuen **Te Ara a Waiau Walkway/Cycleway** eine schöne Möglichkeit, durch den Regenwald zum Gletscher-Parkplatz zu gelangen. Zu Fuß bewältigt man die an der DOC-Touristeninformation beginnende Route in jeweils 1 Std., mit dem Rad in max. 30 Min. (Fahrräder müssen auf dem Parkplatz zurückgelassen werden, denn auf den Wanderwegen zum Gletscher ist das Biken nicht möglich). Räder vermietet Across Country Quad Bikes (S. 537).

Mehrere Gletscher-Aussichtspunkte sind vom Parkplatz aus zu erreichen, etwa über den **Sentinel Rock Walk** (hin & zurück 20 Min.) und den **Ka Roimata o Hine Hukatere Walk** (hin & zurück 1½ Std.). Bitte die Schilder lesen und die Absperrungen beachten!

Zu den anderen längeren Wanderwegen gehören der **Douglas Walk** (hin & zurück 1 Std.), der jenseits der Glacier Access Road an der 1750 vom Gletschervorstoß gebildeten Moräne und am kleinen „Kesselsee“ Peter's Pool entlangführt. Der **Terrace Track** (hin & zurück 30 Min.) ist eher ein Spaziergang über die mit Büschen überzogenen Hügel hinter dem Ort mit Blick auf den Waiho River. Als schöne Wanderungen durch den Regenwald empfehlen sich der **Tatare Tunnels Walk** und der **Callery Gorge Walk** (jeweils hin & zurück etwa 1½ Std.), beide beginnen an der Cowan Street.

Der anstrengendere **Roberts Point Track** (hin & zurück rund 5 Std.) beginnt an der Douglas Swing Bridge, zu der man über den Douglas Walk kommt. Der **Alex Knob Track** (hin & zurück 8 Std.) startet an der Glacier Access Road und führt auf den 1303 m hohen Gipfel des Alex Knob. Wenn die Wolken es zulassen, werden die Wanderer mit drei Aussichtspunkten auf den Gletscher und aufs Meer belohnt. Beide, der **Roberts Point** und der **Alex Knob Track**, sollten nur von gut ausgerüsteten und erfahrenen Wanderern begangen werden.

Morgens und abends sollte man sich über das aktuelle Wetter informieren, bei schlechtem Wetter fahren häufig weniger Tourbusse.

Geführte Wanderungen & Heli-Wanderungen

Wanderungen für Kleingruppen mit erfahrenen Führern (Stiefel, Anoraks und Ausrüstung werden gestellt) bietet **Franz Josef Glacier Guides** (☎0800 484 337, 03-752 0763; www.franzjosefglacier.com). Die Kosten für halbtägige/ganztägige Wanderungen belaufen sich auf 123/180 NZ$, Kinder zahlen etwas weniger. Bei den Tagestouren ist man rund 6 Std., bei den Halbtagstouren etwa 2 Std. auf dem Eis. Im Programm sind auch ganztägige Eisklettertouren (256 NZ$ mit Training) sowie dreistündige Helihikes (399 NZ$), bei denen es in größerer Höhe interessantere Eisformationen zu sehen gibt.

Rundflüge

Keine Sorge, es kommt noch schlimmer: Das Brummen stammt hier nicht von Sandfliegen oder Moskitos – hier kreisen Hubschrauber und Flugzeuge über die Gletscher und den Aoraki (Mt. Cook). Bei vielen Flügen ist auch eine Landung im Schnee inbegriffen. Ein 20-minütiger Flug zum Tor des Franz Josef oder Fox Glacier kostet rund 200 NZ$. Flüge, die über beide Gletscher und zum Aoraki/Mt. Cook führen, kosten zwischen 300 und 380 NZ$. Diese Preise gelten für Erwachsene; Kinder unter 15 Jahren zahlen etwa 60 bis 70 % dieses Preises. Vergleichen lohnt sich; die meisten Anbieter haben ihren Standort am SH6 in Franz Josef.

Air Safaris RUNDFLÜGE
(☎03-752 0716, 0800 723 274; www.airsafaris.co.nz) Zweimotorige Flugzeuge

Fox & Franz Josef Heliservices RUNDFLÜGE
(☎03-752 0793, 0800 800 793; www.scenicflights.co.nz)

Helicopter Line RUNDFLÜGE
(☎0800 807 767, 03-752 0767; www.helicopter.co.nz)

Mountain Helicopters RUNDFLÜGE
(☎0800 369 432, 03-752 0046; www.mountainhelicopters.co.nz)

Noch mehr Aktivitäten

LP TIPP **Glacier Hot Pools** THERMALBAD
(www.glacierhotpools.co.nz; 63 Cron St.; Erw./Kind 23/16,50 NZ$; ⌚12–22 Uhr) Diese Einrichtung mitten im dichten Regenwald setzt neue Maßstäbe für die Thermalbadkultur unter freiem Himmel. Die Pools eignen sich hervorragend zum Entspannen nach Wanderungen oder an einem Regentag. Es besteht die Wahlmöglichkeit zwischen einem Gemeinschaftspool oder einem separaten Bad (45 Min. 42 NZ$), anschließend rundet eine Massage (30 Min. 85 NZ$) das Wellnesserlebnis ab.

Skydive Franz FALLSCHIRMSPRINGEN
(☎0800 458 677, 03-752 0714; www.skydivefranz.co.nz; Main Rd.) Skydive Franz nimmt für sich in Anspruch, dass in ganz Neuseeland keine Sprünge aus größerer Höhe angeboten werden (aus 5486 m Höhe, 75 Sek. freier Fall, 549 NZ$ oder alternativ Sprünge aus 4572 m Höhe für 399 NZ$ bzw. aus 3657 m Höhe für 299 NZ$). Ein freier Fall mit Blick auf Aoraki (Mt. Cook) – ein Traum für jeden Fallschirmspringer!

Glacier Country Tours & Kayaks KAJAKFAHREN
(☎03-752 0230, 0800 423 262; www.glacierkayaks.com; 20 Cron St.; 3 Std. 95 NZ$) Während eines geführten Kajaktrips auf dem Lake Mapourika, 7 km nördlich von Franz Josef Village, erfährt man Interessantes über die Ökologie und genießt wunderbare Ausblicke auf die Berge. Das Familienpaket (ab 210 NZ$) ist ein gutes Angebot, wobei es vormittags die günstigeren Konditionen gibt. Auch Kajaks können beim Veranstalter gemietet werden (2½ Std. 60 NZ$).

Eco-Raften RAFTEN
(☎0508 669 675, 03-755 4254; www.ecorafting.co.nz; 6 Std. 450 NZ$) Das Unternehmen bie-

Franz Josef Glacier & Village

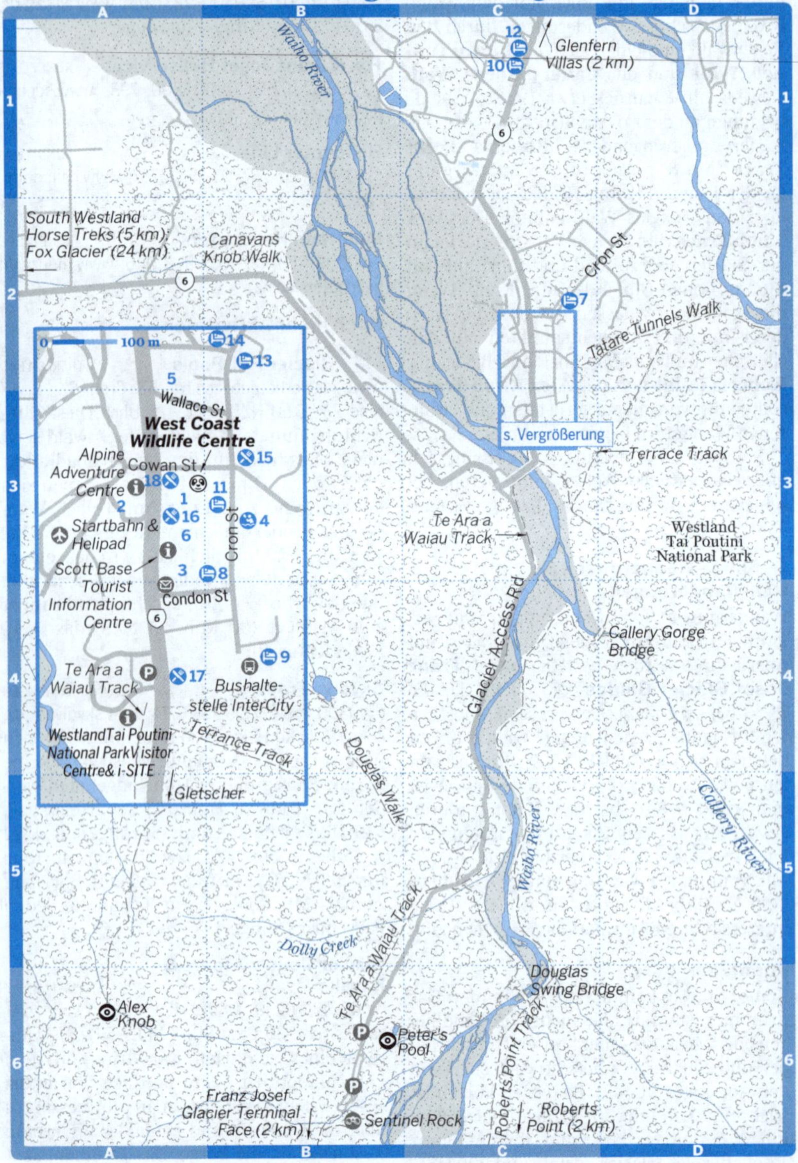

tet Raftingabenteuer entlang der Küste an, u. a. einen sechsstündigen „Grand Canyon"-Trip auf dem Whataroa River, der sich seinen Weg durch steil aufragende Granitfelswände bahnt. Zur Tour gehört auch ein 15-minütiger Hubschrauberflug.

South Westland Horse Treks REITEN
(☎0800 187 357, 03-752 0223; www.horsetreknz.com; Waiho Flats Rd.; 2 Std. 99 NZ$) Das 5 km südlich der Stadt zu findende Trekkingunternehmen arbeitet weitgehend ohne Reitwege und veranstaltet ein- bis sechsstündige

Franz Josef Glacier & Village

Highlights
West Coast Wildlife Centre A3

Aktivitäten, Kurse & Touren
Across Country Quad Bikes ......(siehe 1)
1 Air Safaris A3
2 Fox & Franz Josef Heliservices A3
3 Franz Josef Glacier Guides A3
4 Glacier Country Tours & Kayaks B3
5 Glacier Hot Pools A2
Mountain Helicopters................(siehe 1)
6 Skydive Franz A3

Schlafen
7 58 on Cron C2
8 Alpine Glacier Motel B3
9 Franz Josef Glacier YHA B4
10 Franz Josef Top 10 Holiday Park...C1
11 Glow Worm Cottages B3
12 Holly Homestead C1
13 Rainforest Retreat B2
14 Te Waonui Forest Retreat...................B2

Essen
15 Alice May..B3
16 Four Square Supermarket...................A3
17 Picnics A4
18 Speights Landing Bar & Restaurant A3

Ausritte über Felder und Wiesen sowie entlang entlegener Strände.

Glacier Valley Eco Tours GEFÜHRTE TOUREN
(☎0800 999 739; www.glaciervalley.co.nz) Eco Tours bietet leichte Wanderungen (3–8 Std.) zu sehenswerten Zielen in der Region an (70–160 NZ$), unterwegs erfahren die Teilnehmer Interessantes über die Gegend.

Across Country Quad Bikes QUADBIKEN
(☎0800 234 288, 03-752 0123; www.acrosscountryquadbikes.co.nz; Air Safaris Bldg., SH6) Das Unternehmen bietet Quadtouren, auf denen es schlingernd und hüpfend durch den Regenwald geht (2 Std. Fahrer/Beifahrer 160/70 NZ$). Die Quadvariante mit Hubschrauber (2½ Std. 435 NZ$) beinhaltet zunächst einen Flug über Berge und Küste und dann die Landung an einem einsamen Strand der Westküste, wo man dann querfeldein biken kann. Auch Mountainbikes werden vom Unternehmen vermietet (halber/ganzer Tag 25/40 NZ$).

Schlafen

Franz Josef Top 10 Holiday Park CAMPINGPLATZ $
(☎03-752 0735, 0800 467 897; www.franzjoseftop10.co.nz; 2902 Franz Josef Hwy; Stellplatz ab 40 NZ$, DZ 65–165 NZ$; @) Der weitläufige Campingplatz liegt 1,5 km von der Stadt entfernt, bietet Topeinrichtungen und jede Menge Schlafplätze. Im hinteren Bereich des Parks befindet sich eine attraktive Rasenfläche zum Aufstellen der Zelle.

Glow Worm Cottages HOSTEL $
(☎03-752 0172, 0800 151 027; www.glowwormcottages.co.nz; 27 Cron St.; B 24–26 NZ$, DZ 65–100 NZ$; @) Entspannung ist angesagt in diesem beschaulichen Paradies mit gemütlichen Gemeinschaftsräumen und Anklängen an die Regionalgeschichte in den einzelnen Zimmern. Wer um 18 Uhr wieder zurück ist, bekommt kostenlos eine Gemüsesuppe serviert, sollte es sich einmal eingeregnet haben, dann lässt man es sich bei einer DVD oder im Whirlpool gutgehen.

Te Waonui Forest Retreat HOTEL $$$
(☎0800 696 963, 03-752 0555; www.tewaonui.co.nz; 3 Wallace St.; EZ/DZ 620/795 NZ$; @) Die urwüchsige Waldumgebung und das unauffällige Äußere lassen nicht ahnen, dass es im Hotel Gepäckträger, abendliche Degustationsmenüs (wie das Frühstück im Preis inbegriffen) und eine schnieke Bar gibt. Das Interieur ist dunkel, die Zimmer modern in Holz und Naturstein eingerichtet. Dazu kommen Luxusbetten, in denen man wie ein Stein schläft.

58 on Cron MOTEL $$
(☎0800 662 766, 03-752 0627; www.58oncron.co.nz; 58 Cron St.; DZ 175–245 NZ$;) Trotz des einfallslosen Hotelnamens überzeugen die trendigen Wohneinheiten durch ihr Mobiliar und allem modernen Komfort. Das Konzept ist smart, sauber und stimmig.

Rainforest Retreat LODGE $
(☎0800 873 346, 03-752 0220; www.rainforestretreat.co.nz; 46 Cron St.; Stellplatz ab 19,50 NZ$, B 27–29 NZ$, DZ 85–215 NZ$; @) In diesem weitläufigen Komplex gibt es für jeden eine Schlafmöglichkeit: Ob im etwas unruhigen Schlafsaal, in den ruhigeren Doppelzimmern, den Cottages oder Baumhäusern, in denen bis zu sieben Personen Platz haben. Wohnmobile können in lauschigen Ecken geparkt werden. Die Monsoon Bar auf dem Gelände arbeitet nach dem Motto: „Wenn's

GLETSCHER IN GRUNDBEGRIFFEN

Während der letzten Eiszeit (vor 15 000–20 000 Jahren) reichten der Franz Josef Glacier und der Fox Glacier bis zum Meer. In der darauffolgenden Tauperiode haben sie sich vermutlich über ihre heutige Position hinaus zurückgebildet. Im 14. Jh. brach eine Mini-Eiszeit an und über Jahrhunderte hinweg dehnten sich die Gletscher wieder aus, bis zu ihrer maximalen Größe um 1750. Die Endmoränen aus dieser Zeit sind immer noch zu sehen. Seither haben sich die Zwillingsgletscher an der Westküste in zyklischen Abständen ausgedehnt und sind wieder zurückgegangen.

Wer während seines Besuchs im Land der Gletscher von Regenschauern nicht verschont bleibt, sollte folgende Begriffe parat haben, um im Pub ein wenig zu fachsimpeln und damit das Eis zu brechen:

Bergschrund – eine lange Gletscherspalte im Eis nahe dem Bereich, wo der Gletscher beginnt

Eisfall – ein Gletscher fließt so steil den Berg hinunter, dass das Eis im oberen Bereich in mehrere Eisblöcke zerspringt

Firn – teilweise gepresste Schneedecke, kurz bevor sie verharscht

Firnfeld – Schneefeld, in dem Firn entsteht

Gletschermilch – feinste Felspartikel geben den Gletscherflüssen ihre milchige Farbe

Gletscherspalte – ein Riss im Gletschereis, der entsteht, wenn die Eismasse über Hindernisse fließt

Gletschertor – Eisfront am unteren Ende des Gletschers

Harsch – wenn der Schnee im Zehrgebiet (Firnfeld) durch weiteren Schneefall zusammengepresst wird, entsteht zuerst Firn und dann Harsch

Kesselsee – See, der durch das Abschmelzen einzelner Flächen von Toteis entsteht

Moräne – Schuttwall an den Seiten des Gletschers (Seitenmoräne) oder an dessen Ende (Endmoräne)

Nährgebiet – hier sammeln sich die Schneemassen im oberen Gletscherbereich

Séracs – wie bei Gletscherspalten entstehen diese Eisnadeln, wenn sich der Gletscher über Hindernisse schiebt

Toteis – einzelne Eisbrocken, die beim Rückzug eines Gletschers zurückbleiben

Zehrgebiet – hier schmilzt der Gletscher

regnet, schenken wir ein" und ist eher etwas für das jüngere Publikum.

Franz Josef Glacier YHA HOSTEL $
(☎03-752 0754; www.yha.co.nz; 2–4 Cron St.; B 27–32 NZ$, EZ 57 NZ$, DZ 83–120 NZ$; @📶) Eine weitläufige, saubere und farbenfrohe Einrichtung mit mehr als 100 Betten sowie gemütlichen, großzügigen Gemeinschaftsräumen. Außerdem stehen Familienzimmer und eine kostenlose Sauna (Badebekleidung notwendig) zur Verfügung. Der Regenwald liegt direkt hinterm Haus.

Alpine Glacier Motel MOTEL $$
(☎03-752 0226, 0800 757 111; www.alpineglaciermotel.com; 14 Cron St.; DZ 135–230 NZ$; 📶) Die Standard-Motelzimmer liegen direkt im Ortszentrum. Zwei Wohneinheiten haben einen Whirlpool und die meisten sind auch mit Kochnischen ausgestattet. Wenn sie frei sind, sollte man sich für eine der neueren, modernen Wohneinheiten entscheiden.

Glenfern Villas FERIENHAUS $$$
(☎03-752 0054, 0800 453 633; www.glenfern.co.nz; SH6; DZ 210–266 NZ$; 📶) In nur 3 km Entfernung vom lauten Touristenzentrum stehen diese entzückenden Ferienhäuser – wahlweise mit einem oder zwei Zimmern – inmitten von Nikau-Palmen. Alle Häuser haben sehr bequeme Betten, mit mehr als dem Notwendigen versehene Küchen und eigene Aussichtsterrassen. Hier wünscht man sich, dass der Urlaub nie endet.

Holly Homestead B&B $$$
(☎03-752 0299; www.hollyhomestead.co.nz; SH6; DZ 265–430 NZ$; @📶) Die Gäste werden in diesem von Glyzinien umrankten, 1926 erbauten Haus mit Selbstgebackenem begrüßt. Fünf wunderschöne Zimmer mit Bad und eine Suite stehen zur Auswahl. Alle haben eine eigene Veranda – perfekt für einen abendlichen Drink. Leider gibt es schlechte Nachrichten für Familien mit jüngerem Nachwuchs: Das Haus nimmt Kinder erst ab 12 Jahren auf!

Essen & Ausgehen

Alice May RESTAURANT $$
(Ecke Cowan & Cron St.; Hauptgericht 18–33 NZ$; ⏲16 Uhr bis spätabends) Das wie eine historische Poststation aussehende nette Restaurant bringt hausgemachte Fleischgerichte wie Schweinerippchen und Wildeintopf auf den Tisch. Zur Happy Hour (16–19 Uhr) sitzt man am schönsten draußen und genießt den Bergblick und die kleinen Snacks. Man kann vor dem Haus parken.

Picnics BÄCKEREI $
(SH6; Snacks 2–10 NZ$; ⏲7–5 Uhr) Immer der Nase oder dem Fußgängerstrom nachlaufen: So findet man diese tolle kleine Bäckerei. Sie bietet eine überaus reichhaltige Auswahl an sehr guten, direkt von der Hand zu essenden Backwaren, aber auch feinschmeckerische Pasteten zum Mitnehmen für's Picknick am Mittag oder zum Warmmachen am Abend.

Speights Landing Bar & Restaurant PUB $$
(SH6; Hauptgericht 19–39 NZ$; ⏲7.30 Uhr bis spätabends) Ein Pub, in dem es zwar etwas hektisch zugeht, aber wo's zur Freude der vielen Gäste Riesenportionen von gewohnten Speisen zu essen gibt: Big Macs, Steaks und Pizzas. Die Terrasse – für alle Fälle mit Heizstrahlern und Sonnenschirmen ausgestattet – ist genau der richtige Platz, um sich nach einem Tag auf dem Gletscher zu entspannen.

Four Square Supermarket SUPERMARKT $
(SH6; ⏲7.45–19.30) Ein großer Laden für Selbstversorger.

Praktische Informationen

Internetzugang gibt es bei Glacier Country Tours & Kayaks (S. 535) und im Scott Base Tourist Information Centre (s. rechts oben). Ein Geldautomat steht in der Hauptstraße – wer Richtung Süden reist, sollte hier Geld ziehen, denn der Automat ist der letzte vor Wanaka. Die Postagentur befindet sich in der Mobil-Tankstelle.

Alpine Adventure Centre (☎03-752 0793, 0800 800 793; www.scenic-flights.co.nz; SH6) Hier können Aktivitäten verschiedenster Art gebucht werden. Auf einer Großleinwand wird der 20-minütige Film *Flowing West* gezeigt, der Soundtrack aus den 1980er-Jahren ist allerdings mehr als gewöhnungsbedürftig.

Franz Josef Health Centre (☎03-752 0700, außerhalb der Öffnungszeit 027 464 1192; 97 Cron St.; ⏲Mo–Fr 8.30–16 Uhr) Das Haupt-Ärztezentrum im südlichen Teil des Nationalparks.

Scott Base Tourist Information Centre (☎03-752 0288; SH6; 9–21 Uhr; @📶) Internet, Agentur für Busse von Atomic Shuttles und sonstige Reservierungen.

Westland Tai Poutini National Park Visitor Centre & i-SITE (☎03-752 0796; www.glaciercountry.co.nz; SH6; ⏲Okt.–April 8.30–18 Uhr, Mai–Sept.–17 Uhr) Das regionale DOC-Büro bietet ausgezeichnete Ausstellungen sowie aktuelle Informationen zum Wetter und zu den Wanderwegen.

Anreise & Unterwegs vor Ort

Die Busse fahren vor dem Four Square Supermarket ab.

Die Busse von **InterCity** (☎03-365 1113; www.intercity.co.nz) fahren täglich südwärts nach Fox Village (ab 10 NZ$, 35 Min.) sowie Queenstown (ab 62 NZ$, 8 Std.) und nordwärts nach Nelson (ab 56 NZ$, 10 Std.). Tickets werden im DOC Visitor Centre und in der YHA verkauft.

Atomic Shuttles (☎03-349 0697; www.atomictravel.co.nz) betreibt von Sonntag bis Donnerstag eine Buslinie Richtung Süden nach Queenstown (50 NZ$, 6½ Std.), der Bus fährt über Fox Village (15 NZ$, 35 Min.). Richtung Norden fahren die Busse nach Greymouth (30 NZ$, 4 Std.). Tickets gibt es im Scott Base Tourist Information Centre.

Glacier Valley Eco Tours (☎03-752 0699, 0800 999 739; www.glaciervalley.co.nz) bietet einen Shuttleservice zum Gletscherparkplatz (hin & zurück 12,50 NZ$).

Naked Bus (www.nakedbus.com) fährt nordwärts nach Hokitika, Greymouth und Nelson sowie südwärts nach Fox Glacier.

Fox Glacier

Fox Village ist kleiner und auch weniger turbulent als Franz Josef Village, hier herrscht beinahe schon eine ländliche Atmosphäre und es ist erfreulicherweise auch nicht alles so stark zugebaut. Zu den Highlights der beschaulichen Ortschaft gehören der Lake Matheson sowie die historische Strandwanderung am Gillespies Beach.

Fox Glacier & Village

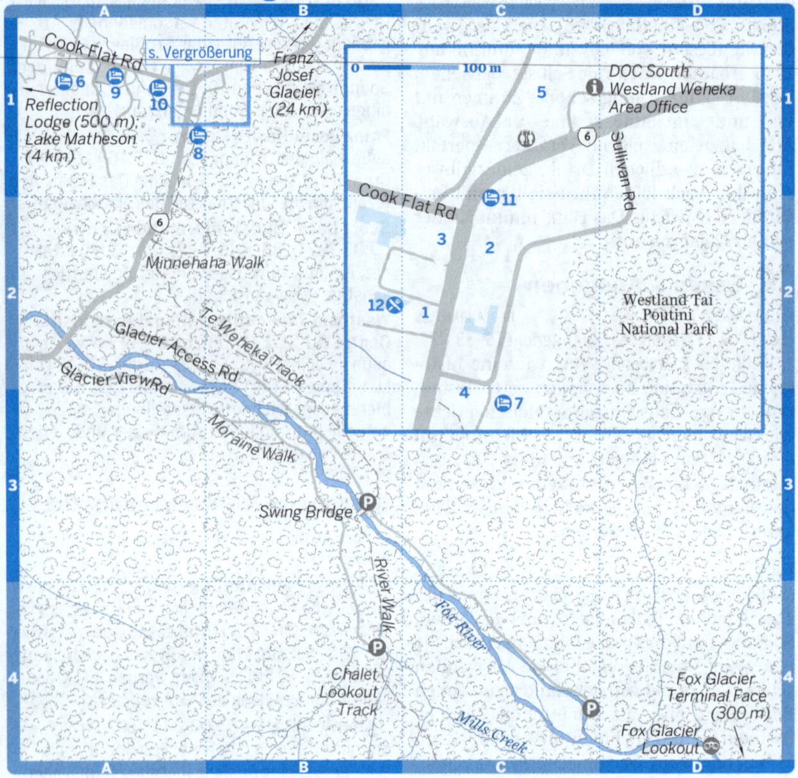

Fox Glacier & Village

Aktivitäten, Kurse & Touren

Fox & Franz Josef Heliservices (siehe 1)
1 Fox Glacier Guiding ... C2
2 Glacier Helicopters ... C2
3 Helicopter Line ... C2
4 Mountain Helicopters ... C3
5 Skydive Glacier Country ... C1

Schlafen

6 Fox Glacier Holiday Park ... A1
7 Fox Glacier Inn ... C3
8 Fox Glacier Lodge ... A1
9 Lake Matheson Motels ... A1
10 Rainforest Motel ... A1
11 Westhaven ... C2

Essen

12 Hobnail Café ... B2
Plateau Café & Bar ... (siehe 4)

Sehenswürdigkeiten & Aktivitäten

Glacier Valley Walks

Von Fox Village sind es 1,5 km bis zur Abzweigung zum Gletscher und dann nochmals 2 km bis zum Parkplatz. DOC sei gedankt dafür, dass man jetzt über den neu angelegten **Te Weheka Walkway/Cycleway** auf Schusters Rappen oder per Rad vom Ort aus dorthin kommt. Es ist eine schöne Tour durch den Regenwald, die unmittelbar südlich des Bella Vista Motels beginnt. Zu Fuß ist man etwas über 1 Std. hin und zurück unterwegs, mit dem Rad 30 Minuten (die Fahrräder müssen am Parkplatz abgestellt werden, denn das Radfahren ist auf den Gletscherwegen nicht gestattet). Bikes können im Motel Westhaven (S. 542) gemietet werden.

Vom Parkplatz gelangt man nach einem 30- bis 40-minütigen Fußmarsch zum Gletschertor. Wie weit man sich diesem nähern darf, hängt von den jeweils aktuellen Bedingungen ab. Alle Schilder sind unbedingt zu beachten, denn der Gletscher ist in seinen Aktivitäten unberechenbar!

Zu den Kurzwanderungen in Gletschernähe gehören der **Moraine Walk** (über eine Moräne aus dem 18. Jh.) und der **Minnehaha Walk**. Der **River Walk** geht in den **Chalet Lookout Track** über (hin & zurück 1½ Std.) und führt zu einem Aussichtspunkt mit Blick auf den Gletscher. Der **River Walk Lookout Track** (hin & zurück 20 Min.) beginnt am Parkplatz Glacier View Road und eröffnet Besuchern (egal, wie fit sie sind) einen tollen Blick auf den Gletscher.

Fox Glacier Guiding WANDERUNGEN
(☎03-751 0825, 0800 111 600; www.foxguides.co.nz; 44 Main Rd.) Geführte Wanderungen (Ausrüstung wird gestellt) werden von Fox Glacier Guiding organisiert. Der halbe Tag kostet pro Erw./Kind 115/95 NZ$, der ganze Tag 165 NZ$, die Teilnehmer müssen mindestens 13 Jahre alt sein. Die Kosten für Helihikes belaufen sich pro Person auf 399 NZ$, für einen ganztägigen Einführungskurs ins Eisklettern zahlt ein Erwachsener 275 NZ$. Es gibt auch leichte zweistündige informative Wanderungen zum Gletscher (Erw./Kind 49/35 NZ$). Außerdem sind längere geführte Heli-Wanderungen möglich.

Fallschirmspringen & Rundflüge

Wo gibt's eine idealere Kulisse zum Fallschirmspringen als am Fox Glacier, in der Umgebung von Südalpen, Regenwald und Meer? Die Kosten für Rundflüge am Fox sind mit denen am Franz Josef vergleichbar. Alle Veranstalter findet man an der SH6 in Fox Glacier Village.

Skydive Glacier Country FALLSCHIRMSPRINGEN
(☎03-751 0080, 0800 751 0080; www.skydivingnz.co.nz; Fox Glacier Airfield, SH6) Die professionelle Truppe bietet aufregende Sprünge aus 3650 m (399 NZ$) bzw. 2700 m Höhe (299 NZ$) an.

Fox & Franz Josef Heliservices RUNDFLÜGE
(☎03-751 0866, 0800 800 793; www.scenic-flights.co.nz)

Glacier Helicopters RUNDFLÜGE
(☎0800 800 732, 03-751 0803; www.glacierhelicopters.co.nz)

Siehe S. 535.

Helicopter Line RUNDFLÜGE
(☎0800 807 767, 03-752 0767; www.helicopter.co.nz)

Mountain Helicopters RUNDFLÜGE
(☎03-751 0045; www.mountainhelicopters.co.nz)

Noch mehr Sehenswertes & Aktivitäten

Lake Matheson SEE
Von der Cook Flat Road sind es 6 km bis zum berühmten „Spiegelsee". Eine lohnenswerte *langsame* Umrundung des Sees dauert 1½ Stunden. An seinem äußersten Ende kann man dann – an einem klaren Tag – vielleicht sein Superfoto schießen. Wenn nicht, lässt es sich in dem exzellenten Geschenkeladen am Parkplatz in Form einer Postkarte kaufen. Die schönsten Momente am See erlebt man entweder am frühen Morgen oder am Spätnachmittag, wenn die Sonne tief steht. Doch für das Matheson Café ist eigentlich jede Tageszeit passend!

Gillespies Beach STRAND
Vom Highway biegt man in die Cook Flat Road ab und gelangt nach 21 km (von denen die letzten unbefestigt sind) an den entlegenen schwarzen Sandstrand Gillespies Beach, an dem früher eine Bergarbeitersiedlung lag. Von hier aus sind verschiedene interessante Wanderungen möglich – angefangen von einem fünfminütigen Sprung auf den alten Bergarbeiterfriedhof bis zu einem 3½-stündigen Marsch (hin & zurück) zum Galway Beach, an dem Robben gern an Land gehen. Bitte die Tiere nicht stören!

Schlafen

Fox Glacier Holiday Park CAMPINGPLATZ $
(☎03-751 0821, 0800 154 366; www.fghp.co.nz; Kerrs Rd.; Stellplatz ab 38, Hütte 58–60 NZ$, DZ 94–199 NZ$; @ 📶) In diesem Park gibt es Unterkunftsmöglichkeiten für alle (ungeachtet des jeweiligen Geldbeutels). Die Renovierungsarbeiten – neue Duschen, Spielplatz und Grillplätze – haben die Qualität der ohnehin schon guten Anlage weiter verbessert.

Fox Glacier Inn HOSTEL $
(☎03-751 0022; www.foxglacierinn.co.nz; 39 Sullivan Rd.; B 23–27 NZ$, DZ 60–90 NZ$; @ 📶) Die sehr fleißigen Betreiber haben die einstige Absteige für Rucksackreisende in ein Paradies verwandelt. Zu den Verbesserungen gehören Frauenschlafsäle und neue saubere Bettwäsche. Eine Bar mit Restaurant und eine Touristeninformation befinden sich direkt auf der Anlage.

Lake Matheson Motels MOTEL $$
(☎0800 452 2437, 03-751 0830; www.lakematheson.co.nz; Ecke Cook Flat Rd. & Pekanga Dr.; DZ 135–145 NZ$, 4BZ 190 NZ$; 📶) Von außen

sieht das Motel eher gewöhnlich aus, aber die Zimmer sind von hoher Qualität. Die Besitzer haben ihren Gewinn reinvestiert, sodass sie nun enorm gepflegte Zimmer mit exklusiven Sanitäreinrichtungen anbieten können – erstaunlich bei den Preisen dieses Mittelklassehotels.

Rainforest Motel MOTEL $$
(☎0800 724 636, 03-751 0140; www.rainforestmotel.co.nz; 15 Cook Flat Rd.; DZ 115–145 NZ$; 📶) Die außen rustikal aussehenden Blockhütten haben innen eine eher einfallslose Einrichtung. Sie bieten aber sehr schöne Rasenflächen zum Herumtollen oder Ausspannen mit Blick auf die Berge.

Fox Glacier Lodge B&B $$$
(☎0800 369 800, 03-751 0888; www.foxglacierlodge.com; 41 Sullivan Rd.; DZ 195–225 NZ$; 📶) Ansprechende Holzverkleidungen außen und innen schmücken diesen attraktiven Lodge-Komplex und verleihen ihm ein echtes Berghüttenflair. Ähnlich im Stil sind auch die separaten Mezzanine-Apartments mit Whirlpools.

Reflection Lodge B&B $$$
(☎03-751 0707; www.reflectionlodge.co.nz; 137 Cook Flat Rd.; DZ 210 NZ$; 📶) Die geselligen Gastgeber des B&B im Stil einer Skihütte geben sich alle erdenkliche Mühe, um ihren Gästen den Aufenthalt unvergesslich zu machen. Der herrliche Garten mit einem Teich, der an Monet erinnert, und der Bergblick vervollkommnen das Wohnerlebnis.

Westhaven MOTEL $$
(☎0800 369 452, 03-751 0084; www.thewesthaven.co.nz; SH6; DZ 125–185 NZ$; 📶) Die architektonisch schönen Suiten überzeugen durch ihren Mix aus geriffeltem Stahl und einheimischem Gestein sowie durch den ziegelroten und elfenbeinfarbenen Wandanstrich. Die Deluxe-Zimmer sind mit Whirlpool ausgestattet. Wer überschüssige Energie loswerden will, kann sich Fahrräder mieten (halber/ganzer Tag 20/40 NZ$).

Essen & Ausgehen

LP TIPP **Matheson Café** GEHOBENE KÜCHE $$
(www.lakematheson.com; Lake Matheson Rd.; Frühstück & Mittagessen 9–19 NZ$, Abendessen 24–36 NZ$; ⏲Nov.–März 7.30 Uhr bis spätabends, April–Okt. 8–16 Uhr) Das Café in Seeufernähe hat das richtige Konzept: Es bietet ein schickes Interieur, einen traumhaften Bergblick, starken Kaffee sowie gehobene neuseeländische Küche. Hier kann man herrlich den ganzen Nachmittag verbringen.

Gleich nebenan liegt die ReflectioNZ Gallery, in der sehr gute, überwiegend neuseeländische Kunstwerke und Souvenirs verkauft werden.

Plateau Café & Bar CAFÉ $$
(Ecke Sullivan Rd. & SH6; Mittagessen 10–23 NZ$, Abendessen 22–33 NZ$; ⏲12 Uhr bis spätabends) Das stark frequentierte und (für die Verhältnisse an der Westküste allemal) mondäne Plateau verbindet pfiffigen Service mit bodenständigen, aber beliebten Speisen wie Lamm-Burger, geräuchertem Akaroa-Lachs oder kreativen vegetarischen Gerichten. Bei Sonnenschein ist die mit Glyzinien umrankte Terrasse der richtige Ort, um bei einem neuseeländischen Bier oder einem Glas Wein auszuspannen.

Hobnail Café CAFÉ $
(44 Main Rd.; Mahlzeit 11–19 NZ$; ⏲7.30–15 Uhr) Die Vitrinen sind hier randvoll mit Hochwertigem zur Stärkung: opulent gefüllten Ofenkartoffeln, Pasteten, Panini, Keksen und Kuchen. Herzhaftes Bauernfrühstück gibt es für diejenigen, die auf dem Weg zum Gletscher sind. Das Café liegt im gleichen Haus wie die Firma Fox Glacier Guiding.

Praktische Informationen

Zum Zeitpunkt der Recherche waren die Eröffnung eines Supermarktes der Four-Square-Kette und die Installation eines Geldautomaten an der Ecke SH6 und Frames Road geplant. BP ist die letzte Tankstelle vor dem 120 km entfernten Haast im Süden. Einen Internetanschluss gibt es im Internet Outpost neben dem Büro von Helicopter Line.

DOC South Westland Weheka Area Office (☎03-751 0807; SH6; ⏲Mo–Fr 9–12 & 13–16.30 Uhr) Das Büro ist zwar keine allgemeine Touristeninformation mehr, gibt aber die üblichen DOC-Informationen heraus, verkauft Hüttenschlafplätze und bietet Aktuelles zum Wetter und dem Zustand der Wanderwege.

Fox Glacier Guiding (☎0800 111 600, 03-751 0825; www.foxguides.co.nz; 44 Main Rd.) Hier können Plätze für die Busse von Atomic Shuttles gebucht werden; das Unternehmen fungiert gleichzeitig als Postagentur und Wechselstube.

Fox Glacier Health Centre (☎03-751 0836, nach Dienstschluss 027 464 1193; SH6) Lange Wartezeiten sind zwischen 9 und 12 Uhr einzukalkulieren; ein Arzt ist donnerstags im Dienst. Bitte vorher in der Klinik anrufen, wann man spätestens da sein muss.

Anreise & Unterwegs vor Ort

Die meisten Busse halten vor der Geschäftsstelle von Fox Glacier Guiding.

Die Busse von **InterCity** (☎03-365 1113; www.intercity.co.nz) fahren zweimal täglich nordwärts nach Franz Josef Village (ab 10 NZ$, 40 Min.), der Bus am Vormittag fährt weiter nach Nelson (ab 57 NZ$, 11 Std.). Täglich verkehren auch Busse Richtung Süden nach Queenstown (ab 58 NZ$, 7½ Std.).

Die Busse von **Atomic Shuttles** (☎03-349 0697; www.atomictravel.co.nz) fahren täglich nach Franz Josef Village (15 NZ$, 30 Min.) und weiter nach Greymouth (ab 35 NZ$, 3¼ Std.). Täglich gibt es Busse Richtung Süden, die nach Queenstown (45 NZ$, 6½ Std.) fahren.

Fox Glacier Shuttles & Tours (☎0800 369 287) bringt seine Gäste zu Zielen in der unmittelbaren Umgebung, etwa zum Lake Matheson, zum Gillespies Beach oder zum Fox Glacier und auf Wunsch auch noch zu weiteren Zielen (hin & zurück ab 10 NZ$).

Naked Bus (www.nakedbus.com) bedient die nördliche Route nach Franz Josef Village, Hokitika, Greymouth, Westport und Nelson sowie die Südroute nach Queenstown mit Halt in Haast und Wanaka.

RICHTUNG SÜDEN NACH HAAST

Etwa 26 km südlich des Fox Glacier kommt man über die SH6 zum End- bzw. Startpunkt des **Copland Valley Trail**, der gleichzeitig das westliche Ende des **Copland Track** bildet. Die denkbar schönste Belohnung einer Wanderung in ganz Neuseeland wartet hier am Copland: Nach einer sechs- bis siebenstündigen Wanderung erreicht man die **Welcome Flat DOC Hut** (Erw./Kind 15/7,50 NZ$), in deren unmittelbarer Nähe Thermalquellen aus dem Boden sprudeln. Die Backcountry-Hut-Pässe sind hier nicht gültig, aber Tickets können online, in jedem DOC-Büro an der Westküste sowie in den Touristeninformationen gekauft werden.

Bei Radlern auf der Route Haast – Fox Glacier und Wanderern auf dem Copland Track ist das **Pine Grove Motel** (☎03-751 0898; SH6; Stellplatz 25, DZ 50–90 NZ$) sehr beliebt. Das Motel liegt 8 km südlich vom Westende des Copland. Seine Wohneinheiten sind erschwinglich und in einem einigermaßen guten Zustand, auch sicheres Parken ist hier möglich.

Etwa 31 km nördlich von Haast liegt der **Lake Moeraki**, das Ziel von Anglern. Von hier führt ein anspruchsloser Wanderweg in 40 Min. zur **Monro Beach**, einem Wind und Wellen der Tasmansee ausgeliefertem Kiesstrand. Zwischen Juli und Dezember haben hier Dickschnabelpinguine ihre Brutkolonie, außerdem ziehen Seebären dort ihren Nachwuchs auf. Die **Wilderness Lodge Lake Moeraki** (☎03-750 0881; www.wildernesslodge.co.nz; SH6; DZ inkl. Frühstück & Abendessen 640–1000 NZ$) ist eine umweltfreundliche Unterkunft in eindrucksvoller neuseeländischer Wildnis. Die komfortablen Zimmer sowie die aus vier Gängen bestehenden Abendmenüs können sich sehen lassen, aber die eigentlichen Highlights sind die hier möglichen Outdooraktivitäten: Die Touren werden von Führern geleitet, die den Naturschutz offenbar mit der Muttermilch eingesogen haben.

Rund 5 km vom See entfernt liegt der viel fotografierte **Knights Point** (benannt nach dem Hund eines Landvermessers). Hier an diesem Punkt wurde 1965 nach langer Bauzeit die Straße nach Haast eröffnet. Wenn irgend möglich, sollte man hier eine Pause einlegen. In **Ship Creek**, 15 km nördlich von Haast, gibt es eine Aussichtsplattform und zwei interessante Lehrpfade: den **Dune Lake Walk** (hin & zurück 30 Min.) und den **Kahikatea Swamp Forest Walk** (hin & zurück 20 Min.).

Wer bis jetzt noch kein Whitebait gekostet hat, sollte bei der **Curly Tree Whitebait Company** (☎03-750 0097) vorbeifahren, die 5 km nördlich von Haast an der Waita-Flussbrücke liegt. Super Whitebait-Frikadellen für 7 NZ$, aber auch Whitebait zum Mitnehmen gibt es hier, der Preis variiert.

DIE REGION HAAST

Die Region Haast ist eines der bedeutendsten Wildnisgebiete Neuseelands: Wegen der Kahikatea- und Ratawälder, der Feuchtgebiete, Sanddünen, Robben- und Pinguin-Kolonien, den artenreichen Population von Seevögeln und den weiten Stränden gehört sie zur Southwest New Zealand (Te Wahipounamu) World Heritage Area. Benannt wurde die Region nach dem Geologen Julius von Haast aus Bonn, der ab 1858 in Neuseeland lebte und ein Museum in Christchurch gründete.

Haast & Jackson Bay

Rund 120 km südlich von Fox Glacier Village schmiegt sich Haast um die Mündung des

ABSTECHER

DIE JACKSON BAY ROAD

Ab Haast Junction ist die SH6 die meistbefahrene Straße, von hier reist man entweder nordwärts oder quer durchs Land. Doch es gibt noch eine weitere Möglichkeit, die Strecke Richtung Süden … bis (scheinbar) ans Ende der Welt.

Die Straße nach Jackson Bay ist verkehrsarm und landschaftlich unglaublich schön. Die Farmen in der Ebene vor der Kulisse der hoch aufragenden Südalpen und die verstreut liegenden Siedlungen dazwischen bezeugen, dass es wohl niemals widerstandsfähigere Siedler in ganz Neuseeland gegeben hat als diese Menschen hier. Bis in die 1950er-Jahre konnte Haast auf dem Landweg nur über Pisten von Hokitika und Wanaka aus erreicht werden. Vorräte wurden durch alle paar Monate einmal anlegende Küstenschiffe herangeschafft.

Neben den hier und dort anzutreffenden Reminiszenzen an Ruhm und Ehre vergangener Tage gibt es noch vieles mehr, was sich auf dem Weg nach Jackson Bay zu erkunden lohnt.

Unweit von Okuru startet der **Hapuka Estuary Walk** (hin & zurück 20 Min.), ein Plankenweg, der sich durch ein abgelegenes Wildtierreservat zieht und den Wanderern unterwegs auf Lehrtafeln Informationen liefert.

Die Straße verläuft weiter Richtung Westen zur **Arawhata Bridge**, dort zweigt ein Weg zum 3,5 km von hier entfernt liegenden **Ellery Creek Walkway** ab. Dieser gemütliche Spazierweg durch moosgrünen Südbuchenwald (hin & zurück 1½ Std.) führt zum **Ellery Lake**. Dort kann man herrlich auf einer Picknickbank das Mittagessen auspacken, um anschließend zum Dessert baden zu gehen.

Knapp 1 Std. dauert die Fahrt von Haast zum Fischerdorf **Jackson Bay**, dem einzigen natürlichen Hafen an der Westküste. 1875 landeten Siedler hier mit dem Ziel, sich eine Existenz aufzubauen, was aber scheiterte. Ihre Pläne, Landwirtschafts- und Holzfräsbetriebe zu gründen, wurden durch den andauernden Regen und den fehlenden Landeplatz – er wurde erst 1938 gebaut – zunichte gemacht. Die dennoch hier zurückbleibenden Familien bestritten ihre Existenz fortan weitgehend mit Eigenanbau.

Das **Cray Pot** (☎03-750 0035; Fish & Chips 17–29 NZ$; ⏲Nov.–März 11–20 Uhr) ist nur zu bestimmten Zeiten geöffnet. Das Besondere hier ist nicht allein das Restaurant (in einem Wohnwagen) und die Lage mit Blick über die Bucht, vielmehr sind es die sagenhaften Meeresfrüchte, etwa die guten Fish & Chips, Langusten, die Fischsuppe und Whitebait.

Wer all zu viel vom Frittierten verputzt hat, für den ist der **Wharekai Te Kou Walk** (hin & zurück 40 Min.) nach Ocean Beach gerade der richtige Verdauungsspaziergang. In der kleinen Bucht herrscht starker Wellengang, sehenswert sind die bizarren, interessanten Felsformationen.

breiten Haast River. Die Ortschaft besteht aus den drei Ortsteilen Haast Junction, Haast Village und Haast Beach.

Einerseits ein praktischer Halt, um Tank und Magen aufzufüllen, andererseits aber der Punkt, von dem aus die umliegen-de spektakuläre Landschaft bis ans äußerste Ende der Jackson Bay erkundet werden kann.

Aktivitäten

Haast River Safari JETBOOT
(☎0800 865 382, 03-750 0101; www.haastriver.co.nz; Haast Village; Erw./Kind 132/55 NZ$; ⏲ 9, 11 & 14 Uhr) Das Unternehmen mit Sitz im Red Barn zwischen Haast Village und dem Visitor Information Centre bietet entspannte 90-minütige Ausflüge in überdachten Jetbooten auf dem Haast River.

Waiatoto River Safaris JETBOOT
(☎03-750 0780; www.riversafaris.co.nz; Jackson Bay Rd.; Erw./Kind 139/59 NZ$; ⏲10, 13 & 16 Uhr) Ziemlich aufregende 2½-stündige „Sea-to-Mountain"-Trips mit dem Jetboot vom Meer auf den wilden Waiatoto River, 30 km südlich von Haast.

Schlafen

Haast Beach Holiday Park CAMPINGPLATZ $
(☎03-750 0860, 0800 843 226; www.haastbeachholidaypark.co.nz; 1348 Jackson Bay Rd., Haast Beach; Stellplatz ab 28 NZ$, B 25 NZ$, DZ 45–110 NZ$) Die Betreiber dieses alten, aber

sympathischen Campingplatzes mit verschiedenen Unterkunftsmöglichkeiten arbeiten an dessen Modernisierung. Von hier sind es 20 Min. zu Fuß zu einem schönen Strand und 14 km Richtung Süden zur Haast Junction. Der Hapuka Estuary Walk beginnt auf der gegenüberliegenden Straßenseite.

Haast River Top 10 CAMPINGPLATZ $
(☎0800 624 847, 03-750 0020; www.haasttop10.co.nz; SH6, Haast Village; Stellplatz ab 25 NZ$, B 30 NZ$, EZ 60 NZ$, DZ 90–130 NZ$, 4BZ 130–170 NZ$; @☎) Neuer Campingplatz mit erstklassigen Einrichtungen, unter anderem mit einem hellroten offenen Schuppen zum Unterstellen von Wohnmobilen und tolle Gemeinschaftsbereiche in der umgebauten Lodge. Die Motel-Wohneinheiten sind hell, geräumig und bieten bei schönem Wetter fantastische Ausblicke.

Haast Lodge LODGE $
(☎0800 500 703, 03-750 0703; www.haastlodge.com; Marks Rd., Haast Village; Stellplatz ab 16 NZ$, B/DZ 25/65 NZ$, Wohneinheiten DZ 95–120 NZ$; @☎) Das die unterschiedlichsten Bedürfnisse abdeckende Haast Lodge bietet saubere Unterkünfte, ob Schlafsaal oder Doppelzimmer mit exzellentem Aufenthaltsbereich oder Motel-Wohneinheiten im Aspiring Court nebenan. Parkbuchten mit Strom für Wohnmobile sind vorhanden.

Collyer House B&B $$$
(☎03-750 0022; www.collyerhouse.co.nz; Cuttance Rd., Haast Village; Zi. ab 220 NZ$; @☎) In diesem B&B-Juwel werden die Gäste mit dicken Bademänteln, hochwertiger Bettwäsche, Strandblick und einer strahlenden Wirtin verwöhnt, die auch noch ein exzellentes Frühstück zubereitet. All dies macht das Collyer House zu einer großzügigen und gemütlichen Unterkunft. Einfach nach der Abfahrt von der SH6 12 km lang der Beschilderung an der Jackson Bay Road folgen.

Essen & Ausgehen

Hard Antler PUB $$
(Marks Rd., Haast Village; Abendessen 20–30 NZ$; ⏲Essen 11–21 Uhr) Die nicht zu zählenden Hirschgeweihe allein sind animierend, ebenso sind es die hausgemachten Speisen (allesamt mit Fleisch) und die zwanglose Atmosphäre in diesem tollen Pub.

Okoto Espresso CAFÉ $
(Haast Village; Snack 2–10 NZ$) Wer gut aufpasst, sieht die von einem orangefarbenen Landrover gezogene Bude. Dort kann man sich auf Robyn und ihren Kaffee, die gebratenen Whitebait, die Smoothies, Biscotti und Pfannkuchen freuen.

Praktische Informationen

Das **DOC Haast Visitor Information Centre** (☎03-750 0809; www.haastnz.com; Ecke SH6 & Jackson Bay Rd.; ⏲Nov.–März 9–18 Uhr, April–Okt. 9–16.30 Uhr) hat an allen Wänden regionales Informationsmaterial angeschlagen und zeigt den allzu kurzen Film über die Landschaft um Haast *Edge of Wilderness* (Erw./Kind 3 NZ$/frei).

An- & Weiterreise

Die Busse von **InterCity** (☎03-365 1113; www.intercity.co.nz) und **Atomic Shuttles** (☎03-349 0697; www.atomictravel.co.nz) halten auf ihrer Tour nach Fox Village und Wanaka am Visitor Information Centre.

Naked Bus (www.nakedbus.com) fährt nach Norden Richtung Gletscher, Hokitika, Greymouth und Nelson sowie südwärts nach Queenstown mit Halt in Wanaka.

Haast Pass Highway

Von Haast aus schlängelt sich der SH6 landeinwärts entlang des Haast River nach Wanaka (145 km, 2½ Std.); die Strecke führt dabei hinauf zum Haast Pass und zum Mt. Aspiring National Park. Auf der Fahrt landeinwärts und bis zur Passhöhe (563 m) wird die Vegetation immer dünner – das ist Schneegebiet, das von Grasbüscheln und Unterholz bedeckt ist. Unterwegs laden ein paar herrliche Wasserfälle zum Staunen ein (besonders an Regentagen). Sie stürzen nur ein paar Minuten vom Highway entfernt in die Tiefe. Die Fälle am **Fantail** und **Thunder Creek** sind besonders sehenswert. Außerdem gibt es hier noch den **Bridle Track** (einfache Strecke 1½ Std.) zwischen dem Pass und Davis Flat. Alles Wissenswerte steht in der DOC-Broschüre *Walks along the Haast Highway* (2 NZ$). Die Straße über den Haast Pass (auf Maori „Tioripatea" bzw. „Freier Weg") wurde 1965 eröffnet. Davor transportierten die Maori auf dieser Route Jade von der West Coast zum Makarora River in Otago. Julius von Haast forschte hier 1863.Lebensmittel und Benzin gibt's in Makarora und am Lake Hawea. Auf der Fahrt Richtung Norden sollte man seine Tankanzeige im Auge behalten: Die Tankstelle in Haast ist die letzte bis Fox Glacier (120 km nördlich).

Christchurch & Canterbury

Inhalt »

Gut essen

- » Bodhi Tree (S. 563)
- » Simo's Deli (S. 565)
- » Christchurch Farmers Market (S. 565)
- » Almeidas Tapas Bar (S. 560)
- » The Little Bistro (S. 578)

Schön übernachten

- » Orari B&B (S. 559)
- » Le Petit Hotel (S. 560)
- » Coombe Farm (S. 576)
- » Okuti Garden (S. 576)

Auf nach Christchurch & Canterbury!

Nirgendwo in Neuseeland gehen Veränderungen und Neuerungen so schnell vonstatten wie in dem von Erdbeben erschütterten Christchurch. Zu sehen, wie die zweitgrößte Stadt des Landes wiederaufgebaut und wiederbelebt wird, ist interessant und bewundernswert zugleich.

Unweit von Christchurch liegt die Bank Peninsula mit ihren versteckten Buchten und Stränden – eine Traumkulisse für Kajak- und Wildnistouren. Bei Sonnenuntergang ist man zurück in Akaroa, um dessen Attraktionen zu genießen. Im Norden befinden sich die Weingüter des Waipara Valleys und das Familienferienparadies Hanmer Springs. Im Westen gehen die ordentlich aufgereihten Farmen der Canterbury Plains rasch in die zerklüftete Wildnis der Southern Alps über.

Die von Flussläufen durchzogenen alpinen Täler rund um den Arthur's Pass sind im Sommer das Ziel vieler Wanderer, Mountainbiker radeln in Scharen um die türkisblauen Seen des Mackenzie Country. Im Winter geht es dann zum Skifahren zum Mt. Hutt. Und das ganze Jahr über wacht der Aoraki alias Mt. Cook – der höchste Berg des Landes – stoisch über diese landschaftlich abwechslungsreiche Region.

Reisezeit

Canterbury ist eine der trockensten Regionen Neuseelands, weil die feuchten Westwinde von der Tasmansee ihre Wolken an der Westküste abregnen lassen, noch ehe sie den Osten der Südinsel erreichen. Wer zwischen Januar und März nach Christchurch kommt, kann mit ruhigem Sommerwetter rechnen und in der landschaftlich reizvollen Gegend viel unternehmen.

Der Sommer ist auch die Zeit der Feste in Christchurch: Im Januar steigt das World Buskers Festival, im März die Ellereslie International Flower Show. Von Juli bis Oktober locken die Skipisten am Mt. Hutt und in Canterburys kleineren Wintersportgebieten.

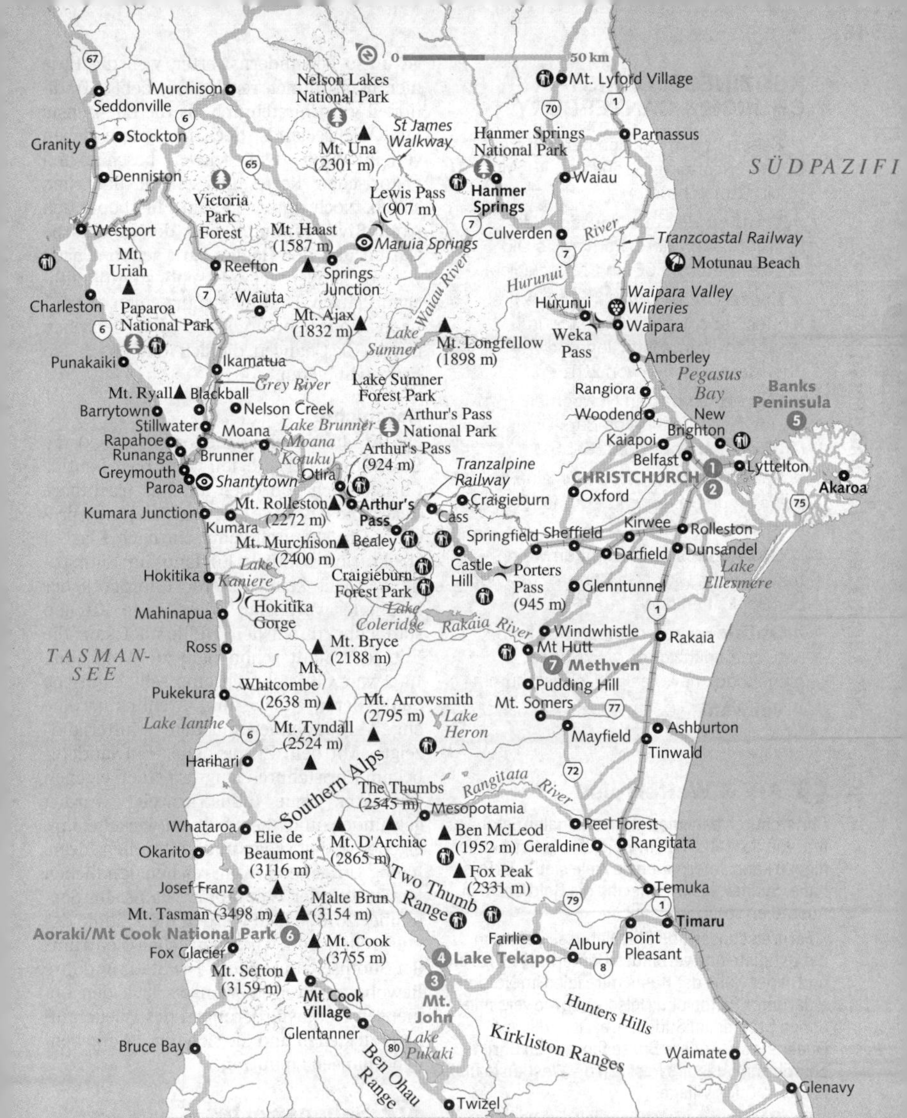

Highlights

1. Unterstützung der Wiederaufbauarbeiten in **Christchurch** (S. 548)
2. Eine Rad- oder Bootstour entlang des **Avon River** (S. 557) bei Christchurch
3. Vom **Mt. John** (S. 592) über das Mackenzie Country schauen
4. Ein entspannendes Bad nehmen im **Alpine Springs & Spa** (S. 595) am Lake Tekapo
5. Die Buchten der **Banks Peninsula** (S. 572) – auf große Entdeckungsfahrt gehen mit dem Fahrrad, Kajak oder Boot
6. Eine Wanderung im **Aoraki/Mt. Cook National Park** (S. 599) – im Schatten von Neuseelands höchstem Berg
7. Eine Ballonfahrt von **Methven** (S. 586) aus über die Weite der Canterbury Plains

KURZINFOS: CHRISTCHURCH & CANTERBURY

» **Essen** In den Lokalen der aufstrebenden Restaurantszene von Addington in Christchurch

» **Trinken** Bier aus Neuseelands bester Kleinbrauerei Pomeroy's Old Brewery Inn (S. 566) in Christchurch

» **Lesen** *Old Bucky & Me*, ein ergreifender Bericht der in Christchurch lebenden Journalistin Jane Bowron über das Erdbeben von 2011

» **Hören** Die besten Newcomer-Bands in Christchurchs Bars Dux Live (S. 567) und Darkroom (S. 567)

» **Sehen** *When a City Falls*, eine bewegende Dokumentation der Erdbeben von 2010 und 2011

» **Ökologisch reisen** Im umweltfreundlichen Okuti Garden (S. 576) auf der Banks Peninsula

» **Online** www.christchurchnz.com, www.mtcooknz.com; www.lonelyplanet.com/new-zealand/christchurch

» **Vorwahl** ☎03

An- & Weiterreise

Christchurch hat einen internationalen Flughafen, von dem aus man in viele Städte des Landes fliegen kann. Internationale Ziele sind z. B. Brisbane, Sydney, Melbourne und die Gold Coast in Australien sowie Singapur.

Fernreisebusse und Shuttlebusse befahren die Ostküste und verbinden Canterburys Orte an und in der Nähe der Küste mit Zielen im Norden – darunter Picton und Nelson – sowie verschiedenen Städten im Süden, u. a. Dunedin und Queenstown. Andere Busse fahren von Christchurch zum Arthur's Pass, an die Westküste und nach Mt. Cook Village.

KiwiRail Scenic bietet Bahnfahrten von Küste zu Küste sowie entlang der Ostküste. Der TranzAlpine-Zug verbindet Christchurch und Greymouth, der TranzCoastal-Zug fährt gen Norden nach Picton, wo Fähren über die Cook Strait zur Nordinsel ablegen.

CHRISTCHURCH

380 900 EW.

Willkommen in einer lebhaften Stadt im Umbruch, die unermüdlich und erfinderisch die Folgen von Neuseelands zweitgrößter Naturkatastrophe meistert (dies ist umso bewundernswerter, weil die Erde hier noch immer regelmäßig bebt). Traditionell gilt Chirstchurch als die englischste Stadt Neuseelands, doch nach dem Beben verleiht man dem schwer beschädigten historischen Kern auch einen modernen Touch. Noch immer gleiten Flussboote den Avon River hinunter, und der botanische Garten und der Hagley Park gehören nach wie vor zu Neuseelands schönsten öffentlichen Plätzen. Und man spürt einen tatkräftigen Unternehmergeist – die Menschen nutzen die Chancen, die sich ihnen nach den Erdbeben bieten.

Geschichte

Die Kirche von England ordnete 1850 die Besiedlung der Region um das heutige Christchurch von oben an. Das fruchtbare Ackerland wurde gezielt dem Adel zugesprochen: Christchurch sollte ein nach Klassen strukturiertes Stück England im Südpazifik werden, kein weiterer unordentlicher kolonialer Vorposten. Man baute Kirchen statt Pubs, durch den Wollhandel kam die Elite der Stadt schon bald zu Wohlstand. 1862 war Christchurch eine sehr englische Stadt, deren Anlage und Architektur eine enge Verbundenheit mit dem „Mutterland“ zeigte. Mit dem Zuzug neuer Einwanderer bekam Christchurch langsam einen eigenen Charakter. Neue Industriezweige wurden gegründet, und die Stadt entwickelte ihre eigenen ästhetischen und kulturellen Ideen, häufig ausgehend vom reichen ländlichen Hinterland der Canterbury Plains. Im September 2010 jedoch wurden die Träume des kulturellen und wirtschaftlichen Zentrums der Südinsel jäh zerstört. Die Stadt und ihre Bewohner waren gezwungen, sich den immensen Herausforderungen des Wiederaufbaus zu stellen und die sich daraus ergebenden Chancen zu nutzen.

Sehenswertes

GRATIS **Botanic Gardens** GÄRTEN
(Karte S. 554; www.ccc.govt.nz; Rolleston Ave.; Eintritt frei, Führung 10 NZ$, Zugfahrt Erw./Kind 18/9 NZ$; ⌚Gelände 7 Uhr bis 1 Std. vor Sonnenuntergang, Gewächshäuser 10.15–16 Uhr) Der botanische Garten umfasst ein 30 ha großes Areal am Flussufer, in dem über 10 000 Arten einheimischer und eingeführter Pflanzen wachsen. Es gibt Gewächshäuser und Themengärten, Rasenflächen zum Ausruhen sowie ein Café im **Visitors Centre** (Karte S. 554; ⌚Mo–Fr 9–16, Sa & So 10.15–

16 Uhr). Auf dem Spielplatz neben dem Café können sich die Kinder ungestört austoben. Geführte Spaziergänge (10 NZ$; Sept.–April tgl. 13.30 Uhr) beginnen am Canterbury Museum. Eine bequeme Alternative ist die Fahrt auf dem elektrischen **Caterpillar-Zug** (www.gardentour.co.nz; Tickets Erw./Kind 18/9 NZ$ – man kann überall zu- und aussteigen; ⌚10–16 Uhr), unterwegs erfahren die Fahrgäste viel Wissenswertes über den Garten. Die Tickets sind zwei Tage lang gültig.

Canterbury Museum MUSEUM

(Karte S. 556; ☎03-366 5000; www.canterburymuseum.com; Rolleston Ave.; Eintritt: Spende; ⌚April–Sept. tgl. 9–17 Uhr, Okt.–März 9–17.30 Uhr) Das fesselnde Canterbury Museum besitzt eine wunderbare Sammlung an Exponaten, die für Neuseeland von historischer Bedeutung sind. Zu den Highlights gehören die Maori-Galerie mit einigen tollen Stücken aus *pounamu* (Greenstone, Jade), das geflochtene Ruderboot im Antarktis-Saal, mit dem 1907 eine Gruppe von Schiffbrüchigen von Disappointment Island floh, und eine lange Reihe ausgestopfter Vögel aus dem Pazifikgebiet und anderen Gefilden – den statuengleichen Kaiserpinguin muss man einfach gesehen haben! Führungen (Spenden erbeten) finden dienstags und donnerstags von 15.30 bis 16.30 Uhr statt. Kindern werden die interaktiven Exponate im Discovery Centre (Eintritt 2 NZ$) gefallen. Und das herrlich kitschige Kiwiana (typisch Neuseeländisches) in Fred & Myrtle's Paua Shell House sollte man auch nicht versäumen.

Arts Centre HISTORISCHE STÄTTE

(Karte S. 554; www.artscentre.org.nz; 2 Worcester St.; Eintritt frei) Das Arts Centre ist derzeit geschlossen – die anstehenden Verstärkungs- und Ausbesserungsarbeiten werden schätzungsweise 240 Mio. NZ$ kosten. Die Gruppe von neugotischen Gebäuden (ab 1877 erbaut) war ursprünglich das Canterbury College, später die Canterbury University. Ein Absolvent des Colleges war Sir Ernest Rutherford, der in Neuseeland geborene Physiker, der 1917 erstmals ein Atom spaltete und den Nobelpreis erhielt. Vor den Erdbeben war das Arts Centre ein beliebtes Kulturzentrum mit Künstlerateliers und Galerien, Kunsthandwerksmärkten am Wochenende, Restaurants und Kinos. In einem modernen Gebäude innerhalb des Arts Centre geht ein Laden noch seinen Geschäften nach: die exzellenten Canterbury Cheesemongers (S. 565).

Cathedral Square PLATZ

(Karte S. 554; ☎03-366 0046; www.christchurchcathedral.co.nz; Eintritt frei; ⌚Okt.–März 8.30–19 Uhr, April–Sept. 9–17 Uhr) Der Cathedral Square ist Christchurchs historischer Kern. Während der Recherche lag der Platz im Herzen des abgeriegelten Central Business District (CBD), vermutlich noch 2012 wird er wieder zugänglich sein. Neueste Infos

MAORI IN CHRISTCHURCH & CANTERBURY

Nur 5 % der neuseeländischen Maori leben auf der Südinsel, die ein paar hundert Jahre später besiedelt wurde als die Nordinsel. Eine größere Zahl von Siedlern zog erst dann auf die Südinsel, als auf der Nordinsel das Land knapp wurde. Vorher suchten die Maori auf der Südinsel nur nach Moas und Fisch und an der Westküste nach *pounamu* (Nephrit-Jade).

Den größten *iwi* (Stamm) auf der Südinsel bilden die **Ngai Tahu** (www.ngaitahu.iwi.nz). Die Ngai Tahu zählen heute zu den wohlhabendsten Stämmen des ganzen Landes, da hier jeder Einzelne sehr viel mehr Land und natürliche Ressourcen besitzt als die Angehörigen der Stämme auf der Nordinsel. In Christchurch leben, wie in anderen Städten, auch Maori anderer *iwi*.

Ko Tane im Willowbank Wildlife Reserve (S. 553) bietet Vorführungen traditioneller Tänze wie *haka* und *poi*. Im Schutzgebiet soll auch ein Maori-Dorf nachgebaut werden.

Der „Bone Dude" (S. 557) John Fraser bringt in seinem Atelier in Christchurch Besuchern die Kunst des Knochenschnitzens bei.

In Christchurchs Canterbury Museum (S. 549) werden ausgegrabene Maori-Artefakte präsentiert, ebenso im Akaroa Museum und im Maori & Colonial Museum in Okains Bay auf der Banks Peninsula (beide S. 573).

Weiter im Süden, in Timaru, präsentiert das Te Ana Maori Rock Art Centre (S. 589) die faszinierende Geschichte von Neuseelands indigener Felskunst und organisiert Ausflüge zu jahrhundertealten Werken.

Großraum Christchurch

liefert die Website http://cera.govt.nz (CBD Red Zone, Cordon Map anklicken).

Den Mittelpunkt des Platzes bildet (bzw. bildete) die 1881 erbaute Christchurch Cathedral, ein beliebtes Wahrzeichen der Stadt. Das Erdbeben vom Februar 2011 verursachte schwere Schäden am Kirchengebäude, nur die untere Hälfte des 63 m hohen Turms blieb stehen. Zunächst hatte man befürchtet, dass sich zur Zeit des Einsturzes bis zu 20 Personen im Turm befunden haben könnten, später stellte sich glücklicherweise heraus, dass es hier keine Todesfälle gegeben hatte. Die Nachbeben im Juni und Dezember 2011 zerstörten das berühmte Rosettenfenster der Kathedrale. Im Oktober 2011 wurde das Gotteshaus schließlich aus der kirchlichen Weihe herausgenommen.

Im März 2011 kündigte die anglikanische Diözese Christchurch den Abriss der Kathedrale an, wogegen sich ein erbitterter Widerstand der Öffentlichkeit formierte. Neueste Infos findet man auf der Website der Kathedrale: www.christchurchcathedral.co.nz. Die Pläne zum Wiederaufbau Christchurchs sehen vor, dass der Cathedral Square in einen Park umgewandelt werden soll.

Im April 2012 jedoch wurde bekannt, dass der japanische Architekt Shigeru Ban eine „Pappkartonkathedrale" für den Platz entwirft. Die temporäre Konstruktion an der Ecke Madras Street/Hereford Street unweit des Latimer Square soll 5 Mio. NZ$ kosten und wenigstens 700 Gläubigen Platz bieten. Die Eröffnung ist bereits für Dezember 2012 geplant. Das Provisorium soll vorübergehend das Zentrum der anglikanischen Gemeinde St. John werden und als Veranstaltungsort für Konzerte und Kunstausstellungen dienen.

Auch andere alte Gebäude am Cathedral Square waren schwer getroffen, ein modernes Wahrzeichen jedoch blieb verschont: die 18 m hohe Metallskulptur *Chalice* von Neil

Großraum Christchurch

Aktivitäten, Kurse & Touren
- 1 Bone Dude B1
- 2 Turners Auctions A2

Schlafen
- 3 Anslem House A2
- 4 Arena Motel A2
- 5 Elm Tree House A1
- 6 Fendalton House A2
- 7 Haka Lodge C2
- 8 Jailhouse A2
- 9 Le Petit Hotel D3
- 10 Meadow Park Top 10 Holiday Park A1
- 11 Merivale Manor A1
- 12 Old Countryhouse B2
- 13 Roma on Riccarton A2
- Sumner Bay Motel and Apartments .... (siehe 9)
- 14 Wish B1

Essen
- 15 Addington Coffee Co-op A2
- Almeidas Tapas Bar .... (siehe 9)
- Bamboozle .... (siehe 9)
- 16 Bodhi Tree A1
- 17 Burgers & Beers Inc B2
- Christchurch Farmers Market .... (siehe 3)
- Cornershop Bistro .... (siehe 9)
- 18 Edesia A2
- 19 Holy Smoke C3
- 20 Honey Pot Cafe B2
- Serious Sandwich .... (siehe 17)
- Simo's Deli .... (siehe 15)
- 21 Under the Red Verandah B2

Ausgehen
- 22 The Brewery C3
- Volstead Trading Company .... (siehe 13)
- Wood's Mill .... (siehe 15)

Unterhaltung
- 23 Christchurch Stadium A2
- 24 Club 22 .... A1
- Court Theatre .... (siehe 15)
- Hollywood 3 .... (siehe 9)
- 25 Hoyts Riccarton A2

Shoppen
- Backpackers Car Market .... (siehe 20)
- Sunday Artisan Market .... (siehe 3)
- Westfield Riccarton Mall .... (siehe 25)

Dawson. Sie war 2001 zur Feier des neuen Jahrtausends errichtet worden.

International Antarctic Centre WILDTIERE

(☎03-353 7798, 0508 736 4846; www.iceberg.co.nz; 38 Orchard Rd., Christchurch Airport; Erw./Kind/Fam. ab 35/20/95 NZ$; ⏲9–17.30 Uhr) Das International Antarctic Centre ist Teil eines riesigen Komplexes, der für die Verwaltung der Antarktisprogramme von Neuseeland, den USA und Italien errichtet wurde. Hier kann man Pinguine beobachten, und zwar die drolligen nachtaktiven Zwergpinguine. Außerdem lässt sich anhand historischer, geologischer und zoologischer Ausstellungen mehr über den eisigen Kontinent erfahren. In einem Aquarium leben Tiere, die man unter dem Eis des McMurdo Sound fand. Zu den weiteren Attraktionen gehören ein kleines „4-D"-Kino (zum 3-D-Film bewegen sich die Sitze, und es gibt einen kleinen Sprühregen) und die „Antarctic Storm"-Kammer, in der man am eigenen Leib erfährt, wie sich -18 °C kalte Winde anfühlen. Im Extreme Pass (Erw./Kind/Fam. 65/35/165 NZ$) sind unbegrenzt viele Fahrten mit dem Hägglund, einem Abenteurerparcours im Freien, inbegriffen. Wahlweise kann jeder zusätzlich den Penguin Backstage Pass (Erw./Kind/Fam. 25/15/80 NZ$) kaufen, mit dem man hinter die Kulissen des Pinguinhauses schauen darf. Ins Arctic Centre gelangt man mit dem Flughafenbus City Flyer (S. 570) – die Haltestelle liegt wenige Schritte vom Hauptterminal entfernt – oder mit dem kostenlosen Penguin Express Shuttle, der vor dem Canterbury Museum losfährt.

GRATIS **Christchurch Art Gallery** GALERIE

(Karte S. 554; http://christchurchartgallery.org.nz; Ecke Worcester St. & Montreal St.; ⏲Do–Di 10–17, 10–21 Uhr) In einem auffälligen, 2003 errichteten Metall-Glas-Bau befindet sich die städtische Kunstgalerie, deren umfangreiche Dauerausstellung historische Kunst, Werke des 20. Jhs. und zeitgenössische Kunst zeigt. In Wechselausstellungen werden neuseeländische Künstler vorgestellt. Zur Zeit der Drucklegung dieses Buches war die Galerie noch geschlossen, soll aber definitiv wiedereröffnet werden. Ehe sie nach den Erdbeben die Tore schloss, fan-

DIE ERDBEBEN VON CHRISTCHURCH

Christchurchs seismischer Albtraum begann am 4. September 2010 um 4.35 Uhr morgens. Ein 40 Sekunden langes Erdbeben mit der Stärke 7,1 weckte die Einwohner äußerst unsanft und zerstörte viele ältere Gebäude im Zentrum. Das Epizentrum lag nur 40 km westlich der Stadt. Dort, im ländlichen Darfield, taten sich gewaltige Risse im Weideland auf, und die Schienen der Haupteisenbahnlinie der Südinsel wurde gebogen und gekrümmt. Weil das Beben so früh am Morgen passierte, als die meisten Leute noch zu Hause in ihren Betten lagen, gab es keine Todesopfer. Viele meinten, Christchurch sei gerade noch einmal davongekommen.

22. Februar 2011, 12.51 Uhr: Zur Mittagszeit war Christchurchs Innenstadt voller Menschen auf Einkaufstour, Büro- und Ladenangestellte genossen ihre Mittagspause. Diesmal hatte das Beben die Stärke 6,3, und sein Zentrum lag viel näher –nur 10 km südöstlich der City und 5 km unter der Oberfläche. Das Erdbeben richtete deutlich mehr Schäden an, viele Leute wurden gewaltsam fast waagerecht durch die Luft geschleudert. Die maximale Bodenbeschleunigung (Peak Ground Acceleration, PGA) überstieg den Wert 1,8 und war damit doppelt so stark wie die Erdanziehung.

Als sich nach 24 traumatischen Sekunden der Staub legte, hatte sich Neuseelands zweitgrößte Stadt für immer verändert. Der hohe Turm der von allen verehrten Christ Church Cathedral lag in Trümmern, Mauern und Balkone waren auf die Läden der City gestürzt, zwei mehrstöckige Gebäude waren in sich zusammengesackt und hatten viele Menschen unter sich begraben. Die Hälfte der insgesamt 185 Toten (aus 20 Nationen) war allein im Canterbury-TV-Gebäude zu beklagen, wo viele Schüler einer internationalen Sprachenschule ums Leben kamen. Der historische Hafen von Lyttelton wurde schwer beschädigt, Straßen und Brücken waren zerstört, die Wohnvororte im Osten von Tonnen von Schlick, der aus dem Boden trat, überschwemmt worden.

Nach dem 22. Februar bewiesen Canterburys Einwohner Rückgrat und Tapferkeit. Aus dem ländlichen Hinterland marschierte die „Farmy Army", bewaffnet mit Schaufeln und Lebensmittelkörben, in die Stadt. Über soziale Medien organisierten sich 10 000 Studenten – ihre Student Volunteer Army war eine der Säulen der Aufräumarbeiten in den am schlimmsten getroffenen östlichen Vororten. Die gerade einmal 4,4 Mio. Neuseeländer leisteten hervorragende Aufbauhilfe, und sieben weitere Länder schickten Such- und Rettungsteams.

Zur Zeit der Recherche zu diesem Buch ging Christchurchs Bevölkerung tapfer ihrem Leben nach, obwohl inzwischen Tausende von Nachbeben die Stadt erschüttert hatten, besonders heftige im Juni und im Dezember 2011. Die meisten Beben waren jedoch schwach, seit Februar 2011 forderten sie weder Tote noch Verletzte. Die seismische Aktivität verlagert sich nun langsam gen Osten in den Pazifik.

Mit den Folgen der Katastrophe an jenem warmen Sommertag Anfang 2011 wird auch die nächste Generation noch beschäftigt sein. Rund ein Viertel der Gebäude innerhalb der vier berühmten Avenuen der Stadt mussten abgerissen werden. Ganze Straßenzüge und Wohnviertel in den östlichen Vororten werden abgetragen – Christchurchs architektonisches Vermächtnis ist unwiderruflich zerstört. Die Kosten für die Reparatur und den Wiederaufbau der Stadt werden auf über 30 Mrd. NZ$ beziffert – damit wäre das Beben vom Februar 2011 die drittteuerste Naturkatastrophe in der Geschichte des Landes.

Im Dezember 2011 ernannte die einflussreiche US-amerikanische Zeitschrift Foreign Policy Christchurch zu einer der zukunftsweisenden Städte des 21. Jhs., denn „der massive Aufwand zum Wiederaufbau ist gleichzeitig eine einzigartige Chance, urbane Formen zu überdenken". Die Pläne für den Wiederaufbau der Stadt in den nächsten 20 Jahren sehen ein kompaktes Zentrum mit niedrigen Gebäuden, Grünflächen und Parks sowie Radwege am Avon River vor. Dank dieser Pläne und der Ausdauer und Tatkraft der Bewohner blickt die Stadt in eine spannende Zukunft.

den Montag bis Sonntag um 11 Uhr sowie zusätzlich Samstag und Sonntag um 14 und Mittwoch um 19.15 Uhr kostenlose Führungen statt. Auf der Website wird der Termin für die Wiedereröffnung veröffentlicht werden. Der Museumsladen hat schon wieder geöffnet.

Tramway STRASSENBAHN

(☎03-366 7830; www.tram.co.nz) Bis zum Erdbeben im Februar 2011 fuhren historische Straßenbahnen auf einer 2,5 km langen Schleife durch die Innenstadt – vorbei an den wichtigsten Sehenswürdigkeiten und den Shoppingmeilen. Zur Zeit der Recherche fuhr die Tram wegen der Schließung des CBD nicht. Aktuelle Infos findet man auf der Website.

Orana Wildlife Park NATURSCHUTZGEBIET

(www.oranawildlifepark.co.nz; McLeans Island Rd., Papanui; Erw./Kind 25/8 NZ$; ⏲10–17 Uhr) Das Naturschutzgebiet Orana bietet seinen Besuchern eine exzellente begehbare Voliere mit einheimischen Vögeln, ein Nachthaus für Kiwis und eine Reptilienabteilung mit Tuataras, den runzligen Brückenechsen. Ein Großteil des Geländes ist jedoch afrikanischen Tieren vorbehalten: Löwen, Nashörnern, Giraffen, Zebras, Lemuren, Antilopen und Geparden. Die tägliche Führung um 10.40 Uhr schließt die Fütterung der Sumatra-Tiger ein, jene um 14.30 Uhr führt zum Löwengehege. Fütterungszeiten und weitere Angebote mit näheren Begegnungen mit den Tieren stehen auf der Website. Für den Shuttle zum Orana-Park wählt man die ☎03-379 1699.

Willowbank Wildlife Reserve NATURSCHUTZGEBIET

(www.willowbank.co.nz; 60 Hussey Rd., Northwood; Erw./Kind/Fam. 25/10/65 NZ$; ⏲9.30 Uhr bis Sonnenuntergang) Das Willowbank Wildlife Reserve 6 km nördlich der Stadt hat sich auf die in Neuseeland nicht heimischen Tiere spezialisiert. In den Gehegen lernt man Alpakas, Wallabys und Hirsche aus nächster Nähe kennen. Mehrmals täglich werden Führungen angeboten; bei der Führung nach Einbruch der Dunkelheit (nur für Gruppen nach Vereinbarung) sind häufig Kiwis zu sehen. Für den kostenlosen Transport nach Willowbank ruft man die ☎*03-359 6226* an oder fragt beim Christchurch i-SITE (S. *568*) nach.

Gondola GONDELBAHN

(www.gondola.co.nz; 10 Bridle Path Rd.; hin & zurück Erw./Kind/Fam. 24/10/59 NZ$; ⏲10–21 Uhr) Zur Zeit der Recherche war die Gondelbahn geschlossen. Die Reparaturarbeiten sollen noch 2012 abgeschlossen werden, der Zeitpunkt der Wiedereröffnung ist jedoch noch unsicher. Aktuelle Infos liefert die Website.

Aktivitäten

Die beliebtesten Aktivitäten in Christchurch sind eindeutig gemütlicher als die oft ziemlich aufregenden Unternehmungen in Queenstown und Wanaka. In Christchurch

CHRISTCHURCH IN …

… zwei Tagen

Nach dem Frühstück im Addington Coffee Co-op (S. 546) schlendert man durch den grünen South Hagley Park zurück in die City. Bei Antigua Boatsheds (S. 557) unterbricht man den Spaziergang für eine Kahnfahrt auf dem Avon, danach findet man bei Canterbury Cheesemongers (S. 565) im Arts Centre alles Nötige für das Mittagessen. Nach dem Essen steht das hervorragende Canterbury Museum (S. 549) auf dem Programm, ehe man sich bei Fassbier und tollen Pubgerichten im Pomeroy's Old Brewery Inn (S. 566) mit den Einheimischen trifft.

Der zweite Tag beginnt mit einer Radtour durch den Hagley Park auf einem schönen alten Fahrrad von Vintage Peddler Bike Hire Co (S. 557) oder einem Spaziergang durch die herrlichen Botanic Gardens (S. 548). Bei Vic's Cafe & Bakery (S. 565) oder Simo's Deli (S. 565) kann man sich für ein Picknick am Fluss eindecken. Abends fährt man mit dem Bus zu den exzellenten Restaurants von Lyttelton oder Sumner.

… vier Tagen

Nach dem Zwei-Tage-Programm geht es am dritten Tag nach Akaroa, um die Flora und Fauna der Hafenumgebung und die schönen Buchten der Halbinsel zu erkunden. Am vierten Tag ist es Zeit für eine Einkaufstour im flippigen Re:START (S. 568). Danach besucht man das International Antarctic Centre (S. 551) oder genießt im Willowbank Wildlife Reserve (S. 553) ein traditionelles Maori-Essen.

Christchurch Zentrum

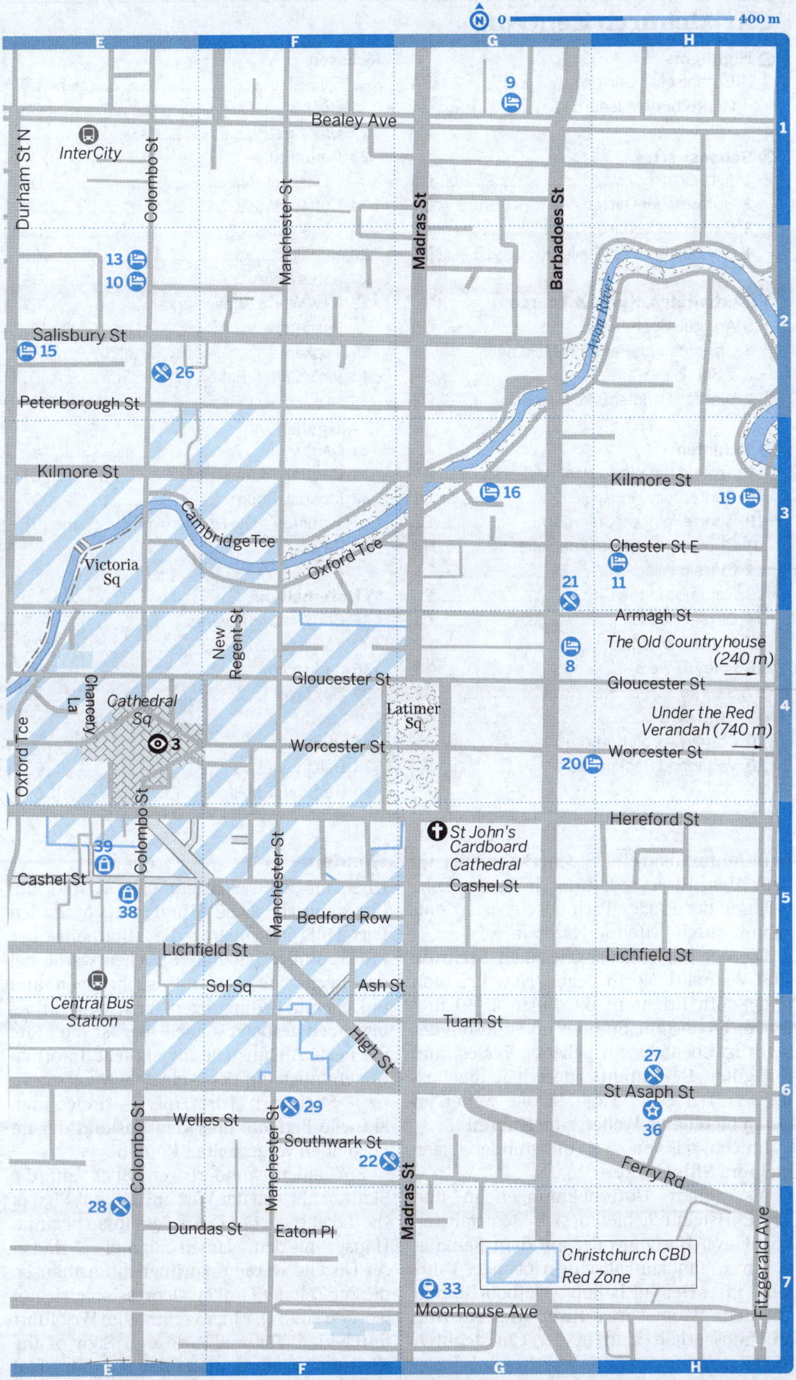
0
400 m
E
F
G
H
1
2
3
4
5
6
7
Bealey Ave
InterCity
Durham St N
Colombo St
Manchester St
Madras St
Barbadoes St
Avon River
9
13
10
Salisbury St
15
26
Peterborough St
Kilmore St
16
Kilmore St
19
Cambridge Tce
Oxford Tce
Chester St E
11
21
Victoria Sq
Armagh St
New Regent St
The Old Countryhouse (240 m)
8
Gloucester St
Gloucester St
Chancery La
Cathedral Sq
Latimer Sq
Under the Red Verandah (740 m)
3
Worcester St
Worcester St
20
Oxford Tce
Hereford St
St John's Cardboard Cathedral
39
Cashel St
Cashel St
38
Bedford Row
Lichfield St
Lichfield St
Sol Sq
Ash St
Central Bus Station
Tuam St
High St
27
St Asaph St
29
36
Welles St
Southwark St
22
Ferry Rd
28
Dundas St
Eaton Pl
Fitzgerald Ave
Christchurch CBD Red Zone
33
Moorhouse Ave

Christchurch Zentrum

Highlights
Botanischer Garten B4
Canterbury Museum C4

Sehenswertes
1 Arts Centre C4
2 Botanischer Garten, Visitors Centre B4
3 Cathedral Square E4
4 Christchurch Art Gallery D4

Aktivitäten, Kurse & Touren
5 Antigua Boatsheds C5
6 Christchurch Personal Guiding Service C4
7 Vintage Peddler Bike Hire Co D2

Schlafen
8 Around the World Backpackers G4
9 Canterbury House G1
10 CentrePoint on Colombo E2
11 Chester Street Backpackers H3
12 Classic Villa C4
13 Colombo in the City E2
14 Dorset House C1
15 Focus Motel E2
16 Foley Towers G3
17 George C2
18 Orari B&B D4
19 Pomeroy's on Kilmore H3
20 Vagabond Backpackers G4

Essen
50 Bistro .... (siehe 17)
21 Beat St G3
22 Black Betty F6
23 Canterbury Cheesemongers D4
24 Coffee House D4
25 Dose D6
26 Himalayas E2
27 Lotus Heart H6
28 New World Supermarket E7
Pescatore .... (siehe 17)
29 Topkapi F6
30 Vic's Cafe & Bakery D1

Ausgehen
31 Cargo A7
32 Carlton Country Club C1
33 Monday Room G7
Pomeroy's Old Brewery Inn ...... (siehe 19)
34 Revival D2

Unterhaltung
35 Christchurch Events Village C3
36 darkroom H6
37 Dux Live A7

Shoppen
38 Ballantynes E5
39 Re:START Mall E5

unternimmt man eine Stocherkahnfahrt auf dem Avon River, radelt durch das einfache Gelände des Hagley Park oder spaziert entspannt durch Lyttelton Harbour.

Die der Stadt nächstgelegenen **Strände** sind Waimairi, North Beach, New Brighton und South Brighton; die Busse 5, 49 und 60 fahren dorthin. Sumner im Südosten der Stadt ist ebenfalls ein beliebter Badestrand mit guten Restaurants (dort hält die Buslinie 3). Der Ort Taylor Mistake weiter im Osten bietet gute Wellen zum **Surfen**.

Im Umkreis von zwei Autostunden liegen mehrere **Skigebiete**.

Als weitere Unternehmungen in und um Christchurch bieten sich Bootsfahrten im Akaroa Harbour oder auf dem Rangitata River, Tandem-Fallschirmsprünge, Fahrten im Heißluftballon, Jetboot-Touren auf dem Waimakariri River und Ausritte an. Infos erhält man in der Christchurch i-SITE (S. 568).

Wandern

Über mögliche Spaziergänge in und um Christchurch sowie Wanderungen in den Port Hills informieren die Mitarbeiter der i-SITE. Einige populäre Strecken waren bei der Recherche wegen Felsabbrüchen und unsicheren Bedingungen nach den Erdbeben noch gesperrt – auch hier ist die i-Site die beste Anlaufstelle für aktuelle Informationen. Auch auf der Website www.ccc.govt.nz – Stichwort „Port Hills" – findet man aktuelle Berichte über den Zustand der im Folgenden vorgestellten Routen.

Für einen wunderbaren Blick auf die Stadt bietet sich der Weg an, der am „Sign of the Takahe" an der Dyers Pass Road beginnt. Häuser mit dem Namen „Sign of ..." in dieser Gegend waren ursprünglich Rasthäuser, die zur Zeit der Großen Depression errichtet worden sind. Der hier vorgestellte Weg führt durch den Victoria Park zum Sign of the Kiwi und weiter entlang der Summit Road zum Scotts Reserve. Entlang der Strecke liegen gleich mehrere schöne Aussichtsplätze.

Von Heathcote Valley aus (erreichbar mit Bus 28) kann man auf dem Bridle Path in 1½ Std. nach Lyttelton wandern.

Der Godley Head Walkway (hin & zurück 2 Std.) beginnt am Taylors Mistake, überquert zweimal die Summit Road und gewährt bei klarem Wetter schöne Aussichten.

Der Crater Rim Walkway (9 Std.) um Lyttelton Harbour herum führt rund 20 km vom Evans Pass zum Ahuriri Scenic Reserve. Von der Endstation der Gondelbahn auf den Mt. Cavendish kann man zum Cavendish Bluff Lookout (hin & zurück 30 Min.) oder zum Pioneer Women's Memorial (hin & zurück 1 Std.) marschieren.

Rad fahren

City Cycle Hire FAHRRADVERLEIH
(☎0800 424 534; www.cyclehire-tours.co.nz; Fahrrad halber/ganzer Tag 25/35 NZ$, Mountainbike halber/ganzer Tag 30/45 NZ$) Das Unternehmen bringt die Leihräder direkt zur Unterkunft. Mit Mountainbikes kann man hervorragend Geländetouren unternehmen: Vor den Erdbeben wurden Mountainbiketouren von der Bergstation der Gondelbahn bergab angeboten; wann die Abfahrten wieder möglich sind, hängt vom Termin der Wiedereröffnung der Seilbahn ab (s. www.gondola.co.nz).

Natural High FAHRRADVERLEIH
(☎03-982 2966, 0800 444 144; www.naturalhigh.co.nz; 690a Harewood Rd., Harewood; Tag/Woche ab 40/154 NZ$) Verleih von Tourenrädern und Mountainbikes und Tipps zu Touren mit und ohne Führer durch Canterbury und die gesamte Südinsel.

Vintage Peddler Bike Hire Co FAHRRADVERLEIH
(Karte S. 554; ☎03-365-6530; www.thevintagepeddler.co.nz; 399 Montreal St.; Std./Tag 10/25 NZ$) Vermietet Retro-Fahrräder. Ebenfalls verliehen werden Helme und Schlösser, die Tipps zu schönen Routen gibt es gratis dazu.

Noch mehr Aktivitäten

Antigua Boatsheds BOOTSFAHRTEN
(Karte S. 554; www.punting.co.nz; 2 Cambridge Tce.; Kahnfahrt Erw./Kind/Fam. 25/12/65 NZ$; ⏲9–18 Uhr) Die pittoresken grün-weißen Antigua Boatsheds (Bootsschuppen) von 1882 sind Ausgangspunkt für das **Punting on the Avon**, dem Stocherkahnfahren auf dem Avon River. Bei dieser halbstündigen Rundfahrt im Flachkahn wird man bequem herumgeschippert, ohne sich selbst anstrengen zu müssen. Das exzellente Café (7–17 Uhr) vor Ort ist ideal für einen Brunch oder Lunch. Wer lieber auf eigene Faust unterwegs ist, kann Kajaks und Ruderboote ausleihen.

Bone Dude KUNST
(Karte S. 550; ☎03-385 4509; www.thebonedude.co.nz; 153 Marshland Rd., Shirley; Kurs pro Pers. 60 NZ$; ⏲Mo–Fr 13–16, Sa 10–13 Uhr) Wer kreativ tätig werden und in rund 3 Std. seine eigene Knochenschnitzerei anfertigen möchte, kann einen Kurs bei Bone Dude absolvieren, der inzwischen in den Vorort Shirley umgezogen ist. John Fraser vom Stamm der Ngati Rangitihi stellt eine

CHRISTCHURCH MIT KINDERN

In Christchurch herrscht kein Mangel an kinderfreundlichen Sehenswürdigkeiten und Aktivitäten. Wenn der Spaß mit der ganzen Familie an erster Stelle steht, sollten Traveller ihren Besuch für die Zeit von Neuseelands größtem Kinderfestival **KidsFest** (www.kidsfest.org.nz) planen. Dieses Festival findet jedes Jahr im Juli statt und bietet jede Menge Shows, Workshops und Partys. Das alljährliche World Buskers Festival (Straßenkünstlerfestival; S. 559) Ende Januar ist auch immer ein Hit.

Für Picknicks und zum Herumtoben im Freien eignet sich der Botanische Garten (S. 548) ideal: Neben dem Café gibt es einen Spielplatz, die Kids lieben die Fahrt mit dem Caterpillar-Zug. Weitere Naturerlebnisse garantieren die Besuche im Orana Wildlife Park (S. 553) und im Willowbank Wildlife Reserve (S. 553). Überschüssige Energie werden Kinder auch bei einer Ruder- oder Paddelbootsfahrt von Antigua Boatsheds (S. 557) los. Im faszinierenden International Antarctic Centre (S. 551) sind die Sturm-Kammer, die Hägglund-Fahrt und natürlich die Pinguine die größten Attraktionen. Lehrreich und unterhaltsam zugleich ist auch das Discovery Centre im Canterbury Museum (S. 549).

Bei schönem Wetter lohnt sich zum Sandburgenbauen der Besuch der Strände von Sumner und New Brighton sehr.

ABSTECHER

DER LANGE WEG NACH LITTLE RIVER

Der Radweg **Little River Rail Trail** (www.littleriverrailtrail.co.nz) wird eines Tages über 45 km von Christchurchs Vorort Hornby zum Dörfchen Little River auf der Banks Peninsula führen, zur Zeit der Recherche fehlte nur noch ein 14 km langer Abschnitt. Auf der Website findet man aktuelle Infos. Der schönste Abschnitt sind die 20 km von Motukarara nach Little River. Bei Christchurchs i-SITE kann man sich nach Fahrradverleihern und öffentlichen Verkehrsmitteln erkundigen. Rail-Trail-Tagestouren inklusive Transport können über Natural High (S. 557) gebucht werden. Natural High vermietet auch Fahrräder und gibt Tipps für mehrtägige Ausflüge auf eigene Faust, die auch den Little River Rail Trail einschließen. Zwei flippige Unterkünfte in Little River sind Okuti Garden (S. 576) und der Little River Campground (S. 578). Beide eignen sich auch als Standort für Touren nach Akaroa und rund um die Banks Peninsula.

Reihe traditioneller Maori-Vorlagen zur Verfügung, man kann aber auch nach eigenen Entwürfen arbeiten. Die Kurse sind auf acht Teilnehmer beschränkt – Interessierte sollten also frühzeitig buchen. Für Gruppen ab drei Personen gibt John auch Abendkurse. Vom Busbahnhof fährt die Linie 60 zu seiner Werkstatt.

Garden City Heliflights RUNDFLÜGE
(☎03-358 4360; www.helicopters.net.nz; pro Pers. 145 NZ$) Bei Hubschrauberflügen über die Stadt und Lyttelton sieht man die Erdbebenschäden und die Wiederaufbauarbeiten von oben.

☞ Geführte Touren

Bei der i-SITE kann man sich nach Stadtführungen und Ausflügen nach Lyttelton, Akaroa, Hanmer Springs, zum Arthur's Pass und ins Waipara Valley erkundigen.

Canterbury Leisure Tours GEFÜHRTE TOUREN
(☎03-384 0999, 0800 484 485; www.leisuretours.co.nz; Touren ab 60 NZ$) Touren in und um Christchurch, von dreistündigen Stadtführungen bis zu Tagesausflügen nach Akaroa, zum Mt. Cook, zum Arthur's Pass und nach Kaikoura.

Canterbury Wine Tours WEINPROBEN
(☎0800 081 155; www.waiparavalley.co.nz; Touren ab 90 NZ$) Bei der halbtägigen Tour besucht man drei Weingüter im Waipara Valley, beim gänztägigen Ausflug stehen vier Weingüter (inkl. Mittagessen 125 NZ$) auf dem Programm.

Christchurch Bike Tours FAHRRADTOUREN
(☎0800 733 257; www.chchbiketours.co.nz; Touren ab 40 NZ$; ⏲Abfahrt 14 Uhr) Die informativen, zweistündigen Fahrradtouren führen auf ruhigen Radwegen und Parkwegen durch die Stadt. Im Angebot sind außerdem eine Gourmet-Route und eine Spritztour zum Christchurch Farmers Market am Samstagmorgen. Eine Vorausbuchung ist obligatorisch. Die Touren starten bei den Antigua Boatsheds (S. 557).

Christchurch Personal Guiding Service STADTFÜHRUNGEN
(Karte S. 554; ☎03-379 9629; Stadtführungen 15 NZ$; ⏲Okt.–April 11 & 13 Uhr, Mai–Sept. 13 Uhr) Die gemeinnützige Organisation bietet interessante zweistündige Stadtführungen zu Fuß an, die Tickets werden in der i-SITE verkauft, dort beginnt auch der Spaziergang.

Christchurch Sightseeing Tours STADTFÜHRUNGEN
(☎03-366 9660, 0508 669 660; www.christchurchtours.co.nz; Touren ab 75 NZ$) Stadtführungen und Ausflüge nach Akaroa, Hanmer Springs und ins Weinanbaugebiet Waipar

Discovery Tours GEFÜHRTE TOUREN
(☎0800 372 879; www.discoverytravel.co.nz; Touren ab 130 NZ$) Ausflüge nach Akaroa, Hanmer Springs, Kakoura und ins Waipara Valley. Die „Alpine Safari Tour" (Erw./Kind 375/276 NZ$) kombiniert Fahrten im TranzAlpine-Zug, auf dem Jetboot und im Geländewagen.

Hassle Free Tours GEFÜHRTE TOUREN
(☎0800 141 146; www.hasslefree.co.nz; Touren ab 29 NZ$) Hassle Free organisiert Stadtrundfahrten im oben offenen hellroten Doppeldeckerbus und Ausflüge in die Region, z. B. eine bequeme Bergtour im Geländewagen, Jetbootfahrten auf dem Waimakariri River und einen Besuch in der Königsstadt Edoras aus der Trilogie *Der Herr der Ringe*. Zudem werden Kombi-Tickets mit einem Besuch

des berühmten International Antarctic Centre (S. 551) verkauft.

Hiking Guys WANDERUNGEN
(☎09-281 4481; www.hikingguys.co.nz; Erw./Kind 395/198 NZ$) Die Tagesausflüge des Unternehmens bieten eine Fahrt im TranzAlpine-Zug und eine Wanderung im Arthur's-Pass National Park.

Welcome Aboard GEFÜHRTE TOUREN
(☎0800 242 486; www.welcomeaboard.co.nz; Erw./Kind 79/49 NZ$) Die Betreiber von Gondel- und Straßenbahn veranstalten diese attraktive Tour, die eine Kahnfahrt auf dem Avon River sowie Besuche im botanischen Garten, in Sumner und der Shopping-Mall Re:START umfasst.

Feste & Events

Unter www.bethere.co.nz findet man eine umfangreiche Veranstaltungsliste.

World Buskers Festival KUNST
(www.worldbuskersfestival.com) Nationale und internationale Talente unterhalten von Mitte bis Ende Januar zehn Tage lang die Passanten – und sind dankbar für eine finanzielle Anerkennung ihrer Darbietung. Die Plätze sind auf der Website angegeben.

Garden City SummerTimes MUSIK
(www.summertimes.co.nz) Mit vielen Open-Air-Events von Dezember bis März begrüßt die Stadt den Sommer. Sehr nett!

Festival of Flowers KULTUR
(www.festivalofflowers.co.nz) Im Februar und März steigt das Blütenspektakel in Christchurchs Heritage Gardens.

Ellerslie Flower Show KULTUR
(www.ellersliefIowershow.co.nz) Der Hagley Park erwacht Anfang März mit Neuseelands größter Blumenschau zum Leben.

Christchurch Arts Festival KUNST
(www.artsfestival.co.nz) Alle zwei Jahre (in ungeraden Jahren) findet mitten im Winter, im August und September, dieses groß aufgezogene Kunstfestival mit Musik, Theater und Tanz statt.

NZ Cup and Show Week KULTUR
(www.nzcupandshow.co.nz) Im November werden rund um die A&P Show (Agricultural & Pastoral Show), zu dem das ganze Land in die Stadt strömt, Pferderennen um den NZ Cup, Modeschauen und abendliche Feuerwerke geboten.

Schlafen

Zur Zeit unserer Recherche für dieses Buch war Christchurchs CBD wegen der Erdbebenschäden noch gesperrt, Unterkünfte fand man hauptsächlich in den innenstadtnahen Vororten. Mehrere internationale Hotels innerhalb des CBD hat man nach den Beben abgerissen, aber die Hotels Novotel (www.novotel.com), Ibis (www.ibishotel.com) und Rendezvous (www.rendezvoushotels.com) bereiten sich auf die Wiedereröffnung vor, die parallel zur Öffnung des CBD erfolgen wird. Auf den Websites der Hotels und unter http://cera.govt.nz findet man Infos über den aktuellen Baufortschritt.

Zahlreiche Motels, die problemlos angefahren werden können, liegen in der Nähe der Bealey Avenue und der Papanui Road nördlich vom Zentrum sowie in der Riccarton Road im Westen der Stadt hinter dem Hagley Park.

Viele Pensionen in der Innenstadt mussten nach den Erdbeben schließen, die meisten noch offenen befinden sich östlich des CBD und in Addington.

Es empfiehlt sich, in allen Unterkünften im Voraus zu reservieren, da in den Motels und Pensionen zahlreiche Handwerker Quartier genommen haben, die beim Wiederaufbau der Stadt mithelfen.

Orari B&B B&B $$$
(Karte S. 554; ☎03-365 6569; www.orari.net.nz; 42 Gloucester St.; DZ 195–255 NZ$; P 📶) Das Orari ist ein Wohnhaus aus dem späten 19. Jh., das stilvoll modernisiert wurde. Es bietet lichtdurchflutete Zimmer in Pastelltönen, einladende Gästebereiche und einen hübschen Vorgarten. Weinliebhaber können sich abends auf ein Fläschchen auf Kosten des Hauses freuen.

Kunstfans aufgepasst: Gleich gegenüber steht die Christchurch Art Gallery.

Pomeroy's on Kilmore B&B $$
(Karte S. 554; ☎03-365 1523; www.pomeroysonkilmore.co.nz; 292 Kilmore St.; DZ 145–245 NZ$; P) Was könnte schöner sein, als in einer elegant eingerichteten Boutiquepension mit gerade einmal fünf Gästezimmern zu nächtigen? Nun, vielleicht dass es zum Pomeroy's Old Brewery Inn (S. 566), Christchurchs bester Brauereikneipe, nur ein paar – durstige – Gehminuten sind? Das Frühstück ist im Preis inklusive, die freundlichen Besitzer laden ihre Gäste gern zur privaten Bierverkostung ein. Ein paar Zimmer haben Fenster zum sonnigen Garten hin.

ABSTECHER

STRANDURLAUB IN SUMNER

Gerade mal 12 km südöstlich von Christchurch liegt der Strandvorort Sumner, zu dem die Buslinie 3 fährt. Der entspannte Badeort ist eine schöne Übernachtungsalternative zur Stadt: Für die Besichtigungen fährt man ins Zentrum, abends kehrt man nach Sumner zurück, um dort gut zu essen und sich vielleicht im Arthouse-Kino einen Film anzuschauen.

Le Petit Hotel (Karte S. 550; ☎03-326 6675; www.lepetithotel.co.nz; 16 Marriner St.; DZ 135 NZ$; P@📶) Ein entspanntes Frühstück mit Kaffee und Croissants und der nette Scottish Terrier Kara sind nur einige der Highlights dieses gemütlichen, französisch anmutenden Boutiquehotels. Die freundlichen Besitzer, die Nähe zum Sumner-Strand und zu einigen der besten Restaurants ganz Christchurchs sind weitere Gründe, hier nach einem Zimmer zu fragen.

Sumner Bay Motel and Apartments (Karte S. 550; ☎0800 496 949, 03-326 5969; www.sumnermotel.co.nz; 26 Marriner St.; DZ 159–185 NZ$) Die Studios und die Wohneinheiten mit einem oder zwei Schlafzimmern haben alle Balkons und einen Vorgarten, hochwertige Möbel, Sky TV und DVD-Player. Verleih von Fahrrädern und Surfbrettern.

Almeidas Tapas Bar (Karte S. 550; ☎03-326 5220; 41a Nayland St.; Tapas 8–12 NZ$; hMi–Sa 17 Uhr bis spätabends) In dieser rustikalen spanischen Tapasbar fühlt man sich mitten in Sumner wie in einer Seitengasse von Barcelona. Zu den über 20 Snacks gehören Halloumi und gerösteter Knoblauch in Schinkenhülle, in Zitronen und Minze gewickelte Artischockenherzen und gedünstete Garnelen in Knoblauch, Limone und Koriander. Dem Drang, mehr davon zu bestellen, sollte man widerstehen und stattdessen *churros* (spanisches Fettgebäck) als Dessert probieren.

Bamboozle (Karte S. 550; ☎03-326 7878; 6 Wakefield St.; Hauptgerichte 25–30 NZ$) Asiatische Fusionküche ist die Devise des stilvollen Bamboozle. Begnadete Köche versehen traditionelle Gerichte mit einfallsreichem Touch und zaubern Gerichte wie burmesischen Fisch mit Chili oder Wasabi-Lachs-Frischkäse-Bällchen. Zum Nachtisch gibt es z. B. eine der besten Crème brûlées der Stadt oder gedämpften Ingwerpudding mit Zitronensoße und Mokka-Eis.

Cornershop Bistro (Karte S. 550; ☎03-326 6720; www.cornershopbistro.co.nz; 32 Nayland St.; Brunch & Mittagessen 12–17 NZ$, Abendessen 23–34 NZ$; ⏲Mi–Fr 17 Uhr bis spätabends, Sa & So 10 Uhr bis spätabends) Ein wunderbares Bistro im französischen Stil, in dem viele bei einem ausgedehnten Brunch länger als geplant bleiben.

Wish B&B $$
(Karte S. 550; ☎03-356 2455; www.wishnz.com; 38 Edgeware Rd., St. Albans; EZ/DZ inkl. Frühstück ab 125/150 NZ$; P@📶) Die Zimmer samt Betten im stilvollen Wish sind supergemütlich, was man aber am Ende vor allem weiterempfiehlt, ist das Frühstück aus regionalen Bioprodukten. Zeitgenössische Kunst ziert die Wände, und der riesige Küchentisch aus einheimischem Holz ist wie gemacht für ein Glas Wein und einen abendlichen Plausch mit den anderen Gästen. Da das Wish sehr beliebt ist, muss man im Voraus buchen. Es steht in St. Albans, etwas nördlich vom CBC.

Jailhouse HOSTEL $
(Karte S. 550; ☎03-982 7777, 0800 524 546; www.jail.co.nz; 338 Lincoln Rd., Addington; B/EZ/DZ 30/79/85 NZ$; P@📶) Das Hostel in einem alten Gefängnis von 1874 (das erst 1999 außer Dienst genommen wurde) ist sicherlich eine der ungewöhnlichsten Absteigen Neuseelands. Die Zweibett- (Etagenbetten!) und Doppelzimmer sind ziemlich klein – klar, es waren ja auch Gefängniszellen –, dennoch ist das Jailhouse ein sehr gut geführtes, nettes Hostel. In der Gegend gibt es gute Cafés, Restaurants und Unterhaltungsangebote.

CentrePoint on Colombo MOTEL $$
(Karte S. 554; ☎0800 859 000, 03-377 0859; www.centrepointoncolombo.co.nz; 859 Colombo St.; DZ 155–165 NZ$, Apt. 180–260 NZ$; P@📶) Das CentrePoint on Colombo bietet eine sehr komfortable Ausstattung und ein freundliches neuseeländisch-japanisches Management. Die Besitzer sind eine sprudelnde Quelle an Infos, wie Christchurch

nach den Erdbeben wieder auf die Beine kommt, und haben was gerade neu aufgebaut wurde. Sie immer die neuesten Tipps zum Ausgehen parat.

The George BOUTIQUEHOTEL $$$

(Karte S. 554; ☎0800 100 220, 03-379 4560; www.thegeorge.com; 50 Park Tce; DZ 506–886 NZ$; P@📶) Dieses Hotel am Rand des weitläufigen Hagley Park hat 53 hübsch eingerichtete Zimmer und Suiten. Das diskrete Personal erfüllt den Gästen jeden Wunsch, außerdem gibt es zwei exzellente Restaurants und schicke Extras wie gigantische Fernseher, luxuriöse Toilettenartikel und Hochglanzmagazine. Über die Website bekommt man günstige Pauschalangebote und Preisnachlässe.

Classic Villa B&B $$$

(Karte S. 554; ☎03-377 7905; www.theclassicvilla.co.nz; 17 Worcester Ave.; DZ inkl. Frühstück 269–489 NZ$; P📶) Die Classic Villa in der Nähe von botanischem Garten und Canterbury Museum ist eine der elegantesten Unterkünfte der Stadt. In den Gästezimmern sorgen Antiquitäten und türkische Läufer für ein nobles, wohnliches Raumgefühl. Das umfangreiche Frühstück im mediterranen Stil nehmen die Gäste am großen Holztisch im Esszimmer gemeinsam ein. Kinder unter zwölf Jahren können nicht mit ins Hotel genommen werden.

Elm Tree House B&B $$$

(Karte S. 550; ☎03-355 9731; www.elmtreehouse.co.nz; 236 Papanui Rd., Merivale; DZ 365–445 NZ$; P@📶) Das schicke Elm Tree House aus den 1920er-Jahren bietet sechs stilvolle Zimmer, einen Speisebereich mit sonnigem Rosengarten davor sowie eine geräumige Lounge mit Holzbalken. Und die alte Wurlitzer-Musikbox im Keller funktioniert auch noch. Exklusive Läden und Merivales gute Restaurants liegen ganz in der Nähe.

Anselm House B&B $$$

(Karte S. 550; ☎03-343 4260; www.anselmhouse.co.nz; 34 Kahu Rd., Fendalton; EZ/DZ 190/230 NZ$; P📶) Der bekannte neuseeländische Architekt Heathcote Helmore entwarf das Anselm House, das zum Teil aus rosa Oamaru-Marmor errichtet wurde. Das Gebäude ist eine von Christchurchs bedeutendsten Heritage-Residenzen, die Einrichtung präsentiert sich elegant-zurückhaltend. Der schöne Garten orientiert sich zum Fluss hin und ist ein perfekter Platz, um am Ende des Tages mit den netten, weitgereisten Besitzern ein Glas Wein zu trinken.

Merivale Manor MOTEL $$

(Karte S. 550; ☎03-355 7731; www.merivalemanor.com; 122 Papanui Rd., Merivale; DZ 145–185 NZ; P📶) Eine prächtige viktorianische Residenz aus dem 19. Jh. bildet heute den Mittelpunkt eines eleganten Motels. Die Unterkünfte reichen von Studios (einige mit Whirlpool) bis zu Apartments mit einem oder zwei Schlafzimmern. Passend zur Geschichte des Anwesens wurde die Einrichtung betont dezent gehalten. Die Boutiquen sowie die guten Bars und Restaurants von Merivale liegen nur ein paar hundert Meter weit entfernt.

Roma on Riccarton MOTEL $$

(Karte S. 550; ☎03-341 2100; www.romaonriccarton.com; 38 Riccarton Rd., Riccarton; DZ 150–205 NZ$; P📶) Das mediterran anmutende Motel steht in super Lage am stadtseitigen Ende der Riccarton Road nahe dem Hagley Park. Auch zu Kinos, Bars, Restaurants und Christchurchs bester Shopping Mall sind es nur ein paar Gehminuten. Die Studios – ein paar mit Whirlpool – sind größer, aber auch die Apartments mit zwei Schlafzimmern sind makellos sowie durch und durch modern gehalten.

Chester Street Backpackers HOSTEL $

(Karte S. 554; ☎03-377 1897; www.chesterst.co.nz; 148 Chester St. E; B/2BZ/DZ 30/64/66 NZ$; P@) Das relaxte Hostel in einer Holzvilla bietet bunt gestrichene Zimmer und eine riesige Bibliothek im sonnigen Vorderraum. Die freundliche Katze des Hauses schaut gern bei Grillabenden vorbei. Das Hostel ist sehr beliebt, man sollte also frühzeitig reservieren. Das genauso zauberhafte Entwhistle Cottage gegenüber wird häufig als Alternative bei allzu großem Andrang genutzt: hier gibt es Zweibett- und Doppelzimmer.

Fendalton House B&B $$

(Karte S. 550; ☎03-343 1661, 0800 374 298; www.fendaltonhouse.co.nz; 28a Kotare St., Fendalton; DZ 145 NZ$; P) Inmitten der hübschen Straßen des grünen Fendalton findet man dieses nette, privat anmutende B&B, im Übernachtungspreis ist ein warmes Frühstück inbegriffen. Mittwochabend und sonntagfrüh bauen die Farmer gleich um die Ecke ihre wunderbaren Lebensmittelstände auf dem Christchurch Farmers Market (S. #498) auf.

Foley Towers HOSTEL $
(Karte S. 554; ☎03-366 9720; www.backpack.co.nz/foley.html; 208 Kilmore St.; B 24–26 NZ$, DZ mit/ohne Bad 68/62 NZ$; P@📶) Das Foley Towers im Schatten alter Bäume bietet einen herzlichen Empfang und gepflegte Zimmer, die rund um die ruhigen Innenhöfe angeordnet sind. Die Schlafsäle haben Fußbodenheizung. Der Check-in später als 21 Uhr ist nur nach Vereinbarung möglich.

Dorset House HOSTEL $
(Karte S. 554; ☎03-366 8268; www.dorsethouse.co.nz; 1 Dorset St.; B/EZ/DZ 32/69/84 NZ$; P@📶) Diese 1871 errichtete Holzvilla hat eine große, königliche Lounge samt Holzfeuer, einen Billardtisch, DVD-Player und normale Betten (keine Etagenbetten). Zum Hagley Park und zu den Bars und Restaurants der Victoria und Papanui Road ist es nur ein kurzer Spaziergang.

Old Countryhouse HOSTEL $
(Karte S. 550; ☎03-381 5504; www.oldcountryhousenz.com; 437 Gloucester St.; B 31–35 NZ$, DZ 90–110 NZ$; P@📶) Das Old Countryhouse besteht aus zwei Villen mit handgefertigten Holzmöbeln. Den Gästen stehen eine Leselounge und ein hübscher Garten mit heimischen Farnen zur Verfügung. Das Old Countryhouse liegt etwas weiter außerhalb von Christchurch als andere Hostels, aber doch nur 1 km östlich des Latiner Square. Bus 21 hält gegenüber.

Around the World Backpackers HOSTEL $
(Karte S. 554; ☎03-365 4363; www.aroundtheworld.co.nz; 314 Barbadoes St.; B/DZ/2BZ 30/68/68 NZ$; P@📶) Das Hostel erntet für sein „Kiwiana"-Einrichtung und den sonnigen Garten (samt abgetrennter Freiluft-Badewanne) begeisterte Kritiken. Wer mit dem/der Liebsten anreist, sollte nach der „Love Shack" („Liebeshütte") fragen.

Haka Lodge HOSTEL $
(Karte S. 550; ☎03-980 4252; www.hakalodge.com; 518 Linwood Ave., Woolston; B 28 NZ$, DZ & 2BZ 70 NZ$, Apt. für Selbstversorger 160 NZ$; P📶) Die über drei Etagen eines modernen Vorstadthauses verteilte Haka Lodge ist eines der neuesten Hostels in Christchurch. Die Schlafsäle und Zimmer sind blitzsauber und farbenfroh gestaltet. Abends trifft man sich in einer behaglichen Lounge mit Großbildfernseher oder im Garten voller Vogelgezwitscher. Von der City zur Lodge sind es rund zehn Autominuten; ganz in der Nähe liegt eine Bushaltestelle.

Arena Motel MOTEL $$
(Karte S. 550; ☎03-338 4579, 0800 232 565; www.arenamotel.co.nz; 30 Whiteleigh Ave., Addington; DZ 130–180 NZ$; 📶) Das Arena Motel im aufstrebenden Addington ist die nächstgelegene Unterkunft zum Bahnhof Christchurch – und liegt damit ideal, wenn man morgens den TranzAlpine-Zug (S. #462) für eine Fahrt durch die Southern Alps nehmen möchte.

Colombo in the City MOTEL $$
(Karte S. 554; ☎0800 265 662, 03-366 8775; www.motelcolombo.co.nz; 863 Colombo St.; DZ 160–185 NZ$, Apt. 185–270 NZ$; P@📶) Das Colombo in the City bietet schöne Wohneinheiten mit luxuriöser Ausstattung: Sky TV, CD-Player, doppelt verglaste Fenster und Whirlpool.

Focus Motel MOTEL $$
(Karte S. 554; ☎03-943 0800, 0800 943 0800; www.focusmotel.com; 344 Durham St. N; DZ 150–200 NZ$; P@📶) Das elegante Motel in zentraler Lage bietet große Fernseher, in sich abgeschlossene Studios und eine supermoderne Einrichtung.

Airport Gateway Motor Lodge MOTEL $$
(☎0800 242 8392, 03-358 7093; www.airportgateway.co.nz; 45 Roydvale Ave., Burnside; DZ 155–195 NZ$; P@📶) Das Motel liegt praktisch, wenn man frühmorgens fliegen muss. Zur Auswahl stehen verschiedene Zimmer mit guter Ausstattung. Der rund um die Uhr bestellbare Transport vom Flughafen ist kostenlos. Die neuen, sehr komfortablen Premier Suites bieten ein gutes Preis-Leistungs-Verhältnis.

Vagabond Backpackers HOSTEL $
(Karte S. 554; ☎03-379 9677; vagabondbackpackers@hotmail.com; 232 Worcester St.; B/EZ/DZ 26/42/60 NZ$; P@📶) Das kleine, freundliche Hostel mit einem ansprechenden Garten und einer rustikal-behaglichen Einrichtung lässt an eine große Wohngemeinschaft denken. Aber spätestens die Frisbees und Barbecues erinnern einen daran, dass man tatsächlich in Neuseeland ist. Der Flughafen-Shuttle zum Cathedral Square fährt am Haus vorbei.

Canterbury House HOSTEL $
(Karte S. 554; ☎03-377 8108; http://canterburyhousebp.web.fc2.com; 257 Bealey Ave.; B/EZ 30/45 NZ$, DZ & 2BZ 70 NZ$; P📶) Das Canterbury House, das eher wie ein Privathaus als ein Hostel anmutet, wird von einem

netten neuseeländisch-japanischen Paar geführt und genießt eine ruhige Lage abseits der lauten Bealey Avenue. Die Einrichtung ist eher kitschig und altmodisch, aber der große, gepflegte Garten im Sommer der Hit.

Meadow Park Top 10 Holiday Park CAMPINGPLATZ **$**
(Karte S. 550; ☎0800 396 323, 03-352 9176; www.christchurchtop10.co.nz; 39 Meadow St., Papanui; Stellplatz ab 40 NZ$, Wohneinheit 75–169 NZ$; P@📶) Wohnmobile stehen hier Wand an Wand, darüber hinaus gibt es verschiedenste Unterkünfte, von Hütten bis zu Motelzimmern. Die Anlage bietet gute Freizeitmöglichkeiten wie ein Hallenbad, ein Spielzimmer und einen Kinderspielplatz.

North South Holiday Park CAMPINGPLATZ **$**
(☎03-359 5993, 0800 567 765; www.northsouth.co.nz; Ecke John's Rd. & Sawyers Arms Rd., SH1, Harewood; Stellplatz ab 35 NZ$, Wohneinheit 58–125 NZ$; P@📶) Der Campingplatz liegt nur 5 Min. vom Flughafen entfernt und eignet sich für die erste Nacht, wenn man gerade sein Wohnmobil abgeholt hat. Er bietet einen Pool, eine Sauna, einen Spielplatz und neuere Motel-Wohneinheiten. Auch ein Transfer zum/vom Flughafen ist möglich.

Essen

Nach dem Erdbeben vom Februar 2011 wurden viele Cafés und Restaurants abgerissen oder befinden sich hinter der Absperrung rund um den CBD und sind somit nach wie vor geschlossen. Wenn der CBD wieder freigegeben wird, wird diese Gegend wohl wieder der (alte) Mittelpunkt von Christchurchs Restaurantszene werden. Für diese Ausgabe wurden jedoch nur diejenigen Lokale ausgewählt, die zur Zeit der Recherche geöffnet hatten; Infos zur aktuellen Restaurantszene findet man unter www.christchurchnz.com. In allen Lokalen sollte man fürs Abendessen einen Tisch reservieren.

Zahlreiche Restaurants liegen in der Victoria Street, die gleich nordwestlich des CBD liegt. Die Gegend südlich der Moorhouse Avenue sowie Addington und Sydenham haben sich nach dem Beben zu neuen Schlemmerzentren gemausert.

Auch Riccarton und Merivale westlich bzw. nördlich vom CBD bieten viele Cafés und Restaurants, und im Strandvorort Sumner kann man ebenfalls sehr gut essen gehen. Und auch Lyttelton im Südosten entwickelt sich zu einer von Christchurchs besten Gegenden zum Ausgehen.

Restaurants

Bodhi Tree BURMESISCH **$$**
(Karte S. 550; ☎03-377 6808; www.bodhitree.co.nz; 39 Ilam Rd., Bryndwr; Gerichte 13–24 NZ$; ⊙Di–So 18–22 Uhr; 🖉) Christchurchs einziges burmesisches Restaurant ist zugleich eines der besten Lokale der Stadt. Scharf Gewürztes wie im Nachbarland Thailand sollte hier keiner erwarten, stattdessen gibt es fein abgestimmte Gerichte aus frischesten Zutaten. Zu den besten Gerichten zählen *le pet thoke* (Salat aus eingelegten Teeblättern) und *ciandi thoke* (gegrillte Aubergine). Fleisch und Meeresfrüchte finden sich ebenfalls auf der Karte. Die meisten Gerichte haben Vorspeisengröße, von daher lohnt sich das Kommen in einer Gruppe: So kann man viele der Köstlichkeiten bestellen und probieren. Eine Reservierung ist erforderlich.

50 Bistro RESTAURANT **$$**
(Karte S. 554; ☎03-371 0250; www.thegeorge.com; 50 Park Tce, The George; Abendessen ab 35 NZ$; ⊙6.30 Uhr bis spätabends) Das legerere der beiden Restaurants im Hotel The George ist immer gut besucht. Die Köche verleihen den klassischen Bistrogerichten eine raffinierte neuseeländische Note. Zu empfehlen sind die Mittagsmenüs „Nifty 50“ aus Suppe und Hauptgericht (29 NZ$) und abends Herzhafteres wie Lammschulter-Ragout mit *Kumara*-Gnocchi.

Pescatore RESTAURANT **$$$**
(Karte S. 554; ☎03-371 0250; www.thegeorge.com; 50 Park Tce., The George; Hauptgerichte 42–50 NZ$; ⊙Di–Sa 18 Uhr bis spätabends) Echte Feinschmecker sollten einen Tisch im Pescatore, dem formelleren Restaurant des Boutiquehotels The George, reservieren. Kreationen wie der mit Zitrusfrüchten geräucherter Lachs oder das Canterbury-Lamm garantieren dem Pescatore immer wieder einen der vorderen Plätze beim Wettbewerb um Neuseelands Restaurant des Jahres, der von der Zeitschrift *Cuisine* veranstaltet wird.

Edesia MODERN-NEUSEELÄNDISCH **$$**
(Karte S. 550; ☎03-943 2144; www.edesia.co.nz; 12 Show Pl., Addington; Mittagessen 21–29 NZ$, Abendessen 28–39 NZ$; ⊙Mo–Fr 11.30–15 & Mo–Sa 17.30 Uhr bis spätabends) Edesias Vorstellung von gutem Essen macht die Lage in einem Büropark wett. Auf der Abendkarte stehen innovative Versionen von heimischem Wildbret, Lachs und Wachtel; zu Mittag geht es etwas legerer zu, dann isst man Canterbury-Steaks oder zarteste Nudelgerichte. Die Weinkarte ist eine der

besten der Stadt. Nach Feierabend verwandelt sich das Restaurant in eine gemütliche Bar für Büroangestellte.

Himalayas INDISCH $$

(Karte S. 554; 03-377 8935; www.himalayas.co.nz; 830a Colombo St.; Hauptgerichte 18–22 NZ$; Di–Fr 11.30–14 & Di–So 17 Uhr bis spätabends;) Jede Stadt braucht ein tolles indisches Restaurant, in Christchurch ist es das Himalayas. In stilvollem Ambiente speisen die Gäste Klassiker vom Subkontinent, z. B. Vegetarisches wie sämige *dal makhani* (schwarze Linsen mit duftenden Gewürzen) oder Hühnchen *kadhai* mit Chili, Ingwer und Koriander – zu dem ein kaltes Bier perfekt passt. Die Gerichte gibt es auch zum Mitnehmen.

Holy Smoke STEAKHOUSE $$

(Karte S. 550; www.holysmoke.co.nz; 650 Ferry Rd., Woolston; Brunch & Mittagessen 18–25 NZ$, Abendessen 26–36 NZ$; Mo–Sa 9 Uhr bis spätabends, So bis 16 Uhr) Die Chance schlechthin, das einzigartige Aroma des *manuka* (neuseeländischen Teebaums) kennenzulernen: Im Holy Smoke wird alles Mögliche – von Schweinerippchen und Chicken Wings bis zu Speck und Lachs – mit diesem heimischen Holz geräuchert. Daneben finden sich auf der Karte große Portionen Wild-, Lamm- und Rindfleisch. Dazu trinkt man neuseeländisches Bier oder Weine aus Central Otago.

Lotus Heart VEGETARISCH $$

(Karte S. 554; www.thelotusheart.co.nz; 363 St. Asaph St.; Hauptgerichte 14–25 NZ$; tgl. 8–16 & Do–Sa 18–22 Uhr;) Das vegetarische Restaurant ist an den Rand des CBD umgezogen. Es bietet Currys, frisch gepresste Säfte und gefüllte Pita-Taschen. Zum Frühstück sind die Akoori-Rühreier mit Chili, Koriander und Knoblauch zu empfehlen, zu Mittag oder zu Abend lässt man sich vegetarische Pizzas, Wraps oder gemischte Platten schmecken. Viele biologische, vegane und glutenfreie Optionen. Angeschlossen ist ein interessanter Geschenkeladen.

Topkapi TÜRKISCH $$

(Karte S. 554; www.topkapi.co.nz; 64 Manchester St.; Hauptgerichte 14–22 NZ$; Mo geschl.) In dem mit Wandteppichen ausgekleideten Restaurant sitzen die Gäste auf niedrigen gepolsterten Bänken und genießen die großartige türkische Küche, z. B. verschiedenste Fleischgerichte oder vegetarische Kebabs und natürlich Baklava als Nachtisch. Am Take-away-Tresen ist ebenfalls immer viel zu holen.

Cafés

LP TIPP **Addington Coffee Co-op** CAFÉ $

(Karte S. 550; www.addingtoncoffee.org.nz; 297 Lincoln Rd., Addington; Snacks & Hauptgerichte 6–20 NZ$;) Das Café, eines der größten und meistbesuchten der Stadt, ist auch eines ihrer besten. Fair-Trade-Kaffee und ein kompakter Verkaufsstand für T-Shirts aus Bio-Baumwolle konkurrieren mit leckeren Kuchen und Gebäck um die Aufmerksamkeit der Gäste. Christchurchs Bevölkerung kommt wegen des kostenlosen WLAN, der schmackhaften Pasteten und Wraps und der legendären, üppigen Frühstücke. Ein Waschsalon rundet das Angebot für den eiligen Reisenden ab.

Black Betty CAFÉ $

(Karte S. 554; http://blackbetty.co.nz; 163a Madras St.; Hauptgerichte 10–20 NZ$;) Der Duft nach Kaffee der Rösterei Switch Espresso füllt das Black Betty in einem schicken Lagerhaus. Hier sieht man viele Studenten des nahe gelegenen CPIT. Den ganzen Tag über kann man frühstücken – lecker sind beispielsweise Ciabatta-Toast mit Sahnepilzen – und sich am Tresen Wraps und Bagels sowie die besten neuseeländischen Weine und Biere holen.

Under the Red Verandah CAFÉ $$

(Karte S. 550; www.utrv.co.nz; Ecke Tancred St. & Worcester St., Linwood; Hauptgerichte 15–25 NZ$;) Nachdem das Beben von 2011 das ursprüngliche Haus Under the Red Verandah zerstört hatte, wurde das Café in einer großen Villa an derselben Stelle wiedereröffnet. Schnell kehrten die Feinschmecker aus der ganzen Stadt zurück und genießen nun im schattigen Garten Kaffee, Haferpfannkuchen und die besten Maispuffer der Stadt. Verschiedenes glutenfreies und Bio-Gebäck gibt es ebenfalls.

Beat Street CAFÉ $

(Karte S. 554; 324 Barbadoes St.; Snacks & Hauptgerichte 8–16 NZ$;) Willkommen im abgefahren-schäbigen, coolen Kultcafé der Stadt. Bioprodukte werden zu grandiosen Frühstücken mit Eiern von frei laufenden Hühnern, leckeren Pies (unbedingt die mit Feta und Gemüse probieren!) kombiniert, dazu schlürft man starken Havanna-Kaffee. Das Beat Street veranstaltet jeden dritten

Donnerstag im Monat ab 18 Uhr Open-Mic-Abende für Musiker und Poeten.

Honey Pot Cafe CAFÉ $$

(Karte S. 550; www.honeypotcafe.co.nz; 458 Colombo St., Sydenham; Hauptgerichte 20–30 NZ$) Das Honey Pot war das erste Café im CBD, das nach den Erdbeben seinen Standort veränderte, und legte so den Grundstein zu Sydenhams Entwicklung zur Ausgehmeile. Morgens isst man großartige Eier Benedict, zu Mittag würziges Lamm und Feta-Salat, abends Lendensteak und handgeschnittene Pommes. Die Biere der Christchurcher Brauerei 3 Boys werden aus dem Fass gezapft.

Coffee House CAFÉ $$

(Karte S. 554; 290 Montreal St.; Frühstück & Mittagessen 11–22 NZ$, Abendessen 27–32 NZ$) Das Café in einer alten Villa mit sonnigem Innenhof genießt eine Premiumlage unweit des Arts Centre und des botanischen Gartens. Zu den kulinarischen Highlights gehört das Lamm in Kräutermarinade zum Abendessen. Angesichts des Emerson's-Biers vom Fass und der kurzen, aber erstklassigen Weinkarte wählt man dazu vielleicht doch lieber etwas „Gehaltvolleres" als Kaffee.

Dose CAFÉ $

(Karte S. 554; 77 Tuam St.; Snacks & Hauptgerichte 8–18 NZ$; ⌚So geschl.) Exzellenter Kaffee der Lyttelton Coffee Company und bestes Tressenessen gesellen sich hier zu getoasteten Bagels und den vermutlich besten Eiern Benedict der Stadt. Das Untergeschoss ist fast zu gemütlich, oben gibt es größere Tische und ein schrulliges Ambiente mit Graffitikunst. Mittwochs und samstags ab 16 Uhr verwandelt sich das Café in eine *Yakitori*-Bar mit köstlichen Grillspießen und eiskaltem japanischem Bier.

Vic's Cafe & Bakery CAFÉ $

(Karte S. 554; www.vics.co.nz; 132 Victoria St.; Snacks & Hauptgerichte 8–20 NZ$) Das immer gut besuchte Vic's lockt die Einheimischen verschiedenster Couleur an. An großen Tischen genießt man ein gehaltvolles Frühstück oder man kauft sich Gebäck und noch warmes, erstklassiges Brot für ein Picknick. Das in ganz Christchurch bekannte Nuss-Porridge (10,50 NZ$) gibt es nur bis 10 Uhr.

Auf die Schnelle

LP TIPP Simo's Deli MAROKKANISCH $

(Karte S. 550; www.simos.co.nz; 3/300 Lincoln Rd., Addington; Wraps 6,50–9,50 NZ$, Tapas & Hauptgerichte 7–17 NZ$) Das Simo's in Addington ist halb Café, halb Feinkostladen und vor allem für seine Take-away-*bocadillos* (gegrillte Wraps mit verschiedenen nahöstlichen und afrikanischen Füllungen, Soßen und Garnierungen) beliebt. Daneben gibt es kleine Portionen Calamari vom Grill und scharfe *Merguez*-Würste sowie Üppigeres wie Gerichte aus der *tagine* (marokkanische Kasserolle) oder Rindfleisch-*kofta* (Hackbällchen) mit Granatapfelsauce.

Serious Sandwich SANDWICHES $

(Karte S. 550; www.theserioussandwich.com; 363 Colombo St., Sydenham; Sandwiches 7–10 NZ$) Hier kümmert man sich ernsthaft um einen guten Geschmack zwischen ofenfrischen Ciabattahälften. Aus der kleinen Küche in Sydenhams neuem Colombo-Einkaufszentrum kommen leckere Gourmet-Sandwiches: z. B. die BAP-Variante (Ei, Speck und Mayo) zum Frühstück (ab 9 Uhr) und die Hackbällchen-Parmesan-Version (ab ca. 11 Uhr). Auch das Thema Kaffee wird hier ernst genommen.

Burgers & Beers Inc BURGER $

(Karte S. 550; www.burgersandbeersinc.co.nz; 355 Colombo St., Sydenham; Burger 12–16 NZ$) Die Feinschmecker-Burger in dem flippigen Laden haben ziemlich skurrile Namen: Zu empfehlen sind etwa der marokkanisch gewürzte Woolly Sahara Sand Hopper (Lamm mit Zitronenjoghurt) und der Shagged Stag (Hirschfleisch mit Tamarillo-Pflaumen-Chutney). Die immer mal wieder wechselnde Auswahl an Kiwi-Bieren vom Fass ist alleine schon ein Grund, ein Weilchen zu bleiben. Damit hat sich der Weg nach Sydenham auf alle Fälle schon gelohnt.

Selbstversorger

Canterbury Cheesemongers SANDWICHES $

(Karte S. 554; www.cheesemongers.co.nz; Arts Centre Old Registry Building, 301 Montreal St.; Sandwiches ab 7 NZ$; ⌚Di–Sa) Die Cheesemongers verkaufen hochwertigsten Käse und individuell zusammengestellte Sandwiches aus frisch gebackenem Baguette und Ciabatta, verschiedenen Käsesorten und Milchprodukten. Kaffee und Säfte runden das preiswerte Mittagsmahl ab.

LP TIPP Christchurch Farmers Market BAUERNMARKT $

(Karte S. 550; www.christchurchfarmersmarket.co.nz; Riccarton House, 16 Kahu Rd., Riccarton; ⌚das ganze Jahr über Sa 9–12 & Mi 16–19 Uhr) Willkommen auf einem der besten Bauernmärkte des Landes – einem duftenden Labyrinth aus biologisch angebautem Obst und Gemüse, Käse von der Südinsel, Lachs, Bier aus Kleinbrauereien und ausländischen Köstlichkeiten wie kolumbianischen *empanadas* und marokkanischen *briouats* (Teigtaschen). Stände, die man aufsuchen sollte, sind z. B. Posh Porridge und She Chocolat. Anhand der Website kann man seine eigene Feinschmecker-Liste zusammenstellen.

New World Supermarket SUPERMARKT
(Karte S. 554; South City Centre, Colombo St.) Einkaufen in zentraler Lage.

Ausgehen

Vor den Erdbeben konzentrierte sich Christchurchs Nachtleben auf die Oxford Terrace („The Strip") und auf die Gässchen rund um den SOL („South of Lichfield") Square und die Poplar Street; beide Gegenden waren während der Recherche noch gesperrt. Zu beliebten Adressen zum Ausgehen haben sich inzwischen Riccarton, Addington, Victoria Street und Merivale gemausert.

LP TIPP **Pomeroy's Old Brewery Inn** CRAFT BEER
(Karte S. 554; www.pomeroysonkilmore.co.nz; 292 Kilmore St.) Das einladende Pomeroy's ist Christchurchs Paradies für Fans von Neuseelands schnell wachsender Kleinbrauerei-Szene. Serviert wird eine große Auswahl an Produkten verschiedener Brauereien aus dem ganzen Land, häufig auch saisonal und limitiert produzierte Biere. Auf der Website steht das aktuelle Angebot. Manchmal gibt es Livemusik, und die zugehörige Victoria's Kitchen liefert tolles Pubessen (Hauptgerichte 20–30 NZ$).

Volstead Trading Company BAR
(Karte S. 550; www.volstead.co.nz; 55 Riccarton Rd., Riccarton) Das Volstead ist ein gutes Beispiel dafür, was Christchurch schon immer besser hingekriegt hat als der Rest Neuseelands: schäbig-schicke Bars mit eigener Persönlichkeit. Bequeme alte Sofas, die in Studenten-WGs stehen könnten, werden hier mit skurriler Kunst kombiniert, serviert werden interessante Biere der Moa Brewery und einige fantasievolle Cocktails. Wer Hunger hat, ordert Popcorn, Nachos oder Sandwichtoasts.

The Brewery CRAFT BEER
(Karte S. 550; www.casselsbrewery.co.nz; 3 Garlands Rd., Woolston) Bierfans werden den Weg zur Brewery in Woolston gern auf sich nehmen. Cassels & Sons brauen ihre Hopfensäfte in einem holzbefeuerten Braukessel – großartige Starkbiere wie IPA und Best Bitter. Für Neugierige und Unentschlossene gibt es Probiergläschen. Auch das Essen – beispielsweise Pizza aus dem Holzofen – ist sehr schmackhaft.

The Monday Room WEINBAR
(Karte S. 554; www.themondayroom.co.nz; 367 Moorhouse Ave.; ⌚8 Uhr bis spätabends) Der vielseitige Monday Room – teils Café, teils Restaurant und teils Weinbar – ist die Art von Lokal, in dem man an jedem Tag der Woche zu jeder Tageszeit gut abhängen kann. In dem kuriosen Ambiente eines restaurierten alten Gebäudes werden interessante Brunch- und Lunchoptionen angeboten, am Abend rücken Tapas, Biere und Cocktails in den Mittelpunkt.

Cargo BAR
(Karte S. 554; 379 Lincoln Rd., Addington) Herzlich willkommen in der Stadt der Schiffscontainer, in die nach dem Erdbeben viele Unternehmer ihre Geschäfte verlegt haben! Im Fall von Addingtons Cargo ist in einer Ecke sogar ein Putting Green aus Kunstrasen ausgelegt. Die zweckmäßige Einrichtung gewinnt zwar keine Preise für ein romantisches Stelldichein, aber am Freitag- und Samstagabend wird die Bar vor allem von Einheimischen besucht, die hier das Ende der Arbeitswoche feiern.

Carlton Country Club PUB
(Karte S. 554; 1 Papanui Rd.) Nur in dem nach dem Erdbeben so einfallsreichen Christchurch kann eine Kombination aus Schiffscontainern und Lkw-Anhänger einen der populärsten Pubs der Stadt bilden. Das Carlton, an einer verkehrsreichen Ecke in der City gelegen, ist ein sehr schlichtes Etablissement, in dem viele Anwohner in den Nischen und Winkeln ihr Bierchen trinken. An sonnigen Nachmittagen sitzt man auf dem Dach.

Revival BAR
(Karte S. 554; www.revivalbar.co.nz; 94 Victoria St.) Das Revival, eine weitere Kuriosität aus Schiffscontainern, ist die originellste Containerbar der Stadt und hat sogar einen eigenen Caravan für libanesische Küche und eine irre Lounge-Area mit Autositzen und -hecks sowie alten Überseekoffern. Regelmäßig legen hier Discjockeys auf. Alles in allem ein schönes Beispiel für Christchurchs Kneipenszene nach den Beben.

Wood's Mill BARS, CAFÉS

(Karte S. 550; Addington) Vor den Beben hatte Christchurch in den von Ziegelbauten gesäumten Straßen rund um den SOL Square und die Lichfield Lane eine florierende Restaurant- und Barszene, während der Recherche waren diese Gebiete noch gesperrt. Um die Lücke zu füllen, wurde das Wood's-Mill-Gelände in Addington umgebaut.

☆ Unterhaltung

Wie Christchurchs Kneipen- und Barszene wurden auch viele traditionelle Veranstaltungsorte vom Beben schwer getroffen. Inzwischen sind aber in den Vororten neue Unterhaltungslokale entstanden. Listen von Musikbühnen und Clubs findet man unter www.christchurchmusic.org.nz und www.mukuna.co.nz sowie im Magazin *Groove Guide*, das in Cafés ausliegt.

Pomeroy's Old Brewery Inn (S. #498) und The Brewery (S. #498) bieten gute Livemusik-Programme, die auf ihren Websites bekanntgegeben werden.

Christchurch Events Village BÜHNEN

(Karte S. 554; www.eventsvillage.co.nz; Hagley Park) Mehrere temporäre Bühnen im Hagley Park werden z. B. für Konzerte und Theateraufführungen genutzt.

Dux Live LIVEMUSIK

(Karte S. 554; www.duxlive.co.nz; 363 Lincoln Rd.; ⌚Öffnungszeiten variieren) Das Dux de Lux war ein exzellentes Restaurant mit Mikrobrauerei und Livemusik-Bühne in Christchurchs Arts Centre, musste aber nach dem Beben im Februar 2011 schließen. Das Bier wird noch gebraut und kann im Dux de Lux in Queenstown und hier im Ende 2011 eröffneten Dux Live in Addington zu Livemusik verkostet werden.

Darkroom LIVEMUSIK

(Karte S. 554; www.facebook.com/darkroom.nz; At the Archive, 336 St. Asaphs St.; ⌚Do–So 17 Uhr bis spätabends) Der Darkroom, eine hippe Kombination aus Musikbühne und Bar, bietet viele Kiwi-Biere, tolle Cocktails, leckere Mini-Pizzas sowie jeweils einen „Pie of the Week". Viele Gigs sind kostenlos und eine tolle Einführung in Christchurchs wieder auflebende Musikszene. Auf der Facebookseite findet man das Programm.

Court Theatre THEATER

(Karte S. 550; www.courttheatre.org.nz; Bernard St., Addington) Christchurchs Court Theatre war eine Ikone im Arts Centre der Stadt, musste aber nach den Beben umziehen. Die neue Spielstätte im angesagten Addington ist moderner und geräumiger als der Vorgängerbau. Aufgeführt werden beliebte internationale Stücke und Werke neuseeländischer Autoren. Auf der Website kann man sich über das Programm informieren.

Club 22 CLUB

(Karte S. 550; 22 Harewood Rd., Papanui; ⌚Do–Sa 20–2 Uhr) Der energiegeladene Dance Club mit DJ-Musik ist immer voller junger Leute – in manchen Nächten dürfte den Anwohnern im beschaulichen Vorort Papahui wohl das Hören und Sehen vergehen. Auf Facebook findet man weitere Infos zu den Discjockeys.

The Venue CLUB

(6 Tower St., Hornby; ⌚Mi–Sa 16–2 Uhr) Auch dieser Nachtclub lohnt die Fahrt raus aus der City, diesmal in den Vorort Hornby: The Venue bietet Hip-Hop, Dubstep und herrlich lauten Rock neuseeländischer Bands. Weitere Infos unter www.christchurchmusic.org.nz und auf Facebook.

Christchurch Stadium STADION

(Karte S. 550; www.crfu.co.nz; 95 Jack Hinton Drive, Addington) Wie viele andere Sportstätten in Christchurch musste auch das AMI Stadium, Veranstaltungsort von Rugby- und Kricketspielen, nach den Erdbeben geschlossen werden. In der Saison 2011 trug das Canterbury-Crusaders-Super-15-Rugbyteam alle Spiele in anderen Stadien aus – und wurde trotzdem Zweiter. In der Saison 2012 konnte es schon im neuen Stadion in Addinton spielen. Die Super-15-Spiele finden von Ende Februar bis Juli statt; von Juli bis September tritt Canterbury bei Neuseelands Landesmeisterschaft an.

Hoyts Riccarton KINO

(Karte S. 550; www.hoyts.co.nz; Riccarton Rd., Westfield Riccarton; Erw./Kind 16,50/11,50 NZ$) In Christchurchs zentralstem Multiplex-Kino laufen Hollywood-Blockbuster und gelegentlich Arthouse-Filme. Vom Bussteig C des Busbahnhofs fahren Busse zur Riccarton Mall. Die Kinoprogramme stehen in der Zeitung *Press* und im Internet unter www.flicks.co.nz.

Hollywood 3 KINO

(Karte S. 550; www.hollywoodcinema.co.nz; 28 Marriner St.; Erw./Kind 16/10 NZ$) In dem Kino im Strandvorort Sumner werden hauptsächlich Arthouse- und ausländische, fremdsprachige Filme gezeigt. Zum Kino kommt man mit Buslinie 3 von der Plattform A des Busbahnhofs.

Shoppen

Nach den Erdbeben hat sich die Einkaufsszene in die Einkaufszentren der Vororte verlagert. Am günstigsten für Christchurch-Besucher liegt die Westfield Riccarton Mall. Der CBD war zur Zeit der Recherche zu diesem Buch noch gesperrt, aber im nahe gelegenen neuen Einkaufszentrum RE: Start öffneten bereits neue schicke Geschäfte.

Souvenirs findet man ebenfalls in den Geschenkläden im Canterbury Museum (S. 549) und in der Christchurch Art Gallery (S. 551).

Re:START Mall EINKAUFSZENTRUM
(Karte S. 554; www.restart.org.nz; Cashel Mall) Ende Oktober 2011 startete dieses farbenfrohe Labyrinth aus Läden in Schiffscontainern – das erste Geschäftszentrum im CBD nach dem Erdbeben. Es ist ein netter Ort zum Bummeln und bietet neben den Läden noch zwei Cafés sowie zwei echte Christchurcher Institutionen: Scorpio Books und Johnson's Grocers. Bei Hapa findet man eine gute Auswahl an Werken neuseeländischer Künstler und Designer.

Ballantynes KAUFHAUS
(Karte S. 554; Ecke Colombo St. & Cashel St.) Das altehrwürdige Kaufhaus führt Damen- und Herrenmode, Kosmetika, Reisebedarf und Neuseelandsouvenirs. Das Ballantynes war einer der ersten Läden im CBD, die nach den schlimmen Erdbeben wiedereröffnet wurden.

Sunday Artisan Market MARKT
(Karte 484; ; Riccarton House, 16 Kahu Rd., Riccarton; ⌚So 11–15 Uhr) Der Sonntagmorgenmarkt im Garten des Riccarton House bietet zahlreiche Stände mit heimischem Kunsthandwerk und leckerem Essen sowie Livemusik und diverse andere Formen von Unterhaltung.

Westfield Riccarton Mall EINKAUFSZENTRUM
(Karte S. 550; www.westfield.co.nz; Riccarton Rd., Riccarton) In dieser Mega-Mall westlich von Christchurchs Innenstadt haben sich unglaublich viele Mode- und Haushaltsläden und Dienstleister angesiedelt. Zur Mall gehört ein Multiplexkino, rund um die Riccarton Road liegen weitere Geschäfte. Von Christchurchs Busbahnhof fährt ein Bus vom Bussteig C dorthin.

Praktische Informationen

Infos im Internet

Christchurch & Canterbury (www.christchurchnz.com) Der offizielle Fremdenverkehrs-Internetauftritt der Stadt und der Region. Unter http://popupcity.co.nz gibt es einen Blog über neue Restaurants und Bars in Christchurch.

Christchurch.org.nz (www.christchurch.org.nz) Website der Stadtverwaltung von Christchurch.

CERA (http://cera.govt.nz) Die Internetseite der Canterbury Earthquake Recovery Authority liefert aktuelle Straßenkarten des abgesperrten CBD. Den Plan zum Wiederaufbau der City kann man sich runterladen.

Neat Places (www.neatplaces.co.nz) Ein einheimischer Blogger gibt einen zuverlässigen Bericht über Christchurchs beste Läden, Restaurants und Bars.

Medien

Cityscape (www.cityscape-christchurch.co.nz) Das Unterhaltungs- und Veranstaltungsmagazin liegt in Cafés und Läden aus. Die Website informiert über Neueröffnungen.

Stuff (www.stuff.co.nz) Christchurchs Tageszeitung wird montags bis samstags gedruckt. In der Freitagsausgabe findet man die besten Veranstaltungstipps.

Medizinische Versorgung

24-Stunden-Arztpraxis (☎03-365 7777; www.pegasus.org.nz; Bealey Ave. Medical Centre, Ecke Bealey Ave. & Colombo St.; ⌚24 Std.) Liegt nördlich der Innenstadt; es ist keine Anmeldung erforderlich.

Notdienst-Apotheke (☎03-366 4439; 931 Colombo St.; ⌚Mo–Fr 18–23, Sa, So & Feiertage 9–23 Uhr) Gleich neben der 24-Stunden-Praxis.

Christchurch Hospital (☎03-364 0640, Notfallstation 03-364 0270; www.cdhb.govt.nz; 2 Riccarton Ave.) Zentral gelegenes Krankenhaus.

Notfall

Ambulanz, Feuerwehr & Polizei (☎ 111)

Polizeiwache (☎03-348 6640; www.police.govt.nz; Church Corner, Riccarton Rd., Riccarton) Zur Zeit der Recherche war der Polizeistand auf dem Cathedral Square geschlossen und die Wache in Riccarton am zentralsten gelegen.

Post

Postamt (103 Riccarton Rd.) Das Hauptpostamt war zur Zeit der Recherche geschlossen. Die am zentralsten gelegene Filiale findet man in Riccarton.

Touristeninformationen

Christchurch i-SITE (☎03-379 9629; www.

christchurchnz.com; Rolleston Ave., neben dem Canterbury Museum; ⌚8.30–17 Uhr, im Sommer länger) Transport, Aktivitäten und Unterkünfte. Die Adresse könnte sich ändern – Infos liefert die Website.

Department of Conservation (DOC; ☎03-371 3700; www.doc.govt.nz; 38 Orchard Rd., International Antarctic Centre; ⌚Mo–Fr 8.30–17 Uhr) Informationen zu Nationalparks und Wanderwegen auf der Südinsel. Zur Zeit der Recherche war das DOC ins International Antarctic Centre in der Nähe des Flughafens gezogen. Die aktuelle Adresse findet man auf der Website.

Informationsschalter am Flughafen (☎03-353 7774; www.christchurchairport.co.nz; ⌚7.30–20 Uhr) Transport- und Zimmerbuchung sowie ein Postschalter (8–16.30 Uhr).

An- & Weiterreise

Bus

Shuttlebusse fahren nach Akaroa, zum Arthur's Pass, nach Dunedin, Greymouth, Hanmer Springs, Picton, Queenstown, Twizel, Wanaka, Westport und halten auch in Orten dazwischen; siehe dazu Christchurch i-SITE. Da die Abfahrtsstellen variieren, sollte man bei der Reservierung gleich danach fragen.

InterCity (☎03-365 1113; www.intercity.co.nz; 118 Bealey Ave.) InterCity-Busse fahren an der 118 Bealey Avenue los – da sich das aber wieder ändern kann, sollte man das auf der Website überprüfen. Gen Norden fahren Busse nach Kaikoura (2¾ Std.), Blenheim (5 Std.) und Picton (5½ Std.) mit Anschluss nach Nelson (8 Std.). Einmal am Tag fährt ein Bus Richtung Südwesten nonstopp nach Queenstown (8 Std.). Um nach Wanaka (7 Std.) zu gelangen, muss man in Tarras umsteigen. Richtung Süden fahren zwei Busse täglich die Küste entlang durch die Städte an der SH1 bis Dunedin (6 Std.). Hier hat man Anschluss via Gore nach Invercargill (9¾ Std.) und Te Anau (10½ Std.). Reservieren kann man online oder beim i-SITE.

Naked Bus (www.nakedbus.com; 70 Bealey Ave., Ecke Montreal St. & Bealey Ave.) Die Busse des Unternehmens fahren nach Picton und Nelson im Norden, nach Dunedin im Süden und nach Queenstown im Südwesten, die meisten fahren vor dem Canterbury Museum (S. 549) los, manche aber auch direkt bei Naked Bus in der Bealey Avenue. Unbedingt bei der Reservierung nach dem aktuellen Stand fragen.

Flugzeug

Christchurch Airport (CHC; ☎03-358 5029; www.christchurchairport.co.nz) ist das wichtigste internationale Tor zur Südinsel. Der gerade modernisierte und erweiterte Flughafen hat exzellente Einrichtungen, darunter eine Gepäckaufbewahrung und diverse Informationsschalter sowohl im Inlands- als auch im internationalen Terminal.

INTERNATIONALE FLÜGE

Air New Zealand (☎0800 737 000; www.airnewzealand.co.nz) Direktflüge (Preisangaben für One-Way-Flüge) nach/von Melbourne (ab 139 NZ$), Sydney (159 NZ$) und Brisbane (159 NZ$).

Jetstar (☎800 800 995; www.jetstar.com) Direktflüge (Preisangaben für One-Way-Flüge) nach/von Melbourne (ab 139 NZ$), Sydney (ab 139 NZ$), Brisbane (ab 169 NZ$) und an die australische Goldküste (ab 139 NZ$). Qantas fliegt auf denselben Routen, allerdings zu höheren Preisen.

Singapore Airlines (www.singaporeair.com) Direktflüge nach/von Singapur ab ca. 1100 NZ$ (one way).

Virgin Australia (www.virginaustralia.com) Direktflüge (Preisangaben für One-Way-Flüge) nach/von Sydney (ab 149 NZ$), Melbourne (ab 149 NZ$) und Brisbane (ab 149 NZ$).

INLANDSFLÜGE

Air New Zealand (☎0800 737 000; www.airnewzealand.co.nz) Direktflüge (Preisangaben für One-Way-Flüge) nach/von Auckland (ab 79 NZ$), Blenheim (ab 99 NZ$), Dunedin (ab 79 NZ$), Hamilton (ab 109 NZ$), Hokitika (ab 109 NZ$), Invercargill (ab 109 NZ$), Napier (ab 109 NZ$), Nelson (ab 79 NZ$), New Plymouth (ab 109 NZ$), Palmerston North (ab 119 NZ$), Queenstown (ab 59 NZ$), Rotorua (ab 119 NZ$), Tauranga (ab 109 NZ$), Wanaka (ab 99 NZ$) und Wellington (ab 59 NZ$).

Jetstar (☎0800 800 995; www.jetstar.com) Direktflüge (Preisangaben für One-Way-Flüge) nach/von Auckland (ab 79 NZ$), Queenstown (59 NZ$) und Wellington (59 NZ$).

Zug

Christchurchs Bahnhof (☎0800 872 467, 03-341 2588; www.tranzscenic.co.nz; Troup Dr.; ⌚Fahrkartenschalter Mo–Fr 6.30–15.30, Sa & So bis 15 Uhr) wird von einem kostenlosen Shuttlebus angefahren, der Passagiere an verschiedenen Unterkünften abholt; man kann die Abholung telefonisch bei der i-SITE buchen. Eine Alternative ist Steve's Airport Shuttle (S. 570) für 5 NZ$.

Der *Coastal-Pacific*-Zug fährt täglich von Christchurch über Kaikoura und Blenheim nach Picton; Abfahrt ist um 7 Uhr in Christchurch, Ankunft in Picton um 12.13 Uhr. Das Standardticket für einen Erwachsenen für die einfache Fahrt nach Picton kostet 99 NZ$, das günstigste Ticket kostet 59 NZ$.

Der *TranzAlpine* verkehrt täglich zwischen Christchurch und Greymouth mit einer Haltstelle am Arthur's Pass. Das Standardticket für einen Erwachsenen für die einfache Fahrt kostet 129 NZ$, für das günstigste Ticket muss man 89 NZ$ zahlen.

Fahrpläne und -karten erhält man bei **Kiwi Rail Scenic** (☎0800 872 467; www.tranzscenic.co.nz).

ℹ Unterwegs vor Ort

Auto & Motorrad

Mieten Die meisten großen Auto- und Wohnmobilvermietungen haben Niederlassungen in Christchurch, dazu kommen zahlreiche kleinere lokale Unternehmen. Damit die Wagen landesweiter Anbieter von Christchurch nach Auckland zurückgebracht werden (die meisten Kunden fahren von Norden nach Süden), gibt es für die Strecke Richtung Norden häufig zusätzliche Sonderangebote.

Ace Rental Cars (☎03-360 3270, 0800 202 029; www.acerentalcars.co.nz; 20 Abros Pl.) In der Nähe des Flughafens.

First Choice (☎03-357 3243, 0800 736 822; www.firstchoice.co.nz; 577 Wairekei Rd.) In der Nähe des Flughafens.

Omega Rental Cars (☎03-377 4558, 0800 112 121; www.omegarentalcars.com; 20 Lichfield St.) Zentral gelegen.

Pegasus Rental Cars (☎0800 354 504; www.rentalcars.co.nz; 578 Wairekei Rd.) In der Nähe des Flughafens.

New Zealand Motorcycle Rentals & Tours (☎03-348 1106; www.nzbike.com; 22 Lowther St.) Bietet auch begleitete Motorradtouren an.

Kaufen Kaufangebote für Fahrzeuge hängen oft an den Schwarzen Brettern der Hostels, Cafés und Internetläden. Auch auf dem **Backpackers Car Market** (Karte S. 550; ☎03-377 3177; www.backpackerscarmarket.co.nz; 33 Battersea St.; ⏲9.30–17 Uhr) oder auf der wöchentlichen **Canterbury Car Fair** (☎03-338 5525; Eingang Wrights Rd.; ⏲So 9–12 Uhr) am Addington Raceway kann man fündig werden. Bei Turners Auctions (S. 800) werden auf Auktionen Gebrauchtwagen ge- und verkauft; Fahrzeuge unter 7000 NZ$ werden dienstags und donnerstags ab 18 Uhr versteigert.

Online kann man auf www.trademe.co.nz und www.autotrader.co.nz Autos kaufen.

Fahrt zum/vom Flughafen

Der Flughafen liegt 12 km außerhalb der Innenstadt.

Super Shuttle (☎0800 748 885; www.supershuttle.co.nz) pendelt rund um die Uhr zwischen City und Flughafen. Ein Fahrgast zahlt 24 NZ$, für jede weitere Person werden 5 NZ$ fällig. Eine billigere Alternative ist **Steve's Airport Shuttle** (☎0800 101 021; 1 Person 15 NZ$15, 2 & 3 Personen 20 NZ$), der die Fahrgäste ab 3 Uhr in der Unterkunft abholt.

Zwischen der Central Bus Station und dem Flughafen pendelt der **City Flyer Bus** (☎0800 733 287; www.redbus.co.nz; Erw./Kind 7,50/4,50 NZ$), und zwar Montag bis Freitag von 7.15 bis 22.15 Uhr und Samstag und Sonntag von 7.15 bis 21.15 Uhr. Bei der i-SITE liegt der rote Fahrplan des City Flyer aus.

Ein Taxi zwischen Stadtzentrum und Flughafen kostet 45 bis 55 NZ$.

Öffentliche Verkehrsmittel

Christchurchs **Busnetz** (Metro; ☎03-366 8855; www.metroinfo.org.nz; ⏲Mo–Sa 7–21, So 9–19 Uhr) ist günstig und effizient. Die meisten Busse fahren an der **Central Bus Station** (46–50 Lichfield St.) zwischen Tuam Street und Lichfield Street ab. Fahrpläne erhält man bei der i-SITE und am Infoschalter im Busbahnhof. Mit einer Fahrkarte (Erw./Kind 3,20/1,60 NZ$) darf man innerhalb von 2 Std. einmal umsteigen. Die Metrocard erlaubt, in 2 Std./1 Tag für 2,30/4,60 NZ$ beliebig oft um- und einzusteigen, man muss die Karte aber mit mindestens 10 NZ$ aufladen.

Taxi

Blue Star (☎0800 379 979; www.bluestartaxis)

First Direct (☎0800 505 555; www.firstdirect.nz.nz)

Gold Band (☎0800 379 5795; www.goldbandtaxis.co.nz)

RUND UM CHRISTCHURCH

Lyttelton

3100 EW.

Südöstlich von Christchurch erstrecken sich die markanten Port Hills, die zum Hafen der Stadt – Lyttelton Harbour – hin abfallen. Hier gingen 1850 Christchurchs erste europäische Siedler an Land und begannen ihren historischen Marsch über die Hügel.

Lyttelton wurde durch die Erdbeben von 2010 und 2011 schwer beschädigt, viele der denkmalgeschützten Gebäude an der London Street mussten abgerissen werden. Arg in Mitleidenschaft gezogen wurde auch die neugotische **Timeball Station** (www.timeball.co.nz) von 1876. 58 Jahre lang war hier eine riesige Kugel an einem Mast hochgezogen und exakt um 13 Uhr Greenwich-Zeit fallen gelassen worden. Auf den Schiffen im Hafen wurden danach die Uhren gestellt, um auf hoher See die genaue geografische Länge berechnen zu können.

Nach den Beben entwickelt sich Lyttelton zu einem der interessantesten und stabilsten Gebiete Christchurchs. Sein künstlerisches, eigenständiges und unkonventionelles Flair ist stärker denn je zu spüren, und erneut ist der Ort voller guter Bars, Cafés und Restaurants. Es lohnt sich, den Bus von Christchurch nach Lyttelton zu nehmen und die Atmosphäre zu genießen!

Von Lyttelton fahren Fähren und Boote zur geschützten Insel Quail Island und zum verschlafenen Diamond Harbour. Detaillierte Infos hierzu findet man unter www.blackcat.co.nz.

Wer ein eigenes Auto hat, kann auf der malerischen Harbour Road die 15 Min. lange Strecke zur hübschen Governors Bay fahren, wo es ein paar gute Restaurants für die Mittagseinkehr gibt.

Das **Lyttelton Harbour Information Centre** (☎03-328 9093; www.lytteltonharbour.info; 65 London St.; ⏲Mo–Fr 11–15, Sa 10–13, So 11–14 Uhr) informiert über Unterkünfte und Verkehrsmittel.

Sehenswertes

Lyttelton ist über einen Straßentunnel mit Christchurch verbunden, die 10 km längere Strecke auf der schmalen Summit Road ist jedoch viel schöner und bietet tolle Aussicht über die Stadt, die Hügel und den Hafen bis zu den Southern Alps.

Essen & Ausgehen

Freeman's Dining Room RESTAURANT $$
(www.freemansdiningroom.co.nz; 47 London St.; Pizzas 20 NZ$, Hauptgerichte 25–35 NZ$; ⏲Mo–Do 15 Uhr bis spätabends, Fr ab 11.30, Sa & So ab 9 Uhr) Bei Freeman's bekommt man frische Nudelgerichte, erstklassige Pizzas und regelmäßig Wein- und Bierspezialitäten, z. B. von der Cassels & Son Brewery in Christchurch. Von der Terrasse aus genießt man einen herrlichen Blick auf die Stadt und den Hafen. An Sonntagen steigen um 15 Uhr Jazz-Konzerte. Definitiv die Art von Lokal, die man in der eigenen Nachbarschaft haben möchte.

Lyttelton Coffee Company CAFÉ $
(www.lytteltoncoffee.co.nz; 29 London St.; Hauptgerichte 10–20 NZ$) Diese Lytteltoner Institution wurde beim Erdbeben im Februar 2011 zerstört, die Wiedereröffnung ist aber für Ende 2012 geplant – aktuelle Infos findet man auf der Website. Dann kann man in dem beliebten Café wieder einen der besten Kaffees ganz Canterburys sowie den leckeren Brunch genießen. Vor dem Beben wurde hier am Samstagnachmittag Livemusik gespielt.

Fisherman's Wharf MEERESFRÜCHTE $$
(www.lytteltonwharf.co.nz; 39 Norwich Quay; Snacks 7–12 NZ$, Hauptgerichte 26–34 NZ$; ⏲11–20 Uhr) Das Fisherman's Wharf, teils Open-Air-Bar, teils Fish-&-Chips-Laden für Feinschmecker, ist der perfekte Ort für ein kühles Bier und leckere Seafood-Häppchen, aber auch für größere Mahlzeiten. Zu empfehlen sind u. a. der auf drei Arten zubereitete Fisch des Tages oder kleinere Portionen Lachs mit Zitronengras, Chili und Limone. Dazu genießen Gäste, die draußen Platz genommen haben, man den Blick auf die Bucht und den betriebsamen Hafen.

Porthole BAR
(Ecke Canterbury St. & London St.) Dort, wo vorher das sehr beliebte Volcano Cafe und die Lava Bar standen, residiert nun das Porthole, eine weitere flippige Ansammlung einfacher Schiffscontainer. Im trubeligen Innenraum und auf der Terrasse trinken relaxte Lytteltoner lokale Weine und neuseeländische Biere. Auch das Volcano Cafe findet man hier wieder – dort werden gute Bar-Snacks serviert.

Wunderbar BAR
(www.wunderbar.co.nz; 19 London St.; ⏲Mo–Fr 17 Uhr bis spätabends, Sa & So ab 13 Uhr) Die Wunderbar ist eine gute Adresse, um Neuseelands interessanteste Bands zu erleben, hier wird bis in die frühen Morgenstunden alles von hartem Rock bis zu Dub gespielt. Schon die abgefahrene Einrichtung lohnt die Fahrt nach Lyttelton. Nach den Erdbeben öffnete die Bar im März 2012 wieder ihre Pforten. Das Programm findet man auf der hauseigenen Website und unter www.christchurchmusic.org.nz.

Governor's Bay Hotel PUB $$
(☎03-329 9433; www.governorsbayhotel.co.nz; Main Rd.; Hauptgerichte 14–33 NZ$) Hier werden leckere Burger, Steaks, Fish & Chips und internationale Gerichte wie langsam gegarte Lammkeule mit marokkanischem Couscous serviert. Oder man trinkt auf der schattigen Veranda, die mit Erinnerungsstücken aus der 145-jährigen Geschichte des Hotels dekoriert ist, ein kühles Bierchen. Oben gibt es schicke, frisch aufgemöbelte Gästezimmer mit Gemeinschaftsbädern (DZ 100–150 NZ$).

She Chocolat CAFÉ $$

(☎03-329 9825; www.shechocolat.com; 79 Main Rd.; Hauptgerichte 15–34 NZ$) She Chocolat bietet einen tollen Hafenblick sowie einen exzellenten Brunch und ein ebensolches Mittagessen mit Bio- und New-Age-Touch. Nach Ricotta-Rosinen-Crêpes sollte man noch Platz für die selbst gemachte belgische Schokolade lassen. Freitags und samstags kann man hier auch zu Abend essen, beispielsweise ein Probiermenü (pro Pers. 125 NZ$), bei dem für alle Gänge – auch die pikanten – Schokolade verwendet wird; dazu wird Wein aus der Pegasus Bay serviert. Eine Tischreservierung ist zu empfehlen.

Farmers Market

(www.lyttelton.net.nz; ⏲Sa 10–13 Uhr) Lytteltons Ruf als Stadt der Feinschmecker hat der Ort auch dem Bauernmarkt zu verdanken, der samstags auf dem Gelände der Schule in der Oxford Street stattfindet.

ℹ An- & Weiterreise

Von Christchurch fahren die Busse 28 und 35 nach Lyttelton (25 Min.). Mit dem eigenen Auto kann man um den Lyttelton Harbour herum weiter nach Akaroa fahren. Diese kurvenreiche Strecke ist zwar länger, aber auch landschaftlich reizvoller als die Route über die SH75 zwischen Christchurch und Akaroa.

Akaroa & Banks Peninsula

Die Banks Peninsula und ihre Hügel entstanden bei zwei gigantischen Vulkanausbrüchen vor rund 8 Mio. Jahren. Rund um die Insel sind kleine Buchten mit Häfen wie Le Bons Bay, Pigeon Bay und Little Akaloa Bay eingekerbt, sodass die Halbinsel auf der Landkarte einem Zahnrad ähnelt. Die historische Stadt Akaroa, 83 km von Christchurch entfernt, ist eines der Highlights der Halbinsel, ebenso die unglaublich schöne Fahrt auf der Summit Road rund um den ursprünglichen Krater.

In Akaroa („Langer Hafen" in der Sprache der Maori) ließen sich die ersten französischen Siedler in Neuseeland nieder – Nachkommen von ihnen leben noch immer dort. Akaroa ist ein zauberhaftes Städtchen, das sich bemüht, die Atmosphäre eines französischen Provinzdorfs zu erschaffen – so heißen die Straßen dann auch Rue Lavaud, Rue Balguerie oder Rue Jolie und die Häuser, beispielsweise Langlois-Eteveneaux. Auch ein paar noble Restaurants sind typisch französisch.

Wer es nicht eilig hat, sollte ein paar geruhsame Tage in den hervorragenden preiswerten Unterkünften an den äußeren Buchten der Banks Peninsula verbringen. Die meisten Unterkünfte holen ihre Gäste in Akaroa ab.

Geschichte

James Cook sichtete die Halbinsel 1770, hielt sie für eine Insel und benannte sie nach dem Naturkundler Sir Joseph Banks. Der Stamm der Ngai Tahu, der damals die Halbinsel bewohnte, wurde 1831 vom Häuptling der Ngati Toa, Te Rauparaha, im *pa* (Maoridorf) Onawe angegriffen und stark dezimiert.

1838 handelte Jean Langlois, Kapitän eines Walfängers, den Kauf der Banks Peninsula von den Maori aus und kehrte nach Frankreich zurück, um eine Handelsgesellschaft zu gründen. Mit Unterstützung der französischen Regierung machten sich 1840 63 Siedler zur Halbinsel auf. Doch nur wenige Tage vor deren Ankunft gerieten britische Beamte in Panik; sie schickten ein eigenes Kriegsschiff, um bei Akaroa ihre Fahne zu hissen und nach dem Vertrag von Waitangi Anspruch auf die Halbinsel zu erheben. Wären die Siedler früher eingetroffen, hätte sich die Südinsel womöglich zu einer französischen Kolonie entwickelt und Neuseelands Geschicke wären vielleicht ganz anders verlaufen.

Die Franzosen siedelten sich tatsächlich in Akaroa an, doch bereits 1849 wurden ihre Landtitel an die New Zealand Company verkauft. Bereits ein Jahr später kam eine große Gruppe britischer Siedler an. Das dicht bewaldete Gebiet wurde abgeholzt und schon bald wurde die Landwirtschaft zum wichtigsten Wirtschaftszweig der Halbinsel.

👁 Sehenswertes

The Giant's House GARTEN

(Karte S. 577; www.thegiantshouse.co.nz; 68 Rue Balguerie; Erw./Kind/Fam. 20/10/45 NZ$; ⏲26. Dez.–22. April 12–17, restliches Jahr 14–16 Uhr) Noch immer arbeitet die hiesige Künstlerin Josie Martin mit viel Liebe an dieser spielerisch-skurrilen Kombination aus Skulpturen und Mosaik-Kaskaden, die sich über einen Hügel oberhalb von Akaroa ergießen. Die komplizierten Collagen aus Spiegeln, Fliesen und Porzellanscherben erinnern an Gaudí und Miró, überall gibt es wundersame Nischen und Winkel zu entdecken. Gemälde und Skulpturen stellt Martin auch im hübschen, 1880 erbauten Haus aus, in dem einst Akaroas erster Bankdirektor residierte.

Akaroa Museum MUSEUM
(Karte S. 577; Ecke Rue Lavaud & Balguerie; Erw./Kind/Fam. 4/1/8 NZ$; ⌚Okt.–April 10.30–16.30 Uhr, Mai–Sept. bis 16 Uhr) Zum sehenswerten Akaroa Museum gehören mehrere historische Gebäude, darunter das alte Gericht, das kleine Zollhaus an der Daly's Wharf und eines der ältesten Häuser Neuseelands, das Langlois-Eteveneaux. Einige bescheidene Ausstellungsstücke sind der einst bedeutsamen Maoribevölkerung der Insel gewidmet. Außerdem gibt es ein Gerichtssaal-Diorama, ein 20-minütiges Video über die Geschichte der Halbinsel und Archivmaterial zu Akaroa.

Tree Crop Farm SPAZIERGÄNGE
(☎03-304 7158; www.treecropfarm.com; Eintritt 10 NZ$; ⌚nur bei gutem Wetter 10–17 Uhr; 📶) Die kuriose Tree Crop Farm liegt 1,8 km abseits der Hauptstraße durch Akaroa (die Rue Grehan nehmen). Durch den privaten verwilderten Garten führen lange, zugewucherte Pfade. Auf einer morschen Veranda laden Sofas mit Schaffellen zum Relaxen ein, daneben gibt es ein Café samt Reisebibliothek mit unzähligen alten *National-Geographic*-Magazinen. In rustikalen, romantischen Zimmern (200–250 NZ$) kann man die Nacht verbringen.

Maori & Colonial Museum MUSEUM
(Karte S. 574; www.okainsbaymuseum.co.nz; Erw./Kind 10/2 NZ$; ⌚10–17 Uhr) Das Museum in der Okains Bay nordöstlich von Akaroa zeigt Artefakte der Ureinwohner und der ersten Siedler. Zu den Highlights gehören die Reproduktion eines Maori-Versammlungshauses, ein heiliger Gottesstab aus dem 15. Jh. und ein Kriegskanu.

Barrys Bay Cheese
(Karte S. 574; ☎03-304 5809; www.barrysbaycheese.co.nz; ⌚9–17 Uhr) In Barrys Bay auf der Westseite des Akaroa Harbour (12 km von Akaroa entfernt) findet man den verführerischen Käseladen. Hier kann man köstlichen Cheddar, Havarti und Gouda probieren und kaufen. Für das spontane Picknick am Meer werden außerdem Cracker und Chutneys angeboten.

Aktivitäten

Im Informationszentrum lassen sich Fahrten durch den Akaroa Harbour mit Jetbooten, Kajaks und Segelschiffen buchen, außerdem Führungen durch Schaffarmen und Ausflüge zu Robbenkolonien.

Die Broschüre *Akaroa – An Historic Walk* (9,50 NZ$) beschreibt eine Wanderung, die vom 1876 erbauten **Waeckerle Cottage** (Karte S. 577; Rue Lavaud) zum alten Taylor's Emporium in der Nähe des Hauptkais führt. Unterwegs kommt man an alten Holzhäusern und -kirchen vorbei, die Akaroas Ortsbild prägen. Mit Audioguides, die die Touristeninformation verleiht (1½ Std. 10 NZ$), kann man sich auch allein auf den Weg machen.

Banks Peninsula Track WANDERN
(☎03-304 7612; www.bankstrack.co.nz; pro Pers. 220 NZ$) Diese 35 km lange, viertägige Wanderung führt durch privates Weideland entlang der dramatischen Küste der Banks Peninsula. Im Preis enthalten sind der Transport ab Akaroa und Übernachtungen in Hütten. Alternativ kann man dieselbe Strecke auch in zwei Tagen absolvieren (145 NZ$).

Akaroa Walk WANDERN
(☎0800 377 378, 03-962 3280; www.tuataratours.co.nz; pro Pers. 1575 NZ$; ⌚Nov.–April) Die leichte, 46 km lange Wanderung von Christchurch nach Akaroa ist etwas für Wanderer mit gehobenem Anspruch: Im Preis inbegriffen sind gute Unterkünfte und feines Essen. Die Teilnehmer müssen nur ihren Tagesrucksack tragen.

Akaroa Adventure Centre ABENTEUERSPORT
(Karte S. 577; ☎03-304 8709; Rue Lavaud; ⌚8.30–17.30 Uhr) Das Akaroa Adventure Centre vermietet Seekajaks, Fahrräder, Golfschläger, Angeln und Surfbretter. Auch die Unterkünfte im Purple Peak Backpackers (S. 578) lassen sich hier buchen.

Pohatu Plunge TIERBEOBACHTUNG
(☎03-304 8552; www.pohatu.co.nz) Das Unternehmen bietet abendliche Touren zur Beobachtung von Weißflügelpinguinen (Erw./Kind 70/55 NZ$); sie kommen nur hier vor, ähneln allerdings sehr den Zwerpinguinen. Die beste Zeit dafür sind die Monate zwischen August und Januar. Im Programm sind auch Seekajaktouren (Erw./Kind 80/60 NZ$), nach Wunsch mit Übernachtung in einer einsamen Hütte (zusätzlich pro Pers. 20 NZ$) im Pohatu Nature Reserve.

Onuku Heights Horse Treks REITEN
(☎03-304 7112; www.onuku-heights.co.nz; 166 Haylocks Rd.; ab 110 NZ$; ⌚Nov.–Mai) Pferdenarren können hier durch die spektakulärste Landschaft der Banks Peninsula reiten. Onuku Heights liegt 15 Autominuten von

Banks Peninsula

Akora entfernt – einfach den Schildern nach Onuku Marae folgen, weiter hügelaufwärts fahren und dann links auf die Haylocks Road abbiegen.

Fox II Sailing Adventures SEGELN
(Karte S. 577; ☎0800 369 7245; www.akaroafoxsail.co.nz; Daly's Wharf; Erw./Kind 70/30 NZ$; ⌚Abfahrt Dez.–Mai 10.30 & 13.30 Uhr) Auf Neuseelands ältestem Gaffelsegler kann man Geschichte, Landschaften und Tiere des Südpazifiks erleben

Coast Up Close BOOT FAHREN
(☎0800 126 278, 021 228 8091; www.coastupclose.co.nz; Erw./Kind ab 65/25 NZ$; ⌚Abfahrt 10.15 & 13.45 Uhr) Angeltouren und schöne Bootsfahrten, unterwegs lassen sich viele Vögel und andere Tiere am Ufer beobachten.

Captain Hector's Sea Kayaks KAJAK FAHREN
(Karte S. 577; ☎03-304 7866; www.akaroaseakayaks.co.nz; Beach Rd.; Kajakverleih pro halbem/ganzem Tag 35/60 NZ$) Verleih von Kajaks, Kanus und Ruderbooten für eigenständige Touren.

Kurse

Akaroa Cooking School KOCHKURSE
(Karte S. 577; ☎021 166 3737; www.akaroacooking.co.nz; 81 Beach Rd.; pro Pers. 195 NZ$) Zum Programm der Kochschule gehören der beliebte Kurs „Gourmet in a Day" (Sa 10–16 Uhr) sowie regelmäßige Kurse zum Thema Meeresfrüchte und Grillen. Der Kurs endet mit einem gemeinsamen Essen des selbst zubereiteten Mahls, zu dem Weine aus der Region getrunken werden. Auf der Website werden auch die gelegentlichen kulinarischen Ausflüge in fremdländische – z. B. die thailändische oder italienische – Küchen angekündigt. Es empfiehlt sich sehr, im Voraus zu buchen.

Banks Peninsula

Sehenswertes

1	Maori & Colonial Museum	C2

Schlafen

2	Coombe Farm	C2
3	Double Dutch	C2
4	Halfmoon Cottage	C2
5	Little River Campground	B2
6	Okains Bay Camping Ground	C2
7	Okuti Garden	B2
8	Onuku Farm Hostel	C3
9	Purple Peak Backpackers	D2

Shoppen

10	Barrys Bay Cheese	C2

Geführte Touren

Akaroa Dolphins TIERBEOBACHTUNG
(Karte S. 577; ☎0800 990 102, 03-304 7866; www.akaroadolphins.co.nz; 65 Beach Rd.; Erw./Kind 70/35 NZ$; ⌚Abfahrt Okt.–April 10.15, 12.45 & 15.15 Uhr, Mai–Sept. 10.15 Uhr) Zweistündige Bootsfahrten zur Delfinbeobachtung und Abendtouren zur Vogelbeobachtung nach Vereinbarung. Murphy, der beste Spürhund der Welt, ist auch die Hauptfigur in einem Bilderbuch, das im Büro verkauft wird.

Black Cat Cruises TIERBEOBACHTUNG
(Karte S. 577; ☎03-304 7641; www.blackcat.co.nz; Main Wharf; Bootsfahrt & Schwimmen Erw./Kind 139/115 NZ$, nur Bootsfahrt 72/35 NZ$; ⌚Okt.–April tgl. 5 Touren 6–15.30 Uhr, Mai–Sept. tgl. 1 Tour 11.30 Uhr) Im Meer bei Akaroa lebt der kleinste und seltenste Delfin der Welt, der Hector-Delfin, der nur in neuseeländischen Gewässern vorkommt. Wem es nicht genug ist, die Tiere vom Boot aus zu betrachten, der kann sich bei Black Cat Cruises für einen Schwimmausflug mit den Delfinen anmelden (sofern sie nicht gerade Junge haben). Die Ausflüge werden das ganze Jahr über angeboten; pro Boot werden nur zehn Schwimmer mitgenommen – also unbedingt frühzeitig buchen! Neoprenanzüge und Schnorchelausrüstung werden gestellt, an Land gibt es danach eine warme Dusche. Für den gesamten Ausflug im und auf dem Wasser sowie die Fahrt hin und zurück sind 2½ Std. einzuplanen. Wer keinem Delfin begegnet ist, bekommt 59 NZ$ zurückerstattet. Die Touren haben aber eine Erfolgsquote von 98 % in Sachen Delfinsichtungen, und mit 81 %iger Wahrscheinlichkeit kann man auch mit ihnen schwimmen.

Eastern Bays Scenic Mail Run TOUREN
(☎03-304 8600; Tour 60 NZ$; ⌚Mo–Fr 9 Uhr) Für ihre 120 km lange Tour zu abgeschiedenen Ecken der Halbinsel benötigen die Postzusteller 4½ Std. Reisende können sie begleiten und so einsame Ortschaften und Buchten kennenlernen (inklusive Picknick am Strand). Der Minibus fährt am Informationszentrum ab – eine Reservierung ist unbedingt erforderlich, weil es nur acht Sitzplätze gibt.

Feste & Events

French Fest Akaroa ESSEN & WEIN
(www.frenchfest.co.nz) Das French Fest Akaroa ist ein gallisch inspiriertes Beisammensein mit dem Schwerpunkt auf Kulinarischem, Wein, Musik und Kunst. Bloß nicht verpassen (oder drauftreten): *Le Race D'Escargots*, ein Wettlauf von glitschigen, bestens trainierten Schnecken. Auch französische Kellner liefern sich ein Wettrennen. Das Fest findet alle zwei Jahre (in ungeraden Jahren) Ende Oktober statt.

Schlafen

Die meisten Unterkünfte auf der Banks Peninsula liegen rund um Akaroa, aber auch die äußeren Buchten sind mit hervorragenden und interessanten, günstigen Quartieren gesegnet. In Akaroa findet man zudem ein paar romantische B&Bs, für die man gern ein paar Dollar mehr ausgibt.

AKAROA

Garthowen B&B $$$
(Karte S. 577; ☎03-304 7419; www.garthowen.co.nz; 7 Beach Rd.; EZ & DZ inkl. Frühstück 280–345 NZ$; @📶) Zwei Citroën-Oldtimer, zwei nette Jack-Russell-Terrier und vier ultragemütliche Gästezimmer mit Bad – (fast) alles in diesem gehobenen B&B kommt paarweise daher. Das Gebäude wurde im alten Stil aus recyceltem Zedernholz errichtet. Beim Frühstück auf der Veranda genießt man als Beigabe die beste Aussicht der Stadt.

Oinako Lodge B&B $$$
(☎03-304 8787; www.oinako.co.nz; 99 Beach Rd.; DZ inkl. Frühstück 245–285 NZ$; @📶) 1862 ließ sich der damalige britische Friedensrichter diese prächtige Holzvilla bauen. Heute ist sie ein nobles B&B mit fünf Themenzimmern und großen Erkerfenstern mit Blick auf Meer und Garten. Die Erdbeben von 2010 und 2011 richteten auch hier Schäden an, aber schon 2012 konnte die Oinako Lodge wieder aufmachen.

Chez la Mer HOSTEL $
(Karte S. 577; ☎03-304 7024; www.chezlamer.co.nz; 50 Rue Lavaud; B 25–28 NZ$, DZ mit/ohne Bad 80/70 NZ$; @📶) Das Chez la Mer ist eine freundliche Backpackerunterkunft mit gepflegten Zimmern und einem schattigen Garten samt Fischteich, Hängematten, Grill und Tischen. Die Gäste können gratis Fahrräder und Angeln ausleihen, allerdings nicht fernsehen: Das ganze Haus wurde zur fernsehfreien Zone erklärt!

Bon Accord HOSTEL $
(Karte S. 577; ☎03-304 7782; www.bon-accord.co.nz; 57 Rue Lavaud; B 27–30 NZ$, DZ 59–89 NZ$; @📶) Das bunt bemalte, schrullige Hostel ist in einem kompakten 155 Jahre alten Haus untergebracht. Man kann auf der

Veranda relaxen oder im Kräutergarten den französischen Küchenchef in sich wecken. Mit kostenlosen Leihrädern geht's auf Erkundungstour in die Umgebung.

Old Shipping Office APARTMENT $$$
(Karte S. 577; ☎0800 695 2000; www.akaroavillageinn.co.nz; Church St.; DZ 230 NZ$) Das Apartment für Selbstversorger befindet sich in einem restaurierten denkmalgeschützten Gebäude mit interessanter Geschichte (auf seine frühere Funktion verweist der Name). Die Wohnung mit zwei Schlafzimmern, einem großen Wohnbereich und einem Freiluft-Whirlpool ist perfekt für Familien oder zwei Paare. Zum Check-in muss man ins Akaora Village Inn nebenan gehen.

Tresori Motor Lodge MOTEL $$
(Karte S. 577; ☎03-304 7500, 0800 273 747; www.tresori.co.nz; Ecke Rue Jolie & Church St.; DZ 155–205 NZ$; @📶) Das Tresori ist etwas für Design-Freaks, seine noble, farbenfrohe Einrichtung ist alles andere als langweilig. Zu Akaroas Uferpromenade mit Cafés und Restaurants sind es nur ein paar Gehminuten.

La Rive Motel MOTEL $$
(Karte S. 577; ☎03-304 7651, 0800 247 651; www.larive.co.nz; 1 Rue Lavaud; DZ 125–135 NZ$; 📶) Altmodisches Motel mit großen Zimmern und guter Ausstattung. Bedenkt man, dass alle Wohneinheiten (Studios, Zwei- und Dreibettzimmer) für Selbstversorger eingerichtet sind, ist es wirklich günstig. Die Einrichtung wirkt im Vergleich zu anderen, moderneren Motels etwas veraltet, doch in einer ansonsten teuren Gegend bietet das La Rive ein gutes Preis-Leistungs-Verhältnis. Die meisten Zimmer unten öffnen sich zu kleinen Höfen.

Akaroa Top 10 Holiday Park CAMPINGPLATZ $
(☎03-304 7471, 0800 727 525; www.akaroaholidaypark.co.nz; 96 Morgans Rd.; Stellplatz ab 35 NZ$, Wohneinheiten 70–118 NZ$; @📶) Der schöne Campingplatz an einem terrassierten Hügel über der Stadt ist über einen Fußweg mit der Woodhills Road verbunden. Er bietet Blick über den Hafen und Übernachtungsmöglichkeiten für jeden Geldbeutel.

RUND UM DIE BANKS PENINSULA

LP TIPP **Coombe Farm** B&B
(☎03-304 7239; www.coombefarm.co.nz; 18 Old Le Bons Track; DZ inkl. Frühstück 145–165 NZ$) Hier hat man die Wahl zwischen der separat stehenden Shepherd's Hut – samt Badewanne unter freiem Himmel – und Zimmern im alten Bauernhaus, das hübsch restauriert und mit interessanter zeitgenössischer Kunst und asiatischen Antiquitäten ausgestattet ist. Ein nettes neuseeländisch-englisches Paar – Hugh und Katherine – betreibt das B&B. Nach dem Frühstück (mit selbst gemachter Marmelade und Bio-Joghurt) kann man durch den hauseigenen Wald und am Bach entlang spazieren.

Okuti Garden ÖKO-UNTERKUNFT $
(☎03-325 1913; www.okuti.co.nz; 216 Okuti Valley Rd.; pro Pers. 40 NZ$; ⊙Mai–Okt. Geschl.; @📶) Okuti Garden ist eine umweltbewusste Privatunterkunft und zugleich ein Paradies für WWOOF-Fans (WWOOF = World-Wide Opportunities on Organic Farms) und durch und durch flippig und freundlich. Die Gäste schlafen wahlweise in einem Tipi, einer mongolischen Jurte, einem Truck-Haus, einer Lehmziegelhütte oder im Bauernhaus. Viele Zutaten des vegetarischen Frühstücks (15 NZ$) kommen aus dem eigenen Garten. Aus den frischen Kräutern kann man in der Gemeinschaftsküche auch eigene Kreationen zaubern. Zum Relaxen oder Lesen gibt es viele Ecken und Winkel in der Natur.

Halfmoon Cottage HOSTEL $
(Karte S. 574; ☎03-304 5050; www.halfmoon.co.nz; B/EZ/DZ 30/52/75 NZ$; ⊙Juni–Sept. häufig geschl.; 📶) Das tolle Cottage in Barrys Bay (12 km von Akaroa entfernt) ist ein herrlicher Ort, um ein paar Tage zu entspannen und auf der großen Veranda oder in einer Hängematte im grünen Garten zu faulenzen. Die Gästezimmer – zumeist Doppelzimmer – sind gemütlich eingerichtet. Die Gäste können mit Fahrrädern oder Kajaks die Umgebung erkunden.

Double Dutch HOSTEL $
(Karte S. 574; ☎03-304 7229; www.double dutch.co.nz; 32 Chorlton Rd.; B/EZ 30/55 NZ$, DZ mit/ohne Bad 76/70 NZ$; @) Das relaxte Hostel inmitten von Weideland an einer abgeschiedenen Flussmündung wäre schick genug, um als B&B durchzugehen, schont aber die Reisekasse. Ein Gemischtwarenladen und ein Strand sind zu Fuß erreichbar. In der luxuriösen Küche kann man sich aus selbst mitgebrachten Zutaten etwas Schönes zubereiten.

Onuku Farm Hostel HOSTEL & CAMPINGPLATZ $
(Karte S. 574; ☎03-304 7066; www.onuku.co.nz; Onuku Rd.; Stellplatz für Zelt oder Wohnmobil pro Pers. ab 12,50 NZ$, B/DZ ab 28/66 NZ$; ⊙Juni–Aug. geschl.; @📶) Die um-

Akaroa

Akaroa

Highlights

Akaroa Museum B2
The Giant's House D3

Sehenswertes

1 Waeckerle Cottage B1

Aktivitäten, Kurse & Touren

2 Akaroa Adventure Centre B2
3 Akaroa Cooking School B4
4 Akaroa Dolphins B4
5 Black Cat Cruises A4
6 Captain Hector's Sea Kayaks B4
7 Fox II Sailing Adventures B2

Schlafen

8 Bon Accord B2
9 Chez la Mer B2
10 Garthowen B3
11 La Rive Motel B1
12 Old Shipping Office B4
13 Tresori Motor Lodge B4

Essen

14 Akaroa Fish & Chips B4
Bully Hayes .... (siehe 14)
15 Four Square Supermarket B2
16 L'Escargot Rouge B4
17 The Little Bistro B2
18 Vangionis B2

Ausgehen

19 Truby's Bar on the Beach B3

Unterhaltung

20 Cine Café B4

weltbewusste Ferienanlage bietet einfache Hütten, Zeltplätze und ein behagliches Haus auf einer Schaffarm in der Nähe von Onuku, 6 km südlich von Akaroa. Von November bis März organisieren die Besitzer Bootstouren, bei denen man mit Delfinen schwimmen kann (100 NZ$), sowie Kajakausflüge (50 NZ$). Die Fahrten stehen auch allen offen, die nicht auf der Farm nächtigen – sie werden sogar in Akaroa abgeholt. Die Farm ist seit den 1860er-Jahren im Besitz ein und derselben Familie – man kann den Leuten also ruhig trauen, wenn sie sagen, auf dem 340 ha großen Gelände gäbe es ein paar schöne Wanderwege. Der neu geschaffene Campingplatz ist eine tolle Option für Reisende mit Zelt oder Wohnmobil.

Purple Peak Backpackers HOSTEL $
(Karte S. 574; ☎03-420 0199; www.purplepeak.co.nz; Camping gegen Spende, B/DZ 25/60 NZ$; @) Von der rustikalen Lodge für Surfer und Backpacker in zerklüfteter, abgeschiedener Landschaft hat man einen wunderbaren Meerblick. Die Unterkünfte sind schlicht, aber sauber. In den Sommermonaten gibt es regelmäßig leckeres Seafood-Barbecue, in einem im Freien stehenden Holzofen werden Pizzas gebacken. Surfbretter und Zubehör kann man ausleihen. Die Gäste werden kostenlos von Akaroa abgeholt – Darin, vom Akaroa Adventure Centre (S. 574), organisiert Transport und Buchung.

Little River Campground CAMPINGPLATZ $
(☎03-325 1014; www.littlerivercampground.co.nz; 287 Okuti Valley Rd.; Stellplatz ab 25 NZ$, Hütten 40–110 NZ$) Dieser weitläufige Campingplatz beim Dörfchen Little River wurde in einem Wald und am Flussufer angelegt. Die Unterkünfte reichen von Zeltplätzen (Gras) bis zu rustikalen Kiwiana-Hütten. Es herrscht eine unbeschwerte, familiäre Atmosphäre, für die Kinder gibt es Extraspaß mit Lagerfeuer, Trampolin und einem Bad in einem natürlichen Becken im Fluss.

Okains Bay Camping Ground CAMPINGPLATZ $
(Karte S. 574; ☎03-304 8789; www.okainsbaycamp.co.nz; 1162 Okains Bay Rd.; Erw./Kind 12/6 NZ$) Der Campingplatz liegt direkt an einem Strand, bietet Schatten unter Kiefern, blitzblanke Kochgelegenheiten und Münzduschen mit warmem Wasser. Bezahlt wird am Häuschen an der Einfahrt. Es gibt einen wunderbaren Abenteuerspielplatz und – rund 1 km die Straße weiter runter – einen gut sortierten Gemischtwarenladen.

Essen & Ausgehen

LP TIPP The Little Bistro
FRANZÖSISCH $$
(Karte S. 577; ☎03-304 7314; 33 Rue Lavaud; Hauptgerichte 27–35 NZ$; ⊙Di–So 18 Uhr bis spätabends; ✎) *Très petite, très chic* und sehr lecker! Hier kann man sich auf klassische Bistroküche freuen, der aber mit Stolz ein neuseeländischer Stempel aufgedrückt wird: Es gibt Meeresfrüchte, Weine von der Südinsel und Craft Beer aus Canterbury. Die Speisekarte wechselt mit den Jahreszeiten, meist sind Gerichte wie Lamm in Pistazienkruste oder Akaroa-Lachsterrine im Angebot. Auch für Vegetarier wird gesorgt. Eine Tischreservierung ist allerdings unerlässlich. In den Sommermonaten ist das Bistro manchmal auch in der Mittagszeit geöffnet – das steht dann an der Tafel vor dem Eingang angeschrieben.

Vangionis ITALIENISCH
(Karte S. 577; www.vangionis.co.nz; Rue Brittan; Tapas 8–18 NZ$, Pizzas 18–28 NZ$) Pizzas mit dünnem Boden, Tapas, Pasta sowie Canterburybiere und -weine werden in dieser Trattoria im toskanischen Stil serviert. An einem Tisch im Freien kann man mittags, nachmittags oder abends gut ein Weilchen sitzen bleiben. Die Pizzas gibt es auch zum Mitnehmen.

L'Escargot Rouge CAFÉ $
(Karte S. 577; www.lescargotrouge.co.nz; 67 Beach Rd.; Gerichte 8–14 NZ$) Köstliche Feinschmecker-Pies (7 NZ$), Zutaten für ein Picknick sowie Frühstücksoptionen mit französischem Touch sind die Hauptattraktionen der „Roten Schnecke". Das selbst gemachte Müsli mit verschiedenen Früchten, Joghurt und Honig (12 NZ$) ist genau die richtige Stärkung für die Kajaktour im Akaroa Harbour.

Bully Hayes RESTAURANT $$
(Karte S. 577; www.bullyhayes.co.nz; 57 Beach Rd.; Mittagessen 15–25 NZ$, Hauptgerichte am Abend 22–35 NZ$) Das lichtdurchflutete Restaurant trägt den Namen eines weitgereisten und gefürchteten, amerikanischen Freibeuters. Den Auftakt einer Mahlzeit macht der Akaroa-Lachs, danach gönnt man sich Gourmet-Burger, Pasta oder Tapas. Die Seafood-Platte (31 NZ$) ist gefüllt mit Meeresfrüchten frisch aus dem Wasser. Auch die Monteith's-Biere und die gute Auswahl an lokalen Weinen verführen zum Bleiben. Zudem ist das Bully eine gute Adresse zum Frühstücken.

Akaroa Fish & Chips FISH & CHIPS $

(Karte S. 577; 59 Beach Rd.; Snacks & Gerichte 6–15 NZ$) Entweder holt man sich hier etwas zum Mitnehmen und verzehrt die Köstlichkeiten anschließend am Strand – oder man setzt sich an einen Tisch und genießt dort Sandbarsch, Jakobsmuscheln, Austern und andere frittierte Köstlichkeiten. Hier wie dort: Vorsicht vor räuberischen Katzen und Möwen!

Truby's Bar on the Beach BAR

(Karte S. 577; Rue Jolie) Die perfekte Lage am Strand und das rustikale Open-Air-Ambiente machen Truby's zum besten Plätzchen der Stadt für einen Drink bei Sonnenuntergang. Die hier servierten Fish & Chips sind in ganz Akaroa berühmt. Untertags genießt man hier gebackenen Käsekuchen und guten Kaffee.

Four Square Supermarket SUPERMARKT $

(Karte S. 577; Rue Lavaud; ⏲8–20 Uhr) Gute Feinkost- und Weinauswahl.

☆ Unterhaltung

Cine Café KINO

(Karte S. 577; ☎03-304 7678; www.cinecafe.co.nz; Ecke Rue Jolie & Selwyn Ave.; Erw./Kind 15/13 NZ$; ⏲14–22 Uhr; 📶) Teils Café mit exzellenten Backwaren, Suppen und WLAN, teils Arthousekino.

ℹ Praktische Informationen

Akaroa Information Centre (☎03-304 8600; www.akaroa.com; 80 Rue Lavaud; ⏲9–17 Uhr) Touren, Unternehmungen und diverse Unterkünfte.

ℹ An- & Weiterreise

Von November bis April fährt der **Akaroa Shuttle** (☎0800 500 929; www.akaroashuttle.co.nz; hin & zurück 45 NZ$) täglich um 8.30 und 14 Uhr von Christchurch nach Akaroa und um 10.30, 15.35 und 16.30 Uhr zurück in die Stadt. Eine Sitzplatzreservierung ist zu sehr empfehlenswert. Von Mai bis September fährt er nur einmal täglich um 10 Uhr nach Akaroa. Auf der Website findet man die Haltestellen. Das Unternehmen bietet auch Ausflugsfahrten zur Banks Peninsula.

French Connection (☎0800 800 575; www.akaroabus.co.nz; hin & zurück 45 NZ$) bietet das ganze Jahr über täglich um 9.15 Uhr eine Fahrt von Christchurch nach Akaroa. Die Rückfahrt erfolgt um 16 Uhr.

NÖRDLICHES CANTERBURY

Von Christchurch führt die SH1 gen Norden über Woodend und Amberley ins 57 km entfernte Waipara. Von hier verläuft der Highway nach Nordosten nach Kaikoura, während die SH7 nach Norden Richtung Hurunui abzweigt und über flaches Farmland nach Culverden führt. Rund 27 km hinter Culverden befindet sich die Ausfahrt nach Hanmer Springs, einem Kurort mit Thermalquellen. Der *Alpine Pacific Triangle Touring Guide* (erhältlich in i-SITES in Hanmer Springs und Christchurch) gibt einen Überblick über alles, was man in dieser Region sehen und erleben kann. Weitere Infos finden sich im Internet unter www.visithurunui.co.nz.

Weinliebhaber und Feinschmecker sollten sich bei der i-SITE in Christchurch die Karte vom *North Canterbury Food & Wine Trail* besorgen oder sich online unter www.foodandwinetrail.co.nz über die Reiseroute informieren.

Die **Brew Moon Garden Café & Brewery** (www.brewmooncafe.co.nz; 150 Ashworths Rd.; Hauptgerichte 15–26 NZ$; @🚸) an der SH75 in Amberley braut vier verschiedene Biere – für 12 NZ$ kann man sie alle probieren. Sehr gut schmeckt beispielsweise das herrlich hopfige Hophead IPA. Dazu isst man Gourmet-Pizzas (20–25 NZ$), Akaroa-Lachs oder Steak-Sandwiches. Es gibt aber auch Kaffee und nach New Yorker Art gebackenen Käsekuchen (10 NZ$).

Ein paar Kilometer weiter (auf der SH1) liegt das schöne **Waipara Valley**, in dem etwa 20 Weingüter angesiedelt sind (s. www.waiparawine.co.nz). In einem der wunderbaren Restaurants sollte man einen Stopp einlegen, um ein Gläschen Pinot Noir oder Riesling zu genießen und zu Mittag zu essen. **Waipara Springs** (www.waiparasprings.co.nz; SH1, nördlich von Waipara), **Pegasus Bay** (www.pegasusbay.com; Stockgrove Rd., südlich von Waipara; Hauptgerichte 27–39 NZ$; ⏲12–16 Uhr) und das **Mud House** (www.themudhousewinery.co.nz; SH1, südlich von Waipara) sind täglich für Weinproben und für den Weinverkauf geöffnet und betreiben Café-Restaurants für ein entspanntes Mittagsmahl. Im Mud House finden im Sommer auch gelegentlich Konzerte einheimischer und internationaler Musiker statt (s. www.adayonthegreen.com.au). Das alljährliche **Waipara Wine and Food Festival** (www.waiparawineandfood.co.nz)

findet immer Anfang März statt. Mehrere Christchurcher Unternehmen bieten Weintouren an.

Das **Pegasus Bay Restaurant** (☎03-314 6869; www.pegasusbay.com; Stockgrove Rd., südlich von Waipara; Hauptgerichte 27–39 NZ$; ⌚12–16 Uhr) mit seinem hübschen englischen Garten verströmt Alt-Welt-Ambiente. Auf der Karte stehen Gerichte aus den hervorragenden Produkten der Region, die Mitarbeiter empfehlen dazu den passenden Wein. Das Pegasus Bay ist ein regelmäßiger Anwärter auf den Titel „Neuseelands bestes Weingut-Restaurant". Eine Tischreservierung ist ratsam.

Unweit der Kreuzung mit dem SH7 findet man das **Waipara Sleepers** (☎03-314 6003; www.waiparasleepers.co.nz; 12 Glenmark Dr.; Stellplatz 20 NZ$, B 25 NZ$, EZ 35–45 NZ$, DZ 55–65 NZ$; @📶). Hier kann man zelten oder in einem umgebauten Eisenbahnwaggon schlafen und sich im „Bahnhof " etwas kochen. Pub und Gemischtwarenladen liegen ganz in der Nähe.

Hanmer Springs

750 EW.

Hanmer Springs, der wichtigste Thermalkurort auf der Südinsel, liegt 10 km abseits der SH7. Es ist ein unaufgeregtes Örtchen, in dem man in Thermalbecken baden und sich im Spa-Komplex verwöhnen lassen kann. Es gibt gute Restaurants und viele Aktivitäten für die ganze Familie.

👁 Sehenswertes & Aktivitäten

Hanmer Springs Thermal Pools THERMALBAD

(☎03-315 0000; www.hanmersprings.co.nz; Eingang an der Amuri Ave.; Erw./Kind 18/9 NZ$; ⌚10–21 Uhr) Seit über 100 Jahren baden Besucher im Thermalwasser der Hanmer Springs Thermal Pools. Einer Legende zufolge waren die heißen Quellen die Feuer von Tamatea, die vom Himmel gefallen sind, als der Berg Ngauruhoe auf der Nordinsel ausbrach. Die Maori nennen die Quellen Waitapu (Heiliges Wasser).

Das Wasser der Thermalquellen wird mit kaltem Wasser gemischt, um den Badegästen Pools mit unterschiedlichen Temperaturen bieten zu können. Neben Mineralbecken stehen schön gestaltete Felsenpools, ein 25 m langes Schwimmbecken, private Thermalbecken (30 Min. 25 NZ$) und ein Restaurant zur Auswahl. Kinder aller Altersstufen können sich auf eine (normale) Wasserrutsche und die spektakuläre SuperBowl (10 NZ$) freuen. Im angrenzenden **Hanmer Springs Spa** (☎03-315 0029, 0800 873 529; www.hanmerspa.co.nz; ⌚10–19 Uhr) werden Massagen und Beauty-Behandlungen angeboten (ab 70 NZ$). Nach der Renovierung entspricht die Anlage nun endlich auch internationalen Standards. Wer sich im Spa behandeln lässt, zahlt für die Pools nur noch 12 NZ$ Eintritt.

Molesworth Station FARM

Nordöstlich von Hanmer Springs liegt Molesworth Station, mit 1805 km² und bis zu 10 000 Tieren Neuseelands größte Farm. Bei Interesse kann man sich beim i-SITE nach der Besichtigung der Farm erkundigen, die dem DOC untersteht. Besichtigungen sind normalerweise nur dann möglich, wenn die durch die Farm führende Acheron Road von Ende Dezember bis Anfang April geöffnet ist (nur bei gutem Wetter). Für die Fahrt auf der schmalen ungeteerten Nebenstraße von Hanmer Springs Richtung Norden nach Blenheim sollten gut und gern sechs Stunden einkalkuliert werden. Die Tore sind nur zwischen 7 und 19 Uhr geöffnet. An einigen Stellen ist Campen (Erw./Kind 6/1,50 NZ$) erlaubt (kein offenes Feuer). In Hanmer Springs i-SITE gibt's die DOC-Broschüre *Molesworth Station*.

Molesworth Heritage Tours (☎03-315 7401; www.molesworth.co.nz; Touren 198–695 NZ$; ⌚Okt.–Mai) veranstaltet Touren im Geländefahrzeug durch die Farm und die abgelegenen Privatgrundstücke nördlich von St. Arnaud. Zur Tagestour gehört ein Picknick am Mittag. Für diejenigen, die weniger Zeit haben, wird eine fünfstündige Tour ohne Extras angeboten.

Weitere Aktivitäten

In Hanmer Springs werden auch Kajaktouren, Rundflüge, Angelausflüge und Tontaubenschießen angeboten; Familien können Minigolf spielen und Tandem fahren.

In der Nähe befinden sich zwei Skigebiete: Das **Hanmer Springs Ski Field** liegt nur 17 km (über eine unbefestigte Straße) entfernt, das **Mt. Lyford Ski Field** 60 km. Beide sind preiswerter als die größeren Wintersportreviere. Das Hanmer Springs Adventure Centre organisiert die Anfahrt.

Thrillseekers Adventures ABENTEUERSPORT

(☎03-315 7046; www.thrillseekers.co.nz; SH7) Einen Bungeesprung von einer 35 m hohen Brücke wagen (169 NZ$), mit dem Jetboot

Hanmer Springs

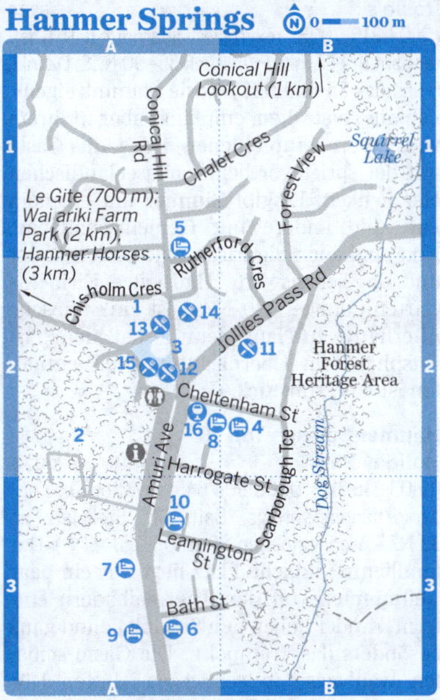

Hanmer Springs

Aktivitäten, Kurse & Touren
1 Hanmer Springs Adventure Centre A2
2 Hanmer Springs Thermal Pools A2
3 Thrillseekers Canyon Büro A2

Schlafen
4 Cheltenham House B2
5 Hanmer Backpackers A1
6 Hanmer Springs Top 10 Holiday Park A3
7 Kakapo Lodge A3
8 Rosie's A2
9 Scenic View Motels A3
10 Tussock Peak Motor Lodge A3

Essen
11 Chantellini's B2
12 Four Square Supermarket A2
13 Hanmer Springs Bakery A2
14 Malabar Restaurant & Bar A2
15 Powerhouse Café A2
Thai Chilli .... (siehe 15)

Ausgehen
16 Monteith's Brewery Bar A2

durch die Waiau Gorge düsen (Erw./Kind 115/60 NZ$), bei einer Wildwasserfahrt auf dem Waiau River (Grad II bis III; Erw./Kind 149/79 NZ$) nass werden oder eine Quadtour unternehmen (Erw./Kind 129/99 NZ$) – all diese Unternehmungen lassen sich im Thrillseekers-Adventure-Zentrum buchen. Die Firma hat ihren Sitz neben der Brücke, bei der Abzweigung nach Hanmer Springs von der SH7.

In der Stadt gibt es ein weiteres **Buchungsbüro** (☎03-315 7346; www.thrillseekerscanyon.co.nz; Conical Hill Rd.; ⏲10–18 Uhr).

Hanmer Springs Adventure Centre ABENTEUERSPORT
(☎03-315 7233, 0800 368 7386; www.hanmeradventure.co.nz; 20 Conical Hill Rd.; ⏲9–17 Uhr) Hier kann man sportliche Unternehmungen buchen sowie Quads (ab 129 NZ$), Mountainbikes (Tag/Std. ab 19/45 NZ$), Angeln (Tag 25 NZ$) sowie Ski- und Snowboardausrüstung ausleihen. Karten für Mountainbiketouren gibt es in der i-SITE.

Wai Ariki Farm Park FARM
(☎03-315 7772; www.waiariki-farmpark.co.nz; 108 Rippingale Rd.; Erw./Kind/Fam. 12/6/35 NZ$; ⏲Di–Sa 10–16 Uhr, in den Schulferien tgl.) Mit seinen Tieren ist Wai Ariki eine tolle Adresse für Familien mit Kindern. Hier leben Lamas, tibetanische Yaks, Kaninchen, Meerschweinchen und Zicklein – viele darf man sogar selbst füttern! Für Kinder gibt es auch die Möglichkeit, zu reiten, Mama und Papa können sich derweil im Café oder in der Kunsthandwerksgalerie vergnügen.

Hanmer Horses REITEN
(☎0800 873 546; www.hanmerhorses.co.nz; 1 Std. Reiten Erw./Kind 59/49 NZ$, 2½ Std. 99 NZ$) Die Ausritte beginnen in einem Waldstück, das von der Stadt aus über die Rogerson Road in 10 Min. zu erreichen ist. Kleinere Kinder können 30 Min. auf einem Pony herumgeführt werden (25 NZ$).

Schlafen

Woodbank Park Cottages COTTAGES $$
(☎03-315 5075; www.woodbankcottages.co.nz; 381 Woodbank Rd.; DZ 180–200 NZ$) Von Hanmer Springs aus ist man in nicht einmal zehn Autominuten bei diesen beiden in einem Wald gelegenen Cottages – und fühlt sich in einer anderen Welt. Die Einrichtung ist hell und modern, die Bäder und Küchen sind gut ausgestattet, und die großen Holzterrassen bieten einen Gasgrill sowie den Blick in die ländliche Umgebung.

Cheltenham House B&B $$$
(☎03-315 7545; www.cheltenham.co.nz; 13 Cheltenham St.; EZ 195–235 NZ$, DZ 235–265 NZ $; @📶) Zentral gelegenes B&B mit sechs einladenden Suiten – alle mit Bad –, darunter zwei in gemütlichen Cottages im Garten. Zudem gibt es für die Gäste noch einen Billardtisch, einen Flügel sowie gratis Wein vor dem Abendessen. Das Gourmetfrühstück wird nach Wunsch aufs Zimmer serviert. Dank des privaten Whirlpools muss man sich nicht ins Gedränge weiter die Straße runter stürzen.

Le Gîte HOSTEL $$
(☎03-315 5111; www.legite.co.nz; 3 Devon St.; B 28 NZ$, DZ mit/ohne Bad 76/64 NZ $; @📶) Das zauberhafte und zwischenzeitlich umgebaute alte Wohnhaus liegt nur zehn Gehminuten vom Zentrum entfernt. Große Zimmer (keine Stockbetten), ein schöner Garten zum Entspannen und eine hübsche Lounge sind hier die Trümpfe. Wer etwas mehr Privatsphäre wünscht, kann ein Garten-„Chalet" mit Bad buchen.

Tussock Peak Motor Lodge MOTEL $$
(☎0800 8877 625, 03-315 5191; www.tussockpeak.co.nz; Ecke Amuri Ave. & Leamington St.; DZ 145–225 NZ$; 📶) Das moderne, makellose und zentral gelegene Tussock hat eine farbenfrohe Einrichtung und nette Angestellte – alles ist hier einen Tick besser als in den anderen Motels an Hanmers Hauptstraße. Das Schwierigste ist die Wahl der Unterbringung: Studio, Apartment mit einem oder zwei Schlafzimmer? Mit Whirlpool, Hof oder Balkon?

Scenic View Motels MOTEL $$
(☎03-315 7419; www.hanmerscenicviews.co.nz; 10 Amuri Ave.; DZ 135–200 NZ$; @📶) In dem attraktiven Holz-Stein-Komplex befinden sich moderne, bunt gestaltete Studios sowie Apartments mit zwei oder drei Schlafzimmern. Bergblick ist in jedem Zimmer inklusive.

Hanmer Backpackers HOSTEL $
(☎03-315 7196; www.hanmerbackpackers.co.nz; 41 Conical Hill Rd.; B 27 NZ$, EZ 55 NZ$, DZ 58–70 NZ$; @📶) Die zentral gelegene älteste Backpacker-Unterkunft der Stadt ist eine behagliche holzverkleidete Oase mit einem freundlichen, weitgereisten Besitzer. Pluspunkte sind die gepflegten Gemeinschaftsbereiche, der günstige WLAN-Anschluss sowie Obst und Kaffee, das kostenlos für die Gäste bereitsteht.

Rosie's B&B $
(☎03-315 7095; roxyrosie@clearnet.nz; 9 Cheltenham St.; EZ inkl. Frühstück 55–90 NZ$, DZ inkl. Frühstück 85–130 NZ$) Rosie stammt eigentlich aus Australien, empfängt aber in ihrem von Lesern empfohlenen Haus die Gäste mit der sprichwörtlichen neuseeländischen Herzlichkeit. Es gibt Zimmer mit eigenem Bad und andere mit Gemeinschaftsbad. Nett sind auch die frisch renovierten Bäder und die liebenswerte Hauskatze Kiri. Das Garten-Cottage (130 NZ$) ist eine hübsche Alternative zu Haus, denn es hat mehr Privatsphäre. Im Übernachtungspreis enthalten ist das Frühstück.

Hanmer Springs Top 10 Holiday Park CAMPINGPLATZ $
(☎03-315 7113, 0800 904 545; www.top10.co.nz/parks/hanmer-springs; Bath St.; Stellplatz ab 32 NZ$, Wohneinheiten 80–160 NZ$; @📶) Der familienfreundliche Platz liegt nur ein paar Gehminuten von den Thermalbädern entfernt. Kinder lieben den Spielplatz und ganz besonders das Trampolin. Die Gäste schlafen wahlweise in schlichten Hütten (für Selbstversorger!) oder komplett ausgestatteten Motelapartments, die über zwei Schlafzimmer verfügen. Falls es hier überfüllt sein sollte, gibt es in der Stadt noch zwei weitere Campingplätze.

Kakapo Lodge HOSTEL $
(☎03-315 7472; www.kakapolodge.co.nz; 14 Amuri Ave.; B 28 NZ$, DZ 66–90 NZ$; @📶) Die spartanisch eingerichtete YHA-Herberge hat eine geräumige Küche, eine ebensolche Lounge, Fußbodenheizung gegen kalte Zehen und eine Veranda. Die Gäste nächtigen in Schlafsälen ohne Stockbetten (einige mit eigenem Bad) oder in einem Apartment im Motelstil (100 NZ$), ausgestattet mit Fernseher und einer Kochgelegenheit.

Essen & Ausgehen

Chantellini's FRANZÖSISCH $$
(☎03-315 7667; www.chantellinis.com; 11 Jollies Pass Rd.; Hauptgerichte 30–36 NZ$; ⌚10–22.30 Uhr) Hinter der Hauptstraße versteckt sich diese ruhige Oase, die tagsüber als Café mit Tischen im Freien und abends als romantisches französisches Bar-Restaurant fungiert. Kronleuchter und schwarze Vorhänge schaffen ein elegantes Ambiente. Die Portionen sind üppig, die Mittagsmenüs mit zwei bzw. drei Gängen (25/30 NZ$) ein Schnäppchen – besonders lecker sind beispielsweise Lauchtarte und Zwiebelsuppe.

Abends sollte man unbedingt einen Tisch reservieren.

Powerhouse Café CAFÉ **$$**
(☎03-315 5252; www.powerhousecafe.co.nz; 6 Jacks Pass Rd.; Hauptgerichte 12–20 NZ$;) Hier kann man mit einem riesigen High-Country-Breakfast neue Kräfte tanken oder ein Mittagessen der gehobeneren Art genießen, z. B. einen Salat mit cremigem Ziegenkäse. Im Sommer isst man abends im großen Innenhof Gerichte wie Akaroa-Lachs. Außerdem gibt es viele glutenfreie und vegetarische Optionen, Fair-Trade-Biokaffee und kostenlosen WLAN-Zugang.

Thai Chilli THAILÄNDISCH **$$**
(The Mall; Hauptgerichte 14–20 NZ$) „Spicy, please"(„Scharf, bitte") – diesem Wunsch kommt die nette thailändische Familie, die das gemütliche Thai Chilli führt, gerne nach. Die Mittagsgerichte (14 NZ$) sind wirklich günstig. Der Service – meist bedienen die Kinder – ist mal so, mal so, aber das macht den legeren Charme mit aus. Alle Gerichte gibt es auch zum Mitnehmen.

Malabar Restaurant & Bar ASIATISCH **$$**
(☎03-315 7745; www.malabar.co.nz; 5 Conical Hill Rd.; Frühstück & Mittagessen 10–22 NZ$, Abendessen 28–36 NZ$) In diesem eleganten Etablissement wird asiatische Küche von Peking bis Bangalore serviert. Das Malabar-*thali* aus vier verschiedenen Currys schmeckt wunderbar, und auch der knusprige Schweinebauch mit fünf Gewürzen macht Lust auf mehr. Die Frühstücks- und Mittagsangebote sind weniger asiatisch angehaucht – Bagels, Omeletts und Burgers –, aber ebenfalls lecker. Ein paar indische, chinesische und thailändische Klassiker gibt es als Take-away (ca. 13 NZ$).

Monteith's Brewery Bar PUB
(www.mbbh.co.nz; 47 Amuri Ave.) Das beste Pub der Stadt bietet viele verschiedene Monteith's-Biere und schmackhafte Gerichte – von Bar-Snacks (10–17 NZ$) bis zu kompletten Mahlzeiten (17–32 NZ$). Die Platten für mehrere Personen (27–54 NZ$) sind günstig, wenn man gegenüber in den Thermalbädern gerade neue Freunde gefunden hat.

Hanmer Springs Bakery BÄCKEREI **$**
(16 Conical Hill Rd.; Pies 5 NZ$; ⌚6–16 Uhr) Kaffee und köstliche Pies zum Mitnehmen.

Four Square Supermarket SUPERMARKT **$**
(Conical Hill Rd.) In Hanmers Shopping Mall.

ℹ Praktische Informationen

Hanmer Springs i-SITE (☎0800 733 426, 03-315 7128; www.visithanmersprings.co.nz; 42 Amuri Ave.; ⌚10–17 Uhr) Buchung von Transport, Unterkünften und Aktivitäten.

ℹ An- & Weiterreise

Shuttlebusse des Hostels Hanmer Backpackers verkehren täglich zwischen Hanmer Springs und Christchurch (90 Min.) und fahren montags, mittwochs und freitags nach/von Kaikoura (2 Std.). Shuttles von **Hanmer Connection** (☎0800 242 663; www.atsnz.com) fahren ebenfalls zwischen Hanmer Springs und Christchurch. Die Haltestelle in Hanmer Springs befindet sich bei der i-SITE.

Die aktuellen Haltestellen in Christchurch erfährt man auf den Webseiten der beiden Unternehmen.

Lewis Pass Highway

Am nördlichen Ende der Southern Alps befindet sich der schöne Lewis Pass Hwy (SH7). Er schlängelt sich von der Abzweigung nach Hanmer Springs in Richtung Westen über den Lewis Pass nach Maruia Springs und Springs Junction. Der 907 m hoch gelegene **Lewis Pass** ist nicht so steil und dicht bewaldet wie der Arthur's Pass oder der Haast Pass. Die Strecke ist überwiegend von Rot- und Weißbuchen gesäumt, an den Terrassen entlang dem Fluss wachsen zudem einheimische Kowhaibäume.

In dem Gebiet gibt es einige interessante Wanderwege – die DOC-Broschüre *Lake Sumner & Lewis Pass* (2 NZ$) verrät mehr. Die meisten Wege verlaufen durch Buchenwälder vor einer Kulisse mit schneebedeckten Bergen, Seen, alpinen Bergseen und Flüssen. Die beliebtesten Strecken sind der Rundkurs um den Lake Sumner im Lake Sumner Forest Park und der **St James Walkway** (66 km; 3–5 Tage) im Lewis Pass National Reserve. Die Bedingungen sind fast alpin; man sollte seine geplanten Ziele also vor Aufbruch in den jeweiligen Hütten registrieren.

Maruia Springs (☎03-523 8840; www.maruiasprings.co.nz; SH7; DZ 179–199 NZ$, FZ 259 NZ$; @), ein kleines Thermalresort im japanischen Stil, liegt am Maruia River, 69 km von der Abzweigung nach Hanmer Springs entfernt. Hier gibt es recht spartanisch eingerichtete Zimmer, eine Café-Bar und ein japanisches Restaurant (nur Frühstück & Abendessen). Entgegen dem Namen bieten die günstigeren „Garden-View"-Zimmer die besten Bergblicke. Im **Thermalbad** (Erw./Kind 19/9 NZ$, für Übernachtungsgäste gratis) wird Wasser mit schwarzen Mineralflocken („heißen Quellblumen") in ein nach Geschlechtern unterteiltes Badehaus und in Felsbecken im Freien gepumpt. Im Winter, wenn es schneit, ist dies ein geradezu magischer Ort, im Sommer stören leider Mücken. Man kann sich alternativ auch mit Massagen (30/50 Min. 45/65 NZ$) und in privaten Badehäusern (pro Pers. 45 Min. 25 NZ$) verwöhnen lassen.

Der SH7 führt weiter nach **Springs Junction**, wo der Shenandoah Hwy (SH65) nach Norden abzweigt und bei Murchison auf den SH6 trifft, während der SH7 weiter nach Westen über Reefton nach Greymouth führt. In Springs Junction gibt es eine Tankstelle und ein Café.

DAS ZENTRALE CANTERBURY

Wenn man von Christchurch aus der SH73 in westlicher Richtung folgt, gelangt man nach etwa zwei Stunden zum Arthur's Pass National Park. Die Strecke quer über die Südinsel von Christchurch über den Arthur's Pass nach Greymouth wird von vielen Bussen und auch dem TranzAlpine bedient.

Von Christchurch aus verläuft die Straße zunächst durch die Canterbury Plains, steigt dann jäh zu den Skigebieten Porters und Craigieburn hinauf, folgt dem Verlauf der Flüsse Waimakariri und Bealey und führt dann am Lake Pearson bzw. am Lake Grasmere vorbei zum Arthur's Pass. Südwestlich von Christchurch (via SH73 und SH77) liegt das Skigebiet am Mt. Hutt und Methven.

Craigieburn Forest Park

Das Waldgebiet 110 km nordwestlich von Christchurch und 42 km südlich vom Arthur's Pass ist über die SH73 zu erreichen. Es wird von vielen Wanderwegen durchzogen. In den Tälern westlich der Craigieburn Range sind längere Wanderungen möglich; die DOC-Broschüre *Craigieburn Forest Park: Day Walks* (1 NZ$) hat weitere Infos. Das umliegende Gebiet eignet sich auch zum Skifahren und Klettern. Überwiegend wachsen hier Buchen, Rispengräser und Sträucher; mit etwas Glück erspäht man sogar ein Südinsel-Edelweiß *(Leucogenes grandiceps)*.

Mit einem Höhenunterschied von 503 m ist das Craigieburn-Skigebiet eines der besten in ganz Neuseeland. Die unpräparierten Pisten sind jedoch eher etwas für versierte Skifahrer.

In der Nähe der Broken River Bridge liegt das **Cave Stream Scenic Reserve**. Hier erstreckt sich im Untergrund eine 594 m lange Höhle mit einem kleinen Wasserfall am Ende. Wer die einstündige Erkundungstour in der stockfinsteren Höhle – durch knöchelhohes kaltes Wasser – wagt, sollte alle nötigen Vorkehrungen treffen (zwei Taschenlampen pro Pers. usw.). Detaillierte Infos liefert die DOC-Broschüre *Cave Stream Scenic Reserve* (0,5 NZ$). Das Reservat befindet sich im **Castle-Hill**-Gebiet, dessen markante Kalksteinfelsen bei Kletterern und Boulderern beliebt sind. In der Gegend wurden einige Szenen des Films *Chroniken von Narnia: Der König von Narnia* gedreht.

Schlafen & Essen

Smylie's Accommodation HOSTEL $
(☎03-318 4740; http://smylies.co.nz; Main Rd.; B/EZ/DZ 28/45/60 NZ$; @ 📶) In Springfield, ca. 30 km südöstlich von Craigieburn, steht diese einladende YHA-Herberge und beliebte Skifahrerunterkunft. Neben Schlafsälen und Zimmern werden eine Handvoll Motel-Wohneinheiten (85–120 NZ$) und ein Cottage mit drei Schlafzimmern (180 NZ$) vermietet. Im Winter gibt es Pauschalangebote mit Unterkunft, Leih-Skiern und Transport zu den Pisten. Das ganze Jahr über kann man in der Gegend Jetboot und Mountainbike fahren, klettern und reiten.

Flock Hill Lodge LODGE $$
(☎03-318 8196; www.flockhill.co.nz; SH73; Zeltplatz pro Pers. 15 NZ$, B/DZ 31/155 NZ$; @ 📶) 44 km östlich vom Arthur's Pass, direkt am Lake Pearson und am Craigieburn Forest Park, findet man diese aktive High-Country-Schafstation. Die Rucksacktouristen schlafen in den rustikalen Quartieren der Schafscherer, größere Gruppen können sich auch in Motel-Wohneinheiten mit zwei Schlafzimmern oder in geräumigen Hütten mit Küchenzeile einmieten. Nach dem Angeln, Wandern, Reiten oder Mountainbiken erholen sich die Gäste im gemütlichen Bar-Restaurant. Zeltplätze ohne Stromanschluss sind ebenfalls vorhanden.

Wilderness Lodge LODGE $$$
(☎03-318 9246; www.wildernesslodge.co.nz; SH73; EZ inkl. Frühstück 499–649 NZ$, DZ inkl.

Frühstück 798–998 NZ$; @) Luxuriöse Lodge auf einer 2400 ha großen, mit Bergsüdbuchen bestandenen Schafstation 16 km östlich vom Arthur's Pass. Angesichts der Bergkulisse und der längsten Auffahrt der Welt fühlt man sich hier wie am Ende derselbigen, und in den separat stehenden Studios mit eigenen Whirlpools fühlt man sich behaglicher. Eine schöne Ecke zum Wandern, zur Vogelbeobachtung und zum Kanufahren.

Bealey Hotel HOTEL $$

(☎03-318 9277; www.bealeyhotel.co.nz; EZ/DZ ohne Bad 60/80 NZ$, Wohneinheit 150–180 NZ$; @) Das 12 km östlich von Arthur's Pass entfernte winzige Bealey ist berühmt für einen Scherz, den der hiesige Pub-Besitzer 1993 gemacht hat. Er behauptete felsenfest, einen Moa gesehen zu haben – daher die lustige Bibo-Statue auf dem Felsvorsprung. Gäste wohnen in Motelwohneinheiten für Selbstversorger oder in der einfachen Moa-Lodge und genießen vom Mad Moa Restaurant aus das Bergpanorama.

Famous Sheffield Pie Shop BÄCKEREI $

(Main Rd.; Pies 4–6 NZ$) Diese Bäckerei am Straßenrand im ruhigen Örtchen Sheffield in den Canterbury Plains verkauft mit die besten Pies Neuseelands. Zur Auswahl stehen über 20 Varianten!

Arthur's Pass

62 EW.

Das Dörfchen Arthur's Pass liegt 4 km vom gleichnamigen Pass entfernt und ist die höchstgelegene Siedlung Neuseelands. Den in 924 m Höhe gelegenen Pass nutzten die Maori, als sie ins Westland zogen. Für die Europäer entdeckte ihn 1864 Arthur Dobson, als anlässlich des in Westland ausgebrochenen Goldrauschs ein Weg von Christchurch über die Southern Alps gesucht wurde. Innerhalb eines Jahres wurde ein Kutschweg gebaut; später erforderte der Handel mit Kohle und Holz eine Bahnlinie, die schließlich 1923 eröffnet wurde.

Der Ort mit der herrlichen Aussicht ist eine gute Basis für Wanderungen und Klettertouren, im Winter auch zum Skifahren im Arthur's Pass National Park.

Sehenswertes & Aktivitäten

In der Nähe des DOC-Informationszentrums steht eine kleine religionsübergreifende Kapelle, von der man herrliche Aussicht hat.

Auf Tageswanderungen genießt man einen 360-Panoramablick auf die schneebedeckten Gipfel, viele der Berge sind über 2000 m hoch, der höchste ist mit 2400 m der Mount Murchison. An den Wanderwegen findet man Hütten und einige zum Zelten geeignete Plätze. Die beste Zeit zum Wandern sind die trockeneren Monate (Jan.–April). In der Broschüre *Walks in Arthur's Pass National Park* (2 NZ$) sind Touren zu malerischen Stellen beschrieben, etwa zum **Devils Punchbowl Waterfall** (hin & zurück 1 Std.), zum **Temple Basin** (hin & zurück 3 Std.) sowie der **Bealey Spur Track** (hin & zurück 4–6 Std.) mit weitem Ausblick über das Tal des Waimakariri River und die umliegenden Berge. Der schöne **Dobson Nature Walk** (hin & zurück 30 Min.) ist zwischen November und Februar am reizvollsten, weil dann die neuseeländischen Bergblumen blühen.

Etwas für trainierte Wanderer ist die Tour auf den **Avalanche Peak** (hin & zurück 6–8 Std.). Zu den längeren Wanderwegen in fantastischer Berglandschaft zählt auch der **Goat Pass Track** (2 Tage).

Die noch längeren und schwierigeren Wanderwege **Harman Pass Track** und **Harpers Pass Track** sollten nur erfahrene Tourengeher in Angriff nehmen, da die Flüsse bei Hochwasser gefährlich werden können und das Wetter extrem wechselhaft ist. Unbedingt zur eigenen Sicherheit vorher Erkundigungen beim DOC einholen!

Schlafen & Essen

Im Dorf Arthur's Pass gibt es gegenüber vom DOC eine einfache **öffentliche Schutzhütte** (Erw./Kind 6/3 NZ$) mit fließendem Wasser, Waschbecken, Tischen und Toiletten. Zur Zeit der Recherche wurde für das Zelten in **Klondyke Corner**, 8 km südlich von Arthur's Pass, nichts verlangt. Dort gibt es auch eine Toilette. Das Wasser muss vor dem Trinken unbedingt abgekocht werden!

Arthurs Pass Village B&B B&B $$

(☎021 394 776; www.arthurspass.org.nz; DZ 100 NZ$; 📶) Dieses einstige Eisenbahner-Cottage ist heute ein behagliches B&B mit offenem Kamin, Gastgeber ist Geoff, mit dem man z. B. über seine Zeit bei Greenpeace reden kann. Zum Frühstück gibt es Speck, Eier, selbst gebackenes Brot. Zu Abend wird leckere hausgemachte Küche wie gebratenes Bio-Hühnchen (35 NZ$) serviert. Die beiden Gästezimmer teilen sich ein Bad.

Mountain House YHA Backpackers & Cottages HOSTEL $
(☎03-318 9258, 027 419 2354; www.trampers.co.nz; SH73; B 27–29 NZ$, EZ/DZ/3BZ/4BZ 79/82/99/124 NZ$, Cottage DZ 140 NZ$ 140 plus 15 NZ$ pro Pers.; @📶) Super Schlafsäle und Gästezimmer auf der einen Seite des Highways und ältere, aber noch immer komfortable Zimmer auf der anderen Seite. Auch einzeln stehende Cottages mit gemütlichem offenem Kamin stehen zur Verfügung. Die Besitzer bringen ihre Gäste gern zu den Wanderwegen. Zwischen November und April sollte man im Voraus buchen. Manchmal kann man in der Nähe der Cottages auch zelten (pro Pers. 20 NZ$) – das sollte man aber vorher unbedingt telefonisch in Erfahrung bringen.

Arthur's Pass Alpine Motel MOTEL $$
(☎03-318 9233; www.apam.co.nz; SH73; DZ 115–135 NZ$; @📶) Das Motel im südlichen Teil des Ortes bietet komfortable Wohneinheiten (einige frisch renoviert und mit neuen Betten ausgestattet). Wird man eingeschneit, weiß man die gute DVD-Auswahl und das Freeview-Satellitenfernsehen sehr zu schätzen.

Arthur's Pass Village Motel MOTEL $$
(☎021 131 0616, 03-318 9233; www.apmotel.co.nz; SH73; DZ 145 NZ$) Das zentral gelegene Motel verfügt über zwei luxuriöse Wohneinheiten mit bequemen Ledermöbeln und warmen, natürlichen Farben. Von November bis April sollte man unbedingt reservieren.

Wobbly Kea CAFÉ $$
(www.wobblykea.co.nz; SH73; Mahlzeiten 15–32 NZ$) In der netten Café-Bar werden Steaks, Pasta und Pizza serviert. Pizzas zum Mitnehmen kosten 28 NZ$. Der Brunch (10–18 NZ$) im Wobbly Kea ist eine lokale Institution und stärkt einen für anstrengende Unternehmungen.

Arthur's Pass Store CAFÉ $
(SH73; @📶) Hier gibt es Sandwiches, Burger, Pies und ein gutes Frühstück.

ℹ Praktische Informationen

In Arthur's Pass gibt es keinen Geldautomaten. Die wenigen Läden und Tankstellen sind teuer; am besten deckt man sich vorher in Christchurch und Greymouth mit Einkäufen und Benzin ein.

DOC Arthur's Pass Visitor Centre (☎03-318 9211; www.doc.govt.nz; SH73; ⊙8–17 Uhr) Hier bekommt man Infos über alle Wanderwege im Park, auch Beschreibungen mehrtägiger Wanderungen mit Hüttenübernachtungen. Buchungen oder Reservierungen sind nicht möglich, die Mitarbeiter geben aber Tipps zu Unterkünften vor Ort und zu Verkehrsmitteln. Im Zentrum wird ein 17-minütiges Video über die Geschichte von Arthur's Pass gezeigt. Außerdem kann man hier detaillierte topografische Karten (9 NZ$) kaufen und Leuchtsignale ausleihen (30 NZ$, sehr zu empfehlen). Das DOC gibt auch Auskunft über die oft dramatisch schnellen Wetterumschwünge im Park. Vor dem Aufbruch sollte man sich deshalb genau nach den aktuellen Bedingungen erkundigen und die geplante Wanderung eintragen. Bei der Rückkehr unbedingt wieder zurückmelden, damit nicht fälschlicherweise ein Suchtrupp losgeschickt wird!

ℹ Anreise & Unterwegs vor Ort

Durch Arthur's Pass fahren Busse, die zwischen Christchurch (2 Std.) und Greymouth (2½ Std.) verkehren. **Atomic Shuttles** (www.atomictravel.co.nz) und **West Coast Shuttle** (☎027 492 7488, 03-768 0028; www.westcoastshuttle.co.nz) halten hier – die aktuellen Haltestellen in Christchurch stehen auf den Websites. Busfahrkarten werden im Arthur's Pass Store verkauft.

Der *TranzAlpine*-Zug kommt auf seinem Weg zwischen Christchurch und Greymouth durch Arthur's Pass.

Die Straße über den Pass war früher sehr kurvig und steil, aber dank des spektakulären Otira-Viadukts ist die Zahl der tückischen Haarnadelkurven ziemlich gesunken.

Mountain House Shuttle (☎03-318 9258, 027 419 2354) im Mountain House YHA Backpackers bietet einen Transportservice zu den Startpunkten verschiedener Wanderwege. Die Preise sind auf www.trampers.co.nz unter „Trampers Shuttle" aufgelistet.

Methven

1140 EW.

Methven ist im Winter am lebendigsten, denn dann treffen sich hier Wintersportfreunde und machen den nahen Mt. Hutt unsicher. Im Sommer ist Methven eine entspannte Alternative mit ruhigeren (und preiswerteren) Unterkünften als in anderen Ecken des Landes; auch bei sommerlichem Wetter kann man hier eine ganze Menge unternehmen.

Aktivitäten

Bei der i-SITE kann man sich über Wanderwege, Ausritte, Mountainbiketouren, Angeln, Helikopter-Rundflüge und Jetbootfahrten durch die nahe gelegen Rakaia Gorge erkundigen.

Aoraki Balloon Safaris BALLONFAHRT
(☎0800 256 837, 03-302 8172; www.nzballooning.co.nz; Fahrt Erw./Kind (7–13 Jahre, ab 1,10 m Größe) 385/290 NZ$) Frühmorgendliche Kombination aus Ballonfahrt über schneebedeckte Gipfel und Sektfrühstück.

Methven Heliskiing SKI FAHREN
(☎03-302 8108; www.methvenheli.co.nz; Main St.; Tagesausflüge mit 5 Abfahrten pro Pers. 975 NZ$; ⏲Juli–Sept.) Im Preis enthalten sind der ortskundige Führer, die Sicherheitsausrüstung und ein Mittagessen.

Black Diamond Safaris SKI FAHREN
(☎03-302 1884; www.blackdiamondsafaris.co.nz; ⏲Mai–Okt.) Das Unternehmen bringt Kunden in Geländewagen zu weniger frequentierten Club-Skipisten. Die Preise beginnen bei 150 NZ$ (nur Transport) – beim Preis von 275 NZ$ sind auch Skipass, Guide und Mittagessen inbegriffen.

Skydiving NZ FALLSCHIRMSPRINGEN
(☎03-302 9143; www.skydivingnz.com; Pudding Hill Airfield) Tandemsprünge aus 4500 m Höhe (440 NZ$).

Schlafen

Einige Unterkünfte sind im Sommer geschlossen, aber die folgenden sind das ganze Jahr über geöffnet und außerhalb der Skisaison oft preisgünstiger. Während der Skisaison lohnt es sich, vorab zu buchen, besonders für die Budgetunterkünfte.

Alpenhorn Chalet HOSTEL $
(☎03-302 8779; www.alpenhorn.co.nz; 44 Allen St.; B 28 NZ$, DZ 60–85 NZ$; @📶) Das kleine, einladende Haus bietet einen Wintergarten mit Whirlpool. Weitere Pluspunkte sind der Kamin, der kostenlose Internetzugang und der Gratis-Espresso. Die Gästezimmer sind geräumig und hell und mit viel natürlichem Holz ausgestattet. Eine Reflexzonen- und Massagetherapeutin sorgt dafür, dass man nach Stürzen auf der Piste wieder fit wird.

Beluga Lodge B&B $$
(☎03-302 8290; www.beluga.co.nz;40 Allen St.; DZ inkl. Frühstück 165–260 NZ$; @) Ein B&B so richtig zum Relaxen: mit französischen Betten, kuscheligen Bademänteln und eigenen Veranden. Wer es lieber ganz traulich mag, steigt in der Gartensuite ab, die eine eigene Terrasse und eine Grillstelle hat. Außerdem gibt's ein Vierzimmer-Cottage (275–375 NZ$ pro Nacht; Juni–Okt., Mindestaufenthalt 3 Nächte).

Glenthorne Station LODGE $$
(☎0800 926 868, 03-318 5818; www.glenthorne.co.nz; Lodge pro Pers. 25–35 NZ$, Ferienhaus pro Pers. 50 NZ$) 60 km nordwestlich von Methven, am Nordufer des Lake Coleridge, erstreckt sich die 25 800 ha große und wunderbar abgeschieden gelegene Schaffarm. Die typischen High-Country-Unterkünfte reichen von günstigen Lodges bis zu einem Ferienhaus für Selbstversorger. Für Beschäftigungen ist gesorgt: u. a. besteht die Möglichkeit zu Geländewagenfahrten, zum Angeln, Reiten und Wandern.

Redwood Lodge LODGE $
(☎03-302 8964; www.snowboardnz.com; 3 Wayne Pl.; Zi. 58–130 NZ$; @📶) Türkische Läufer und farbenfrohe Einrichtung verleihen diesem familienfreundlichen Haus mit Einzel-, Doppel-, Drei- und Vierbettzimmern viel Charme. Die Zimmer mit Bad und Fernseher bieten Privatsphäre, allgemeine Treffpunkte sind die riesige Fernseh-Lounge und die Küche. Die größeren Zimmer können für Familien umgerüstet werden.

Big Tree Lodge LODGE $
(☎03-302 9575; www.bigtreelodge.co.nz; 25 South Belt; B 30–32 NZ$, DZ/2BZ/3BZ 69/69/95 NZ$; @📶) Das ehemalige Pfarrhaus ist heute eine relaxte Lodge mit hübschen Bädern und gemütlich-altmodischem Ambiente. Wer länger bleibt, erhält Rabatt. Dahinter versteckt sich das Little Tree Studio für Selbstversorger, in dem bis zu vier Personen Platz finden (Sommer/Winter 90/110 NZ$).

Flashpackers Methven YHA HOSTEL $
(☎03-302 8999; www.methvenaccommodation.co.nz; Ecke McMillan St. & Bank St.; B/DZ 25/70 NZ$, DZ mit Bad 80 NZ$; @📶) Die YHA-Herberge hat ansprechende Ess- und Wohnbereiche, eine große Küche sowie Whirlpools drinnen und draußen. Im Preis sind das Frühstück und der Verleih von Sportausrüstungen (Fahrräder, Golfschläger, Angeln etc.) inbegriffen.

Essen & Ausgehen

Café Primo CAFÉ $$
(38 McMillan St.; Gerichte 10–18 NZ$) Eine Schatztruhe voller Retro-Kiwiana – und das Beste daran: Alles kann man kaufen. Zwischen all den Souvenir-Teelöffeln und Buzzy-Bee-Buchstützen werden leckere Ku-

chen, Panini und legendäre Schinken-Eier-Sandwiches angeboten, dazu trinkt man Methvens besten Kaffee. An einem Tisch im sonnigen, neu angebauten Hof kann man mit einem Knuspermüsli besonders schön den Tag beginnen.

Cafe 131 CAFÉ $
(Main St.; Gerichte 10–20 NZ$; 📶) In dem heimeligen Café mit polierten Holztischen und Zierfenstern können den ganzen Tag über neben einem Frühstück sowie günstige Platten für mehrere Personen auch Suppen, Nudelgerichte und Sandwiches bestellt werden. Später übernehmen Bier und Wein das Regiment. Für WLAN-Zugang muss man bezahlen.

Blue Pub PUB $$
(www.thebluepub.co.nz; Main St.; Gerichte 15–30 NZ$) An der Bar, die aus einem einzigen Stück eines einheimischen Baums gefertigt ist, genießt man gern einen Drink. Hungrige bekommen im ruhigeren Restaurant herzhafte Gerichte wie Wurst und Kartoffelpüree oder Sandbarsch. Wer will, kann einen der Stammgäste zu einer Runde Billard herausfordern oder sich auf dem Großbildfernseher ein Rugbyspiel ansehen (an den meisten Freitag- und Samstagabenden von März bis Juni). DA Brown Pub gegenüber ist die lautstärkere Alternative.

Supervalue Supermarket SUPERMARKT $
(Ecke The Mall & MacMillan St.; 🕘7–21 Uhr) Gutes Wein- und Biersortiment.

☆ Unterhaltung

Cinema Paradiso KINO
(☎03-302 1957; www.cinemaparadiso.co.nz; Main St.; Erw./Kind 14/10 NZ$) Abgefahrenes Kino mit Arthouse-Einschlag.

ℹ Praktische Informationen

Methven i-SITE (☎03-302 8955; www.methveninfo.co.nz; 160 Main St.; 🕘9–17 Uhr; @) Buchung von Unterkünften, Skiausflügen, Transport und Aktivitäten.

Medical Centre (☎03-302 8105; Main St.)

ℹ Anreise & Unterwegs vor Ort

Methven Travel (☎03-302 8106, 0800 684 888; www.methventravel.co.nz; 93 Main St.) holt die Fahrgäste auch in Christchurch ab (1 Std.; Nov.–April Mo, Mi, Fr & Sa 1-mal tgl., Mai–Okt. bis zu 3-mal tgl.). Die Abholung vom Flughafen Christchurch ist ebenfalls möglich.

Im Winter fahren Shuttles von Methven zum Skigebiet Mt. Hutt (38 NZ$).

Mount Somers

Mt. Somers ist ein kleiner Ort abseits des SH72, der Hauptstraße zwischen Geraldine und dem Mt. Hutt. Der **Mt. Somers Subalpine Walkway** (17 km, 10 Std.) führt an der Nordseite des Mt. Somers entlang und verbindet die beliebten Picknickplätze an den Sharplin Falls mit denen am Woolshed Creek. Zu den Highlights am Wegrand gehören die Formationen aus Vulkangestein, Maorifelszeichnungen, tiefe Canyons und eine sagenhafte Pflanzenvielfalt. Unterwegs gibt es zwei Hütten: die Pinnacles Hut und die Woolshed Creek Hut (jeweils 10 NZ$). Weil das Wetter auf dieser Strecke unglaublich schnell umschlagen kann, sollte man Vorkehrungen treffen. Den hilfreichen *Mt. Somers Track Guide* kann man sich einfach unter www.doc.govt.nz herunterladen. Infos und Tickets für die Hütten erhält man im **Mt. Somers General Store** (Pattons Rd.). In dem Gebiet gibt es auch andere, kürzere Wanderwege.

Der **Mt. Somers Holiday Park** (☎03-303 9719; www.mountsomers.co.nz; Hoods Rd.; Stellplatz ab 22 NZ$, Hütte 54–79 NZ$) ist zwar klein, aber gepflegt.

An der Abfahrt vom Highway nach Mt. Somers bietet **Stronechrubie** (☎03-303 9814; www.stronechrubie.co.nz; SH72; DZ 120–160 NZ$) Studios und luxuriöse Chalets. Im romantischen Restaurant (Hauptgerichte 33–38 NZ$, Mi–Sa 18.30 Uhr bis spätabends, So 12–14 Uhr) werden hervorragende Gerichte aus Canterbury-Lamm sowie aus Wild und Ente, die aus der Gegend stammen, serviert. Die Unterkunft mit Halbpension (Frühstück und Abendessen) kostet für zwei Personen 230–280 NZ$.

SÜDLICHES CANTERBURY

Die stark befahrene SH1 verläuft südlich von Christchurch die Küste entlang über Timaru nach Dunedin. Auch auf der SH8 im Inland herrscht ein ganz schöner Betrieb. Auf den Blick auf den Ozean muss man zwar verzichten, dafür geht's durch die atemberaubende Landschaft des Mackenzie Country. Vorbei an den tiefblauen Seen Tekapo und Ohau macht die SH80 bei Twizel einen Schwenk ins Mackenzie Country und führt am Lake Pukaki entlang bis zu den herrlichen Höhenzügen des Aoraki/Mt. Cook National Park.

Timaru

26 750 EW.

Die Hafenstadt Timaru ist ein günstiger Zwischenstopp auf halbem Weg von Christchurch nach Dunedin. Viele Traveller halten zwar lieber in dem 85 km weiter südlich gelegenen kleineren und charmanteren Oamaru, aber auch in Timaru wird man nicht enttäuscht: Es gibt ein paar gute Restaurants, Bars und Motels. Wer sich ein wenig näher mit dem faszinierenden Kulturerbe der Maori auseinandersetzen möchte, besucht am besten das erst kürzlich eröffnete Te Ana Maori Rock Art Centre.

Der Name der Stadt ist Maori und bedeutet „Zufluchtsort". Bis zum Jahr 1839 gab es hier keine ständig bewohnte Siedlung; dann gründeten die Gebrüder Weller aus Sydney eine Walfangstation. Die *Caroline*, ein Segelschiff zum Abtransport des Trans, gab der malerischen Bucht ihren Namen.

Sehenswertes

Te Ana Maori Rock Art Centre MUSEUM
(☎0800 468 3262; www.teana.co.nz; 2 George St.; Erw./Kind/Fam. 20/10/50 NZ$; ⊙10–15 Uhr) Die faszinierende Ausstellung belegt, wie bedeutend die Felsenkunst der Maori für das Ngai-Tahu-Volk ist. Passionierte Maori führen durch das Museum und erwecken die einfallsreiche Präsentation zum Leben. Es werden auch dreistündige Exkursionen ins Umland angeboten, auf denen man die für Ortsunkundige verborgene Felsenkunst vor Ort entdecken kann (Abfahrt 15 Uhr, Erw./Kind/Fam. 125/50/250 NZ$). Für die Touren muss man Plätze reservieren. Eingang übers i-SITE.

South Canterbury Museum MUSEUM
(www.timaru.govt.nz/museum.html; Perth St.; Eintritt: Spende; ⊙Di–Fr 10–16.30, Sa & So 13.30–16.30 Uhr) Hier werden historische und naturhistorische Exponate aus der Region ausgestellt. An der Decke hängt ein Nachbau des Fluggeräts, das vom hiesigen Flugpionier und Erfinder Richard Pearse entworfen wurde und mit dem er sich tatsächlich in die Lüfte abhob. Viele sind der Meinung, dass er mit seinen Flugversuchen bereits vor dem ersten Flug der Gebrüder Wright im Jahr 1903 erfolgreich war.

GRATIS **Aigantighe Art Gallery** GALERIE
(www.timaru.govt.nz/art-gallery.html; 49 Waiiti Rd.; ⊙Di–Fr 10–16, Sa & So 12–16 Uhr) Das Aigantighe ist eine der größten öffentlichen Kunstgalerien der Südinsel. In einer Villa von 1908 wird eine Sammlung aus 900 Werken neuseeländischer und europäischer Künstler aus den letzten vier Jahrhunderten präsentiert. Der dazugehörige Skulpturengarten ist immer geöffnet. Der gälische Name der Galerie, den schottische Siedler mitgebracht haben – „egentai" ausgesprochen –, bedeutet „zu Hause".

FREE **Botanischer Garten** GARTEN
(Ecke King St. & Queen St.; ⊙8 Uhr bis Sonnenuntergang) Timarus 1864 angelegter Botanischer Garten präsentiert sich mit Teichen, einem Gewächshaus und einer beachtlichen Sammlung an Rosenstöcken und einheimischen Baumfarnen. Der Garten liegt südlich der Stadt, der Eingang befindet sich an der Queen Street.

GRATIS **Trevor Griffiths Rose Garden** GARTEN
(Caroline Bay; ⊙bei Tageslicht) Ein Muss für Rosenliebhaber ist der Trevor Griffiths Rose Garden, in dem rund um Lauben und Wasserspiele mehr als 1000 Sorten der romantischen Blumen angepflanzt sind. Am schönsten blüht es hier von Dezember bis Februar.

Feste & Events

Christmas Carnival MUSIK
(www.carolinebay.org.nz) Der fröhliche, gut besuchte Weihnachtsrummel (26. Dez. bis Anf. Jan.) mit Konzerten und anderen Veranstaltungen findet an der Caroline Bay statt, einem der wenigen sicheren und geschützten Strände der Ostküste. Das größte Fest im südlichen Canterbury feierte 2010 sein Hundertjähriges.

Timaru Festival of Roses KULTUR
(www.festivalofroses.co.nz) Im Rahmen des Rosenfestivals im November finden Gartenführungen, Ausstellungen und botanische Workshops statt.

Schlafen

Panorama Motor Lodge MOTEL $$
(☎03-688 0097, 0800 103 310; www.panorama.net.nz; 52 The Bay Hill; DZ ab 135 NZ$; @📶) Moderne, gut ausgestattete Wohneinheiten mit Whirlpool, Sauna und Fitnessraum. Bei all dem Beton wären mehr Grünpflanzen schön, aber der Caroline Bay Park und die

Timaru

Timaru

Highlights
Te Ana Maori Rock Art Centre D4

Sehenswertes
1 Aigantighe Art Gallery A2
2 South Canterbury Museum C4
3 Trevor Griffiths Rose Garden C2

Schlafen
4 Anchor Motel and Timaru Backpackers A1
5 Baywatch Motor Lodge B1
6 Panorama Motor Lodge C3

Essen
7 Arthur St Café C4
8 Fusion B2
9 Ginger & Garlic C3
10 Off the Rail Café D3

Ausgehen
11 Petite Wine & Dine C4
12 Speight's Ale House D4

Cafés in Bay Hill liegen zum Glück nur ein paar Gehminuten entfernt. Die Familienapartments sind besonders geräumig.

Baywatch Motor Lodge MOTEL $$
(☎0800 929 828, 03-688 1886; www.baywatchtimaru.co.nz; 7 Evans St.; DZ 130–145 NZ$; @📶) An der Evans Street, Timarus Hauptverkehrsstraße, stehen die Motels aufgereiht wie an einer Perlenschnur. Eines der besten davon ist die Baywatch Motor Lodge. Von den Zimmern hat man herrlichen Meerblick, die doppelt verglasten Fenster halten den Straßenlärm der SH1 fern. Dennoch

sollte man, wenn man einen leichten Schlaf hat, um ein noch ruhigeres Zimmer nach hinten hinaus bitten.

Anchor Motel and Timaru Backpackers MOTEL $
(☎03-684 5067; www.anchormotel.co.nz; 42 Evans St.; Backpackers B/DZ 25/60 NZ$, Motel EZ/DZ 49/99 NZ$; @📶) Der weitläufige frisch renovierte Anchor-Komplex hat ein neues Management bekommen. Die günstige Unterkunft in Gehnähe zur Caroline Bay bietet einfache, aber blitzsaubere Zimmer und Schlafsäle. Ideal, wenn man nach Norden oder Süden weiterreisen möchte!

Timaru Top 10 Holiday Park CAMPINGPLATZ $
(☎03-684 7690, 0800 242 121; www.timaruholidaypark.co.nz; 154a Selwyn St.; Stellplatz ab 34 NZ$, Wohneinheit 65–120 NZ$; @📶) Inmitten von Parkland befindet sich diese Anlage mit exzellenten Einrichtungen. Die Benutzung des Golfplatzes nebenan ist im Preis inbegriffen.

Essen & Ausgehen

Arthur Street Café CAFÉ $
(8 Arthur St.; Snacks & Gerichte 15–18 NZ$; ⏲So geschl.) Mit sehr gutem Kaffee und lässigen Kiwi-Dub-Rhythmen startet man entspannt in den Tag. Timarus flippigstes Lokal ist mit Retro-Möbeln eingerichtet. Serviert werden Sandwiches, Bagels und in ganz Timaru berühmte Frühstücksvariationen. Zuweilen gibt es Livemusik mit einem alternativ-folkloristischen Touch.

Fusion RESTAURANT $$
(64 Bay Hill; Mittagessen 17–20 NZ$, Abendessen 26–30 NZ$) Die moderne Küche des cool-kosmopolitischen Fusion (ganz in Rot und Schwarz) kombiniert mediterrane und asiatische Elemente. Hier paaren sich Kiwi-Bier und Platten mit Kofta oder Falafel (12,50 NZ$) oder Entenbein-Confit und asiatischer Krautsalat mit kräftigem Pinot Gris aus Central Otago. Nachmittags gibt es zur Aussicht über die Caroline Bay noch Kaffee und Kuchen.

Ginger & Garlic MODERN-NEUSEELÄNDISCH $$
(☎03-688 3981; www.gingerandgarlic.co.nz; 335 Stafford St.; Hauptgerichte 25–34 NZ$; ⏲Mo–Fr 12–14 & Mo–Sa 17–22 Uhr) Timarus Version von edlem Essen präsentiert dieses etablierte Restaurant, ein Favorit der Anwohner. Zu den asiatisch beeinflussten Highlights zählen gebratene Garnelen mit Sesamtoast und Tandoori-Hühnchen mit Laksa-Sahnesauce. Auf der Karte stehen aber auch Gerichte mit europäischem oder nahöstlichem Touch. Super sind z. B. das Canterbury-Lamm in Knoblauchkruste mit Walnuss-Kürbis-Salat und die Crème brûlée mit Mandarinen.

Petite Wine & Dine BAR
(18 Royal Arcade; ⏲Di–Sa 16 Uhr bis spätabends) Das coolste Plätzchen der Stadt versteckt sich in einer Shopping-Arkade zwischen Timarus angesagtesten Läden. Hier werden professionell gemixte Cocktails und eine tolle Auswahl heimischer und ausländischer Biere kredenzt. Dazu isst man Antipasti-Platten für mehrere Personen (29 NZ$) und Gourmet-Pizzas (12–25 NZ$). Ein gut situiertes Viertel.

Speight's Ale House PUB
(www.timarualehouse.co.nz; 2 George St.) Das Speight's ist locker das beste Pub der Stadt und schon wegen des Landing Building aus dem 19. Jh. den Besuch wert. Aber auch die herzhaften Pubgerichte – Burger, Steaks und Seafood – und das ganze Sortiment an Fassbieren der Speight's-Brauerei lohnen den Weg ins Ale House.

Off the Rail Café CAFÉ $
(Station St.; Gerichte 10–20 NZ$; @📶) Wie der Name schon sagt, befindet sich das trendige Café mit Ausschanklizenz am Bahnhof. Die Gäste schmeißen die Jukebox mit Hits aus den 1970er-Jahren an und lassen sich klassisches Kiwi-Gebäck und moderne, global beeinflusste Kreationen schmecken.

Pak'n Save Supermarket SUPERMARKT $
(Ecke Ranui St. & Evans St.; ⏲Mo–Fr 8–21, Sa & So bis 19 Uhr) An der Hauptverkehrsstraße Richtung Norden.

Praktische Informationen

Timaru i-SITE (☎03-687 9997; www.southisland.org.nz; 2 George St.; ⏲Mo–Fr 8.30–17, Sa & So 10–15 Uhr; @) Buchung von Unternehmungen, Transport und Unterkünften sowie andere Infos. Hier befindet sich auch das Te Ana Maori Rock Art Centre.

An- & Weiterreise

Busse von **InterCity** (www.intercity.co.nz) halten vor dem Bahnhof. Es gibt Verbindungen nach Christchurch (2½ Std.), Oamaru (1 Std.) und Dunedin (3 Std.).

Busse von **Atomic Shuttles** (www.atomictravel.co.nz) machen auf der Fahrt nach Christchurch und nach Dunedin Halt in Timaru. Abfahrt vor der i-SITE.

Es gibt keine direkten Busverbindungen von Timaru nach Lake Tekapo und Mt. Cook – man muss erst nach Geraldine oder Fairlie fahren und dort in einen Bus ins Mackenzie Country umsteigen. Infos bei der i-SITE.

Das Landesinnere & Mackenzie Country

Um Queenstown und die Seen im Süden von Christchurch aus anzufahren, wechselt man von der SH1 auf der SH79, eine malerische Strecke, die ins Hochland und zu den östlichen Ausläufern des Aoraki/Mt. Cook National Park führt.

Die Straße verläuft durch Geraldine und Fairlie, bevor sie auf die SH8 trifft, der über den Burkes Pass zum tiefblauen Lake Tekapo führt.

Das weite Hochland, über dem die prächtigen Gipfel des Aoraki/Mt. Cook National Park aufragen, ist als Mackenzie Country bekannt und wurde nach dem legendären James „Jock" Mackenzie benannt, der in den 1840er-Jahren gestohlenes Vieh durch die damals unbewohnte Region trieb. Als man ihn fasste, erkannten andere Siedler das Potenzial des Landes und zogen her. Die ersten Menschen, die das Mackenzie Country durchquerten, waren jedoch Maori, die vor Jahrhunderten von der Banks Peninsula nach Otago zogen.

Nähere Informationen gibt's online unter www.mtcooknz.com und www.mackenziewinter.co.nz.

GERALDINE

2210 EW.

Geraldine bietet echtes ländliches Dorfflair, hübsche private Gärten – und eine aktive Kunstszene.

Die Mitarbeiter des **Geraldine i-SITE** (☎03-693 1006; www.gogeraldine.co.nz; Ecke Talbot St. & Cox St.; ⏱Mo–Fr 8.30–17, Sa & So 10–16 Uhr) verfügen über Broschüren über die Gärten und Kunstgalerien vor Ort und können auch Übernachtung in B&Bs und auf Farmen buchen.

Sehenswertes

Vintage Car & Machinery Museum MUSEUM
(178 Talbot St.; Erw./Kind 8 NZ$/frei; ⏱Okt.–Anf. Juni 10–16 Uhr) Das Museum zeigt über 30 Oldtimer, die aus dem Jahr 1907 stammen. Auch eines der seltenen Spartan-Doppeldecker-Flugzeuge von 1929 ist hier ausgestellt.

GRATIS **Medieval Mosaic** MUSEUM
(www.1066.co.nz; 10 Wilson St.; ⏱Mo–Fr 9–17, Sa & So 10–16 Uhr, Aug. geschl.) Das faszinierende Mosaik ist ideal für Fans mittelalterlicher Geschichte und von Wortspielen sowie für Mathe-Cracks. Wem es kühl wird, der kann sich zudem am Anblick des weltweit größten Wollpullis wärmen.

Schlafen

Scenic Route Motor Lodge MOTEL $$
(☎0800 723 643; www.motelscenicroute.co.nz; 28 Waihi Terrace; DZ 125–160 NZ$; @📶) Das große Motel am nördlichen Ende der Kleinstadt ist im Stil der frühen Siedler erbaut, die modernen Studios verfügen aber über Doppelglasfenster, Flatscreen-Fernseher und Breitband-Internet, die größeren haben sogar eigene Whirlpools.

Rawhiti House HOSTEL $
(☎03-693 8252; www.rawhitihouse.co.nz; 27 Hewlings St.; B/EZ/DZ/3BZ 32/50/72/96 NZ$; @📶) Eine ehemalige Entbindungsklinik ist heute eine sonnige, geräumige günstige Unterkunft mit Solarenergie und farbenfroh eingerichteten Zimmern. Mountainbikes stehen zur Verfügung, die Gäste schwärmen von den bequemen Betten. Das Rawhiti House steht oberhalb der Stadt, abseits der Peel Street. Wer bei der Buchung darum bittet, wird normalerweise an der Bushaltestelle abgeholt.

Geraldine Holiday Park CAMPINGPLATZ $
(☎03-693 8147; http://geraldineholidaypark.co.nz; 39 Hislop St.; Stellplatz ab 24 NZ$, Hütten & Wohneinheiten 45–105 NZ$; @) Die Anlage mit hohen alten Bäumen liegt gegenüber einer ovalen Rasenfläche. Neben preiswerten Hütten und Selbstversorgereinheiten gibt es einen Fernsehraum und auch einen Spielplatz.

Essen

Die **Four Peaks Plaza** (Ecke Talbot St. & Cox St.; ⏱9–17 Uhr) bietet eine Bäckerei, Cafés und den Käseladen Talbot Forest. Hier befinden sich auch **Barker's** (www.barkers.co.nz), ein Warenhaus für Obstprodukte, in dem man z. B. Kiwiweine, Säfte, Saucen, Smoothies und Marmeladen probieren und kaufen kann, sowie **Prenzel** (www.prenzelofgeraldine.co.nz) mit regelmäßigen Verkostungen köstlicher Obstbrände. In den Sommermonaten steht Geraldine jeden Samstag ganz im Zeichen biologisch angebauter Produkte: dann findet der **Bauernmarkt** (⏱9.30–12.30 Uhr) statt.

ABSTECHER

MT. COOK SALMON FARM

Etwa 15 km westlich von Lake Tekapo weist ein Schild an der SH8 auf die Ausfahrt zur **Mt. Cook Salmon Farm** (www.mtcookaplinesalmon.com; Canal Rd.; Erw./Kind 2 NZ$/frei) hin, der höchstgelegenen Lachszuchtfarm der Welt. Der Zuchtbetrieb, der noch 12 km von der Ausfahrt entfernt liegt, arbeitet mit einem hydroelektrischen Kanalsystem. Auf der schönen Fahrt den Kanal entlang – mit toller Sicht auf den Mt. Cook – kommt man zu beliebten Angelplätzen. An der Farm kann man einen Stopp einlegen, um die Fische zu füttern und frischen oder geräucherten Lachs für das Abendessen zu kaufen. Das Sashimi (15 NZ$) kriegt man unter Garantie nirgendwo frischer.

Cafe Verde CAFÉ $
(45C Talbot St.; Hauptgerichte 10–18 NZ$; ⏲9–16 Uhr) Läuft man die Gasse neben dem alten Postamt runter, stößt man auf dieses herrliche Gartencafé. Die Erwachsenen schätzen die schmackhaften Mittagsgerichte wie Lachs im Filoteig, während die Kids sich – mit angemessen gezügelter Lautstärke, bitte – im süßen, briefmarkengroßen Spielplatz austoben dürfen.

Taste RESTAURANT $$
(www.tasterestaurant.co.nz; 7 Talbot St.; Hauptgerichte 28–34 NZ$; ⏲Di–Sa 17–21 Uhr) Das edelste Restaurant der Stadt offeriert robuste Gerichte mit kosmopolitischem Touch. Zu empfehlen ist z. B. das Canterbury-Lamm mit *horopito* (einem neuseeländischen Pfeffer). Daneben gibt es auch leckere Pizzas oder Platten für mehrere Personen sowie ein paar Biere aus nahen Brauereien.

Village Inn PUB $$
(41 Talbot St.; Hauptgerichte 15–24 NZ$) In der Gartenbar des Village Inn wird Geraldines bestes Pubessen unter freiem Himmel serviert. Dazu hat man die Qual der Wahl unter 13 verschiedenen Bieren vom Fass.

Coco SÜSSIGKEITEN $
(10 Talbot St.) Wer Appetit auf etwas Süßes braucht, wird im Coco mit selbst gemachter Schokolade erstklassig bedient. Im Angebot sind auch ausgesuchte Teesorten, Kaffee, heiße Schokolade und Kuchen.

☆ Unterhaltung

Geraldine Cinema KINO
(www.facebook.com/GeraldineCinema; Talbot St.; Erw./Kind 12/8 NZ$) In dem schrulligen Kino kann man auf Sofas Platz nehmen und Hollywood-Blockbuster und Arthousefilme anschauen. Zuweilen gibt es Livemusik, meist Folk, Blues oder Country. Auf der Facebook-Seite steht das Programm.

PEEL FOREST

Der Peel Forest, 22 km nördlich von Geraldine (vom SH72 aus beschildert) zählt zu Neuseelands wichtigsten einheimischen Koniferenwäldern.

Von der nahen Mt. Peel Station führt eine Straße hinüber nach **Mesopotamia**, wo in den 1860er-Jahren der englische Schriftsteller Samuel Butler (Autor der Satire *Erewhon*) lebte.

Sehenswertes & Aktivitäten

In dem schönen Koniferenwald wachsen Totaras, Neuseeländische Warzeneiben und Matais. Ein Prachtexemplar eines Totara an der Strecke des **Big Tree Walk** (hin & zurück 30 Min.) hat einen Umfang von 9 m und ist über 1000 Jahre alt.

Zu den hiesigen Vogelarten gehören Grünschlüpfer, große Maorifruchttauben, Glockenvögel, Fächerschwänze und Maori-Graubuschpfeifer.

Mehrere Wege führen außerdem zu den Wasserfällen **Emily Falls** (hin & zurück 1½ Std.), **Rata Falls** (hin & zurück 2 Std.) und **Acland Falls** (hin & zurück 1 Std.).

Im Peel Forest Store ist die Wanderbroschüre *Peel Forest Park: Track Information* (1 NZ$) erhältlich.

Rangitata Rafts WILDWASSER-RAFTING
(✆03-696 3534, 0800 251 251; www.rafts.co.nz; ⏲Okt.–April) Rangitata hat Wildwasserrafting-Touren auf dem Rangitata River im Programm, bei denen die Teilnehmer auch aufregende Stromschnellen vom Grad V zu bewältigen haben. Das Unternehmen liegt am Mt. Peel, 13 km hinter dem Campingplatz, und vermietet auch günstige Unterkünfte (Stellplatz/B/DZ 20/25/48 NZ$). Die Rafting-Trips beginnen entweder an der Rangitata-Lodge (185 NZ$) oder in Christchurch (194 NZ$ inkl. Rücktransport) und beinhalten eine warme Dusche und ein Barbecue. Man verbringt etwa drei Stunden auf

dem Fluss. Eine etwas weniger aufregende Alternative für Familien ist der Family Fun Trip (Erw./Kind 165/120 NZ$) auf dem Lower Rangitata River (Grad II). In aufblasbaren Kajaks tummeln sich die Teilnehmer rund zwei Stunden auf dem Fluss, und hinterher gibt's in der Lodge etwas Ordentliches zu essen.

Hidden Valleys RAFTEN
(☎03-696 3560; www.hiddenvalleys.co.nz; ab 200 NZ$; ⊙Sept.–Mai) Wer von Neuseelands Flüssen nicht genug kriegen kann, sollte bei Hidden Valleys eine dreitägige Raftingtour buchen. Auf der Website findet man weitere Raftingausflüge zu den aufregendsten und abgelegensten Flüssen der Südinsel. Im Programm stehen auch eintägige Raftingtouren auf dem Rangitata River.

Peel Forest Horse Trekking REITEN
(☎03-696 3703, 027 246 4423; www.peelforesthorsetrekking.co.nz; 1 Std./2 Std./halber Tag/ganzer Tag 55/110/220/380 NZ$) An den Ausritten durch den dichten Wald bei der Peel Forest Lodge kann jeder teilnehmen. Über die Lodge können auch längere bzw. mehrtägige Ausritte (982–1623 NZ$) sowie Pauschalpakete mit Ausritt und Übernachtung (550 NZ$) gebucht werden.

Schlafen & Essen

Peel Forest Lodge LODGE
(☎03-696 3703; www.peelforestlodge.co.nz; DZ 350 NZ$) Die Selbstversorger-Lodge im Blockhausstil steht mitten im Wald, für ein Barbecue sollte man sich Grillgut mitbringen. Wer nicht selbst kochen möchte, kann auch Frühstück (25 NZ$) und/oder Abendessen (50 NZ$) mitbuchen. Die Besitzer wohnen nicht auf dem Anwesen, deshalb muss man vorab reservieren.

DOC Camping Ground CAMPINGPLATZ
(☎03-696 3567; www.peelforest.co.nz; Stellplatz pro Pers. ab 17 NZ$, Hütte pro Pers. 22 NZ$) Der nette Campingplatz am Rangitata River, ca. 3 km vom Peel Forest Store entfernt, bietet einfache Hütten mit zwei bis vier Schlafplätzen, Duschen, einer Küche, einer Waschküche und einem Kartentelefon. Die Anmeldung für den Aufenthalt erfolgt im Peel Forest Store, wo auch Mountainbikes verliehen werden (Std./Tag 12/35 NZ$).

Peel Forest Store
(☎03-696 3567; www.peelforest.co.nz; ⊙Mo–Do 9–18, Fr & Sa 9–22, So 9–19 Uhr) Hier gibt es Benzin, Lebensmittel und Take-away-Gerichte sowie Internetzugang. In der dazugehörigen gemütlichen Little Mt. Peel Cafe & Bar kriegt man Steaks, Burger und Bier. Der Laden unterhält auch den DOC-Campingplatz.

FAIRLIE

725 EW.

Fairlie wird oft auch als „Tor zum Mackenzie" bezeichnet. Im Westen, wo die Straße den Burkes Pass hinaufführt, weitet sich das Land allmählich zum Mackenzie Country. Fairlie ist ein guter Platz für einen Kurzaufenthalt und ein Mittagessen.

Danach lockt der Besuch des **Fairlie Heritage Museum** (www.fairlieheritagemuseum.co.nz; Mt. Cook Rd.; ⊙9–17 Uhr) voller faszinierender Exponate aus dem ländlichen Leben in diesem Teil Neuseelands.

Das **Fairlie Visitor Information Centre** (☎03-685 8496; www.fairlie.co.nz; Allandale St.; ⊙10–16 Uhr) liefert Infos über **Mountainbikerouten** in der Nähe.

Am 29 km nordwestlich gelegenen Fox Peak in der Two Thumb Range kann man **Skifahren**, ebenso am Mt. Dobson mit seinem 3 km breiten Talbecken, das Skigebiet liegt 26 km nordwestlich von Fairlie.

Schlafen & Essen

Fairlie Gateway Top 10 Holiday Park CAMPINGPLATZ $
(☎0800 324 754, 03-685 8375; www.fairlietop10.co.nz; 10 Allandale Rd.; Stellplatz ab 40 NZ$, Wohneinheit 60–129 NZ$; @) Die beschauliche Anlage an einem Bach ist dank einer Minigolfanlage und großem Spielplatz perfekt für Familien; auch Angelausrüstung kann geliehen werden. Die Schlafmöglichkeiten reichen von Zeltplätzen bis zu Motelzimmern.

Pinewood Motels MOTEL $$
(☎03-685 8599, 0800 858 599; www.pinewoodmotels.co.nz; 25–27 Mt. Cook Rd.; DZ 99–115 NZ$;) In den komfortablen und frisch renovierten Motelapartments für Selbstversorger hängen Flatscreen-Fernseher an den Wänden.

Eat Deli & Bar CAFÉ $$
(www.eatdeliandbar.co.nz; 76 Main St.; Hauptgerichte 10–20 NZ$; ⊙Di–So 8–17 Uhr; @) Das familienfreundliche Café mit Spielecke lockt mit exzellentem Kaffee und Tresenessen (oft mit asiatischem Touch), Bier, Wein und kostenloser Internetverbindung auch Erwachsene an. Den größeren Hunger stillen Steaksandwiches (19 NZ$).

Old Library Café CAFÉ $$

(6 Allandale Rd.; Abendessen 18–35 NZ$; @) 2011 zerstörte ein Brand dieses Café-Restaurant in einer ehemaligen Andrew-Carnegie-Bibliothek, doch schon im Jahr 2012 öffnete es wieder seine Pforten – schöner denn je. Auf der Abendkarte stehen preisgekrönte Kreationen aus frischesten lokalen Zutaten, z. B. gebratenes Mackenzie-Lammkarree oder Sandbarsch mit Zitrusbutter. Es gibt auch eine bodenständigere Tageskarte mit Pasta, Salaten und Suppen.

Whisk & Page CAFÉ $

(49 Mt. Cook Rd.; Kaffee & Kuchen 5–7 NZ$; ⏲Sa geschl.) Scones, Schoko-Brownies und ganz vorzüglicher Kaffee haben sich hier mit einem Retro-Buchladen zusammengetan. Der Buchladen hat ein gutes Sortiment an Büchern, die schwerpunktmäßig Neuseeland zum Thema haben.

LAKE TEKAPO

315 EW.

Von dem Dorf am Südufer des gleichnamigen Sees eröffnet sich ein unverstellter Blick über das türkisblaue Wasser und die Hügel und Berge im Hintergrund.

Lake Tekapo ist ein beliebter Zwischenstopp auf dem Weg in die Southern Alps. Die Busse nach Mt. Cook und Queenstown legen hier eine Pause ein, damit die Passagiere sich ein Eis oder einen Kaffee kaufen können. Statt gleich wieder weiterzuhasten, lohnt es sich, wenigstens eine Nacht zu bleiben, um nach einer kurzen Wanderung vom Gipfel des nahen Mt. John aus den grandiosen Sternenhimmel zu bewundern.

Sehenswertes & Aktivitäten

Eine der beliebtesten Wanderrouten führt denn auch hoch auf den **Mt. John** (hin & zurück 3 Std.). Von dort kann man zu einer Ganztagswanderung zum Lake Alexandrina und Lake McGregor weiterziehen. Weitere Routen sind in der Broschüre *Lake Tekapo Walkway* (1 NZ$) beschrieben.

Mountainbikes (Std./halber Tag 10/25 NZ$) lassen sich in der Lakefront Backpackers Lodge und im Lake Tekapo YHA ausleihen.

Im Winter ist Lake Tekapo Ausgangspunkt für die **Skipisten** am Mt. Dobson und am Round Hill sowie die **Langlaufloipen** in der Two Thumb Range.

Church of the Good Shepherd KIRCHE

(⏲9–17 Uhr) Die Church of the Good Shepherd am Seeufer wurde 1935 aus Stein und Eichenholz errichtet und ist eine beliebte Stätte für Hochzeiten. In der Nähe steht die Statue eines Collies – sie zollt den Schäferhunden Tribut, die in der Geschichte der Schafzucht des Mackenzie Country eine wichtige Rolle spielten. Am schönsten ist es hier vor Ankunft der Reisebusse und nach deren Abfahrt, also frühmorgens oder am späten Nachmittag.

Earth & Sky ASTRONOMISCHE TOUREN

(☎03-680 6960; www.earthandskynz.com; SH1; Tour Erw./Kind 105/60 NZ$) Wegen des klaren Himmels und weil größere Ortschaften weit entfernt sind, ist Lake Tekapo ideal für Sternengucker und einer der besten Orte der Welt, den Nachthimmel zu erforschen. Da die Startzeiten der astronomischen Touren variieren, sollte man bei der Reservierung nachfragen. In manchen Nächten dürfen sich die Teilnehmer unter Anleitung des hiesigen Fotografen Fraser Gunn (www.laketekapo.cc) mit ihren eigenen Kameras in der Astrofotografie üben. Auf Anfrage veranstaltet die University of Canterbury auch 40-minütige Führungen bei Tage (Erw./Kind 50/25 NZ$; 10–16 Uhr).

Alpine Springs & Spa TAGES-SPA

(☎0800 353 8283; www.alpinesprings.co.nz; 6 Lakeside Dr.; Thermalbecken Erw./Kind 18/10 NZ$; ⏲10–21 Uhr) Das Spa mit Thermalbecken zwischen schnell wachsenden einheimischen Bäumen am Westufer des Sees ist ganzjährig geöffnet. Es gibt auch abgetrennte Pools und Saunas (Std. 26 NZ$) und Wellness-Pakete (ab 120 NZ$). Das Paket „Skate and Soak" („Eislaufen und Baden") ist im angrenzenden Winter Park erhältlich. Das gute Café im Spa (Snacks 5–10 NZ$, 10–19 Uhr) serviert Kaffee und Kuchen, leichte Snacks, aber natürlich auch herzhaftere Speisen.

Lake Tekapo Winter Park WINTERSPORT

(☎0800 353 8283; www.alpinesprings.co.nz; 6 Lakeside Dr.; Eislaufen Erw./Kind 16/12 NZ$, Reifenrodeln Erw./Kind 19/15 NZ$; ⏲10–21 Uhr) Der Lake Tekapo Winter Park im Komplex des Alpine Springs bietet eine ganzjährig befahrbare Eisfläche und – nur im Winter – einen Mini-Schneehügel für sanfte Abfahrten in Gummireifen. Auf einem extra konstruierten künstlichen Hügel kann man sogar das ganze Jahr über rodeln.

Cruise Tekapo BOOTSTOUREN

(☎027 479 7675; www.cruisetekapo.co.nz; Bootsfahrt pro Pers. 40–125 NZ$, Angeltörn Std. 60–

80 NZ$) Angel- und Bootsausflüge von 25 Min. bis zu 2 Std.

Mackenzie Alpine Horse Trekking REITEN
(☎0800 628 269; www.maht.co.nz; Ausritte 1/2 Std. 50/90 NZ$, halber/ganzer Tag 140/260 NZ$) Bietet schöne Ausritte durchs Hochland sowie Ausflüge mit Übernachtung in Zelten oder Hütten (350 NZ$).

Geführte Touren

Air Safaris RUNDFLÜGE
(☎03-680 6880; www.airsafaris.co.nz; SH8) 50-minütige „Grand Traverse"-Rundflüge über den Mt. Cook und seine Gletscher (Erw./Kind 325/215 NZ$). Es geht zum Tasman Glacier, über die oberen Bereiche des Fox und Franz Josef Glacier sowie weiter zum Mt. Cook, Mt. Tasman und Mt. Elie de Beaumont.

Ein ganz ähnlicher Flug beginnt am Glentanner Park (s. S. 603), aber die Preise sind höher (Erw./Kind 375/265 NZ$).

Tekapo Helicopters RUNDFLÜGE
(☎03-680 6229, 0800 359 835; www.tekapohelicopters.co.nz; SH8) Das Unternehmen bietet fünf Optionen – vom 25-minütigen Flug (195 NZ$) bis zum 70-minütigen Rundflug zum Mt. Cook sowie Fox Glacier und Franz Josef Glacier (500 NZ$). Alle Flüge schließen eine Landung auf dem Eisfeld und den Blick auf den Mt. Cook ein.

Schlafen

Am und um den Hamilton Drive im Osten der Ortschaft findet man gute B&Bs.

Glacier Rock Bed and Breakfast B&B $$
(☎03-680 6669; www.glacierrock.co.nz; 35 Lochinver Ave.; DZ inkl. Frühstück 195–250 NZ$; @☜) Das architektonisch interessante B&B ist gleichzeitig eine Kunstgalerie. Die Handschrift des Künstlers – oder Architekten – ist in den geräumigen, luftigen Zimmern unverkennbar. Das Frühstück wird in lichtdurchfluteten Räumen mit riesigen Panoramafenstern serviert.

Tailor-Made-Tekapo Backpackers HOSTEL $
(☎03-680 6700; www.tailor-made-backpackers.co.nz; 9–11 Aorangi Cres; B 29–33 NZ$, EZ 60 NZ$, DZ mit/ohne Bad 80/70 NZ$; @) Dieses Hostel besitzt normale Betten statt Stockbetten und nimmt mehrere ordentliche Häuser entlang einer friedlichen Straße abseits der Hauptstraße ein. Drinnen ist es blitzblank. Außerdem gibt's einen Garten mit Grillstelle und alten Bäumen, hübschem Vogelgezwitscher und einen Kinderspielplatz.

Lakefront Backpackers Lodge HOSTEL $
(☎03-680 6227; www.laketekapo-accommodation.co.nz; Lakeside Dr.; B/DZ 28/80 NZ$; @☜) Beeindruckendes Haus am See, das zum nahen Ferienpark (1 km außerhalb) gehört. Man kann in der gemütlichen Lounge am Feuer entspannen oder von der vorderen Veranda aus den tollen Blick auf den See genießen. Die Zimmer sind modern, die Bäder vom Feinsten. Backpacker-Busse halten auch hier, es kann also recht gesellig zugehen.

Lake Tekapo Motels & Holiday Park CAMPINGPLATZ $$
(☎0800 853 853, 03-680 6825; www.laketekapo-accommodation.co.nz; Lakeside Dr.; Stellplatz ab 30 NZ$, Wohneinheit 60–150 NZ$; @☜) In schöner, ruhiger Lage am See werden hier Zeltplätze, einfache Hütten und Motelapartments mit kompletter Küche und Fernsehen vermietet. Bei den neueren Chalets gibt es Picknicktische, Grillstellen – und einen spektakulären Blick über den See.

Peppers Bluewater Resort MOTEL $$
(☎0800 275 373; www.peppers.co.nz/bluewater; SH8; DZ ab 140 NZ$; ☜) Weitläufige Ferienanlage mit Felsenpools und Gärten mit Grasbüscheln. Die Gästezimmer sind schick und modern – manche allerdings etwas klein. Wegen der Last-Minute-Nachlässe im Internet sollte man das Peppers durchaus in Erwägung ziehen.

Lake Tekapo YHA HOSTEL $
(☎03-680 6857; www.yha.co.nz; 3 Simpson Lane; B 37–78 NZ$, DZ & 2BZ 96 NZ$; @☜) Das nette, gut ausgestattete kleine Hostel hat einen Wohnbereich mit offenen Kaminen, ein Klavier und tolle Aussicht über den See und die Bergkulisse.

Essen

Die Restaurantszene in Lake Tekapo ist traditionell eher glanzlos, aber ein paar neue Lokale haben die kulinarische Auswahl merklich angehoben.

LP TIPP **Astro Café** CAFÉ $
(Mt. John Observatory; Kaffee & Kuchen 4–8 NZ$, Snacks 7–12 NZ$) Von diesem Glaspavillon am Gipfel des Mt. John bietet sich ein grandioser Panoramablick über das ganze Mackenzie-Becken – einen besseren Standort für ein Café kann man sich kaum denken. Zu essen gibt es Bagels mit einheimischem Aoraki-Lachs oder Sandwiches mit frischem Schinken. Auch Kaffee und Ku-

chen sind empfehlenswert. Nach Einbruch der Dunkelheit wird das Café zum beliebten Treffpunkt der Astrofotografen mit Fotograf Fraser Gunn.

Kohan JAPANISCH $$
(SH8; Mittagessen 10–16 NZ$, Abendessen 22–35 NZ$) Das Kohan offeriert mit die beste japanische Küche der Südinsel. Das Sashimi ist ultrafrisch – eine Lachsfarm liegt gleich die Straße hoch. Die Mittagsangebote sind echt günstig – man sollte auf jeden Fall zum Nachtisch noch das selbst gemachte Grüntee-Eis probieren.

Pepe's ITALIENISCH $$
(SH8; Hauptgerichte 15–30 NZ$; ⏲18 Uhr bis spätabends) Das rustikale Pepe's mit großen Sitzecken und Deko rund ums Thema Skifahren ist ein gemütliches kleines Lokal, das gute Pizza und Pasta auftischt. Die Bezeichnungen einiger Gerichte sind albern (will jemand Vinnie's Venison oder Spag Bol Bada Bing?), aber alles ist lecker. Später am Abend kann man hier gut in Ruhe ein Gläschen trinken.

Mackenzie's Bar & Grill PUB $$
(SH8; Hauptgerichte 22–34 NZ$) Zu allen interessanten Versionen von Steaks, Hühnchen und Seafood gibt es als kostenlose Beilage den grandiosen Blick über den See und die Berge. Die herzhaften Gerichte wie Lammkeule und Beef Wellington sind geradezu perfekt nach einem erlebnisreichen Tag. Selbst wenn man anderswo zu Abend gegessen hat, sollte man sich hier noch ein Monteiths Summer Ale oder ein Gläschen Sauvignon Blanc gönnen.

Run 77 CAFÉ $
(SH8; Hauptgerichte 10–24 NZ$) Auf klobigen Holzbänken genießt man Tekapos guten Kaffee, Sandwiches, Burger oder Pies mit heimischem Lachs und Biofleisch von freilaufenden Rindern und Rehen von den Hochland-Ländereien (dem *echten* Run 77) des Besitzers. Die Suppen, Salate und Vorspeisenteller sind wie sie sein sollen, gesund und lecker zugleich.

Four Square Supermarket SUPERMARKT
(SH8) Gleich neben einer Bäckerei.

ℹ Praktische Informationen

In Lake Tekapo gibt es keinen Geldautomaten.
Lake Tekapo i-SITE (☎03-680 6579; www.laketekapountouched.co.nz; Godley Hotel, SH8; ⏲9–18 Uhr) Infos zu Unterkünften, Unternehmungen und Transport.

ℹ An- & Weiterreise

Busverbindungen nach Queenstown (4 Std.) und Wanaka (3 Std., via Tarras) im Süden sowie nach Christchurch (4 Std.) im Norden bieten **Atomic Shuttles** (www.atomictravel.co.nz), **InterCity** (www.intercity.co.nz) und **Southern Link Coaches** (☎0508 458 835; www.southernlinkcoaches.co.nz).

Busse von **Cook Connection** (☎0800 266 526; www.cookconnect.co.nz) fahren nach Mt. Cook (2 Std.) und Twizel (1 Std.). Diese Ausflüge kann man gut auf mehrere Tage ausdehnen.

LAKE PUKAKI

Am Südufer des Lake Pukaki, 45 km südwestlich von Lake Tekapo und 2 km nordöstlich der Ausfahrt zum Mt. Cook, befindet sich das **Lake Pukaki Visitor Information Centre** (☎03-435 3280; SH8; ⏲Okt.–April 9–18 Uhr, Mai–Sept. 10–16 Uhr). Das Highlight hier ist der grandiose **Aussichtsplatz**, von dem man bei klarem Wetter eine bilderbuchgleiche Sicht auf den ultrablauen See und den dahinter liegenden Mt. Cook und seine Nachbargipfel hat.

TWIZEL

1015 EW.

Noch vor nicht allzu langer Zeit belächelte der Rest Neuseelands die Ortschaft Twizel gleich südlich des Lake Pukaki. Ursprünglich war der Ort 1968 als temporäre Wohnsiedlung für die Arbeiter gegründet worden, die beim Bau eines Wasserkraftwerks in der Nähe beschäftigt waren. Geplant war, die provisorische Siedlung 1984 nach der Fertigstellung wieder aufzugeben. Doch es kam anders. Heute sind es die Twizler, die als Letzte lachen: Am Seeufer entstanden neue Viertel, die sich die schöne Lage zwischen See und Bergen zunutze machten.

Unterkünfte und Restaurants sind erschwinglicher als in Mt. Cook, nur dass man hier eben nicht direkt in den Bergen erwacht.

Das **Twizel i-SITE** (☎03-435 0066; www.twizel.info; Twizel Events Centre; ⏲Mo–Fr 9–18, Sa & So 12–15 Uhr; @) befindet sich im Ortszentrum. Im Einkaufsviertel steht auch ein Geldautomat.

Weder Mt. Cook noch Lake Tekapo hat solch einen Automaten zu bieten. In Twizel sollte man auch tanken, ehe man sich nach Mt. Cook aufmacht.

Sehenswertes & Aktivitäten

Der Lake Ruataniwha ganz in der Nähe ist ein beliebtes Revier für Ruder- und andere Bootsfahrer sowie Windsurfer. An den Flüssen, Kanälen und Seen kommen auch Angler auf ihre Kosten.

In der Region gibt es zahlreiche Guides; Infos erteilt die i-SITE.

Kaki Visitor Hide TIERRESERVAT
(☎03-435 3124; Erw./Kind 15/7 NZ$; ⏲Ende Okt.–April 9.30 & 16.30 Uhr) Der seltene *kaki* (Schwarzer Stelzenläufer) kommt nur in Neuseeland vor. Ein Zuchtprogramm soll die Population im Ahuriri Conservation Park vergrößern. Im Kaki Visitor Hide gleich südlich von Twizel kann man die scheuen Vögel aus nächster Nähe beobachten. Die einstündige Führung muss im Voraus bei der i-SITE in Twizel gebucht werden. Zum Hide (versteckter Beobachtungsstand) gelangt man nur mit dem eigens dafür gemieteten Fahrzeug.

Geführte Touren

Discovery Tours AUSFLÜGE & TOUREN
(☎03-435 0114, 0800 213 868; www.discoverytours.co.nz) Bietet Touren in kleinen Gruppen durchs Mackenzie Country, darunter Wanderungen und Heli-Biking-Trips, sowie einen populären zweistündigen Ausflug (Erw./Kind 75/40 NZ$) zum Drehort der Schlacht auf dem Pelennor im Film *Die Rückkehr des Königs* aus der *Herr-der-Ringe*-Trilogie. Besucher können sogar mit Rüstungen, Flaggen und Schwertern herumtoben – und so Szenen aus dem Film nachspielen.

Es gibt aber auch eine kürzere, einstündige *Herr-der-Ringe*-Tour (Erw./Kind 55/30 NZ$).

Helicopter Line RUNDFLÜGE
(☎03-435 0370, 0800 650 652; www.helicopter.co.nz; SH8, Pukaki Airport) Helicopter Line fliegt vom Flugplatz Lake Pukaki aus über die Mt.-Cook-Region. Die Rundflüge dauern zwischen 25 Min. (230 NZ$) und 1 Std. (535 NZ$) und beinhalten eine Landung im Schnee.

Schlafen

Matuka Lodge B&B $$$
(☎03-435 0144; www.matukalodge.co.nz; Old Station Rd.; DZ 465–535 NZ$; @📶) Vor der Kulisse aus Farmland und Bergen kombiniert dieses luxuriöse B&B modernes Design mit Antiquitäten und Orientteppichen, die die Besitzer von ihren Reisen mitgebracht haben. Eine ganze Bibliothek voller Lonely-Planet-Bände zeugt von ihrer Reiselust – die Gäste können sich also auf interessante Plaudereien beim Aperitif freuen. Zum Frühstück wird oft und gerne Lachs gereicht, der im Twizel Aoarki Smokehouse, das ein Stück die Straße hinauf gelegen ist, geräuchert wird.

Omahau Downs B&B $$
(☎03-435 0199; www.omahau.co.nz; SH8; DZ im Cottage 135 NZ$, DZ im B&B 165 NZ$; ⏲Juni–Aug. geschl.) Das ländliche Gehöft 2 km nördlich von Twizel bietet zwei gemütliche Cottages für Selbstversorger (max. 4 Pers.) sowie eine B&B-Lodge mit blitzsauberen, modernen Zimmern und einer Terrasse mit Blick auf die Gipfel der Ben Ohau Range. Ein besonderes Erlebnis ist ein Bad in der mit Holz beheizten Wanne unter freiem Himmel bei Mondlicht (20 NZ$). Wer die Besonderheiten der Region kennenlernen will, sollte nicht den Fehler machen, nur für eine Nacht zu buchen!

Mountain Chalet Motels MOTEL $$
(☎03-435 0785, 0800 629 999; www.mountainchalets.co.nz; Wairepo Rd.; B 25 NZ$, DZ 95–135 NZ$; 📶) Eine von den Lesern empfohlene Unterkunft mit jovialen Besitzern und behaglichen, gut ausgestatteten Selbstversorger-Chalets mit Spitzdächern. Am günstigsten sind die Studios, für größere Gruppen und Familien stehen aber auch Wohneinheiten mit zwei Schlafzimmern zur Verfügung. Für Backpacker ideal ist die kleine, relaxte Lodge.

BLAUE WEITE

Die leuchtend türkisblaue Farbe des Lake Pukaki – der dieses Merkmal mit anderen Seen der Region teilt, z. B. mit dem Lake Tekapo – ist auf das „Gesteinsmehl" (Sediment) im Wasser zurückzuführen. Dieses „Mehl" entstand, als das Becken des Sees von Gletschern mit Steinen an der Unterseite ausgehöhlt wurde, die über die Erdoberfläche wanderten. Dabei wurden durch die Reibung von Stein auf Stein feine Partikel abgeschmirgelt, die sich schließlich mit dem Schmelzwasser des Gletschers vermischten. Dieses Sediment gibt dem Wasser sein milchiges Aussehen und bricht das Licht der Sonnenstrahlen, wodurch die leuchtende Farbe entsteht.

Twizel Holiday Park CAMPINGPLATZ $
(☎03-435 0507; www.twizelholidaypark.co.nz; 122 Mackenzie Dr.; Stellplatz ab 32 NZ$, B 30 NZ$, Wohneinheiten 90–150 NZ$; @ 📶) In und um eine farbenfroh renovierte Entbindungsklinik auf einem grünen Gelände voller Blumen gibt es hier ein paar einfache Hütten sowie Stellplätze für Zelte und Wohnmobile. Die modernen Cottages für Selbstversorger bieten ein besonders gutes Preis-Leistungs-Verhältnis.

High Country Lodge & Backpackers HOSTEL $
(☎03-435 0671; www.highcountrylodge.co.nz; Mackenzie Dr.; B 29–35 NZ$, DZ 50–90 NZ$, Wohneinheiten 125–155 NZ$; @ 📶) Die weitläufige Anlage wurde früher als Unterkunft für Bauarbeiter genutzt, ist aber inzwischen runderneuert und mit bunten Vorhängen und heller Bettwäsche ausgestattet worden. Neben Schlafsälen und Doppelzimmern gibt es ein paar separate Motelwohneinheiten, in denen man für seine Kiwi-Dollar richtig viel geboten bekommt.

Essen & Ausgehen

Poppies Cafe CAFÉ $$
(www.poppiescafe.com; 1 Benmore Pl.; Frühstück & Mittagessen 9–18 NZ$, Abendessen 24–32 NZ$) In der Mittagszeit werden leichtere Gerichte wie Lachs im Filoteig serviert, das Abendessen mit Tafelspitz vom Lamm oder Ente auf dreierlei asiatische Arten ist eine etwas formellere Angelegenheit. Die Marktlücke dazwischen füllen exzellente Pizzas (18–26 NZ$). Nach Möglichkeit werden ausschließlich biologisch angebaute Produkte aus der Region verwendet. Das Poppies befindet sich am Ortsrand nahe dem Mackenzie Country Inn.

Shawty's Café CAFÉ $$
(4 Market Pl.; Frühstück & Mittagessen 9–19 NZ$, Abendessen Hauptgerichte 21–31 NZ$; 📶) Coole Beats und Biere aus Kleinbrauereien schaffen eine für Twizel überraschend weltmännische Atmosphäre. Die üppigen Frühstücksangebote sorgen für einen guten Start in den Tag, und die Gourmet-Pizzas (12–25 NZ$) sind ein guter Abschluss eines aktiven Tages in der bergigen Region. In der Grappa Lounge nebenan treten im Sommer von Mittwoch bis Samstag häufig DJs oder sogar Musiker, die live spielen, auf.

Jasmine Thai Café THAILÄNDISCH $$
(1 Market Pl.; Mittagessen 12 NZ$, Abendessen 17–22 NZ$; ⏲Di–So 12–14 & tgl. 17–21 Uhr) Thailand kommt nach Twizel und bringt die würzig-schwungvollen Aromen des letzten Urlaubs an einem südostasiatischen Strand nach Neuseeland. Alkohol muss man sich selbst mitbringen – mit ein paar kühlen Bieren aus dem Four Square Supermarket lässt sich die authentische Schärfe des thailändischen Essens lindern.

An- & Weiterreise

Busfahrten nach Mt. Cook (1 Std.) und Queenstown (3 Std.) sowie nach Christchurch (5 Std.) im Norden bieten die Unternehmen **Atomic Shuttles** (www.atomictravel.co.nz) und **InterCity** (☎03-365 1113; www.intercity.co.nz).

Cook Connection (☎0800 266 526; www.cookconnect.co.nz) fährt nach Mt. Cook (1 Std.) und Lake Tekapo (1 Std.). Die Ausflüge können auf mehrere Tage ausgedehnt werden.

Naked Bus (www.nakedbus.com) bedient die Strecken nach Christchurch und Queenstown/Wanaka.

LAKE OHAU & OHAU FORESTS

Das DOC verwaltet sechs Wälder in der Gegend des Lake Ohau (Dobson, Hopkins, Huxley, Temple, Ohau und Ahuriri). Die vielen Wanderwege in dem riesigen Freizeitgebiet sind in der DOC-Broschüre *Ohau Conservation Area* (1 NZ$) beschrieben; für abenteuerlustige Wanderer stehen überall Hütten und Campingplätze zur Verfügung.

Lake Ohau Lodge LODGE $$
(☎03-438 9885; www.ohau.co.nz; Lake Ohau Rd.; EZ 99–175 NZ$, DZ 105–200 NZ$) Die Lake Ohau Lodge liegt idyllisch am Westufer des Lake Ohau, 42 km westlich von Twizel. Die angegebenen Preise beziehen sich nur auf die Unterkunft – von Backpacker-Style bis vornehm mit Terrasse und Bergblick ist alles zu bekommen. Es gibt allerdings auch gute DB & B-Angebote. Im Winter ist die Lodge Ausgangsbasis für Ziele im Skigebiet Ohau (s. S. 99). Im Sommer hat man hier wesentlich mehr Ruhe.

Aoraki/Mt. Cook National Park

Der spektakuläre 700 km² große Aoraki/Mt. Cook National Park bildet seit dem Jahr 1990 mit den Nationalparks Fiordland, Mt. Aspiring und Westland die Southwest New Zealand (Te Wahipounamu) World Heritage Area, die sich vom Cook River in Westland bis Fiordland erstreckt. Das Parkgebiet wird von den Southern Alps und den

Gebirgsketten Two Thumb, Liebig und Ben Ohau begrenzt. Mehr als ein Drittel des Gebiets ist dauerhaft von Schnee und Gletschereis bedeckt.

Von den 27 Dreitausendern Neuseelands liegen 22 in diesem Park. Der höchste ist der mächtige Mt. Cook – mit 3755 m ist er zugleich der Rekordhalter Australasiens. Die Maori haben ihn nach einer Gottheit Aoraki (der die Wolken durchbohrt) benannt, Kapitän John Lort Stokes vom Erkundungsschiff HMS Acheron diente hingegen James Cook als Namensgeber.

Das Gebiet um den Mt. Cook war immer das Ziel von Bergsteigern in Neuseeland. Am 2. März 1882 scheiterten William Spotswood Green und seine zwei Schweizer Kameraden bei einem dramatischen 62-stündigen Aufstieg mit ihrem Versuch, den Mt. Cook zu bezwingen. Zwei Jahre später wurden drei Bergsteiger aus der Umgebung, Tom Fyfe, George Graham und Jack Clarke, durch die Nachricht angespornt, dass zwei bekannte europäische Bergsteiger sich am Berg versuchen wollten. Sie setzten sich in den Kopf, den Berg vor ihnen zu erklimmen. An Weihnachten 1884 erreichten sie über den Hooker Glacier und den Nordgrat den Gipfel – eine für die damalige Zeit brillante Leistung.

1913 war die australische Bergsteigerin Freda du Faur die erste Frau auf dem Gipfel. 1948 wählte Sir Edmund Hillary zusammen mit Tenzing Norgay den südlichen Grat als Route – Hillary war später der erste Mensch auf dem Mt. Everest. Seither ist der Berg auch über die gefährlichsten Strecken erklommen worden.

Die anderen hoch aufragenden Berge der Region haben so klangvolle Namen wie: Sefton, Tasman, Silberhorn, Malte Brun, La Perouse, Hicks, De la Beche, Douglas und The Minarets. Viele können vom Westland National Park aus bestiegen werden. Auf beiden Seiten der Wasserscheide gibt es ein Netz von Bergsteigerhütten.

Der Mt. Cook bietet einen wundervollen Anblick – sofern keine Wolken stören. Die meisten Besucher werden in Reisebussen herangekarrt; sie steigen vor dem Hermitage Hotel aus, machen ein paar Fotos und rasen dann auf der SH80 wieder ins Tal. Man sollte den großartigen Gipfel und die ebenso prächtige Landschaft der Umgebung aber lieber in Ruhe genießen und einen der tollen kurzen Wanderwege ausprobieren.

Unterwegs begegnet man vielleicht einem der aus Eurasien eingeführten Säugetiere, etwa einem Tahr (Hemitragus), einem Paarhufer, der einer Ziege ähnelt und ein ausgezeichneter Kletterer ist; außerdem sind die etwas kleineren und leichter gebauten, ebenfalls klettertüchtigen Gämsen und auch Rotwild zu erspähen. Und am Wegrand blühen im Sommer die Mt.-Cook-Lilie (eine Hahnenfußart), Berggänseblümchen, Enzian und das Edelweiß.

Sehenswertes

TASMAN GLACIER

Der Tasman Glacier ist zwar eine spektakuläre Eisfläche, unten ist er jedoch ziemlich hässlich. Wenn ein Gletscher schrumpft, schmilzt er normalerweise von unten nach oben. Der Tasman Glacier allerdings verläuft auf den letzten Kilometern fast waagerecht, weshalb er in den letzten Jahrzehnten von oben nach unten geschmolzen ist und dabei ein Geröllchaos freigelegt hat. So kommt es, dass das Ablationsgebiet (die Schmelzzone) des Gletschers fast durchgängig mit Ablagerungen bedeckt ist, die die Schmelzgeschwindigkeit verzögern und ihn wenig attraktiv erscheinen lassen.

Obwohl der Gletscher stark geschmolzen ist, soll sein Eis bei der Ball Hut immer noch mehr als 600 m dick sein! Bei seinem letzten großen Wachstum vor 17 000 Jahren hat er sich so weit nach Süden vorgeschoben, dass er das Becken des Lake Pukaki ausgeschliffen hat. Als er das nächste Mal vorrückte, hat er das Tal nicht mehr erreicht. Somit verläuft die Old Ball Hut Road zwischen den Wänden des äußeren Tals und den seitlichen Moränen der letzten Ausdehnung.

Wie der Fox und der Franz Josef Glacier jenseits der Wasserscheide bewegen sich auch die Gletscher am Mt. Cook recht flott in Richtung Tal. Das **Alpine Memorial**, untergebracht am ehemaligen Standort des Hermitage am Hooker Valley Track, erinnert an einen der ersten Bergsteigerunfälle am Mt. Cook: 1914 kamen drei Kletterer durch eine Lawine ums Leben. Seinerzeit konnte nur eine der Leichen geborgen werden; zwölf Jahre später kam dann eine weitere mit dem Schmelzwasser am weiter unten gelegenen Hochstetter Gletscherbruch zum Vorschein – 2000 m unterhalb der Unglückstelle, ein Beweis für die hohe Geschwindigkeit des Eises in diesem Gletscher.

HERMITAGE

Das Hermitage mit seiner fantastischen Sicht auf den Mt. Cook ist wahrscheinlich

Aoraki/Mt. Cook National Park

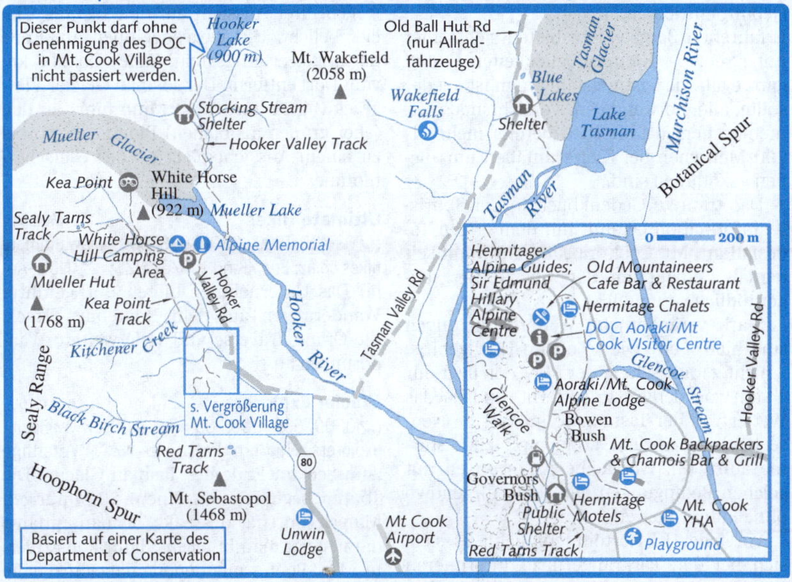

das berühmteste Hotel Neuseelands. Das ursprüngliche Hotel wurde bereits 1884 gebaut – damals waren Reisende von Christchurch zum Mt. Cook noch mehrere Tage unterwegs. Es wurde im Jahr 1913 bei einer Überschwemmung zerstört; die Fundamente kann man im Hooker Valley, etwa 2 km abseits des heutigen Hermitage, immer noch sehen. Der zweite Bau wurde 1957 durch ein Feuer zerstört. Das heutige Hermitage wurde an derselben Stelle errichtet und erhielt zu Beginn des neuen Jahrtausends einen neuen Flügel.

Sir Edmund Hillary Alpine Centre MUSEUM, PLANETARIUM

(www.hermitage.co.nz; The Hermitage; 1 Film Erw./Kind 18/8 NZ$, 6 Filme Erw./Kind/Fam. 27/14/54 NZ$; ⌚7.30–20.30 Uhr) Das Sir Edmund Hillary Alpine Centre wurde Ende 2007 eröffnet – nur drei Wochen vor dem Tod des vielleicht größten Neuseeländers aller Zeiten im Januar 2008. Seine persönlichen Vorstellungen vom Museum waren wenige Monate zuvor aufgezeichnet worden. Zum Zentrum gehört ein Kuppel-Planetarium, sowie ein Kino, in dem der 3-D-Film *Mt. Cook Magic* und eine faszinierende 75-minütige Dokumentation über Sir Eds Bezwingung des Mount Everest 1953 läuft. In Dauerschleife wird im Museum ein Dokumentationsfilm gezeigt, der sich mit der Wohltätigkeits- und Entwicklungsarbeit befasst, die Sir Edmund Hillary in den Jahrzehnten danach leistete. Der Eintritt zum Museum selbst ist gratis.

Big Sky ASTRONOMIE

(www.hermitage.co.nz; Erw./Kind 60/30 NZ$; ⌚bei klarem Himmel jeden Abend) Im digitalen Planetarium des Alpine Centre wird in einer 30-minütigen Präsentation Neuseelands Südhimmel erklärt: etwa das Sternbild Kreuz des Südens. Dann gehen die Teilnehmer nach draußen, um mit Teleskopen, Ferngläsern und einem Sternenkundler selbst den Himmel zu studieren.

Aktivitäten

Mehrere leichte Wanderrouten in der Umgebung des Hermitage sind in den Broschüren beschrieben, die es in der Touristeninformation gibt. Generell muss immer mit plötzlichen Wetterumschwüngen gerechnet werden! Längere Touren sollten nur erfahrene Bergwanderer in Angriff nehmen, da die Bedingungen in höheren Lagen heftig und die Wege gefährlich sind. Hier gab es schon viele Todesopfer – die meisten Leute sollten diese nicht ungefährlichen Touren geflissentlich meiden. Wer in einer der Parkhütten übernachten möchte, muss sich vorher im DOC-Besucherzentrum eintragen und die Gebühr entrichten.

Erfahrenen Bergsteigern bieten sich schier unbegrenzte Klettermöglichkeiten, aber ganz egal, wie leistungsfähig man ist – jeder sollte alle notwendigen Vorsichtsmaßnahmen treffen, da im Park bereits mehr als 200 Menschen bei Kletterunfällen ums Leben gekommen sind.

Das traurige Gedenkbuch in der Touristeninformation beginnt mit dem ersten Todesfall am Mt. Cook im Jahr 1907, und seit damals sind auf dem Berg über 70 Bergsteiger tödlich verunglückt.

Stark veränderliche Wetterbedingungen sind hier oben– wie so oft im Hochgebirge – nicht gerade selten; der Mt. Cook liegt nur 44 km von der Küste entfernt, und da das Wetter von der Tasmansee im Westen Neuseelands hereinzieht, können plötzlich Stürme auftreten. Wer keine Erfahrungen mit solchen Bedingungen hat, sollte nirgendwo ohne Führer klettern.

Vor jeder Klettertour empfiehlt es sich, sich bei den Parkrangern zu informieren und ihren Hinweisen immer zu folgen. Hier kann man auch eine Kletterkarte ausfüllen, bevor man auf die Tour aufbricht, sodass die Ranger unverzüglich mit der Suche beginnen können, wenn man überfällig ist. Nach der Rückkehr sollte man das Austragen nicht vergessen!

Kea Point WANDERN

Am Weg zum Kea Point (hin & zurück ins Dorf 2 Std.) stehen viele einheimische Pflanzen. Er endet an einer Aussichtsplattform mit herrlichem Blick auf den Mt. Cook, das Hooker Valley und die vereisten Hänge des Mt. Sefton und des Foodstool. Wer Glück hat, trifft unterwegs ein paar neugierige Keas.

Sealy Tarns WANDERN

Die Route nach Sealy Tarns (hin & zurück 3–4 Std.) zweigt vom Kea Point Track ab und verläuft am Grat entlang zur Mueller Hut (B 36 NZ$), einer komfortablen Hütte mit etwa 30 Schlafplätzen, Gasversorgung und Kochgelegenheiten.

Hooker Valley WANDERN

Der Weg zum Hooker Valley hoch (hin & zurück 3 Std.) führt über mehrere Hängebrücken zum Stocking Stream und zur Zunge des Hooker Glacier. Nach der zweiten Hängebrücke dominiert der Mt. Cook das gesamte Tal.

Tasman Glacier View Track WANDERN

Die Wanderwege im Tasman Valley sind wegen ihrer Aussicht auf den Tasman Glacier beliebt. Die Wege beginnen am Ende der ungeteerten Tasman Valley Road, 8 km vom Dorf entfernt. Der Tasman Glacier View Track (hin & zurück 50 Min.) führt an den (eher grünen als blauen) Blue Lakes vorbei zu einem Aussichtsplatz an der Gletschermoräne.

Ultimate Hikes WANDERN

(☎03-435 1899, 0800 686 800; www.ultimatehikes.co.nz; Erw./Kind 108/67 NZ$; ⏱Nov.–April) Das Unternehmen bietet u. a. geführte Wanderungen auf dem Routeburn Track, die Grand Traverse und viele weitere Wanderungen an.

Glacier Explorers BOOTSTOUR

(☎0800 686 800, 03-435 1809; www.glacierexplorers.com; pro Pers. 145 NZ$) Ausflüge zum See am Ende des Tasman Glacier. Die Touren beginnen mit einem 20-minütigen Marsch am Ufer des Lake Tasman entlang, dann steigt man in eigens dafür konstruierte MAC-Boote, mit denen man ganz nahe an die 300 Jahre alten Eisberge heranfährt. Buchen kann man die Ausflüge am Tourenschalter im Hermitage.

Glacier Sea-Kayaking KAJAKFAHRT

(☎03-435 1890; www.mtcook.com; ⏱Anfang Okt.–Ende April) Kajaktouren um die Eisberge in den Gletscherbuchten im Hooker Valley. Man hat die Wahl zwischen dem Tasman Glacier Lake (halber Tag, 145 NZ$ pro Pers.) und dem Mueller Glacier Lake (3 Std., 135 NZ$ pro Pers.; ideal für Anfänger). Buchung im Old Mountaineers Cafe.

Alpine Recreation WANDERN

(☎0800 006 096, 03-680 6736; www.alpinerecreation.com) Das Unternehmen in Lake Tekapo organisiert geführte Wanderungen im Hochland sowie Bergsteigerkurse und Skitouren. Auch im Sommer gibt es Kletterkurse und geführte Gipfeltouren auf den Mt. Cook und Mt. Tasman.

Alpine Guides WINTERSPORT

(☎03-435 1834; www.alpineguides.co.nz; Retail Centre, The Hermitage) Skitouren, Heli-Skiing sowie Klettertouren und Bergsteigerkurse.

Southern Alps Guiding WINTERSPORT

(☎03-435 1890, 027 342 277; www.mtcook.com) Bietet Heli-Skiing und -Snowboarden z. B. am Tasman Glacier. Infos erteilt das Old Mountaineers Cafe.

Glentanner Horse Trekking REITEN
(☎03-435 1855; www.glentanner.co.nz; Ausritte 1/2/3 Std. 60/80/150 NZ$; ⊙Nov.–April) Ausritte mit Führer auf dem Gelände einer Schafstation im Hochland. Anfänger wie Fortgeschrittene sind willkommen.

Geführte Touren

Mount Cook Ski Planes RUNDFLÜGE
(☎0800 800 702, 03-430 8034; www.mtcookskiplanes.com) Das Unternehmen am Mt. Cook Airport bietet 40-minütige (Erw./Kind 405/295 NZ$) und 55-minütige (Erw./Kind 530/405 NZ$) Rundflüge mit Zwischenlandungen im Schnee. Rundflüge ohne Zwischenlandungen sind billiger: Der Mini-Tasman-Flug etwa kostet pro Erw./Kind 275/225 NZ$.

Helicopter Line RUNDFLÜGE
(☎03-435 1801, 0800 650 651; www.helicopter.co.nz) Im Glentanner Park starten 20-minütige Alpine-Vista-Flüge (215 NZ$), ein atemberaubender halbstündiger Flug über die Ben Ohau Range (295 NZ$) sowie der 45-minütige Mountains-High-Flug über den Tasman Glacier zum Mt. Cook (399 NZ$). Alle Flüge beinhalten eine Landung im Schnee.

Tasman Valley 4WD Argo Tours GELÄNDEWAGENTOUREN
(☎0800 686 800, 03-435 1601; www.mountcooktours.co.nz; Erw./Kind 75/37,50 NZ$; ⊙ganzjährig) Eineinhalbstündige Touren in Argos (Fahrzeugen mit Achtradantrieb!) zum Tasman Glacier und seinem See. Unterwegs sieht man herrliche Alpenpflanzen und erfährt viele interessante Geschichten. Die Buchung erfolgt im Voraus übers Internet (zu empfehlen) oder am Tourenschalter im Hermitage Hotel.

Schlafen

Die Unterkünfte im Mt. Cook Village sind teurer als jene in Twizel, aber der Nervenkitzel, so nahe an den Bergen aufzuwachen, lohnt den Aufpreis.

Camper und Wanderer können die **öffentliche Schutzhütte** (⊙Okt.–April 8–19 Uhr, Mai–Sept. bis 17 Uhr) im Dorf nutzen, in der es fließendes Wasser, Toiletten und Münzduschen gibt. Übernachten kann man dort jedoch nicht.

Aoraki/Mt. Cook Alpine Lodge LODGE $$
(☎03-435 1860; www.aorakialpinelodge.co.nz; Bowen Dr.; DZ 159–189 NZ$, 3BZ & 4BZ 164 NZ$, FZ 220–240 NZ$; @📶) Die moderne Lodge mit Doppel-, Zweibett- und Familienzimmern ist die beste Unterkunft im Ort. Türkische Läufer und Fußbodenheizung sorgen für warme Füße. Gemeinsam nutzen die Gäste den großen Lounge-Bereich mit offener Küche sowie den Grillbereich im Freien umrahmt von einer grandiosen Bergkulisse. Bleibt nur die Frage zu klären, wer den Grillmeister spielt.

Mt. Cook Backpackers HOSTEL $
(☎03-436 1653, 0800 100 512; www.mountcookbackpackers.co.nz; Bowen Dr.; B 38 NZ$, DZ & 2BZ 135 NZ$, Apartment 170 NZ$; @📶) Das frisch renovierte und aufgemöbelte zweistöckige Hostel bietet Vierbett-, Zweibett- und Doppelzimmer sowie Selbstversorger-Apartments mit Küchenzeile. Alle Zimmer haben Bad und Balkon, von dem man tolle Sicht auf die Berge hat. Im Haus befindet sich auch das Chamois Bar & Grill.

Hermitage HOTEL $$$
(☎0800 686 800, 03-435 1809; www.hermitage.co.nz; Terrace Rd.; Zi. 239–599 NZ$; @📶) Dieser weitläufige Komplex ist seit langem schon *die* Unterkunft des Dorfes. Die gut ausgestatteten Zimmer in A-förmigen Chalets (DZ 269 NZ$) bieten Platz für bis zu vier Personen und haben eine Küche. Im Angebot stehen auch Moteleinheiten (239 NZ$) und renovierte Zimmer in den Flügeln des Haupthauses. Die teuersten Gästezimmer sind wirklich nobel und genügen hohen Ansprüchen; sie haben riesige Panoramafenster mit Blick zum Mt. Cook.

Mt. Cook YHA HOSTEL $
(☎03-435 1820; www.yha.co.nz; Ecke Bowen Dr. & Kitchener Dr.; B 37 NZ$, DZ & 2BZ 118 NZ$; @📶) Die exzellente Jugendherberge bietet eine kostenlose Sauna, einen Raum zum Wäschetrocknen, wärmendes Kaminfeuer und DVDs. Die Zimmer sind sauber und geräumig. Es gibt auch familien- und behindertengerechte Zimmer. Man sollte ein paar Tage im Voraus buchen. Wer in die Berge zum Wandern geht, kann hier auch sein Gepäck aufbewahren.

Glentanner Park Centre CAMPINGPLATZ $
(☎0800 453 682, 03-435 1855; www.glentanner.co.nz; SH80; Stellplatz ab 34 NZ$, B 28 NZ$, Hütte 80–155 NZ$) Die Anlage am Nordufer des Lake Pukaki ist der dem Nationalpark am nächsten gelegene komplett ausgestattete Campingplatz. Von hier hat man einen tollen Blick auf den Mt. Cook 25 km im Norden. Es gibt verschiedene Hütten und Mo-

teleinheiten, einen Schlafsaal (Okt.–April) und ein Restaurant. Außerdem kann man hier Touren und andere Unternehmungen buchen.

Unwin Lodge HOSTEL $
(☎03-435 1100, 027 817 6860; www.alpineclub.org.nz; SH80; B 30 NZ$) Die Lodge liegt etwa 3,5 km vor dem Dorf und gehört dem New Zealand Alpine Club (NZAC). Clubmitglieder werden bevorzugt, aber in der Regel kriegen auch andere Bergfreunde noch ein Bett. Hier gibt es einen frisch renovierten Schlafsaal mit einfachen Stockbetten und einen großen Gemeinschaftsraum mit Kamin und Küche.

White Horse Hill Camping Area CAMPINGPLATZ $
(☎03-435 1186; Hooker Valley; Erw./Kind 10/5 NZ$) Der einfache DOC-Campingplatz, bei dem man sich bei der Ankunft selbst eintragen muss, liegt am Ausgangspunkt des Hooker Valley Track, 2 km vom Aoraki/Mt. Cook Village entfernt. Es gibt hier fließendes Wasser (vor dem Trinken abkochen!) und Toiletten, aber weder Stromanschluss noch Kochgelegenheiten.

Essen & Ausgehen

Old Mountaineers Café, Bar & Restaurant RESTAURANT $$
(www.mtcook.com; Bowen Dr.; Mittagessen 17–24 NZ$, Abendessen 22–35 NZ$; @📶) In den Wintermonaten ist es drinnen urgemütlich, und im Sommer sitzt man draußen mit Blick auf die Berge. Serviert werden ausgezeichnete Burger, Pizzas, Pasta und Salate aus vorwiegend biologisch angebauten, frei laufenden und gentechnikfreien Zutaten sowie mit Fleisch von freilaufenden Geflügel – eine günstige Alternative zu den Restaurants im Hermitage. Mit dem Betrachten der Schwarz-Weiß-Fotos und des Bergsteiger-Sammelsuriums kann man sich gut die Zeit vertreiben.

Glentanner Restaurant CAFÉ $
(SH80, Glentanner; Gerichte 10–20 NZ$) Diese Einrichtung erinnert eher an eine Schul-Cafeteria, aber die herzhaften und deftigen Kiwi-Klassiker schmecken richtig gut. Nach einem Steak-Sandwich oder Fish & Chips ist man wohl auch für die längste Erkundungstour gestärkt.

Hermitage RESTAURANT $$
(☎0800 686 800, 03-435 1809; www.hermitage.co.nz; Terrace Rd.) Im Hotel Hermitage findet man mehrere Speiselokale, darunter auch ein Café, in dem man leichte Mahlzeiten und Pizzas gereicht bekommt. Im Nobelrestaurant Panorama Room (Hauptgerichte 35–42 NZ$) und in dem Alpine Room gibt es ein Frühstück-, ein Mittags- ein und Abendbüfett.

Chamois Bar & Grill PUB
(www.mountcookbackpackers.co.nz; Bowen Dr.) Das Chamois Bar & Grill ist im oberen Stock des Mt. Cook Backpackers, 500 m vom YHA, untergebracht. Neben ordentlichen Mahlzeiten werden den Gästen ein Billardtisch, Großbildschirm-TV und zuweilen Livemusik geboten.

Shoppen

Alpine Guides OUTDOOR-EQUIPMENT
(www.alpineguides.co.nz; Retail Centre, The Hermitage; ⏲8–17 Uhr) Dieser Laden führt neben Reiseklamotten auch Ausrüstungen für Bergsteiger. Eispickel, Steigeisen sowie Ruck- und Schlafsäcke können hier ausgeliehen werden.

Praktische Informationen

Einkaufen und tanken kann man in Twizel und Lake Tekapo. Der nächste Geldautomat steht in Twizel.

DOC Aoraki/Mt. Cook Visitor Centre
(☎03-435 1186; www.doc.govt.nz; 1 Larch Grove; ⏲Okt.–April 8.30–17 Uhr, Mai–Sept. 8.30–16.30 Uhr) In diesem Besucherzentrum bekommt man Informationen zu Wetterbedingungen, geführten Touren und Wanderrouten, Wanderer können außerdem Signalleuchten ausleihen (35 NZ$). Das Zentrum präsentiert auch ausgezeichnete Ausstellungen zu Flora, Fauna und Geschichte der Region. Die meisten Unternehmungen kann man hier direkt buchen. Wanderer müssen hier, aus Sicherheitsgründen, vor dem Aufbruch eine Karte mit Ziel, Datum etc. ausfüllen.

An- & Weiterreise

Dieser kleine Flugplatz des Dorfes wird ausschließlich von Rundflugunternehmen genutzt. Einige von ihnen lassen sich eventuell überreden, ihren Rundflug mit dem Transport an die Westküste (z. B. Franz Josef) zu verbinden, die Flüge sind allerdings stark von Wind und Wetter abhängig.

Busse von **InterCity** (www.intercity.co.nz) verkehren zwischen Mt. Cook und Christchurch (5 Std.), Queenstown (4 Std.) und Wanaka (mit Umsteigen in Tarras; 4¼ Std.). Die Busse halten vor dem YHA und dem Hermitage (in beiden kann man Sitzplätze reservieren).

TITANIC-STIMMUNG AUF DEM LAKE TASMAN

Das Letzte, was man wenige Kilometer vor Neuseelands höchstem Berg zu sehen erwartet, ist ein Labyrinth aus riesigen Eisbergen – als befände man sich in einer der Polregionen der Erde. Es fühlt sich surreal an, in einem Schlauchboot zwischen den 500 Jahr alten Eisinseln auf dem Lake Tasman im Aoraki/Mt. Cook National Park zu fahren. Vielleicht hat sich in der Nacht über alles eine Puderzuckerschicht aus Schnee gelegt: Schon die kann einen Eisberg aus dem Gleichgewicht bringen, sodass er im eiskalten Wasser trudelt und rotiert. Kommt noch leichter Wind dazu, kann sich der Standort der schwimmenden Inseln stündlich ändern.

Das Eis mag Jahrhunderte alt sein, aber den See gibt es erst seit wenigen Jahrzehnten. Der Lake Tasman entstand vor rund 30 Jahren, als gigantische Eisbrocken von der Zunge des Tasman Glacier abbrachen. Der mit Eis übersäte See ist ständigen Veränderungen ausgesetzt, und immer besteht die Gefahr, dass einer der Eisberge zerbricht. Am 22. Februar 2011 führte das Erdbeben in Christchurch dazu, dass vom Tasman-Gletscher ein 30 Mio. t schwerer Brocken abbrach. Der 1,3 km lange und 300 m hohe Klotz verursachte damals riesige Wellen, die in die Touristenboote schwappten. (Glücklicherweise wurde dabei niemand verletzt.)

Die Auswirkungen des Klimawandels werden den Tasman Lake, einen der jüngsten und kältesten Seen des Landes, weiter anwachsen lassen. Schätzungen zufolge wird er letztendlich eine Länge von 16 km erreichen.

Die **Cook Connection** (☎0800 266 526; www.cookconnect.co.nz) bietet Busverbindungen nach Twizel (1 Std.) und Lake Tekapo (2 Std.). Ab diesen Orten fahren Busse nach Christchurch, Queenstown, Wanaka und Dunedin.

Wer selbst fährt, tankt am besten in Lake Tekapo oder Twizel voll. In Mt. Cook gibt es zwar auch Benzin, aber das ist sehr teuer, und den Tankwart muss man extra vom Hermitage herbeizitieren (gegen Gebühr).

Dunedin & Otago

Inhalt »

Gut essen

» Dunedin Farmers Market (S. 618)

» Plato (S. 616)

» Riverstone Kitchen (S. 642)

» Fleur's Place (S. 646)

» Mt Difficulty Wines (S. 629)

Schön übernachten

» Arden Street House (S. 614)

» Kaimata Retreat (S. 627)

» Sublime Bed & Breakfast (S. 644)

» The Church Mouse (634)

Auf nach Dunedin & Otago!

Die Küste von Otago besitzt einen Charme, der sich aus der reizvollen Mischung von Urbanität und Ländlichkeit ergibt, ihr Besuch bietet Gelegenheit, den Menschenmengen in Queenstown zu entkommen, in der lässigsten Stadt der Südinsel auf Partys zu gehen oder Wildtieren so nahe zu kommen wie nirgendwo sonst auf der Insel.

Das historische Herz Otagos schlägt in Dunedin. In erstklassigen Bars, Restaurants und Cafés ist viel Raum für eine lebendige studentische Kultur und Kunstszene. Vom herrschaftlichen viktorianischen Bahnhof von Dunedin fahren die Züge der berühmten Taieri Gorge Railway ins Landesinnere, von dort kann man zu Fuß, per Rad oder hoch zu Ross auf dem Otago Central Rail Trail durch eine Landschaft voll herber Schönheit reisen.

Wer auf der Suche nach dem provinziellen Neuseeland ist, findet in Clyde historische Spuren, in St. Bathans eine stimmungsvolle Atmosphäre und im ländlichen Naseby eine schöne Landschaft. Der Tierwelt kommt man auf der Otago-Halbinsel am nächsten, dort lassen sich Pinguine, Albatrosse, Seelöwen und Neuseeländische Seebären leicht beobachten. Der Küstenort Oamaru besitzt ein wundervolles historisches Viertel, Pinguinkolonien und eine einzigartige Neigung zur Steampunk-Kultur.

In sich ruhend und mit landschaftlicher Schönheit gesegnet hat Otago jenen Entdeckungsreisenden viel zu bieten, die auf der Suche nach dem weniger spektakulären Neuseeland sind.

Reisezeit

Im Februar und März herrscht ein beständiges, sonniges Wetter (meistens...), der betörende Duft frischer Aprikosen, Pfirsiche und Kirschen durchzieht die Luft. Die ruhigeren Monaten Mai und Dezember sind ideal für eine Radtour entlang des Otago Central Rail Trail, bei den Victorian Heritage Celebrations von Oamaru (Nov.) kann man graziös auf einem Hochrad in die Vergangenheit radeln.

Highlights

1. Die vielen Cafés und Restaurants von **Dunedin** (S. 609)
2. Der Charme des Nordufers von **Otago Harbour** (S. 621)
3. Die Pinguine und Albatrosse, Seelöwen und Seebären auf der **Otago Peninsula** (S. 623)
4. Eine Radtour auf dem **Otago Central Rail Trail** (S. 631)
5. In **Bannockburn** (S. 629) einen vorzüglichen Pinot Noir probieren
6. Eine kurvenreiche Fahrt mit der **Taieri Gorge Railway** (S. 622) durch Schluchten, über hohe Viadukte und an steilen Flusstälern entlang
7. Das kulturelle Erbe des neuseeländischen Südens in den Dörfern **Clyde** (S. 630) und **Naseby** (S. 634)
8. Die Altstadt von **Oamaru** (S. 637): historische Gebäude und Steampunk-Kunst

Anreise & Unterwegs vor Ort

Air New Zealand (☎0800 737 000; www.airnewzealand.co.nz) bietet Flüge von Dunedin nach Christchurch, Wellington und Auckland an. In Australien werden Brisbane, Sydney und Melbourne angeflogen. **Virgin Australia** (www.virginaustralia.com) verbindet Dunedin mit Brisbane; **Jetstar** (☎0800 800 995; www.jetstar.com) fliegt nach Auckland.

Zu den größeren Bus- und Shuttlebus-Unternehmen zählen InterCity (S. 622), Atomic Shuttles (S. 622), Bottom Bus (S. 622), **Catch-A-Bus** (☎03-449 2024; www.catchabus.co.nz), Naked Bus (S. 622) und Wanaka Connexions (S. 622).

DUNEDIN & OTAGO PENINSULA

Dunedin liegt am Ende des Otago Harbour und gibt sich mit ihren vielen Bars und Lokalen überraschend künstlerisch. Wer es schafft, sich von der Livemusik und der Cafészene der Stadt loszueisen, kann auf kurzen Tagesausflügen (oder auch längeren Trips) die raue Otago Peninsula und den nördlichen Hafen erkunden, wo jede Menge wilde Tiere und ein großes Angebot an Outdoor-Aktivitäten warten.

Dunedin

123 000 EW.

Dunedins gedrungener Ortskern vereint Historisches mit Zeitgenössischem, was sich in den reizvollen Museen und den verlockenden Bars, Cafés und Restaurants widerspiegelt. Holzvertäfelte Häuser, von stattlich bis heruntergekommen, zieren den hügeligen Stadtrand, und viktorianische Basaltsteingebäude dominieren das Stadtzentrum. Die älteste Universität des Landes fördert eine studentische Atmosphäre, die der Motor für die gutgehende Theater- und Livemusikszene und für das Nachtleben ist.

Dunedin ist eine unkomplizierte Stadt, in der man es gut ein paar Tage aushält. Viele Reisende bleiben häufig länger als geplant und erholen sich vom hektischen Queenstown. Ein Grund ist sicherlich auch die faszinierende Tierwelt der Otago Peninsula ganz in der Nähe.

MAORI IN DUNEDIN & OTAGO

Vor der Besiedlung durch die Europäer war die Region Otago unter dem Namen Otakou bekannt, der noch in der Bezeichnung *Otakou marae* (Versammlungsort der Maori an den äußeren Rändern der Otago Peninsula) erhalten ist.

Das Otago Museum (S. 609) von Dunedin besitzt die schönste Maori-Exponate der Südinsel, u. a. ein Kriegskanu (*waka*) mit aufwendigen Schnitzereien und feine Jadearbeiten (*pounamu*). Ein lohnender Ausflug führt ins Waitaki Valley, wo es Felskunst der Maori zu sehen gibt.

Geschichte

Die frühe Geschichte der Region von Otakou ist eine extrem blutige Angelegenheit: Es gab eine Fehde zwischen den drei Stämmen der Halbinsel, die Anfang des 19. Jhs. eskalierte. Auf den brutalen Krieg folgten Rassenkonflikte sowie verheerende Epidemien, die durch die Robbenjagd und den Walfang vor der Küste ins Land eingeschleppt wurden. Die ersten europäischen Siedler, zwei Schiffsladungen mit frommen, fleißigen Schotten, landeten 1848 in Port Chalmers. Darunter befand sich auch der Neffe des Nationalheiligen der schottischen Dichtung, Robert Burns. Auf die Tatsache, dass die Stadtgründer Schotten waren, ist man heute noch mächtig stolz: Eine Statue von Burns wacht über das Stadtzentrum, es gibt jedes Jahr ein paar schottische Feste mit Haggis und Dudelsackmusik und die Stadt hat sogar ihr eigenes Schottenkaromuster.

Sehenswertes

Einige beliebte touristische Zielen liegen außerhalb Dunedins, z. B. die Otago Peninsula, der Otago Central Rail Trail und die Bahnstrecke Taieri Gorge Railway.

Otago Museum MUSEUM

(www.otagomuseum.govt.nz; 419 Great King St.; Eintritt: Spende; ⏲10–17 Uhr) Hier geht es um die Kultur und Geologie Otagos, der Bogen spannt sich von der Epoche der Dinosaurier bis in die Gegenwart. Die Galerie Tangata Whenua Maori beherbergt ein eindrucksvolles Kriegskanu (*waka taua*), wunderbar verwitterte alte Schnitzereien und schöne Arbeiten aus Jade (Grünstein, *pounamu*). Wer die Pinguine und Albatrosse der Halbinsel bereits gesehen hat, wird die naturkundliche Sammlung des Museums umso faszinierender finden. Besucher können sich thematischen Führungen anschließen (12 NZ$, auf der Website stehen Uhrzeiten und Themen). Für Kinder konzipiert ist die Discovery World (Erw./Kind/Fam. 10/5/25 NZ$). Auf der Website werden außerdem die ausnahmslos hervorragenden Wechselausstellungen und die Galeriegespräche näher vorgestellt.

GRATIS **Otago Settlers Museum** MUSEUM
(www.otago.settlers.museum; 31 Queens Gardens; ⏲10–17 Uhr) Die vielseitige Sammlung erzählt aus dem Leben früher Neuseeländer: Maori und Schotten, Walfänger und Farmer. Liebhaber von Motoren und Eisenbahnen werden sich für den alten Buick Straight Eight und die Dampfmaschine von 1872 begeistern, die im fantastischen Eingangsbereich des Museums ausgestellt sind. Eine 38 NZ$ Mio. teure Modernisierung im Jahr 2012 hat viele neue interaktive Ausstellungen gebracht.

Railway Station HISTORISCHES GEBÄUDE
(Anzac Ave.) Wenn man die Mosaikfußböden und herrlichen Buntglasfenster des faszinierenden Jugendstilbahnhofs von Dunedin sieht, dann glaubt man gerne, dass der Bahnhof das am häufigsten fotografierten Bauwerk Neuseelands ist! Der Bahnhof beherbergt die New Zealand Sports Hall of Fame (S. 611), den Dunedin Farmers Market (S. 618) und ist der Abfahrtsbahnhof der Taieri Gorge Railway (S. 622). Wer früh dran ist, kann im Café vorher noch eine köstliche Haggis-Pastete (5 NZ$) probieren.

Orokonui Ecosanctuary TIERRESERVAT
(www.orokonui.org.nz; Erw./Kind/Fam. 15,90/7,90/39,90 NZ$; ⏲9.30–16.30 Uhr) Das 300 ha große Naturschutzgebiet liegt am Nordufer von Otago Harbour. Es wurde mit dem Ziel geschaffen, all jene einheimischen Tierarten, die auf kleinen, vorgelagerten Inseln eine Art Exil gefunden hatten, in einem neuen Schutzgebiet wiederanzusiedeln, in dem sie vor Fressfeinden geschützt sind. Rund 20 verschiedene Vogelarten haben im Schutzgebiet bereits eine neue Waldheimat gefunden. Besucher haben die Möglichkeit, einen Rundgang zu machen oder an verschiedenen Führungen teilzunehmen: Eine einstündige Führung beginnt täglich um 11 Uhr (Erw./Kind/Fam. 29,90/14,90/74,90 NZ$), eine zweistündige Tour täglich um 13.30 Uhr(Erw./Kind/Fam. 44,90/22,50/112,50 NZ$). Die zweistündigen Dämmerungswanderungen (Erw./Kind/Fam. 69,90/39,90/186 NZ$) beginnen jeweils Dienstag und Sonntag eine Stunde vor Sonnenuntergang. Die aktuellen Uhrzeiten sind auch auf der Website nachzulesen. Das Schutzgebiet wird auch im Rahmen der kombinierten Orokonui-Express-Rundfahrt besucht, auf der man mit Zug und Auto unterwegs ist. Diese beginnt mit einer Fahrt im Seasider-Zug (S. 622) am Bahnhof Dunedin; Nähere Informationen ist auf der Website und bei der i-SITE zu erfahren.

KURZINFOS: DUNEDIN & OTAGO

» **Essen** Unter freiem Himmel an den Ständen des Dunedin Farmers Market

» **Trinken** Die Biere aus Dunedins Brauereien Emerson und Green Man

» **Lesen** *Wenn Eulen schreien (Owls Do Cry)* von Janet Frame aus Oamaru

» **Hören** *Tally Ho! Flying Nun's Greatest Bits,* (2011) eine Zusammenstellung zum 30-jährigen Bestehen des Labels Flying Nun Records

» **Sehen** *Scarfies* (1999), über mörderische Studenten der Universität Dunedin

» **Festival** Victorian Heritage Celebrations in Oamaru (Ende Nov.)

» **Ökologisch reisen** Auf Zehenspitzen zu den Stränden der Otago-Halbinsel laufen – auf der Suche nach Gelbaugenpinguinen

» **Online** www.dunedinnz.com, www.centralotagonz.com

» **Vorwahl** ☎03

GRATIS **Public Art Gallery** GALERIE
(www.dunedin.art.museum; 30 The Octagon; ⏲10–17 Uhr) Die Kunstszene Neuseelands präsentiert sich in den großzügig gestalteten Räumen der Public Art Gallery von Dunedin. Die Dauerausstellungen zeigen hauptsächlich Werke der Moderne, eine große neuseeländische Sammlung ist zahlreichen einheimischen Künstlern gewidmet, darunter Ralph Hotere und Frances Hodgkins, Colin McCahon sowie C. F. Goldie und seinen alten Ölmalereien. Eine schlichte Eisentreppe führt zu großartigen Aussichtspunkten hinauf.

New Zealand Sports Hall of Fame MUSEUM
(www.nzhalloffame.co.nz; Dunedin Railway Station; Erw./Kind 5/2 NZ$; ⌚10–16 Uhr) In der New Zealand Sports Hall of Fame können Besucher versuchen, die Durchschnittsgeschwindigkeit der Radrennfahrerin Karen Holliday (45,629 km/h) zu überbieten oder die Spieltechnik George Nepias, Rugby-Union-Spieler der Nationalmannschaft, zu ergründen.

GRATIS **Temple Gallery** GALERIE
(29 Moray Pl.; ⌚Mo–Fr 10–18, Sa 10–14 Uhr) Eine Treppe führt zur Temple Gallery hinauf. Das Gebäude war die erste Synagoge von Dunedin (bis 1864) und beherbergte dann 30 Jahre lang einen Tempel der Freimaurer. Spuren beider Funktionen sind im Gebäude, einem fantastischen Raum für Kunst, noch immer zu sehen. Die repräsentierten Künstler stammen meist aus Otago, die Ausstellungen wechseln regelmäßig.

GRATIS **Dunedin Botanic Gardens** GÄRTEN
(Ecke Great King St. & Opoho Rd.; ⌚Morgen- bis Abenddämmerung) Die botanischen Gärten der Stadt wurden um 1860 angelegt und erstrecken sich über ein schattiges 22 ha großes Gelände. Für Kinder gibt es einen Spielplatz, für Hungrige ein Café.

Baldwin Street STRASSE
Sie gilt (laut *Guinness-Buch der Rekorde*) als die steilste Wohnstraße der Welt und weist ein Gefälle von 1 zu 2,86 (35 %) auf. Vom Stadtzentrum führt der Weg 2 km nördlich an der Great King Street hinauf, bis die Straße links nach Timaru abbiegt. Dort führt eine schmale Straße nach rechts und geht in die North Road über. Nach 1 km liegt die Baldwin Street auf der rechten Seite. Alternativ kann man beim Octagon in einen Normanby-Bus einsteigen und beim Fahrer nachfragen. Beim alljährlichen „Gutbuster"-Rennen im Februar sind bis zu 1000 Athleten zu sehen, die zum obere Ende der Baldwin Street und zurück laufen. Der Rekord liegt bei etwas unter 2 Minuten.

Aktivitäten

Die Möglichkeiten zum Wandern und Kajakfahren sind an der Küste der Otago Peninsula exzellent.

Schwimmen, Surfen & Tauchen

St. Clair und St. Kilda sind beliebte Badestrände (am Strand von St. Clair kann es allerdings gefährliche Rückströmungen geben). Beide Strände weisen beständige, gute Brandungswellen (*left breaks*) auf, ebenso gut sind die Surfbedingungen bei Blackhead weiter im Süden und bei Aramoana an der Nordküste von Otago Harbour.

Vom Octagon in Dunedin fahren die Buslinien 8, 9, 28 und 29 zum Strand von St. Clair, die Busse der Linie 27 zum Strand St. Kilda.

St. Clair Pool SCHWIMMEN
(Esplanade, St. Clair Beach; Erw./Kind 5,70/2,60 NZ$; ⌚Nov.–März Mo–Fr 6–19, Sa & So 7–19 Uhr) Beheiztes Meerwasserfreibad.

Esplanade Surf School SURFEN
(☎455 8655; www.espsurfschool.co.nz; Kurs 1 Std. ab 60 NZ$) Surfschule am St. Clair Beach, bietet Ausrüstungen und Unterricht.

Moana Pool SCHWIMMEN
(60 Littlebourne Rd.; Erw./Kind 5,70/2,60 NZ$; ⌚Mo–Fr 6–22, Sa & So 7–19 Uhr) Wasserrutschen, Wellenmaschinen und Wellness.

Wanderungen

Der **Otago Tramping and Mountaineering Club** (www.otmc.co.nz) organisiert an den Wochenenden ein- und zweitägige Wanderungen, meist geht es zum Silver Peaks Reserve im Norden von Dunedin. Nichtmitglieder sind willkommen, müssen sich aber zuvor an die Tourbegleiter wenden.

TUNNEL BEACH WALKWAY

Der Tunnel Beach Walkway (hin & zurück 45 Min.; 20. Aug.–31. Okt. wegen der Geburt der Lämmer geschl.) führt über Ackerland, bevor er zu den Klippen am Tunnel Beach hinunterführt. Felsnadeln, Bögen und ungewöhnliche Felsformationen wurden vom wilden Pazifik geschaffen, Fossilien bedecken die Sandsteinklippen. Das beeindruckte den Gemeindepfarrer John Cargill so sehr, dass er von Hand einen Steintunnel bauen ließ, der seiner Familie Zugang zu abgelegenen Strandabschnitten verschaffte, wo sie picknicken konnte. Der Wanderweg erstreckt sich südwestlich von Dunedins Zentrum. Am besten nimmt man den Corstorphine-Bus vom Octagon nach Stenhope Cres und läuft 1,4 km entlang der Blackhead Road zur Tunnel Beach Road, dann weitere 400 m zum Anfang des Weges. Aufgrund starker Strömungen ist Schwimmen hier gefährlich.

MT. CARGILL-BETHUNES GULLY WALKWAY

Der Normanby-Bus bringt einen zum Anfang der Norwood Street, die zur Cluny

Dunedin

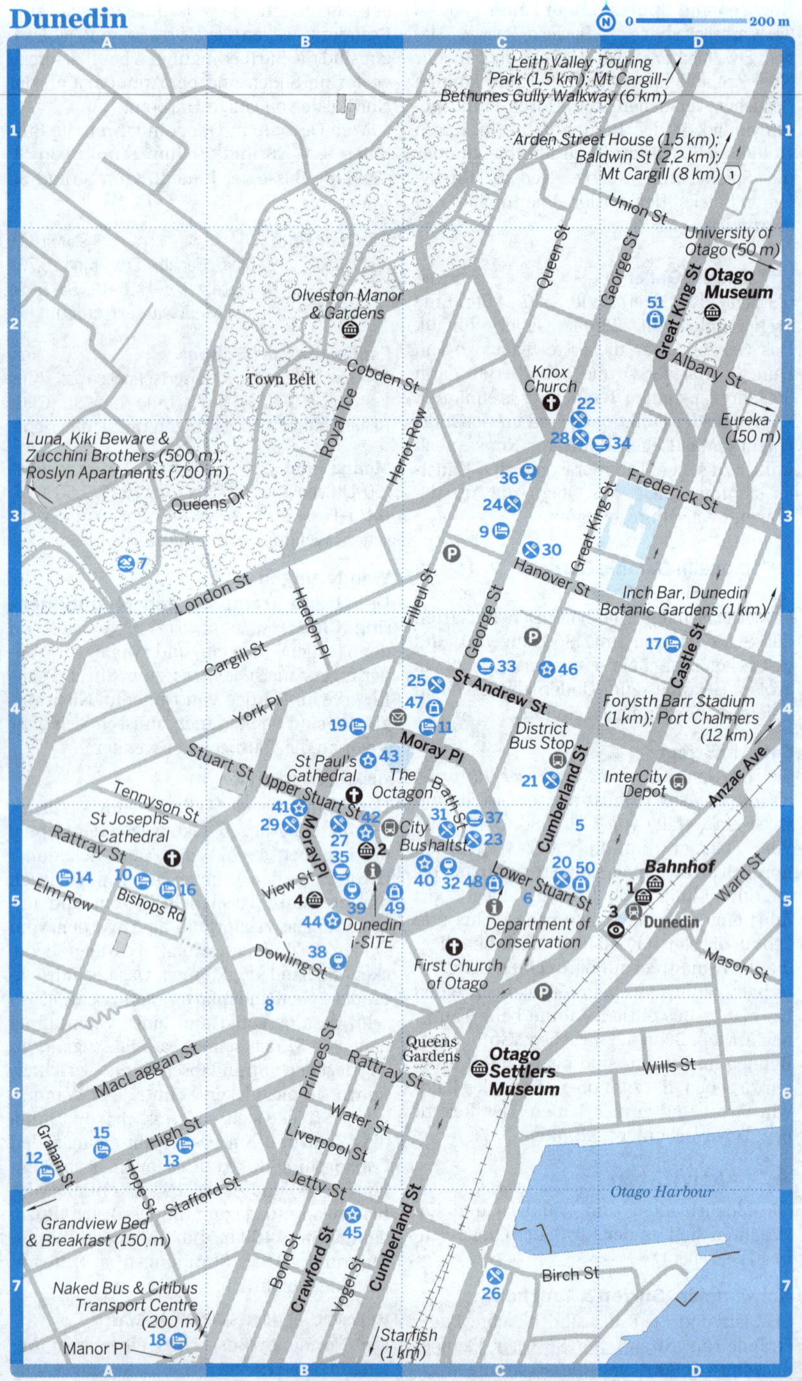

DUNEDIN & OTAGO DUNEDIN

Dunedin

Highlights

Otago Museum ... D2
Otago Settlers Museum ... C6
Railway Station ... D5

Sehenswertes

1 New Zealand Sports Hall of Fame ... D5
2 Public Art Gallery ... B5
3 Taieri Gorge Railway ... D5
4 Temple Gallery ... B5

Aktivitäten, Kurse & Touren

5 Cadbury World ... C5
6 Cycle Surgery ... C5
7 Moana Pool ... A3
8 Speight's Brewery ... B6

Schlafen

9 315 Euro ... C3
10 Brothers Boutique Hotel ... A5
11 Central Backpackers ... C4
12 Chalet Backpackers ... A6
13 Dunedin Palms Motel ... A6
14 Elm Lodge ... A5
15 Fletcher Lodge ... A6
16 Hogwartz ... A5
17 Living Space ... D4
18 Manor House Backpackers ... A7
19 On Top Backpackers ... B4

Essen

20 Best Cafe ... C5
21 Countdown Supermarket ... C4
Dunedin Farmers Market ... (siehe 3)
22 Governors ... C2
Guilty by Confection ... (siehe 20)
23 Izakaya Yuki ... C5
24 Modaks ... C3
Nova Cafe ... (siehe 2)
25 Paasha ... C4
26 Plato ... C7
Saigon Van ... (siehe 33)
27 Scotia ... B5
28 Seoul ... C3
29 Tangenté ... B5
30 The Good Oil ... C3
31 The Perc ... C5
Velvet Burger ... (siehe 31)

Ausgehen

32 Albar ... C5
33 Circadian Rhythm Café ... C4
34 Fix ... D3
35 Mazagran Espresso Bar ... B5
36 Mou Very ... C3
Pequeno ... (siehe 39)
Speight's Ale House ... (siehe 8)
37 Strictly Coffee ... C5
38 Tonic ... B5
39 XIIB ... B5

Unterhaltung

40 di lusso ... C5
41 Fortune Theatre ... B5
42 Hoyts Cinema ... B5
43 Metro Cinema ... B4
Pop ... (siehe 40)
44 Rialto Cinemas ... B5
45 Sammy's ... B7
46 Urban Factory ... C4

Shoppen

47 Bivouac Outdoor ... C4
48 De Novo Art Prints and Posters ... C5
49 Fern ... B5
50 Stuart St Potters Cooperative ... C5
51 University Book Shop ... D2

Street und zum Mt. Cargill-Bethunes Gully Walkway (hin & zurück 3½ Std.) führt. Der Höhepunkt ist die Aussicht vom Mt. Cargill (auch mit dem Auto zu erreichen). Vom Mt. Cargill führt ein Weg weiter zu den 10 Mio. Jahre alten, aus Lava geformten Organ Pipes und zur Mt. Cargill Road auf der anderen Seite des Berges, die man nach einer weiteren halben Stunde erreicht.

Klettern

Traditionelles Klettern (ohne Bohrhaken) ist beliebt am Long Beach und an den Klippen von Mihiwaka, beide sind über die Blueskin Road nördlich von Port Chalmers erreichbar, weitere Klettermöglichkeiten bestehen am Lovers Leap (mit bzw. ohne Bohrhaken) auf der Halbinsel.

Noch mehr Aktivitäten

Cycle Surgery RADFAHREN
(www.cyclesurgery.co.nz; 67 Lower Stuart St.; Tag 40 NZ$) Fahrradverleih und Informationen über Mountainbiketouren.

Hare Hill REITEN
(☎0800 437 837, 03-472 8496; www.horseriding-dunedin.co.nz; 207 Aramoana Rd.) Ausritte (75–210 NZ$), z. B. spannende Strandritte und Ausritte über das Farmland.

Geführte Touren

In der i-SITE von Dunedin erfährt man Näheres über spezielle Stadtführungen.

Cadbury World FABRIKBESICHTIGUNG
(www.cadburyworld.co.nz; 280 Cumberland St.; Erw./Kind/Fam. ab 14/7/37 NZ$; Lange Führung Mo–Fr 9–15.30 Uhr, kurze Führung Sa & So 9–15.30 Uhr) Die lange, 75-minütige Fabrikbesichtigung umfasst einen Vortrag zur Geschichte und Herstellung, einen „Wasserfall" aus flüssiger Schokolade und eine Kostprobe des köstlich mundenden Endprodukts. Bei der kürzeren, 45-minütigen Wochenendtour ohne Fabrikbesichtigung liegt die Betonung auf den süßen Kostproben. In einem Kombiticket (Erw./Kind 39/20 NZ$) ist auch der Besuch der Bierbrauerei Speight's enthalten.

Speight's Brewery BRAUEREI
(www.speights.co.nz; 200 Rattray St.; Erw./Kind/Fam. 23/10/48 NZ$) In der Brauerei Speight's wird seit der Zeit um 1800 Bier gebraut. Im Rahmen der 90-minütigen Führung (12, 14, 16, 18 Uhr, im Sommer auch 10 und 19 Uhr) werden Kostproben von sechs verschiedenen Bieren angeboten. Darunter sind beispielsweise frisches Pils, goldfarbenes Lagerbier, süffiges Brown Beer sowie kräftiges dunkles Ale und einige aromatisierte Biere.

First City Tours BUSTOUR
(Erw./Kind 20/10 NZ$; Busabfahrten beim Octagon 9, 10.15, 13, 14.15 & 15.30 Uhr) Eine Stadtrundfahrt mit beliebig vielen Ein- und Aussteigen im Doppeldeckerbus. Der Bus hält u. a. am Otago Museum, bei der Brauerei Speight's, bei den botanischen Gärten und an der Baldwin Street.

Tasty Tours ESSEN & WEIN
(03-453 1455, 021 070 1658; www.tastytours.co.nz; Erw./Kind ab 89/59 NZ$) Spezielle kulinarische Touren, bei denen es um das genussvolle Entdecken regionaler Fischspezialitäten, Käse, Schokolade und Bier geht.

Walk Dunedin SPAZIERGANG
(03-477 5052; 2 Std. 20 NZ$; 10 Uhr) Ein Stadtspaziergang auf historischen Spuren wird vom Otago Settlers Museum organisiert. Reservierungen nimmt die i-SITE vor, wo es auch eine Broschüre für Spaziergänge auf eigene Faust gibt (4 NZ$).

Walk This Way WANDERUNG
(03-473 8338; www.walkthisway.co.nz; pro Pers. 65–75 NZ$) Wanderwege im Buschland und an der Küste.

Wine Tours Otago WEINVERKOSTUNG
(021 070 1658, 03-453 1455; www.winetoursotago.co.nz; pro Pers. 159 NZ$) Ausflüge mit Weinverkostung durch den Distrikt Central Otago oder das Waitaki Valley.

Schlafen

Die meisten Unterkünfte sind vom Stadtzentrum aus leicht zu Fuß zu erreichen, bei manchen muss man allerdings auf dem Heimweg einen strapaziösen Weg bergauf in Kauf nehmen. Die überwiegende Anzahl der Motels liegt am nördlichen Ende der George Street.

LP TIPP **Arden Street House** B&B $
(03-473 8860; www.ardenstreethouse.co.nz; 36 Arden St.; EZ/DZ/2BZ/3BZ 50/60/60/90 NZ$, EZ/DZ inkl. Frühstück ab 75/85 NZ$; P @) Im Norden der Stadt, am Northeast Valley, liegt dieses Häuserpaar hoch an einem (steilen) Hang und bietet dort einen Biogarten und sehr freundliche Gastgeber. Verrückte Kunstwerke und ein Bullauge im Badezimmer finden die Gäste des B&B im Haupthaus vor. Leser äußerten sich begeistert über das Abendessen (15–25 NZ$), das mit Nachbarn, Künstlern und freiwilligen Helfern aus dem ökologischen Landbau (wwoofers) geteilt wird. Nebenan steht eine komfortable Backpacker-Villa (30 NZ$). Von der Innenstadt führt der Weg die North Road hinauf, dann rechts in die Glendining Street und links in die Arden Street.

Grandview Bed & Breakfast B&B $$
(03-474 9472, 0800 749 472; www.grandview.co.nz; 360 High St.; DZ inkl. Frühstück 125–200 NZ$; P @) Kühne Farben, frei liegende Ziegelwände und schicke Art-déco-Bäder sind die Highlights dieses familiengeführten B&B. Das Haus stammt von 1861, Grill- und Terrassenbereich haben einen schönen Hafenblick, es gibt viele sonnige Plätze und sogar ein kleines Fitnessstudio und eine Sauna. Die größeren Zimmer haben eigene Wellnessbäder.

Roslyn Apartments APARTMENT $$
(03-477 6777; www.roslynapartments.co.nz; 23 City Rd.; DZ 150–300 NZ$; P) Eine moderne Ausstattung und prachtvolle Ausblicke auf Stadt und Hafen bieten diese schicken Apartments, die nur einen kurzen Fußweg von den Restaurants und Cafés von Roslyn Village entfernt liegen. Ledermöbel und Designerküchen setzen edle Akzente. Es sind nur 10 Min. zu Fuß bergab zum Octa-

gon. Wem der Weg bergauf zu anstrengend ist, kann ein Taxi rufen.

315 Euro MOTEL **$$**
(☎0800 387 638, 03-477 9929; www.eurodunedin.co.nz; 315 George St.; DZ 150–250 NZ$; P 📶) Der elegante Gebäudekomplex liegt im Herzen der Haupteinkaufsstraße George Street, die am Abend zur Restaurant- und Bummelmeile wird. Moderne Studioapartments oder größere Apartments mit einem Schlafzimmer und voll ausgestatteten Küchen stehen zur Auswahl. Der Zugang durch eine Seitengasse ist etwas verzwickt, Schallschutz und doppelt verglaste Fenster dämpfen den unvermeidlichen Lärm der George Street.

Brothers Boutique Hotel BOUTIQUEHOTEL **$$$**
(☎0800 477 004, 03-477 0043; www.brothershotel.co.nz; 295 Rattray St.; DZ inkl. Frühstück 170–320 NZ$; P @ 📶) Die Zimmer und Räumlichkeiten dieses besonderen Hauses aus den 1920er-Jahren – damals ein Ordenshaus der Christlichen Brüder – wurden schöner restauriert, als es die Mönche sich hätten träumen lassen, wobei viele einzigartige Stilelemente erhalten wurden. Das Zimmer in der Kapelle (320 NZ$) besitzt noch die ursprünglichen Buntglasfenster. Von den Dachwohnungen öffnen sich den Gästen schöne Ausblicke auf die herrliche Umgebung.

Dunedin Palms Motel MOTEL **$$**
(☎0800 782 938, 03-477 8293; www.dunedinpalmsmotel.co.nz; 185-195 High St.; DZ 170–210 NZ$; P @ 📶) Einen kurzen Fußweg vom Speight's Ale House entfernt liegt das Palms Motel im Art-déco-Stil mit elegant eingerichteten Studios und Wohnungen mit einem und zwei Schlafzimmern an einem Innenhof. Die Gäste schlafen in direkter Nähe zum CBD, haben aber keinen langen Weg bergauf zu gehen.

Fletcher Lodge B&B **$$$**
(☎03-477 5552; www.fletcherlodge.co.nz; 276 High St.; DZ 325–595 NZ$, Apt. 650–750 NZ$; P @ 📶) Das prachtvolle Herrenhaus aus der Jahrhundertwende war Wohnsitz einer der wohlhabendsten Industriellenfamilien Neuseelands. Es liegt zwar nur wenige Gehminuten außerhalb der Stadt, dennoch vermitteln die geschützten Gärten ein wunderbares Gefühl der Abgeschiedenheit. Die Zimmer haben Stuckdecken und sind mit antiken Möbeln elegant und geschmackvoll ausgestattet.

Hotel St. Clair HOTEL **$$**
(☎03-456 0555; www.hotelstclair.com; 24 Esplanade; DZ 175–235 NZ$; 📶) Ausblicke auf den Pazifik und schicke, moderne Zimmer prägen die Strandatmosphäre des Hotels St. Clair. Die besten Cafés und Restaurants der Stadt liegen nur wenige Meter entfernt.

Hogwartz HOSTEL **$**
(☎03-474 1487; www.hogwartz.co.nz; 277 Rattray St.; B 25–28 NZ$, EZ 60 NZ$, DZ 62–76 NZ$; @ 📶) Um 1870 war das wunderschöne Gebäude die Residenz des katholischen Bischofs, heute ist es ein faszinierendes Labyrinth von komfortablen, sonnigen Zimmern, viele davon mit Hafenblick. Der Schlafsaal mit fünf Betten war das alte Speisezimmer des Bischofs. In einem renovierten, historischen Nachbarhaus befindet sich das neu eröffnete Coach House mit einer modernen Küche und behaglichen, zweckmäßig eingerichteten Zimmern mit eigenen Bädern (pro Pers. 45 NZ$).

Chalet Backpackers HOSTEL **$**
(☎0800 242 538, 03-479 2075; www.chaletbackpackers.co.nz; 296 High St.; B/EZ/DZ 26/40/60 NZ$; @ 📶) In diesem weitläufigen alten Bauwerk fühlen sich Gäste schnell wie zu Hause. Die Küche ist groß, sonnig und mit Blumen geschmückt, im Speiseraum steht eine einzelne lange Tafel, an der Tischnachbarn schnell ins Gespräch kommen. Außerdem gibt es einen kleinen Garten, einen Billardtisch, ein Klavier und Gerüchte von einem Gespenst.

Elm Lodge HOSTEL **$**
(☎03-474 1872; www.elmlodge.co.nz; 74 Elm Row; B/EZ/DZ ab 26/47/62 NZ$; @ 📶) Elm Lodge ist eine beliebte, lässige Unterkunft für Reisende, die Entspannung suchen. Die Zimmer sind ungewöhnlich, doch komfortabel eingerichtet, der hintere Garten – mit Wellness-Pool – ist wie geschaffen für einen Grillabend und ein kühles Bier. Von der Elm Lodge führt ein ziemlich steiler Weg in die Stadt (oder vielmehr aus der Stadt zurück).

Living Space HOTEL **$$**
(☎03-951 5000; www.livingspace.net; 192 Castle St.; DZ 89–119 NZ$; P @ 📶) Im zentral gelegenen Living Space finden Gäste in ihren Zimmern kleine Küchenzeilen in flippigen Farben und Möbel in ergonomischem Design vor. Das Hotel bietet die Möglichkeit, Wäsche zu waschen sowie eine riesige Gemeinschaftsküche, kommunikative Aufenthaltsräume und ein privates DVD-Kino. Ei-

rige Zimmer sind ziemlich eng, doch preiswert und trotzdem mit allem Notwendigen ausgestattet.

On Top Backpackers HOSTEL $
(☎03-477 6121, 0800 668 672; www.ontopbackpackers.co.nz; Ecke Filleul St. & Moray Pl.; B 26–27 NZ$, EZ 54 NZ$, DZ mit/ohne Bad 88/64 NZ$; @ᯤ) Ein modernes Hostel in guter Lage. Es befindet sich über einem Billardzimmer mit Bar und bietet eine große Sonnenterrasse, einen gemeinschaftlich genutzten Grillbereich und ein kostenloses, einfaches Frühstück. Die drei neuen Doppelzimmer mit eigenen Bädern haben Hotelniveau.

Central Backpackers HOSTEL $
(☎0800 423 6872; www.centralbackpackers.co.nz; 243 Moray Pl.; B/2BZ/DZ 27/66/70 NZ$; @ᯤ) Das Hostel im Herzen der Stadt besitzt ein einladendes, Gemeinschaftsfernsehzimmer und Küchenbereiche sowie in Person von Hauskater Gizmo einen freundlichen Gastgeber. In den Schlafsälen können vier bis zehn Gäste in Etagenbetten nächtigen, außerdem werden geräumige private Zimmer vermietet.

Manor House Backpackers HOSTEL $
(☎03-477 0484, 0800 477 0484; www.manorhousebackpackers.co.nz; 28 Manor Pl.; B 22–26 NZ$, EZ 53 NZ$, DZ 64–74 NZ$; @) Zwei herrschaftliche alte Villen inmitten von Gärten und Bäumen. Zum Angebot gehören Doppelzimmer, Zimmer für Familien sowie 10-Bett- und 8-Bett-Schlafsäle.

Leith Valley Touring Park CAMPINGPLATZ $
(☎0800 555 331, 03-467 9936; www.leithvalleytouringpark.co.nz; 103 Malvern St.; Stellplätze 36 NZ$, Wohnungen 56–106 NZ$; P@ᯤ) Dieser Campingplatz ist von Buschland umgeben, das von zahlreichen Wegen, Glühwürmchenhöhlen und einem Bächlein durchzogen ist. Separate, moderne Motelwohnungen bieten viel Platz, die Touristenwohnungen sind kleiner und uriger (Bettwäsche ist mitzubringen).

Essen

Preiswerte asiatische Restaurants finden sich gehäuft an der George Street rund um die Kreuzung zur St. Andrew Street. Die meisten bieten auch Gerichte zum Mitnehmen an.

Vom Octagon bergaufwärts gibt es in Roslyn gute Restaurants und Cafés, die Strandatmosphäre von St. Clair passt wundervoll zu einem ausgedehnten Brunch.

TIPP **Plato** MODERN-NEUSEELÄNDISCH $$
(☎03-477 4235; www.platocafe.co.nz; 2 Birch St.; Brunch 15–23 NZ$, Abendessen 27–33 NZ$; ⊙Mo–Sa 18 Uhr bis spätabends, So 11 Uhr bis spätabends) Ein ständiger Anwärter auf den Titel *Best of NZ gongs* der Zeitschrift Cuisine. Das Restaurant im Retrostil liegt in Hafennähe und hat eine überzeugende Bier- und Weinkarte. Einen Versuch wert sind z. B. das herausragende indische Fischcurry oder der gegrillte Lachs auf Kartoffelgnocchi. Zum sonntäglichen Brunch ist es nur ein kurzer Weg vom CBD. Reservierungen sind empfehlenswert.

Scotia RESTAURANT $$
(☎03-477 7704; www.scotiadunedin.co.nz; 199 Upper Stuart St.; Hauptgerichte 18–32 NZ$; ⊙Mo–Fr Mittagessen, Mo–Sa Abendessen) In einem gemütlichen, historischen Stadthaus ist das Scotia untergebracht, eine Huldigung an Schottland mit einer Wand voller Single-Malt-Whiskys und einer herzhaften Küche, die z. B. Räucherlachs und Kaninchen aus Otago bietet. Die beiden schottischen Roberts – Burns und Coltrane – blicken wohlgefällig auf eine Speisekarte herab, auf der auch Haggis, geröstete Ente und Whisky Pie zu finden sind.

Best Cafe FISH & CHIPS $$
(30 Stuart St.; ab 8 NZ$; ⊙Mittag- & Abendessen, Gerichte zum Mitnehmen bis spätabends) Fish & Chips gibt es hier seit 1932. Der Laden ist eine regionale Institution und weiß, wie man sich erfolgreich verkauft: So fehlen hier weder die Vinyltischdecken noch die handgeschnittenen Pommes frites und die Butterlocken auf dem Weißbrot. Zwei oder mehr Gäste können sich beispielsweise die Platte „Old School" teilen, auf der saftige Austern, Whitebait, Jakobsmuscheln, Tintenfischringe und einen Fisch nach Wahl zu finden sind (29,50 NZ$ oder 35 NZ$ mit Bluff-Austern).

Luna MODERN-NEUSEELÄNDISCH $$
(☎03-477 2227; www.lunaroslyn.co.nz; 314 Highgate; Mittagessen 13–22 NZ$, Abendessen 27–36 NZ$; ⊙11 Uhr bis spätabends) Die Wanderung nach Roslyn wird mit einem ungewöhnlich schönen Hafenblick von diesem hoch gelegenen Glaspavillon belohnt, weshalb man beim Reservieren nach einem Fensterplatz fragen sollte. Ungewöhnlich gut sind auch Gerichte wie Lachs in Algenblättern (Nori) mit Wasabi-Püree oder die Gnocchi mit Kürbis, Salbei und Walnüssen. Entspannend ist ein Getränk an der noblen

Bar mit Platten für mehrere Personen, auf denen sich z. B. Jakobsmuscheln mit Chili, Limone und Ingwer oder Wantans mit raffinierter Lachsfüllungfinden.

Zucchini Bros PIZZA **$$**
(www.zucchinibros.co.nz; 292 Highgate; Pizza & Pasta 15–21 NZ$; ⌚ab 17 Uhr) Natürlich, farbenfroh und quirlig ist Zucchini Bros, die In-Adresse für die Einwohner Dunedins, wenn es um gute Pizza und Pasta geht. Die Wände sind mit Arbeiten regionaler Fotografen bedeckt, Weine aus Central Otago und Biere von Emerson's (der lokalen Brauerei) sind die perfekte Ergänzung zu den Köstlichkeiten aus dem Holzofen und der Nudelwalze, so etwa Penne mit Kürbis, gerösteten Chilis und Hühnchen oder die Gourmet-Pizzen. Takeaways finden sich ebenfalls im Angebot des Hauses.

Paasha TÜRKISCH **$$**
(www.paasha.co.nz; 32 St. Andrew St.; Kebabs & Hauptgerichte 12–25 NZ$; ✍) Authentische türkische Kebabs, Dips und Salate werden in dieser altbewährten Institution von Dunedin verlässlich gut zubereitet. An den meisten Abenden ist der geräumige und gemütliche Raum voller Gäste, die beim türkischen Efes-Bier sitzen und gehäufte Platten voller köstlicher, orientalischer Gerichte miteinander teilen. Eine Spitzenadresse für Takeaways.

Izakaya Yuki JAPANISCH **$$**
(29 Bath St.; Gerichte 5–12 NZ$; ⌚Mo–Sa Mittagessen, Mo–So Abendessen; ✍) Entzückend und behaglich, mit einer riesigen Auswahl kleiner Gerichte zum Probieren. Damit ist das japanische Lokal eine wirklich wunderbare Adresse für ein spätes Abendessen oder ein entspanntes, in die Länge gezogenes japanisches Essen. Bei Sake oder Asahi-Bier vom Fass, Sushi und Sashimi sowie *Kushiyaki* (Grillspieße), beispielsweise Spargel mit Schinken, endet so mancher Abend später als geplant.

Saigon Van VIETNAMESISCH **$**
(66 St. Andrew St.; Hauptgerichte 10–15 NZ$; ⌚Di–So Mittag- & Abendessen; ✍) Die elegante Einrichtung wirkt asiatisch edel, die vietnamesische Küche schont jedoch die Reisekasse. Eine gute Wahl sind die verschiedenen Frühlingsrollen (6 Stück für 8 NZ$) sowie eine Flasche vietnamesisches Bier. Salate und eine Nudelsuppe (*pho*) mit Sojabohnensprossen sind ebenfalls eine gute Wahl.

Seoul KOREANISCH **$**
(11 Frederick St.; Mittagessen 8 NZ$, Hauptgerichte 15–17 NZ$; ⌚Mo–Sa 11–21 Uhr) Hinter der wenig anziehenden Fassade verbirgt sich ein Raum in warmem Orange. Hier machen sich Studenten fröhlich über gusseiserne Töpfe her, in denen authentische Gerichte der koreanischen Küche serviert werden. Zum Aufwärmen empfiehlt sich *dolsot bibimbap*, ein brutzelnd heißer Steintopf mit Reis und unzähligen Zutaten (15 NZ$), zum Abkühlen ein gehaltvolles Eis aus Adzukibohnen (3 NZ$).

The Perc CAFÉ **$**
(142 Lower Stuart St.; Hauptgerichte 10–18 NZ$) Immer gut besucht und das aus gutem Grund – das Perc ist ein grandioser Ort, um kraftvoll in den Tag zu starten. Der Stil ist eine Mischung aus Retro und Art déco, es gibt eine herzhafte Caféküche, die sich um Bagels mit Lachs, Panini und wärmenden Porridge dreht.

Kiki Beware CAFÉ **$**
(302 Highgate; Snacks & leichte Gerichte 8–15 NZ$; ⌚Mo–Fr) Das freundliche Stadtteilcafé hat treue Stammgäste unter den Einheimischen von Roslyn, sie kommen zu einem ausgezeichneten Kaffee herein, lesen in den zahlreichen Design- und Reisezeitschriften und wählen an der Theke exklusive Kleinigkeiten aus, z. B. erstklassige Bagels mit Lachs und feine Cupcakes.

Governors CAFÉ **$**
(438 George St.; Hauptgerichte 9–16 NZ$) Das Governors ist bei Studenten beliebt, die Auswahl an frühmorgendlichen Pfannkuchen und anderen leichten Gerichten ist ansprechend. Nach einer langen Nacht helfen ein starker Kaffee und ein üppiges Omelett wieder auf die Beine.

The Good Oil CAFÉ **$**
(314 George St.; Hauptgerichte 10–18 NZ$) Das elegante kleine Café ist die Spitzenadresse von Dunedin, wenn es um Kaffee und Kuchen geht (besonders gut sind der Zitronenkuchen mit saurer Sahne; 4 NZ$). Zum Wachwerden eignen sich einfallsreiche Brunchgerichte wie schmackhaftes Haschee aus Süßkartoffeln (Kumara) mit Räucherlachs (16 NZ$).

Nova Cafe CAFÉ **$$**
(29 The Octagon; Hauptgerichte 15–30 NZ$; ✍) Es überrascht nicht, dass dieser Anbau der Public Art Gallery viel Eleganz ausstrahlt.

Kuchen und kleine Gerichte werden mit großer Kreativität zubereitet, das Nova hat zudem einen Lizenz zum Wein- und Bierausschank. Zum Zeitvertreib können sich die Gäste in interessante Zeitschriften (die beste Auswahl von Dunedin) über Essen, Reisen und Kunst vertiefen.

Tangenté CAFÉ $
(111 Moray Pl.; Gerichte 7,50–17 NZ$; ⌚Di–Sa 8–15, So 9–15, Fr 16.30–21 Uhr; 🖉) Ein heiteres, einladendes Café mit Tischen, die nicht zusammenpassen, Spielzeug für Kinder, flippiger Hintergrundmusik und dem wundervollen Duft von frisch gebackenem Brot. Die Zutaten für die Küche stammen grundsätzlich aus Bio-, Freiland- und regionaler Erzeugung.

Modaks CAFÉ $
(337-339 George St.; Snacks & Gerichte ab 9 NZ$; 🖉) In diesem ausgefallenen kleinen Café mit Bar stehen stilwidrig Resopaltische und gemütliche Sofas, es ist beliebt bei Studenten und allen Freunden von entspanntem Reggae und einem guten Becher Tee. Großartige Eisbecher, Smoothies und Bier helfen im Sommer über die Hitze hinweg, knusprige Bagels und eine Kanne Tee wärmen im Winter von innen.

Circadian Rhythm Café CAFÉ
(72 St. Andrew St.; Curry-Büfett 10 NZ$; ⌚Mo–Sa 9–20 Uhr) Die Spezialität dieses veganen Cafés ist das indische Curry in Bioqualität, auch die Kuchen sind berühmt. Das Circadian Rhythm ist außerdem eine Musikbühne mit abwechslungsreichen interessanten Liveauftritten an allen Freitagabenden (ab 17.30 Uhr). Weniger gesund, aber ebenso gut sind die Biere der Brauereien Emerson's und Green Man aus Dunedin, die hier ausgeschenkt werden.

Starfish CAFÉ
(www.starfishcafe.co.nz; 7/240 Forbury Rd.; Hauptgerichte 18–30 NZ$) Das Starfish gehört zur aufstrebenden Restaurantszene am St. Clair Beach. Unter der Woche sind die Tische im Freien leichter zu ergattern als am Wochenende, wo es vor allem am Abend recht voll werden kann. Die Erfolgreichen können dann noch mal so schön die Gourmetpizzas (19,50 NZ$) und ein dazu passendes Glas Wein genießen. Am Abend sind die Gerichte raffinierter, dann gibt es z. B. Rinderfilet auf geräuchertem Schinken und Zwiebelpüree. Busse der Linien 8, 9, 28 und 29 fahren vom Octagon zum Strand.

Dunedin Farmers Market BAUERNMARKT $
(www.otagofarmersmarket.org.nz; Dunedin Railway Station; ⌚Sa 8–12.30 Uhr) Auf dem florierenden Dunedin Farmers Market stammt alles aus der Region und meistens auch aus biologisch-dynamischer Erzeugung und wird appetitlich präsentiert. Mit einem Falafel oder Espresso als Stärkung kann man die Vielfalt der angebotenen Waren aus vollen Zügen genießen. Anschließend folgt dann der Einkauf von frischem Fleisch, Fisch, Gemüse und Käse für die Weiterreise. Probieren sollte man auch das Biobier Green Man von einer einheimischen Brauerei.

Velvet Burger BURGER $
(150 Lower Stuart St.; Hauptgerichte 10–18 NZ$; ⌚11.30 Uhr bis spätabends; 🖉) Bei Velvet Burger werden auch alkoholische Getränke verkauft, am besten schmecken die Burger nach mehreren Bieren in einer langen Nacht. Es gibt eine zweite Filiale (375 George St.) mit den gleichen Öffnungszeiten.

Guilty by Confection SÜSSIGKEITEN $
(www.guiltybyconfection.co.nz; 44-46 Lower Stuart St.; ⌚Mo, Mi, Sa 10–16 Uhr, Do–Fr 12–17 Uhr) Handgemachte Schokolade, edle Pralinen, Karamellbonbons und andere Süßigkeiten sowie Geschenkideen.

Countdown Supermarket SUPERMARKT $
(309 Cumberland St.; ⌚6–24 Uhr) Für Selbstversorger, zentral gelegen.

Ausgehen

Mou Very BAR
(www.mouvery.co.nz; 357 George St.) Das winzige Mou Very ist bestimmt die kleinste Bar der Welt. Es ist nur 1,8 m breit, bietet aber den Funk- und Soul-DJ-Sessions, die an den meisten Freitagabenden ab 17 Uhr stattfinden, genug Raum. Es gibt nur sechs Barhocker, weshalb sich die unkonventionellen Stammgäste des Mou Very oft auch in der angrenzenden Gasse ausbreiten. Tagsüber kann man gemütlich Morgenkaffee oder Nachmittagsespresso trinken.

Eureka BAR
(www.eurekadunedin.co.nz; 116 Albany St.) Trotz der Nähe zu gelegentlichen studentischen Sofaverbrennungen in der benachbarten Hyde Street zieht das Eureka ein unterschiedliches Publikum von Studenten im ersten Semester bis hin zu grau melierten Lehrern und anderen Akademikern an. Das Essen ist herzhaft und preiswert. Das Eureka ist eine von mehreren Bars in Dunedin,

INSIDERWISSEN

RICHARD EMERSON, BIERBRAUER

Richard Emerson ist Chefbraumeister in der Emerson's Brewery, einem Wahrzeichen von Dunedin.

Welche Sorte von Emerson's ist das Bier der Biere von Dunedin? Unser Pilsener ist eine Interpretation des klassischen deutschen Pils und hat den charakteristischen Geschmack des neuseeländischen Hopfens – ein Sauvignon Blanc unter den Bieren.

Wo findet man die besten Orte in Dunedin, um ein Bier von Emerson's zu trinken? Die flippige Inch Bar (S. 619) bei den Botanic Gardens, Albar (S. 619) in Stuart Street und Eureka (S. 618), mittags immer eine Lieblingsadresse der Leute von der Uni. Tonic (S. 619) ist eine großartige Bar mit Bieren aus Microbrauereien, und in einer der schmalen Gassen von Dunedin liegt das Pequeno (S. 619) unweit vom Moray Place. Ein Muss ist auch Mou Very (S. 618), die winzige, schachtelartige Bar an der George Street.

Welches typische Gericht von Dunedin genießen Sie am liebsten zu einem Bier? Im Carey's Bay Hotel (S. 621) in Port Chalmers werden ausgezeichnete Kleine Pilgermuscheln serviert, sie werden von den Fischern der Region gefangen. Dazu passt hervorragend ein Pils von Emerson's.

Genug vom Bier – wohin sollte man zum Kaffeetrinken gehen? Ins Nova Café (S. 617).

Was sind Ihre schönsten Erlebnisse in Dunedin und Otago? Der Farmer's Market (S. 618), der am Samstagmorgen im Bahnhof von Dunedin abgehalten wird, ist kaum zu übertreffen. Außerdem eine Fahrt mit der Taieri Gorge Railway (S. 622) von Dunedin nach Middlemarch zum Start einer großartigen Radtour auf dem Otago Central Rail Trail bis nach Clyde. Unbedingt beim Waipiata Country Hotel (S.635) eine Pause machen – und dort ein kühles Bier trinken.

in denen Biere neuseeländischer Microbrauereien ausgeschenkt werden.

Inch Bar
BAR

(8 Bank St.) Nur etwas größer als das Mou Very. Der kurze Weg aus der Stadt lohnt sich – Biere aus neuseeländischen Microbrauereien, köstliche Tapas (u. a. mit Garnelen und Kalamari) und die Gesellschaft von Stammgästen.

Pequeno
BAR

(www.pequeno.co.nz; hinter 12 Moray Pl.; ⏲Mo–Sa) In einer Seitengasse gegenüber vom Rialto-Kino überzeugt das Pequeno ein anspruchsvolles Publikum mit Ledersofas, einem behaglichen Kamin, einer ausgezeichneten Weinauswahl und einer Tapas-Speisekarte. Dazu ist Musik zu hören, die meist entspannt und nie so laut ist, dass sie die Konversation stören könnte.

Albar
BAR

(135 Lower Stuart St.) Die einstige Metzgerei ist heute eine unkonventionelle kleine Bar, deren Gäste so vielen Altersgruppen angehören wie nirgendwo sonst in Dunedin. Die meisten zieht es wegen der rund 50 Single-Malt-Whiskys, der interessanten Fassbiere und der spottbilligen und sättigenden Barsnacks (4–8 NZ$) dorthin.

Tonic
BAR

(www.tonicbar.co.nz; 138 Princes St.; ⏲Di–Fr 16 Uhr bis spätabends, Sa 18 Uhr bis spätabends) Neuseeländische Microbrauerei-Biere in limitierten Auflagen, Single-Malt-Whiskys und gute Cocktails sprechen das ältere Publikum eher an als die Studentenkneipen der Stadt. Und die Antipasti- und Käseplatten sind gute Gründe, noch etwas länger zu bleiben als zunächst geplant.

Speight's Ale House
PUB

(200 Rattray St.) Auch in vorlesungsfreien Monaten gut besucht: Das Ale House ist eine Lieblingskneipe von jungen Männern in prekären Lebenslagen. Eine gute Adresse, um Rugby-Spiele im Fernsehen zu sehen und die ganze Palette der Speight-Biere durchzuprobieren.

XIIB
BAR

(www.bennu.co.nz/xiib.html; Durchgang hinter 12 Moray Pl.; ⏲Di–Sa) XIIB (alias 12 Below) ist eine intime Avantgarde-Bar mit kuscheligen Sesseln und Sofas und vielen gemütlichen Nischen. Trotzdem ist noch genug Platz für

HEISS, SCHWARZ, SÜSS!

In Dunedin gibt es mehrere ausgezeichnete Kaffeebars, in denen die Kraftreserven wieder aufgefüllt werden können.

Fix (15 Frederick St; ⌚Mo–Sa) Berufstätige stehen jeden Morgen am Schaufenster Schlange, während Studenten und andere entspannte Leute im Hof sitzen. Speisen werden nicht serviert, die Gäste können eigenen Proviant oder ein Takeaway mitbringen.

Mazagran Espresso Bar (36 Moray Pl; ⌚Mo–Sa) Das kleine Fachwerkhaus, das auch vielen Restaurants und Cafés der Stadt als Bezugsquelle für die zauberhaften Bohnen dient, ist quasi der Urahn der Cafészene von Dunedin.

Strictly Coffee (23 Bath St; ⌚Mo–Fr 8–16 Uhr) Die elegante Kaffeebar im Retrostil liegt verborgen an der unansehnlichen Bath Street. Verschiedene Räume bieten ganz unterschiedliche Ausblicke, beim Nippen an feinen Getränken ruht der Blick auf Kunstwerken.

Livemusik-Auftritte (überwiegend Funk und Reggae) oder zum Tanzen zu Hip-Hop und Drum 'n' Bass.

☆ Unterhaltung

di lusso BAR
(www.dilusso.co.nz; 12 The Octagon; ⌚Mi–Sa) Die dunkelroten Wände und eine Bar mit Hintergrundbeleuchtung wirken besänftigend. Probieren sollte man auch die sehr gut gemixten Cocktails.

Urban Factory CLUB
(www.urbanfactory.co.nz; 101 Great King St.) Die besten Tourbands Neuseelands, regelmäßige DJ-Sessions und gute Cocktails.

Pop BAR
(Untergeschoss, 14 The Octagon; ⌚Mi–Sa 21 Uhr bis spätabends) Das Pop mixt die besten Martinis von Dunedin und wirbt für sich selbst mit erstklassigen DJs, die Funk und House auflegen.

Hoyts Cinema KINO
(☎03-477 3250, Info-Line 03-477 7019; www.hoyts.co.nz; 33 The Octagon; Erw./Kind 16/10 NZ$) Blockbuster-Paradies. Dienstags ist der Eintritt oft günstiger.

Metro Cinema KINO
(☎03-471 9635; www.metrocinema.co.nz; Moray Pl.; Erw./Stud. 13/12 NZ$) Hinter dem Rathaus zeigt das Metro Arthousefilme und ausländische Streifen.

Rialto Cinemas KINO
(☎03-474 2200; www.rialto.co.nz; 11 Moray Pl.; Erw./Kind 15,50/9,50 NZ$) Blockbuster- und Arthouse-Filme. Dienstags ist der Eintritt oft billiger.

Fortune Theatre THEATER
(☎03-477 8323; www.fortunetheatre.co.nz; 231 Upper Stuart St.; Erw./Stud./Kind 40/20/15 NZ$) Das südlichste Profiensemble der Welt führt seit fast 40 Jahren Dramen, Komödien, Märchenspiele, Klassiker und zeitgenössische nationale Produktionen auf. Das Programm umfasst sowohl Stücke für Erwachsene, als auch für Kinder. Die Bühne ist eine alte Wesleyaner-Kirche im gotischen Stil, in der natürlich auch der obligatorische Theatergeist zu Hause ist.

Sammy's LIVEMUSIK
(65 Crawford St.) Die führende Livemusik-Bühne in Dunedin präsentiert unterschiedlichste Richtungen von höllisch lautem Punk über entspannten Reggae bis hin zu ungeschminktem Dubstep. Außerdem ist es die Hausbühne einer Reihe von tourenden Kiwi-Bands und aufstrebenden internationalen Musikern.

Chicks Hotel LIVEMUSIK
(2 Mount St.) In Port Chalmers liegt das Chicks, Urbild eines Rock 'n' Roll-Pubs, zu hören sind hier alle denkbaren Musikrichtungen von amerikanischen Alternative-Country-Bands bis hin zu neuseeländischen Metal-Gruppen. Auf Facebook ist es unter „Friends of Chicks" zu finden. Die Buslinien 13 und 14 fahren von der Cumberland Street in Dunedin dorthin.

Forsyth Barr Stadium STADION
(www.forsythbarrstadium.co.nz; Awatea St.) Das Stadion entstand anlässlich des Rugby World Cup 2011 und liegt 1,5 km vom Stadtzentrum entfernt. Die Sportstätte von Dunedin ist zugleich das wichtigste, vollständig überdachte Stadion Neuseelands – die Heimstätte der Rugby-Mannschaften Highlanders Super 15 (www.highlanders-rugby.co.nz) und Otago NPC (www.orfu.co.nz). Das Stadion bietet 30 000 Zuschauern Platz.

ABSTECHER

DIE NORDKÜSTE VON OTAGO HARBOUR

Die Nordküste von Otago Harbour eignet sich ideal für einen Umweg.

Das kleine **Port Chalmers** (3000 Ew.) befindet sich nur 15 km außerhalb der Stadt (15 Min. mit dem Auto, die Busse der Linien 13 und 14 fahren von der Cumberland Street in Dunedin dorthin) und scheint doch in einer anderen Welt zu liegen. Irgendwo zwischen Arbeiterviertel und Künstlerdorf angesiedelt, blickt Port Chalmers auf eine lange Geschichte als Hafenort zurück und übt eine große Anziehung auf die Künstler aus Dunedin aus. Das beste Rock-'n'-Roll-Pub von Dunedin, **Chicks Hotel**, ist ein Muss nach Einbruch der Nacht, tagsüber lohnt sich der Besuch von Cafés, Designerläden und Galerien.

Das 150 Jahre alte **Carey's Bay Hotel** (www.careysbayhotel.co.nz; 17 MacAndrew Rd., Carey's Bay; Hauptgerichte 15–30 NZ$) liegt 1 km hinter den Hafenanlagen und bietet eine Bar mit Ausblick auf Fischerboote und Hafen. Das Hotel zeigt eine großartige Sammlung von Werken des lokalen Malers Ralph Hotere – neben anderen Kunstwerken aus Otago. Beim Essen liegt der Schwerpunkt auf Fisch, besonders gut sind die Lachsfrikadellen (18,50 NZ$).

Auf einer Schaf- und Rotwild-Farm, zu der man von Port Chalmers nach einer 5 km langen Fahrt kommt, liegt **Billy Brown Backpackers** (☎03-472 8323; www.billybrowns.co.nz; 423 Aramoana Rd., Hamilton Bay; B/DZ 28/70 NZ$) mit herrlichen Ausblicken über den Hafen zur Halbinsel. In einer liebenswürdig schlichten Lounge steht ein behaglicher Kaminofen, außerdem findet man dort jede Menge alter Schallplatten.

Shoppen

George Street ist die Haupteinkaufsstraße von Dunedin. Spannend und quirlig geht es auch am Moray Place zu. Die folgenden – interessanteren – Adressen sind schwieriger zu finden.

De Novo Art Prints and Posters KUNST & KUNSTHANDWERK
(www.gallerydenovo.co.nz; 91 Lower Stuart St.) Alles von antiquarischen Neuseeland-Reiseplakaten und Kiwiana bis hin zu Kunstdrucken von modernen neuseeländischen Künstlern, beispielsweise Colin McCahon und Ralph Hotere. Die 2005 im Zentrum von Dunedin eröffnete Galerie präsentiert in seinen Ausstellungen mannigfaltige Kunststile- bzw. -richtungen, u. a. Fotografien, Zeichnungen, Malerei sowie Installationen.

Stuart St. Potters Cooperative KUNST & KUNSTHANDWERK
(14 Lower Stuart St.; ⌚Mo–Sa) Töpferwaren und Keramikarbeiten, die nach lokalen Entwürfen in der Region hergestellt werden. Die Arbeiten stammen von zwölf Kunsthandwerkern aus Dunedin und der Region Otago.

Fern SCHMUCK
(67 Princes St.; ⌚Mo–Sa) Einzigartige Kleidung, Design und Schmuck; häufig Arbeiten von aufstrebenden Künstlern und Designern aus Dunedin.

Bivouac Outdoor OUTDOORAUSRÜSTUNG
(www.bivouac.co.nz; 171 George St.) Hier gibt es Kleidung, Schuhwerk und strapazierfähige Ausrüstungen sowie Rucksäcke, Taschen und Koffer.

University Book Shop BÜCHER
(www.unibooks.co.nz; 378 Great King St.) Erzählliteratur und Lyrik, Literatur der Maori, Ozeaniens und Neuseelands.

Praktische Informationen

Unter ☎111 können Krankenwagen, Feuerwehr und Polizei gerufen werden. Ein Internetzugang steht in den meisten Hostels und anderen Unterkünften bereit. WLAN findet man am Flughafen und im Otago Museum.

Urgent Doctors & Accident Centre (☎03-479 2900; 95 Hanover St.; ⌚8–23.30 Uhr) Mit Apotheke (längere Öffnungszeiten).

Dunedin Hospital (☎03-474 0999, Emergency Department 0800 611 116; www.southerndhb.govt.nz; 201 Great King St.)

Post (233 Moray Pl.)

Department of Conservation (DOC; ☎03-477 0677; www.doc.govt.nz; 1. Stock, 77 Lower Stuart St.; ⌚Mo–Fr 8.30–17 Uhr) Eine Vielzahl von Informationen und Karten zu regionalen Wanderwegen und Buchungen für die Great Walks.

Dunedin i-SITE (☎03-474 3300; www.dunedinnz.com; 26 Princes St.; ⌚Mo–Fr 8.30–17, Sa & So 8.45–17 Uhr) Unterkünfte, Aktivitäten, Transport und Wandertouren.

ABSTECHER

TAIERI GORGE RAILWAY

Die landschaftlich schöne Strecke der **Taieri Gorge Railway** (03-477 4449; www.taieri.co.nz; Bahnhof Dunedin, Anzac Ave.; Büro Mo–Fr 8–17, Sa & So 8.30–15 Uhr) steht dank enger Tunnels, tiefer Schluchten, kurviger Gleise, wilder Canyons und mehr als einem Dutzend Viadukten aus Stein und Eisen (bis zu 50 m hoch) bei Reisenden hoch im Kurs.

Die vierstündige Fahrt an Bord alter Waggons aus den 1920er-Jahren führt bis ins 58 km entfernte Pukerangi und wieder zurück (einfach/hin & zurück 56/84 NZ$); einige Fahrten gehen weiter bis nach Middlemarch (einfach/hin & zurück 65/97 NZ$). Man kann auch eine kombinierte Fahrt mit Zug und Reisebus nach Queenstown unternehmen (einfache Strecke 138 NZ$) oder von Middlemarch aus mit seinem mitgebrachten Fahrrad an den Gleisen entlangfahren. Im Sommer (Okt.–April) starten täglich um 14.30 Uhr Züge nach Pukerangi, gelegentlich gibt's außerdem morgendliche Verbindungen nach Middlemarch oder Pukerangi. Im Winter (Mai–Sept.) fahren täglich um 12.30 Uhr Züge nach Pukerangi.

An- & Weiterreise

Bus

Busse und Shuttlebusse fahren, mit Ausnahme der Busse von InterCity und Naked Bus, vom Bahnhof Dunedin ab (am besten vor der Buchung nachfragen).

InterCity (03-471 7143; www.intercity.co.nz; 205 St. Andrew St.; Ticket-Office Mo–Fr 7.30–17, Sa 11–15, So 11–17.15 Uhr, Tickets telef. tgl. 7–21 Uhr) betreibt Busverbindungen nach Oamaru (1 Std. 40 Min.), Christchurch (6 Std.), Queenstown (4½ Std.), Te Anau (4½ Std.) und Invercargill – via Gore (4 Std.). Die Busse fahren in der St. Andrew Street ab.

Naked Bus (www.nakedbus.com) verbindet Dunedin mit Christchurch (6 Std.) und Invercargill (4 Std.). Die Busse fahren vom **Citibus Transport Centre** (630 Princes St.) ab.

Southern Link (0508 458 835; www.southernlinkcoaches.co.nz) verbindet Dunedin mit Christchurch (6 Std.), Oamaru (1 Std. 50 Min.) und Invercargill (3 Std. 40 Min.). Die Busse von **Coastline Tours** (03-434 7744; www.coastline-tours.co.nz) fahren von Dunedin nach Oamaru (2 Std.) und steuern bei Bedarf auch Moeraki oder den Flughafen an. Die Coastline-Busse starten in Dunedin am Octagon.

Mehrere Busverbindungen bestehen zwischen Dunedin und den Catlins und Southland. Die Busse von **Bottom Bus** (03-477 9083; www.bottombus.co.nz) fahren einen Rundkurs von Dunedin durch die Catlins nach Invercargill, Te Anau, Queenstown und kehren dann zurück nach Dunedin. **Catlins Coaster** (03-477 9083; www.catlinscoaster.co.nz) verbindet Dunedin mit Invercargill mit Rückfahrt durch die landschaftlich schönen Catlins.

Weitere Busverbindungen:

Atomic Shuttles (03-349 0697; www.atomictravel.co.nz) Von/nach Christchurch (6 Std.), Oamaru (2 Std.), Invercargill (4 Std.) sowie Queenstown und Wanaka (jeweils 4 Std.).

Trail Journeys (03-449-2024; www.trailjourneys.co.nz) Täglich zwischen Dunedin und Wanaka mit Halt in den Orten am Otago Central Rail Trail. Fahrten beginnen/enden an der Haustür. Fahrräder können mitgenommen werden.

Knightrider (03-342 8055; www.knightrider.co.nz) Nachtbusse fahren nach Christchurch (6 Std.), Oamaru (2 Std.) und Invercargill (4 Std.). Praktische Busverbindungen für Reisende, die frühmorgens am Flughafen Christchurch sein müssen.

Wanaka Connexions (03-443 9120; www.alpinecoachlines.co.nz) Shuttle-Verbindungen zwischen Dunedin und Wanaka (4 Std.) und Queenstown (4 Std.). Busverbindungen im siebenstündigen Takt mit Anschluss an größere Haltestellen entlang des Otago Central Rail Trail. Auf der Website sind Einzelheiten nachzulesen.

Flugzeug

Air New Zealand (S. 609) bietet Flüge von Dunedin nach Christchurch, Wellington und Auckland. Geflogen wird auch in die australischen Städte Brisbane, Sydney und Melbourne. Virgin Australia (S. 609) verbindet Dunedin mit Brisbane, Jetstar (S. 609) bietet Flüge nach Auckland an.

Zug

Zwei interessante Zugfahrten beginnen am Bahnhof Dunedin (S. 610): die Fahrt mit der Taieri Gorge Railway und die Fahrt mit dem **Seasider** (www.seasider.co.nz; Hin-/Rückfahrt 54/81 NZ$; Abfahrt 9.30 Uhr, Rückfahrt 13.30 Uhr), der an der Küste entlang nach Palmerston und zurück fährt. Vorabbuchungen sind über Taieri Gorge Railway (S. 622) möglich.

Unterwegs vor Ort

Auto

Alle großen Autovermietungen sind in Dunedin vertreten, es gibt aber auch eine ganze Palette preiswerter regionaler Anbieter, u. a. **Getaway** (☎0800 489 761, 03-489 7614; www.getawaycarhire.co.nz) und **Driven Rentals** (☎03-456 3600; www.drivenrentals.co.nz).

Bus

City-Busse (☎03-474 0287; www.orc.govt.nz) fahren von Haltestellen am Octagon ab; Busse ins Umland von Dunedin starten hingegen von den Haltestellen an der Cumberland Street beim Countdown-Supermarkt. Busverbindungen bestehen regelmäßig während der Woche, an Wochenenden und Feiertagen jedoch nur sehr eingeschränkt (oder überhaupt nicht). Busfahrpläne für Dunedin sind bei der i-SITE in Dunedin (S. 621) oder unter www.orc.govt.nz nachzulesen.

Vom & Zum Flughafen

Dunedin Airport (DUD; ☎03-486 2879; www.dnairport.co.nz) liegt 27 km südwestlich der Stadt. Eine Fahrt im Shuttlebus bis zur Haustür kostet ca. 15 NZ$ pro Person. Durchaus empfehlenswerte Anbieter sind **Kiwi Shuttles** (☎03-487 9790; www.kiwishuttles.co.nz), **Super Shuttle** (☎0800 748 885; www.supershuttle.co.nz) und **Southern Taxis** (☎03-476 6300; www.southerntaxis.co.nz). Es gibt keine öffentlichen Buslinien von und zum Flughafen.

Eine Taxifahrt zwischen Innenstadt und Flughafen kostet etwa 80 NZ$.

Taxi

Dunedin Taxis (☎03-477 7777, 0800 50 50 10; www.dunedintaxis.co.nz) und **Otago Taxis** (☎03-477 3333).

Otago Peninsula

Die vielfältige Tierwelt der Halbinsel Otago ist die am leichtesten zugänglichste auf der gesamten Südinsel. Albatrosse, Pinguine, Neuseeländische Seebären und Seelöwen sind nur einige Attraktionen dieser Region, ebenso spektakulär sind die wilde Landschaft, die einsamen Wanderwege und Strände sowie die interessanten historischen Stätten.

Trotz einer großen Zahl an geführten Touren über die Halbinsel bleibt die Stille und ländliche Atmosphäre der Gegend erhalten. Die Broschüre und auch die Karte *Otago Peninsula* kann man bei der i-SITE in Dunedin erhalten (s. auch: www.otagopeninsula.co.nz).

Sehenswertes

GRATIS Royal Albatross Centre — TIERRESERVAT

(☎03-478 0499; www.albatross.org.nz; Taiaroa Head; ⌚Sommer 9 Uhr bis zur Abenddämmerung, Winter 10–16 Uhr) In Taiaroa Head, an der östlichen Spitze der Halbinsel, existiert die weltweit einzige Festlandkolonie der Nördlichen Königsalbatrosse. Die beste Zeit für einen Besuch ist die Brutzeit zwischen Dezember und Februar, wenn ein Elternteil pausenlos über die Jungen wacht, während der andere den ganzen Tag mit dem Heranschaffen von Futter beschäftigt ist. Die Vögel lassen sich am Nachmittag, wenn die Winde auffrischen, am besten beobachten, an windstillen Tagen sind entsprechend weniger Tiere in Aktion zu sehen. Der einzige öffentliche Zugang führt durch das Royal Albatross Centre. Dort starten auch die 45-minütigen Touren (Erw./Kind/Fam. 40/20/100 NZ$), bei denen Nistplätze aus einer verglasten Hütte heraus beobachtet werden können. Von Mitte September bis Ende November finden keine Nestbeobachtungen statt. Zwischen Ende November und Dezember sind die Vögel an ihr Nest gebunden, sodass ihre prachtvolle Flügelspannweite nicht zur Geltung kommt. Die erste Besichtigungstour beginnt täglich um 10.30 Uhr; Reservierungen sind im Internet möglich. Die Mitarbeiter können vorab Auskunft geben, ob Vögel im Flug erlebt werden können oder nicht.

Ermäßigte Kombiangebote sind bei Nature's Wonders (S. 626) und Monarch Wildlife Cruises & Tours (S. 626) erhältlich (weitere Details unter www.albatross.org.nz).

Fort Taiaroa — HISTORISCHE STÄTTE

(www.albatross.org.nz) In der Nähe liegen die Überreste von Fort Taiaroa mit seiner Armstrong-Kanone von 1886, einer Verschwindlafette, die aus einer Zeit stammt, als man in Neuseeland fest mit einem russischen Einmarsch rechnete. Das Geschütz wurde unterirdisch geladen und auf ein Ziel ausgerichtet, um dann zum Abfeuern langsam nach oben geschwenkt zu werden. Es gibt drei Touren. Die „Fort Tour" (Erw./Kind/Fam. 20/10/50 NZ$) umfasst einen Rundgang durch die Stätte sowie die Besichtigung von Geschützen. Bei der „Classic Tour" (Erw./Kind/Fam. 40/20/100 NZ$) stehen die Albatrosse im Mittelpunkt und bei der „Unique Taiaroa Experience" (Erw./Kind/Fam. 50/25/125 NZ$) sieht man nicht nur Geschütze, sondern auch Vögel.

Otago Peninsula

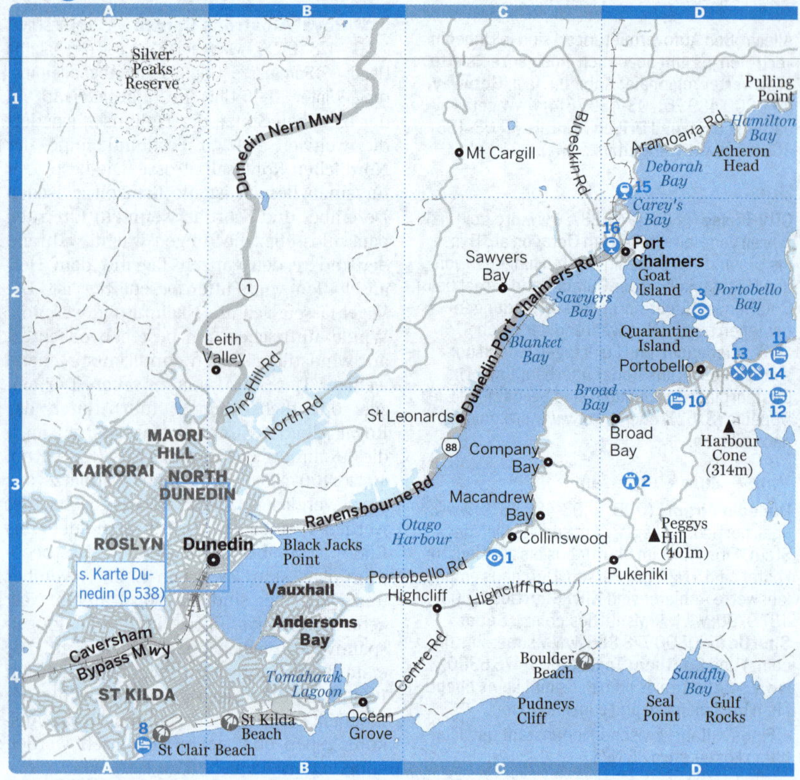

Yellow-Eyed Penguin Conservation Reserve TIERRESERVAT

(☎03-478 0286; www.penguinplace.co.nz; McGrouther's Farm, Harington Point Rd.; Touren Erw./Kind 49/12 NZ$) Zu den Aufgaben des Tierreservats gehören u. a. der Bau von Nistplätzen, die Pflege kranker und verletzter Vögel und das Fernhalten von Raubtieren. Bei den 90-minütigen Führungen dreht sich alles um den Schutz der Tiere, aus verschiedenen Verstecken heraus können die Pinguine aus relativer Nähe beobachtet werden. Zwischen Oktober und März finden die Beobachtungsfahrten regelmäßig statt: ab 10.15 Uhr bis 90 Minuten vor Sonnenuntergang. Von April bis September wird eine Tour zwischen 15.15 und 16.45 Uhr angeboten. Eine rechtzeitige Reservierung ist ratsam.

Larnach Castle HERRENHAUS

(www.larnachcastle.co.nz; Camp Rd.; Herrenhaus & Gelände Erw./Kind 27/10 NZ$, nur Gelände 12,50/4 NZ$; ⌚Okt.–März 9–19 Uhr, April–Sept. 9–17 Uhr) Stolz erhebt sich Larnach Castle am höchsten Punkt der Halbinsel – eine kostspielige Laune des Bankiers, Kaufmannes und Politikers William Larnach aus Dunedin, der es 1871 erbauen ließ, um Eindruck auf seine Gattin zu machen, die einer französischen Adelsfamilie entstammte. Das Herrenhaus in gotischem Stil ist mit exquisiten Antiquitäten gefüllt. Von den Gärten öffnen sich fantastische Ausblicke über Halbinsel und Hafen. Ohne eigenes Auto ist ein Besuch nur im Rahmen einer geführten Tour möglich.

Glenfalloch Woodland Garden GÄRTEN

(www.glenfalloch.co.nz; 430 Portobello Rd.; Eintritt: Spende; ⌚Gärten 9.30 Uhr bis zur Abenddämmerung, Café-Weinbar Sept.–April Mo–Fr 11–15.30, Sa & So 11–16.30 Uhr) Der 12 ha große Glenfalloch Woodland Garden bietet Blumen, Spazierwege und alte Bäume, die

Otago Peninsula

Sehenswertes

Fort Taiaroa .... (siehe 4)
1 Glenfalloch Woodland Garden C3
2 Larnach Castle D3
3 Marine Studies Centre D2
4 Royal Albatross Centre F1
5 Yellow-Eyed Penguin Conservation Reserve F1

Aktivitäten, Kurse & Touren

6 Monarch Wildlife Cruises & Tours E1
Nature's Wonders .... (siehe 4)

Schlafen

7 Betty's Bach E3
8 Hotel St Clair A4
9 Kaimata Retreat..................................E3
Larnach Lodge .... (siehe 2)
10 McFarmers Backpackers.....................D3
Penguin Place Lodge................ (siehe 5)
11 Portobello Motels D2
12 Portobello Village Tourist Park D3

Essen

1908 Café .... (siehe 13)
13 Portobello Coffee Shop & Café D2
14 Portobello Hotel D2
Starfish..................................... (siehe 8)

Ausgehen

15 Carey's Bay Hotel D1
16 Chick's Hotel.......................................D2

sich im Wind wiegen, darunter einen 1000 Jahre alten Matai-Baum. Die Hafenblicke sind überwältigend. Der Portobello-Bus hält beim Eingang.

Marine Studies Centre AQUARIUM
(www.marine.ac.nz; Hatchery Rd.; Erw./Kind/Fam. 12,50/6/25 NZ$; ⊙10–16.30 Uhr) Das Angebot ist groß: Kraken, Seepferdchen, Langusten und Haie bestaunen, bei der Fischfütterung helfen (Mi und Sa 14–15 Uhr) oder um 10.30 Uhr an einer Führung teilnehmen (Erw./Kind/Fam. 21,50/11/49 NZ$ inkl. Eintritt). Das Zentrum stellt außerdem die Arbeit des benachbarten Meereslaboratoriums unter der Leitung der Universität vor.

Aktivitäten

Die Wanderwege entlang der Küste und durch das Weideland bieten atemberaubende Ausblicke und Gelegenheiten, auf eigene Faust nach Wildtieren Ausschau zu halten. In der Broschüre *Otago Peninsula Tracks*, die kostenlos bei der i-SITE in Dunedin erhältlich ist, sind die Wanderwege detailreich beschrieben. Ein beliebtes Wanderziel ist die wunderschöne **Sandfly Bay**, sie ist von der Seal Point Road (moderat; 40 Min.) oder von der Ridge Road (schwierig; 40 Min.) erreichbar. Vom Ende der Sandymount Road können Wanderer einem Weg zu einer imposanten **Felskluft** (*Chasm*, 20 Min.) folgen. Zu beachten ist, dass die Wanderwege Lovers Leap und Chasm bei der Sandymount Road in der Lammungszeit vom 20. Aug. bis 31. Okt. gesperrt sind.

Wild Earth Adventures KAJAKFAHREN
(☎03-489 1951; www.wildearth.co.nz; Ausflüge ab 115 NZ$) Ausflüge im Zweier-Seekajak, bei denen häufig Wildtiere zu beobachten sind. Die Fahrten dauern zwischen vier Stunden und einem ganzen Tag, sie starten entweder in Dunedin oder von der Halbinsel aus.

HIER ENTDECKT MAN ...

Gelbaugenpinguine

An der Küste von Otago ist eine der seltensten Pinguinarten der Welt beheimatet, der hoiho (Gelbaugenpinguin). An mehreren Stränden kann man gut beobachten, wie er ans Ufer watschelt (nach 16 Uhr).

Es gibt zwei private Anbieter, die Führungen über privaten Grundbesitz zu den Gelbaugenpinguinen und andere Touren zu Lebensräumen auf der Allgemeinheit unzugänglichem Farmland organisieren. Die Vögel leben auch an einigen öffentlichen Stränden, u. a. an der Sandfly Bay, wo es einen vom DOC geschaffenen Unterstand gibt. Wer auf eigene Faust unterwegs ist, sollte auf den Wegen bleiben, die Pinguine nur vom Unterstand aus beobachten und sich den scheuen Kreaturen nicht nähern. Schon eine laute Stimme kann sie aufscheuchen. Die Pinguine hatten schon sehr unter Stress zu leiden, als Touristen mit Blitz fotografierten und über ihre Nistplätze trampelten. Man sollte keinen Müll am Strand hinterlassen, weil sie sonst nicht an Land kommen.

Zwergpinguine

Direkt unterhalb des Parkplatzes vom Albatroszentrum kann man am Pilots Beach Zwergpinguine beobachten. Die Pinguine kommen kurz vor Sonnenuntergang an Land. Am besten läuft man die Schotterstraße zum Aussichtspunkt in der Nähe des Strandes hinunter und bleibt dort, bis die Vögel in ihre Höhlen zurückkehren. Im Sommer lassen sich hier 80 oder noch mehr Pinguine blicken, im Winter hingegen manchmal kein einziger.

Seelöwen

Seelöwen kann man am besten bei einer Führung beobachten, aber sie treiben sich auch regelmäßig in der Sandfly Bay, am Allans Beach und am Victory Beach rum. Es sind überwiegend männliche Junggesellen von der Campbell Island oder den Auckland Islands, die hier Urlaub machen. Man sollte ihnen nicht zu nahe kommen, da sie auf den ersten 20 m richtig schnell werden können.

☞ Geführte Touren

Nature's Wonders TIERBEOBACHTUNG
(☎0800 246 446, 03-478 1150; www.natureswondersnaturally.com; Taiaroa Head; Touren Erw./Kind/Fam. 55/45/170 NZ$; ⌚Touren ab 10.15 Uhr) Auf einer ausgedehnten Schaffarm in Küstennähe, 1 km hinter der Albatroskolonie, hat der Veranstalter Nature's Wonders seinen Sitz. Auf einer einstündigen Tour sind Stewartscharben, Neuseeländische Seebären und Gelbaugenpinguine zu sehen. Die Touren werden in Argos-Geländefahrzeugen unternommen und verbinden das Erlebnis einer Landschaft von fast unwirklicher Schönheit mit abenteuerlichen Wildtierbegegnungen.

Back to Nature Tours TIERBEOBACHTUNG
(☎03-478 0499, 0800 528 767; www.backtonaturetours.co.nz; Erw./Kind 95/55 NZ$) Auf den Touren über die Halbinsel machen die Teilnehmer nähere Bekanntschaft mit Gelbaugenpinguinen, Neuseeländischen Seebären und Seelöwen. Von November bis März wird außerdem eine Fahrt mit einer spektakulären Küstenwanderung angeboten (Erw./Kind 85/45 NZ$).

Citibus TIERBEOBACHTUNG
(☎03-477 5577; www.citibus.co.nz; Erw./Kind ab 95/47,50 NZ$) Die Touren führen zu Albatrossen und Pinguinen.

Elm Wildlife Tours TIERBEOBACHTUNG
(☎03-454 4121, 0800 356 563; www.elmwildlifetours.co.nz; Standardtour 99 NZ$) Bietet bis zu 6 Std. lange Touren in kleinen Gruppen. Die Hin- und Rückfahrt von/nach Dunedin ist im Preis inbegriffen.

Monarch Wildlife Cruises & Tours TIERBEOBACHTUNG
(☎03-477 4276; www.wildlife.co.nz) Einstündige Bootsausflüge ab Wellers Rock (Erw./Kind 49/22 NZ$) sowie halb- (89/32 NZ$) und ganztägige (235/118 NZ$) Touren ab Dunedin. Im Rahmen der Bootsfahrten geht es zu den Kolonien/Brutplätzen von Seelöwen, Pinguinen, Albatrossen und Seebären – vie-

le dieser Plätze sind auf dem Landweg fast unzugänglich.

Otago Explorer KULTUR, TIERBEOBACHTUNG
(03-474 9083; www.otagoexplorer.com) Bietet 2½-stündige Rundgänge durch Larnach Castle (Erw./Kind 65/32,50 NZ$) und im Sommer Tierbeobachtungen im Royal Albatros Centre oder am Penguin Place.

Schlafen

LP TIPP Kaimata Retreat
(03-456 3443; www.kaimatanz.com; 297 Cape Saunders Rd.; EZ/DZ inkl. Frühstück 390/460 NZ$) Die luxuriöse Öko-Lodge bietet drei Zimmer mit Blick auf ein Inlet, das in wunderbarer Stille am östlichen Rand der Otago-Halbinsel liegt. Seelöwen und Vögel lassen sich durch die große Fensterfront oder von den geräumigen Terrassen aus beobachten; noch näher kommt man den Tieren auf einer Fahrt in Begleitung des einheimischen Landwirts Dave. Ein privates Abendessen mit drei Gängen (99 NZ$ pro Pers.) sollte man nicht versäumen – und nur eine einzige Nacht zu bleiben wäre sowieso ein schwerer Fehler.

Betty's Bach FERIENHAUS $$
(03-456 3443; www.bettysbach.co.nz; 267 Cape Saunders Rd.; DZ 160 NZ$) Von diesem entzückenden Strandhaus (*bach*) im Retrostil bieten sich großartige, stetig wechselnde Ausblicke auf das abgelegene Papanui Inlet der Otago-Halbinsel. In einer witzigen Küche können die Gäste kochen, es gibt einen Kaminofen und die Möglichkeit, im Land der Kiwis auf klassische Art den Urlaub zu genießen. Das Kaimata Retreat (S. 627) liegt in der Nähe; die Gäste von Betty's Bach können an den dort angebotenen Touren in die Umgebung sowie Rundflügen mit dem Hubschrauber teilnehmen.

McFarmers Backpackers LODGE $
(03-478 0389; www.otago-peninsula.co.nz; 774 Portobello Rd.; EZ 50 NZ$, DZ/2BZ 60–90 NZ$) Auf einem landwirtschaftlichen Betrieb mit Hafenblick befinden sich eine schlichte Blockhaus-Lodge und ein separates Cottage, beide haben viel Charakter und vermitteln sofort das Gefühl des Zuhauseseins. Die Gäste sitzen entspannt auf einer Fensterbank oder der Sonnenterrasse, schmeißen den Grill hinter dem Haus an oder wärmen sich vor dem Kaminofen. Das Cottage ist ideal für Familien, und der Portobello-Bus hält vor der Tür.

Larnach Lodge LODGE $$
(03-476 1616; www.larnachcastle.co.nz; Camp Rd.; inkl. Frühstück DZ 155 NZ$, Lodge DZ 260–280 NZ$; @) Die Lodge im hinteren Garten von Larnach Castle bietet zwölf individuell eingerichtete Zimmer. Im Queen Victoria Room steht ein gewaltiges Himmelbett, während im Goldrush Room in einer alten Pferdekutsche geschlafen wird. Weniger frivol sind die stimmungsvollen Zimmer im 125 Jahre alten Coach House mit Balkendecken im Tudorstil. Ein Abendessen wird nach Absprache gekocht. Wenige hundert Meter von Larnach Castle entfernt bietet das neu eröffnete Landhaus Camp Estate luxuriöse Suiten (DZ 380 NZ$) für eine romantische Nacht.

Portobello Village Tourist Park CAMPINGPLATZ $
(03-478 0359; www.portobellopark.co.nz; 27 Hereweka St.; Stellplätze ab 31 NZ$, Wohnungen 55–130 NZ$;) Dank seiner vielen Bäumen und großen Wiesen ist es ein angenehmer Platz, um sein Zelt aufzuschlagen. Ein Kinderspielplatz, eine moderne Küche und rollstuhlgerechte Einrichtungen sind ebenfalls vorhanden. Bei den Backpacker-Zimmern ist alles selbst mitzubringen – Bettwäsche kann aber bei Bedarf ausgeliehen werden. Nett eingerichtet sind die abgeschlossenen Wohnungen.

Portobello Motels MOTEL $$
(03-478 0155; www.portobellomotels.com; 10 Harington Point Rd.; DZ 135–145 NZ$;) Sonnige, moderne, abgeschlossene Wohnungen abseits der Hauptstraße in Portobello. Die Studiowohnungen haben kleine Terrassen mit Blick über die Bucht. Die übrigen Wohnungen mit einem oder zwei Schlafzimmern haben keinen so schönen Blick.

Penguin Place Lodge LODGE $
(03-478 0286; McGrouther's Farm, Harington Point Rd.; Erw./Kind 25/10 NZ$) Diese von Ackerland umgeben Lodge liegt auf einem Hügel. Sie hat eine gute Gemeinschaftsküche, eine helle Lounge sowie einfache Doppel- und Zwei-Bett-Zimmer. Die Gäste genießen die Aussicht auf die Farm und den Hafen und die Nähe zu den Robben und Albatrossen; ihre nächsten Nachbarn sind Pinguine. Bettwäsche kostet 5 NZ$ extra.

Essen

Zu den Möglichkeiten, auf der Otago-Halbinsel essen zu gehen, gehören u. a. das

Portobello Hotel und das **Portobello Coffee Shop & Café**, dort gibt es ausgezeichnete Burger (15 NZ$). Takeaways bekommt man im Portobello Store. Larnach Castle, Nature's Wonders, Glenfalloch Woodland Garden und das Royal Albatross Centre betreiben eigene Cafés.

An zahlreichen schönen Plätzen kann man sich spontan zu einem Picknick niederlassen: Also vor dem Verlassen der Stadt unbedingt Vorräte einkaufen – dann irgendwo stehenbleiben und den Tag genießen!

1908 Café RESTAURANT **$$**
(www.1908cafe.co.nz; 7 Harington Point Rd.; Hauptgerichte 20–34 NZ$; ⏲Mi–Sa 11.30–14 Uhr, tgl. 18–22 Uhr) Lachs, Wild und Steaks werden von frischem Fisch und Tagesangeboten ergänzt, die auf einer Tafel verzeichnet werden, für Kinder gibt es Spielzeugschachteln. Ein wunderschönes altes Gebäude, auf heitere Art verschönt mit Kunstwerken aus der Region.

ℹ Anreise & Unterwegs vor Ort

An jedem Wochentag fahren bis zu zehn Busse zwischen Dunedins Cumberland Street und Portobello Village, einer oder zwei am Tag fahren weiter nach Harington Point. Am Wochenende ist der Service eingeschränkter. Wer erst einmal auf der Halbinsel ist, kann sich ohne eigenes Fahrzeug nur mühsam fortbewegen. Die meisten Veranstalter holen einen bei der Unterkunft in Dunedin ab.

In Portobello gibt's eine Tankstelle, aber die Öffnungszeiten sind schwer einschätzbar. Also am besten in Dunedin volltanken, bevor es losgeht!

DISTRIKT CENTRAL OTAGO

Eine sanfte Hügellandschaft, grasbewachsene Koppeln und eine Reihe kleiner, charmanter Goldgräberstädte machen die Region zu einem lohnenden Reiseziel. Naseby und Clyde wetteifern zudem um den Rang als hübscheste Stadt Neuseelands. In den Provinzhotels hocken vom Wetter gezeichnete „Männer des Südens" an der Bar. Wer auf zwei Rädern unterwegs ist, findet fantastische Möglichkeiten vor, sei es Mountainbiketouren auf den Spuren alter Goldgräberpfade oder –weniger anspruchsvoll – auf dem Otago Rail Trail.
Weitere Information dazu gibt es unter www.centralotagonz.com

Cromwell

2610 EW.

Cromwell besitzt ein hübsches historischen Viertel am See, einen wunderbaren wöchentlichen Bauernmarkt und einige gute Restaurants, die ihre Zutaten von umliegenden Farmen und Obstplantagen beziehen. Wer ostwärts nach Dunedin oder westwärts nach Queenstown unterwegs ist, findet in der Stadt gute Adressen für ein Mittagessen. In der benachbarten Region Bannockburn liegen exquisite Weingüter, auf denen ein ausgezeichneter Pinot Noir erzeugt wird und es auch einige charmante Weingutrestaurants gibt. Die **Cromwell i-SITE** (☎03-445 0212; www.centralotagonz.com; ⏲9–18 Uhr; @) liegt in der zentralen Einkaufspassage. Dort gibt es die Broschüre *Walk Cromwell* mit Mountainbike- und Wanderwegen, u. a. zur nahen Goldgräberstadt Bendigo.

👁 Sehenswertes & Aktivitäten

Old Cromwell Town HISTORISCHES GEBÄUDE
(www.oldcromwell.co.nz) Als der Clyde Dam 1992 vollendet war, wurde das ursprüngliche Dorf Cromwell mit 280 Häusern, sechs Farmen und 17 Obstplantagen komplett geflutet. Viele historische Bauwerke wurden jedoch vor der Überflutung abgebaut und anschließend an einem anderen Ort als Old Cromwell Town neu aufgebaut. Der autofreie Bezirk liegt am Lake Dunstan und präsentiert sich heute mit guten Restaurants und interessanten Galerien. Die Karte *Old Cromwell Town Historic Precinct* ist bei der i-SITE erhältlich. Im Sommer beginnt ein hervorragender Bauernmarkt jeden Sonntag um 8 Uhr.

Goldfields Jet JETBOOT FAHREN
(☎03-445 1038, 0800 111 038; www.goldfield sjet.co.nz; Erw./Kind 90/49 NZ$) Auf einer 40-minütigen Jetbootfahrt geht es den Kawarau River entlang.

Central Otago Motorcycle Hire MOTORRAD FAHREN
(☎03-445 4487; www.comotorcyclehire.co.nz; 271 Bannockburn Rd.; Motorrad Tag ab 275 NZ$) Die kurvigen, hügeligen Straßen von Central Otago eignen sich ideal für Entdeckungsfahrten auf zwei Rädern. Motorräder – z. B. eine Harley Davidson – können bei Central Otago Motorcycle Hire geliehen werden. Die viel kleineren Motorroller (Tag 90 NZ$) eignen sich perfekt für Fahrten um die Seen, durch Obstplantagen und die Weingüter der

ABSTECHER

AUF DER SUCHE NACH DEM PERFEKTEN SPÄTBURGUNDER

Im Bannockburn Valley nahe bei Cromwell gedeihen die feinsten Spätburgunder Neuseelands – über die Hälfte der Pinot-Noir-Produktion von Central Otago stammt von hier. Zu den Weingütern, die ihre Toure für Besucher öffnen, gehören **Mt Difficulty Wines** (☎03-445 3445; www.mtdifficulty.co.nz; Felton Rd.; Platten 17–50 NZ$, Hauptgerichte 30–33 NZ$; ⊙Weinverkauf 10.30–16.30 Uhr, Restaurant 12–15 Uhr) und **Carrick Wines** (☎03-445 3480; www.carrick.co.nz; Cairnmuir Rd.; Platten 12–25 NZ$, Hauptgerichte 18–25 NZ$; ⊙Weinverkauf 11–16 Uhr, Restaurant 12–15 Uhr). Auf beiden Weingüter befinden sich namhafte Restaurants, die mittags geöffnet haben, man sollte jedoch vorab telefonisch einen Tisch reservieren. Vor dem Aufbruch nach Bannockburn gibt eine Ausstellung bei der i-SITE von Cromwell einen Überblick über die Weingüter der Region. Dort erhält man auch die Broschüre *Central Otago Wine Map*.

Touren durch die Weingüter von Central Otago können bei **Active Travel** (☎0800 326 228, 03-445 4927; www.activetravelco.com; 8 Pinot Noir Dr.; pro Pers. 140 NZ$) arrangiert werden. Die Touren umfassen den Besuch von vier Weingütern und einer High Country Sheep Station. Andere Fahrten drehen sich um die Geschichte der Goldgräber im Bannockburn Valley, z. B. diejenigen von **Bannockburn Historic Goldfields Tours** (☎03-445 1559, 027 221 0799; www.bannockburngold.co.nz; pro Pers. 15–29 NZ$).

Nähere Informationen erfährt man auf den Internetseiten www.otagowine.com und www.cowa.org.nz.

Region. Die Verleiher verlangen lediglich einen Autoführerschein und geben außerdem Empfehlungen zu den landschaftlich wunderschönen Strecken rund um Queenstown, Glenorchy und Wanaka.

Schlafen

Die meisten Motels von Cromwell liegen in der Nähe der zentralen Einkaufspassage der Stadt.

Burn Cottage Retreat COTTAGE $$
(☎03-445 3050; www.burncottageretreat.co.nz; 168 Burn Cottage Rd.; DZ 185 NZ$) Vor einer ländlichen Kulisse, 3 km nordwestlich von Cromwell, stehen drei luxuriöse, separate Cottages zwischen Walnussbäumen und einem mit Blumen übersäten Waldstück. Die Ausstattung mit Betten in Übergröße, geräumigen, voll ausgestatteten Küchen und modernen Bädern ist nobel und elegant. Am abgeschiedensten ist das gemütliche Rascal Cottage. B&B-Unterkünfte (DZ 165 NZ$) findet man im Haupthaus.

Carrick Lodge MOTEL $$
(☎0800 445 495, 03 445 4519; www.carricklodge.co.nz; 10 Barry Ave; DZ 138–160 NZ$) Eines der eleganteren Motels von Cromwell mit geräumigen, modernen Zimmern. Die Unterkunft liegt nur einen kurzen Fußweg von den guten Restaurants und Cafés in der Passage der Stadt entfernt. Die Inhaber zeigen gern einen DVD-Film über die Überflutung des alten Dorfes Cromwell beim Bau des Clyde Dam und die Entstehung des Dunstan-Stausees.

Cromwell Top 10 Holiday Park CAMPINGPLATZ $
(☎0800 107 275, 03-445 0164; www.cromwellholidaypark.co.nz; 1 Alpha St.; Stellplätze ab 40 NZ$, Wohnungen 75–135 NZ$; @) Der Campingplatz von der Größe eines kleinen europäischen Landes ist mit Hütten, abgeschlossenen Wohnungen und Zimmern aller Art bebaut, alle Unterkünfte sind von Bäumen umstanden.

Essen & Ausgehen

Armando's Kitchen ITALIENISCH $$
(71 Melmore Tce., Old Cromwell Town; Hauptgerichte 25–32 NZ$; ⊙Di–So 9–16, Do–Sa 18.30–22 Uhr) Der Charme von Old Cromwell Town erschließt sich am besten bei einem Espresso oder Gourmet-Eis auf der historischen Veranda von Armando's Kitchen – besonders gut sind die Sorten Thai-Kokosnuss und Limone. Hervorragende Kuchen, Gourmetpasteten und belegte Brote sind ebenfalls verlockend. Abends stehen italienisch inspirierte Gerichte auf der Karte, z. B. Risotto mit Wildpilzen und Pancetta sowie in Olivenöl und eigenem Saft langsam geschmorte Lammkeule mit Polenta und Mangold.

Feast RESTAURANT $$
(The Mall; Hauptgerichte 25–35 NZ$; ⌚Di–Sa 17 Uhr bis spätabends) Das Restaurant wirkt in der Einkaufspassage von Cromwell fehl am Platz, umso köstlicher sind die Gourmetpizzas (22,50 NZ$). Wie wäre es mit Pizza mit marokkanischem Lamm und Peking-Ente, frisch aus dem Holzofen? Lammfleisch aus Central Otago sowie Sandbarsch (blue cod) und Jakobsmuscheln aus den Gewässern vor der Südinsel werden in Begleitung von heimischen Weinen serviert.

Grain & Seed Café CAFÉ $
(Gerichte 10–15 NZ$; ⌚9–16 Uhr) In einem schönen Steinbau, dem einstigen Jolly's Grain Store, ist das reizende Café untergebracht – hier werden köstliche preiswerte Gerichte in großen Portionen serviert. Am besten sitzt es sich draußen an einem Tisch am See.

Cider House Cafe & Bar CAFÉ $$
(SH8; 10–30 NZ$; ⌚So–Do 7.30–16, Fr–Sa 7.30 Uhr bis spätabends) Am Eingang der Stadt werden in diesem sonnigen kleinen Café an der SH8 Salate, gute Pizzas (22,50 NZ$) und frische Smoothies (7 NZ$) serviert, die weltberühmt sind, sofern die Welt Cromwell heißt. Unbedingt probieren: ein Glas Apfelwein aus Wildfrüchten – säuerlich-herb und einfach köstlich!

An- & Weiterreise

Atomic Shuttles (☎03-349 0697; www.atomictravel.co.nz), **InterCity** (www.intercity.co.nz), **Naked Bus** (www.nakedbus.com) und **Wanaka Connexions** (☎03-443 9122; www.alpine-coachlines.co.nz) betreiben Busverbindungen von/nach Queenstown (1 Std.) und Alexandra (30 Min.), einige mit Anschluss nach Christchurch und Invercargill. Catch-a-Bus (S. 609) bietet eine praktische Busverbindung zwischen Dunedin und Wanaka mit Halt in Middlemarch, Ranfurly, Alexandra und Cromwell an. Weitere Haltepunkte in der Nähe des Otago Central Rail Trail (darunter Naseby) können vereinbart werden.

Clyde

850 EW.

Das DörfchenClyde (www.clyde.co.nz) am Ufer des smaragdgrünen Clutha River wirkt eher wie ein nettes Dorf aus einem Film über den Goldrausch im 19. Jh. als wie ein wirklicher Ort. Der Anteil an Rentnern wächst, aber Clyde hat sich seine freundliche Dorfatmosphäre bewahrt. Selbst wenn im Sommer die Feriengäste in Scharen einfallen, kann man hier noch super ein paar Tage ausspannen. Zudem liegt Clyde an einem Ende des Otago Central Rail Trail.

Sehenswertes & Aktivitäten

Die Broschüre *Walk Around Historic Clyde* ist in der i-SITE (S. 633) von Alexandra erhältlich. Der Wanderweg **Alexandra – Clyde 150th Anniversary Walk** (einfach 3 Std.) verläuft ohne Steigungen am Fluss entlang, es gibt viele Rastplätze und reichlich Schatten.

Clyde Historical Museum MUSEUM
(Blyth St.; Erw./Kind 3/1 NZ$; ⌚Di–So 14–16 Uhr) Zeigt Ausstellungen zu den Maori und der viktorianischen Zeit und informiert über den Clyde Dam.

Trail Journeys FAHRRADFAHREN
(☎0800 724 587; www.trailjourneys.co.nz; Clyde Railhead; ⌚Touren Sept.–April) Trail Journeys verleiht Fahrräder (Tag ab 35 NZ$) und veranstaltet Fahrradtouren.

Feste & Events

Clyde Wine & Food Festival WEIN & ESSEN
(www.promotedunstan.org.nz; ⌚Ostersonntag) Die landwirtschaftlichen Erzeugnisse und Weine der Region werden auf diesem Fest präsentiert.

Schlafen

Im Februar und März wird es in Clyde sehr voll, ein frühzeitiges Buchen von Unterkünften ist daher ratsam.

Oliver's Lodge B&B $$$
(☎03-449 2600; www.oliverscentralotago.co.nz; 34 Sunderland St.; DZ 195–315 NZ$; 📶) Eine herausragende Sammlung alter Karten wird in diesem Händlerhaus mit Pferdeställen aus dem 19. Jh. gezeigt. Oliver's Lodge bietet luxuriöse Zimmer mit Orientteppichen, antiken Möbeln und Badewannen mit Klauenfüßen. Die meisten Zimmer öffnen sich zu einem geschützten, begrünten Innenhof. Ein Frühstück mit frisch gebackenem Brot, hausgemachtem Joghurt und Marmeladen ist im Preis inbegriffen.

Hartley Arms Backpackers HOSTEL $
(☎03-449 2700; hartleyarms@xtra.co.nz; 25 Sunderland St.; 40 NZ$ pro Pers.) Die drei gemütlichen Zimmer befinden sich im ehemaligen Stall hinter einem schönen Gebäude aus dem Jahr 1869, dem einstigen Hartley Arms Hotel. Sie fürhen hinaus auf einen fried-

ABSTECHER

AUF ZWEI RÄDERN: OTAGO CENTRAL RAIL TRAIL

Von Dunedin nach Clyde verläuft die Eisenbahnstrecke der Central Otago Rail. Seit Beginn des 20. Jhs. bis in die 1990er-Jahre hinein verband der Schienenweg kleine, im Landesinnern gelegene Goldgräberstädte mit der Metropole. Nachdem die 150 km lange Bahnstrecke von Middlemarch bis Clyde stillgelegt worden war, wurden die Schienenstränge abgerissen und ein neuer Wander- und Radwanderweg angelegt, der ganzjährig befahrbar ist und Radfahrer, Wanderer und Reiter über eine historische Route mit alten Eisenbahnbrücken, Viadukten und Tunnels führt. Der Fernwander- und -radweg, der mit hervorragenden Einrichtungen (Toiletten, Unterständen und Informationen) ausgestattet ist, weist keine Steigungen auf, dafür aber traumhafte landschaftliche Ausblicke und Abgeschiedenheit. Der Trail zieht jährlich über 25 000 Besucher an. Am größten ist der Andrang im März und April, wenn unzählige Wanderer aus Auckland, Wellington, Christchurch und australischen Städten auf der Strecke unterwegs sind.

Der Wander- und Radweg ist in jeder Richtung befahr- bzw. begehbar. Eine Möglichkeit ist, ab Dunedin mit der touristischen Eisenbahn Taieri Gorge Railway (S. 622) anzureisen, dann mit dem Fahrrad von Pukerangi nach Middlemarch (19 km auf der Straße) zu fahren und den Wanderweg am folgenden Tag in Angriff zu nehmen. Die gesamte Strecke nimmt mit dem Fahrrad vier bis fünf Tage (zu Fuß eine Woche) in Anspruch, selbstverständlich können auch kürzere oder längere Abschnitte ausgewählt werden. Einige leichte Umwege führen z. B. nach Naseby und St. Bathans. Viele am Weg liegende Orte bieten Unterkünfte und Verpflegung an, z. B. in restaurierten Cottages und rustikalen Bauernhäusern.

Mountainbikes können in Dunedin, Middlemarch, Alexandra und Clyde geliehen werden. In allen größeren i-SITEs der Region sind detaillierte Informationen erhältlich. Unter www.otagocentralrailtrail.co.nz und www.otagorailtrail.co.nz findet man Informationen zum Weg, Zeitpläne, Unterkunftsmöglichkeiten und Tourenveranstalter.

vollen, von einer Steinmauer eingefassten Garten und teilen sich eine kleine Küche mit Wohnzimmer. Tische und Stühle im Schatten eines Kirschbaums sind genau der richtige Platz, um sich von der rund 150 km langen und vielleicht anstrengenden Radtour zu erholen. Wie passend, dass die Katze hier den Namen Radler trägt!

Dunstan House B&B $$
(☎03-449 2295; www.dunstanhouse.co.nz; 29 Sunderland St.; DZ inkl. Frühstück 120–220 NZ$; ⏲Sept.–Mai; @) Das restaurierte Gasthaus aus viktorianischer Zeit hat Balkone und charmante Bar- und Lounge-Bereiche. Die Zimmer mit eigenen Bädern sind mit Stilmöbeln individuell eingerichtet und etwas teurer, die meisten haben zudem altmodische Badewannen mit Klauenfüßen. Weniger kostspielige (und trotzdem komfortable) Zimmer findet man nebenan in „Miners Lane".

Old Postmaster's House B&B $
(☎03-449 2488; www.postofficecafeclyde.co.nz; Blyth St.; DZ 95–125 NZ$) Hübsche Zimmer mit zweckmäßiger Einrichtung sowie antiker Möblierung.

ESSEN

Bank Café CAFÉ $
(31 Sunderland St.; 10–18 NZ$; ⏲9–16.30 Uhr) Die Inhaber hegen eine Leidenschaft für regionale landwirtschaftliche Produkte und sorgen dafür, dass im Café alles täglich frisch zubereitet wird, z. B. Kuchen oder Maispuffer zum Frühstück. Die herzhaften Sandwiches zum Mitnehmen sind perfekt für eine willkommene Mittagspause zwischen zwei Radetappen.

Post Office Café & Bar CAFÉ $$
(2 Blyth St.; Hauptgerichte 15–30 NZ$; ⏲10–21 Uhr) Das Postamt von Clyde aus dem Jahr 1899 beherbergt ein beliebtes Restaurant mit Gartentischen und serviert Klassiker wie Hähnchen-Sandwiches und Eintöpfe. In zahllosen Ecken und Nischen können sich die Gäste niederlassen und sich in Zeitungen über bedeutende Tage in der neuseeländischen Geschichte informieren.

The Packing Shed CAFÉ $
(68 Boulton Rd.; 10–20 NZ$) Mit einem interessanten Skulpturengarten und einer exzentrisch-ländlichen Atmosphäre ist das Packing Shed ein beliebtes Ziel von Radwanderern,

die zwischen Clyde und Alexandra einen Umweg einlegen wollen.

Shoppen

Central Gourmet Galleria ESSEN

(www.centralone.co.nz; 27 Sunderland St.) Hier erwartet die Käufer eine großartige Auswahl preisgekrönter Weine aus der Region, die zum Teil nirgendwo sonst erhältlich sind. Außerdem gibt es viele Spezialitäten aus Central Otago, z. B. Marmeladen und Chutneys – sie sind leicht zu transportierende Geschenke und Mitbringsel.

An- & Weiterreise

Die Busunternehmen haben keine Haltestellen am Ort, doch die zwischen Cromwell und Alexandra fahrenden Busse halten auf Wunsch in Clyde (wofür sie möglicherweise einen geringen Preisaufschlag verlangen).

Alexandra

4620 EW.

Vom Easter Bunny Hunt oder den NZ Merino Shearing Championships (im Sept.) einmal abgesehen, sind die größten Anziehungspunkte des Ortes die nahe gelegenen Mountainbikestrecken. Manche Reisende bleiben in der Obstsaison längere Zeit als Erntehelfer in Alexandra.

Sehenswertes & Aktivitäten

Mountainbiker können die alten Goldgräberpfade abfahren, die sich durch die hügelige Landschaft ziehen, Karten dazu gibt es bei der i-SITE (S. 633). Bei **Altitude Adventures** (☎03-448 8917; www.altitudeadventures.co.nz; 88 Centennial Ave.) und **Trail Journeys** (☎0800 724 587; www.trailjourneys.co.nz; Clyde Railhead) verleihen Fahrräder und bieten Radtouren in das Hinterland und den Transport zum Startpunkt von Wanderwegen an.

Central Stories MUSEUM

(www.centralstories.co.nz; 21 Centennial Ave; Eintritt mit Spende; ⌚9–17 Uhr) Das hervorragende regionale Museum in der i-SITE von Alexandria informiert anschaulich über die Geschichte des Otago-Goldrausches, des Weinanbaus und der Schafhaltung im Distrikt Central Otago.

Clutha River Adventures KAJAK FAHREN

(☎03-449 3155; www.clutharivera dventures.co.nz; ab 95 NZ$) In aufblasbaren Kajaks wird der Lake Roxburgh überquert. Eine beliebte Tour führt in eigener Regie von Alexandra zur interessanten Goldgräberstadt Doctor's Point.

Clutha River Cruise BOOTSTOUR

(☎03-449 3155; www.clutharivercruises.co.nz; Erw./Kind 90/40 NZ$; ⌚26. Dez.–Feb. 11 & 14 Uhr, Okt.–24. Dez. & März–April 13 Uhr) Die 2½-stündige Clutha River Cruise bietet die Möglichkeit, Landschaft und Geschichte der Region vom Wasser aus zu erleben. Buchungen nimmt die i-SITE in Alexandra vor.

Schlafen

Die Centennial Avenue wird stadteinwärts von mehreren Motels gesäumt.

Quail Rock B&B $$

(☎03-448 7224; www.quailrock.co.nz; 5 Fairway Dr.; EZ/DZ ab 100/150 NZ$; @☎) Hoch über der Stadt liegt dieses sehr komfortable B&B und sorgt gleichermaßen für Privatsphäre und Aussicht auf die Berge. Hausgemachte Marmeladen machen das Frühstück zu einem unvergleichlichen Genuss, ein Abendessen kann ebenfalls bestellt werden. Ein netter Anblick sind die Wachteln, die sich manchmal zwischen den Steinen im Garten zeigen.

Marj's Place HOSTEL $

(☎03-448 7098; www.marjsplace.co.nz; 5 Theyers St.; pro Pers. 35 NZ$; @☎) Zwei Häuser mit unzähligen Gemeinschaftsräumen und einer netten kommunikativen Stimmung, die durch den friedlichen Rosengarten hinter dem Haus noch vertieft wird. Eine finnische Sauna befindet sich ebenfalls auf dem Gelände. Die freundliche Inhaberin Marj vermittelt auch Saisonarbeit. Keine Kreditkarten, nur Barzahlung.

Alexandra Holiday Park CAMPINGPLATZ $

(☎03-448 8297; www.alexandraholidaypark.com; 44 Manuherikia Rd.; Stellplätze ab 30 NZ$, Wohnungen 50–70 NZ$; @☎) Am Rand der Straße nach Ranfurly liegt dieser Campingplatz mit vielen schattigen Plätzen am badefreundlichen Manuherikia River, von hier ist es nicht weit zum Beginn des Rail Trail. Im Angebot sind auch kleine Wohneinheiten. Eine abgeschlossene Wohnung (max. 6 Pers.) kostet für 2 Personen mindestens 95 NZ$.

Essen

Tin Goose Cafe CAFÉ $

(www.thetingoosecafe.com; 22 Centennial Ave.; 10–20 NZ$) Hausgemachtes Gebäck und Kuchen sowie hervorragende Tresengerichte

z. B. Pizza mit Hähnchenfleisch, Preiselbeeren und Frischkäse – gehen hier interessante Verbindungen mit leckeren Salaten und dem besten Kaffee in Alexandra ein. Pilze aus der Umgebung auf Ciabattabrot oder ein Omelett von der Tageskarte sind ein vollwertiger Einstieg in den Tag, vor allem, wenn man auf dem Weg zum Rail Trail im benachbarten Clyde ist.

Red Brick Café CAFÉ **$$**
(Centrepoint-Parkplatz bei Limerick St.; Mittagessen 15–30 NZ$, Abendessen 30–35 NZ$) Das Café mit Weinbar und einem sonnigen Innenhof liegt an einem Einkaufsparkplatz in Alexandra. Wohl kaum einer rechnet hier damit, mit so gut zubereitetem Blue Cod und deftigen Wild- oder Schweinefleischgerichten bewirtet zu werden. Die meisten Zutaten und Weine stammen aus regionalen Quellen. Das Bauwerk war ursprünglich die erste Bäckerei Alexandras, die Funktionalität des Gebäudes sorgt auch heute noch für eine interessante und inspirierende Atmosphäre.

Shaky Bridge Café CAFÉ **$$**
(Graveyard Gully Rd.; Hauptgerichte 15–30 NZ$) Über eine 110 Jahre alte Fußgängerbrücke unweit des Rail Trail kommt man zum Shaky Bridge Café, ein Weingut-Café in einem historischen Lehmziegelhaus mit Blick auf den Manuherikia River. Die köstlichen Zutaten wie Wild, Ente oder Lachs stammen aus der Umgebung. Zu Kaffee und Kuchen wird die Aussicht auf Weinberge gratis dazu serviert.

Foursquare SUPERMARKT **$**
(91 Tarbert St.) Für Selbstversorger, zentral gelegen.

Praktische Informationen

Alexandra i-SITE (☎03-448 9515; www.centralotagonz.com; 22 Centennial Ave; ⏲9–18 Uhr; @) Die i-SITE von Alexandra bietet Internetzugang und kostenlose Stadtpläne, die bei der Weitläufigkeit des Ortes auch dringend notwendig sind.

An- & Weiterreise

Im Abschnitt über Cromwell werden die Busverbindungen aufgezählt, die diese Strecke befahren. Wer von Alexandra nach Queenstown fährt (also in Richtung Nordwesten), kommt durch Cromwell. Zur Ostküste fährt man in Richtung Süden über Roxburgh.

Von Alexandra nach Palmerston

Nordöstlich von Alexandra verläuft der Highway entlang bewässerter Landwirtschaftsflächen, die Gebirgszüge der Dunstan Range und North Rough Range ragen imposant zu beiden Seiten des Highways auf. Durch das Manuherikia Valley führt die Straße als State Highway 85 (SH 85) in die Maniototo-Ebene.

Das Hotel **Chatto Creek Tavern** (☎03-447 3710; www.chattocreektavern.co.nz; SH 85; Gerichte 12–23 NZ$) ist ein hübsches Steinhaus aus den 1880er-Jahren, das am Rail Trail und Highway liegt. Die Gäste können zu einem frittierten Whitebait (junge Fische aus dem Meer, die die Flüsse hinaufwandern; nur in der Saison) oder Steak-Sandwich hereinschauen oder die müden Wadenmuskeln in einem Schlafsaalbett (50 NZ$) oder Doppelzimmer (120 NZ$) ausruhen. Ein Frühstück, das sich sehen lassen kann, ist im Preis inbegriffen.

Aus ein paar historischen Gebäuden besteht der winzige Ort **Ophir**, die Heimat von gerade einmal 50 Einwohnern liegt am jenseitigen Ufer des Manuherikia River und erhebt den Anspruch, die größte Temperaturunterschiede des Landes aufzuweisen (+35 °C bis -22 °C). Eine Schotterstraße biegt südwärts von der SH 85 ab und führt zur holprigen Holzbrücke Dan O'Connell Bridge aus den 1870er-Jahren zu. **Black's Hotel** (☎03-447 3826; steven.chapman@clear.net.nz; pro Pers. inkl. Frühstück 60 NZ$) bietet radfahrerfreundliche Unterkünfte.

An der SH 85 liegen die Orte **Omakau** und **Lauder,** wo hungrige Radwanderer etwas zu essen und für ihr schmerzendes Gesäß ein Bett finden. Gute, preiswerte Zimmer, hervorragendes Essen und einheimische Gäste als Gesellschaft bietet das **Omakau Commercial Hotel** (☎03-447 3715; www.omakauhotel.co.nz; 1 Harvey St.; B/EZ/DZ ab 35/45/80 NZ$). Zu den Unterkünften im nahen Lauder zählen das **Pedal Inn** (☎03-447 3460; benandcatherine@farmside.co.nz; SH85; DZ 120 NZ$), das zwei moderne, separate Wohnungen in einem landwirtschaftlichen Betrieb vermietet, und das gemütliche **Muddy Creek Cutting** (☎03-447 3682; www.muddycreekcutting.co.nz/; pro Pers. 60 NZ$), ein liebevoll restauriertes Lehmziegel-Bauernhaus aus den 1930er-Jahren. Abends wird ein Abendessen mit Variationen von regionalen Bioerzeugnissen serviert (50 NZ$).

Die Siedlung Omakau eignet sich gut für eine Pause bei der Fahrt auf dem Rail Trail, z. B. im freundlichen **Muddy Creek Cafe** (2 Harvey St.; Pies & Hauptgerichte 10–15 NZ$), das mit alten Radios dekoriert ist. Eiscreme aus biologischen Zutaten und verdientermaßen berühmte Hähnchen- und Pilzpasteten sind nur einige der Genüsse, die sich müde Wanderer und Radfahrer redlich verdient haben. Am oberen Ende der Straße, in Lauder, liegt das **Stationside Cafe** (Lauder; Snacks & Hauptgerichte 10–20 NZ$) am Rand des Rail Trail und bietet gesunde Salate, Sandwiches, Suppen und Pasta an. Das Hausschaf Rosemary hört man meist eher als man es sieht.

Wenn man die Abzweigung nach Norden ins Vorgebirge der imposanten Dunstan Range nimmt, kommt man ins winzige, 17 km von der SH85 entfernte **St. Bathans**. Die ehemals blühende Goldgräberstadt mit damals 2000 Einwohnern zählt heute nur noch ein halbes Dutzend ständige Bewohner. Der Blue Lake ist praktisch ein Zufallsprodukt menschlicher Tätigkeit: ein großer, mit verblüffend blauem Mineralwasser gefüllter Kessel, entstanden durch den früheren Goldabbau. Man kann um den teilweise außerirdisch anmutenden See zu einem Aussichtspunkt wandern (hin & zurück 1 Std.).

Das **Vulcan Hotel** (☎03-447 3629; www.stbathansnz.co.nz; Main Rd.; Zi. pro Pers. 50 NZ$; Gerichte 20–25 NZ$) ist ein stimmungsvoller Ort für ein oder zwei Drinks bzw. ein Essen. Bedenkt man, dass nur sechs Personen (sowie ein Labrador und ein oder zwei Gespenster) im Haus leben, geht es an der Hotelbar an den Freitagabenden erstaunlich lebhaft zu: Das liegt an den durstigen Schafscherern, die zum Wochenende in Scharen aus dem Tal dorthin strömen, um sich zum Bier und zum gemütlichen Beisammensein treffen. Das Hotel vermietet außerdem leerstehende Ferienhäuser in der Nachbarschaft. Jack, der schwarze Labrador, begleitet die Gäste zu einer Handvoll hübscher Cottages (DZ ab 100–220 NZ$), darunter auch einem alten Gefängnis. Jack hängt an seinem zerschlissenen alten Rugby-Ball, der beim Spielen keinesfalls verlorengehen sollte!

Die SH 85 schwenkt nach Südosten ab und passiert die historische **Wedderburn Tavern** (☎03-444 9548; www.wedderburntavern.co.nz; SH85; pro Pers. inkl. Frühstück 55 NZ$). Nach weiteren 7 km führt eine Abzweigung nach Naseby; geradeaus führt die Straße weiter nach Ranfurly.

NASEBY

Das niedliche Naseby – von Wald umgeben und mit Steingebäuden aus dem 19. Jh. gesegnet – gehört zu der Art von Kleinstädten, in denen die Uhren langsamer ticken. Dass es vom relativ unbedeutenden neuseeländischen Curling besessen ist, deutet darauf hin, dass hier einfach nicht viel los ist. Die entspannte Kleinstadtatmosphäre und die guten Rad- und Wanderwege durch den umliegenden Wald machen Naseby aber trotzdem zu einem lohnenden Aufenthaltsort für ein paar Tage.

Sehenswertes & Aktivitäten

Bei **Naseby Information & Crafts** (☎03-444 9961; Derwent St.; ⏲Fr–Mo 11–14 Uhr), im alten Postamt, erhält man Informationen über Wander- und Radwege in der Region. Nähere Informationen zu Mountainbiketouren und dem Verleih von Rädern gibt es bei **Kila's Bike Shop** (☎03-444 9088; kilasbikeshop@xtra.co.nz; Derwent St.; pro Tag 35 NZ$) in der Nähe des Black Forest Café. **Naseby Forest Headquarters** (☎03-444 9995; Derwent St.) hält Karten für Wanderungen durch den Black Forest bereit.

Während des ganzen Jahres können Curling-Sportler Eisstöcken nachjagen, und zwar in der Eissporthalle im **Naseby Alpine Park** (☎03-444 9878; www.curling.co.nz; Channel Rd.; Curling Std. Erw./Fam. 20/50 NZ$; ⏲10–17 Uhr), wo auch Unterrichtsstunden möglich sind. Von Juni bis August ist Schlittschuhlaufen auf einer angrenzenden Eislaufbahn im Freien möglich. Ebenfalls in der Nähe können im Winter **Rennrodel** (☎03-444 9270; www.lugenz.co.nz; ⏲Juli–Aug.) für eine aufregende und recht rasante Abfahrt auf einer 360 m langen Eisbahn ausgeliehen werden. Die Bahn ist allgemein zugänglich, eine vorherige Reservierung ist aber unerlässlich.

Schlafen & Essen

Church Mouse FERIENHAUS $$
(☎03-444 9440, 027 714 1209; www.holidayhouses.co.nz; DZ 190 NZ$) Einen romantischen Aufenthalt verspricht das Ferienhaus Church Mouse, eine liebevoll restaurierte katholische Kirche, die als luxuriöses Ferienhaus eine neue Bestimmung erhalten hat. Wertvolle Holzfußböden harmonieren mit eleganten modernen Möbeln, das größere Schlafzimmer erstreckt sich über ein eigenes Zwischengeschoss. Eine moderne Ausstattung, u. a. eine nagelneue Küche, ist vorhanden. Ein geschützter sonniger Innen-

hof verströmt in Sommernächten ein südliches Flair.

Naseby Trail Lodge LODGE $$
(☎03-444 8374, 0508 627 329; www.nasebylodge.co.nz; Ecke Derwent St. & Oughter St.; DZ 160 NZ$) Beliebt bei Rennrodlern aus aller Welt ist das Nasbey Trail Lodge mit seinen modernen Wohnungen. Die umweltfreundlichen Wände des Hauses bestehen aus Strohballen, die in Wellblech eingefasst sind.

Ancient Briton PUB $
(☎03-444 9990; www.ancientbriton.co.nz; 16 Leven St.; EZ 60 NZ$, DZ ab 105 NZ$) Das Hotel Ancient Briton ist ein Lehmziegelbau von 1863 mit verschiedenartigen, schlichten bis komfortablen Zimmern. Das Haus bietet traditionelle Kneipengerichte (Hauptgerichte 17–27 NZ$). An der Bar können Gäste die Trophäen der Curling-Mannschaft „Blue Hats" des Pubs bewundern oder mit Einheimischen plaudern.

Royal Hotel HOTEL $
(☎03-444 9990; www.naseby.co.nz; Earne St.; B 30 NZ$, DZ 89–115 NZ$) Das Royal Hotel in direkter Nachbarschaft zur rustikalsten Gartenbar Neuseelands ist ein weiteres Pub mit gutem Essen und guten Unterkünften.

Larchview Holiday Park CAMPINGPLATZ $
(☎03-444 9904; www.larchviewholidaypark.co.nz; Swimming Dam Rd.; Stellplätze ab 26 NZ$, Wohnungen 45–81 NZ$; @) Inmitten von 7 ha Wald gelegen, bietet der Larchview Holiday Park eine alpine Ausstrahlung. Auf dem Gelände gibt es einen kleinen Spielplatz und die Möglichkeit, in der Nähe in einem Stausee zu schwimmen. Einfache Blockhütten und Cottages sind vorhanden.

Black Forest Café CAFÉ $
(☎03-444 9820; 5 Derwent St.; Hauptgerichte 10–15 NZ$; ⏲9–16 Uhr) Mit frischem Gebäck und gutem Kaffee glänzt das Black Forest Café, dessen Innenraum mit Steinwänden, leuchtenden Farben und warmem, poliertem Holz einfach hinreißend aussieht. Auf der umfangreichen Speisekarte stehen Bagels, Panini und Smoothies mit leckeren Früchten aus den Obstanbaugebieten von Central Otago.

ℹ An- & Weiterreise

Das Hotel Ancient Briton (S. 635) holt seine Gäste im hoteleigenen Kleinbus aus Ranfurly oder vom Rail Trail ab. Nach vorheriger Buchung halten die Busse von **Catch-a-Bus** (☎03-449 2024; www.catchabus.co.nz) auf der Strecke Dunedin – Cromwell in Naseby. Autofahrer nehmen die Abfahrt von der SH 85 direkt im Norden von Ranfurly. Von Naseby führt eine kurvenreiche Straße nordöstlich durch eine spektakuläre Szenerie zum Danseys Pass und weiter nach Duntroon und zum Waitaki Valley.

RANFURLY

Ranfurly gibt sich alle Mühe, Kapital aus seinen Art-déco-Gebäuden zu schlagen (ein Großteil des Ortes wurde nach einigen Bränden in den 1930ern im Stil der Zeit wieder aufgebaut). Ein paar hübsche Gebäude und Antiquitätenläden säumen die verschlafene Hauptstraße. Jedes Jahr am letzten Februarwochenende findet in der Stadt das **Art Deco Festival** (www.ranfurlyartdeco.co.nz) statt.

Die **Ranfurly i-SITE** (☎03-444 1005; www.maniototo.co.nz; Charlemont St.; ⏲Okt.–April tgl. 10–16 Uhr, Mai–Sept. Mo–Fr; @) ist im alten Bahnhofsgebäude untergebracht. Die Broschüre *Rural Art Deco – Ranfurly Walk* ist bei einem Spaziergang ohne Führung ganz hilfreich.

Das **Ranfurly Lion Hotel** (☎03-444 9140; www.ranfurlyhotel.co.nz; 10 Charlemont St.; EZ 55–70 NZ$, DZ 75–98 NZ$; @) im Art-déco-Stil vermietet 16 komfortable Zimmer und hat gleich mehrere Bars. Auf den Tisch kommen Kneipengerichte (Abendessen 20–27 NZ$).

Fröhlich und herzlich, mit einem offenen Kaminfeuer, regionalen Kunstwerken und einer *Wall of Fame* des Sports von Maniototo: Das **E-Central Café** (☎03-444 8300; 14 Charlemont St.; Hauptgerichte 7–15 NZ$; ⏲Frühstück & Mittagessen) ist die beste Adresse für ein Mittagessen im Ort.

Zur Entdeckung des rauen Landes, das der Landschaftsmaler Grahame Sydney so berühmt gemacht hat, kann **Maniototo 4WD Safaris** (☎03-444 9703; www.maniototo4wdsafaris.co.nz; pro Pers. halber/ganzer Tag 80/140 NZ$) beitragen.

Einmal täglich fährt ein Shuttlebus von **Catch-a-Bus** (☎03-449 2024; www.catchabus.co.nz) auf seiner Strecke zwischen Wanaka und Dunedin durch Ranfurly.

WAIPIATA

10 km südöstlich von Ranfurly liegt direkt am Rail Trail der kleine Ort Waipiata mit dem **Waipiata Country Hotel** (☎03-444 9470; www.waipiatahotel.co.nz; Hauptgerichte abends 20–25 NZ$; @). Ein sonniger Grillbereich steht Gästen zur Verfügung, die Speisekarte des Restaurants verzeichnet z. B. „Pig Root Spare Ribs" und „Bike Faster Pasta". Am gesamten Rail Trail wird nur

hier das Bier von Emerson aus Dunedin ausgeschenkt, komfortable Unterkünfte stehen ab 70 NZ$ pro Person zur Verfügung. Besonders schön ist das kürzlich renovierte „Mudbrick"-Zimmer.

Inmitten von Weideland, 4 km außerhalb von Waipiata, bietet **Peter's Farm Lodge** (☎0800 472 458, 027 686 1692; www.petersfarm.co.nz; Tregonning Rd.; pro Pers. inkl. Frühstück 50 NZ$) einfache, komfortable Zimmer in einem rustikalen Bauernhaus aus dem 19. Jh. Beim Abendessen an großen Tischen geraten die Gäste leicht in entspannte Gespräche, ein herzhaftes Barbecue-Abendessen gibt es für 25 NZ$. Kajaks, Angelruten und Goldwaschpfannen liegen ebenfalls bereit, ein längerer Aufenthalt kann sich also durchaus lohnen. Gastgeber Peter betreibt auch das benachbarte Tregonnings Cottage, es stammt von 1880, ist aber mit einer komplett eingerichteten modernen Küche ausgestattet. Gäste werden auf Wunsch von der Haltestelle Waipiata am Rail Trail abgeholt.

VON RANFURLY NACH DUNEDIN

Ab Ranfurly sind es 62 km auf der SH 85 nach Palmerston, dann 55 km weiter Richtung Süden nach Dunedin bzw. 59 km Richtung Norden nach Oamaru. Eine andere Möglichkeit bietet die Richtung Süden führende SH 87, die direkt nach Dunedin verläuft, an der 129 km langen Strecke liegen **Hyde** und Middlemarch. In Hyde bietet das **Otago Central Hotel** (☎03-444 4800; www.hydehotel.co.nz; EZ/DZ mit Gemeinschaftsbad 80–130 NZ$, EZ/DZ mit eigenem Bad 100–190 NZ$) Boutique-Unterkünften. Und das sonnige Terrassencafé hat schon manchen Radler mit müden Muskeln vor der Weiterfahrt zu einem zweiten Espresso verführt.

Vor der imposanten Kulisse der Rock and Pillar Range liegt die kleine Stadt **Middlemarch** (www.middlemarch.co.nz), die Endstation der Taieri Gorge Railway und zugleich der Start- bzw. Endpunkt des Otago Central Rail Trail. Fahrräder und Ausrüstung werden bei **Cycle Surgery** (☎03-464 3630; www.cyclesurgery.co.nz; Snow Ave; Tag 35 NZ$) verliehen. Die Firma betreibt eine weitere Filiale am anderen Ende des Rail Trail in Clyde.

Auf dem berühmten **Middlemarch Singles Ball**, der an Jahren mit ungeraden Zahlen über Ostern abgehalten wird, versammeln sich Männer aus der Region, um auf altmodische Art auf Brautschau zu gehen.

In einem landwirtschaftlichen Familienbetrieb, wenige hundert Meter vom Rail Trail entfernt, bietet das **Trail's End** (☎03-464 3474; www.trailsend.co.nz; 91 Mason Rd.; DZ inkl. Frühstück 150 NZ$) sowohl abgelegene Hütten mit Ausblicken auf die Rock and Pillar Mountain Range als auch ein muskelentspannendes Verwöhnprogramm im Wellness-Pool.

Gegenüber dem Bahnhof bietet **Quench Café & Bar** (☎03-464 3070; 29 Snow Ave; Hauptgerichte 10–30 NZ$; ⊙8 Uhr bis spätabends) vielseitige Genüsse, z. B. einen Rail Burger (15 NZ$ – empfehlenswert am Anfang des Rail Trail) und ein eisgekühltes Speight's vom Fass (*definitiv* empfehlenswert am Ende des Rail Trail).

Von Alexandra nach Dunedin

Südlich von Alexandra windet sich die SH 8 durch ein schroffes, felsiges Hügelland oberhalb von Lake Roxburgh und folgt dann dem Lauf des Clutha River, der fruchtbare Obsthöfe und die berühmten Obstplantagen von Central Otago durchfließt. In der Saison werden überall an der Straße frisch gepflücktes Steinobst, Kirschen und Beeren an Ständen verkauft. An der Strecke liegen einige kleine Orte, viele stammen aus der Zeit des Goldrausches.

Nur 13 km südlich von Alexandra liegt das **Speargrass Inn** (☎03-449 2192; www.speargrassinn.co.nz; SH8; DZ 155–170 NZ$) mit drei Wohnungen in schöner Gartenumgebung. Das charmante Haus aus der Zeit um 1860 bietet elegante Aufenthaltsräume. Das **Restaurant** (SH8; Hauptgerichte 15–30 NZ$; ⊙Mo & Do 9–16, Fr & Sa 9–19, So 9–18 Uhr) des Gasthauses vereint Geschmacksrichtungen aus aller Welt, z. B. Steak mit Panade und Tarte mit Pilzen und Blauschimmelkäse. Ausreichend Zeit sollte man sich für eine Pause mit Kaffee und Kuchen und das Auswählen der köstlichen, hausgemachten Preserves (Eingelegtem) und Chutneys nehmen.

Von dort führt die Straße durch Roxburgh, Lawrence und das Manuka Gorge Scenic Reserve, eine landschaftlich schöne Strecke durch waldreiche Hügel und Schluchten. In Milton mündet die SH 8 in die SH 1 ein.

ROXBURGH

Die Obstplantagen um Roxburgh verkaufen an der Straße exzellentes Obst und haben während der Saison reichlich Jobs für Erntehelfer zu vergeben. Das **Roxburgh i-SITE**

(☎03-446 8920; www.centralotagonz.com; 120 Scotland St.; ⌚9.30–16 Uhr) informiert über Mountainbiketouren und Wassersport.

Das **Villa Rose Backpackers** (☎03-446 8761; www.villarose.co.nz; 79 Scotland St.; B/Wohneinheit 30/95 NZ$) ist eine altmodische Villa mit geräumigen Schlafsälen und einer riesigen, modernen Küche. Die separaten altertümelnden Wohneinheiten nebenan sind wirklich komfortabel. Der Manager hilft Gästen, die als Erntehelfer arbeiten möchten, und gewährt Rabatte für Wochenaufenthalte.

Das legendäre **Jimmy's Pies** (☎03-444-8596; 143 Scotland S.t; Kuchen 4–6 NZ$; ⌚Mo–Fr 7.30–17 Uhr) in Roxburgh lohnt auf jeden Fall einen Zwischenstopp. Das leckere Gebäck von Jimmy ist seit 1960 auf der ganzen Südinsel bekannt und schmeckt am besten, wenn es frisch aus dem Ofen kommt. Unbedingt den Aprikosen- und Apfelkuchen probieren – man befindet sich schließlich im Land der Obstplantagen. In Richtung Süden findet man Jimmy's auf der rechten Seite, bevor es zur Stadt hinausgeht.

Clutha District

Der mächtige Clutha River ist der wasserreichste Fluss Neuseelands und im wahrsten Sinne des Wortes dazu verdammt, mehrere Wasserkraftwerke zu füttern. **Balclutha** ist die größte Stadt im südlichen Otago, aber für Reisende höchstens zum Einkaufen interessant, bevor sie weiter in die Catlins fahren. Beim **Balclutha i-SITE** (☎03-418 0388; www.cluthacountry.co.nz; 4 Clyde St.) gibt's Infos zur Region und einen Internetzugang. Näheres liefert auch die Website www.cluthacountry.co.nz.

NÖRDLICHES OTAGO & WAITAKI

Der breite Waitaki River strömt durch den nördlichen Rand Otagos und bildet die Grenze zum nördlich gelegenen Canterbury. Im Süden des Stromes liegt die Küstenstadt Oamaru, Heimat der Pinguine und eines glanzvollen architektonischen Erbes. Durch das Waitaki Valley verläuft eine alternative Strecke ins Landesinnere, auf der man auf bizarre Felsformationen, Felsmalereien der Maori und Fossilien aus grauer Vorzeit trifft. Die Gegend ist eine der jüngsten Weinanbauregionen Neuseelands und ein wichtiger Abschnitt des neuen Alps2Ocean Cycle Trail, der den Nationalpark Aoraki/Mt. Cook mit Oamaru verbindet. Weitere Informationen unter www.nzcycletrail.com.

Oamaru

12 700 EW.

Nichts bewegt sich schnell in Oamaru. Touristen flanieren, Ortsansässige verweilen hier und da, und Pinguine watscheln umher. Selbst die vielgerühmten historischen Transportmittel – Hochräder und Dampfeisenbahnen – legen eine gemächliche Gangart an den Tag. Reisende richten ihre Aufmerksamkeit meistens auf Pinguine und das historische Viertel, doch Attraktionen z. B. die köstlichste Käsefabrik der Südinsel, schicke Galerien und eine spezielle Livemusik-Veranstaltung sorgen ebenfalls für willkommene Abwechslung. Eine neue Bewegung, die den einzigartigen Reiz Oamarus noch erhöht, ist die exzentrische Steampunk Movement, bei der Vergangenheit und Zukunft ausdrucksvoll im Geist einer „Zukunft, wie sie einmal war" gefeiert werden.

Die Verschiffung von Kühlfleisch bescherte Oamaru im 19. Jh. den Reichtum, um die imposanten Kalksteingebäude zu errichten, die heute die Stadt zieren. In seiner Glanzzeit in den 1880er-Jahren war Oamaru so groß wie das damalige Los Angeles. Die Stadt hegt auch eine Liebe zur Kunst, die vielleicht in ihrer Nähe zu Janet Frame wurzelt, sich heute aber vor allem in einer lebendigen Gemeinde von Künstlern und Kunsthandwerkern äußert.

Sehenswertes

HARBOUR-TYNE HISTORIC PRECINCT

Oamaru besitzt historische Handelshäuser, die zu den am besten erhaltenen Neuseelands zählen, man findet sie insbesondere rund um den Hafen und die Tyne Street. Dieser Bezirk wird auch als **Historic Precinct** bezeichnet. Die Bauwerke entstanden im 19. Jh., wobei hauptsächlich der regionale helle Kalkstein (als Oamaru-Stein oder Whitestone bekannt) zu eleganten, klassischen Formen verarbeitet wurde. Die stilistische Bandbreite reicht von neugotisch bis hin zu neoklassizistischen Palästen nach venezianischer und italienischer Art. Beim Oamaru Whitestone Civic Trust (S. 643) erhält man Informationen und den illustrierten Stadtführer *Victorian Oamaru*. An der Thames Street, der weitläufigen Haupt-

DAS OAMARU DER JANET FRAME

Das Schicksal einer der bekanntesten Schriftstellerinnen Neuseelands, Janet Frame, ist untrennbar mit Oamaru verknüpft. In der Stadt, die sie in ihren Romanen Waimaru nennt, verbrachte sie einen großen Teil ihrer Kindheit. Ihr Stil wird oft als „dicht" bezeichnet, ihre frühen Bücher auch als etwas düster, worin sich zweifellos ihr schwieriges Leben widerspiegelt. Aufbau und Erzählfluss ihrer Romane sind einzigartig. Auch die späteren Werke sind intensiv und voller Wortspiele, mythologischer Andeutungen und Illusionen, dabei jedoch weniger düster.

1951 saß Frame mit der (falschen) Diagnose einer Schizophrenie im Seacliff Lunatic Asylum, als sie plötzlich als Schriftstellerin Anerkennung fand. Daraufhin überdachten ihre Ärzte glücklicherweise noch einmal ihre bevorstehende Lobotomie. Nach der Entlassung mit intaktem Großhirn erlangte Janet Frame 1957 mit ihrem ersten Roman *Wenn Eulen schreien*, in dem Waimaru eine wichtige Rolle spielt, internationale Berühmtheit. Zu ihren weiteren Büchern zählen *Gesichter im Wasser* (1961), *Am Rande des Alphabets* (1962), *Scented Gardens for the Blind* (1963), *A State of Siege* (1967) und *Intensive Care* (1970). Jane Campions Film *Ein Engel an meiner Tafel* basiert auf dem zweiten Band von Frames dreiteiliger Autobiografie.

Die Romane spielen größtenteils in Oamaru. Beim Oamaru i-SITE (S. 643) gibt's die kostenlose Broschüre Janet Frame's Oamaru, die Anleitung für einen eineinhalbstündigen Rundgang auf eigene Faust.

Janet Frame erhielt mehrere neuseeländische und internationale Preise und kam zweimal in die engere Auswahl für den Literatur-Nobelpreis, zuletzt 2003. Ein Jahr später starb sie.

Das **Haus** (56 Eden St.; 6 NZ$; ⏲Nov.–April 14–16 Uhr), in dem Janet Frame ihre Kindheit verbrachte, ist für die Öffentlichkeit zugänglich.

geschäftsstraße Oamarus – ihre Breite war so bemessen, dass sie dem kleinstmöglichen Wendekreis eines Ochsenkarrens entsprach – sind die **National Bank** (Nr. 11) und das **Oamaru Opera House** (Nr. 92) besonders sehenswert.

Das faszinierende historische Viertel mit seinen schmalen Straßen bietet heute Buchhandlungen, Antiquitätenläden, Galerien, Secondhand-Modeläden und Buchbinder. Geführte Stadtspaziergänge beginnen bei der i-SITE von Oamaru täglich um 10 Uhr (Nov.–April, 10 NZ$).

Im **Woolstore** (1 Tyne St.) gibt es ein Café und Souvenirs, das **Auto Museum** (1 Tyne St.; Erw./Kind 6 NZ$/frei; ⏲10–16.30 Uhr) ist das perfekte Ziel für Fans schnittiger Automodelle. An der angrenzenden Harbour Street liegt die **Grainstore Gallery** (☎027-261 3764; ⏲Mo–Fr 12–16, Sa & So 10–14 Uhr) mit einer ständig wechselnden Sammlung kurioser Kunstwerke. Ein Erlebnis aus viktorianischer Zeit ist auch das Steuern eines Hochrades von **Oamaru Cycle Works** (☎03-439 5333, 027 439 5331; Wansbeck St.; Unterrichtsstunde & Nachmittagstee 25 NZ$). Inhaber David informiert gern über seine tollkühne Hochrad-Tour durch Neuseeland, das er in seiner ganzen Länge durchquert hat. Er verleiht außerdem Fahrräder aus den 1940er-Jahren (halber/ganzer Tag 15/20 NZ$).

Ein Besuch des historischen Viertels ist an Wochenenden besonders schön, vor allem sonntags, wenn der hervorragende **Oamaru Farmers Market** (www.oamarufarmersmarket.co.nz; Tyne St.; ⏲So 9.30–13 Uhr) abgehalten wird. Zu beachten ist, dass manche Läden und Sehenswürdigkeiten im historischen Viertel montags geschlossen haben.

Ebenso sehenswert ist der Oamaru-Stein und seine Bearbeitung in **Ian Andersen's Galerie** (www.ianandersensculptor.co.nz; 15 Tyne St.), wo Besucher kleinere Arbeiten kaufen können. Kunstfreunde sollten die Broschüre *Oamaru Arts & Crafts* kaufen, sie ist bei der i-SITE erhältlich.

RUND UM OAMARU

Blue-Penguin Colony TIERBEOBACHTUNG
(www.penguins.co.nz; Erw./Kind/Fam. 25/10/65 NZ$; ⏲10 Uhr bis Sonnenuntergang) In einem alten Kalksteinbruch in Küstennähe sind die kleinen blauen Kerle der Zwergpinguinkolonie von Oamaru zu sehen, wie sie durch die Wellen gleiten und sich ans Ufer kämpfen. Die Pinguine kommen kurz vor Einbruch der Nacht an Land (ca. 17.30 Uhr in der Wintermitte und 21.30 Uhr im

Hochsommer), es dauert etwa eine Stunde, bis alle Tiere an Land sind. Die meisten Pinguine (bis zu 150) sind im November und Dezember zu sehen. Zwischen März und August sind es mitunter nur 30 bis 50 Vögel. Nächtliche Beobachtungszeiten werden in der i-SITE (S. 643) bekanntgegeben. Fotografieren mit Blitzlicht ist verboten, außerdem sollte man an warme Kleidung denken.

Ein Rundgang vertieft das Verständnis für die Arbeit der Tierschützer. Touren finden tagsüber statt, dauern 30 Minuten und geben einen Einblick hinter die Kulissen des Zentrums (ohne Führung Erw./Kind/Fam. 12/5/30 NZ$, mit Führung 18/8/50 NZ$). Vorherige Buchungen sind unter www.penguins.co.nz möglich, Beobachtungen bei Nacht können mit einem Rundgang bei Tag kombiniert werden. Nicht vergessen, einige Münzen in die Spendenurne des Zentrums zu werfen – seine Bemühungen zur Arterhaltung haben beträchtlich zur Vermehrung der Vogelpopulation beigetragen.

Unter keinen Umständen sollten Besucher bei Nacht zwischen den Felsen am Meer herumklettern und nach Pinguinen Ausschau halten. Ein solches Verhalten schädigt den Lebensraum der Tiere und macht Studien über die Auswirkungen menschlicher Eingriffe auf die kleinen Vögel zunichte.

GRATIS **Yellow-Eyed Penguin Colony** TIERBEOBACHTUNG

Es gibt große Beobachtungshäuschen und gute Wanderwege zur Kolonie der Gelbaugenpinguine am Bushy Beach, wo die Pinguine am späten Nachmittag an Land kommen, um ihre Jungen zu füttern. Zwei Stunden vor Einbruch der Dunkelheit ist die beste Zeit für Beobachtungen. Trotz des Namens *hoiho* (lauter Rufer), den die Maori ihnen gegeben haben, sind sie extrem scheu; sobald sie Besucher sehen oder hören, laufen sie ins Wasser zurück. Graves Trail ist ein 2,5 km langer Wanderweg bei Niedrigwasser, er beginnt am Ende der Waterfront Road und folgt der zerklüfteten Küstenlinie bis zur Pinguinkolonie am Bushy Beach. Auf herannahende Seelöwen achten und beim Fotografieren der Pinguine keinen Blitz verwenden.

GRATIS **Steampunk HQ** GALERIE

(www.steampunkoamaru.co.nz; 1 Itchen St.; ⏲10–16 Uhr) Eine Reise in die Vergangenheit – oder eine exzentrische Vision der Zukunft – macht diese wundervolle Galerie der Steampunk-Kultur möglich. Altertümliche Maschinen fauchen und zischen, die Überspanntheiten des frühen Industriezeitalters werden neu interpretiert und in ausdrucksvolle, neuartige Bilder übersetzt. Nicht versäumen: Die Befeuerung der funkensprühenden, futuristischen Lokomotive draußen vor dem Eingang kommt bei Nacht am besten zur Geltung.

GRATIS **Forrester Gallery** GALERIE

(www.forrestergallery.com; 9 Thames St.; ⏲10.30–16.30 Uhr) Ein wunderschönes, von Säulen getragenes Bankhaus aus den 1880er-Jahren beherbergt die Forrester Gallery mit einer hervorragenden Sammlung regionaler und neuseeländischer Kunst. In der Galerie sind Werke von Colin McCahon zu sehen, der für seinen düster melancholischen Malstil berühmt ist. Auf der Website wird über regelmäßig stattfindende Sonderausstellungen informiert.

GRATIS **North Otago Museum** MUSEUM

(www.northotagomuseum.co.nz; 60 Thames St.; ⏲Mo–Fr 10.30–16.30, Sa & So 13–16.30 Uhr) In der prachtvollen Bibliothek aus dem 19. Jh. ist das North Otago Museum mit Ausstellungen zur Geschichte der Maori und Pakeha, zur Dichterin Janet Frame sowie Architektur und Geologie untergebracht.

Steam Train ZUG

(www.oamaru-steam.org.nz; Erw./Kind/Fam. einfach 5/2/12 NZ$, hin & zurück 8/3/20 NZ$; ⏲So & Feiertage 11–16 Uhr) An Sonn- und Feiertagen fahren Dampfeisenbahnen aus der historischen Altstadt zum Strand. Die beiden Eisenbahnzüge wurden 1877 und 1924 in Betrieb genommen, im Winter werden die Dampfloks gelegentlich durch eine Diesellok ersetzt.

NZ Malt Whisky Company DESTILLERIE

(☎03-434 8842; www.nzmaltwhisky.co.nz; 14 Harbour St.; Galerie frei, Verkostungen 10–15 NZ$; ⏲11–17 Uhr) Die NZ Malt Whisky Company bietet Whiskyverkostungen im historischen Gerüst eines einstigen viktorianischen Lagerhauses an. Unbedingt die labyrinthische Holztreppe hinaufsteigen: Sie führt in die Kunstgalerie in den oberen Stockwerken.

GRATIS **Oamaru Public Gardens**

(Haupteingang an der Severn St.) Die Gärten von Oamaru wurden 1876 erstmals für das

Publikum geöffnet und sind an einem heißen Tag mit ihren vielen Rasenflächen, Wasserläufen, Brücken und einem Kinderspielplatz ein wunderschöner Ort der Entspannung.

Aktivitäten

Vertical Ventures MOUNTAINBIKEN, KLETTERN
(☎021 894 427, 03-434 5010; www.verticalventures.co.nz) Inhaber Rob verleiht Mountainbikes (Tag 45 NZ$) und organisiert Mountainbikefahrten mit Begleitung auf Waldwegen und Küstenstraßen (ab 100 NZ$ pro Pers.). In die Vertikale können die Teilnehmer einer Abseil- oder Klettergruppe gehen (ab 130 NZ$). Rob ist mit seinen Gästen u. a. bei den Elephant Rocks im Waitaki Valley unterwegs.

Feste & Events

Oamaru Wine & Food Festival ESSEN & WEIN
(www.oamaruwineandfoodfest.co.nz; ⏲3. So im Feb.) Eine gelungene Präsentation der Restaurant- und Weinszene des nördlichen Otago.

Victorian Heritage Celebrations KULTUR
(www.historicoamaru.co.nz; ⏲Ende Nov.) An fünf Tagen schlüpfen Einheimische in viktorianische Kostüme und tragen Rennen auf Hochrädern aus. Dazu gibt es Gesang, Tanz und Straßentheater.

Geführte Touren

MP3-Player (15 NZ$) für Stadtspaziergänge auf eigene Faust sind bei der i-SITE (S. 643) erhältlich. Dort ist auch Näheres über Spaziergänge mit Führung durch die historische Altstadt von Oamaru zu erfahren.

Penguins Crossing TIERBEOBACHTUNG
(☎03-477 9083; www.travelheadfirst.com; Erw./Kind/Fam. 50/25/125 NZ$) Direkt vor der Haustür werden die Teilnehmer zu einer 2½-stündigen Tour zu den Kolonien der Zwergpinguine und Gelbaugenpinguine abgeholt. Im Preis ist der Eintritt zur Zwergpinguinkolonie enthalten. Die Abholung erfolgt zwischen 16 Uhr.

Schlafen

Die Motelmeile von Oamaru beginnt am nördlichen Stadtrand, wo die SH1 in die Thames Street einmündet. Gute Unterkünfte gibt es auch etwas außerhalb von Oamaru bei Old Bones Backpackers (S. 643) und Olive Grove Lodge sowie im Holiday Park (S. 646).

Pen-y-bryn Lodge LODGE $$$
(☎03-434 7939; www.penybryn.co.nz; 41 Towey St.; DZ inkl. Frühstück/Frühstück & Abendessen 625/875 NZ$; @) Weitgereiste Inhaber mit einer Leidenschaft für gutes Essen haben dieses schöne, 125 Jahre alte Wohnhaus mit neuem Leben erfüllt. In den Preisen sind ein großes Frühstück, frühabendliche Getränke im antiquarisch eingerichteten Salon und ein Vier-Gänge-Gourmetabendessen im märchenhaften Speiseraum inbegriffen. Nach dem Essen können Billardspieler an einem voluminösen Billardtisch ihr Können zeigen. Ein Abendessen ist nach vorheriger Absprache auch für Nicht-Hausgäste möglich (3/4 Gänge 85/135 NZ$).

Chillawhile Backpackers HOSTEL $
(☎03-437 0168; www.chillawhile.co.nz; 1 Frome St.; B 29–31 NZ$, EZ 48 NZ$, DZ/2BZ 58–66 NZ$; @📶) In diesem flippigen, farbenprächtigen Hostel in einem restaurierten viktorianischen Wohnhaus mit zwei Stockwerken

Oamaru

Sehenswertes

- Auto Museum ... (siehe 11)
- 1 Forrester Gallery ... B2
- 2 Grainstore Gallery ... B3
- 3 Janet Frame's House ... A1
- 4 National Bank ... B2
- 5 North Otago Museum ... A2
- 6 NZ Malt Whisky Company ... B3
- 7 Oamaru Opera House ... B2
- 8 Steam Train ... B3
- Steampunk HQ ... (siehe 8)

Aktivitäten, Kurse & Touren

- 9 Oamaru Cycle Works ... A3

Schlafen

- 10 Anne Mieke Guest House ... A3
- 11 Criterion Hotel ... B3
- 12 Red Kettle YHA ... A2

Essen

- 13 Annie's Victorian Tearooms ... A3
- 14 Countdown Supermarket ... B2
- Harbour St Bakery ... (siehe 11)
- Loan & Merc Tavern & Eating House ... (siehe 6)
- 15 Midori ... B1
- 16 Steam ... A2
- 17 Whitestone Cheese Factory & Café ... B1

Ausgehen

- Birdlands Wine Company ... (siehe 11)
- Criterion Hotel ... (siehe 11)
- Fat Sallys ... (siehe 5)

Unterhaltung

- 18 Globe ... B2
- 19 Movie World 3 ... B1
- 20 Penguin Club ... B3

Shoppen

- 21 Ian Andersen's Gallery ... B3
- 22 Oamaru Farmers Market ... A3
- Woolstore ... (siehe 11)

können Gäste ihrer Kreativität freien Lauf lassen, indem sie zeichnen und malen oder gefühlvolle Klänge auf den Gitarren, Klavieren, Didgeridoos und afrikanischen Trommeln der Gastgeber hervorbringen. Das Chillawhile ist eines der besten und einzigartigsten Hostels in Neuseeland.

Criterion Hotel
HOTEL $$

(☎03-434 6247; www.criterion.net.nz; 3 Tyne St.; DZ mit Bad 165 NZ$, EZ/2BZ/DZ ohne Bad 85/100/135 NZ$, alle inkl. Frühstück) Die mit Stilmöbeln eingerichteten Zimmer des Hotels von 1877 sind klein, doch die Lounge bietet viel Platz, alle Räume sind liebevoll restauriert, die glänzenden Holzfußböden mit türkischen Teppichen bedeckt. In den Preisen sind hausgemachtes Gebäck und Marmeladen im Speiseraum inbegriffen. Unten wartet auf die Gäste eine Abwechslung in Gestalt einer großartigen Eckkneipe mit etlichen guten Bieren vom Fass.

Anne Mieke Guest House
B&B $

(☎03-434 8051; www.theoamarubnb.com; 47 Tees St.; EZ/DZ 60/90 NZ$) Die Inneneinrichtung ist ein wenig plüschig und die Atmosphäre gedämpft wie in einem Museum, doch die Gäste dieses guten und preiswerten B&B können sich auf einen Hafenblick, makellose Gemeinschaftsbäder und eine geräumige Lounge freuen.

Red Kettle YHA
HOSTEL $

(☎03-434 5008; www.yha.co.nz; Ecke Reed St. & Cross St.; B/DZ 28/62 NZ$; @📶) Dieses Cottage hat ein rotes Dach und verschiedenfarbige Innenwände, eine gut ausgestattete Küche und eine behagliche Lounge. Eine gute, alte Plattensammlung steht zur Unterhaltung der Gäste bereit. Das Hostel liegt an einer ruhigen Seitenstraße, nur einen kurzen Fußweg vom Stadtzentrum entfernt.

AAA Thames Court Motel
MOTEL $$

(☎0800 223 644, 03-434 6963; www.aaathamescourt.co.nz; 252 Thames St.; DZ 115–140 NZ$; @📶) Eine gute Wahl für Familien sind die komfortablen, renovierten Wohnungen mit einer Spielecke für Kinder. Bei allen Reservierungen ist ein kostenloser WLAN-Zugang im Preis inbegriffen. Die Cafés und Pubs von Oamaru liegen nur 500 m entfernt.

Oamaru Top 10 Holiday Park
CAMPINGPLATZ $

(☎03-434 7666, 0800 280 202; www.oamarutop10.co.nz; Chelmer St.; Stellplätze ab 40 NZ$, Wohnungen 65–140 NZ$; @📶) Das grüne und gut gepflegte Gelände ist von Bäumen bestanden, ein Park liegt gleich nebenan. Es gibt schlichte Hütten, viel angenehmer sind aber die abgeschlossenen nett eingerichteten Wohnungen mit ihren großen und komfortablen Küchen.

Essen

LP TIPP Riverstone Kitchen RESTAURANT $$
(☎03-431 3505; www.riverstonekitchen.co.nz; 1431 SH1; Brunch & Hauptgerichte mittags 15–20 NZ$, abends 29–32 NZ$; ⏰Do–Mo 9–17, Do–So 18 Uhr bis spätabends; ✎) In diesem preisgekrönten Restaurant, das 12 km nördlich von Oamaru an der SH1 liegt, verbinden sich Ledercouchen und polierte Betonfußböden zu einem stilvollen Ambiente. Viele Zutaten der Küche stammen aus den eigenen Gärten. Herausragend sind z. B. das Fleisch vom Schwein aus Freilandhaltung mit Fenchel-Apfelsalat oder köstlicher neuseeländischer Tiefseedorsch mit Panko-Mehlpanade und groben, handgeschnittenen Pommes frites. Biere und Weine stammen von kleineren Weingütern und Microbrauereien. Zum Abendessen ist eine Reservierung absolut ratsam.

Loan & Merc Tavern & Eating House RESTAURANT $$
(www.loanandmerc.co.nz; 14 Harbour St.; Hauptgerichte 20–30 NZ$, Abendessen 32,50 NZ$) Fleischliebhaber sollten sich diese Gelegenheit nicht entgehen lassen: Hier wird meisterhaft gebratenes Fleisch, z. B. vom Lamm, Rind und Schwein, wird mit großen Platten fantasievoll zubereitetem Gemüse serviert. Mit etwas Glück haben die honiggerösteten Fenchelknollen gerade Saison. À la Carte werden Gerichte mit Kaninchen, Wild sowie Pasteten mit eingelegten Walnüssen angeboten. Tagsüber bietet das historische Lagerhaus mit hoher Decke einen stilvollen Rahmen für ein herzhaft-deftiges Poughman's Lunch (mit geräuchertem und gepökeltem Fleisch).

Annie's Victorian Tearooms CAFÉ $
(Ecke Itchen St. & Thames St.; Nachmittagstee 10 NZ$; ⏰Do–Mo 10–19 Uhr) In eine vornehme Vergangenheit werden die Gäste dank der wunderbaren Annie Baxter zurückversetzt. Das Personal ist in viktorianische Kostüme gekleidet, das historische Ambiente ist authentisch, und zum opulenten Nachmittagstee gehören delikate Sandwiches und frisch gebackene Kuchen. Beim Nippen am aromatisches Earl-Grey-Tee aus zartem Porzellan vergisst man leicht, dass es so etwas wie ein Smartphone gibt.

Harbour St. Bakery BÄCKEREI $
(Harbour St.; ⏰Di–So) In der historischen Altstadt verkauft die Harbour St. Bakery das beste Sauerteigbrot der ganzen Südinsel – es schmeckt einfach perfekt mit einer Scheibe heimischem Whitestone-Käse. Ebenso köstlich ist der frisch gebackene Gourmet Pie. Gäste können draußen sitzen und die historische Stimmung Oamarus wie einen Bilderbogen aus lang vergangener Zeit an sich vorüberziehen lassen.

Midori JAPANISCH $$
(Ecke Humber St. & Ribble St.; Sushi 8–11 NZ$, Hauptgerichte 12–18 NZ$; ⏰Mo–Mi 11–14.30 & 17–20.30, Do–Sa 11.30–21 Uhr) In einem historischen Kalksteinhaus befindet sich dieses japanische Restaurant, hier wird das Beste aus dem guten Fisch der Südinsel gemacht. Sashimi und Sushi sind äußerst frisch, andere sorgfältig zubereitete Gerichte sind z. B. der Lachs auf Reis und der Blue Cod mit Teriyaki-Sauce. Hier hat man quasi die Gelegenheit, die Geschmacksvorlieben der kleinen blauen Pinguinen persönlich nachzuempfinden.

Steam CAFÉ $
(7 Thames St.; Hauptgerichte 10–18 NZ$) In diesem Café liegt die Betonung auf Kaffeespezialitäten und Obstsäften, es ist außerdem eine gute Bezugsquelle für frisch gemahlenem Java-Kaffee, den man auf die Weiterreise mitnehmen kann. Wie wäre es mit einem Frühstück oder einem riesigen Muffin?

Whitestone Cheese Factory & Café CAFÉ $
(www.whitestonecheese.co.nz; 3 Torridge St.) Hier gibt es köstliche, preisgekrönte Bio-Käsesorten, besonders gut sind der sahnige Mature Windsor Blue oder der schwere Mt. Domet Double Cream, die Degustier-Käseplatte (5 NZ$) und die Aufschnittplatte (18 NZ$). Käsebrötchen, eine Delikatesse von Otago, sowie Säfte aus heimischem Obst und Weine von Central Otago können ebenfalls bestellt werden. Wen überrascht es da noch, dass auch der Käsekuchen sehr gut schmeckt?

Countdown Supermarket SUPERMARKT $
(Ecke Thames St. & Coquet St.) Zentral gelegen.

Ausgehen

Criterion Hotel PUB
(3 Tyne St.) Das restaurierte Gebäude ist das Urbild einer Eckkneipe. Hier wird eine ständig wechselnde Auswahl an Fassbieren – auf die Sorten der Harrington Breweries

aus Christchurch und Green Man aus Dunedin achten – und eine ausgezeichnete Kneipenküche geboten. Wer sich in den Single-Malt-Himmel hinauftrinkt, muss die Folgen allerdings selbst tragen. An Wochenenden kommt es abends manchmal zu Spontanauftritten einheimischer Musiker.

Birdlands Wine Company WEINBAR
(3 Harbour St.; Do–Sa 16 Uhr bis spätabends, So 13 Uhr bis spätabends) Diese coole Weinbar im historischen Viertel ist derzeit die In-Adresse von Oamaru. Weine aus der Region und Biere aus neuseeländischen Microbrauereien sind hervorragende Begleiter von Antipasti- und Whitestone-Käseplatten. An Samstagabenden gibt es lässige Livemusik- oder DJ-Auftritte.

Fat Sallys PUB
(☎03-434 8368; 84 Thames St.; ⏲Di–So) Bei Einheimischen besonders zu früher Stunde beliebt, wenn es Zeit für ein herzhaftes Kneipengericht ist. An Mittwochabenden wird ein wildes Pub-Quiz veranstaltet.

☆ Unterhaltung

Im Criterion Hotel (S. 642) und Birdlands Wine Company (S. 643) wird gelegentlich Livemusik gespielt.

Penguin Club LIVEMUSIK
(☎03-434 1402; www.thepenguinclub.co.nz; Emulsion Lane bei der Harbour St.; der Eintritt variiert) Die stille Gasse, die von einer Straße aus dem 19. Jh. abgeht, ist eine skurrile Adresse für einen Club, in dem alles von tourenden Kiwi-Bands bis hin zu Punk, Grunge, Rock und Country von heimischen Musikern zu hören ist. Freitagabends finden Jam-Sessions auf offener Bühne statt. Der Club ist nur für Mitglieder offen, bei der i-SITE von Oamaru erhalten Auswärtige aber einen Gästeausweis. Auf der Website findet man den Veranstaltungskalender.

Movie World 3 KINO
(☎03-434 1070; www.movieworld3.co.nz; 239 Thames St.; Erw./Kind 13,50/8,50 NZ$) Dienstags ist der Eintritt billiger.

Globe CLUB
(12 Coquet St.; ⏲Fr & Sa) Der einzige Nachtclub in Oamaru.

ⓘ Praktische Informationen

Oamaru i-SITE (☎03-434 1656; www.visitoamaru.co.nz; 1 Thames St.; ⏲Mo–Fr 9–17, Sa–So 10–16 Uhr; @) Berge von Informationsmaterial, u. a. zu Wanderausflügen und zur Tierwelt. Es gibt einen Internetzugang, einen Fahrradverleih und einen interessanten zehnminütigen DVD-Film über die Stadtgeschichte. Die besten Pinguinbeobachtungszeiten werden täglich draußen bekanntgegeben.

Oamaru Whitestone Civic Trust (☎03-434 5385; www.historicoamaru.co.nz; 2 Harbour St.; ⏲10–16 Uhr) Bietet historische Schwarzweißfotos von Oamaru, Karten, Informationen und Spaziergänge durch das historische Viertel.

Post (Ecke Coquet St. & Severn St.)

ⓘ Anreise & Unterwegs vor Ort

Buchungen werden über die i-SITE (S. 643) und in den **Lagonda Tearooms** (191 Thames St.; ⏲9–16.30 Uhr) vorgenommen. Dort fahren auch die Busse und Shuttlebusse ab.

Die folgenden Busunternehmen betreiben Shuttlebusse nach Dunedin (2 Std.) und Christchurch (3½ Std.).

Atomic Shuttles (☎03-349 0697; www.atomictravel.co.nz)

Coastline Tours (☎03-434 7744, 027 256 5651; www.coastline-tours.co.nz) Fährt von/nach Dunedin und bei Bedarf zum Flughafen Dunedin.

InterCity (www.intercity.co.nz)

Knightrider (www.knightrider.co.nz) Praktisch für Fahrten am frühen Morgen zum Flughafen Christchurch.

Naked Bus (☎0900 625 33; www.nakedbus.com)

Southern Link (☎0508 458 835; www.southernlink.co.nz)

Waitaki Valley

Das kaum bereiste Waitaki Valley besitzt zwischen der Abzweigung an der SH1 und Omarama einzigartige Anziehungspunkte und Landschaften. Das Tal ist außerdem ein Paradies für Sportler und ein gutes Revier für Forellen- und Lachsfang oder Wasserski auf den leuchtend blauen Stauseen. Wer nach Süden fahren will, kann so nach Wanaka und Queenstown reisen, wer nach Norden unterwegs ist, kommt nach Twizel und zum Mt. Cook.

Nach einer Fahrt auf der SH 83 bis kurz vor Duntroon nimmt man links die Abzweigung zum Danseys Pass. In der Nähe befinden sich auf der linken Seite unter einem imposanten Kalksteinüberhang die **Maori-Felszeichnungen** von Maraewhenua. Die Zeichnungen aus Holzkohle und Ocker

WAITAKI-WEIN AUF DEM WEG NACH OBEN

Die Weine des nahen Distrikts Central Otago genießen mittlerweile eine weltweite Reputation, nun machen einige Weinpioniere im Waitaki Valley im nördlichen Otago ebenfalls auf sich aufmerksam und lassen internationale Weinexperten aufhorchen. Im **Vintner's Drop** (☎03 436 0545, 021 431 559; www.ostlerwine.co.nz; 45 Bledisloe St.; ⌚Dez.–April Do–So 12–14 Uhr, Juli–Okt. Do 11–16 & So 12–14 Uhr) – untergebracht im alten Postamt von Kurow – können Besucher eine große Auswahl an Weinen der aufstrebenden Weingüter des Waitaki Valley probieren, darunter auch Rebsorten von Ostler Wines.

Nur 4 km östlich von Kurow an der SH 83 liegt das Weingut **Kurow Winery** (☎03 3 436 0443; www.kurowwinery.co.nz; Duntroon Rd.; hKellereiverkauf 11–17 Uhr, kürzere Öffnungszeiten im Winter), wo ausgewogene Rieslinge und Spätburgunder (Pinot Noir) mit herbfruchtigen, erdigen Aromen erzeugt werden. Zu einer ausgiebigen Weinverkostung wird eine Kellereiplatte (38 NZ$) mit geräuchertem Aoraki-Lachs, Whitestone-Käse aus dem nahen Oamaru und Wildsalami aus der Gegend gereicht.

Pinot Gris und Pinot Noir sind die Glanzlichter von **Sublime Wine** (www.sublimewine.co.nz; 511 Grants Rd., RD7K), einem kleinen Familiengut an der SH 83, rund 2 km weiter östlich von Kurow Winery. Die vielgereisten Inhaber betreiben außerdem das flippige **Sublime Bed & Breakfast** (☎03-436 0089, 021 943 969; www.sublimewine.co.nz; DZ 150 NZ$; 📶): Das alte Siedlungshaus liegt inmitten von Weinbergen und Bergtälern, das Zweier- und das Doppelzimmer sind mit alten Möbeln und Werbeschildern dekoriert. Bei einem dreigängigen Abendessen, „Special Taste of Waitaki" (50 NZ$ pro Pers. inkl. Wein) werden die Erzeugnisse der regionalen Landwirtschaft präsentiert.

sind mehrere Hundert Jahre alt, sie zeigen Jagdszenen aus der Zeit vor der Ankunft der Europäer, aber auch Segelschiffe.

Nach weiteren 4 km auf dieser Straße führt eine Abzweigung nach links nach Ngapara. Weitere 2 km entfernt stößt man auf die **Elephant Rocks.** Die riesigen Kalksteinbrocken liegen in einer bizarren Landschaft und wurden von Wind, Regen und Flüssen geformt. Sie dienten u. a. als Kulisse für das Feldlager von Königs Aslan im Film *Die Chroniken von Narnia* (2005), der in Neuseeland gedreht wurde. Etwas für Abenteurer ist die Weiterfahrt über den Danseys Pass nach Naseby ab der 2 km zurückliegenden Kreuzung.

Am Rand der SH 83 bei Duntroon befindet sich das **Vanished World Centre** (www.vanishedworld.co.nz; 7 Campbell St.; Erw./Fam. 5/10 NZ$; ⌚Okt.–Juni 10–16 Uhr, Juli–Sept. nur Sa–So 11–15 Uhr) mit interessanten Ausstellungen von 25 Mio. Jahre alten Fossilien, darunter delfinartigen Urwalen und riesigen, einige Meter großen Pinguinen.

In der Karte *Vanished World Fossil Trail* sind 20 verschiedene Fundstätten in North Otago verzeichnet. Westlich von Duntroon liegt die **Takiroa Maori Rock Art Site** mit weiteren Felszeichnungen, die viele Jahrhunderte alt sind.

Der winzige Ort **Kurow** liegt am Zusammenfluss von Waitaki und Hakataramea. Ein guter Kaffee wird im **Te Kohurau Restaurant & Café** (⌚Do–Di 8–18 Uhr) gebrüht. Im **Kurow Heritage & Information Centre** (☎03-436 0950; museum@kurow.co.nz; SH83) gibt es ein interessantes Museum, das dem Rugby-Union-Spieler Richard McCaw, Kapitän der unschlagbaren Nationalmannschaft der All Blacks, und ihrem Sieg bei der Rugby World Cup 2011 ein Denkmal gesetzt hat.

Statt von Kurow auf der SH 83 weiter nach Westen zu fahren, bietet sich alternativ ein 21 km langer, landschaftlich schöner Umweg an. Er führt über den Aviemore Dam, am nördlichen Seeufer entlang, vorbei an Wanderwegen und schön gelegenen Campingplätzen (10 NZ$) und schließlich über den gigantischen Benmore-Staudamm. Westlich von Otematata stößt die Straße wieder auf die SH 83.

OMARAMA

360 EW.

Am Ausgang des Waitaki Valley liegt Omarama inmitten von Bergen und märchenhaften Landschaften. Lebhaft geht es im Ort am 28. Dezember beim Omarama-Rodeo und im März bei den Wettkämpfen der Hütehunde von Omarama zu.

Sehenswertes & Aktivitäten

Clay Cliffs KLIPPEN

(Eintritt 5 NZ$) Die bizarre Mondlandschaft der Clay Cliffs ist das Ergebnis einer 2 Mio. Jahre währenden Erosion von Gesteinsschichten aus Lehm (Silt) und Kies, die entlang der aktiven Ostler-Verwerfungszone ans Tageslicht kamen. Die Klippen befinden sich auf einem Privatgrundstück; die Abzweigung liegt 3,5 km nördlich von Omarama, von dort sind es noch 10 km auf einer unbefestigten Straße. Der Eintritt in die Omarama Hot Tubs kostet 5 NZ$.

Wrinkly Rams TIERSCHAU

(☎03-438 9751; www.thewrinklyrams.co.nz; SH8; Erw./Kind/Fam. 25/12,50/60 NZ$) Auf Wrinkly Rams wird im Rahmen einer 30-minütigen Bühnenshow die Schur von Merinoschafen mit Hilfe moderner und traditioneller Methoden vorgestellt, außerdem werden Hütehunde präsentiert. Ein Grill-Mittagessen ist im Preis inbegriffen. Telefonisch kann man sich einer Tourgruppe anschließen oder auch eine eigene Show buchen. Wrinkly Rams führt außerdem eines der besseren Restaurants (s. rechte Spalte) des Ortes.

Omarama Hot Tubs

(☎03-438 9703; www.hottubsomarama.co.nz; 25 Omamara Ave.; ⏲10–22 Uhr) Wer nach einer Mountainbiketour oder Wanderung müde Beine hat oder sich mit dem liebsten Reisegefährten entspannen möchte, ist bei den Omarama Hot Tubs genau richtig. Das Konzept, eine Kombination aus intimen Badezubern (pro Pers. 30–40 NZ$) und einer Art „Wellness-Kokon" (125 NZ$ für 2 Pers.) sowie persönliche Saunas, ist japanisch, doch die umgebenden Gebirgszüge und ein klarer Nachthimmel lassen keinen Zweifel daran, dass man sich auf der Südinsel Neuseelands befindet! Entspannende Heilmassagen (30/60 Min. 40/80 NZ$) werden ebenfalls angeboten. Das Gebirgswasser ohne chemische Zusätze wird täglich erneuert, das Brauchwasser wird zum Bewässern genutzt.

Omarama Hot Tubs ist zugleich eine örtliche Informationsstelle und kann bei der Unterkunftssuche und mit Transportinformationen weiterhelfen. Näheres erfährt man unter www.discoveromarama.co.nz.

SEGELFLÜGE

Eine warme sommerliche Thermik aus westlichen Richtungen erlaubt atemberaubende Segelflüge über Hügellandschaften und die spektakulären Südalpen. Im Dezember oder Januar findet hier ein nationales Segelflugtreffen statt. Bei zwei Veranstaltern kann man ab etwa 325 NZ$ in die Luft steigen:

Glide Omarama

(☎03-438 9555; www.glideomarama.com)

Southern Soaring

(☎0800 762 746; www.soaring.co.nz)

Schlafen & Essen

Buscot Station URLAUB AUF DEM BAUERNHOF $

(☎027 222 1754, 03-438 9646; SH8; B/EZ/DZ 23/43/55 NZ$; @) Ein etwas kitschiges, doch sehr komfortables Bauernhaus auf einer riesigen Schaffarm mit weiten Ausblicken. Viel Bequemlichkeit bieten die großen Doppelzimmer im Haupthaus und ein großer, moderner Schlafsaal im Hinterhaus. Inhaber Tony stellt nicht nur seine Küche und einen Aufenthaltsraum zur Verfügung, sondern gibt auch Theorien über Landwirtschaft und Politik zum Besten. Die Abzweigung zur Buscot Station liegt 10 km nördlich von Omarama.

Omarama Top 10 Holiday Park CAMPINGPLATZ $

(☎03-438 9875; www.omaramatop10.co.nz; SH8; Stellplätze ab 32 NZ$, Wohnungen 54–125 NZ$; @) An einen Bach und Ententeich grenzt eine Grünfläche mit friedlichen Zeltplätzen. Die Hütten sind beengt, größere Wohnungen mit eigenen Bädern und abgeschlossene Motelunterkünfte kosten 110 NZ$ für zwei Personen.

Ladybird Hill Vineyard Restaurant RESTAURANT $$

(www.ladybirdhill.co.nz; Mittagessen 10–29 NZ$, Abendessen 26–32 NZ$; ⏲Do–So 10.30 Uhr bis spätabends) Das Restaurant mit etwas toskanischem Flair lädt hier zu einem ausgedehnten Mittagessen mit Wildspezialitäten (vom Reh oder als Pastete mit Wildkaninchen) ein, abends kommen Gäste gern zu einem gebratenen Lachs oder erstklassigen Rib-Eye-Steak mit Roter Beete wieder. Zur Weinauswahl gehören Hausmarken und edle Erzeugnisse aus dem nahen Waitaki Valley. Es gibt einen Kinderspielplatz und Wanderwege durch den Weinberg.

Wrinkly Rams RESTAURANT $$

(☎03-438 9751; www.thewrinklyrams.co.nz; SH8; Frühstück 10–15 NZ$, Mittag- & Abendessen 15–30 NZ$) Restaurants, die zu Touristenattraktionen gehören, können ein Reinfall sein – hier ist das Abendessen (gebratener Tiefseedorsch, zarte Lammkeulen) allerdings wirklich köstlich. Große Fensterscheiben und

Tische im Freien gewähren einen schönen Ausblick auf die Berge. Dazu werden Weine aus dem nahen Waitaki Valley serviert.

An- & Weiterreise

Von Omarama führt die SH8 in nördlicher Richtung am wunderschönen Lake Ohau vorbei nach Twizel und zum Mt. Cook oder in südwestlicher Richtung durch den eindrucksvollen Lindis Pass auf Cromwell und Queenstown zu (vor dem Lindis Pass anhalten und eine eigene Steinpyramide errichten!).

Omarama liegt an der Strecke von Christchurch (5 Std.) zum Lake Tekapo und zum Mt. Cook. Die Busse von **Atomic Shuttles** (03-349 0697; www.atomic travel.co.nz) und **InterCity** (www.intercity.co.nz) befahren diese Route.

Von Oamaru nach Dunedin

Die 114 km lange Fahrt auf der SH1 von Oamaru nach Dunedin geht zügig voran, auf der schmalen Küstenstraße, die südwärts von Oamaru beginnt, geht es jedoch deutlich langsamer voran. Die aus dem Ort herausführende Wharfe Street (den Schildern nach Kakanui folgen) bietet dafür hinreißende Küstenausblicke.

An dieser Küstenstraße, 5 km südlich von Oamaru, liegt das **Old Bones Backpackers** (03-434 8115; www.oldbones.co.nz; Beach Rd.; pro Pers. 45 NZ$, Wohnmobil pro Pers. 20 NZ$; @) mit geräumigen Zimmern an einen sonnigen Innenhof. Das Meer ist so nah, dass nachts das Rauschen der Wellen zu hören ist. An den riesigen Fenstern sitzen und über das Weideland hinweg aufs Meer blicken oder sich in das Lieblingsbuch vertiefen, ist Entspannung pur! Die Unterkunft hat nun eine neue Leitung, ist aber immer noch eines der besten Hostels des Landes.

Bei Waianakarua kehrt man auf die SH1 zurück und fährt 300 m Richtung Norden zum **Olive Grove Lodge and Holiday Park** (03-439 5830; www.olivebranch.co.nz; SH1, Waianakarua; Stellplätze ab 24 NZ$, B/EZ 27/45 NZ$, DZ/2BZ 60–70 NZ$). Von Weideland und dem Waianakarua River umgeben liegt ein im Sommer beliebtes Campinggelände. Die Zimmer in leuchtenden Farben sind mit interessanten Kunstgegenständen dekoriert, die sonnige Lounge lädt zum Verweilen ein. Kinder haben Spaß auf dem Abenteuerspielplatz und bei den schottischen Hochlandrindern, ihre Eltern können sich auf den Spa-Bereich, die ökologische Ausrichtung, Biogemüse und die friedliche Stimmung freuen. Die Zimmer mit eigenen Bädern (DZ 70 NZ$) sind eine gute Wahl für Familien.

Weiter südlich an der SH1, etwa 30 km südlich von Oamaru, liegen die **Moeraki Boulders** *(Te Kaihinaki)*, ein Haufen großer kugelförmiger Felsen an einem traumhaft schönen Strand, die verstreut daliegen wie Murmeln eines Riesenkindes. Besonders eindrucksvoll ist der Anblick bei Ebbe.

Moeraki selbst ist ein charmantes Fischerdorf. Ein schöner, 1½-stündiger Spaziergang führt zwischen Dorf und Felsenkugeln am Strand entlang. In der entgegengesetzten Richtung werden der Kaiks-Wildtierpfad und ein alter hölzerner Leuchtturm erreicht – ein guter Platz, um Gelbaugenpinguine und Seelöwen zu beobachten. Moeraki ist außerdem für die Gemälde von Frances Hodgkins und den Roman „Unter dem Tagmond" (*The Bone People*) von Keri Hulme bekannt … und für die Kochkünste von Fleur Sullivan.

Fleur's Place (03-439 4480; www.fleursplace.com; Old Jetty; Hauptgerichte 25–38 NZ$; Mi–Sa 10.30 Uhr bis spätabends) wirkt wie eine Rumpelkammer, doch in dieser Holzhütte werden Gerichte gezaubert, die zu den besten der Südinsel gehören. Die Spezialität ist Fisch, der von den Fischern Moerakis frisch angeliefert wird. Die Gäste sitzen auf der Veranda im oberen Stockwerk und genießen frische Muschelsuppe, „Hammelvögel" (junge Sturmtaucher) und eine große Zahl an salzig-frischen Meeresfrüchten. Reservierungen sind dringend notwendig, notfalls werden die Gäste zwischen den vollen Mittags- und Abendzeiten noch irgendwie untergebracht. Fleur ist auch die treibende Kraft hinter Loan & Merc (S. 642) in Oamaru.

Im **Moeraki Motel** (03-439 4862; www.moerakibeachmotels.co.nz; Ecke Beach St. & Haven St.; DZ 100 NZ$) werden separate Wohnungen mit Balkons vermietet, der **Moeraki Village Holiday Park** (03-439 4759; www.moerakivillageholidaypark.co.nz; 114 Haven St.; Stellplätze ab 29 NZ$, Wohnungen 55–130 NZ$; @) bietet Hütten und Motelwohnungen an.

Queenstown & Wanaka

Inhalt »

Gut essen

» Bella Cucina (S. 665)

» Fishbone Bar & Grill (S. 665)

» Amisfield Winery & Bistro (S. 667)

» Vudu Cafe & Larder (S. 665)

» Federal Diner (S. 687)

Schön übernachten

» The Dairy (S. 662)

» Glenorchy Lake House (S. 677)

» Wanaka Bakpaka (S. 685)

» Riversong (S. 684)

» Warbrick Stone Cottage (S. 662)

Auf nach Queenstown & Wanaka!

Mit seiner Bilderbuchkulisse aus Bergen und Seen (die übrigens wirklich schon in Filmen zu sehen war) und einer unglaublichen Vielzahl an Möglichkeiten, Abenteuer zu erleben, ist es kein Wunder, dass Queenstown ganz oben auf dem Plan vieler Neuseelandreisender steht.

In Wanaka – Queenstowns kleiner Schwester – kann man anschließend den Gang etwas herunterschalten. Aber auch hier gibt es gute Restaurants, Bars und bei Bedarf auch Nervenkitzel unter freiem Himmel. Eine Erkundung des nahe gelegenen Mt. Aspiring National Park bestätigt, dass man nach wie vor nur eine kurze Autofahrt von Neuseelands atemberaubender Natur entfernt ist.

Noch etwas gemächlicher geht es in Glenorchy zu, einer malerischen Erinnerung daran, wie Queenstown und Wanaka einmal ausgesehen haben mögen, bevor die Abenteuerlustigen hier in Scharen einfielen.

Schöne Naturerlebnisse bieten die Weitwanderwege Greenstone Track und Routeburn Track. Kajakfans zieht es dagegen zum Nordende des Lake Wakatipu.

Im historischen Arrowtown locken die Relikte aus der Goldgräberzeit, das gekühlte Bier einer Kleinbrauerei und ein schönes Abendessen in einem gemütlichen Bistro. Am nächsten Tag gibt es dann wieder unzählige Möglichkeiten, sich ins Getümmel von Queenstown zu stürzen.

Reisezeit

Das schöne und ruhige Sommerwetter von Januar bis März ist perfekt für Queenstowns Angebot an Abenteuersportarten und Fahrten zu den Seen und Bergen der Umgebung. Von Juni bis August bevölkert eine internationale Truppe aus Ski- und Snowboardfans die Skihänge in der Umgebung von Queenstown und Wanaka. Wer sich für lokale Feste interessiert, sollte sich den Juni für das aufregende Queenstown Winter Festival markieren oder im März die Küche und die Weine der Region beim Gibbston Valley Festival und dem Wanaka Fest im Oktober genießen.

Highlights

1. Eine Verkostung exzellenter Weine im **Gibbston Valley** (S. 667)
2. Essen und entspannen in **Arrowtown** (S. 671)
3. In Neuseelands Abenteuerhauptstadt **Queenstown** (S. 650),Dinge tun, von denen man bislang nur zu träumen gewagt hat
4. Eine Wanderung auf dem **Routeburn Track** (S. 678)
5. Entdeckungsfahrten zu Pferd, mit dem Kajak oder dem Jetboot am Nordende des Lake Wakatipu, Ausgangspunkt ist **Glenorchy** (S. 676)
6. Ein Kinoabend mit Pizza im **Cinema Paradiso** (S. 688) in Wanaka
7. **Barbesuche** (S. 667) und **Essen gehen** (S. 665) im kosmopolitischen Queenstown
8. Aufregende Radtouren in Queenstowns Mekka der **Mountainbiker** (S. 656)

ℹ An- & Weiterreise

Air New Zealand (☎03-441 1900; www.airnewzealand.co.nz; 8 Church St.) verbindet Queenstown mit Auckland, Wellington und Christchurch sowie Sydney und Melbourne. Virgin Australia fliegt zwischen Queenstown und Sydney und Brisbane. Jetstar fliegt von Queenstown nach Auckland, Christchurch und Wellington sowie nach Sydney, Melbourne und an die australische Gold Coast. Air New Zealand fliegt von Wanaka aus nach Christchurch. Busunternehmen fahren kreuz und quer durch Otago von Dunedin bis Queenstown und Wanaka. Einige Busgesellschaften fahren gen Süden bis nach Te Anau und Invercargill, andere in nördlicher Richtung nach Christchurch. Wieder andere Busse überqueren den Haast Pass und fahren dann die Westküste hinauf. Die wichtigsten Busunternehmen sind InterCity, Atomic Shuttles, Naked Bus, Tracknet, Alpine Coachlines und Wanaka Connexions.

QUEENSTOWN & UMGEBUNG

11 000 EW.

Umgeben von den indigofarbenen Gipfeln der Remarkables, gekrönt vom Coronet Peak und eingerahmt von den gewundenen Buchten des Lake Wakatipu – so präsentiert sich das eigentlich beschauliche Städtchen im Süden Neuseelands. Kein Wunder also, dass Queenstown mit stolz geschwellter Brust daherkommt. Die Stadt wird nicht müde, ihren Ruf als Adventure-Kapitale des Planeten zu betonen. Und so verbringen viele Besucher hier auch die meiste Zeit damit, irgendwelche verrückten Dinge zu tun, von denen sie vielleicht kurz zuvor noch gar nicht gewusst haben, dass es sie überhaupt gibt. Doch so ganz langsam zeigt sich Queenstown auch von einer anderen Seite: kosmopolitischer, mit einer tollen Restaurant- und Kunstszene und ausgezeichneten Weingütern. Nach einem „Hopser" von einer Brücke oder aus einem Flugzeug sollte man sich also auch die Zeit nehmen, Queenstown ohne Adrenalin-Stoß zu erkunden.

Und wenn man sich dann ausgetobt hat, dann könnte ein kurzer Abstecher ins historische Arrowtown oder ins hübsche Glenorchy folgen.

Queenstown

Langeweile in Queenstown? Ein Ding der Unmöglichkeit! Queenstown mag vielleicht aussehen wie ein kleines Dorf, versprüht aber die Energie einer pulsierenden Stadt

KURZINFOS: QUEENSTOWN & WANAKA

» **Essen** Ein gemütliches Mittagessen in einem Restaurant auf einem Weingut

» **Trinken** Eines der überraschend leckeren nur saisonal gebrauten Biere der Brauerei Wanaka Beerworks (S. 653)

» **Lesen** *Walking the Routeburn Track* von Philip Holden beschreibt die Geschichte sowie Flora und Fauna entlang des Fernwanderwegs

» **Hören** Die Ruhe während einer friedlichen Kajakfahrt in der Umgebung von Glenorchy und Kinloch

» **Sehen** Arthousefilme in Arrowtowns skurrilem Kino Dorothy Browns (S. 675)

» **Online** www.queenstownnz.co.nz; www.lakewanaka.co.nz; www.lonelyplanet.com/new-zealand/queenstown

» **Vorwahl** ☎03

und bietet dabei bergeweise Möglichkeiten für Outdoor-Aktivitäten.

Um danach so richtig in den stimmungsvollen Restaurants, relaxten Cafés und belebten Bars mit seinen Abenteuern prahlen zu können, darf das Souvenir-T-Shirt natürlich nicht fehlen. Sucht man dagegen ein wenig Ruhe, kann man bei Sonnenaufgang oder -untergang auf einer Bank am Seeufer einen der schönsten Ausblicke Neuseelands genießen.

Queenstown ist nur allzu vertraut mit Besuchern aus aller Herren Länder. Man kann also großartige Touristeneinrichtungen erwarten, muss aber auch auf riesige Menschenmassen vorbereitet sein, vor allem im Sommer und Winter. Im Herbst (März–Mai) und Frühling (Okt. & Nov.) geht es dagegen etwas ruhiger zu, auch wenn Queenstown ganzjährig ein tolles Reiseziel ist. Die Restaurants und Bars der Stadt sind die meiste Zeit mit einem überwiegend jungen Völkchen gefüllt, das es wirklich versteht, im Urlaub Spaß zu haben. Wer eher der zurückgezogene Typ ist, sollte zumindest kurz ins Geschehen eintauchen und hautnah erfahren, warum um die Stadt so viel Aufhebens gemacht wird, bevor es dann auf und davon in die erhabene Wildnis bei Glenorchy geht.

Geschichte

Als die ersten Paheka Mitte der 1850er-Jahre in der Gegend des heutigen Queenstown ankamen, war diese menschenleer. Dennoch sind auch heute noch Spuren ehemaliger Maorisiedlungen anzutreffen. Zuerst kamen die Schafzüchter; nachdem jedoch zwei Männer 1862 am Ufer des Shotover River Gold gefunden hatten, folgte ein wahres Heer von Glücksrittern. Innerhalb eines Jahres war Queenstown eine Goldgräberstadt mit Straßen, Gebäuden und mehreren tausend Einwohnern.

Die neuseeländische Regierung erklärte die Siedlung „fit for a queen" – so wurde die „Stadt der Königin", Queenstown, geboren. Der Lake Wakatipu war Transportweg Nummer eins. Zu Hochzeiten pflügten vier Raddampfer und über 30 weitere Fahrzeuge durch die Fluten.

Um das Jahr 1900 waren die Goldvorkommen erschöpft und die Einwohnerzahl schrumpfte auf lediglich 190 Personen. Erst viele Jahrzehnte später,in den 1950er-Jahren wurde Queenstown zu einem beliebten Reiseziel auf der Südinsel.

Sehenswertes

Skyline Gondola SEILBAHN

(Karte S. 653; www.skyline.co.nz; Brecon St.; Erw./Kind/Fam. Hin & zurück 25/14/71 NZ$) Die Skyline Gondola ermöglicht einen großartigen Blick auf Queenstown, den See und die Berge. Oben an der Seilbahn gibt es für die Besucher ein Café, ein Restaurant mit regelmäßigem Maori-Kulturprogramm (S. 669) und einige Souvenirläden.

Zu den empfehlenswerten Wanderwegen zählen der *loop track* (Rundweg 30 Min.), eine Alternative sind die neu geschaffenen Mountainbikerouten. Wer besonders viel Energie hat, kann auch auf die Gondel verzichten und zu Fuß nach oben laufen. Vom

MAORI IN QUEENSTOWN & WANAKA

Das Ensemble Kiwi Haka (S. 669) tritt mit ausgewählten Maori-Tänzen jeden Abend in der Bergstation der Seilbahn von Queenstown auf. Zwei Galerien, die sich für Freunde zeitgenössischer Kunst und speziell wegen Arbeiten der Maori lohnen, sind Kapa (S. 670) und *toi o tahuna* (S. 670).

Region Queenstown

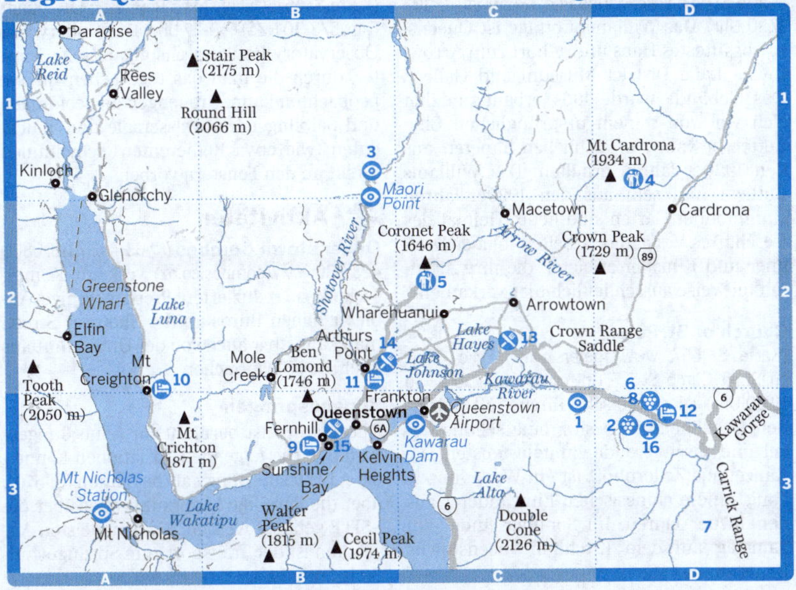

Region Queenstown

Sehenswertes

1 Chard Farm ... C3
2 Gibbston Valley Wines ... D3
3 Skippers Canyon ... B1

Aktivitäten, Kurse & Touren

4 Cardrona ... D1
5 Coronet Peak ... C2
6 Kawarau Bridge ... D2
Kawarau Bungy Centre ... (siehe 6)
7 Nevis Highwire ... D3
Onsen Hot Pools ... (siehe 14)
8 Peregrine ... D3

Schlafen

9 Evergreen Lodge ... B3
10 Little Paradise Lodge ... A2
11 Shotover Top 10 Holiday Park ... B2
12 Warbrick Stone Cottage ... D3

Essen

13 Amisfield Winery & Bistro ... C2
14 Gantley's ... B2
15 VKnow ... B3
Winehouse & Kitchen ... (siehe 6)

Ausgehen

16 Gibbston Tavern ... D3

Ausgangspunkt am Lomond Crescent geht es über die Schotterpiste linker Hand etwa 1 Std. lang bergauf.

Kiwi Birdlife Park TIERE & PFLANZEN
(Karte S. 657; www.kiwibird.co.nz; Brecon St.; Erw./Kind 38/19 NZ$; ⌚9–17 Uhr, Shows 11–15 Uhr) Eine todsichere Möglichkeit, einen Kiwi zu sehen! Der Park präsentiert insgesamt 10 000 einheimische Pflanzen und unzählige Vogelarten, darunter den seltenen Schwarzen Stelzenläufer, Bergpapageien, den Kuckuckskauz und Sittiche. Ein Spaziergang durch das Gehege, die Show und ein stiller Besuch in den abgedunkelten Kiwi-Häusern sind eine einmalige Erfahrung.

The Kingston Flyer ZUGFAHRT
(☎03-248 8888, 0800 435 937; www.kingston flyer.co.nz; Kingston; Erw./Kind/Fam. einfach 35/17,50/87,50 NZ$, hin & zurück 45/22,50/112,50 NZ$; ⌚Abfahrt in Kingston 10 & 13.30 Uhr) Von Kingston, einem Dorf am Seeufer 40 Min. südlich von Queenstown, zuckelt dieser restaurierte, 130 Jahre alte Dampfzug über einen 14 km langen Abschnitt der ursprünglichen Bahnstrecke nach Fairlight. Von Queenstown aus fahren Shuttlebusse (hin & zurück 20 NZ$) nach Kingston, falls man keinen eigenen fahrbaren Untersatz hat.

Williams Cottage HISTORISCHES GEBÄUDE
(Karte S. 657; Ecke Marine Pde. & Earl St.; ⌚10–17.30 Uhr) Das Williams Cottage ist Queenstowns ältestes Haus und gehört zum Arrowtowns Lake District Museum and Gallery. Das Gebäude wurde 1864 erbaut und hat sich viel von seinem ursprünglichen Charakter bewahrt, u. a. blieben Tapeten aus den 1930er-Jahren erhalten. Das Williams Cottage und sein aus den 1920er-Jahren stammender Garten sind heute Heimat des Geschäftes Vesta, das Arbeiten lokaler Designer und Künstler anbietet, die ihre Arbeiten teilweise ausschließlich hier verkaufen.

Church of St. Peter KIRCHE
(Karte S. 657; www.stpeters.co.nz; Ecke Church St. & Camp St.; ⌚Gottesdienst Mi 10 & So 10.30 Uhr) Diese hübsche Kirche mit hölzernen Deckenbalken besitzt eine schöne Orgel und faszinierende Buntglasfenster. Die Kanzel aus Zedernholz ist ein Werk von Ah Tong, einem chinesischen Einwanderer aus den 1870er-Jahren. Im Sommer findet am Samstag auf dem Kirchhof Queenstowns Bauernmarkt statt.

Underwater Observatory TIERE
(Karte S. 657; Queenstown Bay Jetty; Erw./Kind/Fam. 5/3/10 NZ$; ⌚9–17 Uhr) Das Underwater Observatory besitzt sechs gigantische Fenster, durch die man das rege Leben im See beobachten kann. Unmengen an Seeforellen und Saiblingen, Süßwasseraale und Tauchenten (wie etwa Reiherenten) schwimmen direkt an den Fenstern vorbei.

Aktivitäten

Queenstown Combos (☎03-442 7318, 0800 423 836; www.combos.co.nz) verkauft Kombi-Tickets zu reduzierten Preisen. Einige Anbieter haben Büros an der Shotover Street, man kann aber auch von der Unterkunft aus über die i-SITE buchen.

Bungeespringen

Queenstown ist berühmt für seine Bungeesprünge. Die folgenden Variationen können bei AJ Hackett Bungy at the Station (S. 670), über die jeweilige Unterkunft oder über die i-SITE gebucht werden. Bei den meisten Angeboten ist der Transport zum Sprungort im Preis enthalten.

QUEENSTOWN IN ...

... zwei Tagen

Der Tag beginnt am besten mit einem Frühstück im **Vudu Cafe & Larder**, bevor es zur Shotover Street geht, um einen ereignisreichen Ausflug für den nächsten Tag zu buchen. Den Rest des Tages sollte man mit einem Besuch des **Williams Cottage** und des **Kiwi Birdlife Park** verbringen, bevor man an Bord des aufregenden **Shotover Jet** geht oder zu einer Rundfahrt über den See mit der **TSS Earnslaw** aufbricht. Der Nachmittag endet mit einem Spaziergang durch die **Queenstown Gardens**, um bei Sonnenuntergang den eindrucksvollen Blick auf die **Remarkables** zu genießen. Anschließend nimmt man vor dem Abendessen im **Fishbone Bar & Grill** oder dem **Wai Waterfront Restaurant & Wine Bar** noch einen Drink im **Pub on Wharf** oder im **Atlas Beer Cafe** ein. Der Abend ist immer noch jung, sodass jetzt die **Minibar** oder das **Bardeaux** auf dem Programm stehen. Der nächste Vormittag gehört dem Bungeespringen, Fallschirmspringen oder einer Wildwasser-Floßfahrt. Am Nachmittag geht es dann auf zwei Rädern in den **Queenstown Bike Park**. Weinliebhaber können bei **Cycle de Vine** eine Radtour durch das **Gibbston Valley** buchen. Ein schönes Abendessen beendet den Abend schließlich im **Winnies**, wo später Livemusik und ein DJ die sicher noch lange Nacht einläuten.

... vier Tagen

Nach dem Zwei-Tages-Programm führt die Fahrt am dritten Tag weiter nach **Arrowtown**, um die rätselhafte **chinesische Siedlung** zu erkunden, in den lokalen Läden zu stöbern und die Biere der **Arrow Brewing Company** zu probieren. Am vierten Tag folgt eine Fahrt am Ufer des Lake Wakatipu entlang in das winzige **Glenorchy**. Mittags sollte man im **Glenorchy Café** essen und anschließend die Wanderschuhe anziehen und im **Mt. Aspiring National Park** in der Nähe des **Routeburn Track** eine kleine Wanderung unternehmen. Wer lieber seine Arme trainiert, fährt stattdessen mit dem Kajak über den See, z. B. bei **Kinloch**.

Queenstown

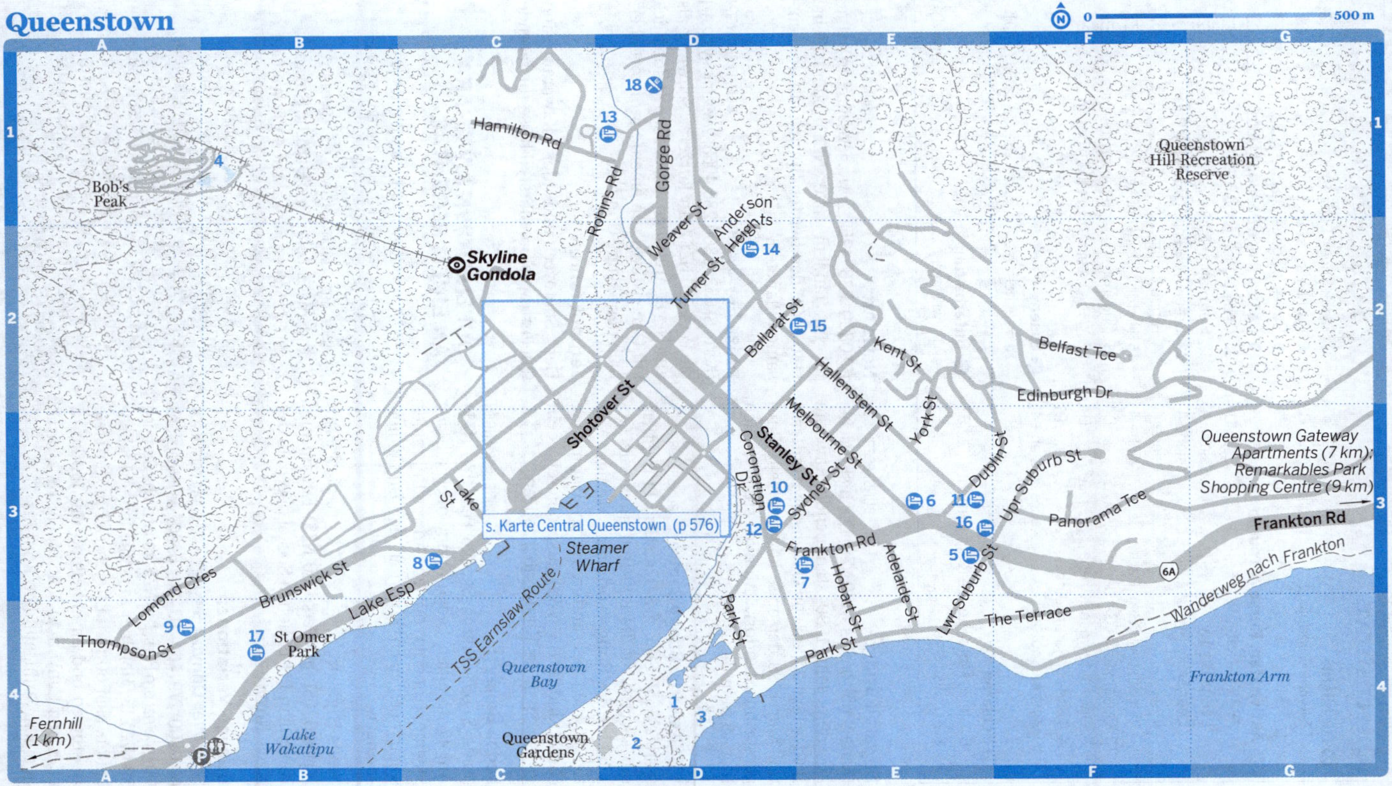

0
500 m
A
B
C
D
E
F
G
1
2
3
4
Queenstown Hill Recreation Reserve
Bob's Peak
4
18
13
Hamilton Rd
Robins Rd
Gorge Rd
Weaver St
Anderson Heights
14
Skyline Gondola
Turner St
Ballarat St
15
Kent St
Hallenstein St
Belfast Tce
Edinburgh Dr
Melbourne St
York St
Dublin St
Upr Suburb St
Queenstown Gateway Apartments (7 km); Remarkables Park Shopping Centre (9 km)
Panorama Tce
Frankton Rd
6A
Wanderweg nach Frankton
Shotover St
Stanley St
Coronation Dr
Sydney St
10
12
6
11
16
5
Frankton Rd
7
Hobart St
Adelaide St
Lwr Suburb St
The Terrace
Park St
Park St
Lake St
s. Karte Central Queenstown (p 576)
Steamer Wharf
8
Brunswick St
Lomond Cres
Lake Esp
TSS Earnslaw Route
9
Thompson St
17
St Omer Park
Queenstown Bay
1
3
2
Queenstown Gardens
Lake Wakatipu
Fernhill (1 km)
Frankton Arm

Queenstown

Highlights
Skyline Gondola C2

Aktivitäten, Kurse & Touren
1 Frisbee Golf D4
Ledge Bungy .... (siehe 4)
Ledge Sky Swing .... (siehe 4)
Luge .... (siehe 4)
Queenstown Bike Park .... (siehe 4)
2 Queenstown Gardens D4
3 Queenstown Ice Arena D4
4 Tandem Paragliding B1
Ziptrek Ecotours .... (siehe 4)

Schlafen
5 Alexis Motor Lodge & Apartments E3
6 Amity Lodge E3
7 Black Sheep Lodge E3
8 Bumbles C3
9 Butterfli Lodge A4
10 Central Ridge Boutique Hotel D3
11 Chalet Queenstown B&B E3
12 Coronation Lodge D3
13 Creeksyde Top 10 Holiday Park D1
14 Hippo Lodge D2
15 Historic Stonehouse E2
16 Queenstown Motel Apartments E3
17 YHA Queenstown Lakefront B4

Essen
18 Freshchoice D1

Unterhaltung
Kiwi Haka .... (siehe 4)

Kawarau Bridge BUNGEESPRINGEN
(Karte S. 651; pro Pers. 180 NZ$) Die historische, aus dem Jahr 1880 stammende Kawarau Bridge liegt 23 km von Queenstown entfernt und war 1988 der erste kommerzielle Bungeesprung-Standort. Mutige stürzen sich hier 43 m in die Tiefe.

GRATIS **Kawarau Bungy Centre** BUNGEESPRINGEN
(Karte S. 651; SH6; ⌚8–17.45 Uhr) Präsentiert die „Secrets of Bungy"-Tour über die Geschichte des Bungeespringens. Weniger Mutige können das sanftere Bungy Trampoline (Erw./Kind 20/15 NZ$) ausprobieren – ein großer Spaß für Kinder ab 2 Jahren.

Ledge Bungy BUNGEESPRINGEN
(Karte S. 653; Brecon St.; pro Pers. 180 NZ$) Am 47 m hohen Ledge Bungy oberhalb der Skyline Gondola dürfen Adrenalinjunkies sogar noch nach Einbruch der Dunkelheit springen.

Nevis Highwire BUNGEESPRINGEN
(Karte S. 651; pro Pers. 260 NZ$) Ein Sprung von einem 134 m hohen Sockel oberhalb des Nevis River.

Bungee-Variationen

Shotover Canyon Swing BUNGEESPRINGEN
(☎0800 279 464, 03-442 6990; www.canyonswing.co.nz; pro Pers. 199 NZ$, zusätzliche Sprünge 39 NZ$) Es gibt hier verschiedene Möglichkeiten, sich 60 m im freien Fall in die Tiefe zu stürzen und anschließend mit 150 km/h über den Canyon zu schwingen: rückwärts, in einem Stuhl, auf dem Kopf …

Nevis Arc BUNGEESPRINGEN
(☎0800 286 4958; www.nevisarc.co.nz) Bietet im Tandem (320 NZ$) oder alleine (180 NZ$) den tiefsten Sprung auf dem einsamen Planeten.

Ledge Sky Swing BUNGEESPRINGEN
(Karte S. 653; 0800 286 4958; www.bungy.co.nz; pro Pers. 150 NZ$) Ein kürzerer Schwung als am Nevis Arc, aber ein ebenso toller Blick auf Queenstown von einem Sprungort oberhalb der Skyline Gondola.

Jetboot fahren

Der Shotover und der Kawarau sind Queenstowns populärste Flüsse für rasende

QUEENSTOWN & WANAKA AN EINEM REGENTAG

Man kann die Zeit entspannt mit Wellness im japanischen Stil in den Onsen Hot Pools (S. 655) totschlagen oder einen Bus nach Arrowtown nehmen und im kuriosen Kino Dorothy Browns (S. 675) einen Film ansehen. In Wanaka sind das Cinema Paradiso (S. 688) oder das Ruby's (S. 688) lohnenswerte Adressen. Weitere Allwetter-Attraktionen in Wanaka sind die Puzzling World (S. 682) und das faszinierende Wanaka Transport & Toy Museum (S. 682), aber auch Warbirds & Wheels (S. 681). In der Zeit von April bis Oktober wird für Schlittschuhfans die Queenstown Ice Arena (S. 660) geöffnet.

NICHT VERGESSEN, ES IST URLAUB ...

Queenstown ist in erster Linie für seine Aktivitäten für Adrenalinjunkies bekannt. Es gibt aber auch Möglichkeiten, wie man am besten herunterkommt, die Batterien wieder auflädt und sich daran erinnert, dass es beim Reisen mehr gibt, als immer nur neue Nervenkitzel auszuprobieren.

» **Onsen Hot Pools** (Karte S. 651; ☎03-442 5707; www.onsen.co.nz; 160 Arthurs Point Rd.; Erw./Kind 46/10 NZ$; ⌚11–22 Uhr) Heiße Bäder im japanischen Stil mit Blick auf die Berge. Wer im Voraus bucht, kann sich gleich in eine vorgewärmte Wanne setzen.

» Wer sein System nach ein paar Tagen voller Bungeesprünge, Radtouren und Jetbootfahrten regenerieren möchte, sollte sich für Massagen und weitere erholsame Anwendungen an **Mobile Massage Co** (☎027 442 6161, 0800 426 161; www.queenstownmassage.co.nz; Std. ab 125 NZ$; ⌚9–21 Uhr) wenden, die Masseurinnen und Masseure kommen gerne in der Unterkunft vorbei.

» Noch mehr Entspannung ist möglich im **Hush Spa** (Karte S. 657; ☎03-4009 0901; www.hushspa.co.nz; Erdgeschoss, 32 Rees St.; 30/60 Min. Massage ab 70/125 NZ$; ⌚Di–Fr 9–21, Sa 9–19 Uhr), wo der müde Abenteurer bei einer Massage, einer Aromastein-Therapie oder einem langen Bad abschalten kann.

» Wellness auf Weltniveau bietet das Millbrook bei Arrowtown. Das Spa at Millbrook (S. 673) wurde in die Liste der Top Ten der besten Wellnessoasen weltweit gewählt.

» Queenstowns neuester Wellnesstempel ist da **Eforea: Spa at Hilton** (☎03-450 9416; www.queenstownhilton.com; Peninsula Rd., Hilton Queenstown; Anwendungen ab 120 NZ$), es liegt wunderschön am See im Kawarau Village – von der Steamer Wharf aus fährt man mit dem Wassertaxi in wenigen Minuten dorthin.

Jetbootfahrten. Der längere und landschaftlich eigentlich reizvollere Dart River wird dagegen weniger häufig befahren.

Shotover Jet JETBOOT FAHREN
(☎0800 746 868; www.shotoverjet.co.nz; Erw./Kind 119/69 NZ$) Eine halbstündige Fahrt durch die Felsencanyons des Shotover inkl. aufregender 360-Grad-Drehungen.

Kawarau Jet JETBOOT FAHREN
(Karte S. 657; ☎03-442 6142, 0800 529 272; www.kjet.co.nz; Queenstown Bay Jetty; Erw./Kind 110/65 NZ$) Eine einstündige Fahrt auf dem Kawarau und dem Lower Shotover.

Skippers Canyon Jet JETBOOT FAHREN
(☎03-442 9434, 0800 226 996; www.skipperscanyon. co.nz; Erw./Kind 129/79 NZ$) Dieses dreistündige Fahrerlebnis umfasst insbesondere eine 30minütige krachende Fahrt durch die engen Schluchten des **Skippers Canyon** (Karte S. 651). Die Route führt auch durch die ehemaligen Goldgräbergebiete der Region.

Raften

Der tosende Shotover und der ruhigere Kawarau sind ideale Flüsse für Floßfahrten. Die Touren dauern 4 bis 5 Std., wobei man 2 bis 3 Std. auf dem Fluss ist. Voraussetzung für die Teilnahme von Kindern ist meist das Mindestalter von 13 Jahren und ein Körpergewicht über 40 kg. Eine coole Alternative sind Helikopterflüge über die Flüsse.

Queenstown Rafting RAFTEN
(☎03-442 9792, 0800 723 8464; www.rafting.co.nz; Raften/Helikopter 195/279 NZ$) Eines von Queenstowns alteingesessenen Raftingunternehmen.

Extreme Green Rafting RAFTEN
(☎03-442 8517; www.nzraft.com; Raften/Helikopter 195/279 NZ$) Befährt sowohl den Kawarau als auch den Shotover.

Challenge Rafting RAFTEN
(☎03-442 7318, 0800 423 836; www.raft.co.nz; Raften/Helikopter 195/279 NZ$) Ebenfalls auf dem Shotover und Kawarau unterwegs.

Family Adventures RAFTEN
(☎03-442 8836, 0800 4723 8464; www.familyadventures.co.nz; Erw./Kind 179/120 NZ$) Sanftere Fahrten auf dem Shotover, für Kinder ab 3 Jahren geeignet (Klasse I bis II). Nur im Sommer.

Flusssurfen & White-Water Sledging

Serious Fun WHITE-WATER SLEDGING
(☎03-442 5262, 0800 737 468; www.riversurfing.co.nz; pro Pers.

175 NZ$) Das einzige Unternehmen, das sich auf den berüchtigten Chinese-Dogleg-Abschnitt des Kawarau traut. Die Teilnehmer bewegen sich auf dem Oberkörper liegend auf einer Art Floßschlitten stromabwärts.

Frogz Have More Fun WHITE-WATER SLEDGING
(☎0800 437 649, 03-441 2318; www.frogz.co.nz; pro Pers. 175 NZ$) Mit Bodyboards durch die Stromschnellen und Strudel des Kawarau rasen.

Canyoning

Canyoning.co.nz CANYONING
(☎03-441 3003; www.canyoning.co.nz; pro Pers. 185 NZ$) Eine halbtägige Tour in die nahe gelegenen 12-Mile Delta Canyons. Im abgelegenen Routeburn Valley (210 NZ$) ist das Canyoning ebenfalls möglich. Durch Abseilen, Klettern und Schwimmen gelangen die Canyoneers durch die Schlucht.

Drachenfliegen, Gleitschirmfliegen & Fallschirmspringen

Tandem Paragliding GLEITSCHIRMFLIEGEN
(Karte S. 653; ☎0800 759 688, 03-441 8581; www.nzgforce.com; pro Pers. 199 NZ$) Gleitschirmfliegen im Tandem von der Spitze der Seilbahn oder vom Coronet Peak knapp 20 km nordöstlich von Queenstown (der Start um 9 Uhr ist 20 NZ$ billiger).

Skytrek Hang Gliding DRACHENFLIEGEN
(☎0800 759 873; www.skytrek.co.nz; Flüge ab 210 NZ$) Atemberaubende Tandemflüge vom Coronet Peak oder dem Gebirgszug der Remarkables.

Flight Park Tandems GLEITSCHIRMFLIEGEN
(☎0800 467 325; www.tandemparagliding.com; 1140 m/1620 m 185/205 NZ$) Spektakuläre Starts vom Coronet Peak. Die Preise gelten für die Wintermonate.

MEKKA FÜR MOUNTAINBIKER

Mit der Eröffnung des Queenstown Bike Park (S. 656) hat sich die Region endgültig als internationales Zentrum dieser Sportart etabliert. Details zur Entwicklung neuer Mountainbikestrecken in der Region finden sich auf der Website www.wakatiputrails.co.nz. Das Ende März alljährlich stattfindende Queenstown Bike Festival (www.queenstownbike-festival.co.nz) ist für Mountainbiker einer der Höhepunkte im Jahreskalender.

Der Queenstown Trail – er ist insgesamt mehr als 90 km lang – verbindet fünf kleinere, landschaftlich reizvolle Routen in Queenstown, Arrowtown, im Gibbston Valley, am Lake Wakatipu und am Lake Hayes. Alles in allem ist diese Strecke technisch nicht sonderlich anspruchsvoll und deshalb für alle Radfahrer geeignet.

Weitere Informationen über Mountainbikerouten erhält man bei Outside Sports oder Vertigo. Wer sich länger in der Region aufhält, sollte überlegen, in den Queenstown Mountain Bike Club (www.queenstownmtb.co.nz) einzutreten.

Queenstown Bike Park (Karte S. 653; ☎03-441 0101; www.skyline.co.nz; Brecon St.; ⊙Pass halber Tag Erw./Kind/Fam. 45/25/115 NZ$, Tagespass Erw./Kind/Fam. 60/30/150 NZ$) Neun unterschiedliche Wege – von einfach bis extrem – führen hoch über dem See über Bob's Peak. Einmal unten angekommen, kann man das Rad einfach in die Seilbahn verfrachten, nach oben fahren und sich erneut talwärts stürzen. Der beste Tipp für unerfahrenere Biker ist der 6 km lange Hammy's Track, der auf dem ganzen Weg nach unten immer wieder atemberaubende Blicke auf den See sowie Picknickplätze bietet.

Vertigo (Karte S. 657; ☎03-442 8378, 0800 837 8446; www.vertigobikes.co.nz; 4 Brecon St.; Verleih Tag ab 79 NZ$) Hier stehen Abfahrten zum Skippers Canyon (169 NZ$) und ein Helikopterflug zu den Remarkables mit anschließender Abfahrt (399 NZ$) zur Auswahl. Die Mitarbeiter geben im Queenstown Bike Park auch Kurse (ab 139 NZ$) und bieten dort geführte Touren (ab 159 NZ$) an. Wer das Mountainbiken ernst nimmt, kommt in dieser Gegend an Vertigo nicht vorbei.

Fat Tyre Adventures (☎0800 328 897; www.fat-tyre.co.nz; ab 199 NZ$) Bietet Tages- und mehrtägige Touren, Helikopterflüge mit anschließender Abfahrt und Singletracks in unterschiedlichen Schwierigkeitsgraden an. Leihräder und Proviant sind im Preis enthalten.

Outside Sports (Karte S. 657; www.outsidesports.co.nz; 36-38 Shotover St.) Eine optimale Adresse, um Räder zu leihen und sich über die Routen zu informieren.

Queenstown Bike Hire (Karte S. 657; Ecke Marine Pde. & Church St.) Die beste Adresse für Tandems und Touren am See.

Queenstown Zentrum

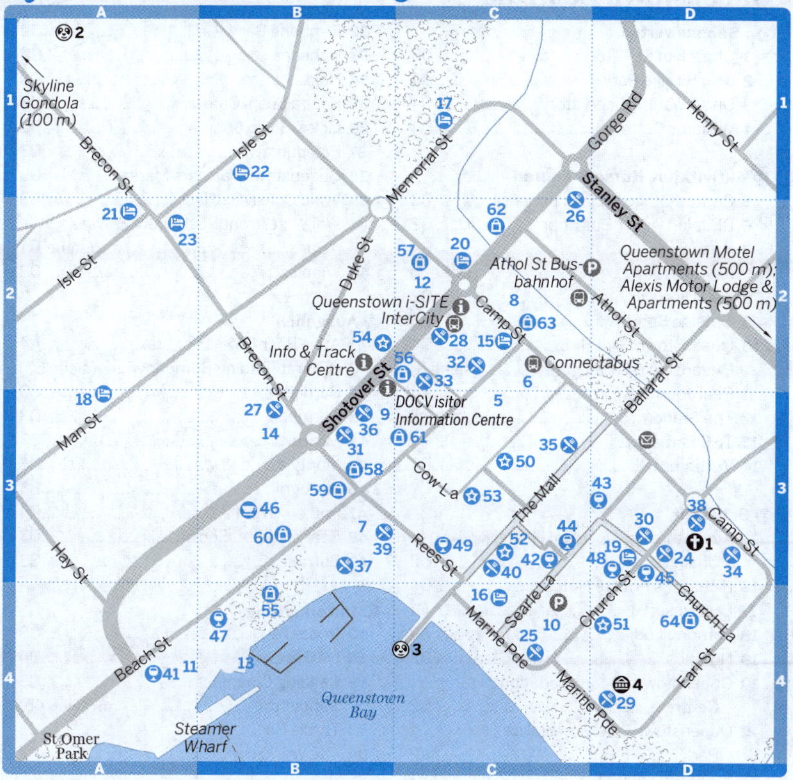

Queenstown Paraflights GLEITSCHIRMFLIEGEN
(Karte S. 657; ☎0800 225 520; www.paraflights.co.nz; Erw. & Kind solo 139 NZ$, Erw./Kind Tandem 109/79 NZ$) In 200 m Höhe von einem Boot gezogen über die Wasserfläche des Lake Wakatipu gleiten.

Elevation Paragliding School GLEITSCHIRMFLIEGEN
(☎0800 359 444; www.elevation.co.nz; Unterricht ab 240 NZ$) Hier kann man die Grundlagen des Gleitschirmfliegens erlernen und sein Können anschließend auf vier Soloflügen beweisen.

NZONE FALLSCHIRMSPRINGEN
(☎03-442 5867, 0800 376 796; www.nzone.biz; Sprünge ab 269 NZ$) Die Teilnehmer springen hier aus einem tadellos funktionierenden Flugzeug, aber es gibt keinen Grund, um Angst zu haben – ausschließlich mit einem Experten beim gemeinsamen Fallschirm-Tandemspringen.

Wandern & Klettern

Die vom DOC herausgegebene Broschüre *Wakatipu Walks* (2 NZ$) informiert über lokale Wanderwege von einfachen einstündigen Spaziergängen bis hin zu anspruchsvollen achtstündigen Tagestouren.

Bob's Peak WANDERN
Der Weg hinauf auf Bob's Peak zur Bergstation der Gondel ist landschaftlich nicht so spektakulär, der Blick von oben lohnt aber die Mühe.

Queenstown Hill WANDERN
Ein anderer eher kurzer Anstieg führt von der der Anlage und Aussichtsplattform Belfast Terrace auf den 900 m hohe Queenstown Hill (hin & zurück 2–3 Std.).

Ben Lomond WANDERN
Diese Route führt vom Lomond Crescent auf den 1746 m hoch gelegenen Ben Lomond (hin & zurück 6–8 Std.). Eine schwie-

Queenstown Zentrum

Sehenswertes
1 Church of St Peter D3
2 Kiwi Birdlife Park A1
3 Underwater Observatory C4
4 Williams Cottage D4

Aktivitäten, Kurse & Touren
5 Central Otago Wine Experience C3
6 Double-Decker Bus Tour C2
7 Hush Spa B3
Kawarau Jet .... (siehe 3)
8 Kiwi Discovery C2
9 Outside Sports B3
10 Queenstown Bike Hire C4
Queenstown Paraflights .... (siehe 3)
11 Real Journeys A4
12 The Station C2
13 TSS Earnslaw B4
14 Vertigo B3

Schlafen
15 Adventure Queenstown Hostel & Chalet C2
16 Eichardt's Private Hotel C4
17 Last Resort C1
18 Lomond Lodge A3
19 Nomads D3
20 Queenstown Accommodation Centre C2
21 Queenstown Lakeview Holiday Park A2
22 Southern Laughter B1
23 The Dairy A2

Essen
24 @Thai D3
25 Aggy's Shack C4
26 Alpine Supermarket C2
27 Bella Cucina B3
28 Bob's Weigh C2
29 Botswana Butchery D4
30 Devil Burger D3
Fergbaker .... (siehe 31)
31 Fergburger B3
32 Fishbone Bar & Grill C2
33 Habebes C2
34 Halo D3
35 Kappa Sushi Cafe C3
36 Lick & Slurp Soup B3
37 Patagonia B3
38 Queenstown Farmers Market D3
39 Vudu Cafe & Larder B3
Wai Waterfront Restaurant & Wine Bar .... (siehe 11)
40 Winnies C3

Ausgehen
41 Atlas Beer Cafe A4
Ballarat Trading Company .... (siehe 52)
42 Bardeaux C3
43 Barmuda D3
44 Minibar C3
45 Monty's D3
46 Motogrill B3
47 Pub on Wharf B4
48 Searle Lane & Social D3
49 Surreal C3

Unterhaltung
50 Debajo C3
51 Dux de Lux D4
52 Reading Cinemas C3
Subculture .... (siehe 45)
53 Tardis Bar C3
54 The World Bar B2

Shoppen
55 Kunst- und Kunsthandwerksmarkt B4
56 Fetch C2
57 Green Toad C2
58 Kapa B3
59 Kathmandu B3
Outside Sports .... (siehe 9)
60 Rockies B3
61 Small Planet Outlet Store C3
62 Small Planet Sports Co. C2
63 Snowrental C2
64 toi o tahuna D4

rige Strecke, die Fitness erfordert und nicht unterschätzt werden darf. Sie gehört aber zu den Great Walks.

Encounter Guided Day Walks WANDERN
(☎03-442 8200; www.ultimatehikes.co.nz; Routeburn Track Erw./Kind 145/85 NZ$; Milford Track Erw./Kind 165/95 NZ$; Mt. Cook Erw./Kind 105/65 NZ$; ⏲Okt.–April) Veranstaltet Tageswanderungen auf dem Routeburn Track, dem Milford Track und in der Nähe des Mt. Cook, aber auch mehrtägige Wanderungen.

Guided Nature Walks WANDERN
(☎03-442 7126; www.nzwalks.com; Erw./Kind ab 105/65 NZ$) Exzellente Touren in der Region Queenstown, darunter auch eine Kombination aus Wanderung mit Vogelbeobachtung sowie Weinprobe und eine winterliche Schneeschuhwanderung.

Climbing Queenstown KLETTERN
(☎03-450 2119; www.climbingqueenstown.com; Klettern ab 139 NZ$, Abseilen Erw./Kind 139/99 NZ$, Via Ferrata Erw./Kind 139/89 NZ$, Bergsteigen ab 499 NZ$) Das Klettern, Abseilen, die Begehung von Klettersteigen und die Bergtouren erfolgen alle unter Aufsicht qualifizierter Führer.

Reiten

Moonlight Stables REITEN
(☎03-442 1229; www.moonlightcountry.co.nz; Erw./Kind 120/95 NZ$) Zu Pferd durch eine beeindruckende Landschaft auf einer 324 ha großen Farm.

Ausritte werden auch in der Nähe von **Cardrona** (☎03-443 8151; www.backcountry sadddles.co.nz; Crown Range Rd.; Erw./Kind ab 80/60 NZ$) und im 45 km von Queenstown entfernten Glenorchy (S. 676) angeboten.

Angeln

Die Flüsse und Seen der Region Queenstown werden von unzähligen Seeforellen und Regenbogenforellen bevölkert. Die meisten Anbieter verlangen, dass der Fang wieder ins Wasser gelassen wird, da es sich um Besatzfische handelt.

Stu Dever Fishing Charters ANGELN
(☎03-442 6371; www.fishing-queenstown.co.nz; Std. ab 60 NZ$) Hier werden von der gut 10 m langen *Chinook*, einem Boot mit zahlreichen Ausrüstungsgegenständen, Lachs und Forellen gefischt. Besitzer Stu organisiert auf Wunsch auch die Zubereitung des Fangs in einem der örtlichen Restaurants.

Noch mehr Aktivitäten

Die Gegend bietet unzählige Möglichkeiten zum Golfen und Minigolfen, zum Quadfahren, Segeln, Tauchen und noch viel mehr.

Central Otago Wine Experience WEINPROBEN
(Karte S. 657; ☎03-409 2226; www.winetastes.com; 14 Beach St.; Weinprobe 20 NZ$; ⊙10–22 Uhr) Mit einer Karte für 20 NZ$ können Gäste hier aus einem Sortiment von 80 Sorten acht bis zehn Weine probieren. Dazu können Käse und Vorspeisenplatten (28–34 NZ$) bestellt werden, alle Weine werden auf Wunsch auch nach Hause geliefert.

Ziptrek Ecotours SEILRUTSCHE
(Karte S. 653; ☎0800 947 8735; www.ziptrek.com; Brecon St.; Erw./Kind ab 129/79 NZ$) Dieses Abenteuer führt u. a. auf Seilrutschen durch die Baumspitzen hoch über Queenstown. Für das Angebot sprechen das innovative Design und das Umweltbewusstsein der Betreiber. Mutige können zwischen der zweistündigen, über vier Rutschen führenden „Moa"-Tour und der krasseren dreistündigen, über sechs Rutschen führenden Alternative „Kea" wählen (Erw./Kind 179/129 NZ$).

Luge SOMMERRODELBAHN
(Karte S. 653; ☎03-441 0101; www.skyline.co.nz; Brecon St.; 1/2/3/5 Fahrten inkl. Seilbahn Erw. 33/38/43/48 NZ$, Kind 23/28/33/38 NZ$; ⊙Nur bei Tageslicht) Bei der Bergstation der Seilbahn geht es mit einem weiteren Lift zum Startpunkt der zwei Rodelbahnen, die

SKIVERGNÜGEN PUR

Die neuseeländische Skisaison reicht von etwa Juni bis September. Wenn möglich, sollte der Aufenthalt so geplant werden, dass man das spaßige Queenstown Winter Festival (S. 661) miterlebt.

In der Umgebung von Queenstown liegen die wichtigsten Skigebiete in den Remarkables und am Coronet Peak. Auf der anderen Seite der Crown Range, in der Nähe von Wanaka, finden sich in Treble Cone und Cardrona weitere attraktive Pisten. Langläufer sollten zur **Snow Farm New Zealand** (☎03-443 7542; www.snowfarmnz.com) fahren. Snowpark NZ (☎03-443 9991; wwwsnowparknz.com) ist ein wahres Winter-Wunderland für Freestyler mit Halfpipes und Rails. Und ganz Ambitionierte können Flüge mit Helikoptern in abgelegene Gebiete über **Heli Ski Queenstown** (☎03-442 7733; www.flynz.co.nz; ab 895 NZ$), **Harris Mountains Heli-Ski** (☎03-442 6722; www.heliski.co.nz; 795 NZ$) und **Southern Lakes Heliski** (☎03-442 6222; www.southernlakesheliski.co.nz; ab 6729 NZ$) buchen.

Auf 99,2 FM werden zwischen 6.45 und 9 Uhr Informationen über die Schneeverhältnisse gesendet, online lassen sich die Informationen auf der Website www.snowreports.co.nz nachlesen.

Ausrüstung, u. a. Kleidung, Schlitten und Snowboards, verleihen Green Toad (S. 670) in Queenstown und Outside Sports (S. 670) in Queenstown und Wanaka.

man auf einem dreirädrigen Rollwagen talwärts fährt. Von den zwei Bahnen ist der Scenic Track derjenige für Anfänger; wer sicher zu fahren gelernt hat, kann sich anschließend auf den Advanced Track mit schwierigen Steilwandkurven und einem Tunnel wagen.

Frisbee Golf FRISBEE-GOLF
(Karte S. 653; www.queenstowndiscgolf.co.nz) Das Werfen der Scheibe erfolgt auf einem markierten Kurs in den Queenstown Gardens, die Ziele sind in den Bäumen befestigte Drahtkörbe.

Queenstown Ice Arena EISLAUFEN
(Karte S. 653; ☎03-441 8000; www.queenstownicearena.co.nz; 29 Park St.; Erw./Kind inkl. Leihschlittschuhe 20/15 NZ$; ⏲April–Okt. 10–18, Fr 10–21.30 Uhr) Öffnet im Winter für Schlittschuhläufer und Eishockeyspieler; im Sommer ist die Eisbahn geschlossen.

☞ Geführte Touren

Rundflüge

Aerostunts RUNDFLÜGE
(☎0800 788 687; 15/25 Min. 310/400 NZ$) Wer Sehenswürdigkeiten auf dem Kopf erleben möchte, kann hier einen haarsträubenden Flug buchen.

Over the Top Helicopters RUNDFLÜGE
(☎03-442 2233, 0800 123 359; www.flynz.co.nz; ab 265 NZ$) Fliegt über die Umgebung von Queenstown und darüber hinaus.

Sunrise Balloons BALLONFAHREN
(☎03-442 0781, 0800 468 247; www.ballooningnz.com; Erw./Kind 445/295 NZ$) Einstündige Flüge inklusive Champagner-Frühstück.

Geländewagentouren

Nomad Safaris GELÄNDEWAGENTOUR
(☎03-442 6699, 0800 688 222; www.nomadsafaris.co.nz; Erw./Kind ab 130/65 NZ$) Mit dem Jeep geht es hier durch atemberaubende Landschaft und zu schwer zugänglichen Aussichtspunkten in der Umgebung des Skippers Canyon und von Macetown. Wer will, kann sich auch selbst hinters Steuer (260 NZ$) setzen oder ein Quad besteigen (245 NZ$).

Off Road Adventures GELÄNDEWAGENTOUR
(☎03-442 7858, 0800 633 7623; www.offroad.co.nz; Geländewagen Erw./Kind ab 99/49 NZ$) Das Unternehmer bietet aufregende Touren mit Allradwagen, Quads (ab 189 NZ$) und Crossmaschinen (249 NZ$).

Skippers Canyon Heritage Tours GELÄNDEWAGENTOUR
(☎03-442 5949; www.queenstown-heritage.co.nz; Erw./Kind 160/80 NZ$) Der Skippers Canyon ist nur über eine enge, kurvenreiche Straße zu erreichen, die Anfang des 19. Jhs. von Goldschürfern angelegt wurde. Die malerische, aber haarsträubende Route für Geländewagen führt vom Arthurs Point zum Coronet Peak und dann weiter oberhalb des Shotover River. Auf dem Weg liegen einige Sehenswürdigkeiten aus der Zeit des Goldrausches wie aufgelassene Minen und Schürfgerät. Es gibt auch spezielle Touren für Wein- und Fotofreunde.

Bootsfahrten auf dem See

TSS Earnslaw BOOTFAHREN
(Karte S. 657; ☎0800 656 503; www.realjourneys.co.nz; Steamer Wharf, Beach St.) Das stattliche Dampfschiff *TSS Earnslaw* feierte 2012 seinen 100. Geburtstag – es war in dieser Zeit ohne Unterbrechung unterwegs. Früher war es das wichtigste Transportmittel auf dem See und beförderte manchmal mehr als 800 Passagiere täglich. Heute kann man an der 1½-stündigen „Lake-Wakatipu-Tour" (Erw./Kind 50/22 NZ$) und der 3½-stündigen Exkursion zur hoch gelegenen Walter Peak Farm (Erw./Kind 75/22 NZ$) teilnehmen. Dort erlebt man wie Schafe geschoren werden. Außerdem gibt es Vorführungen, beispielsweise von Hirten- und Schäferhunden.

Milford Sound

Tagesausflüge über Te Anau zum Milford Sound dauern 12 bis 13 Stunden und kosten pro Erw./Kind etwa 225/115 NZ$. Zu diesem Trip gehört eine zweistündige Fahrt auf dem Wasser. Es gibt auch kombinierte Bus-Schiff-Flug-Pakete, ebenso wie die Möglichkeit, am Ende des Routeburn Track das Boot zu besteigen. Um Zeit und Kosten zu sparen, lohnt sich die Überlegung, Milford von Te Anau aus zu besuchen.

Real Journeys GEFÜHRTE TOUREN
(Karte S. 657; ☎03-249 7416, 0800 656 501; www.realjourneys.co.nz; Beach St., Steamer Wharf) Ausflüge zum Lake Wakatipu und geführte Touren.

BBQ Bus GEFÜHRTE TOUREN
(☎03-442 1045, 0800 421 045;www.milford.net.nz; Erw./Kind 182/100 NZ$) Die Gruppen sind klein (bis zu 22 Teilnehmer). Wie der Name bereits verheißt wird beim Barbecue zum Mittagessen wird gegrillt.

Touren zu den Weingütern

Die meisten Touren machen Halt bei den Weingütern in der Umgebung von Banockburn (S. 629).

Appellation Central Wine Tours WEINPROBE
(☎03-442 0246; www.appellationcentral.co.nz; 165-215 NZ$) Die Führungen umfassen auch eine ganztägige Gourmettour, bei der u. a. Käse aus der Region probiert wird.

Cycle de Vine WEINPROBE
(☎0800 328 897; www.queenstown-trails.co.nz; Erw./Kind 155/95 NZ$; ⊗Sept.–Juni) Bietet Fahrten auf einem Retro-Fahrrad durch das Gibbston Valley an, die Fahrt führt zu zwei unterschiedlichen Weingütern. Zum Mittagessen wird am schönen Fluss Kawarau gepicknickt.

Queenstown Wine Trail WEINPROBE
(☎03-441 3990, 0800 827 8464; www.queenstownwinetrail.co.nz; Erw. 129 NZ$, kürzere Tour mit Mittagessen 148 NZ$) Bietet zwei Alternativen: eine fünfstündige Führung mit Weinproben in vier unterschiedlichen Weingütern oder eine kürzere Variante inklusive Mittagessen.

Noch mehr Touren

Double-Decker Bus Tour BUSTOUR
(Karte S. 657; www.doubledeckerbus.co.nz; Erw./Kind 48/25 NZ$) Ein Besuch im historischen Arrowtown, der auch die Gibbston Valley Wines und den Lake Hayes umfasst. Die dreistündige Fahrt mit dem roten Doppeldeckerbus startet um 9.30 Uhr vor dem O'Connell's Shopping Centre.

Segway on Q GEFÜHRTE TOUREN
(☎03-442 8687, 0800 734 386; www.segwayonq.com) Die zweistündige Fahrt mit den Bussen von Segways führt durch die Stadt und zu den Queenstown Gardens (Erw./Kind/Fam. 109/99/375 NZ$), alternativ fährt man 1 Std. lang um die Queenstown Bay am Lake Wakatipu (Erw./Kind/Fam. 75/65/250 NZ$).

Art Adventures GEFÜHRTE TOUREN
(☎0800 582 878; www.artadventures.co.nz; Studio- & Galerieführungen halber/ganzer Tag 180/350 NZ$, Unterricht ab 300 NZ$) Art Adventures führen durch Studios und Galerien der Stadt. Dabei sind ein Mittagessen und Weinproben in umliegenden Weingütern im Preis enthalten. Es besteht aber auch die Möglichkeit, gemeinsam mit professionellen Kunstlehrern an seinem eigenen Meisterwerk zu arbeiten.

Feste & Events

Gibbston Harvest Festival ESSEN & WEIN
(www.gibbstonharvestfestival.com; ⊗Mitte März) Liebhaber von gutem Essen und Wein sollten ihren Besuch so einrichten, dass sie an diesem Fest teilnehmen können.

Queenstown Winter Festival SPORT
(www.winterfestival.co.nz; ⊗Ende Juni–Anf. Juli) Verrückte Ski- und Snowboardshows, Livemusik, eine Mardi-Gras-Party, Feuerwerk und jede Menge kühle Frivolität.

Queenstown Bike Festival SPORT
(www.queenstownbikefestival.co.nz) Zehn ganze Tage voller Action und Spaß auf zwei Rädern, Ende März.

Schlafen

In Queenstown gibt's unendlich viele Unterkünfte, aber es sind auch viele Besucher auf der Suche nach einer Bleibe. In der Kategorie Mittelklasse ist die Auswahl recht knapp – daher steigt man besser in einem Nobelhotel ab oder wählt eine der hervorragenden Budgetunterkünfte und gibt das gesparte Geld für aufregende Aktivitäten aus. Im Hochsommer (Dez.–Feb.) und während der Skisaison (Juni–Sept.) sind Unterkünfte oft ausgebucht und deutlich teurer – für diese Zeiträume unbedingt weit im Voraus buchen! Für Zimmer mit Blick auf den See zahlt man oft einen Aufpreis.

Das **Queenstown Accommodation Centre** (Karte S. 657; ☎03-442 7518; www.qac.

QUEENSTOWN MIT KLEINEM BUDGET

Frisbee-Golf (S. 660) in den Queenstown Gardens oder ein Leihfahrrad oder -kajak am See sind günstige Aktivitäten. Wer mehr Aufregung auf zwei Rädern möchte, sollte einen Halbtagespass für den Queenstown Bike Park (S. 676) kaufen oder die vielen Fahrradstrecken der Stadt nutzen. Wenn der Hunger kommt, ist der Mediterranean Market (S. 667) ein guter Tipp, um sich für ein Picknick am Seeufer einzudecken. Man kann aber auch die leckeren – und häufig kostenlosen – Kostproben auf dem Queenstown Farmers Market (S. 667) probieren. Lohnenswert ist auch der Kunst- und Kunsthandwerkermarkt am Samstagvormittag (S. 670).

co.nz; Erdgeschoss, 19 Camp St.) bietet eine große Auswahl an Ferienhäusern und Apartments auf seiner Website, die Preise liegen bei etwa 200 NZ$ bis zu 500 NZ$ pro Woche. Häufig wird eine Mindestmietzeit verlangt.

Das DOC-Büro beschreibt auch den Weg zum **12-Mile Delta-Campingplatz**, der 11 km außerhalb der Stadt in Richtung Glenorchy liegt, sowie zum **Campingplatz Skippers** in der Nähe des Coronet Peak.

The Dairy B&B $$$

(Karte S. 657; ☎03-442 5164, 0800 333 393; www.thedairy.co.nz; 10 Isle St.; EZ/DZ inkl. Frühstück ab 435/465 NZ$, Juni–Aug. 3 Nächte DZ 900–990 NZ$; P@) Früher ein Eckladen, ist die Dairy heute ein luxuriöses B&B mit 13 Zimmern. Sie sind mit liebevollen Details wie Designerbettwäsche, Seidenkissen und kostbaren Mohair-Teppichen ausgestattet. Im Preis ist der Nachmittagstee mit selbst gebackenen Keksen enthalten. Von Juni bis August sind die Drei-Tage-Pakete für Skifahrer ein guter Tipp.

Warbrick Stone Cottage FERIENHAUS $$

(☎03-442 7520, 021 558 321; www.gibbston.co.nz; 2403 Gibbston Hwy.; DZ 150 NZ$) Im Gibbston Valley (S. 669) bietet dieses von einem preisgekrönten Architekten restaurierte alte Häuschen eine tolle Umgebung zum Relaxen. Eine moderne Küche und ein modernes Bad werden kombiniert mit Holzböden und Wänden aus dem örtlichen Flussstein. Draußen steht ein Tisch für ein gemütliches Frühstück oder ein abendliches Glas Wein von einem der lokalen Weingüter. Das Haus liegt etwa 30 km von Queenstown entfernt auf dem Weg nach Cromwell und Central Otago.

Chalet Queenstown B&B B&B $$$

(Karte S. 653; ☎0800 222 457, 03-442 7117; www.chaletqueenstown.co.nz; 1 Dublin St.; DZ 195–225 NZ$; P) Dieses schicke und freundliche B&B ist eine der besten Luxusunterkünfte in Queenstown. Perfekt geschnittene Räume locken mit Flachbildfernsehern, interessanten Original-Kunstwerken und eleganter Bettwäsche. Wer eines der Zimmer mit Blick auf den See ergattern will, muss früh buchen: Zur Belohnung bekommt man einen der besten Panoramablicke auf die Umgebung der Stadt.

Eichardt's Private Hotel LUXUSHOTEL $$$

(Karte S. 657; ☎03-441 0450; www.eichardtshotel.co.nz; Ecke Marine Pde. & Searle Lane; DZ 1639–1892 NZ$; P) Dieses bereits in den 1860er-Jahren eröffnete Luxushotel, das später restauriert und wiedereröffnet wurde, hat eine fantastische Lage direkt am See. Jede der fünf riesigen Suiten besitzt einen Kamin, Seeblick und eine tolle Kombination aus alten und modernen Möbeln. Große Betten, Fußbodenheizung und gigantische Badewannen sorgen für Entspannung nach einer Tagestour durch die Weinberge von Central Otago. Die vier neueren Apartments am See (DZ 1190–1449 NZ$) sind nicht weniger luxuriös.

Evergreen Lodge B&B $$$

(Karte S. 651; ☎03-442 6636; www.evergreenlodge.co.nz; 28 Evergreen Pl.; DZ 895 NZ$; P@) Handgefertigtes Holzmobiliar von einem lokalen Kunsthandwerker prägt dieses moderne Haus. Hinzu kommen eine fabelhafte Lage mit unverbautem Blick auf die Remarkables, Bier und Wein auf Kosten des Hauses, Sauna und Sporthalle. Also eine sehr entspannende Zuflucht vor dem Trubel von Queenstown.

Central Ridge Boutique Hotel LUXUSHOTEL $$$

(Karte S. 653; ☎03-442 8832; www.centralridge.co.nz; 4 Sydney St.; DZ inkl. Frühstück 270–455 NZ$; P) Die Gäste schwärmen vom Frühstück, aber die vor dem Mittagessen gereichten Canapés mit Wein aus Central Otago, die Fußbodenheizung und die geräumigen, modernen Bäder verdienen nicht weniger Lob. Mit nur 14 Zimmern ist ein sehr persönlicher Service garantiert.

Adventure Queenstown Hostel & Chalet HOSTEL $

(Karte S. 657; ☎03-409 0862; www.aqhostel.co.nz; 36 Camp St.; B 29–35 NZ$, DZ/3BZ 120/135 NZ$; @) Das Adventure Queenstown Hostel & Chalet wird von erfahrenen Reisenden betrieben und bietet makellose Schlafsäle, moderne Küchen und Bäder und Zimmer für zwei oder drei Gäste. Viele Dinge sind hier gratis, z. B. Auslandsgespräche in 30 verschiedene Länder, Fahrräder und Frisbees. Es geht ruhiger zu als in vielen anderen Hostels, das Nachtleben von Queenstown liegt dennoch nur einen Steinwurf entfernt.

Amity Lodge MOTEL $$

(Karte S. 653; ☎0800 556 000; www.amitylodge.co.nz; 7 Melbourne St.; DZ ab 165 NZ$; P) In einer ruhigen Straße etwa 5 Min. (bergauf) oberhalb der Innenstadt von Queenstown

QUEENSTOWN FÜR KINDER

Queenstown hat ein Riesen-Freizeitangebot, bei manchen Aktivitäten gibt es jedoch eine Altersbeschränkung. Generell sollte es kein Problem sein, die Kleinen bei Laune zu halten.

Wilde Kinder haben einen Riesenspaß auf dem Shotover Jet (S. 655); für ältere Kinder eignet sich eine gemäßigte Variante des klassischen Bungeesprungs beim Ledge Sky Swing (S. 654). Eine Alternative ist ein Tandemflug mit den Queenstown Paraflights (S. 657). Am Kawarau Bungy Centre (S. 654) können Kinder dabei zusehen, wie sich andere von der Brücke stürzen und sich selbst auf dem Bungee-Trampolin beweisen.

Die Skyline Gondola (S. 650) ist ein eher geruhsames Erlebnis. Oben auf dem Berg liegt die wunderbar kurvige Rodelbahn (S. 656), die für Kinder ab 3 Jahren geeignet ist. Ein anderer Weg, wieder vom Berg herunterzukommen, sind die Ziptrek Ecotours (S. 656), die für Seilrutschenfans ab 6 Jahren zugelassen sind. Fünf- bis vierzehnjährige Kinder dürfen in Begleitung Erwachsener im Queenstown Bike Park (S. 656) radeln.

Mehrere Anbieter in der Stadt verleihen Tandems und für Kinder geeignete Mountainbikes. Queenstown Bike Hire (S. 656) verleiht darüber hinaus Roller und Babybuggies sowie im Winter Schlitten mit Rückenlehne. Rockies (S. 670) verleiht auch Schneeanzüge für die Kleinen.

Die Naturschutzshows im Kiwi Birdlife Park (S. 651) richten sich speziell an ein jüngeres Publikum. Die **Queenstown Gardens** (Karte S. 653) besitzen einen schönen Spielplatz in der Nähe des Eingangs an der Marine Pde. Ebenfalls im Park liegt die Queenstown Ice Arena (S. 660) – ideal für einen Regentag –, außerdem gibt es den beliebten Frisbee-Golfparcours (S. 660).

Auch Fahrten über den See an Bord der TSS Earnslaw (S. 660) und Geländewa-gentouren durch den engen Skippers Canyon (S. 660) sind ein tolles Erlebnis für Kinder. Eisenbahnfans werden den Kingston Flyer (S. 651) lieben, Family Adventures (S. 655) bieten Floßfahrten für die ganze Familie an.

Wer noch mehr Ideen benötigt – auch Infos zu vor Ort erreichbaren Babysittern –, sollte die Mitarbeiter der i-SITE (S. 670) befragen oder sich auf der Website www.kidzgo.co.nz informieren.

gelegen, bietet die Amity Lodge sowohl ältere, aber renovierte Unterkünfte als auch komfortablere und modernere Doppelzimmer. Die freundlichen Besitzer kennen sich in Queenstown und der näheren Umgebung bestens aus. An einem insgesamt teuren Ort bietet die Amity Lodge alles in allem viel fürs verlangte Geld.

Historic Stonehouse APARTMENT **$$$**
(Karte S. 653; ☎03-442 9812; www.historicstonehouse.co.nz; 47 Hallenstein St.; DZ 225–395 NZ$; P) Eines von Queenstowns schönsten alten Privathäusern beherbergt heute drei sehr komfortable Apartments. In dem 1874 erbauten Haus wohnte früher der Bürgermeister. Die Wohnungen liegen in einem schönen Garten und begeistern mit antiken Möbeln und einer angenehmen, wenn auch etwas altmodischen Atmosphäre. Die Ausstattung ist aber keineswegs veraltet, sondern bietet alle Annehmlichkeiten wie moderne Küchen und Bäder und einen Wellnesspool im Freien.

Bumbles HOSTEL **$**
(Karte S. 653; ☎03-442 6298, 0800 286 2537; www.bumblesbackpackers.co.nz; Ecke Lake Esplanade & Brunswick St.; Stellplatz/B/DZ 20/29/62 NZ$; P@) Das beliebte Hostel ist sehr farbenfroh eingerichtet. Seine fabelhafte Lage am See in der Nähe der Stadt garantiert einen tollen Blick und kurze Wege zu den Attraktionen Queenstowns. Hier geht es lockerer und ruhiger zu als in anderen Hostels der Stadt. Es gibt auch – begrenzten – Platz für Zelte und Wohnmobile.

Last Resort HOSTEL **$**
(Karte S. 657; ☎03-442 4320; www.tlrqtn.com; 6 Memorial St.; B 30 NZ$; @) Absolut zentral gelegen, erreicht man dieses freundliche, kleine Hostel über eine winzige Brücke, die über einen sprudelnden Bach im Hinterhof führt. Von den für Touristen wichtigen Bushaltestellen liegt das Hostel nur einen kurzen Spaziergang entfernt. Nett ist auch die herzliche Begrüßung durch Cocco, den Hund des Hauses.

Coronation Lodge MOTEL $$
(Karte S. 653; ☎0800 420 777, 03-442 0860; www.coronationlodge.co.nz; 10 Coronation Dr.; DZ 150–220 NZ$; @📶) Direkt neben den Queenstown Gardens verwöhnt dieses Motel mit plüschigen Bettbezügen, Holzböden und schönen türkischen Teppichen. In einer Stadt mit wenigen guten Unterkünften im mittleren Preissegment ist die Coronation Lodge ein guter Tipp. Die größeren Zimmer besitzen Küchen, nur ein wenig bergab liegen einige der besten Restaurants und Bars von Queenstown.

Little Paradise Lodge LANDHAUS $$
(Karte S. 651; ☎03-442 6196; www.littleparadise.co.nz; Glenorchy-Queenstown Rd.; EZ 45 NZ$, DZ 120–160 NZ$; 🏊) Der Schweizer Besitzer hat diesem künstlerischen Paradies einen ganz eigenen Charakter verliehen. Jedes der rustikal eingerichteten Zimmer besitzt Holzböden, kuriose Kunstwerke und handgefertigtes Mobiliar. Draußen geht der Spaß mit einem rustikalen kleinen Pool und schönen Wegen um einen nahe gelegenen Hügel weiter. Für 6 NZ$ können Besucher, die nicht im Haus wohnen, hier ihren Nachmittagstee und einen Spaziergang durch den Garten genießen.

Queenstown Gateway Apartments MOTEL $$
(☎0800 656 665, 03-442 3599; www.gateway.net.nz; 1066 Frankton Rd.; DZ ab 160 NZ$; P📶) Dieser moderne Motelkomplex in Flughafennähe ist günstig, wenn man mit dem Flieger ankommt und von hier aus andere Teile der Südinsel erkunden möchte. Das Motel ist auch ein geeigneter Standort für Tagesausflüge nach Central Otago, Wanaka und Arrowtown.

Nomads HOSTEL $
(Karte S. 657; ☎03-441 3922; www.nomadshostels.com; 5 Church St.; B 29–34 NZ$, DZ 130–150 NZ$; @📶) Das Nomads liegt nicht nur in unmittelbarer Nähe zu Queenstowns Nachtleben, sondern besitzt auch mit eigenem Minikino, Zimmern mit Bad, großen Küchen und eigenem Reisebüro eine erstklassige Ausstattung. Der einzige Nachteil ist seine Größe. Das Nomads ist riesig und nichts für Reisende, die es gerne ruhig haben.

Southern Laughter HOSTEL $
(Karte S. 657; ☎03-441 8828; www.southernlaughter.co.nz; 4 Isle St.; B 26–28 NZ$, DZ 58–75 NZ$; @📶) Das flippige Hostel besitzt eine ganze Reihe von über den Komplex verteilten Küchen. Gäste sollten sich die Schwarzweißfotos des alten Queenstown ansehen, bevor sie die moderne Stadt besichtigen. Eine kostenlose Gemüsesuppe und ein Wellnesspool sind zusätzliche Pluspunkte.

Hippo Lodge HOSTEL $
(Karte S. 653; ☎03-442 5785; www.hippolodge.co.nz; 4 Anderson Heights; B 28 NZ$, EZ/DZ ab 41/68 NZ$; @📶) Ein gut in Schuss gehaltenes, entspanntes Hostel mit schönem Blick und vielen Treppen. Für 19 NZ$ (pro Pers.) kann man hier auch zelten.

Butterfli Lodge HOSTEL $
(Karte S. 653; ☎03-442 6367; www.butterfli.co.nz; 62 Thompson St.; B/DZ/3BZ 26/62/78 NZ$; @) Ein kleineres Hostel in einem ruhigen Vorort am Berg. Man kann auf der Dachterrasse grillen und den tollen Blick genießen, während man Steaks und Würstchen wendet.

Lomond Lodge LODGE $$
(Karte S. 657; ☎03-442 8235; www.lomondlodge.com; 33 Man St.; DZ 138–169 NZ$; P@📶) Die Lomond Lodge ist erst kürzlich modernisiert worden. In den Gemeinschaftsküchen und beim Grillen im Garten kommt man schnell mit den anderen Gästen in Kontakt. Es gibt auch größere Familienapartments (270 NZ$, max. 4 Pers.).

Alexis Motor Lodge & Apartments MOTEL $$
(Karte S. 653; ☎03-409 0052; www.alexisqueenstown.co.nz; 69 Frankton Rd.; DZ 170 NZ$; @📶) Dieses moderne Motel am Berg mit in sich abgeschlossenen Unterkünften liegt nur 10 Fußminuten am See entlang von der Stadt entfernt. Gäste sollten um ein Zimmer mit Blick auf eines der schönsten Berg- und Seepanoramen der ganzen Welt bitten.

Queenstown Motel Apartments MOTEL $$
(Karte S. 653; ☎0800 661 668, 03-442 6095; www.qma.co.nz; 62 Frankton Rd.; DZ 35–195 NZ$; P) Dieser Apartmentblock besitzt moderne Wohneinheiten mit schönen Bädern, trendiger Einrichtung und jeweils eigenen Minigärten. Die älteren Zimmer im Stil der 1970er-Jahre sind für Reisende mit kleinem Budget eine gute, preiswerte Alternative. Das Haus bietet zudem Möglichkeiten zum Wäschewaschen. Der Blick auf den See und die Berge ist großartig – auch von den preiswerteren Zimmern aus.

Black Sheep Lodge HOSTEL $
(Karte S. 653; ☎03-442 7289; www.blacksheep backpackers.co.nz; 13 Frankton Rd.; B/DZ ab 25/70 NZ$; @📶) Jüngere Gäste, die

Kontakte knüpfen wollen, sind in diesem Haus mit Wellnessbereich, Poolbillard und einem Haufen DVDs genau richtig. Die Zimmer wurden erst kürzlich renoviert, die Atmosphäre ist sehr locker und freundlich. Die neueren Zimmer sind wirklich ihr Geld wert, es gibt jede Menge Ecken und Nischen, um sich mit einem guten Buch zurückzuziehen.

YHA Queenstown Lakefront HOSTEL $
(Karte S. 653; ☎03-442 8413; www.yha.co.nz; 88-90 Lake Esplanade; B/DZ ab 36/87 NZ$; @) Die Mitarbeiter des freundlichen Hauses in Berglage wissen alles über das riesige Freizeitangebot Queenstowns. Die Zimmer sind einfach, aber sauber, einige von ihnen bieten Blick auf den See und die Berge (der Speisesaal ebenfalls). Und zu den Kneipen und Restaurants läuft man nur 10 bis 15 Fußminuten am See entlang.

Creeksyde Top 10 Holiday Park CAMPINGPLATZ $
(Karte S. 653; ☎0800 786 222, 03-442 9447; www.camp.co.nz; 54 Robins Rd.; Stellplatz 47 NZ$, DZ 62–164 NZ$;) Dieser schöne, in einer Gartenanlage gelegene Campingplatz bietet Unterkünfte von einfachen Zeltplätzen bis hin zu in sich abgeschlossenen Moteleinheiten. Die Betreiber achten auf die Umwelt und kümmern sich um das Recycling und die Anpflanzung heimischer Baumarten.

Shotover Top 10 Holiday Park CAMPINGPLATZ $
(Karte S. 651; ☎03-442 9306; www.shotoverholidaypark.co.nz; 70 Arthurs Point Rd.; Stellplatz ab 35 NZ$, Wohneinheiten 65–155 NZ$; @) Hoch über dem Shotover River läuft man von diesem familienfreundlichen Campingplatz aus nur 10 Autominuten bis ins lebhafte Queenstown. Zudem kann man hier praktisch direkt vom Wohnmobil in den berühmten Shotover Jet steigen.

Queenstown Lakeview Holiday Park CAMPINGPLATZ $
(Karte S. 657; ☎0800 482 735, 03-442 7252; www.holidaypark.net.nz; Brecon St.; Stellplatz 40 NZ$, Wohneinheiten 140–200 NZ$; @) Nur einen kurzen Spaziergang von der Seilbahn entfernt, besitzt dieser Campingplatz ein großes offenes Areal für Camper und eine sehr gute Ausstattung. Ein paar größere Bäume auf der etwas spartanischen Wiese wären nicht schlecht, aber es gibt auch schickere Motelzimmer und Ferienhäuser.

Essen

Queenstowns Stadtzentrum steckt voller lebhafter Restaurants. Viele richten sich von der Karte her an Touristen, aber wer ein wenig genauer hinschaut, wird sicherlich die bei Einheimischen beliebten Lokale erkennen, die ein breites Spektrum internationaler Küchen abdecken. Bei den besonders populären Lokalen sollte man abends einen Tisch reservieren.

LP TIPP **Fishbone Bar & Grill** MEERESFRÜCHTE $$
(Karte S. 657; ☎03-442 6768; www.fishbonequeenstown.co.nz; 7 Beach St.; Hauptgerichte 26–32 NZ$) Queenstown liegt im Binnenland, aber trotzdem gibt es im Fishbone die besten Meeresfrüchte Neuseelands. Alles von Jakobsmuscheln bis hin zu Red Snapper wird hier auf leichte und einfallsreiche Art zubereitet. Besonders toll sind die Krabbentacos auf handgemachten Tortillas oder das Meeresfrüchte-Curry nach indischer Art. Eine kürzlich erfolgte Renovierung betont das kühle, kosmopolitische Ambiente des Fishbone.

Vudu Cafe & Larder CAFÉ $
(Karte S. 657; 16 Rees St.; Hauptgerichte 10–18 NZ$) Exzellente Hausmacherküche. Die Schweinefleisch-Fenchel-Wurst in Blätterteig und die delikaten Mini-Baiserkuchen sind besonders gut. Zum tollen Angebot zum Frühstück und Mittagessen zählen Buttermilchpfannkuchen und Käsetortillas. Innen hängt ein großes Foto des weniger bevölkerten alten Queenstown, hinten im Garten hat man einen schönen Blick auf den See und die Berge.

Bella Cucina ITALIENISCH $$
(Karte S. 657; ☎03-442 6762; www.bellacucina.co.nz; 6 Brecon St.; Pizza & Pasta 29 NZ$, Hauptgerichte 29–34 NZ$; ⏲17 Uhr bis spätabends) Frische Pasta und Risottos sind die Highlights des Bella Cucina. Die knusprigen Pizzas aus dem Holzfeuerofen sind ideal für mehrere Esser. Alles in allem bekommt man hier ein einfaches Essen und eine perfekt zusammengestellte Weinkarte – in einem der gemütlichsten und romantischsten Lokale der Stadt.

VKnow RESTAURANT $$
(Karte S. 651; ☎03-442 5444; www.vknow.co.nz; 155 Fernhill Rd.; Hauptgerichte 26–36 NZ$) Diese Kombination aus Bistro und Weinbar im Vorort Fernhill lohnt auf jeden Fall die kurze Taxi- oder Busfahrt (Bus 9, Haltestelle Aspen

on Queenstown). Die Gourmetpizzas (19–27 NZ$) sind beispielsweise mit Räucherlachs oder indischen und vegetarischen Zutaten belegt, zu den Hauptgerichten zählen Wildfleisch aus der Region, Kabeljau und Canterbury-Lamm. Die Atmosphäre ist sehr locker, sodass man sich hier wie bei Freunden fühlt.

Wai Waterfront Restaurant & Wine Bar MODERN-NEUSEELÄNDISCH $$$
(Karte S. 657; ☎03-442 5969; www.wai.net.nz; Steamer Wharf, Beach St.; Hauptgerichte 40–55 NZ$, 7-Gang-Degustationsmenü ohne Wein 138 NZ$, mit Wein 215 NZ$; ⏲11–22 Uhr) Das kleine und intime Wai (das Maori-Wort für Wasser) ist ein klassisches Restaurant mit weißer Tischwäsche und Blick auf den See und die Berge. Es ist berühmt für sein Lamm und seine Meeresfrüchte, die Oyster Bar bereitet die Bivalve-Muschel auf fünf unterschiedliche Arten zu. Das Sieben-Gänge-Menü ist ein großes kulinarisches Abenteuer. Es kostet zugegebenermaßen eine Stange Geld, aber man gibt bei vielen anderen Aktivitäten genau so viel aus.

Botswana Butchery MODERN-NEUSEELÄNDISCH $$$
(Karte S. 657; ☎03-442 6994; Marine Pde.; Hauptgerichte 35–45 NZ$; ⏲12 Uhr bis spätabends) Die Mahlzeiten in der Botswana Butchery sind eine köstliche Kombination aus jahreszeitlichem Gemüse zu erstklassigem Rind- oder Lammfleisch, Geflügel oder Meeresfrüchten. Die Weinkarte ist fast so dick wie ein Telefonbuch. Mit dem Express-Lunch-Menü (15 NZ$) kann man die Botswana Butchery preiswert kennenlernen.

@Thai THAILÄNDISCH $$
(Karte S. 657; www.atthai.co.nz; 2. Stock, 8 Church St.; Hauptgerichte 16–24 NZ$) Eine halb versteckte Treppe hinauf findet sich dieses thailändische Restaurant, über das man zu Hause noch erzählen wird. Das rote *Hor-mok*-Meeresfrüchtecurry ist schon etwas ganz Besonderes. Der ideale Beginn der Mahlzeit besteht aus den Kokosnusskrabben (12 NZ$) und einem eiskalten Singha-Bier. Es gibt auch Essen zum Mitnehmen.

Winnies PIZZA $$
(Karte S. 657; www.winnies.co.nz; Erdgeschoss, 7 The Mall; Pizza 16–27 NZ$) Im Winnies, einer Mischung aus Bar und Restaurant, ist immer viel los. Warum wohl? Pizzas mit thailändischen, mexikanischen oder marokkanischen Akzenten, riesige Burger, Pasta und Steaks sowie hin und wieder Livemusik und DJs halten die Stimmung hoch. Immer noch nicht überzeugt? Um 21 Uhr beginnt die *happy hour*.

Gantley's MODERN-NEUSEELÄNDISCH $$$
(Karte S. 651; ☎03-442 8999; www.gantleys.co nz; Arthurs Point Rd.; Hauptgerichte 35–42 NZ$; ⏲18.30 Uhr bis spätabends) Ein stimmungsvolles Restaurant in einem Haus aus Holz und Stein, das 1863 errichtet wurde. Die zeitgenössische neuseeländische Küche und die exzellente Weinkarte sind auf jeden Fall die Anfahrt wert. Ein Zubringerbus holt die Gäste in der Stadt ab. Das Sechs-Gänge-Degustationsmenü kostet 90 NZ$.

Motogrill CAFÉ
(Karte S. 657; 62 Shotover St.; Snacks & Hauptgerichte 10–15 NZ$; 📶) Wie die Touristenführer, die gerade Pause machen, und die anderen einheimischen Kenner bekommen auch Touristen hier ein gutes Frühstück, große getoastete Sandwiches und einen fabelhaften Kaffee von erfahrenen Baristas. Der Kaffee ist vom Magazin *Cuisine* zum Besten in ganz Central Otago gewählt worden.

Kappa Sushi Cafe JAPANISCH $$
(Karte S. 657; Level 1, 36a The Mall; Sushi 7–13 NZ$, Mittagessen 9–15 NZ$, Hauptgerichte Abendessen 13–29 NZ$; ⏲Mo–So 12–14.30 Uhr, Mo–Sa 17.30 Uhr bis spätabends) Queenstowns bestes japanisches Restaurant ist gleichzeitig das lockerste. In den preiswerten Lunchdosen spielen frischer Thunfisch und Lachs die Hauptrolle. Später am Abend geht es bei exzellenter Tempura und japanischem Bier und Sake ruhiger zu. Im Sommer macht es großen Spaß, von der Dachterrasse aus der vorüberziehenden Parade auf der Einkaufsstraße zuzusehen.

Halo CAFÉ $$
(Karte S. 657; Camp St.; Frühstück & Mittagessen 10–20 NZ$, Abendessen 24 NZ$; ⏲7–21 Uhr) Ein stilvoller, sonniger Ort, an dem die Grenzen zwischen Frühstück, Mittag- und Abendessen verschwimmen. Die Burritos zum Frühstück machen jedenfalls fit für einen ganzen Tag voller Abenteuer. Abends kann man für einen marokkanischen Lammburger und ein Glas Wein zurückkehren. Draußen gibt es viele Sitzplätze.

Bob's Weigh CAFÉ $
(Karte S. 657; 6 Shotover St.; Snacks & Hauptgerichte 7–17 NZ$) Bob's Weigh ist der perfekte Start in einen Tag voller Extremsport und Nervenkitzel. Hier holen sich auch viele Einheimische ihre erste Koffeindosis für

den Tag und füllen ihre Energiereserven mit Müsli oder Bagels auf. Mittags gibt es häufig Pasta und Suppe.

Patagonia CAFÉ $
(Karte S. 657; www.patagoniachocolates.co.nz; 50 Beach St.; Kaffee & Schokolade 6–8 NZ$; 📶) Köstliche heiße Schokolade, hausgemachter Schokoladenkuchen und Queenstowns beste Eiscreme – was will man mehr? Gratis dazu gibt es die Lage am See und das kostenlose WLAN. Das Patagonia ist bis 22 Uhr geöffnet, also auch eine gute Adresse für einen späten Kaffee oder einen Drink. Die warmen *churros* (spanische Krapfen) sorgen dafür, dass man immer gerne wiederkommt.

Lick & Slurp Soup EISCREME
(Karte S. 657; 40 Shotover St.; Eiscreme ab 4,50 NZ$, Suppe ab 7 NZ$; ⏲10–22 Uhr) Winter? Sommer? Suppe? Eiscreme? In diesem anpassungsfähigen Laden sind beispielsweise die Toffee-Apfel- oder die Macadamianuss-Eiscreme oder deftige Gerichte wie die Champignon-Thymian-Suppe für die kalte Jahreszeit gute Tipps.

Fergburger BURGER $
(Karte S. 657; www.fergburger.com; 42 Shotover St.; Burger 10–17 NZ$; ⏲8.30–17 Uhr) Queenstowns legendärer Fergburger ist heute selbst eine Touristenattraktion, sodass sich Einheimische ihre Burger manchmal woanders besorgen müssen. Ferg war in Queenstown das innovative Original, noch heute drängen sich hier Gäste aus aller Welt, um sich einen der legendären Burger zu bestellen. Bitte ordentlich anstellen!

Devil Burger BURGER $
(Karte S. 657; www.devilburger.com; 5-11 Church St.; Burgers & Wraps 10–18 NZ$) Aufpassen Ferg – es gibt Konkurrenz! Dieser Neuankömmling bietet neben Burgern auch noch leckere Wraps. Nach zu viel Alkohol hilft der Walk-of-Shame-Wrap, der mit Speck, Ei, Rösti und Champignons gefüllt ist.

Fergbaker BÄCKEREI $
(Karte S. 657; 42 Shotover St.; Pasteten 5–7 NZ$; ⏲7.30–17 Uhr) Herzhafte Pasteten (darunter Lamm und Kumara –Süßkartoffeln) und andere gebackene Köstlichkeiten wie Ciabatta-Sandwiches und Banoffee-Torte. Der perfekte Ort früh morgens nach einem ausgedehnten Zug durch die Bars.

Habebes MITTLERER OSTEN $
(Karte S. 657; zwischen Beach St. & Shotover St.; Mahlzeiten 7–12 NZ$; 🖉) Von der Küche des Mittleren Ostens inspirierte Salate und Wraps. Die Suppen und leckeren Pasteten – z. B. die mit Huhn, Kumara und Champignons – sind schöne Abwechslungen, wenn man gerade Wintersporturlaub in der Stadt macht.

Aggy's Shack FISH & CHIPS $
(Karte S. 657; Church St.; 10–20 NZ$; ⏲11–22 Uhr) In diesem einfachen Pavillon am See gibt es unter anderem saftigen Kabeljau und die Möglichkeit, lokale Spezialitäten wie Räucheraal und *titi* (Dunkler Sturmtaucher) zu probieren.

Queenstown Farmers Market BAUERNMARKT $
(Karte S. 657; Ecke Church St. & Camp St.; ⏲Dez.–März Sa 9–12.30 Uhr) Gourmetprodukte aus ganz Central Otago.

Mediterranean Market SELBSTVERSORGER $
(Ecke Gorge Rd. & Robins Rd.) In diesem fantastischen Delikatessenladen mit Bäckerei lässt sich der Korb für ein tolles Picknick problemlos füllen.

New World Wakatipu SUPERMARKT $
(Remarkables Park Shopping Centre) In der Nähe des Flughafens und sehr praktisch, wenn man gerade ein Wohnmobil übernommen hat.

Freshchoice SUPERMARKT $
(Karte S. 653; 64 Gorge Rd.) Queenstowns größter Supermarkt.

Alpine Supermarket SUPERMARKT $
(Karte S. 657; Ecke Stanley St. & Shotover St.) Der Alpine ist Queenstowns am zentralsten gelegener Supermarkt.

Ausgehen

Ausgehen und etwas Trinken sind in Queenstown fast ein Sport, und es gibt unzählige Möglichkeiten, sich nach Einbruch der Dunkelheit entsprechend zu betätigen. Die Bars schließen im Allgemeinen erst um 4 Uhr morgens.

Atlas Beer Cafe HAUSBRAUEREI
(Karte S. 657; Steamer Wharf, Beach St.; ⏲10–22 Uhr) Diese winzige Bar am Ende der Steamer Wharf hat sich auf Produkte der Emerson's Brewery in Dunedin spezialisiert, schenkt aber auch immer wieder andere Biere aus. Eine kleine, aber gute Karte mit preiswerten Sandwiches und Wraps zum Mittagessen (etwa 10 NZ$) und Platten und Tapas für mehrere Personen zum Abendessen (10–15 NZ$) sorgt für die richtige Unter-

lage. Wer auf Hausbrauereien abfährt, sollte sich auch Dux de Lux (S. 669) ansehen.

Searle Lane & Social BAR
(Karte S. 657; www.searlelane.co.nz; 11 Church St.) Poolbillard, Pizza, Specials zum Mittagessen und gebratenes Hühnchen für mehrere Esser machen die Bar zu einem idealen Ort, um Neuankömmlinge im Hostel näher kennenzulernen. Das reichlich fließende Bier und gut gemachte Cocktails tragen das ihre zu einer geselligen Runde bei. Von Mittwoch bis Samstag ab etwa 23 Uhr legen DJs Musikkonserven auf.

Ballarat Trading Company PUB
(Karte S. 657; www.ballarat.co.nz; 7-9 The Mall) Ausgestopfte Bären, an der Wand hängende Enten und ein nachgebauter Gemischtwarenladen aus der Kolonialzeit – was die Dekoration angeht, kann diesem Laden in Queenstown so schnell keiner das Wasser reichen. Davon abgesehen, geht es hier mit glänzenden Zapfhähnen recht ordentlich zu. Die Musik stammt aus den 1980er-Jahren. Robuste Gerichte, beispielsweise Entenconfit, Lammpastete, Burgers und Steaks, geben dem Ganzen ein eher traditionelles Gepräge.

Pub on Wharf PUB
(Karte S. 657; www.pubonwharf.co.nz; Steamer Wharf) Extrem cooles Innendesign trifft hier auf schöne Holzarbeiten und gedämpfte Beleuchtung. Die ausgestopften Tierköpfe beweisen, dass man in Neuseeland immer noch am alten Gasthausstil festhält. Das Mac's vom Fass, die Knabbereien und die Weinkarte machen das Pub zu einer tollen Kneipe für einen netten Abend. Die Website informiert über das Livemusik-Programm.

Bardeaux WEINBAR
(Karte S. 657; Eureka Arcade, 11 The Mall; ⏲18 Uhr bis spätabends) Diese kleine, zurückhaltende Weinbar hat Klasse. Unter einer niedrigen Decke stehen plüschige Ledersessel und ein Kamin aus dem typischen Flussgestein von Central Otago. Die Weinauswahl gehört zu den besten in Queenstown.

Surreal COCKTAILBAR
(Karte S. 657; www.surrealbar.co.nz; 7 Rees St.) Mit cooler Musik, gedämpftem Licht und Sitzecken in rotem Samt ist diese unaufdringliche Bar ideal für einen ruhigen Drink und ein paar Knabbereien mit Freunden. Später, wenn die DJs loslegen, erwacht der Dancefloor zum Leben. Die *happy hour* startet um 22 Uhr.

Monty's PUB
(Karte S. 657; www.montysbar.co.nz; Church St.) An warmen Sommertagen sind die Plätze auf Montys Terrasse heiß umkämpft. An den meisten Abenden spielt eine Band, sodass man, wenn der Rhythmus packt, locker mit den Füßen wippen kann, während man sich ein paar Bier genehmigt.

Barmuda BAR
(Karte S. 657; Searle Lane; ⏲15 Uhr bis spätabends) Ein riesiger offener Kamin macht Barmudas Innenhof bei kälterem Wetter zu einem sehr begehrten Ort. Im Sommer spielen ab und zu freitags und samstags Jazzbands.

Minibar HAUSBRAUEREI
(Karte S. 657; Eureka Arcade, 11 The Mall; ⏲16 Uhr bis spätabends) Bier, Bier und nochmals Bier! In diesem kleinen Schuppen werden über 100 einheimische und internationale Biersorten ausgeschenkt. Ein cooler Namen für eine bestens ausgestattete, stylische Bar.

☆ Unterhaltung

Der kostenlose wöchentliche Flyer *Source* (www.thesourceonline.com) listet alle Auftritte und Events auf. In Queenstown gibt es jede Nacht Livemusik und Clubs, die meistens bis in die frühen Morgenstunden geöffnet haben.

Nachtclubs

Subculture CLUB
(Karte S. 657; www.subculture.net.nz; 12-14 Church St. die Treppe hinunter) Drum 'n' Bass, Hip-Hop, Dub und Reggae – und die Menge tobt.

Debajo CLUB
(Karte S. 657; Cow Lane) Ein Klassiker für das Ende der Nacht – House und Big Beat lassen den Dancefloor vibrieren, bis frühmorgens geschlossen wird.

Tardis Bar BAR
(Karte S. 657; www.tardisbar.com; 20 Cow Lane, Skyline Arcade) Eine gute Tanzbar. Haus-DJs spielen Hip-Hop, Dancehall und Dub. Innen ist mehr Platz, als man von außen annehmen würde.

Kino

Reading Cinemas KINO
(Karte S. 657; ☎03-442 9990; www.readingcinemas.co.nz; 11 The Mall; Erw./Kind 16,20/10,50 NZ$) Das Lichtspielhaus hat dienstags reduzierte Eintrittspreise.

UNTERWEGS IM GIBBSTON VALLEY

Die adrenalinsüchtigen Besucher Queenstowns mögen am glücklichsten sein, wenn sie an einem Gummiseil hängen und den Kawarau flussabwärts rasen. Aber wenn nur das für sie zählt, verpassen sie im nahe gelegenen, beeindruckenden Gibbston Valley einige von Central Otagos interessantesten Weinbauregionen.

An einer spektakulären Flussterrasse unweit der Kawarau Bridge gründete AJ Hacketts einstiger Bungeepartner Henry van Asch das **Winehouse & Kitchen** (Karte S. 651; ☎03-442 7310; www.winehouse.co.nz; Hauptgerichte 15–30 NZ$; ⌚10–17 Uhr). Eine restaurierte Holzvilla beherbergt hier ein Gartencafé, Anfang 2012 organisierte das Winehouse erstmals das Summer Playgound Series-Musikfestival (Jan.–April). Die Website informiert über das Programm.

Fast genau gegenüber führt eine kurvige Straße durch schöne Landschaft zur **Chard Farm** (Karte S. 651; ☎03-442 6110; www.chardfarm.co.nz; ⌚11–17 Uhr) und, 700 m weiter, zum Weingut **Gibbston Valley Wines** (Karte S. 651; www.gvwines.co.nz), dem größten Weinproduzenten der gesamten Region. Man sollte vor allem den Pinot Noir kosten und an einer Führung durch den faszinierenden Weinkeller teilnehmen. Zur Anlage gehören außerdem eine Käserei und ein Restaurant.

Weitere 4 km entlang der SH6 produziert **Peregrine** (Karte S. 651; ☎03-442 4000; www.peregrinewines.co.nz; ⌚10–17 Uhr) exzellenten Sauvignon Blanc, Pinot Noir und Pinot Gris. Im Sommer finden hier gelegentlich Freiluftkonzerte statt (manchmal sogar mit internationalen Stars).

Weiter westlich, in der Nähe des Ufers des Lake Hayes, wird die **Amisfield Winery & Bistro** (Karte S. 651; ☎03-442 0556; www.amisfield.co.nz; kleine Gerichte 16,50 NZ$; ⌚Di–So 11.30–22 Uhr) regelmäßig von der einschlägigen Zeitschrift Cuisine empfohlen. Das Restaurant serviert auf der sonnigen Terrasse Teller mit tapasartigen Gerichten, die sich ideal zum Teilen unter ein paar Freunden eignen. Amisfields Pinot Noir hat schon einige internationale Preise gewonnen. Eine besondere Alternative zum einfachen Essen ist das Menü „Trust the Chef" (pro Pers. 55 NZ$). Der Küchenchef zaubert dann Köstlichkeiten mit saisonalen Produkten. Unbedingt einen Tisch reservieren.

Die Queenstown i-SITE (S. 670) stellt Kartenmaterial und Informationen über Touren im Gibbston Valley zur Verfügung. Zu den neueren Attraktionen der Region gehören Mountainbike- und Wanderwege am Kawarau. Eine Alternative wäre eine geführte Weintour, besonders die mit einem Retro-Fahrrad von Cycle de Vine (S. 661). Die Website www.gibbstonvalley.co.nz informiert über dieses kleine Weinbaugebiet mit seinem einzigartigen Mikroklima.

Wer eine Unterkunft sucht, liegt mit dem gemütlichen Warbrick Stone Cottage (S. 662), das bequem auf der Strecke von Queenstown nach Cromwell steht, goldrichtig. Wohnmobilfahrer können an dem kleinen, gut ausgestatteten Campingplatz an der **Gibbston Tavern** (☎03-409 0508; www.gibbstontavern.co.nz; 8 Coal Pit Rd.; Stellplatz 30 NZ$) einen Stopp einlegen. Im angeschlossenen Pub geht es locker zu. Am besten fragt man nach den Moonshine Wines der Taverne, die es nirgendwo sonst zu kaufen gibt.

Livemusik

The World Bar BAR

(Karte S. 657; www.theworldbar.co.nz; 27 Shotover St.; ⌚16 Uhr bis spätabends) Die World Bar hat sich ihren rauen Charme aus der noch nicht allzu lang zurückliegenden Zeit der Rucksacktouristen bewahrt. Sie gehört zu Queenstowns besten Musikclubs, in der mit regelmäßig DJs und Bands auftreten. Die Website zeigt, was gerade läuft, es werden riesige Cocktails und legendäre Fat-Badgers-Pizzas serviert.

Dux de Lux PUB

(Karte S. 657; 14 Church St.) Livebands und DJs, die alles von Reggae bis Drum 'n' Bass auflegen. Im Sommer schauen manchmal die größten Livebands Neuseelands vorbei. Das Dux braut sein eigenes Bier.

Haka

Kiwi Haka MAORI-TÄNZE

(Karte S. 653; ☎03-441 0101; www.skyline.co.nz; Brecon St.; Erw./Kind/Fam. inkl. Seilbahn 59/32/166 NZ$; ⌚ab 17.15 Uhr) Wer sich für traditionelle Tänze und Gesänge der Maori interessiert, sollte sich diese Show oben an der Seilbahn ansehen. Es gibt jeden Abend vier halbstündige Aufführungen, eine Reservierung ist Pflicht.

Shoppen

Queenstown ist ein ideales Jagdrevier für Souvenirs und Geschenke. Viele Läden sind auf Outdoor- und Extremsportausrüstung spezialisiert. Den Einkaufsmarathon beginnt man am besten an der Mall, der Shotover Street und der Beach Street. An der Church Lane, die die Church Street mit der Earl Street verbindet, sind viele Kunstgalerien angesiedelt.

Fetch BEKLEIDUNG
(Karte S. 657; www.fetchnz.com; 34 Shotover St.) Hier kann man coole Kiwi-T-Shirts kaufen oder auch sein eigenes Design als Erinnerung an die Zeit entwerfen, in der man in diesem Abenteuer-Nirvana Bungee gesprungen, mit dem Mountainbike gefahren oder über die Seilrutsche gerast ist.

Kapa KUNSTHANDWERK
(Karte S. 657; www.kapa.co.nz; 29 Rees St.) Skurriles und eklektisches neuseeländisches Design mit einem guten Schuss zeitgenössischer Maori-Kultur.

Rockies BEKLEIDUNG
(Karte S. 657; www.rockies.co.nz; 49 Beach St.) Rockies verkauft oder verleiht Kinderbekleidung, damit die Kleinen nicht auf den Skipisten frieren.

Kathmandu OUTDOORAUSRÜSTUNG
(Karte S. 657; wwww.kathmandu.co.nz; 88 Beach St.) Eine bekannte und preiswerte Kette mit häufigen Sonderaktionen. Wer Kathmandus „Summit Club" beitritt, bekommt noch weitere Nachlässe auf Rucksäcke, Schuhe und stylische Bekleidung.

Green Toad OUTDOORAUSRÜSTUNG
(Karte S. 657; ☎03-442 5311; www.greentoad.co.nz; 48 Camp St.) Verleih von Ausrüstung, beispielsweise Bekleidung, Snowboards und Schlitten.

Snowrental OUTDOORAUSRÜSTUNG
(Karte S. 657; www.snowrental.co.nz; 39 Camp St.) Hier kann man sich eine Skiausrüstung ausleihen.

Outside Sports OUTDOORAUSRÜSTUNG
(Karte S. 657; www.outsidesports.co.nz; 36 Shotover St.) Outside Sports verleiht Skiausrüstung und Mountainbikes und verkauft Outdoorkleidung.

Small Planet Sports Co OUTDOORAUSRÜSTUNG
(Karte S. 657; www.smallplanetsports.co.nz; 17 Shotover St.) Neues und gebrauchtes Outdoor-Equipment. Der Laden betreibt auch einen billigeren **Outletstore** (Karte S. 657; www.smallplanetsports.co.nz; 23 Beach St.).

toi o tahuna KUNSTHANDWERK
(Karte S. 657; www.toi.co.nz; 11 Church Lane) Ausschließlich neuseeländische Kunst, die Hälfte davon von zeitgenössischen Maori-Künstlern. In der Umgebung von toi o tahuna kann man auch in anderen Galerien der schicken Church Lane stöbern. Die Karte für den *Fine Arts Galleries Walking Trail* ist bei der i-SITE erhältlich.

Arts & Crafts Market KUNSTHANDWERK
(Karte S. 657; www.marketplace.net.nz; ⌚Nov.–April 9–16.30 Uhr, Mai–Okt. 10–15.30 Uhr) An Samstagen ist dieser kreative Markt am Earnslaw Park am See neben der Steamer Wharf ein tolles Ziel. Hier findet man einheimische Souvenirs und Geschenke.

Praktische Informationen

Notfall

Krankenwagen, Feuerwehr und Polizei (☎111)

Post

Post (13 Camp St.)

Reisebüros

Kiwi Discovery (Karte S. 657; ☎03-442 7340, 0800 505 504; www.kiwidiscovery.com; 37 Camp St.) Skipakete und Transport zu den Wanderwegen.

Real Journeys (☎03-249 7416, 0800 656 501; www.realjourneys.co.nz; Steamer Wharf, Beach St.) Das Unternehmen bietet Fahrten auf dem See und geführte Touren.

The Station (Karte S. 657; ☎03-442 5252; www.thestation.co.nz; Ecke Camp St. & Shotover St.) Die Heimat von AJ Hackett Bungy und dem Shotover Jet.

Touristeninformation

Queenstown i-SITE (☎03-442 4100, 0800 668 888; www.queenstownnz.co.nz; Clocktower Centre, Ecke Shotover St. & Camp St.; ⌚8–18.30 Uhr) Buchungsservice, Unterkünfte und Informationen über Queenstown, Arrowtown und Glenorchy.

DOC Touristeninformation (Department of Conservation; ☎03-442 7935; www.doc.govt.nz; 38 Shotover St.; ⌚8.30–17.30 Uhr) Hier bekommt man den Backcountry Hut Pass und aktuelle Informationen zum Wetter und dem Zustand der Wege. Der DOC hat sein Büro über dem Laden Outside Sports. Man kann auch im Voraus für die Milford, Kepler und Routeburn Tracks buchen.

Info & Track Centre (☎03-442 9708; www.infotrack.co.nz; 37 Shotover St.; ⏲7–21 Uhr) Informationen über Transportmöglichkeiten zu den Startpunkten der Wanderwege.

An- & Weiterreise

Bus

Die meisten Busse und Shuttles fahren vom **Busbahnhof Athol Street** oder vom Bahnhof ab, bei der Buchung sollte man nachfragen, welcher Bahnhof der richtige ist. Die ungefähren Fahrzeiten von Queenstown aus sind: Christchurch (7 Std.), Dunedin (4½ Std.), Invercargill (3 Std.), Te Anau (2 Std.), Milford Sound (6 Std.), Wanaka (30 Min.), Cromwell (1 Std.), Haast (4 Std.), Greymouth (9 Std.), Gletscher an der Westküste (6 Std.).

InterCity (www.intercity.co.nz) Buchung bei der i-SITE. Fährt nach Christchurch, Te Anau, Milford Sound, Dunedin und Invercargill, außerdem einmal täglich zur Westküste zu den Gletschern und nach Haast.

Naked Bus (www.nakedbus.com) Fährt zur Westküste, nach Te Anau, Christchurch, Dunedin, Cromwell, Wanaka und Invercargill.

Atomic Shuttles (www.atomictravel.co.nz) Nach Wanaka, Christchurch, Dunedin und Greymouth.

Catch-a-Bus (☎03-479 9960; www.catchabus.co.nz) Nach Dunedin und Central Otago – bietet auch eine Verbindung zur den Zügen der Taeri Gorge Railway.

Bottom Bus (☎03-477 9083; www.bottombus.co.nz) Fährt eine Runde um den südlichen Teil der Südinsel.

Wanaka Connexions (☎03-443 9120; www.alpinecoachlines.co.nz) Verbindet Queenstown mit Wanaka und den Rail-Trail-Städten von Central Otago.

Flugzeug

Air New Zealand (S. 689) verbindet Queenstown mit Auckland, Wellington und Christchurch sowie Sydney und Melbourne. Virgin Australia fliegt von Queenstown nach Sydney und Brisbane. **Jetstar** (☎0800 800 995; www.jetstar.com) fliegt zwischen Queenstown und Auckland, Christchurch und Wellington sowie nach Sydney, Melbourne und an die australische Gold Coast.

Transportmöglichkeiten für Wanderer & Skifahrer

Die Buslinien zwischen Queenstown und dem Milford Sound über Te Anau eignen sich auch für Wanderer.

Wer auf die Skipisten möchte, sollte einen Shuttle (hin & zurück 15 NZ$) zum Coronet Peak oder zu den Remarkables vom Queenstown Snow Centre am Bahnhof aus nehmen. Sowohl das Info & Track Centre als auch Kiwi Discovery (S. 670) sorgen für den Transport zum Start der Wanderwege.

Genauere Infos zum Transport nach Cardrona und Treble Cone erhält man bei **Alpine Coachlines** (☎03-443 9120; www.alpinecoachlines.co.nz) und Kiwi Discovery (S. 670).

Trackhopper (☎021-187 7732; www.trackhopper.co.nz; ab 230 NZ$ plus Spritkosten) bietet einen sehr bequemen Auto-Rückholservice von beiden Enden des Routeburn Track an, sodass man nicht noch einmal durch die Landschaft fahren muss, die man schon gesehen hat. Ähnliche Serviceangebote gibt es für den Greenstone & Caples Track und den Rees-Dart Track.

Unterwegs vor Ort

Zum/vom Flughafen

Der **Queenstown Airport** (ZQN; ☎03-450 9031; www.queenstownairport.co.nz; Frankton) liegt 8 km östlich der Stadt. **Super Shuttle** (☎0800 748 885; www.supershuttle.co.nz) fährt für etwa 20 NZ$ pro Fahrt die Verbindung nach Queenstown. **Connectabus** (☎03-441 4471; www.connectabus.com; Ecke Beach St. & Camp St.) fährt von 6.50 bis 22.20 Uhr alle 15 Min. zum Flughafen (6 NZ$). **Alpine Taxis** (☎0800 442 6666) oder **Queenstown Taxis** (☎03-442 7788) verlangen etwa 30 NZ$.

Öffentliche Verkehrsmittel

Connnectabus (☎03-441 4471; www.connectabus.com) betreibt mehrere, farblich markierte Linien. Die blaue Linie ist richtig für Unterkünfte in Fernhill, die rote für Frankton. Mit einem Tagesticket (Erw./Kind 17/12 NZ$) kann man das gesamte Netz nutzen. Bei der i-SITE gibt es eine Routenkarte und einen Fahrplan. Die Busse fahren von der Ecke Beach Street und Camp Street ab.

Arrowtown

2400 EW.

Nachdem man im Arrow River Gold gefunden hatte, entstand in den 1860er-Jahren der äußerst malerische Ort Arrowtown, der heute ein beliebtes Ziel für einen Tagesausflug von Queenstown aus ist. Noch heute stehen in dem Ort mehr als 60 der ursprünglichen Gebäude aus Holz und Stein, und es gibt hübsche, von Bäumen gesäumte Straßen, Alleen, ausgezeichnete Galerien und ein wachsendes Angebot moderner Einkaufsmöglichkeiten.

Arrowtown

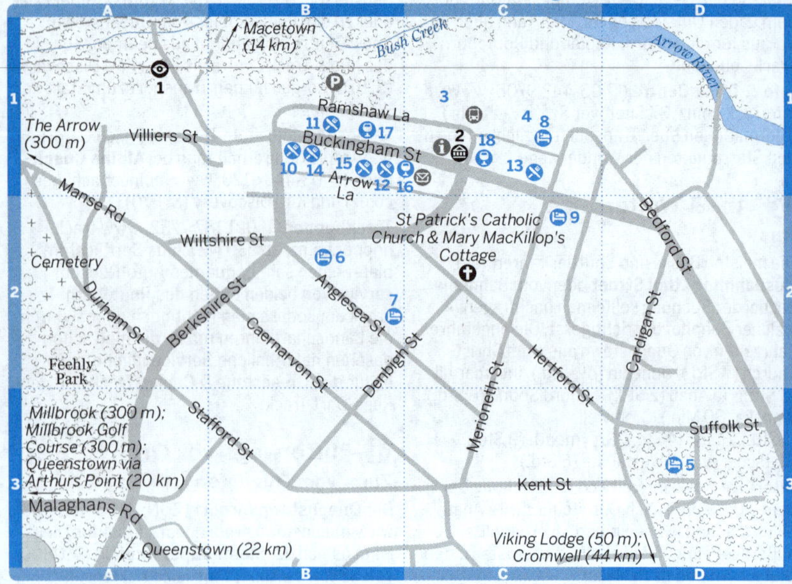

Arrowtown

Sehenswertes
1 Chinese Settlement A1
2 Lake District Museum & Gallery C1

Aktivitäten, Kurse & Touren
3 Arrowtown Bike Hire C1
4 Southern Explorer C1

Schlafen
5 Arrowtown Holiday Park D3
6 Arrowtown Lodge B2
7 Old Villa Homestay B&B B2
8 Poplar Lodge C1
9 Shades C2

Essen
10 Arrowtown Bakery B1
11 Bonjour Cafe B1
12 Cook's Store & Deli B1
Pesto .... (siehe 14)
13 Provisions C1
14 Saffron B1
15 Stables B1

Ausgehen
16 Arrow Brewing Company C1
Blue Door .... (siehe 14)
17 New Orleans Hotel B1
18 The Tap C1

Unterhaltung
Dorothy Browns .... (siehe 14)

Das einzige Gold, das heute noch zur Schau gestellt wird, ziert Kreditkarten. Die einstige Goldgrube zieht keine Glücksritter, dafür umso mehr Tagestouristen magnetisch an. Wer von dem malerischen, historischen Ambiente genug hat, kann Arrowtown dank des zuletzt verbesserten öffentlichen Verkehrsmittelnetzes in die Stadt als Basis für Ausflüge nach Queenstown und in die weitere Umgebung nutzen. Auf diese Weise kann man die Geschichte, den Charme und die exzellenten Restaurants von Arrowtown genießen, wenn sich der große Ansturm gelegt hat und die meisten Besucher wieder in die Busse nach Queenstown eingestiegen sind.

Sehenswertes & Aktivitäten

Vielleicht hat einer beim **Goldschürfen** am Arrow River Glück ... Pfannen und Siebe verleiht die Touristeninformation (3 NZ$), und dann nichts wie ab zum Nordrand der Stadt, wo auch ein gutes **Wandergebiet** liegt. Nähere Infos liefert die kostenlose Broschüre *Arrowtown Area Walks* der Touristeninformation. Es gibt Wanderwege nach **Macetown** (14 km, 7 Std.) und den **Tobins Track** (1 Std.)

Chinesische Siedlung HISTORISCHE STÄTTE
(Eintritt gegen Spende einer Goldmünze; ⏲24 Std.) In Arrowtown befindet sich Neuseelands bestes Beispiel für eine Chinesische Siedlung aus der Zeit des Goldrauschs. Informative Schilder erläutern das Leben der chinesischen Goldgräber während des Booms sowie danach; und restaurierte Hütten und Läden machen die Geschichte noch greifbarer. Die Chinesen wurden oft Opfer von unverblümtem Rassismus und hatten keine andere Wahl, als die alten Abräume noch einmal nachzubearbeiten, anstatt sich Gewinn bringenden neuen Claims zuzuwenden. Die Chinesische Siedlung liegt an der Buckingham Street.

Lake District Museum & Gallery MUSEUM
(www.museumqueenstown.com; 49 Buckingham St.; Erw./Kind 8/2 NZ$; ⏲8.30–17 Uhr) Ausstellungen zum Thema Goldrausch und zu den frühen Tagen der chinesischen Siedlungen in der Umgebung von Arrowtown. Jüngere Besucher werden das Museum Fun Pack (5 NZ$) lieben, das Aufgabenblätter, eine Schatzkarte, Sticker und ein paar Körnchen Gold bereithält.

Millbrook Golf Course GOLF
(☎03-441 7010; www.millbrook.co.nz; Malaghans Rd.; Golfplatzgebühr 180 NZ$, Leihschläger 60 NZ$) Ein schöner Kurs für die etwas anspruchsvolleren Golfer.

Arrowtown Bike Hire FAHRRADVERLEIH
(☎03-442 1466; www.arrowtownbikehire.co.nz; Ramshaw Lane; halber/ganzer Tag 35/49 NZ$) Die vielen neuen Mountainbikerouten in der Umgebung von Arrowtown sind ideal für alle, die sich unbedingt bewegen müssen. Ein tolles Erlebnis ist die „Mountain Bike Mania-Tour“ (199 NZ$, Okt.–April), eine Kombination aus einer Fahrt mit Geländewagen und Mountainbikes im Gebiet des ehemaligen Goldgräberdorfs Macetown. Räder können auch für mehrere Tage geliehen werden, und zwar an der Ramshaw Lane. Bei der Poplar Lodge (S. 674) können Ausflüge gebucht werden, die Mitarbeiter informieren außerdem über die Wege und den Zustand der Strecken.

Geführte Touren

Southern Explorer GELÄNDEWAGENTOUR
(☎03-441 1144; www.southernexplorer.co.nz; 4 Merioneth St.; Tag pro Pers. 65–140 NZ$) Geländewagentouren durch die unglaublich malerische Landschaft und die historische Goldgräberregion um Arrowtown, durch den Skippers Canyon und Glenorchy. Man kann auch eine Nacht im Skippers Canyon oder in Macetown campen. Das Hauptquartier des Unternehmens befindet sich in der Poplar Lodge (S. 674).

Schlafen

Es existieren Unterkünfte in allen Preiskategorien, im Sommer ist aber alles schnell ausgebucht.

The Arrow LUXUSHOTEL **$$$**
(☎03-409 8600; www.thearrow.co.nz; 63 Manse Rd.; DZ ab 415 NZ$) Fünf zurückhaltende, aber luxuriöse Suiten in einem modernen Haus in atemberaubender Lage am Stadtrand von Arrowtown. Die Zimmer sind schick und zeitgenössisch eingerichtet, durch die großen Fenster schaut man auf die tolle Landschaft. Das Frühstück ist im Preis inbegriffen, die Gäste können sich in einem ursprünglichen Steinhaus treffen und unterhalten. Die funkelnden Lichter von Arrowtown liegen nur fünf malerische Fußminuten entfernt.

Millbrook FERIENANLAGE **$$$**
(☎03-441 7000, 0800 800 604; www.millbrook.co.nz; Malaghans Rd.; DZ ab 499 NZ$; P@) Unmittelbar außerhalb von Arrowtown ist diese gigantische Anlage quasi eine eigene Stadt mit gemütlichen, kürzlich renovierten Einzelhäusern und einem erstklassigen Golfplatz direkt vor der Haustür. Am Ende des Tages müssen die Gäste sich zwischen vier verschiedenen Restaurants entscheiden. Sie können aber auch im **Spa at Millbrook** (☎03-441 7017; www.millbrook.co.nz; Malaghans Rd.; Anwendungen ab 230 NZ$) relaxen, das kürzlich in die Top Ten der weltbesten Hotel-Wellnessoasen gewählt wurde.

Arrowtown Lodge B&B **$$**
(☎03-442 1101; www.arrowtownlodge.co.nz; 7 Anglesea St.; DZ inkl. Frühstück 160 NZ$; @) Von außen wirkt das Haus etwas altmodisch, die Zimmer sind aber komfortabel und modern eingerichtet. Die Besitzerfamilie ist freundlich, das Frühstück herzhaft. Einige der Zimmer haben eigene kleine Gärten, die kompakt vor den Wohnräumen liegen.

Poplar Lodge HOSTEL $
(☎03-442 1466; www.poplarlodge.co.nz; 4 Merioneth St.; B/EZ/DZ 29/62/70 NZ$; 📶) In Arrowtown sind günstigere Unterkünfte Mangelware – dies ist der beste Tipp. Die umgebaute Poplar Lodge ist sehr gemütlich und liegt abseits der Routen der Touristenbusse. Es existieren auch einige abgeschlossene Wohneinheiten (99–120 NZ$). Im Hostel haben die Unternehmen Arrowtown Bike Hire (S. 673) und Southern Explorer (S. 673) ihren Sitz.

Shades MOTEL $$
(☎03-442 1613; www.shadesofarrowtown.co.nz; Ecke Buckingham St. & Merioneth St.; DZ 100–155 NZ$; 📶) Die Lage in einem Garten verleiht diesen Ferienbungalows eine entspannte Atmosphäre. Das zweistöckige Familienhaus für bis zu acht Personen (ab 175 NZ$) ist preiswert, wenn man mit der ganzen Sippe oder als Gruppe unterwegs ist. Reisende, die auch im Urlaub sparsam leben wollen, sollten nach den kleineren Studios (100 NZ$) fragen.

Old Villa Homestay B&B B&B $$
(☎03-442 1682; www.arrowtownoldvilla.co.nz; 13 Anglesea St.; EZ/DZ 120/160 NZ$) Frisch gebackenes Brot und selbst Eingemachtes aus der hauseigenen Küche heißen die Gäste in dieser historischen Villa willkommen. Zur Anlage gehört ein Garten, der sich für ein sommerliches Barbecue regelrecht aufdrängt. Die zwei Zimmer, jeweils mit eigenem Bad, sind mit frischen Lavendelzweigchen geschmückt. In einem der Zimmer steht ein zusätzliches Einzelbett für eine dritte Person.

Viking Lodge MOTEL $$
(☎03-442 1765; www.vikinglodge.co.nz; 21 Inverness Cres.; DZ 95–150 NZ$; @📶🏊) Diese älteren A-förmigen Häuser sind recht komfortabel eingerichtet und familienfreundlich. Wenn die Kinder nach einem Tag voller Erlebnisse immer noch nicht genug haben, kann man sie beim Schwimmen im Pool oder auf dem Spielplatz müde und ruhiger machen. Regelmäßig werden hier Grillabende veranstaltet.

Arrowtown Holiday Park CAMPINGPLATZ $$
(☎03-442 1876; www.arrowtownholidaypark.co.nz; 11 Suffolk St.; Stellplatz 36 NZ$, DZ 65–140 NZ$; @📶) Das Gebirgspanorama gehört im Holiday Park zur Grundausstattung, auch in den protzigeren neuen Studios. Die Sanitäranlagen sind makellos.

Essen

Für seine Größe besitzt Arrowtown ein gutes Spektrum an Restaurants. Im Sommer sollte man fürs Abendessen reservieren.

Provisions CAFÉ $
(www.provisions.co.nz; 65 Buckingham St.; Snacks & Mahlzeiten 8–15 NZ$) Eines von Arrowtowns ältesten Häusern ist heute ein schickes Café in einem duftenden Garten. Frühstück oder Kaffee gehen hier immer, die berühmten klebrigen Rosinenbrötchen sind ein Muss. Wohnmobilfahrer sollten hier warmes Brot, Konfitüren und Chutney aus den Früchten Central Otagos bunkern.

Saffron INTERNATIONAL $$$
(☎03-442 0131; www.saffronrestaurant.co.nz; 18 Buckingham St.; Mittagessen 20–30 NZ$, Abendessen Hauptgerichte 38–40 NZ$; ⏲12 Uhr bis spätabends) Das Saffron serviert u. a. Lammlende oder Hereford-Rindfleisch mit interessanten lokalen Gemüsevariationen, außerdem tolle asiatische Currys mit Schweinefleisch, Ente oder Garnelen. Gäste können sogar das Kochbuch des *Saffron* mit den bekanntesten Rezepten des Restaurants kaufen. Das Ambiente ist förmlicher als im lebhaften benachbarten Pesto.

Pesto ITALIENISCH $$
(☎03-442 0885; 18 Buckingham St.; Hauptgerichte 18–33 NZ$; ⏲17 Uhr bis spätabends) Hier wird bei Kerzenlicht italienische Küche mit zeitgenössischem Schwung serviert. Das Pesto ist der etwas ungehobelte und jüngere Ableger des Saffron. Der kulinarische Standard wird mit guter Pasta und Gourmetpizzas (20–34 NZ$) aber definitiv gehalten.

Bonjour Cafe FRANZÖSISCH $$
(☎03-409 8946; www.bonjour-arrowtown.com; Ramshaw Lane; Hauptgerichte 18–30 NZ$; ⏲Sa & So 8.30–15, Di–Sa 17.30–21 Uhr) Zum Frühstück müssen sich die Gäste hier zwischen 18 unterschiedlichen Crêpe-Sorten entscheiden, was nicht ganz einfach ist. Zum Mittagessen stehen z. B. ein Käsefondue oder das Lammkarree im Kräutermantel zur Auswahl.

Arrowtown Bakery BÄCKEREI $
(Buckingham St.; Gourmetpasteten 5,50 NZ$) Besonders lecker sind die Speck-Ei- und die Satay-Huhn-Varianten, zum Nachtisch sind ein Kaffee und ein Stück des wohl besten Käsekuchens mit dicken Boysenberrys in ganz Central Otago angesagt. (Boysenberrys sind eine Kreuzung aus Himbeere, Brombeere und Loganbeere.)

Stables CAFÉ $$

(28 Buckingham St.; Mittagessen 10–18 NZ$, Abendessen 14–30 NZ$) Das Stables eignet sich mit seinen Tischen in einem Hof neben einem schönen Rasenplatz optimal dazu, sich mit ein paar Freunden eine Pizza und eine Flasche Wein zu teilen. Später abends geht es in dem Steinhaus aus den 1860er-Jahren deutlich intimer zu. Die lieben Kleinen können sich bei Bedarf auf der angrenzenden Dorfwiese austoben.

Cook's Store & Deli DELIKATESSEN $

(www.cooksdeli.co.nz; 44 Buckingham St.) In diesem Delikatessengeschäft mit Café im Retrostil bekommt man köstlichen Zutaten für ein Picknick, z. B. regionale Käsesorten und fabelhaftes Brot.

Ausgehen

Arrow Brewing Company HAUSBRAUEREI

(www.arrowbrewing.co.nz; 48-50 Buckingham St.) Sieben verschiedene Biersorten und ein sonniger Biergarten machen die Arrow Brewing Company zu einem Pflichtstopp. Besonders süffig sind das mit Honig gebraute Lager Gentle Annie und das hopfige Arrow Pilz. Gelegentlich angebotene saisonale Biere erschweren die Wahl zusätzlich, der als Snack angebotene Lamm-Burger ist vermutlich der beste auf der ganzen Südinsel.

Blue Door BAR

(18 Buckingham St.; ⌚15 Uhr bis spätabends) Diese Bar liegt verborgen hinter einer schwer zu findenden blauen Tür. Niedrige Decken, schummriges Licht und Kerzen regen zum Trinken an. Das Blue Door hat eine formidable Weinkarte und genug rustikales Ambiente für eine lange Nacht.

New Orleans Hotel PUB

(27 Buckingham St.) Mit seiner an den Wilden Westen und nicht an den Tiefen Süden erinnernden Einrichtung ist dieses traditionelle Pub eine willkommene Abwechslung zu den teuren Designerläden Arrowtowns. Die herzhaften Mahlzeiten versetzen die Gäste ebenfalls in die Vergangenheit, an den meisten Wochenenden spielen heimische Livebands.

The Tap PUB

(51 Buckingham St.) The Tap stammt noch aus der Zeit des Goldrauschs. Innen gibt es Wein, einen Pooltisch, Pubgerichte und flüssiges Gold vom Fass. An der sonnigen Gartenbar draußen kommt man wieder runter auf Arrowtowns geruhsamen Rhythmus.

Unterhaltung

Dorothy Browns KINO

(☎03-442 1964; www.dorothybrowns.com; Ballarat Arcade, Buckingham St.; Erw./Kind/Student 18,50/8/12,50 NZ$) Das ist ein Kino, wie es sein soll: Es verfügt über superbequeme Sitzplätze, in denen man sich auch an seinen Sitznachbarn kuscheln kann, und zu den Kunstfilmen, die hier überwiegend gezeigt werden, gibt's guten Wein und Käseplatten. In jede Vorführung wird eine Pause eingebaut – die perfekte Gelegenheit, sich einen Becher Gourmeteis zu besorgen.

Touristeninformation

Arrowtown Visitor Information Centre (☎03-442 1824; www.arrowtown.com; 49 Buckingham St.; ⌚8.30–17 Uhr; @📶) Die Touristeninformation teilt sich ein Gebäude mit der Lake District Museum & Gallery.

An- & Weiterreise

Von Queenstown aus fahren regelmäßig (7.45–23 Uhr) Busse von **Connectabus** (☎03-441 4471; www.connectabus.com) nach Arrotown, und zwar die Nr. 10 auf der Strecke von Frankton nach Arrowtown. Dafür müssen Reisende einen Bus der Linie 11 von Queenstown bis zur Ecke Frankton Road und Kawarau Road nehmen und dort in die Linie 10 umsteigen. Die billigste Möglichkeit ist das Tagesticket (Erw./Kind 17/12 NZ$).

Die **Double-Decker Bus Tour** (☎03-441 4421; www.doubledeckerbus.co.nz; 48 NZ$) ist eine dreistündige Rundfahrt nach Arrowtown (Abfahrt in Queenstown um 9.30 Uhr). **Arrowtown Scenic Bus** (☎03-442 1900; www.arrowtownbus.co.nz) bietet täglich um 10 Uhr eine vierstündige Rundfahrt von Queenstown aus (69 NZ$) an.

Rund um Arrowtown

Rund 14 km nördlich von Arrowtown liegt Macetown, eine Geisterstadt, die über eine holprige, häufig überflutete Straße (ursprünglich für die Wagen der Goldgräber) zu erreichen ist, die den Arrow River mehr als 25-mal kreuzt. Reisende sollten deshalb nicht einmal im Traum daran denken, den Mietwagen zu nehmen. Stattdessen sollte man sich für eine der vierstündigen Geländewagentouren von Queenstown und Arrowtown aus entscheiden – Goldschürfen inbegriffen. Zu den Anbietern gehören **Nomad Safaris** (☎03-442 6699, 0800 688 222; www.nomadsafaris.co.nz; Erw./Kind ab 165/80 NZ$) und Southern Explorer (S. 673). Eine

Alternative ist eine Mountainbiketour mit Arrowtown Bike Hire (S. 673).

Glenorchy

220 EW.

In einer fast schmerzhaft schönen Umgebung liegt der briefmarkengroße Ort Glenorchy, ein perfekt unauffälliges Gegenstück zu Queenstown. Eine wachsende Anzahl von Abenteueranbietern sorgt dafür, dass Besucher auf dem See und in den nahe gelegenen Bergtälern aktiv sind: entweder im Kajak, hoch zu Ross oder in einem Jetboot. Wer sich lieber nur die Beine vertritt, hat im winzigen Kinloch am anderen Seeufer einen guten Ausgangspunkt zu einigen der schönsten Wanderwege der Südinsel. Glenorchy liegt am oberen Ende des Lake Wakatipu nordwestlich von Queenstown; von hier aus braucht man für die landschaftlich schöne Route (68 km) 40 Minuten.

Aktivitäten

Fast alle Anbieter von Outdooraktivitäten ermöglichen gegen einen kleinen Aufpreis Shuttlefahrten von und nach Queenstown an. Wer etwas weniger aufregendes unternehmen möchte, kann z. B. eine Farm besichtigen – inklusive der Gelegenheit, Schafe zu scheren –, Forellen zu angeln, an geführten Fotografierkursen oder Kochkursen teilzunehmen. Anregungen finden sich auf der Seite www.glenorchyinfocentre.co.nz. Die Queenstown i-SITE (S. 670) kann ebenfalls Vorschläge machen.

Wandern & Landschaftsfahrten

Die DOC-Broschüre *Head of Lake Wakatipu* (2 NZ$) informiert detailliert über eine einfache Wanderung am Wasser entlang in den Vororten der Stadt sowie über zweistündige bis zweitägige Wanderungen ins Routeburn Valley, zum Lake Sylvan, zum Dart River und zum Lake Rere. Den Proviant für die Spaziergänge und Wanderungen sollte man unbedingt schon in Queenstown besorgen. Wer kürzere Tageswanderungen in der Region plant, sollte wissen, dass der Transport zu den Ausgangspunkten im Sommer teuer und schwer zu organisieren ist, da dann die Saison der Great Walks ist. Wer kann, sollte sich deshalb möglichst früh nach den Fahrgelegenheiten erkundigen und reservieren. Wer selbst einen robusten fahrbaren Untersatz hat, kann die traumhaften Täler nördlich von Glenorchy erkunden. **Paradise** liegt 15 km nordwestlich der Stadt, direkt vor dem Startpunkt des Dart Track. Aber bitte nicht zu viel erwarten: Paradise ist nicht mehr als eine Koppel, aber die Schotterpiste dorthin führt durch schöne Felder, die von majestätischen Bergen eingerahmt werden. Ein schönes Ziel sind auch Rees Valley und die Straße nach Routeburn, die über die Dart River Bridge führt. In der Nähe des Startpunkts des Routeburn Track beginnen auch der Routeburn Nature Walk (1 Std.) und die Lake-Sylvan-Wanderung (1 St. 40 Min.).

Glenorchy Base WANDERN
(☎03-409 0960; www.glenorchybase.co.nz; Erw./Kind ab 60 NZ$) Hat sich auf geführte Wanderungen (2 Std. bis 1 Tag) in der Umgebung von Glenorchy spezialisiert. Highlights sind die Vogelbeobachtung am Lake Sylvan und eine eintägige Wanderung auf dem Routeburn Track.

Rural Discovery Tours GELÄNDEWAGENTOUR
(☎03-442 2299; www.rdtours.co.nz; Erw./Kind 185/92 NZ$) Halbtägige Touren zu einer Schafzucht in einem entlegenen Tal zwischen Mt. Earnslaw und Mt. Alfred.

Jetboot & Kajak fahren

Dart River Safaris JETBOOT FAHREN
(☎03-442 9992, 0800 327 8538; www.dartriver.co.nz; Erw./Kind 219/119 NZ$) Expeditionen ins Herz der spektakulären Wildnis am Dart River, gefolgt von einem kurzen Fußmarsch durch die Natur und einer Fahrt mit dem Geländewagen. Die Rundfahrt von Glenorchy aus dauert 3 Std. Ein Erlebnis ist auch die Jetbootfahrt in Kombination mit einer Flussfahrt in einem dreisitzigen „funyak" (Erw./Kind 289/189 NZ$), einem aufblasbaren Kajak.

Kayak Kinloch KAJAK FAHREN
(☎03-442 4900; www.kayakkinloch.co.nz; Erw. 40–80 NZ$, Kind 35–50 NZ$) Exzellente geführte Paddeltour über den See, gemeinsam abgelegt wird in Queenstown, Glenorchy oder Kinloch.

Noch mehr Aktivitäten

Dart Stables REITEN
(☎0800 474 3464, 03-442 5688; www.dartstables.com) Im Angebot sind ein zweistündiger (129 NZ$), ein eintägiger ($ 279) und ein eineinhalbstündiger „Ride of the Rings"-Ausritt (169 NZ$) für Hobbitfreunde. Echte Pferdenarren können auch die zweitägige Variante mit Übernachtung in Paradise (695 NZ$) wählen.

Paradise Skydive FALLSCHIRMSPRINGEN
(☎03-442 8333, 0800 475 934; www.skydiveparadise.co.nz; Glenorchy Airport; 325–399 NZ$) Tandemsprünge über eine der atemberaubendsten Landschaften der Welt.

High Country Horses REITEN
(☎0508 595 959, 03-442 9915; www.high-country-horses.co.nz) Zweistündige (125 NZ$) und ganztägige Ausritte (295 NZ$).

Schlafen & Essen

Unten an der Kinloch Lodge existiert ein DOC-Campingplatz (6 NZ$) mit einfacher Ausstattung.

Glenorchy Lake House B&B $$$
(☎03-442 7084; www.glenorchylakehouse.co.nz; Mull St.; DZ inkl. Frühstück 325–400 NZ$) Dieses prächtige B&B am See besticht mit Bettwäsche aus ägyptischer Baumwolle, Flachbildfernsehern und luxuriösen Toilettenartikeln. Viel Glück beim Versuch, sich hier loszureißen und draußen in der Gegend des Lake Wakatipu aktiv zu werden! Bei der Rückkehr winkt immerhin Entspannung im Wellnessbereich oder bei einer Massage. Im Hotel zaubert außerdem ein preisgekrönter Küchenchef (Abendessen pro Pers. 85 NZ$). Gäste werden bei Bedarf zum Routeburn und zum Greenstone Track gefahren.

Kinloch Lodge LANDHAUS
(☎03-442 4900; www.kinlochlodge.co.nz; Kinloch Rd.; B 33 NZ$, DZ 82–132 NZ$) Von Glenorchy aus gesehen steht das Haus auf der anderen Seite des Lake Wakatipu - ein ideales Plätzchen, um sich zu erholen oder sich auf eine Wanderung vorzubereiten. Die Zimmer in der Wilderness Lodge sind komfortabel und farbenfroh, es gibt außerdem einen Hot Tub. Die Zimmer in der Heritage Lodge aus dem 19. Jh. sind klein, aber dennoch sehr gemütlich, im Preis sind ein Frühstück und das Abendessen enthalten (DZ 278–298 NZ$). Eine Bar und ein gutes Restaurant sind ebenfalls vor Ort vorhanden. Kinloch liegt 26 km von Glenorchy entfernt, einfacher geht es in 5 Min. mit dem Boot über den See. Die Kinloch Lodge arrangiert bei Bedarf auch den Transport zu verschiedenen Wanderrouten.

Glenorchy Holiday Park CAMPINGPLATZ $
(☎03-441 0303; www.glenorchyaccommodation.co.nz; 2 Oban St.; Stellplatz 28 NZ$, DZ 20 NZ$, Wohneinheiten 32–80 NZ$; @) Hier kann man sein Zelt auf einem von einfachen Hütten und praktischen Grillplätzen umgebenen Feld aufschlagen. Vorne gibt es einen kleinen Laden und eine Touristeninformation.

Glenorchy Lodge PUB $$
(☎03-442 9968; www.wakatipu.com; Mull St.; DZ 30–150 NZ$) Ordentliche, aber winzige Zimmer über einem zentral gelegenen Pub. Einige Zimmer haben hohe Decken, andere ein eigenes Bad – und alle einen tollen Blick.

Glenorchy Hotel HOSTEL $
(☎03-442 9902; www.glenorchy-nz.co.nz; Mull St.; DZ 30–35 NZ$) Einfache Zimmer und ein angenehmer Standort für Wanderer.

Glenorchy Café CAFÉ $$
(Mull St.; Frühstück & Mittagessen, Hauptgerichte 15–20 NZ$, Pizza 25 NZ$; ⊙Mai–Okt. 8–17 Uhr, Nov.–April Abendessen) Die Pizza und das gigantische Frühstück sind bei den Einheimischen sehr beliebt.

Praktische Informationen

Die Touristeninformation von **Glenorchy** (☎03-409 2049; www.glenorchy-nz.co.nz; Oban St.) im Glenorchy Hotel weiß alles über die Gegend, das Wetter und die Wanderwege, die Website ist eine exzellente Informationsquelle. Man kann

---

GEHEIMTIPP

JANE CAMPION IM REES VALLEY

So oft ich nur kann, reise ich zu einer Ferienhütte oben im Rees Valley, am oberen Ende des Lake Wakatipu. Ich liebe den See, die majestätischen Berge in der Umgebung, das gute Wetter im Talbecken, die Spaziergänge, die Flüsse, das Gefühl, am Ende der Welt zu sein und die Menschen, die in der Nähe wohnen. Jeder, der mich dort oben besucht hat, ist von der Magie der Landschaft und dem Gefühl, dass sich dort alle weltlichen Sorgen in Luft auflösen, infiziert. Der Lake Sylvan ist eines von vielen guten Zielen für eine Wanderung durch die Wildnis – eine ziemlich kurze Wanderung für eine Landschaft von solcher Größe. Aber das einzigartige Gefühl, das sich im Busch einstellt, macht sofort glücklich. Kürzlich war der Wasserstand des Sees besonders hoch, sodass man dort phänomenal schwimmen konnte.

Jane Campion, Filmregisseurin, Autorin & Produzentin.

sogar Angeln und Mountainbikes ausleihen. Unbedingt in der nahe gelegenen **Whakaari Conservation Area** nach Karten der Wanderwege und Mountainbikerouten fragen.

Glenorchy besitzt eine Tankstelle, die aber sehr teuer ist, also besser günstiger in Queenstown tanken. Am Glenorchy Hotel steht ein Geldautomat.

An- & Weiterreise

Die befestigte Straße von Glenorchy nach Queenstown ist landschaftlich ein Traum, die unzähligen Berge für Radfahrer aber eine echte Herausforderung. Der Flyer *Queenstown to Glenorchy Road* der Queenstown i-SITE (S. 670) bietet Infos über lohnende Stopps auf dem Weg. Das Info & Track Centre (S. 671) hilft bei der Organisation des Transports von Queenstown nach Glenorchy, zum Routeburn Track und zum Greenstone Track.

Lake Wakatipu & Umgebung

Die bergige Gegend am Nordende des Lake Wakatipu begeistert mit entlegener, umwerfender Landschaft. Am besten erlebt man sie auf einer Wanderung auf dem berühmten Routeburn Track oder den weniger bekannten Fernwanderwegen Greenstone Track, Caples Track und Rees-Dart Track. Kürzere Strecken finden sich in der DOC-Broschüre *Wakatipu Walks* (5 NZ$). Glenorchy ist ein idealer Ausgangspunkt für all diese Touren. **Ultimate Hikes** (☎03-450 1940; www.ultimatehikes.co.nz) bietet von November bis Mitte April eine dreitägige geführte Wanderung auf dem Routeburn Track (Neben-/Hauptsaison 1125/1270 NZ$), die sechstägige Grand Traverse (1560/1765 NZ$), eine Kombination von Routeburn und Greenstone Track sowie schließlich die eintägige Wanderung Routeburn Encounter (169 NZ$) an.

STRECKENINFORMATION

Zu Details über Unterkünfte, Transportfragen und DOC-Zentren siehe die Abschnitte zu Queenstown und Te Anau. Die Leute vom DOC empfehlen das richtige Kartenmaterial und verkaufen Backcountry-Hut-Pässe und Great-Walks-Pässe. Vor dem Start sollte man sich unbedingt nach dem aktuellen Zustand der Strecken erkundigen und bei der DOC Bescheid geben, für welchen Wanderweg man sich entschieden hat. Detaillierte Informationen zu all diesen Strecken liefert Lonely Planet's *Tramping in New Zealand*.

ROUTEBURN TRACK

Der 32 km lange Routeburn Track lässt sich in zwei bis vier Tagen schaffen. Er führt durch sehr abwechslungsreiche Landschaft und zählt zu den beliebtesten neuseeländischen Wanderungen durch Regenwald und Vorgebirge. Der Track ist inzwischen so gefragt, dass ein Buchungssystem eingeführt werden musste. Während der Hauptsaison (Okt.–April) ist nun eine verbindliche Reservierung nötig. Hütten und Campingplätze lassen sich vor dem Start online auf www.doc.govt.nz oder in einem der DOC-Büros buchen. Die Hütten kosten 54 NZ$ pro Pers., die Campingplätze 18 NZ$.

Wer sich für den Routeburn Track entschieden hat, muss sich vorher entweder in Queenstown (S. 670) oder Te Anau (S. 701) in den DOC-Zentren melden, um die Tickets abzuholen – entweder einen Tag vorher oder am Tag der Wanderung.

Auch außerhalb der Hauptsaison braucht man immer noch einen Hütten-Pass. Die Hütten kosten dann pro Nacht für Erwachsene 15 NZ$, Kinder übernachten kostenlos. Für die Campingplätze werden von den Erwachsenen 5 NZ$ verlangt, Kinder zahlen keine Gebühren.

Der Routeburn Track bleibt auch im Winter geöffnet. Wanderer ohne Erfahrungen im Bergsteigen sollten dann jedoch auf die alpinen Abschnitte verzichten: Es gibt auf der Strecke zwischen der Hütte Routeburn Falls und der Hütte Howden insgesamt 32 Lawinenbereiche, das Lawinenrisiko bleibt bis in den Frühling hinein hoch. Auf jeden Fall immer beim DOC nach den aktuellen Bedingungen fragen!

Parkplätze gibt es an den Endpunkten The Divide und Glenorchy, sie sind aber unbewacht, weshalb man keine Wertsachen im Auto liegen lassen sollte. Für Autofahrer bietet Trackhopper (S. 671) in Queenstown einen Rückholservice an, und zwar vom Start oder Ziel des Fernwanderweges.

Die Route kann von beiden Enden aus begonnen werden. Viele Besucher machen sich aus Queenstown kommend auf den Weg und versuchen, The Divide rechtzeitig zur Abfahrt des Busses nach Milford zu erreichen. Von hier aus lässt sich dann wunderbar eine Kreuzfahrt auf dem Sund anschließen. Unterwegs winken grandiose Aussichten vom Harris Saddle und vom Gipfel des nahen Conical Hill – von hier oben schweift der Blick hinüber bis zur Brandung in der Martins Bay. Vom Key Summit aus hat man einen Panoramablick: Das Holly-

Routeburn, Greenstone & Caples Tracks

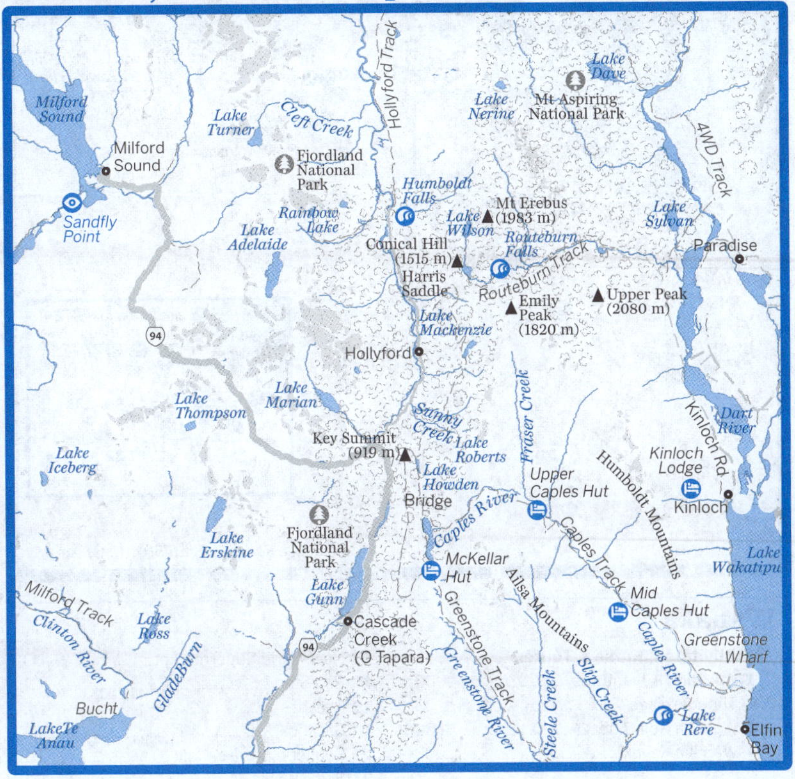

ford Valley und die Flusstäler von Eglinton und Greenstone liegen einem hier zu Füßen.

Ungefähre Gehzeiten:

STRECKENABSCHNITT	ZEIT
Routeburn Shelter–Flats Hut	1½–2½ Std.
Flats Hut–Falls Hut	1–1½ Std.
Falls Hut–Mackenzie Hut	4½–6 Std.
Mackenzie Hut–Howden Hut	3–4 Std.
Howden Hut–The Divide	1–1½ Std.

GREENSTONE TRACK & CAPLES TRACK

Diese beiden Wege folgen mäandrierenden Flüssen durch üppig grüne, stille Täler und bilden gemeinsam eine Schleife, die viele Wanderer in einer nicht zu anspruchsvollen vier- bis fünftägigen Wanderung zurücklegen. Am Weg liegen die einfachen Hütten **Mid Caples, Upper Caples, McKellar** und Greenstone. Alle kosten 15/5 NZ$ pro Erw./Kind (11–17 Jahre) pro Nacht. Vor der Wanderung müssen Backcountry-Hut-Pässe gekauft werden.

50 m abseits des Weges darf man kostenlos zelten, sofern es sich nicht um Privatland handelt. Am McKellar Saddle ist das Zelten dagegen verboten. Im Interesse der Umwelt sollte sich jeder über den Environment Care Code auf der Website des DOC informieren. Beide Fernwanderwege treffen auch auf den Routeburn Track. Wanderer können ihm von dort Richtung Süden bis zu seinem Ende bei The Divide folgen oder (wenn man entsprechend vorher gebucht hat) in die Gegenrichtung bis nach Glenorchy marschieren.

Von der McKellar Hut kann man in 2 bis 3 Std. zur Howden Hut auf dem Routeburn Track wandern (von Okt. bis April muss diese Hütte im Voraus gebucht werden), die etwa 1 Std. von The Divide entfernt liegt.

Wanaka

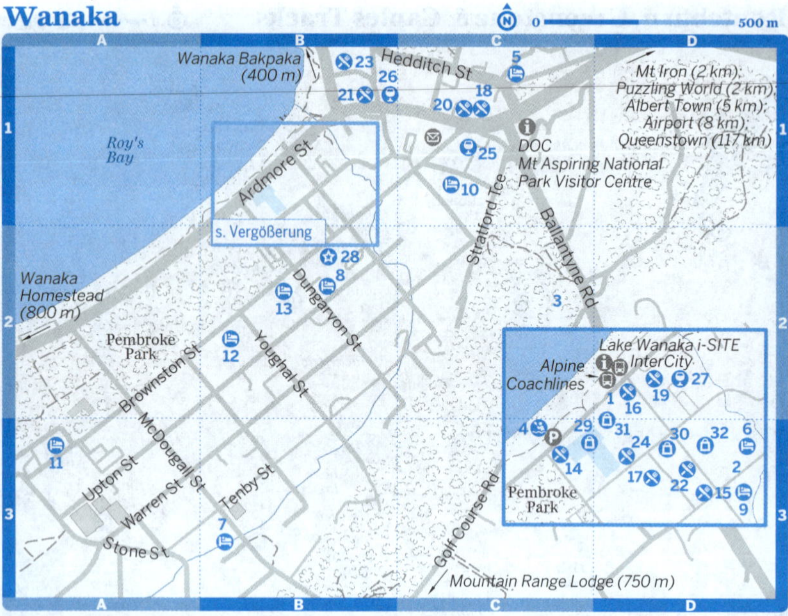

Wanaka

Aktivitäten, Kurse & Touren

1 Lakeland Adventures ... D2
2 Thunderbikes ... D3
3 Wanaka Golf Club ... C2
4 Wanaka Kayaks ... C3

Schlafen

5 Archway Motels ... C1
6 Brook Vale ... D3
7 Harpers ... B3
8 Holly's ... B2
9 Matterhorn South ... D3
10 Mountain View Backpackers ... C1
11 Wanaka Lakeview Holiday Park ... A3
12 Wanaka View Motel ... B2
13 YHA Wanaka Purple Cow ... B2

Essen

14 Bistro on Ardmore ... C3
Botswana Butchery ... (siehe 25)
Café Gusto ... (siehe 23)
15 Federal Diner ... D3
16 Kai Whakapai ... D2
17 New World Supermarket ... D3
18 Red Star ... C1
19 Relishes ... D2
20 Sasanoki ... C1
21 Soulfood Store & Cafe ... B1
22 Spice Room ... D3
23 The Landing ... B1
24 Yohei ... D3

Ausgehen

25 Barluga ... C1
26 Opium ... B1
27 Uno ... D2
Wanaka Ale House ... (siehe 14)

Unterhaltung

28 Cinema Paradiso ... B2

Shoppen

29 Chop Shop ... C3
30 Gallery Thirty Three ... D3
31 MT Outdoors ... D3
32 Picture Lounge ... D3

Der Zugang zu den Greenstone und Caples Tracks erfolgt von der **Greenstone Wharf;** ganz in der Nähe gibt es unbewachte Parkmöglichkeiten. Busse von Info & Track (S. 671) fahren zwischen dem Greenstone Car Park und Glenorchy und Queenstown. Eine Alternative ist der Auto-Rückholservice von Trackhopper (S. 671).

Ungefähre Gehzeiten:

STRECKENABSCHNITT	ZEIT
Greenstone Wharf–Mid Caples Hut	3 Std.
Mid Caples Hut–Upper Caples Hut	2–3 Std.
Upper Caples Hut–McKellar Hut	5–8 Std.
McKellar Hut–Greenstone Hut	5–7 Std.
Greenstone Hut–Greenstone Wharf	4–6 Std.

REES-DART TRACK

Für diese anspruchsvolle Rundwanderung braucht man 4 bis 5 Tage, sie führt vom Nordende des Lake Wakatipu durch verschiedene Täler und über einen Bergpass. Bei entsprechender Ausrüstung und Erfahrung ist sogar ein Abstecher zum Dart Glacier möglich. Mit dem Auto kommt man bis zum Muddy Creek am Rees River. Von dort sind es dann noch mindestens 6 Std. bis zur Shelter Rock Hut.

Am besten parkt man am Muddy Creek oder lässt sich vom Queenstowns Info & Track Centre (S. 671) dort absetzen. Auch hier ist es möglich, das Auto von Trackhopper abholen zu lassen (S. 671). Die meisten Wanderer gehen zuerst den Rees Track und laufen dann über den Dart Track zurück. Die drei einfachen Hütten des DOC (Shelter Rock, Daleys Flat und Dart) kosten 15 NZ$ pro Person, auch hier muss man vorher einen Backcountry-Hut-Pass kaufen.

Ungefähre Gehzeiten:

STRECKENABSCHNITT	ZEIT
Muddy Creek–Shelter Rock Hut	3 Std.
Shelter Rock Hut–Dart Hut	2–3 Std.
Dart Hut–Daleys Flat Hut	5–8 Std.
Daleys Flat Hut–Paradise	5–7 Std.
Greenstone Hut–Greenstone Wharf	4–6 Std.

WANAKA & UMGEBUNG

Die dicht bewachsenen Täler, unberührten Flüsse und Gletscher der Region Wanaka werden vom eindrucksvollen Mt. Aspiring (Tititea; 3035 m) dominiert, dem höchsten Gipfel außerhalb der Gegend um den Mt. Cook. Wer von Norden über den Haast Pass in diese Region reist, kommt zum Lake Wanaka und zum Lake Hawea, beide liegen eingezwängt zwischen atemberaubenden Bergen und Klippen. Aus Süden von Cardrona kommend erlebt man traumhafte Tal- und Gebirgspanoramen. Die gesamte Region und besonders die quirlige Stadt Wanaka werden von immer mehr Urlaubern besucht. Dennoch geht es hier immer noch ruhiger als in Queenstown zu. Spätestens im Mt. Aspiring National Park oder in den ursprünglichen Wäldern der Umgebung von Makarora kann man den Massen leicht entfliehen.

Wanaka

5000 EW.

Eine wahrhaft wunderschöne Landschaft, gute Möglichkeiten zum Wandern und Skifahren und eine große Bandbreite von abenteuerlichen Aktivitäten haben die kleine Stadt Wanaka am Seeufer in ein ganzjährig beliebtes Reiseziel für Touristen verwandelt. Viele Besucher haben Wanaka als Alternative zu Queenstown für sich entdeckt, und einige Einheimische machen sich schon Sorgen, dass ihr Heimatort der ausgeflippten großen Schwester in Central Otago auf der anderen Seite des Crown Range immer ähnlicher werden könnte.

Wanakas schöne Lage am Ufer des Sees vermittelt zwar immer noch eine entspannte Kleinstadtatmosphäre, ein kleiner Weiler ist es aber schon lange nicht mehr – neue Restaurants und Bars verleihen dem Ort inzwischen eine geradezu mondäne Fassade. Ganz besonders um Silvester herum erwacht die Stadt zum Leben.

Wanaka liegt am südlichen Ufer des Lake Wanaka, nur etwas mehr als 100 km nordöstlich von Queenstown via Cromwell. Der Ort ist das Tor zum Mt. Aspiring National Park und der Ausgangspunkt zu den Skigebieten Treble Cone, Cardrona, Harris Mountains und Pisa Range.

Sehenswertes

Wanaka fasziniert durch seine Natur, weniger durch eine Vielzahl konventioneller Sehenswürdigkeiten. Für einen Regentag ist der Ort aber allemal interessant genug.

Warbirds & Wheels MUSEUM

(www.warbirdsandwheels.com; Wanaka Airport, 11 Lloyd Dunn Ave.; Erw./Kind/Fam. 20/5/45 NZ$; 9–17 Uhr) Das exzellente Museum ist den neuseeländischen Kampffliegern und ihren Flugzeugen gewidmet und zeigt Hawker Hurricanes, eine de Havilland Vampire und alte sowjetische Kampfflugzeuge. In der Autoabteilung stehen schöne Oldtimer. In dem Café im Retrostil gibt es etwas zu essen und eine gut bestückte Jukebox.

Wanaka Beerworks BRAUEREI
(www.wanakabeerworks.co.nz; SH6; Führung & Probieren 10 NZ$; ⌚9–16 Uhr) Die drei Hauptbiere dieser kleinen Brauerei, ein Wiener Lager, ein Schwarzbier nach deutscher Art und ein hopfiges böhmisches Pils, werden jedes Jahr ergänzt durch bis zu zwölf saisonal gebraute Spezialitäten. Der Besitzer Dave ist ein ausgebildeter belgischer Braumeister und während der Brauereibesichtigungen meist ansprechbar.

Wanaka Transport & Toy Museum MUSEUM
(www.wanakatransportandtoymuseum.com; SH6; Erw./Kind/Fam. 12/5/30 NZ$; ⌚8.30–17 Uhr) Unter den etwa 30 000 Ausstellungsstücken befinden sich ein Cadillac Coupe de Ville, ein auf geheimnisvolle Weise aus Sowjetbeständen organisierter MiG-Jet und Spielzeug, an das man sich noch von regnerischen Kindheitsnachmittagen her erinnert.

Puzzling World FREIZEITPARK
(www.puzzlingworld.com; 188 Main Hwy. 84; Erw./Kind 15/10 NZ$; ⌚8.30–17.30 Uhr) Ein großes Labyrinth in 3-D und viele visuelle Tricks, um große und kleine Kinder bei Laune zu halten. Der Park liegt 2 km außerhalb der Stadt auf der Strecke nach Cromwell.

Aktivitäten

Der **Mt. Aspiring National Park**, ein wahres Outdoor-Paradies, umfasst neben breiten Tälern und Bergwiesen auch über 100 Gletscher und kahle Berge. Das Gebiet wurde 1964 zum Nationalpark erklärt und später in die Southwest New Zealand (Te Wahipounamu) World Heritage Area integriert. Der Park erstreckt sich heute auf über 3500 km² entlang der Southern Alps; seinen Nordrand markiert der Haast, im Süden wird er vom Fiordland National Park begrenzt.

Wandern

Das Südende des Mt. Aspiring National Park zieht magisch Outdoor-Aktivisten an und lockt mit beliebten Weitwanderwegen wie dem Routeburn Track. Doch auch im Matukituki Valley in der Nähe von Wanaka gibt es tolle kurze Wanderwege sowie einige anspruchsvolle mehrtägige Varianten; Details finden sich in der DOC-Broschüre *Matukituki Valley Tracks* (2 NZ$). Der dramatische **Rob Roy Valley Track** (hin & zurück 2–3 Std.) führt an Gletschern und Wasserfällen vorüber und über eine Hängebrücke. Es ist kein schwerer Weg, hat allerdings ein paar steile Passagen. Sogar die Straße zum Parkplatz führt über mehrere Bäche. Der Wanderweg durch das **West Matukituki Valley** führt bis zur Aspiring Hut meist durch malerische flache grasbewachsene Ebenen (hin & zurück 4–5 Std.). Wer auf der Tour übernachten oder gar mehrere Tage wandern möchte, kann das Tal weiter hinauf bis zur **Liverpool Hut** laufen, von dort genießt man großartige Blick auf den Mt. Aspiring.

Auf vielen dieser Routen liegt Schnee und es besteht Lawinengefahr! Die Wanderung also unbedingt beim DOC anmelden und sich dort vor dem Start über die Bedingungen auf den Wegen informieren! Auch hier müssen vorab die Tickets für die Hütten besorgt werden. Die genannten Wege sind vom Raspberry Creek am Ende der Mt. Aspiring Road erreichbar, von Wanaka aus sind es 54 km bis zum Creek.

Die DOC-Broschüre *Wanaka Outdoor Pursuits* (3,50 NZ$) informiert über Wege, die näher an der Stadt liegen. Hierzu zählt der einfache Spaziergang am See entlang zum **Eely Point** (20 Min.) und weiter zum **Beacon Point** (30 Min.) sowie der **Waterfall Creek Walk** (hin & zurück 1½ Std.) am Seeufer entlang in östlicher Richtung.

Der recht sanfte Anstieg zum Gipfel des **Mt. Iron** (549 m, hin & zurück 1½ Std.) fasziniert mit tollen Ausblicken. Geübte können den anstrengenden, kurvenreichen 11 km langen Aufstieg zum **Roy's Peak** (1578 m, hin & zurück 5–6 Std.) in Angriff nehmen. Der Startpunkt liegt 6 km von Wanaka entfernt an der Mt. Aspiring Road. Der hoch gelegene Wanderweg führt auch durch Privatland und ist deshalb von Oktober bis Mitte November, wenn die Schafe ihre Lämmer bekommen, gesperrt. Von Roy's Peak kann man weiter auf der **Skyline Route** (5–6 Std.) zur Cardrona Road (10 km südlich von Wanaka) marschieren. Diese Strecke sollte man allerdings weder im Winter noch bei tief hängenden Wolken laufen, da das Unternehmen bei fehlender Sicht gefährlich werden kann. Nördlich von Wanaka eignet sich der **Minaret Burn Track** (6–7 Std.) in der Mt. Alta Conservation Area sowohl für Wanderer als auch für Mountainbiker. Im DOC gibt es eine Karte (1 NZ$) des Gebiets.

Zahlreiche Anbieter organisieren Wandertouren in der Umgebung von Wanaka, manche auch im Mt. Aspiring National Park.

Alpinism & Ski Wanaka WANDERN
(☎03-442 6593; www.alpinismski.co.nz; ab 200 NZ$) Tagestouren oder Touren mit Übernachtung.

Eco Wanaka Adventures WANDERN
(☎0800 926 326; www.ecowanaka.co.nz; halber/ganzer Tag ab 105/170 NZ$) Bietet halbe, ganze oder mehrtägige Wanderungen an. Die Naturführer zeigen beispielsweise den eulenähnlichen Kea-Papagei, die Weka-Ralle und den neuseeländischen Admiral (ein Schmetterling).

Wild Walks WANDERN
(☎03-443 9422; www.wildwalks.co.nz; 3 Tage ab 960 NZ$) Mehrtägige Touren.

Jetboot fahren & Raften

Pioneer Rafting RAFTEN
(☎03-443 1246; www.ecoraft.co.nz; halber Tag Erw./Kind 145/85 NZ$, ganzer Tag Erw./Kind 195/105 NZ$) Raften auf dem wilden Clutha mit Stromschnellen der Klassen II und III, außerdem Vogelbeobachtung und Goldschürfen.

Lakeland Adventures JETBOOT FAHREN
(☎03-443 7495; www.lakelandadventures.co.nz; i-SITE; Erw./Kind 109/55 NZ$) Einstündige Jetbootfahrten über den See und auf dem Clutha River.

Wanaka River Journeys JETBOOT FAHREN
(☎0800 544 555; www.wanakariverjourneys.co.nz; Erw./Kind 240/145 NZ$) Eine Kombination aus Buschwanderung (50 Min.) und einer Jetbootfahrt im atemberaubenden Matukituki Valley.

Canyoning & Kajak fahren

Deep Canyon CANYONING
(☎03-443 7922; www.deepcanyon.co.nz; ab 240 NZ$; ⏲Mitte Nov.–April) Klettern, Schwimmen und Abseilen von Wasserfällen in engen, wilden Schluchten.

Alpine Kayak Guides KAJAK FAHREN
(☎03-443 9023; www.alpinekayaks.co.nz; halber/ganzer Tag 149/195 NZ$; ⏲Nov.–Mai) Paddeln auf den Flüssen Hawea, Clutha und Matukituki. Für Kinder eignet sich der weniger anstrengende halbtägige Grandview-Trip (2 Erw. und 2 Kinder 450 NZ$).

Wanaka Kayaks KAJAK FAHREN
(☎0800 926 925; www.wanakakayaks.co.nz; pro Std. ab 12 NZ$; ⏲Nur im Sommer) Kajakverleih und geführte Touren über den See (ab 75 NZ$ pro Pers.).

Lakeland Adventures KAJAK FAHREN
(☎03-443 7495; www.lakelandadventures.co.nz) Hier kann man am Wasser Kajaks für 15 NZ$ pro Stunde leihen.

Fallschirmspringen & Gleitschirmfliegen

Skydive Lake Wanaka FALLSCHIRMSPRINGEN
(☎03-443 7207; www.skydivewanaka.com; ab 329 NZ$) Sprünge aus 4000 m. Beim 5000-m-Sprung dauert der freie Fall 60 Sekunden.

Wanaka Paragliding GLEITSCHIRMFLIEGEN
(☎0800 359 754; www.wanakaparagliding.co.nz; 189 NZ$) Hier schwebt man etwa 20 Min. majestätisch in den warmen Lüften über Central Otago.

Klettern & Bergsteigen

Der Mt. Aspiring National Park ist bei Kletter- und Bergsteigerschulen ein sehr populäres Revier. Die folgenden Firmen bieten alle Anfängerkurse und mehrtägige geführte Besteigungen von Mt. Aspiring, Mt. Tasman und Mt. Tutoko an.

Aspiring Guides BERGSTEIGEN
(☎03-443 9422; www.aspiringguides.com; 3 Tage ab 960 NZ$) Die Firma hat über 20 Jahre Erfahrung auf diesem Gebiet.

Adventure Consultants BERGSTEIGEN
(☎03-443 8711; www.adventureconsultants.com; 5 Tage ab 4100 NZ$) Hat auch zwei- und dreitägige Exkursionen zum Brewster Glacier und Gillespie Pass im Mt. Aspiring National Park (880–990 NZ$) im Repertoire.

Hospital Flat KLETTERN
Ausgezeichnete Bedingungen für das Klettern finden sich an der Hospital Flat – 25 km von Wanaka in Richtung Mt. Aspiring National Park.

Wanaka Rock Climbing KLETTERN
(☎03-443 6411; www.wanakarock.co.nz; ab 140 NZ$) Bietet Kletterkurse für Anfänger (halber/ganzer Tag 140/210 NZ$), eine halbtägige Einführung in das Abseilen (140 NZ$) und anspruchsvolle Felsen für erfahrene Kletterer.

Basecamp Wanaka KLETTERN
(www.basecampwanaka.co.nz; 50 Cardrona Valley Rd.; Erw./Kind 20/17 NZ$; ⏲Mo–Fr 12–20, Sa & So ab 10 Uhr) Bevor es in die Berge geht, kann man hier an Kletterwänden die Grundlagen lernen, trainieren und sich Kletterausrüstung ausleihen.

Mountainbiken

Viele Wege und Pfade in der Region stehen auch Mountainbikern offen. Die DOC-Broschüre *Wanaka Outdoor Pursuits* (3,50 NZ$) stellt Mountainbikestrecken zwischen 2 und 24 km vor, darunter auch den Deans Bank Loop Track (11,5 km).

Die *Bike Wanaka Cycling Map* (2 NZ$) wird in den lokalen Fahrradgeschäften verkauft und beschreibt Waldrouten für erfahrenere Mountainbiker. Bei **Thunderbikes** (Ecke Helwick St. & Bronwston St.) bekommt man sowohl Leihräder als auch Infos zu den örtlichen Routen.

Freeride NZ MOUNTAINBIKEN
(☎0800 743 369, 021 712 996; www.freeridenz.com; pro Pers. ab 185 NZ$) Geführte ganztägige Trips, u. a. kombinierte Touren mit Helikopter und Mountainbike, sowie ein dreitägiges Abenteuer (1370 NZ$) in Central Otago. Das Ausleihen von Rädern kostet 95 NZ$.

Angeln

Der Lake Wanaka und der Hawea (16 km entfernt) sind optimale Forellenreviere. Die anderen Flüsse der Region sind bei Anglern ebenfalls sehr beliebt.

Hatch ANGELN
(☎03-443 8446; www.hatchfishing.co.nz; 2 Erw. halber/ganzer Tag 490/750 NZ$) Angelausflüge inkl. Wanderung und einer Übernachtung inkl. Gourmetessen, Wein und Bier (1/2 Pers. 1690/1890 NZ$).

Riversong ANGELN
(☎03-443 8567, 021 113 6396; www.wanakaflyfishingguides.co.nz; halber/ganzer Tag 400/600 NZ$) Für 75 NZ$ wird man hier in die Kunst des Fliegenfischens eingeführt.

Noch mehr Aktivitäten

Wanaka Golf Club GOLF
(☎03-443 7888; www.wanakagolf.co.nz; Ballantyne Rd.; Golfplatzgebühr 60 NZ$, Schläger ab 20 NZ$) Ein spektakulärer 18-Loch-Kurs.

Geführte Touren

Buchung in der i-SITE.

Rundflüge

Classic Flights RUNDFLÜGE
(☎03-443 4043, 0508 435 9464; www.classicflights.co.nz; ab 235 NZ$) Rundflüge in einer alten Tigermoth. Eine coole Flugbrille wird gestellt, aber das Outfit ist erst mit einem Fliegerschal komplett.

The Silver Demon RUNDFLÜGE
(☎0508 435 9464; www.silverdemon.co.nz; 185–285 NZ$) Die Schwerkraft leugnende, Loopings vollführende, einfach wahnsinnige Flugkunst, noch dazu häufig auf dem Kopf. Luftakrobatik mit den besten Piloten.

Wanaka Flightseeing RUNDFLÜGE
(☎03-443 8787; www.flightseeing.co.nz; Erw./Kind ab 200/120 NZ$) Spektakuläre Flüge über den Mt. Aspiring, den Milford Sound und den Mt. Cook.

Helikopterflüge

Die folgenden Unternehmen veranstalten 20minütige Flüge über Wanaka und Umgebung für etwa 195 NZ$ und 60minütige Flüge über den Mt. Aspiring und die Gletscher für etwa 495 NZ$.

Alpine Helicopters RUNDFLÜGE
(☎03-443 4000; www.alpineheli.co.nz) Garantiert ebenfalls tolle Blicke, organisiert außerdem Picknicks in den Bergen.

Aspiring Helicopters RUNDFLÜGE
(☎03-443 7152; www.aspiringhelicopters.co.nz) Hat auch Flüge zum Milford Sound in seinem Repertoire.

Wanaka Helicopters RUNDFLÜGE
(☎03-443 1085; www.heliflights.co.nz) Landungen auf Schnee für 199 NZ$ pro Person.

Noch mehr Touren

Lakeland Adventures BOOT FAHREN
(☎03-443 7495; www.lakelandadventures.co.nz; Wanaka i-SITE) Veranstaltet 2½-stündige Bootstouren nach Stevensons Island (Erw./Kind 85/55 NZ$) und eine 3½-stündige Variante mit einer Führung durch den Busch auf Mou Waho (Erw./Kind 145/55 NZ$). Kajaks (Std. 15 NZ$) und Aquabikes (20 Min. 15 NZ$) können geliehen werden.

Lake Wanaka Cruises BOOT FAHREN
(☎03-443 1230; www.wanakacruises.co.nz; ab 70 NZ$) Eine Kreuzfahrt über den See, auf Wunsch auch mit Übernachtung.

Ridgeline WEINPROBEN
(☎0800 234 000; www.ridgelinenz.com; pro Pers. ab 165 NZ$) Dieser Veranstalter hat eine Tour im Programm, die eine Weinprobe mit Wellness und eine Exkursion im Geländewagen kombiniert.

Feste & Events

Warbirds over Wanaka FLUGSHOW
(☎0800 496 920, 03-443 8619; www.warbirdsoverwanaka.com; Wanaka Airport; 3 Tage Erw./Kind ab 170/25 NZ$, nur 1. Tag ab 50/10 NZ$, jeder Folgetag ab 75/10 NZ$) Alle zwei Jahre zu Ostern (in den geraden Jahren) ist Wanaka Gastgeber dieser unglaublich populären internationalen Flugshow mit rund 100 000 Zuschauern. Man kann sich für Kunststü-

cke mit klassischen Flugzeugen kaum einen spektakuläreren Hintergrund als die von der Sommersonne geküssten Berge vorstellen.

Rippon Festival MUSIK

(www.ripponfestival.co.nz) Echte Musikfans sollten sich dieses alle zwei Jahre Anfang Februar durchgeführte Festival in ihrem Kalender markieren. Es findet in dem am See gelegenen Weingut Rippon Vineyard statt. Die Headliner hier sind große neuseeländische Acts aus unterschiedlichen Stilrichtungen – Dance, Reggae, Rock, Elektronik, um nur ein paar zu nennen. Wenn die Musik zum Relaxen nicht reicht (höchst unwahrscheinlich!), hilft der Wein.

Wanaka Fest KUNST & KULTUR

(www.wanakafest.co.nz; ⌚Mitte Okt.) Der viertägige Event wirkt ein wenig wie eine Kleinstadtkirmes. Paraden, Livemusik und skurrile Wettkämpfe bringen die Einheimischen in Stimmung. Und es gibt unzählige Möglichkeiten, großartige Produkte aus Central Otago zu probieren.

Schlafen

Wie in Queenstown gibt es in Wanaka jede Menge Hostels und Luxusunterkünfte. Gute Mittelklassehotels sind aber auch hier schwerer zu finden. Im Sommer und vor allem rund um Neujahr steigen Preise und Nachfrage erheblich, und im Winter wird die Stadt von Snowboardern aus aller Herren Länder überschwemmt.

LP TIPP **Riversong** B&B $$

(☎03-443 8567; www.riversongwanaka.co.nz; 5 Wicklow Tce.; DZ 160–180 NZ$) Am Ufer des Clutha im nahe gelegenen Albert Town vermietet das Riversong zwei Zimmer in einem herrlichen alten B&B. Die weitgereisten Besitzer haben vermutlich die beste Sachbuch-Bibliothek ganz Neuseelands. Wer sich von den Büchern losreißen kann, findet nur ein paar Meter weiter ein großartiges Revier zum Forellenfischen. Das Abendessen inkl. Wein kostet 55 NZ$ pro Person.

Wanaka Bakpaka XY HOSTEL $

(☎03-443 7837; www.wanakabakpaka.co.nz; 117 Lakeside Rd.; B 27 NZ$, EZ 53 NZ$, DZ 64–80 NZ$; @📶) Ein energiegeladenes Ehepaar leitet dieses freundliche Hostel hoch über dem See, das den besten Blick der ganzen Stadt bietet. Die Ausstattung ist erstklassig und das Personal zu müden Reisenden ausgesprochen freundlich. Die Zimmer bieten viel fürs Geld, und der Blick aus dem geräumigen Gemeinschaftsraum erinnert daran, den Blog wieder einmal zu aktualisieren.

Wanaka Homestead LANDHAUS $$$

(☎03-443 5022; www.wanakahomestead.co.nz; 1 Homestead Close; DZ 265 NZ$, Ferienhäuser 410–525 NZ$; @📶) Dieses Luxushotel hat mit seiner Innenausstattung aus Holz, den Orientteppichen und den Kunstwerken lokaler Künstler bereits einige Preise für seine Nachhaltigkeitsbemühungen gewonnen. Aber trotz ökologischer Korrektheit geht es hier, z. B. mit Fußbodenheizung und einem Whirlpool unter dem Sternendach, sehr luxuriös zu. Die Gäste können zwischen Zimmern im Haupthaus oder Ferienhäusern wählen. Und sie werden bei ihrer Ankunft herzlich wedelnd von Douglas, dem Hund des Hauses, begrüßt.

Mountain Range Lodge LANDHAUS $$$

(☎03-443 7400; www.mountainrange.co.nz; Heritage Park, Cardrona Valley Rd.; DZ inkl. Frühstück 320–335 NZ$; @📶) Die sieben nach benachbarten Gebirgszügen benannten Zimmer locken mit kuscheligen Bettdecken, flauschigen Bademänteln und einem Blick, der sogar von den vielen Möglichkeiten für Wanderer und Skifans ablenkt. Das sowieso schon schöne Bild wird durch nette Details wie ein kostenloses Glas Wein aus Central Otago oder dem Whirlpool abgerundet. Der Mindestaufenthalt liegt bei zwei Nächten.

Archway Motels MOTEL $$

(☎0800 427 249, 03-443 7698; www.archwaymotels.co.nz; 64 Hedditch St.; 105–150 NZ$; 📶) Dieses ältere Motel besitzt saubere und geräumige Zimmer und Hütten und liegt nur einen kurzen Fußmarsch bergauf vom See. Die freundlichen, hilfsbereiten Besitzer, neue Flachbildfernseher und Whirlpools aus Zedernholz und mit Blick auf die Berge machen das Archway zu einer preiswerten Option in einer manchmal ziemlich teuren Stadt. Am besten online nach guten Angeboten außerhalb der Hauptsaison suchen.

Altamont Lodge LANDHAUS $

(☎03-443 8864; www.altamontlodge.co.nz; 121 Mt. Aspiring Rd.; EZ/DZ 49/69 NZ$; @📶) Das Altamont liegt am ruhigeren Ende der Stadt und hat aufgrund des vielen verwendeten Holzes den Charakter einer Skihütte. Tennisplätze, ein Wellnesspool und ein Salon mit großem Kamin sorgen für Wohlbefinden nach dem Skifahren. Es existiert auch eine große und gut ausgestattete Küche. Das Altamont wird häufig von Gruppen gebucht, also am besten vorher reservieren. Nur Gemeinschaftsbäder.

Aspiring Campervan & Holiday Park CAMPINGPLATZ $
(☎03-443 6603, 0800 229 8439; www.campervanpark.co.nz; Studholme Rd.; Stellplatz ab 37 NZ$, Wohneinheiten 65–160 NZ$; @📶) Schöne Grasplätze für Zelte und Wohnmobile, Bäume ohne Ende und der großartige Blick sorgen hier für Entspannung. Die gute Ausstattung umfasst Grillbereiche mit Gasgrills, kostenloses WLAN, Wellnesspool und Sauna. Die älteren Motelhäuser sind alle komplett renoviert worden, die neuen preiswerten Hütten mit schicken Holzböden wirken schön warm und gemütlich.

Brook Vale MOTEL $$
(☎0800 438 333, 03-443 8333; www.brookvale.co.nz; 35 Brownston St.; DZ 145–185 NZ$; 📶🏊) Das Motel bietet in sich abgeschlossene Studios und Familienhäuser mit schönen Details – z. B. Veranden mit Blick auf eine schöne Wiese mit einem sanft fließenden Bach dahinter, einen Grillplatz, einen Wellnessbereich und einen Pool für die sonnigen Tage in Central Otago.

Wanaka View Motel MOTEL $$
(☎03-443 7480; www.wanakaviewmotel.co.nz; 122 Brownston St.; DZ 110–150 NZ$) Das ehemalige Fern Lodge ist nach einer Renovierung als Wanaka View Motel neu eröffnet worden und besitzt nun eine ganze Reihe von komfortablen Doppelzimmern, aber auch protzigere Hütten mit Sky TV, Wellnessbad und schicken Gasküchen. Alle Unterkünfte begeistern durch ihre Ausstattung und die Bergblicke.

YHA Wanaka Purple Cow HOSTEL $
(☎03-443 1880; www.yha.co.nz; 94 Brownston St.; B 28–35 NZ$, DZ 86–130 NZ$) Der von einem Ofen geheizte Salon in diesem schon seit langem sehr beliebten Hostel lockt mit einem majestätischen Blick auf See und Gebirge. Den kann man aber natürlich nur genießen, wenn man sich von dem allabendlichen Film losreißen kann. Es gibt Schlafsäle mit vier und sechs Betten und ein paar nette Doppelzimmer mit Bad.

Harpers B&B $$
(☎03-443 8894; www.harpers.co.nz; 95 McDougall St.; EZ/DZ inkl. Frühstück 100/140 NZ$; 📶) Der Garten (mit Teich und Wasserfall) dieses freundlichen B & Bs in ruhiger Lage am Ende einer langen Einfahrt ist außerordentlich liebevoll gestaltet. Das legendäre Frühstück wird auf einer sonnigen Terrasse, umgeben von Blumen und mit herrlich weiter Aussicht serviert. Am besten nimmt man sich beim Frühstück Zeit für eine zweite Tasse Kaffee.

Matterhorn South HOSTEL $
(☎03-443 1119; www.matterhornsouth.co.nz; 56 Brownston St.; B 26–30 NZ$, EZ 68 NZ$, DZ 68–95 NZ$, 3BZ 115 NZ$, 4BZ 125 NZ$; @📶) Dieses freundliche Hostel am Rand der Innenstadt von Wanaka bietet saubere, preiswerte Schlafsäle und Studios sowie einen sonnigen Gemeinschaftsraum mit Fernseher und Spielen. Die Gäste teilen sich eine Küche im Landhausstil und einen Garten, um nach einem Tag voller Aktivität zu entspannen und zu plaudern.

Mountain View Backpackers HOSTEL $
(☎03-443 9010, 0800 112 201; www.wanakabackpackers.co.nz; 7 Russell St.; B 26–28 NZ$, DZ 68 NZ$; @📶) Ein farbenfroh renoviertes und charaktervolles Haus im Besitz einer sehr freundlichen Familie. Es gibt eine große Gemeinschaftswiese und warme, komfortable Zimmer. Nach einem Tag voller Anstrengungen kann man hier abends wunderbar den Grill anwerfen.

Holly's HOSTEL $
(☎03-443 8187; www.hollys-backpacker.co.nz; 71 Upton St.; B 27–29 NZ$, DZ 66 NZ$; @📶) Das schlichte Hostel in Familienbesitz ist ein gutes Gegenstück zu den lebhafteren Unterkünften der Stadt. Es wirkt zwar schon ein wenig heruntergekommen und behäbig, aber trotzdem sehr freundlich. Das Hostel ist ideal für Snowboardfans, die etwas länger in Wanaka bleiben möchten. Im Sommer gibt es Leihräder.

Wanaka Lakeview Holiday Park CAMPINGPLATZ $
(☎03-443 7883; www.wanakalakeview.co.nz; 212 Brownston St.; Stellplatz 34 NZ$, Wohneinheiten 55–100 NZ$) Stellplätze auf Wiesen inmitten von Kiefern, ein Spielplatz für die Kleinen und Platz ohne Ende. Die Zimmer reichen von einfachen Hütten bis hin zu Wohnungen mit Bad.

Essen

Wanaka besitzt ein überraschend großes Angebot an Restaurants, Bars und weiteren Möglichkeiten, den Urlaub zu genießen. Den besten Kaffee in der Stadt serviert der Chop Shop (S. 688) in der Pembroke Mall.

Federal Diner CAFÉ
(www.federaldiner.co.nz; 47 Helwick St.; Snacks & Hauptgerichte 10–20 NZ$; ⏲7.30–16 Uhr, im Sommer für Tapas länger geöffnet) Das kosmopolitische Café neben Wanakas Haupteinkaufsstraße ist nicht ganz einfach zu finden. Die Karte bietet robuste Optionen zum Frühstück, exzellenten Kaffee und große Gourmet-Sandwiches. Den „Roaster Coaster" mit langsam gebratener Schweineschulter und Apfelsoße auf Ciabattabrot sollte sich kein Besucher Wanakas entgehen lassen. Bier und Wein stammen ausschließlich von lokalen Herstellern. Freitagabends treten manchmal Blues- oder Folkbands auf.

Spice Room INDISCH $$
(www.spiceroom.co.nz; 43 Helwick St.; Hauptgerichte 20–25 NZ$;) Die Kombination aus einem authentischen Curry, knusprigem Naan mit Knoblauch und einem kalten Bier ist ideal, um die Batterien nach dem Snowboarden oder Wandern wieder aufzuladen. Neben den bekannten Favoriten des indischen Subkontinents hält der Spice Room auch ein paar Überraschungen wie z. B. einen schwungvollen Jakobsmuscheln-Masala-Salat parat. Vielleicht noch ein letztes eisgekühltes Kingfisher auf die Schnelle?

Kai Whakapai CAFÉ $$
(Ecke Helwick St. & Ardmore St.; Mahlzeiten 10–30 NZ$;) Das Kai (das Maori-Wort für Essen) ist in Wanaka eine Institution und eine nette Adresse an einem sonnigen Tag. Riesige Sandwiches und Pizzas, super Kaffee und der manchmal etwas lahme Service gehören hier einfach dazu. Die Produkte der Wanaka Beerworks – u. a. die regelmäßig gebrauten saisonalen Biere – können alle probiert werden, ebenso wie Weine aus Central Otago.

Relishes CAFÉ $$
(99 Ardmore St.; Frühstück & Mittagessen 12–20 NZ$, Abendessen 27–34 NZ$) Tagsüber ist das Relishes ein Café mit guten Angeboten zum Frühstück und Mittagessen, abends werden die weißen Tischtücher herausgeholt und der Laden in ein erstklassiges Restaurant mit einer guten Weinkarte verwandelt. Der Schweinebauch von freilaufenden Schweinen oder der Aoraki-Lachs sind gute Tipps – und dazu ein Toast auf die tolle Seelage mit einem Glas von Central Otagos besten Tropfen.

Botswana Butchery MODERN-NEUSEELÄNDISCH $$$
(☎03-443 6745; Post Office Lane; Hauptgerichte 30–45 NZ$; ⏲17 Uhr bis spätabends) In einem raffinierten Speisesaal werden hier von der regionalen Küche inspirierte Gerichte wie Hase aus Central Otago und Merinolammschulter aus Cardrona neben den unvermeidbaren gut gereiften Rindersteaks der Botswana Butchery aufgetischt. Die Karte richtet sich an kulinarisch anspruchsvolle Gäste, was auch für die Weinkarte mit dem Schwerpunkt Weine aus Central Otago gilt. Nach dem Abendessen geht es am besten noch auf einen Schlummertrunk in das Barluga nebenan.

Soulfood Store & Cafe BIOLOGISCH $
(74 Ardmore St.; Hauptgerichte 8–16 NZ$;) Die Gäste sitzen hier in rustikalen Sitznischen und pflegen ihre Gesundheit mit Suppen, Pizzas, Pasta und Muffins, die mit Bioprodukten gekocht bzw. gebacken werden. Zum Frühstück gibt es Eier von freilaufenden Hühnern. Der angeschlossene Laden für Bioprodukte ist ideal, um sich mit allem Nötigen für ein Picknick einzudecken. Die Säfte und Smoothies sind sehr lecker.

The Landing MODERN-NEUSEELÄNDISCH $$$
(www.missyskitchen.com; Level 1, 80 Ardmore St.; Hauptgerichte 25–37 NZ$; ⏲ab 16 Uhr) Ein dramatisch aufgetakelter Speisesaal im 1. Stock mit einem spektakulären Blick über den See. Hier werden Rindfleisch, Lamm und Lachs aus der Region zu innovativen und preisgekrönten Gerichten verarbeitet. Ein besonders guter Tipp ist der Schweinebauch nach asiatischer Art mit karamellisiertem schwarzen Pfeffer und pürierten Auberginen und Koriander. Am besten passt dazu ein Pinot Gris aus Central Otago.

Yohei SUSHI
(Spencer House Mall, 23 Dunmore St.; Snacks 8–12 NZ$;) Dieses in einer Einkaufspassage versteckte abgefahrene japanische Restaurant kombiniert Sushi auf originelle Weise mit lokalen Einflüssen. Wie wäre es z. B. mit Reh oder Lamm? Außerdem bekommt man hier unglaublich gute Säfte und Smoothies. Sehr coole Musik, viele vegetarische Gerichte und kostenloses WLAN bei Bestellungen ab 4 NZ$.

Bistro on Ardmore CAFÉ
(155 Ardmore St.; Mahlzeiten 12–20 NZ$;) Das kosmopolitische Café am Seeufer bietet

alles von Muffins in der Größe des Mt. Aspiring bis hin zu soliden Steak-Sandwiches und Lamm-Burgern. Das Essen ist deftig, das Personal echt freundlich, weitere Pluspunkte sind der gute Kaffee, das kostenlose WLAN und die kleine, aber gute Wein- und Bierauswahl.

Café Gusto CAFÉ $
(1 Lakeside Rd.; Hauptgerichte 15–20 NZ$) Das Gusto ist optimal für solide Mahlzeiten wie Frühstücksburritos mit Jalapeno-Paprika oder Räucherlachs und Rührei. Nachdem man dann mit dem Kajak/Mountainbike/Floß gefahren oder gewandert ist, kann man sich hier mit tollem Kuchen und gutem Kaffee stärken.

Sasanoki JAPANISCH $
(26 Ardmore St.; Hauptgerichte 10–15 NZ$) Sushi, Sashimi, Nudel- und Reisgerichte zu fairen Preisen. Wer sich fit fühlt, kann mit ein paar Bento-Lunchdosen (28 NZ$) und ein paar Flaschen japanischem Bier mit dem Boot auf den See hinausfahren.

Red Star BURGER
(26 Ardmore St.; Burger 10–15 NZ$; ✎) Das Red Star verwöhnt seine Gäste mit einer Karte voller einfallsreicher Zutaten und 21 verschiedenen Burger-Variationen. Hier gibt es für jeden etwas – auch für Vegetarier, die zwischen drei Varianten wählen können.

New World Supermarket SELBSTVERSORGER $
(Dunmore St.) Köstliche Delikatessen und eine gute Wein- und Bierauswahl.

Ausgehen

Barluga BAR
(Post Office Lane; ⌚16 Uhr bis spätabends) In der stylischen Gegend der Post Office Lane wirkt das Barluga mit seinen Ledersesseln und den schicken alten Tapeten zunächst wie ein feiner Herrenclub. Außergewöhnliche Cocktails und fette Beats zerstören diese Illusion aber schnell.

Wanaka Ale House PUB
(155 Ardmore St.) Diese Kneipe liegt wirklich schön am See! Das rustikale Ambiente mit Holzbalken und Blick auf die Berge lassen das Monteith-Bier wie Wasser durch die Kehle fließen.

Uno BAR
(99 Ardmore St.; ⌚17 Uhr bis spätabends) Diese stilvolle moderne Weinbar ist ideal für den Sonnenuntergang oder einen Drink nach dem Abendessen.

Opium CLUB
(Level 1, 68 Ardmore St.; ⌚17 Uhr bis spätabends) Eine Bar mit asiatischer Einrichtung, in der DJs auflegen und manchmal Bands auftreten. Im Winter versammeln sich hier die Snowboarder, im Sommer geht es an den Bars am See lebhafter zu.

☆ Unterhaltung

Cinema Paradiso KINO
(☎03-443 1505; www.paradiso.net.nz; 72-76 Brownston St.; Erw./Kind 16/10 NZ$; @) Wanakas erstes Cinema Paradiso in der Ardmore Street war eine neuseeländische Institution. Es hat im März 2012 in diesem moderneren und größeren Gebäude wiedereröffnet und sich mit seinen bequemen Sofas und den Sitzkissen auf dem Boden einen Teil der alten Magie erhalten. In den Pausen zieht der Duft frisch gebackener Kekse durch das Kino, die Zuschauer können sogar pünktlich zur Pause leichte Gerichte bestellen. Die selbst gemachte Eiscreme lohnt ebenfalls. Unbedingt früh kommen, um ein gutes Sofa zu ergattern. In den drei Kinosälen werden die üblichen Hollywoodfilme, aber auch Arthousefilme gezeigt.

Ruby's KINO
(www.rubyscinema.co.nz; 50 Cardrona Valley Rd.; Erw./Kind 18,50/12,50 NZ$) Diese hippe Kombination aus Arthousekino und schicker Cocktailbar könnte genauso gut in New York oder Shanghai stehen und ist im eher für seine sportlichen Aktivitäten bekannten Wanaka eine echte Überraschung. Die Zuschauer sitzen in riesigen Kinosesseln oder abchillen im roten Samt des Salons mit Spezialbieren, klassischen Cocktails und raffinierten Barsnacks (6–14 NZ$). Das Ruby's liegt etwas versteckt im Basecamp-Wanaka-Gebäude an der Stadtgrenze.

Shoppen

Picture Lounge FOTOGRAFIEN
(48 Helwick St.) Die Picture Lounge ist gleichzeitig Showroom als auch Geschäft für faszinierende großformatige Aufnahmen von lokalen und landesweit bekannten Fotografen. Die wilde Landschaft von Central Otago hat noch nie so gut ausgesehen.

Chop Shop BEKLEIDUNG
(www.chop.co.nz; Pembroke Mall) Der beste Kaffee in der Stadt, coole Sitzplätze an der frischen Luft und eine flotte Auswahl an Mützen lokaler Designer und starken T-Shirts für den anspruchsvollen Snowboarder.

Gallery Thirty Three KUNST & KUNSTHANDWERK
(www.gallery33.co.nz; 33 Helwick St.) Töpferwaren, Glas und Schmuck, hergestellt von lokalen Künstlern.

MT Outdoors OUTDOOR-AUSRÜSTUNG
(www.mtoutdoors.co.nz; Dunmore St.) Ausrüstung fürs Zelten und Wandern.

Outside Sports OUTDOOR-AUSRÜSTUNG
(www.outsidesports.co.nz; 17-23 Dunmore St.) Der Laden ist spezialisiert auf Kleidung und Equipment für Sommer- und Wintersport, zum Leihen oder Kaufen.

Praktische Informationen

DOC Mt. Aspiring National Park Visitor Centre (03-443 7660; www.doc.govt.nz; Ardmore St.; Nov.–April 8–17 Uhr, Mai–Okt. Mo–Fr 8.30–17, Sa 9.30–16 Uhr) In einem A-förmigen Gebäude am Stadtrand erhält man wichtige Informationen über Wanderungen. Lohnenswert ist auch ein Blick ins kleine Museum (Eintritt frei), das über Geologie, Flora und Fauna von Wanaka informiert.

Lake Wanaka i-SITE (03-443 1233; www.lakewanaka.co.nz; 100 Ardmore St.; 8.30–17.30 Uhr, im Sommer bis 19 Uhr) In einem Holzhaus am Seeufer.

Wanaka Medical Centre (03-443 7811; www.wanakamedical.co.nz; 23 Cardrona Valley Rd.; Mo–Fr 9–17, Sa & So auch Sprechstunde um 9 & 17 Uhr) Flickt die Opfer von Extremsportunfällen wieder zusammen.

An- & Weiterreise

Bus

InterCity (www.intercity.co.nz) Die Bushaltestelle liegt vor der Tür der i-Site am Seeufer. Wanaka wird täglich von Bussen aus Queenstown (2 Std.) angefahren, die dann über Haast (3 Std.) bis nach Franz Josef Village (6 Std.) weiterfahren. Wer nach Christchurch (6½ Std.) möchte, muss in Tarras umsteigen.

Atomic Shuttles (www.atomictravel.co.nz) Buslinien nach Christchurch (7 Std.), Dunedin (4½ Std.) und zur Westküste.

Catch-a-Bus (03-479 9960; www.catchabus.co.nz) Verbindet Wanaka mit Dunedin und den Rail-Trail-Städten von Central Otago.

Naked Bus (www.nakedbus.com) Betreibt Linien nach Queenstown, Christchurch, Cromwell und zur Wesküste.

connectabus (0800 405 066; www.connectabus.com; einfach/hin & zurück 35/65 NZ$) Eine zweimal täglich fahrende praktische Verbindung zwischen Wanaka und Queenstown und seinem Flughafen. Die Fahrgäste werden von den meisten Unterkünften kostenlos abgeholt.

Wanaka Connexions (03-443-9120; www.alpinecoachlines.co.nz) Verbindet Wanaka mit Queenstown und den Rail-Trail-Städten von Central Otago.

Flugzeug

Air New Zealand (0800 737 000; www.airnewzealand.co.nz) fliegt täglich zwischen Wanaka und Christchurch (ab 99 NZ$).

Unterwegs vor Ort

Alpine Coachlines (03-443 7966; www.alpinecoachlines.co.nz; Dunmore St.) holt die Flugpassagiere am Wanaka Airport ab und bringt sie auch wieder dorthin (15 NZ$). Das Unternehmen hat im Sommer außerdem zweimal pro Tag einen Shuttle im Programm, der Wanderer zum Mt. Aspiring National Park und zum Raspberry Creek bringt (35 NZ$). Im Winter werden Fahrten nach Treble Cone angeboten. **Wanaka Taxis** (0800 272 2700) kümmert sich ebenfall um den Flughafentransfer, während **Adventure Rentals** (03-443 6050; www.adventurerentals.co.nz; 20 Ardmore St.) Autos und Geländewagen verleiht. **Yello** (0800 443 5555; www.yello.co.nz) bietet Flughafentransfers und Fahrten zu den Sehenswürdigkeiten der Region.

Makarora

40 EW.

In Makarora verlässt man zwar die Westküste und betritt Otago, die Stadt verströmt aber immer noch die Atmosphäre einer Pionierstadt an der Westküste. Vor Wanderungen in der Gegend sollten Reisende sich unbedingt vorher im **DOC Visitor Information Centre** (DOC; 03-443 8365; www.doc.govt.nz; SH6; Dez.–März 8–17 Uhr, Nov. & April nur Mo–Fr) über die Bedingungen und die Routen informieren. Das **Makarora Tourist Centre** (03-443 8372, 0800 800 443; www.makarora.co.nz; 8–20 Uhr) hilft bei der Suche nach einer Unterkunft und bei der Buchung von Führungen und Aktivitäten.

Aktivitäten

Wandern

Zu den kürzeren Wanderungen in dieser abgelegenen Gegend zählen der **Bridal Track** (einfach 1½ Std., 3,5 km) oben vom Haast Pass zur Davis Flat sowie der **Blue Pools Walk** (hin & zurück 30 Min.), bei dem man riesige Regenbogenforellen sehen kann.

Die längeren Strecken führen durch atemberaubende Landschaft, dürfen aber nicht leichtfertig angegangen werden. Die Bedingungen in den Bergen und an den Flüssen können sich sehr schnell ändern, sodass eine gute Vorbereitung alles ist. Auf jeden Fall vor dem Start beim DOC nachfragen! Die Broschüre *Tramping in the Makarora Region* (1 NZ$) ist eine absolut lohnende Investition.

Gillespie Pass WANDERN

Die dreitägige Gillespie-Pass-Rundwanderung führt durch die Täler von Young, Siberia und Wilkin. Der Gillespie ist ein hoher Gebirgspass, der im Winter und Frühling von Lawinen bedroht ist! In Verbindung mit einer Jetbootfahrt den Wilkin hinunter zählt diese Strecke neben dem Milford Track zu den Touren in Neuseeland, die Wanderer einmal begangen haben sollten.

Wilkin Valley Track WANDERN

Der Wilkin Valley Track beginnt an der Kerin Forks Hut – oben am Wilkin River – und führt weiter zur Top Forks Hut und den malerischen Seen Diana, Lucidus und Castalia , ab der Top Forks Hut läuft man zum Lake Diana 1 Std., zum Lake Lucidus 1½ Std. und zum Lake Castalia 3–4 Std.). Es fahren Jetboote zur Kerin Forks und über die Mündung des Young River, wenn der Makarora Hochwasser führt. Eine andere Möglichkeit besteht darin, die High River Route von den Blue Pools (2 Std., 7 km) aus zu nehmen. Informationen zum Wandertag bei Wilkin River Jets und dem DOC.

Noch mehr Aktivitäten

Siberia Experience ABENTEUERTOUR

(☎03-443 8666, 0800 345 666; www.siberiaexperience.co.nz; Erw./Kind 355/285 NZ$) Die extravagante Siberia Experience ist genau das richtige für Abenteuerjunkies. Sie kombiniert einen halbstündigen Panoramaflug in einem Kleinflugzeug mit einer dreistündigen Buschwanderung in einem abgelegenen Gebirgstal und einer halbstündigen rasanten Jetbootfahrt über den Wilkin River und den Makarora River im Mt. Aspiring National Park. Beim Abstieg vom Siberia Valley unbedingt sorgfältig auf die Markierungen achten, um sich nicht zu verlaufen. Man kann sich der Tour auch in Wanaka anschließen.

Wilkin River Jets JETBOOT FAHREN

(☎0800 538 945, 03-443 8351; www.wilkinriverjets.co.nz; Kerin Forks Transfer 85 NZ$) Eine beeindruckende 50 km lange, einstündige Fahrt mit dem Jetboot (Erw./Kind 98/57 NZ$) auf dem Makarora und Wilkin in den Mt. Aspiring National Park. Sie ist billiger als die in Queenstown, und es sind auch Varianten inklusive Helikopterflügen oder Wanderungen möglich.

Southern Alps Air RUNDFLÜGE

(☎03-443 4385, 0800 345 666; www.southernalps air.co.nz) Fliegt zum Mt. Cook und den Gletschern (Erw./Kind 410/215 NZ$) oder landet am Milford Sound (395/245 NZ$).

Schlafen & Essen

Die nächsten DOC-Campingplätze (Erw./Kind 6/3 NZ$) liegen an der SH6 an der Cameron Flat, 10 km nördlich von Makarora, und am Boundary Creek Reserve, 18 km südlich von Makarora am Ufer des Lake Wanaka.

Makarora Homestead Wilderness Accommodation B&B $$

(☎03-443 1532; www.makarora.com; Rapid 53 Rata Rd.; DZ 130–150 NZ$) Die Studios und Hütten im Country-Stil besitzen kleine Küchenzeilen. Gäste können aber auch B&B-Zimmer im Haupthaus buchen. Manchmal leisten Rehe, Lämmer und einheimische Vögel den Gästen Gesellschaft. Die Hütten bestechen mit großen Veranden und Ausblicken in das ländliche Umland.

Makarora Tourist Centre CAMPINGPLATZ

(☎03-443 8372; www.makarora.co.nz; SH6; Stellplatz ab 24 NZ$, B 30 NZ$, Wohneinheiten 70–120 NZ$; @≋) In struppigem Buschland liegen Ferienhäuser, einfache Hütten sowie Doppelzimmer und Schlafsäle für Rucksacktouristen. Alle zeichnen sich durch eine gemütliche Atmosphäre aus. In der Anlage gibt es ein Café, das sich abends in Makaroras Pub verwandelt, einen Außenpool, ein Lebensmittelgeschäft und eine Tankstelle. Wohnmobile sind willkommen.

An- & Weiterreise

InterCity (www.intercity.co.nz) und **Atomic Shuttles** (www.atomictravel.co.nz) kommen beide auf ihrer Fahrt nach Haast und zur West Coast durch Makarora.

Hawea

1600 EW.

Das Städtchen Hawea 15 km nördlich von Wanaka bietet eine großartige Aussicht auf See und Berge. Vom Lake Hawea schweift der Blick hinüber zum unbezwingbaren Corner Peak am Westufer und zur Barrier Range im Hintergrund. Eine schmale Landenge namens „The Neck" trennt den Lake Wanaka vom 35 km langen und 410 m tiefen Lake Hawea. Im Wasser tummeln sich Forellen und Lachse. 1958 wurde der Wasserspiegel um 20 m angehoben, um die Kraftwerke weiter flussabwärts betreiben zu können.

Lake Hawea Motor Inn (☎03-443 1224, www.lakehawea.co.nz; 1 Capell Ave.; B 30 NZ$, DZ 150–180 NZ$) Das Gasthaus lockt mit schicken, erst kürzlich renovierten Zimmern mit unschlagbarem Blick über den See. Unten befinden sich die gemütliche Bar Stag's Head und das Restaurant mit ebenfalls tollem Blick.

Direkt am Seeufer steht der große und relativ ruhige **Lake Hawea Holiday Park** (☎03-443 1767; www.haweaholidaypark.co.nz; SH6; Stellplatz ab 30 NZ$, Wohneinheiten 50–120 NZ$; @📶), der besonders bei Angelfreunden und Bootsfahrern beliebt ist.

Cardrona

Die asphaltierte **Crown Range Road** von Wanaka über Cardrona nach Queenstown ist kürzer als die Strecke über Cromwell. Allerdings ist auf dieser schmalen, kurvenreichen Bergstraße äußerste Vorsicht geboten, vor allem bei schlechtem Wetter. Im Winter ist sie oft verschneit, sodass man nur mit Schneeketten vorankommt. Und manchmal ist sie dann auch gesperrt.

Mit ihrem Ausblick auf grüne Täler, Gebirgsausläufer und endlose, schneebedeckte Gipfel ist sie eine der malerischsten Autostrecken der Südinsel. Umgeben von hohem, sanft wogendem Tussockgras führt die Straße in die **Pisa Conservation Area**, wo es auch ein paar kurze Wanderwege gibt. Am Straßenrand liegen viele **Rastplätze**, von denen aus man die Aussicht genießen kann, vor allem am Queenstowner Ende der Straße, wenn es im Zickzack hinunter nach Arrowtown geht.

Das wenig aufregend aussehende **Cardrona Hotel** (☎03-443 8153; www.cardronahotel.co.nz; Crown Range Rd.; DZ 135–185 NZ$) öffnete seine Türen erstmals im Jahr 1863. Heute finden Gäste hier liebevoll restaurierte, ruhige Zimmer mit gemütlichen Landhausmöbeln und Terrassen im Garten. Der Pub hier genießt zu Recht einen guten Ruf und besitzt ein gutes **Restaurant** (Hauptgerichte 15–20 NZ$) und eine tolle Gartenbar.

Das Hotel liegt ganz in der Nähe des Abzweigs zur Snow Farm New Zealand (S. 659), wo im Winter ein vorzügliches Revier zum Langlaufen mit gespurten Loipen liegt. Man kann sich die Ausrüstung leihen und bei Bedarf Unterrichtsstunden nehmen (beides 90 NZ$). Ebenfalls in der Nähe befindet sich der Snowpark NZ (S. 659), die einzige auf Freestyle und Snowboard spezialisierte Anlage im ganzen Land.

Ebenfalls in der Gegend veranstalten die Backcountry Saddle Expeditions (S. 655) Ausritte durch das Cardrona Valley auf Appaloosa-Pferden.

Der viel weniger ruhige **Cardrona Adventure Park** (www.adventurepark.co.nz; Monstertrucks ab 140 NZ$, Quads ab 75 NZ$, Go-Karts ab 60 NZ$; ⌚10–17 Uhr) ist eine einzige, herrlich laute und stinkende Ansammlung aus Monstertrucks (auch zum Selberfahren), Quads und Gelände-Go-Karts.

Fiordland & Southland

Inhalt »

Tolle Outdoor-Aktivitäten

» Milford Sound (S. 705)
» Doubtful Sound (S. 708)
» Nugget Point (S. 723)
» Ulva Island (S. 725)

Schön übernachten

» Misty Mountain Eco-Retreat (S. 708)
» Milford Sound Lodge (S. 704)
» Hilltop (S. 721)
» Pounawea Motor Camp (S. 723)

Auf nach Fiordland & Southland!

Willkommen in einer Landschaft, von der jeder Reisende träumt, deren Zauber jedoch keine Kamera wirklich einzufangen vermag!

Im Westen erstreckt sich der Fiordland National Park mit seinen zerklüfteten, dunstigen Berggipfeln und schillernden Seen in unberührter, beschaulicher Abgeschiedenheit. Er lässt sich über den weltberühmten Milford Track erreichen, einem von zahlreichen Fernwanderwegen, die sich durch den dichten Wald vorbei an spektakulären Bergen und von Gletschern geschaffenen Schluchten schlängeln. In Fiordland liegen auch der Milford und der Doubtful Sound, zwei Fjorde mit bewachsenen Steilklippen, die fast vertikal aus dem tiefblauen Wasser ragen. Beide lassen sich relativ einfach über eine Straße erreichen, ansonsten natürlich mit Boot oder Kajak.

Im Osten von Southland liegen abseits der Touristenpfade die beschaulichen Catlins, ein Waldgebiet mit einer vom Wind geformten Küste, in dem viele Vögel leben. Im Südpazifik tummeln sich Pinguine, Seehunde, Seelöwen und Delfine, gelegentlich lässt sich auch einmal ein Wal blicken. Wer weiter Richtung Süden fährt, gelangt zur zerklüfteten, abgeschiedenen Insel Stewart Island – und hat dort Gelegenheit, die von den Neuseeländern so sehr geliebten Kiwis in der Wildnis zu beobachten.

Reisezeit

Im Februar und März ist das notorisch wechselhafte Wetter Fiordlands am stabilsten. Wer bis Mai bleibt, kann sich beim alljährlichen Bluff Oyster and Food Festival ein einheimisches Bier und Muscheln schmecken lassen. Der Milford, Kepler und Routeburn Track sind die drei legendären Fernwanderwege Neuseelands, sie wurden vom Department of Conservation (DOC; staatliche Naturschutzorganisation) als Great Walks klassifiziert. Wandersaison ist von Ende Oktober bis Ende April. Wer diese drei beliebten Touren begehen möchte, sollte auf alle Fälle lang im Voraus buchen.

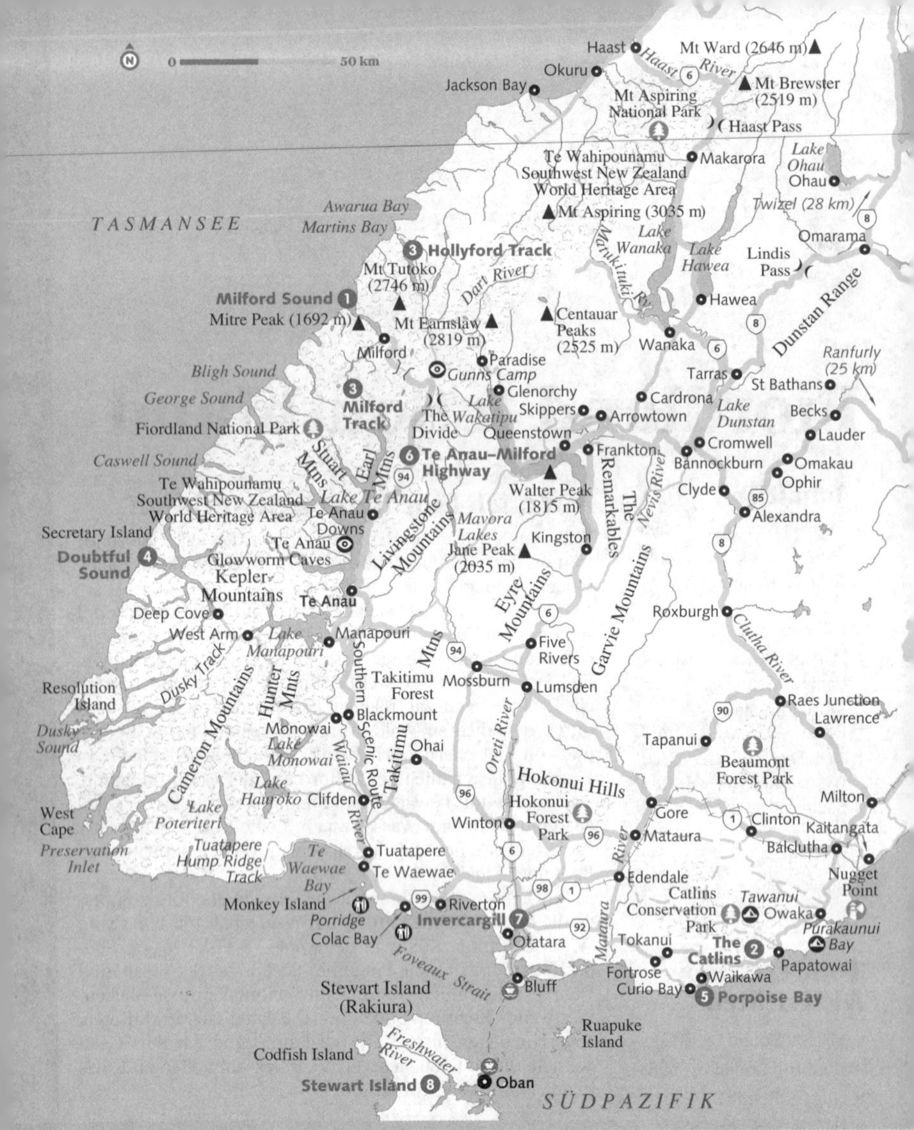

Highlights

1 Eine Paddeltour mit dem Kajak entlang der Klippen des **Milford Sound** (S. 705)

2 Zu Wasserfällen in den Wäldern und zu den Südstränden der **Catlins** (S. 717)

3 Wanderung auf den **Milford** und **Hollyford Tracks** (S. 702)

4 Eine Nacht am **Doubtful Sound** (S. 708)

5 Besuch der **Porpoise Bay** (S. 720) in den Catlins, wo man auf Delfine, Wale, Seelöwe und Pinguine trifft

6 Die Waldwege und verschwiegenen Bergseen, die links und rechts des **Te Anau–Milford Hwy** (S. 701) liegen

7 Das **Southland Museum & Art Gallery** (S. 712) von Invercargill

8 Eine spannende Exkursion auf die **Stewart Island** (S. 724) , wo sich in der Dämmerung Kiwis sehen lassen

An- & Weiterreise & Unterwegs vor Ort

Air New Zealand (S. 716) fliegt von Invercargill nach Christchurch; Stewart Island Flights (S. 716) lässt Flugzeuge auf der Strecke Invercargill – Oban fliegen.

Große Busunternehmen fahren ab Queenstown und Dunedin nach Te Anau und Invercargill; manche nehmen auch die Southern Scenic Route, an der der Milford Sound liegt. Folgende Busunternehmen bieten diesen Service: Tracknet, InterCity, Topline Tours, Atomic Shuttles, Bottom Bus und Naked Bus.

FIORDLAND

Fiordland ist die ursprünglichste Wildnis Neuseelands, ein raues, bewaldetes und zerklüftetes Bergland, das von unzähligen tiefen Sunden (geographisch korrekt handelt es sich hierbei um Fjorde) durchzogen wird, die wie gekrümmte Finger von der Tasmansee (Tasmanisches Meer) weit ins Binnenland greifen. Da Fiordland Teil der Te Wahipounamu Southwest New Zealand World Heritage Area ist, konnte es sich seine Einsamkeit und Schönheit bewahren.

Von den vielen wunderschönen Wanderwegen gilt der Milford Track als der König aller neuseeländischen Wanderwege, genau so lohnenswert sind der Kepler und der Hollyford Track. Routeburn, Greenstone und Caples Track verbinden Fiordland mit der Region Queenstown.

Te Anau

3000 EW.

Die beschauliche Ortschaft Te Anau am See ist ein guter Standort für all jene, die eine Trekkingtour unternehmen oder den Milford Sound besuchen möchten: Hier kann man Kraft schöpfen, um sich dann in der Umgebung in allerlei spannende Aktivitäten zu stürzen.

Im Osten erstreckt sich die pastorale Landschaft von Zentral Southland, im Westen liegen auf der anderen Seite des Lake Te Anau die zerklüfteten, bewaldeten Berge von Fiordland. Der See – der zweitgrößte Neuseelands – wurde von einem riesigen Gletscher geschaffen; er weist mehrere Arme auf, die am Westufer in die bewaldete Bergwelt hineinragen. Der See bringt es an seiner tiefsten Stelle auf stolze 417 m und ist somit rund zweimal so tief wie beispielsweise Loch Ness in Schottland.

KURZINFOS: FIORDLAND & SOUTHLAND

» **Essen** Bluff-Austern in Bluff und Tuatapere-Würstchen in Tuatapere

» **Trinken** Das leckere Bier der Invercargill Brewery

» **Lesen** *The Gorse Blooms Pale* von Dan Davin, eine Sammlung von Kurzgeschichten über Southland

» **Hören** Die Stille beim Kajakfahren auf dem Doubtful Sound

» **Sehen** *South* (2009),eine TV-Serie (auch als DVD), die von der Medienlegende Marcus Lush moderiert wird

» **Ökologisch reisen** Touren zu Öko-Themen per Schiff auf den Doubtful Sound oder zu Fuß in den Catlins

» **Online** www.fiordland.org.nz, www.southlandnz.com

» **Vorwahl** ☎03

Sehenswertes

Te Anau Glowworm Caves HÖHLE

Das beeindruckende 200 m lange Höhlensystem existierte – so glaubte man – ursprünglich nur in Maori-Legenden. Im Jahr 1948 wurde es jedoch tatsächlich gefunden. Die Höhlen lassen sich ausschließlich mit dem Boot erreichen. Dem Besucher bietet sich eine zauberhafte Welt aus bizarren Felsformationen, kleinen und großen Wasserfällen, Wasserstrudeln und einer schillernden Glühwürmchen-Grotte weit im Innern der Höhle. **Real Journeys** (☎0800 656 501; www.realjourneys.co.nz) veranstaltet 2¼-stündige Touren (Erw./Kind 70/22 NZ$); die Teilnehmer gelangen über Stege und eine kurze unterirdische Bootsfahrt ins Zentrum des Höhlensystems.

DOC Te Anau Wildlife Centre NATURZENTRUM

(☎03-249 0200; Te Anau-Manapouri Rd.; Eintritt nach Spende; ⏲Sonnenaufgang bis Sonnenuntergang) Hier leben einheimische Vogelarten – darunter der seltene, flugunfähige Takahe, endemische Taubenarten, Tuis, Kakas und Wekas.

Fiordland Astronomy ASTRONOMIE

(☎0508 267 667; www.astronomyfiordland.co.nz; Erw./Kind 45/35 NZ$) Ein guter Ort, um das Kreuz des Südens und die Milchstraße über Fiordland zu bestaunen – vorausgesetzt, der Himmel ist klar.

Te Anau

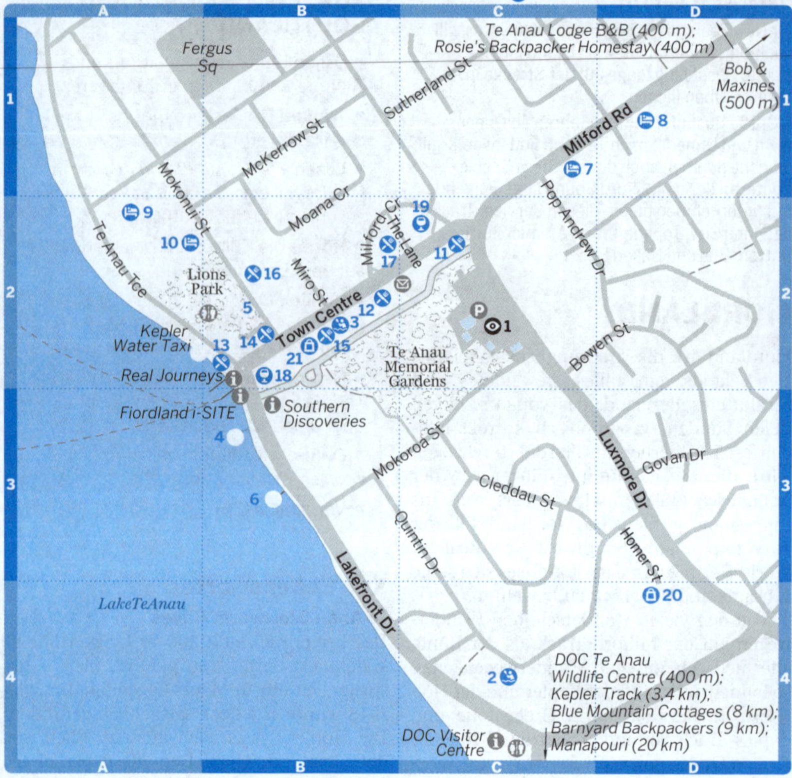

Te Anau

Sehenswertes
1 Stardome C2

Aktivitäten, Kurse & Touren
2 Fiordland Wilderness Experiences C4
3 Rosco's Milford Kayaks B2
4 Southern Lakes Helicopters B3
5 Te Anau Bike Hire B2
6 Wings & Water Te Anau B3

Schlafen
7 Cosy Kiwi C1
8 Keiko's B&B D1
9 Te Anau Top 10 Holiday Park A2
10 Te Anau YHA A2

Essen
11 Fat Duck C2
Fresh Choice Supermarket ...... (siehe 17)
12 Kebabs 2 Go B2
13 Mainly Seafood B2
14 Miles Better Pies B2
15 Olive Tree Café & Restaurant B2
16 Redcliff Bar & Restaurant B2
17 Sandfly Café B2

Trinken
18 Moose B2
19 Ranch Bar & Grill C2

Unterhaltung
Fiordland Cinema ...... (siehe 17)

Shoppen
20 Bev's Tramping Gear D4
21 Te Anau Outside Sports B2

Kepler Track

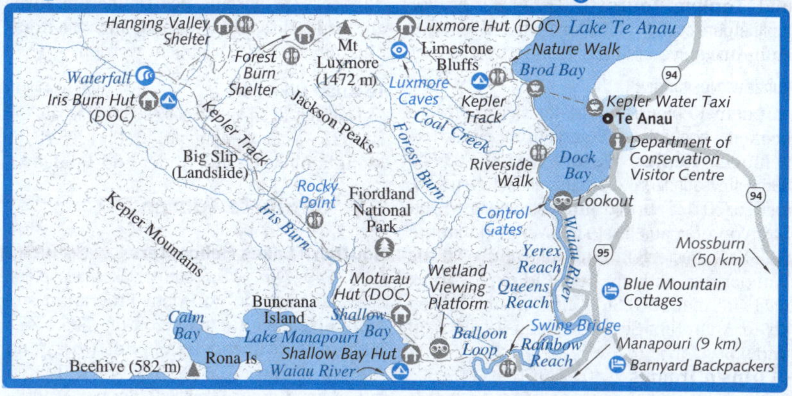

Stardome ASTRONOMIE
(☎0508 267 667; www.astronomyfiordland.co.nz; Events Centre, Luxmore Dr.; Erw./Kind 30/20 NZ$) Den Besuch dieses interaktiven, digitalen Planetariums sollte man vorab im i-SITE buchen.

Aktivitäten

Wandern

Im Besucherzentrum des Department of Conservation (DOC; S. 700) muss die geplante Wanderung registriert werden.

KEPLER TRACK

Dieser „Great-Walks"-Rundweg (60 km) beginnt weniger als 60 Gehminuten von Te Anau entfernt und führt westwärts in die Kepler Mountains hinein. Unterwegs passiert er den See, Flüsse, Schluchten, von Gletschern geformte Täler und Buchenwälder. Die Wanderung dauert vier Tage – oder drei, wenn man am Rainbow Reach abbricht. Am ersten Tag erreicht man die Baumgrenze mit tollen Panoramablicken. Das alpine Teilstück zwischen Luxmore und Iris Burn Hut folgt einem hohen Bergrücken weit oberhalb des Buschlands und bietet an klaren Tagen eine herrliche Aussicht. Bei Schlechtwetter kann es hier allerdings gefährlich werden! Es ist ratsam, die Route in Richtung Luxmore–Iris Burn–Moturau zu absolvieren.

Die Tour ist stark wetterabhängig: Bei allem Optimismus sollte man sich seelisch schon einmal auf Regen und Riesenpfützen einstellen, eine gute Regenbekleidung ist hier unabdingbar. Die alpinen Teilstrecken erfordern zudem eine gute Kondition und sind im Winter teilweise gesperrt. Die anderen Strecken gelten als moderat mit Auf- und Abstiegen von 1000 Höhenmetern und Bachüberquerungen ohne Brücken.

Während der Hauptwanderzeit (Okt.–April) müssen sich alle Wanderer eine Genehmigung online unter www.doc.govt.nz oder bei einem der DOC-Besucherzentren besorgen. Die Tickets können dann vor Antritt der Wanderung im DOC-Besucherzentrum von Te Anau abgeholt werden.

Die Wanderer wohnen in drei gepflegten Hütten. Mit dem **Campingpass** (Nacht Erw./Kind 18 NZ$/frei) ist es zudem gestattet, an zwei ausgewiesenen Zeltplätzen zu zelten. Außerhalb der Hochsaison muss der **Backcountry Hut Pass** (Nacht Erw./Kind 15 NZ$/frei) im Vorfeld gekauft werden; Heizung oder Kochmöglichkeit sind in den Hütten nicht vorhanden. Außerhalb der Saison darf kostenlos gezeltet werden.

Durchschnittliche Gehzeiten:

TAG	ROUTE	DAUER
1	Te Anau DOC-Besucherzentrum–Kontrollstation	45 Min.
1	Kontrollstation–Brod Bay	1½ Std.
1	Brod Bay–Luxmore Hut	3½–4 ½ Std.
2	Luxmore Hut–Iris Burn Hut	5–6 Std.
3	Iris Burn Hut–Moturau Hut	5–6 Std.
4	Moturau Hut–Rainbow Reach	1½–2 Std.
4	Rainbow Reach–Kontrollstation	2½–3½ Std.

Tracknet (☎0800 483 262; www.tracknet.net) und **Topline Tours** (☎03-249 8059; www.toplinetours.co.nz) befördern die Wanderer zum Ausgangspunkt der Wanderung.

KURZE WANDERUNGEN

Auf dem Kepler Track bietet sich die Möglichkeit, kostenlose Tagestouren zu unternehmen. **Kepler Water Taxi** (☎03-249 8364; stevsaunders@xtra.co.nz; einfach/ hin & zurück 25/50 NZ$) bringt Interessierte zur Brod Bay, von dort aus lässt sich Mount Luxmore (7–8 Std.) besteigen. Eine Alternative ist die Wanderung entlang des Südufers zurück nach Te Anau (2–3 Std.). Im Sommer fahren ab Te Anau (am See) Shuttlebusse um 8.30 und 9.30 Uhr.

Trips'n'Tramps (☎03-249 7081, 0800 305 807; www.tripsandtramps.com; ⊙Okt.–April) veranstaltet im Sommer geführte Wanderungen in Kleingruppen auf Teilstrecken des Routeburn, Kepler und Hollyford Tracks. Bei manchen Touren können die Teilnehmer am Milford Sound auch gleich noch Kajak fahren. **Real Journeys** (☎800 656 501; www.realjourneys.co.nz) bietet geführte Tagesausflüge (Erw./Kind 195/127 NZ$, Nov.–Mitte April) auf einem 11 km langen Teilstück des Milford Tracks an.

Eine gute Informationsquelle sind die Broschüre *Fiordland National Park Day Walks* (1 NZ$; in der i-SITE von Fiordland) und das Internet: www.doc.govt.nz.

Kajak & Jetboot fahren

Fiordland Wilderness Experiences KAJAK FAHREN
(☎0800 200 434; www.fiordlandseakayak.co.nz; ab 145 NZ$) Das Unternehmen bietet ein- oder mehrtägige Kajaktouren auf dem Lake Te Anau und dem Lake Manapouri an.

Rosco's Milford Kayaks KAJAK FAHREN
(☎0800 476 726; www.roscosmilfordkayaks.com; 72 Town Centre; ⊙9–17 Uhr) Guter Veranstalter vor Ort mit einem Info- und Buchungskiosk in der Hauptstraße. Er bietet überwiegend etwas abenteuerlichere Aktivitäten wie Kajaktouren an.

Luxmore Jet JETBOOT FAHREN
(☎03-249 6951, 0800 253 826; www.luxmorejet.com; Erw./Kind 99/49 NZ$) Am oberen Waiau River.

Noch mehr Aktivitäten

High Ride Adventures QUADBIKE FAHREN, REITEN
(☎03-249 7570, 0508 444 474; www.highride.co.nz) Die Firma bietet Ausflüge ins Hinterland mit Quadbikes (155 NZ$) und Ausritte (80–95 NZ$) entlang des Upukerora River an; beide Aktivitäten können auch als Kombination (235 NZ$) gebucht werden.

Te Anau Bike Hire FAHRRADVERLEIH
(7 Mokonui St.; Mountainbikes Std./Tag ab 12/30 NZ$; ⊙Sept.–April ab 10 Uhr) Verleiht Mountainbikes, Kinderräder und Tandems.

Geführte Touren

Southern Lakes Helicopters PANORAMAFLÜGE
(☎03-249 7167; www.southernlakeshelicopters.co.nz; Lakefront Dr.) Auf dem Programm stehen Flüge über Te Anau (25 Min., 195 NZ$), längere Flüge über den Doubtful, Dusky und Milford Sound (ab 540 NZ$) sowie Touren auf dem Kepler Track (Chopper/Wanderung/Boot; 185 NZ$).

Wings & Water Te Anau PANORAMAFLÜGE
(☎03-249 7405; www.wingsandwater.co.nz; Lakefront Dr.) Fliegt rund zehn Minuten über die nächste Umgebung (Erw./Kind 95/55 NZ$), auf Wusch aber auch etwas länger über den Kepler Track und den Doubtful und Milford Sound (ab 225 NZ$).

Schlafen

In der Hochsaison (Ende Dez.–Feb.) sind die Quartiere schnell voll, deshalb möglichst früh buchen.

Das DOC erklärt die Anfahrt zur Zeltplatz **Queens Reach Campsite,** er liegt 6 km südlich der Ortschaft in Richtung Manapouri (einfache Einrichtungen, keine Toiletten).

Te Anau Lodge B&B B&B $$$
(☎03-249 7477; www.teanaulodge.com; 52 Howden St.; DZ 240–350 NZ$; @☜) Der ehemalige, in den 1930er-Jahren erbaute Sisters-of-Mercy-Konvent ein Stück nördlich vom Ort wurde zu einem tollen B&B umgebaut und präsentiert sich nun als eine fast schon dekadente Unterkunft. Nach einem Drink auf einem bequemen Chesterfield-Sofa vor dem Kamin können sich die Gäste in ihr Luxusbad zurückziehen, um anschließen in bequeme Riesenbetten zu sinken. Am nächsten Morgen wird das köstliche, frisch zubereitete Frühstück in der ehemaligen Kapelle serviert.

Blue Mountain Cottages LODGE $$$
(☎03-249 9030; www.bluemountaincottages.co.nz; Hwy 95; Hütten 260 NZ$) Die familienfreundlichen Selbstversorgerhütten für bis zu vier Personen liegen mitten im Ackerland

8 km südlich des Ortes. Die Gäste können sich oft über frische Backwaren, Bioprodukte und frisches Gemüse freuen. Der Sohn des Besitzers, Jayden, führt die Gäste gern auf dem 8 ha großen Grundstück herum.

Bob & Maxines HOSTEL $
(☎03-249 7429; bob.anderson@woosh.co.nz; 20 Paton Pl., an der Oraka St.; B/DZ 31/82 NZ$@) Das entspannte, moderne Hostel liegt 2,5 km außerhalb der Ortschaft am Te Anau – Milford Hwy. und bekommt immer wieder begeisterte Beurteilungen wegen seines tollen Bergblicks vom Aufenthaltsraum aus. Die Gäste können sich am Holzofen wärmen und in der großzügigen, gut ausgestatteten Küche den Kochlöffel schwingen – oder natürlich einfach nur chillen. Für die Fahrt in den Ort stehen Fahrräder zur Verfügung.

Keiko's B&B B&B $$
(☎03-249 9248; www.keikos.co.nz; 228 Milford Rd.; B 165–195 NZ$; ⊙Juni–Aug. geschl.) Diese Privatcottages für Selbstversorger sind ausgeprochen hübsch, die ganze Anlage liegt in japanischen Gärten. An tollen Extras gibt es hier ein japanisches Frühstück am Morgen und abends einen heißen Badezuber mit Bambusrand.

Cosy Kiwi MOTEL $$
(☎0800 249 700, 03-249 7475; www.cosykiwi.com; 186 Milford Rd.; B 150–210 NZ$; @) Das schicke Motel mit modernen, gut ausgestatteten Zimmern liegt nur ein paar Schritte zu Fuß von der lebhaften Ortsmitte Te Anaus entfernt. Das Frühstück ist im Preis inbegriffen; in der Regel bietet die Wirtin Eleanor ihren Gästen auch ein paar warme Gerichte wie Pancakes an.

Barnyard Backpackers HOSTEL $
(☎03-249 8006; www.barnyardbackpackers.com; 80 Mt York Rd., an der SH95; B 29–33 NZ$, B 76 NZ$; @) Das Hostel besteht aus einem rustikalen Gemeinschaftsgebäude und einem Sammelsurium an Holzhütten. Es liegt auf einer Hirschfarm, die sich 9 km südlich der Stadt auf einem Hügel mit tollem Panoramablick befindet. Die Hütten mit eigenem Bad sind gemütlich, die Haupt-Lodge bietet sich an, um eine Runde Billard zu spielen oder einfach eine Weile am Kamin zu sitzen.

Rosie's Backpacker Homestay HOSTEL $
(☎03-249 8431; backpack@paradise.net.nz; 23 Tom Plato Dr.; B/DZ 31/74 NZ$; ⊙Juni–Juli geschl.; @) Das kleine, persönliche Privathaus vermittelt den Gästen schnell das Gefühl, sie würden zur Familie gehören. Das Hostel liegt ein paar Schritte zu Fuß nördlich des Ortszentrums.

Te Anau Top 10 Holiday Park HOLIDAY PARK $
(☎03-249 7462, 0800 249 746; www.teanautop10.co.nz; 128 Te Anau Tce.; Zeltplätze 38 NZ$, Wohneinheiten 72–160 NZ$; @) Der Ferienpark liegt unweit vom Ort und See und bietet private Zeltplätze, einen Spielplatz, eine Sauna, einen Fahrradverleih, einen Grillbereich sowie eine moderne Küche. Hütten und Wohneinheiten gibt es in allen Varianten – von einfach bis schick.

Te Anau Lakeview Holiday Park HOLIDAY PARK $
(☎03-249 7457, 0800 483 262; www.teanauholidaypark.co.nz; 77 Te Anau-Manapouri Rd.; Zeltplätze ab 20 NZ$, B 35 NZ$, EZ 40 NZ$, Wohneinheiten 84–270 NZ$) Der weitläufige Komplex am See umfasst den Te Anau Lakeview Campsite, Einzelzimmer im West Arm (recht einfach, aber immerhin persönlicher als Schlafsäle) sowie Steamers Backpackers (nichtssagende Zimmer, dafür aber moderne Gemeinschaftsbereiche). Die neuen Marakura Apartments sind schick und modern.

Te Anau YHA HOSTEL $
(☎03-249 7847; www.yha.co.nz; 29 Mokonui St.; B 33–42 NZ$, EZ 70 NZ$, DZ 90–120 NZ$; @) Das zentral gelegene, moderne Hostel bietet gute Einrichtungen und gemütliche, farbenfrohe Zimmer. Hier können die Gäste in der Hängematte faulenzen, im Hinterhof auf dem Rasen grillen oder sich am Holzfeuer aufwärmen.

Essen

Fat Duck RESTAURANT $$
(☎03-249 8480; 124 Town Centre; Frühstück 10–17 NZ$, Mittag- & Abendessen Hauptgerichte 22–38 NZ$; ⊙8.30 Uhr bis spätnachts;) Die Speisen schmecken lecker, die Portionen sind groß, und Traditionsgerichte wie Ente, Schweinebauch oder Lachs kommen in einfallsreichen Varianten auf den Tisch. Und die Bar ist (fast) so lang wie der Doubtful Sound. Außerhalb der Hochsaison hat das Restaurant manchmal montags und dienstags geschlossen.

Redcliff Bar & Restaurant RESTAURANT $$$
(☎03-249 7431; 12 Mokonui St.; Hauptgerichte 29–42 NZ$; ⊙17 Uhr bis spätnachts) Das Restaurant in einer nachgebauten alten Siederhütte serviert in geselliger Atmosphäre Gerichte, die auf einheimischen Zutaten ba-

sieren. Empfehlenswert sind das Fiordland-Reh und der zarte Hasenbraten. Tische werden hier nicht reserviert; am besten startet man also zunächst einmal mit einem Drink vorne in der rustikalen Bar in den Abend. Ab und zu wird Livemusik gespielt, die Atmosphäre ist bei hervorragendem Service stets nett und freundlich.

Sandfly Café CAFÉ $
(9 The Lane; Frühstück & Mittagessen 7–17 NZ$) Das reizende, legere Café bietet sich an, um so richtig zu chillen. Die Gäste freuen sich über den hervorragenden Kaffee, die entspannte Musik, das Frühstück, das es den ganzen Tag über gibt, und leckere Backwaren wie etwa die hervorragenden Wraps, Muffins und herzhaften Pasteten mit Eiern und Speck.

Olive Tree Café & Restaurant CAFÉ $$
(52 Town Centre; Snacks & Burger 10–15 NZ$, Hauptgerichte 23–34 NZ$) Das Olive Tree präsentiert sich innen anheimelnd und hip, im Freien können die Gäste super in der Sonne Kaffee trinken oder ein mediterran angehauchtes Essen genießen. Hier lassen sich die Energiereserven hervorragend auffüllen, bevor man sich auf den Milford Track begibt – sei es mit Eiern Benedikt oder einer herzhaften Pizza, die mit Bioprodukten belegt ist.

Miles Better Pies PASTETEN $
(Ecke Town Centre & Mokonui St.; Pasteten 4–6 NZ$) Zur Auswahl stehen hier Gourmet-Pasteten mit Rehfleisch, Thai Curry oder Aprikose. Auf dem Gehsteig draußen stehen ein paar Tische, aber es macht eigentlich mehr Spaß, am See zu sitzen. Die Pasteten eignen sich auch als guter Snack bei einer langen Autofahrt.

Mainly Seafood FISCH & POMMES $
(Te Anau Tce.; Snacks & Burger 6–15 NZ$; ⌚12–21 Uhr) Das Lokal direkt am See mit Bergblick bringt perfekt zubereiteten Fisch mit Pommes auf den Tisch, aber auch Gourmet-Burger. Den bescheidenen Imbisswagen sollte man sich jedenfalls zum Snackstopp Nr. 1 in Te Anau wählen.

Kebabs 2 Go KEBAB $
(Town Centre; Fleischspieße & Burger 10–16 NZ$) Nach dem Kepler oder Mildford Track lässt sich hier die Rückkehr in die Zivilisation mit einem köstlichen Chilli-Lamm-Spieß und einem Stück süßer *baklava* hervorragend feiern.

Fresh Choice Supermarket SUPERMARKT
(1 The Lane) Gute Auswahl an Wein und Bier.

Ausgehen & Unterhaltung

Ranch Bar & Grill PUB
(Town Centre) Die Gäste können sich hier über die Happy Hour von 20 bis 21 Uhr und über die bezahlbaren Braten am Sonntagabend (15 NZ$) freuen. Die Einheimischen strömen her, da hier die besten Pubgerichte des Ortes auf den Tisch kommen.

Moose PUB
(84 Lakefront Dr.) Das riesige Moose direkt am See bietet einen großen Bildschirm, über den Sportveranstaltungen flimmern, sowie einen sonnigen Patio. Die Mahlzeiten (20–35 NZ$) sind ganz ordentlich, für den kleinen Hunger reichen die Snacks an der Bar.

Fiordland Cinema KINO
(☎03-249 8812; www.fiordlandcinema.co.nz; 7 The Lane; 📶) Zwischen den ständigen Wiederholungen der hervorragenden Doku *Ata Whenua* (Erw./Kind 10/5 NZ$) – im Grunde ein 32-minütiger Werbefilm für die fantastische Landschaft von Fiordland – zeigt das Kino auch Hollywood-Filme und Filmkunst. In der Black Dog Bar des Kinos treten manchmal Musiker auf.

Shoppen

Bev's Tramping Gear OUTDOOR-AUSRÜSTUNG
(☎03-249 7389; www.bevs-hire.co.nz; 16 Homer St.; ⌚Nov.–April 9–12 & 17.30–19 Uhr, So vormittags geschl.) Hier findet man topographische Landkarten, außerdem wird Wander- und Campingausrüstung verliehen. der LAden ist von Mai bis Oktober nach vorheriger Anmeldung geöffnet.

Te Anau Outside Sports OUTDOOR-AUSRÜSTUNG
(www.outsidesports.co.nz; 38 Town Centre) Verkauft und vermietet Wander- und Campingausrüstung.

Praktische Informationen

Department of Conservation Visitor Centre (DOC; ☎03-249 0200; www.doc.govt.nz; Ecke Lakefront Dr. & Te Anau-Manapouri Rd.; ⌚8.30–16.30 Uhr) Hier befindet sich der *Great-Walks*-Schalter, an dem Buchungen entgegengenommen und bestätigte Permits für den Milford, Routeburn und Kepler Track abgeholt werden können. Auf einem Computerterminal lassen sich DOC-Infos zu ganz Neuseeland abrufen.

Fiordland i-SITE (☎03-249 8900; www.fiordland.org.nz; 85 Lakefront Dr.; ⌚8.30–

17.30 Uhr) Aktivitäten, Unterkünfte und Buchung von Bussen.

Fiordland Medical Centre (☎03-249 7007; Luxmore Dr.; ⊙Mo–Fr 8–17.30, Sa 9–12 Uhr) Medizinische Versorgung.

Post (102 Town Centre) Befindet sich in einem Buchladen.

Real Journeys (☎0800 656 501; www.realjourneys.co.nz; Lakefront Dr.; ⊙9–17 Uhr) Ausflüge und Aktivitäten in Fiordland.

Southern Discoveries (☎0800 264 536; www.southerndiscoveries.co.nz; Lakefront Dr.; ⊙Mo–Fr 8–18, Sa & So 9.30–18 Uhr) Bietet viele Informationen und nimmt Buchungen vor. Außerhalb der Öffnungszeiten hilft ein Info-Touchscreen mit 24-Stundenbetrieb weiter.

ℹ An- & Weiterreise

InterCity (www.intercity.co.nz) bietet täglich Busverbindungen von Te Anau nach Queenstown (2½ Std.), Invercargill (2½ Std.) und Dunedin (4¾ Std.). Die Busse fahren am Kiwi Country in der Miro Street ab.

Von **Bottom Bus** (☎03-477 9083; www.travelheadfirst.com) verkehren Busse von Te Anau nach Queenstown, Invercargill und zum Milford Sound (1½ Std.), man kann beliebig ein- und aussteigen. Die Busse von **Naked Bus** (www.nakedbus.com) verbinden Te Anau mit Queenstown, Invercargill und dem Milford Sound.

Von November bis April betreibt **Topline Tours** (☎03-249 8059; www.toplinetours.co.nz) einen Shuttle auf der Strecke Te Anau – Queenstown.

Für Wanderer:

Tracknet (☎0800 483 262; www.tracknet.net) bietet täglich mehrere Shuttlefahrten zum Kepler, Hollyford und Milford Track sowie zum westlichen Ende des Routeburn, Greenstone und Caples Track am Divide an. Das Kepler Water Taxi (S. 698) schippert im Sommer regelmäßig über den See zu der am Kepler Track gelegenen Brod Bay. **Wings & Water** (☎03-249 7405; www.wingsandwater.co.nz) befördert Wanderer vom Dusky Sound zur Supper Cove (330 NZ$ pro Pers., Minimum: 2 Fahrgäste).

Te Anau – Milford Highway

Wer nicht die Möglichkeit hat, durch die Wildnis von Fiordland zu wandern, bekommt auf der SH94 von Te Anau nach Milford einen – bequemen – Eindruck von dieser weiten, wunderschönen Landschaft, die Strecke ist 119 km lang.

Am besten verlässt man Te Anau entweder gleich in aller Frühe (8 Uhr) oder erst gegen 11 Uhr: Auf diese Weise lassen sich die Ausflugsbusse umgehen, die ihre Gäste zu den mittäglichen Kreuzfahrten am Sound bringen. Informationen zu Schneeketten und Lawinen (im Winter) und Benzin (ganzjährig) finden sich im Abschnitt „Milford Sound".

Die Fahrt dauert ohne Pausen 2 bis 2½ Stunden, doch sollte man sich unterwegs Zeit zum Anhalten nehmen, um die herrliche Landschaft auf sich wirken zu lassen. Wer von der Straße abfährt, hat viele Möglichkeiten, an den Aussichtspunkten oder auf einem der kurzen Wanderwege die Natur zu erleben. Am besten nimmt man sich dazu die Broschüre *Fiordland National Park Day Walks* (1 NZ$ beim DOC oder Fiordland i-SITE in Te Anau) mit oder informiert sich kostenlos unter www.doc.govt.nz.

Der erste Teil der Straße windet sich durch das Weideland oben auf der Seitenmoräne des Gletschers, der einst den Lake Te Anau ausgefräst hat. Die Straße geht nach 29 km an den **Te Anau Downs** (Unterkünfte gibt es hier in der Fiordland National Park Lodge) vorbei und verläuft weiter zum Eingang des Fiordland National Park, an Wäldern von Rot-, Silber- und Bergsüdbuchen, angeschwemmten Ebenen und Wiesen entlang.

Gleich hinter dem Campingplatz **McKay Creek** (nach 51 km) hat man einen tollen Blick über das Eglinton Valley mit steilen Bergen zu beiden Seiten sowie dem Pyramid Peak (2295 m) und dem Ngatimamoe Peak (2164 m) geradeaus. Der Weg in Mirror Lakes (nach 58 km) führt durch Buchenwälder und Sümpfe. An einem ruhigen Tag reflektieren die Seen die Berge auf der anderen Seite des Tals. In **Knob's Creek** (nach 63 km) findet man auch Unterkünfte.

An der 77-km-Marke befindet sich die Gegend, die O Tapara genannt wird, im Volksmund auch **Cascade Creek**. O Tapara ist der ursprüngliche Name des nebenan liegenden Lake Gunn, und es war ein historischer Zwischenstopp für Maorigruppen, die auf der Suche nach *pounamu* (Jade) in Richtung Anita Bay unterwegs waren. Ein Wanderweg (45 Min. hin & zurück) verläuft durch einen hohen Rotbuchenwald, in dem die Vögel zwitschern. Seitenwege führen zu ruhigen Seestränden.

Bei Kilometer 84 verändert sich die Vegetation, wenn man über die **Divide** kommt, den tiefsten ost-westlichen Pass der Neuseeländischen Alpen. Es gibt eine große Unterkunft am Wegrand für Wanderer, die hier

TE WAHIPOUNAMU SOUTHWEST NEW ZEALAND WORLD HERITAGE AREA

In der Südwestecke Neuseelands wurden vier riesige Nationalparks zur Te Wahipounamu Southwest New Zealand World Heritage Area zusammengefasst. Das 2,6 Mio. ha große Schutzgebiet Te Wahipounamu („Ort der Jade") ist weltweit wegen seiner kulturellen Bedeutung für die Ngai Tahu, aber auch wegen seiner einzigartigen Flora und Fauna berühmt. Es umfasst die folgenden Nationalparks:

» Fiordland National Park

» Aoraki/Mt. Cook National Park

» Westland Tai Poutini National Park

» Mt. Aspiring National Park

ihre Touren auf den Routeburn, den Greenstone oder den Caples Track starten oder beenden. Hier befindet sich auch eine Haltestelle für den Transport von Wanderern. Ein Spaziergang nach **Key Summit** (hin & zurück 2 Std.) bietet eine spektakuläre Aussicht über alle drei Täler, die sich von hier ausbreiten. Der Weg beginnt im Buchenwald am Anfang des Routeburn Trail und führt dann durch alpines Grasland weiter nach oben.

Von der Divide aus fällt die Straße ab in den Buchenwald des **Hollyford Valley** (eine tolle Aussicht gibt's bei Pop's View), und der Umweg zum Gunns Camp (S. 704), 8 km auf einer unbefestigten Straße, lohnt sich. Etwa 9 km weiter, am Ende der Straße, geht es hoch zu den **Humboldt Falls** (hin & zurück 30 Min.), wo auch der Hollyford Track beginnt.

Wieder auf der Hauptstraße nach Milford, geht es hinauf zum **Homer Tunnel,** der 101 km von Te Anau entfernt liegt. Er wird flankiert von einem hohen, aus dem Eis gehauenen Amphitheater. Der Tunnel ist außerhalb der Lawinensaison nur in eine Richtung befahrbar, die wohl höchstgelegene Ampelanlage der Welt regelt den Verkehr. Keas (Alpenpapageie) halten sich am östlichen Tunnelausgang auf, in der Hoffnung, hier von den Touristen gefüttert zu werden. Was man aber tunlichst unterlassen sollte, denn die Tiere werden vom angebotenen Futter krank! Der dunkle Tunnel, in dem ständig Wasser tropft, endet nach 1207 m durch grob behauenes Gestein am Anfang des spektakulären **Cleddau Valley**.

Ungefähr 10 km vor Milford ist der **Chasm Walk** (20 Min. hin & zurück, sogar mit dem Rollstuhl befahrbar, auch wenn für die etwas steileren Stücke Unterstützung willkommen sein dürfte) einen Zwischenstopp wert. Der bewaldete Cleddau River stürzt durch verwitterte Felsblöcke in einen schmalen Spalt, was zur Bildung von noch steileren Wasserfällen und einer natürlichen Steinbrücke führte. Von hier aus blickt man hin und wieder auf den **Mount Tutoko** (2746 m), Fiordlands höchsten Berg über dem Buchenwald gleich vor Milford.

HOLLYFORD TRACK

Dieser dramatische Weg beginnt mitten im Flachlandwald und führt über Bergflüsse und vorbei an hübschen Wasserfällen, während er dem breiten Hollyford River Valley auf dem Weg zum Meer folgt. Die Tasmanische Küste bildet einen schönen Endpunkt. In der Regel werden Wanderer bei ihrer Ankunft von Delfinen, Seelöwen und Pinguinen begrüßt. Das bedeutet aber auch, dass man nochmal vier Tage zurückwandern muss zum Ausgangspunkt, wenn man nicht gerade eine der raffinierten Abkürzungsstrecken nimmt.

Der 56 km lange Weg ist als mittelschwer eingestuft, aber man muss einige Buchten durchqueren, und er leidet unter den häufigen Überschwemmungen, während denen die Wanderer mehrere Tage darauf warten müssen, dass die Strecke wieder passierbar wird. Der schwierigste Teil des Wegs ist der nicht umsonst so benannte Demon Trail (10 km) entlang dem Lake McKerrow. Man muss sich unbedingt beim DOC in Te Anau nach den neuesten Weg- und Wetterdaten und nach detaillierten Karten erkundigen.

Von **Tracknet** (☎0800 483 262; www.tracknet.net) verkehren Shuttlebusse vom Abzweig Hollyford Road nach Te Anau (52 NZ$ 1 Std.) und Queenstown (90 NZ$, 3¾ Std.).

Wer die doch recht lange An- und Rückfahrtszeit reduzieren möchte, nimmt ein Jetboot von **Hollyford Track Guided Walks** (☎03-442 3000, 0800 832 226; www.hollyfordtrack.com; 110 NZ$) und braust in Richtung Süden den ganzen Lake McKerrow hinunter (im Voraus buchen). Die Alternative ist eine recht luxuriöse dreitägige Tour mit einem Führer (1795 NZ$), das Paket beinhaltet eine schicke Unterkunft, Jetboot-Fahrten in beide Richtungen auf dem Lake McKerrow und den Flug zum Milford Sound ab der

Martins Bay (am Ende des Lake McKerrow). Daneben besteht die Möglichkeit, Flüge von der Martins Bay zurück in die Zivilisation mit **Air Fiordland** (☎03-249 6720; www.airfiordland.com) für bis zu vier Personen zu arrangieren (Te Anau/Milford Sound 620/1240 NZ$). Der Preis gilt für den Flieger, die Passagiere können sich die Kosten also teilen. Hollyford Track Guided Walks hat manchmal bei Flügen vom Milford Sound zur Martins Bay (um dort Wanderer abzuholen) noch Plätze frei. Wer will, kann sich auch mit dem Flugzeug (145 NZ$) oder Hubschrauber (195 NZ$) in der Martins Bay absetzen lassen.

Die genannten Angebote gelten nur von Oktober bis April zu bestimmten Terminen. Wer auf eigene Faust unterwegs ist, muss deshalb bei Hollyford Track Guided Walks rechtzeitig buchen.

MILFORD TRACK

Der 53,5 km lange Milford Track gilt als einer der schönsten Wanderwege der Welt. Die Anzahl der Wanderer ist während der *Great-Walks*-Saison (Ende Okt.–Ende April) beschränkt; Wanderer müssen die Route in einer vorgegebenen Richtung in vier Tagen begehen. Übernachtet wird in Hütten, das Zelten ist verboten.

Selbst im Sommer ist mit unglaublich viel Regen zu rechnen, dann stürzt überall das Wasser herunter, und aus einem kleinen Bach kann innerhalb von ein paar Minuten ein reißender Fluss werden.

In der Nebensaison ist der Transport zum Fernwanderweg eingeschränkt, die Hütten haben kein Personal und es fehlen einige Brücken. Im Winter machen Schnee und Lawinen den Weg gefährlich. Dann ist es lebensnotwendig, sich beim DOC nach dem Lawinenrisiko zu erkundigen.

BUCHUNGEN

Der Track kann auf eigene Faust oder im Rahmen einer Gruppenwanderung mit einem Führer begangen werden. Wer allein unterwegs ist, bucht beim DOC in Te Anau oder auch online unter www.doc.govt.nz. Bevor es losgeht, müssen die Permits im DOC in Te Anau abgeholt werden.

Während der *Great-Walks*-Saison (Ende Okt.–Ende April) muss die Wanderung unbedingt reserviert werden. Es empfiehlt sich auch, möglichst lang im Voraus zu buchen. Die Buchungen werden bis zu zwölf Monate vor Beginn der neuen Saison entgegengenommen.

Ultimate Hikes (☎03-450 1940, 0800 659 255; www.ultimatehikes.co.nz; Erw./Kind Dez.–März ab 1995/1790 NZ$, April & Nov. 1830/1640 NZ$) bietet fünftägige Wanderungen mit einem Guide an; übernachtet wird in privaten Lodges. Eine eintägige Schnuppertour (11 km) kostet für Erw./Kind 195/123 NZ$.

UNTERWEGS AUF DEM TRACK

Der Weg beginnt am Glade House, am nördlichen Ende des Lake Te Anau, zu dem man per Boot von Te Anau Downs oder Te Anau kommt. Der Track folgt der flachen Ebene des Clinton River Valley durch Regenwald und kristallklare Flüsse bis hoch zum Lake Mintaro. Vom Mintaro aus überquert man den dramatischen **Mackinnon Pass**, von wo man an klaren Tagen einen spektakulären Blick auf das altmodische Clinton Valley und das futuristische Arthur Valley hat. (Wenn das Wetter bei der Ankunft an der Hütte gerade gut ist, sollte man den Pass hochklettern, denn am nächsten Tag könnte es mit der Aussicht schon wieder vorbei sein.)

Vom Pass führt eine lange Holztreppe die Stromschnellen entlang runter zum Arthur River. Dann geht es weiter hinunter nach Quintin und Dumpling Huts und durch den Regenwald im Tal bis zum Milford Sound. Man kann seine Sachen im Quintin Public

Milford Track

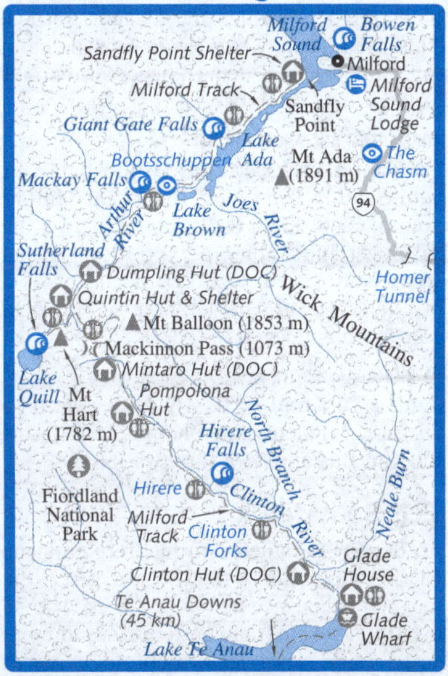

Shelter lassen und einen Abstecher zu den tollen 630 m hohen **Sutherland Falls** machen, Neuseelands höchsten Wasserfällen. Geschätzte Wanderzeiten sind:

Durchschnittliche Gehzeiten:

TAG	ROUTE	DAUER
1	Glade Wharf–Glade House	20 Min.
1	Glade House–Clinton Hut	1–1½ Std.
2	Clinton Hut–Mintaro Hut	6 Std.
3	Mintaro Hut–Dumpling Hut	6–7 Std.
3	Abstecher zu den Sutherland Falls	1½ Std. hin & zurück
4	Dumpling Hut–Sandfly Point	5½–6 Std.
4	Rainbow Reach–Kontrollstation	2½–3½ Std.

TRANSPORT ZUR GLADE WHARF

Während der *Great-Walks*-Saison fährt **Tracknet** (☎0800 483 262; www.tracknet.net) von Te Anau zu den Te Anau Downs (22 NZ$). Das Unternehmen befördert Fahrgäste auch von Queenstown zu den Te Anau Downs (65 NZ$). Mit **Real Journeys** (☎0800 656 501; www.realjourneys.co.nz; Erw./Kind 190/123,50 NZ$; ⊙Nov.–Mitte April) geht es dann per Boot von den Te Anau Downs zur Glade Wharf, die unweit des Startpunkts des Tracks liegt. Diese beiden Anfahrtsmöglichkeiten können im DOC in Te Anau zusammen mit der Wanderung gebucht werden. Außerhalb der *Great-Walks*-Saison kann man mit Tracknet den Transport direkt zur Glade Wharf vereinbaren.

TRANSPORT AB SANDFLY POINT

Die Fähren schippern um 14 und 15.15 Uhr vom Sandfly Point zum Hafen am Milford Sound (Erw./Kind 34/19,50 NZ$), wo die Ausflugsschiffe ablegen. Von dort fahren Busse von Tracknet zurück nach Te Anau (47 NZ$, 2½ Std.). Beides lässt sich im DOC von Te Anau buchen.

PAUSCHALANGEBOTE

Cruise Te Anau (☎03-249 7593; www.cruiseteanau.co.nz) bietet einen kombinierten Ausflug mit Bus und Boot für etwa 180 NZ$.

Schlafen

An der SH94 finden sich mehrere einfache DOC-Campingplätze (6 NZ$ pro Pers.); die meisten ballen sich auf einer Strecke von 45 bis 81 km von Te Anau entfernt. Zusammengestellt sind sie in der Broschüre *Conservation Campsites – South Island*, das kostenlos im DOC von Te Anau erhältlich ist oder auch unter www.doc.govt.nz abgerufen werden kann.

Milford Sound Lodge LODGE $$

(☎03-249 8071; www.milfordlodge.com; an der SH94; Zeltplatz pro Pers. ab18 NZ$, B 30–33 NZ$, DZ 85 NZ$) In der einfachen, aber gemütlichen Lodge am Cleddau River herrscht eine entspannte Atmosphäre wie am Ende der Welt. Fernseher stehen hier keine herum, und so tauschen Rucksackreisende und Wanderer ihre Erfahrungen ganz entspannt in der großen Lounge aus. Zur Lodge gehört ein winziger Laden mit Cafébar, außerdem gibt es einen kostenlosen Shuttle zum nur 1,5 km entfernten Milford Sound. Die sehr komfortablen Chalets (255 NZ$) liegen fantastisch direkt am Fluss. Eine Reservierung wird dringend empfohlen.

Gunns Camp HÜTTEN $

(gunnscamp@ruralinzone.net; Hollyford Rd.; Zeltplatz/B/Hütten 12/20/55 NZ$) Das Gunns Camp, auch unter dem Namen Hollyford Camp bekannt, liegt an der Hollyford Road etwa auf halber Höhe zwischen der SH94 (8 km) und dem Ausgangspunkt des Hollyford Track (9 km). Die Hütten – ehemalige Bauhütten – sind sehr einfach gehalten (Bettwäsche 5 NZ$ pro Bett); geheizt wird mit einem Kohle- oder Holzofen (Brennmaterial wird gestellt). Ein Generator liefert – mit Einschränkungen – Strom; allabendlich um 22 Uhr wird der elektrische Strom abgedreht. Aber es gibt heiße Duschen und einen geräumigen, neuen Küchenblock. Einen Besuch lohnen auch der kleine Laden und ein etwas exzentrisches Museum (Erw./Kind 1 NZ$/0,30 NZ$; Gäste frei) mit einigen Erinnerungsstücken aus der Pionierzeit. Nur Bargeld und Kreditkarten – kein elektronischer Zahlungsverkehr.

Knob's Flat MOTEL $$

(☎03-249 9122; www.knobsflat.co.nz; Zeltplatz pro Pers. 10 NZ$, Wohneinheiten Studio/Motel 120/150 NZ$) Im grünen Eglinton Valley, 63 km von Te Anau entfernt, bietet das Motel komfortable Wohneinheiten für Wanderer und Angler. Fernseher, E-Mail und Stress sind hier totale Fremdwörter. Die Gäste können vor Ort Mountainbikes ausleihen, um die schöne Umgebung zu erkunden. Seit kurzem gibt es außerdem einen Campingplatz (alle Zeltplätze ohne Strom) und einen geräumigen Block mit verschiedenen Einrichtungen.

Fiordland National Park Lodge LODGE $$
(☎0800 500 805, 03-249 7811; www.teanau-milfordsound.co.nz; SH94; B 28 NZ$, DZ Hotel 65–75 NZ$, B Motel 130 NZ$; @📶) Die Fiordland National Park Lodge liegt in den Te Anau Downs (29 km von Te Anau entfernt) ganz oben am See – dort, wo die Boote für den Milford Track abfahren. Das Angebot an Unterkünften ist vielfältig: Es gibt Schlafsäle und Doppelzimmer für Backpacker, aber auch Motel-Wohneinheiten für Selbstversorger. Die Lodge ist bei Leuten beliebt, die auf dem Milford Track wandern, aber auch alle anderen Gäste sind herzlich willkommen.

Milford Sound

170 EW.

Der erste Blick auf den Milford Sound ist einfach atemberaubend: Felsklippen ragen aus dem ruhigen, dunklen Wasser, an die Abhänge klammern sich Bäume um Halt bemüht. Sie wirken wie eine Art Baumlawine, die jeden Moment ins Meer zu stürzen droht. Der sagenhafte und fotogene Mitre Peak (1692 m) dominiert die Szenerie.

Ein Bootsausflug über den Milford Sound ist ein Erlebnis, bei dem man Fiordland ohne jeglichen – sportlichen – Aufwand kennenlernt – samt Seehunden, Delfinen und einer durchschnittlichen Niederschlagsmenge von satten 7000 mm pro Jahr. Mehr als genug jedenfalls, um die Wasserfälle nur so herunterrauschen zu lassen und die Szenerie in düsteren, schillernden Dunst zu tauchen.

Den Milford Sound besuchen alljährlich rund 500 000 Besucher, die meisten von ihnen kommen im Januar und Februar. An die 14 000 wandern dann entlang des Milford Track, der direkt am Sound endet. Noch mehr fahren mit dem Auto von Te Anau zum Sound, die Mehrzahl allerdings besucht ihn im Rahmen eines Busausflugs. Aber keine Sorge: Auf dem Wasser draußen wirken all diese Menschen im Angesicht der endlosen Weite ganz winzig.

Sehenswertes & Aktivitäten

Einzigartige Umweltfaktoren machen den Sound zur Heimat seltener Meereslebewesen: Heftige Regengüsse waschen die Felswände aus und spülen große Mengen organischen Materials ins Meer. Ergebnis ist eine ständige, 5 m dicke und tanninhaltige Süßwasserschicht oberhalb des wärmeren Meerwassers. Diese dunkle Schicht filtert das meiste Sonnenlicht heraus und schafft zusammen mit dem ruhigen, geschützten Fjordwasser quasi Tiefseebedingungen. Dadurch leben Tiefseekreaturen hier sogar recht dicht unter der Meeresoberfläche. Ähnlich Bedingungen herrschen im Doubtful Sound. Den schönsten Blick auf den Milford Sound hat man von einem Kajak aus – also auf Meereshöhe und unterhalb hoher Klippen.

Rosco's Milford Kayaks KAJAK FAHREN
(☎03-249 8500, 0800 476 726; www.roscosmilfordkayaks.com; Ausflüge 130–175 NZ$) Zu den empfehlenswerten Exkursionen zählt beispielsweise die Tour *Morning Glory*, eine recht anspruchsvolle Kajakfahrt am frühen Morgen (ca. 5 Std. im Boot), die die gesamte Anita Bay entlangführt. Aber auch die Tour *Stirling Sunriser*, bei der mit dem Kajak unter die 151 m hohen Stirling Falls gepaddelt wird, ist ein Erlebnis. Kürzer ist man auf dem Wasser unterwegs, wenn man um Deepwater Basin herum nach Sandfly Point (20 Min.) paddelt und anschließend 3½ Std. auf dem Milford Track wandert (89 NZ$). Rosco's unterhält ein Buchungsbüro in der Hauptstraße von Te Anau.

Fiordland Wilderness Experiences KAJAK FAHREN
(☎0800 200 434, 03-249-7700; www.seakayakfiordland.co.nz; pro Pers. 145 NZ$; ⏲Sept.–April) Eine sechsstündige Paddeltour mit einem Führer auf dem Milford Sound.

Milford Discovery Centre AQUARIUM
(Erw./Kind 36/18 NZ$; ⏲9–15.45 Uhr) Das Aquarium besteht aus interaktiven Exponaten zur Naturgeschichte, Geologie und Umwelt des Milford Sound sowie dem Deep Underwater Observatory. Das fünfstöckige Gebäude befindet sich größtenteils unter Wasser und hängt an fünf Pontonbrücken. Vier Etagen unter Wasser sind Tiefseekorallen, Zylinderrosen und Tiefseebarsche zu sehen Das Discovery Centre kann im Rahmen eines Bootsausflugs der Unternehmen Milford Sound Cruises und Mitre Peak Cruises besucht werden.

Tawaki Adventures TAUCHEN
(☎0800 829 254; www.southernaqua.co.nz) Zu den möglichen Aktivitäten zählen ein dreistündiger Bootsausflug und zwei halbstündige Tauchgänge mit einem Führer (159 NZ$); für zusätzliche 99 NZ$ kann die Ausrüstung geliehen werden. Wer nicht tauchen möchte, fährt einfach so auf dem Boot

mit (99 NZ$ plus 45 NZ$ für das Ausleihen der Schnorchelausrüstung).

Geführte Touren

Jeder Kreuzfahrtanbieter am Milford Sound ist angeblich ruhiger, kleiner, größer, günstiger oder sonstwie besser als die Konkurrenz. Den wichtigsten Unterschied macht aber der genaue Abfahrtszeitpunkt: Die meisten Tourbusse peilen die Trips um 13 Uhr an. Wer diese Zeit meidet, begegnet an Bord (und auf der Straße!) weniger Menschen. Zudem gewähren manche Firmen sogar Rabatte auf Bootstrips außerhalb der Stoßzeiten. Leidenschaftliche Tierfreunde sollten nach einem Naturkundler an Bord fragen. Allgemein ist eine Reservierung unbedingt ratsam! Normalerweise muss man sich 20 Minuten vor der Abfahrt einfinden. Gegen eine Zusatzgebühr sammeln die meisten Unternehmen ihre Passagiere auch in Te Anau ein. Tagesausflüge ab Queenstown bedeuten einen sehr langen 13-Stunden-Tag.

Alle Kreuzfahrten besuchen die Mündung des Sounds in nur 15 km Entfernung zum Hafen. Dabei gerät der Bug in die rauen Wogen der Tasmansee. Bei kürzeren Trips ist die Anzahl der „Highlights" (z. B. Bowen Falls, Mitre Peak, Anita Bay, Stirling Falls) auf dem Weg vergleichsweise geringer. Man hat immer gute Chancen auf die Sichtung von Delfinen, Seehunden und Pinguinen. Alle Bootsausflüge starten am riesigen **Cruise Terminal** (Okt.–April 8–17.15 Uhr, Mai–Sept. 9–16.15 Uhr) in zehn Gehminuten Entfernung zu Café und Parkplatz.

Real Journeys BOOTSAUSFLUG
(03-249 7416, 0800 656 501; www.realjourneys.co.nz; Erw./Kind ab 68/22 NZ$) Das große Unternehmen bietet verschiedene Bootsausflüge an, darunter malerische Kreuzfahrten, die 1¾ Std. dauern (Erw. 68–90 NZ$, Kind 22 NZ$). Lohnenswert sind auch die 2½-stündigen naturkundlich orientierten Ausflüge (Erw. 75–95 NZ$, Kind 22 NZ$): Die begleitenden Führer erklären Flora und Fauna und beantworten gern die Fragen ihrer Kunden. Real Journeys bietet auf zwei seiner Schiffe Bootsausflüge mit Übernachtung an. Die Teilnehmer können mit dem Kajak fahren und unterwegs Abstecher an Land unternehmen. Im Preis enthalten sind sämtliche Mahlzeiten, allerdings nicht der Transport ab Te Anau. Alle Touren beginnen am Fährhafen von Milford gegen 16.30 Uhr; am nächsten Morgen um 9.30 Uhr sind die Teilnehmer wieder zurück. Im Mai und September fallen die Preise. Auf dem **Milford Wanderer**, der einem alten Flachboot nachempfunden wurde, können 36 Passagiere in Zwei- und Vierbettkabinen (mit Gemeinschaftsbad) wohnen; 325/162,50 NZ$ pro Erw./Kind kostet der Spaß. Der **Milford Mariner** ist edler: Die 60 Passagiere logieren in edleren Doppelkabinen mit Bad (Erw./Kind 495/247,50 NZ$).

Jucy Cruize BOOTSAUSFLUG
(0800 500 121; www.jucycruize.co.nz; Erw./Kind ab 65/15 NZ$) Die 1½-stündigen Ausflüge auf einem komfortablen Boot mit jeder Menge Platz auf dem Deck gewährleisten ein persönlicheres Erlebnis ohne Gedränge.

Mitre Peak Cruises BOOTSAUSFLUG
(0800 744 633, 03-249 8110; www.mitrepeak.com; Erw./Kind ab 68/16,50 NZ$) Bootsausflüge in einem eher kleinen Schiff mit höchstens 75 Passagieren. Die Kreuzfahrt um 16.30 Uhr ist besonders empfehlenswert, da sich zu diesem Zeitpunkt bereits viele größere Schiffe auf dem Rückweg befinden.

Milford Sound Cruises BOOTSAUSFLUG
(03-441 1137, 0800 264 536; www.southerndiscoveries.co.nz; Erw./Kind ab 73/15 NZ$) Auf dem Programm stehen verschiedene Ausflüge, die den Milford Sound erkunden, alle dauern rund 2 Std. Die 2¼-stündige **Wildlife Cruise** (Erw./Kind 73–90/15 NZ$) wird mit einem kleinen Schiff durchgeführt und ist deshalb persönlicher.

Essen & Ausgehen

Blue Duck Café & Bar CAFÉ $$
(Snacks 5–15 NZ$, Mittagsbüffet 17–21 NZ$; Café 8.30–16 Uhr, Bar 16 Uhr bis spätnachts; @) Hier gibt es Sandwiches und mittags ein Büffet, am Abend quetschen sich in der angeschlossenen Bar Backpacker und Wanderer, um sich das hiesige Sonderangebot reinzuschaufeln: Eine Pizza mit einem Bier für schlappe 25 NZ$. Das Blue Duck befindet sich am Rand des Hauptparkplatzes am Milford Sound.

An- & Weiterreise

Auto

Es macht Sinn, in Te Anau nochmals das Auto aufzutanken, bevor man sich endgültig auf den Weg macht. Von Mai bis November müssen an Tagen mit Lawinengefahr Schneeketten mitgeführt werden (auf die entsprechenden Straßenschilder achten); sie können an fast allen Tankstellen in Te Anau ausgeliehen werden.

Bus

InterCity (www.intercity.co.nz) bietet täglich Busfahrten von Queenstown (4½ Std.) und Te Anau (1½ Std.) zum Milford Sound. **Naked Bus** (www.nakedbus.com) verkehrt ebenfalls von Te Anau zum Sound. Bei vielen organisierten Busausflügen ist eine Bootsfahrt über den Fjord im Preis enthalten; die meisten Ausflüge kosten um die 150 NZ$ ab Te Anau bzw. 200 NZ$ ab Queenstown.

Die Busse von **Tracknet** (☎0800 483 262; www.tracknet.net) für Wanderer fahren ab Te Anau und Queenstown und holen ihre Fahrgäste an der Milford Sound Lodge ab. Alle Busse kommen am Divide vorbei und beginnen/enden am Routeburn, Greenstone und Caples Track.

Manapouri

210 EW.

Manapouri dient hauptsächlich als Wanderbasis und Ausgangspunkt für Bootsausflüge zum herrlichen Doubtful Sound.

1969 fand hier Neuseelands erste große Umweltkampagne statt: Das Kraftwerk West Arm wurde konzipiert, um billigen Strom für die Aluminiumhütte bei Invercargill zu liefern. Nach dem ursprünglichen Plan wäre der Pegel des Lake Manapouri dabei allerdings um 30 m angestiegen. Dagegen wandte sich eine Petition mit beeindruckenden 265 000 Unterschriften (damals 17 % aller wahlberechtigten Neuseeländer), die letztendlich zur Niederlage der Regierung bei den folgenden Wahlen beitrug. Die Aktion war erfolgreich: Das Kraftwerk entstand schließlich ohne Anhebung des Wasserspiegels. Dieser Erfolg war der Grundstein für landesweit zunehmende Umweltschutzkampagnen in den 1970er- und 1980er-Jahren. Bis heute ist West Arm der größte neuseeländische Stromproduzent: Zwischen See und Sound führt ein Tunnel über steile 180 m quer durch den Berg hinab und treibt die Kraftwerksturbinen an.

Aktivitäten

Tagestouren — WANDERN

Mit einem Kajak, Dingi oder Wassertaxi kann man den Waiau River überqueren und auf der anderen Seite Tageswanderungen in geringer Höhe unternehmen. Nähere Informationen enthält die DOC-Broschüre *Manapouri Tracks* (www.doc.govt.nz). Eine Wanderung auf dem **Circle Track** (hin & zurück 3 Std.) kann bis zum **Hope Arm** (hin & zurück 5–6 Std.) ausgedehnt werden. Unterwegs überquert man den dem Namen nach wenig verlockenden Stinking Creek. Zwar ist Te Anau der übliche Ausgangspunkt für den Kepler Track, aber der Weg führt auch am Nordufer des Lake Manapouri vorbei, und ein Teil des Tracks kann deshalb als Tageswanderung ab Manapouri begangen werden. Ausgangspunkt hierfür ist die Hängebrücke an der Rainbow Reach, 10 km nördlich von Manapouri. Vom Pearl Harbour führt ein Wanderweg entlang des Flusses zum **Frasers Beach** (hin & zurück 1½ Std.), von wo man herrliche Ausblicke auf den See genießt.

Dusky Track — WANDERN

Manapouri ist außerdem Ausgangspunkt für den abgeschiedenen, 84 km langen Dusky Track, eine achttägige Wanderung vom Lake Manapouri zum Lake Hauroko mit einem möglichen zweitägigen Abstecher von der Loch Maree Hut zur Supper Cove am Dusky Sound. Regelmäßige Baumstürze, tiefer Schlamm, zeitraubende Überschwemmungen und 21 Drahtseilbrücken machen den Dusky Track zu einer extrem anspruchsvollen Wanderung durch die Wildnis, die nur von gut ausgerüsteten und erfahrenen Wanderern unternommen werden sollte. Nähere Informationen gibt es im DOC-Büro und im englischsprachigen Lonely Planet Wanderführer *Tramping in New Zealand.* Näheres zum Transport ab Te Anau oder Tuatapere zum Dusky Track weiß **Lake Hauroko Tours** (☎03-226 6681; www.duskytrack.co.nz).

Adventure Kayak & Cruise — KAJAK FAHREN

(☎0800 324 966; www.fiordlandadventure.co.nz) Wer auf dem Lake Manapouri paddeln möchte, kann bei diesem Unternehmen zwischen Oktober und April für 50 NZ$ pro Person ein Kajak mieten; Die Boote werden aus Sicherheitsgründen allerdings nur ab zwei Personen (oder mehr) vermietet und sind mit kostenlosen Funkgeräten ausgestattet. Das Unternehmen bietet außerdem Kajakausflüge auf dem Doubtful Sound (ab 239 NZ$ pro Pers.) an.

Adventure Manapouri — BOOT FAHREN

(☎03-249 8070; www.adventuremanapouri.co.nz) Hier werden Ruderboote (Tag 20 NZ$) verliehen und Wassertaxis angeboten, auch für Angler gibt es spezielle Angebote bei diesem Anbieter.

Manapouri Stores — BOOT FAHREN

Verleiht Ruderboote (Tag 30 NZ$), eine praktische Landkarte mit Wanderwegen in der Umgebung bekommen die Kunden gratis dazu.

Schlafen

Misty Mountain Eco-Retreat HAUS $$
(03-249 6661; www.waitahanui-hideaway.co.nz; 313 Hillside-Manapouri Rd.; DZ 150 NZ$) In dem gemütlichen Cottage zwischen einheimischen Bäumen und Vogelgezwitscher wurde Treibgut aus dem Doubtful Sound für die Inneneinrichtung verarbeitet und mit einer modernen Küche und Bad kombiniert. Die Einrichtung ist schick – seien es die Holzböden oder die orientalischen Läufer. Von der Sonnenterrasse aus genießen die Gäste den Bergblick.

Freestone Backpackers HOSTEL $
(03-249 6893; www.freestone.co.nz; 270 Hillside-Manapouri Rd.; B 22–33 NZ$, DZ 66–150 NZ$) Die sauberen, gemütlichen rustikalen Hütten liegen an einem Hügel etwa 3 km östlich der Stadt gelegen. Jede Hütte hat eine kleine Küche, einen Kanonenofen und eine Veranda – allerdings kein eigenes Bad, das müssen sich alle Gäste teilen. Schlafsäle und weitere Zimmer befinden sich in einem Gemeinschaftshaus. Die komfortableren Unterkünfte (75 NZ$) verfügen über eine Küche und ein eigenes Bad; die Luxusvariante der Unterkünfte bietet Luxusbetten, ein Frühstück (150 NZ$) und auch einen Wellnessbereich zum entspannen.

Manapouri Lakeview Chalets & Motor Park HOLIDAY PARK $
(03-249 6624; www.manapourimotels.co.nz; SH95; Zeltplatz ab 33 NZ$, Wohneinheiten 58–130 NZ$; @) Der Campingplatz bietet außergewöhnlichen Hütten – von Pseudo-Almhütten nach schweizerischem Vorbild bis hin zur nachempfundenen Barackensiedlung. Der Fuhrpark mit alten Morris Minors in unterschiedlich gutem Zustand und viele nostalgische Flipperautomaten wecken bei so manchem Gast längst verschüttete Jugenderinnerungen.

Possum Lodge HOLIDAY PARK $
(03-249 6623; www.possumlodge.co.nz; 13 Murrell Ave.; Zeltplatz 34 NZ$, B 23 NZ$, Wohneinheiten 55–105 NZ$; Okt.–Ostern; @) Ein reizender, kleiner, schattiger Campingplatz unweit vom See gelegen. Der Platz ist mit relativ einfachen Hütten und modernen Wohneinheiten im Motelstil bestückt. Unbedingt ein Insektenschutzmittel gegen die lästigen Sandfliegen mitbringen!

Essen & Ausgehen

Lakeside Café & Bar PUB
(68 Cathedral Dr.; Pizza 18–20 NZ$, Hauptgerichte 18–34 NZ$; @) Auf den Tisch kommen hier herzhafte Mahlzeiten – kostenlos dazu gibt es in der sonnigen Gartenbar den schönen Seeblick. Das dazugehörige Pub ist groß und verbreitet eine fröhliche Stimmung; silberne Hubschrauber fungieren als Ventilatoren – eine witzige Idee!

An- & Weiterreise

Auf Wunsch macht **Topline Tours** (03-249 8059; www.toplinetours.co.nz; 20 NZ$) auf dem Weg von Queenstown nach Te Anau einen Abstecher nach Manapouri.

Doubtful Sound

Die Wildnis des gewaltigen, herrlichen Doubtful Sound besteht aus schroffen Gipfeln, dichten Wäldern und donnernden Wasserfällen nach Regengüssen. Als einer der größten Fjorde Neuseelands ist der Doubtful dreimal länger und zehnmal breiter als der Milford – und zudem weitaus weniger befahren. Wenn Zeit und Geld reichen, warten hier ein einmaliges Erlebnis und gelegentlich auch Pelzrobben, Delfine, Fiordlandpinguine oder Seehunde.

Bis vor nicht allzu langer Zeit haben nur die abgebrühtesten Wanderer oder Seeleute eine Erkundung des Doubtful Sound unternommen. Selbst Kapitän Cook betrachtete den Fjord 1770 nur vom Land aus und war „unsicher" („doubtful"), ob die Winde im Sound das Schiff überhaupt wieder ins Meer hinaustrügen. Die Meerenge wurde deutlich zugänglicher, als man 1959 die Straße über den Wilmot Pass eröffnete, um den Bau des Kraftwerks West Arm zu ermöglichen.

Geführte Touren

Der Doubtful Sound kann nur im Rahmen geführter Touren besucht werden. Zuerst geht es per Boot von Manapouri über den Lake Manapouri zum Kraftwerk West Arm. Dann führen 22 gewundene Buskilometer durch dichten Regenwald nach Deep Cove (hier lebt ein einziger Einwohner), wo man mit einem anderen Boot hinaus auf den Sound schippert. Zahlreiche Touren besichtigen das Kraftwerk. Beste Ausgangsbasis ist Manapouri, aber diverse Veranstalter holen ihre Kunden auch in Te Anau oder Queenstown ab.

Real Journeys BOOTSAUSFLUG
(☎0800 656 501; www.realjourneys.co.nz) Auf dem Programm des Anbieters steht die *Wilderness Cuise*, ein Tagesausflug (Erw./Kind 235/65 NZ$), der mit einer 45-minütigen Bootsfahrt über den Lake Manapouri zum Kraftwerk West Arm beginnt. Anschließend geht es mit dem Bus über den Wilmot Pass zum Sound, der dann im Rahmen einer dreistündigen Bootsfahrt erkundet wird. Die Teilnehmer können sich in Te Anau oder Queenstown abholen lassen. Wer das Kraftwerk auch untertage kennenlernen möchte, kann einen anderen Bootsausflug auf dem Lake Manapouri (Erw./Kind 70/22 NZ$, Okt.–April) buchen. Von September bis Mai veranstaltet Real Journeys auch Schiffssausflüge mit Übernachtung auf dem Doubtful Sound. Auf dem *Fiordland Navigator* können 70 Personen logieren; es gibt komfortable Zweibettkabinen mit eigenem Bad (Erw./Kind ab 675/337,50 NZ$) oder einfachere Vierbettkabinen mit Stockbetten (Erw./Kind 375/187,50 NZ$). Der Transport nach/von Te Anau oder Queenstown wird organisiert. In den Preisen sind sämtliche Mahlzeiten und auch die Ausflüge mit dem Kajak oder Schlauchboot enthalten.

Adventure Kayak & Cruise KAJAK FAHREN
(☎0800 324 966; www.fiordlandadventure.co.nz; ⏲Ende Sept.–Mai) Auf dem Programm stehen Kajak-Tagesausflüge (239 NZ$) sowie Kajak- und Campingtouren mit Übernachtung (269 NZ$).

Fiordland Wilderness Experiences KAJAK FAHREN
(☎0800 200 434; www.seakayakfiordland.co.nz; pro Pers. 399–2250 NZ$; ⏲Okt.–April) Im Angebot sind zwei- bis fünftägige Kajak- und Campingtouren auf dem Doubtful Sound sowie fünftägige Kajakausflüge auf dem entlegenen Dusky Sound. Die Teilnehmer übernachten auf dem Expeditionsschiff *Breaksea Girl*; sämtliche Mahlzeiten und auch der Hubschraubertransfer sind im Tourpreis inbegriffen.

Deep Cove Charters KREUZFAHRT
(☎0800 249 682; www.doubtful-sound.com; Koje pro Pers. 500 NZ$, Privatkabine 1200 NZ$) Deep Cove Charters führt persönliche Kreuzfahrten mit maximal zwölf Teilnehmern und Übernachtung durch. Die Mahlzeiten sind alle im Preis enthalten – wer will und etwas Anglerglück hat, der kann sich seinen Fisch zum Abendessen selber fangen.

Fiordland Cruises KREUZFAHRT
(☎0800 483 262; www.fiordlandcruises.co.nz; ab 550 NZ$) Kreuzfahrt mit Übernachtung, inklusive Tierbeobachtung und Angeln, mit maximal zwölf Teilnehmern. Die Mahlzeiten und der Transfer nach/von Te Anau sind im Preis inbegriffen.

Fiordland Expeditions KREUZFAHRT
(☎0508 888 656; www.fiordlandexpeditions.co.nz; ab 495 NZ$) Kreuzfahrt mit Übernachtung für höchstens zehn Personen mit der Möglichkeit zum Kajakfahren, Tauchen oder Angeln. Was es zum Abendessen gibt, hängt vom Erfolg der Angler ab...

Fiordland Explorer Charters KREUZFAHRT
(☎0800 434 673; www.doubtfulsoundcruise.com; Tageskreuzfahrt Erw./Kind 220/80 NZ$) Tagesausflug mit dem Schiff für maximal 20 Personen. Der Preis schließt die Besichtigung des Kraftwerks und eine dreistündige Fahrt über den Sound ein.

Schlafen

Am Sound finden sich ausschließlich einfache Unterkünfte. Die meisten Reisenden übernachten jedoch im Rahmen einer Kreuzfahrt auf dem jeweiligen Schiff oder zelten bei einer Kajaktour am Ufer.

Deep Cove Hostel HOSTEL $
(☎03-218 7655; www.deepcovehostel.co.nz; pro Pers. 26–41 NZ$; @) Das Hostel bietet Stockbetten, Kochgelegenheiten und kleine Boote – und zwar an einer Stelle direkt am Doubtful Sound, wo in alle Himmelsrichtungen diverse Wanderwege unmittelbar in den Busch abgehen. Das Hostel wird überwiegend von Schulklassen genutzt, unkomplizierte Gäste sind aber im Deep Cove Hostel ebenfalls willkommen. Unbedingt im Voraus reservieren.

SOUTHERN SCENIC ROUTE

Die beschauliche, malerische Südroute beginnt in Queenstown und führt in Richtung Süden über Te Anau nach Tuatapere, Riverton und Invercargill. Von Invercargill geht es dann in Richtung Norden durch die Catlins nach Dunedin. Informationen bietet das Internet unter www.southernscenicroute.co.nz; hilfreich ist auch die kostenlose Landkarte *Southern Scenic Route*. Öffentliche Verkehrsmittel gibt es nicht gerade viele, aber Shuttlebusse von **Bottom Bus** (☎03-

477 9083; www.travelheadfirst.com) verkehren regelmäßig auf der Panoramastrecke.

Von Manapouri aus folgt die Straße dem Waiau River südwärts zwischen den bewaldeten Takitimu Mountains und den Hunter Mountains. Nahe Clifden steht mit der eleganten **Clifden Suspension Bridge** von 1899 eine der längsten Brücken der Südinsel. In ca. 2 km Entfernung zur Ecke Clifden Road sind die **Clifden (Waiau) Caves** an der Otautau Road ausgeschildert. Im Inneren der Höhlen heißt es kraxeln und nochmals kraxeln, durch enge Spalten kriechen und Leitern hinaufsteigen – Begleiter, eine Ersatztaschenlampe und jede Menge Vorsicht mitbringen! Zwecks aktuellen Bedingungen und Karten sollte man vorher auch unbedingt beim Tuatapere Visitor Information Centre vorbeischauen.

Gleich südlich der Hängebrücke beginnt eine Abzweigung zu einem Wanderweg durch den **Dean Forest**. Dieses Schutzgebiet für uralte Totara-Bäume erstreckt sich 23 km abseits der Hauptstraße. Von Clifden aus geht es über 30 größtenteils unbefestigte Autokilometer zum Lake Hauroko. Neuseelands tiefster See ist von düsteren, bewaldeten und bedrohlich wirkenden Steilhängen umgeben. Aufgrund der vielen alten *urupa* (Begräbnisstätten) in dieser Ecke verhält man sich idealerweise entsprechend respektvoll und bleibt auf den Wegen. Hier beginnt bzw. endet auch der Dusky Track.

Lake Hauroko Tours (☎03-226 6681; www.duskytrack.co.nz; Touren inkl. Mittagessen 120 NZ$; ⏱Touren Nov.–April) veranstaltet Tagesausflüge mit Start bzw. Ziel Tuatapere.

Tuatapere

740 EW.

Das verschlafene Tuatapere, einst ein Nest mit vielen Sägemühlen, hat sich inzwischen zu einem Landwirtschaftszentrum gemausert. Die einst hier tätigen Holzfäller scheinen sehr effizient gearbeitet zu haben: Von den weitläufigen Steineibenwäldern ist bloß noch ein Bruchteil erhalten.

Das **Tuatapere Visitor Information Centre** (☎03-226 6739, 0800 486 774; www.humpridgetrack.co.nz; 31 Orawia Rd.; ⏱9.30–17 Uhr, im Winter kürzer) hilft gern weiter, wenn jemand die Clifden Caves besuchen möchte oder einen Hüttenpass für den Hump Ridge bzw. einen Transfer benötigt. Gleich nebenan befindet sich das **Bushman's Museum** (Eintritt nach Spende); es zeigt eine interessante Fotodokumentation über die Sägewerke, die es in dieser Gegend früher gab.

Weitere Informationen über Tuatapere und das westliche Southland finden sich auf der Website www.westernsouthland.co.nz. Und noch ein Tipp: Vor der Weiterreise unbedingt die leckeren einheimischen Würstchen probieren!

Aktivitäten

Tuatapere Hump Ridge Track WANDERN
(☎03-226 6739; www.humpridgetrack.co.nz) Der herrliche Tuatapere Hump Ridge Track (53 km) windet sich hinauf in subalpine Höhen, von deren schroffer Landschaft der Blick nordwärts nach Fiordland und südwärts gen Stewart Island schweift. Anschließend führt der Pfad durch dichte, natürliche Rimu- und Buchenwälder hinunter zur rauen Küste. Vögel gibt es hier reichlich. Wer dann der einsamen, windumtosten Küste zurück zum Ausgangspunkt folgt, erspäht eventuell Hector-Delfine. Unterwegs passiert die Route ein paar mächtige historische Holzviadukte, darunter das höchste des Landes. Der Track beginnt und endet 20 km von Tuatapere entfernt am Bluecliffs Beach (Te Waewae Bay). Er kann in drei ziemlich langen Wandertagen absolviert werden.

Geschätzte Wanderzeiten:

ROUTE	DAUER
Bluecliffs Beach Car Park–Okaka Lodge	7–9 Std.
Okaka Lodge–Port Craig Village	7–9 Std.
Port Craig Village–Parkplatz Bluecliffs Beach	5–6 Std.

Dieser Track untersteht nicht dem DOC, sondern befindet sich in Privathand und muss unbedingt im Voraus reserviert werden. Im Sommer kosten Buchungen 130 NZ$ für zwei Nächte. Es gibt auch Angebote mit geführten Wanderungen, Helikopter-Trekking und Jetbootfahrten.

Humpridge Jet JETBOOT FAHREN
(☎0800 270 556; www.wildernessjet.co.nz; ab 210 NZ$) Bietet attraktive Kombiangebote: Eine Fahrt mit dem Jetboot und Hubschrauber oder Fahrten mit einer Übernachtung in der entlegenen Waitutu Lodge.

W-Jet JETBOOT FAHREN
(☎0800 376 174; www.wjet.co.nz; ab 225 NZ$) Im Preis inbegriffen ist eine Naturwande-

rung mit einem Führer, anschließend wird gegrillt.

Schlafen & Essen

Last Light Lodge HOLIDAY PARK $
(03-226 6667; www.lastlightlodge.com; 2 Clifden Hwy.; Zeltplatz ab 15 NZ$, B30 NZ$, Wohneinheiten 56–66 NZ$) Eine hippe Anlage in Tuatapere mit jeder Menge Übernachtungsmöglichkeiten, darunter Zeltplätzen, Schlafsälen und Hütten. Das angeschlossene Last Light Café mit coolen Retro-Möbeln ausgestattet bringt ein herzhaftes Frühstück und leckere kleine Gerichte auf den Tisch. Die meisten Speisen sind mit Nahrungsmitteln aus biologischem Anbau, viele der Zutaten stammen aus den eigenen Gärten.

Shooters Backpackers & Tuatapere Motel HOLIDAY PARK $
(03-226 6250; www.tuataperaccommodation.co.nz; 73 Main St.; Zeltplatz ab 30 NZ$, B 28 NZ$, Wohneinheiten 60–110 NZ$; @) An Gemeinschaftseinrichtungen gibt es eine geräumige Küche mit Holzofen, eine große Terrasse und einen Grillplatz, dazu ein Wellnesscenter und eine Sauna. Gezeltet wird auf dem Rasen. Mehr Privatsphäre bieten die Doppelzimmer und Wohneinheiten für Selbstversorger. Ausflüge zum Jetbootfahren, Tauchen und Angeln können organisiert werden.

Yesteryears Café CAFÉ $
(3a Orawia Rd.; leichte Mahlzeiten 10–15 NZ$) Hier bestellt man eine von Tante Daisys Zuckerwecken und dazu ein echtes Kiwi-Milkshake. Und dann kann man sich hier auch gleich noch selbst gemachte Marmelade für unterwegs zum Frühstück mitnehmen. Interessant ist das Sammelsurium an kuriosen Haushaltsartikeln, die von Familien aus ganz Tuatapere stammen.

Von Tuatapere nach Riverton

Auf der SH99, rund 10 km südlich von Tuatapere, lohnt ein Zwischenstopp am sagenhaften Aussichtspunkt **McCracken's Rest**. Am besten genießt man zunächst einmal den Blick in die weitläufige **Te Waewae Bay**, denn dort sind manchmal Hektor-Delfine und Glattwale zu sehen – und dann die herrliche Aussicht auf die verschneiten Gipfel des Fiordlands.

Die **Colac Bay** ist ein beliebter Ferienort und eine gute Surf-Location. Für die beste Brandung sorgen die Südwinde, die Bedingungen sind aber eigentlich das ganze Jahr über gut, sonderlich voll wird es hier auch nie. Der **Dustez Bak Paka's & Camping Ground** (03-234 8399; www.dustezbakpakas.co.nz; 15 Colac Bay Rd.; Zeltplatz ab 29 NZ$, B 29 NZ$, Wohneinheiten 55–59 NZ$) bietet einfache Zimmer sowie Zeltplätze auf einer Rasenfläche. Die Gäste können sich ein Surfbrett ausleihen. Das Abendessen lässt sich nebenan in der Colac Bay Tavern bestellen. Ein Stück weiter den Strand hinunter hat sich der Pavilion mit seinem leckeren Fisch, dem Biolamm und den frischen Gartenkräutern einen Namen in ganz Southland gemacht.

INSIDERWISSEN

COLAC BAY *KERI HULME*

Hier kamen zwei Linien meiner Vorfahren zusammen: Der amerikanische Kapitän eines Walfangschiffs, angeblich ein halber Tahitianer, und eine Frau der Kai Tahu/Kati Mamoe bekamen einen Sohn: meinen Urgroßvater! Vom Strand, der Brandung und dem einheimischen *marae* einmal abgesehen, ist in der Colac Bay eigentlich nicht sonderlich viel los. Ach ja, da wäre noch der Surfer Dude, der schnittig auf den Wellen reitet. Klassische *baches* und Fischen an den Felsen… bei Ebbe schlendert man durch den Sand und vielleicht unternimmt man mal einen Ausflug nach Cozy Nook. Die eigentliche Attraktion der Colac Bay ist das Rauschen des Meeres, die Brandung, die hier heranrollt: Ich habe Tage damit verbracht, einfach nur zu lauschen, herumzulaufen, zu lauschen, zu sinnieren und mit dem Meeresrauschen in den Ohren einzuschlafen. Die Bucht eignet sich perfekt, um einfach einmal einen Tag auszusteigen – oder auch drei oder vier. Aber Achtung: Der Wind kann hier wie wahnsinnig wehen und bringt oft antarktische Kälte mit. Meist ist es es aber ruhig und sonnig…

Keri Hulme, Schriftstellerin

Auch für eine Rast mit Kaffee und Kuchen eignet sich das Lokal bestens.

Riverton

1850 EW.

Das beschauliche, kleine Riverton liegt gerade einmal 38 km von Invercargill entfernt und ist ein guter Stopp für eine Mittagspause. Und wenn jemand der Sinn nach einem Schwimmerlebnis in Südpolnähe steht, bieten sich die **Riverton Rocks** samt Umgebung sowie die **Taramea Bay** (nicht weiter als bis zu diesem Punkt) für eine Abkühlung an. Kunstinteressierte können einen Blick in die hippen **Galerien** werfen.

Das **Riverton Visitor Information Centre** (☎03-234 8260; www.riverton-aparima.co.nz; 127 Palmerston St.; ⏲Okt.–April 10–16 Uhr, Nov.–März 11–15 Uhr) bietet Informationen zum interessanten geologischen Erbe der Region und hilft bei der Suche nach einer Unterkunft weiter.

In diesem Zentrum erzählt **Te Hikoi Southern Journey** (☎03-234 8260; www.tehikoi.co.nz; Erw./Kind 5 NZ$/frei; ⏲Sommer 10–16 Uhr, Winter 11–15 Uhr) die lebendige Geschichte der Region – angefangen bei den ersten Maori bzw. Pakeha.

Das **Beach House** (126 Rocks Hwy.; Hauptgerichte 20–34 NZ$; @) ist ein schickes, gemütliches Café, das für seine leckeren Meeresfrüchte bekannt ist, und zwar besonders für die cremige Suppe, die aus ihnen gemacht wird. An einem sonnigen Tag, wenn ein laues Lüftchen vom Foveaux Strait weht, sollte man sich unbedingt an einen der Tische im Freien setzen. Zu 90 % muss man aber wohl in der Gaststube Platz nehmen und den Meerblick im Warmen durchs Fenster genießen. Wie man hinkommt? Einfach den Schildern folgen, die an der Küste den Weg zum Aussichtspunkt weisen.

Das schicke kleine **Mrs Clark's Café** (108 Palmerston St.; Mahlzeiten 12–123 NZ$) mit viel recyceltem Holz, cooler Musik sowie Wein und Bier von South Island befindet sich in einem türkisen Gebäude, das schon seit 1891 verschiedenste Lokale beherbergte. Es ist allerdings unwahrscheinlich, dass der Espresso und das gigantische Frühstück damals auch schon so köstlich waren.

Das **South Coast Environment Centre** (www.sces.org.nz; 154 Palmerston St.) bietet eine gute Auswahl an Bioobst, Gemüse und Fleisch, fungiert als WWOOF-Vermittler (d. h. World Wide Opportunities on Organic Farms; Mitarbeit auf einem ökologischen Bauernhof) und organisiert den Bauernmarkt von Riverton (am Freitagnachmittag).

DAS ZENTRUM VON SOUTHLAND

Das Zentrum fungiert als Tor nach Stewart Island und ist zugleich ein günstiger Ausgangspunkt für einen Besuch der Catlins und des Fiordlands.

Invercargill

50 328 EW.

Das flache, provinzielle Invercargill mit seinen endlosen baumlosen Straßen ist nicht gerade prickelnd, wenn jemand von den Catlins oder aus Fiordland kommt. Dennoch enden beinahe alle Backpacker, die in Southland unterwegs sind, irgendwann einmal hier – beispielsweise, um ihre Vorräte aufzufüllen oder eine Ausrüstung zu kaufen, bevor es weiter zu den Catlins oder nach Stewart Island geht. Für Invercargill sprechen seine Ecken mit Kunstläden, einige gute Restaurants und die tolle kleine Mikrobrauerei.

Sehenswertes & Aktivitäten

Southland Museum & Art Gallery GALERIE

(www.southlandmuseum.com; Queens Park, 108 Gala St.; Eintritt nach Spende; ⏲9–17 Uhr) Die Kunstgalerie zeigt Wanderausstellungen mit Arbeiten zeitgenössischer Maori- und einheimischer Künstler sowie gelegentlich auch internationale Ausstellungen. Wer plant, Stewart Island zu besuchen, sollte sich die Ausstellung *Beyond the Roaring Forties* ansehen; sie beschäftigt sich mit den subantarktischen Inseln.

Die wahren Stars des Museums sind aber ganz eindeutig die Tuataras, echsenartige Reptilien, die nur in Neuseeland vorkommen und sich in den vergangenen 220 Mio. Jahren nicht verändert haben. Und wenn der gemächliche, gut 100 Jahre alte Patriarch Henry stellvertretend für sein Art steht, dann wird sich daran wohl in den nächsten 200 Mio. Jahren nichts ändern.

Henry und seine Reptilienfreunde findet man im Tuatara-Gehege, gefüttert werden sie immer freitags um 16 Uhr. Außerhalb der Öffnungszeiten kann man durch ein Fenster in der Rückwand der Pyramide einen Blick auf die Echsen werfen.

Burt Munro MOTORRÄDER, FILMSCHAUPLATZ
Fans des Motorradrennfahrers Burt Munro können seine rasanten Höchstleistungen zunächst einmal im Film *Mit Herz und Hand* (2005) bestaunen und anschließen sein berühmtes Motorrad bei **E Hayes & Sons** (www.ehayes.co.nz; 168 Dee St.) bewundern. Dort findet man noch weitere nostalgische Motorräder, außerdem werden Filme verkauft. Der **Oreti Beach** (wo Burt sich ein Wettrennen mit einer Truppe junger Halbstarker lieferte) liegt 10 km südwestlich und bietet sich an, um eine Runde schwimmen zu gehen. Die beliebte Sportveranstaltung **Burt Munro Challenge** (www.burtmunro challenge.com) findet jedes Jahr im Novem-

Invercargill

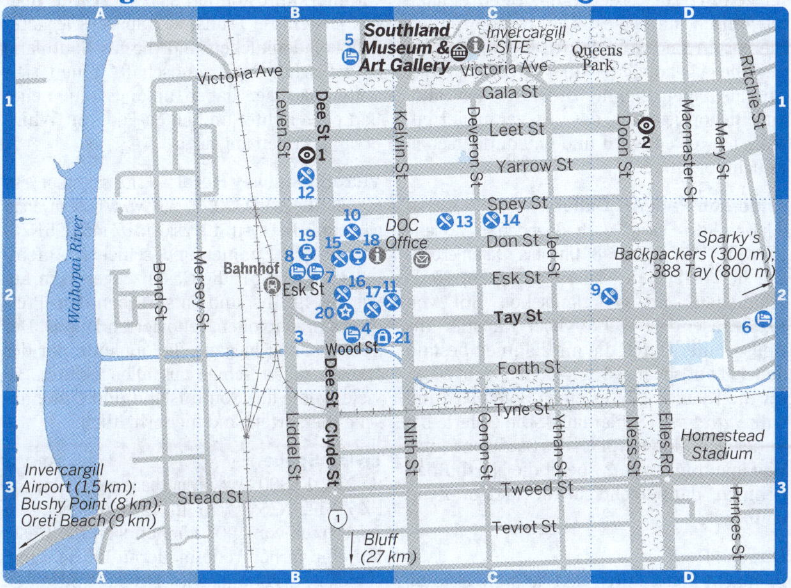

Invercargill

Highlights
Southland Museum & Art Gallery C1

Sehenswertes
1 E Hayes & Sons B1
2 Water Tower D1

Aktivitäten, Kurse & Touren
3 Invercargill Brewery B2

Schlafen
4 Living Space B2
5 Southern Comfort Backpackers B1
6 Sparky's Backpackers D2
7 Tuatara Lodge B2
8 Victoria Railway Hotel B2

Essen
9 Countdown D2
10 Devil Burger B2
11 Duo B2
12 Louie's Café B1
13 Seriously Good Chocolate Company C2
14 The Batch C2
15 Three Bean Café B2
Tuatara Café .... (siehe 7)
16 Turkish Kebabs B2
17 Zookeepers Cafe B2

Ausgehen
18 Kiln B2
19 Speight's Ale House B2

Unterhaltung
20 Reading Cinemas B2
Tillermans Music Lounge .... (siehe 10)

Shoppen
21 H&J's Outdoor World B2

ber statt. Das Southland Museum zeigt eine interessante Ausstellung mit Erinnerungsstücken von Munro.

Invercargill Brewery BRAUEREI
(☎03-214 5070; www.invercargillbrewery.co.nz; 8 Wood St.; ⌚Mo–Do 11–17.30, Fr 11–18.30, Sa 11–16 Uhr) Das Bier darf jeder gratis probieren, und so mancher echte Bierfan hatte schon das Glück, vom Personal durch die Brauerei geführt zu werden (am besten einfach telefonisch anfragen). Die beiden besten Biersorten sind wohl das frische Biman Pilsner und das hopfige Stanley Green Pale Ale. An saisonalen Bieren wird u. a. das Smokin' Bishop gebraut, das aus geräuchertem Malz hergestellt wird und einem deutschen Rauchbier ähnelt.

Anderson Park Art Gallery GALERIE
(McIvor Rd.; Eintritt nach Spenden; ⌚Galerie 10.30–17 Uhr, Gärten 8 Uhr bis Dämmerung) Die hervorragende Galerie in einem Herrschaftshaus im georgianischen Stil von 1925 präsentiert Werke vieler Künstler aus Neuseeland. Durch die mit Bäumen bestandenen Landschaftsgärten ziehen sich Wege, für die Kleinen gibt es einen Spielplatz und ein *wharepuni* (Schlafhaus). Die Galerie befindet sich 7 km nördlich des Stadtzentrums. Wie man hinkommt? Zuerst die North Road nehmen, dann rechts in die McIvor Road einbiegen.

Queens Park PARK
Es macht Spaß, durch den halb angelegten, halb naturbelassenen Queens Park zu spazieren, vorbei an einheimischen Bäumen, einem Ententeich und einem Kinderspielplatz samt einer Burg, die an *Alice im Wunderland* erinnert.

Schlafen

Die meisten Unterkünfte liegen am Hwy. 1 East (Tay St.) und am Hwy. 6 North (North Rd.). In vielen Unterkünften können Gäste, die nach Stewart Island fahren, einen Teil ihres Gepäcks deponieren.

LP TIPP **Bushy Point Fernbirds** HOMESTAY $$
(☎03-213 1302; www.fernbirds.co.nz; 197 Grant Rd.; EZ/DZ inkl. Frühstück 115/135 NZ$) Zwei freundliche Corgis zählen zu den Gastgebern dieses umweltbewussten Privatquartiers am Rand eines 4,5 ha großen privaten Naturschutzgebiets mit Wäldern und Sumpfgebieten. Das Fernbirds ist bei Vogelfreunden sehr beliebt, aus diesem Grund sollte man frühzeitig reservieren. Von der Innenstadt Invercargills ist man mit dem Auto in fünf Minuten dort. Der Übernachtungspreis schließt eine geführte Wanderung durch den Wald des Naturschutzgebietes ein.

Sparky's Backpackers HOSTEL $
(☎03-217 2905; www.sparkysbackpackers.co.nz; 271 Tay St.; B inkl. Frühstück 25/60 NZ$) In der skurrilen Mischung aus Hostel und Privatunterkunft können sich die Gäste über das kostenlose Frühstück, Sparkys leckerer Schokoladenkuchen und die für Southland so typische Gastfreundschaft freuen. Die netten Besitzer haben unlängst ein neues Bad eingerichtet und einen Pool mit Whirlpool im Freien angelegt.

Victoria Railway Hotel HISTORISCHES HOTEL $$
(☎03-218 1281, 0800 777 557; www.hotelinvercargill.com; Ecke Leven St. & Esk St.; DZ 145–195 NZ$) Die noblen Zimmer und schicken Aufenthaltsbereiche für die Gäste zeugen vom Luxus des 19. Jhs. und entsprechen dem Preis dieses prachtvollen, renovierten Hotels. Der Speisesaal ist elegant, die opulente Bar des Hauses platzt schier aus allen Nähten, so viele Weine aus South Island und einheimische Biersorten sind hier erhältlich.

Living Space HOTEL $$
(☎03-211 3800; www.livingspace.net; 15 Tay St.; DZ 75–129 NZ$; @📶) In dem umgebauten Lagerhaus von 1907 können sich die Gäste auf eine farbenfrohe moderne Einrichtung, schickes, ergonomisches Design und einen entspannten Service freuen. Die Studios sind nicht gerade riesig, verfügen aber über Kochnischen für Selbstversorger und kompakt angelegte Bäder.

Southern Comfort Backpackers HOSTEL $
(☎03-218 3838; 30 Thomson St.; B/EZ/DZ 28/65/66 NZ$) In diesem entspannten, gemütlichen Hostel steht in der Lounge endlich mal keine Glotze herum. Auf die Gäste warten farbenfrohe Zimmer und eine moderne, gut ausgestattete Küche. Die Doppelzimmer sind geräumig, im hübschen Garten wachsen viele Kräuter, die zum Kochen verwendet werden. Ausschließlich Barzahlung.

388 Tay MOTEL $$
(☎0508 388 829, 03-217 3881; www.388taymotel.co.nz; 388 Tay St.; DZ 120–160 NZ$; 📶) Moderne, geräumige Wohneinheiten und ein herzlicher Empfang sind in diesem gut geführten Motel eine Selbstverständlichkeit. Es befindet sich in der Tay Street von Inver-

cargill, in der noch viele andere Motels zu finden sind.

Tuatara Lodge HOSTEL $
(☎03-214 0954; www.tuataralodge.co.nz; 30-32 Dee St.; B 29 NZ$, DZ 69–80 NZ$; @) Die Zimmer sind recht einfach, jedoch sauber und gemütlich. Von allen günstigen Unterkünften des Ortes liegt dieses Hostel am zentralsten. Das Personal ist freundlich, im Erdgeschoss liegt eine nette Café-Bar für die Gäste. Die Verkehrsmittel von Bluff nach Stewart Island halten direkt vor der Tür.

Invercargill Top 10 Holiday Park HOLIDAY PARK $
(☎0800 486 873, 03-215 9032; www.invercargilltop10.co.nz; 77 McIvor Rd.; Zeltplätze ab 19 NZ$, Wohneinheiten 78–150 NZ$; @) Die ruhige, grüne Anlage liegt 6,5 km nördlich der Stadt und bietet privat gehaltene Zeltplätze und gute Gemeinschaftseinrichtungen. Die modernen, gemütlichen Studios und Hütten für Selbstversorger verfügen jeweils über ein eigenes Bad.

Essen

Duo RESTAURANT $$
(☎03-218 8322; 16 Kelvin St.; Mittagessen 16–22 NZ$, Abendessen 32 NZ$; 11.30–14 & 17.30 Uhr bis spätnachts) Das elegante Duo bietet preisgünstige Mittagsgerichte, das Abendessen kommt teurer. Serviert werden Standardgerichte wie Räucherlachs, Schweinesteaks mit Kräuter-Feta-Kruste und Kabeljau, der im Backofen gegart wurde. Auf der Weinkarte stehen überwiegend edle und oft auch seltene Tropfen aus Central Otago. Es empfiehlt sich, abends einen Tisch zu reservieren.

The Batch CAFÉ $$
(173 Spey St.; Snacks & Hauptgerichte 8–15 NZ$) Die Gäste sitzen an großen Tischen beieinander, es herrscht eine entspannte Strandatmosphäre, der Kaffee und die Smoothies sind vom Feinsten – kein Wunder also, dass das Café immer wieder zur besten Adresse in Southland gekürt wird. Am Tresen locken leckere Bagels und Muffins, zu den gesunden Mittagsgerichten lassen sich ein paar wenige Weine und Biere bestellen. Am Freitag hat das Café länger geöffnet – bis 19.30 Uhr.

Seriously Good Chocolate Company CAFÉ $
(147 Spey St.; Mo–Fr) Das sonnige Café liegt nur ein paar Schritte von der Innenstadt Invercargills entfernt und hat sich auf kunstvolle Schokokreationen (ca. 1,50 NZ$) spezialisiert. Am besten bestellt man sich einen Kaffee und widmet sich dann der schwierigen Aufgabe, die gewünschte Geschmacksrichtung auszuwählen. Die Varianten mit Chili und Erdnuss sind so lecker, dass viele Gäste noch einmal herkommen. Wie ganz richtig auf dem Schild geschrieben steht: Seriously good!

Zookeepers Cafe CAFÉ $$
(50 Tay St.; Mahlzeiten 15–30 NZ$) Das Zookeepers lässt sich von Weitem leicht an dem riesigen Wellblechelefanten auf dem Dach erkennen. Das Personal ist entspannt und freundlich, die Mahlzeiten sind lecker und bieten wirklich viel fürs Geld. Wie wäre es mit einem warmen Balsamico-Rindfleisch-Salat oder einem Bier aus der regionalen Invercargill Brewery? Oder einem Wasp Lager, die mit Honig versetzte Variante eines traditionellen Pils?

Three Bean Café CAFÉ $
(73 Dee St.; Mahlzeiten 12–16 NZ$) So ziemlich den besten Kaffee und leckere Kleinigkeiten gibt es in diesem kosmopolitischen Café an der Hauptstraße. Am besten beginnt man mit einem Lachsbagel und lässt noch ein bisschen Platz für etwas Süßes.

Devil Burger BURGER $
(16 Don St.; Burger 10–16 NZ$, Wraps 12–16 NZ$; ab 11 Uhr) Hier sollte man die leckeren Gourmet-Burger und gesunden Wraps bestellen – darunter viele Varianten für Vegetarier. Am Wochenende stellen sich jede Menge hungrige Burger-Fans aus der Tillermans Music Lounge direkt darüber ein.

Tuatara Café CAFÉ $
(30-32 Dee St.; Mahlzeiten 10–20 Uhr; 7 Uhr bis spätnachts; @) Das dem Backpacker-Hostel angeschlossene Café gibt sich cool im Stil von Dreadlocks und Kiwi-Dub – und ist voll auf Rucksackreisende ausgerichtet. Rührei er auf Toast garantieren – auch preislich – einen guten Start in den neuen Tag, auch die Burger sind lecker und interessant belegt.

Turkish Kebabs TÜRKISCH $
(29 Esk St.; ab 13,50 NZ$) Hier muss man unbedingt die köstlichen Falafel und Dönerkebabs probieren – man kann sie entweder vor Ort verspeisen oder mitnehmen. Und wer nicht recht weiß, was er will, findet links und rechts vom Lokal auch noch Essbares aus Japan und Indien.

Countdown SUPERMARKT
(Ecke Doon St. & Tay St.) Der größte Supermarkt von Invercargill.

Ausgehen & Unterhaltung

Louie's Café CAFÉ
(142 Dee St.; ⌚Mi–Sa) Die gemütliche Café-Bar hat sich auf leckere Kleinigkeiten im Stil von Tapas (12 NZ$) spezialisiert, auf einer Tafel steht die kurze Speisekarte angeschrieben (Hauptgerichte 20–30 NZ$). Die Gäste können am Kamin chillen, sich in verschiedene Nischen und Winkel verziehen oder es sich auf einem bequemen Sofa in den Polstern gemütlich machen und die entspannte Musik genießen. Gelegentlich tritt auch mal eine Band auf.

Tillermans Music Lounge LIVEMUSIK
(16 Don St.; ⌚21 Uhr bis spätnachts) Das Tillerman's ist ein alternatives Lokal mit DJs und Livemusik – hier treten einheimische Trashbands auf, aber auch Rock- und Reggae-Talente. Die DJs legen überwiegend Dub und House auf. Die doch arg abgenutzten schwarzen Sofas und ebenso die ramponierte alte Tanzfläche belegen, wie beliebt der Schuppen ist.

Kiln PUB
(7 Don St.) Schicke Bar mit Pendellampen, einer indirekt beleuchteten Bar und Tapeten wie bei Großtante Edith. Das Kiln ist ganz klar die niveauvollste Kneipe der Stadt – und erstaunlich gutes Essen kommt hier auch noch auf den Tisch. Sehr lecker ist der Kabeljau mit Parmesankruste, dazu schmeckt ein Summer Ale.

Speight's Ale House PUB
(38 Dee St.) Live-Sportsendungen flimmern über die Riesenbildschirme, dazu gibt es Speight's Biere aus der Gegend südlich von Dunedin. Am besten schnappt man sich einen der Tische im Freien, um sich, wenn es dunkel wird, die nervige Parade von Jugendlichen anzusehen, die sich mit ihren aufgemotzten Mazdas Wettrennen liefern.

Reading Cinemas KINO
(☎03-211 1555; www.readingcinemas.co.nz; 29 Dee St.) Vorstellungen mit ermäßigtem Eintritt am Dienstag.

Shoppen

H&J's Outdoor World OUTDOOR-AUSRÜSTUNG
(32 Tay St.) Hier gibt es alles – von Landkarten und Stiefeln bis hin zu Schlafsäcken und Trockennahrung.

Praktische Informationen

DOC-Büro (☎03-211 2400; www.doc.govt.nz; 7. St., 33 Don St.; ⌚Mo–Fr 8.30–16.30 Uhr) Informationen zu den Wanderwegen auf Stewart Island und in Southland.

Invercargill i-SITE (☎03-211 0895; www.invercargillnz.com; Queens Park, 108 Gala St.; ⌚8–17 Uhr; @) Im selben Gebäude wie das Southland Museum & Art Gallery. I-Site vermietet Fahrräder und hat gute Informationen zu den Catlins und Stewart Island.

Post (51 Don St.)

An- & Weiterreise

Bus

Busse fahren in Invercargill an der i-SITE ab; dort kann man auch Fahrkarten kaufen. Die Fahrtzeit nach Dunedin beträgt 4 Std., nach Te Anau 3 Std., nach Queenstown 4 Std. und nach Christchurch 10 Std. Busse von Catlins Coaster (S. 719) und Bottom Bus (S. 718) steuern auch Invercargill an.

InterCity (www.intercity.co.nz) Nach Te Anau, Dunedin und Christchurch.

Atomic Shuttles (www.atomictravel.co.nz) Nach Dunedin und Christchurch.

Knightrider (www.knightrider.co.nz) Nachtfahrt nach Dunedin und Christchurch; von beiden Städten hat man einen guten Anschluss zu den Vormittagsflügen.

Naked Bus (www.nakedbus.com) Nach Te Anau, Queenstown und Dunedin.

Tracknet (www.tracknet.net) Nach Te Anau und Queenstown.

Flugzeug

Air New Zealand (☎0800 737 000; www.airnewzealand.co.nz) fliegt mehrmals täglich auf der Strecke Invercargill – Christchurch (ab 89 NZ$, 1 Std.). **Stewart Island Flights** (☎03-218 9129; www.stewartislandflights.com) verkehrt dreimal täglich von Stewart Island nach Invercargill (Erw./Kind einfach 115/75 NZ$, hin & zurück 195/115 NZ$, 20 Min.). Es lohnt sich, nachzufragen, ob es gerade ermäßigte Standby-Preise gibt.

Unterwegs vor Ort

Der **Invercargill Airport** (☎03-218 6920; www.invercargillairport.co.nz; 106 Airport Ave.) liegt etwa 3 km westlich vom Zentrum von Invercargill entfernt. Der **Airport Shuttle** (☎03-214 3434) kostet von der Innenstadt zum Flughafen, von Tür zu Tür, 12 NZ$ (der Preis gilt allerdings eher für die Abholung aus den Wohngebieten). Für ein Taxi sind rund 20 NZ$ zu bezahlen; empfehlenswert sind die **Blue Star Taxis** (☎03-218 6079) oder auch die **City Cabs** (☎03-214 4444).

Bluff

2100 EW.

Als Invercargills Hafen liegt Bluff 27 km südlich der Stadt. Hauptgründe für einen Besuch dieses Ortes sind: die Fähren nach Stewart Island, Fürs-Foto-Posieren neben dem **Stirling-Point-Schilderpfahl** und die weit über die Grenzen des Ortes berühmten Bluff-Austern. Am Stirling Point steht zudem eine riesige Skulptur des neuseeländischen Künstlers Russell Beck: Die Kettenglieder symbolisieren die Maorilegende, nach der die Südinsel Mauis Kanu ist und Stewart Island sein Anker. Am Stirling Point verschwindet die Kette im Meer, während sich das passende Gegen- bzw. Endstück drüben auf Stewart Island befindet.

Bluff ist jedoch nicht der südlichste Punkt der Südinsel – dieser Titel gebührt dem Slope Point in den Catlins. Stewart Island und weitere Felsinseln liegen noch weiter gen Antarktis. Trotzdem wird die Phrase „Von Cape Reinga bis nach Bluff" oft verwendet, um die Gesamterstreckung Neuseelands zu beschreiben. Als nationaler Haupthighway endet der SH1 südlich von Bluff am Stirling Point – deshalb fühlt man sich dort in der Tat wie am Ende des Landes.

Kindern gefällt das kleine **Bluff Maritime Museum** (☎03-212 7534; 241 Foreshore Rd.; Erw./Kind 2 NZ$/frei; ⏲Mo–Fr 10–16.30, Sa & So 13–17 Uhr), in dem sie auf einem Jahrhunderte alten Austernboot herumklettern können. Wer eher den Dampf schätzt, wird von der großen alten Dampfmaschine mit 600 PS begeistert sein. Die Ausstellung wird von interessanten Exponaten zur Geschichte von Bluff abgerundet.

Das alljährlich meist im Mai abgehaltene **Bluff Oyster & Food Festival** (www.bluffoysterfest.co.nz) feiert Bluffs berühmtesten Exportartikel. Austernsaison ist von Ende März bis Ende August. Wer frische Austern erstehen will, schaut auf dem Weg in die Stadt bei **Fowlers Oysters** (Ocean Beach Rd.; ⏲März–Aug. 9–17 Uhr) vorbei – der Laden befindet sich auf der linken Seite.

In der Nähe des Four-Square-Supermarktes ist das **Stella's** (64 Gore St.; ⏲6.30–14 Uhr) das netteste Lokal, um noch schnell einen Kaffee zu trinken, bevor es auf die Fähre nach Stewart Island geht. Die Suppe mit Fisch und Meeresfrüchten und die Pasteten sind ebenfalls sehr lecker.

Weitere Informationen siehe unter www.bluff.co.nz

Von Invercargill nach Dunedin

Die SH1 ist die schnellste Verbindung, um von Invercargill nach Dunedin zu gelangen. Die pastorale Landschaft ist recht hübsch, aber längst nicht so spektakulär wie die SH92 durch die Catlins. Wer ausreichend Zeit hat, sollte lieber diese Route wählen.

DIE CATLINS

Wer die SH1 verlässt, um auf der SH92 zur Küstenstraße zu fahren, die zwischen Invercargill und Dunedin verläuft, kommt durch die bezaubernden Catlins, eine Region aus fruchtbarem Ackerland, einheimischen Wäldern und ursprünglichen Buchten. Es lohnt sich also, für die Erkundung der Catlins

Die Catlins

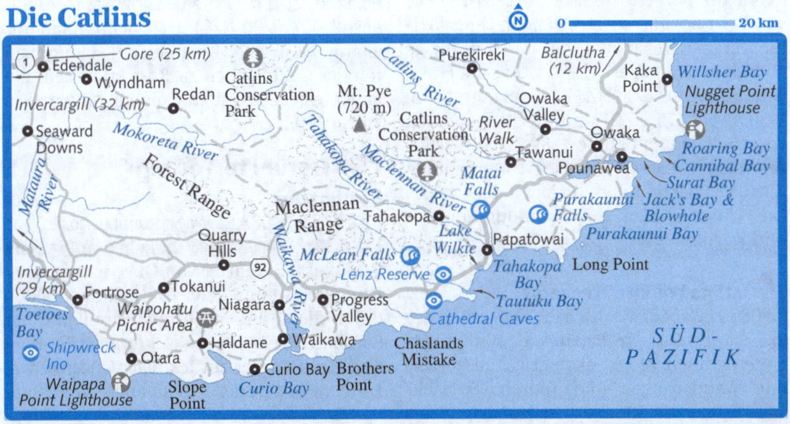

gleich mehrere Tage einzuplanen: Neben schönen Wanderungen durch den Busch locken die einsamen Strände, immer wieder bieten sich auch Gelegenheiten, Tiere zu beobachten.

An einem klaren Sommertag gibt es nichts Schöneres als die Küste der Catlins, die von tiefblauem Meer und grünen Wäldern gesäumt wird. Wenn der eisige Südwind aus der Antarktis pfeift, sieht die Sache allerdings wieder anders aus.

Die Strecke weist jede Menge Kurven, Abzweigungen und schmale Abschnitte auf und lässt sich deshalb – bei etwa gleicher Kilometerzahl – nur deutlich langsamer als die SH1 befahren.

Tiere & Pflanzen

Die Catlins sind herrlich, um auf eigene Faust Tiere zu beobachten: Seehunde und Seelöwen faulenzen an der Küste, am Nugget Point ziehen See-Elefanten ihre Jungen auf. Und im Frühling sollte man nach Glattwalen Ausschau halten. Auch Delfine sind hier häufig zu Gast.

Im Gegensatz zu weiten Teilen Southlands existieren in den Catlins noch hohe Kahikatea-, Totara und Rimu-Wälder (Warzen-, Stein- und Harzeiben). Zu den hier zu sehenden und hörenden Vogelarten gehört auch der wunderbar lärmende Tui, außerdem Kererus (Maori-Fruchttauben). An See-, Wat- und Waldvögeln sind hier u. a. der gefährdete Gelbaugenpinguin sowie der seltene Mohua (Gelbköpfchen, eine Sperlingsart) beheimatet.

Aktivitäten

Catlins Adventures ABENTEUERTOUR

(☎03-415 8339, 027 416 8822; www.catlinsadventures.co.nz; pro Pers. 1/2 Tage 175/295 NZ$) Die vor Energie nur so strotzenden, engagierten Veranstalter bieten ein- und zweitägige Touren in den malerischen Catlins an, Flusswanderungen (75 NZ$), Kajakfahren im Regenwald (75 NZ$) und die Beobachtung von Gelbaugenpinguinen (89 NZ$). Catlins Adventures hat als einziges Unternehmen Zutritt zu bestimmten Regionen der Catlins. Das Unternehmen verleiht Mountainbikes und Kajaks.

Catlins Wildlife Trackers NATUR

(☎0800 228 5467, 03-415 8613; www.catlins-ecotours.co.nz) Das in Papatowai stationierte Unternehmen bietet ökologisch ausgerichtete Wanderungen und Touren (3 Nächte/2 Tage 800 NZ$) an, inklusive sämtliche Mahlzeiten, Unterkunft und Transport. Die Umweltschutz-Gurus veranstalten schon seit 1990 verschiedene Touren und managen auch den Top Track, einen 26 km langen Wanderweg, der über Strände und durch Privatwälder führt und auf eigene Faust zu begehen ist. Wer ihn an einem Tag (10 Std.) zurücklegen kann, bezahlt 25 NZ$, für die Zwei-Tagestour mit Übernachtung in einem umfunktionierten Trolleybus werden 45 NZ$ verlangt. Naturkundliche Exkursionen mit einem Guide sind ebenfalls möglich.

Catlins Surf School SURFEN

(☎03-246 8552; www.catlins-surf.co.nz) Die Surfschule befindet sich in der Porpoise Bay, in der Nähe der Curio Bay. 1½ Std. Surfunterricht kosten 50 NZ$. Dass gelegentlich mal eine Schule Delfine zuschaut, ist ein Gratis-Highlight. Surfer, die auf den Wellen schon eine ganz gute Figur machen, können sich hier auch für drei Stunden ein Surfbrett oder einen Neoprenanzug (unbedingt notwendig) ausleihen (40 NZ$). Firmenchef Nick erteilt Unterricht im Steh-Paddeln (2½ Std., 75 NZ$).

Catlins Marine Encounters BOOTSAUSFLUG

(☎03-929 6580, 027 212 1327; www.catlinsmarineencounters.co.nz) Das in Waikawa stationierte Unternehmen bietet verschiedene Ausflüge, die Gelegenheit geben, die marine Welt der Catlins kennenzulernen. So lassen sich wahlweise Meeressäuger (80 NZ$) oder Vögel beobachten, es gibt Bootsfahrten mit der Möglichkeit zum Tauchen und Angeln und malerische Hafenrundfahrten (45 NZ$).

Catlins Horse Riding REITEN

(☎03-415 8368, 027 269 2904; www.catlinshorseriding.co.nz; 41 Newhaven Rd., Owaka; 1/2/3 Std. Ausritt 40/70/90 NZ$) Hier kann man die charakteristische Küsten und Landschaften der Catlins hoch zu Ross erkunden. Ein ganztägiger Ausritt mit einem Mittagessen kostet 180 NZ$.

Geführte Touren

Bottom Bus TOUR

(☎03-477 9083; www.bottombus.co.nz; ab 175 NZ$) Dieser Bus verkehrt auf einem Rundkurs. Er startet von Queenstown nach Dunedin, weiter geht es Richtung Süden durch die Catlins nach Invercargill, auf der Southern Scenic Route weiter nach Te Anau und dann wieder zurück nach Queenstown. Unterwegs hält der Bus an allen interessan-

ABSTECHER

GORE

Etwa 66 km nordöstlich von Invercargill ist Gore die „stolze Heimat der Country Music" des Landes. Jedes Jahr findet hier Ende Mai/Anfang Juni die **Gold Guitar Week** (www.goldguitars.co.nz) statt – die „Goldene Gitarrenwoche". Dann sind sämtliche Quartiere im Ort zumindest diese zehn Tage komplett ausgebucht. Aber auch an den restlichen 355 Tagen lohnt sich ein Zwischenstopp: Es gibt hier eine erstaunlich gute Kunstgalerie, nostalgische alte Doppeldeckerflugzeuge und Whisky-Verkostungen im Hokonui Moonshine Museum. Weitere Informationen unter www.gorenz.com.

Das interessante Hokonui Moonshine Museum (www.hokonuiwhiskey.com; Eintritt 5 NZ$; ⌚Mo–Fr 9–16.30, Sa & So 10–15.30 Uhr) und das **Gore Historical Museum** (Eintritt nach Spende; ⌚Mo–Fr 9–16.30, Sa & So 10–15.30 Uhr) befinden sich im gleichen Gebäude und widmen sich der glorreichen Geschichte der Fischerei, des Ackerbaus und der illegalen Schnapsbrennerei in Gore. Im Eintrittspreis zum Moonshine Museum ist eine Kostprobe des „flüssigen Golds" – Whisky – mit inbegriffen.

Die exzellente **Eastern Southland Gallery** (☎03-208 9907; 14 Hokonui Dr.; Eintritt nach Spende; ⌚Mo–Fr 10–16.30, Sa & So 13–16 Uhr) in Gores jahrhundertealter öffentlicher Bibliothek beherbergt eine stattliche Sammlung neuseeländischer Kunst, darunter zahlreiche Werke von Ralph Hotere. Die beachtliche John Money Collection kombiniert indigene Volkskunst aus Westafrika und Australien mit Werken der renommierten neuseeländischen Künstlerin Rita Angus.

Die **Croydon Aircraft Company** (☎03-208 9755; www.croydonaircraft.com; SH94), 16 km die Straße Richtung Queenstown hinunter, restauriert alte Flugzeuge und bietet Möchtegern-Piloten aus dem Zweiten Weltkrieg Gelegenheit, in einem zweisitzigen Tiger-Moth- Doppeldecker (10/30 Min. 55/160 NZ$) aus den 1930er-Jahren oder einem anderen Kleinflugzeug eine Runde zu drehen. Das Restaurant **Moth** (www.themoth.co.nz; 1558a Waimea Hwy.; Mittagessen & Pizza 11–24 NZ$, 2-/3-Gänge-Abendessen 42/52 NZ$; ⌚Mo–Do 10–16, Mi–So 10 Uhr bis spätnachts) empfiehlt sich anschließend für ein leckeres Essen.

ten Stellen. Die Fahrgäste können ganz nach Lust und Laune aussteigen und dann mit dem nächsten Bus, der vorbeikommt, weiterfahren. Zur Auswahl stehen verschiedene Pässe: Mit dem Southlander-Pass (375 NZ$) kann man an einem beliebigen Haltepunkt seine Rundfahrt beginnen, ein Schiffsausflug auf dem Milford Sound ist im Preis inbegriffen.

Catlins Coaster TOUR
(☎03-477 9083; www.catlinscoaster.co.nz; ab 210 NZ$) Das Unternehmen wird von Bottom Bus betrieben und bietet Tagestouren und Ausflüge in den Catlins ab Dunedin und Invercargill an. Details finden sich auf der Website. Im Winter ist das Angebot generell weniger umfangreich.

ℹ Praktische Informationen

Auskünfte erteilt das große **Catlins Information Centre** (☎03-415 8371; www.cluthacountry.co.nz; 20 Ryley St.; ⌚Mo–Fr 9.30–13 & 13.30–16.30, Sa & So 10–16 Uhr) in Owaka oder das kleinere **Waikawa Visitors Centre** (☎03-205 8006; waikawamuseum@hyper.net.nz; Main Rd.; ⌚10–17 Uhr; @). Die i-SITEs in Invercargill und Balclutha bieten ebenfalls eine Fülle an Informationen über die Catlins. Gute Websites sind www.catlins.org.nz und www.catlins-nz.com.

In den Catlins gibt es keine Banken und nur wenige Möglichkeiten, zum Essen zu gehen oder Lebensmittel zu kaufen (außer in Owaka). Ein Geldautomat befindet sich im 4-Square-Supermarkt in Owaka. Tankstellen finden sich in Fortrose, Papatowai und Owaka; sie sind allerdings nur unregelmäßig geöffnet. Auf der sicheren Seite ist, wer sich vor der Ankunft entsprechend mit Benzin und Lebensmitteln eindeckt.

Von Invercargill nach Papatowai

Von Invercargill aus führt der SH92 ost- und südwärts in die Catlins hinein – genauer bei Fortrose, wo das **Schiffswrack Ino** gegenüber vom sandigen Hafen bei Ebbe sichtbar ist. Nun nimmt man am besten die Abzweigung in Richtung Waipapa Point und folgt der Küstenstraße über Haldane und Waikawa nach Niagara (dort zurück auf den SH92). Diese langsamere Route ist schöner und punktet zudem mit hohem

Entdeckungspotenzial. Der **Leuchtturm am Waipapa Point** von 1884 wurde drei Jahre nach dem schrecklichen Untergang der SS *Tararua* erbaut, bei dem 131 Menschen ertranken.

Wer zum **Slope Point**, dem südlichsten Punkt von South Island möchte, biegt in Haldane ab und fährt noch 5 km weiter. 20 Minuten zu Fuß geht es dann über Felder zu einem stämmigen Leuchtturm und einem noch stämmigeren Wegweiser auf einem windgepeitschten Felsvorsprung mit Blick über die gesamte Küste. Der Wanderweg ist im September und Oktober während der Lammzeit geschlossen.

Weiter östlich sind in der **Curio Bay** vier Stunden vor und nach der Ebbe versteinerte Bäume aus dem Jura zu sehen. Rund eine Stunde vor Sonnenuntergang sollte man sich am Aussichtspunkt aufhalten, dann kann man zuschauen, wie die Gelbaugenpinguine an Land watscheln. Kurz vor der Curio Bay wartet die **Porpoise Bay** gleich nebenan mit hervorragenden Unterkünften und einem Strand auf, an dem man gefahrlos schwimmen kann. In den Dünen nisten Zwergpinguine, im Sommer ziehen Hector-Delfine hier ihre Jungen auf. Auch Wale lassen sich gelegentlich blicken, oft faulenzen Seehunde und Seelöwen auf den Felsen. Außerdem kann man hier gut surfen lernen.

Rund 4 km mit dem Auto hinter dem McLean Falls Holiday Park beginnt die Wanderung zu den **McLean Falls** (hin & zurück 40 Min.) durch Baumfarne und Rimu-Harzeiben. Aber nicht gleich bei den ersten Wasserfällen anhalten: Die eigentliche Attraktion folgt erst noch!

In den Klippen direkt am Strand beeindrucken die riesigen **Cathedral Caves** (www.cathedralcaves.co.nz; Erw./Kind 5/1 NZ$). Die Höhlen sind nur 2 Std. vor und nach Ebbe erreichbar (Gezeitenpläne auf der Website, an der Highway-Ausfahrt und in den Touristeninformationen). Wem es nichts ausmacht, durchs Wasser zu waten, kann in den einen Zugang hinein- und aus dem anderen wieder herausgehen. Und so kommt man hin: Von der SH92 sind es 2 km bis zum Parkplatz, dann geht es eine beschauliche Viertelstunde durch den Wald zum Strand hinunter und noch 25 Minuten weiter zu den Höhlen.

Rund 10 km weiter östlich führt ein einfacher Waldweg hinunter zum düsteren, torfigen Wasser des Lake Wilkie (hin & zurück 30 Min.). Über einen Abzweig gelangt man kurz darauf zur verschwiegenen **Tahakopa Bay**. Kurz bevor es nach Papatowai hinuntergeht, lohnt eine Pause am **Florence-Hill-Aussichtspunkt**. Der Blick auf den weiten Bogen der **Tautuku Bay** ist sagenhaft.

Papatowai bietet sich als Standort für Streifzüge durch die umliegenden Wälder an. In dem winzigen Ort gibt es gerade einmal eine Handvoll Unterkünfte und einen Gemischtwarenladen, der auch Benzin verkauft. Die Mündung des Tahakopa River eignet sich für ein Picknick.

Die **Lost Gypsy Gallery** (☎03-415 8908; SH92; ⌚Do–Di 11–17 Uhr; 📶) in Papatowai befindet sich in einem zu einem Haus umfunktionierten Bus am Straßenrand. Ausgestellt sind Fundsachen, die eigentliche Attraktion sind jedoch Objekte, die sich selbst aufziehen und dann plötzlich herumflitzen. Für Unterhaltung ist jedenfalls ausreichend gesorgt. In der beeindruckenden Galerie (Eintritt 5 NZ$, kleinere Kinder haben keinen Zutritt, sorry…) werden größere Unikate des Künstlers Blair Sommerville ausgestellt. Der Fernseher, der mit einem Fahrrad betrieben wird, ist besonders witzig. Blair ist immer für ein gutes Gespräch zu haben. Sehenswert ist auch der flippige Café-Wohnwagen.

Schlafen

SLOPE POINT

Slope Point Backpackers HOSTEL $
(☎03-246 8420; www.slopepoint.co.nz; 164 Slope Point Rd.; Zeltplatz pro Pers. ab 12 NZ$, B 22–27 NZ$, DZ 47 NZ$, Wohneinheit 87 NZ$; 📶) Das ländliche Hostel inmitten von Bäumen bietet moderne Schlafsäle und Zimmer sowie eine tolle und dazu noch günstige Wohneinheit für Selbstversorger. Außerdem ist ausreichend Rasen vorhanden, um ein Zelt aufzuschlagen oder ein Wohnmobil zu parken. Die Kinder des Eigentümers freuen sich immer, wenn sie den Gästen zeigen können, wie auf einer Farm gearbeitet wird. Statt eines Fernsehers warten auf die Gäste Brettspiele, Puzzles und Unmengen Zeitschriften.

Nadir Outpost GÄSTEHAUS $
(☎03-246 8544; www.catlins-slopepoint.com; 174 Slope Point Rd.; DZ 90 NZ$) Nadir vermietet im Haus des Besitzers Doppelzimmer, zusätzlich noch eine gemütliche, frei stehende Hütte mit Kochgelegenheit. Ein Laden verkauft Grundnahrungsmittel, und in einem Waldgebiet besteht die Möglichkeit, ein Zelt aufzuschlagen (Pers. 12 NZ$) oder ein Wohnmobil zu parken (2 Pers. 29 NZ$). Ein

Frühstück kostet 7 bis 14 NZ$, ein Abendessen 25 NZ$.

CURIO BAY

Curio Bay Boutique Studios APARTMENT $$
(☎03-246 8797; www.curiobay.co.nz; 501 Curio Bay Rd.; DZ 220 NZ$) Die beiden noblen Wohneinheiten am Strand mit großen Fenstern und einer noch größeren Veranda haben einen sagenhaften Meerblick. Wer sich in dem gigantischen, rustikalen Holzbett zurücklehnt, kommt sich wie ein König bzw. eine Königin vor. Eine romantische Unterkunft, wenn es etwas Besonderes – oder jemand Besonderen – zu feiern gibt.

Lazy Dolphin Lodge HOSTEL $
(☎03-246 8579; www.lazydolphinlodge.co.nz; 529 Curio Bay Rd.; B/DZ/2BZ 33/72/72 NZ$; @📶) Die neuen Besitzer haben dem alteingesessenen Hostel deutlich neuen Schwung verliehen, die Aussicht von der großen Lounge und der schönen Terrasse auf die Wellen der Porpoise Bay zählt noch immer zur schönsten auf South Island. Weitere Vorzüge sind der private Zugang zum Strand und die gelegentliche Sichtung von Seehunden und Delfinen.

Curio Bay Holiday Park HOLIDAY PARK $
(☎03-246 8897; valwhyte@hotmail.com; 601 Curio Bay Rd.; Zeltplätze ab 15 NZ$) Die privaten Zeltplätze verlieren sich in einem Meer aus hohem Flachs – ein wirklich toller Ort, um zu zelten. Der Campingplatz liegt an einem schmalen, felsigen Streifen Land zwischen der Curio und der Porpoise Bay in Laufnähe zu beiden Buchten. Ein Guide bietet naturkundliche Wanderungen an.

Catlins Beach House FERIENHAUS $
(☎03-246 8340; www.catlinsbeachhouse.co.nz; 499 Curio Bay Rd.; B 25 NZ$, DZ 70–95 NZ$) Das sehr komfortable Haus hat einen Holzofen zum Einheizen, eine gute Küche und eine Veranda. Von dieser schaut man auf den Rasen, der sich bis zum Strand hinunterzieht. Zwergpinguine nisten in der Umgebung. In der Nacht können die Gäste hören, wie sie am Haus vorbeiwatscheln und dabei seltsame Laute ausstoßen.

Catlins Surf Cottages FERIENHAUS $$
(☎03-246 8552; www.catlins-surf.co.nz; Häuser 110–190 NZ$) Das Unternehmen vermietet verschiedene Cottages und Ferienhäuser für Selbstversorger an der Curio Bay. Die Besitzer haben kein Problem damit, wenn man nur eine Nacht bleibt. Die Häuser eignen sich gut für Familien und Gruppen mit drei oder vier Personen.

WAIKAWA

Penguin Paradise Holiday Lodge HOSTEL $
(☎03-246 8552; www.catlins-surf.co.nz; 612 Niagara-Waikawa Rd.; B/DZ72BZ 25/56/56 NZ$) Das entspannte Backpacker-Hostel in einem alten Cottage im Dorf Waikawa liegt unweit der Flussmündung. Das Kombiangebot für 70 NZ$ bietet eine Übernachtung und 1½ Std. Surfunterricht.

Waikava Harbourview FERIENHAUS $$
(☎03-246 8866; www.southcatlins.co.nz; 14 Larne St.; DZ 130–170 NZ$) Das Waikava Harbourview ist ein Haus mit vier Schlafzimmern und somit bestens für Familien oder Gruppen geeignet; bis zu zehn Personen können hier wohnen. Die neueren, 2009 eröffneten Harakeke- und Toi-Tois-Wohneinheiten mit einem bzw. zwei Schlafzimmern bieten ebenfalls viel fürs Geld.

MCLEAN FALLS

McLean Falls Holiday Park HOLIDAY PARK $
(☎03-415 8338; www.catlinscamping.com; SH92; Zeltplätze pro Pers. 20 NZ$, Wohneinheiten 75–195 NZ$; @📶) Der McLean Falls Holiday Park gleich an der Hauptstraße vermietet diverse Hütten im Kiwiana-Stil, außerdem neuere Chalets und Stellplätze für Zelte bzw. Wohnmobile. Die Sanitärbereiche sind geräumig und sehr gut gepflegt. Das zugehörige **Whistling Frog Café & Bar** (Mahlzeiten 10–30 NZ$; ⏰8.30–21 Uhr) serviert Frühstück sowie Mittag- und Abendessen mit erstaunlich kosmopolitischem Touch. Die Auswahl an Wein und Bier von South Island kann sich ebenfalls sehenlassen.

PAPATOWAI

LP TIPP **Hilltop** LODGE $
(☎03-415 8028; www.hilltopcatlins.co.nz; 77 Tahakopa Valley Rd.; B 34 NZ$, DZ 85–100 NZ$) Die beiden reizenden alten, renovierten Häuser liegen oben auf einem Hügel, 1,5 km außerhalb der Ortschaft. Gleich hinter der Tür beginnt der Wald mit einheimischen Bäumen, eine Schaffarm liegt in der Nähe. Der Blick über die Hügel und das Meer ist traumhaft. Die Doppelzimmer haben ein eigenes Bad – Luxus, für den man gern ein paar Scheine mehr ausgibt.

Catlins Wildlife Trackers COTTAGES $$
(☎0800 228 5467; www.catlins-ecotours.co.nz; B 145–170 NZ$) Der Tourveranstalter bietet ver-

schiedene Unterkünfte rund um Papatowai, darunter das moderne Öko-Cottage Pipipi sowie vier sehr komfortable, umweltfreundliche Cottages (www.catlinsmohuapark.co.nz) am Rand eines Waldschutzgebietes mit einheimischem Baumbestand.

Essen

In Waikawa und Papatowai finden sich an der Straße mehrere Imbisse mit Gerichten zum Mitnehmen. Der Gemischtwarenladen in Papatoawi bietet ein kleineres Sortiment an Lebensmitteln.

LP TIPP **Niagara Falls Café** CAFÉ $$
(www.niagarafallscafe.co.nz; Main Rd.; Mahlzeiten 13–24 NZ$; ⌚8–22 Uhr; 📶✍) Im restaurierten Schulhaus neben dem Niagara Falls Café hat sich eine Kunstgalerie niedergelassen. Im Café kann man nett essen, die Gerichte sind köstlich und bieten viel fürs Geld – egal, ob Steak, Kabeljau oder Lammrücken. Aber man kann natürlich auch nur einen Kaffee trinken und sich dazu einen selbst gebackenen Kuchen oder Muffin gönnen. Die Bier- und Weinkarte ist beeindruckend, zu den imposanten Wasserfällen ist es nicht weit. Es gibt viele vegetarische und glutenfreie Gerichte.

Von Papatowai nach Balcutha

Von Papatowai geht es auf dem Highway gen Norden zu den **Matai Falls** (hin & zurück 30 Min. zu Fuß) am Maclennan River, dann in Richtung Südosten auf der ausgeschilderten Straße zu den beeindruckenden **Purakaunui Falls** (20 Min. hin & zurück), die über mehrere Stufen in die Tiefe stürzen. Beide Wasserfälle lassen sich über kühle, dunkle Waldwege erreichen, die durch Totaras und Baumfarne führen.

Anschließend nimmt man von den Purakaunui Falls eine Schotterstraße zum 55 m tiefen **Jack's Blowhole**. Der gigantisch brodelnde Hexenkessel liegt mitten in einer Schafkoppel 200 m vom Meer entfernt und ist durch eine unterirdische Höhle mit dem Wasser verbunden. Benannt wurde das Naturphänomen nach dem Indianerhäuptling Tuhawaiki, bekam dann allerdings den Spitznamen Bloody Jack ab, weil der Häuptling so viel fluchte. Das Loch, aus dem das Wasser schießt, lässt sich flott marschierend in einer halben Stunde erreichen.

Owaka ist der wichtigste Ort der Catlins (395 Ew.). Hier finden sich ein gutes Infozentrum, ein 4-Square-Gemischtwarenladen – inklusive Geldautomat – sowie eine Tankstelle. Dem Infozentrum ist ein hervorragendes **Museum** (Erw./Kind 5 NZ$/frei; ⌚Mo–Fr 9.30–13 & 13.30–16.30, Sa & So 10–16 Uhr) angeschlossen, das sich der Lokalgeschichte widmet. Im dazugehörigen Minikino werden interessante Videos gezeigt, die erklären, weshalb sich die Catlins als Küste der Schiffswracks einen Namen gemacht haben. Nachdem man sich in Owaka noch mit Lebensmitteln eingedeckt oder eine Essenspause eingelegt hat, geht es weiter in die entlegeneren und noch schöneren Gebiete der Region **Pounawea**, 4 km östlich, präsentiert sich als reizende, am Fluss gelegene kleine Ortschaft mit einigen netten Unterkünften. Auf der anderen Seite des Meeresarms geht es an der **Surat Bay** noch beschaulicher zu; auch hier finden sich einige Unterkünfte. In Richtung **Cannibal Bay**, einem Strand, der zu Fuß in gerade einmal 30 Minuten erreichbar ist, lassen sich an der Küste oft Seelöwen sehen.

Wer nun der SH92 ab Owaka gen Norden folgt, sollte noch einen Abstecher zum **Nugget Point** unternehmen: Hier führt ein kurzer Spaziergang zu einem Leuchtturm an der Spitze einer Felszunge. Die letzten 900 m sind atemberaubend; rechts und links fallen die Wände steil zum Meer ab, während sich am Ende ein ebenso toller Blick auf wellenumtoste, vertikale Felsformationen offenbart. Rund um den Leuchtturm verläuft eine breite Aussichtsplattform des DOC. Unten links aalen sich Seebären, Seelöwen und See-Elefanten manchmal zusammen auf den Felsen – eine seltene, geräuschvolle Gemeinschaft. Vor Ort brüten auch Krähenscharben, Dunkle Sturmtaucher, Gelbaugen- und Zwergpinguine. 10 Gehminuten unterhalb vom Parkplatz bietet ein gut platziertes Versteck die Möglichkeit, Gelbaugenpinguine beim Landgang an der **Roaring Bay** zu beobachten (idealerweise 2 Std. vor Sonnenuntergang). Den besten Blick erlaubt der neu eingerichtete Unterstand. Beim Fotografieren der Pinguine bitte unbedingt auf Blitzlicht verzichten! Autolose Interessenten können allabendlich an den **geführte Dämmerungstouren** (✆0800 525 278; www.catlins.co.nz; 30 NZ$ pro Pers.) der Nugget View & Kaka Point Motels teilnehmen.

Ab dem Nugget Point windet sich die Straße zurück durch das kleine Örtchen

Kaka Point mit ruhigem Sandstrand, Unterkünften und einem netten Restaurant. Von hier aus verläuft die Route nordwärts nach Balclutha.

Schlafen

OWAKA & PURAKAUNUI

DOC Camping CAMPINGPLATZ $
(www.doc.govt.nz; Zeltplatz 6 NZ$) In der Purakaunui Bay und landeinwärts in Tawanui finden sich einige DOC-Campingplätze.

POUNAWEA

Pounaewa Grove Motel MOTEL $$
(☎03-415 8339; www.pounaweagrove.co.nz; 5 Ocean Grove; DZ 120 NZ$; 📶) Das von einem netten neuseeländisch-südafrikanischen Paar geführte Motel bietet diverse schicke Wohneinheiten, die alle nur ein paar Meter von Meer entfernt liegen. Das 21. Jh. macht sich in Form von Fernsehern (Flachbildschirme), kostenlosem Wlan und modernen Bädern bemerkbar. Dennoch liegt die großartige, wilde Landschaft der Catlins gleich vor der Tür. Im Motel hat auch das hervorragende Unternehmen Adventures (S. 718) seine Büros.

Pounawea Motor Camp HOLIDAY PARK $
(☎03-415 8483; www.catlins-nz.com/pounawea-motor-camp; Park Lane; Zeltplatz ab 28 NZ$, Wohneinheiten 45–80 NZ$) Die Anlage liegt an der Flussmündung mitten im Busch, aus dem ein wildes Vogelgezwitscher zu hören ist. Hier sein Zelt aufzuschlagen ist wirklich etwas Besonderes. Auf diese Idee kommen andere allerdings auch, weshalb man sich die tolle Anlage nach Weihnachten mit Unmengen Neuseeländern und Urlaubern aus aller Welt teilen muss.

SURAT BAY

Newhaven Holiday Park HOLIDAY PARK $
(☎03-415 8834; www.newhavenholiday.com; Newhaven Rd.; Zeltplatz ab 30 NZ$, Wohneinheiten 66–120 NZ$; @📶) Nur ein paar Minuten zu Fuß vom Strand entfernt liegt dieser kleine Campingplatz mit modernen Hütten und Einrichtungen sowie drei Wohnungen für Selbstversorger. In der Surat Bay Lodge gleich nebenan kann man sich ein Kajak oder Fahrrad mieten.

Surat Bay Lodge HOSTEL $
(☎03-415 8099; www.suratbay.co.nz; Surat Bay Rd.; B/DZ 29/68 NZ$; @) Die toll gelegene Lodge befindet sich am Ausgangspunkt eines Wegs, der zum Strand hinunterführt; die nächsten Nachbarn sind die Seelöwen. Die Lodge vermietet freundlich eingerichtete Zimmer und verströmt durchweg eine angenehme Atmosphäre. Am besten mietet man sich ein Kajak (12–40 NZ$) oder Fahrrad (Tag 30 NZ$), um die nähere Umgebung zu erkunden.

NUGGET & KAKA POINTS

Nugget Lodge LODGE $$
(☎03-412 8783; www.nuggetlodge.co.nz; Nugget Rd.; DZ 165 NZ$; 📶) Die beiden Wohneinheiten für Selbstversorger liegen über dem Meer an der Straße südlich vom Leuchtturm und bieten einen sagenhaften Blick entlang der gesamten Küste. Das gigantische Frühstück (12,50 NZ$ pro Pers.) mit frisch gebackenem Brot und selbst gemachtem Müsli ist sein Geld wirklich wert. Und mit etwas Glück können die Gäste sogar Seelöwen sehen, die manchmal am Strand unten faulenzen.

Nugget View & Kaka Point Motels MOTEL $$
(☎0800 525 278; www.catlins.co.nz; 11 Rata St.; DZ 95–200 NZ$; 📶) Das Minidorf bietet verschiedene Unterkünfte im Motel, und zwar von hervorragenden älteren Wohneinheiten bis hin zu modernen Quartieren mit eigenem Bad samt Wellnesseinrichtungen und Veranda. Die netten Besitzer veranstalten auch ein- und zweitägige Ausflüge in die Catlins sowie Touren in der Dämmerung (30 NZ$ pro Pers.), bei denen Nugget Point und die Pinguinkolonie in der Roaring Bay besucht werden.

Kaka Point Camping Ground HOLIDAY PARK $
(☎03-412 8801; www.kakapointcamping.co.nz; 39 Tarata St.; Zeltplatz ab 13,50 NZ$, Hütten pro Pers. 24 NZ$; 📶) Die Hütten auf diesem Campingplatz sind einfach, aber funktional, sein Zelt kann man auf einer hübschen, mit einer Hecke umgebenen Grasfläche aufschlagen. Von hier aus bieten sich kleinere und einfachere Wanderungen im umliegenden Wald und Busch an, zum Strand und zur Ortschaft geht es ein kurzes Stück steil den Hügel hinunter.

Fernlea Backpackers HOSTEL $
(☎03-418 0117, 03-412 8834; Moana St.; B/DZ 25/55 NZ$) Der winzige, einfache Bungalow thront oben auf einem Hügel, über den sich von der Straße ein schattiger Zickzack-Pfad schlängelt. Die Einrichtungen sind einfach, der Meerblick dafür umso herrlicher. Vor einem geplanten Aufenthalt anrufen, da das Hostel manchmal von Mai bis September geschlossen hat.

Essen

OWAKA

Catlins Cafe CAFÉ $$

(www.catlinscafe.co.nz; 3 Main Rd.; Hauptgerichte 12–25 NZ$;) Dieser kulinarische Abstecher am Highway überrascht mit nostalgischem Kiwiana-Touch, sprich: gemütlichen, alten Sofas und rustikalen Holzmöbeln. Das Essen ist ebenso herzhaft – beispielsweise Müsli und Eier Benedikt zum Frühstück, erstklassige Burger zum Mittagessen sowie ein gut gebratenes Steak oder Kabeljau zum Abendessen. Wein und Bier von South Island ergänzen die ernsthaften Bemühungen um einen guten Kaffee.

Lumberjack Bar & Café CAFÉ $$

(3 Saunders St.; Hauptgerichte 15–30 4; Di–So) Am besten setzt man sich an einen der rustikalen Holztische des Lumberjack – ein Markenzeichen dieses Cafés – und haut sich dann eine gigantische Catlin-Portion in den Bauch, beispielsweise leckere Burger, Steaks und Meeresfrüchte.

4 Square SUPERMARKT

(3 Ovenden St.) Selbstversorger können hier ihre Bestände auffüllen.

KAKA POINT

Point Café & Bar PUB $$

(58 Esplanade; Bar-Speisekarte 5–15 NZ$, Hauptgerichte 27–30 NZ$) In der Bar, die aus Treibholz errichtet ist, schmeckt ein kühles Bier, am besten von einem Fensterplatz mit einem schönen Meerblick. Im angeschlossenen Laden kann man sich mit Essbarem eindecken – z. B. einen Burger (5 NZ$) für unterwegs.

Stewart Island

Bei einem Abstecher nach Stewart Island wird man von Kiwis mit und ohne Schnabel herzlich begrüßt. Auf Neuseelands „dritter" Insel lässt sich das scheue, gefiederte Nationalsymbol prima in freier Wildbahn beobachten, und die kleine Gemeinschaft von 420 relaxten Einheimischen gibt sich sehr gastfreundlich. Besucher sollten sich nicht allzu sehr wundern, dass die meisten Inselbewohner bereits nach wenigen Tagen wissen, wie man heißt und woher man kommt – vor allem wenn man in Neuseelands südlichster Kneipe im Hauptort Oban ein Bier mit ihnen getrunken hat.

Nach dem Warmwerden mit den Einheimischen warten zahlreiche Aktivabenteuer wie Kajaktrips oder reizvolle Wanderungen durch den örtlichen Rakiura National Park. Mit etwas gutem Willen können hier selbst unerfahrene Wanderer einen der neuseeländischen Great Walks meistern und sich dabei ununterbrochen von den unterhaltsamen Arien der hiesigen Vögel überraschen lassen. Wem mehrtägige Märsche dann doch zu anstrengend sein sollten, der kann die wildlebenden Kiwis auch auf einer kurzen Bootsfahrt in Kombination mit einer noch kürzeren Busch- und Strandwanderung erspähen.

Geschichte

Auf Maori heißt Stewart Island Rakiura, „Glühender Himmel" – und beim Anblick des spektakulären glutroten Sonnenuntergangs oder der Aurora australis (Südlicht) weiß man, warum. Der Legende nach wurde Neuseeland von Maui aus dem Meer gehoben; er sagte: „Lasst uns außer Sichtweite des Festlands gehen, weit hinaus in das offene Meer, und wenn wir kein Land mehr sehen können, lasst uns den Anker werfen." Die Nordinsel war der Fisch, den Maui gefangen hatte, die Südinsel sein Kanu und Rakiura der Anker – *Te Punga o te Waka o Maui*.

Es gibt Beweise, dass Teile von Rakiura schon im frühen 13. Jh. von Moa-Jägern besiedelt waren. Der *titi* (Dunkelsturmvogel) von den Nachbarinseln war in manchen Jahreszeiten eine wichtige Nahrungsquelle für die südlichen Maori.

Der erste europäische Besucher dieses Fleckens war Kapitän Cook, der 1770 um die Küsten im Osten, Süden und Westen segelte, dabei jedoch irgendwie nicht feststellen konnte, ob es sich bei dem Land nun um eine Insel oder eine Halbinsel handelte. Nachdem er entschieden hatte, dass es an der Südinsel hing, nannte er es South Cape. Im Jahr 1809 umsegelte schließlich der Robbenfänger *Pegasus* Rakiura, und die Insel wurde nach dessen ersten Offizier William Stewart benannt.

Im Juni 1864 kauften die eingewanderten Europäer den hiesigen Maori Stewart Island und die benachbarten kleinen Inseln für 6000 £ ab. Zu den ersten Wirtschaftszweigen gehörten die Robbenjagd, die Holzfällerei, die Fischverarbeitung und der Schiffsbau, begleitet von einem klitzekleinen Goldrausch zum Ende des 19. Jhs. Heute hängt die Wirtschaft der Insel vom Tourismus und dem Fischfang ab – es gibt Flusskrebse, Paua (Seeohren), Lachse, Muscheln und Kabeljau.

Stewart Island (Rakiura)

Pflanzen & Tiere

Der Lautstärkepegel des Vogelgezwitschers scheint hier voll aufgedreht und überall wimmelt es nur so von Tuis, Sittichen, Kakas, Makomakos, Matatas (Farnsteigern), Schnäppern und Regenpfeifern. Ständig kreisen sie über einem oder hocken im Garten und trällern ihre Liedchen. Möglicherweise bekommt man auch Kiwis oder Dickschnabel-, Gelbaugen- und Zwergpinguine zu Gesicht. Bei den Einheimischen erhält man Infos zur Pinguin-Abendparade, die an einem kleinen Strand in der Nähe des Kais stattfindet. Und daran denken, niemals die Vögel zu füttern – es besteht dabei das Risiko, Krankheiten zu übertragen!

Im frühen 20. Jh. hat man zwei Arten Wild auf der Insel angesiedelt: den Rothirsch und den Weißwedelhirsch. Auch der Fuchskusu wurde hier eingeschleppt; inzwischen haben sich die Beuteltiere vor allem im nördlichen Teil der Insel ausgebreitet und zerstören das einheimische Unterholz. Auf Stewart Island leben außerdem Neuseeländische Seebären.

Anders als auf der Nord- und der Südinsel Neuseelands gibt es auf Stewart Island keinen Buchenwald. Die hier vorherrschende Tieflandvegetation besteht vor allem aus Harthölzern; es gibt aber auch viele Baumfarne, Bodenfarne und verschiedene Orchideenarten. An der Küste findet man Muttonbird Scrub (eine spezielle Buschart), Tree Daisies (Geiskrautarten), Grasbäume, Supplejack (eine Lianenart) und Lederholz. Rund um die Küste wachsen büschelweise Kelp (Braunalgen), Klatschmohn, zarte, grüne Thallus (Flechten) und Blasenfarne.

Sehenswertes

Ulva Island INSEL

Die Insel ist ein winziges Paradies von gerade einmal 250 ha Größe. Der Naturforscher Charles Trail (1826–91) war hier einst eh-

FÜR JEDE WITTERUNG GERÜSTET

Das unbeständige Wetter auf Stewart Island beschert einem oft alle vier Jahreszeiten an einem Tag. Die häufigen Wolkenbrüche sorgen einerseits für eine dunstige, geheimnisvolle Stimmung, andererseits für jede Menge Schlamm, für den man Stiefel und wasserdichte Klamotten braucht. Praktisch heißt das, dass man jederzeit für alle Jahreszeiten gerüstet sein sollte. Dennoch ist die Temperatur milder, als man vielleicht annehmen würde: im Winter liegt sie um die 10 °C, im Sommer um die 16,5 °C.

renamtlicher Leiter des Postamtes. Er hisste immer eine Flagge, um den Menschen zu signalisieren, dass Post angekommen war; dann kamen die Hoffnungsvollen von den umliegenden Inseln angepaddelt. Sein Postamt wurde 1921 durch das Amt in Oban ersetzt, 1922 wurde Ulva Island zum Vogelschutzgebiet erklärt.

Bis heute ist die Luft erfüllt vom Gezwitscher der Tuis und Glockenvögel, außerdem lassen sich Kakas, Wekas, Kakarikis und Kererus (Maori-Fruchttauben) sehen. Die guten Wanderwege im Nordwesten der Insel beschreibt die Broschüre *Ulva: Self-Guided Tour* (2 NZ$); sie ist im DOC-Besucherzentrum erhältlich. Beliebte Touren führen beispielsweise zum **Aussichtspunkt Flagstaff Point** (hin & zurück 20 Min.) und zum **Boulder Beach** (hin & zurück 1½ Std.). Viele Wege schlängeln sich durch Haine mit Rimus (Harzeiben), Totaras (Steineiben) und Ratas (Harzeiben). In den Sommermonaten verkehren Wassertaxis vom Bootsanleger in der Golden Bay nach Ulva Island. Wer die Insel wirklich kennenlernen möchte, sollte mit einem erfahrenen Guide von Ruggedy Range Wilderness Experience oder von Ulva's Guided Walks auf Erkundungstour gehen.

Rakiura Museum MUSEUM

(Ayr St.; Erw./Kind 2 NZ$/0,50 MZ$; ⌚Mo–Sa 10–13.30, So 12–14 Uhr) Das Museum zeigt verschiedene Modelle von Fähren, die im Laufe der Jahrzehnte hier in Betrieb waren, außerdem Maori-Artefakte und Exponate zum Thema Walfang und der Besiedelung durch die Europäer.

Presbyterian Church Hall KIRCHE

(Kamahi Rd.) Die presbyterianische Holzkirche wurde 1937 von der Walstation am Paterson Inlet nach Oban verlegt.

Stone House HISTORISCHES GEBÄUDE

Das Steinhaus an der Harrold Bay, 2,5 km südwestlich von Oban, wurde etwa 1835 von Lewis Acker erbaut und zählt zu den ältesten Steingebäuden des Landes.

Rakiura Environmental Centre NATUR

Das Halfmoon Bay Habitat Rehabilitation Project hat sich der Wiederansiedlung der ursprünglich hier beheimateten Vogelarten in der Halfmoon Bay verschrieben. Die Ausstellung befindet sich neben dem Supermarkt in Oban.

Aktivitäten

In der unberührten Wildnis von Neuseelands drittgrößter Insel wird der Vogelgesang zur Symphonie. Der Rakiura National Park schützt 85 % von Stewart Island und macht es zu einem Mekka für Wanderer und Vogelbeobachter. Zudem eignen sich die zahllosen einsamen Sandbuchten prima zum Schwimmen – vorausgesetzt, man ist mutig (oder verrückt) genug für einen Sprung ins kühle Nass.

Selbst für weniger wanderfreudige Besucher ist Stewart Island ein toller Ort, um sich aufzumachen und in die Wildnis einzutauchen. Ambitionierte Wanderer finden hervorragende mehrtägige Routen, die vom DOC gepflegt werden. Das DOC Rakiura National Park Visitor Centre verkauft Hüttenpässe und verteilt detaillierte Broschüren zu örtlichen Pfaden. Dort gibt es auch Gepäckschließfächer (klein/groß 10/20 NZ$).

Das gut ausgebaute Wegenetz im Norden wird von reservierungsfreien Hütten gesäumt, die mit Schaumstoffmatratzen, Toiletten, fließendem Wasser und Holzöfen aufwarten. Selbst mitzubringen sind Kocher, Verpflegung, Schlafsäcke, Erste-Hilfe-Ausrüstung sowie Ess- und Kochgeschirr. Während der geschäftigen Sommerferien und über Ostern kann ein Zelt nützlich sein. Der südliche Inselteil ist vergleichsweise unerschlossen und sehr abgelegen – also nicht auf eigene Faust losziehen oder die bekannten Strecken verlassen.

Day Walks WANDERN

Es gibt eine Reihe von Kurzwanderungen (½–7 Std.), die fast alle leicht von der Halfmoon Bay aus erreichbar sind. Das DOC

Rakiura National Park Visitor Centre verteilt dazu die Broschüre *Day Walks* (2 NZ$). Der Marsch zum **Observation Rock** (hin & zurück 30 Min.) bietet eine tolle Aussicht auf das Paterson Inlet. Hinter dem alten Steinhaus an der Harrold Bay geht es weiter zum **Acker's Point Lighthouse** (hin & zurück 3 Std.). Dort hat man einen guten Blick auf die Foveaux-Straße sowie die Chance, Zwergpinguine und eine Kolonie von Dunklen Sturmtauchern (Titi) zu beobachten.

Rakiura Track WANDERN

(www.doc.govt.nz) Der 30 km lange, dreitägige Rakiura Track ist ein gut markierter, einfacher Rundweg, der in Oban beginnt und dort auch wieder endet. Unterwegs beeindrucken die reiche Vogelwelt, schöne Strände und der wild wuchernde Busch. Für die Tour ist ein gewisser Level an Fitness erforderlich; die Wanderung ist ganzjährig möglich. Der gesamte Rundweg ist 37 km (inkl. Teilstrecken auf der Straße) lang und führt durch eine herrliche Landschaft. Die Wanderung verläuft zunächst an der offenen Küste entlang, überquert einen 250 m hohen, bewaldeten Kamm und führt dann entlang der geschützten Ufer des Paterson Inlet/Whaka a Te Wera. Es geht vorbei an historisch interessanten Stätten; außerdem sind unterwegs viele der heimischen See- und Waldvögel der Insel zu sehen.

Der Rakiura Track zählt zu den sogenannten *Great Walks* von Neuseeland; wegen seiner Beliebtheit müssen alle Hütten und Campingplätze entlang des Weges das ganze Jahr über vorgebucht werden, und zwar entweder online (www.doc.govt.nz) oder im DOC Rakiura National Park Visitor Centre. In jeder der Hütten darf man maximal zwei Nächte hintereinander übernachten.

Nach der Bestätigung der Online-Buchung muss man die Antwort-Mail ausdrucken, denn sie dient als Ticket. Unbedingt alle Infos lesen und auf keinen Fall den Ausdruck vergessen! Alle Wanderer müssen sich vor dem Start beim Besucherzentrum registrieren lassen.

North West Circuit Track WANDERN

(www.doc.govt.nz) Der North West Circuit Track, ein 125 km langer Rundweg, für den man 10 bis 12 Tage veranschlagen sollte, führt an der Nordküste entlang. Der 56 km lange, viertägige **Southern Circuit Track** zweigt vom North West Circuit Track ab. Beide Wanderwege sind nur für Leute geeignet, die fit, erfahren und gut ausgerüstet sind. Oft liegt dicker, tiefer Schlamm auf den Wegen, egal zu welcher Jahreszeit. Die angegebenen Gehzeiten sind nur Näherungswerte; bei ungünstigen Bedingungen ist man unter Umständen deutlich länger unterwegs.

Der North West Circuit Pass sieht jeweils eine Übernachtung in jeder der Hütten vor. Der entsprechende Backcountry-Hut-Pass kann dazu erworben werden. Die Port-William- und die North-Arm-Hütte müssen aber trotzdem über die DOC-Website gebucht werden. Die Kosten für beide Hütten werden separat berechnet.

Bravo Adventure Cruises VOGELBEOBACHTUNG

(☎03-219 1144; www.kiwispotting.co.nz) Wer Kiwis in der Wildnis sehen möchte, sollte mit Bravo Adventure Cruises die *Twilight Tour* (140 NZ$) in der Dämmerung unternehmen. Zum Schutz der Vögel ist die Teilnehmerzahl begrenzt; aus diesem Grund empfiehlt es sich, lange im Voraus zu buchen. Die Beobachtung von Kiwis steht auch bei Ruggedy Range Wilderness Experience (S. 731) auf dem Programm.

Ruggedy Range Wilderness Experience TOUREN, VOGELBEOBACHTUNG

(☎0508 484 337, 03-219 1066; www.ruggedyrange.com; Ecke Main Rd. & Dundee St.) Der hervorragende Guide Furhana Ahmad unternimmt mit Kleingruppen umweltfreundliche Wanderungen, auf denen das Thema Umwelt- und Naturschutz immer eine große Rolle spielt. Eine sehr beliebte Exkursion ist der Halbtagesausflug nach Ulva Island (110 NZ$); auch ein- und zweitägige Touren, bei denen Kiwis in der Wildnis beobachtet werden (470–860 NZ$), sind möglich. Ruggedy Range hat sich zudem auf die Beobachtung von Hochseevögeln spezialisiert. Der Preis für geführte Kajaktouren auf dem Meer beginnt bei 95 NZ$. Eine fehlende Wander- und Campingausrüstung kann hier erworben werden.

Rakiura Kayaks KAJAKFAHREN

(☎027 868 0318; www.rakiura.co.nz) Das Paterson Inlet besteht aus 100 km² geschützten, kajakfreundlichen Wasserwegen mit etwa 20 Inseln, DOC-Hütten und zwei befahrbaren Flüssen. Ein beliebter Paddelausflug führt nach Freshwater Landing (7 km flussaufwärts vom Inlet), gefolgt von einer drei- bis vierstündigen Wanderung zur Mason Bay, um dort Kiwis in freier Wildbahn zu beobachten. Rakiura Kayaks verleiht Kajaks (halber/ganzer Tag 50/65 NZ$) und veranstaltet geführte Paddelausflüge auf dem Inlet (65–105 NZ$).

Ulva's Guided Walks GEFÜHRTE WANDERUNG
(☎03-219 1216; www.ulva.co.nz) Die hervorragenden drei- bis fünfstündigen Touren kosten 120 bis 150 NZ$ (ohne Transport). Auf dem Programm stehen Ulva Island und Port William, eine historische Maori-Stätte und eine Robbenstation. Gebucht wird bei Fernery (S. 730). Eingefleischte Vogelliebhaber sollten einen Blick auf die Website werfen: Während des Ausflugs *Birding Bonanza* (400 NZ$) gibt es alles an Vögel zu sehen, was das Herz so begehrt.

Rakiura Charters FISCHEN
(☎03-219 1487, 0800 725 487; www.rakiuracharters.co.nz; Erw./Kind ab 100/70 NZ$) Die *Rakiura Suzy* sticht zum Sightseeing und Angeln in See. Am beliebtesten ist der halbtägige Angelausflug mit einem Zwischenstopp an einer historischen Walfangstation. Es sind aber auch mehrtägige Schiffsausflüge mit Übernachtung und Tauchen, Angeln und Jagen möglich.

Stewart Island Experience GEFÜHRTE TOUREN
(☎0800 000 511; www.stewartislandexperience.co.nz) Das Unternehmen veranstaltet 2½-stündige Schifffahrten auf dem Paterson Inlet (Erw./Kind 85/22 NZ$) über Ulva Island, eine 1½-stündige Tour mit dem Minibus durch Oban und die umliegenden Buchten (45/22 NZ$) sowie Exkursionen mit Halbtaucherschiffen (45 Min., Erw./Kind 85/42,50 NZ$).

Stewart Island Spa TAGESWELLNESSCENTER
(☎03-219 1422; www.stewartislandspa.co.nz; Main Rd.; Kuranwendungen ab 95 NZ$; ⏲Dez. – März) Das Zentrum befindet sich in einem renovierten Cottage oben auf einem Hügel. Das Spa bietet u. a. Anwendungen mit Kristallen, ein Bad im Regenwald sowie Sauna und Massagen. Bei allen Behandlungen kommen hochwertigste Bioprodukte zum Einsatz. Weitere Informationen und Buchung siehe unter Kiwi-French Crepery.

Schlafen

Vor allem in der Nebensaison, wenn viele Quartiere geschlossen haben, gestaltet es sich oft schwierig, eine Bleibe für die Nacht zu finden. Es empfiehlt sich deshalb, sich rechtzeitig umzuschauen und wenn möglich zu reservieren.

Ferienhäuser für Selbstversorger bieten in der Regel ein gutes Preis-Leistungs-Verhältnis, vor allem für Familien und Gruppen. Ein Hinweis noch: In vielen Unterkünften gilt eine Mindestaufenthaltsdauer von zwei Nächten; wer nur eine bleibt, muss einen Aufschlag bezahlen.

Angebote siehe www.stewartisland.co.nz

Jo & Andy's B&B B&B $
(☎03-219 1230; jariksem@clear.net.nz; Ecke Morris St. & Main Rd.; EZ 45–60 NZ$, DZ & 2BZ 90 NZ$; @📶) Mit diesem B&B sind Backpacker bestens bedient. Im gemütlichen blauen Haus verbergen sich zig Doppel-, Zweibett- und Einzelzimmer. Das umfangreiche Frühstück mit Müsli, Obst und selbst gebackenem Brot ist eine gute Grundlage für einen aktiven Tag. Jo und Andy sind eine nette Gesellschaft, bei miesem Wetter sorgen Hunderte Bücher für gute Laune.

Observation Rock Lodge LODGE $$$
(☎03-219 1444, 027 444 1802; www.observationrocklodge.co.nz; 7 Leonard St.; DZ ab 195 NZ$) Die im Busch versteckte Luxuslodge mit Blick gen Süden auf die Golden Bay wird von der reizenden Annett Eiselt von Perfect Dinner (S. 729) geführt. Eine Sauna, ein Badezuber und viele verschwiegene Ecken auf dem Grundstück, das von Unmengen Vögeln bevölkert wird, sorgen für einen entspannenden Aufenthalt auf der Insel.

Greenvale B&B B&B $$$
(☎03-219 1357; www.greenvalestewartisland.co.nz; Elgin Tce.; EZ/DZ 300/385 NZ$; 📶) Nur 50 m vom Meer entfernt bietet das moderne Haus einen tollen Blick über die Meerenge. Beide Zimmer sind modern möbliert, die Bettwäsche ist aus hochwertiger Baumwolle. Bis zur Halfmoon Bay sind es gerade einmal 5 Min. zu Fuß – und nur 2 Sek. bis zur Sonnenterrasse.

Stewart Island Lodge LODGE $$$
(☎03-219 1085; www.stewartislandlodge.co.nz; Nichol Rd.; DZ inkl. Frühstück 390 NZ$) Die Nobellodge mit sechs Zimmern bietet ihren Gästen riesige Betten, eine Terrasse, auf der sich alle treffen, und einen Garten voller Vögel. Sie liegt am Stadtrand auf einem Hügel mit entsprechend toller Aussicht. Allabendlich um 17 Uhr können sich die Gäste über einen kostenlosen Drink mit etwas zum Knabbern freuen.

Bunkers Backpackers HOSTEL $
(☎03-219 1160; www.bunkersbackpackers.co.nz; 13 Argyle St.; B/EZ/DZ 28/48/76 NZ$; @📶) Das neueste Hostel auf Stewart Island befindet

sich in einer renovierten Holzvilla. Die Gemeinschaftsbereiche sind modern und sonnig, die Zimmer geräumig und tip-top in Ordnung gehalten.

Pilgrim Cottage FERIENHAUS $$
(☎03-219 1144; www.kiwispotting.co.nz; 8 Horseshoe Bay Rd.; DZ 140 NZ$) Das reizende Cottage mit Holzschindeln ist eine grüne Oase unweit der Stadt mit Holzmöbeln, einem Kanonenofen und einer gut ausgestatteten Küche. Rund ums Haus leben Unmengen Vögel.

Port of Call B&B B&B $$$
(☎03-219 1394; www.portofcall.co.nz; Leask Bay Rd.; EZ/DZ inkl. Frühstück 345/385 NZ$) Die Gäste können den Meerblick auf sich wirken lassen, es sich vor dem offenen Feuer gemütlich machen oder den einsamen Strand erkunden. Das Port of Call liegt 1,5 km südwestlich von Oban in Richtung Acker's Point. Die Mindestaufenthaltsdauer beträgt zwei Nächte. Geführte Wanderungen und Fahrten mit dem Wassertaxi werden organisiert.

Bay Motel MOTEL $$$
(☎03-219 1119; www.baymotel.co.nz; 9 Dundee St.; DZ 165–185 NZ$) Die modernen, komfortablen Wohneinheiten mit viel Licht und Blick auf den Hafen sind zum Teil mit riesigen Wellnesswannen ausgestattet. Alle Zimmer haben eine voll eingerichtete Küche, zwei sind mit dem Rollstuhl zugänglich. Wer vom umtriebigen Nachtleben auf der Insel erschöpft ist, freut sich im gemütlichen Zimmer über das Satellitenfernsehen.

Te Tahi Bed & Breakfast B&B $$$
(☎03-219 1487, 0800 725 487; www.rakiuracharters.co.nz; 14 Kaka Ridge Rd.; DZ 200 NZ$) Ein sonniger Wintergarten im grünen Busch, Meerblick und farbenfroh gestaltete Zimmer sind die Pluspunkte dieses netten B&Bs. Es liegt nur fünf Gehminuten vom quirligen Oban und der Halfmoon Bay entfernt.

Kaka Retreat MOTEL $$$
(☎03-219 1252; www.kakaretreat.net; 7 & 9 Miro Cres.; DZ ab 260 NZ$; @📶) Die Studio-Wohneinheiten für Selbstversorger sind luxuriös ausgestattet und haben eine gemütliche Veranda. Die schicken und modernen Superior-Wohneinheiten bieten ein tolles Bad und zählen zu den schönsten auf der Insel. Die von Stil her eher altmodische Wohneinheit für Familien bietet sechs Personen Platz – bei einem guten Preis-Leistungs-Verhältnis.

Stewart Island Backpackers HOSTEL $
(☎03-219 1114; www.stewartislandbackpackers.com; Ecke Dundee St. & Ayr St.; B/EZ/DZ 30/50/70 NZ$) Das freundliche neue Management sorgt in diesem Hostel für frischen Schwung. Die kürzlich renovierten Zimmer sind bunt gestrichen, viele gehen auf den Hof hinaus. In den Schlafsälen stehen maximal drei Betten. Tischtennis und der Grillbereich sorgen für Geselligkeit. Wer nur eine Nacht bleibt, muss einen Aufschlag von 5 NZ$ bezahlen, das Zelten kostet pro Person 18 NZ$.

The Bach FERIENHAUS $$$
(☎03-219 1394; www.portofcall.co.nz; Leask Bay Rd.; DZ 260 NZ$) Eine moderne Studio-Wohneinheit, 1,5 km südwestlich von Oban in Richtung Acker's Point. Der Mindestaufenthalt liegt bei zwei Nächten, geführte Wanderungen und Fahrten mit dem Wassertaxi werden arrangiert.

Essen & Ausgehen

South Sea Hotel PUB $$
(26 Elgin Tce.; Hauptgerichte 20–30 NZ$; ⏲7–21 Uhr; 📶) Das Lokal im Stil eines Cafés serviert hervorragende Fischgerichte und eine herzhafte Suppe aus Meeresfrüchten. Das dazugehörige Pub ist die beliebteste Kneipe im ganzen Ort; an Wochenenden spielen hier manchmal Bands, sonntags findet ab 18.30 Uhr ein witziges Quiz statt.

Perfect Dinner INTERNATIONAL $$
(☎027 444 1802, 03-219 1444; perfectdinner@observationrocklodge.co.nz; 3-Gänge-Menü pro Pers. 89 NZ$; ⏲Okt.–Mai) Spezialität von Annett Eiselt, einer Deutschen, die sich hier niedergelassen hat, sind die sogenannte „beweglichen Gelage". Annett zaubert Drei-Gänge-Menüs und Gourmet-Platten (69 NZ$) an jeden beliebigen Ort auf der Insel – in die Unterkunft, an den Strand oder wo es sonst noch überall schön ist. Die verwendeten Zutaten richten sich nach der Saison, sind meist biologisch angebaut und stammen aus heimischem Anbau.

Kiwi-French Crepery CRÊPERIE $$
(Main Rd.; Crêpes 13–28 NZ$; ⏲9–21 Uhr) Das gemütliche Café bereitet pikante und süße Crêpes auf Bestellung zu. Der Kaffee gilt als der beste auf der ganzen Insel. Einfach einmal die Crêpe-Variante mit Hühnchen, Pesto oder Camembert probieren, oder die süße Alternative mit Apfel und Zimt. Regelmäßig kommen auch ausgefallene Tagessuppen auf den Tisch. Neben ihrem Restaurant ver-

KIWIS – DIE KÖNIGE DES WALDES

Die Maori bezeichnen den Kiwi als König des Waldes. Die Tiere, die mit dem ausgestorbenen Moa verwandt sind, gibt es seit 70 Mio. Jahren. Wild lebende Kiwis lassen sich nur schwer beobachten: Ihr braunes Federkleid tarnt die nachtaktiven Tiere im Unterholz bestens. Die kleinen Vögel bauen ihre Nester sogar einige Monate im Voraus – so sorgen die nachgewachsenen Pflanzen zum Brutzeitpunkt für zusätzlichen Schutz.

Stewart Island gehört zu den wenigen Orten, an denen man Kiwis in freier Wildbahn erspähen kann. Mit der Größe eines Huhns ist der Stewart-Streifenkiwi oder Tokoeka größer als alle anderen Kiwi-Unterarten, die er mit 15 000 bis 18 000 Exemplaren auch in puncto Population übertrifft. Zudem ist der Tokoeka als einzige Kiwi-Spezies auch bei Tageslicht unterwegs. Etwa zwei Stunden nach Sonnenaufgang und eine Stunde vor Sonnenuntergang sucht er in grasigem Gelände (vor allem an der Mason Bay) nach Futter. Wer Kiwis sichten will, muss auf die weißen Exkremente und die Löcher im Boden achten, die auf der Suche nach Nahrung durch die langen Schnäbel entstehen. Hat man einen Kiwi entdeckt, heißt es ruhig stehen bleiben und Abstand halten. Da die Tiere schlecht sehen und sich auf die Futtersuche konzentrieren, laufen sie einem oft genau vor die Füße.

Größere Bein- und Schnabellänge unterscheiden den Stewart-Streifenkiwi (*Apteryx australis lawryi*) als eigene Unterart von seinen Verwandten im Norden. Kiwis kommen fast überall auf Stewart Island vor – insbesondere rund um die Strände, wo sie unter angeschwemmtem Seetang nach Schlickkrebsen suchen. Ungewöhnlicherweise sind die hiesigen Kiwis sowohl tag- als auch nachtaktiv: Die Vögel müssen länger nach Futter suchen, um sich fürs Brüten vollzufressen. So laufen sie vielen Wanderern entlang des North West Circuit Track über den Weg. Wegen des oft launischen Inselwetters werden die Trips jedoch manchmal abgesagt. Daher muss man eventuell länger auf Stewart Island bleiben, um auch wirklich einen Kiwi zu Gesicht zu bekommen.

kauft die Besitzerin Britt auch gleich noch Schmuck aus Edelsteinen und Stücke mit schillernden Paua-Muscheln.

Church Hill Cafe, Bar & Restaurant RESTAURANT **$$$**
(☎03-219 1323; www.churchhillrestaurant.com; 36 Kamahi Rd.; 2/3 Menüs 65/75 NZ$; ⊙18 Uhr bis spätnachts) Im Sommer genießen die Gäste von der Sonnenterrasse der alten Villa einen herrlichen Blick über die Hügel, in den kühleren Monaten können sie es sich in der Gaststube am offenen Kaminfeuer gemütlich machen. Zu den regelmäßigen Highlights auf der Speisekarte zählen beispielsweise der Stewart-Island-Lachs, der im Rauch von Manuka-Bäumen (Teebaum) geräuchert wurde, aber auch altmodische Nachspeisen wie Apfel- und Rhabarberkuchen mit Streusel. Abends muss unbedingt ein Tisch reserviert werden, und zwar spätestens bis 17 Uhr.

Kai Kart FISCH & POMMES **$**
(☎03-219 1225; Ayr St.; Mahlzeiten 5–20 NZ$; ⊙Nov.–April 11.30–14.30 Uhr, im Winter kürzer) Hier kommt köstlicher Kabeljau aus der Küche, die Muscheln mit pikanter Satay-Sauce stehen ihm geschmacklich in nichts nach.

Ship to Shore SUPERMARKT **$**
(Elgin Tce.; ⊙7.30–19.30 Uhr) Lebensmittel, Bier und Wein, aber auch Sandwiches und eine gute Auswahl an Backwaren (4–6 NZ$) sind hier erhältlich.

Fishermen's Co-op SELBSTVERSORGER **$$**
Fangfrischer Fisch und Krustentiere, an der Hauptwerft.

Shoppen

Glowing Sky KLEIDUNG
(www.glowingsky.co.nz; Elgin Tce.; ⊙11–15 Uhr) Der Laden verkauft handbedruckte T-Shirts mit Maori-Designs und in Neuseeland gefertigte Merino-Bekleidung.

Fernery KUNST & KUNSTHANDWERK
(www.theferneryn z.com; Main Rd.; ⊙Dez–April 10.30–17 Uhr, Okt.–Nov. 10.30–14 Uhr) Kunsthandwerk, Gemälde und Bücher, die mit der Insel zu tun haben.

Praktische Informationen

Auf Stewart Island gibt es keine Banken. Kreditkarten werden in der Regel von den meisten Unternehmen angenommen, dennoch ist es klug, sich für den Aufenthalt mit ausreichend Bargeld zu versehen. Das South Sea Hotel und fast alle Unterkünfte bieten Internetzugang und auch Wlan.

Das i-SITE in Invercargill bietet ein breites Informationsangebot. Online findet man viele Infos unter www.stewartisland.co.nz.

DOC Rakiura National Park Visitor Centre (☎03-219 0002; www.doc.govt.nz; Main Rd.; ⌚Jan.–März tgl. 8–17 Uhr, April–Ende Okt. Mo–Fr 8.30–16.30, Sa & So 10–14 Uhr, Ende Okt.–Dez. Mo–Fr 8–17 Uhr) Wer Flora und Fauna von Stewart Island verstehen möchte, sollte sich diese kostenlose Ausstellung ansehen. Außerdem sind hier Hüttenpässe fürs Backcountry und detaillierte Landkarten zu den hiesigen Wanderwegen erhältlich. Unbedingt daran denken, vor einer Tour durch den Busch das entsprechende Formular mit der geplanten Route auszufüllen, um den Aufenthaltsort anzuzeigen. Außerdem kann man hier Bücher und Karten zum Thema Naturschutz, Wanderausrüstung sowie Kleidung aus Possum- und Merinowolle kaufen.

Post (Elgin Tce.) Bei Stewart Island Flights.

Ruggedy Range Birds & Forest Booking Office (☎0508 484 337, 03-219 1066; www.ruggedyrange.com; Ecke Main Rd. & Dundee St.; ⌚Sept.–Ma Mo–So 7.30–20 Uhr, Juni–Aug. Mo–Fr 8.30–17.30, Sa & So 9.30–14 Uhr) Engagiertes Buchungs- und Informationsbüro von Ruggedy Range Wilderness Experience, das Vogelbeobachtung, Wanderungen und Wassertaxis anbietet. Ein Hinweis noch: Ruggedy Range wird von anderen Infozentren auf der Insel nicht repräsentiert und ist somit das einzige Büro.

Stewart Island Experience (☎03-219 1456; www.stewartislandexperience.co.nz; 12 Elgin Tce.; ⌚8.30–18 Uhr) Das Unternehmen befindet sich in einem roten Gebäude. Es bucht Unterkünfte und alle möglichen Aktivitäten, führt Sightseeing-Touren durch und vermietet Motorroller, Autos, Angeln, Tauchausrüstung und auch Golfschläger.

Stewart Island Health Centre (☎03-219 1098; Argyle St.; ⌚10–0.30 Uhr) Hat einen Bereitschaftsdienst, der rund um die Uhr im Dienst ist.

ℹ An- & Weiterreise

Flugzeug

Rakiura Helicopters (☎03-219 1155; www.rakiurahelicopters.co.nz; 151 Main Rd.) Das einzige auf Stewart Island stationierte Hubschrauber-Unternehmen bietet Transferflüge von Bluff (250 NZ$ pro Pers.), Panoramaflüge (50–785 NZ$ pro Pers.) sowie Charterflüge für Jäger und Wanderer.

Stewart Island Flights (☎03-218 9129; www.stewartislandflights.co.nz; Elgin Tce.; Erw./Kind einfach 115/75 NZ$, hin & zurück 195/115 NZ$) Fliegt dreimal am Tag auf der Strecke Invercargill – Stewart Island. Telefonisch anfragen lohnt sich, ob gerade preiswerte Stand-by-Tickets erhältlich sind.

Schiff

Stewart Island Experience (☎03-212 7660, 0800 000 511; www.stewartislandexperience.co.nz; Main Wharf) Die Passagierfähre verkehrt rund dreimal täglich auf der Strecke Bluff – Oban (Erw./Kind 69/34,50 NZ$); man sollte seine Plätze im Sommer ein paar Tage im Voraus buchen. Die Überfahrt dauert eine Stunde, bei Seegang kann es schon mal turbulent zugehen. Von der gleichen Firma verkehrt auch ein Shuttle zwischen Bluff und Invercargill (Erw./Kind 25/11 NZ$); die Passagiere können sich in Invercargill am i-SITE, bei Tuatara Backpackers sowie am Invercargill Airport abholen und dort auch absetzen lassen. Autos und Wohnmobile können gegen eine Gebühr auf einem sicheren Parkplatz in Bluff abgestellt werden.

Ein weiteres Schiff verkehrt auf der Strecke Bluff – Queenstown (Erw./Kind 69/34,50 NZ$) sowie Bluff – Te Anau (Erw./Kind 69/34,50 NZ$); die Passagiere können sich in den Büros von Real Journeys abholen und auch dort wieder absetzen lassen.

ℹ Unterwegs vor Ort

Wassertaxis bringen ihre Fahrgäste zu entlegenen Gegenden auf der Insel und holen sie dort auch ab – ein Service, der besonders für Wanderer praktisch ist. Die Taxis fahren auch nach Ulva Island (hin & zurück 25 NZ$).

Stewart Island Water Taxi & Eco Guiding (☎03-219 1394)

Aihe Eco Charters & Water Taxi (☎03-219 1066; www.aihe.co.nz)

Sea View Water Taxi (☎03-219 1014; www.seaviewwatertaxi.co.nz)

Auch mit Rakiura Helicopters sind die entlegendsten Gegenden erreichbar.

Stewart Island Experience vermietet Motorroller (halber/ganzer Tag 60/70 NZ$) und Autos (halber/ganzer Tag 70/115 NZ$).

Neuseeland verstehen

Bevölkerung pro km²

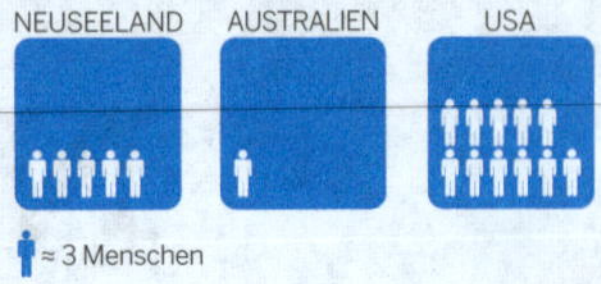

Neuseeland aktuell

Unruhige Zeiten

Kein Zweifel: Neuseeland hat in den letzten Jahren einiges einstecken müssen. Das Land scheint zwar irgendwie am Rande der Welt zu liegen, gegen die Krisen der globalen Wirtschaft ist es aber keineswegs immun. Und als sich Neuseeland gerade ein wenig von der schlimmsten Rezession seit 30 Jahren erholt hatte, traf ein Erdbeben der Stärke 7,1 Christchurch, die zweitgrößte Stadt des Landes. Der Schaden war beträchtlich, doch wundersamerweise kam kein Mensch dabei ums Leben, vermutlich, weil das Unglück sich in den frühen Morgenstunden ereignete, als die meisten Leute noch in ihren Betten lagen.

Während die Aufräumarbeiten noch im Gange waren, wurde die Ostküste Zeuge einer weiteren Tragödie: Im Kohlebergwerk am Pike River nahe Greymouth wurden bei einer Explosion 29 Menschen eingeschlossen. Alle Hoffnungen auf Rettung schwanden am 24. November nach einer zweiten heftigen unterirdischen Explosion.

Am frühen Nachmittag des 22. Februar 2011 wurde Christchurch erneut von einem Erdbeben – der Stärke 6,3 – erschüttert. Dieses Mal hatte die Stadt weniger Glück: 185 Menschen kamen dabei ums Leben. Die Region Canterbury ist seither praktisch nicht mehr zur Ruhe gekommen, denn die Zahl der Nachbeben ging in die Hunderte. Im Juni kam ein älterer Mann durch ein Beben der Stärke 6,3 zu Tode; am 23. Dezember wurden die Menschen während der Weihnachtseinkäufe von einem Beben der Stärke 5,8 in Panik versetzt, und ein Beben mit einem Wert von immerhin noch 5,5 bescherte dem neuen Jahr am 2. Januar 2012 einen unruhigen Start.

Schlimmer konnte es eigentlich nicht mehr kommen, doch dann lief im Oktober 2011 das voll beladene Containerschiff *Rena* auf das Astrolabe Reef. Große Mengen an Schweröl flossen ungehindert in die Bay

» Einwohner: 4,4 Mio

» Fläche: 268 680 km² (etwas mehr als Großbritannien mit Nordirland)

» Wachstum des Bruttoinlandsprodukts: 1,1 % (2011)

» Inflation: 1,8 % (2011)

Nicht vergessen

» Reiseversicherung, die – bei Bedarf – auch riskante sportliche Aktivitäten einschließt

» Insektenschutzmittel

» Echte (oder gut gespielte) Begeisterung für Rugby

» Appetit auf einheimische Gerichte und Weinsorten

Top-Filme

» *Herr der Ringe (Trilogie) (2001–2003)* Regie: Peter Jackson

» *Das Piano (1993)* Regie: Jane Campion

» *Whale Rider (2002)* Regie: Niki Caro

» *Die letzte Kriegerin (1994)* Regie: Lee Tamahori

» *Boy (2010)* Regie: Taika Waititi

» *Sione's Wedding (2006)* Regie: Chris Graham

» *The Topp Twins: Untouchable Girls (2009)* Regie: Leanne Pooley

» *In My Father's Den (2004)* Regie: Brad McGann

Beliebteste Regionen

(% der Neuseeländer)

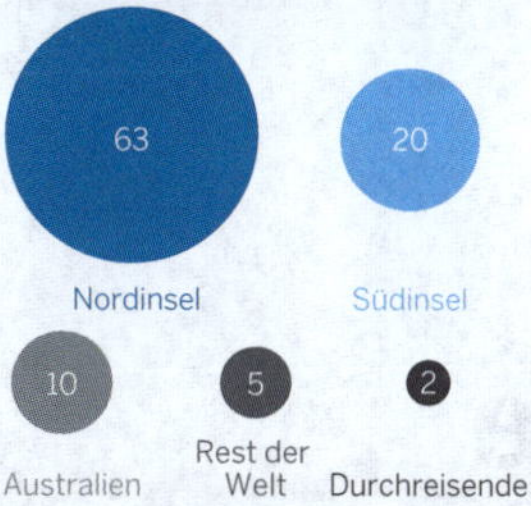

Wenn in Neuseeland 100 Menschen lebten,

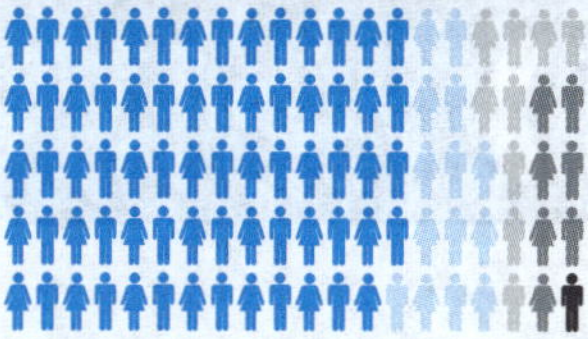

wären 69 Europäer
14 Maori
9 Asiaten
7 Pazifikinsulaner
1 anderer Nationalität

of Plenty und führten zur schlimmsten Umweltkatastrophe in der Geschichte des Landes. Bei Redaktionsschluss waren die Reinigungsarbeiten immer noch im Gange; die meisten Öltanks sind mittlerweile ausgepumpt und ein großer Teil der Container konnte geborgen werden.

» Arbeitslosigkeit: 6,5 %
» Schlangenarten: 0
» Einheimische Säugetierarten: 2 (zwei Fledermausarten)
» Entfernung zwischen der Nord- und der Südinsel: 23 km

Gelassenheit

Inmitten all dieser Düsternis haben die Neuseeländer ihr Schicksal mit stoischem Gleichmut ertragen; die Bewohner von Christchurch zeigten sich sogar äußerst entschlossen angesichts einer Bedrohung, die seither unter der Stadt zu lauern scheint.

Im September und Oktober 2011 sorgte der Besucheransturm anlässlich des Rugby World Cub (Rugby-Union-Weltmeisterschaft) für eine hochwillkommene Abwechslung. Die Neuseeländer sind nämlich sehr stolz auf ihr schönes Land, und sie erfreuen sich am Staunen der Besucher. Gern besinnen sie sich auf die wilde Schönheit ihrer Strände und Berge, ihrer Fjorde, Gletscher, Urwälder und der Landstriche mit geothermischer Aktivität. Christchurch schied als Austragungsort der Spiele zwar leider aus (denn das brandneue Stadion, das eigens für diesen Weltcup gebaut worden war, lag in Trümmern), doch die Einwohner waren sehr glücklich über dieses gelungene Turnier – und bejubelten natürlich den Sieg der eigenen Nationalmannschaft.

Angesichts dieser Vorgeschichte wird man erstaunt sein, wie herzlich die meisten Menschen hier Besucher begrüßen und ihnen einen wirklich schönen Aufenthalt wünschen. Aus diesem freundlichen Wesenszug der Inselbewohner entstehen für viele Besucher oft die nachhaltigsten Eindrücke. Wie es in einem Sprichtwort der Maori heißt: *He aha te mea nui o te ao? He tangata! He tangata! He tangata*! (Was ist das wichtigste auf der Welt? Das sind die Menschen! Die Menschen! Die Menschen!).

Etikette

» Die Maori empfinden es als ungehörig, wenn man sich auf einen Tisch setzt.
» Wer eine Wohnung oder ein Versammlungshaus der Maori betritt, zieht die Schuhe aus.
» Zur grünen Frucht sagt man nicht Kiwi, sondern *kiwifruit*.

Top-Bücher

» *The Bone People* (1988) Keri Hulme
» *Mister Pip* (2007) Lloyd Jones
» *The Carpathians* (1988) Janet Frame
» *Bulibasha: King of the Gypsies* (1994) Witi Ihimaera
» *Live Bodies* (1998) (Lebende Fracht; 1998) Maurice Gee
» *Potiki* (1986) Patricia Grace
» *The House of Strife* (1993) Maurice Shadbolt
» *The Vintner's Luck* (Der Engel mit den dunklen Flügeln; 2000) Elizabeth Knox

Geschichte

James Belich
Belich zählt zu den renommiertesten Historikern Neuseelands. Er hat eine Reihe von Büchern über die Geschichte dieses Landes geschrieben und eine Dokumentarserie im Fernsehen betreut.

„Kaore e mau te rongo – ake, ake!" (Wir werden niemals Frieden schließen – niemals, niemals!) So die Erwiderung des Kriegsherrn Rewi Maniapoto auf das Erscheinen von Regierungstruppen in der Schlacht von Orakau, 1864.

Die Geschichte Neuseelands ist zwar recht kurz, dafür aber rasant. In weniger als 1000 Jahren erschienen hier zwei neue Völker auf der Bildfläche: die polynesischen Maori und die europäischen Neuseeländer. Letztere haben auch einen Maorinamen, obwohl sie ihn nicht gern hören: „Pakeha". Einige Aspekte der Geschichte teilt Neuseeland mit dem restlichen Polynesien und anderen europäischen Kolonien, anderes ist jedoch einzigartig.

Die Maori

Trotz hartnäckiger Mythen besteht kein Zweifel daran, dass die polynesischen Vorfahren der heutigen Maori die ersten Siedler Neuseelands waren. Dennoch bleiben Fragen offen: Aus welchem Teil Ostpolynesiens kamen sie: von den Cookinseln, aus Tahiti, von den Marquesas? Wann landeten sie hier? Kamen die ersten Siedler in einer oder in mehreren Gruppen? Einerseits deutet einiges, z. B. die DNA von Ratten, die mit den Siedlern auf Neuseeland strandeten, auf mehrere Siedlungsreisen hin. Andererseits haben nur Ratten und Hunde der Siedler überlebt, nicht aber die nützlicheren Schweine und Hühner. Das Überleben dieser geschätzten Tiere hätte wohl oberste Priorität gehabt – das Scheitern einer erfolgreichen Einführung lässt auf weniger Reisen schließen.

Im Vergleich zu Australien ist Neuseeland zwar klein, doch es ist größer als Großbritannien und sehr viel größer als die anderen polynesischen Inseln. Landschaft und Klima des Landes könnten vielfältiger nicht sein. Die ersten Siedlungen wurden an der Küste im Warmen an-

ZEITACHSE

1000–1200

Möglicher Zeitpunkt des Eintreffens der Maori in Neuseeland. Archäologische Befunde deuten auf ca. 1200 hin; die erste menschliche Einflussnahme auf die Natur fand vermutlich noch früher statt.

1642

Abel Tasman findet auf seiner Expedition von Niederländisch-Ostindien aus das „Great South Land". Nach einem Scharmützel mit den Maori auf See verlässt seine Gruppe die Gegend ohne Landgang.

1769

Der Kontakt mit Europa wird durch James Cook und Jean de Surville wiederhergestellt. Es gelingt ihnen, mit den Maori zu kommunizieren. Neuseelands Verbindung zur Außenwelt wird von Dauer seinl

gelegt, sodass in den Gärten die mitgebrachten polynesischen Pflanzen (Kumara bzw. Süßkartoffeln, Gourd, Yam und Taro) gedeihen konnten. Es gab viele Steine, die sich zu Messern und Beilen verarbeiten ließen, zudem Gegenden mit viel Großwild. Neuseeland hat zwar außer einigen Fledermausarten keine Landsäuger, dennoch ist „Großwild" keine Übertreibung: Die Inseln waren die Heimat eines Dutzends von Moa-Arten (großer, flugunfähiger Vögel), von denen die größten bis zu 240 kg wogen und etwa doppelt so groß wie Strauße waren. Außerdem bevölkerten noch andere Arten flugunfähiger Vögel das Festland, und große Meeressäuger, z. B. Seelöwen, das Wasser. Für die polynesischen Jäger waren diese Tiere wie ein Sechser im Lotto. Innerhalb von nur 100 Jahren verteilten sich die Siedler von der Spitze der Nordinsel bis zum Ende der Südinsel. Für diese Bevölkerungsexplosion wird die proteinreiche Ernährung verantwortlich gemacht.

Etwa um 1400, mit dem Schwinden des Großwildbestands, wandten sich die Maori den kleineren Tieren zu – Waldvögeln und Ratten – und aus den Jägern wurden mehr und mehr Bauern und Fischer. Ein Überleben war noch gut möglich, auch wenn dafür genauere Ortskenntnisse, unermüdliche Anstrengungen und eine komplizierte Organisation nötig waren. Die Maoristämme mussten sich anpassen. Der Wettbewerb um Ressourcen verschärfte sich, ebenso die Konflikte. Das führte zur Entwicklung von immer raffinierteren Befestigungen, den *pa*. Überreste dieser *pa*-Erdbauten sind noch überall im Land zu finden, z. B. auf den Hügeln von Auckland.

Die Maori kannten weder Metalle noch eine Schrift (und weder Alkohol noch Drogen). Ihre Kultur und Spiritualität waren dennoch außerordentlich reich. Unterhalb von Ranginui (dem Himmelsvater) und

Einen kompletten Überblick auf die Geschichte Neuseelands von Gondwanaland bis heute findet man im Internet unter www.history-nz.org

Gerüchte über Sichtungen des ausgestorbenen Riesenvogels Moa flackern zwar hin und wieder auf, aber keines davon konnte wirklich bestätigt werden. Wer also unterwegs einem leibhaftigen Moa begegnet, sollte ihn rasch fotografieren – es dürfte sich um die größte zoologische Sensation des Jahrhunderst handeln.

DIE MORIORI & IHR MYTHOS

Eine der hartnäckigsten Legenden Neuseelands besagt, dass die Maori das Land bei ihrem Eintreffen bereits bewohnt vorfanden. Die melanesischen Moriori sollen dort gelebt haben – ein friedvolles Volk, das von den Maori ausgelöscht worden sein soll. Dieser Mythos wurde seit den 1920er-Jahren immer wieder von Forschern verworfen, hat aber dennoch bis heute überlebt.

Was die Sache noch komplizierter macht: Die Moriori gab es wirklich und die Maori haben sie schlecht behandelt. Die echten Moriori lebten auf den Chatham-Inseln, einer Inselgruppe 900 km östlich des Kernlands. Sie waren selbst echte Polynesier und stammten von den Maori ab – „Moriori" war ihre Version desselben Wortes. 1835 kamen im Zuge der Musketenkriege Maori von den Hauptinseln auf die Chathams. Sie töteten einige Moriori, versklavten den Rest, löschten sie aber nicht aus. So bleiben die Moriori der Hauptinseln ein Mythos.

PAUL KENNEDY / LONELY PLANET IMAGES ©

» Statue von James Cook

1772

Ankunft der französischen Expedition unter Marion du Fresne; sie bleibt einige Zeit in der Bay of Islands. Anfangs herrscht guter Kontakt zu den Maori, aber der Bruch eines *tapu* führt zu Gewalt.

1790er-Jahre

Walfangschiffe und Robbenfänger erreichen das Land. Es entstehen Kontakte zu den Maori, wobei vor allem die Europäer, Nahrungsmittel, Wasser und Schutz brauchen.

1818–1836

Zeitpunkt der „Musketenkriege" zwischen einzelnen Maoristämmen: Einige haben Musketen und besiegen die „Unbewaffneten". 1836 endet der Krieg bei Waffengleichheit.

CAPTAIN JAMES COOK

Sollten einmal Außerirdische die Erde besuchen, dann wundern sie sich bestimmt über die vielen Obelisken, Gedenktafeln und Statuen eines Mannes mit Perücke, der von Alaska bis Australien, von Neuseeland bis North Yorkshire und von Sibirien bis zum Pazifik überall aufs Meer hinausblickt. James Cook (1728–1779) entdeckte mehr von der Welt, als sonst jemand vor und nach ihm. Es ist fast unmöglich, den Pazifik zu bereisen, ohne dem Bild des Kapitäns und seinem umstrittenen Erbe zu begegnen, das er in den vielen, von ihm für den Westen geöffneten Ländern hinterließ.

Cook, der so viel in der Welt herumkam und so berühmt wurde, stammte aus einem extrem armen und provinziellen Elternhaus. Der Sohn eines Tagelöhners im ländlichen Yorkshire kam in einer Lehmhütte zur Welt, genoss kaum Schulbildung und schien der geborene Bauer zu sein. Stattdessen ging Cook als Jugendlicher zur See, arbeitete sich vom Diener auf einem Kohlendampfer rauf bis zum Offizier und machte durch seine außergewöhnlichen Karten von Kanada auf sich aufmerksam. Doch wahrscheinlich wäre Cook ein unbekannter zweiter Offizier geblieben, hätte ihn nicht 1768 die Royal Navy auserwählt, eine gewagte Expedition in die Südsee zu leiten.

In einem umgebauten Kohlenschiff, der Endeavour, segelte Cook nach Tahiti und war der erste Europäer, der in Neuseeland und an der Ostküste Australiens an Land ging. Obwohl das Schiff nach einer Kollision mit dem Great Barrier Reef beinahe sank und 40 % der Mannschaft von Krankheiten dahingerafft wurden oder durch Unfälle starben, schaffte es die Endeavour 1771 irgendwie nach Hause. Auf einer weiteren Reise (1772–1775) überquerte Cook als erster Seefahrer den südlichen Polarkreis. Mit seiner Expedition in den äußersten Süden der Erde zerstörte er den Mythos eines riesigen, bevölkerten und fruchtbaren Kontinents um den Südpol. Zudem befuhr Cook den ganzen Pazifik von den Osterinseln bis nach Melanesien und entdeckte unterwegs Dutzende von Inseln. Obwohl die Maori zehn Seeleute verspeisten, hatte Cook für die Insulaner stets Verständnis. „Obwohl sie Kannibalen sind", schrieb er, „sind sie von ihrem Wesen her gut".

Auf seiner letzten Reise (1776–1779) war Cook auf der Suche nach der Nordwestpassage. Dabei wurde er zum ersten Europäer, der Hawaii betrat. Er segelte an der amerikanischen Küste entlang von Oregon bis Alaska. Als das arktische Packeis ihn zur Rückkehr zwang, kehrte er nach Hawaii zurück. Dort wurde er während eines Scharmützels mit den Insulanern getötet, die ihn anfangs noch als einen polynesischen Gott verehrt hatten. In einem einzigen Jahrzehnt hatte Cook die Karte des Pazifiks gefüllt und ließ seinen Nachfolgern, wie ein französischer Seemann es auf den Punkt brachte, nicht mehr viel zu tun, als seine Entdeckungen zu bewundern.

Cooks Erbe beinhaltet weit mehr als seine Karten des Pazifiks, auch wenn einige davon so genau waren, dass sie bis in die 1990er-Jahre benutzt wurden. Seine Fahrten waren die ersten wirklich wissenschaftlichen Entdeckungsreisen, denn auf seinen Schiffen waren geschulte Beobachter: Künstler, Astronomen, Botaniker – sogar Dichter. Ihre Beobachtungen legten den Grundstein für Disziplinen wie die Anthropologie und die Museumswissenschaft. Sie bewegten aber auch westliche Künstler und Schriftsteller

1837

Australische Opossums werden nach Neuseeland eingeführt.

1840

Ausgehend von Waitangi in der Bay of Islands unterzeichnen ab dem 6. Februar rund 500 Führer der Maori den Vertrag von Waitangi. Darin wird die Souveränität auf die britische Krone übertragen.

1844

Der junge Ngapuhi-Häuptling Hone Heke provoziert, als er zuerst die britische Flagge in Kororareka (heute: Russell) und dann die Stadt selbst zerstört. Der folgende Northland-Krieg dauert bis 1846.

1858

Te Wherowhero aus Waikato wird erster König der Maori.

dazu, den Südpazifik als unschuldiges Paradies zu romantisieren. Indem sie Tier- und Pflanzenarten sammelten, revolutionierten Cooks Leute die Art und Weise, wie der Westen die Natur sah, öffneten sie die Augen der zivilisierten Welt für die Vielfalt von Flora und Fauna. Charles Darwins Reise auf der Beagle war hier schon vorgezeichnet.

Doch Cooks Reisen brachten schließlich auch den Kolonialismus in den Pazifikraum. Innerhalb weniger Jahrzehnte nach seinem Tod kamen Missionare, Walfänger, Händler und Siedler und begannen, die Inselkulturen zu verändern – und auch oft zu zerstören. Daher betrachten viele der einheimischen Völker James Cook als einen imperialistischen Schurken, der dem Pazifik nur Seuchen, Enteignungen und andere Übel bescherte (deshalb die andauernden Schändungen der Cook-Denkmäler). Wie auch immer – bei der Wiederbelebung traditioneller Fertigkeiten und Künste, von der Tätowierung bis zum *tapa*, dem Tuch aus Rindenbast, dienen den Völkern die Aufzeichnungen von Cook und seinen Begleitern dennoch oft als Quelle der kulturellen Erneuerung. Wie man ihn auch letztlich bewerten mag, der Bauernbursche aus Yorkshire hat den modernen Pazifikraum geprägt wie kein anderer.

Tony Horwitz, Pulitzerpreisträger, Sachbuchautor und Journalist. Bei seinen Recherchen für das Buch Cook: Die Entdeckung eines Entdeckers *bereiste Tony den Pazifik, immer auf den Spuren Cooks*

Papatuanuku (der Erdenmutter) kannten sie eine ganze Reihe von Göttern – Götter des Landes, der Wälder und Meere, denen die Ahnen zur Seite standen, die nach dem Tod allmählich zu den Göttern aufrückten. Besonders wichtig war der Halbgott Maui. In den alten Mythen zähmte er die Sonne und besiegte die Nordinsel; schließlich kam er zwischen den Schenkeln der Göttin Hine-nui-te-po zu Tode – beim Versuch, in ihren Körper einzudringen und damit die Sterblichkeit des Menschen zu überwinden.

Die darstellenden Künste der Maori, insbesondere Tanz und Gesang, die als *kapa haka* bekannt sind, üben ihre Faszination bis auf den heutigen Tag aus. Auch die bildenden Künste der Maori, vor allem die Holzschnitzerei, sind einzigartig.

Ähnlichkeiten in den Sprachen der Maori und der Bewohner von Tahiti legen die Vermutung nahe, dass es zwischen beiden Völkern enge Kontakte gegeben haben muss. Maori ist der Sprache von Tahiti so ähnlich wie Spanisch dem Französischen – trotz der 4294 km, die beide Inselgruppen trennen.

Ankunft der Europäer

1840 wurde Neuseeland offiziell zur britischen Kolonie. Der erste verbürgte Kontakt zwischen den Maori und der Außenwelt fand aber bereits 1642 in der Golden Bay auf der Südinsel statt. Damals kamen niederländische Schiffe aus Indonesien auf der Suche nach dem „Great South Land" und den Schätzen, die dort vermutet wurden. Der Kommandant Abel Tasman sollte gegenüber Eingeborenen so tun, als sei man

1860–1869
Erster und Zweiter Taranaki-Krieg, ausgelöst durch den amtlichen Diebstahl von Maoriland und angefacht durch weitere Landenteignungen.

1861
Gabriel Read, ein australischer Goldsucher, entdeckt in Otago Gold. Aufgrund dessen steigt die Bevölkerungszahl von Otago innerhalb von sechs Monaten von unter 13 000 auf über 30 000.

1863/64
Waikato-Krieg. Rund 5000 Maori widersetzen sich einer Invasion von Kolonialtruppen mit rund 20 000 Mann. Trotz großer Erfolge unterliegen die Maori am Ende, weiteres Land wird konfisziert.

1868–1872
Ostküstenkrieg: Te Kooti führt nach seiner Flucht aus dem Gefängnis auf den Chatham Islands einen Heiligen Guerillakrieg in der Urewera-Region. Schließlich zieht er sich zurück und gründet die Ringatu-Kirche.

Die Website des Kultusministeriums (www.nzhistory.net.nz) enthält viel Wissenswertes über die Geschichte des Landes.

Abel Tasman taufte Neuseeland „Statenland" – in der Annahme, es sei mit Staten Island bei Argentinien verbunden. Später wurde das Land dann nach der niederländischen Provinz Zeeland benannt.

nicht an Edelmetallen interessiert, und er sollte sie auch nicht über deren Wert aufklären.

Als Tasmans Schiff in der Bucht ankerte, erschienen Maori in ihren Kanus, um die klassische Frage zu stellen: Freund oder Feind? Die Holländer verstanden nicht und bliesen zum Angriff. Ein Boot wurde angegriffen, vier Besatzungsmitglieder fielen. Tasman segelte davon und kam nie wieder. Ebenso verfuhren alle Europäer für die nächsten 127 Jahre. Immerhin jedoch ließen die Niederländer einen Namen zurück – „Nieuw Zeeland".

Erst 1769 wurde der Kontakt zwischen Europäern und den Maori erneuert, als unter James Cook und Jean de Surville englische und französische Entdecker landeten. Die Beziehungen waren harmonischer, und weitere Expeditionen wurden unternommen, motiviert durch Wissenschaft, Profitdenken und die Rivalität der Großmächte. Zwischen 1773 und 1777 kam Cook noch zweimal nach Neuseeland, außerdem gab es weitere französische Expeditionen.

Ab den 1790er-Jahren gab es auch inoffizielle „Besuche" durch Walfänger im Norden und Robbenjäger im Süden. 1814 wurde in der Bay of Islands die erste Missionsstation gegründet. Weitere folgten: Anglikaner, Methodisten und Katholiken. Der Flachs- und Holzhandel ließ in den 1820er-Jahren erste kleine Siedlungen von Europäern und Maori entstehen. Überraschenderweise kamen wohl die meisten europäischen Besucher aus Amerika. Walfänger aus Neuengland rasteten gerne in der Bay of Islands. Allein zwischen 1833 und 1839 waren es 271. Doch für die Walfänger bedeutete „Rast" Sex und Saufen. Am liebsten suchten sie dabei die kleine Stadt Kororareka (heute Russell) heim. Die Missionare nannten sie nur „das Höllenloch des Pazifiks".

Vor 1840 belasteten einige blutige Auseinandersetzungen die Beziehungen zwischen Europäern und Maori, sie blieben aber recht überschaubar. Die Europäer brauchten den Schutz der Maori, ihre Nahrung und Arbeitskraft. Die Maori wollten ihrerseits Waren von den Europäern, vor allem Musketen. Walfangstationen und Missionen wurden durch Eheschließungen mit ansässigen Maori etabliert, was auch dazu beitrug, den Frieden zu sichern. Am häufigsten kam es unter den Maori selbst zu Kriegshandlungen, vor allem in den grausamen Musketenkriegen von 1818 bis 1836. Die Maori im Norden hatten früh Kontakt zu den Europäern, weshalb der dortige Stamm der Ngapuhi als erster Feuerwaffen besaß. Unter ihrem General Hongi Hika überfielen die Ngapuhi den Süden und besiegten in blutigen Kämpfen die herkömmlich bewaffneten Stämme. Kaum selbst im Besitz von Musketen, schlossen sich diese den Ngapuhi an und überfielen ihrerseits die noch weiter südlich lebenden Stämme. Dieser Dominoeffekt erreichte schließlich 1836 den äußersten Süden der Südinsel. Wenn die Missionare behaupteten, ihr Einfluss hätte

1886/87

Die Tuwharetoa übereignen der Regierung die Berge Ruapehu, Ngauruhoe und Tongariro zur Einrichtung des vierten Nationalparks der Welt.

JOHN ELK III / LONELY PLANET IMAGES ©

» Mt. Ngauruhoe (S. 310), Tongariro National Park

1893

Als erstes Land der Welt führt Neuseeland das Frauenwahlrecht ein. Vorausgegangen war eine von Kate Sheppard angeführte Kampagne.

schließlich die Kriege beendet, so war es doch eher das Kräftegleichgewicht, das nun durch die Verteilung von Musketen erreicht war.

Aus Europa kamen nicht nur Waffen und Schießpulver, sondern auch Schweine oder Kartoffeln, wovon auch die Maori profitierten. Musketen und Krankheiten hatten den entgegengesetzten Effekt, aber die negativen Auswirkungen der Kolonialisierung wurden mitunter überschätzt: Die ersten Schätzungen der Maoribevölkerung waren mit bis zu 1 Mio. Menschen zunächst viel zu hoch. Heute wird angenommen, dass 1769 zwischen 85 000 und 110 000 Maori in Neuseeland lebten. Die Musketenkriege töteten etwa 20 000, ebenso wüteten eingeschleppte Krankheiten – auch wenn die Abgeschiedenheit Neuseelands eine Art natürliche Quarantäne war: Infizierte Europäer erholten sich entweder auf der langen Reise oder sie starben. Manche Krankheiten wie die Pocken, die unter den amerikanischen Ureinwohnern wüteten, schafften es gar nicht bis Neuseeland. Alles in allem wurde bis 1840 die Zahl der Maori auf etwa 70000 reduziert, was einen Bevölkerungsschwund von weniger als 20 % bedeutet.

„Gottes eigenes Land, aber des Teufels eigener Saustall“, kommentierte Premierminister Richard Seddon Neuseelands selbstgewählten Beinamen „Gottesgegend“.

Die Pakeha

Seit 1840 bezeichneten die Maoristämme die Europäer als „ihre Pakeha“ und schätzten Profit und Prestige, die mit ihnen ins Land kamen. Die Maori wollten mehr von beidem, und die Briten als Autorität anzuerkennen, war in ihren Augen der richtige Weg, gleichzeitig gab die britische Regierung ihre Zurückhaltung auf. In London standen neben Profit und Prestige auch humanitäre Erwägungen im Vordergrund. Dabei gingen die Briten fälschlicherweise davon aus, dass die Maori der vielen inoffiziellen Beziehungen mit Europäern nicht Herr werden könnten. So schlossen Briten und Maori am 6. Februar 1840 ein Abkommen: Der Vertrag von Waitangi hat heute einen fast so hohen Stellenwert wie die Verfassung der USA, allerdings ist er noch umstrittener. Das Problem ist seine Auslegung durch die Vertragspartner. Nach der englischen Version wurden den Maori Rechte garantiert, diese mussten sich dafür der britischen Regierung unterordnen. Die Version der Maori will dagegen eine Wiederherstellung der Häuptlingswürden erkennen, was zugleich das Recht auf eine regionale Regierung begründete. Zunächst war dieses Problem überschaubar, denn die Version der Maori setzte sich nur außerhalb der europäischen Siedlungen durch. Doch diese Siedlungen wuchsen ...

1840 lebten nur etwa 2000 Europäer in Neuseeland. Damals war Kororareka (heute Russell) die Hauptstadt und zugleich der größte Ort. Bis 1850 entstanden sechs weitere Siedlungen (Auckland, Wellington, New Plymouth, Nelson, Christchurch und Dunedin), in denen 22 000 Siedler eine Heimat fanden. Etwa die Hälfte von ihnen kam unter die

1901

Neuseeland lehnt das Angebot ab, dem neuen Commonwealth of Australia beizutreten.

1908

Der neuseeländische Physiker Ernest Rutherford erhält den Nobelpreis für Chemie.

1914–1918

Neuseelands Beteiligung am Ersten Weltkrieg ist für ein Land mit nur ca. 1 Mio. Einwohnern beträchtlich: 100 000 Männer dienen in Übersee, an die 60 000 fallen, die meisten an der Westfront in Frankreich.

1931

Beim Erdbeben von Napier kommen 131 Menschen ums Leben.

Maurice Shadbolts Season of the Jew (1987) handelt vom blutigen Feldzug des Kriegers Te Kooti gegen die Briten in der Poverty Bay in den 1860er-Jahren. Te Kooti und seine Anhänger verglichen sich damals mit den Israeliten, als diese Ägypten verlassen mussten.

Mehr über diese neuseeländischen Kriege erfährt man unter www.newzealandwars.co.nz

„Ich glaube, wir alle waren froh, als wir Neuseeland wieder verließen. Es ist kein angenehmer Ort. Den Ureinwohnern fehlt die bezaubernde Schlichtheit … und der größte Teil der dortigen Engländer besteht aus dem Abschaum der Gesellschaft." Charles Darwin über Kororareka (Russell), 1860.

Schirmherrschaft der New Zealand Company und ihrer Partner. Diese Gesellschaft beruhte auf einer Idee von Edward Gibbon Wakefield. Er wollte die eher barbarische Phase der Besiedlung verkürzen, indem er auf die „sofortige Zivilisation" setzte. Sein Erfolg war eher bescheiden. Ab den 1850er-Jahren wurden seine Siedler, die vorrangig aus der Ober- und Mittelschicht stammten, mit immer neuen Immigrationswellen konfrontiert, die bis ca. 1890 dauerten. Bei diesen kamen Menschen ins Land, die zur großen britischen und irischen Diaspora Australiens und weiter Teile Nordamerikas gehörten. Doch die neuseeländische Mischung wurde eine spezielle. So waren Siedler aus den schottischen Lowlands in Neuseeland präsenter als sonstwo auf der Welt. Die neuseeländischen Iren stammten meist aus dem Norden Irlands. Neuseelands Engländer wiederum kamen aus der Gegend um London. Und es gab kleinere Gruppen von Deutschen, Skandinaviern und Chinesen, auch wenn Letztere seit den 1880er-Jahren Vorurteilen ausgesetzt waren. Zu der Zeit gab es dann rund 500 000 Paheka.

Katalysator der Massenimmigration waren auch Maßnahmen der Provinz- und Zentralregierungen, die vor allem zwischen 1870 und 1880 unter Julius Vogel öffentliche Bauvorhaben planten. 1876 schaffte Vogel die Provinzen ab, weil sie seiner Meinung nach die Entwicklung hemmten. Der letzte Gouverneur des Empires, der wirklich Macht besaß, war der talentierte, aber skrupellose George Grey, dessen zweite Amtszeit 1868 endete. Die Gouverneure nach ihm (ab 1917 Generalgouverneure) waren nur dem Titel nach Staatsoberhäupter. Die Regierungschefs (Premierminister) hatten mehr zu sagen. Und die Zentralregierung, die eigentlich schwächer als die Provinzregierungen, die Gouverneure und die Maoristämme sein sollte, häufte letztlich mehr Macht als diese drei Organe an.

Doch die Maoristämme gingen nicht kampflos unter. Ihr Widerstand war einer der heftigsten, der je gegen die europäische Kolonisation geleistet wurde. Zum ersten Zusammenstoß kam es 1843 im Wairau Valley. Ein Trupp von Siedlern zog aus, um den Mythos der britischen Kontrolle auf die Probe zu stellen, doch sie lernten die Macht der Maori kennen. 22 Siedler wurden getötet, unter ihnen Wakefields Bruder Arthur, sowie sechs Maori. 1845 kam es dann zu Gefechten in der Bay of Islands, als Hone Heke eine britische Siedlung plünderte. Heke und sein Verbündeter Kawiti leiteten drei britische Strafexpeditionen in die Irre, indem sie eine moderne Variante der traditionellen *pa*-Festungen errichteten. Überreste dieser Erdbauten sind noch heute in Ruapekapeka (südlich von Kawakawa) zu sehen. Gouverneur Grey erklärte sich zwar im Norden zum Sieger, doch konnte er nur wenige davon überzeugen. Im Süden hatte Grey mehr Erfolg, wo er Te Rauparaha, den wichtigen Häuptling der Ngati Toa gefangen nahm. Auf der Südinsel konnten die Pakeha die

1935–1949

Unter Michael Savage kommt die erste Labour-Regierung an die Macht. Sie schafft Neuseelands wegweisende Version eines Wohlfahrtsstaates und ergreift unabhängig die Initiative in der Außenpolitik.

1936

Die neuseeländische Pilotin Jean Batten legt die Strecke von Großbritannien nach Neuseeland als erster Pilot ganz allein zurück.

1939–1945

Während des Zweiten Weltkriegs unterstützen neuseeländische Truppen Großbritannien und die Alliierten; ab 1942 kommen 100 000 amerikanische Soldaten nach Neuseeland, um es vor Japan zu schützen.

1948

Maurice Scheslinger erfindet die Buzzy Bee, Neuseelands beliebtestes Kinderspielzeug.

wenigen Maori einfach überrennen. Dennoch, die Kämpfe der 1840er-Jahre zeigten, dass man auf der Nordinsel mit den Maori ständig um das freie Kernland ringen musste.

Im folgenden Jahrzehnt wuchs die Zahl der Siedler und damit auch deren Wunsch, noch mehr Land zu besetzen. Die Folge waren erneute Kämpfe, die in den 1860er-Jahren begannen. Bis 1872 dauerten die Kriege auf der ganzen Nordinsel. Die King Movement, zunächst eine nationalistische Organisation der Maori, wurde zum Rückgrat des Widerstands. In den späteren Jahren übernahmen einige bemerkenswerte Propheten-Generäle, vor allem Titokowaru und Te Kooti, das Kommando. Die meisten Kriege waren begrenzt – nicht aber der Waikato-Krieg von 1863/64. Zum Einsatz kamen gepanzerte Dampfschiffe, schwere Artillerie und zehn britische Regimenter. Dennoch gelang es den Maori, mehrere Gefechte zu gewinnen, etwa das von Gate Pa bei Tauranga 1864. Letztlich unterlagen sie der europäischen Übermacht. Die politische, nicht aber die kulturelle Freiheit ebbte in den ausgehenden Jahrzehnten des 19. Jhs. ab. Als die Polizei 1916 ihre letzte Zufluchtstätte, die Urewara Mountains, besetzte, erlosch sie endgültig.

Das Gläschen um 18 Uhr erinnert an die exzessiven Trinkgelage nach Feierabend. Einst hatten viele Männer nämlich nur ein Ziel: zwischen 17.05 Uhr und 18 Uhr, wenn die Pubs wieder geschlossen wurden, so viel Alkohol wie irgend möglich auf Vorrat hinunterzugießen.

Wohlfahrt & Kriege

Wollexporte, Goldrausch und Überseeanleihen ließen ab 1850 die Wirtschaft der Pakeha trotz der Konflikte mit den Maori boomen. Erst in den 1880er-Jahren kam der Crash, dem eine lange Depression folgte. 1891 kamen die Liberalen an die Macht, wo sie bis 1912 blieben, wohl auch weil sich die Wirtschaft erholte. Die Liberalen bildeten die erste organisierte politische Partei Neuseelands und stellten die erste von mehreren Regierungen, die Neuseeland den Ruf des „größten sozialen Versuchs der Welt" einbrachten: 1893 führte Neuseeland als erstes Land der Welt das Frauenwahlrecht und 1898 ein Rentensystem ein. Doch auch das von den Liberalen beschlossene betriebliche Schlichtungsverfahren konnte 1912/13 erbitterte Arbeiterunruhen nicht verhindern. Dies geschah aber bereits unter der „Reformregierung" der Konservativen, die 1912 die Liberalen abgelöst hatten. Die Reform Party, die später in der National Party aufging, blieb bis 1928 im Amt. Als 1929 die Weltwirtschaftskrise begann, wurde auch Neuseeland nicht verschont.

1935 kam eine zweite Reformregierung ins Amt: die erste Labour-Regierung, angeführt von Michael Joseph Savage, dem beliebtesten Australier Neuseelands. Zeitweise galt die Labour-Regierung als die sozialistischste Regierung außerhalb der Sowjetunion. Doch als 1939 in Europa die Würfel gefallen waren, zögerte die Labour Party nicht, Großbritannien zu unterstützen.

Dies hatte Tradition: Neuseeland stand bereits im Burenkrieg (1899–1902) und im Ersten Weltkrieg (1914–1918) auf der Seite des Mutterlands,

Nancy Wake aus Wellington (Codename: Weiße Maus) kämpfte im besetzten Frankreich als Mitglied der Résistance gegen die Nazis; dabei leitete sie die Operationen der bis zu 7000 Widerstandskämpfer. Auf der Fahndungsliste der Gestapo stand sie ganz oben, unter den am Krieg beteiligten Frauen war sie auf Seiten der Alliierten die höchstdekorierte.

1953

Dem Neuseeländer Edmund Hillary gelingt zusammen mit Tenzing Norgay die Erstbesteigung des Mount Everest.

1973

Die noch junge neuseeländische Band Split Enz nimmt an einer Talentshow teil – und erhält den zweitletzten Platz.

1974

Auswanderer von den pazifischen Inseln, deren Visum abgelaufen ist, werden unter Robert Muldoon und der Nationalregierung durch Razzien aufgespürt. Diese finden bis in die 1980er-Jahre statt.

1981

Die Tour des südafrikanischen Rugbyteams (Springboks) spaltet das Land. Viele Neuseeländer zeigen ihre Anti-Apartheidshaltung durch Demonstrationen. Andere befürworten die Durchführung der Tour.

Waitangi Treaty Grounds, also der Ort, wo 1840 der Vertrag von Waitangi unterzeichnet wurde, ist heute eine Touristenattraktion. Am 6. Februar finden alljährlich Gedenkveranstaltungen (und Protestkundgebungen) statt.

im letzten Fall mit besonders großen Verlusten. Denkmäler für die Gefallenen finden sich fast in jeder Stadt – und die Zahl der zwischen 1914 und 1918 Gefallenen übersteigt die der Opfer des Zweiten Weltkriegs. Auch in diesem trug Neuseeland seinen Teil bei: Rund 100 000 Neuseeländer kämpften in Europa und im Nahen Osten. Auch wenn Neuseeland friedlich erscheint, so hat es doch einen großen Teil seiner Geschichte mit Kriegen zugebracht. Im 19. Jh. kämpfte es zu Hause, im 20. Jh. in Übersee.

Die besseren Briten?

Britischen Besuchern kam Neuseeland lange allzu vertraut vor. Das liegt jedoch nicht nur an den britischen und irischen Wurzeln der meisten Pakeha, sondern auch an den seit 1882 immer enger werdenden Beziehungen zwischen Neuseeland und Großbritannien. Damals wurden erstmals gekühlte Waren nach London verschifft. Die neuseeländische Wirtschaft passte sich immer mehr den Wünschen des Mutterlands an, und mit den wirtschaftlichen Beziehungen wurden auch die kulturellen verbessert. Die Kinder studierten britische Geschichte und Literatur, nicht ihre eigene. Neuseelands führende Wissenschaftler und Schriftsteller, etwa Ernest Rutherford und Katherine Mansfield, fühlten sich zu Großbritannien hingezogen. Daran änderte sich auch nicht viel, als Neuseeland 1947 als Mitglied des Commonwealth of Nations die volle Unabhängigkeit erlangte.

Die engen Beziehungen wurden gern als „Rekolonialisierung" bezeichnet. Doch wäre es falsch, Neuseelands Geschichte als die einer ausgebeuteten Kolonie zu betrachten. So war der durchschnittliche Lebensstandard höher als in Großbritannien, und das Sozialwesen und die unteren Bildungssysteme waren besser ausgebildet. Die Neuseeländer hatten zum Markt Großbritanniens genauso Zugang wie zu dessen Kultur, zu der sie auch ihren eigenen beachtlichen Teil beitrugen. Die Liste der „britischen" Schriftsteller, Akademiker, Wissenschaftler, Militärs, Verleger usw., die in Wirklichkeit aus Neuseeland stammen, ist lang. Tatsächlich sahen sich die Neuseeländer, vor allem in Kriegsdingen und im Sport, als eine bessere Version der Briten an – die besseren Briten des Südens.

Nicht zu Unrecht schmückte sich das „rekolonialisierte" Neuseeland mit seinem Reichtum, seiner Gleichheit und der sozialen Harmonie. Doch es war auch konformistisch und sogar puritanisch geprägt. Bis in die 1950er-Jahre war es Bauern aus moralischen Gründen praktisch untersagt, ihr Vieh an öffentlichen Straßen kopulieren zu lassen. Sonntagszeitungen gab es bis 1969 nicht, bis 1989 durfte an Sonntagen nicht gearbeitet werden. Lizenzierte Restaurants waren bis in die 1960er-Jahre spärlich gesät, ebenso Supermärkte oder Fernsehen. Und von 1917 bis 1967 war die Sperrstunde ab 18 Uhr für Pubs berüchtigt. Doch

1985

Die französische Regierung versenkt die *Rainbow Warrior*, um Greenpeaceaktivisten daran zu hindern, ihre Reise zum Moruroa-Atoll fortzusetzen, vor dem die französische Regierung Atomtests durchführt.

JENNY & TONY ENDERBY / LONELY PLANET IMAGES ©

» Denkmal für die versenkte *Rainbow Warrior* (S. 174)

1992

Die Regierung beginnt mit Reparationszahlungen für Land, das während der Landkriege beschlagnahmt wurde, und bestätigt im „Sealord-Deal" die Fischrechte der Maori. Es folgen große Wiedergutmachungen.

DIE NEUSEELANDKRIEGE *ERROL HUNT*

Vor allem fünf unterschiedliche Konflikte werden heute allgemein unter dem Begriff „Neuseelandkriege" (auch: *Land Wars* oder *Maori-Kriege)* zusammengefasst. Die Kämpfe, die in Northland ihren Ausgang nahmen und sich über die gesamte Nordinsel zogen, hatten viele komplexe Ursachen, allen gemeinsam aber war als Anlass *whenua* – das Land. Im Verlauf von fünf Kriegsjahren kämpften die Maori einmal auf Seiten der Regierung, ein anderes Mal gegen sie; die Regierung stützte sich auf die Britische Armee, ausstralische Truppen und eigene bewaffnete Polizeikräfte. Als Strafe für die Teilnahme an diesen Kriegen wurde damals Land der Maori enteignet. Diese Eingriffe sorgen bis heute für Konflikte, und die Regierung leistet immer noch Entschädigungszahlungen für ihre aus heutiger Sicht unrechtmäßige Vorgehensweise.

Northland-Krieg (1844–1846) „Hone Hekes Krieg" begann mit der berühmten Fällung des Flaggenmastes in Kororareka (heute Russell) und „endete" in Ruapekapeka (südlich von Kawakawa). In mancher Hinsicht war dies eher ein Bürgerkrieg zwischen unterschiedlichen Parteien der Ngapuhi, wobei die Regierung eine Seite gegen die andere ausspielte.

Erster Taranaki-Krieg (1860/61) Der erste Taranaki-Krieg brach in Waitara aus; die Maori auf der gesamten Nordinsel ergriffen leidenschaftlich Partei.

Waikato-Krieg (1863/64) Der größte unter den fünf Kriegen. In erster Linie war die Kingitanga-Bewegung der Maori darin verstrickt; zum Krieg kam es, weil die Regierung ihren Souveränitätsanspruch gefährdet sah. Dahinter stand allerdings auch in diesem Fall eine Auseinandersetzung um Landbesitz. Nach Niederlagen wie der von Rangiriri wurden die Waikato vollständig von ihrem Land vertrieben und ins spätere King Country umgesiedelt.

Zweiter Taranaki-Krieg(1865–1869) Eine Folge des Maori-Widerstandes gegen die Landenteignungen nach dem Ersten Taranaki-Krieg. Bei keinem der Kriege waren die Maori einem Sieg so nahe wie hier unter dem weitsichtigen General Titokowaru. Als er jedoch den Respekt seiner Krieger (vermutlich durch eine Indiskretion) einbüßte, ging auch dieser Krieg verloren.

Ostküsten-Krieg (1868–1872)Te Kootis heiliger Guerillakrieg.

all dies ist nur die halbe Wahrheit. Am sonntäglichen Arbeitsverbot hielt man nicht nur aus religiösen Motiven fest, vielmehr sollten auch die Arbeiter ein Wochenende haben – und auf dem Land war die Sperrstunde sowieso ein Witz.

Es gab also schon immer so etwas wie eine Kiwi-Gegenkultur und zwar noch vor den großen Gegenkulturen der 1960er-Jahre. Bereits in den 1930er-Jahren entstand ein kulturelles Nationalbewusstsein, das nach 1970 seine Blüte erlebte.

1995
Peter Blake und Russel Coults gewinnen mit der *Black Magic* den Americas Cup.

2004
Das Maori-Fernsehen nimmt den Sendebetrieb auf – erstmals gibt es einen Kanal, der neuseeländische Inhalte vermitteln und die Sprache und Kultur der Maori wiederbeleben möchte.

2010
Beim Grubenunglück am Pike River auf der Südinsel kommen 29 Bergleute ums Leben.

2011
Ein schweres Erdbeben erschüttert Christchurch. 185 Menschen sterben, die City wird zerstört. Im gleichen Jahr ist Neuseeland Gastgeber und Sieger des Rugby World Cup

Immer wieder etwas Neues

Der schottische Einfluss auf Neuseeland ist bis heute spürbar, vor allem im Süden der Südinsel. In Neuseeland gibt es mehr Dudelsackgruppen pro Kopf als in Schottland selbst.

Das „rekolonialisierte" System wurde nach 1935 mehrfach erschüttert, doch es überlebte bis 1973. In diesem Jahr schloss sich Mutter England der Europäischen Gemeinschaft an. Neuseeland erschloss nun außer Großbritannien auch andere Märkte und Alternativen zu den bisherigen Exportschlagern Wolle, Fleisch und Milchprodukten. Großraumflugzeuge erlaubten es der Welt und Neuseeland, sich immer häufiger gegenseitig zu besuchen. 1960 kamen gerade einmal 36 000 Touristen nach Neuseeland, heute sind es mehr als 2 Mio. jährlich. Mit dem Wandel gingen auch gesellschaftliche Veränderungen einher: Frauen eroberten immer höhere Positionen in der Arbeitswelt und schließlich auch in der Politik. Schwule wagten sich trotz heftiger Bemühungen der Konservativen, das zu verhindern, mehr und mehr in die Öffentlichkeit.

Ab 1945 wuchs die Bevölkerung der Maori, und es zog sie zunehmend in die Städte. Im Jahr 1936 lebten noch 17 % der Maori in den Städten und 83 % auf dem Land. 50 Jahre später hatte sich dieses Verhältnis umgekehrt. Die Tore für Einwanderer, die bis 1960 fast nur Weiße durchqueren konnten, hatten sich auch anderen geöffnet. So brachten Menschen von den pazifischen Inseln erstmals ihre Arbeitskraft ins Land und (Ost-)Asiaten ihr Geld. Und diese Veränderungen wären wohl der größte sozioökonomische Wandel des 20. Jhs. gewesen, hätte nicht in der Politik ab 1984 ein mindestens ebenso großer Umschwung eingesetzt.

Denn in diesem Jahr brachte die neue Regierung – die vierte von den Labour geführte – die dritten großen Reformen auf den Weg. Die Regierung praktizierte eine antinukleare Außenpolitik, was den Linken gefiel, und richtete die Wirtschaftspolitik nach den Märkten aus, was den Konservativen gefiel. Wirtschaftliche Kontrollmechanismen wurden rasant abgebaut. Vielen Neuseeländern behagte die Antinuklearpolitik zunächst nicht, weil sie den ANZUS-Pakt mit Australien und den Vereinigten Staaten von Amerika gefährdete. Doch im Jahr 1985 versenkten französische Agenten das Greenpeace-Schiff *Rainbow Warrior* im Hafen von Auckland – ein Besatzungsmitglied wurde getötet. Während die US-Amerikaner diesen Akt allenfalls halbherzig verurteilten, stand plötzlich ganz Neuseeland hinter der vorher kritisierten Anti-Atom-Politik der neuseeländischen Regierung.

Die marktorientierte Wirtschaftspolitik dagegen war bei weitem nicht bei allen Neuseeländern beliebt, doch hatten die Kritiker keine Alternative zur Hand. Von der neuen Freiheit beflügelt ließen sich neuseeländische Investoren zu Spekulationen hinreißen – und litten dann mehr als der Rest der Welt unter der Wirtschaftskrise von 1987.

Doch so, wie das Land diese Herausforderung meisterte, wird es auch die Folgen des schweren Erdbebens vom 4. September 2010 bewältigen: In Christchurch wurden schätzungsweise 20 % der Gebäude so stark beschädigt, dass sie unbewohnbar wurden. Der Wiederaufbau soll nach Angaben von Premierminister John Key mindestens ein Jahr in Anspruch nehmen. Und dennoch kamen die Neuseeländer noch glimpflich davon – dass keine Menschen starben, ist ein Verdienst der erdbebensicheren Architektur.

So schaut Neuseeland trotz aller Widrigkeiten zuversichtlich ins noch junge 21. Jh. Gastronomie und Weinbau sowie Literatur und Film erleben eine vorher nie dagewesene Blüte, zudem prägt die spannende ethnische Mischung eine völlig neue Musik. Aber es gibt auch Kontinuität im Traditionellen: das Pub, der Sportplatz, die *quarter-acre section* (das typische neuseeländische Wohngrundstück), der Busch, der Strand, das Ferienhaus – alles Gründe, weshalb viele Besucher immer noch so gern hierher kommen.

Über Neuseelands Proteste gegen Atomversuche setzten sich die Atommächte einfach hinweg und spotteten über das „Gebrüll eines Mäuschens".

Natur & Umwelt

Vaughan Yarwood

Vaughan Yarwood ist Historiker, in Neuseeland und international aber auch als Reisebuchautor bekannt.

Geografie

Neuseeland ist ein junges Land: In seiner heutigen Form ist es weniger als 10 000 Jahre alt. Vor etwa 85 Mio. Jahren ist es – wie auch Afrika, Australien, die Antarktis und Südamerika – vom Superkontinent Gondwana abgebrochen und ließ Auffaltungen und Erosionen, Stauchungen und Risse und den langsamen Anstieg und Abfall des Meeres während der Eiszeiten über sich ergehen.

Neuseeland breitet sich über zwei aufeinanderprallende Kontinentalplatten (die Pazifische und die Indisch-Australische) aus und ist bis heute Spielball starker Naturgewalten.

Heraus kam eine der vielfältigsten und spektakulärsten Landschaften der Welt: geprägt von schneebestäubten Bergen und überschwemmten Gletschertälern, von Regenwäldern, Dünenlandschaften und einem sagenhaften Vulkanplateau. Diese Vielfalt von geologischen Formen erwartet man eher über einen ganzen Kontinent verteilt als auf einer kleinen Inselgruppe im Südpazifik.

Überall finden sich Zeugnisse der turbulenten neuseeländischen Vergangenheit. Die Gebirgskette der Südinsel – die 650 km langen Southern Alps – ist durch den Zusammenprall der beiden Kontinentalplatten entstanden. Das Land hat sich schnell aufgefaltet – und dieser Prozess beschleunigt sich bis heute sogar noch.

Obwohl Neuseelands höchster Berg Aoraki/Mt. Cook 1991 quasi über Nacht 10 m seiner Höhe bei einem Erdrutsch eingebüßt hat, wachsen die Alps so schnell, dass sie in ein paar Millionen Jahren zehnmal so groß sein werden wie heute.

Auf der Nordinsel wurden die größten Veränderungen durch Vulkane ausgelöst. Auckland liegt an einer Landenge und ist von Vulkankegeln umgeben, auf denen man immer noch die Reste einiger *pa* (befestigte Dörfer) der frühen Maori sehen kann. Der größte und jüngste Vulkan der Stadt ist eigentlich eine Vulkaninsel: das 600 Jahre alte Rangitoto Island. Etwa 300 km weiter südlich wacht der schneebedeckte Mt. Taranaki/Egmont mit der so charakteristischen Kegelform über die ruhigen Weiden, auf denen Milchvieh grast.

Doch das eigentliche vulkanische Herz des Landes verläuft durch das Zentrum der Nordinsel: von dem ruhelosen Brocken Mt. Ruapehu im Tongariro National Park in nordöstlicher Richtung durch das Seengebiet Rotoruas bis zu Neuseelands aktivstem Vulkan, White Island in der Bay of Plenty. Das großartige, 250 km lange, zerklüftete Areal namens Taupo Volcanic Zone ist Teil einer Vulkankette, die als „Pacific Ring of Fire" bezeichnet wird. Die heftigen Eruptionen dieses „Feuerrings" haben das Land in Form und Kultur stark geprägt.

Beeindruckend müssen die Eruptionen des Vulkans Taupo gewesen sein, der den Lake Taupo erschaffen hat. Er gilt – gemessen am Materialausstoß – als einer der fleißigsten Vulkane der Welt. Der Taupo brach zuletzt vor 1800 Jahren aus und zündete dabei das gewaltigste Feuerwerk, das in den letzten 5000 Jahren auf der Erde stattgefunden hat.

In kleinerem Maßstab lässt sich die vulkanische Zerstörungswut im Buried Village (verschüttetes Dorf) der Te Wairoa nahe Rotorua am Ufer des Lake Tarawera nachvollziehen. Hier liegen die teilweise freigelegten und der Öffentlichkeit zugänglich gemachten Überreste eines Maoridorfes aus dem 19. Jh., das ohne Vorwarnung vom Mt. Tarawera begraben wurde. Die einst bekannten Pink and White Terraces – sie gehörten zu den zahlreichen Anwärtern auf den begehrten Titel „Achtes Weltwunder" – wurden über Nacht durch den Ausbruch des gleichen Vulkans zerstört.

Was die Natur zerstört, erschafft sie anderswo neu: Das Waimangu Valley entstand während all dieser brutalen geothermischen Veränderungen. Hier kommt man der Hitze des Erdinneren am nächsten und kann Geysire, blubbernde Schlammlöcher und die größte Thermalquelle der Erde bewundern. Oder man wandert um das Whakarewarewa Thermal Village in Rotorua. Dort leben die Nachfahren der von der Eruption vertriebenen Maori am Rande von rauchenden Entlüftungslöchern und bereiten das Essen – meist nur Maiskolben – für Besucher in Becken mit kochendem Wasser zu.

Das zweite Nebenprodukt der sich verschiebenden Platten sind seismische Aktivitäten: Erdbeben. Nicht umsonst wird Neuseeland „the Shaky Isles" (die zitternden Inseln) genannt. Die meisten Beben bringen aber nur die Gläser im Schrank zum Klirren. Eines jedoch war indirekt für die Erschaffung einer Touristenattraktion verantwortlich ...

1931 erschütterte ein Erdbeben die Stadt Napier an der Hawke's Bay, verursachte große Schäden und forderte einige Menschenleben. Napier wurde fast vollständig wieder aufgebaut – im damals modernen Art-déco-Stil. Heute zieht es Architekturliebhaber aus der ganzen Welt an.

Allerdings sind Erdbeben in Neuseeland keineswegs auf die Nordinsel beschränkt. Im September 2010 traf ein Beben der Stärke 7,1 die Stadt Christchurch. Kein halbes Jahr später, im Februar 2011, zerstörte dann ein weiteres Beben der Stärke 6,3 einen großen Teil der historischen Altstadt und forderte 185 Menschenleben; dieses Beben war, was die Anzahl der Todesopfer betrifft, die zweitgrößte Naturkatastrophe in der Geschichte des Landes. Während der Wiederaufbau in Neuseelands zweitgrößter Stadt schon im Gange ist, wird die Region immer wieder von Nachbeben heimgesucht.

Auch auf der Südinsel sieht man einige Zeugnisse des Vulkanismus – würden die Reste des alten Vulkans auf der Banks Peninsula keine Barriere zum Meer bilden, wären die Canterbury Plains bereits vor langer Zeit weggespült worden.

Doch im Süden sind es die Southern Alps, die das Land dominieren. Sie bestimmen die Siedlungsstrukturen, stellen bautechnische Herausforderungen dar und prägen das Wetter. Denn das bergige Rückgrat steht den Westwinden im Weg, die feuchte Luft von der Tasmansee mit sich führen. So gehören die Hänge der westlichen Southern Alps mit einem jährlichen Niederschlag von 15 000 mm zu den feuchtesten Orten der Erde. Wenn sich die Wolken abgeregnet haben, weht der Wind trocken über die östlichen Ebenen Richtung Pazifik.

Auf der Nordinsel gibt es einen gleichmäßigeren Niederschlag und keine so extremen Temperaturen wie im Süden – hier können sie in den Keller purzeln, wenn der Wind aus der Antarktis herüberweht. Man sollte nicht vergessen, dass Neuseeland ein maritimes Klima hat, besonders

Neuseeland zählt zu den spektakulärsten Orten weltweit, was Geysire angeht. Der leider nur kurzlebige Waimangu-Geysir in Rotorua, der nach dem Ausbruch des Mt. Tarawera entstand, war einst sogar der höchste Geysir der Welt – seine Fontäne erreichte Höhen von bis zu 400 m.

GEYSIRE

UMWELTPROBLEME IN AOTEAROA/NEUSEELAND

Aotearoa/Neuseeland stellt sich selbst in Sachen Umwelt gern ein exzellentes und vor allem grünes Zeugnis aus. Wir haben die Vereinbarung zum Schutz der Urwälder! Nationalparks und Schutzgebiete bedecken ein Drittel der Landesfläche! Überall entlang der Küste werden neue Meeresschutzgebiete ausgewiesen. Und unsere Anti-Atom-Gesetzgebung scheint absolut unantastbar. Bei genauerer Betrachtung erweist sich das Bild allerdings als nicht ganz so makellos.

Denn Neuseeland zählt, pro Kopf gerechnet, zu den Ländern mit dem höchsten Ausstoß an Treibhausgasen. Unter den Industrieländern zählen wir zu den ineffektivsten, was den Umgang mit Energie angeht. Öffentliche Verkehrsmittel spielen in weiten Teilen des Landes keine nennenswerte Rolle. Und schließlich tobt in vielen Kommunen ein Streit über die Praxis, Abwässer und giftigen Abfall einfach in die Gewässer zu pumpen; vor allem die *tangata whenua* (Maori) benennen diesen Konflikt und verdeutlichen, dass hinter dem grünen Etikett nicht viel Substanz steckt.

Eines unserer Probleme liegt darin, dass der Sektor mit der höchsten Verschmutzung auch die meisten Exportprodukte liefert. Denn die Landwirtschaft ist für mehr als die Hälfte unserer Treibhausgasemissionen verantwortlich. Das Abholzen von Wäldern, um Weiden für Kühe und Schafe zu gewinnen, hat viele Berghänge der Erosion preisgegeben. Weidetiere beschädigen Fluss- und Seeufer, und die Abwässer aus der Landwirtschaft haben viele Gewässer derart belastet, dass sie weder zum Trinken noch zum Baden geeignet sind. Hauptschuldiger ist die Milchwirtschaft; während Regionalverwaltungen und Farmerverbände Uferbereiche einzäunen und Abstandsflächen fordern, um die Wasserqualität zu sichern, macht das schiere Wachstum dieses Wirtschaftszweiges ihre Bemühungen häufig zunichte. Inzwischen ist die Milchindustrie ein solcher Machtfaktor, dass sich selbst die Regierung kaum noch an die mächtige Farmerlobby herantraut.

Ein weiteres großes Problem unseres Landes hat mit dem Bergbau und Bohrungen zu tun. Das Staatsunternehmen Solid Energy plant, den Bergbau an der Westküste auszuweiten und Xylit (oder Schieferkohle), die schmutzigste Form der Kohle, zu Düngemitteln und Kraftstoffen zu verarbeiten. Zudem gestattet die Regierung internationalen Unternehmen, im Meer vor der Küste nach Öl zu suchen – in Gewässern, die ihrer Tiefe wegen zu den schwierigsten in puncto Ölbohrung zählen. Auch hier kämpfen *iwi* (Stämme) der Ureinwohner wie die Te Whanau a Apanui in vorderster Front gegen die Pläne, unterstützt von Umweltgruppen wie Greenpeace. Ihnen geht es darum, das Ökosystem vor der Ostküste vor Gefahren zu schützen.

Trotz all dieser Misslichkeiten gibt es natürlich in Neuseeland auch viele gute Dinge. So stammt ein großer Teil unserer Energie aus erneuerbaren Quellen. Die Tiere in der Landwirtschaft – von Schweinen und Hühnern abgesehen – fressen noch überwiegend Gras und leben im Freien. Mit der Abfallvermeidung und der Wiederaufbereitung von Ressourcen kommen wir schon ganz gut voran. Doch wie fast alle Länder müssen wir uns in Zukunft noch mehr Mühe geben, nicht nur nachhaltige, sondern auch regenerative Wirtschaftssysteme zu entwickeln. Am meisten hilft uns natürlich die geringe Einwohnerzahl des Landes. Vor allem deshalb ist eine Reise nach Aotearoa auch so lohnend. Das Land ist wunderschön und erstaunlich vielfältig und artenreich. Unsere Wälder sind einzigartig, und die Vogelarten, die sich hier entwickeln konnten, sind wahrhaft spektakulär, auch wenn ihre Zahl infolge eingeführter Räuber – Ratten, Wiesel und Igel – rückläufig ist.

Möchten Besucher uns beim Schutz unserer natürlichen Umwelt helfen, stellen sie in ihrer Unterkunft am besten die richtigen Fragen: nach dem nächsten Recycling-Center, nach sparsamem Umgang mit Strom, Wasser und dem Auto; und im Café oder Restaurant kann sich jeder auf der Karte die Bio-Produkte zeigen lassen. Diese Fragen werden den Gesprächspartner vielleicht etwas nachdenklich stimmen. Aotearoa/Neuseeland hat das Potenzial, im Bereich der ökologischen Kenntnisse an die Weltspitze vorzurücken. In diesem Punkt haben wir eine uralte Tradition – das achtsame Verhältnis zur Natur, das die Maori über viele Generationen hinweg bewahrt haben. Wir leben am Rande des Pazifiks, am Feuerring, auf einem Überbleibsel der uralten Wälder von Gondwanaland.

Nandor Tanczos lebt als Sozialökologe in Ngaruawahia.
Für die Partei der Grünen saß er von 1999 bis 2008 im Parlament.

wenn man in höheren Lagen unterwegs ist. Das Wetter kann sich jederzeit ändern und schlecht vorbereitete Bergwanderer eiskalt erwischen.

Tiere & Pflanzen

Neuseeland mag geologisch betrachtet noch relativ jung sein, Flora und Fauna haben allerdings schon etliche Jahre auf dem Buckel. Beispielsweise lebte die Brückenechse, ein uraltes, einzigartiges Reptil, das nur noch in Neuseeland vorkommt, bereits in Gondwana und ist eng mit den Dinosauriern verwandt. Dagegen haben viele flugunfähige Vögel (Laufvögel) entfernte Verwandte in Afrika und Südamerika. Weil sich die Landmasse abgetrennt hat, bevor Säugetiere auf den Plan traten, haben sich Vögel und Insekten in spektakulärer Weise entwickelt, um diese Lücke zu füllen. Und auch für einzigartige und vielfältige Pflanzen ist Neuseeland ein Paradies – die meisten davon gibt es nirgendwo sonst.

Der ausgestorbene, flugunfähige Moa – bis zu 3,5 m groß und über 200 kg schwer – graste auf den offenen Weiden (Skelette sind im Auckland Museum zu sehen). Der kleinere Kiwi stöbert nachts im Laub des Waldes nach Insekten und Würmern. Und eines der furchteinflößendsten Insekten des Landes ist die mausgroße Weta, die nun die Müllbeseitigung übernommen hat.

Als einer der letzten Orte der Erde, der von Menschen besiedelt wurde, war Neuseeland Tausende von Jahren ein sicheres Laboratorium für alle diese interessanten Evolutionsexperimente. Doch mit dem Eintreffen der Maori und wenig später der Europäer ging es mit der Natur schnell bergab.

Viele endemische Lebewesen wie der Moa und der Huia, ein begnadeter Singvogel, wurden im Laufe der Zeit ausgerottet. Die Menschen rodeten die riesigen Wälder, um Bauholz und Agrarland zu gewinnen. Die Vernichtung einheimischer Arten und die Einführung exotischer Tiere und Pflanzen hatten fatale Auswirkungen auf das Ökosystem – heute kämpfen die Neuseeländer eine späte Schlacht, um wenigstens das zu retten, was noch übrig geblieben ist.

Der *Field Guide to the Birds of New Zealand* von B. Heather und H. Robertson bietet allen Freunden der Vogelwelt umfassende Auskunft, und auch wer sich nur beiläufig für die Ornithologie interessiert, entdeckt hier nützliche Hinweise.

Vögel & andere Tiere

Die ersten polynesischen Siedler fanden kaum Säugetiere vor – es gab lediglich zwei Fledermausarten. Dafür wimmelten die Wälder, Ebenen und Küsten nur so von Vögeln. Die neuseeländischen Vögel haben kein auffälliges Gefieder; sie legen wie die einheimischen Pflanzen ein gewisses Understatement an den Tag und buhlen nicht um Aufmerksamkeit.

Zu den musikalischsten Vögeln gehört der Makomako, der außer in Northland in allen heimischen und exotischen Wäldern lebt, aber wie die meisten anderen Vögel eher zu hören als zu sehen ist. Sein Ruf klingt wie eine Reihe von Glockentönen und man hört ihn am häufigsten während der Morgen- und der Abenddämmerung.

Der Tui, ein anderer Nektarfresser und der schönste Singvogel des Landes, ist ein großartiger Stimmenimitator und erzeugt seltsame Klick-, Grunz- und Kichergeräusche. Erkennbar ist der Tui an den weißen Federn an seiner Kehle, die sich von dem sonst dunklen Gefieder abheben. Er ernährt sich oft von den Flachsblumen in den Gärten der Vorstädte, ist aber eigentlich in den undurchdringlichen Wäldern – die Neuseeländer nennen sie einfach „Busch“ – zu Hause.

Dem Fächerschwanz begegnet man meist auf Waldwegen, wenn er versucht, nach Insekten zu schnappen, die Wanderer aufgeschreckt haben. Das Purpurhuhn (Pukeko) hat ein schwarzes Gefieder und einen leuchtend roten Schnabel. Es lebt in Feuchtgebieten, aber auch in der Nähe von Straßen – Vorsicht: Purpurhühner haben kein Gespür für Autos!

KIWIS ENTDECKEN

Die stark in ihrem Bestand gefährdeten Kiwis sind nachtaktiv und daher in freier Natur kaum zu sehen; Glück hat man manchmal im Trounson Kauri Park in Northland, in Okarito an der Westküste und auf der Stewart Island. Wer sich darauf nicht einlassen möchte, kann einfacher zum Ziel kommen – im künstlichen Dämmerlicht sogenannter Kiwi-Häuser:

» Auckland Zoo (S. 80)
» Kiwi North (S. 148), Maunu
» Rainbow Springs Kiwi Wildlife Park (S. 340), Rotorua
» Otorohanga Kiwi House & Native Bird Park (S. 240)
» National Aquarium of New Zealand (S. 393), Napier
» Nga Manu Nature Reserve (S. 441), Waikanae
» Pukaha Mt. Bruce National Wildlife Centre (S. 446), nahe Masterton
» Wellington Zoo (S. 420)
» West Coast Wildlife Centre (S. 534), Franz Josef
» Orana Wildlife Park (S. 553), Christchurch
» Willowbank Wildlife Reserve (S. 553), Christchurch
» Kiwi Birdlife Park (S. 651), Queenstown

Im Hochland der Südinsel lebt der furchtlose und neugierige Kea, ein eher ungewöhnlich grau-grüner Papagei mit leuchtend roten Flügelinnenseiten. Dem Kea begegnet man oft auf den Parkplätzen des Fox- und Franz-Josef-Gletschers, wo er nach Essensresten Ausschau hält oder am Gummi an der Windschutzscheibe herumpickt. Und dann gibt es noch die Takahe, eine seltene flugunfähige Ralle, von der man annahm, sie sei ausgestorben, bevor man 1948 eine kleine Kolonie entdeckte.

Der *Nature Guide to the New Zealand Forest* von J. Dawson und R. Lucas ist ein schön bebilderter Band über die neuseeländischen Wälder. Diese Wälder sind wahre Schatzkästen; in ihnen findet man uralte Arten, die noch aus den Tagen der Dinosaurier stammen. Wer das Buch liest, möchte gleich die Wanderschuhe auspacken!

Ebenso wenig fliegen kann der Kiwi, das Wahrzeichen Neuseelands. Er hat einen runden Körper, ein grobes Federkleid, kräftige Beine und einen auffällig langen Schnabel; mit den Nasenlöchern an dessen Spitze schnüffelt er nach Nahrung. Es ist nicht ganz einfach, ihn in freier Wildbahn zu entdecken, jedoch kann er in dunklen, seinem natürlichen Lebensraum nachempfundenen Gehegen gut beobachtet werden. Eines der schönsten ist das Otorohanga Kiwi House, in dem noch andere Vögel wie Falken, Neuseeland-Kukuckskauze und Wekas leben.

Um ein Gefühl dafür zu bekommen, wie der „Busch" einst ausgesehen haben mag, lohnt sich ein Trip zur Insel Tiritiri Matangi. Auf der Insel konnte sich die Natur regenerieren; sie ist ein frei zugängliches Schutzgebiet und einer der erfolgreichsten Versuche, Umweltschutz zu praktizieren.

Vögel beobachten

Die meisten Vogelbeobachter sind darauf erpicht, den flugunfähigen Kiwi zu erspähen. Vertreter der auf der Stewart Island beheimateten Unterart können das ganze Jahr über gesichtet werden. Anderswo lässt sich der immer seltener werdende nachtaktive Laufvogel kaum noch in freier Wildbahn aufspüren, nur noch in Gehegen. Andere Vögel, denen Vogelbeobachter gern nachstellen, sind der Königsalbatross, der Silberreiher, der Fiordland- (bzw. Dickschnabel-) und der Gelbaugenpinguin, der australische Tölpel sowie der Schiefschnabel-Regenpfeifer.

Die Coromandel Peninsula und der Firth of Thames (insbesondere Miranda) sind ein Paradies für Zugvögel, und im Wharekawa Wildlife Refuge bei Opoutere Beach brütet der gefährdete neuseeländische Maori-Regenpfeifer. Bei Muriwai, westlich von Auckland, gibt es eine sehr gut erreichbare Kolonie australischer Tölpel, eine weitere findet man in Hawke's Bay. Beliebte Ausflüge zur Beobachtung von Seevögeln starten in Kaikoura, und Königsalbatrosse kann man auf der Otago Peninsula zu Gesicht bekommen.

Zwei gute Führer zu Neuseelands Vogelwelt sind der neu überarbeitete *Field Guide to the Birds of New Zealand* von Barrie Heather und Hugh Robertson sowie *Birds of New Zealand: Locality Guide* von Stuart Chambers.

Das in diesem Buch verwendete Symbol 🍃 zeigt an, dass die so gekennzeichnete Einrichtung sich zur Nachhaltigkeit verpflichtet hat. Wer darüber hinaus Anbieter sucht, die ressourcenschonend arbeiten, sollte nach dem Qualitätssiegel mit dem Farnzweig von Qualmark Green (www.qualmark.co.nz) Ausschau halten oder sich unter www.organicexplorer.co.nz informieren.

Meeresbewohner aus der Nähe

Kaikoura an der Nordostküste der Südinsel ist das neuseeländische Zentrum, was die Beobachtung von Meeressäugern betrifft. Die größte Attraktion hier sind die Wale. Sie zeigen sich jedoch nicht bei jedem Wetter – gleich nach der Ankunft aufs Meer hinauszufahren und einen traumhaften Anblick zu erleben, darf man nicht erwarten. Der Pottwal, der größte Zahnwal, lebt ganzjährig hier, und je nach Jahreszeit erblickt man auch vorüberziehende Buckel-, Grind- und Blauwale sowie Südkaper (Glattwal). Weitere Meeressäuger, u. a. Robben und Schwarzdelfine, sieht man das ganze Jahr über.

Kaikoura ist auch ein toller Ort, um mit Delfinen zu planschen. Schwärme von bis zu 500 munteren Schwarzdelfinen schwimmen einem praktisch täglich über den Weg. Mit Delfinen im Wasser herumtollen kann man überall in Neuseeland; die Tiere sammeln sich vor der Nordinsel in der Nähe von Whakatane, Paihia, Tauranga und im Hauraki-Gulf sowie vor Akaroa auf der Banks Peninsula der Südinsel. Mit Seehunden schwimmen kann man in Kaikoura und im Abel Tasman National Park.

Wer will, kann in Gisborne auch mit Haien Bekanntschaft schließen – natürlich in einem sicheren Schutzkäfig.

Bäume

Kein Besucher wird in Neuseeland weit kommen, ohne von dem riesigen Schaden zu hören, den der schlecht erzogene australische Import, das Possum (Kusus; australische Beutelratte), im neuseeländischen Busch hinterlassen hat. Die Liste der Säugetier-„Schädlinge", die ins Land kamen, ist lang: Hirsche, Hasen, Wiesel, Schweine, Ziegen ... Doch am verheerendsten waren die Auswirkungen des Possums – die Plage ist kaum unter Kontrolle zu bringen, noch immer fressen sich 70 Mio. Exemplare pro Jahr durch Millionen Tonnen Laub.

Die Lieblingsmahlzeit des Possums ist u. a. Neuseelands farbenprächtigster Baum, der Kowhai. Der kleinblättrige Baum wird bis zu 11 m hoch und ist im Frühling voller Büschel leuchtend gelber Blüten (der Nationalblume Neuseelands). Der Pohutukawa, ein wunderschöner Küstenbaum im Norden der Nordinsel, ist im Dezember mit leuchtend roten Blüten übersät und trägt daher den Spitznamen „Weihnachtsbaum". Ähnlich purpurrot blüht der Rata-Baum, von dem es Arten auf beiden Inseln gibt. Der im Norden schlingt sich im frühen Stadium als Kletterpflanze um einen Wirtsbaum (und erstickt diesen eventuell auch).

Die wenigen Orte, an denen noch jahrhundertealte Kauri-Bäume stehen, sind beeindruckende Sinnbilder vergangener Zeiten. Ihre riesigen, fleckigen Stämme und die gewaltigen, umrankten Äste lassen alle anderen Bäume wie Zwerge aussehen. Sie sind die wenigen Überlebenden des Baubooms. Am besten kann man die Riesen im Waipoua Kauri Forest in Northland bestaunen. Heute werden Kauri-Bäume, aber auch andere Bäume zur Bauholzgewinnung, etwa der markante Dacrydium (eine Kiefernart) oder der langlebige Totara, meist durch den erfolgreichsten Import des Landes ersetzt: *Pinus radiata*. Diese Kiefer erreicht in nur 35 Jahren ihre volle Größe und wird nun zur Aufforstung weiter Teile

Nationalparks

der Nordinsel verwendet – die größte Baumplantage der südlichen Hemisphäre ist der Kaingaroa Forest, südöstlich von Rotorua.

Wer sich durch die Wälder kämpft, stößt unweigerlich auch auf das typische Merkmal der neuseeländischen Vegetation – den Baumfarn. Leicht zu erkennen sind der Mamaku (Schwarzer Baumfarn), der bis zu 20 m hoch wird und in den Feuchtgebieten im ganzen Land wächst, sowie der 10 m hohe Ponga (Silberfarn) mit seiner markanten weißen Un-

RIESIGE KAURI-BÄUME

Als der englische Dichter Geoffrey Chaucer 1343 geboren wurde, war dieser Baum noch jung und kräftig. Als Shakespeare zur Welt kam, war der Baum schon 300 Jahre alt. Er ist heute älter als die meisten gotischen Kathedralen Europas; sein Stamm ragt hoch in den Himmel, in der unteren Hälfte trägt er keine Zweige. Aus Spalten und Höhlen im Holz wächst Farn. Die Krone ist ein unsymmetrisches Durcheinander, wie Wurzeln, die man auf den Kopf gestellt hat. Ich lehne mich gegen den Stamm und berühre ihn mit der Hand. Er fühlt sich an, als berühre man ein Gebäude. Ein Baum wie von Tolkien. Es ist ein Kauri.

Joe Bennett (A Land of Two Halves) über den McKinney-Kauri in Northland

terseite. Der Silberfarn wird gern als Firmenlogo benutzt und schmückt die Trikots vieler hochkarätiger neuseeländischer Sportler.

Nationalparks

Ein Drittel des Landes – mehr als 5 Mio. ha – steht unter Schutz, jede nur erdenkliche Landschaftsform gehört dazu: mangrovengesäumte Buchten im Norden, die schneebedeckten Vulkane des Zentralplateaus, die ursprünglichen Wälder der Ureweras im Osten und die majestätischen Berge, Gletscher und Fjorde der Südalpen. Die 14 Nationalparks, drei Meeresparks und über 30 Meeresreservate sowie zahlreiche Waldparks bieten Tausende Möglichkeiten, die Wildnis aktiv zu erleben: beim Klettern, Skifahren, Mountainbiken, Wandern, Kajakfahren und Forellenfangen.

Auf der Website des Department of Conservation (www.doc.govt.nz) findet man wertvolle Auskünfte über Nationalparks und Wanderrouten. Hier sind auch Hütten und Campingplätze in Wandergegenden verzeichnet.

Drei Orte wurden zum Weltkulturerbe erhoben: Neuseelands Subantarktische Inseln, der Tongariro National Park und Te Wahipounamu. Einzigartige Pflanzen und Tiere aus der Gondwana-Zeit sind hier im Südwesten Neuseelands zu Hause.

Der Zugang zur Wildnis ist relativ unkompliziert, allerdings braucht man für die Nutzung der Hütten an den Wanderwegen Pässe. Eigentlich sind die Unterschiede zwischen einem Nationalpark und einem Waldpark gering; Hunde sind in Nationalparks ohne Genehmigung nicht erlaubt. Campen kann man in allen Parks, manchmal aber nur auf ausgewiesenen Zeltplätzen, darum vorher Infos einholen! Im Inland braucht man fürs Jagen (Federwild) Genehmigungen und fürs Fischen (Forelle, Lachs) Lizenzen. Beide sind auf der Website www.fishandgame.org.nz zu finden.

Die Kultur der Maori

John Huria

John Huria (Ngai Tahu, Muaupoko) hat Erfahrungen als Redakteur und Autor, wobei die Kultur und Literatur der Maori sein Spezialgebiet darstellt. Er war als Lektor für den Maori-Verlag Huia tätig und betreibt heute ein Redaktionsbüro, Ahi Text Solutions Ltd (www.ahitextsolutions.co.nz).

„Maori" bedeutete einst „üblich" oder „alltäglich"; heute jedoch bedeutet es viel mehr ... Nun, fangen wir mal so an: In der Welt der Maori gibt es viel Vergangenes, aber auch viel Gegenwärtiges. In manchen Fällen ist die kulturelle Gegenwart die nahtlose Fortsetzung der Vergangenheit, in anderen haben sich die Verhältnisse grundlegend geändert, und manchmal hoffen die Maori auch einfach auf die Zukunft.

Wer wirklich etwas über das Wechselverhältnis zwischen Land und den *tangata whenua* lernen möchte, fährt am besten hinaus und redet mit den Maori.

Die Maori von heute kann man nicht einfach über einen Kamm scheren. Einige leben ganz in der traditionellen Kultur, andere versuchen, die Traditionen anzupassen und in einen Dialog mit der sich globalisierenden Kultur zu treten.

Das Konzept der *whanaungatanga* – Familienbindung – hat einen hohen Stellenwert in der Kultur der Maori. Die Familien bilden *whanau* (Großfamilien), diese wiederum *hapu* (Unterstämme), und diese schließlich gehören großen Stämmen (*iwi*) an. In gewissem Sinne reichen diese Verbindungen über die Welt der Menschen hinaus bis in die Natur und in die Geisterwelt.

Die Maori sind Neuseelands *tangata whenua* („das Volk des Landes"); ihre Beziehung zu dem Land ist aus Hunderten von Jahren der Inbesitznahme entstanden. Einst lebten die Maori überwiegend auf dem Land; heute wohnen viele in den Städten, fern ihrer traditionellen Heimat. Aber noch immer ist es üblich, sich bei förmlichen Anlässen bei der Selbstvorstellung auf seine Herkunft zu beziehen: auf einen Berg, einen Fluss, einen See oder einen Ahnen. Es gibt keinen zweiten Ort wie die Heimat, aber auch anderswo lässt es sich gut leben.

Wer in Neuseeland die Maori erleben will, kann dies nahezu überall tun – bei Kunstdarbietungen, bei Gesprächen, in einer Kunstgalerie, bei einem Ausflug ...

Die Maori von damals

Vor rund 3000 Jahren begannen die Menschen, ostwärts in den Pazifik vorzudringen. Dabei hatten sie gegen energische Winde und starke Strömungen zu kämpfen (die Hinfahrt gestaltete sich mühsam, dafür war aber die Rückkehr umso einfacher und sicherer). Einige machten in Tonga und Samoa Halt, andere ließen sich auf den kleinen tropischen Inseln im zentralen Ostpolynesien nieder.

Die Maori kamen ursprünglich aus einem Land, das sie Hawaiki nennen, als sie Aotearoa kolonisierten. Kundige Seefahrer und Segler steuerten mit Hilfe navigatorischer Hilfsmittel – Strömungen, Winde, Sterne, Vogelzüge, Wellenmuster – ihre großen, ozeantüchtigen, mit doppeltem Rumpf versehenen Schiffe (Auslegerkanus) über den Pazifik zu dem neuen Land. Der erste von vielen war der große Seefahrer Kupe, der der Legende nach das Land fand, als er einen großen Kraken namens Muturangi jagte. Seinen bekannten Maorinamen Aotearoa aber hat Neuseeland nicht ihm zu verdanken, sondern seiner Frau Kuramarotini, die ausrief: „*He ao, he ao tea, he ao tea roa!*" („Eine Wolke, eine weiße Wolke, eine lange, weiße Wolke!").

Kupe und seine Besatzung umrundeten das ganze Land, und viele Orte rund um die Cook Strait (die die Nord- von der Südinsel trennt) und um Hokianga in Northland tragen noch heute die Namen, die sie ihnen einst gaben; auch die Spuren der Überfahrt sind noch zu sehen. Kupe taufte Hokianga in Northland und kehrte von dort aus nach Hawaiki zurück, wo er sein wertvolles nautisches Wissen an andere Seefahrer weitergab. Und dann kamen die großen *waka* (ozeantüchtige Schiffe).

Diese ozeantüchtigen Boote, mit denen die ersten Siedler ins Land kamen, und ihre Anlegestellen wurden durch die Stammesgeschichten vor dem Vergessen bewahrt. Berühmte *waka* sind z. B. *Takitimu*, *Kurahaupo*, *Te Arawa*, *Mataatua*, *Tainui*, *Aotea* und *Tokomaru*. Natürlich gibt es noch viele weitere. Die Maori führen ihre Ahnenreihe bis auf jene zurück, die in den *waka* ins Land kamen (und sogar noch weiter).

Wie wohl der Umzug von ihren kleinen tropischen Inseln auf eine viel größere und kühlere Landmasse gewesen sein mag? Auf Wiederse-

Bei ihrer ersten Ankunft in Neuseeland erblickten zwei der Besatzungsmitglieder der Tainui in der Ferne die roten Blüten der Pohutukawa-Bäume. Daraufhin warfen sie ihren teuren roten Federschmuck einfach fort, weil sie glaubten, von roten Federn gebe es an der Küste mehr als genug.

DIE ERSCHAFFUNG DER WELT

In der Schöpfungsgeschichte der Maori war zu Anfang die Leere, es folgte die Nacht, dann entstanden Rangi-nui (der Himmelsvater) und Papa-tu-a-nuku (die Erdmutter), die miteinander verschlungen waren und ihre Kinder zwischen sich hegten. Aber das Nest wurde zu eng, die Kinder verkümmerten in der Dunkelheit der Umarmung. Da sie sich nicht entfalten und in der Dunkelheit nicht gut sehen konnten, versuchten die Kinder, ihre Eltern zu trennen. Tawhiri-matea, der Windgott, stürmte gegen die beiden; Tu-mata-uenga, der Kriegsgott, griff sie an. Ein Götterkind nach dem anderen versuchte, sie zu trennen, aber noch immer drängten sich Rangi und Papa aneinander. Da jedoch stemmte Tane-mahuta, der Gott der großen Wälder und der Menschheit, seine Füße gegen den Vater und seinen Rücken gegen die Mutter und langsam, aber unaufhaltsam drückte er sie auseinander: Die Welt des Lichts, der Halbgötter und der Menschen entstand. In diese Welt des Lichts hinein wurde Maui geboren, der Ahnen-Halbgott. Nach der Geburt wurde er auf dem Meer ausgesetzt und im Dutt seiner Mutter schwimmend gefunden. Er war ein Formwandler: Mal nahm er die Gestalt einer Taube an, mal die eines Hundes oder die eines Aals – ganz wie es ihm gerade passte. Er stahl den Göttern das Feuer. Mit dem Gebiss seiner Großmutter schubste er die Sonne zurück, sodass sie nur langsam über den Himmel ziehen konnte und die Menschen genug Zeit hatten, um tagsüber ihre Sachen zu erledigen (wenn er das doch nur noch einmal machen würde!). Mit der Südinsel als Kanu und dem Gebiss der Großmutter als Haken angelte er sich Te Ika a Maui (den Fisch des Maui) – die Nordinsel. Das Ende ereilte Maui, als er versuchte, den Tod zu besiegen. Hine Nui Te Po, die Todesgöttin, hatte Obsidianzähne in ihrer Vagina. (Obsidian ist ein vulkanisches Gesteinsglas mit rasiermesserscharfen Kanten.) Maui versuchte, die Geburt umzukehren und damit den Tod zu besiegen: Als sie schlief, kroch er in ihren Geburtskanal, um bis an ihr Herz vorzudringen. Ein kleiner Vogel, ein Graufächerschwanz, brach bei dem absurden Anblick in Gelächter aus. Daran erwachte Hine Nui Te Po und zerquetschte Maui zwischen ihren Schenkeln – 1 : 0 für den Tod!

hen, Brotfrucht, Kokosnüsse und Papier-Maulbeerbäume – seid gegrüßt, Moas, Farnwurzel und Flachs! Und dazu (relativ gesehen) immens viel Land. Neuseeland hat eine Küstenlinie von mehr als 15 000 km Länge, Rarotongas Küstenlinie zum Vergleich ist gerade einmal etwas mehr als 30 km lang. Es gab viel Fläche und eine Tier- und Pflanzenwelt, die sich 80 Mio. Jahre lang vom Rest der Welt unbeeinflusst entwickelt hatte. Es gab gewaltige, unberührte Fischgründe. Es gab, bildlich gesprochen, ganze Supermärkte voller Meeressäuger – Seelöwen und andere Robben – sowie eine sagenhafte Vielfalt von Vögeln.

Die frühen Siedler zogen umher, getrieben von Liebe, Handelschancen oder der Aussicht auf größere Ressourcen, aber auch von Streitigkeiten und der Bedrohung durch andere Stämme. Wo die Maori sich niederließen, begründeten sie *mana whenua* (örtliche Gemeinwesen), teils mit Hilfe von Kriegszügen, teils auf friedlichem Wege durch Diplomatie und wechselseitige Heiraten. Anhand der Stammesgeschichte kann man diese vielen Bündnisse, Eingliederungen von Stämmen in andere und auch die Auslöschungen nachverfolgen.

Die Geschichten wurden mündlich in Form von Erzählungen, Liedern und Gesängen überliefert. Auf die genaue Wiedergabe wurde großer Wert gelegt, denn in einer Kultur ohne Schrift ersetzen die Menschen die Bibliotheken und das Vergangene ist immer nur eine oder zwei Generationen vom Vergessenwerden entfernt.

Die Maori lebten in *kainga*, kleinen Dörfern, denen oft große Gärten angeschlossen waren. Die Unterkünfte waren, verglichen mit dem heutigen Standard, sehr beengt – oft konnte man kaum aufrecht darin stehen. Dann und wann verließen die Menschen ihr Dorf, um Lebensmittel der jeweiligen Jahreszeit zu ernten. Bei kriegerischen Konflikten zogen sie sich in ihre *pa* (befestigte Wohnanlagen) zurück.

Und dann kamen die Europäer.

IWI

Eine Karte mit der Verteilung der iwi (Stämme) nebst einem guten Verzeichnis dieser iwi findet man auf www.wikipedia.org.

Die Maori heute

Die heutige Maorikultur ist von neuen Entwicklungen in den Künsten, der Geschäftswelt, dem Sport und der Politik geprägt. Nach wie vor wird historischer Groll gehegt, aber einige *iwi* (beispielsweise Ngai Tahu und Tainui) haben die geschichtlichen Streitigkeiten beigelegt und gehören heute zu den Hauptkräften in der neuseeländischen Wirtschaft. Auch gegen den Niedergang ihrer Sprache haben die Maori mit der Gründung von *kohanga reo, kura kaupapa Maori* und *wananga* (Vorschulen, Schulen und Universitäten, in denen Maori gesprochen wird) etwas unternommen. Heute gibt es wieder Menschen, deren Muttersprache Maori ist. Es besteht ein Netzwerk von Rundfunkstationen, die auf Maori senden, und auch das Maorifernsehen hat seine treuen Fans. Immer größerer Beliebtheit erfreut sich die wiederentdeckte Maorifeier Matariki, das Maorineujahr. Matariki ist auch die Maoribezeichnung für das Sternbild der Plejaden (Siebengestirn). Dieses ist ab Ende Mai oder Anfang Juni am Himmel zu sehen, und sein Erscheinen läutet traditionell eine Zeit des Lernens, der Planung und der Vorbereitung ein, aber auch des Singens, Tanzens und Feierns. In dieser Zeit werden Diskussionen und Vorträge, Konzerte, Abendessen und sogar richtige Bälle veranstaltet.

Religion

Christliche Kirchen und Konfessionen spielen eine wichtige Rolle für die Maori: Es gibt einfach alles, von Fernsehpredigern über große Kirchen für regelmäßige und gelegentliche Kirchgänger bis hin zu zwei großen Maorikirchen (Ringatu und Ratana).

Vor den jüdisch-christlichen Einflüssen aber gab es die *atua Maori*, die Maorigötter, und für viele Maori sind diese noch immer eine lebendige und relevante Instanz. Es ist z. B. üblich, bei einer offiziellen Ansprache in einer *marae* (Versammlungshaus) die Erdmutter und den Himmelsvater zu begrüßen. Die Götter werden in Bildnissen und Schnitzereien dargestellt, man besingt sie in *waiata* (Liedern) und ruft sie an in *karakia* (Gebet und Beschwörung), wenn ein Versammlungshaus eröffnet, ein *waka* vom Stapel gelassen oder auch nur eine Mahlzeit serviert wird. Man spricht von ihnen in den *marae* und in anderen maorispezifischen Zusammenhängen. Die traditionelle Schöpfungsgeschichte der Maori ist allseits bekannt und wird weithin gefeiert.

Kunst

Es gibt viele Sammlungen von Maori-*taonga* (Schätzen) im ganzen Land. Zu den größten und umfassendsten Sammlungen gehören die des Te Papa Museum in Wellington sowie die des Auckland Museum. Auch das Canterbury Museum in Christchurch zeigt einen guten Bestand, und im West Coast Historical Museum in Hokitika gibt es eine spezielle Ausstellung nur zur Geschichte der *pounamu* (Jade).

Um in Sachen Maorikunst auf dem Laufenden zu bleiben, sind das Magazin *Mana* (bei den meisten Zeitungshändlern erhältlich), die *iwi*-Rundfunksender (www.irirangi.net) und die wöchentlichen Podcasts von Radio New Zealand (www.radionz.co.nz) zu empfehlen. Auch im Maorifernsehen werden regelmäßig Beiträge über Maorikunst gesendet – das Programm findet sich auf www.maoritelevision.com.

Das Maorifernsehen ging 2004 auf Sendung, und für viele Maori war es sehr aufwühlend, endlich die eigene Kultur, die eigenen Probleme und die eigene Sprache in einem Massenmedium zu finden. Über 90 % des Programms sind neuseeländische Eigenproduktionen; die Sendungen sind auf Maori oder Englisch, jeweils untertitelt und damit für beide Seiten verständlich.

Wer aus dem Fernsehsessel einen Eindruck vom Rhythmus dieser Sprache gewinnen möchte, sollte Te Reo einschalten, einen Kanal, der ausschließlich Sendungen auf Maori zeigt.

TA MOKO

Ta moko ist die Tätowierkunst der Maori. Traditionell tragen Männer Tätowierungen im Gesicht, auf Hüften und Hintern; Frauen hingegen nur auf Kinn und Lippen. *Moko* waren permanente Muster aus Pigmenten (hergestellt aus verbrannten Raupen oder dem Fleisch der Kaurimuschel), die mit Meißeln aus Knochen eingeritzt wurden: Für die Grobarbeit verwendete man feine, scharfe Kämme, für die Details gerade Klingen. Die Museen in Auckland, Wellington and Christchurch stellen die traditionellen Werkzeuge für *ta moko* aus.

Heute sind die modernen Tattoomaschinen weit verbreitet, aber bei Maori, die sich der Tradition verbunden fühlen, ist auch der Knochenmeißel wieder im Einsatz. Seit dem Wiederaufleben der Maorikultur in den 1960er-Jahren betätigen sich viele Künstler im *ta-moko*-Bereich und heute tragen eine Menge Maori ihre *mokos* erneut mit stillem Stolz und Bescheidenheit.

Ist diese Kunst auch etwas für Besucher, kann man sich ebenfalls tätowieren lassen? Ja. Der Begriff *kirituhi* („Hautinschrift") bezeichnet von Maorimotiven inspirierte moderne Tattoos, die auch Nicht-Maori tragen dürfen.

SCHNITZKUNST

Traditionelle Maorischnitzereien faszinieren den Betrachter mit ihren feinen Details und den gekrümmten Linien. Die Werke sind umso erstaunlicher, als sie vor Aufkommen des Eisens (als Nägel plötzlich sehr beliebt wurden) ausschließlich mit mühsam hergestellten Steinwerkzeugen geschaffen wurden.

Einige der wichtigsten traditionellen Motive der Schnitzkunst sind *waka* (Kanus), *pataka* (Vorratshäuser) und *wharenui* (Versammlungshäuser). Erstklassige Exemplare zeigen neben dem Te Papa Museum in Wellington u. a. auch die folgenden Museen und Galerien:

» Auckland Museum (S. 77) Hier gibt's eine spezielle Maoriabteilung.

» Hell's Gate (S. 341) In der Nähe von Rotorua; hier sind täglich Schnitzer bei der Arbeit zu beobachten.

» Otago Museum (S. 609) Dunedin; hier findet man hübsche alte Schnitzereien (*waka* und *whare runanga*).

» Parihaka (S. 268) Historische Stätte am Surf-Highway 45, Taranaki.

» Putiki Church (S. 272) In Whanganui; das Innere der Kirche ist mit Schnitzereien und *tukutuku* (Wandreliefs) bedeckt.

» Taupo Museum (S. 294) Mit Schnitzereien verziertes Versammlungshaus.

» Te Manawa (S. 284) Palmerston North; Museum mit Schwerpunkt auf Maorikunst.

» Waikato Museum (S. 220) Hamilton; ein wunderschön geschnitztes *waka taua* (Kriegskanu) ist zu sehen.

» Wairakei Terraces (S. 294) Mit Schnitzereien verziertes Versammlungshaus in Taupo.

» Waitangi Treaty Grounds (S. 164) *Whare runanga* und *waka taua*.

» Whakarewarewa Thermal Village (S. 326) Rotorua; im „Museumsdorf" werden Schnitzereien, andere Kunst, ein Versammlungshaus und Vorführungen geboten.

» Whanganui Regional Museum (S. 271) Ein wunderschönes, geschnitztes *waka* (Kanu).

Der Höhepunkt der heutigen Schnitzkunst ist das *whare whakairo* (mit Schnitzereien verziertes Versammlungshaus). Die Gruppe, die den Auftrag erteilt, erzählt dem Bildschnitzer ihre Geschichte und die ihrer Ahnen. Der Künstler bringt dann unter symbolischer Verwendung (oft sehr frei interpretierter) traditioneller Motive das Erzählte und die Ahnengestalten auf Holz oder Sperrholzplatten.

Das Rongomaraeroa Marae, geschaffen von Cliff Whiting und zu sehen im Te Papa in Wellington, ist ein farbenfrohes Beispiel für die zeitgenössische Adaption einer traditionellen Kunstform. Die größte Veränderung in der Schnitzkunst war – wie in den meisten traditionellen Kunstformen – der Einsatz von neuen Materialien und Werkzeugen. Rangi Kipa etwa benutzt für sein *hei tiki* (ein um den Hals getragenes Ornament) ein synthetisches Polymer namens Corian, einen Stoff, aus dem sonst Küchenarbeitsplatten gemacht werden. Infos über seine Galerie gibt's auf www.rangikipa.com.

TATTOO

Ngahuia Te Awekotukus Mau Moko: *The World of Maori Tattoo* (2007) erklärt das Thema umfassend mit prägnanten Kommentaren und wunderschönen Bildern.

Über die Kunst der heutigen Maori informiert Toi Maori, www.maoriart.org.nz.

WEBKUNST

Weben war einst ein wichtiges Kunsthandwerk; mit dieser Technik wurden Kleidung, Netze und Taue, festes Schuhwerk für unwegsames Gelände, Matten für Tonfußböden und *kete* (Taschen) hergestellt. Viele Erzeugnisse dieser Kunst sind schön und praktisch zugleich. Manche Stücke waren wahre Lebenswerke – die Herstellung von *korowai* (Umhängen) konnte durchaus Jahre dauern. Sie wurden vorwiegend aus Flachs und Vogelfedern gewebt; heute trägt man die allseits bewunderten Stücke zu zeremoniellen Anlässen.

Wenn man mit der Verarbeitung natürlicher Materialien zum Allgemeinwohl beitrug, musste man auch für den nötigen Nachschub an Rohmaterial und dessen Funktionsfähigkeit sorgen. Dafür waren genaue Vorschriften notwendig und die Frauen waren zum Weben unter

BESUCH EINER *MARAE*

Bei der Reise durch Neuseeland trifft man auf viele *marae*-Anlagen. Oft gehören sie einer durch ihre Abstammung verbundenen Gruppe oder auch städtischen Maorigemeinden, Schulen, Universitäten oder Kirchengemeinden. Nach Vereinbarung mit den Besitzern kann man sie in der Regel besichtigen. Einige *marae*, die besucht werden können: die Huria Marae (S. 347) in Tauranga, die Koriniti Marae (S. 283) an der Whanganui River Road, Te Manuka Tutahi Marae (S. 361) in Wakatane und die Te Papa (S. 420) in Wellington.

Zu einer *marae*-Anlage gehört ein *wharenui* (Versammlungshaus), das häufig einen Ahnen verkörpert. Der Dachfirst ist sein Rückgrat, die Sparren sind seine Rippen; das Haus schützt seine Nachkommen. Vor dem *wharenui* gibt es einen freien Platz, den *marae atea*. Manchmal sind auch noch ein *wharekai* (Speisesaal), ein Sanitärblock mit Toilette und Dusche und sogar eigene Unterrichtsräume, Spielzimmer oder dergleichen vorhanden.

Hier werden Versammlungen (*hui*) abgehalten, Fragen diskutiert, Kurse gegeben, Jubiläen gefeiert und die Toten verabschiedet. Man spricht – manchmal nur – Te reo Maori (die Maorisprache).

Wenn die *hui* länger als einen Tag dauert, schlafen die Besucher im Versammlungshaus auf Matratzen, die auf dem Fußboden ausgebreitet werden. Irgendjemand hat vielleicht eine Gitarre dabei, und die Nacht verstreicht beim Erzählen von Geschichten und Scherzen.

Das *powhirii*

Besucht man eine *marae* im Rahmen einer organisierten Tour, wird man mit einem formellen Gruß, dem *powhiri* empfangen. Die üblichen Zeremonien, die darunter zu verstehen sind, sind die folgenden:

Zu Anfang gibt es meist einen *wero* (Kampfforderung). Ein Krieger mit einem *taiaha* (Schlagstock) tritt vor die Besucher und legt den Stock nieder, damit ein Besucher ihn aufnehmen kann.

Dann folgt der *karanga* (zeremonieller Zuruf). Eine Frau aus der Gruppe der Gastgeber ruft den Besuchern zu, eine Frau aus der Besuchergruppe antwortet. Die langen, hohen und singenden Anrufe vermischen sich, die Besuchergruppe tritt auf den *marae atea* vor. Nun ist es Zeit für *whaikorero* (Reden halten), die Gastgeber begrüßen die Besucher, diese antworten. Die Reden werden mit einem *waiata* (Lied) abgeschlossen; dann legt der Sprecher der Besucher ein *koha* (Geschenk, in der Regel ein Geldumschlag) in die *marae*. Die Gastgeber laden die Besucher zum *hariru* (Händeschütteln) und zum *hongi* (Berührung an der Stirn) ein. Nun herrscht Einigkeit zwischen Besuchern und Gastgebern und man teilt sich eine kleine Erfrischung oder eine Mahlzeit.

Das *hongi*

Stirn und Nase werden fest gegeneinander gepresst, man schüttelt sich die Hände und spricht eine Grußformel wie „Kia ora" oder „Tena koe". Manche bevorzugen einen längeren Stirn-Nase-Druck (2–3 Sek. oder länger), andere zwei kürzere hintereinander. Männer und Frauen küssen sich manchmal auch auf eine Wange. Manche Leute glauben, beim *hongi* würden nur die Nasen gegeneinander gedrückt (wäre unangenehm!) oder aneinander gerieben (noch unangenehmer!).

Tapu

Tapu (spirituelle Verbote) und *mana* (Macht und Ansehen) werden in der Welt der Maori ernst genommen. Man setzt sich auf Stühle oder angebotene Plätze, aber nie auf einen Tisch. Menschen, die auf dem Boden liegen, umgeht man, man darf nicht über sie steigen. Das *powhiri* ist *tapu*, Essen während eines *tapu* ist eine schwere Beleidigung. Man darf erst essen und trinken, wenn die Gastgeber dazu einladen. Aber keine Sorge, man muss weder hungern noch dürsten: *manaakitanga* (Großzügigkeit) ist unter den Maori eine hoch geschätzte Tugend.

der Schutzherrschaft der Götter berufen. Heutzutage wird die Tradition zwar hochgehalten, aber nicht alle Traditionen werden auch ausgelebt.

Flachs war (und ist noch immer) ein bevorzugtes Material für die Webkunst. Um aus den Flachsblättern eine widerstandsfähige Faser zu gewinnen, wurde zuerst das Grundgewebe der Blätter mit einer Muschelschale vorsichtig abgekratzt. Dann klopfte man die Faser, bis sie weich war, färbte sie, und schließlich wurde sie getrocknet. Heute jedoch werden alle möglichen Materialien verwendet: Bast, Kupferdraht, Gummi – ja, sogar Fleece und Gartenschläuche!

Die Wege des sagenumwobenen Entdeckers Kupe sind überall auf Neuseeland zu finden: Seine Segel (Nga Ra o Kupe) ließ er nahe dem Cape Palliser als dreieckige Oberflächenform zurück; die zwei Inseln im Hafen von Wellington, Matiu und Makoro, benannte er nach seinen Töchtern; sein Blut hat er auf den roten Felsen an der Südküste von Wellington vergossen.

Den besten Einblick in die Webkunst bekommt man bei einem der vielen Weber, die eigene Werkstätten haben. Wenn man das Handwerk kennt, weiß man die prachtvollen Arbeiten in den Museen erst richtig zu schätzen. Und wer auf den Geschmack gekommen ist: Gewebte *kete* und Rucksäcke sind mittlerweile modische Accessoires und werden in den meisten Städten zum Kauf angeboten. Webkunst kann man außerdem im ganzen Land in Kunstgalerien erwerben.

HAKA

Einem *haka* beizuwohnen kann einen echten Adrenalinschub bewirken; so erging es schon den europäischen Augenzeugen, als sie den Tanz 1929 zu sehen bekamen und sich an finsteren Satanismus erinnert fühlten: „Sie wirken wie Teufel aus der Hölle, die durch irgendeinen Mechanismus heraufbefördert wurden." *Haka* ist respekteinflößend und belebend. Es handelt sich dabei nicht nur um einen Kriegstanz; auf diese Weise wurden einst auch Besucher begrüßt, so ehrte man einen verdienten Menschen, drückte seine Identität aus oder unterstrich damit seine Überzeugungen.

Zum *haka* gehören magische Worte, kräftige Körperbewegungen und *pukana* (dann schneiden die Tänzer fürchterliche Grimassen, lassen die Augen hervorquellen und zeigen das Weiß der Augäpfel, manchmal wird dazu auch noch die Zunge herausgestreckt).

Der bekannte *haka* „Ka Mate", den die All Blacks vor ihren Rugby-Testspielen aufführen, geht auf den kriegerischen Häuptling Te Rauparaha zurück und drückt dessen Sieg über den sicheren Tod aus. Als Feinde ihn verfolgten, versteckte er sich nämlich in einer Vorratsgrube unter Lebensmitteln. Nachdem die Feinde weitergezogen waren, ließ ihn ein Häuptling namens Te Whareangi (der „haarige Mann" aus dem *haka*) heraus, und als er endlich wieder im Sonnenlicht stand, vollführte er den „Ka Mate".

Unterwegs in Neuseeland stößt man überall auf die Legenden und Mythen der Maori: Aus Mauis *waka* wurden die Südlichen Alpen; ein *taniwha* (ein übernatürliches Wesen) schuf im Todeskampf den Lake Waikaremoana, und der Mt. Taranaki verließ einst seinen Stammplatz im Zentrum der Berge auf der Nordinsel und hinterließ auf seinem Weg den Whanganui River.

Einen *haka* kann man bei diversen Kulturveranstaltungen miterleben, beispielsweise im Mitai Maori Village (S. 328), im Tamaki Maori Village (S. 328), in Te Puia (S. 325) und im Whakarewarewa Thermal Village (S. 326) in Rotorua; außerdem in Ko Tane (S. 549) bei Willowbank in Christchurch; bei Maori Tours (S. 474) in Kaikoura und bei Myths & Legends Eco-tours (S. 455) in Picton.

Die eindrucksvollsten *haka*-Aufführungen sieht man allerdings beim landesweiten Te Matatini National Kapa Haka Festival (S. 25), wenn die besten Gruppen Neuseelands gegeneinander antreten. Das Festival findet alle zwei Jahre statt, das nächste Mal im Februar 2013 in Rotorua.

ZEITGENÖSSISCHE BILDENDE KUNST

Die bildende Kunst der Maori ist im Wesentlichen von der Spannung zwischen traditionellen Vorstellungen und modernen künstlerischen Ausdrucksweisen und Trends geprägt. Shane Cotton etwa schuf eine Reihe von Arbeiten in Anlehnung an die bemalten Versammlungshäuser aus dem 19. Jh., die ihrerseits nach dem Vorbild der traditionellen, mit Schnitzereien verzierten Versammlungshäuser der Maori entstanden waren. Ein anderer Künstler, Kelcy Taratoa, verbindet Spielzeug, Comic-Helden und Motive aus der städtischen Popkultur mit Mustern aus der Webkunst und der Schnitzerei.

Natürlich greifen längst nicht alle Maorikünstler auf Maorimotive zurück. Ralph Hotere z. B. ist ein wichtiger neuseeländischer Künstler und, wie er selbst sagt, nur „zufälligerweise Maori". Seine lebenslangen Experimente mit der Farbe Schwarz haben mehr mit Modernismus zu tun als mit einem traditionellen *marae*-Hintergrund.

Zeitgenössische Maorikunst ist keineswegs nur auf Malerei beschränkt. Viele Künstler bedienen sich jetzt bevorzugt der Installation – bemerkenswert sind hier etwa die Arbeiten von Jacqueline Fraser und Peter Robinson.

In den größeren Zentren gibt's einige wunderbare Dauerausstellungen von bildender Kunst der Maori. Einen guten Bestand haben die Kunstgalerien in Auckland und Christchurch sowie das Te Papa in Wellington.

Ausführliche Informationen über die Sitten und Gebräuche der Maori findet man in *Tikanga Maori* von Hirini Moko Mead und in Anne Salmonds *Hui*.

ZEITGENÖSSISCHES THEATER

In den 1970er-Jahren wagten sich erstmals viele Maori-Theaterschreiber mit ihren Stücken an die Öffentlichkeit; heute ist das Theater ein wichtiger Bestandteil der Maorikultur. Das Maoritheater war stark an die Traditionen der *marae* gebunden: Statt das Licht auszumachen und direkt mit der Vorstellung anzufangen, begannen viele Maori-Schauspieltruppen mit einem stilisierten *powhiri*, gaben dem Publikum Raum für Reaktionen auf das Stück und endeten mit einem *karakia* oder einer Verabschiedung.

Taki Rua führt seit mehr als 25 Jahren Maoritheater für Kinder und Erwachsene auf. Seine Truppe zeigt ihre Stücke in den großen Städten, geht mit den meisten aber auch auf Tour – das aktuelle Programm findet sich auf der Website www.takirua.co.nz. Maoridramen sind auch häufig zu sehen in den offiziellen Theaterhäusern der großen Städte sowie beim alle zwei Jahre stattfindenden New Zealand International Festival. Hone Kouka und Briar Grace-Smith (deren Stücke es auch in Buchform gibt) haben ihre Werke überall in Neuseeland sowie bei Festivals in Großbritannien gezeigt.

Musik spielt in der alten wie in der zeitgenössischen Kultur der Maori eine große Rolle.

MODERNER TANZ

Der moderne Tanz der Maori ist vielfach vom *kapa haka* und der traditionellen Bilderwelt der Maori inspiriert, wie auch von deren Lebensweise vor Ankunft der Europäer. So machte der Maorichoreograf Moss Patterson *kokowai* (eine Körperfarbe aus rotem Lehm und Haifischöl) zum Thema seiner jüngsten gleichnamigen Tanzaufführung.

Neuseelands führende auf Maoritanz spezialisierte Truppe ist das Atamira Dance Collective (www.atamiradance.co.nz). Seit 2000 zeigt es von den Kritikern bejubelte, schöne und anspruchsvolle Arbeiten. Wenn einem das zu ernst erscheint, mag man vielleicht eher die Choreografien von Mika Torotoro, der in seinen Arbeiten unbekümmert *kapa haka* (Kulttänze), Travestie, Oper, Ballett und Disco mixt. Kostproben in Videoform bekommt man auf www.mika.co.nz.

Der erste neuseeländische Hip-Hop-Song, der ein großer Hit wurde, war „Poi E" von Dalvanius Prime, gesungen (ausschließlich in Maori) vom Patea Maori Club. Der Song verkaufte sich 1984 in Neuseeland besser als alle Platten von ausländischen Künstlern.

FILME DER MAORI

Es gab zwar schon früher erfolgreiche Maori-Dokumentarfilme (*Patu!* und die Serie *Tangata Whenua* sind brillant; man bekommt sie in einigen städtischen Videotheken), aber der erste abendfüllende neuseeländische Spielfilm eines Maoriregisseurs erschien erst 1987: *Ngati* von Barry Barclay. Mereta Mita, die erste Maoriregisseurin, drehte ihren Spielfilm *Mauri* im Jahr 1988. Sowohl Mita als auch Barclay verfolgten hochgesteckte politische Ziele und Arbeitsweisen: Während langer Arbeitsphasen im Vorfeld berieten sie sich mit den *kaumatua* (Stammesältesten) und holten deren Meinungen ein. Andere Filme, an denen Maori beteiligt waren oder Regie führten, sind der erschütternde Streifen *Die letzte Kriegerin* und der erhebende *Whale Rider*. Der für die Oscar-Vorauswahl nominierte Taika Waititi, der der Ahnenreihe von Te Whanau-a-Apanui entstammt, schrieb und drehte den Film *Eagle vs. Shark*.

Das New Zealand Film Archive (www.filmarchive.org.nz) ist ein guter Ort, um den Maorifilm kennenzulernen; die meisten Vorführungen hier sind entweder kostenlos oder zumindest verhältnismäßig günstig. Die Institution betreibt auch Zweigstellen in Auckland und Wellington.

MAORILITERATUR

Von Maori-Autoren gibt es mittlerweile viele Romane und Sammlungen mit Kurzgeschichten; hier kommt sicherlich jeder auf seine Kosten. Wie wäre es mit einem regionalen Zugang? Rund um Wellington eignet sich Patricia Grace (*Potiki, Drei Cousinen, Dogside Story, Tu),* an der Ostküste der Nordinsel vielleicht Witi Ihimaera (*Pounamu, The Matriarch, Bulibasha, Whalerider*). Keri Hulme (*Unter dem Tagmond, Steinfisch*) passt perfekt zur Südinsel. Alan Duff (*Warriors*) kann man überall lesen, auch wenn das Buch sehr melancholisch stimmt. James George (*Hummingbird, Ocean Roads*) gehört unbedingt ins Reisegepäck, sofern man die Strände an der Westküste von Auckland oder den Ninety Mile Beach von Northland ansteuert. Paula Morris (*Queen of Beauty, Hibiscus Coast, Trendy but Casual*) und Kelly Ana Morey (*Bloom, Grace Is Gone*) – hm, diese Bücher passen wohl am besten nach Auckland und ins dortige Umland. Wer Lyrik liebt, kommt am wichtigsten Maori-Dichter in englischer Sprache nicht vorbei: dem verstorbenen Hone Tuwhare (*Deep River Talk: Collected Poems*). Seine Gedichte kann man wirklich überallhin mitnehmen – sie passen ebenso gut in die Kirche wie in die Kneipe.

Neuseeländische Mentalität

Wie ticken die Neuseeländer?

Neuseeland ergeht es ein bisschen wie dem kleinen Jungen in der Schule, wenn die Rugbyteams gewählt werden – er wartet still darauf, beachtet zu werden, und sehnt sich verzweifelt nach Zuneigung. Wird er dann ausgewählt, gelingt ihm, weil er wild entschlossen ist, seinen Wert zu beweisen, ein völlig unerwarteter Punkt, und wenn seine Mannschaftskameraden ihn beglückwünschen, starrt er zu Boden und murmelt: „Ey, nicht der Rede wert, Mann."

Die Neuseeländer sind zwar stolz auf ihr kleines Land, aber von Haus aus keine Angeber. Hurra-Patriotismus ist eher verpönt. Wer sich auf der internationalen Bühne einen Namen gemacht hat, wird respektiert und bewundert, aber auffällig großen Mohnblumen werden gern mal die Köpfe abgehackt, wie der Neuseeländer sagt. Das sind vermutlich Reste von früheren egalitären Idealen – etwa von solchen, mit denen man die schlimmsten Ungerechtigkeiten des „Mutterlands" (Großbritannien) zu vermeiden versuchte, indem der Großgrundbesitz aufgeteilt und mit Überzeugung ein Wohlfahrtsstaat „von der Wiege bis zur Bahre" eingeführt wurde. „Nur dass jemand ein größeres Auto oder stärkere Waffen hat als ich, macht ihn nicht besser", ist generell die Einstellung der Kiwis.

Die Größe des Landes hat den internationalen Auftritt selten beeinflusst. Neuseeland war Gründungsmitglied des Völkerbunds (des Vorgängers der Vereinten Nationen) und verärgerte zwischen den beiden Weltkriegen einige Leute, weil es sich weigerte, der Position Großbritanniens blind zu folgen. Erst in den 1980er-Jahren wurde die Lage wirklich interessant.

23 % der Neuseeländer sind in anderen Ländern geboren. Davon stammen die meisten aus Großbritannien und Irland (29 %), von den pazifischen Inseln (15 %), aus Nordostasien (15 %) und Australien (7 %).

Ein turbulentes Jahrzehnt

Die moderne neuseeländische Kultur wandelte sich in dieser Zeit. Als erstes wurde die unantastbare Vorrangstellung des Rugby als Quelle des nationalen Zusammenhalts infrage gestellt (Rugby war für die Bildung der Nation sicherlich ebenso wichtig wie das Engagement des Landes in den beiden Weltkriegen): 1981 gingen Zehntausende Neuseeländer auf die Straße, um gegen die Springbok Tour des südafrikanischen Rugby-Teams zu demonstrieren. Die Apartheid hatte in den Augen der Demonstranten nichts im Sport zu suchen. Und plötzlich gab es Unruhen im Paradies. Die Wunde ist immer noch so tief, dass es bei Neuseeländern über 40 reicht, „die Tour" zu sagen, damit jeder sofort weiß, was gemeint ist.

Die Proteste gaben der politischen und kulturellen Renaissance der Maori Auftrieb. Bereits drei Jahre später wurden ihre Rechte gestärkt: Die reformfreudige Labour-Regierung stattete das Waitangi-Tribunal mit statuarischen Befugnissen aus. Das Waitangi-Tribunal hat seitdem

Neuseeland wird in der australischen Verfassung als Bundesstaat bezeichnet. Als Australien seine Verfassung schuf, hoffte man dort, dass Neuseeland sich diesem Land anschließen würde. Doch bei den Neuseeländern ist diese Vorstellung heute genauso unpopulär, wie sie es damals war.

„WAS HALTEN SIE DENN VON NEUSEELAND?"

Kaum befinden sich Besucher eine Stunde in Neuseeland, wird ihnen bereits regelmäßig diese Frage gestellt. Manchmal bekommen sie auch einen ganzen Tag Zeit, um sich ein Bild zu machen, doch die Frage folgt unweigerlich. Die Frage – gleichermaßen von großem Stolz und bohrendem Zweifel getragen – ist charakteristisch für das nationale Bewusstsein.

Als George Bernard Shaw 1934 für vier Wochen ins Land kam, wurde er während seiner gesamten Reise von Journalisten bestürmt, die ihn nach seiner Meinung fragten. Obwohl er nie auch nur einen Satz über Neuseeland schrieb, wurden seine Antworten auf die Fragen der Reporter gesammelt und unter dem Titel: *What I Saw in New Zealand: The Newspaper Utterances of George Bernard Shaw in New Zealand* veröffentlicht. So wichtig war den Menschen die Bestätigung.

Andere Besucher äußerten sich bereitwilliger schriftlich, etwa der britische liberale Parlamentarier David Goldblatt, der ein faszinierendes und vorausschauendes Buch mit dem Titel *Democracy at Ease: A New Zealand Profile* vorlegte. Goldblatt sah die Neuseeländer als heiteres Volk: freundlich, wohlhabend und mit einer Vorliebe für Maschinen.

Für den Genießer Goldblatt war die Haltung der Neuseeländer zum Essen und Trinken sehr aufschlussreich. Er fand, das Essen sei sehr schlicht und interessiere die Menschen kaum. Die Läden hätten sich deshalb auch auf nicht besonders anspruchsvolle Kunden eingestellt.

So kochte eine Nation, die Zugang zu einigen der besten frischen Zutaten der Welt hatte, alles buchstäblich zu Tode. Ein Land, das fast auf seiner gesamten Fläche ein hervorragendes Mikroklima für den Anbau von Wein besitzt, brachte nur billiges Gesöff hervor. Materielle Annehmlichkeiten wurden geschätzt, aber doch auf einer sehr niedrigen Ebene.

Die Neuseeländer brauchten 25 Jahre, um die „immer gleichen Sandwiches" loszuwerden und ein nationales Bewusstsein zu entwickeln – wie Goldblatt richtig vorhersah, ging es nicht ohne „Risiken und Missgeschicke" ab, diesen Wandel herbeizuführen.

Doch als die Dinge sich wandelten, wandelten sie sich gründlich.

Russell Brown ist Journalist und betreut den beliebten Public-Address-Blog (www.publicaddress.net).

durchgesetzt, dass Land zurückgegeben und Entschädigung für die Fehler in der Vergangenheit geleistet wurde und dass der Vertrag von Waitangi – der Pakt von 1840 zwischen den Maori und der englischen Krone – als gültiges Dokument in Erinnerung gerufen wurde.

Zur gleichen Zeit kamen die Anti-Atomkraft-Proteste, die seit Jahren rumorten, richtig in Schwung, und es gab Massenblockaden gegen Besuche der US-Kriegsmarine. 1984 sperrte Premierminister David Lange heimische Gewässer für Schiffe mit Nuklearantrieb oder Nuklearwaffen an Bord. Die Maus hatte gebrüllt. Als Konsequenz warfen die USA Neuseeland aus der ANZUS, der wichtigsten strategischen Militärallianz des Landes, die auch Australien einschloss, und erklärten Neuseeland zum „Freund, aber nicht Verbündeten".

„... eine schäbige Tat von internationalem, staatlich unterstütztem Terrorismus ...", so Premierminister David Lange zum Bombenanschlag auf die *Rainbow Warrior* (1986).

Im folgenden Jahr geschah dann etwas, das Neuseelands Beziehungen zum Rest der Welt komplett veränderte. Französische Regierungsagenten versenkten bei einem Angriff im Hafen von Auckland das Greenpeace-Flaggschiff *Rainbow Warrior* und töteten ein Besatzungsmitglied. Die Bombardierung durch ein Land, mit dem Neuseeland in zwei Weltkriegen gemeinsam gekämpft hatte, und die nur leise oder gar nicht erfolgende Verurteilung durch andere Verbündete hinterließen eine unauslöschliche Narbe. Der Vorfall stärkte Neuseelands Entschlossenheit, in der Außenpolitik dem eigenen Gewissen zu folgen, und so wurde

1987 der *New Zealand Nuclear Free Zone, Disarmament and Arms Control Act* Gesetz.

Von den Buren bis zum Vietnamkrieg war Neuseeland munter dem Geheiß Großbritanniens oder der USA gefolgt. Damit ist es nun vorbei, wie das Land mit seiner Nichtbeteiligung am Irakkonflikt demonstriert. Seinen internationalen Verpflichtungen kommt Neuseeland aber weiterhin nach, seine Truppen werden weltweit in Friedensmissionen eingesetzt, zurzeit etwa in Afghanistan.

Als wäre das nicht genug Umbruch für eine Dekade, entzweite 1986 ein weiterer heftiger Streit die Gesellschaft – diesmal über die Entkriminalisierung der Homosexualität. Die Debatte wurde ausgesprochen erbittert geführt, doch schließlich wurde das Gesetz, das bis dahin einvernehmlichen Sex zwischen homosexuellen Erwachsenen unter Strafe stellte, aufgehoben – was den Weg zu der generell toleranten neuseeländischen Gesellschaft von heute ebnete. 1999 sollte Georgina Beyer, eine offen transsexuelle frühere Prostituierte, den Konservativen auf dem Land den einst sicheren Parlamentssitz abnehmen – in den meisten Ländern der Welt ein undenkbares Ereignis, ganz zu schweigen vom Neuseeland der 1980er-Jahre.

Verantwortlich für das Atomzeitalter war ausgerechnet ein Neuseeländer. 1917 spaltete Ernest Rutherford als Erster den Atomkern. Er ist auf der 100-Dollar-Note abgebildet.

Doch während das Land in den 1980er-Jahren in gesellschaftlichen Fragen einen Linksruck erlebte, wurden gleichzeitig wirtschaftliche Reformen durchgesetzt, die einen extremen Rechtsdrall hatten. Man strich den aufgeblähten öffentlichen Sektor zusammen, verkaufte alles Staatseigentum, das nicht niet- und nagelfest war, setzte Vorschriften und Regelungen in vielen Sektoren außer Kraft, baute Handelsbarrieren ab und beschnitt die Macht der Gewerkschaften drastisch.

Auch wenn man allgemein der Ansicht war, dass die Umstrukturierungen der Wirtschaft nötig waren, hatten die Reformen einen hohen Preis. Die alten sozialen Garantieleistungen sind gar nicht mehr so garantiert. Neuseeländer arbeiten lange und für niedrigere Löhne, als ihre australischen Cousins je tolerieren würden. Verglichen mit anderen Nationen, die Mitglied in der OECD (Organisation für wirtschaftliche Zusammenarbeit und Entwicklung) sind, bleiben die Familieneinkommen niedrig, die Zahl der von Armut betroffenen Kinder ist hoch, die Kluft zwischen Reich und Arm wird immer größer.

Dennoch lässt sich in Neuseeland eine Dynamik feststellen, die in den „freundlichen" Jahren vor den Reformen selten war. Neuseeländische Farmer nehmen es auch ohne die großen Subventionen von einst mit den Bauern der restlichen Welt auf, und die Innenstadt von Wellington – einst wegen der strengen Gesetze über den Ausschank und Verkauf

EINE WELT DER FRAUEN

Neuseeland ist zu Recht stolz darauf, dass es als erstes Land der Welt Frauen das Wahlrecht gewährt hat (1893). Kate Sheppard, die Heldin der Wahlrechtsbewegung für Frauen, ist sogar auf dem 10-Dollar-Schein des Landes abgebildet. Trotz dieser frühen Errungenschaft hielt sich die Rolle der Frauen im öffentlichen Leben viele Jahre in engen Grenzen. Heute ist das ganz anders. Seit 1997 regierten zwei Premierministerinnen und 2000 waren eine Zeitlang alle Schlüsselpositionen von Frauen besetzt, darunter das Amt des Premierministers, des Generalstaatsanwalts, des Obersten Richters, des Generalgouverneurs und des Staatsoberhaupts – auch wenn die Neuseeländer nichts dafür können, dass im Vereinigten Königreich eine Königin auf dem Thron sitzt. Zur selben Zeit führte eine Maori-Königin das Kingitanga (King Movement; s. S. 239) an und eine Frau stand an der Spitze von Neuseelands größter börsennotierter Firma. Seitdem hat das Blatt sich wieder etwas gewendet und nur noch zwei dieser Ämter sind von Frauen besetzt – und ja, eine davon ist Königin Elisabeth II.

alkoholischer Getränke nach Einbruch der Dunkelheit praktisch tot – blüht nun mit tollen Bars und Restaurants richtig auf.

Wie bei den wirtschaftlichen Reformen fühlen sich manche Neuseeländer auch bei der Wiedergutmachung und der Versöhnung mit den Maori nicht besonders wohl, weniger weil sie dagegen sind, sondern weil sie das Ausmaß nicht einschätzen können. Als Europäer vor 200 Jahren erstmalig neuseeländischen Boden betraten, gab es zwischen 85 000 und 110 000 Maori. Krankheiten und Kriege dezimierten die Bevölkerung, doch eine hohe Geburtenrate führte dazu, dass heute 15 % der Neuseeländer (565 000 Menschen) Maori sind – Tendenz steigend.

Ziel des Vertrages ist eine Partnerschaft zwischen den Maori und der britischen Krone, die zu einer aus beiden Kulturen gemischten Nation führen soll. Nachdem das Ziel jahrzehntelang in einer kulturellen Anpassung bestand, wird heute akzeptiert, dass die indigene Kultur einen eigenen, speziellen Status im ethnischen Mix des Landes besitzt. So ist Maori offizielle Landessprache und den Maori steht eine bestimmte Anzahl von Sitzen im Parlament zu.

Doch irgendwo mussten auch die vielen Neuseeländer eingepasst werden, die weder Briten noch Maori sind. Mit jeder neuen Einwanderungswelle bestand die Tendenz, zunächst jeden Einfluss zu verdammen, bevor Schritt für Schritt akzeptiert und anerkannt wurde, was die neuen Kulturen zu bieten hatten. So war es Mitte des 19. Jhs. bei den Chinesen, bei den Kroaten Anfang des 20. Jhs., bei den Menschen von den pazifischen Inseln in den 1970er-Jahren und zuletzt wieder bei den Chinesen in den 1990er-Jahren. Trotzdem ist die neuseeländische Gesellschaft besser integriert und aufnahmebereiter als die meisten anderen. Menschen aller Ethnien finden sich in allen Gesellschaftsschichten und die ethnische Herkunft ist kein Hindernis auf dem Weg zum Erfolg.

Die jüngere Generation, für die die 1980er-Jahre prähistorisch sind, interessiert sich nicht sonderlich für Politik. Vielleicht ist das so, weil ihnen das Jahrzehnt des fortschrittlichen Regierungsstils wenig Protestgrund lieferte – im Gegensatz zu ihren Vorgängern, die von den internationalen Protestbewegungen gegen den Irakkrieg politisiert worden waren. Zu einer Zeit, da Neuseeland endlich seine eigenen, unabhängigen kulturellen Standards definiert hat, scheint die Jugend des Landes ironischerweise mehr denn je von der US-Kultur besessen zu sein.

Das gilt vor allem für die Hip-Hop-Szene, aus deren Identifikation mit der amerikanischen Gangsta-Szene sich ein beunruhigendes Problem mit Jugendgangs entwickelt hat.

Fern von Großbritannien

Für viele war Sir Edmund Hillary, der Erstbesteiger des Mount Everest, der perfekte Neuseeländer: bescheiden, praktisch, um soziale Gerechtigkeit bemüht. Sein Tod 2008 löste landesweite Trauer aus.

Die meisten Kiwis (vielleicht mit Ausnahme der Farmer) würden sich vermutlich etwas weniger Regen und etwas höhere Löhne wünschen. Doch auch wenn mehrere Jahre in Übersee notwendig sind, merken sie schließlich doch, wie gut sie es im Vergleich haben. 2011 platzierte eine weltweite Studie zur Lebensqualität in Städten Auckland auf Platz 3 und Wellington auf Platz 13.

Trotz allen Wandels bleiben Schlüsselelemente der neuseeländischen Identität unangetastet: Erfolg ist immer noch an wirtschaftliches Denken gebunden und nicht an eine Klassenzugehörigkeit, Gäste in Restaurants oder Geschäften werden aus Höflichkeit oder aus Spaß an der Arbeit gut bedient, nicht aus Unterwürfigkeit.

In ländlichen Gegenden oder auf Spaziergängen im Busch wird man bei Begegnungen häufig begeistert gegrüßt, vor allem auf der Südinsel. Höflichkeit gilt allgemein als eine der höchsten Tugenden, ein Erbe der britischen Vergangenheit, mit „bitte“ und „danke“ kommt man weit. Die drei großen Ausnahmen von dieser Regel gelten: a) auf der Straße, wo nette Dr. Jekylls zu wutentbrannten Mr. Hydes werden, besonders wenn

ERFOLGE IM SPORT

Ihren Drang nach weltweiter Anerkennung konnten die Kiwis am besten im Sport ausleben. 2011 stand Neuseeland an dritter Stelle, was sportliche Erfolge pro Einwohner angeht, und zwar hinter Jamaika und Norwegen. Die neuseeländischen Teams sind die Weltmeister der Rugby Union und der Rugby League, sowohl der Herren- als auch der Damentitel gehören den Kiwis.

Fast das gesamte 20. Jh. lang beherrschte das neuseeländische Nationalteam die internationale Rugby Union, eine Mannschaft erhielt sogar den Beinamen *The Invincibles* (die Unbesiegbaren). Die Übernahme dieses Zeitvertreibs der britischen Oberklasse wirkte Wunder für die nationale Identität und das Spiel ist eng verbunden mit Neuseelands Geschichte und Kultur. Der Gewinn des Rugby World Cup 2011 war Balsam auf die Volksseele – nach einem Jahr voller Tragödien und wirtschaftlicher Schwierigkeiten.

Trotz der Bedeutung von Rugby gibt es bei einem Spiel keinen Lärm oder laute Anfeuerungsrufe. Die Zuschauer im Eden Park von Auckland sind so zurückhaltend wie die Mannschaften fair sind; weiter südlich kann es etwas lauter werden. Ein Spiel der Rugby League im Mt. Smart Stadium von Auckland kann eine aufregende Angelegenheit sein.

Die Rugby League hat in Neuseeland den Status eines Sports der Arbeiterklasse und die wichtigsten Fans sind die Maori, Polynesier und andere Immigrantengruppen in Auckland. Dass die Neuseeländer den Australiern – ihren Erzrivalen – den Rugby League World Cup abjagen konnten, erfreute jedoch alle Neuseeländer.

Netball ist der beliebteste Sport für Frauen; die Nationalmannschaft, die Silver Ferns, ringen mit Australien um die Vorherrschaft in der Welt – eines der beiden Länder hat immer die Weltmeistertitel gewonnen (mit Ausnahme eines Unentschieden 1979).

2010 liefen die All Whites, Neuseelands Fußballnationalmannschaft, zum zweiten Mal bei einer Weltmeisterschaft auf und konnte sich immerhin rühmen, das einzige ungeschlagene Team des Turniers zu sein. Siege waren allerdings auch nicht zu vermelden, doch die Kiwis waren glücklich über die ersten Tore ihres Landes bei einer Weltmeisterschaft und über die drei Unentschieden.

Weitere Sportarten, in denen Neuseeland Bedeutung hat, sind Segeln, Rudern, Kanufahren, Reiten, Radfahren und Triathlon. Die meisten olympischen Medaillen hat Neuseeland in der Leichtathletik gewonnen. Kricket ist der beliebteste Mannschaftssport im Sommer, auch wenn die Kiwis dort in der Weltspitze zurzeit keine Rolle spielen.

Wer alle Höhen und Tiefen der nationalen Seele kennenlernen möchte, findet am Sportplatz einen guten Erkundungsort.

man das Pech hat, die Fahrspur wechseln zu müssen; b) wenn man nicht sehr gut Englisch spricht; und c) bei Australiern.

Die letzten beiden Punkte ergeben sich aus der Insellage und einem engen Blickwinkel, der aber bei Kiwis mit Reiseerfahrung (davon gibt es zum Glück viele) eher verschwindet. Die Rivalität mit Australien wird auf dieser Seite der Tasmansee viel ernster genommen. Es ist zwar ziemlich unwahrscheinlich, dass Kiwis offen unhöflich werden, aber die auf Besuch hier verweilenden Aussies wird die ständige Stichelei sicher nerven, zumal sie meist auch noch erstaunlich unwitzig ist. Traurig, aber wahr: Die meisten Australier würden zwar jede neuseeländische Mannschaft anfeuern, wenn sie nicht gerade gegen ein eigenes Team antritt, doch in Neuseeland ist das genau umgekehrt.

2009 und 2010 stand Neuseeland an der Spitze des Global Peace Index, d. h. es galt als friedlichstes Land der Welt. 2011 fiel es hinter Island auf Platz 2 zurück – vielleicht hatte das mit all dem *haka* während des Rugby World Cup zu tun?

Number-Eight Wire

Traveller werden unterwegs öfter mal den Ausdruck *number-eight wire* (Draht Nr. 8) hören und sich fragen, was in aller Welt das bedeuten soll. Neuseeländer halten mit diesem Schlagwort einen nationalen Mythos aufrecht, nämlich dass durch Neuseelands Isolation und das Erbe der Pioniere eine Kultur entstand, die Schwierigkeiten durch Einfallsreichtum löst und Werkzeuge aus dem Nichts schafft. Es hieß, ein neuseeländischer Farmer konnte jedes Problem mit einem Stück Draht Nr. 8 beheben (ein Draht der Stärke 8, der für die Zäune der Farmen verwendet wurde).

Kein Punkt in Neuseeland befindet sich weiter als 128 km vom Meer entfernt.

Das trifft großteils noch immer zu – man muss sich nur mal den Erfindungsreichtum auf neuseeländischen Farmen anschauen. Ein Grund, warum große ausländische Film- und Fernsehproduzenten ihre Projekte in Neuseeland realisieren, ist – abgesehen von den niedrigen Löhnen und der großen Vielfalt von Drehorten – die Alles-ist-machbar-Haltung und die Zielstrebigkeit der neuseeländischen Technik-Crews.

Weit mehr Neuseeländer haben als Manager, Roadies oder Köche für berühmte Popstars gearbeitet (von Led Zeppelin über U2 bis zu Madonna), als selbst im Rampenlicht standen. Und das zeigt, dass Neuseeländer dann am besten sind, wenn sie Praktisches mit Kreativität in Einklang bringen können, gepaart mit einer beständigen (und manchmal enervierenden) Bescheidenheit.

Kunst & Musik

Nach dem Ende der Kolonialzeit brauchte Neuseeland noch 100 Jahre, um eine eigenständige künstlerische Identität auszubilden. In der ersten Hälfte des 20. Jhs. waren Schriftsteller und bildende Künstler die Vorreiter. In den 1970er-Jahren eroberten neuseeländische Pub-Rocker Australien, in den 1980ern begeisterten sich Indie-Fans in aller Welt für die verrückte, wunderbare alternative Szene von Dunedin. Doch erst durch die Erfolge der Filmindustrie trat die Kreativität des Landes in den 1990er-Jahren ins Bewusstsein der Welt.

Literatur

In den 1930er-Jahren entstand in Neuseeland erstmalig eine Nationalbewegung in der Literatur, die sich um eine unabhängige Identität bemühte und daran arbeitete, Neuseeland nicht nur als Anhängsel des Mutterlandes zu präsentieren.

Das Werk Katherine Mansfields begründete eine neuseeländische Tradition der Kurzgeschichte, und jahrelang setzte die Romanautorin Janet Frame Standards. Das ungewöhnliches Leben der Letzteren schildert Jane Campions Verfilmung ihrer Autobiografie *Ein Engel an meiner Tafel* (1993). Frames Roman *The Carpathians* (1989) gewann den Commonwealth Writers Prize. Mit Keri Hulmes eindringlichem *Unter dem Tagmond* (1987), der den Booker Prize gewann, begann im Jahr 1985 eine neue Ära internationaler Anerkennung.

Erst 2007 wäre einem anderem Neuseeländer beinahe Ähnliches gelungen. Lloyd Jones' *Mister Pip* (2008) wurde bei genau dieser Verleihung nur um Haaresbreite geschlagen, aber allein schon die Nominierung brachte sein Buch auf den Bestsellerlisten weltweit nach oben. Unter der Regie von Andrew Adamson, der auch das Drehbruch schrieb, entstand eine Filmfassung mit Hugh Laurie und Kerry Fox in den Hauptrollen.

International ist Maurice Gee trotz seiner zahlreichen Preise weniger bekannt, doch national stand er sechsmal an der Spitze der Bestsellerlisten, zuletzt mit *Blindsight* (2005) und *Lebende Fracht* (1998). Sein äußerst beliebter Kinderroman *Under the Mountain* (1979) wurde

STIMMEN DER MAORI

Einige der interessantesten und unterhaltsamsten Schriftsteller Neuseelands sind Maori, an allererster Stelle die Booker-Preis-Gewinnerin Keri Hulme. Witi Ihimaeras Romane geben einen guten Einblick in das Leben einer Maori-Kleinstadt an der Ostküste – vor allem *Bulibasha* (1994) und *Whale Rider* (1987), Letzteres auch ein hoch gelobter Film –, während *Nights in the Gardens of Spain* (1996) ein Licht auf die Schwulenszene von Auckland wirft. Auch die Arbeiten von Patricia Grace schildern detailreich das Leben in einem Maori-Dorf mit dem Zentrum einer *marae*-Anlage: *Mutuwhenua* (1978), *Potiki* (1986), *Dogside Story* (2001) oder *Tu* (2004).

MITTELERDE-TOURISMUS

Wer zu den Reisenden gehört, die wegen der Szenerie der *Herr-der-Ringe-Filme* nach Neuseeland kommen, wird nicht enttäuscht werden. Jacksons Entscheidung, in Neuseeland zu drehen, war nicht nur bloßer Patriotismus. Nirgendwo sonst auf der Welt gibt es so abwechslungsreiche und unberührte Landschaften wie hier (und das Honorar für Schauspieler liegt nicht besonders hoch ...).

Einige Orte aus den Filmen erkennt man sicherlich wieder, beispielsweise Hobbingen (nahe Matamata), den Schicksalsberg (sofort erkennbar im gewaltigen Ngauruhoe) oder die Nebelberge (die Southern Alps der Südinsel). Die Visitor Information Centres in Wellington, Twizel und Queenstown können einem in der Regel sagen, wie man zu den lokalen Ring-Drehorten kommt. Wer es ganz genau wissen will, sollte sich Ian Brodies *The Lord of the Rings: Location Guidebook* zulegen; es enthält Wegbeschreibungen und sogar GPS-Koordinaten, um alle Drehorte zu finden.

1981 als wegweisende neuseeländische Fernsehserie verfilmt, 2009 folgte ein Spielfilm. 2004 gewann die Verfilmung eines anderen Romans von ihm, *In My Father's Den* (1972), wichtige Preise auf internationalen Filmfestivals und ist einer der größten Kassenerfolge des neuseeländischen Kinos. Sein neuester Roman heißt *Access Road* (2009).

Maurice scheint ein vielversprechender Name für neuseeländische Schriftsteller zu sein: Der verstorbene Maurice Shadbolt erhielt große Anerkennung für seine zahlreichen Romane, vor allem für jene, die in den Kriegen Neuseelands spielen. Einen guten Einstieg bilden *Season of the Jew* (1987) oder *The House of Strife* (1993).

Außer *Die Rückkehr des Königs*, der 2004 den Oscar gewann, war nur ein weiterer neuseeländischer Film in der Kategorie „Bester Film" für den Oscar nominiert: *Das Piano*. Jane Campion war die erste Regisseurin aus Neuseeland, die in der Kategorie „Beste Regie" nominiert war, Peter Jackson der erste Neuseeländer, der diesen Oscar gewann.

Kino & TV

Wer sein erwachendes Interesse an Neuseeland der Kinoleinwand verdankt, befindet sich in guter Gesellschaft. Peter Jacksons in Neuseeland gedrehte *Herr-der-Ringe*-Trilogie war das Beste, das dem Neuseeland-Tourismus seit Käpt'n Cook passiert ist.

Doch das neuseeländische Kino ist selten so leichtfüßig. In seiner von der BBC finanzierten Dokumentation *Cinema of Unease* beschreibt der in Neuseeland geborene Schauspieler Sam Neill die Filmindustrie seines Landes als „einzigartig seltsam und dunkel"; sie produziere düstere, unheimliche Werke. Es reicht, sich Lee Tamahores erschütternden Film *Die letzte Kriegerin* (1994) anzusehen, um zu verstehen, was er meint.

Der Filmkritiker des *Listener*, Philip Matthews, sieht die Sache etwas optimistischer: „An (Niki Caros) *Whale Rider*, (Christine Jeffs) *Rain* und dem *Herrn der Ringe* kann man die Qualitäten erkennen, die unsere besten Filme auszeichnen. Außer der gekonnten technischen Ausführung haben sie alle eine Art Mystizismus, eine dem Land innewohnende übernatürliche Empfindsamkeit."

Die TV-Show *Popstars* stammt ursprünglich aus Neuseeland, auch wenn die Gruppe, die dabei entstand, True Bliss, sich nicht lange halten konnte. Das Konzept wurde in anderen Ländern wie Australien, Großbritannien, den USA und auch Deutschland übernommen (*Deutschland sucht den Superstar*).

Dieser Liste kann man noch Jane Campions *Das Piano* (1993), Brad McGanns *Als das Meer verschwand* (2004) und Jacksons *Himmlische Kreaturen* (1994) hinzufügen – sie alle betten verstörende Gewalt in eine magisch aufgeladene Szenerie ein. Der Mystizismus in diesem Land balanciert ständig auf der Grenze zum Grusel.

Der Kiwi-Humor ist so schwarz wie die Trikots des nationalen Rugbyteams, etwa in Jacksons frühen Splatterfilmen oder in Taika *Waititis Boy* (2010). Neuseeländische Komödien sind vorwiegend im eigenen Land beliebt, doch die von einem amerikanischen Fernsehsender produzierte Serie *Flight of the Conchords* – in deren Mittelpunkt ein Duo neuseeländischer Folksänger steht, die den Durchbruch in New York schaffen wollen – hatte erstaunlichen internationalen Erfolg. Am unbeschwertesten sind die polynesisch beeinflussten Komödien wie *Sione's*

Wedding (2006) mit absolutem Wohlfühlfaktor, der zweitgrößte kommerzielle Erfolg des neuseeländischen Kinos.

Zuerst sah man im internationalen Film überhaupt keine Neuseeländer, dann tauchten sie in Armeestärke als Invasoren in *Star Wars* auf. Bekannte Gesichter wie Cliff Curtis und Karl Urban scheinen in Actionfilmen die Rolle des mexikanischen oder russischen Gangsters gepachtet zu haben. Viele starteten ihre Karriere in der über lange Zeit laufenden Seifenoper *Shortland Street* (werktags 19 Uhr, TV2).

Während die Tourismusbranche auf Jacksons *The Hobbit* (vermutlich Ende 2012) wartet, produziert die neuseeländische Filmindustrie handwerklich solide, ansprechende Filme wie *The Topp Twins: Untouchable Girls* (Gewinner der Dokumentarfilmpreise bei den Filmfestivals von Toronto und Melbourne, 2009).

Musik

Die ersten neuseeländischen Musikformen waren die *waiata* (Gesänge) der Maori, die diese seit ihrer Ankunft im Land entwickelt hatten. Die wichtigsten Musikinstrumente waren Windinstrumente aus Knochen oder Holz, von denen das *nguru* (auch bekannt als „Nasenflöte") das bekannteste ist; das Trommeln auf Brust und Schenkel ersetzte das Schlagzeug. Heutzutage kann man Maori-Livemusik am besten bei den *kapa-haka*-Wettbewerben miterleben, wo Gruppen mit ihren eigenen Programmen aus traditionellen Gesängen und Tanz gegeneinander antreten. Ähnlich läuft auch das Pasifika Festival (S. 89) in Auckland ab, bei dem Auftritte stattfinden, die jede der pazifischen Inseln repräsentieren. Hier kann man prima sowohl die traditionellen als auch die modernen Formen der polynesischen Musik kennenlernen, ob in Form von zeitgenössischem Hip-Hop oder durch hämmernde Cook-Island-Trommeln, Insel-Gitarren, Ukulelen und Slide-Gitarren.

Frühe europäische Einwanderer brachten ihre eigenen Musikstile mit und schufen Anfang des 20. Jhs. regionale Varianten. In den 1950er-Jahren wurde Douglas Lilburn zum ersten international anerkannten klassischen Komponisten aus Neuseeland. In jüngerer Zeit hat das Land eine Reihe von weltbekannten Musikern hervorgebracht, darunter die Opernsängerin Dame Kiri Te Kanawa, die Pop-Diva Hayley Westenra, die Millionen von Platten verkauft hat, den Komponisten John Psathas (der die Musik für die Olympischen Spiele 2004 schuf) und den Komponisten und Schlagzeuger Gareth Farr (der auch in Frauenkleidern unter dem Namen Lilith auftritt). Jede der großen Universitäten des Landes hat ihre eigene Musikakademie; dort gibt es oft kostenlose Konzerte, zu denen Besucher herzlich eingeladen sind. In größerem Rahmen finden Veranstaltungen in Aucklands Edge und der Town Hall und dem Michael Fowler Centre in Wellington statt.

NZ besitzt auch eine bedeutende Rockmusik-Szene; im Ausland am bekanntesten sind die Indie-orientierte Plattenfirma Flying Nun und die Musik der Finn Brothers. Flying Nun wurde 1981 vom Besitzer eines Schallplattengeschäftes in Christchurch, Roger Shepherd, gegründet (der die Firma in den 1990ern verkaufte, aber 2009 wieder Anteile erwarb). Viele der frühen Gruppen kamen aus Dunedin, wo örtliche Musiker die Haltung des Punk übernahmen, aber eine Art Indie-Pop produzierten, der begeisterte Kritiken von Zeitschriften wie *NME* in Großbritannien oder *Rolling Stone* in den USA bekam. *Billboard* behauptete 1989 sogar: Bei Flying Nun Records gibt es nichts, was nicht hervorragend ist.

Viele der Musiker aus der Flying-Nun-Szene treten auch heute noch live auf, darunter David Kilgour (von The Clean), Martin Phillipps (von The Chills) und Shayne Carter (von den Straitjacket Fits, heute Frontman von Dimmer und The Adults). Gegenwärtig hält das Chick's Hotel (s. S. 620) in Port Chalmers (bei Dunedin) den Geist der Szene am Le-

Gareth Shute

Gareth Shute schrieb dieses Kapitel über die Musik Neuseelands. Er ist Autor von vier Büchern, darunter *Hip Hop Music in Aotearoa* und *NZ Rock 1987–2007*. Als Musiker war er Mitglied von *The Ruby Suns* und *The Brunettes* und mit diesen Gruppen auf Tourneen durch Europa und Australien. Heute spielt er in der Indie-Soul-Gruppe *The Cosbys*.

ben. Die Indie-Szene Neuseelands lebt in neueren Labels wie Lil Chief Records und Arch Hill Recordings. Wer es noch ausgefallener möchte, hört sich Bruce Russell an, der weiterhin mit der einflussreichen Underground-Gruppe The Dead C spielt und bei der Plattenfirma Corpus Hermeticum veröffentlicht.

Für Indie-Rock-Fans bietet www.cheeseon toast.co.nz eine Menge Information; hier gibt es Infos zu Gigs und Interviews mit Fotos von Bands (regional und international). Einheimischer Hip-Hop, Pop und Rock ist auch Thema von www.thecorner. co.nz. Zu den am längsten existierenden Musik-Websites zählt www.muzic.net.nz.

Seit der Jahrtausendwende erfuhr die neuseeländische Musikszene eine Neubelebung, weil die Regierung die kommerziellen Radiosender dazu brachte, eine 20-prozentige Quote einheimischer Musik zu akzeptieren. So konnten Mainstream-Musiker sich eine solide Karriere aufbauen. Rockgruppen wie Shihad, The Feelers und Op-shop gediehen unter diesen Bedingungen, ebenso eine Handvoll einfühlsamer Sängerinnen (die alle einen Maori-Background haben): Bic Runga, Anika Moa und Brooke Fraser (die Tochter von All Black Bernie Fraser).

Doch die Musikgenres, die von Neuseeländern mit Maori- und polynesischem Hintergrund am begeistertsten aufgenommen wurden, waren Reggae (in den 1970er-Jahren) und Hip-Hop (in den 1980ern); davon entstanden sogar regionale Sonderformen. In Wellington nahm eine florierende Jazzszene Reggae-Einflüsse auf; es gründeten sich eine Reihe von Gruppen, die verschiedene Stile mischten – am bekanntesten Fat Freddy's Drop. Die meisten Musikveranstaltungen in Wellington finden in der Cuba Street und deren unmittelbarer Umgebung statt. Der Nationalfeiertag am 6. Februar, der Waitangi Day, fällt zufällig mit dem Geburtstag von Bob Marley zusammen und so gibt es an diesem Tage alljährlich Reggae-Konzerte in Auckland und Wellington.

Die hiesige Hip-Hop-Szene hat ihren Mittelpunkt in den Vororten von South Auckland, in denen sehr viele Maori und Pazifikinsulaner wohnen. In dieser Gegend ist auch eines von Neuseelands führenden Hip-Hop-Labels, Dawn Raid, zu Hause, dessen Name von den schändlichen frühmorgendlichen Hausdurchsuchungen in den 1970er-Jahren herrührt, die die Polizei bei Pazifikinsulanern vornahm, die im Verdacht standen, dass ihre Visa abgelaufen waren.

Eine aktuelle Liste mit Gigs in den wichtigsten Zentren veröffentlicht www.grooveguide.co.nz. Tickets für die meisten Veranstaltungen gibt es bei: www.ticketek.co.nz, www.ticketmaster.co.nz oder, für kleinere Gigs, bei www.undertheradar.co.nz.

Der erfolgreichste Künstler von Dawn Raid ist Savage, der eine Million CDs von seiner Single *Swing* verkaufte, nachdem das Lied in dem Film *Knocked Up* zu hören war. Die bekanntesten Hip-Hop-Acts in Neuseeland sind Scribe, Che Fu und Smashproof (deren Song *Brother* länger als jeder andere einheimische Titel Nummer eins der neuseeländischen Charts war).

Zu Beginn des neuen Jahrtausends gab es in Neuseeland zwei erfolgreiche Vertreter des Garage Rock. Die Hauptlokalitäten in Auckland für Freunde dieser Musikrichtung sind das Kings Arms Tavern (S. 105) und das Cassette Nine (S. 105), aber ebenfalls beliebt sind der Wine Cellar & Whammy Bar (S. 105) in der St. Kevins Arcade (abseits der Karangahape Road). In Wellington gibt's auch überall Livemusiklocations, vom Mighty Mighty (S. 431) über das San Francisco Bath House (S. 432) bis zur Bodega (S. 432).

Dance Music war in den 1990er-Jahren in Christchurch am stärksten vertreten; von dort kamen Salmonella Dub und Tiki Taane. Drum 'n' Bass ist örtlich noch beliebt und hat international anerkannte Gruppen wie Concord Dawn und Shapeshifter hervorgebracht.

Leider erlitt die Musikszene von Christchurch durch die Erdbeben Ende 2010 und Anfang 2011 einen heftigen Rückschlag. In der Zwischenzeit sind eine Reihe behelfsmäßiger Veranstaltungsorte für Gigs eröffnet worden, eine vollständige Liste der Konzerte findet sich unter www.christchurchmusic.org.nz.

Weiter südlich treten während der Skisaison viele Gruppen in Queenstown auf; wichtigster Veranstaltungsort ist das Dux De Lux (S. 669). In den Sommermonaten kommen Bands auf Tour auch in viele Küstenorte

DIE FINN BROTHERS

Es gibt einige Lieder, die alle Neuseeländer mitsingen können, wenn sie ein Bier und die Gelegenheit dazu haben. Ein erstaunlich großer Anteil davon wurde von Tim und Neil Finn geschrieben und viele ihrer Songs wurden internationale Hits.

Tim Finn wurde erstmalig in den 1970er-Jahren mit der Gruppe Split Enz bekannt. Als der ursprüngliche Gitarrist die Gruppe verließ, flog Neil nach England, um dessen Stelle einzunehmen, obwohl er damals erst 15 war. Split Enz fand zahlreiche Fans in Australien, Neuseeland und Kanada, bevor die Band sich 1985 trennte.

Neil gründete dann mit zwei australischen Musikern (Paul Hester und Nick Seymour) Crowded House und eine ihrer ersten Singles erreichte in den US-Charts Platz 2. Auch Tim stieß später für kurze Zeit dazu; damals schrieben die Brüder Weather With You – einen Song, der in den britischen Charts bis auf Platz 7 kletterte und dem Album Woodface eine Goldene Schallplatte einbrachte. Die Originalbesetzung von Crowded House hatte 1996 ihren letzten Auftritt – vor 100 000 Menschen auf den Stufen des Opernhauses von Sydney (Finn und Seymour bildeten die Gruppe jedoch 2007 neu und gehen gelegentlich noch auf Tournee oder nehmen eine Platte auf). Beide, Tim und Neil, haben auch eine Reihe von Soloalben veröffentlicht, außerdem gemeinsame Schallplatten bzw. CDs als Finn Brothers.

In jüngerer Zeit hat Neil etliche Auftritte und Veröffentlichungen unter dem Namen Seven Worlds Collide organisiert; dabei handelt es sich um eine Zusammenarbeit mit bekannten Musikern aus Übersee wie Jeff Tweedy (Wilco), Johnny Marr (The Smiths) und Mitgliedern von Radiohead. Seine neueste Band heißt Pajama Club, zu ihr gehören seine Frau Sharon und die Musiker Sean Donnelly und Alana Skyring aus Auckland.

Auch Neils Sohn Liam steht am Beginn einer Solokarriere, die ihn schon mit Eddie Vedder und The Black Keys auf eine Tournee durch die USA und in die Talkshow von David Letterman geführt hat. Tim und Neil kamen in der kleinen Stadt Te Awamutu zur Welt und das örtliche Museum besitzt eine Sammlung, die ihre Arbeit dokumentiert.

(und treten auch oft in Winzereien oder Weingütern auf). Eine wichtige Location in diesem Zusammenhang ist das Leigh Sawmill (S. 138) in Leigh (80 km von Auckland entfernt).

Eine Reihe von Festivals gibt's im Sommer ebenfalls, darunter das Neujahrsevent Rhythm & Vines und das christliche Rockfestival Parachute (www.parachutemusic.com) im Januar (in der Nähe von Wellington). Ebenfalls empfehlenswert ist das Underground-Festival, das jedes Jahr von A Low Hum (www.alowhum.com) veranstaltet wird. Wer auf Weltmusik steht, mag vielleicht die hiesige Version des Womad, die in New Plymouth stattfindet. Einheimische Acts treten hier genauso auf wie solche aus Übersee – alle kommen aus der traditionellen Musikszene.

Bildende Künste

Die „Kann ich, mach ich"-Einstellung der Neuseeländer erstreckt sich auch auf die bildenden Künste. Wer Einheimische zu Hause besucht, wird dort öfter mal ein Bild an der Wand hängen sehen, das der Eigentümer selbst gemalt hat, oder im Garten eine Skulptur, die ein Freund aus Muschelschalen, Treibholz und einem Stück des magischen Drahts Nr. 8 gebaut hat.

Solche Objekte prägen die blühende Kunst- und Kunsthandwerksszene vor Ort, die durch praxisnahe Hochschulkurse gepflegt wird, denen am laufenden Band traditionelle Schnitzer und Weber, Schmuckhersteller, Multimediaexperten sowie Glas- und Metallkünstler entspringen. In den größeren Städten gibt's ausgezeichnete Kunstgalerien, die Werke von interessanten einheimischen Künstlern aller Art ausstellen.

Einige der besten Galerien finden sich auch außerhalb von Auckland oder Wellington. Schon allein die energiegeladene Govett-Brewster Art

Gallery (S. 255) – sie beherbergt das Erbe des Bildhauers und Regisseurs Len Lye – ist eine Reise nach New Plymouth wert, und die Eastern Southland Gallery in Gore zeigt eine bedeutende und stetig wachsende Sammlung.

Eine breite Auswahl an kulturellen Veranstaltungen gibt es unter www.eventfinder.co.nz. Hier lässt sich vieles über Konzerte – Pop und Klassik – und kapa-haka-Veranstaltungen finden. Spezielle Informationen zur neuseeländischen Klassikszene bietet www.sounz.org.nz.

Die traditionelle Maorikunst hat einen ausgeprägt visuellen Stil mit detailliert herausgearbeiteten Motiven, die sich neuseeländische Künstler gleich welcher Herkunft zu eigen gemacht haben. In der Malerei gehören die kühle Moderne der Arbeiten von Gordon Walter dazu und der eher umstrittene Pop-Art-Ansatz von Dick Frizzells Tiki-Serie. Ähnlich verbreitet sind Themen und Motive der Pazifikinseln, vor allem in Auckland. Als Beispiel kann hier das Werk von John Pule dienen, der auf Niue geboren und in Auckland aufgewachsen ist.

Es dürfte niemanden überraschen, dass in einem Land, das so sehr von seiner natürlichen Umgebung geprägt ist, die Landschaftsmalerei zur ersten (nacheuropäischen) Kunstrichtung wurde. John Gully und Petrus van der Velden gehörten zu denen, die kamen und einprägsame – wenngleich mitunter überdramatisierte – Darstellungen der neuseeländischen Landschaft malten.

Etwas später schuf Charles Frederick Goldie eine Serie fesselnder, realistischer Porträts von Maori, die als vom Aussterben bedroht galten. Der Streit um die politische Korrektheit von Goldies Werk dauerte Jahre, doch inzwischen wird seine Bedeutung weithin anerkannt – nicht zuletzt, weil die Maori selbst sie im Allgemeinen als Darstellungen ihrer Ahnen anerkennen und wertschätzen.

In den 1930er-Jahren wurde die neuseeländische Kunst etwas moderner und brachte einige der gefeiertsten Künstler des Landes hervor, darunter Rita Angus, Toss Woollaston und Colin McCahon. McCahon gilt gemeinhin als bedeutendster Künstler Neuseelands. Seine Bilder mögen rätselhaft, ja abstoßend wirken, aber selbst dort, wo McCahon in katholischen Mystizismus abtauchte oder ganze Romane aus der Bibel zitierte, war seine Spiritualität im Land verwurzelt. Seine trostlosen, düsteren Landschaften machten die ungeheure Kraft Neuseelands quasi fassbar.

Praktische Informationen

Allgemeine Informationen

Arbeiten in Neuseeland

Wer mit einem einfachen Besuchervisum einreist, hat keine Erlaubnis, bezahlt zu arbeiten! Wer sich nicht an dieses und andere Visumgesetze hält, wird des Landes verwiesen.

Wer ein WHS-Visum besitzt, kann sich jederzeit nach einer befristeten Arbeit umschauen. Solche Gelegenheitsjobs finden sich vor allem in der Landwirtschaft (Obsternte, Mitarbeit auf Farmen und Weingütern), im Gastgewerbe und in den Skigebieten. Bürojobs bieten möglicherweise die IT- und Finanzbranche, das Bankenwesen und das Telefonmarketing. Um einen entsprechenden Job zu ergattern, sollte man sich bei einer Jobbörse registrieren lassen.

Am gefragtesten sind die zeitlich begrenzten Jobs bei der Obsternte, im Baumschnitt und bei sonstigen Erntetätigkeiten. Zwischen Dezember und Mai müssen über 300 km² an Äpfeln, Kiwis und anderen Früchten und Gemüsen geerntet werden. Pro Stunde werden für die anstrengende Arbeit 10 bis 15 NZ$ bezahlt – entsprechend groß ist die Fluktation. Meist wird man nach der Menge des geernteten Guts bezahlt (pro Eimer, Behältnis oder Kilogramm).

Zu den wichtigen Anbaugebieten auf der Nordinsel zählen die Bay of Islands (Kerikeri und Paihia) und das ländliche Auckland, Tauranga, Gisborne und Hawke's Bay (Napier und Hastings).

Auf der Südinsel kann man sein Glück in der Gegend um Nelson (Tapawera und Golden Bay), Marlborough (um Blenheim) und in Central Otago (Alexandra und Roxburgh) versuchen.

Im Winter bieten die Skigebiete Jobs in den Bereichen Bar, Bedienung, Betreuung der Liftanlagen, Putzen und – wenn man die entsprechende Ausbildung hat – als Ski- und Snowboardlehrer.

Informationsquellen

Reiseführer, Manager von Hostels und andere Reisende sind die beste Quelle, um sich vor Ort über die Möglichekeiten einer befristeten Arbeit zu erkundigen. **Base Backpackers** (www.stayatbase.com/work) bietet über seine Homepage einen Arbeits-Suchdienst an, in der Rubrik „Notice Boards" (Schwarzes Brett) der Website von **Budget Backpacker Hostels** (BBH; www.bbh.co.nz) findet man offene Stellen in BBH-Hostels sowie darüber hinaus einige wenige weitere Angebote.

Auf der Website **Kiwi Careers** (www.kiwicareers.govt.nz) können Berufstätige in ganz unterschiedlichen Bereichen (Landwirtschaft, Kreative Berufe, Gesundheit, Schule/Universität, Freiwilligenarbeit und Pesonalbereich) nach Jobs schauen. **Seek** (www.seek.co.nz) wiederum zählt zu den größten neuseeländischen Netzwerken für Arbeitssuchende, dort sind Tausende von Arbeitsstellen gelistet.

Eine weitere Quelle sind die Websites der Skigebiete. Wer in der Landwirtschaft bei der Ernte helfen will, sollte

VOLUNTOURISM

Wer sich in seinem Urlaub die Finger für einen guten Zweck schmutzig machen will, findet in Neuseeland zahlreiche Möglichkeiten in einem der Schutzgebiete. Die Freiwilligenprogramme umfassen Arbeiten wie Baumpflanzen, Unkrautentfernen bis hin zur Anlage von Wegen, der Erhaltung von Lebensräumen und dem Bau von Zäunen. Wer interessiert ist, kann in jedem regionalen i-SITE-Besucherzentrum vorstellig werden oder im Internet die Seiten www.conservationvolunteers.org.nz und www.doc.govt.nz/getting-involved nach Angeboten absuchen. Beide Internetseiten bieten die Möglichkeit, nach Regionen sortiert vorzugehen.

sich auf folgenden Seiten umschauen:

» www.seasonalwork.co.nz
» www.seasonaljobs.co.nz
» www.picknz.co.nz
» www.pickingjobs.com

Einkommenssteuer

Der Tod und die Steuern – beide bleiben einem nicht erspart! Die meisten Neuseelandreisenden, die für ihre Arbeit Kiwi-Dollars bekommen, sind verpflichtet, eine Einkommenssteuer zu zahlen, sie wird vom Gehalt gleich abgezogen – die Vorgehensweise wird Pay As You Earn (PAYE) genannt. Die Einkommenssteuer beläuft sich auf 12,5 % bei einem Jahreseinkommen von bis zu 14 000 NZ$, 19,5 % bei einem Jahresgehalt bis zu 48 000 NZ$, 32 % bei einem Jahresgehalt bis zu 70 000 NZ$. Alle höhren Gehälter werden mit 35 % besteuert. Vom Gehalt werden außerdem 2 % abgezogen, die die Unfallversicherung NZ Accident Compensation Corporation (ACC) kassiert. Die hier genannten Prozentzahlen können allerdings von Jahr zu Jahr leicht schwanken.

Wer auf Urlaub in Neuseeland ist und nur gelegentlich mit Arbeit sein Geld verdient (vor allem auf Basis des Working Holiday Scheme), ist unter Umständen berechtigt, sich bei der Ausreise die einbehaltenen Steuern wieder auszahlen zu lassen. Dafür füllt man das Formular *Refund Application – People Leaving New Zealand IR50* aus und gibt es zusammen mit seinen Steuerunterlagen und dem Nachweis über die Ausreise (z. B. Flugticket) beim **Inland Revenue Department** (www.ird.govt.nz) ab.

Detaillierte Informationen dazu findet man auf der IRD-Website, man kann aber auch Kontakt mit dem **Inland Revenue Non-Resident Centre** (☎03-951 2020; nonres@ird.govt.nz; Private Bag 1932) aufnehmen.

IRD-Nummer

Alle Reisende, die eine bezahlte Arbeit annehmen, brauchen eine IRD-Nummer. Die bekommt man, indem man das Formular *IRD Number Application – Individual IR595* von der Homepage des **Inland Revenue Department** (www.ird.govt.nz) herunterlädt. Die Ausstellung einer IRD-Nummer dauert in der Regel acht bis zehn Werktage.

Botschaften & Konsulate

Deutschland, Österreich und die Schweiz sowie viele weitere Staaten unterhalten diplomatische Vertretungen in Wellington, einige wenige haben ihren Sitz in Auckland.

Solange man sich auf neuseeländischem Grund und Boden bewegt, unterliegt man dem neuseeländischen Gesetz. Die Botschaft hat wenig Mitleid, wenn einer ihrer Staatsbürger in Neuseeland für ein im Land verübtes Verbrechen im Gefängnis landet – selbst wenn die Tat im Heimatland nicht strafrechtlich verfolgt würde.

In wirklich dringenden Notfällen erfährt man Unterstützung seitens der Botschaftsangehörigen, aber auch nur dann, wenn alle anderen Kanäle ausgeschöpft wurden. Wer beispielsweise dringend heimfliegen muss, wird von der Botschaft dafür kein Ticket bezahlt bekommen; sie geht davon aus, dass sich jeder für einen solchen Fall versichert hat. Wem alle Reisedokumente und Geld gestohlen wurde, wird einen neuen Reisepass ausgestellt bekommen, sicher aber kein Geld für die Weiterreise erhalten.

Neben vielen anderen sind auch die folgenden Staaten

PRAKTISCH & KONKRET

» **Aktuelle Neuigkeiten** Findet man in Aucklands Tageszeitung *New Zealand Herald*, in Wellingtons Dominion Post, in Christchurchs *The Press* und online unter www.stuff.co.nz

» **Fernsehen** Zu den staatlichen Fernsehstationen gehören TV One, TV2, TVNZ 6, TVNZ 7, Maori TV und der zu 100 % auf Maori sendende Fernsehkanal Te Reo. Die Alternative ist Sky TV (www.skytv.co.nz), dessen Sendungen man allerdings nur als Abonnent empfangen kann.

» **Radio** Aktuelle Infos sendet Radio National. Klassik und Jazz findet man auf Concert FM, die jeweiligen Frequenzen lassen sich im Internet auf www.radionz.co.nz nachlesen. Kiwi FM (www.kiwifm.co.nz) bringt neuseeländische Musik, Radio Hauraki (www.hauraki.co.nz) klassischen Rock (der Appetit der Einheimischen auf Fleetwood Mac ist unstillbar ...).

» **DVDs** Neuseeländische DVDs sind mit dem Code der Region 4 versehen, zu der Mexiko, Südamerika, Mittelamerika, Australien, der Pazifikraum und die Karibik gehören.

» **Strom** Für die Steckdosen benötigt man einen Stecker mit 3 Stiften (Stecker-Typ I, AS 3112), wie er in Australien verbreitet ist. Die Netzspannung liegt bei 230 V, 50Hz.

» **Maße & Gewichte** In Neuseeland wird das metrische System verwendet.

mit Botschaften, Konsulaten oder Hochkommissariaten in Wellington bzw. Auckland vertreten:

Australien (☎04-473 6411; www.australia.org.nz; 72-76 Hobson St, Thorndon, Wellington)

Deutschland (☎04-473 6063; www.wellington.diplo.de; 90-92 Hobson St, Thorndon, Wellington)

Österreich (Honorargeneralkonsulat; ☎04-384 1402; austria@vodafone.co.nz; Level 4, 75 Ghuznee Street, Wellington) Die zuständige Botschaft hat ihren Sitz in Australien.

Schweiz (☎04-472 1593; http://www.eda.admin.ch/eda/de/home/reps/ocea/vnzl/embwel.html; 10 Customhouse Quay, Level 12, Wellington)

Ermäßigungen

» **International Student Identity Card** Der international anerkannte Studentenausweis wird von der **International Student Travel Confederation** (ISTC; www.istc.org) ausgegeben und richtet sich an Vollzeitstudenten und Schüler (über 12 Jahre). Mit der ISI-Karte erhalten Studenten Ermäßigungen bei Unterkünften, beim Kauf von Fahrkarten und bei Eintritten. Die ISTC vertreibt auch die International Youth Travel Card, die junge Reisende zwischen 12 und 26 Jahren kaufen können, die nicht als Vollzeitstudenten an einer Universität eingeschrieben sind und nicht mehr zur Schule gehen. Die IYT-Karte bietet die gleichen Vergünstigungen wie die ISi-Karte. Ähnlich funktioniert auch die International Teacher Identity Card, die Lehrer erwerben können. Alle drei genannten Karten (jeweils 25 NZ$) können online unter der Adresse www.isiccard.co.nz oder in Jugendreisebüros wie STA Travel gekauft werden.

» **New Zealand Card** Der für 35 NZ$ zu kaufende **Ermäßigungspass** (www.newzealandcard.com) bietet bei Unterkünften, Ausflugsfahrten, Sehenswürdigkeiten und Aktivitäten Rabatte zwischen 5 und 50 %.

» **Weitere Karten** Senioren und Behinderte, die in Übersee leben und in ihrem Heimatland mit entsprechenden Ausweisen Ermäßigungen erhalten, werden feststellen, dass diese Seniorenkarte bzw. der Behindertenausweis nicht zwangsläufig in Neuseeland anerkannt werden. Das bessert sich aber zusehends; an immer mehr Plätzen und Sehenswürdigkeiten kennt und akzeptiert man entsprechende Senioren- bzw. Behindertenausweise.

Essen & Trinken

Die neuseeländische Gastronomieszene hat sich früher sklavisch an die angelsächsische Küchentradition gehalten. Heute dagegen kombinieren die Restaurants und Cafés geschickt die traditionellen Zutaten wie Lamm, Rind, Kalb und Grünschalmuscheln (*Perna canaliculus*) mit asiatischen, europäischen und pan-pazifischen Zutaten bzw. Rezepten.

Die Lokale selbst können alles Mögliche sein – von der Fish-and-Chips-Braterei über Bistro-Pubs, Cafés in pseudo-europäischem oder Retrostil und Restaurant-Bars mit vielen À-la-carte-Gerichten bis hin zur Spitzengastronomie mit knisternder Tischwäsche. Die genannte Auswahl spiegelt die Präferenzen der Autoren wider; beurteilt wurden die Lokale hinsichtlich Atmosphäre, Service, Preis-Leistungs-Verhältnis und natürlich Kochkunst. Weitere Adressen und Bewertungen findet man auf den folgenden Seiten im Internet:

» www.dineout.co.nz

» www.menus.co.nz

Was die Getränke betrifft, müssen neuseeländischen Weine (besonders Sauvignon Blanc und Pinot Noir) keine

ESSEN: PREISKATEGORIEN

Die folgenden Kategorien beziehen sich auf ein Hauptgericht.

» **$ Günstig** unter 15 NZ$

» **$$ Mittelteuer** 15–32 NZ$

» **$$$ Teuer** über 35 NZ$

BAUERNMÄRKTE

Übers Land verteilt gibt es über 50 sogenannte *farmers markets* – traditionelle Bauernmärkte, die zumeist an den Wochenenden abgehalten werden. Sie lohnen nicht nur wegen der frischen Produkte einen Besuch, sondern auch wegen der Atmosphäre und den Möglichkeiten, mit den Einheimischen ins Gespräch zu kommen. Überall gibt es Coffee to go, oft darf man auch vor dem Kauf etwas probieren.

Zum Markt sollte man immer mit eigener Tasche oder Korb gehen, denn auf vielen Märkten mit umweltbewussten Händlern und Standbesitzern sind Plastiktüten inzwischen verboten. Je früher man kommt, desto größer ist das Angebot – vieles ist schon in den frühen Morgenstunden verkauft.

Die Orte und Zeiten findet man im Internet unter www.farmersmarkets.org.nz.

Vergleiche scheuen. Und es sollte ein schwieriges Unterfangen werden, eine noch so kleine neuseeländische Ortschaft zu finden, in der es nicht einen köstlichen Espresso gibt. Ein neuer beliebter Trend sind Biere aus lokalen Kleinbrauereien.

Praktische Informationen

Rauchen Das Rauchen ist in allen Restaurants, Pubs und Bars verboten.

Trinkgeld Ein Trinkgeld muss nicht zwangsläufig gegeben werden, wer aber mit Küche und Service zufrieden war, darf das auch gern mit 10 % des Rechnungsbetrages honorieren.

Öffnungszeiten Restaurants öffnen in der Regel bis 21 Uhr, am Freitag und Samstag häufig bis 23 Uhr. Cafés haben von 7 bis 16/17 Uhr offen, Essen in Pubs erhält man von 12 bis 14 und von 18 bis 20 Uhr.

Vegetarier & Veganer

In jeder größeren Stadt findet sich zumindest ein Lokal, das sich ausdrücklich als vegetarisches Café oder Restaurant versteht.

Eine Liste mit Adressen entsprechender Restaurants findet man auf der Homepage der Neuseeländischen Gesellschaft der Vegetarier, der **New Zealand Vegetarian Society** (www.vegsoc.org.nz). Im Reiseführer wird auf all jene Lokale mit einem speziellen Symbol hingewiesen, die eine gute Auswahl an vegetarischen Gerichten auf ihrer Karte stehen haben.

Davon abgesehen bieten fast alle Restaurants und Cafés vegetarische Gerichte an, wenn auch teilweise nur ein oder zwei.

Viele Lokale haben auch darüber hinaus glutenfreie oder veganische Gerichte in ihrer Auswahl. Es versteht sich von selbst, dass man nachfragen sollte, ob auch die Zutaten und Soßen vegetarisch sind.

Feiertage

Neuseelands wichtigste Feiertage:

Neujahr 1. und 2. Januar

Waitangi Day 6. Februar

Ostern Karfreitag und Ostermontag, März/April

Anzac Day 25. April

Queen's Birthday 1. Montag im Juni

Labour Day (Tag der Arbeit) 4. Montag im Oktober

Christmas Day 1. Weihnachtstag: 25. Dezember

Boxing Day 2. Weihnachtstag: 26. Dezember

Zusätzlich hat jede Provinz ihren eigenen „Geburtstag". Die Daten der Provinz-Feiertage variieren: Wenn das Datum auf einen Freitag, Samstag oder Sonntag fällt, ist in der Regel der folgende Montag arbeitsfrei. Fällt der Feiertag auf den Dienstag, Mittwoch oder Donnerstag, ist der vorhergehende Montag frei.

Die „Geburtstage" der Provinzen:

Southland 17. Januar

Wellington 22. Januar

Auckland 29. Januar

Northland 29. Januar

Nelson 1. Februar

Otago 23. März

Taranaki 31. März

South Canterbury 25. September

Hawke's Bay 1. November

Marlborough 1. November

Chatham Islands 30. November

Westland 1. Dezember

Canterbury 16. Dezember

Schulferien

Die Weihnachtsferien von Mitte Dezember bis Ende Januar sind Teil der jährlichen Sommerferien. In diesen Wochen wird es schwer, spontan eine Unterkunft bzw. ein Verkehrsmittel zu bekommen, denn vieles ist bereits ausgebucht. Dazu kommen lange Schlangen vor den touristischen Attraktionen.

Neben diesen Hauptferien gibt es noch drei weitere Schulferienzeiten: Mitte bis Ende April, Anfang bis Mitte Juli und Mitte September bis Anfang Oktober. Die genauen Daten stehen auf der Homepage des Bildungsministeriums, des **Ministry of Education** (www.minedu.govt.nz).

Frauen unterwegs

Neuseeland ist generell ein sehr sicheres Land für Frauen, solange sie die allgemeinen Vorsichtsmaßnahmen beachten: Dazu zählt u. a., dass man als Frau nachts nicht allein unterwegs sein und grundsätzlich aufs Trampen verzichten sollte. Wer außerhalb der Stadt reist, sollte immer genügend Geld dabei haben, um sich ein Taxi zurück zur Unterkunft leisten zu können. Als Frau sollte man auch auf eine Übernachtung in einem einfachen Pub verzichten, es sei denn, man ist sich sicher, dass die Unterkunft gut geführt wird. Sexuelle Belästigungen werden relativ selten gemeldet, ganz auszuschließen sind sie natürlich nie.

Weiter Informationen bietet die Plattform: www.womentravel.co.nz.

Geld

Geldautomaten & Bargeldloses Bezahlen

Vor Ort findet man Filialen neuseeländischer Großbanken wie Bank of New Zealand, ANZ, Westpac und ASB. Ihre international vernetzten Geldautomaten akzeptieren Karten fremder Kreditinstitute rund um die Uhr. Geldautomaten gibt's zwar nicht unbedingt an jeder Ecke, sie sind aber auf beiden Inseln reichlich vorhanden.

Viele neuseeländische Geschäfte besitzen sogenannte EFTPOS-Terminals (Abkürzung für „Electronic

Funds Transfer at Point of Sale"). Dank diesem praktischen elektronischen Service lassen sich Beträge für Dienstleistungen oder Einkäufe direkt per Bank- oder Kreditkarte begleichen. Häufig kann man auf diese Weise auch Bargeld abheben. EFTPOS steht so gut wie überall zur Verfügung – sogar in Gebieten mit akutem Bankenmangel. Wie bei Geldautomaten braucht man die persönliche Identifikationsnummer (PIN).

Bankkonten

Traveller haben ganz unterschiedliche Erfahrungen mit dem Versuch gemacht, als Ausländer in Neuseeland ein Bankkonto eröffnen zu dürfen. Einerseits scheint es mit ein paar Ausweisdokumenten und einer vorübergehenden bzw. festen Postadresse problemlos innerhalb weniger Tage zu funktionieren. Anderen Stimmen zufolge verweigern Banken die Kontoeröffnung, wenn sich Ausländer nicht mindestens sechs Monate am Stück in Neuseeland aufhalten. Und dann gibt's ein neues Konto manchmal auch nur gegen Vorlage eines Arbeitsvertrags. Die Websites der Banken sind leider relativ undurchsichtig, was Serviceangebote für Kurzzeitbesucher anbelangt. Wer unbedingt ein neuseeländisches Konto braucht, sollte bereits vor der Abreise entsprechende Informationen einholen. Zudem empfiehlt sich dringend eine intensive Recherche vor Ort, um die besten Konditionen zu bekommen.

Kredit- & Bankkarten

Die Reisekasse lässt sich wahrscheinlich in Form von Plastikgeld am sichersten durch Neuseeland transportieren. Maximale Flexibilität bietet eine Kombination aus Kredit- und Bankkarte.

KREDITKARTEN

Bekannte Kreditkarten wie Visa und MasterCard werden weithin akzeptiert – sei es beim Bezahlen von Hostelbetten oder Bungeesprüngen. Wer ein Fahrzeug mieten möchte, wird ohne Kreditkarte wohl nicht weit kommen. Zudem lässt sich damit Bargeld an Bankschaltern und Geldautomaten abheben, abhängig von der jeweiligen Karte; jedoch bezahlt man dafür Gebühren. Achtung: Weniger verbreitete Kreditkarten wie Diners Club und Amex sind als Zahlungsmittel nicht ganz so gern gesehen.

BANKKARTEN

Abgesehen vom Verlustrisiko besteht bei Kreditkarten die Gefahr, dass man sein Limit bis zum Äußersten ausreizt und so einen riesigen Schuldenberg anhäuft. Diesbezüglich sind Bankkarten mit Lastschriftverfahren wesentlich sicherer: Wer damit Bares abhebt oder an EFTPOS-Terminals bezahlt, belastet direkt sein heimisches Konto und behält die Summen im Blick. Normalerweise können in Neuseeland alle Karten benutzt werden, die innerhalb des weltweiten Bankennetzwerks funktionieren (z. B. Cirrus, Maestro, Visa Plus oder EuroCard) – vorausgesetzt, man hat seine PIN-Nummer parat. Die Gebühren für das Abheben bei ausländischen Banken oder deren Geldautomaten hängen von den jeweiligen Konditionen des eigenen Kreditinstituts ab. Daher ist es ratsam, vor der Abreise die entsprechenden Informationen einzuholen. Manche Unternehmen bieten Bankkarten mit festen Abbuchungsgebühren an.

Währung

Ein Neuseeland-Dollar (NZ$) setzt sich aus 100 Cent (c) zusammen. Im Umlauf sind Münzen im Wert von 10, 20 und 50 c sowie 1 oder 2 NZ$. Dazu kommen Scheine im Wert von 5, 10, 20, 50 oder 100 NZ$. Preise werden häufig in einzelnen Cent angegeben und beim Bezahlen auf die nächsthöhere Zehn-Cent-Summe gerundet.

Geldwechsler

Ausländisches Geld oder Reiseschecks lassen sich problemlos in den Banken oder bei lizensierten Geldwechslern wie Travelex in den großen Städten eintauschen. Geldwechsler findet man in allen wichtigen touristischen Regionen, Städten und an den Flughäfen.

Steuern & Mehrwertsteuererstattungen

Die Mehrwertsteuer (GST) ist eine einheitliche Steuer in Höhe von 15 %, die auf alle einheimischen Waren und Dienstleistungen erhoben wird. Alle im Buch genannten Preise enthalten schon die GST. Beim Verlassen des Landes wird diese nicht erstattet.

Trinkgeld

Das Geben von Trinkgeld ist in Neuseeland eine freiwillige Angelegenheit. Beim Bezahlen im Restaurant wird nur die Summe fällig, die unten ausgedruckt erscheint (ab und zu wird allerdings ein zusätzlicher Servicebetrag verlangt). Dennoch ist es völlig in Ordnung, dass man einen guten Service mit einem Trinkgeld in Höhe von 5 bis 10 % der Rechnungssumme belohnt.

Reiseschecks

Reiseschecks von internationalen Anbieter wie Amex oder Travelex sind inzwischen ziemlich aus der Mode gekommen, werden aber nach wie vor problemlos in Banken und bei Geldwechslern eingelöst. Geld gibt es nur bei Vorlage eines Ausweises. Es lohnt sich, Kurse und fällige Gebühren zu vergleichen.

Gesundheit

Neuseeland ist sicher eines der „gesündesten" Reiseländer auf der ganzen Welt.

Krankheiten wie Malaria oder Typhus kennt man auf den Inseln nicht, das Fehlen von Giftschlangen oder anderen gefährlichen Tierarten macht die Inseln zu sicheren Reisegebieten – auch dann, wenn man abseits der ausgetretenen touristischen Wege im traumhaft schönen Hinterland unterwegs ist.

Reisevorbereitung

MEDIKAMENTE

Notwendige Medikamente sollte man immer in der Originalverpackung mitbringen. Ein unterschriebener und datierter Brief des Hausarztes, in dem alle notwendigen Medikamente (möglichst auch die Wirkstoffe und Generica) und ihre Darreichung festgehalten sind, kann im Notfall ganz hilfreich sein. Wer Injektionsspritzen oder Nadeln braucht, sollte sich die medizinische Notwendigkeit von einem Arzt schriftlich bestätigen lassen.

IMPFUNGEN

Neuseeland schreibt seinen Besuchern keine Pflichtimpfungen vor, die WHO empfiehlt dennoch allen Reisenden, gegen Diphtherie, Tetanus, Masern, Mumps, Röteln, Windpocken, Kinderlähmung (Polio) sowie Hepatitis B geimpft zu sein – unabhängig vom Reiseland. Der Hausarzt kann ein internationales Impfbuch ausfüllen, in dem alle Impfungen festgehalten werden.

VERSICHERUNG

Wenn die aktuelle Krankenversicherung keine Erstattung von anfallenden Kosten im Ausland gewährt, sollte man eine entsprechende Reisekrankenversicherung abschließen, die solche Kosten deckt. Entsprechende Informationen findet man beispielsweise auf der Homepage des Verlages: www.lonelyplanet.com. Wichtig ist auch zu wissen, ob die Versicherung die anfallenden (Krankenhaus- bzw. Arzt-) Kosten direkt zahlt oder ob man als Versicherungsnehmer in Vorkasse gehen muss (in vielen Ländern verlangen Ärzte von ausländischen Patienten eine Barzahlung).

Neuseeland

ZUGANG & KOSTEN

Eine Krankenversicherung ist für alle Reisenden notwendig. Das Gesundheitswesen in Neuseeland hat einen sehr hohen Standard und ist im Vergleich zu anderen Ländern nicht überteuert. Wer jedoch ernsthaft krank wird, für den kommt schnell eine ordentliche Summe zusammen, vor allem dann, wenn eine (extrem teure) Rückführung ins Heimatland gewünscht ist.

In Neuseeland gibt es keine vom Staat finanzierten öffentlichen Krankenhäuser. Alle Reisende haben selbstverständlich ein Recht auf eine ärztliche Versorgung. Im Falle eines Unfalls, sei es ein Verkehrsunfall oder ein Sport- bzw. Freizeitunfall, werden die Kosten zunächst in voller Höhe von der staatlichen Unfallversicherung Accident Compensation Corporation (ACC) übernommen; sie finanziert sich aus Abgaben aus der Kfz-Zulassung und Arbeitgeberbeträgen. Die ACC rechnet dann mit den ausländischen Krankenversicherungen ab. Alle anfallenden Arztkosten bei Behandlungen sonstiger Krankheiten sind nur über Reisekrankenversicherungen gedeckt. Wer sich detaillierter informieren will, findet Infos unter www.moh.govt.nz und www.acc.co.nz.

Eine rund um die Uhr besetzte kostenlose Gesundheits-Hotline, die **Healthline** (☎0800 611 116; www.healthline.govt.nz), gibt medizinische Ratschläge.

APOTHEKEN

Viele Medikamente lassen sich rezeptfrei in der Apotheke kaufen; dazu zählen Schmerzmittel, Antihistamine (für Allergiker) und Hautprodukte.

Andere Medikamente, die möglicherweise in europäischen Ländern rezeptfrei verkauft werden, bekommt man in Neuseeland nur gegen ärztliche Verordnung. Dazu zählen Verhütungsmittel (Pille), die meisten Asthma-Medikamente und alle Antibiotika. Wer regelmäßig ein bestimmtes Medikament einnehmen muss, sollte es für die Reise in ausreichender Menge mitnehmen und auf alle Fälle auch den Namen des Wirkstoffs kennen, da die Markennamen von Land zu Land variieren. Medikamente, die auch in anderen Ländern gebräuchlich sind, sind in Neuseeland ebenfalls erhältlich.

ANSTECKENDE KRANKHEITEN

In den neuseeländischen Flüssen sind Giardien (mikroskopisch kleine Dünndarm-Parasiten) weit verbreitet; aus diesem Grund wird dringend vom Trinken unbehandelten Wassers aus Wasserläufen und Seen abgeraten. Um nicht zu erkranken, sollte man ausschließlich gefiltertes oder abgekochtes Wasser oder mit Jod behandeltes Wasser zu sich nehmen. Die durch die Parasiten ausgelöste Krankheit Giardiasis erkennt man an Symptomen wie plötzlichem, unangenehm riechendem Durchfall, einem Blähbauch und Blähungen. Gegen die Krankheit gibt es wirkungsvolle Medikamente.

WETTER- ODER KLIMABEDINGTE ERKRANKUNGEN

Unterkühlung Vor allem im Winter und ganzjährig in den Bergen der Nordinsel und der gesamten Südinsel ist die Gefahr groß, eine Unterkühlung zu erleiden. Durch die Bergketten und/oder starken Wind kann – auch bei scheinbar moderaten Temperaturen – ein hoher Windchill (Unterschied zwischen gemessener und gefühlter Lufttemperatur) auftreten, der eine rasche Auskühlung des Körpers bewirkt. Erste Anzeichen für eine ernsthafte Unterkühlung sind Störungen der feinmotorischen Bewegungen (wie z. B. Auf- und Zuknöpfen eines Kleidungsstücks), Schüttelfrost, eingeschränkte Denk- und Sprachfähigkeit. Die wirkungsvollste Gegenmaßnahme besteht darin, den Wärmeverlust möglichst gering zu halten. Dazu zählt schnelles Ablegen nasser Kleidung, das Anziehen von wind- und wasserabweisenden Kleidungsschichten über trockner Kleidung; ist jemand offensichtlich erkrankt, wird er mit einem zusätzlichen Wärmeschutz versehen, das kann insbesondere eine sogenannte Rettungsdecke sein. Wasser und Kohlenhydrate helfen, den Körper auch von innen zu erwärmen. Bei einer sehr ernsthaften Unterkühlung hört sogar der Schüttelfrost auf – bei diesem Alarmzeichen sollte man neben den oben genannten Maßnahmen den Kranken so schnell wie möglich in eine wärmere Umgebung bringen.

Brandungsstrände & Ertrinken Neuseeland hat viele Brandungsstrände. Da sich das Gefälle des Meeresgrundes an vielen Stränden immer wieder ändert, kann sich auch die Stärke und Intensität der Brandung urplötzlich ändern. Bevor man also ins Wasser steigt, sollte man unbedingt mit den ortsansässigen Rettungsschwimmern sprechen und sich überlegen, wo die eigenen Grenzen liegen und wie groß der eigene Erfahrungsschatz im Umgang mit diesen Naturgewalten ist.

Internetzugang

Internet lässt sich so gut wie überall empfangen, vielleicht abgesehen von extrem abgelegenen Orten.

Internet-Cafés

Internet-Cafés in städtischen Zentren oder an Touristen-Hotspots sind in der Regel mit Highspeed-Zugängen ausgestattet. In kleinen abgelegenen Ortschaften sind „Internet-Cafés" wesentlich rarer und könnten sich dort als einzelner Rechner in der hintersten Ecke eines DVD-Ladens entpuppen.

Die meisten Hostels stellen ihren Gästen z. T. kostenlose Internetzugänge zur Verfügung. Auch viele öffentliche Bibliotheken sind ans Netz angeschlossen; manche haben aber nur wenige Terminals.

Internet-Cafés verlangen für eine Stunde Surfen in der Regel zwischen 4 und 6 NZ$. Häufig muss man sich zumindest für 10 oder 15 Minuten einloggen.

WLAN & Internetprovider

Die Anzahl drahtloser Interzugänge (WLAN) nimmt landesweit stetig zu – beispielsweise in Hotellobbys, Biergärten oder den Speiseräumen von Hostels. Normalerweise stehen die Hotspots nur den Gästen oder Kunden zur Verfügung. Man benötigt also das Passwort oder muss die Angestellten darum bitten, freigeschaltet zu werden. Nicht immer ist der drahtlose Internetzugang umsonst.

Der wichtigste Telefonprovider ist die Telefongesellschaft **Telecom New Zealand** (www.telecom.co.nz), die im ganzen Land WLAN-Hotspots eingerichtet hat. Wer ein entsprechendes Gerät dabei hat, kann sich bei der Telecom eine Prepaid-Karte kaufen, die man in der Regel an den Orten bekommt, die auch WLAN anbieten. Prepaid-Karten können auch auf der Login-Seite und an jedem beliebigen WLAN-Hotspot mit Kreditkarte erworben werden. Auf der Homepage von Telecom New Zealand findet man eine entsprechende Liste an Hotspots.

Wer sein eigenes Notebook dabei hat, kann sich einen USB-Funkstick mit einer lokalen SIM-Karte kaufen: Sowohl die Telecom als auch **Vodafone** (www.vodarent.co.nz) verkaufen diese Sticks für rund 100 NZ$.

Wer sich über einen lokalen Internet-Service-Provider (ISP) einloggen will, hat viele Möglichkeiten. Einige Gesellschaften beschränken ihren Dienst allerdings ausschließlich auf die großen Städte oder bestimmte Regionen des Landes. IS-Provider sind u. a. die folgenden:

Clearnet (☎0508 888 800; www.clearnet.co.nz)

Earthlight (☎03-479 0303; www.earthlight.co.nz)

Freenet (☎0800 645 000; www.freenet.co.nz)

Slingshot (☎0800 892 000; www.slingshot.co.nz)

Karten & Stadtpläne

Der neuseeländische Automobilclub **Automobile Association** (AA; ☎0800 500 444; www.aa.co.nz/travel) bietet hervorragende Karten (Stadtpläne, Regional-, Insel-, Autobahnkarten), die in den AA-Läden verkauft werden. Der AA gibt auch den detaillierten Straßenatlas *New Zealand Road Atlas* heraus. Weitere Verlage wie Hema, KiwiMaps und Wises verlegen ebenfalls Straßenatlanten, die man in Besucherzentren und Buchläden kaufen kann.

Land Information New Zealand (LINZ; www.linz.govt.nz) publiziert verschiedene hervorragende Kartenwerke, darunter Straßen-, Länder- und Urlaubskarten, außerdem Karten über Nationalparks, Waldparks und topographische Karten. Wer solche Karten sucht, sollte in den größeren Buchläden stöbern oder im nächstgelegenen DOC-Büro bzw. in der Besucherinformation nach topographischen Karten fragen.

Wer eine genaue Adresse in einer Stadt sucht, findet sie online über **AA Smart-Map** (www.aamaps.co.nz) oder **Yellow Maps** (www.maps.yellowpages.co.nz).

Kinder

Babysitter Auf Kinderbetreuung spezialisierte Firmen findet man im Internet unter www.rockmybaby.co.nz oder in den Gelben Seiten unter den Stichwörtern *babysitters* und *child care centres*.

Ermäßigungen Häufig bekommen Familien mit Kindern Preisnachlässe, sei es bei der Unterkunft, bei Ausflugsfahrten, Eintritten, Fahrten im Zug, Bus oder beim Fliegen. Die Nachlässe können bis zu 50 % des vollen Preises betragen. Allerdings variiert die Definition, bis zu welchem Alter es sich um ein „Kind" handelt – die Spannweite reicht von 12 bis 18 Jahren. Kleinkinder (bis zu 4 Jahren) erhalten in der Regel freien Eintritt und zahlen in Verkehrsmitteln aller Art gar nichts.

Essengehen Im ganzen Land gibt es viele familienfreundliche Restaurants, die für ihre kleinen Gäste Hochstühle und Kinder-Speisekarten bereithalten. Auch Pubs servieren häufig Kindergerichte; die meisten Cafés und viele Restaurants (mit Ausnahme der Spitzengastronomie) sind bereit, den Kindern halbe Portionen zu bringen.

Gesundheit Neuseelands medizinischer Dienst und die Gesundheitsfürsorge sind Weltklasse; überall bekommt man Babynahrung und Windeln.

Kindersitze Einige kleinere Mietwagenfirmen verleihen keine Kindersitze – wer darauf angewiesen ist, sollte genau nachfragen und sicherstellen, dass der Sitz in der passenden Größe für das eigene Kind vorrätig ist und dass die Sitze vorschriftsmäßig montiert werden können. Einige Mietwagenfirmen bestehen darauf, dass man als Fahrer die Sitze selbst im Auto anbringt.

Unterkunft Viele Motels und Ferienparks bieten ihren kleinen Gästen Spielplätze, Spiele und DVDs, einige auch eingezäunte Pools und Trampolins. Kinderbetten und Hochstühle sind in günstigen und Mittelklassehotels nicht immer verfügbar, in den Spitzenhotels kann man sie immer ausleihen und findet dort häufig auch noch weitere Angebote für Kinder. B&Bs sind nicht grundsätzlich familienfreundlich eingestellt – manche weisen dezidiert darauf hin, dass Kinder unerwünscht sind. Auch in Hostels werden Kinder ganz unterschiedlich aufgenommen, in den YHA-Hostels sind sie beispielsweise willkommen.

Wickelzimmer & Stillen In den Großstädten und den meisten größeren Orten gibt es öffentliche Räume, in denen Eltern ihre Kinder füttern und auch die Windeln wechseln können; die Besucherinformationen oder das Rathaus helfen bei der Suche.

Wer tiefer in das Thema einsteigen will, sollte einen Blick in das Buch *Travel with Children* von Lonely Planet werfen.

Online kann man sich über Reisen mit Kindern und kinderfreundliche Aktivitäten informieren:

» www.kidzgo.co.nz
» www.kidspot.co.nz
» www.kidsnewzealand.com
» www.kidsfriendlynz.com

Klima

Auckland

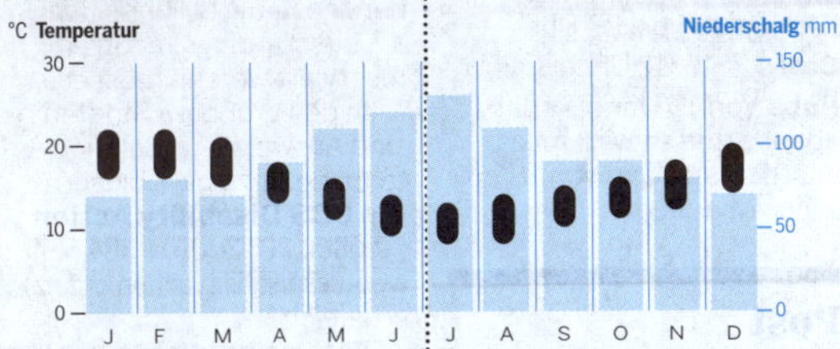

Christchurch

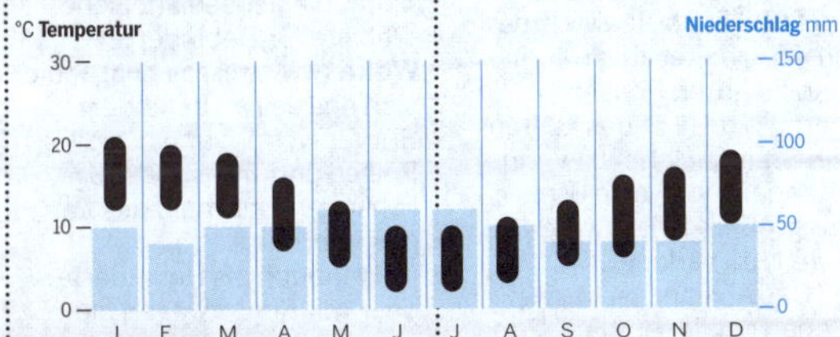

Queenstown

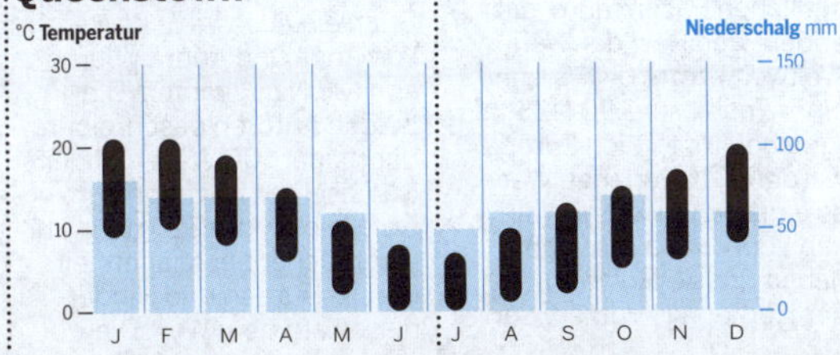

Öffnungszeiten

Die meisten Sehenswürdigkeiten schließen über die Weihnachtstage und am Karfreitag.

Läden & Geschäfte Mo–Fr 9–17.30, Sa 9–12.30 oder 17 Uhr. In größeren Städten gibt es am Donnerstag und/oder Freitag Abendöffnungszeiten (bis 21 Uhr). In den Großstädten öffnen Geschäfte auch am Sonntag.

Supermärkte 8–19 Uhr, oft sogar bis 21 Uhr und in den Großstädten auch noch länger.

Banken Mo–Fr 9.30–16.30 Uhr; in den Großstädten öffnen einige größere Banken auch am Samstagvormittag.

Postämter Mo–Fr 8.30–17 Uhr; größere Banken auch am Sa von 9.30–13 Uhr. Die Postschalter in Zeitungsläden öffnen später.

Restaurants Warmes Essen bekommt man bis 21 Uhr, am Freitag und Samstag häufig auch bis 23 Uhr.

Cafés 7–16/17 Uhr.

Pubs Von 12 Uhr bis spätabends. Essen wird meist von 12 bis 14 und von 18 bis 20 Uhr serviert.

Post

Die **New Zealand Post** (☎0800 501 501; www.nzpost.co.nz) arbeitet zuverlässig und zu guten Preisen. Innerhalb des Landes kosten ein Standardbrief bzw. eine Standardpostkarte 60 c, für größere Briefe werden 1,30 NZ$ verlangt.

Das Ausland ist in zwei Zonen gegliedert: Eine Zone umfasst Australien und den südlichen Pazifikraum, die andere den Rest der Welt. Weltweit kostet der Versand einer Postkarte 1,90 NZ$, für einen Brief nach Europa werden 2,40 verlangt. Wer es ganz genau wissen will, kann den unglaublich genauen Preiskalkulator auf der Homepage nutzen, dort findet man auch alle nötigen Informationen für den Versand eines Päckchens nach Übersee.

Reisen mit Behinderung

Neuseeländische Unterkünfte sind im Allgemeinen recht gut auf Reisende mit Behinderung eingestellt. Viele Hostels, Hotels, Motels und B&Bs besitzen rollstuhlgerechte Zimmer. Viele Touristenattraktionen sind ebenfalls für Rollstuhlfahrer zugänglich.

In den meisten Touristenzentren gibt es Tourveranstalter mit behindertengerechten Fahrzeugen. Größere Städte betreiben zudem Niederflurbusse, deren hydraulische Absenkfunktion das Einsteigen erheblich erleichtert. Es gibt auch Taxiunternehmen mit rollstuhlgerechten Vans. Große Autovermieter wie Avis oder Hertz bieten ohne Aufpreis handgesteuerte Fahrzeuge an, die allerdings rechtzeitig reserviert werden müssen.

In den größeren Städten sind Ausweise für Behindertenparkplätze bei Ablegern von **CCS Disability Action** (☎0800 227 200, 04-384 5677; www.ccsdisabilityaction.org.nz) erhältlich.

Allgemeine Informationen bietet die neuseeländische Website für Behinderte – **Weka** (www.weka.net.nz) –, die sich speziell an behinderte Bürger wendet und u. a. über Reisen und Transportmöglichkeiten innerhalb des Landes informiert.

Wer auch als Behinderter oder mit Kinderwagen die neuseeländische Wildnis erleben will, kann sich das Büchlein *Accessible Walks* von Anna und Andrew Jameson (26 NZ$) kaufen. Die beiden Autoren beschreiben darin über 100 Wege auf der Südinsel mit Angaben zum Gefälle bzw. der Steigung, zur Oberflächenbeschaffenheit und zu Hürden und Hindernissen auf dem Weg. Die Autorin Anna sitzt selbst im Rollstuhl. Das Büchlein kann online über die Homepage www.accessiblewalks.co.nz bestellt werden.

Wer als Mensch mit eingeschränkter Beweglichkeit eher die Kälte liebt, sollte einen Blick auf die Website **Adaptive Snow Sports NZ** (www.disabledsnowsports.org.nz) werfen.

Schwule & Lesben

Neuseelands schwul-lesbische Tourismusindustrie ist nicht ganz so ausgeprägt wie die im benachbarten Australien. Dennoch haben Auckland und Wellington große Schwulengemeinden. Zudem greifen unzählige Hilfsorganisationen der Szene landesweit unter die Arme.

Neuseelands Gesetzgebung handhabt den Schutz homosexueller Rechte vergleichsweise fortschrittlich. Das gesetzliche Mindestalter für einvernehmlichen Sex liegt bei 16 Jahren.

Allgemein reagieren die Neuseeländer auf Homosexuelle recht entspannt und tolerant – was nicht bedeutet, dass Homophobie völlig ausgestorben ist.

Infos im Internet

Szenespezifische Reisewebsites gibt es in Hülle und Fülle. **Gay Tourism New Zealand** (www.gaytourismnewzealand.com) eignet sich ganz gut als Ausgangspunkt und liefert Links zu diversen anderen Online-Angeboten. Dazu zählen die folgenden:

» www.gaynz.com
» www.gaynz.net.nz
» www.lesbian.net.nz
» www.gaystay.co.nz

Eine gute Quelle ist auch das landesweit verbreitete Magazin *express* (www.gayexpress.co.nz), das jeden zweiten Mittwoch erscheint und auf Veranstaltungen hinweist, Kritiken bringt und die wichtigsten Adressen der neuseeländischen Schwulenszene auflistet.

Feste & Events

Big Gay Out (www.biggayout.co.nz) Das kostenlose Festival (Essen, Trinken und Entertainment) findet jeden Februar in Auckland statt.

Gay Ski Week (www.gayskiweeknz.com) Jährliches Schneefest in Queenstown im August/September.

Out Takes (www.outtakes.org.nz) Schwulen-und-Lesben-Filmfestival, das seine Filme im Juni in Auckland, Wellington und Christchurch zeigt.

Shoppen

Neuseeland zählt nicht zu den Ländern, aus denen man unbedingt ein T-Shirt als Souvenir mitnehmen muss, aber es gibt einiges an lokalem Kunsthandwerk, das zu kaufen sich lohnt.

Kleidung

In Auckland, Wellington und Christchurch findet man Boutiquen mit Arbeiten neuseeländischer Designer. Einen Überblick über den aktuellen Modemarkt bietet www.fashionz.co.nz. Zu den einheimischen Labels zählen Zambesi, Kate Sylvester, Karen Walker, Trelise Cooper, NOM D und Little Brother.

Den neuseeländischen Schafen verdankt man verschiedene Produkte, u. a. Schuhe. Besonders beliebt sind die viel getragenen Ugg boots aus Lamm- bzw. Schafffell und die wunderschönen Wollpullover, die aus handgesponnener und handgefärbter Wolle gestrickt sind. Weiter Strickartikel sind Hüte, Handschuhe und Schals.

Aus Schafwolle gefertigte Swanndri-Jacken, T-Shirts und Pullover sind so unglaublich praktisch, dass sie in vielen Landesteilen so etwas wie eine Nationalkleidung darstellen. Weit verbreitet sind auch die rot-schwarzen oder blau-weiß karierten Decken. „Swannies" bekommt man in Outdoorläden.

Maori-Kunst

Maori-Schnitzereien – *whakairo rakau* – findet man in verschiedensten Formen; einen einfachen springenden Delfin ebenso wie höchst detailreiche traditionelle Schnitzarbeiten. Für qualitativ hochwertige Stücke zahlt man mehr als üblich, auf die günstigen Stücke aus den Souvenirläden in Auckland sollte man verzichten.

Maori-Künstler haben schon immer aus Knochen die Umrisse von Menschen und Tieren geschnitzt, heute fertigen sie vor allem für den Tourismus. Anhänger aus Knochen in traditioneller Art, aber auch in modernem Stil sind weit verbreitet; man trägt die Anhänger typischerweise an einem Lederband um den Hals.

Paua-Muscheln

Paua-Muscheln (Abalone oder Seeohren, *Haliotis*) werden zu wunderschönen Ornamenten und Schmuck verarbeitet und von den Maori oft auch als Inlays in ihre Schnitzarbeiten eingearbeitet. Die natürlich gewachsenen Paua-Muscheln dürfen nicht außer Landes gebracht werden – nur bei verarbeiteten Muscheln ist das erlaubt.

Pounamu

Grünliche *pounamu* (Jade oder Nephrit) ist für die Maori ein Rohmaterial von unschätzbarem kulturellem Wert. Man findet sie vor allem an der Westküste der Südinsel. Die Maori nannten die Insel deshalb Te Wahi Pounamu (Ort der Jade) oder Te Wai Pounamu (Wasser der Jade).

Zu den beliebtesten *Pounamu-Motiven* der Maori zählt das *hei tiki;* der Name bedeutet übersetzt so viel wie „hängende menschliche Form". Die kleinen, eleganten Maori-Figuren hängen an einem Lederband oder an einer Kette um den Hals. Sie haben viel *mana* (Kraft), dienen aber auch als Fruchtbarkeitssymbol.

Die schönsten *pounamu* findet man in Hokitika, wo sich eine Jade-Werkstatt und ein Souvenirshop an den anderen reiht. Auch in Rotorua findet man *pounamu*.

Traditionell wird *pounamu* als Geschenk und nicht für den persönlichen Gebrauch erworben. Wer sich für bestimmte Stücke interessiert, sollte nachfragen, ob sie vor Ort aus einheimischem Material hergestellt wurden – denn wer will in Neuseeland schon chinesische oder europäische Jade bei Importfirmen kaufen?

Sicherheit

Obwohl Neuseeland nicht gefährlicher als andere Länder ist, passieren auch hier hin und wieder Gewaltverbrechen. Wer nachts in den Straßen unterwegs ist oder sich in abgelegenen Gebieten befindet, sollte die üblichen Sicherheitsvorkehrungen beachten. Banden sorgen in manchen Landesteilen für Unruhe – wer Gruppen mit schwarzen Jacken und Abzeichen trifft, sollte ihnen tunlichst aus dem Weg gehen.

Diebstähle aus Autos sind ein Problem in ganz Neuseeland, Ausländer werden als besonders leichte Beute angesehen. Generell sollten keine Wertsachen in parkenden Autos zurückgelassen werden – egal, wo man parkt. Ganz besonders gilt diese Vorsichtsmaßnahme für alle Parkplätze bei touristischen Attraktionen und für die Wanderparkplätze am Beginn von beliebten Wanderwegen.

Ebenfalls nicht unterschätzten sollte man das unberechenbare, ständig wechselnde Klima – vor allem im Bergland. Die Gefahr einer Unterkühlung ist hier sehr groß.

Neuseeland ist im Gegensatz zum Nachbarland Australien bisher von giftigen Tieren wie Spinnen, Schlagen und Quallen verschont geblieben. Haie schwimmen in den neuseeländischen Gewässern, haben aber bisher selten Menschen angegriffen. Viel größer ist die Gefahr durch Kabbelwellen (*rips*) und Brandungssog *(undertows)*, die Schwimmer in Sekundenschnelle aufs offene Meer hinausziehen können. Unbedingt auf die Warnung vor Ort und die Hinweise der Einheimischen hören!

Die Straßen sind oft gefährlich wegen der viel zu schnell fahrenden Einheimischen, den weit ausschwenkenden Wohnmobilen und den Schafen, die Fahrzeuge völlig ignorieren. Von daher keine zu langen Tagesetappen planen und immer mit größter Vorsicht fahren! Radfahrer sind ebenfalls gefährdet, denn auch auf schmalen Straßen muss man damit rechnen, von Fahrzeugen überholt zu werden.

Wirklich unangenehm sind die Gnitzen oder Sandmücken (*sandflies*), die böse Schmerzen verursachen. Wer an der Küste unterwegs ist, sollte sich gut mit Mückenmitteln einschmieren bzw. einsprühen.

Strom

Telefon

Telecom New Zealand (www.telecom.co.nz) Der wichtigste Telefonanbieter des Landes spielt auch eine wichtige Rolle auf dem Mobilfunkmarkt.

Vodafone (www.vodafone.co.nz) Ein zweiter Mobilfunkanbieter.

Internationale Ferngespräche

Auslandsgespräche können von Münz- und Kartentelefonen aus getätigt werden, die Tarife und die internationale Vorwahlnummer können je nach Betreiber variieren. Auslandsgespräche sind in Neuseeland relativ billig (tagsüber je nach Anbieter 2–5 NZ$) – und es gibt Sondertarife, mit denen es noch billiger wird.

Es lohnt sich also, zu vergleichen – in den *Yellow Pages* finden sich die entsprechenden Anbieter.

Für Auslandsgespräche muss der Code für internationale Telefonate (00) gewählt werden, danach die Landes- und dann die Ortsvorwahl (ohne Null davor). Um z. B. einen Anschluss in Berlin zu erreichen, wählt man also zunächst ☎00-49-30.

Um von Deutschland, Österreich oder aus der Schweiz einen Anschluss in Neuseeland zu erreichen, wählt man ☎0064, gefolgt von der jeweiligen Ortsvorwahl ohne die Null am Anfang.

Ortsgespräche

Ortsgespräche aus den Festnetzen sind erstaunlicherweise kostenlos! Ortsgespräche von einem Handy kosten nur 1 NZ$ für die ersten 15 Minuten, dann 20 c für jede weitere Minute.

Da es nur wenige Münztelefone gibt, muss man sich zwangsläufig eine Telefonkarte kaufen. Anrufe auf Handys sind – wie überall– teurer.

Ferngespräche & Vorwahlnummern

Bei Ferngesprächen muss die zweistellige Regionalvorwahl vorangestellt werden; die Gespräche können von jedem Telefon aus geführt werden. Wer innerhalb einer Stadt einen anderen Teilnehmer anruft, muss die Regionalvorwahl nicht wählen. Sobald es sich aber um ein Ferngespräch in einen Nachbarort handelt, muss man bei jedem Teilnehmer innerhalb der Region die Vorwahl mitwählen.

Auskunft & Gratisnummern

Alle Telefonnummern, die mit der ☎0900 beginnen, sind in der Regel Auskunftsnummern, für die mindestens 1 NZ$ pro Minute verlangt wird (bei Anrufen von Handys noch mehr). Diese Auskunftsnummern können nicht von Münztelefonen aus angewählt werden.

Gratisnummern beginnen alle mit einer ☎0800 oder einer ☎0508 und können im ganzen Land gratis angerufen werden. Es kann allerdings sein, dass sie in gewissen Regionen oder für Anrufe von Handys gesperrt sind. Telefonnummern, die mit ☎0508, ☎0800 und ☎0900 beginnen, können nicht vom Ausland aus angerufen werden.

Mobiltelefone

Die neuseeländischen Handynummern beginnen mit ☎021, ☎022, ☎025 oder ☎027. Die Netzabdeckung ist in Städten, Ortschaften und in den meisten Teilen der Nordinsel gut, fernab der großen Städte gibt es aber auf der Südinsel doch das eine oder andere Funkloch.

Wer sein eigenes Handy mitbringt und es mit einer Prepaid- und einer örtlichen SIM-Karte nutzen möchte, trifft mit **Vodafone** (www.vodafone.co.nz) die richtige Wahl. Jeder Vodafone-Laden – es gibt sie in den meisten größeren Ortschaften – verkauft SIM-Karten mit zugehöriger Telefonnummer (ca. 40 NZ$). Aufladekarten gibt es in Zeitungsläden, bei der Post und in Tankstellen praktisch überall im Land.

Die Alternative ist das Ausleihen eines Handys bei **Vodafone Rental** (www.vodarent.co.nz), die Firma verlangt dafür 5 NZ$ pro Tag. Für das Leihhandy benötigt man zusätzlich eine lokale SIM-Karte. Vodafone Rental betreibt Läden an den wichtigsten Flughäfen des Landes. Positive Berichte gab es auch über **Phone Hire New Zealand** (www.phonehirenz.com), das Handys, SIM-Karten, Modems und GPS-Systeme verleiht.

Telefonkarten

In Neuseeland bekommt man jede Menge unterschiedliche Telefonkarten; verkauft werden sie in Herbergen, Zeitungsläden und Postämtern – üblicherweise mit Guthaben von 5, 10, 20 und 50 NZ$. Mit den Karten kann jedes öffentliche oder private Telefon genutzt werden. Dazu gibt man die kostenlose Zugangsnummer und anschließend die auf der Karte angegebene PIN ein. Preisfüchse aufgepasst: Die Tarife unterscheiden sich von Anbieter zu Anbieter recht deutlich, ein Vergleich lohnt sich also.

Touristeninformation

Lokale Touristeninformationen

Fast jede neuseeländische Stadt hat anscheinend ihr eigene Besucherinformation. Die größeren Städte arbeiten zusammen mit dem hervorragenden **i-SITE-Netzwerk** (www.newzealand.com/travel/i-sites), das an Tourism New Zealand (Staatliche Tourismusbehörde) angeschlossen ist. i-SITEs hat gut ausgebildete Mitarbeiter, informiert über lokale Aktivitäten und Sehenswürdigkeiten und verteilt kostenlose Broschüren und Karten. Die Mitarbeiter können Aktivitäten, Fahrkarten und Unterkünfte buchen.

Viele Besucherinformationen empfehlen nur diejenigen Unterkünfte und Tourveranstalter, die zahlende Mitglieder der lokalen Tourismusvereinigung sind. In manchen Fällen sind die Angestellten auch angehalten, keinen Veranstalter und keine Unterkunft besonders zu empfehlen.

Daneben gibt es noch ein Netz an Besucherzentren des **Department Of Conservation** (DOC; www.doc.govt.nz), das bei der Planung von Aktivitäten helfen kann und auch schon mal Buchungen übernimmt. In den Besucherzentren der Nationalparks, den regionalen Zentren und in den Großstädten finden sich Ausstellungen über die jeweilige Flora und Fauna und den Artenreichtum des Landes.

Neuseeländische Fremdenverkehrsämter im Ausland

Tourism New Zealand (www.newzealand.com) ist weltweit mehrfach vertreten. Der zuständige Ableger für den deutschsprachigen Raum befindet sich in London (s. unten). Vor Reisebeginn lohnt ein Blick auf die offizielle Website, die ungemein erfolgreich mit dem Slogan „100 % Pure New Zealand" beworben wird. Informationen gibt's dort auch auf Deutsch. Zu den Adressen in Übersee gehören:

Deutschland (☎0049-69-971 2110; www.newzealand.com; Rossmarkt 11, 60311 Frankfurt am Main)

Unterkunft

Neuseeland bietet ein riesiges Spektrum an Unterkünften: historische Gästehäuser, mit vielen Extras ausgestattete Hotels, Einheits-Motelzimmer, wunderschön gelegene Campingplätze sowie Hostels, die alles, von untadelig bis hin zur Partylocation, sein können.

Die Unterkünfte wurden von den Autoren persönlich ausgewählt, die Entscheidungskriterien waren die Atmosphäre, die Sauberkeit, die gebotenen Leistungen, die Lage und die Übernachtungspreise.

In der Hochsaison sollte man immer frühzeitig reservieren, vor allem in den Sommerferien von Weihnachten bis Ende Januar, an Ostern sowie im Winter in bekannten Skiorten wie Queenstown: In den genannten Wochen und Monaten sind die Zimmer schnell ausgebucht und am teuersten.

Besucherinformationen helfen bei der Suche nach einem Quartier; häufig haben sie gedruckte Broschüren oder Folder vorliegen, in denen die Unterkünfte detailliert mit ihren Leistungen und Preisen beschrieben werden. Viele Touristeninformationen übernehmen auf Wunsch auch die Reservierung.

Wer online recherchieren will, findet auf der Website des neuseeländischen Automobilclubs **Automobile Association** (AA; www.aa.co.nz) und auf der Homepage von **Jasons** (www.jasons.com) Informationen und Adressen.

B&Bs

Die Bed-and-Breakfast-Unterkünfte (B&Bs) erfreuen sich in Neuseeland wachsender Beliebtheit, in Innenstädten, in ländlichen Orten und an einsamen Küstenstrichen schießen sie wie Pilze aus dem Boden. Mal handelt es sich dabei um Vorortbungalows, mal um stattliche Herrenhäuser, die seit Generationen in Familienbesitz sind.

Das Frühstück kann mal „kontinental" (Müsli, Toast, Tee oder Kaffee) sein, mal „gesund-kontinental" (zum Genannten kommen noch Joghurt, Früchte, selbst gebackenes Brot oder Muffins dazu) und ein drittes Mal ordentlich abfüllen und lange vorhalten (warmes Frühstück mit Eiern, Schinken und Würstchen). Einige B&B-Besitzer kochen abends für ihre Gäste und bieten ihnen eine Art Halbpension mit Abendessen, Übernachtung und Frühstück an (DB&B = Dinner, Bed & Breakfast).

Für ein Doppelzimmer in einem B&B werden in der Regel zwischen 120 und 180 NZ$ verlangt, in einigen aber auch bis zu 300 NZ$. Manche Gastgeber sind sehr geldgierig und verlangen hohe Preise für Zimmer, die teilweise nichts anderes sind als ungenutzte Wohnräume im eigenen Heim.

Online-Info unter:

Bed & Breakfast Book (www.bnb.co.nz)

Bed and Breakfast Directory (www.bed-and -breakfast.co.nz)

Camping & Holiday Parks

Bei Campingfans und Wohnmobiltouristen stehen Neuseelands Ferienparks (Holiday Parks) hoch im Kurs. Gäste machen es sich dort auf Stellplätzen mit und ohne Stromanschluss oder in günstigen Schlafsälen gemütlich. Hinzu kommen Hütten und Wohneinheiten mit eigenen Eingängen, die nicht selten als Motels oder *tourist flats* (Ferienwohnungen) bezeichnet werden. In vielen Fällen umfasst das Einrichtungsangebot u. a. gut ausgerüstete Gemeinschaftsküchen, Essbereiche, Spiele- und Fernsehzimmer. Städtische Holiday Parks liegen meistens ein gutes Stück vom urbanen Trubel entfernt. In kleineren Ortschaften findet man sie jedoch z. T. in beeindruckender Zentrumslage oder in der Nähe von Seen, Stränden, Flüssen und Wäldern.

Für Stellplätze in Holiday Parks bezahlen Erwachsene durchschnittlich 15 bis 20 NZ$ pro Übernachtung, Kinder die Hälfte. Plätze mit Stromanschluss kosten ein paar Dollar mehr. Für etwa 60 bis 120 NZ$ können zwei Personen eine Hütte oder Wohneinheit mieten. Sofern nicht anderweitig vermerkt, gelten alle genannten Preise bei Zelt- und Wohnmobilplätzen, Hütten und Blockhäusern jeweils für zwei Personen. Die drei großen Betreiber von Holiday-Parks in Neuseeland – Top 10, Kiwi Parks und Family Parks – locken treue Kunden mit Preisnachlässen.

DOC-ZELTPLÄTZE & GRATIS-ZELTPLÄTZE

Eine fantastische Möglichkeiten für Leute mit Wohnmobil *(250plus)* sind die „Conservation Campsites", die vom **Department of Conservation** (DOC; www.doc.govt.nz) unterhalten werden. Das Umweltschutzamt verlangt für die Plätze gar nichts (ganz einfache Toiletten und Wasseranschluss) oder nur einen geringen Obulus in Höhe von maximal 19 NZ$ (Spültoiletten und Duschen). Das DOC verteilt kostenlose Broschüren mit genauen Beschreibungen der Plätze und Anfahrtswege (inkl. GPS-Koordinaten). Bevor man sich also auf den Weg macht, sollte man sich die Broschüre in einem DOC-Büro holen oder sich auf der Website informieren.

Das DOC unterhält auch Hunderte von sogenannten „Backcountry Huts" – allesamt Hütten, die nur zu Fuß erreichbar sind. Auch dazu finden sich auf der Website Informationen.

Generell sollte man nicht davon ausgehen, dass man überall einfach so sein Zelt aufschlagen darf – auf jeden Fall immer zunächst die Einheimischen fragen! Anlaufstellen und Ansprechpartner sind die Internetseiten der Orte, die DOC-Büros sowie die kommerziellen Campingplätze. Wer im Freier übernachten muss (S. 799), sollte sich respektvoll der Natur gegenüber verhalten. Wird man beim Zelten in einem Schutzgebiet erwischt, wird ein Bußgeld fällig; Gleiches gilt, wenn man einfach seinen Müll liegen lässt. Infos, wo das Zelten in freier Natur erlaubt ist, finden sich auf der Website www.camping.org.nz.

Farm-Unterkünfte

Farmstays (Ferien auf dem Bauernhof) vermitteln einen prima Eindruck vom neuseeländischen Landleben: Diverse Obstplantagen, Milchwirtschafts-, Schaf- und Viehzuchtbetriebe ermuntern ihre Gäste zur aktiven Mitarbeit. In puncto Preise bestehen große Unterschiede. B & B-Angebote kosten normalerweise zwischen 80 und 120 NZ$. Manche Farmen bieten separate

PREISKATEGORIEN BEI UNTERKÜNFTEN

Die folgenden Preisgruppen beziehen sich jeweils auf ein Doppelzimmer mit Bad.

» **$ Budgetunterkünfte** Unter 100 NZ$

» **$$ Mittelklassehotels** 100–180 NZ$

» **$$$ Spitzenklassehotels** Über 180 NZ$

Wer in Auckland, Wellington oder Christchurch übernachtet, muss mit Preisaufschlägen von 20 bis 25 % auf die genannten Preise rechnen. In allen drei Städten werden für eine günstige Unterkunft im Doppelzimmer bis zu 100 NZ$, in Mittelklassehotels zwischen 100 und 200 NZ$ und in Spitzenklassehotels über 200 NZ$ verlangt.

Hütten für Selbstversorger an, während andere günstige Gemeinschaftsunterkünfte im Backpacker-Stil zur Verfügung stellen.

Die Organisation **Farm Helpers in NZ** (FHINZ; www.fhinz.co.nz) gibt ein Büchlein (25 NZ$) heraus, in dem etwa 350 neuseeländische Farmen aufgeführt sind, auf denen man eine freie Unterkunft im Austausch für 4 bis 6 Stunden Arbeitseinsatz pro Tag bekommt. Die Organisation **Rural Holidays NZ** nennt auf ihrer Website (www.ruralholidays.co.nz) die Adressen von solchen Farmen.

UNTERKÜNFTE ONLINE BUCHEN

Weitere Hotelempfehlungen und kritische Kommentare von Lonely Planet Autoren bietet der Online-Buchungsservice unter www.lonelyplanet.com. Dort sind Insider-Tipps für die besten Übernachtungsmöglichkeiten abrufbar. Die Angaben sind unabhängig und sorgfältig recherchiert. Und das Beste: Es besteht die Möglichkeit, sofort online zu buchen.

Hostels

Neuseeland bietet unglaublich viele Hostels, die entweder unabhängig oder als Mitglied einer Organisation betrieben werden. Manche der Hostels sind klein, familiär und bieten nur eine Handvoll Betten, andere sind umgebaute Hotels oder zweckentfremdete moderne Gebäude in Großstädten. Die hier genannten Preise gelten immer für Nicht-Mitglieder, der Durchschnittspreis liegt bei 25 bis 35 NZ$ pro Nacht.

Wer seine Reise im Voraus planen will, sollte auf die Seite www.hostelworld.com schauen.

HOSTEL-ORGANISATIONEN

Budget Backpacker Hostels (BBH; www.bbh.co.nz) Neuseelands größte Hostel-Vereinigung unterhält rund 300 Hostels, darunter auch Familienunterkünfte und Zimmer auf Farmen. Die Mitgliedschaft kostet 45 NZ$, sie ermöglicht die Übernachtung in allen BBH-Hostels zu den im jährlich gratis erscheinenden Büchlein *BBH Backpacker Accommodation* genannten Preisen. Nichtmitglieder zahlen 3 NZ$ mehr pro Nacht, diesen Preisaufschlag verlangen aber nicht alle Hostels. Die Mitgliedschaft kann in allen BBH-Hostels erworben werden, die Mitgliedskarte wird auf Wunsch auch online zugeschickt (50 NZ$; Details s. Homepage).

YHA New Zealand (www.yha.co.nz) Die Jugendherbergsvereinigung unterhält über 50 Hostels an den schönsten Plätzen den Landes. Das YHA ist Mitglied im Dachverband **Hostelling International** (HI; www.hihostels.com). Wer also in seinem Heimatland Mitglied in einem Jugendherbergsverband ist, darf auch in Neuseeland in den HI-Hostels als Mitglied übernachten. Wer noch kein Mitglied ist, kann in Neuseeland in einem YHA-Hostel für ein Jahr Mitglied bei YHA New Zealand werden (42 NZ$ kostet die Jahresmitgliedschaft) oder die Mitgliedschaft vor Reiseantritt online erwerben (Karte wird ohne Mehrkosten zugeschickt). Als Nichtmitglied zahlt man einen Aufschlag von 3 NZ$ pro Nacht. In den neuseeländischen YHA-Hostels bekommt man Bettwäsche gestellt, es ist also nicht nötig, einen Schlafsack mitzubringen.

VIP Backpackers (www.vipbackpackers.com) Der internationalen Organisation haben sich rund 20 neuseeländische Hostels (nicht BBH- oder YHA-Hostels) angeschlossen; man findet sie vor allem in den Städten und den touristischen Hotspots. Für rund 63 NZ$ (inkl. postalische Zusendung) wird man ein Jahr Mitglied und erhält in den Hostels eine Ermäßigung von 1 NZ$. Die Mitgliedskarte kann man online, in den VIP-Hostels und in größeren Reisebüros, die Rucksackreisen anbieten, erwerben.

Nomads Backpackers (www.nomadsworld.com) Angeschlossen sind sechs Hostels in Auckland, Paihia, Rotorua, Taupo, Wellington und Queenstown. Die Jahresmitgliedschaft kostet 47 NZ$, damit erhält man eine Vergünstigung von 1 NZ$ pro Nacht. Die Mitgliedschaft kann online, in den entsprechenden Reisebüros und den Hostels selbst erworben werden.

Base Backpackers (www.stayatbase.com) Unterhält acht Hostels im Land, die sehr saubere Schlafsäle, Räumlichkeiten ausschließlich für Frauen und viele Partymöglichkeiten bieten. Eine „Base Jumping"-Karte für 10 Übernachtungen kostet 239 NZ$, sie ist online erhältlich.

Pubs, Hotels & Motels

Pubs Die günstigste Form der Hotelübernachtung bietet das schlichte Pub. Viele alte neuseeländische Pubs haben noch wirklich Charme und Charakter, man findet aber auch schäbige Lokale, die man lieber meiden sollte. Vor allem alleinreisende Frauen sollten von der Übernachtung in einem dubiosen Pub eher Abstand nehmen. Wichtig ist auch, sich vorab zu erkundigen, ob nicht zufällig in der Nacht eine Band auftritt, denn die garantiert eine schlaflose Nacht. In den billigsten Pubs kosten ein EZ/DZ rund 30/60 NZ$ (mit Gemeinschaftsbad unten in der

WWOOFING

Wem es nichts ausmacht, sich die Hände dreckig zu machen, kann günstig durchs Land reisen, indem er als Mitglied von **Willing Workers on Organic Farms** (WWOOF; ☎03-544 9890; www.wwoof.co.nz) Freiwilligenarbeit leistet. Als Mitglied dieser beliebten und renommierten internationalen Organisation hat man Zugang zu Hunderten von Bio- und Permakultur-Farmen, Gemüsegärten und anderen Biobetrieben in ganz Neuseeland. Wer zu so einer Farm fährt, bekommt dort als Gegenleistung für einen harten Arbeitstag freie Kost und Logis und ein paar Erfahrungen in der Biolandwirtschaft. Hat man sich für einen Hof entschieden, sollte man den Bauern/Farmer ein bis zwei Wochen im Voraus kontaktieren – auf keinen Fall unangemeldet vor der Tür stehen!

Die einjährige Mitgliedschaft kostet 40 NZ$, die Online-Anmeldung und ein Buch mit den Adressen aller Mitgliedsfarmen kostet 50 NZ$ (wird zugeschickt). Wer als WWoofer durchs Land reisen will, muss sich für das Ferien-Arbeits-Visum namens Working Holiday Scheme bewerben; es gestattet Ausländern zwischen 18 und 30 Jahren, für ein Jahr nach Neuseeland zu reisen und den Aufenthalt vor Ort durch gelegentliches Arbeiten zu finanzieren. Weitere Infos dazu unter www.nzinfo.de/visa_3.php sowie auf der Seite der neuseeländischen Einwanderungsbehörde: www.immigration.govt.nz/migrant/stream/work/workingholiday.

Nähe des Schankraums); der Durchschnittspreis liegt bei 50/80 NZ$.

Hotels Am anderen Ende des Spektrums rangieren internationale 5-Sterne-Ketten, noble Ferienanlagen und architektonisch wunderschöne Boutiquehotels. Für ihre modernen Annehmlichkeiten, zuvorkommenden Angestellten und/oder historische Pracht knöpfen sie Gästen jeweils ganz beträchtliche Beträge ab. In diesem Band sind ausschließlich Listenpreise („rack rates") aufgeführt. Dennoch kommt man bei noblen Adressen dank Ermäßigungen und Sonderangeboten oft günstiger davon.

Motels Landesweit gibt's außerdem zahllose Motels und „Motor Lodges" in gesichtslosen Flachbauten. Ihre Doppelzimmer schlagen mit 80 bis 180 NZ$ zu Buche. Meistens ballen sich die niedrigen Gebäude direkt außerhalb zentraler Geschäftsbezirke oder am Stadtrand an den Highways. Trotz deutlicher Anleihen aus den 1990er-Jahren ist der Großteil einigermaßen modern eingerichtet und jeweils ähnlich ausgestattet (u. a. mit Tee- und Kaffeekocher, Kühlschrank und TV). Der Preis hängt vom Standard ab.

Mietunterkünfte & Ferienwohnungen

Einfache Ferienhäuser bezeichnen die Neuseeländer als *bach*. Der Name leitet sich von *bachelor* (Junggeselle) ab, da sich in den Hütten häufig alleinreisende Männer einquartierten, die einsame Jagd- oder Angelausflüge unternahmen. In Otago und Southland sind sie auch als *cribs* bekannt. Die freistehenden Hütten finden sich vor allem auf dem Land und an der Küste, meistens in entlegenen Regionen. Die Preise betragen normalerweise 80 bis 130 NZ$ – gar nicht so übel für ein ganzes Haus oder einen Selbstversorger-Bungalow.

Ferienhäuser der gehobenen Art folgen heute dem Trend, auf ein rustikales Ambiente zu verzichten. Stattdessen werden luxuriöse Feriendomizile auf herrlichen Grundstücken mitten im Grünen errichtet. Zwei Personen zahlen dafür etwa 130 bis 400 NZ$.

Hilfreiche Websites:

- www.holidayhomes.co.nz
- www.bookabach.co.nz
- www.holidayhouses.co.nz
- www.nzapartments.co.nz

Versicherung

Unbedingt notwendig ist eine umfassende Reiseversicherung, die neben medizinischen Behandlungskosten auch Fälle von Verlust und Diebstahl abdeckt. Manche Verträge schließen explizit Risikosportarten wie Sporttauchen, Parasailing, Bungeespringen, Rafting, Motorrad- und Skifahren aus, teilweise sogar Wanderungen. Wer solche Aktivitäten plant – in Neuseeland ist das höchst wahrscheinlich –, sollte sich genauestens erkundigen, ob seine Police den umfassenden Schutz bietet.

Empfehlenswert sind Optionen, bei denen Ärzte und Krankenhäuser direkt vom Versicherer bezahlt werden. Sonst muss man vor Ort in Vorleistung gehen und bekommt sein Geld später zurückerstattet. In diesem Fall ist es unabdingbar, alle relevanten Dokumente sorgfältig aufzubewahren. Manche Versicherer bestehen auf R-Gesprächen mit ihren Zentralen in der Heimat, die das Problem umgehend bewerten. Die Police sollte auf jeden Fall Krankentransporte und Notfallflüge abdecken.

Achtung: Die neuseeländische Gesetzgebung lässt bei Personenschäden so gut wie keine Zivilklagen zu. Stattdessen tritt das Schadenersatzsystem der **Accident**

Compensation Corporation (ACC; www.acc.co.nz) für alle Einheimischen und Touristen als Unfallversicherung ein – und das unabhängig vom jeweiligen Verursacher. Ausnahmen sind lediglich Klagen auf Strafschadenersatz (*exemplary damages*), die neuseeländische Gerichte aber nur sehr zurückhaltend behandeln.

Trotzdem macht die neuseeländische Regelung eine eigene umfassende Reiseversicherung keinesfalls überflüssig. Schließlich kommt die ACC nicht für Einkommensverluste, Behandlungskosten im Heimatland, chronische Krankheiten oder Ähnliches auf.

Unter www.lonelyplanet.com/bookings/insurance.do steht ein weltweiter Versicherungsschutz für Reisende aus über 44 Ländern online zur Verfügung, auch für solche aus Deutschland, Österreich und der Schweiz.

Visa

EU-Bürger und Schweizer benötigen für den Aufenthalt von maximal drei Monaten kein Visum. Der Reisepass muss allerdings noch nach der Abreise aus Neuseeland drei Monate gültig sein. Kinder benötigen einen eigenen Reisepass. Außerdem müssen alle Reisenden ein Rückflug- oder Weiterflugticket vorweisen können. Wer länger im Land bleiben will oder dort zu arbeiten beabsichtigt, muss sich an die Einwanderungsbehörde **Immigration New Zealand** (☎0508 558 855, 09-914 4100; www.immigration.govt.nz) wenden. Die Behörde unterhält viele Büros in Übersee, die Adressen finden sich auf der Homepage.

Besuchervisum

Ein dreimonatiges Besuchervisum kann für Aufenthalte von bis zu neun Monaten innerhalb eines Zeitraums von 18 Monaten oder für maximal 12 Monate verlängert werden. Die Voraussetzungen für eine solche Verlängerung hängen vom individuellen Fall ab, die Antragssteller müssen einen gewissen Kriterienkatalog erfüllen. So wird u. a. der Nachweis über genügend finanzielle Mittel für einen solchen Aufenthalt verlangt. Die Anträge müssen an ein Büro der Einwanderungsbehörde – Immigration New Zealand – gestellt werden.

Arbeitsvisum & Working Holiday Scheme

ARBEITSVISUM

Außer Australiern darf kein Ausländer mit Besuchervisum in Neuseeland einer bezahlten Arbeit nachgehen. Wer sich vor Ort eine Stelle suchen möchte oder bereits ein entsprechendes Angebot hat, muss ein Arbeitsvisum beantragen. Es gilt maximal drei Jahre lang und verwandelt sich bei der Einreise automatisch in eine Arbeitserlaubnis. Letztere kann man auch nach der Ankunft in Neuseeland beantragen – allerdings wird der Gültigkeitsbeginn dann auf den Einreisezeitpunkt zurückdatiert. Je nach Ausstellungsort und Antragsart (Papierformular oder online) betragen die Gebühren für Arbeitsvisa aktuell 200 bis 310 NZ$.

WORKING HOLIDAY SCHEME

Deutsche Reisende, die mit Gelegenheitsjobs ihre Reisekasse aufbessern möchten, können am neuseeländischen Working Holiday Scheme (WHS) teilnehmen. WHS-Visa mit einer maximalen Gültigkeitsdauer von zwölf Monaten stehen Bürgern aus insgesamt 36 Ländern zur Verfügung. Interessenten müssen zwischen 18 und 30 Jahren alt sein und dürfen Gelegenheitsjobs annehmen, aber keine festen Beschäftigungsverhältnisse eingehen. Mittlerweile wurde die Beschränkung aufgehoben, nur maximal drei Monate für denselben Arbeitgeber tätig sein zu dürfen.

WHS-Visa muss man meistens im eigenen Heimatland beantragen, der Antrag kann aber auch online gestellt werden. Antragssteller müssen ein Rückflug- oder Anschlussticket und den möglichen Zugriff auf finanzielle Mittel von mindestens 4200 NZ$ nachweisen. Zudem hat der Reisepass noch mindestens drei Monate nach Ausreisedatum gültig zu sein. Die Bearbeitungsgebühr beträgt 140 NZ$. Bei abgelehnten Anträgen wird der Betrag nicht zurückerstattet.

Das WHS-Visumkontingent für deutsche Bewerber ist nicht limitiert. Verbindliche Informationen und Online-Anträge stehen unter www.immigration.govt.nz/migrant/stream/work/workingholiday/germanyworkingholidayscheme.htm.

Zeit

Neuseeland ist der mitteleuropäischen Zeit (MEZ) um 11 Stunden voraus. Während der europäischen Sommerzeit beträgt die Zeitverschiebung nur 10 Stunden, während der neuseeländischen Sommerzeit (letzter Sonntag im September bis 1. Sonntag im April) hingegen 12 Stunden. Gegenüber Australien beträgt die Zeitverschiebung +2 Stunden. Der Zeitunterschied von den Chathams zu Neuseelands Hauptinseln liegt bei +45 Minuten.

Zoll

Details finden sich auf der Homepage der neuseeländischen Zollbehörde, dem **New Zealand Customs Service** (www.customs.govt.nz). Dort wir alles genannt, was eingeführt werden darf und was verboten ist. Jeder Reisende darf die folgenden Mengen zollfrei einführen:

» 1125 ml Spirituosen oder Likör

» 4,5 l Wein oder Bier
» 200 Zigaretten (oder 50 Zigarren bzw. 250g Tabak)
» Zollpflichtige Waren bis zu einem Wert von 700 NZ$.

Es ist ratsam, alle ungewöhnlichen Arzneien zu deklarieren. Bio-Security ist eine weitere Parole des Zolls: die Behörden achten sehr streng darauf, das Land vor allen möglichen Krankheiten und Seuchen abzuriegeln, die die wichtige Landwirtschaft Neuseelands gefährden könnten. Die Wanderausrüstung (Stiefel oder Zelte) wird aufs Gründlichste untersucht und muss möglicherweise gereinigt werden, ehe sie eingeführt werden darf. Alle pflanzlichen oder tierischen Produkte (dazu zählen auch Gegenstände aus Holz) sowie Nahrungsmittel jeglicher Art sind zu deklarieren. Gründlichere Überprüfungen haben Weltenbummler zu erwarten, die über Afrika, Südostasien oder Südamerika einreisen. Die Einfuhr von Feuer- und sonstigen Waffen ist entweder verboten oder nur mit einer Sondergenehmigung und einer Sicherheitsüberprüfung gestattet.

Verkehrsmittel & -wege

AN- & WEITERREISE

Flüge, geführte Touren und Zugtickets können online über lonelyplanet.com/bookings gebucht werden.

Einreise

Die Einreise nach Neuseeland geht normalerweise relativ einfach vonstatten – nur die üblichen Zollformalitäten und die nervige Schlacht um die Gepäckausgabe muss man hinter sich bringen. Abgesehen davon hat die derzeitige globale Instabilität auch in den Inlands- wie internationalen Terminals der neuseeländischen Flughäfen zu verschärften Sicherheitsmaßnahmen geführt; die Zollkontrollen dauern nun wesentlich länger. Frei nach Orwell heißt eine dieser Maßnahmen „Advance Passenger Screening": Bei diesem System werden alle für die Einreise relevanten Dokumente (Reisepass, Visum etc.) bereits vor dem Abflug kontrolliert. Um einen möglichst reibungslosen Check-in zu ermöglichen, sollten alle Papiere geordnet und vollständig mitgeführt werden.

Reisepass

Normalerweise dürfen Ausländer ohne Einschränkungen nach Neuseeland einreisen. Passagiere mit einem gültigen Reisepass oder Visum (und alle, die kein Visum benötigen) sollten also keine Probleme haben.

Flugzeug

Zahlreiche konkurrierende Fluglinien fliegen nach Neuseeland, und entsprechend groß ist die Preisspanne, die man zu erwarten hat. Neuseelands ungebrochene Popularität und das vielfältige ganzjährige Angebot an Aktivitäten sorgen zu beinahe jeder Jahreszeit für Hochbetrieb auf den Flughäfen; bei Flügen zu besonders gefragten Zeiten (z. B. an Weihnachten) sollte alles Nötige rechtzeitig im Voraus organisiert werden.

Die Hauptsaison für Flüge nach Neuseeland ist der dortige Sommer (Dez.–Feb.). In den Brückenmonaten (Okt./Nov. & März/April) sind die Tickets etwas günstiger. Die Nebensaison fällt normalerweise auf die Wintermonate (Juni–Aug.); doch auch dann transportieren neuseeländische Inlandsfluglinien scharenweise passionierte Skifahrer.

Flughäfen & Fluggesellschaften

Neben dem Flughafen Auckland, über den die Mehrzahl der internationalen Flüge abgewickelt wird, gibt es eine Reihe weiterer Flughäfen, von denen man ins Ausland fliegen kann:

Auckland International Airport (AKL; ☎09-275 0789, 0800 247 767; www.aucklandairport.co.nz; Ray Emery Dr.)

Christchurch Airport (CHC; ☎03-358 5029; www.christchurchairport.co.nz; Memorial Ave.)

Dunedin Airport (DUD; ☎03-486 2879; www.dnairport.co.nz; Miller Rd.)

ABFLUGSTEUER

Neuseeland erhebt auf internationale Flüge von allen Flughäfen aus eine Abflugsteuer in Höhe von 25 NZ$, Ausnahme sind die Flughäfen Auckland, Christchurch und Dunedin. Die Steuer muss jeder Fluggast über 12 Jahre zahlen, Kinder unter 2 Jahren zahlen nichts, Kinder im Alter zwischen 2 und 11 Jahren 10 NZ$. Die Steuer ist nicht im Preis des Flugtickets enthalten, sondern wird vor dem Boarden separat erhoben (Kreditkarte oder Barzahlung). Bei internationalen Flügen ab den Flughäfen Auckland, Christchurch und Dunedin wird eine Dienstleistungsgebühr in Höhe von 12,50 NZ$ erhoben, diese sogenannte *Passenger Service Charge* (PSC) ist jedoch schon im Ticketpreis enthalten.

KLIMAWANDEL & REISEN

Der Klimawandel stellt eine ernste Bedrohung für unsere Ökosysteme dar. Zu diesem Problem tragen Flugreisen immer stärker bei. Lonely Planet sieht im Reisen grundsätzlich einen Gewinn, ist sich aber der Tatsache bewusst, dass jeder seinen Teil dazu beitragen muss, um die globale Erwärmung zu verringern.

Fliegen & Klimawandel

Fast jede Art der motorisierten Fortbewegung erzeugt CO_2 (die Hauptursache für die globale Erwärmung), doch Flugzeuge sind mit Abstand die schlimmsten Klimakiller – nicht nur wegen der großen Entfernungen und der entsprechend großen CO_2-Mengen, sondern auch weil sie diese Treibhausgase direkt in hohen Schichten der Atmosphäre freisetzen. Die Zahlen sind erschreckend: Zwei Personen, die von Europa in die USA und wieder zurück fliegen, erhöhen den Treibhauseffekt in demselben Maße wie ein durchschnittlicher Haushalt in einem ganzen Jahr.

Emissionsausgleich

Die englische Website www.climatecare.org und die deutsche Internetseite www.atmosfair.de bieten sogenannte CO_2-Rechner. Damit kann jeder ermitteln, wie viel Treibhausgase seine Reise produziert. Das Programm errechnet den zum Ausgleich erforderlichen Betrag, mit dem der Reisende nachhaltige Projekte zur Reduzierung der globalen Erwärmung unterstützen kann, beispielsweise Projekte in Indien, Honduras, Kasachstan und Uganda.

Lonely Planet unterstützt gemeinsam mit Rough Guides und anderen Partnern aus der Reisebranche das CO_2-Ausgleichs-Programm von climatecare.org. Alle Reisen von Mitarbeitern und Autoren von Lonely Planet werden ausgeglichen.

Weitere Informationen zum Thema gibt's auf www.lonelyplanet.com.

Hamilton International Airport (HIA; ☎07-848 9027; www.hamiltonairport.co.nz; Airport Rd.)

Queenstown Airport (ZQN; ☎03-450 9031; www.queenstownairport.co.nz; Sir Henry Wigley Dr.)

Wellington Airport (WLG; ☎04-385 5100; www.wellington-airport.co.nz; Stewart Duff Dr.)

Rotorua International Airport (☎07-345 8800; www.rotorua-airport.co.nz)

FLUGLINIEN NACH & VON NEUSEELAND

Die wichtigsten Fluggesellschaften, die von Australien nach Neuseeland fliegen, sind Virgin Australia, Qantas und Air New Zealand. Air New Zealand bietet Verbindungen von/nach Nordamerika, Gleiches gilt für Air Canada und American Airlines. Von Europa fliegen beispielsweise British Airways, Lufthansa und Virgin Atlantic nach Neuseeland, andere Gesellschaften legen einen Zwischenstopp in Neuseeland ein.

Als Neuseelands eigene internationale Fluglinie steuert Air New Zealand Ziele in ganz Europa, Nordamerika, Ostasien und Ozeanien an. Innerhalb der Star Alliance kooperiert sie mit der Lufthansa. Folgende Anbieter verbinden das Land mit Zielen in aller Welt (Achtung: Die aufgeführten 0800- und 0508-Telefonnummern gelten nur in Neuseeland:

Aerolineas Argentinas (AR; ☎09-379 3675; www.aerolineas.com.ar)

Aircalin (SB; ☎09-977 2238; www.aircalin.com)

Air Canada (AC; ☎09-969 7470; www.aircanada.com)

Air China (CA; ☎09-379 7696; www.airchina.com.cn)

Air New Zealand (NZ; ☎09-357 3000, 0800 737 000; www.airnewzealand.co.nz)

Air Pacific (FJ; ☎09-379 2404, 0800 800 178; www.airpacific.com)

Air Tahiti Nui (YN; ☎09-308 3360; www.airtahitinui.com.au)

Air Vanuatu (NF; ☎09-373 3435; www.airvanuatu.com)

American Airlines (AA; ☎09-912 8814, 0800 445 442; www.aa.com)

British Airways (BA; ☎09-966 9777; www.britishairways.com)

Cathay Pacific (CX; ☎09-379 0861, 0800 800 454; www.cathaypacific.com)

China Airlines (CI; ☎09-308 3364; www.china-airlines.com)

China Southern (CZ; ☎09-302 0666; www.flychinasouthern.com)

Emirates (EK; ☎09-968 2208, 0508 364 728; www.emirates.com)

Etihad Airways (EY; ☎09-977 2207; www.etihadairways.com)

Japan Airlines (JL; ☎0800 525 747; www.jal.com)

Jetstar (JQ; ☎0800 800 995; www.jetstar.com)

Korean Air (KE; ☎09-914 2000; www.koreanair.com)

LAN (LA; ☎09-308 3352; www.lan.com)

Lufthansa (LH; ☎09-303 1529; www.lufthansa.com)

Malaysia Airlines (MH; ☎09-379 3743, 0800 777 747; www.malaysiaairlines.com)

Qantas (QF; ☎09-357 8900, 0800 808 767; www.qantas.com.au)

Singapore Airlines (SQ; ☎09-379 3209, 0800 808 909; www.singaporeair.com)

South African Airways (SA; ☎09-977 2237; www.flysaa.com)

Thai Airways International (TG; ☎09-377 3886; www.thaiairways.com)

Virgin Atlantic (VS; ☎09-308 3377; www.virginatlantic.com)

Virgin Australia (DJ; ☎0800 670 000; www.virginaustralia.com)

Virgin Samoa (☎0800 670 000; www.virginaustralia.com)

Tickets

Bei einfachen One-Way-Trips oder der Buchung von Hin- und Rückflug zu einem bestimmten Datum ist der automatisierte Online-Ticketverkauf eine prima Sache. Er ist jedoch kein Ersatz für Reisebüros, die sich bestens mit Sonderangeboten auskennen und einem Strategien verraten, wie sich unnötige Wartezeiten vermeiden lassen; außerdem haben sie viele weitere nützliche Tipps und Tricks auf Lager.

ROUND-THE-WORLD-TICKETS (RTW-TICKET)

Für manchen, der nach Neuseeland reisen will, lohnt sich der Kauf eines sogenannten RTW-Tickets, mit dem man rund um den Globus fliegen darf. Das Paket wird meist von den großen Airlines zusammengestellt und erlaubt in einem definierten Zeitraum (meist ein Jahr), einmal um den Globus zu fliegen. Mit den beteiligten Fluggesellschaften darf man überall dorthin fliegen, wohin sie ihre Flüge anbieten, so lange man nicht die angegebene Höchstmenge an Flugkilometern oder die Zahl der erlaubten Stopps überschreitet bzw. nicht bei interkontinentalen Flügen zurückfliegt. Die RTW-Tickets lassen sich u. a. bei den folgenden Gesellschaften kaufen:

Oneworld (www.oneworld.com)

Skyteam (www.skyteam.com)

Star Alliance (www.staralliance.com)

RUNDREISEN IM PAZIFIKRAUM

Rundreisetickets für den Pazifikraum („Circle Pacific") ähneln den RTW-Tickets; ihr Geltungsbereich ist jedoch stärker eingeschränkt. Verschiedene Fluglinien arbeiten zusammen und verbinden Australien, Neuseeland, Nordamerika und Asien mit diversen Pazifikinseln, auf denen man zwischenlanden kann. Wie bei den RTW-Tickets ist die Zahl der Zwischenstopps festgelegt.

KAUF VON ONLINETICKETS

Bei der Recherche nach den günstigsten Flügen (inklusive RTW-Tickets) lohnt sich ein Blick auf die folgenden Websites:

AirTreks (www.airtreks.com) Eine US-amerikanische Firma, die attraktive RTW-Tickets anbietet.

Cheap Flights (www.cheapflights.com) Global operierende Firma mit Sitz in den USA, Australien/Neuseeland, Frankreich, Spanien, Deutschland, Großbritannien/Irland, Kanada und Italien. Sie bietet Spezialangebote, informiert über die Zielländer und sucht nach günstigen Flügen.

Cheapest Flights (www.cheapestflights.co.uk) Günstige Flüge rund um den Globus ab Großbritannien; je frühzeitiger man bucht, umso günstiger ist der Preis.

Co-operative Travel (www.co-operativetravel.co.uk) Internationale britische Website, auf der man attraktive Urlaubspauschalangebote findet.

Flight Centre International (www.flightcentre.com) Renommierte Firma, die Direktflüge anbietet. Unterhält eigene Seiten für Neuseeland, Australien, USA, Kanada und Südafrika.

Roundtheworldflights.com (www.roundtheworldflights.com) Hier kann sich jeder seine eigene Traumreise ab Großbritannien zusammenstellen, mit maximal sechs Stopps, u. a. nach Asien, Australien, Neuseeland und den USA. Günstige Angebote für Flüge im neuseeländischen Winter.

STA Travel (www.statravel.com) Allround-Anbieter: Flüge (auch RTW), Touren, Unterkünfte und Versicherungen.

Travel Online (www.travelonline.co.nz) Gute Adresse bei der Suche nach internationalen Flügen ab Neuseeland.

Travel.com.au (www.travel.com.au) Gute australische Firma – bietet Flüge von/nach Australien an.

Travelocity (www.travelocity.com) Website, von der aus sich Tarife für Flüge praktisch überallhin suchen lassen.

Übers Meer

Es ist möglich, aber weder einfach noch sicher, für die Strecke zwischen Neuseeland und Australien bzw. einigen kleineren Pazifikinseln auf einer Yacht anzuheuern oder per Anhalter mitzureisen. Am besten hört man sich in Häfen oder Yacht- und Segelclubs um. Beliebte Yachthäfen in Neuseeland befinden sich in der Bay of Islands und in Whangarei (beide in Northland) bzw. in Auckland und Wellington. Die Monate März und April sind die besten Monate, um nach Schiffen mit Ziel Australien Ausschau zu halten. Auf den Fidschi-Inseln legen die meisten Schiffe zwischen Oktober und November ab, da später häufig Zyklone die Gewässer unsicher machen.

Nach/ab Neuseeland verkehren keine Passagierschiffe und ein Platz auf einem Frachter ist nur schwer zu finden – und wirklich angenehm ist die Reise auch nicht.

UNTERWEGS VOR ORT

Auto & Motorrad

Der beste Mittel, um sich die Schönheit Neuseelands zu erschließen, ist das eigene Fahrzeug. Autos und Wohnwagen lassen sich zu guten Konditionen überall mieten; wer länger im Land zu bleiben plant, kann auch ein Auto kaufen.

Automobilclub (AA)

Neuseelands Automobilclub, die **Automobile Association** (AA; ☎0800 500 444; www.aa.co.nz/travel), hilft im Falle einer Panne und verkauft Karten und Unterkunftsverzeichnisse (alles von Campingplätzen über Motels bis hin zu B&Bs).

Mitglieder ausländischer Automobilclubs sollten ihren Mitgliedsausweis mitnehmen – viele Clubs haben für ihre Mitglieder besondere Vereinbarungen über Dienstleistungen mit dem neuseeländischen AA abgeschlossen.

Führerschein

Grundsätzlich wird in Neuseeland der in der Heimat gültige Führerschein akzeptiert, allerdings nur, wenn eine beglaubigte Übersetzung mitgeführt wird. Einfacher kann es daher sein, sich einen internationalen Führerschein (International Driving Permit, IDP) zu besorgen, der – allerdings nur in Verbindung mit dem nationalen Führerschein – drei Jahre lang gültig ist. In Deutschland und der Schweiz ist er bei den Straßenverkehrsbehörden (Führerscheinstelle), in Österreich bei den Automobilclubs (z. B. ÖAMTC) zu beantragen. In Deutschland und Österreich muss man hierzu außerdem den EU-Führerschein im Scheckkartenformat besitzen.

Benzin

Benzin wird an Tankstellen im ganzen Land verkauft. Autogas (LPG) findet man in den städtischen Gebieten, auf dem Land sind entsprechende Tankstellen eher selten. Wer mit Gas fahren will, sollte deshalb den Benzintank zur Sicherheit immer gefüllt haben. Einmal abgesehen von so abgelegenen Orten wie Milford Sound und der Region um Mt. Cook variieren die Benzinpreise von Tankstelle zu Tankstelle nur geringfügig: Der Liter Super kostete im Herbst 2012 ungefähr 1,40 € (2,17 NZ$), 1 l Diesel 1 € (1,53 NZ$).

Mietwagen

CAMPERVAN

Egal, wann man auf entlegenen Straßen in den Rückspiegel schaut: Fast sicher wird man einen weiß schimmernden Campervan (Wohnmobil) hinter sich sehen, der mit Mountainbikes und tragbarem Grill beladen hinter einem herfährt.

Fast alle Städte betreiben einen Campingplatz oder einen sogenannten *holiday park;* für den Stellplatz mit Strom zahlt man in der Regel rund 35 NZ$ pro Nacht. Ebenfalls über das ganze Land verstreut liegen die Plätze des **Department of Conservation** (DOC; www.doc.govt.nz), die für Wagen bis zu einer Breite von 2,50 m zugelassen sind. Der DOC verlangt ganz unterschiedliche Preise (bis zu 19 NZ$ für Erw.), auf manchen übernachtet man sogar gratis (s. Website).

Dutzende von Mietwagenfirmen verleihen Wohnwagen, die Preise hängen von der Jahreszeit, der Größe des Fahrzeugs und der Dauer des Mietverhältnisses ab.

Kleine Vans für zwei Personen verfügen normalerweise über eine Miniküche und einen Klapptisch, der sich nach dem Essen in ein Doppelbett verwandeln lässt. Größere „Luxusvarianten" mit zwei Schlafplätzen besitzen zusätzlich Dusche und Bordtoilette, genau wie Wohnmobile mit vier bis sechs Kojen, die wesentlich geräumiger und so groß (und ähnlich lahm) wie Lastwagen sind.

Im Sommer verlangen Großanbieter für Fahrzeuge mit zwei/vier/sechs Schlafplätzen mindestens ca. 160/260/300 NZ$ pro Tag, bei längeren Mietzeiten im Winter können die Preise auf bis zu 50/60/90 NZ$ pro Tag purzeln.

Zu den großen Mietwagenfirmen zählen:

Apollo (☎09-889 2976, 0800 113 131; www.apollocamperco.nz)

Britz (☎09-255 3910, 0800 831 900; www.britz.co.nz)

Kea (☎09-448 8800, 0800 520 052; www.keacampers.com)

Maui (☎09-255 3910, 0800 651 080; www.maui.co.nz)

Pacific Horizon (☎09-257 4331; www.pacifichorizon.co.nz)

United Campervans (☎09-275 9919; www.unitedcampervans.co.nz)

GEMIETETE BACKPACKER VANS

Wer nur eine begrenzte Reisekasse hat, für den bieten die Wohnwagenvermieter günstige, witzige und clever umgebaute Fahrzeuge an. Die Tagesmiete ist günstig und variiert je nach Saison: Von Mai bis September werden mindestens 35 NZ$ pro Tag, von Dezember bis Februar mind. 80 NZ$ pro Tag verlangt.

Entsprechende Fahrzeuge findet man bei:

Backpacker Campervans (☎0800 422 267; www.backpackercampervans.co.nz) Renommierter Anbieter, der mit Britz und Maui zusammenarbeitet.

Backpacker Sleeper Vans (☎03-359 4731, 0800 325

WILDES CAMPEN

Neuseeland ist so fotogen, dass schon viele Reisende versucht waren, ihren Wagen an den schönsten Aussichtspunkten einfach von der Straße herunterzufahren und dort zu übernachten. Das ist generell verboten, man kann aber bei den Einheimischen bzw. den lokalen i-SITEs, den DOC-Büros und den offiziellen Campingplätzen nachfragen, wo das „wilde" Übernachten erlaubt ist. Wer einen solchen Platz gefunden hat, sollte immer darauf achten, die Natur unberührt wieder zu verlassen und nichts zu verunreinigen: Wer also keine eigene Toilette an Bord hat, sollte sich nach einer öffentlichen umschauen. Das Gesetz sieht ein sofort fälliges Bußgeld von 200 NZ$ vor, wenn unerlaubt übernachtet oder Müll in die Umwelt entsorgt wird. Wenn die Umwelt, z. B. Gewässer, verunreinigt werden könnten, erhöht sich das Bußgeld auf bis zu 10 000 NZ$. Tipps, wie und wo man wild übernachten darf, findet man auf der Homepage www.camping.org.nz. Die Website www.tourism.govt.nz listet alle Adressen auf, an denen man die Bordtoilette entleeren kann.

939; www.sleepervans.co.nz) Der Name ist Programm.

Escape Rentals (☎0800 216 171; www.escaperentals.co.nz) Grell und originell angemalt; DVD-Spieler, Fernseher und Grill können ebenfalls entliehen werden.

Hippie Camper (☎0800 113 131; www.hippiecamper.co.nz) Die neue Generation von Campingbussen.

Jucy (☎0800 399 736; www.jucy.co.nz)

Spaceships (☎09-526 2130, 0800 772 237; www.spaceshipsrentals.co.nz) Geworben wird damit, dass die Fahrzeuge die „Schweizer Messer unter den Campervans" darstellen. Sie bieten Extras wie DVD- und CD-Spieler, Dachgepäckträger und Solarduschen.

Wicked Campers (☎09-634 2994, 0800 246 870; www.wicked-campers.co.nz) Die Wagen sind mit allem und jedem von Mr. Spock bis Sly Stone besprüht.

MIETWAGEN

Zwischen den Mietwagenfirmen wird ein erbitterter Streit um die Kunden ausgetragen, vor allem in den Großstädten und Picton. Bei Vertragsabschluss sollte man immer darauf achten, dass man den Wagen mit unlimitierter Kilometerzahl übernimmt. Einige, wenn auch nicht alle Firmen verlangen ein Mindestalter des Fahrers, das bei 21 Jahren liegt.

Viele Mietwagenfirmen setzen voraus (oder bestehen darauf), dass ihre Fahrzeuge nicht von einer zur anderen Insel über die Cook Strait mitgenommen werden. In der Regel gibt man seinen Wagen deshalb entweder in Wellington oder Picton ab und mietet nach der Fährpassage auf der anderen Insel einen neuen Wagen. Auf diese Weise spart man sich ganz nebenbei auch noch das Geld für den Transport des Autos auf der Fähre und hat keine Scherereien.

INTERNATIONALE MIETWAGENFIRMEN

Die international agierenden Mietwagenfirmen unterhalten in allen Großstädten, größeren Städten und an den Flughäfen eigene Büros. Einige Firmen verleihen ihre Autos auch für eine Strecke *(one way)*, z. B. in Auckland mit Rückgabe in Wellington. Meist sind daran aber Bedingungen geknüpft bzw. es werden höhere Preise verlangt. Andererseits findet man mit etwas Glück auch einen Autovermieter in Christchurch, der seinen Wagen gerne aus Auckland zurückgefahren haben möchte und supergünstige Tarife anbietet (manch einer verlangt dafür sogar gar nichts).

Die Mehrzahl der Firmen bietet ihren Kunden zwei Varianten an: unbegrenzte Kilometerzahl oder 100 Freikilometer (plus/minus) pro Tag plus eine festgelegte Gebühr für jeden zusätzlichen Kilometer (im Centbereich). Die Tarife in den Großstädten beginnen für einen Kompaktwagen (neuestes Modell, japanischer Hersteller) bei etwa 40 NZ$, für einen mittelgroßen Wagen (inkl. MwSt., unbegrenzte Kilometerzahl und Versicherung) verlangen die Anbieter um die 75 NZ$.

Avis (☎09-526-2847, 0800 655 111; www.avis.co.nz)

Budget (☎09-529 7784, 0800 283 438; www.budget.co.nz)

Europcar (☎03-357 0920, 0800 800 115; www.europcar.co.nz)

Hertz (☎03-520 3044, 0800 654 321; www.hertz.co.nz)

Thrifty (☎03-359 2720, 0800 737 070; www.thrifty.co.nz)

ÖRTLICHE AUTOVERMIETER

Lokale Autovermieter findet man über die *Gelben Seiten*, sie bieten meist günstigere Tarife als die großen Unternehmen – teilweise nur den halben Preis. Dafür muss man aber auch einige Nachteile in Kauf nehmen: Oft handelt es sich bei den Mietwagen auch um ältere Automodelle, und die Kunden sind häufig rechtlich weniger gut abgesichert.

Die Tarife starten für die kleinsten Modelle bei etwa 30 NZ$ pro Tag. Wer eine Woche oder länger mietet, kann günstigere Preise aushandeln. Gleiches gilt für die Nebensaison und für Wochenenden.

Renommierte unabhängige Firmen, die ein landesweites Netz an Büros betreiben:

a2b Car Rentals (☎0800 666 703; www.a2b-carrentals.co.nz)

Ace Rental Cars (☎09-303 3112, 0800 502 277; www.acerentalcars.co.nz)

Apex Rentals (☎03-379 6897, 0800 939 597; www.apexrentals.co.nz)

Ezy Rentals (☎09-374 4360, 0800 399 736; www.ezy.co.nz)

Go Rentals (☎09-525 7321, 0800 467 368; www.gorentals.co.nz)

Omega Rental Cars (☎09-377 5573, 0800 525 210; www.omegarentalcars.com)

Pegasus Rental Cars (☎03-548 2852, 0800 803 580; www.rentalcars.co.nz)

MOTORRAD

Born to be wild? Neuseeland ist ein Traumland für Motorradfahrer, auch wenn das Wetter nicht überall ideal für die Zweiräder ist. Die meisten Motorradvermieter haben ihre Agenturen in Auckland und Christchurch, bei ihnen kann man alle Maschinen vom 50cc-Moped (*nifty-fifty*) bis zur 750cc-Tourenmaschine (und stärker) ausleihen. Die renommierten Verleiher, die meist auch geführte Touren anbieten, verlangen Tagesmieten von 80 bis 345 NZ$ pro Tag, z. B.:

New Zealand Motorcycle Rentals & Tours (☎09-486 2472; www.nzbike.com)

Te Waipounamu Motorcycle Tours (☎03-377 3211; www.motorcycle-hire.co.nz)

Versicherung

Um zu vermeiden, dass man bei einem Unfall tief in die eigene Tasche greifen muss, sollte man eine entsprechende Versicherung abschließen oder aber alternativ pro Tag einen etwas höheren Tarif zahlen und dadurch die Eigenbeteiligung senken. So bezahlt man im Falle eines Unfalls statt 1500 oder gar 2000 NZ$ nur noch 200 bis 300 NZ$. Kleinere Verleiher, die günstige Tarife anbieten, verlangen eine zwingend vorgeschriebene Kaution (über Kreditkarte) von etwa 900 NZ$.

Viele Versicherungen schließen Glasschäden (auch an der Windschutzscheibe) oder das Ersetzen defekter Reifen aus; bei Unfällen, die auf Stränden oder Pisten passieren, greift ebenfalls kein Versicherungsschutz. Unbedingt vorab das Kleingedruckte genau studieren!

Autokauf

Wer länger im Land unterwegs ist, für den rentiert es sich unter Umständen, sich zu Beginn der Reise einen Wagen zu kaufen und ihn am Ende der Reise wieder zu verkaufen. Solche Autokäufe lassen sich am ehesten in Auckland und Christchurch tätigen, entsprechende Annoncen findet man an den Schwarzen Brettern der Hostels. **Turners Auctions** (☎03-343 9850, 09-525 1920; www.turners.co.nz) ist der größte Autoverkäufer im Land, er hat insgesamt zehn Filialen.

RECHTSFRAGEN BEIM AUTOKAUF

Wer einen Wagen gefunden hat, sollte sichergehen, dass das Fahrzeug eine ausreichend lange Warrant of Fitness (WoF) – eine offizielle Kfz-Zulassung – hat; die genauen Bestimmungen des Gesetzgebers können auf der Website des **Land Transport New Zealand** (www.landtransport.govt.nz) nachgelesen werden.

Der Käufer braucht außerdem eine Haftpflichtversicherung (*third-party insurance*), die im Falle eines Eigenverschuldens die Schäden am beteiligten Unfallfahrzeug bezahlt; der neuseeländische Automobilclub **Automobile Association** (AA; ☎0800 500 444; www.aa.co.nz/travel) kann dabei beraten. Neuseelands verschuldensunabhängige Versicherung Accident Compensation Corporation deckt die Personenschäden ab, dennoch sollte man sicherstellen, dass man zusätzlich eine persönliche Reiseversicherung besitzt.

Viele Gutachter checken ein Fahrzeug vor dem Kauf/Verkauf für etwa 150 NZ$ durch; man findet sie bei Auto-Auktionen oder kann sie zur Besichtigung in die Unterkunft rufen. Adressen erfährt man über **Vehicle Inspection New Zealand** (VINZ; ☎09-573 3230, 0800 468 469; www.vinz.co.nz) und den Automobilclub.

Vor dem Vertragsabschluss sollte man auch unbedingt die Besitzverhältnisse klären und sicherstellen, dass es sich beim Fahrzeug nicht um ein gestohlenes handelt oder um eines, bei dem noch Rechnungen offen sind. **LemonCheck** (☎09-414 6665, 0800 536 662; www.lemoncheck.co.nz) von AA bietet in solchen Fällen seine Dienste an und überprüft Fahrzeug und Halter.

AUTORÜCKKAUF-VERTRÄGE

Wer sich Probleme mit dem Kauf bzw. Verkauf eines Fahrzeugs sparen will, kann mit einem Autohändler auch eine Rückkaufgarantie abschließen. Leider versuchen die Autohändler in den meisten Fällen, mit findigen Argumenten den verabredeten Rückkaufspreis zu drücken – oft auf die Hälfte dessen, was man ursprünglich bezahlt hat. Von daher ist es günstiger, entweder ein Auto zu mieten oder es auf eigene Faust zu kaufen und zu verkaufen (was aber ausreichend Zeit voraussetzt).

Gefahren unterwegs

Eigentlich ist das Autofahren in Neuseeland ein Kinderspiel, immer wieder passiert es aber, dass man hinter einem langsam fahrenden Lkw oder Wohnmobil herschleichen muss. In solchen Fällen sollte man immer die Ruhe bewahren und nicht unüberlegt zum Überholen ansetzen. Es gibt viele nur langsam befahrbare kurvenreiche Straßen, einspurige Brücken und Schotterpisten – in solchen Fällen ist immer eine erhöhte Vorsicht geboten. Und generell auf Schafe achten!

Verkehrsregeln

In Neuseeland herrscht Linksverkehr, das Lenkrad befindet sich also auf der rechten Seite. An Kreuzungen hat der Fahrer von rechts Vorfahrt.

Auf einspurigen Brücken (von denen es überraschend viele gibt) zeigt ein Schild an, wer Vorfahrt hat. Der kleine rote Pfeil bedeutet wie in Europa, dass das Fahrzeug auf der Gegenfahrbahn Vorfahrt hat.

Die Geschwindigkeitsbegrenzung außerhalb von Ortschaften liegt bei 100 km/h, innerstädtisch bei 50km/h. Auf vielen Straßen wird die Geschwindigkeit mittels Kameras und Radar kontrolliert.

Alle Fahrzeuginsassen müssen angeschnallt sein; wer diese Regel missachtet, muss mit Bußgeld rechnen. Kleine Kinder müssen auf entsprechenden Kindersitzen angeschnallt werden.

Alle Fahrer sind dazu verpflichtet, ihren Führerschein bei sich zu tragen. Alkohol am Steuer ist ein großes Problem – trotz aller entsprechenden Kampagnen und empfindlicher Strafen. Die Grenze liegt bei 0,8 Promille bei Fahrern über 20 Jahren und bei 0 Promille (!) für Fahrer unter 20 Jahren.

Bus

Busreisen in Neuseeland gestalten sich relativ einfach. Die gut organisierten Unternehmen fahren bis in die hintersten Winkel beider Inseln und steuern auch die Start- bzw. Endpunkte diverser Wanderrouten an. Allerdings sind solche Trips teilweise teuer, ermüdend und zeitaufwendig.

Die wichtigste Busgesellschaft des Landes ist **InterCity** (☎09-583 5780; www.intercity.co.nz). Zum Unternehmen gehört auch die touristische Tochtergesellschaft **Newmans Coach Lines** (☎09-583 5780; www.newmanscoach.co.nz), deren Fahrzeuge einen deutlich höheren Komfort bieten. Mit den InterCity-Bussen kommt man auf der Nord- und der Südinsel praktisch überall hin. Größter Konkurrent ist die Busgesellschaft **Naked Bus** (☎0900 625 33; www.nakedbus.com), ein Billiganbieter mit Fahrpreisen, die teilweise unter 1 NZ$ (!) liegen.

Sitzklassen

Es gibt keine unterschiedlichen Sitzkategorien in den Bussen, Rauchen ist generell in allen Fahrzeugen verboten.

Reservierungen

Bei allen Fahrten auf den populären Routen sollte man in den Sommermonaten, in den Schulferien und rund um die offiziellen Feiertage frühzeitig einen Platz reservieren. Zu allen anderen Zeiten reicht eine Reservierung einen Tag vor dem Reisedatum. Die günstigsten Tickets kauft man generell online bzw. einige Wochen vor dem eigentlichen Reisetermin.

Buspässe

Für lange Strecken bieten sowohl **InterCity** (☎09-583 5780, 0800 222 146; www.intercity.co.nz) als auch **Naked Bus** (☎0900 625 33; www.nakedbus.com) Buspässe an, mit denen man günstiger als mit regulär gekauften Bustickets reist. Andererseits bindet man sich dadurch möglicherweise mehr als einem lieb ist an die jeweilige Busgesellschaft und ihr Streckennetz. InterCity bietet für Mitglieder von YHA, BBH und VIP Ermäßigungen von 15 %. Alle im Folgenden genannte Pässe sind 12 Monate gültig.

Backpacker-Bus-Gesellschaften bieten Reisenden, die in Hostels übernachten, auf festgelegten Routen ebenfalls Buspässe mit Vergünstigungen an.

LANDESWEIT GÜLTIGE PÄSSE

Flexipass Der InterCity-Pass, mit dem man beliebig oft ein- und aussteigen kann, erlaubt das Reisen in fast alle Orte des Landes und in jede Himmelsrichtung. Der Pass wird in Blöcken verkauft, die Fahrzeiten von mindestens 15 Std. (117 NZ$) bis maximal 60 Std. (449 NZ$) umfassen. Der Preis für einen Block wird umso günstiger, je mehr Stunden man kauft. Wer länger unterwegs ist, kann auch Zeitblöcke nachkaufen.

Flexitrips Bei diesem Pass entscheidet man sich für eine festgelegte Zahl an Busstrecken (z. B. von Auckland nach Tauranga als eine Strecke), und zwar in Blöcken von jeweils fünf Strecken. Die Fährfahrt von der Nord- zur Südinsel kann, muss aber nicht mitgekauft werden. 5/15/30 Strecken inklusive Fährfahrt kosten 210/383/550 NZ$ (wer keine Fähre braucht, zahlt 54 NZ$ weniger).

Aotearoa Adventurer, Kiwi Explorer, Kia Ora New Zealand und **Tiki Tour New Zealand** Landesweit gültige Pässe von InterCity für feste Strecken, bei denen man beliebig aus- und einsteigen darf. An diesen Strecken liegen die wichtigsten touristischen Sehenswürdigkeiten, die Preise variieren zwischen 645 und 1219 NZ$. Details finden sich auf der entsprechenden Website: www.travelpass.co.nz.

Naked Passport Mit dem **Pass** (www.nakedpassport.com) kauft man Busstrecken in Fünferblocks, die man jederzeit aufstocken kann. Jede Fahrt wird separat gebucht. 5/15/30 Fahrten kosten 157/330/497 NZ$. Ein Pass für beliebig viele Fahrten kostet 597 NZ$ – ein Superangebot, wenn man mehrere Monate im Land unterwegs ist.

BUSPÄSSE FÜR DIE NORDINSEL
InterCity bietet 13 Buspässe ausschließlich für die Nordinsel, bei denen man auf festgelegten Strecken beliebig oft aus- und einsteigen darf. Die Preise reichen von kurzen Strecken zwischen Rotorua und Taupo (43 NZ$) bis zu langen Strecken wie der Fahrt von Auckland nach Wellington (249 NZ$). Auf der Strecke liegen die wichtigsten Sehenswürdigkeiten des nördlichen Landesteils. Details siehe unter www.travelpass.co.nz.

BUSPÄSSE FÜR DIE SÜDINSEL
Auf der Südinsel bietet InterCity elf Pässe für feste Strecken (Ein- und Aussteigen jederzeit möglich); die Preise beginnen bei 43 NZ$ für die Fahrt zwischen Christchurch und Kaikoura und gehen bis zu 583 NZ$ für Fahrten um die ganze Insel. Details dazu siehe www.travelpass.co.nz.

Shuttlebusse

Neben den beiden genannten Busgesellschaften gibt es noch folgende Unternehmen, die Shuttlebusdienste anbieten:

Abel Tasman Coachlines (☎03-548 0285; www.abeltasmantravel.co.nz) Fährt auf den geteerten Straßen zwischen Nelson, Motueka, Golden Bay sowie Kahurangi und dem Nationalpark Abel Tasman.

Alpine Scenic Tours (☎07-378 7412; www.alpinescenictours.co.nz) Bietet Fahrten um Taupo herum und in den Tongariro National Park, außerdem zu den Skigebieten rund um Mt. Ruapehu und Mt. Tongariro.

Atomic Shuttles (☎03-349 0697; www.atomic travel.co.nz) Bietet Busfahrten auf der Südinsel an, einschließlich Fahrten nach Christchurch, Dunedin, Invercargill, Picton, Nelson, Greymouth/Hokitika, Te Anau und Queenstown/Wanaka.

Cook Connection (☎0800 266 526; www.cookconnect.co.nz) Fährt im Dreieck zwischen Cook, Twizel und Lake Tekapo.

Dalroy Express (☎06-759-0197, 0508 465 622; www.dalroytours.co.nz) Bietet täglich Fahrten zwischen Auckland und New Plymouth via Hamilton an, montags bis freitags auch bis Hawera. Fährt auch von Auckland nach Pahia und von Hamilton nach Rotorua und Taupo.

East West Coaches (☎03-789 6251, 0800 142 622; eastwestcoaches@xtra.co.nz) Die Busse fahren via Reefton zwischen Christchurch und Westport.

Hanmer Connection (☎0800 242 663; www.atsnz.com) Zweimal täglich fahren Busse zwischen Hanmer Springs und Christchurch.

Go Kiwi Shuttles (☎07-866 0336; www.go-kiwi.co.nz) Bietet täglich Busverbindungen zwischen Auckland und Whitianga auf der Coromandel-Halbinsel, im Sommer fahren die Busse bis Rotorua.

Knightrider (☎03-342 8055, 0800 317 057; www.knightrider.co.nz) Fährt am Nachmittag von Christchurch nach Dunedin und nachts wieder zurück.

Southern Link Travel (☎0508 458 835; www.southernlinkkbus.co.nz) Die Busse fahren zu vielen Zielen auf der Südinsel, u. a. nach Christchurch, Nelson, Picton, Greymouth, Queenstown und Dunedin.

Topline Tours (☎03-249 8059; www.toplinetours.co.nz) Verbindet Te Anau und Queenstown.

Tracknet (☎03-249 7777, 0800 483 262; www.tracknet.net) Fährt Wanderer täglich zwischen Queenstown, Te Anau, Milford Sound, Invercargill, Fiordland und der Westküste zu den Startpunkten der Fernwanderwege (Milford, Routeburn, Hollyford, Kepler etc.).

Waitomo Wanderer (☎03-477 9083, 0800 000 4321; www.travelheadfirst.com) Fährt eine Schleife von Rotorua oder Taupo nach Waitomo.

West Coast Shuttle (☎03-768 0028; www.westcoastshuttle.co.nz) Die Busse fahren täglich von Greymouth nach Christchurch und zurück.

Backpacker-Busse

Wer gerne ein paar Kilometer mit anderen reisen will, für den bieten die folgenden Veranstalter Busfahrten auf festgelegten Routen an – entweder landesweite oder wahlweise auf der Nord- bzw. Südinsel. Meist werden auch Übernachtungen und die Möglichkeit, die Fahrt beliebig zu unterbrechen, mit angeboten.

Adventure Tours New Zealand (☎09-526 2149; www.adventuretours.com.au)

Flying Kiwi (☎03-547 0171, 0800 693 296; www.flyingkiwi.com)

Kiwi Experience (☎09-336 4286; www.kiwiexperience.com)

Haka Tours (☎03-980 4252; www.hakatours.com)

Magic Travellers Network (☎09-358 5600; www.magicbus.co.nz)

Stray Travel (☎09-526 2140; www.straytravel.com)

Fahrrad

Das Radfahren boomt in Neuseeland, vor allem in den Sommermonaten. Wen wundert es? Das Land ist sauber, grün und zumeist nicht überlaufen, es bietet viele günstige Übernachtungsmöglichkeiten (einschließlich Zeltplätzen) und frisches Wasser im Überfluss. Die Straßen sind in der Regel in einem guten Zustand und das Klima ist weder zu heiß noch zu kalt. Die größte Gefahr geht vom Straßenverkehr aus: Immer wieder fah-

NGA HAERENGA, NEW ZEALAND CYCLE TRAIL

Der **Nga Haerenga, New Zealand Cycle Trail** (www.nzcycletrail.com) ist ein landesweites Projekt, das 2009 gestartet wurde und sich zum Ziel gesetzt hat, das bestehende Netz an Radwegen zu erweitern und zu verbessern. Finanziell ausgestattet mit 46 Mio. NZ$, werden derzeit 18 „Great Rides" quer über beide Inseln gebaut; alle sind in Abschnitten jeweils schon für Radfahrer geöffnet worden. Aktuelle Infos zu diesen Streckenabschnitten findet man auf oben genannter Website.

ren die riesigen Lkw zu dicht an den Radfahrern vorbei. In den Hauptorten findet man Räder (zum Kaufen oder zum Leihen), Ersatzteile und Fahrradwerkstätten.

Alle Radfahrer sind gesetzlich dazu verpflichtet, einen Fahrradhelm zu tragen (andernfalls wird ein Bußgeld erhoben), für die eigene Sicherheit empfiehlt sich auch reflektierende Kleidung. Wer auf öffentliche Verkehrsmittel angewiesen ist, wird feststellen, dass auf vielen wichtigen Bus- und Bahnstrecken Räder nur dann mitgenommen werden dürfen, wenn ausreichend Platz vorhanden ist; für den Transport werden bis zu 10 NZ$ verlangt. Einige der kleineren Verkehrsbetriebe wiederum bieten ausreichend Platz für Räder, verlangen aber für den Transport ebenfalls einen Aufpreis.

Wer sein Rad mit dem Flugzeug nach Neuseeland einführen will, sollte mit der entsprechenden Fluggesellschaft die Modalitäten klären, z. B. wie das Rad transportiert werden muss (Packmaße etc.).

Die Website www.nzta.govt.nz/traffic/ways/bike bietet weitere Tipps hinsichtlich Sicherheit und Verkehrsregeln.

Leihräder

Die Leihgebühr für Straßen- bzw. Mountainbikes schwankt zwischen 10 und 20 NZ$ pro Stunde und 30 bis 50 NZ$ pro Tag. Auf Anfrage können Räder auch für einen längeren Zeitraum gemietet werden.

Flugzeug

Für all jene Reisende, die nur wenig Zeit für die Fahrt von einer neuseeländischen Attraktion zur nächsten haben, lohnen sich Inlandsflüge auf den beiden Hauptinseln bzw. zwischen den Inseln.

Neuseeländische Fluggesellschaften

Die wichtigste Inlandsfluglinie ist Air New Zealand, ihr Netz deckt den Großteil des Landes ab. Die in Australien beheimatete Fluglinie Jetstar fliegt ebenfalls zwischen den wichtigsten städtischen Regionen. Beide Fluggesellschaften fliegen auf den Hauptrouten und wickeln die Mehrzahl aller Inlandsflüge ab. Daneben gibt es noch einige kleinere Fluggesellschaften, die wichtige Transportflüge zu den vor der Küste gelegenen Inseln Great Barrier Island im Hauraki Gulf, Stewart Island und zu den Chathams unternehmen.

Folgende Fluggesellschaften bieten solche Dienste an:

Air Chathams (☎03-305 0209; www.airchathams.co.nz) Fliegt zu den abgelegenen Chatham Islands von Wellington, Christchurch, Auckland und Napier aus.

Air Fiordland (☎0800 107 505, 03-249 6720; www.airfiordland.com) Bietet Flüge im Gebiet um den Milford Sound, Te Anau und Queenstown an.

Air New Zealand (NZ; ☎09-357 3000, 0800 737 000; www.airnewzealand.co.nz) Fliegt zu über 30 Inlandsflughäfen.

Air West Coast (☎03-738 0524, 0800 247 937; www.airwestcoast.co.nz) Bietet Charter- und Rundflüge ab Greymouth an, fliegt über die Gletscher der Westküste und den Aoraki/Mt. Cook und landet zwischendurch am Milford Sound, in Queenstown und Christchurch.

Air2there.com (☎04-904 5130, 0800 777 000; www.air2there.com) Fliegt zu Destinationen beiderseits der Cook Strait, darunter auch Paraparaumu, Wellington, Nelson und Blenheim.

Fly My Sky (☎09-256 7025; www.flymysky.co.nz) Fliegt mindestens dreimal täglich von Auckland nach Great Barrier Island.

Golden Bay Air (☎03-525 8725, 0800 588 885; www.goldenbayair.co.nz) Fliegt regelmäßig von Wellington nach Takaka in der Golden Bay. Fliegt auch Wanderer nach Karamea zum Startpunkt des Heaphy Track.

Great Barrier Airlines (☎09-275 9120, 0800 900 600; www.greatbarrierairlines.co.nz) Fliegt zwischen Great Barrier Island, Auckland und Whangarei.

Jetstar (JQ; ☎0800 800 995; www.jetstar.com) Verbindet einige wichtige touristische Zentren – Auckland, Wellington, Christchurch, Dunedin und Queenstown – und fliegt von Queenstown nach Sydney.

Salt Air (☎09-402 8338, 0800 472 582; www.saltair.co.nz) Fliegt von Whangarei und Aucklands Nordküste nach Kerikeri.

Soundsair (☎0800 505 005, 03-520 3080; www.soundsair.co.nz) Täglich zahlreiche Flüge zwischen Picton und

Wellington, mit Anschlussflügen nach Blenheim und Nelson.

Stewart Island Flights (☎03-218 9129; www.stewartislandflights.com) Fliegt zwischen Invercargill und Stewart Island.

Sunair (☎07-575 7799, 0800 786 247; www.sunair.co.nz) Fliegt von Auckland, Great Barrier Island, Hamilton, Rotorua und Tauranga nach Whitianga, außerdem auf weiteren Strecken der Nordinsel.

Flugpässe

Ermäßigte Flugtickets sind heutzutage die Regel. Inzwischen sind auch viele günstige Fluggesellschaften auf den Strecken über die Tasmansee und zu den Pazifischen Inseln unterwegs, sodass die Bedeutung von Flugpässen mit Preisnachlass im Vergleich zu früher deutlich abgenommen hat.

Von Los Angeles nach Neuseeland bietet **Air New Zealand** (NZ; ☎09-357 3000, 0800 737 000; www.airnewzealand.co.nz) den Explore New Zealand Airpass an, der Stopps wahlweise in Wellington, Queenstown oder Christchurch sowie drei weiteren Inlandsflughäfen erlaubt. Während der Recherche zu diesem Titel lagen die günstigsten Preise bei etwa 1150 US$.

Star Alliance (www.staralliance.com) bietet auf Coupon-Basis den South Pacific Airpass an, der für eine Auswahl an Strecken innerhalb Neuseelands sowie zwischen Neuseeland, Australien und einigen pazifischen Inseln (darunter Fidschi, Neukaledonien, Tonga, Cook-Inseln und Samoa) gedacht ist. Zum Kauf des Passes sind nur Reisende berechtigt, die nicht in den genannten Ländern leben und die den Pass in Zusammenhang mit einem internationalen Flug des Star-Alliance-Verbundes erwerben. Der Pass gilt darüber hinaus nur drei Monate. Zur Zeit der Recherche kostete beispielsweise ein Pass für die Verbindung Sydney–Christchurch–Wellington–Auckland–Nadi (Fidschi) 1050 NZ$.

Öffentliche Verkehrsmittel

Bus, Bahn & Metro

In den Großstädten gibt es ein gutes öffentliches Nahverkehrsnetz, mit wenigen ehrenwerten Ausnahmen beschränkt sich dieses aber auf die Werktage und den Tag. Nachts und an den Wochenenden reduziert sich das Angebot auf einige wenige Verbindungen oder wird komplett eingestellt. In der Innenstadt von Auckland ist man mit den kostenlosen City-Circuit-Bussen gut bedient. Gleiches gilt für Hamilton, wo man gratis mit den Innenstadtbussen fahren darf. Auch in Christchurch gibt es einen Gratis-Shuttlebus; die historische Straßenbahn fährt seit dem Erdbeben nicht mehr (was sich aber wieder ändern kann). In vielen großen Städten fahren freitags und samstags Nachtbusse.

Die einzige Stadt mit einer Metro (5 Linien in die Vorstädte) ist Wellington.

Taxi

In den großen Städten sieht man viele Taxis. Gleiches gilt auch für viele kleinere Städte, wo zumindest ein lokales Taxiunternehmen seine Dienste anbietet.

Schiff/Fähre

Neuseeland ist zwar eine Inselnation, doch es gibt praktisch keine Personenschiffe, die auf den umgebenden Gewässern größere Distanzen zurücklegen. Ausnahmen sind lediglich die Verbindungen zwischen Auckland und verschiedenen Inseln im Hauraki-Golf und natürlich die Interisland Ferries über die Cook-Straße zwischen Wellington und Picton. Eine Passagierfähre überquert außerdem die breite Foveaux Strait zwischen Bluff und Oban auf Stewart Island.

Trampen & Mitfahrgelegenheiten

Neuseeland ist leider kein Land mehr, in dem man alleine problemlos trampen kann – das gilt vor allem für Frauen! Wer sich dennoch zum Trampen entschließt, sollte sich des Restrisikos bewusst sein. Immer wieder sieht man Tramper auf den Landstraßen.

Die Alternative sind Mitfahrgelegenheiten, die sich vor allem über die Hostels (Anschläge an den Schwarzen Brettern) organisieren lassen; im Internet findet man entsprechende Angebote bzw. Anfragen über www.carpoolnz.org und www.nationalcarshare.co.nz.

Zug

Wer sich in Neuseeland zum Bahnfahren entschließt, macht das um der Fahrt willen, nicht um schnell von A nach B zu kommen!

Tranz Scenic (☎04-495 0775, 0800 872 467; www.tranzscenic.co.nz) fährt auf den folgenden vier Strecken:

Overlander Zwischen Auckland und Wellington.

TranzCoastal Zwischen Christchurch und Picton.

TranzAlpine Über die Southern Alps auf der Strecke von Christchurch nach Greymouth.

Capital Connection Pendlerzug zwischen Palmerston North und Wellington, fährt nur an Werktagen.

Reservierungen können über Tranz Scenic direkt oder bei den meisten Bahnhöfen (allerdings *nicht* in Palmerston North und Hamilton), in Reisebüros und Besucherinformationen getätigt werden. Senioren und Kinder (30 %) und Besitzer der Backpacker Card (20 %) erhalten Ermäßigungen bei Fahrten mit dem *TranzCoastal* und dem *TranzAlpine*.

Bahnpässe

Scenic Rail Pass (www.tranzscenic.co.nz) von Tranz Scenic erlaubt unbegrenzte Fahrten auf allen Bahnstrecken der Gesellschaft, einschließlich der Interislander-Fähre, die Wellington mit Picton – dem Tor zur Südinsel – verbindet. Ein 2-Wochen-Pass kostet pro Erwachsenen/Kind 528/402 NZ$. Die 7 Tage gültigen Pässe von *TranzAlpine*-Pass oder aber *Coastal Pacific*-Pass kosten pro Erwachsenen/Kind 307/215 NZ$.

Sprache

NOCH MEHR MAORI?

Detailliertere Hinweise und viele nützliche Wendungen finden sich im *South Pacific Phrasebook*. Man bekommt das Buch von Lonely Planet im **shop.lonelyplanet.com**, im Buchhandel und bei Internetbuchhändlern, oder man besorgt sich Lonely Planets iPhone Phrasebook im Apple App Store.

Neuseeland besitzt drei Amtssprachen: Englisch, Maori und die neuseeländische Gebärdensprache. Natürlich wird man als Besucher überwiegend mit dem Englischen zu tun haben, doch Maori erlebt derzeit ein echtes Comeback. Auf Englisch kann man sich grundsätzlich mit jedem Neuseeländer verständigen, doch gibt es einige Gelegenheiten, bei denen ein paar Brocken Maori ganz nützlich sind, etwa beim Besuch eines *marae,* wo häufig nur Maori gesprochen wird. Mit ein wenig Maori kann man zudem viele Ortsnamen, denen man unterwegs begegnet, besser deuten.

Kiwi-Englisch

Ganz ähnlich wie die Bewohner eines jeden englischsprachigen Landes der Welt haben auch die Neuseeländer im Laufe der Zeit ihren ganz eigenen Sprachgebrauch herausgebildet. Das markanteste Merkmal des Englischen in Neuseeland ist die sogenannte Vokalsenkung (die Zunge liegt bei der Aussprache tiefer): *fish and chips* klingen auf Neuseeländisch also eher wie *fush and chups*. Auf der Nordinsel wird an gesprochene Sätze vielfach ein *eh!* angehängt. Im tiefsten Süden wird das *r* stark gerollt, eine Zeichen für die schottischen Wurzeln der Region; vor allem begegnet man dieser Eigenheit auf der Südinsel.

KONVERSATION & NÜTZLICHES

Wer einen Fremden nach etwas fragt, sollte die Frage oder Bitte auf jeden Fall mit einer höflichen Entschuldigung einleiten: Die Floskel „Excuse me, ...“ ist also immer ein guter Anfang.

Guten Tag.	*Hello.*
Hallo.	*Hi.*
Guten ...	*Good ...*
Tag	*day*
Morgen	*morning*
Tag	*afternoon*
Abend	*evening*
Auf Wiedersehen.	*Goodbye.*
Bis später.	*See you later.*
Tschüss.	*Bye.*
Wie geht es Ihnen?/ Wie geht es dir?	*How are you?*
Danke, gut.	*Fine. And you?*
Und Ihnen?/Und dir?	*... and you?*
Wie ist Ihr Name?/ Wie heißt du?	*What's your name?*
Mein Name ist .../ Ich heiße ...	*My name is ...*
Ja.	*Yes.*
Nein.	*No.*
Bitte.	*Please.*
(Vielen) Dank.	*Thank you (very*

much).

Bitteschön. *You're welcome.*

Entschuldigen Sie, .../

Entschuldige ... *Excuse me, ...*

FRAGEWÖRTER

Wer? *Who?*

Was? *What?*

Wo? *Where?*

Wann? *When?*

Wie? *How?*

Warum? *Why?*

Welcher? *Which?*

Wie viel? *How much?*

Wie viele? *How many?*

GESUNDHEIT

Wo ist der/die/das nächste ...?

Where's the nearest ...?

Apotheke *chemist*

Zahnarzt *dentist*

Arzt *doctor*

Krankenhaus *hospital*

Ich brauche einen Arzt. *I need a doctor.*

Gibt es in der Nähe eine (Nacht-)Apotheke?

Is there a (night) chemist nearby?

Ich habe mich verirrt.

I'm lost.

Wo ist die Toilette?

Where are the toilets?

Ich bin krank.

I'm sick.

Es tut hier weh.

It hurts here.

Ich habe mich übergeben.

I've been vomiting.

Ich habe Durchfall/Fieber/Kopfschmerzen.

I have diarrhoea/fever/headache.

(Ich glaube,) Ich bin schwanger.

(I think) I'm pregnant.

Ich bin allergisch *I'm allergic*

gegen ... *to ...*

Antibiotika *antibiotics*

Aspirin *aspirin*

Penizillin *penicillin*

MIT KINDERN REISEN

Ich brauche ... *I need (a) ...*

Gibt es ...? *Is there (a/an) ...?*

einen Wickelraum *baby change*

room

einen Babysitz *baby seat*

einen Babysitter *babysitter*

einen Kindersitz *booster seat*

einen Babysitter- *child-minding*

Service *service*

eine Kinderkarte *children's menu*

einen Kinderstuhl *highchair*

(Wegwerf-)Windeln *(disposable)*

nappies

ein Kindertöpfchen *potty*

einen Kinderwagen *stroller*

Kann ich mein Kind hier stillen?

Do you mind if I breastfeed here?

Sind Kinder erlaubt? *Are children*

allowed?

Papierkram

Name *name*

Staatsangehörigkeit *nationality*

Geburtsdatum *date of birth*

Geburtsort *place of birth*

Geschlecht *sex/gender*

(Reise-)Pass *passport*

Visum *visa*

RESERVIERUNGEN VORNEHMEN

An ... *To ...*

Von ... *From ...*

Datum *Date*

Ich möchte … reservieren. *I'd like to book …*

Auf den Namen … *in the name of …*

Vom … bis zum … *from … to …*

Kreditkarte *credit card*

Nummer *number*

gültig bis … *expiry date*

Bitte bestätigen Sie Verfügbarkeit und Preis.
Please confirm availability and price.

SHOPPEN & SERVICE

Ich suche …
I'm looking for …

Wo ist der/die/das (nächste) …?
Where's the (nearest) …?

Wo kann ich … kaufen?
Where can I buy …?

Ich möchte … kaufen.
I'd like to buy …

Wie viel (kostet das)?
How much (is this)?

Das ist zu viel/teuer.
That's too much/expensive.

Können Sie mit dem Preis heruntergehen?
Can you lower the price?

Haben Sie etwas Billigeres?
Do you have something cheaper?

Ich schaue mich nur um.
I'm just looking.

Können Sie den Preis aufschreiben?
Can you write down the price?

Haben Sie noch andere?
Do you have any others?

Können Sie ihn/sie/es mir zeigen?
Can I look at it?

mehr *more*

weniger *less*

kleiner *smaller*

größer *bigger*

Nehmen Sie …? *Do you accept …?*

Kreditkarten *credit cards*

Reiseschecks *travellers cheques*

Ich möchte … *I'd like to …*

Geld umtauschen *change money (cash)*

einen Scheck einlösen *cash a cheque*

Reiseschecks einlösen *change some travellers cheques*

Ich suche

einen Geldautomaten *an ATM*

eine Geldwechselstube *an exchange office*

eine Bank *a bank*

die … Botschaft *the … embassy*

deutsche *German*

österreichische *Austrian*

Schweizer *Swiss*

das Krankenhaus *the hospital*

den Markt *the market*

die Polizei *the police*

die Post *the post office*

ein öffentliches Telefon *a public phone*

eine öffentliche Toilette *a public toilet*

Wann macht er/sie/es auf/zu?
What time does it open/close?

Ich möchte eine Telefonkarte kaufen.
I want to buy a phone card.

Wo ist hier ein Internetcafé?
Where's the local Internet cafe?

Unterkunft

Wo ist …? *Where's a …?*

eine Pension *bed and*

breakfast,
guesthouse

ein Campingplatz	*camping ground*
ein Hotel	*hotel*
ein Privatzimmer	*room in a private home*
eine Jugendherberge	*youth hostel*

Wie lautet die Adresse?
What's the address?

Ich möchte bitte ein Zimmer reservieren.
I'd like to book a room, please.

Für (drei) Nächte/Wochen.
For (three) nights/weeks.

Haben Sie ein ...?
Do you have a ... room?

Einzelzimmer	*single*
Doppelzimmer	*double*
Doppelzimmer mit zwei Einzelbetten	*twin*

Wie viel kostet es pro Nacht/Person?
How much is it per night/person?

Kann ich es sehen?
May I see it?

Kann ich ein anderes Zimmer bekommen?
Can I get another room?

Es ist gut, ich nehme es.
It's fine. I'll take it.

Ich reise jetzt ab.
I'm leaving now.

VERSTÄNDIGUNG

Verstehen Sie (mich)?
Do you understand (me)?

Ich verstehe (nicht).
I (don't) understand.

Könnten Sie...? *Could you please ...?*

bitte langsamer sprechen	*speak more slowly*
das bitte wiederholen	*repeat that*
das bitte aufschreiben	*write it down*

VERKEHRSMITTEL & -WEGE

Öffentliche Verkehrsmittel

Wann fährt ... ab?
What time does the ... leave?

das Boot	*boat*
der Bus	*bus*
der Zug	*train*

Private Verkehrsmittel

Wo kann ich ... mieten?
Where can I hire a...?

Ich möchte ... mieten.
I'd like to hire a/an ...

ein Fahrrad	*bicycle*
ein Auto	*car*
ein Allradfahrzeug	*4WD*
einen Schaltwagen	*manual*
ein Motorrad	*motorbike*

Wie viel kostet es pro ...?
How much is it per ...?

Tag	*day*
Woche	*week*
Benzin	*petrol*
Diesel	*diesel*
bleifreies Benzin	*unleaded*
Autogas	*LPG*

Wo ist eine Tankstelle?
Where's a petrol station?

Führt diese Straße nach ...?
Does this road go to ...?

(Wie lange) Kann ich hier parken
(How long) Can I park here?

Wo muss ich bezahlen?
Where do I pay?

Ich brauche einen Mechaniker.
I need a mechanic.

Ich habe (in ...) eine Panne mit meinem Auto.
The car has broken down (at ...)

Ich hatte einen Unfall. *I had an accident.*

Das Auto/Motorrad springt nicht an.
The car/motorbike won't start.

Ich habe eine Reifenpanne. I have a flat tyre.

Ich habe kein Benzin mehr. I've run out of petrol.

WEGWEISER

Können Sie mir bitte helfen?
Could you help me, please?

Wo ist (eine Bank)?
Where's (a bank)?

Ich suche (die Kathedrale).
I'm looking for (the cathedral).

In welcher Richtung ist (eine öffentliche Toilette)?
Which way's (a public toilet)?

Wie kann ich da hinkommen?
How can I get there?

Wie weit ist es?
How far is it?

Können Sie es mir (auf der Karte) zeigen?
Can you show me (on the map)?

Maori

Die Maori haben eine bewegte Geschichte, die in Liedern und Gesängen festgehalten ist. Sie berichten ganz dramatisch von vielen wichtigen Ereignissen, z. B. davon, wie die Maori von Polynesien nach Neuseeland gekommen sind. Die frühen Missionare haben die Sprache als Erste niedergeschrieben, wobei sie nur 15 Buchstaben des lateinischen Alphabets verwendeten.

Maori ist eng mit anderen polynesischen Sprachen (wie dem Hawaiianischen, Tahitischen und der Sprache der Cookinseln) verwandt. Das Maori auf Neuseeland und das Hawaiianische sind sich sehr ähnlich – obwohl mehr als 7000 km zwischen Honolulu und Auckland liegen.

Maori war nie eine tote Sprache – bei Maorizeremonien wurde sie zu allen Zeiten benutzt –, doch im Lauf der Jahre waren immer weniger Menschen mit ihr vertraut. Glücklicherweise ist in letzter Zeit das Interesse an ihr wieder erwacht, ja bildet einen integralen Bestandteil des Wiederauflebens der Maoritanga (Maorikultur). Viele Maori, die die Sprache zwar in den *marae* immer gehört hatten, aber sie in ihrem Alltag nicht benutzten, lernen sie jetzt oder sprechen sie bereits fließend. Maori wird heute in ganz Neuseeland in Schulen unterrichtet, es gibt einige Fernsehprogramme und Nachrichtensendungen auf Maori, und viele englische Ortsnamen bekommen Maorinamen. Selbst Regierungsstellen haben Maoribezeichnungen erhalten; so ist beispielsweise das Inland Revenue Department (Finanzamt) auch als Te Tari Taake bekannt. (Das letzte Wort müsste eigentlich *take*, d. h. „Abgabe", heißen, die Behörde hat aber die Schreibweise „aa" vorgezogen, um anzudeuten, dass die Aussprache ähnlich dem deutschen „a" ist).

Vielerorts haben sich Maori zusammengetan, um ihren Kindern die eigene Sprache und Kultur zu vermitteln: Sie sollen zweisprachig aufwachsen und so mit der Maoritradition vertraut werden. Man ist stolz darauf, die Sprache fließend zu beherrschen. In einigen *marae* darf nur Maori gesprochen werden.

Aussprache

Maori ist eine melodische, poetische Sprache, die sehr leicht auszusprechen ist. Tipp: Jedes Wort – und manche können endlos lang sein – muss Silbe für Silbe ausgesprochen werden. Jede Silbe endet auf einen Vokal; es gibt im geschriebenen Maori keine Buchstaben, die nicht auch gesprochen werden.

Die meisten Konsonanten des Maori – *h, k, m, n, p, t* und *w* – werden ähnlich wie im Deutschen ausgesprochen, das *w* wie im Englischen. Das *r* ist ein Reibelaut (nicht gerollt), bei dem die Zunge sich am Vordergaumen befindet. Der Laut klingt für Deutsche eher wie das englische „l" in „full".

Das *ng* ist ein Konsonant wie im deutschen Wort „singen" oder „Gesang", kann aber auch am Anfang einer Silbe oder eines Wortes stehen – einfach immer wieder „ing" sagen und dann das „i" weglassen.

Das *wh* klingt in der Regel wie ein schwach artikuliertes deutsches „f". Man findet diese Aussprache bei vielen neuseeländischen Ortsnamen wie Whakatane, Whangaroa und Whakapapa (alle am Anfang mit schwach artikuliertem „f"). Es gibt jedoch einige lokale Unterschiede: In der Gegend um den Whanganui River wird beispielsweise das *wh* wie in den englischen Wörtern „when" und „why" ausgesprochen.

Ganz besonders wichtig ist die korrekte Aussprache der Vokale. Die genaue Lautfärbung kann man am besten von einem Muttersprachler lernen. Jeder Vokal existiert als Lang- und Kurzvokal, Langvokale werden in der Schrift häufig durch einen Längenstrich über dem Buchstaben oder durch die Verdoppelung des Buchstabens markiert. (In diesem Buch sind Langvokale jedoch nicht extra bezeichnet.)

Vokale

a wie in „haben"

e wie in „Kette"

i wie in „Igel"

o wie in „Gott"

u wie in „Huhn"

Diphthonge

ae, ai wie in „Schwein"

ao, au wie in „Maus"

ea wie in der norddeutschen Aussprache von „eher"

ei wie in „Bay"

eo wie in „Leo"

eu „e" und „u", nicht: „äu"

ia fast wie im englischen „Ian" (iän)

ie wie in „jemand"

io wie „jo"

iu wie im englischen „cue" (kju)

oa „o" und „a" hintereinander artikuliert

oe wie im englischen „toe"

oi wie in „Eule"

ou wie im englischen „how"

ua „u" und „a" wie im englischen „fewer"

Begrüßungsformeln & Smalltalk

Begrüßungen auf Maori werden im Land immer beliebter; also nicht überrascht sein, wenn man mit einem *Kia ora* begrüßt wird.

Willkommen! *Haere mai!*

Hallo./Viel Glück./ *Kia ora.* **Gesundheit.**

Hallo. (zu einer Person) *Tena koe.*

Hallo. (zu zwei Personen) *Tena korua.*

Hallo. (zu drei oder mehr Personen) *Tena koutou.*

Auf Wiedersehen. (zur Person, die bleibt) *E noho ra.*

Auf Wiedersehen. (zur Person, die geht) *Haere ra.*

Wie geht es Ihnen? (zu einer Person) *Kei te pehea koe?*

Wie geht es Ihnen? (zu zwei Personen) *Kei te pehea korua?*

Wie geht es Ihnen? (zu drei oder mehr Personen) *Kei te pehea koutou?*

Gut, danke./ *Kei te pai.* **Alles in Ordnung.**

Geografische Bezeichnungen in Maori

Die folgenden Wörter sind Bestandteile vieler Ortsnamen der Maori in Neuseeland; wer sie beherrscht, kann sich die Bedeutung solcher Namen durchaus erschließen. Ein Beispiel: Waikaremoana ist die See *(moana)* des Wellen *(kare)* schlagenden Wassers *(wai)*, und Rotorua ist einfach der zweite *(rua)* See *(roto)*.

a – von

ana – Höhle

ara – Weg, Pfad, Straße

awa – Fluss oder Tal

heke – hinabsteigen

hiku – Ende, Ausläufer

hine – Mädchen, Tochter

ika – Fisch

iti – klein

kahurangi – wertvoller Besitz; besonderes grünes Gestein

kai – Essen

kainga – Dorf

kaka – Papagei

kare – wellig

kati – schließen

koura – Flusskrebs

makariri – kalt

manga – Bach, Nebenfluss

manu – Vogel

maunga – Berg

moana – See oder Teich

moko – Tattoo

motu – Insel

mutu – beendet, vorbei

nga – die (Plural)

noa – gewöhnlich, normal; nicht **tapu**

nui – groß

nuku – Entfernung

o – von, Ort von ...

one – Strand, Sand oder Schlamm

pa – befestigte Siedlung

papa – ebenes, weites Land

pipi – Schalentier

pohatu – Stein
poto – kurz
pouri – traurig, dunkel, düster
puke – Hügel
puna – Quelle, Loch, Brunnen
rangi – Himmel
raro – Norden
rei – wertvoller Besitz
roa – lang
roto – See
rua – Loch im Boden; zwei
runga – oberhalb
tahuna – Strand, Sandbank
tane – Mann
tangata – Menschen
tapu – heilig, tabu
tata – nahe; gegen etwas stoßen; zwei Inseln
tawaha – Eingang, Öffnung
tawahi – die andere Seite (eines Flusses oder Sees)
te – der, die, das
tonga – Süden
ure – männliche Geschlechtsorgane
uru – Westen
wahine – Frau
wai – Wasser
waingaro – verloren; Gewässer, die je nach Jahreszeit verschwinden
waha – zerbrochen
waka – Kanu
wera – verbrannt oder warm; treibend
wero – Herausforderung
whaka ... – handeln als ...
whanau – Großfamilie, Sippe
whanga – Hafen, Bucht oder Meeresarm
whare – Haus
whenua – Land
whiti – Osten

Einige einfachere Ortsnamen, die aus Wörtern der obigen Liste zusammengesetzt sind:

Aramoana – See-*(moana)* Weg *(ara)*
Awaroa – Langer *(roa)* Fluss *(awa)*
Kaitangata – Essen *(kai)* Menschen *(tangata)*
Maunganui – Großer *(nui)* Berg *(maunga)*
Opouri – Ort der *(o)* Trauer *(pouri)*
Te Araroa – Der *(te)* lange *(roa)* Weg *(ara)*
Te Puke – Der *(te)* Hügel *(puke)*
Urewera – Verbrannter *(wera)* Penis *(ure)*
Waimakariri – Kaltes *(makariri)* Wasser *(wai)*
Wainui – Große *(nui)* Gewässer *(wai)*
Whakatane – Handeln *(whaka)* wie ein Mann *(tane)*
Whangarei – Geschätzter *(rei)* Hafen *(whanga)*

GLOSSAR

Die folgende Liste enthält Abkürzungen aus dem „Kiwi-Englisch", aus dem Maori und Slangausdrücke, die in diesem Buch verwendet werden und denen man in Ne useeland durchaus begegnen kann.

All Blacks – Neuseelands Nationalteam in der Rugby Union

ANZAC – „Australia and New Zealand Army Corps", die gemeinsame Einsatztruppe von Australien und Neuseeland

Aoraki – Der Maoriname des Mt. Cook bedeutet „Wolkendurchdringer".

Aotearoa – Der Maoriname für Neuseeland wird meistens mit „Land der langen, weißen Wolke" übersetzt.

aroha – Liebe

B&B – „Bed and Breakfast"; Frühstückspension

bach – Ferienhaus („betsch" ausgesprochen); siehe auch crib

black-water rafting – Rafting in einer unterirdischen Höhle

boozer – öffentliche Bar

bro – wörtlich „brother"; bezeichnet meistens Freunde

BYO – „bring your own" (bezieht sich in Restaurants oder Cafés normalerweise auf alkoholische Getränke)

choice/chur – fantastisch, großartig

crib – Bezeichnung für ein Ferienhaus (bach) in Otago und Southland

DB&B – „Dinner, bed and breakfast": Unterkunft mit Frühstück und Abendessen

DOC – Department of Conservation (oder Te Papa Atawhai); Behörde, die für die Nationalparks und damit alle Wanderwege und Hütten zuständig ist

eh? – ungefähr so viel wie „nicht wahr?"

farmstay – Urlaub auf dem Bauernhof, Unterkunft auf einer Farm

Football – Rugby, entweder der Union oder der League; bedeutet gelegentlich aber auch Fußball

Great Walks – eine Reihe von neun beliebten Wanderwegen in Neuseeland

greenstone – Jade; *pounamu*

gumboots – Gummistiefel; eingeführt von Arbeitern auf den Gummiplantagen

Hawaiki –die polynesische Heimat der Maori

haka – Tanz jeder Art, vor allem aber der Kriegstanz

hangi – Ofen in Form eines Lochs, bei dem das Essen in Körben über der Glut gegart wird; auch: ein Festmahl der Maori

hapu – kleinere Stammesgruppe oder Teil eines Stamms

hei tiki – geschnitzte, stilisierte menschliche Figur, wird um den Hals getragen; auch: *tiki*

homestay – Unterkunft in einem Privathaus

hongi – Maori-Art der Begrüßung: Nasen und Stirnen werden aneinandergepresst und man teilt den gemeinsamen „Lebensatem"

hui – Versammlung, Treffen

i-SITE – Informationszentrum

iwi – großer Stammesverband mit einer gemeinsamen Herkunft, die bis auf die Zeit der Einwanderung aus *Hawaiki* zurückgeht; Volk, Stamm

jandals – zusammengezogen aus „Japanese sandals"; Flip-Flops oder Latschen, die üblicherweise aus Gummi bestehen

jersey – meist langärmliges Shirt, üblicherweise aus Wolle; das Trikot der Rugbyspieler

kauri – einheimische Kiefernart

kia ora – Hallo

Kiwi – flugunfähiger, nachtaktiver, brauner Vogel mit langem Schnabel; neuseeländisches Nationalsymbol. – Kleine, fleischige Frucht mit rauer, brauner Schale und grünem oder gelbem Fruchtfleisch – wird auf Englisch niemals nur *kiwi* genannt, sondern *kiwifruit*; auch unter dem Markennamen „Zespri" bekannt. – Neuseeländer; neuseeländisch (als Adjektiv verwendet).

Kiwiana – Kollektivbezeichnung für alles, was mit dem Leben und der Kultur Neuseelands verbunden ist

kiwifruit – siehe Kiwi

kumara – polynesische Süßkartoffel, ein Grundnahrungsmittel der Maori

Kupe – früher polynesischer Seefahrer aus *Hawaiki*, der die Inseln, die heute Neuseeland bilden, entdeckt haben soll

mana – die spirituelle Eigenschaft einer Person oder eines Gegenstands; Ansehen; Autorität eines Häuptlings oder Priesters

Maori – die ersten polynesischen Siedler Neuseelands

Maoritanga – die Kultur der Maori

marae – bezieht sich eigentlich auf das geheiligte Gelände vor dem Versammlungshaus der Maori, im allgemeineren Gebrauch aber auch auf den gesamten Gebäudekomplex

Maui – eine Gestalt aus der polynesischen und MaoriMythologie

mauri – Lebenskraft/Prinzip

moa – großer, ausgestorbener flugunfähiger Vogel

moko – Tattoo; üblicherweise Gesichtstätowierung

nga – die (Artikel im Plural); siehe auch *te*

ngai/ngati – wörtlich „die

Leute von", „die Nachkommen von"; Stamm (auf der Südinsel „kai" ausgesprochen)

NZ – die Universalbezeichnung für Neuseeland; ausgesprochen „en zed"

pa – befestigte Maorisiedlung, üblicherweise auf einer Hügelkuppe

Pacific Rim – Bezeichnung für die moderne neuseeländische Küche, die regionale Produkte wie Meeresfrüchte innovativ mit den Cuisines anderer Länder kombiniert

Pakeha – Maoriwort für einen Weißen oder einen Europäer

Pasifika – die auf den Pazifischen Inseln verbreitete Kultur

paua – Abalone oder Seeohr; die Schale wird zu Schmuck verarbeitet

pavlova – Schaumgebäck mit Kiwis und Sahne

PI – Bewohner der pazifischen Inseln

poi – Ball aus gewebtem Flachs

pounamu – Maoribezeichnungfür Jade

powhiri – traditioneller Willkommensgruß der Maori beim Betreten eines *marae*

rip – gefährliche starke Strömung am Strand, die einen ins Meer hinauszieht

Roaring Forties – Meeresregion zwischen dem 40. und 50. südlichen Breitengrad, die bekannt ist für ihre häufigen Stürme

silver fern – Nationalsymbol, das u. a. die *All Blacks* und andere Nationalteams auf ihren Trikots führen; es stellt die Unterseite eines *ponga-* (Silberfarn-)Blattes dar; das nationale Netball-Team sind die Silver Ferns

sweet, sweet as – fantastisch, großartig

tapu – eine starke Macht im Leben der Maori mit zahlreichen Ausprägungen; in der einfachsten Bedeutung heißt es so viel wie „heilig", „verboten" oder „tabu"

te – der, die, das (Artikel); siehe auch *nga*

te reo – wörtlich „die Sprache"; Maorisprache

tiki – Kurzform von *hei tiki*

tiki tour – reizvolle Strecke; Rundweg

tramp – Wanderung durch die Natur, Trekking-Tour

tuatara – prähistorisches Reptil aus der Zeit der Dinosaurier

tui – einheimische Vogelart

wahine – Frau

wai – Wasser

wairua – Geist

Waitangi – gemeint ist der Vertrag von Waitangi

waka – Kanu

Warriors – Neuseelands beliebter Rugby-League-Club, der in der australischen NRL spielt

Wellywood – Wellington (in Anspielung auf die dort blühende Filmindustrie)

zorbing – Funaktivität, bei der man in einem aufblasbaren PVC-Kugel einen Hügel hinunterrollt

Hinter den Kulissen

WIR FREUEN UNS ÜBER EIN FEEDBACK

Post von Travellern zu bekommen ist für uns ungemein hilfreich – Kritik und Anregungen halten uns auf dem Laufenden und helfen, unsere Bücher zu verbessern. Unser reiseerfahrenes Team liest alle Zuschriften genau durch, um zu erfahren, was an unseren Reiseführern gut und was schlecht ist. Wir können solche Post zwar nicht individuell beantworten, aber jedes Feedback wird garantiert schnurstracks an die jeweiligen Autoren weitergeleitet, rechtzeitig vor der nächsten Nachauflage.

Wer uns schreiben will, erreicht uns über **www.lonelyplanet.de/kontakt**.

Hinweis: Da wir Beiträge möglicherweise in Lonely Planet Produkten (Reiseführer, Websites, digitale Medien) veröffentlichen, ggf. auch in gekürzter Form, bitten wir um Mitteilung, falls ein Kommentar nicht veröffentlicht oder ein Name nicht genannt werden soll. Wer Näheres über unsere Datenschutzpolitik wissen will, erfährt das unter www.lonelyplanet.com/privacy.

DANK VON LONELY PLANET

Wir bedanken uns bei den Reisenden, die mit der letzten Ausgabe unterwegs waren und uns wertvolle Hinweise, nützliche Tipps und interessante Begebenheiten mitgeteilt haben:

A Shaughan Anderson, Jen Andrews **B** Beverly Bacon, Geoff Barnes, Yvonne Bischofberger, Prue Blake, Steve Brightwell **C** David Carroll, Des Casey, Brendon Clough, Karen Connor, Barbara Curtis **D** Mike Davies, Bob Dickson, Petrina Dodd, Jake Downing, Cecile Dransart **E** Sarah Ensor, Megan Etherington, Rebecca Evans **F** Nick Fisentzidis **G** Jack Grinsted **H** Meirene Hardy-Birch, Jo Heaton, Tess Hellebrekers, Katrina Henderson, Claudia Hill **J** Cheryl Jensen, Trevor Johnston **K** Michelle Kinney, Chiharu Kitai, Lisa Knights **L** Glenda Lee, Ali Lemer, Gerard Long **M** Jo Mackie, Liz Maire, Erin McManus, Diana Morris, David Mules **N** Jane Nethercote **O** Helen Ough Dealy **P** Petrina Page, Diana Parr, Trent Paton, Ainsley Pope **S** Margret Sando, Sonya Sawyers, Elena Sedouch, Jan Simmons, Rajneel Singh, Rebecca Skinner, Kerryn Smith, Nyia Strachan **T** Elise Thomas, Sarah Thompson **V** Kaja Vetter **W** John Wotherspoon

DANK DER AUTOREN

Charles Rawlings-Way

Ein Dankeschön an all die großzügigen, kenntnisreichen und auf angenehme Art selbstbewussten Neuseeländer, denen ich unterwegs begegnet bin, darunter vor allem die Mitarbeiter der i-SITEs in Palmerston North, Hamilton, Waitomo und New Plymouth. Dank auch an Errol Hunt und das wie immer perfekte Team bei Lonely Planet (darunter die Herren von SPP). Ein riesengroßer Dank geht an meine unermüdlichen, klugen und professionellen Mitautoren: Sarah, Brett, Peter und Lee. Ein weiteres Dankeschön gebührt Warren wegen Wellington und natürlich Meg, Ione und Remy, die während meiner Abwesenheit die Stellung gehalten haben.

Brett Atkinson

Ich danke allen Mitarbeitern der i-SITEs und des DOC, von denen ich wichtige Informationen bezogen habe. In Christchurch danke ich vor allem Kelly Wilkes, Sam Johnson, Monique Devereux, Roger Sutton und Jeff sowie Naomi Peters. Ein herzlicher Dank geht außerdem an Richard Emerson in Dunedin und an Scott Kennedy und Tony Moore in Queenstown. Großartig wie immer war die Zusammenarbeit mit Errol Hunt von Lonely Planet und mit dem gesamten Autorenteam, unterstützt von Jani Patokallio. Und schließlich danke ich besonders Carol in der Casa Loma in Auckland.

Sarah Bennett & Lee Slater
Wir danken allen, die uns unterwegs geholfen haben, darunter die Mitarbeiter bei RTO und i-SITE, viele Touranbieter und andere Traveller. Ein Dankeschön gebührt auch den Mitarbeitern beim DOC, besonders Penny McIntosh, Katrina Henderson und Diana Parr. Eine große Hilfe war natürlich auch das Redaktionsteam bei Lonely Planet und speziell das Team für Neuseeland, darunter Errol, Peter, Brett, Charles, Sarah Ewing und – stellvertretend für viele – Arnott Potter bei CPP. Nicht vergessen wollen wir auch die hilfsbereiten Menschen, die Stellplätze für unser Wohnmobil bereitgehalten haben, Kühlschränke für die Flaschen und sogar einen Truthahn zum Thanksgiving: *Arohanui, e hoa ma*, vor allem den Bennetts, Parsons, Pauls, Betzy Iannuzzi und John Kelly.

Peter Dragicevich
Wollte ich hier allen danken, die mich auf meinem Weg durch die Kneipen und Restaurants von Auckland begleitet haben, würde eine wirklich lange Liste daraus. Besonders erwähnen möchte ich zumindest Shenita Prasad und Tania Wong wegen ihrer Hilfe auf der Halbinsel Coromandel und Joanne Cole in Northland. Ein besonderes Dankeschön geht an meinen Kumpel von der Bay of Islands, Matt Swaine, die allwissende Donna Jarden aus Taupo und an Tony Dragicevich und Debbie Debono, die mir einen Ort zum Schreiben verschafft haben.

QUELLENNACHWEIS

Die Daten in der Klimatabelle stammen von Peel MC, Finlayson BL & McMahon TA (2007), Aktualisierte Weltkarte der Köppen-Geiger-Klimaklassifikation, *Hydrology and Earth System Sciences*, 11, 1633-44.

Abbildung auf dem Umschlag: Grüne Hügel zu Füßen des Mt. Taranaki (Egmont National Park), Neuseeland, Jami Tarris/Corbis

Viele der Bilder in diesem Reiseführer können bei Lonely Planet Images: www.lonelyplanetimages.com auch lizenziert werden.

ÜBER DIESES BUCH

Dies ist die 4. deutsche Auflage von Neuseeland, basierend auf der mittlerweile 16. englischen Auflage. Die 1. Auflage verfasste Lonely Planet Gründer Tony Wheeler höchstpersönlich – schon 1977, in den Zeiten der weiten Hosen und Sandalen. In den 35 Jahren, die seither vergangen sind, haben ganze Heerscharen von Autoren die Straßen und Wege von Aotearoa bereist und immer mehr Wissen zusammengetragen. Diese 16. Auflage stammt von Charles Rawlings-Way, Brett Atkinson, Sarah Bennett, Peter Dragicevich und Lee Slater. Der Band wurde vom Lonely Planet Büro in Melbourne in Auftrag gegeben und betreut von:

Verantwortlicher Redakeur Errol Hunt
Leitende Redakteurinnen Dianne Schallmeiner, Gina Tsarouhas
Leitung der Kartografie Diana Von Holdt
Layoutleitung Jessica Rose
Redaktion Barbara Delissen, Bruce Evans, Annelies Mertens
Kartografie David Connolly, Amanda Sierp
Layout Chris Girdler
Redaktionsassistenz Carolyn Bain, Elin Berglund, Carolyn Boicos, Samantha Forge, Cathryn Game, Lauren Hunt, Kim Hutchins, Kate James, Pat Kinsella, Helen Koehne, Kate Mathews, Mardi O'Connor, Charlotte Orr, Erin Richards, Gabrielle Stefanos, Simon Williamson
Assistenz der Kartografie Xavier Di Toro, Mick Garrett, Corey Hutchison, Jennifer Johnston
Bildredaktion für den Umschlag Naomi Parker
Bildredaktion Rebecca Skinner
Sprache Branislava Vladisavljevic

Dank an Anita Banh, Imogen Bannister, Daniel Corbett, Laura Crawford, Ryan Evans, Larissa Frost, Paul Iacono, Alison Lyall, Ross Macaw, Erin McManus, Anna Metcalfe, Virginia Moreno, Andy Neilson, Susan Paterson, Anthony Phelan, Martine Power, Kirsten Rawlings, Carlos Solarte, Gerard Walker

Register

000 Kartenseiten
000 Abbildungen

H

I

J

000 Kartenseiten
000 Abbildungen

N

000 Kartenseiten
000 Abbildungen

S

000 Kartenseiten
000 Abbildungen

Y

Z

000 Kartenseiten
000 Abbildungen

NOTIZEN

Auf einen Blick

Mit diesen Symbolen sind wichtige Kategorien leicht zu finden:

- Sehenswertes
- Strände
- Aktivitäten
- Kurse
- Touren
- Festivals & Events
- Schlafen
- Essen
- Ausgehen
- Unterhaltung
- Shoppen
- Information/ Transport

Diese Symbole bieten wertvolle Zusatzinformationen:

- Telefonnummer
- Öffnungszeiten
- Parkplatz
- Nichtraucher
- Klimaanlage
- Internetzugang
- WLAN-Anschluss
- Schwimmbad
- Vegetarische Gerichte
- Englischsprachiges Menu
- Familienfreundlich
- Haustiere willkommen
- Bus
- Fähre
- Metro
- U-Bahn
- London Tube
- Straßenbahn
- Zug

Die Reihenfolge spiegelt die Bewertung durch die Autoren wider.

Empfehlungen von Lonely Planet:

- LP TIPP – Das empfiehlt unser Autor
- GRATIS – Hier bezahlt man nichts
- Nachhaltig und umweltverträglich

Unsere Autoren haben diese Einrichtungen ausgewählt, weil man dort großen Wert auf Nachhaltigkeit legt: etwa durch die Forderung einheimischer Gemeinschaften oder Hersteller, durch eine umweltverträgliche Bewirtschaftung oder durch Enggement im Naturschutz.

Kartenlegende

Sehenswertes
- Strand
- Buddhistisch
- Burg
- Christlich
- Hinduistisch
- Islamisch
- Jüdisch
- Denkmal
- Museum/Gallerie
- Ruine
- Winzer/Weingut
- Zoo
- Andere Sehenswürdigkeit

Aktivitäten, Kurse & Touren
- Tauchen/Schnorcheln
- Kanu/Kajak fahren
- Ski fahren
- Surfen
- Schwimmbad
- Wandern
- Windsurfen
- Andere Aktivität/ Kurse/Touren

Schlafen
- Schlafen
- Camping

Essen
- Essen

Ausgehen
- Ausgehen
- Cafe

Unterhaltung
- Unterhaltung

Shoppen
- Shoppen

Praktisches
- Post
- Touristeninformation

Transport
- Flughafen
- Grenzübergang
- Bus
- Seilbahn/ Standseilbahn
- Radfahren
- Fähre
- Metro
- Zug eingleisig
- Parkplatz
- S-Bahn
- Taxi
- Zug /Eisenbahn
- Tram
- Tube-Station
- U-Bahn
- anderes Verkehrsmittel

Verkehrswege
- Mautstraße
- Autobahn
- Hauptstraße
- Nebenstraße
- Verbindungsstraße
- sonstige Straße
- unbefestigte Straße
- Plaza/Fußgängerzone
- Stufen
- Tunnel
- Fußgänger- übergang
- Spaziergang
- Spaziergang mit Abstecher
- Pfad

Grenzen
- Internationale
- Staat/Provinz
- umstrittene Grenze
- Regional/Vorort
- Gewässer
- Klippen
- Mauer

Städte
- Hauptstadt (National)
- Haupstadt (Staat/Provinz)
- Stadt/Große Stadt
- Kleinstadt/Dorf

Landschaft
- Hütte
- Leuchtturm
- Aussichtsturm
- Berg/Vulkan
- Oase
- Park
- Pass
- Picknickplatz
- Wasserfall

Gewässer
- Fluss/Bach
- periodischer Fluss
- Sumpf/Mangroven
- Riff
- Kanal
- Gewässer
- Trocken-/Salz- periodischer See
- Gletscher

Gebietsformen
- Strand/Wüste
- Friedhof (Christlich)
- Friedhof (anderer)
- Park/Wald
- Sportplatz
- Sehenswertes (Gebäude)
- Highlight (Gebäude)

UNSERE AUTOREN

Charles Rawlings-Way

Hauptautor; Reiseplanung, Waikato & King Country, Taranaki & Whanganui, Rotorua & Bay of Plenty, Praktische Informationen In England geboren, nach Australien geraten, Fan der All Blacks: Anfangs war Charles' Bild von Aotearoa nur aus verschiedenen Bruchstücken zusammengesetzt (Schafe, Berge, Schafe auf Bergen ...). Dass es dort noch etwas mehr geben müsste, ahnte er bereits, als ein Onkel einmal mit einer Tiki-Figur aus (unechter) Jade aus Neuseeland zurückkehrte. Inzwischen ist er dem schneebedeckten Gipfel des Mt. Taranaki, der Brandung in Raglan und dem rauen Charme Whanganuis verfallen. Auch auf dieser Reise haben ihn die fantastischen Landschaften, die freundlichen Menschen und ihr Wille, das Schicksal in die eigenen Hände zu nehmen, nachhaltig beeindruckt.

Brett Atkinson

Christchurch & Canterbury, Dunedin & Otago, Queenstown & Wanaka, Fiordland & Southland Auf seiner dritten Recherchereise hat Brett sich mit der Felskunst der Maori beschäftigt, im Gibbston Valley in einem historischen Cottage geschlafen und in der Nähe von Oamaru ein billiges Fahrrad erworben. In den zwei Wochen im vom Erdbeben gezeichneten Christchurch hat ihm die Entschlossenheit der Menschen aus Canterbury sehr imponiert. Für Lonely Planet hat Brett schon zehn Länder bereist, als freiberuflicher Reise- und Food-Autor hat er schon mehr als 40 Länder gesehen. Siehe auch www.brett-atkinson.net.

Sarah Bennett & Lee Slater

Die Ostküste, Wellington & Umgebung, Marlborough & Nelson, Die Westküste Sarah stammt zwar aus dem Süden von Neuseeland, zog aber schon mit 16 nach Wellington, wo sie seither lebt – von diversen Reisen und einem Aufenthalt im Londoner Büro von Lonely Planet abgesehen. Während der Recherchen hat sie sich intensiv mit den Backwaren und dem Bier befasst. Gesellschaft geleistet hat ihr dabei ihr Ehemann und Mitautor Lee. Lee ist gebürtiger Engländer und heute ebenfalls Neuseeländer; er war anfangs Ingenieur und als solcher viel unterwegs – in Europa, im Nahen Osten, in Nordafrika und im Kaukasus. Sarah und Lee haben auch an weiteren Neuseeland-Titeln mitgearbeitet; als freiberufliche Autoren schreiben sie ansonsten für Zeitungen und Zeitschriften.

Peter Dragicevich

Auckland, Bay of Islands & Northland, Coromandel Peninsula, Taupo & Central Plateau, Neuseeland aktuell, Neuseeländische Mentalität, Kunst & Musik Als Redakteur einer Zeitung in Auckland hat Peter in den 1990er-Jahren vor allem über die örtliche Kultur-, Club- und Bar-Szene geschrieben. Er hat schon einige Dutzend Mal für Lonely Planet gearbeitet, beim Neuseeland-Band ist er jetzt zum dritten Mal mit dabei.

Beiträge von ...

Professor James Belich verfasste das Kapitel „Geschichte" (S. 736). James gehört zu Neuseelands renommiertesten Historikern und gewann Preise für *The New Zealand Wars*, *Making Peoples* und *Paradise Reforged*. Außerdem arbeitet er fürs Fernsehen: *New Zealand Wars* wurde in Neuseeland 1998 ausgestrahlt

Tony Horwitz steuerte den Kasten über „James Cook" (S. 741) im Kapitel „Geschichte" bei. Tony wurde als Reporter und Sachbuchautor mit dem Pulitzerpreis ausgezeichnet. Seine Begeisterung für Cook und das Reisen führte ihn nach Neuseeland, Australien und in den Pazifikraum, heraus kam dabei „Cook: Die Entdeckung eines Entdeckers", eine Mischung aus Cook-Biografie und Reisebericht.

John Huria (Ngai Tahu, Muaupoko) ist der Verfasser des Kapitels „Kultur der Maori" (S. 771). Als Redakteur, Forscher und Autor beschäftigt er sich in erster Linie mit diesem Thema. Beim Maori-Verlag Huia war er Chefredakteur, jetzt leitet mit Ahi Text Solutions Ltd (www.ahitextsolu tions.co.nz) seine eigene Firma für Redaktions- und Verlagsdienstleistungen.

Josh Kronfeld verfasste den Kasten über das Surfen (S. 75) im Kapitel „Neuseeland extrem". Der frühere Flügelstürmer der All Blacks wurde durch seine Leidenschaft für das Surfen an Neuseelands Stränden zur Legende. Dank seiner Reisen im Namen des Rugby kann John weltweit weitere Breaks testen.

Gareth Shute hat im Kapitel „Kunst & Musik" (S. 773) den Beitrag über die Musik verfasst. Er hat schon vier Bücher veröffentlicht, darunter *Hip Hop Music in Aotearoa* und *NZ Rock 1987–2007*. Als Musiker und Mitglied der Ruby Suns und Brunettes hat er schon an Tourneen nach Australien, Großbritannien und ins übrige Europa teilgenommen. Derzeit musiziert er in der Indie-Soul-Gruppe *The Cosbys*.

Nandor Tanczos hat den Beitrag über Umweltprobleme im Kasten auf S. 750 geschrieben. Er war der erste Rastafari im neuseeländischen Parlament und der erste, der das Parlament mit Rastalocken und im Leinenanzug betreten hat; für die Partei der Grünen war er von 1999 bis 2008 Sprecher für verfassungspolitische Fragen und Umweltangelegenheiten.

Vaughan Yarwood schrieb das Kapitel „Natur & Umwelt" (S. 748). Das neueste Work des aus Auckland stammenden Autors ist *The History Makers: Adventures in New Zealand Biography*. Zu seinen früheren Arbeiten zählen *The Best of New Zealand, a Collection of Essays on NZ Life and Culture by Prominent Kiwis*, bei dem er Herausgeber ist, und die Regionalgeschichte *Between Coasts: from Kaipara to Kawau*. Vaughan hat an vielen Publikationen in Neuseeland und aller Welt mitgewirkt und war früher Mitherausgeber des New Zealand Geographic, für das er auch heute noch schreibt.

Ein Dank geht an Dr. David Millar für seine Unterstützung bei den Gesundheitshinweisen, an Grace Hoet für ihren Beitrag über die Kultur der Maori und an alle regionalen Touristeninformationsbüros, die bei der Vorbereitung der Recherchen sehr behilflich waren.

DIE LONELY PLANET STORY

Ein uraltes Auto, ein paar Dollar in den Hosentaschen und Abenteuerlust, mehr brauchten Tony und Maureen Wheeler nicht, als sie 1972 zu der Reise ihres Lebens aufbrachen. Diese führte sie quer durch Europa und Asien bis nach Australien. Nach mehreren Monaten kehrten sie zurück – pleite, aber glücklich –, setzten sich an ihren Küchentisch und verfassten ihren ersten Reiseführer Across Asia on the Cheap. Binnen einer Woche verkauften sie 1500 Bücher und Lonely Planet war geboren.

Seit 2011 ist BBC Worldwide der alleinige Inhaber von Lonely Planet. Der Verlag unterhält Büros in Melbourne (Australien), London und Oakland (USA) mit über 600 Mitarbeitern und Autoren. Sie alle teilen Tonys Überzeugung, dass ein guter Reiseführer drei Dinge tun sollte: informieren, bilden und unterhalten.'.

0800 44 91 40 Dr. Pachodic

Fax

06102-204215 Fr. Bertha Scheid

Karte Nr.

+49

Tel. f. Rolps

Western Union

Lonely Planet Publications,
Locked Bag 1, Footscray,
Melbourne, Victoria 3011,
Australia

Verlag der deutschen Ausgabe:
MAIRDUMONT, Marco-Polo-Str. 1, 73760 Ostfildern, www.mairdumont.com, lonelyplanet@mairdumont.com

Chefredakteurin deutsche Ausgabe: Birgit Borowski

Übersetzung: Dr. Dagmar Ahrens, Dr. Birgit Beile-Meister, Petra Dubilski, Beatrix Gehlhoff, Dr. Martin Goch, Christiane Gsänger, Robert Kutschera, Raphaela Moczynski, Dr. Annegret Pago, Dr. Thomas Pago, Christiane Radünz, Jutta Ressel M.A., Manuela Schomann, Beatrix Thunich, Linde Wiesner, Theresa Zuhl; Berna Ercan, Tobias Ewert, Karen Gerwig, Christina Kagerer, Laura Leibold, Marion Matthäus, Ute Perchtold, Dr. Christian Rochow; Dorothee Büttgen, Monika Grabow, Joachim Henn, Jürgen Kucklinski, Andrea Schleipen; Stefanie Gross, Christina Jacobs, Annika Plank, Andrea Schleipen

Redaktion und technischer Support: CLP Carlo Lauer & Partner, Aschheim

Neuseeland

4. deutsche Auflage Februar 2013, übersetzt von *New Zealand 16th edition*, September 2012 Lonely Planet Publications Pty

Titelfoto: Grüne Hügel zu Füßen des Mt. Taranaki (Egmont National Park), Neuseeland, Jami Tarris/Corbis